⚠️ **Unum cum noveris, omnes noveris.** *Ter.*
Kennst du einen, kennst du alle.

Ausrufezeichen bei lateinischen Zitaten

▶ englisch: adult
français: adulte
spanisch: adulto
italienisch: adulto

Lehnwörter in den modernen Sprachen

praebēre ⟨eō, uī, itum 2.⟩

1. darreichen, hinhalten
2. gewähren
3. preisgeben, überlassen
4. verursachen, erregen
5. geschehen lassen, erlauben,
6. sehen lassen, zeigen
7. zeigen, beweisen

1. darreichen, hinhalten, *alicui aliquid* j-m etw;

Gliederungsübersicht am Kopf langer Einträge

quam-diū
 A ADV *interrogativ* wie lange?, seit wie langer Zeit?
 B KONJ so lange als, so lange wie

Buchstaben zur Unterscheidung von Wortarten

retināculum ⟨ī⟩ N ||retinere||
1. Halter, Band
2. Zügel, Leine
3. Haltetau, Ankertau

Arabische Ziffern zur Bedeutungsdifferenzierung

▶ **optimates – die Besten**

optimates hatte ursprünglich die Bedeutung „die Besten" und bezeichnete die Mitglieder des konservativen Adels (**nobilitas**) und des Senatorenstandes. Damit sollte deren gesellschaftliche, aber auch moralische und politische Überlegenheit zum Ausdruck gebracht werden. Im 2. Jahrhundert v. Chr. bildeten sich im Senat zwei Parteien: Die **optimates** waren die Verfechter des alten Adels, während die **populares** die Interessen der aufgestiegenen Schichten (z. B. der **equites**) vertraten.

RÖMISCHES LEBEN

Info-Fenster mit Zusatzinfos zu römischem Leben, Wortschatz, Mythologie, Geschichte, Sprachgebrauch und Grammatik

Wörterbuch-Verlag Nr. 1:
Langenscheidt belegt lt. Marktforschungsinstitut media control GfK
den ersten Platz bei **Fremdsprachen-Wörterbüchern**.
Weitere Informationen dazu unter www.langenscheidt.de

Langenscheidt

**Premium-Schulwörterbuch
Latein**

Langenscheidt

Premium
Schulwörterbuch Latein

Lateinisch – Deutsch
Deutsch – Lateinisch

Völlige Neuentwicklung

Herausgegeben von der
Langenscheidt-Redaktion

Langenscheidt

Berlin · München · Wien · Zürich · New York

Projektleitung: Rachele Zoli-Sudbrock
Lexikografische Bearbeitung: Dr. Brigitte Sgoff, Dr. Jörg Wormer, Rachele Zoli-Sudbrock
Info-Fenster: Dr. Brigitte Sgoff und Alexander Winkler in Zusammenarbeit mit der Langenscheidt-Redaktion
Beratende Mitarbeit: Annerose Müller
Illustrationen: Andreas Piel
Landkarten: Jürgen Bartz
Projektleitung Vokabeltrainer: Antje Schaaf
Datenverarbeitung: Thomas Zacher
Herstellung: Birgit Kustermann
Neue deutsche Rechtschreibung nach den gültigen amtlichen Regeln und DUDEN-Empfehlungen

Als Marken geschützte Wörter werden in diesem Wörterbuch in der Regel durch das Zeichen ® kenntlich gemacht. Das Fehlen eines solchen Hinweises begründet jedoch nicht die Annahme, eine nicht gekennzeichnete Ware oder eine Dienstleistung sei frei.

Ergänzende Hinweise, für die wir jederzeit dankbar sind, bitte wir zu richten an:
Langenscheidt Verlag, Postfach 40 11 20, 80711 München
redaktion.wb@langenscheidt.de

© 2009 Langenscheidt KG, Berlin und München
Typografisches Konzept nach KOCHAN & PARTNER GmbH, München
Satz: preXtension GbR, Grafrath
Druck: Parzeller Druck- und Mediendienstleistungen, Fulda
Printed in Germany
ISBN 978-3-468-11491-5

09010

Inhalt

Hinweise für die Benutzer 7
Abkürzungen und Symbole 16

Lateinisch – Deutsch **23**

Deutsch – Lateinisch **1037**

Deklinationen 1163
Konjugationen 1170
Wortbildung 1173
Schrift und Aussprache 1176
Zahlen 1181
Maße und Gewichte 1183
Römische Münzen 1185
Römischer Kalender 1188
In lateinischen Inschriften häufig verwendete Abkürzungen 1191
Städtenamen 1221
Römische Namengebung 1231
Verzeichnis der Info-Fenster, Illustrationen und Landkarten 1233
Abkürzungen und Symbole 1238

Hinweise für die Benutzer

Das **Langenscheidt Premium-Schulwörterbuch Latein** basiert auf einem völlig neuen Wörterbuchkonzept mit einem mehrfarbigen Layout, das gezielt für Lernende kreiert wurde. Die übersichtliche Struktur und die ansprechende Darstellung in einer Wörterbuchgestaltung, die von Langenscheidt speziell für die Reihe der Premium-Schulwörterbücher entwickelt wurde, garantieren optimale Lesbarkeit, schnelles Nachschlagen und eine klare Hinführung zur korrekten Übersetzung.

Das auffälligste Merkmal des neuen didaktischen Konzepts besteht in der Verwendung von Farbillustrationen. Durch diese zusätzliche Visualisierung können Lernende viele Begriffe rund um das römische Leben, die Geschichte Roms und seine Mythologie besser verstehen und sich stärker einprägen als durch bloßes Nachschlagen.

Das Wörterbuch ist vor allem als **Lern- und Nachschlagewerk** für Schülerinnen und Schüler bis zum Abitur gedacht. Mit seinen rund 90 000 Stichwörtern und Wendungen bietet es den Wortschatz aller relevanten Schriftsteller und Epochen, die im Lateinunterricht gelesen werden.

Zu den herausragenden Eigenschaften des **Premium-Schulwörterbuchs Latein** gehören außerdem klar hervorgehobene Verweise auf deutsche, englische, französische, spanische und italienische Wörter, die sich aus dem Lateinischen ableiten. Auf diese Weise ermöglicht dieses Lernerwörterbuch beim Nachschlagen auch das vernetzte Lernen moderner Wörter. Zudem enthalten viele Einträge lateinische Zitate, die heutzutage noch gebräuchlich sind, mit einer Übersetzung und einer entsprechenden Erklärung.

Info-Fenster werden in unterschiedlichen Farben dargestellt. Jede Farbe steht für ein bestimmtes Thema: römisches Leben, Wortschatz, Mythologie, Geschichte, Sprachgebrauch und Grammatik bzw. Metrik. Die Wörterbuchbenutzer erhalten auf diese Weise wichtige und interessante Zusatzinformationen über den Stichworteintrag hinaus.

Ein Lesezeichen mit wichtigen im **Premium-Schulwörterbuch Latein** verwendeten Abkürzungen und lateinischen Autoren als Quellenangaben sowie ein Vokabeltrainer auf CD-ROM mit dem Grundwortschatz für die Schule und interaktiven Übungen sind die besonderen Extras dieses Lern- und Nachschlagewerks erster Klasse.

1 Alphabetische Reihenfolge

Die Stichwörter sind streng alphabetisch geordnet. Die deutschen Umlaute **ä**, **ö**, **ü** sind hierbei den Buchstaben **a**, **o**, **u** gleichgestellt (z. B. *backen,* dann *Bäcker*).

An alphabetischer Stelle stehen auch unregelmäßige Perfekt- und Partizipialformen (*confudi, depositus* usw.), Länder- und Eigennamen, Abkürzungen sowie Wortbildungselemente (*edd., adni...* usw.)

2 Rechtschreibung

Für die Schreibung der deutschen Wörter dienen als Grundlage die DUDEN-Empfehlungen auf der Basis der neuen deutschen Rechtschreibung, gültig seit dem 1.8.2006.

3 Grammatische Hinweise

Lateinische **Substantive** werden im Nominativ angegeben. Direkt hinter dem blau bzw. rot gedruckten Stichwort erscheinen in spitzen Klammern der Genitiv sowie ggf. Besonderheiten der Deklination. Die Genusangabe folgt in abgekürzter Form (F̄, M̄, N̄). Das Genus der lateinischen Substantive wird auch bei den Übersetzungen angegeben (f, m, n):

  pantomīmus ⟨ī⟩ M̄
  secūris ⟨secūris, *akk* secūrim, *abl* secūrī⟩ F̄
  Erholung quies, -etis *f*

Adjektive werden ebenso im Nominativ Singular angegeben:

  lūbricus ⟨a, um⟩ ADJ
  in-columis ⟨incolume⟩ ADJ

Bei einendigen Adjektive folgt zudem der Genitiv Singular in spitzen Klammern:

  egēns
  A ⟨egentis⟩ ADJ

Diese Hinweise zur Deklination finden sich auch bei den lateinischen Übersetzungen im zweiten Wörterbuchteil:

  gründlich
  A ADJ diligens, -entis; accuratus, -a, -um

Regelmäßige **Adverbien** werden mit dem dazugehörigen Adjektiv aufgeführt; wichtige und unregelmäßige Adverbien sind an alphabetischer Stelle im Wörterverzeichnis zu finden:

  ē-gregius ⟨a, um, *adv* ēgregiē⟩ ADJ
  eōdem ADV

Von den **Verben** wird als Zitierform immer der Infinitiv aufgeführt; die Stammformen der Verben folgen stets in blauen Spitzklammern, wobei ein Strich einzelne Stammformen vertritt, die nicht belegt sind. Die Stammformen der lateinischen Übersetzungen werden auch im Teil Deutsch-Lateinisch angegeben:

  ē-rigere ⟨rigō, rēxī, rēctum 3.⟩
  natāre ⟨ō, āvī, ātum 1.⟩
  dis-convenīre ⟨iō, -, - 4.⟩

HINWEISE FÜR DIE BENUTZER

schmelzen
- **A** V̄T̄ liquefacere, -facio, -feci, -factum 3.
- **B** V̄Ī liquari, -or, -atus sum 1.

Bei Verben bedeutet:

V̄T̄	transitiver Gebrauch (mit direktem Objekt)	**plaudere** ⟨plaudō, plausī, plausum 3.⟩ **A** V̄T̄ (nachkl.) poet klopfen, klatschend schlagen
V̄Ī	intransitiver Gebrauch (ohne direktes Objekt)	**plōrāre** ⟨ō, āvī, ātum 1.⟩ **A** V̄Ī laut weinen, jammern

Unregelmäßige Formen des Perfekts und Partizips stehen an alphabetischer Stelle mit einem Verweis auf die Grundform, bei der die Übersetzung zu finden ist:

dī-lēctus³ ⟨a, um⟩ P̄P̄P̄ → diligere

Präpositionen und Kasusangaben sowie grammatikalische Angaben zur Konstruktion eines Verbs stehen unmittelbar hinter der Übersetzung, wo dies zur Fehlervermeidung notwendig ist:

necessārius
- **A** ⟨a, um⟩ ĀDJ̄, ĀDV̄ ⟨necessāriō u. necessāriē⟩ ||necesse||
- **1** notwendig; unumgänglich; *alicui* für j-n, *ad aliquid/alicui rei* zu etw, für etw; **res ad vivendum necessariae** lebensnotwendige Dinge; **necessarium est** es ist notwendig, man muss, *+inf/+AcI/selten ut* dass; **necessariae partes** (nachkl.) Geschlechtsteile

siegen vincere, vinco, vici, victum 3. (**über j-n** **aliquem**)

4 Etymologische Hinweise

Soweit eindeutige Angaben möglich sind, werden zu den Stichwörtern kurze Hinweise auf deren Herkunft zwischen senkrechten Strichen gegeben:

scabellum ⟨ī⟩ N̄ ||scamnum||

5 Erläuternde Hinweise und Sachgebiete

Erläuternde Hinweise erleichtern die Wahl der richtigen Übersetzung. Dazu gehören Kollokatoren, also Wörter, die üblicherweise mit dem Stichwort im Satz kombiniert werden.

Sachgebiete sind meistens abgekürzt in kleinen Großbuchstaben angegeben. Angaben zum **Sprachgebrauch**, zu den verschiedenen **Epochen** der Latinität sowie die **Namen der lateinischen Schriftsteller**, bei denen die betreffenden Begriffe oder Ausdrücke vorkommen, erscheinen ebenso abgekürzt in Kursivschrift:

lituus ⟨ī⟩ M
1. Krummstab *des Auguren zum Abzeichnen des templum*
2. MIL Signalhorn *der Reiterei, gerade u. am unteren Ende gebogen, mit hellem schrillem Ton*
3. *meton* Signal
4. *von Personen* Veranlasser
5. *(mlat.)* Bischofsstab

memorāre ⟨ō, āvī, ātum 1.⟩ ||memor||
1. *Tac.* erinnern, mahnen, *aliquid* an etw

Eine Liste der Abkürzungen im Wörterbuch findet sich auf S. 16.

In Kursivschrift ausgeschrieben sind alle anderen **Erklärungen** zum Stichwort:

Liburnī ⟨ōrum⟩ M die Liburner, *bekannt durch ihre schnellen Seeräuberschiffe, die als Modell für die röm. Kriegsschiffe dienten*

Schrift
1. *(Buchstaben)* litterae, -arum *fpl*
2. *(Buch)* liber, -bri *m*
3. *(Abhandlung)* scriptum, -i *n*
4. *(Darstellung)* scriptura, -ae *f*
5. *(Schreibweise)* ratio (-onis *f*) scribendi

6 Lexikografische Zeichen

~ Die Tilde (= Wiederholungszeichen) steht für das Stichwort innerhalb des Eintrags:

pila³ ⟨ae⟩ F ||pilus¹||
1. Ball *zum Spielen*; …; **mea ~ est** ich habe gewonnen; **claudus pilam** der Lahme mit dem

Süden meridies, -ei *m*; **nach ~** in meridiem

1,2 Hochzahlen unterscheiden Wörter gleicher Schreibung, aber verschiedener Abstammung:

pilus¹ ⟨ī⟩ M ||pila³||
pīlus² ⟨ī⟩ M ||primipilus||

A B C Verschiedene Wortarten (z. B. Substantiv, Adjektiv, Adverb) bzw. die transitive oder intransitive Verwendung eines Verbs sind durch Großbuchstaben in dunkelgrauen Kästchen gegliedert:

nam-que
A ADV wahrlich, freilich
B KONJ denn; nämlich

früh
A ADJ *(frühzeitig)* maturus, -a, -um
B ADV *(am Morgen)* mane, prima luce

HINWEISE FÜR DIE BENUTZER

① ② ③ Übersetzungen mit stark unterschiedlicher Bedeutung sind durch arabische Zahlen in hellgrauen Kästchen gegliedert:

mūrex ⟨mūricis⟩ M̄
① (*nachkl.*) Purpurschnecke *mit stacheliger Schale*
② *essbare* Stachelschnecke
③ (*nachkl.*) meton Purpurfarbe
④ *fig* Spitziges, Fußangel
⑤ Schneckenschale als Tritonshorn

belegen
① (*beweisen*) probare, -o, -avi, -atum *1.*
② (*Sitzplatz usw.*) occupare, -o, -avi, -atum *1.*

; Der Strichpunkt trennt Übersetzungen, die sich in der Bedeutung unterscheiden:

recuperātiō ⟨recuperātiōnis⟩ F̄ ||recuperare||
Wiedererlangung; Wiedergutmachung; ~ **libertatis** Wiedererlangung der Freiheit

, Das Komma verbindet sehr ähnliche Übersetzungen:

quaestūra ⟨ae⟩ F̄ ||quaestor||
① Quästur, Amt des Quästors

/ Der Schrägstrich steht zwischen gleichwertigen Alternativen:

anschlagen affigere, -figo, -fixi, -fixum *3.* (**an etw** alicui rei/ad aliquid)

= Das Gleichheitszeichen zeigt die Schreibvarianten eines Stichwortes:

Āppulia ⟨ae⟩ F̄ = **Apulia**

↔ Dieses Zeichen verweist auf Wörter mit gegensätzlicher Bedeutung (= Antonyme):

āctīvus ⟨a, um, *adv* āctīvē⟩ ADJ ||agere|| (*nachkl.*)
tätig, aktiv; **vita activa** PHIL tätiges Leben; ↔ contemplativus

ā, ē, ī,
ō, ū, ȳ Im Stichwort zeigt das Längezeichen über einem Vokal an, dass die betreffende Silbe von Natur aus lang ist.

o͡e, e͡i, e͡u Der Bogen über zwei Vokalen zeigt an, dass die Vokale zusammengezogen als Doppellaut (= Diphthong) zu sprechen sind.

→ Der Pfeil bedeutet **siehe**:

Mūs ⟨Mūris⟩ M̄ *röm. Beiname in der gens Decia*; → Decius

7 Zusatzinformationen zum Lernen

Die Orientierung in langen Stichwortartikeln wird außerordentlich erleichtert durch eine blau unterlegte Inhaltsübersicht am Kopf des Eintrags. In ihr sind nur Grundbedeutungen angegeben; weitere oder spezielle, durch den Kontext bedingte Übersetzungen, Erläuterungen, Beispiele usw. finden sich im Eintrag selbst unter der jeweils angegebenen Ziffer:

---

novus ⟨a, um, *adv* novē⟩ ADJ

1 neu, bisher nicht da gewesen
2 ungewöhnlich, sonderbar
3 unerfahren in
4 neu, verändert
5 äußerster, letzter
6 neuerdings, vor Kurzem

---

1 neu, bisher nicht da gewesen; **amicus** ~ neuer Freund; (**miles**) ~ Rekrut; **maritus** ~

Stichwörter und Wendungen, die zum lateinischen Grundwortschatz gehören, sind in Rot hervorgehoben:

flamma ⟨ae⟩ F

Lateinische Zitate erscheinen nach einem Ausrufezeichen ❗. Die Zitate sind mit einer Übersetzung und Erklärung versehen, sofern notwendig, sowie mit der Quellenangabe, falls überliefert. Die Auswahl der Zitate ist freilich subjektiv, dennoch wurde viel Wert auf die Aktualität dieser lateinischen Redewendungen gelegt:

citus² ⟨a, um, *adv* citō⟩ ADJ ||ciere|| schnell, geschwind; **eques** ~ Eilbote zu Pferd; **homo cito sermone** schlagfertiger Mensch
❗ **Citius, altius, fortius.** *Schneller, höher, stärker. Grundsatz sowohl der antiken als auch der neuzeitlichen Olympischen Spiele*

quot *indekl*
1 *interrogativ, adj, selten subst* wie viele?; **quot cives?** wie viele Bürger?
2 *relativ* wie viele; **tot ... quot** so viele ... wie; **toties ... quot** so oft ... wie
❗ **Quot homines, tot sententiae.** *Ter.* So viele Menschen, wie es gibt, so viele Meinungen gibt es.

Durch farbige Illustrationen werden verschiedene Aspekte aus dem römischen Leben, der Geschichte Roms und seiner Mythologie erläutert und visualisiert:

caligae – Soldatenschuhe

Apollo – Gott der Weissagung

Die Info-Fenster stellen wichtige sprachliche und kulturelle Besonderheiten vor. Sie befinden sich in beiden Wörterverzeichnissen unmittelbar vor oder nach dem Stichwort, auf das sie sich beziehen. Sie erhalten Hinweise zu 6 Themengebieten (römisches Leben, Wortschatz, Mythologie, Geschichte, Sprachgebrauch und Grammatik bzw. Metrik) und sind nach Kategorien farblich unterschieden. Ein nach Stichwörtern alphabetisch geordnetes Verzeichnis der Info-Fenster und Illustrationen befindet sich auf S. 1233.

Die römische Komödie

Die **fabula palliata**, Theater nach griechischer Art, war seit 240 v. Chr. sehr beliebt, besonders die bis heute erhaltenen Werke von **Plautus** und **Terenz**. Der Name ist von **pallium**, dem Mantel der griechischen Schauspieler, abgeleitet. Die Handlung war in griechischem Milieu angesiedelt und es traten griechische Hauptfiguren auf. Komödien mit römischen Inhalten (**fabula togata**) wurden ebenfalls aufgeführt; von ihnen sind aber nur noch ein paar Bruchstücke erhalten.

WORTSCHATZ

 wohin

Auf die Frage „wohin?" stehen in der Regel **in** (in … hinein) oder **ad** (zu … hin) mit dem Akkusativ.

Hostes in castra fugiunt.	Die Feinde flüchten sich in ihr Lager.
Ad Ciceronem venit.	Er kommt zu Cicero.

Bei Städten und kleinen Inseln steht allerdings meist Akkusativ <u>ohne</u> **in**:

Neapolim veniam.	Ich werde nach Neapel kommen.

Aber:

in Siciliam / Galliam venire	nach Sizilien / Gallien kommen

Ad mit Städtenamen bedeutet „in die Gegend von"

Ad Romam venerunt.	Sie kamen in die Gegend von Rom.

GRAMMATIK

Das Weiterleben lateinischen Wortschatzes

Das Lateinische fand in mehreren Phasen von der Antike über das Mittelalter, die Zeit des Humanismus oder das 19. Jahrhundert (Entwicklung der modernen Wissenschaften) bis in die heutige Zeit direkten Eingang ins Deutsche. Zum Teil erfolgte die Übernahme lateinischen Sprachguts aber auch indirekt über andere Sprachen, beispielsweise über das Französische, das im 17. und 18. Jahrhundert die Sprache der führenden Nation Europas und eine europaweit bevorzugte Sprache der gebildeten Schichten war, oder über das Italienische – vor allem im Bereich der Künste, aber auch des Kaufmännischen.

Ein großer Teil der Fremd- und Lehnwörter, die im Deutschen Verwendung finden, hat lateinische Wurzeln. Deshalb ermöglicht die Kenntnis lateinischer Wörter ein besseres Verständnis der eigenen Sprache. Die Aufnahme von Fremd- und Lehnwörtern mit lateinischem Ursprung in das Wörterbuch bot sich daher an, um die Lernenden dabei zu unterstützen, diese Wörter besser zu verstehen und richtig anzuwenden. Eine Auswahl kann bei der großen Zahl lateinischstämmiger Wörter im Deutschen stets nur subjektiv sein. Ein besonderes Augenmerk lag auf der Wahl möglichst gebräuchlicher Wörter, die eine sinnvolle Erweiterung des Wortschatzes ermöglichen:

> re-sīdere² ⟨sīdō, sēdī, sessum 3.⟩
> **1** sich setzen, sich niederlasen
> **2** *fig* sich senken, sinken; **montes resīdunt** Berge senken sich
> **3** *(nachkl.) fig* sich zurückziehen
> **4** *fig* nachlassen; **ardor resīdit** die Glut erkaltet
> ▶ deutsch: **Residenz**

Eine zusätzliche Unterstützung beim vernetzten Lernen anderer moderner Fremdsprachen bieten die grün hervorgebobenen Wörter aus anderen europäischen Sprachen – Englisch, Französisch, Spanisch und Italienisch –, in denen das Über- und Weiterleben lateinischer Wörter anschaulich wird. Die ausgewählten Beispiele zeigen spannende Übereinstimmungen bei der Übernahme lateinischen Sprachguts in die verschiedenen Sprachen, die den Lernenden Möglichkeiten eröffnet, sich auch andere Wörter lateinischen Ursprungs in diesen Sprachen zu erschließen. Es wird aber auch deutlich, dass in den unterschiedlichen Sprachen gelegentlich verschiedene Bedeutungen des lateinischen Wortes weiterleben, dass Wörter in ganz unterschiedlichen Wortarten weiterbenutzt werden oder bestimmte Wörter in manchen Sprachen überhaupt nicht mehr gebräuchlich sind.

Die Auswahl bezieht sich in erster Linie auf den lateinischen Grundwortschatz und führt Wörter an, die auch in den modernen Sprachen häufig vorkommen. So helfen die Kästen den Lernenden, Verbindungen zwischen den verschiedenen Sprachen differenzierter wahrzunehmen und ihren Wortschatz in anderen Sprachen sinnvoll zu erweitern:

> **costa** ⟨ae⟩ $\bar{f}$ Rippe; *pl fig* rippenartige Seitenwände *in Schiffen u. ähnlichen Hohlkörpern*
> ▶ deutsch: **Küste**
>   englisch: **coast**
>   französisch: **côte**
>   spanisch: **costa**
>   italienisch: **costa**

Abkürzungen und Symbole

A

abgek	abgekürzt
Abk	Abkürzung
abl	Ablativ
abstr	Abstraktum, abstrakt
AcI	Akkusativ mit Infinit
A̅D̅J̅, *adj*	Adjektiv, adjektivisch gebraucht
A̅D̅V̅, *adv*	Adverb, adverbial gebraucht
advers	adversativ
akk	Akkusativ
altl.	altlateinisch
Apul.	L. Apuleius
ARCH	Architektur
ASTR	Astronomie
AT	Altes Testament

B

belg.	belgisch
BOT	Botanik
bes	besonders

C

Caes.	C. Julius Caesar
Catul.	C. Valerius Catullus
chr.	christlich
Cic.	M. Tullius Cicero
Com.	Komiker
Curt.	Q. Curtius Rufus

D

dat	Dativ
D̅E̅M̅ P̅R̅, *dem pr*	Demonstrativpronomen
dir	direkt
dopp	doppelt

E

eccl.	Kirchenlatein
erg.	ergänze
etrusk.	etruskisch
euph	euphemistisch
Eutr.	Eutropius

F
F̄, f	Femininum, weiblich
fig	figurativ, bildlich
fut	Futur

G
gall.	gallisch
Gell.	A. Gellius
gen	Genitiv
GEOM	Geometrie
ger	Gerundium
germ.	germanisch
GRAMM	Grammatik
griech.	griechisch

H
hebr.	hebräisch
Hor.	Q. Horatius Flaccus
hum	humorvoll, scherzhaft

I
iber.	iberisch
imp	Imperativ
imperf	Imperfekt
ind	Indikativ
INDEF PR, indef pr	Indefinitpronomen
indekl	indeklinabel
indir	indirekt
inf	Infinitiv
INT, int	Interjektion
iron	ironisch
ital.	italisch
Juv.	D. Iunius Iuvenalis

J
j-d	jemand
j-s	jemands
j-m	jemandem
j-n	jemanden
JUR	Rechtswesen

K

kelt.	keltisch
K̄ŌN̄J̄, *konj*	Konjunktion
konjkt	Konjunktiv
klass.	klassisch
komp	Komparativ
konkr.	konkret

L

Lat., lat.	Latein, lateinisch
LIT	literarisch
Liv.	T. Livius
log.	logisch
Lucr.	T. Lucretius Carus

M

M̄, *m*	Maskulinum, männlich
MA	Mittelalter
Mart.	M. Valerius Martialis
MATH	Mathematik
MED	Medizin
meton	übertragen gebraucht
METR	Metrik
MIL	Militär
mlat.	mittellateinisch
MUS	Musik
MYTH	Mythologie

N

N̄, *n*	Neutrum, sächlich
n.	nördlich
nachkl.	nachklassisch
Ncl	Nominativ mit Infinitiv
Nep.	Cornelius Nepos
nlat.	Neulatein
nö.	nordöstlich
nom	Nominativ
N̄ŪM̄, *num*	Zahlwort
N̄ŪM̄ ĀD̄V̄, *num adv*	Zahladverb
N̄ŪM̄ C̄ĀR̄D̄, *num card*	Kardinalzahl
N̄ŪM̄ ŌR̄D̄, *num ord*	Ordinalzahl
NT	Neues Testament

nw.	nordwestlich

O

O	Osten
ö.	östlich
od	oder
orient.	orientalisch
örtl.	örtlich
Ov.	P. Ovidius Naso

P

PART	Partizip
patriz.	patrizisch
pej	pejorativ
perf	Perfekt
pers	A. Flaccus Persius
Pers.	persönlich
PERS PR, *pers pr*	Personalpronomen
Petr.	T. Petronius
Phaedr.	Phaedrus
PHIL	Philosophie
PL, *pl*	Plural
Plaut.	T. Maccius Plautus
pleb.	plebejisch
Plin.	G. Plinius Caecilius Secundus
poet	poetisch
POL	Politik
POSS PR, *poss pr*	Possesivpronomen
PPERF	Partizip Perfekt
PPP	Partizip Perfekt Passiv
PPR	Partizip Präsens
PRÄF	Präfix
PRÄP	Präposition
präs	Präsens
Prop.	Sextius Propertius

Q, R

Quint.	M. Fabius Quintilianus
REFL PR, *refl pr*	Reflexivpronomen
RELIG	Religion
REL PR, *rel pr*	Relativpronomen
RHET	Rhetorik

röm.	römisch

S

S, s.	Süden, südlich
Sall.	G. Sallustius Crispus
SCHIFF	Schifffahrt
schriftl.	schriftlich
Sen.	L. Annaeus Seneca
S̄Ḡ, *sg*	Singular
sö.	südöstlich
spätl.	spätlateinisch
Subst, subst	Substantiv, substantivisch
Suet.	G. Suetonius Tranquillus
S̄ŪF̄	Suffix
sup	Superlativ
sw.	südwestlich

T

Tac.	P. Cornelius Tacitus
Ter.	P. Terentius Afer
Tert.	Q. Septimius Tertullianus
Tib.	Albius Tibullus

U

u.	und
unkl.	unklassisch
unpers	unpersönlich

V

Verg.	P. Vergilus Maro
V̄Ī	intransitives Verb
Vitr.	M. Vitruvius Pollio
vkl.	vorklassisch
vok	Vokativ
V̄T̄	transitives Verb

W, Z

W, w.	Westen, westlich
zeitl.	zeitlich
=	gleich
↔	Gegenteil von
→	siehe

Lateinisch — Deutsch

a¹ A *Abk*
1 = **Aulus**
2 = **absolvo** ich spreche frei; *daher littera salutaris*; ↔ **C** = **condemno**
3 = **antiquo** ich verwerfe einen Gesetzesantrag
4 **a. c.** = **anni currentis** *(nlat.)* laufenden Jahres
5 **a. Chr. n.** = **ante Christum natum** vor Christi Geburt
6 **a. d.** = **ante diem** *bei Datumsangaben*
7 **A. D.** = **Anno Domini** im Jahr des Herrn
8 **A et O** = **Alpha et Omega** Anfang und Ende, *erster u. letzter Buchstabe des griech. Alphabets; Symbol für Christus*
9 **a. f.** = **anni futuri** des kommenden Jahres
10 **a. m.** = **ante meridiem** *(nlat.)* Vormittag
11 **a. u. c.** = **ab urbe condita** seit Gründung Roms

ā² āh ⟨INT⟩ ach, ah, wehe

ā³, ab, abs *a vor Konsonanten, abs bei abs te*

A Präfix
1 von … ab, von … her
2 miss-, ver-

B Präposition
1 von … weg, von … her
2 von … an
3 von
4 von … weg, vor
5 vor

— **A** Präfix —

PRÄF

1 von … ab, von … weg; **ab-ducere** ab-führen, weg-führen; **abs-cedere** ab-gehen, weg-gehen
2 miss-, ver-, un-; **ab-uti** miss-brauchen; **ab-sumere** verbrauchen; **ab-similis** un-ähnlich

— **B** Präposition —

PRÄP +abl

1 *örtl.* von … weg, von … her; **ab urbe venire** von der Stadt kommen; **omnes portūs ab Ostia ad Tarentum** alle Häfen von Ostia bis Tarent; **a duobus milibus passuum** in einem Abstand von zwei Meilen; **ab oriente** im Osten; **a fronte et a sinistra parte** (von) vorne und (von) links; **a Romanis ducenti** von/bei den Römern zweihundert; **stare/esse ab aliquo** auf j-s Seite stehen; **hoc est a me dies** spricht für mich; **pendēre ab arbore** am/vom Baum hängen
2 *zeitl.* von … an; **a principio** von Anfang an; **a pueris** von Kindheit an; **a cenis** gleich nach dem Abendessen
3 *fig zur Angabe des Urhebers, Ursprungs, Motivs* von; **ab hoste capi** von Feind gefangen werden; **ab Hercule genus ducere** von Herkules abstammen; **ab aliquo appellari** nach j-m benannt werden; **ab omni re** in jeder Hinsicht; **ira ab accepta clade** Wut über die erlittene Niederlage
4 *Ausdruck der Trennung* von … weg, vor; **a scelere abhorrere** vor einem Verbrechen zurückschrecken
5 *in Ausdrücken des Schützens* vor; **defendere aliquem ab aliquo** j-n vor j-m verteidigen; **liberare aliquem ab aliquo** j-n von j-m befreien
6 *in besonderen Wendungen*; **solvo a me** ich bezahle aus eigenen Mitteln; **solvere ab aliquo** auf j-s Anweisung bezahlen; **servus a pedibus** Eilbote; **servus ab epistulis** Geheimschreiber
⚠ **Ab ovo (Ledae incipere)** *Hor.* Vom Ei an (vom Ei der Leda beginnen) = *ganz von Anfang an*

abāctus¹ ⟨abāctūs⟩ M ||abigere|| *Plin.* gewaltsames Wegtreiben

ab-āctus² ⟨a, um⟩ PPP → **abigere**

abacus ⟨ī⟩ M
1 Tischplatte; *meton* Tisch
2 *(nachkl.)* Spielbrett *für Stein- u. Würfelspiele*
3 *poet* Rechenbrett
4 *Vitr.* Steinplatte, Kapitellabdeckplatte
▶ *deutsch:* **Abakus**

a-baetere ⟨a-baetō, -, - 3.⟩ = **abitere**

ab-aliēnāre ⟨ab-aliēnō, āvī, ātum 1.⟩
1 veräußern, abtreten, **agros** Felder
2 *Liv. fig* berauben, *aliquem re* j-n einer Sache; **aliquem iure civium ~** j-m das Bürgerrecht wegnehmen
3 abtrünnig machen, entfremden, *aliquem ab aliquo/alicui* j-n jdm

abaliēnātiō ⟨abaliēnātiōnis⟩ F ||abalienare|| Veräußerung

abaliēnātus ⟨a, um⟩ ADJ ||abalienare|| abtrünnig; abgestorben; **membra abaliēnata** abgestorbene Glieder

Abantēus ⟨a, um⟩ ADJ des Abas

Abantiadēs ⟨Abantiadae⟩ M Sohn des Abas, Nachkomme des Abas

Abās ⟨Abantis⟩ M König in Argos, Vater des Akrisios (*Acrisius*) u. Großvater der Danae

ab-avus ⟨ī⟩ M Urgroßvater, Ahnherr

abbās ⟨abbātis⟩ M *biblische Gebetsanrede* Vater, *davon (eccl.)* Abt

abbātia ⟨ae⟩ F *(eccl.)* Abtei

abbātissa ⟨ae⟩ F̄ (eccl.) Äbtissin
ab-bītere ⟨ab-bītō, - 3.⟩ = **abitere**
abbreviātūra ⟨ae⟩ F̄ (mlat.) Abkürzung
Abdēra ⟨ōrum⟩ N̄ Stadt in Thrakien, Geburtsort des Demokrit, Einwohner bekannt u. verspottet wegen ihrer Kleinstädterei wie Schilda
ab-dere ⟨dō, didī, ditum 3.⟩
① weggeben, entfernen; **copias ab eo loco ~** die Truppen von diesem Ort abziehen
② **se ~** sich zurückziehen, **in bibliothecam** in die Bibliothek
③ verstecken, verbannen; **aliquem in insulam ~** j-n auf eine Insel verbannen; **caput ~** das Haupt bedecken
④ tief hineinstoßen, **ensem lateri** das Schwert in die Seite
Abdērītēs ⟨Abdērītae⟩ M̄ Abderit, Schildbürger
ab-dicāre ⟨ab-dicō, āvī, ātum 1.⟩
① lossagen, **se tutelā** sich von der Unterhaltspflicht
② (nachkl.) verstoßen; abschaffen; **filium ~** seinen Sohn verstoßen
③ niederlegen, aufgeben; **~ munus/se a munere** abdanken, ein Amt niederlegen
abdicātiō ⟨abdicātiōnis⟩ F̄ ||abdicare|| (nachkl.) Niederlegung (eines Amtes); Enterbung; **~ dictaturae** Niederlegung der Diktatur
ab-dīcere ⟨dīcō, dīxī, dictum 3.⟩ absagen, untersagen; **aves abdicunt aliquid** Auguralsprache die Vögel raten von etw ab, die Zeichen stehen für etw ungünstig
ab-didī → **abdere**
abdita ⟨ōrum⟩ N̄ ||abditus|| poet entlegene Räume, Geheimnisse
abditīvus ⟨a, um⟩ ADJ ||abditus|| Plaut. entfernt
abditus ⟨a, um⟩ ADJ ||abdere|| entfernt, verborgen
abdōmen ⟨abdōminis⟩ N̄ Bauch, Wanst
ab-dūcere ⟨dūcō, dūxī, ductum 3.⟩
① wegführen, entführen, **Romā Neapolim** von Rom nach Neapel; **uxorem a marito ~** die Gattin vom Gatten entfernen, die Gattin dem Gatten entführen
② fig abbringen, befreien; **mors homines a malis abducit** der Tod befreit die Menschen von den Übeln; **se ~** sich zurückziehen
③ fig erniedrigen, **artem ad quaestum** die Kunst zum bloßen Erwerb
④ fig abspenstig machen, verleiten; **cives a fide ad licentiam ~** die Bürger von der Treue zur Zügellosigkeit verführen
ab-ēgī → **abigere**
Abella ⟨ae⟩ F̄ Stadt in Kampanien mit bedeutender Obstkultur, heute Avella
Abellānus ⟨a, um⟩ ADJ aus Abella, von Abella
Abellānus ⟨ī⟩ M̄ Abellaner
ab-equitāre ⟨ō, āvī, ātum 1.⟩ Liv. wegreiten
ab-errāre ⟨ō, āvī, ātum 1.⟩ (vkl., nachkl.)
① sich verirren, abkommen, absolut od re/a re von etw
② fig abweichen, abschweifen, **a regula** von der Regel, **a sententia** von seiner Meinung
③ fig sich irren, re in einer Sache, **coniecturā** in seiner Vermutung
④ Suet. fig zerstreut sein
aberrātiō ⟨aberrātiōnis⟩ F̄ ||aberrare|| Ablenkung, Zerstreuung, **a dolore** vom Schmerz, **a molestiis** vom Ärger

---

ab-esse ⟨absum, āfuī, - 0.⟩

① abwesend sein, weg sein
② entfernt sein
③ nicht helfen
④ fehlen
⑤ unpassend sein
⑥ frei sein
⑦ verschieden sein, sich unterscheiden
⑧ weit entfernt sein

---

① örtl. abwesend sein, weg sein, absolut od a re/re/ ex re von etw; **ab urbe ~** von der Stadt (Rom) weg sein
② fig entfernt sein, a re/re von etw; **frumenta non multum a maturitate absunt** das Getreide ist bald reif; **prope ~ a re** nicht weit entfernt sein von etw, einer Sache nahe sein; **a spe ~** fern jeder Hoffnung sein; **litteris ~** den Wissenschaften fern stehen, sich nicht mit den Wissenschaften beschäftigen
③ nicht helfen, alicui/ab aliquo j-m
④ fehlen, alicui/ab aliquo j-m, alicui rei/a re einer Sache
⑤ unpassend sein, a re für etw; **aliquid abest a principis persona** etw passt nicht zur Person des Fürsten
⑥ frei sein, a re von etw **prope a culpa ~** nicht ganz frei von Schuld sein
⑦ verschieden sein, sich unterscheiden, a re von etw
⑧ formelhaft weit entfernt sein; **multum abest, ut** es fehlt viel, dass; **non multum abest, quin** es fehlt nicht viel, dass; **tantum abest, ut te laudem, ut te vituperem** weit davon entfernt, dich zu loben, tadle ich dich vielmehr; **paulum aberat, quin rex ipse caperetur** es fehlte nur wenig und der König selbst wäre in Gefangenschaft geraten; **absit verbo invidia!** nimm es mir nicht übel, nehmt es mir nicht übel
ab-fore, ab-forem → **abesse**

ab-hibēre ⟨eō, -, - 2.⟩ ||habere|| *Plaut.* vom Leib halten

ab-hinc ADV
1. (nachkl.) *poet, örtl.* von hier
2. *zeitl.* von jetzt an; jetzt vor; **~ viginti annos** vor nunmehr zwanzig Jahren; **~ triginta diebus** vor nunmehr dreißig Tagen; **~ triennium** vor drei Jahren

ab-horrēns ⟨abhorrēntis⟩ ADJ ||abhorrere|| fremd, abweichend; *Liv.* unpassend; **vestrae abhorrentes lacrimae** *Liv.* eure unangebrachten Tränen

ab-horrēre ⟨eō, uī, - 2.⟩
1. zurückschrecken, verabscheuen; **~ caedela caede** vor einem Mord zurückschaudern
2. widerstreben, zuwiderlaufen, *re|a re|alicui rei* einer Sache, *re* durch etw, in etw; **~ a fide** unglaublich sein; **~ inter se** einander widersprechen

ab-icere ⟨iciō, iēcī, iectum 3.⟩ ||iacere||
1. hinwerfen, wegwerfen; **anulum in mare ~** einen Ring ins Meer werfen
2. *fig* verschleudern, nachlässig hinwerfen; **pecuniam ~** Geld verschleudern; **aliquem ~** j-n fallen lassen
3. herabwerfen, niederwerfen; **se de muro in mare ~** sich von der Mauer ins Meer stürzen; **se alicuiad pedes alicuius ~** sich j-m zu Füßen werfen; **hostem ~** einen Feind niederstrecken
4. *fig* entmutigen, schwächen; **auctoritatem alicuius ~** j-s Autorität schwächen; **se ~** sich aufgeben; **intercessorem ~** einen Vermittler zum Schweigen bringen

abiectiō ⟨abiectiōnis⟩ F ||abicere|| Aufgeben; *fig* Entmutigung

ab-iectus ⟨a, um, *adv* abiectē⟩ ADJ ||abicere||
1. schwunglos, prosaisch; **oratio abiecta** farblose Rede
2. mutlos, verzagt; **casum abiecte ferre** einen Schicksalsschlag würdelos tragen
3. niedrig, gemein; **homo ~** gemeiner Mensch; **abiectius nati sunt** sie sind von niedrigerer Herkunft

abiēgnus ⟨a, um⟩ ADJ ||abies|| aus Tannenholz

abiēs ⟨abietis⟩ F
1. (unkl.) Tanne
2. *meton* aus Tannenholz gefertigter Gegenstand; *poet* Schiff; Lanze, Speer

ab-igere ⟨igō, ēgī, āctum 3.⟩ ||agere||
1. wegtreiben, wegjagen
2. (raubend) wegtreiben
3. durch *Arzneimittel* abtreiben, vertreiben; **sibi partum ~** die Schwangerschaft abbrechen
4. *fig* verscheuchen, abschrecken; **curas ~** die Sorgen verscheuchen; **conscientiā abigi** durch das Gewissen abgeschreckt werden

ab-iī → abire

ab-iicere = abicere

abīn' = **abis-ne**; → abire

ab-īre ⟨eō, iī, itum 0.⟩
1. fortgehen, weggehen, **ex patria in alienas terras** von der Heimat in fremde Länder; +*Supin* **exulatum ~** in die Verbannung gehen; **abi!** *Com.* hau ab!; **~ in malum cruciatum** sich zum Henker scheren, sich zum Teufel scheren; **~ victor e certamine** aus dem Wettkampf als Sieger hervorgehen
2. *fig* von einem Amt zurücktreten, **consulatu** vom Konsulat
3. *fig* wegkommen, davonkommen; **res abit ab aliquo** bei Auktionen die Sache entgeht j-m; **~ inultus** ungestraft davonkommen; **hoc tibi non sic abibit** *Catul.* damit wirst du so nicht durchkommen
4. *fig* abgehen, abweichen, **ab incepto** vom Vorhaben, **a iure** vom Recht
5. *fig* aufhören, schwinden; **tempus abit** die Zeit vergeht; **gloria abit** das Andenken schwindet; **pretium abit** der Wert sinkt
6. *fig* zu/in *etw* übergehen; **res abit a consilio ad vires** die Angelegenheit geht von kluger Überlegung zu Gewalt über

⚠ **Abiit non obiit.** *Cic.* Er/sie ist weggegangen, nicht zugrunde gegangen. *Inschrift auf Grabsteinen*

ā-bītere ⟨ō, -, - 3.⟩ ||abire|| *Plaut.* weggehen

abitiō ⟨abitiōnis⟩ F ||abire|| *Com.* Weggang

ab-itum PPP → abire

abitus ⟨abitūs⟩ M ||abire|| Abreise, Abzug; *meton* Ausweg

ab-iūdicāre ⟨ō, āvī, ātum 1.⟩ richterlich aberkennen, absprechen, *aliquid ab aliquo|alicui* etw j-m; ↔ adiudicare

ab-iungere ⟨iungō, iūnxī, iūnctum 3.⟩
1. *poet* ausspannen, **equos** die Pferde
2. *fig* trennen, entfernen

ab-iūrāre ⟨ō, āvī, ātum 1.⟩ abschwören, verleugnen

ablatīvus ⟨i⟩ M GRAM Ablativ

ab-lātus ⟨a, um⟩ PPP → auferre

ab-lēgāre ⟨ō, āvī, ātum 1.⟩ wegschicken, entfernen; *Liv.*, MIL abkommandieren

ablēgātiō ⟨ablēgātiōnis⟩ F ||ablegare|| (nachkl.) Entsendung; **~ iuventutis ad bellum** *Liv.* die Entsendung der Jugend in den Krieg

ab-ligurrīre ⟨ō, īvī, ītum 4.⟩ verprassen; (nachkl.) ablecken

ab-locāre ⟨ō, āvī, ātum 1.⟩ *Suet.* verpachten, vermieten

ab-lūdere ⟨ō, -, - 3.⟩ im Ton abweichen; *Hor.* j-m unähnlich sein, zu j-m nicht passen, *ab aliquo*

ablativus – Ablativ

Der Ablativ besitzt drei verschiedene Funktionen:

ablativus separationis (*Trennung: woher?, wovon?*)	**urbe** – aus der Stadt
ablativus instrumentalis (*Mittel, Werkzeug: wodurch?*)	**baculo** – mit dem Stock
ablativus loci / temporis (*Ort: wo? / Zeit: wann?*)	**terra marique** – zu Land und auf See **eo tempore** – zu dieser Zeit

Er wird in Verbindung mit Präpositionen gebraucht, z. B. **a / ab, e / ex, de, cum** und **sine, pro, prae**. Zudem gibt es einige wenige Verben, die den Ablativ regieren. Die wichtigsten aus dieser Gruppe sind:

frui	genießen
fungi	verwalten, verrichten
niti	sich stützen
potiri	sich ermächtigen
uti	benutzen
vesci	sich ernähren

GRAMMATIK

ab-luere ⟨luō, luī, lūtum 3.⟩ ||lavare||
1 abwaschen; *fig* beseitigen; **pedes Ulixi ~** dem Odysseus die Füße waschen; **lacrimas ~** die Tränen abwischen
2 (*vkl., nachkl.*) fortspülen, mit sich fortführen
3 (*eccl.*) taufen

abn. *Abk in Inschriften* = **abnepos** Ururenkel

ab-negāre ⟨ō, āvī, ātum 1.⟩ (*nachkl.*) *poet* abschlagen, verweigern

ab-nepōs ⟨abnepōtis⟩ M ||abnepos|| (*nachkl.*) Ururenkel

abneptis ⟨abneptis⟩ F ||abnepos|| (*nachkl.*) Ururenkelin

Abnoba ⟨ae⟩ M (*erg.* **mons**) Schwarzwald *einschließlich Rauhe Alb*

ab-noctāre ⟨ō, āvī, ātum 1.⟩ (*nachkl.*) auswärts übernachten

ab-nōrmis ⟨abnōrme⟩ ADJ *Hor.* von der Regel abweichend, keiner Schule angehörend
▶ *deutsch:* **abnorm**

ab-nuere ⟨nuō, nuī, nuitūrus 3.⟩
1 (*vkl.*) *poet* abwinken, +AcI
2 verweigern; verschmähen; **pacem ~** den Frieden verschmähen; **imperium alicuius ~** j-s Oberbefehl zurückweisen, j-m den Gehorsam verweigern
3 leugnen, +*inf*/+*AcI*, *verneint* +*quin* dass

abnūtāre ⟨ō, āvī, ātum 1.⟩ ||abnuere|| (*vkl., spätl.*) heftig abwinken, ablehnen

ab-olēre ⟨eō, ēvī, itum 2.⟩ (*nachkl.*) *poet* zerstören; abschaffen; **monumenta ~** Denkmäler zerstören; **magistratum ~ alicui** j-m ein Amt abnehmen

ab-olēscere ⟨olēscō, olēvī, - 3.⟩ (*nachkl.*) *poet* verschwinden, erlöschen; **memoria alicuius rei abolescit** die Erinnerung an etw schwindet

ab-olēvī → abolere *u.* → abolescere

abolitiō ⟨abolitiōnis⟩ F ||abolere|| (*nachkl.*) Abschaffung; Amnestie; **~ sententiae** Unterdrückung der Meinung

ab-olitus ⟨a, um⟩ PPP → abolere

abolla ⟨ae⟩ F (*vkl., nachkl.*) dichter Umhang, Wintermantel

ab-ōmināre ⟨ō, āvī, -. 1.⟩ (*unkl.*), **ab-ōminārī** ⟨or, ātus sum 1.⟩ verwünschen, verabscheuen; **quod abominor!** was Gott verhüte!; **abominandus** verabscheuungswürdig

Aborīginēs ⟨Aborīginum⟩ M ||ab origine|| Aboriginer, *sagenhaftes Stammvolk der Latiner*

ab-orīrī ⟨orior, ortus sum 4.⟩ (*unkl.*) untergehen, vergehen; ↔ oriri

aborīscī ⟨orīscor, - 3.⟩ ||aboriri|| vergehen

abortiō ⟨abortiōnis⟩ F ||aboriri|| Fehlgeburt, Frühgeburt

abortīvum ⟨ī⟩ N ||abortivus|| Abtreibungsmittel

abortīvus ⟨a, um⟩ ADJ ||aboriri|| (*nachkl.*) *poet* zu früh geboren

abortus ⟨abortūs⟩ M ||aboriri|| Fehlgeburt, Frühgeburt; **~ artificialis** (*nlat.*) Schwangerschaftsabbruch

ab-rādere ⟨rādō, rāsī, rāsum 3.⟩ abkratzen, abscheren; *fig* abpressen

abrāsiō ⟨abrāsiōnis⟩ F ||abradere|| (*eccl.*) Abscheren; (*nlat.*) MED Ausschabung *bes der Gebärmutter*

ab-ripiō ⟨ripiō, ripuī, reptum 3.⟩ ||rapere||

wegreißen; entführen; **~ e complexu parentum** den Armen der Eltern entreißen; **~ in vincula** ins Gefängnis schleppen; **ad quaestores ~** vor die Quästoren zerren; **se ~** sich aus dem Staub machen; **pavor aliquem abripit** die Angst reißt j-n fort

ab-rogāre ⟨ō, āvī, ātum 1.⟩
1 durch Volksbeschluss wegnehmen; *fig* entziehen; **alicui magistratum ~** j-m ein Amt wegnehmen; **alicui fidem ~** j-m die Treue entziehen
2 durch Volksbeschluss abschaffen; *fig* beseitigen; **legem ~** ein Gesetz aufheben, ein Gesetz abschaffen

abrogātiō ⟨abrogātiōnis⟩ F ‖abrogare‖ Aufhebung eines Gesetzes durch Volksbeschluss

abrotonum ⟨ī⟩ N̄, **abrotonus** ⟨abrotonūs⟩ F (nachkl.) poet Stabwurz, Eberwurz, *Gewürz- u. Arzneipflanze, Distelart*

ab-rumpere ⟨rumpō, rūpī, ruptum 3.⟩
1 abreißen, losreißen, *aliquid re/a re* etw von etw; **se ~** sich losreißen
2 (nachkl.) poet mit Gewalt trennen, zerreißen; **vincula ~** die Fesseln sprengen; **venas ~** die Adern öffnen; **ordines ~** die Reihen durchbrechen; **pontem ~** die Brücke abreißen; **abruptis procellis** nach dem Losbrechen des Sturmes
3 *fig* gewaltsam abbrechen, plötzlich abbrechen; **vitam ~** dem Leben ein Ende machen; **somnos ~** Träume verscheuchen; **iter ~** den Marsch abbrechen; **spem ~** eine Hoffnung vereiteln; **fas ~** göttliches Recht verletzen; **fidem ~** die Treue brechen

abruptiō ⟨abruptiōnis⟩ F ‖abrumpere‖ Abbruch; *fig* Ehebruch

abruptum ⟨ī⟩ N ‖abruptus‖ steile Höhe; schroffe Tiefe, Abgrund; *fig* Verderben

abruptus ⟨a, um, *adv* abruptē⟩ ADJ ‖abrumpere‖ (nachkl.)
1 poet abschüssig, steil abfallend
2 RHET schroff, ohne Einleitung
3 *vom Charakter* trotzig, unbeherrscht; **abrupte agere** übereilt handeln
▶ deutsch: abrupt

abs → a³ u. → absque

abs-cēdere ⟨cēdō, cessī, cessum 3.⟩
1 weggehen, sich zurückziehen, *absolut od ab aliquo* von j-m, *a re/de re/re* von etw, *ex re* aus etw
2 (unkl.) weichen, schwinden
3 *fig* aufgeben, *re* etw, **obsidione** die Belagerung
4 (vkl., nachkl.) *fig* wegfallen, verloren gehen; **urbes regno abscedunt** Städte gehen dem Reich verloren

abscessiō ⟨abscessiōnis⟩ F ‖abscedere‖ Zurückweichen, Abnahme

abscessus ⟨abscessūs⟩ M ‖abscedere‖ Weggang, Abzug

abs-cīdere ⟨cīdō, cīdī, cīsum 3.⟩ ‖caedere‖
1 abhauen, abschneiden, **caput** das Haupt
2 *fig* trennen, **exercitum in duas partes** das Heer in zwei Teile
3 (nachkl.) *fig* entziehen, wegnehmen, **alicui aquam** j-m die Zufuhr von Wasser

ab-scidī → abscindere
abs-cīdī → abscidere

ab-scindere ⟨scindō, scidī, scissum 3.⟩
1 abreißen, losreißen, *aliquid a re/de re/re* etw von etw; **tunicam a pectore ~** die Tunika vom Leib reißen; **venas ~** die Adern öffnen; *passiv +griech. akk* **abscissa comas** Verg. mit zerrauften Haaren
2 (nachkl.) *fig* trennen, **inane soldo** das Eitle vom Wahren, die Spreu vom Weizen
3 (nachkl.) *fig* abschneiden, entziehen; **reditum ~** den Rückweg abschneiden

abscīsus ⟨a, um, *adv* abscīsē⟩ ADJ ‖abscidere‖
1 (nachkl.) schroff, steil
2 RHET abgebrochen, kurz angebunden

abs-condere ⟨condō, condī/condidī, conditum 3.⟩
1 verbergen, verstecken
2 (nachkl.) *fig* einhüllen, dem Blick entziehen; **fumus caelum abscondit** der Rauch verdeckt den Himmel
3 *fig* verheimlichen

absconditus ⟨a, um, *adv* absconditē⟩ ADJ ‖abscondere‖
1 versteckt, verborgen
2 *fig* heimlich
3 *fig* tiefgründig

absēns ⟨absentis⟩ ADJ ‖abesse‖ abwesend, in der Ferne; **aliquo absente** in j-s Abwesenheit

absentia ⟨ae⟩ F ‖absens‖ Abwesenheit; *Quint.* Fehlen, Mangel; **~ testimoniorum** Mangel an Beweisen
▶ deutsch: Absenz

absentīvus ⟨a, um⟩ ADJ ‖absens‖ *Petr.* länger abwesend

ab-silīre ⟨iō, -, - 4.⟩ ‖salire‖ poet wegspringen
ab-similis ⟨absimile⟩ ADJ unähnlich, abweichend

absinthium ⟨ī⟩ N (unkl.) Wermut

absis ⟨absīdis⟩ F
1 (nachkl.) Wölbung, Segment
2 (mlat.) Apsis *in Kirchen*

ab-sistere ⟨sistō, stitī, - 3.⟩
1 weggehen, sich entfernen; **a signis ~** Fahnenflucht begehen
2 (nachkl.) poet aufhören, etw aufgeben, *re, +infl +abl ger*; **spe ~** die Hoffnung aufgeben; **~ se-**

qui/sequendo von der Verfolgung ablassen

absolūtiō ⟨absolūtiōnis⟩ F̲ ||absolvere||

① Freisprechung, Freispruch, *alicuius rei* von etw

② Vollendung, Vollständigkeit

▷ deutsch: **Absolution**

absolūtōrius ⟨a, um⟩ A̲D̲J̲ ||absolvere|| freisprechend

absolūtus¹ ⟨a, um⟩ P̲P̲P̲ → absolvere

ab-solūtus² ⟨a, um⟩ A̲D̲J̲ ||absolvere||

① vollendet, vollständig; **perfectus atque ~** sittlich vollkommen

② uneingeschränkt, unbedingt

③ **adiectivum absolutum** (*nachkl.*) GRAM Adjektiv im Positiv

▷ deutsch: **absolut**

ab-solvere ⟨solvō, solvī, solūtum 3.⟩

① (*nachkl.*) loslösen, befreien, *aliquem/aliquid re* j-n/etw von etw, *aliquem re/ab aliquo* j-n von etw/von j-m; **~ aliquem suspicione** j-n vom Verdacht befreien

② gerichtlich lossprechen, freisprechen, *aliquem alicuius rei/re/de re* j-n von etw; **aliquem iniuriarum ~** j-n von der Anklage der Gewalttätigkeit freisprechen; **capitis ~** von der Todesstrafe freisprechen

③ vollenden, vollkommen machen, **opus** ein Werk; **vitam beatam ~** ein glückliches Leben zur Vollendung bringen

④ erledigen, abfertigen *in der Rede od Erzählung*; **cetera paucis verbis ~** den Rest in wenigen Worten erzählen

⑤ Com. den Gläubiger befriedigen

⑥ (*mlat.*) Absolution erteilen

ab-sonus ⟨a, um, *adv* absonē⟩ A̲D̲J̲ (*nachkl.*) *poet* misstönend; mit *etw* nicht übereinstimmend, *a re/alicuius rei*

ab-sorbēre ⟨eō, uī, - 2.⟩

① hinunterschlucken; *fig* verschlingen

② *fig* mit sich fortreißen; ganz in Anspruch nehmen

▷ deutsch: **absorbieren**

absp... = asp...

abs-que

Ⓐ (*altl.*) = et ab; nam, **~ te esset, ego haberem** ... denn ohne deine Hilfe hätte ich ...

Ⓑ PRÄP +abl (*nachkl.*) ausgenommen, ohne; **~ Augusto** Augustus ausgenommen

ab-stāre ⟨stō, -, - 1.⟩ *poet* abseits stellen; *Plaut.* fernhalten

abs-tēmius ⟨a, um⟩ A̲D̲J̲ (*unkl.*) enthaltsam, nüchtern

abs-tentus ⟨a, um⟩ P̲P̲P̲ → abstinere

abs-tergēre ⟨tergeō, tersī, tersum 2.⟩

① abwischen, abtrocknen

② **remos ~** *Curt.*, SCHIFF die Ruder (im Vorbeisegeln) zerbrechen

③ *etw Unangenehmes* beseitigen, auslöschen, tilgen

abs-terrēre ⟨eō, uī, itum 2.⟩

① abschrecken, verjagen, **hostes saxis** die Feinde mit Felsbrocken; **aliquem ab urbe oppugnanda ~** j-n von der Belagerung der Stadt abschrecken

② *poet* entziehen, versagen; **sibi pabula amoris ~** sich den Genuss der Liebe versagen

abstināx ⟨abstinācis⟩ A̲D̲J̲ ||abstinere|| *Petr.* enthaltsam

abstinēns ⟨abstinentis, *adv* abstinenter⟩ A̲D̲J̲ ||abstinere||

① enthaltsam, *alicuius rei* in Bezug auf etw

② uneigennützig; **abstinenter versari in re** sich in einer Angelegenheit uneigennützig verhalten

abstinentia ⟨ae⟩ F̲ ||abstinens||

① Enthaltsamkeit, *alicuius rei/a re* von etw

② (*nachkl.*) Bedürfnislosigkeit; Fasten

③ Uneigennützigkeit

▷ deutsch: **Abstinenz**

abs-tinēre ⟨tineō, tinuī, tentum 2.⟩ ||tenere||

Ⓐ V̲T̲ zurückhalten, abwehren, *aliquem/aliquid a re/re* j-n/etw von etw; **milites a praeda ~** die Soldaten von der Plünderung abhalten; **vim finibus ~** die Gewalttätigkeit von den Grenzen fernhalten

Ⓑ V̲I̲

① sich von *etw* zurückhalten, sich von *etw* fern halten, *re/a re/alicuius rei od ne* dass, *verneint mit quin od quominus, +inf*; **venere et vino ~** *Hor.* sich von der Liebe und vom Wein fern halten; **irarum ~** sich von Zornesausbrüchen zurückhalten

② verschonen, *re* etw, **Tarento** Tarent

③ (*nachkl., mlat.*) fasten

ab-stitī → abistere

abs-trahere ⟨trahō, trāxī, tractum 3.⟩

① wegziehen, wegreißen, *aliquem/aliquid a re/de re/ex re/alicui rei* j-n/etw von etw; **de matris complexu ~** aus den Armen der Mutter wegreißen; **in servitutem ~** in die Knechtschaft wegschleppen; **naves a portu ~** Schiffe aus dem Hafen abziehen

② *fig* fern halten, ausschließen, *aliquem a re/ex re* j-n/etw von etw; **aliquem ~ ex comitatu clarissimorum virorum** j-n vom Umgang mit sehr berühmten Männern ausschließen

③ *fig* fortreißen, hinreißen; **se ad laudes bellicosas ~** sich zu Lobreden über den Krieg hinreißen lassen

④ *fig* abziehen, abspenstig machen

⑤ **se ~** *fig* sich losmachen, sich befreien; **se a consuetudine ~** sich von einer Gewohnheit lösen

▶ deutsch: **abstrahieren**

abs-trūdere ⟨trūdō, trūsī, trūsum 3.⟩ verstecken, verbergen, **veritatem in profundo** die Wahrheit in der Tiefe

abstrūsus ⟨a, um⟩ ADJ ||abstrudere|| versteckt; *fig* geheim; *vom Charakter* verschlossen
▶ deutsch: **abstrus**

abs-tulī → auferre

ab-sum → abesse

absūmēdō ⟨absūmēdinis⟩ F ||absumere|| *Plaut.* Verzehr

ab-sūmere ⟨sūmō, sūmpsī, sūmptum 3.⟩
❶ verbrauchen, verzehren, **alimenta** Nahrungsmittel; **purpura absumitur** der Purpur nutzt sich ab
❷ verbringen, **tempus dicendo** die Zeit mit Reden; **diem frustra ~** den Tag nutzlos vertun
❸ (nachkl.) *poet* verschwenden, vergeuden
❹ (nachkl.) *poet* wegraffen; **plus hostium fuga quam proelium absumpsit** die Flucht hat mehr Feinde vernichtet als die Schlacht

ab-surdus ⟨a, um, *adv* absurdē⟩ ADJ
❶ misstönend, grell
❷ *fig* ungereimt; **absurde dicere** dumm daherreden
❸ *fig* geschmacklos
❹ *fig* unfähig, ungeschickt
▶ deutsch: **absurd**

Absyrtus ⟨ī⟩ M Sohn des Aietes (Aeetes) u. Bruder der Medea, die ihn ermordete

abundāns ⟨abundantis, *adv* abundanter⟩ ADJ ||abundare||
❶ übervoll, wasserreich; **regio fontibus ~** eine an Quellen reiche Gegend; **locus omnium rerum ~** ein an allem überreicher Ort
❷ *fig* im Überfluss vorhanden
❸ *fig* von der Rede überladen; **abundanter loqui** wortreich reden

abundantia ⟨ae⟩ F ||abundans||
❶ *Plin.* Überflutung
❷ *fig* Überfluss; *pej* Übermaß

ab-undāre ⟨ō, āvī, ātum 1.⟩
❶ (unkl.) überfließen, über die Ufer treten
❷ *fig* Überfluss haben, (über)reich sein, *re* an etw; **regio lacte et melle abundat** die Gegend fließt über von Milch und Honig
❸ *fig* überladen sein; *von Personen* zu weit gehen
❹ *fig* im Überfluss vorhanden sein; **omnia abundant** alles ist im Überfluss vorhanden

abundē ADV ||abundus|| vollauf, im Überfluss

abundus ⟨a, um⟩ ADJ ||abundare|| *Gell.* übervoll

abūsiō ⟨abūsiōnis⟩ F ||abuti|| *Cic.*, RHET fehlerhafter Gebrauch eines Begriffes

abūsīvus ⟨a, um, *adv* abūsīvē⟩ ADJ ||abuti|| (nachkl.) uneigentlich

ab-ūsque PRÄP +abl (nachkl.) *poet*
❶ örtl. von ... her, *auch nachgestellt*; **Oceano ~** vom Ozean her
❷ zeitl. seit

abūsus ⟨abūsūs⟩ M ||abuti|| das Aufbrauchen, Verbrauch

🛑 **Abusus non tollit usum.** Missbrauch beseitigt nicht den Brauch = *Ausnahmen bestätigen die Regel*

ab-ūtī ⟨ūtor, ūsus sum 3.⟩
❶ aufbrauchen, verbrauchen, *re* etw; **omni tempore ~** die ganze Zeit verbrauchen
❷ Gebrauch von *etw* machen, *etw* voll ausnützen, *re*; **errore hostium ~** den Fehler der Feinde ausnützen
❸ missbrauchen, *re* etw, *meist durch adv Zusätze wie male, perverse verdeutlicht*; **patientiā alicuius ~** j-s Geduld missbrauchen
❹ RHET Begriff, Wort fehlerhaft gebrauchen

Abȳdēnus
Ⓐ ⟨a, um⟩ ADJ aus Abydus, von Abydus
Ⓑ ⟨ī⟩ M Einwohner von Abydus, Abydener

Abȳdos, Abȳdus ⟨ī⟩ F Stadt in Kleinasien am Hellespont, an den Dardanellen beim heutigen Canakkale, bekannt durch den Brückenbau des Xerxes 480 v. Chr.

abyssus ⟨ī⟩ F (eccl.) Abgrund; Hölle

ac KONJ = **atque**

Acadēmīa ⟨ae⟩ F Akademie, Schule des Philos. Plato, benannt nach dem Hain des Heroen Akademos, nw. von Athen; (mlat.) Universität, **Acadēmica** ⟨ōrum⟩ *n* Werk über die Akademie, Schrift Ciceros

Acadēmicī ⟨ōrum⟩ M die Akademiker

acalanthis ⟨acalanthidis⟩ F (nachkl.) *poet* Stieglitz, Distelfink

Acamās ⟨Acamantis⟩ M Sohn des Theseus u. der Phaedra, attischer Held vor Troja

acanthus ⟨ī⟩
❶ M Bärenklau, *Zierpflanze, deren Blätter auf Grabsteinen u. am Kapitell von korinthischen Säulen nachgebildet wurden*
❷ F *Verg.* ägyptischer Schotendorn

acapnos ⟨on⟩ ADJ *Mart.* rauchlos

Acarnān ⟨ānis⟩ M Bewohner von Acarnania

Acarnānia ⟨ae⟩ F westlichste Landschaft Mittelgriechenlands am Ionischen Meer u. s. von Epirus

Acarnānicus ⟨a, um⟩ ADJ aus Acarnania, von Acarnania

acatalēctus ⟨a, um⟩ ADJ METR akatalektisch, *beim Vers mit vollständigem letztem Fuß wie beim Senar*; ↔ **catalecticus**

Acca Lārentia ⟨ae⟩ F Erd- u. Flurgottheit, nach der Sage Gattin des Hirten Faustulus u. Pflegemutter von Romulus u. Remus, zu ihren Ehren die Larentalia

ac-cēdere ⟨cēdō, cessī, cessum 3.⟩

1. herantreten, sich nähern
2. sich bittend an j-n wenden
3. angreifen
4. gelangen, kommen
5. als Bieter auftreten
6. sich anschließen, beipflichten
7. sich befassen
8. näherkommen
9. dazukommen, hinzukommen

---

1 *örtl., konkr.* herantreten, sich nähern; **ad aram ~** zum Altar treten; **Romam/ad Romam ~** sich Rom nähern; **muris/ad muros ~** sich den Mauern nähern; **in funus ~** sich dem Leichenzug anschließen
2 *örtl., abstr.* sich bittend an *j-n* wenden, **ad Caesarem** an Caesar
3 feindlich an *etw* (her)anrücken, *etw* angreifen, *ad aliquid/selten aliquid, alicui* an j-n, j-n; **ad corpus alicuius ~** j-m auf den Leib rücken
4 *von Sinneseindrücken* gelangen, kommen; **fama ad aures nostras accedit** das Gerücht kommt uns zu Ohren
5 *bei Auktionen* als Bieter auftreten, **ad hastam publicam** bei einer öffentlichen Versteigerung
6 *fig* sich anschließen, beipflichten, *ad aliquem/alicui* j-m, *ad aliquid/alicui rei/aliquid* einer Sache; **sententiae/ad sententiam alicuius ~** sich j-s Meinung anschließen
7 sich mit *etw* befassen, *ad aliquid*; **ad causam ~** einen Prozess übernehmen; **ad rem publicam ~** sich dem Staatsdienst widmen
8 *geistig* näherkommen; **proxime ad veritatem ~** sehr nahe an die Wahrheit herankommen
9 *meton* dazukommen, hinzukommen; **accedit ad casum novum crimen** zum Anklagepunkt kommt ein weiteres Verbrechen; **rei accedit lumen** in die Angelegenheit kommt Licht; **accedit** dazu kommt +Subj./+Nebensatz mit quod (vorliegende Tatsache als neuer Grund) od ut (neue Tatsache als Folge)

ac-celerāre ⟨ō, āvī, ātum 1.⟩
A V̄T̄ beschleunigen, **iter** den Marsch
B V̄Ī herbeieilen

ac-cendere ⟨cendō, cendī, cēnsum 3.⟩
1 anzünden, in Brand stecken, **faces** Fackeln
2 auf *etw* Feuer machen, in *etw* Feuer machen, *aliquid*, **aras** auf den Altären; **lucernam ~** Licht in der Laterne anzünden
3 *fig* entzünden, erregen, *re* durch *etw*, *alicui rei/ad aliquid* zu etw; **bello ~** zum Krieg entflammen; **ad libidinem ~** zur Leidenschaft erregen; **animum alicuius ~** j-m Mut machen; **spem ~** Hoffnung schüren
4 (*nachkl.*) *poet* vermehren, vergrößern; **discordiam ~** die Zwietracht anheizen; **pretium ~** den Preis erhöhen

ac-cēnsēre ⟨cēnseō, -, cēnsum 2.⟩ hinzuzählen, *Ov.* hinzugesellen

accēnsus[1] ⟨ī⟩ M̄ ||accensere||
1 Amtsdiener, persönlicher Diener *eines hohen Beamten*
2 P̄L̄ MIL die „Zugeteilten", Ersatzmannschaft, röm. Bürger der fünften u. somit untersten Vermögensklasse, im Kampf hinter den Triariern, in deren Lücken sie vorrücken mussten, wegen ihrer leichten Bekleidung u. Bewaffnung auch accensi velati genannt

ac-cēnsus[2] ⟨a, um⟩ P̄P̄P̄ → accendere u. → accensere

accentus ⟨accentūs⟩ M̄
1 Ton, Akzent
2 (*mlat.*) liturgischer Sprechgesang

ac-cēpī → accipere

acceptāre ⟨ō, āvī, ātum 1.⟩ ||accipere|| (*vkl., nachkl.*) wiederholt erhalten; sich gefallen lassen

acceptiō ⟨acceptiōnis⟩ F̄ ||accipere||
1 Annahme, Empfang, **frumenti** von Getreide
2 PHIL Annahme eines Satzes *in der Diskussion*

acceptor ⟨acceptōris⟩ M̄ ||accipere|| Empfänger

acceptrīx ⟨acceptrīcis⟩ F̄ ||acceptor|| *Plaut.* Empfängerin

acceptum ⟨ī⟩ N̄ ||accipere|| Einnahme, Haben; **accepta et expensa referre** Soll und Haben eintragen

acceptus[1] ⟨a, um⟩ P̄P̄P̄ → accipere
acceptus[2] ⟨a, um⟩ ĀD̄J̄ ||accipere|| *von Personen u. Sachen* angenehm, willkommen, lieb

accersere ⟨ō, -, - 3.⟩ = arcessere

ac-cessī → accedere

accessiō ⟨accessiōnis⟩ F̄ ||accedere||
1 Annäherung; Zutritt; Audienz, *die jd gibt*
2 Auftreten, Anfall, **febris** von Fieber
3 *fig* Zuwachs, Vermehrung, **virium** der Kräfte, **dignitatis** an Würde
4 Anbau *an ein Haus*; **accessionem aedibus adiungere** einen Anbau an das Haus anfügen
5 Anhang, Anhängsel, *alicuius rei/alicui rei* von etw, an etw
6 Zugabe, Zusatz
7 P̄L̄ (*nachkl.*) *fig* Fortschritte; **magnas accessiones facere** große Fortschritte machen

accessum P̄P̄P̄ → accedere

accessus ⟨accessūs⟩ M̄ ||accedere||
1 Annäherung; **~ et recessus aestuum** Flut und Ebbe
2 Zutritt, Audienz; **accessum alicui dare** j-m

Audienz gewähren
2 *meton* Zugangsstelle; **navibus accessum petere** für die Schiffe eine Landestelle suchen
4 *fig* (instinktartige) Neigung, **ad res salutares** zu zuträglichen Dingen
5 Anlauf, **ad causam** zum Prozess; ↔ recessus
6 (*nachkl.*) Zuwachs

Acciānus ⟨a, um⟩ ADJ des Accius

accidentia ⟨ium⟩ N ||accidere||
1 (*nachkl.*) zufällige Ereignisse, Umstände
2 (*mlat.*) PHIL unwesentliche Eigenschaften

ac-cidere[1] ⟨cidō, cidī, - 3.⟩ ||ad, cadere||

1 hinfallen, niederfallen
2 hingelangen, hindringen
3 zu Ohren kommen, sich verbreiten
4 überfallen
5 sich zutragen, sich ereignen

1 hinfallen, niederfallen; **tela gravius accidebant ad aliquid** die Geschosse trafen wirksamer auf etw; **~ ad pedes alicuius** vor j-s Füße fallen
2 hingelangen, hindringen, *ad aliquem* zu j-m, *ad aliquid/alicui rei* zu etw; **clamor accidit ad hostes** das Geschrei dringt bis zu den Feinden
3 zu Ohren kommen, sich verbreiten, +AcI; **accidit fama classem adventare** es verbreitete sich das Gerücht von der Ankunft der Flotte
4 überfallen
5 sich ereignen; zustoßen; **calamitas accidit alicui** j-m stößt ein Unglück zu; **facultas accidit alicui** j-m bietet sich die Gelegenheit; **si quid mini accidat** wenn mir etw zustoßen sollte; **aliquid opportune accidit alicui** etw ging für j-n günstig aus; **accidit** es trifft sich, es ereignet sich, *ut* (*Ereignis*)/*quod* (*bei erläuterndem adv*) dass, *selten* +AcI; **accidit, ut una nocte omnes Hermae deicerentur** es ereignete sich, dass in einer einzigen Nacht alle Hermessäulen umgestürzt wurden; **opportune acciderat, quod legati Romam venerant** es hatte sich günstig getroffen, dass Gesandte nach Rom gekommen waren

ac-cīdere[2] ⟨cīdō, cīdī, cīsum 3.⟩ ||ad, caedere||
1 anhauen, anschneiden; **crines ~** die Haare stutzen; **dapes ~** Speisen verzehren
2 *fig* schwächen, zerrütten

ac-ciēre ⟨cieō, cīvī, - 2.⟩ = **accire**

ac-cingere ⟨cingō, cinxī, cinctum 3.⟩ (*unkl.*)
1 angürten, umgürten; **ensem lateri ~** das Schwert an die Seite gürten
2 ausrüsten, ausstatten; *passiv u.* **se ~** sich ausrüsten, *re* mit etw, **facibus** mit Fackeln; **ad omnes casus accingi/se ~** sich für alle Fälle rüsten

ac-cipere ⟨cipiō, cēpī, ceptum 3.⟩
||ad, capere||

1 annehmen, entgegennehmen
2 aufnehmen, annehmen
3 einlassen
4 nicht ablehnen
5 aufnehmen, vernehmen
6 verstehen
7 erhalten, bekommen
8 erleiden, davontragen
9 erfahren

1 annehmen, sich geben lassen; **stipendium de publico ~** Sold aus öffentlichen Mitteln erhalten; **ius iurandum ~** einen Eid entgegennehmen; **pecuniam ~** Geld einkassieren, sich bestechen lassen
2 aufnehmen, übernehmen; **onus ~** eine Last aufnehmen; **condiciones ~** Bedingungen annehmen
3 aufnehmen, zulassen; **armatos in arce/in arcem ~** Bewaffnete in die Burg einlassen; **hostes in deditionem ~** die Unterwerfung der Feinde annehmen; **aliquem in fidem ~** j-n unter seinen Schutz nehmen; **aliquem hospitio/hospitaliter ~** j-n als Gast aufnehmen, j-n gastlich aufnehmen
4 aufnehmen, annehmen; **aliquem generum ~** j-n als seinen Schwiegersohn akzeptieren; **iudicium ~** das Urteil annehmen; **accipio!** einverstanden!, angenommen!
5 vernehmen, verstehen; **aliquid auribus ~** etw hören; **aliquid ex ore alicuius ~** etw aus j-s Mund vernehmen; **haec accipi possunt** das kann man verstehen
6 etw als etw auslegen, verstehen; **beneficium ad contumeliam/in contumeliam ~** eine Wohltat als Schande auslegen
7 erhalten, bekommen; **hereditatem a patre ~** das Erbe vom Vater erhalten
8 erleiden, davontragen, **cladem** eine Niederlage
9 erfahren *durch mündliche, schriftliche Überlieferung*; *perf* wissen, *ab aliquo/ex aliquo* von j-m, +AcI/+indir Fragesatz; **sic a patribus/a maioribus accipimus** so erfahren wir es von den Vorfahren; **accipio patres id aegre tulisse** ich lese bei den Schriftstellern, dass dies die Vorfahren kaum ertragen haben

accipetrīna ⟨ae⟩ F ||accipiter|| *Plaut.* Habichtsfraß, Habichtsbeute

accipiter ⟨accipitris⟩ M (F *bei Lucr.*)

1 Habicht, Edelfalke
2 *Plaut.* habgieriger Mensch
accipitrīna ⟨ae⟩ F̄ = **accipetrina**
ac-cīre ⟨ciō, cīvī, cītum 4.⟩ herbeirufen, kommen lassen
ac-cīsus ⟨a, um⟩ PPP → **accīdere**
accītus[1] ⟨accītūs⟩ M̄ ‖accire‖ Vorladung; **accitu** auf Vorladung
ac-cītus[2] ⟨a, um⟩ ADJ ‖accire‖ ausländisch, fremd
Accius ⟨a, um⟩ röm. Gentilname; **L. ~** berühmter röm. Tragiker, geb. um 170 v. Chr.
ac-clāmāre ⟨ō, āvī, ātum 1.⟩
1 höhnisch od beifällig zurufen
2 j-n als j-n ausrufen, (laut) bezeichnen, +dopp. akk; **aliquem imperatorem ~** j-n als Kaiser ausrufen; **aliquem nocentem ~** j-n als schuldig bezeichnen
acclāmātiō ⟨acclāmātiōnis⟩ F̄ ‖acclamare‖ Zuruf, Akklamation; *in spätrepublikanischer Zeit übliche Zurufe aus der Menge an Politiker, Schauspieler u. Wagenlenker zum Ausdruck der öffentlichen Meinung, oft in rhythmischer Form, mit zustimmendem od kritischem Inhalt; in der Kaiserzeit Form der Berufung bzw. Ausrufung eines Kaisers durch Senat od Heer*
ac-clārāre ⟨ō, āvī, ātum 1.⟩ *Liv.* klarmachen, offenbaren; **signa certa ~** die Vorzeichen als sicher auslegen
ac-clīnāre ⟨ō, āvī, ātum 1.⟩ (*nachkl.*) *poet* anlehnen; **se ~ ad aliquem** sich an j-n anlehnen; **ad causam senatūs ~** zur Haltung des Senats neigen; **castra tumulo acclinata** an einen Hügel geschmiegtes Lager
acclīnis ⟨acclīne⟩ ADJ ‖acclinare‖
1 sich anlehnend, *alicui rei* an etw; **trunco arboris ~** *Verg.* an einen Baumstumpf gelehnt
2 geneigt, abwärts liegend; **iugum accline** abwärts geneigter Bergrücken
3 *fig* zu etw neigend; **animus falsis ~** *Hor.* zum Falschen neigender Charakter
ac-clīvis ⟨acclīve⟩ ADJ ‖ad, clivus‖ ansteigend, aufwärts
acclīvitās ⟨acclīvitātis⟩ F̄ ‖acclivis‖ sanfte Steigung
ac-clīvus ⟨a, um⟩ ADJ = **acclivis**
ac-cognōscere ⟨ōscō, -, - 3.⟩ (*nachkl.*) anerkennen
accola ⟨ae⟩ M̄ ‖accolere‖ Anwohner, Nachbar; **accolae fluvii** Nebenflüsse
ac-colere ⟨colō, coluī, - 3.⟩ bei *etw* wohnen, **Tiberim** am Tiber
ac-commodāre ⟨ō, āvī, ātum 1.⟩
1 *konkr.* anlegen, anfügen, *aliquid alicui* etw an j-n; **sibi coronam ad caput ~** sich einen Kranz auf das Haupt setzen
2 *abstr.* anpassen, angleichen, **sumptūs ad mercedem** die Aufwendungen den Einnahmen; **orationem auribus audientium ~** eine Rede auf die Zuhörer abstimmen; **diis effigiem ~** sich ein Bild von den Göttern machen; **alicui verba ~** j-m Worte in den Mund legen
3 **se ~** sich nach *etw* richten, *ad aliquid*; **se ad popularem intelligentiam ~** sich nach dem Verständnis des Volkes richten
4 *etw* auf *etw* anwenden, beziehen, *aliquid in aliquid*; **exordium in plures causas ~** eine Rede auf mehrere Gesichtspunkte hin anlegen
5 *etw* verwenden, *einer Sache* widmen, *ad aliquid/alicui rei*; **operam studiis ~** Mühe auf die Studien verwenden; **se ad rem publicam ~** sich dem Staatsdienst widmen
accommodātiō ⟨accommodātiōnis⟩ F̄ ‖accommodare‖ Anpassung, Rücksichtnahme
accommodātus ⟨a, um, *adv* accommodātē⟩ ADJ ‖accommodare‖ passend, *alicui rei/ad aliquid* für etw; *von Personen:* einer Sache gewachsen; **lex vobis accommodata** ein für euch passendes Gesetz; **ad naturam accommodate vivere** entsprechend der Natur leben; **tempora ad demetendis frugibus accommodata** die richtige Zeit für die Ernte
accommodus ⟨a, um⟩ ADJ (*nachkl.*) *poet* = **accomodatus**
ac-crēdere ⟨crēdō, crēdidī, crēditum 3.⟩ glauben wollen, beistimmen wollen, *alicui* jdm
ac-crēscere ⟨crēscō, crēvī, crētum 3.⟩
1 anwachsen, zunehmen; **puer accrescit** das Kind wächst heran; **flumen accrescit** der Fluss schwillt an; **dolor accrescit** der Schmerz nimmt zu
2 (*unkl.*) hinzukommen, *alicui rei* zu etw; **veteribus negotiis nova accrescunt** zu den alten Geschäften kommen neue hinzu
accrētiō ⟨accrētiōnis⟩ F̄ ‖accrescere‖ Zunahme
ac-cubāre ⟨ō, -, - 1.⟩
1 (*unkl.*) lagern, liegen, *absolut od alicui rei* bei etw, *re* in etw; **umbrā ~** im Schatten liegen
2 (bei Tisch) liegen; **apud aliquem ~** bei j-m zu Gast sein; **~ cum aliquo** j-n zum Tischnachbarn haben
3 *Plaut., Suet.* mit *j-m* schlafen, *alicui*
accubitiō ⟨accubitiōnis⟩ F̄ ‖accumbere‖ Platznehmen bei Tisch
ac-cubitum PPP → **accumbere**
ac-cubuī → **accumbere**
accubuō ADV ‖accubare‖ *Plaut. hum* beiliegend
ac-cūdere ⟨cūdō, cūdī, cūsum 3.⟩ *Plaut.* dazuprägen, dazuschlagen
ac-cumbere ⟨cumbō, cubuī, cubitum 3.⟩
1 (*vkl., nachkl.*) sich hinlegen, lagern, *in loco* an einem Ort, **in actā** am Strand

2 sich zum Essen lagern, Platz nehmen
3 *poet* mit j-m schlafen, *alicui*

ac‧cumulāre ⟨ō, āvī, ātum 1.⟩
1 *konkr.* aufhäufen
2 *poet* überhäufen, **aliquem honoribus** j-n mit Ehren
3 (*nachkl.*) *poet* steigern; **caedem caede ~** das Blutbad durch ein weiteres Blutbad steigern

accumulātē ADV ||accumulare|| *Apul.* überreichlich

accumulātor ⟨accumulātōris⟩ M ||accumulare|| (*nachkl.*) der anhäuft, „Anhäufer"; **~ opum** j-d, der Schätze anhäuft

ac‧cūrāre ⟨ō, āvī, ātum 1.⟩
1 sorgfältig betreiben, pünktlich besorgen
2 *Plaut.* gut bewirten

accūrātiō ⟨accūrātiōnis⟩ F ||accurare|| Sorgfalt, Genauigkeit

accūrātus ⟨a, um, *adv* accūrātē⟩ ADJ ||accurare|| sorgfältig ausgeführt; *adv* sorgfältig; **oratio accurata** ausgefeilte Rede; **aliquem accurate habere** j-n mit Aufmerksamkeit behandeln
▶ deutsch: **akkurat**

ac‧currere ⟨currō, (cu)currī, cursum 3.⟩ herbeieilen, herbeilaufen; **auxilio suis ~** den Seinen zu Hilfe eilen

accursus ⟨accursūs⟩ M ||accurrere|| (*nachkl.*) Zulauf, Herbeieilen

accūsābilis ⟨accūsābile⟩ ADJ ||accusare|| strafbar, verwerflich

ac‧cūsāre ⟨ō, āvī, ātum 1.⟩ ||ad, causa||
1 (vor Gericht) anklagen, beschuldigen, *aliquem alicuius rei* j-n wegen einer Sache, **prodi-tionis** wegen Verrats; *aber:* **de vi** wegen Gewalttätigkeit, **de veneficiis** wegen Giftmischerei, **inter sicarios** wegen Meuchelmordes, **capitis** auf Leben und Tod
2 *allg.* j-n/etw tadeln, sich über j-n/etw beklagen, *aliquem/aliquid, aliquem de re/in re/alicuius rei* j-n wegen etw; **superbiam alicuius ~** j-s Hochmut tadeln; **consulem segnitatis ~** den Konsul wegen seiner Trägheit tadeln; **me accusas, cur/quod ...** du tadelst mich, weil ...

accūsātiō ⟨accūsātiōnis⟩ F ||accusare|| (öffentliche) Anklage; *Tac.* Denunziation

accūsātīvus ⟨a, um⟩ ADJ ||accusare|| die Anklage betreffend; **casus ~** GRAM Akkusativ

accūsātor ⟨accūsātōris⟩ M ||accuso|| Ankläger, Kläger *vor Gericht*; (*nachkl.*) *poet* Denunziant

accūsātōrius ⟨a, um, *adv* accūsātōriē⟩ ADJ ||accusator|| anklagend; **vox accusatoria** anklagende Stimme, Stimme des Klägers; **accusatorie loqui** als Kläger sprechen

accūsātrīx ⟨accūsātrīcis⟩ F ||accusator|| Anklägerin, Klägerin *vor Gericht*

ac‧cūsitāre ⟨ō, āvī, ātum 1.⟩ ||accusare|| *Plaut.* anklagen

acer¹ ⟨aceris⟩ N (*nachkl.*) *poet* Ahorn; *meton* Ahornholz

ācer² ⟨ācris, ācre, *adv* ācriter⟩ ADJ
1 scharf, spitz; **gladius ~** scharfes Schwert
2 *fig* scharf *als Eigenschaft der Sinne*; scharfsinnig; **oculi acres** scharfe Augen; **aures acres** scharfes Gehör; **nares acres** empfindliche Nase; **ingenium acre** scharfer Verstand
3 *fig* scharf *in der Wirkung auf die Sinne*, herb, grell;

▶ **accusativus – Akkusativ**

Der Akkusativ bezeichnet:

das direkte Ziel oder Objekt einer Handlung
Magister puellam laudat. — Der Lehrer lobt das Mädchen.

die Dauer
biduum — zwei Tage lang
tres annos natus — drei Jahre alt

die räumliche Ausdehnung
mille passus procedere — eine Meile vorrücken
quinque pedes longus — fünf Fuß lang

Verben, die mit einem direkten Akkusativobjekt verbunden werden können, nennt man transitiv, z. B.: **Agricola arat agrum** – Der Bauer pflügt den Acker.

Einige Verben werden im Lateinischen transitiv, im Deutschen aber intransitiv gebraucht:

fugere mortem – vor dem Tod fliehen, den Tod meiden
adiuvare amicum – einem Freund helfen
iubere servum abire – dem Sklaven befehlen wegzugehen

GRAMMATIK

sol ~ stechende Sonne; **hiems acris** harter Winter; **ventus ~** scharfer Wind; **fames acris** nagender Hunger

4 *fig als Naturell* mutig; leidenschaftlich; **animus ~** lebhafter Geist; **miles ~** tapferer Soldat; **amator ~** leidenschaftlicher Liebhaber; **odium acre** leidenschaftlicher Hass

acerbāre ⟨ō, āvī, ātum 1.⟩ ||acerbus|| *(nachkl.) poet* verbittern; *fig* verschlimmern

acerbitās ⟨acerbitātis⟩ F̄, *Gell.* **acerbitūdō** ⟨acerbitūdinis⟩ F̄ ||acerbus||

1 Herbheit, Bitterkeit *des Geschmacks*

2 *fig von Personen u. Umständen* Bitterkeit; Härte; **~ Sullani temporis** die Not der Zeit Sullas; **~ non videndi fratris** die bittere Tatsache den Bruder nicht zu sehen; **~ poenarum** die Härte der Strafen

acerbus ⟨a, um, *adv* acerbē⟩ ADJ

1 bitter, sauer *vom Geschmack unreifer Früchte*

2 *fig* unreif, frühzeitig; **virgo acerba** noch nicht erwachsenes Mädchen; **partus ~** Frühgeburt

3 *fig* finster, griesgrämig; **vultus ~** finstere Miene

4 *fig von Personen u. Umständen* hart, grausam; **mater acerba** strenge Mutter; **litterae acerbae** unfreundlicher Brief; **dolor ~** heftiger Schmerz; **diligentia acerba** pedantische Genauigkeit; **recordatio acerba** schmerzliche Erinnerung; **acerbe severus in aliquem** unerbittlich streng gegen j-n; **acerbe ferre** mit Widerwillen ertragen

acēre ⟨eō, uī, - 2.⟩ ||acer²|| *(vkl.)* sauer sein

acernus ⟨a, um⟩ ADJ ||acer¹|| *poet* aus Ahornholz

acerra ⟨ae⟩ F̄ Weihrauchkästchen; *(nachkl.) poet* Weihrauchaltar, *Kultgerät bei Leichenbegängnissen u. Opferhandlungen*

Acerrae ⟨ārum⟩ F̄ *Stadt in Kampanien nahe Neapel, heute Acerra*

Acerrānus ⟨ī⟩ M̄ Einwohner von Acerrae

acersecomēs ⟨ae⟩ M̄ *luv.* schön gelockter Junge, Junge mit ungeschorenem Haar

acervālis

A ⟨acervāle⟩ ADJ ||acervus|| haufenartig

B ⟨acervālis⟩ M̄ Trugschluss

acervāre ⟨ō, āvī, ātum 1.⟩ ||acervus|| häufen, aufhäufen; **alias super alias leges ~** *Liv.* Gesetze über Gesetze erlassen

acervātim ADV ||acervus|| *(unkl.)* haufenweise; *fig* summarisch; **acervatim dicere aliquid** etw summarisch abhandeln

acervus ⟨ī⟩ M̄

1 Haufen; **~ tritici** Weizenhaufen; **~ civium** Leichenhaufen

2 Menge; *fig* Trugschluss

acēscere ⟨acēscō, acuī, - 3.⟩ *(nachkl.) poet* sauer werden

Acesta ⟨ae⟩ F̄ *alter Name von Segesta im NW von Sizilien*

Acestēnsis ⟨Acestēnsis⟩ M̄ Einwohner von Acesta

Acestēs ⟨ae⟩ M̄ *Sohn der Troerin Egesta, König von Sizilien, Gründer von Acesta*

acētābulum ⟨ī⟩ N̄ ||acetum|| *(vkl., nachkl.)* Sauciere; Becher eines Taschenspielers

acētum ⟨ī⟩ N̄ ||acere|| Essig; *(vkl.) fig* Groll, beißender Witz

Achaemenēs ⟨Achaemenis⟩ M̄ *Stammvater der persischen Dynastie der Achämeniden*

Achaemenidae ⟨ārum⟩ M̄ Achämeniden, *um 650 v. Chr.*

Achaemenius ⟨a, um⟩ ADJ persisch; parthisch

Achaeus

A ⟨a, um⟩ ADJ ||Achaia||

1 achäisch

2 griechisch

B ⟨ī⟩ M̄

1 MYTH *Sohn des Xuthos u. der Kreusa, Bruder des Ion, Stammvater der Achäer.*

2 Achäer, *Bewohner von Achaia u. Mitglied des Achäischen Bundes um 280 v. Chr.*

3 *poet* Grieche *der heroischen Zeit*; **= Achīvus**; *bes die Griechen vor Troja*

4 Bewohner der Provinz Achaia, *seit 146 v. Chr.*

Achāia ⟨ae⟩ F̄

1 *Landschaft an der Nordküste der Peloponnes*

2 Griechenland, *seit 146 v. Chr. röm. Provinz*

Achāias ⟨adis⟩ F̄ ||Achaia|| Achäerin

Achāicus ⟨a, um⟩ ADJ ||Achaia|| achäisch; griechisch

Achais ⟨Achaidis⟩ F̄ ||Achaia||

1 Achäerin

2 achäisches Land; Griechenland

Achāius ⟨a, um⟩ ADJ = **Achaicus**

Achelōias ⟨Achelōiadis⟩ F̄, **Achelōis** ⟨Achelōidis⟩ F̄ Acheloide, Tochter des Achelous; *pl* die Sirenen

Achelōius ⟨a, um⟩ ADJ des Achelous; **pocula Acheloia** *Verg.* Becher voll Wasser

Achelōus ⟨ī⟩ M̄

1 größter Fluss Griechenlands, Grenzfluss zwischen Ätolien u. Akarnanien, heute Aspropotamos

2 Flussgott, Sohn des Okeanos u. der Tethys, Vater der Sirenen

Acherōn ⟨Acherontis⟩ M̄

1 = **Acheruns**

2 *Fluss in Bruttium, heute Mucone*

Acherontia ⟨ae⟩ F̄ *Ort im nördlichen Lukanien, heute Accerenza in der Basilicata in Unteritalien*

Acherūns ⟨Acheruntis⟩ M̄ *Fluss in der Unterwelt;*

meton Unterwelt
Acherunticus, Acherūsius ⟨a, um⟩ ADJ Unterwelt…

Achillēs ⟨Achillis⟩ M MYTH Sohn des Peleus u. der Nereide Thetis, Held der Ilias Homers, Anführer des aus Thessalien kommenden Stammes der Myrmidonen; tötete Hektor, den Sohn des Trojanerkönigs Priamos, im Zweikampf. Noch vor Trojas Fall tötete Paris den Achill durch einen Pfeil, den Apollo auf die Ferse des Achill als einzig verwundbaren Körperteil lenkte. Durch Homer heroisches Vorbild der griech. Jugend

▶ **Achilles**

Achilles, der Sohn des **Peleus** und der Nereide **Thetis**, ist der Held der Ilias Homers. Da er sterblich war, versuchte seine Mutter, ihn unverwundbar zu machen, und tauchte das Baby in den heiligen Fluss Styx. Die Stelle an der Ferse, an der sie ihn mit der Hand hielt, blieb die einzige verwundbare Stelle des Achilles und diese sollte ihm zum Verhängnis werden. Als Anführer der Myrmidonen tötete er Hektor (**Hector**), den Sohn des Trojanerkönigs **Priamos**, im Zweikampf. Noch vor Trojas Fall tötete **Paris** den Achill durch einen Pfeil, den **Apollo** auf die Ferse des Achill lenkte. Achilles galt als heroisches Vorbild der griechischen Jugend.

MYTHOLOGIE ◀

Achillēus ⟨a, um⟩ ADJ des Achill
Achillīdēs ⟨ae⟩ M Nachkomme des Achill
Achīvus
A ⟨a, um⟩ ADJ ||Achaia|| achivisch; griechisch
B ⟨ī⟩ M Achiver; Grieche
Achradina ⟨ae⟩ F wichtigster Stadtteil im NW von Syrakus, wo der Marktplatz liegt
acia ⟨ae⟩ F ||acus¹|| (*nachkl.*) Nähfaden; **ab acia et acu** haarklein
Acīdalius ⟨a, um⟩ ADJ zur Quelle Acidalia bei Orchomenos in Böotien gehörig, acidalisch; Beiname der Aphrodite/Venus, die in dieser Quelle mit ihren Begleiterinnen, den Chariten/Grazien, zu baden pflegte
acidum ⟨ī⟩ N ||nlat.|| Säure
acidus ⟨a, um, *adv* acidē⟩ ADJ ||acere|| sauer; (*unkl.*) fig unangenehm
aciēs ⟨aciēī⟩ F
1 Schärfe, Spitze; **~ securis** Schärfe des Beiles
2 Schärfe (des Auges) *mit u. ohne* **oculorum**; Sehkraft; scharfer Blick; *meton, poet* Auge
3 Schärfe *des Verstandes*; **~ animi/ingenii/mentis** Scharfsinn
4 MIL Schlachtreihe, Front; *meton* Heer, offene Feldschlacht; **~ prima** vorderste Front; **~ dextra** rechter Flügel; **Vulcania ~** *Verg.* Feuermeer

5 RHET Wortgefecht; **prodire in aciem** *Cic.* ein Wortgefecht aufnehmen
Acīliānus ⟨a, um⟩ ADJ des Acilius
Acīlius ⟨a, um⟩ Name einer pleb. gens:
1 **M. ~ Glabrio** Volkstribun 201 v. Chr., Konsul 191 v. Chr., Besieger des Antiochus
2 **C. ~ Glabrio** um 160 v. Chr., Verfasser einer röm. Geschichte in griech. Sprache
acina ⟨ae⟩ F = acinus
acinacēs ⟨acīnacis⟩ M *Hor., Tac.* kurzer, krummer Säbel *der Perser u. Meder*
acinum ⟨ī⟩ N, **acinus** ⟨ī⟩ M Beere einer Traube, Weinbeere
acipēnser ⟨acipēnseris⟩ M Seefisch, wahrscheinlich Stör
Ācis ⟨Ācidis⟩ M kleiner Fluss, am Ätna entspringend, heute Fiume di Jaci; nach der Sage ein Hirt, Sohn des Faunus u. Liebhaber der Galatea, von den Göttern in einen Fluss verwandelt
aclys ⟨aclydis⟩ F (*nachkl.*) *poet* kurzer Wurfspieß mit Schleuderriemen
acoenōnētus ⟨a, um⟩ ADJ *Iuv.* nicht gern teilend, auf eigenen Vorteil bedacht, unsozial
aconītum ⟨ī⟩ N (*nachkl.*) *poet* Eisenhut; *meton* Gift
acor ⟨acōris⟩ M ||acere|| (*nachkl.*) Säure
ac-quiēscere ⟨quiēscō, quiēvī, quiētum 3.⟩
1 *von Lebewesen u. Sachen* zur Ruhe kommen, rasten; **tres horas ~** drei Stunden ruhen; **res familiares acquiescunt** das Vermögen wird nicht angegriffen
2 (*nachkl.*) schlafen; *euph* sterben
3 *fig* geistig u. innerlich sich beruhigen, Trost finden; **parvā spe ~** sich durch eine winzige Hoffnung beruhigen; **in litteris ~** in den Wissenschaften Befriedigung finden
4 beipflichten, *alicui* jdm
ac-quīrere ⟨quīrō, quīsīvī/quīsiī, quīsītum 3.⟩ ||ad, quaerere|| hinzuerwerben, *ad aliquid* zu etw; **ad fidem ~** seinen Kredit vermehren; **sibi pecuniam ~** sich Geld verschaffen
▶ deutsch: akquirieren
acquīsītiō ⟨acquīsītiōnis⟩ F ||acquirere|| (*spätl.*) Erwerbung
ac-quīsītus ⟨a, um⟩ PPP → acquirere
ac-quīsīvī → acquirere
acraeus ⟨a, um⟩ ADJ auf Höhen verehrt, Beiname für Zeus/Jupiter u. Hera/Juno
Acragās ⟨Acragantis⟩ M = Agrigentum
acrātophorum ⟨ī⟩ N Krug für unvermischten Wein
ācre ⟨ācris⟩ N ||acer²|| *Hor.* bittere Schärfe, beißender Witz
acrēdula ⟨ae⟩ F Übersetzung eines griech. Namens für ein unbekanntes Tier, das krächzende Laute von sich gibt

ācriculus
- **A** ⟨a, um⟩ ADJ ||acer²|| hitzig, reizbar
- **B** ⟨ī⟩ M kleiner Hitzkopf

ācrimōnia ⟨ae⟩ F ||acer²|| (vkl., nachkl.) scharfer Geschmack; *fig* Tatkraft

Acrisiōnē ⟨Acrisiōnēs⟩ F Tochter des Acrisius, = Danae

Acrisiōnēus ⟨a, um⟩ ADJ der Danae, von Danae; argivisch, von Argos

Acrisiōniadēs ⟨Acrisiōniadae⟩ M Sohn der Danae, = Perseus

Acrisius ⟨ī⟩ M König von Argos, Vater der Danae u. Großvater des Perseus

ācriter ADV ||acer¹|| heftig

acroāma ⟨acroāmatis⟩ N Vortrag zur Unterhaltung; *meton* Unterhaltungskünstler

acroāsis ⟨acroāsis⟩ F Vortrag, Lesung

acroāticus ⟨a, um⟩ ADJ *Gell.* nur für den Schülerkreis bestimmt

Acroceraunia ⟨ōrum⟩ N das für die Schifffahrt gefährliche Vorgebirge der Ceraunii montes im NW von Epirus an der Straße von Otranto; Inbegriff einer rauen u. gefährlichen Landschaft

Acrocorinthus ⟨ī⟩ F Burg von Korinth *im S der Stadt*

acrōtērium ⟨ī⟩ N
1. Landzunge
2. *Vitr. pl* Endziegel *der Giebel u. Ecken antiker Bauwerke;* Ornament *mit figürlichen u. pflanzlichen Motiven*

acta¹ ⟨ae⟩ F Strand; *pl* Aufenthalt in den Seebädern; **in actis esse** sich in den Seebädern aufhalten

ācta² ⟨ōrum⟩ N ||agere||
1. Handlungen, Taten
2. Amtshandlungen, Verfügungen
3. amtliche Protokolle, Gerichtsakten
4. **Acta Sanctorum** (*mlat.*) Lebensbeschreibungen der Heiligen und Märtyrer
▶ deutsch: **Akte**
englisch: act
französisch: acte
spanisch: acta
italienisch: atto

Actaeī ⟨ōrum⟩ M ||Acte|| die Attiker, die Athener

Actaeōn ⟨Actaeonis⟩ M Thebaner, Enkel des Kadmos; beobachtete Artemis beim Baden u. wurde zur Strafe in einen Hirsch verwandelt u. von den eigenen Hunden zerrissen

Actaeus ⟨a, um⟩ ADJ ||Acte|| attisch, athenisch

Actē ⟨Actēs⟩ F alter Name für Attika

Actiacus ⟨a, um⟩ ADJ von Actium

Actias ⟨Actiadis⟩ F ||Acte|| attisch, athenisch

āctiō ⟨āctiōnis⟩ F ||agere||
1. Ausführung, Verrichtung; **gratiarum ~** Danksagung
2. Handlung, praktische Tätigkeit
3. Vortragsweise, Deklamation *des Redners u. Schauspielers*
4. öffentliche Verhandlung, Beratung; *pl* Amtsführung; *pej* Umtriebe
5. gerichtlicher Prozess; Gerichtstermin
6. Klage vor Gericht, Klageformel
▶ deutsch: **Aktion**

āctitāre ⟨ō, āvī, ātum 1.⟩ ||agere|| gewöhnlich betreiben, häufig betreiben; **causas ~** Prozesse führen; **tragoedias ~** in Tragödien spielen

Actium ⟨ī⟩ N Vorgebirge u. Stadt in Akarnanien mit berühmtem Apollotempel; bekannt durch den Sieg Octavians über Antonius u. Kleopatra 31 v. Chr.

āctiuncula ⟨ae⟩ F ||actio|| *Plin.* kleine Gerichtsrede

Actius ⟨a, um⟩ ADJ von Actium

āctīvus ⟨a, um, *adv* āctīvē⟩ ADJ ||agere|| (nachkl.) tätig, aktiv; **vita activa** PHIL tätiges Leben; ↔ contemplativus

āctor ⟨āctōris⟩ M ||agere||
1. *poet* Treiber, Hirt
2. Vermittler
3. (*nachkl.*) Vermögensverwalter, Geschäftsführer
4. Kläger vor Gericht; Rechtsbeistand
5. Darsteller auf der Bühne

Actōr ⟨Actoris⟩ M *Vater des Menoitios (Menoetius), Großvater des Patroklos*

Actoridēs ⟨ae⟩ M Sohn des Actor, Nachkomme des Actor

āctuāria ⟨ae⟩ F ||actuarius|| Schnellsegler

āctuāriola ⟨ae⟩ F ||actuaria|| kleines Boot

āctuārius
- **A** ⟨a, um⟩ ADJ ||actus²|| schnell; **navis actuaria** Schnellsegler
- **B** ⟨ī⟩ M (*nachkl.*) Schnellschreiber; Buchhalter

āctum ⟨ī⟩ N = **acta²**

āctuōsus ⟨a, um, *adv* āctuōsē⟩ ADJ ||actus²|| lebhaft, wirksam; **oratio actuosa** wirksame Rede, leidenschaftliche Rede

āctus¹ ⟨a, um⟩ PPP → agere

āctus² ⟨āctūs⟩ M ||agere||
1. Treiben des Viehs; Weiderecht
2. (*nachkl.*) Feldmaß halber Morgen, = *1260 m²*
3. vom Redner u. Schauspieler Bewegung, Schwung
4. Akt, Aufzug *im Schauspiel*
5. = **actio**
6. (*nachkl.*) Amt; *poet* Tat; **Āctūs Apostolorum** *pl* (*mlat.*) Apostelgeschichte

āctūtum ADV ||actus²|| sofort, augenblicklich

acua ⟨ae⟩ F *Lucr.* = **aqua**

acuere ⟨uō, uī, ūtum 3.⟩ ||acus¹||
1. schärfen, spitzen; **gladium ~** das Schwert schärfen

2 *fig* schärfen; *Quint.* betonen
3 *fig* üben, **linguam exercitatione** die Sprache durch Praxis
4 *fig* anspornen, antreiben, *aliquem ad aliquid* j-n zu etw, *aliquem in aliquem* j-n gegen jdn

acuī → acescere *u.* → acere *u.* → acuere
acula ⟨ae⟩ F̄ = **aquula**
aculeātus ⟨a, um⟩ ADJ ||aculeus||
1 (*nachkl.*) stachelig
2 *fig* scharf; spitzfindig
aculeus ⟨ī⟩ M̄ ||acus¹||
1 (*nachkl.*) Stachel, Spitze
2 *fig* Antrieb, Sporn
3 Sorge, Kummer
4 *fig* Schärfe *des Urteils od der Handlungsweise*
5 *fig* tiefer Eindruck
6 *fig* Spitzfindigkeit
acūmen ⟨acūminis⟩ N̄ ||acuere||
1 Spitze, Stachel; **auspicium ex acuminibus** *in der Wahrsagekunst* günstiges Vorzeichen aus den leuchtenden Speerspitzen
2 *fig* Scharfsinn, Witz; *pl* Kniffe; *pej* Spitzfindigkeit
3 *Quint.* RHET schlichte Sprache
acupēnser ⟨acupēnseris⟩ M̄ = **acipenser**
acus¹ ⟨acūs⟩ F̄ Nadel, Haarnadel; **acu pingere** sticken; **acu tangere** den Nagel auf den Kopf treffen; **acu enucleata argumenta** *fig* spitzfindig ausgeführte Argumente
acus² ⟨acūs⟩ M̄ (*nachkl.*) *poet* Seenadel, Seefisch
acūtulus ⟨a, um⟩ ADJ ||acutus|| ziemlich spitzfindig, ziemlich scharfsinnig
acūtus ⟨a, um, *adv* acūtē⟩ ADJ ||acuere||
1 spitz, scharf
2 *fig* scharf *für die Sinne*; stechend; grell
3 *von Personen u. Sachen* scharfsinnig, geistreich; **homo ~** scharfsinniger Mensch; **ingenium acutum** scharfer Verstand; **nares acutae** feine Nase, *auch fig* feines Gespür, feines Urteil; **oratio acuta** klare Rede
4 *poet* gefahrvoll; **acuta belli** Gefahren des Krieges
▶ deutsch: akut

---

ad

A Präfix
1 an-, heran-
2 zu-, dazu-
3 an-, dabei-
4 be-, er-
B Präposition
1 nach, nach … hin
2 bis zu, bis an
3 an, gegen
4 zu, für
5 auf, infolge
6 gemäß, nach
7 im Verhältnis zu, im Vergleich mit
8 in Bezug auf, hinsichtlich
9 bis an, bis zu
10 dazu, zudem

--- — **A Präfix** — ---

d assimiliert mit nachfolgendem Konsonanten c, f, g, r, s, t meist zu entsprechenden Doppelkonsonanten: acc..., aff... usw.

1 an-, heran-; **ad-venire** ankommen
2 zu-, dazu-, hinzu-; **ad-iungere** anfügen, hinzu-fügen
3 an-, dabei-; **ad-iacēre** an-liegen, dabei liegen
4 *entsprechend den dt. Vorsilben* be-, er-, ver-; **ad-mirari** be-wundern; **ad-amare** sich verlieben; **ad-monere** er-mahnen

--- — **B Präposition** — ---

PRÄP +akk

1 *örtl.: Richtung* nach, nach … hin, zu; *bei Städtenamen* in der Nähe von; *Lage* an, nahe bei; **exercitum ad mare ducere** das Heer zum Meer führen; **ad septentriones vergere** sich gegen Norden erstrecken; **ad inferos descendere** in die Unterwelt hinabsteigen; **ad hostes proficisci** gegen die Feinde marschieren; **ad Capuam proficisci** in die Umgebung von Capua marschieren; **ab Ostia ad Tarentum** von Ostia bis Tarent; **urbs ad mare sita** Stadt am Meer; **pugna ad Marathonem commissa** Schlacht bei Marathon; **clades ad Cannas accepta** Niederlage bei Cannae; **ad manus esse** zur Hand sein; **ad vinum sedere** beim Wein sitzen; **ad Tiberim** beim Tiber

2 *zeitl.: Zeitgrenze* bis zu, bis an, bis in; *Termin* an, zu, auf; *Zeitdauer* auf, für; *Annäherung* ungefähr, kurz vor, um; **ad multam noctem** bis tief in die Nacht; **ab hora octava ad vesperum** von der achten Stunde bis zum Abend; **ad summam senectutem** bis ins hohe Alter; **ad horam constitutam venire** zur festgesetzten Stunde kommen; **ad decem annos** (von jetzt) in zehn Jahren; **ad paucos dies** für einige Tage; **ad tempus** für den Augenblick, vorübergehend; **ad lucem** gegen Morgen; **ad mediam noctem** kurz vor Mitternacht; **ad horam nonam** um die neunte Stunde

3 *Angabe einer Zahl* an, gegen, ungefähr; *Grenze einer Zahl* bis zu; **ad ducentos milites** ungefähr 200 Soldaten; **ad mille ducenti** an die 1200; **obsides ad numerum miserunt** sie schickten Geiseln bis zur festgelegten Zahl = sie schickten die Geiseln vollzählig; **ad unum omnes** alle bis zum Letzten = alle

4 *final* zu, für, *oft +ger;* **legati ad id missi** zu diesem Zweck geschickte Gesandte

5 *kausal* auf, infolge; **ad clamorem concurrere** infolge des Geschreis zusammenlaufen; **ad famam belli legiones conscribere** auf das Gerücht eines Krieges hin Truppen ausheben

6 *modal* gemäß, nach; **ad arbitrium** nach Gutdünken, willkürlich; **ad naturam vivere** naturgemäß leben

7 *proportional* im Verhältnis zu, im Vergleich mit; **terra ad universi caeli complexum puncti instar est** im Vergleich zum Weltall ist die Erde wie ein Punkt

8 *relativ* in Bezug auf, hinsichtlich; **hoc nihil ad me est** dies geht mich nichts an; **res difficilis ad credendum** eine kaum zu glaubende Sache; **satis ad laudem dictum est** es ist genug gelobt worden

9 *graduell* bis an, bis zu; **ad necem virgis caedere** mit Ruten zu Tode schlagen; **haec ad insaniam concupivi** dies habe ich bis zur Raserei begehrt; **ad extremum** bis zum Äußersten

10 *additiv* dazu, zudem; **ad reliquos labores etiam hanc molestiam suscipio** zu den übrigen Mühen nehme ich auch noch diese Last auf mich

⚠ **Ad acta** Zu den Akten (legen) = *als erledigt betrachten*

adāctiō ⟨adāctiōnis⟩ F ||adigere|| (*nachkl.*) Veranlassen; ~ **iuris iurandi** Vereidigung

ad-āctus[1] ⟨a, um⟩ PPP → adigere

ad-āctus[2] ⟨adāctūs⟩ M ||adigere|| Heranbringen; ~ **dentis** *Lucr.* Biss

ad-aequāre ⟨ō, āvī, ātum 1.⟩

1 gleichmachen, *aliquid alicui rei* etw einer Sache; **tecta solo** ~ Gebäude dem Erdboden gleichmachen

2 gleichsetzen, *aliquid alicui/cum re* etw mit etw, **fortunam cum virtute** das Glück mit der Tüchtigkeit

3 vergleichen, *aliquid cum re/alicui rei* etw mit etw; **genus mortis magni Alexandri fatis** ~ *Tac.* die Todesart Alexanders des Großen mit seinem Schicksal vergleichen

4 *einer Sache* gleichkommen, *etw* erreichen, *aliquid;* **cursum equorum** ~ mit dem Lauf der Pferde Schritt halten; **urna adaequat** es liegt Stimmengleichheit vor

adaequē ADV ||adaequare|| (*vkl., nachkl.*) auf gleiche Weise, ebenso;

ad-aggerāre ⟨ō, āvī, ātum 1.⟩ anhäufen, aufhäufen, **terram** Erde

ad-alligāre ⟨ō, āvī, ātum 1.⟩ (*nachkl.*) anbinden, *aliquid alicui/alicui rei/ad aliquid* etw an j-n/an etw

adamantēus, adamantinus ⟨a, um⟩ ADJ (*nachkl.*) *poet* stählern, stahlhart

ad-amāre ⟨ō, āvī, ātum 1.⟩ *j-n/etw* lieb gewinnen, sich in *j-n* verlieben, *aliquem/aliquid*

adamās ⟨adamantis⟩ M (*nachkl.*) *poet* Stahl; *fig* hartes Herz

ad-ambulāre ⟨ō, āvī, ātum 1.⟩ (*vkl., nachkl.*) auf und ab gehen, *alicui* neben j-m, bei j-m, *alicui rei* neben etw, bei etw

ad-aperīre ⟨aperiō, aperuī, apertum 4.⟩ aufdecken, enthüllen

adapertilis ⟨adapertile⟩ ADJ ||adaperire|| *Ov.* zum Öffnen eingerichtet, leicht zu öffnen

ad-aptāre ⟨ō, āvī, ātum 1.⟩ *Suet.* anpassen, passend machen

ad-aquāre ⟨ō, āvī, ātum 1.⟩ *Plin.* zur Tränke führen; bewässern, benetzen

ad-aquārī ⟨or, ātus sum 1.⟩ Wasser holen

adauctus ⟨adauctūs⟩ M ||adaugere|| *Lucr.* Wachstum, Zunahme

ad-augēre ⟨augeō, auxī, auctum 2.⟩ vergrößern, vermehren

ad-augēscere ⟨ēscō, -, - 3.⟩ *poet* zunehmen, wachsen

adaugmen ⟨adaugminis⟩ N ||adaugere|| *Lucr.* Zunahme, Wachstum

ad-axint = **adegerint**; → **adigere**

ad-bibere ⟨bibō, bibī, - 3.⟩ (*nachkl.*) *vulg* sich betrinken, trinken; *fig* sich einprägen; **verba puro pectore** ~ *Hor.* sich die Worte reinen Herzens einprägen

ad-bītere ⟨ō, -, - 3.⟩ ||baetere|| *Plaut.* herangehen

adc… = **acc…**

ad-decēre ⟨et, uit, - 2.⟩ (*vkl., nachkl.*) es ziemt sich, es schickt sich, *aliquem* für jdn

addenda ⟨orum⟩ N ||addere|| (*mlat.*) Zusätze, Ergänzungen

ad-dēnsēre ⟨eō, -, - 2.⟩ (*nachkl.*) *poet* noch dichter machen

---

ad-dere ⟨dō, didī, ditum 3.⟩

1 dazugeben, hinzugeben
2 addieren
3 dazugeben, gewähren
4 hinzufügen
5 beilegen, beigeben
6 beigeben
7 geben, anlegen

---

1 dazugeben, hinzufügen; **totidem triremes superioribus/ad superiores** ~ ebenso viele Triremen den vorhandenen hinzufügen; **scelus sceleri** ~ Verbrechen auf Verbrechen häufen; **multas res novas in edictum** ~ viele neue Gesichtspunkte in die Verordnung einfügen;

gradum ~ (erg. gradui) den Schritt beschleunigen

2 addieren

3 *als Frist* dazugeben, gewähren, **paucos dies** wenige Tage; **additā aetate** mit den Jahren

4 *mündlich, schriftlich* hinzufügen, *aliquid ad aliquid/alicui rei* etw einer Sache, +AcI; **ad verba preces** den Worten Bitten, **precibus minas** den Bitten Drohungen; **de Sabini morte ~** etw über den Tod des Sabinus hinzufügen; **addebat se audisse** er fügte hinzu, dass er gehört habe; **addito** mit dem Zusatz; **adde** nimm hinzu, dazu kommt noch

5 *von Sachen* beilegen, beigeben; **epistulas ad eundem fasciculum ~** die Briefe zum gleichen Bündel legen

6 *von Personen* beigeben, **alicui comitem** j-m einen Begleiter

7 *fig* geben, einflößen; **calcaria ~** die Sporen geben, anspornen; **frena ~** Zügel anlegen, zähmen; **alicui animum ~** j-m Mut machen; **alicui honorem ~** j-m Ehre erweisen

▶ deutsch: **addieren**
englisch: **to add**

ad-dīcere ⟨dīcō, dīxī, dictum 3.⟩

1 als günstig bezeichnen
2 zusprechen, zuerkennen
3 den Zuschlag geben
4 verkaufen
5 preisgeben, ganz hingeben
6 zuschreiben

1 *Auguralsprache* als günstig bezeichnen; **aves addicunt** die Auspizien bezeichnen es als günstig

2 JUR zusprechen; verurteilen; **alicui bona ~** j-m Güter zusprechen; **bona in publicum ~** Güter konfiszieren; **liberum corpus in servitutem ~** einen Freien zur Schuldknechtschaft verurteilen; **parsimoniam cupiditati petulantiaeque ~** die Sparsamkeit zugunsten der Üppigkeit und Frechheit verurteilen

3 *bei Auktionen* den Zuschlag geben, *aliquid alicui +ghl pretii* etw j-m für etw/um etw; **opus ducentis talentis ~** ein Werk für zweihundert Talente zuschlagen

4 verkaufen *in abwertendem Sinne*, **alicui consulatum ~** j-m das Konsulat

5 preisgeben, ganz hingeben; **se senatui ~** sich der Arbeit im Senat widmen; **se ~ alicui** sich j-m willenlos ergeben; **addictus alicui rei** einer Sache sklavisch ergeben, zu etw verpflichtet

6 *(nachkl.)* j-m eine Schrift als Verfasser zuschreiben, *alicui*; **orationes quae Charisii nomini addicuntur** *Quint.* die Reden, die dem Charisius zugeschrieben werden

addictiō ⟨addictiōnis⟩ F̄ ‖addicere‖ Zuerkennung, amtliche Bestätigung eines Eigentums

ad-dictus ⟨a, um⟩ PPP → addicere

ad-didī → addere

ad-dīscere ⟨dīscō, didicī, - 3.⟩ dazulernen; *(nachkl.)* durch Lernen sich aneignen

additāmentum ⟨ī⟩ N̄ ‖addere‖

1 *(nachkl.)* Zugabe, Anhängsel
2 *von Personen* Anhang, Mitläufer; **Ligus, ~ inimicorum meorum** *Cic.* Ligus, der Mitläufer meiner Feinde

additiō ⟨additiōnis⟩ F̄ ‖addere‖ *(vkl., nachkl.)* Hinzufügung

▶ deutsch: **Addition**

ad-ditus ⟨a, um⟩ PPP → addere

ad-dīxī → addicere

ad-docēre ⟨eō, -, - 2.⟩ *Hor.* Neues hinzulehren, **artes** Künste

addormīscere ⟨īscō, -, - 3.⟩ *Suet.* einschlafen, ein Nickerchen machen

ad-dubitāre ⟨ō, āvī, ātum 1.⟩

A VI̅ Zweifel hegen, Bedenken tragen, *absolut od de re/in re* in Bezug auf etw, *auch mit quod u. indir Fragesatz*

B VT̅ anzweifeln

ad-dūcere ⟨dūcō, dūxī, ductum 3.⟩

1 heranführen, herbeiführen
2 bringen
3 veranlassen
4 an sich ziehen, straff anziehen

1 heranführen, hinführen; **exercitum alicui subsidio ~** das Heer zur Unterstützung von j-m heranführen; **exercitum ad Belgas ~** das Heer gegen die Belger führen; **aliquem in ius/in iudicium ~** j-n vor Gericht bringen; **aquam in oppidum ~** Wasser in die Stadt leiten

2 *in eine Lage* bringen, *in einen Zustand* versetzen; **aliquem in summam inopiam ~** j-n in höchste Not bringen; **in invidiam ~** ins Gerede bringen; **in suspicionem ~** in Verdacht bringen; **rem eo/in eum locum ~, ut** etw so weit kommen lassen, dass

3 veranlassen, *aliquem ad aliquid/in aliquid* j-n zu etw, **ad iracundiam** zum Zornesausbruch; **misericordiā adductus** aus Mitleid; **spe adductus** in der Hoffnung; **adducis me, ut tibi assentiar** du bringst mich dazu, dir zuzustimmen; **in spem sumus adducti hunc annum civitati salutarem fore/futurum esse** wir

wurden in der Hoffnung bestärkt, dieses Jahr werde ein glückliches für den Staat werden
4 straff anziehen, runzeln; **togam ~** die Toga straff ziehen; **habenas ~** die Zügel anziehen; **arcum ~** den Bogen spannen; **frontem ~** die Stirn runzeln

adductus ⟨a, um⟩ ADJ ||adducere||
1 (nachkl.) zusammengezogen, gerunzelt
2 fig streng, ernst

ad-dūxī → adducere

ad-edere ⟨edō, ēdī, ēsum 3.⟩
1 (nachkl.) poet anfressen; abreiben; **mare latus montis adest/adedit** das Meer wäscht die Felswand aus
2 teilweise verbrauchen, fast verbrauchen, **pecuniam** das Geld; **bona abesa** zerrüttete Vermögensverhältnisse

ad-ēgī → adigere

Adelphī, Adelphoe ⟨ōrum⟩ M Die Brüder, *Komödie von Terenz*

ademptiō ⟨ademptiōnis⟩ F ||adimere|| Wegnahme, Entziehung; **~ provinciae** Wegnahme einer Provinz; **~ bonorum** Enteignung

ad-emptus ⟨a, um⟩ PPP → adimere

ad-dūxī → adducere

ad-eō[1] ADV ||eo||
1 örtl. bis dahin, so weit
2 zeitl. so lange, bis, *meist usque adeo, dum/donec/quoad*; **usque ~ in periculo fuimus, quoad Caesar rediit** wir waren so lange in Gefahr, bis Caesar zurückkam
3 *modal* so sehr, in dem Maße, *meist +Konsekutivsatz ut/ut non* dass/dass nicht
4 zur Steigerung ja sogar; **atque ~** und sogar, oder sogar, oder vielmehr, oder richtiger
5 zur Betonung nachgestellt eben, gerade; besonders; **haec ~** gerade dies; **nunc ~** gerade jetzt; **id ~, si placet, considerate** *Cic.* überlegt, wenn es euch beliebt, besonders dies
6 *nach Verneinung* **~ non** umso weniger, geschweige denn

ad-eō[2] → adire[1]

adeps ⟨adipis⟩ M u. F
1 (vkl., nachkl.) (tierisches) Fett; *pl meton* Fettbauch; **~ suillus** Schweinefett; **~ anserinus** Gänsefett
2 *Quint.* Schwulst *in der Rede*

adeptiō ⟨adeptiōnis⟩ F ||adipisci|| Erlangung

ad-eptus ⟨a, um⟩ PPERF → adipisci

ad-esse ⟨adsum, adfuī/affuī, - 0.⟩
1 da sein, anwesend sein; **omnes qui adsunt** alle Anwesenden; **~ in senatu** im Senat anwesend sein; **cum aliquo/apud aliquem ~** bei j-m anwesend sein
2 erscheinen; vor Gericht erscheinen; **in castris ~** im Lager erscheinen; **ex urbe ~** sich aus der Stadt einstellen; **in iudicio/ad iudicium ~** vor Gericht erscheinen, sich stellen
3 *von Zeit u. Umständen* da sein; eingetreten sein; **tempus adest** der Zeitpunkt ist da
4 vorhanden sein; **frumentum adest** Getreide steht zur Verfügung
5 als Zeuge od Teilnehmer an etw teilnehmen, bei etw mitwirken, *alicui rei*; **~ funeri** an der Leichenfeier teilnehmen; **~ scribendo senatūs consulto ~** an der Abfassung eines Senatsbeschlusses mitwirken
6 beistehen; verteidigen, *alicui* j-n; **amico absenti ~** dem abwesenden Freund beistehen; **fortuna adest** das Schicksal ist gnädig
7 **animo ~** aufmerksam sein, achtgeben; ruhig sein, gefasst sein

ad-ēs(s)urīre ⟨iō, -, - 4.⟩ *Plaut.* hungrig werden, Appetit bekommen

adf... = **aff...**

adg... = **agg...**

adgn... = **agn...**

ad-haerēre ⟨haereō, haesī, haesum 2.⟩
1 an *etw* hängen, kleben, *alicui rei/in re*; **saxis ~** an den Felsen hängen
2 (nachkl.) fig örtl. u. zeitl. sich anschließen, angrenzen, *absolut od alicui rei* an etw, *aliquem* an j-n; **Peloponnesus continenti adhaerens** die Peloponnes, die an das Festland grenzt
3 fig *j-n/etw* festhalten, sich an *j-m/etw* festklammern, *alicui/alicui rei*; **lateri alicuius ~** j-m im Nacken sitzen, j-m nicht von der Seite weichen, für j-n ein Anhängsel sein

ad-haerēscere ⟨haerēscō, haesī, - 3.⟩ ||adhaerere||
1 sich anhängen, hängen bleiben, *absolut od ad aliquid/in aliquid/in re/alicui rei* an etw; **sudor adhaesit ovibus** Schweiß haftete an den Schafen; **ad saxa Sirenum ~** an den Felsen der Sirenen hängen bleiben; **ad aliquam disciplinam ~** einer Lehre anhängen; **in me uno coniurationis tela adhaeserunt** an mir allein blieben die Pfeile der Verschwörung haften
2 fig treu festhalten, *alicui* an j-m, *alicui rei/in re/ad aliquid/in aliquid* an etw, **iustitiae honestatique** an Recht und Sitte
3 *vom Redner u. von der Rede* stecken bleiben, stocken

adhaesiō ⟨adhaesiōnis⟩ F ||adhaerere|| Festhalten, Anhaften; **adhaesiones atomorum** *Cic.* Zusammenhang der Atome

adhaesus ⟨adhaesūs⟩ M ||adhaerere|| *Lucr.* Anhaften, Angewachsensein

ad-hibēre ⟨hibeō, hibuī, hibitum 2.⟩ ||habere||

1 anlegen, darauf legen

2 hinzunehmen
3 anwenden, benutzen
4 zuziehen, heranziehen
5 behandeln, halten
6 sich benehmen

ad-icere ⟨iciō, iēcī, iectum 3.⟩ ||iacere||
1 an/auf/zu *etw* (hin)werfen, stellen, *ad aliquid/ alicui rei*; **telum alicui/ad aliquem ~** eine Lanze gegen j-n schleudern; **adiectum esse alicui rei** an etw angrenzen; **adiectā planitie** woran sich eine Ebene anschließt
2 fig auf j-n/etw richten, lenken, *ad aliquem/ aliquid, alicui/alicui rei*; **oculos ad bona alicuius ~** den Blick begehrlich auf j-s Güter richten; **oculos hereditati ~** ein Auge auf die Erbschaft werfen
3 hinzufügen, *ad aliquid/alicui rei* zu etw, einer Sache, **aggerem munitionibus/ad munitiones** den Befestigungsanlagen einen Damm
4 (nachkl.) vergrößern, erhöhen; **latitudinem aggeri ~** den Damm verbreitern
5 *bei Auktionen* mehr bieten, überbieten
6 (nachkl.) *in der Rede* beifügen, *aliquid alicui rei* etw einer Sache, +AcI; *bes* RHET **huc/ad haec adice** dazu nimm, denke dir noch, *aliquid/+AcI, quod* dass

adiectiō ⟨adiectiōnis⟩ F ||adicere|| (nachkl.)
1 Hinzufügung
2 Aufnahme; **~ familiarum** Aufnahme neuer Familien
3 *bei Auktionen* höheres Gebot
4 RHET Verdoppelung eines Wortes

adiectīvum ⟨ī⟩ N ||adiectivus|| Adjektiv

adiectīvus ⟨a, um⟩ ADJ ||adicere|| zum Beifügen dienlich

ad-iectus¹ ⟨a, um⟩ PPP → adicere

adiectus² ⟨adiectūs⟩ M ||adicere|| Lucr. Nahebringen

ad-igere ⟨igō, ēgī, āctum 3.⟩ ||agere||
1 herantreiben, hinzutreiben; **~ turrim** einen Belagerungsturm heranschieben; **~ triremes** Dreiruderer heranbringen; **~ (ad) arbitrum** JUR vor den Schiedsrichter laden
2 *Geschosse* schleudern, *Waffen* stoßen; **ferrum per pectus ~** das Schwert durch die Brust stoßen; **aliquem fulmine ad umbras ~** j-n mit einem Blitz in die Unterwelt hinabschleudern; **vulnus ~** eine Wunde schlagen
3 fig veranlassen, drängen, *ad aliquid* zu etw, *ut* dass, +*inf*; **ad mortem ~** in den Tod treiben; **ad insaniam ~** zur Raserei bringen; **(ad) ius iurandum/iure iurando/sacramento ~** vereidigen, zum Eid zwingen; **in verba alicuius adigi** j-m den Treueeid leisten

ad-iī → adire

ad-imere ⟨imō, ēmī, emptum 3.⟩ ||emere||

---

ad-hinnīre ⟨iō, īvī, ītum 4.⟩
1 (unkl.) zuwiehern, *alicui* j-m
2 fig *von Personen* j-n/etw begehren, nach *etw* lechzen, *aliquem/ad aliquid/in aliquid*

ad-hōc ADV = adhuc

ad-hortārī ⟨or, ātus sum 1.⟩ aufmuntern, ermahnen, *ad aliquid/in aliquid* zu etw, *de re* in Bezug auf etw, *ut/ne/+konjkt*; **ad defendendam rem publicam ~** zur Verteidigung des Staates ermahnen; **de re frumentaria ~** an die Getreideversorgung erinnern

adhortātiō ⟨adhortātiōnis⟩ F ||adhortari|| Aufmunterung, Ermahnung, *alicuius rei* zu etw; **~ capessendi belli** Ermahnung den Krieg aufzunehmen

adhortātor ⟨adhortātōris⟩ M ||adhortari|| Liv. Ermahner, Antreiber, *alicuius rei* zu etw

ad-hūc ADV
1 *zeitl.* bisher, bis jetzt; **usque ~** noch bis zum heutigen Tag; **~ non** noch nicht
2 insoweit, dass, +Konsekutivsatz
3 (nachkl., eccl.) noch mehr, noch weiter, immer noch

adiacentia ⟨ium⟩ N ||adiacere|| Umgebung

ad-iacēre ⟨eō, uī, itum 2.⟩
1 anliegen, angrenzen, *alicui rei/aliquid/ad aliquid an etw*; **agro Romano ~** an das römische Gebiet angrenzen; **ad Aduatucos ~** an das Gebiet der Aduatuker angrenzen
2 (nachkl.) nahe sein, benachbart sein, *absolut*

1 an sich nehmen, wegnehmen; **agrum Campanis ~** den Kampanern das Gebiet wegnehmen; **alicui ordinem ~** j-m seinen Rang aberkennen; **ademptus** tot, dahingerafft

2 *etw* Unangenehmes wegnehmen, von *etw* befreien, *aliquid*; **cani vincula ~** dem Hund die Ketten abnehmen; **alicui dolores ~** j-n von seinen Schmerzen befreien; **ignominiam ~** die Schande tilgen

3 verwehren, verbieten, *aliquid* etw, +*inf*; **aditum ~** den Zutritt verwehren

ad-implēre ⟨eō, ēvī, ētum 2.⟩ (*spätl.*)

1 vollfüllen

2 *fig* ganz erfüllen; **voluntas testatoris adimplenda est** der Wille des Erblassers ist vollständig zu erfüllen

3 *fig* erfüllen, vollenden

adimplētiō ⟨adimplētiōnis⟩ F ||adimplere|| Vollendung

ad-īnspectāre ⟨ō, āvī, ātum 1.⟩ *Suet.* mit ansehen

adipāta ⟨ōrum⟩ N ||adipatus|| Schmalzgebackenes

adipātus ⟨a, um⟩ ADJ ||adeps||

1 *poet* fettig

2 *fig von der Rede* schwülstig, schmalzig

ad-ipīscī ⟨ipīscor, eptus sum 3.⟩ ||apisci||

1 (*vkl., nachkl.*) einholen, **fugientes** die Fliehenden

2 *fig etw Erstrebtes* erreichen, erringen, *aliquid* etw, *auch ut/ne* dass/dass nicht, *pperf* (*nachkl.*) *auch passiv*; **victoriam ~** den Sieg erringen; **~ alicuius rei** *Tac.* sich einer Sache bemächtigen; **adeptā victoriā** nach errungenem Sieg

ad-īre ⟨eō, iī/īvī, itum 0.⟩

1 herangehen, sich nähern; *passiv* zugänglich sein; **ad filios ~** zu den Kindern gehen; **ad initium silvae ~** an den Waldrand gehen; **ad ius ~** vor Gericht gehen; **Tarpea rupes centum gradibus aditur** der Tarpejische Fels kann mit hundert Schritten erstiegen werden

2 sich bittend od fragend an *j-n* wenden, *aliquem/aliquam*; **aliquem de re ~** j-n um etw bitten, j-n nach etw fragen; **ad Caesarem ~** sich an Caesar wenden; **libros Sibyllinos ~** die Sibyllinischen Bücher befragen

3 bereisen, besuchen, **Siciliam** Sizilien

4 angreifen, *absolut od ad aliquem* j-n; **ad quemvis numerum equitum ~** jede beliebige Zahl von Reitern angreifen; **virum ~** *Ter.* auf einen Mann losgehen

5 übernehmen; **ad rem publicam ~** in den Staatsdienst treten; **hereditatem ~** ein Erbe antreten

6 auf sich nehmen, *aliquid/ad aliquid* etw; **inimicitias ~** Feindschaften in Kauf nehmen; **periculum/ad periculum ~** sich einer Gefahr unterziehen

aditiālis ⟨aditiāle⟩ ADJ ||aditus|| (*vkl., nachkl.*) Antritts…; **~ cena** Antrittsessen

aditiō ⟨aditiōnis⟩ F ||adire|| *Plaut.* Zutritt, *alicui/aliquem* zu etw/zu jdm

aditus¹ ⟨aditūs⟩ M ||adire||

1 Herangehen, *alicuius rei/ad aliquid* zu etw; Landung; **~ ad pastum** Herantreten zur Fütterung; **~ litoris** Landung an der Küste

2 *meton* Zugang, Eintritt, *alicuius rei/ad aliquid* zu etw, *in aliquid* in etw; **~ ad portum** Zugang zum Hafen

3 Audienz; **aditum petere** um eine Audienz bitten; **aditum dare** eine Audienz gewähren

4 Zugang, Zutritt; **homo rari aditūs** schwer zugänglicher Mensch

5 *fig* Anfang, Beginn, *alicuius rei/ad aliquid* von etw; **primus ~** erster Schritt; **~ mortis** *Plin.* Übergang zum Tod

6 *fig* Gelegenheit, *auch* Veranlassung, *alicuius rei/ad aliquid* zu etw, **oppugnationis** zur Belagerung, **ad ea conanda** zu diesen Versuchen

7 (*mlat.*) Tür

ad-itus² ⟨a, um⟩ PPP → adire

ad-iūdicāre ⟨ō, āvī, ātum 1.⟩

1 JUR zuerkennen, zusprechen, *alicui aliquid* j-m etw, **agrum populo** das Land dem Volk; **causam alicui ~** den Prozess zu j-s Gunsten entscheiden

2 zuschreiben; **alicui salutem orbis terrarum ~** j-m die Rettung des Erdkreises zuschreiben

adiūmentum ⟨ī⟩ N ||adiuvare|| Hilfsmittel; *oft pl* Hilfe, Unterstützung

adiūnctiō ⟨adiūnctiōnis⟩ F ||adiungere||

1 Anschluss, Anknüpfung, *ad aliquid* an etw; **~ animi** Hinneigung

2 RHET Beziehung eines Prädikats auf verschiedene Subjekte, *Übersetzung des griech.* Zeugma

3 Hinzufügung, Anreihung, **verborum** von Wörtern; **~ virtutis** Mitwirkung der Tüchtigkeit

4 RHET beschränkender Zusatz, Einschränkung *der absoluten Gültigkeit des Hauptgedankens*

adiūnctor ⟨adiūnctōris⟩ M ||adiungere|| der hinzufügt; **ille ulterioris Galliae ~** der das jenseitige Gallien *zur Provinz* hinzufügte

adiūnctum ⟨ī⟩ N ||adiunctus²|| Charakteristisches, Wesentliches; *pl* RHET Nebenumstände *von Zeit u. Ort*; **argumenta ex adiunctis** Argumente aus Nebenumständen

adiūnctus¹ ⟨a, um⟩ ADJ ||adiungere||

1 eng verbunden, angrenzend, *alicui rei* einer Sache, an etw

2 *fig* eigentümlich, wesentlich, *alicuius rei/alicui*

rei von etw, für etw
ad-iūnctus² ⟨a, um⟩ PPP → adiungere

ad-iungere ⟨iungō, iūnxī, iūnctum 3.⟩

1 anbinden, anschirren
2 anfügen, hinzufügen
3 beigeben
4 beifügen, anknüpfen
5 innerlich verbinden
6 beilegen, beimessen
7 auf etw richten

1 anbinden, anspannen; **equos ~** Pferde anspannen; **vites ulmis ~** Reben an Ulmen anbinden
2 *fig* hinzufügen, verbinden, *aliquem/aliquid alicui rei/ad aliquid* j-n/etw an etw; *passiv u.* **se ~** sich anschließen, unmittelbar folgen; **naves ad reliquas naves ~** Schiffe mit den übrigen Schiffen verbinden; **insolentiam honestati ~** Frechheit mit Ehrenhaftigkeit verbinden; **Ciliciam ad imperium ~** Kilikien dem Reich einverleiben; **agros civitati ~** das umliegende Land der Stadt zuschlagen; **civitatem ad amicitiam ~** die Stadt in einen Freundschaftspakt einbeziehen; **adiunctum esse alicui rei** an etw angrenzen; **hiemi adiunctum esse** auf den Winter folgen; **alicuius aetati adiunctum esse** j-s Epoche unmittelbar folgen
3 *fig von Personen* beigeben, *aliquem alicui* j-n j-m; **aliquem sibi amicum ~** sich j-n zum Freund nehmen; **se ad causam alicuius ~** sich j-s Sache anschließen; **sibi aliquem ~** j-n für sich gewinnen
4 RHET beifügen, anknüpfen, **similitudinem** ein Beispiel; **si hoc unum adiunxero** +AcI wenn ich noch dies eine anfüge, dass …
5 *fig* innerlich verbinden; **animos hominum ad usus suos ~** die Menschen für die eigenen Zwecke benutzen
6 *fig* beimessen, verleihen; **fidem visis ~** dem Gesehenen Glauben schenken; **honorem rebus populi Romani ~** den Verhältnissen des römischen Volkes Ehre erweisen; **sibi aliquid ~** sich etw verschaffen; **sibi alicuius benevolentiam ~** j-s Wohlwollen für sich gewinnen
7 auf *etw* hinlenken, auf *etw* richten, *ad aliquid*; **animum ad aliquod studium ~** den Geist auf einen Wissenszweig richten

ad-iūrāre ⟨ō, āvī, ātum 1.⟩

1 Liv. dazu noch schwören, unter Schwur hinzufügen
2 beschwören, eidlich versichern, *aliquid* etw, +AcI
3 *poet* bei j-m/etw schwören, *aliquem/aliquid*; **per** deos ~ bei den Göttern schwören; **caput alicuius ~** bei j-s Haupt schwören
4 (*spätl.*) flehentlich bitten, beschwören

adiūtābilis ⟨adiūtābile⟩ ADJ ||adiutare|| Plaut. förderlich

adiūtāre ⟨ō, āvī, ātum 1.⟩ ||adiuvare|| j-m helfen, j-n unterstützen, *aliquem*

adiūtor ⟨adiūtōris⟩ M ||adiuvare||

1 Helfer, Förderer, *alicuius* j-s, *alicuius rei/ad aliquid/in re/alicui rei* zu etw, von etw, bei etw; **~ honori alicuius** Förderer von j-s Ehre
2 *pej* Helfershelfer, Komplize, **scelerum** für die Verbrechen
3 (*nachkl.*) Unterbeamter
4 Hilfslehrer
5 Darsteller von Nebenrollen

adiūtōrium ⟨ī⟩ N ||adiutor|| (*nachkl.*) Beistand, Hilfe

adiūtrīx ⟨adiūtrīcis⟩ F ||adiutor||

1 Helferin, Förderin; **legiones adiutrices** (*nachkl.*) Name zweier aus Seeleuten aufgestellter Reservelegionen
2 *pej* Helfershelferin, Komplizin

ad-iuvāre ⟨iuvō, iūvī, iūtum 1.⟩

1 j-m helfen, j-n unterstützen, *aliquem, in re/ad aliquid* in etw/bei etw, *de re* in Bezug auf etw, *ut/ne*; **ad bellum ~** beim Krieg unterstützen; **ad verum probandum ~** bei der Untersuchung der Wahrheit helfen
2 moralisch aufrichten, ermutigen, **clamore milites** die Soldaten durch Geschrei
3 *fig* fördern, nähren; **ignem amoris ~** das Feuer der Liebe schüren; **formam curā ~** die Schönheit durch Pflege fördern; **maerorem orationis lacrimis suis ~** den traurigen Inhalt der Rede durch seine Tränen steigern
4 *fig* förderlich sein, hilfreich sein, *absolut*; **multum ad rem ~** viel zur Sache beitragen; **causae adiuvantes** PHIL mittelbare Ursachen

adl... → **all...**

Admagetobrīga ⟨ae⟩ F Stadt in Gallien, bei der Ariovist 61 v. Chr. einen Sieg über die Sequaner errang, Lage am linken Ufer der Saône

ad-mātūrāre ⟨ō, āvī, ātum 1.⟩ noch mehr beschleunigen

ad-mētīrī ⟨mētior, mēnsus sum 4.⟩ zumessen, *alicui aliquid* j-m etw

Admētus ⟨ī⟩ M

1 König von Pherae in Thessalien, Gatte der Alkestis
2 König der Molosser, Beschützer des Themistokles

ad-migrāre ⟨ō, āvī, ātum 1.⟩ Plaut. hinzukommen

ad-miniculāre ⟨ō, āvī, ātum 1.⟩ ||adminiculum|| durch Pfähle stützen; (*vkl., nachkl.*) *fig* j-n/etw unterstützen, j-m/einer Sache beistehen, *aliquem/aliquid*; **vitem ~** den Weinstock stützen

adminiculum ⟨ī⟩ N̄
1. Stütze, Stützpfahl
2. *fig* Hilfsmittel, Werkzeug; *(nachkl.) von Personen* Mitarbeiter
3. ~ **ligni** *(mlat.)* Kreuz Christi

administer ⟨administrī⟩ M̄ ||administrare||
1. Mitarbeiter, Diener
2. *pej* Komplize, Werkzeug

administra ⟨ae⟩ F̄ ||administer|| *(vkl.)* Mitarbeiterin, Dienerin, *auch fig*

ad-ministrāre ⟨ō, āvī, ātum 1.⟩
A *VII Plaut.* behilflich sein, **alicui ad rem divinam** j-m beim Gottesdienst
B *V/T*
1. lenken, leiten, **navem** ein Schiff; **exercitum** ~ ein Heer befehligen; **summam rerum** ~ den Oberbefehl haben
2. verwalten, **rem familiarem** das Familienvermögen; **rem publicam** ~ den Staat regieren
3. besorgen, ausführen; **negotium** ~ ein Geschäft besorgen; **caedem** ~ ein Blutbad anrichten; **ita** ~, **ut** es so einrichten, dass
4. *(nachkl.)* arbeiten, *absolut*

administrātiō ⟨administrātiōnis⟩ F̄ ||administrare||
1. Hilfeleistung, Hilfe; **sine hominum administratione** ohne menschliche Hilfeleistung
2. Leitung, Verwaltung; ~ **rei publicae** Verwaltung des Staates
3. Handhabung, Bedienung; ~ **tormentorum** Bedienung der Geschütze; ~ **navis** Steuerung des Schiffes
▶ deutsch: **Administration**

administrātīvus ⟨a, um⟩ ADJ ||administrare|| *Quint.* praktisch

administrātor ⟨administrātōris⟩ M̄ ||administrare|| Leiter, Verwalter

admīrābilis ⟨admīrābile, *adv* admīrābiliter⟩ ADJ ||admirari||
1. bewundernswert, wunderbar
2. seltsam, befremdend

admīrābilitās ⟨admīrābilitātis⟩ F̄ ||admirabilis|| Bewunderungswürdigkeit; **admirabilitatem facere** Bewunderung erregen

admīrandus ⟨a, um⟩ ADJ = **admirabilis**

ad-mīrārī ⟨or, ātus sum 1.⟩
1. bewundern, anstaunen, *absolut od aliquem/aliquid* j-n/etw, *aliquem in re* j-n in Bezug auf etw; **res gestas alicuius** ~ j-s Taten bewundern
2. sich über *j-n/etw* wundern, über *j-n/etw* staunen, *absolut od aliquem/aliquid, auch de aliquo/de re,* +AcI/+indir Fragesatz

⚠ **Nihil admirari** Sich über nichts wundern. *Grundsatz der Stoa*

admīrātiō ⟨admīrātiōnis⟩ F̄ ||admirari||
1. Bewunderung, hohes Interesse, *alicuius* j-s *od* für j-n, *alicuius rei* für etw, **hominum** der Menschen, **divitiarum** für den Reichtum
2. Verwunderung, Staunen, *alicuius* j-s *od* über j-n, *alicuius rei* über etw; *meton* Äußerung der Bewunderung
3. Merkwürdigkeit, Merkwürdiges
▶ englisch: **admiration**
französisch: **admiration**
spanisch: **admiración**
italienisch: **ammirazione**

admīrātor ⟨admīrātōris⟩ M̄ ||admirari|| *(nachkl.) poet* Bewunderer

ad-mīscēre ⟨mīsceō, mīscuī, mīxtum 2.⟩
1. beimischen, hinzumischen; **aquae calorem** ~ dem Wasser Wärme beimischen
2. *fig* beigeben, beifügen; **orationi versūs** ~ die Rede mit Versen schmücken
3. vermischen, vermengen, *aliquid re/cum re* etw mit etw
4. *fig* verwickeln, *aliquem ad aliquid* j-n in etw; **ne te admisce** misch dich nicht ein

ad-mīsī → **admittere**

admissārius ⟨ī⟩ M̄ ||admittere|| Zuchthengst; *meton* geiler Mensch

admissiō ⟨admissiōnis⟩ F̄ ||admittere|| *(vkl., nachkl.)* Zulassung, Zutritt

admissum ⟨ī⟩ N̄ ||admittere|| Vergehen, Schuld; **male** ~ *Tac.* Untat

ad-mittere ⟨mittō, mīsī, missum 3.⟩
1. loslassen, in (schnellen) Gang setzen
2. einlassen, zulassen
3. hinzuziehen
4. anhören, erhören
5. zulassen, geschehen lassen
6. verüben, begehen

1. loslassen, in (schnellen) Gang setzen, **equos** die Pferde; **equo admisso** im Galopp; **admisso passu** mit raschem Schritt; **admissae aquae** reißender Strom; **comae admissae** lose Haare; **res semel admissa** eine einmal in Gang gesetzte Sache
2. einlassen, zulassen, *ad aliquid/in aliquid/alicui rei* zu etw, +Supin; **aliquem in cubiculum** ~ j-n in sein Zimmer einlassen; **ad regem** ~ zur Audienz beim König vorlassen; **ad comitatum** ~ zur Versammlung zulassen; **ad consilium** ~ zur Beratung zulassen; **spectatum** ~ als Zuschauer zulassen
3. hinzuziehen; **aliquem ad colloquium** ~ j-n zum Gespräch hinzuziehen
4. *(nachkl.)* anhören, erhören; **alicuius preces** ~ j-s Bitten erhören; **condiciones** ~ Bedingun-

gen annehmen; **aliquid ad animum ~** etw beherzigen

5 zulassen, geschehen lassen; **religiones ~** religiöse Einrichtungen zulassen; **aves admittunt** Auguralsprache die Auspizien sind günstig

6 verüben, begehen; **scelus** ein Verbrechen; **si quid scelerate in fratrem admisi** wenn ich ein Verbrechen gegen meinen Bruder begangen habe

admīxtiō ⟨admīxtiōnis⟩ F ||admiscere|| Beimischung

admīxtus ⟨a, um⟩ PPP → admiscere

ad-moderārī ⟨or, ātus sum 1.⟩ Plaut. an sich halten, mäßigen; **nequeo risu** (dat) **admoderarier** Plaut. ich kann mir das Lachen nicht verkneifen

admoderātē ADV ||admoderari|| Lucr. entsprechend, alicui rei einer Sache

ad-modum ADV

1 bei Maß- u. Zeitangaben genau, gerade; **legati exacto ~ mense Februario redierunt** die Gesandten kamen genau am Ende des Monats Februar zurück

2 bei Zahlenangaben mindestens, gut an; **turres ~ ducentae** gut an die zweihundert Türme; **Alexander decem ~ annos habens** Alexander im Alter von höchstens zehn Jahren

3 bei Gradangaben völlig, äußerst; **~ parvus** sehr klein; **~ pauci** nur ganz wenige; **~ infans** noch ganz klein; **~ raro** äußerst selten; **~ delectare** ungemein erfreuen; **non ~** nicht eben; **~ nihil** gar nichts

4 bei Antworten ja, allerdings

admoenīre ⟨iō, īvī, - 4.⟩ ||ad moenia (ducere)|| Plaut. einschließen, belagern

ad-mōlīrī ⟨mōlior, mōlitus sum 4.⟩ (unkl.)

A VT heranschaffen, heranbewegen

B VI Plaut. sich in Bewegung setzen

ad-monēre ⟨moneō, monuī, monitum 2.⟩

1 erinnern, mahnen, aliquem alicuius rei/de re j-n an etw, j-n in Bezug auf etw, +AcI/+indir Fragesatz

2 Geschäftssprache an seine Schuld erinnern, **aliquem aeris alieni** j-n an seine Schulden

3 zu bedenken geben, aliquem de re j-m in Bezug auf etw, +AcI

4 zu etw ermahnen; vor etw warnen, ut/ne dass/ dass nicht, +Konjkt/ad +ger/+indir Fragesatz/ +inf

5 (nachkl.) poet zurechtweisen, züchtigen

admonita ⟨ōrum⟩ ||admonere|| N Warnungen

admonitiō ⟨admonitiōnis⟩ F ||admonere||

1 Erinnerung, alicuius rei an etw

2 Mahnung, Warnung

3 (nachkl.) Zurechtweisung, Züchtigung

admonitor ⟨admonitōris⟩ M ||admonere|| Mahner, alicuius rei zu etw, an etw

admonitrīx ⟨admonitrīcis⟩ F ||admonitor||
Plaut. Mahnerin, alicuius rei zu etw, an etw

admonitus ⟨admonitūs, nur abl sg admonitū⟩ M = **admonitio**

ad-mordēre ⟨mordeō, momordī, morsum 2.⟩

1 poet annagen, anbeißen

2 Plaut. „anpumpen"

admōrunt = **admoverunt**; → admovere

admōsse = **admovisse**; → admovere

admōtiō ⟨admōtiōnis⟩ F ||admovere|| Anlegen; **~ digitorum** Fingersatz beim Saitenspiel

ad-movēre ⟨moveō, mōvī, mōtum 2.⟩

1 heranführen, heranbewegen

2 anrücken lassen

3 heranbringen, vorschieben

4 beschleunigen

5 einflößen

6 anwenden

7 beiziehen, zuziehen

8 befördern

1 heranführen, heranbewegen, aliquem/aliquid ad aliquid/alicui rei j-n/etw an etw; passiv u. **se ~** sich nähern; **scalas ad moenia ~** Leitern an die Mauern anlegen; **urbem ad mare ~** in der Nähe des Meeres die Stadt gründen; **mentem ~ ad aliquid** den Geist auf etw richten, sich näher mit etw befassen; **labra poculis ~** die Lippen an den Becher führen; **angues curribus ~** Schlangen an die Wagen anspannen; **manum/manūs ~ alicui rei** die Hand an etw legen, sich an etw vergreifen, etw angehen; **manūs vectigalibus ~** sich an den Steuergeldern vergreifen; **se ~ supremis** sich seinem Ende nähern

2 MIL anrücken lassen; absolut heranrücken; **milites ~** die Soldaten heranrücken lassen; **rex admovet** der König rückt heran

3 MIL heranbringen, vorschieben, **turres** Belagerungstürme; **opus ad turrim hostium ~** das Belagerungswerk an den Turm der Feinde heranbringen

4 (nachkl.) beschleunigen; **diem leti ~** den Todestag näher rücken lassen, den Tod beschleunigen

5 fig Gefühle einflößen; **alicui terrorem ~** j-m einen Schrecken einjagen

6 ein Mittel anwenden, aliquid alicui/ad aliquem etw bei j-m, alicui rei/ad aliquid bei etw, **remedia** Heilmittel; **fomenta corpori ~** einen Umschlag auf den Körper legen; **adulescenti calcaria/ stimulos ~** einen jungen Menschen anspornen; **curationem ad aegrotum ~** eine Kur bei einem Kranken anwenden

7 beiziehen, zuziehen; **multos in convivium ~** viele zum Gastmahl einladen
8 (*nachkl.*) befördern; **aliquem ad idem fastigium ~** j-n in denselben Rang erheben

ad-mūgīre ⟨iō, īvī, - 4.⟩ (*nachkl.*) *poet* zubrüllen; **vacca tauro admugit** die Kuh brüllt dem Stier zu

ad-murmurāre ⟨ō, āvī, ātum 1.⟩ beifällig murmeln, murren

admurmurātiō ⟨admurmurātiōnis⟩ F̄ ||admurmurare|| *beifälliges od missbilligendes* Gemurmel

ad-mutilāre ⟨ō, āvī, ātum 1.⟩ *Plaut.* verstümmeln; *hum* hereinlegen

ad-nāscī ⟨nāscor, nātus sum 3.⟩ = **agnasci**

ad-natāre ⟨ō, āvī, ātum 1.⟩ = **annatare**

ad-nātus ⟨a, um⟩ PPERF = **agnatus**; → agnasci

ad-nectere ⟨nectō, nexuī, nexum 3.⟩ = **annectere**

adni... = **anni...**

adno... = **anno...**

adnōscere ⟨adnōscō, adnōvī, adnitum 3.⟩ = **agnoscere**

adnu... = **annu...**

ad-olēre[1] ⟨eō, uī, - 2.⟩ (*unkl.*) als Opfer verbrennen; anzünden; **viscera tauri ~** die Eingeweide eines Stieres als Opfer verbrennen; **~ honores alicui** zu Ehren j-s Brandopfer darbringen; **aliquem re ~** j-n durch Darbringung einer Sache ehren

ad-olēre[2] ⟨eō, uī, - 2.⟩ *Plaut.* duften, riechen

adolēscēns ⟨adolēscentis⟩

A ADJ ||adolescere[2]|| heranwachsend, jung
B M̄ *u.* F̄ = **adulescens**

adolēscentia ⟨ae⟩ F̄ = **adulescentia**

ad-olēscere[1] ⟨ēscō, -, - 3.⟩ ||adolere|| aufflammen

ad-olēscere[2] ⟨olēscō, olēvī, (adultum) 3.⟩ ||alere|| aufwachsen; *fig* wachsen; **adolescit cupiditas** die Begierde wächst; **ingenium adolescit** der Verstand erstarkt; **aetas adolescit** die Zeit schreitet voran

Adōnis ⟨Adōnidis⟩ M̄ Geliebter der Aphrodite; *urspr. orient.* Vegetationsgottheit; Symbol des raschen Verwelkens im Sommer *u.* Personifikation von Werden *u.* Vergehen

ad-operīre ⟨operiō, operuī, opertum 4.⟩ (*nachkl.*)
1 bedecken, verhüllen, *passiv +griech. akk*; **adopertus vultum** mit verhülltem Gesicht
2 schließen, verschließen

ad-opīnārī ⟨or, ātus sum 1.⟩ *Lucr.* (dazu) vermuten

ad-optāre ⟨ō, āvī, ātum 1.⟩
1 erwählen, annehmen; **sibi aliquem defensorem ~** sich j-n als Verteidiger nehmen
2 (*nachkl.*) *poet* zu Hilfe nehmen, sich aneignen; **Etruscas opes ~** die Streitkräfte der Etrusker zu Hilfe holen; **ramus ramum adoptat** ein Zweig nimmt einen anderen Zweig auf *durch Aufpfropfen*
3 adoptieren; **aliquem sibi filium ~** j-n als Sohn adoptieren; **illum pro filio ~** *Plaut.* jenen an Sohnes Statt annehmen; **aliquem a patre ~** j-n vom *leiblichen* Vater adoptieren; **aliquem in regnum ~** j-n durch Adoption als Nachfolger berufen
4 (*nachkl.*) *poet* aneignen, **sibi cognomen** sich einen Beinamen

adoptātīcius ⟨ī⟩ M̄ ||adoptare|| *Plaut.* Adoptivsohn

adoptātor ⟨adoptātōris⟩ M̄ ||adoptare|| (*nachkl.*) Adoptivvater

adoptiō ⟨adoptiōnis⟩ F̄ ||adoptare|| Adoption

adoptīvus ⟨a, um⟩ ADJ ||adoptare||
1 Adoptiv..., durch Adoption erlangt; **filius ~** Adoptivsohn
2 *poet bei Bäumen* aufgepfropft

ador ⟨adōris⟩ M̄ (*nachkl.*) *poet* Dinkel, *Weizenart mit dünneren Ähren*

ad-ōrāre ⟨ō, āvī, ātum 1.⟩ (*nachkl.*)
1 anflehen, erflehen, *aliquem aliquid* j-n um etw; **pacem deum ~** Gott um Frieden anflehen
2 *allg.* verehren, **Ennium poetam** den Dichter Ennius

adōrātiō ⟨adōrātiōnis⟩ F̄ ||adorare|| (*nachkl., eccl.*) Anbetung

adōrea ⟨ae⟩ F̄ (*unkl.*) Kriegsruhm

adōreus ⟨a, um⟩ ADJ ||ador|| aus Dinkel; **liba adorea** Dinkelkuchen, Dinkelfladen

adōria ⟨ae⟩ F̄ = **adorea**

ad-orīrī ⟨orior, ortus sum 4.⟩
1 angreifen, *auch fig*; **navem vi ~** ein Schiff mit Waffengewalt angreifen; **oppugnatio aliquem adoritur** die Belagerung trifft j-n
2 *fig* mit Bitten *od* Drohungen angehen, bestürmen, **aliquem tumultuosissime** j-n auf äußerst stürmische Weise
3 etw Schwieriges *od* Gefährliches unternehmen, beginnen, *aliquid* etw, *+inf*; **maius nefas ~** einen größeren Frevel begehen

ad-ōrnāre ⟨ō, āvī, ātum 1.⟩
1 ausrüsten, zurechtmachen; **naves ~** Schiffe ausrüsten; **accusationem ~** eine Anklage vorbereiten
2 ausstatten, **maria classibus** Meere mit Flotten
3 schmücken, **forum magnifico ornatu** das Forum mit prächtigem Aufwand

ad-ortus ⟨a, um⟩ PPERF → adoriri

adp... = **app...**

adqu... = **acqu...**

adr... auch = arr...

ad-rādere ⟨rādō, rāsī, rāsum 3.⟩ (unkl.) ankratzen; j-m Bart und Haupthaar schneiden, j-n, aliquem; fig stutzen

Adramyttēnus ⟨ī⟩ M̄ Einwohner von Adramytteum, Adramyttener

Adramyttēum, Adramyttium ⟨ī⟩ N̄ Hafenstadt in Mysien, heute Edremit n. von Pergamon

Adrana ⟨ae⟩ M̄ Nebenfluss der Fulda, heute Eder

Adrāstus ⟨ī⟩ M̄ König von Argos, einer der Sieben gegen Theben

adrēctus ⟨a, um⟩ ADJ = arrectus

adrēpere ⟨rēpō, rēpsī, rēptum 3.⟩ = arrepere

Adria ⟨ae⟩ F̄ = Hadria

Adrūmētīnus ⟨ī⟩ M̄ Einwohner von Adrumetum, Adrumetiner

Adrūmētum ⟨ī⟩ N̄ Küstenstadt s. von Karthago, heute Hamamet

ads... = ass...
adsc... = asc...
adsp... = asp...
adst... = ast...
adt... = att...

Aduatuca ⟨ae⟩ F̄ Kastell der Eburonen im Gebiet der Maas, heute Tongern

Aduatucī ⟨ōrum⟩ M̄ die Aduatuker, germ. Stamm in Gallien, im heutigen Ostbelgien

ad-ūlāre ⟨ō, āvī, - 1.⟩ (unkl.), **ad-ūlārī** ⟨or, ātus sum 1.⟩

1 von Tieren mit dem Schwanz wedeln, sich anschmiegen

2 fig, poet sanft abwischen, streichelnd abwischen, **sanguinem** das Blut

3 vor j-m kriechen, j-n kniefällig verehren, aliquem/alicui; **plebem/plebi ~** (bes nachkl.) dem Pöbel schmeicheln

adūlātiō ⟨adūlātiōnis⟩ F̄ ||adulari||

1 Schwanzwedeln der Hunde

2 fig Schmeichelei gegenüber höher gestellten Personen; (bes nachkl.) asiatischer Kniefall (Proskynesis)

3 Liv. Höflinge; = **adulatores**

adūlātor ⟨adūlātōris⟩ M̄ ||adulari|| (nachkl.) Schmeichler, Speichellecker

adūlātōrius ⟨a, um⟩ ADJ ||adulator|| (nachkl.) kriecherisch; **adulatorium dedecus** Tac. ehrlose Kriecherei

adulēscēns ⟨adulēscentis⟩

A ADJ = adolescens

B M̄, F̄

1 M̄ junger Mann zwischen puer und iuvenis = zwischen 14 u. 30 Jahren, gelegentlich zur Unterscheidung des Jüngeren vom gleichnamigen Älteren; **Brutus ~** der jüngere Brutus

2 F̄ Com. junges Mädchen

adulēscentia ⟨ae⟩ F̄ ||adulescens|| Jugend; meton junge Leute

adulēscentula ⟨ae⟩ F̄ ||adulescentulus|| Com. ganz junges Mädchen; **filia ~** als Liebkosung mein Kind

adulēscentulus

A ⟨a, um⟩ ADJ ||adulescens|| sehr jung

B ⟨ī⟩ M̄ junger Mensch

adulter

A ⟨adulterī⟩ M̄ ||adulterare|| Ehebrecher, Liebhaber

B ⟨adultera, adulterum⟩ ADJ

1 (nachkl.) poet ehebrecherisch

2 unecht, nachgemacht; **nummus ~** (nachkl.) gefälschte Münze

adultera ⟨ae⟩ F̄ ||adulter|| (nachkl.) poet Ehebrecherin, Freundin, Geliebte

adulterāre ⟨ō, āvī, ātum 1.⟩

A VI fig die Ehe brechen, alicui/cum aliquo mit j-m

B VT

1 (unkl.) fig zum Ehebruch verführen; passiv mit j-m herumhuren, alicui, auch von Tieren, **miluo** (dat!) mit dem Falken

2 verfälschen, nachmachen; **ius civile ~** fig das Bürgerrecht verfälschen; **faciem arte ~** das Gesicht künstlich verändern

adulterīnus ⟨a, um⟩ ADJ ||adulter|| nachgemacht, falsch; (mlat.) nicht ebenbürtig; **clavis adulterina** Ov. Nachschlüssel

adulterium ⟨ī⟩ N̄ ||adulter||

1 Ehebruch, Liebesaffäre

2 Plaut. ehebrecherisches Treiben

3 (nachkl.) Verfälschung, **mercis** einer Ware; **adulteria naturae adulterare** die bereits verfälschte Natur noch weiter verfälschen

adultus ⟨a, um⟩ ADJ ||adolescere²||

1 herangewachsen, erwachsen

2 fig von der Zeit vorgerückt; erstarkt; **aestas adulta** Spätsommer; **Athenae adultae** das erstarkte Athen

▶ englisch: adult
französisch: adulte
spanisch: adulto
italienisch: adulto

ad-umbrāre ⟨ō, āvī, ātum 1.⟩

1 (nachkl.) beschatten

2 (nachkl.) Malerei skizzieren

3 fig mit Worten schildern, skizzieren

4 Curt. fig nachahmen, **Macedonum morem** die Art der Makedonen

adumbrātim ADV ||adumbrare|| Lucr. nur im Umriss, nur dunkel

adumbrātiō ⟨adumbrātiōnis⟩ F̄ ||adumbrare||

1 Vitr. Umriss, Skizze

2 fig (bloße) Andeutung

adumbrātus ⟨a, um⟩ ADJ ||adumbrare||

1 skizziert

2 *fig* undeutlich, unvollständig; **imago gloriae adumbrata** das verschleierte Bild des Ruhms
3 *fig* falsch, Schein...; **opinio adumbrata** vorgebliche Meinung

ad-ūnāre ⟨ō, āvī, ātum 1.⟩ (*nachkl.*) vereinigen, verbinden

aduncitās ⟨aduncitātis⟩ F ||aduncus|| Krümmung, Haken

ad-uncus ⟨a, um⟩ ADJ einwärts gekrümmt, hakenförmig; **ferrum aduncum** Widerhaken; **praepes Iovis adunca** *Ov.* der Adler Jupiters, *wegen seines gekrümmten Schnabels*

ad-ūrere ⟨ūrō, ussī, ustum 3.⟩
1 verbrennen; austrocknen; *passiv* sich brennen lassen; **barbam ~** den Bart anbrennen
2 bräunen
3 *von Frost u. Wind* erfrieren lassen; verletzen; **pedes adusti nivibus** vom Schnee erfrorene Füße
4 *fig von der Liebe* entflammen, **ignibus** *Hor.* durch das Feuer der Liebe

ad-urgēre ⟨urgeō, ursī, - 2.⟩ (*nachkl.*) *poet*
1 andrücken
2 *fig* heftig bedrängen, verfolgen

ad-ūsque (*nachkl.*) *poet*
A PRÄP +*akk* = **usque ad**
B ADV fort und fort, überall

adustus ⟨a, um⟩ ADJ ||adurere|| sonnengebräunt

advectāre ⟨ō, āvī, ātum 1.⟩ ||advehere|| (*nachkl.*) zuführen

advectīcius ⟨a, um⟩ ADJ ||advehere|| (*nachkl.*) aus dem Ausland eingeführt, ausländisch; **vinum advecticium** ausländischer Wein

advectus ⟨advectūs⟩ M ||advehere|| (*vkl., nachkl.*) Zufuhr, Einfuhr

ad-vehere ⟨vehō, vēxī, vectum 3.⟩
1 herbeibringen, herbeischaffen; **frumentum ex agris in urbem ~** Getreide von den Feldern in die Stadt bringen; **peditum mille secum ~** tausend Fußsoldaten mitbringen
2 *passiv mit u. ohne* **curru/equo/navi** heranfahren/heranreiten/heransegeln; hingelangen, landen, *ad locum/in locum/alicui loco* an einen/einem Ort

ad-vēlāre ⟨ō, āvī, ātum 1.⟩ *poet* umhüllen, bekränzen; **tempora viridi lauro ~** *Verg.* die Schläfen mit frischem Lorbeer bekränzen

advena ⟨ae⟩ M u. F ||advenire||
1 Ankömmling, Fremdling; *adj* ausländisch, fremd; **volucres advenae** Zugvögel
2 *fig* Neuling, Laie

ad-venīre ⟨veniō, vēnī, ventum 4.⟩
1 ankommen, herankommen, *ad aliquem/aliquem/alicui* bei j-m, an j-n, *ad locum/in locum/locum/alicui loco* an einem Ort; **ab Oceano in provinciam ~** vom Ozean her in die Provinz ankommen; **Tyriam urbem ~** in der Stadt Tyria ankommen; **tectis meis ~** in meinem Haus ankommen; **litterae advenerunt** die Briefe kamen an; **mare advenit** die Flut kommt
2 *fig von Zeit, Umständen, Ereignissen* herankommen, erscheinen; **tempus advenit** die Zeit kommt; **morbus advenit** eine Krankheit bricht aus; **periculum advenit** eine Gefahr tritt auf
3 (*nachkl.*) *von Erwerbungen* zufallen, zuteil werden, *ad aliquem* j-m
4 **advenit id, quod** *Lucr.* dazu kommt noch, dass

adventāre ⟨ō, āvī, ātum 1.⟩ ||advenire|| *von Lebewesen u. leblosen Dingen* heranrücken

adventīcius ⟨a, um⟩ ADJ ||advenire||
1 ausländisch, fremd; **doctrina adventicia** fremde Lehre
2 äußerlich, sinnlich; **externa atque adventicia visio** äußerer Sinneseindruck; **adventicia causa** äußere Ursache
3 außergewöhnlich, zufällig; **~ fructus** zufälliger Gewinn
4 (*nachkl.*) Ankunfts...; **cena adventicia** Ankunftsessen

adventor ⟨adventōris⟩ M ||advenire|| (*vkl., nachkl.*) Fremder; Gast

adventōria ⟨ae⟩ F ||adventor|| (*erg.* **cena**) *Mart.* Ankunftsessen

ad-ventum PPP → **advenire**

adventus ⟨adventūs⟩ M ||advenire||
1 Ankunft, Anmarsch; **~ hospitum** Ankunft der Gäste; **~ militum** Anmarsch der Soldaten; **~ alienarum gentium** Einwanderung fremder Völker; **~ lucis** Tagesanbruch; **~ malorum** Auftreten unglücklicher Ereignisse
2 (*mlat.*) Angriff
3 (*mlat.*) Adventszeit

adverbium ⟨ī⟩ N ||ad, verbum|| *Quint.* Umstandswort, Adverb

adversāre ⟨ō, āvī, ātum 1.⟩ ||advertere|| *Plaut.* ständig auf *etw* richten; **animum sedulo ~** die Aufmerksamkeit eifrig richten *auf*

adversārī ⟨or, ātus sum 1.⟩ ||adversus¹|| sich widersetzen, entgegentreten, *alicui/alicui rei* j-m/einer Sache, *quominus/ne* dass; **adversante fortunā** durch ein widriges Schicksal

adversāria¹ ⟨ae⟩ F ||adversarius|| Gegnerin, Feindin

adversāria² ⟨ōrum⟩ N ||adversarius||
1 Behauptungen der Gegenpartei, Gründe der Gegenpartei
2 Konzeptbuch, Kladde für vorläufige Eintragungen

adversārius

A ⟨a, um⟩ ADJ ‖adversus‖ gegnerisch, widersprechend, *absolut u. alicui/alicuius rei* j-m/einer Sache; **~ iuri** dem Recht entgegenstehend; **factio ~** Gegenpartei

B ⟨ī⟩ M

1 Gegner, Feind

2 Kläger, Rivale; *(eccl.)* Teufel

▶ englisch: adversary
französisch: adversaire
spanisch: adversario
italienisch: avversario

adversātiō ⟨adversātiōnis⟩ F ‖adversari‖ *Sen.* zänkische Gegenrede

adversātrīx ⟨adversātrīcis⟩ F ‖adversari‖ *(vkl., nachkl.)* Gegnerin

adversitās ⟨adversitātis⟩ F ‖adversus‖ *(nachkl., spätl.)* Widrigkeit

adversitor ⟨adversitōris⟩ M Sklave, der seinem Herrn entgegenkommt, um ihn abzuholen

adversum[1] ⟨ī⟩ N ‖adversus[1]‖

1 *(nachkl.)* entgegengesetzte Richtung; **ex adverso** gegenüber, von vorn; **in adversum** entgegen

2 Unfall, Widrigkeit; *pl* widriges Schicksal, Unglück; Gegensatz

adversum[2] ADV, PRÄP +*akk* = **adversus**[2]

adversus[1]

A ⟨a, um⟩ ADJ

1 zugekehrt, *alicui* j-m; vorne stehend; **dentes adversi** Vorderzähne; **adversa manus** zugekehrte Hand, Handfläche; **adversa vulnera** Wunden auf der Brust; **solem adversum intueri** in die Sonne sehen; **aliquem adversus aggredi** j-n von vorne angreifen; ↔ aversus

2 gegenüberstehend, gegenüberliegend, *absolut od alicui* j-m; **ventus ~** Gegenwind; **adverso flumine** stromaufwärts; **adverso colle** hügelaufwärts; **in montes adversos** bergan

3 *fig* entgegenstehend, feindlich, *absolut od alicui* j-m; **adversā senatūs voluntate** gegen den Willen des Senats

4 *fig* gegensätzlich, den Gegensatz bildend

5 *fig* ungünstig, unglücklich, *alicui* für j-n; **nox adversa** stürmische Nacht; **valetudo adversa** schlechte Gesundheit

6 *fig* zuwider, verhasst, *absolut od alicui* j-m

B ⟨ī⟩ M *(nachkl.)* Gegner

ad-versus[2]

A ADV *(unkl.)* entgegen; **~ ire** entgegengehen; **~ arma ferre** auf der Gegenseite kämpfen

B PRÄP +*akk*

1 örtl. in Richtung auf, gegen; **impetum facere ~ collem** in Richtung des Hügels angreifen

2 gegenüber; **~ insulam** gegenüber der Insel

3 gegen *freundlich u. feindlich*; **~ hostes dimicare** gegen die Feinde kämpfen; **reverentia ~ homines** Ehrfurcht vor den Menschen; **pietas ~ deos** Frömmigkeit gegen die Götter

4 hinsichtlich; **respondere ~ aliquid** auf etw antworten

5 *(nachkl.)* im Vergleich mit; **nihil sum ~ patrem** ich bin nichts im Vergleich zum Vater

ad-vertere ⟨vertō, vertī, versum 3.⟩

1 hinwenden

2 hinsteuern

3 Aufmerksamkeit auf etw lenken

4 strafen, rügen

5 auf sich lenken, auf sich ziehen

1 hinwenden, *aliquid alicui rei/in aliquid/ad aliquid*; **agmen urbi ~** gegen die Stadt marschieren; *passiv* sich hinwenden

2 hinsteuern, *in aliquid* in etw, *aliquid ad* zu etw; *passiv* auf *etw* lossteuern, *alicui rei*; **classem in portum ~** die Flotte in den Hafen steuern; **notae arenae advertuntur** man landet an einer bekannten Küste; +*akk des Ziels* **Scythicas advertitur oras** man läuft die Küsten der Skythen an

3 **animum ~** *fig* Aufmerksamkeit auf *etw* lenken, achtgeben auf *etw, ad aliquid/aliquid/alicui rei, ut/ne* dass/dass nicht; bemerken, wahrnehmen, *aliquem* j-n, *aliquid/de re* etw, +*AcI*/+*indir Fragesatz*; **animum ad religionem ~** seine Aufmerksamkeit der Religion widmen; **animum monitis ~** den Ermahnungen Beachtung schenken; **inter saxa serpentes ~** Schlangen zwischen den Felsen bemerken; **id animum adverte, ne** achte darauf, dass nicht

4 *Tac. mit u. ohne* **animum** *fig* strafen, rügen, *in aliquem* j-n; **durius in Marcium ~** härter gegen Marcius vorgehen

5 *(nachkl.)* auf sich lenken, auf sich ziehen; **odia ~** sich Hass zuziehen; **omnium oculos in se ~** aller Augen auf sich ziehen

ad-vesperāscere ⟨vesperāscit, vesperāvit, - 3.⟩ Abend werden, dämmern

ad-vigilāre ⟨ō, āvī, ātum 1.⟩ bei *j-m/etw* wachen, *alicui/ad aliquid*; *(unkl.)* auf der Hut sein, *absolut od pro re* vor etw; **ad custodiam ignis ~** Feuerwache halten

ad-vocāre ⟨ō, āvī, ātum 1.⟩

1 herbeirufen, einladen; **populum ad contionem ~** das Volk zur Versammlung einladen; **aliquem aegroto ~** j-n zu einem Kranken rufen; **~ animum ad se ipsum** in sich gehen

2 *Versammlungen* einberufen; **senatum ~** den Senat einberufen

3 JUR *in republikanischer Zeit* als Rechtsbeistand berufen; *in der Kaiserzeit* einen Anwalt nehmen; **sibi aliquem ~** sich j-n als Anwalt nehmen

4 *fig* zu Hilfe rufen, **deos** die Götter
advocata ⟨ae⟩ F̲ (*mlat.*) Fürsprecherin; **~ nostra** unsere Fürsprecherin, = Maria
advocatia ⟨ae⟩ F̲ (*mlat.*) Vogtei
advocātiō ⟨advocātiōnis⟩ F̲ ||advocare||
1 Berufung von Sachkundigen, Beratung durch Sachkundige, *alicui rei* über etw
2 Beistand vor Gericht
3 juristische Ratgeber, Prozessführer
4 Frist zur Besprechung mit dem Rechtsbeistand; (*nachkl.*) *allg.* Aufschub; **advocationem postulare/dare/consequi** eine Frist fordern/gewähren/erlangen
5 (*spätl.*) Prozessführung
advocātus ⟨ī⟩ M̲ ||advocare||
1 *in republikanischer Zeit* Rechtsbeistand bei Gericht
2 *in der Kaiserzeit* Rechtsanwalt
3 (*mlat.*) Vertreter, Vogt
4 **~ Diaboli** (*eccl.*) „Anwalt des Teufels", Vertreter der Gegenargumente im Heiligsprechungsprozess der katholischen Kirche
▶ deutsch: **Advokat**
ad-volāre ⟨ō, āvī, ātum 1.⟩ heranfliegen; *fig* herbeieilen
advolātus ⟨abladvolātū⟩ M̲ ||advolare|| *poet* Anflug; **~ tristis** *Cic.* Anflug von Traurigkeit
ad-volvere ⟨volvō, volvī, volūtum 3.⟩ (*nachkl.*) *poet* heranwälzen, *alicui/ad aliquid* an j-n/an etw; *passiv u.* **se ~** sich hinwerfen, sich niederwerfen; **se pedibus/ad genua alicuius ~** sich j-m zu Füßen werfen

advors... = **advers...**
advort... = **advert...**
adytum ⟨ī⟩ N̲ (*nachkl.*) *poet*
1 Allerheiligstes, Innerstes eines Tempels
2 Innenraum, Grabkammer
3 *fig* Innerstes, **cordis** des Herzens
Aea ⟨ae, *akk* an⟩ F̲ MYTH Halbinsel in Kolchis am Schwarzen Meer, Sitz des Königs Aietes
Aeacidēius ⟨a, um⟩ ADJ zu den Aeaciden gehörig
Aeacidēs ⟨ae⟩ M̲ Nachkomme des Aeacus, Aeacide, *Beiname der Söhne des Aeacus Telamon, Peleus u. Phokus u. des Enkels Achill*
Aeacidīnus ⟨a, um⟩ ADJ eines Aeaciden würdig
Aeacus ⟨ī⟩ M̲ MYTH König von Aigina (Aegina), Sohn des Jupiter u. der Nymphe Aigina *od* Europa, Vater des Telamon, Peleus u. Phokus; nach seinem Tod Richter in der Unterwelt
Aeaea ⟨ae⟩ F̲ von Aeaee, *Beiname der Kirke*
Aeaeē ⟨Aeaeēs⟩ F̲ MYTH Insel der Zauberin Kirke, vermutlich identisch mit Aea
Aeaeus ⟨a, um⟩ ADJ
1 von Aea
2 von Aeaee; **Aeaeae artes** Zauberkünste; **Aeaea carmina** *Verg.* Zaubersprüche
Aeās ⟨Aeantis⟩ M̲ Fluss in Griechenland, im Pindus entspringend
aed. cur. *Abk* = **aedilis curulis** kurulischer Ädil
aedēs ⟨aedis⟩ F̲
1 Zimmer; Tempel
2 PL Haus *als Komplex mehrerer Räume*; *Plaut. meton*

aedes – römisches Patrizierhaus

Das römische Patrizierhaus war ursprünglich einstöckig und hatte in der Mitte einen Hof. Ein Bassin in der Mitte fing das Regenwasser auf. Der Hauptraum lag gegenüber dem Eingang und war ursprünglich dem Familienoberhaupt vorbehalten. Die Schlafzimmer befanden sich an den Seiten. In luxuriöseren Häusern gab es ein eigenes Speisezimmer. Mit steigendem Lebensstandard entstand ein weiterer Hof. Gelegentlich gab es im Obergeschoss eine Terrasse und einen großen Bankettsaal.

atrium	Innenhof
impluvium	Bassin, Auffangbecken für Regenwasser
tablinum	Hauptraum zwischen **atrium** und **peristylium**
vestibulum	Eingang
cubicula	Schlafzimmer
triclinium	Speisezimmer
latrina	Toilette
peristylium	zweiter Hof mit Säulenumgang
exedra	Gesellschaftszimmer
bibliotheca	Bibliothek
diaeta	Raum zur Unterhaltung der Gäste

WORTSCHATZ

Familie; *Verg.* Bienenstock

aedicula ⟨ae⟩ F̲ ||aedes||
1. Zimmerchen
2. Tempelchen, Kapelle
3. P̲L̲ kleine ärmliche Wohnung, Häuschen

aedificāre ⟨ō, āvī, ātum 1.⟩ ||aedes, facere||
1. bauen
2. erbauen, **domum** ein Haus; **rem publicam ~** *fig* einen Staat gründen
3. *(nachkl.)* bebauen
4. *(mlat.)* (geistlich) erbauen

aedificātiō ⟨aedificātiōnis⟩ F̲ ||aedes, facere||
1. *abstr.* Bauen
2. *konkr.* Bauwerk; *pl* Bauanlage
3. *(mlat.)* (geistliche) Erbauung

aedificātiuncula ⟨ae⟩ F̲ ||aedes, facere|| kleiner Bau

aedificātor ⟨aedificātōris⟩ M̲ ||aedificare||
1. Erbauer, Baumeister; **~ mundi** *Cic.* Schöpfer der Welt
2. *(nachkl.) poet* Baulustiger

aedificium ⟨ī⟩ N̲ ||aedes, facere|| Gebäude, Bauwerk

aedīlicius
A. ⟨a, um⟩ A̲D̲J̲ ||aedilis||, des Ädils; **scriba ~** Schreiber des Ädils; **comitia aedilicia** die Wahl zum Ädil
B. ⟨ī⟩ M̲ ehemaliger Ädil

aedīlis ⟨aedīlis⟩ M̲ ||aedes|| Ädil, *Beamter des röm. Staates; seit 494 v. Chr. zwei aediles plebis od plebei (Ädilen der Gemeinde) zur Veranstaltung der Spiele der Plebs. 366 v. Chr. kamen zwei aediles curules (kurulische Ädilen) aus dem Stand der Patrizier hinzu, die die großen Spiele organisierten. Gemeinsam hatten die vier Ädilen die Aufsicht über die öffentliche u. soziale Sicherheit, so die cura annonae, die Aufsicht über den Getreidemarkt u. die Versorgung der Stadt*

aedīlitās ⟨aedīlitātis⟩ F̲ ||aedilis|| Amt des Ädils, Ädilität, *zweite Stufe der röm. Ämterlaufbahn*

aedis ⟨aedis⟩ F̲ = **aedes**

aedituēns ⟨aedituentis⟩ M̲ ||aedes, tueri|| *Lucr.* Tempelhüter

aeditumārī ⟨or, ātus sum 1.⟩ ||aeditumus|| *(vkl.)* Tempelhüter sein

aeditumus *u. (seit Liv.)* **aedituus** ⟨ī⟩ M̲ ||aedes|| Tempelwächter; *(eccl.)* Küster

aēdōn ⟨aēdōnis⟩ F̲ *(spätl.)* Nachtigall

aed. pl. *Abk* = **aedilis plebis** Ädil der Gemeinde

Aeduī ⟨ōrum⟩ M̲ die Äduer, die Häduer, *kelt. Volksstamm in Gallien zwischen Loire und Saône*

Aeduus ⟨a, um⟩ A̲D̲J̲ zu den Äduern gehörig

Aeēta ⟨ae⟩ M̲ = **Aeetes**

Aeētaeus ⟨a, um⟩ A̲D̲J̲ des Aeetes; kolchisch

Aeētēs ⟨ae⟩ M̲ Sohn des Sonnengottes Helios, König in Kolchis, Vater der Medea, Hüter des Goldenen Vlieses

Aeētias ⟨Aeētiadis⟩ F̲, **Aeētīnē** ⟨Aeētīnēs⟩ F̲ Tochter des Aeetes, = Medea

Aegaeōn ⟨Aegaeōnis⟩ F̲ hundertarmiger Riese, *auch Briareus genannt, Sohn des Uranos u. der Gaia, unterstützte Zeus im Kampf gegen die Titanen*

Aegaeus ⟨a, um⟩ A̲D̲J̲ ägäisch; **mare Aegaeum** Ägäisches Meer

Aegatae ⟨ārum⟩ F̲, **Aegātēs** ⟨ium⟩ F̲ Ägatische Inseln, *nw. von Sizilien; 241 v. Chr. Entscheidungsschlacht des ersten Punischen Krieges*

aeger
A. ⟨aegra, aegrum⟩ A̲D̲J̲, A̲D̲V̲ → aegrē
1. krank, leidend, *absolut od mit Angabe des kranken Körperteils*; **homo ~** kranker Mensch; **valetudo aegra** Unpässlichkeit; **stomachus ~** kranker Magen; **pedibus ~** fußkrank; *+griech. akk* **manum ~** an der Hand erkrankt
2. *geistig u. seelisch* krank, verstimmt; **~ amore** liebeskrank
3. *fig* zerrüttet; **civitas aegra** zerrüttetes Staatswesen
4. *(nachkl.) poet von Zuständen* schmerzvoll, verdrießlich; **aegra senectus** mühseliges Alter
B. ⟨aegrī⟩ M̲ Kranker

Aegeūs ⟨eī⟩ M̲ MYTH König von Athen, Vater des Theseus

Aegīdēs ⟨ae⟩ M̲ Nachkomme des Aegeus, *auch* = Theseus

Aegīna ⟨ae⟩ F̲ Insel im Saronischen Meerbusen mit gleichnamiger Hauptstadt, *griech. u. heutiger Name Aigina*

Aegīnētae ⟨ārum⟩ M̲ die Aegineten

Aegīnēticus ⟨a, um⟩ A̲D̲J̲ aus Aegina

aegis ⟨aegidis⟩ F̲
1. Schild des Zeus mit dem Bild des Gorgonenhauptes; *Zeus lieh diesen von Hephaistos angefertigten Schild gelegentlich an Athene aus, die mit ihm dargestellt wird*
2. *poet* Schild

Aegisthus ⟨ī⟩ M̲ Sohn des Thyestes, Mörder des Agamemnon, von Orest erschlagen

Aeglē ⟨Aeglēs⟩ F̲ weiblicher Eigenname, *bes eine der Najaden, Mutter der Grazien*

aegocerōs ⟨aegocerōtis⟩ M̲ Steinbock, *als Tierkreiszeichen*

Aegos flūmen N̲ Ziegenfluss, *auf dem Thrakischen Chersones, 405 v. Chr. Entscheidungsschlacht des Peloponnesischen Krieges*

aegrē A̲D̲V̲ ||aeger||
1. schmerzlich, unangenehm; **~ facere alicui** j-m wehtun, j-n kränken; **~ ferre aliquid** ungehalten sein über etw, gekränkt sein wegen etw, *auch +AcI*, **quod** dass
2. nur mit Mühe, kaum; **~ pati** kaum ertragen
3. ungern

aegrēre ⟨eō, -, - 2.⟩ ||aeger|| *Lucr.* krank sein

aegrēscere ⟨ēscō, -, - 3.⟩ ||aegrere|| *(nachkl.)*

poet

1 krank werden, erkranken
2 *fig von Personen* sich ärgern
3 *fig von Gefühlen* sich verschlimmern

aegrimōnia ⟨ae⟩ F ‖aeger‖ Kummer, Verstimmung

aegritūdō ⟨aegritūdinis⟩ F ‖aeger‖ *(nachkl.)* Unpässlichkeit; Unmut

aegror ⟨aegrōris⟩ M ‖aeger‖ *poet* Krankheit

aegrōtāre ⟨ō, āvī, ātum 1.⟩ ‖aeger‖ geistig u. körperlich krank sein, leiden, *re/ex re* an einer Sache; **graviter ~** schwer leiden

aegrōtātiō ⟨aegrōtātiōnis⟩ F ‖aegrotare‖ Krankheit, krankhafter Zustand *von Körper u. Geist; auch pl*

aegrōtus

A ⟨a, um⟩ ADJ ‖aeger‖ krank; zerrüttet; **res publica aegrota** zerrüttetes Staatswesen

B ⟨ī⟩ M Kranker

Aegyptīnus ⟨ī⟩ M ‖Aegyptus‖ Ägypter

Aegyptius

A ⟨a, um⟩ ADJ ‖Aegyptus‖ ägyptisch

B ⟨ī⟩ M Ägypter

Aegyptos, Aegyptus ⟨ī⟩ F Ägypten, *seit 30 v. Chr. röm. Provinz; meton* ägyptische Kriegsmacht

aelinos ⟨ī⟩ M *Ov.* Wehruf, Klagelied

Aelius ⟨a, um⟩ *Name einer pleb. gens; bekannt durch die lex Aelia von 156 v. Chr., wodurch den Behörden u. Tribunen das Recht zuerkannt wurde, durch* spectio *(= Beobachtung der Auspizien) und* obnuntiatio *(= Meldung böser Vorzeichen) Wahlen zu verhindern*

Aellō ⟨Aellūs⟩ F

1 eine Harpye
2 eine Hündin des Aktaion (Actaeon)

Aemiliāna ⟨ōrum⟩ N ‖Aemilius‖ Vorstadt Roms

Aemiliānus ⟨a, um⟩ ADJ ‖Aemilius‖ *bes Beiname des jüngeren Scipio Africanus*

Aemilius ⟨a, um⟩ *Name einer patriz. gens; berühmteste Vertreter:* **L. ~ Paulus,** *als Konsul bei Cannae 216 v. Chr. gefallen; sein Sohn* **L. ~ Macedonicus** *schlug den König Perseus von Makedonien 168 v. Chr. bei Pydna; der dritte, von den Scipionen adoptierte Sohn* **Scipio ~ Africanus** *errang den endgültigen Sieg über Karthago 146 v. Chr.;* **via Aemilia** *von dem Konsul M. Aemilius Lepidus 187 v. Chr. begonnene Straße von Ariminum nach Placentia*

aemula ⟨ae⟩ F ‖aemulus‖

1 Anhängerin *einer geistigen od phil. Richtung*
2 *(nachkl.) poet* Rivalin, Nebenbuhlerin

aemulārī ⟨or, ātus sum 1.⟩ ‖aemulus‖

1 *j-m* nacheifern, mit *j-m* wetteifern, *absolut od aliquem/aliquid;* **virtutes maiorum ~** die Tugenden der Vorfahren nachahmen
2 *pej* eifersüchtig sein, neidisch sein, *alicui/cum aliquo* auf j-n, **inter se** aufeinander

aemulātiō ⟨aemulātiōnis⟩ F ‖aemulari‖

1 *(nachkl.)* Wetteifer, **laudis** um Ehre
2 *pej* Eifersucht, Rivalität, *alicuius rei* auf etw, in Bezug auf etw

aemulātor ⟨aemulātōris⟩ M ‖aemulari‖ „Nacheiferer"; **~ virtutum** der einem Vorbild nachstrebt; **~ Catonis** *Cic. iron* unkritischer Nachahmer des Cato

aemulātus ⟨aemulātūs⟩ M *Tac.* = **aemulatio**

aemulus

A ⟨a, um⟩ ADJ

1 *(unkl.)* nacheifernd, wetteifernd, *alicui* j-m, mit j-m, *alicui rei* einer Sache, mit etw
2 eifersüchtig, neidisch, *absolut od alicuius/alicuius rei* auf j-n/auf etw
3 *(nachkl.)* gleichkommend, ebenbürtig, **summis oratoribus** den besten Rednern

B ⟨ī⟩ M

1 Anhänger *einer geistigen od phil. Richtung*
2 *(nachkl.) poet* Rivale, Nebenbuhler

Aenāria ⟨ae⟩ F Insel bei Neapel, heute Ischia

Aeneadēs ⟨Aeneadae⟩ M Sohn des Aeneas, Nachkomme des Aeneas

Aenēās ⟨ae⟩ M MYTH *Sohn des Anchises u. der Aphrodite/Venus, Held der Aeneis des Vergil, Stammvater Roms u. des julischen Hauses, der die Tradition Trojas nach Latium brachte*

aēneātōrēs ⟨aēneātōrum⟩ M ‖aeneus‖ *(nachkl.)* die Tubabläser, die Hornbläser

Aenēis ⟨Aeneidis u. Aeneidos⟩ F Epos Vergils über Aeneas

Aenēius ⟨a, um⟩ ADJ des Aeneas

aēneolus ⟨a, um⟩ ADJ ‖aeneus‖ *Petr.* aus Bronze, eisern

aēneus ⟨a, um⟩ ADJ ‖aes‖

1 kupfern, eisern, aus Bronze; **aenea proles** *Ov.* das eherne Zeitalter
2 *Suet. meton* kupferfarben, bronzefarben
3 *poet* eisern; unbezwingbar

Aeniānes ⟨Aeniānum⟩ M griech. Stamm im s. Thessalien

Aenīdēs ⟨ae⟩ M Sohn des Aeneas, Nachkomme des Aeneas

aenigma ⟨aenigmatis⟩ N Rätsel; *fig* allegorische Darstellung; **aenigma ponere** ein Rätsel aufgeben; **aenigma solvere** ein Rätsel lösen

aenigmaticē ADV ‖aenigma‖ *Sen.* in Rätseln

Aeniī ⟨ōrum⟩ M die Einwohner von Aenus; → Aenus 1

aēni-pēs ⟨pedis⟩ ADJ ‖aenus, pes‖ *poet* mit Füßen aus Erz

Aēnobarbus ⟨a, um⟩ ADJ *Suet.* rotbärtig, *Beiname der gens Domitia*

aēnus ⟨a, um⟩ ADJ Nebenform von **aeneus**

Aenus ⟨ī⟩

1 F Ort in Thessalien, heute Enos
2 M Inn

Aeolēs ⟨Aeolum⟩ M
1. die Äoler, *einer der Hauptstämme der Griechen*
2. die Einwohner von Aeolis

Aeolia ⟨ae⟩ F
1. **= Aeolis**
2. Aeolusinsel, *heute Stromboli*

Aeolicus ⟨a, um⟩ ADJ ||Aeoles|| äolisch, *bes* von Lesbos

Aeolidēs ⟨ae⟩ M
1. Sohn des Aeolus; → **Aeolus** 1
2. Sohn des Aeolus, Nachkomme des Aeolus; → **Aeolus** 2

Aeoliī ⟨ōrum⟩ M **= Aeoles**

Aeolis ⟨Aeolidis⟩ F
1. *Landschaft im NW Kleinasiens*
2. Tochter des Aeolus; → **Aeolus** 2

Aeolius ⟨a, um⟩ ADJ
1. ||Aeoles 1|| äolisch, *bes* von Lesbos; **puella Aeolia** das Mädchen aus Lesbos, = *die Dichterin Sappho*
2. des Aeolus

Aeolos, Aeolus ⟨ī⟩ M
1. Sohn des Hippotes, Herr der Äolischen Inseln, Herrscher über die Winde
2. Sohn des Hellen, König in Thessalien, Stammvater der Äoler

aequābilis ⟨aequābile, *adv* aequābiliter⟩ ADJ ||aequare||
1. gleichmäßig, gleichförmig
2. unparteiisch
3. *Tac.* freundlich, umgänglich
4. *Plaut.* ebenbürtig

aequābilitās ⟨aequābilitātis⟩ F ||aequabilis||
1. Gleichmäßigkeit, Gleichheit
2. Unparteilichkeit
3. Gelassenheit

aequ-aevus ⟨a, um⟩ ADJ ||aequus, aevum||
(*nachkl.*) *poet* gleichaltrig

aequālis
A ⟨aequāle⟩ ADJ, ADV ⟨aequāliter⟩ ||aequus||
1. (*nachkl.*) *poet* gleich hoch, gleich eben
2. von gleicher Größe, entsprechend; **paupertas ~ divitiis** Armut, die so groß ist wie der Reichtum; **linguā et moribus ~** an Sprache und Sitten gleich
3. *von Personen* gleichaltrig; *von Sachen* gleichzeitig, *alicui/alicuius* mit j-m, *alicuius rei* mit etw
4. gleichstehend; **civis ~** gleichgestellter Bürger
B ⟨aequālis⟩ M Altersgenosse, Zeitgenosse
▶ deutsch: **egal**
   englisch: **equal**
   französisch: **égal**
   spanisch: **igual**
   italienisch: **uguale**

aequālitās ⟨aequālitātis⟩ F ||aequalis||
1. (*nachkl.*) (äußere) Gleichheit
2. (innere) Gleichheit, Gleichmäßigkeit; **cetera in summa aequalitate ponere** das Übrige als ganz gleich achten
3. Altersgleichheit
4. *Tac.* Rechtsgleichheit

aequanimitās ⟨aequanimitātis⟩ F ||aequus, animus||
1. *Ter.* Nachsicht
2. (*nachkl.*) Gelassenheit, Geduld

aequāre ⟨ō, āvī, ātum 1.⟩ ||aequus||
1. ebnen, planieren
2. gerade stellen, gerade richten, **mensam** den Tisch; **frontem ~** die Front begradigen
3. gleichmachen, *aliquid alicui rei/cum re* etw mit etw; **aliquem caelo laudibus ~** j-n in den Himmel loben; **solo ~** dem Erdboden gleichmachen; *fig* aus der Welt schaffen; **dictaturas solo ~** Diktaturen beseitigen
4. ausgleichen, gleichmäßig verteilen, **pecunias** Geld
5. vergleichen, auf die gleiche Stufe stellen, **tenuiores cum principibus** die Niedrigeren mit den Höheren, **Philippum Hannibali** *Liv.* Philipp mit Hannibal; *passiv u.* **se ~** gleichstehen, gleichkommen, *alicui/cum re* j-m, mit jdm
6. (*nachkl.*) j-m gleichkommen, j-n erreichen, *aliquem/aliquid*; **fluminis altitudo summa equorum pectora aequat** das Wasser des Flusses reicht den Pferden bis an die Brust; **moenia turres aequant** die Mauern erreichen Turmhöhe; **cursum equorum ~** mit den Pferden Schritt halten; **Appii odium ~** so verhasst sein wie Appius

⚠ **Aequat omnia cinis.** *Sen.* Die Asche macht alles gleich = vor dem Tod sind alle gleich.

aequātiō ⟨aequātiōnis⟩ F ||aequare|| Gleichstellung; Gleichmacherei; **~ bonorum** gleiche Verteilung des Besitzes

aequātor ⟨aequātōris⟩ M ||aequare||
1. „Gleichmacher", Eicher; **~ monetae** Münzprüfer
2. (*nlat.*) Äquator

aequē ADV ||aequus||
1. gleich, gleichmäßig
2. in gleicher Weise, *ac/atque/et/quam/ut* wie; **amicos aeque ac nosmet ipsos diligimus** wir lieben unsere Freunde wie uns selbst

Aequī, Aequīculī ⟨ōrum⟩ M die Äquer, *ital. Stämme ö. von Rom, 304 v. Chr. von den Römern unterworfen*

Aequīculus, Aequicus ⟨a, um⟩ ADJ äquisch

aequilībritās ⟨aequilībritātis⟩ F ||aequus, libra|| Gleichgewicht, Gleichgewichtsgesetz

Aequimaelium ⟨ī⟩ N̄ *freier Platz am Kapitol*
aequinoctiālis ⟨aequinoctiāle⟩ ADJ ||aequinoctium|| (*unkl.*) zur Tag- und Nachtgleiche gehörig
aequi-noctium ⟨ī⟩ N̄ ||aequus, nox|| Tag- und Nachtgleiche
aequiperābilis ⟨aequiperābile⟩ ADJ ||aequiperare|| (*vkl., nachkl.*) vergleichbar, *alicui* mit jdm
aequi-perāre ⟨ō, āvī, ātum 1.⟩ ||aequus, par|| (*nachkl.*)
1 gleichmachen
2 gleichstellen
3 j-m gleichkommen, j-n erreichen, *aliquem/aliquid, re* in etw
aequitās ⟨aequitātis⟩ F̄ ||aequus||
1 ebene Lage
2 Gleichheit, Gleichförmigkeit
3 *mit u. ohne* **animi** Geduld, Mäßigung
4 Gerechtigkeit; Humanität
aequor ⟨aequōris⟩ N̄ ||aequus||
1 Ebene; **aequora camporum** flaches Land
2 *poet* Meeresfläche; Meer; *meton* Seewasser; *pl* Fluten
aequoreus ⟨a, um⟩ ADJ ||aequor|| *poet* des Meeres, Meeres...; **rex ~** König des Meeres, Neptun
aequum ⟨ī⟩ N̄ ||aequus||
1 (*nachkl.*) Fläche, ebenes Gelände
2 (*nachkl.*) Gleichheit, gleiches Recht
3 Angemessenheit, Gebührendes; **aequa postulare** fordern, was recht ist; **per aequa per iniqua** um jeden Preis; **ex aequo** nach Billigkeit; **plus aequo** über Gebühr; **aequum bonumque** Recht und Billigkeit

aequus ⟨a, um⟩ ADJ, ADV → **aequē**

1 flach, waagrecht
2 günstig, günstig gelegen
3 günstig gesinnt, gewogen
4 gleich, gleichmäßig
5 gleich an Kräften, unentschieden
6 gelassen, ruhig
7 gerecht, human

1 örtl. flach, waagrecht; **campus ~** offenes Gelände; **frons aequa** *Liv.* MIL gerade Front; **loqui ex aequo loco** auf gleicher Ebene reden = im Senat reden
2 *fig* günstig, günstig gelegen; **locus ~** günstiger Ort; **tempus aequum** günstiger Zeitpunkt, *alicui ad aliquid/alicui rei* für j-n zu/für etw, **ad dimicandum** zum Kämpfen
3 *fig* günstig gesinnt, gewogen; **aequo Iove** mit Zustimmung des Jupiter; ↔ iniquus
4 gleich, gleichmäßig, *ac/atque* wie; **aequis passibus** mit gleich großen Schritten; **aequo spatio abesse** gleich weit entfernt sein; **aequo iure** mit gleichem Recht
5 gleich an Kräften, unentschieden; **aequo proelio/Marte pugnare** unentschieden kämpfen
6 *fig* gelassen, ruhig; **~ re/alicuius rei** zufrieden mit etw; **aequissimo animo aliquid ferre** etw mit größter Gelassenheit tragen
7 gerecht, human, *in aliquem/alicui/in aliquo* gegen j-n; **iudex ~** unparteiischer Richter; **iudicium aequum** ausgewogenes Urteil; **quantum aequius melius** wie es angemessener ist
⚠ **Aequo animo excipe necessaria.** *Sen.* Unvermeidlichem begegne mit Gleichmut!
āēr ⟨āeris, *akk* āerem *u.* āera⟩ M̄
1 Luft, Atmosphäre
2 *poet* Nebel
3 *fig* luftige Höhe
aera ⟨ae⟩ F̄ (*nachkl.*) Ära, Epoche
aerāmentum ⟨ī⟩ N̄ ||aero|| *Plin.* Kupfergeschirr
aerāria ⟨ae⟩ F̄ ||aes|| Erzgrube
aerārium ⟨ī⟩ N̄ ||aerarius|| Schatzkammer, Staatskasse
aerārius
A ⟨a, um⟩ ADJ ||aes||
1 Erz..., Kupfer..., Bronze...; **metallum aerarium** Erzbergwerk; **fornax aeraria** Schmelzofen; **faber ~** Metallarbeiter; **artifex ~** Bildgießer
2 Geld...; **quaestor ~** Schatzmeister; **tribunus ~** Zahlmeister
B ⟨ī⟩ M̄ Aerarier, *Bürger der untersten sozialen u. Vermögensklasse*
aerātae ⟨ārum⟩ F̄ ||aeratus|| *Sen.* Kriegsschiffe
aerātus ⟨a, um⟩ ADJ ||aes||
1 erzbeschlagen; **navis aerata** gepanzertes Schiff, Kriegsschiff; **lectus ~** Bett mit Bronzefüßen
2 (*nachkl.*) *poet* eisern; **securis aerata** eiserne Streitaxt
3 *fig*, unbezwingbar
aereus ⟨a, um⟩ ADJ (*nachkl.*) *poet* = **aeratus**
aeri-fer ⟨aerifera, aeriferum⟩ ADJ ||aes, ferre|| eiserne Zimbeln tragend
aeri-pēs ⟨pedis⟩ ADJ ||aes|| *poet* mit eisernen Füßen
āerius ⟨a, um⟩ ADJ in der Luft befindlich, luftig; **quercus aeria** hochragende Eiche
aerō ⟨aerōnis⟩ M̄ (*nachkl.*) Tragekorb *aus Binsen für Sand*
Āeropa ⟨ae⟩ F̄, **Aeropē** ⟨Āeropēs⟩ F̄ Gattin des Pleisthenes u. nach dessen Tod des Atreus; Mutter des Agamemnon u. des Menelaos
aerūginōsus ⟨a, um⟩ ADJ ||aerugo|| *Sen.*

1 voll Grünspan
2 *fig* schmutzig, Bettler...
aerūgō ⟨aerūginis⟩ F ||aes||
1 Grünspan; *Iuv.* altes Geldstück
2 *poet* Neid; Habgier
aerumna ⟨ae⟩ F Mühe, Elend
aerumnābilis ⟨aerumnābile⟩ ADJ ||aerumna|| trübselig
aerumnōsus ⟨a, um⟩ ADJ ||aerumna|| mühselig, kummervoll; **mare aerumnosum** *poet* stürmisches Meer
aes ⟨aeris⟩ N
1 Kupfer, Erz, Bronze; *Hor. fig* ehernes Zeitalter
2 *meton* Kupfergerät, Bronzegerät
3 eiserne Waffe, Schutzpanzer, *meist nur pl*; **unca aera** „gebogenes Erz", Angelhaken
4 *(nachkl.)* Bronzestatue, *meist pl*; **aera ducere et excudere** Bronzestatuen anfertigen
5 Tafel; **aera legum** Gesetzestafeln
6 Kupfergeld; **aes rude** Kupferbarren; **aes grave** gestempelter, ein Pfund schwerer Barren, Kupferas
7 Geldmünze, Posten einer Rechnung; *pl* Rechenpfennige; **aes equestre** Summe *von 10000 As* zum Kauf eines Pferdes; **aes hordearium** Summe *von 2000 As* zum Unterhalt eines Pferdes
8 Vermögen; **aes meum** Eigenkapital; **aes alienum** fremdes Vermögen = Schulden; **aes conflare** Schulden machen; **aes solvere** Schulden bezahlen
9 *meist pl* Lohn; *Hor.* Schulgeld; **aera militibus dare/constituere** den Soldaten den Sold zahlen
aesar ⟨aesaris⟩ M *Suet.* = deus
Aeschinēs ⟨Aeschinis *u.* Aeschinī⟩ M
1 Schüler *u.* Freund des Sokrates
2 athenischer Redner des 4. Jhs. v. Chr., Gegner des Demosthenes
3 Lehrer der Neueren Akademie, 2. Jh. v. Chr.
Aeschylēus ⟨a, um⟩ ADJ ||Aeschylus|| des Aeschylus
Aeschylus ⟨ī⟩ M 525–456 v. Chr., bedeutendster Vertreter der älteren attischen Tragödie, von 90 Tragödien sind 7 erhalten
Aesculāpium ⟨ī⟩ N ||Aesculapius|| Tempel des Äskulap
Aesculāpius ⟨ī⟩ M Äskulap, *griech.* Gott der Heilkunst, Sohn des Apollo *u.* der Koronis; Kult in Rom 291 v. Chr. eingeführt
aesculētum ⟨ī⟩ N ||aesculus|| *(unkl.)* Eichenwald; Eichenhain in Rom
aesculeus ⟨a, um⟩ ADJ ||aesculus|| *(nachkl.) poet* Wintereichen..., Eichen...
aesculus ⟨ī⟩ F *(unkl.)* immergrüne Wintereiche, *dem* Jupiter heilig
Aesōn ⟨Aesonis⟩ M Vater des Iason

Aesonidēs ⟨ae⟩ M Nachkomme des Aeson, = Iason
Aesonius ⟨a, um⟩ ADJ des Aeson
Aesōpēus, Aesōpius ⟨a, um⟩ ADJ ||Aesopus|| des Äsop
Aesopus ⟨ī⟩ M
1 Äsop, *griech.* Fabeldichter um 550 v. Chr.
2 **Clodius ~** *Tragödiendichter, Freund Ciceros*
aestās ⟨aestātis⟩ F
1 Sommer
2 *meton* Sommerwetter, Hitze
3 *poet* Jahr
aesti-fer ⟨aestifera, aestiferum⟩ ADJ ||aestas, ferre|| *poet* Hitze bringend; **canis ~** Hundsstern, *das Hitze bringende s. Sternbild des Hundes mit dem Sirius*
Aestiī ⟨ōrum⟩ M Volk an der Ostsee
aestimābilis ⟨aestimābile⟩ ADJ ||aestimare|| schätzenswert, beachtenswert
aestimāre ⟨ō, āvī, ātum 1.⟩
1 den Wert abschätzen, einschätzen; **frumentum permagno/pluris/minoris/minimo ~** den Wert des Getreides sehr hoch/höher/niedriger/sehr niedrig einschätzen
2 **litem ~** JUR die Strafsumme *in einem Prozess* bestimmen, eine Geldbuße verhängen; **litem capitis ~** aus einem Streit einen Kapitalprozess machen
3 den inneren Wert beurteilen, würdigen
4 *(unkl.)* hoch schätzen, anerkennen
5 *(nachkl.)* glauben, meinen; **sicut ego aestimo** nach meinem Urteil
aestimātiō ⟨aestimātiōnis⟩ F ||aestimare||
1 Schätzung des Wertes, JUR Schätzung des Streitwertes
2 Grundstück statt Barzahlung, *Zwangsmaßnahme Caesars zugunsten seiner Veteranen*
3 PHIL Schätzung, Achtung *eines inneren Wertes*
aestimātor ⟨aestimātōris⟩ M ||aestimare|| amtlicher Schätzer; *fig* Beurteiler; **immodicus sui ~** j-d, der sich selbst maßlos überschätzt
aestīva ⟨ōrum⟩ N *(erg.* **castra**⟩ ||aestivus||
1 Sommerlager
2 *(vkl.)* Sommerweide; *Verg.* Herde auf der Sommerweide
aestīvāre ⟨ō, āvī, ātum 1.⟩ ||aestivus|| *(vkl., nachkl.)* den Sommer verbringen
aestīvus ⟨a, um, *adv* aestīvē⟩ ADJ ||aestas|| sommerlich; **dies ~** Sommertag
aestuāre ⟨ō, āvī, ātum 1.⟩ ||aestus||
1 *poet* vor Hitze auflodern, aufwallen
2 *poet* Hitze empfinden, unter Hitze leiden
3 *vom Wasser* branden; brodeln; *von Flüssigkeiten* gären; **vina aestuantia** gärender Wein
4 *fig von Personen* heftig erregt sein, brennen; **~ in aliquo** in heftiger Liebe zu j-m glühen

aestuārium ⟨ī⟩ N̄ ‖aestus‖
1. Lagune
2. *Tac.* Bucht
3. *Tac.* Flussmündung; *Plin. meton* Strömung
4. ARCH Luftloch, Luftschacht

aestuōsus ⟨a, um, *adv* aestuōsē⟩ ADJ ‖aestus‖
1. glühend, schwül
2. *poet* wogend, brandend

aestus ⟨aestūs⟩ M̄
1. (*nachkl.*) meist *poet* Hitze, Schwüle; **aestu im Sommer**
2. Brandung; Meeresfluten; **aestuum accessus et recessus** Ebbe und Flut; **decessus aestūs** Ebbe
3. *fig* Leidenschaft; Unruhe

aetās ⟨aetātis⟩ F̄
1. Lebensalter, Altersstufe *des Einzelnen*; **~ iniens/prima** Kindesalter; **~ florens** Jugend; **~ constans/serior** gesetztes Alter; **~ virilis** Mannesalter; **~ senilis** Greisenalter; **~ militaris** wehrfähiges Alter
2. Altersklasse *innerhalb der Gesellschaft*; **~ puerilis** die Kinder; **omnes aetates** Alt und Jung
3. Lebenszeit *des Einzelnen*, Leben; **aetatem agere** sein Leben verbringen; **aetatem consumere in re publica** sein Leben in der Politik verbringen; **aetatis spatio probatus** bewährt durch Lebenserfahrung
4. Zeit, Zeitalter; **~ Romuli** Zeit des Romulus; **~ aurea** das goldene Zeitalter
5. *meton* Menschen eines Zeitalters, Generation; **~ dura** hartes Geschlecht; **tertiam iam aetatem hominum videbat Nestor** Nestor erlebte schon die dritte Generation von Menschen

aetātula ⟨ae⟩ F̄ ‖aetas‖ Jugendalter; *Suet.* jugendliche Ausschweifung

aeternālis ⟨aeternāle⟩ ADJ ‖aeternus‖ (*spätl.*) ewig

aeternāliter ADV ewig; (*mlat.*) im Jenseits

aeternāre ⟨ō, āvī, ātum 1.⟩ ‖aeternus‖ *Hor.* verewigen, ewig machen

aeternitās ⟨aeternitātis⟩ F̄ ‖aeternus‖
1. Ewigkeit
2. Unsterblichkeit, **animorum** der Seelen
3. bleibendes Gedenken
4. (*spätl.*) **vestra ~** Eure Unsterblichkeit, *kaiserlicher Titel*
5. (*eccl.*) ewiges Leben

aeternum
A ⟨ī⟩ N̄ ‖aeternus‖ Ewigkeit; **in ~** auf ewig
B ADV ewig

aeternus ⟨a, um, *adv* aeternō⟩ ADJ
1. ewig
2. unvergänglich, unsterblich; **gloria aeterna** unsterblicher Ruhm; **dedecus aeternum** ewige Schande
3. *fig* immerwährend, beständig; **servitus aeterna** ständige Knechtschaft; **ignis Vestae ~** immerwährendes Feuer der Vesta

aethēr ⟨aetheris, *akk* aethera⟩ M̄
1. Äther, obere Luftschicht; ↔ **aer**
2. *poet* Himmelsraum = Wohnsitz der Götter; **Iuppiter aethere summo despiciens** Jupiter, vom höchsten Himmel herabblickend
3. *poet* Himmelsbewohner, Götter; **in aethere ponere** unter die Götter versetzen
4. *poet* Oberwelt
5. (*eccl.*) Himmel, Jenseits

aetherius ⟨a, um⟩ ADJ
1. zum Äther gehörig, ätherisch
2. *poet* himmlisch; **equi aetherii** Himmelsrosse
3. *poet* zur Oberwelt gehörig; **aetheriā frui luce** das Licht der Oberwelt genießen
4. *poet* luftig

Aethiopia ⟨ae⟩ F̄ Äthiopien; *in weiterem Sinn* Afrika

Aethiopicus ⟨a, um⟩ ADJ äthiopisch

Aethiops ⟨opis⟩ M̄ Äthiopier

aethra ⟨ae⟩ F̄ *poet* helle, reine Luft

Aethra ⟨ae⟩ F̄
1. Gattin des Aegeus, Mutter des Theseus
2. Tochter des Okeanos (Oceanus); *von Atlas* Mutter der zwölf Hyaden u. des Hyas

Aetna ⟨ae⟩ F̄, **Aetnē** ⟨Aetnēs⟩ F̄
1. Ätna, *Vulkan auf Sizilien; der Sage nach befand sich unter dem Ätna die Werkstatt des Hephaistos u. seiner Kyklopen*
2. Ätna, *Stadt am Fuß des Ätna*

Aetnaeī ⟨ōrum⟩ M̄ die Anwohner des Ätna

Aetnaeus ⟨a, um⟩ ADJ des Ätna

Aetnēnsis ⟨Aetnēnse⟩ ADJ aus Ätna, von Ätna

Aetnēnsis ⟨Aetnēnsis⟩ M̄ Einwohner von Ätna

Aetōlia ⟨ae⟩ F̄ Landschaft in Mittelgriechenland

Aetōlicus ⟨a, um⟩ ADJ ätolisch

Aetōlis ⟨Aetōlidis⟩ F̄ Ätolierin

Aetōlus ⟨a, um⟩ ADJ ätolisch

Aetōlus ⟨ī⟩ M̄ Ätolier

aevum ⟨ī⟩ N̄
1. lange Dauer, Ewigkeit
2. = **aetas**; **aevi maturus** von reifem Alter; **aevo solutus/confectus** altersschwach; **venturum ~** Zukunft; **vetus ~** Vergangenheit

aevus ⟨ī⟩ M̄ = **aevum**

Āfer
A ⟨Āfra, Āfrum⟩ ADJ afrikanisch, punisch
B ⟨Āfrī⟩ M̄ Afrikaner, Punier

affābilis ⟨affābile, *adv* affābiliter⟩ ADJ ‖affari‖ ansprechbar, freundlich

affābilitās ⟨affābilitātis⟩ F̄ ‖affabilis‖ Freundlichkeit

af-fabrē ADV ||ad, faber|| kunstvoll, kunstgerecht

af-fārī ⟨for, fātus sum 1.⟩ ansprechen; *poet* anflehen; **aliquem nomine ~** j-n mit seinem Namen ansprechen; **deōs ~** die Götter anflehen; **affātum esse** *Sen.* vom Schicksal verhängt sein

af-fatim ADV reichlich, zu Genüge; **~ pecūniae** genug Geld

affātus¹ ⟨a, um⟩ ADJ → affari

affātus² ⟨affātūs⟩ M ||affari|| (*spätl.*) *poet* Anrede, Ansprache

af-fēcī → afficere

affectāre ⟨ō, āvī, ātum 1.⟩ ||afficere||
1 ergreifen wollen; **~ navem dextrā** *Verg.* mit der Rechten nach einem Schiff greifen
2 j-n heimsuchen; *auch* sexuell verkehren mit *j m, aliquem*; **ancillam hospitis ~** die Magd des Gastgebers verführen; **morbo affectari** von einer Krankheit heimgesucht werden
3 eifrig streben, trachten, *aliquid* nach etw; **regnum ~** nach der Königsherrschaft trachten
4 vorgeben, heucheln; **carminum studium ~** Interesse am Gesang heucheln

affectātiō ⟨affectātiōnis⟩ F ||affectare|| (*nachkl.*)
1 Trachten, Streben, *alicuius rei* nach etw
2 RHET Gekünsteltes, Manier

affectātor ⟨affectātōris⟩ M ||affectare|| (*nachkl.*) Strebender, *alicuius rei* nach etw; **Cicero nimius risūs ~** *Quint.* Cicero, ein allzu großer Freund des Lächerlichen

affectātus ⟨a, um⟩ ADJ ||affectare|| (*nachkl.*) geziert, affektiert

affectiō ⟨affectiōnis⟩ F ||afficere||
1 Eindruck, Einwirkung, *alicuius rei* von etw, *alicuius* auf j-n; **praesentis mali sapientis ~ nulla est** das gegenwärtige Übel macht keinen Eindruck auf den Weisen
2 *meton* Zustand, Beschaffenheit; **~ corporis** Konstitution, Gesundheit
3 *fig mit u. ohne* **animi** augenblickliche Gemütsverfassung
4 (*nachkl.*) Neigung, Liebe
5 (*mlat.*) geistige Anlage

affectus¹ ⟨affectūs⟩ M ||afficere||
1 Zustand, Verfassung; **~ corporis** körperliche Verfassung
2 *mit u. ohne* **animi/mentis** geistige Verfassung, Gemütszustand
3 (*nachkl.*) *poet* Leidenschaft
4 (*nachkl.*) Zuneigung, Zärtlichkeit
▶ deutsch: **Affekt**

affectus² ⟨a, um⟩ ADJ ||afficere||
1 ausgerüstet, versehen, *re* mit etw; **optimā valetudine ~** von bester Gesundheit
2 beschaffen; in einem Verhältnis stehend, *ad aliquid* zu etw; **oculus probe ~** funktionstüchtiges Auge; **res quae quodam modo affectae sunt ad id** *Cic.* die Dinge, die auf irgendeine Weise damit zu tun haben
3 angegriffen, angeschlagen; **Caesar graviter ~** der schwer angeschlagene Caesar; **fides affecta** angeschlagenes Vertrauen; **valetudo affecta** angegriffene Gesundheit
4 dem Ende nahe; der Vollendung nahe

affectus³ ⟨a, um⟩ PPP → afficere

af-ferre ⟨afferō, attulī, allātum 0.⟩
1 herbeitragen, herbeibringen, *aliquem/aliquid alicui/ad aliquem* j-n/etw j-m/zu j-m, *ab aliquo* von j-m, *ab/ex/de loco* von einem Ort
2 mitbringen, überbringen; **litteras ab aliquo ad aliquem ~** Briefe von j-m zu j-m bringen
3 melden, berichten, *alicui aliquid* j-m etw, *de re* über etw, +*AcI*
4 vorbringen; als Beweis anführen; **causam ~** einen Grund angeben; **consilium ~** einen Rat erteilen; **aetatem ~** das Alter vorschützen
5 (Hand) anlegen an *j-n, j-m* (Gewalt) antun, *alicui*; **manūs amico ~** Hand an den Freund legen; **vim virgini ~** ein Mädchen vergewaltigen
6 verursachen, zufügen; **alicui cladem ~** j-m eine Niederlage beibringen; **alicui spem ~** j-m Hoffnung machen
7 beitragen, **multum ad bene vivendum** viel zum guten Leben
8 hinzufügen, *aliquid alicui rei/ad aliquid/in aliquid* etw einer Sache, **multa de suo** viel von sich

af-ficere ⟨ficiō, fēcī, fectum 3.⟩ ||ad, facere||
1 ausstatten, versehen, *aliquem/aliquid re* j-n/etw mit etw, *dt. meist einfaches Verbum*; **nomine ~** benennen; **poenā ~** bestrafen; **vulnere ~** verwunden; **aliquem iniuriā ~** j-m Unrecht tun, j-n beleidigen; **supplicio ~** hinrichten lassen; **vulnere affici** verwundet werden; **morbo affici** erkranken
2 *in einen Zustand* versetzen, behandeln
3 *in eine Stimmung* versetzen, anregen; **litterae tuae sic me affecerunt, ut …** dein Brief hat mich so angeregt, dass …
4 (*nachkl.*) schwächen, erschöpfen; **fames exercitum afficit** Hunger schwächt das Heer

af-fīgere ⟨fīgō, fīxī, fīxum 3.⟩
1 anheften, annageln, *aliquem/aliquid alicui rei/ad aliquid* j-n/etw an etw; **Prometheum Caucaso/ad Caucasum ~** Prometheus an den Kaukasus anschmieden; **clavem parieti ~** einen Nagel in die Wand schlagen
2 *fig* fesseln, anketten, *aliquid ad aliquid/alicui rei/in re* etw an etw; *passiv* sich j-m anschließen

3 *fig* einprägen, **memoriae** dem Gedächtnis, **in animo sensuque** dem Verstand und Gefühl

af-fingere ⟨fingō, finxī, fictum 3.⟩
1 hinzubilden, hinzufügen, *alicui aliquid* j-m etw; **membra corpori ~** dem Körper Gliedmaßen hinzufügen
2 *fig* andichten, *alicui aliquid* j-m etw; **miracula loco ~** einem Ort Wunder zuschreiben
3 *fig* hinzudichten, hinzulügen, *aliquid alicui rei* etw zu einer Sache; **multa rumoribus ~** viel durch Gerüchte hinzudichten

af-fīnis
A ⟨affine⟩ ADJ
1 angrenzend, benachbart
2 an *etw* beteiligt, in *etw* verwickelt, *alicui rei/alicuius rei*; **sceleri ~** an einem Verbrechen beteiligt; **rei capitalis ~** verwickelt in ein schweres Verbrechen
3 verwandt, verschwägert, *alicui* mit j-m
B ⟨affinis⟩ M̄ u. F̄
1 Schwager, Schwägerin; Schwiegersohn; Schwiegervater; Verwandter
2 (*nlat.*) Vetter, höfische Anrede

affīnitās ⟨affīnitātis⟩ F̄ ||affinis||
1 Verwandtschaft, Verschwägerung, *alicuius* mit j-m
2 (*nachkl.*) enge Beziehung, enger Zusammenhang; **~ litterarum** enge Beziehung der Buchstaben
3 (*vkl., nachkl.*) *meton* die Verwandten
4 (*mlat.*) Freundschaft
▶ deutsch: **Affinität**

af-firmāre ⟨ō, āvī, ātum 1.⟩
1 befestigen, bekräftigen, *alicui aliquid* j-m etw; **Troianis spem ~** den Trojanern die Hoffnung festigen
2 bestätigen, beweisen, **virtutem armis** die Tapferkeit durch Waffentaten
3 behaupten, beteuern, *aliquid*, *de re* über etw, +AcI/+*indir Fragesatz*; **rem pro certo ~** etw als sicher hinstellen
4 (*mlat.*) *passiv* gelten als
⚠ **Affirmantis (incumbit) probatio.** Der hat den Beweis zu führen, der etwas behauptet. *Rechtsgrundsatz*

affirmātē ADV ||affirmare|| unter Beteuerungen; **~ promittere** hoch und heilig versprechen

affirmātiō ⟨affirmātiōnis⟩ F̄ ||affirmare|| Beteuerung, Versicherung

affirmātor ⟨affirmātōris⟩ M̄ ||affirmare|| (*spätl.*) Bürge

af-fīxī → affigere
af-fīxus ⟨a, um⟩ PPP → affigere

af-flāre ⟨ō, āvī, ātum 1.⟩
A VIT
1 (*nachkl.*) *poet* anhauchen, anblasen; **taurorum ore afflari** von den Nüstern der Stiere angeblasen werden
2 versengen; **fulminis telis afflari** von den Blitzen versengt werden
3 zuwehen, zutragen; **alicui odorem ~** j-m den Geruch zuwehen; **rumorem ~** ein Gerücht zutragen
4 (*spätl.*) *fig* begeistern
B VIT
1 entgegenwehen, *alicui* j-m; **odores tibi afflabunt** die Düfte werden dir entgegenwehen
2 *fig* günstig sein, gewogen sein, *alicui* j-m; **fortuna afflat** das Schicksal ist gewogen

afflātus ⟨afflātūs⟩ M̄ ||afflare||
1 Anhauchen, Luftzug; **~ maritimus** Seeluft
2 *fig* Anhauch göttlicher Begeisterung, Inspiration

af-flēre ⟨eō, -, - 2.⟩ (*vkl.*) *poet* bei *etw/j-m* weinen, mit *j-m* weinen, *alicui rei/alicui*; **flentibus ~** mit den Weinenden weinen

afflīctāre ⟨ō, āvī, ātum 1.⟩ ||affligere||
1 (*nachkl.*) heftig schlagen, wiederholt schlagen; **se ~** sich an die Brust schlagen
2 beschädigen; **tempestas naves afflictat** der Sturm beschädigt die Schiffe
3 *fig* übel zurichten, schwer heimsuchen; **morbo afflictari** von einer Krankheit heimgesucht werden
4 *fig* beunruhigen, peinigen; *passiv u.* **se ~** sich ängstigen, sich sorgen

afflīctātiō ⟨afflīctātiōnis⟩ F̄ ||afflictare|| Pein, Qual

afflīctiō ⟨afflīctiōnis⟩ F̄ ||affligere|| (*nachkl., spätl.*) Niedergeschlagenheit, Depression

afflīctor ⟨afflīctōris⟩ M̄ ||affligere|| Zerstörer, Schänder

afflīctus ⟨a, um⟩ ADJ ||affligere||
1 zerschlagen, leck
2 *fig* zerrüttet, elend
3 *fig* verzweifelt, mutlos
4 *fig* verworfen

af-flīgere ⟨flīgō, flīxī, flīctum 3.⟩
1 an *etw* schlagen, an *etw* schmettern, *aliquid ad aliquid/alicui rei* etw an etw; **caput saxo ~** den Kopf an einen Felsen schlagen
2 niederschlagen, zu Boden werfen; *passiv* zu Boden stürzen; **equi affliguntur** die Pferde stürzen zu Boden
3 *fig* ins Verderben stürzen, unglücklich machen
4 *fig* entmutigen, (nieder)beugen; **reum ~** den Angeklagten entmutigen
5 beschädigen, zerschlagen
6 schwer mitnehmen, heimsuchen; **fames hostem affligit** der Hunger setzt dem Feind zu; **causam susceptam ~** ein Projekt fallen

lassen; **religiones** ~ religiöse Gefühle mit Füßen treten; **se** ~ sich grämen

affluēns ⟨affluentis, *adv* affluenter⟩ ADJ ||affluere||

■1 *Vitr.* reichlich zuströmend, zufließend

■2 *fig* im Überfluss vorhanden; **ex affluenti** *Ter.* im Überfluss

■3 reich, ergiebig, *absolut od re|alicuius rei* von etw, an etw; **opibus et copiis** ~ reich an Schätzen und Vorräten; **omnium scelerum** ~ von allen Schandtaten strotzend

affluentia ⟨ae⟩ F ||affluens|| Überfluss, Fülle, *alicuius rei* an etw, von etw

af-fluere ⟨fluō, flūxī, - 3.⟩

■1 (*nachkl.*) heranfließen, herbeiströmen; **aestus maris affluit** die Flut kommt

■2 *fig von Menschen u. Sachen* herbeiströmen, kommen; **affluens multitudo** herbeiströmende Menge

■3 *fig* j-m zufließen, auf *etw* einwirken, *alicui|ad aliquid*; **voluptas ad sensus cum suavitate** ~ die Lust wirkt angenehm auf die Sinne

■4 (*nachkl.*) *fig* im Überfluss vorhanden sein; **otium et divitiae affluunt** Muße und Reichtum sind reichlich vorhanden

■5 *fig* Überfluss haben, **voluptatibus** an Vergnügen

af-fore, af-forem → adesse

af-formīdāre ⟨ō, āvī, ātum 1.⟩ *Plaut.* bange werden, *ne +konjst*

af-fricāre ⟨ō, uī, ātum 1.⟩ (*nachkl.*) anreiben; *fig* übertragen; **alicui rubiginem suam** ~ j-n mit seiner Fäulnis anstecken

affrictus ⟨affrictūs⟩ M ||affricare|| *Sen.* Anreiben

af-fūdī → affundere

af-fuī → adesse

af-fulgēre ⟨fulgeō, fulsī, - 2.⟩ (*nachkl.*) *poet* entgegenstrahlen; leuchtend erscheinen; **affulsit vultu ridens Venus** lächelnd strahlte Venus

af-fundere ⟨fundō, fūdī, fūsum 3.⟩ (*nachkl.*) *poet*

■1 hinzugießen, hinzuschütten, *aliquid alicui rei* etw zu etw; **venenum potioni** ~ Gift ins Getränk gießen; *passiv* sich ergießen

■2 hinzuwerfen, hinzufügen, *aliquid alicui rei* etw zu etw; **affusus alicui rei** an etw hingeworfen, hingestreckt; **genibus eius affusus** zu dessen Knien liegend

af-futūrus ⟨a, um⟩ PART *fut* → adesse

a-fluere ⟨ō, -, - 3.⟩ abfließen, wegströmen

ā-fore, ā-forem → abesse

Āfrāniānus ⟨a, um⟩ ADJ des Afranius, afranisch

Afrānius ⟨a, um⟩ Name einer pleb. gens

■1 **L.** ~ um 100 v. Chr., Meister der fabula togata

■2 **L.** ~ Legat des Pompeius

Āfrī ⟨ōrum⟩ M → Afer

Āfrica ⟨ae⟩ F Afrika; Provinz Afrika

Āfricānus ⟨a, um⟩ ADJ afrikanisch, mit Afrika zusammenhängend, *Beiname des Scipio Africanus wegen seines Siegs über Karthago*

Āfricus ⟨a, um⟩ ADJ afrikanisch, punisch; (**ventus**) ~ Westsüdwestwind

ā-fuī → abesse

agaga ⟨ae⟩ M *Petr.* Kuppler

Agamemnō(n) ⟨Agamemnonis⟩ M *Sohn des Atreus, König von Mykene, oberster Feldherr der Griechen vor Troja; nach seiner Heimkehr von Ägisth mit Hilfe der eigenen Gattin Klytemnästra ermordet*

Agamemnonidēs ⟨ae⟩ M Sohn des Agamemnon, Nachkomme des Agamemnon, = Orest

Agamemnonius ⟨a, um⟩ ADJ des Agamemnon

Aganippē ⟨Aganippēs⟩ F *Muse u. Musenquelle am Helikon in Böotien, die dem Trinkenden dichterische Inspiration verlieh*

Aganippēus ⟨a, um⟩ ADJ *fig* den Musen heilig

Aganippis ⟨Aganippidos⟩ F von der Aganippe stammend

agapē ⟨agapēs⟩ F (*eccl.*) christliche Nächstenliebe; altchristliches Liebesmahl

agāsō ⟨agāsōnis⟩ M (*unkl.*) Stallknecht; *fig* Tölpel

Agathoclēs ⟨Agathoclis u. Agathoclī⟩ M Tyrann von Syrakus, 361–289 v. Chr.

Agauē ⟨Agauēs⟩ F, **Agāvē** ⟨Agāvēs⟩ F *Tochter des Kadmos (Cadmus), Gattin des Echion, des Königs von Theben, Mutter des Pentheus, den sie im Wahnsinn zerriss*

age → agere

Agedincum ⟨ī⟩ N *Hauptstadt der kelt. Senonen in Gallien, heute Sens in der Champagne*

agedum → agere

agellus ⟨ī⟩ M ||ager|| kleines Gut, kleiner Landsitz

agēma ⟨agēmatis⟩ N (*nachkl.*) Leibgarde *im makedonischen Heer*

agenda ⟨orum⟩ N ||agere|| (*mlat.*) gottesdienstliche Handlung; gottesdienstliches Formelbuch

Agēnōr ⟨Agēnoris⟩ M *Vater des Kadmos (Cadmus) u. der Europa, Ahnherr der Dido*

Agēnoreus ⟨a, um⟩ ADJ des Agenor; **bos** ~ der unter die Sterne versetzte Stier der Europa

Agēnoridēs ⟨ae⟩ M Sohn des Agenor, Nachkomme des Agenor, = Kadmos, = Perseus

agēns[1] ⟨agentis⟩ PPR → agere

agēns[2]

A ⟨agentis⟩ ADJ ‖agerere‖
1. lebhaft, ausdrucksvoll, *bes* RHET
2. *Gell.* GRAM aktivisch

B ⟨agentis⟩ M
1. Anwalt, Kläger
2. (*mlat.*) Beamter

ager ⟨agrī⟩ M
1. Feld, Grundstück; **agrum colere** das Feld bestellen
2. **in agrum** *röm. Feldmesser* feldeinwärts, in die Tiefe; ↔ **in frontem**
3. *meist pl* offenes Land ↔ Stadt *od* Bergen; **in agrum/in agros** landeinwärts
4. Land, Landschaft; ~ **Tusculanus** Gebiet von Tusculum; ~ **publicus** Staatsdomäne

agere ⟨agō, ēgī, āctum 3.⟩

A transitives Verb
1. in Bewegung setzen, führen
2. hetzen, jagen
3. ausführen, betreiben
4. aufführen, in Szene setzen
5. ausdrücken, aussprechen
6. verbringen, verleben
7. verhandeln, besprechen

B intransitives Verb
1. tätig sein, handeln
2. verfahren
3. klagen
4. sich aufhalten, wohnen

— **A transitives Verb** —

VT
1. in Bewegung setzen, führen; **captivos** ~ Gefangene führen; **aliquem in crucem** ~ j-n zur Kreuzigung führen; **equos in hostes** ~ Pferde gegen die Feinde hetzen; **currum** ~ einen Wagen lenken; **navem** ~ ein Schiff steuern; **hastam** ~ eine Lanze werfen; **sagittam** ~ einen Pfeil abschießen; **radices** ~ Wurzeln treiben; *passiv u.* **se** ~ aufbrechen, sich in Bewegung setzen; *von Flüssen* strömen, fließen
2. hetzen, jagen, treiben; vertreiben; **apros** ~ Eber hetzen; **fugientes hostes** ~ fliehende Feinde verfolgen; **aliquem in exilium** ~ j-n in die Verbannung treiben; **praedam** ~ als Beute wegführen; ↔ **ferre** *bei leblosen Dingen*; **ferre atque** ~ rauben und plündern
3. tun, veranstalten; **censum** ~ die Zensur abhalten; **forum/conventum** ~ Gerichtstag halten; **labores** ~ Mühen durchstehen; **pacem** ~ Frieden halten; **silentium** ~ Stillschweigen wahren; **arbitrium** ~ einen Schiedsspruch fällen; **vigiliam/custodiam** ~ Wache halten; **honorem** ~ ein Ehrenamt bekleiden; **quid agis?** was treibst du?, wie geht es dir?; **quid agitur?** wie geht es?; **res agitur** etw steht auf dem Spiel; **hoc age** aufgepasst; **id** ~, **ut/ne** sich bemühen, dass/dass nicht; **age(dum)/agite(-dum)** auf!, vorwärts!
4. *Theater* aufführen, *eine Rolle* spielen; **comoediam** ~ eine Komödie aufführen; **primas partes** ~ die Hauptrolle spielen; **triumphum** ~ einen Triumphzug veranstalten
5. ausdrücken, aussprechen; **gratias** ~ Dank sagen; **laudem** ~ Lob spenden
6. verbringen, verleben; **vitam ruri** ~ sein Leben auf dem Land verbringen; **vitam in litteris** ~ sein Leben in wissenschaftlicher Tätigkeit leben; **senectutem tolerabilem** ~ ein erträgliches Alter verbringen; **tempora in venando** ~ die Zeit auf der Jagd verbringen; **noctem quietam** ~ eine ruhige Nacht haben; **hiemem sub tectis suis** ~ den Winter im eigenen Haus verbringen; **decimum annum vitae** ~ im zehnten Lebensjahr stehen
7. Angelegenheiten verhandeln, besprechen, *aliquid cum aliquo* etw mit j-m; **res acta est** die Sache ist aus; **rem actam** ~ leeres Stroh dreschen; **causam** ~ einen Prozess führen; **causam alicuius** ~ j-n verteidigen

— **B intransitives Verb** —

VI
1. tätig sein, handeln; verhandeln; **pro victore** ~ sich als Sieger benehmen; **de condicionibus/de pace cum aliquo** ~ mit j-m über Bedingungen/über den Frieden verhandeln; **aliquo agente** mit j-s Vermittlung
2. verfahren, *cum aliquo* mit j-m; **bene** ~ **cum aliquo** mit j-m gut umgehen; **familiariter** ~ **cum aliquo** mit j-m auf vertrautem Fuß stehen; **actum est de aliquo/de re** es ist geschehen um j-n/um etw, es ist aus mit j-m/mit etw
3. *gerichtlich* klagen, *cum aliquo* gegen j-n; als Rechtsanwalt auftreten; **iniuriarum** ~ wegen Gewalttaten den Rechtsweg beschreiten; **hospes in agendo** unerfahren in Rechtssachen
4. sich aufhalten, wohnen, **prope mare** in Meeresnähe

▷ deutsch: **Agent**
englisch: **agent**
französisch: **agent**
spanisch: **agente**
italienisch: **agente**

a-gerere ⟨ō, -, - 3.⟩ *Plaut.* wegschaffen; **nunc agerite vos!** nun schert euch weg!

Agēsilāus ⟨ī⟩ M König von Sparta, 397–361 v. Chr.

ag-gemere ⟨ō, -, - 3.⟩ *poet* dabei seufzen, *absolut od alicui rei* bei etw

agger ⟨aggeris⟩ M ‖aggerere‖

1 Erdaushub, Schanzmaterial; **fossas aggere explere** Gräben mit Erde füllen

2 *meton* Erdwall; *fig* Damm; Stadtmauer

3 *Tac.* Grenzwall

4 jede Aufhäufung von Erdmassen zur Überwindung von Sümpfen u. zum Schutz vor Wasser: Knüppeldamm, Uferböschung

5 *meton* jede künstliche Bodenerhebung; ~ **tumuli** Grabhügel; ~ **armorum** Waffenhaufen; ~ **cadaverum** Leichenhaufen; ~ **favillae** Aschenhaufen; **altus ~ pelagi** *poet* Wogen des Meeres

6 (*spätl.*) Oberbau einer Straße

aggerāre ⟨ō, āvī, ātum 1.⟩ ||agger|| aufschütten, aufhäufen

aggerātiō ⟨aggerātiōnis⟩ F ||aggerare|| (*spätl.*) Damm

ag-gerere ⟨gerere, gessī, gestum 3.⟩ ||ad, gerere|| (*nachkl.*) *poet* herbeitragen, herbeibringen; *fig* mit Worten vorbringen, **probra** Schmähungen, **falsa** Lügen

aggestus ⟨aggestūs⟩ M ||aggerere|| (*nachkl.*) Herbeibringen; *meton* Damm; ~ **pabuli** das Herbeischaffen von Futter

ag-glomerāre ⟨ō, āvī, ātum 1.⟩ (*spätl.*) *poet* zu einem Knäuel zusammenschließen; **lateri se agglomerant** sie schließen sich dicht an unsere Seite

ag-glūtināre ⟨ō, āvī, ātum 1.⟩ ||gluten|| anleimen, anheften, *aliquid alicui rei* etw an etw; **se ~** *Plaut.* *fig* sich (wie eine Klette) anhängen

ag-gravāre ⟨ō, āvī, ātum 1.⟩ (*nachkl.*)

1 schwerer machen

2 *fig* verschlimmern, steigern, **dolorem** den Schmerz

3 *fig* belästigen, zur Last fallen

ag-gravēscere ⟨ēscō, -, - 3.⟩ *Ter.* sich verschlimmern

ag-gredī ⟨gredior, gressus sum 3.⟩ ||gradi||

1 sich nähern, sich begeben, *aliquem/ad aliquem* zu j-m

2 *freundlich* sich an *j-n* wenden, *j-n* zu gewinnen versuchen, *aliquem*

3 *feindlich* angreifen, überfallen

4 (*nachkl.*) (*erg.* **legibus**) gerichtlich verfolgen

5 beginnen, versuchen; **maiora et aspera ~** Größeres und Schwierigeres in Angriff nehmen; ~ **dē hīs rebus dicere** anfangen von diesen Dingen zu sprechen; **ad cetera ~** weitergehen, fortfahren *in der Rede*

ag-gregāre ⟨ō, āvī, ātum 1.⟩ ||ad, grex|| zugesellen, beigesellen, *aliquem alicui/in aliquem/ad aliquem* j-n j-m; **in nostrum numerum ~** in unsere Reihen aufnehmen; *passiv u.* **se ~** sich anschließen

aggressiō ⟨aggressiōnis⟩ F ||aggredi||

1 (*nachkl.*) Angriff

2 RHET erster Anlauf *des Redners*

3 (*spätl.*) PHIL logischer Schluss, Syllogismus

▶ deutsch: **Aggression**

aggressor ⟨aggressōris⟩ M ||aggredi|| (*spätl.*) (rechtswidriger) Angreifer, Räuber

▶ deutsch: **Aggressor**

ag-gressus ⟨a, um⟩ PPERF → aggredi

agilis ⟨agile⟩ ADJ ||agere|| (*nachkl.*) *poet*

1 leicht beweglich; ~ **classis** leicht bewegliche Flotte

2 schnell; geschäftig

▶ deutsch: **agil**

agilitās ⟨agilitātis⟩ F ||agilis|| (*nachkl.*) Beweglichkeit, Schnelligkeit, **navium** der Schiffe; ~ **naturae** Beweglichkeit des Charakters

agināre ⟨ō, āvī, ātum 1.⟩ (*spätl.*) sich mühen

Agis ⟨Āgidis, *akk* Agidin *u.* Agidim⟩ M Name mehrerer spartanischer Könige

agitābilis ⟨agitābile⟩ ADJ ||agitare|| *poet* leicht beweglich

agitāre ⟨ō, āvī, ātum 1.⟩ ||agere||

1 heftig bewegen, wiederholt bewegen

2 treiben

3 jagen

4 schütteln, schwingen

5 aufwirbeln

6 ansporen, anreizen

7 aufregen, plagen

8 betreiben, verrichten

9 sich benehmen

10 sich aufhalten

11 feiern, begehen

12 zubringen, verleben

13 (eifrig) verhandeln, besprechen

14 bedenken, überlegen

1 heftig bewegen, wiederholt bewegen; **navem in portu ~** das Schiff im Hafen hin- und herbewegen; **currum ad flumina ~** die Wagen zu den Flüssen lenken

2 *Tiere* treiben; **equos ~** Pferde reiten

3 *Wild* jagen, *Menschen* hetzen; **feras ~** Wild jagen; **homines totā urbe ~** Menschen in der ganzen Stadt hetzen; **chelydros ~** Schlangen verscheuchen

4 (*nachkl.*) *oft poet* schütteln, schwingen, **hastam** eine Lanze; **ventus capillos agitat** der Wind spielt in den Haaren

5 aufwirbeln, **arenas** Sand, **humum aridam** trockenes Erdreich; **mare ~** das Meer aufwühlen

6 (*nachkl.*) *fig* anspornen, anreizen; **gloria aliquem agitat stimulis** Ruhmsucht spornt j-n an

7 fig aufregen, plagen; **animus curis agitatus** von Sorgen geplagtes Herz; **rem publicam seditionibus ~** den Staat durch Aufstände in Unruhe versetzen

8 fig betreiben, verrichten; *passiv* betrieben werden, herrschen; **imperium ~** den Oberbefehl ausüben; **praecepta parentis ~** die Gebote des Vaters ausführen; **choros ~** Chortänze aufführen; **odium ~** Hass auslassen; **gaudium atque laetitiam ~** laut seine Freude äußern; **dissensio multos annos agitata** viele Jahre herrschende Uneinigkeit

9 fig sich benehmen; **ferociter ~** es wild treiben

10 (nachkl.) fig sich aufhalten; **prope mare ~** nahe am Meer leben

11 fig Feste feiern, begehen; **diem natalem ~** den Geburtstag feiern; **convivia ~** Gastmähler veranstalten

12 (nachkl.) fig Zeit zubringen, verleben; **aetatem ~** das Leben verbringen; **vitam sine cupiditate ~** sein Leben ohne Begierde verbringen

13 fig (eifrig) verhandeln, besprechen, *aliquid* etw, *de re* über etw; **de foedere ~** über ein Bündnis intensiv verhandeln; **de facto consulis ~** über das Verhalten des Konsuls streiten

14 fig überlegen, planen, *aliquid/de re* etw; denken, *absolut*; **bellum ~** einen Krieg planen; **de Rhodani transitu ~** den Rhôneübergang planen

agitātiō ⟨agitātiōnis⟩ F ‖agitare‖

1 Bewegung, Schwingen; **~ armorum** das Schwingen der Waffen; **~ lecticae** die Bewegung der Sänfte

2 Schwanken; Wogen; **~ fluctuum** das Wogen der Fluten; **~ dentium** das Wackeln der Zähne

3 fig Ausübung einer Tätigkeit, Beschäftigung, *alicuius rei* mit etw

4 Cic. (erg. **mentis**) fig (geistige) Regsamkeit

agitātor ⟨agitātōris⟩ M ‖agitare‖ (spätl.) poet Treiber, Lenker; (nlat.) Aufwiegler

agitātus ⟨a, um⟩ ADJ ‖agitare‖ (nachkl.) aufgeweckt, lebhaft

agite(dum) → agere

Aglaiē ⟨Aglaiēs⟩ F *die älteste der Grazien*

agmen ⟨agminis⟩ N ‖agere‖

1 abstr. Strömung, Schwung; **~ aquarum** Wasserströmung; **~ nubum** Zug der Wolken; **~ remorum** Ruderschlag; **~ caudae** das Schwanzwedeln; **agmine certo** in bestimmter Richtung

2 MIL Zug eines Heeres; **agmine lento procedere** langsam vorrücken; **in agmine** auf dem Marsch

3 konkr. von Menschen Schar; *von Tieren* Meute

4 MIL Heer auf dem Marsch, Marschkolonne; **~ primum** Vorhut; **~ novissimum** Nachhut; **~ quadratum** Marsch in Gefechtsformation; **agmine instructo** marschfertig

5 meton Krieg, Schlacht; **~ Iliacum** Kampf um Troja

▶ agmen – das römische Heer

Die Römer hatten für das Heer drei Begriffe:

exercitus	geordnetes Heer
acies	Heer in Schlachtordnung
agmen	Heer in Marschordnung

Zusammen mit einem Attribut nimmt **agmen** verschiedene Spezialbedeutungen an:

agmen quadratum	Marsch in Gefechtsformation
agmen primum	Vorhut
agmen medium	Zentrum
agmen novissimum	Nachhut

WORTSCHATZ ◀

agminātim ADV ‖agmen‖ (spätl.) truppweise, haufenweise

agna ⟨ae⟩ F ‖agnus‖ (unkl.) weibliches Lamm

Agnālia ⟨ium⟩ N = Agonalia

a-gnāscī ⟨agnāscor, agnātus sum 3.⟩ ‖ad, nasci‖ nachgeboren werden; JUR geboren werden, nachdem der Vater sein Testament gemacht hat

agnātiō ⟨agnātiōnis⟩ F ‖agnasci‖ Verwandtschaft väterlicherseits

agnātus¹ ⟨a, um⟩ PPERF → agnasci

agnātus² ⟨ī⟩ M ‖agnasci‖

1 Tac. nachgeborener Sohn

2 Verwandter vonseiten des Vaters; *pl* freie Personen *eines Haushaltes*

agnellus ⟨ī⟩ M ‖agnus‖ Lämmchen, *auch Kosewort*

agnīna ⟨ae⟩ F ‖agninus‖ (erg. **caro**) Lammfleisch

agnīnus ⟨a, um⟩ ADJ ‖agnus‖ (unkl.) Lamm..., vom Lamm

agnitiō ⟨agnitiōnis⟩ F ‖agnoscere‖ Anerkennung; Erkenntnis

agnitus ⟨a, um⟩ PPP → agnoscere

agnōmen ⟨agnōminis⟩ N ‖nomen‖ (nachkl.) Beiname, *persönliche Eigenheiten od Verdienste ausdrückender Name, z. B. Africanus bei Publius Cornelius Scipio Africanus*

agnōscere ⟨agnōscō, agnōvī, agnitum 3.⟩

|||ad, noscere
1 erkennen, *aliquem/aliquid ex re* j-n/etw an etw, *+dopp. akk/+AcI/+indir Fragesatz*; **deum ex operibus eius ~** Gott in seinen Werken erkennen; **ex se ipso ~** an sich selbst die Erfahrung machen
2 wahrnehmen, bemerken
3 wieder erkennen; sich besinnen, *aliquem* auf j-n
4 anerkennen, gelten lassen; **aliquem filium ~** j-n als Sohn anerkennen

agnus ⟨ī⟩ M̄ Lamm; **~ Dei** (*eccl.*) Lamm Gottes, *Name und Symbol Christi, gebräuchlich in der evangelischen u. katholischen Liturgie*

agōn ⟨agōnis, *akk* agōna⟩ M̄ (*nachkl.*) Wettkampf, Kampfspiel; **~ exitūs** (*mlat.*) Todeskampf; **agones** (*mlat.*) Glaubenskämpfe

Agōnālia ⟨Agōnālium *u.* ōrum⟩ N̄ ||agere|| Agonalien, *seit Numa Pompilius Fest zu Ehren des Gottes Janus, gefeiert am 9. Januar, 20. Mai u. 10. Dezember*

Agōnālis ⟨Agōnāle⟩ ADJ zu den Agonalien gehörig; **lux ~** *Ov.* Agonalientag

agōnia ⟨ōrum⟩ N̄ ||agere|| (*unkl.*) Opfertiere

Agōnia ⟨ōrum⟩ N̄ = **Agonalia**

agorānomus ⟨ī⟩ M̄ *Plaut. griech.* Marktaufseher, *dem röm. Ädil vergleichbar*

Agragantīnus ⟨a, um⟩ ADJ = **Agrigentinus**

Agragās ⟨Agragantis⟩ M̄ = **Agrigentum**

agrāriī ⟨ōrum⟩ M̄ ||ager|| die Agrarier, *Partei, die sich für die Verteilung des Ackerlandes einsetzte*

agrārius ⟨a, um⟩ ADJ ||ager|| Acker..., Feld...; **lex agraria** Ackergesetz; **largitio agraria** reiche Ackerverteilung; **triumvir ~** *Liv.* für die Ackerverteilung zuständiger Triumvir

▶ deutsch: agrar...

agrestis ⟨agreste⟩ ADJ ||ager||
1 auf dem Feld befindlich, Feld...; **mus ~** Feldmaus
2 wild wachsend; **poma agrestia** Wildobst
3 ländlich

agri-cola ⟨ae⟩ M̄ ||ager, colere|| Bauer, Landwirt

Agricola ⟨ae⟩ M̄ *röm. Beiname*; **Cn. Iulius** (*40–93 n. Chr.*) Schwiegervater des Tacitus

agri-cultiō ⟨agricultiōnis⟩ F̄ ||ager, colere|| Ackerbau, Pflege des Feldes

agri-cultor ⟨agricultōris⟩ M̄ ||ager, colere|| Bauer, Landwirt

agri-cultūra ⟨ae⟩ F̄ ||ager, colere|| Ackerbau, Landwirtschaft

Agrigentīnus ⟨a, um⟩ ADJ ||Agrigentum|| aus Agrigent, agrigentinisch

Agrigentum ⟨ī⟩ N̄ Agrigent, *Stadt auf Sizilien, heute Agrigento*

agri-peta ⟨ae⟩ M̄ ||ager, petere|| Siedler; *pej* Erschleicher von Ackerland

Agrippa ⟨ae⟩ M̄ *röm. Beiname*

1 **Menenius Lanatus ~** *vermittelte 494 v. Chr. den Frieden mit der auf den Heiligen Berg ausgewanderten Plebs*

2 **M. Vipsanius ~**, *63–12 v. Chr., Freund des Augustus, Sieger von Actium 31 v. Chr., in dritter Ehe verheiratet mit Julia, der Tochter des Augustus*

3 **~ Postumus** *nachgeborener Sohn von 2.*

4 **Herodes ~ I.** *König von Judäa 37–44 n. Chr.*

5 **Herodes ~ II.** *König von Judäa 50–100 n. Chr.*

Agrippīna ⟨ae⟩ F̄

1 *älteste Tochter von M. Vipsanius Agrippa, erste Gattin von Kaiser Tiberius*

2 *zweite Tochter von M. Vipsanius Agrippa, Gattin des Germanicus*

3 *Tochter des Germanicus, mit Kaiser Claudius verheiratet, Mutter des Nero*

▶ **Agrippina – Neros Mutter**

Agrippina (15 - 59 n. Chr.), die Tochter von **Germanicus** und Agrippina der Älteren, war die Nichte von **Augustus** und **Claudius**. Sie war zunächst verheiratet mit **Gnaeus Domitius Ahenobarbus**, mit dem sie einen Sohn, **Nero**, hatte. Später heiratete sie ihren Onkel, Kaiser Claudius. Sie beseitigte alle, die ihrem Sohn auf dem Weg zum Thron im Weg standen, und sorgte dafür, dass er von Claudius adoptiert wurde. Als seinen Erzieher gewann sie **Seneca**. Als Nero auf den Thron kam, stand sie zunächst in dessen Gunst, doch bald befreite dieser sich von ihrem Einfluss und ließ sie schließlich ermorden.

GESCHICHTE ◀

Agrippīnēnsēs ⟨Agrippīnēnsium⟩ M̄ die Bewohner von Colonia Agrippinensis, *heute Köln*

Agyīeus ⟨ī, *vok* eu⟩ M̄ Beiname des Apollo als Beschützer der Straßen

Agylla ⟨ae⟩ F̄ *alter griech. Name der etruskischen Stadt Caere, heute Cervetro*

Agyllīnī ⟨ōrum⟩ M̄ die Einwohner von Agylla, die Agylliner

Agyllīnus ⟨a, um⟩ ADJ aus Agylla, agyllinisch

āh INT *poet* ach!, ha!

aha INT *Plaut.* oho!

Ahāla ⟨ae⟩ M̄ Beiname der gens Servilia; → Servilius

ahēneus ⟨a, um⟩ ADJ = **aeneus**

Ahēno-barbus ⟨ī⟩ M̄ → Domitius

ahēnus ⟨a, um⟩ ADJ = **aenus**

ai INT *der Klage* ach!, wehe!

Āiāx ⟨Āiācis⟩ M̄ Name berühmter griech. Helden vor Troja

1 Sohn des Oileos, des Königs von Lokris, wegen Entführung der Kassandra der Athene verhasst u. schließlich wegen seiner Prahlerei von Poseidon im Meer versenkt

2 Sohn des Telamon, des Königs von Salamis; als die Waffen des Achill nicht ihm, sondern Odysseus zugesprochen wurden, tötete er im Wahnsinn Viehherden, die er als Gegner ansah, und beging danach aus Scham Selbstmord

āiēns ⟨āientis⟩ ADJ ||aio|| bejahend

ain' → aio

aiō ⟨3.⟩ Defektivum, gebräuchlich nur ind präs aio, ais, ait, -, -, aiunt, ind imperf regelmäßig, ind perf ait; sagen; **ut ait Homerus** wie Homer sagt; **ain'** sagst du?; **ain' vero?** meinst du wirklich?

⚠ **Ait, aio. Negat, nego.** Ter. Er sagt Ja, dann sage ich auch Ja. Er sagt Nein, dann sage ich auch nein. Beschreibung der Haltung eines Schmeichlers

Āius Locūtius od **Āius Loquēns** M ||aio, loqui|| der „ansagende Sprecher", Personifikation der Stimme, die die Römer 390 v. Chr. vor der Ankunft der Gallier warnte, aber nicht beachtet wurde; nachdem sich die Warnung bestätigt hatte, wurde der unbekannte Sprecher in einem für ihn errichteten Tempel als Gottheit verehrt

āla ⟨ae⟩ F

1 Achsel, Achselhöhle

2 Flügel; poet Flügelschuh

3 MIL Flügel des Heeres, meist identisch mit **Reiterei**, später identisch mit **Hilfstruppen**

4 Liv. Schildrand

5 PL ARCH Seitenräume, Nebenräume des röm. Hauses

Alabanda ⟨ae⟩ F u. ⟨ōrum⟩ N Stadt in Karien, Kleinasien, gegründet von dem Heros Alabandus, heute Araphisar im SW der Türkei

Alabandēnsēs ⟨Alabandēnsium⟩ M die Einwohner von Alabanda, die Alabandenser

Alabandēnsis ⟨Alabandēnse⟩ ADJ aus Alabanda, alabandensisch

Alabandēus ⟨a, um⟩ ADJ aus Alabanda gebürtig

Alabandicus ⟨a, um⟩ ADJ aus Alabanda, alabandensisch

alabarchēs ⟨alabarchae⟩ M höchster Zollbeamter in Ägypten, iron für Pompeius, der sich rühmte, die Zölle drastisch erhöht zu haben

alabaster ⟨alabastrī⟩ M, **alabastrum** ⟨ī⟩ N Alabaster; Salbenfläschchen aus Alabaster

alacer ⟨alacris, alacre, adv alacriter⟩ ADJ

1 erregt

2 lebhaft, munter; **equus ~** feuriges Pferd

3 freudig; **vultus ~** freudiges Gesicht

alacritās ⟨alacritātis⟩ F ||alacer||

1 Erregung

2 Eifer, Lust

3 Fröhlichkeit, alicuius rei über etw

Alamannī ⟨ōrum⟩ M Alamannen, germ. Stamm zwischen Donau u. Oberrhein seit 200 n. Chr.

Alānī ⟨ōrum⟩ M Alanen, Skythenstamm am Kaukasus

alapa ⟨ae⟩ F (nachkl.) poet Ohrfeige, symbolischer Backenstreich bei der Freilassung eines Sklaven bzw. (mlat.) bei der Firmung

ālārēs ⟨ālārium⟩ M (nachkl.), **ālāriī** ⟨ōrum⟩ M ||alarius|| Hilfstruppen

ālāris ⟨ālāre⟩ ADJ, **ālārius** ⟨a, um⟩ ADJ ||ala|| Flügel…; **alarii equites** die Reiter am Flügel

ālātus ⟨a, um⟩ ADJ ||ala|| (nachkl.) poet geflügelt; **equi alati** Sonnenpferde

alauda ⟨ae⟩ F Haubenlerche; pl Name einer von Caesar geschaffenen gall. Legion mit schopfähnlichen Helmbüschen

alaudula ⟨ae⟩ F ||alauda|| Lerche

Alazōn ⟨Alazonis⟩ M Angeber, griech. Vorlage für den „Miles gloriosus" des Plautus

alba ⟨ae⟩ F (erg. vestis) (nachkl., spätl.) weißes Kleid; (eccl.) weißes Chorhemd der Geistlichen

Alba ⟨ae⟩ F urspr. Gebirge, davon Städtenamen:

1 **~ Fūcentia** Stadt in Samnium, von den Römern 302 v. Chr. am Nordufer des inzwischen ausgetrockneten Fuciner Sees in den Abruzzen angelegt, hoch gelegen u. unzugänglich, Sitz des Staatsgefängnisses der Römer; die ausgedehnten Ruinen der heute Alba Fucense genannten Stadt liegen n von Avezzano

2 **~ Longa** Mutterstadt Roms am Westabhang des Albanerberges

Albānī ⟨ōrum⟩ M die Einwohner von Alba Longa

Albānum ⟨ī⟩ N Land am Albanerberg, heute Albano, Villenvorort von Rom

Albānus ⟨a, um⟩ ADJ aus Alba Longa; **mons ~** Albanerberg

albātus

A ⟨a, um⟩ ADJ ||albus|| weiß gekleidet, im Festkleid

B ⟨ī⟩ M (mlat.) Engel

albēdō ⟨albēdinis⟩ F ||albus|| weiße Farbe, das Weiß

albēre ⟨eō, -, - 2.⟩ ||albus|| weiß sein, blass sein; **caelo albente** im Morgengrauen

albēscere ⟨ēscō, -, - 3.⟩ ||albere|| weiß werden, grau werden

Albiānus ⟨a, um⟩ ADJ des Albius

albicapillus

A ⟨a, um⟩ ADJ ||albus, capillus|| grauhaarig

B ⟨ī⟩ M Plaut. Graukopf

albicāre ⟨ō, āvī, - 1.⟩ ||albus|| weiß sein, weiß schimmern

albidus ⟨a, um⟩ ADJ ||albere|| (nachkl.) poet weißlich

Albinovānus ⟨a, um⟩ röm. Gentilname

1 **~ Pedo** Freund Ovids, epischer Dichter

2 **~ Celsus** Privatsekretär des Kaisers Tiberius u. Freund

des Horaz, lyrischer Dichter
Albintimilium ⟨ī⟩ N̄ *Hauptstadt der Intemelli, heute Ventimiglia*
Albis ⟨Albis, *akk* Albim⟩ M̄ *Elbe*
albitūdō ⟨albitūdinis⟩ F̄ ‖albus‖ *Plaut.* Weiß; **~ capitis** weißes Haar, graues Haar
Albius ⟨a, um⟩ *röm. Gentilname*
Albrūna ⟨ae⟩ F̄ *germ. Beiname der Seherinnen, von Tacitus als Eigenname gedeutet*
Albula ⟨ae⟩ F̄
➊ *alter Name des Tiber*
➋ *Bach bw. von Tibur, heute Solfatara di Tivoli*
albulus ⟨a, um⟩ ADJ ‖albus‖ (*vkl.*) *poet* weißlich
album ⟨ī⟩ N̄ ‖albus‖
➊ Weiß, weiße Farbe
➋ weiße Tafel, Amtstafel
➌ amtliches Verzeichnis; **~ senatorium** Senatorenliste; **~ iudicum** Geschworenenliste
➍ (*nlat.*) Gedenkbuch, Sammelbuch
▶ deutsch: **Album**
albūmen ⟨albūminis⟩ N̄ ‖albus‖ (*spätl.*) Weißes; (*nlat.*) Eiweiß
Albunea ⟨ae⟩ F̄ *weissagende Nymphe der Schwefelquelle bei Tibur*
albus ⟨a, um⟩ ADJ
➊ weiß, mattweiß; ↔ candidus; **equus ~** Schimmel; **alba avis** weißer Vogel, Wundertier, Seltenheit
➋ weiß gekleidet, in der Stola
➌ blass, bleich *durch Krankheit u. Sorgen*; **urbanis ~ in officiis** blass vor Amtssorgen
➍ weißgrau; **barba alba** grauer Bart; **capilli albi** graue Haare
➎ hell; *fig* günstig; **stella alba** heller Stern; **albae gallinae filius** „Kind einer weißen Henne" = Glückskind
Alcaeus ⟨ī⟩ M̄ *Lyriker aus Mytilene auf Lesbos, älterer Zeitgenosse der Sappho, um 610 v. Chr.*
Alcamenēs ⟨Alcamenis⟩ M̄ *athenischer Bildhauer, Schüler des Phidias, Zeitgenosse des Perikles*
Alcathoē ⟨Alcathoēs⟩ F̄ *Burg von Megara*
Alcathous ⟨ī⟩ M̄ *Sohn des Pelops, baute die von den Kretern zerstörten Mauern von Megara wieder auf;* **urbs/ moenia Alcathoi** *Ov.* die Stadt/die Mauern des Alcathous, = Megara
alcēdō ⟨alcēdinis⟩ F̄ (*vkl., nachkl.*) Eisvogel, *lebt an Gewässern u. brütet im Winter*
alcēdōnia ⟨ōrum⟩ N̄ (*erg.* **tempora**) Brutzeit des Eisvogels, stille Winterzeit
alcēs ⟨alcis⟩ F̄ Elch
Alcēstis ⟨Alcēstidis⟩ F̄ *Gattin des Königs Admetos von Pherai in Thessalien, war bereit für ihren Gatten zu sterben, wurde von Herkules gerettet; Tragödie des Euripides*
Alcibiadēs ⟨Alcibiadis⟩ M̄ *athenischer Politiker z. Zt. des Peloponnesischen Krieges, gest. 404 v. Chr.*

Alcidamās ⟨Alcidamantis⟩ M̄ *griech. Rhetor, Schüler des Gorgias*
Alcīdēs ⟨Alcīdae⟩ M̄ Alkide, = Herkules, *der Enkel des Alkeus*
Alcinous ⟨ī⟩ M̄ *König der Phäaken, Vater der Nausikaa; poet* **Alcinoi silvae** fruchtbare Obstbäume; **poma dare Alcinoo** Holz in den Wald tragen
Alcmaeō(n) ⟨Alcmaeonis⟩ M̄
➊ *Sohn des Amphiaraos, tötete auf Aufforderung des Vaters seine Mutter Eriphyle u. wurde daraufhin wahnsinnig*
➋ *Philos. u. Arzt, Schüler des Pythagoras*
Alcmēna ⟨ae⟩ F̄, **Alcmēnē** ⟨Alcmēnēs⟩ F̄ *Gattin des Amphitryon, von Zeus Mutter des Herkules*
Alcumēna ⟨ae⟩ F̄ *Plaut.* = **Alcmena**
alcyōn ⟨alcyonis⟩ F̄ Eisvogel
Alcyonē ⟨Alcyonēs⟩ F̄
➊ *Tochter des Aiolos (Aeolus), wurde in einen Eisvogel verwandelt*
➋ *Tochter des Atlas, eine der Plejaden*
alcyonēus, alcyonius ⟨a, um⟩ ADJ ‖alcyon‖ (*nachkl.*) des Eisvogels
ālea ⟨ae⟩ F̄
➊ Würfel; Würfelspiel
➋ *fig* Wagnis; (blinder) Zufall; **in aleam dare** aufs Spiel setzen; **in dubiam aleam imperii ire** ein ungewisses Spiel um die Herrschaft beginnen

⚠ **Alea iacta est.** Der Würfel ist gefallen. *Ausspruch, der Caesar zugeschrieben wird, als er den Rubicon überschritt, Caesar sagte aber wohl:* **Alea iactanda est.** Der Würfel ist zu werfen. *Heute wird das Zitat im Sinne von „Es gibt kein Zurück mehr" verwendet.*

āleārius ⟨a, um⟩ ADJ ‖alea‖ des Würfelspiels, Spiel...
āleātor ⟨āleātōris⟩ M̄ ‖alea‖ Würfelspieler, Spieler
āleātōrius ⟨a, um⟩ ADJ ‖aleator‖ des Spiels, Spiel...
ālēc ⟨ālēcis⟩ N̄ = **allec**
Alēctō ⟨*akk* Alēctō⟩ F̄ *eine der drei Erinnyen*
Alēiī campī MPL, **Alēius campus** M̄ *Aleisches Feld in Kilikien in Kleinasien, wo Bellerophon nach seinem Sturz vom Pegasus, von Jupiters Blitz geblendet, umherirrte*
āleō ⟨āleōnis⟩ M̄ ‖alea‖ (*unkl.*) leidenschaftlicher Spieler
alere ⟨alō, aluī, altum/alitum 3.⟩
➊ j-n nähren, j-n ernähren, j-m Unterhalt gewähren, aliquem
➋ *bei Tieren u. Pflanzen* halten, pflegen
➌ *fig* wachsen lassen, vergrößern; **spem ~** Hoffnung nähren; **morbum ~** eine Krankheit verschlimmern
➍ *fig* fördern, pflegen; **honos alit artes** die Eh-

re fördert die Künste

āles

A ⟨ālitis⟩ ADJ ||ala||

1 geflügelt; **deus ~** geflügelter Gott, = Hermes/Merkur; **puer ~** geflügelter Junge, = Eros/Amor

2 *fig* rasch, flüchtig

B ⟨ālitis⟩ F (u. M)

1 *Auguralsprache* Wahrsagevogel, *der durch seinen Flug ein Zeichen gibt; allg.* (großer) Vogel; **~ Iovis** Adler; **~ Iunonia** Pfau; **~ Palladis** Eule

2 Schwan = Sänger; **Maeonii carminis ~** epischer Dichter

3 *poet* Wahrzeichen, Vorbedeutung

alēscere ⟨ēscō, -, - 3.⟩ heranwachsen, gedeihen

Alesia ⟨ae⟩ F Stadt in Gallien, von Vercingetorix verteidigt u. von Caesar erobert, heute Alise-Sainte-Reine, w. von Dijon

Ālēus ⟨a, um⟩ ADJ = Eleus; → Elis

Alexander ⟨Alexandrī⟩ M häufiger männlicher Vorname

1 = Paris

2 Tyrann in Pherai in Thessalien, um 360 v. Chr.

3 König der Molosser, Onkel Alexanders des Großen

4 Alexander der Große, König von Makedonien 336–323 v. Chr.

Alexandrēa, Alexandrīa ⟨ae⟩ F ||Alexander|| Name von Städten, die von Alexander dem Großen gegründet wurden; die wichtigsten sind:

1 **~ Troas** an der troischen Küste, heute Eski Stambul

2 **~** in Ägypten, heute noch Alexandria

Alexandrīnus ⟨a, um⟩ ADJ aus Alexandria, alexandrinisch

Alexandrīnus ⟨ī⟩ M Einwohner von Alexandria, Alexandriner

Alexis ⟨Alexidis u. Alexis, akk Alexidin u. Alexidim⟩ M griech. Komödiendichter z. Zt. Alexanders des Großen

Alfēnus ⟨ī⟩ M Publius Alfenus Varus, berühmter röm. Jurist z. Zt. des Augustus

alga ⟨ae⟩ F (*nachkl.*) *poet* Seegras; *meton* Küste

▶ deutsch: **Alge**

algēre ⟨algeō, alsī, - 2.⟩ frieren, unter Kälte leiden

algēscere ⟨algēscō, alsī, - 3.⟩ ||algere|| *poet* sich erkälten

Algidum ⟨ī⟩ N ||Algidus|| kleine Festung auf dem Algidus

algidus ⟨a, um⟩ ADJ ||algere|| *poet* kalt, eisig

Algidus

A ⟨ī⟩ M (*erg.* **mons**) Bergzug in Latium zwischen Tusculum u. Präneste, alter Sitz des Diana-Kultes

B ⟨a, um⟩ ADJ des Algidus, algidisch

algor ⟨algōris⟩ M, **algus** ⟨algūs⟩ M (*unkl.*) Kälte, Frost; Frostgefühl

aliā ADV (*erg.* **viā**) (*vkl., nachkl.*) auf einem anderen Weg; **alius ~** der eine auf diesem, der andere auf jenem Weg

Ālia ⟨ae⟩ F = **Allia**

Aliacmōn ⟨Aliacmonis⟩ M = **Haliacmon**

aliās ADV ||alius||

1 zu anderer Zeit, sonst; **non ~** sonst nicht; **~ aliud** bald dies, bald das; **~ aliter** bald so, bald anders; **~ ... ~** bald ... bald

2 anderswohin; anderswo

3 (*nachkl.*) bei anderen Gelegenheiten, sonst

4 non ~ quam/nisi (*nachkl.*) aus keinem anderen Grund als

āliātus ⟨ī⟩ M ||alium|| *Petr.* Knoblauchesser; armer Schlucker

alibī ADV ||alius, ubi||

1 anderswo; **alius ~** der eine hier, der andere dort; **~ ... ~** hier ... dort; **~ aliter** hier so und dort so

2 (*vkl., nachkl.*) in etw anderem; **spes salutis non est ~ quam in pace** die Hoffnung auf Heil liegt nur im Frieden

3 (*nlat.*) Beweis, dass der Angeklagte zur Tatzeit nicht am Tatort war

alica ⟨ae⟩ F *Plin.* Dinkelbrei

alicāria ⟨ae⟩ F ||alicarius|| Straßenmädchen

alicārius ⟨a, um⟩ ADJ ||alica|| *Plaut.* Dinkel...; **reliquiae alicariae** Abfälle

alicubī ADV ||ubi|| irgendwo

alicula ⟨ae⟩ F Umhang, *leichter Mantel, über der rechten Schulter mit einer Schnalle befestigt*

alicunde ADV ||unde|| von irgendwoher, von irgendjemandem, von irgendetwas

alid = aliud; → **alius**

Ālidēnsis ⟨Ālidēnse⟩ ADJ → Elidensis

aliēnāre ⟨ō, āvī, ātum 1.⟩ ||alius||

1 entfernen; verstoßen

2 JUR veräußern, abtreten

3 entfremden, verfeinden; **omnes bonos a se ~** alle Guten sich zu Feinden machen

4 MED **~ mentem alicuius** j-n um den Verstand bringen; *passiv* absterben, gefühllos werden

aliēnātiō ⟨aliēnātiōnis⟩ F ||alienare||

1 Entfremdung

2 JUR Veräußerung

3 *mit u. ohne* **mentis** *Tac.* Wahnsinn

aliēnātus ⟨a, um⟩ ADJ ||alienare|| gefühllos, gleichgültig, **a sensu** *Liv.* gegen Schmerz

aliēni-gena ⟨ae⟩ M u. F ||alienus, gignere|| Ausländer, Fremder; *adj nur von Personen* anderswo geboren

aliēnigenus ⟨a, um⟩ ADJ ||alienigena|| (*nachkl.*) *poet* ausländisch, fremdartig

Aliēnsis ⟨Aliēnse⟩ ADJ = **Alliensis**

aliēnum ⟨ī⟩ N ||alienus|| *auch* PL fremdes Gut,

fremder Besitz; **ex alieno largiri** auf Kosten anderer schenken

aliēnus

◼ fremd, anderen gehörig
◼ ausländisch
◼ nicht verwandt, fern stehend
◼ abgeneigt, feindselig
◼ fremdartig
◼ ungünstig
◼ unangemessen, unpassend

— A —

⟨a, um⟩ ADJ

◼ fremd, anderen gehörig; **domus aliena** fremdes Haus; **aes alienum** Schulden; **malis alienis ridere** höhnisch lachen
◼ ausländisch; **aliena religio** von außen kommende Religion
◼ nicht verwandt, fern stehend, *absolut od alicui/ab aliquo* mit j-m, von j-m, j-m; **~ a Clodio** mit Clodius nicht verwandt
◼ abgeneigt, feindselig, *alicui/ab aliquo* j-m, *alicui rei/a re* einer Sache; **ab litteris ~** den Wissenschaften abgeneigt
◼ fremdartig; **suo alienoque Marte pugnare** nach gewohnter und ungewohnter Art kämpfen
◼ ungünstig; **locus ~** ungünstiger Ort; **alieno tempore** zur Unzeit
◼ unpassend, unvereinbar, *ab aliquo* für j-n, mit j-m, *a re/alicui rei/alicuius rei* für etw, mit etw; **dignitate imperii ~** unvereinbar mit der Würde des Reiches; **huic causae ~** unvereinbar mit diesem Prozess; **ad committendum proelium ~** unpassend für eine Schlacht; **aliena loqui** Unsinn reden; **non alienum est/videtur** es ist/scheint nicht unpassend, *+inf/+AcI*

— B —

⟨ī⟩ M̄ Ausländer
❗ **Alieni iuris (homo)** (Ein Mensch) fremden Rechtes *Bezeichnung rechtlicher Anhängigkeit*

āli-ger ⟨āligera, āligerum⟩ ADJ ||ala, gerere|| (*nachkl.*) *poet* geflügelt; **amor ~** der geflügelte Amor; **agmen aligerum** Zug der Vögel

alimentārius ⟨a, um⟩ ADJ ||alimentum|| (*unkl.*) Unterhalt...; **res alimentaria** Verpflegung, Proviant

alimentum ⟨ī⟩ N̄ ||alere|| Nahrungsmittel, Proviant; *pl* Verpflegungsgeld; Alimente

Alimentus ⟨ī⟩ M̄ Beiname der gens Cincia; → Cincius

alimōnium ⟨ī⟩ N̄ ||alere|| (*vkl., nachkl.*) Nahrung, Unterhalt

aliō ADV ||alius||
◼ anderswohin; **~ ire** anderswohin gehen
◼ zu j-d anderem, zu etw anderem

aliō-quī(n) ADV (*nachkl.*) *poet*
◼ in anderer Hinsicht, im Übrigen; **~ mitis victoria** ein im Übrigen bescheidener Sieg
◼ überhaupt, ohnehin; **locus ~ opportune situs** ein überhaupt günstig gelegener Ort
◼ andernfalls, sonst

aliōrsum, aliō-vorsum ADV (*vkl., nachkl.*) anderswohin; *fig* in anderem Sinn, anders

āli-pēs ⟨ālipedis⟩ ADJ ||ala, pes|| *poet* flügelfüßig; schnell

āli-pilus ⟨ī⟩ M̄ ||ala, pilare|| Sen. „Haarentferner", *Sklave, der in den Bädern die Achselhaare der Badegäste entfernte*

alīptēs ⟨alīptae⟩ M̄ „Einsalber", Masseur

aliquā ADV ||aliqui|| (*erg.* viā) auf irgendeinem Weg; *fig* irgendwie

aliquam ADV ||aliqui|| ziemlich, *nur in folgenden Verbindungen*: **~-diu** ziemlich lange; **~-multi** ziemlich viele

ali-quandō ADV ||alius||
◼ irgendwann einmal; *Vergangenheit*: einst, vor Zeiten; *Gegenwart*: dann und wann einmal; *Zukunft*: dereinst; **(tandem) ~** endlich einmal
◼ manchmal, zuweilen

aliquantillum ⟨ī⟩ N̄ ||aliquantum|| Plaut. ein bisschen, ein wenig

aliquantīs-per ADV ||aliquantum|| Com., *nachkl.* eine Weile

aliquantō ADV ||aliquantus|| *beim Komp* bedeutend; **~ amplius** bedeutend weiter

aliquantulum ⟨ī⟩ N̄, *auch als* ADV ||aliquantulus|| ein bisschen, ein wenig

aliquantulus ⟨a, um⟩ ADJ ||aliquantus|| Com., *nachkl.* (ziemlich) klein, wenig

aliquantum
Ⓐ ⟨ī⟩ N̄ ||aliquantus|| ein ziemlich großer Teil; **~ itineris** ein gutes Stück des Marsches
Ⓑ ADV ziemlich, erheblich

ali-quantus ⟨a, um⟩ ADJ ||alius|| ziemlich viel, ziemlich groß; *pl* ziemlich viele

aliquā-tenus ADV (*nachkl.*) einigermaßen

ali-quī[1] ADV ||aliquis|| (*altl.*) irgendwie

ali-quī[2] ⟨quae, quod⟩ INDEF PR, *adj*, **ali-quis** ⟨qua, quid⟩ INDEF PR, *subst* ||alius||
◼ irgendein(er), irgendjemand, irgendetwas; **aliqui dolor** irgendein Schmerz; **aliquis vestrum/de vobis/ex vobis** irgendjemand von euch; *pl* einige; **aliqua ex parte** einigermaßen
◼ bedeutend, nennenswert; **sine aliquo vulnere** ohne nennenswerte Verletzung; **aliquid esse** etw sein, nicht ohne Bedeutung sein
◼ mancher, manch einer; **dixerit hīc aliquis** es mag hier manch einer sagen

aliquō ADV ||aliquis|| irgendwohin

ali-quot INDEF PR indekl ||aliquis|| einige, ein paar, *bei adj Gebrauch stets mit pl*; **~ epistulae** einige Briefe

aliquotiē(n)s ADV ||aliquot|| mehrmals

aliquō-vorsum ADV *Plaut.* irgendwohin

alis ⟨alid⟩ ADJ *meist poet* = **alius, aliud**

Ālis ⟨Ālidis⟩ F = **Elis**

āli-sequus ⟨ī⟩ M ||ala, sequi|| *Ov.* geflügelter Diener

Alīsō ⟨Alīsōnis⟩ M Kastell an der unteren Lippe, 11 n Chr. von Drusus errichtet, allg. gleichgesetzt mit Halern w. von Münster

aliter ADV ||alius||

① anders, auf andere Weise; **~ fieri non potest** anders kann es nicht geschehen; **~ ... ~** bald so ... bald anders; **haud ~ ac/atque** nicht anders als; **haud ~ ac si** ebenso wie wenn; **alius ~** der eine so, der andere so

② *bei esse, se habere* anders beschaffen; **hoc longē ~ est** das verhält sich ganz anders

③ andernfalls, sonst

④ entgegengesetzt, umgekehrt; **qui ~ fecerit** wer dagegen handeln sollte

⚠ **Si vis amari, ama.** *Sen.* Wenn du geliebt werden willst, liebe!

ali-ubī ADV = **alibi**

ālium ⟨ī⟩ N = **allium**

ali-unde ADV ||alius||

① von andersswoher; **alius aliunde** der eine von hier, der andere von dort

② von einem anderen, von etw anderem

③ = **alicunde**

alius ⟨a, ud, *gen* alterīus, *dat* aliī⟩ ADJ, *auch subst gebraucht*

① ein anderer *von mehreren*; ↔ **alter**; **omnes alii** alle anderen; **~ ac/atque** ein anderer als; **nihil aliud nisi** nichts anderes als; **~ atque alius** bald dieser, bald jener; **~ ex alio/post alium** einer nach dem anderen; **non ob/propter aliud** aus keinem anderen Grund; **~ ... ~** der eine ... der andere

② anders, von anderer Art; **alium fieri** ein anderer Mensch werden; **in alia omnia discedere** für das Gegenteil stimmen

③ der andere, der übrige

④ ein zweiter; **~ Ariovistus** ein zweiter Ariovist

⚠ **Aliud ex alio malum** Ein Unglück entsteht aus dem anderen = ein Unglück kommt selten allein.

Ālīus ⟨ī⟩ M = **Elius**

al-lābī ⟨lābor, lāpsus sum 3.⟩ heranschlüpfen; landen, *absolut od alicui rei/aliquid* an etw; **umor allabitur** Feuchtigkeit setzt sich an

al-labōrāre ⟨ō, āvī, ātum 1.⟩ *Hor.* hinzuarbeiten, erstreben, *ut*

al-lacrimāre ⟨ō, āvī, ātum 1.⟩ *Verg.* dabei weinen

al-lambere ⟨ō, -, - 3.⟩ *(nachkl.)* belecken

allāpsus ⟨allāpsūs⟩ M ||allabi|| *Hor.* Heranschlüpfen, Herankriechen; **~ serpentium** Herankriechen der Schlangen

al-lātrāre ⟨ō, āvī, ātum 1.⟩ *(nachkl.) poet* anbellen, ankläffen

al-lātus ⟨a, um⟩ PPP → **afferre**

al-laudābilis ⟨allaudābile⟩ ADJ *Plaut., Lucr.* sehr lobenswert

al-laudāre ⟨ō, āvī, ātum 1.⟩ *Plaut.* loben

allēc ⟨allēcis⟩ N Fischsoße, Fischbrühe *aus Schalentieren u. Seefischen*

allectāre ⟨ō, āvī, ātum 1.⟩ ||allicere|| anlocken

allectātiō ⟨allectātiōnis⟩ F ||allectare|| *Quint.* Anlockung, Anreiz

allēctiō ⟨allēctiōnis⟩ F ||allegere|| *(spätl.)*

① Aufnahme in ein Gremium

② Aushebung von Truppen

Allēctō *akk* ⟨ō⟩ F = **Alecto**

allēctus¹ ⟨ī⟩ M ||allegere||

① *(vkl.)* zu einem Gremium Hinzugewählter, Nachgewählter

② *(nachkl.)* durch kaiserliche Gnaden in einen höheren Rang Erhobener

③ PL *in der Kaiserzeit* durch Begünstigung in den Senat aufgenommene Ritter

al-lēctus² ⟨a, um⟩ PPP → **allicere**

al-lēctus³ ⟨a, um⟩ PPP → **allegere**

al-lēgāre ⟨ō, āvī, ātum 1.⟩

① als privaten Boten absenden; *Liv.* Gesandte schicken, *absolut*

② *Com.* zu einer Betrügerei anstiften

③ *(nachkl.)* vorbringen, geltend machen

allēgātiō ⟨allēgātiōnis⟩ F ||allegare|| Absendung, Mission eines Unterhändlers

allēgātus ⟨allēgātūs⟩ M ||allegere|| *Plaut.* Sendung, Auftrag; **meo allegatu** auf meine Veranlassung

al-legere ⟨legō, lēgī, lēctum 3.⟩

① hinzuwählen, durch Wahl in einen Kreis aufnehmen

② durch Gunst in einen höheren Rang aufnehmen, befördern

al-lēgī → **allegere**

allēgoria ⟨ae⟩ F RHET *Quint.* Allegorie, Gleichnis

allevāmentum ⟨ī⟩ N ||allevare|| Erleichterung

al-levāre ⟨ō, āvī, ātum 1.⟩

① aufheben, emporheben; **oculos ~** die Augen aufschlagen

② erleichtern, mildern; *passiv* sich erholen,

+*griech. akk*; **levari animum** sich geistig erholen
3 (*nachkl.*) unterstützen
allevātiō ⟨allevātiōnis⟩ F ||allevare|| *Quint.* Aufhebung, Aufrichten; *fig* Erleichterung
allex[1] ⟨allicis⟩ N große Zehe; ~ **viri** *Plaut.* hum Däumling
allēx[2] ⟨allēcis⟩ M u. F = **allec**
al-lēxī → allicere
Ālia ⟨ae⟩ F *kleiner Nebenfluss des Tiber nördlich von Rom, heute Fosso della Bettina; bekannt durch die Niederlage der Römer gegen die Gallier 387 v. Chr., die zur Eroberung Roms führte*
alliātus ⟨a, um⟩ ADJ = **aliatus**
allicefacere ⟨faciō, -, factum 3.⟩ ||allicere, facere|| *Suet.* anlocken
al-licere ⟨liciō, lexī, lectum 3.⟩ anlocken, für sich gewinnen
al-līdere ⟨līdō, līsī, līsum 3.⟩ ||ad, laedere|| gegen *etw* anschlagen, gegen *etw* schleudern, *ad aliquid*; *passiv fig* eine Schlappe erleiden
Alliēnsis ⟨Alliēnse⟩ ADJ der Allia, von der Allia; **clades** ~ Niederlage an der Allia
Allīfae ⟨ārum⟩ F *Stadt in Samnium, heute Alife, ca. 70 km nördlich von Neapel*
Allīfāna ⟨ōrum⟩ N Tonbecher aus Allifae, Tonwaren aus Allifae
Allīfānus ⟨a, um⟩ ADJ aus Allifae
Allīfānus ⟨ī⟩ M Einwohner von Allifae
al-ligāre ⟨ō, āvī, ātum 1.⟩
1 anbinden, festbinden
2 festhalten, **navem ancorā** das Schiff mit dem Anker
3 fesseln
4 *fig* fesseln, hemmen; **virtutem** ~ die Tapferkeit hemmen; **alligor** mir sind die Hände gebunden
5 *fig* binden, verpflichten, **beneficio** durch eine gute Tat, **foedere** durch ein Bündnis
6 RHET *an Gesetze* binden; **verba certā lege** ~ die Worte an ein bestimmtes Gesetz binden
7 **se** ~ sich schuldig machen, **se scelere** sich eines Verbrechens
8 verbinden, **vulnus** eine Wunde
al-linere ⟨linō, lēvī, litum 3.⟩ (*nachkl.*) *poet* anschmieren, anstreichen; (*klass.*) nur *fig* beflecken
al-līsī → allidere
al-līsus ⟨a, um⟩ PPP → allidere
āllium ⟨ī⟩ N Knoblauch
Allobrogēs ⟨Allobrogum⟩ M, SG **Allobrox** ⟨Allobrogis⟩ M die Allobroger, *kriegerischer Stamm in Gallia Narbonensis, Hauptstadt Vienna, heute Vienne; 121 v. Chr. von den Römern unterworfen*
allocūtiō ⟨allocūtiōnis⟩ F ||alloqui|| (*nachkl.*)
1 Anrede, Ansprache
2 Zuspruch, Trost
allodium ⟨ī⟩ N (*mlat.*) Volleigentum, Freigut

al-loquī ⟨loquor, locūtus sum 3.⟩
1 ansprechen, begrüßen
2 trösten
alloquium ⟨ī⟩ N = **allocutio**
allubēscere ⟨ēscō, -, - 3.⟩ (*Plaut., nachkl.*) *j-s* Lust entgegenkommen, *j-m* zu Willen sein, *alicui*; **allubescit** *unpers* ich bekomme Lust
al-lūcēre ⟨lūceō, lūxī, - 2.⟩ (*nachkl., spätl.*) anleuchten, daneben leuchten, vergeblich leuchten
allūcinārī ⟨or, ātus sum 1.⟩ = **alucinari**
al-lūdere ⟨lūdō, lūsī, lūsum 3.⟩
1 spielen, scherzen, *alicui/ad aliquem* mit *j-m*
2 an *etw* plätschern, *alicui rei*; **mare litoribus alludit** das Meer schlägt an den Strand
3 *fig* nahe heranreichen, *alicui/alicui rei* an *j-n/an etw*, **sapientiae** an die Weisheit
4 seinen Witz sprühen lassen; witzig *auf j-n/etw* anspielen, *ad aliquem/ad aliquid*
allūdiāre ⟨ō, āvī, ātum 1.⟩ *Plaut.* streicheln, liebkosen
al-luere ⟨luō, luī, - 3.⟩ ||lavare|| anspülen; bespülen
alluviēs ⟨alluviēī⟩ F ||alluere|| (*nachkl.*) Überschwemmung, Lache
alluviō ⟨alluviōnis⟩ F ||alluere|| Anschwemmung, Schwemmland
Almō ⟨Almōnis⟩ F *kleiner Nebenfluss des Tiber, heute Acquataccio, s. von Rom, in dem die Priester der Kybele alljährlich das Bildnis der Göttin wuschen*
almus ⟨a, um⟩ ADJ ||alere||
1 nährend, Nahrung spendend, *Beiname von Zeus und Poseidon*
2 lieb, gütig; **sol** ~ die liebe Sonne
alnus ⟨ī⟩ F Erle; *Verg. meton* Kahn aus Erlenholz
aloe ⟨aloēs⟩ F (*nachkl.*) Aloe, *fig* Bitterkeit
Alōeūs ⟨eī⟩ M Gigant, Sohn des Poseidon
alogia ⟨ae⟩ F (*nachkl.*) Unvernunft; *pl Sen.* verrückte Ideen
alogus ⟨a, um⟩ ADJ unsinnig, sinnlos
Alōīdae ⟨ārum⟩ M ||Aloeus|| die Aloiden, *die Riesen Otos und Ephialtes, die Poseidon mit der Gattin des Aloeus, Iphimedia, gezeugt hatte; fesselten Ares u. hielten ihn neun Monate gefangen; wollten den Olymp stürmen u. wurden von Apollo getötet*
Alpēs ⟨Alpium⟩ F die Alpen
alpha
1 Name des ersten Buchstabens des *griech.* Alphabets
2 *fig* der Erste, Anfang; → **A et O**
alphabētum ⟨ī⟩ N Alphabet
Alphēias ⟨Alphēiadis⟩ F ||Alpheos|| Alpheiade, Beiname der **Arethusa**
Alphēos, Alphēus ⟨ī⟩ M MYTH Hauptfluss des Peloponnes, in Arkadien entspringend u. als Grenzfluss von Elis u. Triphylia in das Ionische Meer mündend; sein mehrmaliger unterirdischer Verlauf erregte die Fantasie,

so die Deutung als Flussgott, der die Quellnymphe Arethusa unter dem Meer bis Syrakus verfolgt u. sich dort mit ihr vereinigt

Alphēus ⟨a, um⟩ ADJ des Alpheus
Alpicus ⟨ī⟩ M ||Alpes|| Alpenbewohner
Alpīnus
  A ⟨a, um⟩ ADJ ||Alpes|| Alpen...
  B ⟨ī⟩ M Alpenbewohner
alsī → algere u. → algescere
Alsiēnse ⟨Alsiēnsis⟩ N Landgut des Pompeius bei Alsium
Alsiēnsis ⟨Alsiēnse⟩ ADJ zu Alsium gehörig
Alsium ⟨ī⟩ N *alte Stadt Etruriens, heute das Dorf Palo; einst Mittelpunkt des Gebietes, in dem viele vornehme Römer Landgüter besaßen*
alsius ⟨a, um⟩ ADJ ||algere|| *Lucr.* frostig
alsus ⟨a, um⟩ ADJ ||algere|| frisch, kühlend
altāre ⟨altāris⟩ N (*eccl.*) Altar
altāria ⟨altārium⟩ N Brandopferaltar, *urspr. nur der aufgesetzte Opferherd, später der ganze Altar*
altārium ⟨ī⟩ N (*eccl.*) Altar; **~ maius** Hochaltar
alter ⟨altera, alterum⟩ ADJ, *auch subst gebraucht*
  1 der eine, der andere *von zweien*; ↔ **alius**; **~ consul** der eine/der andere der beiden Konsuln; **~ alterum** der eine den anderen; **~ ... ~** der eine ... der andere; **alteri ... alteri** die einen ... die anderen
  2 der andere *als Gegensatz od Gegenüber*; **altera factio** die Gegenpartei; **altera pars** die andere Seite *bei Gegensätzlichkeiten*; **altera ripa** das gegenüberliegende Ufer
  3 der Nächste, der Mitmensch
  4 *als Zahlwort* der zweite, der folgende; **~ Marius** ein zweiter Marius; **~ ego** das andere Ich; **alterum tantum** doppelt so groß, doppelt so viel; **vicesimus ~** = **vicesimus secundus** der zweiundzwanzigste
altera ⟨īus⟩ F ||alter|| (*erg. febris*) Wechselfieber
alterās ADV ||alter|| *Plaut.* ein andermal
altercāre ⟨ō, āvī, ātum 1.⟩, **altercārī** ⟨or, ātus sum 1.⟩ ||alter|| diskutieren, *cum aliquo* mit j-m; im Streit liegen, *alicui* mit j-m; **inter se ~** untereinander diskutieren; **altercante libidinibus pavore** *poet* Leidenschaften und Angst im Streit; **altercando invenit parem neminem** im Streitgespräch fand er nicht seinesgleichen
altercātiō ⟨altercātiōnis⟩ F ||altercari|| Wortwechsel; POL, JUR Debatte, Diskussion
altercātor ⟨altercātōris⟩ M ||altercari|| (*nachkl.*) Diskussionsredner
alternāre ⟨ō, āvī, ātum 1.⟩ ||alternus||
  1 mit *etw* abwechseln, *aliquid*; **fructūs ~** in der Fruchtfolge wechseln
  2 abwechseln, *absolut*
  3 schwanken, *absolut*

alternīs ADV ||alternus|| abwechselnd
alternus ⟨a, um⟩ ADJ ||alter||
  1 abwechselnd, gegenseitig; **sermones alternae** Wechselgespräch; **alternis diebus** *Liv.* alle zwei Tage; **alternos iudices reicere** gegenseitig die ausgelosten Richter ablehnen
  2 in Distichen, elegisch; **versūs alterni** Distichen; **carmen alternum** Elegie
alter-uter ⟨alterutra, alterutrum⟩ INDEF PR, *meist nur der zweite Teil dekliniert* einer von beiden; **~ vestrum/ex vobis** einer von euch beiden
alter-uterque ⟨alterutraque, alterutrumque⟩ INDEF PR *Plin.* jeder von beiden
alti-cinctus ⟨a, um⟩ ADJ ||altus², cingere|| *poet* hochgezogen, gerafft *bei Kleidungsstücken*
altilia ⟨altilium⟩ N ||altilis|| Mastgeflügel
altilis
  A ⟨altile⟩ ADJ ||alereo|| gemästet, Mast...; **boves altiles** Mastochsen
  B ⟨altilis⟩ F Poularde, *pl* Mastgeflügel
alti-sonus ⟨a, um⟩ ADJ *poet* ||altus², sonare|| (von der Höhe herab) tönend; *fig* erhaben
alti-tonāns ⟨altitonantis⟩ ADJ ||altus², tonare|| *poet* Beiname des Zeus; = **altisonus**
altitūdō ⟨altitūdinis⟩ F ||altus²||
  1 Höhe; *fig* Größe; **~ animi** Hochherzigkeit
  2 Tiefe, **maris** des Meeres
  3 Dicke
  4 *fig* Verschlossenheit
altiusculus ⟨a, um⟩ ADJ ||altus²|| *Suet.* etwas zu hoch
altivolāns ⟨altivolantis⟩ ADJ ||altus², volare|| *poet* hoch fliegend
altivolantēs ⟨altivolantum⟩ F Vögel
altor ⟨altōris⟩ M ||alere|| Ernährer
altrīm secus *Plaut.*, **altrīn-secus** (*unkl.*) ADV auf der anderen Seite
altrīx ⟨altrīcis⟩ F ||altor|| Ernährerin, Amme; *adj* ernährend, säugend; **~ terra** Mutter Erde
altrō-vorsum ADV *Plaut.* nach der anderen Seite
altum ⟨ī⟩ N ||altus²||
  1 Höhe; hohe See; (*nachkl.*) *poet* Himmel; **se in altum tollere** in die Höhe aufsteigen; **de alto/ex alto cadere** aus der Höhe herabfallen
  2 Tiefe; **ex alto emergere** aus der Tiefe auftauchen; **in altum provehi** auf die hohe See hinausfahren; **in portum ex alto invehi** von der hohen See in den Hafen fahren
  3 Weite, Ferne; **ex alto aliquid petere** etw von weit her holen
  4 Inneres, Tiefe des Herzens
altus¹ ⟨a, um⟩ PPP → alere

altus² ⟨a, um⟩ ADJ ‖alere‖

1 hoch
2 tief
3 weit, breit
4 weit entfernt, weit zurückliegend
5 laut
6 hell

1 hoch *von unten gemessen*, hochragend; *von Ansehen, Rang, Grad, Gesinnung* hoch; **arbor alta** hoher Baum; **turris ducentos pedes alta** ein 200 Fuß hoher Turm; **urbs alta** hoch gelegene Stadt; **Roma alta** das *mit hohen Mauern* befestigte Rom; **altiorem fieri** sich in die Brust werfen; **alte spectare** sich ein hohes Ziel setzen
2 tief *von oben gemessen*, *fig* tief, fest; *(nachkl.) poet* geheim; gründlich; tiefsinnig; **flumen altum** tiefer Fluss; **altum mare** tiefes Meer, hohe See; **radix alta** tief eindringende Wurzel; **somnus ~** tiefer Schlaf; **silentium altum** tiefes Schweigen; **studia alta** gründliche Studien; **altius perspicere** tieferes Verständnis haben
3 weit, breit, *horizontale Ausdehnung*; **vallis alta** weites Tal; **saltus ~** weit reichendes Waldtal
4 *fig* weit entfernt, weit zurückliegend; alt; **gens alta** uraltes Geschlecht; **memoria alta** ältere Zeiten
5 *(nachkl.) von der Stimme* laut
6 *(mlat.)* hell; teuer

alūcinārī ⟨or, ātus sum 1.⟩ gedankenlos daherreden, schwatzen, faseln; *auch* töricht handeln

alūcinātiō ⟨alūcinātiōnis⟩ F ‖alucinari‖ *Sen.* gedankenloses Reden, Faselei

aluī → alere

alūmen ⟨alūminis⟩ N *(nachkl.)* bitteres Tonerdesalz, Alaun

alūminōsus ⟨a, um⟩ ADJ ‖alumen‖ *(nachkl.)* alaunhaltig

alumna ⟨ae⟩ F ‖alumnus‖ Pflegetochter, Pflegekind; *(klass.) nur fig* Tochter, Kind

alumnārī ⟨or, ātus sum 1.⟩ ‖alumnus‖ großziehen

alumnus

A ⟨a, um⟩ ADJ ‖alere‖ großgezogen, erzogen; **numen alumnum** göttlicher Pflegesohn

B ⟨ī⟩ M

1 Pflegesohn, Pflegekind
2 Schüler, Jünger; **Platonis** des Plato
3 **alumni parvi** *poet* Jungtiere; **~ alienus** Pfropfreis
4 Sohn, Sprössling; **~ Italiae** *Tac.* Italiens Sohn; **~ sutrinae tabernae** Schusterlehrling
5 *(mlat.)* Zögling; junger Christ

alūta ⟨ae⟩ F ‖alumen‖

1 in Alaun gegerbtes Leder
2 *Produkte aus Alaunleder:* Schuhriemen; Lederbeutel; Schönheitspflästerchen
3 *Mart. obszön* schlaffes männliches Glied

alveāre ⟨alveāris⟩ N, **alv(e)ārium** ⟨ī⟩ N ‖alveus, alvus‖ Bienenstock, Bienenkorb

alveolus ⟨ī⟩ N ‖alveus‖

1 *(nachkl.) poet* Becken; *Liv.* Schanzkorb *zum Tragen von Schanzmaterial*
2 *(nachkl.)* kleines Flussbett
3 mit hohem Rand versehenes Spielbrett für Würfelspiele; *meton* Würfelspiel

alveus ⟨ī⟩ M ‖alvus‖

1 Wanne, Mulde
2 *(nachkl.) poet* Flussbett
3 *(nachkl.) poet* Einbaum, Kahn
4 Bienenkorb, Bienenstock
5 *(nachkl.)* Spielbrett; *meton* Würfelspiel

alvus ⟨ī⟩ F

1 Bauch; Unterleib
2 *Tac. fig* Schiffsbauch
3 *(vkl., nachkl.) fig* Bienenstock, Bienenkorb

alx ⟨alcis⟩ F *(mlat.)* Elch

Alyattēs ⟨Alyattis *u.* Alyatteī⟩ M Vater des Krösus, Begründer der Macht Lydiens um 590 v. Chr.

am- = **ambi-**

amābilis ⟨amābile, *adv* amābiliter⟩ ADJ ‖amare‖

1 liebenswürdig, liebenswert
2 *(unkl.)* liebevoll; **amabiliter in aliquem cogitare** liebevoll an j-n denken

amābilitās ⟨amābilitātis⟩ F ‖amabilis‖ *Plaut.* Liebenswürdigkeit

Amalthēa ⟨ae⟩ F Nymphe, später in Gestalt einer Ziege gesehen, die Zeus als Kind auf Kreta aufzog, nachdem dessen Mutter Rhea den Neugeborenen vor dem Vater Kronos versteckt hatte; **cornu Amaltheae** Horn der Amalthea, Füllhorn, *Symbol des Überflusses*

Amalthēum ⟨ī⟩ N Heiligtum der Amalthea *auf den Landgütern des Atticus u. Cicero*

ā-mandāre ⟨ō, āvī, ātum 1.⟩ wegschicken; *fig* entfernen, *ab aliquo/ex loco in locum* von j-m weg/von einem Ort weg an einen Ort; **extra Italiam ~** *Liv.* aus Italien verbannen; **procul a sensibus ~** weit von den Sinnen entfernen

ā-mandātiō ⟨āmandātiōnis⟩ F ‖amandare‖ Verbannung

amandus ⟨a, um⟩ ADJ ‖amare‖ *Hor.* liebenswürdig

amāns ⟨amantis, *adv* amanter⟩ ADJ ‖amare‖

1 *von Personen* liebend; **~ patriae** Patriot
2 *von Dingen* liebevoll; **verba amantia** liebevolle Worte

⚠ **Amantes amentes** *Ter.* Liebende (sind) verrückt.

ā-manuēnsis ⟨āmanuēnsis⟩ M *Suet.* Schreiber, Sekretär

amāracinum ⟨ī⟩ N̄ ||amaracinus|| (nachkl.) poet Majoransalbe

amāracinus ⟨a, um⟩ ADJ (nachkl.) aus Majoran

amāracum ⟨ī⟩ N̄, **amāracus** ⟨ī⟩ M̄ Majoran

amarantus ⟨ī⟩ M̄ (nachkl.) poet Tausendschön, eine Pflanze

amāre ⟨ō, āvī, ātum 1.⟩

① lieben, lieb haben, **liberos** die Kinder; **se ipsum ~** sich selbst lieben, egoistisch sein

② verliebt sein, *aliquem* in j-n

③ Gefallen finden; sich gerne gefallen lassen, *+inf/+AcI*; **litteras ~** an den Wissenschaften Gefallen finden

④ *Sall., Hor.* gerne tun, zu tun pflegen, *+inf*

⑤ verpflichtet sein, *aliquem de re/in re* j-m für etw

⑥ formelhaft **ita/sic me dii ament** so wahr mir die Götter helfen mögen; **amabo (te)** sei so gut

amāritiēs ⟨amāritiēī⟩ F̄ poet = amaritudo

amāritūdō ⟨amāritūdinis⟩ F̄ (unkl.), **amāror** ⟨amārōris⟩ M̄ ||amarus|| poet

① bitterer Geschmack, Bitterkeit

② fig Erbitterung

③ fig Widerliches, Unangenehmes

amārum ⟨ī⟩ N̄ ||amarus||

① Bitteres, Bitterkeit

② (nlat.) Bitterstoff, Bittermittel

amārus ⟨a, um, adv amārē⟩ ADJ

① von Geschmack u. Geruch bitter

② fig verbittert, reizbar

③ fig widerlich, unangenehm

④ fig kränkend

Amasēnus ⟨ī⟩ M̄ Fluss im SW Latiums, heute Amaseno

amāsia ⟨ae⟩ F̄ ||amare|| Geliebte

amāsius ⟨ī⟩ M̄ ||amare|| *Plaut.* Liebhaber; *adj* verliebt

Amathūs ⟨Amathūntis⟩ F̄ Stadt auf Zypern mit Tempel der Aphrodite u. reichen Kupferbergwerken

Amathūsia ⟨ae⟩ F̄ Aphrodite/Venus

Amathūsiacus, Amathūsius ⟨a, um⟩ ADJ aus Amathus, von Amathus

amātiō ⟨amātiōnis⟩ F̄ ||amare|| *Plaut.* Liebschaft, Liebelei

amātor ⟨amātōris⟩ M̄ ||amare||

① Freund, Verehrer, **pacis** des Friedens

② Liebhaber; Lüstling

amātorculus ⟨ī⟩ M̄ ||amator|| *Plaut.* kümmerlicher Verehrer

amātōrium ⟨ī⟩ N̄ ||amatorius|| Liebestrank

amātōrius ⟨a, um, adv amātōriē⟩ ADJ ||amator|| verliebt; Liebes...; **voluptas amatoria** Liebesgenuss; **amatorie** in verliebtem Ton

amātrīx ⟨amātrīcis⟩ F̄ ||amator|| (unkl.) Geliebte; *adj* verliebt

Amāzōn ⟨Amāzonis⟩ F̄ Amazone

Amāzones ⟨Amāzonum⟩ F̄, **Amāzonides** ⟨Amāzonidum⟩ F̄ MYTH Amazonen, *kriegerisches Frauenvolk aus dem Kaukasus u. aus Pontus*

Amāzoni(c)us ⟨a, um⟩ ADJ amazonisch, amazonenhaft; **vir ~** *Ov.* amazonischer Mann, = Hippolytos, *Sohn des Theseus u. einer Amazone*

amb- = ambi-

ambactus ⟨ī⟩ M̄ Höriger, Lehnsmann

amb-āgēs ⟨ambāgum⟩ F̄ ||amb-, agere|| (unkl.)

① Umweg, Irrweg

② fig Weitschweifigkeit; **missis ambagibus** ohne Umschweife

③ fig Winkelzüge, Ausflüchte

④ fig Zweideutigkeit, Rätselhaftigkeit; **per ambages** in rätselhaften Andeutungen

Ambarrī ⟨ōrum⟩ M̄ kelt. Volk in Gallien, Hauptstadt *Lugdunum*

amb-edere ⟨edō, ēdī, ēsum 3.⟩ (unkl.) ringsum anfressen; aufessen; fig verzehren

amb-ēstrīx ⟨ambēstrīcis⟩ F̄ ||edere|| *Plaut.* Fresserin

ambi- PRÄF zu beiden Seiten, ringsum

Ambiānī ⟨ōrum⟩ M̄ belg. Küstenvolk, Hauptstadt *Samarobriva*

Ambibariī ⟨ōrum⟩ M̄ kelt. Volk in der Normandie, *nördlich der heutigen Stadt Rennes*

amb-igere ⟨ō, -, - 3.⟩ ||amb-agere||

A V̄I

① (nachkl.) schwanken, unschlüssig sein, *de re* in Bezug auf etw, *+AcI/+indir Fragesatz*; **ambigitur de re** man zweifelt an etw

② diskutieren, streiten, *bes vor Gericht, de re* über etw, *+indir Fragesatz*; **ii qui ambigunt** die streitenden Parteien; **ambigendi causa** Streitsache

B V̄T bezweifeln, bestreiten, (klass.) nur passiv; **res ambigitur** eine Sache ist zweifelhaft; **ambigitur quid enim?** worüber streitet man denn?

ambiguitās ⟨ambiguitātis⟩ F̄ ||ambiguus|| Zweideutigkeit, Doppelsinn

ambiguum ⟨ī⟩ N̄ ||ambiguus|| poet Ungewissheit; **in ambiguo** im Zweifel

ambiguus ⟨a, um, adv ambiguē⟩ ADJ ||ambigere||

① nach beiden Seiten hinneigend, Zwitter...; veränderlich; **viri ambigui** *Ov.* Kentauren

② fig unentschlossen, unsicher; **ambigue pugnare** unentschieden kämpfen

③ (nachkl.) fig von Personen unschlüssig, ängstlich, *alicuius rei* hinsichtlich einer Sache, in einer Sache

④ fig von Personen u. Sachen unzuverlässig, verdächtig; **homo ambigui ingenii** zwielichtiger

Zeitgenosse; **res ambiguae** missliche Lage
5 *fig von Sachen* anfechtbar, strittig
6 *fig* zweideutig, dunkel

Ambiorīx ⟨Ambiorīgis⟩ M̄ *Fürst der Eburonen zwischen Maas u. Rhein um das heutige Lüttich, 53 v. Chr. von Caesar besiegt*

ambīre ⟨eō, iī/īvī, ītum 4.⟩ ǁamb-, ireǁ
1 umgehen, meiden; **deviis itineribus aliquid ~** auf Schleichwegen etw umgehen
2 (*nachkl.*) *poet* einfassen, umgeben; **domum muris ~** das Haus mit Mauern umgeben; **clipeum auro ~** den Schild mit einem Goldrand einfassen
3 bittend umhergehen, um Stimmen werben, *aliquem* bei j-m; **populum ~** beim Volk um Stimmen werben
4 mit Bitten angehen, umschmeicheln; **regem precibus ~** sich mit Bitten an den König wenden; **ambiri re** um etw angegangen werden; **principes ambiuntur plurimis nuptiis** die Prinzen werden mit zahlreichen Ehevorschlägen umworben

ambitiō ⟨ambitiōnis⟩ F̄ ǁambireǁ
1 Bewerbung *beim Volk um ein Amt*
2 *fig* Liebesdienerei, Parteilichkeit
3 *fig* Prahlerei, Eitelkeit
4 *fig* Prunk, Aufwand
5 (*nachkl.*) *fig* eifriges Streben, **gloriae** nach Ruhm
▶ deutsch: **Ambition**

ambitiōsus ⟨a, um, *adv* ambitiōsē⟩ ADJ ǁambitioǁ
1 herumgehend; *von Personen u. Sachen* fest umschlingend; *von Pflanzen* üppig rankend; **preces ambitiosae** inständige Bitten
2 eifrig um Gunst werbend, parteiisch; **ambitiose** aus Gefallsucht, aus nachsichtiger Schwäche
3 nach Ämtern und Ehrenstellen trachtend; *fig* eifrig trachtend, *in aliquid* nach etw
4 *von Sachen* auf Gunst berechnet; **rogatio ambitiosa** auf Gunst berechneter Antrag
5 *von Personen u. Sachen* ehrgeizig; *von Sachen* dem Prunk dienend; **oratio ambitiosa** affektierte Rede; **amicitia ambitiosa** Freundschaft aus Berechnung; **mors ambitiosa** *Tac.* auf Nachruhm berechneter Tod; **ambitiose** in selbstsüchtiger Absicht

ambitus ⟨ambitūs⟩ M̄ ǁambireǁ
1 Gang, Umgang, *alicuius rei* um etw; **~ aedium** Gang um das Haus; **~ fluminis** Windung des Flusses
2 Umlauf; Bahn *von Gestirnen*; **~ saeculorum** *Tac.* Zeitperiode
3 Umkreis; Umfang, **muri** einer Mauer
4 (*nachkl.*) *in der Rede* weitschweifige Darstellung; GRAM Satz, Periode
5 Amtserschleichung
6 übertriebener Ehrgeiz; Eitelkeit

Ambivaretī ⟨ōrum⟩ M̄ *kelt. Stamm an der oberen Loire*

Ambivariti ⟨ōrum⟩ M̄ *kelt. Stamm an der Maas*

Ambivius Turpio L. *berühmter röm. Schauspieler z. Zt. des Terenz*

ambō¹ ⟨ambae, ambō⟩ ADJ beide zusammen, beide zugleich; **~ consules** beide Konsuln; **ambabus manibus** mit beiden Händen

ambo² ⟨ambōnis⟩ M̄ (*spätl.*) Lesepult, Kanzel

Ambracia ⟨ae⟩ F̄ *Stadt in Epirus, heute Arta*

Ambraciēnsis ⟨Ambraciēnse⟩ ADJ ambracisch, aus Ambracia

Ambraciēnsis ⟨Ambraciēnsis⟩ M̄ Einwohner von Ambracia

Ambraciōta, Ambraciōlēs ⟨ae⟩ M̄ Einwohner von Ambracia

Ambracius ⟨a, um⟩ ADJ ambracisch, aus Ambracia

ambrosia ⟨ae⟩ F̄
1 Götterspeise, *die nach der Sage neben dem Nektar Unsterblichkeit verlieh*; *Ov.* Futter der Sonnenpferde
2 *poet* Göttersalbe, *antikes Schönheitsmittel*

ambrosius ⟨a, um⟩ ADJ göttlich, mit Ambrosia gesalbt, aus Ambrosia bestehend

ambūbāia ⟨ae⟩ F̄ *Hor., Suet.* syrische Flötenspielerin, Tänzerin

ambulācrum ⟨ī⟩ N̄ ǁambulareǁ *Plaut.* Allee

ambulāre ⟨ō, āvī, ātum 1.⟩
A VI
1 (*vkl.*) umherstreunen, umherschlendern
2 daherschreiten, einherstolzieren
3 wandern; marschieren
4 spazieren gehen
B VT durchwandern, durchfahren
▶ deutsch: **ambulant**

ambulātiō ⟨ambulātiōnis⟩ F̄ ǁambulareǁ
1 *Quint.* Auf- und Abgehen *des Redners*
2 Spaziergang
3 *konkr.* Wandelhalle

ambulātiuncula ⟨ae⟩ F̄ ǁambulatioǁ
1 kleiner Spaziergang
2 kleine Wandelhalle

ambulātor ⟨ambulātōris⟩ M̄ ǁambulareǁ
1 (*vkl.*) Spaziergänger
2 *Mart.* Hausierer

ambulātōrius ⟨a, um⟩ ADJ ǁambulareǁ (*nachkl.*) hin und her gehend, beweglich

amb-ūrere ⟨ūrō, ussī, ustum 3.⟩
1 ringsum anbrennen, versengen
2 *passiv fig* hart mitgenommen werden, nur mit einem blauen Auge davonkommen; **prope ambustus evasit** er kam nur knapp davon *bei Gericht*

ambustulātus ⟨a, um⟩ ADJ ||amb-, ustulare|| Plaut. um und um verbrannt, gebraten

ambustus ⟨a, um⟩ ADJ ||amburere|| halb erfroren; **artūs frigore ambusti** vor Kälte erstarrte Glieder

amellus ⟨ī⟩ M Verg. purpurrote Sternblume

āmēn (eccl.) Amen, es geschehe!; ~ **dicere alicui rei** (spätl.) zu etw ja sagen

āmendāre ⟨ō, āvī, ātum 1.⟩ = **amandare**

ā-mēns ⟨āmentis⟩ ADJ sinnlos, wahnsinnig; **vino ~** vom Wein betäubt; **animi ~** Verg. von Sinnen; meton auch von abstr. Begriffen: **consilium ~** unsinniger Plan

āmentātus ⟨a, um⟩ ADJ ||amentum|| mit einem Schwungriemen versehen; **hasta amentata** wurfbereite Lanze

āmentia ⟨ae⟩ F ||amens|| Wahnsinn, Sinnlosigkeit

āmentum ⟨ī⟩ N Schwungriemen; fig Geschoss

Ameria ⟨ae⟩ F alte Munizipalstadt in Umbrien, heute Amelia bei Spoleto

Amerīnus ⟨a, um⟩ ADJ amerinisch, aus Ameria

Amerīnus ⟨ī⟩ M Einwohner von Ameria

ames ⟨amitis⟩ M (nachkl.) poet Stellgabel für Vogelnetze

amethystina ⟨ōrum⟩ N ||amethystinus|| amethystfarbene Kleider

amethystinātus ⟨a, um⟩ ADJ ||amethystinus|| Mart. amethystfarben gekleidet

amethystinus ⟨a, um⟩ ADJ amethystfarben, mit Amethysten besetzt

amethystus ⟨ī⟩ F (nachkl.) poet Amethyst, violetter Halbedelstein

amfrāctus ⟨amfrāctūs⟩ M = **anfractus**

amīca ⟨ae⟩ F ||amicus|| Freundin, Geliebte

amicīre ⟨iō, icuī/ixī, ictum 4.⟩
1 ein Gewand umwerfen, (klass.) nur PPP; **amictus togā** mit der Toga bekleidet
2 poet umhüllen, einwickeln; **ossa pelle amicta** vom Fell umschlossene Knochen

amīciter ADV ||amicus|| (altl.) freundschaftlich, freundlich

amīcitia ⟨ae⟩ F, Lucr. **amīcitiēs** ⟨amīcitiēī⟩ F ||amicus||
1 Freundschaft; **amicitiam facere/coniungere cum aliquo** mit j-m Freundschaft schließen
2 POL Freundschaftsbündnis
3 meton Freunde

amictōrium ⟨ī⟩ N ||amicire|| Mart. Büstenhalter

amictus[1] ⟨a, um⟩ PPP → **amicire**

amictus[2] ⟨amictūs⟩ M ||amicire||
1 Umwerfen, Anlegen eines Gewandes
2 Faltenwurf; Tracht
3 meton Obergewand, Mantel
4 poet Schleier; (nachkl.) fig Hülle

amīcula ⟨ae⟩ F ||amica|| Geliebte

amiculum ⟨ī⟩ N ||amicire|| Mantel

amīculus ⟨ī⟩ M ||amicus|| lieber Freund; auch mit iron Nebensinn „Freundchen"

amīcus

A ⟨a, um⟩ ADJ, ADV ⟨amīcē⟩ ||amare||
1 befreundet, freundschaftlich
2 angenehm, willkommen

B ⟨ī⟩ M
1 Freund; POL Verbündeter
2 poet Gönner, Gefährte
3 fig Freund, Verehrer, **veritatis** der Wahrheit
4 PL Vertraute, Günstlinge
5 PL Curt. makedonische Leibwache zu Pferd

▶ französisch: **ami**
spanisch: **amigo**
italienisch: **amico**

a-migrāre ⟨ō, āvī, ātum 1.⟩ Liv. wegziehen, fortziehen

Amīnaea ⟨ae⟩ F Weinbaugebiet im Picenum, Landschaft um das heutige Ancona, berühmt durch besonders guten Wein

Amīnaeus ⟨a, um⟩ ADJ aus Aminaea

Amisēnus ⟨ī⟩ M Einwohner von Amisus

a-mīsī → **amittere**

Amīsia ⟨ae⟩ F Ems, im Land der Brukterer

āmissiō ⟨āmissiōnis⟩ F, Nep. **āmissus**[1] ⟨āmissūs⟩ M ||amittere|| Verlust, Tod, **liberorum** der Kinder

āmissus[2] ⟨a, um⟩ PPP → **amittere**

Amīsum ⟨ī⟩ N, **Amīsus** ⟨ī⟩ F Küstenstadt in Pontus, heute Samsum

amita ⟨ae⟩ F Tante väterlicherseits; Tac. Großtante

Amiternīnus
A ⟨a, um⟩ ADJ aus Amiternum
B ⟨ī⟩ M Einwohner von Amiternum

Amiternum ⟨ī⟩ N Sabinerstadt, Geburtsort des Sallust, heute Amatrice nördlich von L'Aquila

Amiternus ⟨a, um⟩ ADJ aus Amiternum, von Amiternum

ā-mittere ⟨mittō, mīsī, missum 3.⟩
1 (vkl., nachkl.) wegschicken, weggehen lassen
2 freiwillig fahren lassen, aufgeben; **spem ~** die Hoffnung aufgeben; **fidem ~** sein Wort brechen
3 unfreiwillig entkommen lassen, sich entgehen lassen; **e manibus ~** aus seiner Gewalt entkommen lassen; **occasionem ~** eine Gelegenheit verpassen
4 verlieren, einbüßen; **pecuniam ~** Geld einbüßen; **causam/litem ~** einen Prozess verlieren; **fidem ~** die Glaubwürdigkeit verlieren

ammentum ⟨ī⟩ N = **amentum**

Ammōn ⟨Ammōnis⟩ M̄ = **Hammon**
Ammōniī ⟨ōrum⟩ M̄ = **Hammonii**; → Hammon
amnēstia ⟨ae⟩ F̄ gesetzlich verfügte Vergebung von Straftaten *in Revolutionen u. Kriegszeiten*; Vergebung, Amnestie; *lat. meist* → oblivio
amni-cola ⟨ae⟩ F̄ u. M̄ ||amnis, colere|| *Ov.* am Fluss wohnend
amniculus ⟨ī⟩ M̄ ||amnis|| Flüsschen
amnis ⟨amnis⟩ M̄
① Strom; *poet* Stromgott
② *poet* Strömung, Flut, Wasser; **secundo amne** stromabwärts; **adverso amne** stromaufwärts
amoena ⟨ōrum⟩ N̄ ||amoenus|| (*nachkl.*) reizende Gegenden
amoenitās ⟨amoenitātis⟩ F̄ ||amoenus||
① Schönheit; reizende Lage
② (*vkl., nachkl.*) Reiz, Annehmlichkeit; **amoenitates omnium venerum et venustatum** *Plaut.* die Annehmlichkeiten aller Liebreize und Vergnügen
amoenus ⟨a, um, *adv* amoenē⟩ ADJ
① *von Landschaft* schön, reizend
② (*nachkl.*) angenehm; elegant
ā-mōlīrī ⟨ior, ītus sum 4.⟩ (*vkl., nachkl.*)
① *eine Last* wegschaffen, fortbewegen
② beseitigen, abwenden; **invidiam ab aliquo ~** den Neid von j-m fern halten
③ RHET beiseite lassen; widerlegen
④ aus dem Weg räumen, aus dem Weg schaffen; **Octaviam uxorem ~** *Tac.* die Gattin Octavia aus dem Weg räumen
amōmum ⟨ī⟩ N̄ (*nachkl.*) *poet*
① Amomum, *im Orient heimische Gewürzpflanze*
② Blüte des Amomum, Frucht des Amomum
③ aus Amomum gewonnener Balsam
amor ⟨amōris⟩ M̄ ||amare||
① Liebe *im emotionalen u. erotischen Sinn*, *alicuius* j-s *od* zu j-m, *adversus aliquem|in aliquem* zu j-m; *pl* Gefühle der Liebe; **~ parentum** Liebe der Eltern, Liebe zu den Eltern; **~ patriae** Vaterlandsliebe; **~ sui** Eigenliebe; **~ primus** erste Liebe; **alicui in amore/in amoribus esse** von j-m geliebt werden
② Liebschaft; *pl* Liebesverhältnis(se); **amores furtivi** heimliche Liebeleien
③ *poet* Liebeslied
④ *poet* Liebesmittel
⑤ *meton* Geliebter; Geliebte; **~ et deliciae generis humani** *Suet.* Liebling der Menschen; **~ orbis** Liebling des Erdkreises
⑥ Vorliebe, Verlangen, *alicuius* für j-n, nach j-m, *alicuius rei* für etw, nach etw; **~ laudis** Verlangen nach Anerkennung; **~ habendi** Liebe zum Besitz
⑦ (*mlat.*) Liebhaberei; Liebesbrief

▶ französisch: **amour**
spanisch: **amor**
italienisch: **amore**

Amor ⟨Amōris⟩ M̄ Liebesgott, *griech. Eros, Sohn der Venus*; *meist pl* **Amoretten**, *Abbildungen des Amor*
Amorgos, Amorgus ⟨ī⟩ F̄ Sporadeninsel s. von Naxos, *in der Kaiserzeit Verbannungsort; heute Morgo*
ā-mōtiō ⟨āmōtiōnis⟩ F̄ ||amovere|| das Entfernen, Beseitigung
ā-movēre ⟨moveō, mōvī, mōtum 2.⟩
① wegschaffen, entfernen; (*nachkl.*) *poet* entwenden; *Tac.* verbannen; **in insulam ~** auf eine Insel verbannen
② wegnehmen, beiseite schaffen
③ fern halten, beseitigen; **suspicionem ab aliquo ~** den Verdacht von j-m nehmen
④ RHET aussparen, nicht erwähnen
Amphiarāus ⟨ī⟩ M̄ König von Argos, berühmter Seher, einer der Sieben gegen Theben
Amphiarēiadēs ⟨Amphiarēiadae⟩ M̄ Nachkomme des Amphiaraus, = Alkmaion (Alcmaeon)
Amphiarēus ⟨a, um⟩ ADJ des Amphiaraus
amphibolia ⟨ae⟩ F̄ Zweideutigkeit, Doppelsinn; = **ambiguitas**
amphibrachys ⟨ī, *akk* yn⟩ M̄ *Quint.* METR Versfuß aus einer Abfolge von kurzer, langer u. kurzer Silbe, ∪ − ∪
Amphictyones ⟨Amphictyonum⟩ M̄ REL, POL die Amphiktyonen, *Verband von zwölf Stämmen zur Sorge für das Delphische Orakel u. zur Überwachung der dortigen Heiligtümer sowie des Heiligtums auf Delos*
amphimacrus ⟨ī⟩ M̄ *Quint.* METR Versfuß aus einer Abfolge von langer, kurzer und langer Silbe, − ∪ −
Amphīōn ⟨Amphīōnis⟩ M̄ Meister des Saitenspiels, Gründer von Theben, Gatte der Niobe
Amphīōnius ⟨a, um⟩ ADJ des Amphion
Amphipolis ⟨Amphipolis⟩ F̄ attische Kolonie am Strymon in Thrakien; *424 v. Chr. von den Spartanern, 357 v. Chr. von Philipp II. von Makedonien erobert; heute Emboli*
Amphipolītānus ⟨a, um⟩ ADJ aus Amphipolis, von Amphipolis
amphiprostȳlos ⟨ī⟩ M̄ *Vitr.* Tempel *mit je einer Säulenvorhalle an den Schmalseiten*
Amphissa ⟨ae⟩ F̄ Hauptstadt der ozolischen Lokrer nw. von Delphi, heute Salona mit Ruinen der alten Stadt
amphithalamus ⟨ī⟩ M̄ *Vitr.* Vorraum des Schlafzimmers; *allg.* Vorzimmer
amphitheātrālis ⟨amphitheātrāle⟩ ADJ ||amphitheatrum|| (*nachkl.*) *poet* des Amphitheaters, nach Art des Amphitheaters
amphitheātrum ⟨ī⟩ N̄ Amphitheater, *Theater in elliptischer Form mit rundum laufenden Zuschauerrängen für Fechterspiele und Tierkämpfe; berühmtestes Bei-*

spiel das Kolosseum in Rom, 80 n Chr. von Kaiser Titus erbaut, benannt nach einer Kolossalstatue Neros

Amphitrītē ⟨Amphitrītēs⟩ F Nereide, Gattin des Poseidon; *meton, poet* Meer, Ozean

Amphitryōn ⟨Amphitryōnis⟩ M König von Tyrins, Gatte der Alkmene, die von Zeus den Herkules gebar; Titel einer Komödie des Plautus

Amphitryōniadēs ⟨ae⟩ M Nachkomme des Amphitryon, = Herkules

amphora ⟨ae⟩ F
1. Amphore, Tonkrug *mit zwei Henkeln für Früchte, Wein u. Öl*; daher Weinkrug
2. Hohlmaß von ca. 26 l
3. (unkl.) Gewicht zur Bestimmung der Tonnage eines Schiffes, ca. 26 kg

Amphrȳsius ⟨a, um⟩ ADJ ||Amphryisos|| *Verg. poet* apollinisch, sibyllinisch; lokrisch

Amphrȳsos ⟨ī⟩ M kleiner Fluss in Thessalien in den Pagasäischen Meerbusen mündend, wo Apollo die Herden des Admetos weidete

ampla ⟨ae⟩ F Handhabe; *fig* Anlass

amplē ADV → amplus

am-plectī ⟨plector, plexus sum 3.⟩
1. *freundlich* umfassen, umarmen
2. umgeben, umschließen
3. *fig* j-n lieb gewinnen, auf *etw* großen Wert legen, *aliquem/aliquid*; **rem publicam nimium ~** den Staat überaus lieben
4. *fig* gutheißen
5. *fig* fassen, einschließen; **honestum virtutis nomine ~** das sittlich Gute mit dem Begriff Tugend zusammenfassen
6. *fig* durchdenken, erwägen
7. *fig* besprechen; zusammenfassen; **omnia**

▶ amphitheatrum – Amphitheater

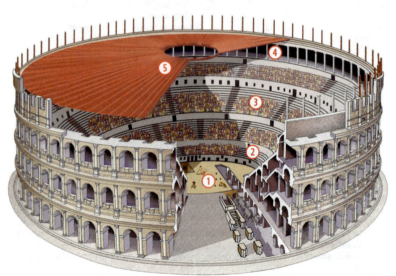

1. arena – Kampfplatz
2. podium – Balkon
3. cavea – Zuschauerraum
4. porticus – Säulengang
5. velarium – Sonnensegel

Das Amphitheater war ein Rundtheater ohne Dach und diente als Schauplatz von Gladiatoren- und Tierkämpfen. Die bis zur Zeit Caesars aus Holz gebaute Arena war von hohen Steinstufen umgeben, die Sitzplätze für Tausende von Zuschauern boten. Der größte, heute als Ruine in der Nähe des Forum Romanum in Rom erhaltene Bau dieser Art ist das **Amphitheatrum Flavium**, das 80 n. Chr. unter dem Flavischen Kaiser Titus fertig gestellt wurde und ca. 50.000 Zuschauer fasste. Den Namen *Colosseum* erhielt es erst im Mittelalter.

breviter ~ alles kurz zusammenfassen

amplexārī ⟨or, ātus sum 1.⟩ ||amplecti||
1. (liebevoll) umarmen
2. *fig* hochhalten

amplexus¹ ⟨a, um⟩ PPERF → amplecti

amplexus² ⟨amplexus⟩ M ||amplecti||
1. Umarmung, Umschlingung im Ringkampf; **amplexūs dare** umarmen
2. Beischlaf

ampliāre ⟨ō, āvī, ātum 1.⟩ ||amplius||
1. (nachkl.) *poet* erweitern, vermehren; **rem ~** das Vermögen mehren
2. RHET verherrlichen
3. JUR das Urteil aufschieben, vertagen

ampliātiō ⟨ampliātiōnis⟩ F ||ampliare|| (nachkl.) JUR Verschiebung, Vertagung *eines richterlichen Urteils*

amplificāre ⟨ō, āvī, ātum 1.⟩ ||amplus, facere|| vergrößern; *fig* erhöhen; **pretium ~** den Preis erhöhen; **dignitatem ~** die Würde heben; **~ orationem** RHET eine Rede ausschmücken; **dicendo rem ~** eine Sache in der Rede hervorheben

amplificātiō ⟨amplificātiōnis⟩ F ||amplificere|| Vergrößerung, Steigerung

amplificātor ⟨amplificātōris⟩ M ||amplificere|| Mehrer, Förderer

amplificē ADV ||amplus, facere|| *Catul.* prächtig, herrlich

ampliter ADV ||amplus|| (vkl., nachkl.)
1. reichlich, stattlich
2. großartig, glänzend

amplitūdō ⟨amplitūdinis⟩ F ||amplus||
1. Geräumigkeit; Erweiterung
2. *fig* Großartigkeit; RHET Fülle
3. *fig* Ansehen, Würde

amplius¹ ADV ||amplus||
1. weiter, mehr; **et hoc ~ censeo** und außerdem ist das noch meine Meinung
2. in höherem Grad, stärker
3. *bei Zahlenangaben* mehr als, über; **~ (quam) septuaginta cives** mehr als siebzig Bürger; **ter et ~** dreimal und öfter

amplius² ⟨ī⟩ N ||amplus||; **non/nihil amplius petere** nichts weiter verlangen; **amplius pronuntiare** JUR den Prozess vertagen

ampliusculē ADV ||amplius|| allzu reichlich; etwas ausführlicher

amplus ⟨a, um, *adv* amplē *u.* (vkl., nachkl.) ampliter⟩ ADJ
1. geräumig, weit; **domus ampla** geräumiges Haus
2. umfassend, umfangreich; **ampliores copiae** reichlichere Vorräte; **amplior exercitus** größeres Heer; **amplissima dies** der längste Tag
3. *fig* bedeutend, wichtig; **occasio ampla** wichtige Gelegenheit; **spes ampla** starke Hoffnung
4. großartig, herrlich, *alicui* für j-n; **res gestae amplae** großartige Taten; **triumphus ~** großartiger Triumph; **funus amplum** prunkvolles Leichenbegängnis; **amplum est** es ist ehrenvoll
5. hoch gestellt, angesehen; **amplae et honestae familiae** angesehene und ehrenhafte Familien

Ampsivariī ⟨ōrum⟩ M *germ.* Volk an der Ems

ampulla ⟨ae⟩ F ||amphora|| kolbenförmiges Gefäß *mit engem Hals u. zwei Henkeln*, Salbenfläschchen; *Hor. fig* Schwulst
▶ deutsch: **Ampulle**

ampullārī ⟨or, ātus sum 1.⟩ ||ampulla|| *Hor.* schwülstig reden, schwülstig schreiben

ampullārius ⟨ī⟩ M ||ampulla|| *Plaut.* Flaschenmacher

am-putāre ⟨ō, āvī, ātum 1.⟩
1. ringsum abschneiden; **ramos inutiles falce ~** unnütze Zweige mit der Sichel abtrennen
2. *einen Baum* beschneiden, **vitem** den Weinstock
3. (nachkl.) *eine Gliedmaße/einen Körperteil* abtrennen; **membrum ~** eine Gliedmaße amputieren
4. *fig* verkürzen, vermindern, **sententiarum multitudinem** die Fülle der Zitate
5. **infracta et amputata loqui** RHET in abgebrochenen und verstümmelten Sätzen reden

amputātiō ⟨amputātiōnis⟩ F ||amputare|| Abschneiden, Abtrennen; **~ membrorum** Amputation von Gliedmaßen; **~ capitis** Enthauptung

Amūlius ⟨ī⟩ M König von Alba Longa, Bruder des Numitor, den er um den Thron brachte

amurca, amurga ⟨ae⟩ F *Verg.* schaumartiges Sekret *beim Auspressen der Oliven*

amussis ⟨amussis⟩ F Lineal der Zimmerleute; **ad amussim** genau, regelrecht

amussitātus ⟨a, um⟩ ADJ ||amussis|| *Plaut.* genau abgemessen

Amyclae ⟨ārum⟩ F
1. *uralte u. schon in der Antike verschwundene* Stadt in Latium
2. Stadt in Lakonien, s. von Sparta, mit Apollo-Heiligtum, Heimat der Dioskuren

Amyclaeus ⟨a, um⟩ ADJ spartanisch, lakonisch

Amyclīdēs ⟨Amyclīdae⟩ M = Hyakinthos (Hyacinthus), *Sohn des Amykles, des Erbauers von Amyclae*

amygdalum ⟨ī⟩ N (nachkl.) *poet* Mandel, Mandelkern

Amȳmōnē ⟨Amȳmōnēs⟩ F Quellnymphe bei Argos

amystis ⟨amystidis⟩ F das Leeren des Bechers in einem einzigen Zug

an¹ Fragepartikel

1 in dir u. indir Alternativfragen zur Anreihung des zweiten (u. folgenden) Gliedes oder, oder ob; **utrum mentitus es an verum dixisti?** hast du gelogen oder die Wahrheit gesagt?

2 in rhetorischen Fragesatz zur Bekräftigung einer Aussage oder, oder etwa; **an quisquam dubitat?** oder zweifelt etwa j-d?

3 zur Einleitung einfacher indir Fragesatz ob; **exspectabat an Pompeius ibi esset** er war gespannt, ob Pompeius dort wäre

4 nach Ausdrücken des Zweifelns ob nicht; **haud scio an** ich weiß nicht, ob nicht; **haud scio an non** ich weiß nicht, ob; **dubito an** ich zweifle, ob nicht

an-² = **ambi-**

an-³ PRÄF auf-, hinan-

ana¹ ADV (nachkl., spätl.) je, distributiv bei Zahlwörtern; **~ partes (aequales)** (nlat.) zu gleichen Teilen, auf Rezepten

ana-² PRÄF in zahlreichen griech. Fremd- u. Lehnwörtern an-, auf-, hinauf-; wieder-, zurück-

anabaptista ⟨ae⟩ M (mlat.) Wiedertäufer

anabathra ⟨ōrum⟩ N Iuv. erhöhter Sitz, Podium

Anaces ⟨Anacum⟩ M die Dioskuren, Kastor und Pollux

anachōrēta ⟨ae⟩ M (mlat., eccl.) Einsiedler, Eremit

Anacreōn ⟨Anacreontis⟩ M griech. Lyriker, 559–478 v. Chr.

Anactes ⟨Anactum⟩ M = **Anaces**

anadēma ⟨anadēmatis⟩ N Lucr. Kopfbinde der Frauen

anaglypta ⟨ōrum⟩ N Mart. ziselierte Arbeit, Reliefs

Anāgnia ⟨ae⟩ F Stadt ö. von Rom, heute Anagni

Anāgnīnum ⟨ī⟩ N Landgut Ciceros bei Anagnia

Anāgnīnus ⟨a, um⟩ ADJ aus Anagnia

Anāgnīnus ⟨ī⟩ M Anaginer, Einwohner von Anagnia

anagnōstēs ⟨anagnōstae⟩ M Vorleser

anagyros ⟨ī⟩ F übel riechende Pflanze

analecta ⟨ae⟩ M Sen. Brockensammler, Sklave, der die Speisereste u. -abfälle wegzuräumen hatte

analectris ⟨analectridis⟩ F Ov. kleines Schulterkissen

analogia ⟨ae⟩ F

1 gleiches Verhältnis

2 (vkl., nachkl.) GRAM Gleichmäßigkeit in Wortbildung u. Grammatik

3 Suet. RHET Gleichheit der Darstellung

anancaeum ⟨ī⟩ N Plaut. großes Trinkgefäß

anapaestum ⟨ī⟩ N

1 Gell. anapästischer Vers

2 Gedicht in Anapästen

anapaestus

A ⟨ī⟩ M METR Anapäst, anapästischer Vers, Abfolge von zwei kurzen u. einer langen Silbe, ∪ ∪ –, Gegenstück zum Daktylus.

B ⟨a, um⟩ ADJ in Anapästen; **carmen anapaestum** Gedicht in Anapästen

anas ⟨anatis u. anitis⟩ F Ente

Anās ⟨Anae⟩ M Fluss in Spanien, heute Guadiana

anathēma¹ ⟨anathēmatis⟩ N (spätl.) Weihegeschenk

anathema² ⟨anathematis⟩ N (eccl.) Kirchenbann; **~ sit** er sei ausgeschlossen

anathymiasis ⟨anathymiasis⟩ F Petr. aufsteigende Luft im Körper

anaticula ⟨ae⟩ F ‖anas‖ Entchen; Plaut. Kosewort

anatīna ⟨ae⟩ F ‖anatinus‖ Petr. Entenfleisch

anatīnus ⟨a, um⟩ ADJ ‖anas‖ Plaut. Enten...

anatocismus ⟨ī⟩ M Zinseszins

Anaxagorās ⟨Anaxagorae⟩ M ionischer Naturphilos., Vorsokratiker, Freund des Perikles, 500–428 v. Chr.

Anaximander ⟨Anaximandrī⟩ M ionischer Naturphilos., Vorsokratiker, um 500 v. Chr.

Anaximenēs ⟨Anaximenis⟩ M ionischer Naturphilos. aus Milet, um 510 v. Chr.

an-ceps ⟨ancipitis⟩ ADJ ‖ambi, caput‖

1 poet doppelköpfig, zweigipflig

2 fig zweiseitig; (vkl.) poet zweischneidig; **securis ~** Doppelaxt

3 fig von zwei Seiten; allg. doppelt; **ancipitibus locis premi** von zwei Seiten bedrängt werden; **bestiae ancipites** Amphibien

4 (nachkl.) fig schwankend, ungewiss; **ancipitis Marte pugnare** unentschieden kämpfen

5 (nachkl.) fig doppelsinnig, zweideutig; **oraculum ~** doppeldeutiges Orakel

6 misslich, gefährlich

Anchīsēs ⟨Anchīsae⟩ M berühmter Trojaner, Geliebter der Aphrodite/Venus, Vater des Aeneas

Anchīseūs ⟨a, um⟩ ADJ des Anchises

Anchīsiadēs ⟨Anchīsiadae⟩ M Sohn des Anchises, = Aeneas

an-cīle ⟨ancīlis⟩ N ‖ambi, caedere‖ elliptischer u. in der Mitte eingeschnittener, heiliger Schild, der während der Regierungszeit des Königs Numa Pompilius (um 700 v. Chr.) vom Himmel gefallen sein soll u. im Marstempel neben elf nachgemachten Schilden aufbewahrt wurde; **ancilia ferre** Verg., Liv. die heiligen Schilde in einer Prozession tragen

ancilla ⟨ae⟩ F ‖ambi, colere‖ Dienerin, Sklavin

ancillāriolus ⟨ī⟩ M poet ‖ancilla‖ Schürzenjäger

ancillāris ⟨ancillāre⟩ ADJ ||ancilla|| den Mägden zukommend, den Mägden gemäß
ancillula ⟨ae⟩ F ||ancilla|| junge Dienerin
ancipes = **anceps**
ancīsus ⟨a, um⟩ ADJ ||ambi-, caedere|| *Lucr.* rundum beschnitten
Ancōn ⟨Ancōnis⟩ F, **Ancōna** ⟨ae⟩ F Stadt in Picenum, heute Ancona
Ancōnitānus ⟨ī⟩ M Einwohner von Ancona
ancora ⟨ae⟩ F Anker; **ancoram ponere** den Anker auswerfen; **ancoram tollere** den Anker lichten; **ad ancoram/in ancoris** vor Anker
▷ englisch: ancor
   französisch: ancre
   spanisch: ancla
   italienisch: ancora
ancorāle ⟨ancorālis⟩ N ||ancora|| (*nachkl.*) Ankertau
ancorārius ⟨a, um⟩ ADJ ||ancora|| Anker...
Ancus Mārcius ⟨ī⟩ M der Sage nach der vierte König in Rom
Ancȳra ⟨ae⟩ F Stadt in Galatien, heute Ankara; berühmt durch das dort gefundene Monumentum Ancyranum, ein in Stein gemeißelter Bericht der Taten des Kaisers Augustus in lat. u. griech. Sprache, 1555 entdeckt
anda-bata ⟨ae⟩ M Gladiator mit einem Helm ohne Augenöffnungen, Blindfechter
Andecāvī ⟨ōrum⟩ M, **Andēs**[1] ⟨Andium⟩ M gall. Volk an der Loire, im heutigen Anjou
Andēs[2] ⟨Andium⟩ M Dorf bei Mantua, Geburtsort Vergils, heute Pietole
Andria ⟨ae⟩ F Das Mädchen von Andros, Komödie des Plautus
Andrius
 A ⟨a, um⟩ ADJ aus Andros, von Andros
 B ⟨ī⟩ M Einwohner von Andros
Androgeōn ⟨Androgeōnis⟩ M, **Androgeōs, Androgeus** ⟨Androgeī⟩ M Sohn des Minos u. der Pasiphae
androgynus ⟨ī⟩ M Zwitter
Andromacha ⟨ae⟩ F, **Andromachē** ⟨Andromachēs⟩ F Gemahlin Hektors; Titel einer Tragödie des Ennius nach Euripides
Andromeda ⟨ae⟩ F, **Andromedē** ⟨Andromedēs⟩ F äthiopische Königstochter, nach ihrem Tod unter die Sterne versetzt
andrōn ⟨andrōnis⟩ M Gang zwischen Zimmern, Gebäuden, Höfen u. Gärten
Andronīcus ⟨ī⟩ M vollständig T. Livius Andronicus, aus Tarent, geb. 272 v. Chr., urspr. Sklave, dann freigelassen; ältester röm. Dramatiker u. Übersetzer griech. Stücke
Andros, Andrus ⟨ī⟩ F nördlichste Kykladeninsel
ānellus ⟨ī⟩ M ||anus[2]|| (*unkl.*) kleiner Ring, Ringlein
anēre ⟨eō, -, - 2.⟩ ||anus[1]|| *Plaut.* wie eine alte Frau zittern, altersschwach sein

anēthum ⟨ī⟩ N (*nachkl.*) *poet* Dill
anetīnus ⟨a, um⟩ ADJ = **anatīnus**
ān-frāctus ⟨ānfrāctūs⟩ M ||an-, frangere||
 1 Biegung, Umlauf; ~ **solis** Kreisbahn der Sonne *gemäß altem Weltbild*
 2 Umweg; *fig* Weitschweifigkeit in der Rede; Winkelzüge *in der Justiz*
angelicus ⟨a, um⟩ ADJ
 1 (*spätl.*) Boten...
 2 (*eccl.*) Engels...; **panis ~** Abendmahl
angellus ⟨ī⟩ M ||angulus|| *Lucr.* Winkelchen, Eckchen
angelus ⟨ī⟩ M (*spätl., eccl.*) Bote; ~ **Domini** Bote des Herrn, Engel
angere ⟨angō, ānxī, - 3.⟩
 1 zusammendrücken, würgen
 2 *fig* ängstigen, quälen; *passiv* sich ängstigen, re/de re über etw, wegen etw, +Aci, quod dass, +Indir Fragesatz; **animo/animi angi** sich im Herzen ängstigen
angina ⟨ae⟩ F (*vkl., nachkl.*) Halsentzündung
angi-portum ⟨ī⟩ N, **angi-portus** ⟨angiportūs⟩ M enge Seitengasse, Gässchen
Angitia ⟨ae⟩ F MYTH Göttin der Marser am Fuciner See in den Abruzzen bei Alba Fucentia, lehrte die Gegengifte gegen Schlangengift
Angliī ⟨ōrum⟩ M die Angeln in Schleswig
angor ⟨angōris⟩ M ||angere||
 1 (*nachkl.*) Atemnot, Beklemmung
 2 *fig* Angst, Unruhe; *pl* Melancholie; **vacuitas ab angoribus** *Cic.* das Freisein von Ängsten
Angrivariī ⟨ōrum⟩ M germ. Volk an der Weser
angui-comus ⟨a, um⟩ ADJ ||anguis, coma|| *poet* schlangenhaarig
anguiculus ⟨ī⟩ M ||anguis|| kleine Schlange
angui-fer ⟨anguifera, anguiferum⟩ ADJ ||anguis, ferre|| *Prop.* Schlangen tragend
angui-gena ⟨ae⟩ M u. F ||anguis, gignere|| *poet* von Schlangen erzeugt
anguīlla ⟨ae⟩ F (*unkl.*) Aal
angui-manus ⟨anguimanūs⟩ M ||anguis, manus|| schlangenarmig; mit schlangenförmigem Rüssel
anguineus, anguīnus ⟨a, um⟩ ADJ ||anguis||
 1 (*nachkl.*) *poet* schlangenartig, Schlangen...
 2 (*mlat.*) teuflisch
anguipedēs ⟨anguipedum⟩ M ||anguipes|| Giganten, die man sich mit schlangenförmigen Füßen vorstellte
angui-pēs ⟨anguipedis⟩ ADJ ||anguis|| *poet* schlangenfüßig
anguis ⟨anguis⟩ M u. F
 1 Schlange, als Bild der Bosheit u. Gefahr, aber auch als Genius verehrt
 2 als Sternbild Schlange am s. Himmel, Drache am n Himmel

angui-tenēns ⟨anguitenentis⟩ M ‖anguis, tenere‖ Schlangenträger, *ein Sternbild*
angulāris ⟨angulāre⟩ ADJ ‖angulus‖ (*vkl., nachkl.*) winklig, eckig; **lapis ~** Eckstein
angulātus ⟨a, um⟩ ADJ ‖angulus‖ eckig
angulus ⟨ī⟩ M
1 ARCH, MATH Ecke, Winkel
2 entlegener Winkel; Schlupfwinkel
3 *Liv.* MIL vorspringende Bastion, Festung
angustāre ⟨ō, āvī, ātum 1.⟩ ‖angustus‖ (*nachkl.*) *poet* einengen, beschränken
angustiae ⟨ārum⟩ F ‖angustus‖ *selten* SG
1 Enge, enger Raum
2 Landenge, Meerenge
3 Kürze, kurze Zeit
4 *fig* Zwangslage, Not
5 *fig* Engherzigkeit; Spitzfindigkeit; **angustiae pectoris** Engherzigkeit, Kleinlichkeit
angusticlāvius ⟨a, um⟩ ADJ ‖angustus, clavus‖ *Suet.* mit schmalem Purpurstreifen auf der Tunika, *Abzeichen des pleb. Standes*; ↔ laticlavius
angustum ⟨ī⟩ N ‖angustus‖
1 (*nachkl.*) *poet* Enge, enger Raum
2 bedenkliche Lage; **in angusto esse** in Verlegenheit sein; **in angustum venire** in Verlegenheit kommen
angustus ⟨a, um, *adv* angustē⟩ ADJ
1 *örtl.* eng, schmal; **spiritus ~** kurzer Atem; **anguste pabulari** auf engem Raum Futter holen
2 (*nachkl.*) *zeitl.* kurz, gedrängt
3 *fig* eng; dürftig; **anguste** in engerem Sinn
4 *fig* engherzig, kleinlich; **interrogatiunculae angustiae** *Cic.* Haarspaltereien, spitzfindige Spiegelfechtereien
an-hēlāre ⟨ō, āvī, ātum 1.⟩
A VI (*unkl.*) keuchen, schnauben; **inopia anhelans** *fig* drückender Mangel
B VT ausstoßen; *fig* lechzen, *aliquid* nach etw, **scelus** nach Bosheit
anhēlitus ⟨anhēlitūs⟩ M ‖anhelare‖
1 Keuchen, Kurzatmigkeit
2 (*unkl.*) Atem, Hauch
3 *fig* Ausdünstung, Dampf
anhēlus ⟨a, um⟩ ADJ ‖anhelare‖ (*nachkl.*) *poet* keuchend, schnaubend; **cursus ~** atemberaubender Lauf
Aniciānus ⟨a, um⟩ ADJ des Anicius
Anicius ⟨a, um⟩ *röm. Gentilname*; **L. ~ Gallus** *Konsul 160 v. Chr.*
anicula ⟨ae⟩ F ‖anus¹‖ altes Mütterchen
Aniēn ⟨Aniēnis⟩ M Nebenfluss des Tiber, heute Aniene *od* Teverone
Aniēnsis ⟨Aniēnse⟩ ADJ, **Aniēnus** ⟨a, um⟩ ADJ des Anien
anīlis ⟨anīle, *adv* anīliter⟩ ADJ ‖anus¹‖ altweiberhaft, altersschwach; **fabellae aniles** Ammenmärchen
anīlitās ⟨anīlitātis⟩ F ‖anilis‖ *Catul.* hohes Alter einer Frau
anima ⟨ae⟩ F
1 Luft *als Element*; Wind
2 eingeatmete Luft, Atem; **animam ducere** Atem holen
3 Lebenskraft, Seele; **spes est, dum anima est** solange ich atme, hoffe ich; **animam eflare** das Leben aushauchen
4 PL Seelen der Toten, Manen
5 Blut
6 *meton* beseeltes Wesen *als Schelt- u. Kosewort*; **servientium animae** *Tac.* Sklavenseelen
7 vernünftige Seele, Geist
8 (*nlat.*) PHIL **~ rationalis** Vernunftelement *des menschlichen Geistes*; **~ sensitiva** Gefühlselement *in Mensch u. Tier*; **~ vegetativa** das Wesensmerkmal weder gefühl- noch vernunftbegabter Wesen
animābilis ⟨animābile⟩ ADJ ‖animare‖ belebend
animadversiō ⟨animadversiōnis⟩ F ‖animadvertere‖
1 Aufmerksamkeit
2 sinnliche Wahrnehmung
3 Tadel, Bestrafung; **~ censoria/censoris** Bestrafung durch den Zensor
animadversor ⟨animadversōris⟩ M ‖animadvertere‖ Beobachter
anim-advertere ⟨vertō, vertī, versum 3.⟩ ‖animus, advertere‖
1 aufpassen, achtgeben, *absolut od +indir Fragesatz/+Finalsatz*; **animadvertitur, quid facias** man passt auf, was du tust
2 bemerken, *aliquid* etw, *+indir Fragesatz/+AcI*
3 tadeln, rügen
4 bestrafen, *aliquid* etw; strafend einschreiten, *in aliquem* gegen j-n; **scelus ~** ein Verbrechen bestrafen; **supplicio ~** mit der Todesstrafe ahnden
animal ⟨animālis⟩ N ‖anima‖ Lebewesen, Tier, Mensch
animālis ⟨animāle⟩ ADJ ‖anima‖
1 luftig, aus Luft bestehend
2 belebt, beseelt; **intelligentia ~** lebendiger Geist
3 belebend; **cibus ~** belebende Speise
animāns
A ⟨animantis⟩ ADJ ‖animare‖ beseelt, lebendig
B M *u.* F, PL *auch* N Lebewesen
animāre ⟨ō, āvī, ātum 1.⟩
1 ‖anima‖ beleben; *in etw* Lebendes verwandeln; **guttas in angues ~** *Ov.* Tropfen in Schlangen verwandeln

2 ||animus|| mit einem Temperament erfüllen, stimmen; *passiv* sich entschließen; **in proelium animari** sich zum Kampf entschließen
▶ deutsch: **animieren**

animātiō ⟨animātiōnis⟩ F̄ ||animare||
1 *Tert.* Belebung, belebende Kraft
2 *meton* belebtes Geschöpf

animātus ⟨a, um⟩ ADJ ||animare||
1 beseelt, belebt
2 gesinnt, gestimmt
3 mutig, beherzt

animōsitās ⟨animōsitātis⟩ F̄ ||animosus|| (spätl.)
1 Tapferkeit, Ehrgeiz
2 Erbitterung, Verstimmung
▶ deutsch: **Animosität**

animōsus ⟨a, um, *adv* animōsē⟩ ADJ ||animus||
1 beherzt, mutig
2 *pej* leidenschaftlich, heftig; *von Winden* stürmisch
3 *poet* stolz, *re* auf etw

animula ⟨ae⟩ F̄ ||anima||
1 ein wenig Leben
2 (*unkl.*) Seelchen

animulus ⟨ī⟩ M̄ ||animus|| *Plaut. Kosewort* Herzchen

---

animus ⟨ī⟩ M̄

1 Seele, Geist
2 Geist, Verstand
3 Empfindung, Gefühl
4 Person
5 Charakter, Wesensart
6 Mut, Selbstvertrauen
7 Wille, Absicht
8 Hochmut, Übermut
9 Leidenschaft, Lust
10 Leben

---

1 Seele, Geist ↔ *Körper, als Inbegriff aller geistigen Kräfte*; **homo constat ex corpore et animo** der Mensch besteht aus Körper und Geist; **animi corporisque vires** die psychischen und physischen Kräfte
2 Verstand, Bewusstsein, Urteil; **animum advertere in aliquid** die Aufmerksamkeit auf etw richten; **habere animum in armis** an den Krieg denken; **animo fingere** sich in Gedanken vorstellen; **aliquem ~ relinquit** j-n verlässt das Bewusstsein; **~ redit** das Bewusstsein kehrt zurück; **animo meo** nach meiner Meinung
3 Gefühl, Herz; **~ aequus** Gleichmut; **~ iniquus** Unmut, Missvergnügen; **animi metus** Herzensangst; **aeger animi** seelisch krank; **animi dubius** unschlüssig; **animi/animo pendēre** innerlich schwanken; **animo tremere** im Herzen zittern
4 *meton zur Umschreibung der Person;* **amici animum consolari** den Freund trösten; **animos militum perturbare/inflammare** die Soldaten verwirren/begeistern
5 Charakter, Wesensart; **~ magnus** edler Charakter; **~ parvus** schwacher Charakter
6 Mut, Selbstvertrauen; **bono animo esse** zuversichtlich sein; **magnus mihi ~ est** ich habe große Zuversicht; **animum addere** den Mut stärken; **~ crescit** der Mut wächst; **~ cadit** der Mut schwindet
7 Wille, Absicht; **bono animo** in guter Absicht; **hoc animo, ut** in der Absicht, dass; **in animo habeo/in animo mihi est** ich beabsichtige, ich habe im Sinn, +*inf*
8 Hochmut, Übermut
9 Leidenschaft, Lust; **animo obsequi** seiner Lust nachgehen; **animum suum explere** seine Lust befriedigen
10 Leben

Aniō ⟨Aniōnis⟩ M̄ = **Anien**
aniticula ⟨ae⟩ F̄ = **anaticula**
anitis → **anas**
Anius ⟨ī⟩ M̄ *Apollopriester u. König von Delos*
Anna ⟨ae⟩ F̄
1 MYTH, *Verg. Schwester Didos*
2 **~ Perenna** *röm. Göttin unbekannten Ursprungs u. Wesens, der zu Ehren an den Iden des März ein ausgelassenes Fest an der via Flaminia gefeiert wurde*

Annaeus ⟨a, um⟩ *röm. Gentilname;* → **Seneca**
annālēs ⟨annālium⟩ M̄ ||annalis|| (*nachkl.*) Jahrbücher; *allg.* Geschichtswerk; *sg* einzelner Band der Jahrbücher; **annales maximi/Pontificum** *die vom jeweiligen Pontifex maximus für sein Amtsjahr verfassten u. bis 133 v. Chr. reichenden Jahrbücher*
▶ deutsch: **Annalen**

annālis ⟨annāle⟩ ADJ ||annus|| das Jahr betreffend, Jahres…; **lex ~** *Gesetz, das das Mindestalter röm. Beamter festlegte: Konsul 43 Jahre, Prätor 40, kurulischer Ädil 37, Quästor 30*
an-nāre ⟨ō, āvī, ātum 1.⟩ ||ad, nare||
1 hinzuschwimmen, heranschwimmen, *alicui rei/aliquid* an etw
2 daneben schwimmen; **equites equis annantes** *Tac.* die Reiter, die neben ihren Pferden schwimmen

annata ⟨ae⟩ F̄ (*mlat.*) Jahresertrag; *pl* Abgaben *an den Papst für die Verleihung eines kirchlichen Amtes*
an-nātāre ⟨ō, āvī, ātum 1.⟩ (*nachkl.*) *poet* heranschwimmen, *ad aliquid/alicui rei* an etw
an-ne = **an²**
an-nectere ⟨nectō, nexuī, nexum 3.⟩
1 anknüpfen, anbinden, *aliquid alicui rei/ad aliquid*

etw an etw; *fig* verbinden, *aliquid alicui rei* etw mit etw; *passiv* zusammenhängen; **rebus praesentibus futuras ~** die Gegenwart mit der Zukunft verbinden; **annexus alicui** mit j-m verwandt

2 mündlich, schriftlich hinzufügen

▶ deutsch: **annektieren**

annexus *abl* ⟨annexū⟩ M̄ ||annectere|| *Tac.* Verwandtschaft

Anniānus ⟨a, um⟩ ADJ des Annius

anniculus ⟨a, um⟩ ADJ ||annus|| einjährig, ein Jahr alt

an-nītī ⟨nītor, nīsus sum 3.⟩ sich anstemmen, sich anlehnen, *alicui rei/ad aliquid* an etw; *fig* sich anstrengen, hinarbeiten; **pro aliquo ~** sich für j-n anstrengen; **de re ~** auf eine Sache hinarbeiten; **~ ad aliquid faciendum** sich anstrengen etw zu vollbringen; **adversus aliquid ~** gegen etw ankämpfen

Annius ⟨a, um⟩ röm. Gentilname; **T. ~ Milo** → **Milo**

anniversāria ⟨ōrum⟩ N̄ ||anniversarius|| (*nachkl.*) jährliche Gedenktage, *bes* Totengedenken

anniversārius ⟨a, um⟩ ADJ jährlich wiederkehrend, alljährlich

annōn = **an non**

annōna ⟨ae⟩ F̄ ||annus||

1 Jahresertrag *an Feldfrüchten*

2 *meton* Getreide; Getreideversorgung

3 Getreidepreis; Teuerung

4 *fig* Wert, Preis; **~ amicorum** Wert der Freunde

5 (*mlat.*) Portion; Pferdefutter; **~ vitae** Lebensunterhalt

annōsus ⟨a, um⟩ ADJ ||annus|| (*nachkl.*) *poet* hochbetagt, sehr alt

annotāmentum ⟨ī⟩ N̄ ||annotare|| *Gell.* Anmerkung, Bemerkung

an-notāre ⟨ō, āvī, ātum 1.⟩

1 schriftl. vermerken; zur Bestrafung notieren

2 mit Anmerkungen versehen

3 *fig* bemerken, wahrnehmen, *aliquid* etw, *+AcI/* im passiv *+NcI*

annotātiō ⟨annotātiōnis⟩ F̄ ||annotare|| (*nachkl.*) schriftliche Anmerkung

annotātor ⟨annotātōris⟩ M̄ ||annotare|| *Plin.* Beobachter, Aufpasser

annōtinus ⟨a, um⟩ ADJ ||annus|| vorjährig

annua ⟨ōrum⟩ N̄ ||annuus|| (*nachkl.*) Jahresgehalt

annuālis ⟨annuāle⟩ ADJ ||annus|| (*spätl.*)

1 für ein Jahr

2 ein Jahr alt

3 jährlich

an-nuere ⟨nuō, nuī, - 3.⟩

1 zunicken, einen Wink geben, *absolut od alicui* j-m

2 beifällig zunicken, zustimmen, *absolut od +akk n eines pron od adj, alicui rei* einer Sache, *+inf/+AcI*; **id ~** dem zustimmen

3 zunickend gebieten, zunickend erlauben, *ut dass*,

4 (*nachkl.*) zugestehen, zusagen, *alicui aliquid* j-m etw, *+inf*

5 durch Nicken bezeichnen

an-nuī → **annuere**

an-nūllāre ⟨ō, āvī, ātum 1.⟩ ||nullus|| (*spätl.*) zunichte machen, vernichten

an-numerāre ⟨ō, āvī, ātum 1.⟩

1 auszahlen, *alicui aliquid* j-m etw

2 hinzuzählen, dazurechnen, **his libris** zu diesen Büchern, **aliquem in vatibus** j-n zu den Sehern

an-nūntiāre ⟨ō, āvī, ātum 1.⟩ (*nachkl.*) ankündigen, (dazu) berichten, *aliquid* etw, *+AcI/+indir Fragesatz*

annūntiātiō ⟨annūntiātiōnis⟩ F̄ ||annuntiare|| (*eccl.*) Ankündigung; **~ Mariae** Mariä Verkündigung, *25. März*

annūntiātor ⟨annūntiātōris⟩ M̄ ||annuntiare|| (*eccl.*) Verkünder, Prediger

annus ⟨ī⟩ M̄

1 Jahr, Kalenderjahr; **~ solaris** Sonnenjahr; **principio anni** am Anfang des Jahres; **ineunte anno** zu Beginn des Jahres; **exeunte anno** am Ende des Jahres; **superiore anno** im vorausgehenden Jahr; **postero anno** im kommenden Jahr; **bis in anno** zweimal jährlich; **anno** *Plaut.* vor einem Jahr; **annum** ein Jahr lang; **in annum** auf ein Jahr, für ein Jahr; **ad annos** auf Jahre hinaus; **anni currentis** (*nlat.*) laufenden Jahres; **anni futuri** (*nlat.*) kommenden Jahres; **anni praeteriti** (*nlat.*) vorigen Jahres

2 Lebensjahr; **puer novem annorum** neunjähriger Junge; **decimum annum agere** im zehnten Lebensjahr stehen; **annis confectus** durch die Jahre verbraucht

3 Amtsjahr; **prorogare annum** die Amtszeit verlängern

4 *meist poet* Jahreszeit; **~ pomifer** Herbst

5 *Tac.* Jahresertrag, Ernte

⚠ **Nihil est annis velocius.** *Ov.* Nichts ist schneller als die Jahre.

annūtāre ⟨ō, āvī, ātum 1.⟩ ||annuere|| *Plaut.* immer wieder zunicken

annuus ⟨a, um⟩ ADJ ||annus||

1 auf ein Jahr, für ein Jahr; **magistratus ~** einjähriges Amt

2 alljährlich; **annuae commutationes** die alljährlichen Wechsel *der Jahreszeiten*

anōnymos, anōnymus

annus – das Jahr

Nach dem ersten römischen Kalender war das Jahr ein Mondjahr. Es begann mit dem März und umfasste 10 Monate. Dies erklärt auch die Namen September bis Dezember, die dem 7. bis 10. Monat entsprachen. Januar und Februar kamen unter **Numa Pompilius** hinzu, und der Kalender wurde auf 355 Tage erweitert. Alle zwei Jahre wurde ein Schaltmonat (**mensis intercalaris**) von 22 bzw. 23 Tagen eingefügt, um auf die Anzahl der Tage eines Sonnenjahrs zu kommen. Als Caesar 46 v. Chr. den Kalender reformierte, richtete er sich nach der Sonne: Er setzte das Jahr mit 365 Tagen an, verschob den Anfang des Kalenderjahres von März auf Januar (das Amtsjahr begann mit dem Amtsantritt der Konsuln schon seit dem Jahr 153 v. Chr. am 1. Januar) und legte 12 Monate mit 30 und 31 Tagen bzw. den Februar mit 28 (oder alle vier Jahre 29) Tagen fest.

RÖMISCHES LEBEN

A ⟨anōnymon⟩ ADJ (nachkl.) namenlos, unbekannt

B ⟨anōnymī⟩ M (nlat.) ein Ungenannter

▷ deutsch: **anonym**

an-quīrere ⟨quīrō, quīsīvī, quīsītum 3.⟩ ||am-, quaerere||

1 j-n aufsuchen, nach etw suchen, *aliquem/aliquid*

2 untersuchen, nachforschen, *aliquid* etw, *de re* nach etw, in Bezug auf etw, +*indir Fragesatz*

3 (nachkl.) JUR eine Untersuchung anstellen, ermitteln, *de re* in Bezug auf etw

4 Strafantrag stellen; **de re ~ capite/capitis** für etw die Todesstrafe beantragen

ānsa ⟨ae⟩ F

1 (unkl.) Griff, Henkel

2 fig Anlass, Gelegenheit, *alicuius rei/ad aliquid* zu etw; **sermonis ansas dare** *Cic.* Gelegenheit zum Gespräch geben

ānsātus ⟨a, um⟩ ADJ ||ansa|| (vkl.) mit Henkeln versehen; *Plaut.* die Arme in die Seiten gestemmt

ānser ⟨ānseris⟩ M Gans, *der Juno heilig*

antae ⟨ārum⟩ F (nachkl.) viereckiger Pfeiler, *bes an Türen u. Ecken des Tempels*; Pilaster; **aedes in antis** Tempel mit Eckpfeilern

Antaeus ⟨ī⟩ M Gigant, *Sohn des Poseidon u. der Gaia, dem die Berührung mit der Erde stets neue Kräfte gab, von Herkules bezwungen*

antagōnista ⟨ae⟩ M (spätl.) Gegenspieler, Gegner

ante

A Adverb

1 vorn, voran

2 vor, vorher

3 vorher

B Präfix

1 vorn, voraus-

2 vor-

3 über-

C Präposition

1 vor, vor … hin

2 vor

3 vor, über

— **A** Adverb —

ADV

1 örtl. vorn, voran, vorwärts; **~ ingredi** vorwärts gehen; **equites ~ mittere** die Reiter voranschicken; **~ aut post pugnare** vorne oder hinten kämpfen

2 zeitl. vor, vorher, früher; **paucis annis ~** wenige Jahre früher; **multo ~** viel früher; **~ posteaque** vor- und nachher

3 in einer Abfolge vorher

— **B** Präfix —

PRÄF

1 örtl. vorn, voraus-; **~-capere** vorweg-nehmen; **~-cedere** voraus-gehen

2 zeitl. vor-; **ant-ea** vorher, davor

3 im Rang über-; **~-cellens** hervor-ragend

— **C** Präposition —

PRÄP +akk

1 örtl. vor, vor … hin; **~ portas** vor den Toren; **~ pedes iacere** vor die Füße werfen

2 zeitl. vor; **~ lucem** vor Tagesanbruch; **~ diem** vor dem vereinbarten Tag; **~ tempus** vorzeitig; **~ diem sextum Nonas Martias** am 6. Tag vor den Nonen des März = am 2. März

3 in Bezug auf den Rang vor, über; **~ omnes** vor allen anderen; **~ omnia** vor allem, besonders; **~ aliquem esse** j-n übertreffen

ant-eā ADV ||ante, ea|| vorher, früher

ante-ambulō ⟨anteambulōnis⟩ M *Suet.* Vorläufer, Lakai

ante-brachium ⟨ī⟩ N (mlat.) Unterarm

ante-canis ⟨antecanis⟩ M *nur im akk belegt, wörtl. Übersetzung aus dem Griech. Cic.* Vor-Hund, Kleiner Hund, *Sternbild vor dem Großen Hund mit Sirius*

ante-capere ⟨capiō, cēpī, captum/ceptum 3.⟩

1 (nachkl.) vorwegnehmen, im Voraus besetzen

2 *fig* im Voraus erledigen; ausnützen
3 antecepta animo rei quaedam informatio *Cic.* PHIL Begriff a priori

antecēdēns
A ⟨antecēdentis⟩ ADJ ||antecedere||
1 vorausgehend
2 causa ~ PHIL wirkende Ursache
B ⟨antecēdentis⟩ N̄ PHIL wirkende Ursache, *meist pl*

ante-cēdere ⟨cēdō, cessī, cessum 3.⟩
1 *zeitl. u. örtl.* vorausgehen, vorangehen, *absolut od aliquem/alicui* j-m, *aliquid/alicui rei* einer Sache; **~ agmen** dem Zug vorangehen, an der Spitze des Zuges gehen; **~ alicui aetate** j-m altersmäßig voraus sein
2 *örtl. u. zeitl.* überholen
3 *fig* Vorrang haben vor *j-m, j-n* übertreffen, *aliquem/alicui, re* durch etw, in etw, in etw; **in doctrinis ~** an Gelehrsamkeit übertreffen

ante-cellere ⟨ō, -, - 3.⟩ hervorragen; *fig* j-n übertreffen, sich vor *j-m* auszeichnen, *alicui/aliquem, re/in re* durch etw, in etw; **~ omnibus militari laude** alle an militärischem Ruhm übertreffen; **ceteris eloquentiā ~** alle Übrigen an Beredsamkeit übertreffen; **antecelli re** in etw übertroffen werden

antecessiō ⟨antecessiōnis⟩ F̄ ||antecedere|| Vorsprung; *fig* wirkende Ursache, Voraussetzung

antecessor ⟨antecessōris⟩ M̄ ||antecedere|| (*spätl., mlat.*)
1 Vorreiter, Bahnbrecher *in einer wissenschaftlichen Disziplin*
2 Amtsvorgänger
3 PL MIL Vorausabteilung

antecursor ⟨antecursōris⟩ M̄ ||antecurrere||
1 MIL Späher; *pl* Vorausabteilung
2 (*spätl., eccl.*) Vorläufer Christi, = Johannes der Täufer

ante-ferre ⟨ferō, tulī, lātum 0.⟩
1 vorantragen
2 *fig* j-m/einer Sache vorziehen, über *j-n/etw* stellen, *alicui/alicui rei*; **Demosthenem omnibus ~** den Demosthenes über alle stellen
3 *fig* vorausnehmen, im Voraus bedenken

antefīxa ⟨ōrum⟩ N̄ ||antefixus|| Gesimsverzierungen

ante-fīxus ⟨a, um⟩ ADJ ||figere|| (*nachkl.*) vorn befestigt, *alicui rei* an etw

ante-gredī ⟨gredior, gressus sum 3.⟩ ||gradi|| vorausgehen, vorangehen, *aliquid* einer Sache

ante-habēre ⟨eō, uī, - 2.⟩ *Tac.* vorziehen, *aliquid alicui rei* etw einer Sache

ante-hāc ADV bisher, früher

ante-īre ⟨eō, iī/īvī, - 0.⟩
1 *örtl.* vorangehen, vorausgehen, *alicui/aliquem* j-m, **praetoribus** den Prätoren, **currum regis** dem Wagen des Königs
2 *zeitl.* zuvor geschehen; vorausgehen, *aliquem/alicui* j-m, *aliquid/alicui rei* einer Sache
3 *fig* j-n/etw übertreffen, sich vor *j-m* auszeichnen, *aliquem/alicui/alicui rei*; **ceteros virtute ~** die Übrigen an Tüchtigkeit übertreffen; **omnibus auctoritate ~** alle an Ansehen übertreffen
4 (*vkl., nachkl.*) einer Sache zuvorkommen, *etw* vereiteln, *aliquid*; **damnationem veneno ~** der Verurteilung durch Gift zuvorkommen

ante-logium ⟨ī⟩ N̄ *Plaut.* Prolog, Vorwort

ante-lūcānus ⟨a, um⟩ ADJ ||ante lucem|| vor Tagesanbruch stattfindend; bis zum frühen Morgen dauernd; **coetus ~** (*mlat.*) Frühmesse

ante-merīdiānus ⟨a, um⟩ ADJ ||ante meridiem|| Vormittags..., vom Vormittag

ante-mittere ⟨mittō, mīsī, missum 3.⟩ vorausschicken

antemna ⟨ae⟩ F̄ Segelstange, Rahe

Antemnae ⟨ārum⟩ F̄ *alte Sabinerstadt an der Mündung des Anio in den Tiber, mit Rom vereinigt u. nicht mehr existent*

Antemnās ⟨Antemnātis⟩ M̄ Einwohner von Antemnae

antenna ⟨ae⟩ F̄ = **antemna**

Antēnor ⟨Antēnoris⟩ M̄ *vornehmer Trojaner, Schwager des Priamus, sagenhafter Gründer von Patavium*

Antēnoridēs ⟨Antēnoridae⟩ M̄ Sohn des Antenor

anteoccupātiō ⟨anteoccupātiōnis⟩ F̄ RHET Vorwegnahme eines Einwurfes des Gegners

antepartum ⟨ī⟩ N̄ ||parere|| *Plaut.* vorher Erworbenes

ante-pendium ⟨ī⟩ N̄ (*mlat.*) Verkleidung der Altarvorderseite durch kostbare Stoffe, Holz od Metall, Altarvorsatz

antepertum ⟨ī⟩ N̄ = **antepartum**

ante-pēs ⟨antepedis⟩ M̄ Vorderfuß

ante-pīlānī ⟨ōrum⟩ M̄ (*nachkl.*) MIL *die vor den mit dem pilum (Wurfspieß) bewaffneten Soldaten stehenden u. mit einer Lanze (hasta) ausgerüsteten Soldaten, also →* **hastatus** *u.* = **princeps**

ante-pōnere ⟨pōnō, posuī, positum 3.⟩
1 (*nachkl.*) voranstellen, *aliquid alicui rei* etw vor etw; **vigilias ~** *Tac.* Nachtwachen ausstellen
2 *poet* zum Essen od Trinken vorsetzen, servieren
3 *fig* vorziehen, *aliquem alicui* j-m j-m, *aliquid alicui rei* etw einer Sache; **Platonem omnibus ~** Plato über alle stellen

ante-potēns ⟨antepotentis⟩ ADJ *Plaut.* vor allen reich = glücklicher als alle

ante-quam KONJ früher als, ehe, bevor, *+ind u.*

konjkt, auch getrennt; **anno ante quam mortuus est** ein Jahr vor seinem Tod

anterior ⟨anterius⟩ ADJ (nachkl.) vorderer, früherer

Ant-erōs ⟨Anterōtis⟩ M Cic., Ov. Gott der Gegenliebe, *Bruder des Eros/Amor, auch rächender Gott der verschmähten Liebe*

antēs ⟨antium⟩ M (unkl.) Reihen *von Weinstöcken, Blumen, auch von Soldaten*

ante-sīgnānus ⟨ī⟩ M ǁante signaǁ MIL Vorkämpfer; *pl die vor den signa kämpfenden* → hastati u. → principes; *später auch* Elitekämpfer

ante-stāre ⟨stō, stitī, - 1.⟩ = antistare

an-testārī ⟨testor, testātus sum 1.⟩ ǁante, testariǁ Plaut. als Zeugen anrufen

ante-tulī → anteferre

ante-venīre ⟨veniō, vēnī, ventum 4.⟩ (unkl.)
1 *j-m/einer Sache* zuvorkommen, *j-n* überholen, *aliquem/alicui/alicui rei*
2 darüber hinausgehen, *absolut*
3 übertreffen, **nobilitatem per virtutem** den Adel durch Tüchtigkeit
4 *fig* vereiteln

ante-vertere ⟨vertō, vertī, versum 3.⟩, Plaut. **ante-vertī** ⟨vertor, versus 3.⟩
1 vorangehen, Vorsprung gewinnen
2 *fig* zuvorkommen; vereiteln, *aliquid* etw
3 *fig* zunächst vornehmen, *alicui rei* vor etw
4 *fig* vorziehen, *aliquid alicui rei* etw einer Sache

anthiās ⟨anthiae⟩ M Ov., Plin. unbekannter Seefisch

Anthologia Palatina/Graeca (mlat.) *Sammlung griech. Epigramme vom 5. Jh. v. Chr. bis in die byzantinische Zeit, entstanden am 925 n Chr., benannt nach der Bibliotheca Palatina in Heidelberg*

anthypophora ⟨ae⟩ F (nachkl.) RHET Vorwegnahme eines möglichen Einwandes

Antiās
A ⟨Antiātis⟩ ADJ aus Antium, von Antium
B ⟨Antiātis⟩ M Einwohner von Antium

antīca ⟨ōrum⟩ N Vorderseite

Anti-catō ⟨Anticatōnis⟩ M „Gegen-Cato", *verlorene Gegenschrift Caesars gegen Ciceros Lobrede auf den jüngeren Cato*

Anti-christus ⟨ī⟩ M (spätl., eccl.) Antichrist, *der im NT vorausgesagte Widersacher Christi, der vor dem Ende der Zeiten kommen werde; seither fester Begriff in der chr. Literatur*

anti-cipāre ⟨ō, āvī, ātum 1.⟩ ǁcapereǁ
1 vorausnehmen; *eine Vorstellung* a priori gewinnen
2 früher zurücklegen, verkürzen; **molestiam alicuius rei ~** sich im Voraus um etw Sorgen machen
3 (unkl.) zuvorkommen

anticipātiō ⟨anticipātiōnis⟩ F ǁanticipaereǁ angeborene Vorstellung, angeborene Idee

antīcus ⟨a, um⟩ ADJ = antiquus

Anticyra ⟨ae⟩ F Name von zwei od drei Städten Mittelgriechenlands, *bekannt wegen der Produktion eines angeblichen Heilmittels gegen Wahnsinn aus der dort wachsenden Nieswurz, was den Dichter Horaz zu bissigem Spott veranlasste*

Anticyrēnsēs ⟨Anticyrēnsium⟩ M die Einwohner von Anticyra, die Anticyrenser

Anticyricon ⟨Anticyricī⟩ N Heilmittel aus Anticyra

antid-hāc ADV (altl., Plaut.) = antehac

antidīre ⟨eō, -, - 0.⟩ (altl., Plaut.) = anteire

anti-dotum ⟨ī⟩ N (nachkl.) poet Gegenmittel, Gegengift

anti-geriō ADV ǁante, gerereǁ (altl., Quint.) sehr

Antigona ⟨ae⟩ F, **Antigonē** ⟨Antigonēs⟩ F
1 Tochter des Oedipus u. der Iokaste, *Schwester des Eteokles u. Polyneikes; antike Symbolfigur des sittlich-relig. begründeten Widerstandes gegen den politisch mächtigen König Kreon von Theben*
2 Ov. Tochter des trojanischen Königs Laomedon, *von Juno wegen ihrer Eitelkeit in einen Storch verwandelt*

Antigonus ⟨ī⟩ M
1 mit Beinamen „Monophthalmos = der Einäugige", *Feldherr u. einer der Diadochen Alexanders des Großen*
2 Name mehrerer syrischer u. makedonischer Könige

Antilibanus ⟨ī⟩ M parallel zum Libanon verlaufender Gebirgszug, *Ostrand des syrischen Grabens*

Antilochus ⟨ī⟩ M Sohn des Nestor u. Freund Achills, *Kämpfer vor Troja*

Antimachus ⟨ī⟩ M griech. Dichter aus Klaros bei Kolophon in Kleinasien, *Zeitgenosse des Plato, von Ovid u. Cicero erwähnt*

antinomia ⟨ae⟩ F (spätl.) Widerstreit der Gesetze; Widerspruch zweier Sätze

Antiochēa ⟨ae⟩ F = Antiochia

Antiochēnsis ⟨Antiochēnse⟩ ADJ aus Antiochia, von Antiochia

Antiochēnsis ⟨Antiochēnsis⟩ M Einwohner von Antiochia

Antiochīa ⟨ae⟩ F
1 Hauptstadt Syriens, *heute Antakia*
2 Stadt in Karien am Mäander, *keine Reste*
3 Stadt in Pisidien, *von Augustus als* **Colonia Caesarea ~** *gegründet, große Ruinenfelder bei Yalvac, w. von Aksehir*
4 **~ ad Cragum** *in Kilikien, ca. 20 km ö. vom heutigen Gasipasa mit röm. Ruinenstadt*

Antiochiī ⟨ōrum⟩ M die Anhänger des Antiochus

Antiochīus ⟨a, um⟩ ADJ des Antiochus

Antiochus ⟨ī⟩ M
1 Name von 13 syrischen Königen aus dem Haus der Seleukiden; *am bekanntesten Antiochus III. Magnus als Be-*

schützer des geflohenen Hannibal
- [2] mehrere Könige von Kommagene im N Syriens
- [3] Lehrer Ciceros, aus Askalon in Palästina

Antipater ⟨Antipatrī⟩ M̄
- [1] Feldherr u. Freund Philipps von Makedonien u. Alexanders des Großen
- [2] Name mehrerer griech. Philos.
- [3] **L. Caelius** ~ Annalist u. Rechtskundiger der Gracchenzeit, Verfasser einer Geschichte des zweiten Punischen Krieges

Antiphō(n) ⟨Antiphōntis⟩ M̄
- [1] attischer Redner, Freund des Thukydides, wegen seiner Neigung zu den Aristokraten 411 v. Chr. hingerichtet
- [2] Sophist, Zeitgenosse u. Gegner des Sokrates

antiphona ⟨ae⟩ F̄ (mlat.) kirchlicher Wechselgesang

antiphonarium ⟨i⟩ N̄ ||antiphona|| (mlat.) Sammlung der Antiphonen

antipodes ⟨antipodum⟩ M̄ die „Gegenfüßler", von Plato erfundene u. von den Philos. übernommene Bezeichnung für die Menschen auf der gegenüberliegenden Seite der Erdkugel; iron für Menschen, die Tag u. Nacht vertauschen

Antipolis ⟨Antipolis⟩ F̄ Kolonie der Massilier in Gallia Narbonensis, heute Antibes

antīqua ⟨ōrum⟩ N̄ ||antiquus|| das Alte

antīquāre ⟨ō, āvī, ātum 1.⟩ ||antiquus|| „es beim Alten lassen", einen Gesetzesvorschlag verwerfen

antīquāria ⟨ae⟩ F̄ ||antiquarius|| Liebhaberin der vorklassischen Literatur

antīquārius
- **A** ⟨a, um⟩ ADJ ||antiquus|| zum Altertum gehörend
- **B** ⟨i⟩ Liebhaber der vorklassischen Literatur; (spätl.) Kenner und Abschreiber alter Handschriften

antīquī ⟨ōrum⟩ M̄ ||antiquus|| die Alten

antīquitās ⟨antīquitātis⟩ F̄ ||antiquus||
- [1] Altertum, alte Zeit, frühe Zeit
- [2] meton die Menschen der alten Zeit
- [3] Geschichte der alten Zeit; **antiquitates** Sitten der alten Zeit, Gebräuche der alten Zeit, Sagen der alten Zeit, auch im Sinne der „guten alten Zeit"
- [4] hohes Alter
- [5] Altertümlichkeit
- ▶ deutsch: **Antiquität**

antīquitus ADV ||antiquus||
- [1] von alters her
- [2] in alter Zeit

antīquus ⟨a, um⟩ ADJ ||ante||
- [1] örtl. der vordere
- [2] komp u. sup wichtiger, wichtigster; **nihil mihi antiquius est amicitiā tuā** nichts ist mir wichtiger als deine Freundschaft; **longe antiquis-**simum das weitaus Wichtigste
- [3] zeitl. alt, ehemalig, früher
- [4] altertümlich, ursprünglich; **mores antiqui** die guten alten Sitten; **homines antiqui** Menschen von altem Schrot und Korn
- ▶ deutsch: antik
  englisch: **antique**
  französisch: **antique**
  spanisch: **antiguo**
  italienisch: **antico**

antisigma ⟨antisigmatis⟩ N̄ (nachkl.) kritisches Zeichen Ɔ für Verse, die an einer falschen Stelle stehen

antisophista ⟨ae⟩ M̄ (nachkl.) Grammatiker mit einer gegensätzlichen Meinung

anti-stāre ⟨stō, stetī, -1.⟩ voranstehen; j-m überlegen sein, j-n übertreffen, absolut od alicui, re in etw

antistes ⟨antistitis⟩ M̄ u. F̄ ||stare|| Tempelvorsteher(in), Oberpriester(in); Meister in einer wissenschaftlichen Disziplin od der Redekunst; (spätl., eccl.) Bischof; (mlat.) Erzbischof; Papst

Antisthenēs ⟨Antisthenis⟩ M̄ Schüler des Sokrates, Lehrer des Diogenes, Gründer der Kynischen Schule

antistita ⟨ae⟩ F̄ ||stare|| Tempelvorsteherin, Oberpriesterin

Antium ⟨ī⟩ N̄ alte Stadt der Volsker in Latium, heute Porto d'Anzio

antlia ⟨ae⟩ F̄ (nachkl.) poet Pumpe, Schöpfrad

Antōnia ⟨ae⟩ F̄ Name zweier Töchter von Marcus Antonius, Erstere Gattin des Lucius Domitius Aenobarbus u. Großmutter Neros, Zweitere Gattin des Drusus u. Mutter des Germanicus

Antōniānus ⟨a, um⟩ ADJ des Antonius, antonianisch

Antōnīnus ⟨ī⟩ M̄ Name mehrerer aus der gens Antonia adoptierter röm. Kaiser

Antōnius ⟨a, um⟩ röm. Gentilname
- [1] **Marcus** ~ (145–87 v. Chr.) berühmtester röm. Redner vor Cicero
- [2] **G.** ~ **Hybrida**, Sohn von 1., Gegner Ciceros im Konsulat 63 v. Chr.
- [3] **Marcus** ~ (83–30 v. Chr.) Triumvir, Enkel von 1., Gegner Ciceros

antrum ⟨ī⟩ N̄ (nachkl.) poet Grotte, Höhle

Anūbis ⟨Anūbidis⟩ M̄ ägypt. Gott der Unterwelt, mit Hundekopf dargestellt

ānulārius
- **A** ⟨a, um⟩ ADJ ||anulus|| (nachkl.) zum Siegelring gehörend
- **B** ⟨ī⟩ M̄ Ringmacher, Juwelier

ānulātus ⟨a, um⟩ ADJ ||anulus|| Plaut. mit Ringen geschmückt

ānulus ⟨ī⟩ M̄ ||anus²||
- [1] Ring, Siegelring; **ius anuli aurei** Vorrecht der Ritter einen goldenen Ring zu tragen

APER

▶ Antoninus Pius

Gallischer Herkunft, wurde Antoninus Pius (86 - 161 n. Chr.) von Kaiser **Hadrian** adoptiert und folgte ihm 138 n. Chr. auf dem Thron. Er verschaffte Rom eine längere Periode des Friedens, indem er den Ansturm der Barbarenstämme zurückdrängte und die Verteidigungsanlagen verstärkte. Er baute u. a. den **Antoninswall** an der äußersten Grenze des römischen Britannien, nördlich des Hadrianswalls. Er beschränkte die öffentlichen Ausgaben, reformierte das Straf- und Zivilrecht mit Blick auf den Schutz des Individuums und gründete wohltätige Einrichtungen.

GESCHICHTE ◀

2 (nachkl.) Ring einer Kette, vor allem der Sklavenkette
3 Mart. Ring am Spielreifen; **anuli garruli** klirrende Ringe
4 (nachkl.) poet Haarlocke
5 Vitr. Ring, ringförmige Verzierung an der dorischen Säule
anus¹ ⟨anūs⟩ F̲ alte Frau; poet Wahrsagerin
ānus² ⟨ī⟩ M̲
1 Plaut. Fußring
2 euph Ausgang des Mastdarmes, After; **~ praenaturalis** (nlat.) künstlicher Darmausgang
ānxī → angere
anxietās ⟨anxietātis⟩ F̲ ‖anxius‖
1 Ängstlichkeit; (nachkl.) poet Angst
2 (nachkl.) peinliche Sorgfalt
anxi-fer ⟨anxifera, anxiferum⟩ A̲D̲J̲ ‖anxius, ferre‖ poet Angst bringend, quälend
anxitūdō ⟨anxitūdinis⟩ F̲ ‖anxius‖ Ängstlichkeit
anxius ⟨a, um, adv anxiē⟩ A̲D̲J̲ ‖angere‖
1 ängstlich, beunruhigt, re/de re durch etw, wegen etw, ne/+indir Fragesatz; **~ animo/animi** im Herzen besorgt
2 ängstigend, peinigend; **anxiae curae** peinigende Sorgen

Anxur ⟨Anxuris⟩ N̲ alte Stadt der Volsker, später Tarracina, heute Terracina bei Gaeta
Anxurnās ⟨Anxurnātis⟩ A̲D̲J̲ aus Anxur, von Anxur
Anxurus ⟨ī⟩ M̲ Schutzgott der Stadt Anxur = Jupiter
Āon ⟨Āonis⟩ A̲D̲J̲ böotisch
Āonēs ⟨Āonum⟩ M̲ die Ureinwohner Böotiens
Āonia ⟨ae⟩ F̲ Böotien
Āonidēs ⟨Āonidum⟩ F̲ Ov. die Musen
Āonius ⟨a, um⟩ A̲D̲J̲ böotisch; **~ vir** Mann aus Böotien, = Herkules; **~ deus** böotischer Gott, = Bacchus
Aornos ⟨Aornī⟩ M̲ = Avernus
aorta ⟨ae⟩ F̲ (mlat.) Hauptschlagader, Aorta
Ap. Abk = **Appius**
ap-age I̲N̲T̲ (unkl.) hinweg!, aus den Augen!; **~ (te)** fort mit dir!
apathīa ⟨ae⟩ F̲ (nachkl.) Gelassenheit im Sinne der stoischen Philosophie
apēliōtēs ⟨apēliōtae⟩ M̲ (nachkl.) poet Ostwind
Apella ⟨ae⟩ M̲ häufiger Beiname griech. Freigelassener, vor allem von Juden
Apellēs ⟨Apellis⟩ M̲ Hofmaler Alexanders des Großen
Apellēus ⟨a, um⟩ A̲D̲J̲ des Apelles
Āpennīnus ⟨ī⟩ M̲ = **Appenninus**
aper ⟨aprī⟩ M̲ Eber, Keiler
aperīre ⟨aperiō, aperuī, apertum 4.⟩
1 Verschlossenes öffnen, aufbrechen; **portam ~** die Tür öffnen; **se ~** sich öffnen
2 fig eröffnen, zugänglich machen; **iter ferro ~** sich mit einem Schwert Bahn brechen; **ludum ~** eine Schule eröffnen; **locum asylum ~** einen Ort als Asyl zugänglich machen
3 enthüllen, aufdecken; fig ans Licht bringen; **caput ~** das Haupt entblößen; **sententiam suam ~** seine Meinung offen legen
4 sehen lassen; **se ~** erscheinen, sich sehen lassen, zum Vorschein kommen
5 fig offenbaren, enthüllen; passiv u. **se ~** sich offenbaren, sein wahres Gesicht zeigen, an

Marcus Antonius

Als politischer Erbe Caesars kämpfte M. Antonius (83 - 30 v. Chr.) nach dessen Ermordung gegen die Caesarmörder und den Senat. Zusammen mit Octavian und Lepidus bildete er ab 43 v. Chr. ein **Triumvirat**. 42 v. Chr. besiegte er **Brutus** und **Cassius** bei Philippi. Anschließend teilte er sich mit Octavian die Herrschaft des Reiches, wobei ihm der Osten zufiel. Dabei machte er Ägypten zum Zentrum des Ostens und verband sich nach seiner Scheidung von Octavia, der Schwester Octavians, mit **Cleopatra**. Diese Trennung und sein Plan, das **Imperium Romanum** in eine orientalisch geprägte Monarchie umzugestalten, führten zur Auseinandersetzung mit Octavian. Nach seiner Niederlage bei **Actium** (31 v. Chr.) floh M. Antonius mit Cleopatra nach **Alexandria**, wo sich beide nach der Einnahme der Stadt durch Octavian das Leben nahmen.

GESCHICHTE ◀

den Tag kommen

apertāre ⟨ō, āvī, ātum 1.⟩ ||aperire|| *Plaut.* ganz entblößen

apertum ⟨ī⟩ N̄ ||apertus²|| freies Feld; **in aperto castra munire** auf freiem Feld ein festes Lager errichten; **aperta Oceani** *Tac.* die Weiten des Ozeans

apertus¹ ⟨a, um⟩ PPP → aperire

apertus² ⟨a, um, adv apertē⟩ ADJ ||aperire||
1 offen, entblößt; **caput apertum** unbedecktes Haupt; **caelum apertum** *poet* heiterer Himmel; **latus ~** ungeschützte Flanke; **apertius ad reprehendendum** dem Tadel mehr ausgesetzt
2 offen, unverschlossen; **aditus ~** freier Zugang; **collis ~** unbewaldeter Hügel; **acies aperta/proelium apertum** *Liv.* offene Feldschlacht
3 *fig* offenkundig, offenbar; **pericula aperta** offenkundige Gefahren; **oratio aperta** leicht verständliche Rede; **in aperto esse** (*nachkl.*) in deutlichem Licht erscheinen; **apertum est** es ist offenkundig, +AcI
4 *fig* leicht möglich; **in aperto esse** leicht möglich sein
5 *fig* freimütig; *pej* rücksichtslos; **aperte dicere** offen reden

aperuī → aperire

apex ⟨apicis⟩ M̄
1 (*nachkl.*) *poet* äußerste dünne Spitze *eines Gegenstandes*; **~ flammae** Züngelein der Flamme; **~ montis** Berggipfel
2 *meton* Helmspitze; (*unkl.*) spitze Mütze der Priester; *fig* Krone; **~ senectutis est auctoritas** die Zierde des Greisenalters liegt im Ansehen; **virtutis ~** Gipfel der Tugend
3 *poet* Diadem, *bes der asiatischen Könige u. Satrapen*; Tiara
4 *Quint.* GRAM Längenzeichen *über einem Vokal*

aphracta ⟨ōrum⟩ N̄, **aphractus** ⟨ī⟩ F̄ Schiff ohne Verdeck

Aphrodīsia ⟨ōrum⟩ N̄ Fest der Aphrodite

Aphrodīta ⟨ae⟩ F̄, **Aphrodītē** ⟨Aphrodītēs⟩ F̄ MYTH Göttin der Liebe u. Schönheit; *röm.* = **Venus**

aphronitrum ⟨ī⟩ N̄ *Plin., Mart.* Natriumkarbonat, Soda

apicātus ⟨a, um⟩ ADJ ||apex|| *Ov.* mit der Priestermütze geschmückt

Apīcius ⟨ī⟩ M̄ *röm. Beiname*; **M. Gavius ~** Feinschmecker der augusteischen Zeit; das unter seinem Namen erhaltene Kochbuch stammt aus einer späteren Zeit

apicula ⟨ae⟩ F̄ ||apis|| (*vkl., nachkl.*) Bienchen

apinae ⟨ārum⟩ F̄ *Mart.* Possen, Albernheiten

apis ⟨apis⟩ F̄ Biene

Āpis ⟨Āpis⟩ M̄ der den Ägyptern heilige Stier von Memphis

apīscī ⟨apīscor, aptus sum 3.⟩
1 erreichen, **mare** das Meer
2 *fig* erreichen, erlangen, **laudem** Lob
3 *fig* geistig erfassen, sich aneignen; *auch passiv* **ingenio apiscitur sapientia** *Plaut.* durch Talent wird Weisheit erlangt

apium ⟨ī⟩ N̄ ||apis|| *Verg.* Sellerie

aplustra ⟨ōrum⟩ N̄ Heck

apocalypsis ⟨apocalypsis⟩ F̄ Geheime Offenbarung des Apostels Johannes, letztes u. prophetisches Buch des NT

apoclētī ⟨ōrum⟩ M̄ ständiger Ausschuss des Ätolischen Bundes 323 v. Chr. im Krieg griech. Stämme u. Städte gegen die Nachfolger Alexanders des Großen

Apocolocynthōsis ⟨Apocolocynthōsis⟩ F̄ „Verkürbissung" (*statt Apotheosis*), Satire des Philos. Seneca nur Kaiser Claudius

apocopare ⟨are, avi, atum 1.⟩ (*mlat.*) beschneiden, verstümmeln

apoculāre ⟨ō, -, - 1.⟩ *Petr.* unsichtbar machen; **se ~** weggehen

apodytērium ⟨ī⟩ N̄ Auskleidezimmer *in röm. Thermen*

apolactizāre ⟨ō, āvī, ātum 1.⟩ *Plaut.* fortstoßen, verschmähen

Apollināre ⟨Apollināris⟩ N̄ Heiligtum des Apollo

Apollināris ⟨Apollināre⟩ ADJ dem Apollo geweiht

Apollineus ⟨a, um⟩ ADJ des Apollo, apollinisch

Apollō ⟨Apollinis u. Apollōnis⟩ M̄ Sohn des Zeus u. der Leto, Gott der Bogenschießens, des Lichtes, der Weissagung, der Dichtung u. der Heilkunde; schon 496 v. Chr. aus dem griech. Cumae in Rom eingeführt, 28 v. Chr. Tempel auf dem Palatin

Apollodōrus ⟨ī⟩ M̄
1 Rhetor aus Pergamon, Lehrer des jungen Octavian
2 Grammatiker aus Athen, Schüler des Aristarch

Apollōnia ⟨ae⟩ F̄ häufiger griech. Städtename

Apollōniātēs ⟨Apollōniātae⟩ M̄, PL auch **Apollōniātēs** ⟨Apollōniāt(i)um⟩ M̄ Einwohner von Apollonia, Apolloniate

Apollōniēnsis ⟨Apollōniēnse⟩ ADJ aus Apollonia, von Apollonia

Apollōnius ⟨ī⟩ M̄
1 ~ **Rhodius** griech. Epiker u. Grammatiker um 295 bis 215 v. Chr.
2 ~ **Molō** griech. Rhetor u. Lehrer Ciceros

apologāre ⟨ō, āvī, ātum 1.⟩ *Sen.* verwerfen, verschmähen

apologēticum ⟨ī⟩ N̄ (*spätl.*) Verteidigung, Verteidigungsschrift

apologia ⟨ae⟩ F̄ (*spätl.*) Verteidigung

apologus ⟨ī⟩ M̄ allegorische Erzählung, *bes* Äso-

Apollo – Gott der Weissagung

pische Fabel
Aponus ⟨ī⟩ M̄, **Aponi fontes** M̄ Heilquellen bei Padua, heute Abano
apophorēta ⟨ōrum⟩ N̄ (nachkl.) poet Geschenke, *die man den Gästen nach feierlichen Mahlzeiten mitgab, meist Schmucksachen*
apophorētus ⟨a, um⟩ ADJ zum Mitnehmen bestimmt
apoproēgmena ⟨ōrum⟩ N̄ PHIL Zurückgewiesenes, *Stoizismus: Dinge, die selbst zwar kein Übel sind, diesen aber nahekommen*
aposphrāgisma ⟨aposphrāgismatis⟩ N̄ *Plin.* Bild im Siegelring, Siegel
apostata ⟨ae⟩ M̄ (eccl.) (vom Glauben) Abgefallener, Abtrünniger, *Beiname des Kaisers Julian (361–363 n. Chr.)*
apostolicus
  A ⟨a, um⟩ ADJ (eccl.) apostolisch, Apostel...
  B ⟨ī⟩ M̄ (mlat.) Papst
apostolus ⟨ī⟩ M̄ (eccl.) Apostel, *Jünger Jesu Christi*
apostropha ⟨ae⟩ F̄, **apostrophē** ⟨apostrophēs⟩ F̄ (spätl.) RHET Abwendung *des Redners vom Richter u. Hinwendung zum Gegner*
apothēca ⟨ae⟩ F̄ Vorratskammer, Speicher; *davon im MA* Lagerraum für Heilkräuter
  ▶ deutsch: Apotheke
apothēcārius ⟨ī⟩ M̄ ||apotheca|| Lagerdiener; (mlat.) Lagerverwalter; Apotheker
ap-parāre ⟨ō, āvī, ātum 1.⟩ *etw* vorbereiten, sich zu *etw* anschicken, *aliquid*; **convivium** ~ ein Mahl vorbereiten; **iter** ~ einen Weg bahnen; **aggerem** ~ einen Damm anlegen; **bellum** ~ zum Krieg rüsten
apparātiō ⟨apparātiōnis⟩ F̄ ||ad, parare||
  1 Beschaffung, Bereitstellung, Zurüstung; ~ **balistarum** *Vitr.* Bereitstellung der Wurfmaschinen
  2 *fig* Vorbereitung des Redners; *auch* beabsichtigte Wirkung *der Rede*
apparātus[1] ⟨apparātūs⟩ M̄ ||apparare||
  1 Beschaffung, Herstellung, Vorbereitung
  2 Werkzeug, Gerät, *bes* Kriegsgerät; **urbs plena omni bellico apparatu** von allem möglichen Kriegsgerät volle Stadt; ~ **sacrorum** *Liv.* Opfergeräte; ~ **auxiliorum** *fig* Aufgebot von Hilfstruppen
  3 Pracht, Prunk, Aufwand, **ludorum** der Spiele; ~ **dicendi** Glanz der Rede
  ▶ deutsch: Apparat
apparātus[2] ⟨a, um⟩ ADJ ||apparare||
  1 *Plaut.* wohl gerüstet, gut ausgerüstet
  2 prächtig ausgestattet, glänzend
ap-pārēre ⟨eō, uī, (itūrus) 2.⟩
  1 erscheinen, sich zeigen
  2 auf Befehl erscheinen, zur Verfügung stehen
  3 *fig* offenkundig sein, einleuchten; **ratio apparet** *Plaut.* die Rechnung stimmt; **apparet** es ist klar, es zeigt sich, +AcI/+indir Fragesatz
ap-parere ⟨ō, -, 3.⟩ *Lucr.* erwerben, gewinnen
appāritiō ⟨appāritiōnis⟩ F̄ ||apparere||
  1 Dienst eines Unterbeamten
  2 *meton pl* Amtsdiener; → apparitor
appāritor ⟨appāritōris⟩ M̄ ||apparere|| Unterbeamter
appāritūra ⟨ae⟩ F̄ ||apparere|| *Suet.* Unterbeamtendienst
ap-pellāre ⟨ō, āvī, ātum 1.⟩
  1 ansprechen; **civitates honorifice** ~ die Vertreter der Bürger mit Ehrerbietung ansprechen; **legatos superbius** ~ die Gesandten von oben herab anfahren
  2 um Schutz/um Hilfe bitten, *aliquem* j-n; j-n zu *etw* auffordern, *aliquem de re*/*in rem, ut* dass
  3 JUR appellieren, *aliquem de re* an j-n wegen *etw*, an j-n in einer Sache

4 mahnen, *aliquem de re* j-n wegen etw; **in solidum ~** *Tac.* das ganze Kapital kündigen
5 zur Rede stellen, belangen
6 aussprechen, **litteras** Buchstaben
7 nennen, bezeichnen, *+dopp. akk/+abl;* **sapientem ~** weise nennen; **falso nomine ~** mit falschem Namen nennen
8 ableiten; **virtus ex viro/a viro appellata est** „Mannhaftigkeit" kommt von „Mann", „Mannhaftigkeit" wird von „Mann" abgeleitet
9 ausrufen, *+dopp. akk* j-n zu etw; *passiv* heißen, genannt werden; **Ptolemaeum regem ~** den Ptolemäus zum König ausrufen
10 *(mlat.)* Berufung einlegen
▶ deutsch: **Appell**

appellātiō ⟨appellātiōnis⟩ F ||appellare||
1 Anrede, Ansprache
2 JUR Berufung, *alicuius/ad aliquem* an j-n; **~ tribunorum** Anrufung der Tribunen, Berufung an die Tribunen
3 Name, Titel
4 Aussprache, **litterarum** der Buchstaben

appellātor ⟨appellātōris⟩ M ||appellare|| Berufungskläger

ap-pellere ⟨pellō, pulī, pulsum 3.⟩
1 herantreiben, heranbewegen; **turres ad moenia ~** *fig* Belagerungstürme an die Mauern heranrücken; **animum/mentem ad aliquid ~** *fig* den Sinn auf etw richten
2 einen Ort ansteuern, *an einem Ort* anlegen, *ad locum/in locum/alicui loco; passiv* landen; **navem ad ripam ~** das Schiff ans Ufer steuern, am Ufer landen; **navigia litori ~** die Schiffe zur Küste steuern; **classis appellitur in Italiam** die Flotte landet in Italien

appellitāre ⟨ō, āvī, ātum 1.⟩ ||appellare|| *(nachkl.)* gewöhnlich nennen, zu nennen pflegen, *aliquid a re* etw nach etw

ap-pendere ⟨pendō, pendī, pēnsum 3.⟩ zuwiegen, auszahlen

appendicitis ⟨appendicitidis⟩ F *(nlat.)* Entzündung des Wurmfortsatzes *am Blinddarm*, fälschlich „Blinddarmentzündung" genannt

appendicula ⟨ae⟩ F ||appendix|| kleines Anhängsel

appendix ⟨appendicis⟩ F ||appendere||
1 Anhängsel, Zugabe; MIL kleineres Truppenkontingent
2 *(nlat.)* MED Wurmfortsatz *am Blinddarm*
3 *(nlat.)* Anhang *eines Buches*

Appennīni-cola ⟨ae⟩ M ||colere|| *Verg.* Bewohner der Apenninen

Appennīni-gena ⟨ae⟩ M ||gignere|| *poet* in den Apenninen entsprungen

Appennīnus ⟨ī⟩ M die Apenninen

appetēns ⟨appetentis, *adv* appetenter⟩ ADJ ||appetere|| strebend, begierig, *alicuius rei* nach etw; habgierig, *absolut;* **~ gloriae** ruhmsüchtig

appetentia ⟨ae⟩ F = **appetitio**

ap-petere ⟨petō, petiī/petīvī, petītum 3.⟩
1 greifen, *aliquid* nach etw
2 erstreben, begehren; **omne animal cibum et voluptatem appetit** jedes Lebewesen strebt nach Nahrung und Lust
3 *einen Ort* aufsuchen, **Europam** Europa; **mare ad terram appetens** sich ans Land herandrängendes Meer
4 *feindlich* anfallen, bedrohen; **fata Veios appetebant** das Schicksal brach über Veii herein
5 *zeitl.* beginnen, anbrechen, *absolut;* **dies/lux appetit** der Tag bricht an
▶ deutsch: **Appetit**
englisch: **appetite**
französisch: **appétit**
spanisch: **apetito**
italienisch: **appetito**

appetītiō ⟨appetītiōnis⟩ F ||appetere||
1 Greifen, *alicuius rei* nach etw
2 Streben, Verlangen, *alicuius alicuius rei* j-s nach etw; **~ laudis** das Streben nach Ansehen
3 Trieb, Begehrlichkeit, *absolut*

appetītus ⟨appetītūs⟩ M = **appetitio**

Appiānus ⟨a, um⟩ ADJ des Appius

Appias ⟨Appiadis⟩ F ||Appius|| Nymphenstatue *beim Springbrunnen an der via Appia*

Appietās ⟨Appietātis⟩ F ||Appius|| *Cic. hum* der alte Adel der Appier

ap-pingere ⟨pingō, pīnxī, pictum 3.⟩ *poet* dazumalen, *aliquid alicui rei* etw zu etw; *(klass.)* nur dazuschreiben

Appius
A ⟨ī⟩ M röm. Vorname
B ⟨a, um⟩ ADJ von Appius stammend, von Appius gebaut; **via Appia** älteste Heerstraße von Rom nach Capua, 312 v. Chr. von Appius Claudius Caecus angelegt, von Kaiser Trajan bis Brundisium verlängert; **aqua Appia** von Appius angelegte Wasserleitung

ap-plaudere ⟨plaudō, plausī, plausum 3.⟩
1 Beifall klatschen
2 *(unkl.)* an *etw* schlagen, *alicui rei*

applausus ⟨applausūs⟩ M ||applaudere||
1 Applaus, Beifall
2 *(spätl.)* das Anschlagen

ap-plicāre ⟨plicō, plicāvī/plicuī, plicātum/plicitum 1.⟩
1 anfügen, anlehnen, *alicui rei/ad aliquid* an etw; **se ad arborem ~** sich an einen Baum lehnen; **castra flumini ~** *Liv.* das Lager dicht am Fluss aufschlagen
2 landen lassen, anlegen, *ad locum/in locum od (nachkl.) alicui loco/aliquo loco* an einem Ort; *absolut u. passiv* landen, an Land gehen; **navem ad ter-**

ram ~ das Schiff an Land steuern; **ignotis oris** ~ an unbekannten Ufern anlegen; **aliquo litore** ~ an irgendeiner Küste landen

3 *fig einer Sache* hinzufügen, mit *etw* verbinden, *alicui rei/ad aliquid*; **voluptatem ad honestatem** ~ die Lust mit dem Anstand verbinden; **crimen alicui** ~ j-m ein Verbrechen anlasten

4 *fig* hinwenden, *ad aliquid/alicui rei* zu etw; **aures votis puerorum** ~ sein Ohr den Wünschen der Jugend leihen

5 se ~ sich anschließen, *alicui/ad aliquem* j-m; sich verlegen, *ad aliquid* auf etw; **ad societatem alicuius se** ~ sich j-s Gemeinschaft anschließen; **ad philosophiam se** ~ sich auf die Philosophie verlegen; **applicatus ad aliquid** zu etw geneigt

▶ deutsch: **applizieren**

applicātiō ⟨applicātiōnis⟩ F ||applicare|| Anschluss, *bes als Klient an einen Patron*; *fig* Zuneigung, Geselligkeitstrieb

applicitus ⟨a, um⟩ ADJ ||applicare|| *Quint.* angepasst, angeschlossen

ap-plōdere ⟨plōdō, plōsī, plōsum 3.⟩ = **applaudere**

ap-plōrāre ⟨ō, āvī, ātum 1.⟩ *(nachkl.) poet* dabei jammern, *alicui* vor j-m, bei jdm

ap-pōnere ⟨pōnere, posuī, positum 3.⟩

1 an/bei/zu *etw* hinsetzen, hinstellen, hinlegen, *alicui rei/ad aliquid*

2 *Speisen* auftragen

3 beiordnen, mitgeben, *alicui +dopp. akk* j-m j-n als etw; **aliquem custodem** ~ j-n als Wächter mitgeben

4 anstiften, *+dopp. akk* j-n zu etw; **civem Romanum accusatorem** ~ einen römischen Bürger als Ankläger aufstellen

5 hinzutun, hinzufügen; **vitiis modum** ~ den Lastern eine Grenze setzen; **diem lucro** ~ den Tag als Gewinn rechnen

ap-porrēctus ⟨a, um⟩ ADJ *Ov.* daneben hingestreckt

ap-portāre ⟨ō, āvī, ātum 1.⟩ herbeitragen, *poet* mit sich bringen

ap-poscere ⟨ō, -, - 3.⟩ *poet* (noch) dazufordern

ap-positiō ⟨appositiōnis⟩ F ||apponere|| *Quint.* Zusatz

appositum ⟨ī⟩ N ||appositus|| *Quint.* GRAM Beifügung, Adjektiv; RHET Beifügung, Epitheton

appositus[1] ⟨a, um, *adv* appositē⟩ ADJ ||apponere||

1 *(nachkl.)* nahe liegend, benachbart, *alicui rei* einer Sache

2 geeignet, brauchbar, *ad aliquid* zu etw; **menses ad agendum appositae** zum Handeln geeignete Monate

appositus[2] ⟨appositūs⟩ M ||apponere|| Hinzustellen, Auflegen

ap-pōtus ⟨a, um⟩ ADJ *Plaut., Gell.* angetrunken, betrunken

ap-precārī ⟨or, ātus sum 1.⟩ *(nachkl.) poet* anflehen, anruten

ap-prehendere ⟨prehendō, prehendī, prehēnsum 3.⟩, *poet auch* **ap-prēndere** ⟨prēndō, prēnsī, prēnsum 3.⟩

1 ergreifen; *(nachkl.)* festnehmen; *ein Land* besetzen

2 *fig geistig* begreifen; anwenden; **caute et cum iudicio** ~ vorsichtig und mit Überlegung anwenden

3 RHET vorbringen, aufgreifen

ap-pressī → apprimere

ap-pressus ⟨a, um⟩ PPP → apprimere

ap-prīmē ADV *(unkl)* vorzüglich, besonders

ap-primere ⟨primō, pressī, pressum 3.⟩ ||premere|| *(nachkl.)*

1 andrücken, *aliquid alicui rei* etw an etw; **scutum pectori** ~ den Schild an die Brust drücken

2 fest drücken, **dextram alicuius** j-s rechte Hand

ap-prīmus ⟨a, um⟩ ADJ bei Weitem der erste

ap-probāre ⟨ō, āvī, ātum 1.⟩

1 gutheißen, anerkennen, *absolut od aliquid* etw, *+AcI*; *passiv* Beifall finden; **falsa pro veris** ~ Falsches als wahr anerkennen; **aliquo approbante** mit j-s Zustimmung

2 RHET segnen; **di approbent!** die Götter mögen zustimmen!, so die Götter wollen!

3 *(nachkl.) poet* etw zu j-s Zufriedenheit machen, *aliquid alicui*

4 beweisen, bestätigen; **propositionem** ~ einen Satz beweisen

approbātiō ⟨approbātiōnis⟩ F ||approbare||

1 Zustimmung, Anerkennung

2 PHIL Darlegung, Beweis; **haec propositio approbationis non indiget** *Cic.* dieser Satz bedarf keines Beweises

▶ deutsch: **Approbation**

approbātor ⟨approbātōris⟩ M ||approbare|| der *etw* anerkennt, der zustimmt, *alicuius rei*

ap-probē ADV *Plaut.* ganz gut, recht gut

ap-prōmittere ⟨ō, -, - 3.⟩ noch dazu versprechen, *+AcI*

ap-properāre ⟨ō, āvī, ātum 1.⟩

A VT beschleunigen

B VI hineilen, sich schleunig an *etw* machen, *absolut od ad aliquid*; sich beeilen, *+inf*

ap-propinquāre ⟨ō, āvī, ātum 1.⟩

1 sich nähern, nahe kommen, *absolut od alicui/ad aliquid* j-m/einer Sache; **hosti** ~ sich dem Feind nähern; ~ **ad insulam** sich der Insel nähern

2 *zeitl.* herannahen; **hiems appropinquat** der Winter naht

3 *von Personen* nahe sein; **qui iam appropinquat, ut videat** der schon nahe daran ist, zu sehen

appropinquātiō ⟨appropinquātiōnis⟩ F ||appropinquare|| Annäherung, Nahen

ap-pūgnāre ⟨ō, āvī, ātum 1.⟩ *Tac.* angreifen, bestürmen

ap-pulī → appellere

Āppulia ⟨ae⟩ F = **Apulia**

appulsus[1] ⟨appulsūs⟩ M ||appellere||

1 Annäherung, **solis** der Sonne; ↔ **abscessus**

2 (*nachkl.*) Landung, *meton* Landungsstelle; **~ litoris** Landung an der Küste

3 *fig* Anstoß, Einwirkung; **~ deorum** Einfluss der Götter; **~ frigoris et caloris** Einwirkung von Frost und Hitze

ap-pulsus[2] ⟨a, um⟩ PPP → appellere

aprīcārī ⟨or, ātus sum 1.⟩ ||apricus|| sich sonnen

aprīcātiō ⟨aprīcātiōnis⟩ F ||apricari|| Sonnenbad

aprīcitās ⟨aprīcitātis⟩ F ||apricus|| (*nachkl.*) milde Sonnenwärme

aprīcum ⟨ī⟩ N ||apricus|| (*nachkl.*) *poet* Sonnenlicht, sonniger Platz

aprīcus ⟨a, um⟩ ADJ

1 sonnig

2 *poet* den Sonnenschein liebend

Aprīlis

A ⟨Aprīle⟩ ADJ des April, April...; **Kalendae Apriles** die Kalenden des April

B ⟨Aprīlis⟩ M April; **mensis ~** der Monat April

aprū(g)nus ⟨a, um⟩ ADJ ||aper|| (*vkl., nachkl.*) vom Eber, vom Wildschwein; **callum aprugnum** Wildschweinschwarte

aps... = **abs...**

aptāre ⟨ō, āvī, ātum 1.⟩ ||aptus||

1 genau anpassen, anfügen, *aliquid alicui* etw an etw; **arma corpori ~** *Liv.* Waffen anlegen

2 zurechtmachen, instand setzen; **arma pugnae ~** *Verg.* die Waffen zum Kampf fertig machen; **animum armis ~** *fig* den Sinn auf die Waffen richten; **aptatus ad aliquid** berechnet auf etw

3 ausrüsten, *aliquem/aliquid re* j-n/etw mit etw; **se armis ~** *Liv.* sich kampffertig machen

aptus[1] ⟨a, um⟩ PPP → apisci

aptus[2] ⟨a, um, *adv* aptē⟩ ADJ ||apisci||

1 angepasst, fest anschließend; **calcei apti ad pedem** fest angepasste Schuhe; *adv* genau

2 an *etw* angeknüpft, an *etw* hängend, *ex re/re*; **gladius e lacunari saetā equīnā ~** an einem Pferdehaar von der Decke hängendes Schwert

3 *fig* abhängig, *ex re* von etw; **officium ex honesto aptum est** die Pflichterfüllung hängt von der sittlichen Einstellung ab; **totus ~ ex sese** ganz von sich abhängig, ganz unabhängig

4 zusammengefügt; *fig* in gutem Zustand; **exercitus ~** schlagkräftiges Heer; **nihil est aptius naturā** nichts ist harmonischer als die Natur

5 *fig* geeignet, *ad aliquid/in aliquid*; angemessen, *alicui rei* einer Sache; **apte dicere** angemessen sprechen; **orator ~ ad dicendum** begabter Redner; **res tempori apta** der Zeit angemessene Sache

▶ englisch: **apt**
  französisch: **apte**
  spanisch: **apto**
  italienisch: **atto**

apud PRÄP +akk

1 bei, in der Nähe von; **pugna ~ Marathonem facta** die Schlacht bei Marathon

2 (*nachkl.*) in, auf, zu; **~ Germanias** in Germanien

3 bei, im Hause von; **~ exercitum** beim Heer; **~ se** bei sich

4 bei, +*Völkername*; **~ Germanos** bei den Germanen

5 bei, vor, in Gegenwart von; **~ iudices** vor den Richtern, vor Gericht

6 bei = in *j-s* Augen; **~ aliquem multum valere** bei j-m viel vermögen

7 bei = in *j-s* Schriften; **~ Ciceronem** bei Cicero

Āpulēius ⟨a, um⟩ *röm. Gentilname*

1 L. **~ Saturninus** Volkstribun um 100 v. Chr.

2 **~ Platonicus** aus Afrika stammender Philos. u. Schriftsteller um 130 n. Chr.

Āpulia ⟨ae⟩ F Landschaft in Unteritalien s. der Apenninen, nur teilweise mit der heutigen Region Puglia identisch, da die Südspitze Calabria hieß

Āpulus ⟨a, um⟩ ADJ apulisch

Āpulus ⟨ī⟩ M Apulier

aput PRÄP = **apud**

apȳrēnum ⟨ī⟩ N Granatapfel

aqua ⟨ae⟩ F

1 Wasser *als Element*; **~ caelestis/pluvia** Regenwasser; **~ fluvialis** Flusswasser; **~ viva** fließendes Wasser; **aquam et terram petere ab aliquo** *Liv.* von j-m Wasser und Erde fordern *als Zeichen der Unterwerfung*; **aquam praebere** Wasser reichen *als Zeichen der Gastfreundschaft*; **aquā et igni interdicere alicui** *Tac.* j-n ächten; **aqua haeret** da hapert es

2 *meton* für jede Art von Wasser: Meer, See, Fluss, Bach; Regen; Hochwasser; Tränen

3 **aquae** *pl* Quellen, *bes* Heilquellen; **Aquae**

Sextiae *heute Aix-en-Provence*
4 Wasserleitung; **aqua Claudia** *von Appius Claudius angelegte Wasserleitung, um 312 v. Chr.*
5 Wasseruhr, *nach dem Prinzip unserer Sanduhr*; **aquam dare** *Plin.* Redezeit geben
6 *fig* Wasser, *ein Gestirn*

aquae-ductus ⟨aquaeductūs⟩ M̄ Wasserleitung

aquāliculus ⟨ī⟩ M̄ ||aqualis|| Magen, *bes* Schweinemagen; Wanst

aquālis ⟨aquālis⟩ M̄ ||aqua|| *(vkl.)* Wasserkrug

aquārī ⟨or, ātus sum 1.⟩ ||aqua|| Wasser holen, *bes* MIL

aquārius
A ⟨a, um⟩ ADJ ||aqua|| Wasser...; **provincia aquaria** Quästur in Ostia, *zuständig für die Aufsicht über die Wasserleitungen*
B ⟨ī⟩ M̄
1 *(nachkl.) poet* Wasserträger; Kuppler
2 Röhrenmeister, *Unterbeamter des Ädils*; Aufseher *über Brunnen in privaten Villen*
3 *(vkl.) poet* Wassermann, *als Sternbild*
▶ deutsch: **Aquarium**

aquāticus ⟨a, um⟩ ADJ *(nachkl.) poet* = **aquatilis**

aquātilis ⟨aquātile⟩ ADJ ||aqua|| im Wasser befindlich; wässerig; Regen bringend; **auster ~** Regen bringender Südwind

aquātiō ⟨aquātiōnis⟩ F̄ ||aquari|| das Wasserholen

aquātor ⟨aquātōris⟩ M̄ ||aquari|| Wasserholer

aquātus ⟨a, um⟩ ADJ ||aqua|| *(nachkl.)* wässerig, dünn

aquila ⟨ae⟩ F̄
1 Adler
2 Legionsadler; *meton* Legion
3 *poet* Adler, *als Sternbild*
4 PL *Tac.* ARCH die Reliefadler *an der Vorder- u. Rückseite des Jupitertempels auf dem Kapitol*

▶ **aquaeductus – Wasser nicht nur für Rom**

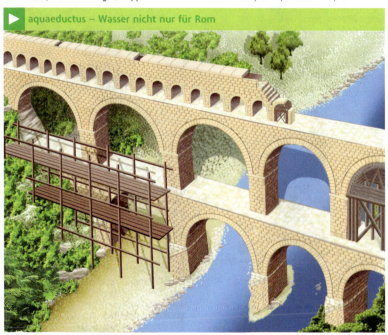

In die schnell wachsenden Großstädte des römischen Reichs führten lange Wasserleitungen (**aquaeductus**) Wasser mit gleichmäßigem Gefälle aus den Bergen des Umlands heran. Der erste Aquädukt, die **aqua Appia**, entstand 312 v. Chr. In der Kaiserzeit führten 11 Aquädukte täglich ca. 700.000 m³ Wasser allein nach Rom. Bis heute haben sich Reste römischer Aquädukte, die oft mehr als 100 m hoch sein konnten, erhalten. Der Pont du Gard, z. B. in Frankreich, ist ein Teil der Wasserleitung, die Nîmes mit frischem Wasser versorgte.

RÖMISCHES LEBEN

▶ englisch: eagle
französisch: aigle
spanisch: águila
italienisch: aquila

Aquilēia ⟨ae⟩ F̄ röm. Kolonie in Oberitalien
Aquilēiēnsis ⟨Aquilēiēnse⟩ ADJ aus Aquileia, aquilensisch
Aquilēiēnsis ⟨Aquilēiēnsis⟩ M̄ Einwohner von Aquileia, Aquilenser
aqui-lex ⟨aquilegis u. (spätl.) aquilicis⟩ M̄ ||aqua, legere|| Wasserbauspezialist, Wasserbauingenieur
Aquīliānus ⟨a, um⟩ ADJ des Aquilius
aquili-fer ⟨aquiliferī⟩ M̄ ||aquila, ferre|| Adlerträger *der Legion*
aquilīnus ⟨a, um⟩ ADJ ||aquila|| (vkl., nachkl.) Adler...
Aquīl(l)ius ⟨a, um⟩ röm. Gentilname; **C. ~ Gallus** Freund u. Kollege Ciceros
aquilō ⟨aquilōnis⟩ M̄ ||aquilus|| Nordostwind; *meton* Norden; *personifiziert* → Boreas
aquilōnālis ⟨aquilōnāle⟩ ADJ, **aquilōnius** ⟨a, um⟩ ADJ ||aquilo|| nördlich
aquilus ⟨a, um⟩ ADJ (vkl., nachkl.) schwärzlich, dunkelbraun
Aquīnās ⟨Aquīnātis⟩

A ADJ aus Aquinum, aquinatisch
B M̄ Einwohner von Aquinum
Aquīnum ⟨ī⟩ N̄ Stadt in Latium, bekannt durch Purpurfärberei, Geburtsort Juvenals, heute Aquino
Aquītānī ⟨ōrum⟩ M̄ die Einwohner von Aquitania, die Aquitaner, *ein iber. Stamm*
Aquītānia ⟨ae⟩ F̄ Landschaft im SW Galliens
Aquītānus ⟨a, um⟩ ADJ aquitanisch
aquōsus ⟨a, um⟩ ADJ ||aqua|| (nachkl.) wasserreich, regnerisch; **aquosa mater** wasserreiche Mutter, = Thetis; **languor ~** = Wassersucht
aquula ⟨ae⟩ F̄ ||aqua|| Plaut. Wässerchen
āra ⟨ae⟩ F̄

1 Altar, Opferherd; **arae et foci** Altäre und Herde *als Inbegriff von Heimat u. Familie*
2 *fig* Zufluchtsstätte, Schutz
3 Erhöhung, Denkmal; **~ sepulcri** Scheiterhaufen
4 *poet* Altar, Sternbild am s. Himmel
5 *Eigennamen:* **Ara Ubiorum** früherer Name für Köln; **Ara Pacis Augustae** von Kaiser Augustus nach den Kriegen in Gallien u. Spanien 9 v. Chr. erbautes Denkmal auf der heutigen Piazza Augusto Imperatore in Rom
arabarchēs ⟨arabarchae⟩ F̄ = **alabarches**
Arabia ⟨ae⟩ F̄ Arabien, im Altertum eingeteilt in Arabia Eudaemon/Felix, Arabia Petraea u. Arabia Deserta
Arabicus, Arabius ⟨a, um⟩ ADJ, **Arabs** ⟨Arabis⟩ ADJ arabisch
Arabs ⟨Arabis⟩ M̄ Araber
Arabus ⟨a, um⟩ ADJ arabisch
Arabus ⟨ī⟩ M̄ Araber
Arachnē ⟨Arachnēs⟩ F̄ lydische Spinnerin, von Athene in eine Spinne verwandelt
arānea ⟨ae⟩ F̄ ||araneus|| Spinnwebe; *meton* Spinne
arāneola ⟨ae⟩ F̄, **arāneolus** ⟨ī⟩ M̄ ||aranea/araneus|| Verg. kleine Spinne
arāneōsus ⟨a, um⟩ ADJ ||araneus|| voll von Spinnweben
arāneum ⟨ī⟩ N̄ ||araneus|| Spinnwebe
arāneus

A ⟨a, um⟩ ADJ Spinnen...
B ⟨ī⟩ M̄ (nachkl.) *poet* Spinne
Arar ⟨Araris⟩ M̄ rechter Nebenfluss der Rhône, heute Saône
arāre ⟨ō, āvī, ātum 1.⟩

1 pflügen, bebauen
2 Ackerbau treiben, *absolut*
3 durch Ackerbau gewinnen
4 *fig, poet* durchfurchen; durchfahren; **frontem rugis ~** die Stirn runzeln
arātiō ⟨arātiōnis⟩ F̄ ||arare||

1 Pflügen, Ackerbau
2 *meton* Ackerland; *pl* Pachtgüter
arātor ⟨arātōris⟩ M̄ ||arare||

1 Pflüger; *adj* Pflug...; **bos ~** Pflugochse

aquila – Legionsadler

ARCE

② Landwirt, Bauer

arātrum ⟨ī⟩ N̄ ||arare||
① Pflug
② (mlat.) Stück Land

Arātus ⟨ī⟩ M̄
① griech. Astronom u. Verfasser eines Lehrgedichtes um 270 v. Chr., das Cicero übersetzte
② griech. Feldherr aus Sikyon, Stifter des Achäischen Bundes um 250 v. Chr.

arbalista ⟨ae⟩ F̄ = **arcuballista**

arbiter ⟨arbitrī⟩ M̄
① Augenzeuge, Mitwisser; **sine arbitris** unter vier Augen
② Schiedsrichter
③ *fig* Richter; Herr; **~ elegantiae** Schiedsrichter in Sachen des feinen Geschmacks; **~ bibendi** Symposiarch, Trinkkönig

arbitra ⟨ae⟩ F̄ ||arbiter|| (nachkl.) poet Zeugin, Richterin

arbitrāre ⟨ō, -, - 1.⟩, **arbitrārī** ⟨or, ātus sum 1.⟩ ||arbiter||
① Com. beobachten, belauschen
② *fig* erachten, meinen, glauben, *absolut od* +dopp. akk/+AcI

arbitrāriō ADV ||arbitrarius|| vermutlich

arbitrārius ⟨a, um⟩ ADJ ||arbiter|| Plaut., Gell. willkürlich
▶ deutsch: **arbiträr**

arbitrātus ⟨arbitrātūs⟩ M̄ ||arbitrari||
① Willkür, Belieben
② unbeschränkte Vollmacht
③ subjektive Ansicht

arbitrium ⟨ī⟩ N̄ ||arbiter||
① Sen. Anwesenheit
② Schiedsspruch, *alicuius rei/de re* über etw, in einer Sache, *de aliquo* über j-n
③ (willkürlicher) Machtspruch; **~ salis vendendi** willkürliche Festsetzung des Salzpreises; **arbitria funeris** Bestattungsgebühren
④ Gutdünken, freies Ermessen
⑤ unbeschränkte Macht, **Iovis** Jupiters; **sui arbitrii esse** sein eigener Herr sein
⚠ **Ad arbitrium** Nach Ermessen

arbor ⟨arboris⟩ F̄
① Baum; **~ Iovis** Eiche; **~ Phoebi** Lorbeerbaum; **~ Palladis** Ölbaum
② **~ infelix** *meton* Galgen
③ *poet* Mast; Ruder; Schiff
④ (eccl.) Kreuz

arboreus ⟨a, um⟩ ADJ ||arbor|| *poet* Baum...; baumähnlich

arbōs ⟨arboris⟩ F̄ = **arbor**

arbuscula ⟨ae⟩ F̄ ||arbor|| (vkl., nachkl.) Bäumchen

arbustum ⟨ī⟩ N̄ ||arbustus|| Baumpflanzung; *poet* Gebüsch

arbustus ⟨a, um⟩ ADJ ||arbor|| mit Bäumen bepflanzt

arbuteus ⟨a, um⟩ ADJ ||arbutus|| vom Erdbeerbaum

arbutum ⟨ī⟩ N̄ ||arbutus||
① Frucht des Erdbeerbaumes
② Zweig des Erdbeerbaumes

arbutus ⟨ī⟩ F̄ (nachkl.) *poet* Erdbeerbaum, südeuropäischer baumartiger Strauch mit erdbeerähnlichen Früchten

arca¹ ⟨ae⟩ F̄ ||arcere||
① Kiste, Kasse
② *poet* Sarg; Gefängniszelle
③ (eccl.) Arche; **~ dominica** Bundeslade
▶ deutsch: **Arche**
  englisch: **ark**
  französisch: **arche**
  spanisch: **arca**
  italienisch: **arca**

arca² ⟨ae⟩ F̄ (mlat.) Brückenbogen

Arcades ⟨Arcadum⟩ M̄ die Arkader, *so benannt nach Arcas*

Arcadia ⟨ae⟩ F̄ Arkadien, *Gebirgslandschaft in der Mitte des Peloponnes*

Arcadicus, Arcadius ⟨a, um⟩ ADJ arkadisch

arcānō ADV → arcanus

arcānum ⟨ī⟩ N̄ ||arcanus||
① Geheimnis
② (mlat.) Geheimfach

arcānus ⟨a, um, *adv* arcānō⟩ ADJ ||arca¹|| geheim; geheimnisvoll; *adv* heimlich, insgeheim

Arcas
Ⓐ ⟨Arcadis⟩ M̄ Sohn des Zeus u. der Kallisto.
Ⓑ ⟨Arcadis⟩ ADJ ||Arcadia|| arkadisch

arcera ⟨ae⟩ F̄ ||arca¹|| Kastenwagen

arcēre ⟨eō, uī, - 2.⟩
① abwehren, fernhalten, *re/a re* von etw; **hostes a reditu ~** die Feinde vom Rückzug abschneiden; **tyrannum ab iniuria ~** den Tyrannen am Unrecht hindern
② festhalten, in Schranken halten
③ *poet* beschützen, bewahren, *aliquem re/a re* j-n vor etw

arcessere ⟨ō, īvī, ītum, 3.⟩
① herbeirufen, kommen lassen
② JUR belangen, anklagen; **criminis ~** eines Verbrechens beschuldigen
③ herbeiführen, erwerben,; **gloriam ex periculo ~** Ruhm aus der Gefahr erwerben; **virginem/uxorem ~** Com. eine Braut ins Haus holen
④ herholen, hernehmen *von irgendwo*, **argumentum** ein Argument

arcessītor ⟨arcessītōris⟩ M̄ ||arcessere|| der herbeiruft, der einlädt

arcessītus¹ *nur abl* ⟨arcessītū⟩ M̄ ||arcessere||

Einladung, Herbeirufen

arcessītus² ⟨a, um⟩ ADJ ||arcessere|| gezwungen, gesucht; **dictum arcessitum** erzwungenes Wort

archangelus ⟨ī⟩ M̄ AT, NT Erzengel

Archelaus ⟨ī⟩ M̄ von Milet, Schüler des Anaxagoras, Vorsokratiker

archetypum ⟨ī⟩ N̄ (vkl., nachkl.) Original, Urschrift

archetypus ⟨a, um⟩ ADJ urschriftlich, im Original

Archiacus ⟨a, um⟩ ADJ des Archias; **Archiaci lecti** Hor. kleine Speisesofas

Archiās ⟨ae⟩ M̄

■ ~ **Licinius Archias** griech. Dichter, von Cicero erfolgreich verteidigt

■ Tischler in Rom z. Zt. des Horaz

archiater ⟨archiatrī⟩ M̄, **archiatros** ⟨archiatrī⟩ M̄ Oberarzt, erster Arzt am Kaiserhof, Leibarzt; (mlat.) Arzt

archiclīnicus ⟨ī⟩ M̄ Mart. Obertotengräber

archidiāconus ⟨ī⟩ M̄ (eccl.) Erzdiakon, Vorsitzender des für die Armenfürsorge zuständigen Diakon-Kollegiums eines Bistums, im MA Vertreter des Bischofs mit großen rechtlichen Vollmachten

archidux ⟨archiducis⟩ M̄ (mlat.) Erzherzog

archiepiscopalis ⟨archiepiscopale⟩ ADJ (mlat.) erzbischöflich

archiepiscopus ⟨ī⟩ M̄ (eccl.) Erzbischof

Archilochīus ⟨a, um⟩ ADJ ||Archilochus|| beißend, scharf, nach den Spottgedichten des Archilochos

Archilochus ⟨ī⟩ M̄ griech. Jambendichter, um 650 v. Chr.

archimagīrus ⟨ī⟩ M̄ Iuv. Küchenmeister

archimandrīta ⟨ae⟩ M̄ (eccl.) Vorsteher eines griech. Klosters

Archimēdēs ⟨Archimēdis⟩ M̄ 287–212 v. Chr., berühmter Mathematiker u. Techniker aus Syrakus, Schüler des Euklid, Entdecker der Berechnung des Volumens unregelmäßiger Körper u. des spezifischen Gewichtes, von einem röm. Soldaten irrtümlich getötet

archimīmus ⟨ī⟩ M̄ (nachkl.) Hauptdarsteller

archipīrāta ⟨ae⟩ M̄ Seeräuberhauptmann

archipoeta ⟨ae⟩ M̄ (mlat.) Erzpoet, lat. Dichter des 12. Jh.

archisynagōgus ⟨ī⟩ M̄ (spätl., mlat.) Synagogenvorsteher

architectārī ⟨or, ātus sum 1.⟩ ||architectus||

■ (nachkl.) bauen

■ fig schaffen, herrichten

architecticus ⟨a, um⟩ ADJ ||architectus|| Plaut. des Baumeisters

architectōn ⟨architectonis⟩ M̄ (vkl., nachkl.) Baumeister; fig Ränkeschmied

architectonicē ⟨architectonicēs⟩ F̄ Quint. Baukunst

architectūra ⟨ae⟩ F̄ ||architectus|| Baukunst

architectus ⟨ī⟩ M̄ Baumeister; fig Urheber

▶ deutsch: **Architekt**

archīum, archīvum ⟨ī⟩ N̄ (spätl.) Archiv, Aufbewahrungsort für Urkunden

archōn ⟨archontis⟩ M̄ Archont in Athen, höchster Beamter, den röm. Konsuln vergleichbar

Archȳtās ⟨Archȳtae⟩ M̄ Pythagoreer, Mathematiker u. Staatsmann aus Tarent, um 380 v. Chr., Freund Platos

arci-tenēns

A ⟨arcitenentis⟩ ADJ ||arcus, tenere|| poet (den) Bogen führend, Beiname des Apollo

B ⟨arcitenentis⟩ M̄ Schütze

Arctophylax ⟨Arctophylacis⟩ M̄ poet Bärenhüter, als Sternbild; = **Bootes**

Arctos ⟨ī⟩ F̄

■ Bärin als Gestirn; meist pl Großer und Kleiner Bär

■ meton, poet Nordpol, Norden

Arctous ⟨a, um⟩ ADJ Mart. nördlich

Arctūrus ⟨ī⟩ M̄

■ Bärenhüter, als Gestirn; Sternbild des Bootes; hellster Stern im Sternbild des Bootes

■ Verg. meton Herbstzeit

Arctus ⟨ī⟩ F̄ = **Arctos**

arcuātus ⟨a, um⟩ ADJ ||arcus|| (nachkl.) poet bogenförmig; **currus ~ Planwagen; arcuatum opus** Schwibbogen, Bögen zwischen zwei Gebäuden

arcu-ballista ⟨ae⟩ F̄ ||arcus|| (nachkl.) Armbrust, Bogenschleuder

arcula ⟨ae⟩ F̄ ||arca¹|| Kästchen; Kassette

arculārius ⟨ī⟩ M̄ ||arcula|| Plaut. Schmuckkästchenmacher, Kunsttischler

arcus ⟨arcūs⟩ M̄

■ Bogen als Waffe; ~ **Haemonii** Ov. meton Schütze, als Gestirn

■ Regenbogen

■ Triumphbogen, Ehrenbogen

■ Schwibbogen, Bogen zwischen zwei Gebäuden

■ (nachkl.) poet Krümmung, Kreisbogen

▶ englisch: **arc**
französisch: **arc**
spanisch: **arco**
italienisch: **arco**

ardaliō ⟨ardaliōnis⟩ F̄ poet geschäftiger Nichtstuer, Schlemmer

ardea ⟨ae⟩ F̄ (nachkl.) poet Reiher

Ardea ⟨ae⟩ F̄ alte Hauptstadt der Rutuler in Latium, s. von Rom, eine der ältesten Städte Italiens, gleichnamiger moderner Ort

Ardeās ⟨Ardeātis⟩ M̄ Einwohner von Ardea

Ardeās ⟨Ardeātis⟩ ADJ, **Ardeātīnus** ⟨a, um⟩ ADJ aus Ardea

ārdēns ⟨ārdentis, adv ardenter⟩ ADJ ||ardere||

■ brennend, glühend; **sitis ~** brennender

Durst; **ardenter sitire** brennenden Durst leiden

[2] *poet* funkelnd, glänzend; **oculi ardentes** glühende Augen, funkelnde Augen

[3] *fig* feurig, leidenschaftlich; **oratio ~** flammende Rede; **odium ~** leidenschaftlicher Hass

ardēre ⟨ārdeō, ārsī, ārsum 2.⟩ ||aridus||

[1] brennen, verbrennen; **ardet domus** das Haus brennt; **fauces siti ardent** lechzen vor Durst

[2] *fig* funkeln, blitzen; **oculi ardent** die Augen funkeln

[3] *fig bei Gefühlen* glühen; heiß verliebt sein, *in aliquo/aliquo/aliquem* in j-n; **irā ~** vor Zorn glühen

[4] *fig* heiß verlangen, *in aliquid* nach etw, +*inf*; **in arma ~** nach Waffen verlangen; **~ ad ulciscendum** auf Rache brennen

[5] *fig* verzehrt werden, gequält werden; **invidiā ~** glühend gehasst werden

[6] *fig* in hellem Aufruhr stehen; **coniuratio ardet** die Verschwörung ist in vollem Gange

ārdēscere ⟨ārdēscō, ārsī, - 3.⟩ ||ardere||

[1] entbrennen, in Brand geraten

[2] *fig* glühen, leuchten

[3] *fig* (leidenschaftlich) erglühen, auflodern; **pugna ardescit** die Schlacht entbrennt; **~ libidinibus** vor Verlangen brennen; **amore ~ aliquo** in Liebe entflammen für jdn

ārdor ⟨ārdōris⟩ M ||ardere||

[1] Brand, Glut

[2] *fig* Glühen, Leuchten, **oculorum** der Augen

[3] *fig* Begeisterung, Begierde

[4] *fig* Liebesglut, *alicuius* für j-n; *meton* geliebte Person

Arduenna (silva) ⟨ae⟩ F Ardennen, Ardenner Wald

arduum ⟨ī⟩ N ||arduus||

[1] (*nachkl.*) *poet* Anhöhe

[2] *fig* Schwierigkeit

arduus ⟨a, um⟩ ADJ

[1] steil, hochragend; **collis ~** steile Anhöhe

[2] *fig* schwierig, beschwerlich; **opus arduum** schwieriges Werk

ārea ⟨ae⟩ F ||arere||

[1] freier Platz, flacher Platz

[2] Bauplatz, Grundfläche

[3] Tenne; (*nachkl.*) Hofraum *im Haus u. in öffentlichen Gebäuden*

[4] Rennbahn im Zirkus; *fig* Kampfplatz

[5] *Plaut.* Vogelfangplatz

[6] GEOM Fläche, Ebene, Flächeninhalt

[7] *Sen.* Hof *um Sonne od Mond*

[8] (*nachkl.*) *poet* Glatze

▶ deutsch: Ar
  englisch: area
  französisch: aire
  spanisch: área
  italienisch: area

Arecomicī ⟨ōrum⟩ M → Volcae

āre-facere ⟨faciō, fēcī, factum 3.⟩ (*unkl.*) trocknen

Arelāte ⟨Arelatis⟩ N Stadt an der Rhône, heute Arles

Arelatēnsis ⟨Arelatēnse⟩ ADJ aus Arelate, von Arelate

Arelatēnsis ⟨Arelatēnsis⟩ M Einwohner von Arelate, Arelatenser

Aremoricae cīvitātēs Küstenvölker in der Bretagne u. Normandie

arēna ⟨ae⟩ F

[1] Sand; *pl* (*nachkl.*) *poet* Sandkörner

[2] *meton* Sandfläche; *pl* (*nachkl.*) *poet* Sandwüste; *poet* Sandstrand

[3] Arena, Kampfplatz *im Amphitheater*; *meton* Gladiatorenkampf

arēnāria ⟨ae⟩ F ||arena|| Sandgrube

arēnōsus ⟨a, um⟩ ADJ ||arena|| (*nachkl.*) *poet* sandig

ārēns ⟨arentis⟩ ADJ ||arere|| (*nachkl.*) *poet* trocken, brennend

āreola ⟨ae⟩ F ||area|| kleiner freier Platz

Areopagītēs ⟨ae⟩ M ||Areopagus|| Mitglied des Areopags; *spöttisch* unparteiischer Richter

Areopagus ⟨ī⟩ M

[1] Areshügel *in Athen*

[2] Areopag, *der auf dem Areshügel tagende oberste Gerichtshof*

ārēre ⟨eō, uī, - 2.⟩ trocken sein; *fig* lechzen

Arēs ⟨Aris⟩ M *griech. Kriegsgott, röm.* = **Mars**

ārēscere ⟨ārēscō, āruī, - 3.⟩ ||arere|| austrocknen, verdorren

aretālogus ⟨ī⟩ M *Suet., Iuv.* Moralprediger

Arethūsa ⟨ae⟩ F MYTH Quelle bei Syrakus; *im Mythos vom Flussgott Alpheios (Alpheus) geliebte Quellnymphe, die in eine Quelle verwandelt wurde u. unter dem Meer bis Sizilien floss*

Arethūsis ⟨Arethūsidis⟩ ADJ zur Arethusa gehörig

Arēus pagus ⟨ī⟩ M = **Areopagus**

Argēī ⟨ōrum⟩ M

[1] Sühneopferkapellen in Rom

[2] Menschenfiguren aus Binsen, die jährlich um 15. Mai als symbolische Menschenopfer in den Tiber geworfen wurden

argentāria ⟨ae⟩ F ||argentarius|| Wechselstube

argentārius

A ⟨a, um⟩ ADJ ||argentum|| (*Com., nachkl.*) Silber...; Geld...; **metalla argentaria** Silbergruben; **taberna argentaria** Wechselstube

B ⟨ī⟩ M

[1] Wechsler, Bankier

[2] (*spätl.*) Silberschmied

argentātus ⟨a, um⟩ ADJ ||argentum|| (vkl., nachkl.) mit Silber beschlagen; mit Geld versehen

argenteolus ⟨a, um⟩ ADJ ||argenteus|| Plaut. fein in Silber gearbeitet

argenteus
A ⟨a, um⟩ ADJ ||argentum||
① silbern; **poculum argenteum** silberner Becher
② versilbert, mit Silber verziert; Liv. von Soldaten mit silbernen Schilden
B ⟨ī⟩ M (nachkl.) Silberdenar, Silberling

Argentorātus ⟨ī⟩ F Stadt am Oberrhein, heute Straßburg

argentum ⟨ī⟩ N
① Silber; **~ factum** Silbergeschirr; **~ infectum** Silberbarren; **~ signatum** gemünztes Silber, Silbergeld
② meton Silbergeräte; **~ ad vescendum** silbernes Tafelgeschirr
③ Silbergeld, Geld
④ **~ vivum** Quecksilber
▶ französisch: **argent**
italienisch: **argento**

Argentumexterobrōnidēs ⟨Argentumexterobronidae⟩ M Plaut. hum Bildung „Geldherausbohrer", Erpresser

argestēs ⟨argestae⟩ M (nachkl.) Westsüdwestwind

Argēus ⟨a, um⟩ ADJ aus Argos, argivisch, griechisch

Argī ⟨ōrum⟩ M = **Argos**

Argīlētānus ⟨a, um⟩ ADJ auf dem Argiletum befindlich

Argīlētum ⟨ī⟩ N Straße in Rom nördlich des Forums mit Handwerkerbuden u. Buchläden

argilla ⟨ae⟩ F weißer Ton, Töpfererde

Arginūs(s)ae ⟨ārum⟩ F die Arginu(s)sen, drei Kreideinseln bei Lesbos, Schlacht im Peloponnesischen Krieg 406 v. Chr.

argītis ⟨argītis u. argītidis⟩ F (nachkl.) poet Rebe mit weißen Trauben

Argīus ⟨a, um⟩ ADJ aus Argos, argivisch, griechisch

Argīvī ⟨ōrum u. poet Argīvum⟩ M ||Argivus|| die Argiver, oft = die Griechen

Argīvus ⟨a, um⟩ ADJ aus Argos, argivisch, griechisch

Argō ⟨Argūs⟩ F das Schiff Iasons u. seiner Gefährten, mit dem sie nach Kolchis segelten um das Goldene Vlies zu holen, von Athene als Sternbild an den s. Himmel versetzt

Argolicus ⟨a, um⟩ ADJ ||Argolis¹|| argolisch; poet auch griechisch

Argolis¹ ⟨Argolidis⟩ F Landschaft auf der Peloponnes

Argolis² ⟨Argolidis⟩ ADJ von Argos, argivisch, griechisch

Argonautae ⟨ārum⟩ M ||Argo|| die Argonauten

Argos nur nom u. akk N Hauptstadt von Argolis¹

arguere ⟨uō, uī, ūtum/uitūrus 3.⟩
① klar darstellen, erweisen
② poet verraten, offenbaren; passiv sich verraten
③ (nachkl.) poet als falsch erweisen, widerlegen
④ beschuldigen, anklagen, aliquem alicuius rei/de re/re j-n einer Sache/wegen einer Sache, +dopp. akk/+AcI; **aliquem falsum filium ~** j-n als falschen Sohn anklagen; **Roscius arguitur patrem occidisse** Roscius wird des Mordes an seinem Vater beschuldigt
⑤ (nachkl.) als strafbar rügen, vorwerfen, aliquid etw, +AcI

argūmentārī ⟨or, ātus sum 1.⟩ ||argumentum||
A vi den Beweis führen, begründen, absolut od de re in Bezug auf etw
B vt als Beweis anführen, aliquid etw, +AcI

argūmentātiō ⟨argūmentātiōnis⟩ F ||argumentari|| Beweisführung; (nachkl.) Stoff, Vorwurf

argūmentōsus ⟨a, um⟩ ADJ ||argumentum|| Quint. reich an Stoff; (mlat.) geschickt

argūmentum ⟨ī⟩ N ||arguere||
① bildliche Darstellung, Bild
② Gegenstand, Thema einer Darstellung
③ meton Theaterstück, Gedicht, Geschichte; **hoc ~ docet** diese Erzählung lehrt
④ Gehalt, Gewicht des Inhaltes; **non sine argumento** nicht ohne Belang
⑤ Beweis, Schlussfolgerung; **argumento esse** zum Beweis dienen; **argumentum concludere** einen Schluss ziehen
▶ deutsch: **Argument**

Argus¹ ⟨a, um⟩ ADJ von Argos, argivisch, griechisch

Argus² ⟨ī⟩ M hundertäugiger Wächter der Io; (mlat.) Aufpasser, Wächter

argūtāre ⟨ō, āvī, ātum 1.⟩, **argūtārī** ⟨or, ātus sum 1.⟩ ||argutus|| (nachkl.) daherschwatzen

argūtātiō ⟨argūtātiōnis⟩ F ||argutari|| Catul. Knarren, tremuli lecti des wackligen Bettes

argūtiae ⟨ārum⟩ F ||argutus||
① ausdrucksvolle Darstellung, das Ausdrucksvolle; **~ digitorum** ausdrucksvolles Fingerspiel
② geistreiches Wesen, Scharfsinn
③ Spitzfindigkeit, Schlauheit

argūtulus ⟨a, um⟩ ADJ ||argutus|| ziemlich scharfsinnig

argūtus ⟨a, um⟩ ADJ ||arguere||
① scharf ausgeprägt, ausdrucksvoll
② klingend, zirpend; **nemus argutum** von Hir-

tenliedern widerhallender Hain; **hirundo arguta** zwitschernde Schwalbe

[3] *Com.* beredt, geschwätzig; *Mart.* penetrant

[4] *fig* bedeutsam; **omen argutum** bedeutsames Vorzeichen

[5] *fig* deutlich, ausführlich; **litterae argutae** ausführlicher Brief

[6] *fig* geistreich, scharfsinnig

[7] *fig* schlau, durchtrieben; **meretrix arguta** durchtriebene Dirne; **dolor ~** schlau erfundener Schmerz

argyraspides ⟨argyraspidum⟩ M̄ die Silberschildträger, *makedonische Elitetruppe*

Ārgyripa ⟨ae⟩ F̄ = **Arpi**

Ariadna ⟨ae⟩ F̄ *Tochter des Minos u. der Pasiphae, gab Theseus einen Faden, der ihm die Rückkehr aus dem Labyrinth ermöglichte, von diesem nach Naxos entführt u. dort treulos verlassen, Gattin des Dionysos*

Ariadnaeus ⟨a, um⟩ ADJ von Ariadne

Ariadnē ⟨Ariadnēs⟩ F̄ = **Ariadna**

Ariadneus ⟨a, um⟩ ADJ = **Ariadnaeus**; → Ariadna

Arīcia ⟨ae⟩ F̄ *alte Stadt an der via Appia mit Tempel u. Hain der Diana, heute Ariccia, ca. 30 km s. von Rom*

Arīcīnus ⟨a, um⟩ ADJ aus Aricia, aricinisch

Arīcīnus ⟨ī⟩ M̄ Einwohner von Aricia, Ariciner

āridulus ⟨a, um⟩ ADJ ||aridus|| *poet* etwas trocken

āridum ⟨ī⟩ N̄ ||aridus|| das Trockene

āridus ⟨a, um⟩ ADJ ||arere||

[1] trocken, dürr, *auch vom Menschen*; **fragor ~** das Knistern wie von dürrem Holz

[2] *fig* lechzend; heiß

[3] *fig* mager, dürftig; **victus ~** magerer Lebensunterhalt

[4] *fig* geistig trocken, langweilig

ariēs ⟨arietis⟩ M̄

[1] Widder, Schafbock

[2] *poet* Widder *als Sternbild*

[3] MIL Sturmbock, Mauerbrecher

aries – Sturmbock

arietāre ⟨ō, āvī, ātum 1.⟩ ||aries|| (*unkl.*)

A V̄T

[1] (wie ein Widder) stoßen

[2] anstürmen, **in portas** gegen die Tore

B V̄T niederstoßen; **aliquem in terram ~** j-n zu Boden stoßen;

arietillus ⟨a, um⟩ ADJ ||aries|| *Petr.* kleiner Widder

arietīnus ⟨a, um⟩ ADJ ||aries||

[1] Widder…; **cornu arietinum** Widderhorn

[2] zweideutig, doppelsinnig; **oraculum arietinum** doppeldeutiges Orakel

Arīminēnsis

A ⟨Arīminēnse⟩ ADJ aus Ariminum, von Ariminum

B ⟨Arīminēnsis⟩ M̄ Einwohner von Ariminum

Arīminum ⟨ī⟩ N̄ *alte Hafenstadt, heute Rimini*

ariolārī ⟨or, ātus sum 1.⟩ = **hariolari**

ariolus ⟨ī⟩ M̄ = **hariolus**

Arīōn ⟨Arīonis⟩ M̄ *Dichter u. Sänger aus Lesbos um 600 v. Chr., von einem Delfin gerettet*

Arīonius ⟨a, um⟩ ADJ des Arion

Arīopagus ⟨ī⟩ M̄ = **Areopagus**

Ariovistus ⟨ī⟩ M̄ *König der Sueben, seit 72 v. Chr. in Gallien, von Caesar 58 v. Chr. besiegt*

arismetica ⟨ae⟩ F̄ (*mlat.*) Arithmetik

arista ⟨ae⟩ F̄

[1] Granne

[2] (*nachkl.*) *poet* Ähre; *pl meton* Getreidearten

Aristaeus ⟨ī⟩ M̄ *Sohn des Apollo, galt als Erfinder der Bienenzucht sowie des Öl- u. Weinbaues*

Aristarchus ⟨ī⟩ M̄

[1] berühmter Astronom aus Samos, *310–230 v. Chr., Vertreter des heliozentrischen Systems*

[2] *aus Samothrake, 217–145 v. Chr., berühmter alexandrinischer Philologe, Grammatiker u. Homerrezensent*; Synonym für scharfen Kritiker

Aristīdēs ⟨Aristīdis *u.* Aristīdī⟩ M̄

[1] *athenischer Staatsmann z. Zt. der Perserkriege, Gegner der Flottenpolitik des Themistokles, Freund des Miltiades, berühmt wegen seiner unbestechlichen Integrität, gest. um 467 v. Chr.*

[2] *aus Milet, um 100 v. Chr., Verfasser u. Sammler erotischer Novellen, „Milesiaca" nicht erhalten*

Aristippēus ⟨a, um⟩ ADJ des Aristippus

Aristippus ⟨ī⟩ M̄ *aus Kyrene, 435–366 v. Chr., Schüler des Sokrates, Begründer der Kyrenäischen Philosophie des möglichst großen Lustgewinnes, des Hedonismus*

Aristius Fuscus ⟨ī⟩ M̄ *Grammatiker, Dichter u. Rhetor, Freund des Horaz*

Aristogītōn ⟨Aristogītonis⟩ M̄ *einer der Mörder des Tyrannen Hipparch 514 v. Chr.*

aristolochia ⟨ae⟩ F̄ Osterluzei, *Schlingpflanze u. Heilmittel gegen Schlangenbiss*

Aristophanēs ⟨Aristophanis⟩ M̄

[1] *aus Athen, 452–388 v. Chr., berühmtester Vertreter der*

alten attischen Komödie

2 *aus Byzanz um 200 v. Chr., Bibliothekar, größter Philologe des Altertums, Begründer der Lexikographie*

Aristophanēus, Aristophanīus ⟨a, um⟩ ADJ *des Aristophanes*

Aristotelēs ⟨Aristotelis u. Aristotelī⟩ M̄ *aus Stageira in Makedonien, 384–322 v. Chr., Schüler Platos, Lehrer u. Erzieher Alexanders des Großen, Begründer der Peripatetischen Schule in Athen, einer der berühmtesten u. für die abendländisch-mittelalterliche Philosophie einflussreichsten Philos. des Altertums*

Aristotelēus, Aristotelīus ⟨a, um⟩ ADJ *des Aristoteles*

Aristoxenus ⟨ī⟩ M̄ *aus Tarent, um 320 v. Chr., Schüler des Aristoteles u. Begründer der wissenschaftlichen Musiklehre*

Aristus ⟨ī⟩ M̄ *akademischer Philos. aus Athen, Freund Ciceros*

arithmētica ⟨ōrum⟩ N̄, *auch* **arithmētica** ⟨ae⟩ F̄, **arithmēticē** ⟨arithmēticēs⟩ F̄ Arithmetik

āritūdō ⟨āritūdinis⟩ F̄ ||arere|| (vkl.) Trockenheit

Arīus pagus ⟨ī⟩ M̄ = **Areopagus**

arma ⟨ōrum⟩ N̄

1 Gerät(e), Ausrüstung; ~ *cerealia* Geräte zum Brotbacken

2 Baugeräte, Baumaterialien

3 Rüstung, Waffen; *arma capere* die Waffen ergreifen; *in armis esse* unter Waffen stehen

4 *meton* Waffenübungen

5 Krieg; *arma inferre* angreifen; ~ *civilia* Bürgerkrieg; *res ad arma spectat* es sieht nach Krieg aus; *arma inferre Graeciae* Griechenland bekriegen; *leo arma movet fig* der Löwe setzt sich zur Wehr

6 *meton* Kriegstaten

7 *meton* Waffenmacht; *Romana* ~ die Waffen Roms; *vi et armis* mit Waffengewalt

8 (nachkl.) *poet* Soldaten, Bewaffnete

9 *fig* (geistige) Waffen, Hilfsmittel, *alicuius* j-s, *alicuius rei*/*contra aliquid* gegen etw; **amico arma dare** *Cic.* dem Freund Lehren erteilen

armamaxa ⟨ae⟩ F̄ (nachkl.) *pers.* Reisewagen

armāmenta ⟨ōrum⟩ N̄ ||arma|| Segelwerk, Takelwerk

armāmentārium ⟨ī⟩ N̄ ||armamenta|| Zeughaus; *pl* Waffenkammer

armāre ⟨ō, āvī, ātum 1.⟩ ||arma||

1 *Mart.* mit Geräten versehen, ausrüsten

2 zum Kampf ausrüsten, bewaffnen

3 *fig* ausrüsten, ausstatten; *se eloquentiā* ~ sich mit Beredsamkeit wappnen

armāriolum ⟨ī⟩ N̄ ||armarium|| *Plaut.* Schränkchen

armārium ⟨ī⟩ N̄ ||arma|| Schrank, Bücherschrank; *pl* (mlat.) Archiv, Bibliothek

armarius ⟨ī⟩ M̄ ||armarium|| (mlat.) Archivar, Bibliothekar

armātī ⟨ōrum⟩ M̄ ||armatus|| die Bewaffneten

armātūra ⟨a, um⟩ ADJ ||armare|| Bewaffnung; *meton* Waffengattung
▶ deutsch: **Armatur**

armātus[1] *abl* ⟨armātū⟩ M̄ ||armare|| Bewaffnung, Rüstung

armātus[2] ⟨a, um⟩ ADJ ||armare|| bewaffnet, *re* mit etw; *urbs muris armata* durch Mauern geschützte Stadt; ~ *togatusque* im Kriegs- und Friedenskleid, in Krieg und Frieden; *armatissimus* bis an die Zähne bewaffnet

Armenia ⟨ae⟩ F̄ Hochland Asiens, *im Altertum durch den Euphrat in Armenia maior u. Armenia minor geteilt*

Armenius ⟨a, um⟩ ADJ armenisch

Armenius ⟨ī⟩ M̄ Armenier

armentālis ⟨armentāle⟩ ADJ ||armentum|| (nachkl.) *poet* in Herden weidend

armentārius ⟨ī⟩ M̄ ||armentum|| Rinderhirt

armentum ⟨ī⟩ N̄

1 PL Großvieh, *bes* Rinder

2 (nachkl.) Rinderherde

3 PL Herden von Rindern, Vieh

armi-fer ⟨armifera, armiferum⟩ ADJ ||arma, ferre|| *poet* Waffen tragend, kriegerisch

armi-ger

A ⟨armigera, armigerum⟩ ADJ ||arma, gerere||

1 (nachkl.) Waffen tragend, bewaffnet

2 *Prop.* Bewaffnete hervorbringend

B ⟨armigerī⟩ M̄

1 *Curt.* Bewaffneter, Leibwächter

2 Waffenträger, Schildknappe

armigera ⟨ae⟩ F̄ ||armiger|| *Ov.* Waffenträgerin, = Diana

armilla ⟨ae⟩ F̄ ||arma|| Armband, Armspange; *Liv.* MIL Orden

armillātus ⟨a, um⟩ ADJ ||armilla|| (nachkl.) *poet* mit Armspangen geschmückt; (mlat.) bewehrt

armi-lūstrium ⟨ī⟩ N̄ ||arma, lustrum[2]|| *röm.* Fest der Waffenweihe *im Oktober*

Armi-lūstrum ⟨ī⟩ N̄ Platz auf dem Aventin, *wo die Römer jährlich das armilustrium feierten*

Armīnius ⟨ī⟩ M̄ *germ. Heerführer, der Varus 9 n. Chr. im Teutoburger Wald vernichtend schlug*

armi-potēns ⟨armipotentis⟩ ADJ ||arma|| *poet* waffenstrotzend, kriegerisch

armi-sonus ⟨a, um⟩ ADJ ||arma, sonare|| *poet* waffenklirrend

armus ⟨ī⟩ M̄ (nachkl.)

1 *beim Menschen* Oberarm, Schulter(blatt)

2 *bei Tieren* Vorderbug; *pl* Flanken

Arniēnsis ⟨Arniēnse⟩ ADJ ||Arnus|| des Arno

Arnus ⟨ī⟩ M̄ Arno

arōma ⟨arōmatis⟩ N̄ (spätl.) Wohlgeruch; Gewürz

arōmaticus ⟨a, um⟩ ADJ wohlriechend; Gewürz...

arōmatizāre ⟨ō, āvī, ātum 1.⟩ (spätl.) nach etw duften; (mlat.) einbalsamieren

Arpī ⟨ōrum⟩ M̄ Stadt in Apulien, angeblich von Diomedes aus Argos gegründet u. daher poet Argyripa genannt

Arpīnās
A ⟨Arpīnātis⟩ ADJ aus Arpinum, von Arpinum
B ⟨Arpīnātis⟩
1 M̄ Einwohner von Arpinum
2 N̄ Landgut Ciceros bei Arpinum

Arpīnum ⟨ī⟩ N̄ Stadt in Latium, Geburtsort von Marius u. Cicero, heute Arpino

Arpīnus¹
A ⟨a, um⟩ ADJ aus Arpi, von Arpi
B ⟨ī⟩ M̄ Einwohner von Arpi

Arpīnus²
A ⟨a, um⟩ ADJ aus Arpinum, von Arpinum
B ⟨ī⟩ M̄ Einwohner von Arpinum

arquātus
A ⟨a, um⟩ ADJ bogenförmig; regenbogenfarbig
B ⟨ī⟩ M̄ Lucr. an Gelbsucht Erkrankter

arqui-tenēns ⟨arquitenentis⟩ ADJ = **arcitenens**

arra ⟨ae⟩ F̄ (nachkl.), **arrabō** ⟨arrabōnis⟩ M̄ Com. Unterpfand, Handgeld

arrēctus¹ ⟨a, um⟩ ADJ ||arrigere|| (nachkl.) emporgerichtet, steil

ar-rēctus² ⟨a, um⟩ PPP → **arrigereo**

ar-rēpere ⟨rēpō, rēpsī, rēptum 3.⟩ (vkl., nachkl.) herankriechen; sich einschleichen, alicui rei/in aliquid in etw

ar-reptus ⟨a, um⟩ PPP → **arripere**

Arrētīnus
A ⟨a, um⟩ ADJ aus Arretium, arretinisch
B ⟨ī⟩ M̄ Einwohner von Arretium, Arretiner

Arrētium ⟨ī⟩ N̄ Stadt in Etrurien, Geburtsort des Maecenas, heute Arezzo

ar-rēxī → **arrigere**

ar-rīdēre ⟨rīdeō, rīsī, rīsum 2.⟩
1 (nachkl.) poet j-n anlächeln, j-m zulächeln
2 (nachkl.) poet mitlachen, absolut od alicui mit j-m
3 spöttisch belächeln
4 fig von Sachen j-m gefallen, j-s Beifall finden, alicui

ar-rigere ⟨rigō, rēxī, rēctum 3.⟩ ||ad, regere||
1 aufrichten, emporrichten, **hastam** eine Lanze; **comas ~** die Haare sträuben; **aures ~** die Ohren spitzen; **arrectus in digitis** auf den Zehen
2 fig geistig in Spannung versetzen; **animum/mentem ~** gespannt aufmerken, stutzen
3 fig anfeuern, aufrichten, aliquem/aliquid re j-n/etw durch etw, ad aliquid zu etw

ar-ripere ⟨ripiō, ripuī, reptum 3.⟩ ||ad, rapere||
1 an sich reißen
2 verhaften, gerichtlich belangen
3 (nachkl.) überfallen
4 fig sich schnell aneignen; **tempus ~** die Gelegenheit wahrnehmen
5 fig, poet einen Ort schnell in Besitz nehmen
6 **sibi ~ aliquid** fig sich etw (widerrechtlich) aneignen, sich etw anmaßen
7 fig geistig mit Eifer erfassen, sich auf etw werfen, aliquid; **litteras Graecas ~** sich auf die griechische Literatur werfen

arrīsor ⟨arrīsōris⟩ M̄ ||arridere|| Sen. Speichellecker, Schmarotzer

ar-rōdere ⟨rōdō, rōsī, rōsum 3.⟩ (nachkl.) annagen, benagen; **mures fruges arrodunt** die Mäuse benagen die Früchte; **~ rem publicam** fig vom Vermögen des Staates zehren

arrogāns ⟨arrogantis, adv arroganter⟩ ADJ ||arrogare|| anmaßend, hochmütig, in re in etw, alicui gegen jdn
▶ deutsch: **arrogant**

arrogantia ⟨ae⟩ F̄ ||arrogans|| Anmaßung, Hochmut
▶ deutsch: **Arroganz**

ar-rogāre ⟨ō, āvī, ātum 1.⟩
1 Plaut. verschaffen, in Anspruch nehmen; **nihil non armis ~** alles mit den Waffen ertrotzen
2 **sibi aliquid ~** sich etw anmaßen; **sibi sapientiam ~** sich Weisheit anmaßen
3 noch einmal (förmlich) fragen, aliquem aliquid j-n nach etw
4 Gell. eine selbstständige Person adoptieren
5 durch neue Rogation einem Beamten einen weiteren beigeben; **consuli dictatorem ~** Liv. dem Konsul einen Diktator an die Seite stellen

arrogātiō ⟨arrogātiōnis⟩ F̄ ||arrogare|| (nachkl.) Adoption einer selbstständigen Person auf der Basis gegenseitiger Einwilligung

arrōsor ⟨arrōsōris⟩ M̄ ||arrodere|| Sen. Schmarotzer, Schnorrer

Arrūns ⟨Arruntis⟩ M̄ etrusk. Vorname nachgeborener Söhne, z. B. **~ Tarquinius** Sohn des Königs Tarquinius Superbus

ars ⟨artis⟩ F̄
1 Kunstfertigkeit, Können; **exercitatio artem parat** Übung macht den Meister
2 Handlungsweise, Verfahrensweise; **permanere in suis artibus** seinen bisherigen Grundsätzen treu bleiben
3 (nachkl.) poet Kunstgriff; pl auch Intrigen; **artes gratae** Koketterie; **artes belli** Kriegslisten; **plausus arte carens** ungekünstelter Beifall
4 Handwerk, Gewerbe; **artes sordidae** niedri-

ge Gewerbe; **instrumentum artis** Handwerkszeug
5 Kunst; **~ dicendi/oratoria** Redekunst; **~ musica** Musikkunst; **artes urbanae** Rechtswissenschaft und Beredsamkeit; **artes liberales** Geisteswissenschaften
6 *meton* Kunstwerk
7 Kunstrichtung; **~ ea, quam philosophiam Graeci vocant** die Kunst, die die Griechen Philosophie nennen
8 Lehrbuch *einer Kunst;* **ars amatoria/amandi** Ov. Liebeskunst, *Ovids Lehrbuch der Liebe*
9 Regeln, Theorie *einer Kunst;* **ad artem et praecepta revocare** in eine professionelle Form bringen; **ex arte dicere** den Regeln entsprechend reden
 Ars longa vita brevis Die Kunst ist lang, kurz ist das Leben.

> **artes liberales – die sieben freien Künste**

Grammatik, Rhetorik, Dialektik, Arithmetik, Geometrie, Astronomie und Musik waren die sieben freien Künste (**artes liberales**), die als eines freien Mannes würdig galten – körperliche Arbeit war nicht vorgesehen. Bei den freien Künsten unterschied man das **Trivium** der sprachlichen Disziplinen und das **Quadrivium** der mathematischen Fächer (einschließlich Musik). Im Mittelalter bildeten sie an den ersten Universitäten Europas den Kern der Studien.

RÖMISCHES LEBEN

Arsacēs ⟨Arsacis⟩ M̄ Partherkönig, *um 250 v. Chr.*
Arsacidae ⟨ārum⟩ M̄ Arsaciden, Nachkommen des Arsaces
Arsacius ⟨a, um⟩ ADJ des Arsaces, arsacisch
ārsī → ardere *u.* → ardescere
arsis ⟨arsis⟩ F̄ METR Hebung, *der durch den Akzent hervorgehobene Versteil;* ↔ **thesis**
ārsus ⟨a, um⟩ PPP → ardere
artāre ⟨ō, āvī, ātum 1.⟩ ||artus²|| (*unkl.*) einengen, straff anziehen; *fig* beschränken; **frenum ~** den Zügel straff anziehen; **librum ~** ein Buch knapper fassen
Artaxerxēs ⟨Artaxerxis⟩ M̄ Name mehrerer Perserkönige; **~ I.**, 464–424 v. Chr., *Sohn des Xerxes I.*
Artemīsium ⟨ī⟩ N̄ *n.* Vorgebirge der Insel Euböa
artemō, artemōn ⟨artemonis⟩ M̄ *kleineres* Segel
artēria ⟨ae⟩ F̄ Arterie, Schlagader; **~ aspera** Luftröhre
arthrīticus ⟨a, um⟩ ADJ gichtkrank, rheumatisch

arthrītis ⟨arthrītidis⟩ F̄ Gicht, Rheuma
articulāre ⟨ō, āvī, ātum 1.⟩ ||articulus|| *Lucr.* gliedern; deutlich aussprechen
articulāris ⟨articulāre⟩ ADJ ||articulus|| die Gelenke betreffend; **~ morbus** Gicht, Rheuma
articulātim ADV ||articulus||
1 gliedweise, Stück für Stück
2 RHET gegliedert, verständlich
articulātus ⟨a, um, *adv* articulātē⟩ ADJ ||articulare|| deutlich, verständlich
articulōsus ⟨a, um⟩ ADJ ||articulus|| (*nachkl.*) voller Gelenke; *Quint.* fig allzu reich gegliedert
articulus ⟨ī⟩ M̄ ||artus¹||
1 Knöchel, Gelenk
2 Finger(glied); **articulis supputare** an den Fingern abzählen
3 *bei Pflanzen* Knoten
4 RHET Satzglied, Abschnitt
5 *mit u. ohne* **temporis** *fig* Zeitpunkt, Wendepunkt; **in ipso articulo temporis** im entscheidenden Augenblick
6 *Quint.* GRAM Artikel
7 (*nachkl.*) *fig* Absatz, Abschnitt *einer Gliederung*
arti-fex
A ⟨artificis⟩ ADJ ||ars, facere||
1 kunstfertig, geschickt, *alicuius rei/in re* in etw
2 *poet* kunstvoll, kunstgerecht; **equus ~** zugerittenes Pferd
B ⟨artificis⟩ M̄ *u.* F̄
1 Künstler, Künstlerin; Meister, Meisterin; **~ scaenicus** Bühnenkünstler; **~ improbus** Quacksalber
2 *fig* Schöpfer; *pej* Anstifter
3 *poet* Betrüger
artificiālis ⟨artificiāle, *adv* artificiāliter⟩ ADJ ||artificium|| (*nachkl.*) kunstgerecht, Kunst...
artificiōsus ⟨a, um, *adv* artificiōsē⟩ ADJ ||artificium||
1 kunstfertig, schlau
2 kunstvoll, künstlerisch
artificium ⟨ī⟩ N̄ ||artifex||
1 Kunstfertigkeit, Kunst; **summo artificio factum** *Cic.* mit höchster Kunstfertigkeit ausgeführt
2 *meton* Kunstwerk; **opera et artificia** Handwerksarbeiten und Kunstwerke
3 Kunstgriff; *pej* List; *pl* Intrigen; **artificio quodam vincere** mit einem Kniff siegen
4 Kunstlehre, Theorie *einer Kunst;* **~ de iure civili** System des Bürgerrechts
5 Handwerk, Gewerbe
artolaganus ⟨ī⟩ M̄ Brotkuchen *aus Mehl, Milch, Öl, Fett, Pfeffer*
artopta ⟨ae⟩ M̄ *poet* Backform *für feinstes Weizenbrot, das warm gegessen wurde*
artum ⟨ī⟩ N̄ ||artus²||

1 (nachkl.) Enge, Gedränge; **in artum compelli** eingekeilt werden
2 fig missliche Lage, Klemme

artus¹ ⟨artūs⟩ M̄ Gelenk; pl Glieder; meton Körper; fig Teile

artus² ⟨a, um, adv artē⟩ ADJ

1 eng, straff angezogen; **toga arta** eng anliegende Toga; **artius complecti** fester umschlingen

2 eng, dicht; **sententiam artissime constringere** die Meinung auf den kleinsten Nenner bringen

3 fig fest, innig; **familiaritas arta** enge Familienbande, enge Freundschaftsbande; **tenebrae artae** dichte Finsternis

4 (unkl.) fig beschränkt, misslich; **petitio arta** Bewerbung mit geringer Aussicht; **aliquem arte colere** j-n knapp halten

artūtus ⟨a, um⟩ ADJ ||artus¹|| Plaut. mit starken Gliedern

aruī → arescere

ārula ⟨ae⟩ F̄ ||ara|| kleiner Altar

arundifer ⟨arundiferī⟩ M̄ = **harundifer**

arundō ⟨arundinis⟩ F̄ = **harundo**

Arūns ⟨Aruntis⟩ M̄ = **Arruns**

aruspex ⟨aruspicis⟩ M̄ = **haruspex**

arvālis ⟨arvāle⟩ ADJ ||arvum|| (vkl., nachkl.) Flur...;
fratres arvales Arvalbrüder, Kollegium von 12 Priestern, die alljährlich am 1. Mai durch Umzug den Segen für die Felder erflehten

Arvernī ⟨ōrum⟩ M̄ gall. Stamm in der heutigen Auvergne

Arvernus ⟨a, um⟩ ADJ arvernisch

arvīna ⟨ae⟩ F̄ (nachkl.) poet Speck, Fett

arvum ⟨ī⟩ N̄ ||arvus|| Ackerland, Gegend; (nachkl.) meton Getreide; **~ (genitale)** Verg. fig, poet weibliches Geschlechtsteil

arvus ⟨a, um⟩ ADJ ||arare|| zum Pflügen bestimmt

arx ⟨arcis⟩ F̄ ||arcere||

1 Burg, befestigte Anlage wie die Akropolis in Athen u. das Kapitol in Rom; **~ caeli** Himmelsburg; pl Himmel; **arcem facere e cloaca** aus einer Mücke einen Elefanten machen

2 poet Berggipfel, Höhe; **septem/sacrae arces Romanae** die sieben Hügel Roms

3 fig Bollwerk, Zufluchtsstätte; **urbs Roma ~ omnium gentium** Rom, die Zufluchtsstätte aller Völker

4 fig Hauptsitz; **~ totius belli** Mittelpunkt des Krieges

5 fig Höhepunkt, Gipfel, **eloquentiae** der Redekunst; **~ cerebri** (mlat.) Kopf, Geist

as ⟨assis⟩ M̄

septem arces romanae – Sieben Hügel Roms

1 das Ganze als Einheit *von 12 Teilen*; **ex asse heres** Universalerbe
2 As, *Münze, urspr. 1 röm. Pfund, im Lauf der Zeit 1/24 Pfund, z. Zt. Ciceros ein minimaler Betrag*; **asse panem emere** für ein As Brot kaufen; **ad assem** bis auf den letzten Pfennig; **ad assem perdere** alles bis auf den letzten Pfennig verlieren; **vilem ad assem redigi** wertlos werden
3 (Ov., nachkl.) Pfund, *Gewichtseinheit, etwa 327 g*
4 Morgen, *Ackermaß*
5 Fuß, *Längenmaß, etwa 30 cm*

Ascanius ⟨ī⟩ M̄ MYTH Sohn des Aeneas, bei den Römern Iulus, Stammvater der gens Iulia

ascaulēs ⟨ae⟩ M̄ Mart. Dudelsackpfeifer

ascella ⟨ae⟩ F̄ ‖ala‖ (*spätl.*) kleiner Flügel

a-scendere ⟨scendō, scendī, scēnsum 3.⟩

A V̄I
1 hinaufsteigen, emporsteigen; **in contionem ~** die Rednerbühne besteigen, als Redner auftreten
2 *fig* sich aufschwingen, *in aliquid/ad aliquid* zu etw; **gradatim ad honores ~** Schritt für Schritt zu den Ehrenämtern aufsteigen

B V̄T
1 besteigen, ersteigen, **murum** eine Mauer
2 *fig* erreichen, **altiorem gradum** eine höhere Stufe

ascēnsiō ⟨ascēnsiōnis⟩ F̄ ‖ascendere‖
1 (*vkl., nachkl.*) Aufstieg, Aufsteigen; **~ Christi** (*eccl.*) Himmelfahrt Christi
2 *fig* Aufschwung

as-cēnsus¹ ⟨a, um⟩ PPP → ascendere
as-cēnsus² ⟨as-cēnsūs⟩ M̄ ‖ascendere‖
1 Hinaufsteigen, Ersteigen; **~ Capitolii** Aufstieg zum Kapitol; **~ in arcem** Ersteigen des Burgfelsens
2 *fig* das Emporsteigen, **ad amplioris honoris gradum** zur Stufe eines höheren Ehrenamtes; **ascensum dare** die Chance zum Aufstieg geben
3 Zugang; *fig* Stufe; **~ ad saxum** Aufstieg zum Felsen
4 GRAM, RHET Steigerung

ascia ⟨ae⟩ F̄ (*vkl., nachkl.*)
1 Axt der Zimmerleute
2 Maurerkelle

Asciburgium ⟨ī⟩ N̄ röm. Kastell am Niederrhein, heute wahrscheinlich Asberg bei Moers

a-scīre ⟨iō, -, - 4.⟩ ‖ad, scire‖ (*nachkl.*) *poet* annehmen, aufnehmen, **socios** Bundesgenossen

ascīscere ⟨scīscō, scīvī, scītum 3.⟩ ‖ascire‖
1 herbeiziehen, aufnehmen; **aliquem sibi socium ~** j-n als seinen Verbündeten nehmen; **in civitatem ~** das Bürgerrecht verleihen
2 *fig* annehmen, sich aneignen; **peregrinos ritūs ~** fremde Riten übernehmen
3 (sibi) ~ *fig* sich anmaßen, für sich in Anspruch nehmen, **sapientiam** Weisheit
4 *fig* billigen, gutheißen, **leges** Gesetze
5 **ascitus** PPP hergeholt, fremd

ascopa, ascopēra ⟨ae⟩ F̄ lederner Beutel; *Suet.* Bettelsack

Ascra ⟨ae⟩ F̄ Ortschaft in Böotien, Wohnsitz Hesiods, Ruinen Askra w. von Thivai (Theben)

Ascraeus ⟨a, um⟩ ADJ aus Ascra; des Hesiod; ländlich

Ascraeus ⟨ī⟩ M̄ Einwohner von Ascra, *auch =* Hesiod

a-scrībere ⟨scrībō, scrīpsī, scrīptum 3.⟩ ‖ad, scribere‖
1 dazuschreiben, schriftlich hinzufügen, *aliquid alicui rei* etw zu etw; **Alexandri nomini regis titulum ~** dem Namen Alexanders den Königstitel hinzufügen
2 (in eine Liste) eintragen, *aliquem in aliquid/alicui rei* j-n in etw, **in civitatem** in die Bürgerliste, **urbanae militiae** *Tac.* in die Stammrollen
3 schriftlich als *etw* einsetzen, zu *etw* bestellen, *+dopp. akk*; **aliquem tutorem liberis ~** j-n zum Hüter der Kinder bestellen
4 zu *etw* rechnen, *in aliquid/ad aliquid/alicui rei*, **in suum numerum** zu seinen Freunden
5 zuschreiben, beimessen, *alicui aliquid* j-m etw; **incommodum ~** zur Last legen

ascrīpticius ⟨a, um⟩ ADJ ‖ascribere‖ neu in die Bürgerliste eingetragen, als Bürger registriert

ascrīptiō ⟨ascrīptiōnis⟩ F̄ ‖ascribere‖ schriftlicher Zusatz, Eintragung in eine Liste

ascrīptīvus ⟨a, um⟩ ADJ ‖ascribere‖ *Plaut.* überzählig

ascrīptor ⟨ascrīptōris⟩ M̄ ‖ascribere‖ Mitunterzeichner; *fig* Förderer

Āsculānus
A ⟨a, um⟩ ADJ aus Asculum, asculanisch
B ⟨ī⟩ M̄ Einwohner von Asculum

Āsculum ⟨ī⟩ N̄ Hauptstadt von Picenum, heute Ascoli Piceno

asella ⟨ae⟩ F̄ ‖asina‖ *Ov.* Eselin

asellus ⟨ī⟩ M̄ ‖asinus‖
1 Esel, Eselchen
2 (*nachkl.*) delikater Seefisch

Asia ⟨ae⟩ F̄ Asien, Kleinasien, *bes* die römische Provinz Asien

Asiāgenēs ⟨Asiāgenis⟩ M̄ = **Asiaticus**

Asiānus ⟨a, um⟩ ADJ aus Asien stammend, aus Asiaten bestehend

Asiānus ⟨ī⟩ M̄ Asiat; *pl* die Steuerpächter in der Provinz Asien

Asiāticus ⟨a, um⟩ ADJ asiatisch, zufällig mit Asien zusammenhängend; **bellum Asiaticum** Krieg mit Mithridates; **Scipio ~** *Ehrentitel des L.*

Cornelius Scipio, der den Oberbefehl im Krieg gegen Antiochos III. von Syrien führte u. diesen bei Magnesia 190 v. Chr. besiegte

asīlus ⟨ī⟩ M̄ (nachkl.) poet Bremse, Stechfliege

asina ⟨ae⟩ F̄ ||asinus|| Eselin

Asināria ⟨ae⟩ F̄ ||asinarius|| Eselskomödie von Plautus

asinārius

A ⟨a, um⟩ ADJ ||asinus|| (vkl., nachkl.) Esel...; **moles asinariae** Eselmühlen, von Eseln bewegte Mühlen

B ⟨ī⟩ M̄ (vkl., nachkl.) Eseltreiber

Asinius ⟨a, um⟩ röm. Gentilname; **C. ~ Pollio** Kritiker, Dichter, Begründer der ersten Bibliothek Roms, Anhänger Caesars u. Octavians

asinus ⟨ī⟩ M̄ Esel; fig Dummkopf; Quint. bissiger Mensch

⚠ **Ab asinis ad boves transcendere.** Com. Von den Eseln zu den Stieren gehen = vom Regen in die Traufe kommen

Āsis ⟨Āsidis⟩ F̄ (erg. terra) Ov. = Asia

Asīsinātēs ⟨Asīsinātium⟩ M̄ die Einwohner von Asisium

Asisium ⟨ī⟩ N̄ Stadt in Umbrien, Geburtsort des Properz, heute Assisi

Āsius ⟨a, um⟩ ADJ ||Asia|| asiatisch, asisch, lydisch; **palus Asia** Verg. lydischer Sumpf bei Ephesus; **Asia prata** fruchtbare lydische Landstriche

Āsōpiadēs ⟨Āsōpiadae⟩ M̄ Nachkomme des Asopus

Āsōpis ⟨Āsōpidis⟩ F̄ Tochter des Asopus, = Aegina

Āsōpus ⟨ī⟩ M̄ Fluss in s. Böotien, heute Asopo; als Flussgott Sohn des Okeanos (Oceanus)

asōtus ⟨ī⟩ M̄ Schlemmer, Wüstling

asparagus ⟨ī⟩ M̄ (unkl.) Spargel

aspargere ⟨ō, -, - 3.⟩ = **aspergere**

aspargō ⟨asparginis⟩ F̄ = **aspergo**

Aspasia ⟨ae⟩ F̄ geistreiche u. rhetorisch begabte Frau aus Milet, Freundin u. später zweite Frau des Perikles

aspectābilis ⟨aspectābile⟩ ADJ ||aspectare|| sichtbar

aspectāre ⟨ō, āvī, ātum 1.⟩ ||aspicere||

1 aufmerksam anschauen

2 Verg., Tac. von Örtlichkeiten liegen nach; **mare, quod Hiberniam insulam aspectat** Meer vor Irland

1 Tac. achten, aliquid auf etw, **iussa principis** auf die Befehle des Fürsten

aspectus¹ ⟨aspectūs⟩ M̄ ||aspicere||

1 Blick, Anblick; **primo aspectu** auf den ersten Blick

2 Gesichtskreis, sichtbares Umfeld; **portus in aspectu urbis inclusus** Hafen im Gesichtskreis der Stadt

3 Gesichtspunkt, Aspekt

4 meton Sehkraft, Gesichtsfeld; **sub aspectum cadere** in den Gesichtskreis fallen

5 Sichtbarwerden; meton Aussehen, **horridus ~** schreckliches Aussehen

a-spectus² ⟨a, um⟩ PPP → **aspicere**

as-pellere ⟨pellō, pulī, pulsum 3.⟩ ||abs-, pellere|| (nachkl.) wegtreiben, vertreiben, a re/de re von etw

asper ⟨aspera, asperum, adv asperē⟩ ADJ

1 rau, uneben; **arteria aspera** Luftröhre; **capilli asperi** struppige Haare; **mare asperum** stürmisches Meer

2 fig rau, kalt; **caelum asperum** raues Klima; **hiems aspera** harter Winter

3 (meist nachkl.) fig vom Geschmack herb, scharf,; **vinum asperum** herber Wein; **odor ~** beißender Geruch

4 fig von der Rede holprig, bissig

5 fig vom Charakter ungeschliffen, trotzig; **iudicium asperum** hartes Urteil

6 fig von Tieren grimmig

7 fig von Zuständen schwierig, hart

8 fig von Gesetzen u. Ä. hart, streng

⚠ **Per aspera ad astra** Durch Schwieriges zu den Sternen = beschwerlich ist der Weg zum Erfolg

asperāre ⟨ō, āvī, ātum 1.⟩ ||asper|| (unkl.)

1 rau machen; **undas ~** Wellen aufwühlen

2 schärfen, spitzen, **sagittas** Pfeile

3 fig aufreizen; **in saevitiam ~** zur Raserei bringen; **iram alicuius ~** j-s Zorn erregen

a-spergere ⟨spergō, spersī, spersum 3.⟩ ||ad, spargere||

1 hinspritzen, hinstreuen, in re auf etw

2 anspritzen, aliquid alicui rei etw an etw; **virus pecori ~** das Vieh vergiften, das Vieh anstecken; **labeculam ~** einen Schandfleck anhängen

3 fig beimischen, hinzufügen; **sextulam ~** den 72. Teil vermachen; **alicui molestiam ~** j-n belästigen; **sales orationi ~** der Rede Salz beimischen

4 bestreuen, bespritzen, aliquid re etw mit etw; **panem sale ~** Brot mit Salz bestreuen; **mendaciunculis ~** mit kleinen Lügen verbrämen; **maculā ~** besudeln

aspergō ⟨asperginis⟩ F̄ ||aspergere|| (unkl.) das Bespritzen; Spritzer; **multa aspergine rorare** mit Sprühregen benetzen

asperitās ⟨asperitātis⟩ F̄ ||asper||

1 Unebenheit; pl Geländeschwierigkeit; **~ viarum** Unebenheit der Wege

2 fig Unwirtlichkeit, Härte

3 fig Bitterkeit, Bissigkeit, **verborum** der Worte

4 fig Rohheit, ungeschliffenes Wesen

5 fig von Sachen u. Zuständen Schwierigkeit, Widerwärtigkeit

aspernābilis ⟨aspernābile⟩ ADJ ‖aspernari‖ (vkl., nachkl.) verächtlich

aspernārī ⟨or, ātus sum 1.⟩ ‖spernere‖ unwillig zurückweisen, verschmähen

aspernātiō ⟨aspernātiōnis⟩ F ‖aspernari‖ Verachtung, Verschmähung, *alicuius rei* einer Sache; *Sen.* Abneigung

a-spersī → aspergere

aspersiō ⟨aspersiōnis⟩ F ‖aspergere‖
1 Versprühen, Verspritzen, **aquae** von Wasser
2 Auftragen von Farbe

a-spersus ⟨a, um⟩ PPP → aspergere

asperum ⟨ī⟩ N ‖asper‖ das Raue; *pl* harte Anforderungen; **per aspera ad astra** durch harte Arbeit zum Erfolg

a-spexī → aspicere

asphodelus ⟨ī⟩ M Asphodill, *ein in der Mittelmeerregion wild wachsendes immergrünes Liliengewächs mit großen, wohlriechenden Blüten; der noch junge u. zarte Stiel wurde im Altertum als Spargelgemüse, die herbsüße Knolle als Heil- sowie Nahrungsmittel verwendet*

a-spicere ⟨spiciō, spexī, spectum 3.⟩ ‖ad, specere‖
1 erblicken *aliquem/aliquid* j-n/etw, +AcI, **hanc lucem** das Licht der Welt
2 ansehen, genau anschauen, **vultum hominis** das Gesicht des Menschen
3 dreist ins Gesicht sehen, *aliquem* j-m
4 (nachkl.) mit Hochachtung ansehen
5 (nachkl.) fig von Örtlichkeiten liegen nach *etw*, Aussicht gewähren auf *etw*, *aliquid*; **domus aspicit meridiem** das Haus hat Aussicht nach Süden
6 besichtigen, *aliquid* etw, +indir Fragesatz; **situm omnem regionis ~** die Lage der ganzen Gegend in Augenschein nehmen
7 geistig betrachten; untersuchen; berücksichtigen, *aliquid* etw, +AcI/+indir Fragesatz

a-spīrāre ⟨ō, āvī, ātum 1.⟩ ‖ad, spirare‖

A VI
1 wehen, hauchen; **aspirant aurae in noctem** *Cic.* ein Wind weht gegen Abend
2 Luft aushauchen; *von Blasinstrumenten* den Ton angeben
3 fig j-n begünstigen, j-m förderlich sein, *alicui*
4 nach *etw* trachten, sich *einer Sache* zu nähern versuchen, *ad aliquid/in aliquid*; **ad spem consulatūs ~** sich zur Hoffnung auf das Konsulat versteigen
5 (spätl.) GRAM aspirieren, den H-Laut hinzusetzen, *absolut od alicui rei* zu etw; **consonantis ~** den Konsonanten Aspirata anfügen

B VT
1 (nachkl.) poet zuhauchen, zuwehen

2 (nachkl.) poet einflößen; **divinum amorem dictis ~** *Verg.* den Worten die göttliche Liebe einhauchen

▶ deutsch: **Aspirant**

aspīrātiō ⟨aspīrātiōnis⟩ F ‖aspirare‖
1 Anhauchen, Einatmen, **aeris** der Luft
2 Ausdünstung, **terrae** der Erde
3 GRAM Aspiration; *meton* H-Laut

aspis ⟨aspidis⟩ F u. M Viper, Natter

as-portāre ⟨ō, āvī, ātum 1.⟩ ‖abs-, portare‖ wegführen, wegbringen, *aliquem/aliquid ab loco/ ex loco in locum* j-n/etw von einem Ort zu einem Ort

asportātiō ⟨asportātiōnis⟩ F ‖asportare‖ Wegschaffen, Abtransport

asprētum ⟨ī⟩ N ‖asper‖ *Liv.* rauer Ort, unebene Stelle

as-pulī → aspellere

Assaracos, Assaracus ⟨ī⟩ M Sohn des Tros u. Großvater des Anchises, Ahnherr des Aeneas

assārius ⟨a, um⟩ ADJ ‖as‖ *Sen.* einen As wert, wenig wert

assecla ⟨ae⟩ M ‖assequor‖ Anhänger; *pej* Schmarotzer

assectārī ⟨or, ātus sum 1.⟩ ‖assequi‖ j-n ständig begleiten, sich j-m anschließen, *aliquem*

assectātiō ⟨assectātiōnis⟩ F ‖assectari‖ ständige Begleitung, *bes* von Amtsbewerbern

assectātor ⟨assectātōris⟩ M ‖assectari‖
1 ständiger Begleiter, POL Anhänger
2 *Plin.* Freier; *Quint.* Schürzenjäger; (nachkl.) Schmarotzer
3 Anhänger *einer Lehre od Schule*; *Plin.* Jünger

assecula ⟨ae⟩ M = assecla

assecūtor ⟨assecūtōris⟩ M ‖assequi‖ (spätl.) Begleiter, Anhänger

as-secūtus ⟨a, um⟩ PPERF → assequi

as-sēdī → assidere¹ u. → assidere²

assēnsiō ⟨assēnsiōnis⟩ F ‖assentiri‖ Zustimmung; PHIL das Fürwahrhalten eines Sinneseindrucks

assēnsor ⟨assēnsōris⟩ M ‖assentiri‖ Lobredner; der zustimmt

as-sēnsus¹ ⟨a, um⟩ PPERF → assentiri

as-sēnsus² ⟨as-sēnsūs⟩ M ‖assentiri‖
1 Zustimmung, Beifall
2 PHIL = **assensio**
3 *Verg.* Nachhall, Echo

as-sentārī ⟨or, ātus sum 1.⟩ ‖assentiri‖
1 immer beipflichten, gewohnheitsmäßig beistimmen; **nihil ~** in keiner Hinsicht schmeicheln
2 (vkl., nachkl.) zustimmen, *auch durch Handzeichen*

assentātiō ⟨assentātiōnis⟩ F ‖assentari‖ (nachkl.) Schmeichelei

assentātiuncula ⟨ae⟩ F ‖assentatio‖ elende

Schmeichelei

assentātor ⟨assentātōris⟩ M ‖assentare‖ Schmeichler, Speichellecker; **assentatores regii** Liv. Höflinge

assentātōriē ADV ‖assentator‖ nach Art der Schmeichler

assentātrīx ⟨assentātrīcis⟩ F ‖assentator‖ Schmeichlerin, Speichelleckerin

as-sentīre ⟨sentiō, sēnsī, sēnsum 4.⟩, **as-sentīrī** ⟨sentior, sēnsus sum 4.⟩ zustimmen, beistimmen, alicui/alicui rei j-m/einer Sache, de re/in re in Bezug auf etw, bei etw; **verbo ~** ohne Weiteres zustimmen; **assensum ei est** man stimmte ihm zu

as-sequī ⟨sequor, secūtus sum 3.⟩

1 einholen, erreichen, **vehiculum** einen Wagen

2 fig erreichen, gleichkommen

3 durch Anstrengung erlangen, ut/ne, **laudem** Anerkennung; **diem ~** einen Termin einhalten

4 geistig erfassen, begreifen, verstehen; **coniectūrā ~** erraten; **suspicione ~** vermuten

asser ⟨asseris⟩ M Stange, Latte; (nachkl.) Tragstange an einer Sänfte

as-serere[1] ⟨serō, sēvī, situm 3.⟩ (unkl.) daneben pflanzen, daneben säen

as-serere[2] ⟨serō, seruī, sertum 3.⟩

1 (nachkl.) poet j-m zusprechen, für j-n beanspruchen; **regnum ~** den Königstitel zusprechen; **caelo ~** den Göttern zurechnen; **sibi nomen sapientis ~** für sich den Titel eines Weisen beanspruchen

2 in libertatem ~ JUR (durch Auflegen der Hand) in Freiheit setzen

3 in servitutem ~ JUR (durch Handauflegen) als seinen Sklaven beanspruchen

4 (nachkl.) poet schützen, in Schutz nehmen; **se ab iniuria ~** sich vor Unrecht schützen

5 geltend machen, behaupten

assertiō ⟨assertiōnis⟩ F ‖asserere[2]‖ (nachkl.) Freisprechung eines Sklaven; Beanspruchung; Behauptung

assertor ⟨assertōris⟩ M ‖asserere[2]‖

1 der für j-s Freiheit eintritt, alicuius

2 der auf j-n als seinen Sklaven Anspruch erhebt, alicuius; **~ virginis** der ein Mädchen als seine Sklavin beansprucht

3 Befreier, Beschützer; **idoneus veritatis ~** geeignet als Schützer der Wahrheit

as-servāre ⟨ō, āvī, ātum 1.⟩ aufbewahren, in Haft halten; **ducem praedonum publicis custodiis ~** den Räuberhauptmann in staatlichem Gewahrsam halten;

as-servīre ⟨iō, īvī, - 4.⟩ j-m beistehen, j-n unterstützen, alicui

assessiō ⟨assessiōnis⟩ F ‖assidere[1]‖ Funktion des Beisitzers vor Gericht; Beistand

assessor ⟨assessōris⟩ M ‖assidere[1]‖ Beisitzer, Amtsgehilfe

as-sessum → assidere[1] u. → assidere[2]

assessus ⟨abl assessū⟩ M ‖assidere[1]‖ Sitzen bei j-m; **assessū meo** Prop. durch das Sitzen bei mir

assevēranter ADV ‖asseverare‖ ernstlich, nachdrücklich

as-sevērāre ⟨ō, āvī, ātum 1.⟩

A VI ernstlich verfahren, beharren, in re in etw

B VT ernstlich behaupten; bezeugen, aliquid etw, +AcI; **gravitatem ~** Tac. ernstes Wesen erkennen lassen; **magni artus Germanicam originem asseverant** Tac. die großen Gliedmaßen bezeugen die germanische Herkunft

assevērātiō ⟨assevērātiōnis⟩ F ‖asseverare‖ Versicherung; (nachkl.) meton Nachdruck

as-siccāre ⟨ō, āvī, ātum 1.⟩ (nachkl.) trocknen, **lacrimas** Tränen

as-sidēre[1] ⟨sideō, sēdī, sessum 2.⟩ ‖sedere‖

1 bei j-m sitzen, an etw sitzen, alicui/alicui rei

2 fig nahe sein, ähnlich sein; **parcus assidet insano** der Knausrige ist dem Kranken ähnlich

3 pflegen; **valetudini alicuius ~** j-m in der Krankheit beistehen

4 gerichtlich od amtlich Beisitzer sein, assistieren

5 MIL vor einem Ort lagern; einen Ort belagern, alicui loco; **moenibus assidet hostis** vor den Mauern lagert der Feind

6 einen Ort belagern, vor einem Ort Wache halten, alicui loco/aliquem locum

as-sīdere[2] ⟨sīdō, sēdī, sessum 3.⟩ sich hinsetzen, sich niederlassen, aliquem neben j-m, zu j-m, **in sella** auf dem Stuhl, **in bibliotheca** in der Bibliothek, **humi** auf dem Boden, **Adherbalem dexterā** rechts von Adherbal

assiduitās ⟨assiduitātis⟩ F ‖assiduus‖

1 beständige Gegenwart, ständige Anwesenheit; **~ medici** sorgsame Pflege des Arztes

2 ständige Wiederholung, Fortdauer; **epistularum ~** ununterbrochener Briefwechsel

3 Ausdauer, Beharrlichkeit, alicuius rei in etw

assiduus

A ⟨a, um, adv assiduē u. assiduō⟩ ADJ ‖assidere[1]‖

1 ansässig

2 fig bei etw sitzend, sich beständig irgendwo aufhaltend, **in praediis** auf dem Landgut, **cum aliquo/alicui** bei j-m; **dominus ~** häuslicher Herr; **~ circa scholam** regelmäßig in der Schule anwesend

3 fig unermüdlich tätig; von Sachen ununterbrochen; **~ in re** sich unablässig mit etw beschäftigend; **imbres assidui** anhaltende Regenfälle

B ⟨ī⟩ M JUR steuerpflichtiger Bürger

as-sīgnāre ⟨ō, āvī, ātum 1.⟩

1 anweisen, zuteilen, *alicui aliquid* j-m etw, **colonis agrum** den Siedlern Land
2 *fig* bestimmen, zuweisen; **munus humanum a deo assignatum** die von Gott zugewiesene Aufgabe des Menschen
3 zuschreiben, beimessen; **aliquid homini, non tempori ~** etw dem Menschen und nicht den Zeitumständen zuschreiben
4 *(nachkl.)* zur Bewachung übergeben, **custodibus** den Wächtern

assīgnātiō ⟨assīgnātiōnis⟩ F ||assignare||
1 Anweisung; **~ agrorum** Landverteilung
2 *fig meist pl* angewiesene Ländereien

as-silīre ⟨iō, uī, - 4.⟩ ||ad, salre||
1 *(nachkl.) poet* herbeispringen; heranstürmen, *alicui rei* gegen etw
2 *fig in der Rede* überspringen, *ad aliquid* auf etw; **moenibus ~** gegen die Mauern anstürmen; **ad genus illud orationis ~** mit der Tür ins Haus fallen

assimilāre ⟨ō, āvī, ātum 1.⟩ = assimulare
as-similis ⟨assimile, *adv* assimiliter⟩ ADJ ||assimulare|| ziemlich ähnlich

assimulāre ⟨ō, āvī, ātum 1.⟩
1 ähnlich machen, nachbilden, *aliquid alicui rei/in aliquid* etw einer Sache
2 vergleichen, für ähnlich erklären, *aliquid alicui rei* etw einer Sache
3 vorgeben, erheucheln, *absolut od aliquid* etw, *+dopp. akk/+inf +AcI;* **se amicum ~** sich als Freund ausgeben
▶ deutsch: **assimilieren**

assimulātiō ⟨assimulātiōnis⟩ F ||assimulare|| *(unkl.)* Angleichung; RHET vorgetäuschte Angleichung

assimulātus ⟨a, um⟩ PPP ||assimulare|| Schein...

assis ⟨assis⟩ M *(nachkl.)* Brett, Diele

as-sistere ⟨sistō, stitī, - 3.⟩
1 sich dazustellen, herantreten, *alicui rei/ad aliquid* zu etw, an etw; **consulum tribunalibus ~** *Tac.* vor den Konsul erscheinen
2 dabeistehen, dastehen, *alicui rei/ad aliquid* bei etw; **~ ad epulas regis** bei den königlichen Gastmählern aufwarten; **foribus principibus ~** antichambrieren
3 beistehen, *bes vor Gericht;* **causae alicuius ~** *Tac.* j-s Sache vertreten
▶ deutsch: **Assistent**

as-situs ⟨a, um⟩ PPP → asserere¹
as-solēre ⟨eō, -, - 2.⟩ *nur 3. Person sg u. pl gebräuchlich* pflegen; **assolet** es ist üblich

as-sonāre ⟨ō, -, - 1.⟩ *poet* mit einstimmen, **plangentibus** in die Wehklage

assūdāscere ⟨ō, -, - 3.⟩ *Plaut.* in Schweiß geraten

as-suēfacere ⟨faciō, fēcī, factum 3.⟩ gewöhnen, *re/alicius rei/ad aliquid* an etw

as-suere ⟨suō, suī, sūtum 3.⟩ *(nachkl.) poet* annähen; *(mlat.)* aufnähen

as-suēscere ⟨suēscō, suēvī, (suētum) 3.⟩
A VT = assuefacere
B VI sich gewöhnen, *re/alicius rei/ad aliquid* an etw, *+inf/+AcI;* **assuevisse** gewöhnt sein, pflegen

assuētūdō ⟨assuētūdinis⟩ F ||assuescere|| *(vkl., nachkl.) poet* Gewöhnung, *alicuius rei* an etw; intimer Umgang, *alicuius* mit jdm

assuētus ⟨a, um⟩ ADJ ||assuescere|| gewöhnt, *absolut od re/alicius rei/ad aliquid* an etw; *(nachkl.) poet* bekannt, vertraut, *absolut od alicui rei* mit etw; **assueto longius** *Ov.* weiter als gewöhnlich

assūgere ⟨sūgō, -, sūctum 3.⟩ *Lucr.* einsaugen, festsaugen

assula ⟨ae⟩ F ||assis|| *(vkl., nachkl.)* Splitter, Span
assulātim ADV ||assula|| *Plaut.* splitterweise, in kleinen Stücken

as-sultāre ⟨ō, āvī, ātum 1.⟩ *(nachkl.) poet* heranspringen, heranstürmen, angreifen

assultus ⟨*abl* assultū⟩ M, *nur im abl sg u. pl* ||assilire|| *(nachkl.) poet* Ansturm, stürmischer Angriff

assum¹ ⟨ī⟩ N ||assus|| Braten; **~ vitulinum** Kalbsbraten

as-sum² → adesse

as-sūmere ⟨sūmō, sūmpsī, sūmptum 3.⟩
1 annehmen, aufnehmen; **aliquem filium ~** j-n adoptieren; **coniugem ~** zur Frau nehmen; **cibum ~** Nahrung aufnehmen
2 bekommen, erhalten
3 hinzunehmen, **legiones** Truppen; **molestiam ad reliquos labores ~** zu den übrigen Lasten auch noch Ärger in Kauf nehmen
4 herbeiziehen, zu Hilfe nehmen
5 in Anspruch nehmen; sich anmaßen; **nomen regis ~** sich den Königstitel anmaßen
6 *log.* als Untersatz *in einem Syllogismus* aufstellen
7 sich *etw* vorbehalten
8 sich *etw* herausnehmen

assūmptiō ⟨assūmptiōnis⟩ F ||assumere||
1 Annahme, Übernahme
2 *log.* Untersatz *im Syllogismus*
3 **~ Mariae** *(eccl.)* Mariä Himmelfahrt (15. August)

assūmptīvus ⟨a, um⟩ ADJ ||assumptus|| unvollständig; ↔ absolutus

assūmptus ⟨a, um⟩ PPP → assumere

as-surgere ⟨surgō, surrēxī, surrēctum 3.⟩
1 sich aufrichten, aufstehen
2 sich vor *j-m* erheben, aufstehen, *alicui;* **maioribus natu ~** vor dem Älteren aufstehen
3 *vom Krankenlager* aufstehen, sich erholen
4 *von leblosen Dingen* sich erheben, aufsteigen; **colles assurgunt** Hügel erheben sich

5 sich aufschwingen, einen größeren Schwung nehmen
6 *von Gemütsbewegungen* wachsen, ansteigen; **assurgunt irae** die Zornesausbrüche steigern sich
7 *(nachkl.) poet* aufsteigen, **in auras** in die Lüfte
assus ⟨a, um⟩ ADJ ‖arere‖
1 *(unkl.)* gebraten, geschmort
2 trocken, warm; **sol ~** Sonnenbad; **sudatio assa** Schwitzbad; **(balneatum) assum** Schwitzbad
3 *fig* bloß, ohne Zutaten; **femina/nutrix assa** Kinderfrau, *die nicht zugleich Amme ist*
Assyria ⟨ae⟩ F *Landschaft am Tigris*
Assyrius ⟨a, um⟩ ADJ assyrisch; *poet* syrisch, morgenländisch; **Assyrium venenum** syrischer Purpur; **ebur Assyrium** indisches Elfenbein, über Syrien eingeführtes Elfenbein; **stagnum Assyrium** *See Genezareth in Palästina*
Assyrlus ⟨ī⟩ M Assyrier
ast KONJ.
1 dann
2 aber; = **at**
a-stāre ⟨stō, stitī, - 1.⟩
1 dastehen, dabeistehen; **astante aliquo** in j-s Gegenwart
2 *Plaut.* helfend dabeistehen
3 dienend dabeistehen, aufwarten
4 *fig* aufrecht stehen, emporragen
Astartē ⟨Astartēs⟩ F phönikisch-syrische Mond- u. Liebesgöttin
Asteria ⟨ae⟩ F, **Asteriaē** ⟨Asteriēs⟩ F MYTH *Tochter des Titanen Koios u. der Phoebe; wies Zeus' Umarmung zurück u. wurde zur Strafe in eine Wachtel verwandelt, stürzte ins Meer u. wurde zur Insel Asteria, später Ortygia, dann Delos; bei Horaz Eigenname* „Sternenmädchen"
asteriscus ⟨ī⟩ M *(nachkl.)* Sternchen *als kritisches Zeichen für Textlücken*
a-sternere ⟨sternō, strāvī, strātum 3.⟩ *poet* hinstreuen; *passiv* sich hinstrecken, *alicui rei* bei etw, **sepulcro** bei dem Grab
asticus
A ⟨a, um⟩ ADJ städtisch
B ⟨ī⟩ M Städter
a-stipulārī ⟨or, ātus sum 1.⟩
1 *(nachkl.)* JUR als Vertragszeuge fungieren
2 *fig* beipflichten
astipulātiō ⟨astipulātiōnis⟩ F ‖astipulari‖ *(nachkl.)* völlige Übereinstimmung, Zustimmung
astipulātor ⟨astipulātōris⟩ M ‖astipulari‖
1 JUR Zeuge eines mündlichen Vertrags
2 *fig* Nachbeter, Anhänger
a-stitī → astare
a-stituere ⟨uō, uī, ūtum 3.⟩ ‖statuere‖ *(vkl.,*
nachkl.) hinstellen
Astraea ⟨ae⟩ F
1 MYTH jungfräuliche Göttin der Gerechtigkeit
2 Jungfrau, *als Sternbild*
Astraeus ⟨ī⟩ M MYTH Titan, *der mit Eos/Aurora die Winde zeugte, die deshalb Astraei fratres heißen*
astragalus ⟨ī⟩ M
1 Knöchel, Halswirbel
2 *Vitr.* ARCH Astragal, Perlstab, *erhabener, halbrunder Ring zwischen Kapitell u. Schaft der ionischen Säule*
a-strepere ⟨strepō, strepuī, strepitum 3.⟩
A VI dazu lärmen; lärmend beistimmen
B VT lärmend einstimmen, *aliquid* in etw
astrictus ⟨a, um, *adv* astrictē⟩ ADJ ‖astringere‖
1 *(nachkl.) poet* straff angezogen, fest verschlossen; **aquae astrictae** zugefrorene Gewässer
2 *(nachkl.) fig* sparsam, genau
3 bündig, kurz
4 RHET rhythmisch gebunden; ↔ liber
astri-fer ⟨astrifera, astriferum⟩ ADJ ‖astrum, ferre‖ *(nachkl.) poet* Sterne tragend; gestirnt
a-stringere ⟨stringō, strīnxī, strictum 3.⟩
1 straff anziehen; verstopfen; **vinculum ~** die Fessel straff ziehen; **ad statuam ~** an eine Statue anbinden; **corticem pice ~** die Rinde mit Pech verkitten
2 erstarren lassen, gefrieren lassen
3 *fig* zusammenfassen; **argumenta breviter ~** die Gründe kurz zusammenfassen
4 *geistig* binden, verpflichten; **cives religione ~** die Bürger durch die Religion binden; **maioribus astringi** *Sall.* von wichtigeren Dingen beansprucht werden
astrologia ⟨ae⟩ F Sternkunde, Astronomie; *(spätl.)* Astrologie
astrologus ⟨ī⟩ M
1 Astronom, Sternkundiger
2 Sterndeuter, Astrologe
astronomia ⟨ae⟩ F Sternkunde, Astronomie
a-struere ⟨struō, strūxī, strūctum 3.⟩ ‖adstruere‖
1 anbauen, *alicui rei* an etw; **~ re** mit etw bedecken
2 *(nachkl.) poet* noch hinzufügen
3 *(nachkl.)* j-m zuschreiben, *alicui*
4 aliquem falsis criminibus ~ *Curt.* j-n zur Stützung falscher Beschuldigungen anstellen
5 bemerken, versichern, behaupten, *+AcI/+inf*
astrum ⟨ī⟩ N
1 Gestirn, Sternbild; *poet* Konstellation in der Geburtsstunde
2 PL *fig* Himmel, Unsterblichkeit; **ad astra educere** in den Himmel erheben, laut preisen
astu N *nur diese Form als akk u. abl gebräuchlich* Stadt = Athen; → urbs = Rom

astula ⟨ae⟩ F = **assula**

a-stupēre ⟨eō, -, - 2.⟩ (nachkl.) poet anstaunen, *alicui* jdn

Astur ⟨Asturis⟩ M Einwohner von Asturia, Asturier

Astura ⟨ae⟩
① M Fluss in Latium
② F Städtchen an der Mündung des gleichnamigen Flusses ins Tyrrhenische Meer, heute Torre Astura

asturcō ⟨asturcōnis⟩ M ||Astur|| asturisches Pferd

Asturia ⟨ae⟩ F Landschaft im N Spaniens, identisch mit dem heutigen Asturien (Asturias) mit der Hauptstadt Oviedo

astus ⟨astūs⟩ M List, Finte

astūtia ⟨ae⟩ F ||astutus|| Schlauheit, List; *pl* Kunstgriffe

astūtus ⟨a, um, *adv* astūtē⟩ ADJ ||astus|| schlau, listig

asty N = **astu**

Astyanax ⟨Astyanactis⟩ M Sohn des Hektor

asȳlum ⟨ī⟩ N Freistätte, Asyl

asymbolus ⟨a, um⟩ ADJ keinen Beitrag zahlend, beitragsfrei, *bei Gastmählern* zechfrei

at KONJ
① zum Ausdruck des Gegensatzes aber, dagegen; *oft verstärkt* **at vero** aber fürwahr; **at certe** aber sicherlich; **at contra** aber im Gegenteil; **at tamen** aber dennoch; **at etiam** aber sogar
② Ausdruck des Einwurfes aber, so wird man einwenden; aber dagegen ist einzuwenden; *verstärkt* **at enim** aber freilich
③ einschränkend nach Bedingung **si non/si minus ... at/at certe/at tamen** wenn nicht ..., so doch wenigstens
④ bei Verwünschungen, Drohungen, Ausrufen des Erstaunens u. Unwillens aber, ach!, oh!

atābulus ⟨ī⟩ M (nachkl.) poet heißer Südostwind, Schirokko

Atacīnus
Ⓐ ⟨a, um⟩ ADJ des Atax, atacinisch
Ⓑ ⟨ī⟩ M Beiname des Dichters Publius Terentius Varro *um 50 v. Chr.*

Atalanta ⟨ae⟩ F, **Atalantē** ⟨Atalantēs⟩ F MYTH jungfräuliche Jägerin aus Arkadien u. Böotien, Teilnehmerin an der Kalydonischen Eberjagd; von Freiern verlangte sie einen Wettlauf; wurde von Milanion besiegt, weil dieser goldene Äpfel der Aphrodite auf die Bahn geworfen hatte; dadurch verlor sie Vorsprung u. Sieg u. wurde seine Frau

atat = **attat**

at-avus ⟨ī⟩ M Vater des Urgroßvaters, Vater der Urgroßmutter; *pl* poet Ahnen, Vorfahren; (mlat.) Onkel

Atax ⟨Atacis⟩ M Küstenfluss in Gallia Narbonensis, heute Aude

Ātella ⟨ae⟩ F Stadt der Osker in Kampanien nördlich von Neapel, röm. Munizipalstadt, lief zu Hannibal über u. wurde dafür von den Römern bestraft

Ātellānus ⟨a, um⟩ ADJ atellanisch; **fabula Atellana** Atellane, von Atella nach Rom gebrachte Volksposse, mit feststehenden Charaktertypen

Ātellānus ⟨ī⟩ M Atellaner; Atellanenspieler

āter ⟨ātra, ātrum⟩ ADJ
① trüb, dunkel; **mare atrum** aufgewühltes Meer
② poet schwarz gekleidet
③ (nachkl.) fig traurig, unheilvoll; **dies ~** Unglückstag
④ übel wollend, neidisch

Ateste ⟨Atestis⟩ N Stadt im Land der Veneter, heute Este

Atestīnus ⟨a, um⟩ ADJ aus Ateste, von Ateste

Atestīnus ⟨ī⟩ M Einwohner von Ateste

Athamānes ⟨Athamānum⟩ M die Athamanen

Athamānia ⟨ae⟩ F Landschaft in Epirus an der Grenze zu Thessalien

Athamantēus ⟨a, um⟩ ADJ des Athamas

Athamantiadēs ⟨Athamantiadae⟩ M Sohn des Athamas; = Pelaemon; Nachkomme des Athamas

Athamantis ⟨Athamantidis⟩ F Tochter des Athamas, = Helle

Athamās ⟨Athamantis⟩ M Sohn des Aiolos (Aeolus) u. Gatte der Nephele

Athēna ⟨ae⟩ F MYTH Athene, griech. Göttin, lat. Minerva, dem Haupt des Zeus entsprungen

Athēnae ⟨ārum⟩ F Athen, Hauptstadt Attikas

Athēnaeum ⟨ī⟩ N
① Athenetempel in Athen, wo Dichter u. Gelehrte ihre Werke vortrugen
② von Kaiser Hadrian gegründete Akademie in Rom als Schule für Philosophie, Rhetorik, Grammatik u. Jura

Athēniēnsis
Ⓐ ⟨Athēniēnse⟩ ADJ ||Athenae|| athenisch
Ⓑ ⟨Athēniēnsis⟩ M Athener

Athesis ⟨Athesis, *akk* Athesim, Athesī⟩ M Fluss in Raetien, heute Adige/Etsch

āthlēta ⟨ae⟩ M Athlet, Wettkämpfer; (eccl.) Glaubenskämpfer

āthlēticus ⟨a, um⟩ ADJ athletisch, zum Wettkämpfer gehörig

Athō(n), **Athōs** ⟨Athōnis⟩ M Berg auf Chalkidike, heute heiliger Berg der Ostkirche mit mehreren Klöstern

Atīlius ⟨a, um⟩ röm. Gentilname; **A. ~ Calatinus** Konsul im ersten Punischen Krieg; **M. ~ Regulus** → Regulus

Ātīna ⟨ae⟩ M Stadt in Latium, heute Atina

Ātīnās ⟨Ātīnātis⟩ ADJ aus Atina, von Atina

Ātīnās ⟨Ātīnātis⟩ M Einwohner von Atina

Atlantēus ⟨a, um⟩ ADJ ||Atlas|| des Atlasgebir-

ges
Atlantiadēs ⟨Atlantiadae⟩ M̄ Nachkomme des Atlas, = Hermes/Merkur, = Hermaphroditus
Atlantis ⟨Atlantidis⟩ F̄ weiblicher Nachkomme des Atlas, Atlantide, = Elektra, = Kalypso
Atlās ⟨Atlantis⟩ M̄
▪1 MYTH Titan, der sich dem Zeus unterwarf, Bruder des Prometheus u. Epimetheus, Vater der Plejaden, Hyaden u. der Kalypso; nach der Perseussage in einen Felsen verwandelt, als Perseus ihm das Haupt der Medusa zeigte, weil Atlas ihm die Gastfreundschaft verweigert hatte; nach antiker Auffassung Träger des Himmels
▪2 Gebirgszug im NW von Afrika; das halbkreisförmige Gebirgssystem umschließt die Hochebene von Marokko u. erreicht im Hohen Atlas 4000 m Höhe
▪3 meton hoch gewachsener Mensch
atomus
▪A ⟨a, um⟩ ADJ unteilbar
▪B ⟨ī⟩ F̄ Atom
atque KONJ
▪1 Anknüpfung des Gewichtigeren und noch dazu, und sogar, und besonders; **intra moenia ~ in sinu urbis** innerhalb der Mauern und sogar im Herzen der Stadt
▪2 und zur Verbindung synonymer od entgegengesetzter Begriffe; **orare ~ obsecrare** bitten und flehen; **etiam ~ etiam** immer wieder
▪3 als, wie nach Wörtern der Gleichheit/Ungleichheit, Ähnlichkeit/Verschiedenheit; **eadem virtus in homine ~ deo inest** im Menschen wohnt die gleiche Tugend wie in Gott; **non aliter scribo ~ sentio** ich schreibe nicht anders, als ich denke; **simulac/simul~** sobald als
▪4 erklärend und zwar; nach negativen Ausdrücken sondern; = **sed**; folgernd und so, und daher; bestätigend und wirklich; kontrastierend und doch, und trotzdem; = **atqui**; **~ adeo** und vielmehr, oder vielmehr
▪5 in Aufzählungen sodann, ferner,
▪6 bei Nebenbemerkungen aber, übrigens; **~ ne quis forte miretur** und es soll sich niemand etwa wundern

atquī, atquīn KONJ
▪1 aber, trotzdem
▪2 im Gegenteil, vielmehr
▪3 allerdings, freilich
▪4 Einleitung des Untersatzes im Syllogismus nun aber; **omnes homines mortales sunt**; **~ Gaius homo est, ergo ...** alle Menschen sind sterblich; nun aber ist Gaius ein Mensch, also ...

ātrāmentum ⟨ī⟩ N̄ ||ater||
▪1 Schwärze, schwarze Farbe
▪2 Tinte
▪3 Kupfervitriol
ātrātus ⟨a, um⟩ ADJ ||ater||
▪1 (unkl.) geschwärzt
▪2 in Trauerkleidung

Atrebas ⟨Atrebatis⟩ M̄, PL **Atrebatēs** ⟨Atrebatum⟩ kelt. Volk in Gallia Belgica, heute Artois
Atreūs ⟨Atreī⟩ M̄ König von Mykene, Sohn des Pelops
Atria ⟨ae⟩ F̄ = **Hadria**
Atrīdēs ⟨Atrīdae⟩ M̄ Sohn des Atreus, Atride, = Agamemnon, = Menelaos
ātriēnsis ⟨ātriēnsis⟩ M̄ ||atrium|| Hausmeister, Hausdiener
ātriolum ⟨ī⟩ N̄ ||atrium|| kleines Atrium
ātritās ⟨ātritātis⟩ F̄ ||ater|| Plaut. Schwärze
ātrium ⟨ī⟩ N̄
▪1 Atrium, Hauptraum des röm. Hauses, zumeist mit Dachöffnung zur Aufnahme des Regenwassers (compluvium), das in einer Vertiefung im Fußboden (impluvium) gesammelt wird
▪2 später Saal, Vorhof; **~ Libertatis** Atrium der Göttin Libertas, Tempel der Göttin Libertas
▪3 Empfangssaal; pl Paläste; poet Hallen der Götter
▪4 (spätl., eccl.) Vorhof der altchr. Basilika, auch „Paradies" genannt
atrōcitās ⟨atrōcitātis⟩ F̄ ||atrox||
▪1 Schreckliches, Entsetzliches
▪2 Härte, Strenge
atrōx ⟨atrōcis, adv atrōciter⟩ ADJ
▪1 meist von Sachen abscheulich, grässlich
▪2 von Personen hart, grausam
attāctus[1] ⟨attāctūs⟩ M̄ ||attingo|| Berührung
at-tāctus[2] ⟨a, um⟩ PPP → **attingere**
attagēn ⟨attagēnis⟩ M̄, **attagēna** ⟨ae⟩ F̄ Wildhuhn, Haselhuhn
Attalicus ⟨a, um⟩ ADJ des Attalus; reich
Attalus ⟨ī⟩ M̄ Name mehrerer Könige von Pergamon; **~ III.** (gest. 133 v. Chr.) vermachte testamentarisch sein Reich den Römern
at-tamen KONJ aber dennoch, aber doch
at-tāmināre ⟨ō, āvī, ātum 1.⟩ antasten; fig verführen
attāt, attat INT Com. ach!; ja, ja!
attegia ⟨ae⟩ F̄ luv. Hütte, Zelt
at-temperāre ⟨ō, āvī, ātum 1.⟩ anpassen, anfügen; **gladium sibi ~** das Schwert auf sich richten
attemperātē ADV ||attemperare|| Ter. zur rechten Zeit
at-temptāre ⟨ō, āvī, ātum 1.⟩
▪1 etw versuchen, j-n auf die Probe stellen, aliquem/aliquid
▪2 zur Untreue zu verleiten suchen, in Versuchung führen
▪3 angreifen, anfechten; **~ linguā** mit der Rede angreifen
at-tendere ⟨tendō, tendī, tentum 3.⟩

1 (vkl., nachkl.) spannen, auf *etw* richten; *passiv* sich hinstrecken

2 *fig* **animum** ~ die Aufmerksamkeit auf *etw* richten; an *j-n* denken, *absolut od ad aliquem/ad aliquid*, **ad cavendum** um sich vorzusehen

3 beachten, merken, *aliquem j-n, aliquid/de re/alicui rei etw, +AcI/+indir Fragesatz*

at-tentāre ⟨ō, āvī, ātum 1.⟩ = **attemptare**

attentiō ⟨attentiōnis⟩ F̄ ||attendere|| Anspannung, Aufmerksamkeit

attentus¹ ⟨a, um, *adv* attentē⟩ ADJ ||attendere||
1 gespannt, aufmerksam
2 bedacht, *alicui rei/ad aliquid* auf etw
3 strebsam; haushälterisch; *a.* **quaesitis** sparsam mit seinem Gut
4 (*mlat.*) inbrünstig

at-tentus² ⟨a, um⟩ PPP → **attendere** *u.* → **attinere**

at-tenuāre ⟨ō, āvī, ātum 1.⟩
1 dünn machen, verdünnen; *passiv* dünn werden, schrumpfen
2 *fig* schwächen, mildern; *passiv* schwinden, herunterkommen

attenuātus ⟨a, um⟩ ADJ ||attenuare|| schmucklos, schlicht; *von der Rede* matt

at-terere ⟨terō, trīvī, trītum 3.⟩ (nachkl.) poet
1 an *etw* reiben, *alicui rei*
2 wund reiben, abnutzen
3 zerreiben; schwächen; *passiv Tac.* gekränkt werden; **herbas** ~ Kräuter zerreiben; **opes Italiae** ~ die Schätze Italiens erschöpfen

at-testārī ⟨or, ātus sum 1.⟩ (unkl.) bezeugen, beweisen

at-texere ⟨texō, texuī, textum 3.⟩ daranflechten; *fig* hinzufügen, *alicui rei/ad aliquid* an etw

Atthis
A ⟨Atthidis⟩ ADJ *poet* attisch, athenisch
B ⟨Atthidis⟩ F̄
1 *poet* Attika
2 *poet* Athenerin; *meton* Nachtigall, Schwalbe

Attiānus ⟨a, um⟩ ADJ des Attius

Attica ⟨ae⟩ F̄ *griech. Landschaft um Athen*

atticissāre ⟨ō, āvī, ātum 1.⟩ (vkl., nachkl.) attisch reden; in attischem Ton abgefasst sein

Atticus ⟨a, um⟩ ADJ attisch, athenisch

Atticus ⟨ī⟩ M̄ Attiker, Athener

at-tigī → **attingere**

attiguus ⟨a, um⟩ ADJ angrenzend

Attīlius ⟨ī⟩ M̄ = **Atilius**

at-tinēre ⟨tineō, tinuī, tentum 2.⟩ ||tenere||
A VT (unkl.)
1 aufhalten, zurückhalten; **publicā custodiā** ~ in staatlichem Gewahrsam halten
2 hinhalten, **spe pacis** mit der Hoffnung auf Frieden
3 als Besitz behaupten, **ripam Danuvii** das Donauufer
4 *geistig* festhalten, fesseln; **oratio Caesaris me attinet** die Rede Caesars fesselt mich
B VI
1 (nachkl.) sich erstrecken, reichen
2 *fig* nur in der 3. Person sich auf *j-n/etw* beziehen, *j-n* angehen, *ad aliquem/ad aliquid*; **quod ad librum attinet** was das Buch betrifft; **quod ad me attinet** soweit es auf mich ankommt, was mich betrifft, meinetwegen; **non/nihil attinet** +inf/+AcI/+indir Fragesatz es kommt nicht darauf an, es ist gleichgültig

at-tingere ⟨tingō, tigī, tāctum 3.⟩ ||ad, tangere||
1 anrühren, berühren, **digito** mit dem Finger; **venam** ~ den Puls fühlen
2 **aliquam** ~ *fig* mit einer Frau intim sein
3 *Nahrung* essen, fressen
4 sich aneignen, **partem de praeda** einen Teil der Beute
5 *einen Ort* erreichen; **Siciliam** ~ in Sizilien landen
6 an *etw* grenzen, *aliquid*; **Gallia Rhenum attingit** Gallien grenzt an den Rhein
7 angreifen, schlagen; auf *j-n* stoßen, *aliquem*; **hostes Sullam attingunt** die Feinde greifen Sulla an
8 betreffen, angehen; **aliquem affinitate** ~ mit *j-m* verwandt sein
9 sich befassen, *aliquid* mit etw; **rem militarem** ~ mit dem Kriegswesen befasst sein
10 *in der Rede* erwähnen, streifen

Attis ⟨Attidis, *akk* Attidin⟩ M̄ Geliebter der Kybele, gab ihr das Versprechen keusch zu bleiben, hielt es aber nicht, wurde wahnsinnig *u.* entmannte sich selbst

Attius ⟨a, um⟩ *röm. Gentilname*
1 ~ **Labienus** Volkstribun 63 v. Chr., Legat Caesars in Gallien, ging 49 v. Chr. zu Pompeius über, 45 v. Chr. bei Munda gefallen
2 P. ~ **Varus** Anhänger des Pompeius, Statthalter in Afrika

at-tollere ⟨ō, -, - 3.⟩ (unkl.)
1 aufheben, aufrichten; **regem umeris** ~ den König auf die Schultern heben; **manūs ad caelum** ~ die Hände zum Himmel heben; **turrim** ~ einen Turm errichten
2 *fig* erheben, aufrichten; **animos civium** ~ die Bürger ermutigen; **orationem** ~ der Rede mehr Schwung geben
3 erhöhen, auszeichnen, **praemiis** durch Belohnungen
4 *passiv u.* **se** ~ sich aufrichten, emporsteigen, *auch von Örtlichkeiten, denen man sich nähert*

at-tonāre ⟨ō, uī, itum 1.⟩ (nachkl.) *poet* andonnern, betäuben

at-tondēre ⟨tondeō, tondī, tōnsum 2.⟩
1 (unkl.) scheren, beschneiden, **vitem** den Weinstock
2 benagen
3 *Plaut.* betrügen, verprügeln
4 *poet* vermindern, schmälern

attonitus ⟨a, um⟩ ADJ ||attonare||
1 wie vom Donner betäubt, erstarrt
2 bestürzt, besinnungslos
3 verzückt, begeistert

at-torquēre ⟨eō, -, - 2.⟩ *Verg.* wirbeln, schwingen

at-tractāre ⟨ō, āvī, ātum 1.⟩ = **attrectare**

attractus ⟨a, um⟩ ADJ ||attrahere|| *Sen.* straff angezogen; **frons attracta** finstere Stirn

at-trahere ⟨trahō, trāxī, tractum 3.⟩
1 heranziehen, herbeiziehen; **magnes (lapis) ferrum attrahit** der Magnet zieht Eisen an; ~ **spiritum ab alto** *Verg.* tief Atem holen
2 (nachkl.) *poet* spannen, **arcum** den Bogen
3 *fig* herbeischleppen, kommen lassen

at-trectāre ⟨ō, āvī, ātum 1.⟩ ||ad, tractare||
1 betasten, berühren; **blanditia popularis aspicitur, non attrectatur** die Schmeichelei des Volkes sieht man, fühlt sie aber nicht
2 in die Hand nehmen
3 ungebührlich anfassen, unzüchtig berühren
4 (nachkl.) *poet* nach *etw* greifen, *etw* unrechtmäßig sich aneignen, *aliquid*
5 (nachkl.) *poet* sich mit *etw* befassen, sich an *etw* versuchen, *aliquid*

attrectātus nur abl ⟨attrectātū⟩ M ||attrectare|| *poet* Betasten, Berührung

at-trepidāre ⟨ō, -, - 1.⟩ *Plaut.* herbeitrippeln

at-tribuere ⟨tribuō, tribuī, tribūtum 3.⟩
1 zuteilen, anweisen, *alicui aliquid* j-m *etw*, +*dopp. akk*; **equitibus sinistrum cornu** ~ der Reiterei den linken Flügel zuweisen; **militibus vicum ad hibernandum** ~ den Soldaten ein Dorf zum Überwintern zuweisen; **Cassio urbem inflammandam** ~ Cassius die Stadt zur Einäscherung übergeben
2 als Diener/Begleiter zuweisen, zuteilen
3 Geld auszahlen lassen; **pecuniam ex aerario** ~ aus der Staatskasse Geld anweisen; **attributus** der Schuldner, für den Geld angewiesen wurde
4 als Abgabe auferlegen für *etw*, mit *etw* besteuern, *aliquid alicui rei*
5 *fig* verleihen, einräumen, **auctoritatem** Ansehen
6 *fig* zuschreiben *als Eigenschaft, Ausspruch, Schuld, Verdienst*; in den Mund legen, *alicui aliquid* j-m *etw*; **attribui/attributum esse** GRAM, RHET als Prädikat beigelegt werden, als Attribut zukommen

attribūtiō ⟨attribūtiōnis⟩ F ||attribuere||
1 Geldanweisung
2 GRAM Attribut
3 RHET Nebenumstand

at-tribūtus ⟨a, um⟩ PPP → **attribuere**

attrītus¹ ⟨a, um⟩ ADJ ||atterere|| abgenutzt; *Iuv. fig* schamlos; **oratio attrita** *Tac.* schwache Rede

attrītus² ⟨attrītūs⟩ M ||atterere|| Reibung, Reiben

at-tulī → **afferre**

Atuatuca ⟨ae⟩ F Kastell der Eburonen, heute Tongern bei Limburg in Belgien

Atuatucī ⟨ōrum⟩ M imbrischer Stamm der Germani cisrhenani zwischen Lüttich u. Namur u. in Limburg; von Caesar vernichtet, blieb ein Rest unter dem Namen Tongri; Hauptort Atuatuca

Atys ⟨Atyos⟩ M
1 Sohn des Herkules u. der Omphale, Stammvater der lydischen Könige
2 Troer, Stammvater der gens Attia

au¹ INT *Com., Petr.* ach geh!, bewahre!

au-² PRÄF ab-, weg-, fort-; **au-ferre** weg-tragen; **au-fugere** ent-fliehen

au-ceps ⟨aucupis⟩ M ||avis, capere||
1 (unkl.) Vogelfänger; Geflügelhändler
2 ~ **syllabarum** *fig* Silbenstecher, spitzfindiger Anwalt

auctāre ⟨ō, āvī, ātum 1.⟩ ||augere|| (vkl.) *poet* ständig vermehren, ständig bereichern

auctārium ⟨ī⟩ N ||augere|| *Plaut.* Zugabe, Zuschlag *zu einem Geldbetrag*

aucti-fer ⟨auctifera, auctiferum⟩ ADJ ||auctus¹, ferre|| fruchtbar

aucti-ficus ⟨a, um⟩ ADJ ||auctus¹, facere|| das Wachstum fördernd

auctiō ⟨auctiōnis⟩ F ||augere|| Versteigerung; *meton* Versteigerungsgut

auctiōnārī ⟨or, ātus sum 1.⟩ ||auctio|| Versteigerung abhalten

auctiōnārius ⟨a, um⟩ ADJ ||auctio|| Versteigerungs..., Auktions...; **tabulae auctionariae** Versteigerungsliste

auctiōnātor ⟨auctiōnātōris⟩ M ||auctionari|| (spätl.) Versteigerer, Auktionator

auctitāre ⟨ō, āvī, ātum 1.⟩ ||augere|| *Tac.* stark vermehren

auctor ⟨auctōris⟩ M ||augere||
1 Urheber, Schöpfer; ~ **belli** Anstifter zum Krieg; ~ **solutis** Retter
2 Ahnherr, Stammvater; ~ **gentis** Ahnherr des Stammes
3 künstlerisch Schöpfer, Erbauer; ~ **templi** Erbauer des Tempels
4 wissenschaftlich Erfinder, Entdecker; ~ **naturae verique** Erforscher der Natur und der

Wahrheit; **Pythagora auctore** nach der Lehre des Pythagoras

5 POL Antragsteller, Wortführer; **~ multarum legum** Begründer vieler Gesetze; **~ alicui sum alicuius rei** ich rate j-m zu etw, ich beantrage etw bei j-m; **aliquo auctore** auf j-s Rat, auf j-s Veranlassung; **patres auctores fiunt** der Senat genehmigt einen Volksbeschluss, der Senat bestätigt einen Volksbeschluss; **~ legis** der für die Anwendung eines bestehenden Gesetzes Eintretende, der ein beantragtes Gesetz Befürwortende

6 Vorbild; Meister, *alicuius rei* in etw, für etw; **~ omnium virtutum** Verkörperung aller Tugenden; **~ dicendi** Meister des Wortes; **~ consilii publici** Stimmführer im Senat; **aliquem auctorem habere** j-n zum Vorbild haben

7 Berichterstatter; Verfasser; **~ rerum Romanarum** Verfasser einer römischen Geschichte; **~ esse** +AcI Quelle für *etw* sein

8 JUR Bürge, Vertreter, Vormund; Gewährsmann, Zeuge *in Rechtsgeschäften, bes in Fragen von Eigentum u. Kauf, Verkauf, Erbschaft, Vertretung Unmündiger, vergleichbar mit dem Amtsbereich des Notars*

▶ deutsch: **Autor**

auctōrāmentum ⟨ī⟩ N ||auctorare||

1 (*nachkl.*) Vertrag, Kontrakt *bes der Soldaten u. Gladiatoren*

2 *meton* Handgeld, Sold; *fig* Preis

auctōrāre ⟨ō, āvī, ātum 1.⟩ ||auctor|| (*nachkl.*) *poet* verpflichten, *bes einen Gladiator*; **pignore ~** durch Pfand verpflichten

auctōritās ⟨auctōritātis⟩ F ||auctor||

1 Gültigkeit, Gewähr; **usus et ~ fundi** Nießbrauch und darauf gegründetes Eigentumsrecht des Bodens; **~ testis** Glaubwürdigkeit des Zeugen

2 Veranlassung; Empfehlung; **in auctoritate alicuius esse** sich j-s Willen fügen; **perpetua tua ~ de pace** dein fortwährendes Raten zum Frieden

3 Vollmacht, Recht, *bes im staatsrechtlichen Sinn*; **~ legum dandarum** Recht Gesetze zu erlassen; **~ patrum/senatūs** Wille des Senats, zum Senatsbeschluss erhobenes Senatsgutachten

4 Beweismittel, Dokument

5 Beispiel, Vorbild; **auctoritatem disciplinamque capessendae rei publicae praescribere alicui** j-m in der Politik Muster und System vorzeichnen

6 Ansehen, Einfluss; **~ prudentium** Einfluss der Fachleute, Gutachten der Rechtsgelehrten; **auctoritate multum valere apud populum** durch sein Ansehen großen Einfluss beim Volk haben

7 *meton* einflussreiche Person

8 *fig* Würde, Ausstrahlung; **summā cum auctoritate loqui** mit höchster Würde sprechen, **magna ~ in ea oratione inerat** große Würde lag in dieser Rede

▶ deutsch: **Autorität**

auctumnus ⟨ī⟩ M = **autumnus**

auctus[1] ⟨auctūs⟩ M ||augere|| (*nachkl.*) *poet*

1 Vergrößerung, Wachstum; **~ aquarum** das Anschwellen des Wassers

2 *fig* Entfaltung, Reife; **~ civitatis** Gedeihen einer Stadt

3 *meton* Größe, Stärke

auctus[2] ⟨a, um⟩ ADJ ||augere||, *nur im komp* vergrößert, reichlich

auctus[3] ⟨a, um⟩ PPP → **augere**

aucupāre ⟨ō, āvī, ātum 1.⟩ (*unkl.*), **aucupārī** ⟨or, ātus sum 1.⟩ ||auceps||

1 auf Vogelfang gehen

2 *fig* nach *etw* jagen, auf *etw* lauern, *aliquid*; **gratiam ~** nach Gunst trachten

aucupātiō ⟨aucupātiōnis⟩ F ||aucupari|| (*vkl., nachkl.*) Vogelfang

aucupātōrius ⟨a, um⟩ ADJ ||aucupari|| zum Vogelfang passend

aucupium ⟨ī⟩ N ||auceps||

1 Vogelfang; (*nachkl.*) *meton* gefangene Vögel

2 *fig* das Greifen, *alicuius rei* nach *etw*; **~ verborum** Wortklauberei

audācia ⟨ae⟩ F ||audax||

1 Mut, Unternehmensgeist

2 *pej* Verwegenheit; *meton* Wagnis

audāciter selten, meist **audācter** ADV → **audax**

audāx ⟨audācis, *adv* audāciter *u.* audācter⟩ ADJ ||audere||

1 mutig, furchtlos

2 *pej* frech, verwegen, *in re* in etw, bei etw, *ad aliquid* zu etw, für etw

audēns ⟨audentis, *adv* audenter⟩ ADJ ||audere|| (*nachkl.*) *poet* kühn

⚠ **Audentes fortuna iuvat.** Den Kühnen hilft das Glück.

audentia ⟨ae⟩ F ||audens|| (*nachkl.*) Kühnheit, Mut

audēre ⟨audeō, ausus sum 2.⟩

1 zu *etw* Lust haben, *etw* wollen, +inf; **si audes** *Plaut.* gefälligst, bitte

2 wagen; sich erdreisten

⚠ **audere** ist Semideponens. Semideponentia sind Verben, von denen es im Präsensstamm nur Aktivformen und im Perfektstamm nur Passivformen gibt. Ins Deutsche werden sie immer im Aktiv übersetzt.

audiēns ⟨audientis⟩ M ||audire|| Zuhörer, Hörer, *meist pl*; **audientium animos permovere** die Zuhörer erschüttern

AUGE — 115

audientia ⟨ae⟩ F̄ ||audiens|| Aufmerksamkeit, Gehör, *das man j-m schenkt*; **audientiam facere alicui/orationi alicuius** j-m Gehör verschaffen
▶ deutsch: **Audienz**

---

audīre ⟨iō, iī/īvī, ītum 4.⟩

1 hören, Gehör haben
2 zuhören
3 hören
4 anhören
5 verhören, vernehmen
6 Hörer sein
7 beistimmen
8 Folge leisten, gehorchen
9 einen Ruf haben
10 für etw gehalten werden

1 hören, Gehör haben; **sensus audiendi** Gehörsinn
2 zuhören; **audi/audin** *Com.* hör mal
3 hören; erfahren, *aliquid* etw, *+dopp. akk, ab aliquo/ex aliquo/de aliquo* von j-m, aus j-s Mund, *de re* über etw, von etw, *in aliquem* gegen j-n, Nachteiliges über j-n; **Caesarem a Gergovia discessisse audivimus** wir hörten, Caesar sei von Gergovia weggegangen; **Caesar a Gergovia discessisse audiebatur** man hörte, Caesar sei aus Gergovia weggegangen; **ut audio/ut audimus** wie ich höre/wie wir hören
4 j-n/etw anhören, j-n/etw erhören, *aliquem/aliquid*; **orationem attentissime ~** eine Rede sehr aufmerksam anhören; **legatos ~** Gesandte anhören; **preces ~** Bitten erhören
5 *gerichtlich* verhören; eine Untersuchung anstellen; **audientes iudices** die Vernehmungsrichter; **de ambitu ~** wegen Amtserschleichung eine Untersuchung anstellen
6 j-s Schüler sein, bei j-m studieren, *aliquem*; **Athenis Cratippum ~** Cratippus in Athen hören, bei Cratippus in Athen studieren
7 j-m beistimmen, etw billigen, *aliquem/aliquid*; **si fabulas ~ volumus** wenn wir den Fabeln Glauben schenken wollen; **audio** das lässt sich hören; **non audio** davon will ich nichts hören
8 Folge leisten, gehorchen, *aliquem* j-m; **aliquem amicissime monentem ~** einem freundschaftlichen Mahner folgen; **dicto ~** aufs Wort gehorchen
9 *poet* einen Ruf haben; **bene/male ~ ab aliquo** bei j-m in einem guten/schlechten Ruf stehen
10 für *etw* gehalten werden; **rex paterque audisti** *Hor.* du wurdest König und Vater genannt

⚠ **Audiatur et altera pars.** Es soll auch die andere Seite gehört werden. *Rechtsgrundsatz*

audītāre ⟨ō, āvī, ātum 1.⟩ ||audire|| *Plaut.* oft hören

audītiō ⟨audītiōnis⟩ F̄ ||audire||
1 Hören, Anhören
2 Gerücht, Hörensagen
3 (*nachkl.*) Vortrag, Vorlesung

audītor ⟨audītōris⟩ M̄ ||audire|| Zuhörer, Schüler; (*spätl.*) Vernehmungsrichter

audītōrium ⟨ī⟩ N̄ ||auditor|| (*nachkl.*) Hörsaal; *meton* Zuhörerschaft

audītum ⟨ī⟩ N̄ ||audire|| Gerücht; **audito** auf das Gerücht hin

audītus ⟨audītūs⟩ M̄ ||audire|| Gehör, Gehörsinn; (*nachkl.*) = auditio

audus ⟨a, um⟩ ADJ = avidus

au-ferre ⟨auferō, abstulī, ablātum 0.⟩ ||au-²/ab, ferre||
1 wegbringen, wegtragen, **saucium ex proelio** den Verwundeten vom Schlachtfeld, **multum domum** viel nach Hause; **se ~** sich entfernen
2 *von Wind u. Wellen* fortreißen, fortbringen; **unda aufert rates** die Welle reißt die Schiffe fort
3 vom Ziel abbringen, verleiten; **abstulerunt me Graecae res immixtae Latinis** griechische Dinge, vermischt mit lateinischen, haben mich vom Thema abgelenkt
4 (*vkl.*) *poet* unterlassen; **aufer ista** lass das
5 wegnehmen, rauben, **pecuniam** Geld; **linguam ense ~** die Zunge mit dem Schwert abschneiden
6 hinwegraffen; *fig* in Anspruch nehmen; **mors Achillem abstulit** der Tod hat Achill hinweggerafft; **ludi quindecim dies abstulerunt** die Spiele nahmen fünfzehn Tage in Anspruch
7 bekommen; erreichen, *ut*; **paucos dies ~** wenige Tage Aufschub erhalten
8 erkennen, verstehen; **ex priore actione ~** aus einer früheren Handlung lernen

Aufidiānus ⟨a, um⟩ ADJ des Aufidius

Aufidius ⟨a, um⟩ *röm. Gentilname*; **Cn. ~** *röm. Volkstribun 114 v. Chr. u. Prätor 108 v. Chr., Verfasser einer röm. Geschichte in griech. Sprache*

Aufidus ⟨ī⟩ M̄ *Hauptfluss in Apulien, heute Ofanto*

au-fugere ⟨fugiō, fūgī, - 3.⟩ ||au-²||
A VI entfliehen
B VT (*vkl., nachkl.*) meiden

Augēās ⟨ae⟩ M̄ *Sohn des Helios, König der Epeier in Elis; als eine Aufgabe musste Herkules dessen völlig verschmutzte Ställe in einem Tag ausmisten*

augēre ⟨augeō, auxī, auctum 2.⟩
1 wachsen lassen, befruchten; **terram imbribus ~** die Erde durch Regengüsse befruchten
2 vergrößern, vermehren; *fig* erheben, steigern, fördern; **opes ~** Schätze vermehren;

animum ~ den Mut steigern; **alicui dolorem ~** j-m den Schmerz vermehren; *passiv* wachsen, zunehmen, sich steigern; **periculum augetur** die Gefahr wächst

[3] preisen, verherrlichen, ausschmücken; **rem laudando** eine Sache durch Lob herausstellen

[4] übertreiben, **omnia nimis** alles allzu sehr

[5] reichlich ausstatten, überhäufen, beglücken, *re* mit etw; **milites agris ~** die Soldaten mit Ackerland reichlich abfinden; **augeri re** durch etw beglückt werden, etw erhalten; **nomine imperatori augeri** durch den Feldherrntitel aufgewertet werden

[6] *passiv Com.* heimgesucht werden; **augeri damno** Schaden erleiden

[7] *passiv Plaut.* einbüßen, *re* etw; **iam libertā auctus es?** hast du deine Freigelassene nicht mehr?

augēscere ⟨augēscō, auxī, - 3.⟩ ||augere|| wachsen, zunehmen

Augiās ⟨ae⟩ M̄ = **Augeas**

augmen ⟨augminis⟩ N̄ ||augere|| *Lucr.* Vermehrung, Zuwachs

augur ⟨auguris⟩
[1] M̄ Augur, Vogelschauer
[2] M̄ u. F̄ Seher, Seherin

augurāle ⟨augurālis⟩ N̄ ||auguralis|| Auspizienort *neben dem Feldherrnzelt im röm. Lager*; Feldherrnzelt

augurālis ⟨auguräle⟩ ADJ ||auguri|| des Augurs; **libri augurales** Bücher der Auguren

augurāre ⟨ō, āvī, ātum 1.⟩, **augurārī** ⟨or, ātus sum 1.⟩
[1] Augurien vornehmen, Vorzeichen beobachten, *aliquid* wegen etw, **salutem populi** wegen des Wohles des Volkes; **augurato** nach Durchführung der Augurien
[2] *nach Durchführung der Augurien* einweihen, weissagen, prophezeien, *alicui aliquid* j-m etw, *ex re* aus etw
[3] ahnen, vermuten; **spem victoriae ex vultu alicuius ~** die Hoffnung auf Sieg aus j-s Miene erahnen

augurātiō ⟨augurātiōnis⟩ F̄ ||augurari|| Weissagung

augurātō → augurari

augurātus ⟨augurātūs⟩ M̄ ||augurari|| Augurenamt, Augurenwürde

augurium ⟨ī⟩ N̄ ||auguri||
[1] Beobachtung und Deutung der Vorzeichen
[2] *meist poet* Prophezeiung
[3] *(nachkl.) poet* Sehergabe; Ahnung
[4] *(nachkl.) poet* Wahrzeichen, Vorzeichen

augurius ⟨a, um⟩ ADJ = **auguralis**

Augusta ⟨ae⟩ F̄ ||Augustus||
[1] Kaiserliche Hoheit, Kaiserliche Majestät, *Titel der weiblichen Mitglieder des Kaiserhauses*
[2] *Name zahlreicher von Kaisern gegründeter Städte*; **Augusta Vindelicorum** Augsburg; **Augusta Treverorum** Trier

Augustālia ⟨Augustālium⟩ N̄ ||Augustus|| die Augustalien, *Feier zur Rückkehr des Kaisers Augustus aus dem Orient im Jahre 19 v. Chr.*

Augustālis ⟨Augustāle⟩ ADJ des Kaisers → Augustus; **ludi Augustales** Spiele zu Ehren des Augustus; **sacerdotes Augustales** Priesterkollegium *von 25 Mitgliedern zur Pflege des Kaiserkultes*

Augustiānī ⟨ōrum⟩ M̄ ||Augustianus|| kaiserliche Leibgarde

Augustiānus ⟨a, um⟩ ADJ ||Augustus|| kaiserlich

Augustīnus ⟨ī⟩ M̄ Aurelius Augustinus, 353–430 n Chr., Bischof von Hippo in Nordafrika, bedeutendster lat. Kirchenlehrer u. wichtigster Vertreter der späten Latinität; sein umfangreiches Werk hatte großen Einfluss auf das MA; Hauptwerk: De civitate Dei (Vom Gottesstaat)

Augustodūnum ⟨ī⟩ N̄ Hauptstadt der Äduer in Gallien, heute Autun

augustus ⟨a, um, *adv* augustē⟩ ADJ
[1] hehrwürdig, erhaben
[2] ehrfurchtsvoll; **auguste venerari deos** die Götter ehrfurchtsvoll verehren

Augustus
A ⟨ī⟩ M̄ Majestät, Kaiserliche Hoheit, *Ehrenname des Octavian seit 27 v. Chr., den alle folgenden Kaiser übernommen haben.*

B ⟨a, um⟩ ADJ augusteisch, kaiserlich; **mensis ~** Monat August, *Sterbemonat des Kaisers Augustus, daher Umbenennnung des bisherigen Sextilis in Augustus*

aula[1] ⟨ae⟩ F̄
[1] Hof am Haus, Gehöft
[2] Innenhof, Halle; = **atrium**; *(nlat.)* Festsaal
[3] Palast; *Verg. fig* Zelle der Bienenkönigin
[4] *meton* Königswürde, Fürstenmacht
[5] Hofhaltung, Hofstaat
▶ deutsch: **Aula**

aula[2] ⟨ae⟩ F̄ *(unkl.)* Kochtopf, Topf

aula[3] ⟨ae⟩ F̄ *Quint.* = **tibia**

aulaeum ⟨ī⟩ N̄
[1] Teppich, Decke
[2] *Hor.* Baldachin
[3] Theatervorhang, *in der Antike am unteren Rand der Bühne befestigt u. daher zu Beginn herabgelassen, am Schluss hochgezogen*; **~ premitur** der Vorhang wird herabgelassen; **~ tollitur** der Vorhang wird hochgezogen; *später wie heute*: **~ subducitur** der Vorhang wird hochgezogen; **~ deponitur** der Vorhang fällt *am Schluss*
[4] *luv. iron* überweite Toga

Aulercī ⟨ōrum⟩ M̄ verzweigter gall. Stamm im NW des heutigen Frankreich von der Loire bis zur Normandie *u. Bretagne*

aulicī ⟨ōrum⟩ M̄ ||aulicus|| Höflinge, Hofstaat

aulicus ⟨a, um⟩ ADJ ||aula¹|| zum Fürstenhof gehörig, Hof...

Aulis ⟨Aulidis, *akk* Aulidem *u.* Auliden *u.* Aulida, *abl* Aulide⟩ F̄ Hafenstadt in Böotien gegenüber Euböa, wo sich die gegen Troja auslaufende griech. Flotte versammelte, heute Vathi s. von Chalkis mit den Ruinen des alten Aulis

aulla ⟨ae⟩ F̄ = **aula²**

auloedus ⟨ī⟩ M̄ Sänger zum Flötenspiel

Aululāria (fābula) ⟨ae⟩ F̄ Topf-Komödie des Plautus

Aulus ⟨ī⟩ M̄ röm. Vorname, abgek. A.

aura ⟨ae⟩ F̄

1 Lufthauch, *auch stark wehender* Wind; **~ secunda** günstiger Wind

2 *poet* atmosphärische Luft, Atem

3 *Verg. meton* Höhe, Himmel

4 *Ov.* Oberwelt; *Verg.* Tageslicht; Öffentlichkeit; **ferre sub auras** ans Tageslicht bringen, bekannt machen; **fugere auras** sich verstecken

5 *poet* Hauch; Gunst; **~ auri** Schimmer des Goldes; **~ divina** unsterbliche Seele; **~ fallax** trügerische Gunst; **~ popularis** Volksgunst

6 Hauch, Schein; **~ honoris** Hauch von Ehre

▶ deutsch: Aura

aurāria ⟨ae⟩ F̄ ||aurarius|| Goldgrube

aurārius ⟨a, um⟩ ADJ ||aurum|| (*vkl., nachkl.*) aus Gold, golden

aurāta ⟨ae⟩ F̄ ||auratus|| *poet* Goldforelle

aurātus ⟨a, um⟩ ADJ ||aurum|| vergoldet, golden; **milites aurati** Soldaten mit vergoldeten Schilden; **tempora aurata** Kopf mit Goldhelm

Aurēliānēnsis ⟨Aurēliānēnse⟩ ADJ des Aurelianus; **urbs ~** das kelt. Cenabum, heute Orléans

Aurēliānus

A ⟨ī⟩ M̄ röm. Kaiser Lucius Domitius Aurelianus 270–275 n Chr., Erbauer der noch erhaltenen Aurelianischen Mauer in Rom, führte den Reichskult den Sol invictus ein.

B ⟨a, um⟩ ADJ des Aurelianus

Aurēlius ⟨a, um⟩ Name einer pleb. gens; **via Aurelia** zensorische Straße, 241 v. Chr. von Rom bis Pisa angelegt, später bis Arelate (Arles) verlängert; **Forum Aurelium/Aurelii** Städtchen an der via Aurelia in Etrurien beim heutigen Dorf Castelluccio

aureolus ||aureus||

A ⟨a, um⟩ ADJ

1 *poet* schön aus Gold gemacht

2 *fig* herrlich

B ⟨ī⟩ M̄ *Mart.* Goldstück

aureus

A ⟨a, um⟩ ADJ ||aurum||

1 golden

2 vergoldet, goldgeschmückt

3 (*nachkl.*) goldfarben, goldschimmernd

4 *fig, poet* herrlich, reizend; **aetas aurea** goldenes Zeitalter

B ⟨ī⟩ M̄ Golddenar, Aureus

⚠ **Aurea mediocritas** *Hor.* Goldenes Mittelmaß, goldener Mittelweg

aurichalcum ⟨ī⟩ N̄

1 *Plaut.* fingiertes wertvolles goldglänzendes Metall

2 (*nachkl.*) Messing

auricilla ⟨ae⟩ F̄ = **auricula infima** Ohrläppchen

auri-comus ⟨a, um⟩ ADJ (*nachkl.*) *poet* goldhaarig, goldbelaubt

auricula ⟨ae⟩ F̄ ||auris|| Öhrchen, *meist* Ohr; **~ infima** Ohrläppchen

auri-fer ⟨aurifera, auriferum⟩ ADJ ||aurum, ferre|| (*nachkl.*) *poet* Gold tragend, Gold hervorbringend; **arbor aurifera** Baum, der goldene Äpfel trägt; **amnis ~** goldhaltiger Strom

auri-fex ⟨aurificis⟩ M̄ ||aurum, facere|| Goldschmied; **statera aurificis** Goldwaage

aurīga ⟨ae⟩ M̄

1 Wagenlenker, Kutscher; Rennfahrer; *poet* Steuermann

2 *poet* Fuhrmann, *als Gestirn*

aurīgāre ⟨ō, āvī, ātum 1.⟩ ||auriga|| (*nachkl.*) den Wagen lenken; lenken

aurīgārius ⟨ī⟩ M̄ ||auriga|| *Suet.* Rennfahrer

aurīgātiō ⟨aurīgātiōnis⟩ F̄ ||aurigare|| (*nachkl.*) Wagenrennen

auri-gena ⟨ae⟩ M̄ ||aurum, gignere|| *poet* goldgeboren, Beiname des Perseus als Sohn der Danae

auri-ger ⟨aurigera, aurigerum⟩ ADJ ||aurum, gerere|| *poet* Gold tragend; **taurus ~** Stier mit vergoldeten Hörnern

auris ⟨auris⟩ F̄

1 Ohr; **aures erigere** die Ohren spitzen; **ad aures alicuius venire** j-m zu Ohren kommen; **aures praebere** Gehör schenken; **in aurem alicui aliquid dicere** j-m etw ins Ohr flüstern; **servire auribus alicuius** j-m nach dem Mund reden

2 *meton* Gehör, *meist pl*

3 PL kritisches Ohr; Urteil; **aures teretes** feine Ohren

4 *Hor.* Zuhörer

5 *Verg.* Streichbrett des Pfluges, *der obere u. nach außen gebogene Teil der Pflugschaufel, der die von der Pflugschar abgelöste Erdscholle nach außen wendet, so genannt wegen der Ähnlichkeit mit der menschlichen Ohrmuschel*

auri-scalpium ⟨ī⟩ N̄ ||auris, scalpere|| *Mart.* Ohrlöffel

aurītulus ⟨ī⟩ M̄ ||auritus|| *Phaedr.* Langohr, Esel

aurītus ⟨a, um⟩ ADJ ||auris|| (*unkl.*) langohrig; lauschend; **testis ~** Ohrenzeuge

aurōra ⟨ae⟩ F̄ (unkl.)
1. Morgenröte, Morgenlicht
2. *meton* Osten

Aurōra ⟨ae⟩ F̄ Göttin der Morgenröte, *griech.* Eos

aurum ⟨ī⟩ N̄
1. Gold
2. *meton* goldene Geräte, Goldschmuck
3. *meton* gemünztes Gold, Geld
4. *meton* Goldglanz, Goldschimmer
5. *meton* goldenes Zeitalter
▶ französisch: **or**
  spanisch: **oro**
  italienisch: **oro**

Auruncī ⟨ōrum⟩ M̄ Volk im s. Latium

Auruncus ⟨a, um⟩ ADJ aurunkisch; **Suessa Aurunca** Stadt im Gebiet der Aurunker, heute Sessa Arunca, ö. von Gaeta

ausculā**rī** ⟨or, ātus sum 1.⟩ Plaut. = **osculari**

auscultāre ⟨ō, āvī, ātum 1.⟩
1. zuhören, lauschen, *absolut od alicui/aliquem* j-m, *aliquid* auf etw, bei etw
2. auf j-n hören, j-m gehorchen, *alicui; passiv u. unpers* **auscultabitur** *Plaut.* es soll geschehen
3. aufpassen, wachen, **ad fores** an der Tür

auscultātiō ⟨auscultātiōnis⟩ F̄ ||auscultare|| Sen. Horchen; Plaut. Gehorchen

auscultātor ⟨auscultātōris⟩ M̄ ||auscultare|| Zuhörer; (*nlat.*) Beisitzer

ausculum ⟨ī⟩ N̄ = **osculum**

Ausetānī ⟨ōrum⟩ M̄ hispanische Völkerschaft im heutigen Katalonien, Hauptstadt Aussa, heute Vich

ausim ich möchte wagen; → **audere**

Ausones ⟨Ausonum⟩ M̄ Ureinwohner von Mittel- u. Unteritalien

Ausonia ⟨ae⟩ F̄ Unteritalien

Ausonidae ⟨ārum u. Ausonidum⟩ M̄ Ov., Verg. die Einwohner von Ausonien

Ausoniī ⟨ōrum⟩ M̄ = **Ausones**

Ausonis ⟨Ausonidis⟩ F̄ ausonisch; *poet* italisch

Ausonius ⟨a, um⟩ ADJ ausonisch; *poet* italisch

au-spex
A. ⟨auspicis⟩ M̄ ||avis, specere||
1. Vogelschauer, *alicuius rei* bei einer Sache; *selten* = **augur**
2. *poet* Anführer, Beschützer; ~ **nuptiarum** Ehevertragszeuge
B. ⟨auspicis⟩ ADJ *poet* günstig

auspicāre ⟨ō, āvī, ātum 1.⟩, **auspicārī** ⟨or, ātus sum 1.⟩ ||auspex||
A. VT Auspizien durchführen
B. VT unter guter Vorbedeutung anfangen, beginnen, *aliquid* etw, **de re/a re** mit etw, +inf

auspicātō ADV ||auspicari|| nach Durchführung der Auspizien; unter günstigen Vorzeichen

auspicātus ⟨a, um, *adv* auspicātō⟩ ADJ ||auspicari||
1. nach Durchführung der Auspizien geweiht; feierlich eröffnet
2. günstig, Glück verheißend; unter guten Vorzeichen

auspicium ⟨ī⟩ N̄ ||auspex||
1. Beobachtung der Vorzeichen, Durchführung der Auspizien
2. Recht Auspizien durchzuführen; **auspicia ponere** ein mit Auspizialrecht verbundenes Amt niederlegen
3. (*unkl.*) fig Oberbefehl, Kommando; **maioribus auspiciis** unter höherer Leitung
4. *fig* Anfang, Beginn, **belli** des Krieges
5. Vorzeichen, Wahrzeichen; ~ **bonum** gutes Vorzeichen; ~ **ratum** gültiges Vorzeichen
6. (*mlat.*) Hoffnung

▶ **auspicium**

Der Begriff setzt sich aus *avis* (Vogel) und *specio* (beobachten) zusammen und bezeichnet die Weissagepraxis, mit der die Römer versuchten, vor wichtigen Entscheidungen den Willen der Götter zu erfahren. Beobachtet und interpretiert wurden der Vogelflug, das Verhalten anderer Tiere sowie außergewöhnliche Himmelserscheinungen.

RÖMISCHES LEBEN ◀

auster ⟨austrī⟩ M̄ Südwind; *meton* Süden

austēritās ⟨austēritātis⟩ F̄ ||austerus|| (*nachkl.*) Herbheit; *fig* Strenge;

austērus ⟨a, um, *adv* austērē⟩ ADJ
1. (*nachkl.*) herb; dunkel
2. *fig* ernst, streng
3. *fig* finster, unfreundlich

austrālis ⟨austrāle⟩ ADJ ||auster|| südlich

austrīnus ⟨a, um⟩ ADJ ||auster||
1. (*nachkl.*) *poet* vom Südwind herrührend, des Südwindes
2. südlich; **vertex/polus** ~ Südpol

austrum ⟨ī⟩ N̄ = **haustrum**

ausum ⟨ī⟩ N̄ (*nachkl.*) *poet*, **ausus**[1] ⟨ausūs⟩ M̄ ||audere|| (*nachkl.*) Wagnis

ausus[2] ⟨a, um⟩ PPERF → **audere**

aut KONJ
1. ausschließend oder; **verum aut falsum** wahr oder falsch; **aut ... aut** entweder ... oder
2. *meist am Satzanfang* sonst; **aut omnia me fallunt aut Caesar vincet** Caesar wird siegen, sonst müsste mich alles täuschen
3. steigernd oder sogar; **aut etiam/aut potius** oder vielmehr

4 oder wenigstens, oder doch = **aut certe/aut saltem/aut denique**; **cuncti aut magnā parte** alle oder doch zum großen Teil

5 *in verneinten Sätzen* und; **nihil maius aut difficilius est quam severitatem cum misericordia coniungere** nichts ist größer und schwerer, als Strenge mit Milde zu verbinden; **neque aut … aut** und weder … noch; **ne aut … aut** damit weder … noch; **nemo aut miles aut eques** niemand, weder Soldat noch Reiter

❗ **Aut omnia aut nihil** Alles oder nichts

autem ⟨KONJ⟩ *immer nachgestellt*

1 aber, andererseits

2 aber auch, nämlich; **reliquum erat unum iter angustum et difficile, mons ~ altissimus impendebat** übrig blieb ein einziger enger und schwieriger Weg, ein sehr hoher Berg stand nämlich im Wege

3 *zur Einführung des Untersatzes im Syllogismus* nun aber; = **atqui**

4 *in der Parenthese* aber; **credo ~ esse multa** ich glaube aber, dass es vieles gibt

authepsa ⟨ae⟩ F̲ Kocher, Kochmaschine *mit zwei Böden, einem für Feuer u. einem für das Kochgut*

autographum ⟨ī⟩ N̲ *(spätl.)* Handschrift, Autograph

autographus ⟨a, um⟩ ADJ *Suet.* eigenhändig

Autolycus ⟨ī⟩ M̲ listenreicher Sohn des Hermes, Großvater des Odysseus; *meton* listiger Dieb, Gauner

Automatia ⟨ae⟩ F̲ Glücksgöttin

automatum ⟨ī⟩ N̲ *(nachkl.)* Maschine mit eigenem Antrieb; *pl* Kunststücke

▶ deutsch: **Automat**

automatus ⟨a, um⟩ ADJ *(nachkl.)* aus eigenem Antrieb handelnd, freiwillig

Automedōn ⟨Automedontis⟩ M̲ Wagenlenker des Achill; *meton* geschickter Wagenlenker

autopȳros panis M̲, **autopȳrus pānis** M̲ *Petr.* Brot aus grobem Weizenmehl

autumāre ⟨ō, āvī, ātum 1.⟩

1 meinen, glauben, *aliquid* etw, +AcI

2 sagen, behaupten; ↔ **negare**

autumnālis ⟨autumnāle⟩ ADJ ||autumnus|| *(unkl.)* herbstlich, Herbst…; **tempestas ~** Herbststurm

autumnus

A ⟨a, um⟩ ADJ herbstlich

B ⟨ī⟩ M̲ Herbst; *meton, poet* Jahr

auxī → **augere** u. → **augescere**

auxiliārēs ⟨auxiliārium⟩ M̲ ||auxiliaris|| Hilfstruppen

auxiliārī ⟨or, ātus sum 1.⟩ ||auxilium|| helfen; *(nachkl.) poet auch* heilen, *alicui* jdn

auxiliāris ⟨auxiliāre⟩ ADJ, **auxiliārius** ⟨a, um⟩ ADJ

1 *(unkl.)* hilfreich, helfend, *alicui* für j-n

2 MIL zu den Hilfstruppen gehörig

auxiliātor ⟨auxiliātōris⟩ M̲ ||auxiliari|| *(nachkl.) poet* Helfer

auxiliātus ⟨auxiliātūs⟩ M̲ ||auxiliari|| *Lucr.* Hilfeleistung, Beistand

auxilium ⟨ī⟩ N̲

1 Hilfe, Unterstützung; **alicui auxilio/in auxilium esse** j-m Hilfe leisten; **auxilio accersere** zu Hilfe rufen; **auxilio mittere** zu Hilfe schicken

2 **auxilia** *pl* Hilfsmittel; MIL Hilfstruppen

Auxilium ⟨ī⟩ N̲ *Plaut.* Gottheit der Hilfe

Auximum ⟨ī⟩ N̲ Stadt in Pisenum in Mittelitalien, heute Osimo

Avaricēnsis

A ⟨Avaricēnse⟩ ADJ aus Avaricum, von Avaricum

B ⟨Avaricēnsis⟩ M̲ Einwohner von Avaricum

Avaricum ⟨ī⟩ N̲ Stadt der Bituriger in Gallien, heute Bourges

avāritia ⟨ae⟩ F̲, *Lucr.* **avāritiēs** ⟨avāritiēī⟩ F̲ ||avarus||

1 Habsucht, Geiz

2 unmäßige Gier; *Plaut.* Fressgier; **~ gloriae** *Curt.* Ruhmsucht

▶ englisch: **avarice**
 französisch: **avarice**
 spanisch: **avaricia**
 italienisch: **avarizia**

avārus

A ⟨a, um⟩ ADJ, ADV ⟨avarē⟩ u. ⟨avāriter⟩

1 habsüchtig, geizig; **homo ~** Geizhals

2 *von Sachen* räuberisch; **litus avarum** räuberische Küste

3 *poet* unersättlich, gierig; **mare avarum** unersättliches Meer; **venter ~** gefräßiger Mensch, Fresssack

B ⟨ī⟩ M̲ Geizhals, Knauser

avē → **avere²**

ā-vehere ⟨vehō, vēxī, vectum 3.⟩

1 wegführen, wegbringen, *aliquem/aliquid ab aliquo* j-n/etw von j-m, *ab loco/de loco/ex loco* von irgendwo

2 *Verg., Liv. passiv* sich entfernen, wegfahren, wegreiten, wegsegeln

ā-vellere ⟨vellō, vellī/vulsī, vulsum 3.⟩

1 abreißen, herausreißen; **poma ex arbore ~** das Obst vom Baum reißen

2 gewaltsam trennen, losreißen; **de complexu/ex complexu matris ~** aus den Armen der Mutter reißen; **bellum a portis ~** den Krieg von den eigenen Toren fern halten; **ab errore ~** dem Irrtum entreißen

avēna ⟨ae⟩ F̲

1 Hafer; Unkraut

2 *meton* Halm des Hafers, Rohr

❸ Hirtenpfeife, Hirtenflöte; *pl* Syrinx, Panflöte *aus mehreren zusammengesetzten Rohren*

Aventīnum ⟨ī⟩ N̄ Aventin, *einer der sieben Hügel Roms*

Aventīnus

A ⟨ī⟩ M̄ Aventin, *einer der sieben Hügel Roms.*

B ⟨a, um⟩ ADJ aventinisch

avēre¹ ⟨eō, -, - 2.⟩ begierig sein, nach *etw* verlangen, *selten aliquid, meist +inf/+indir Fragesatz*

avēre² ⟨eō, -, - 2.⟩ gesegnet sein, gesund sein; *(klass.) nur imp u. inf als Gruß- u. Segensformel* **ave!/avete!** sei/seid gegrüßt; **aveto!** sei gegrüßt

Averna ⟨ōrum⟩ N̄ ‖Avernus‖ Gegend am Averner See; *meton* Unterwelt; Landschaft ohne Vögel, *da die Vögel angeblich durch die Schwefeldünste des Sees starben*

Avernālis ⟨Avernāle⟩ ADJ ‖Avernus‖ avernisch, unterweltlich

Avernus

A ⟨ī⟩ M̄ Averner See, Kratersee bei Cumae, seit 37 v. Chr. durch einen Kanal mit dem Meer verbunden; heute Lago d'Averno; **Avernus/lacus Averni** Eingang zur Unterwelt; *meton* Unterwelt

B ⟨a, um⟩ ADJ avernisch, unterweltlich

ā-verrere ⟨verrō, verrī, - 3.⟩ *poet* wegfegen; *fig* wegraffen, hastig aufkaufen, **pisces** Fische

ā-verruncāre ⟨ō, āvī, ātum 1.⟩ *(nachkl.) Sakralsprache* Böses abwenden, Böses abwehren; **deorum iram ~** den Zorn der Götter abwenden

āversa ⟨ōrum⟩ N̄ ‖aversus‖ *(nachkl.)* Rückseite, abgelegene Teile

āversābilis ⟨āversābile⟩ ADJ ‖aversari‖ *Lucr.* abscheulich

āversārī¹ ⟨or, ātus sum 1.⟩ ‖avertere‖

❶ sich mit Abscheu abwenden, *absolut od aliquem/aliquid* von j-m/von etw

❷ verschmähen, verabscheuen, **facinus** eine Tat

❸ nicht anerkennen, **regem** einen König

āversātiō ⟨āversātiōnis⟩ F̄ ‖aversari‖ *(nachkl.)* Abneigung, Abscheu

āversiō ⟨āversiōnis⟩ F̄ ‖avertere‖

❶ *(nachkl.)* Abwenden; **ex aversione** rücklings

❷ *(nachkl.)* RHET Abwenden *vom Thema einer Rede,* Ablenkung

❸ *(spätl.)* Abfallen, *a re* von etw, **a divina religione** von der Religion; ↔ conversio

❹ *(spätl.)* Widerwille, Ekel

▶ deutsch: **Aversion**

āversor² ⟨āversōris⟩ M̄ ‖avertere‖ der *etw* unterschlägt, Veruntreuer; **~ pecuniae** der Geld unterschlägt, Veruntreuer von Geld

āversus ⟨a, um⟩ ADJ ‖avertere‖

❶ abgewandt, im Rücken, *absolut od ab aliquo/a re* von j-m/von etw; **vulnera aversa** Wunden im Rücken; **porta aversa** Hintertür; ↔ adversus

❷ *fig* abgeneigt, feindlich; **amici aversi** ehemalige Freunde

ā-vertere ⟨vertō, vertī, versum 3.⟩

❶ abwenden, wegwenden

❷ sich abwenden, sich umwenden

❸ fern halten

❹ (heimlich) entwenden, unterschlagen

❺ abwenden, fern halten

❻ abbringen, entfremden

❶ abwenden, entfernen; **fluvium ~** den Fluss ableiten; **iter ~** den Marsch in eine andere Richtung lenken; **se ~ eo itinere** einen anderen Weg einschlagen; **a via recta** vom rechten Weg ablenken; **causam in aliquem ~** die Schuld auf j-n abschieben

❷ *passiv (unkl.)* sich abwenden; *fig* verschmähen, *aliquid* etw; **equus fontes avertitur** das Pferd verschmäht die Quellen

❸ *mit Gewalt* abwenden, fernhalten, **barbaros a porta castrorum** die Barbaren vom Eingang zum Lager; **hostes primo impetu ~** die Feinde mit dem ersten Angriff in die Flucht schlagen

❹ (heimlich) entwenden, unterschlagen; **pecuniam publicam ~** Steuergelder unterschlagen

❺ Böses, Unglück abwenden, fernhalten, *aliquid ab aliquo/alicui* etw von j-m, **pestem ab Aegyptiis** die Pest von den Ägyptern, **incendia Teucris** Feuersbrunst von den Troern

❻ *geistig* abbringen, entfremden; **animum a maerore ~** j-n von der Trauer abbringen, j-n trösten; **aliquem a societate ~** j-n von der Gemeinschaft entfremden

avia¹ ⟨ae⟩ F̄ ‖avus‖ Großmutter

āvia² ⟨ōrum⟩ N̄ ‖avius‖ abgelegene Orte, Abwege

aviārium ⟨ī⟩ N̄ ‖avis‖ *Verg.* Niststätte wilder Vögel; *meton* Vogelhaus

aviditās ⟨aviditātis⟩ F̄ ‖avidus‖ Gier, Lust; *(nachkl.) auch* Appetit; **~ cibi** Gier nach Speise; **~ gloriae** Ruhmsucht; **~ feminarum** sexuelle Begierde

avidus

A ⟨a, um⟩ ADJ, ADV ⟨avidē⟩ ‖avere¹‖

❶ begierig, gierig, *alicuius rei/ad aliquid* auf etw

❷ gefräßig, unersättlich; **libidines avidae** wilde Leidenschaften

❸ habsüchtig

❹ erwartungsvoll; *(nachkl.)* leidenschaftlich

B ⟨ī⟩ M̄ Geizhals

avis ⟨avis⟩ F̄ Vogel; *pl* Geflügel; *meton* Vorzeichen; **secundis avibus** mit günstigen Vorzeichen, zur glücklichen Stunde

avītus ⟨a, um⟩ ADJ ||avus|| großväterlich, großmütterlich; *fig* ererbt

ā-vius ⟨a, um⟩ ADJ ||a(b), via|| (*unkl.*)
1 abgelegen, einsam; **iter avium** Marsch durch abgelegene Orte
2 *von Personen* vom (rechten) Weg entfernt, auf Abwegen

āvocāmentum ⟨ī⟩ N ||avocare|| (*nachkl.*) Zerstreuungsmittel, Unterhaltungsmittel

ā-vocāre ⟨ō, āvī, ātum 1.⟩
1 (*nachkl.*) ab(be)rufen, wegrufen, *aliquem re in aliquid/ad aliquid* j-n von etw zu etw; **pubem in arcem ~** die waffenfähige Jugend in die Burg abberufen
2 *fig* ablenken, fernhalten; **a libidine ~** von der Sinneslust fernhalten; **animos ad Antiochum ~** die Stimmung zu Antiochus hinüberziehen
3 (*nachkl.*) *fig* zerstreuen, erheitern

āvocātiō ⟨āvocātiōnis⟩ F ||avocare|| Ablenkung, Zerstreuung

a-volāre ⟨ō, āvī, ātum 1.⟩
1 (*nachkl.*) *poet* wegfliegen
2 *fig* wegeilen; schnell vergehen

Avona ⟨ae⟩ M Fluss in Britannien, heute Avon

avunculus ⟨ī⟩ M Onkel *mütterlicherseits*; **magnus/maior ~** Großonkel

avus ⟨ī⟩ M Großvater; (*nachkl.*) *poet* Vorfahr, Ahne

Axenus ⟨ī⟩ M ungastlich, *Beiname*; **Pontus ~** Schwarzes Meer, *so genannt wegen der Stürme des Meeres u. der barbarischen Umwohner; später Pontus Euxenus als euph Umdeutung des alten Namens*

axicia ⟨ae⟩ F *Plaut.* Schere

axilla ⟨ae⟩ F ||ala|| Achselhöhle

Axīnus ⟨ī⟩ M = **Axenus**

axis[1] ⟨axis⟩ M
1 (*nachkl.*) *poet* Wagenachse; *meton* Wagen
2 *Lucr.* Weltachse; *meton* Pol
3 Himmelsrichtung; Himmelsgewölbe; **~ boreus** Norden; **~ hesperius** Westen; **sub (nudo) axe** unter freiem Himmel

▷ deutsch: **Achse**
englisch: **axe**
französisch: **axe**
spanisch: **eje**
italienisch: **asse**

axis[2] ⟨axis⟩ M Brett, Diele

axitia ⟨ae⟩ F *Plaut.* = **axicia**

Axius ⟨ī⟩ M größter Fluss Makedoniens, heute Vardar

Axona ⟨ae⟩ M Fluss in Gallien, heute Aisne, Nebenfluss der Oise

azȳma ⟨ōrum⟩ N (*spätl.*) Fest der ungesäuerten Brote

azȳmon ⟨azȳmī⟩ N (*spätl.*) ungesäuertes Brot; **dies azymorum** Tage der ungesäuerten Brote, Passah

azȳmus ⟨a, um⟩ ADJ (*spätl.*) ungesäuert

babae INT *der Verwunderung Com.* Donnerwetter!, o je!

babaecalus ⟨ī⟩ M *Petr.* Lebemann, Frauenheld

babulus ⟨ī⟩ M *Lallwort* (*Ter., nachkl.*) Schwätzer, Narr

Babylō ⟨Babylōnis⟩ M ||Babylon|| *Ter.* „Babylonier", Nabob, *reicher Mann*

Babylōn ⟨Babylōnis⟩ F *eine der ältesten, größten u. prächtigsten Städte der alten Welt mit hohem technischen Komfort (hängende Gärten der Semiramis, der Gründerin), am Euphrat gelegen, mit wechselvoller Geschichte, u. a. Residenz des Königs Hammurabi (1793–1750 v. Chr.); unter König Nebukadnezar II. (606–562 v. Chr.) große Machtentfaltung, zweimalige Eroberung Jerusalems (597 u. 587 v. Chr.); 539 v. Chr. von den Persern erobert; Pläne Alexanders des Großen, Babylon zur Hauptstadt seines Reiches zu machen, scheiterten an seinem Tod dort 323 v. Chr.; seit 2. Jh. v. Chr. Verfall, Ruinen s. von Bagdad; hebr.* Babel

Babylōnia ⟨ae⟩ F Babylonien, *Landschaft an Euphrat u. Tigris*

Babylōnicus ⟨a, um⟩ ADJ, **Babylōniēnsis** ⟨Babylōniēnse⟩ ADJ, **Babylōnius** ⟨a, um⟩ ADJ babylonisch; **numeri Babylonici** chaldäische Weissagungen

Babylōnius ⟨ī⟩ M Babylonier, Einwohner von Babylon

bāca ⟨ae⟩ F Beere, *bes auch* Olive; *poet* Perle

bacalūsiae ⟨ārum⟩ F Überlegungen

bācātus ⟨a, um⟩ ADJ ||baca|| mit Perlen besetzt, Perlen...

bacca ⟨ae⟩ F = **baca**

baccalārius, baccalaureus ⟨ī⟩ M (*mlat.*) Inhaber des untersten akademischen Grades auf Universitäten des MA

baccar ⟨baccaris⟩ N Pflanze mit wohlriechender Wurzel, vielleicht Baldrian

Baccha ⟨ae⟩ F Bacchantin, *schwärmende Begleiterin des Bacchus*; **Bacchis initiare aliquem** *Liv.* j-n in den Bacchuskult einweihen

bacchābundus ⟨a, um⟩ ADJ ||bacchari|| (*nachkl.*) bacchantisch schwärmend

Bacchānal ⟨Bacchānālis⟩ N dem Bacchus

geweihter Ort
Bacchānālia ⟨Bacchānālium u. ōrum⟩ N̄
Bacchanalien, Bacchusfest, *ekstatischer Geheimkult, 186 v. Chr. durch senatus consultum de Bacchanalibus verboten*; *poet* Orgien
bacchārī ⟨or, ātus sum 1.⟩ ||Bacchus||
A V̄I
1 (*nachkl.*) das Bacchusfest feiern
2 (bacchantisch) schwärmen, rasen, *poet auch von Unbelebtem*; **in caede ~** im Blutvergießen rasen; **in voluptate ~** in der Lust schwelgen; **boreas bacchatur** der Nordwind rast
3 *fig vom Redner* schwärmen, **quasi vinolentus inter sobrios** wie ein Betrunkener unter Nüchternen
4 wild umherschweifen, Orgien feiern
5 von Gerüchten sich stürmisch verbreiten
B V̄T
1 den Bacchusruf ausstoßen
2 *luv.* in wilder Begeisterung dichten
bacchātiō ⟨bacchātiōnis⟩ F̄ ||bacchari|| Orgie, wildes Gelage
bacchātus ⟨a, um⟩ ADJ ||bacchari|| von Bacchantinnen durchschwärmt
Bacchē ⟨Bacchēs⟩ F̄ = **Baccha**
Bacchēius ⟨a, um⟩ ADJ, **Bacchēus** ⟨a, um⟩ ADJ bacchisch
Bacchiadae ⟨ārum⟩ M̄ *Ov.* altes Herrschergeschlecht v. Korinth seit 924 v. Chr., 657 v. Chr. gestürzt
Bacchicus ⟨a, um⟩ ADJ = **Baccheius**
Bacchis ⟨Bacchidis⟩ F̄ = **Baccha**
bacchīus ⟨ī⟩ M̄ (*erg.* **pes**) (*nachkl.*) bacchischer Vers, ∪– –, *gebräuchlich im bacchischen Kultlied, häufig in der Komödie verwendet*
Bacchus ⟨ī⟩ M̄
1 Beiname des Dionysos, *lat. Name für diesen, Sohn des Zeus u. der Semele, Gott des Weines, sein Kult ca. 200 v. Chr. in Rom eingeführt*
2 *Verg. meton* Bacchusruf
3 *Verg.* Bacchusgabe = Weinstock, Weinrebe, Wein
bacciballum ⟨ī⟩ N̄ ||bacca|| *Petr.* Dicke, *von einer dicken Frau*
Bacēnis ⟨Bacēnis⟩ F̄ (westlicher) Thüringer Wald, *ausgedehnter Wald Germaniens zwischen Cheruskern u. Sueben, im MA* Buchenau, Buchenwald
baceolus ⟨ī⟩ M̄ Dummkopf
bāci-fer ⟨bācifera, bāciferum⟩ ADJ ||baca, ferre|| *poet* Beeren tragend, Früchte tragend
bacillum ⟨ī⟩ N̄ ||baculum|| Stöckchen, Stäbchen, *bes* Stab der Liktoren
bacillus ⟨ī⟩ M̄ ||baculum||
1 = bacillum
2 (*nlat.*) Bazillus, stäbchenförmiger Krankheitserreger
Bactra ⟨ōrum⟩ N̄ Hauptstadt der persischen Satrapie Baktrien, 329–327 v. Chr. von Alexander dem Großen erobert, heute Balkh
Bactr(i)a ⟨ae⟩ F̄ Baktrien, *Landschaft am Hindukusch, heute zu Afghanistan gehörig*
Bactriānus ⟨a, um⟩ ADJ baktrianisch, aus Bactra
Bactriānus ⟨ī⟩ M̄ Baktrianer, Einwohner von Bactra
Bactrus ⟨ī⟩ M̄ Nebenfluss des Oxus
baculum ⟨ī⟩ N̄, *poet* **baculus** ⟨ī⟩ M̄ Stock, Stab, Hirtenstab, Augurenstab, Zepter
badissāre ⟨ō, āvī, ātum 1.⟩ *Plaut.* schreiten, marschieren; **tolutim ~** traben, reiten
Baecula ⟨ae⟩ F̄ spanische Stadt, heute Bailén
Baetasiī ⟨ōrum⟩ M̄ kelt. Stamm in der Gegend des heutigen Xanten
baetere ⟨ō, -, - 3.⟩ (*vkl.*) *poet* gehen, schreiten
Baetica ⟨ae⟩ F̄ Provinz im s. Spanien, heute Andalusien
Baeticus ⟨a, um⟩ ADJ aus Baetica, zur Provinz Baetica gehörig
Baeticus ⟨ī⟩ M̄ Einwohner der Provinz Baeti-

Bacchus – Gott des Weins

ca

Baetis ⟨Baetis, *akk* Baetim u. Baetin, *abl* Baete u. Baetī⟩ M̄ Strom im s. Spanien, heute Guadalquivir

Baetūria ⟨ae⟩ F̄ nw. Teil der Provinz Baetica

Bagrada ⟨ae⟩ M̄ Fluss im Gebiet von Karthago, Mündung zwischen Utica u. Utica, heute Medsjerda

Bāiae ⟨ārum⟩ F̄ Seebad zwischen Cumae u. Puteoli bei Neapel, heute Thermen von Baia nördlich von Bacoli; *meton* Badeort

Bāiānus ⟨a, um⟩ ADJ aus Baiae, von Baiae

bāiulāre ⟨ō, āvī, ātum 1.⟩ ||baiulus|| (Last) tragen

bāiulus ⟨ī⟩ M̄ Lastträger

bālaena ⟨ae⟩ F̄ (*unkl.*) Wal

bālantēs ⟨bālantum u. bālantium⟩ F̄ ||balare|| Schafe

balanus ⟨ī⟩ M̄
1 Eichel; Dattel
2 eichelförmiger Gegenstand
3 Seemuschel
4 Behennuss, Öl der Behennuss

bālāre ⟨ō, āvī, ātum 1.⟩ blöken, *Nachahmung des Schaflautes*

balatrō ⟨balatrōnis⟩ M̄ *Hor.* Possenreißer, Schwätzer, Schreihals, Narr

bālātus ⟨bālātūs⟩ M̄ ||balare|| (*nachkl.*) *poet* das Meckern, das Blöken *der Schafe und Ziegen*

balbus
A ⟨a, um⟩ ADJ, ADV ⟨balbē⟩ stammelnd, lallend; **balba verba** gestammelte Worte
B ⟨ī⟩ M̄ Stammler

Balbus ⟨ī⟩ M̄ röm. Beiname

balbūtīre ⟨iō, -, - 4.⟩ ||balbus||
A V̄ī stottern, lallen
B V̄T unklar aussprechen, in der Kindersprache nennen

Baleārēs ⟨Baleārium⟩ F̄ (*erg.* **insulae**) die Balearen; **Balearis maior** heute Mallorca; **Balearis minor** heute Menorca

Baleārēs ⟨Baleārium⟩ M̄ Einwohner der Balearen, Balearen, MIL als geschickte Schleuderer bekannt

Baleāricus ⟨a, um⟩ ADJ, **Baleāris** ⟨Baleāre⟩ ADJ zu den Balearen gehörig

Baliārēs ⟨Baliārium⟩ F̄ = **Baleares**

balin... = **baln...**

balista ⟨ae⟩ F̄ = **ballista**

ballaena ⟨ae⟩ F̄ = **balaena**

Balliō ⟨Balliōnis⟩ M̄ Name eines Kupplers im Pseudolus des Plautus

ballista, ballistra ⟨ae⟩ F̄, **ballistrārium** ⟨ī⟩ N̄
1 Wurfmaschine; Geschütz
2 (*nachkl.*) *meton* Wurfgeschoss

balnea ⟨ōrum⟩ N̄, **balneae** ⟨ārum⟩ F̄ Badeanstalt, öffentliches Bad

balneāria ⟨ōrum⟩ N̄ ||balnearius|| Bäder, Badezimmer

balneārius ⟨a, um⟩ ADJ ||balneum|| (*nachkl.*) Bade...

balneātor ⟨balneātōris⟩ M̄ ||balneum|| Bademeister

balneolum ⟨ī⟩ N̄ ||balneum|| kleines Bad

balneum ī N̄
1 Badezimmer; Bad
2 (*mlat.*) widerliches Getränk

balniscus ⟨ī⟩ M̄ *Petr.* Bad

balsamum ⟨ī⟩ N̄ (*nachkl.*) Balsamstaude; Balsam

balteum ⟨ī⟩ N̄, **balteus** ⟨ī⟩ M̄
1 (*unkl.*) Gürtel, Gurt
2 Wehrgehenk, Schwertkoppel
3 PL *luv. meton* Hiebe mit dem Riemen

balūx ⟨balūcis⟩ F̄ (*nachkl.*) Goldsand, Goldkörner

bambal(i)ō ⟨bambal(i)ōnis⟩ M̄ Stammler

Bambal(i)ō ⟨Bambal(i)ōnis⟩ M̄ röm. Beiname; **M. Fulvius ~** Schwiegervater des Triumvirn M. Antonius

Bandusia ⟨ae⟩ F̄ Quelle auf dem sabinischen Landgut des Horaz

bannus ⟨ī⟩ M̄ (*mlat.*) Bann; **~ imperialis** Reichsacht

Bantia ⟨ae⟩ F̄ röm. Municipium an der Grenze zwischen Apulien u. Lukanien, heute Banzi, nö. von Potenza

baptisma ⟨baptismatis⟩ N̄ (NT, *eccl.*) Taufe

baptismus ⟨ī⟩ M̄ Taufe

baptista ⟨ae⟩ M̄ (NT, *eccl.*) Täufer, Beiname von Johannes (dem Täufer)

baptistērium ⟨ī⟩ N̄ (*nachkl.*) Badebecken; (*spätl.*) Taufkapelle *mit Wasserbecken zum Ein- u. Untertauchen*

baptizāre ⟨ō, āvī, ātum 1.⟩ (NT, *eccl.*) taufen

barathrum ⟨ī⟩ N̄
1 Abgrund, Unterwelt; **~ macelli** „Abgrund eines Fleischmarktes" = Fresssack; **barathro donare** verschleudern; **~ femineum** *Mart.* weibliche Scham
2 (*mlat.*) Hölle

barba ⟨ae⟩ F̄ Bart
⚠ **Barba non facit philosophum.** Der Bart macht nicht den Philosophen aus = eine Schwalbe macht noch keinen Sommer.

barbara ⟨ae⟩ F̄ ||barbarus|| Barbarin, Ausländerin

barbaria ⟨ae⟩ F̄ ||barbarus||
1 Ausland; *meton* Barbaren, Ausländer
2 *fig* Barbarei, Rohheit
3 *fig* fehlende Kultur; RHET fehlerhafte Ausdrucksweise
4 *fig* Wildheit, Grausamkeit

barbaricus ⟨a, um⟩ ADJ = **barbarus**

barbariēs ⟨barbariēī⟩ F = **barbaria**
barbarismus ⟨ī⟩ M (vkl., nachkl.) fremdartige Ausdrucksweise, sprachlicher Fehler
barbarizāre ⟨ō, āvī, ātum 1.⟩ (spätl.)
1. ungebildet reden, fehlerhaft reden
2. barbarisch handeln

barbarus
A ⟨a, um⟩ ADJ, ADV ⟨barbarē⟩
1. ausländisch, fremd; **barbare/in barbarum loqui** fehlerhaft sprechen; **barbare vertere** Plaut. ins Lateinische übersetzen
2. meton roh, ungebildet
3. meton grausam, wild
4. (mlat.) in deutscher Sprache
B ⟨ī⟩ M
1. Barbar, Ausländer
2. PL (mlat.) die nichtrömischen Schriftsteller des Mittelalters

barbātulus ⟨a, um⟩ ADJ ‖barbatus‖ ein wenig bärtig, flaumig; **iuvenes barbatuli** Milchgesichter, unreife Burschen

barbātus ‖barba‖
A ⟨a, um⟩ ADJ bärtig; meton erwachsen; **liber ~** Mart. fig ausgefranstes Buch
B ⟨ī⟩ M
1. Römer der alten Zeit
2. poet Philosoph
3. poet Langbart = Ziegenbock

barbi-ger ⟨barbigera, barbigerum⟩ ADJ ‖barba, gerere‖ Lucr. bärtig, barttragend
barbitos ⟨ī⟩ M Leier, Laute
barbula ⟨ae⟩ F ‖barb‖ Bärtchen, Milchbart
Barca ⟨ae⟩ M Stammvater der Barkiden in Karthago; bes → Hamilcar Barca
Barcaeī ⟨ōrum⟩ M Nomadenstamm, in röm. Zeit wegen seiner Raubzüge gefürchtet
barcala ⟨ae⟩ M Petr. Dummkopf, Tölpel
Barcē ⟨Barcēs⟩ F Stadt in der Kyrenaika mit Hafen Ptolemais, heute Ruinen von Merdjhe in der Landschaft Barka in Libyen
Barcīnī ⟨ōrum⟩ M ‖Barca‖ die Barkiden
Barcīnus ⟨a, um⟩ ADJ des Barca
Bardaeī ⟨ōrum⟩ M = **Vardaei**
bardaicus ⟨a, um⟩ ADJ Iuv. = **vardaicus**
bardītus ⟨bardītūs⟩ M Tac. germ. Schildgesang
bardo-cucullus ⟨ī⟩ M Mart. gall. Oberkleid mit Kapuze, Kapuzenmantel
bardus[1] ⟨a, um⟩ ADJ stumpfsinnig, dumm
bardus[2] ⟨ī⟩ M Barde, gall. Dichter u. Sänger
Bargūsiī ⟨ōrum⟩ M Stamm im NO von Hispania Tarraconensis im heutigen Katalonien
Bargylia ⟨ōrum⟩ N, **Bargyliae** ⟨ārum⟩ F Stadt in Karien im SW von Kleinasien, nö. von Halikarnass, Ruinen beim heutigen Güllük
Bargyliētae ⟨ārum⟩ M die Einwohner von Bargyliae
Bargyliēticus ⟨a, um⟩ ADJ aus Bargyliae, von Bargyliae
bāris ⟨bāridos⟩ F Prop. Nilbarke
Bārium ⟨ī⟩ N Hafenstadt in Apulien, heute Bari
bārō[1] ⟨bārōnis⟩ M Tölpel
bārō[2] ⟨bārōnis⟩ M freier Mann, Baron
barrītus ⟨barrītūs⟩ M Gebrüll, Schlachtgeschrei
barrus ⟨ī⟩ M poet Elefant
bascauda ⟨ae⟩ F Mart. Spültopf aus Metall
bāsiāre ⟨ō, āvī, ātum 1.⟩ ‖basium‖ Catul., Mart. zärtlich küssen
bāsiātiō ⟨bāsiātiōnis⟩ F ‖basiare‖ poet das Küssen; pl Küsse
bāsiātor ⟨bāsiātōris⟩ M ‖basiare‖ Mart. „Küsser", pejor, iron. für einen Mann, der jeden Bekannten auf der Straße zur Begrüßung küsst
Basilēa ⟨ae⟩ F = **Basilia**
basilēus ⟨basileī⟩ M der oströmische Kaiser
Basilīa ⟨ae⟩ F Stadt in Helvetien, heute Basel
basilica ⟨ae⟩ F ‖basilicus‖ Cic. mehrschiffige Halle, Gerichtshalle, Markthalle; (spätl.) Basilika, Dom, Hauptkirche, urspr. der Gerichtshalle nachgebildete chr. Kirche mit drei Schiffen u. runder Apsis
basilicus
A ⟨a, um⟩ ADJ königlich, fürstlich, prächtig
B ⟨ī⟩ M (erg. **iactus**) Plaut. bester Wurf im Würfelspiel mit dem talus, wenn von den vier dazu benutzten Würfeln jeder eine andere Zahl (1, 3, 4, 6) zeigt
basis ⟨basis u. baseos⟩ F
1. Fußgestell, Sockel
2. Grundmauer
3. MATH Grundlinie des Dreiecks, Basis
4. (mlat.) Brückenpfeiler
bāsium ⟨ī⟩ N poet Kuss
Bassania ⟨ae⟩ F Stadt in Illyrien, heute Elbassani in Albanien
Bassareūs ⟨Bassareī⟩ M Beiname des Bacchus, nach dem Fuchsfell, mit dem die Bacchantinnen bekleidet waren
Bassaricus ⟨a, um⟩ ADJ bacchisch
Bassaris ⟨Bassaridis⟩ F Bacchantin
Bassus ⟨ī⟩ M röm. Beiname, wörtl. „der Dicke"
Bastarnae, Basternae ⟨ārum⟩ M germ. Völkerschaft von den Quellen der Weichsel bis zur Donaumündung
bat Plaut. hum Reimbildung → **at**
Batāvī ⟨ōrum⟩ M germ. Inselvolk an der Mündung von Maas u. Rhein
Batāvus ⟨a, um⟩ ADJ batavisch
Bathyllus ⟨ī⟩ M
1. Liebling Anakreons
2. Freigelassener des Maecenas, Pantomime
batillum ⟨ī⟩ N = **vatillum**
batioca ⟨ae⟩ F Plaut. große Trinkschale

basilica – mehrschiffige Gerichtshalle
porticus – Säulengang

batlinea ⟨ae⟩ F (mlat.) Bettlaken
Battiadēs ⟨ae⟩ M Nachkomme des Battus, = Kallimachos
battuere ⟨uō, uī, - 3.⟩ vulg schlagen; sich schlagen, *cum aliquo* mit jdm
Battus ⟨ī⟩ M Gründer von Kyrene in Libyen
batuere ⟨uō, uī, - 3.⟩ = **battuere**
baubārī ⟨or, ātus sum 1.⟩ *Lucr.* kläffen, bellen
Baucis ⟨Baucidis⟩ F Gattin des Philemon
Baulī ⟨ōrum⟩ M Ort in Kampanien, heute Bacolo
baxea ⟨ae⟩ F (vkl., nachkl.) leichte Sandale
bdellium ⟨ī⟩ N (vkl., nachkl.)
① Weinpalme; Harz der Weinpalme
② *Plaut.* fig Liebling, Süßer, *Schmeichelwort*
beāre ⟨ō, avī, atum 1.⟩ (vkl.) poet beglücken, erfreuen
beātī ⟨ōrum⟩ M ||beatus|| die Seligen; **beatorum insulae** *Cic.* Inseln der Seligen, Elysium
beātificāre ⟨ō, āvī, ātum sum 1.⟩ ||beatus, facere|| (spätl.) glücklich machen, beglücken
beātitās ⟨beātitātis⟩ F (spätl.), **beātitūdō** ⟨beātitūdinis⟩ F, **beātum** ⟨ī⟩ N Glückseligkeit
beātus ⟨a, um, adv beātē⟩ ADJ
① reich; fruchtbar; **beate** als Ausruf prächtig!
② glücklich, glückselig
③ (spätl., eccl.) selig
⚠ **Beati non numerant horas**. Die Glücklichen zählen die Stunden nicht = dem Glücklichen schlägt keine Stunde.
beccus ⟨ī⟩ M *Suet.* Schnabel
Bedriacum ⟨ī⟩ N alte Stadt zwischen Cremona u. Verona, genaue Lage unklar, Schauplatz zweier Schlachten Othos u. Vespasians
Belgae ⟨ārum⟩ M die Belger, *germ.-kelt. Volk im NW Galliens, dem heutigen Belgien*
Belgica ⟨ae⟩ F röm. Provinz; auch → Gallia Belgica
Belgicus ⟨a, um⟩ ADJ belgisch
Belgium ⟨ī⟩ N *die röm. Provinz Belgica, auch der w. Teil von Belgica*
Bēlīdēs¹ ⟨Bēlīdae⟩ M Nachkomme des Belus, = Lynkeus, = Palamedes; → Belus 2
Bēlides² ⟨Bēlidum⟩ F ||Belus|| die Danaiden
bellāre ⟨ō, āvī, ātum 1.⟩ ||bellum||
① Krieg führen, kämpfen, *cum aliquo* mit j-m, *adversus aliquem* gegen j-n, *inter se* untereinander; **bellum ~** *Liv.* Krieg führen
② poet kämpfen, streiten
bellārī ⟨or, ātus sum 1.⟩ = **bellare**

bellāria ⟨ōrum⟩ N ||bellus|| (unkl.) Nachtisch, Dessert

bellātor ⟨bellātōris⟩ ||bellare|| M Krieger, Kriegsheld; *adj* (nachkl.) *poet* kriegerisch, Kriegs...; **equus ~** Streitross

bellātōrius ⟨a, um⟩ ADJ ||bellator||
1. kriegerisch
2. *fig* polemisch

bellātrīx ⟨bellātrīcis⟩ F ||bellator|| Kriegerin; *adj* (nachkl.) *poet* kriegerisch, Kriegs...

bellē ADV → bellus

Bellerophōn ⟨Bellerophontis⟩ M, **Bellerophontēs** ⟨Bellerophontae⟩ M Sohn des Glaukos von Korinth, tötete die Chimaera

belliātu(lu)s ⟨a, um⟩ ADJ ||bellus|| Plaut. schön, allerliebst

bellicōsus ⟨a, um⟩ ADJ ||bellicus||
1. kriegerisch, streitbar
2. Liv. von Sachen reich an Kriegen, kriegerisch

bellicum ⟨ī⟩ N ||bellicus|| Angriffssignal; **bellicum canere** zum Angriff blasen

bellicus ⟨a, um⟩ ADJ ||bellum||
1. Kriegs...; **res bellica** Kriegswesen; **ius bellicum** Kriegsrecht
2. (nachkl.) *poet auch* = **bellicosus**

belli-ger ⟨belligera, belligerum⟩ ADJ ||bellum, gerere|| Krieg führend, streitbar

belligerāre ⟨ō, āvī, ātum 1.⟩ ||belliger|| Krieg führen, kämpfen, *cum aliquo* mit j-m, *adversus aliquem* gegen jdn

belli-potēns
A ⟨bellipotentis⟩ ADJ im Krieg mächtig
B ⟨bellipotentis⟩ M Beiname des Mars

Bellōna ⟨ae⟩ F ||bellum|| MYTH Kriegsgöttin, Schwester des Mars, mit Tempel auf dem Marsfeld

Bellōnāris ⟨Bellōnāre⟩ ADJ von Bellona

Bellōnārius ⟨ī⟩ M Priester der Bellona

Bellovacī ⟨ōrum⟩ M Stamm in Gallia Belgica im Gebiet von Seine, Somme u. Oise, dem heutigen Beauvais

bellua ⟨ae⟩ F = belua

belluātus ⟨a, um⟩ ADJ = beluatus

bellulus ⟨a, um, *adv* bellulē⟩ ADJ ||bellus|| Plaut. allerliebst, niedlich

bellum ⟨ī⟩ N
1. Krieg, *alicuius/cum aliquo* mit j-m; **~ Persium** Perserkrieg; **~ Punicum** Punischer Krieg; **~ civile** Bürgerkrieg; **bellum facere** Krieg anstiften; **bellum inferre alicui** mit j-m Krieg anfangen; **bellum gerere** Krieg führen; **bellum ducere/trahere** den Krieg in die Länge ziehen; **bellum conficere** den Krieg beenden; **domi bellique/domi belloque** in Krieg und Frieden
2. (nachkl.) *poet* Schlacht, Kampf
3. *fig* Streit, Hader, Feindseligkeit
4. Hor. Liebesstreit

⚠ **Bella gerant alii, tu felix Austria nube** (nam quae Mars aliis, dat tibi regna Venus). Andere mögen Kriege führen, du, glückliches Österreich, heirate (denn die Herrschaft, die anderen Mars gibt, gibt dir Venus). *Das Distichon verweist auf die Heiratspolitik Österreichs.*

belluōsus ⟨a, um⟩ ADJ = beluosus

bellus ⟨a, um, *adv* bellē⟩ ADJ
1. von Personen u. Sachen hübsch, niedlich; **locus ~** hübscher Ort; **belle ferre aliquid** etw heiter tragen
2. wohlauf, gesund
3. *adv* als Beifallsruf bravo!

bēlua ⟨ae⟩ F
1. wildes Tier; *bes auch* Elefant; **avaritia, ~ fera** Habsucht, dieses wilde Ungeheuer
2. *fig* Tier
3. Plaut. *fig* Rindvieh, Schimpfwort

bēluātus ⟨a, um⟩ ADJ ||belua|| Plaut. mit eingestickten Tierfiguren

bēluōsus ⟨a, um⟩ ADJ reich an Ungeheuern

Bēlus ⟨ī⟩ M ||Baal||
1. MYTH Bel, einer der drei babylonisch-assyrischen Hauptgötter, Gott der Erde, als Erbauer Babylons u. Gründer des assyrischen Reiches verehrt
2. MYTH, Ov. König von Ägypten, Sohn des Poseidon, Vater des Danaos u. Stammvater der Danaiden
3. MYTH, Verg. König von Tyrus, Vater der Dido

Bēnācus ⟨ī⟩ M (*erg.* lacus) oberital. See, heute Gardasee

bene ADV, ⟨ *komp* melius, *Sup* optimē⟩ ||bonus||
1. *beim Verb* gut, wohl; **~ narrare** gute Nachricht bringen; **~ iudicare** richtig urteilen; **~ vivere** sittlich gut leben; **~ mori** ruhmvoll sterben; **~ sperare** gute Hoffnung haben; **~ polliceri** reichliche Versprechungen machen; **~ promittere** Glück verheißen; **~ venire** zur rechten Zeit kommen; **~ ambula!** Plaut. gute Reise!
2. *beim Verb* richtig, gut, günstig *in Wendungen*; **~ agere cum aliquo** j-n freundlich behandeln; **~ audire** in gutem Ruf stehen; **~ dicere** gut reden, beredt sein; **~ facere alicui** j-m Gutes tun; **~ mereri de aliquo** sich um j-n verdient machen; **~ emere** billig kaufen; **~ vendere** teuer verkaufen; **~ est alicui** j-m geht es gut; **~ te/tibi!** auf dein Wohl!
3. *bei adj u. adv* sehr, recht, überaus, völlig; **~ sanus** sehr gesund; **~ mane** sehr früh; **non ~** nicht ganz, kaum

⚠ **Bene qui latuit, bene vixit.** Ov. Wer sich gut verborgen hat, hat gut gelebt.

benedicē ADV Plaut. mit freundlichen Worten

bene-dīcere ⟨dīcō, dīxī, dictum 3.⟩
1. → bene 2
2. (eccl.) segnen, weihen

benedictiō ⟨benedictiōnis⟩ F ||benedicere|| (eccl.) Segen, Weihe
benedictus ⟨a, um⟩ ADJ ||benedicere|| (spätl.) gesegnet, gepriesen
Benedictus ⟨ī⟩ M von Nursia (480–547 n. Chr.), Mönch, Gründer von Monte Cassino (529) u. damit des gemeinsamen Mönchslebens, Verfasser der ältesten Regel u. Begründer des bald über ganz Europa verbreiteten Benediktinerordens mit dem Wahlspruch „Ora et labora" = „Bete und arbeite"
bene-facere ⟨faciō, fēcī, factum 3.⟩
1 richtig tun, richtig machen; **~ alicui** j-m Gutes tun
2 (mlat.) beglücken
3 (mlat.) belehnen
beneficentia ⟨ae⟩ F ||beneficus|| Wohltätigkeit, Güte
beneficiārlus
A ⟨a, um⟩ ADJ ||beneficium|| Sen. eine Wohltat genießend
B ⟨ī⟩ M von niedrigen Arbeiten befreiter Soldat, Gefreiter
beneficiatus ⟨i⟩ M (mlat.) Lehnsmann
beneficientia ⟨ae⟩ F (mlat.) Lehnshoheit
beneficium ⟨ī⟩ N ||facere||
1 Wohltat, Gefälligkeit; **beneficium alicui dare/in aliquem conferre** j-m eine Gefälligkeit erweisen; **beneficia in aliquem/erga aliquem** Verdienste um j-n; **beneficii causā/per beneficium** aus Gefälligkeit, aus Gnade; **alicuius beneficio** durch j-s Verdienst, mit j-s Hilfe
2 MIL, POL Auszeichnung, Gnadenerweis; **ad populi beneficium transferri** von der Gunst des Volkes abhängig werden; **in beneficiis ad aerarium deferri** Cic. in die Gratifikandenliste des Staates aufgenommen werden
3 (nachkl.) Vorrecht, Privileg
4 (mlat.) Lehen; Pfründe
bene-ficus ⟨a, um⟩ ADJ wohltätig, gefällig, in aliquem gegen jdn
benemōrius ⟨a, um⟩ ADJ ||bene, mos|| Petr. vom Charakter gut
beneplacitum ⟨ī⟩ N (eccl.) Ratschluss, Belieben
Beneventānus
A ⟨a, um⟩ ADJ aus Beneventum, von Beneventum
B ⟨ī⟩ M Einwohner von Beneventum
Beneventum ⟨ī⟩ N Stadt in Samnium, früher Maleventum, dann umbenannt, 275 v. Chr. Niederlage des Pyrrhus; heute Benevento, ca. 7 km nö. von Neapel, mit bedeutenden Überresten aus der Antike
bene-volēns
A ⟨benevolentis⟩ ADJ = **benevolus**
B ⟨benevolentis⟩ M u. F Gönner, Gönnerin
benevolentia ⟨ae⟩ F ||benevolens||
1 Wohlwollen; Gnade, erga aliquem/in aliquem zu j-m, gegen j-n
2 Beweis des Wohlwollens; pl Gnadenakte
3 Beliebtheit
bene-volus ⟨a, um, adv benevolē⟩ ADJ ||velle|| wohlwollend, gütig
benf... = **benef...**
benīgnitās ⟨benīgnitātis⟩ F ||benignus||
1 Freundlichkeit, Wohlwollen
2 Wohltätigkeit, Freigebigkeit, in aliquem gegen jdn
benīgniter ADV → **benignus**
benīgnus ⟨a, um, adv benīgnē u. benīgniter⟩ ADJ ||bene, gignere||
1 wohlwollend, gutmütig, gütig, liebevoll, alicui gegen j-n; **benigne polliceri** gute Versprechungen geben; **benigne** als Höflichkeitsformel ich danke, sehr gütig
2 wohltätig, freigebig; **benigne facere alicui/alicuius** j-m Gutes erweisen; **vini somnique** wein- und schlaftrunken
3 poet auch von Leblosem reichlich, ergiebig; **sermo** ~ langes Gespräch, ergiebiges Gespräch; **benignā vice** in reichlicher Vergeltung
beniv... = **benev...**
Berecyntae ⟨ārum⟩ M, **Berecyntes** ⟨Berecyntum⟩ M Stamm in Phrygien
Berecyntius ⟨a, um⟩ ADJ berecyntisch; **mater Berecyntia** = Kybele; **heros** ~ = Midas
Berenīcē ⟨Berenīcēs⟩ F weiblicher Vorname, danach Veronika
1 Gattin des ägyptischen Königs Ptolemäus III. Euergetes; ihr schönes Haar, das sie für die Heimkehr ihres Mannes opferte, wurde unter die Sterne versetzt u. von Catull besungen
2 Tochter des jüdischen Königs Herodes Agrippa I. (37–44 n. Chr.), Geliebte des Titus
Berenīcēus ⟨a, um⟩ ADJ von Berenice
Beroea ⟨ae⟩ F Stadt in Makedonien, heute Verria
Beroeaeus ⟨a, um⟩ ADJ aus Beroea, von Beroea
Beroeaeus ⟨ī⟩ M Einwohner von Beroea
bēryllos, bēryllus ⟨ī⟩ M u. F Beryll, meergrüner Edelstein
Bērytus ⟨ī⟩ F Küstenstadt in Phönikien, 15 v. Chr. röm. Veteranenkolonie, heute Beirut
bēs ⟨bessis⟩ M
1 zwei Drittel eines zwölfteiligen Ganzen
2 zwei Drittel des As als Münzeinheit; **fenus ex triente factum erat bessibus** Cic. die Zinsen stiegen von 1/3 monatlich auf 2/3, d. h. von 4% jährlich auf 8%
3 zwei Drittel einer Erbschaft; **heres ex besse** Plin. Erbe von zwei Dritteln der Erbmasse
4 meton acht; **bessem bibamus** Mart. leeren wir acht Becher!

bēsālis ⟨bēsāle⟩ ADJ ||bes|| zwei Drittel *eines Ganzen* umfassend; acht Unzen wiegend
bēstia ⟨ae⟩ F
1 Tier, Raubtier
2 PL *meton* Kampf mit wilden Tieren *im Zirkus*; **aliquem ad bestias condemnare/mittere** j-n zum Kampf mit den wilden Tieren im Zirkus verurteilen
▶ deutsch: **Bestie, Biest**
  englisch: **beast**
  französisch: **bête**
  spanisch: **bestia**
  italienisch: **bestia**
bēstiālis ⟨bēstiāle⟩ ADJ ||bestia|| (*spätl.*) tierisch, viehisch
bēstiārius
A ⟨a, um⟩ ADJ ||bestia|| *Sen.* Tier...; **ludus ~** Kampf mit Tieren
B ⟨ī⟩ M Tierkämpfer *im Zirkus*
bēstiola ⟨ae⟩ F ||bestia|| Tierchen
bēta¹ *indekl* zweiter Buchstabe des griech. Alphabets
bēta² ⟨ae⟩ F rote Bete, Mangold
bētāceus ⟨ī⟩ M ||beta²|| (*vkl., nachkl.*) Mangoldwurzel, rote Bete
bētizāre ⟨ō, āvī, ātum 1.⟩ ||beta²|| *Suet.* wörtl. Gemüse sammeln; *fig* weichlich sein
bi- PRÄF zwei-, zwie-
Biās ⟨Biantis⟩ M *aus Priene in Ionien, um 550 v. Chr., Zeitgenosse des Krösus, einer der sog. Sieben Weisen*
bibere ⟨bibō, bibī, (*spätl.* bibitum) 3.⟩
1 trinken, **vinum** Wein, **ex poculo** aus einem Becher, **ex uno vino duo pocula** von einem Wein zwei Becher, **cavā manu** aus der hohlen Hand; **~ Graeco more** j-m zutrinken; **flumen ~** *poet* an einem Fluss wohnen
2 (*nachkl.*) *poet* trinken, einsaugen, einziehen; **sat prata biberunt** *Verg.* die Wiesen haben genug getrunken; **hasta bibit cruorem** die Lanze trinkt Blut
3 *fig* einsaugen, einatmen; **~ aure/auribus** eifrig anhören
Biberius ⟨ī⟩ M *Suet.* Spottname des Kaisers Tiberius, wörtl. Trunkenbold
bibī → **bibere**
biblia ⟨ae⟩ F (*mlat.*) Bibel; **~ sacra** Heilige Schrift; **~ pauperum** die Bibel der Armen, *Bilderbibel des späteren MA*
bibliopōla ⟨ae⟩ M (*nachkl.*) *poet* Buchhändler
bibliothēca ⟨ae⟩ F, **bibliothēcē** ⟨bibliothēcēs⟩ F
1 Bibliothek; (*nachkl.*) Bücherschrank
2 Büchersammlung, Bücherei
Bibracte ⟨Bibractis⟩ N Hauptstadt der Äduer, Überreste auf dem Mont-Beuvray bei Autun
Bibrax ⟨Bibractis⟩ F Stadt der Remer im belg. Gallien

bibulus
A ⟨a, um⟩ ADJ ||bibere|| (*nachkl.*)
1 gern trinkend; *von Sachen* Feuchtigkeit aufnehmend; **~ alicuius rei** durstig nach etw; **lapis ~** Bimsstein; **lana bibula** Wolle, die Farbe annimmt; **charta bibula** Löschblatt
2 trinkbar, süffig; **vinum Falernum bibulum** süffiger Falernerwein
B ⟨ī⟩ M (*mlat.*) Zechkumpan
bi-ceps ⟨bicipitis⟩ ADJ ||caput|| zweiköpfig, zweigipfelig; **Ianus ~** der doppelköpfige Janus; **Parnasus ~** der doppelgipfelige Parnass
bi-clīnium ⟨ī⟩ N *Plaut., Quint.* Speisesofa für zwei Personen
bi-color ⟨bicolōris⟩ ADJ (*nachkl.*) *poet* zweifarbig, scheckig
bi-corniger ⟨bicornigera, bicornigerum⟩ ADJ *Ov.*, **bicornis** ⟨bicorne⟩ ADJ ||cornu|| (*nachkl.*)
1 mit zwei Hörnern, mit zwei Spitzen; **caper ~** Ziegenbock mit zwei Hörnern; **luna ~** Halbmond; **furca ~** zweizinkige Gabel
2 *von Flüssen* mit zwei Mündungsarmen
bi-corpor ⟨bicorporis⟩ ADJ ||corpus|| mit zwei Körpern
bi-dēns
A ⟨bidentis⟩ ADJ mit zwei Zähnen, zweizackig
B ⟨bidentis⟩
1 M Hacke mit zwei Zinken
2 F ausgewachsenes Opfertier, *dessen Gebiss fertig ist*
bi-dental ⟨bidentālis⟩ N (*nachkl.*) *poet* Blitzmal, vom Blitz getroffener Ort; **bidental movere** ein Blitzmal entweihen
Bidīnus ⟨a, um⟩ ADJ aus Bidis, von Bidis
Bidis ⟨Bidis⟩ F Stadt nw. von Syrakus
bī-duum ⟨ī⟩ N ||dies|| Zeitraum von zwei Tagen; **bidui iter** zwei Tagesreisen, zwei Tagesmärsche; **biduo** in zwei Tagen, innerhalb von zwei Tagen, zwei Tage lang; **eo biduo** in diesen zwei Tagen, nach diesen zwei Tagen; **biduo, quo** zwei Tage, nachdem
bi-ennium ⟨ī⟩ N ||annus|| Zeitraum von zwei Jahren
bi-fāriam ADV zweifach, nach zwei Seiten; **bifariam castra facere** nach zwei Seiten hin Lager errichten
bi-fer ⟨bifera, biferum⟩ ADJ ||ferre|| zweimal im Jahr Früchte tragend
bi-fidus ⟨a, um⟩ ADJ ||findere|| (*nachkl.*) *poet* (in zwei Teile) gespalten; **pedes bifidi** gespaltene Hufe
bi-foris ⟨bifore⟩ ADJ ||foris¹|| *poet*
1 zweitürig; mit zwei Öffnungen
2 zweifach, doppelt

bi-fōrmātus ⟨a, um⟩ ADJ ||formare||, **bifōrmis** ⟨biforme⟩ ADJ ||forma|| (nachkl.) poet zweigestaltig, mit zwei Körpern

bi-frōns ⟨bifrontis⟩ ADJ (spätl.) poet zweistirnig; **Ianus ~** der zweiköpfige Janus, der doppelgesichtige Janus

bifurcum ⟨ī⟩ N ||bifurcus|| Gabelung

bi-furcus ⟨a, um⟩ ADJ ||furca|| (nachkl.) poet zweizackig, gabelförmig

bīga ⟨ae⟩ F, **bīgae** ⟨ārum⟩ F (nachkl.) Zweigespann

bīgātus
  A ⟨a, um⟩ ADJ ||bigae|| (nachkl.) mit dem Bild des Zweigespanns geprägt
  B ⟨ī⟩ M Silberdenar

Bigerra ⟨ae⟩ F Stadt in der sö. Hispania Tarraconensis, heute vermutlich Bogarra, ca. 70 km w. von Albacete

biiugī ⟨ōrum⟩ M ||biiugis|| Verg. Zweigespann, Streitwagen

bi-iugis ⟨biiuge⟩ ADJ, **bi-iugus** ⟨a, um⟩ ADJ ||iugum|| (nachkl.) poet zweispännig

Bilbilis ⟨Bilbilis⟩
  1 F Stadt in Hispania Tarraconensis, Vaterstadt des Dichters Martial, Ruinen bei Calatuyud
  2 M Nebenfluss des Ebro, an dem die gleichnamige Stadt lag, heute Jalon

bi-lībra ⟨ae⟩ F Liv. zwei Pfund

bilībris ⟨bilibre⟩ ADJ ||bilibra|| (unkl.)
  1 zwei Pfund schwer
  2 zwei Pfund fassend

bi-linguis ⟨bilingue⟩ ADJ, **bi-linguus** ⟨a, um⟩ ADJ ||lingua|| (nachkl.)
  1 doppelzüngig, Plaut. für Zungenkuss
  2 zweisprachig, unverständlich redend
  3 fig doppelzüngig, heuchlerisch

bīlis ⟨bīlis⟩ F
  1 Galle als Flüssigkeit
  2 fig Zorn, Unwille; **bilem commovere alicui** j-n erzürnen
  3 **~ nigra/atra** Schwermut; (vkl., nachkl.) Wahnsinn

bi-līx ⟨bilīcis⟩ ADJ ||licium|| Verg. doppelfädig, doppeldrähtig; **lorica ~** doppeldrähtiger Brustpanzer

bi-lustris ⟨bilustre⟩ ADJ ||lustrum²|| zwei Lustren dauernd, zehnjährig

bi-lychnis ⟨bilychne⟩ ADJ ||lychnus|| Petr. mit zwei Kerzen, zweiflammig

bi-maris ⟨bimare⟩ ADJ ||mare|| (nachkl.) poet an zwei Meeren gelegen

bi-marītus
  A ⟨a, um⟩ ADJ zweifach verheiratet
  B ⟨ī⟩ M Bigamist

bi-māter ⟨bimātris⟩ ADJ (nachkl.) poet von zwei Müttern geboren, Beiname des Bacchus, den erst Semele und dann Zeus gebar

bi-membris
  A ⟨bimembre⟩ ADJ ||membrum|| zweigliedrig
  B ⟨bimembris⟩ M Doppelgestalt = Kentaur

bi-mē(n)stris ⟨bimē(n)stre⟩ ADJ ||mensis|| (nachkl.) poet zwei Monate alt; **stipendium bimestre** Sold für zwei Monate

bīmulus ⟨a, um⟩ ADJ ||bimus|| (nachkl.) poet erst zweijährig

bīmus ⟨a, um⟩ ADJ ||hiems|| zwei Winter alt, zweijährig; **sententia bima** Cic. Antrag auf zweijähriges Verbleiben in der Provinz

Bingium ⟨ī⟩ N belg. Stadt an der Nahe, gegenüber Bingen, heute Bingerbrück

bīnī ⟨ae, a⟩ NUM distr
  1 je zwei
  2 zwei, beide bei echten Pluraliatantum; **binae litterae** zwei Briefe, im Unterschied zu duae litterae = zwei Buchstaben; **bina castra** beide Lager
  3 ein Paar; **bini boves** ein Paar Ochsen
  4 Liv. auch zwei Paar von Sachen u. Personen, die zusammengehören od paarweise auftreten; **bini consules** zwei Paare von Konsuln
  5 Cic. „die zwei", das Paar

bi-noctium ⟨ī⟩ N ||nox|| (nachkl.) Zeitraum von zwei Nächten

bi-nōminis ⟨binōmine⟩ ADJ ||nomen|| Ov. mit zwei Namen; **Ascanius ~** Ascanius, der zwei Namen hatte, da er auch noch Iulus hieß

Biōn ⟨Biōnis⟩ M Schüler des Theophrast, Kyniker um 300 v. Chr., wegen seines beißenden Witzes bekannt u. gefürchtet

Biōnēus ⟨a, um⟩ ADJ Hor. bissig, satirisch

bi-palmis ⟨bipalme⟩ ADJ ||palma¹|| zwei Spannen lang, zwei Spannen breit

bi-partītus ⟨a, um, adv bipartītō⟩ ADJ zweigeteilt, doppelt; **argumentatio bipartita** doppelte Beweisführung; **bipartito signa inferre** von zwei Seiten angreifen; **bipartito esse** in zwei Teile geteilt sein

bi-patēns ⟨bipatentis⟩ ADJ ||patere|| poet doppelt geöffnet; **tecta bipatentia** Verg. Saal mit geöffneten Doppeltüren

bi-pedālis ⟨bipedāle⟩ ADJ zwei Fuß lang, zwei Fuß breit, zwei Fuß hoch

bipenni-fer ⟨bipennifera, bipenniferum⟩ ADJ ||bipennis, terre|| Ov. poet eine Doppelaxt tragend

bi-pennis
  A ⟨bipenne⟩ ADJ ||penna|| (nachkl.) zweiflügelig; fig zweischneidig
  B ⟨bipennis⟩ F zweischneidige Axt, Doppelaxt

bi-pertītus ⟨a, um⟩ ADJ = **bipartitus**

bi-pēs
  A ⟨bipedis⟩ ADJ zweifüßig, zweibeinig
  B ⟨bipedis⟩ M Zweifüßler; pej für Mensch

bi-rēmis
- **A** ⟨birēme⟩ ADJ ‖remus‖ mit zwei Ruderern
- **B** ⟨birēmis⟩ F Zweidecker, *Schiff mit zwei übereinander angereihten Ruderbänken*

birsare ⟨o, avi, atum 1.⟩ *(mlat.)* pirschen, jagen

bis ADV zweimal; **bis tantum/tanto** doppelt so groß, doppelt so weit; **bis terve** zwei- bis dreimal = selten; **bis(que) terque** zwei- bis dreimal = öfter

⚠️ **Bis dat, qui cito dat.** Doppelt gibt, wer schnell gibt.

Bīsaltae ⟨ārum⟩ M thrakischer Stamm

Bisanthē ⟨Bisanthēs⟩ F Stadt an der Nordküste der Propontis

bisextus ⟨ī⟩ M (*erg.* **dies**) *(spätl.)* Schalttag

bisōn ⟨bisontis⟩ M *(nachkl.)* *poet* Auerochse

Bistones ⟨Bistonum⟩ M thrakisches Volk um Abdera; *poet allg.* Thraker

Bistonis ⟨Bistonidis⟩ F thrakische Bacchantin; *adj* thrakisch

Bistonius ⟨a, um⟩ ADJ thrakisch

bi-sulcis ⟨bisulce⟩ ADJ, **bi-sulcus** ⟨a, um⟩ ADJ ‖sulcus‖ zweigespalten; **bisulci linguā** Plaut. *fig* Heuchler

bītere ⟨ō, -, - 3.⟩ = **baetere**

bi-thalassus ⟨a, um⟩ ADJ *(spätl.)* wo zwei Meere zusammenkommen

Bīthȳnī ⟨ōrum⟩ M ‖Bithynia‖ die Einwohner von Bithynien, die Bithynier

Bīthȳnia ⟨ae⟩ F Bithynien, *kleinasiatische Landschaft an der Propontis u. am Schwarzen Meer*

Bīthȳnicus ⟨a, um⟩ ADJ bithynisch

Bīthȳnis ⟨Bīthȳnidis⟩ F Bithynierin

Bīthȳnus ⟨a, um⟩ ADJ bithynisch

Bitōn ⟨Bitōnis⟩ M Sohn der Priesterin Kydippe u. Bruder des Kleobis; *die Brüder waren berühmt durch ihre Liebe zur Mutter, wofür sie von den Göttern durch einen sanften Tod belohnt wurden*

bitūmen ⟨bitūminis⟩ N *(nachkl.) poet* Erdpech, Asphalt, *aus Baumharz durch Erhitzen gewonnen u. zum Abdichten von Dächern u. Schiffen verwendet*

bitūmineus ⟨a, um⟩ ADJ ‖bitumen‖ *(nachkl.) poet* von Erdpech; **vires bitumineae** Massen von Erdpech

Biturīges ⟨Biturīgum⟩ M kelt. Volk in Aquitanien, *in zwei Stämme um das heutige Bourges u. Bordeaux zerfallen*

bivium ⟨ī⟩ N ‖bivius‖ Kreuzweg, Scheideweg; *fig* doppeltes Mittel

bi-vius ⟨a, um⟩ ADJ ‖via‖ *(unkl.)* mit zwei Wegen; **fauces biviae** die Eingänge des Hohlwegs auf beiden Seiten

blaesī ⟨ōrum⟩ M ‖blaesus‖ die Betrunkenen

blaesus ⟨a, um⟩ ADJ lallend, stammelnd

Blanda ⟨ae⟩, **Blandae** ⟨ārum⟩ F
1. Stadt in Lukanien in Unteritalien, am Tyrrhenischen Meer, keine moderne Entsprechung
2. Stadt in Hispania Tarraconensis beim heutigen Blanes an der Costa Brava

blandidicus ⟨a, um⟩ ADJ ‖blandus, dicere‖ *Plaut.* schmeichlerisch

blandi-loquentia ⟨ae⟩ F ‖blandus, loqui‖ *(vkl.)* Schmeichelrede

blandi-loquentulus, **blandi-loquus** ⟨a, um⟩ ADJ ‖blandus, loqui‖ *Plaut., Sen.* schmeichlerisch redend

blandīmentum ⟨ī⟩ N *(vkl., nachkl.)* = **blanditia**

blandīrī ⟨ior, ītus sum 4.⟩ ‖blandus‖ schmeicheln, liebkosen, *fig von leblosen Subj.* gefallen, anlocken; **fortuna coeptis blanditur** das Glück begünstigt die Anfänge

blanditer ADV → blandus

blanditia ⟨ae⟩ F ‖blandus‖
1. Schmeichelei; *pl* Komplimente; **~ popularis** schmeichelhaftes Verhalten gegenüber dem Volk
2. *von leblosen Subj.* Reiz, Lockung

blandītus ⟨a, um⟩ ADJ ‖blandiri‖ angenehm, reizend

blandus ⟨a, um, *adv* blandē u. blanditer⟩ ADJ
1. *von Lebewesen* schmeichelnd, zärtlich, *alicui/adversus aliquem* gegen j-n; **canis ~** schmeichelnder Hund; **amicus ~** schön tuender Freund
2. *von leblosen Subj.* schmeichlerisch, höflich; **preces blandae** höfliche Bitten; **litterae blandae** freundlicher Brief
3. lockend, reizend; **otium blandum** verlockendes Privatleben

blasphēmāre ⟨ō, āvī, ātum 1.⟩ schmähen, lästern

blasphēmia ⟨ae⟩ F *(eccl.)* Schmähung, Gotteslästerung

blasphēmus ⟨a, um⟩ ADJ *(eccl.)* lästernd, gotteslästerlich

blaterāre ⟨ō, āvī, ātum 1.⟩ *(unkl.)* plappern, unnütz schwätzen

blatīre ⟨iō, -, - 4.⟩ *Plaut.* schwätzen

blatta ⟨ae⟩ F *(nachkl.) poet* Motte, Schabe

blattārius ⟨a, um⟩ ADJ ‖blatta‖ *(nachkl.)* zur Schabe gehörig; **balnea blattaria** dunkle Badezimmer

blennus ⟨ī⟩ M *(vkl.)* Tölpel

bliteus ⟨a, um⟩ ADJ *Com.* albern, abgeschmackt

blitum ⟨ī⟩ N *(unkl.)* Gänsefuß, Melde, *Küchenkraut ohne Eigengeschmack*

boāre ⟨ō, āvī, - 1.⟩ *(nachkl.)*
1. *von Menschen u. Tieren* brüllen, schreien
2. *von Örtlichkeiten* widerhallen

boārius ⟨a, um⟩ ADJ ‖bos‖ Rinder...; **forum boarium** Rindermarkt

bōcula ⟨ae⟩ F̄ = **bucula**
Bodotria ⟨ae⟩ F̄ *Bucht an der Ostküste Schottlands*
Boebē ⟨Boebēs⟩ F̄ *Stadt in Thessalien*
Boeōtarchēs ⟨Boeōtarchae⟩ M̄ *Liv.* Böotarch, *einer der Leiter des Böotischen Bundes, eines Im 6. Jh. v. Chr. geschlossenen Bundes von elf Städten*
Boeōtī ⟨ōrum u. Boeōtum⟩ M̄ ||Boeotia|| die Böotier
Boeōtia ⟨ae⟩ F̄ Böotien, *mittelgriech. Landschaft mit der Hauptstadt Theben*
Boeōtius, Boeōtus ⟨a, um⟩ ADJ böotisch
Boëthius ⟨ī⟩ M̄ Anicius Manlius Torquatus Severinus Boethius, *spätantiker chr. Philos. u. Staatsmann (ca. 480–524 n. Chr.), wollte alle Werke von Plato u. Aristoteles ins Lateinische übersetzen, war unter Theoderich dem Großen magister officiorum, wurde fälschlich des Hochverrats beschuldlyl, eingekerkert u. hingerichtet. Berühmt ist sein in der Gefangenschaft geschriebenes Buch „De consolatione philosophiae" (Trost der Philosophie); großer Einfluss im MA*
Bōī ⟨ōrum⟩ M̄ = **Boii**
boia ⟨ae⟩ F̄ *Plaut.* Halseisen, Halsfessel *für Sklaven u. Verbrecher*
Bōia ⟨ae⟩ F̄ Bojerland
Bōihaemum ⟨ī⟩ N̄ = **Boiohaemum**
Boiī ⟨ōrum⟩ M̄ die Bojer, *kelt. Stamm, urspr. in Gallien, später zwei Gruppen:*
1 *in Oberitalien, 196 v. Chr. romanisiert;* → Bononia
2 *in Böhmen, bis ca. 60 n Chr., dann nach Pannonien u. Noricum abgewandert*
Bōiohaemum ⟨ī⟩ N̄ Bojerland
Bōius ⟨a, um⟩ ADJ bojisch
Bōla ⟨ae⟩, **Bōlae** ⟨ārum⟩ F̄ *sehr alte Stadt in Latium, heute Lugano in Teverina, w. von Terni*
Bōlānus ⟨a, um⟩ ADJ aus Bola, von Bola
Bōlānus ⟨ī⟩ M̄ Einwohner von Bola
bolbus ⟨a, um⟩ ADJ = **bulbus**
bōlētar ⟨bōlētāris⟩ N̄ ||boletus|| *Mart.* Geschirr für Pilze, *dann allg.* Essgeschirr
bōlētus ⟨ī⟩ M̄ *(nachkl.) poet* essbarer Pilz, Champignon
bolus ⟨ī⟩ M̄ *(unkl.)*
1 Wurf *beim Würfelspiel*
2 *fig* guter Fang, Profit
bombardum ⟨ī⟩ N̄ ||bombax|| *(spätl.)*
1 Schießgerät
2 Geschoss
bombax INT *Plaut.* Donnerwetter!, potztausend
bombilāre ⟨ō, -, - 1.⟩ *(spätl.)* summen
bombus ⟨ī⟩ M̄ dumpfer Ton, Brummen
bombȳcina ⟨ōrum⟩ N̄ ||bombycinus|| seidene Kleider, seidene Stoffe
bombȳcinus ⟨a, um⟩ ADJ ||bombyx|| *(nachkl.) poet* aus Seide
bombȳx ⟨bombȳcis⟩ M̄ *(nachkl.) poet* Seidenraupe, Seide

Bona dea ⟨ae⟩ F̄ die Gute Göttin, *Göttin der Fruchtbarkeit; alljährlich Tempelfeier der Frauen am 1. Mai u. Anfang Dezember*
bonātus ⟨a, um⟩ ADJ ||bonus|| *Petr.* gutmütig
bonitās ⟨bonitātis⟩ F̄ ||bonus||
1 *von Sachen* gute Beschaffenheit, gute Qualität; **~ agrorum** gute Beschaffenheit der Felder; **~ naturae** glückliche Naturanlage
2 *von Personen* Rechtschaffenheit, edle Gesinnung
Bonna ⟨ae⟩ F̄ *Ort in Niedergermanien am linken Rheinufer, heute Bonn*
Bonnēnsis ⟨Bonnēnse⟩ ADJ aus Bonna, von Bonna
Bonōnia ⟨ae⟩ F̄ *alte Stadt in Gallia cisalpina, früher etrusk. Stadt Felsina, seit 189 v. Chr. röm. Militärkolonie, heute Bologna*
Bonōniēnses ⟨Bonōniēnsium⟩ M̄ die Einwohner von Bononia
Bonōniēnsis ⟨Bonōniēnse⟩ ADJ aus Bononia, von Bononia
bonum ⟨ī⟩ N̄ ||bonus||
1 Gutes, gute Beschaffenheit; **~ honestumque** Rechtschaffenheit und Ehrenhaftigkeit
2 Gut = wünschenswerter Besitz; **~ naturale** angeborenes Talent; **summum ~** PHIL höchstes Gut
3 Tugend, Vorzug; **~ formae** Vorzug der Schönheit
4 Nutzen, Vorteil; **alicui bono esse** für j-n vorteilhaft sein
5 Glück, Wohl, *auch pl*; **~ publicum** Staatswohl

bonus ⟨a, um, *komp* melior, melius, *sup* optimus, a, um⟩ ADJ

1 gut, tüchtig
2 zweckmäßig, tauglich
3 tapfer, kräftig
4 fein, delikat
5 sittlich gut, rechtschaffen
6 gutmütig, wohlwollend
7 patriotisch, loyal

1 gut, tüchtig; **vinum bonum** guter Wein; **nummus ~** echte Münze; **bono animo esse** guten Mutes sein, zuversichtlich sein; **aetas bona** Jugend; **aliquid melius facere** etw vervollkommnen
2 tauglich, geschickt; **exemplum bonum** geeignetes Beispiel; **familia bona** geschickte Dienerschaft; **optimum est** es ist am besten
3 *von Personen* tapfer, kräftig; vornehm, edel; **puer bono genere natus** Junge aus einem vornehmen Geschlecht

4 *von Sachen* fein; günstig; **bonae res** Delikatessen; **optima signa** sehr schöne Statuen; **auspicium bonum** Glück verheißende Vogelschau

5 rechtschaffen, zuverlässig; **vir ~** Ehrenmann; **servus ~** treuer Diener; **bonae artes** gute Eigenschaften; **bono animo/bono consilio** in guter Absicht; **bonā ratione emere** auf ehrliche Weise kaufen

6 gutmütig, wohlwollend, *alicui*/*in aliquem* j-m, zu j-m; *auch* geistig beschränkt; **cum bona venia tua** mit deiner gütigen Erlaubnis

7 POL loyal, der herrschenden Staatsform zugetan; **civis ~** loyaler Bürger; **pars melior** Patriotenpartei

⚠ **Cui bono?** Cic. Wem nützt es? = *bei einem Verbrechen fällt der Verdacht am ehesten auf denjenigen, der daraus den größten Nutzen zieht.*

Boōtēs ⟨Boōtae *u.* Boōtis⟩ M̄ Ochsentreiber, *Sternbild der n Halbkugel in der Nähe des Großen Bären/Großen Wagens*

boreās ⟨boreae⟩ M̄ *(nachkl.) poet* Nordwind; *meton* Norden

Boreās ⟨Boreae⟩ M̄ *personifiziert* = **Aquilo**

Borestī ⟨ōrum⟩ M̄ *Stamm in Schottland*

borēus ⟨a, um⟩ ADJ *poet* nördlich

Borysthenēs ⟨Borysthenis⟩ M̄ *Fluss im europäischen Sarmatien, heute Dnjepr*

Borysthenidae ⟨ārum⟩ M̄ die Anwohner des Borysthenes

Borysthenius ⟨a, um⟩ ADJ des Borysthenes

bōs ⟨bovis⟩ M̄ *u.* F̄
1 Rind, Ochse; **bos femina** Kuh
2 *(nachkl.) poet* ein Seefisch

Bosp(h)orānus, Bosp(h)orius
A ⟨a, um⟩ ADJ des Bosporus,
B ⟨ī⟩ M̄ Anwohner des Bosporus

Bosp(h)oros, Bosp(h)orus ⟨ī⟩ M̄ *wörtl.* Kuhfurt, Rinderfurt; *Meerenge, so benannt nach der Sage von Io, die, von Hera in eine Kuh verwandelt, die Meerenge durchschwommen haben soll;* **~ Thracius** Straße von Konstantinopel, *Meerenge zwischen Schwarzem Meer u. Marmara-Meer, Grenze zwischen Asien u. Europa;* **~ Cimmerius** Straße zwischen dem Schwarzen Meer und dem Asowschen Meer, *heute Straße von Kertsch*

botellus ⟨ī⟩ M̄ ‖botulus‖ *(nachkl.) poet* Würstchen

botryō(n) ⟨botryōnis⟩ M̄ *Mart.* Traubenstängel *mit u. ohne Beeren*

Bottiaea ⟨ae⟩ F̄ *Landschaft in Makedonien*

botulārius ⟨ī⟩ M̄ ‖botulus‖ *Sen.* Wurstmacher, Wursthändler

botulus ⟨ī⟩ M̄ *(unkl.)* essbare Eingeweide, Darm; *fig* Wurst

bovārius ⟨a, um⟩ ADJ = **boarius**

Boviānum ⟨ī⟩ N̄ Hauptort Samniums, *von den Römern erobert, von Augustus zu einer Veteranenkolonie gemacht, heute Boiano, ca. 50 km nw. von Benevento*

bovīle ⟨bovīlis⟩ N̄ ‖bos‖ Rinderstall, Ochsenstall

Bovillae ⟨ārum⟩ F̄ *sehr altes Städtchen an der via Appia, ca. 15 km s. von Rom; hier ermordete Milo 52 v. Chr. den Clodius, den Feind Ciceros*

bovillus ⟨a, um⟩ ADJ ‖bos‖ Rinder…; **grex ~** Rinderherde

brabeuta ⟨ae⟩ M̄ *Suet.* Kampfrichter

brāca ⟨ae⟩ F̄, **brācae** ⟨ārum⟩ F̄ weite Kniehose, Pluderhose

brācātus ⟨a, um⟩ ADJ ‖bracae‖
1 Hosen tragend
2 ausländisch, barbarisch
3 verweichlicht

bra(c)chiāle ⟨bra(c)chiālis⟩ N̄ ‖bracchialis‖ Armspange

bra(c)chiālis ⟨bra(c)chiāle⟩ ADJ ‖bracchium‖ *(vkl., nachkl.)* Arm…

bra(c)chiolum ⟨ī⟩ N̄ ‖brachium‖ Ärmchen

bra(c)chium ⟨ī⟩ N̄
1 Unterarm, Vorderbein *von Tieren;* **brachium dare collo alicuius** j-n umarmen; **aliquid levi brachio agere** etw auf die leichte Schulter nehmen; **aliquem molli brachio obiurgare de re.** j-n wegen etw milde tadeln
2 *(nachkl.) poet* Schere *des Krebses*
3 *(nachkl.) poet* Meeresarm; Ausläufer *eines Gebirges*
4 *(nachkl.) poet* Ast, Zweig *von Bäumen*
5 *(nachkl.) poet* Segelstange, Rahe
6 *(nachkl.) poet* Schenkel, Seitenwerk *von Mauern u. Befestigungswerken*
7 *(nachkl.) poet* Seitendamm *eines Hafens*
8 *(nachkl.) poet* Arm *von Geschützen*
9 *(nachkl.) poet* Schenkel *des Zirkels*

bract… = **bratt…**

bracteati ⟨orum⟩ M̄ *(nlat.)* Brakteaten, *einseitig geprägte, dünne Münzen des MA aus Silber- od seltener aus Goldblech*

brandea ⟨ae⟩ F̄, **brandeum** ⟨ī⟩ N̄ *(spätl.)* Leinenhülle, Seidenhülle für Reliquien

brassica ⟨ae⟩ F̄ *(spätl.)* Kohl

braterāre ⟨ō, āvī, ātum 1.⟩ *(spätl.)* von Menschen schwatzen

brattea ⟨ae⟩ F̄ *(nachkl.)* Metallblättchen, Goldblech, Blattgold

bratteātus ⟨a, um⟩ ADJ ‖brattea‖ *(nachkl.)*
1 mit Goldblech bezogen
2 *fig* nur äußerlich schimmernd, glitzernd

brattia ⟨ae⟩ F̄ = **brattea**

Bratuspantium ⟨ī⟩ N̄ Stadt in Gallia Belgica, *heute Ruinen von Bratuspante bei Breteuil, ca. 50 km s. von*

Rouen

Braurōn ⟨Braurōnis⟩ M̄ *eine der zwölf ältesten Städte Attikas, an der Ostküste gelegen, heute Vraona; dort Ausgrabungen u. a. eines Artemistempels (6. Jh. v. Chr.), in dessen Umgebung nach Euripides die Artemispriesterin Iphigenie begraben sein soll*

Brennus ⟨ī⟩ M̄ *Name gall. Heerführer*
- **1** *Sieger über die Römer an der Allia mit nachfolgender Einnahme von Rom 387 v. Chr.*
- **2** *Führer eines Einfalls in Makedonien und Griechenland bis Delphi 280/279 v. Chr.*

breve ⟨brevis⟩ N̄ ||brevis||
- **1** Untiefe, Watt
- **2** = brevis II. 2

breviāre ⟨ō, āvī, ātum 1.⟩ ||brevis|| (*nachkl.*)
- **1** verkürzen
- **2** *fig* kurz fassen
- **3** *fig* kurz aussprechen, **syllabam** eine Silbe

breviārium ⟨ī⟩ N̄ ||brevis||
- **1** (*nachkl.*) kurzer Auszug, Übersicht
- **2** (*mlat.*) Urkunde, Brevier, *Gebetbuch mit den Stundengebeten der katholischen Kirche*

breviculus ⟨a, um⟩ ADJ ||brevis|| (*Plaut., nachkl.*) etwas klein

brevi-loquēns ⟨breviloquentis⟩ ADJ ||brevis, loqui|| *Cic.* sich kurz fassend

breviloquentia ⟨ae⟩ F̄ ||breviloquens|| *Cic.* Kürze im Ausdruck

brevis
- **A** ⟨breve⟩ ADJ, ADV ⟨breviter⟩
- **1** *örtl.* kurz, klein; **homo ~** kleinwüchsiger Mensch; **spatium breve** geringe Ausdehnung; **libellum in breve cogere** *Hor.* ein Büchlein eng zusammenrollen
- **2** (*nachkl.*) niedrig, flach; **herba ~** niedriges Gras; **litus breve** flache Küste; **vadum breve** seichte Furt
- **3** *fig* gering; knapp; **cena ~** dürftiges Mahl
- **4** *von Rede u. Ausdruck* kurz, bündig; **litterae breves** kurzer Brief; **aliquid breviter dicere** etw kurz fassen; **hoc breve dicam** ich will es kurz sagen; **in breve cogere** kürzen
- **5** kurz; flüchtig; METR kurz (gesprochen); **tempus breve** kurze Zeit; **ad breve** auf kurze Zeit; **brevi** in Kürze, bald; **brevi ante** kurz zuvor, **brevi post** kurz danach; **osculum breve** flüchtiger Kuss; **lilium breve** schnell verblühende Lilie; **syllaba ~** kurze Silbe; **littera ~** kurzer Laut
- **B** ⟨brevis⟩ F̄
- **1** Kürze, kurze Silbe
- **2** (*mlat.*) Urkunde, Brief

brevitās ⟨brevitātis⟩ F̄ ||brevis||
- **1** *örtl., zeitl.* Kürze, Kleinheit; **~ spatii** kurze Entfernung
- **2** *fig von der Rede* Kürze, Knappheit; **brevitatis causā** um mich kurz zu fassen
- **3** METR Kürze *einer Silbe, eines Versfußes, eines Tons*

Briareūs ⟨Briareī⟩ M̄ MYTH Riese mit hundert Armen und fünfzig Köpfen

Brigantes ⟨Brigantum, *akk* Brigantas⟩ M̄ *nördlichstes Volk des röm. Britannien, etwa im heutigen Cumberland u. Northumberland*

Brigantia ⟨ae⟩ F̄ *Stadt am Bodensee, heute Bregenz*

Brigantīnus ⟨a, um⟩ ADJ aus Brigantia, von Brigantia; **lacus ~** Bodensee

Brīsēis ⟨Brīsēidis⟩ F̄ *Tochter des Priesters Brises, Sklavin u. Geliebte des Achill*

Britannia ⟨ae⟩ F̄ Britannien = *England und Schottland*

Britannicus ⟨a, um⟩ ADJ britannisch

Britannicus ⟨ī⟩ M̄ *Beiname des Sohnes des Kaisers Claudius, von Nero 55 n Chr. vergiftet*

Britannus ⟨a, um⟩ ADJ britannisch

Britannus ⟨ī⟩ M̄ Britannier

Britomartis ⟨Britomartis⟩ F̄ → **Dictynna**

Brittiī ⟨ōrum⟩ M̄ = **Bruttii**

Brixellum ⟨ī⟩ N̄ *Stadt in Gallia cisalpina, am Po, heute Brescello, nö. von Parma, Hauptquartier des Kaisers Otho, wo er Selbstmord beging*

Brixia ⟨ae⟩ F̄ *Stadt in Gallia cisalpina, heute Brescia*

Brixiānus ⟨a, um⟩ ADJ aus Brixia, von Brixia

Bromius ⟨ī⟩ M̄ *Beiname des Bacchus, wörtl. „der Lärmende"*

Bructerī ⟨ōrum *u.* Bructerum⟩ M̄ *germ. Volk zwischen Ems u. Lippe*

Bructerus ⟨a, um⟩ ADJ zu den Bructeri gehörig

brūma ⟨ae⟩ F̄ Wintersonnenwende; *poet* Winterkälte; *Mart. meton* Jahr

brūmālis ⟨brūmāle⟩ ADJ ||bruma||
- **1** zur Wintersonnenwende gehörig; **signum brumale** Gestirn des Steinbocks
- **2** *poet* Winter…; **frigus brumale** Winterkälte; **sidus brumale** Wintertag

Brundisīnus
- **A** ⟨a, um⟩ ADJ aus Brundisium, von Brundisium
- **B** ⟨ī⟩ M̄ Einwohner von Brundisium

Brundisium ⟨ī⟩ N̄ *Hafenstadt in Apulien, heute Brindisi*

brutalis ⟨brūtāle⟩ ADJ ||brutus|| (*spätl.*) grob

Brūtīnus ⟨a, um⟩ ADJ des Brutus

Bruttiī ⟨ōrum⟩ M̄
- **1** die Bruttier, *die Bewohner des ager Bruttius;* → **Bruttius**
- **2** = ager Bruttius; **in Bruttiis** im Bruttierland; **in Bruttios proficisci** ins Bruttierland aufbrechen; → **Bruttius**

Bruttius ⟨a, um⟩ ADJ zu den Bruttiern gehörig; **ager Bruttius** *m südlichste Landschaft Italiens*

brūtus ⟨a, um⟩ ADJ

1 schwerfällig, unbeweglich
2 stumpfsinnig, dumm

Brūtus ⟨ī⟩ M̄ Beiname in der gens Iunia; **L. Iunius ~** angeblich Befreier Roms, vertrieb 510 v. Chr. den letzten König, Tarquinius Superbus, zusammen mit Collatinus erster röm. Konsul; **M. Iunius ~** (85–42 v. Chr.) Philos. u. Redner, Freund, später Mörder Caesars; **Decius Iunius ~** (84–43 v. Chr.) Verschwörer gegen Caesar, später Gegner des Antonius

⚠ **Et tu, Brute?** Auch du, Brutus? Die — auf Griechisch gesprochenen — Worte soll Caesar an den Iden des März geäußert haben, als er sah, dass auch der von ihm sehr geförderte Brutus an dem Attentat auf ihn beteiligt war.

būbalus ⟨ī⟩ M̄ afrikanische Gazelle; (nachkl.) poet Gazelle, Büffel; (mlat.) Auerochse

Būbastis ⟨Būbastis⟩ F̄ Bastet, ägypt. Mondgöttin, dargestellt mit Katzenkopf od als Katze, da ihr die Katze heilig war

Būbastius ⟨a, um⟩ ADJ zur Bastet gehörig
būbīle ⟨būbīlis⟩ N̄ ‖bos‖ Ochsenstall, Kuhstall
būblus ⟨a, um⟩ (spätl.) = **bubulus**
būbō ⟨būbōnis⟩ M̄ u. F̄ (unkl.) Uhu
būbula ⟨ae⟩ F̄ ‖bubulus‖ (erg. caro) Rindfleisch
bubulcitārī ⟨or, ātus sum 1.⟩ ‖bubulcus‖ Plaut. Ochsentreiber sein
bu-bulcus ⟨ī⟩ M̄ ‖bos‖ Ochsenknecht, Kuhhirt
būbulus ⟨a, um⟩ ADJ ‖bos‖ (vkl., nachkl.) Ochsen..., Rind..., Stier...; **caput bubulum** Ochsenkopf
būcaeda ⟨ae⟩ M̄ ‖bos, caedere‖ Plaut. der mit einer Ochsenpeitsche Geprügelte
bucca ⟨ae⟩ F̄
1 aufgeblasene Backe; fig Mund
2 fig Schreier, schlechter Anwalt

buccea ⟨ae⟩ F̄ ‖bucca‖ Suet. Bissen, Stückchen
buccella ⟨ae⟩ F̄ ‖bucca‖ (nachkl.) poet Brocken
buccō ⟨buccōnis⟩ M̄ ‖bucca‖ (unkl.) Tölpel, Einfaltspinsel
buccula ⟨ae⟩ F̄ ‖bucca‖
1 Backe, Bäckchen
2 Liv. meton Backenstück am Helm
3 (mlat.) Schildbuckel
bucculentus ⟨a, um⟩ ADJ ‖bucca‖ Plaut.
1 pausbackig
2 großmäulig
bucella ⟨ae⟩ F̄ = **buccella**
Būcephala ⟨Būcephalae⟩ F̄ ‖Bucephalas‖ Stadt im N des heutigen Pakistan, am Fluss Hydaspes, heute Dschilan, benannt nach dem Lieblingspferd Alexanders des Großen, das dort getötet wurde
Būcephalās ⟨ae⟩ M̄ = **Bucephalus**
Būcephalē ⟨Būcephalēs⟩ F̄ = **Bucephala**
Būcephalus ⟨ī⟩ M̄ Lieblingspferd Alexanders des Großen, in der Schlacht gegen König Porus von Indien getötet
būcerius ⟨a, um⟩ ADJ, **būcerōs** ⟨būcerōn⟩ ADJ, **būcerus** ⟨a, um⟩ ADJ Ov. mit Stierhörnern, gehörnt
būcina ⟨ae⟩ F̄
1 gewundenes Horn, Blasinstrument
2 Trompete; (nachkl.) meton Trompetensignal; **tertia ~** dritte Nachtwache
3 Ov. kreiselförmige Muschel, auf der Triton, der Sohn des Neptun, blies; Tritonsmuschel
būcināre ⟨ō, āvī, ātum 1.⟩ ‖bucina‖ (nachkl.) das Horn blasen, das Signal geben
būcinātor ⟨būcinātōris⟩ M̄ ‖bucina‖
1 Hornist, Trompeter
2 Cic. Ausposauner, alicuius rei von etw
būcinātrīx ⟨būcinātrīcis⟩ F̄ ‖bucinator‖ (spätl.)
1 Trompeterin

▶ **Brutus**

M. Iunius Brutus (85 - 42 v. Chr.) wurde von dem konservativen Republikaner **Cato Uticensis** erzogen. Als der Konflikt zwischen **Pompeius** und **Caesar** ausbrach, stellte er sich auf die Seite des Pompeius, der für die Wiederherstellung der Republik kämpfte, schloss sich aber nach dessen Niederlage
Caesar an. Vermutlich enttäuscht durch die Politik Caesars, der die Alleinherrschaft anstrebte, nahm er an der Verschwörung gegen diesen teil und war einer ihrer Anführer. Nach der Ermordung Caesars floh er nach Griechenland, wo er 42 v. Chr. von **M. Antonius** und **Octavian** besiegt wurde und sich das Leben nahm.

Tu quoque mi fili ...
Auch du, mein Sohn ...

Dieser viel zitierte Satz, den Caesar bei seiner Ermordung zu Brutus gesagt haben soll, ist in den Quellen nur auf Griechisch belegt. Es ist wahrscheinlich, dass Caesar seine letzten Worte wirklich auf Griechisch sprach.

GESCHICHTE

2 Ausposaunerin

būcolica ⟨ōrum⟩ N ||bucolicus|| Hirtengedichte

būcolicus ⟨a, um⟩ ADJ ländlich, Hirten...

būcula ⟨ae⟩ F ||bos|| kleine Kuh, Junge Kuh, Färse

buffo ⟨buffonis⟩ M (mlat.) Spielmann, Hanswurst

būfō ⟨būfōnis⟩ M Verg. Kröte

bulbus ⟨ī⟩ M Zwiebel, bes Knoblauch

būlē ⟨būlēs⟩ F Plin. Ratsversammlung

būleuta ⟨ae⟩ M (nachkl.) Ratsherr

būleutērium ⟨ī⟩ N Rathaus in griech. Städten

bulla ⟨ae⟩ F

1 (unkl.) Wasserblase

2 Buckel, Knopf, Zierrat an Gürteln, Türen, Waffen

3 Kapsel, von frei geborenen Kindern um den Hals getragen

4 (mlat.) päpstliches Siegel, kaiserliches Siegel; meton Urkunde

bullātus ⟨a, um⟩ ADJ ||bulla|| (nachkl.) mit einer bulla geschmückt

būmastus ⟨ī⟩ F Verg. Traubenart mit großen Beeren

Burdigala ⟨ae⟩ F Stadt der Bituriger, heute Bordeaux

burdubasta ⟨ae⟩ M Petr. lahmer Maulesel

burgensis ⟨burgensis⟩ M (mlat.) Bürger

burg(g)ravius ⟨ī⟩ M (mlat.) Burggraf

Burgundionēs ⟨Burgundionum⟩ M gotische Völkerschaft an Oder u. Weichsel u. am oberen Main

burgus ⟨ī⟩ M (nachkl.) Fluchtturm, Burg

būris ⟨būris⟩ M Krummholz, hinterer Teil des Pfluges, nach Möglichkeit aus einem krumm gewachsenen Baumstamm

Būris ⟨Būris, akk Būrin⟩ F Stadt in Achaia, genaue Lage unklar

bursa ⟨ae⟩ F Fell

Būsīris ⟨Būsīridis⟩ F grausamer ägyptischer König, der die zu ihm kommenden Fremden opferte, von Herkules erschlagen

busti-rapus ⟨ī⟩ M ||bustum, rapere|| Plaut. Grabschänder

bustuārius ⟨a, um⟩ ADJ ||bustum|| zur Leichenbrandstätte gehörig, für die Leichenfeier bestimmt

bustum ⟨ī⟩ N (nachkl.)

1 poet Scheiterhaufen, Leichenbrandstätte

2 Grabhügel, Grabstätte; **Busta Gallica** Ort bei Rom, wo die gefallenen Gallier verbrannt wurden

3 fig Grab = Ort des Untergangs

Būthrōtiī ⟨ōrum⟩ M die Einwohner von Buthrotum

Būthrōtius ⟨a, um⟩ ADJ aus Buthrotum, von Buthrotum

Būthrōtum ⟨ī⟩ N Seestadt an der Küste von Epirus, gegenüber von Kerkyra, heute Butrinti in Albanien

būthysia ⟨ae⟩ F Suet. feierliches Rinderopfer

bu(t)ticula ⟨ae⟩ F (spätl.) Krug, Flasche

būtyrum ⟨ī⟩ N (nachkl.) Butter

Buxentum ⟨ī⟩ N Stadt in Lukanien, Kolonie der Römer, heute Policastro

buxētum ⟨ī⟩ N ||buxus|| Mart. Buchsbaumpflanzung

buxeus ⟨a, um⟩ ADJ ||buxus|| (unkl.) buchsbaumartig; gelblich

buxi-fer ⟨buxifera, buxiferum⟩ ADJ ||buxus, ferre|| Catul. Buchsbäume tragend

buxis ⟨buxidis⟩ F (mlat.) = **pyxis**

buxum ⟨ī⟩ N, **buxus** ⟨ī⟩ F (unkl.) Buchsbaum, Buchsbaumholz; meton Gegenstände aus Buchsbaumholz: Flöte, Kreisel, Kamm, Schreibtafel

Byblis ⟨Byblidis⟩ F Tochter des Miletos, verliebte sich in ihren Bruder Kaunos, zerfloss in Tränen u. wurde in eine Quelle verwandelt

Byblos ⟨ī⟩ F alte Stadt in Phönikien, zwischen Tripolis u. Beirut, heute Djebail

Byrsa ⟨ae⟩ F Burg od Zitadelle von Karthago

byssus ⟨ī⟩ F (unkl.) feines Leinen

Byzantium ⟨ī⟩ N Byzanz, um 660 v. Chr. als Kolonie von Megara gegründet, ab 330 n Chr. Konstantinopel, heute Istanbul

Byzantius ⟨a, um⟩ ADJ byzantinisch

Byzantius ⟨ī⟩ M Byzantiner

C c urspr. dem griech. Gamma = G entsprechender Buchstabe

1 = Gaius

2 = **condemno** ich halte für schuldig, auf den Stimmtäfelchen der Richter, daher littera tristis Cic. ↔ a = **absolvo**

3 = **centum** hundert als Ziffer

4 = **centuria** Hundertschaft

5 = **civitas** Stadt

6 = **cohors** Kohorte

7 = **collegium** Kollegium

8 = **censuerunt** sie haben beschlossen; → censere

9 = **comitialis (dies)** Wahltag

10 c. t.= **cum tempore** mit akademischem Viertel; → cum[1]

caballus ⟨ī⟩ M Pferd als Arbeitstier; Gaul

Cabillōnum ⟨ī⟩ N Stadt der Äduer, heute Chalon-sur-Saône

Cabīrī ⟨ōrum⟩ M phönikische Gottheiten, später mit

den Dioskuren gleichgesetzt

cacāre ⟨ō, āvī, ātum 1.⟩
- **A** VII *poet* kacken, *in aliquem* auf j-n
- **B** VII beschmieren, verunreinigen

cacātūrīre ⟨iō, iī, - 4.⟩ ||cacare|| *Mart.* kacken wollen

cachinnāre ⟨ō, āvī, ātum 1.⟩ ||cachinnus|| laut auflachen, schallend auflachen, lachen

cachinnātiō ⟨cachinnātiōnis⟩ F = **cachinnus**

cachinnus ⟨ī⟩ M lautes Gelächter, schallendes Gelächter; **cachinnos alicuius commovere** j-n zu lautem Lachen bringen; **~ undarum** *Catul.* fig lautes Geplätscher der Wellen

cacodaemōn ⟨cacodaemonis⟩ M (*spätl.*) böser Geist

cacō-ēthes ⟨cacōēthis⟩ N (*unkl.*) bösartige Krankheit; *Iuv.* fig unheilbare Schreibsucht

cacozēlia ⟨ae⟩ F ungeschickte Nachahmung, Nachäffung

cacozēlus ⟨ī⟩ M (*nachkl.*) Nachäffer

cacula ⟨ae⟩ M *Plaut.* Offiziersbursche, Offiziersdiener

cacūmen ⟨cacūminis⟩ N Gipfel, Spitze; **~ rupis** Gipfel des Felsens; **~ pyramidis** Spitze der Pyramide; **~ arboris** Wipfel des Baumes, Baumkrone

cacūmināre ⟨ō, āvī, ātum 1.⟩ ||cacumen|| (*nachkl.*) *poet* (zu)spitzen, **ensem** das Schwert, **aures ~** fig die Ohren spitzen

Cācus ⟨ī⟩ M Sohn des Vulcan, nach späterer Sage räuberischer Riese in einer Höhle des Aventin, von Herkules erschlagen

cadāver ⟨cadāveris⟩ N ||cadere||
- **1** Leiche; *von Tieren* Aas, *auch Schimpfwort*
- **2** fig Ruine, Trümmer; **tot oppidorum cadavera** so viele zerstörte Städte

cadāverōsus ⟨a, um⟩ ADJ ||cadaver|| *Ter.* leichenhaft, leichenähnlich

---

cadere ⟨cadō, cecidī, cāsūrus 3.⟩

- **1** fallen, herabfallen
- **2** sterben, untergehen
- **3** dahinsinken, dahinschwinden
- **4** in etw hineingeraten
- **5** passen
- **6** fallen, treffen
- **7** zufallen
- **8** zustoßen
- **9** ausfallen, ausschlagen
- **10** enden, ausgehen

---

1 fallen, stürzen; *von Worten* entfallen; *von Gestirnen* untergehen; **ex muro ~** von der Mauer herabfallen; **~ in terram/ad terram** auf den Boden fallen; **cadunt tela in hostes** es regnet Geschosse auf die Feinde; **fulmina cadunt** Blitze schlagen ein; **cadunt imbres** Regen fällt; **guttae cadunt** Tropfen fallen; **sol cadit** die Sonne geht unter

2 fig sterben, untergehen; **~ in bello** im Krieg fallen; **~ ab hoste in acie** von Feindeshand auf dem Schlachtfeld sterben; **non tota cadet Troia** *Ov.* nicht ganz Troja wird fallen

3 fig abnehmen; umkommen; *von Dramen* durchfallen; **cadit animus** der Mut sinkt; **cadit auctoritas** das Ansehen schwindet; **cadit ventus** der Wind legt sich; **~ animo** mutlos werden; **vota cadunt** Wünsche bleiben unerfüllt; **causā ~** den Prozess verlieren

4 in etw hineingeraten, *in aliquid*; **~ sub aliquid** einer Sache unterworfen sein; **~ in morbum** krank werden; **~ in suspicionem alicuius** bei j-m in Verdacht geraten; **~ in peccatum** sündig werden

5 zu j-m/etw passen, *in aliquem*/*in aliquid*; **invidia non cadit in sapientem** Missgunst passt nicht zu einem Weisen

6 zeitl. fallen, *in aliquid* auf etw; fällig werden; **~ in Romuli saeculum** in die Zeit des Romulus fallen; **in alienissimum tempus ~** auf den ungünstigsten Zeitpunkt fallen; **nummi in eam diem cadunt** zu diesem Termin wird der geschuldete Betrag fällig

7 *beim Losen* zufallen; **eis custodia sorte cadit** diesen fällt die Bewachung durch das Los zu

8 zustoßen, *alicui* j-m; (zufällig) eintreten; **insperanti mihi cecidit, ut** wider Erwarten traf es sich für mich, dass

9 ausfallen, ausschlagen, *alicui* für j-n; **res frustra cadit** die Sache schlägt fehl; **labores male cadunt** die Mühen sind erfolglos; **spes ad irritum/in irritum cadit** die Hoffnung wird vereitelt; **misericordia in perniciem cadet** die Nachsicht wird zum Unglück ausschlagen

10 GRAM enden, ausgehen; **verbum in syllabam longam cadit** das Wort endet mit einer langen Silbe; **sententia cadit numerose** der Satz endet mit einer rhythmischen Klausel

Cadmēa ⟨ae⟩ F ||Cadmus|| Burg von Theben

Cadmēis ⟨Cadmēidis⟩
- **A** ADJ des Cadmus
- **B** F Tochter des Cadmus, = Semele, = Ino

Cadmēus ⟨a, um⟩ ADJ des Cadmus

Cadmus ⟨ī⟩ M Bruder der Europa, kam auf der Suche nach ihr von Zeus auf Kreta entführten Europa nach Böotien u. gründete Cadmea, die Burg des späteren Theben, brachte angeblich das phönikische Alphabet nach Griechenland

cādūceātor ⟨cādūceātōris⟩ M ||caduceus|| (*nachkl.*) Unterhändler, Parlamentär

cādūceum ⟨ī⟩ N̄ (nachkl.), **cādūceus** ⟨ī⟩ M̄ Heroldsstab

cāduci-fer
A ⟨cādūcifera, cādūciferum⟩ ADJ ||raduceus, ferre|| Ov. den Heroldsstab tragend
B ⟨ferī⟩ M̄ Stabträger, Beiname des Merkur

cadūcus ⟨a, um⟩ ADJ ||cadere||
1 (vkl.) poet herabfallend; herabgefallen; **folia caduca** fallende Blätter, herabgefallene Blätter; **bello ~** im Krieg gefallen
2 leicht fallend, reif für den Fall
3 fig hinfällig, vergänglich
4 JUR verfallen, herrenlos; **hereditas caduca** herrenloses Erbe

Cadurcī ⟨ōrum⟩ M̄ die Cadurcer, kelt. Volk in Aquitanien um das heutige Cahors

Cadurcum ⟨ī⟩ N̄ luv. Bettdecke, meton Bett, wegen der bei den Cadurcern betriebenen Leinweberei

Cadurcus ⟨a, um⟩ ADJ cadurcisch, von den Cadurcern

cadus ⟨ī⟩ M̄ größerer Krug, meist aus Ton; Weinkrug, Ölkrug

caecāre ⟨ō, āvī, ātum 1.⟩ ||caecus||
1 blenden
2 fig verblenden, **aciem animi erroribus** die Geistesschärfe durch Irrlehren
3 verdunkeln, trüben; **orationem celeritate ~** die Rede durch Tempo undeutlich machen

caeciās nur akk ⟨caeciān⟩ M̄ (nachkl.) Nordostwind

caeci-genus ⟨a, um⟩ ADJ ||caecus, gignere|| Lucr. blind geboren

Caeciliānus ⟨a, um⟩ ADJ des Caecilius

Caecilius ⟨a, um⟩ Name einer pleb. gens, deren berühmtester Zweig die Metelli waren

Caecīna ⟨ae⟩ M̄ Beiname der gens Licinia; → Licinius

caecitās ⟨caecitātis⟩ F̄ ||caecus|| Blindheit; fig geistige Verblendung

Caecubum ⟨ī⟩ N̄, **Caecubus ager** M̄ sumpfige Landschaft im s. Latium, im Dreieck der heutigen Städte Terracina, Fondi u. Sperlonga, einst berühmt durch sehr gute Weine

Caecubus ⟨a, um⟩ ADJ caecubisch; **Caecubum (vinum)** Caecuber (Wein)

caecus
A ⟨a, um⟩ ADJ
1 blind = nicht sehend; fig verblendet, **ad aliquid/alicui rei** für etw, **re** durch etw, vor etw; **~ in contemplandis rebus** verblendet im Betrachten der Dinge; **timor ~** panische Furcht
2 dunkel, undurchsichtig; **nox caeca** dunkle Nacht
3 unsichtbar, geheim; **corpus caecum** Rückseite des Körpers; **vulnus caecum** Wunde am Rücken; **ictus ~** Hieb auf den Rücken
4 fig dunkel = unergründlich; **crimen caecum** dunkles Verbrechen
5 fig ungewiss; zwecklos; **Mars ~** aussichtsloser Kampf; **exsecrationes caecae** blindlings ausgestoßene Verwünschungen; **ignes caeci** ziellose Blitze
B ⟨ī⟩ M̄ Blinder

caecutīre ⟨iō, -, - 4.⟩ ||caecus|| blind sein

caedere ⟨caedō, cecīdī, caesum 3.⟩
1 hauen, schlagen; **aliquem lapidibus ~** j-n steinigen; **testibus ~** fig durch Zeugen in die Enge treiben
2 abhauen, fällen; **materiam ~** Bauholz fällen; **marmor ~** Marmor brechen; **vineta sua ~** sich ins eigene Fleisch schneiden
3 erschlagen, töten; Tiere schlachten, opfern; **caesi acervi** Haufen der Erschlagenen; **caesus sanguis** Blut der Erschlagenen
4 (nachkl.) zerhauen, zerbrechen; **vasa dolabris ~** Vasen mit Spitzhacken zerschlagen
5 poet schänden, sexuell missbrauchen

caedēs, caedis ⟨caedis⟩ F̄ ||caedere||
1 Fällung, Abhauen, **arborum** von Bäumen
2 Mord, Blutbad; **caedem facere/edere** ein Blutbad anrichten
3 poet vergossenes Blut; **caede madere** von Blut triefen
4 (nachkl.) meton Gefallene, Zahl der Opfer

caelāmen ⟨caelāminis⟩ N̄ ||caelare|| (nachkl.) poet Relief

caelāre ⟨ō, āvī, ātum 1.⟩ ||caelum¹||
1 ziselieren, im Relief darstellen; **auro caelatus** aus Gold getrieben
2 mit Relief versehen; schnitzen

caelātor ⟨caelātōris⟩ M̄ ||caelare|| Reliefkünstler, Bildstecher

caelātūra ⟨ae⟩ F̄ ||caelare|| (vkl., nachkl.) Ziselierkunst, Reliefkunst

caelebs
A ⟨caelibis⟩ ADJ allein lebend, ehelos, nur vom Mann.
B ⟨caelibis⟩ M̄ Junggeselle, Witwer

caeles
A ⟨caelitis⟩ ADJ ||caelum²|| himmlisch
B ⟨caelitis⟩ M̄ Gottheit; meist pl die Himmlischen, die Götter

caeleste ⟨caelestis⟩ N̄ ||caelestis|| das Himmlische; pl Dinge am Himmel, Himmelskörper

caelestis
A ⟨caeleste⟩ ADJ ||caelum²||
1 himmlisch, am Himmel
2 poet göttlich, überirdisch
B ⟨caelestis⟩
1 F̄ Göttin
2 M̄ u. F̄PL Götter, Gottheiten

Caeliānus ⟨a, um⟩ ADJ des Caelius

caelibātus ⟨caelibātūs⟩ M ∥caelebs∥ (nachkl.) Ehelosigkeit

caeli-cola ⟨ae⟩ M ∥caelum², colere∥ (unkl.) Himmelsbewohner, Gottheit

Caeliculus ⟨ī⟩ M ∥Caelius∥ ö. Gipfel des Caelius

caeli-fer ⟨caelifera, caeliferum⟩ ADJ ∥caelum², ferre∥ poet den Himmel tragend

Caeli-montānus ⟨a, um⟩ ADJ am → Caelius mons gelegen

caeli-potēns ⟨caelipotentis⟩ ADJ ∥caelum²∥ Plaut. mächtig im Himmel

Caelius ⟨a, um⟩
1 Name einer pleb. gens, bekannt u. a. **M. ~ Rufus**, Staatsmann u. Redner, Zeitgenosse u. Freund Ciceros
2 **~ mons** einer der sieben Hügel Roms, im SO gelegen, heute dem Viertel des Lateran entsprechend

caelum¹ ⟨ī⟩ N Grabstichel, Meißel des Ziseleurs

caelum² ⟨ī⟩ N
1 Himmel, Firmament; **caelo albente** bei Morgengrauen; **de caelo tangi** vom Blitz getroffen werden; **de caelo servare** Himmelszeichen beobachten; **de caelo fit aliquid** ein Himmelszeichen tritt ein
2 Himmel, Wohnsitz der Götter; **in caelum abire** zum Himmel fahren
3 Oberwelt ↔ Tartaros
4 Himmelsgegend
5 Luft, Klima
6 fig höchste Ehre, höchstes Glück; **aliquem in caelum extollere** j-n in den Himmel erheben, j-n loben; **aliquem de caelo detrahere** j-n seines Ruhmes berauben
7 Unsterblichkeit, göttliche Verehrung
⚠ **Quid, si nunc caelum ruat?** Was ist, wenn nun der Himmel einstürzt? Redensart, die Terenz in seinem Stück Heautontimorumenos aufführt

Caelus ⟨ī⟩ M Himmelsgott, Sohn des Aether u. der Dies, Vater von Saturn, Vulcan, Merkur u. Venus

caementum ⟨ī⟩ N ∥caedere∥ Baustein; (mlat.) Mörtel

Caeneūs ⟨Caeneī⟩ M als Mädchen Caenis geboren u. von Poseidon in einen unverwundbaren Knaben verwandelt

Caenis ⟨Caenīdis⟩ F → Caeneus

caenōsus ⟨a, um⟩ ADJ ∥caenum∥ (nachkl., Iuv.) morastig

caenum ⟨ī⟩ N Schlamm; fig Schmutzfink, Schimpfwort

caepa ⟨ae⟩ F = **cepa**

caepe N indekl = **cepe**

Caepiō ⟨Caepiōnis⟩ M röm. Beiname

Caere N indekl eine der zwölf alten etrusk. Bundesstädte im NW von Rom, heute Cerveteri

caeremōnia ⟨ae⟩ F
1 Heiligkeit, Ehrwürdigkeit; **~ legationis** Unantastbarkeit der Gesandtschaft; **~ loci** Heiligkeit eines Ortes
2 heilige Scheu, Ehrfurcht, alicuius j-s od vor j-m
3 meton heilige Handlung, Feierlichkeit; **libri caeremoniarum** Zeremonienbuch, Rituale
▶ deutsch: Zeremonie

caeremoniale ⟨caeremonialis⟩ N (mlat.) Sammlung liturgischer Anweisungen, **episcoporum** für den bischöflichen Gottesdienst, **Romanum** für das Zeremoniell am päpstlichen Hof

Caerēs ⟨Caerētis⟩ ADJ, **Caeres** ⟨Caeritis⟩ ADJ aus Caere, von Caere

Caerētēs ⟨Caerētum⟩ M die Einwohner von Caere; **tabulae Caeretum** Verzeichnis der römischen Bürger ohne politische Rechte, da die Stadt Caere 353 v. Chr. das röm. Bürgerrecht ohne Stimmrecht erhalten hatte

caerimōnia ⟨ae⟩ F = **caeremonia**

Caerītēs ⟨Caerītum⟩ M = **Caeretes**

caerula ⟨ōrum⟩ N ∥caeruleus∥ Blau, Bläue

caeruleum ⟨ī⟩ N ∥caeruleus∥ (nachkl.) Stahlblau; ins Stahlblau gehende Farbe

caeruleus, poet **caerulus** ⟨a, um⟩ ADJ
1 blau, bläulich in allen Schattierungen
2 dunkel, schwärzlich; **nubes caerulea** dunkle Wolke

Caesar ⟨Caesaris⟩ M
1 Beiname in der gens Iulia; → Iulius; berühmteste Vertreter: **~ Iulius ~** (100–44 v. Chr.) Diktator u. Feldherr; **~ Iulius ~ Octavianus** (63 v. Chr. bis 14 n. Chr.), nach ihm führten alle Kaiser den Titel Caesar Augustus; ab Hadrian (117–138 n. Chr.) führte diesen Titel nur der jeweils regierende Kaiser, während Caesar allein den Thronfolger bezeichnete; seit 293 n Chr. Caesar als Amtsbezeichnung der beiden Unterkaiser (Reichsreform des Diocletian)
2 (mlat.) Kaiser des Heiligen Römischen Reiches

Caesaraugusta ⟨ae⟩ F Stadt in Hispania Tarraconensis, heute Zaragoza

Caesarēa ⟨ae⟩ F ∥Caesar∥ Name von Städten, die von Augustus od Tiberius gegründet wurden:
1 Hauptstadt von Kappadokien, früher Eusebeia, heute Kayersi in der Türkei
2 Hauptstadt von Mauretania Caesariensis, heute Cherchell in Algerien
3 **~ Philippi** im Quellgebiet des Jordan, heute Banyas in Syrien
4 **~ Maritima** an der Ostküste des Mittelmeers, ca. 40 km s. von Haifa, heute Kaisarije in Israel mit großen Ausgrabungen

caesareus ⟨a, um⟩ ADJ (MA) kaiserlich

Caesareus ⟨a, um⟩ ADJ des Caesar, caesarianisch

CALA

Caesariānus
- A ⟨a, um⟩ ADJ des Caesar, caesarianisch
- B ⟨ī⟩ M Anhänger des Caesar

caesariātus ⟨a, um⟩ ADJ ‖caesaries‖ (vkl., nachkl.) mit buschigem Haar

caesariēs ⟨caesariēī⟩ F
1. Haar, Mähne
2. fig Laub, Nadeln der Bäume

Caesarīnus ⟨a, um⟩ ADJ des Caesar, caesarianisch

caesīcius ⟨a, um⟩ ‖caedere‖ ADJ Plaut. dicht gewebt

caesim ADV ‖caedere‖ (nachkl.) mit einem Hieb; RHET mit einem Schlag

caesius ⟨a, um⟩ ADJ blaugrau; (nachkl.) poet grauäugig

Caesius Bassus ⟨ī⟩ M Lyriker, Freund des Dichters Persius, kam beim Vesuvausbruch 79 n Chr. ums Leben

Caesō ⟨Caesōnis⟩ M Beiname der Duilii, Fabii u. Quinctii; → Duilius; → Fabius; → Quinctius

caespes ⟨caespitis⟩ M
1. Rasen, ausgestochenes Rasenstück
2. meton Grasland; Rasenaltar
3. Wurzelknäuel, Pflanzenknäuel

caestus ⟨caestūs⟩ M Schlagriemen, Boxhandschuh mit eingenähten Bleikugeln

caesūra ⟨ae⟩ F ‖caedere‖
1. Hauen, Fällung
2. GRAM, RHET Verseinschnitt, Zäsur

caesus ⟨a, um⟩ PPP → caedere

caetra ⟨ae⟩ F (unkl.) leichter Lederschild

caetrātī ⟨ōrum⟩ M ‖caetratus‖ griechische Leichtbewaffnete

caetrātus ⟨a, um⟩ ADJ ‖caetra‖ mit leichtem Lederschild bewaffnet

caiāre ⟨ō, -, -. 1.⟩ Plaut. schlagen, hauen

Cāiēta ⟨ae⟩ F
1. Amme des Aeneas
2. nach 1. benannte Hafenstadt, heute Gaëta

Cāius ⟨ī⟩ M = **Gaius**

Cal. Abk = **Calendae**; → **Kalendae**

Calaber
- A ⟨Calabra, Calabrum⟩ ADJ ‖Calabria‖ kalabrisch, aus Kalabrien
- B ⟨Calabrī⟩ M Kalabrer, Einwohner von Kalabrien

Calabria ⟨ae⟩ F Kalabrien, s. Halbinsel Italiens, heute Apulien

Calactē ⟨Calactēs⟩ F Küstenstadt in Nordsizilien, heute Calonia

Calactīnus ⟨a, um⟩ ADJ aus Calacte, von Calacte

Calactīnus ⟨ī⟩ M Einwohner von Calacte

Calagurris ⟨Calagurris⟩ F hispanische Stadt am Ebro, heute Calahora, Geburtsort des Quintilian

Calagurritānī ⟨ōrum⟩ M die Einwohner von Calagurris

Calais ⟨Calaidis, akk Calaim u. Calain, abl Calaī u. Calaide⟩ M Sohn des Boreas, Begleiter der Argonauten

calamārius ⟨a, um⟩ ADJ ‖calamus‖ Suet. zum Schreibrohr gehörig; **theca calamaria** Federbüchse

calamistrātus ⟨a, um⟩ ADJ ‖calamistrum‖ gekräuselt

calamistrum ⟨ī⟩ N Brenneisen zum Kräuseln der Haare; fig Schnörkelei im Ausdruck

calamitās ⟨calamitātis⟩ F
1. Schaden, Unglück, pl Unglücksfälle
2. MIL Niederlage
 deutsch: **Kalamität**

calamitōsus
- A ⟨a, um⟩ ADJ, ADV ⟨calamitōsē⟩ ‖calamitas‖
  1. schädlich, verderblich
  2. schwer heimgesucht, elend
- B ⟨ī⟩ M Unglücklicher

calamus ⟨ī⟩ M (nachkl.) poet
1. Rohr, Schilf
2. Halm, Stängel
3. meton Schreibrohr; Rohrpfeil; Rohrflöte; pl Rohrpfeife, Syrinx aus 7–9 Rohrpfeifen zusammengesetzt
4. Angelrute, Leimrute zum Vogelfang

calāre ⟨ō, āvī, ātum 1.⟩ ausrufen, zusammenrufen

calāre² ⟨ō, -, ātum 1.⟩ (nachkl.) herablassen, öffnen

calathiscus ⟨ī⟩ M (nachkl.) poet geflochtenes

▶ Pausen im Vers: Zäsuren und Diäresen

Jeder aus mehr als zehn Silben bestehende lateinische Vers weist einen oder mehrere Einschnitte an bestimmten Stellen auf. Einen Einschnitt am Ende eines Versfußes bezeichnet man als **Diärese**, innerhalb eines Versfußes als **Zäsur**. Der daktylische Hexameter kann durch Zäsuren bzw. Diäresen unterteilt werden.
Der Einschnitt nach der Länge des zweiten Versfußes wird als **Trithemimeres**, nach der Länge des dritten als **Penthemimeres** und nach der Länge des fünften als **Hephthemimeres** bezeichnet.
Die sogenannte **bukolische Diärese** kann nach dem vierten Versfuß auftreten.

METRIK ◀

Körbchen

calathus ⟨ī⟩ M̄ (nachkl.) poet
① geflochtener Korb *in Form einer offenen Lilie*
② *meton* ähnlich geformtes Gefäß aus Holz od Metall für Käse od Wein: Käsekorb, Weinschale

calātor ⟨calātōris⟩ M̄ ‖calare‖ (vkl., nachkl.) Ausrufer, Diener, *bes der pontifices u. flamines*

calautica ⟨ae⟩ F̄ Haube, *Kopfbedeckung vornehmer Frauen mit angenähtem Schleier*

calcar ⟨calcāris⟩ N̄ ‖calx²‖
① Sporn, *meist pl*; **equo calcaria subdere** dem Pferd die Sporen geben
② *fig* Ansporn, Reiz

calcāre ⟨ō, āvī, ātum 1.⟩ ‖calx²‖
① treten, *aliquem/aliquid* j-n/etw, auf j-n/auf etw; **viperam ~** auf eine Schlange treten; **vinum ~** Wein keltern
② betreten, **viam** einen Weg
③ festtreten, **agrum** das Feld; **solum parietesque ~** Boden und Wände feststampfen
④ *fig* mit Füßen treten; verspotten; **libertatem ~** die Freiheit mit Füßen treten

calceāmentum ⟨ī⟩ N̄ ‖calceare‖ Schuhwerk, Fußbekleidung

calceāre ⟨ō, āvī, ātum 1.⟩ ‖calceus‖ mit Schuhen versehen

calceārium ⟨ī⟩ N̄ ‖calceus‖ *Suet.* Schuhgeld

calceātus¹ ⟨calceātūs⟩ M̄ = **calceamentum**

calceātus² ⟨a, um⟩ ADJ ‖calceare‖ *Plaut. hum* gut beißend

Calcēdōn ⟨Calcēdonis⟩ F̄ = **Chalcedon**

calceolārius ⟨ī⟩ M̄ ‖calceolus‖ *Plaut.* Schuhmacher

calceolus ⟨ī⟩ M̄ ‖calceus‖ kleiner Schuh, Stiefelchen

calceus ⟨ī⟩ M̄ ‖calx²‖ Schuh, Halbstiefel, *zur toga getragen*; **calceos mutare** Senator werden; **calceos poscere** die Schuhe verlangen = vom Tisch aufstehen

Calchās ⟨Calchantis⟩ M̄ Seher der Griechen vor Troja

Calchēdōn ⟨Calchēdonis⟩ F̄ Stadt gegenüber von Byzanz, heute Üsküdar/Kadiköy

calceus – geschlossener Halbstiefel

Calchēdonius ⟨a, um⟩ ADJ aus Calchedon, von Calchedon

Calchēdonius ⟨ī⟩ M̄ Einwohner von Calchedon

calciā... = **calcea...**

calcitrāre ⟨ō, āvī, ātum 1.⟩ ‖calx²‖ nach hinten ausschlagen; *fig* sich sträuben, sich widersetzen

calcitrō ⟨calcitrōnis⟩ M̄ ‖calcitrare‖ *Plaut.* der ungeduldig an die Tür schlägt; Raufbold

calcitrōsus ⟨a, um⟩ ADJ ‖calcitrare‖ *Plaut.* gern nach hinten ausschlagend

calculātor ⟨calculātōris⟩ M̄ (*Mart.*, nachkl.) Rechenmeister, Rechenlehrer

calculus ⟨ī⟩ M̄ ‖calx¹‖
① glattes Steinchen; *pl* Kies
② Stein *im Brettspiel*; **calculum reducere** einen Stein zurückziehen, *fig* eine Handlung zurücknehmen
③ Rechenstein; *meton meist pl* Berechnung; **vocare aliquem ad calculos** mit j-m abrechnen; **vocare aliquid ad calculos** etw einer genauen Berechnung unterziehen; **calculos subducere** das Fazit ziehen
④ (nachkl.) poet Stimmstein; **~ albus** weißer Stimmstein *für Zustimmung od Freispruch*; **~ ater** schwarzer Stimmstein *für Ablehnung od Verurteilung*
⑤ (nachkl.) Nierenstein, Blasenstein; **calculi dolor** Steinleiden

▶ deutsch: **kalkulieren**

calda ⟨ae⟩ F̄ = **calida**

caldārium ⟨ī⟩ N̄ ‖caldarius‖ Warmbad

caldārius ⟨a, um⟩ ADJ ‖calidus‖ Wärme...; **cella caldaria** Warmbadezelle

caldus ⟨ī⟩ M̄ ‖calidus‖ *fig* Hitzkopf

Calēdones ⟨Calēdonum⟩ M̄ ‖Caledonia‖ *Tac.* die Einwohner von Kaledonien

Calēdonia ⟨ae⟩ F̄ Kaledonien, *das n Schottland*

cale-facere ⟨faciō, fēcī, factum 3.⟩ ‖calere‖
① warm machen, erhitzen, **aquam** Wasser; **calefieri** warm werden
② *fig* erhitzen, erregen

calefactāre ⟨ō, āvī, ātum 1.⟩ ‖calefacere‖ erhitzen

cale-fīō *passiv* → **calefacere**

Calendae ⟨ārum⟩ F̄ = **Kalendae**

calendārium ⟨ī⟩ N̄ ‖Calendae‖ *Sen.* Schuldbuch

Calēnus ⟨a, um⟩ ADJ aus Cales, von Cales; **vinum Calenum** Wein aus Cales

calēre ⟨eō, uī, itūrus 2.⟩
① warm sein, heiß sein
② *fig von Personen* in Aufregung sein, in Unruhe sein, *in re* in etw, *a re* infolge einer Sache; **in agendo ~** beim Handeln Feuer und Flamme

sein; **~ puellā** in Liebe zu einem Mädchen entbrannt sein

3 *fig von Sachen* eifrig behandelt werden; noch neu sein; **indicia calent** das Denunziantentum blüht; **crimen calet** das Verbrechen ist noch frisch

Calēs ⟨Calium⟩ F *Stadt in Kampanien, nördlich von Capua, heute Calvi*

calēscere ⟨calēscō, caluī, - 3.⟩ ||calere||
1 warm werden, heiß werden
2 in Leidenschaft erglühen, in Liebe erglühen

cal‑facere ⟨faciō, fēcī, factum 3.⟩ = **calefacere**

cal‑factāre ⟨ō, āvī, ātum 1.⟩ = **calefactare**

caliandrum ⟨ī⟩ N *poet* Hochfrisur *röm. Frauen mit Haarteil;* Perücke

calida ⟨ae⟩ F ||calidus|| warmes Bad

calidum ⟨ī⟩ N ||calidus|| Wärme

calidus ⟨a, um⟩ ADJ
1 warm, heiß
2 *fig, pej* hitzig, übereifrig
3 *fig* noch warm, noch frisch; **mendacium calidum** *Plaut.* noch frische Lüge

▶ französisch: **chaud**
    spanisch: **cálido**
    italienisch: **caldo**

caliendrum ⟨ī⟩ N = **caliandrum**

caliga ⟨ae⟩ F lederner Halbstiefel; *meton* Dienst des einfachen Soldaten

cālīgāre ⟨ō, āvī, ātum 1.⟩ ||caligo||
1 Nebel verbreiten, Finsternis verbreiten; *meton* Schwindel erregen
2 in Dunkel gehüllt sein; dunkel sein
3 *fig* im Finstern tappen, blind sein, **ad aliquid** für etw

caligātus
A ⟨a, um⟩ ADJ ||caliga|| in schweren Schuhen
B ⟨ī⟩ M einfacher Soldat

cālīginōsus ⟨a, um⟩ ADJ ||caligo|| neblig, dunstig; *fig* ungewiss

cālīgō ⟨cālīginis⟩ F
1 Nebel, Rauch
2 dichte Finsternis, Dunkel vor den Augen; **vidēre quasi per caliginem** wie durch einen Schleier sehen; **offundere caliginem oculis alicuius** j‑n schwindig machen
3 *fig* geistige Umnachtung; Unwissenheit
4 *fig* Trübsal, Elend

caligula ⟨ae⟩ F ||caliga|| Soldatenstiefelchen

Caligula ⟨ae⟩ M *Beiname des röm. Kaisers Gaius (37–41 n. Chr.), weil er seine Jugend im Heerlager seines Vaters Germanicus verbracht hatte*

calitūrus ⟨a, um⟩ PART *fut* → **calere**

calix ⟨calicis⟩ M
1 Becher; *meton.* Wein
2 (*vkl., nachkl.*) *poet* Schüssel, Topf

caligae – Soldatenschuhe

3 (*eccl.*) Kelch

callainus ⟨a, um⟩ ADJ (*nachkl.*) *poet* blassgrün, meergrün

callēns ⟨callentis, *adv* callenter⟩ ADJ ||callere|| kundig, erfahren, *absolut od alicuius rei* in etw

callēre ⟨eō, uī, - 2.⟩
A VI
1 von der Arbeit Schwielen haben; dickhäutig sein
2 *fig* erfahren sein, *re* in etw; **usu alicuius rei ~** etw aus dem Umgang damit kennen
B VT kennen, wissen, **iura** das Recht, die Rechtslage

calliditās ⟨calliditātis⟩ F ||callidus||
1 Lebensklugheit, geistige Gewandtheit
2 *Liv. pej* Schlauheit, Verschlagenheit
3 RHET Kunstgriff

callidus ⟨a, um, *adv* callidē⟩ ADJ
1 klug, gewandt, *absolut od ad aliquid/in aliquid* zu etw
2 mit *etw* vertraut, Kenner von *etw, alicuius rei;* **~**

▶ **Caligula**

C. Iulius Caesar Germanicus (12–41 n. Chr.) erhielt seinen Beinamen **Caligula** (Soldatenstiefelchen) nach dem Schuhwerk (**caligae**), das er von Kindheit an getragen hatte, als er seinen Vater Germanicus auf dessen Feldzügen begleitete. 37 n. Chr. folgte er Tiberius auf dem Thron. Nach maßvollen Anfängen wandelte er sich, vermutlich infolge einer schweren Krankheit, nach wenigen Monaten zu einem grausamen Despoten. Überzeugt von seiner göttlichen Herkunft, nutzte er seine Macht, um sich zu bereichern und seine Gegner rücksichtslos zu beseitigen. Ein berühmtes Beispiel seiner Launen wird oft die Anekdote angeführt, er habe sein Lieblingspferd **Incitatus** zum Konsul ernennen und ihm einen Platz im Senat verschaffen wollen. 41 n. Chr. wurde er ermordet.

GESCHICHTE

rei militaris erfahren im Kriegswesen
3 *von leblosen Subj.* sinnreich, fein ausgedacht; **oratio callida** klug angelegte Rede
4 *pej* raffiniert, listig, *ad aliquid/alicui rei* zu etw; **homo ~** raffinierter Mensch; **callide facere** listig handeln; **liberalitas callida** schlau berechnete Freigebigkeit

callīgō ⟨callīginis⟩ F = **caligo**

Callimachus ⟨ī⟩ M *aus Kryrene, um 260 v. Chr. Vorsteher der Bibliothek in Alexandria, Dichter von epischen Hymnen, Elegien u. Epigrammen*

Calliopē ⟨Calliopēs⟩ F, **Calliopēa** ⟨ae⟩ F
1 *Mutter des Orpheus, Chorführerin der neun Musen, Muse der epischen Dichtkunst*
2 *allg.* Muse; *Ov. meton* Dichtung, Gesang

Calliphōn ⟨Calliphōntis⟩ M *athenischer Philos. des 2.–1. Jh. v. Chr., wollte Lust u. Tugend verbinden*

Callipolis ⟨Calliopolis⟩ F
1 *Stadt am thrakischen Chersones gegenüber Lampsakus, heute Gallipoli*
2 *Stadt im W von Lokris Ozolis u. am Westabhang des Koraxgebirges (h. Gonnagebirge)*

callis ⟨callis⟩ F Bergpfad; Triftweg

Callisthenēs ⟨Callisthenis⟩ M *griech. Philos. u. Naturforscher, Neffe od Enkel des Aristoteles, Freund u. Weggefährte Alexanders des Großen, von diesem wegen freimütiger Kritik ermordet*

Callistō ⟨Callistūs⟩ F *von Zeus Mutter des Arkas, des Stammvaters der Arkadier, von Hera aus Eifersucht in eine Bärin verwandelt, von Zeus als Kleiner Bär unter die Gestirne versetzt*

callōsus ⟨a, um⟩ ADJ ||callum|| dickhäutig, schwielig; **ovum callosum** dickschaliges Ei

callum ⟨ī⟩ N (*nachkl., stets im* PL), **callus** ⟨ī⟩ M
1 Schwiele, Hornhaut *an Händen u. Füßen*
2 *fig* Stumpfsinn, Gefühllosigkeit; **callum obducere alicui rei** etw abhärten, *auch gegen etw* abstumpfen

cālō¹ ⟨cālōnis⟩ M Reitknecht, Stallbursche

cālō² ⟨cālōnis⟩ M Holzschuh, Kothurn *der griech. Tragödie*

calor ⟨calōris⟩ M ||calere||
1 Wärme, Hitze
2 *Tib.* Fieberhitze
3 *fig* Eifer, Leidenschaft; **calorem trahere** sich verlieben

Calpurnius ⟨a, um⟩ *Name einer pleb. gens*
1 *C. Calpurnius Frugi Schwiegersohn Ciceros*
2 *L. Calpurnius Piso Caesonius Schwiegervater Caesars u. Gegner Ciceros*

caltha ⟨ae⟩ F (*nachkl.) poet* Dotterblume

calthula ⟨ae⟩ F ||caltha|| *Plaut.* geblümtes Frauenkleid

caluī → **calere** u. → **calescere**

calumnia ⟨ae⟩ F
1 Rechtsverdrehung; böswillige Anschuldigung
2 *meton* Verurteilung wegen falscher Anschuldigung; **calumniam ferre** wegen böswilliger Anklage verurteilt werden
3 *fig* sophistische Auslegung, betrügerischer Vorwand

calumniārī ⟨or, ātus sum 1.⟩ ||calumnia||
A VI eine falsche Anklage vorbringen, nörgeln
B VT böswillig angreifen, fälschlich beschuldigen; **se ~** übertriebene Selbstkritik üben

calumniātor ⟨calumniātōris⟩ M ||calumnia|| Rechtsverdreher, falscher Ankläger; *adj Phaedr.* ränkevoll

calva ⟨ae⟩ F ||calvus|| (*nachkl., Mart.*) Hirnschale, Schädel

calvāria ⟨ae⟩ F ||calva|| Schädel; **locus calvariae** NT Schädelstätte, *hebr.* Golgatha

calvī ⟨calvor, - 3.⟩ (*vkl., nachkl.*) täuschen, hintergehen

calvitiēs ⟨calvitiēī⟩ F, **calvitium** ⟨ī⟩ N ||calvus|| (*nachkl.*) Glatze

calvus ⟨a, um⟩ ADJ (*unkl.*) kahl; glatzköpfig

Calvus ⟨ī⟩ M *Beiname in der gens Licinia*; → **Licinius**

calx¹ ⟨calcis⟩ F
1 (*vkl.*) Stein im Brettspiel; **calcem ciere** *Plaut.* einen Stein ziehen
2 Kalkstein, Kalk
3 *meton* Ziel der Rennbahn, *da urspr. mit Kalk od Kreide gekennzeichnet; fig* Ziel; ↔ **carcer 1**; **ad carceres a calce revocari** *Cic.* vom Ziel zum Start zurückgerufen werden = von Neuem beginnen

calx² ⟨calcis⟩ F Ferse *von Mensch u. Tier*; *poet* Huf; **calcibus caedere** nach hinten ausschlagen; **adversus stimulum calces iactare** unnützen Widerstand leisten; **calcem calce terere** auf den Fersen sein; **pugnis et calcibus certare** mit Händen und Füßen kämpfen = mit allen Mitteln kämpfen

Calydōn ⟨Calydōnis⟩ F *sehr alte u. schon bei Homer erwähnte Stadt in Ätolien, Ruinen ö. der Stadt Mesalongion; Schauplatz der kalydonischen Jagd, bei der Meleager einen von Artemis gesandten Eber tötete*

Calydōnis ⟨Calydōnidis⟩ F Kalydonierin

Calydōnis ⟨Calydōnidis⟩ ADJ F kalydonisch

Calydōnius ⟨a, um⟩ ADJ kalydonisch

Calypsō ⟨Calypsūs u. Calypsōnis, *akk* Calypsō⟩ F *Tochter des Atlas, Nymphe auf der Insel Ogygia; hielt, in Liebe zu Odysseus entbrannt, diesen sieben Jahre zurück*

camara ⟨ae⟩ F = **camera**

camella ⟨ae⟩ F ||calmera|| (*nachkl.) poet* Schale, Eimer

camēlus ⟨ī⟩ M u. F Kamel

Camēnae ⟨ārum⟩ F weissagende Quellnymphen, *schon früh mit den griech. Musen gleichgesetzt*; SG *meton*

Dichtung, Lied

camera ⟨ae⟩ F̲
1 Gewölbe, Zimmer *mit Gewölbedecke*
2 *(nachkl.)* Barke *mit gewölbter Abdeckung aus Brettern*
3 *(mlat.)* Vorratskammer; Schatzkammer
▶ deutsch: **Kammer**
  englisch: **chamber**
  französisch: **chambre**
  spanisch: **cámara**
  italienisch: **camera**

camerārius ⟨ī⟩ M̲ *(spätl.)* Kämmerer, Kammerherr

Camillus ⟨ī⟩ M̲ *Beiname in der gens Furia;* → **Furius**

camīnāta ⟨ae⟩ F̲ *(mlat.)* heizbares Gemach, Kemenate

camīnus ⟨ī⟩ M̲
1 *poet* Schmelzofen; Schmiedeesse
2 *(nachkl.) poet* Kamin; *meton* Kaminfeuer; **oleum addere camino** Öl ins Feuer gießen, das Übel vergrößern

camis(i)a ⟨ae⟩ F̲ *(spätl.)* Hemd

cammarus ⟨ī⟩ M̲ Hummer

Camolōdūnum ⟨ī⟩ N̲ *Stadt u. erste Kolonie der Römer in Britannien, heute Colchester, nö. von London*

Campānia ⟨ae⟩ F̲ Kampanien, *Landschaft in Mittelitalien, bes Ebene um Capua*

Campānus ⟨a, um⟩ ADJ kampanisch, aus Kampanien, *bes* aus Capua, von Capua; **morbus ~** kampanische Krankheit, *Warzen im Gesicht*

Campānus ⟨ī⟩ M̲ Kampaner, Einwohner von Kampanien, *bes* Einwohner von Capua

campester ⟨campestris, campestre⟩ ADJ ||campus||
1 in der Ebene; flach; **iter campestre** Marsch durch die Ebene
2 auf dem Marsfeld; *meton* turnerisch; **certamen campestre** Komitien auf dem Marsfeld, Wahlkämpfe auf dem Marsfeld; **gratiā campestri** durch Einfluss des Wahlkampfes; **temeritas campestris** blinde Willkür des Wahlkampfes

campestre ⟨campestris⟩ N̲ ||campester|| *Hor.* Kampfgurt, Schurz

campestria ⟨campestrium⟩ N̲ ||campester|| flache Gegend, ebene Gegend

campestris ⟨campestre⟩ ADJ = **campester**

campus ⟨ī⟩ M̲
1 Ebene, Ackerland
2 freie Fläche; Land ↔ *Meer*
3 freier Platz in od um Rom, *bes* Marsfeld *als Sport- u. Exerzierplatz,* Platz für Komitien
4 *fig* Spielplatz; Spielraum; RHET Gemeinplatz; **rhetorum ~ de Marathone** *Cic.* der rednerische Gemeinplatz über Marathon
▶ deutsch: **Campus**

englisch: **camp**
französisch: **champ**
spanisch: **campo**
italienisch: **campo**

camur(us) ⟨a, um⟩ ADJ *Verg.* gekrümmt

canaba ⟨ae⟩ F̲ Krämerbude *beim Heer*; Weinschenke; *pl* Krämerrevier, *später* feste Ansiedlung

canālicula ⟨ae⟩ F̲, **canāliculus** ⟨ī⟩ M̲ ||canalis|| *(vkl., nachkl.)* kleine Rinne, kleiner Kanal

canālis ⟨canālis, *abl* canālī⟩ M̲ u. F̲
1 Röhre
2 Rinne, (Abzugs-)Kanal
3 *Vitr.* ARCH Kannelüre *am Säulenschaft*

cancellārius ⟨ī⟩ M̲ ||cancelli|| *(spätl.)* Kanzler, Vorsteher einer Kanzlei

cancellī ⟨ōrum⟩ M̲ ||cancer¹||
1 Gitter; *fig* Grenzen; **extra cancellos egredi** die Grenzen überschreiten
2 *(mlat.)* Fenstergitter; **~ altaris** Altarraum

cancer¹ ⟨cancrī⟩ M̲ *(spätl.)* Gitter, Schranke

cancer² ⟨cancrī⟩ M̲
1 Krebs *als Flusstier*
2 Krebsgeschwür
3 Krebs, *als Sternbild; meton* Sommerhitze, *da die Sonne am 21. Juni in das Sternbild des Krebses eintritt*

candē-facere ⟨faciō, fēcī, factum 3.⟩ ||candere|| *Plaut.* blank machen, weiß machen

candēla ⟨ae⟩ F̲ ||candere||
1 Wachskerze, Talgkerze
2 Wachsschnur *als Konservierungsmittel*
▶ englisch: **candle**
  französisch: **chandelle**
  italienisch: **candela**

candēlābrum ⟨ī⟩ N̲ ||candela|| Leuchter
▶ deutsch: **Kandelaber**

candēre ⟨eō, uī, -2.⟩ weiß glänzen; hell glühen; **taurus candens** glänzend weißer Stier; **circus candens** Milchstraße; **ortus candens** Morgenröte; **candens ferrum** glühendes Eisen; **carbone candente** mit glühender Kohle

candēscere ⟨candēscō, canduī, -3.⟩ ||candere|| weiß erglänzen; hell erglühen

candidātōrius ⟨a, um⟩ ADJ ||candidatus|| des Amtsbewerbers

candidātus
A ⟨a, um⟩ ADJ ||candidus|| *(vkl., nachkl.)* weiß gekleidet
B ⟨ī⟩ M̲ Amtsbewerber, Kandidat, *so genannt wegen der weißen Toga als Kennzeichen des Kandidaten*

candidulus ⟨a, um⟩ ADJ ||candidus|| hübsch weiß, glänzend weiß

candidus ⟨a, um, *adv* candidē⟩ ADJ ||candere||
1 glänzend weiß; weiß gekleidet; **toga candida** weiße Toga; **pōpulus candida** Silberpappel; **equus ~** Schimmel; **avis candida** Storch;

ventus ~ die Wolken vertreibender Wind; **sententia candida** beipflichtende Meinung; **calculus ~** weißer Stimmstein, freisprechender Stimmstein

2 *fig von der Stimme* rein, klar

3 *fig vom Stil* einfach, ungekünstelt

4 *fig vom Charakter* redlich; **anima candida** argloser Mensch; **pectore candido** mit reiner Brust, mit weißer Weste

5 *fig von Zeit u. Verhältnissen* heiter, ungetrübt

candor ⟨candōris⟩ M̄ ‖candere‖

1 glänzend weiße Farbe, heller Glanz

2 weißer Teint, weiße Schminke

3 *fig* blendende Schönheit

4 *fig vom Charakter* Redlichkeit

5 *fig vom Stil* Klarheit

canduī → candere *u.* → candescere

cānēns ⟨cānentis⟩ ADJ ‖canere¹‖ grau, grau schimmernd

canēphorus ⟨ī⟩ F̄ Korbträgerin; *pl* **Canephoroe** Kanephoren, *Gemälde od Statuen athenischer Mädchen, die bei den Panathenäen zu Ehren der Demeter u. des Dionysos Körbchen mit Früchten auf dem Kopf trugen*

cānēre¹ ⟨eō, uī, - 2.⟩ ‖canus‖ grau sein, grau schimmern; **gramina rore canent** das Gras glänzt silbern vom Tau; **agri aristis canent** die Felder schimmern mit ihren Ähren

---

canere² ⟨canō, cecinī, cantātum 3.⟩

A intransitives Verb

1 singen, krähen

2 tönen, erschallen

3 spielen, blasen

B transitives Verb

1 singen, dichten

2 besingen, preisen

3 weissagen

4 vortragen, verkünden

5 blasen, spielen

— A intransitives Verb —

VI

1 *von Menschen u. Tieren* singen, krähen; **ad tibicinem ~** mit Flötenbegleitung singen; **gallus canit** der Hahn kräht; **rana canit** der Frosch quakt

2 *von Instrumenten* tönen, erschallen; **tubae cornuaque canunt** Trompeten und Hörner schmettern; **signum canit** das Angriffssignal ertönt

3 *auf Instrumenten* spielen, blasen; **tibiā ~** Flöte spielen

— B transitives Verb —

VT

1 singen, dichten; **carmen ~** ein Lied singen; **sacra ~** heilige Gesänge anstimmen; **~ alicui** j-m vorsingen; **in aliquem ~** zu j-s Ehren singen; **carmen sibi intus ~** nur an seinen eigenen Vorteil denken

2 besingen, preisen; **regum facta ~** die Taten der Könige besingen; **amicitiam ~** die Freundschaft preisen

3 weissagen, *aliquid* etw, +AcI; **vates canit aliquid fore** der Seher verkündet, dass etw geschehen werde

4 vortragen, verkünden; **praecepta ~** (philosophische) Lehren verkünden; **anser Gallos adesse cecinit** die Gans hat verkündet, dass die Gallier da waren

5 *Instrumente* blasen, spielen; **classicum ~** das Signal geben; **bellicum ~** zum Angriff blasen

canēs ⟨canis⟩ M̄ u. F̄ (altl.) = canis

cānēscere ⟨cānēscō, cānuī, - 3.⟩ ‖canere¹‖

1 grau werden, ergrauen

2 *fig* altern

cānī ⟨ōrum⟩ M̄ ‖canus‖ (*erg.* **capilli**) graue Haare

canīcula ⟨ae⟩ F̄ ‖canis‖

1 kleine Hündin; *fig* bissiger Mensch

2 Hundsstern = Sirius, *dessen Aufgang glühende Hitze brachte, daher Hundstage*

3 Hundswurf, *schlechtester Wurf im Spiel mit den tali, wenn alle Würfel die Eins zeigen*

Canīniānus ⟨a, um⟩ ADJ des Caninius

Canīnius ⟨a, um⟩ Name einer pleb. gens, *berühmteste Vertreter:*

1 **L. ~ Gallus** *Volkstribun 56 v. Chr., Freund Ciceros*

2 **C. ~ Rebilus** *Legat Caesars*

canīnus ⟨a, um⟩ ADJ ‖canis‖ Hunds...; *fig* bissig

canis ⟨canis⟩ M̄ u. F̄

1 Hund, Hündin; **~ venaticus** Jagdhund; **~ pastoricius** Hirtenhund; **~ mordax** bissiger Hund; **~ femina** Hündin

2 *pej* bissiger Mensch, unverschämter Mensch

3 **~ marinus** Seehund

4 ASTRON, MYTH **~ maior** Großer Hund, = Sirius; **~ minor** Kleiner Hund *vor dem Großen Hund*, MYTH *Hund der Erigone, die mit diesem unter die Sterne versetzt wurde*

5 *fig* Hundswurf; → caniculā 3

6 *Plaut.* Fußfessel

7 PL̄ (*mlat.*) die Ungläubigen

⚠ **Cave canem** Hüte dich vor dem Hund = Vorsicht, bissiger Hund

canistra ⟨ōrum⟩ N̄ *selten* SḠ, aus Rohr geflochtener Korb

cānitiēs ⟨cānitiēī⟩ F̄ ‖canus‖ graue Farbe; *meton* graues Haar, Alter

canna¹ ⟨ae⟩ F̄ Schilf; *meton* Rohrpfeife;

Schreibrohr; kleines Fahrzeug

canna² ⟨ae⟩ F̲ Kanne, Gefäß

Cannae ⟨ārum⟩ F̲ Ort in Apulien, bekannt durch die Niederlage der Römer durch Hannibal 216 v. Chr., heute Canne w. der Hafenstadt Barletta

Cannēnsis ⟨Cannēnse⟩ A̲D̲J̲ zu Cannae gehörig, von Cannae; **pugna ~** Blutbad wie bei Cannae

canōn ⟨canonis, *akk* canona⟩ M̲
1. (*nachkl.*) Regel, Richtschnur
2. (*eccl.*) **Kanon**, *Verzeichnis der als Offenbarung geltenden Bücher des AT u. NT*

canonicus
A ⟨a, um⟩ A̲D̲J̲
1. (*nachkl.*) regelmäßig
2. (*eccl.*) nach kirchlichem Recht
B ⟨ī⟩ M̲ Titel eines katholischen Geistlichen, Domherr

Canōpēus ⟨a, um⟩ A̲D̲J̲ aus Canopus, von Canopus, ägyptisch

Canōpītēs ⟨Canōpitae⟩ M̲ Einwohner von Canopus

Canōpus ⟨ī⟩ M̲ Stadt an der w. Nilmündung; *meton* (Unter-)Ägypten

canor ⟨canōris⟩ M̲ ||canere²|| (*nachkl.*) *poet* Klang, Gesang

canōrum ⟨ī⟩ N̲ ||canorus|| Wohlklang

canōrus ⟨a, um⟩ A̲D̲J̲ ||canor||
1. singend; klingend; **avis canora** Singvogel; **vox canora** wohltönende Stimme, *tadelnd* näselnde Stimme
2. klangreich, wohlklingend

Cantaber ⟨Cantabrī⟩ M̲ ||Cantabria|| Einwohner von Kantabrien, Kantabrer, *sehr kriegerischer Stamm, erst 25–19 v. Chr. von den Römern unterworfen*

Cantabria ⟨ae⟩ F̲ Kantabrien, *Landschaft im Quellgebiet des Ebro in Spanien, heute gleichnamige Landschaft, weithin mit der Region Santander identisch*

Cantabricus ⟨a, um⟩ A̲D̲J̲ kantabrisch, aus Kantabrien

cantāmen ⟨cantāminis⟩ M̲ ||cantare|| (*nachkl.*) Zauberformel, Zauberspruch

cantāre ⟨ō, āvī, ātum 1.⟩ ||canere²||
A V̲I̲
1. *von Menschen u. Vögeln* singen; **histrionibus ad manum ~** zum Gebärdenspiel der Schauspieler singen; **gallus cantat** der Hahn kräht
2. *auf Instrumenten* spielen
3. *von Instrumenten* tönen, klingen
4. *Verg.* eine Zauberformel sprechen, einen Zauberspruch hersagen
5. RHET in fehlerhaft singendem Ton sprechen
B V̲T̲
1. singen, dichten
2. besingen, verherrlichen; **totā urbe cantari** in aller Munde sein
3. vortragen, rezitieren

4. wiederholt einschärfen, *alicui aliquid* j-m etw, *ut* dass
5. besprechen, durch Zauber bannen
▶ englisch: **cant**
französisch: **chanter**
spanisch: **cantar**
italienisch: **cantare**

cantātor ⟨cantātōris⟩ M̲ ||cantare|| (*unkl.*) Sänger, Tonkünstler

cantātus ⟨a, um⟩ P̲P̲P̲ → **canere²** u. → **cantare**

cantērīnus ⟨a, um⟩ A̲D̲J̲ ||canterius|| *Plaut.* des Wallachs

cantērius ⟨ī⟩ M̲ Wallach; Gaul

cantharis ⟨cantharidis⟩ F̲ Giftkäfer, spanische Fliege

cantharus ⟨ī⟩ M̲ (*unkl.*) Krug

canthērīnus ⟨a, um⟩ A̲D̲J̲ = **canterinus**

canthērius ⟨ī⟩ M̲ = **canterius**

canticum ⟨ī⟩ N̲ ||cantus¹||
1. Monolog *in der röm. Komödie, gesangartig mit Flötenbegleitung vorgetragen*
2. *Phaedr., Apul.* Gesang, Lied; ↔ **diverbium**
3. Rezitativ
4. (*eccl.*) geistliches Lied, Psalm; **~ canticorum** das Hohe Lied *des AT*

cantilēna ⟨ae⟩ F̲ ||cantus¹||
1. allgemein bekanntes Lied; alte Leier
2. (*eccl.*) Lied, Kirchengesang

cantiō ⟨cantiōnis⟩ F̲ ||canere²||
1. Gesang, Lied
2. Zauberspruch
3. (*mlat.*) Kanzone

cantitāre ⟨ō, āvī, ātum 1.⟩ ||canere²|| oft singen

Cantium ⟨ī⟩ N̲ Landschaft im sö. Britannien, heute Kent

cantiuncula ⟨ae⟩ F̲ ||cantio|| Liedchen

cantor ⟨cantōris⟩ M̲ ||canere²||
1. (*unkl.*) Sänger, Tonkünstler; Schauspieler
2. *pej* Schreier; Lobhudler, Nachbeter
▶ deutsch: **Kantor**

cantrīx ⟨cantrīcis⟩ F̲ ||cantor|| *Plaut.* Sängerin

cantus¹ ⟨cantūs⟩ M̲ ||canere²||
1. Gesang, Lied; *von Tieren* Krähen, Geschrei
2. *von Instrumenten* Ton, Klang
3. Zauberspruch; Weissagung

cantus² ⟨ī⟩ M̲ (*nachkl.*) *poet* eiserner Radreif; *meton* Rad

Canulēius ⟨a, um⟩ Name einer pleb. gens; **C. ~** Volkstribun 445 v. Chr.; **lex Canuleia de conubio** Gesetz, durch das die Ehe zwischen Patriziern u. Plebejern legitimiert wurde

cānus ⟨a, um⟩ A̲D̲J̲
1. (*unkl.*) grau, weißgrau; **reverentia capitis cani** Ehrfurcht vor einem grauen Haupt

2 (nachkl.) fig hochbetagt, altehrwürdig
Canusīnus
A ⟨a, um⟩ ADJ aus Canusium, von Canusium
B ⟨ī⟩ M Einwohner von Canusium
Canusium ⟨ī⟩ N alte Stadt in Apulien, heute Canosa di Puglia bei Andria
capācitās ⟨capācitātis⟩ F ||capax||
1 Räumlichkeit, Raum
2 (mlat.) Umfang, Größe
capāx ⟨capācis⟩ ADJ ||capere||
1 (nachkl.) viel fassend, geräumig; **circus populi ~** das Volk fassender Circus
2 fig für etw empfänglich, für etw geeignet, alicuius rei/ad aliquid; **animal mentis ~** des Verstandes teilhaftiges Lebewesen; **animus ad praecepta ~** Ov. für Weisungen offener Sinn; **ad discendum ~** bereit zum Lernen
capēdō ⟨capēdinis⟩ F Gefäß, Opferschale mit Henkeln
capēduncula ⟨ae⟩ F ||capedo|| kleine Opferschale, einfache Opferschale
capella¹ ⟨ae⟩ F ||capra||
1 kleine Ziege, Geiß
2 (nachkl.) poet hellster Stern im Sternbild des Fuhrmanns, bringt mit seinem Aufgang Anfang Mai Regen
capella² ⟨ae⟩ F (eccl.) kleiner Raum zur Aufbewahrung des Mantels des heiligen Martin von Tours, daraus allg. Kapelle; Geistlichkeit
capellanus ⟨ī⟩ M ||capella²|| (mlat.) Hilfsgeistlicher, Kaplan
capellus ⟨ī⟩ M (mlat.) Kapuze
Capēna¹ ⟨ae⟩ F Stadt im s. Etrurien am Fuß des Sorakte, heute noch Capena, etrusk. Nekropole
Capēna²: **porta ~** Ausgangspunkt der via Appia zwischen Aventinus u. Caelius
Capēnās
A ⟨Capēnātis⟩ ADJ ||Capena¹|| aus Capena, von Capena
B ⟨Capēnātis⟩ M Einwohner von Capena
Capēnus
A ⟨a, um⟩ ADJ ||Capena¹|| aus Capena, von Capena
B ⟨ī⟩ M Einwohner von Capena
caper ⟨caprī⟩ M Ziegenbock; meton Bocksgeruch

---

capere ⟨capiō, cēpī, captum 3.⟩

1 ergreifen
2 erreichen
3 fangen, gefangen nehmen
4 erwerben, annehmen
5 befallen
6 wählen, aussuchen
7 übernehmen, auf sich nehmen
8 empfinden

9 geistig erfassen, beherrschen
10 fassen, aufnehmen können
11 es ist möglich/es ist nicht möglich,

1 ergreifen, nehmen; Örtlichkeiten einnehmen, besetzen; **manu baculum ~** mit der Hand den Stab ergreifen; **arma ~** zu den Waffen greifen; **cibum ~** Nahrung zu sich nehmen; **rem publicam ~** die Staatsgewalt an sich reißen

2 Orte erreichen; **portum ~** den Hafen erreichen

3 Lebewesen fangen, gefangen nehmen; **hostem ~** den Feind gefangen nehmen; **cervum ~** den Hirsch erjagen; **uros foveis ~** Auerochsen in Gruben fangen

4 erwerben; gewinnen; **pecuniam ~** Geld annehmen, sich bestechen lassen; **stipendia ~** Einkünfte beziehen; **formam ~** Gestalt annehmen; **coniecturam ~** mutmaßen; **magnam infamiam ~** große Schande auf sich ziehen

5 von Zuständen befallen; **senatum metus capit** Furcht befällt den Senat; **mente captus** geistig beschränkt

6 wählen, aussuchen, aliquid etw, +dopp. akk; **aliquem arbitrum ~** j-n als Schiedsrichter auswählen

7 Ämter od Tätigkeiten übernehmen, auf sich nehmen; **consulatum ~** das Konsulat antreten; **occasionem ~** die Gelegenheit ergreifen; **tempus ~** den rechten Zeitpunkt wahrnehmen

8 Gefühle u. Stimmungen empfinden; **dolorem ~** Schmerz empfinden, alicuius rei/ex re über etw, wegen etw; **molestiam ~** Ärger empfinden, Verdruss empfinden

9 geistig erfassen, beherrschen; **rerum naturam ~** das Wesen der Dinge begreifen

10 fassen, aufnehmen können; **portus vim navium capit** der Hafen fasst die Menge der Schiffe; **nec te Troia capit** Verg. für dich ist selbst Troja zu klein; **contio capit omnem vim orationis** das Publikum verträgt die ganze Wucht der Rede

11 (eccl.) **capit/non capit** es ist möglich/es ist nicht möglich, +AcI

caperrāre ⟨ō, āvī, ātum 1.⟩ (vkl., nachkl.) sich in Runzeln zusammenziehen; **illi caperrat frons** er runzelt die Stirn

capessere ⟨ō, iī/īvī, ītum 3.⟩
1 hastig ergreifen, eifrig packen, **arma** Waffen; **animalia oris hiatu cibum capessunt** Cic. die Tiere ergreifen das Futter mit offenem Maul

2 fig eine Tätigkeit od ein Amt ergreifen; **fugam ~** die Flucht ergreifen; **viam ~** einen Weg einschlagen; **noctem tutam in castris ~** die Nacht sicher im Lager verbringen; **rem publicam ~** die politische Laufbahn einschlagen ❸ *fig zu einem Ort* eilen; **Italiam ~** nach Italien eilen; **superiora ~** nach Höherem streben

Caphāreus, Caphēreus ⟨Caphāreī *u.* Caphāreos, *akk* Caphārea⟩ M klippenreiche Landspitze im s. Euböa, wo Agamemnon, von Troja kommend, Schiffbruch erlitt

capillāmentum ⟨ī⟩ N ||capillus|| (*nachkl.*) Perücke; *fig* Wurzelfasern

capillāre ⟨capillāris⟩ N ||capillaris|| (*erg.* **unguentum**) *Mart.* Haarpomade

capillāris ⟨capillāre⟩ ADJ ||capillus|| (*nachkl.*) *poet* Haar…

capillātī ⟨ōrum⟩ M ||capillatus|| *Mart.* die Lockenköpfchen, *auch Lieblingssklaven, deren Haar man lang wachsen ließ*

capillātus ⟨a, um⟩ ADJ ||capillus|| behaart, langhaarig

capillitium ⟨ī⟩ N ||capillus|| Haar

capillus ⟨ī⟩ M Kopfhaar *des Menschen, meist sg*; *auch* Barthaar; (*nachkl.*) *poet* Haar der Tiere

capiō ⟨capiōnis⟩ F ||capere|| Ergreifung, Erwerb des Eigentums *durch dauernden Besitz od Verjährung*

capis ⟨capidis, *akk pl* capidas⟩ F Henkelschale, Opferschale *des Pontifex*

capistrāre ⟨ō, āvī, ātum 1.⟩ ||capere|| (*nachkl.*) *poet* anschirren

capistrum ⟨ī⟩ N ||capere||
❶ Halfter, Maulkorb; *pl* Geschirr für Zugtiere; *iuv. fig* Ehejoch
❷ (*mlat.*) Zaumzeug
❸ (*nlat.*) Halfterbinde, *Verband um Schädel u. Unterkiefer*

capital, (*nachkl.*) **capitāle** ⟨capitālis⟩ N ||capitalis|| Kapitalverbrechen; **capital facere** einen Mord begehen

capitālis ⟨capitāle, *adv* capitāliter⟩ ADJ ||caput||
❶ Kopf…, Lebens…, Todes…; **periculum capitale** Lebensgefahr; **poena ~** Todesstrafe; **triumviri capitales** Dreimännerkollegium zur Beaufsichtigung der Hinrichtung
❷ verderblich, tödlich; **inimicus/hostis ~** Todfeind; **odium ~** tödlicher Hass
❸ in seiner Art vorzüglich, Haupt…; **ingenium capitale** *Ov.* außergewöhnliche Begabung

capitāneus
Ⓐ ⟨a, um⟩ ADJ ||caput|| (*spätl.*) durch Größe bestechend
Ⓑ ⟨ī⟩ M (*mlat.*) Anführer; Graf; Gemeindevorsteher

capitellum ⟨ī⟩ N ||caput||
❶ kleiner Kopf
❷ Kapitell, *Kopfteil einer Säule*

capitium ⟨ī⟩ N ||caput|| (*vkl., spätl.*)
❶ Kopföffnung der Tunika
❷ kurzer Überwurf *für Frauen*
❸ Kapuze

Capitium ⟨ī⟩ N Stadt im s. Sizilien, heute Capizzi

capitō ⟨capitōnis⟩ M ||caput|| Großkopf, Dickkopf

Capitōlīnī ⟨ōrum⟩ M ||Capitolinus|| die Organisatoren der kapitolinischen Spiele

Capitōlīnus ⟨a, um⟩ ADJ ||Capitolium|| kapitolinisch

Capitōlium ⟨ī⟩ N
❶ Kapitol, *Hügel w. des Forum Romanum mit steil abfallender Wand zum Forum (rupes Tarpeia), auf dem die röm. Burg sowie der Jupitertempel standen*
❷ Jupitertempel *auf dem Kapitol, in dem Iuppiter Optimus Maximus, Juno u. Minerva verehrt wurden*
❸ (*eccl.*) jeder heidnische Tempel

capitulāre ⟨o, avi, atum 1.⟩ (*mlat.*) ein Kapitel versammeln; strafen

capitulāris ⟨capitulare⟩ ADJ (*mlat.*) Haupt…; **litterae capitulares** Anfangsbuchstaben

capitulātim ADV ||capitulum|| (*nachkl.*) zusammengefasst, summarisch

capitulum ⟨ī⟩ N ||caput||
❶ Köpfchen
❷ ARCH Kapitell, *Kopfteil einer Säule*
❸ (*eccl.*) Kapitel, Abschnitt *aus der Bibel od allg. einer geistlichen Lesung*; Domkapitel
▶ deutsch: **Kapitel**
   englisch: **chapter**
   französisch: **chapitre**
   spanisch: **capítulo**
   italienisch: **capitolo**

cāpō ⟨cāpōnis⟩ M
❶ *Mart.* Kapaun, *verschnittener Masthahn*
❷ Eunuch

cappa ⟨ae⟩ F
❶ ärmelloser Mantel *mit Kapuze*
❷ (*eccl.*) Soutane; **~ magna** Kapuzenmantel *mit langer Schleppe, Ornat der hohen katholischen Geistlichkeit*
▶ deutsch: **Kappe**

Cappaduca ⟨ae⟩ F ||Cappadocia|| *Mart.* (billiger) Kopfsalat

Cappadocia ⟨ae⟩ F Kappadokien, *Landschaft in Zentralanatolien, seit 17 n. Chr. röm. Provinz*

Cappadocius, Cappadocus ⟨a, um⟩ ADJ aus Kappadokien, von Kappadokien

Cappadox ⟨Cappadocis⟩ M Einwohner von Kappadokien

capparis ⟨capparis⟩ F (*vkl., nachkl.*) Kaper

cappō ⟨cappōnis⟩ M = **capo**

cappūdō ⟨cappūdinis⟩ F = **capedo**

capra ⟨ae⟩ F ||caper||
1 Ziege; *meton* Bocksgeruch
2 Stern im Sternbild des Fuhrmanns; = **capella**¹

Caprae Palus F Stelle auf dem Marsfeld, wo Romulus verschwand

caprea ⟨ae⟩ F ||capra|| (*nachkl.*) *poet* wilde Ziege, Reh

Capreae ⟨ārum⟩ F kleine Felseninsel s. von Neapel, heute Capri; Sommersitz der Kaiser Augustus u. Tiberius, mit Ruinen

capreāginus ⟨a, um⟩ ADJ ||caprea, gignere|| *Plaut.* von Ziegen stammend

Capreēnsis ⟨Capreēnse⟩ ADJ von Capreae

capreolus ⟨ī⟩ M ||caper||
1 *Verg.* wilder Ziegenbock, Rehbock
2 PL ARCH Dachsparren, Streben

capri-cornus ⟨ī⟩ M ||caper, cornu|| Steinbock, bes als Gestirn

capri-fīcus ⟨ī⟩ F ||caper|| (*unkl.*) wilder Feigenbaum; wilde Feige

capri-genus ⟨a, um⟩ ADJ ||caper, gignere|| von Ziegen abstammend, Ziegen...

capri-mulgus ⟨ī⟩ M ||caper, mulgere|| *poet* Ziegenmelker, Ziegenhirt

Caprineus ⟨ī⟩ M Bewohner von Capreae, *Spottname für Tiberius*

caprīnus ⟨a, um⟩ ADJ ||caper|| Ziegen..., Bocks...; **rixari de lana caprina** *Hor.* um des Kaisers Bart streiten

capri-pēs ⟨capripedis⟩ ADJ ||caper|| *poet* bocksfüßig

capsa ⟨ae⟩ F ||capere||
1 Kapsel, Kästchen
2 (*mlat.*) Reliquienkästchen, Tabernakel

capsārius ⟨ī⟩ M ||capsa|| *Suet.* Kapselträger, *Sklave, der dem Sohn seines Herrn die Büchertasche trug*

capsella ⟨ae⟩ F ||capsa|| (*unkl.*) kleine Kapsel, Kästchen

capsō → **capere**

capsula ⟨ae⟩ F = **capsella**
▶ deutsch: **Kapsel**
  englisch: **capsule**
  französisch: **capsule**
  spanisch: **cápsula**
  italienisch: **capsula**

capsus ⟨ī⟩ M ||capere|| (*nachkl.*) Kasten, *bes* Wagenkasten

captāre ⟨ō, āvī, ātum 1.⟩ ||capere|| eifrig greifen, streben, *aliquid* nach etw; **testamenta ~** Erbschleicherei betreiben; **aure ~** belauschen; **hostem insidiis ~** den Feind überlisten

captātiō ⟨captātiōnis⟩ F ||captare||
1 Jagd, *alicuius rei* nach etw; **~ verborum** Wortklauberei
2 *Quint.* Fechtersprache Finte
3 **~ benevolentiae** (*nlat.*) das Werben um die Gunst *des Hörers od des Lesers*

captātor ⟨captātōris⟩ M ||captare|| (*nachkl.*) *poet* der einer Sache nachjagt, *alicuius rei*; *absolut* Erbschleicher; **~ curae popularis** Buhler um die Volksgunst; **~ lucri** Preistreiber

captiō ⟨captiōnis⟩ F ||capere||
1 (*nachkl.*) Fassen, Ergreifen
2 *fig* Betrug, Täuschung; **~ dialectica** Trugschluss
3 *meton* Schaden, Nachteil

captiōsum ⟨ī⟩ N ||captiosus|| Trugschluss

captiōsus ⟨a, um, *adv* captiōsē⟩ ADJ ||captio|| betrügerisch, arglistig *nur von Sachen*; **societas captiosa** betrügerische Gesellschaft; **interrogatio captiosa** verfängliche Frage; **captiose interrogare** arglistig fragen

captiuncula ⟨ae⟩ F ||captio|| kleine Verfänglichkeit

captīva ⟨ae⟩ F ||captivus|| Kriegsgefangene

captīvitās ⟨captīvitātis⟩ F ||captivus|| (*nachkl.*)
1 Gefangenschaft
2 Eroberung, Besetzung

captīvus
A ⟨a, um⟩ ADJ ||captus||
1 gefangen, kriegsgefangen
2 *von Leblosem* erbeutet, erobert
3 *meton* einem Gefangenen gehörig; **crines captivi** Haare eines Gefangenen
B ⟨ī⟩ M Kriegsgefangener

captūra ⟨ae⟩ F ||capere|| (*nachkl.*) Fang; *fig* Gewinn

captus¹ ⟨a, um⟩ PPP → **capere**

captus² ⟨captūs⟩ M ||capere||
1 Fassen, Greifen
2 *fig* Umfang
3 *fig* geistige Fassungskraft, Begabung; **ut est ~ Germanorum** wie es dem Bildungsstand der Germanen entspricht

Capua ⟨ae⟩ F Hauptstadt von Kampanien, um 800 v. Chr. von den Etruskern gegründet, 424 v. Chr. samnitisch, um 300 v. Chr. röm.; Endpunkt der via Appia, heute S. Maria di Capua, mit Ruinen

capūdō ⟨capūdinis⟩ F = **capedo**

Capuēnsis
A ⟨Capuēnse⟩ ADJ aus Capua, von Capua
B ⟨Capuēnsis⟩ M Einwohner von Capua

capulāris ⟨capulāre⟩ ADJ ||capulus|| *Plaut.* dem Grab nahe

capulus ⟨ī⟩ M ||capere||
1 Griff; *Plaut. hum* männliches Glied
2 (*unkl.*) Sarg

---

caput ⟨capitis⟩ N

1 Kopf, Haupt
2 Person, Stück

3 Spitze, Anfang
4 Quelle, Ursache
5 Leben
6 bürgerliche Existenz
7 Verstand
8 Hauptperson, Rädelsführer
9 Hauptstadt, Hauptort
10 Kapitel, Paragraf
11 Kapital

1 Kopf, Haupt *von Mensch u. Tier*; **caput aperire** das Haupt entblößen; **capita conferre** die Köpfe zusammenstecken; **nec caput nec pedes habere** weder Hand noch Fuß haben
2 Kopf = Person, Stück *bei Zählungen*; **centenos nummos in capita distribuere** pro Kopf 100 Münzen verteilen; **capite censi** nur nach Köpfen gezählte Angehörige der untersten Bürgerklasse ohne Vermögen
3 Spitze, Ende; ~ **pontis** Brückenkopf; **capita vitis** Wurzeln eines Rebstocks, Ranken des Rebstocks; ~ **fluminis** Quelle eines Flusses, Mündung eines Flusses; **Rhenus multis capitibus in Oceanum influit** der Rhein fließt in vielen Armen in den Ozean
4 *fig* Quelle, Ursache; ~ **maleficii** innere Ursache der Untat; **aliquid sine capite manabit** irgendein Gerücht wird aus unbekannter Quelle fließen
5 *meton* Leben; **capitis periculum** Lebensgefahr; **salvo capite** unversehrt, ungeschoren; **poena capitis** Todesstrafe; **causa capitis** Prozess über Leben oder Tod
6 *meton* bürgerliche Existenz; **agitur ~ alicuius** es geht um j-s Existenz
7 Verstand; **incolumi capite esse** *Hor.* bei gesundem Verstand sein
8 *fig* Hauptperson; Hauptsache; ~ **coniurationis** Rädelsführer der Verschwörung; **quod est ~ was die Hauptsache ist
9 *fig* Hauptstadt, Hauptort; **Thebae, ~ totius Graeciae** Theben, die Hauptstadt von ganz Griechenland; ~ **belli** Kriegsherd, Mittelpunkt des Krieges
10 *fig* Kapitel, Paragraf *in Gesetzen*; **unius capitis lectio** Lektüre eines Abschnitts; **capita rerum** Inhaltsverzeichnis
11 *fig* Kapital; **de capite ipso demere** die Pachtsumme kürzen

▶ deutsch: **Chef**
  englisch: **chief**
  französisch: **chef**
  spanisch: **jefe**
  italienisch: **capo**

Capys ⟨Capyis, *akk* Capyn⟩ M̄
1 Gefährte des Aeneas

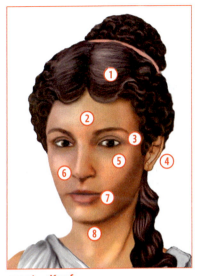

caput – Kopf
1 crines – Haare
2 frons – Stirn
3 oculus – Auge
4 auris – Ohr
5 gena – Wange
6 nasum – Nase
7 os – Mund (labrum – Lippe)
8 collum – Hals

2 König von Alba Longa
3 Gründer von Capua

Cār ⟨Cāris⟩, PL **Cāres, um** M̄ Einwohner von Caria
caracalla ⟨ae⟩ F̄ überlanger Kapuzenmantel, *eingeführt von M. Aurelius Severus Antoninus (Kaiser 211–217 n. Chr.), daher dessen Beiname Caracalla*
Caralēs ⟨Caralium⟩ F̄, **Caralis** ⟨Caralis, *akk* Caralim⟩ F̄ Stadt auf Sardinien, heute Cagliari
carbasa ⟨ōrum⟩ N̄ ||carbasus²|| Batistkleider; Leinensegel
carbaseus, carbasus¹ ⟨a, um⟩ ADJ ||carbasus²|| aus feiner Leinwand, leinen
carbasus² ⟨ī⟩ M̄ feine Leinwand, *später* Baumwollgewebe
carbatinus ⟨a, um⟩ ADJ = **carpatinus**
carbō ⟨carbōnis⟩ M̄ Kohle
Carbō ⟨Carbōnis⟩ M̄ Beiname des pleb. Zweiges der gens Papiria; → **Papirius**
carbōnārius
A ⟨a, um⟩ ADJ ||carbo|| Kohlen…

Caracalla

M. Aurelius Antoninus (188 - 217 n. Chr.), genannt **Caracalla** nach den keltisch geschnittenen Kleidern (**caracallae**), die er trug, übernahm nach dem Tode seines Vaters **Septimius Severus** 211 zusammen mit seinem Bruder Geta die Herrschaft des Römischen Reiches. Als er sich mit Geta nicht auf die Verteilung der Macht einigen konnte, ließ er ihn ermorden. Er kümmerte sich vor allem um die Außenpolitik und versuchte, die Grenzen des Reiches zu festigen (Kriege in Gallien und Raetien sowie gegen die Parther). 217 n. Chr. wurde er von einer Gruppe Soldaten im Osten ermordet. Seine wichtigste politische Tat war die **constitutio Antoniana** (212 n. Chr.), durch die alle freien Bewohner des Römischen Reichs das römische Bürgerrecht erhielten.

GESCHICHTE

B ⟨ī⟩ M̄ Köhler, Kohlenhändler
carbunculus ⟨ī⟩ M̄ ||carbo||
1 kleine Kohle; *Plaut. fig* verzehrender Kummer
2 dunkelroter Edelstein, Karfunkelstein
3 Geschwür *um einen Herd*, Karbunkel
carcer ⟨carceris⟩ M̄
1 Schranke; *pl* Schranken *der Rennbahn als Markierung des Startes*; *fig* Ausgangspunkt, Anfang; ↔ **calx**¹ 3.
2 Gefängnis, Kerker; *fig für den Leib als Kerker der Seele*
3 *meton* die eingekerkerten Verbrecher; *(vkl.)* Schurke, *Schimpfwort*
▶ deutsch: **Kerker**
  spanisch: **cárcel**
  italienisch: **carcere**
carcerārius
A ⟨a, um⟩ ADJ ||carcer|| Kerker...; **quaestus ~** Erwerb aus dem Dienst im Kerker
B ⟨ī⟩ M̄ Kerkermeister
Carchēdonius ⟨a, um⟩ ADJ aus Karthago
carchēsium ⟨ī⟩ N̄ Trinkgefäß, Becher *mit Henkeln vom Boden bis zum Rand*
carcinōma ⟨carcinōmatis⟩ N̄ *(vkl., nachkl.)* Krebsgeschwür; Taugenichts, *Schimpfwort*
Carda ⟨ae⟩ F̄ = **Cardea**
cardacēs ⟨cardacum, *akk* cardacas⟩ M̄ *Nep.* persische Truppengattung = Elitetruppe
Cardea ⟨ae⟩ F̄ ||cardo|| Göttin der Türangeln, d. h. Göttin des eigenen Heimes u. der Familie
cardēlis ⟨cardēlis⟩ F̄ = **carduelis**
cardiacus
A ⟨a, um⟩ ADJ magenkrank
B ⟨ī⟩ M̄ Magenkranker

cardinālis
A ⟨cardināle⟩ ADJ ||cardo|| zur Türangel gehörig; *(spätl.) fig* wichtig, Haupt...; **numerus ~** Grundzahl
B ⟨cardinālis⟩ M̄ *(mlat.)* Kardinal, *Mitglied des Kardinalskollegiums der katholischen Kirche, höchste Würdenträger nach dem Papst*
cardō ⟨cardinis⟩ M̄ *(unkl.)*
1 Türangel; **cardinem vertere** die Tür öffnen; **~ masculus** ARCH Zapfen der Türangel; **~ femina** ARCH Pfanne der Türangel
2 *fig* Wendepunkt, Drehpunkt; **~ mundi** Nordpol; **~ duplex** Nord- und Südpol, Weltachse
3 *Feldmessung* Grenzlinie, *von S nach N gezogen*
4 MIL Demarkationslinie
5 Hauptpunkt, Angelpunkt; **~ rerum** entscheidender Zeitpunkt
6 **~ summus** *(mlat.)* Himmel
carduēlis ⟨carduēlis⟩ F̄ Distelfink
carduus ⟨ī⟩ M̄ ||carro|| *(nachkl.) poet* Distel
cārectum ⟨ī⟩ N̄ ||carex|| mit Riedgras bewachsene Wiese
carentia ⟨ae⟩ F̄ ||carere|| *(spätl.)* Mangel, Verzicht
▶ deutsch: **Karenz**
carēre¹ ⟨eō, uī, itūrus 2.⟩
1 frei sein von *etw*, *etw* nicht haben, *re*; **~ honore** keine Ehre haben; **~ culpā** frei sein von Schuld; **carens luce** ohne Licht; **carens viribus** kraftlos; **carens aditu** unzugänglich
2 sich bewusst von *etw* entfernt halten, sich *einer Sache* enthalten, *re*; **~ cibo** sich der Speise enthalten, nichts essen; **~ publico** sich von der Öffentlichkeit fern halten
3 *etw* schmerzlich entbehren, auf *etw* verzichten müssen, *re*; **consuetudine amicorum ~** auf den Umgang mit den Freunden verzichten müssen
cārere² ⟨ō, -, - 3.⟩ = **carro**
Cārēs ⟨Cārum⟩ M̄ → **Car**
cārex ⟨cāricis⟩ M̄ *(nachkl.) poet* Riedgras
Cāria ⟨ae⟩ F̄ Karien, *Landschaft im SW von Kleinasien*
cārica ⟨ae⟩ F̄ *(erg.* **ficus**⟩ getrocknete Feige aus Karien
Cāricus ⟨a, um⟩ ADJ aus Karien, von Karien
cariēs ⟨cariēī⟩ F̄ *(nachkl.)* Morschheit, Fäulnis *des Holzes*
▶ deutsch: **Karies**
carīna ⟨ae⟩ F̄ *(nachkl.)* Nussschale; Schiffskiel; *meton, poet* Schiff, Fahrzeug
Carīnae ⟨ārum⟩ F̄ Stadtteil im alten Rom am Esquilin, heute S. Pietro in Vinculo
carinārius ⟨ī⟩ M̄ *Plaut.* Hersteller eines → **carinum**
carinum ⟨ī⟩ N̄ ||carinus|| *Plaut.* nussbraunes

Kleid

carīnus ⟨a, um⟩ ADJ nussbaumfarben, nussbraun

cariōsus ⟨a, um⟩ ADJ ||caries|| (unkl.) morsch, faul; **dens ~** fauler Zahn; **vina cariosa** milde Weine

cāris ⟨cāridis⟩ F Ov. Krabbe, Garnele

caristia ⟨ōrum⟩ N (nachkl.) poet Fest der Verwandtschaftsliebe, am 22. Februar

cāritās ⟨cāritātis⟩ F ||carus||

❶ hoher Preis, Teuerung; **annus est in summa caritate** in dem Jahr herrscht höchste Teuerung

❷ fig Verehrung, hingebende Liebe, alicuius j-s od zu j-m

❸ (eccl.) christliche Nächstenliebe

caritatīvus ⟨a, um⟩ ADJ (mlat.) lieb, mildtätig
▶ deutsch: **karitativ**

Carmel M indekl, **Carmēlus** ⟨ī⟩ M Gebirgszug in Untergaliläa, s. von Akko, bis ins 3. Jh. n Chr. dort Jupitertempel

carmen ⟨carminis⟩ N ||canere²||

❶ feierliche Rede, Eidesformel, Gebetsformel, Gesetzesformel; **lex horrendi carminis** Gesetz mit schrecklichem Wortlaut

❷ (unkl.) Zauberformel; Orakelspruch oft in Versen

❸ Kultlied; Lied, auch von Vögeln

❹ von Instrumenten Klang, Musik

❺ Gedicht, Gesang als Teil einer größeren Dichtung; Textstelle bei einem Dichter, Vers; **~ amabile** erotische Dichtung

❻ poetische Inschrift

❼ Spottgedicht, Schmähgedicht; **carmina obscena** schmutzige Spottverse

❽ **Carmina Burana** mittelalterliche Vagantenlieder aus Benediktbeuern

Carmenta ⟨ae⟩ F altital. Weissagegöttin; später Mutter der Euander aus Arkadien mit Heiligtum am Fuß des kapitolinischen Hügels

Carmentālia ⟨Carmentālium⟩ N Fest zu Ehren der Carmenta, am 11. u. 15. Januar, bes von Frauen gefeiert

Carmentāriī ⟨ōrum⟩ M die Priester der Carmenta, die deren Orakelsprüche aufzeichneten

Carmentis ⟨Carmentis⟩ F = **Carmenta**

Carmo ⟨Carmōnis⟩ F Stadt in Hispania Baetica, heute Carmona bei Sevilla

Carna ⟨ae⟩ F alte Schutzgöttin der lebenswichtigen Körperteile (Herz, Lunge, Leber), von Ovid mit Cardea gleichgesetzt

carnālis ⟨carnāle⟩ ADJ ||caro|| (eccl.) fleischlich; sündhaft

carnārium ⟨ī⟩ N ||carnarius|| Räucherkammer; Fleischhaken; meton Gemetzel

carnārius

🅐 ⟨a, um⟩ ADJ ||caro¹|| Fleisch…

🅑 ⟨ī⟩ M Mart.

❶ Fleischliebhaber; hum ↔ **pinguiarius**

❷ Fleischhändler

Carneadēs ⟨Carneadis⟩ M akademischer Philos. aus Kyrene, 213–129 v. Chr., Gründer der Neueren Akademie in Athen, Gegner der Stoa, Mitglied der athenischen Philosophengesandtschaft in Rom 155 v. Chr., die entscheidend war für die Verbreitung der griech. Philosophie in Rom

Carneadēus, Carneadīus ⟨a, um⟩ ADJ des Carneades

carni-fex ⟨carnificis⟩ M ||caro, facere|| Henker, Scharfrichter, entehrendes, nur von Sklaven ausgeübtes Amt, dessen Inhaber nicht in der Stadt wohnen durfte; daher Schimpfwort Schinder, Schurke

carnificāre ⟨ō, āvī, ātum 1.⟩ ||carnifex|| (nachkl.) in Stücke hauen, köpfen, hinrichten

carnificīna ⟨ae⟩ F ||carnifex|| Amt des Henkers; Folter; meton Qual; **carnificinae locus** Suet. Folterkammer

carnificius ⟨a, um⟩ ADJ ||carnifex|| Plaut. Henkers…

carnis ⟨carnis⟩ F = **caro**

carnufex ⟨carnuficis⟩ M = **carnifex**

carnufic… = **carnific…**

Carnuntum ⟨ī⟩ N kelt. Stadt u. röm. Militärlager im oberen Pannonien, Überreste an der Donau vor Bratislava

Carnūtēs ⟨Carnūtum⟩ M, **Carnūtī** ⟨ōrum⟩ M gall. Volk zwischen Liger (Loire) u. Sequana (Seine) mit den Hauptstädten Cenabum (Orléans) u. Autricum (Chartres)

carō ⟨carnis⟩ F

❶ Fleisch; pl Fleischstücke; **~ ferina** Wildbret; **carne vivere** von Fleisch leben

❷ pej Fleischklumpen, Fleischmasse für einen geistlosen Menschen; Quint. RHET Schwulst

❸ Fleisch von Früchten

carpatinus ⟨a, um⟩ ADJ Catul. aus rohem Leder

carpentārius

🅐 ⟨a, um⟩ ADJ ||carpentum|| Wagen…

🅑 ⟨ī⟩ M Stellmacher, Wagner

carpentum ⟨ī⟩ N zweirädriger u. überdachter Reisewagen; auch Gepäckwagen, Karren; MIL kelt. Streitwagen

carpere ⟨carpō, carpsī, carptum 3.⟩

❶ pflücken, abpflücken

❷ weiden, abrupfen

❸ zerpflücken

❹ prellen, betrügen

❺ genießen, ausnützen

❻ abpflücken, auswählen

❼ zurücklegen

8 zerpflücken, kritisch verreißen
9 schwächen, entkräften
10 reizen, stören

---

1 pflücken, abpflücken, **poma** Obst, **flores ex arbore** Blüten vom Baum, **herbas manibus** Kräuter mit den Händen
2 *von Tieren* weiden, abrupfen; **equi gramen carpunt** Pferde rupfen das Gras; **apes mel carpunt** Bienen saugen den Honig aus
3 zerpflücken; *fig* zerstückeln; **lanam ~** Wolle zupfen; **cibos digitis ~** die Speisen mit den Fingern zerlegen; **orationem membris minutioribus ~** in abgerissenen Sätzen sprechen
4 *fig meist poet u. hum* prellen, betrügen, **amantem** den Liebhaber
5 *fig* genießen, ausnützen; **carpe diem** *Hor.* nütze den Tag; **molles sub divo somnos ~** den süßen Schlaf unter freiem Himmel genießen
6 *fig von einem Ganzen* abpflücken, auswählen; **omni ex genere orationis flosculos ~** das Beste aus der ganzen Gattung der Rede aussuchen
7 *fig ein Stück Weg* zurücklegen; **aera alis ~** die Lüfte mit Flügeln durchziehen; **tramitem ~** einen Pfad erklimmen; **supremum iter ~** seinen letzten Gang gehen = sterben
8 *fig mit Worten* zerpflücken, kritisch verreißen, **aliquem sinistris sermonibus ~** j-n mit böswilligen Reden verspotten
9 *fig* schwächen, entkräften; **labor carpit corpus** die Arbeit schwächt den Körper
10 MIL *den Feind durch kleinere Scharmützel* reizen, stören; **novissimum agmen ~** die Nachhut reizen

⚠ **Carpe diem!** *Hor.* Genieße/Nütze den Tag!

Carpetānī ⟨ōrum⟩ M̄ *mächtiger Stamm in Spanien mit der Hauptstadt Toletum*

carptim ADV ||carpere|| (*nachkl.*)
1 stückweise, in Auswahl
2 an verschiedenen Stellen, wiederholt
3 nur hin und wieder, vereinzelt

carptor ⟨carptōris⟩ M̄ ||carpere|| (*unkl.*) Vorschneider; *fig* gehässiger Tadler

carptus ⟨a, um⟩ PPP → **carpere**

carrere ⟨ō, -, - 3.⟩ (*vkl.*) auflockern, krempeln

Carrhae ⟨ārum⟩ F̄ *Stadt im N Mesopotamiens, das biblische Haran, Ruinen s. von Urfa (Edessa), in der Osttürkei; 53 v. Chr. Niederlage des Crassus gegen die Parther; Kaiser M. Aurelius Severus Caracalla 217 n Chr. ermordet*

carrūca ⟨ae⟩ F̄ (*nachkl.*) *poet* vierrädriger Wagen

carrum ⟨ī⟩ N̄, **carrus** ⟨ī⟩ M̄ vierrädriger Lastwagen, Karren
▶ deutsch: **Karren, Karre**
  englisch: **car**
  französisch: **char**
  spanisch: **carro**
  italienisch: **carro**

Carseolānī ⟨ōrum⟩ M̄ die Einwohner von Carseoli

Carseolānus ⟨a, um⟩ ADJ aus Carseoli, von Carseoli

Carseolī ⟨ōrum⟩ M̄ *Stadt in Latium, heute Arsoli, nö. von Tivoli*

Carsūlae ⟨ārum⟩ F̄ *Stadt in Umbrien, Ruinen bei Monte Castrili u. San Gemini, N̄ von Narni*

Carthāginiēnsis
A ⟨Carthāginiēnse⟩ ADJ ||Carthago|| karthagisch, aus Karthago
B ⟨Carthāginiēnsis⟩ M̄ Karthager, Einwohner von Karthago

Carthāgō ⟨Carthāginis⟩ F̄ *phönikische Stadt bei Tunis, 841 v. Chr. gegründet (nach der Sage von Dido), 146 v. Chr. von den Römern im dritten Punischen Krieg zerstört; nach Wiederaufbau von den Arabern 698 n. Chr. zerstört*

Carthāgō nova *227 v. Chr. von Hasdrubal im SO Spaniens gegründet, seit 209 v. Chr. Hauptstadt der röm. Provinz Hispania citerior, heute Cartagena*

carpentum – überdachter Lastwagen

carrus – Transportwagen

Carthago – die Perle Nordafrikas

Carthago war eine florierende Großstadt in Nordafrika nahe dem heutigen Tunis, im 9. Jahrhundert v. Chr. von den Phöniziern (**Poeni**, aus dem heutigen Libanon) gegründet. Bis ins 3. Jahrhundert v. Chr. war Carthago die bedeutendste Seehandelsstadt des Mittelmeers, mit bis zu 400.000 Einwohnern. Sie besaß viele Handelsniederlassungen auf Inseln und an Küsten (besonders des heutigen Spaniens und Italiens) und ein weitläufiges Hinterland (im heutigen Tunesien). Stoffe, Purpurfarbe, Glas- und Metallerzeugnisse aus Kleinasien wurden im westlichen Mittelmeerraum mit großem Gewinn verkauft. Carthago konnte sich in drei Punischen Kriegen trotz der Erfolge von **Hamilcar** und **Hannibal** nicht gegen die strategische Überlegenheit der Römer und ihrer Flotte behaupten. Nach der Eroberung 146 v. Chr. wurde die Stadt komplett zerstört und die Stadtfläche lag ein Jahrhundert lang brach.

GESCHICHTE

---

caruncula ⟨ae⟩ F ||caro¹|| Fleischstückchen
cārus ⟨a, um, *adv* cārē⟩ ADJ
1 teuer, wertvoll
2 *fig* lieb, wert
Cārus ⟨ī⟩ M röm. Beiname
Caryae ⟨ārum⟩ F Ort im N Lakonien mit Artemistempel, heute Kariai
Caryātides ⟨Caryātidum⟩ F
1 die nach Caryae benannten Tempeldienerinnen der Artemis
2 ARCH Karyatiden, weibliche Figuren anstelle von Säulen, die das Gebälk tragen
caryōta ⟨ae⟩ F, **caryōtis** ⟨caryōtidis⟩ F nussförmige Dattel
Carystēus, Carystius ⟨a, um⟩ ADJ *Ov.* Einwohner von Carystus 1
Carystus ⟨ī⟩ F
1 Stadt an der Südspitze der Insel Euböa, heute Káristos, berühmt durch die Marmorbrüche der Gegend
2 Stadt in Ligurien
casa ⟨ae⟩ F Hütte, Häuschen
Casca ⟨ae⟩ M Beiname in der gens Servilia; → Servilius
cascus ⟨a, um⟩ ADJ (vkl.) uralt
cāseolus ⟨ī⟩ M ||caseus|| *poet* kleiner Käse
cāseus ⟨ī⟩ M Käse
▶ deutsch: **Käse**
   englisch: **cheese**
   spanisch: **queso**
casia ⟨ae⟩ F (unkl.)
1 wilder Zimt
2 Seidelbast
Casilīnum ⟨ī⟩ N Stadt bei Capua, im 9. Jh. als heutige Stadt Capua neu gegründet
Casīnās
A ⟨Casīnātis⟩ ADJ aus Casinum, von Casinum
B ⟨Casīnātis⟩ M Einwohner von Casinum
Casīnum ⟨ī⟩ N Stadt in Latium am Fuß des mons Casinus, wo heute die Abtei Monte Cassino steht
Casperia ⟨ae⟩ F Stadt der Sabiner
Caspius ⟨a, um⟩ ADJ kaspisch; **Caspium mare/pelagus** Kaspisches Meer; **Caspii montes** Kaukasus *od* Elburus-Gebirge s. des Kaspischen Meeres
Cassandra ⟨ae⟩ F Tochter des Priamus, von Apollo mit der Sehergabe beschenkt, sagte den Untergang Trojas voraus
Cassandrēa, Cassandrīa ⟨ae⟩ F Stadt Potideae auf Chalkidike
cassāre ⟨ō, āvī, ātum 1.⟩ *Plaut.* taumeln, torkeln
Cassiānus ⟨a, um⟩ ADJ des Cassius; **~ iudex** strenger Richter
cassida ⟨ae⟩ F ||cassis¹|| *poet* Metallhelm
Cassiepēa, Cassiepīa ⟨ae⟩ F → Cassiope 1
Cassiodōrus ⟨ī⟩ M Magnus Aurelius, ca. 485–580 n Chr., Geheimschreiber Theoderichs des Großen, spätl. Schriftsteller
Cassiopē ⟨Cassiopēs⟩ F
1 Mutter der Andromeda, als Gestirn Cassiepea u. Cassiepia
2 Hafenstadt auf Korfu, heute Kassiópi
cassis¹ ⟨cassidis⟩ F Metallhelm; *meton* Krieg; **sub casside** im Krieg
cassis² ⟨cassis⟩ M, *meist* PL
1 Jägernetz; Spinngewebe
2 *fig* Nachstellung, Falle
cassīta ⟨ae⟩ F ||cassis¹|| Haubenlerche
Cassius ⟨a, um⟩ Name einer vornehmen pleb. gens
1 L. ~ Longinus Ravilla Zensor 125 v. Chr., bekannt durch Gerechtigkeit u. Strenge
2 L. ~ Longinus fiel als Konsul 107 v. Chr. im Kampf gegen die Helvetier (bellum Cassianum)
3 ~ Parmensis einer der Caesarmörder
4 ~ Longinus einer der Caesarmörder
5 ~ Longinus berühmter Jurist unter Tiberius
cassus ⟨a, um, *adv* cassē⟩ ADJ ||carere|| (unkl.)
1 hohl, leer; **nux cassa** taube Nuss
2 *etw* entbehrend, *einer Sache* beraubt, *alicuius rei/re;* **luminis/lumine ~** des Lichtes beraubt; **sanguine ~** blutlos
3 unnütz, vergeblich, **in cassum tela iactare**

Speere ins Leere werfen

Castalia ⟨ae⟩ F *dem Apollo u. den Musen geweihte Quelle am Parnass bei Delphi;* poet **Musenquelle**

Castalis ⟨Castalidis⟩ ADJ F, **Castalius** ⟨a, um⟩ ADJ kastalisch, *auch* delphisch

castanea ⟨ae⟩ F Kastanie *als Baum u. Frucht*

castaneus ⟨a, um⟩ ADJ Kastanien...

castellānus

A ⟨a, um⟩ ADJ ||castellum|| Kastell...

B ⟨ī⟩ M Bewohner eines Kastells; *pl* Besatzung eines Kastells

castellātim ADV ||castellum|| (*nachkl.*) kastellweise, in einzelnen Kastellen

castellum ⟨ī⟩ N ||castrum||

1 befestigter Platz, Kastell; **~ pontis** Brückenkopf

2 *poet* Gebirgsdorf

3 Zufluchtsort

4 (*spätl.*) Wasserreservoir

5 (*mlat.*) Burg, Dorf

▷ deutsch: **Kastell**
englisch: **castle**
französisch: **château**
spanisch: **castillo**
italienisch: **castello**

castēria ⟨ae⟩ F *Plaut.* Schlafraum *der Ruderer* an Deck, Koje

casti-ficus ⟨a, um⟩ ADJ ||castus, facere|| *poet* keusch, rein

castīgābilis ⟨castīgābile⟩ ADJ ||castigare|| *Plaut.* strafbar

castīgāre ⟨ō, āvī, ātum 1.⟩ ||castus¹||

1 züchtigen; **~ verbis** zurechtweisen, tadeln; **verberibus ~** mit Schlägen bestrafen

2 *Fehlerhaftes* verbessern, korrigieren

3 einschränken, zähmen; **frenis ~ equum** ein Pferd zügeln; **risum ~** das Lachen ersticken

castīgātiō ⟨castīgātiōnis⟩ F ||castigare|| Züchtigung, Bestrafung; **castigatione afficere aliquem** j-n bestrafen

castīgātor ⟨castīgātōris⟩ M ||castigare|| Zuchtmeister, Sittenrichter

castīgātōrius ⟨a, um⟩ ADJ ||castigator|| *Plin.* zurechtweisend

castīgātus ⟨a, um⟩ ADJ ||castigare|| (*nachkl.*)

1 straff, gedrungen

2 *fig* eingeschränkt, knapp; **castigate vivere** mit Einschränkungen leben

castimōnia ⟨ae⟩ F ||castus¹||

1 REL Enthaltsamkeit; körperliche Reinheit

2 *meton* Sittenreinheit, Keuschheit

castitās ⟨castitātis⟩ F ||castus¹|| Keuschheit; (*nachkl.*) Uneigennützigkeit

castor ⟨castoris *akk auch* castora⟩ M Biber

Castor ⟨Castoris⟩ M Sohn des Tyndareus u. der Leda, Schutzpatron der Seefahrer, mit seinem Bruder Polydeukes/Pollux als Doppelgestirn unter die Sterne versetzt (Dioskuren), Tempel an der Südseite des Forums

castoreum ⟨ī⟩ N ||castor|| (*unkl.*) Bibergeil, Sekret des After-Genital-Bereichs des Bibers, seit alters her als Arzneimittel bekannt

castra ⟨ōrum⟩ N → castrum

castrāre ⟨ō, āvī, ātum 1.⟩

1 kastrieren, entmannen

2 *Bäumen* ausschneiden, lichten; **libellos ~** *Mart.* poet Bücher von Zoten reinigen

3 *fig* entkräften, schwächen

castrātus ⟨ī⟩ M ||castrare|| Eunuch

castrēnsis ⟨castrēnse⟩ ADJ ||castrare|| Lager...

castrum ⟨ī⟩ N, *meist* PL

1 fester Platz, befestigter Platz; **= castellum**

2 PL Lager, Feldlager; **castra stativa** Standlager *für längere Zeit;* **castra aestiva** Sommerlager; **castra hiberna** Winterlager; **castra navalia/nautica** befestigter Landeplatz; **castra ponere** das Lager aufschlagen; **castra movere** das Lager abbrechen; **in Epicuri castra se conicere** *fig* sich ins Lager des Epikur begeben; **castra praetoriana** Kaserne der Prätorianer

3 PL *meton* Tagesmarsch; **quintis castris Gergoviam pervenire** in fünf Tagesmärschen nach Gergovia kommen

4 PL Krieg, Kriegsdienst; **in castris usum habere** Erfahrung im Kriegshandwerk haben

5 (*mlat.*) Burg, Stadt; *pl* Quartier, Heer

castus¹ ⟨a, um, *adv* castē⟩ ADJ

1 rein, keusch; *poet* jungfräulich

2 gottesfürchtig; *von Sachen* heilig; **ius matrimonii castum** geheiligtes Recht der Ehe; **nemus castum** geweihter Hain

3 gewissenhaft, uneigennützig

4 LIT, *Gell.* Stil rein, frei von Barbarismen

castus² ⟨castūs⟩ M (*vkl., nachkl.*) **= castimonia** u. **= castitas**

casula ⟨ae⟩ F ||casa||

1 kleine Hütte; Totenkammer

2 Kleid mit Kapuze; (*eccl.*) Messgewand *des katholischen Priesters,* Kasel

cāsūrus ⟨a, um⟩ PART *fut* → cadere

cāsus ⟨cāsūs⟩ M ||cadere||

1 Fall, Sturz; **~ nivis** Schneefall; **~ vehiculi** das Umfallen eines Fahrzeuges

2 *fig* Untergang, Tod; **~ urbis Troianae** Untergang Trojas; **gravis ~ in servitium ex regno** schwerer Fall vom Königsthron in die Sklaverei

3 *meton, poet, zeitl.* Ende, Ausgang

4 *meton* Zufall, Zwischenfall; **casū** *adv* zufällig

5 *pej* Unfall, Tod

6 GRAM Kasus = Fall des Nomens

7 (*mlat.*) **~ belli** Kriegsfall; **~ foederis** Bündnisfall

castra – römische Militärlager

1 porta decumana – Tor/Turm oben
2 decumanus (maximus) – Hauptstraße, längs
3 forum – Versammlungsplatz
4 praetorium – Wohnhaus der Kommandanten
5 cardo (maximus) – Hauptstraße, quer
6 vallum – Mauer
7 porta praetoria – Tor/Turm unten

catacumbae ⟨ārum⟩ F̲ (eccl.) **Katakomben**, *altchr. unterirdische Begräbnisstätten in Rom*
catadromus ⟨ī⟩ M̲ *Suet.* **schräg in die Höhe gespanntes Seil**
Catadūpa ⟨ōrum⟩ N̲ **Nilkatarakte in Ägypten**
catagelasimus ⟨a, um⟩ A̲D̲J̲ *Plaut.* **lächerlich**
catagraphus ⟨a, um⟩ A̲D̲J̲ *Catul.* **bunt bemalt**
catalēcticus ⟨a, um⟩ A̲D̲J̲ METR **katalektisch**; **versus ~** Vers mit unvollständigem letztem Fuß, *z. B. Hexameter*; ↔ acatalecticus
catalēxis ⟨catalēxis, *akk* catalexin⟩ F̲ METR **Ausfall des letzten Teils eines Versfußes, Katalexe**; → catalecticus
catalogus ⟨ī⟩ M̲ (spätl.) **Liste, Verzeichnis**
Catameitus, Catamītus ⟨ī⟩ M̲ **Ganymedes**, *jugendlicher Mundschenk des Jupiter*; *fig* **Lustknabe**
Cataonia ⟨ae⟩ F̲ **Landschaft im N des Taurus**
cataphagās ⟨ae⟩ M̲ *Petr.* **Vielfraß**
cataphracta ⟨ae⟩ F̲ (erg. **lorica**) **Panzer**
cataphractēs ⟨cataphractae⟩ M̲ (nachkl.) **Schuppenpanzer**
cataphractus ⟨a, um⟩ A̲D̲J̲ (nachkl.) **gepanzert**

cataplūs ⟨ī⟩ M̲ **Landung**; *meton* **(landende) Flotte**
catapulta ⟨ae⟩ F̲ **Wurfmaschine**; *Corn. meton* **Wurfgeschoss**
▶ deutsch: **Katapult**
catapultārius ⟨a, um⟩ A̲D̲J̲ ||catapulta|| *Plaut.* **Geschütz…, vom Geschütz abgeschossen**
cataracta ⟨ae⟩ F̲, **cataractēs** ⟨cataractae⟩ M̲
1 Wasserfall, Schleuse
2 Fallgatter *an den Toren*
catascopium ⟨ī⟩ N̲, **catascopus** ⟨ī⟩ M̲ (nachkl.) **Spähschiff**
catasta ⟨ae⟩ F̲ (nachkl.) *poet* **Schaugerüst** *zur Ausstellung verkäuflicher Sklaven*
catastropha ⟨ae⟩ F̲ **Umschwung des Schicksals, Katastrophe**
catēchūmenus ⟨ī⟩ M̲ (eccl.) **Katechumene**, *Anwärter auf Taufe u. Aufnahme in die chr. Kirche*
catēia ⟨ae⟩ F̲ (nachkl.) *poet* **Wurfkeule** *der Gallier u. Germanen*
catēlla¹ ⟨ae⟩ F̲ ||catena|| (unkl.) **kleine Kette** als

CATE

casus – Fall des Nomens

Der **casus** (Fall) kennzeichnet die syntaktische Funktion des Nomens im Satz. Das Lateinische kennt 6 Fälle.

Nominativ: wer? was?
dominus   der Herr

Genitiv: wessen?
domini   des Herrn

Dativ: wem?
domino   dem Herrn

Akkusativ: wen? was?
dominum   den Herrn

Ablativ: wann? wo? wie? womit? mit wem?
(cum) domino   mit dem Herrn

Vokativ: Anrede
domine   Herr!

Für den Ablativ gibt es keine deutsche Entsprechung, er wird oft mithilfe von Präpositionalausdrücken wiedergegeben.

GRAMMATIK

Schmuck; MIL Auszeichnung
catella² ⟨ae⟩ F̄ ||catula|| Hündchen
catellus ⟨ī⟩ M̄ ||catulus|| Hündchen; poet Kosewort
catēna ⟨ae⟩ F̄
▪ Kette, Fessel
▪ fig Schranke, Zwang, **legum** der Gesetze
▶ deutsch: **Kette**
   englisch: **chain**
   französisch: **chaîne**
   spanisch: **cadena**
   italienisch: **catena**
catēnārius ⟨a, um⟩ ADJ ||catena|| (nachkl.) Ketten…; **canis ~** Kettenhund
catēnātiō ⟨catēnātiōnis⟩ F̄ ||catena|| Verbindung
catēnātus ⟨a, um⟩ ADJ ||catena|| (nachkl.) poet gebunden; fig verbunden
caterva ⟨ae⟩ F̄
▪ Schar, Haufen
▪ Schauspielertruppe; Chor im Drama
catervārius ⟨a, um⟩ ADJ ||caterva|| Suet. zu einem Trupp gehörig, truppweise fechtend
catervātim ADV ||caterva|| (unkl.) truppweise
cathedra ⟨ae⟩ F̄ Lehnstuhl, Armsessel; (spätl.) Sänfte, bes Lehrstuhl; (eccl.) Bischofssitz; **~ Petri** päpstlicher Stuhl; **ex cathedra** von maßgeblicher Seite
▶ deutsch: **Katheder**
cathedrālicius ⟨a, um⟩ ADJ ||cathedra|| Mart. zur Sänfte gehörig
cathedralis ⟨cathedrale⟩ ADJ (mlat.) zum Bischofssitz gehörig, bischöflich; **basilica ~** Bischofskirche
▶ deutsch: **Kathedrale**
cathedrārius ⟨a, um⟩ ADJ ||cathedra|| (nachkl.) Katheder…
catholicus ⟨a, um⟩ ADJ (nachkl.) allgemein; (eccl.) katholisch
Catilīna ⟨ae⟩ M̄ Beiname der gens Sergia; → Sergius; **L. Sergius ~** Anstifter der catilinarischen Verschwörung, berühmt durch Ciceros Reden gegen ihn, fiel 62 v. Chr. bei Pistoia
Catilīnārius ⟨a, um⟩ ADJ des Catilina, catilinarisch
catīllāre ⟨ō, āvī, ātum 1.⟩ ||catillus|| Plaut. Teller ablecken
catīllum ⟨ī⟩ N̄, **catīllus** ⟨ī⟩ M̄ ||catinus|| (unkl.) Schüsselchen, Tellerchen
Catillus, Catilus ⟨ī⟩ M̄ Gründer von Tibur
Catina ⟨ae⟩ F̄ Stadt in Sizilien, heute Catania
catīnus ⟨ī⟩ M̄ Napf, Schüssel
Catō ⟨Catōnis⟩ M̄ Beiname in der gens Porcia

Catilina

L. Sergius Catilina (108 - 62 v. Chr.) stammte aus einer verarmten römischen Aristokratenfamilie. Vergeblich bewarb er sich für das Konsulat des Jahres 66 bzw. 63 v. Chr. Für 62 v. Chr. bewarb er sich ein drittes Mal, diesmal mit einem extremistischen Programm, das sich auf die Unzufriedenheit verschiedener Teile des Volkes (z. B. verarmte Adelige, Veteranen von Sulla und Caesar, ärmere Schichten der **plebs**) stützte, wurde aber von den Aristokraten im Senat bekämpft. Daraufhin entschied er sich für eine bewaffnete Revolte. Cicero erfuhr jedoch von den Umsturzplänen und vereitelte diese. Mehrere Verschwörer wurden hingerichtet. Catilina konnte fliehen und ein Heer sammeln, kam aber bei der Schlacht von **Pistoria** (heutiges Pistoia) ums Leben. Berühmtheit erlangte er durch die vier Reden Ciceros „**In Catilinam**" und Sallusts Werk „**De coniuratione Catilinae**". Bekannt ist das Zitat aus Ciceros erster Rede gegen den Verschwörer:
Quo usque tandem, Catilina, abutere patientia nostra?
Wie lange noch, Catilina, wirst du unsere Geduld missbrauchen?

GESCHICHTE

1 **M. Porcius ~ der Ältere** (*priscus, superior*), *234–149 v. Chr., berühmter Staatsmann, Redner u. Prosaschreiber, strenger Sittenrichter*
2 **M. Porcius ~ minor** *od* **Uticensis** (*nach seinem Todesort Utica*) **der Jüngere**, *95–46 v. Chr., Urenkel des Cato superior, Republikaner u. Gegner Caesars*
Catōnēs ⟨Catōnum⟩ M̄ Männer wie Cato
Catōniānus ⟨a, um⟩ ADJ des Cato, catonisch
Catōnīnus ⟨ī⟩ M̄ Anhänger Catos
catōnium ⟨ī⟩ N̄ Unterwelt
catta ⟨ae⟩ F̄
1 *als Delikatesse geschätztes* Geflügel *aus Pannonien*
2 *Mart.* Katze
Cattī ⟨ōrum⟩ M̄ = **Chatti**
catula ⟨ae⟩ F̄ ||catulus|| Hündchen
Catulliānus ⟨a, um⟩ ADJ ||Catullus|| des Catull
Catullus ⟨ī⟩ M̄ *rom. Beiname, berühmt* **C. Valerius ~** (*84 bis 54 v. Chr.*)*, lyrischer Dichter aus Verona*
catulus ⟨ī⟩ M̄ Tierjunges; *auch* Junges vom Haustier, *meist* Hündchen; *pl* Schlangenbrut; **lupi catuli** junge Wölfe
Catulus ⟨ī⟩ M̄ *Beiname der gens Lutatia;* → **Lutatius**
Caturīgēs ⟨Caturīgum⟩ M̄ ligurischer Stamm in Gallia Narbonensis, heute Departement Hautes-Alpes
catus ⟨a, um, *adv* catē⟩ ADJ schlau; *pej* pfiffig
Caucasius
A ⟨a, um⟩ ADJ ||Caucasus|| aus dem Kaukasus, des Kaukasus
B ⟨ī⟩ M̄ Bewohner des Kaukasus
Caucasos, Caucasus ⟨ī⟩ M̄
1 Kaukasus, *Gebirge zwischen Schwarzem Meer u. Kaspischem Meer*
2 Hindukusch
cauda ⟨ae⟩ F̄ Schwanz *der Tiere; Hor. vulg* männliches Glied
caudeus ⟨a, um⟩ ADJ aus Binsen, Binsen…
caudex ⟨caudicis⟩ M̄
1 (*unkl.*) Baumstamm, Klotz, *auch als Schimpfwort*; Strafblock *für Sklaven*
2 *meton mit Wachs überzogenes* Schreibtäfelchen
3 Verzeichnis, Dokument
4 Buch, Heft, Notizbuch
5 Hauptbuch, **accepti et expensi** für Einnahmen und Ausgaben
6 (*mlat.*) Handschrift, Bibel
▷ deutsch: **Kodex**
caudicālis ⟨caudicāle⟩ ADJ ||caudex|| Holz…; **provincia ~** *Plaut. hum* Holzhackeramt
Caudīnus
A ⟨a, um⟩ ADJ aus Caudium, von Caudium
B ⟨ī⟩ M̄ Einwohner von Caudium
Caudium ⟨ī⟩ N̄ *Stadt in Samnium, Niederlage der Römer 321 v. Chr. im zweiten Samniterkrieg, heute Montesarchio, sw. von Benevento*
caulae¹ ⟨ārum⟩ F̄ Öffnung; **~ corporis** *Lucr.* Poren
caulae² ⟨ārum⟩ F̄ Hecke, Schafpferch
caulātor ⟨caulātōris⟩ M̄ Spötter, Sophist
cauliculus ⟨ī⟩ M̄ ||caulis|| (*unkl.*) zarter Stängel, Trieb; *Vitr.* ARCH Akanthusstängel *an korinthischen Säulenkapitellen*
caulis ⟨caulis⟩ M̄ hohler Stängel, Strunk; *Plaut. vulg* männliches Glied
Caulōn ⟨Caulōnis⟩ M̄, **Caulōnia** ⟨ae⟩ F̄ *Stadt im Bruttierland, noch erhaltener Name Caulonia in Kalabrien*
Caunea ⟨ae⟩ F̄ Feige aus Caunus
Cauneus, Caunius
A ⟨a, um⟩ ADJ aus Caunus, von Caunus

▶ **Cato**

M. Porcius Cato (234 - 149 v. Chr.), genannt **Censorius** wegen der Ausübung der Zensur und wegen seiner Sittenstrenge, stammte aus einer wohlhabenden Plebejerfamilie. In jungen Jahren nahm er am Zweiten Punischen Krieg teil. Als Censor kämpfte er gegen Luxus, Sittenverfall und Korruption. Außerdem versuchte er die Ausbreitung griechischer Kultur in Rom zu verhindern und war an der Ausweisung der griechischen Philosophen aus Rom beteiligt. Nach einer Gesandtschaft kam er zu der Überzeugung, dass Karthago weiterhin eine Gefahr für Rom darstellte, und drängte auf die Zerstörung der Stadt. Er soll seine Reden im Senat immer mit folgenden Worten beschlossen haben:
Ceterum censeo Carthaginem esse delendam.
Im Übrigen bin ich der Meinung, dass Karthago zerstört werden muss.
M. Porcius Cato (95 - 46 v. Chr.), genannt **Uticensis**, war wie sein Vorfahre bekannt für seine Sittenstrenge. 63 v. Chr. setzte er sich im Senat für die Hinrichtung der Catilinarier ein. Als überzeugter Republikaner wurde er bereits 59 v. Chr. zum Gegner Caesars. Im Bürgerkrieg stellte er sich auf die Seite des Pompeius und gegen Caesar. 47 v. Chr. ging er nach Africa und leitete als Stadtkommandant die Verteidigung von Utica, wo er sich nach der Niederlage der republikanischen Truppen bei **Thapsos** das Leben nahm.

GESCHICHTE ◀

B ⟨ī⟩ M̄ Einwohner von Caunus
Caunus ⟨ī⟩ F̄ Stadt im SO Kariens, Ruinen beim heutigen Dalyas im SW der Türkei
caupō¹ ⟨caupōnis⟩ M̄ Gastwirt, Krämer
caupō² ⟨cauponis⟩ M̄ (mlat.) = **capo**
caupōna ⟨ae⟩ F̄ ‖caupo¹‖ Schenke, Kneipe
caupōnārī ⟨or, ātus sum 1.⟩ ‖caupo¹‖ (vkl., spätl.) schachern, feilschen, *aliquid* um etw
caupōnius ⟨a, um⟩ ADJ ‖caupona‖ (Plaut., spätl.) Schenk...
caupōnula ⟨ae⟩ F̄ ‖caupona‖ Kneipe
caurus ⟨ī⟩ M̄ Nordwestwind

causa ⟨ae⟩ F̄

1 Grund = wirkende Ursache
2 Grund = Veranlassung
3 wegen, um ... willen,
4 Entschuldigung
5 Vorwand
6 Sachverhalt
7 Streitsache, Streitgegenstand
8 Interesse, Angelegenheit
9 Auftrag
10 Lage, Umstand
11 persönliches Verhältnis

1 Grund = wirkende Ursache; Anlass; Schuld, *alicuius rei/alicui rei* für etw; **~ doloris** Ursache des Schmerzes; **~ lacrimis** Grund für Tränen; **nihil evenire potest sine causa antecedente** nichts kann ohne vorausgehende Ursache geschehen; **causam in aliquem transferre** Schuld auf j-n schieben; **causam alicuius rei sustinere** Schuld für etw tragen
2 Grund = Veranlassung, *mit finalem Nebensinn*; Zweck; **hanc ob causam** deshalb; **non ob aliam causam** aus keinem anderen Grund; **quā de causā** deswegen, daher, *relativ* weswegen, aus welchem Grund
3 **causā** nachgestellt wegen, um ... willen, *+gen*; **amicitiae causā** wegen der Freundschaft, um der Freundschaft willen; **rei publicae adiuvandae causā** um dem Staat zu helfen; **meā/tuā/nostrā causā** meinetwegen/deinetwegen/unsertwegen; *refl* **suā causā** seinetwegen; *nicht refl* **eius causā** seinetwegen, um seinetwillen; **nostrā ipsorum causā** um unser selbst willen
4 Entschuldigung; Einwand; **nullam causam dicere, quin** nichts dagegen einwenden, dass, *+konjkt*
5 Vorwand; **causam fingere** einen Grund vorschützen; **per causam** unter dem Vorwand, *alicuius rei* einer Sache
6 Sachverhalt, Gegenstand einer Verhandlung; **quod est in causa** was zur Sache gehört
7 Streitsache; Prozess; **~ capitis aut famae** Streit um Leben oder Ehre; **~ privata** Privatprozess; **~ publica** Strafprozess; **~ parvula** Bagatellsache; **causam agere** einen Prozess führen; **causam perdere** einen Prozess verlieren
8 Interesse, Angelegenheit; **~ populi Romani** Interesse des römischen Volkes
9 Auftrag; **dare alicui causam** j-m einen Auftrag geben, *alicuius rei* für etw, *ut*
10 Lage, Umstand; **omnium Germanorum una est causa** alle Germanen sind in derselben Lage
11 persönliches Verhältnis, *cum aliquo* mit jdm

▶ englisch: **cause**
französisch: **chose**
spanisch: **cosa**
italienisch: **cosa**

causālis ⟨causāle⟩ ADJ ‖causa‖ (spätl.) zur Ursache gehörend; GRAM kausal, die Ursache angebend
causārī ⟨or, ātus sum 1.⟩ ‖causa‖ als Grund angeben, vorschützen, *absolut od aliquid* etw, *+AcI, quod* dass
causāriī ⟨ōrum⟩ M̄ ‖causarius‖ Invaliden
causārius ⟨a, um⟩ ADJ ‖causa‖ wegen Kränklichkeit verabschiedet; invalide
causia ⟨ae⟩ F̄ (unkl.) breitkrempiger Hut
causi-dicus ⟨ī⟩ M̄ ‖causa, dicere‖ Rechtsanwalt, Sachwalter
causificārī ⟨or, ātus sum 1.⟩ ‖causa, facere‖ (vkl., nachkl.) vorschützen, einwenden
caussa ⟨ae⟩ F̄ = **causa**
causticum ⟨ī⟩ N̄ ätzendes Heilmittel
causticus ⟨a, um, *adv* causticē⟩ ADJ Mart. beizend; **spuma caustica** Schaumseife *zum Blondieren*
causula ⟨ae⟩ F̄ ‖causa‖
1 unbedeutender Anlass
2 unbedeutender Prozess, Bagatellprozess
cautēla ⟨ae⟩ F̄ ‖cautus‖ (vkl., nachkl.) Vorsicht, Schutzmittel
cautēs ⟨cautis⟩ F̄, *meist* PL **cautēs** ⟨cautium⟩ F̄ Riff, Klippe *meist im Meer*
cautim ADV ‖cautus‖ vorsichtig, behutsam
cautiō ⟨cautiōnis⟩ F̄ ‖cavere‖
1 Vorsicht; Vorsichtsmaßnahme
2 JUR Bürgschaft; Kaution
3 *fig* Schuldschein; mündliche Versicherung
cautor ⟨cautōris⟩ M̄ ‖cavere‖ Plaut. der Vorsicht walten lässt; der Gefahren abwehrt
cautus¹ ⟨a, um⟩ PPP → **cavere**
cautus² ⟨a, um, *adv* cautē⟩ ADJ ‖cavere‖
1 gesichert, behütet
2 vorsichtig; argwöhnisch, *in re* in etw, bei etw
cav-aedium ⟨ī⟩ N̄ ‖cavum aedium‖ (vkl., nachkl.)

Hof, Hofraum innerhalb des *röm.* Hauses
cavāre ⟨ō, āvī, ātum 1.⟩ ||cavus||
1 aushöhlen, **lapidem** einen Stein
2 *etw* Hohles verfertigen; **lintres arbore ~** Kähne aus einem Baumstamm anfertigen
3 durchbohren
cavātus ⟨a, um⟩ ADJ ||cavare|| ausgehöhlt, hohl
cavea ⟨ae⟩ F ||cavus||
1 Käfig, Gehege *für Tiere*, Stall; (*nachkl.*) *poet* Bienenstock
2 Zuschauerraum *im Theater u. Zirkus*; **prima ~** erster Rang; **ultima/summa ~** Galerie
3 *meton* Theater
4 *meton* die Zuschauer, Publikum

cavēre ⟨caveō, cāvī, cautum 2.⟩

1 sich hüten, sich in Acht nehmen
2 parieren
3 Fürsorge tragen
4 Beistand leisten
5 Kaution stellen
6 Garantien fordern
7 verordnen

1 sich hüten, sich in Acht nehmen, *aliquem/ab aliquo* vor jdm, *aliquid/a re* vor etw; **~ socios** sich vor den Gefährten in Acht nehmen; **ab homine impuro ~** sich vor einem lasterhaften Menschen hüten; **cave canem!** Warnung vor dem Hunde!; **~, ne/ut ne** verhüten, dass; **~, ut** dafür sorgen, dass; **cave/cavete** +Konjkt/*ne* ja nicht; **cave illud facias/ne illud facias** tu das ja nicht
2 *Fechtersprache* parieren, *absolut od aliquid* etw
3 für *j-n/etw* Fürsorge tragen, *alicui/alicui rei*; **alicui cautum velle** j-n gesichert wünschen, *re* vor etw
4 Beistand leisten, *alicui* j-m; *bes* JUR als Anwalt intervenieren, *absolut od alicui* für j-n; Rat erteilen
5 Kaution stellen, *alicui re* für j-n durch etw/mit etw, *aliquid/de re* wegen etw; **cavetur ab aliquo** j-d gibt sein Wort
6 Garantien fordern, sich Sicherheit geben lassen, *ab aliquo* von j-m
7 *gesetzlich* verordnen, *testamentarisch* verfügen; **~ testamento aliquid** durch Testament etw verfügen, *de re* über etw, *alicui* zu j-s Gunsten, *alicui rei* für etw, *ut/ne* dass/dass nicht
caverna ⟨ae⟩ F ||cavus|| Höhle,; Schiffsbauch; *pl* Bassins
cāvī → cavere
cavilla ⟨ae⟩ F (*vkl., nachkl.*) Scherz, Stichelei
cavillārī ⟨or, ātus sum 1.⟩ ||cavilla||
1 necken, *absolut od aliquem/in aliquo/cum aliquo j-n*; scherzend sagen, +AcI
2 Ausflüchte suchen, Ausflüchte machen
cavillātiō ⟨cavillātiōnis⟩ F ||cavillari||
1 Witz, Spott
2 Sophistik; Wortklauberei
cavillātor ⟨cavillātōris⟩ M ||cavillari|| *Sen.* Spötter; Sophist
cavillātrīx ⟨cavillātrīcis⟩ F ||cavillator|| *Quint.*
1 Spötterin; Sophistin
2 Sophistik, Spitzfindigkeit
cavillum ⟨ī⟩ N, **cavillus** ⟨ī⟩ M = **cavilla**
cavum ⟨ī⟩ N ||cavus|| Höhlung, Loch
cavus
A ⟨a, um⟩ ADJ
1 hohl, gewölbt; **via cava** Hohlweg; **turris cava** geräumiger Turm; **flumina cava** tiefe Flüsse
2 *poet* umhüllend; **nubes cava** umhüllende Wolke
3 *fig* nichtig, gehaltlos
B ⟨ī⟩ M Höhlung, Loch
Caystros, Caystrus ⟨ī⟩ M *Fluss in Ionien, der bei Ephesus ins Meer mündet*
-ce *Partikel, an pron angehängt* hier, da; **istisce** diesen da; **eisdemce** denselben da
Cēa ⟨ae⟩ F *Kykladeninsel sö. von Attika, Heimat der Dichter Simonides u. Bacchylides, heute Kea*
Cebenna ⟨ae⟩ F (*erg.* **mons**) Cevennen
cecidī[1] → cadere
cecīdī[2] → caedere
cecinī → canere
Cecropia ⟨ae⟩ F ||Cecrops|| Burg von Athen, *von Cecrops gegründet*; *meton* Athen
Cecropidēs ⟨Cecropidae, *pl* Cecropidārum u. Cecropidum⟩ M Sohn des Cecrops, Nachkomme des Cecrops, = Theseus; *pl* = die Athener
Cecropis ⟨Cecropidis⟩ F des Cecrops
Cecropius ⟨a, um⟩ ADJ des Cecrops
Cecrops ⟨Cecropis⟩ M MYTH *Gestalt, halb Mensch, halb Schlange, Gründer der Burg von Athen*

cēdere ⟨cēdō, cessī, cessum 3.⟩

A *intransitives Verb*
1 gehen, einhergehen
2 sich verwandeln
3 vonstatten gehen, ablaufen
4 gelten
5 zufallen, zuteil werden
6 weggehen, scheiden
7 verzichten
8 vergehen, (ver)schwinden
9 weichen
10 nachstehen

B transitives Verb
1. abtreten, überlassen
2. einräumen, zugestehen

— **A** intransitives Verb —

VI
1. gehen, einhergehen, schreiten
2. *fig* in etw übergehen, sich in etw verwandeln, *in aliquid*; **temeritas ei in gloriam cesserat** die Verwegenheit hatte für ihn zum Ruhm ausgeschlagen
3. *(nachkl.) fig* vonstatten gehen, ablaufen; **secus ~** schlimm vonstatten gehen
4. *(vkl., nachkl.) fig* gelten, *pro re* für etw; **epulae pro stipendio cedunt** Mahlzeiten gelten als Lohn
5. *fig* zufallen, zuteil werden, *alicui/in aliquem* j-m, *alicui rei/in aliquid* einer Sache; **praeda victoribus cedit** die Beute fällt den Siegern zu; **bona in medium cedunt** die Güter fallen dem Gemeinwohl zu
6. weggehen, weichen, *absolut od alicui* vor j-m, *re/ex re/de re/a re* von etw; **cedentes insequi** (Zurück-)Weichende verfolgen; *von Leblosem* **aqua cedit** das Wasser geht zurück; **loco/e loco ~** seinen Posten verlassen; **memoriā/e memoria ~** dem Gedächtnis entfallen
7. *fig* etw aufgeben, *re*; überlassen, *alicui* j-m etw; **agrorum possessione ~** auf die Äcker verzichten; **collegis honore ~** den Kollegen den Ruhm überlassen
8. *fig* vergehen, (ver)schwinden; **horae cedunt** die Stunden vergehen; **ripae fluminis cedunt** *Tac.* die Ufer des Flusses treten zurück
9. *fig* j-m weichen, *alicui*; sich fügen, *absolut od alicui/alicui rei* j-m/einer Sache; **hosti ~** dem Feind weichen; **tempori ~** sich den Zeitumständen fügen; **auctoritati alicuius ~** sich j-s Willen fügen
10. *fig* nachstehen, *alicui* j-m, *re/in re* in etw; **Graecis nihil ~** den Griechen in nichts nachstehen

— **B** transitives Verb —

VT
1. abtreten, überlassen, *alicui aliquid* j-m etw
2. zugestehen, *ut* dass; zugeben, *+AcI*; **non ~, quominus** nicht zugestehen, dass
🛈 **Cedo maiori.** *Mart.* Ich weiche dem Größeren.

cedo PL **cette** *(altl.) imp* ||ce + dare||
1. gib her, her damit, *aliquid* etw, *ut* ~, **ut bibam** gib her, damit ich trinken kann
2. lass hören, heraus mit der Sprache, *aliquid* etw, *+indir Fragesatz*
3. sieh nur, *aliquid* etw; **cedo illius contionem** sieh nur die Versammlung von jenem

cedrus ⟨ī⟩ F *(nachkl.) poet* Zeder; *meton* Zedernholz; Zedernöl, *Konservierungsmittel*; **carmina linenda cedro** *Hor.* Lieder, die der Unsterblichkeit würdig sind

Celaenae ⟨ārum⟩ F alte Stadt in Phrygien, im Gebiet des Mäander, beim heutigen Dinêr

cēlāre ⟨ō, āvī, ātum 1.⟩
1. verhüllen, verbergen; verschweigen; **celor** mir wird etw verheimlicht
2. verheimlichen, geheim halten, *aliquem aliquid* j-m etw, *+indir Fragesatz*; **aliquem de re ~** j-n in Unkenntnis über etw halten; **celor de re** mir wird etw verheimlicht; **de maximis rebus a fratre celatus sum** die wichtigsten Dinge wurden mir vom Bruder verheimlicht; **id celari non possum** das kann mir nicht verheimlicht werden

celeber ⟨celebris, celebre⟩ ADJ
1. *von Orten* viel besucht, bevölkert; reich, *re* an etw; **portus celeberrimus** stark frequentierter Hafen; **urbs celeberrima** dicht besiedelte Stadt; **regio fontibus celeberrima** an Quellen sehr reiche Gegend
2. *von Veranstaltungen* festlich, feierlich; **celeberrima populi gratulatio** überaus feierlicher Glückwunsch des Volkes
3. *von Sachen* viel besprochen, viel gefeiert; **nomen celebre** bekannter Name
4. *von Personen u. Sachen* berühmt, gefeiert

celebrāre ⟨ō, āvī, ātum 1.⟩ ||celeber||
1. zahlreich besuchen, häufig besuchen; zahlreich begleiten; **~ domum alicuius** j-s Haus häufig besuchen; **atria celebrantur** die Räume füllen sich; **totā celebrante Siciliā sepultus est** unter der Anteilnahme ganz Siziliens wurde er bestattet; **aliquem ~ usque ad Capitolium** j-n bis zum Kapitol begleiten
2. *Feste* begehen, mit zahlreicher Beteiligung feiern
3. eifrig betreiben, allgemein anwenden; *passiv* allgemein ausgeübt werden, allgemein gepflegt werden; **artes ~** die Künste betreiben; **iuris dictionem ~** die Rechtsprechung in Gang bringen; **convivia celebrantur** Festessen werden abgehalten
4. allgemein bekannt machen, verbreiten; **rem famā ~** *+AcI* eine Angelegenheit durch das Gerücht verbreiten, dass
5. rühmen, preisen; **nomen alicuius scriptis ~** j-s Namen durch zahlreiche Veröffentlichungen bekannt machen; **alicuius facta carminibus ~** j-s Taten durch Lieder preisen
6. *(mlat.)* abhalten, **comitia** einen Reichstag
▶ deutsch: **zelebrieren**

celebrātiō ⟨celebrātiōnis⟩ F ||celebrare||
1. zahlreicher Besuch, zahlreiche Gesellschaft
2. glänzendes Fest, prunkvolle Feier

celebrātor ⟨celebrātōris⟩ M ‖celebrare‖ *Mart.* Lobredner
celebrātus ⟨a, um⟩ ADJ ‖celebrare‖
1 gebräuchlich, oft erwähnt; **celebratum est, ut** es ist ein gewöhnlicher Fall, dass
2 berühmt, gepriesen
celebris ⟨celebre⟩ ADJ = **celeber**
celebritās ⟨celebritātis⟩ F ‖celeber‖
1 *von Orten u. Veranstaltungen* zahlreicher Besuch; Belebtheit; **theatri ~** zahlreicher Besuch des Theaters
2 *von Veranstaltungen u. Festen* Feierlichkeit; **supremi diei ~** würdevolle Totenfeier
3 *von Veranstaltungen u. Sachen* Häufigkeit
4 *fig von Personen u. Sachen* Berühmtheit, Prominenz; **~ et nomen** gefeierter Name
celer ⟨celeris, celere, *adv* celeriter *u. (vkl.)* celere⟩ ADJ
1 *(vkl.)* schnell, rasch, eilend
2 *fig* schnell eintretend, schnell wirkend; **victoria celeris** schneller Sieg; **auxilium celere** schnelle Hilfe; **remedium celere** schnell wirkendes Heilmittel
3 *(nachkl.) poet* zu schnell, übereilt; **consilia celeria** übereilte Pläne
celerāre ⟨ō, āvī, ātum 1.⟩ ‖celer‖
A VT beschleunigen, **iter** den Marsch
B VI eilen
Celerēs ⟨Celerum⟩ M älteste Bezeichnung der röm. Ritter, ihr Anführer hieß *tribunus Celerum*
celeri-pēs
A ⟨celeripedis⟩ ADJ schnellfüßig
B ⟨celeripedis⟩ M Eilbote
celeritās ⟨celeritātis⟩ F ‖celer‖
1 Schnelligkeit, Eile; **~ equorum** Schnelligkeit der Pferde; **~ persequendi** Schnelligkeit der Verfolgung; **~ dicendi/in dicendo/orationis/verborum** Geläufigkeit der Rede; **~ syllabarum** schnelle Aussprache; **~ veneni** schnelle Wirkung des Gifts
2 *fig* geistige Regsamkeit, Gewandtheit; **~ consilii** Geistesgegenwart; **~ respondendi** Schlagfertigkeit
Celetrum ⟨ī⟩ N makedonische Stadt, später Diocletianopolis, heute Kastoriá
celeuma ⟨celeumatis⟩ N *Mart.* Kommando des Steuermanns; Takt
Celeus ⟨ī⟩ M MYTH König von Eleusis, von Demeter im Ackerbau unterwiesen
cella ⟨ae⟩ F
1 *(vkl., nachkl.)* Kammer, Zimmer
2 Vorratskammer; Kornkammer; **~ olearia** Ölkammer; **~ vinaria** Gärkammer für den Wein; **in cellam emere** für den Haushalt kaufen
3 *(nachkl.) poet* Kämmerchen *im Mietshaus*, Dachstube
4 *Quint.* Gefängniszelle
5 *(nachkl.) poet* Zelle des Bienenstocks
6 Tempelnische; Tempel
7 *(mlat.)* Mönchszelle; Kloster
▶ deutsch: **Zelle**
  englisch: **cell**
  spanisch: **celda**
  italienisch: **cella**
cellārium ⟨ī⟩ N ‖cellarius‖ *(spätl.)* Vorratsraum, Weinkeller
cellārius
A ⟨a, um⟩ ADJ ‖cella‖ *Plaut.* in der Vorratskammer befindlich
B ⟨ī⟩ M Kellermeister
cellerārius ⟨ī⟩ M ‖cellarium‖ *(spätl.)* Kellermeister
cellula ⟨ae⟩ F ‖cella‖
1 *(unkl.)* Kämmerchen, Zelle
2 *(mlat.)* Kloster, Einsiedelei
celōc(u)la ⟨ae⟩ F ‖celox‖ *Plaut.* kleine Jacht, Kosewort für eine Sklavin
celōx ⟨celōcis⟩ F *u.* M *(unkl.)* Schnellsegler
celsitūdō ⟨celsitūdinis⟩ F ‖celsus‖
1 *(nachkl.)* Höhe
2 *(spätl.)* Hoheit, Titel der Kaiser
celsus ⟨a, um⟩ ADJ
1 emporragend, hoch
2 *fig dem Rang nach* vornehm; *moralisch* hochherzig; *pej* hochmütig
Celsus ⟨ī⟩ M röm. Beiname, **Antonius Cornelius ~** Arzt des Kaisers Tiberius, Verfasser einer Enzyklopädie, von der acht Bücher über die Medizin erhalten sind
Celtae ⟨ārum⟩ M Kelten, *urspr. alle kelt. Stämme, im engeren Sinn die Gallier, Völker des mittleren u. s. Gallien*
Celt-ibēr ⟨Celtibērī⟩ M, *meist* PL **Celtibērī** ⟨ōrum *u.* Celtibērum⟩ M Keltiberer, *Volk im mittleren u. n Spanien, entstanden aus der Verbindung von Ureinwohnern u. eingewanderten Kelten*
Celtibēria ⟨ae⟩ F Keltibérien
Celtibēricus ⟨a, um⟩ ADJ keltiberisch
Celticum ⟨ī⟩ N ‖Celtae‖ Keltenreich
Celticus ⟨a, um⟩ ADJ ‖Celtae‖ keltisch
cēna ⟨ae⟩ F
1 Hauptmahlzeit *der Römer zwischen 15 u. 16 Uhr unserer Zeit*, Mahlzeit; **cenam alicui dare** j-m ein Gastmahl geben; **ad cenam invitare/vocāre** zum Essen einladen; **super cenam** bei Tisch
2 *Mart.* Gang *einer Mahlzeit*
3 *Iuv. meton* Tischgesellschaft
4 **~ domini/dominica** *(eccl.)* Abendmahl; Altarsakrament
Cēnabēnsis
A ⟨Cēnabēnse⟩ ADJ aus Cenabum, von Cenabum
B ⟨Cēnabēnsis⟩ M Einwohner von Cenabum

Cēnabum ⟨ī⟩ N̄ Hauptstadt der Karnuten, später Civitas Aurelianensis, heute Orléans

cēnāculum ⟨ī⟩ N̄ ‖cena‖
1. Speisezimmer, *meist im Obergeschoss gelegen*
2. oberes Stockwerk; *allg.* Stockwerk

Cēnaeum ⟨ī⟩ N̄ *nw.* Spitze von Euböa, mit einem Zeustempel

cēnāre ⟨ō, āvī, ātum 1.⟩ ‖cena‖

A VI die Hauptmahlzeit einnehmen, essen; **cenatus** nach dem Essen; **cenati discubuerunt ibidem** nach dem Essen setzten sie sich dort nieder

B VT (*unkl.*) verspeisen, verzehren; **cenatae noctes** *Plaut.* Nachtgelage

cēnāticus ⟨a, um⟩ ADJ ‖cena‖ *Plaut.* zur Mahlzeit gehörig; **spes cenatica** Hoffnung auf eine Mahlzeit

cēnātiō ⟨cēnātiōnis⟩ F ‖cena‖ (*nachkl.*) *poet* Speisezimmer

cēnātiuncula ⟨ae⟩ F ‖cenatio‖ *Plaut.* kleines Speisezimmer

cēnātōrium ⟨ī⟩ N̄ ‖cenatorius‖ Tischkleid

cēnātōrius ⟨a, um⟩ ADJ ‖cena‖ zur Mahlzeit gehörig

cēnāturīre ⟨iō, -, - 4.⟩ ‖cenare‖ *Mart.* essen wollen

cēnātus ⟨a, um⟩ PPP → cenare

Cenchrae ⟨ārum⟩ F Osthafen von Korinth am Saronischen Golf

cēnitāre ⟨ō, āvī, ātum 1.⟩ ‖cenare‖ zu speisen pflegen

Cenomanī ⟨ōrum⟩ M Stamm der Aulerci in der Landschaft Maine, heute im Departement Sarthe

---

cēnsēre ⟨cēnseō, cēnsuī, cēnsum 2.⟩

1. amtlich schätzen
2. angeben, eine Steuererklärung abgeben
3. abschätzen, taxieren
4. meinen, der Ansicht sein
5. seine Stimme abgeben für
6. beschließen
7. zuerkennen

---

1. POL *als Zensor j-s Vermögen u. Steuerklasse u. damit seinen bürgerlichen Rang* amtlich schätzen; **censum ~** die offizielle Schätzung vornehmen, in die Bürgerliste aufnehmen; **legem censui censendo dicere** die offizielle Schätzungsformel bestimmen; **censui censendo esse** zensusfähig sein = steuerpflichtig sein; **census equestrem summam nummorum** *Hor.* wer die für den Ritterstand vorgeschriebene Vermögenssumme angegeben hat und vom Zensor dementsprechend eingestuft worden ist; **capite censi** → caput

2. *als Bürger sein Vermögen* angeben, eine Steuererklärung abgeben und in die Listen eintragen lassen; **in qua tribu ista praedia censuisti?** in welchem Bezirk hast du diese Landgüter deklariert?; **magnum agri modum censeri** großen Landbesitz angeben, sich mit großem Landbesitz eintragen lassen; **aliquem censeri** *fig* j-n als *etw* gelten lassen, j-n als *etw* betrachten; **hos parentes censeri** diese als Eltern betrachten

3. *fig* abschätzen, taxieren

4. *fig* meinen, der Ansicht sein; **aliquid aequum ~** *etw* für angemessen halten; **Stoici sapientem semper beatum esse censent** die Stoiker meinen, der Weise sei immer glücklich

5. POL *als Senator* seine Stimme abgeben für *etw*, für *etw* stimmen, *aliquid, +AcI/+ger, ut/ne* dass/dass nicht; **ceterum censeo Carthaginem esse delendam** im Übrigen bin ich der Meinung, dass Karthago zerstört werden muss; **pars deditionem, pars eruptionem censebat** der eine Teil stimmte für die Übergabe, der andere für einen Ausbruch; **de ea re ita censeo** in dieser Sache stimme ich so

6. *vom gesamten Senat* beschließen

7. *amtlich* zuerkennen, **alicui triumphum** j-m einen Triumph

▶ deutsch: zensieren

cēnsiō ⟨cēnsiōnis⟩ F ‖censere‖
1. (*vkl., nachkl.*) offizielle Festsetzung *des Vermögens u. der Steuerpflicht u. damit der bürgerlichen Klasse durch den Zensor seit 366 v. Chr.*
2. (*vkl.*) Bestrafung, Züchtigung *durch den Zensor, z. B. Herabstufung in eine niedrigere Bürgerklasse*; **~ bubula** *Plaut. hum* Bestrafung mit der Ochsenpeitsche
3. *Plaut.* Meinung, Antrag

cēnsor ⟨cēnsōris⟩ M ‖censere‖
1. Zensor, *röm. Staatsbeamter, je zwei Zensoren wurden auf fünf Jahre, später auf 18 Monate gewählt*; → censura
2. *fig* strenger Sittenrichter, scharfer Kritiker

▶ censores – Finanzbeamte und Sittenwächter

Die zwei Zensoren wurden seit dem 5. Jahrhundert v. Chr. alle fünf Jahre für 18 Monate gewählt und konnten nicht wiedergewählt werden. Ihre Aufgabe war es, die Volkszählung (**census**) durchzuführen, aber auch den Staatshaushalt zu kontrollieren. Ihre größte Macht zogen sie aus der Kontrolle über das sittliche Verhalten der römischen Bürger (**cura morum**). Ihnen fiel es auch zu, über die Aufnahme in

cēnsōrius
A ⟨a, um⟩ ADJ, ADV ⟨cēnsōriē⟩ ||censor||
1 zensorisch, des Zensors; **lex censoria** öffentliche Verordnung; **animadversio/ignominia censoria** öffentliche Ehrenstrafe; **funus censorium** Staatsbegräbnis
2 *fig* streng richtend, sittenrichterlich
B ⟨ī⟩ M ehemaliger Zensor, Mann von zensorischem Rang

cēnsūra ⟨ae⟩ F ||censere||
1 Amt des Zensors, *vornehmstes u. fast nur ehemaligen Konsuln vorbehaltenes Amt mit folgenden Funktionen: 1. Vermögenseinschätzung u. Klassifizierung der röm. Bürger; 2. Kontrolle der Sitten u. öffentliche Rüge; 3. Degradierung von Senatoren u. Rittern u. Herabstufung von Bürgern; 4. Überwachung des Staatsbudgets u. Vergabe öffentlicher Bauaufträge*
2 *(mlat.)* Aufsicht, Tadel; **~ sedis apostolicae** Spruch des päpstlichen Stuhls
▶ deutsch: **Zensur**

cēnsus[1] ⟨a, um⟩ PPP → **censere**
cēnsus[2] ⟨cēnsūs⟩ M ||censere||
1 Zensus, Vermögenseinschätzung *u. Klassifizierung der Bürger*
2 Volkszählung
3 *meton* Bürgerliste, Steuerliste
4 Vermögen
5 *(mlat.)* Zins, Abgabe; **~ Romanus** Peterspfennig, *freiwillige Abgabe der Katholiken an den Papst*

centaurēum ⟨ī⟩ N *falsche Deutung eines griech. Fw. als centum +aureum:* Tausendgüldenkraut, *magenstärkendes Enzianengewächs*

Centaurēus, Centauricus ⟨a, um⟩ ADJ ||Centaurus|| Kentauren...

centaurium ⟨ī⟩ N = **centaureum**

Centaurus ⟨ī⟩ M
1 MYTH Kentaur, *Zwittergestalt aus Mensch u. Pferd*
2 *fig* Kentaur, *Sternbild am s. Himmel*

centēnārium ⟨ī⟩ N ||centenarius|| *(spätl.)* Zentner

centēnārius ⟨a, um⟩ ADJ ||centenus|| *(vkl., nachkl.)* aus hundert bestehend, hundert Zoll umfassend, hundert Pfund wiegend

centēnī ⟨ae, a⟩ NUM *distr* je hundert

centēnus ⟨a, um⟩ ADJ ||centum|| *poet* je hundertmalig, hundertmal vorhanden

centēsima ⟨ae⟩ F ||centesimus|| *(erg.* **pars**)
1 hundertster Teil, Hundertstel, ein Prozent; einprozentige Steuer
2 PL ein Prozent Zinsen *pro Monat = 12 Prozent Zinsen pro Jahr;* **binae centesimae** zwei Prozent Zinsen *pro Monat = 24 Prozent Zinsen pro Jahr*

centēsimus ⟨a, um⟩ NUM *ord* ||centum|| hundertster

centi-ceps ⟨centicipitis⟩ ADJ ||centum, caput|| *Hor.* hundertköpfig

centiē(n)s ADV ||centum|| hundertmal

centi-manus ⟨a, um⟩ ADJ ||centum|| *poet* hundertarmig

centō ⟨centōnis⟩ F
1 Flickwerk aus Lumpen, Matratze
2 *fig* Flickgedicht, *aus Versen u. Versteilen verschiedener Dichter zusammengesetztes Gedicht*

centōnārius ⟨ī⟩ M ||cento|| Verfertiger von Decken aus Flickwerk *zur Feuerbekämpfung*

centrum ⟨ī⟩ N
1 der feste Schenkel *des Zirkels*
2 *meton* Mittelpunkt des Kreises, Zentrum

centum indekl NUM *card* hundert
▶ englisch: **cent**
französisch: **cent**
spanisch: **ciento, cien**
italienisch: **cento**

Centum Cellae ⟨ārum⟩ F *etrusk. Hafenstadt mit Villa Trajans, heute Civitavecchia*

centum-geminus ⟨a, um⟩ ADJ *poet* hundertarmig, hundertfältig

centum-plex ⟨centumplicis⟩ ADJ hundertfältig

centum-pondium ⟨ī⟩ N ||pondus|| *(vkl.)* Zentnergewicht

centumvirālis ⟨centumvirāle⟩ ADJ ||centumviri|| zu den Hundertmännern gehörig, Zentumviral...; **iudicium centumvirale** von den Zentumvirn gefälltes Urteil

centum-virī ⟨ōrum⟩ M die Hundertmänner, die Zentumvirn, *Gremium von hundert, nach festem Schlüssel aus den einzelnen Bezirken (tribus) gewählten Männern zur Rechtsprechung in privaten Eigentums- u. Erbschaftsprozessen*

centunculus ⟨ī⟩ M ||cento|| *(nachkl.)* kleiner Lappen; Reitdecke

centuria ⟨ae⟩ F ||centum||
1 MIL Hundertschaft, Zenturie, *angeblich von König Servius Tullius geschaffene Einteilung, urspr. 100, später 60 Mann*
2 POL Stimmkreis, Stimmbezirk *der insgesamt 193 nach Vermögensklassen aufgestellten Bezirke*
3 Feldbezirk, Flurbezirk, *Quadrat od Rechteck von je 100, später 200 iugera*

centuriāre ⟨ō, āvī, ātum 1.⟩ ||centuria|| MIL, POL in Zenturien einteilen; **comitia centuriata** Zenturiatskomitien, *Volksversammlung, in der*

nach Zenturien abgestimmt wurde; **lex centuriata** in den Zenturiatkomitien beschlossenes Gesetz
centuriātim ADV ||centuria|| zenturienweise
centuriātus ⟨centuriātūs⟩ M ||centurio||
1 Zenturionenstelle, Hauptmannsstelle
2 Einteilung in Zenturien
centuriō ⟨centuriōnis⟩ M ||centuria|| Zenturio, Hauptmann; ~ **classiarius** Schiffsoffizier, Kapitän
centuriōnatus ⟨centuriōnatūs⟩ M ||centurio|| *(nachkl.)*
1 Wahl der Zenturionen, Musterung der Zenturionen
2 Rang eines Zenturio
cēnula ⟨ae⟩ F ||cena|| kleine Mahlzeit
Ceōs ⟨Ceō⟩ F = **Cea**
cēpa ⟨ae⟩ F, **cēpe** N indekl *poet* Zwiebel
Cephallānes ⟨Cephallānum⟩ M Einwohner von Cephallania
Cephallānia ⟨ae⟩ F größte Insel im Ionischen Meer, heute Kefallinia
Cephallēnes ⟨Cephallēnum⟩ M = **Cephallanes**
Cephallēnia ⟨ae⟩ F = **Cephallania**
Cēphēis ⟨Cēphēidis⟩ F Tochter des Cepheus
Cēphēius ⟨a, um⟩ ADJ des Cepheus
Cēphēnes ⟨Cēphēnum⟩ M ||Cepheus|| die Äthiopier
Cēphēnus ⟨a, um⟩ ADJ äthiopisch
Cēpheūs
A ⟨Cēpheī u. Cēpheos⟩ M König von Äthiopien u. Vater der Andromeda, unter die Sterne versetzt.
B ⟨a, um⟩ ADJ des Cepheus; *auch* äthiopisch
Cēphīsia ⟨ae⟩ F quellenreiche Auenlandschaft in Attika; → Cephisus 2
Cēphīsias ⟨Cēphīsiadis⟩ ADJ F von Cephisia
Cēphīsis ⟨Cēphīsidis⟩ ADJ F des Cephisus; → Cephisus 2
Cēphīsius
A ⟨a, um⟩ ADJ des Cephisus; → Cephisus 1
B ⟨ī⟩ M Nachkomme des Cephisus, = Narziss; → Cephisus 1
Cēphīsos, Cēphīsus ⟨ī⟩ M
1 *Fluss in Böotien, als Flussgott Vater des Narziss*
2 *Fluss in Attika, an seinen Ufern Aufenthalt des Prokrustes*
cēpī → capere
cēpolendrum ⟨ī⟩ N Plaut. erfundener Gewürzname, wahrscheinlich aus cepa +oleum = Zwiebelöl
cēra ⟨ae⟩ F
1 Wachs; **e cera fingere** aus Wachs bilden
2 *meton* Schreibtafel *aus Holz mit Wachsüberzug;* ~ **ultima** Testament
3 Wachsbild, Wachssiegel; *pl* Ahnenbilder aus Wachs
4 Wachszelle *der Bienen*

centurio – Zenturio
1 crista – Helmbusch, quer getragen mit Wangenklappen
2 lorica – Kettenpanzer
3 phalerae – runde militärische Orden
4 gladius – Schwert
5 sagum – Soldatenmantel aus Wolle

5 Ov. Wachsschminke
Cerāmīcus ⟨ī⟩ M Platz u. Stadtteil im NW von Athen
cērāre ⟨ō, āvī, ātum 1.⟩ ||cera|| mit Wachs überziehen; **ceratus** zusammengeklebt, zusammengefügt; **rates ceratae** geteerte Flöße
cērārium ⟨ī⟩ N ||cera|| Siegelgebühr *für verbrauchtes Wachs*
cerastēs ⟨ae⟩ M *(nachkl.) poet* Hornschlange
cerasum ⟨ī⟩ N *(nachkl.)* Kirsche
cerasus ⟨ī⟩ F *(unkl.)* Kirschbaum; *auch* Kirsche, *76 v. Chr. von Lucullus aus Kerasus am Pontus eingeführt*

ceratinus ⟨a, um⟩ ADJ Horn…; (**ambiguitas**) **ceratina** Sen. Hörnertrugschluss: Was man nicht verloren hat, das hat man; Hörner hat man nicht verloren, also hat man Hörner

cērātus ⟨a, um⟩ PPP → cerare

Ceraunia ⟨ōrum⟩ N, **Ceraunii montēs** M hohes u. gefährliches Gebirge an der Nordwestküste von Epirus; → Acroceraunia

Cerbereus ⟨a, um⟩ ADJ des Cerberus

Cerberos, Cerberus ⟨ī⟩ M MYTH Höllenhund mit drei Köpfen am Eingang des Hades

Cercina ⟨ae⟩ F Insel vor der karthagischen, heute tunesischen Ostküste, in der Kleinen Syrte, in der Kaiserzeit Verbannungsort

Cercōpes ⟨Cercōpum⟩ M MYTH Gaunervolk auf der Insel Aenaria, von Zeus in Affen verwandelt, daher „Affeninsel" für Aenaria

cercopithēcos, cercopithēcus ⟨ī⟩ M (unkl.) Meerkatze, von den Ägyptern als Gott verehrt

cercūrus, cercȳrus ⟨ī⟩ M (unkl.)
1 leichter Schnellsegler
2 nur **cercyrus** ein Seefisch

cerdō ⟨cerdōnis⟩ M poet gewinnsüchtiger Handwerker; **sutor ~** Flickschuster

Cereālia ⟨Cereālium⟩ N Fest der → Ceres, am 12. April

Cereālis ⟨Cereāle⟩ ADJ der → Ceres (heilig); Getreide…, Brot…

cerebellum ⟨ī⟩ N ||cerebrum|| kleines Gehirn

cerebrōsus
A ⟨a, um⟩ ADJ ||cerebrum|| tollwütig
B ⟨ī⟩ M Hitzkopf

cerebrum ⟨ī⟩ N Gehirn; fig Verstand; Plaut. Hitzköpfigkeit

Cerēs ⟨Cereris⟩ F MYTH griech. Demeter, Göttin des Wachstums, daher auch Göttin des Ackerbaus u. der Ehe, Schwester des Jupiter u. des Pluto, Mutter der Proserpina; meton Gaben der Ceres, Getreide; Brot

cēreus
A ⟨a, um⟩ ADJ ||cera||
1 aus Wachs, Wachs…
2 fig wachsgelb, auch weiß wie Wachs; **pruna cerea** gelbe Pflaumen
3 geschmeidig wie Wachs; Mart. von Fett glänzend
B ⟨ī⟩ M Wachskerze, Wachsfackel

cerevisia ⟨ae⟩ F (nachkl.) Bier

Ceriālia ⟨Ceriālium⟩ N = **Cerealia**

Ceriālis ⟨Ceriāle⟩ ADJ = **Cerealis**

ceriāria ⟨ae⟩ F ||Ceres|| Plaut. Lebensmittellieferantin

cērintha ⟨ae⟩ F (vkl.) poet Wachsblume

cērinum ⟨ī⟩ N ||cerinus|| Plaut. wachsgelbes Kleid

cērinus ⟨a, um⟩ ADJ wachsgelb

cernere ⟨cernō, crēvī, crētum 3.⟩
1 scheiden, sichten; **per cribrum ~** durch ein Sieb trennen
2 fig mit den Sinnen bzw. Augen unterscheiden, deutlich sehen, wahrnehmen, erkennen, sehen
3 fig erkennen; voraussehen, aliquid etw, +AcI/ +indir Fragesatz; **mente/animo/ingenio ~** geistig erkennen
4 Rücksicht nehmen, aliquem auf j-n
5 Strittiges od Zweifelhaftes entscheiden
6 sich für etw entscheiden, etw beschließen, aliquid alicui etw für j-n, de re über etw
7 (unkl.) durch Kampf entscheiden, de re über etw, pro re für etw, **inter se** untereinander
8 **hereditatem ~** JUR sich für die Annahme einer Erbschaft entscheiden, eine Erbschaft antreten

⚠ **Amicus certus in re incerta cernitur.** Ennius Den sicheren Freund erkennt man in einer unsicheren Lage.

cernulāre ⟨ō, -, - 1.⟩ ||cernuus|| Sen. kopfüber

Ceres – Göttin des Ackerbaus

zu Fall bringen

cernuus ⟨a, um⟩ ADJ ||cerebrum|| (unkl.) kopfüber stürzend, sich überschlagend

cērōma ⟨cērōmatis⟩ N (nachkl.) poet
1. Wachssalbe der Ringer
2. meton Ringplatz; das Ringen

cērōmaticus ⟨a, um⟩ ADJ Iuv. mit Wachssalbe bestrichen

cerrītus ⟨a, um⟩ ADJ verrückt

certāmen ⟨certāminis⟩ N ||certare||
1. Kampf, alicuius rei/de re um etw; Schlacht; ~ pugnae/proelii Kampf in der Schlacht; **res adducta est in certamen** es kam zum Kampf
2. Wettkampf, Wettstreit, **gladiatorum** der Gladiatoren; **certamen ponere** einen Wettkampf ansetzen
3. fig Wetteifer, alicuius rei/de re um etw; meton Kampfpreis
4. fig Streit, Streitigkeit
5. **locus certaminis** (mlat.) Richtplatz

certāre ⟨ō, āvī, ātum 1.⟩ ||certus||
1. kämpfen, streiten, **acie** in der Schlacht, **cum hoste** mit dem Feind, **pro patria** für das Vaterland
2. fig etw bestreiten, für etw aufwenden; ~ **cum usuris fructibus praediorum** die Zinsen durch die Erträge der Ländereien zu bestreiten suchen
3. mit Worten streiten; vor Gericht streiten
4. wetteifern, **de virtute inter se** untereinander in der Tugend

certātim ADV ||certare|| um die Wette

certātiō ⟨certātiōnis⟩ F ||certare||
1. Wettkampf, Wettstreit
2. fig Wetteifer; ~ **honesta inter amicos** ehrenhafter Wettstreit unter Freunden
3. fig Streit; **virtuti cum voluptate** ~ **est** die Tugend liegt mit der Lust im Kampf
4. gerichtliche Verhandlung, alicuius rei über etw; ~ **multae** Verhandlung über eine Geldstrafe

certē ADV ||certus||
1. mit Sicherheit, sicherlich; in Antworten sicher, ja; **fecissem** ~, **si potuissem** ich hätte es sicher getan, wenn ich gekonnt hätte; **suntne haec vera?** ~ ist das wahr? aber sicher
2. einschränkend doch sicherlich; **si non ..., at** ~ wenn nicht ..., so doch wenigstens

certō ADV ||certus|| mit Gewissheit; ~ **scio** ich weiß genau, ich weiß sicher

certus ⟨a, um⟩ ADJ, ADV → **certē** u. → **certō**

1. beschlossen
2. entschlossen
3. festgesetzt, bestimmt
4. gesichert, sicher
5. sicher, echt

1. von Sachen beschlossen; **consilium certum** fester Plan; **certum est mihi** es ist mein fester Entschluss, es ist mein fester Wille, +inf
2. von Personen entschlossen; ~ **mori** entschlossen zu sterben; ~ **eundi** entschlossen wegzugehen
3. festgesetzt, bestimmt; **dies** ~ festgesetzter Tag, Termin; **naves certae** festgesetzte Zahl von Schiffen; **certi obsides** bestimmte Zahl von Geiseln
4. fig von Sachen gesichert, sicher; von Personen zuverlässig; **spes certa** sichere Hoffnung; **vectigalia certa** feste Einnahmen; **homo** ~ zuverlässiger Mensch; **certis auctoribus comperisse aliquid** von sicheren Gewährsleuten etw erfahren haben
5. sicher, wahr; **certo patre natus** von legitimer Abstammung; **amicus** ~ echter Freund, wahrer Freund; **aliquem certiorem facere** j-n benachrichtigen, +AcI; **certum scire** Sicheres wissen; **pro certo habere** für sicher halten; **ad certum redigere** zur Gewissheit bringen
❗ **Mors certa, hora incerta** Der Tod ist sicher, nur die Stunde ist unsicher.

cērula ⟨ae⟩ F ||cera|| Stückchen Wachs(farbe); ~ **miniata** Rotstift zum Anstreichen von Fehlern; meton Kritik

cērussa ⟨ae⟩ F (vkl., nachkl.) Bleiweiß; Schminke

cērussātus ⟨a, um⟩ ADJ ||cerussa|| Mart. mit Bleiweiß geschminkt

cerva ⟨ae⟩ F ||cervus|| (vkl., nachkl.) Hirschkuh; poet Hirsch

cervēs(i)a ⟨ae⟩ F = **cerevisia**

cervīcal ⟨cervīcālis⟩ N ||cervix|| (nachkl.) Kopfkissen

cervīcula ⟨ae⟩ F ||cervix|| (kleiner) Nacken

cervīnus ⟨a, um⟩ ADJ ||cervus|| Hirsch...; **pellis cervina** Hirschhaut

cervīs(i)a ⟨ae⟩ F = **cerevisia**

cervīx ⟨cervīcis⟩ F, meist PL
1. von Mensch u. Tier Nacken, Hals; fig Mut, Kraft; pej Dreistigkeit; **alicui cervices frangere** j-m das Kreuz brechen, j-n hinrichten; **dare bracchia cervici** umarmen; **aliquid imponere in cervicibus alicuius** etw auf j-s Schultern legen; **esse in cervicibus alicuius** j-m im Nacken sitzen, j-m drohen; **depellere a cervicibus alicuius/suis** j-m/sich vom Hals schaffen; **tantis cervicibus esse** so kühnen Mut besitzen
2. (nachkl.) poet Hals von leblosen Gegenständen; ~ **amphorae** Hals einer Amphore

cervus ⟨ī⟩ M
❶ Hirsch
❷ MIL Gabel, gabelförmiger Spitzpfahl; *pl* spanische Reiter, *ein Folterinstrument*
cēryx ⟨cērȳcis⟩ M *Sen.* Herold
cessāre ⟨ō, āvī, ātum 1.⟩ ‖cedere‖

A VI
❶ zögern, zurückbleiben; JUR säumig sein
❷ in *etw* nachlassen, mit *etw* aufhören, *in re|in aliquid|a re*; **~ in studio** im Eifer nachlassen; **~ in vota** mit Gelübden zögern
❸ *absolut* untätig sein, rasten, *auch von Leblosem*; **ager cessat** das Feld liegt brach
B VT *poet* versäumen, vernachlässigen; **tempus ~** Zeit untätig verbringen
cessātiō ⟨cessātiōnis⟩ F ‖cessare‖
❶ (*unkl.*) Zögern, Saumseligkeit
❷ Muße, Untätigkeit, Müßiggang
cessātor ⟨cessātōris⟩ M ‖cessare‖ Zauderer, Müßiggänger
cessī → cedere
cessim ADV ‖cessus, cedere‖ (*vkl., nachkl.*) rückwärts, zurück
cessiō ⟨cessiōnis⟩ F ‖cedere‖ Abtretung, Übergabe eines Besitzes *aufgrund gerichtlicher Entscheidung*
cessum PPP → cedere
Cestius ⟨a, um⟩ *Name einer pleb. gens*; **C. ~ Epulo** Volkstribun, *gest. 12 v. Chr., noch erhaltene Grabpyramide an der Porta Ostiensis, heute San Paolo fuori le mura in Rom*
cestrosphendonē ⟨cestrosphendonēs⟩ F *Liv.* Wurfmaschine *für Steine u. Pfeile*
cestus ⟨ī⟩ M (*vkl.*) Gürtel; *bes Mart.* Gürtel der Venus, *der Liebe wecken soll*
cētārium ⟨ī⟩ N ‖cetarius‖ Thunfischbucht, Thunfischbecken
cētārius
A ⟨a, um⟩ ADJ ‖cetus‖ Thunfisch…, Seefisch…
B ⟨ī⟩ M Seefischhändler
cētē N indekl PL → cetus
cētera ADV ‖ceterus‖ in den übrigen Stücken
cēterum ADV ‖ceterus‖
❶ übrigens, außerdem
❷ aber, doch; = **sed, verum**
❸ (*Ter., spätl.*) andernfalls, sonst
cēterus ⟨a, um⟩ ADJ übriger, der anderer, *nur attributiv bei kollektiven u. abstr. Begriffen, meist pl*; **classis cetera** die übrige Flotte: **vita cetera** das übrige Leben; **praeter ceteros** vor den anderen, mehr als die anderen; **ad cetera** *adv* im Übrigen, sonst; **de cetero** *adv* was das Übrige anbelangt, übrigens; **in cēterum** *adv* für die Folgezeit
Cethēgus ⟨ī⟩ M *Beiname der gens Cornelia*; → Cornelius

❶ **M. Cornelius ~** *Konsul 204 v. Chr., begabter Redner*
❷ **C. Cornelius ~** *als Anhänger Catilinas hingerichtet*
cētra ⟨ae⟩ F = **caetra**
cētrātus ⟨a, um⟩ ADJ = **caetratus**
cette → cedo
cētus ⟨ī⟩ M
❶ Thunfisch, Wal, Hai
❷ Wal, *Sternbild am s. Himmel*
ceu
A *Vergleichspartikel* so wie, ganz wie
B *Konj.* als ob, wie wenn
Cēus
A ⟨a, um⟩ ADJ aus Cea, von Cea
B ⟨ī⟩ M Einwohner von Cea
Ceutrones ⟨Ceutronum⟩ M *kelt. Stamm*
❶ in den Südwestalpen, *s. Nachbarn der Allobroger*
❷ im belg. Gallien, *im Raum von Brügge u. Kortrijk in Westflandern*
Cevenna ⟨ae⟩ M = **Cebenna**
cēvēre ⟨cēveō, cēvī, - 2.⟩ *poet* mit dem Hintern wackeln; schmeicheln
Chaerōnēa ⟨ae⟩ F *Stadt in Böotien, bekannt durch den Sieg Philipps von Makedonien über die Athener 338 v. Chr.; Geburtsort des Plutarch, heute das Dorf Kapraena*
chalāre ⟨ō, āvī, ātum 1.⟩ = **calare**
chalcaspides ⟨chalcaspidum⟩ M *Liv.* mit Erzschilden bewaffnete Truppen *der Makedonier*
chalcea ⟨ōrum⟩ N ‖chalceus‖ *Mart.* eiserne Waffen
Chalcēdōn ⟨Chalcēdōnis⟩ F = **Calchedon**
chalceus ⟨a, um⟩ ADJ eisern
Chalcidēnsis
A ⟨Chalcidēnse⟩ ADJ aus Chalcis, von Chalcis
B ⟨Chalcidēnsis⟩ M Einwohner von Chalcis
Chalcidicum ⟨ī⟩ N ‖Chalcidicus‖ Heiligtum der Minerva von Chalcis, *an die curia Iulia in Rom angrenzend*
Chalcidicus ⟨a, um⟩ ADJ aus Chalcis, von Chalcis
Chalcis ⟨Chalcidis⟩ F *Hauptstadt von Euböa, heute Chalkis*
Chaldaea ⟨ae⟩ F *sw. Teil von Babylonien*
Chaldaeī ⟨ōrum⟩ M die Chaldäer, *bekannt durch astrologische Kenntnisse*
Chaldaeus ⟨a, um⟩ ADJ chaldäisch; (*mlat.*) betrügerisch
chalybēius ⟨a, um⟩ ADJ *Ov.* stählern, stahl…
Chalybes ⟨Chalybum⟩ M *Volk am skythischen Ufer des Schwarzen Meeres, bekannt als Erfinder u. Handwerker der Stahlverarbeitung*
chalybs ⟨chalybis⟩ M Stahl; *meton* Schwert
channē ⟨channēs⟩ F (*nachkl.*) *poet* ein Seefisch
Chāones ⟨Chāonum⟩ M *Stamm in Chaonia*
Chāonia ⟨ae⟩ F *Landschaft im NW von Epirus, heute im albanischen Staatsgebiet*
Chāonis ⟨Chāonidis⟩ ADJ F, **Chāonius** ⟨a,

um⟩ ADJ chaonisch, *auch zu Dodona gehörig;* **ales Chaonis** *Taube, aus deren Flug man in Dodona weissagte*

chaos *nur akk* ⟨chaos, *abl* chaō⟩ N der unermessliche und ungeordnete leere Raum *vor der Weltschöpfung; meton* Finsternis, gestaltlose Urmasse

chara ⟨ae⟩ F essbare Knollenfrucht mit bitterem Geschmack

charactēr ⟨charactēris⟩ M
1 Eigenheit *in Wesen, Stil u. Gepräge*
2 *(mlat.)* Buchstabe, Zeichen

charisma ⟨charismatis⟩ N *(eccl.)* Gnadengabe, Geschenk

charistia ⟨ōrum⟩ N = **caristia**

Charites ⟨Charitum⟩ F *Ov.* die drei Grazien

charmidāre ⟨ō, āvī, ātum 1.⟩ ||Charmides|| *Plaut. hum* zum Charmides machen

charmidārī ⟨or, ātus sum 1.⟩ ||Charmides|| zum Charmides werden

Charmidēs ⟨Charmidāī *u.* Charmidī⟩ M Figur im „Trinummus" von Plautus

Charōn ⟨Charōntis⟩ M Fährmann in der Unterwelt

▶ **Charon**

Der mythische Fährmann **Charon** setzte die Seelen der Verstorbenen über den **Acheron**, den Fluss der Unterwelt. Als Lohn für seinen Dienst erhielt er einen Obolus. Daher kam der Brauch, den Toten vor der Bestattung ein Geldstück in den Mund zu legen, damit sie den Fährmann bezahlen konnten. Die Figur des Charon ist sehr alt, sie erscheint mit verschiedenen Zügen in der griechischen, etruskischen und römischen Mythologie. **Vergil** lässt Charon in seiner **Aeneis** auftreten und beschreibt ihn als hässlichen und schauderhaften alten Mann.

MYTHOLOGIE ◀

charta ⟨ae⟩ F
1 *(nachkl.)* Papyrusstaude
2 *(nachkl.)* Papyrusblatt, *woraus das Schreibmaterial Papier gemacht wurde; meton* Schrift, Schriftwerk, Buch, *meist pl*
3 *Suet.* dünne Platte; ~ **plumbea** dünne Bleiplatte
▶ deutsch: **Karte**

chartula ⟨ae⟩ F ||charta|| Blättchen, Briefchen

Charybdis ⟨Charybdis, *akk* Charybdim *u.* Charybdin, *abl* Charybdis⟩ F gefährlicher Strudel *gegenüber der Skylla in der Straße von Messina*

chasma ⟨chasmatis⟩ N *(nachkl.)* Erdriss, Kluft

Chattī ⟨ōrum⟩ M die Chatten, *germ. Volk zwischen der Fulda u. der Eder*

Chattus ⟨a, um⟩ ADJ chattisch, zu den Chatten gehörig

Chaucī ⟨ōrum⟩ M *germ. Stamm an der unteren Ems u. Elbe*

chēlae ⟨ārum⟩ F ASTRON Scheren des Skorpions; Sternbild der Waage

chelydrus ⟨ī⟩ M *(nachkl.) poet* Schildkrötenschlange, *bis zu einem Meter lang, übel riechend u. giftig*

chelys ⟨chelyos, *akk* chelyn, *vok* chely, *abl* chelye⟩ F *poet* Schildkröte; *meton* Lyra, *da diese urspr. aus einer Schildkrötenschale gefertigt wurde*

cheragra ⟨ae⟩ F *(nachkl.) poet* Handgicht

Cherronēsus, Chersonēsus ⟨ī⟩ F
1 ~ **Thracia** Halbinsel von Gallipoli, *am Westufer der Dardanellen*
2 ~ **Taurica** die heutige Halbinsel Krim

chersos ⟨ī⟩ F *Mart.* Landschildkröte

Cheruscī ⟨ōrum⟩ M die Cherusker, *germ. Volk an der mittleren Weser*

cheuma ⟨cheumatis, *abl pl* cheumatīs⟩ N *Plaut.* Guss, Ausguss

Chia ⟨ae⟩ F *Mart.* Mädchen von Chios; Feige von Chios

chīliarchēs ⟨chīliarchae⟩ M *(nachkl.)* Anführer von 1000 Mann, Oberst

chīliarchus ⟨ī⟩ M
1 = **chiliarches**
2 *Nep.* Staatskanzler *bei den Persern*

Chimaera ⟨ae⟩ F MYTH Wesen, vorne Löwe, in der Mitte Ziege, hinten Schlange *od mit drei Köpfen (Löwe, Ziege, Schlange), von Bellerophon getötet*

chimaeri-fer ⟨chimaerifera, chimaeriferum⟩ ADJ ||Chimaera, ferre|| die Chimaera hervorbringend; **Lycia chimaerifera** *Ov.* Lykien, das die Chimaera hervorbrachte

Chios ⟨ī⟩ F Insel vor der ionischen Küste, auf Höhe von Smyrna

chīragra ⟨ae⟩ F = **cheragra**

chīramaxium ⟨ī⟩ N Handwagen

Chīrō ⟨Chīrōnis⟩ M = **Chiron**

chīrographum ⟨ī⟩ N, **chīrographus** ⟨ī⟩ M
1 eigene Handschrift, eigenhändiges Schriftstück
2 eigenhändige Schuldverschreibung, Schuldschein

Chīrōn ⟨Chīrōnis⟩ M heilkundiger Kentaur, Erzieher des Achill u. anderer Heroen

chīronomia ⟨ae⟩ F *Quint.* Pantomimik

chīronomōn ⟨chīronomūntis⟩ M *luv.* Pantomime

chīrūrgia ⟨ae⟩ F Chirurgie; gewaltsames Verfahren

chīrūrgicus ⟨a, um⟩ ADJ *(nachkl.)* chirurgisch

chīrūrgus ⟨ī⟩ M *(nachkl.)* Chirurg

Chium ⟨ī⟩ N̄ Wein von Chios
Chius
  A ⟨a, um⟩ ADJ aus Chios, von Chios
  B ⟨ī⟩
    1 F̄ = **Chios**
    2 M̄ Einwohner von Chios
chlamydātus ⟨a, um⟩ ADJ ‖chlamys‖ mit einer Chlamys bekleidet
chlamys ⟨chlamydis⟩ F̄ weiter Wollmantel, *meist für Männer, aber auch für Frauen u. Kinder*
Chlōris ⟨Chlōridis⟩ F̄
  1 Göttin der Blumen; = **Flora**
  2 MYTH Tochter der Niobe, wurde als einziges der Kinder Niobes von Artemis verschont
cholera ⟨ae⟩ F̄
  1 Galle
  2 Gallenbrechruhr, Cholera
  3 *(mlat.)* galliges Temperament, Zornesausbruch
cholericus ⟨a, um⟩ ADJ ‖cholera‖ an der Gallenbrechruhr erkrankt
chōliambus ⟨ī⟩ M̄ METR „Hinkiambus"
chorāgium ⟨ī⟩ N̄ *(vkl., nachkl.)* Theaterrequisiten, Theaterkostüme
chorāgus ⟨ī⟩ M̄ Theaterausstatter; Ausstatter von Gastmählern
choraula, choraulēs ⟨choraulae⟩ M̄ *(nachkl.) poet* Flötenspieler, *bes zur Begleitung des Chortanzes*
chorda ⟨ae⟩ F̄ Darm, Darmsaite; *Plaut.* Strick
chorēa ⟨ae⟩ F̄ Chortanz, Reigen *mit Gesang, meist pl*
chorēus ⟨ī⟩ M̄ Choreus = Trochäus
choriambus ⟨ī⟩ M̄ METR Choriambus, *ionisches Metrum*
chorīus ⟨ī⟩ M̄ = **choreus**
chorocitharistēs ⟨chorocitharistae⟩ M̄ *Suet.* Zitherspieler beim Chortanz
chōrs ⟨chōrtis⟩ F̄ = **cohors**
chorus[1] ⟨ī⟩ M̄
  1 *poet* Chortanz, Reigen, *meist pl*
  2 Chor = tanzende und singende Schar, *bes in der Tragödie*
  3 Sternenreigen, *die sich nach einer festen Ordnung bewegenden Sterne*
  4 *(eccl.)* Klerus; Chorraum *einer Kirche*
chōrus[2] ⟨ī⟩ M̄ = **caurus**
Chremēs ⟨Chremētis⟩ M̄ alter Geizhals in der attischen Komödie u. in Komödien des Terenz
chrīa ⟨ae⟩ F̄ *(nachkl.)* RHET Gemeinplatz; Sentenz (und ihre Auslegung)
chrīsma ⟨chrīsmatis⟩ N̄ *(eccl.)* Salbung; Salböl
Chrīstiānus
  A ⟨a, um⟩ ADJ ‖Christus‖ christlich
  B ⟨ī⟩ M̄ Christ
Chrīstus ⟨ī⟩ M̄ *(nachkl.)* „der Gesalbte", Messias, Christus
chronica
  A ⟨ōrum⟩ N̄ ‖chronicus‖ Geschichtsbücher nach ihrer zeitlichen Reihenfolge, Chronik
  B ⟨ae⟩ F̄ *(mlat.)* Chronik
chronicus ⟨a, um⟩ ADJ *(nachkl., spätl.)*
  1 Zeit...
  2 MED chronisch, bleibend
chronographia ⟨ae⟩ F̄ *(spätl.)* Geschichtsschreibung nach der zeitlichen Abfolge
Chrȳsa ⟨ae⟩ F̄ = **Chryse**
chrȳsanthes ⟨chrȳsanthis⟩ N̄ *Verg.* Chrysantheme
Chrȳsē ⟨Chrȳsēs⟩ F̄ Stadt an der Westküste von Mysien mit Apollotempel
chrȳsea ⟨ōrum⟩ N̄ ‖chryseus‖ goldene Gefäße, goldene Waffen
Chrȳsēis ⟨Chrȳsēidis⟩ F̄ Tochter des Chryses, wurde von Agamemnon gefangen genommen u. erst zurückgegeben, als Apollo den Griechen eine Pest schickte
chrȳsendeta ⟨ōrum⟩ N̄ ‖chrysendetos‖ Gefäße mit Goldeinlagen
chrȳsendetos ⟨a, um⟩ ADJ mit Gold eingelegt
Chrȳsēs ⟨Chrȳsae⟩ M̄ Apollopriester in Chryse
chrȳseus ⟨a, um⟩ ADJ golden
chrȳsia ⟨ōrum⟩ N̄ = **chrysea**
Chrȳsippēus ⟨a, um⟩ ADJ des Chrysippus
Chrȳsippus ⟨ī⟩ M̄ stoischer Philos. aus Soli od Tarsos in Kilikien, geb. um 282 v. Chr., Schüler des Zenon u. Kleanthes
chrȳsocolla ⟨ae⟩ F̄ Chrysokoll, Kupfergrün, *kupferhaltiger Malachit, Halbedelstein*
chrȳsolithos, chrȳsolithus ⟨ī⟩ M̄ u. F̄ *Ov.* Chrysolith, Goldtopas, *Halbedelstein*
chrȳsophrȳs akk ⟨chrȳsophrȳn⟩ M̄ *(nachkl.) Fisch mit goldenem Fleck über den Augen*
chrȳsos ⟨ī⟩ M̄ *Plaut.* Gold
Cīa ⟨ae⟩ F̄ = **Cea**
cibāre ⟨ō, āvī, ātum 1.⟩ ‖cibus‖
  1 *(nachkl.)* Tiere füttern; *passiv* fressen
  2 *(eccl.)* zu essen geben, *aliquem* j-m; *passiv* essen
cibāria ⟨ōrum⟩ N̄ ‖cibarius‖ Nahrungsmittel für Mensch u. Tier, Proviant, Futter
cibārius ⟨a, um⟩ ADJ ‖cibus‖ zum Essen dienend, *meton* gewöhnlich; **panis ~** Brot aus Gerstenmehl
cibātus ⟨cibātūs⟩ M̄ ‖cibare‖ *Plaut.* Nahrung
cibōrium ⟨ī⟩ N̄ ‖cibus‖
  1 Fruchtgehäuse *der ägyptischen Bohne, die als Trinkgefäß diente; Hor.* metallenes Trinkgefäß
  2 *(eccl.)* Kelch *für Hostien*; Baldachin über dem Altar
cibus ⟨ī⟩ M̄
  1 Speise, Nahrung *für Mensch u. Tier*; **hospes non multi cibi** Gast mit schwachem Appetit

2 Lockspeise, Köder
3 Nährstoff *für Körper u. Pflanzen*
4 *fig geistige* Nahrung; **~ humanitatis** Nährstoff für die Menschlichkeit
cicāda ⟨ae⟩ F̄ *(nachkl.) poet* Grille, Zikade
cicarō ⟨cicarōnis⟩ M̄ *Petr.* Junge, Knabe
cicātrīcōsa ⟨ōrum⟩ N̄ ||cicatricosus|| LIT Flickwerk
cicātrīcōsus ⟨a, um⟩ ADJ ||cicatrix|| *(vkl., nachkl.)* voller Narben, narbig
cicātrīx ⟨cicātrīcis⟩ F̄ Narbe, Schramme; **rei publicae** des Staates; **cicatricem refricare/ rumpere** eine Narbe wieder aufreißen
ciccum ⟨ī⟩ N̄ *(nachkl.)* Kerngehäuse *des Granatapfels;* **non ciccum** *fig* keinen Deut, kein bisschen
cicendula ⟨ae⟩ F̄ = **cicindela**
cicer ⟨ciceris⟩ N̄ *(unkl.)* Kichererbse
Cicerō ⟨Cicerōnis⟩ M̄ *Beiname in der gens Tullia;* → **Tullius**; *berühmtester Vertreter* **M. Tullius ~,** *106–43 v. Chr., berühmter Redner u. Staatsmann, 63 v. Chr. Konsul, bedeutender Schriftsteller u. als solcher ebenso bedeutend für die lat. Sprache wie für die Übernahme der griech. Philosophie in Rom*
cichorēum, cichorium ⟨ī⟩ N̄ Endivie
cīcilendrum, cīcimandrum ⟨ī⟩ N̄ *Plaut. erfundene Gewürznamen*
cicindēla ⟨ae⟩ F̄ Glühwürmchen
Cicirrus ⟨ī⟩ M̄ *Hor.* Spottname *für einen gewissen Messius in Nachahmung des Hahnenschreis, etwa* Schreihals, Kampfhahn
Cicones ⟨Ciconum⟩ M̄ *thrakisches Volk zwischen den Flüssen Nestos u. Hebros*
cicōnia ⟨ae⟩ F̄ *(unkl.)* Storch
cicur ⟨cicuris⟩ ADJ zahm
cicūta ⟨ae⟩ F̄ *(nachkl.) poet* Schierling, Doldengewächs; *meton* Schierlingssaft, *tödlich wirkendes Gift;* *meton aus dem Stängel der Schierlingspflanze gefertigte* Hirtenflöte, Schalmei
cidaris ⟨cidaris⟩ F̄ *(nachkl.)* Tiara, *spitz zulaufender Turban der persischen Könige*
ciēre ⟨cieō, cīvī, citum 2.⟩
1 in Bewegung setzen, erregen; **natura omnia motibus suis ciet** die Natur hält durch ihre Bewegungen alles in Gang; **~ aequora** das Meer aufwühlen; **~ ingentem molem irarum** ungeheuren Zorn erregen; **herctum ~** JUR die Teilung des Erbes veranlassen; **hercto non cito** bei ungeteiltem Erbe, in Erbengemeinschaft
2 *(nachkl.) poet* herbeirufen, zu Hilfe rufen
3 *(nachkl.) poet* Namen rufen, nennen
4 JUR angeben, nennen können; **patrem consulem ~** einen Konsul als Vater aufweisen können
5 *(nachkl.) poet* ertönen lassen; **mugitūs ~** Gebrüll erheben
6 *(nachkl.) poet* hervorrufen, hervorbringen; **bellum ~** einen Krieg beginnen; **belli simulacra ~** einen Scheinkampf beginnen; **lacrimas ~** Tränen vergießen
Cierium ⟨ī⟩ N̄ *Stadt in Thessalien, Ruinen beim heutigen Karditsa*
Cilicia ⟨ae⟩ F̄ Kilikien, *Landschaft im SO von Kleinasien*
Ciliciēnsis ⟨Ciliciēnse⟩ ADJ kilikisch
cilicium ⟨ī⟩ N̄ Haarteppich, Haardecke aus Ziegenhaaren
Cilicius ⟨a, um⟩ ADJ kilikisch
Cilissa ⟨ae⟩ F̄ Einwohnerin von Kilikien
Cilix ⟨Cilicis⟩ M̄ Einwohner von Kilikien
Cilnius ⟨a, um⟩ *Name einer mächtigen etrusk. gens aus Arretium, aus der Maecenas, der Gönner des Dichters Horaz, stammte*
Cimber
A ⟨Cimbrī⟩ M̄, *meist* PL **Cimbrī** ⟨ōrum⟩ M̄ Kimbern, *germ. Volk an der Unterelbe, brach zusammen mit den Teutonen nach S auf, Schlachten bei Noreia 113 v. Chr., bei Aurasio 105 v. Chr., schließlich 101 v. Chr. bei Vercellae von Marius besiegt.*
B ⟨Cimbrī⟩, **Cimbricus** ⟨a, um⟩ ADJ kimbrisch; *auch Beiname des Caesarmörders L. Tillius*
cīmex ⟨cīmicis⟩ M̄ *(unkl.)* Wanze; *fig* bissige Wanze, *Schimpfwort*
Ciminius (*erg.* **mons/saltus**) M̄ *Gebirgszug in Südetrurien*
Ciminius lacus M̄ *See am Südfuß des Ciminius mons, heute Lago di Vico, s. von Viterbo*
Ciminus ⟨ī⟩ M̄ *Gebirgszug in Südetrurien*
cīmītērium ⟨ī⟩ N̄ = **coemeterium**
Cimmeriī ⟨ōrum *u.* Cimmerium *u.* Cimmerōn⟩ M̄
1 MYTH *Volk, urspr. im äußersten W am Ozean, später bei Baiae u. Cumae lokalisiert, wo der Eingang zur Unterwelt angenommen wurde*
2 *thrakischer Stamm in Südrussland an den Ufern des Dnjepr u. auf der Krim*
Cimmerius ⟨a, um⟩ ADJ kimmerisch; *poet* finster
Cimō ⟨Cimōnis⟩ M̄ = **Cimon**
Cimōlus ⟨ī⟩ F̄ *kykladische Insel nördlich von Melos, heute Kimolos*
Cimōn ⟨Cimōnis⟩ M̄ *509–449 v. Chr., Sohn des Miltiades, athenischer Staatsmann*
cinaedicus ⟨a, um⟩ ADJ ||cinaedus|| *(vkl.)* wollüstig, schamlos
cinaedus
A ⟨ī⟩ M̄ Wüstling, Tänzer anstößiger Tänze
B ⟨a, um⟩ ADJ schamlos, verhurt
cincinnātus ⟨a, um⟩ ADJ ||cincinnus|| gelockt
Cincinnātus ⟨ī⟩ M̄ *Beiname des Konsuls von 460 v. Chr. u. Diktators L. Quinctius Cincinnatus, Repräsentant*

des sittenstrengen u. einfachen Römertums
cincinnus ⟨ī⟩ M
① (künstliche) Haarlocke, gekräuseltes Haar
② *fig* Schnörkelei, Künstelei im Ausdruck
Cinciolus ⟨ī⟩ M ||Cincius|| der liebe, kleine Cincius
Cincius ⟨a, um⟩ Name einer röm. gens
① **L. ~ Alimentus**, Prätor 210 v. Chr., Verfasser von Annalen in griech. Sprache z. Zt. des zweiten Punischen Krieges
② **M. ~ Alimentus**, Volkstribun 204 v. Chr.; Urheber der *lex Cincia de donis et muneribus* Gesetz, wonach kein Anwalt für die Führung eines Prozesses Geschenke annehmen darf
cincticulus ⟨ī⟩ M ||cinctus|| kleiner Gurt
cinctūra ⟨ae⟩ F ||cingere|| (*nachkl.*) Gürtung der toga
cinctus¹ ⟨a, um⟩ PPP → cingere
cinctus² ⟨cinctūs⟩ M ||cingere|| (*unkl.*)
① Art des Gürtens der Toga; **~ Gabinus** Gürtung der Toga nach Art von Gabii, *was von ritueller Bedeutung war*
② Gurt, Schurz
cinctūtus ⟨a, um⟩ ADJ ||cinctus|| *poet* nur mit einem Schurz bekleidet *statt mit der Toga*; altrömisch
Cīneās ⟨Cīneae⟩ M Freund des Königs Pyrrhus von Epirus, Epikureer, Redner, Schriftsteller
cine-factus ⟨a, um⟩ ADJ ||cinis, facere|| *Lucr.* zu Asche geworden
cinerārius ⟨ī⟩ M ||cinis|| (*unkl.*) Sklave, der die Frisiereisen in glühender Asche erhitzt; *meton* Friseur
cingere ⟨cingō, cinxī, cinctum 3.⟩
① gürten, umgürten; **latus ense ~** die Seite mit dem Schwert gürten; **se telis ~** sich rüsten; *passiv* sich (um)gürten; **se ferrum ~** sich das Schwert umgürten
② aufschürzen, **vestes** das Kleid; **puer alte cinctus** hochgeschürzter Knabe
③ umwinden, umkränzen; **comas vittā** das Haar mit einer Binde
④ *fig* umgeben, umringen; **palus collem cingebat** ein Sumpfgelände umgab den Hügel; **urbem moenibus ~** mit Mauern umgebene Stadt; **reginam flammis ~** die Königin in Liebesglut versetzen
⑤ *fig* begleiten; **~ alicui latus** an j-s Seite sich anschließen, j-n begleiten
⑥ MIL feindlich umgeben, decken; *feindlich* umzingeln, *auch fig*; **Sicilia periculis cincta** Sizilien, rings von Gefahren bedroht
Cingetorīx ⟨Cingetorīgis⟩ M
① Fürst der Treverer
② Fürst in Britannien
cingillum ⟨ī⟩ N ||cingulum|| (*vkl., nachkl.*) Frauengürtel
cingula ⟨ae⟩ F, **cingulum** ⟨ī⟩ N ||cingere|| *poet* Gürtel, *bes von Frauen*; *poet* Wehrgehenk, Bauchgurt *für Pferde*; **cingulum militare** (*mlat.*) Kriegsdienst
Cingulum ⟨ī⟩ N Bergfestung im Picenum, heute Cingolo, sw. von Ancona
cingulus ⟨ī⟩ M ||cingere|| Erdgürtel, Zone
cini-flō ⟨ciniflōnis⟩ M ||cinis, flare|| *Hor.* Friseur
cinis ⟨cineris⟩ M
① Asche; *auch als* Scheuermittel; **in cinerem dilabi** in Asche zerfallen
② Asche der Toten; **absolvar ~** ich werde freigesprochen werden, wenn ich tot bin
③ *meist pl* Brandstätte, Trümmer
④ *fig* Vernichtung, Zerstörung
⑤ **dies cinerum** (*eccl.*) Aschermittwoch
Cinna ⟨ae⟩ M röm. Beiname
① **L. Cornelius ~** Parteigänger des Marius im Bürgerkrieg gegen Sulla, berüchtigt wegen seiner Grausamkeit, 84 v. Chr. von seinen Soldaten getötet
② **L. Cornelius ~** Sohn von 1., einer der Mörder Caesars
③ **C. Helvius ~** Dichter u. Freund Catulls, beim Leichenbegängnis für Caesar mit 2. verwechselt u. ermordet
cinnamon, cinnamum ⟨ī⟩ N (*nachkl.*) *poet* Zimtrinde, Zimt
Cinnānus ⟨a, um⟩ ADJ des Cinna
cinxī → cingere
Cinyrās ⟨Cinyrae, *akk* Cinyram *u.* Cinyrān⟩ M
MYTH Priesterkönig von Zypern, zeugte mit seiner Tochter Myrrha den Adonis
Cios ⟨ī⟩ F wichtige Hafenstadt am Ostufer des Marmarameeres, heute Gemlik
cippus ⟨ī⟩ M Spitzsäule *aus Holz od Stein*, Grenzstein, Grabstein
circā
Ⓐ ADV (*nachkl.*) *poet* ringsum, umher, in der Umgebung; **ii qui ~ sunt** j-s Umgebung, j-s Umgang, j-s Freunde; **~ undique** rings von allen Seiten her
Ⓑ PRÄP +*akk*, bisweilen nachgestellt
① örtl. um … her, um; bei, in der Nähe von; nahe bei; in … umher, umher zu; **ligna ~ casam conferre** Holz um das Haus herum zusammentragen; **est locus ~ murum** es gibt einen Platz nahe der Mauer; **legatos ~ vicinas gentes mittere** Gesandte zu den benachbarten Völkern ringsum schicken
② (*nachkl.*) zeitl. um, gegen, ungefähr; **~ lucis ortum** gegen Sonnenaufgang
③ *bei Zahlenangaben* um, gegen, ungefähr; **~ ducentos** ungefähr zweihundert
④ (*nachkl.*) um = in Bezug auf; **~ aliquid disputare** über etw abhandeln
Circa ⟨ae⟩ F = **Circe**

Circaeus ⟨a, um⟩ ADJ zur → Circe gehörig, *auch* zaubernd; **Circaea moenia** Mauern der Circe, = Tusculum

circā-moerium ⟨ī⟩ N Maueranger, *freier u. nicht bebaubarer Raum innerhalb u. außerhalb der Stadtmauer, Wortbildung des Livius zur Erklärung von* pomerium

Circē ⟨Circēs⟩ F Tochter des Helios, bei Homer zauberkundige Nymphe auf der Insel Aiaia; Odysseus kam auf seinen Irrfahrten auf die Insel der Circe u. zeugte mit ihr Telegonus, den angeblichen Gründer von Tusculum

Circēī ⟨ōrum⟩ M Küstenort u. Vorgebirge in Latium, nach der ebenfalls aus Kolchis nach W geflohenen Circe benannt, heute Circello

Circēiēnsis ⟨Circēiēnse⟩ ADJ aus Circei, von Circei

Circēiēnsis ⟨Circēiēnsis⟩ M Einwohner von Circei

circēnsēs ⟨circēnsium⟩ M ||circensis|| Zirkusspiele

circēnsis ⟨circēnse⟩ ADJ ||circus|| Zirkus...

circināre ⟨ō, āvī, ātum 1.⟩ ||circinus|| (*nachkl.*) *poet* kreisförmig machen, rund biegen; *fig* im Kreis durchfliegen

circinus ⟨ī⟩ M Zirkel *als Instrument*

circitāre ⟨ō, āvī, ātum 1.⟩ *Sen.* durchwandern

circiter

A ADV ||circum||
■ (*nachkl.*) *örtl.* ringsumher
■ *zeitl.* ungefähr
■ *bei Zahlenangaben* ungefähr

B PRÄP +*akk*
■ *Plaut. örtl.* nahe bei
■ *zeitl.* um, ungefähr

circius ⟨ī⟩ M scharfer Nordwestwind

circlus ⟨ī⟩ M = **circulus**

circu-īre ⟨eō, iī, ītum 0.⟩ = **circumire**

circuitiō ⟨circuitiōnis⟩ F ||circuire||
■ *Liv.* MIL Kontrollgang, Runde
■ *fig* Umweg; *bes in der Rede* indirektes Vorgehen; ~ **atque anfractus** Umweg

circuitus ⟨circuitūs⟩ M ||circuire||
■ (*nachkl.*) Umsegelung; Durchwanderung; *fig* Periode *im historischen Sinn*; ~ **Hispaniae** Umsegelung Spaniens; ~ **Siciliae** Durchwanderung Siziliens; ~ **in rebus publicis commutationum** *Cic.* periodische Umläufe der Veränderungen in den Staaten
■ Umkreisen; ~ **solis** der periodische Umlauf der Sonne, der periodische Umlauf um die Sonne
■ Umweg; *in der Rede* indirektes Verfahren; ~ **trium milium** Umweg von drei Meilen
■ Umfang, Umkreis; **in circuitu** ringsum; **in circuitu oppidi** rings um die Stadt
■ RHET Umschreibung; Periode

■ (*mlat.*) Reigentanz

circulārī ⟨or, ātus sum 1.⟩ ||circulus||
■ Gruppen bilden, in Gruppen zusammentreten
■ *Sen.* einen Zuhörerkreis um sich bilden

circulātim ADV ||circulari|| gruppenweise

circulātor ⟨circulātōris⟩ M ||circulari|| (*unkl.*) Trödler; Gaukler

circulātōrius ⟨a, um⟩ ADJ ||circulator|| *Quint.* marktschreierisch

circulātrīx ⟨circulātrīcis⟩ F ||circulator|| *poet* Marktschreierin, Gauklerin

circulus ⟨ī⟩ M ||circus||
■ Kreis, Kreislinie
■ ASTRON Kreisbahn
■ kreisförmiger Körper, Ring *einer Kette*; Reif
■ Zirkel = gesellschaftlicher Kreis
■ ~ **vitiosus** (*mlat.*) fehlerhafter Schluss, *weil die zu beweisende Sache als Voraussetzung gilt*; (*nlat.*) Teufelskreis
▶ deutsch: **Zirkel**

circum

A ADV *u.* PRÄF
■ im Kreis, ringsum, ringsumher
■ (*nachkl.*) *poet* in der Umgebung, zu beiden Seiten

B PRÄP +*akk*
■ um, um ... herum; **terra se convertit ~ axem suum** die Erde dreht sich um ihre Achse
■ bei, in der Nähe von; **commorabor ~ haec loca** ich werde mich in der Nähe dieser Örtlichkeit aufhalten; **equites ~ se habere** Reiter in seiner Begleitung haben; **instrumentum ~ se habere** Werkzeug mit sich führen
■ in ... umher, bei ... herum; **pueros dimittere ~ amicos** die Jungen zu den Freunden umher aussenden

circumāctus[1] ⟨a, um⟩ ADJ ||circumagere|| *Plaut.* gekrümmt, gebogen

circumāctus[2] ⟨circumāctūs⟩ M ||circumagere|| (*nachkl.*) Umdrehung, **rotarum** der Räder, **caeli** der Himmelsbahn

circum-āctus[3] ⟨a, um⟩ PPP → **circumagere**

circum-agere ⟨agō, ēgī, āctum 3.⟩ (*unkl.*)
■ im Kreis herumführen, herumtreiben; *passiv u.* **se** ~ sich umherbewegen, umhergehen; ablaufen, verfließen
■ umwenden, umdrehen; **signa/aciem** ~ kehrtmachen; *passiv u.* **se** ~ sich umdrehen, sich wenden; **ventus se circumagit** der Wind dreht sich
■ *fig* umstimmen; *passiv* sich verleiten lassen, sich umstimmen lassen

circum-arāre ⟨ō, āvī, ātum 1.⟩ (*nachkl.*) umpflügen, **agrum** das Feld

circum-caesūra ⟨ae⟩ F *Lucr.* äußerer Umriss

eines Körpers
circum-cīdere ⟨cīdō, cīdī, cīsum 3.⟩ ‖caedere‖
① ringsum abschneiden, *rituell* beschneiden
② *fig* vermindern, einschränken; (*vkl., nachkl.*) *eine Rede* abkürzen
circum-circā ADV (*unkl.*) um und um, rings(her)um
circumcīsus[1] ⟨a, um, *adv* circumcīsē⟩ ADJ ‖circumcidere‖
① abgeschnitten, steil
② *fig* ringsum beschnitten, beschränkt; RHET, LIT gedrängt, kurz gefasst
circum-cīsus[2] ⟨a, um⟩ PPP → circumcidere
circum-clūdere ⟨clūdō, clūsī, clūsum 3.⟩ ‖claudere‖
① rings umschließen, einschließen; **cornua argento ~** Hörner in Silber fassen
② feindlich umzingeln, umstellen; **consiliis ~** *Cic. fig* mit seinen Plänen in die Enge treiben
circum-colere ⟨ō, -, - 3.⟩ (*nachkl.*) rings um *etw* wohnen, *aliquid*, **sinum** um einen Golf
circum-currere ⟨ō, -, - 3.⟩ (*nachkl.*) rings herumlaufen, *fig* umherschweifen; **ars circumcurrens** *fig* die im Umlauf befindliche Kunst
circumcursāre ⟨ō, āvī, ātum 1.⟩ ‖circumcurrere‖ ringsherum laufen, herumlaufen, *aliquem* um j-n, *bei j-m*, *aliquid* in etw, bei etw, um etw
circum-dāre ⟨dō, dedī, datum 1.⟩
① um *etw* legen, stellen, setzen, *alicui rei*; **armatos contioni ~** Bewaffnete um die Volksversammlung aufstellen; **bracchia collo ~** die Arme um den Hals legen
② *fig* beilegen, verleihen; **paci famam ~** dem Frieden Popularität geben
③ umgeben, umzingeln, *aliquem/aliquid re* j-n/etw mit etw; **portum moenibus ~** den Hafen mit Mauern umgeben
④ *feindlich* umstellen, einschließen
⑤ *fig* einengen, beschränken; **munus oratoris exiguis finibus ~** die Aufgabe des Redners in enge Grenzen zwängen
⑥ *passiv u.* **se ~** sich bekleiden, *re/rem* mit etw
circum-dūcere ⟨dūcō, dūxī, ductum 3.⟩
① (im Kreis) herumführen, herumziehen; **aratrum ~** den Pflug herumführen, *womit vor der Gründung einer Stadt deren Standort durch eine Furche gekennzeichnet wurde*
② umherführen, *von einem Punkt zum anderen, von einer Person zur anderen, aliquem aliquid* j-n an etw, j-n bei etw
③ *um ein Hindernis* herumführen; **longo ambitu ~** in einem langen Umweg vorbeiführen
④ *Plaut. fig* hinters Licht führen, täuschen, betrügen, prellen, *aliquem re* j-n um etw
⑤ ARCH im Bogen führen
⑥ GRAM dehnen, lang aussprechen; **syllabam ~** eine Silbe lang aussprechen
⑦ *Quint.* RHET, LIT ausdehnen, auswalzen, umschreiben
⑧ *Textteile* einklammern
circumductio ⟨circumductiōnis⟩ F ‖circumducere‖
① *Plaut.* Prellerei, Betrug
② *Quint.* RHET Periode
circumductum ⟨ī⟩ N ‖circumducere‖ Periode *im Satzbau*
circumductus ⟨circumductūs⟩ M ‖circumducere‖ *Quint.* Umfang
circum-equitāre ⟨ō, āvī, ātum 1.⟩ (*nachkl.*) umreiten
circum-errāre ⟨ō, āvī, ātum 1.⟩ (*nachkl.*) um *etw* herumirren, *alicui rei*
circum-ferre ⟨ferō, tulī, lātum 0.⟩
① herumtragen, herumbringen
② mit sich führen, bei sich führen
③ REL reinigen, entsühnen, *aliquem re* j-n mit etw
④ *ein Glied des Körpers* umherbewegen; **oculos ~** die Augen umherschweifen lassen
⑤ herumreichen, **poculum** den Becher; *passiv* herumgehen; **lyra circumfertur in conviviis** die Leier geht in der Tischgesellschaft herum
⑥ ringsum verbreiten, ringsum verteilen; **arma ad singulas urbes ~** Waffen auf die einzelnen Städte verteilen
⑦ *Gerüchte, Nachrichten* verbreiten, bekannt machen, *aliquid* etw, +AcI
circum-flāre ⟨ō, -, - 1.⟩ rings umwehen, rings umstürmen, (*klass.*) *nur fig*; **circumflari ab omnibus ventis invidiae** *Cic.* von allen Stürmen der Missgunst umweht werden
circum-flectere ⟨flectō, flexī, flexum 3.⟩
① *poet* umbiegen, umlenken; **longos cursūs ~** in weitem Bogen umfahren
② *Gell.* GRAM eine Silbe lang aussprechen
circum-fluere ⟨fluō, flūxī, - 3.⟩
Ⓐ VI (*nachkl.*) rings umfließen; *von Gewändern* umwallen; *abstr.* in Fülle umgeben
Ⓑ VI *von Gefäßen u. vom Inhalt* überfließen; *in der Rede* vor Fülle überströmen; an *etw* Überfluss haben, *re*
circumfluus ⟨a, um⟩ ADJ ‖circumfluere‖ (*nachkl.*)
① umfließend; **amnis ~** umfließender Strom
② umflossen, umströmt; **insula circumflua** umströmte Insel
circum-fodere ⟨fodiō, fōdī, fossum 3.⟩ (*nachkl.*) rings umgraben
circum-forāneus ⟨a, um⟩ ADJ ‖forum‖
① auf dem Markt befindlich; **aes circumforaneum** von Wechslern auf dem Forum geborg-

tes Geld, Schulden
② auf Märkten umherziehend

circum-fremere ⟨ō, uī, - 3.⟩ (nachkl.) umlärmen

circum-fundere ⟨fundō, fūdī, fūsum 3.⟩
① (vkl., nachkl.) um *etw* herumgießen, *alicui rei*; *passiv u.* **se ~** sich um *etw* ergießen, *etw* umgeben, *alicui rei*; **circumfusus** umgebend; **hostes undique circumfusi erant** die Feinde waren von allen Seiten umringt; **molestiae circumfusae** allgegenwärtige Belästigungen; **circumfusa iuveni** an den Jüngling geschmiegt
② übergießen; *fig* umgeben; *passiv* umschlossen werden; **aer terram circumfundit** Luft umgibt die Erde; **milites praefectum circumfundebant** die Soldaten umringten den Oberst

circum-gemere ⟨ō, -, - 3.⟩ *Hor.* rings umbrummen; **ursus circumgemit ovile** der Bär umstreift den Schafstall mit Gebrumm

circum-gestāre ⟨ō, āvī, ātum 1.⟩ überall herumtragen

circum-gredī ⟨gredior, gressus sum 3.⟩ ||gradi|| (nachkl.) feindlich umgeben, umrunden

circumiacentia ⟨circumiacentium⟩ N̄ ||circumiacere|| RHET die umstehenden Worte

circum-iacēre ⟨eō, -, - 2.⟩ ringsum liegen, ringsum wohnen, *absolut od alicui rei* um *etw*; **~ Europae** um Europa herum wohnen

circum-icere ⟨iciō, iēcī, iectum 3.⟩
① um *etw* herumwerfen, herumstellen, herumlegen, *alicui rei*; **exercitum totis moenibus ~** das Heer um die ganze Mauer herum aufstellen; **anguis vectem circumiecisti** *Cic.* um den Türbalken geschlungene Schlange
② umschließen, umgeben, *re* mit *etw*; **planities saltibus circumiecta** von Wäldern umgebene Ebene

circumiectus¹ ⟨a, um⟩ ADJ umliegend; **silvae itineri circumiectae** Wälder zu beiden Seiten des Weges

circumiectus² ⟨circumiectūs⟩ M̄ ||circumicere||
① *poet* Umfassen, Umschlingen
② *meton* Umgebung

circum-īre ⟨eō, iī, itum 0.⟩
① um *etw* herumgehen, *etw* umfahren, *aliquid*; **opus navibus ~** ein Bollwerk umschiffen
② *von Leblosem* sich um *etw* herumziehen, *aliquid*; **castra circumeuntur** das Lager wird umgangen
③ einen Bogen um *etw* machen, einen Umweg um *etw* machen, *aliquid*; **elephantos ~** einen Bogen um die Elefanten machen; **insidias ~** einem Hinterhalt ausweichen
④ *fig einen Begriff* umschreiben, umgehen; **nomen alicuius ~** j-s Namen nicht nennen
⑤ *Ter., Mart.* hintergehen, täuschen
⑥ (nachkl.) poet einfassen, umschließen
⑦ MIL umzingeln, überflügeln; **hostem a tergo ~** den Feind von hinten umzingeln; **ab hostibus circumiri** von den Feinden eingeschlossen werden; **belli fluctibus circumiri** fig die Wogen des Krieges schlagen über j-m zusammen
⑧ bei *etw* umhergehen, von einem zum anderen gehen, *aliquem/aliquid*
⑨ MIL die Runde machen, den Kontrollgang machen
⑩ bereisen, besichtigen; **saucios ~** die Verwundeten der Reihe nach besuchen

circum-itiō ⟨circumitiōnis⟩ F̄ = **circuitio**

circum-itor ⟨circumitōris⟩ M̄ ||circumire|| Aufseher *in Gärten*

circum-itus ⟨circumitūs⟩ M̄ = **circuitus**

circum-lātrāre ⟨ō, -, - 1.⟩ *von Hunden u. fig von Menschen* anbellen, umbellen

circum-lātus ⟨a, um⟩ PPP → **circumferre**

circum-ligāre ⟨ō, āvī, ātum 1.⟩ (nachkl.)
① *poet* um *etw* binden, *alicui rei*
② umwickeln, umgürten, *aliquid re* etw mit etw

circum-linere ⟨liniō, -, litum, 3.⟩, **circum-linīre** ⟨iō, iī, - 4.⟩ (nachkl.)
① *poet* herumschmieren, herumkleben, *aliquid alicui rei* etw um etw
② bestreichen, überziehen, *aliquid re* etw mit etw; **mortuos cerā ~** Tote mit Wachs bestreichen

circumlitiō ⟨circumlitiōnis⟩ F̄ ||cirumlinere|| (nachkl.) Bemalung *mit Wachsfarben*

circumlocūtiō ⟨circumlocūtiōnis⟩ F̄ (nachkl.) Umschreibung

circumlūcēns ⟨circumlūcentis⟩ ADJ ||lucere|| hell strahlend, leuchtend

circum-luere ⟨ō, -, - 3.⟩ ||lavare|| (nachkl.) umspülen, umfließen

circum-lūstrāre ⟨ō, āvī, ātum 1.⟩ *Lucr.* ringsum beleuchten

circumluviō ⟨circumluviōnis⟩ F̄ ||circumluere|| Umspülung, Inselbildung *durch Umspülen eines Stücks Land*

circum-mittere ⟨mittō, mīsī, missum 3.⟩
① herumschicken, auf einem Umweg schicken
② überall umherschicken

circum-moenīre ⟨iō, īvī, ītum 4.⟩ = **circummunire**

circum-mūgīre ⟨iō, -, - 4.⟩ *Hor.* umbrüllen

circum-mūnīre ⟨iō, īvī, ītum 4.⟩ ringsum befestigen

circummūnītiō ⟨circummūnītiōnis⟩ F̄ ||circummunire|| MIL Einschließung

circum-padānus ⟨a, um⟩ ADJ ||Padus|| rings

um den Po befindlich, rings um den Po gelegen

circum-pendēre ⟨eō, -, - 2.⟩ *(nachkl.) poet* rings herumhängen

circum-plaudere ⟨ō, -, - 3.⟩ *Ov.* ringsum beklatschen, von allen Seiten mit Händeklatschen empfangen

circum-plectere ⟨plectō, -, plexum 3.⟩ *(vkl., nachkl.)*, **circum-plectī** ⟨plector, plexus sum 3.⟩ umfassen, zusammenhalten; **domini patrimonium ~** das Erbe des Herrn zusammenhalten; **collem opere ~** den Hügel durch Schanzarbeiten ringsum einschließen

circum-plicāre ⟨ō, āvī, ātum 1.⟩ umwickeln, umschlingen

circum-pōnere ⟨pōnō, posuī, positum 3.⟩ *(nachkl.) poet* rings herumsetzen, herumlegen, *aliquid alicui rei* etw um etw; **aliquos sellae suae ~** irgendwelche zu beiden Seiten seines Sessels aufstellen

circumposita ⟨ōrum⟩ N̄ *Liv.* Umgebung

circum-pōtātiō ⟨circumpōtātiōnis⟩ F̄ ||potare|| Umtrunk, Trinkgelage *bes beim Leichenschmaus*

circum-rētīre ⟨iō, īvī, ītum 4.⟩ ||rete|| umgarnen, umstricken, *aliquid re* j-n mit etw

circum-rōdere ⟨rōdō, rōsī, - 3.⟩ *(nachkl.)* ringsum benagen; (Ho.) *fig* schmähen; *(klass.)* an *etw* herumkauen = zögern *etw* zu sagen, *aliquid*

circum-saepīre ⟨saepiō, saepsī, saeptum 4.⟩ (schützend) umgeben, einzäunen, *aliquid re* etw mit etw

circum-scindere ⟨ō, -, - 3.⟩ *Liv.* die Kleider vom Leib reißen

circum-scrībere ⟨scrībō, scrīpsī, scrīptum 3.⟩

1 einen Kreis um *etw* ziehen, *etw* mit einem Kreis umschreiben, *aliquid/aliquem*

2 abgrenzen, festlegen; **sententiam mente ~** die Bedeutung geistig erfassen; **ius suum terminis ~** sein Recht klar abgrenzen; **advenis locum habitandi ~** den Ankömmlingen einen Wohnplatz abgrenzen

3 beschränken, in seine Schranken weisen; **tribunum plebis ~** den Volkstribun in die Grenzen seiner Kompetenz weisen

4 umstricken, übervorteilen

5 unterschlagen; **vectigalia ~** Einkünfte unterschlagen

6 *(nachkl.)* den wahren Sinn *eines Gesetzes od Testaments* durch buchstäbliche Auslegung verdrehen

7 JUR *durch Disputation vor Gericht* aufheben, beseitigen; **hoc omne tempus Sullanum ex accusatione ~** diese ganze sullanische Zeit aus der Anklage ziehen

circumscrīptiō ⟨circumscrīptiōnis⟩ F̄ ||circumscribere||

1 Umschreiben eines Kreises *um etw*; beschriebener Kreis

2 *fig* Begrenzung, Umfang; **~ terrae** Umfang der Erde; **~ temporis** zeitlicher Umfang

3 RHET Periode

4 *fig* Übervorteilung, Täuschung, *alicuius* j-s *od* durch jdn

circumscrīptor ⟨circumscrīptōris⟩ M̄ ||circumscribere|| Betrüger, Gauner

circumscrīptus ⟨a, um, *adv* circumscrīptē⟩ ADJ ||circumscribere||

1 RHET bündig, genau

2 *Plin.* beschränkt; *komp* enger begrenzt

circum-secāre ⟨secō, -, sectum 1.⟩

1 ringsum herausschneiden, ringsum beschneiden; **aliquid serrā ~** ein rundes Loch in etw sägen

2 *Suet.* beschneiden, *aliquem* jdn

circum-sedēre ⟨sedeō, sēdī, sessum 2.⟩

1 um *j-n/etw* herumsitzen, *aliquem/aliquid*

2 *feindlich* belagern, umzingeln

3 *fig* bestürmen, **aliquem lacrimis ~** j-n mit Tränen

circumsessiō ⟨circumsessiōnis⟩ F̄ ||circumsedere|| Belagerung, Umzingelung

circum-sīdere ⟨sīdō, sēdī, sessum 3.⟩ umstellen, umzingeln

circum-silīre ⟨siliō, siluī, - 4.⟩ ||salire|| *poet* herumhüpfen; *fig von Krankheiten* umgeben, umringen

circum-sistere ⟨sistō, stitī/stetī, - 3.⟩ sich um *j-n* herumstellen, *etw* umringen, *aliquem/aliquid*; *feindlich* bedrängen, angreifen

circum-sonāre ⟨ō, uī, - 1.⟩

A VI ringsum tönen, widerhallen

B VT umtönen, umrauschen

circumsonus ⟨a, um⟩ ADJ ||circumsonare|| *poet* rings umtönend, rings umlärmend; **turba canum circumsona** ringsum bellende Horde von Hunden

circumspectāre ⟨ō, āvī, ātum 1.⟩ ||circumspicere||

A VI *aufmerksam/vorsichtig/ängstlich/ständig* umherschauen, sich umschauen; *bei Plaut. auch* **se ~** sich umschauen

B VT sich nach *j-m/etw* umschauen, *etw* genau betrachten, *aliquem/aliquid*

circumspectātrīx ⟨circumspectātrīcis⟩ F̄ ||circumspectare|| *Plaut.* überall Herumspähende, Schnüfflerin

circumspectiō ⟨circumspectiōnis⟩ F̄ ||circumspicere|| Umsicht, umsichtige Erwägung; **vestra ~** *(eccl.)* Eure Weisheit, *Anrede an den Erzbischof*

circumspectus¹ ⟨circumspectūs⟩ M ||circumspicere|| Ausblick; (nachkl.) fig Erwägung

circumspectus² ⟨a, um, adv circumspectē⟩ ADJ ||circumspicere|| von Personen u. Sachen umsichtig, besonnen; **vir ~** umsichtiger Mann; **verbum circumspectum** bedächtiges Wort

circum-spicere ⟨spiciō, spexī, spectum 3.⟩

A VI aufmerksam/ängstlich/vorsichtig um sich schauen; fig darauf achten, ut/ne

B VT
1. überblicken; erblicken
2. ringsum betrachten, mustern; **se ~** auf sich achten
3. sich nach j-m/etw umsehen, aliquem/aliquid
4. fig nach etw suchen, auf etw warten, aliquid
5. fig genau überlegen, bedenken, absolut od aliquid etw, +indir Fragesatz; **patres circumspexerunt, quosnam consules facerent** die Senatoren überlegten genau, wen sie denn zu Konsuln wählen sollten

circumstantia ⟨ae⟩ F ||circumstare|| (nachkl.) Umgebung; fig die Umstände

circum-stāre ⟨stō, stetī, - 1.⟩

A VI herumstehen, umherstehen; **circumstantes** die Umstehenden, die Anwesenden

B VT umgeben; bes feindlich bedrängen

circum-stetī → circumsistere u. → circumstare

circum-strepere ⟨strepō, strepuī, strepitum 3.⟩ (nachkl.) umrauschen, umlärmen

circum-struere ⟨struō, strūxī, strūctum 3.⟩ (nachkl.) umbauen, mit einer Mauer umgeben

circum-tendere ⟨tendō, -, tentum 3.⟩ Plaut. bespannen, umspannen

circum-terere ⟨ō, -, - 3.⟩ Tib. dicht umstehen

circum-textus ⟨a, um⟩ ADJ ||texere|| Verg. rings umsäumt, verbrämt

circum-tonāre ⟨ō, uī, - 1.⟩ poet umdonnern; fig betäuben

circum-tōnsus ⟨a, um⟩ ADJ ||tondere|| (vkl., nachkl.) rund geschoren; fig gekünstelt

circum-tulī → circumferre

circum-vādere ⟨vādō, vāsī, - 3.⟩ (nachkl.) von allen Seiten angreifen, überfallen, umringen; **terror barbaros circumvadit** fig Schrecken befällt die Barbaren

circum-vagus ⟨a, um⟩ ADJ (nachkl.) poet rings umflutend; **Oceanus ~** der erdumströmende Ozean

circum-vallāre ⟨ō, āvī, ātum 1.⟩ rings mit einem Wall umschließen; **se ~** Ter. sich auftürmen

circum-vāsī → circumvadere

circumvectārī ⟨or, - 1.⟩ ||circumvehere|| (unkl.) wiederholt herumfahren, aliquid um etw, an etw; umherfahren, aliquid auf etw; fig etw beschreiben

circum-vectiō ⟨circumvectiōnis⟩ F ||circumvehere||
1. Handelsverkehr im Innern; **portorium circumvectionis** Transitzoll
2. ASTRON Umlauf, Kreisbahn, **solis** der Sonne

circum-vehī ⟨vehor, vectus sum 3.⟩

A VI herumfahren, herumreiten, herumsegeln; **a loco ad locum/in locum ~** von Ort zu Ort fahren

B VT (unkl.)
1. umfahren, umreiten, umsegeln
2. bei j-m umherfahren, umherreiten; **suos ~** die Runde bei den Seinen machen
3. **verbis ~** fig umschreiben

circum-vēlāre ⟨ō, -, - 1.⟩ Ov. umhüllen, **aliquem amictu** j-n mit einem Umhang

circum-venīre ⟨veniō, vēnī, ventum 4.⟩
1. umgeben, umfließen; **Rhenus insulas circumvenit** der Rhein umfließt die Inseln; **homines flammis circumventi** von den Flammen eingeschlossene Menschen
2. feindlich umzingeln, einschließen, **hostes a tergo** die Feinde von hinten; **circumveniri a latronibus** von Räubern eingeschlossen werden
3. fig umgarnen, bedrängen; passiv in die Falle geraten
4. hintergehen, täuschen

circum-versiō ⟨circumversiōnis⟩ F ||circumvertere|| (nachkl.) Umwenden, Umdrehen

circum-vertere ⟨vertō, vertī, versum 3.⟩ (unkl.)
1. umdrehen, umwenden; passiv u. **se ~** sich umdrehen, aliquid um etw
2. fig um etw betrügen, **aliquem argento** j-n um Geld

circum-vestīre ⟨iō, -, - 4.⟩ (nachkl.) ringsum bekleiden, bedecken; **se dictis ~** fig sich mit Gerede schützen

circum-vincīre ⟨vinciō, -, vinctum 4.⟩ Plaut. rings umbinden, einbinden

circum-vīsere ⟨ō, -, - 3.⟩ Plaut. ringsum ansehen

circum-volāre ⟨ō, āvī, ātum 1.⟩ (nachkl.) poet umfliegen, umflattern, aliquem/aliquid j-n/etw; **nox caput circumvolat** die Nacht umgibt das Haupt

circumvolitāre ⟨ō, āvī, ātum 1.⟩ ||circumvolare||

A VI umherfliegen

B VT umflattern, umschwärmen

circum-volvere ⟨volvō, volvī, volūtum 3.⟩

(nachkl.) poet herumwälzen, herumrollen; passiv sich herumwälzen, sich drehen, aliquid um etw, **axem** um die Achse; **annum circumvolvi** das Jahr im Kreislauf vollenden

circus ⟨ī⟩ M
1. ASTRON Kreislinie; **~ candens** Milchstraße
2. Zirkus, Rennbahn; meton Zirkusspiele; **~ maximus** in Rom zwischen Palatin u. Aventin
3. allg. zum Wettkampf bestimmter freier Platz; Versammlungsplatz

▶ deutsch: Zirkus
 englisch: circus
 französisch: cirque
 spanisch: circo
 italienisch: circo

cīre ⟨iō, -, - 4.⟩ → ciere

ciris ⟨ciris⟩ F Ov. Meeresvogel, in die Skylla, die Tochter des Nisus, verwandelt wurde

cirrātus ⟨a, um⟩ ADJ ||cirrus|| (nachkl.) poet gelockt, kraushaarig

Cirrha ⟨ae⟩ F Hafenstadt von Delphi, s. von Delphi am Korinthischen Golf, heute Kirr(h)a

Cirrhaeus ⟨a, um⟩ ADJ aus Cirrha, von Cirrha; auch delphisch

cirrus ⟨ī⟩ M (unkl.)
1. natürliche Haarlocke; meton Lockenkopf
2. fig Fransen an Kleidern
3. Bart der Auster

Cirta ⟨ae⟩ F reiche Stadt in Numidien, heute Constantine in Algerien

Cirtēnsēs ⟨Cirtēnsium⟩ M die Einwohner von Cirta

cis PRÄP +akk
1. örtl. diesseits; **cis Taurum** diesseits des Taurus
2. (vkl., nachkl.) zeitl. innerhalb; **cis paucos dies** binnen weniger Tage

cis alpīnus ⟨a, um⟩ ADJ ||Alpes|| diesseits der Alpen gelegen, von Rom aus gesehen; **Gallia cisalpina** das diesseits der Alpen gelegene Gallien,

▶ **Circus Maximus**

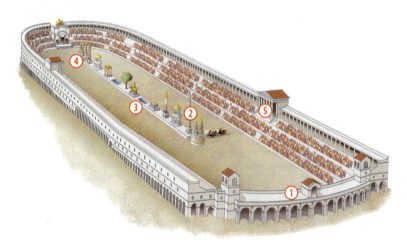

1 carceres – Startboxen der Gespanne
2 obeliscus – Obelisk
3 spina – Mauer zwischen beiden Bahnen
4 meta – Wendepunkt
5 pulvinar – Tempel, Loge für Götterbilder

Name und Überreste des **Circus Maximus** lassen noch heute seine Größe erahnen. Der älteste und größte Circus im antiken Rom war nach einigen Erweiterungen 600 m lang und circa 200 m breit. Die Rennbahn bestand im Wesentlichen aus zwei parallel verlaufenden Geraden, was die Wenden besonders eng, gefährlich und somit spannend machte für die über 200.000 Besucher, die in der Arena das Rennen verfolgen konnten. Es gab aber auch Gladiatorenkämpfe und Tierhetzen; viele christliche Märtyrer kamen hier ums Leben.

RÖMISCHES LEBEN

heute Norditalien
cisium ⟨ī⟩ N *leichter zweirädriger* Reisewagen *ohne Dach*
cis-rhēnānus ⟨a, um⟩ ADJ ||Rhenus|| *diesseits des Rheins wohnend, vom röm. Gallien aus gesehen*
cista ⟨ae⟩ F Kiste, Kasten, *bes für Geld, Kultgeräte od die Heiligtümer eines Kultes bes der Demeter u. des Dionysos*
cistella ⟨ae⟩ F ||cista|| Com. Kästchen
Cistellāria ⟨ae⟩ F ||cistella|| Kästchenkomödie, *Titel einer Komödie des Plautus, in der ein aufgefundenes Kästchen eine wichtige Rolle spielt*
cistellātrīx ⟨cistellātrīcis⟩ F ||cistella|| Plaut. Sklavin, zuständig für die Verwahrung der Schmuckkästchen *der Herrin*
cistellula ⟨ae⟩ F ||cistella|| Plaut. kleines Kästchen
cisterna ⟨ae⟩ F *(vkl., nachkl.)* Zisterne, unterirdischer Wasserbehälter
cisternīnus ⟨a, um⟩ ADJ ||cisterna|| *(nachkl.)* aus der Zisterne kommend
cisti-ber ⟨cistiberī⟩ M, **cisti-fer** ⟨cistiferī⟩ M ||cista, ferre|| Mart. „Kastenträger", *der bei den eleusinischen Mysterien die cista mit den Heiligtümern des Kultes trug*
cistophorus ⟨ī⟩ M Kistenträger, Silbermünze *der Provinz Asia mit den Symbolen des Dionysoskultes im Wert von drei attischen Drachmen od drei röm. Denaren*
cistula ⟨ae⟩ F ||cista|| Kistchen, Kästchen
citāre ⟨ō, āvī, ātum 1.⟩ ||ciere||
1 heftig in Bewegung versetzen, antreiben
2 *fig* bewirken; **motum animi ~** innerlich antreiben
3 *amtlich* herbeirufen, aufrufen; **iuvenes ad nomina danda ~** junge Männer zur Angabe ihres Namens aufrufen; **milites ~** Soldaten zur Aushebung und Musterung aufrufen
4 *poet* anrufen, **nomina Iovis** die Namen Jupiters
5 JUR aufrufen *zur Feststellung der Anwesenheit u. Identität*
6 POL, JUR vorladen, einladen; **senatum in curiam ~** den Senat in die Kurie laden; **populum centuriatim ~** das Volk zenturienweise zur Wahl laden; **iudices citati** bestellte Richter
7 Liv. verkünden, **nomina damnatorum** die Namen der Verurteilten
8 *fig als Zeugen* j-n anführen, sich auf j-n berufen, j-n zitieren, **aliquem**; **aliquem testem ~** sich auf j-n als Zeugen berufen; **aliquem auctorem ~** j-n als Gewährsmann anführen
9 ständig anstimmen, ausrufen; **paeanem ~** den Schlachtruf anstimmen
▷ *deutsch:* zitieren
englisch: cite
französisch: citer
spanisch: citar
italienisch: citare
citātim ADV → citatus
citātus ⟨a, um, *adv* citātim⟩ ADJ schnell; RHET lebhaft; **citato gradu** im Schnellschritt; **citato equo** im Galopp; **citato agmine** im Eilmarsch; **pronuntiatio citata** lebhafter Vortrag
citerior ⟨citerius⟩ ADJ *komp* diesseitig, näher liegend; *fig* irdisch; später vorgefallen; **Gallia citerior** das diesseitige Gallien, *von Rom aus gesehen*
Cithaerōn ⟨Cithaerōnis⟩ M bewaldetes Gebirge *zwischen Attika u. Böotien, heute Kitherón*
cithara ⟨ae⟩ F *fig* Zither, Leier *mit urspr. 7, später 9–11 Saiten, mit dem Plektron geschlagen*
citharista ⟨ae⟩ M Leierspieler, Zitherspieler
citharistria ⟨ae⟩ F Ter. Leierspielerin, Zitherspielerin
citharizāre ⟨ō, -, - 1.⟩ Leier spielen, Zither spielen
cithaeroedicus ⟨a, um⟩ ADJ zum Kitharoeden gehörig
citharoedus ⟨ī⟩ M Sänger mit Zitherbegleitung, Kitharoede
citimus ⟨a, um⟩ ADJ *sup* nächstliegend, der nächste
Citium ⟨ī⟩ N Stadt an der Ostküste Zyperns, Heimat *des Stoikers Zenon, Sterbeort des Atheners Cimon, heute Larnaka mit antiken Resten*
citō ||citus²|| ADV schnell, rasch; **dicto citius** im Nu; **serius aut citius** früher oder später; **non cito** nicht leicht, **non tam cito ... quam** nicht so sehr ... als; **citius** eher, lieber, leichter
citrā
A ADV diesseits, auf dieser Seite; **paucis ~ castra milibus** wenige Meilen vor dem Lager; **nec ~ nec ultra moveri** nicht hin noch her bewegt werden; **~ quam** weniger als
B PRÄP +*akk*
1 diesseits *auf die Fragen „wo?" u. „wohin?"*; **~ flumen intercipi** diesseits des Flusses abgefangen werden; **exercitum ~ Rubiconem educe-**

cithara – Kithara, Zither

re das Heer über den Rubicon führen
2 *fig* vor; **~ aliquid esse** geringer sein als etw, hinter etw zurückstehen
3 *zeitl.* vor, *auch* innerhalb; **~ Troiana tempora** innerhalb der trojanischen Epoche
4 *modal* außer, abgesehen von; **~ damnum** abgesehen vom Schaden; **~ magnitudinem** abgesehen von der Größe; **~ spectaculorum dies** mit Ausnahme der Tage, an denen Spiele stattfinden; **= praeter**

citreus ⟨a, um⟩ ADJ ‖citrus‖ aus Zitrusholz
citrō ADV (*vkl.*) hierher, herüber; **ultro ~que** hinüber und herüber
citrum ⟨ī⟩ N ‖citrus‖ (*unkl.*) Zitrusholz, *Material kostbarer Möbel*
citrus ⟨ī⟩ F
1 Zitronenbaum
2 Zitrusbaum, Thuja
citus¹ ⟨a, um⟩ PPP → **ciere**
citus² ⟨a, um, *adv* citō⟩ ADJ ‖ciere‖ schnell, geschwind; **eques ~** Eilbote zu Pferd; **homo cito sermone** schlagfertiger Mensch
❗ **Citius, altius, fortius.** Schneller, höher, stärker. *Grundsatz sowohl der antiken als auch der neuzeitlichen Olympischen Spiele*
Cīus ⟨a, um⟩ ADJ, **Cīus** ⟨ī⟩ M = **Ceus**
cīvī → **ciere**
cīvicus ⟨a, um⟩ ADJ ‖civis‖ bürgerlich, Bürger...; **corona civica** Bürgerkranz *aus Eichenlaub als Auszeichnung für die Rettung eines Bürgers im Kampf*
cīvīlis ⟨cīvīle, *adv* cīvīliter⟩ ADJ ‖civis‖
1 bürgerlich, Privat...; **ius civile** bürgerliches Recht; **causa ~** Privatprozess; **bellum civile** Bürgerkrieg; **officia bellica et civilia** militärische und zivile Aufgaben
2 patriotisch, loyal; **plus quam civilia agitare** zu hoch hinauswollen; **civile est** es zeugt von Patriotismus, *+inf*
3 gönnerhaft; zuvorkommend
4 staatlich, Staats..., öffentlich; **res civiles** Politik; **rerum civilium cognitio** politische Kenntnisse; **scientia ~** Staatswissenschaft
5 (*mlat.*) heimisch, weltlich
▶ deutsch: **zivil**
  englisch: civil
  französisch: civil
  spanisch: civil
  italienisch: civile
Cīvīlis ⟨Civilis⟩ M Anführer im Aufstand der Bataver gegen die Römer 69–70 n. Chr.
cīvīlitās ⟨cīvīlitātis⟩ F ‖civilis‖
1 Stand eines Bürgers
2 Höflichkeit; Popularität
3 Staatskunst
cīvis ⟨cīvis⟩ M u. F
1 Bürger, Bürgerin; **~ Romanus** römischer Bürger; **civem facere aliquem** j-n zum Bürger machen, j-m das Bürgerrecht verleihen; **pro cive esse/se gerere** sich wie ein Bürger verhalten; ↔ **hostis** *u.* → **socius**
2 Mitbürger, Mitbürgerin; Landsmann, Landsmännin
3 Untertan
❗ **Civis Romanus sum.** Ich bin ein römischer Bürger. *Mit diesem Satz konnte ein römischer Bürger in der Provinz einen Prozess nach römischem Recht fordern.*
cīvitās ⟨cīvitātis⟩ F ‖civis‖
1 *abstr.* Rechtsstand eines römischen Bürgers, Bürgerrecht; **aliquem civitate/alicui civitatem donare** j-m das römische Bürgerrecht verleihen
2 Gesamtheit der Bürger; Staat; Stadt *als Gesamtheit der Bürger*
3 (*nachkl.*) Stadt *als Gesamtheit der Gebäude*
4 (*spätl., eccl.*) Bischofsstadt; Stadt; **~ Dei** Gottesstaat, *Thema eines Werks von Augustinus;* **~ imperii** (*nlat.*) Reichsstadt
▶ englisch: **city**
  französisch: cité
  spanisch: ciudad
  italienisch: città
cīvitātula ⟨ae⟩ F ‖civitas‖ (*nachkl.*)
1 Städtchen
2 Bürgerrecht einer kleinen Stadt
clādēs, *Liv.* **clādis** ⟨clādis⟩ F
1 (*vkl., nachkl.*) Verletzung, Beschädigung
2 *fig* Schaden, Unglück; *pl* Unglücksfälle
3 *Liv.* Seuche, Pest
4 *meton von Personen* Urheber des Unglücks, Pest
5 MIL Niederlage; **alicui cladem afferre/inferre** j-m eine Niederlage beibringen; **cladem accipere/reportare ab aliquo** durch j-n eine Niederlage erleiden
clam
A ADV heimlich, verstohlen; **iram ~ ferre** den Zorn verbergen; **alicui ~ esse** j-m verborgen sein
B PRÄP *+abl u. akk* heimlich vor *j-m*, hinter *j-s* Rücken; **~ vobis** hinter eurem Rücken; **~ patrem** verborgen vor dem Vater
clāmāre ⟨ō, āvī, ātum 1.⟩ ‖calare¹‖
A VI schreien, laut rufen, *de re* von etw, über etw
B VT
1 laut ausrufen, *aliquid* etw, *+AcI/+Finalsatz*; zurufen, *alicui aliquid* j-m etw
2 (an)rufen, herbeirufen
3 laut nennen, *+dopp. akk*, **aliquem regem** j-n König
4 *fig von Leblosem* deutlich verraten, klar zeigen

clāmātor ⟨clāmātōris⟩ M ||clamare|| Schreier; *pej* schlechter Redner

clāmitāre ⟨ō, āvī, ātum 1.⟩ ||clamare|| laut schreien, ausrufen, +Finalsatz/+AcI; laut nennen, +dopp. akk; **saeva alicui ~** wilde Drohungen gegen j-n ausstoßen

clāmitātiō ⟨clāmitātiōnis⟩ F ||clamitare|| Plaut. lautes Schreien

clāmor ⟨clāmōris⟩ M ||clamare||
① Geschrei, lautes Rufen; **~ caelestis** Stimme vom Himmel
② Beifallsgeschrei; Lärm
③ Klagegeschrei, Angstgeschrei
④ Kriegsgeschrei, Kriegsruf
⑤ *von Leblosem* Getöse, Widerhall, *bes der Brandung*

clāmōsus ⟨a, um, *adv* clāmōsē⟩ ADJ ||clamare|| (nachkl.) poet
① laut schreiend
② von Geschrei erfüllt, mit Lärm verbunden

clanculārius ⟨a, um⟩ ADJ ||clanculum|| Mart. geheim, verborgen

clanculum
A ADV ||clam|| heimlich
B PRÄP +akk Ter. heimlich vor; **~ patres** heimlich vor den Vätern

clandestīnus ⟨a, um, *adv* clandestīnō⟩ ADJ ||clam||, heimlich, geheim

clangor ⟨clangōris⟩ M
① Geschrei *von Tieren*, rauschender Flügelschlag *von Vögeln*
② Schmettern *von Instrumenten*

Clanis ⟨Clanis⟩ M Fluss in der Toskana, Nebenfluss des Tiber, heute La Chiana

Clanius ⟨ī⟩ M Fluss in Kampanien, heute Clanio Vecchio, berüchtigt wegen seiner Überschwemmungen

clārāre ⟨ō, āvī, ātum 1.⟩ ||clarus||
① hell machen, erhellen
② *fig* deutlich darlegen
③ *fig* verherrlichen

clārēre ⟨eō, -, - 2.⟩ ||clarus|| (unkl.)
① hell sein, glänzen
② *fig* einleuchten, offenbar sein
③ *fig* glänzen, berühmt sein

clārēscere ⟨clārēscō, clāruī, -, 3.⟩ ||clarere||
① Tac. hell werden, erglänzen
② hell ertönen, deutlich hörbar werden
③ *fig* einleuchten
④ *fig* hervorstechen, sich auszeichnen

clārigātiō ⟨clārigātiōnis⟩ F
① laute Forderung nach der Auslieferung eines Frevlers oder nach Genugtuung gegenüber einem Feind an der Grenze
② *fig* Ersatzanspruch; Repressalie

clāri-sonus ⟨a, um⟩ ADJ ||clarus, sonare|| poet wohltönend, hell tönend

clāritās ⟨clāritātis⟩ F ||clarus|| (nachkl.)
① Helligkeit, Klarheit *des Lichtes*, **solis** der Sonne
② *fig* heller Klang, **vocis** der Stimme
③ *fig* geistige Klarheit, Berühmtheit

clāritūdō ⟨clāritūdinis⟩ F (vkl., nachkl.) = **claritas**

clāruī → clarescere

clārus ⟨a, um, *adv* clārē⟩ ADJ
① klar, hell leuchtend *für das Auge*; **clarissimo die** am helllichten Tag
② *fig* hell, laut tönend *für das Ohr*; **clarā voce** mit lauter Stimme
③ *fig* geistig klar, einsichtig
④ *fig* glänzend, berühmt; hervorstechend; **argumentum clarum** klare Darstellung, einleuchtender Beweis; **vir ~** berühmter Mann; **populus luxuriā ~** wegen seiner Verschwendungssucht berüchtigtes Volk

▶ deutsch: **klar**
englisch: **clear**
französisch: **clair**
spanisch: **claro**
italienisch: **chiaro**

classiārius
A ⟨a, um⟩ ADJ ||classis|| (nachkl.) Flotten...; **centurio ~** Seeoffizier
B ⟨ī⟩ M Matrose, *meist pl*

classicī ⟨ōrum⟩ M ||classicus|| Seesoldaten

classicula ⟨ae⟩ F ||classis|| kleine Flotte

classicum ⟨ī⟩ N ||classicus|| Kampfsignal; *meton* Kriegstrompete; **classicum canere** das Angriffssignal geben; **~ canit** das Signal ertönt

classicus
A ⟨a, um⟩ ADJ ||classis||
① (vkl.) die röm. Bürgerklassen betreffend; erstklassig
② das Heer betreffend
③ Flotten..., Marine...; **miles ~** Marinesoldat; **bellum classicum** Seekrieg
B ⟨ī⟩ M (vkl.) zivilrechtlich Bürger der ersten Klasse

classis ⟨classis⟩ F
① (servianische) Bürgerklasse, Vermögensklasse, *6 Klassen, davon 5 abgabepflichtig*; **quintae classis esse** zur niedrigsten Klasse gehören
② Klasse, Abteilung
③ MIL Heer
④ MIL Flotte; **classem ornare** eine Flotte ausrüsten; **classem facere** eine Flotte bauen

clātra ⟨ōrum⟩ N = clatri

clātrātus ⟨a, um⟩ ADJ ||clatri|| (vkl., nachkl.) vergittert

clātrī ⟨ōrum⟩ M Prop. Gitter

claudēre[1] ⟨eō, -, - 2.⟩ Com. = **claudicare**

claudere[2] ⟨claudō, -, clausūrus 3.⟩ = **claudicare**

claudere³ ⟨claudō, clausī, clausum 3.⟩

1. (ver)schließen
2. abschließen, beenden
3. decken
4. abrunden
5. einsperren, einsperren
6. umzingeln
7. abschließen, absperren
8. abschneiden, unmöglich machen
9. sich anschließen, sich anlehnen

---

1 (ver)schließen, *aliquid alicui* etw vor j-m, *aliquid ad aliquid/contra aliquid/adversus aliquid* etw vor etw, etw gegen etw; **ianuam ~** die Tür verschließen; **~ aures** die Ohren verschließen; **homo clausus** verschlossener Mensch

2 (nachkl.) *poet* abschließen, vollenden, **opus** ein Werk

3 MIL decken; **agmen ~** die Nachhut bilden

4 RHET abrunden, **sententias numeris** seine Gedanken mit Versen; **verba pedibus ~** Worte zu Versen abrunden, Worte in Verse bringen

5 (nachkl.) *poet* abschließen, einsperren, **thesaurum** den Schatz, **filium** den Sohn; **rem anulo ~** etw versiegeln; **consilia ~** *fig* seine Pläne geheim halten

6 MIL umzingeln; **oppidum undique ~** die Stadt von allen Seiten einschließen

7 (nachkl.) *poet* abschließen, absperren; **rivos ~** Bäche stauen; **sanguinem ~** Blut stillen; **viam ~** den Weg absperren, **iter ~** den Marsch stoppen; **omnia litora ac portūs ~** alle Küsten und Häfen (ab)sperren

8 abschneiden, unmöglich machen; **alicui consuetudinem alicuius ~** j-m den Umgang mit j-m unmöglich machen

9 (nachkl.) sich anschließen, sich anlehnen, *aliquem/aliquid* an j-n/an etw; **Angrivarios a tergo Chasuarii claudunt** *Tac.* an die Angrivarier schließen sich im Rücken die Chasuarier an

Claudiālis ⟨Claudiāle⟩ ADJ, **Claudiānus** ⟨a, um⟩ ADJ claudisch, des Claudius

claudicāre ⟨ō, āvī, ātum 1.⟩ ||claudus|| hinken; wanken; *fig* nachlässig sein; **amicitia claudicat** die Freundschaft wackelt; **in officio ~** nachlässig sein in der Pflichterfüllung

claudicātiō ⟨claudicātiōnis⟩ F ||claudicare|| das Hinken

Claudius ⟨a, um⟩ Name einer patriz. gens, *vulg Clodius*

1 Ap. ~ Dezemvir um 450 v. Chr.
2 Ap. ~ Caecus Zensor um 312 v. Chr., Erbauer der via Appia
3 P. Clodius Pulcher Feind Ciceros, trat 59 v. Chr. zur plebs über u. änderte daher seinen Namen in Clodius, 52 v. Chr. von den Banden des Milo erschlagen
4 Clodia Schwester von 3., berüchtigt wegen ihres skandalösen Lebenswandels
5 Tib. ~ Drusus Nero Germanicus meist nur Kaiser Claudius (41–54 n. Chr.), jüngster Sohn des Drusus Nero, des Stiefsohnes des Augustus, verheiratet in erster Ehe mit Messalina, in zweiter Ehe mit Agrippina, die ihn 54 vergiftete

claudus ⟨a, um⟩ ADJ

1 hinkend, lahm, **altero pede** an einem Fuß
2 (nachkl.) *fig* unvollständig, mangelhaft; **clauda navis** Schiff ohne Ruder auf einer Seite; **clauda alterno carmina versu** elegische Distichen
3 *fig* schwankend, unsicher

clausa ⟨ae⟩ F (mlat.)

1 Zelle, Einsiedelei
2 Engpass

▶ **classis – römische Flotte**

Im Zuge der Auseinandersetzung mit der See- und Handelsmacht Carthago (im heutigen Tunesien) im 1. Punischen Krieg (264 - 241 v. Chr.) stellte Rom erstmals eine eigene Flotte auf und setzte sie im Kampf erfolgreich ein. Mit einem weiteren Sieg unter Pompeius (67 v. Chr.) über die Mittelmeerpiraten sowie über Mithridates (66 v. Chr.) war Rom unbestrittene Herrscherin über das Mittelmeer (**mare nostrum**). In der Kaiserzeit bestand die römische Flotte aus folgenden Schiffstypen:

navis longa triremis	Trireme, *mittelschweres Kriegsschiff mit drei Ruderreihen*
liburna	Liburne, *leichtes Kriegsschiff mit zwei Ruderreihen*
navis actuaria	Transportschiff

Ein Kriegsschiff war mit einem Rammsporn, teils auch mit Wurfmaschinen und Holztürmen ausgestattet. Die Besatzung bestand aus ca. 300 Matrosen und Ruderern sowie 120 Soldaten mit 20 Offizieren. Die Taktik war, feindliche Schiffe zu rammen und mittels einer Enterbrücke (**corvus**) zwischen den Schiffen den Feind im Nahkampf zu besiegen.

WORTSCHATZ ◀

▶ deutsch: **Klause**
clausī → claudere³
claustra ⟨ōrum⟩ N̄, **claustrum** ⟨ī⟩ N̄ ||claudere³||

1 **Schloss, Riegel; sub claustris positum esse** hinter Schloss und Riegel sein; ~ **pudoris** Schamschwelle; ~ **nobilitatis** Adelsschranke
2 (nachkl.) poet **Sperre, Damm**
3 (nachkl.) poet **verschlossener Raum; Käfig**
4 (nachkl.) poet **enger Durchgang, Pass**
5 MIL **Zugang** zu einer Gegend od Stadt; **Grenzfestung;** fig **Damm, Schutz**
6 (mlat.) sg **Versteck, Kloster(hof);** fig **Schoß**

clausula ⟨ae⟩ F̄ ||claudere³||
1 **Schluss; Schlussvers, Schlusssatz**
2 RHET, METR **Schluss einer Periode, Klausel**
3 (spätl.) JUR **Klausel, Vorbehalt**
4 (mlat.) **Klause**

clausum ⟨ī⟩ N̄ **Verschluss, Schloss**
clausūra ⟨ae⟩ F̄ ||claudere³||
1 (spätl.) **Verschluss, Türschloss**
2 (mlat.) **Klausur, abgeschlossener Gebäudeteil** eines Klosters
3 (nlat.) **Prüfungsarbeit** unter Aufsicht, **Klausur**

clausus ⟨a, um⟩ PPP → claudere³
clāva ⟨ae⟩ F̄ ||clavus||
1 **Stock, Keule**
2 **Briefstab,** von den Spartanern verwendeter zylinderförmiger Stab, um den ein Pergamentband spiralenförmig gewickelt u. beschrieben wurde, konnte vom Empfänger nur gelesen werden, wenn er einen Stab gleichen Formates hatte; daher auch **geheime Nachricht**

clāvārium ⟨ī⟩ N̄ ||clavus|| Tac. „**Schuhnagelgeld**", eine spezielle Zuwendung an die Soldaten in der Kaiserzeit
clāvātor ⟨clāvātōris⟩ M̄ ||clava|| Plaut. **Knüppelträger**
clāvīcula ⟨ae⟩ F̄ ||clavis||
1 Vitr. **Zapfen**
2 Cic. **schwache Ranke,** mit der sich die Rebe um den Stützpfahl windet
3 (mlat.) **Schlüsselbein**

clāvī-ger¹ ⟨clāvīgerī⟩ M̄ ||clava, gerere|| Ov. **Keulenträger;** poet = **Herkules**
clāvī-ger² ⟨clāvīgerī⟩ M̄ ||clavis, gerere||
1 Ov. **Schlüsselträger,** Beiname des Janus als Gottes der Türen
2 ~ **caelorum** (mlat.) **Himmelspförtner,** = Petrus

clāvis ⟨clāvis⟩ F̄
1 **Schlüssel,** alicuius rei zu etw; ~ **adulterina** **Nachschlüssel, Dietrich; uxori claves adimere** sich von seiner Frau scheiden lassen
2 (nachkl.) poet **Schloss, Riegel** an Türen; **claves portis imponere** Riegel an die Türen legen
3 **Treibstock,** Gerät zum Treiben des Spielreifs (trochus) der Kinder
4 (mlat.) pl **Schlüsselgewalt**

clāvus ⟨ī⟩ M̄
1 **Riegel, Pflock;** ~ **trabalis** Balkennagel; ~ **anni** Jahresnagel, der nach etrusk. Brauch in die Wand des Jupitertempels geschlagen wurde um die Jahre zu zählen
2 fig **nagelförmiger Griff** am Steuerruder, daher meton **Steuerruder; clavum regere/tenere** das Steuerruder führen; **clavum imperii tenere** fig das Ruder des Reiches führen
3 (nachkl.) fig **Warze; Hühnerauge**
4 (nachkl.) fig **Purpursaum** an der Tunika; ~ **latus** Purpursaum der Senatoren; ~ **angustus** Purpursaum der Ritter; **clavum deponere** wieder Senator werden; **clavum mutare in horas** Hor. sich bald als Ritter, bald als Senator kleiden;

Clazomenae ⟨ārum⟩ F̄ berühmteste der zwölf Städte am Golf von Smyrna beim heutigen Urla, Heimat des Philos. Anaxagoras
Cleanthēs ⟨Cleanthis⟩ M̄ stoischer Philos. um 260 v. Chr., Nachfolger Zenons
clēmēns ⟨clēmentis, adv clementer⟩ ADJ von Personen, Charakter, Handlungen **sanft, mild,;** fig **ruhig, still; iudex ~** milder Richter; **consilium ~** milder Beschluss; **mare ~** ruhige See; **collis clementer assurgens** sanft aufsteigender Hügel
clēmentia ⟨ae⟩ F̄ ||clemens|| **Milde, Gnade; clementiā uti** Milde walten lassen
clenodium ⟨ī⟩ N̄ (mlat.) **Kleinod**
Cleobis ⟨Cleobis⟩ M̄ Bruder des Biton, berühmt durch ihrer beider Liebe zu ihrer Mutter, der Priesterin Kydippe, wofür sie mit einem sanften Tod belohnt wurden
Cleombrotus ⟨ī⟩ M̄
1 spartanischer König, verlor 371 v. Chr. die Schlacht bei Leuktra, dort gefallen
2 akademischer Philos.

Cleōn ⟨Cleōnis⟩ M̄ athenischer Parteiführer u. Demagoge z. Zt. des Perikles, 422 v. Chr. bei Amphipolis gegen Brasidas gefallen
Cleōnae ⟨ārum⟩ F̄ Stadt sw. von Korinth, in der Nähe von Nemea, wo Herkules den Nemeischen Löwen erlegte
Cleopatra ⟨ae⟩ F̄ letzte Königin von Ägypten, Geliebte Caesars u. des Antonius, tötete sich 30 v. Chr.

▶ **Cleopatra – die Königin der Könige**

Cleopatra VII. folgte ihrem Vater Ptolemäus XII. 51 v. Chr. auf dem ägyptischen Thron, zusammen mit ihrem Bruder Ptolemäus XIII., der sie entmachtete. **Caesar,** dessen Geliebte sie wurde, verhalf ihr wieder zum Thron. Aus ihrer Ehe ▶▶

mit Caesar stammt ein Sohn, Ptolemäus Caesar. 46 v. Chr. ging sie mit Caesar nach Rom und blieb dort bis zu dessen Tod. Nach der Ermordung Caesars verbündete sie sich mit **Marcus Antonius**, mit dem sie drei Söhne hatte und der sie zur Königin der Könige ausrief. Octavian erklärte ihr den Krieg und marschierte nach der Schlacht bei **Actium** (31 v. Chr.) in Ägypten ein. Cleopatra tötete sich daraufhin durch Schlangenbiss.

GESCHICHTE

---

clepere ⟨clepō, clepsī, cleptum 3.⟩ stehlen, heimlich wegnehmen; **se ~** sich verstecken, sich drücken; *Sen.* sich vor Schmerz verbergen

clepsydra ⟨ae⟩ F̄ Wasseruhr, *Zeitmesser bei Reden; daher meton* Sprechzeit, *eine Einheit von ca. 12 Minuten*

clepta ⟨ae⟩ M̄ *Plaut.* Dieb

cleptus ⟨a, um⟩ PPP → clepere

clēricālis ⟨clēricāle⟩ ADJ ‖clericus‖ (*eccl.*) Priester…

clēricus ⟨ī⟩ M̄ ‖clerus‖ (*eccl.*) Geistlicher, Priester

clērus ⟨ī⟩ M̄ (*eccl.*) „Stand der von Christus Berufenen", Geistlichkeit

▶ deutsch: **Klerus**

cliēns ⟨clientis⟩ M̄
1 *urspr.* Höriger ↔ *Vollbürger, patricius*
2 seit etwa 400 v. Chr. persönlich freier, aber wirtschaftlich abhängiger Gefolgsmann *des patronus; der patronus gewährte wirtschaftliche Vergünstigungen u. Schutz, während der cliens dem patronus politische Unterstützung schuldete*
3 *in der Kaiserzeit* Angehöriger der ärmeren Bevölkerung, *der sich bei den Reichen durch Dienstleistungen nützlich machte*
4 *allg.* Gefolgsmann, Lehnsmann
5 (*nachkl.*) *poet* Schützling einer Gottheit

▶ deutsch: **Klient**
englisch: **client**
französisch: **client**
spanisch: **cliente**
italienisch: **cliente**

clienta ⟨ae⟩ F̄ ‖cliens‖ (*vkl.*) *poet* Hörige, Klientin

clientēla ⟨ae⟩ F̄ ‖cliens‖
1 Klientel, Schutzverwandtschaft; *meton meist pl* Gesamtheit der Klienten
2 *außerröm.* Schutzgenossenschaft, Gefolgschaft

clientulus ⟨ī⟩ M̄ ‖cliens‖ *Tac.* ärmlicher Klient

clīma ⟨clīmatis⟩ N̄ (*nachkl.*) Neigung *der Erde vom Äquator zu den Polen; daher* Gegend, Klima; **climata mundi** Erdzonen

clīmactēr ⟨clīmactēris, *akk* climactēra, *akk pl* climactēras⟩ M̄ Stufenleiter; *fig* gefahrvolle Epoche *im Menschenleben, jedes 7. Jahr*

clīmactēricus ⟨a, um⟩ ADJ zu einer gefahrvollen Lebenszeit gehörig; **tempus climactericum** Wechseljahre

climacterium ⟨ī⟩ N̄ (*nlat.*) (Zeit der) Wechseljahre

clīmax ⟨clīmacis⟩ F̄ (*vkl., spätl.*) RHET Steigerung; *rein lat.* = **ascensus** *od* = **gradatio**

clīnāmen ⟨clīnāminis⟩ N̄ *Lucr.* Neigung *einer Sache;* **exiguum ~ principiorum** kleine Neigung der Grundlagen

clīnātus ⟨a, um⟩ ADJ *poet* geneigt, gesenkt

clīnicus
A ⟨a, um⟩ ADJ (*mlat.*) bettlägrig, kränklich
B ⟨ī⟩ M̄
1 Arzt am Krankenbett
2 Versorger von Leichen

clīnopalē ⟨clīnopalēs⟩ F̄ „Bettkampf", „Bettturnen", *von Kaiser Domitian bei Sueton geprägter Ausdruck für seine sexuellen Ausschweifungen*

Cliō ⟨Cliūs⟩ F̄
1 Muse der Geschichte; *Iuv.* Muse
2 *Verg.* Nymphe, *Tochter des Okeanos (Oceanus)*

clipeātus
A ⟨a, um⟩ ADJ ‖clipeus‖ (*nachkl.*) *poet* schildtragend, schildbewehrt
B ⟨ī⟩ M̄ Schildträger

clipeum ⟨ī⟩ N̄ (*unkl.*), **clipeus** ⟨ī⟩ M̄
1 großer eiserner Rundschild *der Römer;* **clipeum sumere post vulnera** *Sprichwort etw zu spät tun*
2 *fig* Himmelsgewölbe; Sonnenscheibe
3 *fig* Rundbild, Brustbild

Clīsthenēs ⟨Clīsthenis⟩ M̄ athenischer Staatsmann *um 500 v. Chr., Reformer der solonischen Verfassung*

clītellae ⟨ārum⟩ F̄ Packsattel *für Esel u. Maultiere*

clītellārius ⟨a, um⟩ ADJ ‖clitellae‖ Pack…; **mulus ~** Packesel

Clītharchus ⟨ī⟩ M̄ griech. Historiker im Gefolge Alexanders des Großen

Clītōr ⟨Clītōris⟩ M̄ Stadt im nördlich Arkadien, in ihrer Nähe eine Quelle in den Felsen, die dem Trinker den Geschmack des Weines verdarb; geringe Überreste bei Káto Klitoría

clitoris ⟨clitoridis⟩ F̄ (*mlat.*) Kitzler

Clītōrium ⟨ī⟩ N̄ = **Clitor**

Clitumnus ⟨ī⟩ M̄ Fluss in Umbrien mit Jupiterkult in seinem Quellgebiet

Clītus ⟨ī⟩ M̄ Feldherr u. Freund Alexanders des Großen, *von diesem im Jähzorn getötet*

clīvōsus ⟨a, um⟩ ADJ ‖clivus‖ (*nachkl.*) *poet* steil, abschüssig

clīvus ⟨ī⟩ M̄

1 Abhang, Abdachung; **adversus clivum** bergan

2 *meton* Hügel, Anhöhe; Hügelstraße

cloāca ⟨ae⟩ F̲ Kloake, unterirdischer Abwasserkanal; **Cloaca maxima** *noch heute* Hauptabzugskanal *von Rom, vom Forum zwischen Capitol und Palatin in den Tiber führend*

Cloācīna ⟨ae⟩ F̲ Patronin der Cloaca maxima, Beiname der Venus

clōdere ⟨clōdō, clōsī, clōsum 3.⟩ = **claudere**³

Clōdia ⟨ae⟩ F̲ = **Claudia**; → **Claudius**

Clōdiānus ⟨a, um⟩ ADJ = **Claudianus**

Clōdius ⟨ī⟩ M̲ = **Claudius**

clōdus ⟨a, um⟩ ADJ = **claudus**

Cloelius ⟨a, um⟩ urspr. Gentilname in Alba Longa, später röm.

1 C. ~ letzter König von Alba Longa

2 Cloelia Geisel, an Porsenna ausgeliefert u. nach Rom geflohen

clōstrum ⟨ī⟩ N̲ = **claustrum**

Clōthō ⟨Clōthūs⟩ F̲ älteste der drei Parzen

cluāca ⟨ae⟩ F̲ = **cloaca**

Cluācīna ⟨ae⟩ F̲ = **Cloacina**

clūdere ⟨clūdō, clūsī, clūsum 3.⟩ = **claudere**³

Cluentiānus ⟨a, um⟩ ADJ des Cluentius

Cluentius ⟨a, um⟩ röm. Gentilname

cluēre¹ ⟨eō, -, - 2.⟩ (vkl.), **cluere**² ⟨ō, -, - 3.⟩ (nachkl.), **cluērī** ⟨eor, - 2.⟩ (vkl.) genannt werden, heißen, +dopp. akk; gerühmt werden

Cluilius ⟨a, um⟩ = **Cloelius**

clūnis ⟨clūnis⟩ F̲ (unkl.) Hinterbacke, Steiß bei Menschen u. Tieren

clupeātus ⟨a, um⟩ ADJ = **clipeatus**

clupeus ⟨ī⟩ M̲ = **clipeus**

clūrīnus ⟨a, um⟩ ADJ (Plaut., spätl.) affenartig, Affen...

clusa ⟨ae⟩ F̲ (mlat.) Engpass; = **clausa** (mlat.)

Clūsīnus
A ⟨a, um⟩ ADJ aus Clusium, von Clusium
B ⟨ī⟩ M̲ Einwohner von Clusium

Clūsium ⟨ī⟩ N̲ Stadt in Mitteletrurien, Residenz Porsennas, heute Chiusi

Clūsius ⟨ī⟩ M̲ „der Schließer", Beiname des Janus in Friedenszeiten

Clymenus ⟨ī⟩ M̲ „der Berühmte", Beiname des Pluto

clystēr ⟨clystēris⟩ M̲ (nachkl.) Einlauf, Einlaufspritze

Clytaemēstra, Clytēmēstra ⟨ae⟩ F̲ Klytämnestra, Gattin des Agamemnon, Mutter von Iphigenie, Elektra u. Orest; fig Gattenmörderin, Hure

Cn. Abk = **Gnaeus**

Cnidius
A ⟨a, um⟩ ADJ aus Cnidus, von Cnidus
B ⟨ī⟩ M̲ Einwohner von Cnidus

Cnidos od **Cnidus** ⟨ī⟩ F̲ Seestadt in Karien, an der Südwestspitze Kleinasiens, Hauptsitz des Kultes der Aphrodite, Reste bei Datca

Cnōsius ⟨a, um⟩ ADJ = **Gnosius**

Cnōsus ⟨ī⟩ F̲ = **Gnos(s)os**

co- PRÄF → **com-**

coa ⟨ae⟩ F̲ ||coire|| Quint. Hure, von Clodia, die sich in der Öffentlichkeit mit jedem einließ, ihrem Ehemann Metellus gegenüber aber die Prüde spielte

co-accēdere ⟨ō, -, - 3.⟩ Plaut. noch hinzukommen

co-acervāre ⟨ō, āvī, ātum 1.⟩ anhäufen, aufhäufen; **agros ~** haufenweise Felder zusammenkaufen; **argumenta ~** Beweismittel aufhäufen

coacervātiō ⟨coacervātiōnis⟩ F̲ ||coacervare|| (nachkl.) Aufhäufung

co-acēscere ⟨acēscō, acuī, - 3.⟩ sauer werden, verderben; **vinum coacescit** der Wein wird sauer; **gens coacescit** das Volk verwildert

coācta ⟨ōrum⟩ N̲ ||cogere|| gewalkter Stoff, Filz von Wolle

coāctāre ⟨ō, āvī, ātum 1.⟩ ||cogere|| Lucr. mit Gewalt zwingen

coāctiō ⟨coāctiōnis⟩ F̲ ||cogere|| Eintreibung von Geldern

coāctor ⟨coāctōris⟩ M̲ ||cogere||
1 Eintreiber, Finkassierer von Außenständen, Steuereinnehmer
2 Suet. Makler
3 Sen. Antreiber

▶ Clodia

Die ältere Schwester von **Publius Clodius Pulcher**, die um 94 v. Chr. geboren wurde, war mit **Quintus Caecilius Metellus Celer** (gest. 59 v. Chr.) verheiratet. Als schöne, intelligente, kultivierte, aber auch sehr freizügige Frau machte sie aus ihrem Haus eines der mondänen Zentren von Rom und hatte angeblich viele Geliebte. 56 v. Chr. klagte sie einen von diesen, Marcus Caelius Rufus, an, er habe versucht, sie zu vergiften. **Cicero** verteidigte den Freund in einer Rede (**Pro Caelio**), in der er sie als eine lasterhafte Prostituierte darstellte. Vielfach wird sie mit der **Lesbia** des **Catull** gleichgesetzt, der der Dichter seine berühmtesten Gedichte widmete.

GESCHICHTE ◀

coāctus[1] ⟨a, um⟩ PPP → cogere
coāctus[2] *nur abl* ⟨coāctū⟩ M ||cogere|| Zwang, Nötigung; **coactu civitatis** vom Staat genötigt
co-addere ⟨ō, -, - 3.⟩ (*vkl.*) mit hinzutun
co-adiūtor ⟨coadiūtōris⟩ M Mitarbeiter; (*eccl.*) Helfer *eines Bischofs*
co-aedificāre ⟨ō, āvī, ātum 1.⟩ bebauen; aufbauen; **campum ~** ein Feld bebauen; **urbem ~** eine Stadt erbauen
co-aequālis
A ⟨coaequāle⟩ ADJ (*nachkl.*) gleich alt, altersgleich
B ⟨coaequālis⟩ M Altersgenosse, Spielkamerad
co-aequāre ⟨ō, āvī, ātum 1.⟩
1 gleichmachen; (*vkl.*) einebnen
2 *fig* gleichstellen, gleichmachen, *aliquem cum aliquo/alicui* j-n mit j-m, *aliquid alicui rei* etw einer Sache; **omnia ad libidines suas ~** alles seiner Lust gleichstellen
coāgmentāre ⟨ō, āvī, ātum 1.⟩ ||coagmentum|| eng zusammenfügen, verbinden; **pacem ~** Frieden schließen
coāgmentātiō ⟨coāgmentātiōnis⟩ F ||coagmentare|| Zusammenfügung, Verbindung
coāgmentum ⟨ī⟩ N ||cogere|| Zusammenfügung; Fuge
coalēscere ⟨alēscō, aluī, alitum 3.⟩ (*unkl.*)
1 zusammenwachsen, verwachsen, *cum re* mit etw; **coalitus** fig zusammengewachsen
2 *fig* sich fest verbinden, verschmelzen, *in aliquid* zu etw
3 mit dem Boden verwachsen
4 erstarken, sich erholen
co-angustāre ⟨ō, āvī, ātum 1.⟩
1 (*vkl., nachkl.*) einengen
2 *fig* einschränken
co-aptāre ⟨ō, āvī, ātum 1.⟩ (*eccl.*) zusammenfügen
co-arguere ⟨arguō, arguī, argūtum/arguitūrus 3.⟩
1 deutlich kundtun, aufdecken, *re* durch etw; **mendacium alicuius ~** j-s Lüge aufdecken
2 überführen, *in re* in etw; **aliquem multis testibus ~** j-n durch viele Zeugen überführen
3 als irrtümlich erweisen, widerlegen; **haec historia coarguit** die Geschichte hat dies widerlegt
co-artāre ⟨ō, āvī, ātum 1.⟩
1 zusammendrängen, einengen
2 *fig* zusammendrängen, **in unum librum** in einem einzigen Buch
3 (*nachkl.*) *poet* abkürzen, verkürzen; **consulatum alicuius ~** j-s Konsulat verkürzen
coartātiō ⟨coartātiōnis⟩ F ||coartare|| (*nachkl.*) Zusammendrängen

coaxāre ⟨ō, āvī, ātum 1.⟩ (*nachkl.*) *poet, lautmalend* quaken
Coccēius ⟨a, um⟩ röm. Gentilname
1 L. ~ **Nerva** *Jurist, Vermittler zwischen Octavian u. M. Antonius*
2 M. ~ **Nerva** *Jurist, Freund des Kaisers Tiberius*
3 M. ~ **Nerva** *Enkel von 2., Kaiser Nerva (96–98 n. Chr.)*
coccinātus ⟨a, um⟩ ADJ ||coccinum|| *Suet., Mart.* in Scharlach gekleidet
coccineus ⟨a, um⟩ ADJ ||coccum|| scharlachfarben
coccinum ⟨ī⟩ N ||coccinus|| Scharlachdecke, Scharlachkleid
coccinus ⟨a, um⟩ ADJ = **coccineus**
coccum ⟨ī⟩ N (*nachkl.*) *poet* Beere; *meton* Scharlachfarbe, Scharlachfaden *für Netze*
coc(h)lea ⟨ae⟩ F Schnecke; (*nachkl.*) *poet* Schneckenhaus
coc(h)lear, coc(h)leāre ⟨coc(h)leāris⟩ N ||coc(h)lea|| Löffel, *mit dem Schnecken aus ihrer Schale gezogen wurden*
coclitis ⟨coclitis⟩ ADJ (*unkl.*) einäugig
Cocles ⟨Coclitis⟩ M *Beiname des P. Horatius Cocles, Verteidiger der Tiberbrücke gegen Porsenna*
cocococo INT kikeriki, *Laut des Hahnes*
coctilis ⟨coctilie⟩ ADJ ||coquere|| (*unkl.*) gebrannt; **later ~** Ziegelstein, Backstein; **murus ~** Backsteinmauer
coctūra ⟨ae⟩ F ||coquere|| (*nachkl.*) Kochen, Schmelzen
cocturnīx ⟨cocturnīcis⟩ F (*altl.*) Wachtel
coctus ⟨a, um⟩ PPP → coquere
cōcus ⟨ī⟩ M = **coquus**
Cōcȳtius ⟨a, um⟩ ADJ des Cocytus
Cōcȳtos, Cōcȳtus[1] ⟨ī⟩ M MYTH „Tränenstrom", *Strom in der Unterwelt, Nebenfluss des Acheron*
Cōcȳtus[2] ⟨a, um⟩ ADJ des Cocytus
cōda ⟨ae⟩ F = **cauda**
cōdēta ⟨ae⟩ F Schachtelhalm; **~ maior** *mit Schachtelhalmen bewachsenes Feld jenseits des Tiber*; **~ minor** *mit Schachtelhalmen bewachsenes Gebiet auf dem Marsfeld*
cōdex ⟨cōdicis⟩ M = **caudex**; **~ manuscriptus** (*mlat.*) Handschrift; **~ aureus** *Bezeichnung einer Reihe kostbarer mittelalterlicher Handschriften mit Goldschrift od goldenem Einband*
cōdicārius ⟨a, um⟩ ADJ ||codex|| (*vkl., nachkl.*) aus einem einzigen Baum bestehend; **navis codicaria** Einbaum
cōdicillus ⟨ī⟩ M ||codex||
1 (*vkl.*) kleiner Holzklotz, Stämmchen
2 PL *meton* kleine Schreibtafel *aus Holz u. mit Wachs überzogen*, Notizbuch
3 Brief, Handschreiben; Zusatz zu einem Testament

4 (mlat.) Büchlein, Heft

Codrus ⟨ī⟩ M̄ MYTH letzter König von Athen

coēgī → cogere

Coelē ⟨Coelēs⟩ F̄, **Coelēsyria** ⟨ae⟩ F̄ Landschaft zwischen Libanon u. Antilibanon, Südsyrien

co-emere ⟨emō, ēmī, ēmptum 3.⟩ zusammenkaufen, aufkaufen

coēmētērium ⟨ī⟩ N̄ (eccl.) Friedhof

coēmptiō ⟨coēmptiōnis⟩ F̄ ‖coemere‖

1 JUR Kaufehe, vollgültige röm. Ehe, bei der die Frau in Gegenwart von fünf Zeugen u. des libripens gegen einen symbolischen Kaufpreis in den Besitz des Mannes überging

2 JUR Scheinehe, Ehe einer Frau mit einem meist kinderlosen älteren Mann um sich der tutela des Vormundes u. der agnati zu entziehen u. selbständig zu werden

3 (mlat.) Kauf

coēmptiōnālis ⟨coēmptiōnāle⟩ ADJ ‖coemptio‖ (unkl.) nur zur Scheinehe geeignet; fig in Bausch und Bogen gekauft, wertlos

coenobīta ⟨ae⟩ M̄ ‖coenobium‖ (eccl.) Klosterbruder, Mönch

coenobium ⟨ī⟩ N̄ (eccl.) Kloster

co-eō → coire

coepere ⟨coepō, coepī, coeptum 3.⟩ Präsensform nur vkl., später durch incipere ersetzt, klass. nur perf

A VI (nachkl.) poet anfangen, beginnen; **ubi dies coepit** sobald der Tag begonnen hatte; **ubi silentium coepit** sobald Schweigen eingetreten war; in Verbindung mit einem inf passiv statt coepi meist coeptus sum: **lapides iaci coepti sunt** Sall. man begann Steine zu werfen; **civitas moveri coepit** die Stadt begann sich zu erregen; **pugnari coeptum est** man begann zu kämpfen

B VT (vkl., nachkl.) anfangen, beginnen; **bellum** einen Krieg

co-episcopus ⟨ī⟩ M̄ (eccl.) Mitbischof

coeptāre ⟨ō, āvī, ātum 1.⟩ ‖coepere‖

A VT anfangen, beginnen

B VT (nachkl.) anfangen, beginnen

coeptum ⟨ī⟩ N̄ ‖coepere‖ (nachkl.) poet angefangenes Werk, Unternehmen, meist +adv, seltener +adj; **temere ~** planloses Unterfangen; **audacia coepta** kühne Unterfangen

coeptus¹ ⟨a, um⟩ PPP → coepere

coeptus² ⟨coeptūs⟩ M̄ ‖coepere‖ Anfang, Beginn

co-epulōnus ⟨ī⟩ M̄ ‖epulo‖ Plaut. Tischgenosse

co-ercēre ⟨eō, uī, itum 2.⟩ ‖arcere‖

1 mit Gewalt zusammenhalten, einschließen; **hostem operibus intra muros ~** den Feind durch Befestigungswerke innerhalb der Mauern halten; **flumen ~** den Fluss stauen; **verba ~** Ov. fig Worte in Verse fassen

2 in Ordnung halten, **turbam virgā** die Menge mit der Rute

3 fig in Schranken halten, zügeln; **cupiditates ~** die Begierden zügeln; **seditionem ~** einen Aufstand unterdrücken

4 strafen, züchtigen; **aliquem verberibus ~** j-n mit Schlägen bestrafen

coercitiō ⟨coercitiōnis⟩ F̄ ‖coercere‖ (nachkl.)

1 Einschränkung, Beschränkung

2 Bestrafung; Zwangsmaßnahme; Strafrecht, adversus aliquem/in aliquem gegenüber jdm

coercitor ⟨coercitōris⟩ M̄ ‖coercere‖ (nachkl.) der in Ordnung hält, bes MIL alicuius rei etw; **~ disciplinae militaris** der auf Kriegszucht hält

coetus ⟨coetūs⟩ M̄ ‖coire‖

1 (unkl.) Zusammentreffen, Zusammenfließen von Flüssen, Vereinigung

2 Geschlechtsverkehr; Begattung

3 meton Verein, Versammlung; **~ nocturnus** nächtliche Zusammenrottung; **~ vulgaris** Volksauflauf

co-exercitāre ⟨ō, āvī, ātum 1.⟩ Quint. zugleich einüben

cōgere ⟨cōgō, coēgī, coāctum 3.⟩ ‖co-agere‖

1 zusammenführen, zusammenbringen

2 einsammeln

3 versammeln

4 zusammenhalten

5 zur Versammlung (ein)berufen

6 eintreiben

7 verdichten, verdicken

8 folgern, schließen

9 hineintreiben, hineinzwängen

10 einengen, beengen

11 zwingen, zwängen

---

1 von Personen od Tieren zusammenführen, zusammenbringen; **omnem suam familiam undique ~** seine ganze Familie von überallher zusammenbringen; **oves ~** die Schafe zusammentreiben

2 einsammeln; **aurum ~** Gold anhäufen

3 versammeln, Teile zu einem Ganzen; passiv sich vereinigen

4 MIL zusammenhalten; **agmen ~** die Marschkolonne zusammenhalten, die Nachhut bilden

5 zur Versammlung (ein)berufen; **senatum in curiam ~** den Senat in der Kurie versammeln

6 Geld/Abgaben eintreiben; **pecuniam ~** Geld einkassieren

7 verdichten, verdicken; **lac coactum** geronnene Milch

8 fig log. folgern, schließen, aliquid ex re etw aus

etw, +AcI/ut dass

9 hineintreiben, hineinzwängen; **classem in portum ~** die Flotte in den Hafen zwängen; **aliquem in angustum ~** J-n in die Enge treiben

10 örtl. u. zeitl. einengen, beengen; **ripae amnem cogunt** die Ufer engen den Strom ein; **censuram intra breve spatium ~** die Zensur auf eine kurze Zeit beschränken

11 zwingen, nötigen, *aliquem aliquid* j-n zu etw, (klass.) nur Neutra wie hoc, id, illud, quid, nihil, omnia; **res cogit** die Sache zwingt, der Umstand zwingt dazu, +inf/+Finalsatz; **id cogi non possum** dazu kann ich nicht gezwungen werden; **coactus** gezwungen; RHET gesucht, krampfhaft; **necessitate coactus** durch die Notwendigkeit gezwungen; **lacrimae coactae** geheuchelte Tränen

cōgitābilis ⟨cōgitābile⟩ ADJ ||cogitare|| (nachkl.) denkbar

cōgitāre ⟨ō, āvī, ātum 1.⟩ ||co-agitare||

A intransitives Verb
1 denken
2 bedacht sein
B transitives Verb
1 bedenken, an
2 ausdenken, ersinnen
3 beabsichtigen

— A intransitives Verb —

VI

1 denken; an *etw*/j-n denken, *de aliquo/de re*; über *etw* nachdenken, *de re*; **de rerum natura** über die Natur der Dinge nachdenken; **bene/male ~ de aliquo** gut/schlecht von j-m denken; **in aliquem ~** gegen j-n gesinnt sein; **cogito, ergo sum** (nlat.) ich denke, also bin ich, *erkenntnistheoretischer Grundsatz bei Descartes*

2 bedacht sein, **de salute alicuius** auf j-s Wohl; **eo die in Tusculano esse cogitabam** ich gedachte, an diesem Tag in Tusculanum zu sein

— B transitives Verb —

VT

1 *etw* bedenken, an *etw* denken, *aliquid*; **multa in animo suo ~** vieles im Inneren erwägen; **maiores ~** an die Vorfahren denken

2 ausdenken, ersinnen, **scelus** ein Verbrechen

3 auf *etw* bedacht sein, *etw* beabsichtigen, *aliquid*, +inf/+Finalsatz; **accusationem ~** eine Anklage beabsichtigen; **in castra se recipere cogitabat** er plante den Rückzug ins Lager; **cogitabat, ne occasionem dimitteret** er war darauf bedacht, keine Gelegenheit verstreichen zu lassen

⚠ **Cogito ergo sum.** Ich denke, also bin ich. *Ausspruch des französischen Philosophen Descartes*

cōgitātim ADV ||cogitatus|| *Plaut.* mit Bedacht, mit Überlegung

cōgitātiō ⟨cōgitātiōnis⟩ F ||cogitare||

1 Denken, Überlegung; **cogitatione comprehendere** durch Denken erfassen; **cogitatione fingere** sich vorstellen; **in cogitationem cadere** denkbar sein; **cogitatione** theoretisch; **cogitatione complecti aliquem absentem** einen Abwesenden in Gedanken umarmen; **~ alicuius rei** Gedanke an etw

2 *Quint.* RHET das Überdenken *als Vorbereitung einer Rede*

3 Denkvermögen, Vorstellungskraft; **particeps rationis et cogitationis** im Besitz der Vernunft und des Denkvermögens

4 Gedanke, Vorstellung; **cogitationes suas litteris mandare** seine Gedanken schriftlich niederlegen

5 Vorhaben, Absicht; **cogitationibus alicuius obstare** j-s Plänen Widerstand leisten; **~ rerum novarum** Plan von Veränderungen

cōgitātum ⟨ī⟩ N ||cogitatus|| Gedanke, Plan

cōgitātus ⟨a, um, *adv* cōgitātē⟩ ADJ ||cogitare|| durchdacht, wohlerwogen; **diu cogitatae** lange durchdachte Angelegenheiten; **cogitate scribere** mit Überlegung schreiben

cognātiō ⟨cognātiōnis⟩ F

1 Blutsverwandtschaft; **alicui propinqua ~ est cum aliquo** j-d ist mit j-m eng verwandt

2 *meton* Verwandtschaft, die Verwandten, Familie, Sippe

3 *fig* Übereinstimmung, innere Ähnlichkeit; **~ studiorum et artium** geistige und künstlerische Übereinstimmung

co-gnātus ⟨a, um⟩ ADJ

1 blutsverwandt *von väterlicher u. mütterlicher Seite, poet auch von leblosen Dingen, alicui* mit j-m

2 *fig* zugehörig, ähnlich; **vocabula rebus cognata** mit den Tatsachen übereinstimmende Worte

cognitiō ⟨cognitiōnis⟩ F ||cognoscere||

1 Kennenlernen, Bekanntschaft, *alicuius* mit j-m

2 Erkenntnis *von geistigen od theoretischen Zusammenhängen*, Erforschung, *alicuius rei* von etw; **facilem cognitionem habere** leicht zu erkennen sein; **~ atque ars** wissenschaftliche Bildung

3 Vorstellung, Begriff, *alicuius rei* von etw

4 richterliche Untersuchung, *alicuius rei/de re* einer Sache

5 *Ter.* Wiedererkennen; = **agnitio**

cognitor ⟨cognitōris⟩ M ||cognoscere||

1 JUR Identitätszeuge, *der in unbekannter Umgebung den Namen u. die bürgerliche Stellung einer Person bezeugt*; Gewährsmann

2 JUR *öffentlich legitimierter* Vertreter einer Partei vor Gericht; ↔ **procurator**

3 *poet* öffentlicher Ankläger, Staatsanwalt

4 (*spätl.*) Untersuchungsrichter

5 *fig* Vertreter, **huius sententiae** dieser Meinung

cognitūra ⟨ae⟩ F ||cognitor|| (*nachkl.*) Staatsanwaltschaft

cognitus¹ ⟨a, um⟩ ADJ ||cognoscere|| bekannt, erprobt

cognitus² ⟨a, um⟩ PPP → **cognoscere**

cognōbilis ⟨cognōbile⟩ ADJ ||cognoscere|| (*vkl., nachkl.*) verständlich; **libri his solis cognobiles** die nur diesen verständlichen Bücher

co-gnōmen ⟨cognōminis⟩ N ||nomen||

1 Familienname *zur Unterscheidung der Linien einer gens*

2 Beiname, *der wegen einer bes Tat od eines Merkmals gegeben wird, z. B. Africanus, Magnus*

3 Schimpfname, Spitzname

4 Name, Bezeichnung *bei geografischen Begriffen*

5 Name, Bezeichnung *in Dichtungen*

cognōmentum ⟨ī⟩ N (*unkl.*) = **cognomen**

cognōmināre ⟨ō, āvī, ātum 1.⟩ ||cognomen|| mit einem Beinamen benennen; *allg.* benennen

cognōminātus ⟨a, um⟩ ADJ ||cognominare|| gleichbedeutend, sinnverwandt; **verba cognominata** Synonyme

cognōminis ⟨cognōmine⟩ ADJ ||cognomen|| (*unkl.*) gleichnamig; *Gell.* GRAM sinnverwandt, synonym

cō-gnōscere ⟨gnōscō, gnōvī, gnitum 3.⟩

1 erkennen, kennenlernen

2 wiedererkennen, anerkennen

3 Identität bezeugen

4 sich einlassen

5 wahrnehmen, bemerken

6 zu erkennen suchen

7 auskundschaften

8 untersuchen, prüfen

---

1 erkennen, kennenlernen *sowohl durch sinnliche Wahrnehmung als auch durch geistige Erkenntnis, aliquem/aliquid* j-n/etw, *+dopp. akk/+gen qualitatis/+abl qualitatis*; **aliquem fortem ~** j-n als tapfer kennen lernen; **aliquem magni animi/exiguā virtute ~** j-n als Mann von Größe/von hoher Qualität kennen lernen; **aliquid re/ex re/a re ~** etw aus etw erkennen; **cognoscimus id verum esse** wir erkennen, dass dies wahr ist; **res vera esse cognoscitur** die Sache wird als wahr erkannt; **non cognoscimus, an verum sit** wir wissen nicht, ob dies wahr ist; **cognoscendus** erkennbar; **hac re cognitā** als man dies erkannt hatte; **cognovisse** erkannt haben = kennen

2 wieder erkennen, anerkennen; **signum ~** das Siegel wieder erkennen

3 JUR j-s Identität bezeugen

4 (*nachkl.*) *poet* mit j-m schlafen, *aliquem*; **virgo virum cognoscit** die Jungfrau lässt sich mit einem Mann ein

5 wahrnehmen, bemerken, einsehen, erfahren; **cognovisse** wissen, verstehen; **cognitum est** man weiß aus Erfahrung; **cognito** nachdem man erfahren hatte

6 Erkundigungen einziehen, zu erfahren suchen, *aliquid* etw, *de re* über etw, *+AcI/+indir Fragesatz*; *auch* besuchen

7 MIL auskundschaften

8 untersuchen, prüfen; *auch* JUR verhören, *absolut od aliquid* etw, *de re* in Bezug auf etw; **causam ~** die Angelegenheit untersuchen; **de hereditate ~** sich über die Erbfolge informieren

co-gnōvī → **cognoscere**

cohaerentia ⟨ae⟩ F ||cohaerere|| Zusammenhang

▶ deutsch: **Kohärenz**

co-haerēre ⟨haereō, haesī, haesūrus 2.⟩

1 verbunden sein, verwachsen sein, *alicui rei/cum re/re* mit etw, *inter se* untereinander

2 in sich zusammenhängen, organisch zusammenhängen; **inter se non cohaerentia dicere** Unzusammenhängendes reden

3 Halt haben, Bestand haben; **virtutes sine beata vita ~ non possunt** die Tugenden können ohne ein glückliches Leben keinen Bestand haben

4 bestehen, *re* aus etw

co-haerēscere ⟨haerēscō, haesī, - 3.⟩ ||cohaerere|| zusammenwachsen, sich verbinden, *inter se* untereinander

co-hērēs ⟨co-hērēdis⟩ M u. F Miterbe, Miterbin, *alicuius/alicui* j-s

co-hibēre ⟨eō, uī, itum 2.⟩ ||habere||

1 zusammenhalten, zusammenfassen, **crinem nodo** das Haar durch einen Knoten

2 fest umschließen; enthalten

3 (*nachkl.*) *poet* zurückhalten, festhalten, **milites inter castra** die Soldaten in den Lagern

4 *fig* von *etw* abhalten, fernhalten, *aliquid a re* etw von etw; **manum a praeda ~** die Hand von der Beute fernhalten

5 *fig* zügeln, bändigen, hemmen; **bellum ~**

den Krieg verhindern
co-honestāre ⟨ō, āvī, ātum 1.⟩
1 zusammen mit anderen ehren
2 sehr ehren; feiern
co-horrēscere ⟨horrescō, horruī, - 3.⟩ zusammenschaudern, erschrecken
co-hors ⟨cohortis⟩ F
1 (nachkl.) umzäunter Ort, Gehege
2 meton Kohorte, MIL Einheit von 600–1000 Mann, bestehend aus drei Manipeln, mit je zwei Zenturien; zehn Kohorten ergaben eine Legion
3 Gefolge eines röm. Statthalters in der Provinz
4 allg. Schar, Mannschaft für die verschiedenen öffentlichen Dienste; **cohortes vigilum** Feuerwehr

▶ **cohors**

Nach der Heeresreform des **Marius** Ende des 2. Jahrhunderts v. Chr. war die Kohorte eine Truppe von Soldaten, die aus drei **manipuli** oder sechs **centuriae** bestand. Mit anfänglich 600 Soldaten bildete sie den 10. Teil einer Legion. Die Zahlen schwanken im Lauf der Geschichte.

WORTSCHATZ

co-hortārī ⟨or, ātus sum 1.⟩ ermutigen, anfeuern, aliquem ad aliquid j-n zu etw, ut/ne mit konjkt/+inf
cohortātiō ⟨cohortātiōnis⟩ F ||cohortari|| Aufmunterung, Zuspruch, alicuius j-s od durch jdn
cohorticula ⟨ae⟩ F ||cohors|| kleine Kohorte
Cōī → Cous
co-icere ⟨iciō, iēcī, iectum 3.⟩ = conicere
co-iī → coire
coincidentia ⟨ae⟩ F (mlat.) Zusammenfallen
co-inquināre ⟨ō, āvī, ātum 1.⟩ (vkl., nachkl.) besudeln, beflecken
co-īre ⟨eō, iī, itum 0.⟩
A VI
1 von Mensch u. Tier zusammenkommen, sich versammeln, cum aliquo mit j-m, in locum/ad locum an einem Ort, apud aliquem bei j-m
2 (unkl.) mitgehen, zusammengehen
3 feindlich zusammenstoßen, zusammentreffen
4 zusammentreten, sich vereinigen, absolut od alicui/cum aliquo mit j-m, de re wegen etw, ad aliquid/in aliquid zu etw; **in foedera ~** sich zu Bündnissen vereinen; **aquae coeunt in vallem** die Wassermassen strömen im Tal zusammen
5 (nachkl.) poet miteinander schlafen; von Tieren sich paaren; **nuptiis ~ cum aliquo** sich ehelich mit j-m verbinden; **stupro ~ alicui/cum aliquo** mit j-m die Ehe brechen
6 MIL sich sammeln
7 (nachkl.) poet von Leblosem sich schließen, gerinnen; **vulnera coeunt** Wunden schließen sich; **sanguis coit** das Blut gerinnt; **aqua coit** Wasser gefriert
8 VT **societatem ~** einen Bund schließen, ein Bündnis eingehen
coitiō ⟨coitiōnis⟩ F ||coire||
1 Ter. feindlich Zusammenstoß
2 POL Vereinigung mehrerer Personen zu politischen Zwecken; Komplott
3 (spätl.) Geschlechtsverkehr; Begattung
co-itum PPP → coire
coitus ⟨coitūs⟩ M ||coire|| (nachkl.)
1 poet Vereinigung, Verbindung
2 Geschlechtsverkehr; Begattung
3 GRAM Verschmelzung von Silben zu Wörtern
col- = com-
colaphus ⟨ī⟩ M (vkl., nachkl.) Faustschlag, Ohrfeige
cōlāre ⟨ō, āvī, ātum 1.⟩ ||colum|| (nachkl.) poet durchseihen, reinigen
Colax ⟨Colācis⟩ M „der Schmeichler", Komödienfigur bei Menander
Colchicus ⟨a, um⟩ ADJ ||Colchis|| kolchisch
Colchis ⟨Colchidis⟩ F
1 Landschaft s. des Kaukasus, bekannt durch das Goldene Vlies, heute Georgien
2 Kolchierin, bes Medea
Colchus
A ⟨a, um⟩ ADJ ||Colchis|| kolchisch
B ⟨ī⟩ M Kolchier
colēns ⟨colentis⟩ M ||colere|| Verehrer; pl Bewohner
colere ⟨colō, coluī, cultum 3.⟩
A VT
1 Land bebauen; (vkl.) poet Ackerbau betreiben; **agrum ~** das Feld bestellen
2 Pflanzen anbauen, ziehen; **vitem ~** einen Weinstock pflanzen
3 bewohnen; **urbem ~** eine Stadt bewohnen
4 pflegen; Sen. verpflegen; **milites artē ~** die Soldaten knapp verpflegen; **se opulenter ~** sich üppig verpflegen; **corpus ~** (nachkl.) poet den Körper pflegen, den Körper schmücken
5 geistig pflegen, veredeln
6 Sorge tragen, aliquem/aliquid für j-n/für etw; verehren, anbeten; **deum ~** Gott verehren; **~ pro deo/in deorum numero** als Gott verehren; **sacra ~** Opfer feiern; **patres ~** die Eltern ehren
B VI wohnen, ansässig sein; **extra urbem ~** außerhalb der Stadt wohnen
cōleus ⟨ī⟩ M Hoden; Hodensack; **si coleos haberemus** Petr. vulg wenn wir Männer wären, wenn wir Mut hätten

cōliculus ⟨ī⟩ M̄ *vulg* = **cauliculus**
cōlis ⟨cōlis⟩ M̄ *vulg* = **caulis**
col-labāscere ⟨āscō, -, - 3.⟩ *Plaut.* zu schwanken beginnen
col-labefactāre ⟨ō, āvī, ātum 1.⟩ *Ov.* zum Schwanken bringen
col-labefierī ⟨fīō, factus sum 0.⟩ (*unkl.*) zusammenbrechen, zusammenstürzen; *Nep.* POL gestürzt werden, *ab aliquo* von jdm
col-lābī ⟨lābor, lāpsus sum 3.⟩ (*unkl.*)
1 zusammenbrechen
2 *von Bauten* einstürzen, verfallen
3 *von Personen* ohnmächtig werden
col-lacerātus ⟨a, um⟩ ADJ *Tac.* ganz zerfleischt
col-lacrimāre ⟨ō, āvī, ātum 1.⟩ in Tränen ausbrechen, beweinen, *absolut od aliquid*
collacrimātiō ⟨collacrimātiōnis⟩ F̄ ||collacrimare|| Tränenerguss
col-lactea ⟨ae⟩ F̄ ||lacteus|| *Iuv.* Milchschwester
col-lāpsus ⟨a, um⟩ PPERF → **collabi**
collāre ⟨collāris⟩ N̄ ||collum|| (*vkl.*) Halseisen, Halsfessel *für Sklaven*; Halsband *für Hunde*
Collātia ⟨ae⟩ F̄ alte sabinische Stadt ö. von Rom, heute Lunghezza
collātīcius ⟨a, um⟩ ADJ ||conferre|| (*nachkl.*) zusammengetragen, geliehen
Collātīnus
A ⟨a, um⟩ ADJ aus Collatia, von Collatia
B ⟨ī⟩ M̄ Einwohner von Collatia
collātiō ⟨collātiōnis⟩ F̄ ||conferre||
1 Zusammentragen, Vereinigung
2 (*nachkl.*) Sammeln von Geld, Geldgeschenk *für den Kaiser*
3 *fig* Vergleich, *alicuius* j-s, *mit* j-m; RHET Gleichnis; ~ **rationis** Analogie
4 (*mlat.*) Imbiss, Besprechung; Gebet
collātīvus ⟨a, um⟩ ADJ ||conferre|| *Plaut.* zusammengetragen, vollgestopft
collātor ⟨collātōris⟩ M̄ ||conferre|| *Plaut.* Spender, Beitragszahler *zu einem Gelage*
col-lātrāre ⟨ō, āvī, ātum 1.⟩ *Sen.* anbellen
collatus² *nur abl* ⟨collātū⟩ M̄ (*nachkl.*) = **collatio**; *bes* feindlicher Zusammenstoß; **in collatu armorum** beim Zusammenstoß der Waffen
col-lātus¹ ⟨a, um⟩ PPP → **conferre**
col-laudāre ⟨ō, āvī, ātum 1.⟩ sehr loben, rühmen
collaudātiō ⟨collaudātiōnis⟩ F̄ ||collaudare|| Belobigung
col-laxāre ⟨ō, āvī, ātum 1.⟩ *Lucr.* erweitern, weit machen
collēcta ⟨ae⟩ F̄ ||colligere|| Beitrag; (*spätl.*) Kollekte, Sammlung; (*mlat.*) Kolleggeld
collēctāneus ⟨a, um⟩ ADJ (*nachkl.*) gesammelt; **dicta collectanea** Sentenzensammlung, *eine Jugendschrift Caesars*
collēctīcius ⟨a, um⟩ ADJ ||colligere|| zusammengelesen, zusammengerafft
collēctiō ⟨collēctiōnis⟩ F̄ ||colligere||
1 Zusammenlesen, Sammeln
2 RHET kurze Zusammenfassung
3 PHIL Schluss, Syllogismus
4 (*nachkl.*) MED Ansammlung verdorbener Säfte
collēctīvus ⟨a, um⟩ ADJ ||colligere||
1 (*nachkl.*) angesammelt
2 (*nachkl.*) syllogistisch
3 kollektiv; **nomen collectivum** *Quint.* Sammelname, Sammelbegriff
collēctus¹ ⟨collēctūs⟩ M̄ ||colligere|| (*nachkl.*) *poet* Ansammlung
collēctus² ⟨a, um, *adv* collēctē⟩ ADJ ||colligere|| (*nachkl.*) kurz gefasst, bündig
col-lēctus³ ⟨a, um⟩ PPP → **colligere**
collēga ⟨ae⟩ M̄
1 Kollege, Amtsgenosse
2 Kamerad, Standesgenosse
col-lēgī → **colligere**
collēgium ⟨ī⟩ N̄ ||con, lex||
1 Amtsgemeinschaft, Gremium *von Amtsinhabern*; **consul per tot collegia expertus** ein in so vielen Amtsgemeinschaften erfahrener Konsul; ~ **decemvirale** Kollegium der Dezemvirn
2 Gemeinschaft, Kollegium *von Priestern*; ~ **augurum** Kollegium der Auguren
3 Genossenschaft, Zunft; ~ **fabrorum** Innung der Handwerker
col-lēvāre ⟨ō, āvī, ātum 1.⟩ (*nachkl.*) glätten
col-lībertus ⟨ī⟩ M̄ Mitfreigelassener
col-libet ⟨libuit *u.* libitum est, libēre 2.⟩ *unpers* es beliebt, es gefällt, *alicui* j-m, +*inf*
col-līdere ⟨līdō, līsī, līsum 3.⟩ ||laedere||
1 zusammenstoßen, zusammenschlagen, **manūs** die Hände; *passiv* (*nachkl.*) zusammenstoßen; **naves colliduntur** die Schiffe stoßen zusammen
2 (*nachkl.*) *poet* entzweien; *passiv* feindlich zusammenstoßen, *alicui* mit j-m, *inter se* miteinander
3 zerschlagen, zerdrücken
col-ligāre ⟨ō, āvī, ātum 1.⟩ ||ligare||
1 zusammenbinden, zusammenknüpfen
2 *fig* verbinden, vereinigen; **homines dissociatos** ~ entzweite Menschen vereinen; **sententias verbis** ~ RHET die Gedanken mit Worten verbinden; **multa uno libro** ~ viel in einem einzigen Buch zusammenfassen
3 *mit einer Binde* verbinden, **vulnera** Wunden
4 binden, fesseln
5 *fig in der Bewegung* hemmen, **impetum ali-**

cuius j-s Ansturm
colligātiō ⟨colligātiōnis⟩ F ||colligare|| Verbindung, Vereinigung

col-ligere ⟨ligō, lēgī, lēctum 3.⟩ ||legere||

1. zusammenlesen, sammeln
2. zusammenziehen, zusammenbringen
3. enger zusammennehmen
4. zusammensuchen, sammeln
5. sich erholen, sich wieder fassen
6. erwerben, sich zuziehen
7. aufzählen, zusammenfassen

1. zusammenlesen, sammeln, **flores** Blumen; **uvas de vitibus** ~ Trauben lesen; **habenas** ~ Zügel anziehen, Zügel straffen
2. *auf einen Punkt* zusammenziehen; MIL konzentrieren; **pulverem** ~ Staub aufwirbeln; **nubes ex alto** ~ Wolken aus dem Meer auftürmen; **milites a fuga/ex fuga** ~ die Soldaten aus der Flucht(bewegung) zusammenziehen
3. enger zusammennehmen; raffen, **togam** ~ die Toga raffen; **in nodum** ~ zu einem Knoten schlingen
4. *fig* zusammensuchen, sammeln, **facete dicta** Witze
5. **se/animum** ~ *fig* sich erholen, sich wieder fassen
6. *fig* erwerben, sich zuziehen; **gratiam** ~ Dank ernten; **odium** ~ sich Hass zuziehen; **sitim** ~ Durst bekommen; **frigus** ~ sich erkälten
7. *fig* aufzählen, zusammenfassen; folgern; **omnia bella civilia** ~ alle Bürgerkriege aufzählen; **sparsa argumenta** ~ die verstreuten Argumente zusammenfassen; **inde paucitatem hostium** ~ daraus auf die geringe Zahl der Feinde schließen

▶ englisch: **collect**
französisch: **cueillir**
italienisch: **cogliere**

col-līneāre ⟨ō, āvī, ātum 1.⟩

A VT geradeaus schleudern, zielen, **hastam** die Lanze

B VI richtig zielen, treffen

col-linere ⟨liniō, lēvī, litum 3.⟩ (unkl.) bestreichen, beschmutzen, *aliquid re* etw mit etw
col-līniāre ⟨ō, āvī, ātum 1.⟩ = **collineare**
Collīnus ⟨a, um⟩ ADJ ||collis||

1. am collis Quirinalis gelegen, des collis Quirinalis; **porta Collina** Tor zwischen Quirinal u. porta Flaminia
2. *poet* an der porta Collina gelegen

col-liquefactus ⟨a, um⟩ ADJ ganz geschmolzen, aufgelöst
collis ⟨collis⟩ M Hügel, Anhöhe
col-līsī → **collidere**
collīsiō ⟨collīsiōnis⟩ F ||collidere|| (spätl.) Zusammenstoß, Erschütterung
collīsus[1] ⟨a, um⟩ PPP → **collidere**
collīsus[2] ⟨collīsūs⟩ M ||collidere|| (nachkl.) Zusammenstoß

col-locāre ⟨ō, āvī, ātum 1.⟩

1. zusammenstellen, dazustellen
2. aufstellen, hinstellen
3. unterbringen
4. ansiedeln
5. richtig einrichten, anordnen
6. verheiraten
7. anlegen, investieren
8. sich befassen

1. zusammenstellen, dazustellen; **tribunal iuxta sellam** ~ den Richterstuhl neben den Amtsstuhl stellen
2. aufstellen, errichten, legen; **statuam** ~ eine Statue aufstellen; **custodias** ~ Wachen aufstellen; **librum in mensa** ~ ein Buch auf den Tisch legen
3. unterbringen; *fig* zu einer Klasse zählen; **comites apud hospitem** ~ die Begleiter bei einem Gastfreund unterbringen; **sese Athenis** ~ sich in Athen niederlassen
4. ansiedeln; MIL stationieren; **colonos in insula** ~ die Kolonisten auf einer Insel ansiedeln; **philosophiam in urbibus** ~ *fig* die Philosophie in den Städten ansiedeln; **milites in hibernis** ~ die Soldaten ins Winterlager verlegen
5. *fig* richtig einrichten, anordnen, **verba** die Worte; **satis de re** ~ schriftlich genügend über etw berichten
6. *ein Mädchen* verheiraten; **filiam alicui in matrimonio/in matrimonium** ~ die Tochter mit j-m verheiraten
7. *Geld* anlegen, investieren
8. auf *etw* verwenden; **se** ~ sich mit *etw* befassen, sich auf *etw* verlegen, *in re*; **adulescentiam in voluptatibus** ~ seine Jugend in Lustbarkeiten vergeuden; **in cognitione et scientia se** ~ sich auf Forschung und Wissenschaft verlegen

collocātiō ⟨collocātiōnis⟩ F ||collocare||

1. Stellung, Anordnung
2. Verheiratung, **filiae** der Tochter

col-locuplētāre ⟨ō, āvī, ātum 1.⟩ (unkl.) bereichern, **se** sich
collocūtiō ⟨collocūtiōnis⟩ F = **colloquium**
col-locūtus ⟨a, um⟩ PPERF → **colloqui**
col-loquī ⟨loquor, locūtus sum 3.⟩ sich besprechen, sich unterhalten, *cum aliquo* mit j-m,

inter se miteinander; **secum ~** mit sich zurate gehen; **per litteras ~ cum aliquo** mit j-m korrespondieren

colloquium ⟨ī⟩ N̄ ||colloqui|| Besprechung, Gespräch; *pl* Korrespondenz; (*mlat.*) Versammlung
▶ deutsch: **Kolloquium**

col-lubet = collibet

col-lūcēre ⟨eō, -, - 2.⟩ von allen Seiten leuchten, ganz hell sein; *fig* glänzen, hervorstechen

col-luctārī ⟨or, ātus sum 1.⟩ ringen, *alicui/cum aliquo* mit jdm

colluctātiō ⟨colluctātiōnis⟩ F̄ ||colluctari|| (*nachkl.*) Ringen; *bes* Todeskampf

col-lūdere ⟨lūdō, lūsī, lūsum 3.⟩
1 mit j-m spielen, *alicui*
2 mit j-m unter einer Decke stecken, *cum aliquo*

col-luere ⟨luō, luī, lūtum 3.⟩ (*unkl.*) bespülen, benetzen; **ora ~** *Ov. poet* den Durst löschen

collum ⟨ī⟩ N̄
1 *von Mensch u. Tier* Hals; **invadere in collum alicuius** j-m um den Hals fallen, **collum (ob)torquere alicui** j-n beim Kragen fassen und vor Gericht schleppen; **collum dare** sich unterwerfen
2 *poet* Kopf, Haupt
3 *fig* Hals *der Flasche*
4 (*mlat.*) Bergrücken
5 (*nlat.*) MED schmale Stelle *eines Organs*

collus ⟨ī⟩ M̄ (*altl.*) = collum

collūsiō ⟨collūsiōnis⟩ F̄ ||colludere|| geheimes Einverständnis

collūsor ⟨collūsōris⟩ M̄ (*nachkl.*) *poet* Spielgefährte; Mitspieler *beim Glücksspiel*

col-lūstrāre ⟨ō, āvī, ātum 1.⟩
1 erleuchten, hell einfärben
2 *fig* genau besichtigen, genau betrachten

col-lutulentāre ⟨ō, āvī, ātum 1.⟩ ||lutulentus|| *Plaut.* besudeln, entehren

colluviēs ⟨colluviēī⟩ F̄, **colluviō** ⟨colluviōnis⟩ F̄ Zusammenfluss von Unrat; *meton* Unrat; Gesindel

collybus ⟨ī⟩ M̄ Aufgeld *bei Wechselgeschäften*; *meton* Geldwechsel

collȳra ⟨ae⟩ F̄ *Plaut.* grobes Brot

collyricus ⟨a, um⟩ ADJ aus Brot; **ius collyricum** Brotsuppe

collȳrium ⟨ī⟩ N̄ (*nachkl.*) *poet* Augensalbe

colocāsium ⟨ī⟩ N̄ (*nachkl.*) *poet* indische Wasserrose

cōlon ⟨cōlī⟩ N̄ (*nachkl.*) Glied, Teil *eines Verses od einer Periode*

colōna ⟨ae⟩ F̄ ||colonus|| (*Ov., spätl.*) Bäuerin, Frau eines Pächters

Colōnae ⟨ārum⟩ F̄ Stadt in der Troas, s. von Alexandria Troas

Colōnēus ⟨a, um⟩ ADJ des → Colonus; **Oedipus ~** *Titel einer Tragödie des Sophokles*

colōnia ⟨ae⟩ F̄ ||colonus||
1 Bauerngut, Pachtgut
2 Kolonie; Ansiedlung; *meton* die Kolonisten

Colōnia ⟨ae⟩ F̄ häufiger Städtename; **~ Agrippinensis** heute Köln

colōnicus ⟨a, um⟩ ADJ ||colonus|| zu einer Kolonie gehörig; **cohortes colonicae** in römischen Kolonien ausgehobene Truppen

colōnus ⟨ī⟩ M̄ ||colere||
1 Bauer, Pächter
2 Ansiedler, Kolonist
3 Einwohner; **~ catenarum** *Plaut. hum* Zuchthäusler

Colōnus ⟨ī⟩ M̄ Hügel u. Gemeinde an der Nordseite Athens

Colophōn ⟨Colophōnis⟩ F̄ Stadt in Ionien zwischen Smyrna u. Ephesus, Ruinen beim heutigen Degirmendere

Colophōnius ⟨a, um⟩ ADJ aus Colophon, von Colophon

Colophōnius ⟨ī⟩ M̄ Einwohner von Colophon

color ⟨colōris⟩ M̄
1 Farbe

▶ **colonia**

Die römischen Kolonien waren ein wichtiges Instrument zur Romanisierung von besetzten Gebieten. Es gab zwei Arten von Kolonien:
Die **coloniae civium Romanorum** bestanden aus römischen Bürgern, die jeweils einige *iugera* Land auf von Römern erobertem Gebiet erhielten. Durch sie wurde erobertes Land kontrolliert. Die Verwaltung dieser coloniae ging von Rom aus.
Bei der Gründung einer **colonia Latina** verlieren die Siedler ihr heimisches Bürgerrecht und übernehmen das der neu gegründeten Kolonie. Die Verwaltung ist ungleich weniger von Rom abhängig, als das bei den coloniae civium Romanorum der Fall ist. Die colonia Latina wird als römische Bundesgenossin angesehen. Seit Marius wurde an entlassene Soldaten erobertes und eingezogenes Land verteilt, um Militärkolonien zu gründen.

RÖMISCHES LEBEN

2 Gesichtsfarbe; *meton* Schönheit *bes der Blumen;* **sine colore** blass
3 Färbung, Aussehen
4 *fig von der Rede* Ton, Klangfarbe, Kolorit
colōrāre ⟨ō, āvī, ātum 1.⟩ ||color|| färben, dunkel färben; *fig der Rede* Kolorit geben; *passiv u.* **se ~** Kolorit annehmen
colōrātus ⟨a, um⟩ ADJ ||colorare|| gefärbt, farbig; **non ~** *Sen.* ungeschminkt
coloss(i)aeus, coloss(i)eus ⟨a, um⟩ ADJ (*nachkl.*) riesengroß; **amphitheatrum Colosseum** Colosseum *in Rom*
colossus ⟨ī⟩ M (*nachkl.*) *poet* Koloss, Riesenbildsäule, *bes Statue des Sonnengottes in Rhodos*
colostra ⟨ae⟩ F = **colustra**
colostrum ⟨ī⟩ N = **colustrum**
coluber ⟨colubrī⟩ M (*nachkl.*) *poet* kleine Schlange, Hausschlange
colubra ⟨ae⟩ F ||coluber|| (*unkl.*) Schlangenweibchen
colubri-fer ⟨colubrifera, colubriferum⟩ ADJ ||coluber, ferre|| *poet* Schlangen tragend, *Beiname der Medusa*
colubrīnus ⟨a, um⟩ ADJ ||coluber|| *Plaut.* schlangenartig; listig
coluī → **colere**
cōlum ⟨ī⟩ N (*unkl.*) Sieb, Filtriergefäß, *bes zum Durchseihen des Weines*
columba ⟨ae⟩ F Taube, *der Venus heilig;* **mea columba** *Plaut.* Kosewort mein Täubchen
columbar ⟨columbāris⟩ N ||columba|| *Plaut.* Halsfessel für Sklaven, *wegen der Ähnlichkeit mit dem Schlupfloch des Taubenschlages*
columbārī ⟨or, ātus sum 1.⟩ ||columba|| sich nach Taubenart küssen, schnäbeln
columbārium ⟨ī⟩ N ||columbar|| (*vkl., nachkl.*) Taubenhaus, Taubenschlag; (*spätl.*) *bes frühchr.* unterirdische Begräbnisstätte mit in die Wände eingelassenen Nischen
columbīnus ⟨a, um⟩ ADJ ||columba|| Tauben...; **ovum columbinum** Taubenei
columbula ⟨ae⟩ F ||columba|| *Plaut.* Täubchen
columbulus ⟨ī⟩ M ||columbus|| *Plin.* Täubchen
columbus ⟨ī⟩ M ||columba|| (*unkl.*) (männliche) Taube, Täuberich
columella ⟨ae⟩ F ||columna|| kleine Säule, Pfosten
Columella ⟨ae⟩ M *L. Iunius Moderatus Columella, Schriftsteller des 1. Jh. n. Chr., aus Gades, schrieb über die Landwirtschaft (De re rustica)*
columen ⟨columinis⟩ N
1 Spitze, Gipfel
2 *fig* Gipfel, Spitze; **~ audaciae** Gipfel an Frechheit; **~ amicorum** der engste Freund
3 Säule, Balken; *fig* Stütze; **~ rei publicae** Stütze des Staates

columis ⟨colume⟩ ADJ *Plaut.* = **incolumis**
columna ⟨ae⟩ F
1 Säule, runder Pfeiler *als Stütze u. Schmuck;* **amentem in columnas incurrere** *Sprichwort* mit dem Kopf gegen die Wand rennen
2 **~ rostrata** *Quint.* die mit Schiffsschnäbeln verzierte Säule, *in den ersten Punischen Krieg zu Ehren von Duilius errichtet;* **~ Maenia** Schandsäule des Maenius *am Forum, an der über Sklaven, Diebe u. Bankrotteure Gericht gehalten wurde*
3 **columnae Herculis** (*nachkl.*) die Säulen des Herkules, *Vorgebirge des Kleinen Atlas in Nordafrika an der Straße von Gibraltar, galt im Altertum als Westgrenze der Erde*
4 **columnae Protei** *Verg.* die Säulen des Proteus, *die Insel Pharos, galt im Altertum als Ostgrenze der Erde*
5 *Sen. fly* Feuersäule; *Lucr.* Wassersäule
6 *Hor. fig von Augustus* Stütze
▶ *deutsch:* **Kolumne**
columnāriī ⟨ōrum⟩ M ||columna|| Gesindel, Mob, *eigentlich an der columna Maenia abgeurteilte Leute*
columnārium ⟨ī⟩ N ||columnarius|| Säulensteuer, *von Caesar eingeführte Steuer zur Einschränkung des Bauluxus*
columnārius ⟨a, um⟩ ADJ ||columna|| (*unkl.*) Säulen...; **atria columnaria** mit Säulen geschmückte Atrien
columnātus ⟨a, um⟩ ADJ ||columna|| *Plaut.* auf die Hand gestützt
colurnus ⟨a, um⟩ ADJ ||corulus|| *Verg.* aus Haselholz
colus ⟨colūs⟩ M *u.* ⟨ī⟩ F (*spätl.*) *poet* Spinnrocken; *meton* Wollfaden; *fig* Lebensfaden
colustra ⟨ae⟩ F, **colustrum** ⟨ī⟩ N *auch* PL Biestmilch, erste Milch der Kuh nach dem Kalben, galt als Delikatesse; *Plaut.* Kosewort
colūtea ⟨ōrum⟩ N *Plaut.* Früchte des Blasenstrauches, *eines 2–4 Meter hohen Zierbaumes des Mittelmeerraumes, den ganzen Sommer blühend*
cōlyphia ⟨ōrum⟩ N *Plaut., Mart.* Schweinefilet, *als Athletenkost bekannt*
com
A PRÄP (*altl.*) = **cum**[1]
B PRÄF **com-**, *meist assimiliert zu* col- *u.* cor-, *vor Vokalen u.* h co-, *vor* s *u.* f con-
1 zusammen
2 gemeinsam
3 zugleich
4 völlig
coma ⟨ae⟩ F
1 Haar; (*nachkl.*) *pl* Locken
2 *von Tieren* Mähne, Wolle *von Schafen*
3 *von Pflanzen* Laub, Ähren
4 *beim Pergament* Haarseite

columna – Säule

1 Dorisch
2 Ionisch
3 Korinthisch
4 Komposit

[5] *poet* Sonnenstrahlen, Lichtstrahlen
comāns ⟨comantis⟩ ADJ ‖comare‖ (*nachkl.*) *poet* behaart, belaubt; **galea ~** Helm mit Helmbusch; **stella ~** Komet
cōmarchus ⟨ī⟩ M *Plaut.* Bürgermeister
comāre ⟨ō, āvī, ātum 1.⟩ ‖coma‖
 A VI (*spätl.*) mit Haaren versehen sein, *nur ppr gebräuchlich*; → comans
 B VI (*spätl.*) mit Haaren versehen, *nur PPP gebräuchlich*; → comatus
comātus ⟨a, um⟩ ADJ ‖comare‖ (*nachkl.*) *poet* behaart, langhaarig; **Gallia comata** das transalpinische Gallien, *nach der Haartracht der Bewohner*; **silva comata** *Catul.* belaubter Wald
com-bibere ⟨bibō, bibī, - 3.⟩
 A VI in Gesellschaft trinken
 B VT
 [1] in sich hineintrinken, verschlucken, **lacrimas suas** seine Tränen
 [2] in sich aufnehmen, gründlich erlernen
combibō ⟨combibōnis⟩ F ‖combibere‖ Zechgenosse
combūrere ⟨ūrō, ussī, ustum 3.⟩ ‖com, urere‖ völlig verbrennen, **aliquid** etw; *fig* vernichten; **diem ~** *Plaut.* den Tag verjubeln
com-edere ⟨edō, ēdī, ēs(s)um 3.⟩
 [1] aufessen, verzehren
 [2] *fig* verprassen, vergeuden
 [3] **se ~** *fig* sich *vor Kummer* verzehren
Cōmēnsis
 A ⟨Cōmēnse⟩ ADJ aus Comum, von Comum
 B ⟨Cōmēnsis⟩ M Einwohner von Comum
cōmere ⟨cōmō, cōmpsī, cōmptum 3.⟩
 [1] *Lucr.* zusammenfügen, vereinen
 [2] das Haar ordnen, kämmen, flechten
comes ⟨comitis⟩ M u. F
 [1] Begleiter, Begleiterin; Gefährte; Teilnehmer, **alicuius rei** an etw, **fugae** an der Flucht
 [2] (*nachkl.*) *poet* Erzieher, Hofmeister
 [3] (*nachkl.*) *poet* Klient, Vertrauter
 [4] (*nachkl.*) Hofdiener, Staatsdiener; *pl* Gefolge; Hofstaat
 [5] (*mlat.*) Graf, Vasall; **~ palatii** Pfalzgraf; **~ stabuli** Marschall
▶ englisch: **count**
  französisch: **conte**
  spanisch: **conde**
  italienisch: **conte**

comētēs ⟨comētae⟩ M̄ (nachkl.) poet Komet
cōmicus
A ⟨a, um⟩ ADJ, ADV ⟨comicē⟩ Komödien..., komisch; **poeta ~** Komödiendichter
B ⟨ī⟩ M̄ Komödiendichter; Plaut. Schauspieler in der Komödie
cōmis ⟨cōme, adv cōmiter⟩ ADJ
1 heiter, munter
2 freundlich, höflich, alicui/in aliquem/erga aliquem gegen j-n, in re in etw, bei etw
cōmissābundus ⟨a, um⟩ ADJ ||comissari|| (nachkl.) umherschwärmend
cōmissārī ⟨or, ātus sum 1.⟩ (unkl.) umherschwärmen, in einem lustigen Zug umherziehen; **ad domum/in domum alicuius ~** bei j-m einkehren
cōmissātiō ⟨cōmissātiōnis⟩ F̄ ||comissari||
1 lustiges Umherschwärmen, fröhlicher Umzug
2 Trinkgelage
cōmissātor ⟨cōmissātōris⟩ M̄ ||comissari||
Zechgenosse, Teilnehmer an einem Umzug; fig Kumpan
comitāre ⟨ō, āvī, ātum 1.⟩, **comitārī** ⟨or, ātus sum 1.⟩
1 begleiten; bes (nachkl.) poet zu Grabe geleiten; passiv begleitet werden; (klass.) nur PPP **comitatus** begleitet, aliquo von j-m; **comitatus militibus** von Soldaten begleitet; **parum comitatus** mit kleinem Gefolge; **bene comitatus** mit großem Gefolge; **comitatior** besser begleitet, besser geleitet
2 sich j-m zugesellen, j-m zur Seite stehen, mit j-m verbunden sein, alicui
cōmitās ⟨cōmitātis⟩ F̄ ||comis||
1 Heiterkeit, Frohsinn
2 Freundlichkeit, Höflichkeit
cōmitātus ⟨cōmitātūs⟩ M̄ ||comitari||
1 abstr. Geleit, Gesellschaft; **comitatu alicuius in j-s Gesellschaft**
2 konkr. Begleitung, Gefolge
3 Hofstaat
4 (mlat.) Grafschaft
comitessa ⟨ae⟩ F̄ (mlat.) = **comitissa**
comitia ⟨ōrum⟩ N → **comitium 2**
comitiālis ⟨comitiāle, adv comitiāliter⟩ ADJ ||comitia||
1 Komitien..., zu den Volksversammlungen gehörig, Wahl...; **mensis ~** Wahlmonat = Januar
2 epileptisch; **morbus ~/vitium comitiale** Fallsucht, Epilepsie, da ein an den Komitientagen auftretender Fall dieser Krankheit als böses Omen galt u. zum Abbruch der Komitien führte
comitiātus ⟨comitiātūs⟩ M̄ Volksversammlung

comitissa ⟨ae⟩ F̄ (mlat.) Gräfin
comitium ⟨ī⟩ N̄
1 Volksversammlungsplatz, in Rom n des Forums; Nep. Ephoreion in Sparta, das Amtshaus der Ephoren, der wichtigsten staatlichen Behörde
2 PL Komitien, Volksversammlung, die von den Magistraten einberufene Versammlung des ganzen Volkes, das nach Kurien, Zenturien od Tribus abstimmte; **comitia consularia/consulum/consulibus creandis** Versammlung für die Wahl der Konsuln; **comitia legis ferendae** Versammlung zur Beantragung eines Gesetzes; **comitia habere/facere/gerere** Komitien abhalten
comma ⟨commatis⟩ N̄ Quint. kleiner Abschnitt einer Periode
▶ deutsch: Komma
com-maculāre ⟨ō, āvī, ātum 1.⟩ beflecken, besudeln, aliquid re etw mit etw
com-manipulāris
A ⟨commanipulāre⟩ ADJ zum gleichen Manipel gehörend
B ⟨commanipulāris⟩ M̄ Manipelkamerad
com-marītus ⟨ī⟩ M̄ Plaut. hum Mitehemann
commater ⟨commatris⟩ F̄ (mlat.) Patin
com-meāre ⟨ō, āvī, ātum 1.⟩ zusammenkommen; verkehren
commeātus ⟨commeātūs⟩ M̄ ||commeare||
1 Plaut., Liv. Gehen und Kommen, Verkehr
2 meton Urlaub, bes von Soldaten
3 Ladung, TransportNachschub; Suet. Gepäck
com-meditārī ⟨or, ātus sum 1.⟩
1 sich etw sorgfältig einprägen
2 Lucr. fig von Leblosem treu wiedergeben
com-meminisse ⟨commeminī 0.⟩ sich genau erinnern, sich besinnen, absolut od aliquem/alicuius an j-n, j-s, auf j-n, aliquid/alicuius rei an etw, einer Sache, auf etw
commemorābilis ⟨commemorābile⟩ ADJ ||commemorare|| erwähnenswert, denkwürdig
com-memorāre ⟨ō, āvī, ātum 1.⟩
1 sich an etw erinnern, aliquid, +AcI/+indir Fragesatz
2 an etw erinnern, aliquid; **amicitiam ~** an die Freundschaft erinnern
3 erwähnen, anführen, aliquid alicui etw gegen j-n; **~ de aliquo** von j-m sprechen; **~ de re** von etw sprechen, +AcI/indir Fragesatz
commemorātiō ⟨commemorātiōnis⟩ F̄ ||commemorare||
1 Erinnerung, alicuius/alicuius rei an j-n/an etw
2 Erwähnung, Anführung, alicuius j-s od durch j-n, alicuius rei einer Sache
3 (eccl.) Gedächtnis; **~ omnium sanctorum** Allerheiligen; **~ animarum** Allerseelen
commendābilis ⟨commendābile⟩ ADJ ||commendare|| (nachkl.)
1 empfehlenswert

2 zur Empfehlung dienend

com-mendāre ⟨ō, āvī, ātum 1.⟩ ||mandare||
1 anvertrauen, übergeben, *auch fig*; **nomen immortalitati ~** seinen Namen unsterblich machen
2 empfehlen, *auch* beliebt machen; *passiv u.* **se ~** sich empfehlen, sich beliebt machen

commendātīcius ⟨a, um⟩ ADJ ||commendare|| zur Empfehlung dienend; **tabellae/litterae commendaticiae** Empfehlungsschreiben

commendātiō ⟨commendātiōnis⟩ F ||commendare||
1 Empfehlung
2 empfehlende Eigenschaft

commendātor ⟨commendātōris⟩ M ||commendare|| *(nachkl.)* Gönner, Fürsprecher

commendātrīx ⟨commendātrīcis⟩ F ||commendator|| Gönnerin, Fürsprecherin

commendātus ⟨a, um⟩ ADJ ||commendare|| empfohlen; empfehlenswert; *(nachkl.)* angenehm, beliebt

commentārī ⟨or, ātus sum 1.⟩ ||comminisci||
1 genau überdenken, reiflich überlegen, *absolut od aliquid* etw, *de re* in Bezug auf etw, *+indir Fragesatz*
2 sich über *etw* besprechen, *cum aliquo* mit j-m, *inter se* untereinander
3 Studien machen, sich vorbereiten
4 vorbereiten, einstudieren, **orationem** eine Rede; **commentatus** einstudiert
5 schriftlich skizzieren, entwerfen
6 *(vkl., nachkl.)* erklären, auslegen, kommentieren

commentāriolum ⟨ī⟩ N, **commentāriolus** ⟨ī⟩ M ||commenarium|| flüchtiger Entwurf, Skizze

commentārium ⟨ī⟩ N, **commentārius** ⟨ī⟩ M ||commentari||
1 Notizbuch, Tagebuch
2 Entwurf, Skizze
3 Chronik; **~ rerum urbanarum** Stadtchronik
4 JUR Protokoll, Aufzeichnung
5 *Quint.* GRAM Beispiele, Exzerpte
6 *(nachkl.)* Kommentar, Erläuterung
7 Memoiren, Denkwürdigkeiten

commentāta ⟨ōrum⟩ N ||commentari|| Vorstudien

commentātiō ⟨commentātiōnis⟩ F ||commentari||
1 Vorbereitung, Studium
2 *(nachkl.) meton* wissenschaftliche Abhandlung, Schrift

commentīcius ⟨a, um⟩ ADJ ||comminisci||
1 erdacht, erfunden
2 eingebildet, ideal
3 *pej* erdichtet, erlogen

commentor ⟨commentōris⟩ M *(nachkl.) poet* Erfinder, Schöpfer; Urheber

commentum ⟨ī⟩ N ||comminisci||
1 Einfall
2 List
3 *poet* Erdichtetes; Lüge

commentus[1] ⟨a, um⟩ ADJ ||comminisci|| erlogen, erdichtet

com-mentus[2] ⟨a, um⟩ PPERF → comminisci

com-mercārī ⟨or, ātus sum 1.⟩ *(vkl., nachkl.)* zusammenkaufen, aufkaufen

commercium ⟨ī⟩ N ||merx||
1 Handel, Geschäftsverkehr; **~ annonae** Getreidehandel; **~ pecuniae** Geldverkehr; **~ vitiorum** Handel mit Luxuswaren
2 *meton* Handelsrecht, Marktrecht; Recht Eigentum in einem Staat zu erwerben und zu übertragen
3 Umgang, Austausch; **~ epistularum** Briefwechsel; **~ linguae** sprachliche Gemeinschaft, Bekanntschaft mit der Sprache; **commercium habere cum aliquo** in Verbindung mit j-m stehen
4 *(nachkl.) poet* Geschlechtsverkehr
▶ *deutsch:* **Kommerz**

com-merēre ⟨eō, uī, itum 2.⟩, *(vkl., nachkl.)*
com-merērī ⟨eor, itus sum 2.⟩
1 *pej* verdienen, **poenam** Strafe
2 *Com. fig* begehen, verschulden

commers ⟨⟨commercis⟩⟩ F *Plaut.* = **commercium**

commētāre[1] ⟨ō, -, - 1.⟩ ||commeare|| *Com.* gewöhnlich seinen Weg gehen, aus und ein gehen, *ad aliquem* zu jdm

com-mētāre[2] ⟨ō, āvī, ātum 1.⟩ durchmessen; **bene ora commetavi** *Plaut. hum* ich habe meine Fäuste auf ihren Gesichtern herumtanzen lassen

com-mētīrī ⟨mētior, mēnsus sum 4.⟩ ausmessen; *fig* messend vergleichen

com-migrāre ⟨ō, āvī, ātum 1.⟩ (hin)wandern, *irgendwohin* ziehen, *ex loco in locum* von einem Ort zu einem anderen

commigrātiō ⟨commigrātiōnis⟩ F ||commigrare|| *Sen.* Wanderung

commilitium ⟨ī⟩ N ||militare|| *(nachkl.) poet* Kriegskameradschaft; Gemeinschaft

com-mīlitō ⟨commīlitōnis⟩ M ||militare|| Kriegskamerad, Waffenbruder; *(mlat.)* Glaubensbruder

com-minārī ⟨or, ātus sum 1.⟩
A VI Drohungen ausstoßen; drohen, *alicui re* j-m mit etw
B VT androhen, mit *etw* drohen; **pugnam ~** mit einer Schlacht drohen

comminātiō ⟨comminātiōnis⟩ F ||commina-

ri|| Bedrohung, Androhung
com-mingere ⟨mingō, mī(n)xī, mīnctum/mictum 3.⟩ *poet* besudeln, bepissen
com-miniscī ⟨mīnīscor, mentus sum 3.⟩
1 *Plaut.* sich auf *etw* besinnen, *aliquid*
2 ausdenken, erdichten
com-minuere ⟨uō, uī, ūtum 3.⟩
1 zerschlagen, zertrümmern
2 *poet* vermindern; schwächen; *passiv von Personen u. Sachen* herunterkommen, verkommen
3 *poet* erweichen, **aliquem lacrimis** j-n mit Tränen
com-minus ADV
1 MIL Mann gegen Mann; ↔ eminus
2 in der Nähe, persönlich; ~ **ire** näher gehen
com-miscēre ⟨misceō, miscuī, mixtum 2.⟩
1 vermischen, vermengen
2 (*nachkl.*) *poet* beimischen, beimengen, *aliquid alicui rei* etw einer Sache
com-miserārī ⟨or, ātus sum 1.⟩
1 (*nachkl.*) beklagen, bedauern
2 RHET in rührseligen Ton übergehen, auf die Tränendrüse drücken
commiserātiō ⟨commiserātiōnis⟩ F ||commiserari|| RHET Bejammern *zur Erregung von Mitleid*; rührseliger Ton *der Rede*
com-miserēscere ⟨ēscō, -, - 3.⟩ (*vkl.*) Mitleid haben, *alicuius* mit j-m; *meist nur unpers* **me commiserescit alicuius** ich fühle Mitleid mit jdm
com-mīsī → committere
commissarius
A ⟨a, um⟩ ADJ (*mlat.*) mit der Besorgung *eines Geschäftes* betraut
B ⟨ī⟩ M (*mlat.*) Beauftragter
commissiō ⟨commissiōnis⟩ F ||committere||
1 öffentlicher Wettkampf *der Redner u. Dichter*
2 RHET Prunkrede, Festrede
commissum ⟨ī⟩ N ||committere||
1 *Liv.* Unternehmen, +adv od adj; **audacter/audax ~** kühnes Unternehmen
2 Vergehen, Frevel, Schuld
3 (*nachkl.*) Enteignung, Konfiskation
4 anvertrautes Geheimnis
5 commissūra ⟨ae⟩ F ||committere|| Verbindung, Band; **~ verborum** RHET Verbindung der Worte
com-missus ⟨a, um⟩ PPP → committere
com-mītigāre ⟨ō, āvī, ātum 1.⟩ *Ter.* mürbe klopfen

com-mittere ⟨mittō, mīsī, missum 3.⟩

1 zusammenführen, verbinden
2 kämpfen lassen
3 zustande bringen, stattfinden lassen
4 übergeben, anvertrauen
5 preisgeben, aussetzen
6 sich anvertrauen, Vertrauen schenken

1 zusammenführen, verbinden, *aliquid alicui rei* etw mit etw; **malos ~** Balken zusammenfügen; **vires ~** Kräfte konzentrieren; **dextram dextrae ~** die Rechte mit der Rechten verbinden
2 kämpfen lassen, aufeinanderhetzen, *Menschen od Tiere*; **infirmas legiones hostibus ~** die schwachen Legionen auf die Feinde hetzen
3 *fig* zustande bringen, beginnen; begehen; **spectaculum ~** ein Schauspiel veranstalten, ein Schauspiel inszenieren; **sermonem ~** ein Gespräch beginnen; **proelium ~** eine Schlacht liefern, *cum aliquo* mit j-m, *contra aliquem* gegen j-n; **scelus ~** ein Verbrechen begehen; **aliquid ~ in aliquem/erga aliquem/adversus aliquem** etw gegen j-n unternehmen; **adversus leges ~** sich gegen die Gesetze vergehen; **noli ~, ut ingratus existimeris** lass es nicht dazu kommen, dass du undankbar erscheinst; **hereditatem ~ alicui** die Erbschaft j-m überlassen; **hereditas committitur alicui** das Erbe fällt j-m zu
4 übergeben, anvertrauen, *alicui aliquid* j-m etw; **alicui ~, ut** j-n beauftragen *etw zu tun*; **salutem consuli ~** die Rettung den Konsul anvertrauen; **collum tonsori ~** den Nacken dem Barbier anvertrauen; **se civilibus fluctibus ~** sich den Wogen des politischen Lebens anvertrauen; **se ~ in conspectum populi** sich vor das Volk wagen; **se ~ longius a portibus** sich weiter von den Häfen weg wagen
5 preisgeben; in einen Zustand bringen, *aliquid in aliquid/alicui rei* etw in etw; **ratem pelago ~** das Floß dem Meer preisgeben; **rem publicam in discrimen ~** den Staat in Gefahr bringen
6 sich anvertrauen, Vertrauen schenken, *alicui* j-m, **iudicibus** den Richtern
commixtiō ⟨commixtiōnis⟩ F ||commiscere||
1 Vermischung, Mischung
2 (*mlat.*) Gemeinschaft, Ehe; **sine commixtione viri** cholos
commodāre ⟨ō, āvī, ātum 1.⟩ ||commodus||
A VII sich gefällig erweisen, gefällig sein, *alicui re* j-m durch etw, *re/in re* in etw
B VT (*vkl., nachkl.*)
1 *einer Sache* anpassen, *alicui rei*
2 überlassen, zukommen lassen; **rei publicae tempus ~** dem Staatsdienst Zeit widmen; **~ nomen ad aliquid** seinen Namen für etw hergeben; **~ aurem alicui** j-m sein Ohr leihen; **testes falsos ~** falsche Zeugen stellen

commoditās ⟨commoditātis⟩ F ‖commodus‖
① passende Beschaffenheit, Zweckmäßigkeit; **~ corporis** körperliche Verfassung; **~ orationis** angemessener Vortrag
② der rechte Zeitpunkt; **~ ad faciendum idonea** der richtige Zeitpunkt zum Handeln
③ Bequemlichkeit, Annehmlichkeit
④ Vorteil, Nutzen, *auch pl*
⑤ *poet* Gefälligkeit, Nachsicht

commodulē, commodulum ADV ‖commodum¹‖ *Plaut.* in aller Bequemlichkeit; *zeitl.* gerade

commodum¹ ADV ‖commodus‖ *zeitl.* gerade, soeben

commodum² ⟨ī⟩ N ‖commodus‖
① Bequemlichkeit, gelegener Zeitpunkt; **cum erit tuum ~** wenn es dir gelegen sein wird; **per commodum** bei günstiger Gelegenheit; **quod tuo commodo fiat** wofern es dir nicht unbequem ist
② Vorteil, Nutzen; **contra commodum alicuius** zu j-s Nachteil
③ *meist pl* Glück, Wohl
④ *stets pl* Vergünstigungen, Vorrechte
⑤ PL Leihgaben

com-modus ⟨a, um, *adv* commodē⟩ ADJ

① vollständig, ganz
② angemessen, entsprechend
③ bequem, leicht
④ gelegen, günstig
⑤ zuvorkommend, höflich

① (*unkl.*) vollständig, ganz, *klass. nur fig*; **viginti argenti commodae minae** *Plaut.* volle zwanzig Silberminen; **valetudo commoda** gute Gesundheit
② angemessen, entsprechend, *alicui* j-m, für j-n, *alicui rei/ad aliquid* zu etw, für etw; **defensio commoda** zweckmäßige Verteidigung; **commode saltare** gewandt springen; **minus commode audire** in nicht ganz einwandfreiem Ruf stehen; **leges omnibus commodae** für alle passende Gesetze; **vestis ad cursum commoda** für den Lauf geeignete Bekleidung; **commodum auditu** angenehm zu hören; **alicui commodum est** es ist für j-n angenehm, +*inf*/+*AcI*
③ für die Ausführung bequem, leicht; **iter commodum** bequemer Marsch; **commode vivere** angenehm leben
④ *zeitl.* gelegen, günstig; **anni tempus commodum** passende Jahreszeit
⑤ *von Personen u. Charakter* zuvorkommend, höflich, gefällig, *alicui* gegen jdn

Commodus ⟨ī⟩ M L. Aurelius Commodus, Sohn des Marc Aurel u. der Faustina, despotischer Kaiser, 180–192 n. Chr.

com-mōlīrī ⟨mōlior, mōlitus sum 4.⟩ (*vkl., nachkl.*) in Bewegung setzen, loslassen; **dolum ~** eine List anwenden

commone-facere ⟨faciō, fēcī, factum 3., *passiv* commone-fīō, factus sum 0.⟩ = **commonere**

com-monēre ⟨eō, uī, itum 2.⟩ erinnern, *aliquem alicuius rei/de re* j-n an etw, +*AcI*/+*indir Fragesatz*; j-n auffordern, *ut/ne* dass/dass nicht; **multa aliquem ~** j-n an vieles erinnern

commonitiō ⟨commonitiōnis⟩ F ‖commonere‖ (*nachkl.*) Erinnerung

com-mōnstrāre ⟨ō, āvī, ātum 1.⟩ deutlich zeigen, deutlich bezeichnen

com-morārī ⟨ō, āvī, - 1.⟩, **com-morārī** ⟨or, ātus sum 1.⟩
Ⓐ VIT *Plaut.* aufhalten
Ⓑ VI ich aufhalten, bleiben, *in loco* an einem Ort, *apud aliquem* bei jdm

commorātiō ⟨commorātiōnis⟩ F ‖commorari‖ Verzögerung, Aufenthalt; *bes als* RHET Verweilen *bei einem bestimmten Gegenstand*

com-mordēre ⟨eō, -, - 2.⟩ *Sen.* auf etw beißen, *aliquid*

com-morīrī ⟨morior, mortuus sum 3.⟩ (*vkl., nachkl.*) zugleich sterben, *alicui/cum aliquo* mit jdm

commōtiō ⟨commōtiōnis⟩ F ‖commovere‖ (*nachkl.*) Bewegung; *geistige* Erregung, Aufregung; (*nlat.*) MED Gehirnerschütterung

commōtiuncula ⟨ae⟩ F ‖commotio‖ leichte Unpässlichkeit

commōtus¹ ⟨a, um⟩ ADJ ‖commovere‖
① schwankend, unsicher
② aufgeregt, gereizt

com-mōtus² ⟨a, um⟩ PPP → **commovere**

com-movēre ⟨moveō, mōvī, mōtum 2.⟩
① in Bewegung setzen, bewegen
② wegrücken, wegschaffen; **cervum ~** einen Hirsch aufscheuchen; **columnas ~** Säulen fortschaffen; **saxa ~** Felsen lockern; **unam litteram ~** einen Buchstaben wegnehmen; **castra ~** MIL aufbrechen; **hostem ~** den Feind zum Weichen bringen; **se ~** sich entfernen; **domo se ~** sich aus dem Haus entfernen
③ *fig* anregen, hervorrufen; **memoriam alicuius rei ~** die Erinnerung an etw auffrischen; **studia multorum ~** den Eifer vieler wecken; **iram ~** Wut erregen; **suspicionem ~** Verdacht erregen; **risum alicuius ~** j-n zum Lachen bringen; **tumultum ~** einen Aufruhr hervorrufen
④ *fig* anregen, erregen; *geistig od körperlich* krank machen; *pej* erschrecken, *aliquem od alicuius ani-*

mum/mentem; *passiv* unpässlich werden
5 *fig* veranlassen, *aliquem ad aliquid* j-n zu etw, ut/ne

com-mulcēre ⟨mulceō, mulsī, mulsum 2.⟩ (*unkl.*) streicheln; schmeicheln, *aliquid* einer Sache

commūne ⟨commūnis⟩ N̄ ||communis|| Gemeingut, Staatskasse; Gemeinde; **in commune** zum allgemeinen Nutzen; (*nachkl.*) im Allgemeinen; (*mlat.*) im Chor

commūnicāre ⟨ō, āvī, ātum 1.⟩, **commūnicārī** ⟨or, ātus sum 1.⟩

A V̄T̄

1 gemeinsam machen, vereinigen; **victum ~** den Lebensunterhalt zusammenlegen

2 *etw* mit *j-m* teilen, *etw* mit *j-m* gemeinsam haben, *aliquid cum aliquo*; **aliquid alicui communicatum est cum aliquo** j-m ist etw mit j-m gemeinsam

3 *etw* mit *j-m* besprechen, *etw j-m* mitteilen, *aliquid cum aliquo*; **consilia cum finitimis ~** Pläne mit den Nachbarn austauschen

B V̄Ī

1 (*nachkl.*) verkehren, umgehen, *cum aliquo* mit j-m

2 teilhaben, teilnehmen, *alicui rei* an etw; **peccatis alienis ~** an fremden Sünden teilhaben

3 (*eccl.*) das Abendmahl empfangen, kommunizieren; das Abendmahl reichen, *absolut*

commūnicātiō ⟨commūnicātiōnis⟩ F̄ ||communicare||

1 Mitteilung, Gewähren; **~ sermonis** Gewähren einer Unterredung

2 RHET Einbeziehung *der Zuhörer durch eine Frage um Rat, wörtl. Übersetzung eines griech. Begriffes*

▶ deutsch: **Kommunikation**

commūniō ⟨commūniōnis⟩ F̄ ||communis||

1 Gemeinschaft; **~ parietum** gemeinsame Wände; **~ sanguinis** Gemeinschaft des Blutes

2 (*spätl., eccl.*) Kommunion, Empfang des Abendmahls

com-mūnīre ⟨iō, īvī, ītum 4.⟩ stark befestigen, stärken, sicherstellen

com-mūnis ⟨commūne, *adv* commūniter⟩ ADJ

1 mehreren od allen gemeinsam, öffentlich; **ius gentium commune** allgemeines Völkerrecht; **mens ~** allgemeiner Menschenverstand; **hoc mihi commune est cum aliis** das ist mir mit anderen gemeinsam; **loca communia** öffentliche Plätze; **loci communes** PHIL, LIT Gemeinplätze

2 allgemein, gewöhnlich

3 gleichstellend, demokratisch; freundlich

▶ deutsch: **Kommune**
englisch: **common**
französisch: **commun**
spanisch: **común**
italienisch: **comune**

commūnitās ⟨commūnitātis⟩ F̄ ||communis||

1 Gemeinschaft, Allgemeinheit, *alicuius/alicuius rei* j-s/von etw, *cum aliquo* mit etw

2 Gemeinsinn

3 *Nep.* Freundlichkeit

4 (*mlat.*) städtische Gemeinde

commūnītiō ⟨commūnītiōnis⟩ F̄ ||communio|| RHET, LIT Zugang, Wegbahnung

com-murmurārī ⟨or, ātus sum 1.⟩ dazu murmeln

commūtābilis ⟨commūtābile⟩ ADJ ||commutare|| veränderlich, umkehrbar; **exordium commutabile** RHET umkehrbarer Einstieg, *den auch der Gegner mit geringer Änderung für sich nutzen kann*

com-mūtāre ⟨ō, āvī, ātum 1.⟩

1 verändern, umwandeln; *passiv* sich verändern

2 vertauschen, auswechseln; **fidem suam pecuniā ~** seine Treue für Geld verkaufen

commūtātiō ⟨commūtātiōnis⟩ F̄ ||commutare||

1 Umwandlung, Veränderung; (*nachkl.*) Austausch

2 (*mlat.*) Tauschmittel; Kaufpreis

commūtātus ⟨commūtātūs⟩ M̄ ||commutare|| *Lucr.* Umwandlung

cōmoedia ⟨ae⟩ F̄ Lustspiel, Komödie

▶ **Die römische Komödie**

Die **fabula palliata**, Theater nach griechischer Art, war seit 240 v. Chr. sehr beliebt, besonders die bis heute erhaltenen Werke von **Plautus** und **Terenz**. Der Name ist von **pallium**, dem Mantel der griechischen Schauspieler, abgeleitet. Die Handlung war in griechischem Milieu angesiedelt und es traten griechische Hauptfiguren auf. Komödien mit römischen Inhalten (**fabula togata**) wurden ebenfalls aufgeführt; von ihnen sind aber nur noch ein paar Bruchstücke erhalten.

WORTSCHATZ ◀

cōmoedicē ADV ||comoedia|| *Plaut.* wie im Lustspiel

cōmoedus

A ⟨a, um⟩ ADJ Komödien..., komödiantisch

B ⟨ī⟩ M̄ komischer Schauspieler, Komiker

comōsus ⟨a, um⟩ ADJ ||coma|| (*nachkl.*) *poet* stark behaart

com-pacīscī ⟨pacīscor, pactus sum/pectus sum 3.⟩ *Plaut.* einen Vertrag schließen

compāctiō ⟨compāctiōnis⟩ F ||compingere¹|| Zusammenfügung

compactum ⟨ī⟩ N ||compacisci|| Vertrag; **compacto/de compacto/ex compacto** gemäß Vereinbarung

com-pāctus¹ ⟨a, um⟩ PPP → compingere¹

compāctus² ⟨a, um⟩ PPERF → compacisci

compāctus³ ⟨a, um⟩ ADJ ||compingere¹|| (*nachkl.*) fest, gedrungen
▶ deutsch: **kompakt**

compāgēs ⟨compāgis⟩ F ||compingere¹||
1 (*nachkl.*) Zusammenfügung, Gefüge
2 *Lucr. fig* Umarmungen, **Veneris** der Venus
3 (*nachkl.*) *fig* Fuge
4 *fig* Organismus
5 *Tac. fig* Staatsgefüge

compāgināre ⟨ō, āvī, ātum 1.⟩ ||compago|| zusammenfügen

compāgō ⟨compāginis⟩ F ||compingere¹|| Gefüge, Konstruktion

compār
A ⟨comparis⟩ ADJ (*unkl.*) untereinander gleich, beiderseitig gleich; **compari Marte concurrere** mit gleichen Siegeschancen kämpfen; **conubium ~** ebenbürtiges Ehebündnis
B ⟨comparis⟩ M u. F Gefährte, Gefährtin, Lebensgefährte, Lebensgefährtin, Gatte, Gattin

comparābilis ⟨comparābile⟩ ADJ ||comparare¹|| vergleichbar

com-parāre¹ ⟨ō, āvī, ātum 1.⟩ ||com, par||
1 zusammenbringen, verbinden, *aliquem cum aliquo* j-n mit j-m, *aliquid cum re* etw mit etw; **consules male comparati** schlecht zusammenpassende Konsuln
2 gegenüberstellen
3 vergleichen, *aliquem cum aliquo* j-n mit j-m, *inter se* untereinander
4 vergleichend erwägen, ermessen, *aliquid* etw, *+indir Fragesatz*
5 gleichstellen, an die Seite stellen, *aliquem alicui* j-n j-m
6 (*nachkl.*) etw ausgleichen, sich über etw einigen, *aliquid, +indir Fragesatz*; **consules provincias inter se comparaverunt** die Konsuln einigten sich untereinander über die Verteilung der Provinzen; **comparatum est, ut** man vergleicht sich in der Weise, dass

com-parāre² ⟨ō, āvī, ātum 1.⟩ ||com, parare²||
1 bereiten, beschaffen
2 ausrüsten, MIL zum Kampf ausrüsten; *passiv u.* **se ~** sich anschicken, sich bereit machen, *ad aliquid* zu etw, *+inf*
3 *fig* (sich) etw beschaffen, erwerben; **novos socios ~** neue Bundesgenossen gewinnen; **laudes artibus ~** durch die Kunst Ruhm ernten
4 veranstalten, ins Werk setzen; **convivium ~** ein Gastmahl veranstalten, ein Essen geben; **bellum ~** sich zum Krieg rüsten; **interitum ~** den Untergang herbeiführen; **insidias alicui ~** Intrigen gegen j-n schmieden
5 *fig* anordnen, bestimmen, *aliquid/aliquem* etw/j-n, *ut/quod*; **ita comparatus** so beschaffen, in der Lage

comparātē ADV ||comparare¹|| vergleichsweise

comparātiō¹ ⟨comparātiōnis⟩ F ||comparare¹||
1 gleiche Stellung, richtiges Verhältnis
2 Vergleich, *alicuius rei cum re* einer Sache mit etw, *+indir Fragesatz*
3 *Liv.* Vergleich = Übereinkunft
4 GRAM Steigerung, Komparation

comparātiō² ⟨comparātiōnis⟩ F ||comparare²||
1 Vorbereitung, Herstellung, **veneni** von Gift
2 Beschaffung, Erwerb; **~ frumenti** Ankauf von Getreide; **~ criminis** Aufstellung des Beweismaterials

comparātīvus ⟨a, um, *adv* comparātīvē⟩ ADJ ||comparare¹|| GRAM im Komparativ stehend

com-parcere ⟨parcō, parsī, - 3.⟩ = **compercere**

compārēre ⟨eō, uī, - 2.⟩ erscheinen; *fig* noch vorhanden sein

com-pāscere ⟨pāscō, pāvī, pāstum 3.⟩ gemeinsam weiden, *absolut*

compāscuus ⟨a, um⟩ ADJ ||compascere|| gemeinsam beweidet

compassiō ⟨compassiōnis⟩ F ||compati|| (*spätl., eccl.*) Mitleid; Sympathie

com-patī ⟨pator, passus sum 3.⟩ (*eccl.*) Mitleid haben

compectum ⟨ī⟩ N = **compactum**

com-pectus ⟨a, um⟩ PPP → compacisci

compedīre ⟨iō, īvī, ītum 4.⟩ ||compes|| (*vkl., nachkl.*) mit Fußfesseln fesseln

com-pēgī → compingere¹

com-pellāre ⟨ō, āvī, ātum 1.⟩ ||com, pellare||
1 anrufen, ansprechen
2 tadeln, beschimpfen, *aliquem* j-n, *+dopp. akk*; **aliquem fratricidam ~** j-n als Brudermörder beschimpfen
3 *vor Gericht* zur Rede stellen, anklagen; **aliquem crimine ~** j-n eines Verbrechens anklagen

compellātiō compellātiōnis F ||compellare||
1 Anrede
2 lauter Vorwurf

com-pellere ⟨pellō, pulī, pulsum 3.⟩
1 zusammentreiben, gewaltsam zusammendrängen

2 hintreiben, jagen; **hostes intra moenia ~** die Feinde hinter die Mauern treiben; **orationem in dumeta Stoicorum ~** *fig* die Rede auf die abstrusen Lehren der Stoiker konzentrieren

3 *fig* in die Enge treiben

4 antreiben, nötigen, *aliquem ad aliquid* j-n zu etw; **aliquem minis ad arma ~** j-n durch Drohungen zu den Waffen nötigen

compendiāria ⟨ae⟩ F ||compendiarius||

1 (*erg.* ratio) abgekürztes Verfahren

2 (*erg.* via) direkter Weg

compendiārium ⟨ī⟩ N (*erg.* **iter**) ||compendiarius|| *Sen.* Richtung

compendiārius ⟨a, um⟩ ADJ ||compendium|| vorteilhaft, abgekürzt; **via compendiaria** direkter Weg

compendiōsus ⟨a, um⟩ ADJ = **compendiarius**

compendium ⟨ī⟩ N

1 (*unkl.*) Abkürzung *von Zeit, Weg, Rede; bes* direkter Weg

2 Vorteil, Überschusst; **aliquid ad compendium ponere** *Plaut.* etw als Gewinn ansehen

▶ deutsch: **Kompendium**

compēnsāre ⟨ō, āvī, ātum 1.⟩ ||compendere||

1 mehrere Dinge gegeneinander abwiegen

2 *fig* gegen *etw* abwägen, gegenüberstellen, *aliquid cum re* etw mit etw

3 ersetzen, wiedergutmachen, *aliquid re* etw durch etw

▶ deutsch: **kompensieren**

compēnsātiō ⟨compēnsātiōnis⟩ F ||compensare|| Ausgleich; JUR Aufrechnung *von Forderung u. Gegenforderung;* **per compensationem** durch Vergleich; **~ mercium** Tauschhandel

▶ deutsch: **Kompensation**

com-percere ⟨percō, persī, - 3.⟩ ||parcere|| (*unkl.*)

1 zusammensparen, ersparen

2 **comperce** *fig* erspare es dir, unterlasse es, +*inf*; **comperce me attrectare** fass mich nicht an!

com-perendināre ⟨ō, āvī, ātum 1.⟩ ||perendinus||

1 den Urteilsspruch auf den übernächsten Tag verschieben

2 *vom Anwalt* Vertagung auf den übernächsten Tag beantragen

3 zum zweiten Termin vorladen

4 (*mlat.*) Aufschub fordern

comperendinātiō ⟨comperendinātiōnis⟩ F, **comperendinātus** ⟨comperendinātūs⟩ M ||comperendinare|| Vertagung des Urteils auf den übernächsten Tag; (*spätl.*) Vertagung

com-perīre ⟨periō, perī, pertum 4.⟩, **com-perīrī** ⟨perior, pertus sum 4.⟩ sicher erfahren, in Erfahrung bringen, *aliquid de aliquo* etw über j-n, *de re* über etw, *ab aliquo/ex aliquo* von j-m, *per aliquem* durch j-n, +*AcI*/+*indir Fragesatz*; **comperto** nachdem man erfahren hatte, +*AcI*/+*indir Fragesatz*

com-persī → compercere

compertus[1] ⟨a, um, *adv* compertē⟩ ADJ ||comperire||

1 erfahren, vernommen; *adv* aus guter Quelle, zuverlässig; **aliquid compertum habere** etw genau wissen; **pro comperta habere** für sicher halten; **pro comperto est** es gilt als gewiss

2 überführt, *alicuius rei* einer Sache; **~ publicam pecuniam avertisse** *Tac.* der Unterschlagung öffentlicher Gelder überführt

com-pertus[2] ⟨a, um⟩ PPP → comperire

com-pēs ⟨compedis⟩ F Fußfessel; Fessel; **~ grata** Liebesfessel

com-pescere ⟨pescō, pescuī, - 3.⟩ (*nachkl.*) *poet* in Schranken halten, bändigen; **sitim ~** Durst stillen; **ramos ~** Zweige beschneiden; **culpam ferro ~** die Schuld mit dem Schwert tilgen

competēns ⟨competentis, *adv* competenter⟩ ADJ ||competere|| (*nachkl.*) angemessen; passend, *alicui rei/cum re* für etw

▶ deutsch: **kompetent**

competentia ⟨ae⟩ F ||competere|| (*nachkl.*) das Zusammentreffen *der Teile unter sich,* Symmetrie; Konstellation *der Gestirne*

com-petere ⟨ō, iī/īvī, ītum, 3.⟩

A VIT gemeinsam erstreben, zugleich erstreben; **puellam ~** sich zugleich um ein Mädchen bewerben

B VI

1 *zeitl. u. örtl.* zusammenfallen, *re* mit etw

2 fähig sein, ausreichen, *ad aliquid* zu etw, für etw, *re* durch etw

3 zutreffen, entsprechen; **competit, ut** es trifft sich, dass

4 zustehen, zukommen, *in aliquem* j-m, *alicui rei* einer Sache

5 (*mlat.*) kämpfen; **competit** es ziemt sich

competītor ⟨competītōris⟩ M ||competere|| Mitbewerber

competītrīx ⟨competītrīcis⟩ F ||competitor|| Mitbewerberin

compīlāre ⟨ō, āvī, ātum 1.⟩

1 räuberisch u. gewaltsam plündern, berauben; *fig* ausbeuten

2 *Plaut.* rauben, stehlen

3 (*mlat.*) entlehnen

compīlātiō ⟨compīlātiōnis⟩ F ||compilare|| Plünderung; Ausbeute

compīlātor ⟨compīlātōris⟩ M ‖compilare‖
1. Plünderer; **~ veterum** Plünderer der Alten, *Beiname Vergils wegen seiner Nachahmung Homers*
2. Plagiator

com-pingere¹ ⟨pingō, pēgī, pāctum 3.⟩ ‖pangere‖
1. *(nachkl.)* zusammenfügen, **trabes** Balken
2. hineintreiben, hineinstoßen, verstecken; **se in Apuliam ~** sich in Apulien verstecken

com-pingere² ⟨pingō, pīnxī, - 3.⟩ *Sen.* bemalen; *fig* bemäkeln, **carmen** das Gedicht

compitāles ⟨compitālium⟩ M ‖compitum‖ die Kompitalpriester

Compitālia ⟨Compitālium u. ōrum⟩ N ‖compitum‖ Kompitalfest *zu Ehren der Lares compitales, der Schutzgottheiten der Scheidewege; das urspr. bäuerliche, später auch in Rom gefeierte Fest fand im Winter u. in der Nähe der Saturnalia statt; es war ein Familienfest mit gemeinsamer Mahlzeit unter Einbeziehung der Sklaven*

compitālicius ⟨a, um⟩ ADJ ‖Compitalia‖ des Kompitalienfestes

compitālis ⟨compitāle⟩ ADJ ‖compitum‖ zum Scheideweg gehörig

compitum ⟨ī⟩ N ‖competere‖ Kreuzung, Scheideweg

com-placēre ⟨placeō, placuī/placitus sum 2.⟩ *(vkl., nachkl.)* (zugleich) gefallen, angenehm sein, *alicui* jdm

com-plānāre ⟨ō, āvī, ātum 1.⟩ einebnen, niederreißen; **opera ~** die Festung schleifen

com-plectī ⟨plector, plexus sum 3.⟩
1. umarmen, umschlingen; **somnus aliquem complectitur** *fig* der Schlaf hält j-n umschlungen
2. *fig* umgeben, einschließen; **collem opere ~** den Hügel mit Befestigungswerken umgeben
3. *fig* zusammenfassen; PHIL den Schluss ziehen; **sententiā causas ~** bei der Stimmabgabe die Gründe darlegen; **preces ~** Bitten aussprechen; **rem plane verbis ~** den Nagel auf den Kopf treffen
4. *fig* geistig begreifen, erfassen
5. *fig* mit Liebe umfassen, lieben
6. *fig* sich *etw* aneignen, sich *einer Sache* bemächtigen, *aliquid*
7. gelegentlich passiv: **eo genere vita beata complectitur** darin ist das glückliche Leben enthalten

complēmentum ⟨ī⟩ N ‖complere‖ *fig* Mittel zur Ergänzung, Stoff zum Ausfüllen einer Lücke

com-plēre ⟨eō, ēvī, ētum 2.⟩
1. ausfüllen, erfüllen, *aliquem/aliquid re/alicuius rei* j-n/etw mit etw; *passiv* gefüllt werden, sich füllen; **fossas ~** Gräben anfüllen; **paginam ~** eine Seite voll schreiben; **aliquid floribus ~** etw mit Blumen voll streuen
2. reichlich versehen, *re* mit etw; MIL völlig besetzen
3. *Summen u. Ä.* ergänzen, vervollständigen; **legiones ~** Legionen auffüllen; **suum numerum ~** die auferlegte Zahl vollständig liefern
4. *(vkl.) poet* schwängern
5. überfüllen, überladen, **navigia** die Schiffe
6. *einen Zustand od eine Tätigkeit* beenden; *eine Zeit* erleben; **centesimum annum ~** *(nachkl.)* volle hundert Jahre erreichen

complētōrium ⟨ī⟩ N ‖completus‖ *(eccl.)* Gebet nach Vollendung des Tagewerks; Schlussandacht

complētus¹ ⟨a, um⟩ ADJ ‖complere‖ vollständig
▶ deutsch: **komplett**

com-plētus² ⟨a, um⟩ PPP → complere

com-plēvī → complere

complexiō ⟨complexiōnis⟩ F ‖complecti‖
1. Verknüpfung, Verbindung; **~ bonorum** Inbegriff der Güter
2. **~ verborum** RHET Zusammenfassung der Worte
3. PHIL Schlusssatz, Zusammenfassung der einzelnen Argumente
4. LIT Periode; **longissima verborum ~** *Cic.* die längste Verbindung von Worten; **mira ~ verborum** schöner Ausdruck
5. Dilemma, *Zwangsentscheidung zwischen zwei zwar richtigen, aber sich widersprechenden Annahmen*
6. *Quint.* GRAM Verschmelzung zweier Silben

complexus¹ ⟨complexūs⟩ M ‖complecti‖
1. Umfassung, Umarmung, *freundlich u. feindlich*; **in complexu alicuius haerere** in j-s Armen liegen; **aliquem complexu suo tenere** j-n in den Armen halten; **aliquem e complexu alicuius avellere/abripere/abstrahere** j-n aus j-s Armen reißen; **complexum ferre alicui** j-n umarmen; **complexum accipere** sich umarmen lassen
2. *fig* Wohlwollen; **totius gentis humanae ~** Liebe zum ganzen Menschengeschlecht
3. *örtl.* Umschließung, Umfang; **universi caeli ~** Weltall
4. *Quint.* Verknüpfung *in der Rede*

complexus² ⟨a, um⟩ ADJ ‖complecti‖
1. umschlossen
2. *(mlat.)* geflochten
▶ deutsch: **komplex**

com-plexus³ ⟨a, um⟩ PPERF → complecti

com-plicāre ⟨ō, āvī/uī, ātum/itum, 1.⟩ zusammenfalten, zusammenwickeln
▶ deutsch: **kompliziert**

complicātus ⟨a, um⟩ ADJ ‖complicare‖ unklar,

verworren

com-plōdere ⟨plōdō, plōsī, plōsum 3.⟩ ||plaudere|| (nachkl.) zusammenschlagen, **manus** die Hände

com-plōrāre ⟨ō, āvī, ātum 1.⟩ zusammen beklagen, laut beklagen; **desperata complorataque est res publica** alle Hoffnung auf Rettung des Staates ist aufgegeben

complōrātiō ⟨complōrātiōnis⟩ F̄, **complōrātus** ⟨complōrātūs⟩ M̄ ||complorare|| (nachkl.) gemeinsames Wehklagen, lautes Wehklagen

com-plōsī → complodere

com-plōsus ⟨a, um⟩ PPP → complodere

complūrēs ⟨complūra, selten complūria, complūrium⟩ indef Pr, ADJ u. subst mehrere = einige, ziemlich viele, ohne komparativen Sinn

complūriē(n)s ADV ||complures|| (vkl.) mehrmals

complūsculē ADV ||complusculi|| ziemlich oft

complūsculī ⟨ae, a⟩ indef Pr, ADJ u. subst ||complures|| ziemlich viele

Complūtēnsis

A ⟨Complūtēnse⟩ ADJ aus Complutum, von Complutum

B ⟨Complūtēnsis⟩ M̄ Einwohner von Complutum

Complūtum ⟨ī⟩ N̄ Stadt in Hispania Tarraconensis, heute Alcalá de Henares, 30 km ö. von Madrid

compluvium ⟨ī⟩ N̄ (vkl., nachkl.)

1 Compluvium, Dachöffnung über dem inneren Säulenhof des röm. Hauses zum Eindringen des Regenwassers, das in einem Becken, dem impluvium, aufgefangen wurde

2 meton Säulenhof

com-pōnere ⟨pōnō, posuī, positum 3.⟩

1 zusammenstellen, zusammensetzen
2 versammeln, vereinigen
3 gegenüberstellen
4 vergleichen
5 bilden, gestalten
6 abfassen
7 verabreden, zusammen festsetzen
8 ersinnen
9 zurechtlegen, zurechtrücken
10 Truppen aufstellen
11 ordnen
12 beilegen, schlichten
13 beschwichtigen, beruhigen
14 komponieren

---

1 zusammenstellen, zusammensetzen, zusammenlegen, aliquid in loco etw an einem Ort; **manūs manibus ~** die Hände ineinanderlegen

2 versammeln, vereinigen, **opes** Kräfte, **legiones** Truppen

3 als Gegner j-n j-m gegenüberstellen; j-n mit j-m konfrontieren, aliquem cum aliquo; **aliquem cum indice ~** j-n mit dem Anzeiger konfrontieren vor Gericht

4 vergleichen, aliquid cum re/alicui rei etw mit etw, **alicuius verba cum factis** j-s Worte mit seinen Taten, **parva magnis** Kleines mit Großem

5 bilden, gestalten **deis templa ~** den Göttern Tempel errichten; **pacem cum aliquo ~** mit j-m Frieden schließen; **homo compositus ex corpore et animo** der aus Körper und Geist zusammengesetzte Mensch

6 schriftl. abfassen; **tragoedias ~** Tragödien verfassen

7 verabreden, zusammen festsetzen; **societatem cum latronibus ~** ein Bündnis mit den Räubern vereinbaren

8 ersinnen, **dolum** eine List; **aliquem pecuniā ~** j-n durch Geld anstiften

9 zurechtlegen, ordnen; **se ~** sich zurechtmachen; **capillum ~** das Haar kämmen; **togam ~** der Toga den rechten Faltenwurf geben; **cultum ~** eine Amtsmiene aufsetzen; **aliquem lecto ~** j-n auf das Bett legen; **quiete compositi** Ruhende; **mortuum toro ~** einen Toten auf den Scheiterhaufen legen

10 Truppen aufstellen; **agmen ad pugnam ~** die Truppen aus der Marschordnung in Schlachtordnung bringen

11 Angelegenheiten ordnen; etw für etw geeignet machen, aliquid ad aliquid; **sua recte ~** seine Angelegenheit richtig ordnen

12 Streit beilegen, schlichten; **componitur** es kommt zu einem Ausgleich

13 (nachkl.) beschwichtigen, beruhigen, **rebelles barbarorum animos** die aufständischen Barbaren

14 (mlat.) komponieren

com-portāre ⟨ō, āvī, ātum 1.⟩ zusammentragen, zusammenbringen; **frumentum ex agris** Getreide von den Feldern einbringen

com-pos ⟨compotis⟩ ADJ

1 einer Sache teilhaftig, mitbeteiligt, alicuius rei, selten re an etw

2 einer Sache mächtig, alicuius rei, selten re; **~ mentis suae** bei Sinnen; **linguā ~** der Sprache mächtig

composita ⟨ōrum⟩ N̄ ||compositus|| geordnete Verhältnisse

compositiō ⟨compositiōnis⟩ F̄ ||componere||

1 Zusammenstellung, Zusammensetzung

2 Gestaltung, Anlage; **~ aedium** Anordnung

der Gebäude; **~ anni** Ordnung des Jahres, Kalender

3 *schriftl.* Abfassung, **iuris** des Rechtes

4 RHET Wortstellung, Satzstellung

5 Einigung, Aussöhnung

▶ deutsch: **Komposition**

compositor ⟨compositōris⟩ M ||componere||
1 Ordner
2 Verfasser

compositūra ⟨ae⟩ F ||componere|| (*vkl.*) Zusammensetzung; *Lucr. fig* feines Gewebe

compositus[1] ⟨a, um, *adv* compositē⟩ ADJ ||componere||

1 (*nachkl.*) zusammengesetzt; **vocabulum compositum** zusammengesetztes Substantiv; ↔ vocabulum simplex

2 (wohl) geordnet, geregelt; **res publica composita** geordnetes Staatswesen

3 *von der Rede* wohl gefügt, sorgfältig ausgearbeitet; *vom Redner* gemessen, gesammelt

4 (*nachkl.*) erdichtet, erlogen; *dem Schein nach* zurechtgemacht, gekünstelt; **in maestitiam ~** mit der Miene der Trauer; **in adulationem ~** mit schmeichelnder Miene

5 *von Personen* geschult, geeignet

6 verabredet; **ex composito** gemäß Vereinbarung, gemäß Absprache

com-positus[2] ⟨a, um⟩ PPP → componere
com-posīvēre → componere
com-postus ⟨a, um⟩ PPP → componere
com-posuī → componere

com-pōtātiō ⟨compōtātiōnis⟩ F ||potare|| Trinkgelage, Symposion; *rein lat.* → convivium

compotīre ⟨iō, īvī, ītum 4.⟩ ||compos|| teilhaftig machen, *aliquem re* j-n einer Sache; *passiv* teilhaftig werden, sich bemächtigen, *rei* einer Sache

com-pōtor ⟨compōtōris⟩ M Trinkgenosse, Zechbruder

compōtrīx ⟨compōtrīcis⟩ F ||compotor|| *Ter.* Zechgenossin

com-prānsor ⟨comprānsōris⟩ M ||prandere|| Tischgenosse, Kumpan

com-precārī ⟨or, ātus sum 1.⟩ (*unkl.*)
1 beten, *absolut od aliquem* zu j-m
2 (an)wünschen, *alicui aliquid* j-m etw; **sibi mortem ~** sich den Tod wünschen

comprecātiō ⟨comprecātiōnis⟩ F ||comprecari|| (*nachkl.*) das Anflehen, **deorum** der Götter

---

com-prehendere ⟨prehendō, prehendī, prehēnsum 3.⟩

1 zusammenfassen, verbinden
2 umfassen, umschließen
3 einbeziehen
4 anfassen, erfassen
5 festnehmen, verhaften
6 entdecken
7 erfassen, wahrnehmen

---

1 zusammenfassen, verbinden; **naves ~** Schiffe miteinander verbinden; **luna aera comprehendit** der Mond hat einen Hof

2 (*nachkl.*) umfassen, umschließen; **multos amicitiā ~** viele freundschaftlich umfassen

3 *fig* in einen Begriff einbeziehen; in Worte fassen; **in unam formulam omnia ~** in einer einzigen Formel alles zusammenfassen; **verbis rem ~** mit Worten etw umschreiben; **numero ~** mit einer Zahl ausdrücken = zählen

4 erfassen, ergreifen; **alicuius dextram ~** j-s Rechte ergreifen; **ignis opera comprehendit** das Feuer erfasst die Gebäude; **flammam ~** Feuer fangen

5 festnehmen, verhaften; *Tiere u. Sachen* mit Beschlag belegen; *Örtlichkeiten* besetzen; **duces ~** die Anführer verhaften, **epistulas ~** Briefe abfangen; **collem ~** den Hügel besetzen

6 *Verbrechen* entdecken; *Personen* ertappen; **aliquem furto ~** j-n beim Diebstahl ertappen

7 wahrnehmen, begreifen; **aliquid animo ~** etw geistig erfassen

comprehēnsibilis ⟨e⟩ ADJ ||comprehendere|| fasslich, fassbar

comprehēnsiō ⟨comprehēnsiōnis⟩ F ||comprehendere||

1 *Cic.* Zusammenfassung, Fähigkeit der Verknüpfung *des Vorhergehenden mit dem Folgenden*
2 RHET Periode, Satz
3 RHET Ausdruck, Stil, **orationis** der Rede
4 PHIL Begreifen, Begriff
5 Ergreifen, Anfassen
6 Festnahme, Verhaftung

com-prehēnsus ⟨a, um⟩ PPP → comprehendere

comprēndere ⟨prēndō, prēndī, prēnsum 3.⟩ = **comprehendere**

com-pressī → comprimere

compressiō ⟨compressiōnis⟩ F ||comprimere||
1 (*nachkl.*) Zusammendrücken; (*vkl., nachkl.*) Umarmung, Geschlechtsverkehr
2 *fig* gedrängte Darstellung

▶ deutsch: **Kompression**

compressus[1] *nur abl* ⟨compressū⟩ M ||comprimere||
1 (*nachkl.*) Zusammendrücken
2 *Com.* Geschlechtsverkehr, Umschließung

compressus[2] ⟨a, um⟩ ADJ ||comprimere|| *von der Rede* gedrängt, kurz

com-pressus[3] ⟨a, um⟩ PPP → comprimere

com-primere ⟨primō, pressī, pressum 3.⟩

|||premere

1 zusammendrücken, zusammenpressen, **manūs** die Hände; **oculōs morientis ~** die Augen des Sterbenden zudrücken; **compressīs manibus sedēre** *Liv.* die Hände in den Schoß legen

2 zerdrücken, zerquetschen, **serpentem** eine Schlange

3 zusammendrängen; **ōrdinēs ~** die Reihen schließen

4 *(unkl.)* vergewaltigen; **aliquam vī ~** eine Frau vergewaltigen

5 unterdrücken, niederschlagen; **tumultum ~** einen Aufruhr niederschlagen; **gressum ~** den Schritt hemmen

6 zurückhalten, horten; **annōnam/frūmentum** Getreide

7 geheim halten, **fāmam captae Carthāginis** die Nachricht vom Fall Karthagos

▶ deutsch: **komprimieren**

com-probāre ⟨ō, āvī, ātum 1.⟩
1 billigen, anerkennen; *passiv* Beifall finden
2 als richtig beweisen, bestätigen

comprobātiō ⟨comprobātiōnis⟩ F̄ ||comprobāre|| Anerkennung, *alicuius reī* einer Sache

comprobātor ⟨comprobātōris⟩ M̄ ||comprobāre|| der etw anerkennt; Verteidiger *einer Sache, alicuius reī*

comprōmissum ⟨ī⟩ N̄ ||comprōmittere|| Übereinkunft *im Sinne eines Schiedsvertrages*

▶ deutsch: **Kompromiss**

com-prōmittere ⟨mittō, mīsī, missum 3.⟩ übereinkommen, sich gegenseitig die Anerkennung des Schiedsspruches eines Schiedsrichters versprechen

Compsa ⟨ae⟩ F̄ *Stadt in Samnium, im Quellgebiet des Aufidus, heute Conza di Campagna*

compsī → **comere**

compsissumē *Adv Plaut.* höchst witzig

cōmptiōnālis ⟨cōmptiōnāle⟩ ADJ = **coemptionālis**

cōmptus¹ ⟨cōmptūs⟩ M̄ ||comere|| *Lucr.*
1 Zusammenfügung
2 Schmückung; *pl* Haar, Locken

cōmptus² ⟨a, um⟩ PPP → **comere**

com-pulī → **compellere**

com-pulsus ⟨a, um⟩ PPP → **compellere**

com-pungere ⟨pungō, pūnxī, pūnctum 3.⟩
1 zerstechen, *auch* tätowieren; **sē suīs acūminibus ~** *Cic. fig* sich mit seinen Spitzfindigkeiten ins eigene Fleisch schneiden
2 *passiv* Gewissensbisse empfinden

com-putāre ⟨ō, āvī, ātum 1.⟩ *(vkl., nachkl.)*
1 zusammenrechnen, berechnen; *(klass.) nur absolut* überschlagen, abrechnen

2 *(nachkl.) poet* an seinen Vorteil denken

computātiō ⟨computātiōnis⟩ F̄ ||computāre|| *(nachkl.)*
1 Berechnung; *pl* Rechnen
2 *fig* Knauserei

computātor ⟨computātōris⟩ M̄ ||computāre|| *Sen.* Rechner

com-putrēscere ⟨putrēscō, putruī, - 3.⟩ *(nachkl.)* ganz verfaulen

computus ⟨ī⟩ M̄ *(spätl.)* Berechnung, *bes der Zeit*; *(mlat.)* Berechnung *bes des Osterfestes*; Handbuch der Zeitrechnung

cōmula ⟨ae⟩ F̄ ||coma|| Härchen

Cōmum ⟨ī⟩ N̄ *Stadt in Oberitalien, am lacus Larius (Comersee), heute Como*

con- = **com-**, *nur in Zusammensetzungen*

cōnāmen ⟨cōnāminis⟩ N̄ ||conārī||
1 *poet* Bemühung
2 Stütze

cōnārī ⟨or, ātus sum 1.⟩
1 *Ter.* sich mühen, sich anstrengen
2 versuchen, wagen, *aliquid* etw, *+inf*; **Gallī, sī perrumpere possent, cōnātī sunt** die Gallier versuchten, ob sie durchbrechen könnten

cōnātum ⟨ī⟩ N̄, *meist* PL, **cōnātus** ⟨cōnātūs⟩ M̄ ||conārī||
1 Versuch, Wagnis, *alicuius j-s, alicuius reī* einer Sache; **~ bellī gerendī** Wagnis Krieg zu führen; **cōnāta perficere** Versuche ausführen; **cōnātū dēsistere** vom Versuch Abstand nehmen
2 Anstrengung, Eifer
3 Trieb, Drang; **cōnātum habēre ad aliquid faciendum** den Drang haben etw zu unternehmen

con-b... = **com-b...**

con-cacāre ⟨ō, āvī, ātum 1.⟩ *(nachkl.) poet* beschmutzen

con-cadere ⟨ō, -, - 3.⟩ *(nachkl.)*
1 zugleich fallen
2 zusammensinken

con-caedēs ⟨concaedis⟩ F̄ ||cadere|| *meist* PL *(nachkl.)* Verhau

con-calefacere ⟨faciō, fēcī, - 3., *passiv* fīō, factus sum 0.⟩ zugleich erwärmen, durch und durch erwärmen

concalefactus ⟨a, um⟩ ADJ wärmehaltig

con-calēre ⟨eō, -, - 2.⟩ *Plaut.* ganz warm sein

con-calēscere ⟨calēscō, caluī, - 3.⟩ ||concalēre|| sich zugleich erwärmen, sich durch und durch erwärmen, sich erhitzen

con-calfacere ⟨faciō, fēcī, - 3.⟩ = **concalefacere**

con-callēscere ⟨callēscō, calluī, - 3.⟩ ||con-, callēre||
1 Schwielen bekommen

2 *fig* stumpf werden
3 *fig* gewandt werden
con-camerāre ⟨ō, āvī, ātum 1.⟩ ||camera|| (nachkl.) überwölben
Concanī ⟨ōrum⟩ M̄ *barbarischer Stamm in Spanien, dessen Angehörige angeblich Pferdeblut tranken*
con-castīgāre ⟨ō, āvī, ātum 1.⟩ *Plaut.* züchtigen, hart bestrafen
con-cavāre ⟨ō, āvī, ātum 1.⟩ ||concavus|| (nachkl.) *poet* aushöhlen, krümmen
con-cavus ⟨a, um⟩ A̅D̅J̅ ausgehöhlt, gekrümmt; **aqua concava** aufwallendes Wasser; **speculum concavum** Hohlspiegel
▶ deutsch: **konkav**

con-cēdere ⟨cēdō, cessī, cessum 3.⟩

A intransitives Verb
1 weggehen, sich entfernen
2 hingehen, sich begeben
3 weichen
B transitives Verb
1 überlassen, abtreten
2 erlauben, gestatten
3 zugestehen, zugeben
4 (auf)opfern
5 verzeihen
6 zuliebe begnadigen

— A intransitives Verb —

V̅I̅

1 weggehen, sich entfernen, *absolut od ab loco/ex loco/loco*; **ex aedibus ~** aus dem Haus ausziehen; **vitā ~** aus sterben
2 hingehen, sich begeben; **in hiberna ~** ins Winterlager ziehen; **Romam habitatum ~** nach Rom ziehen; **in dicionem alicuius ~** in j-s Gewalt geraten; **in partes alicuius ~** zu j-s Partei übertreten; **in condiciones alicuius ~** j-s Bedingungen annehmen
3 *einer Sache* weichen, *etw* zugestehen, *einer Sache* nachgeben, *alicui rei*; **alicui re/de re ~** j-m etw abtreten; **inter se ~** sich gegenseitig Zugeständnisse machen; **alienis peccatis ~** Nachsicht für fremde Sünden haben

— B transitives Verb —

V̅T̅

1 überlassen, abtreten, *alicui aliquid* j-m etw
2 erlauben, einräumen, *alicui aliquid* j-m etw, *ut/ne* dass/dass nicht, *+konjkt/+inf*; **de re publica loqui non conceditur** es ist nicht gestattet, über den Staat zu sprechen
3 zugestehen, zugeben, *aliquid* etw, *+AcI, ut* dass; **summos deos esse ~** die Existenz von Göttern zugeben
4 (auf)opfern, aufgeben; **rei publicae dolorem atque amicitias suas ~** dem Staat seinen Schmerz und seine Freundschaften opfern; **tertiam partem pretii ~** auf ein Drittel des Preises verzichten
5 verzeihen; **peccata liberorum misericordiae parentum ~** die Fehler der Kinder aus Mitleid mit den Eltern ungestraft hingehen lassen
6 *j-m* zuliebe begnadigen, *alicui*; **Marcellum senatui ~** den Marcellus dem Senat zuliebe begnadigen
con-celebrāre ⟨ō, āvī, ātum 1.⟩
1 zugleich beleben, stark beleben
2 festlich begehen, feiern
3 lebhaft betreiben
4 *mündlich, schriftlich* überall bekannt machen; preisen; **victoriam famā et litteris ~** den Sieg mündlich und schriftlich bekannt machen
concēnātiō ⟨concēnātiōnis⟩ F̄ Gastmahl, Tischgemeinschaft; *lat.* → convivium
concentiō ⟨concentiōnis⟩ F̄ ||concinere|| Einklang, Harmonie
con-centuriāre ⟨ō, -, - 1.⟩ *Plaut. hum* aufhäufen; wecken
concentus[1] ⟨concentūs⟩ M̄ ||concinere||
1 Chorgesang; Musik; Harmonie; **tubarum ac cornuum ~** Zusammenklang der Tuben und Hörner
2 *fig* Eintracht, Übereinstimmung
con-centus[2] ⟨a, um⟩ P̄P̄P̄ → concinere
concēpī → concipere
conceptiō ⟨conceptiōnis⟩ F̄ ||concipere||
1 *von Mensch u. Tier* Empfängnis *im biologischen Sinn*; **immaculata ~ beatae Mariae virginis** (eccl.) unbefleckte Empfängnis der seligen Jungfrau Maria
2 GRAM, JUR Abfassung, Fassung *von Formeln u. Texten*
▶ deutsch: **Konzeption**
conceptum ⟨ī⟩ N̄ ||concipere|| Leibesfrucht
conceptus[1] ⟨conceptūs⟩ M̄ ||concipere||
1 Fassen, Ergreifen; **~ camini** *Suet.* Feuersbrunst
2 Empfängnis *im biologischen Sinn*; (nachkl.) *meton* Leibesfrucht
con-ceptus[2] ⟨a, um⟩ P̄P̄P̄ → concipere
con-cerpere ⟨cerpō, cerpsī, cerptum 3.⟩ ||carpere|| zerpflücken, zerreißen; *fig* mit Worten kritisieren
con-certāre ⟨ō, āvī, ātum 1.⟩ eifrig streiten, eifrig kämpfen, *cum aliquo* mit j-m, *de re* um etw; **~ verbis cum aliquo** mit j-m diskutieren
concertātiō ⟨concertātiōnis⟩ F̄ ||concerto|| Streit, *bes* Disput; *pl* Polemik
concertātīvus ⟨a, um⟩ A̅D̅J̅ ||concertare|| (nachkl.) Streit...; **accusatio concertativa** Ge-

concertātor ⟨concertātōris⟩ M ‖concertare‖ (nachkl.) Nebenbuhler, Rivale

concertātōrius ⟨a, um⟩ ADJ ‖concertator‖ zum Wortgefecht gehörig; **concertatorium genus dicendi** Sprache der Gerichtsfehden

con-cessāre ⟨ō, āvī, ātum 1.⟩ Plaut. aufhören, nachlassen

con-cessī → concedere

concessiō ⟨concessiōnis⟩ F ‖concedere‖
① Zugeständnis, Vergünstigung, *alicuius* j-s, *alicuius rei* einer Sache, an etw; RHET Zuständnis eines Punktes
② Straferlass
▷ deutsch: **Konzession**

concessus[1] abl ⟨concessū⟩ M ‖concedere‖ Zugeständnis, Bewilligung; **concessu Caesaris** mit Caesars Bewilligung

con-cessus[2] ⟨a, um⟩ PPP → concedere

concha ⟨ae⟩ F
① Muschel, Schnecke *mit der Schale*;
② Muschelschale; *meton* Perle; *Suet.* Perlmutt
③ Purpurschnecke; *Ov.* Purpur
④ (nachkl.) *meton* muschelähnliches Gefäß, Büchse; **~ salis** Salzfässchen
⑤ *Ov.* Tritonshorn, *schneckenförmiges Blasinstrument*
⑥ *Plaut.* weibliche Scham

concheus ⟨a, um⟩ ADJ ‖concha‖ *Verg.* Muschel...; **baca conchea** Perle

conchis ⟨conchis⟩ F *poet* Bohnen mit Schale

conchīta ⟨ae⟩ M *Plaut.* Muschelsammler

conchȳliātī ⟨ōrum⟩ M *Sen.* ‖conchyliatus‖ in Purpur gekleidete Reiche

conchȳliātus ⟨a, um⟩ ADJ purpurfarben

conchȳlium ⟨ī⟩ N
① Schaltier, *bes* Auster
② Purpurschnecke; *meton* Purpur(farbe); **vestis conchylio tincta** Purpurkleid
③ *Iuv.* Purpurkleid

con-cidere[1] ⟨cidō, cidī, - 3.⟩ ‖cadere‖
① *von Sachen* zusammenfallen, einstürzen; **turris concidit** der Turm stürzt ein; **ventus concidit** der Wind legt sich
② *von Lebewesen* niederfallen; tot hinstürzen
③ *fig von Personen* gestürzt werden, unterliegen *in Politik u. vor Gericht*
④ *fig von Zuständen* sinken, zugrunde gehen; **fides concidit** das Vertrauen sinkt; **bellum concidit** der Krieg findet ein Ende

con-cīdere[2] ⟨cīdō, cīdī, cīsum 3.⟩ ‖caedere‖
① niederschlagen, zusammenhauen, *bes im Krieg*; **concide!** *Gladiatorensprache* mach ihn fertig!, töte ihn!
② in Stücke hauen, zerschneiden, **ligna** Holz; **agros fossis ~** Felder mit Gräben zerschneiden; **pedestria itinera aestuariis conciduntur** die Fußwege werden durch Lagunen unterbrochen
③ mit *j-m* schlafen, *aliquem*
④ durchprügeln, verhauen, **aliquem virgis** j-n mit Ruten
⑤ *fig* zugrunde richten, vernichten, **auctoritatem alicuius** ~ j-s Einfluss; **reum iudicio ~** den Angeklagten durch das Urteil vernichten
⑥ RHET *eine Rede* zergliedern, zerstückeln
⑦ widerlegen
⑧ *Plaut. hum* hinters Licht führen

con-ciēre ⟨cieō, cīvī, citum 2.⟩
① *Menschen* herbeirufen; MIL aufbieten
② in (rasche) Bewegung setzen, antreiben, **equum calcaribus** das Pferd durch Sporen; **saxa tormento ~** Felsen mit dem Wurfgeschütz schleudern
③ *fig* aufregen, aufwiegeln, *aliquem ad aliquid/in aliquid* j-n zu etw; **cives ad recuperandam libertatem** die Bürger zur Wiedergewinnung der Freiheit anspornen
④ *fig Leidenschaften, Zustände* erregen, hervorrufen

conciliābulum ⟨ī⟩ N ‖conciliare‖ (vkl., nachkl.) Versammlungsplatz, Gerichtsstätte; **damni ~** Lasterhöhle

conciliāre ⟨ō, āvī, ātum 1.⟩ ‖concilium‖
① *Lucr.* zusammenbringen, verbinden, **corpora** Körper
② zum Freund machen, zum Freund gewinnen; **aliquem alicui ~** j-n mit j-m befreunden; **sibi legiones pecuniā ~** die Legionen mit Geld für sich gewinnen
③ empfehlen, schmackhaft machen, *aliquid alicui* j-m etw
④ durch Vereinigung stiften, zustande bringen; **pacem inter civitates ~** Frieden unter den Städten stiften; **alicui nuptias ~** j-m zur Ehe verhelfen

conciliātiō ⟨conciliātiōnis⟩ F ‖coniciliare‖
① Verbindung, Vereinigung
② Gewinnung der Herzen *bes der Zuhörer*
③ Geneigtheit
④ Empfehlung
⑤ Beschaffung, Erwerb, **gratiae** des Dankes, **des Wohlwollens**

conciliātor ⟨conciliātōris⟩ M ‖conciliare‖ (vkl., nachkl.) Vermittler, Urheber; *pej* Kuppler

conciliātrīcula ⟨ae⟩ F ‖conciliatrix‖ Vermittlerin; **blanda** ~ reizende Fürsprecherin

conciliātrīx ⟨conciliātrīcis⟩ F ‖conciliator‖ Vermittlerin, Urheberin; *pej* Kupplerin

conciliātūra ⟨ae⟩ F ‖conciliare‖ *Sen.* Kuppelei

conciliātus[1] abl ⟨conciliātū⟩ M ‖conciliare‖ *Lucr.* atomistische Verbindung der Körper

conciliātus[2] ⟨a, um⟩ ADJ ‖conciliare‖

1 (nachkl.) beliebt, befreundet, *alicui* bei j-m, mit j-m

2 geneigt, *alicui rei/ad aliquid* zu etw

concilium ⟨ī⟩ N̄

1 *poet* Vereinigung, Verbindung; **genitale ~** Geschlechtsverkehr

2 (vkl., nachkl.) Zusammenkunft

3 Versammlung, Verein

4 POL zur politischen Beratung berufene Versammlung; außerhalb Roms Versammlung eines Ausschusses; in Rom ↔ Komitien Versammlung eines Teils des römischen Volkes; **~ patrum** Senatssitzung; **~ plebis** Tributkomitien

5 (eccl.) Versammlung der Bischöfe, Konzil

con-cinere ⟨cinō, cinuī, centum 3.⟩ ‖canere²‖

A V̄ī

1 (nachkl.) *poet* zugleich ertönen; mit der Flöte begleiten, *alicui* j-n; **tragoedo ~** den Tragöden begleiten

2 *fig* übereinstimmen, harmonieren, *cum aliquo* mit j-m, *inter se* untereinander

B V̄t

1 zugleich anstimmen

2 **tristia omina ~** Unglück verheißende Vorzeichen als Warnung prophezeien

3 besingen, preisen

concinnāre ⟨ō, āvī, ātum 1.⟩

1 kunstgerecht zusammenfügen, zusammensetzen

2 *fig* erzeugen; zu *etw* machen, +*dopp. akk*; **hominem insanum verbis suis ~** einen Menschen mit seinen Worten verrückt machen

concinnitās ⟨concinnitātis⟩ F̄ ‖concinnus‖

1 RHET kunstgerechte Verbindung *von Gedanken u. Worten*; Kunst der Darstellung

2 *Sen., Suet.* Gekünsteltes, gekünstelter Ausdruck

concinnitūdō ⟨concinnitūdinis⟩ F̄ = **concinnitas**

concinnus ⟨a, um, *adv* concinnē *u.* concinniter⟩ ADJ ‖concinnare‖

1 kunstgerecht zusammengefügt, elegant; RHET harmonisch

2 *poet von Personen* fügsam, gefällig, *alicui* gegen jdn

con-cipere ⟨cipiō, cēpī, ceptum 3.⟩ ‖capere‖

1 zusammenfassen

2 mit einer Formel aussprechen

3 auffangen, in sich aufnehmen

4 schwanger werden

5 erfassen, erkennen

6 auf sich laden

7 begehen

1 zusammenfassen, *aliquid re* etw in etw

2 *fig* mit einer Formel aussprechen; in einer Formel nachsprechen; (vkl., nachkl.) feierlich aufsagen; **ius iurandum ~** einen Eid formulieren; **preces ~** Bitten feierlich vortragen

3 auffangen, in sich aufnehmen; **terra semen concipit** die Erde nimmt den Samen auf; **aquam ~** Wasser aufsaugen

4 schwanger werden, *ex aliquo/de aliquo* von j-m; trächtig werden; *passiv* gezeugt werden; **ex adulterio conceptus** im Ehebruch gezeugt; **res publica conceptum periculum parturit** *fig* der Staat gebiert die in sich aufgenommene Gefahr

5 erfassen; fühlen; +*AcI*/+*inf* = den Entschluss fassen; **auribus ~** mit den Ohren aufnehmen; **mente ~** geistig erfassen

6 sich *etw* zuziehen, *etw* auf sich laden, *aliquid*; **dedecus ~** Schande auf sich laden; **maculam ex re ~** sich einen Makel aufgrund von etw zuziehen; *passiv* entstehen

7 eine Straftat begehen, **scelus** ein Verbrechen

con-cipilāre ⟨ō, āvī, ātum 1.⟩ (vkl., nachkl.) an sich reißen, fassen

con-cipulāre ⟨ō, āvī, ātum 1.⟩ = **concipilare**

con-cīre ⟨ciō, cīī/cīvī, cītum 4.⟩ = **conciere**

concīsa ⟨ōrum⟩ N̄ ‖concisus‖ *Quint.* abgehackte Sätze

concīsiō ⟨concīsiōnis⟩ F̄ ‖concidere²‖ RHET Zerstückelung der Sätze in kleinere Glieder

concīsūra ⟨ae⟩ F̄ ‖concidere²‖ (nachkl.) Zerteilung, Verteilung

concīsus¹ ⟨a, um⟩ PPP → **concidere²**

concīsus² ⟨a, um, *adv* concīsē⟩ ADJ ‖concidere²‖

1 sich kurz fassend

2 kurz gefasst

▶ deutsch: **konzis**

concitāmentum ⟨ī⟩ N̄ ‖concitare‖ Reizmittel

concitāre ⟨ō, āvī, ātum 1.⟩ ‖conciere‖

1 schwingen, jagen; **se ~** sich stürzen, *in aliquem* auf j-n, *in aliquid* auf etw, in etw; **spiritum ~** keuchen

2 *von Personen* herbeirufen; antreiben, aufwiegeln, *aliquem re ad aliquid* j-n durch etw zu etw, *in aliquem/adversus aliquem/contra aliquem* gegen j-n

3 *Zustände, Tätigkeiten, Stimmungen* erregen, erzeugen; *passiv* entstehen; **risum ~** Gelächter auslösen; **odium ~** Hass erzeugen; **discordiam ~** Zwietracht stiften

concitātiō ⟨concitātiōnis⟩ F̄ ‖concitare‖

1 *Liv.* rasche Bewegung, **remorum** der Ruder

2 *fig* Aufruhr, Tumult

3 *fig* Aufregung, Leidenschaftlichkeit, *(klass.) immer +genwie animi od mentis*
4 *(nachkl.) fig* Feuer des Redners

concitātor ⟨concitātōris⟩ M̄ ||concitare|| Aufwiegler; Anstifter

concitātus ⟨a, um⟩ ADJ ||concitare||
1 rasch, eilend; **equo concitato** im Galopp
2 *fig* aufgeregt, heftig

concitor ⟨concitōris⟩ M̄ *(nachkl.)* = **concitator**

con-cīvis ⟨concīvis⟩ M̄ *(spätl., eccl.)* Mitbürger; *(klass.)* = **civis**

con-clāmāre ⟨ō, āvī, ātum 1.⟩
1 *poet* zusammenrufen
2 gemeinschaftlich rufen, laut schreien; **gaudio ~** Freudengeschrei erheben, *Gegenstand u. Inhalt des Geschreis im AcI, auch ut/ne dass/dass nicht +konjkt/+indir Fragesatz*
3 vasa ~ MIL das Kommando „Packen" ausrufen = den Befehl zum Abmarsch geben
4 bejammern, beklagen; **conclamatum est** *Ter.* es ist vorbei
5 mit Jubel zustimmen
6 *Mart.* mit Klagen erfüllen

conclāmātiō ⟨conclāmātiōnis⟩ F̄ ||conclamare|| lautes Geschrei; *auch pl* Freudengeschrei; *(nachkl.)* Angstgeschrei

con-clāmitāre ⟨ō, āvī, ātum 1.⟩ ||conclamare|| *Plaut.* laut rufen, schreien

conclāve ⟨conclāvis⟩ N̄ ||con, clavis||
1 verschließbarer Raum; Zimmer
2 *(eccl.)* Kardinalsversammlung zur Papstwahl; abgeschlossener Versammlungsort der Kardinalsversammlung zur Papstwahl

con-clūdere ⟨clūdō, clūsī, clūsum 3.⟩ ||claudere||
1 (zusammen) einschließen, einsperren, *aliquid in locum/in loco/loco* etw in einem Ort
2 *einen Ort* abschließen, absperren; **mare conclusum** Binnenmeer
3 *fig* einengen
4 *fig* (systematisch) zusammenfassen; *passiv* mit inbegriffen sein, *in re* in etw
5 abschließen; RHET periodisch abrunden
6 RHET logisch folgern, beweisen, *absolut od aliquid* etw, *+AcI*

conclūsē ADV ||concludere|| RHET (rhythmisch) abgerundet

con-clūsī → **concludere**

conclūsiō ⟨conclūsiōnis⟩ F̄ ||concludere||
1 Einschluss, Blockade
2 *fig* Schluss, Abschluss, **orationis** einer Rede
3 PHIL Schlussfolgerung
4 RHET rhythmische Abrundung
5 *(mlat.)* Gefangenschaft
▶ deutsch: **Konklusion**

conclūsiuncula ⟨ae⟩ F̄ ||conclusio|| schwacher Schluss, lächerlicher Trugschluss; *Cic. auch* Trugschluss sophistischer Art

conclūsum ⟨ī⟩ N̄ ||concludere|| Folgerung

con-clūsus ⟨a, um⟩ PPP → **concludere**

con color ⟨concolōris⟩ ADJ *(nachkl.) poet* gleichfarbig, *alicui* mit etw

con-comitātus ⟨a, um⟩ ADJ *Plaut.* begleitet

con-coquere ⟨coquō, coxī, coctum 3.⟩
1 *(nachkl.) poet* zusammenkochen
2 *Plaut.* gar kochen
3 verdauen
4 *fig* dulden, ertragen, **alicuius odia** j-s gehässige Bemerkungen
5 *Sen. fig* geistig verdauen = sich zu eigen machen
6 *fig* reiflich überlegen; **consilia ~** Pläne schmieden

concordantia ⟨ae⟩ F̄ *(mlat.)* Übereinstimmung; *(nlat.)* Konkordanz, *alphabetische Aufstellung von Wörtern od Sachen, die in einem Buch vorkommen, zum Vergleich ihres Vorkommens u. Sinngehalts*

concordāre ⟨ō, āvī, ātum 1.⟩ ||concors|| einig sein, übereinstimmen, harmonieren, *absolut od alicui/cum aliquo* mit j-m, *cum re* mit etw

concordia ⟨ae⟩ F̄ ||concors||
1 Eintracht, Einigkeit, *alicuius* j-s, *unter j-m;* **~ equestris** Eintracht unter den Rittern
2 *Ov. meton* Herzensfreund

⚠ **Concordia discors** *Hor.* Uneinige Eintracht

Concordia ⟨ae⟩ F̄ Göttin der Eintracht, *der in Rom, meist nach sozialen Unruhen, mehrere Heiligtümer geweiht wurden, erstmals von Camillus 368 v. Chr. zwischen Kapitol u. Forum zum Abschluss der Ständekämpfe*

con-cors ⟨concordis, *adv* concorditer⟩ ADJ ||cor|| einig, übereinstimmend, *alicui/cum aliquo* mit jdm

con-crēbrēscere ⟨crēbrēscō, crēbruī,- 3.⟩ *Verg.* mit *etw* zunehmen, *cum re*

con-crēdere ⟨crēdō, crēdidī, crēditum 3.⟩ anvertrauen, mitteilen, *alicui aliquid* j-m etw

con-cremāre ⟨ō, āvī, ātum 1.⟩ *(nachkl.)* völlig verbrennen, in Asche verwandeln, **naves** Schiffe

con-crepāre ⟨ō, uī, - 1.⟩
A V̄ĪT stark tönen, dröhnen; **digitis ~** mit den Fingern schnalzen; **si digitis concrepuerit** auf den ersten Wink
B V̄T *(nachkl.) poet* ertönen lassen; **aera ~** die Becken schlagen

con-crēscere ⟨crēscō, crēvī, crētum 3.⟩
1 sich verdichten, erstarren; *poet* sich verdunkeln
2 durch Verdichtung entstehen, sich bilden

concrētiō ⟨concrētiōnis⟩ F̄ ||concrescere|| Verdichtung; Körperlichkeit; **~ mortalis** vergänglicher Stoff

concrētus ⟨a, um⟩ ADJ ||concrescere||
1 verdichtet, erstarrt; **lac concretum** geronnene Milch; **dolor ~** fig tränenloser Schmerz
2 aus etw bestehend, *ex re*
3 *Prop.* sich zusammenziehend
4 *Verg.* fig tief wurzelnd, anhaftend

con-crīminārī ⟨or, ātus sum 1.⟩ *Plaut.* heftige Klage führen, *aliquem* über j-n, *adversus aliquem* gegenüber j-m

con-cruciāre ⟨ō, āvī, ātum 1.⟩ *Lucr.* quälen

con-cubāre ⟨ō, -, - 1.⟩ (spätl.) darniederliegen

concubīna ⟨ae⟩ F ||concubare|| Konkubine; *euph* Freundin; Freudenmädchen

concubīnātus ⟨concubīnātūs⟩ M ||concubina||
1 *Plaut.* gesetzlich tolerierte nichteheliche Lebensgemeinschaft, später Ehe minderen Rechts
2 *Suet.* außerehelicher Geschlechtsverkehr, **nuptarum** mit verheirateten Frauen

concubīnus ⟨ī⟩ M ||concubina|| *Sen., Tac.* im Konkubinat lebender Mann, Liebhaber

con-cubitus ⟨concubitūs⟩ M ||concumbere||
1 Platznehmen *bei Tisch*
2 Geschlechtsverkehr
3 (nachkl.) *poet bei Tieren* Begattung

concubium ⟨ī⟩ N ||concubare|| (vkl., nachkl.)
1 ~ noctis Zeit des tiefsten Schlafes; tiefe Nacht
2 Beischlaf

concubius ⟨a, um⟩ ADJ ||concubare|| zur Zeit des tiefsten Schlafes; **concubiā nocte** in tiefer Nacht, um Mitternacht

con-culcāre ⟨ō, āvī, ātum 1.⟩ ||calcare|| (unkl.) niedertreten; *fig* misshandeln; *fig* missachten

con-cumbere ⟨cumbō, cubuī, cubitum 3.⟩
1 sich niederlegen, *bes von Tieren*
2 sich zu j-m legen, mit j-m schlafen, *cum aliquo/cum aliqua*, *poet alicui od absolut*

con-cupiēns ⟨concupientis⟩ ADJ *poet* begierig, *alicuius rei* nach etw

con-cupīscere ⟨cupīscō, cupīvī/cupiī, cupītum 3.⟩ ||cupere|| lebhaft begehren, verlangen, *absolut od aliquid etw, +inf*

⚠ **Omnia habet, qui nihil concupiscit.** Der, der nichts begehrt, hat alles. *Spruch bei Valerius Maximus*

con-cūrāre ⟨ō, āvī, ātum 1.⟩ *Plaut.* besorgen

con-currere ⟨currō, cucurrī/currī, cursum 3.⟩
1 zusammenlaufen, zusammenströmen, *absolut od ab loco/de loco/ex loco ad aliquem* von einem Ort bei j-m, *in aliquid/ad aliquid* an einem Ort; **ad fanum ~** beim Tempel zusammenlaufen; **foro ~** auf dem Forum zusammenströmen; **eo concursum est** dort lief man zusammen
2 *von Sachen wie z. B. Schiffen, Buchstaben, Worten, Ereignissen u. von Personen* zusammenstoßen; *bes feindlich* aneinandergeraten, *alicui/cum aliquo* mit j-m, *inter se* miteinander, *adversus aliquem/in aliquem/contra aliquem* gegen j-n; **ōs concurrit** der Mund schließt sich
3 (unkl.) *von Sachen* anstürmen; *von Sachen* hereinbrechen
4 zusammentreffen, zugleich stattfinden **concurrunt nomina** *Geschäftssprache* die Zahlungstermine fallen zusammen

▶ deutsch: **Konkurrenz**

con-cursāre ⟨ō, āvī, ātum 1.⟩ ||concurrere||
A VI hin und her laufen, hin und her wogen; *Liv.* MIL hier und dort angreifen
B VT bereisen, besuchen; **omnium domos ~** die Häuser von allen besuchen

con-cursātiō ⟨concursātiōnis⟩ F ||concursare||
1 Zusammenlaufen, Umherlaufen
2 MIL Geplänkel
3 *von Leblosem* Verlauf

concursātor ⟨concursātōris⟩ M *Liv.* MIL Plänkler; **pedes ~** nur zum Geplänkel ausgebildeter Fußsoldat

concursiō ⟨concursiōnis⟩ F ||concurrere||
1 Zusammentreffen, Zusammenstoßen, **atomorum** *Cic.* der Atome
2 RHET Verflechtung, Symploke, *Wiederholung des gleichen Wortes am Anfang u. am Schluss mehrerer hintereinander folgender Sätze*

concursum PPP → concurrere

concursus ⟨concursūs⟩ M ||concurrere||
1 Zusammenlaufen, Zusammenströmen; **~ hominum in forum** das Zusammenströmen von Menschen auf dem Forum; Auflauf
2 *fig* Zusammenwirken, **honestissimorum studiorum** *Cic.* ehrenhaftester Bemühungen
3 Zusammenstoß; MIL Angriff, **exercituum** der Heere
4 ~ creditorum (spätl.) JUR Zusammenkunft der Gläubiger *zur Teilung des Vermögens eines Schuldners*

▶ deutsch: **Konkurs**

con-cussī → concutere

concussiō ⟨concussiōnis⟩ F ||concutere|| (nachkl.) Erschütterung; Erdbeben

concussus¹ ⟨concussūs⟩ M ||concutere|| *Lucr.* Erschütterung

con-cussus² ⟨a, um⟩ PPP → concutere

con-custōdīre ⟨iō, īvī, ītum 4.⟩ *poet* bewachen

con-cutere ⟨cutiō, cussī, cussum 3.⟩ ||quatere||
1 (nachkl.) heftig schütteln; **arma manu ~** die

Waffen mit der Hand schleudern; **terram ingenti motu ~** die Erde mit ungeheurer Bewegung erschüttern; **denarios in manu ~** Denare in der Hand klimpern lassen

2 se ~ *Hor. fig* sich gewissenhaft prüfen

3 *fig* erschüttern, erschrecken

4 *fig* zerrütten, schwächen, **rem publicam** das Staatswesen

condalium ⟨ī⟩ N̄ (*vkl.*) kleiner *von Sklaven getragener* Ring

con-decet ⟨decuit 2.⟩ *unpers Com.* es geziemt sich, *aliquem* für jdn

con-decorāre ⟨ō, āvī, ātum 1.⟩ *Plaut., Sen.* sorgfältig schmücken

con-demnāre ⟨ō, āvī, ātum 1.⟩ ||damnare||

1 schuldig sprechen, verurteilen, *aliquem alicuius rei/de re* j-n wegen etw, *alicuius rei/re* zu etw, **iniuriarum** wegen Freveltaten, **pecuniae publicae** wegen Steuerhinterziehung, **de vi** wegen Gewalttätigkeit, **de ambitu** wegen Amtserschleichung, **de repetundis** wegen Erpressung, **capitis** zum Tode, **argenti** zu einer Geldstrafe, **sponsionis** zu der *im Zivilprozess* vereinbarten Summe, **capite/capitali poenā** *Suet.* zum Tode, **denis milibus aeris** *Liv.* zu 10000 As, **ad mortem/in mortem** (*spätl.*) zum Tode; **aliquem sibi ~** die Buße, die j-d zu zahlen hat, sich selbst zusprechen

2 *fig* missbilligen, tadeln, *aliquem alicuius rei* j-n wegen etw

3 *als Ankläger* die Verurteilung durchsetzen, **furti** wegen Diebstahls

condemnātiō ⟨condemnātiōnis⟩ F̄ ||condemnare|| Verurteilung; (*eccl.*) Verdammnis

condemnātor ⟨condemnātōris⟩ M̄ ||condemnare|| (*nachkl.*) Ankläger, der die Verurteilung bewirkt

con-dēnsēre ⟨eō, -, - 2.⟩ *Lucr.,* **con-dēnsāre** ⟨ō, āvī, ātum 1.⟩ (*vkl., nachkl.*) dicht zusammendrängen

con-dēnsus ⟨a, um⟩ ADJ (*nachkl.*) *poet* sehr dicht, dicht gedrängt; **vallis condensa arboribus** dicht bewaldetes Tal

---

con-dere ⟨dō, didī, ditum 3.⟩

1 zusammenfügen, erbauen
2 begründen, schaffen
3 abfassen, verfassen
4 beschreiben, besingen
5 verwahren, bergen
6 aufbewahren, einkellern
7 einsperren
8 beisetzen, bestatten
9 verbringen, verleben
10 versenken, verstecken
11 tief hineinbohren

---

1 zusammenfügen, gründen; **ab urbe condita** seit Gründung der Stadt, *Angabe zur röm. Zeitrechnung;* **insulam ~** eine Insel besiedeln

2 *fig* begründen, schaffen; **potestatem per arma ~** seine Herrschaft durch Waffengewalt begründen

3 *schriftl.* verfassen, bearbeiten, **carmen** ein Lied, ein Gedicht, **leges** Gesetze

4 *poet* beschreiben, besingen

5 verwahren, in Sicherheit bringen; **aliquid in locum/in loco ~** etw an einem Ort verwahren, etw an einen Ort bringen

6 Früchte, Vorräte aufbewahren; (*unkl.*) einlegen, einmachen

7 *von Personen* einsperren, **aliquem in carcerem/in vinculas** j-n ins Gefängnis

8 *Tote* beisetzen, bestatten; **ossa terrā ~** die Gebeine in der Erde bestatten

9 verbringen, verleben; **lustrum ~** einen Zeitraum verbringen, eine Periode abschließen

10 verstecken, verbergen; **alicui oculos ~** j-m die Augen zudrücken; **milites armatos in silvis ~** Bewaffnete in den Wäldern versteckt halten; **luna tenebris condita** der im Dunkeln verborgene Mond; *passiv u.* **se ~** sich verstecken, verschwinden; **sol se condit in undas** die Sonne versinkt in den Wellen

11 *poet eine Waffe* tief hineinbohren; **ensem alicui in pectus/in pectore ~** j-m das Schwert in die Brust stoßen

con-dīcere ⟨dīcō, dīxī, dictum 3.⟩ (*vkl., nachkl.*)

1 verabreden, festsetzen, *aliquid alicui* etw mit j-m

2 *Suet.* sich bei *j-m* als Gast ansagen, *alicui*

condiciō ⟨condiciōnis⟩ F̄ ||condicere||

1 Aufgabe, Bestimmung

2 Verhältnis, Lage; **~ iuris** Rechtsverhältnis; **~ nascendi** Los der Geburt; **bonā condicione** unter günstigen Verhältnissen

3 Verabredung, Vertrag

4 Bedingung; Vorschlag; **iniquae condiciones pacis** ungerechte Friedensbedingungen; **nullā condicione** unter keiner Bedingung; **per condiciones** aufgrund der Friedensbedingungen; **condiciones ferre** Bedingungen stellen; **ad alicuius condicionem venire** sich in j-s Vorschlag fügen

5 Heiratsvertrag; Liebesverhältnis; **~ uxoria** Heirat; **condicionem filiae quaerere** eine Partie für die Tochter suchen

▶ deutsch: **Kondition**
   englisch: **condition**
   französisch: **condition**

spanisch: **condición**
italienisch: **condizione**

con-dictiō ⟨condictiōnis⟩ F̄ Verabredung

condīgnus ⟨a, um, *adv* condīgnē⟩ A̱ḎJ̱ (vkl., nachkl.) ganz würdig; angemessen

condīmentum ⟨ī⟩ N̄ ||condere|| Gewürz; *fig* Würze

condīre ⟨iō, īvī, ītum 4.⟩
1 würzen, lecker zubereiten
2 *fig* ansprechend machen, mildern; **gravitatem comitate ~** die Würde durch Leutseligkeit mildern
3 (vkl., nachkl.) einlegen, **oleas** Oliven
4 einbalsamieren, **mortuos** *Cic.* Tote

con-discere ⟨discō, didicī, - 3.⟩ sorgfältig lernen; *+inf* = sich gewöhnen

condiscipula ⟨ae⟩ F̄ ||condiscipulus|| (*Mart.*, nachkl.) Mitschülerin

condiscipulātus ⟨condiscipulātūs⟩ M̄ ||condiscipulus|| (nachkl.) Schulfreundschaft

con-discipulus ⟨ī⟩ M̄ Mitschüler, Schulfreund

conditiō[1] ⟨conditiōnis⟩ F̄ ||condere|| Würzen, Einlegen

conditiō[2] ⟨conditiōnis⟩ F̄ ||condire|| Gründung; (eccl.) Schöpfung

conditiō[3] ⟨conditiōnis⟩ F̄ = **condicio**

conditīvum ⟨ī⟩ N̄ ||conditivus|| *Sen.* Grab

conditīvus ⟨a, um⟩ A̱ḎJ̱ ||condere|| (vkl., nachkl.) zum Einlegen bestimmt, zum Einlegen geeignet

conditor[1] ⟨conditōris⟩ M̄ ||condere||
1 Gründer; Urheber
2 (nachkl.) *poet* Verfasser, **anni Romani** des römischen Kalenders

conditor[2] ⟨conditōris⟩ M̄ ||condire|| (spätl.) Hersteller würziger Speisen

▶ deutsch: **Konditor**

conditōrium ⟨ī⟩ N̄ ||condere|| (nachkl.) Sarg; Grabmal

conditūra[1] ⟨ae⟩ F̄ ||condere|| (nachkl.) Fertigung, Anfertigung

conditūra[2] ⟨ae⟩ F̄ ||condire|| (nachkl.) Einlegen, Einmachen *von Früchten*; (leckere) Zubereitung

conditus[1] ⟨a, um⟩ A̱ḎJ̱ ||condire||
1 gewürzt, schmackhaft
2 *von Personen u. Sachen* ansprechend

con-ditus[2] ⟨a, um⟩ P̱P̱P̱ → condere
con-ditus[3] ⟨a, um⟩ P̱P̱P̱ → condire

condoce-facere ⟨faciō, fēcī, factum 3.⟩ ||condocere|| belehren, abrichten

con-docēre ⟨doceō, docuī, doctum 2.⟩ *Plaut.* einüben, abrichten

con-dolēre ⟨eō, uī, - 2.⟩
1 Schmerz empfinden
2 (spätl., eccl.) Mitleid haben, **crucifixo** mit dem Gekreuzigten

▶ deutsch: **Kondolenz**

con-dolēscere ⟨dolēscō, doluī, - 3.⟩ ||condolere|| *meist perf*: schmerzen, wehtun; **pes mihi condolescit** der Fuß tut mir weh

con-dōnāre ⟨ō, āvī, ātum 1.⟩
1 j-m *etw* schenken, j-n mit *etw* beschenken, *alicui aliquid*
2 *Schulden* erlassen, **pecunias creditas alicui** j-m geliehenes Geld
3 überlassen, preisgeben, *alicui aliquid* j-m etw; **Macedoniam barbaris ~** Makedonien den Barbaren überlassen
4 vergeben, verzeihen, *alicui aliquid* j-m etw
5 *ein Vergehen j-m zuliebe ungestraft lassen*, *alicui*; *j-n um j-s willen begnadigen*, *aliquem alicui*; **praeterita fratri ~** das Vergangene dem Bruder zuliebe ungestraft lassen; **Dumnorigem Divitiaco fratri ~** den Dumnorix mit Rücksicht auf seinen Bruder Divitiacus begnadigen
6 (mlat.) verleihen; nachsehen

condōnātiō ⟨condōnātiōnis⟩ F̄ ||condonare|| Verschenken, Schenkung

con-dormīre ⟨iō, -, - 4.⟩ (nachkl.) völlig einschlafen

con-dormīscere ⟨dormīscō, dormīvī, - 3.⟩ ||condormire|| *Plaut.* einschlafen

Condrūsī ⟨ōrum⟩ M̄ *germ.* Stamm an der Maas, zwischen Namur u. Lüttich

con-dūcere ⟨dūcō, dūxī, ductum 3.⟩

A V̱Ṯ
1 zusammenführen; vereinigen; **omnes clientes in unum locum/eo ~** alle Anhänger an einem Ort/dort versammeln
2 *durch Bezahlung* an sich bringen; mieten, *ab aliquo/de aliquo* von j-m
3 in Dienst nehmen, anwerben; **milites ~** Soldaten anwerben; **aliquem mercede ~** j-n für Lohn anstellen; **aliquem ~, ut** j-n dazu bringen, dass; **non conduci, quin** nicht dazu gebracht werden, dass
4 gegen Entgelt *eine Arbeit od eine Lieferung* übernehmen, *absolut od aliquid* etw; **columnam faciendam ~** die Anfertigung einer Bildsäule übernehmen

B V̱Ī̱ *nur unpers 3. Person sg u. pl u. inf* **condūcit** es nützt, es ist zuträglich, *alicui/alicui rei* für j-n/für etw, *+inf/+AcI*, **saluti tuae** für dein Wohl

condūcibile ⟨condūcibilis⟩ N̄ ||conducibilis|| Gemeinwohl

condūcibilis ⟨condūcibile⟩ A̱ḎJ̱ ||conducere|| zuträglich, zweckdienlich

conducta ⟨ae⟩ F̄ ||conducere|| (mlat.) Eingangslied

conductī ⟨ōrum⟩ M̄ ||conducere|| *Nep.* die Söldner

conductīcius ⟨a, um⟩ ADJ ‖conducere‖ (unkl.) gemietet, Söldner...; **domus conducticia** gemietetes Haus; **catervae conducticiae** Söldnerhaufen

conductiō ⟨conductiōnis⟩ F ‖conducere‖
1. RHET Zusammenfassung, Rekapitulation
2. Mieten, Pachten;
3. meton Mietvertrag, Pachtvertrag

conductor ⟨conductōris⟩ M ‖conducere‖
1. Mieter, Pächter
2. Unternehmer

conductum ⟨ī⟩ N ‖conducere‖ Mietwohnung

conductus¹ ⟨conductūs⟩ M ‖conducere‖
1. (spätl.) Zusammenziehen
2. (mlat.) Geleit, Eingangslied

con-ductus² ⟨a, um⟩ PPP → conducere

con-duplicāre ⟨ō, āvī, ātum 1.⟩ (vkl.) poet verdoppeln; **corpora ~ hum** sich umarmen

conduplicātiō ⟨conduplicātiōnis⟩ F ‖conduplicare‖
1. Plaut. hum „Verdoppelung" = Umarmung
2. RHET Wiederholung des gleichen Wortes am Anfang des nächsten Satzes

con-dūrāre ⟨ō, āvī, ātum 1.⟩ Lucr. härten

condus ⟨ī⟩ M ‖condere‖ Plaut. Verwalter der Vorräte; Haushofmeister

con-dūxī → conducere

condylōma ⟨condylōmatis⟩ N (nachkl.) MED Feigwarze, Kondylom

condylus ⟨ī⟩ M Mittelgelenkknochen der Finger; Mart. Rohr der Rohrpfeife

cō-nectere ⟨nectō, nex(u)ī, nexum 3.⟩
1. zusammenfügen, zusammenknüpfen, **crines** die Haare; **nodum ~** einen Knoten knüpfen; **naves trabibus ~** Schiffe mit Balken verbinden
2. fig verknüpfen, verbinden, aliquid alicui rei/cum re etw mit etw; **omnes partes inter se ~** alle Teile untereinander verbinden
3. RHET verknüpfen, **sententias** Sätze
4. PHIL folgern, mit dem vorausgehenden Satz verbinden
5. verwandtschaftlich verbinden, aliquem alicui j-n mit j-m
6. PHIL als Schlusssatz anfügen

cōnexiō ⟨cōnexiōnis⟩ F ‖conectere‖ Verbindung; (nachkl.) logische Schlussreihe

cōnexum ⟨ī⟩ N ‖conectere‖ logische Schlussfolge

cōnexus¹ ⟨a, um⟩ ADJ ‖conectere‖
1. nahe verwandt, verschwägert
2. mit verwickelt, **discrimini patris** in die Gefahr des Vaters

cōnexus² ⟨cōnexūs⟩ M Lucr. Verknüpfung, Verbindung

cō-nexus³ ⟨a, um⟩ PPP → conectere

cōn-fābulārī ⟨or, ātus sum 1.⟩
A VI (vkl.) plaudern
B VT (vkl.) besprechen, aliquid cum aliquo etw mit j-m

cōnfarreāre ⟨ō, āvī, ātum 1.⟩ eine feierliche Ehe eingehen; → confarreatio

cōnfarreātiō ⟨cōnfarreātiōnis⟩ F ‖confarreare‖ Konfarreationsehe, feierlichste Form der röm. Eheschließung unter Opferung eines Schafes u. eines Dinkelkuchens (= farreum libum) in Anwesenheit des Pontifex maximus, des flamen Dialis u. von zehn Zeugen; Scheidung erst in der Kaiserzeit möglich

cōn-fātālis ⟨cōnfātāle⟩ ADJ an das gleiche Schicksal gebunden

cōn-fēcī → conficere

cōnfectiō ⟨cōnfectiōnis⟩ F ‖conficere‖
1. Anfertigung, Herstellung, **medicamenti** einer Medizin, **~ libri** Abfassung eines Buches; **~ belli** Beendigung des Krieges; **~ tributi** Eintreibung des Tributs
2. Vernichtung, Zerstörung
▶ deutsch: **Konfektion**

cōnfector ⟨cōnfectōris⟩ M ‖conficere‖
1. Vollbringer, Vollender
2. pej Zerstörer; **ignis ~ omnium** alles vernichtendes Feuer

cōn-fectus ⟨a, um⟩ PPP → conficere

cōn-ferbuī → confervescere

cōn-fercīre ⟨ferciō, fersī, fertum 4.⟩ ‖farcire‖ vollstopfen; dicht zusammendrängen

cōn-ferre ⟨cōnferō, contulī, collātum 0.⟩
1. zusammentragen, zusammenbringen
2. zusammenfassen, zusammenbringen
3. einander nahebringen
4. zum Kampf bringen
5. aufbringen, eintreiben
6. beitragen
7. zusammenstellen, vergleichen
8. hinbringen, hinschaffen
9. sich begeben
10. sich widmen
11. verschieben
12. verwandeln
13. zukommen lassen, zuschreiben
14. richten
15. aufwenden, verwenden

---

1. zusammentragen, zusammenbringen; **aliquid ex loco in locum ~** etw von einem Ort zum anderen bringen
2. zusammenfassen, zusammenbringen; passiv sich konzentrieren; **vires in unum ~** die Kräfte zusammenfassen; **verba in duos versus ~** Worte in zwei Versen zusammenfassen; **in**

pauca ~ sich kurz fassen; **signa ~ ad aliquem** sich mit j-m vereinigen; **bellum collatum est circa Corinthum** der Krieg konzentriert sich um Korinth

3 einander nahebringen, *aliquid alicui rei* etw einer Sache; *Worte od Ansichten* austauschen; **sermonem ~ cum aliquo** mit j-m ein Gespräch führen; **consilia ~ cum aliquo** mit j-m Pläne austauschen; **aliquid ~ inter se** etw miteinander besprechen

4 *feindlich* zum Kampf bringen; **arma/manum/ signa ~ cum aliquo** j-n angreifen; **collato pede** Mann gegen Mann; **se ~ alicui** mit j-m kämpfen; **mecum confer!** *Ov.* kämpfe mit mir!

5 *Geld* aufbringen, eintreiben; **sextantes in capita ~** die auf die Person treffenden Sechstel As eintreiben

6 (*nachkl.*) zu *etw* beitragen, *einer Sache* dienlich sein, *ad aliquid/alicui rei* zu etw, für etw, *alicui* j-m, **plurimum** sehr viel, **nihil** nichts, **eo** dazu

7 zusammenstellen, vergleichen, *aliquid alicui rei/cum re* etw mit etw; **parva magnis ~** Kleines mit Großem vergleichen; **vires ~** die Kräfte messen; **confer** (*mlat.*) vergleiche, *Hinweis in einem Buch auf eine andere Seite*

8 *zu einem Ort* hinbringen, hinschaffen, **aliquid ex loco in locum** etw von einem Ort zu einem anderen bringen; **obsides in arcem ~** die Geiseln in die Burg bringen; **omnia sua in oppidum ~** seine ganze Habe in die Stadt bringen

9 **se ~** sich begeben, *ad aliquem* zu j-m, **in urbem** in die Stadt; **se ~ in fugam** sich flüchten

10 **se ~** sich *einer Sache* widmen, *ad aliquid/aliquid*; sich *j-m* anschließen, *ad aliquem*; **se ~ ad auctoritatem senatūs** sich dem Willen des Senates anschließen; **se ~ ad studium philosophiae** sich dem Studium der Philosophie widmen

11 *zeitl.* verschieben; **~ aliquid in aliud tempus** etw auf einen anderen Zeitpunkt verschieben; **~ in longiorem diem** auf einen späteren Tag verschieben

12 in *etw* übergehen lassen; **corpus in volucrem ~** in einen Vogel verwandeln

13 zukommen lassen, zuschreiben, *aliquid alicui/ in aliquem* etw j-m; **beneficia amicis/in amicis ~** Freunden Wohltaten zukommen lassen; **vitia sua in senectutem ~** seine Fehler dem Alter zuschreiben

14 *seine Gedanken* auf *etw* richten, *ad aliquid/in aliquid*, **ad philosophiam** auf die Philosophie

15 aufwenden, verwenden, *aliquid ad aliquid* etw für etw; **praedam in monumenta ~** die Beute für die Errichtung von Denkmälern verwenden; **vocem in quaestum ~** seine Stimme zur Erwerbsquelle machen

cōn-fersī → confercire

cōnfertim ADV, *komp* ⟨confertius⟩ ||confercire|| (*nachkl.*) dicht gedrängt, geschlossen

cōnfertus¹ ⟨a, um⟩ ADJ ||confercire||

1 voll, angefüllt, *re* mit etw; **vita voluptatibus conferta** ein Leben voller Vergnügungen

2 zusammengedrängt, dicht; MIL in geschlossenen Reihen

cōn-fertus² ⟨a, um⟩ PPP → confercire

cōn-fervefacere ⟨iō, -, - 3.⟩ *Lucr.* zum Schmelzen bringen

cōn-fervēscere ⟨fervēscō, ferbuī, - 3.⟩ ||fervere|| (*nachkl.*) *poet* heiß werden; *fig* erglühen

cōnfessiō ⟨cōnfessiōnis⟩ F ||confiteri||

1 Geständnis, Bekenntnis, *alicuius alicuius rei, auch de re* j-s in Bezug auf etw, *+AcI*; **~ servi furti** Diebstahlsgeständnis des Sklaven

2 (*eccl.*) Glaubensbekenntnis

3 (*mlat.*) Sündenbekenntnis, Beichte

4 ARCH Vorkammer eines Märtyrergrabes

5 (*nlat.*) Bekenntnisschrift *der Reformation*; **Confessio Augustana** Augsburger Bekenntnis *der lutherischen Lehre, 1530 vorgelegt*

▶ deutsch: **Konfession**

cōnfessor ⟨cōnfessōris⟩ M ||confiteri|| (*eccl.*) Bekenner *des Christentums, Heiliger, der nicht Märtyrer war*

cōnfessus¹ ⟨a, um⟩ ADJ ||confiteri||

1 geständig

2 eingestanden, unzweifelhaft; **confessa nec dubia signa** eingestandene und nicht mehr umstrittene Zeichen

cōn-fessus² ⟨a, um⟩ PPERF → confiteri

cōnfestim ADV unverzüglich, sofort

cōn-ficere ⟨ficiō, fēcī, fectum 3.⟩ ||facere||

1 zustande bringen, ausführen
2 schreiben, abfassen
3 abschließen
4 zurücklegen
5 verbringen
6 folgern, schließen
7 aufbringen, verschaffen
8 schaffen, erzeugen
9 zerkauen
10 aufreiben
11 vergeuden
12 töten
13 unterwerfen, besiegen

1 zustande bringen, vollenden; **alutam ~** Leder gerben; **sacra ~** Opfer abhalten; **tabulas ~** Buch führen; **bellum ~** den Krieg beenden

2 schreiben, abfassen

3 *ein Geschäft* abschließen; **pretium ~** den Preis

festsetzen; **rationem ~** eine Rechnung aufstellen

4 *einen Weg* zurücklegen, *einen Gang* vollenden; *passiv* zu Ende gehen; **immensum aequor ~** ein ungeheuer großes Meer durchsegeln

5 *Zeit* verbringen; *passiv* vergehen

6 folgern, schließen; **ex quo conficitur, ut** daraus folgt, dass

7 aufbringen, verschaffen; **tribum alicui ~** j-m die Stimmen einer Tribus verschaffen

8 *Zustände od Verhältnisse* schaffen, erzeugen; **auditorum benevolum ~** den Hörer wohlwollend stimmen

9 zerkauen; verdauen; **dentibus escas ~** mit den Zähnen die Speisen kauen; **ventre cibos ~** im Bauch die Speisen verdauen

10 *fig* aufreiben; erschöpfen; *passiv* vergehen, erschöpft werden

11 *fig* vergeuden; **patrimonium ~** das väterliche Erbe durchbringen

12 *fig* töten; **confice!** töte ihn, *Entscheidung des Leiters von Gladiatorenspielen mit nach unten gerichtetem Daumen*

13 *fig* unterwerfen, besiegen

▶ deutsch: **Konfekt**

cōnficiēns ⟨cōnficientis⟩ ADJ ||conficere|| zustande bringend, bewirkend, *alicuius rei* etw; **causa ~** Wirkursache; **litterarum ~** geneigt alles aufzuschreiben

cōnfictiō ⟨cōnfictiōnis⟩ F ||confingere|| Erdichtung

cōnfīdēns ⟨cōnfīdentis, *adv* cōnfīdenter⟩ ADJ ||confidere||

1 zuversichtlich, mutig

2 *pej* frech, unverschämt

cōnfīdentia ⟨ae⟩ F ||confidens||

1 Zuversicht, festes Vertrauen

2 *pej* Frechheit, Unverschämtheit

cōnfīdentiloquus ⟨a, um⟩ ADJ ||confidens, loqui|| *Plaut.* großsprecherisch, prahlerisch

cōn-fīdere ⟨fīdō, fīsus sum 3.⟩

1 vertrauen, sich verlassen, *alicui* auf j-n, *re/de re* auf etw; **confisus** im Vertrauen auf *j-n/etw*

2 zuversichtlich hoffen, sich seiner Sache sicher sein, *absolut od +AcI*

⚠ **confidere** ist Semideponens. Semideponentia sind Verben, von denen es im Präsensstamm nur Aktivformen und im Perfektstamm nur Passivformen gibt. Ins Deutsche werden sie immer im Aktiv übersetzt.

cōn-fierī ⟨fīō, - 0.⟩ = **confici**

1 *Liv. von Geld* aufgetrieben werden, eingetrieben werden

2 ausgeführt werden, geschehen

3 *Plaut.* verbraucht werden, vergeudet werden

cōn-fīgere ⟨fīgō, fīxī, fīxum 3.⟩

1 zusammenheften, zusammenfügen

2 durchbohren, durchstechen; **hostem sagittis ~** den Feind mit Pfeilen durchbohren

3 *fig* in seiner Tätigkeit lähmen, **aliquem ducentis senatūs consultis** j-n mit zweihundert Senatsbeschlüssen

cōn-findere ⟨ō, -, - 3.⟩ *Tib.* zerspalten

cōn-fingere ⟨fingō, fīnxī, fictum 3.⟩ erdichten, ersinnen

cōn-fīnis ⟨cōnfine⟩ ADJ angrenzend, *alicui* an j-n, *alicui rei* an etw; *(nachkl.) fig* verwandt, *alicui rei* mit etw

cōnfīnium ⟨ī⟩ N ||confinis||

1 Grenzgebiet; *meton* Grenzlinie

2 *fig* Grenze, *alicuius rei* einer Sache, zwischen etw; **~ lucis et noctis** Dämmerung

cōn-firmāre ⟨ō, āvī, ātum 1.⟩

1 befestigen, festmachen

2 *physisch* stärken, sichern; *passiv* erstarken, sich erholen; **valetudinem ~** die Gesundheit stärken; **manum suam ~** seine Mannschaft stärken; **Galliam praesidiis ~** Gallien durch Besatzungstruppen sichern

3 *fig die Gültigkeit* festigen, stärken; **amicitiam cum aliquo ~** die Freundschaft mit j-m festigen; **nondum confirmato consilio** ohne reife Einsicht

4 *fig Beschlüsse* bestätigen, für gültig erklären; **aliquid lege ~** etw durch ein Gesetz bestätigen; **pactum inter se iure iurando ~** einen Vertrag durch einen gegenseitigen Eid besiegeln

5 *fig Behauptungen* bestätigen, bekräftigen; **rem teste ~** etw durch einen Zeugen bestätigen

6 *fig* ermutigen, trösten; **animos militum spe auxilii ~** den Soldaten durch die Hoffnung auf Hilfe Mut machen; **alicuius fidem ~** j-s Treue festigen

7 *fig* behaupten, beteuern, *aliquid* etw, *de re* in Bezug auf etw, *+AcI*

cōnfirmātiō ⟨cōnfirmātiōnis⟩ F ||confirmare||

1 *fig* Befestigung, **libertatis** der Freiheit

2 Beruhigung; Trost

3 Bestätigung, *alicuius* j-s, *alicuius rei* einer Sache, *pro etw*; RHET Begründung, Beweis

4 *(eccl.)* Firmung *in der katholischen Kirche*; *(nlat.)* Konfirmation *in der evangelischen Kirche*

cōnfirmātor ⟨cōnfirmātōris⟩ M ||confirmare|| Bürge, *alicuius rei* für etw

cōnfirmātus ⟨a, um, *adv* cōnfirmātē⟩ ADJ ||confirmare||

1 mutig

2 *von Sachen* glaubwürdig, bestätigt

cōnfirmitās ⟨cōnfirmitātis⟩ F ||confirmare|| *Plaut.* Halsstarrigkeit, Sturheit

cōn-fiscāre ⟨ō, āvī, ātum 1.⟩ ||fiscus|| *Suet.*

1 in der Kasse aufheben, bar liegen haben
2 für die kaiserliche Kasse einziehen, beschlagnahmen; **aliquem ~** j-s Vermögen einziehen
▶ deutsch: **konfiszieren**

cōnfiscātiō ⟨cōnfiscātiōnis⟩ F̄ (nachkl.) ||confiscare|| Einziehung *des Vermögens*, Konfiskation

cōnfīsiō ⟨cōnfīsiōnis⟩ F̄ ||confidere|| Vertrauen

cōn-fīsus ⟨a, um⟩ PPERF → confidere

cōn-fitērī ⟨fiteor, fessus sum 2.⟩ ||fateri||
1 bekennen, gestehen, *alicui aliquid* j-m etw, *de re* in Bezug auf etw, +dopp. akk/+indir Fragesatz; **alicui culpam ~** j-m seine Schuld eingestehen; **aliquid de veneno ~** etw hinsichtlich des Giftmordes gestehen; **se victum ~** seine Niederlage eingestehen; **aliquem deum ~** j-n als Gott anerkennen; **se multum ignorare ~** seine Unwissenheit gestehen; **confitens** geständig
2 fig zu erkennen geben, offenbaren; **se deam ~** sich als Göttin zu erkennen geben
3 (eccl.) sich zu j-m/etw bekennen, *aliquem/aliquid*; *seine Sünden* bekennen, beichten

cōn-flagrāre ⟨ō, āvī, ātum 1.⟩
1 v/i verbrennen, in Flammen stehen; **flammā amoris ~** vor Liebe brennen
2 fig zugrunde gehen; **incendio invidiae ~** ein Opfer des Hasses werden

cōnflagrātiō ⟨cōnflagrātiōnis⟩ F̄ ||conflagrare|| (nachkl.) Auflodern; Ausbruch, **Vesuvii montis** des Vesuv

cōn-flāre ⟨ō, āvī, ātum 1.⟩
1 (unkl.) durch Blasen anfachen, **incendium** einen Brand
2 fig schüren, erregen, **seditionem** einen Aufstand
3 (nachkl.) durch Gebläse einschmelzen; fig verschmelzen; **consensus conflatus** harmonisches Einvernehmen
4 *Geld* münzen, prägen
5 zusammenbringen; bilden, *aliquid ex re* etw aus etw; **unam ex duabus naturis ~** aus zwei Gestalten eine bilden
6 (nachkl.) anstiften, aushecken, **crimen in aliquem** ein Verbrechen gegen jdn

cōn-flīctāre ⟨ō, āvī, ātum 1.⟩ ||configere||
A V/T (nachkl.) heftig zusammenschlagen; zerrütten; *passiv* hart bedrängt werden, zu leiden haben; **rem publicam ~** den Staat zerrütten
B V/T *u. passiv* sich herumschlagen, zu kämpfen haben

cōnflīctātiō ⟨cōnflīctātiōnis⟩ F̄ ||conflictare||
1 (nachkl.) Kampf; Streit
2 *Quint.* Drängen und Stoßen *um einen Platz im Theater*

cōnflīctiō ⟨cōnflīctiōnis⟩ F̄ ||configere||
1 (nachkl.) Zusammenschlagen, Zusammenstoßen
2 fig Streit, Konflikt

cōnflīctus¹ ⟨cōnflīctūs⟩ M̄ ||configere|| (klass.) *nur im abl SG* Zusammenstoß, Kampf
▶ deutsch: **Konflikt**

cōn-flīctus² ⟨a, um⟩ PPP → configere

cōn-flīgere ⟨flīgō, flīxī, flīctum 3.⟩
A V/T *Lucr.* zusammenschlagen, zusammenbringen, vereinigen
B V/I
1 zusammenstoßen; *feindlich* kämpfen; **naves inter se confligunt** die Schiffe stoßen zusammen; **armis ~** mit Waffen kämpfen
2 fig streiten *vor Gericht*; im Streit liegen; **leges diversae confligunt** verschiedene Gesetze widersprechen sich

cōnfluēns ⟨cōnfluentis⟩ M̄, **cōnfluentēs** ⟨cōnfluentium⟩ M̄ ||confluere|| Zusammenfluss

Cōnfluentēs ⟨Cōnfluentium⟩ F̄ Stadt an der Mündung der Mosel in den Rhein, heute Koblenz

cōn-fluere ⟨fluō, flūxī, - 3.⟩ zusammenfließen, zusammenkommen, *in locum* an einem Ort, *in aliquid* in etw, *ad aliquid* bei etw, *ad aliquem* bei j-m; **in urbem ~** in der Stadt zusammenkommen; **ad haec studia ~** sich diesen Beschäftigungen zuwenden

cōn-fodere ⟨fodiō, fōdī, fossum 3.⟩
1 (vkl., nachkl.) umgraben, **hortum** den Garten
2 (nachkl.) durchbohren, niederstechen, **pugione** mit einem Dolch
3 fig zu Boden schlagen, vernichten; **confossi** geschlagene Leute
4 durchstreichen, *als unnütz od anstößig* streichen, tilgen

cōn-foederāre ⟨ō, āvī, ātum 1.⟩ (eccl.) verbinden

cōnfoederātiō ⟨cōnfoederātiōnis⟩ F̄ ||confoederare|| (spätl.) Bündnis, Bund
▶ deutsch: **Konföderation**

cōnfore → confuit

cōn-fōrmāre ⟨ō, āvī, ātum 1.⟩
1 bilden, formen, **imaginem** ein Bild; **hominem ~** einen Menschen bilden
2 fig ausbilden, schulen, *aliquem alicui* j-n für j-n; **mores philosophiā ~** den Charakter durch Philosophie bilden

cōnfōrmātiō ⟨cōnfōrmātiōnis⟩ F̄ ||conformare||
1 (harmonische) Gestaltung, Bildung
2 **~ vocis** richtige Intonation; **~ verborum** richtige Wortfügung
3 **~ animi** PHIL Vorstellung, Begriff
4 **~ sententiarum** RHET Redefigur

cōn-fōrmis ⟨e⟩ ADJ ||forma|| (spätl.) gleichförmig, gleichartig

▶ deutsch: **konform**
cōn·fossior ⟨cōnfossius⟩ ADJ ||confodere|| noch tiefer durchbohrt
cōn-frāctus ⟨a, um⟩ PPP → confringere
cōnfragōsa ⟨ōrum⟩ N ||confragosus|| holperige Stellen, gebirgige Gegenden
cōn-fragōsus ⟨a, um⟩ ADJ
1 uneben, holperig
2 *fig* geschraubt, zu hoch
confrater ⟨confratris⟩ M (*mlat.*) Mitbruder, Amtsbruder
cōn-frēgī → confringere
cōn-fremere ⟨ō, uī, - 3.⟩ *poet* gemeinsam murmeln; *fig* erbrausen
cōn-fricāre ⟨ō, uī, ātum 1.⟩
1 einreiben, **caput unguento** den Kopf mit Salbe
2 *Plaut. fig* bittend umfassen, **genua** die Knie
cōn-fringere ⟨fringō, frēgī, frāctum 3.⟩ ||frangere||
1 zerbrechen; **fores caedendo ~** die Tür einschlagen
2 *fig* zunichte machen; *Plaut.* vergeuden
cōn-fūdī → confundere
cōn-fugere ⟨fugiō, fūgī, - 3.⟩ (sich) flüchten, seine Zuflucht nehmen, *ad aliquem* bei j-m, zu j-m; **in aram ~** an den Altar flüchten; **ad fidem alicuius ~** unter j-s Schutz flüchten
cōnfugium ⟨ī⟩ N ||confugere|| Zufluchtsort, Zuflucht
cōn-fuit *inf fut* ⟨cōnfutūrum (esse)⟩ *u.* cōnfore⟩ *Com.* es trat zugleich ein, es war zugleich
cōn-fulcīre ⟨fulciō, -, fultum 4.⟩ *Lucr.* fest stützen
cōn-fulgēre ⟨eō, -, - 2.⟩ *Plaut.* erglänzen
cōn-fundere ⟨fundō, fūdī, fūsum 3.⟩
1 zusammengießen, vermischen, *aliquid alicui rei/cum re* etw mit etw; **summa imis ~** das Oberste zuunterst kehren
2 vermischen, vereinigen; *passiv* sich vermischen, sich vereinigen, *alicui rei/cum re* mit etw; **duos populos in unum ~** zwei Völker zu einem verschmelzen
3 verwirren, stören; **foedus ~** den Vertrag brechen
4 unkenntlich machen; **oris decorem vulneribus ~** die Schönheit des Gesichtes durch Wunden entstellen
5 aus der Fassung bringen, in Bestürzung versetzen, *aliquem/alicuius animum* j-n
6 hineingießen, schütten, *in aliquid* in etw; *passiv* sich ergießen, *fig* sich ausbreiten, *in aliquid* über etw; **aquam in fossam ~** Wasser in den Graben gießen; **vis toto mundo confusa** *Cic.* die über die ganze Welt verbreitete Kraft; **confundi in totam orationem** sich über die ganze Rede verteilen
cōnfūsīcius ⟨a, um⟩ ADJ ||confundere|| *Plaut.* zusammengegossen
cōnfūsiō ⟨cōnfūsiōnis⟩ F ||confundere||
1 (*nachkl.*) Vermischung
2 *fig* Vereinigung, Verschmelzung
3 *fig* Verwirrung, Unordnung
4 Erröten *vor Scham od Zorn*
▶ deutsch: **Konfusion**
cōnfūsus[1] ⟨a, um⟩ ADJ ||confundere||
1 verwirrt, ungeordnet; **voces confusae** Stimmengewirr, Geschrei; **confuse loqui** unzusammenhängend reden
2 verstört, bestürzt
▶ deutsch: **konfus**
cōn-fūsus[2] ⟨a, um⟩ PPP → confundere
cōn-fūtāre ⟨ō, āvī, ātum 1.⟩
1 *Com.* niederschlagen, dämpfen
2 *fig* zum Schweigen bringen, **testes** die Zeugen
3 niederhalten, Einhalt gebieten; **alicuius impudentiam ~** j-s Unverschämtheit bremsen
4 widerlegen; **argumenta Stoicorum ~** die Argumente der Stoiker widerlegen
cōnfūtātiō ⟨cōnfūtātiōnis⟩ F ||confutare|| Widerlegung
cōn-futuere ⟨uō, -, - 3.⟩ *Catul.* überall herumhuren, *aliquem* mit j-m
cōn-gaudēre ⟨eō, -, - 2.⟩ (*spätl.*)
1 sich zusammen freuen
2 sich sehr freuen
con-gelāre ⟨ō, āvī, ātum 1.⟩
A VT einfrieren; *fig* starr machen; *passiv* gefrieren
B VI *Ov.* zufrieren, sich verhärten
con-gemere ⟨ō, uī, - 3.⟩
A VI laut aufseufzen, stöhnen
B VT *poet* beklagen, **mortem alicuius** j-s Tod
con-gemināre ⟨ō, āvī, ātum 1.⟩
A VT (*nachkl.*) *poet* verdoppeln, **securim** die Beilhiebe
B VI *Plaut.* sich verdoppeln
congemīnātiō ⟨congemīnātiōnis⟩ F ||congeminare|| *Plaut.* Verdoppelung, *hum* = Umarmung
conger ⟨congrī⟩ M Meeraal
con-gerere ⟨gerō, gessī, gestum 3.⟩
1 zusammentragen, zusammenbringen, *aliquid in locum* etw an einem Ort, *in aliquem* bei j-m; **scuta illi ~** die Schilde auf sie werfen
2 *Geld* zusammenlegen, *alicui* für j-n
3 *in der Rede* zusammenfassen
4 erbauen; *von Vögeln* nisten; **oppida manu ~** Städte mit der Hand erbauen
5 *Schätze* aufhäufen
6 *fig* häufen, *aliquid in aliquem/ad aliquem* etw auf

j-n; *auch* zuschreiben, *alicui aliquid* j-m etw

congeriēs ⟨congeriēī⟩ F ||congerere||
1 Haufen; Scheiterhaufen
2 RHET Häufung

con-gerrō ⟨congerrōnis⟩ M (vkl.) *poet* Zechkumpan, Zechbruder

congestīcius ⟨a, um⟩ ADJ ||congerere|| aufgeschüttet

congestus ⟨congestūs⟩ M ||congerere||
1 (nachkl.) Anhäufung; **~ copiarum** Lieferung von Vorräten
2 Nisten, **avium** von Vögeln
3 (nachkl.) *meton* Haufen, Masse

congiālis ⟨congiāle⟩ ADJ ||congius|| *Plaut.* einen congius enthaltend

congiārium ⟨ī⟩ N ||congiarius|| ein Maß Lebensmittel, *das vom Magistrat od den Kaisern Armen, Soldaten u. Günstlingen als Geschenk gegeben wurde, später* Spende *in Naturalien od Geld*

congiārius ⟨a, um⟩ ADJ ||congius|| einen congius enthaltend

congius ⟨ī⟩ M röm. Hohlmaß, ca. 3 l = 6 sextarii, 1/4 einer urna, 1/8 einer Amphore

con-glaciāre ⟨ō, āvī, ātum 1.⟩ zu Eis gefrieren; *fig* untätig vorübergehen; **aqua frigoribus conglaciat** Wasser gefriert durch die Kälte zu Eis

con-glīscere ⟨ō, -, - 3.⟩ *Plaut.* weiterglimmen; *fig* wieder erstehen

con-globāre ⟨ō, āvī, ātum 1.⟩
1 zusammenballen, abrunden, *meist PPP;* **terra conglobata** die runde Erde
2 *fig* zusammendrängen, häufen, *in locum/in loco* an einem Ort; *passiv u.* **se ~** sich zusammenrotten

conglobātiō ⟨conglobātiōnis⟩ F ||conglobare|| (nachkl.) Zusammenballung, Zusammenrottung

con-glomerāre ⟨ō, āvī, ātum 1.⟩ (unkl.) zusammenrollen, zusammenballen

con-glūtināre ⟨ō, āvī, ātum 1.⟩
1 zusammenleimen, zusammenfügen
2 *fig* eng verbinden; zusammensetzen, *aliquid ex re* etw aus etw
3 *Plaut. fig* ausdenken

conglūtinātiō ⟨conglūtinātiōnis⟩ F ||conglutinare|| Zusammenleimung; *fig* enge Zusammenfügung; **~ verborum** RHET das Zusammenfügen der Wörter

con-graecāre ⟨ō, āvī, ātum 1.⟩, **congraecārī** ⟨or, ātus sum 1.⟩ ||graecari|| *Plaut.* auf griechische Weise verwenden, verprassen

con-grātulārī ⟨or, ātus sum 1.⟩ (vkl., nachkl.) beglückwünschen, *absolut od alicui aliquid* j-n zu etw, **civitati concordiam restitutam** den Staat zur wiedergewonnen Einheit

con-gredī ⟨gredior, gressus sum 3.⟩ ||gradi||
1 zusammenkommen, zusammentreffen, *zufällig od absichtlich, freundlich od feindlich, inter se* untereinander, *cum aliquo* mit j-m, *in loco* an einem Ort; **ad colloquium ~** zum Gespräch zusammenkommen
2 zusammenstoßen, kämpfen; **~ cum aliquo armis** mit j-m mit Waffen kämpfen
3 *fig* zum wissenschaftlichen Streitgespräch od vor Gericht zusammentreffen

congregābilis ⟨congregābile⟩ ADJ ||congregare|| gesellig

con-gregāre ⟨ō, āvī, ātum 1.⟩ ||grex||
1 herdenweise vereinigen, zu einer Herde vereinigen; *passiv u.* **se ~** sich zu Herden vereinigen
2 *fig* versammeln, vereinigen, *aliquem alicui/cum aliquo* j-n mit j-m, *in locum/ad locum, selten in loco* an einem Ort; *passiv u.* **se ~** sich vereinigen; **congregari ad aliquem** sich um j-n scharen; **pares cum paribus congregantur** Gleiche verbinden sich mit Gleichen
3 *Dinge* zusammenhäufen, sammeln

congregātiō ⟨congregātiōnis⟩ F ||congregare||
1 *von Mensch u. Tier* geselliges Zusammenleben, Geselligkeit, *alicuius* j-s, mit j-m
2 (nachkl.) Zusammenstellung, **argumentorum** der Beweisgründe
3 Zusammenfassung, Rekapitulation, **rerum** der Gegenstände, der Punkte
4 (spätl.) Versammlung
5 (eccl.) in der katholischen Kirche Gesellschaft, Gemeinschaft
▶ deutsch: **Kongregation**

congressiō ⟨congressiōnis⟩ F = **congressus**[2]

congressus[1] ⟨congressūs⟩ M ||congredi||
1 Zusammenkunft, Begegnung
2 geselliger Umgang, Gesellschaft; **aliquem congressu dignum iudicare** j-n für gesellschaftsfähig halten
3 Geschlechtsverkehr, **maris et feminae** von Mann und Frau
4 *feindlich* Angriff, Kampf; **primo congressu pelli** im ersten Ansturm zurückgeschlagen werden
▶ deutsch: **Kongress**

con-gressus[2] ⟨a, um⟩ PPERF → congredi

congruēns ⟨congruentis, *adv* congruenter⟩ ADJ ||congruere||
1 mit *etw* übereinstimmend, zu *etw* passend, *cum re/alicui rei;* **naturae congruenter vivere** im Einklang mit der Natur leben
2 mit sich selbst im Einklang stehend; einstimmig

congruentia ⟨ae⟩ F̄ ||congruens|| (nachkl.) Übereinstimmung
▶ deutsch: **Kongruenz**

con-gruere ⟨gruō, gruī, - 3.⟩
1 zusammentreffen, aufeinandertreffen, *ad aliquid* bei etw
2 *fig zeitl.* zusammentreffen, zusammenfallen; *unpers* **congruit, ut** es trifft sich, dass
3 *dem Wesen od der Gesinnung nach* übereinstimmen, einander entsprechen, *re/in re* in etw, *de re* in Bezug auf etw; **sensūs nostri inter se congruunt** unsere Meinungen stimmen überein; **dicta cum factis congruunt** die Worte stimmen mit den Taten überein, **~ alicuius doloribus** j-s Schmerzen teilen; **~ alicui/alicui rei** sich schicken für j-n/für etw; **~ in unum** auf eins hinauslaufen

congruus ⟨a, um⟩ ADJ (vkl., nachkl.) = **congruens**

con-icere ⟨iciō, iēcī, iectum 3.⟩ ||iacere||
1 zusammenwerfen, zusammentragen; **sarcinas in acervum ~** die Gepäckstücke auf einen Haufen werfen
2 auf *etw* werfen, richten; **oculos in aliquem ~** die Augen auf j-n richten
3 *fig* vermuten, schließen, *aliquid ex re* etw aus etw
4 hinwerfen, schleudern; **se ~** sich stürzen; **aliquid alicui ~** j-m etw zuwerfen
5 werfen, bringen; **naves in portum ~** die Schiffe in den Hafen treiben; **aliquem sub vincula ~** j-n in Fesseln legen; **aliquem in carcerem ~** j-n ins Gefängnis stecken; **aliquem in medium ~** j-n in die Mitte nehmen; **exercitum in angustias ~** das Heer in die Enge treiben; **hostem in fugam ~** den Feind in die Flucht schlagen; **sortem ~** das Los werfen, losen; **se in fugam ~** sich flüchten; **se in alicuius castra ~** sich in j-s Lager begeben
6 in einen Zustand versetzen, verwandeln
7 mündlich, schriftlich vorbringen, verhandeln

coniectāre ⟨ō, āvī, ātum 1.⟩ ||conicere||
1 *Gell.* zusammenwerfen, zusammenbringen
2 *fig etw* vermuten, auf *etw* schließen, *aliquid, re/ex re* aus etw, +AcI/+indir Fragesatz

coniectātiō ⟨coniectātiōnis⟩ F̄ ||coniectare|| (nachkl.) Vermutung, Mutmaßung

coniectiō ⟨coniectiōnis⟩ F̄ ||conicere||
1 Werfen, Schleudern; **~ telorum** Beschuss
2 Deutung, Vermutung; **~ somniorum** Traumdeutung

coniector ⟨coniectōris⟩ M̄ ||conicere|| *Plaut.* Deuter; Wahrsager; **~ somniorum** Traumdeuter

coniectrīx ⟨coniectrīcis⟩ F̄ ||coniector|| *Plaut.* Traumdeuterin

coniectūra ⟨ae⟩ F̄ ||conicere||
1 Vermutung, Mutmaßung
2 Deutung, Auslegung

coniectūrālis ⟨coniectūrāle⟩ ADJ ||coniectura|| mutmaßlich

coniectus¹ ⟨coniectūs⟩ M̄ ||conicere||
1 (nachkl.) Zusammenwerfen, Hineinwerfen
2 Abschuss, Wurf; **~ teli** Schussweite
3 *fig* Richten, Lenken *des Blickes od der Aufmerksamkeit, in aliquid* auf etw
4 *Quint.* Kombination

con-iectus² ⟨a, um⟩ PPP → **conicere**

cōni-fer ⟨cōnifera, cōniferum⟩ ADJ ||conus, ferre||, **cōniger** ⟨cōnigera, cōnigerum⟩ ADJ ||conus, gerere|| *poet* Zapfen tragend; **coniferae cyparissi** Zapfen tragende Zypressen
▶ deutsch: **Konifere**

cō-nītī ⟨nītor, nīsus sum/nīxus sum 3.⟩
1 sich fest (auf)stützen, *re* auf etw; sich aufrichten
2 sich anstrengen, sich bemühen, *re* mit etw, *ad aliquid* zu etw, *ut/+inf*; **omnibus copiis ~** seine ganzen Truppen aufbieten

coniugālis ⟨coniugāle⟩ ADJ (unkl.) = **coniugialis**

con-iugāre ⟨ō, āvī, ātum 1.⟩ zu einem Paar verbinden

coniugātiō ⟨coniugātiōnis⟩ F̄ ||coniugare||
1 (nachkl.) Verbindung; Begattung
2 RHET Stammverwandtschaft, etymologische Verwandtschaft *der Wörter*
3 (spätl.) GRAM Konjugation *der Verben*

coniugātor ⟨coniugātōris⟩ M̄ ||coniugare|| *Catul.* Vereiniger; **~ amoris** Kuppler

coniugātum ⟨ī⟩ N̄ ||coniugatus|| etymologische Verwandtschaft *der Wörter*

coniugātus ⟨a, um⟩ ADJ ||coniugare|| RHET stammverwandt, etymologisch verwandt

coniugiālis ⟨coniugiāle⟩ ADJ ||coniugare|| *Ov.* ehelich, Ehe...

coniugium ⟨ī⟩ N̄ ||coniungere||
1 (nachkl.) *poet* Verbindung, Vereinigung
2 Ehe, eheliche Verbindung *ohne Rücksicht auf deren rechtliche Gültigkeit, alicuius* j-s *od* mit j-m
3 außereheliche Verbindung, Liebschaft
4 *poet von Tieren* Paarung, Begattung
5 *meton* Ehemann, Ehefrau

coniūncta ⟨ōrum⟩ N̄ ||coniunctus²|| verwandte Begriffe

coniūnctē ADV ||coniunctus²|| zusammen, zugleich; = **coniunctim**

coniūnctim ADV ||coniunctus²|| gemeinschaftlich, zusammen

coniūnctiō ⟨coniūnctiōnis⟩ F̄ ||coniungere||
1 Zusammenhang, Verbindung; **~ portuum** Verbindung der Häfen untereinander

2 gesellige Verbindung, Freundschaft; *eheliche/politische/kollegiale* Verbindung, *alicuius/cum aliquo* mit j-m; **coniunctionis appetitus** Geselligkeitstrieb

3 Verwandtschaft, Verschwägerung, *alicuius* mit j-m

4 RHET Verbindung der Rede

5 PHIL Begriffsverbindung, *log.* richtige Verbindung

6 GRAM Bindewort, Konjunktion

coniūnctīvus

A ⟨a, um⟩ ADJ verbindend; **particula coniunctiva** *(spätl.)* GRAM Bindewörter; **modus ~** Konjunktiv

B ⟨ī⟩ M Konjunktiv

coniūnctus¹ ⟨a, um, *adv* coniūnctē⟩ ADJ ||coniungere||

1 verbunden, vereinigt, *re/cum re* mit etw

2 *örtl.* zusammenhängend mit *etw*, angrenzend an *etw, alicui rei*

3 *zeitl.* unmittelbar folgend, *alicui rei/re* auf etw; gleichzeitig

4 durch Verwandtschaft od Freundschaft verbunden; verheiratet, *cum aliquo/alicui* mit j-m

5 *allg.* zusammenhängend, übereinstimmend, *alicui/cum aliquo* mit j-m, *alicui rei/re* mit etw

con-iūnctus² ⟨a, um⟩ PPP → coniungere

con-iungere ⟨iungō, iūnxī, iūnctum 3.⟩

1 verbinden, vereinigen, *aliquem cum aliquo/alicui* j-n mit j-m, *aliquid cum re/alicui rei* etw mit etw; *passiv* sich verbinden, zusammenhängen, *cum aliquo/alicui* mit j-m, *re/alicui rei* mit etw; **mulierem secum ~** eine Frau heiraten; **aliquem sibi ~** j-n für sich gewinnen

2 *(nachkl.)* ununterbrochen fortsetzen; **abstinentiam cibi ~** ununterbrochen fasten; **consulatūs ~** ununterbrochen Konsul sein

3 *einen Bund* schließen, stiften; **civitatem ~** einen Bundesstaat bilden; **bellum ~** gemeinsam einen Krieg führen

coniūnx ⟨coniugis⟩ M u. F = **coniux**

coniūnxī → coniungereo

con-iūrāre ⟨ō, āvī, ātum 1.⟩

1 mit j-m zusammen schwören, zugleich schwören

2 MIL gemeinsam den Fahneneid leisten

3 sich eidlich verbinden, sich eidlich verbrüdern

4 *pej* sich verschwören, ein Komplott schmieden, *cum aliquo contra aliquem/contra aliquid* mit j-m gegen j-n/gegen etw; *in aliquid* zu etw, *de re* betreffs einer Sache, +AcI/+inf, *ut* damit

coniūrātī ⟨ōrum⟩ M ||coniuratus|| die Verschwörer

coniūrātiō ⟨coniūrātiōnis⟩ F ||coniurare||

1 *Verg.* gegenseitig geleisteter Eid; gemeinsame Vereidigung der Soldaten

2 Eidgenossenschaft

3 *pej* Verschwörung, Komplott; **in coniuratione esse** an der Verschwörung beteiligt sein

coniūrātus ⟨a, um⟩ ADJ ||coniurare||

1 *Liv.* MIL vereidigt

2 eidlich verbunden

3 *pej* verschworen

coniux ⟨coniugis⟩ M u. F

1 Gattin, Ehefrau; Gatte, Ehemann; *pl* Ehepaar

2 Verlobte, Braut; Geliebte

3 *(nachkl.)* *von Tieren* Weibchen

cō-nīvēre ⟨nīveō, nīvī/nīxī, - 2.⟩

1 *vom Menschen* die Augen schließen, *ad aliquid* vor etw

2 *von den Augen* sich schließen; erblinden

3 *fig* ein Auge zudrücken, Nachsicht haben, **in scelerībus alicuius** gegenüber j-s Verbrechen

conl... = **coll...**

conm... = **comm...**

con-n... = **co-n...**

Conōn ⟨Conōnis⟩ M

1 athenischer Admiral, 413–392 v. Chr.

2 von Samos, berühmter Mathematiker u. Astronom, um 250 v. Chr.

cōnōpēum, cōnōpium ⟨ī⟩ N *(nachkl.)* *poet* feinmaschiges Mückennetz; Ruhebett mit Mückennetz

conp... = **comp...**

con-quassāre ⟨ō, āvī, ātum 1.⟩ erschüttern; *fig* zerrütten

conquassātiō ⟨conquassātiōnis⟩ F ||conquassare|| Erschütterung, Zerrüttung

con-querī ⟨queror, questus sum 3.⟩ *(nachkl.)* *poet* laut klagen; sich beklagen, *aliquid/de re* über etw, *cum aliquo/apud aliquem* vor j-m, bei j-m, +AcI/*cur/quod* dass

conquestiō ⟨conquestiōnis⟩ F ||conqueri||

1 Klage; Beschwerde

2 RHET Klage *als Teil der Rede*, Versuch das Mitleid der Zuhörer zu erregen

conquestus ⟨conquestūs⟩ M ||conqueri|| *(nachkl.)* *poet* Wehklage

con-quexī → conquiniscere

con-quiēscere ⟨quiēscō, quiēvī, quiētum 3.⟩

1 ruhen, ausruhen, *a re/ex re* von etw; MIL einen Rasttag einlegen

2 einschlafen

3 *fig* Ruhe halten, Frieden halten; **non ~, donec** nicht ruhen, bis, +konjkt

4 *von Sachen* ruhen

5 Ruhe finden, Frieden finden, *a re/ex re* von etw, *in re* in etw

6 *von Leblosem* sich legen, aufhören; **febris conquiescit** das Fieber lässt nach; **imbre con-**

quiescente bei nachlassendem Regenschauer; **litterae conquiescunt** der Briefwechsel schläft ein

con-quinīscere ⟨quinīscō, quēxī, - 3.⟩ ⟨vkl.⟩ *poet* niederkauern

con-quīrere ⟨quīrō, quīsīvī/quīsiī, quīsītum 3.⟩ ǁquaerereǁ
1 zusammensuchen; aufzutreiben versuchen
2 *Kolonisten od Soldaten* werben, ausheben
3 schaffen, bilden; **aliquid sceleris ~** ein Verbrechen zu begehen versuchen

con-quīsītiō ⟨conquīsītiōnis⟩ F̄ ǁconquirereǁ
1 Zusammensuchen, Sammeln
2 MIL Aushebung, (gewaltsame) Werbung, **militum** von Soldaten

conquīsītor ⟨conquīsītōris⟩ M̄ ǁconquirereǁ
1 Schnüffler, geheimer Aufpasser
2 MIL (gewaltsamer) Werber *von Soldaten*

conquīsītus¹ ⟨a, um, *adv* conquīsītē⟩ ADJ ǁconquirereǁ ausgesucht, erlesen; *adv* mit strenger Auswahl

con-quīsītus² ⟨a, um⟩ P̄P̄P̄ → conquirere
conquīsīvī → conquirere
conr... = **corr...**

con-sacerdōs ⟨consacerdōtis⟩ M̄ ⟨eccl.⟩ Amtsbruder

cōn-sacrāre ⟨ō, āvī, ātum 1.⟩ = **consecrare**

cōn-saepīre ⟨saepiō, saepsī, saeptum 4.⟩ umzäunen, einfrieden

cōn-saeptum ⟨ī⟩ N̄ ǁconsaepireǁ ⟨nachkl.⟩ Umzäunung, Gehege

cōn-salūtāre ⟨ō, āvī, ātum 1.⟩ laut begrüßen, willkommen heißen, *aliquem* j-n, +dopp. akk; **aliquem regem ~** j-n als König begrüßen

cōnsalūtātiō ⟨cōnsalūtātiōnis⟩ F̄ ǁconsalutareǁ Begrüßung *durch die Menge*

cōn-sānēscere ⟨sānēscō, sānuī, - 3.⟩ ǁsanusǁ V̄I heilen

cōnsanguinea ⟨ae⟩ F̄ ǁconsanguineusǁ *Catul.* Schwester

cōn-sanguineus
A ⟨a, um⟩ ADJ blutsverwandt, geschwisterlich
B ⟨ī⟩ M̄ Blutsverwandter; Bruder

cōnsanguinitās ⟨cōnsanguinitātis⟩ F̄ ǁconsanguineusǁ ⟨nachkl.⟩ Blutsverwandtschaft; Verwandtschaft

cōn-sānuī → consanescere

cōn-sauciāre ⟨ō, āvī, ātum 1.⟩ ⟨unkl.⟩ schwer verwunden

cōn-scelerāre ⟨ō, āvī, ātum 1.⟩ ⟨nachkl.⟩ *poet* mit (einem) Verbrechen beflecken

cōnscelerātus
A ⟨a, um⟩ ADJ ǁconscelerareǁ frevelhaft, verrucht
B ⟨ī⟩ M̄ Verbrecher

cōn-scendere ⟨scendō, scendī, scēnsum 3.⟩ ǁscandereǁ
1 besteigen; an Bord gehen; **equum ~** ein Pferd besteigen; **navem ~** ein Schiff besteigen; **Epheso/ab Epheso** in Ephesus an Bord gehen; **~ in montem** einen Berg besteigen
2 ⟨nachkl.⟩ *fig* sich aufschwingen, **laudis carmen** zum Loblied

cōnscēnsiō ⟨cōnscēnsiōnis⟩ F̄ ǁconscendereǁ Einsteigen; **~ in naves** Einschiffung

cōnscēnsus ⟨a, um⟩ P̄P̄P̄ → conscendere

conscholaris ⟨conscholaris⟩ M̄ ⟨mlat.⟩ Mitschüler

cōnscia ⟨ae⟩ F̄ ǁconsciusǁ Mitwisserin, Vertraute

cōn-scientia ⟨ae⟩ F̄ ǁconscireǁ
1 Mitwissen; Einverständnis, *alicuius* j-s, mit j-m, *alicuius rei* um etw *od* mit etw
2 Bewusstsein; Gefühl, *alicuius rei*/*de* von etw, +AcI
3 Gewissen; *pl* Gewissensbisse

cōn-scindere ⟨scindō, scidī, scissum 3.⟩ gewaltsam zerreißen; *fig* schmähen

cōn-scīre ⟨iō, -, - 4.⟩ sich bewusst sein; **nil sibi ~** *Hor.* sich keines Unrechts bewusst sein

cōn-scīscere ⟨scīscō, scīvī/sciī, scītum 3.⟩
1 gemeinsam beschließen, förmlich beschließen, *aliquid* etw, *ut* dass, +Finalsatz
2 **(sibi) ~** *Lucr., Plaut.* für sich beschließen; *meton* auf sich nehmen; ⟨klass.⟩ *nur* **necem/mortem sibi ipse ~** Selbstmord begehen

cōnscius
A ⟨a, um⟩ ADJ ǁscireǁ
1 mitwissend, vertraut, *alicui rei/alicuius rei/de re/in re* mit etw, in etw
2 sich bewusst, selbstbewusst, *meist sibi alicuius rei* sich einer Sache, +AcI/+indir Fragesatz; **formae conscia coniunx** die sich ihrer Schönheit bewusste Ehefrau
3 ⟨unkl.⟩ schuldbewusst, absolut
B ⟨ī⟩ M̄ Mitwisser, Teilnehmer, *absolut od alicuius rei* von etw

cōn-scrārī ⟨or, - 1.⟩ *Plaut.* sich stark räuspern

cōn-scrībere ⟨scrībō, scrīpsī, scrīptum 3.⟩
1 gemeinsam schreiben
2 in eine Liste eintragen, aufschreiben
3 als Kolonisten aufschreiben
4 *Soldaten* ausheben; **modo conscripti** Rekruten
5 *Bürger* in eine Klasse einreihen
6 in die Senatorenliste eintragen
7 schriftlich abfassen; *vom Arzt* verschreiben
8 vollschreiben, **mensam vino** den Tisch mit Wein

cōnscrībillāre ⟨ō, āvī, ātum 1.⟩ ǁconscribereǁ *poet* bekritzeln; **nates ~** das Gesäß blutig schlagen

cōnscrīptī ⟨ōrum⟩ M beigeordnete Senatoren; **patres conscripti** *eigentlich Väter u. Beigeordnete* = Senatoren

cōnscrīptiō ⟨cōnscrīptiōnis⟩ F ||conscribere||
1. schriftliche Abfassung, Aufzeichnung, *alicuius rei* von etw; **falsa ~** Fälschung
2. *(mlat.)* Urkunde, Werk

cōn-scrīptus ⟨a, um⟩ PPP → conscribere

cōn-secāre ⟨secō, secuī, sectum 1.⟩ *(unkl.)* zerschneiden, zerstückeln

cōn-secrāre ⟨ō, āvī, ātum 1.⟩
1. der Gottheit weihen, heiligen, **aram** einen Altar; **Carthaginem ~** Karthago für heiligen Boden erklären
2. den unterirdischen Göttern weihen = verfluchen, **caput alicuius** j-s Haupt = j-n
3. *fig* der Rache *j-s* preisgeben, *alicui*
4. für göttlich erklären, zur Gottheit erheben, **Romulum** den Romulus; **~ origines suas** die eigenen Anfänge für göttlich erklären
5. unsterblich machen, verewigen
6. unantastbar machen, unverletzlich machen, **vetera** das Alte
7. göttlichen Ursprung zusprechen
8. *(eccl.)* weihen, verwandeln; **baptisma ~** die Taufe vollziehen

cōnsecrātiō ⟨cōnsecrātiōnis⟩ F ||consecrare||
1. religiöse Weihe, Heiligung
2. *Suet., Tac.* Vergöttlichung, Apotheose, *Versetzung der röm. Kaiser unter die Götter*
3. Verfluchung
▸ deutsch: **Konsekration**

cōnsecrātus ⟨a, um⟩ ADJ ||consecrare||
1. geweiht, heilig
2. *fig* der Rache *j-s* preisgegeben, der Rache *j-s* verfallen, *alicui*
3. unbedingt ergeben, *alicuius rei* einer Sache

cōnsectārī ⟨or, ātus sum 1.⟩ ||consequi||
1. eifrig begleiten, ständig begleiten
2. *feindlich j-n/etw* verfolgen, *j-m* nachsetzen, *aliquem/aliquid*
3. *fig* nach *etw* trachten, *etw* zu erlangen suchen, *aliquem/aliquid*; **gloriam ~** nach Ruhm trachten

cōnsectāria ⟨ōrum⟩ N ||consectarius|| Schlussfolgerungen

cōnsectārius ⟨a, um⟩ ADJ ||con, sequi|| folgerichtig

cōnsectātiō ⟨cōnsectātiōnis⟩ F ||consectari|| Streben, *alicuius rei* nach etw

cōnsectātrīx ⟨cōnsectātrīcis⟩ F eifrige Anhängerin, Freundin

cōnsectiō ⟨cōnsectiōnis⟩ F ||consecare|| das Zerschneiden

cōnsecūtiō ⟨cōnsecūtiōnis⟩ F ||consequi||
1. Folge, *alicuius rei* von etw; **consecutionem alicuius rei afferre** etw nach sich ziehen
2. RHET richtige Abfolge
3. PHIL Schlussfolgerung

cōnsecūtus ⟨a, um⟩ PPERF → consequi

cōn-sēdī → considere

cōn-senēscere ⟨senēscō, senuī, - 3.⟩
1. *(nachkl.) poet* gemeinsam alt werden, *allg.* alt werden
2. *fig* schwach werden, hinfällig werden; POL an Einfluss verlieren

cōnsēnsiō → consentire

cōnsēnsiō ⟨cōnsēnsiōnis⟩ F ||consentire||
1. Übereinstimmung, Einigkeit, *alicuius j-s, alicuius rei* in etw
2. einstimmiger Beschluss, einstimmiger Wunsch; **ex consensu omnium** auf allgemeines Verlangen; **uno consensu** einstimmig
3. *pej* Verabredung, Verschwörung
▸ deutsch: **Konsens**

cōnsēnsum PPP → consentire

cōnsēnsus ⟨cōnsēnsūs⟩ M = **consensio**
⚠ **Communi consensu** Mit allgemeiner Zustimmung

cōnsentānea ⟨ōrum⟩ N ||consentaneus|| übereinstimmende Umstände

cōnsentāneus ⟨a, um⟩ ADJ ||consentire|| übereinstimmend, vereinbar, *cum re/alicui rei* mit etw, *alicui* mit j-m; **~ sibi** konsequent; **consentaneum est** es ist vernünftig, es ist natürlich, +inf/+AcI, ut dass

Cōnsentia ⟨ae⟩ F *Hauptstadt der Bruttii, heute Cosenza*

cōnsentiēns ⟨consentientis⟩ ADJ ||consentire|| einstimmig

Cōnsentīnī ⟨ōrum⟩ M die Einwohner von Consentia

cōn-sentīre ⟨sentiō, sēnsī, sēnsum 4.⟩
1. übereinstimmen, einverstanden sein, *alicui/cum aliquo* mit j-m, *alicui rei/cum re* mit etw, *de re* über etw, *in etw, ad aliquid/in aliquid* zu etw, für etw, *adversus aliquem* gegen j-n; *+AcI* = einstimmig glauben; **sibi ~** sich treu bleiben
2. einstimmig beschließen, *aliquid* etw, +inf/+AcI
3. sich verschwören, konspirieren, *cum aliquo* mit j-m, *pro aliquo* für j-n, *contra aliquem* gegen j-n, *ad aliquid/in aliquid* zu etw, für etw, *de re* bezüglich etw, *ut* +Finalsatz/Konsekutivsatz
4. *von Sachen* übereinstimmen, passen, *inter se* untereinander, *alicui rei/cum re* mit etw
5. *(mlat.)* (dem Mann) zu Willen sein

cōnsequēns
A ⟨cōnsequentis⟩ ADJ, ADV ⟨cōnsequenter⟩ ||consequi||
1. PHIL vernunftgemäß, *log.* folgerichtig; entsprechend, *alicui rei* (aus) einer Sache; **~ est ut/+AcI** es ist folgerichtig, es ist konsequent,

dass
2 *Cic.* GRAM richtig konstruiert
8 ⟨cōnsequentis⟩ N̄ Folge, Folgerung
cōnsequentia ⟨ae⟩ F̄ ||consequens|| Folge, Abfolge, **eventorum** der Ereignisse
▶ deutsch: **Konsequenz**
cōn-sequī ⟨sequor, secūtus sum 3.⟩
1 unmittelbar nachfolgen, *absolut od aliquem* j-m; **aliquem vestigiīs ~** j-m auf dem Fuße nachfolgen
2 *zeitl.* unmittelbar nachfolgen, eintreten, *absolut od aliquem/aliquid* auf j-n/auf etw; **omnēs annī consequentēs** alle folgenden Jahre
3 verfolgen, **hostēs fugientēs** die fliehenden Feinde
4 *einem Vorbild* nachfolgen, *aliquem* j-m; *etw* befolgen, **alicuius sententiam** j-s Meinung
5 *als Wirkung* erfolgen, sich ergeben; **pudōrem rubor consequitur** die Röte folgt der Scham
6 folgen, *absolut od aliquid* aus etw; **quod consequitur** was (daraus) folgt
7 einholen, treffen, **fugientem** den Fliehenden
8 *durch Mühe* erlangen, erreichen, *aliquid re* etw durch etw; **gloriam duābus victōriīs ~** Ruhm durch zwei Siege erlangen
9 j-n erreichen, j-m gleichkommen
10 geistig folgen = begreifen; **aliquid coniectūrā ~** etw erraten
cōn-serere¹ ⟨serō, sēvī, situm 3.⟩
1 bepflanzen, bestellen, **agrum** das Feld
2 *Lucr.* befruchten, schwängern
3 *poet* beschweren, belästigen; **senectūte consitus sum** ich bin vom Greisenalter belastet
4 pflanzen, anpflanzen, **arborēs** Bäume

---

cōn-serere² ⟨serō, seruī, sertum 3.⟩
1 aneinanderreihen, aneinanderheften
2 zusammenheften
3 zusammenfügen, zusammensetzen
4 liebend anschmiegen
5 aneinanderbringen
6 einen Eigentumsprozess beginnen

1 aneinanderreihen, aneinanderheften, *aliquid alicui rei* etw an etw, etw mit etw; **vehicula vehiculīs ~** Fahrzeuge an Fahrzeuge reihen; **vir virō cōseritur** Mann schließt sich an Mann; **manibus cōnsertīs** mit verschlungenen Händen
2 (*nachkl.*) *poet* einen Gegenstand zusammenheften; befestigen, *aliquid alicui rei* etw an etw; **noctī diem ~** Tag und Nacht arbeiten
3 zusammenfügen, zusammensetzen, *aliquid re* etw aus etw; **lōrīcam aurō ~** einen Brustpanzer aus Gold flechten; **sermōnem ~** *fig* ein Gespräch anknüpfen
4 liebend anschmiegen, *aliquid alicui rei* etw an etw, **femur femorī** Schenkel an Schenkel
5 *feindlich* aneinanderbringen; **manum cum aliquō ~** mit j-m zu kämpfen beginnen; **pugnam/proelium ~** eine Schlacht beginnen, eine Schlacht liefern; **nāvis cōnseritur** das Schiff lässt sich auf einen Kampf ein
6 **in iūre/ex iūre manum ~** Hand an eine streitige Sache anlegen = einen Eigentumsprozess beginnen; **aliquem ex iūre manum cōnsertum** (*Supin*) **vocāre** j-n zur Eröffnung eines Eigentumsprozesses laden
cōnsertē ADV ||consertus|| verknüpft, in engem Zusammenhang
cōn-sertus ⟨a, um⟩ PPP → conserere²
cōn-seruī → conserere²
cōnserva ⟨ae⟩ F̄ ||conservus|| Mitsklavin
cōn-servāre ⟨ō, āvī, ātum 1.⟩
1 aufbewahren, bewahren
2 *fig Überliefertes* beibehalten, aufrechterhalten, **cōnsuētūdinem** eine Gewohnheit
3 *Personen od Sachen* (vor dem Untergang) bewahren, retten, *auch +dopp. akk*; **omnēs salvōs ~** alle heil erhalten
▶ deutsch: **konservieren**
cōnservātiō ⟨cōnservātiōnis⟩ F̄ ||conservare||
1 Aufbewahrung, Erhaltung
2 *fig* Rettung, Erhaltung, **ōrdinis** der Ordnung
cōnservātor ⟨cōnservātōris⟩ M̄ ||conservare|| Retter, Erhalter
cōnservātrīx ⟨cōnservātrīcis⟩ F̄ (*spätl.*) Erhalterin
con-servitium ⟨ī⟩ N̄ gemeinsames Sklavenlos
cōn-servus ⟨ī⟩ M̄ Mitsklave
cōnsessor ⟨cōnsessōris⟩ M̄ ||sedere|| Tischnachbar; JUR Besitzer
cōn-sessum PPP → considere
cōnsessus ⟨cōnsessūs⟩ M̄ ||sedere||
1 (*nachkl.*) Beisammensitzen
2 Versammlung; Gerichtssitzung
3 Publikum
4 *Verg.* erhöhter Sitz
cōn-sēvī → conserere¹
cōn-sīderāre ⟨ō, āvī, ātum 1.⟩ ||sidus|| prüfend beobachten; *fig* überlegen, *absolut od aliquid/de re*; **aliquid ~ ex rē** etw nach etw beurteilen; **aliquid sēcum ~** etw bei sich überlegen; **~, ut/nē** darauf bedacht sein, dass/dass nicht; **cōnsīderā, quis sīs** *Cic.* überlege, wer du bist
cōnsīderātiō ⟨cōnsīderātiōnis⟩ F̄ ||considerare|| Betrachtung, Erwägung

CONS

cōnsīderātus ⟨a, um, *adv* cōnsīderātē⟩ ADJ
||considerare||
1. *von Sachen* reiflich überlegt, wohlerwogen
2. *von Personen* bedächtig, besonnen

cōn-sīdere ⟨sīdō, sēdī/sīdī, sessum 3.⟩
1. sich zusammensetzen, sich gemeinsam niederlassen, *in loco/loco* an einem Ort, **in umbra** im Schatten, **in orchestra** als Zuschauer
2. zur Beratung sich niederlassen, eine Sitzung abhalten; **~ in ius dicendum in aliquem** sich zum Gericht über j-n zusammensetzen
3. MIL sich lagern; sich aufstellen; **in insidiis ~** sich in den Hinterhalt legen
4. sich ansiedeln, seinen Wohnsitz nehmen, **in finibus Ubiorum** im Gebiet der Ubier, **in novam urbem** in einer neuen Stadt
5. landen, **Ausonio portu** *Cic.* in einem ausonischen (= italischen) Hafen
6. *von Sachen* sich senken, einsinken; **urbs luctu considit** die Stadt versinkt in Trauer
7. *fig* sich einnisten, sich festsetzen; **improbitas in mente alicuius considit** die Schlechtigkeit setzt sich in j-s Innerem fest
8. *fig* nachlassen, aufhören; **utrius nomen consedit** beider Namen sanken in Vergessenheit
9. RHET zu Ende gehen

cōn-sīgnāre ⟨ō, āvī, ātum 1.⟩
1. versiegeln; *fig* bestätigen
2. aufzeichnen, festhalten; **litteris ~** durch Aufzeichnungen festhalten

cōnsīgnātiō ⟨cōnsīgnātiōnis⟩ F ||consignare|| *Quint.* Urkunde, Dokument

cōn-silēscere ⟨silēscō, siluī, - 3.⟩ (*vkl., nachkl.*) völlig verstummen

cōnsiliārī ⟨or, ātus sum 1.⟩ ||consilium|| sich beraten, Rat halten, *cum aliquo* mit j-m, **haec** hierüber; **alicui ~** j-m einen Rat geben

cōnsiliārius
A ⟨a, um⟩ ADJ ||consilium|| beratend
B ⟨ī⟩ M
1. Ratgeber, Berater, *alicuius in re* j-s in einer Sache
2. Beisitzer bei Gericht, Beisitzer im Rat
3. (*mlat.*) kaiserlicher Rat

cōnsiliātor ⟨cōnsiliātōris⟩ M ||consiliari|| (*nachkl.*) *poet* Berater, Ratgeber

cōnsilium ⟨ī⟩ N

1. Beratung, gemeinsame Überlegung
2. Beratung, Sitzung
3. Ratsversammlung
4. weise Überlegung, Einsicht
5. Beschluss, Entschluss
6. Kriegsplan, Kriegslist
7. Rat

1. Beratung, gemeinsame Überlegung; **in consilio** während der Beratung; **consilia nocturna** nächtliche Beratungen; **~ est de re** über etw wird beraten; **haec consilii fuerant** das waren die Gegenstände der Beratung gewesen
2. *amtliche u. gerichtliche* Beratung, Sitzung; **aliquem in consilium advocare** j-n zur Sitzung berufen; **in consilium ire** zur Abstimmung schreiten; **in consilium mittere** zur Beratung schreiten lassen
3. *meton* Ratsversammlung; **~ publicum** Staatsrat; **~ amicorum** Ministerrat; **~ propinquorum** Familienrat; **~ sanctius** der engere Ausschuss; **consilia semestria** zeitlich begrenzte Ausschüsse
4. weise Überlegung, Einsicht, Klugheit; **ratio et ~** kluge Berechnung, wohlberechneter Plan; **bono consilio** aus gutem Grund
5. Beschluss, Maßnahme; **consilii auctor** Urheber eines Plans; **~ callidum** schlauer Plan; **celeritas consilii** Geistesgegenwart; **~ capere** einen Entschluss fassen, *+Inf/Gen des Ger/de re, ut/ne* dass/dass nicht; **consilio regio** nach dem Willen des Königs; **consilio publico** in öffentlichem Interesse; **consilio privato** aus eigenem Entschluss, im Privatinteresse; **consilio** absichtlich, planmäßig; **sine consilio** unabsichtlich, ohne Konzept; **eo consilio, ut/ne** in der Absicht, dass/dass nicht
6. Kriegsplan, Kriegslist
7. Rat, *den man gibt,* Vorschlag; **~ bonum** guter Ratschlag; **alicui consilium dare** j-m einen Rat geben; **aliquem adiuvare consilio et re** j-m mit Rat und Tat helfen; **facere aliquid de consilio alicuius** auf j-s Rat etw tun; **quid tui consilii est?** was schlägst du vor?; **consilium petere ab aliquo** j-n um Rat fragen; **~ abeundi** (*mlat.*) „Rat abzugehen", Verweisung *eines Studenten von der Universität oder eines Schülers vom Gymnasium*

cōn-similis ⟨cōnsimile, *adv* cōnsimiliter⟩ ADJ ganz ähnlich, *alicuius/alicui* j-m

cōn-sipere ⟨iō, -, - 3.⟩ ||sapere|| (*nachkl.*) bei Sinnen bleiben

cōn-sistere ⟨sistō, stitī, - 3.⟩
1. sich aufstellen, auftreten
2. antreten, Stellung beziehen
3. sich auf j-s Seite stellen
4. eintreten
5. bestehen
6. beruhen

7 stehen bleiben, stillstehen
8 anhalten, sich aufhalten
9 sich auf Dauer niederlassen, sich ansiedeln
10 Fuß fassen
11 zur Ruhe kommen, sich fassen
12 stecken bleiben
13 fallen

1 sich aufstellen, auftreten, *in loco* an einem Ort, **in contione** in der Versammlung; **~ cum aliquo** sich mit j-m zum Gespräch treffen; **in orbem ~** sich im Kreis aufstellen
2 MIL antreten, Stellung beziehen, *in loco* an einem Ort
3 sich auf j-s Seite stellen, *cum aliquo*
4 *von Zuständen* eintreten
5 bestehen; **ubi maleficia consistunt, ibi poenae consistunt** wo es Verbrechen gibt, gibt es auch Strafen
6 auf *etw* beruhen, aus *etw*/in *etw* bestehen, *in re*/*ex re*; **victus in lacte et caseo consistit** die Nahrung besteht aus Milch und Käse; **in te consistit omnium salus** auf dir ruht das Heil aller
7 stehen bleiben; MIL halt machen, *in loco* an einem Ort, **in monte** auf einem Berg; **~ contra aliquem** gegen j-n Front machen; **in ancoris/ad ancoram ~** vor Anker gehen
8 *auf der Reise* anhalten, sich aufhalten; **triduum Romae ~** drei Tage in Rom bleiben; **in sententia ~** *fig* bei seiner Meinung bleiben; **in singulis ~** RHET sich bei Einzelheiten aufhalten
9 sich auf Dauer niederlassen, sich ansiedeln, **negotiandi causā** aus geschäftlichen Gründen
10 Fuß fassen; *fig* sich behaupten; **in causa ~** einen Prozess gewinnen; **in dicendo ~** mit seiner Rede Anklang finden; **consilium consistit** der Entschluss steht fest
11 zur Ruhe kommen, sich fassen
12 *von Sachen* stecken bleiben; *fig* zum Stillstand kommen
13 *vom Würfel* fallen

cōnsistōrium ⟨ī⟩ N̄ ‖consistere‖ (spätl.) Versammlungsort, *bes der kaiserlichen Räte*; (eccl.) Versammlung des Papstes und der Kardinäle

cōnsitiō ⟨cōnsitiōnis⟩ F̄ ‖conserere¹‖ Bepflanzen; *pl* Anbauarten; **~ agri** Bestellen des Feldes

cōnsitor ⟨cōnsitōris⟩ M̄ ‖conserere¹‖ *poet* Pflanzer; **~ uvae** Weinpflanzer, = Bacchus

cōnsitūra ⟨ae⟩ F̄ = **consitio**

cōn-situs ⟨a, um⟩ PPP → **conserere¹**

cōn-sobrīna ⟨ae⟩ F̄ Cousine

cōn-sobrīnus ⟨ī⟩ M̄ Geschwisterkind *urspr. nur mütterlicherseits*; Vetter, Cousin

cōn-socer ⟨cōn-socerī⟩ M̄ (nachkl.) *poet* Mitschwiegervater; *pl* die beiderseitigen Schwiegereltern

cōn-sociāre ⟨ō, āvī, ātum 1.⟩
1 eng verbinden, vereinigen, *meist passiv*; **consociatum esse cum aliquo** mit j-m eng verbunden sein
2 gemeinsam machen, teilen, *aliquid cum aliquo* etw mit j-m; **consilia cum aliquo ~** j-n in seine Pläne hineinziehen

cōnsociātiō ⟨cōnsociātiōnis⟩ F̄ ‖consociare‖ Verbindung, Vereinigung

cōnsociātus ⟨a, um⟩ ADJ ‖consociare‖ übereinstimmend, eng verbunden; **res consociata** verabredete Sache

cōnsōlābilis ⟨cōnsōlābile⟩ ADJ ‖consolari‖ tröstlich; (nachkl.) Trost bringend; **vix ~** kaum zu trösten

cōn-sōlārī ⟨or, ātus sum 1.⟩
1 trösten, ermutigen, *aliquem/alicuius animum* j-n, *se re* sich selbst mit etw, *aliquem de re/in re* j-n in etw, j-n bei etw; **+AcI** = sich mit dem Gedanken trösten, dass; **~ in morte filii** beim Tod des Sohnes trösten; **consolatus** getröstet
2 *Plaut.* zufriedenstellen
3 *durch Trost* lindern, mildern
4 (mlat.) *auch passiv* Trost finden

cōnsōlātiō ⟨cōnsōlātiōnis⟩ F̄ ‖consolari‖
1 Trost, Beruhigung, *alicuius* von j-m, für j-n, *alicuius rei* für etw, in etw, bei etw; *pl* Trostworte
2 *meton* Trostschrift *als Buchtitel*
3 Trostrede *als Schriftgattung*

cōnsōlātor ⟨cōnsōlātōris⟩ M̄ ‖consolari‖ Tröster; (eccl.) Heiland; Heiliger Geist

cōnsōlātōrius ⟨a, um⟩ ADJ ‖consolari‖ tröstend, Trost...

cōn-somniāre ⟨ō, āvī, ātum 1.⟩ *Plaut.* zusammenträumen, träumend ersinnen

cōnsonāns ⟨cōnsonantis⟩ F̄ ‖consonare‖ *Quint.* Mitlaut, Konsonant

cōn-sonāre ⟨ō, uī, - 1.⟩ (unkl.)
1 zusammentönen; **consonante clamore** mit einstimmigem Geschrei
2 widerhallen, erdröhnen, *re* von etw
3 *fig* übereinstimmen, harmonieren, *alicui rei/cum re* mit etw; **extremis syllabis ~** RHET den gleichen Auslaut haben

cōn-sonus ⟨a, um⟩ ADJ
1 zusammentönend, harmonisch
2 *fig* übereinstimmend, passend

cōn-sōpīre ⟨iō, īvī, ītum 4.⟩ *Lucr., Suet.* völlig betäuben; einschläfern; **somno consopiri** in tiefen Schlaf fallen

cōn-sors
A ⟨cōnsortis⟩ ADJ
1 gleich beteiligt, gleichen Abstand habend;

socius ~ *Hor.* gleichberechtigter Geschäftspartner
2 ein ungeteiltes Erbe gemeinsam besitzend, *alicuius* mit j-m; **fratres consortes** in Gütergemeinschaft lebende Brüder
3 *poet* geschwisterlich
4 *von Sachen* gemeinsam; **tecta consortia** gemeinsame Häuser
B ⟨cōnsortis⟩
1 M̅ Teilhaber, *alicuius rei* an etw; ~ **imperii** Mitkaiser
2 M̅ Bruder
3 F̅ Schwester
▶ deutsch: **Konsorte**

cōnsortiō ⟨cōnsortiōnis⟩ F̅ ||consors|| Teilhaberschaft, *alicuius rei* an etw; ~ **regni** Mitregentschaft

cōnsortium ⟨ī⟩ N̅ ||consors|| (*nachkl.*)
1 = consortio
2 Erbengemeinschaft; Gütergemeinschaft

cōnspectus¹ ⟨a, um⟩ ADJ ||conspicere|| sichtbar, auffallend

cōn-spectus² ⟨a, um⟩ PPP → conspicere

cōnspectus³ ⟨cōnspectūs⟩ M̅ ||conspicere||
1 Anblick; Augen, *alicuius/alicuius rei* j-s/einer Sache; **quo longissime conspectum oculorum fero** soweit ich sehen kann; ~ **est in locum** man kann einen Ort sehen; **in conspectu esse** vor Augen stehen, sichtbar sein; **ponere in conspectu** in Aussicht stellen; **in conspectum venire** vor die Augen kommen, erscheinen, sich deutlich zeigen; **a conspectu/e conspectu alicuius** aus j-s Augen
2 Aufsehen; **ne qui ~ fieret** damit es kein Aufsehen gäbe
3 Anschauung, Betrachtung; **uno in conspectu omnia videre** auf einen Blick alles übersehen; **ne in conspectu quidem relinqui** gar nicht in Betracht kommen
4 Sichtbarwerden, Erscheinung
5 Anblick, Aussehen; **tuus iucundissimus ~** dein überaus sympathisches Aussehen; **frequens vester ~** der Anblick eurer zahlreichen Versammlungen
6 *Gell.* kurzer Überblick, Abriss

cōn-spergere ⟨spergō, spersī, spersum 3.⟩ ||spargere||
1 bespritzen, bestreuen, *aliquid re* etw mit etw
2 *fig* überschütten, bedecken; **aliquid hilaritate** ~ einer Sache einen heiteren Anstrich geben

cōnspexī → conspicere

cōn-spicārī ⟨or, ātus sum 1.⟩ j-n/etw erblicken, j-s/einer Sache gewahr werden, *aliquem/aliquid*, +AcI; selten passiv; *Plaut., Sall.* sichtbar werden

cōn-spicere ⟨spiciō, spexī, spectum 3.⟩ ||specere||
1 j-n/etw ansehen, auf j-n/etw hinschauen, *aliquem/aliquid*; passiv von Personen u. Sachen sich sehen lassen können, Aufsehen erregen
2 j-s/einer Sache ansichtig werden, j-n/etw erblicken (können), *aliquem/aliquid*, +AcI; **hostes milites nostros flumen transisse conspexerunt** die Feinde sahen, dass unsere Truppen den Fluss überschritten hatten
3 *geistig* wahrnehmen, begreifen, +*indir Fragesatz*; **satis conspicio, quae res sit** hinlänglich begreife ich, um was es sich handelt

cōnspiciendus ⟨a, um⟩ ADJ ||conspicere|| sehenswert

cōnspicillum ⟨ī⟩ N̅ *Plaut.* Warte, Ausschauort

cōnspicuus ⟨a, um⟩ ADJ ||conspicere|| (*nachkl.*) *poet* weithin sichtbar, *alicui* für j-n; *fig* auffallend

cōn-spīrāre ⟨ō, āvī, ātum 1.⟩
1 *Nep.* von Blasinstrumenten zusammen ertönen
2 *fig* einig sein, zusammenwirken *absolut od cum aliquo* mit j-m, *ad aliquid* zu etw, **ad defendendam auctoritatem** zur Verteidigung des Ansehens; **conspirans/conspiratus** einmütig, übereinstimmend
3 *pej* sich verschwören, meutern, *cum aliquo in aliquem* mit j-m gegen j-n, *ad aliquid/in aliquid* zu etw; **ad res novas** ~ sich zu revolutionären Handlungen verschwören

cōnspīrātī ⟨ōrum⟩ M̅ ||conspirare|| *Suet.* die Verschworenen

cōnspīrātiō ⟨cōnspīrātiōnis⟩ F̅ ||conspirare||
1 Einigkeit, Einverständnis, *alicuius rei/in re* in etw
2 *pej* Verschwörung
▶ deutsch: **Konspiration**

cōn-spondēre ⟨spondeō, spondī, spōnsum 2.⟩ (*vkl., nachkl.*) gemeinsam verpflichten

cōnspōnsor ⟨cōnspōnsōris⟩ M̅ ||conspondere|| Mitbürge

cōn-spuere ⟨spuō, spuī, spūtum 3.⟩ (*unkl.*) anspucken; *fig* bestreuen; **Alpes nive** ~ die Alpen mit Schnee bedecken

cōn-spurcāre ⟨ō, āvī, ātum 1.⟩ (*nachkl.*) *poet* besudeln

cōnspūtāre ⟨ō, āvī, ātum 1.⟩ ||conspuere|| anspucken

cōn-stabilīre ⟨iō, īvī, ītum 4.⟩ *Plaut.* befestigen; sichern

cōnstāns ⟨cōnstantis, *adv* cōnstanter⟩ ADJ ||constare||
1 *von Sachen* fest stehend, ruhig
2 stetig, regelmäßig
3 fest, gefestigt; **aetas** ~ gesetztes Alter, Mannesalter; **aetate nondum constanti** in noch nicht gesetztem Alter

CONS

4 konsequent durchgeführt, harmonisch
5 übereinstimmend, einstimmig; **rumores constantes** übereinstimmende Gerüchte; **constanter facere** folgerichtig handeln
6 *von Personen* beständig, charakterfest, *in re/alicuius rei* in etw; **amicus ~** verlässlicher Freund; **inimicus ~** hartnäckiger Gegner
▶ deutsch: **konstant**

cōnstantia ⟨ae⟩ F ‖constans‖
1 *von Sachen* Festigkeit, Ruhe
2 *von Sachen* Festigkeit, Ruhe; PHIL ruhiger Seelenzustand, Ausgeglichenheit
3 Beständigkeit, Regelmäßigkeit
4 Beharrlichkeit, Zuverlässigkeit
5 *von Angaben u. Ansichten* Übereinstimmung, Folgerichtigkeit
6 *von Personen* Beständigkeit, Charakterfestigkeit; *pej* Trotz, Sturheit, *in re* in etw

Cōnstantīna ⟨ae⟩ F früherer Name von Cirta
Cōnstantīnopolis ⟨Cōnstantīnopolis⟩ F die einstige griech. Kolonie Byzantium am Bosporus, seit 330 n. Chr. Hauptstadt des Röm. Reiches, später des Oström. Reiches u. zu Ehren des Kaisers Konstantin des Großen in Constantinopolis umbenannt, heute Istanbul

cōn-stāre ⟨stō, stitī, stātūrus 1.⟩

1 beisammenstehen
2 fortbestehen, unverändert bleiben
3 übereinstimmen, harmonieren
4 stimmen, richtig sein
5 konsequent sein
6 vorhanden sein, existieren
7 bekannt sein, gewiss sein
8 bestehen
9 beruhen
10 kosten, zu stehen kommen,

1 *Plaut.* beisammenstehen; fest stehen; **acies constabat** die Front stand fest
2 fortbestehen, unverändert bleiben; **idem sermo omnibus constat** alle bleiben bei derselben Aussage; **animus/mens nobis constat** wir behalten die Fassung; **mente ~** gefasst bleiben; **aliquis oculis constat** j-d richtet die Augen unverwandt auf etw
3 übereinstimmen, harmonieren, *alicui rei/cum re* mit etw
4 stimmen, richtig sein; **ratio constat** die Rechnung stimmt
5 **sibi ~** konsequent sein, *in re* in etw, bei etw
6 vorhanden sein, existieren; **nec virtutes nec amicitiae in ea ratione ~ possunt** weder Tugend noch Freundschaften können auf diese Weise existieren; = **exsto**
7 bekannt sein, gewiss sein; **nomen et factum constat** Name und Tat sind bekannt; *meist unpers* **constat alicui** es steht für j-n fest; j-d ist entschossen, +*inf*/+*indir Fragesatz*; **constat** es ist bekannt, *absolut od de re* in Bezug auf etw, *alicui* j-m, +*AcI*/+*indir Fragesatz*; **nobis nihil constat** uns ist nichts bekannt, **omnibus/inter omnes constat** es ist allgemein bekannt
8 aus *etw* bestehen, *ex re/de re*; **homo ex corpore et animo constat** der Mensch besteht aus Leib und Seele
9 *fig* in etw bestehen; auf etw beruhen, *in re/ex re*; **victoria in virtute militum constat** der Sieg beruht auf der Tapferkeit der Soldaten; **temperantia ex praetermittendis voluptatibus constat** das Maßhalten liegt in der Vermeidung von sinnlichen Genüssen
10 *Geschäftssprache, urspr. vom Feststehen der Waage* kosten, zu stehen kommen, +*abl pretii*/*Gen pretii*; **magno pretio ~** einen hohen Preis kosten; **minoris ~** weniger kosten; **pluris ~** mehr kosten; **victoria multo sanguine constat** der Sieg kostet viel Blut
11 (*mlat.*) = **esse**

cōn-stātūrus ⟨a, um⟩ PART fut → constare
cōnstēllātiō ⟨cōnstēllātiōnis⟩ F ‖stella‖ (*spätl.*) ASTRON Stellung der Gestirne *zueinander u. ihr dadurch bedingter Einfluss auf das Schicksal eines Menschen;* Konstellation

cōn-sternāre ⟨ō, āvī, ātum 1.⟩
1 scheu machen; *passiv* scheuen
2 aufscheuchen, aufschrecken; **aliquem ab sede sua ~** j-n von seinem Sitz verscheuchen; **hostes in fugam ~** die Feinde in wilde Flucht schlagen
3 *fig* erschrecken, ängstigen; **ad arma consternari** aufgeregt zu den Waffen eilen; **consternatus** bestürzt, verblüfft
4 aufregen, empören
▶ deutsch: **konsterniert**

cōnsternātiō ⟨cōnsternātiōnis⟩ F ‖consternare‖ (*nachkl.*)
1 Scheuwerden, Scheuen, **equorum** der Pferde
2 *fig* Bestürzung, Angst
3 *fig* Aufruhr, Tumult

cōn-sternere ⟨sternō, strāvī, strātum 3.⟩
1 bestreuen, dicht bedecken, *aliquid re* etw mit etw; **tabernacula caespitibus ~** die Zelte mit Rasen bedecken
2 verdecken, überdecken; **paludem pontibus ~** einen Sumpf mit Bohlen überbrücken; **navem ~** ein Schiff mit einem Verdeck versehen
3 niederwerfen, umwerfen, **statuas** Denkmäler

cōn-stīpāre ⟨ō, āvī, ātum 1.⟩ zusammen-

drängen, **se sub vallo** sich unter einem Wall
cōnstitī → consistere u. → constare

cōn-stituere ⟨stituō, stituī, stitūtum 3.⟩

1. hinstellen, hinsetzen
2. halt machen lassen
3. ansässig machen
4. errichten, anlegen
5. zustande bringen, einführen
6. festsetzen, bestimmen
7. beschließen, sich entschließen

1. hinstellen, hinsetzen, hinlegen, *aliquem in loco* j-n an einem/an einen Ort, *alicui/alicui rei* für j-n/für etw; ~ **alicuius senectutem ante oculos** j-s Alter vor Augen stellen
2. MIL halt machen lassen, **agmen** die Kolonne; **naves ~ in aperto litore** die Schiffe vor der offenen Küste vor Anker gehen lassen; **milites sub monte ~** die Soldaten am Fuß des Berges halten lassen; **legiones pro castris ~** die Legionen vor dem Lager aufstellen; **ducentis passibus ab eo tumulo ~** 200 Fuß vor diesem Hügel aufstellen
3. ansässig machen; *in ein Amt einsetzen*; **plebem in agris ~** das Volk auf der Staatsdomäne ansiedeln; **aliquem regem ~** j-n als König einsetzen; **aliquem in aliquo munere ~** j-n in ein Amt einweisen, j-n in ein Amt einsetzen
4. errichten, gründen; **aedem ~** ein Haus errichten; **oppidum ~** eine Stadt gründen
5. zustande bringen, einführen; **pacem ~** Frieden stiften; **legem ~** ein Gesetz einführen; **sibi auctoritatem ~** sich Ansehen verschaffen
6. festsetzen, vereinbaren, *aliquid alicui* etw für j-n, *in aliquem* gegen j-n, +AcI/+indir Fragesatz, *ut* dass; **tempus agendae rei ~** den Zeitpunkt zum Vollzug von etw festsetzen; **pretium frumento ~** den Getreidepreis festsetzen; **aera militibus ~** den Sold für die Soldaten festsetzen
7. beschließen, sich entschließen, *bei gleichem Subj.* +inf, *bei verschiedenen Subj.* +AcI *ut*/*ne* dass/dass nicht; **alicui constitutum est** es ist bei j-m beschlossene Sache

▶ deutsch: konstituieren

cōnstitūtiō ⟨cōnstitūtiōnis⟩ F ‖constituere‖

1. Einrichtung; POL Verfassung
2. *physische* Beschaffenheit, Zustand
3. Begriffsbestimmung; begründete Feststellung *des Streitobjektes*; *meton* Begründungsform
4. (*nachkl.*) Verordnung, Anordnung

▶ deutsch: **Konstitution**

cōnstitūtum ⟨ī⟩ N ‖consituere‖

1. Verfügung, Bestimmung
2. Verabredung; verabredeter Ort, festgesetzte Zeit; Zusammenkunft, *gerichtlich vereinbarter Termin*
3. Vorsatz

cōnstitūtus[1] ⟨a, um⟩ ADJ ‖constituere‖

1. festgesetzt, beschaffen, *de re* in Bezug auf etw, *oft mit adv bene, ita*; **vir naturā bene ~** ein von Natur aus wohl beschaffener Mann; **philosophus animo ita ~ est, ut** der Philosoph ist geistig so orientiert, dass, +*Konsekutivsatz*
2. (*mlat.*) befindlich

cōn-stitūtus[2] ⟨a, um⟩ PPP → constituere

cōnstrātum ⟨ī⟩ N ‖consternere‖ (*nachkl.*)

1. Decke, Verdeck
2. Bretterbelag
3. Fahrbahn

cōn-stringere ⟨stringō, strīnxī, strictum 3.⟩

1. zusammenschnüren, zusammenbinden, **sarcinam** Gepäck
2. binden, fesseln, **aliquem vinculis** j-n mit Stricken; **curru constrictus** an den Wagen gebunden
3. festbinden, befestigen
4. *passiv* gefrieren, zusammenfrieren
5. *fig* befestigen = unauflöslich machen, **foedus iure iurando** ein Bündnis durch Eid
6. *fig* beschränken, einschränken, **orbem terrarum novis legibus** den ganzen Erdkreis durch neue Gesetze; **senatum constrictum tenere** den Senat in Abhängigkeit halten; **constrictum teneri collegā** vom Kollegen in seiner Tätigkeit gelähmt werden
7. RHET kurz zusammenfassen, **orationem aptis verbis** eine Rede durch geeignete Worte

cōnstrūctiō ⟨cōnstrūctiōnis⟩ F ‖construere‖

1. Zusammenfügung, Bau
2. RHET passende Verbindung; ~ (**verborum**) Periodenbau
3. GRAM Satzbau, Konstruktion; ~ **ad sensum** (*mlat.*) Konstruktion nach dem Sinn, *das heißt nicht nach den Regeln der Grammatik*

cōn-struere ⟨struō, strūxī, strūctum 3.⟩

1. aufschichten, aufbauen
2. kunstvoll (er)bauen, errichten, **nidum** ein Nest, **aedificium** ein Gebäude, **mundum** die Welt; **maria ~** Meere überbauen
3. GRAM konstruieren

cōn-stuprāre ⟨ō, āvī, ātum 1.⟩ vergewaltigen, **virginem** eine Jungfrau; **iudicium emptum constupratumque** ein durch Unzucht bestochener Gerichtshof

cōnstuprātor ⟨cōnstuprātōris⟩ M ‖constuprare‖ *Liv.* Vergewaltiger

cōn-suādēre ⟨suādeō, suāsī, suāsum 2.⟩

Plaut. dringend (an)raten; beschwatzen

Cōnsuālia ⟨ium⟩ N̄ Fest zu Ehren des Consus, *am 21. August (Ende der Ernte) u. am 15. Dezember mit Pferde- u. Maultierrennen gefeiert*

cōnsuāsor ⟨cōnsuāsōris⟩ M̄ ||consuadere|| Ratgeber

cōnsūcidus ⟨a, um⟩ ADJ *Plaut.* vollsaftig

cōn-sūdāre ⟨ō, āvī, ātum 1.⟩ *(vkl., nachkl.)* stark schwitzen

cōn-sue-facere ⟨faciō, fēcī, factum 3.⟩ *(vkl., nachkl.)* an *etw* gewöhnen, +inf

cōn-suere ⟨suō, suī, sūtum 3.⟩ *(vkl., nachkl.)* zusammennähen; *fig* anzetteln; **os alicuius ~** j-m das Maul stopfen

cōn-suēscere ⟨suēscō, suēvī, suētum 3.⟩

A V̄I sich an *etw* gewöhnen, *absolut od alicui rei/ad aliquid, +inf, auch unpers;* **consuevisse** gewohnt sein, pflegen; **sicut fieri consuevit** wie es zu geschehen pflegt; **consuevisse cum aliquo** mit j-m vertrauten Umgang pflegen

B V̄T *(vkl., nachkl.)* an *etw* gewöhnen, *alicui rei, +inf;* **consuetus** an *etw* gewöhnt, mit *etw* vertraut, *alicui rei, +inf;*

cōnsuētiō ⟨cōnsuētiōnis⟩ F̄ ||consuescere|| *Com.* vertrauter Umgang

cōnsuētūdō ⟨cōnsuētūdinis⟩ F̄ ||consuescere||

1 Gewohnheit, Brauch, *alicuius* j-s, *alicuius rei* einer Sache; **~ Romanorum** Brauch der Römer; **~ vitae communis** Gewöhnung an das gemeinsame Leben; **alicuius ~ est** es ist j-s Gewohnheit, *+inf;* **~ alicuius rei** Übung in *etw;* **in consuetudinem venire** zur Gewohnheit werden; **pro consuetudine/ex consuetudine/ consuetudine/ad consuetudinem** gewohnheitsgemäß, aus Gewohnheit; **praeter/contra consuetudinem** gegen die Gewohnheit

2 *(erg.* **vitae/victūs/vivendi***)* gewohnte Lebensweise, **Germanorum** der Germanen

3 *(erg.* **loquendi***)* gewöhnlicher Sprachgebrauch; **~ barbara** barbarische Ausdrucksweise; **~ indocta** ungebildeter Sprachgebrauch

4 geselliger Umgang, *alicuius* j-s, mit j-m; **~ est** alicui cum aliquo j-d hat Umgang mit j-m

5 *(vkl., nachkl.)* Liebschaft, Verhältnis

⚠ **Consuetudo quasi altera natura.** Gewohnheit ist sozusagen die zweite Natur. *Gemeint ist die (schädliche) Macht der Gewohnheit*

cōnsuētus[1] ⟨a, um, *adv* cōnsuētē⟩ ADJ ||consuescere|| gewohnt, gewöhnlich; **aliquid consuetum habere** sich an etw gewöhnt haben

cōn-suētus[2] ⟨a, um⟩ PPP → consuescere

cōn-suēvī → consuescere

cōnsul ⟨cōnsulis⟩ M̄

1 Konsul, *seit etwa 450 v. Chr. einer der jeweils paarweise gewählten höchsten Beamten der röm. Republik für jeweils ein Jahr, urspr. nur patriz., seit 366 v. Chr. auch pleb. Herkunft; Abk COS, pl COSS; die Angabe der Konsuln diente zur Bezeichnung der Jahre;* **Cn. Pompeio M. Crasso consulibus** unter dem Konsulat des Cn. Pompeius und des M. Crassus; **quibus consulibus?** unter welchen Konsuln? = in welchem Jahr?; **~ suffectus** der im Lauf des Jahres nachgewählte Konsul; **~ designatus** der für das nächste Jahr gewählte Konsul; **pro consule** Prokonsul, *eigentlich Stellvertreter, Statthalter einer konsularischen Provinz*

2 *(mlat.)* Ratsherr, Vorsteher

cōnsulāris

A ⟨cōnsulāre⟩ ADJ, ADV ⟨cōnsulāriter⟩ ||consul|| des Konsuls, Konsul...; **aetas ~** gesetzliches Alter für einen Konsul *(43 Jahre);* **comitia consularia** Konsulwahlen; *adv* eines Konsuls würdig

B ⟨cōnsulāris⟩ M̄

1 gewesener Konsul

2 *in der Kaiserzeit* Legat mit konsularischem Rang, kaiserlicher Statthalter *einer Provinz*

cōnsulātus ⟨cōnsulātūs⟩ M̄ ||consul|| Konsulat, Amt des Konsuls

cōnsulere ⟨sulō, suluī, sultum 3.⟩

A V̄I

1 sich beraten, Rat halten, *cum aliquo* mit j-m, *de re* über etw, +indir Fragesatz; **consulam** ich will

 consules – die Konsuln

Das Konsulat, höchstes Amt der Republik, wurde immer von zwei Amtsträgern gleichzeitig ausgeübt, die von der Volksversammlung auf ein Jahr gewählt wurden. Sie leiteten die Militär- und Zivilverwaltung. Sie durften Versammlungen des Senats und des Volkes einberufen und leiten, Gesetzesanträge stellen und Wahlen abhalten. Als Jahresangaben dienten die Namen der amtierenden Konsuln:

Natus est Augustus M. Tullio Cicerone C. Antonio coss. (= consulibus)
Augustus wurde unter dem Konsulat Ciceros und Antonius' (= 63 v. Chr.) geboren.

In der Kaiserzeit wurden die Konsuln durch den Kaiser ernannt. Das Amt verlor zwar seine politische Bedeutung, begehrt war es aber wegen des mit ihm verbundenen Ansehens weiterhin.

RÖMISCHES LEBEN

es mir überlegen
2 für *j-n*/*etw* sorgen, *j-m* helfen, *alicui*/*alicui rei, ut*/*ne* dass/dass nicht; **sibi ~** auf die eigene Rettung bedacht sein; **timori ~** der Furcht nachgeben; **vitae alicuius ~** j-s Leben schonen
3 beschließen, **de perfugis** über das Schicksal der Überläufer, **ad summam rerum** mit Rücksicht auf das Ganze
4 verfahren, vorgehen, *in aliquem* gegen j-n, *+adv*; **crudeliter ~ in aliquem** grausam gegen j-n vorgehen

B VT
1 um Rat fragen, befragen, *aliquem de re* j-n über etw, *+indir Fragesatz*; **populum ~** beim Volk einen Antrag stellen; **qui consuluntur** die Rechtskundigen
2 beraten, überlegen
3 **boni ~** gutheißen

cōnsultāre ⟨ō, āvī, ātum 1.⟩ ∥consulere∥
A VI
1 reiflich überlegen, sich beraten, *cum aliquo de re*/*super re*/*aliquid* mit j-m über etw, *+indir Fragesatz*
2 für etw sorgen, *alicui rei*, selten *alicui* für j-n, **in medium** zum allgemeinen Besten

B VT (*unkl.*)
1 befragen, um Rat fragen
2 Wahrsager fragen; JUR Rechtsbescheide einholen, *absolut*
▶ deutsch: **konsultieren**

cōnsultātiō ⟨cōnsultātiōnis⟩ F ∥consultare∥
1 Befragung, Erwägung, *de re* über etw, *+indir Fragesatz*
2 Anfrage, Konsultation *bei einem Rechtsgelehrten*
3 RHET, PHIL These, Thema

cōnsultātor ⟨cōnsultātōris⟩ M ∥consultare∥ (*nachkl.*) Fragesteller

cōnsultē ADV ∥consultus¹∥ (*vkl., nachkl.*) mit Bedacht

cōnsultō ADV ∥consultus¹∥ absichtlich, mit Absicht, überlegt

cōnsultor ⟨cōnsultōris⟩ M ∥consulere∥
1 (*nachkl.*) Berater
2 Ratsuchender, Klient

cōnsultrīx ⟨cōnsultrīcis⟩ F ∥consultor∥ Fürsorgerin

cōnsultum ⟨ī⟩ N ∥consultus¹∥
1 Beschluss, Plan; **senātūs ~** vollgültiger, rechtskräftiger Senatsbeschluss, *Abk* SC
2 Verg. Orakelspruch

cōnsultus¹ ⟨a, um⟩ ADJ, ADV → **cōnsultē** u. → **cōnsultō**
1 *von Sachen* reiflich überlegt, bedacht
2 *von Personen* kundig, erfahren; **iuris ~** rechtsgelehrt

cōnsultus² ⟨cōnsultūs⟩ M ∥consulere∥
1 = **consultum**
2 (*mlat.*) Rat, Hilfe

cōn-sultus³ ⟨a, um⟩ PPP → **consulere**
cōnsuluī → **consulere**

cōn-sūmere ⟨sūmō, sūmpsī, sūmptum 3.⟩
1 *Kraft, Eifer, Gaben* gebrauchen, verwenden, *in re* auf *etw*; **pecuniam in statuis ~** Geld für Denkmäler verwenden
2 *Zeit* verbringen; *pej* vergeuden, *re* durch etw, *in re* mit etw, bei etw
3 aufbrauchen, verbrauchen; **tela ~** Geschosse verschießen; **miseriam ~** Mitleid erschöpfen; **ignominiam ~** Schande auskosten
4 aufzehren, verzehren
5 *fig* vergeuden, verprassen
6 *fig* vernichten; umbringen; *passiv* umkommen
▶ deutsch: **konsumieren**

cōnsummābilis ⟨cōnsummābile⟩ ADJ ∥consummare∥ Sen. zur Vollkommenheit fähig

cōn-summāre ⟨ō, āvī, ātum 1.⟩ (*nachkl.*) *poet*
1 zusammenrechnen, addieren; *passiv* sich als Summe ergeben
2 vollbringen, vollenden; *absolut* seine Dienstzeit vollenden

cōnsummātiō ⟨cōnsummātiōnis⟩ F ∥consummare∥ (*nachkl.*) Zusammenrechnung; Vollendung

cōnsummātus ⟨a, um⟩ ADJ ∥consummare∥
1 gesamt
2 vollendet, vollkommen

cōnsūmptiō ⟨cōnsūmptiōnis⟩ F ∥consumere∥ Verzehrung, Aufzehrung

cōnsūmptor ⟨cōnsūmptōris⟩ M ∥consumere∥ Verzehrer, Verschwender

cōn-sūmptus ⟨a, um⟩ PPP → **consumere**

cōn-surgere ⟨surgō, surrēxī, surrēctum 3.⟩
1 sich gemeinsam erheben; **consurgitur** man steht auf
2 *vom Einzelnen* aufstehen; auftreten; **~ alte in ensem sublatum** Verg. *poet* mit dem Schwert weit ausholen
3 *von Leblosem* sich auftürmen, emporragen
4 *fig* zu einer Tätigkeit *od* einem Zustand sich erheben, aufstehen

cōnsurrēctiō ⟨cōnsurrēctiōnis⟩ F ∥consurgere∥ allgemeines Aufstehen

Cōnsus ⟨ī⟩ M altröm. Gott der Ernte mit einem unterirdischen Altar; dieser wurde nur an den Consualia feierlich ausgegraben

cōn-susurrāre ⟨ō, āvī, ātum 1.⟩ Ter. zusammen flüstern, zusammen summen

con-tābēfacere ⟨faciō, fēcī, factum 3.⟩ Plaut. nach und nach hinschwinden lassen; *fig* verzehren

con-tābēscere ⟨tābēscō, tābuī, - 3.⟩ hin-

schwinden, sich verzehren
con-tabulāre ⟨ō, āvī, ātum 1.⟩ ||tabula||
1 mit Brettern belegen, mit Balken belegen
2 mit mehrstöckigen Türmen versehen, **murum** die Mauer
3 (nachkl.) überbrücken
contabulātiō ⟨contabulationis⟩ F̱ ||contabulare||
1 Balkenlage, Bretterdecke eines Stockwerkes, bes des ersten
2 meton Stockwerk
contāctus¹ ⟨a, um⟩ ADJ ||contingere|| befleckt, schuldbeladen; **religione ~** fluchbeladen
contāctus² ⟨contāctūs⟩ M̱ = **contagio**
con-tāctus³ ⟨a, um⟩ PPP → **contingere**
contāgēs ⟨contāgis⟩ F̱ ||contingere|| Liv. Berührung
contāgiō ⟨contāgiōnis⟩ F̱, **contāgium** ⟨ī⟩ Ṉ ||contingere|| (nachkl.) poet
1 Berührung; fig Einwirkung; fig Umgang, alicuius mit j-m
2 pej Ansteckung, Seuche; fig schlechter Einfluss
contāmināre ⟨ō, āvī, ātum 1.⟩ ||contamen||
1 durch Berührung verderben, entweihen, **se sanguine alicuius** sich mit j-s Blut; **veritatem mendacio ~** die Wahrheit durch Lüge entstellen; **fabulas ~** Theaterstücke durch Verschmelzung zweier od mehrerer griech. Originale zu einem römischen verhunzen, kontaminieren
2 besudeln, beflecken
contāminātī ⟨ōrum⟩ M̱ ||contaminatus|| Tac. Lustknaben
contāminātus ⟨a, um⟩ ADJ ||contaminare||
1 befleckt, entweiht
2 unrein, schuldbefleckt
con-technārī ⟨or, ātus sum 1.⟩ ||techna|| Plaut. Ränke schmieden, listig ersinnen
con-tegere ⟨tegō, tēxī, tēctum 3.⟩
1 bedecken, bekleidend schützen, aliquem re j-n mit etw
2 verdecken; begraben
3 fig verheimlichen
con-temerāre ⟨ō, āvī, ātum 1.⟩ Ov., Mart. beflecken, entweihen
con-temnere ⟨temnō, tempsī, temptum 3.⟩
1 verachten, nicht beachten, aliquid prae re etw im Vergleich mit etw; **Romam prae sua Capua ~** Rom im Vergleich mit seinem Capua gering schätzen
2 etw durch Worte herabsetzen, sich über etw geringschätzig äußern, aliquid
3 **se ~** bescheiden sein
4 poet trotzen, aliquid einer Sache, **ventos** den Winden

con-templāre ⟨ō, āvī, ātum 1.⟩, **con-templārī** ⟨or, ātus sum 1.⟩ beobachten; erwägen
contemplātiō ⟨contemplātiōnis⟩ F̱ ||contemplari||
1 Betrachtung, **tabularum** der Bilder, **virtutum alicuius** von j-s Leistungen
2 (nachkl.) Rücksicht, alicuius/alicuius rei auf j-n/ auf etw
contemplātīvus ⟨a, um⟩ ADJ ||contemplari||
1 Sen. beschaulich; PHIL theoretisch; ↔ **activus**
2 **vita contemplativa** (mlat.) Klosterleben
▸ deutsch: **kontemplativ**
contemplātor ⟨contemplātōris⟩ M̱ ||contemplari|| Beschauer, Betrachter
contemplātus abl ⟨contemplātū⟩ M̱ Ov. = **contemplatio**
contempsī → **contemnere**
contemptim ADV ||contemptus¹|| (vkl., nachkl.) verächtlich, geringschätzig
contemptiō ⟨contemptōnis⟩ F̱ ||contemnere|| Verachtung, Geringschätzung; Gleichgültigkeit, alicuius/alicuius rei gegenüber j-m/einer Sache, **in socios** unter den Gefährten
contemptius ADV komp → **contemptim**
contemptor ⟨contemptōris⟩ M̱ ||contemnere|| (nachkl.) poet Verächter; adj alles verachtend, hochfahrend
contemptrīx ⟨contemptrīcis⟩ F̱ ||contemptor|| (unkl.) Verächterin
contemptus¹ ⟨a, um⟩ ADJ ||contemnere||
1 verachtet
2 der Beachtung nicht wert, unbedeutend
contemptus² ⟨contemptūs⟩ M̱ = **contemptio**
1 Verachtung, Nichtachtung, die man hegt
2 Verachtung, Nichtachtung, die man erfährt, (klass.) nur in der Wendung **alicui contemptui esse** von j-m verachtet werden
con-temptus³ ⟨a, um⟩ PPP → **contemnere**

---

con-tendere ⟨tendō, tendī, tentum 3.⟩

A transitives Verb
1 zusammenstellen, vergleichen
2 anspannen, straffen
3 schleudern, abschießen
4 erstreben
5 nachdrücklich behaupten

B intransitives Verb
1 sich messen, wetteifern
2 sich anstrengen
3 eilen

— A transitives Verb —

VT

1 zusammenstellen, vergleichen; **causam Roscii cum tua ~** den Fall des Roscius mit deinem vergleichen

2 anspannen, straffen, **nervos** die Sehnen, die Saiten; **tormenta telorum ~** die Wurfmaschinen spannen

3 *Geschosse* schleudern, abschießen; **tela ~** Geschosse schleudern; **hastam alicui ~** die Lanze gegen j-n werfen

4 erstreben; verlangen, *absolut od aliquid ab aliquo* etw von j-m, *ut/ne*

5 nachdrücklich behaupten, *aliquid* etw, +AcI

— **B intransitives Verb** —

VI

1 wetteifern, streiten *mit Waffen u. Worten*, kämpfen, *alicui/cum aliquo* mit j-m, *inter se* untereinander, *contra aliquem/adversus aliquem* gegen j-n, *pro aliquo* für j-n, *de re* um etw

2 sich anstrengen

3 wohin eilen; nach *etw* streben, *in aliquid/ad aliquem*, *ad aliquem* zu j-m; +*inf* = sich beeilen; **ad Rhenum ~** an den Rhein eilen; **in castra ~** ins Lager eilen; **tantum itineris ~** so weit eilen; **ad maiora ~** nach Höherem streben; **de re ~** sich für etw anstrengen

contentē¹ ADV ||contentus¹|| angestrengt, eifrig

contentē² ADV ||contentus²|| *Plaut.* knapp, kurz; **aliquem artē contenteque habere** j-n knapp halten

contentiō ⟨contentiōnis⟩ F ||contendere||

1 Vergleich, vergleichende Zusammenstellung, *alicuius* j-s *od* mit j-m, *alicuius rei* einer Sache *od* mit etw, *alicuius cum aliquo* j-s mit j-m, *alicuius rei cum re* einer Sache mit etw, +*indir Fragesatz*

2 RHET Antithese

3 Wettstreit, Streit *mit Waffen u. Worten, de re* um etw, *pro re* für etw; **~ rei privatae** Streit in einer Privatangelegenheit; **~ dicendi** Wettstreit im Reden; **~ honorum** Wettstreit um Ehrenstellen; **~ est inter aliquos** es herrscht Streit unter einigen; **~ est alicui cum aliquo** j-d liegt im Streit mit j-m, *de re* bezüglich einer Sache, um etw, +*indir Fragesatz*

4 Wortstreit, *auch* Streitfrage

5 Streitsucht

6 Spannung, Anspannung, *alicuius rei* einer Sache *od* bei etw, **vocis** der Stimme, **dicendi** beim Reden

7 Anstrengung

8 eifriges Streben *alicuius alicuius rei* j-s nach etw

9 *pej* Leidenschaft, Heftigkeit

contentiōsus ⟨a, um, *adv* contentiōsē⟩ ADJ ||contentio|| streitsüchtig; hartnäckig

contentus¹ ⟨a, um⟩ ADJ, ADV → contentē¹
||contendere|| gespannt, straff, *physisch u. psychisch* angestrengt, eifrig

contentus² ⟨a, um⟩ ADJ, ADV → contentē²
||continere|| sich begnügend, zufrieden, *re* mit etw, +*faktisches quod* weil, dass, +*inf*/+AcI, *ut/ne* dass/dass nicht

con-tentus³ ⟨a, um⟩ PPP → contendere u. → continere

con-terere ⟨terō, trīvī, trītum 3.⟩

1 (*unkl.*) zerreiben, zerdrücken

2 *fig* abreiben, abnutzen, **ferrum usu** das Schwert durch den Gebrauch; **viam ~** einen Weg oft betreten

3 *fig* hart mitnehmen; **operam ~** Mühe aufwenden

4 *fig* austilgen, in Vergessenheit bringen

5 *fig Zeit* verbringen; *pej* vergeuden, *in re* bei etw, **in studiis** beim Lernen, beim Studieren, **conviviis** durch Gelage, *passiv u.* **se ~** sich abplagen, sich aufreiben, *in re* mit etw

6 *fig in Rede od Schrift* abnutzen

7 *fig* mit Füßen treten, geringschätzig behandeln

conterminum ⟨ī⟩ N ||conterminus|| angrenzendes Gebiet

con-terminus ⟨a, um⟩ ADJ (*nachkl.*) *poet* angrenzend, benachbart, *alicui rei* an etw, einer Sache

con-terrēre ⟨eō, uī, itum 2.⟩ erschrecken, einschüchtern, *aliquem re* j-n durch etw, *ne*

con-testārī ⟨or, ātus sum 1.⟩

1 als Zeugen anrufen, beschwören, **deos hominesque** Götter und Menschen

2 **litem ~** JUR einen Prozess durch Aufruf von Zeugen in Gang bringen

contestātiō ⟨contestātiōnis⟩ F ||contestari|| inständige Bitte, Beschwörung

contestātus ⟨a, um⟩ ADJ ||contestari|| allseitig bezeugt, beglaubigt

con-texere ⟨texō, texuī, textum 3.⟩

1 zusammenweben, verbinden

2 zusammenfügen, aneinanderreihen; **crimen ~** *fig* ein Verbrechen anstiften

3 miteinander verbinden, *aliquid alicui rei/cum re* etw mit etw

4 RHET fortsetzen, ergänzen; **interruptum ~** Unterbrochenes wieder anknüpfen

contextus¹ ⟨a, um, *adv* contextē⟩ ADJ ||contexere||

1 verflochten, verbunden

2 fortlaufend, ununterbrochen

contextus² ⟨contextūs⟩ M ||contexere|| Verwebung; *fig* Zusammenhang; **in contextu operis** im Verlauf der Arbeit

▶ deutsch: **Kontext**

con-ticēscere ⟨ticēscō, ticuī, - 3.⟩ verstummen; *fig* sich legen; **orator conticescit** der

Redner verstummt; **sermo conticescit** das Gespräch verstummt

conticinium ⟨ī⟩ N̄ ||conticescere|| stille Zeit vor und nach Mitternacht, Zeit des Tiefschlafs

con-ticīscere ⟨ticīscō, ticuī, - 3.⟩ = **conticescere**

conticuī → conticescere

contigī → contingere

con-tīgnāre ⟨ō, āvī, ātum 1.⟩ ||tignum|| mit Balken belegen, mit Balken überdecken

contīgnātiō ⟨contīgnātiōnis⟩ F̄ ||tignum|| Gebälk; *meton* Stockwerk

contiguus ⟨a, um⟩ ADJ ||contingere||
1 angrenzend, benachbart; **~ poni tibi** *fig* würdig dir an die Seite gestellt zu werden
2 erreichbar, *alicui rei* für etw; **hastae ~** in Wurfweite

continēns
A ⟨continentis⟩ ADJ, ADV ⟨continenter⟩ ||continere||
1 zusammenhaltend; *fig* selbstbeherrscht, enthaltsam, *absolut a in re* bei etw; **continenter vivere** maßvoll leben
2 zusammenhängend; *örtl.* angrenzend; *zeitl.* unmittelbar folgend, *alicuius rei* auf etw
3 *örtl. u. zeitl.* in sich zusammenhängend = ununterbrochen; **impetus ~** ununterbrochener Ansturm; **terra ~** zusammenhängendes Land, Festland
B ⟨continentis⟩ F̄ Festland, Kontinent

continentia¹ ⟨continentium⟩ N̄ ||continens|| RHET Hauptpunkt, Hauptsache

continentia² ⟨ae⟩ F̄ ||continens||
1 *Suet.* Zurückhalten, Unterdrückung *physischer Bedürfnisse*
2 *moralische* Zurückhaltung, Enthaltsamkeit
3 (*spätl.*) Zusammenhang; Inhalt

---

con-tinēre ⟨tineō, tinuī, tentum 2.⟩ ||tenere||

1 zusammenhalten, festhalten
2 verbinden
3 erhalten, bewahren
4 einschließen, eingeschlossen halten
5 umfassen, enthalten
6 bestehen
7 zurückhalten, anhalten
8 in Schranken halten, beherrschen
9 abhalten, zurückhalten
10 bei sich behalten, nicht herausgeben

---

1 zusammenhalten, festhalten; **merces ~** die Waren nicht austeilen; **milites uno loco ~** die Soldaten an einem Platz zusammenhalten; **imber agricolam continet** *Verg. poet* der Regen hält die Bauern im Haus

2 *Getrenntes* verbinden; *passiv* zusammenhängen, in Verbindung stehen; **Cenabum urbem pons fluminis Ligeris continebat** eine Brücke über den Fluss Liger verband die Stadt Cenabum mit dem anderen Ufer; **hiberna centum milibus continebantur** die Winterlager standen auf hundert Meilen miteinander in Verbindung; **hospitio alicuius contineri** *fig* mit j-m freundschaftlich verbunden sein

3 *fig* erhalten, bewahren, **disciplinam militarem ~** die soldatische Zucht; **Belgas in officio ~** die Belger in Unterwürfigkeit halten

4 einschließen; *passiv* eingeschlossen sein; **flumina ea loca continent** Flüsse schließen diese Örtlichkeiten ein; **equitatum hostium ~** die Reiterei der Feinde einschließen; **altissimis montibus contineri** von sehr hohen Bergen eingeschlossen sein

5 umfassen, enthalten; *passiv* in etw enthalten sein, aus etw bestehen; **liber continet res gestas populi Romani** das Buch enthält die Geschichte des römischen Volkes; **longitudo noctis stupris continebatur** die lange Nacht bestand aus Unzucht

6 das Wesen von *etw* ausmachen, *aliquid; passiv* auf *etw* beruhen, in *etw* bestehen; **haec res omnem vitam continet** diese Sache macht das ganze Leben aus; **quod rem continet** das Wesentliche

7 zurückhalten, festhalten; **animam in dicendo ~** beim Reden den Atem anhalten; **copias in castris ~** die Truppen in den Lagern halten; **se moenibus ~** sich zu Hause aufhalten; **se ~ in re** bei etw bleiben

8 in Schranken halten, beherrschen; **audaciam metu ~** die Kühnheit durch Furcht bändigen; **se in libidine ~** sich in der Lust mäßigen; **civitates auctoritate ~** die Völker werden durch Macht in Schranken gehalten; **se ~/contineri re** sich auf etw beschränken

9 abhalten, zurückhalten, *a re* von etw, **milites a proelio** die Soldaten von der offenen Feldschlacht; **animum a libidine ~** sein Inneres von der Leidenschaft fern halten, *ne/quominus/quin*; **dux milites continuit, ne longius progrederentur** der Feldherr hielt die Soldaten von einem weiteren Vorrücken ab; **vix me contineo, quominus/quin hoc faciam** ich kann mich kaum zurückhalten das zu tun

10 bei sich behalten; verschweigen; **reliquos libros ~** die restlichen Bücher nicht herausgeben; **dicta ~** die Worte verschweigen

con-tingere ⟨tingō, tīgī, tāctum 3.⟩ ||tangere||

A transitives Verb
1. berühren, anrühren
2. bestreuen, benetzen
3. ergreifen, erfassen
4. kosten, probieren
5. erreichen, treffen
6. stoßen
7. freundschaftlich nahestehen, verwandtschaftlich nahestehen
8. betreffen, angehen
9. beflecken, anstecken

B intransitives Verb
1. zuteil werden, begegnen
2. es wird zuteil, es gelingt

— **A** transitives Verb —

VT

1. berühren, anrühren, *aliquid re* etw mit etw; **terram ~ osculo** die Erde küssen; **aliquem igne ~** j-n versengen
2. bestreuen, benetzen, *aliquid re* etw mit etw; **lac sale ~** die Milch mit Salz bestreuen; **os ambrosiā ~** den Mund mit Ambrosia bestreichen
3. ergreifen, erfassen, **alicuius dextram** j-s Rechte, **manibus habenas** die Zügel mit den Händen; **libido me contingit** *fig* Leidenschaft erfasst mich
4. kosten; essen
5. *fig* ein Ziel erreichen; wohin gelangen; **hostem ferro ~** den Feind mit dem Schwert treffen; **vox contingit aliquem/aures alicuius** die Stimme erreicht j-s Ohr; **Italiam ~** nach Italien gelangen; **naturam sui similem ~** eine sich ähnliche Natur finden
6. an *etw* grenzen, stoßen, *aliquid* an etw, **fines Volscorum** an das Gebiet der Volsker
7. *fig* freundschaftlich nahestehen, verwandtschaftlich nahestehen, *aliquem* j-m; **aliquem propinquitate/affinitate ~** mit j-m verwandt sein
8. betreffen, angehen; **haec res nihil me contingit** diese Sache geht mich nichts an; **mea causa nihil eo facto contingitur** meine Sache wird von diesem Geschehen nicht berührt
9. *pej* beflecken, anstecken

— **B** intransitives Verb —

VI

1. zuteil werden, begegnen, *alicui* j-m; **pugnandi occasio consuli contingit** dem Konsul bietet sich Gelegenheit zur offenen Feldschlacht
2. *meist unpers* **contingit** es gelingt, es ereignet sich, *alicui* j-m, *meist ut* dass, +Konsekutivsatz, +inf; **Thrasybulo contigit, ut patriam in libertatem vindicaret** dem Thrasybulos gelang es, sein Vaterland zu befreien

▸ deutsch: **Kontakt**

continua ⟨ōrum⟩ N ||continuus|| aneinanderstoßende Örtlichkeiten

continuāre ⟨ō, āvī, ātum 1.⟩ ||continuus||
1. *örtl.* mehrere Dinge aneinanderreihen, anschließen, *aliquid alicui rei* etw an etw; **domos ~** Häuser aneinander bauen; **latus lateri ~** Seite an Seite schmiegen; *passiv* ununterbrochen fortlaufen, sich unmittelbar anschließen, *alicui rei* an etw; **opera hostium continuantur** die Befestigungen der Feinde schließen sich
2. *örtl.* weiter ausdehnen, erweitern, **agros** Felder; **pontem ~** eine Brücke fertig bauen; *passiv* zusammenhängen
3. *zeitl.* mehrere Dinge aufeinander folgen lassen; **diem noctemque potando ~** Tag und Nacht durchzechen; **aedilitati praeturam ~** dem Amt des Ädils sogleich die Prätur anschließen; *passiv* unmittelbar folgen, *alicui rei* auf etw
4. *zeitl.* ohne Unterbrechung fortsetzen; **iter die et nocte ~** Tag und Nacht marschieren; *passiv* fortdauern; **incendium continuatur** der Brand dauert an; **continuatus** ununterbrochen
5. ein Amt verlängern, **alicui consulatum** j-m das Konsulat; *passiv* fortgeführt werden

continuātiō ⟨continuātiōnis⟩ F ||continuare||
1. ununterbrochene Fortdauer, *absolut od alicuius rei* von etw; **~ imbrium** anhaltende Regengüsse
2. RHET, LIT Zusammenhang, *absolut od alicuius rei* von etw; **~ rerum** Zusammenhang der Dinge
3. **~ verborum** RHET Periode

▸ deutsch: **Kontinuität**

continuō ADV ||continuus||
1. (*vkl., nachkl.*) ununterbrochen, fortwährend
2. unmittelbar darauf, sofort
3. *in log. Schlussfolgerungen mit formaler od inhaltlicher Verneinung* nicht ohne Weiteres; **non continuo, si me in gregem sicariorum contuli, sum sicarius** ich bin nicht unbedingt selbst ein Mörder, wenn ich mich in die Schar der Mörder begeben habe

continuus ⟨a, um, *adv* continuē⟩ ADJ u. → continuō
1. (*nachkl.*) *poet örtl.* von zwei od mehr Teilen zusammenhängend, unmittelbar anstoßend; **aedificia continua** zusammenhängende Gebäude
2. *örtl.* von einem *Gegenstand* zusammenhängend, unmittelbar anstoßend; **Leucas continua** die mit dem Festland zusammenhängende Insel Leucas, die Halbinsel Leucas
3. *örtl.* ununterbrochen, fortlaufend

4 *zeitl.* unmittelbar aufeinander folgend, nacheinander; **quattuor dies continui** vier Tage hintereinander

5 unaufhörlich, beständig; **annus postulandis reis ~** ein Jahr ständiger Vorladungen

6 *Ov.* nachfolgend; **nox continua** die folgende Nacht

contiō ⟨contiōnis⟩ F ‖convenire‖

1 Versammlung; *auch* Appell

2 *meton* die Versammelten

3 Ansprache an das Volk, Ansprache an die Soldaten; *meton* Erlaubnis zu einer Rede; **contionem dare alicui** j-m das Recht zu reden geben

4 (*mlat.*) Konvent

5 (*mlat.*) Predigt

contiōnābundus ⟨a, um⟩ ADJ ‖contionari‖ (*nachkl.*) in einer Versammlung redend; *etw* öffentlich erklärend, +*akk n;* **haec propalam ~ dies** in aller Öffentlichkeit erklärend

contiōnālis ⟨contiōnāle⟩ ADJ, **contiōnārius** ⟨a, um⟩ ADJ ‖contio‖ Versammlungs..., (wie) in der Versammlung; **~ senex** alter Demagoge

contiōnārī ⟨or, ātus sum 1.⟩ ‖contio‖

A VI

1 *Liv.* versammelt sein

2 vor der Versammlung reden

3 (*mlat.*) predigen; zu Gericht sitzen

B VT öffentlich äußern, öffentlich erklären

contiōnātor ⟨contiōnātōris⟩ M ‖contionari‖ Volksredner, Demagoge

contiuncula ⟨ae⟩ F ‖contio‖

1 kleine Versammlung

2 unbedeutende Rede an das Volk

con-tollere ⟨ō, -, - 3.⟩ (*altl.*) = **conferre** *Plaut.* hintragen; **gradum ~** sich *wohin* begeben

con-tonat ⟨1.⟩ *Plaut. unpers* es donnert laut

con-torquēre ⟨torqueō, torsī, tortum 2.⟩

1 herumdrehen, herumwenden

2 verdrehen; *absolut* ungeschickt zu Werke gehen

3 umstimmen, **aliquem ad aliquid** j-n zu etw

4 (*nachkl.*) *poet* schleudern, *wegen der Drehbewegung beim Wurf,* **hastam** die Lanze; **verba ~** *fig* schwungvoll reden

contortiō ⟨contortiōnis⟩ F ‖contorquere‖

1 Schwingen, **dextrae** der Rechten

2 *Cic.* RHET Verschrobenheit, Geschraubtheit

contortiplicātus ⟨a, um⟩ ADJ ‖contortus, plicare‖ *Plaut.* verwickelt, verworren

contortor ⟨contortōris⟩ M ‖contorquere‖ *Ter.* Verdreher; **~ legum** Rechtsverdreher

contortulus ⟨a, um⟩ ADJ ‖contortus‖ etwas geschraubt; **conclusiunculae contortulae** *Cic.* geschraubte Schlüsschen

contortus ⟨a, um, *adv* contortē⟩ ADJ ‖contorquere‖

1 verschlungen, verwickelt

2 schwungvoll

contrā

A Adverb

1 gegenüber

2 im Gegensatz, dagegen

B Präposition

1 gegenüber, gegen ... hin

2 gegen, wider

3 gegen, im Gegensatz

C Präfix

entgegen-, wider-

— **A** Adverb —

ADV

1 *örtl.* gegenüber; **~ esse** gegenüberstehen; **~ adspicere** ins Auge sehen

2 *modal* im Gegensatz, dagegen; *feindlich* gegen, dagegengesetzt, ganz anders; **ut hi miseri, sic ~ illi beati** wie diese unglücklich sind, so sind jene hingegen glücklich; **res ~ accidit** es verhält sich umgekehrt; **~ venire** zum Angriff entgegenrücken; **~ ire** sich widersetzen

— **B** Präposition —

PRÄP +*akk*

1 *örtl.* gegenüber, gegen ... hin; **Britannia ~ eas regiones sita est** Britannien liegt diesen Gebieten gegenüber

2 *feindlich* gegen, wider; **pugnare ~ aliquem** gegen j-n kämpfen; **hoc testimonium ~ te est** diese Zeugenaussage ist gegen dich; **~ ea** dagegen, hingegen, im Gegenteil

3 gegen, im Gegensatz

— **C** Präfix —

PRÄF entgegen-, wider-; **~-dicere** widersprechen; **~-dictio** Wider-spruch

contractiō ⟨contractiōnis⟩ F ‖contrahere‖

1 Zusammenziehen; **~ frontis** Stirnrunzeln

2 *fig* Verkürzung durch Zusammenziehen *in Schrift u. Rede;* **~ orationis** gedrängte Darstellung

3 (*erg.* **animi**) *fig* Beklommenheit, Bedrückung

▶ deutsch: **Kontraktion**

contractiuncula ⟨ae⟩ F ‖contractio‖ leichte Beklommenheit

contractūra ⟨ae⟩ F ‖contrahere‖ ARCH Verjüngung *der Säule*

contractus[1] ⟨a, um⟩ ADJ ‖contrahere‖

1 steif, starr; **digitus frigore ~** vor Kälte erstarrter Finger

2 eng, kurz; **introitus ~** enger Eingang; **nox**

contracta kurze Nacht; **vox contracta** gepresste Stimme; **oratio contracta** gedrängte Rede; **res contractae** beschränkte Verhältnisse

3 lähmend, drückend; **paupertas contracta** drückende Armut

4 in (stiller) Zurückgezogenheit; geizig; **homo ~** geiziger Mensch

contractus² ⟨contractūs⟩ M ‖contrahere‖ (nachkl., spätl.) Abschluss eines Geschäftes; Vertrag

con-tractus³ ⟨a, um⟩ PPP → contrahere

contrā-dīcere ⟨dīcō, dīxī, dictum 3.⟩

1 widersprechen, alicui/alicui rei j-m/einer Sache, verneint mit quin

2 (mlat.) widerrufen

contrādictiō ⟨contrādictiōnis⟩ F ‖contradicere‖ (nachkl.) Widerspruch, Gegenrede; **~ in adiecto** (mlat.) Widerspruch zwischen der Bedeutung eines Substantivs und dem ihm beigefügten Adjektiv

contrādictōrius ⟨a, um⟩ ADJ ‖contradicere‖ (spätl.) widersprüchlich

con-trahere ⟨trahō, trāxī, tractum 3.⟩

1 zusammenziehen, verkleinern
2 verkürzen, einschränken
3 einengen, beklemmen
4 zusammenziehen, vereinigen
5 in Liebe vereinigen
6 zustande bringen
7 abschließen

1 zusammenziehen, verkleinern; **frontem/vultum ~** die Stirn runzeln; **vela ~** die Segel einziehen; **oras vulneris ~** die Ränder einer Wunde zusammenziehen; passiv u. **se ~** sich zusammenziehen; **in brevem formam contrahi** einschrumpfen

2 fig verkürzen, einschränken; **tempus dicendi ~** die Redezeit beschränken; **praecepta in unum ~** die Vorschriften auf einen Punkt zusammenziehen

3 geistig einengen, beklemmen, **animum** den Geist; **animo contrahi** beklommen werden

4 mehreres zusammenziehen, vereinigen; **copias undique ~** Truppen von überallher zusammenziehen; **aliquos ab loco/ex loco in loco ~** Leute von irgendwoher irgendwo versammeln

5 (nachkl.) poet in Zuneigung näherbringen, in Liebe vereinigen

6 zustande bringen; pej sich zuziehen; **amicitiam ~** eine Freundschaft zustande bringen; **culpam ~** sich Schuld zuziehen; **nefas ~** eine Sünde begehen

7 ein Geschäft abschließen; **res contracta** Vertrag, Kontrakt

contrā-pōnere ⟨pōnō, posuī, positum 3.⟩ Quint. entgegensetzen

contrāpositum ⟨ī⟩ N Gegensatz

contrāria ⟨ae⟩ F ‖contrarius‖ Gegnerin, Feindin

contrāriē ADV ‖contrarius‖ entgegengesetzt, im entgegengesetzten Sinn

contrārium ⟨ī⟩ N ‖contrarius‖ entgegengesetzte Richtung, Gegenrichtung; **in contrarium vertere** ins Gegenteil kehren

contrārius

A ⟨a, um⟩ ADJ, ADV → contrāriē ‖contra‖

1 gegenüberliegend, gegenüberstehend

2 entgegengesetzt; **disputare in partes contrarias** für und wider diskutieren

3 entgegengesetzt, ac/atque als; **versari contrario motu atque caelum** sich in entgegengesetzter Richtung zum Himmel bewegen

4 widersprechend, zuwiderlaufend

5 feindlich, unpassend

6 nachteilig, verderblich; **contrarium est** es ist unzweckmäßig, +inf

B ⟨ī⟩ M Gegner, Feind

▶ deutsch: **konträr**

Contrebia ⟨ae⟩ F Hauptstadt der Keltiberer, sö. von Zaragoza, keine Überreste

contrectābiliter ADV ‖contrectare‖ Lucr. mit sanfter Berührung

con-trectāre ⟨ō, āvī, ātum 1.⟩ ‖tractare‖

1 (nachkl.) poet betasten, anfassen, **cibos** Speisen; **liber contrectatus manibus** abgegriffenes Buch

2 fig geistig erfassen, erwägen
3 fig oberflächlich bearbeiten
4 streicheln, sexuell berühren; pej vergewaltigen

contrectātiō ⟨contrectātiōnis⟩ F ‖contrectare‖ Betastung, sexuelle Berührung

con-tremere ⟨ō, -, - 3.⟩ Lucr. stark zittern, beben

con-tremēscere ⟨tremēscō, tremuī, - 3.⟩, **con-tremīscere** ⟨tremīscō, tremuī, - 3.⟩

A VI erbeben, fig wanken

B VT (nachkl.) poet etw fürchten, vor j-m/etw zittern, aliquem/aliquid; **Hannibalem ~** Hannibal fürchten, vor Hannibal zittern

con-tremuī → contremescere u. → contremiscere

con-tribuere ⟨tribuō, tribuī, tribūtum 3.⟩

1 Einzelnes zu einem Ganzen verbinden, vereinigen; **milites in unam cohortem ~** Soldaten zu einer Kohorte formieren

2 zuteilen, zu etw schlagen, aliquem alicui j-n

j-m; **se alicui ~** sich j-m anschließen

3 *Ov.* mit anderen *etw* beisteuern

con-trīstāre ⟨ō, āvī, ātum 1.⟩ ||tristis|| verdüstern; betrüben

contrītiō ⟨contrītiōnis⟩ F̄ (*spätl., eccl.*) Zerknirschung, Reue

contrītus[1] ⟨a, um⟩ ADJ ||conterere||

1 abgedroschen

2 (*mlat.*) zerknirscht, reuig

con-trītus[2] ⟨a, um⟩ PPP → conterere

contrōversia ⟨ae⟩ F̄ ||controversus||

1 Streit, *bes* Rechtsstreit, *alicuius* j-s, *alicuius rei*/*de re* um etw, über etw; **~ aquarum** Streit um Wasser(rechte); **~ est inter aliquos de re** unter einigen besteht Streit über etw

2 Streitrede *in der Rhetorenschule*; wissenschaftlicher Streit

3 Widerspruch; **sine ulla controversia** ohne jeden Widerspruch; **non est ~, quin** niemand bestreitet, dass

▶ deutsch: **Kontroverse**

contrōversiōsus ⟨a, um⟩ ADJ ||controversia|| (*nachkl.*) streitig, strittig

contrō-versus ⟨a, um⟩ ADJ strittig; **argumentum dubium controversumque** zweifelhaftes und strittiges Argument

▶ deutsch: **kontrovers**

con-trucīdāre ⟨ō, āvī, ātum 1.⟩ niedermetzeln; *fig* opfern

con-trūdere ⟨trūdō, trūsī, trūsum 3.⟩

1 *Lucr.* zusammenstoßen, zusammendrängen

2 hineinstoßen, hineinstecken, *in aliquid* in etw

con-truncāre ⟨ō, āvī, ātum 1.⟩ (*Plaut., spätl.*) zerhauen; verzehren

contubernālis ⟨contubernālis⟩ M̄ (u. F̄) ||contubernium||

1 Zeltgenosse; Kriegskamerad

2 ständiger Begleiter eines Prätors, *junger Römer, der zur Ausbildung einem Prätor als Begleiter beigegeben war*

3 Adjutant, Helfer *in einem höheren Amt*

4 Hausgenosse; Gesellschafter

5 Lebensgefährte, Lebensgefährtin *in einer Sklavenehe*; **crucibus contubernales dari** mit dem Galgen Bekanntschaft machen

6 *fpl* die Freudenmädchen *im Zelt des Antonius*

con-tubernium ⟨ī⟩ N̄ ||tāberna||

1 Zeltgenossenschaft, kameradschaftliches Zusammenleben

2 Ausbildungsverhältnis *zwischen dem zur Ausbildung überwiesenen jungen Römer u. seinem Prätor*

3 Hausgemeinschaft; vertrauter Umgang

4 gemeinschaftliches Zelt *im Lager*

5 gemeinsame Wohnung *bes eines Sklavenpaares*

6 (*nachkl.*) *meton* Sklavenehe, *die ohne Rechtswirkung blieb*; (*nachkl.*) Konkubinat

con-tudī → contundere

con-tuērī ⟨tueor, tuitus sum 2.⟩ betrachten; *fig* geistig betrachten

con-tuī ⟨tuor, - 3.⟩ (*altl.*) = **contueri**

contuitus *nur abl* ⟨contuitū⟩ M̄ ||contueri|| (*nachkl.*) Anblick, Betrachtung

con-tulī → conferre

contumācia ⟨ae⟩ F̄ ||contumax||

1 Trotz, Eigensinn; Eigensinn eines Menschen; **~ responsi** Trotz in einer Antwort

2 edler Stolz, Unbeugsamkeit; **~ adversus principem** *Tac.* Unbeugsamkeit gegenüber dem Kaiser

con-tumāx ⟨contumācis, *adv* contumāciter⟩ ADJ

1 *von Personen u. Sachen* trotzig, eigensinnig

2 *fig* spröde; **syllaba ~** *Mart.* sich nicht in das Metrum fügende Silbe

con-tumēlia ⟨ae⟩ F̄

1 Misshandlung, Stoß

2 *fig* Kränkung, Beleidigung, *alicuius* j-s *od* durch j-n; **~ alicuius** die von j-m zugefügte Kränkung, die j-m angetane Kränkung; **contumeliam accipere/a contumelia affici** eine Kränkung erfahren; **contumeliam alicui facere/imponere** j-m eine Kränkung zufügen; **cum contumelia/per contumeliam** in ehrenrühriger Weise

contumēliōsus ⟨a, um, *adv* contumēliōsē⟩ ADJ ||contumelia||

1 *von Personen* beleidigend

2 *von Sachen* schmachvoll, ehrenrührig, *alicui*/*in aliquem* für jdn

con-tumulāre ⟨ō, āvī, ātum 1.⟩ (*nachkl.*) *poet* einen Grabhügel aufwerfen; begraben

con-tundere ⟨tundō, tudī, tū(n)sum 3.⟩

1 zerschlagen, zerschmettern; **nares ~** die Nase breit schlagen

2 *fig* vernichten, brechen; **Hannibalem ~** den Hannibal demütigen

con-turbāre ⟨ō, āvī, ātum 1.⟩

1 verwirren, in Unordnung bringen; **rem publicam ~** den Staat zerrütten

2 (**rationes**) **~** Bankrott machen

3 *fig* bestürzt machen, aus der Fassung bringen

conturbātiō ⟨conturbātiōnis⟩ F̄ ||conturbare|| Verwirrung; Bestürzung

conturbātor ⟨conturbātōris⟩ M̄ ||conturbare|| (*spätl.*) Verwirrer; *adj* zum Bankrott führend; *poet* kostspielig

conturbātus ⟨a, um⟩ ADJ ||conturbare|| verwirrt, bestürzt

contus ⟨ī⟩ M̄ (*nachkl.*)

1 Stange, Ruderstange

2 Wurfspieß

3 *fig* männliches Glied

con-tūsus ⟨a, um⟩ PPP → contundere

cōnūbiālis ⟨cōnūbiāle⟩ ADJ ||conubium|| *poet* ehelich

cō-nūbium ⟨ī⟩ N

1 JUR Eingehen einer *vollgültigen* Ehe, Vermählung

2 *poet* Geschlechtsverkehr

3 *meton* Recht zur Ehe

cōnus ⟨ī⟩ M Kegel; *Verg.* kegelförmige Helmspitze

con-vadārī ⟨or, ātus sum 1.⟩ *Plaut.* zu einem Termin laden; *hum* zum Stelldichein laden

con-valēscere ⟨valēscō, valuī, - 3.⟩

1 (*vkl., nachkl.*) stark werden, gesund heranwachsen

2 *fig* stark werden; **ignis convalescit** Feuer lodert auf

3 POL erstarken, an Geltung zunehmen; **iustitia convalescit** die Gerechtigkeit erstarkt; **civitas convalescit** der Staat gewinnt an Geltung

4 JUR in Kraft treten

5 *fig von Gerüchten* Wurzeln fassen

6 *fig* sich erholen, **de vulneribus/ex vulneribus** von Wunden; **annona convaluit** *Suet. fig* der Getreidemarkt hat sich erholt

7 (*nachkl.*) *fig von Preisen* steigen

con-vallis ⟨convallis⟩ F Talkessel; Abhang

con-valuī → convalescere

con-vāsāre ⟨ō, āvī, ātum 1.⟩ ||vas²|| *Ter.* einpacken, zusammenpacken

con-vectāre ⟨ō, āvī, ātum 1.⟩ ||convehere|| *Verg.* wiederholt zusammenbringen, zusammenfahren

convector ⟨convectōris⟩ M ||convehere|| Mitreisender, Reisegefährte

con-vehere ⟨vehō, vēxī, vectum 3.⟩ zusammenfahren, zusammenbringen; **~ frumentum ex agris** Getreide von den Feldern einbringen

con-vēlāre ⟨ō, āvī, ātum 1.⟩ *Gell.* ganz verhüllen

con-vellere ⟨vellō, vellī/vulsī, vulsum/volsum 3.⟩

1 von seinem Platz wegreißen, niederreißen; **signa ~** die Feldzeichen aus dem Boden reißen = aufbrechen; **saxa vectibus ~** Felsbrocken mit Brechstangen losbrechen; **aequor remis ~** das Meer mit den Rudern aufwühlen; **fruges ferro ~** die Feldfrüchte mit der Sichel abmähen

2 aus der Bahn reißen; **artūs ~** die Gelenke verstauchen, die Gliedmaßen ausrenken; *passiv* (*nachkl.*) einen Krampf bekommen

3 *fig* geistig, moralisch, politisch erschüttern, untergraben; **ratio opinionem convellit** die Einsicht widerlegt die Meinung; **pectus verbis ~** j-n mit Worten bestürmen

4 *Sen. fig* im Mund verdrehen, **verba** die Worte

convena ⟨ae⟩ ADJ M u. F ||convenire|| *Plaut.* zusammentreffend, zusammenkommend

convenae ⟨ārum⟩ M zusammengelaufenes Volk

con-vēnī → convenire

conveniēns ⟨convenientis, *adv* convenienter⟩ ADJ ||convenireo||

1 zusammenkommend, passend; **toga bene ~** gut passende Toga

2 *fig* übereinstimmend, *cum aliquo* mit j-m; angemessen, *alicui/alicui rei* für j-n/für etw, *ad aliquid* zu etw; **oratio tempori ~** zeitgemäße Rede; **convenienter cum natura vivere** in Übereinstimmung mit der Natur leben

3 *von Personen* einig, harmonisierend; **propinqui optime convenientes** Angehörige, die in bestem Einvernehmen stehen

convenientia ⟨ae⟩ F ||conveniens|| Übereinstimmung, Harmonie; **~ naturae cum extis** Zusammenhang des Charakters mit den Eingeweiden

con-venīre ⟨veniō, vēnī, ventum 4.⟩

A intransitives Verb

1 zusammenkommen, zusammentreffen

2 sich vereinigen

3 sich versammeln

4 zu einem Gerichtsbezirk gehören

5 (durch Heirat) in die Gewalt des Mannes kommen

6 sich einigen, vereinbaren

7 zusammenpassen

B transitives Verb

1 treffen, besuchen

— **A** intransitives Verb —

VII

1 zusammenkommen, zusammentreffen, *ad aliquem/apud aliquem* bei j-m, *de re* wegen etw; **omnes duces conveniunt** alle Heerführer kommen zusammen

2 sich *zu einem Ganzen* verbinden; sich vereinigen, sich begatten

3 sich versammeln, zu einem Gerichtstag zusammenkommen

4 POL zu einem Gerichtsbezirk gehören

5 JUR *von der Frau* (durch Heirat) in j-s Gewalt kommen; **uxor in manum alicuius convenit** die Frau kommt durch Heirat in j-s Gewalt

6 (*vkl., nachkl.*) sich einigen, vereinbaren, *de re*

über etw, *inter se* untereinander; **convenit** man einigt sich, *ut/ne* dass/dass nicht, *selten +AcI, +indir Fragesatz*; **res convenit** die Sache kommt zustande; **factum est, ut convenerat** es kam wie vereinbart; **bene/optime/male convenit alicui** es trifft sich gut/sehr gut/schlecht für j-n, *ut +konjkt* dass

7 zu *etw* passen, zusammenpassen; **convenit** es schickt sich, *alicui* für j-n, *+inf/+AcI, selten ut* dass; **cothurnus ad pedem convenit** der Kothurn passt zum Fuß; **non omnia in omnes conveniunt** nicht alles schickt sich für alle

— B transitives Verb —

V/T treffen, besuchen; **conveniendi causā** zu einer Besprechung; *passiv* Besuch empfangen; **Scipione convento** nach einem Besuch Scipios

conventīcium ⟨ī⟩ N ||conventicius|| *Cic.* Tagegeld *für die Teilnahme griech. Bürger an der Volksversammlung*

conventīcius ⟨a, um⟩ ADJ ||convenire|| **pater ~** *Plaut.* Gelegenheitsvater, Zufallsvater *aufgrund illegitimer Verbindung*

conventiculum ⟨ī⟩ N ||conventus||
1 kleine Versammlung, unbedeutender Verein
2 *Tac. meton* Versammlungsort, Versammlungsraum
3 (*mlat.*) kleine Gemeinde *der Klosterbrüder*

conventiō ⟨conventiōnis⟩ F ||convenire||
1 (*vkl., nachkl.*) Volksversammlung
2 (*nachkl.*) = **conventum**
▶ deutsch: **Konvention**

conventiōnālis ⟨e⟩ ADJ ||conventio|| (*spätl.*) Vertrags...

conventum ⟨ī⟩ N ||convenire|| Übereinkunft, Vertrag

conventus[1] ⟨a, um⟩ PPP → **convenire**

conventus[2] ⟨conventūs⟩ M ||convenire||
1 Zusammenkunft, Versammlung
2 POL Bundesversammlung, **Achaici consilii** der Achäischen Vereinigung
3 Gerichtstag, Landtag
4 *meton* Gerichtsbezirk, Verwaltungsbezirk
5 Verband der römischen Bürger, Kommune
6 Übereinkunft, Vertrag
7 (*mlat.*) Klostergemeinschaft, Konvent

con-verberāre ⟨ō, āvī, ātum 1.⟩ (*nachkl.*) stark schlagen, verhauen

con-verrere ⟨verrō, verrī, versum 3.⟩
1 zusammenkehren, *fig* zusammenscharren
2 (*vkl.*) auskehren; *hum* durchprügeln

con-versāre ⟨ō, āvī, ātum 1.⟩
1 herumdrehen; hin und her überlegen
2 con-versārī ⟨or, ātus sum 1.⟩ (*nachkl.*) sich *an einem Ort* aufhalten; Umgang haben, *cum aliquo* mit j-m

conversātiō ⟨conversātiōnis⟩ F
1 ||conversari|| Umgang, *alicuius* mit j-m
2 ||conversare|| Sinnesänderung, gottesfürchtiger Lebenswandel
▶ deutsch: **Konversation**

conversiō ⟨conversiōnis⟩ F ||convertere||
1 Umkehr, Umdrehung, Umlauf; **~ mensum annorumque** die periodische Wiederkehr der Monate und Jahre
2 *fig* Umwälzung, Veränderung; POL Umbruch
3 RHET Periode; Wiederholung desselben Wortes am Satzende; chiastische Gegenüberstellung
4 *Plin.* Wandel, Änderung der Ansicht
5 (*spätl., eccl.*) Bekehrung
▶ deutsch: **Konversion**

conversus ⟨a, um⟩ PPP → **converrere** u. → **convertere**

---

con-vertere ⟨vertō, vertī, versum 3.⟩

A transitives Verb
1 umwenden, umdrehen
2 kehrtmachen
3 im Kreis drehen
4 zum Wenden bringen, zum Fliehen bringen
5 verändern, verwandeln
6 den Ausdruck wechseln
7 hinlenken, hinwenden
8 verwenden

B intransitives Verb
1 sich umwenden, umkehren
2 sich zuwenden, sich widmen
3 sich verwandeln
4 sich bekehren, ins Kloster gehen

— A transitives Verb —

V/T
1 umwenden, umkehren; **manum ~** die Hand umdrehen; **equum ~** das Pferd wenden; **iter ~** die Marschrichtung ändern; **terga ~** fliehen
2 signa ~ MIL kehrtmachen; **conversa signa inferre** nach rückwärts angreifen; *passiv u.* **se ~** fliehen
3 um *etw* drehen, im Kreis drehen; *meist passiv u.* **se ~** sich um *etw* drehen, sich im Kreis drehen; **terra circa axem se convertit** die Erde dreht sich um eine Achse; **luna convertitur** der Mond kreist
4 zum Wenden bringen, zum Fliehen bringen; **aciem ~** die Schlachtordnung umwerfen
5 verändern; *geistig* umstimmen; **rem publicam ~** den Staat verändern = den Staat zum Umsturz bringen
6 RHET, LIT den Ausdruck wechseln; überset-

zen; **verba ~** Worte umstellen; **librum e Graeco in Latinum ~** ein Buch aus dem Griechischen ins Lateinische übersetzen; **casūs conversi** GRAM die abhängigen Kasus

7 hinlenken, hinwenden, *ad aliquem/in aliquem* zu j-m, *aliquid* zu etw, *contra aliquem/contra aliquid* gegen j-n/gegen etw; **omnia consilia ad bellum/in bellum ~** alle Pläne auf einen Krieg richten; **pecuniam publicam domum suam ~** öffentliche Gelder in die eigene Tasche lenken = öffentliche Gelder unterschlagen; **animum alicuius ad aliquem/in aliquem ~** j-s Aufmerksamkeit auf j-n lenken

8 verwenden, *ad aliquid/in aliquid* für etw, **tempora ad laborem** Zeit für die Arbeit

— **B** intransitives Verb —

VII, passiv u. **se ~**

1 sich umwenden, umkehren

2 sich zuwenden, sich widmen, *ad aliquem* j-m, *in aliquid/ad aliquid* einer Sache; **ad Liviam se ~** sich Livia zuwenden; **in regna suum se ~** sich nur um die eigene Herrschaft kümmern

3 sich in etw verwandeln, zu etw ausschlagen; **vitium huic in bonum convertit** diesem schlug das Laster zum Vorteil aus

4 (spätl., eccl.) sich bekehren, ins Kloster gehen

▶ deutsch: **konvertieren**

con-vestīre ⟨iō, īvī, ītum 4.⟩ (vkl.) bekleiden; *fig* bedecken, *aliquid re* etw mit etw

convexum ⟨ī⟩ N ||convexus|| Wölbung; Himmelsgewölbe

convexus ⟨a, um⟩ ADJ

1 nach oben gewölbt, gerundet

2 (nachkl.) poet abschüssig, steil; **convexa (vallium)** n tiefe Täler, Talkessel

▶ deutsch: **konvex**

con-vīcī → convincere

convīciārī ⟨or, ātus sum 1.⟩ ||convicium|| (vkl., nachkl.) lästern, laute Vorwürfe machen

convīciātor ⟨convīciātōris⟩ M ||conviciari|| Lästerer

con-vīcium ⟨ī⟩ N

1 lautes Geschrei *von Menschen u. Tieren*; **~ ranarum** das Quaken der Frösche

2 Gezänk; Schimpfwort; *meton* Lästermaul; **convicium dicere/facere/ingerere alicui** j-n beschimpfen

3 lauter Vorwurf, Tadel

convictiō ⟨convictiōnis⟩ F ||convivere|| Zusammenleben, geselliger Umgang; **convictiones domesticae** Hauspersonal

convictor ⟨convictōris⟩ M ||convivere|| regelmäßiger Gesellschafter, Gast

convictus[1] ⟨convictūs⟩ M ||convivere||

1 Zusammenleben, geselliger Umgang

2 (nachkl.) Tischgesellschaft, Bewirtung

con-victus[2] ⟨a, um⟩ PPP → convincere

con-victus[3] ⟨a, um⟩ PPP → convivere

con-vincere ⟨vincō, vīcī, victum 3.⟩

1 widerlegen

2 *gerichtlich* einer Schuld überführen, *alicuius rei/in re* einer Sache, *+inf/+AcI*, **testibus** durch Zeugen

3 als unwiderlegbar dartun, als sicher beweisen, *aliquid* etw, *+AcI*

convinctiō ⟨convinctiōnis⟩ F ||con, vincire|| *Quint.* Bindewort, Konjunktion; Partikel

con-vīsere ⟨ō, -, - 3.⟩ poet aufmerksam betrachten; *Lucr.* einen Ort besichtigen

convīva ⟨ae⟩ M ||convivere|| Gast, Tischgenosse

convīvālis ⟨convīvāle⟩ ADJ ||convivere|| (nachkl.) zum Gastmahl gehörig, Tisch...

con-vīvārī ⟨or, ātus sum 1.⟩ ||conviva|| gemeinsam speisen, ein Gelage abhalten

convīvātor ⟨convīvātōris⟩ M ||convivari|| (nachkl.) poet Gastgeber, Wirt

con-vīvere ⟨vīvō, vīxī, victum 3.⟩ zusammenleben, zusammen speisen, *cum aliquo* mit j-m

convīvium ⟨ī⟩ N ||convivere|| (nachkl.) Gastmahle; *meton* Tischgesellschaft

convīxī → convivere

con-vocāre ⟨ō, āvī, ātum 1.⟩ zusammenrufen, versammeln, *aliquos/aliquid* einige/etw, *ad aliquem* bei j-m, *ad aliquid/in aliquid* zu etw

convocātiō ⟨convocātiōnis⟩ F ||convocare|| Berufung, Einberufung

con-volāre ⟨ō, āvī, ātum 1.⟩ zusammenfliegen; *fig* zusammenströmen, *ex loco ad aliquem* von irgendwoher bei j-m, *ad aliquid/in aliquid* bei etw

con-volūtārī ⟨or, ātus sum 1.⟩ sich herumtreiben, **cum exoletorum turbā** *Sen.* mit einer Schar von Lustknaben

con-volvere ⟨volvō, volvī, volūtum 3.⟩

1 zusammenrollen, im Kreis herumrollen; *passiv u.* **se ~** *von Gestirnen* kreisen

2 *Sen.* eine Schriftrolle weiterrollen, überschlagen; **magnam partem libri ~** einen großen Teil des Buches überschlagen

3 umwickeln, *aliquid re* etw mit etw

con-vomere ⟨ō, uī, itum 3.⟩ bespucken, anspucken

con-vulnerāre ⟨ō, āvī, ātum 1.⟩ (nachkl.) schwer verwunden

convulsa ⟨ōrum⟩ N ||convellere|| Verrenkungen, Verstauchungen

cooperātor ⟨cooperātōris⟩ M Mitarbeiter; (eccl.) Hilfsgeistlicher

co-operīre ⟨operiō, operuī, opertum 4.⟩ ganz bedecken

coopertus ⟨a, um⟩ PPP bedeckt; überhäuft

co-optāre ⟨ō, āvī, ātum 1.⟩ zur Ergänzung hinzuwählen, **sacerdotes** Priester

cooptātiō ⟨cooptātiōnis⟩ F ||cooptare|| Ergänzungswahl, Zuwahl; ~ **censoria** Ergänzung des Senats durch die Zensoren

co-orīrī ⟨orior, ortus sum 4.⟩
1 *Lucr.* ins Dasein treten, entstehen
2 (*nachkl.*) sich gemeinsam erheben, sich plötzlich erheben, *bes feindlich*, **adversus aliquem** gegen j-n, **ad aliquid/in aliquid** zu etw
3 *von Naturereignissen u. Ereignissen im Leben des Einzelnen* ausbrechen, entstehen

coortus ⟨coortūs⟩ M ||cooriri|| *Lucr.* Ausbruch, Entstehung

Coös ⟨Coī⟩ F = **Cos**

cōpa ⟨ae⟩ F (*nachkl.*) *poet* Schenkwirtin, Kellnerin

cophinus ⟨ī⟩ M
1 (*nachkl., Iuv.*) großer Korb *zum Warmhalten der Speisen*
2 (*mlat.*) Koffer, Kästchen

cōpia ⟨ae⟩ F
1 reicher Vorrat, Menge, **alicuius rei** von etw, an etw; ~ **pecuniae** eine Menge Geld; ~ **frumenti** reicher Getreidevorrat; ~ **omnium rerum** Überfluss an allen Dingen; ~ **narium** Fülle für die Nase = Fülle duftender Blumen
2 *meist pl* Mittel, Vermögen, Lebensmittel; **copiae rei frumentariae** Getreidevorräte
3 *von Lebewesen* Masse, Menge; *pl* MIL Mannschaften, Truppen; **copiae summae** die ganze Heeresmacht
4 *fig u. abstr.* Menge, Fülle; ~ **verborum** Wortschwall; ~ **rerum** Fülle des Stoffes; ~ **exemplorum** Menge der Beispiele
5 Fülle des Ausdrucks, Fülle des Wissens
6 Fähigkeit, Möglichkeit, Gelegenheit, **alicuius rei** zu etw; **alicui ~ est alicuius rei** j-d hat die Fähigkeit zu etw; ~ **somni** Gelegenheit zum Schlaf; ~ **alicuius** Macht über j-n; **pro rei copiā** nach Möglichkeit; **copiam rei dare/facere alicui** j-m Gelegenheit zu etw geben; **alicuius ~ datur** Zutritt zu j-m wird gestattet

Cōpia ⟨ae⟩ F Göttin des Überflusses, *bes* Göttin des Erntesegens

cōpiolae ⟨ārum⟩ F ||copia|| (*unkl.*) Häuflein von Truppen

cōpiōsus ⟨a, um, *adv* cōpiōsē⟩ ADJ ||copia||
1 wohlhabend, reichlich ausgestattet, **re/a** an etw, mit etw; reichlich vorhanden
2 *fig* wortreich, gedankenreich; **orator ad dicendum/in dicendo ~** sehr begabter Redner

cōpis[1] ⟨cōpe⟩ ADJ *Plaut.* reich, mächtig

copis[2] ⟨copidis⟩ F (*nachkl.*) persischer Krummsäbel

cōpō ⟨cōpōnis⟩ M = **caupo**[1]

CORA

coprea ⟨ae⟩ M *Suet.* Possenreißer

copta ⟨ae⟩ F *Mart.* hartes Gebäck

coptoplacenta ⟨ae⟩ F *eine Art* harter Kuchen

cōpula ⟨ae⟩ F
1 Band, Bindemittel
2 *fig* Band, Verbindung *zwischen Menschen*
3 GRAM Wortverbindung; (*mlat.*) Verbindung *zwischen Subj. u. Prädikatsnomen*

cōpulāre ⟨ō, āvī, ātum 1.⟩, **cōpulārī** ⟨or, ātus sum 1.⟩ ||copula||
1 zusammenkoppeln, verbinden, **aliquid alicui rei/cum re** etw mit etw
2 *fig* eng verbinden, **honestatem cum voluptate** Sittlichkeit mit dem Vergnügen
3 RHET, LIT zu einem Satz verbinden; zwei Wörter verschleifen, *z. B.* "si audes" wird zu "sodes" (*wenn du wagst*)
4 (*spätl.*) *fig* verheiraten

cōpulātiō ⟨cōpulātiōnis⟩ F ||copulare|| Verknüpfung, Verbindung

copulātus ⟨a, um⟩ ADJ ||copulare|| eng verknüpft, eng verbunden; vereint

coqua ⟨ae⟩ F ||coquus|| *Plaut.* Köchin

coquere ⟨coquō, coxī, coctum 3.⟩
1 kochen, backen
2 *von der Sonne* reifen, reif machen
3 *poet* dörren, austrocknen; **agger coctus** Damm aus gebrannten Ziegeln
4 in Gärung bringen, zersetzen
5 *Liv. fig* "ausbrüten", ersinnen
6 *poet* beunruhigen, ängstigen, quälen

▷ deutsch: **kochen**
   englisch: **cook**
   französisch: **cuire**
   spanisch: **cocer**
   italienisch: **cuocere**

coquīna ⟨ae⟩ F ||coquinus|| Küche

coquināre ⟨ō, āvī, ātum 1.⟩ ||coquere|| *Plaut.* kochen

coquīnus ⟨a, um⟩ ADJ ||coquere|| *Plaut.* zum Koch gehörig, Koch...

coquus ⟨ī⟩ M ||coquere|| Koch

cor ⟨cordis⟩ N
1 Herz *als Körperteil*
2 *fig* Herz *als Sitz des geistigen Lebens*; Mut; **mihi cordi est** mir liegt am Herzen
3 Verstand, Geist; *poet* Seele = Person; **fortissima corda** starke Herzen; **noxia corda** schuldbeladene Herzen; ~ **meum** Kosewort mein Herz
4 *Lucr., Hor. meton* der in der Herzgrube liegende Magenmund, Magen

corallium ⟨ī⟩ N (*nachkl.*) *poet* rote Koralle

cōram
A ADV
1 angesichts, in Gegenwart

CORA | 242

2 öffentlich, vor aller Augen
3 persönlich anwesend, an Ort und Stelle, selbst; **~ disputare cum aliquo** selbst mit j-m diskutieren; **~ adesse** persönlich anwesend sein

B PRÄP +abl in Anwesenheit von *j-m*, in Gegenwart von *j-m*, vor *j-m*; **~ genero meo** vor meinem Schwiegersohn

⚠ **Coram publico/Coram populo** In aller Öffentlichkeit/Im Beisein des Volkes

corax ⟨coracis⟩ M Rabe
Corax ⟨Coracis⟩ M *Redner aus Syrakus*
Corbiō ⟨Corbiōnis⟩ F

1 *Stadt in Latium am Ostrand der Albanerberge, 457 v. Chr. zerstört, heutige Gleichsetzung mit Rocca Priora unsicher*

2 *Stadt bei Tarraco in Hispania Tarraconensis, 184 v. Chr. zerstört, genaue Lage unbekannt*

corbis ⟨corbis⟩ F Korb
corbīta ⟨ae⟩ F ||corbis|| langsam fahrendes Lastschiff, Frachter
corbula ⟨ae⟩ F ||corbis|| *(vkl., nachkl.)* Körbchen
corcillum ⟨ī⟩ N *Petr.* ||cor|| Herz
corcodīlus ⟨ī⟩ M = **crocodilus**
corcōtārius ⟨a, um⟩ ADJ = **crocotarius**
corculum ⟨ī⟩ N ||cor|| *Plaut.* Herzchen, *Kosewort*
Corculum ⟨ī⟩ N *Beiname des Scipio Nasica* = der Verständige
Corcȳra ⟨ae⟩ F *Insel im Ionischen Meer, im Altertum mit der Phäakeninsel Scheria gleichgesetzt, heute Korfu*
Corcȳraeus ⟨a, um⟩ ADJ von Corcyra
Corcȳraeus ⟨ī⟩ M Einwohner von Corcyra
corda ⟨ae⟩ F = **chorda**
cordātus ⟨a, um, adv cordātē⟩ ADJ ||cor|| *(vkl., nachkl.)* verständig, gescheit
cordāx ⟨cordācis⟩ M

1 *ausgelassener u. lasziver Tanz der alten attischen Komödie, galt außerhalb der Komödie getanzt als unanständig*

2 *meton* trochäischer Vers *wegen seines hüpfenden Rhythmus*

cor-dolium ⟨ī⟩ N ||cor, dolere|| *(Plaut., nachkl.)* Herzeleid
Corduba ⟨ae⟩ F *Hauptstadt in Hispania Baetica, Geburtsort Senecas, heute Córdoba*
Cordubēnsis ⟨Cordubēnse⟩ ADJ aus Corduba, von Corduba
Cordubēnsis ⟨Cordubēnsis⟩ M Einwohner von Corduba
cordȳla ⟨ae⟩ F *Mart.* Thunfischbrut
Corfīniēnsis

A ⟨Corfīniēnse⟩ ADJ aus Corfinium, von Corfinium

B ⟨Corfīniēnsis⟩ M Einwohner von Corfinium

Corfīnium ⟨ī⟩ N *Stadt in Samnium an der via Valeria gelegen, umkämpft im Bürgerkrieg, heute Confinio mit bedeutenden Resten*

coriandrum ⟨ī⟩ N *(vkl., nachkl.)* Koriander
Corinna ⟨ae⟩ F

1 *lyrische Dichterin aus Tanagra in Böotien, um 510 v. Chr.*

2 *fingierter Name der Geliebten Ovids*

Corinthia ⟨ōrum⟩ N ||Corinthus|| *Suet.* Kunstwerke aus korinthischer Bronze
Corinthiacus ⟨a, um⟩ ADJ ||Corinthus|| korinthisch, aus Korinth
Corinthiārius ⟨ī⟩ M ||Corinthus|| korinthischer Metallarbeiter, *Spottname des Augustus wegen seiner Vorliebe für korinthische Metallarbeiten*
Corinthiēnsis ⟨Corinthiēnse⟩ ADJ ||Corinthus|| korinthisch, aus Korinth
Corinthius

A ⟨a, um⟩ ADJ ||Corinthus|| korinthisch, aus Korinth; **Corinthium aes** korinthisches Erz

B ⟨ī⟩ M Korinther, Einwohner von Korinth

Corinthos, Corinthus ⟨ī⟩ F Korinth, *Handelsstadt um 146 v. Chr. von den Römern zerstört, von Caesar wieder aufgebaut*
Coriolānus

A ⟨a, um⟩ ADJ aus Corioli, von Corioli

B ⟨ī⟩ M

1 Einwohner von Corioli

2 *Beiname des Cn. Marcius Coriolanus, der 493 v. Chr. Corioli erobert haben soll, wurde von einer Frauengesandtschaft unter Führung seiner Mutter von einem Sturm auf die Stadt abgehalten*

Coriolī ⟨ōrum⟩ M *Stadt der Volsker in Latium, schon im Altertum verschwunden, genaue Lokalisierung nicht mehr möglich*
corium ⟨ī⟩ N, **corius** ⟨ī⟩ M

1 Fell, Haut

2 gegerbtes grobes Leder

3 *fig* Züchtigung; **de corio suo ludere** *Sprichwort* seine Haut zu Markte tragen

4 *Plaut. meton* Riemenpeitsche

Cornēlia ⟨ae⟩ F
Cornēliānus ⟨a, um⟩ ADJ des Cornelius; **oratio Corneliana** Rede für Cornelius
Cornēlius

A ⟨a, um⟩ Name einer angesehenen u. weit verzweigten röm. gens mit folgenden Familien: 1. patriz. Familien: → Scipio, → Sulla, → Lentulus, → Dolabella, → Cethegus; 2. pleb. Familien: → Balbus, → Cinna, → Celsus

B ⟨a, um⟩ ADJ des Cornelius; der Cornelier, zu den Corneliern gehörig; **leges Corneliae** von den Corneliern gegebene Gesetze; **Forum Cornelium** *Stadt an der via Aemilia, von L. Cornelius Sulla gegründet, heute Imola, sö. von Bologna*

corneolus ⟨a, um⟩ ADJ corneus² hornartig
corneus¹ ⟨a, um⟩ ADJ ||cornus¹|| *poet* aus Kornel-

kirschholz

corneus² ⟨a, um⟩ ADJ ||cornu|| aus Horn

cornīcārī ⟨or, ātus sum 1.⟩ ||cornix|| Pers. wie eine Krähe krächzen, kreischen

corni-cen ⟨cornicinis⟩ M ||cornu, canere²|| Flötist, Bläser der phrygischen Flöte

cornīcula ⟨ae⟩ F ||cornix|| Hor. alberne junge Krähe

Corniculānus ⟨a, um⟩ ADJ aus Corniculum, von Corniculum

corniculārius ⟨ī⟩ M ||corniculum|| Gefreiter, mit dem corniculum ausgezeichneter Soldat, in republikanischer Zeit vom gewöhnlichen Dienst befreit u. einem höheren Offizier als Gehilfe beigegeben, in der Kaiserzeit ranghöchster Unteroffizier, Vorsteher von Kanzleien, auch im Zivildienst tätig

corniculum ⟨ī⟩ N ||cornu|| „Hörnchen", am Helm getragenes Ehrenzeichen u. Rangabzeichen

Corniculum ⟨ī⟩ N alte Stadt der Latiner, nö. von Tibur, keine Reste, Name erhalten in Monte Cornicolani

corni-ger ⟨cornigera, cornigerum⟩ ADJ ||cornu, gerere|| gehörnt, Geweih tragend

corni-pēs ⟨cornipedis⟩ ADJ poet hornfüßig, gehuft

cornīx ⟨cornīcis⟩ F Krähe, ihr Flug u. Geschrei zur Linken galt als gutes Vorzeichen, ihr Geschrei kündigte Regen an; sie galt als langlebig, scharfsichtig und geschwätzig; **cornicum oculos configere** Sprichwort den Krähen die Augen aushacken = selbst Vorsichtige täuschen

cornū ⟨cornūs⟩ N

[1] Horn der Tiere; pl Geweih; **cornua surgere** das Geweih heben

[2] Horn als Symbol der Stärke u. des Widerstandes; **cornua sumere** mutig werden; **cornua addere alicui** j-m Mut machen; **cornua vertere in aliquem** Widerstand gegen j-n leisten

[3] Auswuchs an der Stirn; emporstehender Haarbüschel der Germanen

[4] PL Hörner der Mondsichel

> **Cornelia – Mutter der Gracchen**

Die jüngere Tochter (ca. 189-110 v. Chr.) von **Scipio Africanus** heiratete den Konsul Titus Sempronius Gracchus, von dem sie 12 Kinder hatte. Hochgebildet, widmete sie sich nach dessen Tod ganz der Erziehung ihrer Kinder. 133 v. Chr. bzw. 123 v. Chr. wurden ihre beiden Söhne **Tiberius** und **Gaius Gracchus** getötet. 133 v. Chr., nach dem Tod des Tiberius Gracchus, zog sie sich in ihre Villa in Misenum zurück, die sie zu einem kulturellen Treffpunkt machte.

GESCHICHTE

[5] Flussarm

[6] äußerstes Ende; Vorgebirge

[7] Ende der Segelstange; meton Rahe

[8] Liv. Helmkegel; **cornua cristae** Helmbusch

[9] Knopf, Knauf bes an den Enden des Stabes einer Buchrolle; **explicitus līber usque ad sua cornua** ganz aufgerolltes Buch

[10] MIL Flügel des Heeres

[11] Horn als Material; Gegenstand aus Horn: Heerhorn, Trompete, Bogen, Horntrichter, Ölgefäß, Resonanzboden der Lyra; **cornua elephanti** Elefantenzähne

Cornūcōpia ⟨ae⟩ F Ov. Füllhorn, unter die Sterne versetztes Horn der Ziege Amalthea, aus dem Nektar floss, Symbol des Überflusses

cornum¹ ⟨ī⟩ N = cornu

cornum² ⟨ī⟩ N Kornelkirsche; meton Lanze aus dem Holz der Kornelkirsche

cornus¹ ⟨ī u. cornūs⟩ F Kornelkirschbaum, Hartriegel; meton Hartriegelholz; Lanze aus dem Holz der Kornelkirsche

cornus² ⟨cornūs⟩ M = cornu

Cornus ⟨ī⟩ F Stadt an der Westküste Sardiniens mit Bedeutung im zweiten Punischen Krieg

cornūtus ⟨a, um⟩ ADJ ||cornu|| (unkl.) gehörnt; **cornuto capite** (mlat.) im Schmuck der Bischofsmütze

corōlla ⟨ae⟩ F ||corona|| (unkl.) Kränzchen

corōllārium ⟨ī⟩ N ||corolla|| Kränzchen aus Gold, Ehrengabe für verdiente Schauspieler u. andere Künstler, später durch Geld abgelöst, daher Geschenk, Trinkgeld

corōna ⟨ae⟩ F

[1] Kranz aus natürlichen od künstlichen Blumen als Schmuck u. als Auszeichnung, Abzeichen der Priester, der Opfernden u. der Opfertiere, später auch aus Metall u. Edelmetall; Auszeichnung für künstlerische u. vor allem militärischen Leistungen; **~ civica** Krone für die Rettung eines römischen Bürgers; **sub coronā vendere** einen Kriegsgefangenen als Sklaven verkaufen; Tac. öffentlich verkaufen

[2] meton obere Begrenzung, oberer Abschluss einer Mauer; **~ montium** kreisförmige Bergkette

[3] Kreis von Zuhörern, Kreis von Zuschauern, Versammlung; MIL Belagerungslinie

[4] (spätl.) Krone, Diadem; **~ regni** Königskrone; **~ spinea** Dornenkrone; **~ fidei** Märtyrerkrone

▶ deutsch: **Krone**
  englisch: **crown**
  französisch: **couronne**
  spanisch: **corona**
  italienisch: **corona**

Corōna ⟨ae⟩ F unter die Sterne versetzte Krone der Ariadne, Gestirn am nördlich Himmel in der Nähe des Bootes, am s. Himmel in der Nähe des Skorpions

corōnāre ⟨ō, āvī, ātum 1.⟩ ||corona|| bekränzen, krönen; *fig* umschließen

coronaria ⟨ae⟩ F̱ ||coronarius|| (*erg.* **domus**) (*mlat.*) Krönungssaal

corōnārius ⟨a, um⟩ ADJ ||corona|| Kranz...; **aurum coronarium** Kranzgold, Geldgeschenk *für siegreiche Feldherren für die Anschaffung eines goldenen Kranzes, später zu beliebiger Verwendung*

Corōnē ⟨Corōnēs⟩ F̱ Stadt an der Westküste des Messenischen Meerbusens auf der Peloponnes, heute Petalidi, antiker Name Koroni auf das alte Asine weiter s. übergegangen

Corōnēa ⟨ae⟩ F̱ einst wichtige Stadt in Böotien, geringe Reste

Corōnēus ⟨Corōneī⟩ M̱ König in Phokis, Vater der in eine Krähe verwandelten Corone

Corōnīdēs ⟨Corōnīdae⟩ M̱ Sohn der → Coronis, = Äskulap

corōnis ⟨corōnidis⟩ F̱ *Mart.* Schlussschnörkel am Ende eines Buches od Abschnittes

Corōnis ⟨Corōnidis, *akk* Corōnida⟩ F̱ Nymphe, von Apollo Mutter des Äskulap

corporālis ⟨corporāle, *adv* corporāliter⟩ ADJ ||corpus|| (*nachkl.*) körperlich; (*mlat.*) leiblich; *adv* wirklich

corporāre ⟨ō, āvī, ātum 1.⟩ ||corpus||
1 (*altl.*) töten
2 (*spätl.*) verkörpern, zum Körper machen

corporātus ⟨a, um⟩ ADJ ||corporare|| verkörpert, körperhaft

corporeus ⟨a, um⟩ ADJ ||corpus|| mit einem Körper versehen; leiblich; (*mlat.*) irdisch

corpulentia ⟨ae⟩ F̱ ||corpulentus|| (*nachkl.*) Beleibtheit, Korpulenz

corpulentus ⟨a, um⟩ ADJ ||corpus|| (*vkl., nachkl.*) beleibt; körperlich
▶ deutsch: **korpulent**

corpus ⟨corporis⟩ Ṉ
1 Körper *von Menschen u. Tieren*; *meton* Materie; **Corpus Christi** (*eccl.*) Fronleichnam, Leib des Herrn
2 Fleisch *am Körper*; **corpus amittere** Fleisch verlieren, abmagern; **corpus facere** Fleisch ansetzen, dick werden; ↔ **caro**
3 *fig* Fleisch *als Sitz der Begierden*; **corpus vulgare** sich hingeben, sich prostituieren; **corpore quaestum facere** Prostitution ausüben
4 Leiche, Leichnam
5 Rumpf
6 Person, Individuum
7 *fig in sich geordnetes* Ganzes; Gebäude; Körperschaft; ~ **totum** Befestigungsanlage; ~ **militum** Armeekorps; ~ **rei publicae** Staatskörper; ~ **civitatis** Gesamtheit der Bürger; ~ **universitatis** Weltall
8 *fig* Hauptsache, Kernstück
9 LIT Gesamtwerk, Sammelwerk; ~ **omnis iuris Romani** Sammlung des gesamten römischen Rechts
▶ deutsch: **Körper**
englisch: **corps**
französisch: **corps**
spanisch: **cuerpo**
italienisch: **corpo**

corpusculum ⟨ī⟩ Ṉ ||corpus||
1 Körperchen; (*nachkl.*) Kind im Mutterleib; *hum* Bäuchlein; ~ **melliculum** *Plaut.* „mein Honig-

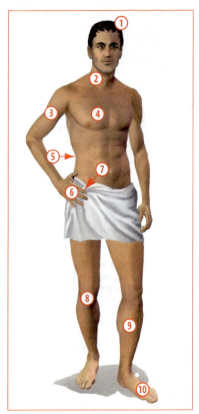

corpus – Körper

1 caput – Kopf
2 collum – Hals
3 bracchium – Arm
4 pectus – Brust
5 tergum – Rücken
6 manus – Hand
7 digitus – Finger
8 genu – Knie
9 crus – Unterschenkel
10 pes – Fuß

pfröpfchen"
2 Atom, Korpuskel
3 (nachkl.) kleine Sammlung; **florum ~** „Blumensträußchen" = Anthologie
cor-rādere ⟨rādō, rāsī, rāsum 3.⟩ *Lucr.* zusammenkratzen; (unkl.) zusammenscharren
corrēctiō ⟨corrēctiōnis⟩ F ||corrigere||
1 Berichtigung, Verbesserung
2 Zurechtweisung *im freundschaftlichen Sinn*
corrēctor ⟨corrēctōris⟩ M ||corrigere||
1 Verbesserer, Korrektor; **usus, qui unus est legum ~** die Praxis, die als einzige die Gesetze verbessert
2 Sittenrichter, kleinlicher Kritiker
3 (spätl.) kaiserlicher Verwaltungsbeamter *für einen Distrikt, später* Provinzstatthalter
4 (nlat.) Korrektor, *Berufsbezeichnung des Korrekturlesers in Druckereien u. Verlagen*
cor-rēctus ⟨a, um⟩ PPP → corrigere
cor-rēpere ⟨rēpō, rēpsī, rēptum 3.⟩ *Lucr.*
correptiō ⟨correptiōnis⟩ F ||corripere|| GRAM Kürzung; ↔ productio
correptus[1] ⟨a, um⟩ ADJ ||corripere|| GRAM kurz (ausgesprochen); ↔ productus, extensus
cor-reptus[2] ⟨a, um⟩ PPP → corripere
cor-rēxī → corrigere
cor-rīdēre ⟨eō, -, 2.⟩ *Lucr.* auflachen
cor-rigere ⟨rigō, rēxī, rēctum 3.⟩ ||con, regere||
1 gerade richten, wieder auf den rechten Kurs bringen
2 *fig Fehlerhaftes* berichtigen, verbessern, korrigieren, wieder gutmachen, ausgleichen; **corrigenda** (nlat.) Druckfehlerverzeichnis
3 zurechtweisen, eines Besseren belehren
▶ deutsch: **korrigieren**
cor-rigia ⟨ae⟩ F Schuhriemen; (mlat.) Streichriemen des Barbiers *zum Schärfen der Messer*; Ledergürtel
cor-ripere ⟨ripiō, ripuī, reptum 3.⟩ ||rapere||
1 zusammenraffen, hastig ergreifen; **correpti montes** abgerissene Felsbrocken
2 gewaltsam an sich reißen, rauben
3 verhaften, *Sachen* beschlagnahmen
4 (nachkl.) *fig von Krankheiten, Übeln* ergreifen, befallen,, *meist pej*; **imagine corripi** von einem Bild hingerissen sein, von einem Bild bezaubert sein
5 tadeln, schelten
6 vor Gericht ziehen, anklagen
7 abkürzen; **syllabum ~** eine Silbe kurz aussprechen
8 (erg. **gradum**) den Schritt beschleunigen
cor-rōborāre ⟨ō, āvī, ātum 1.⟩ stärken, kräftigen, *auch fig*; *passiv u.* **se ~** erstarken, ins Mannesalter treten; **aetas corroborata** Mannesalter
cor-rōdere ⟨rōdō, rōsī, rōsum 3.⟩ benagen, zernagen
cor-rogāre ⟨ō, āvī, ātum 1.⟩ zusammenbitten; einladen
cor rotundāre ⟨o, āvī, ātum 1.⟩ (nachkl.) (rhythmisch) abrunden; *passiv* sich abrunden
cor-ruere ⟨ruō, ruī, ruitūrus 3.⟩
A VII
1 einstürzen, umstürzen; *von Menschen u. Tieren* zu Boden stürzen; **aedes corruit** ein Gebäude stürzt ein
2 zugrunde gehen; Bankrott machen
3 *vom Schauspieler* durchfallen
4 *Plin. vor Gericht* verurteilt werden, den Prozess verlieren
5 *feindlich* aufeinander losgehen; **accipitres rostris inter se corruunt** die Habichte hauen mit ihren Schnäbeln aufeinander ein
B VT
1 ins Verderben stürzen, ruinieren
2 *Plaut.* eilig zusammenscharren, **ditias** Reichtum
cor-rūgāre ⟨ō, āvī, ātum 1.⟩ runzelig machen; **nares ~** die Nase rümpfen

---

cor-rumpere ⟨rumpō, rūpī, ruptum 3.⟩

1 vernichten, zugrunde richten
2 vereiteln, zunichte machen
3 verderben, verschlechtern
4 verfälschen, verdrehen
5 sittlich verderben, entehren

---

1 vernichten, verwüsten; *passiv* verderben, zugrunde gehen, untergehen
2 *fig* vereiteln, zunichte machen; **meritorum gratiam ~** sich den Dank für Verdienste verscherzen; **fidem artis ~** den Glauben an die Kunst verlieren; **eventus timore corrumpitur** der Erfolg wird durch Furcht vereitelt; **occasionem ~** eine Gelegenheit ungenutzt lassen
3 verderben; verletzen; **fontes aquarum ~** das Quellwasser verunreinigen; **nomen alicuius ~** j-s Namen verunstalten *durch schlechte Aussprache*; **famam rerum gestarum ~** den Ruhm der Geschichte beflecken; *passiv* verderben, schlecht werden
4 verfälschen, entstellen; **litteras/tabulas publicas ~** staatliche Urkunden verfälschen
5 sittlich verderben, verführen; bestechen; **civitatis mores ~** die Sitten der Bürger verderben; **disciplinam castrorum ~** die Disziplin im Lager untergraben; **mulierem ~** eine Frau verführen; **iudicem pecuniā ~** den Richter mit Geld bestechen

▶ deutsch: **korrumpieren**

corruptor ⟨corruptōris⟩ M̄ (altl.) → corruptor

corrumptus ⟨a, um⟩ ADJ Plaut. = **corruptus**

cor-rūpī → corrumpere

corruptēla ⟨ae⟩ F̄ ||corrumpere||
① Verderben; Verführungsmittel; **largitio ~ est** die Freigebigkeit ist eine Versuchung; **~ malae consuetudinis** Ansteckungsgefahr durch schlechte Gewohnheit
② Verführung
③ Bestechung
④ Ter. meton Verführer
⑤ (nlat.) verderbte Textstelle

corruptibilis ⟨corruptibile⟩ ADJ ||corrumpere|| (spätl., eccl.) vergänglich

corruptiō ⟨corruptiōnis⟩ F̄ ||corrumpere||
① Verführung, Bestechung
② Verderbtheit, verdorbener Zustand; **~ opinionum** Verdrehtheit der Meinungen

▶ deutsch: **Korruption**

corruptor ⟨corruptōris⟩ M̄ ||corrumpere|| Verderber; Verführer

corruptrīx ⟨corruptrīcis⟩ F̄ ||corruptor|| Verführerin; **provincia ~** verführerische Provinz

corruptus¹ ⟨a, um⟩ ADJ ||corrumpere|| verdorben, verführt

▶ deutsch: **korrupt**

cor-ruptus² ⟨a, um⟩ PPP → corrumpere

cōrs ⟨cōrtis⟩ F̄ = **cohors**

Corsica ⟨ae⟩ F̄ Insel im Mittelmeer, Verbannungsort Senecas

Corsicus, Corsus ⟨a, um⟩ ADJ korsisch

Corsus ⟨ī⟩ M̄ Korse

cortex ⟨corticis⟩ M̄, poet oft F̄
① Rinde, Borke der Bäume
② Schale von Früchten, Eiern od Tieren; **~ testudinis** Panzer der Schildkröte
③ Rinde der Korkeiche, Kork; Schwimmgürtel; **sine cortice nare** ohne Schwimmgürtel schwimmen = auf eigenen Füßen stehen

cortīna¹ ⟨ae⟩ F̄
① Kessel, Becken
② pythischer Dreifuß, Dreifuß als Weihegeschenk
③ meton Orakel; **Phoebi** des Phoebus
④ fig Kreis der Zuhörer

cortīna² ⟨ae⟩ F̄ (eccl.) Vorhang; (mlat.) Gardine, Wandteppich

cortis ⟨cortis⟩ F̄ = **curtis**

corulētum ⟨ī⟩ N̄ ||corulus|| Ov. Haselstrauch

corulus ⟨ī⟩ F̄ (unkl.) Haselstrauch

cōrus ⟨ī⟩ M̄ = **caurus**

coruscāre ⟨ō, -, - 1.⟩ ||coruscus||
Ⓐ V/I
① mit den Hörnern stoßen
② sich zitternd bewegen, flattern; fig schillern

Ⓑ V/T hin— und herschwingen; **linguas ~** züngeln

coruscus ⟨a, um⟩ ADJ schwankend, zitternd; fig schillernd, re von etw

corvīnus ⟨a, um⟩ ADJ ||corvus|| Raben...

Corvīnus ⟨a, um⟩ Beiname in der gens Valeria; → Valerius

corvus ⟨ī⟩ M̄
① Rabe, Weissagevogel, dem Apollo heilig, Flug u. Gekrächze zur Rechten günstiges, zur Linken ungünstiges Vorzeichen
② Werkzeuge in Form eines Rabenschnabels: MIL Brechstange mit Haken; MED hakenförmiges Schneidewerkzeug

Corybantes ⟨Corybantum u. Corybantium⟩ M̄ die Korybanten, Priester der Kybele/Rhea in Phrygien, deren Kult mit lärmender Musik u. Waffentänzen vollzogen wurde

Corybantius ⟨a, um⟩ ADJ korybantisch

Corybās ⟨Corybantis⟩ M̄ Sohn der Kybele

Cōrycos, Cōrycus ⟨ī⟩ M̄
① Hafenstadt in Kilikien, heute Korykos, nö. von Silifke mit ausgedehnten Ruinenfeldern
② Gebirge u. Kap auf der Halbinsel von Erythrae vor der ionischen Küste, w. von Smyrna, heute Korekas

cōrycus ⟨ī⟩ M̄ lederner Beutel, bes Sandsack zum Training der Athleten

corydalus ⟨ī⟩ M̄ Lerche

coryl... = **corul...**

corymbi-fer ⟨corymbifera, corymbiferum⟩ ADJ ||corymbus, ferre|| Ov. Efeutrauben tragend, Beiname des Bacchus

corymbus ⟨ī⟩ M̄ Blütentraube des Efeus

coryphaeus ⟨ī⟩ M̄ Erster, Oberhaupt

▶ deutsch: **Koryphäe**

Corythus ⟨ī⟩
① M̄ MYTH Sohn von Zeus u. Elektra, Gründer der Stadt Corythus
② F̄ Stadt in Etrurien, später Cortona, nördlich des Trasumenersees, heute Cortona

cōrytus ⟨ī⟩ M̄ Köcher

cōs ⟨cōtis⟩ F̄ Schleifstein, Wetzstein

Cōs ⟨Coī⟩ F̄ schon bei Homer genannte Sporadeninsel vor der Südwestspitze Kleinasiens mit gleichnamiger Hauptstadt; im Altertum Weinbau u. Seidenweberei; berühmt durch die Ärzteschule des Hippokrates mit Heiligtum des Asklepios; heute Kos

COS Abk = **consul** Konsul

Cosa ⟨ae⟩ F̄, **Cosae** ⟨ārum⟩ F̄ alte etrusk. Küstenstadt

cosmētēs ⟨cosmētae⟩ M̄ Iuv. Aufseher über Garderobe und Schmuck einer vornehmen Römerin

Cosmiānum ⟨ī⟩ N̄ (erg. **unguentum**) Parfüm, Salbe von Cosmus

cosmica ⟨ōrum⟩ N̄ Mart. Weltliches, die Welt

cosmicos, cosmicus ⟨ī⟩ M̄ Mart. Weltbürger

cosmoe ⟨cosmōrum⟩ M̄ die Ordner, *oberste Behörde auf Kreta*

cosmos ⟨ī⟩ M̄ *(eccl.)* die Welt
▶ deutsch: **Kosmos**

Cosmus ⟨ī⟩ M̄ *berühmter Parfümfabrikant in Rom*

COSS *Abk* = **consules** die Konsuln

Cossūra u. **Cossȳra** ⟨ae⟩ F̄ *kleine Insel zwischen Afrika u. Sizilien, heute Pantelleria*

costa ⟨ae⟩ F̄ Rippe; *pl fig* rippenartige Seitenwände *in Schiffen u. ähnlichen Hohlkörpern*
▶ deutsch: **Küste**
  englisch: **coast**
  französisch: **côte**
  spanisch: **costa**
  italienisch: **costa**

costum ⟨ī⟩ N̄ *(nachkl.) poet* indischer Gewürzstrauch, Kostwurz; *meton* aus der Kostwurz bereitete kostbare Salbe

cōtēs ⟨cōtium⟩ F̄ = **cautes**

cothūrnātī ⟨ōrum⟩ M̄ ||cothurnatus|| tragische Schauspieler

cothurnātus ⟨a, um⟩ ADJ ||cothurnus|| *(nachkl.)*
  1 *poet* auf dem Kothurn einherschreitend
  2 *fig* tragisch, erhaben; hochtrabend

cothurnus ⟨ī⟩ M̄
  1 Kothurn, *Stiefel mit hohen Sohlen u. Absätzen, Fußbekleidung der Jäger u. der tragischen Schauspieler*
  2 *meton* Tragödie; erhabener Stil der Tragödie; ↔ **soccus**

cotīdiānus ⟨a, um, *adv* cotīdiānō⟩ ADJ ||cotidie|| täglich; *fig* alltäglich, gewöhnlich

cotīdiē ADV ||quot, dies|| täglich, Tag für Tag

Cotta ⟨ae⟩ M̄ *Beiname der gens Aurelia*; → **Aurelius**

cottabus ⟨ī⟩ M̄
  1 *griech. Gesellschaftsspiel: Der Spieler musste mit dem Rest Wein in seinem Becher entweder eine auf einem Ständer aufgelegte Metallscheibe od eine in einem Wasserbecken schwimmende kleine Schale treffen; die Scheibe musste herunterfallen, das Schälchen untergehen*
  2 *Plaut.* klatschender Schlag

cottana ⟨ōrum⟩ N̄ *(nachkl.) poet* trockene kleine Feigen

cottīdiānus ⟨a, um⟩ ADJ = **cotidianus**

cottīdiē ADV = **cotidie**

cottona ⟨ōrum⟩ N̄ = **cottana**

cotula ⟨ae⟩ F̄ *Mart.* kleines Gefäß; Hohlmaß, *ein halber sextarius*

cōturnīx ⟨cōturnīcis⟩ F̄ Wachtel; *Kosewort*

coturnus ⟨ī⟩ M̄ = **cothurnus**

Cotus ⟨ī⟩ M̄ = **Cotys**

cotyla ⟨ae⟩ F̄ = **cotula**

Cotys ⟨Cotyis⟩ M̄ thrakischer Fürst

Cotyttia ⟨ōrum⟩ N̄ Feste der Cotytto

Cotyttō ⟨Cotyttī⟩ F̄ thrakische Göttin mit einem Kult, *der dem der Kybele ähnlich war*

Cōum ⟨ī⟩ N̄ ||Cos|| koischer Wein

Cōus
  A ⟨a, um⟩ ADJ von Cos
  B ⟨ī⟩ M̄ Einwohner von Cos

covinnārius ⟨ī⟩ M̄ ||covinnus|| *Tac.* Sichelwagenkämpfer

covinnus ⟨ī⟩ M̄ *(nachkl.) poet* Sichelwagen

coxa ⟨ae⟩ F̄ *(nachkl.) poet* Hüfte; **~ leporis** Hasenkeule

coxendīx ⟨coxendīcis⟩ F̄ ||coxa|| *(vkl., nachkl.)* Hüftbein, Hüfte

coxī → **coquere**

crābrō ⟨crābrōnis⟩ M̄ *(unkl.)* Hornisse

Cragus ⟨ī⟩ M̄ *Gebirge in Lykien im SW von Kleinasien, berühmt-berüchtigt durch die vielen wilden Tiere, Schauplatz des Kampfes des Bellerophon gegen die Chimaera*

crambē ⟨crambēs⟩ F̄ *(nachkl.)* Kohl; **~ repetita** *Iuv.* autgewärmter Kohl, *für etw oft Vorgebrachtes*

Crānnōn ⟨Crānōnis⟩, **Cranōn** ⟨Cranōnis⟩ F̄ *Stadt in Thessalien, sw. von Larissa, heute Palaeo-Larissa mit geringen Resten*

crāpula ⟨ae⟩ F̄ Rausch; Katzenjammer

crāpulārius ⟨a, um⟩ ADJ ||crapula|| *Plaut.* Rausch-

crās ADV morgen; *poet subst* der morgige Tag; *fig, poet* künftig

crassēscere ⟨ēscō, -, - 3.⟩ ||crassus|| dick werden

crassitūdō ⟨crassitūdinis⟩ F̄ ||crassus|| Dicke, Beleibtheit; Dichtheit

crassus ⟨a, um, *adv* crassē⟩ ADJ
  1 dick, dicht
  2 grob, gedrungen
  3 *fig* fett, fruchtbar
  4 *pej* roh, unfein
▶ deutsch: **krass**

Crassus ⟨ī⟩ M̄ „der Dicke", *Beiname der gens Licinia*; → **Licinius**

crāstinum ⟨ī⟩ N̄ ||crastinus|| der morgige Tag; **in crastinum** auf den morgigen Tag

crāstinus ⟨a, um, *adv* crāstinō⟩ ADJ ||cras|| morgig

crataegos, **crataegus** ⟨ī⟩ F̄ *(nachkl.)* Weißdorn, *eine Pflanze*

Crataeis ⟨Crataeidis⟩ F̄ Nymphe, Mutter der Skylla

crātēr ⟨crātēris, *akk sg* crātēra, *akk pl* crātēras⟩ M̄
  1 Mischgefäß, Mischkrug *zum Mischen des Weines*
  2 *Verg., Mart.* Ölkrug
  3 *Plin.* Wasserkrug, Wasserbecken
  4 Erdschlund, Vulkankrater

Crātēr ⟨Crātēris⟩ M̄ Meerbusen bei Baiae, w. von Neapel

Crātēr ⟨Crātēris⟩ M̄ Becher *als Gestirn*

crātēra ⟨ae⟩ F̄ = **crater**

Crassus

M. Licinius Crassus (115 - 53 v. Chr.) häufte während der sullanischen Proskriptionen seinen sprichwörtlichen Reichtum an. 71 v. Chr. schlug er den Sklavenaufstand des **Spartacus** nieder, 70 war er zusammen mit Pompeius Konsul und arbeitete trotz politischer Rivalitäten mit ihm zusammen. In den darauf folgenden Jahren näherte er sich Caesar an und schloss auf dessen Vermittlung hin mit ihm und Pompeius das erste Triumvirat (60 v. Chr., erneuert 56 v. Chr.). Nach einem erneuten Konsulat mit Pompeius (55 v. Chr.) erhielt er als Proconsul die Provinz **Syria** und kämpfte gegen die Parther. Er unterlag in der Schlacht bei **Carrhae** und kam beim Rückzugsversuch durch Verrat ums Leben.

GESCHICHTE

Crateros, Craterus ⟨ī⟩ M̄
1 Feldherr Alexanders des Großen
2 berühmter Arzt in Rom z. Zt. Ciceros großer Arzt

Crāthis ⟨Crāthidis, akk Crāthim⟩ M̄ Grenzfluss zwischen Lukanien u. Bruttium, dessen Wasser die Haare angeblich blond färbte

crātīcula ⟨ae⟩ F̄ ||cratis|| (unkl.) kleiner Rost

Cratīnus ⟨ī⟩ M̄ attischer Komödiendichter, gest. nach 423 v. Chr.

Cratippus ⟨ī⟩ M̄ peripatetischer Philos. in Athen, Lehrer von Ciceros Sohn

crātis ⟨crātis f, meist pl crātēs, crātium⟩
1 Flechtwerk, Hürde für das Vieh
2 MIL Faschine, Reisigbündel zum Eindämmen u. zur Überwindung von Sümpfen
3 fig Gerippe, Gefüge; **crates pecoris** Brustkorb; **crates favorum** Honigwaben;

creāre ⟨ō, āvī, ātum 1.⟩
1 (er)schaffen, hervorbringen
2 Kinder zeugen, Kinder gebären
3 fig ins Leben rufen, verursachen; **dictaturam ~** eine Diktatur schaffen; **~ dolorem** Schmerz verursachen; **sibi periculum ~** sich Gefahr bereiten; passiv entstehen
4 fig wählen, erwählen; **consules ex plebe ~** Konsuln aus dem einfachen Volk wählen; **sibi tres collegas ~** sich drei Kollegen auswählen; **aliquem sacerdotem ~** j-n zum Priester wählen; **decemviros legibus scribundis ~** Dezemvirn zum Aufschreiben der Gesetze auswählen
▶ deutsch: **kreieren**

creātiō ⟨creātiōnis⟩ F̄ ||creare||
1 Wahl
2 (eccl.) Schöpfung
❗ **Creatio ex nihilo** Schöfung aus dem Nichts Bezeichnung für den göttlichen Akt der Schöpfung der Welt und Grundannahme des Christentums

creātor ⟨creātōris⟩ M̄ ||creare|| Schöpfer, Erzeuger, Gründer, Urheber; **~ urbis** Gründer einer Stadt; **Creator Spiritus** Schöpfer-Geist, Beiname Gottes

creātrīx ⟨creātrīcis⟩ F̄ ||creator|| (nachkl.) poet Mutter

creātūra ⟨ae⟩ F̄ ||creare|| (eccl.) Schöpfung; Geschöpf
▶ deutsch: **Kreatur**

crēber ⟨crebra, crebrum, adv crebrō u. crēbriter⟩ ADJ
1 örtl. gedrängt, zahlreich; **creberrima aedificia** Gebäude in sehr dichter Reihe
2 örtl. dicht besetzt, re von etw; von Personen reich, re an etw; **scriptor sententiis ~** Schriftsteller, der reich ist an Sinnsprüchen
3 poet kurz nacheinander, häufig wiederholt; **crebri imbres** häufige Regengüsse; **in eo ~ fuisti** das hast du mir oft wiederholt
4 üppig, dicht wachsend; von Örtlichkeiten dicht bewachsen
5 adv häufig, oft

crēb(r)ēscere ⟨crēb(r)ēscō, crēb(r)uī, - 3.⟩ ||creber|| (nachkl.) poet zunehmen, wachsen, sich vermehren; **fama cladis crebrescit** das Gerücht von der Niederlage verbreitet sich; **crebrescit** +AcI das Gerücht verbreitet sich, dass …

crēbrītās ⟨crēbrītātis⟩ F̄ ||creber|| Häufigkeit, gedrängte Fülle

---

crēdere ⟨dō, didī, ditum 3.⟩
1 anvertrauen, übergeben
2 borgen, leihen
3 vertrauen, Vertrauen schenken
4 glauben, Glauben schenken
5 glauben, für wahr halten
6 für j-n halten
7 glauben, meinen
8 an Christus glauben

1 anvertrauen, übergeben, alicui aliquid j-m etw; **hosti salutem suam ~** dem Feind sein Heil anvertrauen; **arcana libris ~** Geheimnisse den Büchern anvertrauen
2 borgen, leihen; **alicui pecuniam ~** j-m Geld leihen; **pecunia credita** Darlehen, Kredit
3 vertrauen, Vertrauen schenken, alicui/alicui rei j-m/einer Sache; **virtuti militum ~** auf die Tapferkeit der Soldaten vertrauen; **campo ~** sich auf eine Feldschlacht einlassen
4 glauben, Glauben schenken; **credo Thukydidi** ich glaube dem Thukydides; **crede mihi**

glaub mir, auf mein Wort; **sibi ~** bei sich überzeugt sein; **credor** *poet* man glaubt mir

5 glauben, für wahr halten; **deos esse ~** an die Existenz der Götter glauben; **multa/hoc ~** vieles/dies glauben; **testimonium non creditur** das Zeugnis findet keinen Glauben

6 *j-n/ctw für j-n/etw* halten, *+dopp. akk, aliquid pro re*; **aliquem Iovis filium ~** j-n für den Sohn Jupiters halten; **falsum pro vero ~** das Falsche für wahr halten

7 meinen, der Ansicht sein, *+AcI/+indir Fragesatz*; **crederes** man hätte meinen können

8 (*eccl.*) an Christus glauben; **credo in unum Deum** ich glaube an den einen Gott

⚠️ **Credo quod absurdum est.** (*Tertullianus*) Ich glaube, weil es widersinnig ist.

crēdibilis ⟨crēdibile, *adv* crēdibiliter⟩ ADJ ‖credere‖ glaubhaft, glaubwürdig, *nur von Sachen*; **narratio ~** glaubwürdige Erzählung; **credibili maior** größer, als man glauben könnte

crēdidī → credere

crēditor ⟨crēditōris⟩ M ‖credere‖ Gläubiger; (*mlat.*) Geldgeber

crēditum ⟨ī⟩ N ‖credere‖ Darlehen, Schuld
➤ deutsch: **Kredit**
englisch: **credit**
französisch: **crédit**
spanisch: **crédito**
italienisch: **credito**

crēdulitās ⟨crēdulitātis⟩ F ‖credulus‖ (*unkl.*) Leichtgläubigkeit

crēdulus ⟨a, um⟩ ADJ ‖credere‖
1 leichtgläubig, vertrauensselig
2 *Tac. selten passiv* leicht geglaubt; **fama credula** leicht geglaubtes Gerücht
3 (*mlat.*) gläubig

cremāre ⟨ō, āvī, ātum 1.⟩ verbrennen, einäschern

Cremera ⟨ae⟩ M kleiner Fluss in Etrurien, mündet bei der alten Stadt Veii in den Tiber; bekannt durch den Kampf u. Untergang der 306 Fabier u. ihrer Klienten im Kampf gegen die Veier 479 v. Chr.

Cremerēnsis ⟨Cremerēnse⟩ ADJ aus Cremera, von Cremera

Cremōna ⟨ae⟩ F Stadt am Po

Cremōnēnsis ⟨Cremōnēnse⟩ ADJ aus Cremona, von Cremona

Cremōnēnsis ⟨Cremōnēnsis⟩ M Einwohner von Cremona

Cremōnis iugum N Pass in den Westalpen, heute Mont Cramon in der Nähe des Kleinen St. Bernhard

cremor ⟨cremōris⟩ M (*unkl.*) dicker Schleim *aus pflanzlichen Stoffen*; **~ tartari** (*nlat.*) gereinigter Weinstein

Creō(n) ⟨Creōnis *u.* Creontis⟩ M
1 König von Korinth

2 König von Theben, Bruder der Iokaste

crepāre ⟨ō, uī, itum 1.⟩
A VI
1 erschallen, tönen; klappern, knarren, rasseln, prasseln, rauschen, knistern, knirschen *u. ähnliche Geräuschnuancen*
2 (*spätl.*) *von Gefäßen u. Lebewesen* bersten, platzen
B VT hören lassen, immer im Mund führen; **immunda ignominiaque dicta ~** *Hor.* immer schmutzige und schändliche Reden im Mund führen; **faustos sonos ~** Beifallklatschen hören lassen
➤ deutsch: **krepieren**

crepāx ⟨crepācis⟩ ADJ *Sen.* knisternd

creper ⟨era, erum⟩ ADJ ‖crepare‖
1 dämmerig, dunkel
2 (*vkl., nachkl.*) *fig* ungewiss, zweifelhaft

creperum ⟨ī⟩ N Zwielicht

crepida ⟨ae⟩ F Sandale, *griech. Halbschuh*

crepidātus ⟨ī⟩ M ‖crepida‖ Sandalen tragend

crepīdō ⟨crepīdinis⟩ F
1 Sockel; *fig* Grundlage
2 Rand *als Abschluss od Verzierung*; Mauervorsprung; gemauerter Uferdamm

crepidula ⟨ae⟩ F ‖crepida‖ *Plaut.* kleine Sandale

crepitācillum ⟨ī⟩ N ‖crepitaculum‖ *Lucr.* kleine Klapper

crepitāculum ⟨ī⟩ N ‖crepitare‖ (*unkl.*) Klapper

crepitāre ⟨ō, āvī, ātum 1.⟩ ‖crepare‖ (*unkl.*) laut rasseln, klappern, dröhnen, krachen, klirren, knistern, rauschen, *re* von etw; knurren

crepitus[1] ⟨a, um⟩ PPP → crepare

crepitus[2] ⟨crepitūs⟩ M ‖crepare‖ lauter Schall, Krach(en); *pl* Donnerschläge

crepundia ⟨ōrum⟩ N ‖crepare‖ (*spätl.*)
1 Kinderklapper
2 klapperndes Musikinstrument, Kastagnette

crepusculum ⟨ī⟩ N Abenddämmerung; Dunkel

Crēs ⟨Crētis, *pl* Crētum⟩ M ‖Creta‖ Kreter

Crēsa ⟨ae⟩ F = **Cressa**

crēscere ⟨crēscō, crēvī, crētum 3.⟩
1 (*nachkl.*) *poet* wachsen, entstehen, *in aliquid* zu etw; **bracchia in ramos ~** die Äste werden zu Zweigen
2 heranwachsen, groß werden
3 zunehmen, größer werden; **luna crescit** der Mond nimmt zu; **flumen ex nivibus crescit** der Fluss schwillt durch die Schneeschmelze an; **annona crescit** der Getreidepreis steigt; **concordiā parvae res crescunt** durch Eintracht werden kleine Dinge groß; **dignitate ~** an Würde gewinnen; **per aliquem ~** durch j-s Sturz aufsteigen, auf j-s Kosten aufsteigen

Crēsius ⟨a, um⟩ ADJ = **Cressius**

Crēssa ⟨ae⟩ F ||Creta|| Kreterin
Crēssius ⟨a, um⟩ ADJ ||Creta|| kretisch
crēta ⟨ae⟩ F
1 Kreide, weißer Ton
2 *poet* Schminke; *fig* Schlamm
Crēta ⟨ae⟩ F Kreta, *griech. Insel*
Crētaeus ⟨a, um⟩ ADJ kretisch
crētātus ⟨a, um⟩ ADJ ||creta|| mit Kreide bestrichen
Crētē ⟨Crētēs⟩ F = Creta
Crētēnsis
A ⟨Crētēnse⟩ ADJ ||Creta|| kretisch
B ⟨Crētēnsis⟩ M Kreter
crētēra, crēterra ⟨ae⟩ F = crater
crēteus ⟨a, um⟩ ADJ ||creta|| *Lucr.* tönern
Crēticus ⟨a, um⟩ ADJ ||Creta|| kretisch; **pes ~** kretischer Versfuß
crētiō ⟨crētiōnis⟩ F ||cernere||
1 förmliche Erklärung der Bereitschaft eine Erbschaft anzunehmen, *Frist 100 od 60 Tage, daher meton* Bedenkzeit
2 förmliche Übernahme der Erbschaft
Crētis ⟨Crētidis⟩ F ||Creta|| Kreterin
crētōsus ⟨a, um⟩ ADJ ||creta|| (*nachkl.*) *poet* kreidereich, tonreich
crētula ⟨ae⟩ F ||creta|| weiße Siegelerde; *meton* Siegel
crētus¹ ⟨a, um⟩ PPP → cernere *u.* → crescere
crētus² ⟨a, um⟩ ADJ ||crescere|| entsprungen, geboren; **~ Troiano a sanguine** entsprossen aus trojanischem Blut
Creūsa ⟨ae⟩ F Gattin des Aeneas
crēvī → cernere *u.* → crescere
crībrum ⟨ī⟩ N ||cernere|| Sieb, Durchschlag
crīmen ⟨crīminis⟩ N
1 Beschuldigung, Anklage, *alicuius* j-s *od* gegen j-n, *in aliquem* gegen j-n, *alicuius rei* wegen einer Sache; **~ meum** die von mir gemachte Anschuldigung, die gegen mich gerichtete Anschuldigung; **actor criminis** Kläger; **~ proditionis** Anklage wegen Verrats; **~ sibi afferre/sibi facere** sich eine Anklage zuziehen; **in crimen vocare** anschuldigen; **in crimine vocari/venire** angeklagt werden; **in crimine esse** für schuldig gelten
2 *fig* Vorwurf, Beschwerde, *alicuius rei* wegen etw; *pl* Vorwände; **alicui aliquid crimini dare** j-m etw zum Vorwurf machen; **crimina belli** Vorwände für einen Krieg
3 *meton* Gegenstand der Anklage; **perpetuae ~ posteritatis eris** du wirst ewig Ziel dieses Vorwurfs sein
4 (*nachkl.*) *poet* Schuld; Ehebruch; **sine crimine** unschuldig, schuldlos
5 Darstellung eines Lasters
crīmināre ⟨ō, āvī, ātum 1.⟩, **crīminari**
⟨or, ātus sum 1.⟩ ||crimen|| (*vkl., nachkl.*)
A *absolut* als Ankläger auftreten, klagen
B VT
1 beschuldigen; verleumden, *aliquem alicui/apud aliquem* j-n bei j-m, +AcI/*quod* dass
2 verwerfen, sich beschweren, *aliquid* über etw
crīminātiō ⟨crīminātiōnis⟩ F ||criminari|| Beschuldigung, Verleumdung
crīminātor ⟨crīminātōris⟩ M ||criminari|| Verleumder, *in aliquem* j-s
crīminōsus ⟨a, um, *adv* crīminōsē⟩ ADJ ||crimen|| Anschuldigungen vorbringend, vorwurfsvoll; verleumderisch, *alicui* für j-n, *in aliquem* gegen j-n; **criminose loqui de aliquo** gehässig über j-n reden
crīnāle ⟨crīnālis⟩ N ||crinalis|| Diadem
crīnālis ⟨crīnāle⟩ ADJ ||crinis|| *poet* Haar..., haarähnlich
crīnis ⟨crīnis⟩ M
1 Haar, Haupthaar *des Menschen, meist pl*
2 (*nachkl.*) *meton* Kometenschweif, Meteorenschweif
Crinisus ⟨ī⟩ M *Fluss im SW von Sizilien, wo Timoleon von Korinth 344 v. Chr. die Karthager schlug, heute Belice*
crīnītus ⟨a, um⟩ ADJ ||crinis|| (*nachkl.*) *poet*
1 *von Personen u. Sachen* behaart, lockig; **puella crinita** Mädchen mit Locken; **galea crinita** Helm mit Helmbusch
2 **stella crinita** Komet
crīsāre ⟨ō, āvī, - 1.⟩ mit den Schenkeln wackeln, *von der Frau*
crisis ⟨crisis, *akk* crisim⟩ F *Sen.* entscheidende Wendung
▶ deutsch: **Krise**
crispāre ⟨ō, āvī, ātum 1.⟩ ||crispus||
1 kräuseln, **capillum** das Haar
2 schwingen, **hastilia** die Wurfspieße
crispi-sulcāns ⟨crispisulcantis⟩ ADJ ||crispus, sulcare|| *poet* im Zickzack eine Furche ziehend, im Zickzack dahinfahrend, *Bild des Blitzes*
crispulus ⟨a, um⟩ ADJ ||crispus|| *Sen.* kraushaarig
crispus
A ⟨a, um⟩ ADJ
1 (*unkl.*) kraus, krausköpfig
2 *fig von der Rede* gekünstelt
3 *vom Holz* gemasert
4 *von der Bewegung* wellenförmig
B ⟨ī⟩ M Krauskopf
Crispus ⟨ī⟩ M Beiname des röm. Geschichtsschreibers Sallust
crista ⟨ae⟩ F (*unkl.*)
1 Kamm *auf dem Kopf der Tiere*; **alicui cristae surgunt** *Sprichwort* j-m schwillt der Kamm
2 Helmbusch

CRUD

3 *Iuv.* Kitzler, Klitoris
cristātus ⟨a, um⟩ ADJ ||crista||
1 kammtragend
2 mit einem Helmbusch geschmückt
Crithōtē ⟨Crithōtēs⟩ F Stadt am thrakischen Chersones
Critiās ⟨ae⟩ M athenischer Staatsmann u. Redner, 404 v. Chr. Haupt der 30 Tyrannen, von Thrasybulos getötet
criticus ⟨ī⟩ M Kunstkritiker
Critō ⟨Critōnis⟩ M Schüler u. Freund des Sokrates
Critobūlus ⟨ī⟩ M
1 Schüler des Sokrates
2 griech. Arzt z. Zt. Philipps von Makedonien u. Alexanders des Großen
Critolāus ⟨ī⟩ M
1 peripatetischer Philos., neben Karneades u. Diogenes Mitglied der Philosophengesandtschaft in Rom 155 v. Chr.
2 Feldherr des achäischen Bundes im Kampf gegen die Römer 147 v. Chr.
crōccīre ⟨iō, -, - 4.⟩ = **crocire**
croceus ⟨a, um⟩ ADJ ||crocus|| (nachkl.) poet Safran...; safrangelb
crocinum ⟨ī⟩ N ||crocinus|| (erg. **oleum**) Safranöl; fig Kosewort
crocinus ⟨a, um⟩ ADJ = **croceus**
crōcīre ⟨iō, -, - 4.⟩ Plaut. Schallwort krächzen
crocodīlinus ⟨a, um⟩ ADJ Quint. vom Krokodil
crocodīlus ⟨ī⟩ M Krokodil
crocōta ⟨ae⟩ F ||crocotus|| safranfarbenes Prachtkleid für Frauen
crocōtārius ⟨a, um⟩ ADJ ||crocotus|| zum Safrankleid gehörig
crocōtula ⟨ae⟩ F ||crocotus|| niedliches Safrankleid
crocōtus ⟨a, um⟩ ADJ safrangelb
crocum ⟨ī⟩ N, **crocus** ⟨ī⟩ M (nachkl.) poet Safran; meton Safranfarbe, Safranessenz, Duftstoff zum Besprengen der Bühne
Croesus ⟨ī⟩ M
1 griechenfreundlicher König von Lydien, um 550 v. Chr., bekannt durch seinen Reichtum
2 reicher Mann
Cromyōn ⟨Cromyōnis⟩ F Ort im Gebiet von Korinth, am Saronischen Meerbusen, vermutlich beim heutigen Hagios Theodori
Cronium mare N Eismeer
crotalistria ⟨ae⟩ F Prop. Kastagnettentänzerin
crotalum ⟨ī⟩ N Klapper, Kastagnette
Crotō(n) ⟨Crotōnis⟩ F, **Crotōna** ⟨ae⟩ F Stadt an der Ostküste von Bruttium, Wohnsitz des Pythagoras, seit 194 v. Chr. röm. Kolonie, heute Crotone
Crotōniātēs ⟨Crotōniātae, pl Crotōniātārum u. Crotōniātum⟩ M Einwohner von Croton

Crotōniēnsis ⟨Crotōniēnse⟩ ADJ aus Croton, von Croton
Crotōniēnsis ⟨Crotōniēnsis⟩ M Einwohner von Croton
cruciābilis ⟨cruciābile, adv cruciābiliter⟩ ADJ ||cruciare|| (vkl., nachkl.) qualvoll
cruciābilitās ⟨cruciābilitātis⟩ F ||cruciabilis|| Plaut. Marter, Qual
cruciāmentum ⟨ī⟩ N ||cruciare|| Marter, Qual
cruciāre ⟨ō, āvī, ātum 1.⟩ ||crux||
1 quälen, foltern, körperlich u. seelisch; passiv u. **se ~** sich quälen; **crucians** sich abquälend
2 grausam hinrichten; (eccl.) kreuzigen
cruciārius
A ⟨a, um⟩ ADJ ||crux|| Kreuz-, qualvoll
B ⟨ī⟩ M Sen. Gekreuzigter
cruciātus ⟨cruciātūs⟩ M ||cruciare||
1 Folter, Qual; **in malum cruciatum abire** Sprichwort sich zum Henker scheren
2 qualvolle Hinrichtung
cruci-fer ⟨cruciferī⟩ M ||crux, ferre|| Kreuzträger
cruci-fīgere ⟨fīgō, fīxī, fixum 3.⟩ ||crux|| (eccl.) kreuzigen
crucifīxus ⟨a, um⟩ ADJ ||crucifigere|| Suet. gekreuzigt
cruci-salus ⟨ī⟩ M Plaut. Kreuzträger, hum Namensbildung
crūdēlis ⟨crūdēle, adv crūdēliter⟩ ADJ ||crudus||
1 grausam, hart, **in conservanda patria** bei der Rettung des Vaterlandes; **crudele auditu** grausam zu hören
2 fig von Sachen entsetzlich, grausig
crūdēlitās ⟨crūdēlitātis⟩ F ||crudelis|| Grausamkeit, Rohheit
crūdēscere ⟨crūdēscō, crūduī, - 3.⟩ || crudus|| (nachkl.) poet heftiger werden, zunehmen; **morbus crudescit** die Krankheit verschlimmert sich; **pugna crudescit** die Schlacht tobt
crūditās ⟨crūditātis⟩ F ||crudus|| Überladung des Magens, verdorbener Magen
crūduī → **crudescere**
crūdus ⟨a, um⟩ ADJ ||cruor||
1 (nachkl.) poet blutig, blutend, **vulnus ~** blutende Wunde
2 (vkl., nachkl.) roh, ungekocht; **caro cruda** rohes Fleisch; **ovum crudum** rohes Ei; **later ~** ungebrannter Ziegelstein; **poma cruda** unreifes Obst
3 fig von Personen noch unreif, noch zu jung; von Sachen noch neu; **virgo viro cruda** Mädchen, das für einen Mann noch zu jung ist; **senectus ~** noch rüstiges Greisenalter; **servitium crudum** noch ungewohnte Sklaverei

4 (nachkl.) unverdaut; (klass.) mit vollem Magen, mit verdorbenem Magen
5 (nachkl.) poet noch nicht verarbeitet, unbearbeitet; **caestus ~** aus rohem Rinderleder gearbeiteter Schlagriemen; **lectio cruda** unverdaute Lektüre
6 fig von Sitten u. Charakter roh; ungeschliffen

cruenta ⟨ōrum⟩ N̄ ||cruentus|| Blutvergießen
cruentāre ⟨ō, āvī, ātum 1.⟩ ||cruentus||
1 blutig machen, mit Blut bespritzen
2 fig durch Mord besudeln, entweihen
3 fig bis aufs Blut kränken

cruentus ⟨a, um, adv cruentē⟩ ADJ ||cruor||
1 von Personen u. Sachen blutig, bluttriefend
2 blutig = Blutvergießen verursachend; **victoria cruenta** blutiger Sieg; **non aliud cruentius bellum** kein blutigerer Krieg
3 poet blutrot; **myrta cruenta** Verg. blutrote Myrte
4 verletzend; **dente cruento** mit dem verletzenden Zahn des Neides
5 Ov., Hor. fig blutdürstig

crumēna ⟨ae⟩ F̄ = **crumina**
crumilla ⟨ae⟩ F̄ ||crumina|| Plaut. Geldbeutelchen
crumīna ⟨ae⟩ F̄ Geldbeutel; meton Kasse
cruor ⟨cruōris⟩ M̄ geronnenes Blut außerhalb des Körpers; pl Blutstropfen; meton Blutvergießen; **~ Cinnanus** die blutige Zeit des Cinna
cruppellārius ⟨ī⟩ M̄ Tac. von Kopf bis Fuß gepanzerter Fechter der Äduer
crupta ⟨ae⟩ F̄ = **crypta**
Cruptorigis vīlla F̄ Landgut des ehemaligen röm. Söldners Cruptorix in Friesland
crūri-crepida ⟨ae⟩ M̄ ||crus, crepare|| Plaut. hum nichtsnutziger Sklave, dem die Schläge auf die Beine prasseln
crūri-fragius ⟨ī⟩ M̄ ||crus, frangere|| Plaut. nichtsnutziger Sklave, dem die Schienbeine zerbrochen wurden
crūs ⟨crūris⟩ N̄
1 Unterschenkel, Schienbein, auch von Tieren
2 Catul. fig Brückenpfeiler
crūsma ⟨crūsmatis⟩ N̄ Mart. auf einem Schlaginstrument gespielte (Begleit-)Musik
crusta ⟨ae⟩ F̄
1 Rinde, Schale; MED Schorf; **~ panis** Brotkruste; **~ piscis** Fischschuppe; **~ fluminis** Eisdecke auf dem Fluss; **~ terrae** Erdkruste
2 Basrelief, Stuckarbeit; Ziselierarbeiten
3 Verkleidungen aus Marmor an Wänden u. Fußböden; Einlegearbeiten aus Marmor
crustulārius ⟨ī⟩ M̄ Sen. ||crustulum|| Zuckerbäcker, Honigbäcker
crustulum ⟨ī⟩ N̄ ||crustum|| Zuckerplätzchen; pl Konfekt
crustum ⟨ī⟩ N̄ ||crusta|| poet mit einer Kruste überzogenes Backwerk, Kuchen
Crustumeria ⟨ae⟩ F̄, **Crustumeriī** ⟨ōrum⟩ M̄, **Crustumerium** ⟨ī⟩ N̄, **Crustumium** ⟨ī⟩ N̄ uralte etrusk. Stadt, schon im Altertum verlassen, Lage etwa 15 Kilometer nördlich von Rom
crux ⟨crucis⟩ F̄
1 Marterholz, Kreuz in T- u. Kreuzform
2 Kreuzigung, Hinrichtungsart, der nur Sklaven u. Nichtrömer unterworfen wurden; **alicui crucem minari** j-m mit der Kreuzigung drohen; **aliquem cruce afficere** j-n kreuzigen; **abi in malam crucem!** geh zum Henker!
3 meton Qual; Unheil
4 Schimpfwort Galgenstrick, Galgenvogel
▷ deutsch: **Kreuz**
  englisch: **cross**
  französisch: **croix**
  spanisch: **cruz**
  italienisch: **croce**
crypta ⟨ae⟩ F̄ (vkl., nachkl.) bedeckter Gang, Gewölbe
crypto-porticus ⟨cryptoporticūs⟩ F̄ Plaut. überdachte Halle, Wandelhalle
crystallinum ⟨ī⟩ N̄ ||crystallinus|| Kristallgefäß, Kristallbecher
crystallinus ⟨a, um⟩ ADJ ||crystallus|| (nachkl.) aus Kristall
crystallum ⟨ī⟩ N̄, **crystallus** ⟨ī⟩ F̄ (u. M̄)
1 Eis
2 Kristall, Bergkristall
3 meton Kristallgefäß, Pokal
Ctēsiās ⟨Ctēsiae⟩ M̄ aus Knidos in Karien, Leibarzt des Perserkönigs Artaxerxes, Zeitgenosse des Xenophon, Verfasser einer Geschichte des Orients
Ctēsiphōn[1] ⟨Ctēsiphōntis⟩ M̄ athenischer Staatsmann u. Freund des Demosthenes
Ctēsiphōn[2] ⟨Ctēsiphōntis⟩ F̄ Stadt am Ostufer des Tigris, Hauptstadt Assyriens
cubāre ⟨ō, uī, itum 1.⟩
1 ruhen, im Bett liegen; **cubitum** (Supin) **discedere** schlafen gehen; **~ cum aliquo/cum aliqua** mit j-m schlafen
2 bei Tisch liegen, speisen
3 krank (im Bett) liegen
4 meton von Örtlichkeiten sich sanft senken
cubiculāris ⟨cubiculāre⟩ ADJ ||cubiculum|| Schlafzimmer...
cubiculārius
A ⟨a, um⟩ ADJ ||cubiculum|| = **cubicularis**.
B ⟨ī⟩ M̄ Kammerdiener
cubiculāta ⟨ae⟩ F̄ ||cubiculatus|| (erg. **navis**) Prunkschiff
cubiculātus ⟨a, um⟩ ADJ ||cubiculum|| mit Zimmern ausgestattet
cubiculum ⟨ī⟩ N̄ ||cubare||

1 Zimmer, *bes* Schlafzimmer
2 Wohnzimmer
3 Kaiserloge im Zirkus
4 (*mlat.*) Grabkammer *in den Katakomben*; Kapelle
cubīle ⟨cubīlis⟩ N ||cubare||
1 Bett; *fig* Ehe
2 Lager *für Tiere*; Nest
3 *fig* Sitz; *bes pej* Brutstätte *von Lastern u. Übeln*
cubital ⟨cubitālis⟩ N ||cubitalis|| *Hor.* Armpolster zum Aufstützen des linken Armes beim Essen
cubitālis ⟨cubitāle⟩ ADJ ||cubitum|| (*nachkl.*)
1 Ellenbogen…, Arm…
2 eine Elle lang
cubitāre ⟨ō, āvī, ātum 1.⟩ ||cubare|| zu liegen pflegen; liegen
cubitōrius ⟨a, um⟩ ADJ ||cubare|| *Petr.* zum Liegen gehörig
cubitum¹ PPP → cubare
cubitum² ⟨ī⟩ N, **cubitus**¹ ⟨ī⟩ M
1 (*vkl.*) *poet* Unterarm, Ellenbogen
2 *meton* Elle *als Längenmaß* = 24 digiti od 1,5 pedes = 44,4 cm
cubitus² ⟨cubitūs⟩ M ||cubare|| (*vkl., nachkl.*) das Liegen, Beischlaf
cubus ⟨ī⟩ M (*nachkl.*) *poet* Würfel; (*spätl.*) Kubikzahl
cuculla ⟨ae⟩ F (*spätl.*) Mönchskutte
cucullātus ⟨a, um⟩ ADJ ||cucullus|| mit einer Kapuze
cucullus¹ ⟨ī⟩ M Kapuze am Kleid; *meton* Tüte
cucullus² ⟨ī⟩ M, **cucūlus** ⟨ī⟩ M Kuckuck; *fig Schimpfwort* Tölpel
cucuma ⟨ae⟩ F (*nachkl.*)
1 *poet* Kochtopf, Kochkessel
2 *poet* Badekessel
cucumis ⟨cucumeris *u.* cucumis⟩ M (*spätl.*) Gurke
cucurbita ⟨ae⟩ F (*nachkl.*)
1 *poet* Kürbis
2 *fig* Schröpfkopf
cucurrī → currere
cūdere ⟨cūdō, (cūdī, cūsum) 3.⟩ (*vkl., nachkl.*)
1 schlagen, klopfen
2 *aus Metall* arbeiten, schmieden; **nummos ~** Münzen prägen
Cugernī ⟨ōrum⟩ M *germ. Volk am Niederrhein*
cūiās ⟨cūiātis⟩ ADJ ||cuius, *Gen von* is|| *Liv., Plaut., Cic.* woher stammend?, was für ein Landsmann?
cuicui-modī ||quisque, modus|| *Plaut., Cic.* von welcher Art auch immer, wie immer beschaffen
cūius ⟨a, um⟩ PRON ||qui||
1 *relativ* dem angehörig, dessen; **is, cuia ea uxor fuerat** *Plin.* derjenige, dessen Gattin sie gewesen war
2 *interrogativ* wem gehörig?, wessen?; **virgo cuia est?** *Ter.* wem gehört dieses Mädchen?
cūiusdam-modī ADV ||quidam modus|| auf eine gewisse Art, von einer gewissen Art
cūiusmodī, cūius modī ADV ||qui modus|| von welcher Art?, wie beschaffen?
cūiusque-modī, cūiusque modī ADV ||quisque, modus|| von jeder Art
cūlāre ⟨ō, āvī, ātum 1.⟩ *von Tieren* zur Zeugung zulassen; **arietes in gregem ~** *Petr.* Widder der Herde (zur Zeugung) zuführen
culcita ⟨ae⟩ F Matratze, Kissen
culcitella ⟨ae⟩ F ||culcita|| *Plaut.* kleines Kissen; *obszön* Unterlage
culcitra ⟨ae⟩ F = culcita
culcitula ⟨ae⟩ F = culcitella
culex ⟨culicis⟩ M Mücke, Schnake
Culex ⟨Culicis⟩ M Titel eines dem Vergil zugeschriebenen Gedichtes
culilla ⟨ae⟩ F, **culillus** ⟨ī⟩ M *Hor.* Becher, Pokal
culīna ⟨ae⟩ F
1 Küche; *Sen.* tragbarer Herd
2 *meton* Küche = Essen; Feinschmeckerei
3 *Verg.* Verbrennungsstätte des Leichenmahls
culleus ⟨ī⟩ M
1 Ledersack, Schlauch
2 (*vkl.*) Flüssigkeitsmaß = 20 Amphoren = 524 l
culmen ⟨culminis⟩ N
1 höchster Punkt, Kulminationspunkt; **~ caeli** Zenit
2 Gipfel, Spitze; **~ montis** Gipfel des Berges; **~ fortunae** *fig* Spitze des Glücks
3 Scheitel *eines Menschen*
4 Giebel *eines Gebäudes*; Dach; *meton* Haus, Hütte
5 *poet* = culmus
culmus ⟨ī⟩ M Halm; *meton* Strohdach; **~ Cerealis** Ähre
culpa ⟨ae⟩ F
1 Schuld, VergehenFehler; **~ consulis** Schuld des Konsuls; **~ corrupti iudicii** Vergehen, das in einem korrupten Urteil besteht; **in culpā esse/versari** schuldig sein; **~ est alicuius/in aliquo** die Schuld liegt bei j-m; **a culpa abesse/culpa carere** frei von Schuld sein, **culpam committere/contrahere** Schuld auf sich laden; **culpam transmittere/conicere/vertere in aliquem** die Schuld auf j-n schieben; **aliquem in culpa ponere** j-n für schuldig halten; **aliquid in culpa ponere** etw für strafbar halten
2 Schuld, Fehltritt *im sexuellen Sinn*
3 (Schuld der) Nachlässigkeit; JUR Fahrlässigkeit
4 *meton* Schuldiger, Urheber eines Übels; **cul-**

pam ferro compesce *Verg.* schlachte die Ursache der Seuche, schlachte das kranke Schaf

culpāre ⟨ō, āvī, ātum 1.⟩ ||culpa||
1. *als schuldig* tadeln, missbilligen
2. beschuldigen

culpitāre ⟨ō, āvī, ātum 1.⟩ ||culpare|| *Plaut.* hart tadeln

cultellus ⟨ī⟩ M̄ ||culter|| (*vkl., nachkl.*) Messerchen

culter ⟨cultrī⟩ M̄ Messer; Schlachtmesser; ~ tonsorius Bartschere; **aliquem sub cultro linquere** *Sprichwort* j-n in der Patsche stecken lassen

cultiō ⟨cultiōnis⟩ F̄ ||colere|| Bebauung, Bearbeitung, **agri** des Feldes

cultor ⟨cultōris⟩ M̄ ||colere||
1. Pfleger; Pflanzer, Züchter
2. (*nachkl.*) *poet* Landmann, Bauer
3. Bewohner, Anwohner; ~ **insularum** Bewohner der Inseln; **populus frequens cultoribus** zahlreiches Volk
4. *fig* Verehrer, Freund, **veritatis** *Cic.* der Wahrheit; ~ **bonorum** Freund der Optimaten; ~ **deorum** Verehrer, Anbeter, Priester

cultrārius ⟨ī⟩ M̄ ||culter|| *Suet.* Opferschlächter

cultrīx ⟨cultrīcis⟩ F̄ ||cultor||
1. Pflegerin, Beschützerin
2. Bewohnerin
3. Verehrerin, Freundin

cultūra ⟨ae⟩ F̄ ||colere||
1. Bearbeitung, Anbau, Pflege; *absolut* Landwirtschaft; ~ **agri** Feldbau
2. *fig* (geistige) Ausbildung, Bildung; *Hor.* sittliche Veredelung
3. *Hor.* Verehrung, Huldigung
▶ deutsch: **Kultur**
  englisch: culture
  französisch: culture
  spanisch: cultura
  italienisch: cultura

cultus¹ ⟨a, um⟩ PPP → colere

cultus² ⟨a, um⟩ ADJ ||colere||
1. bebaut
2. geschmückt
3. gewählt
4. gebildet

cultus³ ⟨cultūs⟩ M̄ ||colere||
1. Ackerbau, Anbau; ~ **agricolarum** Ackerbau der Bauern; ~ **agrorum** das Bebauen der Felder
2. Pflege, Wartung *von Mensch u. Vieh*; ~ **pecoris** Versorgung des Viehs; **corporis** ~ Körperpflege
3. Lebensweise, Lebenshaltung; ~ **domesticus** häusliche Einrichtung; ~ **agrestis** bäuerliche Lebensweise; ~ **vitae Gallorum** Lebensweise der Gallier; **parsimonia cultūs** sparsame Lebenshaltung
4. Aufwand, üppige Lebensweise; **ganeae ceterique cultūs** *Sall.* Schlemmerei und andere Ausschweifungen
5. Kleidung, Schmuck; ~ **regius** königlicher Komfort; ~ **muliebris** weiblicher Schmuck, ~ **dotalis** Brautschmuck ~ **orationis** *fig* Feinheit der Rede
6. Bildung, Erziehung; ~ **animi corporisque** geistige und körperliche Ausbildung; ~ **humanus civilisque** Kultur und Zivilisation
7. *fig* Übung, Pflege; ~ **animi** geistige Beschäftigung; ~ **litterarum** literarische Tätigkeit, wissenschaftliche Tätigkeit
8. Verehrung, Anbetung; ~ **deorum/numinum** Verehrung der Götter
9. Huldigung; ~ **meus** die mir erwiesene Huldigung; **cultum tribuere alicui** j-m Verehrung erweisen; **alicuem cultu et honore dignari** j-n einer ehrenvollen Huldigung würdigen
▶ deutsch: **Kult**

cululla ⟨ae⟩ F̄, **culullus** ⟨ī⟩ M̄ = culilla

cūlus ⟨ī⟩ M̄ Hintern

cum¹ PRÄP +abl
1. *örtl., zeitl.* gemeinsam mit, zusammen mit; **cum amico ambulare** mit dem Freund spazieren gehen; **venenum secum habere** Gift bei sich haben; **cum tempore** (*Abk c. t.*) (*nlat.*) mit dem akademischen Viertel, *z. B.* 20 c. t. = 20.15 Uhr
2. mit = unter der Aufsicht von, unter Führung von; **cum Caesare** unter Caesars Führung; **cum deo** mit Gott
3. mit *bes bei Verben des Verbindens u. Übereinstimmens zum Ausdruck der Zusammengehörigkeit*; **aliquid coniungere cum re** etw mit etw verbinden; **consentire cum aliquo** mit j-m übereinstimmen
4. in Übereinkunft mit; in Verbindung mit; **diem constituere cum aliquo** den Termin mit j-m festsetzen; **colloqui cum aliquo** mit j-m sprechen; **commercium habere cum aliquo** mit j-m in Verbindung stehen; **facere/stare cum aliquo** es mit j-m halten; **nihil est mihi tecum** ich habe nichts mit dir zu tun; **secum/cum animo suo deliberare** bei sich überlegen; **secum vivere** allein leben
5. *feindlich* mit = gegen; **pugnare cum aliquo** mit j-m kämpfen; **congredi cum aliquo** mit j-m zusammenstoßen
6. mit = ausgestattet mit, versehen mit; **cum telo esse** eine Waffe bei sich haben; **cum tunica sedere** in der Tunika dasitzen; **agnus natus est cum capite suillo** ein Lamm wurde mit einem Schweinekopf geboren; **cum imperio esse** mit dem Oberbefehl betraut sein; **legati cum auctoritate** Gesandte mit Vollmacht; vi-

tae cultus cum elegantia vornehme Lebensführung

7 mit Hilfe von; **cum lingua** mit der Zunge

8 *zeitl.* gleichzeitig mit, zugleich mit; **cum prima luce proficisci** bei Tagesanbruch aufbrechen; **cum nuntio exire** gleichzeitig mit dem Boten weggehen; *oft verstärkt* **parIter cum/simul cum** gleichzeitig mit

9 *modal* mit; **cum studio discere** mit Eifer lernen; **multa facere cum imprudentia** viel mit Unvorsichtigkeit unternehmen; **cum silentio** unter Stillschweigen

10 unter = mit *zur Angabe begleitender Nebenumstände*; **multis cum lacrimis** mit vielen Tränen, unter vielen Tränen; **cum bona gratia** in aller Güte; **Athenas rediit cum civium offensione** zum Ärgernis der Bürger kehrte er nach Athen zurück

11 nur unter der Bedingung; **ei omnia cum pretio honesta videbantur** ihm schien alles gut, wenn es nur Geld brachte; **cum eo, quod** nur unter der Bedingung, dass; **cum eo, ut/ne** +*konjkt* nur unter der Bedingung dass/dass nicht

cum² KONJ

A +*ind*

1 *cum temporale* zu der Zeit, als; jetzt, da; dann wenn; *bes. in Verbindungen;* **eo tempore cum** zu der Zeit als; **eo die cum** an dem Tag als; **nunc cum** nun da; **eo tempore paruisti cum necesse erat** du bist zu dem Zeitpunkt erschienen, als es nötig war

2 *cum iterativum* sooft, (immer) wenn; *gelegentlich* +*konjkt*; **Verres, cum rosam videbat, tum ver incipere arbitrabatur** immer wenn Verres eine Rose sah, glaubte er, der Frühling beginne

3 *cum inversum* als, da, *Hauptgedanke eines Satzgefüges im Nebensatz mit cum;* **cenabam, cum redditae sunt tuae litterae** ich saß gerade beim Abendessen, als dein Brief überbracht wurde

4 *cum explicativum/coincidens* indem, wenn, dadurch dass *zum Ausdruck der Übereinstimmung von Haupt- u. Nebenhandlung;* **cum hoc confiteris, scelus te admisisse concedis** wenn du dies gestehst, gibst du zu ein Verbrechen zugelassen zu haben

5 *nach vorausgehender Zeitbestimmung* seit, seit dem, **multi anni sunt, cum te familiariter utor** es sind schon viele Jahre, seit ich mit dir freundschaftlichen Umgang habe

B +*konjkt*

1 *cum historicum/narrativum* als +*konjkt imperf;* als, nachdem +*konjkt Plusquamperfekt* **cum taetra prodigia nuntiata essent, decemviri Sibyllinos libros adire iussi sunt** nachdem ungünstige Vorzeichen gemeldet worden waren, wurden die Dezemvirn beauftragt die Sibyllinischen Bücher zu befragen

2 *cum causale* da, weil; *oft verstärkt* **quippe cum** zumal da; **praesertim cum** da ja, besonders da; **cum vita sine amicis tristis sit, ratio nos admonet, ut amicitias comparemus** da das Leben ohne Freunde traurig ist, mahnt schon die Vernunft, dass wir Freundschaften schaffen

3 *cum concessivum* obgleich, obwohl; **Socrates, cum facile e custodia educi posset, noluit** obwohl Sokrates leicht aus dem Gefängnis befreit werden konnte, lehnte er dies ab

4 *cum adversativum* während, da doch; **solus homo particeps est rationis, cum cetera omnia animalia expertia sint** der Mensch allein ist mit Vernunft begabt, während die übrigen Lebewesen daran keinen Anteil haben

5 *cum iterativum* jedes Mal wenn, immer wenn

C Verbindungen

1 **cum primum** sobald als, +*ind perf*

2 **cum … tum** immer schon … dann besonders, sowohl … als auch besonders, zwar … besonders aber, *meist* +*ind, aber auch* +*konjkt*; **te cum semper valere cupio, tum certe, dum his sumus** wenn ich immer dein Wohlbefinden wünsche, dann doch erst recht, solange wir hier sind; **cum te semper dilexerim, tum …** da ich dich schon immer geliebt habe, so besonders …

3 **cum maxime** *adv* ganz besonders

Cūmae ⟨ārum⟩ F̲ See- u. Hafenstadt in Kampanien, *von Kyme in der Äolis gegründet, Sitz der Sibylle, Ruinen w. von Neapel bei Pozzuoli*

Cūmaeus ⟨a, um⟩ ADJ aus Cumae, von Cumae

Cūmaeus ⟨ī⟩ M̲ Einwohner von Cumae

Cūmānum ⟨ī⟩ N̲ Ciceros Landgut bei Cumae

Cūmānus ⟨a, um⟩ ADJ aus Cumae, von Cumae

Cūmānus ⟨ī⟩ M̲ Einwohner von Cumae

cūmatile ⟨cūmatilis⟩ N̲ *Plaut.* meerblaues Kleid

cumba ⟨ae⟩ F̲ Boot, Kahn

cumbere ⟨cumbō, cubuī, cubitum 3.⟩ sich legen; *nur in Zusammensetzungen;* → accumbere; → concumbere; → decumbere

cumbula ⟨ae⟩ F̲ ||cumba|| kleiner Kahn

cumera ⟨ae⟩ F̲ (vkl.) *poet* Korb aus Weidengeflecht

cumīnum ⟨ī⟩ N̲ (unkl.) Kümmel

cummi N̲ indekl, **cummis** ⟨cummis⟩ F̲ (nachkl.) Gummi

cum-prīmīs, cum prīmīs ADV besonders; = imprimis

cum-que¹ ADV wann auch immer, jederzeit,

meist an rel Pr u. adv angehängt zu quicumque, ubicumque, qualiscumque, quotienscumque u. Ä

cum-que² *Plaut.* = **et cum**

cumulāre ⟨ō, āvī, ātum 1.⟩ ||cumulus||

① (*nachkl.*) anhäufen, aufhäufen; **arma in ingentem acervum ~** die Waffen zu einem ungeheuren Haufen aufschichten; **honores in aliquem ~** *fig* Ehren auf j-n häufen; **aliud super aliud funus cumulatur** ein Todesfall folgt auf den anderen

② (*nachkl.*) *poet* beladen, bedecken, *aliquid re* etw mit etw

③ (*vkl., nachkl.*) überhäufen, überschütten, **amicos laudibus** die Freunde mit Lobsprüchen; **Graecorum natio hoc vitio cumulata est** die griechische Nation leidet im Übermaß an diesem Fehler

④ *fig* steigern, vergrößern; *passiv* zunehmen, wachsen; **gloriam eloquentiā ~** den Ruhm durch die Beredsamkeit mehren

⑤ vollkommen machen, vollenden

▷ deutsch: **kumulieren**

cumulātus ⟨a, um, *adv* cumulātē⟩ ADJ ||cumulare||

① (*nachkl.*) gehäuft; reichlich

② vollständig

cumulus ⟨ī⟩ M

① Haufen, Menge, **armorum** von Waffen, **aeris alieni** von Schulden; **~ aquarum** Wasserschwall

② *fig* Übermaß, Gipfel(punkt); **beneficium magno cumulo augere** einer Wohltat die Krone aufsetzen; **~ ad aliquid accedit/aliquid ad aliquid velut ~ accedit** etw setzt einer Sache die Krone auf; **res accedit in cumulum** eine Sache kommt hinzu als Höhepunkt

cūnābula ⟨ōrum⟩ N ||cunae||

① Wiege; **in cunabulis esse** in der Wiege liegen

② *fig* Lagerstätte; Ursprung

cūnae ⟨ārum⟩ F Wiege; *fig* Nest; *fig* früheste Kindheit

cūnctābundus ⟨a, um⟩ ADJ ||cunctari|| lange zögernd

cūnctāns ⟨cūnctantis, *adv* cūnctanter⟩ ADJ ||cunctari||

① zögernd, zaudernd

② (*nachkl.*) *poet* langsam; unentschlossen

③ *poet* von Sachen zäh

cūnctāre ⟨ō, -, - 1.⟩ (*altl.*), **cūnctārī** ⟨or, ātus sum 1.⟩

① zaudern, zögern, *+inf/+indir Fragesatz*, verneint mit quin; **cunctatum non est** man zögerte nicht

② verweilen, zurückbleiben; **longe ~** zu lange ausbleiben

③ unschlüssig sein, schwanken, *meist pej, +indir Fragesatz*

cūnctātiō ⟨cūnctātiōnis⟩ F ||cunctari|| Zaudern, Unentschlossenheit, **legati** des Gesandten; **~ invadendi** das Zaudern anzugreifen

cūnctātor ⟨cūnctātōris⟩ M ||cunctari|| (*nachkl.*) Zauderer; *adj* bedächtig

Cūnctātor ⟨Cūnctātōris⟩ M Beiname des Q. Fabius Maximus

cūnctātus ⟨a, um⟩ ADJ ||cunctari|| *Suet.* vorsichtig

cūncti-potēns ⟨cūnctipotentis⟩ ADJ ||cunctus|| (*eccl.*) allmächtig

cūnctus ⟨a, um⟩ ADJ gesamt, ganz, *sg nur bei kollektiven Begriffen, pl* alle, sämtliche; **~ populus** das ganze Volk; **cunctae gentes** alle Stämme; **cuncta** alles, Gesamtheit; **cuncta hostium** alle Habe der Feinde; **inter cuncta** unter allen Umständen, zu jeder Zeit;

cuneāre ⟨ō, āvī, ātum 1.⟩ ||cuneus|| verkeilen; keilförmig zuspitzen

cuneātim ADV ||cuneus|| keilförmig; **cuneatim consistere** sich in geschlossenen Kolonnen aufstellen

cuneātus ⟨a, um⟩ ADJ ||cuneare|| (*nachkl.*) *poet* keilförmig (zugespitzt); **forma scuti ad imum cuneata** nach unten keilförmig zugespitzter Schild

cuneolus ⟨ī⟩ M ||cuneus|| kleiner Keil, Stift

cuneus ⟨ī⟩ M

① Keil *sowohl zum Spalten wie zum Verkeilen*

② *fig* keilförmige Formation *von Lebewesen, bes Vögel*; MIL keilförmige Schlachtordnung

③ Segment, keilförmiger Ausschnitt *aus den terrassenförmig aufsteigenden Sitzreihen des Theaters*

④ *meton* Keil, Zwickel

cunīculōsus ⟨a, um⟩ ADJ ||cuniculus|| *Catul.* kaninchenreich

cunīculus ⟨ī⟩ M

① Kaninchen

② unterirdischer Gang; MIL Mine, Stollen; verdeckter Wassergraben

③ (*spätl.*) gemauerter Kanal

cunīla ⟨ae⟩ F (*vkl., nachkl.*) Quendel, echter Thymian

cunni-lingus ⟨ī⟩ M *Mart.* = **cunnum lingens**; → **cunnus** u. → **lingere**

cunnus ⟨ī⟩ M

① weibliche Scham

② *meton* Dirne

③ Schnecke, *Gebäck in Form des cunnus*

cunque = **cumque**

cūpa ⟨ae⟩ F Höhlung, Fass; **vinum de cupa** Wein vom Fass = junger Wein

cupēdia¹ ⟨ae⟩ F = **cuppedia**¹

cupēdia² ⟨ōrum⟩ N → **cuppedium**

cupēdinārius ⟨ī⟩ M = **cuppedinarius**

Cupencus ⟨ī⟩ M *Italiker, von Aeneas getötet*
cupere ⟨iō, iī/īvī, ītum 3.⟩

A VT

1 begehren, wünschen, *aliquid* etw, *+inf/+AcI/+NcI/+dopp. akk, ut/ne* dass/dass nicht; **cupio te videre** ich wünsche dich zu sehen; **cupio te haec audire** ich wünsche, dass du dies hörst; **~ cives salvos** wünschen, dass die Bürger wohlbehalten sind; **res cupita** das Gewünschte

2 *bes* in Liebe begehren

B VI sein Interesse richten auf *j-n*, *j-m* zugetan sein, *alicui/alicuius causā*; **tibi maxime cupio** dir bin ich besonders zugetan, für dich wünsche ich das Beste

cupēs M = **cuppes**

Cupīdineus ⟨a, um⟩ ADJ ||Cupido||
1 vom Liebesgott stammend; Liebes...
2 *fig* reizend; *(spätl.)* geil

cupiditās ⟨cupiditātis⟩ F ||cupidus||
1 Gier, Leidenschaft, **militum** der Soldaten; **belli gerendi** zum Kriegführen
2 Kauflust
3 Habgier, Geldgier
4 Eigennutz; *pl* Egoismus
5 Liebesverlangen
6 Ehrgeiz
7 Genusssucht
8 Leidenschaft für *j-n*
9 Ergebenheit, Begeisterung
10 Parteilichkeit

cupīdō ⟨cupīdinis⟩ F ||cupere|| = **cupiditas**
Cupīdō ⟨Cupīdinis⟩ M Liebesgott = Amor, *Sohn der Venus*; *pl* Amoretten *im Gefolge der Venus*
cupidus ⟨a, um, *adv* cupidē⟩ ADJ ||cupere||
1 begierig, leidenschaftlich, *absolut od alicuius rei* nach etw, *+inf*, *ut* dass; **~ pecuniae** geldgierig; **~ rerum novarum** neuerungssüchtig, revolutionär; **~ laudis** ehrgeizig; **~ audiendi/spectandi** neugierig; **~ in perspicienda natura** begierig die Natur zu durchschauen
2 *meist absolut* kauflustig
3 kampflustig
4 habsüchtig
5 selbstsüchtig, *auch von Sachen*; **consilium cupidum** selbstsüchtiger Plan
6 verliebt, liebestoll
7 genusssüchtig
8 leidenschaftlich ergeben, gewogen
9 parteiisch, missgünstig
10 *adv* eifrig, gern; **cupide mentiri alicuius causā** um *j-s* willen gerne lügen

cupiēns ⟨cupientis, *adv* cupienter⟩ ADJ ||cupere|| begierig, *absolut od alicuius rei* nach etw; **~ liberorum** sich Kinder wünschend; **omnibus cupientibus** auf allgemeinen Wunsch

cupītor ⟨cupītōris⟩ M ||cupere|| der *etw* begehrt, *alicuius rei*
cupītus ⟨a, um⟩ PPP → **cupere**
cupīvī → **cupere**
cuppēdia ⟨ae⟩ F ||cuppes|| Naschhaftigkeit
cuppēdinārius ⟨ī⟩ M ||cuppedium|| *Ter.* Hersteller von Naschwerk, Verkäufer von Naschwerk
cuppēdium ⟨ī⟩ N, *meist* PL ||cuppes|| *(vkl.)* Leckerbissen, Naschwerk
cuppēdō ⟨cuppēdinis⟩ F ||cuppes||
1 *(vkl., nachkl.)* = **cuppedium**
2 *Lucr.* Begierde
cuppēs M *nur nom sg belegt Plaut.* Feinschmecker
cupressētum ⟨ī⟩ N ||cupressus|| Zypressenholz
cupresseus ⟨a, um⟩ ADJ ||cupressus|| *(nachkl.)* aus Zypressenholz
cupressi-fer ⟨cupressifera, cupressiferum⟩ ADJ ||cupressus, ferre|| *Ov.* Zypressen tragend
cupressus ⟨ī *u.* cupressūs⟩ F *(unkl.)* Zypresse, *als Totenbaum dem Pluto heilig*; *meton* Kästen aus Zypressenholz *zur Aufbewahrung von Schriften u. Dokumenten*
cuprum ⟨ī⟩ N = **cyprium**
cūr ADV
1 *relativ* weshalb, warum
2 *interrogativ* warum?, weshalb?, wozu?; **cur**

Cupido – Gott der Liebe

non? warum nicht?; **non est, cur** es liegt kein Grund vor, dass; **non habeo, cur,** +konjkt ich habe keinen Grund, warum

cūra ⟨ae⟩ F̄

1 Sorge, Sorgfalt; **omnem curam ponere in re** die ganze Sorgfalt aufwenden für etw; **curam agere alicuius/de aliquo** Sorge tragen für j-n; **aliquid mihi est curae** ich bin auf etw bedacht, *auch* ut/ne dass/dass nicht, +indir Fragesatz/+AcI/+inf; **aliquid curae habere** Sorgfalt auf etw verwenden

2 Pflege, Behandlung, **saucii** eines Verwundeten; **~ lentis** Linsenanbau; **~ deorum** Gottesdienst

3 Schmücken, **comae** des Haares

4 Krankenpflege, Heilung

5 Aufsicht, Obhut, *alicuius/alicuius rei* über j-n/ über etw

6 Verwaltung, Leitung; **~ rerum domesticarum** Verwaltung des Hauswesens; **~ rerum publicarum** öffentliche Verwaltung

7 Amt; **~ palatii** Amt des Hofmarschalls

8 Studium; Ausarbeitung; **~ nova et recens** das neue und jüngste Werk

9 *meton* Aufseher, Wächter; **Eumaeus ~ harae** Eumaeus, der Aufseher über den Schweinestall

10 *meton* Schützling; **Anchises, ~ deum** *Verg.* Anchises, Schützling der Götter

11 Liebeskummer; Sehnsucht; *meton* Liebling; **iuvenum curae** die Liebesqualen der Jünglinge

12 Besorgnis, Anteilnahme; **curis frangi et confici** von Sorgen gebrochen und verzehrt werden; **sine cura esse** ohne Sorge sein

13 *Liv.* Neugierde, *alicuius rei* auf etw

▶ deutsch: **Kur**

cūrābilis ⟨cūrābile⟩ ADJ ||curare|| *Iuv.* Sorgen bereitend; peinlich

cūralium ⟨ī⟩ N̄ = **corallium**

---

cūrāre ⟨ō, āvī, ātum 1.⟩ ||cura||

1 sorgen, Sorge tragen
2 sich kümmern
3 besorgen
4 verwalten
5 pflegen, behandeln
6 pflegen, warten
7 verschaffen
8 auszahlen

---

1 sorgen, Sorge tragen, *meist* v/t *aliquem/aliquid* für j-n/für etw, *auch alicui rei* für etw, ut/ne +konjkt dass/dass nicht, +bloßer konjkt/+inf/+ger; *passiv* umsorgt werden; **obsides dandos ~** sich Geiseln geben lassen; **pontem faciendum ~** eine Brücke bauen lassen

2 sich kümmern, *aliquem/de aliquo* um j-n, *aliquid/de re* um etw, ut/ne +konjkt dass/dass nicht; sich die Mühe nehmen, Lust haben, daran denken, +inf; **preces ~** Bitten erhören; **curor** man kümmert sich um mich; **~ in Siciliam ire** daran denken, nach Sizilien zu gehen; **nihil ~ aliquid** etw ignorieren

3 besorgen; ausführen; **funus ~** ein Leichenbegängnis ausrichten; **negotia ~** Geschäfte besorgen; **prodigia ~** unheilvolle Taten durch Opfer sühnen

4 verwalten, MIL befehligen; **munus ~** ein Amt verwalten; **legiones ~** Legionen kommandieren; **~ in dextra parte** das Kommando auf dem rechten Flügel führen

5 pflegen, behandeln; **aegros ~** Kranke behandeln; **morbos ~** Krankheiten behandeln

6 pflegen; erfrischen; **aliquem cibo et potu ~** j-n mit Speise und Trank erfrischen; **corpus/se ~** sich gütlich tun

7 j-m etw verschaffen, *bes durch Kauf, alicui aliquid*

8 Geld auszahlen; *absolut* Zahlung leisten, *alicui* j-m; **alicui pecuniam pro re ~** j-m Geld zahlen für etw

▶ deutsch: **kurieren**

cūrātē ADV → **curatus**

cūrātiō ⟨cūrātiōnis⟩ F̄ ||curare||

1 Wartung, Pflege, *alicuius* j-s *od durch* j-n; **quid tibi hanc rem ~ est?** was hast du dich hierum zu kümmern?

2 Heilung; Heilmethode

3 Besorgung, Beschaffung

4 Leitung, Verwaltung; **in curatione regni esse** Rechtsverweser sein

cūrātor ⟨cūrātōris⟩ M̄ ||curare||

1 (vkl.) Wärter, Pfleger

2 Verwalter, Leiter

3 (nachkl.) *poet* Vormund *eines Unmündigen od Entmündigten*

cūrātūra ⟨ae⟩ F̄ ||curare|| *Ter.* Wartung, Pflege

cūrātus ⟨a, um⟩ ADJ ||curare|| (vkl., nachkl.)

1 gepflegt

2 sorgfältig, eifrig; → **accuratus**

curculiō ⟨curculiōnis⟩ F̄

1 (vkl., nachkl.) Kornwurm, Raupe u. Käfer im Getreidekorn, Schädling

2 *Pers. meton* männliches Glied

Curculiō ⟨Curculiōnis⟩ M̄ Titel u. Hauptfigur einer Komödie des Plautus

curculiōnius ⟨a, um⟩ ADJ ||curculio|| *Plaut.* zum Kornwurm gehörig; **in campis Curculioniis** in Zechgelagen *mit obszönem Nebensinn*

curculiunculus ⟨ī⟩ M̄ ||curculio|| *Plaut.* Kornwürmchen = etw Nichtiges

Curēnsis
- ⓐ ⟨Curēnse⟩ ADJ aus Cures, von Cures
- ⓑ ⟨Curēnsis⟩ M Einwohner von Cures

Curēs ⟨Curium⟩ F alte Hauptstadt der Sabiner, nö. von Rom, heute Corese, Heimat des Titus Tatius u. Numa Pompilius, schon im Altertum üblicher Zusammenhang von Cures mit Quirites fraglich

Curēs ⟨Curētis⟩ ADJ aus Cures, von Cures

Curēs ⟨Curētis⟩ M Einwohner von Cures

Curētes ⟨Curētium⟩ M jugendliche Jupiterpriester auf Kreta, die bei den orgiastischen Festen Waffentänze aufführten

Curētis ⟨Curētidis⟩ ADJ F kuretisch, auch kretisch; ~ **terra** Kreta

cūria ⟨ae⟩ F
- ① Kurie, Unterabteilung der röm. tribus, insgesamt 30, die in je 10 gentes unterteilt waren
- ② meton Versammlungsort einer Kurie, Kuriengebäude
- ③ fig Gebäude für Senatssitzungen in Rom, außerhalb Roms Versammlungsort hoher Behörden
- ④ meton Senatsversammlung, Senat in Rom
- ⑤ (spätl.) Kurie, Regierung der katholischen Kirche in Rom

cūriālis
- ⓐ ⟨cūriāle⟩ ADJ ||curia||
- ① zur gleichen Kurie gehörig; (spätl.) zum kaiserlichen Hof gehörig
- ② (mlat.) höfisch; höflich
- ⓑ ⟨cūriālis⟩ M Kuriengenosse

Curiānus ⟨a, um⟩ ADJ ||Curius|| zu den Curii gehörig

Curiātiī ⟨ōrum⟩ M eine von Alba Longa nach Rom umgesiedelte gens, aus der die Drillinge stammten, die gegen die Horatii kämpften

cūriātim ADV ||curiatus|| kurienweise

cūriātus ⟨a, um⟩ ADJ ||curia|| zu den Kurien gehörig = patrizisch; **comitia curiata** Kurienversammlungen; **lex curiata** in der Kurienversammlung beschlossenes Gesetz

cūriō¹ ⟨cūriōnis⟩ M ||curia||
- ① (vkl., nachkl.) Kurienvorsteher, Kurienpriester
- ② Mart. Ausrufer, Herold

cūriō² ⟨curionis⟩ M Plaut. von Sorgen geplagter Mensch

cūriōsitās ⟨cūriōsitātis⟩ F ||curiosus|| Wissbegierde, Neugierde

Curiosolitēs ⟨Curiosolitum⟩ M Küstenvolk in der Bretagne um das heutige Corseul, nw. von Dinan

cūriōsus

curia – Gebäude für Senatssitzungen
porticus – Säulengang

A ⟨a, um⟩ ADJ, ADV ⟨cūriōsē⟩ ||curare||
① sorgfältig, eifrig
② wissbegierig; neugierig, *in aliquid/ad aliquid/alicuius rei* auf etw
③ pedantisch
④ *Phaedr.* besorgt, teilnehmend
B ⟨ī⟩ M Aufpasser; Spitzel

curis ⟨curis⟩ F *Ov.* Lanze, Wurfspieß

Curius ⟨a, um⟩ *Name einer pleb. gens;* **Manlius ~ Dentatus** röm. Beamter u. Feldherr, 290 v. Chr. Konsul, Sieger über die Samniten, Sabiner u. Pyrrhus, bekannt wegen seiner Rechtschaffenheit; PL **Männer wie Curius**

currere ⟨currō, cucurrī, cursum 3.⟩

① laufen, rennen
② um die Wette laufen
③ fahren, reisen
④ durchlaufen
⑤ umlaufen, kreisen

① laufen, rennen, *von Lebewesen, auch zu Pferd, mit dem Wagen od Schiff* eilen; fliegen, jagen; **per locum ~** durch einen Ort eilen; **alicui subsidio ~** j-m zu Hilfe eilen; **eosdem cursūs ~** denselben Weg einschlagen, die gleichen Maßnahmen ergreifen; **currentem incitare/currenti calcaria addere** *Sprichwort* einen Eifrigen noch mehr antreiben; **curritur** man läuft
② um die Wette laufen
③ fahren, reisen
④ durchlaufen; **stadium ~** in der Rennbahn laufen
⑤ *von Sachen u. Zuständen* umlaufen; dahinströmen; **purpura circum chlamydem currit** der Purpurstreifen zieht sich um den Mantel; **infula per crines currit** die Wollbinde schlängelt sich durch die Haare; **nox currit** die Nacht vergeht schnell; **oratio currit** die Rede schreitet rasch fort; **versūs currunt** die Verse rollen dahin; **rubor per ora currit** Röte verbreitet sich über das Gesicht; **frigus per ossa currit** Kälte durchzieht die Knochen; **currentis** (*nlat.*) des laufenden Monats, des laufenden Jahres

curriculum ⟨ī⟩ N ||currere||
① Lauf, Wettrennen
② einzelner Umlauf, Kreisbahn; **curricula numerare** die Runden zählen
③ *meton* Rennwagen; *Curt.* Streitwagen; **pulverem curriculo colligere** mit dem Rennwagen Staub aufwirbeln
④ *meton* Rennbahn
⑤ *fig* Laufbahn; Lebensbahn; **deflectere de curriculo** aus dem Geleise kommen
⚠ **Curriculum vitae** Lebenslauf, *meist schriftlich zur Vorstellung einer Person*

currus ⟨currūs⟩ M ||currere||
① Wagen, Gespann; **currūs domitare** das Gespann beherrschen; **currūs infrenare** die Wagen abbremsen
② MIL zweirädriger Streitwagen; **~ falcatus** Sichelwagen
③ Rennwagen
④ Triumphwagen; *meton* Triumph
⑤ *Verg.* Pflug mit Rädern
⑥ *Catul. allg.* Fahrzeug

cursāre ⟨ō, āvī, ātum 1.⟩ ||currere|| hin und her laufen, umherlaufen

cursim ADV ||currere|| im Lauf, im Flug, eilends

cursitāre ⟨ō, āvī, ātum 1.⟩ ||cursare|| hin und her laufen

cursor ⟨cursōris⟩ M ||currere||
① Läufer, Wettläufer; *Ov.* Wettfahrer
② Vorläufer, Vorreiter
③ Eilbote

Cursor ⟨Cursōris⟩ M Beiname der gens Papiria; → Papirius

cursum PPP → currere

cursūra ⟨ae⟩ F ||currere|| (*vkl., nachkl.*) das Laufen

cursus ⟨cursūs⟩ M ||currere||
① Lauf, Rennen; **cursu fugere** eilends fliehen; **magno cursu** in vollem Lauf; **eodem cursu** ohne anzuhalten; **iungere cursum equis** mit den Pferden mitlaufen
② MIL Eilmarsch, Sturmschritt; **terras cursibus perlustrare** *fig* die Länder im Sturmschritt durcheilen
③ *fig* Eile, Schnelligkeit; **eo cursu contendere, ut** in solcher Schnelligkeit eilen, dass
④ *je nach Kontext* Ritt, Flug, Fahrt, Reise; **cursum exspectare** auf günstigen Wind warten; **in medio cursu** mitten auf der Fahrt
⑤ Bahn *der Gestirne,* **solis** der Sonne
⑥ Strömung, Lauf *von Flüssen,* **aquarum** der Wassermassen
⑦ Fluss *der Rede;* **~ verborum** Fluss der Worte
⑧ Richtung; Verlauf; **cursum tenere** die Richtung einhalten; **cursu decedere** vom Kurs ab-

currus – zweirädiger Rennwagen

kommen
- ⁹ Wettlauf, Wettrennen
- ¹⁰ *fig* das Streben *nach einem Ziel*
- ¹¹ Wettbewerb; Laufbahn; **cursum honorum transcurrere** im Flug Karriere machen
- ¹² (*mlat.*) Gottesdienst
- ¹³ (*mlat.*) rhythmischer Satzschluss *in der Kunstprosa*
- ▶ deutsch: **Kurs**
  englisch: **course**
  französisch: **cours**
  spanisch: **curso**
  italienisch: **corso**

curtāre ⟨ō, āvī, ātum 1.⟩ ||curtus|| verkürzen, verstümmeln, schmälern

curtis ⟨curtis⟩ F̱ (*mlat.*) Hof, fürstlicher Hof

curtisanus
- **A** ⟨a, um⟩ ADJ ||curtis|| (*mlat.*) zum Hof gehörig, Hof...
- **B** ⟨ī⟩ M̱ (*mlat.*) Höfling

Curtius ⟨a, um⟩ röm. Gentilname
- ¹ **M. ~** stürzte sich nach einer Sage 362 v. Chr. mit Pferd u. in voller Rüstung in einen Krater, der sich auf dem Forum Romanum aufgetan hatte u. sich nach diesem vom Orakel geforderten Opfertod wieder schloss; daran erinnert der lacus Curtius auf dem Forum
- ² **Q. ~ Rufus** röm. Geschichtsschreiber unter Kaiser Claudius, Mitte des 1. Jh. n. Chr., genaue Lebensdaten unbekannt, Verfasser einer Geschichte Alexanders des Großen

curtus ⟨a, um⟩ ADJ
- ¹ (*vkl., nachkl.*) verkürzt, verstümmelt; beschnitten; **mulus ~** Maulesel mit verkürztem Schweif; **ludaeus ~** *Hor.* beschnittener Jude
- ² *fig* unvollständig, mangelhaft
- ▶ deutsch: **kurz**
  englisch: **curt**
  französisch: **court**
  spanisch: **corto**

italienisch: **corto**

curūlis
- **A** ⟨curūle⟩ ADJ ||currus||
- ¹ Wagen..., Renn...; **equi curules** Rennpferde, Pferde für das Viergespann; **triumphus ~** Triumphzug mit Wagen, *bei dem der siegreiche Feldherr auf dem Wagen fuhr*
- ² **sella ~** Amtssessel der höheren Staatsbeamten *von Ädil bis Konsul*
- ³ kurulisch; **magistratūs curules** kurulische Beamte, Beamte der höchsten Ebene
- **B** ⟨curūlis⟩ F̱ = **sella curulis** Amtssessel der höheren Staatsbeamten

curvāmen ⟨curvāminis⟩ Ṉ, **curvātūra** ⟨ae⟩ F̱ ||curvare|| Krümmung, Wölbung; **curvamen caeli** Wölbung des Himmels; **curvatura rotae** *Ov.* Radfelge

curvāre ⟨ō, āvī, ātum 1.⟩ ||curvus|| (*nachkl.*) poet krummen, wölben; *fig* nachgiebig machen; *passiv u.* **se ~** sich krümmen, sich biegen; **cornu ~** den Bogen spannen;

curvātus ⟨a, um⟩ ADJ ||curvare|| = **curvus**

curvum ⟨ī⟩ Ṉ ||curvus|| Krummes, Böses

curvus ⟨a, um⟩ ADJ (*unkl.*)
- ¹ krumm, gebogen; **lyra curva** gebogene Leier; **litus curvum** sich in Windungen hinschlängelnde Küste; **arator ~** gebeugter Pflüger; **flumina curva** sich windende Flüsse
- ² hohl, bauchig; **vallis curva** tiefes Tal; **latebrae curvae** tiefe Schlupfwinkel; **undae curvae** sich auftürmende Wogen
- ³ *fig* verwerflich, böse
- ▶ deutsch: **Kurve**
  englisch: **curve**
  französisch: **courbe**
  spanisch: **curva**
  italienisch: **curvo**

cuspis ⟨cuspidis⟩ F̱

 cursus honorum – die Ämterlaufbahn

Sehr früh bildete sich eine feste Reihenfolge heraus, in der ein römischer Bürger öffentliche Ämter zu bekleiden hatte. Die vier Ämter des **cursus honorum** waren in der Zeit der Republik:

quaestor	Quästor, *Finanzbeamter, Schatzmeister*
aedilis	Ädil, *verantwortlich für die Spiele, öffentliche und soziale Sicherheit*
praetor	Prätor, *verantwortlich für die Rechtsprechung*
consul	Konsul, *höchster Beamter der Republik*

Ämterfolge, Mindestalter (Konsul: 43 Jahre) und Zahl der Jahre ohne Ämter waren gesetzlich festgelegt. Für alle genannten Ämtern galten die Prinzipien der Annuität (das jeweilige Amt durfte nur ein Jahr lang bekleidet werden) und der Kollegialität (jedes Amt musste von mindestens zwei Personen ausgeführt werden). In der Kaiserzeit wurden die Amtsinhaber nicht mehr gewählt, sondern ernannt.

WORTSCHATZ

1 Spitze, Stachel; ~ **sagittae** Pfeilspitze; **asseres cuspidibus praefixi** mit Spitzen versehene Stangen
2 *meton* Spieß, Lanze
3 Bratspieß
4 *Com.* männliches Glied

cūssinus ⟨ī⟩ M *(mlat.)* Kissen
custōdēla ⟨ae⟩ F *(vkl., nachkl.)* = custodia
custōdia ⟨ae⟩ F ||custos||
1 Bewachung, Aufsicht, Schutz, *alicuius* j-s *od* durch j-n; *meton* Sicherheitsmaßregel; ~ **vigilum** Bewachung durch die Wächter; ~ **filiae** Aufsicht über die Tochter
2 Wache = das Wachestehen; **excubias et custodias polliceri** strenge Bewachung versprechen
3 Wache = Wachposten; **custodias disponere** Wachposten aufstellen
4 Gewahrsam; *(nachkl.)* Gefängnis; ~ **libera** Hausarrest; ~ **publica** Staatsgefängnis; **aliquem in custodia habere/tenere** j-n in Haft halten; **in custodiam conicere** ins Gefängnis werfen; **e custodia educere/emittere** aus der Haft entlassen
5 *(nachkl.) meton* die Häftlinge, die Gefangenen

custōdīre ⟨iō, iī/īvī, ītum 4.⟩ ||custos||
1 bewachen, beschützen, *aliquem ab aliquo* j-n vor j-m
2 aufbewahren, verwahren; ~ **epistulam** einen Brief zurückbehalten; **aliquid litteris** ~ etw schriftlich verwahren; **aliquid memoriā** ~ etw im Gedächtnis bewahren
3 überwachen, beaufsichtigen; **multorum oculi te custodient** die Augen vieler werden dich überwachen; ~ **castra, ne quis elabi possit** das Lager überwachen, damit keiner ausbrechen kann; **se** ~ auf der Hut sein, *ut/ne* dass/dass nicht
4 gefangen halten, in Haft halten; **obsides per municipia** ~ die Geiseln in den einzelnen Gemeinden in Haft halten

custōdītus ⟨a, um, *adv* custōdītē⟩ ADJ ||custodire|| vorsichtig, behutsam

custōs ⟨custōdis⟩ M u. F
1 Wächter, Wächterin, Aufseher, Aufseherin
2 Bewahrer, Beschützer, *auch von abstr. Begriffen;* **sapientia totius hominis** ~ **est** die Weisheit ist die Beschützerin des ganzen Menschen; **discipuli** ~ Mentor; **custodes arcis** Besatzung der Festung; ~ **telorum** *meton* Köcher; ~ **turis** Kästchen für Weihrauch
3 heimlicher Aufpasser; **custodes tabularum** die Aufseher bei der Stimmabgabe, Wahlkommission
4 Gefängniswärter; **praefectus custodum** Kerkermeister, Gefängnisdirektor
5 *(mlat.)* Küster, *Kirchendiener, u. a. für den Schließ- u. Läutdienst einer Kirche verantwortlich*
6 *(nlat.)* Kustos, *wissenschaftlicher Angestellter im Museum*

cutīcula ⟨ae⟩ F ||cutis|| Haut
cutis ⟨cutis⟩ F *(Plaut., nachkl.) poet*
1 Haut *von Mensch u. Tier, auch von Pflanzen u. Früchten;* Vorhaut; ~ **oris** Gesichtshaut; ~ **uvarum** Haut der Trauben; **cutem curare** *Sprichwort* es sich gut gehen lassen
2 gegerbte Haut der Tiere, Leder
3 *fig* Oberfläche, Hülle

Cyaneae ⟨ārum⟩ F *Ov.* = **Symplegades** *zwei kleine Felsinseln im Bosporus bei Byzanz, heute Öreke kayalari*

cyathissāre ⟨ō, āvī, ātum 1.⟩ *Plaut.* einschenken

cyathus ⟨ī⟩ M *(unkl.)*
1 Schöpflöffel, *mit dem man den Wein aus dem Mischgefäß in den Becher schöpfte*
2 Becher
3 Hohlmaß, *ein Zwölftel des sextarius* = 0,05 l

cybaea ⟨ae⟩ F ||cybaeus|| *(erg.* **navis**) Transportschiff
cybaeus ⟨a, um⟩ ADJ bauchig

Cybēbē ⟨Cybēbēs *u.* ae⟩, **Cybelē** ⟨Cybelēs *u.* ae⟩ F
1 MYTH phrygische Göttin, Magna Mater, *Symbol der Fruchtbarkeit der Erde, von den Griechen mit Rhea, der Mutter des kretischen Zeus, von den Römern mit Ops, der Gattin des Saturn, gleichgesetzt; die Priester hießen Galli; Kult 204 v. Chr. in Rom als Staatskult eingeführt, alljährlich wurden als ihr Fest die Megalensia gefeiert*
2 MYTH, *Ov., Catul.* vermutlich Berg in Phrygien, *von Vergil Cybelus genannt*

Cybelēius ⟨a, um⟩ ADJ zur Cybele gehörig, der Cybele
cybiosactēs ⟨cybiosactae⟩ M
1 Salzfischhändler, Heringshändler
2 *Suet.* Spottname des Kaisers Vespasian *wegen seines sprichwörtlichen Geizes*

Cybistra ⟨ōrum⟩ N Stadt in Kappadokien, *am Fuß des Taurus, sw. von Tyana*
cybium ⟨ī⟩ N Thunfisch; Thunfischgericht
cycladātus ⟨a, um⟩ ADJ ||cyclas|| *Suet.* mit einer cyclas bekleidet, im Frauenkleid
Cyclades ⟨Cycladum⟩ F Kykladen, *kreisförmig um Delos liegende Inseln im Ägäischen Meer*
cyclas ⟨cycladis⟩ F Rundkleid, *feines u. elegantes Staats- u. Prunkkleid der röm. Damen*
cyclicus ⟨a, um⟩ ADJ
1 kreisförmig, kreisrund
2 LIT *Hor.* zum epischen Zyklus gehörig; **cyclici poetae/scriptores** Dichter, *die in der Nachfolge Homers den epischen Sagenkreis behandelten*
Cyclōpius ⟨a, um⟩ ADJ ||Cyclops|| Kyklopen…

Cyclōps ⟨Cyclōpis, *pl* Cyclōpes, Cyclōpum⟩ M̄ MYTH **Kyklop**, *Riesen mit einem einzigen Auge auf der Stirn, Schmiedegesellen des Hephaistos/Vulcan; sg =* Polyphem; **Cyclopa moverī** *Hor.* den Kyklopentanz aufführen, *Pantomime, die Polyphem als Liebhaber der Galatea zeigt*

cyclus ⟨ī⟩ M̄ (*spätl.*) Kreis; ASTRON Zyklus

cycnēus ⟨a, um⟩ ADJ Schwanen…; **vox cycnea** *Cic.* Schwanengesang

cycnus ⟨ī⟩ M̄ Schwan, *dem Apollo heilig; Hor. meton* Dichter

Cycnus[1] ⟨ī⟩ M̄ König von Ligurien, *in einen Schwan verwandelt u. unter die Sterne versetzt*

Cycnus[2] ⟨ī⟩ M̄ Sohn des Neptun, *in einen Schwan verwandelt*

Cydnus ⟨ī⟩ M̄ Fluss in Kilikien, bei Tarsos, *bekannt wegen seines klaren u. kalten Wassers mit Heilkräften gegen Nervenkrankheiten*

Cydōn ⟨Cydōnis⟩ M̄ Einwohner von Cydonia

Cydōnēus ⟨a, um⟩ ADJ ||Cydonia|| kydonisch; kretisch; **malum Cydoneum** kydonischer Apfel = Quitte;

Cydōnia ⟨ae⟩ F̄ Küstenstadt im NW Kretas, *heute Chania, ohne antike Reste*

Cydōniātēs ⟨ae⟩ M̄ Einwohner von Cydonia

Cydōnius ⟨a, um⟩ ADJ kydonisch; kretisch

cygn… = **cycn…**

cylindrus ⟨ī⟩ M̄ Walze, Zylinder, *geometrische Figur u. Gerät zum Ebnen des Bodens*

Cyllarus ⟨ī⟩ M̄ ein Kentaur

Cyllēnē ⟨Cyllēnēs *u.* ae⟩ F̄

1 Stadt an der Küste von Elis, *heute Kyllini, mit zahlreichen Funden aus der Antike*

2 Randgebirge im NO von Arkadien, *an der Grenze zu Achaia, galt in der Antike als Geburtsstätte des Hermes/Merkur*

Cyllēnēus ⟨a, um⟩ ADJ, **Cyllēnnis** ⟨Cyllēnidis⟩ ADJ F, **Cyllēnius** ⟨a, um⟩ ADJ zur Cyllene gehörig

Cȳmaeus

A ⟨a, um⟩ ADJ aus Cyme, von Cyme

B ⟨ī⟩ M̄ Einwohner von Cyme

cymba ⟨ae⟩ F̄ = **cumba**

cymbalum ⟨ī⟩ N̄ Zimbel, Becken, *meist pl, weil zum Schlagen der Zimbel jeweils zwei Becken notwendig waren; verwendet bei den Bacchanalien u. an den Festen der Kybele*

cymbium ⟨ī⟩ N̄ (*vkl.*) *poet* kleines nachenförmiges Trinkgefäß, Schale

Cȳmē ⟨Cȳmēs⟩ F̄

1 Stadt im kleinasiatischen Äolis, *Vaterstadt Hesiods u. des Historikers Ephoros (um 350 v. Chr.), Mutterstadt von Cumae, Ruinen beim heutigen Aliaga, n von Izmir*

2 *poet* = **Cumae**

Cynicus

A ⟨a, um⟩ ADJ, ADV ⟨Cynicē⟩

1 zur kynischen Philosophie gehörig, kynisch; **cena cynica** sehr einfache Mahlzeit

2 *adv* nach Art der Kyniker

B ⟨ī⟩ M̄ Kyniker, kynischer Philosoph, *Vertreter einer Weltanschauung der Bedürfnislosigkeit, Symbolfigur ist Diogenes*

cynocephalus ⟨ī⟩ M̄ hundsköpfiger Affe, *eine asiatische Affenrasse, zur Familie der Meerkatzen gehörig*

Cynoscephalae ⟨ārum⟩ F̄ *Liv.* „Hundsköpfe", *Hügel im SO von Thessalien, bekannt durch den Sieg des Konsuls Flaminius über Philipp V. von Makedonien 197 v. Chr.*

Cynosūra ⟨ae⟩ F̄ der Polarstern, *im Sternbild des Kleinen Bären;* der Kleine Bär

Cynosūrae ⟨ārum⟩ F̄

1 schmale Landzunge in der Bucht von Marathon

2 schmale Landzunge in der Bucht von Salamis

Cynosuris ⟨Cynosūridis *u.* Cynosūridos⟩ ADJ ||Cynosura|| zum Kleinen Bären gehörig; **ursa Cynosuris** der Kleine Bär

Cynthius ⟨a, um⟩ ADJ des Cynthus,

Cynthus ⟨ī⟩ M̄ Berg auf Delos, *Geburtsstätte des Apollo u. der Artemis/Diana*

cyparissus ⟨ī⟩ F̄ = **cupressus**

Cyparissus ⟨ī⟩ M̄ von Apollo geliebter Knabe, *wurde in einen Zypressenbaum verwandelt*

cypressus ⟨ī⟩ F̄ = **cupressus**

Cypria ⟨ae⟩ F̄ ||Cypros|| = Aphrodite/Venus

Cypriānus ⟨ī⟩ M̄ Thascius Caecilius Cyprianus, *berühmter lat. Kirchenlehrer u. -schriftsteller, geb. 200 n. Chr. in Karthago, 258 n. Chr. dort enthauptet*

cyprium ⟨ī⟩ N̄ ||Cypros|| Kupfer

Cyprius

A ⟨a, um⟩ ADJ ||Cypros|| aus Zypern, zyprisch

B ⟨ī⟩ M̄ Einwohner von Zypern, Zyprer

Cyprius vīcus Straße auf dem Forum Romanum

Cypros, Cyprus ⟨ī⟩ F̄ Zypern, *reich an Kupfer u. Schiffsbauholz, berühmt durch alten Kult der Aphrodite/Venus*

Cȳrēnae ⟨ārum⟩ F̄ Hauptstadt der Kyrenaika in Nordafrika, *griech. Kolonie, Geburtsort des Kallimachos, der Philos. Aristippus, Eratosthenes u. Karneades, Lage im heutigen Libyen, seit 1924 archäologisch erschlossen*

Cȳrenaeus, Cȳrēnaicus ⟨a, um⟩ ADJ zu Cyrene gehörig, aus Cyrene

Cȳrēnē ⟨Cȳrēnēs⟩ F̄ = **Cyrenae**

Cȳrēnēnsis ⟨Cȳrēnēne⟩ ADJ zu Cyrene gehörig, aus Cyrene

Cȳrēnēnsis ⟨Cȳrēnēnis⟩ M̄ Einwohner von Cyrene

Cyrtaeī, Cyrtiī ⟨ōrum⟩ M̄ *Liv.* kriegerisches Nomaden- u. Räubervolk in Persien

Cȳrus ⟨ī⟩ M̄

1 Gründer des Perserreiches, *gest. 539 v. Chr.*

2 ~ **minor** zweiter Sohn des Darius, Bruder des Arta-

xerxes, fiel in der Schlacht bei Kunaxa 401 v. Chr.
③ *röm. Architekt u. Zeitgenosse Ciceros*
Cytae ⟨ārum⟩ F̄ *Stadt in Kolchis am Schwarzen Meer, Heimat der Medea*
Cytaeis ⟨Cytaeidis⟩ F̄, **Cythāīnē** ⟨Cythāīnēs⟩ F̄ = Medea
Cytaeus ⟨a, um⟩ ADJ *zu Cytae gehörig, aus Cytae, auch kolchisch*
Cythēra ⟨ōrum⟩ N̄ *Insel u. Stadt vor dem Lakonischen Meerbusen, wo der Sage nach Aphrodite aus dem Schaum des Meeres aufgestiegen ist, im MA Cerigo, heute Kythira*
Cytherēa ⟨ae⟩ F̄ = Aphrodite/Venus
Cytherēias ⟨Cytherēiadis⟩ ADJF, **Cytherēis** ⟨Cytherēidis⟩ ADJF *zu Cythera gehörig, von Cythera*
Cytherēis ⟨Cytherēidis⟩ F̄ = Aphrodite/Venus
Cytherēius, Cytherēus, Cythēriacus ⟨a, um⟩ ADJ *zu Cythera gehörig, von Cythera*
Cythnos, Cythnus ⟨ī⟩ F̄ *Kykladeninsel mit warmen Quellen, Name erhalten*
cytisum ⟨ī⟩ N̄, **cytisus** ⟨ī⟩ F̄ u. M̄ *Verg.* Schneckenklee, *antike Kleeart*
Cytōrus ⟨ī⟩ M̄ *Berg u. gleichnamige Stadt in Paphlagonien, s. des Schwarzen Meeres, heute Kidros mit geringen Resten*
Cyzicos ⟨ī⟩ F̄, **Cyzicum** ⟨ī⟩ N̄, **Cyzicus** ⟨ī⟩ F̄ *Stadt am Südufer des Marmarameeres*

D

D d *Abk*
① = **Decimus** *Vorname*
② = **Divus** *der Göttliche als Beiname*
③ = **Deus** Gott
④ = **Dominus** Herr
⑤ *Zahlzeichen für 500*
⑥ = **dabam** *ich gab beim Briefdatum*
⑦ **d. a.** = **dicti anni** *(mlat.) besagten Jahres*
⑧ **d. d.** = **domus divina** = Kaiserhaus
⑨ **DD. NN.** = **domini nostri** unsere Herren
⑩ **D. M.** = **divis manibus** den göttlichen Manen
⑪ **D. N.** = **dominus noster** unser Herr

Dācia ⟨ae⟩ F̄ Dakien, *von 106–274 n. Chr. röm. Provinz auf dem Gebiet des heutigen Rumänien zwischen Donau und Karpaten, Theiß u. Pruth*
Dācicus ⟨ī⟩ M̄ *unter Domitian geprägte Goldmünze*
dactylicus ⟨a, um⟩ ADJ daktylisch
dactyliothēca ⟨ae⟩ F̄
① Ringkästchen, Schmuckkästchen
② *(spätl.)* Daktyliothek, Sammlung von Siegelringen
dactylus ⟨ī⟩ M̄
① METR Daktylus, *Versfuß* –∪∪
② *(spätl.)* Dattel
③ **Dactyli Idaei** *Cic.* uralte phrygische Dämonen, kunstfertige Schmiedekobolde der Kybele/Rhea, oft mit den Korybanten gleichgesetzt
Dācus
Ⓐ ⟨a, um⟩ ADJ ‖Dacia‖ dakisch
Ⓑ ⟨ī⟩ M̄ Daker
Daedalēus, Daedaleus ⟨a, um⟩ ADJ des Daedalus
daedalus ⟨a, um⟩ ADJ
① kunstfertig, listig
② kunstvoll gearbeitet
Daedalus ⟨ī⟩ M̄ MYTH *griech. Künstler, Ahnherr des athenischen Kunsthandwerks, Erbauer des Labyrinths auf Kreta, Vater des Ikarus*
daemōn ⟨daemonis⟩ M̄ *(spätl.)* Geist; *(eccl.)* böser Geist, Teufel
daemonicus ⟨a, um⟩ ADJ *(eccl.)* teuflisch
Dahae ⟨ārum⟩ M̄ *skythisches Volk ö. des Kaspischen Meeres, im Gebiet des heutigen Turkmenistan, berühmt u. gefürchtet als berittene Bogenschützen*
Dalmatae ⟨ārum⟩ M̄ ‖Dalmatia‖ die Einwohner von Dalmatien, die Dalmatiner
Dalmatia ⟨ae⟩ F̄ Dalmatien, *Landschaft an der Adria, seit 10 n. Chr. röm. Provinz*
dalmatica ⟨ae⟩ F̄ *(erg.* **vestis***) (spätl., eccl.)* Dalmatika, *liturgisches Gewand des Diakons*
Dalmaticus ⟨a, um⟩ ADJ dalmatisch, dalmatinisch
dāma¹ ⟨ae⟩ F̄ Antilope, Reh
dama² ⟨ae⟩ F̄ *(mlat.)* Dame *im Schach*
Damascēnus
Ⓐ ⟨a, um⟩ ADJ aus Damascus, von Damascus
Ⓑ ⟨ī⟩ M̄ Einwohner von Damascus
Damascus ⟨ī⟩ F̄ *sehr alte u. wichtige Handelsstadt am Westrand der syrischen Wüste, bedeutsam in alttestamentlicher, hellenistischer u. frühchr. Zeit, heute Hauptstadt Syriens*
dāmiūrgus ⟨ae⟩ F̄ = demiurgus

---

damnāre ⟨ō, āvī, ātum 1.⟩ ‖damnum‖

① verurteilen, schuldig sprechen
② als ungerecht verwerfen
③ verurteilen lassen
④ bezichtigen, für schuldig erklären
⑤ missbilligen, verdammen
⑥ weihen
⑦ verpflichten

---

① JUR verurteilen, schuldig sprechen, *aliquem*

▶ Versmaße

Der lateinische Vers basiert auf einer bestimmten Abfolge langer und kurzer Silben. Die kleinste sich wiederholende metrische Einheit im lateinischen Vers ist der Versfuß. Die gebräuchlichsten sind:
Daktylus: – ◡ ◡, z. B. ōstia
Spondeus: – –, z. B. crēdō
Anapäst: ◡ ◡ –, z. B. pereō
Jambus: ◡ –, z. B. fidēs
Trochäus: – ◡, z. B. ōrbe

Die meisten Verse setzen sich aus solchen Versfüßen zusammen. Die letzte Silbe eines Verses ist stets eine **syllaba anceps**, d. h. sie kann sowohl lang als auch kurz sein (im Schema mit „x" bezeichnet). Häufig begegnen in der lateinischen Dichtung folgende Versmaße:
Hexameter (= fünf Daktylen bzw. Spondeen + ein Spondeus oder Trochäus)
Pentameter (= zwei Daktylen bzw. Spondeen + ein Spondeus und zwei Anapäste)
Hendekasyllabus (= Elfsilber)

METRIK ◀

---

alicuius rei/de re j-n wegen etw, **furti** wegen Diebstahls, **veneficii** wegen Giftmordes, **de vi** wegen Gewaltanwendung, **eo nomine** deswegen, **inter sicarios** als Mörder, **pecuniā** zu einer Geldstrafe, **capite/capitis** zum Tod, **ad opus/in opus** zu Zwangsarbeit, **ad metalla** zur Arbeit in den Bergwerken

2 als ungerecht verwerfen, **id consilium** diesen Plan

3 *vom Kläger* j-n verurteilen lassen, j-s Verurteilung durchsetzen, *aliquem*; **ab aliquo damnari** auf j-s Betreiben verurteilt werden

4 *außergerichtlich einer Sache* bezichtigen, für schuldig erklären, **dementiae** des Wahnsinns; **voti damnari** (vkl.) zur Erfüllung eines Gelübdes verpflichtet werden = seinen Wunsch erfüllt sehen

5 missbilligen, verdammen, *aliquem/aliquid* j-n/etw; **fidem medici ~** die Glaubwürdigkeit des Arztes nicht anerkennen; **spem salutis ~** die Hoffnung auf Rettung aufgeben

6 (nachkl.) *poet* dem Tod weihen

7 zu etw verpflichten, *bes durch Testament*

damnās *indekl* ||damnare|| JUR zu einer Geldzahlung verurteilt, zu einer Geldleistung verpflichtet

damnātiō ⟨damnātiōnis⟩ F ||damnare|| Verurteilung, *alicuius rei* wegen etw, zu etw, **ambitus** wegen Amtserschleichung, **tantae pecuniae** zu einer so großen Summe

⚠ **Damnatio memoriae** "Bestrafung des Andenkens", gemeint ist die Beseitigung aller Statuen, Nennungen usw. eines toten Kaisers aufgrund eines Senatsbeschlusses

damnātōrius ⟨a, um⟩ ADJ ||damnare|| verurteilend

damnātus ⟨a, um⟩ ADJ ||damnare|| verurteilt; (nachkl.) *poet* verdammenswert; **damnatior** *komp* härter verurteilt

damni-ficus ⟨a, um⟩ ADJ ||damnum, facere|| *Plaut.* schädlich

damni-gerulus ⟨a, um⟩ ADJ ||damnum, gerere|| *Plaut.* schädlich

damnōsus ⟨a, um, *adv* damnōsē⟩ ADJ ||damnum|| (unkl.)

1 schädlich, verderblich, *alicui* für j-n

2 sich selbst zum Schaden, verschwenderisch

3 geschädigt, ruiniert

damnum ⟨ī⟩ N

1 Verlust, Schaden

2 *Plaut.* Aufwand *als Grund der Verluste*, Opfer

3 Niederlage, Schlappe; **damno duarum cohortium** mit Verlust von zwei Kohorten

4 verhängte Strafe, *bes* Geldstrafe; **damnum alicuius rei dare** für etw büßen

5 Gebrechen; **~ naturae** natürliches Gebrechen

6 *meton* eingebüßter Gegenstand

Dāmoclēs ⟨Dāmoclis⟩ M Günstling des Tyrannen Dionysios II. von Syrakus

Dāmōn ⟨Dāmōnis⟩ M pythagoreischer Philos. in Syrakus, berühmt durch seine Freundestreue zu Phintias

Danaē ⟨Danaēs⟩ F Tochter des Akrisios (Acrisius), durch Zeus Mutter des Perseus

Danaēius ⟨a, um⟩ ADJ der Danae, von Danae

Danaī ⟨ōrum⟩ M ||Danaus|| die Danaer = die Griechen *vor Troja*

Danaides ⟨Danaidum⟩ M die Danaiden, *die 50 Töchter des Danaus*

Danaus

A ⟨ī⟩ M MYTH Sohn des Belos, Gründer von Argos, Vater von 50 Töchtern mit 10 verschiedenen Frauen.

B ⟨a, um⟩ ADJ argivisch = griechisch

Dandaridae ⟨ārum⟩ M skythisches Volk am Nordostufer des Schwarzen Meeres

danīsta ⟨ae⟩ M *Plaut.* Wucherer

danīsticus ⟨a, um⟩ ADJ Wucher...

dāns ⟨dantis⟩ M ||dare|| Geber

Dānuvius ⟨ī⟩ M Oberlauf der Donau, Donau

Daphnē ⟨Daphnēs⟩ F Nymphe, Tochter des Flussgottes Peneus, von Apollo verfolgt, in einen Lorbeerbaum verwandelt

Daphnis ⟨Daphnidis⟩ M MYTH Hirte auf Sizilien, Sohn des Merkur, Erfinder der Bukolik

daphnōn ⟨daphnōnis, *akk* daphnōna⟩ M *Petr., Mart.* Lorbeergarten

dapi-fer ⟨dapiferī⟩ M ||daps, ferre|| (spätl.) Speisenträger; (mlat.) Truchsess, für Küche u. Speisen zuständiger Hofbeamter

dapināre ⟨ō, āvī, ātum 1.⟩ *Plaut.* auftischen

daps ⟨dapis⟩ F *meist* PL

1 REL Opfermahl, Festmahl

2 leckeres Mahl; *meton* Speise, Nahrung, Kost

dapsilis ⟨dapsile, *adv* dapsilē *u.* dapsiliter⟩ ADJ (vkl., nachkl.) mit allem reichlich versehen

Dardanī ⟨ōrum⟩ M die Einwohner von Dardania

Dardania ⟨ae⟩ F ||Dardanus|| *poet* = Troja

Dardanidae ⟨ārum *u.* Dardanidum⟩ M die Nachkommen des Dardanus, = die Troer

Dardanidēs ⟨Dardanidae⟩ M Nachkomme des Dardanus, = Troer

Dardanis ⟨Dardanidis⟩ F weibliche Nachkomme des Dardanus, Troerin, *bes* Kreusa, die Gattin des Aeneas

Dardanius, Dardanus ⟨a, um⟩ ADJ dardanisch, trojanisch

Dardanus[1] ⟨ī⟩ M MYTH Sohn des Zeus u. der Elektra aus Arkadien, Gründer von Dardania

Dardanus[2] ⟨ī⟩ M Dardaner, Troer, *bes* Aeneas

---

dāre ⟨dō, dedī, datum 1.⟩

1 geben, (dar)reichen
2 weihen, opfern
3 (be)zahlen, entrichten
4 stellen
5 geben wollen, anbieten
6 übertragen, anweisen
7 widmen
8 bewilligen, gestatten
9 zulassen, stattgeben
10 zugestehen, einräumen
11 zu Gefallen tun
12 bestimmen, nennen
13 zuschreiben
14 geben, sehen lassen
15 geben
16 hervorbringen
17 geben, veranstalten
18 richten
19 Passiv sich begeben

---

1 geben, (dar)reichen, *alicui aliquid* j-m etw; **puero donum ~** dem Knaben ein Geschenk geben; **amico dextram ~** dem Freund die Rechte reichen; **alicui civitatem ~** j-m das Bürgerrecht verleihen; **alicui oscula ~** j-m Küsse geben; **ius iurandum ~** einen Eid leisten; **filiam in matrimonium ~** die Tochter verheiraten; **alicui aliquid dono/muneri ~** j-m etw zum Geschenk machen; **militibus urbem diripiendam ~** den Soldaten die Stadt zur Plünderung überlassen; **nuntio epistulam/litteras ~** dem Boten einen Brief zur Zustellung übergeben; **alicui epistulam ~** j-m einen Brief schreiben; **alicui manūs ~** j-m die Hände zur Fesselung hinhalten, sich j-m ergeben; **alicui cervices ~** sich j-m unterwerfen; **equo frena/habenas ~** dem Pferd die Zügel schießen lassen, das Pferd galoppieren lassen; **hostibus terga ~** vor den Feinden fliehen

2 (nachkl.) *poet* den Göttern weihen, opfern; **patriae sanguinem ~** *fig* dem Vaterland ein Blutopfer bringen

3 Geld (be)zahlen, entrichten; *eine Buße* leisten = bestraft werden; **alicui poenas ~ alicuius rei** j-m für etw Strafe zahlen; **pecuniam ~** Geld bezahlen

4 Geiseln, Truppen *od* Zeugen stellen; **obsides ~** Geiseln stellen; **copias ~** Truppen stellen

5 *Liv.* geben wollen, anbieten, *nur Präs u. imperf*; **alicui ducentos equites ~** j-m zweihundert Reiter anbieten

6 übertragen, erteilen; **alicui negotium ~** j-m ein Geschäft übertragen; **alicui provinciam ~** j-m die Verwaltung einer Provinz übertragen; **alicui bellum gerendum ~** j-m die Führung des Krieges übertragen

7 widmen, *alicui aliquid* j-m etw; **annos studiis ~** Jahre den Studien widmen; **~ operam alicui rei** auf etw Mühe verwenden, *ut/ne*; **se ~ alicui rei** sich einer Sache widmen; **se ~ in sermonem** sich auf ein Gespräch einlassen

8 bewilligen, gestatten, *alicui aliquid* j-m etw, *ut/ne/+inf*; **~ petentibus aditum** den Bittstellern Zutritt gewähren; **alicui veniam ~** j-m Verzeihung gewähren, j-m Erlaubnis geben; **alicui tempus ~** j-m Zeit lassen; **alicui locum ~** j-m Platz machen; **da nobis abire** gestatte uns wegzugehen

9 JUR zulassen, stattgeben; **iudicium ~** einen Prozess zulassen *vonseiten des Prätors*; **iura ~** Recht sprechen; **litem secundum eam partem ~** den Prozess zugunsten dieser Partei entscheiden

10 zugestehen, einräumen, PHIL *aliquid* etw, +*AcI*; **do mortem malum esse** ich gestehe zu, dass der Tod ein Übel ist
11 j-m etw zu Gefallen tun, *alicui aliquid*; um *einer Sache* willen *etw* tun, *alicui rei aliquid*; **aliquid famae ~** etw für den guten Ruf tun; **aliquem alicui ~** j-n aus Rücksicht auf j-n begnadigen
12 bestimmen, nennen, *alicui aliquid* j-m etw, +*indir Fragesatz, passiv* +*NcI*; **alicui diem colloquio ~** j-m einen Termin für ein Gespräch nennen; **alicui condiciones ~** j-m die Bedingungen vorgeben; **nomen ~** sich (freiwillig) melden
13 zuschreiben; als *etw* auslegen; **alicui aliquid laudi ~** j-m etw als Vorzug auslegen; **alicui aliquid crimini ~** j-m etw zum Vorwurf machen
14 ein Zeichen geben, sehen lassen, hören lassen; **lacrimas ~** Tränen fließen lassen
15 zum Beweis od als Beleg geben; **aliquid alicui documento ~** j-m etw zum Beweis vorlegen
16 hervorbringen; *fig* bewirken, machen; **segetes frumenta dant** die Felder bringen Getreide hervor; **cuneum ~** einen Keil bilden; **ruinam ~** einstürzen; **aliquem ferocem ~** j-n wild machen
17 *Spiele* geben, veranstalten; **ludos populo ~** Spiele für das Volk veranstalten; **fabulam ~** ein Schauspiel aufführen lassen
18 irgendwohin *od etw* bringen, richten; **aliquem ad terram ~** j-n zu Boden schleudern; **legiones in fugam ~** die Legionen in die Flucht schlagen; **vela in altum ~** in See stechen; **aliquem ad iniurias ~** j-n bloßstellen; **bracchia cervici ~** die Arme um den Nacken schlingen; **aliquem catenis ~** j-n in Ketten legen; **calculum ~** *im Brettspiel* einen Stein ziehen
19 *passiv u.* **se ~** sich begeben; sich fügen; *auch* sich hingeben; **in viam se ~** sich auf den Weg machen; **populo se ~** sich dem Volk zeigen; **se facilem ~** sich gefällig zeigen; **prout res se dat** wie es sich so gibt; **iudices se dant** die Richter zeigen sich willig

⚠ **Do, ut des.** Ich gebe, damit du gibst. *Formel der Römer im Recht, aber auch in der Religion*

Darēs ⟨Darētis⟩ M̄ Gefährte des Aeneas
Dārēus ⟨ī⟩ M̄, (*nachkl.*) **Dārīus** ⟨ī⟩ M̄ persischer Königsname
1 ~ **I. Hystaspis** (*336–485 v. Chr.*) bei Marathon 490 v. Chr. von den Griechen besiegt
2 ~ **III. Kodomannos** (*336–330 v. Chr.*) von Alexander dem Großen 333 v. Chr. bei Issos und 330 v. Chr. bei Gaugamela besiegt

datāre ⟨ō, āvī, ātum 1.⟩ ||dare|| regelmäßig geben, abgeben, **fenore argentum** Geld gegen Zins
datārius ⟨a, um⟩ ADJ ||dare|| *Plaut.* zu verschenken
datātim ADV ||datare|| *Com.* sich wechselseitig gebend, sich gegenseitig zuwerfend
datiō ⟨datiōnis⟩ F̄ ||dare||
1 Geben, Erteilen, **legum** von Gesetzen
2 *Liv.* Schenkungsrecht
datīvus ⟨ī⟩ M̄ ||dare|| (*erg.* **casus**) (*nachkl.*) Dativ
dator ⟨datōris⟩ M̄ ||dare|| (*vkl., spätl.*) Geber; *beim Ballspiel* der den Ball zuwirft
datum ⟨ī⟩ N̄ ||dare|| Gabe, Geschenk
datus¹ ⟨a, um⟩ PPP → **dare**
datus² *nur abl* ⟨datū⟩ M̄ ||dare|| Geben; **meo datu** *Plaut.* durch meine Gabe
Daulias ⟨Dauliadis⟩ ADJF aus Daulis, von Daulis; **ales Daulias** Schwalbe; **puellae Dauliades**

▶ **dativus – Dativ**

Der Dativ antwortet auf die Fragen:

wem?	**Do servo pecuniam.**
indirektes Objekt einer Handlung	Ich gebe dem Sklaven Geld.
für wen? / was?	**Non scholae sed vitae discimus.**
dativus commodi – Dativ des Vorteils	Nicht für die Schule, sondern für das Leben lernen
für eine Person oder auf eine Sache hin	wir.
wofür? / wozu?	**usui esse**
dativus finalis – Dativ des Zwecks	nützlich sein, von Nutzen sein
Zweck der Handlung	

Nicht immer entspricht der lateinische Dativ einem Dativ im Deutschen, z. B.:
parcere adversario – den Gegner schonen
studere litteris – sich um die Wissenschaften bemühen

die Mädchen aus Daulis, = Prokne und Philomele

Daulis ⟨Daulidis⟩ F *alte Stadt in Phokis, heute Daulia*

Daulius ⟨a, um⟩ ADJ aus Daulis, von Daulis

Daunia ⟨ae⟩ F, **Daunias** ⟨Dauniadis⟩ F Daunien, (Nord-)Apulien

Daunius ⟨a, um⟩ ADJ daunisch

Daunus ⟨ī⟩ M MYTH *König von Apulien, Vater od Ahnherr des Turnus*

---

dē, dē-

A Präfix

1. ab-, fort-
2. herab-, nieder-
3. un-, miss-
4. völlig, ganz

B Präposition

1. von … weg
2. noch während, schon während
3. gleich nach, unmittelbar nach
4. von, aus
5. von, aus
6. aus, von
7. von … wegen, wegen
8. zufolge, gemäß
9. hinsichtlich, über

— **A** Präfix —

PRÄF
1. ab-, fort-; **de-cedere** weg-gehen
2. herab-, nieder-; **de-icere** herab-werfen, nieder-werfen
3. un-, miss-; **de-mens** von Sinnen, **de-formis** miss-gestaltet
4. völlig, ganz; **de-vincere** völlig besiegen

— **B** Präposition —

PRÄP +abl
1. *örtl.* von … weg; von … herab; **de muro se deicere** sich von der Mauer (herab)stürzen; **filium de matris complexu avellere** den Sohn aus der Umarmung der Mutter wegreißen
2. *zeitl.* noch während, schon während; **de nocte surgere** noch während der Nacht aufstehen; **de die potare** schon bei Tag trinken
3. *zeitl.* gleich nach, unmittelbar nach; **somnus de prandio** Schlaf unmittelbar nach der Mahlzeit; **diem de die exspectare** von Tag zu Tag warten
4. *Abstammung od Herkunft* von, aus; **homo de plebe** Mann aus dem Volk; **fidelissimus de servis** der verlässlichste von den Dienern
5. *Stoff* von, aus; **statua de marmore** Standbild aus Marmor; **corona de floribus** Kranz aus Blumen
6. *Quelle* aus, von; **de meo** aus meinen Mitteln; **de te** aus deinem Beutel; **de publico** aus der Staatskasse
7. *kausal* von … wegen, wegen, um … willen; **multis de causis** aus vielen Gründen; **de me experior** ich erfahre es an mir
8. *Maßstab* zufolge, gemäß; **de propinquorum consilio aliquid facere** etw nach dem Rat der Angehörigen tun
9. *Rücksicht* hinsichtlich, über; **de pace legatos mittere** zu Friedensverhandlungen Gesandte schicken; **de philosophia disserere** über die Philosophie sprechen; **de amicitia liber** Buch über die Freundschaft
10. *Wendungen*; **de integro** von Neuem; **de improviso** unversehens; **de industria** absichtlich; **de cetero** übrigens

dea ⟨ae, *dat u. abl pl* deīs, dīs, deābus⟩ F ‖deus‖ Göttin; **dis deabusque** *formelhaft* den Göttern und Göttinnen

de-albāre ⟨ō, āvī, ātum 1.⟩ weißen, übertünchen

de-amāre ⟨ō, āvī, ātum 1.⟩ *Com.*
1. völlig verliebt sein, *aliquem* in j-n
2. herzlich danken, *aliquem* j-m; **deamo te** vielen Dank

de-ambulāre ⟨ō, āvī, ātum 1.⟩ (*vkl., nachkl.*) spazieren gehen

deambulātiō ⟨deambulātiōnis⟩ F ‖deambulare‖ (*spätl.*) Spaziergang

de-armāre ⟨ō, āvī, ātum 1.⟩ *Liv.* entwaffnen

de-artuāre ⟨ō, āvī, ātum 1.⟩ ‖artus¹‖ *Plaut.* zerfleischen, in Stücke reißen; *fig* durch Betrug ruinieren

de-asciāre ⟨ō, āvī, ātum 1.⟩ ‖ascia‖
1. (*nachkl.*) mit der Axt behauen, glätten
2. *Plaut. fig* übers Ohr hauen, betrügen

dē-bacchārī ⟨or, ātus sum 1.⟩ *poet* sich austoben, wüten, rasen

dē-battuere ⟨uō, -, - 3.⟩ *Petr.* tüchtig stoßen

dē-bellāre ⟨ō, āvī, ātum 1.⟩ (*nachkl.*)
A VT *poet* niederkämpfen, besiegen, *aliquem* j-n
B VI *poet* den Krieg beenden; **debellatum est** der Krieg ist zu Ende

dēbellātor ⟨dēbellātōris⟩ M ‖debellare‖ (*nachkl.*) *poet* Bezwinger, Besieger

dēbēre ⟨eō, uī, itum 2.⟩
A VT
1. schulden, **pecuniam** Geld
2. schuldig bleiben, vorenthalten; **non posse alicui aliquid ~** j-m nichts schuldig bleiben können
3. verpflichtet sein, *aliquid* zu etw; **alicui gratias ~** j-m zu Dank verpflichtet sein; **patriae poenas ~** die Strafe des Vaterlandes verdienen

4 sollen, müssen; *in der Verneinung* dürfen; **beneficia oblivisci non debemus** Wohltaten dürfen wir nicht vergessen
5 verdanken; **parentibus maxima beneficia debemus** den Eltern verdanken wir die größten Wohltaten
6 verpflichtet sein, bestimmt sein, auserkoren sein, *aliquid* zu etw; **debes vivere** es ist dir bestimmt, zu leben; **debes urbem condere** du bist dazu bestimmt, eine Stadt zu gründen
7 *passiv einer Sache* geweiht sein, verfallen sein, *alicui rei*; **necessitati deberi** dem Gesetz der Notwendigkeit unterworfen sein; **coniunx debita** die vom Schicksal bestimmte Gattin
8 VII Schulden haben; **ei, quibus debeo** meine Gläubiger; **debentes** Schuldner

dēbilis ⟨dēbile⟩ ADJ entkräftet, gebrechlich; *fig* schwach
▶ deutsch: **debil**

dēbilitāre ⟨ō, āvī, ātum 1.⟩ ||debilis|| lähmen, verletzen; *fig* entmutigen; **a iure cognoscendo debilitatus** durch Entmutigung vom Rechtsstudium abgeschreckt

dēbilitās ⟨dēbilitātis⟩ F ||debilis|| Gebrechlichkeit; *fig* Schwäche

dēbilitātiō ⟨dēbilitātiōnis⟩ F ||debilitare|| (*nachkl.*) Lähmung; *fig* Fassungslosigkeit

dēbitiō ⟨dēbitiōnis⟩ F ||debere|| Schuldigsein, Schulden; **~ pecuniae** Geldschulden; **~ gratiae** Dankesschuld

dēbitor ⟨dēbitōris⟩ M ||debere||
1 Schuldner
2 *fig* der zu *etw* verpflichtet ist, der zu Dank für *etw* verpflichtet ist, *alicuius rei*; **~ vitae** der das Leben verdankt

dēbitum ⟨ī⟩ N ||debere|| Schuld; **alicui debitum solvere** j-m seine Schuld bezahlen; **debito fraudare** um die Schuld betrügen

dēbitus ⟨a, um⟩ ADJ ||debere|| geschuldet, gebührend; **triumphus ~** verdienter Triumphzug

dē-blaterāre ⟨ō, āvī, ātum 1.⟩ (*vkl., nachkl.*) dumm daherschwatzen, ausplaudern, *alicui* j-m, +AcI

decanatus ⟨decanatus⟩ M (*mlat.*) Würde eines Dekans

dē-cantāre ⟨ō, āvī, ātum 1.⟩
A VII (*nachkl.*) *poet* singend vortragen, vorsingen; *pej* herunterleiern
B VII mit dem Gesang aufhören

decānus ⟨ī⟩ M
1 (*nachkl.*) Vorgesetzter von zehn Mann; MIL Vorgesetzter von zehn Soldaten
2 (*eccl.*) Dekan, *Vorsteher mehrerer Pfarrstellen, in der Universität Vorsteher einer Fakultät*

dē-cēdere ⟨cēdō, cessī, cessum 3.⟩
1 weggehen, sich entfernen
2 sterben, aus dem Leben scheiden
3 ausweichen, aus dem Weg gehen
4 abweichen
5 nachstehen
6 abtreten
7 abgehen, abweichen
8 zurückgehen
9 untergehen
10 vergehen, aufhören

1 weggehen, sich entfernen; MIL abziehen, *ab loco/e loco* von einem Ort; **de foro ~** *Verg.* sich vom öffentlichen Leben zurückziehen; **de scaena ~** von der Bühne abtreten
2 *fig* (*erg.* **vitā/de vita**) sterben, aus dem Leben scheiden
3 j-m ausweichen, aus dem Weg gehen, *alicui, de via/in via*
4 *fig* abweichen, **de via** vom rechten Weg
5 *fig* j-m nachstehen, *alicui*; das Feld räumen; **peritis ~** den Sachverständigen das Feld räumen
6 *fig* etw abtreten, auf *etw* verzichten, *de re*; **de possessione ~** auf seinen Besitz verzichten; (**de**) **iure suo ~** sein Recht abtreten
7 *fig* abgehen, abweichen, *de re/re* von etw; (**de**) **sententia ~** von seiner Meinung abgehen
8 (*nachkl.*) *von Wasser* zurückgehen; **aestus decedit** die Flut geht zurück
9 (*nachkl.*) *von Gestirnen* untergehen; **sidera decedunt** die Sterne gehen unter
10 vergehen, aufhören; **dies decedunt** die Tage vergehen; **febris decedit** das Fieber lässt nach; **de causa periculi nihil decedit** die Ursache der Gefahr schwindet nicht

Decelēa ⟨ae⟩ F *attische Stadt, 20 km nördlich von Athen, heute Dekalia*

decem indekl NUM card zehn

December ⟨Decembris, Decembre⟩ ADJ ||decem|| des Dezembers, zum Dezember gehörig; (**mensis**) **~** zehnter Monat, *da das Jahr urspr. am 1. März begann*, Dezember; **Nonae Decembres** die Nonen des Dezembers, – 5. Dezember

decem-iugis
A ⟨decemiuge⟩ ADJ ||iugum|| *Suet.* zehnspännig
B ⟨decemiugis⟩ M (*erg.* **currus**) Zehnspänner

decem-peda ⟨ae⟩ F ||pes|| Messstange von zehn Fuß Länge

decempedātor ⟨decempedātōris⟩ M ||decempeda|| Feldmesser

decem-plex ⟨decemplicis⟩ ADJ (*vkl., nachkl.*) zehnfach

decem-prīmī ⟨ōrum⟩ M die ersten zehn,

die ersten zehn Ratsherren *in den Munizipien u. Kolonien*

decem-scalmus ⟨a, um⟩ ADJ mit zehn Ruderpflöcken versehen, zehnruderig

decem-vir ⟨ī⟩ M *sg selten, meist* PL **decem-virī** ⟨ōrum *u.* decemvirum⟩ M Dezemvirn, Zehnmännerkollegium; **decemviri agris metiendis dividendisque** Zehnmännerkollegium zur Aufteilung *des ager publicus an die Kolonisten*; **decemviri legibus scribundis** Zehnmännerkollegium, das das Zwölftafelgesetz 451–449 v. Chr. verfasste; **decemviri stlitibus** (= litibus) **iudicandis** Gerichtsbehörde zur Entscheidung über Freiheit und Bürgerrecht; **decemviri sacris faciundis/sacrorum** Aufsichtsbehörde über die Sibyllinischen Bücher und deren Befragung und Deutung

decemvirālis ⟨decemvirāle⟩ ADJ ||decemviri|| die Dezemvirn betreffend, zu den Dezemvirn gehörig; **odium decemvirale** Hass gegen die Dezemvirn

decemvirātus ⟨decemvirātūs⟩ M ||decemviri|| Dezemvirat

decennis ⟨decenne⟩ ADJ ||decem, annus|| (*nachkl.*) zehnjährig

decennium ⟨ī⟩ N ||decennis|| (*nachkl.*) Jahrzehnt, Dezennium

decēns ⟨decentis, *adv* decenter⟩ ADJ ||decere|| *von Personen u. Sachen* anständig; reizend

decentia ⟨ae⟩ F ||decens|| Anstand, Schicklichkeit

dē-cēpī → decipere

dēceptor ⟨dēceptōris⟩ M ||decipere|| (*nachkl.*) *poet* Betrüger

dē-ceptus ⟨a, um⟩ PPP → decipere; *auch* → fallere

decēre ⟨eō, uī, - 2.⟩ sich schicken, sich gehören, aliquem/alicui für j-n, +inf/+AcI; **oratorem irasci minime decet** Wutausbrüche schicken sich für den Redner ganz und gar nicht

decēris ⟨decēris⟩ F *Suet.* Schiff mit zehn Ruderbänken *nebeneinander od übereinander*

---

dē-cernere ⟨cernō, crēvī, crētum 3.⟩

1 entscheiden, bestimmen
2 verordnen, festsetzen
3 bewilligen, genehmigen
4 erklären
5 dafür stimmen
6 sich entschließen, beschließen
7 entscheiden, die Entscheidung herbeiführen
8 streiten

---

1 *Strittiges* entscheiden, urteilen, *bes von Richtern, Behörden, Beamten*; **de hereditate ~** über die Erbschaft entscheiden; **rem dubiam ~** eine strittige Sache entscheiden

2 *amtlich* verordnen, beschließen; der Meinung sein, aliquid/+indir Fragesatz/+konjkt, ut dass; **~ legatos mittere** beschließen Gesandte zu schicken; **senatus decrevit, ut aliquis statim iret** der Senat beschloss, dass j-d sofort gehen sollte; **senatus decrevit Ciceronis operā patefactam esse coniurationem Catilinae** der Senat war der Meinung, die Verschwörung des Catilina sei durch die Bemühung Ciceros enthüllt worden

3 bewilligen, genehmigen, alicui aliquid j-m etw, **alicui praemium** j-m eine Belohnung

4 j-n zu etw erklären, +dopp. akk; **aliquem hostem ~** j-n zum Feind erklären

5 *einzeln* dafür stimmen, dass, +inf/+AcI/+konjkt, ut dass

6 sich entschließen, beschließen, aliquid/+inf/+AcI, ut dass; **Caesar Rhenum transire decrevit** Caesar beschloss den Rhein zu überschreiten; **certum et decretum est** es ist fest beschlossen; **mihi decretum est** *Plaut.* ich bin entschlossen, +inf

7 MIL entscheiden, die Entscheidung herbeiführen; **pugnam/proelium ~** bis zur Entscheidung kämpfen; **proelio ~ aliquid** etw auf dem Schlachtfeld entscheiden

8 *mit Worten* streiten, *bes gerichtlich*; **qui iudicio decernunt** die Prozessführenden

dē-cerpere ⟨cerpō, cerpsī, cerptum 3.⟩ ||carpere||

1 abpflücken, abrupfen, **flores** Blumen, **poma arbore** Obst vom Baum

2 *fig* entnehmen, schöpfen; **aliquid sibi ex re ~** sich etw von etw aneignen; **animus humanus ex mente divina decerptus** die menschliche Seele, die dem göttlichen Geist entnommen ist

3 *Quint.* auswählen

4 (*nachkl.*) *poet* genießen, **fructus ex re** die Früchte von etw

5 *einer Sache* Abbruch tun, ex re/de re; **ne quid iocus de gravitate decerperet** damit der Scherz nicht dem Ernst Abbruch tue

dē-certāre ⟨ō, āvī, ātum 1.⟩

1 bis zur Entscheidung kämpfen, um die Entscheidung kämpfen

2 mit Worten streiten, de re über etw, cum aliquo mit j-m

dēcertātiō ⟨dēcertātiōnis⟩ F ||decertare|| Entscheidungskampf

dē-cesse = **decessisse**; → decedere

dē-cessī → decedere

dēcessiō ⟨dēcessiōnis⟩ F ||decedere||

1 Abtritt, Weggang; Rücktritt

2 *fig* Abnahme, Verminderung; **~ capitis**

Schwund des Kapitals

dēcessor ⟨dēcessōris⟩ M ||decedere|| Amtsvorgänger

dēcessum PPP → decedere

dēcessus ⟨dēcessūs⟩ M ||decedere||
1 Abgang, Weggang, Rücktritt
2 Rückfluss; **~ aestūs** Ebbe
3 *fig* Tod
4 *(nachkl.)* Abnahme *einer Krankheit*, Besserung

Deciānus ⟨a, um⟩ ADJ des Decius

dē-cidere¹ ⟨cidō, cidī, - 3.⟩ ||cadere||
1 herabfallen, niederstürzen, **ex arbore in terram** vom Baum auf die Erde, **ab equo/ex equo** vom Pferd; **comae decidunt alicui** j-m fallen die Haare aus
2 *(vkl.) poet* sterben, im Kampf fallen
3 *fig* in *etw* hineinfallen, hineingeraten, *in aliquid*; **in fraudem ~** in Betrügereien geraten; **in turbam praedonum ~** unter die Räuber fallen
4 *(unkl.) fig* aus *etw* schwinden, von *etw* abkommen; **spe/a spe ~** sich in seiner Hoffnung getäuscht sehen
5 *(nachkl.) fig* tief fallen, hinabsinken; **huc cuncta deciderunt, ut** alles sank so tief, dass
6 *fig* scheitern, durchfallen, *re* durch etw, **perfidiā amicorum** durch die Treulosigkeit der Freunde

dē-cīdere² ⟨cīdō, cīdī, cīsum 3.⟩ ||caedere||
A VT
1 abschneiden, abhauen, **aures** die Ohren, **caput** das Haupt
2 *fig* Geschäfte od Handlungen abschließen, zum Abschluss bringen; *aliquid cum aliquo* etw mit j-m
B VT ein Abkommen treffen, *cum aliquo* mit j-m, *de re* über etw, *re* um etw, *ut/ne* dass/dass nicht, *+indir Fragesatz*; **deciditur cum muliere** mit der Frau wird ein Abkommen getroffen

deciē(n)s ADV num. ||decem|| zehnmal; *fig* oftmals; **decies centena milia** zehnmal je hunderttausend = eine Million; **decies dixi** ich habe es zehnmal gesagt = ich habe es immer und immer wieder gesagt

decima ⟨ae⟩ F ||decimus|| *(erg. pars)* Zehntel, Zehnter; **decimam deo vovere** den zehnten Teil dem Gott weihen

Decima ⟨ae⟩ F eine der drei röm. Parzen, Göttin des die Geburt entscheidenden zehnten Monats

decimāna ⟨ae⟩ F ||decimanus|| Frau des Zehntpächters, Geliebte des Zehntpächters

decimānus
A ⟨a, um⟩ ADJ ||decem||
1 zum Zehnten gehörig, Zehnt...; **frumentum decimanum** Zehntkorn; **ager ~** zehntpflichtiges Land, **mulier decimana** Frau des Zehntpächters, Geliebte des Zehntpächters

2 MIL zur zehnten Kohorte gehörig; **porta decimana** Haupttor des Lagers, *weil dahinter jeweils die zehnte Kohorte lag.*
B ⟨ī⟩ M
1 Zehntpächter
2 Soldat der zehnten Legion
3 *(erg.* **limes***)* Längsachse *eines Planquadrates*

decimāre ⟨ō, āvī, ātum 1.⟩ ||decimus|| *(nachkl.)* den jeweils zehnten Mann zur Bestrafung auswählen, dezimieren

decimō NUM ADV ||decimus|| zehntens

decimum¹ NUM ADV ||decimus|| zum zehnten Mal

decimum² ⟨ī⟩ N ||decimus|| Zehnfaches; **ager effert cum decimo** der Acker trägt zehnfach

decimus ⟨a, um⟩ NUM ord ||decem||
1 zehnter; **hora decima** die zehnte Stunde
2 *Ov. poet* ungeheuer groß, riesig

Decimus ⟨ī⟩ M röm. Vorname

dē-cipere ⟨cipiō, cēpī, ceptum 3.⟩ ||capere||
1 täuschen, betrügen, *von Personen u. Sachen*; **~ hominem** einen Menschen betrügen; **~ exspectationes** Erwartungen enttäuschen; **viā decipi** den Weg verfehlen
2 *j-m* entgehen, von *j-m* nicht bemerkt werden, *absolut od aliquem*; **insidiae deceperunt consulem** der Hinterhalt wurde von dem Konsul nicht bemerkt
3 über *etw* hinwegtäuschen, *etw* unbemerkt verbringen, *aliquid*; **sic tamen absumo decipioque diem** so genieße und verbringe ich dennoch den Tag

dēcīsiō ⟨dēcīsiōnis⟩ F ||decidere²|| Abkommen; JUR Vergleich

dē-cīsus ⟨a, um⟩ PPP → decidere²

Decius ⟨a, um⟩ röm. Gentilname; **P. ~ Mus** *Vater u. Sohn, weihten sich beide freiwillig dem Tod, 340 v. Chr. im Latinerkrieg bzw. 295 v. Chr. im Samniterkrieg*

dē-clāmāre ⟨ō, āvī, ātum 1.⟩
A VT Übungsreden halten; *fig* poltern, keifen, *alicui/in aliquem* gegen j-n, *de re* über etw, *pro re* für etw, *contra rem* gegen etw
B VT laut hersagen, vortragen; **causas ~** Prozessreden zur Übung halten

dēclāmātiō ⟨dēclāmātiōnis⟩ F ||declamare||
1 Redeübung, Schulvortrag *in der Rhetorikschule*
2 *pej* hohles Geschwätz
3 *(nachkl.) meton* Thema eines Schulvortrages

dēclāmātor ⟨dēclāmātōris⟩ M ||declamare|| Redekünstler

dēclāmātōrius ⟨a, um⟩ ADJ ||declamator|| deklamatorisch, des Redekünstlers

dēclāmitāre ⟨ō, āvī, ātum 1.⟩ ||declamare|| laut aufsagen, hersagen

dē-clārāre ⟨ō, āvī, ātum 1.⟩
1 deutlich bezeichnen, deutlich zeigen, *alicui*

aliquid j-m etw

2 *fig* erklären, offen darlegen *durch Zeichen, Taten u. Worte,* +AcI/+indir Fragesatz; **declaras te deterritum esse** du gibst zu verstehen, dass du abgeschreckt wurdest; **tot signis natura declarat, quid velit** durch so viele Zeichen offenbart die Natur, was sie will

3 *eine Wortbedeutung* erklären, definieren; **vocabula idem declarantia** Synonyme

4 öffentlich ausrufen, bekannt machen; **aliquem consulem ~** j-n als neu gewählten Konsul ausrufen; **munera ~** die (bevorstehenden) Aufgaben ausrufen

dēclārātiō ⟨dēclārātiōnis⟩ F ǁdeclarareǁ Kundgabe, Offenlegung

dē-clīnāre ⟨ō, āvī, ātum 1.⟩

A VTr

1 abwenden, ablenken

2 *fig* vermeiden, scheuen, **iudicii laqueos** die Schlingen eines Richterspruches; **ictum ~** einen Schlag parieren

3 (*vkl., Quint.*) GRAM *ein Wort entsprechend seiner Funktion* abwandeln, verändern, beugen

B VIi

1 ausweichen, sich fernhalten; **a religione ~** sich von der Religion abwenden; **paululum de via ~** ein wenig vom Weg abweichen; **de statu suo ~** seine Stellung aufgeben; **ad aliquid/in aliquid ~** auf Abwege geraten

2 *fig in der Rede* abweichen, abschweifen, *a re* von etw, **a proposito** vom Thema

3 (*nachkl.*) *fig* sich hinneigen, *ad aliquem/in aliquem* zu j-m, *in aliquid* zu etw; **paulatim amor declinat in aliquem** langsam neigt sich die Liebe j-m zu; **in peius ~** sich zum Schlechteren neigen

dēclīnātiō ⟨dēclīnātiōnis⟩ F ǁdeclinareǁ

1 *Fechtersprache* ausweichende Körperbewegung

2 PHIL Abweichung der Atome von der Bahn

3 Vermeidung *einer Sache*, Abneigung

4 RHET Abweichung, Abschweifung *vom Thema*

5 GRAM Veränderung *der Nomen u. Verben*, Deklination, Konjugation, Beugung

dēclīve ⟨dēclīvis⟩ N ǁdeclivisǁ Abhang

dē-clīvis ⟨dēclīve⟩ ADJ ǁde, clivusǁ sich neigend, abschüssig; **collis ~** sich neigender Hügel; **flumen ~** abwärts fließender Strom

dēclīvitās ⟨dēclīvitātis⟩ F ǁdeclivisǁ Abschüssigkeit, steiles Abfallen des Geländes

dēcocta ⟨ae⟩ F ǁdecoctusǁ (*erg.* aqua) (*nachkl.*) *poet* abgekochtes Eisgetränk, *Getränk aus abgekochtem, dann tiefgekühltem Wasser*

dēcoctor ⟨dēcoctōris⟩ M ǁdecoquereǁ Verschwender, Bankrotteur

dēcoctus ⟨a, um⟩ ADJ ǁdecoquereǁ fade, kraftlos

dē-cōlāre ⟨ō, āvī, ātum 1.⟩ ǁde, columǁ durchsickern; *fig* durchfallen, fehlschlagen

dē-collāre ⟨ō, āvī, ātum 1.⟩ ǁde, collumǁ (*nachkl.*) enthaupten

dē-color ⟨dēcolōris⟩ ADJ (*nachkl.*)

1 *poet* entfärbt, verfärbt; gebräunt

2 *fig* entstellt; **fama ~** *Verg.* entstelltes Gerücht

dēcolōrāre ⟨ō, āvī, ātum 1.⟩ ǁdecolorǁ

1 entfärben, verfärben; **sanguine ~** mit Blut färben

2 *fig* entstellen, beschmutzen

dēcolōrātiō ⟨dēcolōrātiōnis⟩ F ǁdecolorareǁ Entfärbung, Verfärbung

dē-condere ⟨ō, -, - 3.⟩ *Sen.* verbergen

dē-coquere ⟨coquō, coxī, coctum 3.⟩

1 (*nachkl.*) *poet* abkochen, gar kochen

2 (*nachkl.*) einkochen; *passiv u.* **se ~** verdampfen, sich verflüchtigen; **res ipsa decoquitur** das Vermögen selbst schwindet dahin

3 *fig* sein Vermögen durchbringen, Bankrott machen; **creditori ~** zum Nachteil des Gläubigers Bankrott machen, den Gläubiger nicht befriedigen

decor[1] ⟨decōris⟩ M ǁdecereǁ

1 Anstand, Anstandsgefühl

2 Schönheit, Anmut

3 Schmuck

decor[2] ⟨decoris⟩ ADJ ǁdecereǁ (*vkl., nachkl.*) geschmückt

decorāre ⟨ō, āvī, ātum 1.⟩ ǁdecusǁ

1 schmücken, zieren, **urbem monumentis** die Stadt mit Denkmälern

2 *fig* ehren, verherrlichen

decōrum ⟨ī⟩ N = **decor**[1]

decōrus ⟨a, um, *adv* decōrē⟩ ADJ ǁdecor[1]ǁ

1 anständig, ehrenhaft; **decore loqui alicui** passende Worte finden für j-n

2 *fig von Personen u. Sachen* schön, stattlich, edel; **ingenia decora** edle Talente

3 geziert, ausgeschmückt; **Phoebus ~ fulgente arcu** Phoebus, geschmückt mit einem glänzenden Bogen

dē-crepitus ⟨a, um⟩ ADJ ǁcrepareǁ abgelebt, altersschwach

dē-crēscere ⟨crēscō, crēvī, - 3.⟩ kleiner werden; *fig* abnehmen

dēcrētālis ⟨dēcrētāle⟩ ADJ ǁdecretumǁ (*spätl.*) ein Dekret enthaltend, einen Erlass enthaltend

dēcrētōrius ⟨a, um⟩ ADJ ǁdecernereǁ (*nachkl.*) entscheidend; **hora illa decretoria** Sterbestunde

dēcrētum ⟨ī⟩ N ǁdecernereǁ

1 Beschluss, behördliche Verordnung

2 PHIL Lehrsatz, Prinzip

3 (*spätl.*) JUR kaiserlicher Erlass mit Gesetzeskraft

dē-crētus ⟨a, um⟩ PPP → decernere

dē-crēvī → decernere u. → decrescere

dē-cubuī → decumbere

decuma ⟨ae⟩ F̄ = **decima**

decumānus ⟨a, um⟩ ADJ = **decimanus**

decumāre ⟨ō, āvī, ātum 1.⟩ = **decimare**

decumātēs agrī M̄ (Tac., nur Germania 29) in seiner genauen Bedeutung umstrittener Begriff: Zehntland im SW von Germanien, zwischen Rhein, Main u. Neckar, durch den Limes gesichert

dē-cumbere ⟨cumbō, cubuī, cubitum 3.⟩ (unkl.) sich niederlegen zu Tisch und ins Bett; vom besiegten Gladiator niedersinken, unterliegen

decumus ⟨a, um⟩ ADJ = **decimus**

decuria ⟨ae⟩ F̄ ||decem||

1 Zehnergruppe; MIL Gruppe von zehn Mann

2 Senatsgruppe von 10, später 30 Mitgliedern

3 spater allg. Gruppe; Plaut. Tafelrunde

decuriāre ⟨ō, āvī, ātum 1.⟩ ||decuria|| in Zehnergruppen einteilen; POL Rotten bilden zur Verhetzung

decuriātiō ⟨decuriātiōnis⟩ F̄, **decuriātus** ⟨decuriātūs⟩ M̄ ||decuriare|| Einteilung in Zehnergruppen

decuriō ⟨decuriōnis⟩ M̄ ||decuria|| Führer einer Zehnergruppe; MIL Unteroffizier; POL Ratsherr; pl Gemeinderat, Stadtrat; (spätl.) = **praefectus**; **~ cubiculariorum** Suet. Oberkammerdiener

decuriōnātus ⟨decuriōnātūs⟩ M̄ ||decurio²|| (nachkl.) poet Amt des Ratsherrn

dē-currere ⟨currō, (cu)currī, cursum 3.⟩

A V̄I

1 herablaufen, hinablaufen; von Flüssen herabfließen; MIL herabmarschieren; von Schiffen herabsegeln; **ex superiore loco ~** von einem höher gelegenen Ort herablaufen; **arce ~** von der Burg herablaufen; **ex alto in portum ~** von der offenen See in den sicheren Hafen segeln

2 allg. eilen, reisen; **rus ~** eine Landpartie machen; **in spatio ~** in der Rennbahn laufen; **stilo per materiam ~** fig mit der Feder durch den Stoff eilen

3 (nachkl.) MIL (in Parade) vorbeimarschieren, **in armis** in Waffen, **honori alicuius** zu j-s Ehren

4 fig zu etw greifen, ad aliquid; **ad senatūs consultum ~** seinen Ausweg in einem Senatsbeschluss suchen

B V̄T

1 durchlaufen, **septem milia passuum** sieben Meilen

2 zurücklegen, vollenden, **honores ~** Ämter bekleiden

3 RHET durchgehen, durchsprechen; **ista, quae abs te decursa sunt** das von dir Dargestellte

dēcursiō ⟨dēcursiōnis⟩ F̄ ||decurrere||

1 (nachkl.) Herablaufen

2 Vorbeimarsch, Parade

3 Überfall

dē-cursum PPP → decurrere

dēcursus ⟨dēcursūs⟩ M̄ ||decurrere||

1 Herablaufen, Hinablaufen; **~ aquarum** das Herabströmen des Wassers

2 Überfall, Einfall

3 Senkung, **planitiei** des Geländes

4 allg. Laufen, Reise; MIL Vorbeimarsch

5 Durchlaufen; fig Verlauf; **~ honorum** das Durchlaufen der Ämterlaufbahn; **~ mei temporis** Vollendung meiner Amtszeit

6 METR rhythmischer Ablauf eines Verses

dē-curtāre ⟨ō, āvī, ātum 1.⟩ verkürzen, verstümmeln, fast nur im PPP u. von der Rede gebräuchlich

decus ⟨decoris⟩ N̄ ||decere||

1 Zierde, Schmuck; **~ formae** körperliche Schönheit; **~ senectutis** Zierde des Alters

2 Verzierung, Schmuckgegenstand

3 fig von Personen Zierde, Stolz; **~ patriae** Zierde des Vaterlandes

4 Ehre, Auszeichnung; **alicui decori esse** j-m zur Ehre gereichen; **~ belli** Waffenruhm; **longa decora** lange Ahnenreihe

5 PHIL sittlich Gutes

decussāre ⟨ō, āvī, ātum 1.⟩ ||decem, as|| kreuzweise abteilen, in Form eines X anordnen

dē-cussī → decutere

dē-cutere ⟨cutiō, cussī, cussum 3.⟩ ||quatere|| (unkl.)

1 abschütteln, herabstoßen

2 MIL herabschießen; vertreiben

3 fig beseitigen

dē-decēre ⟨eō, uī, - 2.⟩

1 (nachkl.) poet schlecht anstehen, verunzieren

2 fig nicht geziemen, sich nicht schicken, absolut od aliquem für j-n, meist unpers u. in der 3. Person sg u. pl gebräuchlich

dē-decor ⟨dēdecoris⟩ ADJ (nachkl.) poet entehrend, schändend

dē-decorāre ⟨ō, āvī, ātum 1.⟩ entehren, schänden

dē-decōrus ⟨a, um⟩ ADJ Tac. entehrend, alicui für j-n

dē-decus ⟨dēdecoris⟩ N̄

1 Schande, Schmach; **dedecori esse/fieri alicui** j-m zur Schande gereichen; **per dedecora** auf schimpfliche Weise

2 das Schmachvolle, das Beschämende; **~ na-**

turae Schandfleck der Natur

3 Schandtat; **nullo dedecore abstinere** keine Schandtat auslassen

4 PHIL das sittlich Schlechte

dē-dere ⟨dō, didī, ditum 3.⟩

1 preisgeben, opfern; **aliquem crudelitati militum ~** j-n der Grausamkeit der Soldaten überlassen; **aures suas poetis ~** sein Ohr den Dichtern leihen; **deditā operā** absichtlich

2 *dem Feind* ausliefern, **Hannibalem Romanis** den Hannibal den Römern

3 *passiv u.* **se ~** sich ergeben; **se in arbitirium dicionemque alicuius ~** sich auf Gedeih und Verderb j-m ausliefern

4 *passiv u.* **se ~** sich *einer Sache* hingeben, sich widmen; *pej einer Sache* frönen, sich ausliefern, *alicui rei/ad aliquid*; **totum se rei publicae ~** sich ganz dem Staat widmen; **se vitiorum illecebris ~** sich den Verlockungen der Laster hingeben

dedī → dare

dē-dicāre ⟨ō, āvī, ātum 1.⟩

1 *Lucr.* beweisen, erklären

2 *der Gottheit* weihen, einweihen; **simulacrum Cereris ~** ein Bild der Ceres weihen; **templum Iovi ~** einen Tempel dem Jupiter weihen

3 *für einen Zweck* bestimmen

4 widmen, zueignen, *alicui aliquid* j-m etw

5 seiner Bestimmung übergeben, einweihen; **theatrum ~** ein Theater feierlich eröffnen

dēdicātiō ⟨dēdicātiōnis⟩ F̄ ||dedicare|| (*nachkl.*) Weihe, Einweihung

dē-didī → dedere

dē-dignārī ⟨or, ātus sum 1.⟩ (*nachkl.*) *poet* verschmähen, abweisen, *aliquem/aliquid* j-n/etw, *+dopp. akk/+AcI*; **Nomades maritos ~** die Numidier als Gatten verschmähen

dēdignātiō ⟨dēdignātiōnis⟩ F̄ ||dedignari|| Verschmähung, Verweigerung

dē-discere ⟨discō, didicī, - 3.⟩ verlernen, vergessen, *aliquid* etw, *+inf*

dēditiciī ⟨ōrum⟩ M̄ ||dediticius|| Untergebene, Untertanen *der Römer in Italien*, ↔ *Verbündete*

dēditicius ⟨a, um⟩ ADJ ||deditus ||dedere|| der sich bedingungslos ergeben hat, unterworfen

dēditiō ⟨dēditiōnis⟩ F̄ ||dedere|| Übergabe, Unterwerfung; **deditionem facere hosti/ad hostem** sich dem Feind ergeben, kapitulieren; **in deditionem accipere aliquem** j-s Kapitulation annehmen

dēditus[1]

A ⟨a, um⟩ ADJ ||dedere||

1 ergeben, zugetan, *alicui* j-m

2 *einer Sache* hingegeben, auf *etw* bedacht; *pej* von *etw* abhängig, *alicui rei/in rei/in aliquid*; **voluptatibus ~** den Lustbarkeiten verfallen; **vino ~** vom Wein abhängig

B ⟨ī⟩ M̄ Unterworfener

dē-ditus[2] ⟨a, um⟩ PPP → dedere

dē-docēre ⟨eō, uī, - 2.⟩ j-n etw vergessen lassen, j-m etw abgewöhnen, *aliquem aliquid, +inf*: eines Besseren belehren

dē-dolāre ⟨ō, āvī, ātum 1.⟩ (*vkl., nachkl.*) heraushauen, glätten; *meton* verprügeln; *obszön* bearbeiten

dē-dolēre ⟨eō, uī, - 2.⟩ *Ov.* seinen Schmerz beenden

dē-dūcere ⟨dūcō, dūxī, ductum 3.⟩

1 hinabführen, hinabziehen
2 herabmarschieren lassen
3 entrollen, aufspannen
4 auslaufen lassen, in See stechen lassen
5 reduzieren, vermindern
6 wegführen, entfernen
7 ausrücken lassen, verlegen
8 ansiedeln
9 abführen, wegführen
10 abbringen
11 ableiten, herleiten
12 abziehen, subtrahieren
13 ausarbeiten
14 fortführen
15 hinbringen, hinschaffen
16 geleiten, begleiten
17 übergeben
18 beiziehen, hinzuziehen
19 verführen, verleiten
20 in eine Lage bringen

1 hinabführen, hinabziehen, **elephantos** die Elefanten; **aliquem de rostris ~** j-n von der Rednerbühne herabziehen

2 MIL *Truppen* herabmarschieren lassen

3 *Segel* aufspannen, setzen

4 (*nachkl.*) *poet Schiffe* auslaufen lassen, vom Stapel laufen lassen; **navigia in aquam ~** Schiffe vom Stapel lassen

5 vermindern; *fig* herabwürdigen; **genus humanum gradatim ad pauciores ~** das Menschengeschlecht schrittweise auf wenigere vermindern

6 wegführen, entfernen, JUR j-n zum Schein aus seinem Besitz wegführen, *als notwendige Voraussetzung eines Eigentumsprozesses*; → vindicatio; **aliquem de via recta ~** j-n vom rechten Weg abbringen; **atomos de via ~** Atome von der Bahn ableiten

7 MIL *Truppen* ausrücken lassen, verlegen; **praesidia ex hibernis ~** die Besatzung aus dem Winterlager führen; **praesidia ~** die Wa-

chen abziehen
8 POL Kolonisten ansiedeln, Kolonien gründen
9 MED abführen, wegführen; **febres de corpore ~** den Körper fieberfrei machen
10 von etw abbringen, *de re/a re*; **aliquem de pristino victu ~** j-n von seiner früheren Lebensweise abbringen
11 etymologisch u. genealogisch ableiten, herleiten; **genus ab Achille ~** seine Familie von Achill herleiten; **nomen ab aliquo/a re ~** den Namen von j-m/von etw ableiten
12 MATH abziehen, subtrahieren; **de capite ~** vom Kapital wegnehmen
13 fig ausarbeiten, *Fäden* spinnen; **carmina ~** Lieder dichten
14 *einen Bau* fortführen; **vallum a mari ad mare ~** einen Wall von Meer zu Meer ziehen
15 hinbringen, hinschaffen, **captivos Pydnam** die Gefangenen nach Pydna
16 begleiten, mit sich nehmen; **aliquem ad hospitem ~** j-n zu einem Gastfreund mitnehmen; **captivos triumpho ~** Gefangene im Triumphzug mitführen; **virginem marito ~** die Braut dem Bräutigam zuführen
17 *zur Ausbildung* übergeben, *aliquem ad aliquem* j-n j-m
18 JUR beiziehen, hinzuziehen, **aliquem testem** j-n als Zeugen
19 fig verführen, verleiten, *aliquem ad aliquid* j-n zu etw; **aliquem in eam sententiam ~, ut** j-n zu der Auffassung verleiten, dass
20 fig in eine Lage bringen, in einen Zustand versetzen; **aliquem in periculum ~** j-n in Gefahr bringen; **rem ad arma ~** es zum Krieg kommen lassen; **rem in eum locum ~, ut** die Sache dahin treiben, dass

dēductiō ⟨dēductiōnis⟩ F ||deducere||
1 Wegführen, Hinführen
2 Ableitung des Wassers
3 JUR symbolische Vertreibung aus strittigem Besitz *zur Einleitung einer Eigentumsklage*
4 Ansiedlung *von Kolonisten*, Kolonisation
5 Abzug *von einer Summe*
6 (mlat.) PHIL Ableitung des Besonderen vom Allgemeinen

dēductor ⟨dēductōris⟩ M ||deducere|| Begleiter eines Amtsbewerbers

dēductus[1] ⟨a, um⟩ ADJ (unkl.)
1 einwärts gebogen, krumm
2 gedämpft, leise

dē-ductus[2] ⟨a, um⟩ PPP → deducere
dē-dūxī → deducere

de-errāre ⟨ō, āvī, ātum 1.⟩ sich verirren, abweichen, *ab aliquo* von j-m, *re/a re* von etw

dē-esse ⟨dēsum, dēfuī, - 0.⟩
1 nicht anwesend sein, fehlen; **omnia deerant** es fehlte an allem; **deerat, qui daret responsum** niemand war da, der Antwort gegeben hätte; **tibi nullum officium a me defuit** dir fehlte keine Leistung meinerseits; **non desunt, qui** es fehlt nicht an Leuten, die, *+konjkt*
2 *j-m/einer Sache* nicht helfen, sich entziehen, *j-n/etw* im Stich lassen, versäumen, *alicui/alicui rei, +quominus od quin* wie bei Verben des Hinderns dass; **bello ~** dem Krieg fernbleiben; **sibi ~** sich schaden; **nullo modo ~ alicui** es in keiner Weise an Hilfe für j-n fehlen lassen; **tempori/temporis occasioni ~** den rechten Zeitpunkt versäumen; **duae res mihi defuerunt, quominus in foro dicerem** zwei Dinge fehlten mir um auf dem Marktplatz zu sprechen; **~ mihi nolui, quin** ich glaubte, es mir schuldig zu sein, dass; **non ~** nicht verfehlen

de facto (nlat.) → **factum**

dēfaecāre ⟨ō, āvī, ātum 1.⟩ ||faex|| (vkl., nachkl.) von der Hefe befreien; fig reinigen

dē-faenerāre ⟨ō, āvī, ātum 1.⟩ = **defenerare**

dē-fātīgāre ⟨ō, āvī, ātum 1.⟩ völlig ermüden, erschöpfen, *körperlich u. geistig, aliquem/aliquid* j-n/etw, *in re* bei etw

dēfatīgātiō ⟨dēfatīgātiōnis⟩ F ||defatigare|| völlige Ermüdung, Erschöpfung, *körperlich u. geistig*

dē-fēcī → deficere

dēfectiō ⟨dēfectiōnis⟩ F ||deficere||
1 Abtrünnigkeit, Empörung; **~ Haedorum a Romanis** Abfall der Haeduer von den Römern
2 Abnehmen, Schwächung; **~ virium** Ohnmacht
3 Ermüdung, Erschöpfung
4 ASTRON Verfinsterung; **~ lunae** Mondfinsternis; **~ solis** Sonnenfinsternis
5 (spätl.) GRAM Ellipse, Verkürzung eines Ausdrucks *durch Weglassen eines Wortes od mehrerer Wörter*

dēfector ⟨dēfectōris⟩ M ||deficere|| (nachkl.) Abtrünniger

dēfectus[1] ⟨dēfectūs⟩ M = **defectio**
dēfectus[2] ⟨a, um⟩ ADJ ||deficere||
1 von etw verlassen, *einer Sache* beraubt, *re*; **~ pilis** kahl
2 entkräftet, geschwächt

dē-fectus[3] ⟨a, um⟩ PPP → deficere

dē-fendere ⟨fendō, fendī, fēnsum 3.⟩
1 abwehren, fernhalten, **hostes** die Feinde, **iniuriam** ein Unrecht; **bellum ~** einen Verteidigungskrieg führen
2 *absolut* sich wehren, Widerstand leisten
3 verteidigen, schützen, *ab aliquo* vor j-m; **urbem custodiis ~** die Stadt durch Wachposten schützen; **patriam contra improbos cives ~** das Vaterland gegen schlechte Bürger vertei-

digen

4 *fig* durch Rede od Schrift verteidigen; ~ **reum apud iudices** JUR einen Angeklagten vor Gericht verteidigen

5 etw/eine Stelle/Rolle/Aufgabe verteidigen, durchführen

6 zu seiner Verteidigung anführen, zu seiner Rechtfertigung vorbringen, +AcI; **hoc iure factum esse defendis** du führst zur Rechtfertigung an, dies sei rechtmäßig geschehen

dē-fēnerāre ⟨ō, āvī, ātum 1.⟩ durch Wucher aussaugen

dēfēnsāre ⟨ō, āvī, ātum 1.⟩ ||defendere|| (*unkl.*) eifrig abwehren, energisch verteidigen

dēfēnsiō ⟨dēfēnsiōnis⟩ F ||defendere||

1 Abwehr, Abwendung, **criminis** eines Vorwurfs

2 Verteidigung *mit Waffen u. durch Rede od Schrift*; Rechtfertigung

3 *meton* Verteidigungsgrund, Verteidigungsart; **probare hanc defensionem** diese Begründung der Verteidigung billigen; **illā defensione uti** jene Art der Verteidigung nutzen

4 Verteidigungsrede, Verteidigungsschrift

dēfēnsitāre ⟨ō, āvī, ātum 1.⟩ ||defensare|| zu verteidigen pflegen; **causas** ~ als Rechtsanwalt tätig sein

dēfēnsor ⟨dēfēnsōris⟩ M ||defendere||

1 der abwehrt, **periculi** eine Gefahr

2 MIL, JUR Verteidiger; **muros defensoribus nudare** die Mauern von den Verteidigern entblößen

3 Beschützer; **tribunus plebis custos defensorque iuris** der Volkstribun, der Hüter und Beschützer des Rechtes; ~ **civitatis** (*spätl.*) *fig* Verteidiger der Bürger

4 ~ **fidei** (*mlat.*) Verteidiger des christlichen Glaubens, Titel der röm. Kaiser im MA

dē-fēnsus ⟨a, um⟩ PPP → defendere

dēferbuī → defervescere

dē-ferre ⟨ferō, tulī, lātum 0.⟩

1 herabtragen, hinabtragen
2 stromabwärts führen
3 hinabverlegen, versetzen
4 hinabstürzen, hinabstoßen
5 fortbringen, wegbringen
6 wegbringen, ablenken
7 anbieten
8 übertragen, zuteilen
9 zur Entscheidung übergeben
10 überbringen, melden
11 anzeigen, denunzieren
12 anmelden, deklarieren

1 herabtragen, herabbringen; **ferrum in pectus** ~ den Dolch ins Herz stoßen; **aliquem sub aequora** ~ j-n im Meer versenken

2 (*nachkl.*) von Flüssen stromabwärts führen; *passiv* sich hinabtreiben lassen; **secundo Tiberi ad urbem deferri** den Tiber abwärts zur Stadt gebracht werden

3 (*nachkl.*) hinabverlegen, versetzen; **castra in viam** ~ das Lager an die Straße verlegen; **exercitum in campos** ~ das Heer in die Ebene hinabrücken lassen

4 (*nachkl.*) *poet* rasch od gewaltsam hinabstürzen, hinabstoßen; **aliquem ex magno regno ad extremam fortunam** ~ *fig* j-n aus einer bedeutenden Herrschaft ins tiefste Unglück stürzen; *passiv* abstürzen, (sich) stürzen

5 wegbringen, hinbringen; *passiv* sich hintragen lassen; **consulem lecticā in curiam** ~ den Konsul in der Sänfte zur Kurie bringen; **epistulam ad Caesarem** ~ einen Brief zu Caesar bringen; **pecuniam ad aerarium/in aerarium** ~ Geld an die Staatskasse abführen; **censum Romam** ~ die Schätzungslisten nach Rom abführen; **rationes** ~ Rechnungen einreichen

6 gegen j-s Willen wegbringen, ablenken; SCHIFF vom Kurs abbringen; *passiv* unabsichtlich wohin geraten, vom Kurs abkommen; **vivus deferri in manus hostium** lebend in die Hände der Feinde fallen; **deferri in castra Caesaris** in das Lager Caesars geraten; **aliquid in discrimen** ~ etw aufs Spiel setzen

7 zum Verkauf anbieten

8 als Auftrag od Aufgabe übertragen, zuteilen; **consulatum** ~ das Konsulat übertragen; **causam** ~ die Führung des Prozesses übertragen; **palmam** ~ den Siegerpreis verleihen; **primas alicuius rei** ~ den Vorrang in etw einräumen

9 zur Entscheidung übergeben; **rem senatui/ad senatum** ~ die Angelegenheit dem Senat vorlegen

10 melden, berichten, **aliquid** etw, *auch de re/de aliquo* über etw/über j-n, *alicui/ad aliquem* j-m; **regi falsa** ~ dem König Falsches melden

11 JUR anzeigen, denunzieren; **nomen alicuius praetori** ~ j-s Namen vor den Prätor bringen, j-s Namen beim Prätor angeben; **crimina in aliquem** ~ Anschuldigungen gegen j-n erheben

12 beim Zensus anmelden, deklarieren; **aliquid in censum** ~ etw zur Schätzung angeben; **aliquem in beneficiis ad aerarium** ~ j-n bei der Staatskasse in die Gratifikationslisten eintragen lassen

dē-fervēscere ⟨fervēscō, ferbuī/fervī, -, 3.⟩ (*vkl., nachkl.*) vergären; *fig* sich austoben;

RHET sich abklären

dēfessus ⟨a, um⟩ ADJ ||defetisci|| *von Personen u. Sachen* müde, erschöpft

dē-fetīgāre ⟨ō, āvī, ātum 1.⟩ = defatigare

dēfetīgātiō ⟨dēfetīgātiōnis⟩ F = defatigatio

dē-fetīscī ⟨fetīscor, fessus sum 3.⟩ ||fatisci|| ermatten, ermüden

dē-fīcāre ⟨ō, āvī, ātum 1.⟩ *(altl.)* = defaecare

dē-ficere ⟨ficiō, fēcī, fectum 3.⟩ ||facere||

A intransitives Verb
1 abfallen, abtrünnig werden
2 ausgehen
3 ermüden, erlahmen

B transitives Verb
1 verlassen
2 ausgehen

— **A** intransitives Verb —

V/I

1 abfallen, abtrünnig werden, *ab aliquo* von j-m; **~ a virtute** *fig* vom Pfad der Tugend abfallen; **a se ~** sich selbst untreu werden; **~ ad aliquem** zu j-m übergehen

2 ausgehen, zu fehlen beginnen; **frumentum deficit** das Getreide geht zur Neige; **spes deficit** die Hoffnung schwindet; **pecunia deficit** das Geld wird knapp; **flumina deficiunt** Flüsse versiegen; **memoria deficit** das Gedächtnis trügt; **ignis deficit** das Feuer verlischt; **domus deficit** das Haus wird baufällig

3 ermüden; sterben; *von Gestirnen* sich verfinstern, untergehen; **animo ~** den Mut verlieren; **gentes deficiunt** Geschlechter sterben aus

— **B** transitives Verb —

V/T

1 verlassen; **cives me defecerunt** die Bürger ließen mich im Stich; **deficior re/a re** es mangelt mir an etw; **deficior viribus** es mangelt mir an Kräften; **animo deficior** ich werde ohnmächtig; **deficior** *absolut* mir geht die Luft aus, ich kann nicht mehr reden

2 ausgehen, zu fehlen beginnen, *aliquem* j-m; **vires me deficiunt** die Kräfte beginnen mir zu schwinden

dē-fierī ⟨fīō, factus sum 0.⟩ *passiv von* deficere

dē-fīgere ⟨fīgō, fīxī, fīxum 3.⟩

1 fest einschlagen, hineinschlagen
2 hineinstoßen, hineinbohren
3 heften
4 erstarren lassen
5 tief einprägen
6 für unabänderlich erklären
7 durch Zauber bannen

1 fest einschlagen, hineinschlagen; **asseres in terra ~** Pfähle in die Erde rammen

2 *eine Waffe* hineinstoßen, hineinbohren; **sicam in consulis pectus ~** einen Dolch in die Brust des Konsuls stoßen

3 *fig die Augen od den Geist* auf *etw* richten, heften, *in re*; **animum in cogitatione alicuius rei ~** seinen Verstand auf die Erfassung einer Sache richten; **in cogitatione defixus** in Gedanken vertieft; **oculos ~** vor sich hinstarren

4 erstarren lassen; **stupor omnes defigit** Staunen lässt alle erstarren; *passiv* haften bleiben, wie angewurzelt sein; **Galli pavore defixi steterunt** vor Angst erstarrt blieben die Gallier stehen

5 *geistig* tief einprägen; **flagitia alicuius in oculis omnium defixa** j-s Schandtaten, die vor aller Augen standen

6 REL für unabänderlich erklären; **quae augur iniusta defixerit, irrita sunto** was der Seher für Unrecht erklärt hat, soll ohne Geltung sein

7 *(nachkl.) Zaubersprache* durch Zauber bannen; **sagave defixit nomina cerā** und die Zauberin schrieb prophetische Namen auf die Zaubertafel

dē-fingere ⟨fingō, fīnxī, fictum 3.⟩ *(vkl., nachkl.)* verformen, verunstalten

dē-fīnīre ⟨iō, iī/īvī, ītum 4.⟩

1 abgrenzen, begrenzen; **aspectum oculorum montibus ~** den Blick der Augen durch die Berge begrenzen

2 genau bestimmen, festlegen, *alicui aliquid* etw für j-n; **adeundi tempus ~** den Zeitpunkt des Besuchs festlegen; **suum cuique locum ~** jedem seinen Platz bestimmen

3 einschränken, beschränken

4 PHIL definieren; **voluptatem verbis ~** den Begriff Lust mit Worten definieren; **placet ante ~, quid sit officium** es ist angebracht, zuvor zu definieren, was Pflicht sei

dēfīnītiō ⟨dēfīnītiōnis⟩ F ||definire||
1 Abgrenzung
2 genaue Angabe
3 Bestimmung, Vorschrift
4 PHIL Begriffsbestimmung, Definition

dēfīnītīvus ⟨a, um, *adv* dēfīnītīvē⟩ ADJ ||definitus|| begriffsbestimmend, erläuternd

dēfīnītus ⟨a, um, *adv* dēfīnītē⟩ ADJ ||definire||
1 begrenzt
2 *fig* bestimmt, deutlich

dē-flagrāre ⟨ō, āvī, ātum 1.⟩

A V/I

1 völlig niederbrennen; *fig von Personen* abbrennen = seine Habe durch Brand verlieren

2 (nachkl.) *fig* zugrunde gehen

3 *fig* verrauchen; **ira deflagrat** der Zorn verraucht

B V̄T̄ *meist nur* PPP **deflagratus** verbrannt; untergegangen; **in cinere deflagrati imperii** in der Asche des untergegangenen Reiches

dēflagrātiō ⟨dēflagrātiōnis⟩ F̄ ||deflagrare|| Vernichtung durch Feuer

dē-flectere ⟨flectō, flexī, flexum 3.⟩

A V̄T̄

1 abbiegen; abwenden; **oculos a rege in scribam** ~ die Augen vom König ab- und zum Schreiber hinwenden

2 abbringen, abspenstig machen; **aliquem a veritate** ~ j-n von der Wahrheit abbringen

3 verändern, umwandeln

B V̄Ī abweichen, abschweifen; **a proposito** ~ vom Thema abschweifen; **a veritate** ~ von der Wahrheit abweichen; **viā/de via** ~ vom (rechten) Weg abweichen

dē-flēre ⟨eō, ēvī, ētum 2.⟩

A V̄T̄

1 beweinen, beklagen, **necem fratris** die Ermordung des Bruders

2 (nachkl.) *poet* unter Tränen vortragen

B V̄Ī (nachkl.) *poet* sich ausweinen

dē-floccāre ⟨ō, āvī, ātum 1.⟩ ||floccus|| *Plaut.* kahl machen, fadenscheinig machen

dēfloccātus ⟨a, um⟩ ADJ ||defloccare|| kahl

dē-flōrāre ⟨ō, āvī, ātum 1.⟩ (spätl.)

1 abpflücken

2 *fig* des Glanzes berauben

3 (spätl.) entjungfern

dēflōrātiō ⟨dēflōrātiōnis⟩ F̄ ||deflorare|| Abpflücken der Blüte, Beraubung des Glanzes; ~ **virginis** (spätl.) Entjungferung, Defloration

dē-flōrēscere ⟨flōrēscō, flōruī, -, 3.⟩ (nachkl.) *poet* verblühen, verwelken, *an Glanz u. Leistung* abnehmen

---

dē-fluere ⟨fluō, flūxī, - 3.⟩

1 herabströmen, herabrinnen
2 herabschwimmen, herabgetrieben werden
3 herabsinken, herabgleiten
4 nachlässig herabfallen, herabwallen
5 übergehen
6 zuströmen, zufließen
7 abfließen, sich verlaufen
8 verschwinden, sich verlieren
9 vorübergehen
10 ausfallen
11 abtrünnig werden, abfallen
12 aus dem Gedächtnis entschwinden

---

1 herabströmen, herabrinnen; **sudor a capite defluit** der Schweiß rinnt vom Haupt; **Rhenus in plures partes defluit** der Rhein teilt sich in mehrere Arme

2 *von festen Gegenständen* herabschwimmen, herabgetrieben werden; **hostes secundo amni ad insulam defluxerunt** die Feinde ließen sich stromabwärts zur Insel treiben

3 *fig* herabsinken, herabgleiten, **ex equo** vom Pferd

4 *fig von Kleidern* nachlässig herabfallen, herabhängen

5 *fig* unmerklich von *etw* abkommen, *a re*; zu *etw* übergehen, *ad aliquid*; **a necessariis artificiis ad elegantiam defluximus** von zweckmäßigen Kunstwerken kamen wir unmerklich zum feinen Geschmack

6 *fig* zuströmen, zufließen; *ad aliquem/alicui* j-m

7 *fig* abfließen, sich verlaufen

8 *fig* verschwinden, sich verlieren; **color defluit** die Farbe verliert sich

9 *zeitl.* vorübergehen; *perf* vorbei sein

10 *fig* vom Haar ausfallen

11 *fig* abtrünnig werden, abfallen; **unus ex tribunis defluxit** einer von den Tribunen wurde abtrünnig

12 (nachkl.) *fig* aus dem Gedächtnis entschwinden

dē-fodere ⟨fodiō, fōdī, fossum 3.⟩

1 vergraben, eingraben; *auch zur Strafe* lebendig begraben, *in loco/in locum* an einem Ort; **thesaurum sub lecto** ~ einen Schatz unter dem Bett vergraben; **virginem Vestalem vivam** ~ eine Priesterin der Vesta lebendig begraben

2 *fig* verbergen

3 (nachkl.) *poet* Erde aufwerfen

4 unter der Erde bauen; **specūs** ~ unterirdische Höhlen bauen

dē-fore → **deesse**

dē-fōrmāre ⟨ō, āvī, ātum 1.⟩

1 (vkl., nachkl.) abbilden, zeichnen

2 *fig* schildern, darstellen

3 verunstalten, entstellen; **aliquem corpore** ~ j-n körperlich verunstalten; **parietes deformati** beschmierte Wände

4 *fig* entehren, schänden

5 *fig in Wort u. Schrift* in ein ungünstiges Licht stellen, verunglimpfen; **aliquem fictis vitiis** ~ j-n mit erfundenen Fehlern in schlechten Ruf bringen

dēfōrmātiō ⟨dēfōrmātiōnis⟩ F̄ ||deformare||

1 Verunstaltung, Entstellung, **corporis** des Körpers

2 *Liv. fig* Beleidigung, **maiestatis** des Herrschers

dēfōrmis ⟨dēfōrme, *adv* dēfōrmiter⟩ ADJ ||deformare||

1 *Ov.* formlos, gestaltlos; **anima ~** gestaltlose Seele
2 missgestaltet, unförmig; **filia ~** hässliche Tochter; **aspectus ~** hässlicher Anblick
3 *fig* entehrt, heruntergekommen
4 *fig* schmachvoll, ungebührlich; **obsequium deforme** schimpfliche Nachgiebigkeit; **deformia meditari** Schändliches bedenken

dēfōrmitās ⟨dēfōrmitātis⟩ F̄ ||deformis|| Hässlichkeit; *fig* Schmach

dē-frāctus ⟨a, um⟩ P̄P̄P̄ → defringere

dē-fraudāre ⟨ō, āvī, ātum 1.⟩ betrügen, täuschen, *aliquem re* j-n um etw; **aliquem fructu victoriae ~** j-n um die Früchte des Sieges betrügen; **genium suum ~** sich jeden Genuss versagen

dē-frēgī → defringere

dē-fremere ⟨fremō, fremuī, - 3.⟩ *Plin. fig* sich austoben

dē-frēnātus ⟨a, um⟩ ADJ ||defrenare|| *Ov.* zügellos, entfesselt

dē-fricāre ⟨fricō, fricuī, fricātum/frictum 1.⟩
1 (*unkl.*) abreiben, putzen, **dentes** die Zähne
2 *Hor. fig* durchhecheln

dē-fringere ⟨fringō, frēgī, frāctum 3.⟩ ||frangere||
1 abbrechen, **ramum arboris** einen Zweig von einem Baum
2 (*nachkl.*) zerbrechen; *fig einer Sache* Abbruch tun; **subsellium ~** eine Bank zerbrechen

dē-frūdāre ⟨ō, āvī, ātum 1.⟩ (*altl.*) = defraudare

dē-frūstrārī ⟨or, ātus sum 1.⟩ *Plaut.* gründlich betrügen

dēfrutum ⟨ī⟩ N̄ eingekochter Most

dē-fugere ⟨fugiō, fūgī, - 3.⟩
A V̄Ī *Liv.* entfliehen
B V̄T̄ *einer Sache* ausweichen, *etw* vermeiden, *aliquid*; **auctoritatem alicuius rei ~** die Verantwortung für etw ablehnen

dē-fuī → deesse

dē-fundere ⟨fundō, fūdī, fūsum 3.⟩
1 (*nachkl.*) *poet* herabgießen; ausschütten
2 (*nachkl.*) *poet* spendend auf den Boden gießen
3 (*nachkl.*) *poet* abfüllen, einschenken, **vinum** den Wein

dē-fungī ⟨fungor, fūnctus sum 3.⟩
1 *etw* erledigen, *re*; **poenā levi ~** mit einer leichten Strafe davonkommen; **vitā ~** sterben; **defunctus honoribus** der alle Ämter durchlaufen hat
2 *perf* fertig sein, ausgedient haben
3 (*nachkl.*) *absolut* sterben

dē-futūtus ⟨a, um⟩ ADJ ||futuere|| *Catul.* ausgemergelt, verlebt

dēgener ⟨dēgeneris⟩ ADJ ||degenerare||
1 *von Personen u. Sachen* aus der Art geschlagen; **~ alicuius rei/a re** einer Sache entfremdet
2 *fig* moralisch verkommen, niedrig

dē-generāre ⟨ō, āvī, ātum 1.⟩ ||de, genus||
A V̄Ī
1 (*nachkl.*) *poet* aus der Art schlagen; *re* durch etw, *in re* in etw; **patribus ~** sich den Vorfahren entfremden
2 (*nachkl.*) *fig einer Sache* untreu werden, seiner Abkunft unwürdig sein
B V̄T̄ (*nachkl.*) *poet* j-n entwürdigen, *j-m/einer Sache* Unehre machen, *aliquem/aliquid*; **propinquos ~** den Angehörigen Unehre machen

dēgere ⟨ō, -, - 3.⟩ *Zeit* zubringen, verbringen; **(vitam) ~** sein Leben zubringen

dē-gerere ⟨gerō, gessī, gestum 3.⟩ (*vkl.*) wegführen, *irgendwohin* schaffen

dē-glūbere ⟨glūbō, glūpsī, glūptum 3.⟩ (*unkl.*) die Haut abziehen; *absolut* onanieren

dē-glut(t)īre ⟨iō, īvī, ītum 4.⟩ (*spätl.*) verschlucken

dē-gradāre ⟨ō, āvī, ātum 1.⟩ ||gradus|| (*spätl., eccl.*) herabsetzen, degradieren

dē-grandinat *unpers Ov.* es hört auf zu hageln

dē-gravāre ⟨ō, āvī, ātum 1.⟩ (*nachkl.*) *poet* niederdrücken; *fig* belästigen

dē-gredī ⟨gredior, gressus sum 3.⟩ ||gradior|| (*nachkl.*)
1 hinabsteigen, hinabmarschieren, *absolut, re/ex re/de re* von etw, *in aliquid* in etw, *ad aliquid* zu etw; **ad pedes ~** absitzen
2 weggehen, abziehen

dē-grunnīre ⟨iō, -, - 4.⟩ *Phaedr.* sein Stückchen heruntergrunzen

dē-gustāre ⟨ō, āvī, ātum 1.⟩ (*unkl.*)
1 kosten, **vinum** den Wein, **inde** davon
2 *fig* versuchen, probieren; **hoc genus exercitationum ~** diese Art Übungen ausprobieren; **hanc vitam ~** dieses Leben ausprobieren
3 *von der Lanze* leicht streifen
4 *fig in der Darstellung obenhin* streifen, oberflächlich berühren

dēgustātiō ⟨dēgustātiōnis⟩ F̄ ||degustare|| (*spätl.*) Verkostung, Weinprobe

dē-hibēre ⟨eō, uī, - 2.⟩ ||habere|| *Plaut.* schulden

de-hinc ADV (*unkl.*)
1 *örtl.* von hier aus
2 *zeitl.* von jetzt an, seitdem
3 dann; *in Aufzählungen* zweitens

de-hīscere ⟨ō, -, - 3.⟩ (*unkl.*) bersten, sich öffnen

dehonestāmentum ⟨ī⟩ N̄ ||dehonestare|| Verunstaltung; *fig* Schande; **alicui dehonestamento esse** j-m zur Schande gereichen; **~**

amicitiarum entehrende Freundschaften
de-honestāre ⟨ō, āvī, ātum 1.⟩ *(nachkl.)* entehren, beschimpfen, **famam** den Ruf
de-hortārī ⟨or, ātus sum 1.⟩
1 abraten, *aliquem a re* j-m von etw, *ne* dass, +inf
2 *(nachkl.)* entfremden, *aliquem ab aliquo* j-n j-m
Dēianīra ⟨ae⟩ F̲ Gattin des Herkules, führte unwissend u. ungewollt dessen Tod herbei, indem sie ihm das Nessus-Hemd schickte

---

dē-icere ⟨iciō, iēcī, iectum 3.⟩ ||iacere||

1 abwerfen, herabwerfen
2 herunterspringen, sich hinabstürzen
3 zu Boden werfen, niederwerfen
4 zu Boden strecken, fällen
5 senken
6 abwenden
7 aus der Stellung werfen
8 vom Kurs abbringen
9 vertreiben
10 vertreiben, verdrängen
11 stürzen, zu Fall bringen
12 abbringen
13 abwenden, entfernen

---

1 abwerfen, herabwerfen, *aliquid re/ex re/de re/a re* etw von etw; **saxa turribus ~** Felsbrocken von den Türmen herabwerfen; **aliquid de ponte ~** etw von der Brücke werfen; **stipites ~** Pfähle einrammen; **securim in caput ~** das Beil auf das Haupt herabfallen lassen; **equum in aliquem locum ~** das Pferd zu einem Platz herabtreiben; **sortem ~** das Los in die Urne werfen
2 *passiv u.* **se ~** herunterspringen, sich hinabstürzen; **se ~ ex nave** über Bord springen; **de superiore parte aedium se ~** sich vom oberen Teil des Gebäudes herabstürzen
3 zu Boden werfen, einreißen; **statuam alicuius ~** j-s Standbild umstürzen; **aedificia ~** Gebäude einreißen, Gebäude abtragen; *passiv* einstürzen
4 zu Boden strecken; töten; **arbores ~** Bäume fällen; **feras ~** Wild erlegen
5 senken, **oculos** die Augen, **vultum** den Blick; **deiecto capite** mit gesenktem Haupt; **deiectus oculos** mit gesenktem Blick
6 *fig* abwenden, *a re/de re* von etw; **oculos numquam ~ a re publica** die Augen niemals vom Staat ablenken = den Staat nie aus den Augen verlieren
7 Fechtersprache *u.* MIL aus der Stellung werfen; vertreiben; **aliquem ~ de statu** j-n aus seiner Stellung werfen; **hostes loco ~** MIL die Feinde aus einer Stellung vertreiben; **aliquem ~ de statu mentis** *fig* j-n aus der Fassung bringen
8 SCHIFF vom Kurs abbringen
9 *aus seinem Besitz* vertreiben; **aliquem vi fundo/de fundo ~** j-n gewaltsam aus seinem Besitz vertreiben
10 *aus seinem Amt* vertreiben, verdrängen; der Aussicht auf *etw* berauben, *de re/re*; **de honore ~** der Aussicht auf Ehre berauben
11 j-n stürzen, zu Fall bringen
12 abbringen, **aliquem de sententia** j-n von seiner Meinung
13 abwenden, entfernen; **multum mali de humana condicione ~** viel Übel vom menschlichen Schicksal abwenden; **uxorem ~** die Gattin entfernen

Dēīdamīa ⟨ae⟩ F̲ Tochter des Lykomedes von Skyros, von Achill Mutter des Pyrrhus
dē-iēcī → deicere
dēiectiō ⟨dēiectiōnis⟩ F̲ ||deicere||
1 Vertreibung aus dem Besitz
2 *(nachkl.)* MED Durchfall
dēiectus¹ ⟨a, um⟩ A̲D̲J̲ ||deicere||
1 tief liegend, gesenkt
2 *fig* mutlos, entmutigt
dēiectus² ⟨dēiectūs⟩ M̲ ||deicere||
1 Herabwerfen, Herabstürzen; Sturz; **~ aquae** Wasserfall
2 *meton* Abhang
dē-iectus³ ⟨a, um⟩ P̲P̲P̲ → deicere
dē-ierāre ⟨ō, āvī, ātum 1.⟩ ||iurare|| *(vkl., nachkl.)* feierlich beschwören, +AcI
de-in A̲D̲V̲ Kurzform von deinde
dein-ceps A̲D̲V̲ ||dein, capere||
1 nacheinander, der Reihe nach, *vor allem bei Aufzählungen*; **primum ... ~** zuerst ... dann
2 demnächst, unmittelbar darauf
de-inde A̲D̲V̲
1 *(nachkl.)* örtl. von da an, von dort an
2 zeitl. darauf, danach
3 *in der Aufzählung* hierauf, dann
Dēionidēs ⟨Dēionidae⟩ M̲ Sohn der Deione *u. des Apollo,* = Miletus
Dēiotarus ⟨ī⟩ M̲ Tetrarch von Galatien, Freund der Römer, von Pompeius mit dem Königstitel ausgezeichnet, des Mordversuchs an Caesar angeklagt u. von Cicero verteidigt (Pro rege Deiotaro)
Dēiphobē ⟨Dēiphobēs⟩ F̲ Tochter des Meeresdämons Glaukos
Dēiphobus ⟨ī⟩ M̲ Sohn des Priamus, nach dem Tod des Paris Gatte der Helena
deitās ⟨deitātis⟩ F̲ ||deus|| *(spätl., eccl.)* Gottheit, göttliches Wesen
dē-iungere ⟨iungō, iūnxī, iūnctum 3.⟩ *(nachkl.)* abspannen, ausspannen; **se ~** sich losmachen; **se ~ a forensi labore** *Tac.* sich von der öffentlichen Tätigkeit frei machen

dē-iuvāre ⟨ō, -, - 1.⟩ *Plaut.* nicht mehr unterstützen

del. *Abk*
① = **deleatur** (*nlat.*) es möge getilgt werden
② = **delineavit** (*mlat.*) er hat gezeichnet

dē-lābī ⟨lābor, lāpsus sum 3.⟩
① herabgleiten, herabfallen; **caelo ~** vom Himmel herabkommen; **capiti ~** vom Haupt herabfallen; **e corpore ~** vom Körper herabgleiten
② herkommen, entstehen, *a re* von etw
③ hineingeraten, *in aliquid* in etw; verfallen, *ad aliquid* auf etw; **medios in hostes ~** mitten unter die Feinde geraten; **in difficultates ~** in Schwierigkeiten geraten; **ad aequitatem ~** zur Mäßigung neigen
④ *von der Rede* abkommen; auf *etw* zu sprechen kommen, *ad aliquid*

dē-lāmentārī ⟨or, - 1.⟩ *Ov.* bejammern, beklagen

dē-lassāre ⟨ō, -, ātum 1.⟩ (*vkl.*) *poet* j-n völlig ermüden, müde machen, *aliquem*; **delassari labore** von der Arbeit müde werden

dēlātiō ⟨dēlātiōnis⟩ F ||deferre|| Meldung, Anzeige; **~ nominis** Angabe des Namens

dēlātor ⟨dēlātōris⟩ M ||deferre|| (*nachkl.*) Ankläger, Denunziant; **~ maiestatis** Ankläger einer Majestätsbeleidigung

dē-lātus ⟨a, um⟩ PPP → deferre

dēlēbilis ⟨dēlēbile⟩ ADJ ||delere|| *Mart.* zerstörbar

dēlectābilis ⟨dēlectābile, *adv* dēlectābiliter⟩ ADJ ||delectare|| (*nachkl.*) erfreulich; lecker; **cibus ~** Leibgericht

dēlectāmentum ⟨ī⟩ N ||delectare|| angenehme Unterhaltung, Zeitvertreib

dēlectāre ⟨ō, āvī, ātum 1.⟩ erfreuen, unterhalten; **delectat aliquem** es macht j-m Freude, +*inf*; *passiv* erfreut werden; **delectari carminibus** sich an Gedichten freuen

dēlectātiō ⟨dēlectātiōnis⟩ F ||delectare|| Unterhaltung, Genuss, *alicuius* j-s, *alicuius rei* einer Sache *od* an einer Sache; **delectationem afferre** Spaß machen

dēlectī ⟨ōrum⟩ M ||deligere|| Auserlesene, Elite

dēlēctus[1] ⟨a, um⟩ ADJ ||deligere|| auserlesen

dēlēctus[2] ⟨dēlēctūs⟩ M ||deligere||
① Auswahl, Wahl; **delectum tenere/habere** eine Wahl treffen
② MIL = **dilectus**

dē-lēctus[3] ⟨a, um⟩ PPP → deligere

dē-lēgāre ⟨ō, āvī, ātum 1.⟩
① *Plaut.* beauftragen; **delegati, ut plauderent** die beauftragt wurden Beifall zu klatschen
② verweisen, hinschicken, *aliquem in aliquid* j-n wohin, *ad aliquem* zu j-m
③ übertragen, anvertrauen, *aliquid/aliquem alicui* etw/j-n j-m
④ *fig* Schuld *od* Verdienst zumessen, zuschreiben
⑤ an j-n verweisen, auf *etw* verweisen, *ad aliquem/ad aliquid*; **discipulum ad illum librum ~** den Schüler auf jenes Buch verweisen
⑥ eine Zahlungsanweisung geben, *alicui aliquem* j-m auf j-n; **~ alicui** j-m Geld auszahlen lassen

dēlēgātiō ⟨dēlēgātiōnis⟩ F ||delegere|| Geldanweisung, Zahlungsanweisung

dē-lēgī → deligo[1]

dēlēni-ficus ⟨a, um⟩ ADJ ||delenire, facere|| (*vkl., nachkl.*) *von Personen u. Sachen* besänftigend, bezaubernd; **delenifica verba** schmeichelnde Worte; **meretrix delenifica** verführerische Prostituierte

dēlēnīmentum ⟨ī⟩ N ||delenire|| (*nachkl.*)
① Linderungsmittel, Beschwichtigung, *alicuius rei* für etw
② *pej* Lockmittel

dē-lēnīre ⟨iō, īvī, ītum 4.⟩
① besänftigen, beschwichtigen
② gewinnen, bezaubern

dēlēnītor ⟨dēlēnītōris⟩ M ||delenire|| der für sich einnimmt, *alicuius* jdn

dēlēre ⟨eō, ēvī, ētum 2.⟩
① *Geschriebenes* auslöschen, tilgen
② *fig* vernichten, zerstören; **urbem ~** eine Stadt zerstören; **bellum ~** den Krieg völlig beenden; **memoriam alicuius ~** die Erinnerung an j-n auslöschen; **hostes ~** die Feinde aufreiben; **deleatur** (*nlat.*) es soll getilgt werden, *Vermerk bei zu tilgendem Text*

dēlētrīx ⟨dēlētrīcis⟩ F ||delere|| Vernichterin

dē-lētus ⟨a, um⟩ PPP → delere

dē-lēvī → delere

Dēlia ⟨ae⟩ F Delierin, Einwohnerin von Delos, *bes* = Diana

Dēliacus ⟨a, um⟩ ADJ delisch, von Delos

dē-lībāre ⟨ō, āvī, ātum 1.⟩
① ein wenig wegnehmen, entnehmen; **flosculos ex oratione ~** die Rosinen aus einer Rede picken
② kosten, genießen, **novum honorem** ein neues (Ehren-)Amt; **oscula ~** flüchtig küssen
③ wegnehmen, schmälern; **aliquid de honestate alicuius ~** j-s Ansehen schmälern

dēlīberābundus ⟨a, um⟩ ADJ ||deliberare|| *Liv.* in tiefes Nachdenken versunken

dē-līberāre ⟨ō, āvī, ātum 1.⟩
① überlegen, beraten, *de re/aliquid* etw, über etw, +*indir Fragesatz*; **deliberandi spatium** Bedenkzeit; **~ cum aliquo** mit j-m beraten; **~ secum** bei sich überlegen

2 sich entscheiden, beschließen, *aliquid* etw, *+inf*/*+AcI*; **deliberatum est alicui** es ist für j-n beschlossene Sache, *+inf*

3 befragen, **oraculum** *Nep.* das Orakel

dēlīberātiō ⟨dēlīberātiōnis⟩ F̄ ||deliberare||
1 Überlegung, Beratung; **~ consilii capiundi** Beratung zum Fassen eines Planes
2 RHET beratende Rede

dēlīberātīva ⟨ae⟩ F̄ ||deliberativus|| (*erg.* **oratio**) *Quint.* beratende Rede

dēlīberātīvus ⟨a, um⟩ ADJ ||deliberare|| überlegend, beratend

dēlīberātor ⟨dēlīberātōris⟩ M̄ ||deliberare|| der immer Bedenkzeit braucht

dēlīberātus ⟨a, um⟩ ADJ ||deliberare|| bestimmt, entschieden

dē-lībrāre ⟨ō, āvī, ātum 1.⟩ ||de, liber¹|| entrinden, abschälen; **ramorum cacumina delibrata** *Caes.* die abgeschälten Spitzen der Äste

dē-lībūtus ⟨a, um⟩ ADJ bestrichen, benetzt; **capillus ~** mit Salbe bestrichenes Haar; **gaudio ~** *Ter.* fig freudetrunken

dē-licāre ⟨ō, āvī, ātum 1.⟩ *Com.*
1 = deliquare
2 *fig* klarmachen, erklären, *+AcI*

dēlicāta ⟨ae⟩ F̄ ||delicatus|| Liebchen, Lieblingssklavin

dēlicātus
A ⟨a, um⟩ ADJ, ADV ⟨dēlicātē⟩
1 reizend, lecker; **convivium delicatum** leckeres Mahl
2 sinnlich, wollüstig; **voluptates delicatae** sinnliche Vergnügungen; **versūs delicati** schlüpfrige Verse; **delicate vivere** üppig leben
3 wählerisch, verwöhnt
4 (*nachkl.*) *poet* zart, sanft; **puella delicata** zartes Mädchen; **amnis ~** träger Strom

B ⟨ī⟩ M̄
1 Schlemmer, Wüstling
2 (*Inschrift*) Lieblingssklave

▶ deutsch: **delikat**
englisch: **delicate**
französisch: **délicat**
spanisch: **delicado**
italienisch: **delicato**

dēliciae ⟨ārum⟩ F̄, (*unkl.*) *auch* SG
1 sinnliche Genüsse, Luxus; **esse alicui in deliciis** j-s Zuneigung genießen; **habere aliquem in deliciis** j-n gern haben; **deliciarum causā** zum Vergnügen, zur Unterhaltung; **delicias facere** scherzen, *pej* Obszönitäten treiben
2 *meton von Personen* Liebling
3 *von Sachen* Zierde, Kleinod

dēliciolae ⟨ārum⟩ F̄, **dēliciolum** ⟨ī⟩ N̄ ||deliciae|| *Sen.* Liebling, Herzblatt

dēlicium ⟨ī⟩ N̄ = deliciae

dēlictum¹ ⟨ī⟩ N̄ ||delinquere|| Vergehen, Fehler

dē-lictum² PPP → delinquere

dēlicuos *od* **dēlicuus** ⟨a, um⟩ ADJ = deliquus

dē-ligāre ⟨ō, āvī, ātum 1.⟩
1 anbinden, befestigen, **navem ad ancoras** das Schiff an die Anker; **~ (ad palum) aliquem** j-n zur Auspeitschung an den Pfahl binden
2 (*nachkl.*) MED verbinden, **saucios** die Verletzten

dē-ligere ⟨ligō, lēgī, lēctum 3.⟩ ||legere||
1 (*nachkl.*) *poet* lesen, pflücken, **uvas** Trauben
2 *fig* auslesen, auswählen; **legatos ~** Gesandte auswählen; **locum castris idoneum ~** einen für das Lager günstigen Platz wählen; **sibi aliquem comitem ~** sich j-n als Begleiter wählen; **~ unum ex omnibus** einen aus allen auswählen
3 MIL ausheben, mustern; **delecti milites** ausgewählte Soldaten, Elitetruppen
4 (*vkl.*) *poet* (als untauglich) aussondern

dē-līneāre ⟨ō, āvī, ātum 1.⟩ (*nachkl.*) zeichnen; **delineavit** (*mlat.*) er hat gezeichnet, *bes auf Kupferstichen als Nennung des Zeichners*

dē-linere ⟨liniō, lēvī, litum 3.⟩
1 (*nachkl.*) von oben bis unten bestreichen
2 *nachkl.* gebräuchlich abwischen, abstreichen; **cerā delitā** nachdem das Wachs geglättet war

dē-lingere ⟨lingō, linxī, linctum 3.⟩ (*Plaut., nachkl.*) ablecken; **~ salem** *Plaut.* schmale Kost haben

dē-līnīre ⟨iō, īvī, ītum 4.⟩ = delenire *u.* = delinere

dē-linquere ⟨linquō, līquī, lictum 3.⟩
1 sich vergehen, *in aliquem* gegen j-n, *in re* in etw
2 verschulden, *aliquid* etw

dē-liquāre ⟨ō, -, - 1.⟩ (*vkl.*) klären, **vinum** (trüben) Wein

dē-liquēscere ⟨liquēscō, licuī, - 3.⟩ (*vkl., nachkl.*) zerfließen; *fig* dahinschwinden, *re* durch etw, *in etw*

dē-līquī → delinquere

dēliquiō ⟨dēliquiōnis⟩ F̄ ||delinquere|| (*Plaut., nachkl.*) Mangel; **mihi libertatis ~ est** ich habe die Freiheit verloren

dēliquus ⟨a, um⟩ ADJ ||delinquere|| (*vkl.*) mangelnd, fehlend

dēlīra ⟨ōrum⟩ N̄ ||delirus|| *Lucr.* wirres Zeug

dēlīrāmentum ⟨ī⟩ N̄ ||delirare|| *Com.* albernes Zeug, wirres Zeug

dē-līrāre ⟨ō, āvī, ātum 1.⟩ wahnsinnig sein, irre reden; **aliquid ~** etw Dummes begehen

dēlīrātiō ⟨dēlīrātiōnis⟩ F̄ ||delirare|| Wahnsinn, Albernheit, Faselei

dēlīrium ⟨ī⟩ N ||delirare|| (*nachkl.*) das Irresein; (*nlat.*) Bewusstseinstrübung; **~ tremens** (*nlat.*) Säuferwahn

dēlīrus ⟨a, um⟩ ADJ ||delirare|| wahnsinnig, verrückt

dē-litēscere ⟨litēscō, lituī, - 3.⟩ ||latescere|| sich verstecken; *fig* sich verkriechen, *in loco* an einem Ort; **in dolo malo ~** sich hinter einer bösen List verstecken

dē-lītigāre ⟨ō, -, - 1.⟩ *Hor.* sich ereifern, zanken

dē-litīscere ⟨litīscō, lituī, - 3.⟩ = **delitescere**

dē-lituī → delitescere

Dēlius

A ⟨a, um⟩ ADJ delisch, von Delos

B ⟨ī⟩ M Delier, Einwohner von Delos, *bes* = Apollo

Delmat... = **Dalmat...**

Dēlos, Dēlus ⟨ī⟩ F Insel, Geburtsort des Apollo u. der Artemis/Diana, wichtiger Handelsplatz

Delphī ⟨ōrum⟩ M

1 Stadt am Fuß des Parnass, in der Landschaft Phokis, Sitz des apollinischen Orakels, zahlreiche Ausgrabungen

2 die Einwohner von Delphi

Delphicus ⟨a, um⟩ ADJ delphisch, aus Delphi; **mensa Delphica** dreifüßiger Prunktisch

Delphicus ⟨ī⟩ M Einwohner von Delphi, = Apollo

delphīn ⟨delphīnis⟩ M, **delphīnus** ⟨ī⟩ M Delfin, *auch als Sternbild*

Delta N *indekl* Nildelta; (*mlat.*) Delta, *Flussmündung mit mehreren Armen, benannt nach dem griech. Buchstaben Delta wegen der Form eines Dreiecks*

deltōton ⟨ī⟩ N Triangel, *Sternbild in Dreiecksform*

dēlūbrum ⟨ī⟩ N Tempel, Heiligtum

dē-luctāre ⟨ō, āvī, ātum 1.⟩, **dē-luctārī** ⟨or, - 1.⟩ *Plaut.* um die Entscheidung ringen, sich abquälen

dē-lūdere ⟨lūdō, lūsī, lūsum 3.⟩ täuschen, *auch von Sachen, absolut od aliquem*; *obszön* entehren; **somnia sensūs deludunt** die Träume täuschen die Sinne

dē-lūdificāre ⟨ō, āvī, - 1.⟩, **dē-lūdificārī** ⟨or, ātus sum 1.⟩ *Plaut.* zum Besten halten

dē-lumbāre ⟨ō, āvī, ātum 1.⟩ ||de, lumbus|| (*nachkl.*) lendenlahm machen; *fig* lähmen

Dēmādēs ⟨Dēmādis, *akk* Dēmādēn⟩ M berühmter griech. Redner, Zeitgenosse des Demosthenes

dē-madēscere ⟨madēscō, maduī, - 3.⟩ *Ov.* ganz feucht werden

dē-mānāre ⟨ō, āvī, ātum 1.⟩ (*unkl.*) herabfließen

dē-mandāre ⟨ō, āvī, ātum 1.⟩ (*nachkl.*) anvertrauen, übertragen; **tribunis curam legatorum ~** den Tribunen die Sorge für die Gesandten anvertrauen; **aliquem in proximam civitatem ~** j-n an die nächste Stadt empfehlen

Dēmarātus ⟨ī⟩ M

1 König von Sparta, um 500 v. Chr.

2 Vater des Tarquinius Priscus

dēmarchus ⟨ī⟩ M

1 Vorsteher eines Demos *in Athen*

2 *in Rom* = **tribunus plebis**

dē-mēns ⟨dēmentis, *adv* dēmenter⟩ ADJ *von Personen u. Sachen* wahnsinnig, verrückt

dēmēnsum ⟨ī⟩ N ||demensus|| *Ter.* das den Sklaven zugemessene monatliche Maß *an Getreide*

dēmēnsus ⟨a, um⟩ ADJ ||demetiri|| zugemessen

dēmentia ⟨ae⟩ F ||demens|| Unsinn, Wahnsinn; *pl* Tollheiten; (*nlat.*) MED Schwachsinn

dēmentīre ⟨iō, -, - 4.⟩ ||demens|| (*nachkl.*) *poet* verrückt sein, sich unsinnig benehmen

dēmere ⟨dēmō, dēmpsī, dēmptum 3.⟩ ||de, emere||

1 wegnehmen, abnehmen, *alicui aliquid* j-m etw; **poma arbore ~** Obst vom Baum pflücken

2 beseitigen, abziehen; **sollicitudinem ~** die Sorgfalt einschränken

3 *vom Ganzen od einer Summe* abziehen, *aliquid de re* etw von etw; **exiguum de mare pleno aquae ~** *Ov.* einige Tropfen Wasser vom vollen Meer wegnehmen; **dempto fine** ohne Ende; **dempto auctore** auch ohne Rücksicht auf den Urheber

dē-merēre ⟨eō, uī, itum 2.⟩

1 = **demereri**

2 *Plaut., Gell.* sich *etw* verdienen, **pecuniam** Geld

dē-merērī ⟨mereor, meritus sum 2.⟩ sich um j-n verdient machen, sich j-n zu Dank verpflichten, *absolut od aliquem*

dē-mergere ⟨mergō, mersī, mersum 3.⟩

1 untertauchen, versenken; *passiv* versinken, ertrinken; **aliquem cum omni classe ~** j-n mit seiner ganzen Flotte versenken; **aere alieno demersus** tief in Schulden steckend; **veritas in profundo demersa** in der Tiefe verborgene Wahrheit; **plebem in fossas ~** das Volk zwingen in Gräben hinabzusteigen

2 *fig* unterdrücken, ins Verderben stürzen

dē-messuī → demetere

dē-messus ⟨a, um⟩ PPP → demetere

dē-mētāre ⟨ō, āvī, ātum 1.⟩ = **dimetare**

dē-mētārī ⟨or, ātus sum 1.⟩ = **dimetari**

dē-metere ⟨metō, messuī, messum 3.⟩ abmähen, abschlagen; **frumenta ~** Getreide abmähen; **fructum ~** Früchte abpflücken; **caput ~** das Haupt abschlagen

dē-mētīrī ⟨mētior, mēnsus sum 4.⟩ abmessen, zumessen, *nur pperf*; → **demensus**

Dēmētrias ⟨adis⟩ F Stadt am Golf von Pagasae, *in Thessalien, um 300 v. Chr. von Demetrius Poliorcetes ge-*

gründet, heute Bolos (Volos)

Dēmētrius ⟨ī⟩ M̄ *griech. Männername, auch von Königen*
1 ~ **Poliorcetes** König von Makedonien, 337–283 v. Chr., Gründer von Demetrias
2 ~ **Phalerus** von Phaleron, Schüler des Theophrast, Statthalter in Athen 318–308 v. Chr.

dē-migrāre ⟨ō, āvī, ātum 1.⟩
1 auswandern, wegziehen; **ab agris/ex agris/agris in urbem** ~ vom Land in die Stadt ziehen; **ex vita/hinc** ~ sterben; **de statu suo** ~ sich aus seinem Posten verdrängen lassen
2 MED *von Geschwüren u. Geschwulsten* verschwinden

dēmigrātiō ⟨dēmigrātiōnis⟩ F̄ ||demigrare|| *Nep.* Auswanderung

dē-minuere ⟨uō, uī, ūtum 3.⟩
1 verkleinern, schmälern; *fig* schwächen; *passiv* abnehmen, schmelzen; **dignitatem alicuius** ~ j-s Ansehen schmälern; **vires militum** ~ die Kräfte der Soldaten schwächen; **capite deminui/se** ~ seine bürgerlichen Rechte teilweise verlieren
2 wegnehmen, **aliquid de dignitate** etw vom Ansehen, **nihil de libertate** nichts von der Freiheit
3 stückweise verkaufen, teilweise veräußern, **de bonis** von den Gütern
4 (vkl., nachkl.) GRAM eine Verkleinerungsform bilden; **sacellum ex sacro** ~ Tempelchen von Tempel ableiten; **nomen deminutum** Verkleinerungsform, Deminutiv

dēminūtiō ⟨dēminūtiōnis⟩ F̄ ||deminuere||
1 Verringerung, Schwächung; ~ **lunae** Abnahme des Mondes; ~ **vectigalium** Steuernachlass
2 ~ **capitis maxima** Verlust des Bürgerrechts und der persönlichen Freiheit; ~ **media/minor** Verlust des Bürgerrechts
3 Verkürzung der Amtszeit, **provinciae** in der Provinz
4 *Liv., Geschäftssprache* Veräußerungsrecht
5 ~ **mentis** Geistesabwesenheit
6 *Quint.,* GRAM Verkleinerungsform, Deminutiv

dē-mīrārī ⟨or, ātus sum 1.⟩ sich sehr wundern, *aliquid* über etw, +AcI/+indir Fragesatz; **demirandus** bewundernswert

dē-mīsī → demittere

dēmissīcius ⟨a, um⟩ ADJ ||demissus ||demittere|| herabhängend

dēmissiō ⟨dēmissiōnis⟩ F̄ ||demittere|| Herablassen; ~ **storiarum** herabhängende Matten; ~ **animi** *fig* Niedergeschlagenheit

dē-missus¹ ⟨a, um⟩ PPP → demittere

dē-missus² ⟨a, um⟩ ADJ ||demittere||
1 gesenkt, herabhängend; **demisso capite** mit gesenktem Kopf
2 niedrig gelegen, niedrig; **loca demissa** Niederungen
3 *fig von der Stimme* gedämpft, leise; **demissā voce** mit gedämpfter Stimme
4 bescheiden, schlicht; **sermo** ~ schlichte Rede
5 niedergeschlagen; **animo** ~ niedergeschlagen, kleinlaut
6 niedrig, dürftig; **res demissae** dürftige Verhältnisse

dē-mītigāre ⟨ō, āvī, ātum 1.⟩ zur Milde stimmen

dē-mittere ⟨mittō, mīsī, missum 3.⟩
1 hinablassen, hinabschicken
2 hinabgehen lassen, hinabziehen lassen
3 versenken, hinabfließen lassen
4 sich hinabbegeben
5 abstammen, seinen Ursprung ableiten

1 hinablassen, hinabschicken; **navem secundo amni** ~ das Schiff stromabwärts treiben lassen; **lacrimas** ~ Tränen vergießen; **castra** ~ das Lager hinabverlegen
2 *von Menschen u. Tieren* hinabgehen lassen, hinabziehen lassen; **equum in flumen** ~ das Pferd zum Fluss hinabgehen lassen; **agmen in Thessaliam** ~ das Heer nach Thessalien marschieren lassen; *passiv* hinabgehen, hinabsteigen
3 versenken; *von Flüssigkeiten* hinabfließen lassen; *passiv* herabhängen; *passiv u.* **se** ~ *von Gewässern* herabfließen; **oculos** ~ die Augen senken; **aliquid in pectus** ~ sich etw zu Herzen nehmen; **arma consuli** ~ die Waffen vor dem Konsul *zur Begrüßung* senken; **animum** ~ den Mut sinken lassen; **sublicas in terram** ~ Pfähle in den Boden rammen
4 **se** ~ sich hinabbegeben; *fig* sich auf *etw* einlassen, *in aliquid*; **in res turbulentissimas se** ~ sich auf höchst verwirrte Angelegenheiten einlassen; **ad adulationem se** ~ sich zur Kriecherei erniedrigen
5 *passiv* abstammen, seinen Ursprung ableiten, *ab aliquo* von j-m; **demitti ab Aenea** von Aeneas abstammen; **demittitur nomen ab Iulo** der Name wird von Iulus abgeleitet

dēmiūrgus ⟨ī⟩ M̄ (*nachkl.*) höchster Beamter in griech. Stadtstaaten; (*eccl.*) Weltenschöpfer

Dēmocrītēa ⟨ōrum⟩ N̄ ||Democritus|| Lehrsätze des Demokrit

Dēmocrītēus, Dēmocrītīus
A ⟨a, um⟩ ADJ ||Democritus|| des Demokrit

DENE

B ⟨ī⟩ M Schüler des Demokrit, Anhänger des Demokrit

Dēmocritus ⟨ī⟩ M Demokrit, *Philos. aus Abdera in Thrakien, gest. 361 v. Chr., Begründer der Atomlehre*

dē-mōlīre ⟨iō, īvī, ītum 4.⟩, **dē-mōlīrī** ⟨ior, ītus sum 4.⟩

1 herabwälzen; *fig* abwälzen, **culpam** die Schuld

2 *fest Gebautes gewaltsam* niederreißen,; *auch fig* zerstören

3 *Schweres* herabnehmen

▶ deutsch: **demolieren**

dēmōlītiō ⟨dēmōlītiōnis⟩ F ||demoliri|| Niederreißen, Zerstörung

dē-mōnstrāre ⟨ō, āvī, ātum 1.⟩

1 (genau) zeigen, bestimmt bezeichnen, **digito locum** einen Ort mit dem Finger

2 *mit Worten* darlegen, erwähnen, *aliquem/aliquid* j-n/etw, +AcI/+indir Fragesatz; **ut supra dēmonstrāvimus** wie oben gezeigt

3 beweisen, *aliquid* etw, +AcI

4 genau bestimmen, **fines** die Grenzen

5 bedeuten, der Bedeutung nach bezeichnen

⚠ **Quod erat demonstrandum.** Was zu beweisen war. *Schlusssatz von mathematischen Beweisführungen*

dēmōnstrātiō ⟨dēmōnstrātiōnis⟩ F ||demonstrare||

1 Zeigen, Hinweisen, *alicuius rei* auf etw

2 Nachweis, Beweisführung

3 RHET Prunkrede

dēmōnstrātīva ⟨ae⟩ F ||demonstrativus|| Prunkrede

dēmōnstrātīvus ⟨a, um⟩ ADJ ||demonstrare||

1 (nachkl.) hinzeigend, darlegend

2 RHET verherrlichend

dēmōnstrātor ⟨dēmōnstrātōris⟩ M ||demonstrare|| der *etw* zeigt, der *etw* angibt

Dēmophōn, Dēmophoōn ⟨Dēmophōntis⟩ M

1 *Trojaner, Gefährte des Aeneas*

2 *Seher im Heer Alexanders des Großen*

dē-morārī ⟨or, ātus sum 1.⟩

A VI sich aufhalten, zögern

B VT aufhalten, verzögern; **novissimum agmen ~** die Nachhut aufhalten; **annos ~** das Leben noch fristen; **Teucros armis ~** die Trojaner vom Kampf abhalten

dē-morī ⟨moror, mortuus sum 3.⟩

A VI wegsterben, versterben; *Plaut. fig* schwinden

B VT *Plaut.* zum Sterben verliebt sein, *aliquem* in jdn

Dēmosthenēs ⟨Dēmosthenis u. Dēmosthenī, *akk* Dēmosthenem u. Dēmosthenēn⟩ M athenischer Redner, Gegner Philipps von Makedonien, 384 bis 322 v. Chr.

Dēmosthenicus ⟨a, um⟩ ADJ des Demosthenes

dē-movēre ⟨moveō, mōvī, mōtum 2.⟩

1 wegbewegen, entfernen, *loco/de loco* von einem Ort, *de re/ex re/a re* von etw; **de sententia ~** von der Meinung abbringen

2 vertreiben, verdrängen, **aliquem statu/gradu suo** j-n aus seiner Stellung; **aliquem ordine ~** j-n aus seinem Amt entfernen; **aliquem in insulam ~** j-n auf eine Insel verbannen

3 abwenden, abbringen; **suspicionem a se ~** den Verdacht von sich abwenden; **aliquem lucro ~** j-n um seinen Gewinn bringen

dēmpsī → demere

dēmptus ⟨a, um⟩ PPP → demere

dē-mūgītus ⟨a, um⟩ ADJ ||mugire|| *Ov.* mit Gebrüll erfüllt

dē-mulcēre ⟨mulceō, mulsī, mulctum/mulsum 2.⟩ (vkl., nachkl.) liebkosend streicheln

dēmum ADV

1 *zeitl. u. bedingend* erst, schließlich, *an das betonte Wort angelehnt;* **a septima ~ hora** erst zur siebten Stunde, endlich zur siebten Stunde; **nunc ~** jetzt erst, jetzt endlich; **modo ~** eben erst; **ea ~ amicitia est** *Cic.* das erst ist Freundschaft

2 *steigernd* vollends, erst recht

3 (nachkl.) einschränkend eben, wenigstens; **tum ~** dann nur

dē-mūnerārī ⟨or, ātus sum 1.⟩ *Ter.* reichlich beschenken

dē-murmurāre ⟨ō, -, - 1.⟩ *Ov.* hermurmeln

dē-mūtāre ⟨ō, āvī, ātum 1.⟩

A VT (vkl., nachkl.) verändern, verschlechtern

B VI (vkl., nachkl.) sich ändern, abweichen, *a re/de re* von etw

dēmūtātiō ⟨dēmūtātiōnis⟩ F ||demutare|| Veränderung, Entartung

dēnārius

A ⟨a, um⟩ ADJ (nachkl.) je zehn enthaltend; **nummus ~** Münze von 10 As

B ⟨ī⟩ M

1 Denar, *röm. Hauptsilbermünze, urspr. 10, seit 217 v. Chr. 16 asses = 4 Sesterze, in spätröm. Zeit Goldmünze, in der späten Kaiserzeit Kupfermünze, im MA kleine Silbermünze*

2 Denar, *Gewichtsbezeichnung = 3,5 g*

dē-narrāre ⟨ō, āvī, ātum 1.⟩ (unkl.) genau erzählen

dē-nāsāre ⟨ō, -, - 1.⟩ ||nasus|| *Plaut.* der Nase berauben

dē-natāre ⟨ō, -, - 1.⟩ (*Hor., spätl.*) hinabschwimmen

dē-negāre ⟨ō, āvī, ātum 1.⟩

1 leugnen, entschieden in Abrede stellen, *aliquid*/+AcI

2 rundweg abschlagen, verweigern, *alicui aliquid* j-m etw, *+inf, quominus* dass

dēnī ⟨ae, a⟩ NUM *distr*
1 je zehn
2 zehn auf einmal; **bis ~** zweimal zehn = zwanzig
3 *sg* der jeweils zehnte

dē-nicālis ⟨dēnicāle⟩ ADJ ||nex|| den Todesfall betreffend; **feriae denicales** Totenfest

dēnique ADV
1 *in Aufzählungen zum Anschluss des letzten Gliedes* und außerdem, schließlich, endlich
2 *abschließend* kurz, mit einem Wort
3 *verallgemeinernd* überhaupt, ja
4 *steigernd* ja sogar
5 *vermindernd* auch nur, wenigstens; **aut ~** oder wenigstens
6 *zeitl.* (= *demum*) erst, endlich, gerade, eben
7 *iron* am Ende gar

dē-nōmināre ⟨ō, āvī, ātum 1.⟩ (*unkl.*) benennen

dē-nōrmāre ⟨ō, -, - 1.⟩ ||normal|| aus dem rechten Winkel bringen, unregelmäßig machen

dē-notāre ⟨ō, āvī, ātum 1.⟩
1 j-n/etw deutlich bezeichnen, auf j-n/etw aufmerksam machen, *aliquem/aliquid*
2 (*nachkl.*) *fig* beschimpfen, brandmarken

dēns ⟨dentis⟩ M
1 Zahn; **~ eburneus/Indus** Elfenbein
2 (*erg.* **aevi**) Zahn der Zeit
3 (*erg.* **invidus**) Zahn des Neides = Neid, Missgunst
4 *meton* etw, das einem Zahn ähnlich ist: **dentes serrae** Sägezähne; **~ ancorae** Ankerhaken; **dentes muri** Zinnen einer Mauer; **densus ~** Haarkamm; **~ fixus** Nachschlüssel

dēnsāre ⟨ō, āvī, ātum 1.⟩ ||densus|| (*nachkl.*)
1 = densere
2 *Webersprache: ein Gewebe mit dem Webkamm* dicht schlagen

dēnsēre ⟨eō, -, ētum 2.⟩ ||densus|| (*vkl.*)
1 verdichten, dicht machen, **aggerem** einen Damm
2 dicht aufstellen, gedrängt aufstellen, **ordines** die Reihen; *passiv* sich bedecken; **caelum densetur** der Himmel bedeckt sich
3 *fig* rasch aufeinander folgen lassen; *passiv* rasch aufeinander folgen

dēnsitās ⟨dēnsitātis⟩ F ||densus|| (*nachkl.*) Dichte; *fig* Häufigkeit

dēnsus ⟨a, um, *adv* dēnsē⟩ ADJ
1 dicht; **silva densa** dichter Wald; **castra densa** dicht nebeneinander stehende Lager
2 dicht besetzt, dicht bewachsen, *re* mit etw; **nemus arboribus densum** ein Hain mit dichtem Baumwuchs
3 *fig* dicht gedrängt; *von der Sprache* bündig
4 (*nachkl.*) *zeitl.* wiederholt, zahlreich
5 stark, heftig; **densa frigoris asperitas** *Ov.* anhaltende strenge Kälte

dentālia ⟨dentālium⟩ N ||dens|| (*nachkl.*) *poet* Scharbaum *am Pflug*

dentātus ⟨a, um⟩ ADJ ||dens||
1 mit Zähnen versehen, mit Zinken besetzt, gezahnt
2 mit Elfenbein geglättet

Denthēlētī ⟨ōrum⟩ M thrakischer Stamm im Quellgebiet des Strymon, um das heutige Sofia in Bulgarien

denti-frangibula ⟨ōrum⟩ N ||dentifrangibulus|| (*erg.* **instrumenta**) Fäuste

denti-frangibulus
A ⟨a, um⟩ ADJ ||dens, frangere|| *Plaut.* zahnausbrechend
B ⟨ī⟩ M *Plaut.* der Zähne ausschlägt

denti-fricium ⟨ī⟩ N ||dens, fricare|| (*nachkl., Mart.*) Zahnpulver

denti-legus ⟨a, um⟩ ADJ ||dens, legere|| *Plaut.* (ausgeschlagene) Zähne auflesend

dentīre ⟨iō, -, - 4.⟩ ||dens|| **ne mihi dentes dentiant** *Plaut. hum* damit mir die Zähne nicht Junge kriegen *vor Hunger*

denti-scalpium ⟨ī⟩ N ||dens, scalpere|| *Mart.* Zahnstocher

dē-nūbere ⟨nūbō, nūpsī, nuptum 3.⟩ (*nachkl.*) *poet* aus dem Elternhaus wegheiraten, sich verheiraten, *alicui* mit j-m, *Tac., Suet.* auch für Homosexuelle

dē-nūdāre ⟨ō, āvī, ātum 1.⟩
1 entblößen, aufdecken
2 (*vkl., nachkl.*) *fig* offenbaren, *alicui aliquid* j-m etw
3 berauben, ausplündern, *aliquem* jdn

dē-numerāre ⟨ō, āvī, ātum 1.⟩ = dinumerare

dē-nūntiāre ⟨ō, āvī, ātum 1.⟩
1 verkünden, erklären, *aliquid* etw, *+AcI*
2 drohend ankündigen, androhen
3 Schlimmes prophezeien, *alicui* j-m
4 (*unkl.*) befehlen, *ut/ne* dass/dass nicht, *+konjkt +inf*
5 *einer Behörde* Anzeige erstatten
6 JUR die Erhebung der Klage ankündigen; *dem Richter* die Rücknahme der Klage anzeigen; **~ in iudicium** zum Erscheinen vor Gericht auffordern; **alicui testimonium ~** j-n zur Zeugenaussage auffordern

dēnūntiātiō ⟨dēnūntiātiōnis⟩ F ||denuntiare||
1 förmliche Ankündigung, feierliche Anzeige, **consulis** des Konsuls, **victoriae** des Sieges
2 Androhung; **~ belli** Kriegsdrohung

3 JUR Aussage vor Gericht; Aufforderung zur Zeugenaussage
4 Voraussage, Prophezeiung
dē-nuō ADV von Neuem, noch einmal
dēnus ⟨a, um⟩ NUM distr → deni
Dēō ⟨Dēūs⟩ F poet = Ceres
Dēōis ⟨Dēōidis⟩ F Tochter der Ceres, = Persephone
Dēōius ⟨a, um⟩ ADJ der Ceres geweiht
de-onerāre ⟨ō, āvī, ātum 1.⟩ (spätl.) entlasten; fig abnehmen, *aliquid ex re* einen Teil von etw; **aliquid ex invidia ~** etw von dem Hass wegnehmen
de-orsum, de-orsus ADV
1 abwärts, hinunter; **sursum ~** auf und nieder
2 (vkl.) unten, unterhalb
de-ōsculārī ⟨or, ātus sum 1.⟩ (vkl., nachkl.) abküssen
dē-pacīscī ⟨paciscor, pactus sum 3.⟩
A VII einen Vertrag schließen, einen Vergleich schließen; **~ ad condicionem alicuius** auf j-s Vorschlag hin einen Vertrag schließen; **iam ~ morte cupio** Ter. nun sterbe ich gerne
B VIT sich *etw* ausbedingen, *aliquid*; **sibi aliquid cum aliquo ~** sich bei j-m etw ausbedingen
dē-pangere ⟨pangō, -, pāctum 3.⟩ (nachkl.) in die Erde einschlagen, einsetzen; fig ein Ziel od eine Grenze setzen; **vitae depactus terminus** Lucr. die dem Leben gesetzte Grenze
dē-parcus ⟨a, um⟩ ADJ Suet. knauserig
dē-pāscere ⟨pāscō, pāvī, pāstum 3.⟩ poet vom Hirten abweiden lassen; (nachkl.) vom Vieh abweiden; **luxuriem orationis stilo ~** fig die übervolle Rede mit dem Griffel beschneiden
dē-pāscī ⟨pāscor, pāstus sum 3.⟩ vom Vieh abweiden, abgrasen
dē-pecīscī ⟨pecīscor, pectus sum 3.⟩ = **depacisci**
dē-pectere ⟨ō, -, - 3.⟩ (unkl.) herabkämmen; Ter. hum durchprügeln
dē-pectus ⟨a, um⟩ PPERF → depecisci
dē-pecūlārī ⟨or, ātus sum 1.⟩ ausplündern, bestehlen; **laudem familiae ~** fig das Ansehen der Familie rauben
dēpecūlātor ⟨dēpecūlātōris⟩ M ||depeculari|| Plünderer
dēpecūlātus ⟨dēpecūlātūs⟩ M ||depeculari|| das Ausplündern
dē-pellere ⟨pellō, pulī, pulsum 3.⟩
1 hinabtreiben; herabwerfen; **oves ~** Schafe hinabtreiben; **simulacra ~** Bilder hinabwerfen
2 vertreiben, verjagen, *aliquem re* j-n von etw; **hostem loco ~** MIL den Feind aus der Stellung werfen; **de gradu aliquem ~** j-n aus seiner vorteilhaften Stellung verdrängen; **~ senatu** aus dem Senat ausstoßen; **aliquem aquilones depellunt** die Nordwinde bringen j-n vom Kurs ab; **~ molestias** Lästiges verdrängen
3 *von der Mutterbrust* absetzen, entwöhnen; **agnum a lacte ~** ein Lamm entwöhnen; **aliquem ab ubere matris ~** j-n von der Mutterbrust entwöhnen
4 abhalten, abwehren, **pestem a re publica** Unglück vom Staat
5 von *etw* abbringen, aufzugeben zwingen, *aliquem de/de re* j-n von etw; **aliquem de causa suscepta ~** j-n von einem begonnenen Prozess abbringen
dē-pendēre¹ ⟨eō, -, - 2.⟩ (nachkl.) poet von *etw* abhängen, *a re*; von *etw* abstammen, *re*
dē-pendere² ⟨pendō, pendī, pēnsum 3.⟩ *Geld* abwiegen = bezahlen
dē-perdere ⟨perdō, perdidī, perditum 3.⟩
1 (nachkl.) poet zugrunde richten, verderben, **deperditus** ganz heruntergekommen, erschöpft; **alicuius amore deperditus** unsterblich in j-n verliebt
2 gänzlich verlieren, einbüßen, *aliquid ex re/de re/e re* etw von etw, etw an etw; **paululum de libertate ~** etw von seiner Freiheit einbüßen
dē-perīre ⟨pereō, periī, peritūrus 0.⟩ völlig zugrunde gehen, umkommen; **naves tempestate depereunt** die Schiffe gehen durch den Sturm zugrunde; **~ amore** aus Liebe vergehen
dē-pilāre ⟨ō, āvī, ātum 1.⟩ (nachkl.) enthaaren, rupfen; **depilatus** gerupft = betrogen
depilatorium ⟨i⟩ N (nlat.) Enthaarungsmittel
dē-pingere ⟨pingō, pīnxī, pictum 3.⟩
1 (nachkl.) poet abmalen, abbilden
2 fig mit Worten schildern, beschreiben; **aliquid cogitatione ~** sich in Gedanken vorstellen
3 (nachkl.) bemalen, besticken
dē-plangere ⟨plangō, plānxī, plānctum 3.⟩ (nachkl.) poet beklagen, bejammern
dē-plexus ⟨a, um⟩ ADJ ||plectere|| Lucr. umklammernd
dēplōrābundus ⟨a, um⟩ ADJ ||deplorare|| Plaut. jammernd
dē-plōrāre ⟨ō, āvī, ātum 1.⟩
A VII laut weinen, jammern
B VIT
1 beweinen, beklagen
2 **multa ~ de re** vieles klagend vorbringen über etw
dēplōrātiō ⟨dēplōrātiōnis⟩ F ||deplorare|| Sen. Jammern, Klage
dē-pluere ⟨pluō, pluī, - 3.⟩ VII poet herabregnen

dē-pōnere ⟨pōnere, posuī, positum 3.⟩

1 ablegen, niederlegen
2 (ein)pflanzen, säen

3 gebären, zur Welt bringen
4 ablegen, beiseite legen
5 aufgeben, ablehnen
6 niederlegen, abdanken
7 beenden, beilegen
8 entfernen, verbannen
9 in Sicherheit bringen, in Verwahrung geben
10 aussetzen
11 abtragen, niederreißen
12 aufgeben
13 bestatten

1 ablegen, niederlegen; *j-m etw abnehmen, alicui aliquid*; **onus ~** eine Last ablegen; **coronam in aram ~** den Kranz auf den Altar legen; **exercitum in terram ~** das Heer an Land setzen, das Heer ausschiffen; **iumentis onera ~** den Lasttieren die Lasten abnehmen
2 *meton* (ein)pflanzen, säen; **plantas in hortis ~** Pflanzen in den Gärten einsetzen
3 gebären, zur Welt bringen, **fetūs** die Jungen
4 ablegen, beiseite legen, **scuta** die Schilde; **arma ~** die Waffen niederlegen, die Waffen strecken
5 *etw* aufgeben, ablehnen; **provinciam ~** auf eine Provinz verzichten; **triumphum ~** einen Triumph ablehnen
6 *ein Amt* niederlegen, abdanken; **imperium ~** den Oberbefehl niederlegen
7 beenden, beilegen, **bellum** den Krieg
8 *(nachkl.)* entfernen, verbannen
9 in Sicherheit bringen, in Verwahrung geben, *aliquid in re* etw in etw; *fig* anvertrauen, *alicui aliquid j-m etw, aliquid in re* etw einer Sache; **pecuniam in publico ~** sein Geld bei der Staatskasse in Verwahrung geben; **sua omnia in silvis ~** all seine Habe in den Wäldern in Sicherheit bringen; **~ aliquid tutis auribus** etw diskreten Ohren anvertrauen
10 *als Kampfpreis od Pfand* aussetzen, **vitulam** *Verg.* ein Jungrind
11 *(spätl.)* abtragen, niederreißen, **aedificia** Gebäude
12 *einen Kranken* aufgeben, an *j-s* Rettung verzweifeln, *nur PPP* **depositus** im Sterben liegend, verstorben
13 *(mlat.)* bestatten
▶ deutsch: **deponieren**

dē-populāre ⟨ō, āvī, ātum 1.⟩ *(Nebenform)* u.
dē-populārī ⟨or, ātus sum 1.⟩ verwüsten, ausplündern
dēpopulātiō ⟨dēpopulātiōnis⟩ F ||depopulari|| Verwüstung, Plünderung
dēpopulātor ⟨dēpopulātōris⟩ M ||depopulari|| Verwüster, Plünderer
dē-portāre ⟨ō, āvī, ātum 1.⟩
1 hinabtragen, hinabbringen
2 *von Flüssen* mit sich führen, mit sich tragen
3 fortbringen, nach Hause (mit)bringen; **litteras ex Sicilia ~** Briefe aus Sizilien mitbringen
4 *(nachkl.)* verbannen, deportieren, **aliquem Italiā** j-n aus Italien
dē-poscere ⟨poscō, poposcī, - 3.⟩
1 dringend fordern, nachdrücklich verlangen
2 sich ausdrücklich ausbedingen; **sibi consulatum ~** sich das Konsulat ausbedingen
3 *j-s* Auslieferung fordern, *j-s* Bestrafung fordern; **Hannibalem ~** Hannibals Auslieferung fordern
4 *(nachkl.) Fechtersprache* zum Kampf herausfordern

dēpositiō ⟨dēpositiōnis⟩ F ||deponere|| *(nachkl., spätl.)* Niederlegen, Ablegen; RHET, GRAM das Absetzen *am Schluss eines Verses od einer Periode*; Senkung
dēpositum ⟨ī⟩ N ||deponere|| anvertrautes Gut; **~ fideī** *(eccl.)* Glaubensgut
dē-positus ⟨a, um⟩ PPP → deponere
dē-posuī → deponere
dē-praedārī ⟨or, ātus sum 1.⟩ ausplündern
dēpraesentiārum ADV *Petr.* sofort, gleich
dē-prāvāre ⟨ō, āvī, ātum 1.⟩ verdrehen; *fig* verderben
dēprāvātiō ⟨dēprāvātiōnis⟩ F ||depravare|| Verdrehung; *fig* Verschlechterung
dēprāvātus ⟨a, um, *adv* dēprāvātē⟩ ADJ ||depravare|| verkehrt, verzerrt; **imitatio depravata** Karikatur
dēprecābundus ⟨a, um⟩ ADJ ||deprecari|| *Tac.* inständig bittend
dē-precārī ⟨or, ātus sum 1.⟩
1 *etw* Böses durch Bitten abzuwenden versuchen
2 um Verzeihung bitten, um Gnade bitten; **pro aliquo ~** für j-n Fürbitte einlegen; **aliquo precante** auf j-s Fürbitte hin
3 um *etw* bitten, *etw* erbitten, *aliquid* etw, *ut/ne* dass/dass nicht, *alicui/pro aliquo* für j-n, *ab aliquo* von j-m, bei j-m; **misericordiam ~** um Mitleid bitten; **pacem ~** um Frieden bitten; **ab aliquo vitam multorum ~** j-n um das Leben vieler bitten, **~ nihil pro se ipso** nichts für sich selbst erflehen; **civem a civibus ~** den Bürger von den Bürgern losbitten
4 *Sall.* als Entschuldigungsgrund anführen, +AcI; **~ erravisse regem** entschuldigend anführen, der König habe sich geirrt
5 *Catul.* verwünschen
dēprecātiō ⟨dēprecātiōnis⟩ F ||deprecari||
1 Abbitte
2 Bitte um Abwendung; **periculī** einer Gefahr
3 Bitte um Gnade, **factī** für eine Tat

4 Anrufung, **deorum** der Götter
5 Fürbitte, Fürsprache, *pro aliquo* für jdn
dēprecātor ⟨dēprecātōris⟩ M ‖deprecari‖ Fürsprecher, Vermittler
dē-prehendere ⟨prehendō, prehendī, prehēnsum 3.⟩
1 ergreifen, aufgreifen
2 antreffen, finden, (klass.) nur pej; **gladios apud aliquem ~** bei j-m Waffen finden; **aliquem in ipso facinore ~** j-n auf frischer Tat ertappen, **aliquem in adulteriis ~** j-n beim Ehebruch ertappen; **hostes sine duce ~** die Feinde führerlos überraschen
3 in die Enge treiben, **testes** Zeugen
4 *geistig* erkennen, begreifen; *passiv* sich zeigen
dēprehēnsiō ⟨dēprehēnsiōnis⟩ F ‖deprehendere‖ das Auffinden, das Entdecken
dē-prehēnsus ⟨a, um⟩ PPP → deprehendere
de-prēndere ⟨prēndō, prēndī, prēnsum 3.⟩ = deprehendere
dē-pressī → deprimere
dēpressus[1] ⟨a, um⟩ ADJ ‖deprimere‖ niedrig, niedrig gelegen; *fig von der Stimme* gedämpft
dē-pressus[2] ⟨a, um⟩ PPP → deprimere
dē-primere ⟨primō, pressī, pressum 3.⟩ ‖premere‖
1 herabdrücken, niederdrücken; **aratrum in terram ~** den Pflug in die Erde senken; **supercilia ~** die Augenbrauen senken
2 versenken, **naves** Schiffe
3 tief in die Erde versenken, tief graben; **fossam ~** einen Graben tief ausheben
4 *Sen. fig* senken, **vocem** die Stimme
5 *fig* unterdrücken, niederhalten, **hostem** den Feind, **veritatem** die Wahrheit
6 *fig mit Worten* herabsetzen
dē-proeliārī ⟨or, - 1.⟩ *Hor.* wütend kämpfen
dē-prōmere ⟨prōmō, prōmpsī, prōmptum 3.⟩
1 hervorholen, herbeischaffen, **pecuniam ex aerario** Geld aus der Staatskasse
2 *fig* entnehmen, entlehnen; **orationem ex iure civili ~** die Rede dem bürgerlichen Recht entnehmen
dē-properāre ⟨ō, -, - 1.⟩
A VI sich beeilen
B VT eilig anfertigen, eilig beschatten
depsere ⟨depsō, depsuī, depstum 3.⟩ kneten; *Cic.* mit *j-m* schlafen, *aliquem*
dē-pudēre ⟨et, uit, - 2.⟩ *unpers* (nachkl.) *poet* sich nicht mehr schämen, *aliquem* j-d, +inf
dē-pūgis ⟨dēpūge⟩ ADJ ‖pugal‖ *Hor.* ohne Hinterbacken, mit mageren Lenden
dē-pūgnāre ⟨ō, āvī, ātum 1.⟩
A VI bis zur Entscheidung kämpfen, auf Leben und Tod kämpfen
B VT *Plaut.* auskämpfen, **proelium** eine Schlacht
dē-pulī → depellere
dē-pulsāre ⟨ō, -, - 1.⟩ ‖depellere‖ *Plaut.* fortstoßen
dē-pulsiō ⟨dēpulsiōnis⟩ F ‖depellere‖
1 Zurückstoßen, Zurückwerfen; **~ luminum** Reflexion der Lichtstrahlen
2 *fig* Abwehr, Abweisung
3 RHET Abwehr *einer Beschuldigung*
dēpulsor ⟨dēpulsōris⟩ M ‖depellere‖ Zerstörer; **~ dominatūs** Zerstörer der Herrschaft
dē-pulsus ⟨a, um⟩ PPP → depellere
dē-pūrgāre ⟨ō, āvī, ātum 1.⟩ (vkl., nachkl.) reinigen; MED abführen
dē-putāre ⟨ō, āvī, ātum 1.⟩
1 abschneiden, beschneiden, **ramos** Zweige
2 abschätzen, für *etw* halten
3 (spätl.) zuweisen, bestimmen; **milites obsequio ~** Soldaten zum Gehorsam anweisen
deputatum ⟨ī⟩ N (mlat.) Abgabe; Naturallohn für Landarbeiter
dē-pȳgis ⟨dēpȳge⟩ ADJ → depugis
dēque ADV → sus[2]
dē-rādere ⟨rādō, rāsī, rāsum 3.⟩ (vkl., nachkl.) abschaben, abkratzen
dērāsus ⟨a, um⟩ ADJ kahl
Derbices ⟨Derbicum⟩ M *Volk am Westufer des Kaspischen Meeres, im heutigen Georgien*
Dercetis ⟨Dercetis⟩ F *syrische Göttin, mit Aphrodite/Venus verglichen*
dērēctus ⟨a, um⟩ ADJ = directus
dērelictiō ⟨dērelictiōnis⟩ F ‖derelinquere‖ Vernachlässigung
dērelictus[1] ⟨a, um⟩ ADJ ‖derelinquere‖ menschenleer; **aliquid pro derelicto habere** etw als herrenloses Gut betrachten
dē-relictus[2] ⟨a, um⟩ PPP → derelinquere
dē-relinquere ⟨linquō, līquī, lictum 3.⟩
1 völlig verlassen, ganz aufgeben
2 zurücklassen
3 *fig* vernachlässigen
dē-repente ADV (unkl.) urplötzlich
dē-rēpere ⟨rēpō, rēpsī, - 3.⟩ (unkl.) herabkriechen, herabschleichen
dē-reptus ⟨a, um⟩ PPP → deripere
dē-rīdēre ⟨rīdeō, rīsī, rīsum 2.⟩ auslachen, verspotten; *absolut* spotten
dērīdiculum ⟨ī⟩ N ‖deridiculus‖ Gespött, Lächerlichkeit; **~ corporis** Gebrechlichkeit
dērīdiculus ⟨a, um⟩ ADJ ‖deridere‖ (vkl., nachkl.) lächerlich
dē-rigere ⟨rigō, rēxī, rēctum 3.⟩ = dirigere
dē-rigēscere ⟨rigēscō, riguī, - 3.⟩ (nachkl.) *poet von Personen u. Sachen* völlig erstarren; **deri-**

gescunt mihi comae mir stehen die Haare zu Berge

dē-ripere ⟨ripiō, ripuī, reptum 3.⟩ ||rapere||
1. (her)abreißen, wegreißen; **ensem de vagina ~** das Schwert aus der Scheide reißen; **lunam caelo ~** den Mond vom Himmel herabziehen
2. entreißen, *alicui aliquid* j-m etw; **spolia Romanis ~** den Römern die Rüstungen entreißen
3. *fig* schmälern; **tantum de auctoritate ~** so viel vom Ansehen schmälern

dērīsor ⟨dērīsōris⟩ M ||deridere|| (*unkl.*) Spötter, Witzbold

dērīsus ⟨dērīsūs⟩ M ||deridere|| (*nachkl.*) *poet* Spott, Gespött

dē-rīvāre ⟨ō, āvī, ātum 1.⟩ ||rivus||
1. eine Flüssigkeit ableiten, umleiten, *auch* hinleiten; **aquam ex flumine ~** Wasser aus dem Fluss ableiten; **responsionem alio ~** *fig* ablenkend antworten
2. (*nachkl.*) GRAM Wörter etymologisch ableiten
3. *fig* abwälzen; **culpam in aliquem ~** die Schuld auf j-n abwälzen; **iram in se ~** Zorn auf sich laden

dērīvātiō ⟨dērīvātiōnis⟩ F ||derivare||
1. Ableitung, Umleitung, **fluminis** eines Flusses
2. GRAM Ableitung
3. RHET Vertauschung sinnverwandter Wörter

dē-rogāre ⟨ō, āvī, ātum 1.⟩
1. wegnehmen, vermindern; **alicui fidem ~** j-m den Kredit entziehen
2. teilweise aufheben, *de lege/ex lege/legi* ein Gesetz

dērogātiō ⟨dērogātiōnis⟩ F ||derogare|| teilweise Aufhebung, teilweise Beschränkung *eines Gesetzes*

dē-rōsus ⟨a, um⟩ ADJ ||rodere|| abgenagt

dē-ruere ⟨ruō, ruī, rutum 3.⟩ *nur fig* herabwerfen; **~ cumulum de laudibus Dolabellae** *Cic.* den Ruhm des Dolabella stutzen

dē-runcināre ⟨ō, āvī, ātum 1.⟩ abhobeln; *Plaut. fig* übers Ohr hauen

dērupta ⟨ōrum⟩ N ||deruptus|| abschüssige Stellen

dē-ruptus ⟨a, um⟩ ADJ ||rumpere|| steil, abschüssig

des. *Abk* = **designatus** designiert, erklärt; → designare

dē-saevīre ⟨iō, iī, ītum 4.⟩ (*nachkl.*)
1. *poet* wild toben
2. *poet* zu toben aufhören, sich austoben

dē-saltāre ⟨ō, āvī, ātum 1.⟩ *Suet.* pantomimisch vortragen

dē-scendere ⟨scendō, scendī, scēnsum 3.⟩ ||scandere||
1. hinabsteigen, hinabgehen; **ex equo ~** vom Pferd steigen; **caelo/de caelo ~** vom Himmel herabsteigen; **ab Alpibus ~** von den Alpen herabkommen
2. MIL herabmarschieren, herabziehen
3. **in forum/ad forum ~** *in Rom* auf den Markt gehen
4. *fig von Bergen* sich senken
5. *fig von Flüssen* herabfließen
6. *fig von Geschossen* eindringen
7. *fig von Verhältnissen* erfassen, sich auf etw legen; **cura descendit in animos** Sorge überkommt die Menschen
8. *fig von Tönen u. Stimmen* sinken
9. *fig von Speisen* hinabgleiten
10. (*nachkl.*) *poet von Personen* auf eine niedrigere Stufe herabsinken, *ab aliquo* gegenüber j-m
11. sich auf *etw* einlassen, sich zu *etw* erniedrigen, *ad aliquid*
12. *poet* sich zum Geschlechtsverkehr niederlegen

dēscēnsiō ⟨dēscēnsiōnis⟩ F ||descendere||
1. Abstieg, Talfahrt
2. *meton* bergab führender Weg
3. *Plin. meton* in den Boden eingelassene Badewanne

dē-scēnsum PPP → descendere

dēscēnsus ⟨dēscēnsūs⟩ M ||descendere||
1. Abstieg, Talfahrt
2. *meton* bergab führender Weg

dē-scīscere ⟨scīscō, sciī/scīvī, scītum 3.⟩ abfallen, *ab aliquo* von j-m; *fig einer Sache* untreu werden, *a re*; **a Latinis ad populum Romanum ~** von den Latinern zu den Römern übergehen; **a veritate ~** von der Wahrheit abweichen; **a vita ~** sich töten

dē-scrībere ⟨scrībō, scrīpsī, scrīptum 3.⟩
1. aufschreiben, entwerfen; **carmina in cortice fagi ~** *Hor.* Verse in die Rinde einer Buche einritzen
2. abschreiben, kopieren
3. *fig* genau beschreiben, schildern; **alicuius facta ~** j-s Taten darstellen; **aliquem latronem ~** j-n als Räuber darstellen
4. bestimmen, erklären
5. festsetzen, anordnen; **rationem belli ~** den Kriegsplan festlegen
6. *Lieferungen* ausschreiben, auferlegen
7. zuteilen, verteilen
8. einteilen, gliedern; **annum in duodecim menses ~** das Jahr in zwölf Monate einteilen

dēscrīptiō ⟨dēscrīptiōnis⟩ F ||describere||
1. Zeichnung, Entwurf; **~ aedificandi** Bauplan
2. Abschrift, Kopie
3. *fig* Schilderung, Darstellung; **~ sphaerae** Geografie

4 RHET Charakterdarstellung
5 PHIL Begriffsbestimmung, Definition
6 Einteilung, Gliederung; = **discriptio**

dēscrīptiuncula ⟨ae⟩ F ||descriptio|| *Sen.* hübsche Schilderung

dēscrīptus¹ ⟨a, um⟩ ADJ ||describere|| eingeteilt, geordnet, harmonisch

dē-scrīptus² ⟨a, um⟩ PPP → **describere**

dē-secāre ⟨secō, secuī, sectum 1.⟩ abschneiden, abhauen

dē-sēdī → **desidere¹** u. → **desidere²**

dē-serere ⟨serō, seruī, sertum 3.⟩
1 verlassen, im Stich lassen; **~ ducem** den Feldherrn im Stich lassen; **~ agrum** einen Acker brach liegen lassen
2 MIL desertieren
3 vernachlässigen; **~ officium** die Pflicht versäumen; **~ preces** Bitten vernachlässigen; **a mente deseri** den Kopf verlieren; **res me deserit** *fig* der Stoff geht mir aus

dēserta ⟨ōrum⟩ N ||desertus|| Einöde, Wüsten

dēsertor ⟨dēsertōris⟩ M ||deserere||
1 MIL Fahnenflüchtiger, Flüchtling
2 *fig* der j-n/etw vernachlässigt, *alicuius/alicuius rei*; **~ amicorum** der die Freunde vernachlässigt
▶ deutsch: **Deserteur**

dēsertus¹ ⟨a, um⟩ ADJ ||deserere||
1 verlassen, *ab aliquo/a re* von j-m, von etw; leer; **vita ab amicis deserta** Leben ohne Freunde; **reditus ~** unbemerkter Rückzug
2 unbewohnt, einsam

dē-sertus² ⟨a, um⟩ PPP → **deserere**

dē-seruī → **deserere**

dē-servīre ⟨serviō, serviī, - 4.⟩ eifrig dienen, sich ganz widmen; **~ alicui rei** einer Sache frönen

dēses ⟨dēsidis⟩ ADJ *von Personen u. Sachen* untätig, träge

dē-sessum PPP → **desidere²**

dē-siccāre ⟨ō, āvī, ātum 1.⟩ *Plaut.* austrocknen, abtrocknen; **vasa ~** Gefäße abtrocknen; **locum ~** ein Gelände austrocknen

dēsīderābilis ⟨dēsīderābile, *adv* dēsīderābiliter⟩ ADJ ||desiderare||
1 wünschenswert
2 *von Personen* unvergesslich

dē-sīderāre ⟨ō, āvī, ātum 1.⟩
1 sich nach *j-m* sehnen, *etw* verlangen, *aliquem/aliquid, +inf/+AcI*; **mercedem a vobis ~** den Lohn von euch verlangen
2 vermissen; *passiv* auf sich warten lassen, fehlen
3 MIL verlieren; *passiv* verlorengehen; **eo proelio ducentos milites ~** in diesem Kampf zweihundert Soldaten verlieren

dēsīderātiō ⟨dēsīderātiōnis⟩ F = **desiderium**

dē-sīdere ⟨sīdō, sīdī/sēdī, - 3.⟩ einsinken; *Liv. fig* verfallen; **mores desidentes** verfallende Sitten

dē-sidēre¹ ⟨sideō, sēdī, sessum 2.⟩ ||sedere|| (*unkl.*) untätig dasitzen

dēsīderium ⟨ī⟩ N ||desiderare||
1 Sehnsucht, Verlangen, *alicuius* j-s *od* nach j-m, *alicuius rei* nach etw; **~ patriae** Heimweh; **poculum desiderii** Liebestrank
2 *meton von Personen* Gegenstand der Sehnsucht, Geliebter, Geliebte
3 *fig* natürliches Bedürfnis, *alicuius rei* nach etw; **~ cibi** Verlangen nach Speise; **~ Veneris** Liebesbedürfnis
4 (*nachkl.*) Wunsch, Bittgesuch

dēsidia ⟨ae⟩ F ||desidere¹||
1 langes Herumsitzen *an einem Ort*
2 Untätigkeit, Trägheit

dēsidiābulum ⟨ī⟩ N ||desidere¹|| *Plaut.* Faulenzerort, Faulenzerleben

dēsidiōsus ⟨a, um⟩ ADJ ||desidia|| faul; *akt.* verführerisch

dē-sīgnāre ⟨ō, āvī, ātum 1.⟩
1 bezeichnen, angeben; **~ aliquem digito** auf j-n mit dem Finger hinweisen; **~ alicui locum** j-m einen Platz anweisen
2 POL j-n für das nächste Jahr für ein Amt bestimmen; **designatus** designiert, künftig; **consul designatus** designierter Konsul, künftiger Konsul; **cives designatus** zukünftiger Bürger
3 (*nachkl.*) nachbilden, darstellen
4 *fig* andeuten; **hac oratione Dumnorigem ~** *Caes.* mit diesen Worten auf Dumnorix anspielen
5 bewirken; *pej* Schlimmes anrichten
6 anordnen, einrichten; **~ et conficere** entwerfen und ausführen

dēsīgnātiō ⟨dēsīgnātiōnis⟩ F ||designare||
1 Bezeichnung, Angabe
2 Anordnung; *bei Bauwerken* Plan
3 POL Ernennung, Designation *zu einem Amt*; **~ consulatūs** Ernennung zum Konsul

dēsīgnātor ⟨dēsīgnātōris⟩ M = **dissignator**

dē-siī → **desinere**

dē-silīre ⟨siliō, siliī/siluī/suluī/silīvī, sultum 4.⟩ ||salīre|| herabspringen; *von Sachen* herabstürzen

dē-sinere ⟨sinō, siī, situm 3.⟩
A VI
1 mit *etw* aufhören, von *etw* ablassen, *absolut od re/in re*; **bellum desiit** *absolut* der Krieg hörte auf; **~ in aliquid** in etw auslaufen, zuletzt in etw übergehen; **desine mirari** wundere dich nicht länger; *bei inf passiv auch im passiv* **orationes legi sunt desitae** man las die Reden

nicht mehr; **disputari desitum est** man hörte auf zu diskutieren

2 aufhören zu reden; **desine plura (dicere)** sprich kein Wort mehr

3 die Rede schließen

4 von Wörtern u. Sätzen enden, schließen, auslauten

B VT aufgeben, aufhören; **~ aliquem** j-n zurücklassen

dē-sipere ⟨sipiō, sipuī, - 3.⟩ ||sapere|| unsinnig sein; *Hor.* schwärmen

dēsipientia ⟨ae⟩ F ||desipere|| *Lucr.* Wahnsinn

dē-sistere ⟨sistō, stitī, stitum 3.⟩ mit *etw* aufhören, *absolut od re/a re/+inf, verneint mit quin, oft zu übersetzen mit* nicht mehr *+inf;* **~ itinere** den Marsch beenden; **~ a defensione** die Verteidigung aufgeben; **~ amare** nicht mehr lieben; **~ voce** stocken

dē-situs ⟨a, um⟩ PPP → desinere

dē-sōlāre ⟨ō, āvī, ātum 1.⟩ ||solus|| (nachkl.) *poet* einsam machen, verlassen

dēsōlātus ⟨a, um⟩ ADJ ||desolare|| von Personen u. Sachen vereinsamt, verlassen

dē-spectāre ⟨ō, āvī, ātum 1.⟩ ||despicere||

1 = **despicere**

2 *fig* überragen, beherrschen

dēspectus[1] ⟨a, um⟩ ADJ ||despicere|| verachtet; verächtlich

dēspectus[2] ⟨dēspectūs⟩ M ||despicere||

1 Aussicht, Fernsicht

2 Verachtung; **alicui despectui esse** von j-m verachtet werden

dē-spectus[3] ⟨a, um⟩ PPP → despicere

dēspēranter ADV ||desperare|| hoffnungslos

dē-spērāre ⟨ō, āvī, ātum 1.⟩ keine Hoffnung mehr haben, verzweifeln, *absolut od de aliquo/de re/aliquid in Bezug auf* j-n/etw; **~ de exercitu** am Heer verzweifeln; **~ vitam domini** das Leben des Herrn aufgeben; **~ saluti suae** an seiner Rettung verzweifeln; *passiv meist persön.* **salus desperatur** die Rettung wird aufgegeben, **desperatur de re publica** man verzweifelt am Staat; **~ de aliquo** an j-s Genesung zweifeln, j-n aufgeben

dēspērātī ⟨ōrum⟩ M ||desperatus|| die aufgegebenen Kranken

dēspērātiō ⟨dēspērātiōnis⟩ F ||desperare|| Verzweiflung; (nachkl.) das Aufgeben *eines Kranken durch den Arzt;* **adducere aliquem ad desperationem** j-n zur Verzweiflung bringen

dēspērātus ⟨a, um⟩ ADJ ||desperare|| verzweifelt, hoffnungslos

dē-spexī → despicere

dē-spicārī ⟨or, ātus sum 1.⟩ (vkl., nachkl., spätl.) verachten, verschmähen

dēspicātiō ⟨dēspicātiōnis⟩ F ||despicari|| Verachtung *anderer*

dēspicātus[1] ⟨dēspicātūs⟩ M = **despicatio**; *nur dat sg gebräuchlich;* **aliquem sibi despicatui habere** j-n verachten; **despicatui duci** verachtet werden

dēspicātus[2] ⟨a, um⟩ ADJ ||despicere|| verachtet; verächtlich

dē-spicere ⟨spiciō, spexī, spectum 3.⟩ ||specere||

A VT j-n/etw von oben herab sehen, auf j-n/etw herabsehen, *aliquem/aliquid, fig* verachten, verschmähen; **despiciens sui** sich selbst verachtend; **despiciendus** *Tac.* verächtlich

B VI

1 von etw herabsehen, *de re/a re*

2 wegblicken, den Blick abwenden

dēspicientia ⟨ae⟩ F ||despicere|| Verachtung, Geringschätzung; **~ rerum humanarum** Geringschätzung der menschlichen Verhältnisse

dē-spoliāre ⟨ō, āvī, ātum 1.⟩ ausplündern, berauben, *aliquem re* j-n einer Sache; **triumpho despoliari** *Liv. fig* des Triumphs beraubt werden, den Triumph abgelehnt bekommen

dēspoliātor ⟨dēspoliātōris⟩ M ||despoliare|| Plünderer, Räuber

dē-spondēre ⟨spondeō, spondī, spōnsum 2.⟩

1 förmlich versprechen, zusagen, *alicui aliquid* j-m etw; **sibi ~ aliquid** sich etw ausbedingen; **alicuius spem alicui rei ~** j-n auf etw vertrösten

2 *ein Mädchen* verloben, *vom Vater;* **filiam ~ alicui** die Tochter mit j-m verloben; *auch* **sibi ~ aliquam** sich mit einem Mädchen verloben

3 (vkl., nachkl.) *fig* aufgeben, verzagen; **~ animum** mutlos werden, verzagen

4 *Plaut. fig* durch Bürgschaft verlieren

dēspōnsāre ⟨ō, āvī, ātum 1.⟩ ||despondere|| (nachkl.) verloben; (mlat.) verheiraten

dē-spōnsus ⟨a, um⟩ PPP → despondere

dē-spuere ⟨spuō, spuī, spūtum 3.⟩

A VI ausspucken

B VT verschmähen

dē-spūmāre ⟨ō, āvī, ātum 1.⟩

A VT abschäumen

B VI (nachkl.) *poet* verbrausen

dē-squāmāre ⟨ō, āvī, ātum 1.⟩ ||squama|| (vkl., nachkl.) abschuppen, abreiben

dē-stīllāre ⟨ō, āvī, ātum 1.⟩ herabtropfen; *fig* triefen, *re* von etw

dēstīllātiō ⟨dēstīllātiōnis⟩ F ||destillare|| (nachkl.) Katarrh

dē-stimulāre ⟨ō, -, - 1.⟩ *Plaut.* heftig anspornen

dēstināre ⟨ō, āvī, ātum 1.⟩

1 festmachen, befestigen; **antemnas ad ma-**

los ~ die Segelstangen an den Mastbäumen befestigen

2 *fig* festsetzen, bestimmen, *aliquid alicui* etw für j-n, *aliquid alicui rei/ad aliquid/in aliquid* etw zu etw, etw für etw; **milites operi ~** Soldaten zur Schanzarbeit bestimmen; **locum ad certamen ~** den Ort für den Kampf bestimmen

3 *fig* fest beschließen, *+inf*; die feste Erwartung haben, *+AcI*

4 *fig* ein Mädchen j-m zur Frau bestimmen, mit j-m verloben, *alicui*; **alicui filiam ~** j-m die Tochter zur Frau bestimmen

5 POL für ein Amt bestimmen; **aliquem ~ consulem** j-n zum Konsul bestimmen

dēstinātiō ⟨dēstinātiōnis⟩ F ||destinare|| (*nachkl.*) Bestimmung; fester Entschluss, *alicuius alicuius rei* j-s zu etw

dēstinātum ⟨ī⟩ N ||destinare|| *auch* PL Ziel; Plan; **salubriter destinata** heilsame Entschlüsse; **(ex) destinato** mit Vorbedacht, vorsätzlich

dēstinātus ⟨a, um⟩ ADJ ||destinare||

1 *von Sachen* bestimmt, fest; **sententia destinata** feste Meinung

2 *von Personen* entschlossen zu *etw*, gefasst auf *etw*, *alicui rei/ad aliquid*; **~ morti** auf den Tod gefasst

dē-stitī → desistere

dē-stituere ⟨stituō, stituī, stitūtum 3.⟩ ||statuere||

1 hinstellen, aufstellen; **aliquem in medio ~** j-n in der Mitte aufstellen; **in hac miserrima fortuna ~** in diese elende Lage versetzen

2 allein lassen, zurücklassen; **aliquem solum ~** j-n allein zurücklassen; **naves (aestu) destitutae** gestrandete Schiffe

3 im Stich lassen, preisgeben; **aliquem inermem ~** j-n wehrlos zurücklassen; **animus aliquem destituit** j-n verließ der Mut

4 hintergehen, *aliquem in re* j-n bei etw; betrügen, *aliquem in re* j-n um etw; **aliquem mercede pacta ~** j-n um den vereinbarten Lohn betrügen; **spe/a spe destitui** in seiner Hoffnung getäuscht werden

dēstitūtiō ⟨dēstitūtiōnis⟩ F ||destituere||

1 (*nachkl.*) treuloses Verlassen

2 Täuschung, Vereitelung einer Hoffnung

dēstitūtus¹ ⟨a, um⟩ ADJ ||destituere||

1 getäuscht, *ab aliquo* von j-m, *re/a re* in etw

2 j-s/einer Sache beraubt, ohne *j-n/etw*, *alicuius/ab aliquo/meist re*; **~ amicis** ohne Freunde; **~ parentum** verwaist

dē-stitūtus² ⟨a, um⟩ PPP → destituere

dēstrictus¹ ⟨a, um, *adv* dēstrictē⟩ ADJ ||destringere|| entschieden, streng; **minae destrictae** scharfe Drohungen; **accusator ~** strenger Kläger

dē-strictus² ⟨a, um⟩ PPP → destringere

dē-stringere ⟨stringō, strīnxī, strictum 3.⟩

1 (*nachkl.*) *poet* abstreifen, **tunicam ab umeris** die Tunika von den Schultern

2 zücken, **gladium** das Schwert

3 (*nachkl.*) *poet* streifen, ritzen, **pectus sagittā** die Brust mit einem Pfeil

4 striegeln, abreiben

5 *fig* durchhecheln, scharf kritisieren, **alicuius scripta** j-s Schriften

dēstrūctiō ⟨dēstrūctiōnis⟩ F ||destruere|| (*nachkl.*) Niederreißen; *fig* Widerlegung, **sententiarum** der Meinungen

dē-struere ⟨struō, strūxī, strūctum 3.⟩ abreißen; (*nachkl.*) *fig* vernichten; **aedificium ~** ein Gebäude abreißen; **hostem ~** den Feind vernichten

dē-sūdāre ⟨ō, āvī, ātum 1.⟩

1 (*nachkl.*) *poet* stark schwitzen

2 *fig* sich abmühen, *in re* in etw

dē-sūdāscere ⟨āscō, -, - 3.⟩ ||desudare|| *Plaut.* stark ins Schwitzen geraten

dē-suē-fierī ⟨fīō, factus sum 0.⟩ entwöhnt werden, *a re* von etw

dē-suēscere ⟨suēscō, suēvī, suētum 3.⟩

A VT entwöhnen; **cibo desuetum guttur** *Ov.* der Nahrung entwöhnter Gaumen

B VI sich entwöhnen; **triumphis desueta agmina** *Verg.* die der Triumphzüge entwöhnten Heere

dēsuētūdō ⟨dēsuētūdinis⟩ F ||desuescere|| (*nachkl.*) *poet* Entwöhnung

dēsuētus¹ ⟨a, um⟩ ADJ ||desuescere|| (*vkl.*, *nachkl.*)

1 *von Sachen* ungewöhnlich

2 *von Personen* entwöhnt, *alicui rei* einer Sache, *+inf*

dē-suētus² ⟨a, um⟩ PPP → desuescere

dēsultor ⟨dēsultōris⟩ M ||desilire|| (*unkl.*) Kunstreiter, *der während des Rennens von einem Pferd auf ein anderes springt*; **~ amoris** *fig* Frauenheld, Schürzenjäger

dēsultōrius

A ⟨a, um⟩ ADJ ||desultor|| des Kunstreiters

B ⟨ī⟩ M Pferd eines Kunstreiters

dēsultūra ⟨ae⟩ F ||desilire|| *Plaut.* Abspringen vom Pferd

dē-sum → deesse

dē-sūmere ⟨sūmō, sūmpsī, sūmptum 3.⟩ (*nachkl.*) auf sich nehmen

dē-super ADV (*nachkl.*) von oben, oberhalb

dē-surgere ⟨surgō, surrēxī, surrēctum 3.⟩ von *etw* aufstehen sich erheben, *re*, **cenā** vom Abendessen

dē-tegere ⟨tegō, tēxī, tēctum 3.⟩

1 abdecken

2 aufdecken, enthüllen, entblößen

3 (nachkl.) fig entdecken, offenbaren, verraten; passiv u. **se ~** sich verraten, sich zeigen

dē-tendere ⟨tendō, tendī, tēnsum 3.⟩ abspannen; **tabernacula ~** die Zelte abbrechen

dē-tentus ⟨a, um⟩ PPP → detinere

dē-terere ⟨terō, trīvī, trītum 3.⟩ (unkl.) abreiben, abschleifen, abnutzen; fig vermindern, schmälern; passiv schwinden, vergehen

dē-tergēre ⟨tergeō, tersī, tersum 2.⟩, Liv.
dē-tergō ⟨tergō, tersī, tersum 3.⟩
1 poet abwischen, **lacrimas** Tränen; **linguā ~** ablecken
2 fig verscheuchen, vertreiben
3 abreiben; abbrechen
4 Cic. umgangssprachlich Geld herauspressen

dēterior ⟨deterius, adv dēterius⟩ ADJ geringer an Wert, schlechter; **non ~ auctor** kein geringerer Gewährsmann; **aqua ~** tiefer stehendes Gewässer; **deterrimus** sup der schlechteste, der unterste, der tiefste

dēterius ⟨dēteriōris⟩ N Schlechteres, Nachteil; **in deterius vertere/mutare** verringern, schmälern; **nihilo ~** nichtsdestoweniger

dē-termināre ⟨ō, āvī, ātum 1.⟩
1 (vkl., nachkl.) begrenzen, abgrenzen
2 fig festsetzen, bestimmen
3 poet erfüllen; **omnia annus determinat** alles erfüllt das Jahr

dēterminātiō ⟨dēterminātiōnis⟩ F ‖determinare‖ Abgrenzung; fig Ende

dē-terrēre ⟨eō, uī, itum 2.⟩
1 abschrecken, abhalten, abbringen, aliquem a re/de re j-n von etw
2 poet abwehren, fern halten, aliquid ab aliquo etw von j-m

dēterrimus ⟨a, um⟩ ADJ sup → deterior

dētestābilis ⟨dētestābile⟩ ADJ ‖detestari‖ von Personen u. Sachen abscheulich

dē-testārī ⟨or, ātus sum 1.⟩
1 (nachkl.) REL unter Anrufung der Götter etw Böses auf j-n herabwünschen; **pericula in alicuius caput ~** Gefahren auf j-n herabwünschen
2 REL unter Anrufung der Götter verwünschen, verfluchen; **exitum belli civilis ~** den Ausgang des Bürgerkrieges verfluchen
3 fig etw feierlich ablehnen, feierlich gegen etw protestieren, aliquid; **facta alicuius a re publica ~** j-s Taten weit vom Staat weisen

dētestātiō ⟨dētestātiōnis⟩ F ‖detestari‖
1 (nachkl.) poet Verwünschung, Fluch
2 bei Sachen Sühne, **scelerum** für die Verbrechen

dē-texere ⟨texō, texuī, textum 3.⟩
1 (vkl., nachkl.) zu Ende weben, zu Ende spinnen
2 fig vollenden, **librum** ein Buch

dē-tēxī → detegere

dē-tinēre ⟨tineō, tinuī, tentum 2.⟩ ‖tenere‖
1 (vkl., nachkl.) von etw abhalten, an etw hindern, a re; **aliquem ab incepto ~** j-n von seinem Vorhaben abhalten
2 aufhalten, zurückhalten; **victoriam ~** den Sieg verzögern
3 fig dauernd festhalten, in Beschlag nehmen; **cives in negotiis ~** die Bürger durch Geschäfte in Beschlag nehmen; **diem sermone ~** den Tag mit Gesprächen ausfüllen
4 se ~ Tac. sich erhalten = sein Leben fristen, re mit etw
5 (nachkl.) zurückhalten, vorenthalten, **pecuniam** Geld
6 (nachkl.) beibehalten, belassen; **copias secum ~** die Truppen bei sich behalten

dē-tonāre ⟨ō, uī, - 1.⟩
1 (nachkl.) poet herabdonnern, losdonnern
2 (nachkl.) poet zu donnern aufhören; fig sich austoben

dē-tondēre ⟨tondeō, tondī, tōnsum 2.⟩ (unkl.) abschneiden, **comas** die Haare; **oves ~** die Schafe scheren; **frondes frigore detonsae** durch Frost entlaubte Bäume

dē-tōnsus ⟨a, um⟩ PPP → detondere

dē-torquēre ⟨torqueō, torsī, tortum 2.⟩
1 wegdrehen, abwenden; **se pravum ~** sich auf Abwege begeben; **verba ~** Wörter herholen, Wörter ableiten; **sermonem in obscoenum intellectum ~** die Worte in eine obszöne Bedeutung verdrehen
2 verrenken, verkrüppeln

dētractāre ⟨ō, āvī, ātum 1.⟩ = detrectare
dētractātiō ⟨dētractātiōnis⟩ F = detrectatio

dētractiō ⟨dētractiōnis⟩ F ‖detrahere‖ (nachkl.)
1 Wegnehmen, Wegmeißeln
2 MED Abführen; **~ sanguinis** Aderlass
3 fig Befreiung, **doloris** vom Schmerz
4 Wegnahme, Abzug; **cuius loci detractionem fieri velit** welchen Platz er sich vorbehalten möchte
5 GRAM Weglassen eines Buchstabens, Weglassen einer Silbe, Weglassen eines Wortes
6 Entziehung, **alieni** fremden Eigentums

dētractor ⟨dētractōris⟩ M ‖detrahere‖ (nachkl.) Verkleinerer, Verleumder

dē-trahere ⟨trahō, trāxī, tractum 3.⟩
1 herabziehen, niederreißen
2 erniedrigen
3 wegziehen, abziehen
4 entziehen, entreißen
5 abziehen
6 vermindern

DEUS

7 wegschleppen
8 hinschleppen
9 zwingen

---

1 herabziehen, niederreißen; **aliquem equo ~** j-n vom Pferd ziehen; **alluquem de curru ~** j-n vom Wagen ziehen; **muros ~** Mauern niederreißen

2 *fig* erniedrigen; **filiam ex paterno fastigio ~** die Tochter vom Rang des Vaters herabziehen

3 wegziehen, abnehmen, *aliquid alicui/alicui rei* etw j-m/einer Sache; **bacam ex aure ~** die Perle aus dem Ohr reißen; **sacerdotem ab ara ~** den Priester vom Altar wegziehen; **epistulae signum ~** den Brief entsiegeln

4 *fig* entziehen, wegnehmen; **equos equitibus ~** den Reitern die Pferde wegnehmen; **alicui calamitatem ~** j-m ein Unheil vom Hals schaffen; **aliquid de capite/de vivo ~** etw vom Kapital wegnehmen, das Kapital angreifen

5 MIL abziehen; **duas cohortes ~** zwei Kohorten abziehen

6 etw vermindern, j-n schädigen, *de re/alicui/de aliquo*; **de auctoritate alicuius ~** j-s Ansehen mindern

7 wegschleppen, **aliquem manu sua** j-n mit eigener Hand

8 hinschleppen; **aliquem in iudicium** j-n vor Gericht schleppen

9 *fig* zwingen, *aliquem ad aliquid* j-n zu etw; **aliquem ad accusationem ~** j-n zur Anklage zwingen

dē-trectāre ⟨ō, āvī, ātum 1.⟩ ‖detrahere‖
1 verweigern, ablehnen; **alicuius iussa ~** j-m den Gehorsam verweigern
2 (*nachkl.*) *poet* j-s Vorzüge verkleinern, schmälern

dētrectātiō ⟨dētrectātiōnis⟩ F ‖detrectare‖ Verweigerung, Ablehnung, **militiae** des Kriegsdienstes

dētrectātor ⟨dētrectātōris⟩ M ‖detrectare‖ (*nachkl.*) Verweigerer, Kritiker; **~ laudum alicuius** Kritiker von j-s Ruhm

dētrīmentōsus ⟨a, um⟩ ADJ ‖detrimentum‖ sehr nachteilig

dētrīmentum ⟨ī⟩ N ‖deterere‖
1 (*unkl.*) Abreiben, Abnützung
2 *fig* Schaden = Nachteil; **detrimentum accipere/capere/facere** Schaden erleiden; **detrimentum alicui afferre/alicui detrimento esse** j-m Schaden zufügen
3 MIL Niederlage
4 *meton* Krüppel; **~ ergastuli** *Curt.* menschliches Wrack aus dem Zuchthaus

dē-trūdere ⟨trūdō, trūsī, trūsum 3.⟩
1 herabstoßen, herabdrängen, *aliquem/aliquid re/ex re/de re/a re* j-n/etw von etw; **naves scopulo ~** die Schiffe von der Klippe herabstoßen
2 MIL vertreiben, in die Flucht schlagen
3 (*nachkl.*) von Stürmen verschlagen
4 JUR *aus einem Besitz* vertreiben, *de re/ex re* von etw, aus etw
5 *fig* von etw abbringen, **de sententia** von seiner Meinung
6 zu *etw* drängen, nötigen, **ad necessitatem belli** zum unausweichlichen Krieg
7 verschieben, **comitia in mensem Martium** die Komitien auf den Monat März

dē-truncāre ⟨ō, āvī, ātum 1.⟩ (*nachkl.*)
1 *poet* vom Rumpf trennen, abhauen, **caput** den Kopf
2 stutzen, verstümmeln; **arborem ~** einen Baum zuschneiden; **corpora ~** Körper verstümmeln

dē-tulī → deferre
detur (*nlat.*) → dare

dē-turbāre ⟨ō, āvī, ātum 1.⟩
1 herabwerfen; niederreißen, *aliquem/aliquid de re/ex re/a re/re* j-n/etw von etw; **aliquem de saxo ~** j-n vom Felsen stürzen; **alicuius statuam ~** j-s Standbild niederreißen
2 MIL den Feind verjagen
3 JUR aus seinem Besitz vertreiben; **aliquem possessione ~** j-n aus seinem Besitz vertreiben
4 *fig einer Sache* berauben; **aliquem de sanitate ac mente ~** j-n um seinen gesunden Verstand bringen

dē-turpāre ⟨ō, -, - 1.⟩ (*nachkl.*) verunstalten

Deucaliōn ⟨Deucaliōnis⟩ M *Sohn des Prometheus, schuf zusammen mit seiner Frau Pyrrha ein neues Menschengeschlecht nach der großen Flut*

Deucaliōnēus ⟨a, um⟩ ADJ des Deucalion
de-ungere ⟨ō, -, - 3.⟩ *Plaut.* tüchtig einölen
de-ūnx ⟨deūncis⟩ M ‖uncia‖ elf Zwölftel
de-ūrere ⟨urō, ussī, ustum 3.⟩ niederbrennen; (*nachkl.*) *fig von der Kälte* erstarren lassen

deus ⟨ī⟩ M
1 Gott, Gottheit; (*pro*) **dii immortales!** bei den unsterblichen Göttern!; **pro deūm hominumque fidem!** bei der Treue der Götter und Menschen!; **di bene vertant!** die Götter mögen es zum Guten wenden!; **ita me di ament!** so wahr mir die Götter helfen!; **si dis placet** so die Götter wollen
2 Schutzgott, Helfer
3 *Com.* glücklicher Mensch
4 Machthaber, *in der Kaiserzeit schmückender Beiname der Kaiser als Ausdruck von deren absoluter Herrschaft*
5 **~ ex machina** der Gott aus der Theatermaschine, *der in den antiken Dramen plötzlich zur Lösung*

auswegloser Situationen herabgelassen wurde, daher formelhaft für unerwartete Hilfe

deuteronomium ⟨ī⟩ N̄ (eccl.) das fünfte Buch Mosis

de-ūtī ⟨ūtor, ūsus sum 3.⟩ Nep. j-m übel mitspielen, *j-n* misshandeln, *aliquo*

dē-vāstāre ⟨ō, -, ātum 1.⟩ (nachkl.) poet völlig verwüsten, ausplündern

dē-vehere ⟨vehō, vēxī, vectum 3.⟩ hinabfahren; *allg.* transportieren; **legiones ex urbe ~** Legionen aus der Stadt bringen; *passiv* irgendwohin fahren, segeln; *fig* zu *etw* kommen; **navi Corinthum devehi** nach Korinth segeln

dē-vēlāre ⟨ō, -, - 1.⟩ Ov. enthüllen, entschleiern

dē-vellere ⟨vellō, vulsī (volsī)/vellī, vulsum (volsum) 3.⟩ (unkl.) abrupfen, ausrupfen

dē-venerārī ⟨or, ātus sum 1.⟩
1 inbrünstig verehren, **deos** die Götter
2 durch Gebet abwenden

dē-venīre ⟨veniō, vēnī, ventum 4.⟩
1 herunterkommen, *wohin* kommen
2 *wohin* geraten, sich wenden

dē-verberāre ⟨ō, āvī, ātum 1.⟩ Ter. durchprügeln

dēverbium ⟨ī⟩ N̄ = diverbium

dēversārī ⟨or, ātus sum 1.⟩ ||deverti|| als Gast eingekehrt sein, sich aufhalten, *apud aliquem* bei *j-m*, **Athenis** in Athen

dēversor ⟨dēversōris⟩ M̄ ||devertere|| Gast im Gasthaus

dēversōriolum ⟨ī⟩ N̄ ||deversorium|| kleine Herberge

dēversōrium ⟨ī⟩ N̄ ||deversorius||
1 Herberge; *fig* Schlupfwinkel
2 Curt. *pl* Lustschlösser der Perserkönige

dēversōrius ⟨a, um⟩ ADJ ||deversari|| zum Einkehren geeignet, für Gäste geeignet

dē-vertere ⟨vertō, vertī, versum 3.⟩
A V̄T abwenden
B V̄I, **dē-vertī** ⟨vertor, versus sum 3.⟩
1 sich abwenden, einen Abstecher machen, **in Africam** nach Afrika
2 einkehren, *ad aliquem* bei *j-m*
3 RHET *in der Rede od vom Thema* abschweifen
4 Ov. Zuflucht nehmen, *ad aliquid* zu etw, **ad artes** zu den Künsten

dēverticulum ⟨ī⟩ N̄ ||devertere||
1 Abweg, Seitenweg
2 Abweichung; **~ eloquendi** Abweichung von der gewöhnlichen Darstellung; **~ significationis** Abweichung von der Bedeutung
3 Abschweifung vom Thema; **deverticula amoena** angenehme Ruhepunkte
4 = deversorium

dēvexitās ⟨dēvexitātis⟩ F̄ ||devexus|| (nachkl.) abschüssiges Gelände

dēvexum ⟨ī⟩ N̄ ||devexus|| Abhang

dēvexus ⟨a, um⟩ ADJ abschüssig, schräg; **Nilus ~** der herabfließende Nil; **Orion ~** der untergehende Orion; **aetas a diuturnis laboribus devexa ad otium** *fig* das sich von den täglichen Arbeiten zur Ruhe neigende Alter

dē-vincere ⟨vincō, vīcī, victum 3.⟩
1 völlig besiegen, **Galliam** Gallien; *passiv* unterliegen
2 (nachkl.) poet beenden, **bellum** den Krieg
3 (nachkl.) poet Oberhand behalten, sich durchsetzen, *ut*

dē-vincīre ⟨vinciō, vinxī, vinctum 4.⟩
1 fest umwinden, festbinden
2 *fig* fest verbinden, eng verknüpfen, **homines inter se** die Menschen miteinander
3 RHET kurz zusammenfassen; **verba comprehensione ~** die Wörter straff miteinander verbinden
4 *fig* binden, verpflichten, **aliquem iure iurando ~** j-n durch Eid verpflichten
5 **se ~** *fig* sich verstricken, *re* in etw, **scelere** in ein Verbrechen
6 an sich binden, für sich gewinnen, **multos liberalitate** viele durch Großzügigkeit

dēvinctus[1] ⟨a, um⟩ ADJ ||devincere|| *j-m/einer Sache* ganz ergeben, **uxori** der Gattin, **studiis** seinen Studien

dē-vinctus[2] ⟨a, um⟩ PPP → devincere

dē-virgināre ⟨ō, āvī, ātum 1.⟩ ||virgo|| (vkl., nachkl.) entjungfern

dēvirginātiō ⟨dēvirginātiōnis⟩ F̄ ||devirginare|| (nachkl.) Entjungferung

dē-vītāre ⟨ō, āvī, ātum 1.⟩ *j-n/etw* vermeiden, *j-m/einer Sache* aus dem Weg gehen, *aliquem/aliquid*; **procellam ~** dem Aufruhr aus dem Weg gehen

dēvītātiō ⟨dēvītātiōnis⟩ F̄ ||devitare|| (nachkl.) Vermeidung, das Ausweichen

dē-vius ⟨a, um⟩ ADJ ||via||
1 abseits vom Weg, entlegen; **iter devium** Seitenweg
2 entlegen wohnend, unzugänglich; **montani devii** entlegen wohnende Bergbewohner; **scortum devium** Prostituierte, die nicht für jeden zu haben ist
3 vom (rechten) Weg abirrend; **caprae deviae** verirrte Ziegen
4 (nachkl.) RHET vom Thema abschweifend
5 *fig* unstet, schwankend; **vita devia** ausschweifendes Leben; **in omnibus consiliis ~** in allen Vorhaben unstet

dē-vocāre ⟨ō, āvī, ātum 1.⟩
1 herabrufen, kommen lassen
2 wegrufen, abberufen

3 (nachkl.) zu Tisch laden
4 fig weglocken; verleiten; **a virtute ad voluptatem ~** von der Tugend zur Lust verleiten

dē-volāre ⟨ō, āvī, ātum 1.⟩
1 (nachkl.) poet herabfliegen
2 (nachkl.) poet fortfliegen, davonfliegen; enteilen, entkommen

dē-volvere ⟨volvō, volvī, volūtum 3.⟩
1 herabwälzen, herabrollen, **saxa de muro** Felsbrocken von der Mauer
2 passiv von Personen u. Sachen herabrollen, herabstürzen, herabsinken; **devolvi ad spem inanem pacis** fig in leere Friedenshoffnung versinken

dē-vorāre ⟨ō, āvī, ātum 1.⟩
1 verschlingen, gierig verschlucken
2 fig verprassen, verqeuden, **patrimonium** das väterliche Erbe; **aliquem ~** j-s Vermögen durchbringen
3 (nachkl.) fig verbeißen, unterdrücken; **lacrimas ~** die Tränen unterdrücken
4 fig gierig sich aneignen; **librum ~** ein Buch verschlingen
5 fig hinunterschlucken, hinnehmen; **hominum ineptias ~** das Geschwätz der Menschen sich gefallen lassen
6 fig unverdaut schlucken, unverstanden hinnehmen, **orationem alicuius** j-s Rede
7 (nachkl.) poet von Leblosem fressen, verschlingen; **devorent vos arma vestrae** eure Waffen mögen euch verschlingen

dē-vortere ⟨vortō, vortī, vorsum 3.⟩ = **devertere**

dēvortium ⟨ī⟩ N̄ ||devortere|| Tac. Abweichung; **devortia itinerum** Umwege

dē-vōtāre ⟨ō, āvī, ātum 1.⟩ ||devovere||
1 einer Gottheit als Opfer geloben; **Marti praedam ~** dem Mars die Beute geloben
2 den unterirdischen Göttern als Sühneopfer darbringen; **vitam pro salute publica ~** das Leben für das öffentliche Wohl opfern
3 verfluchen, verwünschen
4 verzaubern, verhexen, **suas artes** seine Künste
5 (nachkl.) fig preisgeben, opfern; **~ omnium capita** das Leben aller opfern
6 **se ~** sich hingeben, alicui/alicui rei j-m/einer Sache; **se amicitiae alicuius ~** mit j-m einen Freundschaftsbund auf Leben und Tod schließen

dēvōtī ⟨ōrum⟩ M̄ ||devotus|| die Getreuen
dēvōtiō ⟨dēvōtiōnis⟩ F̄ ||devovere||
1 Weihe für die Götter; Gelübde
2 meton Verwünschung; Zauberformel
3 (eccl.) Frömmigkeit, Andacht

dēvōtus[1] ⟨a, um⟩ ADJ ||devovere||
1 poet verflucht
2 poet treu ergeben, anhänglich

dē-vōtus[2] ⟨a, um⟩ PPP → **devovere**

dēvovēre ⟨vŏveō, vōvī, vōtum 2.⟩
1 als Opfer geloben
2 weihen **ad mortem** dem Tod
3 verfluchen, verwünschen
4 **se ~** sich hingeben, alicui/alicui rei j-m/einer Sache

dextāns ⟨dextantis⟩ M̄ ||de, sextans|| (nachkl.) fünf Sechstel

dextella ⟨ae⟩ F̄ ||dextra|| das rechte Händchen; meton Werkzeug

dexter ⟨dext(e)ra, dext(e)rum, adv dext(e)rē⟩ ADJ, komp dexterior, ius, sup dextimus u. dextumus
1 rechts (gelegen), rechts befindlich; **cornu dextrum** rechter Flügel; **dexterior** weiter rechts; **equus dexterior** Handpferd; **apud dextumos** auf der äußersten Rechten
2 rechts erscheinend = Glück bringend
3 günstig, passend; **potestas dextera** günstige Gelegenheit
4 (nachkl.) poet von Personen geschickt, gewandt; **officia dextre obire** seine Pflichten geschickt wahrnehmen

dextera ⟨ae⟩ F̄ ||dexter|| (erg. **manus**)
1 die Rechte, rechte Hand; **dextram porrigere** die Rechte darreichen
2 fig Handschlag, feierliche Versicherung
3 Ehrenwort, Treue
4 (nachkl.) meton Faust = Stärke, Tapferkeit

dexteritās ⟨dexteritātis⟩ F̄ ||dexter|| (nachkl.) Gewandtheit

dextra ⟨ae⟩ F̄ = **dextera**

dextrōrsum, dextrōrsus ADV ||dexter, vortere|| (unkl.) nach rechts

dextumus ⟨a, um⟩ ADJ sup → **dexter**

dī-, di- → **dis-**[1]

Dīa ⟨ae⟩ F̄ alter Name für Naxos, eine Kykladeninsel

diabathrārius ⟨ī⟩ M̄ Plaut. Hersteller von leichten Frauenschuhen, Schuhmacher

diabathrum ⟨ī⟩ N̄ leichter (Frauen-)Schuh

Diablintēs ⟨Diablintum⟩ M̄, **Diablintī** ⟨ōrum⟩ M̄ gall. Stamm im heutigen Departement Mayenne

diabolicus ⟨a, um⟩ ADJ (eccl.) des Teufels, teuflisch

diabolus ⟨ī⟩ M̄ (eccl.) Teufel

diācōn ⟨diācōnis⟩ M̄ = **diaconus**

diāconissa ⟨ae⟩ F̄ ||diaconus|| (eccl.) kirchliche Helferin, Diakonisse

diāconus ⟨ī⟩ M̄ Diakon, urspr. Diener der Kirchengemeinde, Stufe der Hierarchie in der katholischen Kirche vor dem Priesteramt

diadēma ⟨diadēmatis⟩ N̄ Stirnbinde orient.

Könige, daher **Diadem, Königskrone;** *fig* **Königswürde, Herrschaft**
diadēmātus ⟨a, um⟩ ADJ ||diadema|| (*nachkl.*) mit einer Kopfbinde geschmückt
diadūmenos, diadūmenus ⟨a, um⟩ ADJ *Sen.* = **diadematus**
diaeta ⟨ae⟩ F
1 geregelte Lebensweise, *fig* Maßregeln ohne Gewalt
2 (*nachkl.*) Zimmer, Gartenhaus
diagōnālis ⟨diagōnāle⟩ ADJ, **diagōnios** ⟨diagōnion⟩ ADJ diagonal; **linea diagonalis** Diagonale
Diagorās ⟨Diagorae⟩ M
1 griech. Dichter u. Philos., 6. Jh. v. Chr.
2 berühmter Athlet aus Rhodos, 6. Jh. v. Chr.
dialectica¹ ⟨ae⟩ F Dialektik
dialectica² ⟨ōrum⟩ N dialektische Lehrsätze
dialecticē ⟨dialecticēs⟩ F = **dialectica¹**
dialecticus
A ⟨a, um⟩ ADJ, ADV ⟨dialecticē⟩ dialektisch; **dialectice disputare** nach Art der Dialektiker disputieren
B ⟨ī⟩ M Dialektiker
dialectos ⟨ī⟩ F *Suet.* Mundart, Dialekt
Diālis ⟨Diāle⟩ ADJ des Jupiter; **flamen ~** Jupiterpriester
dialogus ⟨ī⟩ M wissenschaftliches Gespräch, *bes* philosophisches Gespräch
▶ deutsch: **Dialog**
Diāna ⟨ae⟩ F MYTH urspr. Mond- u. Jagdgöttin, entsprechend der griech. Artemis, auch mit Trivia, der Göttin der Dreiwege, u. mit Hekate gleichgesetzt, Tochter Jupiters u. der Latona; *meton* Mond; Jagd
Diānium ⟨ī⟩ N Tempel der Diana
Diānius ⟨a, um⟩ ADJ zu Diana gehörig, der Diana; **turba Diania** Jagdhunde der Diana
dianomē ⟨dianomēs⟩ F Verteilung, Spende
diapasma ⟨diapasmatis⟩ N *Mart.* duftendes Streupulver
diapāsōn indekl (*nachkl., spätl.*) Oktave *in der Musik*
diapente indekl (*nachkl., spätl.*) Quinte *in der Musik*
diaphoreticum ⟨ī⟩ N ||diaphoreticus|| (*nlat.*) schweißtreibendes Mittel
diaphorēticus ⟨a, um⟩ ADJ (*spätl.*) schweißtreibend
diārium ⟨ī⟩ N ||dies||
1 Tagesration *der Soldaten, Sklaven usw.*
2 Tagebuch
diatessarōn indekl (*nachkl., spätl.*) Quarte *in der Musik*
diatrēta ⟨ōrum⟩ N Prunkgläser *mit netzartiger Verzierung*, Diatretgläser
diatriba ⟨ae⟩ F gelehrte philosophische Untersuchung, antike Literaturgattung, populärphilos. Satire mit fingiertem Dialog; *Gell. meton* Philosophenschule, Rhetorenschule
dibaphus
A ⟨(a,) um⟩ ADJ doppelt gefärbt
B ⟨ī⟩ F
1 purpurverbrämtes Staatskleid höherer Beamter
2 *meton* höheres Staatsamt
dica ⟨ae⟩ F
1 Prozess, Klage *bei den Griechen;* **dicam scribere alicui** j-n förmlich verklagen
2 *meton* Richter im Privatprozess; **dicas sortiri** die Richter durch das Los bestimmen
dicācitās ⟨dicācitātis⟩ F ||dicax|| beißender Witz, Stichelei
dicāculus ⟨a, um *adj adv* dicāculē⟩ ||dicax|| (*vkl., nachkl.*) schnippisch
dicāre ⟨ō, āvī, ātum 1.⟩
1 *einer Gottheit* weihen, widmen
2 (*nachkl.*) feierlich zur Gottheit erheben
3 weihen, widmen; **alicui totum diem ~** j-m den ganzen Tag widmen
4 **se ~** sich hingeben; **se in civitatem ~** sich

Diana – Göttin der Jagd

einbürgern lassen
5 *Tac.* (durch ersten Gebrauch) einweihen
dicātiō ⟨dicātiōnis⟩ F̄ ||dicere|| (Antrag auf) Einbürgerung; *meton* Bürgerbrief
dicāx ⟨dicācis⟩ A̅D̅J̅ ||dicere|| witzig, satirisch

---

dīcere ⟨dīcō, dīxī, dictum 3.⟩

1 zeigen, weisen
2 festsetzen, bestimmen
3 ernennen
4 sagen, sprechen
5 behaupten, bejahen
6 aussprechen
7 reden, eine Rede halten
8 nennen, benennen,
9 singen, dichten
10 vorhersagen
11 darstellen, schildern

---

1 zeigen, weisen, **viam** den Weg; **ius ~** JUR Recht sprechen, *de aliquo* über j-n
2 festsetzen, bestimmen, **diem colloquio** den Termin für ein Gespräch
3 zu *etw* ernennen, *+dopp. akk*; **aliquem dictatorem ~** j-n zum Diktator ernennen
4 sagen, sprechen, *absolut od aliquid etw, +AcI/ +indir Fragesatz*; **incredibile dictu** unglaublich zu sagen; **ut diximus** wie wir oben gesagt haben, wie oben geschrieben, wie oben erwähnt; **~, ut/ne** *+konjkt* anordnen, befehlen, dass/dass nicht; **dicor** man sagt, ich; **dicitur** man sagt, dass
5 behaupten, bejahen
6 *phonetisch* aussprechen; **aliquis rho ~ nequit** j-d kann den Laut r nicht aussprechen
7 reden, eine Rede halten; **ars dicendi** Redekunst; **dicendo excellere** als Redner brillieren; **apud iudicem ~** eine Gerichtsrede halten; **pro aliquo ~** j-n verteidigen
8 nennen, benennen, *+dopp. akk; passiv* genannt werden, heißen; **aliquis felix dicitur** j-d heißt „der Glückliche"; **alicui nomen/aliquem nomine ~** j-m einen Namen beilegen
9 singen; besingen, **alicuius facta** j-s Taten
10 vorhersagen, **alicui fata** j-m das Schicksal
11 (*nachkl.*) *schriftl.* darstellen, schildern; **vir dicendus** erwähnenswerter Mann
dichorēus ⟨ī⟩ M̄ Doppeltrochäus
diciō ⟨diciōnis⟩ F̄ ||dicere|| Macht, Gewalt; **sub dicione alicuius** j-m untertan; **aliquem dicionis suae/sub dicionem suam redigere** j-n unterwerfen, j-n in seine Gewalt bringen
dicis causā, dicis gratiā zum Schein, sozusagen
dicrota ⟨ae⟩ F̄, **dicrotum** ⟨ī⟩ N̄ (*erg.* **navigium**) Schiff mit zwei Reihen von Ruderbänken, Zweiruderer
Dicta ⟨ae⟩ F̄ Dikte-Gebirge, *griech. Gebirge im O Kretas, Geburtsort des Zeus*
Dictaeus ⟨a, um⟩ F̄ des Dikte-Gebirges, auch kretisch
dictamnum ⟨ī⟩ N̄, **dictamnus** ⟨ī⟩ F̄ *Verg.* Diptam, *Staude mit ätherischem Öl, Heilpflanze*
dictāre ⟨ō, āvī, ātum 1.⟩ ||dicere||

1 oft sagen, wiederholen
2 *zum Mitschreiben* vorsagen, diktieren
3 (*nachkl.*) (diktierend) anfertigen, verfassen, **testamentum** ein Testament
▶ deutsch: **diktieren**
  englisch: **dictate**
  französisch: **dicter**
  spanisch: **dictar**
  italienisch: **dettare**

dictāta ⟨ōrum⟩ M̄ ||dictare|| *zum Auswendiglernen diktierte* Lehrsätze, Regeln; **dictata reddere** Lektionen hersagen; **dictata alicuius recinere** j-s Worte nachbeten
dictātor ⟨dictātōris⟩ M̄ ||dictare|| Diktator, *in latinischen Städten oberster Beamter; in Rom in Notzeiten berufener u. mit besonderen Vollmachten ausgestatteter höchster Beamter für längstens sechs Monate; in Karthago höchster Beamter* = **sufes**

▶ **dictator – höchster Beamter in Notzeiten**

In Zeiten großer Gefahr für den Staat ernannte einer der Konsuln nach Absprache mit dem Senat einen **dictator**. Dieser hatte bis zum Ende der Gefahr, höchstens jedoch für ein halbes Jahr, absolute Befehlsgewalt. Sulla und kurz darauf Caesar wandelten die **dictatura** zusehends um in eine an Monarchie erinnernde Alleinherrschaft und ebneten somit den Weg zum Kaisertum. Unser Begriff „Diktatur" leitet sich von dieser veränderten Form der **dictatura** ab und bezeichnet eine auf Gewalt und Repression sich gründende Alleinherrschaft.

WORTSCHATZ ◀

dictātōrius ⟨ī⟩ M̄ ||dictator|| diktatorisch, des Diktators; **animadversio dictatoria** vom Diktator verhängte Strafe; **invidia dictatoria** Hass gegen den Diktator
dictātrīx ⟨dictātrīcis⟩ F̄ ||dictator|| *Plaut. hum* Gebieterin
dictātūra ⟨ae⟩ F̄ ||dictator||
1 Diktatur; (*nachkl.*) Suffetenamt *in Karthago*
2 Diktieren, *in hum Doppelsinn bei Sueton*
Dictē ⟨Dictēs⟩ F̄ = **Dicta**

dictērium ⟨ī⟩ N̄ ‖dictum‖ beißender Ausspruch, sarkastisches Witzwort

dictiō ⟨dictiōnis⟩ F̄ ‖dicere‖
1. Sagen, Aussprechen, Vortragen
2. *meton* Orakelspruch
3. *Tac.* Gespräch, Unterhaltung
4. RHET rhetorischer Vortrag, *auch* Übungsvortrag
5. Redeweise, Diktion; **~ populāris** volkstümliche Redeweise
6. (*nachkl.*) Redewendung, Ausdruck

dictitāre ⟨ō, āvī, ātum 1.⟩ ‖dictare‖ oft sagen, zu sagen pflegen, nachdrücklich erklären; **causās ~** Prozesse führen; **aliquem sānum ~** j-n für gesund ausgeben

dictum ⟨ī⟩ N̄ ‖dicere‖
1. Aussage, Wort; **dicta dare** sagen, verkünden; **dictō citius** schneller, als man es sagen kann
2. Spruch, Ausspruch; **dicta dīcere in aliquem** Witze über j-n machen
3. *poet* Orakelspruch, Weissagung
4. Befehl, Vorschrift; **dictō audiēns alicui** j-m aufs Wort gehorchend
5. (*nachkl.*) Versprechen, Zusage
❗ **Dictum sapientī sat est.** Ein Wort genügt dem Weisen.

dictus ⟨a, um⟩ PPP → dicere

Dictynna ⟨ae⟩ F̄ kretische Göttin im Dikte-Gebirge, der Jagdgöttin Artemis gleichgesetzt

Dictynnēum ⟨ī⟩ N̄ Tempel der Artemis *bei Sparta*

dī-dere ⟨dīdō, dīdidī, dīditum 3.⟩ (*unkl.*) verteilen; *fig* verbreiten; *passiv* sich verbreiten

didicī → discere

dī-didī → didere

dī-ditus ⟨a, um⟩ PPP → didere

Dīdō ⟨Dīdūs *u.* Dīdōnis⟩ F̄ Tochter des Königs Belus von Tyros, Gründerin u. Königin von Karthago

dī-dūcere ⟨dūcō, dūxī, ductum 3.⟩
1. auseinanderziehen, dehnen
2. (gewaltsam) auseinander reißen; **terram ~** das Erdreich lockern; **hostem ~** den Feind zerstreuen
3. *fig* in Parteien spalten
4. MIL auseinanderziehen, entfalten; *pej* zersplittern; **copiās ~** die Truppen auseinanderziehen
5. *fig* Worte in der Aussprache trennen

dīductiō ⟨dīductiōnis⟩ F̄ ‖diducere‖
1. *Sen.* Ausdehnung
2. *fig* Weiterführung *einer Folgerung*
3. *Sen.* Zerlegung, Trennung

Didyma ⟨Didymōn⟩ N̄ Ort s. von Milet, mit einem Apolloheiligtum (Ausgrabungen), Orakelstätte des Apollo

Didymēon ⟨Didymēī⟩ N̄ das Apolloheiligtum von Didyma

diēcula ⟨ae⟩ F̄ ‖dies‖ (*vkl., nachkl.*) kurze Frist, Zahlungsfrist

dī-ērēctus ⟨a, um, *adv* diērēctē⟩ ADJ ‖dis-¹, erigere‖ geradeaus in die Höhe gerichtet; gekreuzigt; **abī ~!** *Plaut.* geh zum Henker!

diēs ⟨diēī⟩

A M̄
1. Tag, *Zeitabschnitt von Sonnenauf- bis Sonnenuntergang (12 Stunden) sowie von einem Sonnenaufgang zum anderen (24 Stunden)*; **multō (in) diē** spät am Tag; **ad multum diem** bis spät in den Tag; **dē diē** am hellen Tag; **diem dē diē/ex diē** von einem Tag zum anderen; **in diēs** von Tag zu Tag, täglich; **~ fāstus** Tag, an dem Gericht gehalten werden darf; **~ nefāstus** Tag, an dem Gerichte verboten sind; **~ fēstus** Festtag; **~ āter** Unglückstag
2. (*nachkl.*) *poet* Tageslicht; **diem vidēre** das Licht der Welt erblicken
3. Tagesereignisse; Wetter des Tages; **diem exercēre** sein Tagewerk ausüben; **diem dispōnere** sein Tagewerk einteilen; **~ Alliēnsis** die Ereignisse des Tages an der Allia
4. (*nachkl.*) *poet* Schicksalstag, Todestag; **~ suprēmus** Todestag; **diem obīre** sterben
5. Geburtstag; *auch* **~ meus/nātālis** Geburtstag

B F̄
1. Termin; **diem dare/statuere** einen Termin festsetzen; **diem dīcere alicui** j-n zu einem bestimmten Termin vor Gericht laden; **diem obīre** einen Termin einhalten
2. Briefdatum; **diē Nōnārum Aprīlium** am Tag der Nonen des April = am 7. April
3. Frist, Aufschub; **diem sūmere ad dēliberandum** Bedenkzeit festsetzen
4. Zeitdauer; **~ levat lūctum** die Zeit lindert die Trauer; **longa ~** lange Zeitdauer

Diēs-piter ⟨Diēspitris⟩ M̄ alter Name für Jupiter

diēta ⟨ae⟩ F̄ (*mlat.*)
1. = diaeta
2. Tagung, Tagesreise

dif-fāmāre ⟨ō, āvī, ātum 1.⟩ ‖dis-¹, fama‖ (*nachkl.*) *poet* unter die Leute bringen; Gerüchte verbreiten, verunglimpfen

differēns

A ⟨differentis⟩ ADJ ‖differre‖ verschieden, unähnlich

B ⟨differentis⟩ N̄ *Quint.* Verschiedenheit, Abweichung

differentia ⟨ae⟩ F̄ ‖differens‖ Verschiedenheit, Unterschied; Spezies

differitās ⟨differitātis⟩ F̄ *Lucr.* = differentia

dif-ferre ⟨differō, distulī, dīlātum 0.⟩

A V̄T
1. auseinandertragen, verbreiten; **ulmōs ~** Ulmen verpflanzen

DIFF

> **dies – der Tag**

Der Begriff **dies** bezeichnete einerseits die 24 Stunden von Mitternacht bis Mitternacht; andererseits verstand man unter **dies** den Zeitraum zwischen Sonnenaufgang und Sonnenuntergang. Der Tag wurde in vier Teile geteilt, die jeweils aus drei Stunden bestanden. Der erste Teil begann bei Sonnenaufgang, der zweite drei Stunden später, der dritte am Mittag und der vierte neun Stunden nach Sonnenaufgang. Die Stunden (**horae**) waren je nach Jahreszeit unterschiedlich lang.

RÖMISCHES LEBEN

2 *fig* überall bekannt machen, ins Gerede bringen
3 gewaltsam zerstreuen, zerreißen; *Com. fig* verblüffen
4 aufschieben; hinhalten; **regem in posterum diem ~** den König auf den folgenden Tag vertrösten
5 VII *nur im Präs.-Stamm* verschieden sein, sich unterscheiden, *inter se* untereinander, *ab aliquo/a re* von j-m/von etw; **differt** *unpers* es ist ein Unterschied; **differt aliquid/paulum/nihil** es besteht einiger/ein geringer/kein Unterschied; **plurimum differt inter meam et tuam opinionem** zwischen meiner Meinung und deiner besteht ein großer Unterschied

⚠️ **Quod differtur, non aufertur.** Aufgeschoben ist nicht aufgehoben.

dif-fertus ⟨a, um⟩ ADJ ‖dis-¹, farcire‖ voll gepfropft, vollgestopft, wimmelnd, voll, *re* von etw; **provincia praefectis differta** eine von Präfekten strotzende Provinz

dif-ficilis ⟨difficile, *adv* difficulter, *selten* difficiliter, (*nachkl.*) difficilē⟩ ADJ ‖dis-¹, facilis‖
1 schwierig (zu tun), schwer, *alicui* für j-n; **res ~** schwierige Angelegenheit; **difficile dictu** schwer zu sagen; **difficile intellectu** schwer zu begreifen; **difficile ad docendum** schwer zu lehren; **difficile/in difficili est** es ist schwer, *+inf/+AcI*
2 *von Örtlichkeiten, Zeiten u. Verhältnissen* gefährlich, ungünstig; **palus ~** gefährlicher Sumpf; **condicio ~** schlechte Bedingung
3 *von Personen u. Charakter* mürrisch, eigensinnig, *in aliquem/alicui* gegenüber j-m; **homo ~** schwieriger Mensch

▶ deutsch: **diffizil**
französisch: **difficile**
spanisch: **difícil**
italienisch: **difficile**

difficultās ⟨difficultātis⟩ F ‖difficilis‖
1 Schwierigkeit, Hindernis; **~ rerum** Schwierigkeit der Verhältnisse; **~ tempestatis** Widrigkeit des Wetters; **~ loci** Unzugänglichkeit des Ortes
2 Mangel, Not, *alicuius rei* an etw; **~ omnium rerum** Mangel an allem; **~ rei nummariae** Mangel an Bargeld
3 *von Personen u. Charakter* Eigensinn, mürrisches Wesen, Launenhaftigkeit

diffīdēns ⟨diffidentis, *adv* diffidenter⟩ ADJ ‖diffidere‖ misstrauisch, ängstlich

diffīdentia ⟨ae⟩ F ‖diffidens‖
1 Misstrauen, *alicuius* j-s, *alicuius rei* gegen etw
2 Mangel an Selbstvertrauen

dif-fīdere ⟨fīdō, fīsus sum 3.⟩ misstrauen, kein Vertrauen haben, an *j-m/etw* zweifeln, verzweifeln, *alicui/alicuius rei*; **virtuti militum ~** der Tapferkeit der Soldaten misstrauen, an der Tapferkeit der Soldaten zweifeln

dif-findere ⟨findō, fidī, fissum 3.⟩ zerspalten, zerschlagen; **saxum ~** einen Felsen sprengen; **coniunctionem ~** eine Verbindung auflösen; **diem ~** (*nachkl.*) eine Gerichtsverhandlung verschieben; **nihil hinc ~ possum** ich muss deiner Meinung zustimmen

dif-fingere ⟨fingō, finxī, fictum 3.⟩ *poet* umgestalten; *fig* abändern; **ferrum ~** Eisen umschmieden

dif-fīsus ⟨a, um⟩ PPERF → diffidere

dif-fitērī ⟨eor, - 2.⟩ ‖dis-¹, fateri‖ (*unkl.*) in Abrede stellen, leugnen, *aliquid* etw, *+AcI*

dif-flāgitāre ⟨ō, -, - 1.⟩ *Plaut.* heftig verlangen

dif-flāre ⟨ō, āvī, ātum 1.⟩ (*unkl.*) auseinanderblasen

dif-fluere ⟨fluō, flūxī, flūxum 3.⟩
1 auseinanderfließen, sich fließend verbreiten; **Rhenus in plures partes diffluit** der Rhein teilt sich in mehrere Arme
2 (*nachkl.*) *fig von Leblosem* sich auflösen, verschwinden, *perf* verschwunden sein
3 *fig von Personen* verkommen, **otio in** Müßigkeit;

dif-fringere ⟨fringō, frēgī, frāctum 3.⟩ ‖dis-¹, frangere‖ (*vkl., nachkl.*) zerbrechen, zerschmettern, *aliquid alicui* j-m etw

dif-fūdī → diffundere

dif-fugere ⟨fugiō, fūgī, fugitūrus 3.⟩ auseinanderfliehen, sich zerstreuen

diffugium ⟨ī⟩ N ‖diffugere‖ *Tac.* Auseinanderstieben, Entfliehen

dif-fundere ⟨fundō, fūdī, fūsum 3.⟩
1 ausgießen, *Flüssiges* ausschütten; **aquam ~** Wasser ausschütten; **vinum in amphoras ~** Wein in Krüge gießen; **animam in arma cruore ~** *Verg.* das Leben mit Blut über die Rüstung

verströmen; *passiv u.* **se ~** sich ergießen; **medicamentum in venas se diffundit** das Heilmittel verteilt sich in die Adern; **sanguis per venas in omne corpus diffunditur** das Blut verbreitet sich über die Adern im ganzen Körper

[2] *fig* ausbreiten, verbreiten; *passiv* sich ausbreiten; **comas ~** die Haare flattern lassen; **lux diffunditur** das Licht breitet sich aus

[3] *fig* erheitern, erleichtern; *passiv* sich erleichtert fühlen; **~ animos munere Bacchi** die Menschen durch die Gabe des Bacchus erheitern; **dolorem flendo ~** dem Schmerz durch Weinen Luft machen; **bonis amici diffundi** sich durch das Glück des Freundes erleichtert fühlen

dif-funditāre ⟨ō, -, - 1.⟩ *(vkl., nachkl.)* überallhin ausgießen; sich verschwenden

diffūsilis ⟨diffūsile⟩ ADJ ||diffundere|| *Lucr.* sich leicht verbreitend

diffūsiō ⟨diffūsiōnis⟩ F ||diffundere|| Auseinanderfließen, Sichausbreiten; **~ animi** *Sen. fig* Heiterkeit

diffūsus¹ ⟨a, um, *adv* diffūsē⟩ ADJ ||diffundere||

[1] ausgedehnt, breit ausladend

[2] *fig* weitschweifig, ausführlich

[3] *fig* zerstreut, ohne Zusammenhang

dif-fūsus² ⟨a, um⟩ PPP → diffundere

dif-futūtus ⟨a, um⟩ ADJ ||dis-¹, futuere|| *Catul.* ausgemergelt, durch häufigen Geschlechtsverkehr geschwächt

digamma N *indekl u.* ⟨ae⟩ F Digamma, *altgriech., früh verschwundener u. nicht ins Alphabet aufgenommener Buchstabe, unserem W-Laut entsprechend, der Form des F ähnlich; daher meton* Zinsbuch, Kontobuch, *weil dieses mit F = fenus gekennzeichnet war*

Dīgentia ⟨ae⟩ F Bach beim Sabinergut des Horaz, *heute Licenza*

dī-gerere ⟨gerō, gessī, gestum 3.⟩

[1] *(nachkl.) poet* trennen, (ab)teilen; **Nilus digestus in septem cornua** der in sieben Arme geteilte Nil

[2] *(vkl.) poet* Pflanzen versetzen

[3] vom Magen verdauen

[4] ordnend einteilen, verteilen; **ius civile in genera ~** das bürgerliche Recht in Sparten einteilen; **novem volucres in belli annos ~** neun Vögel als ebenso viele Jahre des Krieges deuten

[5] ordnungsgemäß eintragen, buchen; **nomina in codicem ~** die Namen ins Rechnungsbuch eintragen

[6] der Reihenfolge nach durchnehmen, nach der Zeitfolge erzählen

dīgesta ⟨ōrum⟩ M ||digerere|| die Digesten, *offizieller Name juristischer Schriften, bes der 533 n. Chr. herausgegebenen Kommentare bedeutender Rechtsgelehrter zu einzelnen Gesetzen, Teil des Corpus iuris civilis*

dīgestiō ⟨dīgestiōnis⟩ F ||digerere||

[1] Einteilung, Aufzählung, *auch als* RHET

[2] *(nachkl.)* Verdauung

digitālis

A ⟨digitāle⟩ ADJ ||digitus||

[1] Finger…

[2] fingerdick; **foramen digitale** fingerdicke Öffnung

B ⟨digitālis⟩ F *(mlat.)* Fingerhut, *eine Pflanze*

digitulus ⟨ī⟩ M ||digitus|| Fingerchen

digitus ⟨ī⟩ M ||dicere||

[1] Finger; **~ pollex** Daumen; **~ index** Zeigefinger; **~ medius** Mittelfinger; **~ anuli** Ringfinger; **~ minimus** kleiner Finger; **~ extremus** Fingerspitze; **numerare digitis/per digitos** an den Fingern abzählen; **uno digito aliquid tangere** etw sanft anfassen, etw sanft berühren; **digito caelum attingere** *Sprichwort* heilfroh sein; **ne digitum quidem porrigere/proferre** keinen Finger krümmen, nichts unternehmen; **extremis digitis aliquid attingere** etw oberflächlich angehen

[2] *meton* Handzeichen; *pl* Gestikulation; **digitis loqui** mit Händen reden; **digitum tollere** ein Handzeichen geben

[3] Maß Fingerbreite, Zoll = 1/10 pes, ca. 19 mm; **non digitum discedere a re** keinen Fingerbreit von etw abweichen

[4] *(nachkl.) poet* Zehe; **insistere digitis** *Ov.* auf die Zehen treten

[5] **Digiti Idaei** die Priester der Kybele; → Dactyli Idaei

dī-gladiārī ⟨or, ātus sum 1.⟩ ||dis-¹, gladius|| erbittert kämpfen, sich herumschlagen

dīgnāre ⟨ō, āvī, ātum 1.⟩ dignus *(vkl., nachkl.)* würdigen; *passiv* gewürdigt werden, **re** einer Sache, **laude** des Lobes

dīgnārī ⟨or, ātus sum 1.⟩ dignus

[1] würdigen, **re** einer Sache; **aliquem honore ~** j-n der Ehre würdigen; **aliquem filium ~** j-n für würdig halten sein Sohn zu sein

[2] sich entschließen, sich herablassen, +*inf*

dīgnātiō ⟨dīgnātiōnis⟩ F ||dignere||

[1] Würdigung, Achtung

[2] Anerkennung, Rang

dīgnitās ⟨dīgnitātis⟩ F

[1] Würdigkeit; Tüchtigkeit, *alicuius rei* zu etw, für etw

[2] *von Personen u. Sachen* Würde, würdevolles Wesen

[3] Pracht, Glanz

[4] Ehrenhaftigkeit, Ehrgefühl; **res non habet dignitatem** etw verträgt sich nicht mit der Ehre

[5] *meton* äußere Ehre, Ansehen; **magna cum**

dignitate vivere in hoher Achtung stehen; **non est meae dignitatis** es ist unter meiner Würde, +inf
6 Rang, Ehre; **cum dignitate esse** ein hohes Amt bekleiden
7 *meton* Würdenträger

dī-gnōscere ⟨gnōscō, gnōvī, - 3.⟩ ||dis-¹, noscere|| *(nachkl.) poet* unterscheiden, *re/a re* von etw; erkennen *re/per aliquid* an etw; **~ bonum malumque** das Gute und das Böse voneinander unterscheiden

🔸 *Curvo dignoscere rectum* Hor. Krumm und gerade unterscheiden = sich kein X für ein U vormachen lassen

dīgnus ⟨a, um, *adv* dīgnē⟩ ADJ
1 *j-s/einer Sache* würdig, wert, *etw* verdienend, *aliquo/alicui/re/alicuius rei*; **~ maioribus suis** seiner Vorfahren würdig; **memoriā/memoriae/memoratu ~** denkwürdig; **dignus, qui/ut laudetur** würdig gelobt zu werden
2 *von Sachen, selten von Personen* passend, angemessen; **maeror ~ in tanta calamitate** eine in so großem Unglück angemessene Trauer; **poena pro factis digna** im Verhältnis zu den Taten angemessene Strafe; **dignum est** es ziemt sich, es ist angemessen, +inf/+AcI

dī-gredī ⟨gredior, gressus sum 3.⟩ ||dis-¹, gradi||
1 auseinandergehen, weggehen; **~ a marito** sich vom Gatten trennen
2 RHET abschweifen, **de causa** vom Thema

dīgressiō ⟨dīgressiōnis⟩ F̲, **dīgressus¹** ⟨dīgressūs⟩ M̲ ||digredi||
1 Trennung, Abschied
2 RHET Abschweifung

dī-gressus² ⟨a, um⟩ PPERF → digredi

dī-iūdicāre ⟨ō, āvī, ātum 1.⟩
A V̲I̲ ein Urteil fällen; **inter duas sententias ~** zwischen zwei Meinungen die Entscheidung treffen
B V̲T̲
1 entscheiden, **controversias** Meinungsverschiedenheiten
2 unterscheiden, **recta ac prava** Richtiges und Falsches, **vera a falsis** Wahres von Falschem

diiūdicātiō ⟨diiūdicātiōnis⟩ F̲ ||diiudicare|| Entscheidung

diiūnctiō ⟨diiūnctiōnis⟩ F̲ → disiunctio

dī-iungere ⟨iūngō, iūnxī, iūnctum 3.⟩ = **disiungere**

dī-lābī ⟨labor, lāpsus sum 3.⟩
1 *(nachkl.) poet* auseinander fallen, sich auflösen; **nix dilabitur** der Schnee schmilzt; **nebula dilabitur** der Nebel löst sich auf
2 *von Flüssen* auseinanderfließen, abfließen
3 *(nachkl.) fig* sich zerstreuen, entweichen; **~ a signis** desertieren, Fahnenflucht begehen
4 *fig* entgleiten, entschwinden; **aliquid dilabitur de memoria mea** etw entschwindet aus meinem Gedächtnis
5 *von der Zeit* verlaufen, verfließen

🔸 *Male parta male dilabitur.* Unrecht Gut gedeiht nicht.

dī-lacerāre ⟨ō, āvī, ātum 1.⟩
1 *(nachkl.) poet* zerreißen, zerfleischen
2 *fig* zerrütten, **rem publicam** das Staatswesen

dī-lāmināre ⟨ō, -, - 1.⟩ zerspalten

dī-laniāre ⟨ō, āvī, ātum 1.⟩ *poet* zerfleischen, zerfetzen; **comas ~** die Haare raufen

dī-lapidāre ⟨ō, āvī, ātum 1.⟩ *(vkl., nachkl.)*
1 Steine auslegen, mit Steinen belegen
2 *fig* vergeuden, verschwenden

dī-largīrī ⟨ior, ītus sum 4.⟩ reichlich verschenken, großzügig ausgeben

dī-lātāre ⟨ō, āvī, ātum 1.⟩ ||dis-¹, latus²||
1 ausbreiten, ausdehnen; **manūs ~** die Hände ausbreiten; **litteras ~** Buchstaben gedehnt aussprechen
2 *in der Rede* ausweiten, ausführlich behandeln

dīlātiō ⟨dīlātiōnis⟩ F̲ ||differre||
1 Verzögerung, Aufschub
2 *Suet.* das Hinhalten *eines Bewerbers*

dīlātor ⟨dīlātōris⟩ M̲ ||differre|| *(Hor., spätl.)* Zauderer

dī-lātus ⟨a, um⟩ PPP → differre

dī-laudāre ⟨ō, -, - 1.⟩ in jeder Hinsicht loben

dīlēctī ⟨ōrum⟩ M̲ ||diligere|| Elitetruppen

dīlēctus¹ ⟨dīlēctūs⟩ M̲ ||diligere||
1 MIL Aushebung, Rekrutierung; *Tac. meton* die Rekruten
2 = **delectus**

dīlēctus²
A ⟨a, um⟩ ADJ ||diligere|| lieb, wert
B ⟨ī⟩ M̲ Liebling

dī-lēctus³ ⟨a, um⟩ PPP → diligere

dī-lēxī → diligere

dī-līdere ⟨ō, -, - 3.⟩ ||dis-¹, laedere|| *Plaut.* zerschlagen

dīligēns ⟨dīligentis, *adv* dīligenter⟩ ADJ ||diligere||
1 aufmerksam, sorgfältig, *alicuius rei/in re/ad aliquid/alicui rei* in Bezug auf etw; **homo ~** gewissenhafter Mensch; **~ cura** gewissenhafte Sorge; **~ veritatis** wahrheitsliebend; **~ in omnibus rebus** allseits gewissenhaft; **~ imperii** gewissenhaft in seinen Feldherrnpflichten
2 sparsam, wirtschaftlich; **homo ~** sparsamer Mensch

dīligentia ⟨ae⟩ F̲ ||diligens||
1 Aufmerksamkeit, Sorgfalt, *alicuius* j-s, *alicuius*

rei|in re in Bezug auf etw, bei etw; RHET sprachliche Genauigkeit
2 Sparsamkeit, Wirtschaftlichkeit

dī-ligere ⟨ligō, lēxī, lēctum 3.⟩ ||dis-¹, legere²||
1 Soldaten ausheben
2 hoch schätzen, verehren; **regem sicut parentes ~** den König wie die Eltern lieben

dī-lōrīcāre ⟨ō, -, ātum 1.⟩ ||dis-¹, lorica|| *ein Kleid* aufreißen, auseinander reißen

dī-lūcēre ⟨eō, -, - 2.⟩ *(nachkl.)* hell sein, klar sein, *nur fig, auch +AcI;* **fraus dilucet** der Betrug ist offenkundig

dīlūcēscere ⟨lūcēscō, lūxī, - 3.⟩ ||dilucere||
1 *(nachkl.) poet* hell werden; *vom Tag* heraufziehen
2 dilucescit *unpers* es wird Tag

dīlūcidus ⟨a, um, *adv* dīlūcidē⟩ ADJ ||dilucere|| *(nachkl.)* hell, klar, *(klass.) meist nur fig;* **verba dilucida** deutliche Worte

dīlūculum ⟨ī⟩ N̄ ||dilucere|| Morgendämmerung, Tagesanbruch

dīlūdium ⟨ī⟩ N̄ ||dis-¹, ludus|| *poet* Ruhetag; *fig* Galgenfrist

dī-luere ⟨luō, luī, lūtum 3.⟩
1 aufweichen, erweichen
2 *fig* vermindern, verscheuchen, **molestias** die Beschwerlichkeiten
3 *poet* auflösen; verdünnen
4 *(nachkl.)* durch Lösung bereiten, mischen, **venenum** Gift
5 *fig* auflösen; entkräften, **crimen ~** einen Vorwurf widerlegen
6 *Plaut.* deutlich auseinandersetzen, erklären, **mihi, quod rogavi, dilue** antworte mir klar und deutlich auf meine Frage
7 dīlūtus ⟨a, um⟩ *adj* eingeweicht; verdünnt

dīluviāre ⟨ō, -, - 1.⟩ ||diluvium|| *Lucr.* überschwemmen

dīluviēs ⟨dīluviēī⟩ F̄ ||diluere||
1 *(unkl.)* Überschwemmung, Sintflut
2 *(nlat.)* Eiszeit, Diluvium

dīluvium ⟨ī⟩ N̄ = **diluvies**

dimachae ⟨ārum⟩ M̄ *Curt.* Reiter, die auch als Fußsoldaten kämpfen

dī-mānāre ⟨ō, āvī, - 1.⟩ auseinanderfließen; sich ausbreiten

dīmēnsiō ⟨dīmēnsiōnis⟩ F̄ ||dimetiri|| Ausmaß, Ausmessung, mathematische Berechnung; *Quint.* fig metrische Messung, Quantität

dī-mētāre ⟨ō, āvī, ātum 1.⟩, **dī-mētārī** ⟨or, ātus sum 1.⟩ abgrenzen, abstecken

dī-mētīrī ⟨mētior, mēnsus sum 4.⟩ ausmessen, vermessen; *pperf auch passiv* abgemessen, abgesteckt; MIL regelrecht, regelmäßig

dī-micāre ⟨ō, uī/āvī, ātum 1.⟩
1 mit blanker Waffe kämpfen, streiten, *de re* um etw
2 *fig* kämpfen, ringen, *de re* um etw
3 sich mühen, sich anstrengen, *ut*

dīmicātiō ⟨dīmicātiōnis⟩ F̄ ||dimicare||
1 hitziges Kämpfen, gefährlicher Kampf; **~ universae rei** Entscheidungskampf
2 *fig* Ringen, Risiko, *alicuius rei* um etw, für etw, **~ capitis** Kampf um das Leben

dīmidia ⟨ae⟩ F̄ = **dimidium**

dīmidiātus ⟨a, um⟩ ADJ ||dis-¹, medius|| halb, zur Hälfte genommen

dīmidium ⟨ī⟩ N̄ ||dimidius|| Hälfte, *bes* halber Ertrag; **dimidio** um die Hälfte; **dimidio minor** halb so groß;
❗ **Dimidium facti, qui bene coepit, habet.** *Hor.* Frisch gewagt ist halb gewonnen.

dīmidius ⟨a, um⟩ ADJ ||dis-¹, medius|| halb, zur Hälfte; *(klass.) nur* **dimidia pars** Hälfte

dī-minuere ⟨minuō, minuī, minūtum 3.⟩ *(vkl., nachkl.)* zerschlagen, zerschmettern

dīminūtiō ⟨dīminūtiōnis⟩ F̄ = **deminutio**

dī-mīsī → **dimittere**

dīmissiō ⟨dīmissiōnis⟩ F̄ ||dimittere||
1 Aussendung
2 Entlassung, Dienstentlassung

dīmissus¹ *nur dat* ⟨uī⟩ M̄ ||dimittere|| Entlassung

dī-missus² ⟨a, um⟩ PPP → **dimittere**

dī-mittere ⟨mittō, mīsī, missum 3.⟩

1 ausschicken, wegschicken
2 entlassen, auflösen
3 wegschicken, weggehen lassen
4 entlassen
5 freilassen, entlassen
6 fallen lassen, wegwerfen
7 verlieren, aufgeben
8 ungenutzt lassen

1 ausschicken, wegschicken; **litteras ad amicos ~** Briefe an die Freunde schicken; **aciem oculorum in omnes partes ~** überall umherblicken
2 *Versammlungen* entlassen, auflösen; **senatum ~** den Senat entlassen; **convivium ~** das Gastmahl beenden
3 entlassen, verabschieden; **legatos domum ~** die Gesandten nach Hause schicken; **scholam ~** eine Schule schließen; **uxorem e matrimonio ~** die Gattin verstoßen, sich von seiner Frau scheiden lassen; **creditorem ~** JUR einen Gläubiger bezahlen; **debitorem ~** einen Schuldner entlassen, j-m die Schulden erlassen
4 *aus dem Dienst* entlassen

DIPT

5 freilassen, entlassen; **damnatum impunitum ~** einen Verurteilten ungestraft freilassen
6 fallen lassen, wegwerfen; **librum e manibus ~** das Buch aus der Hand legen; **cibum ex ore ~** eine Speise aus dem Mund fallen lassen
7 fig etw verlieren, aufgeben; **victoriam ~** auf den Sieg verzichten; **oppugnationem ~** die Belagerung aufheben; **ius suum ~** auf sein Recht verzichten; **iracundiam rei publicae ~** seinen Zorn dem Staat zuliebe aufgeben; **aliquid oblivione ~** sich etw aus dem Kopf schlagen, etw vergessen
8 occasionem ~ eine Gelegenheit ungenutzt lassen

dim-minuere ⟨minuō, minuī, minūtum 3.⟩ (altl.) = **diminuere**

dī-movēre ⟨moveō, mōvī, mōtum 2.⟩
1 auseinanderschieben, trennen; **aquam corpore ~** das Wasser mit dem Körper durchfurchen; **terram aratro ~** den Boden durchpflügen; **turbam ~** eine Schar zerteilen; **ora ~** den Mund öffnen
2 entfernen, vertreiben, de re|a re|re; fig abtrünnig machen

Dīnarchus ⟨ī⟩ M attischer Redner, geb. 361 v. Chr., Zeitgenosse u. Nachfolger des Demosthenes

dī-nāretāre ⟨ō, āvī, ātum 1.⟩ unterscheiden

Dindyma ⟨ōrum⟩ N Berg in Phrygien bei Pessinus, wo Kybele verehrt wurde

Dindymēnē ⟨Dindymēnēs⟩ F Ov., Verg. = Kybele

Dindymos, Dindymus ⟨ī⟩ M = **Dindyma**

dīnōscere ⟨nōscō, nōvī, - 3.⟩ = **dignoscere**

dī-numerāre ⟨ō, āvī, ātum 1.⟩ abzählen, aufzählen

dīnumerātiō ⟨dīnumerātiōnis⟩ F ||dinumerare|| Aufzählung

Diō ⟨Diōnis⟩ M = **Dion**

diōbolāris ⟨diōbolāre⟩ ADJ für zwei Obolen käuflich; **scortum diobolare** Plaut. Zweigroschenhure

Dioclētiānus ⟨ī⟩ M C. Valerius ~ röm. Kaiser (284–305 n. Chr.), Neuordner des Reiches, dankte 305 freiwillig ab, lebte in Salona bis 316, letzte u. sehr blutige Christenverfolgung

Diodōros ⟨ī⟩ M
1 dialektischer Philos. aus Karien, um 300 v. Chr.
2 peripatetischer Philos. aus Tyros, um 100 v. Chr.
3 griech. Historiker aus Sizilien, Zeitgenosse des Kaisers Augustus

dioecēsis ⟨dioecēsis⟩ F
1 Verwaltungsbezirk innerhalb einer Provinz, Distrikt
2 (spätl., eccl.) Diözese, Bistum

dioecētēs ⟨dioecētae⟩ M Verwalter der kö-

niglichen Einkünfte

Diogenēs ⟨Diogenis⟩ M
1 Kyniker aus Sinope, 404–323 v. Chr.
2 Stoiker, Schüler des Chrysipp, 155 v. Chr. Mitglied der Philosophengesandtschaft in Rom

Diomēdēs ⟨Diomēdis⟩ M Sohn des Tydeus, trojanischer Held, sagenhafter Gründer von Arpi in Apulien

Diomēdēus ⟨a, um⟩ ADJ des Diomedes; **aves Diomedeae** Vögel des Diomedes, Gefährten des Diomedes, die wegen ihrer Trauer um ihn in Reiher verwandelt wurden

Diōn ⟨Diōnis⟩ M von Syrakus, 409–354 v. Chr., Schwager des jüngeren Dionysios, Schwiegersohn des älteren Dionysios, Verehrer Platos. Sein Versuch dessen Idealstaat in Syrakus zu verwirklichen scheiterte

Diōna ⟨ae⟩ F Titanin, Tochter des Okeanos (Oceanus), von Zeus Mutter der Aphrodite, später mit Aphrodite gleichgesetzt, bei den Römern als Mutter der Venus Stammmutter des Iulischen Geschlechts; auch = Venus

Diōnaeus ⟨a, um⟩ ADJ der Dione, zu Dione gehörig; **mater Dionaea** = Venus; **Caesar ~** Caesar als Nachkomme des Aeneas; **antrum Dionaeum** der Venus heilige Höhle

Diōnē ⟨Diōnēs⟩ F = **Diona**

Dionȳsia ⟨ōrum⟩ N ||Dionysien|| Bacchusfest

Dionȳsios, Dionȳsius[1] ⟨ī⟩ M
1 häufiger griech. Vorname, Name zahlreicher Personen des politischen u. kulturellen Lebens der Antike u. Spätantike, bes bekannt die Herrscher von Syrakus, Dionysios der Ältere, gest. 367 v. Chr., u. Dionysios der Jüngere, 343 v. Chr. vertrieben
2 ~ Exiguus skythischer Mönch, 5./6. Jh. n. Chr., in Rom lebend, setzte das Jahr 754 ab urbe condita gleich mit dem Geburtsjahr Christi u. wurde so der Schöpfer der chr. Zeitrechnung

Dionȳsius[2] ⟨a, um⟩ ADJ des Dionysos

Dionȳsos, Dionȳsus ⟨ī⟩ M Sohn des Zeus u. der Thebanerin Semele, griech. Gott des Weines, in Rom als Bacchus od Liber übernommen

diōta ⟨ae⟩ F Hor. zweihenkliger Weinkrug

Dīphilus ⟨ī⟩ M Dichter der neuen attischen Komödie, geb. um 350 v. Chr., Zeitgenosse u. Freund von Menander u. Philon, Vorbild des Plautus

diplōma ⟨diplōmatis⟩ N
1 Urkunde auf zwei zusammengelegten Blättern
2 Begnadigungsschreiben; Bürgerrechtsurkunde
3 in der republikanischen Zeit vom Senat ausgestellter Reisepass für Reisen in die Provinz
4 (nachkl.) allg. Ernennungsurkunde, Beglaubigungsurkunde
▶ deutsch: **Diplom**

dipsas ⟨dipsadis⟩ F Mart. poet eine Giftschlange, deren Biss heftigen Durst auslöste

diptychum ⟨ī⟩ N
1 Schreibtafel, zusammenklappbar; (eccl.) Ver-

zeichnis, **episcoporum** der Bischöfe
- 2 (*mlat.*) zweiflügeliger Altar

Dīpylon ⟨ī⟩ N̄ Doppeltor im NW Athens

dīpyros ⟨dipyron⟩ ADJ *Mart.* zweimal gebrannt

dīra ⟨ōrum⟩ N̄ = **dirae** 1

dīrae ⟨ārum⟩ F̄ ‖dirus‖
- 1 unheilvolle Vorzeichen
- 2 Verwünschungen, Flüche, Fluchformeln

Dīrae ⟨ārum⟩ F̄ Erinnyen, Furien

Dircaeus ⟨a, um⟩ ADJ der → Dirce, zur Dirce gehörig; *auch* thebanisch

Dircē ⟨Dircēs⟩ F̄ Quelle im W von Theben

dīrēctiō ⟨dīrēctiōnis⟩ F̄ ‖dirigere‖
- 1 Richtung
- 2 MATH, ARCH Gerade, gerade Linie
- 3 (*spätl.*) Gerechtigkeit; Aufrichtigkeit

dīrēctōrium ⟨ī⟩ N̄ ‖dirigere‖
- 1 (*spätl.*) vorgeschriebener Reiseweg
- 2 (*mlat.*) Kalendarium *in der katholischen Liturgie mit Anweisungen für die Messe*
- 3 (*mlat.*) Vorstand, leitende Behörde

dīrēctus¹ ⟨a, um, *adv* dīrēctē *u.* dīrēctō⟩ ADJ ‖dirigere‖
- 1 in gerader Richtung, gerade
- 2 waagrecht, horizontal
- 3 senkrecht, aufrecht
- 4 *fig* direkt = geradeaus, ohne Umschweife

dī-rēctus² ⟨a, um⟩ PPP → dirigere

dīr-ēmī → dirimere

dīrēmptus¹ ⟨dīrēmptūs⟩ M̄ ‖dirimere‖ Trennung

dīr-ēmptus² ⟨a, um⟩ PPP → dirimere

dīreptiō ⟨dīreptiōnis⟩ F̄ ‖diripere‖ Ausplünderung, Raub

dīreptor ⟨dīreptōris⟩ M̄ ‖diripere‖ Plünderer

dī-reptus ⟨a, um⟩ PPP → diripere

dī-rēxī → dirigere

dir-ibēre ⟨ibeō, ibuī, ibitum 2.⟩ ‖dis-¹, habere‖ sortieren, **tabellas** die Stimmtäfelchen

diribitiō ⟨diribitiōnis⟩ F̄ ‖diribere‖ Sortierung; **~ tabellarum** Sortierung (und Zählung) der Stimmtäfelchen

diribitor ⟨diribitōris⟩ M̄ ‖diribere‖ Sortierer, Zähler der Stimmtäfelchen

diribitōrium ⟨ī⟩ N̄ ‖diribitor‖ *Suet.* Gebäude in Rom, urspr. zur Sortierung u. Zählung der Stimmtäfelchen, später zur Ausgabe von Geschenken

dī-rigere ⟨rigō, rēxī, rēctum 3.⟩ ‖dis-¹, regere‖
- 1 gerade machen, in gerader Linie aufstellen; **flumina ~** Flüsse regulieren; **vicos ~** gerade Straßen bauen; **frontem ~** die Front begradigen; **finem ~** die Grenze regulieren; **arbores in quincuncem ~** *Cic.* Bäume nach dem Schachbrettmuster pflanzen; **contra ~** *absolut* sich dagegen aufstellen
- 2 nach einem Ziel hinwenden, hinlenken; **cursum ad litora ~** Kurs auf die Küste nehmen; **cogitationes ad aliquid ~** *fig* die Gedanken auf etw richten
- 3 MIL Geschosse abschießen, schleudern; **hastam in aliquem ~** eine Lanze gegen j-n schleudern
- 4 eine Richtung nehmen; sich erstrecken; **planities hinc dirigens** die sich von hier ausdehnende Ebene
- 5 einrichten, bestimmen, *ad aliquid*/*auch re* nach etw; **vitam ad rationis normam ~** das Leben nach den Regeln der Vernunft einrichten; **officium utilitate ~** seine Verpflichtung nach der Zweckmäßigkeit ausrichten

dī-rigēscere ⟨rigēscō, riguī, - 3.⟩ = **derigescere**

dīr-imere ⟨imō, ēmī, ēmptum 3.⟩ ‖dis-¹, emere‖
- 1 auseinandernehmen, trennen; *Tac.* von Personen verfeinden; **urbs flumine dirempta** durch den Fluss geteilte Stadt
- 2 *fig* unterbrechen, stören; **actionem meam nox diremit** die Nacht unterbrach meine Tätigkeit
- 3 *fig* aufheben, abbrechen; **veterem coniunctionem ~** eine alte Verbindung abbrechen; **certamen/controversiam ~** einen Streit beilegen, einen Streit schlichten

dī-ripere ⟨ripiō, ripuī, reptum 3.⟩ ‖dis-¹, rapere‖
- 1 (*nachkl.*) *poet* auseinanderreißen, zerreißen
- 2 plündern, berauben; **provinciam ~** eine Provinz ausplündern
- 3 (raubend) wegschleppen, rauben; **frumenta ex horreis ~** die Getreidevorräte aus den Scheunen wegschleppen
- 4 (*nachkl.*) *poet* wegreißen, entreißen; **ferrum a latere ~** das Schwert von der Seite reißen; **ensem vaginā ~** das Schwert aus der Scheide reißen; **insigne ex capite ~** das Diadem vom Kopf reißen

dīritās ⟨dīritātis⟩ F̄ ‖dirus‖
- 1 (*nachkl.*) *poet* schreckliches Unglück, grausiges Schicksal
- 2 *fig* grausige Härte, Grausamkeit

dī-ruere ⟨ruō, ruī, rutum 3.⟩ niederreißen, zerstören; **urbem ~** eine Stadt zerstören; **arbusta ~** Baumpflanzungen entwurzeln; **agmina ~** eine Marschkolonne zersprengen; **aere dirui** einen Abzug am Sold erleiden; **aere dirutus** bankrott

dī-rumpere ⟨rumpō, rūpī, ruptum 3.⟩
- 1 zerreißen, zerbrechen; **homo diruptus** gebrechlicher Mensch
- 2 **se ~** sich die Lunge aus dem Hals schreien;

dirupi me paene in iudicio *Cic.* ich habe mich in dem Prozess beinahe heiser geschrien

3 *passiv u.* **se ~** *vor Ärger, Neid od Verdruss* zerplatzen, zerbersten

4 gewaltsam abbrechen, auflösen, **amicitiam** eine Freundschaft

dīrus ⟨a, um⟩ ADJ

1 Unglück verkündend, unheilvoll; **preces dirae** Verwünschungen; **religio dira loci** *Verg.* heiliges Schauern vor einem Ort; **dirae sorores** die Erinnyen, die Furien; **omen dirum** böses Vorzeichen

2 *fig* grässlich, schrecklich; **dira fremere** furchtbar knirschen

dis² ⟨dītis *adj m u. f,* *komp* dītior, dītius, *sup* dītissimus, a, um⟩, (*klass.*) nur *sup* = **dives**

dis-¹ PRÄF dis- vor c, p, t, s; di- vor den übrigen Konsonanten und vor sc, sp, st; dir- vor r u. Vokalen

1 Ausdruck der Trennung od Entfernung zer-, ver-, fort-, weg-, auseinander; **dis-currere** weglaufen

2 *Verneinung* un-; **dis-similis** un-ähnlich

3 *Verstärkung, meist umgangssprachlich* ganz, völlig; **dis-taedet** ganz überdrüssig sein

Dīs ⟨Dītis⟩ M Pluto, *Gott der Unterwelt*; *Verg. meton* Unterwelt; (*mlat.*) Teufel

dis-calceātus ⟨a, um⟩ ADJ dis-¹, calceare *Plaut.* ohne Schuhe, barfuß

discantus ⟨i⟩ M (*mlat.*) hohe Gegenstimme *zum cantus firmus*; Sopran

dis-cavēre ⟨eō, -, - 2.⟩ *Plaut.* sich sehr hüten, *re* vor etw

dis-cēdere ⟨cēdō, cessī, cessum 3.⟩

1 auseinandergehen, sich trennen
2 zerfallen
3 sich j-s Meinung anschließen
4 fortgehen, weggehen
5 abmarschieren
6 sich trennen
7 hervorgehen, davonkommen
8 abweichen
9 schwinden, verschwinden

1 auseinandergehen, sich trennen; **in duas partes ~** sich in zwei Teile teilen; **terra discedit** die Erde öffnet sich; **hostes discedunt** die Feinde zerstreuen sich

2 (*vkl., nachkl.*) GRAM in *etw* zerfallen, **in tres partes ~** in drei Teile

3 in sententiam alicuius ~ sich j-s Meinung anschließen *bei Abstimmungen*

4 weggehen, sich entfernen; **de convivio ~** vom Gastmahl weggehen; **a Caesare ~** von Caesar weggehen; **a Gallia/ex Gallia ~** Gallien verlassen; **ab armis ~** die Waffen niederlegen; **a bello ~** den Kriegsschauplatz verlassen

5 MIL abmarschieren, **ex hibernis** aus den Winterquartieren

6 *feindlich* von *j-m* abfallen, sich von *j-m* trennen, **a duce** vom Feldherrn; **uxor a marito discedit** die Gattin trennt sich vom Gatten

7 hervorgehen, davonkommen; **superior discedit** er geht als Sieger hervor; **alicuius iniuria impunita discedit** j-s Unrecht bleibt unbestraft

8 *fig* von *etw* abweichen; **a proposito ~** vom Thema abschweifen; **a se ~** sich selbst aufgeben, außer sich geraten

9 von *Leblosem* schwinden, verschwinden; **e memoria ~** aus dem Gedächtnis schwinden

discentēs ⟨discentium⟩ M ||discere|| die Schüler, die Lehrlinge

dis-ceptāre ⟨ō, āvī, ātum 1.⟩ ||dis-¹, capere||

1 verhandeln, *cum aliquo* mit j-m, *inter se* untereinander, **de controversiis** über strittige Punkte

2 *eine Streitsache* untersuchen, entscheiden

3 Richter sein; *etw* schlichten

4 *fig* von *etw* abhängen, auf *etw* beruhen, *re*; **in uno proelio fortuna populi Romani disceptat** von einer einzigen Schlacht hängt das Schicksal des römischen Volkes ab

disceptātiō ⟨disceptātiōnis⟩ F ||disceptare||

1 Erörterung, Verhandlung, *alicuius rei cum aliquo* über etw mit j-m

2 (*nachkl.*) richterliche Entscheidung, Urteil

3 Streitfrage, Streitpunkt

disceptātor ⟨disceptātōris⟩ M ||disceptare|| Schiedsrichter, Vermittler

disceptātrīx ⟨disceptātrīcis⟩ F ||disceptator|| Schiedsrichterin, Vermittlerin

discere ⟨discō, didicī, - 3.⟩

1 lernen, kennenlernen; *perf* wissen, kennen, *aliquid* etw, +*inf*/+*AcI*/+*indir Fragesatz*; **rem ex testibus ~** die Sache von Zeugen erfahren; **saltare ~** tanzen lernen; **fidibus canere ~** das Saitenspiel lernen

2 untersuchen; *etw* studieren; *von Anwälten* sich über eine Sache instruieren lassen, **causam** über den Fall

⚠ **Non vitae, sed scholae discimus.** *Sen.* Nicht für das Leben, für die Schule lernen wir. *Der Satz wurde später umgedreht in:* Non scholae, sed viate discimus. Nicht für die Schule, für das Leben lernen wir.

dis-cernere ⟨cernō, crēvī, crētum 3.⟩

1 (*unkl.*) absondern, trennen; **telas auro ~** Goldfäden durch das Gewebe ziehen; **litem arvis ~** den Streit von den Gebieten fern halten; **sedes discreta** abgelegener Sitz

2 *fig* unterscheiden; **alba et atra ~ non posse** schwarz und weiß nicht unterscheiden können

3 entscheiden, beurteilen, *aliquid* etw, *+indir Fragesatz*

dis-cerpere ⟨cerpō, cerpsī, cerptum 3.⟩ ||dis-¹, carpere||

1 zerpflücken, zerstückeln

2 *von den Winden* zerstreuen, vernichten

3 RHET *in der Rede* zerstückeln, zerlegen, *mit Worten* schmähen

dis-cessī → discedere

discessiō ⟨discessiōnis⟩ F ||discedere||

1 (*vkl., nachkl.*) Auseinandergehen, Trennung; **~ plebis a patribus** Trennung der Plebejer von den Patriziern

2 *Tac. MIL* Abmarsch

3 POL Abstimmung *im Senat durch eine Art Hammelsprung*; **discessionem facere** eine Abstimmung vornehmen; **~ fit** es wird abgestimmt

dis-cessum PPP → discedere

discessus ⟨discessūs⟩ M ||discedere||

1 Auseinandergehen, Trennung; **~ caeli** Wetterleuchten

2 Weggang; *euph* Verbannung; **~ e vita** Tod

dis-cīdere ⟨cīdō, cīdī, cīsum 3.⟩ ||dis-¹, caedere|| *Ter., Lucr.* zerhauen

dis-cīdī¹ → discidere

di-scidī² → discindere

discidium ⟨ī⟩ N ||discindere||

1 Trennung, Auflösung; **~ coniugis** Trennung von der Ehefrau; **~ tuum** Trennung von dir

2 Trennung *eines Liebespaares*, Ehescheidung; **~ civile** innenpolitisches Zerwürfnis; **~ belli** kriegerische Auseinandersetzung

discinctus ⟨a, um⟩ ADJ ||discingere||

1 ungegürtet; MIL entwaffnet; **tunicatus et ~** in der Tunika und ohne Waffen *als Zeichen der Trauer*; **centuriones discincti** Hauptleute ohne Wehrgehenk *als Zeichen militärischer Strafe*

2 *fig* ungebunden, locker; **nepos ~** leichtfertiger Enkel; **otium discinctum** ungebundene Freizeit

di-scindere ⟨scindō, scidī, scissum 3.⟩ zerspalten, zerreißen; **tunicam ~** die Tunika aufreißen, die Tunika zerreißen; **amicitiam ~** *fig* eine Freundschaft plötzlich abbrechen

dis-cingere ⟨cingō, cīnxī, cinctum 3.⟩ aufgürten; *fig* entwaffnen; *passiv* sich entgürten lassen, sich *etw* entreißen lassen

disciplīna ⟨ae⟩ F ||discipulus||

1 Unterricht, Unterweisung; **alicui puerum in disciplinam tradere** j-m einen Knaben zum Unterricht übergeben

2 Wissen, Bildung, Kunst

3 Lehrmethode, System; **Stoicorum ~** Schule der Stoa

4 Unterrichtsfach, wissenschaftliches Fach; *pl* Wissenschaften; **~ iuris civilis** Rechtswissenschaft; **~ dicendi** Rhetorik; **~ magorum** Zauberkunst

5 Unterrichtsanstalt, Schule, *bes* Philosophenschule

6 Erziehung,

7 Lebensweise, Grundsätze; **maiorum ~** Grundsätze der Vorfahren

8 Ordnung, Einrichtung; **~ sacrifidandi** liturgischer Ritus; **~ civitatis** Staatsverfassung

▶ deutsch: **Disziplin**
englisch: **discipline**
französisch: **discipline**
spanisch: **disciplina**
italienisch: **disciplina**

discipula ⟨ae⟩ F ||discipulus|| (*vkl., nachkl.*) Schülerin

discipulus ⟨ī⟩ M ||capere|| Schüler

di-scissus ⟨a, um⟩ PPP → discindere

dis-cīsus ⟨a, um⟩ PPP → discidere

dis-clūdere ⟨clūdō, clūsī, clūsum 3.⟩ ||dis-¹, claudere|| auseinanderhalten, trennen

discobolos ⟨ī⟩ M (*nachkl.*) Diskuswerfer *als Bildwerk*

dis-color ⟨discolōris⟩ ADJ bunt; *fig* verschieden(artig), *alicui/alicui rei* j-m/einer Sache

dis-condūcere ⟨ō, -, 3.⟩ *Plaut.* nicht zuträglich sein, schaden

dis-convenīre ⟨iō, -, 4.⟩ (*nachkl.*) *poet* nicht übereinstimmen, schlecht passen; **disconvenit** *unpers* es besteht keine Übereinstimmung

discordābilis ⟨discordābile⟩ ADJ ||discordare|| nicht übereinstimmend

dis-cordāre ⟨ō, āvī, ātum 1.⟩ ||discors||

1 uneins sein, in Streit leben

2 *Tac.* meutern

3 *fig* nicht übereinstimmen, abweichen

discordia ⟨ae⟩ F ||discors||

1 Uneinigkeit, Streit

2 *Tac.* Meuterei

3 *meton* Gegenstand des Streites

Discordia ⟨ae⟩ F *Verg.* Göttin des Streites; **~ demens** die kopflose Discordia

discordiōsus ⟨a, um⟩ ADJ ||discordia|| (*Sall., spätl.*) streitsüchtig

dis-cors ⟨discordis⟩ ADJ ||dis-¹, cor||

1 *von Personen* uneinig; *von Sachen* feindlich

2 *Tac. MIL* meuternd

3 *fig* nicht übereinstimmend; **fetus ~** Zwitter

discrepantia ⟨ae⟩ F, (*nachkl.*) **discrepātiō** ⟨discrepātiōnis⟩ F ||discrepare|| Disharmonie, Widerspruch, Uneinigkeit, *alicuius rei* in etw

dis-crepāre ⟨ō, āvī, - 1.⟩

1 *von Musikinstrumenten* nicht übereinstimmen, nicht harmonieren
2 *fig* nicht übereinstimmen, verschieden sein; *von Sachen* strittig sein
3 **discrepat** *unpers* man ist uneins, man streitet, *de re* über etw, *+AcI/+indir Fragesatz, quin* dass
dis-crepitāre ⟨ō, -, - 1.⟩ ||discrepare|| *Lucr.* völlig verschieden sein
discrētim ADV ||discernere|| (*nachkl.*) abgesondert, getrennt
di-scrībere ⟨scrībō, scrīpsī, scrīptum 3.⟩
1 einteilen, abteilen, ordnen, *aliquid in aliquid* etw in etw; **annum in duodecim menses ~** das Jahr in zwölf Monate einteilen; **milites in legiones ~** die Soldaten in Legionen einteilen; **ea pars, quae prima discripta est** der Teil, der bei der Gliederung zum ersten gemacht worden ist
2 *Ter., Liv.* zuteilen, verteilen, *alicui aliquid* j-m etw; **~ duodena in singulos homines iugera** den einzelnen Personen je zwölf Joch zuweisen
3 = **describere**
dis-crīmen ⟨discrīminis⟩ N
1 Scheidelinie, Scheidewand; **compositum ~** Scheitel, gescheiteltes Haar; **parvum ~ leti** die schmale Grenze zum Tod
2 Abstand, Entfernung; MUS Intervall; **septem discrimina vocum pulsare** *Verg.* die siebensaitige Leier schlagen
3 (*nachkl.*) Zwischenraum; **discrimina agminum** Zwischenraum zwischen den Abteilungen
4 *fig* Unterschied; *meton* Unterscheidungsvermögen; **~ inter bonos et malos** Unterschied zwischen Guten und Bösen; **non est in vulgo ~** die Masse besitzt kein Unterscheidungsvermögen
5 *fig* Entscheidung; **~ summae rei** Hauptentscheidung; **~ belli** Entscheidung des Krieges; **in discrimine esse/versari** der Entscheidung unterliegen; **in discrimen venire** zur Entscheidung kommen; **in discrimen adducere/deducere/vocare** zur Entscheidung kommen lassen
6 *fig* entscheidender Augenblick, Wendepunkt; **in ultimo discrimine vitae esse** in den letzten Zügen liegen; **ad ipsum ~ eius temporis** gerade in jenem kritischen Augenblick
7 *fig* höchste Gefahr, Risiko; **rem in discrimen dare** etw riskieren; **in discrimen vocari/in summo discrimine esse** auf dem Spiel stehen
8 *fig* Spannung; **in summo discrimine esse** aufs Äußerste gespannt sein, *+indir Fragesatz*
9 *fig* Ausschlag; Mittel zur Entscheidung; **discrimen dare** den Ausschlag geben

discrīmināre ⟨ō, āvī, ātum 1.⟩ ||discrimen|| trennen, scheiden; durchschneiden; (*nachkl.*) *fig* geistig unterscheiden
di-scrīpsī → **discribere**
discrīptiō ⟨discrīptiōnis⟩ F ||discribere|| Einteilung, Verteilung
discrīptus¹ ⟨a, um⟩ ADJ = **descriptus**
di-scrīptus² ⟨a, um⟩ PPP → **discribere**
dis-cruciāre ⟨ō, āvī, ātum 1.⟩ (zer)martern, quälen; *passiv u.* **se ~** sich ängstigen
dis-cumbere ⟨cumbō, cubuī, cubitum 3.⟩
1 sich niederlegen
2 sich zu Tisch legen; **discumbitur** man geht zu Tisch
3 sich schlafen legen
dis-cupere ⟨cupiō, cupīvī, cupītum 3.⟩ sehnlich wünschen, begehren, *+inf*
dis-currere ⟨curriō, (cu)currī, cursum 3.⟩
1 auseinanderlaufen, auseinanderreiten, auseinanderfahren
2 (*nachkl.*) *poet* hin und her laufen, reiten, fahren; *von Sachen* sich verbreiten
dis-cursāre ⟨ō, -, - 1.⟩ ||discurrere||
discursātiō ⟨discursātiōnis⟩ F ||discursare|| (*nachkl.*) das Hin- und Herlaufen
dis-cursum PPP → **discurrere**
discursus ⟨discursūs⟩ M ||discurrere|| (*nachkl.*) *poet* Auseinanderlaufen, Hin- und Herlaufen, -fahren, -reiten; *pl* Schlangenlinien, Zickzacklinien; MIL Streifzug
discus ⟨ī⟩ M
1 Diskus, Wurfscheibe aus Stein od Bronze
2 (*nachkl.*) *meton* Teller, Platte
dis-cussī → **discutere**
discussiō ⟨discussiōnis⟩ F ||discutere||
1 Erschütterung, Heraustreiben
2 **~ seminis** Samenerguss
3 (*spätl.*) *fig* Untersuchung, Prüfung
dis-cutere ⟨cutiō, cussī, cussum 3.⟩ ||dis-¹, quatere||
1 zerschlagen, zertrümmern
2 (*nachkl.*) *poet* auseinanderjagen, verjagen, **umbras** die Schatten, **nives** die Schneemassen; **discussā nive** nachdem der Schnee geschmolzen war
3 *fig* hintertreiben, vernichten; **res est discussa** die Sache zerschlug sich
4 (*spätl.*) erörtern, diskutieren
disertus ⟨a, um, *adv* disertē *u.* disertim⟩ ADJ ||disserere²||
1 *von Personen* (rede)gewandt, beredt; **orator ~** gewandter Redner
2 *von der Rede* wohlgeordnet, klar
dis-icere ⟨iciō, iēcī, iectum 3.⟩ ||dis-¹, iacere||
1 zerstören, zertrümmern
2 auseinandertreiben, zerstreue; **capillos ~**

die Haare zerraufen; **disiecta comas** mit zerrauftem Haar

3 (nachkl.) fig zunichte machen, vereiteln; **pacem ~** den Frieden stören; **rem familiarem ~** das Vermögen verschwenden

disiectāre ⟨ō, -, - 1.⟩ ‖disicere‖ Lucr. zersprengen, zerstreuen

disiectus¹ ⟨a, um⟩ ADJ ‖disicere‖ zerstreut; **manus disiecta** zerstreute Schar; **aedificia disiecta** verstreut liegende Gebäude; **urbs disiecta** ausgedehnte Stadt; **harenae disiectae** Flugsand

disiectus² ⟨disiectūs⟩ M ‖disicere‖ Lucr. Zerstreuen

dis-iectus³ ⟨a, um⟩ PPP → disicere

disiūnctiō ⟨disiūnctiōnis⟩ F ‖disiungere‖

1 Scheidung, Trennung

2 fig Verschiedenheit, Abweichung

3 PHIL Gegensatz, ausschließende Satzform mit aut-aut

4 RHET Asyndeton, Aneinanderreihung von Begriffen od Sätzen ohne Verbindung

disiūnctus¹ ⟨a, um, adv disiūnctē⟩ ADJ ‖disiungere‖

1 getrennt, entlegen; **mores a scelere disiuncti** Verhaltensweisen fern von jedem Verbrechen

2 fig abweichend, verschieden

3 RHET unzusammenhängend

dis-iūnctus² ⟨a, um⟩ PPP → disiungere

dis-iungere ⟨iungō, iūnxī, iūnctum 3.⟩

1 losbinden, abspannen, **iumenta** die Zugtiere

2 allg. u. fig trennen, entfernen, aliquem ab aliquo j-n von j-m; **se a corpore ~** Selbstmord begehen

3 unterscheiden; **insaniam a furore ~** unsinniges Benehmen von Raserei unterscheiden

dis-marītus ⟨ī⟩ M Plaut. Gatte zweier Frauen

dis-pālārī ⟨pālor, pālātus sum 1.⟩ (unkl.) überall umherschweifen

dis-pālēscere ⟨ēscō, -, - 3.⟩ ‖dispalari‖ Plaut. weithin bekannt werden

dis-pandere ⟨pandō, pandī, pānsum 3.⟩ (nachkl.) poet ausspannen, ausbreiten

dis-pār ⟨disparis⟩ ADJ ungleich, verschieden, absolut od alicui/alicuius j-m, alicui rei/alicuius rei einer Sache; **proelium ~** Kampf ungleicher Waffengattungen; **~ sui** Cic. sich ungleich; **colores dispares** kontrastierende Farben

dis-parāre ⟨ō, āvī, ātum 1.⟩ absondern, trennen

disparātum ⟨ī⟩ N ‖disparare‖ sich ausschließender Gegensatz

dis-parilis ⟨disparile, adv dispariliter⟩ ADJ ungleich, verschieden

dis-partīre ⟨iō, īvī/iī, ītum 4.⟩, **dis-partīrī** ⟨ior, - 4.⟩ = **dispertio**

dispectus¹ ⟨dispectūs⟩ M ‖dispicere‖ Sen. allseitige Erwägung, allgemeine Berücksichtigung

di-spectus² ⟨a, um⟩ PPP → dispicere

dis-pellere ⟨pellō, pulī, pulsum 3.⟩ auseinandertreiben, zerstreuen, auch fig; **metum ~** die Furcht zerstreuen

dis-pendere¹ ⟨pendō, -, pēnsum 3.⟩ verteilend abwiegen; (spätl.) fig austeilen

dis-pendere² ⟨pendō, -, pessum 3.⟩, **dis-pennere** ⟨ō, -, - 3.⟩ = **dispandere**

dispendium ⟨ī⟩ N ‖dispendere¹‖ (unkl.) Einbuße an Geld; fig Verlust; **~ morae** Zeitverlust

dispēnsāre ⟨ō, āvī, ātum 1.⟩ ‖dispendere¹‖

1 richtig verteilen, austeilen

2 sorgsam einteilen; verwalten

3 (mlat.) von einer Verpflichtung befreien

4 (nlat.) Arzneien herstellen

dispēnsātiō ⟨dispēnsātiōnis⟩ F ‖dispensare‖

1 genaue Verteilung, gleichmäßige Verteilung

2 Verwaltung, Bewirtschaftung

3 meton Amt des Schatzmeisters

4 (mlat.) Dispens, Sündenerlass

dispēnsātor ⟨dispēnsātōris⟩ M ‖dispensare‖ Verwalter; Schatzmeister

dispensatorium ⟨ī⟩ N ‖dispensatorium‖ (nlat.) Arzneibuch mit Vorschriften für die Bereitung der Medikamente

dispēnsātōrius ⟨a, um⟩ ADJ ‖dispensator‖ (spätl.) zur Verwaltung gehörig

dis-percutere ⟨ō, -, - 3.⟩ Plaut. zerschmettern

dis-perdere ⟨perdō, perdidī, perditum 3.⟩ ganz zugrunde richten, verderben, passiv meist ersetzt durch dispereo

di-spergere ⟨spergō, spersī, spersum 3.⟩ ‖dis-¹, spargere‖

1 (nachkl.) poet zerstreuen, ausstreuen, Flüssiges verspritzen

2 verbreiten, ausbreiten, **rumores** Gerüchte

dis-perīre ⟨periō, periī, - 0.⟩ ganz zugrunde gehen, verloren gehen; **dispeream, ni** ich will des Todes sein, wenn nicht; **disperii** Com. mit mir ist es aus

dispersiō ⟨dispersiōnis⟩ F ‖dispergere‖ Zerstörung

dispersus¹ ⟨a, um, adv dispersē u. dispersim⟩ ADJ ‖dispergere‖ zerstreut, vereinzelt

dispersus² nur abl ⟨dispersū⟩ M ‖dispergere‖ Zerstreuung

di-spersus³ ⟨a, um⟩ PPP → dispergere

dis-pertīre ⟨iō, iī/īvī, ītum 4.⟩, **dis-pertīrī** ⟨ior, -, - 4.⟩ ‖dis-¹, partire‖

1 zerteilen, zerlegen; **tempora voluptatis laborisque ~** seine Zeit streng in Erholung und Arbeit einteilen; **exercitum per urbem ~** das Heer über die Stadt verteilen
2 zuteilen, *alicui aliquid* j-m etw
3 *Plaut. passiv* auseinandergehen

dispertītiō ⟨dispertītiōnis⟩ F Zerteilung
dis-pessus ⟨a, um⟩ PPP → dispendere¹
dī-spicere ⟨spiciō, spexī, spectum 3.⟩ ||dis-¹, specere||

A VI
1 sehen, wieder sehen können
2 *Lucr.* sich umsehen
B VT
1 deutlich erblicken, wahrnehmen
2 durchschauen, einsehen

displicentia ⟨ae⟩ F ||displicere|| *Sen.* Unzufriedenheit, *sui* mit sich selbst
dis-plicēre ⟨pliceō, plicuī, plicitum 2.⟩ ||dis-¹, placere|| missfallen, *alicui* j-m, *+inf/+AcI*; **alicui displicet de re** j-d ist mit etw nicht einverstanden; **sibi ~** missvergnügt sein, unpässlich sein
dis-plōdere ⟨plōdō, plōsī, plōsum 3.⟩ ||dis-¹, plaudere|| (*vkl.*) *poet* auseinanderschlagen, zersprengen; *passiv* platzen
dis-polīre ⟨iō, īvī, ītum 4.⟩ glätten, polieren; **virgis dispoliet dorsum meum** *Plaut.* er wird meinen Rücken mit Ruten verprügeln
dis-pōnere ⟨pōnō, posuī, positum 3.⟩
1 an verschiedenen Orten aufstellen, verteilen; **vigilias per urbem ~** die Wachen über die Stadt verteilen; **tormenta in muris ~** Geschütze auf den Mauern verteilt aufstellen
2 ordnen, in Ordnung bringen; **Homeri libros antea confusos ~** die zuvor ungeordneten Bücher Homers ordnen
3 RHET, LIT geordnet darstellen, gegliedert darstellen

dispositiō ⟨dispositiōnis⟩ F ||disponere|| planmäßige Anordnung, kunstgerechte Gliederung
▶ deutsch: **Disposition**

dispositūra ⟨ae⟩ F ||disponere|| *Lucr.* Stellung
dispositus¹ ⟨a, um, *adv* dispositē⟩ ADJ ||disponere|| wohlgeordnet
dispositus² ⟨dispositūs⟩ M ||disponere|| *Tac.* rechte Anordnung
dis-positus³ ⟨a, um⟩ PPP → disponere
dis-posuī → disponere
dis-pudet ⟨uit, - 2.⟩ *unpers* es beschämt *j-n, jd* schämt sich sehr, *aliquem, +inf*
dis-pulī → dispellere
dispulsus ⟨a, um⟩ PPP → dispellere
dis-pungere ⟨pungō, pūnxī, pūnctum 3.⟩ (*nachkl.*) Punkt für Punkt durchgehen, prüfen

disputābilis ⟨disputābile⟩ ADJ ||disputare|| *Sen.* worüber sich viel sagen lässt
dis-putāre ⟨ō, āvī, ātum 1.⟩
1 *Plaut.* ins Reine bringen, genau berechnen
2 umfassend wissenschaftlich erörtern, diskutieren, *absolut od de re* über etw, *in v/t Konstruktionen fast nur mit Neutra, +AcI/+indir Fragesatz*; **multa ~** vieles erörtern; **haec ~** dieses erörtern; **in utramque partem/in contrarias partes ~** für und wider erörtern; **in alicuius sententiam ~** für j-s Meinung sprechen; **in nullam partem ~** für keine Meinung sprechen
▶ deutsch: **disputieren**

disputātiō ⟨disputātiōnis⟩ F ||disputare|| wissenschaftliche Untersuchung, philosophisches Streitgespräch
disputātiuncula ⟨ae⟩ F ||disputatio|| (*nachkl.*) kurze Abhandlung
disputātor ⟨disputātōris⟩ M ||disputare|| gründlicher Denker, Diskussionsredner
disputātrīx
A ⟨disputātrīcis⟩ ADJ ||disputator|| im Disputieren bestehend
B ⟨disputātrīcis⟩ F Dialektik
dis-quīrere ⟨ō, -, - 3.⟩ ||dis-¹, quaerere|| (*Hor., spätl.*) untersuchen
disquīsītiō ⟨disquīsītiōnis⟩ F ||disquirere|| Untersuchung *bes vor Gericht*
dis-rumpere ⟨rumpō, rūpī, ruptum 3.⟩ = **dirumpere**
dis-saepīre ⟨saepiō, saepsī, saeptum 4.⟩ trennen, abschließen, *aliquid re* etw durch etw
dissaeptiō ⟨dissaeptiōnis⟩ F ||dissaepire|| (*nachkl.*) Trennung, Abtrennung durch eine Zwischenwand
dissaeptum ⟨ī⟩ N ||dissaepire|| *Lucr.* Zwischenwand
dis-sāviāre ⟨ō, -, - 1.⟩, **dis-sāviārī** ⟨or, - 1.⟩ abküssen
dis-secāre ⟨secō, secuī, sectum 1.⟩ (*nachkl.*) zerschneiden; **serrā ~** zersägen
dis-sēdī → dissidere¹ *u.* → dissidre²
dis-sēmināre ⟨ō, āvī, ātum 1.⟩ aussäen; *fig* verbreiten, **famam ~** ein Gerücht
dis-sēnsī → dissentire
dissēnsiō ⟨dissēnsiōnis⟩ F ||dissentire||
1 Meinungsverschiedenheit
2 Uneinigkeit, Spaltung; **~ civilis** Bürgerkrieg
3 *fig* Widerspruch, Unvereinbarkeit; **~ utilium cum honestis** Unvereinbarkeit vom Nützlichen mit dem sittlich Erlaubten
dis-sēnsum PPP → dissentire
dissēnsus ⟨dissēnsūs⟩ M = **dissensio**
dissentāneus ⟨a, um⟩ ADJ ||dissentire|| nicht übereinstimmend, *alicui rei* mit etw
dis-sentīre ⟨sentiō, sēnsī, sēnsum 4.⟩

1 verschiedener Meinung sein, nicht beistimmen; **condicionibus** ~ nicht in die Bedingungen einwilligen; ~ **sibi in re** nicht konsequent in etw bleiben

2 feindlich gesinnt sein, streiten

3 *fig* abweichen, im Widerspruch stehen, *a re* von etw, *cum re* mit etw; **a more maiorum** ~ im Widerspruch zur Sitte der Väter stehen

dis-serēnāscit ⟨serēnāvit, - 3.⟩ ||dis-¹, serenus|| *unpers Liv.* es wird heiter

dis-serere¹ ⟨serō, sēvī, situm 3.⟩ (*vkl.*) in Abständen aussäen, in Zwischenräumen einpflanzen

dis-serere² ⟨serō, seruī, sertum 3.⟩ auseinandersetzen, erörtern, *absolut od de re* über etw, *aliquid* etw, +*AcI*/+*indir Fragesatz*; ~ **seditiosa** aufrührerische Reden halten; **disseritur inter eos** *unpers Lucr.* eine Besprechung findet zwischen ihnen statt

dis-serpere ⟨ō, -, - 3.⟩ *Lucr.* unmerklich sich ausbreiten

dis-sertāre ⟨ō, āvī, ātum 1.⟩ ||disserere²|| (*vkl., nachkl.*) gründlich erörtern

dissertātiō ⟨dissertātiōnis⟩ F ||dissertare||

1 (*nachkl.*) Erörterung

2 (*nlat.*) Dissertation, *wissenschaftliche Abhandlung zur Erlangung der Doktorwürde*

dissertiō ⟨dissertiōnis⟩ F ||disserere²|| allmähliche Auflösung

dis-sertus ⟨a, um⟩ PPP → disserere²

dis-seruī → disserere²

dis-sēvī → disserere¹

dissicere ⟨iciō, iēcī, iectum 3.⟩ = **disicere**

dissidēns ⟨dissidentis⟩ ADJ ||dissidere|| widerspenstig, gegnerisch

dis-sidēre¹ ⟨sideō, sēdī, - 2.⟩ ||dis-¹, sedere||

1 schief sitzen; **toga dissidet impar** *Hor.* die Toga sitzt schief

2 entfernt sein, getrennt sitzen; ~ **sceptris nostris** fern unserer Herrschaft liegen

3 *fig* uneinig sein, im Streit liegen; **a se ipso** ~ mit sich selbst uneins sein; ~ **plebi** mit dem Volk uneins sein; ~ **in Arminium ac Segestem** in die Parteien des Arminius und des Segestes zerfallen sein

4 *von Sachen* widersprechen, zu *etw* nicht passen, *a re*/*cum re* einer Sache, zu *etw*; **temeritas dissidet a sapientia** Tollkühnheit passt nicht zur Weisheit

dis-sīdere² ⟨sīdō, sēdī, - 3.⟩

1 *poet* sich getrennt lagern

2 *fig* in Feindschaft geraten, *ab aliquo* mit j-m

dis-sīgnāre ⟨ō, āvī, ātum 1.⟩ einrichten; *Hor. pej* anstiften

dissīgnātiō ⟨dissīgnātiōnis⟩ F = **designatio**

dissīgnātor ⟨dissīgnātōris⟩ M ||dissignare|| (*unkl.*)

1 Platzanweiser im Theater

2 Anordner, Anführer des Leichenzuges

dis-silīre ⟨siliō, siluī, sultum 4.⟩ ||dis-¹, salire|| (*nachkl.*) *poet* zerspringen; *fig* sich auflösen

dis-similis ⟨dissimile, *adv* dissimiliter⟩ ADJ unähnlich, verschieden

dissimilitūdō ⟨dissimilitūdinis⟩ F ||dissimilis|| Unähnlichkeit, Verschiedenheit

dissimulābiliter ADV ||dissimulare|| *Plaut.* unbemerkt

dissimulanter ADV ||dissimulare|| insgeheim, unbemerkt; **non** ~ unverhohlen

dissimulantia ⟨ae⟩ F ||dissimulare|| Verstellung

dis-simulāre ⟨ō, āvī, ātum 1.⟩

A VT

1 *Ov.* unkenntlich machen, verstecken

2 *fig* verbergen, verheimlichen; **se** ~ eine andere Gestalt annehmen, seine wirkliche Gestalt unter einer fremden verbergen

3 (*nachkl.*) absichtlich übersehen, ignorieren

B VI *fig* sich verstellen, sich unwissend stellen, *absolut od de re* in Bezug auf etw; **non** ~ kein Blatt vor den Mund nehmen

dissimulātiō ⟨dissimulātiōnis⟩ F ||dissimulare||

1 *Tac.* Unkenntlichmachung, Maskierung

2 *fig* Verstellung

3 *Plin.* absichtliches Übersehen

dissimulātor ⟨dissimulātōris⟩ M ||dissimulare|| (*nachkl.*) *poet* Verleugner, Heuchler; **simulator ac** ~ Meister der Verstellung

dissipābilis ⟨dissipābile⟩ ADJ ||dissipare|| zerteilbar

dis-sipāre ⟨ō, āvī, ātum 1.⟩

1 zerstreuen, verteilen

2 *feindlich od gewaltsam* zerstreuen, auseinandertreiben

3 zerstören, zertrümmern

4 *fig Gerüchte* verbreiten

5 *fig* verschleudern, vergeuden, **patrimonium** das väterliche Erbe

dissipātiō ⟨dissipātiōnis⟩ F ||dissipare||

1 Zerstreuung, Zersplitterung

2 RHET Zerlegung eines Begriffes

dissipātus ⟨a, um⟩ ADJ ||dissipare|| zerstreut; zusammenhanglos; **orator in instruendo** ~ Redner, der den Stoff nicht ordnet

dis-situs ⟨a, um⟩ PPP → disserere¹

dissociābilis ⟨dissociābile⟩ ADJ ||dissociare||

1 (*nachkl.*) *poet* unvereinbar, nicht zusammenfügbar

2 (*nachkl.*) *poet* trennend, scheidend

dis-sociāre ⟨ō, āvī, ātum 1.⟩

1 *poet örtl.* trennen, scheiden

2 *fig* trennen; entzweien; **amicitias ~** Freundschaften auflösen; **dissociatus** allein lebend
dissociātiō ⟨dissociātiōnis⟩ F ||dissociare|| (nachkl.) Trennung
dissolūbilis ⟨dissolūbile⟩ ADJ ||dissolvere|| auflösbar, zerlegbar
dissolūtiō ⟨dissolūtiōnis⟩ F ||dissolvere||
1 Auflösung, Zerfall
2 Aufhebung, Abschaffung, **legum** der Gesetze
3 Zerstreuung, Widerlegung, **criminum** der Vorwürfe
4 Schwäche, Energielosigkeit
5 RHET Asyndeton, Aneinanderreihung von Begriffen od Sätzen ohne Bindewörter
dissolūtum ⟨ī⟩ N ||dissolutus|| Asyndeton, Aneinanderreihung von Begriffen od Sätzen ohne Bindewörter
dissolūtus ⟨a, um⟩ ADJ ||dissolvere||
1 aufgelöst, locker
2 *von der Rede* ungebunden, regellos
3 *vom Charakter* energielos, nachlässig
dis-solvere ⟨solvō, solvī, solūtum 3.⟩
1 auflösen, lockern; **pontem ~** eine Brücke abbrechen; **membra ~** Gliedmaßen ausrenken; **aes ~** Erz schmelzen; *passiv* aus den Fugen gehen
2 *fig* abschaffen, aufheben; **societatem ~** eine Gemeinschaft auflösen; **leges ~** Gesetze außer Kraft setzen
3 *fig* widerlegen, entkräften, **crimina** Vorwürfe; **utrumque dissolvitur** beides lässt sich widerlegen
4 loslösen, befreien; **dissolvi me** ich bin fertig; **~ pro sua parte** sich für seinen Teil aus etw lösen; **~** sich vergleichen; *passiv* sich losmachen, loskommen
5 bezahlen, abzahlen, *alicui aliquid* j-m etw
dis-sonus ⟨a, um⟩ ADJ
1 verschieden tönend, unharmonisch
2 (nachkl.) *fig* nicht übereinstimmend, verschieden, *re* durch etw, *in* etw, *an* etw; **~ a re Romana** von der römischen Art abweichend
dis-sors ⟨dissortis⟩ ADJ *Ov.* nicht gemeinsam, *ab aliquo* mit j-m
dis-stimulāre ⟨ō, āvī, ātum 1.⟩ *Plaut. fig* zugrunde richten
dis-suādēre ⟨suādeō, suāsī, suāsum 2.⟩ abraten, *alicui aliquid* j-m von etw, +inf/+AcI, *ne* dass
dissuāsiō ⟨dissuāsiōnis⟩ F ||dissuadere|| Abraten, Gegenrede; **~ rogationis** Rede gegen einen Antrag
dissuāsor ⟨dissuāsōris⟩ M ||dissuadere|| der von *etw* abrät, Redner gegen *etw, alicuius rei*; **~ legis** Redner gegen das Gesetz
dis-suāviāre ⟨ō, -, - 1.⟩ **= dissaviare**

dis-suāviārī ⟨or, - 1.⟩ **= dissaviari**
dis-suere ⟨suō, suī, sūtum 3.⟩
1 *Ov.* weit öffnen, **tunicam** die Tunika
2 allmählich auflösen, **amicitiam** eine Freundschaft
dis-sultāre ⟨ō, -, - 1.⟩ ||dissilire||
1 *poet* zerspringen, bersten; *fig* sich überallhin verbreiten
2 *poet* abspringen, abprallen
dis-sultus ⟨a, um⟩ PPP → dissilire
dissupāre ⟨ō, āvī, ātum 1.⟩ (altl.) **= dissipare**
dis-taedēre ⟨et, -, - 2.⟩ *Com.* ganz überdrüssig sein; **me distaedet tui** ich bin deiner überdrüssig, ich habe dich satt
distantia ⟨ae⟩ F ||distare||
1 (nachkl.) Abstand, Entfernung
2 *fig* Verschiedenheit
di-stāre ⟨stō, -, - 1.⟩
1 örtl. getrennt sein; **longe a maris ~** weit vom Meer entfernt sein
2 (nachkl.) *fig zeitl.* auseinander liegen; **multum aetate ~** im Alter weit auseinander liegen
3 *fig* sich unterscheiden, *inter se* untereinander, *a re/alicui rei* von etw
4 **distat** *unpers fig* es ist ein Unterschied, *+indir Fragesatz*
dis-tendere ⟨tendō, tendī, tentum/tēnsum 3.⟩
1 auseinanderspannen, ausdehnen
2 *poet* anfüllen, **cellas nectare** die Waben mit Nektar
3 MIL getrennt halten; **copias hostium ~** die Truppen der Feinde auseinander halten
4 (nachkl.) *fig* zerteilen, zerstreuen
distentus[1] ⟨a, um⟩ ADJ ||distendere|| (nachkl.) *poet* ganz angefüllt, strotzend; **distentae lacte capellae** die von Milch strotzenden Ziegen
distentus[2] ⟨a, um⟩ ADJ ||distinere|| vielfach beschäftigt, in Atem gehalten, *re* durch etw, *de re* wegen etw
dis-tentus[3] ⟨a, um⟩ PPP → distendere u. → distinere
dis-termināre ⟨ō, āvī, ātum 1.⟩ (nachkl.) *poet* abgrenzen, scheiden
distichon, distichum ⟨ī⟩ N (nachkl.) *poet* Distichon, zweizeiliger Vers, bes Hexameter +Pentameter
distīnctiō ⟨distīnctiōnis⟩ F ||distinguere||
1 Absonderung, Unterscheidung; **veri a falso ~** Unterscheidung zwischen Wahrem und Falschem
2 Unterschied, Verschiedenheit, **vocum** der Töne
3 RHET Einschnitt, Pause *in der Rede*
4 (spätl.) Zierde, Schmuck; **~ honosque civitatis** *Plin.* ehrenvolle Zierde des Staates
distīnctus[1] ⟨distīnctūs⟩ M ||distinguere|| *Tac.*

distichon

Der Begriff Distichon bezeichnet allgemein ein Verspaar gleicher oder verschiedener metrischer Form. Besonders wichtig für die lateinische Metrik ist das elegische Distichon. Dieses besteht aus einem Hexameter mit nachfolgendem Pentameter. Es fand v. a. in der Klage- und Liebesdichtung Verwendung und ist für das Epigramm das typische Versmaß.

METRIK

---

poet Abwechslung in der Farbe; Zeichnung

distīnctus² ⟨a, um, *adv* distīnctē⟩ ADJ ||distinguere||
1 abgeteilt, unterschieden
2 (*nachkl.*) *poet* bunt, mannigfaltig
3 RHET deutlich, bestimmt, klar; **distincte dicere** deutlich sprechen

di-stīnctus³ ⟨a, um⟩ PPP → distinguere

dis-tinēre ⟨tineō, tinuī, tentum 2.⟩ ||dis-¹, tenere||
1 trennen, spalten; **senatum ~** *fig* den Senat in zwei Parteien spalten
2 an der Konzentrierung hindern, *bes* MIL; **copias hostium ~** die Truppen der Feinde auseinander halten; **munitionibus distineri** auf den Schanzwerken verteilt sein
3 *fig* j-s Aufmerksamkeit vielfältig beanspruchen, *aliquem*
4 *allg.* verzögern, verhindern

di-stinguere ⟨stinguō, stīnxī, stīnctum 3.⟩
1 verschieden färben, bunt bemalen; **autumnus lividos racemos distinguet** *Hor.* der Herbst wird die Weintrauben bläulich färben; **nigram in medio frontem distinctus ab albo** *Ov.* mit einer Blässe mitten auf der schwarzen Stirn
2 *fig* verzieren, schmücken; **caelum stellis ~** den Himmel mit Sternen schmücken; **vestem auro ~** das Kleid mit Gold besetzen; **pinnae fastigium muri distinguunt** Zinnen schmücken die Mauerkrone; **orationem verborum insignibus ~** eine Rede durch treffende Wortwahl schmücken
3 *fig* trennen, unterscheiden; **fortes ignavosque ~** die Tapferen und die Feigen abteilen
4 GRAM mit Satzzeichen versehen, Interpunktion machen

dis-torquēre ⟨torqueō, torsī, tortum 2.⟩ (*unkl.*) verdrehen; *fig* quälen

distortiō ⟨distortiōnis⟩ F ||distorquere|| Verdrehung, Verzerrung

distortus ⟨a, um⟩ ADJ ||distorquere|| verdreht, verzerrt

distractiō ⟨distractiōnis⟩ F ||distrahere|| Trennung, Zwiespalt

distractus¹ ⟨a, um⟩ ADJ ||distrahere|| zerteilt, zerstreut

dis-tractus² ⟨a, um⟩ PPP → distrahere

dis-trahere ⟨trahō, trāxī, tractum 3.⟩
1 auseinanderziehen, zerreißen; **acies distrahitur** die Schlachtordnung dehnt sich
2 famā ~ *Tac. fig* in Verruf bringen
3 (*nachkl.*) Güter od Waren einzeln verkaufen
4 GRAM Wörter ungebunden aussprechen, den Hiat zulassen
5 *Verbindungen* auflösen; **controversias ~** Streitigkeiten schlichten
6 entzweien; *passiv* sich entzweien
7 hintertreiben, vereiteln
8 *fig* schwankend machen, verunsichern; **aliquem in deliberando ~** j-n in der Überlegung unsicher machen; **rem publicam ~** den Staat in Parteien spalten; **in contrarias sententias distrahi** zwischen verschiedenen Meinungen schwanken; **distrahi** in Zweifel geraten, mit sich nicht einig sein
9 *fig* losreißen, (gewaltsam) trennen; **aliquem a complexu suorum ~** j-n von den Seinen trennen; **sapientiam a virtute ~** die Weisheit von der Tugend trennen

dis-tribuere ⟨tribuō, tribuī, tribūtum 3.⟩
1 verteilen, zuteilen, *alicui aliquid* j-m etw; **praedam militibus ~** die Beute unter den Soldaten verteilen; **milites in legiones ~** die Soldaten auf die Legionen verteilen
2 einteilen; ordnen; **causam in crimen et in audaciam ~** die Anklage in Verbrechen und bloße Dreistigkeit teilen

distribūtiō ⟨distribūtiōnis⟩ F ||distribuere||
1 Verteilung; Aufteilung eines Begriffes
2 *log.* Einteilung

distribūtus¹ ⟨a, um, *adv* distribūtē⟩ ADJ ||distribuere|| eingeteilt, abteilungsweise; in logischer Ordnung; **distribute scribere** mit klarer Gliederung schreiben

dis-tribūtus² ⟨a, um⟩ PPP → distribuere

districtus¹ ⟨ūs⟩ M ||distringere|| (*spätl.*) Umgebung einer Stadt, Bezirk

districtus² ⟨a, um⟩ ADJ ||distringere||
1 vielseitig beschäftigt, gebunden
2 = destrictus

di-strictus³ ⟨a, um⟩ PPP → distringere

dis-truncāre ⟨ō, -, -. 1.⟩ *Plaut.* auseinanderhauen

dis-tulī → differre

dis-turbāre ⟨ō, āvī, ātum 1.⟩
1 auseinandertreiben, auseinanderjagen
2 *fig* zertrümmern; vernichten
3 *fig* hintertreiben

disturbātiō ⟨disturbātiōnis⟩ F ||disturbare|| Zerstörung

disyllabus ⟨a, um⟩ ADJ *Quint.* zweisilbig

ditāre ⟨ō, āvī, atum 1.⟩ dis⁷ *(unkl.)* bereichern; *passiv* reich werden; **sociōs praemiīs bellī ~** die Bundesgenossen durch die Erträge des Krieges reich machen

dīte N *zu* ditis → dis²

dītēscere ⟨ēscō, -, - 3.⟩ ||dis²|| *(spätl.) poet* reich werden

dīthyrambicus ⟨a, um⟩ ADJ dithyrambisch; → dithyrambus

dīthyrambus ⟨ī⟩ M Dithyrambus, lyrisches Preislied *urspr. zu Ehren des Dionysos/Bacchus, später auch anderer Götter*

dītiae ⟨ārum⟩ F *(altl.)* = divitiae

ditiō ⟨ditiōnis⟩ F = dicio

dītior ⟨dītius⟩ ADJ komp → dis²

dītis ⟨dīte⟩ ADJ = dis²

dītissimus ⟨a, um⟩ ADJ sup → dis²

diū¹ ADV ||dies|| *(altl.)* bei Tag; **noctū diūque** bei Tag und Nacht

diū² ADV ||diu¹|| lange Zeit, seit langer Zeit; **diūtius** *komp* länger, allzu lange; **diūtissime** *sup* am längsten, sehr lange; **quam diūtissime** möglichst lange

dīum ⟨ī⟩ N ||dius²|| Himmelsraum; **sub diō/sub diū** unter freiem Himmel

diurna ⟨ōrum⟩ N ||diurnus|| Tageschronik, Amtsblatt

diurnum ⟨ī⟩ N ||diurnus||

1 *(erg.* **frūmentum***) Sen.* Tagesration

2 *(erg.* **commentāriolum***) (spätl.)* Tagebuch, Journal; *das von Sklaven geführte* Haushaltsbuch

diurnus ⟨a, um⟩ ADJ ||diu¹||

1 bei Tag, Tage...; **iter diurnum** Marsch bei Tag; **opus diurnum** Tagewerk; **currus ~** Sonnenwagen

2 einen Tag dauernd, Tages...; **cibus ~** Tagesration

dius¹ ADV ||dies|| *Plaut.* bei Tag

dīus² ⟨a, um⟩ ADJ himmlisch, göttlich

diūtinus, diutinus ⟨a, um, *adv* diūtinē/ diutine *u.* diūtinō/diutino⟩ ADJ ||diu²|| langwierig, lange dauernd

diuturnitās ⟨diuturnitātis⟩ F ||diuturnus|| lange Dauer, Länge der Zeit

diuturnus ⟨a, um⟩ ADJ ||diu²|| lange dauernd; langlebig

dīva ⟨ae⟩ F ||divus||

1 Göttin

2 *poet* Geliebte, Angebetete

3 *(nlat.)* gefeierte Sängerin, gefeierte Schauspielerin

dī-vāricāre ⟨ō, āvī, ātum 1.⟩ auseinanderspreizen, j-m die Arme und Beine ausspreizen, aliquem

dī-vellere ⟨vellō, vellī/vulsī/volsī, vulsum 3.⟩

1 *(nachkl.) poet* auseinanderreißen; zerreißen

2 *fig* zerreißen, aufheben; **somnum ~** den Schlaf stören; **divellī dolōre** vom Schmerz zerrissen werden

3 losreißen, wegreißen; **liberōs ā complexū parentium ~** die Kinder aus den Armen der Eltern reißen; *passiv u.* **sē ~** sich losreißen; **ā voluptāte sē ~** sich vom Genuss losreißen

dī-vendere ⟨vendō, vendidī, venditum 3.⟩ einzeln verkaufen, einzeln versteigern

dī-verberāre ⟨ō, āvī, ātum 1.⟩ *(nachkl.) poet* auseinanderschlagen, zerhauen; **flūctūs ~** die Fluten zerteilen; **aurās ~** die Lüfte durchschneiden

dī-verbium ⟨ī⟩ N ||dis-¹, verbum|| *(nachkl.)* Dialog in einem Bühnenstück; ↔ canticum

dīversitās ⟨dīversitātis⟩ F ||diversus|| *(nachkl.)*

1 Verschiedenheit, Unterschied, **ingeniōrum** der Begabungen

2 Unterscheidungszeichen

3 Gegensatz, Widerspruch

dīversor ⟨dīversōris⟩ M = deversor

dīversōrium ⟨ī⟩ N = deversorium

dīversum ⟨ī⟩ N ||diversus|| Gegenpartei; **ē dīverso** im Gegenteil

---

dīversus ⟨a, um, *adv* dīversē⟩ ADJ ||divertere||

1 abgekehrt

2 entgegengesetzt, (völlig) verschieden

3 feindlich, gegnerisch

4 nach verschiedenen Seiten gewandt, nach verschiedenen Richtungen gewandt

5 abgelegen, fern

6 verstreut, vereinzelt

7 uneinig, zerstritten

---

1 nach der entgegengesetzten Seite gekehrt, gegenüberliegend; **dīversa petere** die entgegengesetzte Richtung einschlagen; **in dīversa/in dīversum** nach der entgegengesetzten Richtung; **ē dīverso ā rē/alicuī reī** von der entgegengesetzten Seite von etw, auf der entgegengesetzten Seite von etw; **ē dīverso hostibus** den Feinden gegenüber

2 *fig* entgegengesetzt, (völlig) verschieden; **in dīversa mūtāre aliquem** j-n völlig umstimmen; **per dīversa** aus ganz verschiedenen Gründen; **dīverse dīcere** bald so, bald anders sprechen

3 *(nachkl.)* feindlich, gegnerisch; **aciēs dīversa** feindliche Front; **factiō dīversa** Gegenpartei

4 nach verschiedenen Seiten gewandt, nach

verschiedenen Richtungen gewandt; **diversi abierunt** sie gingen in verschiedenen Richtungen auseinander; **in diversum** in verschiedene Richtungen

5 (nachkl.) poet abgelegen, fern; **diversa oppida** entlegene Städte

6 verstreut, vereinzelt; **legati diversi bellum gerunt** die Gesandten führen jeder für sich Krieg

7 (nachkl.) poet von Personen uneinig, zerstritten; unschlüssig

dī-vertere ⟨vertō, vertī, versum 3.⟩ (vkl., nachkl.) auseinander gehen; fig verschieden sein

dīverticulum ⟨ī⟩ N = deverticulum
dīvertium ⟨ī⟩ N = divortium
dīves ⟨dīvitis⟩ ADJ

1 von Personen reich; von Sachen reichlich; **homo ~** reicher Mann; **terra ~** fruchtbares Stück Land

2 fig kostbar, prächtig; **cultus ~** prunkvolle Kleidung

dī-vexāre ⟨ō, āvī, ātum 1.⟩ (vkl.) auseinanderzerren; fig zerstören

Dīviciācus ⟨ī⟩ M

1 Fürst der Äduer, Freund Caesars u. Gegner des eigenen Bruders Dumnorix

2 König der Suessionen

dīvidendus ⟨ī⟩ M ||dividere|| (erg. **numerus**) (spätl.) MATH Dividend; Zähler im Bruchterm; ↔ divisor

dī-videre ⟨vidō, vīsī, vīsum 3.⟩

1 trennen, scheiden
2 unterscheiden
3 (zer)teilen, zerlegen
4 planmäßig einteilen
5 verteilen, aufteilen

1 mehrere Ganze voneinander trennen, (ab)sondern; **urbis partes viis ~** die Stadtteile durch Straßen trennen; **filium ab uxore ~** den Sohn von der Gattin trennen

2 fig unterscheiden; **legem bonam a mala ~** ein gutes Gesetz von einem schlechten unterscheiden; **dignitatem ordinum ~** im Rang der Stände einen Unterschied machen

3 ein Ganzes (zer)teilen, zerlegen; **marmor cuneis ~** den Marmor mit Keilen zerlegen; **panem gladio ~** das Brot mit dem Schwert teilen; **muros ~** Mauern brechen; **gemma dividit aurum** der Edelstein ist in Gold gefasst; **amnis dividit insulam** ein Fluss teilt die Insel; **populum in duas partes ~** POL das Volk in zwei Parteien spalten

4 planmäßig einteilen; **omnia temporibus ~** alles nach Zeitabständen einteilen; **exercitum in tres partes ~** das Heer in drei Teile einteilen

5 verteilen, aufteilen, austeilen, zuteilen; **exercitum in hiberna ~** das Heer in die Winterlager aufteilen; **praedam militibus ~** die Beute unter den Soldaten verteilen; **carmina cithara ~** Lieder auf der Leier vortragen

❗ **Divide et impera.** Teile und herrsche.

dīvidia ⟨ae⟩ F ||dividere|| (unkl.) Zerwürfnis, Kummer

dīviduus ⟨a, um⟩ ADJ ||dividere||

1 teilbar; **corpus dividuum** teilbarer Körper; ↔ individuus

2 (unkl.) geteilt, getrennt; **talentum dividuum** ein halbes Talent

dīvīna ⟨ae⟩ F ||divinus|| Seherin

dīvīnāre ⟨ō, āvī, ātum 1.⟩ ||divinus|| prophezeien; ahnen, aliquid etw, de re über etw, +AcI/+indir Fragesatz

dīvīnātiō ⟨dīvīnātiōnis⟩ F ||divinare||

1 Sehergabe; Ahnung, Vermutung

2 JUR Bestimmung des Anklägers aus der Zahl der Bewerber

dīvīnitās ⟨dīvīnitātis⟩ F ||divinus||

1 göttliche Natur, göttliches Wesen
2 göttliche Weisheit
3 fig übermenschliche Vollkommenheit, unübertreffliche Meisterschaft

dīvīnitus ADV ||divinus||

1 von Gott her, durch göttliche Fügung; durch göttliche Eingebung

2 fig himmlisch, vortrefflich, herrlich

dīvīnum ⟨ī⟩ N ||divinus|| Gottesdienst, Opfer

dīvīnus

A ⟨a, um⟩ ADJ, ADV ⟨dīvīnē⟩ ||divus||

1 göttlich; **animi divini sunt** die Seelen sind göttlichen Ursprungs; **tela divina** Geschosse des Gottes; **scelus divinum** Frevel gegen die Götter; **ius divinum** von Gott gesetztes Recht; **res divina** Gottesdienst; **res divinae** Physik, Metaphysik, auch Naturrecht; **litterae divinae** (mlat.) Theologie, Bibel

2 von Gott erfüllt, von Gott begeistert, inspiriert, prophetisch; **mens divina** von Gott erfüllter Verstand; **poeta ~** von Gott inspirierter Dichter; **carmen divinum** prophetisches Lied

3 fig göttlich = übernatürlich, übermenschlich, vortrefflich, erhaben, genial; **homo in dicendo ~** gottbegnadeter Redner

B ⟨ī⟩ M

1 Seher, Prophet
2 (mlat.) Theologe

▶ englisch: **divine**
  französisch: **divin**

spanisch: **divino**
italienisch: **divino**
dī-vīsī → dividere
dīvīsiō ⟨dīvīsiōnis⟩ F ||dividere||
① Teilung, **regni** des Reiches
② (spätl.) MATH Teilung, Division
③ RHET, PHIL Einteilung, Gliederung
④ Verteilung, **agrorum** des Ackerlandes
dīvīsor ⟨dīvīsōris⟩ M ||dividere||
① (nachkl.) Verteiler
② Verteiler des Ackerlandes *unter die Kolonisten od Veteranen*
③ Geldverteiler *bes zu Bestechungszwecken*
④ MATH Teiler, Divisor; Nenner *im Bruchterm*; ↔ **dividendus**
dīvīsus[1] *nur dat* ⟨dīvīsuī⟩ M ||dividere|| (nachkl.) das Teilen; **facilis divisui** leicht teilbar; **divisui esse** verteilt werden
dīvīsus[2] ⟨a, um⟩ ADJ ||dividere|| *Lucr.* geteilt, getrennt
dī-vīsus[3] ⟨a, um⟩ PPP → dividere
Dīvitiācus ⟨ī⟩ M = **Diviciacus**
dīvitiae ⟨ārum⟩ F ||dives||
① Reichtum, Schätze,
② *fig* Fülle, Fruchtbarkeit; ~ **aquarum** Wasserreichtum
Dīvodūrum ⟨ī⟩ N Hauptstadt der Mediomatriker in Gallia Belgica, später Mediomatrica, dann Mettis, heute Metz
dī-volgāre ⟨ō, āvī, ātum 1.⟩ = **divulgare**
dīvorsus ⟨a, um⟩ ADJ = **diversus**
dī-vortere ⟨vortō, vortī, - 3.⟩ = **divertere**
dīvortium ⟨ī⟩ N ||divortere||
① Scheidung, Trennung
② *meton* Wasserscheide, Wegscheide
③ Grenze; ~ **inter Europam Asiamque** Grenze zwischen Europa und Asien, = **Hellespont**
④ *fig* Ehescheidung, *nicht als Rechtsgeschäft, sondern als freiwillige Vereinbarung*; **divortium facere cum uxore** sich von seiner Frau scheiden lassen
⑤ *fig* Bruch, Trennung *einer engen Verbundenheit*
dī-vulgāre ⟨ō, āvī, ātum 1.⟩ bekannt machen, preisgeben; **librum ~** ein Buch veröffentlichen
dīvulgātus ⟨a, um⟩ ADJ ||divulgare|| (nachkl.) gewöhnlich, weit verbreitet
dīvulsiō ⟨dīvulsiōnis⟩ F ||divulgare|| *Sen.* Trennung, Zerreißen
dīvum ⟨ī⟩ N ||divus|| freier Himmel; *nur* **sub divo** unter freiem Himmel; **sub divum rapere** ans Licht ziehen
dīvus
Ⓐ ⟨a, um⟩ ADJ ||deus|| göttlich; vergöttlicht, *Beiname der röm. Kaiser nach deren Tod.*
Ⓑ ⟨ī⟩ M Gott

dīxī → dicere
dō → dare

docēre ⟨doceō, docuī, doctum 2.⟩

① lehren, unterrichten
② benachrichtigen, in Kenntnis setzen
③ zeigen, darlegen
④ offiziell unterrichten
⑤ einüben, aufführen (lassen)
⑥ Unterricht erteilen, Vorträge halten

---

① lehren, unterrichten, *aliquem* j-n, *+AcI/+indir Fragesatz*; **adulescentulos ~** die jungen Leute unterrichten; **aves ~** Vögel abrichten; **~ aliquem aliquid** j-n etw lehren; **~ aliquem re** j-n in etw unterrichten; **~ aliquem fidibus** j-n im Saitenspiel unterrichten; **aliquem armis ~** j-n im Fechten unterweisen; **~ aliquem de re** j-n über etw belehren, **~ aliquem Latine loqui** j-n Latein lehren; *passiv meist* → **discere**
② benachrichtigen, in Kenntnis setzen, *aliquem aliquid/de re* j-n von etw, *+AcI/+indir Fragesatz*; **~ aliquem de adventu suo** j-n von seiner Ankunft unterrichten; *passiv* Mitteilung erhalten
③ zeigen, darlegen, *absolut od aliquid* etw, *+AcI*; **ut supra docuimus** wie wir oben dargestellt haben, *in Texten*
④ offiziell unterrichten, *aliquem aliquid* j-n von etw; **iudicem causam/de causa ~** den Richter vom Prozessgegenstand unterrichten
⑤ *ein Drama* einüben, aufführen (lassen)
⑥ Unterricht erteilen, Vorträge halten, **Romae** in Rom, **mercede** gegen Honorar
❗ **Verba docent, exempla trahunt.** *Sen.* Worte lehren, Beispiele reißen mit.
dochmius ⟨ī⟩ M Versfuß, ∪ − − ∪ −
docilis ⟨docile⟩ ADJ ||docere||
① gelehrig, gewandt, *ad aliquid/alicuius rei/re* zu etw, für etw
② *Prop.* leicht begreiflich
docilitās ⟨docilitātis⟩ F ||docilis||
① Gelehrigkeit, Empfänglichkeit, *ad aliquid* für etw
② **~ animī** Milde, Sanftmut
docimen ⟨dociminis⟩ N, **docimentum** ⟨ī⟩ N = **documen(tum)**
doctor ⟨doctōris⟩ M ||docere||
① Lehrer, Lehrmeister; **~ armorum** Fechtmeister; **~ sapientiae** Lehrer der Weisheit; **~ gentium** Lehrer der Heiden, = *Apostel Paulus*
② (mlat., nlat.) Universitätslehrer; Doktor, *akademischer Grad*
▶ deutsch: **Doktor**
  englisch: **doctor**
  französisch: **docteur**

spanisch: **doctor**
italienisch: **dottore**

doctrīna ⟨ae⟩ F ||doctor||
1. Unterricht, Unterweisung, *alicuius rei* in etw
2. *meton* Lehrfach, Wissenschaft; *pl* Wissenschaften
3. wissenschaftliche Bildung; philosophische Grundsätze; **omni doctrīnā ornatus** rundum gebildet

doctus¹ ⟨a, um⟩ PPP → docere

doctus²
A ⟨a, um⟩ ADJ, ADV ⟨doctē⟩ ||docere||
1. gelehrt, wissenschaftlich gebildet, *re* in etw, *auch aliquid/alicuius rei/in re/ad aliquid/+inf*; **~ litteris Graecis** in der griechischen Sprache und Literatur gebildet
2. durch Erfahrung geübt, geschickt
B ⟨ī⟩ M Gelehrter; **doctissimi** die größten Gelehrten

documen ⟨documinis⟩ N *Liv.*, **documentum** ⟨ī⟩ N ||docere||
1. Lehre, Belehrung, *alicuius rei* vor etw; **~ periculi** Warnung vor einer Gefahr
2. warnendes Beispiel, Beweis; **~ eloquentiae** Beweis von Beredsamkeit

Dōdōna ⟨ae⟩ F
1. Stadt im NW von Epirus mit berühmtem Zeusheiligtum u. Orakel, heute Dodoni
2. *meton* Eichenhain von Dodona
3. *meton* Priesterschaft von Dodona

Dōdōnaeus ⟨a, um⟩, F *auch* **Dōdōnis** ⟨Dōdōnidis⟩ ADJ aus Dodona, von Dodona

dōdrāns ⟨dōdrantis⟩ M ||de, quadrans||
1. drei Viertel *eines Ganzen*; **heres ex dodrante** Erbe von drei Vierteln eines Vermögens; **solvere dodrantem** drei Viertel der Schulden bezahlen
2. 3/4 As
3. (*nachkl.*) 3/4 Fuß
4. (*unkl.*) 3/4 Morgen
5. (*nachkl.*) Dreiviertelstunde

dōdrantālis ⟨dōdrantāle⟩ ADJ ||dodrans|| neun Zoll betragend = eine Spanne betragend

dōdrantārius ⟨a, um⟩ ADJ ||dodrans|| um drei Viertel ermäßigt; **tabulae dodrantariae** Schuldbücher, in denen drei Viertel der Schulden getilgt sind

dogma ⟨dogmatis⟩ N
1. PHIL Lehrsatz
2. verbindlicher Glaubenssatz *der katholischen Kirche*

Dolābella ⟨ae⟩ M Beiname in der röm. gens Cornelia, **P. Cornelius Dolabella** Schwiegersohn Ciceros

dolābra ⟨ae⟩ F ||dolare|| Brechaxt, Spitzhacke

dolāre ⟨ō, āvī, ātum 1.⟩
1. mit der Axt bearbeiten, zimmern
2. *fig* roh herausarbeiten
3. *poet* durchprügeln
4. *obszön* mit einer Frau schlafen

dolenter ADV ||dolere|| schmerzlich

dolēre ⟨eō, uī, itūrus 2.⟩
1. *körperlich* schmerzen, wehtun; **pes dolet** der Fuß schmerzt; **oculi mihi dolent** die Augen tun mir weh
2. *fig* schmerzen, betrüben; **dolet mihi, quod** es tut mir leid, dass
3. seelischen Schmerz empfinden, bedauern, *absolut od aliquid/re/de re/ex re* über etw, *quod* dass, +*AcI*; **tacui, cum dolerem** ich schwieg, während ich litt; **~ pro re** schmerzlich besorgt sein um etw; **numquam doliturus** unempfindlich

dōliāris ⟨dōliāre⟩ ADJ ||dolium|| *Plaut.* dick wie ein Fass

dōliolum ⟨ī⟩ N ||dolium|| (*vkl., nachkl.*) Fässchen

dolitūrus ⟨a, um⟩ PART *fut* → dolere

dōlium ⟨ī⟩ N ||dolare|| Fass, Weinfass *aus Holz od Ton zum Gären des Weins*; **in pertussum ingerimus dicta dolium** *Sprichwort* wir gießen Worte in das durchlöcherte (Danaiden-)Fass = wir reden umsonst

dolō ⟨dolōnis⟩ M
1. Dolch; *meton* Stachel *der Fliege*
2. Vordersegel *des Schiffes*

Dolōn ⟨Dolōnis, *akk* Dolōna⟩ M trojanischer Späher im Lager der Griechen, von Odysseus getötet

Dolopes ⟨Dolopum⟩ M die Doloper, *Volk in Thessalien*

Dolopia ⟨ae⟩ F Land der Doloper

dolor ⟨dolōris⟩ M ||dolere||
1. körperlicher Schmerz; **~ dentium** Zahnweh; **~ articulorum** Rheuma
2. seelischer Schmerz, Ärger, *alicuius rei/ex re* über etw; **alicui dolori esse** j-m Kummer machen
3. *meton* Gegenstand des Kummers
4. Äußerung des Ärgers
5. Qual, Kränkung
6. RHET wehmütiger Ton der Rede, *auch* leidenschaftlicher Vortrag

dolōrōsus ⟨a, um⟩ ADJ ||dolor||
1. schmerzhaft
2. schmerzensreich; **mater dolorosa** (*mlat.*) schmerzhafte Mutter Maria, *Bild in der chr. Frömmigkeit, vielfach künstlerisch u. musikalisch gestaltet*

dolōsus ⟨a, um, *adv* dolōsē⟩ ADJ ||dolus|| trügerisch, (arg)listig

dolus ⟨ī⟩ M
1. Betrug, Täuschung; **dolo/per dolum** hinterlistigerweise
2. *meton* Täuschungsmittel *wie Netze od Irrgänge*
3. JUR arglistige Täuschung, Betrug; **~ directus** (*nlat.*) Vorsatz; **~ eventualis** (*nlat.*) bedingter Vorsatz

domābilis ⟨domābile⟩ ADJ ||domare|| *poet* be-

zwingbar, überwindlich
domāre ⟨ō, uī, itum 1.⟩ ‖domus‖
① zähmen; *bes* abrichten; **beluas ~** wilde Tiere bändigen; **equos ~** Pferde zureiten
② *fig* überwältigen, bezwingen; **gentes ~** Völker bezwingen; **terram rastris ~** das Land urbar machen; **arborem ~** einen Baum veredeln; **uvas prelo ~** Trauben keltern; **carnem ~** Fleisch gar kochen; **ulmum vi flexam in burim ~** *Verg.* einen gewaltsam gebogenen Ulmenstamm zum Pflug formen

domestica ⟨ōrum⟩ N̄ ‖domesticus‖
① einheimische Erzeugnisse
② einheimische Beispiele

domesticātim ADV ‖domesticus‖ *Suet.* in Privathäusern

domesticus
Ⓐ ⟨a, um⟩ ADJ ‖domus‖
① Haus…, Familien…; **usus ~** familiärer Umgang; **difficultates domesticae** familiäre Schwierigkeiten; **homo ~** Mitglied der Familie, Freund der Familie; **tempus domesticum** im Haus verbrachte Zeit
② privat, persönlich; **res domesticae** Privatangelegenheiten
③ einheimisch, heimatlich; **bellum domesticum** Bürgerkrieg; **mos ~** heimische Sitte; **hostis ~** Feind im eigenen Lager; **crudelitas domestica** Grausamkeit gegen die Mitbürger; **Furiae domesticae** *Cic.* die Furien in der eigenen Brust, die Wut in der eigenen Brust
Ⓑ ⟨ī⟩ M̄ Familienmitglied, Freund der Familie; *pl* Familie, Dienstboten

domicella ⟨ae⟩ F̄ (*mlat.*) junges Mädchen; Jungfrau Maria

domicēnium ⟨ī⟩ N̄ ‖domus, cena‖ *Mart.* Mahlzeit zu Hause

domicilium ⟨ī⟩ N̄ ‖domo, colere‖ Wohnung, Wohnsitz; Haus
▶ deutsch: **Domizil**
  englisch: **domicile**
  französisch: **domicile**
  spanisch: **domicilio**
  italienisch: **domicilio**

domina ⟨ae⟩ F̄ ‖domus‖
① Herrin im Haus; Hausfrau
② Herrin, Gebieterin; **iustitia ~ virtutum** Gerechtigkeit, die Herrin der Tugenden
③ (*nachkl., spätl.*) Dame des kaiserlichen Hauses
④ *poet* Geliebte
⑤ **~ Urbs** Herrin der Welt, *Umschreibung für Rom*
▶ deutsch: **Dame**
  englisch: (**dame**)
  französisch: **dame**
  spanisch: **doña**
  italienisch: **donna**

domināns ⟨dominantis⟩
Ⓐ ADJ ‖dominari‖ herrschend
Ⓑ M̄ (*nachkl.*) Gebieter, Alleinherrscher

minārī ⟨or, ātus sum 1.⟩ ‖dominus‖
① herrschen; *auch pej* den Herrn spielen; *von Pflanzen* wuchern
② (*spätl.*) *passiv* beherrscht werden

dominātiō ⟨dominātiōnis⟩ F̄ ‖dominari‖
① Herrschaft, *alicuius* j-s *od* über j-n, *alicuius rei* einer Sache *od* über etw
② Alleinherrschaft, Gewaltherrschaft
③ PL *meton* die Herrscher, die Herren

dominātor ⟨dominātōris⟩ M̄ ‖dominari‖ Beherrscher

dominātrīx ⟨dominātrīcis⟩ F̄ ‖dominator‖ Beherrscherin

dominātus ⟨dominātūs⟩ M̄ ‖dominari‖
① = dominatio
② (*nachkl., spätl.*) Dominat, *absolutes röm. Kaisertum seit Diocletian;* ↔ **principatus**

dominica ⟨ae⟩ F̄ ‖dominicus‖ (*eccl.*) Tag des Herrn, Sonntag; **~ in palmis** Palmsonntag

dominicus ⟨a, um⟩ ADJ ‖dominus‖
① (*nachkl.*) herrschaftlich, kaiserlich
② (*eccl.*) des Herrn; **dies dominica** Sonntag; **cena dominica** Abendmahl; **oratio dominica** Vaterunser; **corpus dominicum** Hostie

dominium ⟨ī⟩ N̄ ‖dominus‖ (*nachkl.*)
① Eigentum, Eigentumsrecht
② Herrschaft, Gewalt
③ PL *meton* die Herrscher, die Gebieter
④ Gastmahl, Gelage

dominus
Ⓐ ⟨a, um⟩ ADJ ‖domus‖ herrschaftlich, des Herrn
Ⓑ ⟨ī⟩ M̄
① Hausherr, Herr; *pl* Herrschaft des Hauses
② *Plaut.* Sohn des Hauses
③ Eigentümer, Besitzer
④ Veranstalter *eines Schauspiels;* Gastgeber
⑤ Gebieter; Alleinherrscher; **~ vitae necisque** Herr über Leben und Tod
⑥ (*nachkl., spätl.*) *Titel* Herr; = Kaiser; **~ et deus** Herr und Gott
⑦ *fig* Geliebter, Gatte
⑧ (*eccl.*) Gott, *bes* Christus
⑨ (*mlat.*) Lehnsherr

domi-porta ⟨ae⟩ F̄ ‖domus, portare‖ *poet* Hausträgerin = Schnecke

domīre ⟨iō, -, ītum 4.⟩ ‖domi‖ *Plaut.* **domi domitus sum** ich habe zu Hause gehaust

domitāre ⟨ō, -, - 1.⟩ ‖domare‖ (*nachkl.*) *poet* bezähmen, bändigen

Domitiānus[1] ⟨ī⟩ M̄ *T. Flavius Domitianus, röm. Kaiser (81–96 n. Chr.), ermordet*

Domitiānus[2]

A ⟨a, um⟩ ADJ des Domitius
B ⟨ī⟩ M Soldat des Domitius, *bes des Domitius Calvinus, eines Legaten Caesars*

Domitius ⟨a, um⟩
A *Name einer pleb., seit Augustus durch Adoption ins julisch-claudische Haus patriz. gens mit den Familien der Ahenobarbi u. Calvini*
B ADJ des Domitius; **via Domitia** *vom Konsul des Jahres 122 v. Chr., Cn. Domitius Ahenobarbus, nach seinem Sieg über die Allobroger in Gallia Narbonensis entlang der Mittelmeerküste von Spanien bis zum heutigen Nizza erbaute Straße*

domitor ⟨domitōris⟩ M ||domare|| Bändiger, Bezwinger, Überwinder

domitrīx ⟨domitrīcis⟩ F ||domitor|| (*nachkl.*) *poet* Bändigerin, Überwinderin

domitus[1] ⟨a, um⟩ PPP → domare

domitus[2] *abl* ⟨domitū⟩ M ||domare|| Zähmung, Bändigung

domna ⟨ae⟩ F = **domina**

domnus ⟨ī⟩ M = **dominus**

domu-itiō ⟨domuitiōnis⟩ F ||domus, itio|| *poet* Heimkehr

domus ⟨domūs⟩ F
1 Haus *als Wohnung u. Sitz der Familie*, Wohnung; ~ **regia** Königspalast; **domo alicuius uti** bei j-m Wohnung nehmen, sich bei j-m einmieten
2 Behausung *von Tieren*, Nest; ~ **cornea** Schale der Schildkröte
3 *meton* Hausgemeinschaft, Familie; *bes* Philosophenschule; **mea tota ~ te salutat** mein ganzes Haus grüßt dich; ~ **Socratica** die Sokratische Schule

▶ Domitianus

T. Flavius Domitianus (51–96 n. Chr.), Sohn des **Vespasianus**, folgte seinem Bruder **Titus** 81 n. Chr. auf dem römischen Kaiserthron. Er vertrat einen bis dahin im Römischen Reich nicht da gewesenen absolutistischen Machtanspruch und setzte folgende Anrede durch:

dominus et deus
Herr und Gott

Dennoch war Domitian ein umsichtiger Verwalter des Reiches. Er bekämpfte die Daker, die Chatten und die Sarmaten und sicherte die Grenzen. Trotz seiner erfolgreichen Regierung brachte ihm sein autokratischer Regierungsstil, der sich auf Angst und Denunziation stützte, zahlreiche Gegner ein. 96 n. Chr. wurde er ermordet. Mit ihm endete die erste Dynastie der Flavier.

GESCHICHTE ◀

4 Haushalt, Hauswesen
5 Heimat
6 *adv* Wendungen: **domum/domos** nach Hause, in die Heimat; **omnes domos suas discedunt** alle begeben sich nach Hause; **aliquem domum abducere** j-n auf seine Seite ziehen; **domo** von zu Hause, aus der Heimat; **domi/domui** zu Hause, daheim, in der Heimat; **meae domi** bei mir zu Hause; **domi Caesaris** im Hause Caesars; **domi bellique/domi belloque** in Frieden und Krieg

▶ deutsch: **Dom**
  englisch: **dome**
  französisch: **dôme**
  italienisch: **duomo**

domūsiō ⟨domūsiōnis⟩ F ||domus, uti|| Hausgebrauch

dōnābilis ⟨dōnābile⟩ ADJ ||donare|| *Plaut.* beschenkenswert

dōnāre ⟨ō, āvī, ātum 1.⟩ ||donum||
1 schenken, verschenken, *alicui aliquid* j-m etw; **praedam militibus ~** den Soldaten die Beute schenken; **deis ~** den Göttern opfern
2 verleihen, überlassen, *aliquid etw, +inf*; **alicui immortalitatem ~** j-m Unsterblichkeit verleihen
3 *j-m* zuliebe *etw* aufgeben, opfern, *alicui aliquid*; **inimicitias rei publicae ~** dem Vaterland zuliebe die persönlichen Feindschaften aufgeben
4 *eine Schuld* erlassen; **alicui aes alienum ~** j-m die Schulden erlassen; **alicui causam ~** j-m den Prozess erlassen
5 j-n j-m zuliebe begnadigen, *aliquem alicui*; **patrem filio ~** den Vater dem Sohn zuliebe begnadigen
6 beschenken, *aliquem re* j-n mit etw; **non donatus** unbeschenkt
7 (*mlat.*) geben; verzeihen

dōnārium ⟨ī⟩ N ||donum|| (*nachkl.*)
1 Weihegeschenk
2 Opferaltar, Tempel

dōnātiō ⟨dōnātiōnis⟩ F ||donare|| Schenkung, Gabe

dōnātīvum ⟨ī⟩ N ||donare|| Geldgeschenk *des Kaisers an die Soldaten*

dōnātor ⟨dōnātōris⟩ M ||donare|| (*nachkl.*) Schenker, Stifter

Dōnātus ⟨ī⟩ M *Aelius Donatus, lat. Grammatiker um 350 n. Chr., Lehrer des Hieronymus, Verfasser einer lat. Grammatik, die während des ganzen MA verwendet wurde*

dōnec, **dōnicum** (*vkl., nachkl.*), **dōnique** *Lucr.* KONJ
1 *+ind* solange als; **donec eris felix, multos numerabis amicos** solange du glücklich bist,

domus – Atriumhaus

1 compluvium – Dachöffnung
2 hortus – Garten, Gemüsegarten
3 taberna – Werkstatt

---

wirst du viele Freunde haben
2 +ind u. konjkt so lange bis, bis endlich
dōnum ⟨ī⟩ N ‖dare‖
1 Gabe, Geschenk; **alicui donum dare** j-m ein Geschenk geben; **alicui aliquid dono dare** j-m etw zum Geschenk machen
2 Weihegeschenk, Opfergabe
Donūsa ⟨ae⟩ F *Insel in der Ägäis, ö. von Naxos, in der Kaiserzeit Verbannungsort, heute Denoússa*
dorcas ⟨dorcadis⟩ F *poet* Reh, Gazelle; *Kosename für ein Mädchen* Rehlein
Dōrēs ⟨Dōrum⟩ M die Dorer, *ein Hauptstamm der Griechen*
Dōricus ⟨a, um⟩ ADJ dorisch; *poet auch* = griechisch; ernst; **aedes Dorica** Haus im dorischen Stil
Dōriēnsēs ⟨Dōriēnsium⟩ M die Dorer
Dōris¹ ⟨Dōridis⟩ ADJ dorisch; *poet auch* = griechisch; ernst
Dōris² ⟨Dōridis u. Dōridos⟩ F *Tochter des Okeanos (Oceanus) u. der Thetis, Gattin des Nereus, Mutter der 50 Nereiden; meton* Meer
Dōrius ⟨a, um⟩ ADJ ‖Dores‖ dorisch; *poet auch* = griechisch; ernst
dormīre ⟨iō, īvī, ītum 4.⟩
1 schlafen; **dormitum (ab)ire/se conferre** schlafen gehen; **non omnibus dormio** ich übe nicht gegen alle die gleiche Nachsicht
2 *fig* untätig sein, unbekümmert sein
dormītāre ⟨ō, āvī, - 1.⟩ ‖dormire‖
1 schläfrig sein, einschlafen wollen
2 *fig* schlafen = gedankenlos sein, sich gehen lassen
3 *Ov. fig* dem Erlöschen nahe sein; **dormitante lucernā** beim Erlöschen der Lampe
dormītātor ⟨dormītatōris⟩ M ‖dormitare‖ *Plaut.* Träumer
dormītor ⟨dormītōris⟩ M ‖dormire‖ *Mart.* Schläfer
dormītōrium ⟨ī⟩ N ‖dormitorius‖ Schlafzimmer; *(mlat.)* Schlafraum der Mönche
dormītōrius ⟨a, um⟩ ADJ ‖dormitor‖ Schlaf...
dorsum ⟨ī⟩ N, **dorsus** ⟨ī⟩ M
1 Rücken *der Lasttiere, selten des Menschen*
2 *meton* alles Rückenähnliche, flach Erhöhte; *beim Pflug* Rücken des Scharbaums; Bergrücken;

(nachkl.) poet Riff; **~ vadi** Sandbank; **~ saxeum** Steindamm

doryphoros, doryphorus ⟨ī⟩ M̄
1 Speerträger
2 (nachkl.) Leibwächter; pl Leibwache *der persischen Könige*
3 *Statue griech. Künstler, bes die des Polyklet mit mustergültiger Darstellung von Stand- u. Spielbein*

dōs ⟨dōtis⟩ F̄ ||dare||
1 Mitgift, Aussteuer
2 fig Gabe; *auch* Begabung, Talent, **ingenii** des Geistes

dosis ⟨dosis⟩ F̄ (nlat.) Menge der Arzneigabe

Dossennus ⟨ī⟩ M̄ *Hor., Sen. burleske antike Figur, bucklig-pfiffiger u. gefräßiger Typ der Komödie*

dōtālis ⟨dōtāle⟩ ADJ ||dos|| Mitgift..., als Mitgift; **agri dotales** die als Mitgift gegebenen Felder

dōtāre ⟨ō, āvī, ātum 1.⟩ ||dos|| (nachkl.) poet eine Aussteuer geben, **filiam** der Tochter

dotātus ⟨a, um⟩ ADJ ||dotare|| reichlich ausgestattet, reich; **dotatissimā formā** fig von vollendeter Schönheit

drachma ⟨ae⟩ F̄ Drachme, *griech. Silbermünze, im Wert dem röm. Denar vergleichbar*

drach(u)missāre ⟨ō, -, - 1.⟩ ||drachma|| *Plaut.* für eine Drachme arbeiten

dracō ⟨dracōnis⟩ M̄
1 Schlange, Drache
2 Drache *als Gestirn*
▶ deutsch: **Drache**
  englisch: **dragon**
  französisch: **dragon**
  spanisch: **dragón**
  italienisch: **drago**

Dracō ⟨Dracōnis⟩ M̄ *athenischer Aristokrat, der 621 v. Chr. das Strafrecht verschärfte u. schriftl. festlegte*

dracōni-gena ⟨ae⟩ ADJ M u. F ||draco, gignere|| schlangengeboren, drachengeboren; **~ urbs** die drachengeborene Stadt, = Theben, *weil von den Männern erbaut, die aus den von Kadmos gesäten Drachenzähnen entstanden waren*

drāma ⟨drāmatis⟩ N̄ (spätl.) Schauspiel, Drama

Drancae, Drangae ⟨ārum⟩ M̄ *Volk im altpersischen Reich mit der von Alexander dem Großen eroberten Hauptstadt Prophthasia im heutigen Afghanistan*

drāpeta ⟨ae⟩ M̄ *Plaut.* entlaufener Sklave

draucus ⟨ī⟩ M̄ *Mart.* Lustknabe

Dravus ⟨ī⟩ M̄ Fluss in Pannonien, heute Drau

Drepana ⟨ōrum⟩ N̄ = **Drepanum**

Drepanitānus
A ⟨a, um⟩ ADJ aus Drepanum, von Drepanum
B ⟨ī⟩ M̄ Einwohner von Drepanum

Drepanum ⟨ī⟩ N̄ Stadt an der Westküste Siziliens, heute Trapani

drindriāre ⟨ō, -, - 1.⟩ (spätl.) *vom Wiesel* fiepen

dromas ⟨dromadis⟩ M̄ (nachkl.) Dromedar

Dromos ⟨ī⟩ M̄ Ebene um Sparta, *wo die Jugend den Lauf trainierte*

drōpax ⟨drōpacis⟩ M̄ Pechpflaster, Enthaarungsmittel

Druentia ⟨ae⟩ F̄ Nebenfluss der Rhône, heute Durance

Druidae ⟨ārum⟩ M̄, **Druidēs** ⟨Druidum⟩ M̄ die Druiden, *kelt. Priester*

Drūsiānus ⟨a, um⟩ ADJ des Drusus; **fossa Drusiana** Kanal des Drusus *zwischen Rhein u. Yssel*; → **Drusus** 3

Drūsilla ⟨ae⟩ F̄ Frauenname in der Familie der Drusi; → **Drusus**

Drūsus ⟨ī⟩ M̄ Beiname in der gens Livia u. gens Claudia; → **Livius** u. → **Claudius**
1 **M. Livius ~** Gegner des C. Gracchus
2 **M. Livius ~** Sohn von 1., Volkstribun 91 v. Chr.
3 **Claudius Nero ~** meist nur Drusus genannt, Stiefsohn des Augustus, Statthalter in Germanien, gest. 9 v. Chr.

Dryas ⟨Dryadis⟩ F̄ *meist* PL Baumnymphe

Dryopes ⟨Dryopum⟩ M̄ *Stamm, urspr. in Thessalien, dann in der Peloponnes*

duālis ⟨duāle⟩ ADJ ||duo|| (nachkl.) zwei enthaltend

dubia ⟨ōrum⟩ N̄ ||dubius|| gefährliche Lage, missliche Lage

dubietās ⟨dubietātis⟩ F̄ (spätl.) = **dubitatio**

Dūbis ⟨Dūbis⟩ M̄ Nebenfluss des Arar (Saône), heute Doubs

dubitābilis ⟨dubitābile⟩ ADJ ||dubitare|| (Ov., spätl.) zweifelhaft

dubitanter ADV ||dubitans ||dubitare||
1 zweifelhaft
2 zaudernd, mit Bedenken

dubitāre ⟨ō, āvī, ātum 1.⟩ ||dubius||
1 an etw zweifeln, etw bezweifeln, *absolut od de re, +akk, meist nur Neutra;* **de hac re dubitatur** daran zweifelt man; **id ~** das bezweifeln; **non ~, quin** nicht daran zweifeln, dass
2 erwägen, überlegen
3 Bedenken tragen, zögern, *absolut od +inf*

dubitātiō ⟨dubitātiōnis⟩ F̄ ||dubitare||
1 Zweifel, Ungewissheit, *alicuius alicuius rei* j-s an etw, j-s in etw; **~ est** *+indir Fragesatz* es besteht Zweifel, ob; **dubitationem habere** bezweifelt werden (können); **dubitationem afferre** Zweifel verursachen
2 Unschlüssigkeit, Bedenken, *alicuius rei* hinsichtlich einer Sache, wegen etw

dubium ⟨ī⟩ N̄ ||dubius|| Zweifel, Gefahr; **sine dubio** ohne (jeden) Zweifel; **in dubio esse** zweifelhaft sein, auf dem Spiel stehen; **in dubium venire** zweifelhaft werden; **in dubium**

vocare aliquid etw bezweifeln, etw aufs Spiel setzen; **in dubio ponere aliquid** etw bezweifeln; **in dubium venit de re** man bekommt Bedenken in Bezug auf etw
🛈 **In dubio pro reo** Im Zweifel für den Angeklagten entscheiden. *Rechtsgrundsatz*

dubius ⟨a, um, *adv* dubiē⟩ ADJ ||duo||
1 schwankend *im Entschluss od in der Überzeugung*, ungewiss, unschlüssig; **aliquem/alicuius animum dubium facere** j-n ins Wanken bringen; **vitae ~** am Leben (ver)zweifelnd; **~ inter spem metumque** zwischen Hoffnung und Angst schwankend; **~ esse** zweifeln, schwanken
2 zweifelhaft, unentschieden; **eventus ~** ungewisser Erfolg; **caelum dubium** trüber Himmel; **lux dubia** Zwielicht; **cena dubia** reiches Mahl, *bei dem man nicht weiß, was man zuerst essen soll;* **haud/non ~** nicht zweifelhaft = ganz sicher
3 bedenklich, gefährlich; **res dubiae** missliche Lage; **mons ascensu ~** Berg mit gefährlichem Anstieg

ducālis ⟨ducāle⟩ ADJ ||dux|| Feldherrn...

ducātus ⟨ducātūs⟩ M ||dux|| (*nachkl.*) Feldherrnwürde, Kommando

ducēnārius ⟨a, um⟩ ADJ ||duceni|| zweihundert enthaltend; **procurator ~** Verwaltungsbeamter mit einem Gehalt von 200 000 Sesterzen

ducēnī ⟨ae, a⟩ NUM *distr* je zweihundert, (*spätl.*) *poet* zweihundert (auf einmal)

ducentēsima ⟨ae⟩ F ||ducenti|| (*erg.* **pars**) Abgabe von 1/200, Steuer von 1/2 %

ducentēsimus ⟨a, um⟩ NUM *ord* ||ducenti|| der zweihundertste

du-centī ⟨ae, a⟩ NUM *card* ||duo, centum|| zweihundert; *fig* unzählige

ducentiē(n)s NUM ADV ||ducenti|| zweihundertmal; *Catul.* „tausendmal"

dūcere ⟨dūcō, dūxī, ductum 3.⟩

1 ziehen, hinter sich herziehen
2 herausziehen
3 einziehen, einatmen
4 an sich ziehen, anziehen
5 verziehen, verzerren
6 bilden, formen
7 in die Länge ziehen, hinziehen
8 führen
9 wegführen, hinführen
10 leiten
11 abführen
12 aufführen
13 führen
14 herbeiführen
15 ableiten, herleiten
16 mit sich führen, mitbringen
17 verführen, verleiten
18 an der Nase herumführen, irreführen
19 berechnen, schätzen
20 hinzurechnen
21 Rücksicht nehmen
22 meinen, glauben

1 ziehen, hinter sich herziehen, (*klass.*) selten, **carros** Lastwagen; *passiv* gezogen werden, fahren
2 herausziehen, **sortem** ein Los aus der Urne; **ferrum vaginā** das Schwert aus der Scheide; **fletum ~** *fig* schluchzen; **verba ~** Worte herausstoßen
3 einziehen, einatmen; **aëra spiritu ~** Lüfte mit dem Atem einziehen; **nectaris sucos ~** die Säfte des Nektars schlürfen
4 an sich ziehen; *fig* annehmen; **arcum ~** den Bogen spannen; **ubera ~** an den Eutern saugen, melken; **remos ~** rudern; **frena manu ~** zügeln, bremsen; **colorem ~** Farbe bekommen; **pallorem ~** erblassen; **animos ~** die Aufmerksamkeit fesseln
5 verziehen, verzerren, **vultum** das Gesicht
6 bilden, gestalten; **lineam ~** eine Linie ziehen; **litteras in pulvere ~** Buchstaben in den Staub schreiben; **orbem ~** einen Kreis ziehen; **alicui alapam ~** *fig* j-m eine Ohrfeige geben; **filum ~** einen Faden spinnen; **vivos ~ de marmore vultūs** lebendige Gesichter aus dem Marmor formen; **murum ~** eine Mauer ziehen; **viam ~** einen Weg ziehen
7 *fig* in die Länge ziehen, verschleppen; **bellum ~** einen Krieg in die Länge ziehen; **vitam longius ~** das Leben verlängern; **res longius ducitur** die Sache zieht sich länger hin
8 führen, **puerum** einen Knaben, **equum** ein Pferd am Zügel
9 wegführen; *eine Frau* heiraten; **aliquem secum hinc domum ~** j-n mit sich von hier nach Hause führen; **venatum ~ invitatos canes** unwillige Hunde zum Jagen führen; **virginem uxorem/in matrimonium ~** ein Mädchen heiraten; **se ~** sich fortschleichen, sich drücken
10 *wohin* leiten; **aquam ex montibus in agros ~** Wasser aus den Bergen auf die Felder leiten
11 abführen; **aliquem in carcerem ~** j-n ins Gefängnis abführen
12 aufführen; **alicui pompam ~** für j-n einen Festzug aufführen
13 *von Leblosem wohin* führen; **iter in urbem ducit** der Weg führt in die Stadt
14 herbeiführen; *fig* verursachen

15 *fig* ableiten, herleiten, *aliquid a re/re/ex re* etw von etw; **genus ab aliquo ~** das Geschlecht von j-m herleiten

16 mit sich führen; MIL anführen; *vom Feldherrn* ziehen; **aliquem comitem ~** j-n als Begleiter mitnehmen; **exercitum in fines Suessionum ~** MIL das Heer in das Gebiet der Suessionen marschieren lassen; **contra hostem ~** gegen den Feind ziehen; **agmen ~** den Vortrab bilden

17 *fig* verführen; veranlassen; **quo quemque ducebat voluntas** wohin jeden der eigene Wille trieb; **gloriā duci** sich vom Ehrgeiz leiten lassen

18 an der Nase herumführen, irreführen

19 berechnen, schätzen; **aliquid parvi ~** etw gering schätzen; **oratores in ratione non ~** die Redner nicht mitrechnen

20 hinzurechnen; **aliquem in hostes ~** j-n zu seinen Feinden zählen

21 **rationem ~** auf *j-n/etw* Rücksicht nehmen, *etw* ins Auge fassen, *alicuius/alicuius rei*; **rationem officii ~** Rücksicht auf das Amt nehmen; **suam rationem ~** an den eigenen Vorteil denken

22 meinen, glauben; für *etw* halten, *+dopp. akk*; *passiv* gelten für *etw*; **aliquem victorem ~** j-n für den Sieger halten; **aliquid pro nihilo ~** etw für nichts achten; **se regem esse ducebat** er hielt sich für den König; **aliquid turpe ~** etw für schändlich halten; **aliquid alicui laudi ~** etw j-m zum Lob anrechnen; **aliquid despectui ~** etw für verachtenswert halten; **aliquid pluris ~** etw höher achten; **miles poenā dignus ducitur** der Soldat wird einer Bestrafung für würdig erachtet; **aliquid continentis ducit** etw gilt als Genügsamkeit

ducissa ⟨ae⟩ F (*mlat.*) Herzogin

ductāre ⟨ō, āvī, ātum 1.⟩ ||ducere|| (*vkl., nachkl.*)
1 mit sich führen; **equites in exercitu** Reiter in seinem Heer haben
2 **restim ~ = cordacem ducere** einen Kordax tanzen
3 eine Konkubine heimführen
4 MIL marschieren lassen
5 *Sall.* anführen, befehligen
6 *fig* anführen, in die Irre führen

ductilis ⟨ductile⟩ ADJ ||ducere|| *Mart.* künstlich geleitet; **ductile flumen aquae** künstlicher Wasserlauf = Aquädukt; Kanal

ductim ADV ||ducere|| *Plaut.* in vollen Zügen

ductitāre ⟨ō, āvī, ātum 1.⟩ ||ductare||
1 heimführen, heiraten
2 *fig* anführen, betrügen

ductor ⟨ductōris⟩ M ||ducere||
1 (*nachkl.*) *poet* Führer; **~ itineris** Wegführer
2 MIL Anführerr; *poet auch* Fürst

ductus¹ ⟨a, um⟩ PPP → ducere
ductus² ⟨ūs⟩ M ||ducere||
1 Ziehen, Aufführen, **muri** einer Mauer
2 Richtung, Zug; **~ oris** Gesichtszüge; **ductūs litterarum** Schriftzüge
3 innerer Zusammenhang *eines Theaterstücks*
4 MIL Führung, Kommando
5 (*nlat.*) MED Ausführungsgang *einer Drüse*

dū-dum ADV
1 seit längerer Zeit, längst; **iam ~** schon längst; *poet auch* sofort
2 vor einer Weile, neulich; **iam ~** jetzt eben

Duēlius ⟨a, um⟩ = Duilius
duellātor ⟨duellātōris⟩ M (*altl.*) = bellator
duellicus ⟨a, um⟩ ADJ (*altl.*) = bellicus
Duellius ⟨a, um⟩ = Duilius
duellum ⟨ī⟩ N
1 *poet u. in Gesetzesformeln* = **bellum**
2 (*mlat.*) Zweikampf, Duell

Duīl(l)ius ⟨a, um⟩ Name einer pleb. gens; **C. ~** Konsul 260 v. Chr., bei Mylae Sieger über Karthago

duim, duis, duit, duint (*altl.*) konjkt präs von **dare**

dulce ⟨dulcis⟩ N ||dulcis|| Süßigkeit; *pl* Süßigkeiten

dulcēdō ⟨dulcēdinis⟩ F ||dulcis||
1 (*nachkl.*) *poet* Süße, Süßigkeit
2 *fig* Reiz, Zauber; *meton* Lust

dulcēscere ⟨ēscō, -, - 3.⟩ ||dulcis|| süß werden; **uva dulcescit** die Traube wird süß

dulciārius ⟨a, um⟩ ADJ ||dulcis|| Kuchen..., Zucker...; **pistor ~** Zuckerbäcker, Konditor

dulciculus ⟨a, um⟩ ADJ ||dulcis|| süßlich, lieblich; **caseus ~** „süßes Käschen", *hum* Kosewort

dulci-fer ⟨dulcifera, dulciferum⟩ ADJ ||dulcis, ferre|| (*vkl.*) süß

dulcis ⟨dulce, *adv* dulce *u.* dulciter⟩ ADJ
1 vom Geschmack süß; **aqua ~** Süßwasser
2 *fig* von Personen u. Sachen angenehm, anziehend; **dulce auditu** angenehm zu hören
3 *fig* lieb, liebenswürdig

dulcitūdō ⟨dulcitūdinis⟩ F ||dulcis|| Süßigkeit

Dulgubniī ⟨ōrum⟩ M *germ.* Stamm um das heutige Paderborn u. Bad Pyrmont

dūlicē ADV *Plaut.* wie ein frecher Sklave
Dūlichia ⟨ae⟩ F, **Dūlichium** ⟨ī⟩ N Insel sö. von Ithaka

Dūlichius ⟨a, um⟩ ADJ von Dulichia, *auch* des Odysseus

dum
A ADV *nachgestellt*
1 noch; **nondum** noch nicht; **nullusdum** noch keiner; **vixdum** kaum noch; **nihildum** noch nichts; **neque dum satis** und noch nicht genug; **nedum** geschweige denn
2 nach *imp* doch; **agedum/agitedum** los doch;

adesdum bleib doch; **dicdum** sag doch
3 unterdessen; **ne dum** damit nicht unterdessen

B KONJ

1 *zeitl.* während, *+ind präs*; **dum haec geruntur** während dies geschieht

2 solange als, *+ind aller Tempora*; **dum spiro, spero** solange ich atme, hoffe ich; **haec faciebam, dum licebat** dies tat ich, solange es erlaubt war; **dum civitas erit, leges fient** solange es einen Staat geben wird, wird es Gesetze geben

3 *zeitl.* so lange bis, bis, *+ind/bei finalem Nebensinn +konjkt*; **exspectabat, dum defluat amnis** er wartete so lange, bis der Strom abfließen sollte

4 *in bedingten Wunschsätzen* wenn nur, wenn bloß, *+konjkt*; **oderint, dum metuant** mögen sie (mich) hassen, wenn sie (mich) nur fürchten; **dumne/dum … ne** wenn nur nicht; **dummodo ne** wenn nur ja nicht

5 *(mlat.)* weil ja, während doch, *+konjkt*

dūmētum ⟨ī⟩ N̄ ||dumus|| Dickicht, Gestrüpp, *auch fig*; **Stoicorum dumeta** *fig* die abstrusen Lehren der Stoiker

dum-modō KONJ ||verstärktes dum|| wenn nur, wenn bloß, *+konjkt*; **~ ne** wenn nur nicht

Dumnorīx ⟨Dumnorīgis⟩ M̄ *Bruder u. Gegner des Römerfreundes Diviciacus, Feind Caesars*

dūmōsus ⟨a, um⟩ ADJ ||dumus|| *poet* mit Gestrüpp bewachsen

dum-taxat ADV ||taxare||

1 genau genommen, recht betrachtet

2 höchstens, lediglich; **potestatem habere annuam ~** eine höchstens einjährige Macht haben; **non ~ … sed etiam** nicht nur … sondern auch

3 wenigstens, mindestens, wenn auch nur; **sint ista pulcheriora, ~ aspectu** diese da mögen hübscher sein, wenigstens dem Ansehen nach

4 *(nachkl.) poet* natürlich

dūmus ⟨ī⟩ M̄ Gestrüpp, Gebüsch, *oft pl*

duo ⟨ae, o⟩ NUM CARD zwei, beide, *auch* = **ambo** *u.* = **uterque**

duo-deciē(n)s NUM ADV ||duodecim|| zwölfmal

duo-decim *indekl* NUM CARD zwölf

▶ deutsch: **Dutzend**
  englisch: **dozen**
  französisch: **douzaine**
  spanisch: **docena**
  italienisch: **dozzina**

duo-decimus ⟨a, um⟩ NUM ORD ||duodecim|| der zwölfte

duo-dēnī ⟨ae, a⟩ NUM DISTR ||duodecim||

1 je zwölf

2 *poet* zwölf zusammen, zwölf auf einmal

duo-et-vīcēsimānī ⟨ōrum⟩ M̄ *Tac.* Soldaten der 22. Legion

duo-virī ⟨ōrum⟩ M̄ = **duumviri**

dupla ⟨ae⟩ F̄ ||duplus|| *(erg.* **pecunia**) doppelter Preis

du-plex

A ⟨duplicis⟩ ADJ, ADV ⟨dupliciter⟩

1 doppelt, doppelt gefaltet

2 zweifach vorhanden, geteilt; **ficus ~** gespaltene Feige; **ius ~** Brühe aus mehreren Bestandteilen

3 *poet* beide, *im pl u. sg*; **duplices palmae** beide Hände; **duplices proles** beide Söhne; **Latonae ~ genus** beide Kinder der Latona

4 doppelt so groß, doppelt so viel; **stipendium ~** doppelter Sold; **frumentum ~** doppelte Ration

5 *fig* zweideutig, falsch

B ⟨duplicis⟩ N̄ Doppeltes

duplicāre ⟨ō, āvī, ātum 1.⟩ ||duplex||

1 zusammenfalten, krümmen; **duplicat virum hasta dolore** *Verg.* die Lanze lässt den Mann vor Schmerz sich krümmen

2 verdoppeln, **numerum patrum** die Zahl der Senatoren, **legionibus stipendium** den Legionen den Sold

3 RHET *ein Wort* unmittelbar wiederholen; *ein Wort* durch Zusammensetzung bilden

4 *fig* vergrößern, vermehren; **imperium Romanum ~** das Römische Reich vergrößern; **gloriam ~** den Ruhm mehren

duplicārius

A ⟨a, um⟩ ADJ ||duplex|| *(vkl., nachkl.)* doppelten Sold und doppelte Ration erhaltend

B ⟨ī⟩ M̄ *(vkl., nachkl.)* Gefreiter

duplicātiō ⟨duplicātiōnis⟩ F̄ ||duplicare|| Verdoppelung

dupliō ⟨dupliōnis⟩ F̄ ||duplus|| *(nachkl., spätl.)* das Doppelte, doppelter Ersatz *als Strafe*

duplum ⟨ī⟩ N̄ ||duplus|| Doppeltes; **poenam duplī subīre** doppelte Strafe auf sich nehmen

du-plus ⟨a, um⟩ ADJ ||duo|| zweifach, doppelt so groß

dupondiārius ⟨a, um⟩ ADJ ||dupondius|| *Petr.* zwei As wert

du-pondius ⟨ī⟩ M̄ ||duo, pondus|| Zweiasmünze

dūra ⟨ōrum⟩ N̄ ||durus|| bedrängte Lage, Not

dūrābilis ⟨dūrābile⟩ ADJ ||durare|| dauerhaft, dauernd haltbar

dūracinus ⟨a, um⟩ ADJ ||durus, acinus|| *(vkl., nachkl.)* hartschalig

dūrāmen ⟨dūrāminis⟩ N̄ ||durare|| *(nachkl.) poet* Verhärtung

dūrāmentum ⟨ī⟩ N̄ ||durare|| *(nachkl.)* Dauerhaftigkeit

dūrāre ⟨ō, āvī, ātum 1.⟩ ||durus||

A *vt*

1 härten, hart machen, **hastas igne** die Lanzenspitzen im Feuer; **lac ~** Milch zum Gerinnen bringen; **pelle cortice ~** ein Fell gerben

2 trocknen, dörren; **pisces sole ~** Fische in der Sonne dörren

3 *fig* abhärten; *pej* unempfindlich machen; **exercitum ~** das Heer an Strapazen gewöhnen; **se ~ labore** sich durch Anstrengung abhärten

4 aushalten, ertragen, **laborem** harte Arbeit

B *vi*

1 hart werden, sich verhärten, *ad aliquid/contra aliquid* gegen etw

2 trocken werden, austrocknen; **durat solum** der Boden trocknet aus

3 ausdauern; **~ nequeo in his aedibus** ich kann es in diesem Haus nicht aushalten; **vinum durat per annos** der Wein hält sich über Jahre

4 andauern, bleiben; **bellum durat** der Krieg dauert an

dūrateus ⟨a, um⟩ *ADJ Lucr.* hölzern

dūrēscere ⟨dūrēscō, dūruī, - 3.⟩ ||durus|| hart werden; *Quint.* fig verknöchern, *re* durch etw; **frigore ~** gefrieren; **situ ~** durch Brachliegen neue Kraft bekommen

dureta ⟨ae⟩ F *Suet.* Sitzbadewanne aus Holz

dūritās ⟨dūritātis⟩ F ||durus|| Härte, Unfreundlichkeit

dūriter *ADV* → durus

dūritia ⟨ae⟩ F, **dūritiēs** ⟨dūritiēī⟩ F ||durus||

1 *poet* Härte, **ferri** des Eisens

2 *fig* Abhärtung, strenge Lebensweise

3 Hartherzigkeit, Strenge

4 (*nachkl.*) Druck, Beschwerden; **~ legum** Last der Gesetze

dūriusculus ⟨a, um⟩ *ADJ* ||durus|| *Plin.* ein wenig hart, etwas steif

Dūrocortorum ⟨ī⟩ N Hauptstadt der Remer, später Remi, heute Reims

Durrachium ⟨ī⟩ N = Dyrr(h)achium

dūruī → durescere

dūrus ⟨a, um, *adv* dūrē *u.* dūriter⟩ *ADJ*

1 hart

2 hart, herb

3 rau, schwerfällig

4 unschön, steif

5 roh, ungebildet

6 körperlich abgehärtet, hart

7 unempfindlich, gefühllos

8 rau, unfreundlich

9 beschwerlich, mühsam

1 hart; **ferrum durum** hartes Eisen; **ovum durum** hart gekochtes Ei; **collis ~** steiniger Hügel

2 *fig für Sinne u. Gefühle* hart, herb; hart klingend

3 rau, schwerfällig; **compositio dura** schwerfällige Wortstellung

4 unschön, steif; **signa dura** plumpe Statuen

5 *fig* roh, ungebildet, **poeta ~ et rusticus** roher und ungebildeter Dichter; **dure dicere** vulgär sprechen; **vultu duro** mit unverschämter Miene

6 körperlich abgehärtet, ausdauernd; **durum a stirpe genus** ein von Haus aus hartes Geschlecht

7 *pej* unempfindlich, hartherzig; **iudex ~** gnadenloser Richter; **imperium durum** schonungslose Herrschaft; **pater ~** knausriger Vater

8 *von Klima u. Wetter* rau, unfreundlich; **hiems dura** strenger Winter

9 *von Zuständen u. Verhältnissen* beschwerlich, mühsam; **servitus dura** drückende Knechtschaft; **cura dura** drückende Sorge; **plaga dura cultu** eine nur schwer zu behandelnde Wunde; **durum est** *+inf* es ist ein schweres Stück Arbeit zu ...; **tempora rei publicae dura** für den Staat gefährliche Zeiten

duumvirātus ⟨ūs⟩ M ||duumviri|| (*nachkl.*) Duumvirat, Zweimänner-Herrschaft

duumvirī ⟨ōrum⟩ M ||duo, vir||

1 Duumvirn, Kommission von zwei Männern; *in Rom:* **~ perduellionis** zwei Untersuchungsrichter bei Hochverrat; **~ navales** *Liv.* Zweimannbehörde zur Überwachung der Flottenausrüstung; **~ aedi faciendae** Zweimannbehörde für den Tempelbau; **~ sacrorum/sacris faciundis** Zweimannbehörde zur Aufsicht über die Sibyllinischen Bücher, bestand seit 367 v. Chr aus zehn, seit Sulla aus 15 Männern; → decemviri *u.* quindecimviri

2 in den Munizipien u. Kolonien: **~ (iuri dicundo)** oberste Behörde, Bürgermeister

dux ⟨ducis⟩ M *u.* F ||ducere||

1 Führer, Führerin, Leiter, Leiterin *von Menschen u. Tieren;* **dux gregis** Hirte, Leittier

2 **dux viae** Wegweiser

3 Wagenlenker

4 *fig* Anführer, Leiter; **aliquo duce** unter j-s Führung; **dis ducibus** unter der Führung der Götter; **naturā duce** unter Führung der Natur

5 MIL Anführer, Feldherr, Befehlshaber; POL Haupt, Vorstand *einer Partei*

6 *poet* Herrscher, Fürst, Kaiser

7 (*mlat.*) Graf, Herzog; *pl* die Großen des Rei-

ches
dūxī → ducere
Dymās ⟨Dymantis, *akk* Dymantida⟩ M̄ Vater der Hekabe (*Hecuba*)
Dȳmē ⟨Dȳmēs⟩ F̄ *alte Stadt im NW Achaias, beim heutigen Kato-Achaia*
dynamis ⟨dynamis, *akk* dynamin⟩ F̄ *Plaut.* Menge
dynastēs ⟨dynastae⟩ M̄ Machthaber, Herrscher, Vasallenfürst; *pl* einflussreiche Männer
Dyrr(h)achīnus
A ⟨a, um⟩ ADJ aus Dyrrhachium, von Dyrrhachium
B ⟨ī⟩ M̄ Einwohner von Dyrrhachium
Dyrr(h)achium ⟨ī⟩ N̄ *Küstenstadt in Illyrien, früher Epidamnus, im Gebiet des heutigen Albanien, heute Durres*

ē¹ ex

A Präfix

1. aus-, heraus-
2. empor-, er-
3. völlig, ganz
4. sehr, ziemlich
5. ent-, ver-
6. ehemalig, Ex-

B Präposition

1. aus, aus … heraus
2. von, aus
3. von, aus
4. von … an, seit
5. unmittelbar nach, sogleich nach
6. von … her
7. aus, von
8. von, unter
9. aus, von
10. aus, wegen
11. von, aus
12. gemäß, zufolge

— A Präfix —

PRÄF

1. aus-, heraus-; **ex-ire** herausgehen, herauskommen
2. empor-, er-; **ex-struere** errichten
3. völlig, ganz; **e-vitare** ganz meiden; **ef-ficere** vollenden, ganz ausführen
4. sehr, ziemlich; **e-durus** ziemlich hart
5. ent-, ver-; **ex-armare** entwaffnen; **ex-arescere** ver-trocknen, ver-siegen
6. (*spätl.*) *vor Titeln* ehemalig, Ex-; **ex-consul** gewesener Konsul, Ex-Konsul

— B Präposition —

PRÄP +abl

1. *örtl.* aus, aus … heraus; von … her; **venire ex urbe** aus der Stadt kommen; **extorquere arma ex manibus** die Waffen aus den Händen entwinden; **deponere ex memoria** aus dem Gedächtnis tilgen; **exire e vita** sterben; **impetum facere ex superiore loco** einen Angriff machen von einem höher gelegenen Ort aus
2. *bei Verben des Nehmens u. Vernehmens* von, aus; **pecuniam sumere ex aerario** Geld aus der Staatskasse nehmen; **aliquid accipere ex amicis** etw von den Freunden erfahren; **aliquid intellegere ex sermone** etw dem Gespräch entnehmen
3. *Angabe des Ausgangspunktes einer Handlung* von, aus; **pugnare ex equo** zu Pferd kämpfen; **causam dicere ex carcere** seine Sache aus dem Gefängnis heraus betreiben; **Rhenus oritur ex Alpibus** der Rhein entspringt in den Alpen; **ex ea parte est Hibernia** auf dieser Seite liegt Hibernia (= Irland); **ex omnibus partibus pugnatur** auf allen Seiten wird gekämpft; **malum ex arbore pendet** der Apfel hängt am Baum; **aliquid suspendere ex quercu** etw an der Eiche aufhängen; **laborare ex pedibus** an den Füßen leiden; **victoriam reportare ex hostibus** einen Sieg erringen über die Feinde; **ex itinere** auf dem Marsch, unterwegs; **ex fuga** auf der Flucht
4. *zeitl.* von … an, seit; **ex eo die** von diesem Tag an; **ex adulescentia** seit der Jugend; *auf die Zukunft gerichtet*: **hunc iudicem ex calendis Martiis non habebimus** diesen Richter werden wir vom 1. März an nicht mehr haben
5. *zeitl.* unmittelbar nach, sogleich nach; **ex praetura urbem relinquere** unmittelbar nach der Prätur die Stadt verlassen; **ex intervallo** nach einiger Zeit
6. *zeitl., zur Angabe des Ursprungs in früherer Zeit* von … her; **ceteri ex veteribus bellis agro multati** die Übrigen, die von früheren Kriegen her mit dem Verlust ihres Ackerlandes bestraft waren
7. *Bezeichnung der Herkunft oder der Abstammung* aus, von; **ex improbo patre natus** Kind von einem bösen Vater; **esse ex Ithaca** aus Ithaka stammen; **soror ex matre** Cousine mütterlicherseits
8. *partitiv* von, unter; **unus ex multis** einer von vielen; **pars ex Rheno** Rheinarm
9. *Bezeichnung des Stoffes* aus, von; **statua ex marmore** Statue aus Marmor; **homo totus ex**

fraude factus *fig* ein betrügerischer Mensch durch und durch; **domum ex aerario aedificare** ein Haus aus Staatsmitteln bauen

10 *Angabe der Ursache* wegen, durch; **ex vulnere aeger** krank aufgrund einer Wunde; **ex re publica clarus** berühmt wegen seiner Verdienste um den Staat; **flumen ex nivibus creverat** der Fluss war wegen der Schneeschmelze angeschwollen; **nominare aliquid ex re** etw nach etw benennen; **quibus ex rebus fit** daher kommt es; **nobilitas ex virtute** Verdienstadel; **timor ex imperatore** Angst vor dem Feldherrn; **ex eo quod** deshalb weil

11 *Bezeichnung des Übergangs* von, aus; **amicus ex hoste factus est** aus dem Feind ist ein Freund geworden

12 *Angabe der Regel od des Standpunktes* gemäß, zufolge; **consilium capere ex loci natura** einen Plan fassen entsprechend der natürlichen Beschaffenheit des Geländes; **ex tempore** den Umständen entsprechend; (*nlat.*) aus dem Stegreif; **ex libidine** nach Belieben; **ex ordine** der Reihe nach; **e sententia** nach Wunsch; **ex usu esse** von Vorteil sein; **e re alicuius esse** zu j-s Besten sein; **ex ratione alicuius rei** mit Rücksicht auf etw

13 *in adv Wendungen:* **e/ex contrario** im Gegenteil; **ex composito** verabredungsgemäß; **ex improviso/ex inopinato** unversehens, unvermutet; **e vestigio** sogleich; **ex professo** ausdrücklich; **ex memoria** auswendig, aus dem Gedächtnis; **ex animo** von Herzen, aufrichtig; **ex parte** teilweise; **magna ex parte** zum großen Teil; **ex voto** aufgrund eines Gelübdes; **ex nunc** von jetzt an

⚠ **E pluribus unum** Aus vielen Eines = *Aus mehreren Einzelstaaten wird ein Gesamtstaat. Motto der USA auf dem Staatssiegel.*

E e² *Abk*

1 = **emeritus** ausgedient
2 = **evocatus** aufgerufen, vorgeladen
3 e. c. = **exempli causā** (*nlat.*) beispielhalber
4 e. g. = **exempli gratiā** (*nlat.*) zum Beispiel
5 e.o. = **ex officio** (*nlat.*) amtlich, von Amts wegen, offiziell
6 E. Q. R. = **eques Romanus** römischer Ritter *als Titel*

eā ADV ||is|| dort, da
eādem ADV ||idem||
1 (*erg.* viā) ebenda
2 (*erg.* opere) ebenso
3 zugleich; ~ ... ~ *Plaut.* bald ... bald
eampse *Plaut.* = **eam ipsam;** → **ipse**
eā-propter *Plaut.* = **propterea**
eāpse *Plaut.* = **eā ipsā;** → **ipse**
eā-tenus ADV ||is|| so weit, insofern; ~ **quoad/qua** so weit als; ~, **ut** so weit, dass
ebenum ⟨ī⟩ N ||ebenus|| (*nachkl.*) *poet* Ebenholz
ebenus ⟨ī⟩ F (*nachkl.*) Ebenholzbaum; *meton* Gestell aus Ebenholz
ē-bibere ⟨bibō, bibī, - 3.⟩ (*unkl.*) austrinken; *fig* vertrinken; **Nestoris annos ~** so viele Becher trinken, wie Nestor Jahre gelebt hat
ē-bītere ⟨ō, -, - 3.⟩ *Plaut.* ausgehen, außer Haus gehen
ē-blandīrī ⟨ior, ītus sum 4.⟩ erschmeicheln, durch Schmeicheln gewinnen, *aliquid* etw, *ut;* **eblanditus** durch Schmeichelei gewonnen
Ebora ⟨ae⟩ F Stadt in Lusitania, heute Evora in Portugal
eboreus ⟨a, um⟩ ADJ ||ebur|| (*nachkl.*) aus Elfenbein
ēbrietās ⟨ēbrietātis⟩ F ||ebrius|| Trunkenheit, Rausch
ēbriolus ⟨a, um⟩ ADJ ||ebrius|| *Plaut.* angetrunken, beschwipst
ēbriōsitās ⟨ēbriōsitātis⟩ F ||ebriosus|| Trunksucht
ēbriōsus
A ⟨a, um⟩ ADJ ||ebrius||
1 betrunken, berauscht, *re* durch etw
2 *fig* saftreich
B ⟨ī⟩ M Trunkenbold
ēbrius
A ⟨a, um⟩ ADJ
1 betrunken, berauscht, *re* von etw, durch etw
2 *fig* im Rausch gesprochen; frei; **verba ebria** *Tib.* freie Worte; **vestigia ebria** taumelnde Schritte
3 *fig* übersatt; **saturitas ebria** Übersättigung
4 *fig* überreichlich; **cena ebria** reichliche Mahlzeit
5 *fig* gesättigt, getränkt, *re* von etw; **lana ebria** getränkte Wolle
6 betäubt, *re* von etw, **curis** von Sorgen
B ⟨ī⟩ M Betrunkener
ē-bullīre ⟨iō, iī/īvī, - 4.⟩ ||bulla||
A VI (*nachkl.*) hervorsprudeln
B VT
1 hervorsprudeln; **animam ~** den Geist aufgeben, sterben
2 *fig* den Mund voll nehmen, prahlen, *aliquid* mit etw
ebulum ⟨ī⟩ N (*unkl.*) Zwergholunder
ebur ⟨eboris⟩ N
1 *luv.* Elefant
2 Elfenbein; *meton* Elfenbeinschnitzerei
eburātus ⟨a, um⟩ ADJ ||ebur|| *Plaut.* mit Elfenbein ausgelegt
eburneolus ⟨a, um⟩ ADJ ||eburneus|| (*niedlich*) aus Elfenbein; **eburneola fistula** niedliche Pfeife aus Elfenbein

eburneus, eburnus ⟨a, um⟩ ADJ ||ebur||
① elfenbeinern
② *meton* mit Elfenbein ausgelegt; *poet* weiß wie Elfenbein

Eburōnēs ⟨Eburōnum⟩ M *germ. Stamm in Belgien, Hauptstadt Atuatuca*

Eburōvīcēs ⟨Eburōvīcum⟩ M *Stamm der Aulerci in Gallia Celtica, um Mediolanum, dem heutigen Evreux, in der Normandie*

ec¹ PRÄF = **e²**, **ex**

ec² *Pronominalpartikel* → **ecce**, → **ecquis**, → **ecquando**

ē-castor INT *Com.* bei Kastor, *Beteuerungsformel*

ecbasis ⟨ecbasis⟩ F (*spätl.*) Entkommen, Flucht; **~ captivi** (*mlat.*) Flucht des Gefangenen, *Titel des ältesten mittelalterlichen Tierepos, um 940 in Toul in lat. Hexametern aufgezeichnet, Vorbild von „Reineke Fuchs"*

Ecbatana ⟨ōrum⟩ N *Hauptstadt von Medien, heute Hamadan*

eccam = **ecce eam**; → **ecce**

ec-ce INT siehe!, sieh da!, *allein stehend od mit ganzem Satz, +nom/+akk*; **revocabat, et, ecce, Cleanthum respicit** er rief von Neuem, und, siehe da, er drehte sich nach Cleanthes um; **ecce tuae litterae** da ist ja ein Brief von dir; **ecce me** da bin ich; **ecce video senem, quem quaero** sieh da, ich sehe den Greis, den ich suche; **ecce tibi nuntius** da kommt (dir) auf einmal die Nachricht
❗ **Ecce homo.** Seht, welch ein Mensch! *Christus mit der Dornenkrone, häufige Leidensdarstellung seit 1450*

ecce-re ADV fürwahr!, da haben wir's!

eccillam = **ecce illam**; → **ecce**

ecclēsia ⟨ae⟩ F
① *Plin. griech.* Volksversammlung
② (*eccl.*) Kirche, *als Gemeinde, Institution u. Gebäude*; **~ maior** (*mlat.*) Hauptkirche

ecclēsiasticus ⟨a, um⟩ ADJ (*eccl.*) kirchlich; *als Buchtitel* das Buch Jesus Sirach

eccōs = **ecce eos**; → **ecce**

eccum = **ecce eum**; → **ecce**

ecdicus ⟨ī⟩ M Staatsanwalt; *lat.* → **cognitor**

ec-dūrus ⟨a, um⟩ ADJ = **edurus**

ecf... = **eff...**

echenēis ⟨echenēidis⟩ F (*nachkl.*) *poet* „Schiffhalter", *Fisch, der sich angeblich an Schiffen festsaugt u. sie aufhält*

echidna ⟨ae⟩ F *Ov.* Natter, Schlange, *bes Attribut der Erinnyen*

Echidna ⟨ae⟩ F *Meerungeheuer mit dem Oberkörper einer schönen jungen Frau u. dem Unterkörper einer Riesenschlange, Mutter des Cerberus, der Hydra u. anderer Ungeheuer*

Echidnēus ⟨a, um⟩ ADJ zur Echidna gehörig, der Echidna; **~ canis** Cerberus

Echīnades ⟨Echīnadum⟩ F Echinaden, *Inselgruppe vor der Küste Akarnaniens*

echīnus ⟨ī⟩ M (*unkl.*)
① Seeigel
② *Vitr.* ARCH Echinus, *wulstartiger Bestandteil des dorischen Säulenkapitells unterhalb der Deckplatte*
③ Spülnapf

Echīōn ⟨Echīonis⟩ M *einer der fünf überlebenden Bewaffneten aus der Drachensaat des Cadmus, Vater des Pentheus u. Miterbauer von Theben*

Echīonidēs ⟨Echīonidae⟩ M Nachkomme des Echion, = Pentheus

Echīonius ⟨a, um⟩ ADJ des Echion; *auch* thebanisch, böotisch

ēchō ⟨ēchūs⟩ F Widerhall, Echo

Ēchō ⟨Ēchūs⟩ F eine Waldnymphe

ēchoicus ⟨a, um⟩ ADJ ||echu|| (*spätl.*) widerhallend; **versūs echoici** Echoverse, *Gedicht mit wie Echo wirkenden Silben als Stilmittel*

eclīpsis ⟨eclīpsis⟩ F (*nachkl.*) Ausbleiben; **~ (solis)** Sonnenfinsternis; **~ (lunae)** Mondfinsternis

ecloga ⟨ae⟩ F (*vkl., nachkl.*) auserlesenes Schriftstück; Ekloge, Hirtengedicht

eclogāriī ⟨ōrum⟩ M ||eclogarius|| ausgewählte Stellen zum Vorlesen

eclogārius ⟨a, um⟩ ADJ ||ecloga|| zur Auswahl gehörig

ec-quandō ADV
① *im dir u. indir Fragesatz* wann wohl jemals?
② wohl jemals; **~ nisi** wohl jemals außer

ecquī¹ ⟨ecqua/ecquae, ecquod⟩ *Interrogpr. adj* *dir* etwa irgendein?, wohl irgendein?; *indir* ob wohl einer; **ecqui est iudex, qui istud credat?** gibt es wohl einen Richter, der dies glaubte?

ecquī² ADV ||ecquis|| *dir* denn etwa?; warum wohl?; *indir* ob wohl, ob etwa

ecquid ADV ||ecquis|| *im Fragesatz* denn etwa?, denn wohl?; *indir* ob wohl, ob etwa; **ecquid animadvertis horum silentium?** bemerkst du wohl deren Schweigen?

ecquis ⟨ecquid⟩ *Interrogpr. subst, selten* ADJ, *dir* etwa jemand, wohl jemand?; *indir* ob wohl jemand; **ecquid interest inter haec edicta?** was ist denn der Unterschied zwischen diesen Aussagen?

ecquō ADV ||ecquis|| wohin wohl?

ecstasis ⟨ecstasis⟩ F (*eccl.*) Verzückung, Ekstase

ectypus ⟨a, um⟩ ADJ (*nachkl.*) herausgeschnitten, erhaben (gearbeitet)

eculeus ⟨ī⟩ M ||equus|| Pferdchen, Fohlen; *meton* hölzernes Folterpferd

ecus ⟨ī⟩ M = **equus**

ed. *Abk* = **edidit** er hat herausgegeben; → **ede-**

re²
edācitās ⟨edācitātis⟩ F ||edax|| Gefräßigkeit
edāx ⟨edācis⟩ ADJ ||edere¹|| gefräßig; nagend
edd. Abk = **ediderunt** sie haben herausgegeben; → edere²
ē-dentāre ⟨ō, āvī, ātum 1.⟩ ||dens|| Plaut. zahnlos machen
ēdentula ⟨ae⟩ F ||edentulus|| Plaut. zahnlose Alte
ēdentulus ⟨a, um⟩ ADJ ||edens|| Plaut. zahnlos, alt
edepol INT Com. bei Pollux!, bei Gott!, Schwurformel
edera ⟨ae⟩ F = **hedera**
edere¹ ⟨edō, ēdī, ēsum 3.⟩ essen, verzehren; *von Tieren* fressen; *von Leblosem* zernagen, *aliquid*; **penuria edendi** Mangel an Speisen; *Kurzformen:* **ēsse** zu essen; **ēst** er isst; **ēssem** ich würde essen

ē-dere² ⟨ēdō, ēdidī, ēditum 3.⟩

① herausgeben, von sich geben
② aushauchen
③ gebären, zur Welt bringen
④ herausgeben, veröffentlichen
⑤ verbreiten
⑥ ausgeben
⑦ angeben, vorschlagen
⑧ angeben, nennen
⑨ verkünden
⑩ verursachen, bewirken
⑪ herausheben, in die Höhe heben

① herausgeben, von sich geben; **Maeander editur in sinum maris** der Maeander ergießt sich in den Golf
② aushauchen; *Töne* ausstoßen; **animam/vitae spiritum ~** sterben; **hinnitūs ~** wiehern
③ gebären; *vom Mann* zeugen; *von Leblosem* hervorbringen
④ *Schriften* herausgeben, veröffentlichen, **librum** ein Buch; **edidit/ediderunt** er hat herausgegeben/sie haben herausgegeben, *auf Buchtiteln zur Angabe des bzw. der Herausgeber*
⑤ *Gerüchte* verbreiten, **in vulgūs** in der Menge
⑥ ausgeben, *Befehle* erlassen
⑦ JUR, POL angeben, vorschlagen
⑧ angeben, verraten, *alicui aliquid* j-m etw, *+AcI/ +indir Fragesatz*; **consilia hostium ~** Pläne der Feinde verraten; **bella ~** Kriege besingen
⑨ verkünden, **oraculum** ein Orakel
⑩ *fig* verursachen, bewirken; **ruinas ~** Verwüstungen anrichten; **proelium ~** eine Schlacht liefern; **annuam operam ~** ein Jahr dienen; **exemplum ~ in aliquem** an j-m ein Exempel statuieren; **ludos ~** Spiele veranstalten; **gla-**diatores **~** Gladiatoren auftreten lassen
⑪ herausheben, in die Höhe heben; **corpus super equum ~** Tib. sich aufs Pferd schwingen

Edessa ⟨ae⟩ F
① alte Hauptstadt Makedoniens, heute Edessa, slawisch Vódena, ca. 70 km w. von Saloniki
② Stadt in Mesopotamien, auch Antiochia genannt, heute Urfa od Orfa in der Türkei
Edessaeus ⟨a, um⟩ ADJ aus Edessa, von Edessa
ēdī → edere¹
ē-dīcere ⟨dīcō, dīxī, dictum 3.⟩
① aussagen, verkünden
② öffentlich ankündigen, verordnen, *ut/ne* dass/das nicht; **~ de re** Verfügungen treffen über etw
ēdictāre ⟨ō, āvī, ātum 1.⟩ ||edicere|| Com. offen herausssagen
ēdictiō ⟨ēdictiōnis⟩ F ||edicere|| Bekanntmachung
ēdictum ⟨ī⟩ N ||edicere||
① Sen. Ausspruch, Satz
② öffentliche Bekanntmachung, Verordnung
③ Nep. zensorisches Edikt
④ (nachkl.) poet Anschlag für öffentliche Spiele
ē-dictus ⟨a, um⟩ PPP → edicere
ē-didī → edere²
edim (altl.) = **edam**; → edere¹
ē-discere ⟨discō, didicī, - 3.⟩ auswendig lernen, kennenlernen, *aliquid* etw, *+inf; perf* wissen, kennen
ē-disserere ⟨disserō, disseruī, dissertum 3.⟩ ausführlich besprechen, erörtern, *alicui aliquid* j-m etw, *+indir Fragesatz*
ēdissertāre ⟨ō, āvī, ātum 1.⟩ ||ediserere|| (vkl., nachkl.) = **edisserere**
ēditīcius ⟨a, um⟩ ADJ ||edere²|| vorgeschlagen; **iudices editicii** vorgeschlagene Richter
ēditiō ⟨ēditiōnis⟩ F ||edere²||
① Herausgabe *eines Schrift,* Ausgabe *eines Buches*
② Angabe, Bericht
③ JUR Vorschlag, **tribuum** der Tribus, *aus denen die Richter gewählt od ausgelost wurden*
ēditor ⟨ēditōris⟩ M ||edere²|| (spätl.)
① poet Erzeuger
② poet Veranstalter *eines öffentlichen Schauspiels*
ēditum ⟨ī⟩ N ||editus|| (nachkl.) Anhöhe
ēditus¹ ⟨a, um⟩ ADJ ||edere²|| hoch emporragend, hoch; **collis ex planitie ~** aus der Ebene aufragender Hügel; **conclave editum** Zimmer im Obergeschoss
ē-ditus² ⟨a, um⟩ PPP → edere²
ē-dīxī → edicere
ē-docēre ⟨doceō, docuī, doctum 2.⟩
① gründlich lehren, genau berichten, *auch von Leblosem, aliquem aliquid* j-n etw, *auch aliquem +inf*

+AcI/+indir Fragesatz, ut dass; **pueros linguam Latinam ~** die Jungen die lateinische Sprache lehren; **ratio edocet, ut** die Vernunft lehrt, dass; **fama satis edocuerat** das Gerücht hatte hinreichend genau berichtet, +AcI
2 benachrichtigen, in Kenntnis setzen, *aliquem aliquid/de re* j-n von etw, j-n über etw, +AcI/+indir Fragesatz; **edoctus** genau unterrichtet, *aliquid/in re/de re* in etw, von etw, über etw, +AcI/+indir Fragesatz; **edoctus omnia per legatos** durch Gesandte von allem gut unterrichtet

ē-dolāre ⟨ō, āvī, ātum 1.⟩
1 (nachkl.) zurechtzimmern
2 vollenden, fertig machen

ē-domāre ⟨ō, uī, itum 1.⟩ völlig bezähmen, bezwingen

Ēdōnī ⟨ōrum⟩ M̄ *thrakischer Stamm am Strymon, bekannt durch seinen orgiastischen Bacchuskult*

Ēdōnis ⟨Ēdōnidis⟩ F̄ Bacchantin, *adj* edonisch, *auch* thrakisch

Ēdōnus ⟨a, um⟩ ADJ edonisch, *auch* thrakisch

ē-dormīre ⟨iō, īvī, ītum 4.⟩
A VI ausschlafen
B VT *etw* verschlafen; durch Schlaf vertreiben, schlafend verbringen; **Ilionam ~** *Hor.* seinen Rausch in der Rolle der Iliona ausschlafen

ēdormīscere ⟨iscō, -, - 3.⟩ ‖edormire‖ *Com.*
A VI ausschlafen
B VT *etw* verschlafen

ē-ducāre ⟨ō, āvī, ātum 1.⟩
1 *physisch von Mensch u. Tier* aufziehen, ernähren; **filium ~** den Sohn großziehen; **canem ~** einen Hund aufziehen; **eloquentiam ~** die Beredsamkeit pflegen; *passiv* aufwachsen
2 *geistig* erziehen; **aliquem liberaliter ~** j-n anständig erziehen

ēducātiō ⟨ēducātiōnis⟩ F̄ ‖educare‖ Erziehung, das Aufziehen, das Großziehen

ēducātor ⟨ēducātōris⟩ M̄ ‖educare‖ Erzieher; *Tac.* Hofmeister

ēducātrīx ⟨ēducātrīcis⟩ F̄ ‖educator‖ Erzieherin, *auch fig*

ē-dūcere ⟨dūcō, dūxī, ductum 3.⟩

1 herausziehen
2 herausführen, hinausführen
3 mitnehmen
4 vor Gericht ziehen
5 ausrücken lassen
6 emporführen, in die Höhe ziehen
7 rühmen
8 errichten
9 großziehen
10 verbringen, zubringen

1 herausziehen, **gladium e vagina** das Schwert aus der Scheide; **sortem ~** ein Los ziehen
2 herausführen, hinausführen, **omnes suos secum** alle Seinen mit sich; **lacum ~** einen See ableiten; **uxorem ex urbe rus ~** die Ehefrau aus der Stadt aufs Land hinausbringen
3 mitnehmen; **naves ex Sicilia ~** die Schiffe aus Sizilien mitnehmen
4 vor Gericht ziehen
5 *Truppen* ausrücken lassen; *absolut vom Feldherrn* mit dem Heer ausrücken; **exercitum e castris ~** das Heer aus dem Lager ausrücken lassen; **copias ex navibus/ex classe ~** die Truppen von Bord gehen lassen; **naves ex portu ~** die Schiffe auslaufen lassen
6 emporführen, in die Höhe ziehen; **aliquem superas sub auras ~** j-n in die Lüfte emporheben
7 *fig* rühmen; **aliquem in astra ~** j-n zu den Sternen erheben
8 (nachkl.) *poet Bauten* errichten; **turrim sub astra ~** einen Turm bis zu den Sternen bauen
9 *fig* großziehen; **filium a parvulo ~** einen Sohn von klein auf großziehen
10 *Zeit* verbringen; verleben

edūlia ⟨edūlium⟩ N̄ ‖edulis‖ Esswaren

edūlis ⟨edūle⟩ ADJ ‖edere¹‖ (nachkl.) *poet* essbar

ē-dūrāre ⟨ō, -, - 1.⟩
A VT (nachkl.) abhärten
B VI (nachkl.) fortdauern

ēdūrus ⟨a, um⟩ ADJ ‖edurare‖ ziemlich hart; *fig* unbarmherzig

ē-dūxī → educere

Ēetiōn ⟨Ēetiōnis⟩ M̄ *Vater der Andromache, Herrscher über Theben*

Ēetiōnēus ⟨a, um⟩ ADJ des Eetion

effāfilātus ⟨a, um⟩ PPP → exfafillare

ef-farcīre ⟨farciō, -, fertum 4.⟩ vollstopfen, ausfüllen

ef-fārī ⟨for, fātus sum 1.⟩
1 aussprechen, (aus)sagen; **nefanda ~** Unaussprechliches aussprechen
2 *Augurensprache* weihen *durch heilige Formeln*; **locum templo ~** einen Ort für einen Tempel bestimmen; **effatus** geweiht
3 PHIL als Lehrsatz aussprechen, formulieren; **quod ita effabimur** was wir so formulieren wollen

effātum ⟨ī⟩ N̄ ‖effari‖
1 Ausspruch; Prophezeiung
2 PHIL Satz, Behauptung

ef-fēcī → efficere

effectiō ⟨effectiōnis⟩ F̄ ‖efficere‖
1 Ausübung; **recta ~** gute Tat
2 wirkende Kraft

effectīvus ⟨a, um⟩ ADJ ‖efficere‖ Quint. bewirkend

effector ⟨effectōris⟩ M ‖efficere‖ Urheber, Ursache

effectrīx ⟨effectrīcis⟩ F ‖effector‖ Schöpferin, Urheberin; **~ vis** bildende Kraft

effectus[1] ⟨a, um⟩ ADJ ‖efficere‖ (nachkl.) verarbeitet, entwickelt; ↔ incohatus

effectus[2] ⟨ūs⟩ M ‖efficere‖
■ Ausführung, Vollendung, **operis** eines Werkes; **aliquid ad effectum adducere** etw verwirklichen; **in effectu esse** auf einer Tätigkeit beruhen; Liv. bald vollendet sein, im Bau sein; **etiam sine effectu** auch ohne zur Tat zu werden
■ Liv. Ausführbarkeit
■ Wirksamkeit; Quint. meton wirksame Kräfte; **~ herbarum** Wirksamkeit der Kräuter
■ Wirkung, Erfolg; **sine ullo effectu** ohne dass etw dabei herauskommt

ef-fectus[3] ⟨a, um⟩ PPP → efficere

ef-fēmināre ⟨ō, āvī, ātum 1.⟩ ‖femina‖
■ weibliches Geschlecht beilegen, aliquid einer Sache
■ verweichlichen; **ad effeminandum pertinere** zur Verweichlichung beitragen

effēminātus ⟨a, um, adv **effēminātē**⟩ ADJ ‖effeminare‖ weichlich

ef-ferāre[1] ⟨ō, āvī, ātum 1.⟩ ‖ferus‖ wild machen, verwildern, oft fig; **mores ~** die Sitten verwildern lassen; **terra efferatur** das Land wird unwirtlich

efferātus ⟨a, um⟩ ADJ ‖efferare‖ verwildert, grimmig

efferbuī → effervescere

ef-fercīre ⟨fercio, fersī, fertum 4.⟩ = **effarcire**

efferitās ⟨efferitātis⟩ F ‖efferus‖ (spätl.) poet Wildheit, Rohheit

---

ef-ferre ⟨efferō, extulī, ēlātum 0.⟩

■ heraustragen, herausbringen
■ zu Grabe tragen
■ (Früchte) tragen
■ ausdrücken, aussprechen
■ fortführen, fortreißen
■ hinreißen, fortreißen
■ emporheben, in die Höhe heben
■ erheben, erhöhen
■ erhöhen, preisen

■ heraustragen, wegtragen; **cibaria sibi domo ~** Vorräte für sich von zu Hause mitnehmen; **pedem portā ~** vor die Tür treten; **laborem ~** Mühe aufwenden; **se ~ tectis** das Haus verlassen; **signa/arma ~** MIL ausrücken
■ zu Grabe tragen, **publice** auf Staatskosten
■ fig vom Boden (Früchte) tragen; absolut Ertrag bringen; **fruges ~** Früchte hervorbringen
■ mündlich ausdrücken, aussprechen; **clandestina ~** Geheimnisse ausplaudern; **famam ~ in vulgūs** ein Gerücht in der Menge verbreiten
■ fortführen, fortreißen; **Furium cursus longius extulit** der Ritt führte den Furius zu weit fort
■ fig vom Affekt hinreißen, fortreißen; passiv sich hinreißen lassen; **dolor aliquem effert** der Schmerz reißt j-n hin; **efferri iracundiā** vom Zorn hingerissen werden
■ emporheben, in die Höhe heben; passiv u. **se ~** fig emporsteigen, zum Vorschein kommen; **bracchia ~** die Arme heben; **palmas caelo ~** die Hände zum Himmel heben; **equus se effert** das Pferd bäumt sich auf; **pulverem ~** Staub aufwirbeln; **turrim in altitudinem ~** einen Turm aufbauen
■ erheben; fig hochmütig machen; passiv u. **se ~** hochmütig werden; **aliquem in summum imperium ~** j-n ins höchste Amt erheben; **victoriā efferri** durch seinen Sieg übermütig werden
■ mit Worten erhöhen, preisen; **aliquem laudibus ~** j-n rühmen

ef-fersī → effercire

effertus ⟨a, um⟩ ADJ ‖effarcire‖ (vkl.) poet vollgestopft

ef-ferus ⟨a, um⟩ ADJ von Personen u. Sachen wild, roh

ef-fervere ⟨ō, -, - 3.⟩ (nachkl.)
■ = **effervescere**
■ fig herausbrausen; hervorströmen; **Aetna effervet** der Ätna bricht aus; **apes efferunt** die Bienen schwärmen aus

ef-fervēscere ⟨fervēscō, fervī/ferbuī, - 3.⟩ siedend aufwallen; fig aufbrausen

ef-fētus ⟨a, um⟩ ADJ (nachkl.) durch viele Geburten erschöpft; fig geschwächt, re durch etw; **agri effeti** ausgelaugte Äcker; **annis ~** durch die Jahre erschöpft; **~ alicuius rei** für etw unempfänglich

efficācitās ⟨efficācitātis⟩ F ‖efficax‖ Wirksamkeit, Erfolg

efficāx ⟨efficācis, adv **efficāciter**⟩ ADJ ‖efficere‖ (nachkl.) poet von Personen u. Sachen wirksam, erfolgreich, **ad aliquid/in aliquid/alicui rei** zu etw, auf etw, in re bei etw; von Personen praktisch; **preces efficaces** nachhaltige Bitten; **Hercules ~** der tatenreiche Herkules; **parum ~** unpraktisch

ef-ficere ⟨ficiō, fēcī, fectum 3.⟩ ǁfacereǁ

1. hervorbringen
2. zustande bringen, bilden
3. aufbringen
4. machen
5. zustande bringen, fertig bringen
6. beweisen, schließen,

---

1. hervorbringen; *fig von Zahlen* ausmachen; *passiv* herauskommen; **ager plurimum efficit** der Acker bringt sehr hohen Ertrag; **ager cum octavo efficit** der Acker bringt achtfachen Ertrag; **maior aliquanto summa efficitur** es kommt eine etwas höhere Summe heraus
2. *konkr.* zustande bringen, schaffen; **pontem ~ eine Brücke bauen**; **unam legionem ex duabus ~** aus zwei Legionen eine bilden
3. *Notwendiges* aufbringen, **pecuniam** Geld
4. zu *etw* machen, +*dopp. akk*; **aliquem meliorem ~** j-n besser machen; **aliquem consulem ~** j-n zum Konsul machen
5. *abstrakt* vollenden, bewirken, *aliquid* etw, ut/ne dass/dass nicht; **magnas rerum commutationes ~** große Veränderungen bewirken; **maleficia in eorum coniugibus ~** Böses an deren Ehefrauen verüben; **aliquid ab aliquo ~** etw von j-m erlangen; **effici non potest, quin eos oderim** es ist nicht möglich, dass ich sie nicht hasse = ich muss sie hassen
6. PHIL beweisen, schließen, +*AcI*, ut dass; **ex quo efficitur** da-raus folgt

efficiēns ⟨efficientis, *adv* efficienter⟩ ADJ ǁefficereǁ bewirkend, wirksam; **causa ~** Entstehungsgrund

efficientia[1] ⟨efficientium⟩ N̄ *Quint.* bewirkende Dinge

efficientia[2] ⟨ae⟩ F̄ ǁefficiensǁ Wirksamkeit

effigia ⟨ae⟩ F̄, **effigiēs** ⟨effigiēī⟩ F̄ ǁeffingereǁ

1. Nachbildung, Bild
2. Schattenbild, Traumbild
3. *dem Original entsprechende* Gestalt, Erscheinung, **~ humana** menschliche Gestalt
4. *fig* Abbild, Ebenbild; **~ patris** Ebenbild des Vaters
5. Fantasiebild, Ideal; **~ iusti imperii** Ideal einer gerechten Herrschaft

ef-fingere ⟨fingō, fīnxī, fictum 3.⟩

1. über *etw* hinstreichen, *etw* streicheln, *aliquid*; **manūs alicuius ~** j-s Hände streicheln
2. abwischen, wegwischen; **sanguinem e foro ~** das Blut vom Forum abwischen
3. bildend schaffen, nachbilden; **aliquem cerā ~** j-n in Wachs nachbilden
4. *fig* ausdrücken, darstellen; *in Worten* schildern

ef-fīō → efficere

ef-flāgitāre ⟨ō, āvī, ātum 1.⟩ dringend verlangen, ungestüm fordern, *aliquid ab aliquo* etw von j-m, **alicuius misericordiam** j-s Mitgefühl; **aliquem ~, ut/ne** j-n dringend auffordern, dass/dass nicht

efflāgitātiō ⟨efflāgitātiōnis⟩ F̄ ǁefflagitareǁ dringendes Verlangen, ungestümes Fordern, *alicuius alicuius rei/ad aliquid* j-s nach etw

efflāgitātus *nur abl* ⟨ū⟩ M̄ = **efflagitatio**; **efflāgitātū** auf Verlangen

ef-flāre ⟨ō, āvī, ātum 1.⟩

1. aushauchen; *absolut* sterben; **animam ~** sterben
2. ausdünsten; **colorem ~** die Farbe verlieren
3. *poet* aussprühen

efflātus ⟨efflātūs⟩ M̄ ǁefflareǁ *Sen.* das Aufkommen eines Windes

ef-flēre ⟨eō, ēvī, ētum 2.⟩ *Quint.* sich ausweinen, **oculōs** die Augen

ef-flīctāre ⟨ō, āvī, ātum 1.⟩ ǁeffligereǁ *Plaut.* totschlagen

efflīctim ADV ǁeffligereǁ (*vkl., nachkl.*) heftig

ef-flīgere ⟨flīgō, flīxī, flīctum 3.⟩ totschlagen, umbringen

ef-flōrescere ⟨flōrēscō, flōruī, - 3.⟩ erblühen; *fig* aufblühen; **~ ex re** aus etw entstehen; **utilitas ex amicitiis efflorescit** das Glück ist die Frucht der Freundschaft; **~ ad aliquid** zu etw entwickeln

ef-fluere ⟨fluō, flūxī, - 3.⟩

1. herausfließen, entströmen; **vita unā cum sanguine effluit** mit dem Blut entströmt das Leben; **~ in mare** ins Meer münden
2. *fig* überfließen
3. (*nachkl.*) *fig* den Händen entfallen, entgleiten; **urnae manibus effluunt** die Krüge entgleiten den Händen
4. *fig* in die Öffentlichkeit dringen, bekannt werden
5. *fig* vergessen werden; verschwinden; *perf* dahin sein, verloren sein; **ex animo ~** dem Gedächtnis entfallen; **tempus effluit** die Zeit verrinnt

effluvium ⟨ī⟩ N̄ ǁeffluereǁ (*nachkl.*) Ausfluss

ef-fōcāre ⟨ō, -, - 1.⟩ = suffocare

ef-fodere ⟨fodiō, fōdī, fossum 3.⟩

1. ausgraben, aufgraben; **oculos alicui ~** j-m die Augen ausstechen; **portum ~** ein Hafenbecken ausheben
2. (*nachkl.*) umgraben, durchwühlen; **agrum ~** einen Acker umgraben; **domos ~** Häuser durchwühlen

effrāctārius ⟨ī⟩ M̄ ǁeffringereǁ *Sen.* Einbrecher

ef-frāctus ⟨a, um⟩ PPP → effringere

ef-frēgī → effringere

ef-frēnātiō ⟨effrēnātiōnis⟩ F ||frenum|| Zügellosigkeit

ef-frēnātus ⟨a, um⟩ ADJ ||frenum||
① *Liv.* abgezäumt, ohne Sattel
② *fig* von Personen u. Sachen zügellos

ef-frēnus ⟨a, um⟩ ADJ (nachkl.) = effrenatus

ef-fricāre ⟨fricō, (frixī, fricātum 3.⟩ (nachkl.) abreiben

ef-fringere ⟨fringō, frēgī, frāctum 3.⟩ ||frangere|| aufbrechen; zerschmettern; **carcerem ~** das Gefängnis aufbrechen; **cerebrum ~** den Schädel zerschmettern

ef-fugere ⟨fugiō, fūgī, fugitūrus 3.⟩
A VI aus *etw* entfliehen, entkommen, **ex vinculis** aus dem Gefängnis
B VT vor *etw* fliehen, *etw* vermeiden, *aliquid, ne/quin* dass; **insidias ~** Nachstellungen entfliehen; **equitatum Caesaris ~** vor Caesars Reiterei fliehen, Caesars Reiterei entkommen; **me effugit** *unpers* es entgeht mir, ich beachte nicht; **nihil te effugiet** du wirst nichts vergessen

effugium ⟨ī⟩ N ||effugere||
① *poet* das Entfliehen, Flucht
② *meton* Ausweg; Mittel zur Flucht, Gelegenheit zur Flucht, *alicuius rei* einer Sache *od* durch *etw*; **~ sanguinis** Abfluss des Blutes; **effugium alicui dare** j-m Gelegenheit zur Flucht geben

ef-fulgēre ⟨fulgeō, fulsī, - 2.⟩ (nachkl.) *poet* hervorleuchten, hervorschimmern; **~ auro** von Gold erglänzen

ef-fultus ⟨a, um⟩ ADJ ||fulcire|| gestützt, liegend, *re* auf etw; **foliis ~** auf Laub liegend

---

ef-fundere ⟨fundō, fūdī, fūsum 3.⟩

① ausgießen, verschütten
② ausschütten
③ aussenden, hinaussenden
④ loslassen, freilassen
⑤ aushauchen
⑥ werfen, fortschleudern
⑦ niederwerfen, hinstrecken
⑧ verschleudern, vergeuden

---

① *Flüssiges* ausgießen, verschütten; **vinum in barathrum ~** Wein in den Ausguss schütten; **~ lacrimas** Tränen vergießen; *passiv u.* **se ~** sich ergießen, sich entladen; **Tiberis super ripas effusus** der Tiber, der über seine Ufer getreten ist
② *Festes* ausschütten; **nummorum saccos ~** Säcke mit Münzen ausleeren
③ aussenden, hinaustreiben; **omnem equitatum ~** die ganze Reiterei aussenden; **currūs in hostes ~** die Wagen gegen die Feinde anstürmen lassen; *passiv u.* **se ~** sich ergießen, hinausströmen, hinauseilen; **obviam se ~** entgegeneilen
④ loslassen, freilassen; **sinum togae ~** den Bausch der Toga entfalten; **irarum habenas ~** dem Zorn freien Lauf lassen; *passiv u.* **se ~** sich ganz hingeben, *in re* einer Sache; **se ~ in libidine** seiner Leidenschaft freien Lauf lassen
⑤ aushauchen, **animam/vitam** das Leben
⑥ werfen, fortschleudern; **tela ~** Geschosse schleudern; **tuba sonum effundit** die Tuba schmettert; **sonus in coronam effunditur** der Schall dringt in die Menge; **fruges ~** reichlich Früchte spenden; **omne odium ~ in aliquem** seinen ganzen Hass gegen j-n austoben; **questūs ~** Klagen ausstoßen
⑦ niederwerfen, hinstrecken; **aliquem harenā ~** j-n in den Sand werfen; **currum ~** den Wagen umstürzen
⑧ *Besitz* verschleudern, vergeuden; **reditūs publicos in dies festos ~** die öffentlichen Einkünfte für Festtage verschleudern; **gratiam ~** die Gunst verscherzen

effūsiō ⟨effūsiōnis⟩ F ||effundere||
① Ausgießen, Erguss; **~ atramenti** das Verschütten von Tinte
② *fig von Lebewesen* Herausströmen; **hominum ex oppidis** das Herausströmen der Menschen aus den Städten
③ *fig* Verschwendung; maßlose Sucht; **~ pecuniarum** Geldverschwendung; **~ aliquid faciendi** Sucht etw zu tun
④ *fig* Ausgelassenheit; **~ animi in laetitia** *Cic.* Ausgelassenheit des Herzens in Fröhlichkeit

effūsus¹ ⟨a, um, *adv* effūsē⟩ ADJ ||effundere||
① (nachkl.) *poet* weit ausgedehnt, weit; *adv* weit und breit; **loca effusa** ausgedehnte Örtlichkeiten; **agrum effuse vastare** das Ackerland weithin verwüsten
② MIL *von Truppen* zerstreut, ungeordnet; **agmen effusum** aufgelöste Marschordnung; **fuga effusa** wilde Flucht
③ (nachkl.) *poet* losgelassen, aufgelöst; **comae effusae** wallendes Haar; **habenae effusae** losgelassene Zügel; **cursu effuso** in gestrecktem Lauf
④ *Quint. fig vom Ausdruck* weitläufig
⑤ *fig* verschwenderisch, *re/in re* in etw; **effuse donare** verschwenderisch schenken
⑥ *fig* übertrieben; **effuse exsultare** überschwänglich jubeln

ef-fūsus² ⟨a, um⟩ PPP → effundere

ef-fūtīre ⟨iō, iī/īvī, ītum 4.⟩ ||fundere|| herausschwatzen; *Ter.* Geheimnisse ausplaudern

ef-futuere ⟨futuō, futuī, futūtum 3.⟩
① durch Unzucht erschöpfen; **effutata latera**

Catul. erschöpfte Lenden
2 durch Unzucht verschwenden

ē-gelidus ⟨a, um⟩ ADJ (nachkl.)
1 *poet* lau, warm
2 kühl

egēns
A ⟨egentis⟩ ADJ ||egere|| *einer Sache* bedürftig, arm *an etw*, ärmlich, *absolut od alicuius rei;* **omnium rerum ~** alle Dinge entbehrend
B ⟨egentis⟩ M armer Teufel

egēnus
A ⟨a, um⟩ ADJ ||egere|| *einer Sache* bedürftig, arm *an etw, alicuius rei/re; absolut* alle Dinge entbehrend; **omnium ~** ohne jegliche Hilfe; **res egena** missliche Lage
B ⟨ī⟩ M der Arme

egēre ⟨eō, uī, - 2.⟩
1 Mangel leiden, Not leiden, *absolut*
2 nötig haben, *alicuius rei/re* etw; **consilii/consilio ~** Rat brauchen
3 entbehren, *alicuius rei/re* etw; **auctoritate ~** ohne Einfluss sein
4 *poet* etw vermissen, nach *etw* verlangen, *alicuius rei/re;* **pane ~** nach Brot verlangen

ē-gerere ⟨gerō, gessī, gestum 3.⟩
1 hinaustragen, fortschaffen; **nivem ~** den Schnee wegräumen; **humum ~** Erdreich wegschaufeln; **fluctūs ~** die Fluten ausschöpfen; **pecuniam ex aerario ~** Geld aus der Staatskasse wegschaffen
2 ausspeien; **aquam vomitu ~** Wasser ausspeien; *passiv* münden, sich ergießen
3 *fig* vertreiben, verscheuchen; **dolorem lacrimis ~** den Schmerz mit Tränen vertreiben; **noctem ~** die Nacht verbringen
4 *fig* entleeren, *aliquid re* etw von etw

Ēgeria ⟨ae⟩ F Gattin u. Beraterin Numas, wurde nach dessen Tod in eine Quelle verwandelt, in Rom verehrt im Hain der Diana bei Aricia u. vor der Porta Capena

ēgerō ⟨ēgerōnis⟩ M ||egerere|| *Lucr.* der etw wegschafft

egestās ⟨egestātis⟩ F ||egere||
1 bittere Armut, Not
2 Mangel, *alicuius rei* an etw, **animi** an Charakter

egestiō ⟨egestiōnis⟩ F ||egerere||
1 (nachkl.) Wegschaffen, Plünderung
2 MED Stuhlgang

egestus ⟨egestūs⟩ M ||egerere|| *Sen.* Stuhlgang

egī → agere

ē-gignere ⟨ō, -, - 3.⟩ *Lucr.* hervorbringen; *passiv* hervorwachsen

egō, ego ⟨gen meī, dat mihi u. mihī, akk mē, abl mē⟩ PERS PR der 1. Person sg
1 ich
2 *meton* **ad me** in mein Haus, zu meiner Familie; **a me** aus meinem Haus, aus meiner Tasche; **a me solvere** aus meiner Tasche zahlen

ē-gredī ⟨gredior, gressus sum 3.⟩ ||gradi||
A VI
1 hinausgehen, sich entfernen; **obviam ~** entgegenkommen; **ordine ~** MIL aus dem Glied treten; **ad portam ~** zum Tor hinausgehen
2 *von Truppen* ausrücken, abziehen, **castris/ex castris** aus dem Lager
3 SCHIFF landen; absegeln
4 *fig* abschweifen, **a proposito** vom Thema
5 (nachkl.) *poet* hinaufsteigen, **ad summum montis** auf den Gipfel des Berges
B VT
1 (nachkl.) verlassen, **urbem** die Stadt
2 überschreiten, *auch fig*, **flumen** den Fluss; **praeturam ~** *fig* über die Prätur hinauskommen

ēgregium ⟨ī⟩ N ||egregius|| rühmliche Tat; *pl* Vorzüge, Tugenden

ē-gregius ⟨a, um, *adv* ēgregiē⟩ ADJ ||ex, grex||
1 hervorragend, ausgezeichnet; **vir ~** ausgezeichneter Mann; **virtus egregia** außergewöhnliche Tüchtigkeit
2 (nachkl.) ehrenvoll, rühmlich; *adv* mit Ehren

ēgressiō ⟨ēgressiōnis⟩ F ||egredi|| (nachkl.) Herausgehen; *fig* Abschweifung vom Thema

ēgressus¹ ⟨ēgressūs⟩ M ||egredi||
1 Herausgehen, Ausgang, Erscheinen in der Öffentlichkeit; *Tac. meton* aus dem Haus gehende Leute
2 Auslaufen *von Schiffen;* Landung *von Schiffen;* MIL Abmarsch; **~ ventorum** das Entweichen von Winden
3 (nachkl.) Ausgang *als Ort; von Flüssen* Mündung
4 (nachkl.) RHET Abschweifung *vom Thema*

ē-gressus² ⟨a, um⟩ PPERF → egredi

ē-gurgitāre ⟨ō, -, - 1.⟩ ||gurges|| *Plaut.* herausschütten

ehem INT *Com.* ha!, sieh da!

ēheu INT (unkl.) o!, ach!, wehe!

eho(dum) INT *Com.* he!, heda!, hör mal!

ei INT (vkl.) *poet* wehe!; **ei mihi = vae mihi** weh mir

eia INT *Com.*
1 ei!; **~ vero** ei der Tausend!
2 wohlan!, frischauf!

ē-iaculārī ⟨or, ātus sum 1.⟩ (nachkl.) *poet* herauswerfen, herausschleudern; **se eiaculari** emporschießen

eiaculatio ⟨eiaculationis⟩ F (nlat.) MED Samenerguss

ē-icere ⟨iciō, iēcī, iectum 3.⟩ ||iacere²||
1 hinauswerfen, vertreiben, *ab loco/ex loco/de loco* von einem Ort; **uxorem ~** die Ehefrau ver-

stoßen; **cadaver ~** die Leiche den Hunden und Vögeln zum Fraß vorwerfen; **vocem ~** ein Wort hervorstoßen; **linguam ~** die Zunge herausstrecken; **superstitionem ~** den Aberglauben ausrotten; **se ~** hinauseilen; **voluptates se eiciunt** *fig* die Leidenschaften brechen hervor

2 von sich geben, ausspeien; **mare eicit beluam** das Meer gebiert ein Ungeheuer; **~ sentinam huius urbis** den Auswurf dieser Stadt ausstoßen

3 SCHIFF rasch anlegen; *passiv* stranden; **navis eiecta in litore** an der Küste gestrandetes Schiff

4 *einen Schauspieler* auspfeifen; *passiv* durchfallen

5 verwerfen, abweisen

eid. *Abk (Inschrift)* = **eidus = Idus** die Iden
ē-iēcī → eicere
ēiectāmentum ⟨ī⟩ N̄ ‖eiectare‖ (*nachkl.*) Auswurf
ēiectāre ⟨ō, -, - 3.⟩ ‖eicere‖ *poet* auswerfen, herauswerfen; ausspeien
ēiectiō ⟨ēiectiōnis⟩ F̄ ‖eicere‖ Vertreibung, Verbannung
ēiectum ⟨ī⟩ N̄ ‖eicere‖ *Plin.* ARCH Vorsprung
ēiectus¹ ⟨a, um⟩ ADJ ‖eicere‖ schiffbrüchig
ēiectus² ⟨ūs⟩ M̄ *Lucr.* Hervorstoßen *des Atems*
ē-iectus³ ⟨a, um⟩ PPP → eicere
ēier... = **eiur...**
ēiulāre ⟨ō, āvī, ātum 1.⟩ aufheulen, wehklagen
ēiulātiō ⟨ēiulātiōnis⟩ F̄, **ēiulātus** ⟨ēiulātūs⟩ M̄ ‖eiulare‖ lautes Geheul, Wehgeschrei
ē-iūrāre ⟨ō, āvī, ātum 1.⟩

1 *etw* abschwören, *etw* förmlich ablehnen, *aliquid*; **bonam copiam ~** sich für bankrott erklären; **iudicem ~** einen Richter als befangen ablehnen

2 (*nachkl.*) ein Amt feierlich ablegen

3 *fig* sich förmlich lossagen, *aliquid* von etw, **patriam** vom Vaterland

ēiūrātiō ⟨ēiūrātiōnis⟩ F̄ ‖eiurare‖ (*nachkl.*) das feierliche Entsagen, feierliche Amtsniederlegung
ēiusdem-modī ‖idem, modus‖ von derselben Art, so beschaffen
ēius-modī ‖is, modus‖ derart(ig), solcher; **res rusticae eiusmodi sunt, ut** die Landwirtschaft ist von der Art, dass
ē-lābī ⟨lābor, lāpsus sum 3.⟩

1 herausgleiten; herabgleiten; **animal ex utero elabitur** das Lebewesen gleitet aus dem Mutterleib

2 von Sachen unbemerkt entgleiten, entfallen; **sica e manu/manu elapsa est** der Dolch entglitt der Hand

3 (*nachkl.*) MED von Gliedern verrenkt werden

4 entrinnen, entkommen, *absolut od alicui/alicui rei* j-m/einer Sache, *ex re/de re* aus einer Sache; **e proelio ~** aus der Schlacht entkommen; **omni suspicione ~** jedem Verdacht entkommen; **rei publicae status elapsus est e manibus** die Lage des Staates ist ein Spielball des Zufalls geworden

5 *fig* vergehen, aufhören, vergessen werden; **e memoria ~** dem Gedächtnis entfallen

6 *fig* ohne Strafe davonkommen; **ex iudicio ~** vor Gericht straflos davonkommen

7 (*nachkl.*) *fig* geraten, *in aliquid* in etw, **in servitutem** in die Sklaverei

8 *Verg.* emporgleiten, hinaufschlagen; **ignis frondes elapsus in altas est** das Feuer schlug zum hohen Laub empor

ē-labōrāre ⟨ō, āvī, ātum 1.⟩

A V̄T̄ (*nachkl.*) *poet* sorgfältig ausarbeiten, ausführen

B V̄Ī sich eifrig bemühen, sich anstrengen, *absolut od in re/aliquid* in etw, *ut/ne* dass/dass nicht, *+inf*, **in litteris** in den Wissenschaften

ēlabōrātus ⟨a, um⟩ ADJ ‖elaborare‖ sorgfältig ausgearbeitet; *meton* gekünstelt; *von Personen* gründlich gebildet, *in re* in etw
ē-lāmentābilis ⟨ēlāmentābile⟩ ADJ kläglich
ē-languēscere ⟨languēscō, languī, - 3.⟩ (*vkl.*, *nachkl.*) von Personen u. Sachen, ermatten; *fig* ins Stocken geraten; **arbor languescit** der Baum geht ein
ē-largīrī ⟨ior, ītus sum 4.⟩ *Pers.* spenden, vergeuden
ēlātiō ⟨ēlātiōnis⟩ F̄ ‖efferre‖

1 (*nachkl.*) Hinaustragen, Erhebung

2 *fig* Aufschwung, Schwung, **orationis** der Rede

3 *fig* Überordnung

ē-lātrāre ⟨ō, -, - 1.⟩ (*spätl.*) *poet* herausbellen, herauspoltern
ēlātus¹ ⟨a, um, *adv* ēlātē⟩ ADJ ‖efferre‖

1 (*nachkl.*) hochgehoben, hoch

2 *Quint.* vom Ton hoch

3 RHET erhaben, pathetisch

4 stolz, übermütig

ē-lātus² ⟨a, um⟩ PPP → efferre
ēlavāre ⟨ō, āvī, ātum 1.⟩ = eluere
Elaver ⟨Elaveris⟩ M̄ linker Nebenfluss des Liger, heute Allier
Elea ⟨ae⟩ F̄ lat. Velia, Stadt in Unteritalien, 40 km s. von Paestum, dort Ruinen von Velia; Geburtsort der Philos. Parmenides u. Zenon, Sitz der Eleatischen Schule
Eleātēs ⟨Eleātae⟩ M̄ Einwohner von Elea
Eleāticus ⟨a, um⟩ ADJ eleatisch, aus Elea
ēlecebra ⟨ae⟩ F̄ ‖elicere‖ *von einer Prostituierten* „Entlockerin" *des Geldes*

ēlectāre¹ ⟨ō, āvī, ātum 1.⟩ ||elicere|| *Plaut.* herauslocken

ēlectāre² ⟨ō, āvī, ātum 1.⟩ ||eligere|| *Plaut.* auswählen

ēlectilis ⟨ēlēctile⟩ ADJ ||eligere|| *(vkl., nachkl.)* auserlesen

ēlēctiō ⟨ēlēctiōnis⟩ F ||eligere|| Auswahl, Wahl; MIL Aushebung von Soldaten; *(spätl.)* Kaiserwahl; **electiones vitiatarum** Entscheidungen vergewaltigter Mädchen *zwischen der Hinrichtung des Vergewaltigers u. der Heirat mit ihm*

elector ⟨electoris⟩ M *(mlat.)* Wähler, Kurfürst

Ēlectra ⟨ae⟩ F
1 Tochter des Atlas, von Jupiter Mutter des Dardanus
2 Tochter des Agamemnon, Schwester des Orest u. der Iphigenie, Gattin des Pylades

ēlectrum ⟨ī⟩ N
1 *poet* Bernstein; *pl meton* Bernsteintropfen
2 *Verg.* Elektron, *Legierung von drei bis vier Teilen Gold u. einem Teil Silber*

ēlectuārium ⟨ī⟩ N ||elicere|| *(spätl.)* ein Medikament

ēlēctus¹ ⟨a, um, adv ēlēctē⟩ ADJ ||eligere|| auserlesen; *adv* mit Auswahl

ēlēctus² ⟨ēlēctūs⟩ M ||eligere|| *Ov.* Wahl

ē-lēctus³ ⟨a, um⟩ PPP → eligere

eleēmosyna ⟨ae⟩ F Mitleid; *(eccl.)* Almosen

ēlegāns ⟨ēlegantis, adv ēleganter⟩ ADJ ||eligere||
1 *von Personen* wählerisch, *auch pej*; geschmackvoll, gebildet; **ēlegantēs** feine Leute, gebildete Redner
2 *von Sachen* geschmackvoll; logisch; **artes elegantes** feine Künste; **eleganter scribere** geschmackvoll schreiben; **eleganter Latine loqui** gewandt Lateinisch sprechen
▶ deutsch: elegant

ēlegantia ⟨ae⟩ F ||elegans||
1 feiner Geschmack, feines Benehmen
2 Feinheit *im Ausdruck*; wissenschaftliche Genauigkeit
3 RHET Korrektheit, logische Richtigkeit
▶ deutsch: Eleganz

ē-lēgāre ⟨ō, āvī, -1.⟩ *(nachkl.)* testamentarisch vermachen

elegē(i)a ⟨ae⟩ F *(nachkl.) poet* elegisches Gedicht

elegēon, elegēum ⟨ī⟩ N *(nachkl.) poet* elegisches Gedicht

elegī¹ ⟨ōrum⟩ M elegische Verse, *Verbindung von Hexameter u. Pentameter;* Elegie

ē-lēgī² → eligere

elegīa ⟨ae⟩ F = **elegeia**

Elelēides ⟨Elelēidum⟩ F ||Eleleus|| Bacchantinnen

Elelēus ⟨Elelēī⟩ M der Jubelnde, *Beiname des Bacchus*

 elegia

Nach allgemeiner Auffassung entwickelte sich die Elegie (**elegia**) aus Totengesängen oder Votivinschriften. Sie besteht aus Distichen (Hexameter und Pentameter) und behandelt vor allem erotische Themen, besonders häufig den Liebeskummer des lyrischen Ich. Zu den berühmtesten Elegiendichtern gehörten Tibull, Properz und Ovid.

METRIK ◀

elementārius ⟨a, um⟩ ADJ ||elementum|| *(nachkl.)* zu den Anfangsgründen gehörig

elementum ⟨ī⟩ N
1 PL Buchstaben, Alphabet
2 PHIL Urstoff, Element
3 PL Anfänge, Grundlehren; **pueros elementa docere** die Knaben die Grundbegriffe *im Lesen u. Schreiben* lehren; **decem elementa Aristotelis** die zehn Kategorien des Aristoteles
4 PL *fig* Anfänge; **elementa Romae** die Anfänge Roms
5 prima elementa *Quint. meton* die Elementarschüler

elēmosyna ⟨ae⟩ F = **eleemosyna**

elenchus ⟨ī⟩ M *(nachkl.)*
1 *poet* Tropfenperle, *birnenförmiges Ohrgehänge der röm. Damen*
2 *poet* Register, Katalog

elephantus ⟨ī⟩ M, *(nachkl.)* **elephās** ⟨elephantis⟩ M
1 Elefant
2 *meton* Elfenbein
3 *Lucr.* Elephantiasis, *Krankheit*

Ēlēus
A ⟨a, um⟩ ADJ aus Elis, olympisch
B ⟨ī⟩ M Einwohner von Elis

Eleusīn ⟨Eleusīnis⟩ F Eleusis, *Heiligtum u. Mittelpunkt des Demeterkultes, nw. von Athen, Ort u. Name erhalten*

Eleusīnius ⟨a, um⟩ ADJ eleusinisch, aus Eleusis

Eleutheria ⟨ōrum⟩ N *Plaut.* die Eleutherien, *Fest der Befreiung zur Erinnerung an den Sieg der Griechen über die Perser bei Plataeae 479 v. Chr., alljährlich zu Ehren des Zeus begangen*

ē-levāre ⟨ō, āvī, ātum 1.⟩
1 aufheben, aufrichten
2 *fig* mindern, erleichtern; **aegritudinem ~** Kummer lindern; **suspiciones ~** Verdächtigungen abschwächen; **index indiciumque levabatur** Anzeiger und Anzeige verloren an Glaubwürdigkeit

3 *fig* verkleinern, herabsetzen
ēlevātiō ⟨ēlevātiōnis⟩ F̲ ‖elevare‖ Aufheben; *Quint. fig* ironisches Lob
Elias ⟨Ēliadis⟩ ADJ aus Elis, olympisch
ē-licere ⟨liciō, licuī, licitum 3.⟩

1 herauslocken, herbeilocken; **hostem ex paludibus ~** den Feind aus den Sümpfen herauslocken

2 durch Zauberformeln herbeirufen, herzaubern; **inferorum animas ~** die Seelen der Unterirdischen herbeirufen

3 *fig* verlocken, reizen, *aliquem ad aliquid* j-n zu etw; **aliquem ad disputandum** j-n zum Diskutieren

4 *fig* zutage fördern, hervorbringen; **ferrum e terrae cavernis ~** das Eisen aus dem Innern der Erde fördern

5 *fig* entlocken, abnötigen, **alicui responsum** j-m eine Antwort

6 *fig* ermitteln, erforschen, **causam alicuius rei** die Ursache von etw

Elicius ⟨a, um⟩ ADJ der im Blitz Herniederfahrende, Beiname des Jupiter

ē-līdere ⟨līdō, līsī, līsum 3.⟩ ‖laedere‖

1 herausschlagen, heraustreiben; **morbum nervis ~** die Krankheit aus dem Körper treiben; **oculi elisi** hervortretende Augen; **imago retrorsum eliditur** *Lucr.* das Bild wird zurückgeworfen

2 *Gell.* GRAM durch Synkope ausstoßen, elidieren, **litteras** Buchstaben

3 zerschlagen,; *fig* vernichten; **naves tempestate ~** Schiffe durch einen Sturm zerschmettern; **fauces alicuius ~** j-n erwürgen; **omnes nervos virtutis ~** alle Ansätze der Tugend abtöten; **aegritudine elidi** vor Kummer umkommen

ē-ligere ⟨ligō, lēgī, lēctum 3.⟩ ‖legere‖

1 (*vkl., nachkl.*) ausjäten, ausraufen, **herbas steriles** Unkräuter; **stirpes superstitionis ~** *fig* die Wurzeln des Aberglaubens ausrotten

2 *fig* aussuchen, auswählen, *alicui aliquid* j-m etw, *ex re*|*de re*|*re* aus etw, *aliquid ad aliquid*|*alicui rei* etw für etw; **milites ~** Soldaten auswählen; **sibi sedem ~** sich einen Wohnsitz aussuchen; **ex omnibus legionibus fortissimos viros ~** aus allen Legionen die tapfersten Männer aussuchen; **aliquem legatum ~** j-n als Gesandten auswählen

ē-līmāre ⟨ō, āvī, ātum 1.⟩ ausfeilen, kunstvoll bearbeiten; **catenas ex aere ~** Ketten aus Erz arbeiten; **rationes ~** Grundsätze ausarbeiten

ē-līmināre ⟨ō, āvī, ātum 1.⟩ ‖limen‖ (*vkl.*)
1 *poet* über die Schwelle setzen, aus dem Haus treiben

2 *fig* ausplaudern

ē-linguāre ⟨ō, āvī, - 1.⟩ ‖ex, lingua‖ *Plaut.* die Zunge abschneiden, *aliquem* j-m

ē-linguis ⟨ēlingue⟩ ADJ ‖lingua‖ sprachlos; *fig* nicht redegewandt

ē-liquāre ⟨ō, -, ātum 1.⟩ (*nachkl.*) *poet* filtern; *fig* lispeln

Elis ⟨Ēlidis⟩ F̲ westlichste Landschaft der Peloponnes mit gleichnamiger Hauptstadt, Ruinen von Elis|Ilis 12 km nö. von Gastúni

ē-līsī → elidere

ēlīsiō ⟨ēlīsiōnis⟩ F̲ ‖elidere‖ (*nachkl.*)
1 Herausstoßen, Herauspressen
2 GRAM Elision

Elissa ⟨ae⟩ F̲ anderer Name der Königin Dido von Karthago

ē-līsus ⟨a, um⟩ PPP → elidere

Ēlius ⟨a, um *u.* ī⟩ ADJ M = **Eleus**

ē-lix ⟨ēlicis⟩ M̲ ‖liquere‖ (*nachkl.*) *poet* Wasserfurche *in den Kornfeldern zur Ableitung des Wassers*

ēlixus ⟨a, um⟩ ADJ ‖liquere‖ (*unkl.*) gekocht; *fig* stark schwitzend

ellam = **em illam**; → **em**

ellebor... = **hellebor...**

ellīpsis ⟨ellīpsis, *akk* ellīpsin⟩ F̲ *Quint.* GRAM Auslassung *eines Wortes*, Ellipse

ellops ⟨ellopis⟩ M̲ = **helops**

elluārī ⟨or, ātus sum 1.⟩ = **helluari**

elluātiō ⟨elluātiōnis⟩ F̲ = **helluatio**

ellum = **em illum**; → **em**

elluō ⟨elluōnis⟩ M̲ = **helluo**

ē-locāre ⟨ō, āvī, ātum 1.⟩ verpachten; **~ gentem** ein Volk zinspflichtig machen

ēlocūtiō ⟨ēlocūtiōnis⟩ F̲ ‖eloqui‖ rednerischer Ausdruck, Stil

ēlocūtōria ⟨ae⟩ F̲ ‖elocutorius‖ Redekunst

ēlocūtōrius ⟨a, um⟩ ADJ ‖eloqui‖ *Quint.* den Stil betreffend

ēlocūtrīx ⟨ēlocūtrīcis⟩ F̲ ‖eloqui‖ *Quint.* Redekunst

ēlogium ⟨ī⟩ N̲

1 (rühmende) Inschrift *auf Grabsteinen*; *Plaut.* auch *pej* Schmähschrift

2 Zusatz *im Testament*, Klausel

3 (*nachkl.*) Schuldregister *eines Verbrechers*; (*eccl.*) Sündenregister

elops ⟨elopis⟩ M̲ = **helops**

ēloquēns
A ⟨ēloquentis⟩ ADJ, ADV ⟨ēloquenter⟩ ‖eloqui‖ beredt, → **disertus, facundus**
B ⟨ēloquentis⟩ M̲ vollkommener Redner
▶ deutsch: **eloquent**
    englisch: **eloquent**
    französisch: **éloquent**
    spanisch: **elocuente**
    italienisch: **eloquente**

ēloquentia ⟨ae⟩ F ||eloquens||
1 Beredsamkeit; **~ est copiose loquens sapientia** *Cic.* Beredsamkeit ist die gedankenreich redende Weisheit
2 (*mlat.*) Kunst Lateinisch zu reden und zu schreiben; **vulgaris ~** das Dichten in der Muttersprache

ē-loquī ⟨loquor, locūtus sum 3.⟩ aussprechen; RHET vortragen; **cogitata praeclare ~** Gedanken klar ausdrücken

ēloquium ⟨ī⟩ N ||eloqui|| (*nachkl.*)
1 = elocutio
2 = eloquentia

ēlōtum PPP = elautum; → eluere

ēlūcēns ⟨ēlūcentis⟩ ADJ ||elucere|| (*vkl.*) herausleuchtend, hervorleuchtend

ē-lūcēre ⟨lūceo, lūxī, - 2.⟩
1 hervorleuchten
2 *fig von Personen u. Sachen* in die Augen fallen, sich auszeichnen; **inter ceteros ~** die Übrigen überstrahlen

ēluctābilis ⟨ēluctābile⟩ ADJ ||eluctari|| *Sen.* überwindbar

ē-luctārī ⟨or, ātus sum 1.⟩
A VI (*nachkl.*) sich hervorringen, mit Mühe hervordringen; **verba eluctantur** Worte dringen mit Mühe hervor
B VT sich aus *etw* herausarbeiten, *etw* mit Mühe überwinden, *aliquid*; **difficultates ~** Schwierigkeiten mit Mühe überwinden

ē-lūcubrāre ⟨ō, āvī, ātum 1.⟩, **ē-lūcubrārī** ⟨or, ātus sum 1.⟩ bei Licht ausarbeiten, bei Licht schreiben

ē-lūdere ⟨lūdō, lūsī, lūsum 3.⟩
A VI
1 spielend heraustreten, heranplätschern
2 *Fechtersprache* einem Hieb ausweichen; *allg.* ausweichen

B VT
1 (*vkl., nachkl.*) *j-m etw* abgewinnen, *aliquem aliquid*; *j-n* im Spiel besiegen; **aliquem ~ anulum** *j-m* einen Ring abgewinnen; **militem in alea ~** einen Soldaten im Würfelspiel besiegen
2 (*nachkl.*) *poet* ausweichen, entgehen, *aliquid* einer Sache; **hastas ~** den Lanzen ausweichen
3 mit *j-m* sein Spiel treiben, *j-n* verspotten, *aliquem*; **paucitatem hostium ~** die geringe Anzahl der Feinde verhöhnen; **Cynicum ~** den Kyniker abfertigen
4 vereiteln; hintertreiben; **~ alicuius gloriam** *j-s* Ruhm vereiteln

ē-lūdificārī ⟨or, ātus sum 1.⟩ *Plaut.* zum Besten halten

ē-luere
A ⟨luō, luī, lūtum 3.⟩ ||luere|| VT
1 auswaschen, reinigen, **corpus** den Körper; **sanguinem ~** das Blut abwaschen
2 *fig* tilgen, entfernen, **maculas** die Makel; **amicitias ~** Freundschaften allmählich auflösen

B ⟨luō, lāvī, lautum 3.⟩ ||lavare|| VI *Plaut.*
1 (sich) baden
2 Schiffbruch erleiden
3 sich durch Verschwendung ruinieren

ē-lūgēre ⟨lūgeō, lūxī, - 2.⟩
A VI die übliche Zeit trauern
B VT die übliche Zeit betrauern, *aliquem* jdn

ē-lumbis ⟨ēlumbe⟩ ADJ ||lumbus|| (*nachkl.*) lahm; *fig von der Rede* schleppend

ēlūtus¹ ⟨a, um⟩ ADJ ||eluere|| (*nachkl.*) *poet* saftlos, kraftlos

ē-lūtus² ⟨a, um⟩ PPP → eluere

ēluviēs ⟨ēluviēī⟩ F ||eluere||
1 (*nachkl.*) *poet* Überschwemmung, Überflutung, **maris** durch das Meer
2 Wellengrab, Grab
3 Abwasser
4 Lache, Pfütze
5 ausgespülte Schlucht

ēluviō ⟨ēluviōnis⟩ F ||eluere|| Überschwemmung, *alicuius rei* von *etw od* durch *etw*, **terrarum** der Landschaft, **aquarum** durch Wassermassen

Elysium ⟨ī⟩ N MYTH *Wohnsitz der Seligen*
Elysius ⟨a, um⟩ ADJ elysisch

em INT da!, sieh da!; **em illum** da ist er!; **em illam** da ist sie!

em. *Abk* (*nlat.*) = **emeritus**; → emereri

ē-macerāre ⟨ō, -, ātum 1.⟩ (*nachkl.*) ausmergeln

emācitās ⟨emācitātis⟩ F ||emax|| (*nachkl.*) Kaufsucht

ē-mānāre ⟨ō, āvī, ātum 1.⟩
1 (*nachkl.*) *poet* herausfließen
2 *fig von Personen u. Sachen* entspringen, entstehen
3 sich verbreiten, bekannt werden; **emanat** *unpers* (*nachkl.*) es wird bekannt, +*AcI*

ē-mancāre ⟨ō, āvī, - 1.⟩ *Sen.* verstümmeln

ē-mancipāre ⟨ō, āvī, ātum 1.⟩
1 (*nachkl.*) JUR einen Sohn für selbstständig erklären
2 JUR ein Kind aus seiner Gewalt entlassen und einem anderen überlassen
3 (*nachkl.*) JUR abtreten; *fig* überlassen, abtreten, *alicui aliquid* j-m *etw*

ēmancipātiō ⟨ēmancipātiōnis⟩ F ||emancipare||
1 JUR Entlassung *eines Sohnes* aus der väterlichen Gewalt
2 JUR Abtretung von Grundstücken, **per aes et libram** durch förmliche Übergabe und in

Gegenwart von fünf Zeugen
▶ deutsch: **Emanzipation**
ē-manēre ⟨maneō, mānsī, mānsum 2.⟩ (nachkl.) poet ausbleiben
ē-marcēscere ⟨marcēscō, marcuī, - 3.⟩ (nachkl.) dahinschwinden
Ēmathia ⟨ae⟩ F alter Name für Südmakedonien, Nordthessalien; poet = Makedonien, Thessalien
Ēmathides ⟨Ēmathidum⟩ F die Pieriden, die Musen
Ēmathis ⟨Ēmathidis⟩ F, **Ēmathius** ⟨a, um⟩ ADJ (süd)makedonisch, (nord)thessalisch
ē-mātūrēscere ⟨mātūrēscō, mātūruī, - 3.⟩ (nachkl.) poet völlig reif werden; fig nachlassen; **ira ematurescit** der Zorn lässt nach
emāx ⟨emācis⟩ ADJ ||emere|| kauflustig, kaufsüchtig
emblēma ⟨emblēmatis⟩ N

1 (nachkl.) Einlegearbeit, Mosaik
2 Quint. RHET Einschiebsel in einer Rede
3 Relief an Gefäßen
▶ deutsch: **Emblem**
embolium ⟨ī⟩ N pantomimisches Zwischenspiel; pl Streitereien unter Liebenden
embolus ⟨ī⟩ M

1 Kolben im Wasserdruckwerk
2 (nlat.) verschleppter Fremdkörper in der Blutbahn
ēmendābilis ⟨ēmendābile⟩ ADJ ||emendare|| (nachkl.) verbesserbar
ē-mendāre ⟨ō, āvī, ātum 1.⟩ ||mendum|| verbessern, vervollkommnen; ~ **alicuius libros** j-s Bücher verbessern; ~ **civitatem** die Bürgerschaft bessern
ēmendātiō ⟨ēmendātiōnis⟩ F ||emendare|| Verbesserung; (nachkl.) Besserung
ēmendātor ⟨ēmendātōris⟩ M ||emendare|| Verbesserer; Sittenrichter
ēmendātrīx ⟨ēmendātrīcis⟩ F ||emendator|| Verbesserin
ēmendātus ⟨a, um, adv ēmendātē⟩ ADJ ||emendare|| von Personen u. Sachen fehlerfrei, korrekt
ē-mendīcāre ⟨ō, -, - 1.⟩ (nachkl.) erbetteln
ē-mentīrī ⟨mentior, mentītus sum 4.⟩ erlügen, vorgeben; ~ **aliquem auctorem alicuius rei** j-n fälschlich als Urheber von etw angeben; ~ **aliquem** gegen j-n eine Lüge erfinden; **ementitus** auch passiv erlogen
ē-mentus ⟨a, um⟩ PPERF → eminisci
ē-mercārī ⟨or, ātus sum 1.⟩ (nachkl.) erkaufen; bestechen; **aditum principis** ~ den Zugang zum Fürsten erkaufen
emere ⟨emō, ēmī, ēmptum 3.⟩

1 kaufen; **domum de vicino/a vicino** ~ ein Haus vom Nachbarn kaufen; **aliquid grandi pecuniā/magno** ~ etw zu einem hohen Preis kaufen; ~ **parvo** billig kaufen; **minoris** ~ billiger kaufen; **pluris** ~ teurer kaufen
2 pachten
3 fig erkaufen, bestechen; **civitates aut vicerat Philippus aut emerat** Sen. Philipp hatte die Städte entweder besiegt oder bestochen
4 fig erkaufen, gewinnen; **nocet empta dolore voluptas** Hor. mit Schmerz erkauftes Vergnügen ist schädlich

ē-merēre ⟨mereō, meruī, meritum 2.⟩, **ē-merērī** ⟨mereor, meritus sum 2.⟩

1 verdienen, sich Verdienste erwerben
2 MIL ausdienen, seinen Dienst ableisten
ē-mergere ⟨mergō, mersī, mersum 3.⟩

A VT poet auftauchen lassen, emporheben; passiv u. **se** ~ auftauchen, emporkommen; **se** ~ **ex malis** fig sich aus dem Unglück hocharbeiten; **animum ab admiratione** ~ Liv. sich vom Staunen erholen

B VI

1 auftauchen; **equus ex flumine emergit** das Pferd taucht aus dem Fluss auf
2 sichtbar werden, entstehen; von Gestirnen aufgehen; **res emergit** die Sache wird klar
3 sich emporarbeiten, sich erholen, absolut od ex re/de re von etw, aus etw
ēmeritus

A ⟨a, um⟩ ADJ ||emerere/emererī||

1 ausgedient; unbrauchbar geworden; **rogus** ~ ausgebrannter Scheiterhaufen
2 beendigt, zu Ende gegangen
3 (nlat.) emeritiert, im Ruhestand, von Hochschullehrern u. Geistlichen

B ⟨ī⟩ M

1 verdienter Mann
2 MIL Veteran, ausgedienter Soldat
3 (nlat.) Hochschullehrer im Ruhestand, Geistlicher im Ruhestand
ē-metere ⟨metō, (messuī), messum 3.⟩ poet abmähen
ē-mētīrī ⟨mētior, mēnsus sum 4.⟩

1 (nachkl.) poet ausmessen, abmessen
2 fig einen Raum durchwandern, durchziehen; **tempus** ~ eine Zeit durchleben; **emensus** auch passiv durchschritten; **toto spatio emenso** nach Durchschreiten des ganzen Raumes; ~ **aliquem** j-n überleben
3 fig zuteilen, zukommen lassen, alicui aliquid j-m etw; **voluntatem tibi emetior** ich werde es dir gegenüber nicht an gutem Willen fehlen lassen
ēmī → emere
ē-micāre ⟨ō, āvī/uī, ātum 1.⟩ (nachkl.)

1 poet hervorzucken, hervorspringen; **fulgur emicat** ein Blitz zuckt hervor; **sanguis emicat**

das Blut spritzt heraus; **cor emicat** das Herz schlägt; **flamma ex oculis emicat** Feuer sprüht aus den Augen; **telum e nervo emicat** der Pfeil schnellt von der Sehne

2 *fig* hervorragen, hervorleuchten; **vir magnitudine animi emicat** ein Mann ragt hervor durch Großherzigkeit

ē-migrāre ⟨ō, āvī, ātum 1.⟩ auswandern, ausziehen; **domo ~** die Heimat verlassen; **e vita ~** aus dem Leben scheiden, sterben

ēmīna ⟨ae⟩ F̄ = **hemina**

ē-minārī ⟨or, ātus sum 1.⟩ *Plaut.* drohend aussprechen

ēminātiō ⟨ēminātiōnis⟩ F̄ ‖eminari‖ Androhung

ēminēns
A ⟨ēminentis⟩ ADJ ‖eminere‖
1 hervorragend, vorspringend
2 *fig* von Personen u. Sachen ausgezeichnet, glänzend; **oratores eminentes** hervorragende Redner
B ⟨ēminentis⟩ N̄ Vorsprung

ēminentēs ⟨ēminentium⟩ M̄ ‖eminens‖ hervorragende Persönlichkeiten

ēminentia¹ ⟨ēminentium⟩ N̄ ‖eminens‖ Glanzpartien *in einer Rede*

ēminentia² ⟨ae⟩ F̄ ‖eminens‖
1 Hervorragen, Erhöhung; **eminentiam habere** körperlich hervortreten
2 *Malerei* Licht(partien)
3 *meton* hervorragendes Talent
4 *(mlat.)* Erhabenheit, Hoheit
5 *(nlat.)* Eminenz, Titel der Kardinäle

ē-minēre ⟨eō, uī, - 2.⟩ ‖minae‖
1 herausragen, vorspringen; **~ inter ceteros** unter den Übrigen herausragen
2 *fig* hervortreten, sichtbar sein; **vox eminet** die Stimme klingt heraus
3 *fig von Personen u. Sachen* sich auszeichnen, sich hervortun, *re durch etw, in re* in etw

ē-minīscī ⟨minīscor, mentus sum 3.⟩ ‖meminī‖ *(unkl.)* ausdenken

ē-minus ADV ‖manus‖ von fern; in der Ferne; **~ pugnare** MIL in Schussweite kämpfen; ↔ **comminus**

ē-mīrārī ⟨or, ātus sum 1.⟩ *poet* sich über *etw* verwundern, *etw* anstaunen, *aliquid*

ēmissārium ⟨ī⟩ N̄ ‖emittere‖ Abzugsgraben, Kanal

ēmissārius ⟨ī⟩ M̄ ‖emittere‖ Sendbote, Späher; **equus ~** Zuchthengst

ēmissīcius ⟨a, um⟩ ADJ ‖emittere‖ *Plaut.* spähend; **oculus ~** spähendes Auge

ēmissiō ⟨ēmissiōnis⟩ F̄ ‖emittere‖
1 Wurf; **~ lapidum** Werfen von Steinen
2 Loslassen, Laufenlassen; **~ serpentis** Lassen einer Schlange

ēmissus ⟨ēmissūs⟩ M̄ ‖emittere‖ *Lucr.* das Entsenden

ē-mittere ⟨mittō, mīsī, missum 3.⟩
1 aussenden, MIL ausrücken lassen; **servum ~** einen Diener aussenden; **cohortes ex statione pabulatum ~** Kohorten aus dem Standquartier zum Futterholen ausschicken
2 *Geschosse* abschießen, werfen; **hastam in fines alicuius ~** eine Lanze in j-s Gebiet werfen; **aculeum in aliquem ~** *fig* j-n stechen
3 *Flüssiges* ablaufen lassen; **lacrimas ~** Tränen vergießen
4 *Schriften* herausgeben
5 *Töne* ausstoßen; **vocem ~** die Stimme hören lassen
6 **animam ~** den Geist aufgeben
7 *Personen* ausstoßen, verjagen; **aliquem ex urbe ~** j-n aus der Stadt jagen
8 loslassen, freilassen; **servum ~** einen Sklaven freilassen; **aliquem ex vinculis/e carcere ~** j-n aus dem Gefängnis entlassen
9 *Sklaven* freigeben; **servum e manu ~** einen Sklaven aus seiner Gewalt geben; **debitorem librā et aere liberatum ~** einen Schuldner förmlich freigeben
10 fallen lassen, loslassen; **arma e manu ~** Waffen aus der Hand fallen lassen

ē-moderārī ⟨or, - 1.⟩ *poet* mäßigen

ē-modulārī ⟨or, - 1.⟩ *Ov.* besingen, feiern

ēmolimentum ⟨ī⟩ N̄ = **emolumentum**

ē-mōlīrī ⟨mōlior, mōlītus sum 4.⟩
1 *Plaut.* zustande bringen
2 *Sen.* aufwühlen, in Bewegung bringen

ē-mollīre ⟨iō, īvī, ītum 4.⟩ *(nachkl.)*
1 erweichen, schlaff machen
2 *fig* mildern, **mores** die Sitten
3 *pej* schwächen, verweichlichen, **exercitum** das Heer

ēmolumentum ⟨ī⟩ N̄ Vorteil, Gewinn; **alicui emolumento esse** j-m von Nutzen sein

ē-monēre ⟨eō, -, - 2.⟩ ermahnen, auffordern

ē-morī ⟨morior, mortuus sum 3.⟩ *von Personen u. Sachen* absterben; *fig* vergehen

ēmortuālis ⟨ēmortuāle⟩ F̄ ‖emori‖ *Plaut.* Sterbe...; **dies ~** Sterbetag

ē-movēre ⟨moveō, mōvī, mōtum 2.⟩ *(nachkl.)* wegschaffen, entfernen; **multitudinem e foro ~** die Masse vom Forum wegschaffen; **curas dictis ~** Sorgen durch Worte verscheuchen; **culpas ~** Schuld tilgen; **postes cardine ~** die Tür aus den Angeln heben; **mens emota** verrückter Verstand; **articulum ~** ein Gelenk ausrenken

Empedoclēs ⟨Empedoclis⟩ M̄ griech. Philos. aus Akragas (Agrigent), um 450 v. Chr.

emphasis ⟨emphaseos, *akk* emphasim, *abl* emphasī⟩ F̄ Kraft des Ausdrucks
▶ deutsch: **Emphase**

empīricī ⟨ōrum⟩ M̄ die Empiriker, empirisch heilende Ärzte

empīricus ⟨a, um⟩ ADJ der Erfahrung folgend

emplastrum ⟨ī⟩ N̄ (vkl., nachkl.) MED Pflaster

Emporiae ⟨ārum⟩ F̄ Stadt in Hispania Tarraconensis, heute Ampurias bei Gerona, mit bedeutenden Ausgrabungen

emporium ⟨ī⟩ N̄ Handelsplatz, Markt

emporos ⟨ī⟩ M̄ Großkaufmann, Komödie des Philemon

empta ⟨ae⟩ F̄ ||emptus, PPP von emo|| (gekaufte) Sklavin

ēmptīcius ⟨a, um⟩ ADJ ||emere|| (vkl., nachkl.) gekauft

ēmptiō ⟨ēmptiōnis⟩ F̄ ||emere|| Kauf, Ankauf; **emptionem facere** einen Kauf abschließen

ēmptitāre ⟨ō, āvī, ātum 1.⟩ ||emere|| (vkl., nachkl.) aufkaufen; *fig* durch Bestechung erwerben

ēmptor ⟨ēmptōris⟩ M̄ ||emere|| Käufer

ēmptum ⟨ī⟩ N̄ ||emere|| Kauf, Kaufvertrag; **ex empto** gemäß dem Kaufvertrag

ēmptus ⟨a, um⟩ PPP → emere

ē-mūgīre ⟨iō, -, - 4.⟩ herausbrüllen, *auch vom Redner*

ē-mulgēre ⟨mulgeō, -, mulsum 2.⟩ (nachkl.) ausmelken; *fig* ausschöpfen

ēmūnctiō ⟨ēmūnctiōnis⟩ F̄ ||emungere|| Quint. das Naseputzen

ēmūnctus ⟨a, um⟩ ADJ ||emungere|| (nachkl.) poet ausgeschnäuzt; scharf witternd; **homo emunctae naris** gewitzter Kopf

ē-mundāre ⟨ō, āvī, ātum 1.⟩ (nachkl.) gründlich reinigen

ē-mungere ⟨mungō, mūnxī, mūnctum 3.⟩ (unkl.)
1 *passiv u.* **se ~** sich die Nase putzen
2 *fig* betrügen, *aliquem re* j-n um etw

ē-mūnīre ⟨iō, iī/īvī, ītum 4.⟩ (nachkl.)
1 aufbauen, **murum** eine Mauer
2 stark befestigen, **locum** einen Ort
3 gangbar machen; **postes obice ~** Türen versperren; **silvas et paludes ~** Wälder und Sümpfe mit Wegen versehen

ē-mūnxī → emungere

ēmussitātus ⟨a, um⟩ ADJ ||amussis|| Plaut. genau abgemessen, tadellos

ē-mūtāre ⟨ō, -, ātum 1.⟩ (nachkl.) poet umändern

ēmūtātiō ⟨ēmūtātiōnis⟩ F̄ ||emutare|| Quint. Umänderung

ēn INT
1 hinweisend sieh da!, da hast du!, da habt ihr!, +nom/+akk; **en causa/en causam** das ist der Grund; **en ego** da bin ich!; **en cui tu liberos committas** sieh, wem du die Kinder anvertraust
2 (nachkl.) auffordernd wohlan, +imp; **en accipe et age** so nimm und handle
3 *dir u. indir fragend* wohl?, etwa?, ob wohl?, ob etwa?; **en umquam?** ob wohl irgendwann?

ē-nāre ⟨ō, āvī, ātum 1.⟩
1 herausschwimmen; (vkl., nachkl.) durch Schwimmen sich retten
2 *fig* entfliegen

ēnarrābilis ⟨ēnarrābile⟩ ADJ ||enarrare|| (nachkl.) poet erzählbar

ē-narrāre ⟨ō, āvī, ātum 1.⟩ ausführlich erzählen, beschreiben, *alicui aliquid* j-m etw; (nachkl.) interpretieren

ēnarrātiō ⟨ēnarrātiōnis⟩ F̄ ||enarrare||
1 **syllabarum ~** Skandieren
2 Erklärung, Interpretation *eines Textes*

ē-nāscī ⟨nāscor, nātus sum 3.⟩ herauswachsen; (nachkl.) *fig* entstehen

ē-natāre ⟨ō, āvī, ātum 1.⟩
1 (nachkl.) poet herausschwimmen, sich schwimmend retten, **ex naufragio ~** aus dem Schiffbruch, **in terram** an Land
2 *fig* sich heraushelfen *aus einer misslichen Lage*

ē-nāvigāre ⟨ō, āvī, ātum 1.⟩
A V̄I (nachkl.) absegeln, hinausfahren
B V̄T (nachkl.) poet durchfahren, befahren, **sinum** die Meerenge

encaustus ⟨a, um⟩ ADJ Mart. eingebrannt, enkaustisch, *antikes Malverfahren mit durch Wachs gebundenen Farben, die heiß aufgetragen oder durch einen heißen Spachtel mit dem Malgrund verschmolzen wurden*

Enceladus ⟨ī⟩ M̄ Gigant, von Jupiter getötet u. unter dem Ätna begraben

encomium ⟨ī⟩ N̄ (mlat.) Loblied, Lobrede

encyclios ⟨on⟩ ADJ Verg. einen Kreis bildend; **~ (omnium doctrinarum) disciplina** umfassende (enzyklopädische) Bildung

endo PRÄP (altl.) in; **~ caelo locare** in den Himmel versetzen

endo-plōrāre ⟨ō, -, - 1.⟩ (altl.) = **implorare**

endromis ⟨endromidis *akk*, *auch* endromida *u.* endromidam, *akk pl* endromidas⟩ F̄ poet warmer Überwurf aus Wolle

Endymiōn ⟨Endymiōnis⟩ M̄ Geliebter der Selene/Luna, von ihr in ewigen Schlaf versetzt

ē-necāre ⟨necō, necuī (necāvī), nectum 1.⟩ (vkl., nachkl.) langsam umbringen, zu Tode quälen

ēnectus ⟨a, um⟩ PPP fast getötet, zu Tode erschöpft, *re* durch etw

ē-nervāre ⟨ō, āvī, ātum 1.⟩ ||ex, nervus|| entkräften, lähmen

ēnervātus ⟨a, um⟩ ADJ ||enervare|| kraftlos, weichlich

ēnervis ⟨ēnerve⟩ ADJ ||enervare|| (nachkl.) unmännlich; *fig* kraftlos

Engonasi(n) M *indekl* Kniender, *als Sternbild, später Herkules genannt*

e-nim ||nam||

A ADV *bekräftigend* in der Tat, sicherlich, *auch iron*; **at ~/sed ~** aber freilich; **quia ~** *Com.* weil ja, weil wirklich

B KONJ *nie am Satzanfang, meist nach dem ersten Wort des Satzes*

1 *erklärend* nämlich
2 *begründend* denn
3 *zum Beispiel*
4 *bei Erwiderungen* ja, denn
5 **quid ~?** was denn?, wieso?

enim-vērō ADV (ja) wahrhaftig, in der Tat; *iron* (aber) freilich

Enīpeūs ⟨Enīpeī *u.* Enīpeos⟩ M

1 *rechter Nebenfluss des Peneios in Thessalien, heute Tsanarlis, im Mythos Flussgott*
2 *rechter Nebenfluss des Alpheios, w. von Olympia einmündend, heute Lestenitsa*

ē-nitēre ⟨eō, uī, - 2.⟩ (nachkl.) *poet* hervorleuchten, strahlen, (klass.) *nur fig*; **Catonis virtus in bello enituit** *fig* die Tapferkeit des Cato leuchtete im Krieg

ēnitēscere ⟨nitēscō, nituī, - 3.⟩ ||enitere|| (unkl.) = **enitere**

ē-nītī ⟨nītor, nīxus sum/nīsus sum 3.⟩

A Vi

1 (unkl.) emporstreben, sich emporarbeiten, **in verticem montis** zum Gipfel des Berges
2 *fig* sich anstrengen, sich bemühen, *ad aliquid* nach etw, *ut*/*ne*/*+inf*; **ad dicendum ~** sich um Beredsamkeit bemühen; **enixum est** es wurde darauf hingearbeitet

B VT

1 (unkl.) gebären, *von Tieren* werfen; **enixus** *auch passiv* geboren
2 ersteigen
3 *fig* erstreben, erreichen

ē-nituī → **enitere** *u.* → **enitescere**

ē-nīxus ⟨a, um, *adv* ēnīxē⟩ ADJ ||eniti|| angestrengt, eifrig

Enna ⟨ae⟩ F → **Henna**

Ennaeus ⟨a, um⟩ ADJ → **Henna**

Ennēnsis ⟨Ennēnse⟩ ADJ → **Henna**

Ennius ⟨ī⟩ M *Quintus Ennius aus Rudiae in Kalabrien, 239–169 v. Chr., Schöpfer des röm. Epos (*Annales *= Geschichte Roms von Aeneas bis zu seiner Zeit in Hexametern), Verfasser auch von Komödien, Tragödien u.* saturae

ennosigaeus ⟨ī⟩ M Erderschütterer, *Beiname des Poseidon*/*Neptun*

ē-nōdāre ⟨ō, āvī, ātum 1.⟩

1 (vkl., nachkl.) einen Knoten lösen
2 *fig* entwirren; etymologisch erklären

ēnōdātiō ⟨ēnōdātiōnis⟩ F ||enodare|| „Auflösung eines Knotens", Entwicklung

ēnōdātus ⟨a, um, *adv* ēnōdātē⟩ ADJ ||enodare|| deutlich, ausführlich

ēnōdis ⟨ēnōde⟩ ADJ ||enodare|| (nachkl.) *poet* ohne Knoten; *fig* geglättet

ē-nōrmis ⟨ēnōrme, *adv* ēnōrmiter⟩ ADJ ||ex, norma|| (nachkl.)

1 unregelmäßig
2 übermäßig groß, ungeheuer

ēnōrmitās ⟨ēnōrmitātis⟩ F ||enormis|| (nachkl.)

1 Unregelmäßigkeit
2 übermäßig, ungeheuer

ē-notāre ⟨ō, āvī, ātum 1.⟩ (nachkl.) aufzeichnen

ē-nōtēscere ⟨nōtēscō, nōtuī, - 3.⟩ (nachkl.) allgemein bekannt werden

ēns

A ⟨entis⟩ PPR ||esse|| seiend

B ⟨entis⟩ N *u.* PL PHIL das Seiende; **ens reale** (mlat.) das wirklich Existierende; **ens realissimum** (mlat.) Gott als höchste Wirklichkeit

ēnsiculus ⟨ī⟩ M ||ensis|| *Plaut.* kleines Schwert

ēnsi-fer ⟨ēnsifera, ēnsiferum⟩ ADJ ||ensis, ferre||, **ēnsi-ger** ⟨ēnsigera, ēnsigerum⟩ ADJ ||ensis, gerere|| *poet* schwerttragend, schwertführend

ēnsis ⟨ēnsis⟩ M (unkl.) zweischneidiges Langschwert

enterocēlē ⟨enterocēlēs⟩ F (nachkl., *Mart.*) Darmbruch

enterocēlicus ⟨a, um⟩ ADJ mit einem Darmbruch

entheātus, entheus ⟨a, um⟩ ADJ *Mart.* (gott)begeistert; begeisternd

enthȳmēma ⟨enthȳmēmatis⟩ N

1 bündiger Gedanke
2 *log.* abgekürzter Schluss, Schlussfolge aus dem Gegenteil

entia ⟨entium⟩ N → **ens**

entitas ⟨entitatis⟩ F (mlat.) Wesen *eines Dinges*

ē-nūbere ⟨nūbō, nūpsī, nuptum 3.⟩ *Liv.* aus einem Stand in einen anderen *od* aus einer Stadt herausheiraten, wegheiraten, *von Frauen*; **e patribus ~** aus dem Patrizierstand herausheiraten

ē-nucleāre ⟨ō, āvī, ātum 1.⟩ ||ex, nucleus||

1 (nachkl.) entkernen
2 *fig* genau erläutern, sorgfältig behandeln; **suffragia ~** die Stimmen voller Überzeugung abgeben
3 *fig* austüfteln, spitzfindig ausführen

ēnucleātus ⟨a, um, *adv* ēnucleātē⟩ ADJ ||enucleare|| bündig, klar und deutlich

ENUM

ē-numerāre ⟨ō, āvī, ātum 1.⟩
1. ausrechnen, berechnen
2. aufzählen

ēnumerātiō ⟨ēnumerātiōnis⟩ F ||enumerare||
1. Aufzählung
2. RHET zusammenfassende Wiederholung

ē-nūntiāre ⟨ō, āvī, ātum 1.⟩
1. *Geheimes* ausplaudern, verraten
2. aussagen, aussprechen, **aliquid verbis** etw mit Worten

ēnūntiātiō ⟨ēnūntiātiōnis⟩ F ||enuntiare|| Aussage; Satz

ēnūntiātīvus ⟨a, um⟩ ADJ ||enuntiare|| Aussage..., ausgesagt

ēnūntiātrīx ⟨ēnūntiātrīcis⟩ F ||enuntiare|| *Quint.* die mit Worten *etw* aussagt; **ars ~** die Kunst, mit Worten etw auszusagen

ēnūntiātum ⟨ī⟩ N ||enuntiare|| Satz

ēnuptiō ⟨ēnuptiōnis⟩ F ||enubere|| *Liv.* das Wegheiraten *einer Frau*

ē-nūtrīre ⟨iō, īvī, ītum 4.⟩ (*nachkl.*) *poet* ernähren, großziehen

eō[1] ADV ||is||

eō[2] → īre
1. *örtl.* dort; so weit; (noch) dazu; **res erat ~ iam loci, ut** *fig* die Sache war schon so weit gekommen, dass
2. dahin, hierher; **~ venire** dorthin kommen, hierher kommen; **rem ~ adducere** etw so weit bringen; **~ accedit, quod/ut** dazu kommt, dass
3. *zeitl.* so lange; **~, dum/quoad/donec** so lange bis
4. *kausal* deshalb, darum, *quod/quia* weil, *ut/quo* damit +*konjkt*; **haec ~ fēci, ut tibi probārer** dies tat ich deshalb, um mich bei dir beliebt zu machen
5. **~** +*komp* desto, umso; **~ magis** umso mehr; **~ minus** umso weniger; **quo ... ~** je ... desto

eōdem ADV ||idem||
1. an dieselbe Stelle; ebendazu
2. an derselben Stelle; noch in derselben Lage; ebenso

eo ipso (*mlat.*) ebendadurch, von selbst

eōpse ADV *Plaut.* = **eo ipso**

Ēōs, Ēōs F indekl Morgenröte, *lat. Aurora*

Ēōus, Eōus ⟨a, um⟩ ADJ morgendlich; östlich

Ēōus, Eōus ⟨ī⟩ M Morgenstern; Orient

Epamīnōndās ⟨Epamīnōndae⟩ M berühmter Feldherr der Thebaner, Sieger bei Leuktra 371 v. Chr., gefallen bei Mantinea 362 v. Chr.

epaphaeresis ⟨epaphaeresis⟩ F *Mart.* wiederholtes Wegnehmen

ē-pāstus ⟨a, um⟩ ADJ ||pasci|| *Ov.* aufgefressen

Epēus ⟨ī⟩ M Erbauer des Trojanischen Pferdes

ephēbus ⟨ī⟩ M junger Mann *von 16 bis 20 Jahren*

ephēmeris ⟨ephēmeridis *u.* ephēmeridos⟩ F Tagebuch, Wirtschaftsbuch

Ephesius
A ⟨a, um⟩ ADJ aus Ephesus, von Ephesus
B ⟨ī⟩ M Epheser, Einwohner von Ephesus

Ephesos, Ephesus ⟨ī⟩ F Hafenstadt in Ionien mit Tempel der Artemis, einem der sieben Weltwunder, in frühchr. Zeit Bischofssitz, der Überlieferung nach Sitz des Apostels Johannes; heute Efes/Selçuk, s. von Izmir, mit einem großen Ruinenfeld

ephippiātus ⟨a, um⟩ ADJ auf einem gesattelten Pferd reitend

ephippium ⟨ī⟩ N Reitdecke, Sattel

ephorus ⟨ī⟩ M Ephor, *einer der fünf höchsten Beamten in Sparta*

Ephorus ⟨ī⟩ M aus Kyme im kleinasiatischen Äolis, um 340 v. Chr., schrieb die erste Universalgeschichte der Griechen

Ephyra ⟨ae⟩ F alter Name für Korinth

Ephyraeus ⟨a, um⟩ ADJ korinthisch

Ephyrē ⟨Ephyrēs⟩ F = **Ephyra**

Ephyrēius ⟨a, um⟩ ADJ = **Ephyraeus**

epibata ⟨ae⟩ M Schiffssoldat

Epicharmus ⟨ī⟩ M Komödiendichter, ca. 525–450 v. Chr., in Syrakus

epichīrēma ⟨epichīrēmatis⟩ N *Quint.* RHET nicht ganz korrekter Syllogismus

epichysis ⟨epichysis⟩ F (*vkl.*) Gefäß *zum Eingießen*, Kanne

epicī ⟨ōrum⟩ M epische Dichter

Epiclērus ⟨ī⟩ F Titel einer Komödie des Menander

epicōpus ⟨a, um⟩ ADJ mit Rudern versehen

Epicratēs ⟨Epicratis⟩ M der Übergewaltige, *Spitzname des Pompeius*

epicrocus ⟨a, um⟩ ADJ (*vkl.*) mit feinen Einschlagfäden; *fig* fadenscheinig; dünn, *hum von der Suppe*

Epicūrēus
A ⟨a, um⟩ ADJ ||Epicurus|| epikureisch, des Epikur
B ⟨ī⟩ M Epikureer, Anhänger des Epikur

Epicūrus ⟨ī⟩ M Epikur, *Philos. aus Samos, 342–270 v. Chr., seit 323 in Athen, Gründer der epikureischen Schule*

epicus ⟨a, um⟩ ADJ episch

Epidamnos, Epidamnus ⟨ī⟩ F *Stadt im griech. Illyrien, später Dyrrhachium, heute Durres*

Epidaurius
A ⟨a, um⟩ ADJ aus Epidaurus, von Epidaurus
B ⟨ī⟩ M Einwohner von Epidaurus; = Äskulap

Epidauros, Epidaurus ⟨ī⟩ F berühmter Kurort an der Ostküste von Argolis, Kultstätte des Asklepios (Äskulap), besterhaltenes antikes Theater

epidermis ⟨epidermidis⟩ F (*spätl.*) (mehrschichtige) Oberhaut

epidīcticus ⟨a, um⟩ ADJ Prunk...; **epidictica oratio** Prunkrede

epidīpnis ⟨epidīpnidis⟩ F *Petr., Mart.* Nachtisch, Dessert

Epigonī ⟨ōrum⟩ M die Nachgeborenen, Söhne der „Sieben gegen Theben", *Titel einer Tragödie von Aischylos, von Accius ins Lat. übersetzt*

epigramma ⟨epigrammatis⟩ N
1. Inschrift, Aufschrift *auf Statuen u. Weihegeschenken od Grabsteinen*
2. Sinngedicht, Epigramm

epigrus ⟨ī⟩ M *(nachkl.)* hölzerner Nagel

epilēpsia ⟨ae⟩ F Fallsucht, Epilepsie; *lat. morbus comitialis*

epilogus ⟨ī⟩ M Schluss einer Rede, Nachwort
▶ deutsch: **Epilog**

epimēnia ⟨ōrum⟩ N *Iuv.* monatliche Sachleistung *für den Lebensunterhalt von Sklaven*

Epimētheūs ⟨Epimētheī⟩ M Bruder des Prometheus, wörtlich der „Nachüberlegende", Ehemann der Pandora

Epimēthis ⟨Epimēthidis⟩ F Tochter des Epimetheus, = Pyrrha

epinīcia ⟨ōrum⟩ N *Suet.* Siegeslieder

epiphanīa ⟨ae f u. ōrum⟩ N *(spätl.)* (Fest der) Erscheinung (Christi)

epiphōnēma ⟨epiphōnēmatis⟩ N *(nachkl.)* Ausruf

epiphora ⟨ae⟩ F *(nachkl.)* Schnupfen, Katarrh, *lat. destillatio*

epiraedium, epirēdium ⟨ī⟩ N *(nachkl.) poet* Zugriemen *an der Kutsche*

Ēpīrēnsis ⟨Ēpīrēnse⟩ ADJ aus Epiros, von Epiros

Ēpīros ⟨ī⟩ F *Landschaft in Griechenland, zwischen Makedonien u. Thessalien am Ionischen Meer, heute zum großen Teil albanisches Staatsgebiet*

Ēpīrōtēs ⟨Ēpīrōtae⟩ M Einwohner von Epiros

Ēpīrōticus ⟨a, um⟩ ADJ aus Epiros, von Epiros

Ēpīrus ⟨ī⟩ F = **Epiros**

episcopus ⟨ī⟩ M Aufseher; *(eccl.)* Bischof

epistola ⟨ae⟩ F = **epistula**

epistolāris ⟨epistolāre⟩ ADJ ||epistola|| zum Brief gehörig; **chartae epistolares** Briefpapier

epistolium ⟨ī⟩ N *(nachkl.) poet* Briefchen

epistula ⟨ae⟩ F
1. Sendung, Zusendung; **litteras tuas pluribus epistulis accepi** deine Briefe habe ich in mehreren Sendungen empfangen
2. *(nachkl.) auch pl* Brief; **epistularum commercium** Briefwechsel; **scriba ab epistulis** Geheimschreiber
3. *(nachkl.)* kaiserlicher Erlass

❗ **Epistula non erubescit.** *Cic.* Der Brief wird nicht rot = *Papier ist geduldig.*

epistȳlium ⟨ī⟩ N *(vkl., nachkl.)* auf den Säulen ruhender und den Oberbau tragender Querbalken, Architrav

epitaphium ⟨ī⟩ N *(Inschrift)* Grabschrift, Gedenktafel *für einen Verstorbenen*

epitaphius ⟨ī⟩ M Leichenrede

epithalamium ⟨ī⟩ N *Quint.* Brautlied

epithēca ⟨ae⟩ F *Plaut.* Zusatz, Zugabe

epitheton ⟨ī⟩ N *Quint.* Beiwort, Attribut

epi-togium ⟨ī⟩ N ||griech. Fw., toga|| *Quint.* Oberkleid über der Toga

epitoma ⟨ae⟩ F, **epitomē** ⟨epitomēs⟩ F Auszug aus einem Schriftstück, Abriss

epitonion ⟨ī⟩ N *(vkl., nachkl.)* Hahn, Verschluss *an einer Röhre*

Epitrepontes M das Schiedsgericht, *Titel einer Komödie des Menander*

epitȳrum ⟨ī⟩ N *(vkl., nachkl.)* Olivensalat

epodes ⟨epodum⟩ M *(nachkl.) poet* eine Art Seefisch

epōdos, epōdus ⟨ī⟩ M
1. kürzerer Vers, *als Schluss eines längeren, von Horaz in den Epoden nach griech. Vorbild verwendet*
2. Epode, *Gedichtform mit abwechselnd längeren u. kürzeren Versen, von Horaz nach dem Vorbild des Archilochos in die röm. Literatur eingeführt*

Epona ⟨ae⟩ F *(nachkl.) poet* Göttin der Pferde und Esel

epops ⟨epopis⟩ M *poet* Wiedehopf

Eporedia ⟨ae⟩ F röm. Kolonie im transpadanischen Gallien, 100 v. Chr. gegründet, heute Ivrea

epos N *indekl poet* Heldengedicht, Epos

ē-pōtāre ⟨pōtō, pōtāvī, pōtum 1.⟩
1. austrinken; *(klass.) nur* **ēpōtus** ⟨a, um⟩ PPP ausgetrunken
2. *poet von Leblosem* aussaugen, einsaugen
3. *Plaut.* versaufen, vertrinken

epulae ⟨ārum⟩ F
1. Gerichte, Speisen
2. Mahlzeit, *auch* Festmahl
3. *fig* Genuss, Augenweide; **dare epulas oculis** den Augen einen Genuss bieten

epulārī ⟨or, ātus sum 1.⟩
A VI speisen
B VT *(nachkl.) poet* verspeisen, verzehren

epulāris ⟨epulāre⟩ ADJ ||epulae|| beim Essen, bei Tisch; **sacrum epulare** mit einem Essen verbundenes Opfer

epulātiō ⟨epulātiōnis⟩ F ||epulari|| Festessen

epulō ⟨epulōnis⟩ F ||epulum||
1. Ordner des Festmahls, *seit 198 v. Chr. tresviri epulones, seit Caesar decemviri epulones, ein Priesterkollegium von 3 bis 10 Mitgliedern zur Ausrichtung des Festmahls, das mit öffentlichen Spielen verbunden war*
2. *pej* Fresser

epulum ⟨ī⟩ N Festmahl

equa ⟨ae⟩ F ||equus|| Stute; **equae pullus** Fohlen

eques ⟨equitis⟩ M u. F ||equus||

epos – Heldengeschichte in Versen

Als Epos kann jede längere Versdichtung bezeichnet werden, die von Sagen und heldenhaften Taten erzählt. Neben Umfang und Thematik ist die Gattung durch das Versmaß des Hexameters, den erhabenen Stil und typische Szenen wie Reden und Kampfbeschreibungen gekennzeichnet. Den Beginn des römischen Epos bildet die **Odusia**, eine Übertragung der Odyssee in das alte römische Versmaß des Saturniers durch **Livius Andronicus** (2. Hälfte 3. Jh. v. Chr.). Von den vielen römischen Epen gelten die folgenden drei als die bedeutendsten:

Bellum Poenicum, Naevius	2. Hälfte 3. Jh. v. Chr. – Erster Punischer Krieg, nur Fragmente erhalten
Annales, Ennius	ca. 172 v. Chr. – Vorgeschichte Roms bis 184 v. Chr., nur Fragmente erhalten
Aeneis, Vergilius	ca. 30 - 19 v. Chr. – Vorgeschichte der Gründung Roms

METRIK

1 Reiter, Reiterin; MIL Soldat zu Pferd; *pl* Reiterei
2 POL Ritter; *pl* Ritterstand, *der zweite der drei Stände in Rom;* Oberschicht; *meton* Klasse der Gebildeten

equester ⟨equestris, equestre⟩ ADJ ‖eques‖
1 beritten, Reiter...; **proelium equestre** Reiterkampf
2 ritterlich, Ritter...; **ordo ~** Ritterstand
3 ⟨equestris⟩ M Ritter

equestris ⟨equestre⟩ ADJ = **equester**

e-quidem ADV ‖quidem‖ allerdings, ich meinerseits

equīle ⟨equīlis⟩ N ‖equus‖ *(vkl., nachkl.)* Pferdestall

equīnus ⟨a, um⟩ ADJ ‖equus‖ vom Pferd, Pferde...; **saeta equina** Pferdehaar

equir(r)ia ⟨ōrum *u.* equir(r)ium⟩ N ‖equus, currere‖ *(vkl., nachkl.)* Pferderennen *in Rom zu Ehren des Mars am 27. Februar u. 14. März*

equitābilis ⟨equitābile⟩ ADJ ‖equitare‖ *(nachkl.)* für Reiterei geeignet

equitāre ⟨ō, āvī, ātum 1.⟩ ‖equus‖
1 reiten; MIL als Reiter dienen
2 *fig* vom Wind daherstürmen
3 plänkeln

equitātus ⟨ūs⟩ M ‖equitare‖ *(nachkl.)*
1 Reiten; MIL Reiterei
2 *meton* Ritterschaft, Ritterstand

equola ⟨ae⟩ F ‖equa‖ *(vkl.)* kleine Stute, *fig* von einer Frau

equuleus ⟨ī⟩ M = **eculeus**

equus ⟨ī⟩ M
1 Pferd; **equo vehi** reiten; **ex equo pugnare** zu Pferd kämpfen; **equo merere** bei der Reiterei dienen; **aliquem in equum rescribere** j-n zur Reiterei versetzen, j-n in den Ritterstand erheben; **~ Troianus** das Trojanische Pferd; *fig auch* Verschwörung
2 Hengst
3 **~ bipes** Seepferd
4 PL Gespann; Kampfwagen
5 PL Reiterei; **equi virique/equi viri** Reiterei und Fußvolk; **equis viris** mit aller Macht

Equus Tuticus M *kleiner Ort nö. von Benevent, heute Castel Franco*

ēr ⟨ēris⟩ M *Plaut.* Igel

era ⟨ae⟩ F ‖erus‖ *(vkl.) poet* Herrin; *bes* Geliebte; **~ maior** Frau des Hauses; **~ minor** Tochter des Hauses

ē-rādere ⟨rādō, rāsī, rāsum 3.⟩
1 auskratzen, abkratzen; **aliquem albo senatorio ~** j-n aus der Senatorenliste streichen
2 rasieren
3 *fig* vertilgen, aus der Erinnerung streichen

ē-rādīcāre ⟨ō, āvī, ātum 1.⟩ ‖ex, radix‖ Com. mit der Wurzel ausreißen; ausrotten

eranus ⟨ī⟩ M *(nachkl.)* Armenkasse, Wohltätigkeitsverein

Erasīnus ⟨ī⟩ M Name verschiedener Wasserläufe; *u. a. Fluss in Argolis auf der Peloponnes, galt als unterirdischer Abfluss des Stymphalischen Sees;* → **Stymphalus**

Eratō ⟨Eratūs⟩ F
1 *Muse der lyrischen Dichtung, bes des Liebesgedichtes*
2 *Verg.* Muse

Eratosthenēs ⟨Eratosthenis⟩ M *griech. Gelehrter, 275–194 v. Chr., Leiter der alexandrinischen Bibliothek*

ērcīscere ⟨īscō, -, - 3.⟩ = **herciscere**

erctum ⟨ī⟩ N = **herctum**

Erebus ⟨ī⟩ M
1 *Sohn des Chaos u. der Nyx* (= Nox), *Gott der unterirdischen Finsternis*
2 *meton* Unterwelt, Totenreich
3 *(mlat.)* Hölle

Erechthēus ⟨Erechtheī⟩ M̄ MYTH *König von Athen, von Athene aufgezogen, Erbauer der schon bei Homer genannten festen Burg Athens, des Erechtheions*

Erechthēus ⟨a, um⟩ ADJ des Erechtheus, zu Erechtheus gehörig

Erechthīdae ⟨ārum⟩ F die Nachkommen des Erechtheus

Erechthis ⟨Erechthidis⟩ F Tochter des Erechtheus, = Oreithyia, Prokris

ērēctiō ⟨ērēctiōnis⟩ F ||erigere|| (nachkl.) Aufstellung, Aufrichtung

ērēctus[1] ⟨a, um, *adv* ērēctē⟩ ADJ ||erigere||
1. in die Höhe gerichtet, aufrecht
2. *fig* erhaben; *pej* hochmütig
3. *fig* erwartungsvoll, aufmerksam
4. *fig* mutig, entschlossen

ē-rēctus[2] ⟨a, um⟩ PPP → erigere

erēmīta ⟨ae⟩ M Einsiedler, Eremit

ē-rēpere ⟨rēpō, rēpsī, (rēptum) 3.⟩

A V̄Ī (*unkl.*) herauskriechen, hervorkriechen

B V̄T
1. durchkriechen, **agrum** das Feld
2. erklettern, **montes** Berge

ēreptiō ⟨ēreptiōnis⟩ F ||eripere|| Entreißen, Raub

ēreptor ⟨ēreptōris⟩ M ||eripere|| Räuber

ē-reptus ⟨a, um⟩ PPP → eripere

ērēs ⟨ērēdis⟩ M̄ u. F = **heres**

Eretria ⟨ae⟩ F Stadt auf Euböa, heute Erítria

Eretriacus, Eretricus ⟨a, um⟩, **Eretriēnsis** ⟨Eretriēnse⟩ ADJ aus Eretria, von Eretria

Eretriēnsis ⟨Eretriēnsis⟩ M Einwohner von Eretria

ē-rēxī → erigere

ergā PRÄP +akk
1. örtl. gegenüber
2. *freundlich u. feindlich* gegen, gegenüber; **fides erga populum** die Treue zum eigenen Volk; **crudelitas erga nobiles** Grausamkeit gegen die Adligen

ergastērium ⟨ī⟩ N (nachkl.) Werkstätte

ergastulum ⟨ī⟩ N
1. Arbeitshaus, Zuchthaus *für Sklaven u. nicht zahlungsfähige Schuldner*
2. (nachkl.) Sträfling

ergō

A PRÄP +*gen nachgestellt* wegen, um … willen; aufgrund von; **honoris ~** um der Ehre willen

B ADV
1. folglich, also
2. *in Fragen* also = denn; **quid ~** was also?
3. *in Aufforderungen* also = denn, so … denn, nun
4. *bei Wiederaufnahme eines unterbrochenen Gedankenganges* also = wie gesagt

ericē ⟨ericēs⟩ F (nachkl.) Heidekraut, Erika

Erichthonius ⟨ī⟩ M̄
1. attischer Heros, vielfach mit Erechtheus gleichgesetzt, Erfinder des Ackerbaus u. des Viergespanns
2. troischer Heros, Sohn des Dardanos, Vater des Tros

Erichthonius ⟨a, um⟩ ADJ des Erichthonius

ērīcius ⟨ī⟩ M̄ ||er||
1. (vkl., nachkl.) Igel
2. *fig* spanischer Reiter, *Balken mit eisernen Spitzen, ein Foltergerät*

Eridanus ⟨ī⟩ M̄ MYTH *Fluss im äußersten W, später poet als alter Name des Padus* = **Po**

eri-fuga ⟨ae⟩ M ||erus, fugere|| *poet* seinem Herrn Entlaufener

ē-rigere ⟨rigō, rēxī, rēctum 3.⟩ ||regere||
1. aufrichten, emporheben; **hominem ~** dem Menschen einen aufrechten Gang geben; **aures ~** die Ohren spitzen; *passiv u.* **se ~** sich aufrichten, aufsteigen, emporsteigen
2. *Bauten* errichten, aufführen; **turres ~** Türme bauen
3. (nachkl.) MIL hinaufrücken lassen; **aciem in adversum collem ~** das Heer den Hügel hinaufrücken lassen
4. *fig geistig* erregen, spannen; **paenitentiam ~** die Scham hervorbrechen lassen; **animum ad audiendum ~** seine Aufmerksamkeit auf das Zuhören richten
5. aufmerksam machen, **auditorem** den Hörer
6. aufrichten, ermutigen; **animum ~** die Stimmung heben; *passiv u.* **se ~** wieder Mut fassen

Ērigonē ⟨Ērigonēs⟩ F Tochter des Atheners Ikaros, die sich aus Kummer über die Ermordung des Vaters erhängte u. als Gestirn Virgo/Jungfrau unter die Sterne versetzt wurde

Ērigonēius ⟨a, um⟩ ADJ der Erigone, zu Erigone gehörig

erīlis ⟨erīle⟩ ADJ ||erus, era|| (vkl.) *poet* des Hausherrn, der Hausherrin; **filia ~** Tochter des Hauses; **pensum erile** Maß der Hausarbeit

Ērinna ⟨ae⟩ F, **Ērinnē** ⟨Ērinnēs⟩ F griech. Dichterin auf der Insel Delos um die Mitte des 4. Jh. v. Chr.

Erīnȳs ⟨Erīnyos⟩ F
1. Rachegöttin, Erinnye
2. *fig* Verderben, Fluch

ē-ripere ⟨ripiō, ripuī, reptum 3.⟩ ||rapere||

1. herausreißen, herausziehen
2. entreißen
3. rauben, gewaltsam wegnehmen
4. wegnehmen
5. dahinraffen
6. retten

1. herausreißen, wegreißen, *aliquid ex re/de re/re* etw aus etw; **ensem vaginā ~** das Schwert aus der Scheide ziehen; **vocem ab ore loquentis**

~ selbst sogleich das Wort ergreifen

2 entreißen, *alicui aliquid* j-m etw

3 rauben, gewaltsam wegnehmen; **hereditatem ab aliquo ~** j-m das Erbe rauben; **virginem ab aliquo ~** eine junge Frau von j-m entführen; **se alicui ~** sich j-m entziehen

4 wegnehmen; **alicui timorem** j-m die Angst nehmen; **se ~** verloren gehen

5 *vom Tod* dahinraffen; **aliquem de sinu civitatis ~** j-n aus der Gemeinschaft dahinraffen; **Scipio ereptus tamen vivit** dahingerafft lebt Scipio dennoch

6 vor *etw* retten, aus *etw* befreien, *ex re*/*a re*/*re*/*alicui rei;* **~ aliquem ex manibus hostium** j-n aus den Händen der Feinde retten; **eripi praesenti periculo** vor der unmittelbar drohenden Gefahr bewahrt werden; **se eripuit, ne causam diceret** er entzog sich dem Prozess; **eripe fugam** *Verg.* fliehe, solange es möglich ist

Eriphyla ⟨ae⟩ F̄, **Eriphyle** ⟨Eriphyles⟩ F̄ Gattin des Sehers Amphiaraos, den sie zur Teilnahme am Zug der Sieben gegen Theben veranlasste, obwohl dieser seinen Tod vorhersah; später vom eigenen Sohn Alkmaion (Alcmaeon) getötet

ē-rōdere ⟨rōdō, rōsī, rōsum 3.⟩ abnagen; (*nachkl.*) *fig* zerfressen

ē-rogāre ⟨ō, āvī, ātum 1.⟩

1 ausgeben, *in aliquid* für etw

2 eintreiben, **tributa** Abgaben

ērogātiō ⟨ērogātiōnis⟩ F̄ ||erogare|| Ausgabe, Auszahlung; **~ pecuniae** Geldausgabe; **necessitas erogationum** *Tac.* notwendige Ausgaben

ē-rogitāre ⟨ō, -, - 1.⟩ (*vkl., nachkl.*) ausfragen, erforschen, *ex aliquo* j-n, *+indir Fragesatz*

errābundus ⟨a, um⟩ ADJ ||errare|| (*nachkl.*) *von Personen u. Sachen* umherirrend, umherschweifend

errāre ⟨ō, āvī, ātum 1.⟩

A VI

1 umherirren, umherschweifen; **stellae errantes** Planeten

2 *fig* sich überall verbreiten

3 *fig* schwanken, unstet sein; **oculi errantes** unstete Augen

4 sich verirren; **erranti viam monstrare** dem Verirrten den Weg zeigen; **via ~** vom Weg abkommen

5 *fig* sich irren; *auch moralisch* sich verfehlen, *re/in re* in etw, *+n eines pron;* **hoc erras** darin irrst du dich; **tempora ~** *poet* sich in der Zeitrechnung irren;

B VT *poet* irrend durchstreifen, **litora ~** die Küstenregion; **erratae terrae** durchirrte Länder

⚠ **Errare humanum est, in errore perseverare stultum.** Irren ist menschlich, im Irrtum beharren dumm. *Cicero drückte diesen häufig vorkommenden Gedanken so aus: Cuiusvis hominis est errare.*

errāticus ⟨a, um⟩ ADJ ||errare|| umherirrend; *fig* sich nach allen Seiten schlängelnd; **homo ~** Vagabund

errātiō ⟨errātiōnis⟩ F̄ ||errare|| Verirrung, Abweichung

errātor ⟨errātōris⟩ M̄ ||errare|| *poet* der Umherirrende

errātum ⟨ī⟩ N̄ ||errare|| Irrtum, Fehler; *pl* (*nlat.*) die Druckfehler; Druckfehlerverzeichnis

errātus ⟨errātūs⟩ M̄ ||errare|| *poet* Irrfahrt, *meist pl*

errō ⟨errōnis⟩ M̄ ||errare|| (*nachkl.*) *poet* Landstreicher, Vagabund; *fig* untreuer Liebhaber

errōneus ⟨a, um⟩ ADJ ||erro|| (*nachkl.*) sich herumtreibend

error ⟨errōris⟩ M̄ ||errare||

1 Umherirren, Irrfahrt, **pelagi** auf dem Meer

2 *Ov.* Irrgang *des Labyrinths;* (*nachkl.*) *poet* Windung *eines Flusses;* **errorem volvere** im Zickzack fließen

3 *Lucr.* unstete Bewegung *der Atome*

4 *fig* Ungewissheit, Zweifel, *alicuius rei* in etw, *+indir Fragesatz;* **errorem facere alicui** j-n irremachen

5 Abirren, Abweichen vom rechten Weg; **~ viae** das Verfehlen des Weges

6 Fehlschuss, Fehlwurf

7 *fig* Irrtum, Täuschung, *alicuius* j-s, *alicuius rei* einer Sache, in etw, über etw; **in errore perseverare** im Irrtum verharren; **errore duci** vom Irrtum geleitet werden; **per errorem** aus Irrtum; **~ opinionis** irrige Meinung

8 Täuschung, Wahn

9 Versehen, Fehler

10 sittliche Verirrung, Vergehen

Error ⟨Errōris⟩ M̄ Dämon der Verblendung

ē-rubēscere ⟨rubēscō, rubuī, - 3.⟩

A VI rot werden; *fig* schamrot werden, *absolut od re/in re* über etw; **ērubēscendus** dessen man sich schämen muss; **amores erubescendi** Liebschaften, derer man sich schämen muss

B VT scheuen, achten; **iura fidemque ~** Recht und Vertrauen achten

ērūca ⟨ae⟩ F̄

1 (*nachkl.*) Raupe, Kohlraupe

2 Senfkohl

ē-rūctāre ⟨ō, āvī, ātum 1.⟩

1 (aus)rülpsen, ausspeien, *absolut od aliquid* etw; **sermonibus caedem eructant** sie drohen mit Mord

2 (*nachkl.*) *poet* ausstoßen, auswerfen; **Aetna scopulos eructans** der Steine auswerfende Ätna

ē-rudīre ⟨iō, iī/īvī, ītum 4.⟩ ||rudis|| unterrichten, erziehen, *aliquem re|in re* j-n in etw, *ad aliquid* zu etw; **~ filium doctrinis** den Sohn in der Wissenschaft unterweisen; **~ aliquem de re** j-n über etw aufklären

ērudītiō ⟨ērudītiōnis⟩ F̄ ||erudire|| Unterricht; *meton* Bildung

ērudītulus ⟨a, um⟩ ADJ ||eruditus|| *Catul.* angelernt

ērudītus
A ⟨a, um⟩ ADJ, ADV ⟨ērudītē⟩ ||erudire|| gebildet, gelehrt; **saecula erudita** aufgeklärte Zeitalter
B ⟨ī⟩ M̄ Experte

ē-ruere ⟨ruō, ruī, rutum (ru(i)tūrus) 3.⟩
1 ausgraben, herausscharren, **aurum terrā** Gold aus der Erde; **pinum radicibus ~** eine Pinie mit den Wurzeln ausgraben
2 (*nachkl.*) aufgraben, aufwühlen; **aquam remis ~** Wasser mit den Rudern aufwühlen
3 aufstöbern; *fig* ausfindig machen, *aliquid re|ex re* etw aus etw, +*indir Fragesatz*; **memoriam rei ex annalium vetustate ~** die Erinnerung an etw aus alten Jahrbüchern aufstöbern
4 (*nachkl.*) *poet* ausreißen, entwurzeln; **alicui oculos ~** j-m die Augen herausreißen
5 herausreißen, *aliquem re* j-n aus etw, **aliquem difficultate pecuniaria** j-n aus einer finanziellen Schwierigkeit; **hoc mihi erui non potest** das lasse ich mir nicht ausreden
6 (*nachkl.*) *poet* von Grund auf zerstören, beseitigen; **civitatem ~** eine Stadt zerstören; **memoriam ~** das Andenken beseitigen

ē-ruī → eruere

ē-rumpere ⟨rumpō, rūpī, ruptum 3.⟩

A transitives Verb
1 hervorbrechen lassen
2 herausstürzen, hervorbrechen
3 ausschütten, auslassen
B intransitives Verb
1 herausbrechen, hervorbrechen
2 einen Ausfall machen
3 plötzlich ausbrechen, losbrechen
4 plötzlich übergehen
5 abschweifen

— **A** transitives Verb —

V/T

1 hervorbrechen lassen, herausbrechen lassen; **terra fontibus dulces liquores erumpit** die Erde lässt durch Quellen Süßwasser heraussprudeln
2 se ~ herausstürzenn; *fig* endlich zu *etw* führen, *ad aliquid*; **portis foras se ~** durch die Tür nach außen stürzen; **ad bellum se ~** schließlich zum Krieg führen

3 *fig* Gefühle ausschütten, auslassen; **iram ~ in aliquem** seinen Zorn auslassen an j-m

— **B** intransitives Verb —

V/I

1 herausbrechen, hervorbrechen; **ex latebris ab oppido ~** aus den Schlupfwinkeln von der Stadt her hervorstürmen
2 MIL einen Ausfall machen
3 *von Zuständen* plötzlich ausbrechen, losbrechen; **ex avaritia erumpit audacia** aus der Habsucht entspringt Frechheit; **vitia alicuius in amicos erumpunt** j-s Laster brechen gegen die Freunde durch
4 *fig* plötzlich in *etw* übergehen, ausarten, *ad aliquid|in aliquid*; (*unkl.*) *von Personen* in *etw* ausbrechen; **in minas ~** in Drohungen ausbrechen
5 *Quint.* RHET plötzlich von *etw* ablenken, abschweifen

ē-rūpī → erumpere

ēruptiō ⟨ēruptiōnis⟩ F̄ Ausbruch; MIL Ausfall; **~ Aetnae** Ausbruch des Ätna; **vitiorum ~** *fig* Ausbruch der Laster; **eruptionem facere** MIL einen Ausfall machen

ē-ruptus ⟨a, um⟩ PPP → erumpere

erus ⟨ī⟩ M̄
1 Hausherr, Herr
2 *fig* Gebieter, Eigentümer

ē-rutus ⟨a, um⟩ PPP → eruere

ervum ⟨ī⟩ N̄ Erve, *eine mit der Erbse verwandte Hülsenfrucht*; **tenui ervo** *Hor.* bei schmaler Kost

Erycīna ⟨ae⟩ F̄ ||Eryx|| = Aphrodite/Venus

Erycīnus ⟨a, um⟩ ADJ vom Eryx; aus Eryx

Erycus mōns → Eryx

Erymanthis ⟨Erymanthidis⟩ ADJF, **Erymanthius** ⟨a, um⟩ ADJ erymanthisch; → Erymanthus 1

Erymanthus ⟨ī⟩ M̄
1 *Gebirge in Arkadien, an der Grenze zu Elis, wo Herkules den Erymanthischen Eber tötete*
2 *Nebenfluss des Alpheios*

Erysichthōn ⟨Erysichthonis⟩ M̄ *Sohn des thessalischen Königs Triopas; fällte in einem der Demeter heiligen Hain Bäume u. wurde dafür mit ewigem Heißhunger bestraft*

Erythēa ⟨ae⟩ F̄ *sagenhafte Insel im Golf von Gadeira, auf der Geryon hauste*

Erythēis ⟨Erythēidis⟩ F̄ (*erg.* **praeda**) = die entführten Rinder des Herkules

erythīnus ⟨ī⟩ M̄ (*nachkl.*) *poet* rote Meerbarbe

Erythrae ⟨ārum⟩ F̄ *alte Stadt in Böotien gegenüber Chios, heute Elevtherai*

Erythraea ⟨ae⟩ F̄ (*erg.* **terra**) das Gebiet von Erythrae

Erythraeus ⟨a, um⟩ ADJ aus Erythrae, zu Erythrae gehörig

Erythraeus[1] ⟨ī⟩ M̄ Einwohner von Erythrae

Erythraeus² ⟨a, um⟩ ADJ MYTH des Erythrus, *eines Königs im S Asiens*; **mare Erythraeum** *der Indische Ozean mit dem Arabischen u. dem Persischen Golf*

Eryx ⟨Erycis⟩ M
1. *Berg (auch Erycus mons) u. Stadt an der Nordwestküste von Sizilien mit altem Aphrodite-Kult, heute Monte San Giuliano u. Stadt San Giuliano*
2. MYTH *Heros des Ortes, Sohn der Venus u. Bruder des Aeneas, von Herkules erschlagen*

ēsca ⟨ae⟩ F ‖edere¹‖ Essen, Speise, Gericht; Futter, Nahrung; Lockspeise, Köder; **voluptas ~ malorum** *fig* das Vergnügen, die Lockspeise der Übel

ēscāria ⟨ōrum⟩ N ‖escarius‖ Essgeschirr

ēscārius ⟨a, um⟩ ADJ Ess...; **vincla escaria** Köderhaken

ē-scendere ⟨scendō, scendī, scēnsum 3.⟩ ‖scandere‖
A VI emporsteigen; **in currum ~** in den Wagen steigen; **in navem ~** sich einschiffen
B VT (*nachkl.*) besteigen, **equum ~** ein Pferd

ēscēnsiō ⟨ēscēnsiōnis⟩ F ‖escendere‖ (*nachkl.*) Landung

ēscēnsus¹ *nur abl* ⟨ēscēnsū⟩ M ‖escendere‖ (*nachkl.*) Ersteigen

ē-scēnsus² ⟨a, um⟩ PPP → escendere

eschatocollion ⟨ī⟩ N Mart. letzte Seite *einer Schrift*

ēsculenta ⟨ōrum⟩ N ‖esculentus‖ Speisen

ēsculentus ⟨a, um⟩ ADJ ‖esca‖ essbar

ēsculētum ⟨ī⟩ N = aesculetum

ēsculeus ⟨a, um⟩ ADJ = aesculeus

ēsculus ⟨ī⟩ F = aesculus

ēsilīre ⟨siliō, siluī, sultum 4.⟩ = exsilire

ēsitāre ⟨ō, āvī, - 1.⟩ edere¹ (*vkl., nachkl.*) essen, zu essen pflegen

Esquiliae ⟨ārum⟩ F Esquilin, *größter Hügel von Rom, Begräbnis- u. Richtplatz*

Esquiliārius, Esquilīnus, Esquilius ⟨a, um⟩ ADJ des Esquilin

---

esse ⟨sum, fuī, futūrus 0.⟩

A selbstständiges Verb
1. dasein, vorhanden sein
2. stattfinden, sich ereignen
3. sich befinden, leben
4. sich verhalten, stehen
5. wirklich sein, wahr sein
6. gehören
7. zu etw dienen
8. zu etw passen
9. gut!, meinetwegen!

B Kopula
1. sein
2. j-m gehören

3. Pflicht sein, Zeichen sein
4. dazu dienen
5. zeigen
6. betragen, bestehen aus
7. kosten

C Hilfsverb
sein

— **A selbstständiges Verb** —
selbstständiges Verb

1. dasein, vorhanden sein, *häufig übersetzt mit* es gibt; **est deus** es gibt einen Gott; **opinio est** es herrscht die Meinung; **obsidio triginta dies fuit** die Belagerung dauerte 30 Tage; **sunt qui** es gibt Leute, die; manche; **est ubi** es gibt Fälle, da; zuweilen; **diu est, cum** es ist lange her, dass; **est quod/cur** es gibt einen Grund, dass/warum

2. stattfinden, sich ereignen; **quid tibi est?** was ist mit dir (geschehen)?; **est ut** es kommt vor, dass

3. sich befinden, leben; **hoc fuit in litteris** das stand im Brief; **in aere alieno esse** in Schulden stecken; **est apud Ciceronem** bei Cicero steht; **liber est de senectute** das Buch handelt vom Greisenalter; **multum esse in venationibus** sich viel mit der Jagd beschäftigen; **quantum est in me** soweit es an mir liegt; **esse ab aliquo** von j-m abstammen; **pro hoste esse** als Feind gelten; **res a me/pro me est** die Sache spricht für mich; **omnia spes est in victoria** die ganze Hoffnung ruht auf dem Frieden

4. +Modaladv. sich verhalten, stehen; **bene est** es steht gut; **aliter est** es verhält sich anders; **dicta impune erant** die Worte blieben ungestraft

5. wirklich sein, wahr sein; **sic est** es ist wirklich so; **nihil horum est** nichts davon ist wahr; **sapienti vivere est cogitare** für den Weisen bedeutet leben nachdenken

6. +dat gehören; **patri est ampla domus** dem Vater gehört ein großes Haus, der Vater besitzt ein großes Haus

7. +dat zu etw dienen, zu etw gereichen; **aliquid alicui est laudi** etw gereicht j-m zur Ehre

8. +dat ger zu etw passen, zu etw imstande sein; **censui censendo esse** zensusfähig sein

9. *Wendungen*: **si ita!** gut!, meinetwegen!; **esto** es mag sein!; **hoc est/id est** das heißt; **est** +inf es ist möglich, man kann, man darf; **est videre** man kann sehen

— **B Kopula** —
Kopula

1. +Prädikatsnomen sein; **vita brevis est** das Leben ist kurz; **Romulus fuit rex Romanorum** Romulus war der König der Römer

2 +pron, +gen j-m gehören; zu etw gehören; **haec domus est patris** dieses Haus gehört dem Vater; **res mei consilii non est** diese Sache berührt mich nicht

3 +gen j-s Pflicht sein; ein Zeichen von etw sein, +inf; **consulis est** es ist die Pflicht des Konsuls; **levis animi est** es ist ein Zeichen von Leichtsinn

4 +gen ger dazu dienen; **regium imperium initio conservandae libertatis erat** am Anfang diente die Königsherrschaft dazu, die Freiheit zu bewahren

5 +gen, +abl zeigen, haben; **nullius momenti esse** keine Bedeutung haben; **tenuissimā valetudine esse** eine sehr zarte Gesundheit besitzen

6 +gen mit Zahlen betragen, bestehen aus etw; **classis est ducentarum navium** die Flotte besteht aus zweihundert Schiffen

7 +gen, +abl kosten, wert sein; **magni esse** viel kosten; **quingentis sestertiis esse** fünfhundert Sesterze kosten; **est mihi tanti** es ist mir die Mühe wert

— **C Hilfsverb** —

Hilfsverb

1 sein *in Verbindung mit dem PPP zur Bildung des perf passiv, Plusquamperfekt passiv u. fut Passiv* **laudatus sum** ich bin gelobt worden; **laudatus eram** ich war gelobt worden; **laudatus ero** ich werde gelobt worden sein

2 sein *zur Bildung umschreibender (periphrastischer) Formen*; **lecturus sum** ich bin im Begriff zu lesen, ich will lesen; **liber tibi legendus est** du musst das Buch lesen; **tibi abeundum non est** du darfst nicht weggehen

esseda ⟨ae⟩ F̲ u. P̲L̲ = **essedum**
essedārius ⟨ī⟩ M̲ ||essedum|| Wagenkämpfer, *gall. u. brit. Krieger, röm. Gladiator*
essedum ⟨ī⟩ N̲ zweirädriger Streitwagen *der Gallier u. Britannier, in Rom auch bei Gladiatorenkämpfen verwendet*; Reisewagen
essentia ⟨ae⟩ F̲ ||esse|| Wesen einer Sache; (*nlat.*) PHIL das Sosein; → **exsistentia**; konzentrierter Auszug
▶ deutsch: **Essenz**
essitāre ⟨ō, āvī, ātum 1.⟩ = **esitare**
essur... = **esur...**
ēstrīx ⟨ēstrīcis⟩ F̲ = **ambestrix**
ēstur = **editur**; → **edere**[1]
ēsūdāre ⟨ō, āvī, ātum 1.⟩ = **exsudare**
ēsuriālis ⟨ēsuriāle⟩ A̲D̲J̲ ||esurire|| Plaut. Hunger...
ēsuriō ⟨ēsuriōnis⟩ M̲ ||esurire|| Plaut. Hungerleider
ēsurīre ⟨iō, iī/īvī, itūrus 4.⟩ ||edere[1]|| essen wollen, hungrig sein; *fig* begierig sein, verlangen, *aliquid* nach etw

ēsurītiō ⟨ēsurītiōnis⟩ F̲ ||esurire|| (*nachkl.*) *poet* Hungern
ēsuritor ⟨ēsurītōris⟩ M̲ ||esurire|| Mart. Hungerleider
ēsus ⟨a, um⟩ P̲P̲P̲ → **edere**[1]
et

A A̲D̲V̲

1 *hinzufügend od vergleichend* auch, gleichfalls; = **quoque**

2 *steigernd* sogar, selbst; = **etiam**; **timeo Danaos, et dona ferentes** ich fürchte die Danaer, selbst wenn sie Geschenke bringen

B K̲O̲N̲J̲ *zur Verbindung von Begriffen u. Sätzen*

1 und, und auch, *im Deutschen nach multi, pauci, unus nicht übersetzt, im Hendiadyoin oft attributive Wendungen wiedergegeben*; **multae et magnae difficultates** viele große Schwierigkeiten; **unus et perangustus** ein einziger sehr enger Zugang; **ardor et impetus** hitziger Angriff; **ratio et cogitatio** vernünftiges Denken; **clamor et admiratio** laute Bewunderung; **poscere et flagitare** entschieden verlangen; **relinquere et deserere** treulos verlassen; **aequus et par** vollkommen gleich

2 und so, und daher

3 *kurz abschließend* und überhaupt, kurz; **Chrysippus et Stoici** Chrysipp und die Stoiker überhaupt

4 *erklärend* und zwar, nämlich; **errabas et vehementer errabas** du irrtest, und zwar irrtest du gewaltig; = **et quidem**

5 *bestätigend* und wirklich, und in der Tat; = **et vero, et profecto**

6 *kontrastierend* und doch, und dabei; = **et tamen**; **et quisquam dubitabit, quin** und da will noch jemand zweifeln, dass

7 *advers nach Verneinungen* sondern; = **sed**

8 *im Syllogismus* nun aber; = **atqui**

9 wie, als *nach Ausdrücken der Gleichheit u. Ähnlichkeit statt des häufigeren ac*; **aeque amicos et nosmet ipsos amemus** wir sollen unsere Freunde ebenso wie uns selbst lieben

10 (*vkl., nachkl.*) als, da *nach vorausgehendem nondum, iam, vix u. Ä. statt des (klass.) cum inversum*; **vix prima inceperat aestas et Anchises dare vela iubebat** der Frühling hatte kaum begonnen, als Anchises befahl abzusegeln

11 *Wendungen*: **et non** und nicht, ↔ **neque**, *Verneinung eines einzelnen Begriffs*; **et … et** sowohl … als auch, teils … teils; **-que … et/et … -que** sowohl … als auch; **et … neque** einerseits (wohl) … andererseits nicht; **neque … et** einerseits nicht … andererseits, nicht nur nicht … sondern (auch)

et-enim K̲O̲N̲J̲ (*klass.*) nur am Satzanfang, *poet* auch

nachgestellt
1 nämlich, denn; ja auch, außerdem ja, ferner
2 und allerdings
Eteoclēs ⟨Eteoclis *u.* Eteocleos⟩ M̄ *Sohn des Ödipus, Bruder des Polyneikes*
etēsiae ⟨ārum⟩ M̄ Passatwinde, *die vor allem im Ägäischen Meer z. Zt. der Hundstage mehrere Wochen lang aus dem N wehen*
etēsius ⟨a, um⟩ ADJ *Lucr.* jährlich
ēthica ⟨ae⟩ F̄, **ēthicē** ⟨ēthicēs⟩ F̄ Ethik, Moralphilosophie
ēthicus ⟨a, um, *adv* ēthicōs⟩ ADJ ethisch, moralisch
ēthologia ⟨ae⟩ F̄ (*nachkl.*) Charakterdarstellung, Sittenschilderung
ēthologus ⟨ī⟩ M̄ Charakterdarsteller; Possenreißer
etiam ‖et, iam‖
A ADV
1 *zeitl.* noch, noch immer; **~ nunc/nunc ~** auch jetzt noch; **~ tum/tum ~** auch damals noch; **non ~/nondum ~** immer noch nicht; **vixdum ~** auch jetzt kaum
2 noch einmal, wieder; **dic ~ clarius** sprich noch einmal deutlicher; **~ atque ~** immer wieder
3 *in Antworten* ja, allerdings; **aut ~ aut non** entweder ja oder nein
B KONJ
1 *steigernd* auch, sogar, *vor od hinter dem betonten Wort stehend*; **atque ~** und sogar; **quin ~** ja sogar; **~ non** auch nicht
2 *beim komp* noch; **~ maior** noch größer
3 *in unwilligen Fragen* noch obendrein, auch noch; **~ rides?** lachst du auch noch?
4 *vermehrend* außerdem, dazu; **accedit ~** außerdem kommt noch dazu
5 **non solum ... sed ~** nicht nur ... sondern auch; **non modo ... verum ~** nicht nur ... sondern auch
etiam-dum ADV *Com.* auch jetzt noch
etiam-num, etiam-nunc ADV
1 noch immer; damals noch; **nullus ~** noch keiner; **nihil ~** nichts weiter
2 (*nachkl.*) ferner, außerdem
3 *Plaut.* nochmals, noch mehr
etiam-sī KONJ auch wenn, wenn auch, +*konjkt*/+*ind*; indessen, gleichwohl
etiam-tum, etiam-tunc ADV
1 damals noch, immer noch
2 *Ter.* damals erst
Etrūria ⟨ae⟩ F̄ Etrurien, *Landschaft nw. von Rom, am Tyrrhenischen Meer, im N bis zum Arno, im O u. S bis zum Tiber*
Etrūscus ⟨a, um⟩ ADJ etruskisch
Etrūscus ⟨ī⟩ M̄ Etrusker

et-sī KONJ wenn auch, wenn schon, obgleich, +*konjkt*/+*ind*; indessen, gleichwohl, jedoch
etymologia ⟨ae⟩ F̄ (*vkl., nachkl.*) Ableitung eines Wortes, Etymologie
eu INT *Com., Hor.* gut!, schön!
euān INT
1 (*vkl., nachkl.*) Jubelruf der Bacchantinnen
2 = Bacchus
Euander ⟨Euandrī⟩ M̄, **Euandrus** ⟨ī⟩ M̄ *Sohn des Hermes/Merkur u. der Seherin Carmenta, führte von Pallantion in Arkadien eine Kolonie nach Italien u. gründete Pallanteum in der Gegend des späteren Rom*
euangel... = **evangel...**
euāns ⟨euantis⟩ ADJ (*nachkl.*) *poet* Jubelrufe ausstoßend; **orgia ~** unter Jubelrufen Orgien feiernd
euax INT juchhe!
Euboia ⟨ae⟩ F̄ Insel an der Ostküste Mittelgriechenlands, *Name erhalten*
Euboicus ⟨a, um⟩ ADJ euböisch; Euböa gegenüberliegend; kumäisch; **urbs Euboica** euböische Stadt, = Cumae; **carmen euboicum** Spruch der Sibylle von Cumae
eucharistia ⟨ae⟩ F̄
1 *Tert.* Danksagung
2 (*eccl.*) heiliges Abendmahl; Hostie
▶ deutsch: **Eucharistie**
Euclīdēs ⟨Euclīdis⟩ M̄
1 Anhänger des Sokrates u. Gründer der Philosophenschule der Megariker
2 berühmter Mathematiker in Alexandria um 300 v. Chr.; *sein Lehrbuch Stoicheia (Elemente) wirkte bis in die Neuzeit nach*
eudaemōn ⟨eudaemonis⟩ ADJ glücklich, reich
euge (*vkl., nachkl.*), *Ter.* **eugē**, *Plaut.* **eugepae** INT = **eu**
euhān INT = **euan**
euhāns ⟨euhantis⟩ ADJ = **euans**
Euhēmerus ⟨ī⟩ M̄ *griech. Philos. aus Messene, um 300 v. Chr.; deutete die Gottheiten, soweit es sich nicht um personifizierte Naturkräfte handelte, als Menschen, die nur wegen ihrer hohen Verdienste als Götter verehrt wurden*
Euhias ⟨Euhiadis⟩ F̄ *poet* Bacchantin
Euhius ⟨ī⟩ M̄ *poet* Beiname des Bacchus
euhoe INT = **euoe**
Euias ⟨adis⟩ F̄ = **Euhias**
Euius ⟨ī⟩ M̄ = **Euhius**
eulogia ⟨ae⟩ F̄ Geschenk; gesegnetes Brot
Eumenēs ⟨Eumenis⟩ M̄
1 Feldherr Alexanders des Großen
2 Name zweier Könige von Pergamon
Eumenides ⟨Eumenidum⟩ F̄ gnädige Göttinnen, *euph Bezeichnung der Erinnyen/Furien*
Eumolpidae ⟨ārum⟩ M̄ ‖Eumolpus‖ Priesterfa-

milie in Athen

Eumolpus ⟨ī⟩ m MYTH *Stifter der Mysterien der Demeter in Eleusis*

eunūchus ⟨ī⟩ m *Kastrat, Eunuch; Titel einer Komödie des Terenz*; (mlat.) *Kämmerer am Hof von Byzanz*

euoe INT (*nachkl.*) *poet* **juchhe!**, *Jubelruf der Bacchantinnen*

Euphorbus ⟨ī⟩ m *Trojaner; in seiner Gestalt wollte Pythagoras gemäß seiner Seelenwanderungslehre den Trojanischen Krieg erlebt haben*

Euphoriōn ⟨Euphoriōnis⟩ m *aus Chalkis, um 250 v. Chr., hellenistischer Dichter u. Bibliothekar bei Antiochus dem Großen*

Euphrātēs ⟨Euphrātis *u.* ī, *akk* Euphrātem *u.* Euphrātēn, *abl* Euphrāte⟩ m *Euphrat*

Eupolis ⟨Eupolidis, *akk* Eupolim *u.* Eupolin, *abl* Eupolī *u.* Eupolide⟩ m *Dichter der älteren attischen Komödie, um 425 v. Chr.*

Eurīpidēs ⟨Eurīpidis⟩ m *athenischer Tragiker, 480–406 v. Chr.*

Eurīpidēus ⟨a, um⟩ ADJ *des Euripides*

eurīpos, eurīpus ⟨ī⟩ m
1 *Meerenge, bes* **Eurīpus** ⟨ī⟩ m *Meerenge zwischen Euböa u. dem Festland*
2 *Graben, Kanal*

Eurōpa ⟨ae⟩ f *Tochter des phönikischen Königs Agenor, von Zeus in Gestalt eines Stieres von Sidon nach Kreta entführt; nach ihr wurde der Erdteil Europa benannt*

▶ **Europa**

Europa war die Tochter des phönikischen Königs **Agenor**. Als **Zeus** sie am Strand sah, verliebte er sich in sie. Er verwandelte sich in einen Stier und brachte Europa dazu, sich auf ihn zu setzen. So entführte er sie nach Kreta. Nach ihr wurde der Erdteil Europa benannt.

MYTHOLOGIE ◁

Eurōpaeus ⟨a, um⟩ ADJ *zu Europa gehörig, europäisch*

Eurōpē ⟨Eurōpēs⟩ f = **Europa**

Eurōtās ⟨Eurōtae⟩ m *Hauptfluss der lakonischen Ebene um Sparta, Name erhalten*

eurōus ⟨a, um⟩ ADJ ||eurus|| *Verg.* *südöstlich, östlich*

eurus ⟨ī⟩ m *Südostwind, Ostwind*

Eurydicē ⟨Eurydicēs⟩ f *Gattin des Orpheus, durch einen Schlangenbiss getötet. Als sich Orpheus, der sie mit Plutos Einwilligung aus der Unterwelt zurückholen wollte, gegen das Verbot nach ihr umsah, musste sie endgültig in der Unterwelt bleiben*

Eurystheūs ⟨Eurystheī⟩ m MYTH *König von Mykene, der dem Herkules auf Heras Befehl hin die zwölf Arbeiten auferlegte*

▶ **Eurydice**

Eurydice, die Ehefrau des **Orpheus**, wurde durch einen Schlangenbiss getötet. Orpheus wollte sie mit Plutos Einwilligung aus der Unterwelt zurückholen. Doch als er sich gegen das Verbot nach ihr umsah, musste sie endgültig in der Unterwelt bleiben.

MYTHOLOGIE ◁

euschēmē ADV *Plaut.* *mit allem Anstand*

Euterpē ⟨Euterpēs⟩ f *Muse der Tonkunst, mit einer Flöte dargestellt*

Eutrapelus ⟨ī⟩ m *der Gewandte, der Witzige, Beiname des röm. Ritters Publius Volumnius*

euxīnus ⟨a, um⟩ ADJ *gastfreundlich*; **Pontus Euxīnus** *das Schwarze Meer*

ē-vādere ⟨vādō, vāsī, vāsum 3.⟩

A intransitives Verb
1 herausgehen, hervorgehen
2 hinaufsteigen, emporklimmen
3 entkommen, entgehen
4 ablaufen, ausschlagen
5 hervorgehen

B transitives Verb
1 passieren
2 ersteigen, erklimmen
3 entkommen, entgehen

— **A** intransitives Verb —

VI
1 herausgehen, hervorkommen; **in terram ~** landen; **in mare ~** münden
2 hinaufsteigen, emporsteigen; **adverso colle ~** den Hügel gerade hinanstürmen
3 entkommen, entgehen, *ab aliquo* j-m, *ex re/re/ alicui rei* einer Sache; **ab iniustis iudicibus ~** ungerechten Richtern entgehen; **ex morbo ~** einer Krankheit entgehen; **periculo ~** einer Gefahr entrinnen
4 *fig von Sachen* enden, in Erfüllung gehen; **somnium verum evasit** der Traum hat sich erfüllt; **aliquid alicui bene evadit** etw geht für j-n gut aus
5 *von Personen* als *jd/etw* hervorgehen, sich zu *etw/j-m* entwickeln; **aliquis orator evadit** j-d entwickelt sich zum Redner

— **B** transitives Verb —

VT
1 über *etw* hinausgehen, *einen Raum* passieren, *aliquid;* **totum spatium ~** den ganzen Raum durchfliegen; **tot urbes ~** so viele Städte passieren
2 ersteigen, erklimmen, **gradūs altos** hohe

Stufen
3 entkommen, entgehen, *aliquid* einer Sache, **insidias** den Nachstellungen

ē-vagārī ⟨or, ātus sum 1.⟩
A VI
1 (*nachkl.*) umherschweifen; *Liv.* MIL ausschwärmen
2 sich ausbreiten, um sich greifen
3 *vom Thema* abschweifen
B VT überschreiten, **ordinem rectum** *Ov.* das rechte Maß

ēvagātiō ⟨ēvagātiōnis⟩ F ||evagari|| (*nachkl.*) Ausbreitung

ē-vāgīnāre ⟨ō, āvī, ātum 1.⟩ ||ex, vagina|| aus der Scheide ziehen, **gladium** das Schwert

ē-valēscere ⟨valēscō, valuī, - 3.⟩ (*nachkl.*)
1 *poet* stark werden
2 *fig poet* sich steigern, wachsen, *in aliquid* zu etw
3 *poet* zur Geltung gelangen
4 *poet* imstande sein, +inf

ē-validus ⟨a, um⟩ ADJ (*nachkl.*) *poet* ganz stark

ē-vānēscere ⟨vānēscō, vānuī, - 3.⟩ verschwinden, vergehen; **memoria evanescit** *fig* das Andenken schwindet; **vinum evanescit** Wein verdunstet; **~ in auras** sich in Luft auflösen

ēvangelicus ⟨a, um⟩ ADJ (*eccl.*) zum Evangelium gehörig

ēvangelista ⟨ae⟩ M (*eccl.*) Evangelist, *Verfasser eines der vier zum NT gehörenden Evangelien, Matthäus, Marcus, Lukas u. Johannes*

ēvangelium ⟨ī⟩ N (*eccl.*) Frohbotschaft, Evangelium, *eine der vier Schriften des NT über Leben u. Lehre Jesu Christi*; (*mlat.*) Evangelienbuch

ēvānidus ⟨a, um⟩ ADJ ||evanescere|| (*nachkl.*) *poet* (ent)schwindend, vergehend; *von Personen* hinfällig

ē-vānuī → evanescere

ēvapōrātiō ⟨ēvapōrātiōnis⟩ F ||vapor|| Ausdünstung

ē-vāsī → evadere

ē-vāstāre ⟨ō, āvī, ātum 1.⟩ (*nachkl.*) völlig verwüsten

ē-vāsum PPP → evadere

ē-vehere ⟨vehō, vēxī, vectum 3.⟩
1 hinausführen, hinausbringen; **classem in altum ~** die Flotte in See stechen lassen
2 (*nachkl.*) *poet* emporführen, emporbringen; **aliquem ad consulatum ~** j-n zum Konsulat bringen; *passiv* hinauffahren, hinaufreiten; **per auras evehi** sich durch die Lüfte emporschwingen
3 (*nachkl.*) *passiv* hinausfahren, hinaussegeln, hinausreiten; *von Flüssen* abfließen; **ex portu evehi** aus dem Hafen auslaufen; **amnis ad mare evehitur** der Fluss fließt zum Meer
4 *passiv feindlich* losreiten, losfahren, *in aliquem* gegen j-n, *in aliquid* gegen etw; *von irgendwo* ausgehen; **eloquentia ex Piraeo evecta est** die Beredsamkeit ging von Piraeus aus
5 *passiv* über *etw* hinausgehen; **fama insulas evehitur** das Gerücht dringt über die Inseln hinaus
6 *passiv* überschreiten, übersteigen; **opes privatum modum evehuntur** das Vermögen überschreitet das private Maß
7 *passiv* sich hinreißen lassen, zu weit gehen; **spe vanā evehi** sich von einer eitlen Hoffnung verleiten lassen

ē-vellere ⟨vellō, vellī/vulsī, vulsum 3.⟩
1 herausreißen; abreißen; **poma ex arboribus ~** Obst von den Bäumen pflücken
2 *fig* vernichten, beseitigen; **suspicionem ex animo ~** *fig* den Verdacht aus den Gedanken beseitigen; **consules ex fastis ~** Konsuln aus dem Verzeichnis tilgen

ē-venīre ⟨veniō, vēnī, ventum 4.⟩
1 (*unkl.*) herauskommen, hervorkommen
2 *fig* sich ereignen, eintreten; **evenit, ut** *unpers* es geschieht, dass
3 *fig* eintreffen, in Erfüllung gehen; **res praedicta evenit** das vorausgesagte Ereignis trat ein
4 *fig* zufallen, zuteil werden, **sorte** durch das Los
5 *fig* ausfallen, enden; **bene ~** gut ausgehen
6 (*mlat.*) werden; = **fieri**
⚠ **Bene eveniat.** *Cic.* Viel Glück!

ē-ventilāre ⟨ō, āvī, ātum 1.⟩ durch Schwingen reinigen

ēventum ⟨ī⟩ ||evenire||
1 Ausgang, Erfolg
2 Ereignis, Begebenheit
3 *Lucr.* das durch Zufall Eingetretene

ēventus[1] ⟨ēventūs⟩ M ||evenire||
1 Ausgang, Ergebnis; **bonus ~** guter Ausgang
2 guter Ausgang, Erfolg; **nec ~ defuit** und es fehlte nicht der Erfolg
3 (*nachkl.*) *poet* schlimmer Ausgang, Katastrophe
4 Vorfall, Ereignis
5 Schicksal, Los; *pl* Wechselfälle
6 **Bonus Eventus** (*vkl., nachkl., Inschrift*) ländliche Gottheit des Gedeihens der Feldfrüchte, *später* Gottheit des Erfolgs
▶ deutsch: **Event**

ē-ventus[2] ⟨a, um⟩ PPP → evenire

ē-verberāre ⟨ō, āvī, ātum 1.⟩ (*nachkl.*)
1 *poet* aufpeitschen, **mare remis** das Meer mit den Rudern
2 heftig schlagen; abschütteln; **cineres alis ~**

die Asche von den Flügeln abschütteln

ē vergere ⟨ō, -, - 3.⟩ *Liv.* hervorsprudeln lassen

ē-verrere ⟨verrō, verrī, versum 3.⟩
① (*vkl., nachkl.*) auskehren, ausfegen
② *fig* ausplündern

ēverriculum ⟨ī⟩ N ||everrere|| Kehrbesen, *auch fig, Anspielung auf Verres*

ēversiō ⟨ēversiōnis⟩ F ||evertere|| Zerstörung; *fig* Umsturz

ēversor ⟨ēversōris⟩ M ||evertere|| Zerstörer

ē-versus ⟨a, um⟩ PPP → evertere *u.* → everrere

ē-vertere ⟨vertō, vertī, versum 3.⟩
① *Com. poet* umdrehen; aufwühlen; **cervices ~** den Hals verdrehen; **aequora ~** die Fluten aufwühlen
② umwerfen, umstürzen, **statuam** ein Standbild; **arborem ~** einen Baum fällen
③ zerstören, niederreißen, **domum** ein Haus
④ *fig* zugrunde richten, zerrütten, **civitatem** die Stadt, **amicitiam** eine Freundschaft; **aratores ~** die Domänenpächter finanziell ruinieren
⑤ hinaustreiben, vertreiben, *aliquem re* j-n aus etw; **~ aliquem sedibus** j-n von Haus und Hof vertreiben; **aliquem bonis ~** j-n um sein Vermögen bringen

ēvestīgātus ⟨a, um⟩ ADJ ||ex, vestigare|| (*nachkl.*) *poet* aufgespürt, erforscht

ēvidēns ⟨ēvidentis, *adv* ēvidenter⟩ ADJ ||ex, videre||
① sichtbar
② *fig* aeinleuchtend, offenbar
③ (*nachkl.*) *fig* hervorragend; auffallend

ēvidentia ⟨ae⟩ F ||evidens||
① (*nachkl.*) Ersichtlichkeit
② Eindeutigkeit, Klarheit
③ RHET Veranschaulichung, Evidenz

ē-vigilāre ⟨ō, āvī, ātum 1.⟩
A VI
① (*nachkl.*) aufwachen, erwachen
② wach bleiben, unermüdlich tätig sein
B VT
① *Tib.* durchwachen, **noctem** die Nacht
② bei Nacht sorgfältig ausarbeiten; **consilia evigilata cogitationibus** wohl durchdachte Pläne

ē-vīlēscere ⟨vīlēscō, vīluī, - 3.⟩ ||vilis|| (*nachkl.*) wertlos werden

ē-vincere ⟨vincō, vīcī, victum 3.⟩ (*nachkl.*)
① *poet* völlig besiegen; **angusta ~** bedenkliche Lagen glücklich überstehen
② *fig* von Örtlichkeiten über *etw* hinausgelangen, *etw* gewaltsam durchbrechen, *aliquid*; **Charybdim remis ~** über die Charybdis hinausrudern
③ *fig* überreden, bewegen; *passiv* sich erweichen lassen; **lacrimis ad miserationem evinci** sich durch Tränen zu Mitleid bewegen lassen
④ *fig* (siegreich) durchsetzen, es dahin bringen, *ut/ne*
⑤ *fig* unumstößlich darlegen, beweisen, +AcI
⑥ JUR gerichtlich wieder erlangen

ē-vincīre ⟨vinciō, vinxī, vinctum 4.⟩ (*nachkl.*)
① *poet* binden, fesseln
② *poet* umbinden, umwinden, *aliquid re* etw mit etw

ē-virāre ⟨ō, āvī, ātum 1.⟩ ||vir|| (*unkl.*) entmannen, entkräften

ē-vīscerāre ⟨ō, (āvī), ātum 1.⟩ ||viscera|| (*unkl.*) zerreißen; *fig* auswaschen; **terras ~** Böden auswaschen

ēvītābilis ⟨ēvītābile⟩ ADJ ||evitare¹|| (*nachkl.*) *poet* vermeidbar, entrinnbar

ē-vītāre¹ ⟨ō, āvī, ātum 1.⟩ etw vermeiden, einer Sache ausweichen, *aliquid*; **suspicionem ~** *fig* den Verdacht vermeiden;

ē-vītāre² ⟨ō, āvī, ātum 1.⟩ ||ex, vita|| (*unkl.*) das Leben rauben, *aliquem* j-m

ēvītātiō ⟨ēvītātiōnis⟩ F ||evitare¹|| (*nachkl.*) Vermeidung

ē-vocāre ⟨ō, āvī, ātum 1.⟩
① herausrufen, herbeirufen
② REL Tote aus der Unterwelt hervorrufen, aus dem Grab erwecken
③ MIL zum Kampf herausfordern
④ REL *die Gottheit aus einer belagerten Stadt* herausrufen; **deus evocatus sacratis sibi finibus** der aus seinem heiligen Bezirk herausgerufene Gott
⑤ amtlich zu sich berufen, vorladen
⑥ Soldaten ausheben; *irgendwohin* beordern
⑦ zu *etw* erheben, berufen; **aliquem ad honorem ~** j-n in ein Ehrenamt berufen
⑧ *fig* hervorrufen, erregen; **alicui risum ~** j-m ein Lächeln abnötigen
⑨ zu *etw* verlocken; **cupiditas multos longius evocavit** die Gier lockte viele zu weit weg

ēvocātī ⟨ōrum⟩ M ||evocare|| Veteranen, *die in Notzeiten wieder aufgeboten wurden*

ēvocātiō ⟨ēvocātiōnis⟩ F ||evocare|| (*unkl.*) Aufruf, *bes* Vorladung eines Schuldners

ēvocātor ⟨ēvocātōris⟩ M ||evocare|| Aufwiegler

ēvoe INT = euoe

ē-volāre ⟨ō, āvī, ātum 1.⟩
① hervorfliegen, *bes* aus dem Nest ausfliegen
② entfliehen, enteilen; **e poena ~** der Strafe entgehen
③ hervorbrechen, eilen; **hostes ex omnibus partibus silvae evolant** die Feinde stürzen aus allen Teilen des Waldes hervor

4 emporfliegen, sich emporschwingen

ēvolūtiō ⟨ēvolūtiōnis⟩ F ||evolvere|| das Aufschlagen *eines Buches* = das Lesen

ē-volvere ⟨volvō, volvī, volūtum 3.⟩

1 herauswälzen,; (von sich) abwälzen; *von Gewässern* entströmen lassen

2 *passiv u.* **sē ~** hinausrollen; *von Gewässern* entströmen; sich herauswickeln, *ex re/re* aus etw; **evolvi integumentis dissimulationis** entlarvt werden

3 vertreiben, verdrängen, **aliquem sede patriā** j-n vom väterlichen Sitz

4 *vom Rauch* aufwirbeln lassen; *passiv* aufsteigen

5 *Spindeln* abspinnen

6 *Plaut.* auftreiben, **argentum** Geld

7 auseinanderrollen; *ein Buch* aufschlagen; *fig* lesen

8 *fig* deutlich machen, darstellen;

9 (*nachkl.*) überdenken, überlegen; **exitum criminis ~** den Ausgang des Verbrechens ermitteln

ē-vomere ⟨vomō, vomuī, vomitum 3.⟩

1 ausspeien, von sich geben;

2 *fig* ausstoßen, ausschütten

ē-vortere ⟨vortō, vortī, vorsum 3.⟩ = **evertere**

ē-vulgāre ⟨ō, āvī, ātum 1.⟩ (*nachkl.*) veröffentlichen, bekannt machen, *aliquid* etw, +AcI; preisgeben, **pudorem** das Schamgefühl

ēvulsiō ⟨ēvulsiōnis⟩ F ||evellere|| Herausreißen; **~ dentis** Zahnziehen

ex PRÄF, PRÄP = **e²**

ex-acerbāre ⟨ō, āvī, ātum 1.⟩ (*nachkl.*) erbittern, erzürnen, *aliquem/aliucius animum re* j-n durch etw, *aliquem in aliquem* j-n gegen j-n; **hostes contumeliis ~** die Feinde mit Schmähungen erzürnen

exāctiō ⟨exāctiōnis⟩ F ||exigere||

1 Vertreibung

2 Eintreibung, Erhebung, **pecuniarum** von Geldern

3 Besteuerung

4 Steuer; Abgabe

5 Beaufsichtigung, Leitung *durch die Behörde*, **operum publicorum** von öffentlichen Bauten

exāctor ⟨exāctōris⟩ M ||exigere||

1 *Liv.* Vertreiber, **regum** der Könige

2 Eintreiber, *bes* Steuereintreiber

3 (*nachkl.*) Aufseher; Vollstrecker, *alicuius rei* einer Sache

exāctus¹ ⟨a, um, *adv* exāctē⟩ ADJ ||exigere|| *von Personen u. Sachen* genau, pünktlich; **vir ~** zuverlässiger Mann; *sup* vollkommen, *alicuius rei in* etw

exāctus² ⟨exāctūs⟩ M ||exigere|| *Quint.* Vertrieb, Verkauf

ex-āctus³ ⟨a, um⟩ PPP → **exigere**

ex-acuere ⟨acuō, acuī, acūtum 3.⟩

1 (*nachkl.*) schärfen, zuspitzen; **vim oculorum et ingenii aciem ~** *fig* Augen und Verstand schärfen

2 aufreizen, antreiben, *aliquem ad aliquid/in aliquid* j-n zu etw; **palatum ~** den Appetit anregen

exadversum, exadversus, exadvorsum

A ADV (*Com., nachkl.*) genau gegenüber, *absolut od alicui rei* einer Sache

B PRÄP +akk gegenüber; **eum locum ~** diesem Ort gegenüber

ex-aedificāre ⟨ō, āvī, ātum 1.⟩

1 aufbauen; *fig ein Werk* vollenden; **ignaviam ~** sein Lotterleben fortführen

2 *Plaut.* im Wortspiel mit *ex aedibus* hinausbefördern

exaedificātiō ⟨exaedificātiōnis⟩ F ||exaedificare||

1 (*nachkl.*) Erbauung *eines Gebäudes*

2 *fig* Aufbau, **historiae** der Geschichte

ex-aequāre ⟨ō, āvī, ātum 1.⟩

1 (*nachkl.*) einebnen, gleichmachen; **periculum ~** die Gefahr gleich verteilen; **tumulos tumulis ~** Haufen auf Haufen türmen

2 *fig* auf die gleiche Stufe stellen; **facta dictis ~** Taten angemessen darstellen

3 gleichstellen, vergleichen, *aliquem alicui/cum aliquo* j-n mit j-m; **bonis exaequari** den Guten gleichkommen

4 *poet* j-m gleichkommen, j-n erreichen, *aliquem*; **Sabinas ~** den Sabinerinnen gleichkommen

exaequātiō ⟨exaequātiōnis⟩ F ||exaequare|| (*nachkl.*) Einebnung; *fig* Gleichstellung

exaeresimus ⟨a, um⟩ ADJ = **exhaeresimus**

ex-aestuāre ⟨ō, āvī, ātum 1.⟩

A VI

1 (*nachkl.*) aufwallen; *vom Meer* wogen; *vor Hitze* erglühen

2 *fig von Leidenschaften* entbrennen, aufbrausen; **ignis exaestuat** das Liebesfeuer entbrennt

B VT *Lucr.* aufbrausend ausströmen lassen

ex-aggerāre ⟨ō, āvī, ātum 1.⟩

1 aufdämmen, mit Dammerde auffüllen

2 aufhäufen, vermehren, **rem familiarem** das Vermögen; **mortem morti ~** Tod auf Tod häufen

3 vergrößern, steigern; **alicuius iuventam honoribus ~** j-n in seiner Jugend zu hohen Ehren bringen

4 *fig durch Worte* rühmend darstellen; *pej* übertreiben

5 RHET erhöhen; **orationem ~** seiner Rede größeren Schwung geben

6 *fig geistig* erheben
exaggerātiō ⟨exaggerātiōnis⟩ F ||exaggerare||
1 (*nachkl.*) Aufhäufung, Häufung
2 *fig* Erhebung, **animi** des Geistes
ex-agitāre ⟨ō, āvī, ātum 1.⟩
1 *poet* aufscheuchen
2 *fig* umhertreiben, verfolgen
3 *fig* aufrütteln, wecken
4 *fig, pej* beunruhigen; vielfach besprechen
5 *fig mit Worten* scharf angreifen, tadeln
6 *fig* aufwiegeln; *eine Leidenschaft* erregen
exagitātor ⟨exagitātōris⟩ M ||exagitare|| Tadler
exagōga ⟨ae⟩ F *Plaut.* Ausfuhr, Transport
exālāre ⟨ō, āvī, ātum 1.⟩ = **exhalare**
ex-albēscere ⟨albēscō, albuī, - 3.⟩
1 *Gell.* weiß werden
2 *fig* erbleichen, erblassen
ex-ambulāre ⟨ō, -, - 1.⟩ *Plaut.* herausspazieren, hinausgehen
exāmen ⟨exāminis⟩ N ||ex, agere||
1 Schwarm *von Insekten;* Menge; **~ apium** Bienenschwarm
2 (*nachkl.*) *poet* Zünglein an der Waage
3 *meton* Untersuchung, Prüfung
4 (*mlat.*) Urteil, Gottesurteil
▶ deutsch: Examen
  englisch: exam
  französisch: examen
  spanisch: examen
  italienisch: esame
exāmināre ⟨ō, āvī, ātum 1.⟩ ||examen|| *auf der Waage* abwiegen; *fig* abwägen, untersuchen, prüfen; **aliquid paribus ponderibus ~** etw mit gleichen Gewichten abwiegen; **verborum pondera ~** das Gewicht von Worten abwägen
exāminātiō ⟨exāminātiōnis⟩ F ||examinare|| Abwiegen; *fig* Prüfung
exāminātor ⟨exāminātōris⟩ M ||examinare|| (*spätl.*) Prüfer
ex-amussim ADV ||amussis|| genau, pünktlich
ex-anclāre ⟨ō, āvī, ātum 1.⟩
1 (*vkl.*) ausschöpfen, austrinken
2 *fig* bis ans Ende aushalten, bis zum Ende ertragen
exanguis ⟨exangue⟩ ADJ = **exsanguis**
exanimālis ⟨exanimāle⟩ ADJ ||exanimare||
1 tot, entseelt
2 tödlich
ex-animāre ⟨ō, āvī, ātum 1.⟩
1 *poet* luftleer machen, **folles** Bälle
2 den Atem nehmen; *passiv* außer Atem kommen; **exanimatus currit** außer Atem (gekommen) rennt er
3 *meton* töten, umbringen; **servum verberibus ~** einen Sklaven zu Tode prügeln
4 *fig* erschrecken, entmutigen
exanimātiō ⟨exanimātiōnis⟩ F ||exanimare|| Besinnungslosigkeit, Angst
ex-animis ⟨exanime⟩ ADJ ||exanimare||
1 *von Personen u. Sachen* leblos, tot
2 *fig* entsetzt, betäubt
ex-animus ⟨a, um⟩ ADJ = **exanimis**
ex-ante PRÄP +*akk* von ... an; **~ diem** von dem Tag an
exantlāre ⟨ō, āvī, ātum 1.⟩ = **exanclare**
ex-arāre ⟨ō, āvī, ātum 1.⟩
1 herauspflügen; *fig durch Ackerbau* gewinnen, **multum frumenti** viel Getreide
2 (*unkl.*) aufpflügen, durchfurchen; **frontem rugis ~** das Gesicht mit Runzeln überziehen
3 *fig auf die Wachstafel* schreiben; entwerfen
ex-ārdēscere ⟨ārdēscō, ārsī, ārsum 3.⟩
1 *von Stoffen* sich entzünden, sich erhitzen; **pro patria ~** *fig* sich für die Heimat opfern
2 *fig von Personen* entbrennen, ergriffen werden; (**amore**) **~ in aliquem** in Liebe zu j-m entbrennen
3 *fig von Zuständen* entbrennen, ausbrechen; **bellum exardescit** ein Krieg entbrennt
4 *Suet. fig von Preisen* steigen, anziehen
ex-ārēscere ⟨ārēscō, āruī, - 3.⟩ vertrocknen; verschwinden; **vetus urbanitas exarescit** der alte Anstand schwindet
ex-armāre ⟨ō, āvī, ātum 1.⟩
1 (*nachkl.*) entwaffnen; **navem ~** ein Schiff abtakeln
2 (*nachkl.*) *fig* entkräften, **accusationem** eine Anklage
ex-ārsī → exardescere
ex-asciāre ⟨ō, (āvī) ātum 1.⟩ ||ex, ascia|| *Plaut. mit der Axt* sorgfältig behauen; *fig* genau durchdenken
ex-asperāre ⟨ō, āvī, ātum 1.⟩ (*nachkl.*)
1 MED rau machen, entzünden; **fauces exasperatae** entzündeter Hals
2 *das Meer* aufwühlen
3 *dem Ton nach* rau machen; **tussis vocem exasperat** der Husten macht die Stimme rau
4 *fig eine Person* roh machen, verwildern lassen; *passiv* verwildern
5 *fig durch Worte* in ein schlechtes Licht rücken
6 *fig* aufreizen, aufhetzen
ex-auctōrāre ⟨ō, āvī, ātum 1.⟩
1 verabschieden, entlassen, **militem** einen Soldaten; **se ~** den Dienst quittieren
2 *pej* abschieben
ex-audīre ⟨iō, īvī, ītum 4.⟩
1 heraushören; deutlich hören; *passiv* zu Ohren kommen, gehört werden; **alicuius vocem ~** j-s Stimme hören

2 (nachkl.) poet j-n erhören; auf j-n hören, aliquem; passiv Gehör finden

ex-augēre ⟨eō, -, - 2.⟩ (unkl.) stark vermehren, verstärken

ex-augurāre ⟨ō, -, - 1.⟩ (vkl., nachkl.) die Weihe einer Sache aufheben, etw profanieren, aliquid

exaugurātiō ⟨exaugurātiōnis⟩ F ‖exaugurare‖ Liv. Aufhebung einer Weihe, Profanierung

ex-auspicāre ⟨ō, āvī, ātum 1.⟩ Plaut. glücklich herauskommen, **ex vinculis** aus dem Gefängnis

ex-ballistāre ⟨ō, -, - 1.⟩ ‖ex, balista‖ Plaut. über den Haufen schießen; fig zum Besten halten

ex-bibere ⟨bibō, bibī, - 3.⟩ = **ebibere**

exc. Abk (nlat.) = **excudit** hat es gestochen; → **excudere**

ex-caecāre ⟨ō, āvī, ātum 1.⟩
1 blenden
2 Ov. fig Flüsse od Quellen verstopfen

ex-calceāre, **ex-calciāre** ⟨ō, āvī, ātum 1.⟩ „entschuhen"; passiv u. **pedes ~** die Schuhe ausziehen

excalceātī ⟨ōrum⟩ M ‖excalceare‖ mimische Schauspieler in Sandalen statt auf Kothurn

excandēscentia ⟨ae⟩ F ‖excandescere‖ Jähzorn

ex-candēscere ⟨candēscō, canduī, - 3.⟩ (vkl., nachkl.) erglühen; fig aufbrausen

ex-cantāre ⟨ō, āvī, ātum 1.⟩ herauszaubern, hervorzaubern

ex-carnificāre ⟨ō, āvī, ātum 1.⟩ zu Tode foltern; (vkl., nachkl.) auf die Folter spannen

ex-cavāre ⟨ō, āvī, ātum 1.⟩ aushöhlen; auch mit Knaben Unzucht treiben

excavātiō ⟨excavātiōnis⟩ F ‖excavare‖ (nachkl.) Aushöhlung

ex-cēdere ⟨cēdō, cessī, cessum 3.⟩

A intransitives Verb
1 herausgehen, hinausgehen
2 scheiden, weichen
3 fallen
4 übergehen
5 abschweifen
6 vordringen

B transitives Verb
1 räumen, verlassen
2 überschreiten
3 überschreiten

— **A intransitives Verb** —

VI
1 hinausgehen, weggehen
2 fig weichen, absolut od ex re aus etw, re von etw, aus etw; (nachkl.) verschwinden; Tac. sterben; **ex acie ~** aus der Schlacht entkommen; **ex proelio ~** den Kampf aufgeben; **possessione ~** den Besitz aufgeben; **e pueris ~** dem Knabenalter entwachsen; **vita/e vita ~** sterben

3 Liv. in eine Zeit fallen, **in annum insequentem** ins darauf folgende Jahr

4 in etw übergehen, in aliquid; **res in altercationem excedit** die Sache geht in einen Wortwechsel über; **res ad patres excessit** die Angelegenheit verbreitete sich zu den Patriziern

5 vom Thema abschweifen

6 von Personen vordringen; von Sachen hervortreten, ultra aliquid über etw hinaus

— **B transitives Verb** —

VT
1 räumen, verlassen, **urbem** die Stadt
2 überschreiten, **fines provinciae** die Grenzen der Provinz, **alveum Tiberis** das Bett des Tiber
3 fig Maß u. Zeit überschreiten, **modum** das Maß

excellēns ⟨excellentis, adv excellenter⟩ ADJ ‖excellere‖
1 emporragend, herausragend
2 fig von Personen u. Sachen ausgezeichnet, vorzüglich; **res excellenter gestae** hervorragende Leistungen; **dux ~** ausgezeichneter Heerführer

excellentia ⟨ae⟩ F ‖excellens‖
1 meton herausragende Stellung; pl hervorragende Persönlichkeiten
2 fig Erhabenheit; Vorzüglichkeit, alicuius j-s od vor j-m, alicuius rei in etw; **~ reliquarum animantium** Vorzüge vor den übrigen Lebewesen; **propter/per excellentiam** vorzugsweise
3 (mlat.) Exzellenz, Titel für hoch gestellte Personen in Staat u. Kirche

ex-cellēre ⟨eō, uī, - 2⟩, **ex-cellere** ⟨ō, -, - 3.⟩ hervorragen, sich auszeichnen, re durch etw, in re in etw, alicui vor j-m; **~ in omni genere artium** in allen Sparten der Kunst herausragen; **ceteris/praeter ceteros/super ceteros ~** sich vor den Übrigen hervortun

excelsitās ⟨excelsitātis⟩ F ‖excelsus‖ Erhabenheit

excelsum ⟨ī⟩ N ‖excelsus‖
1 Höhe; hoch gelegener Punkt; **ab excelso aspicere aliquid** etw von einem hoch gelegenen Standpunkt aus betrachten
2 fig hoher Rang, Würde

excelsus ⟨a, um, adv excelsē⟩ ADJ ‖excellere‖
1 emporragend, hervorragend
2 fig ausgezeichnet, glänzend
3 RHET erhaben; **excelse dicere** in erhabenem Stil reden

ex-cēpī → excipere
ex-ceptāre ⟨ō, -, - 1.⟩ ||excipere||
1 herausnehmen, **mullos de piscina** Meerbarben aus dem Fischteich
2 auffangen
3 zu sich hinaufziehen, emporheben
4 einatmen, **leves auras** milde Lüfte
exceptiō ⟨exceptiōnis⟩ F̲ ||excipere||
1 Ausnahme, Einschränkung; **sine ulla exceptione** ohne jede Ausnahme, unbedingt
2 JUR Einwand, Protest *des Beklagten gegen den Kläger*
exceptiuncula ⟨ae⟩ F̲ ||exceptio|| *Sen.* kleine Einschränkung
ex-ceptus ⟨a, um⟩ PPP → excipere
ex-cernere ⟨cernō, crēvī, crētum 3.⟩ (*nachkl.*) *poet* aussondern, **aliquem ex numero captivorum** j-n aus der Zahl der Gefangenen
ex-cerpere ⟨cerpō, cerpsī, cerptum 3.⟩ ||carpere||
1 (*nachkl.*) *poet* herauspflücken, herausnehmen; **semina pomis ~** die Kerne aus dem Obst nehmen
2 *fig* auswählen, **aliquid ex re** etw aus etw; *Quint.* als vorzüglich hervorheben
3 *fig* einen schriftlichen Auszug machen, exzerpieren; **aliquid ex libro ~** etw aus einem Buch exzerpieren
4 *fig* streichen, weglassen
ex-cessī → excedere
excessus¹ ⟨excessūs⟩ M̲ ||excedere||
1 Weggang, Abzug, das Scheiden; **~ vitae/e vita** Tod
2 RHET Abschweifung *vom Thema*
3 (*spätl.*) **~ mentis** *fig* Ekstase, Vision
4 (*mlat.*) Frevel, Sünde
▷ deutsch: **Exzess**
ex-cessus² ⟨a, um⟩ PPP → excedere
excetra ⟨ae⟩ F̲ Schlange; *fig als Schimpfwort* durchtriebenes Weib

ex-cidere¹ ⟨cidō, cidī, - 3.⟩ ||cadere||

1 herausfallen, herabfallen
2 aus der Urne herauskommen
3 sterben
4 entschlüpfen, entwischen
5 entfallen, vergessen werden
6 entschwinden, verloren gehen
7 ausgehen
8 absinken, herabsinken
9 verlieren, einbüßen

1 herausfallen, herabfallen, *absolut od ex re* aus etw, *de re|a re|re* von etw (herab); **~ alicui** j-m ausfallen, j-m entfallen; **cornua cervis exciderunt** den Hirschen fiel das Geweih ab
2 *Liv. vom Los* aus der Urne herauskommen; **nomen alicuius sorte excidit** das Los fällt auf j-s Namen
3 *Prop.* sterben
4 *fig* entschlüpfen, entwischen; **verbum alicui/ex ore alicuius excidit** j-m entschlüpft ein Wort; **libellum me invito excidit** das Büchlein kommt gegen meinen Willen heraus
5 *fig dem Gedächtnis* entfallen, vergessen werden; **de memoria alicuius/ex animo alicuius ~** j-m entfallen; **excidit, ut optarem** ich vergaß zu wünschen; **excidens** vergesslich
6 verloren gehen, untergehen; **excidit spes** die Hoffnung schwindet
7 *Quint.* RHET, LIT auf *etw* ausgehen; **versus in breves syllabas excidit** der Vers geht auf kurze Silben aus
8 absinken, ausarten; **libertas in vitium excidit** die Freiheit artet ins Laster aus
9 (*unkl.*) verlieren, einbüßen, *re* etw; **vitā ~** das Leben verlieren
ex-cīdere² ⟨cīdō, cīdī, cīsum 3.⟩ ||caedere||
1 aushauen, abschneiden; **arborem ~** einen Baum fällen; **portas ~** die Türen einschlagen
2 herausbrechen, herausschneiden, **aliquid ex re|re** etw aus etw; **lapides e terra ~** Steine aus der Erde herausbrechen; **alicui linguam ~** j-m die Zunge herausschneiden
3 (*nachkl.*) *poet* kastrieren
4 aushöhlen; **rupem in antrum ~** den Felsen zu einer Höhle aushauen
5 vernichten, zerstören
6 *fig* entfernen, vertilgen; **aliquem numero civium ~** j-n aus der Menge der Bürger ausstoßen
ex-cidī¹ → excidere¹
ex-cidī² → excidere²
excidiō ⟨excidiōnis⟩ F̲ ||exscindere||, **excīdiō** ⟨excīdiōnis⟩ F̲ ||excidere²|| *Plaut.* Zerstörung
excidium ⟨ī⟩ N̲ ||exscindere|| (*unkl.*) Zerstörung, Vernichtung; *pl* Trümmer, Ruinen
ex-ciēre ⟨cieō, -, citum 2.⟩ (*vkl.*)
1 in Bewegung setzen; herausrufen
2 kommen lassen; *vor Gericht* vorladen
3 *eine Menge* zu *etw* aufrufen, zu Hilfe rufen; **reges bello ~** die Könige zum Krieg aufrufen
4 *fig von Leblosem* hervorlocken, verursachen; **lacrimas alicui ~** j-m Tränen entlocken; **terrorem ~** Schrecken verursachen
5 *fig* aufschrecken, zu *etw* anregen; **hostes ad dimicandum ~** die Feinde zum Kampf anregen
6 aufwecken; *passiv* aufwachen
excindere ⟨cindō, cidī, cissum 3.⟩ = **exscindere**

ex-cipere ⟨cipiō, cēpī, ceptum 3.⟩ ‖capere‖

1. herausnehmen
2. ausnehmen, eine Ausnahme machen
3. als Bedingung festsetzen
4. befreien
5. auffangen, abfangen
6. abwehren, abhalten
7. abfangen, aufgreifen
8. treffen
9. überfallen, angreifen
10. vernehmen, hören
11. wahrnehmen
12. nachschreiben, mitschreiben
13. auf sich nehmen, übernehmen
14. empfangen, aufnehmen
15. bei sich aufnehmen, beherbergen
16. beanspruchen
17. auslegen, auffassen
18. bevorstehen
19. fortsetzen, fortführen
20. sich unmittelbar anschließen
21. ablösen

---

1. herausnehmen; **natantes e mari ~** die Schwimmenden aus dem Meer fischen; **laticem ~** eine Flüssigkeit schöpfen
2. *fig* etw ausnehmen, eine Ausnahme mit *etw* machen, *aliquid/aliquem/ne/quominus*; **clipeum sorti ~** den Schild von der Verlosung ausnehmen; **excepto, quod** mit Ausnahme, dass
3. *fig* etw als Bedingung festsetzen; gerichtlich einen Einwand erheben bezüglich einer Sache, *aliquid*; **lex excipit, ut/ne** das Gesetz stellt die Bedingung, dass/dass nicht
4. *fig* befreien, *re* von etw, **aliquem servitute ~** j-n von der Sklaverei
5. auffangen, abfangen; **sanguinem paterā ~** das Blut in einer Schale auffangen; **porticus arcton excipit** die Säulenhalle liegt nach Norden; **se pedibus/in pedibus ~** sich aufrecht halten; **se poplitibus ~** auf die Knie fallen; **aprum venabulo ~** einen Eber mit dem Jagdspieß abfangen; **tela ~** Geschosse (mit dem Schild) abfangen
6. abwehren; unterstützen; **vim fluminis ~** die Gewalt des Flusses brechen; **aliquem manibus ~** j-n mit den Händen stützen; **vestem regalem ~** die Schleppe tragen
7. *feindlich* abfangen, gefangen nehmen
8. (*nachkl.*) *poet* treffen; **aves ~** Vögel im Flug erlegen
9. überfallen; *fig* erhaschen; **laudem ~** Lob finden
10. hören; *pej* belauschen; **alicuius sermonem ~** j-s Gespräch belauschen
11. *mit den Augen* wahrnehmen, **vestigia** Fußspuren
12. *Suet.* nachschreiben, mitschreiben; **orationem notis ~** eine Rede stenografieren, eine Rede mitschreiben
13. auf sich nehmen; *fig* aushalten; **equus regem tergo excipiebat** das Pferd ließ den König aufsitzen; **rem publicam ~** die Verteidigung des Staates übernehmen; **partes ~** eine Rolle übernehmen; **alicuius inimicitias ~** sich j-s Feindschaft zuziehen
14. empfangen, aufnehmen; **aliquem plausu ~** j-n mit Beifall empfangen; **aliquem clipeo ~** j-n auf den Schild nehmen
15. *gastlich* bei sich aufnehmen, beherbergen; **aliquem hospitio ~** j-n als Gast aufnehmen
16. (*nachkl.*) *poet von Zuständen* beanspruchen; **dolor aliquem excipit** der Schmerz nimmt j-n in Anspruch
17. auslegen, auffassen; **sententiam gravius ~** eine Meinung gewichtiger auslegen
18. j-m bevorstehen, j-n erwarten, *aliquem*; **bellum grave excipit** ein schwerer Krieg steht bevor
19. fortsetzen, fortführen, **proelium dubium** ein Gefecht mit ungewissem Ausgang
20. sich unmittelbar an *etw* anschließen, auf *etw* folgen, *aliquid*; **aestas hiemem excipit** der Sommer folgt auf den Winter; **Herculis vitam immortalitas excepit** die Unsterblichkeit folgte unmittelbar auf das Leben des Herkules
21. j-n ablösen, *bes* nach j-m das Wort ergreifen, j-m erwidern, *aliquem*; **hunc excepit Labienus** diesem erwiderte Labienus

ex-cīre ⟨ciō, cīī/cīvī, cītum 4.⟩ = **exciere**
excīsiō ⟨excīsiōnis⟩ F ‖excidere²‖ Zerstörung
ex-cīsus ⟨a, um⟩ PPP → **excidere²**

---

ex-citāre ⟨ō, āvī, ātum 1.⟩

1. aufscheuchen, herausjagen
2. (auf)wecken
3. aufschrecken
4. herausrufen, herbeirufen
5. hervorrufen, verursachen
6. aufstehen lassen, sich erheben lassen
7. errichten
8. entfachen
9. aufrichten, trösten

---

1. aufscheuchen, herausjagen, **cervum** einen Hirsch
2. (auf)wecken, **dormientem** einen Schlafenden; **memoriam flagitii ~** *fig* die Erinnerung an eine Schandtat wecken
3. *einen Wachenden* aufschrecken, **nuntio** durch

eine Nachricht; **vigiles ~** (nachkl.) die Wachen alarmieren

4 herausrufen, herbeirufen; **aliquem testem ~** JUR j-n als Zeugen aufrufen; **testem ex annalium momentis ~** einen Zeugen aus der Geschichte aufbieten

5 hervorrufen, verursachen, *aliquid alicui* etw bei j-m; **risum ~** Gelächter hervorrufen; **~ fletum etiam inimicis** auch bei den Feinden Rührung verursachen

6 aufstehen lassen; *passiv* aufstehen; **legatos ~** die Gesandten aufstehen lassen; **~ pulverem** Staub aufwirbeln; **sarmenta excitantur** die Reben schießen in die Höhe; **excitata fortuna** *fig* das steigende Glück

7 *Gebäude* errichten, **turres** Türme

8 *Feuer* entfachen; *fig Leidenschaften* erregen; **incendium ~** einen Brand legen; **bellum ~** einen Krieg entfachen; **iram ~** Zorn erregen

9 aufrichten, trösten, ermuntern, **afflictos** die Bedrängten

excitātus ⟨a, um, *adv* excitātē⟩ ADJ ||excitare|| heftig, stark

ex-clāmāre ⟨ō, āvī, ātum 1.⟩

A VII laut (auf)schreien; *bes* laut applaudieren; **maius ~** lauter schreien; **alicui ~** j-m zurufen

B VII

1 laut ausrufen, *+AcI*, *ut/ne* dass/dass nicht, *+indir Fragesatz*

2 (unkl.) laut beim Namen nennen; **Ciceronem ~** in den Ruf „Cicero" ausbrechen

3 (nachkl.) laut vortragen, **cantica** Lieder

exclāmātiō ⟨exclāmātiōnis⟩ F ||exclamare|| *Tac.* Ausruf; Ausspruch

ex-clūdere ⟨clūdō, clūsī, clūsum 3.⟩ ||claudere||

1 ausschließen, aussperren

2 (nachkl.) einen Ort trennen, absondern

3 *fig* fernhalten; ausschließen = nicht zu etw kommen lassen; **aliquem colloquio ~** j-n von einem Gespräch ausschließen; **filium ab hereditate ~** den Sohn enterben

4 *fig* beseitigen, verhindern; **omne discrimen ~** jeden Unterschied aufheben

5 *fig* von *etw* abschneiden, an *etw* hindern, *re/a re*; **aliquem reditu in Asiam ~** j-n vom Rückzug nach Asien abschneiden

6 heraussehen lassen, herausstrecken; **exclusis auribus** mit unbedeckten Ohren

7 ausbrüten, **pullos ex ovis** Junge aus Eiern; *passiv* ausschlüpfen

exclūsiō ⟨exclūsiōnis⟩ F ||excludere|| *Ter.* Ausschluss, Abweisung

ex-clūsus ⟨a, um⟩ PPP → **excludere**

ex-cōgitāre ⟨ō, āvī, ātum 1.⟩ ausdenken, erfinden, *absolut od aliquid* etw, *aliquid ad aliquio* etw zu etw, etw für etw, *+indir Fragesatz*; **novam rationem ~** eine neue Methode ausdenken; **omnia ~** alles Mögliche erfinden; **ad avaritiam ~** zur Befriedigung der Habgier ersinnen; **multa urbibus tuendis ~** viel zum Schutz der Städte ausdenken

excōgitātiō ⟨excōgitātiōnis⟩ F ||excogitare|| Ausdenken; *meton* Erfindungsgabe

excōgitātor ⟨excōgitātōris⟩ M ||excogitare|| *Quint.* der sich *etw* ausdenkt

excōgitātus ⟨a, um⟩ ADJ ||excogitare|| *Suet.* ausgesucht, vorzüglich

ex-colere ⟨colō, coluī, cultum 3.⟩

1 (unkl.) sorgfältig bebauen, bearbeiten, **agrum** einen Acker

2 (aus)schmücken, verfeinern; **parietes marmoribus ~** die Wände mit Marmorplatten verkleiden; **hirsutas genas ~** die struppigen Wangen rasieren

3 *fig geistig od ethisch* bilden, verfeinern; **animum pueri ~** den Charakter des Jungen bilden

4 (nachkl.) *fig* erhöhen, zu Ansehen bringen

5 *fig* verehren, anbeten

ex-commūnicāre ⟨ō, -, - 1.⟩ (eccl.) in den Kirchenbann setzen, exkommunizieren

excommūnicātiō ⟨excommūnicātiōnis⟩ F ||excommunicare|| (eccl.) Ausschluss aus der Kirche, Kirchenbann

ex-concinnāre ⟨ō, āvī, ātum 1.⟩ *Plaut.* hübsch herrichten

ex-cōnsul ⟨excōnsulis⟩ M gewesener Konsul, ehemaliger Konsul

ex-coquere ⟨coquō, coxī, coctum 3.⟩

1 (unkl.) herauskochen, herausschmelzen; **vitium metallis ~** Schlacken ausscheiden

2 (unkl.) auskochen; **harenas in vitrum ~** Sand zu Glas schmelzen

3 (unkl.) austrocknen, **terram** das Erdreich

4 *Plaut.* aussinnen

5 *Sen.* ängstigen

ex-cors ⟨excordis⟩ ADJ ||cor|| *von Personen u. Sachen* einfältig, dumm

excreāre ⟨ō, āvī, ātum 1.⟩ = **exscreare**

excrēmentum ⟨ī⟩ N ||excernere|| Ausscheidung; Kot; **~ oris** Speichel

▶ deutsch: **Exkrement**

ex-crēscere ⟨crēscō, crēvī, crētum 3.⟩ herauswachsen, aufwachsen; *fig* überhand nehmen

excruciābilis ⟨excruciābile⟩ ADJ ||excruciare|| *Plaut.* die Folter verdienend

ex-cruciāre ⟨ō, āvī, ātum 1.⟩

1 foltern, *körperlich* plagen

2 *fig seelisch* quälen, ängstigen; **sese ~ animi** sich in der Seele quälen

ex-cubāre ⟨cubō, cubuī, cubitum 1.⟩ draußen lagern, auswärts schlafen; MIL Wache halten; *fig* wachsam sein, besorgt sein; (*eccl.*) die Nachtwachen halten *im Kloster*

excubiae ⟨ārum⟩ F ‖excubare‖
1. außereheliche Geschlechtsverkehr, „Seitensprung"
2. Wachen, dWachsamkeit, **canum** der Hunde; **excubias agere alicui** bei j-m Wache halten
3. *meton* Wachposten, Wache

excubitor ⟨excubitōris⟩ M ‖excubare‖ Wächter; MIL Wachposten

excubitrīx ⟨excubitrīcis⟩ F ‖excubitor‖ *Sen.* Wächterin

excubitus ⟨excubitūs⟩ M ‖excubare‖ (*nachkl.*) Wache

ex-cūdere ⟨cūdō, cūdī, cūsum 3.⟩
1. (*nachkl.*) *poet* herausschlagen, *aliquid ex re* etw aus etw, **scintillam silici** einen Funken aus einem Feuerstein
2. *fig* ausbrüten
3. schmieden; *fig* kunstvoll gestalten; **excudit** (*nlat.*) hat es gestochen, *Vermerk auf Kupferstichen, Holzschnitten u. Ä. hinter dem Namen des Künstlers*
4. *schriftl.* ausarbeiten

ex-culcāre ⟨ō, āvī, ātum 1.⟩
1. *etw* austreten, heraustreiben; **furfures ~** die Hülsen *von Getreide od Hülsenfrüchten* austreten
2. festtreten, fest (ein)stampfen

ex-cūrātus ⟨a, um⟩ ADJ ‖curare‖ gut gepflegt, gut zubereitet; **victus ~** leckeres Essen

ex-currere ⟨currō, (cu)currī, cursum 3.⟩
A Vi
1. hinauslaufen, herausstürmen; **campus in quo ~ virtus potest** *fig* das Gebiet, auf dem die Tapferkeit sich zeigen kann
2. einen Ausflug machen, eine Reise machen
3. *Quint.* RHET *vom Redner* schnell auf die Zuhörer zulaufen
4. MIL hervorbrechen, einen Ausfall machen; **in fines alicuius ~** in j-s Gebiet einfallen
5. (*nachkl.*) entspringen; **fons excurrit** eine Quelle entspringt
6. RHET abschweifen
7. *Quint.* von Versen ausgehen, auslauten, **in quattuor syllabas** auf vier Silben
8. (*nachkl.*) *poet* von Örtlichkeiten vorspringen, sich erstrecken
B Vt (*Ter.*, *spätl.*) durchlaufen, **spatium** einen Raum

excursiō ⟨excursiōnis⟩ F ‖excurrere‖
1. rasches Zuschreiten *des Redners auf die Zuhörer*
2. (*nachkl.*) Ausflug *aufs Land*, Abstecher
3. MIL Ausfall; Streifzug
4. *Quint.* RHET Abschweifung
5. Spielraum
▶ deutsch: **Exkursion**

excursor ⟨excursōris⟩ M ‖excurrere‖ Kundschafter

ex-cursum PPP → excurrere

excursus ⟨excursūs⟩ M ‖excurrere‖
1. (*nachkl.*) Auslaufen, **navium** von Schiffen
2. *Verg.* Ausschwärmen *von Bienen*
3. *Plin.* Ausfluss, **fontis** einer Quelle
4. MIL Ausfall, Überfall
5. (*nachkl.*) Abschweifen *des Redners*
▶ deutsch: **Exkurs**

excūsābilis ⟨a, um⟩ ADJ ‖excusare‖ (*nachkl.*) *poet* entschuldbar, verzeihlich

ex-cūsāre ⟨ō, āvī, ātum 1.⟩ ‖ex, causa‖
1. entschuldigen, rechtfertigen, *aliquid alicui / apud aliquem* etw bei j-m, *aliquem de re* j-n wegen etw, +AcI, *passiv* +NcI
2. als Entschuldigungsgrund anführen, *alicui* bei j-m, *quod/+AcI*; sich entschuldigen, *absolut*
3. (*nachkl.*) mit Entschuldigungsgründen ablehnen, abschlagen; *passiv u.* **se ~** sich entziehen, *alicui rei* einer Sache

excūsātiō ⟨excūsātiōnis⟩ F ‖excusare‖
1. Entschuldigung; *pl* Entschuldigungsgründe; **excusationem accipere** eine Entschuldigung gelten lassen
2. Entschuldigung als Ausrede, Vorwand
3. Ablehnung, Weigerung, *alicuius* j-s, *alicuius rei* einer Sache

excūsātus ⟨a, um, *adv* excūsātē⟩ ADJ ‖excusare‖ (*nachkl.*) entschuldigt, gerechtfertigt; **excusatius** *adv komp* mit besserer Entschuldigung

excūsor ⟨excūsōris⟩ M ‖excudere‖ *Quint.* Kupferschmied

excussus ⟨a, um, *adv* excussē⟩ ADJ ‖excutere‖
1. ausgestreckt, straff; *adv* mit ausgestrecktem Arm, mit voller Kraft
2. wohlerwogen

ex-cutere ⟨cutiō, cussī, cussum 3.⟩ ‖quatere‖

1. herabschütteln, abschütteln
2. herausstoßen, herausschlagen
3. abschütteln, hinauswerfen
4. heraustreiben, herauspressen
5. entreißen
6. schleudern, abschießen
7. vertreiben, verstoßen
8. heftig hin und her bewegen, schütteln
9. schüttelnd entfalten
10. durchsuchen, genau untersuchen

1. herabschütteln, abschütteln; **poma ~** Obst

herabschütteln; **amplexūs** ~ eine Umarmung abschütteln

2 herausstoßen, herausreißen; **alicui oculum** ~ j-m das Auge herausreißen

3 abschütteln, hinauswerfen; *passiv* herausfallen, herabfallen, herabstürzen; **equitem equus excutit** das Pferd wirft den Reiter ab; **onus visceribus** ~ ein Kind abtreiben; **magister curru excutitur** der Anführer fällt vom Wagen

4 heraustreiben; *fig* entlocken, *alicui aliquid* j-m etw; **sudorem** ~ den Schweiß heraustreiben; **alicui risum** ~ j-m ein Lächeln entlocken

5 entreißen, *alicui aliquid* j-m etw; berauben, *aliquem re* j-n einer Sache; **agnum dentibus lupi** ein Lamm den Zähnen des Wolfes; **alicui sensum** ~ j-m die Besinnung rauben; **navis ex cussa magistro** Schiff, dem der Steuermann geraubt wurde

6 (*nachkl.*) MIL schleudern, abschießen, **tela** Geschosse

7 (*unkl.*) vertreiben, verstoßenn, *meist fig*; **se** ~ sich packen; **Senecam** ~ Seneca aus der Lektüre streichen; **Iunonem** ~ den Rat der Juno ausschlagen; **foedus** ~ einen Vertrag umstoßen; **metum de corde** ~ die Angst aus dem Herzen verbannen; **somno excuti** aus dem Schlaf gerissen werden, aus dem Schlaf auffahren

8 heftig hin und her bewegen, schütteln; **comas** ~ die Haare schütteln; **nubes excussae** vom Sturm heftig bewegte Wolken

9 schüttelnd entfalten, *bes ein Kleid*; ausbreiten; **rudentes** ~ Taue ausrollen

10 durchsuchen, prüfen; ~ **unumquemque eorum** jeden Einzelnen von ihnen ins Verhör nehmen

ex-dorsuāre ⟨ō, -, - 1.⟩ ‖ex, dorsum‖ (*vkl., nachkl.*) entgräten

exe... *auch* = **exse...**

ex-edere ⟨edō, ēdī, ēsum 3.⟩

1 aufessen, verzehren; **tute hoc intristi, tibi omne exedendum est** was du dir eingebrockt hast, musst du auch auslöffeln; **aliquem** ~ *fig* j-s Vermögen durchbringen

2 *von Leblosem* zerfressen; *fig* zerstören; **vetustas posteriores partes versiculi exedit** das hohe Alter hat die hinteren Teile der Zeile ausgelöscht; ~ **animum cogitationibus** den Geist mit (trüben) Gedanken quälen

exedra ⟨ae⟩ F̲ *in griech. Gymnasien Ausbuchtung mit Sitzplätzen*; *in röm. Privathäusern ähnlich gebautes* Gesellschaftszimmer; (*eccl.*) Apsis

exedrium ⟨ī⟩ N̲ Nische mit Sitzplätzen, kleiner Rundbau

ex-efficere ⟨efficiō, effēcī, effectum 3.⟩ *Plaut.* ganz vollenden

ex-ēgī → exigere

ex-ēmī → eximere

exemplar, *Lucr.* **exemplāre** ⟨exemplāris⟩ N̲ ‖exemplaris‖

1 Abschrift, Kopie; ~ **Graecum** Abschrift eines griechischen Klassikers

2 Abbild, Ebenbild

3 Vorbild, Muster; ~ **vitae morumque** Ideal der Lebensführung und der Sitten; **ad exemplar alicuius** nach j-s Art

exemplārēs ⟨exemplārium⟩ M̲ ‖exemplaris‖ Abschriften, Kopien

exemplāris ⟨exemplāre⟩ A̲D̲J̲ ‖exemplum‖ (*nachkl.*) als Abschrift dienend

exemplum ⟨ī⟩ N̲ ‖eximere‖

1 Abbild, Muster
2 Abschrift, Kopie
3 Konzept
4 Kopie, Nachbildung
5 Wortlaut, Inhalt
6 Vorbild, Beispiel
7 Präzedenzfall
8 Verfahren, Maßregel
9 gutes Beispiel
10 warnendes Beispiel
11 Beispiel

1 Abbild, Muster, **purpurae** von Purpurfarbe

2 Abschrift, Kopie; **aliquid pluribus exemplis scribere** etw in mehreren Abschriften anfertigen

3 Konzept *zu einer Schrift*

4 Kopie, Nachbildung *in der Kunst, auch* Ebenbild

5 *meton* Wortlaut, Inhalt; **litterae allatae sunt eodem exemplo** die überbrachten Schriftstücke haben denselben Inhalt

6 Vorbild, Beispiel; ~ **virtutis** Vorbild der Tugend; **in exemplo esse** als Vorbild dienen; **exemplum edere/prodere/dare** ein Beispiel geben; **exemplum capere de aliquo/ab aliquo** *od* **exemplum sibi petere ex aliquo/ab aliquo** sich ein Beispiel an j-m nehmen; **exempli causā** um ein Beispiel zu geben; **hoc exemplo** auf dieses Beispiel hin

7 Präzedenzfall; **nullo exemplo** ohne Präzedenzfall; **huius urbis iura et exempla** die Rechtsbestimmungen und Präzedenzfälle dieser Stadt

8 Verfahren, Maßregel; **more et exemplo populi Romani** nach Sitte und Brauch des römischen Volkes; **omnes eodem exemplo vivunt** alle leben auf die gleiche Weise; **exemplo nu-**

bis wie eine Wolke
- **9** gutes Beispiel; schlechtes Beispiel; **alicui exemplo esse** j-m als Beispiel dienen
- **10** warnendes Beispiel; exemplarische Strafe; **exemplum edere/statuere in aliquem** ein Beispiel statuieren an j-m, j-n exemplarisch bestrafen; **exemplo esse** als Warnung dienen
- **11** Beispiel *zur Erläuterung*; **exemplum afferre/proferre** ein Beispiel anführen; **exemplo uti** ein Beispiel gebrauchen; **exempli causā/gratiā** beispielsweise, zum Beispiel
- ⚠ **Exemplis discimus.** *Phaed.* Durch Beispiele lernen wir.

ex-ēmptus ⟨a, um⟩ PPP → eximere

exenterāre ⟨ō, āvī, ātum 1.⟩ *(vkl., nachkl.)*
- **1** *ein Tier* ausweiden
- **2** *fig* ausleeren, **alicuius marsuppium** j-s Geldbeutel
- **3** *Plaut. fig* martern, quälen

ex-eō → exire

exeq... = **exseq...**

exequatur *(nlat.)* ‖exsequi‖ = **exsequatur** er führe es aus; POL Bestätigung *eines ausländischen Konsuls*

ex-ercēre ⟨eō, uī, itum 2.⟩ ‖arcere‖

- **1** umhertreiben
- **2** bearbeiten, pflügen
- **3** intensiv beschäftigen
- **4** beunruhigen, quälen
- **5** üben, ausbilden
- **6** ausbilden
- **7** betreiben, verrichten
- **8** fühlen lassen
- **9** handhaben, anwenden

- **1** umhertreiben, in rastlose Bewegung versetzen; **turbinem ~** einen Kreisel treiben; **aquas ~** Wasser strömen lassen; **undas ~** Wogen aufwühlen; *passiv* sich tummeln, umherstreifen, *von Gewässern* strömen
- **2** *(nachkl.) poet* Land bearbeiten, pflügen
- **3** intensiv beschäftigen, in Atem halten, *aliquem re* j-n mit etw; **famulas longo penso ~** *Verg.* die Mägde mit einem langen Tagewerk belasten
- **4** beunruhigen, quälen, *re* durch etw, mit etw, *de re* bezüglich einer Sache; **ambitio animos hominum exercet** der Ehrgeiz beherrscht die Menschen; **exerceri pradio** sich mit dem Landgut plagen
- **5** üben, ausbilden, *aliquem re*/*in re* j-n in etw; *passiv u.* **se ~** sich üben; **corpus ~** den Körper trainieren; **aliquem ~ in his dictionibus** j-n in diesen Vortragsweisen ausbilden
- **6** MIL *Soldaten* ausbilden; **copias ~** Truppen ausbilden
- **7** *etw* verrichten, *eine gewerbliche Tätigkeit* ausüben; **~ diem** sein Tagewerk vollbringen; **artem ~** eine Kunst ausüben; **ius civile ~** sich mit bürgerlichem Recht befassen; **medicinam ~** die Heilkunst ausüben; **iudicium ~** Gericht halten; **quaestionem ~** eine Untersuchung anstellen; **inimicitias ~ cum aliquo** mit j-m verfeindet sein; **pacem ~** Frieden halten; **cantūs ~** Gesänge ertönen lassen
- **8** fühlen lassen; **odium in aliquem ~** Hass gegen j-n auslassen; **crudelitatem etiam in mortuo ~** Grausamkeit auch noch gegen den Toten walten lassen
- **9** anwenden; *Land* bebauen; *Bergwerke* ausbeuten; **ferrum ~** Eisen schmieden; **hymenaeos ~** Hochzeit feiern; **legem ~** ein Gesetz geltend machen; **cauponam ~** eine Schenke betreiben

exercitāre ⟨ō, āvī, ātum 1.⟩ ‖exercere‖ *(nachkl.)*
- **1** anhaltend üben
- **2** ausüben

exercitātiō ⟨exercitātiōnis⟩ F ‖exercitare‖
- **1** Übung, *alicuius* j-s, *alicuius rei* einer Sache *od in* einer Sache, *in re* in einer Sache; **~ iuventutis** Übung der Jugend; **~ corporis** Übung des Körpers
- **2** Geübtheit, Gewandtheit; **~ iuris civilis** Beschlagenheit im bürgerlichen Recht; **~ in armis** Gewandtheit im Waffenhandwerk
- **3** Ausübung, *alicuius rei* einer Sache

exercitātrix ⟨exercitātrīcis⟩ F ‖exercitare‖ *Quint.* Gymnastik, Sport

exercitātus ⟨a, um, *adv* exercitātē⟩ ADJ ‖exercitare‖
- **1** geistig u. körperlich geübt, erfahren; **exercitus in proeliis ~** kampferprobtes Heer
- **2** *von Personen u. Sachen* hart geprüft, hart geplagt; **vir curis ~** von Sorgen gequälter Mann; **Syrtes noto exercitatae** die vom Südwind gepeitschten Syrten

exercitium ⟨ī⟩ N ‖exercere‖
- **1** eifrige Beschäftigung, militärische Übung
- **2** *(mlat.)* Übungsaufgabe; *pl* geistliche Übungen

exercitor ⟨exercitōris⟩ M ‖exercere‖ *(vkl., nachkl.)* Sportlehrer, Trainer

exercitus¹ ⟨a, um⟩ ADJ, ADV *nur komp* **exercitius** ‖exercere‖
- **1** *(nachkl.) poet* geübt, geschult, *re* durch etw, *ad aliquid* zu etw, +inf
- **2** *von Personen* geplagt; *von Sachen* mühevoll, *re* durch etw

exercitus² ⟨exercitūs⟩ M ‖exercere‖
- **1** *Plaut.* Übung

2 MIL geübte Mannschaft, Heer; *pl* Truppen; **~ pedester** Fußvolk; **~ terrestris** Landheer; **~ navalis** Marine
3 MIL Fußvolk, Landheer; **~ perditorum civium** Bande von verkommenen Bürgern; **~ corvorum** Schar von Raben

exēsor ⟨exēsōris⟩ M̄ ||exedere|| *Lucr.* Zerstörer
exēsus ⟨a, um⟩ ADJ ||exedere|| *poet* zernagt, verwittert
ex-fāfillāre ⟨ō, -, - 1.⟩ *Plaut.* aus dem Gewand herausstrecken, bis zur Brust entblößen; *nur in:* **exfafillato bracchio** *Plaut.* mit bis zur Brust entblößtem Arm
ex-fodere ⟨fodiō, fōdī, fossum 3.⟩ = **effodere**
exfr... = **effr...**
ex-futuere ⟨futuō, futuī, futūtum 3.⟩ = **effutuere**
ex-gignere ⟨ō, -, - 3.⟩ = **egignere**
exhaerēd... = **exhered...**
exhaeresimus ⟨a, um⟩ ADJ ausschaltbar; **dies ~** Schalttag
ex-hālāre ⟨ō, āvī, ātum 1.⟩
A VI
1 ausdünsten, aushauchen, **nebulas** Nebel; **crapulam ~** nüchtern werden
2 ausatmen; **animam/vitam ~** sterben
B VI *Ov.* heraufwehen, **de vallibus** von den Tälern

exhālātiō ⟨exhālātiōnis⟩ F̄ ||exhalare|| Ausdünstung
ex-haurīre ⟨hauriō, hausī, haustum 4.⟩
1 herausschöpfen
2 herausheben, fortschaffen; **praedam ex agris ~** Beute aus den Feldern fortschaffen
3 *fig* nehmen, wegnehmen, *alicui aliquid* j-m etw; **dolorem alicui ~** j-m den Schmerz nehmen; **~ sibi vitam manu** sich das Leben nehmen
4 ausschöpfen, (aus)leeren; **poculum ~** einen Becher leeren; **ubera ~** die Euter ausmelken
5 *fig* erschöpfen, ausbeuten
6 *fig* durchführen; durchmachen; **mandata ~** Aufträge ausführen; **aes alienum ~** Schulden abtragen; **omnes casūs ~** alle Wechselfälle durchmachen; **aspera belli ~** die Strapazen des Krieges durchstehen
exhedra ⟨ae⟩ F̄ = **exedra**
exhedrium ⟨ī⟩ N̄ = **exedrium**
ex-hērēdāre ⟨ō, āvī, ātum 1.⟩ ||ex, heres|| enterben
exhērēdātiō ⟨exhērēdātiōnis⟩ F̄ ||exheredare|| *Quint.* Enterbung
exhērēs ⟨exhērēdis⟩ ADJ ||exheredare|| enterbt, von der Erbschaft ausgeschlossen, *absolut od alicuius rei* einer Sache; **~ paternorum bonorum** von der Erbschaft der väterlichen Güter ausgeschlossen; **exheredem aliquem facere vi-**

▶ exercitus – römisches Heer

Seit den Anfängen der Republik gab es die Wehrpflicht und ein Bürgerheer. Durch die Heeresreform des **Marius** (105 v. Chr.) wurde daraus ein Heer von Berufssoldaten, die 16 bis 20 Jahre dienten und als Veteranen Versorgungsanspruch hatten. Zur Zeit der Republik gab es zwei Legionen mit je 4200 Fußsoldaten, die in Kohorten (ca. 600-1000), Manipel (ca. 300) und Zenturien (ca. 100) eingeteilt waren, daneben Reiterei sowie Einheiten für die Wurfgeräte. Zur Zeit des Augustus wuchs das Heer auf über 300.000, unter Diokletian auf ca. 500.000 Mann. In der Kaiserzeit kamen die kaiserliche Leibgarde, Sicherheits- und Hilfstruppen sowie die Flotte hinzu. Die Schlachtaufstellung bestand aus:

velites	*im ersten Treffen noch vor den hastati, sie begannen die Schlacht*
hastati	*die jüngsten und unerfahrensten Soldaten, standen in den ersten Gliedern der Schlachtaufstellung*
principes	*ältere und erfahrene Soldaten mit einer hochwertigeren Rüstung und Bewaffnung*
triarii	*erfahrene Veteranen, oft als letzte Reserve eingesetzt*
auxilia	*Hilfstruppen verbündeter Völker*
signum	*Feldzeichen römischer Truppeneinheiten*
vexillum	*Feldzeichen der Reiterei*
aquila	*Feldzeichen einer Legion*

WORTSCHATZ

tae suae *Plaut. hum* j-m das Lebenslicht ausblasen

ex-hibēre ⟨hibeō, hibuī, hibitum 2.⟩ ||habere||

1 herausholen, herbeischaffen
2 herausgeben, ausliefern
3 darbieten, vorführen
4 verwirklichen, ausüben
5 verursachen, bereiten
6 erhalten, unterhalten

1 herausholen; herbeibringen; **testem ~** einen Zeugen stellen
2 herausgeben, ausliefern, *bes etw Verstecktes od widerrechtlich Angeeignetes*; **omnia integra ~** alles unversehrt herausgeben; **accipere formulam ad exhibendum** die formelle Aufforderung zur Herausgabe erhalten
3 *fig* vorführen, zeigen; **populo Romano philosophiam ~** dem römischen Volk die Philosophie nahe bringen; **linguam paternam ~** *Ov.* die böse Zunge des Vaters erkennen lassen; **dea Pallada exhibuit** die Göttin gab sich als Pallas zu erkennen; **~ veritatem** die Wahrheit ermitteln; **se auctorem ~** als Autor auftreten
4 *fig* verwirklichen, beweisen; **imperium ~** den Oberbefehl ausüben; **promissa exhibent fidem** die Versprechungen erfüllen sich; **se tribunum ~** sich als Tribun erweisen
5 *fig* verursachen, bereiten, **molestiam** Unbehagen; **vias tutas ~** die Wege sichern
6 *fig in der Existenz* erhalten, unterhalten, *aliquem* jdn

ex-hilarāre ⟨ō, āvī, ātum 1.⟩ aufheitern, heiter stimmen; *passiv* heiteres Aussehen bekommen; **miraris exhilaratam esse servitutem nostram** *Cic.* du wunderst dich, dass unsere Knechtschaft ein so fröhliches Antlitz bekommen hat

exhodium ⟨ī⟩ N̄ = **exodium**

ex-horrēscere ⟨horrēscō, horruī, - 3.⟩ erschauern, sich entsetzen, *absolut od in aliquo* vor j-m, *aliquid* vor etw

ex-hortārī ⟨or, ātus sum 1.⟩
1 (*nachkl.*) *poet* ermuntern, ermahnen, *aliquem* j-n
2 *pej* aufreizen, aufhetzen, *aliquem in aliquem* j-n gegen jdn

exhortātiō ⟨exhortātiōnis⟩ F̄ ||exhortari|| Ermunterung, Ermahnung

exhortātīvus ⟨a, um⟩ ADJ ||exhortari|| *Quint.* ermunternd

exi... = **exsi...**

exibēre ⟨ibeō, ibuī, ibitum⟩ = **exhibere**

ex-igere ⟨igō, ēgī, āctum 3.⟩ ||agere||

1 heraustreiben, hinaustreiben
2 schwingen
3 ganz hineinstoßen, durchstoßen
4 vertreiben, verkaufen
5 eintreiben, einkassieren
6 fordern, verlangen
7 wissen wollen
8 abmessen, genau abwiegen
9 untersuchen, prüfen
10 beraten, überlegen
11 ausführen, fertigbringen
12 verleben, verbringen
13 festsetzen, bestimmen

1 hinaustreiben, vertreiben; **reges ~** Könige vertreiben; **aquas ~** Fluten ins Meer ergießen; **otium ~** Ruhe stören
2 *Ov. ein Schwert* schwingen
3 *poet eine Waffe* ganz hineinstoßen, durchstoßen; **ensem per medium iuvenem** ein Schwert mitten durch den jungen Mann stoßen
4 (*nachkl.*) *poet Waren* vertreiben, verkaufen, **fructūs agrorum** Feldfrüchte
5 *schuldige Gelder* eintreiben, einkassieren; **pecunias a civitatibus ~** Geld von den Städten eintreiben; **supplicium ex aliquo/de aliquo/alicui** an j-m die Todesstrafe vollziehen; **pedites ~** Fußsoldaten gewaltsam anwerben
6 fordern, verlangen, *aliquid ab aliquo/de aliquo* etw von j-m, *ut* dass; **a teste veritatem ~** vom Zeugen die Wahrheit verlangen; **promissum ~** die Erfüllung eines Versprechens fordern; **viam ~** den Bau einer Straße fordern
7 (*nachkl.*) *poet etw* wissen wollen, nach *etw* fragen, *aliquid*; **rei causam ~** nach der Ursache von etw fragen
8 (*nachkl.*) *poet* abmessen, genau abwiegen; **columnas ad perpendiculum ~** Säulen lotrecht abmessen
9 *fig* untersuchen, prüfen, *aliquid ad aliquid* etw an etw, etw nach etw; **ius ad veritatem ~** das Recht nach der Wahrheit beurteilen; **exacta referre** das Ergebnis mitteilen
10 (*nachkl.*) *poet* beraten, überlegen, **talia secum** solches bei sich
11 (*nachkl.*) *poet* ausführen, vollenden; **~ monumentum** *Hor.* ein Denkmal errichten
12 *fig eine Zeit* verleben, verbringen; *passiv* vergehen, ablaufen; **diem supremum ~** seinen letzten Tag verleben = sterben; **temporibus exactis** nach Ablauf der Fristen
13 *fig* festsetzen, bestimmen, *aliquid ad aliquid* etw nach etw; **non satis exactum est** es ist

nicht genau ausgemacht, es steht nicht fest, *+indir Fragesatz*

exiguitās ⟨exiguitātis⟩ F ||exiguus||
① Kleinheit, Enge
② *fig* Geringfügigkeit, geringe Zahl; **~ temporis** Kürze der Zeit; **~ fisci** Dürftigkeit der Staatsgelder

exiguum ⟨ī⟩ N ||exiguus|| Geringes, Weniges

exiguus ⟨a, um, *adv* exiguē⟩ ADJ ||exigere||
① klein, gering *an Größe, Umfang, Länge*
② knapp, unbedeutend
③ mager, schmächtig
④ *von der Zeit* kurz; **dies exigua** kurze Frist
⑤ *quantitativ* gering, wenig; **frumentum exigue triginta dierum habere** einen Getreidevorrat für knapp 30 Tage haben; **exigue dicere de re** mit wenigen Worten über etw sprechen
⑥ *qualitativ* gering, unbedeutend; **vox exigua** dünne Stimme

ex-iī → exire

exīlis ⟨exīle, *adv* exīliter⟩ ADJ mager, dünn; *fig* kümmerlich; **ager ~** magerer Acker; **res exiles** beschränkte Mittel; **legiones exiles** nicht vollzählige Legionen; **verba exiliter exanimata** nur gelispelte Worte; **oratio ~** schwache Rede

exīlitās ⟨exīlitātis⟩ F ||exilis||
① *Quint.* Feinheit des Tons
② Trockenheit *einer Rede*

exilium ⟨ī⟩ N ||exul||
① Verbannung; **aliquem exilio multare** j-n mit Verbannung bestrafen; **in exilium ire** ins Exil gehen; **in exilium mittere** ins Exil schicken
② Verbannungsort, Zufluchtstätte
③ *Tac. meton* die Verbannten
④ *(mlat.)* Ausland, Fremde

exim ADV = **exinde**

ex-imere ⟨imō, ēmī, ēmptum 3.⟩ ||emere||

① herausnehmen, wegnehmen
② wegnehmen, ausstreichen
③ ausnehmen, ausscheiden
④ befreien
⑤ verbrauchen, verschleppen
⑥ entfernen, beseitigen

① herausnehmen, wegnehmen, *ex re/de re/re* aus etw, von etw, *alicui aliquid* j-m etw; **anulum digito ~** einen Ring vom Finger ziehen; **amicitiam ex rerum natura ~** die Freundschaft aus den natürlichen Gegebenheiten herausnehmen
② *aus einer Zahl od Liste* wegnehmen, ausstreichen, *ex re/de re/re* aus etw, von etw; **memori aevo ~** aus dem Andenken der Nachwelt streichen
③ ausnehmen, ausscheiden; **se hominibus ~** sich von den Menschen absondern
④ *von etw* losmachen, befreien, *einer Sache* entziehen, *re/de re/ex re/alicui rei*; **aliquem ex culpa ~** j-n von Schuld befreien; **aliquem ~ crimini** j-n von einem Vorwurf befreien; **aliquem in libertatem ~** j-n in Freiheit setzen
⑤ *Zeit* verbrauchen, verschleppen; **dicendi tempus calumniā ~** die Redezeit mit Schmähungen vertun
⑥ *etw Unangenehmes* entfernen, beseitigen; **famem epulis ~** den Hunger mit Speisen stillen; **labem ~** eine Schande tilgen; **alicui non eximitur, quin** *Tac.* j-d lässt es sich nicht ausreden, dass

eximius ⟨a, um, *adv* eximiē⟩ ADJ ||eximere||
① ausgenommen; **tu unus ~ es** du bist die einzige Ausnahme
② besonders, außerordentlich; **eximiae virtutes** außergewöhnliche Vorzüge

exin ADV = **exinde**

ex-inānīre ⟨iō, īvī, ītum 4.⟩ ||inanis|| ausleeren, entladen, *re* von etw; **navem ~** ein Schiff entladen; **~ aciem** die Schlachtreihe entblößen; **regionem frumento ~** eine Gegend ausplündern

ex-inde ADV
① *Plaut., Tac.* örtl. daher, von da aus
② *zeitl.* hierauf, nachher
③ *(nachkl.) zeitl.* von da an, seither
④ *folgernd* infolgedessen, daher

exinterāre ⟨ō, āvī, ātum 1.⟩ = **exenterare**

exīre ⟨eō, iī/īvī, itum 0.⟩

A intransitives Verb
① hinausgehen, weggehen
② herausströmen, herausfließen
③ verlassen
④ hervorgehen, zum Vorschein kommen
⑤ ablaufen, zu Ende gehen
⑥ emporsteigen, emporragen
⑦ bekannt werden, sich verbreiten

B transitives Verb
① überschreiten
② ausweichen, entgehen

— **A** intransitives Verb —

VI

① herausgehen, weggehen, MIL abmarschieren; *von Schiffen* auslaufen; **praedatum ~** auf Beute ausgehen; **obviam ~** entgegenkommen; **naves exeunt** Schiffe laufen aus
② *von Flüssigkeiten* herausfließen; *von Gewässern* entspringen; *von Gewächsen* hervorwachsen;

vom Los aus der Urne herauskommen; *von Personen* durch das Los gewählt werden

3 *fig* aus *etw* heraustreten, *etw* verlassen, *ex re*/*de re*/*re*; **ex/de vita ~** sterben; **e patriciis ~** aus dem Patrizierstand ausscheiden; **aere alieno ~** aus den Schulden herauskommen; **e potestate/de potestate (mentis) ~** den Verstand verlieren; **servitio ~** der Sklaverei entgehen; **memoriā ~** vergessen werden

4 *in Kunst u. Literatur als Ergebnis* hervorgehen, zum Vorschein kommen

5 *von der Zeit* ablaufen, zu Ende gehen; **hieme exeunte** am Ende des Winters; **~ in Maias Calendas** auf die Kalenden des Mai fallen

6 *(nachkl.) poet* emporsteigen, emporragen; **exiit ad caelum arbos** der Baum ragte zum Himmel empor

7 bekannt werden, sich verbreiten; **fama exit** das Gerücht verbreitet sich, *+AcI*

— B transitives Verb —

V/T

1 überschreiten, **limen** eine Grenze, **modum** das Maß

2 ausweichen, entgehen, *aliquid* einer Sache; **vim viribus ~** Gewalt mit Gewalt brechen

ex-īre → exire

existentia ⟨ae⟩ F = **exsistentia**

existere ⟨existō, extitī, -3⟩ = **exsistere**

exīstimantēs ⟨exīstimantium⟩ M ||existimare|| die Kunstrichter, die Kritiker

ex-īstimāre ⟨ō, āvī, ātum 1.⟩ ||aestimare||

1 genau abschätzen, schätzen; **magni ~** hoch schätzen; **parvi ~** gering schätzen; **pluris ~** höher schätzen; **minoris ~** geringer schätzen

2 beurteilen, für *etw* halten, +*dopp. akk*; **aliquem hostem ~** j-n für einen Feind halten; **aliquem in hostium numero ~** j-n zu seinen Feinden zählen; *passiv als etw* gelten

3 entscheiden, (be)urteilen, *absolut od de re* über *etw*, *ex re* nach *etw*; **ex eventu de consilio alicuius ~** j-s Plan nach dem Erfolg beurteilen

4 *als Sachkundiger* meinen, glauben, +*adv*, +*pron*, +*AcI*, *passiv* +*NcI*

exīstimātiō ⟨exīstimātiōnis⟩ F ||existimare||

1 Urteil, Meinung, *alicuius de aliquo* j-s über j-n

2 (guter) Ruf, guter Name; **alicuius existimationem violare/laedere/offendere** j-s guten Ruf schädigen

3 *des Geschäftslebens* Kredit

exīstimātor ⟨exīstimātōris⟩ M ||existimare|| Beurteiler; Sachverständiger

exitiābilis ⟨exitiābile⟩, **exitiālis** ⟨exitiāle⟩ ADJ ||exitium|| *von Personen u. Sachen* unheilvoll, verderblich, *alicui* für j-n; **tyrannus ~** Unheil bringender Tyrann; **bellum exitiabile** unheilvoller Krieg

exitiō ⟨exitiōnis⟩ F ||exire|| *Plaut.* Herauskommen, Ausgang

exitiōsus ⟨a, um⟩ ADJ ||exitium|| *von Personen u. Sachen* unheilvoll, verderblich

exitium ⟨ī⟩ N ||exire||

1 *Plaut.* Ausgang

2 *Plaut.* Entkommen

3 *fig von Personen u. Sachen* Untergang, Verderben; *pl* schwere Unglücksfälle, schwere Leiden; **~ tyranni** Sturz des Tyrannen

4 Verderber, Zerstörer; **Achilles Troiae ~** Achill, der Zerstörer Trojas

ex-itum PPP → exire

exitus ⟨exitūs⟩ M ||exire||

1 Hinausgehen, Ausgang

2 *meton* Möglichkeit hinauszugehen; Ausweg; **angustus portarum ~** enger Ausgang durch die Türen

3 *fig* Veranlassung; **multos exitūs alicui dare ad aliquid** j-m viele Veranlassungen geben zu etw

4 *fig* Schluss, Ende; **~ belli** Ausgang des Krieges; **ad exitum spei pervenire** das Ziel seiner Hoffnung erreichen

5 Tod, Untergang

6 Erfolg, Ergebnist

⚠ **Exitus acta probat.** Der Ausgang bestätigt die Taten = *Der Zweck heiligt die Mittel*

exlecebra ⟨ae⟩ F = **elecebra**

ex-lēx ⟨exlēgis⟩ ADJ ||lex|| *von Personen* an kein Gesetz gebunden

ex-līdere ⟨līdō, līsī, līsum 3.⟩ = **elidere**

ex-loquī ⟨loquor, locūtus sum 3.⟩ = **eloqui**

ex-movēre ⟨moveō, mōvī, mōtum 2.⟩ = **emovere**

ex-obsecrāre ⟨ō, -, -. 1.⟩ *Plaut.* inständig anflehen, *ut*

ex-oculāre ⟨ō, āvī, ātum 1.⟩ ||oculus|| *(vkl., nachkl.)* j-n des Augenlichtes berauben, *aliquem*

exodium ⟨ī⟩ N *(vkl., nachkl.)* Ende; scherzhaftes Nachspiel *in den Atellanen*; = Atellane, altröm. volkstümliches Lustspiel

ex-olāre ⟨ō, āvī, ātum 1.⟩ = **exulare**

ex-olēscere ⟨olēscō, olēvī, (olētum) 3.⟩ ||olere||

1 heranwachsen

2 verschwinden, außer Gebrauch kommen

exolētus

A ⟨a, um⟩ ADJ ||exolescere||

1 erwachsen; *obszön* zur Unzucht reif

2 veraltet

B ⟨ī⟩ M Lustknabe

exolvere ⟨exolvō, exolvī, exolūtum 3.⟩ = **exsolvere**

ex-onerāre ⟨ō, āvī, ātum 1.⟩

1 *(unkl.)* entlasten

2 ausladen, entladen, **navem** ein Schiff
3 fig j-n fortschaffen, sich *j-s*/*einer Sache* entledigen, *aliquem*/*aliquid*; **exoneratur laborum meorum pars** mir wird ein Teil meiner Mühen abgenommen
4 erleichtern, befreien, *re* von etw; **conscientiam suam ~** sein Gewissen erleichtern; **se ~** sich eines Geheimnisses entledigen

exoptābilis ⟨exoptābile⟩ ADJ ||exoptare|| (*vkl.*) *poet* wünschenswert

ex-optāre ⟨ō, āvī, ātum 1.⟩
1 *Plaut.* ausersehen, auswählen
2 herbeiwünschen, ersehnen, **alicuius adventum** j-s Ankunft

exoptātus ⟨a, um⟩ ADJ ||exoptare|| erwünscht, willkommen

exōrābilis ⟨exōrābile⟩ ADJ ||exorare|| leicht zu erbitten, nachgiebig

exorābulum ⟨ī⟩ N ||exorare|| (*vkl., nachkl.*) Bitte

ex-ōrāre ⟨ō, āvī, ātum 1.⟩
1 anflehen, durch Bitten bewegen, *ut*/*ne*, verneint mit *quin*
2 *poet* sich *etw* erbitten, erflehen, *aliquid, ut*; **pacem deorum ~** den Frieden der Götter erflehen

exōrātor ⟨exōrātōris⟩ M ||exorare||
1 (*Ter., nachkl.*) Bittsteller
2 (*mlat.*) Fürsprecher

exorbēre ⟨orbeō, orbuī *u. selten* orpsī, - 2.⟩ = **exsorbere**

exorcismus ⟨ī⟩ M *Tert.* Beschwörung der bösen Geister; (*eccl.*) Austreibung des Teufels
▶ deutsch: **Exorzismus**

exorcizāre ⟨ō, āvī, ātum 1.⟩ (*spätl.*) böse Geister austreiben; (*eccl.*) den Teufel austreiben

ex-ōrdīrī ⟨ōrdior, ōrsus sum 4.⟩
1 ein Gewebe anfangen, anzetteln
2 fig anfangen, beginnen, *a re* mit etw, *aliquid a re* etw mit etw

exōrdium ⟨ī⟩ N ||exordiri||
1 *Quint.* Anfang *eines Gewebes*, der Zettel, Längsfäden *eines Gewebes*
2 fig Anfang; RHET Einleitung *einer Rede*

ex-orīrī ⟨orior, ortus sum 4.⟩
1 (*nachkl.*) aufstehen; feindlich von Personen hervorbrechen
2 *von Gestirnen* aufgehen
3 fig plötzlich, unvermutet, mit Gewalt hervorbrechen; **ventus a mari exoritur** ein Wind steigt vom Meer herauf
4 fig von Personen auftreten, erscheinen
5 wieder hochkommen, sich erholen
6 von Sachen *u. abstr.* auftauchen, entstehen; **fama exoritur** ein Gerücht entsteht
7 entstehen, entspringen, *ab aliquo* von j-m, *ex re* aus etw, von etw

ex-ōrnāre ⟨ō, āvī, ātum 1.⟩
1 (*vkl., nachkl.*) ausrüsten, versehen, *re* mit etw
2 herrichten; *absolut* Anordnungen treffen; **convivium ~** ein Gastmahl ausrichten; **aciem ~** die Schlachtordnung aufstellen; **providenter pro copia ~** vorsorglich für den Vorrat Anordnungen treffen
3 ausschmücken, verzieren, *re* durch etw, mit etw; **servum veste regia ~** einen Sklaven mit königlichem Ornat schmücken
4 verherrlichen

exōrnātiō ⟨exōrnātiōnis⟩ F ||exornare||
1 Ausschmückung, Verzierung
2 RHET Redeschmuck
3 RHET Prunkrede

exōrnātor ⟨exōrnātōris⟩ M ||exornare|| Ausschmücker; RHET glänzender Redner

exōrnātulus ⟨a, um⟩ ADJ ||exornare|| *Plaut.* reich geschmückt

exors ⟨exortis⟩ ADJ = **exsors**

exōrsa ⟨ōrum⟩ N ||exordiri|| Beginn, Einleitungen

exōrsus ⟨exōrsūs⟩ M ||exordiri|| Beginn, Anfang; **~ orationis** erster Teil einer Rede

exortus ⟨ī⟩ M ||exoriri|| (*nachkl.*)
1 Aufgang *bes eines Gestirns*; **~ solis** Sonnenaufgang
2 fig Erhebung auf den Thron
3 Ursprung, **Danuvii** der Donau

ex-os ⟨exossis⟩ ADJ *Lucr.* knochenlos

ex-ōsculārī ⟨or, ātus sum 1.⟩ (*nachkl.*) innig küssen; fig mit Lob überhäufen

ex-ossāre ⟨ō, āvī, ātum 1.⟩ ||exos|| (*vkl.*) *poet* entgräten, die Knochen herausnehmen

exossātus ⟨a, um⟩ ADJ ||exossare|| biegsam

exōstra ⟨ae⟩ F Rollmaschine *im Theater, durch die das Innere des Hauses sichtbar gemacht wurde*; **in exostra** auf offener Bühne, vor aller Augen

ex-ōsus ⟨a, um⟩ ADJ ||odi|| (*nachkl.*)
1 *poet* grimmig hassend, voll Hass
2 *poet* verhasst, *alicui* j-m

exōticum ⟨ī⟩ N ausländisches Gewand

exōticus ⟨a, um⟩ ADJ vkl., nachkl. ausländisch; **Graecia exotica** Großgriechenland
▶ deutsch: **exotisch**

ex-pallēscere ⟨pallēscō, palluī, - 3.⟩ ganz erblassen; vor *etw* zurückschrecken, *aliquid*

ex-palliātus ⟨a, um⟩ ADJ *Plaut.* des Mantels beraubt

ex-pallidus ⟨a, um⟩ ADJ *Suet.* sehr blass

ex-palpāre ⟨ō, -, - 1.⟩, **ex-palpārī** ⟨or, - 1.⟩ *Com.* schmeichelnd erbitten; schmeicheln

ex-pandere ⟨pandō, pandī, pānsum/passum 3.⟩
1 (*nachkl.*) ausspannen, ausbreiten; **fores ~** die Türen weit öffnen; *passiv u.* **se ~** sich ausbreiten

2 *Lucr.* ausführlich darlegen

ex-papillātus ⟨a, um⟩ ADJ *Plaut.* bis an die Brust entblößt; → exfafillare

expatiārī ⟨or, ātus sum 1.⟩ = exspatiari

ex-patrāre ⟨ō, āvī, ātum 1.⟩ *Catul.* verhuren, vergeuden

ex-pavēre ⟨eō, -, -. 2.⟩ entsetzt sein

ex-pavēscere ⟨pavēscō, pāvī, -. 3.⟩ ||expavere|| sich entsetzen, *absolut od aliquid/ad aliquid* vor etw

expectāre ⟨ō, āvī, ātum 1.⟩ = exspecto

expectātiō ⟨expectātiōnis⟩ F = exspectatio

expectorantia ⟨orum⟩ N ||expectorare|| (*nlat.*) den Auswurf fördernde Mittel

ex-pectorāre ⟨ō, -, -. 1.⟩ (*vkl.*) *poet* aus dem Herzen reißen; **expectorans** (*nachkl.*) den Auswurf fördernd

ex-pecūliātus ⟨a, um⟩ ADJ *Plaut.* des Vermögens beraubt

---

ex-pedīre ⟨iō, iī/īvī, ītum 4.⟩ ||pes||

A transitives Verb
1 losbinden, losmachen
2 befreien
3 schleudern
4 abstreifen
5 erledigen, besorgen
6 ausfindig machen
7 entwickeln, darlegen
8 herbeischaffen, instand setzen
9 zum Kampf bereitmachen
10 sich entwickeln, ablaufen

B intransitives Verb
1 sich bereitmachen
2 sich entwickeln, ablaufen
3 zuträglich sein, förderlich sein

— **A** transitives Verb —

VT

1 losbinden, losmachen, **se ex laqueis** sich aus den Schlingen; **subtemen ~** einen Faden abwickeln

2 *fig* von etw befreien, vor *etw* retten, *re/a re*; **terram ab omni occupatione ~** das Land von jeder Belagerung befreien; **aliquem aere alieno ~** j-n von Schulden befreien; *passiv u.* **se ~** sich herausarbeiten, entkommen

3 schleudern, **discum** den Diskus

4 *Lästiges* abstreifen, *Schwieriges* überwinden

5 *Geschäfte* erledigen, besorgen, **rem frumentariam ~** die Verproviantierung ordnen; **nomina sua ~** seine Schulden bezahlen

6 ausfindig machen, ermöglichen, **iter fugae** einen Fluchtweg; **sibi locum ~** sich Raum schaffen

7 (*unkl.*) schriftlich, mündlich darlegen, berichten, *aliquid* etw, *de re* über etw, *+indir Fragesatz*

8 herbeischaffen, instand setzen; **Cererem canistris ~** Brot aus Körben herbeischaffen

9 MIL zum Kampf bereitmachen; **legiones ad pugnam ~** Legionen zum Kampf fertig machen; **classem ~** die Flotte segelfertig machen

10 **se ~** *Plaut.* sich entwickeln, ablaufen

— **B** intransitives Verb —

VI

1 *Tac.* sich bereitmachen

2 *Plaut.* sich entwickeln, ablaufen

3 zuträglich sein, nützen, *alicui* j-m; **expedit** *unpers* es nützt, *+inf/+AcI, ut* dass; **hoc expedit** dies ist förderlich

expedītiō ⟨expedītiōnis⟩ F ||expedire|| Feldzug, Unternehmen *gegen den Feind*

▶ deutsch: **Expedition**

expedītus

A ⟨a, um⟩ ADJ, ADV ⟨expedītē⟩ ||expedire||
1 *von Personen* leicht bekleidet, leicht bewaffnet
2 kampfbereit; schlagfertig
3 unbehindert, ungebunden
4 rüstig; bereit, *ad aliquid* zu etw
5 *von Sachen* unbehindert, leicht; **senatūs consultum expeditum** unbeanstandeter Senatsbeschluss; **aliquid in expedito habere** etw in Bereitschaft haben; **in expedito esse** leicht sein; **nomen expeditum** sicherer Schuldposten; **victoria expedita** entschiedener Sieg; **pecunia expeditissima** flüssiges Geld; **expeditum est** *unpers* es ist leicht, *+inf*

B ⟨ī⟩ M
1 Leichtbewaffneter, leicht bewaffneter Soldat
2 rüstiger Fußgänger

---

ex-pellere ⟨pellō, pulī, pulsum 3.⟩

1 hinauswerfen, wegjagen
2 ans Land werfen, auswerfen
3 verbannen
4 verstoßen, verjagen
5 vertreiben, verscheuchen

1 hinauswerfen, wegjagen; *fig* vertreiben, *ex re/re/selten a re* aus etw, von etw; berauben, *aliquem re* j-n einer Sache; **segetem ex radicibus ~** die Saat mit der Wurzel ausreißen; **regem regno ~** den König vom Thron vertreiben; **aliquem vitā ~** j-m das Leben nehmen; **aliquem in provinciam ~** j-n zum Rückzug in die Provinz zwingen; **se in auras ~** sich ans Licht der Welt drängen

2 ans Land werfen, auswerfen; **mare classem in litus expellit** das Meer wirft die Flotte an

die Küste; **mare margaritas expellit** das Meer wirft Perlen aus; *passiv* Schiffbruch erleiden

3 *fig* verbannen, **aliquem civitate** ~ j-n aus der Bürgerschaft

4 *aus der Familie od Ehe* verstoßen, verjagen; **uxorem e matrimonio** ~ die Ehefrau aus der Ehe verstoßen

5 *fig Stimmungen od Zustände* vertreiben, beseitigen; **famem** ~ die Hungersnot beseitigen; **omnem dubitationem** ~ jeden Zweifel beseitigen; **alicuius rei memoriam** ~ etw vergessen machen; **somnum** ~ den Schlaf verscheuchen

ex·pendere ⟨pendō, pendī, pēnsum 3.⟩

1 abwiegen; **expendantur, non numerentur pecuniae** die Gelder sollen gewogen und nicht gezählt werden

2 *fig geistig* abwägen, prüfen; **testem** ~ einen Zeugen prüfen; **ire expenso gradu** mit gemessenem Schritt gehen; **causam meritis** ~ *Ov.* den Streit nach Verdiensten schlichten

3 *Geld* auszahlen, bezahlen

4 *(nachkl.) poet* ausleihen; **pecunias sine fenore expensas ferre** Geld ohne Zinsen ausleihen; **alicui legionem expensam ferre** *fig* j-m eine Legion überlassen

5 *fig Strafe* erleiden, erdulden, büßen, *alicuius rei* für etw; **scelus** ~ für den Frevel büßen

expēnsum ⟨ī⟩ N ||expensus|| Ausgabe; **codex accepti et expensi** Kassenbuch für Einnahmen und Ausgaben

expēnsus ⟨a, um⟩ ADJ ||expendere|| ausgezahlt; **alicui aliquid expensum ferre** etw für j-n als ausbezahlt eintragen = etw für j-n verbuchen

expergē·facere ⟨faciō, fēcī, factum 3., *passiv* expergēfierī, fīō, factus sum⟩ ||expergere[1]||

1 *(nachkl.)* aufwecken; *passiv* aufwachen

2 *aus der Ruhe od aus einem Taumel* aufwecken, ermuntern; **se** ~ zur Besinnung kommen

3 *poet* ins Leben rufen, hervorlocken; **flagitium** ~ eine Schandtat begehen

ex·pergere[1] ⟨pergō, pergī, - 3.⟩ *(spätl.)* aufwecken, wecken

ex·pergere[2] ⟨pergō, persī, persum 3.⟩ = **exspergere**

ex·pergīscī ⟨pergīscor, perrēctus sum/*pperf auch* pergitus 3.⟩ ||expergere[1]|| aufwachen, erwachen; **experrecta nobilitas** der aus seiner Teilnahmslosigkeit erwachte Adel; **expergitus** erwacht

experiēns ⟨experientis⟩ ADJ ||experiri||

1 unternehmend, tätig

2 ausdauernd

3 gewöhnt, *alicuius rei* an etw; ~ **laborum** gewöhnt an Arbeiten

experientia ⟨ae⟩ F ||experiens||

1 Versuch, Probe

2 *(nachkl.) meton* Erfahrung; **multarum rerum** ~ vielseitige Erfahrung

experīmentum ⟨ī⟩ N ||experiri||

1 *(nachkl.)* Versuch; *meton* Versuchsobjekt; **experimentis cognoscere aliquid** etw durch Versuche erkennen

2 Beweismittel; Erfahrung; ~ **proeliorum** Erfahrung aus früheren Schlachten

ex·perīrī ⟨perior, pertus sum 4.⟩

1 einen Versuch machen

2 versuchen, erproben

3 sich messen

4 streiten

5 riskieren

6 kennenlernen, an sich erfahren

7 erfahren, erleiden

---

1 einen Versuch machen, *absolut*

2 versuchen, prüfen, *absolut od aliquem/aliquid* j-n/etw, +*indir Fragesatz*; ~ **amicos** die Freunde prüfen; ~ **vim veneni in servo** an Sklaven die Stärke des Giftes erproben; ~ **vires suas cum aliquo** seine Kräfte gegen j-n erproben

3 sich *im Kampf* messen, *aliquem* mit j-m, *inter* untereinander

4 *vor Gericht* streiten, *absolut od cum aliquo* mit j-m, *de re* über etw

5 *fig etw* riskieren, es auf *etw* ankommen lassen, *aliquid*; ~ **omnia de pace** alle Mittel für den Frieden versuchen; **rei eventum** ~ etw abwartend versuchen; **licentiam** ~ sich eine Freiheit erlauben; **imperium** ~ die Herrschaft aufs Spiel setzen; **libertatem** ~ die Freiheit genießen; **spem** ~ sich der Hoffnung hingeben; **iudicium populi Romani** ~ es auf die Entscheidung des römischen Volkes ankommen lassen

6 *meton durch eigene Erfahrung* kennenlernen, erleben, *absolut od aliquid* etw, *aliquid in re* an etw, +*dopp. akk*/+*AcI*/+*indir Fragesatz*; **experiendo cognoscere** durch Erfahrung kennenlernen; **expertus scio** ich weiß aus eigener Erfahrung; **de me experior** ich sehe es an mir; **aliquem fortem inimicum** ~ j-n als mächtigen Feind kennen lernen

7 *Unangenehmes* erfahren, bestehen; **accusandi molestiam** ~ den Ärger der Anklageführung erfahren

ex·perrēctus ⟨a, um⟩ PPERF → **expergisci**

ex·pers ⟨expertis⟩ ADJ ||pars||

1 ohne Anteil, unbeteiligt, *alicuius rei/re* an etw

2 *fig* frei, ledig, *alicuius rei* von etw; **rationis** ~ unvernünftig; **litterarum Graecarum** ~ des Griechischen unkundig; **viri** ~ von der Frau unverheiratet

expertus¹ ⟨a, um⟩ ADJ ||experiri||
1. erfahren, *alicuius rei/*in etw
2. *von Personen u. Sachen* erprobt, bewährt
▶ deutsch: **Experte**
englisch: **expert**
französisch: **expert**
spanisch: **experto**
italienisch: **esperto**

ex-pertus² ⟨a, um⟩ PPERF → experiri

expetendus ⟨a, um⟩ ADJ ||expetere|| erstrebenswert, wünschenswert

expetēns ⟨expetentis⟩ ADJ ||expetere|| begehrlich, lüstern

ex-petere ⟨petō, petīvī, petītum 3.⟩
A VT
1. erstreben, zu erreichen suchen
2. *fig* etw verlangen, erstreben; **pecuniam ~** nach Geld streben; **sibi ~ aliquam** um eine Frau freien; **auxilium ~ ab aliquo** von j-m Hilfe erbitten; **poenas alicuius rei ab aliquo ~** j-n für etw bestrafen, an j-m für etw Rache nehmen
3. dauern; ausreichen; **aetatem ~** *Plaut.* ewig dauern
B VI widerfahren, treffen; **omnes clades belli in eum expetunt** alle Leiden des Krieges treffen ihn

expetessere ⟨ō, -, - 3.⟩ ||expetere|| *Plaut.* begehren, verlangen

expetibilis ⟨expetibile⟩ ADJ ||expetere|| *Sen.* wünschbar, erstrebbar

ex-piāre ⟨ō, āvī, ātum 1.⟩
1. *etw durch Schuld Beflecktes* reinigen, sühnen; **forum a sceleris vestigiis ~** das Forum von den Spuren des Verbrechens reinigen
2. *ein Unrecht* wieder gutmachen, büßen; **tua scelera dei in nostros milites expiaverunt** deine Verbrechen ließen die Götter unsere Soldaten büßen; **poenas ~** durch Verbüßen der Strafe sich von der Schuld reinigen
3. *ein böses Vorzeichen* durch Sühne unschädlich machen
4. *göttlichen Zorn* durch Sühneopfer versöhnen, befriedigen; **poenis manes mortuorum ~** durch Strafen die Manen der Toten versöhnen; **dolor expiatur** der Schmerz kühlt sich ab

expiātiō ⟨expiātiōnis⟩ F ||expiare|| Sühne, Sühnung

ex-pīlāre¹ ⟨ō, āvī, ātum 1.⟩ ausplündern, berauben; **genis ~ oculos** *Ov. fig* die Augen aus den Höhlen reißen

ex-pilāre² ⟨ō, āvī, ātum 1.⟩ *(vkl.)* (die Haare) ausraufen

expīlātiō ⟨expīlātiōnis⟩ F ||expilare¹|| Ausplünderung, Beraubung

expīlātor ⟨expīlātōris⟩ M ||expilare¹|| Plünderer

ex-pingere ⟨pingō, pīnxī, pictum 3.⟩
1. *(nachkl.) poet* schminken
2. anschaulich schildern

expīr... = **exspir...**

ex-piscārī ⟨or, ātus sum 1.⟩ ||piscis|| herausfischen; *nur fig* ausforschen; **nihil ~** nicht weiter forschen

explānābilis ⟨explānābile⟩ ADJ ||explanare|| *Sen.* deutlich

ex-plānāre ⟨ō, āvī, ātum 1.⟩
1. ebnen, eben ausbreiten
2. *fig* verdeutlichen, erläutern
3. *Plin.* deutlich aussprechen

explānātiō ⟨explānātiōnis⟩ F ||explanare||
1. Verdeutlichung
2. Auslegung, Erklärung
3. deutliche Aussprache

explānātor ⟨explānātōris⟩ M ||explanare|| Ausleger, Erklärer

explānātus ⟨a, um⟩ ADJ ||explanare||
1. geebnet, glatt
2. *fig* deutlich; **rem explanate definire** etw klar bezeichnen

ex-plaudere ⟨plaudō, plausī, plausum 3.⟩ = **explodere**

explēmentum ⟨ī⟩ N ||explere||
1. Ausfüllmittel, Auffüllmittel
2. *(Plaut., nachkl.)* Sättigungsmittel, Futter

ex-plēre ⟨pleō, plēvī, plētum 2.⟩
1. ausfüllen, vollfüllen
2. voll erreichen
3. vervollständigen, ergänzen
4. sättigen, erfüllen
5. zustande bringen, ausführen
6. erfüllen
7. vollenden, überstehen

1. ausfüllen, vollfüllen; **cavernas ~** Höhlen ausfüllen; **paludem cratibus atque aggere ~** einen Sumpf durch Reisigbündel und einen Damm auffüllen; **bovem frondibus ~** ein Rind mit Laub sättigen
2. *Maße u. Zahlen* voll erreichen; **copiae explent quattuor milia** die Truppen umfassen viertausend; **quadraginta annos/quadragesimum annum ~** volle vierzig Jahre erreichen; **centurias/tribūs ~** die volle Anzahl der Stimmen erreichen
3. *Unvollständiges* vervollständigen, ergänzen; **~, quod deest** ergänzen was fehlt
4. *Leidenschaften od Wünsche* befriedigen, stillen; **libidinem ~** eine Leidenschaft befriedigen; **si-**

tim ~ Durst stillen; **dolorem lacrimis ~** den Schmerz durch Tränen dämpfen; **(tuendo) expleri** sich satt sehen

5 zustande bringen, ausführen; **vitam beatam ~** ein glückliches Leben führen; **damnationem ~** JUR die Verurteilung durch Vervollständigung der Zahl der Richter ermöglichen

6 *Pflichten od Aufgaben* erfüllen; **mortalitatem ~** sein Los als Sterblicher erfüllen

7 *(nachkl.) eine Zeit* vollenden, überstehen; **supremum diem ~** seinen letzten Tag vollenden = sterben

explētiō ⟨explētiōnis⟩ F ||explere|| Vervollständigung

explētus¹ ⟨a, um⟩ ADJ ||explere|| vollständig, vollkommen; **~ omnibus suis partibus** rundum vollkommen

ex-plētus² ⟨a, um⟩ PPP → explere
ex-plēvī → explere
ex-plicāre ⟨ō, āvī/uī, ātum/itum 1.⟩

1 entfalten, aufrollen; **vestem ~** ein Kleid ausbreiten; **librum ~** ein Buch aufschlagen; **frontem ~** die Stirn glätten; **intelligentiam suam ~** seinen Verstand entfalten

2 herauswickeln, loswickeln; **se ex laqueis ~** sich aus den Schlingen wickeln

3 *örtl.* ausdehnen; MIL ausschwärmen lassen; **forum usque ad atrium Libertatis ~** *Cic.* das Forum bis zum Tempel der Libertas ausdehnen

4 *fig Verworrenes* entwirren, in Ordnung bringen, **negotia** die Geschäfte

5 *fig Schwieriges* glücklich durchführen; **solutionem ~** eine Schuld abtragen; **sumptūs ~** Aufwendungen bestreiten

6 *fig* erlösen, befreien; **Siciliam multis cinctam periculis ~** das von vielen Gefahren umzingelte Sizilien befreien; **se istinc ~** sich aus der Affäre ziehen

7 *fig* erklären, darlegen; **res gestas ~** Taten erzählen; **alicui scholam aliquam ~** j-m einen kunstgerechten Vortrag halten; **Graecas orationes ~** griechische Reden in freier Übersetzung wiedergeben

explicātiō ⟨explicātiōnis⟩ F ||explicare||

1 Aufrollen, **rudentis** eines Seils

2 Erklärung, Auslegung; **~ vocabuli ac nominis** etymologische Erklärung

3 *meton* Fähigkeit des Erklärens

explicātor ⟨explicātōris⟩ M ||explicare|| Erklärer

explicātrīx ⟨explicātrīcis⟩ F ||explicator|| Erklärerin

explicātus¹ ⟨explicātūs⟩ M ||explicare|| Erörterung, Lösung

explicātus² ⟨a, um, *adv* explicātē⟩ ADJ ||explicare||

1 geordnet, geregelt

2 deutlich, klar, sicher

explicit (liber) *(spätl., mlat., nlat.)* das Buch ist zu Ende, das Buch hört auf, *Schlussbemerkung in antiken u. mittelalterlichen Handschriften*

explicitus ⟨a, um, *adv* explicitē⟩ ADJ ||explicare|| leicht auszuführen; *adv (mlat., nlat.)* ausdrücklich, deutlich

ex-plōdere ⟨plōdō, plōsī, plōsum 3.⟩ ||plaudere||

1 *(nachkl.) poet* schlagend forttreiben

2 auspfeifen; missbilligen

ex-plōrāre ⟨ō, āvī, ātum 1.⟩

1 ausspähen; *bes* MIL auskundschaften; **idoneum castris locum ~** einen für das Lager geeigneten Platz ausfindig machen; **explorato** nachdem man Kundschaft eingezogen hatte

2 *fig* ausforschen, ermitteln, *aliquid* etw, *+AcI/ +indir Fragesatz;* **alicuius consilia ~** j-s Pläne ausforschen; **~ fugam** eine Gelegenheit zur Flucht ausfindig machen; **~ de voluntate alicuius** über j-s Absicht Nachforschungen anstellen

3 *(nachkl.) poet* das Wesen einer Sache untersuchen, prüfen; **~ epulas gustu** die Speisen auf ihren Geschmack hin prüfen

explōrātiō ⟨explōrātiōnis⟩ F ||explorare|| Erkundigung; Spionage

explōrātor ⟨explōrātōris⟩ M ||explorare||

1 *(unkl.)* Kundschafter, Späher

2 MIL *meist pl* Spähtrupp, Aufklärungstruppen

3 **exploratores viae** Vorreiter *im Gefolge des Kaisers, die den Reisen für die vorherige Beseitigung von Hindernissen zu sorgen hatten*

explōrātōrius ⟨a, um⟩ ADJ ||explorator|| *(nachkl.)* des Kundschafters; **corona exploratoria** *Suet.* Kranz für gute Aufklärung, *von Caligula gestifteter Orden*

explōrātus ⟨a, um, *adv* explōrātē⟩ ADJ ||explorare|| gewiss, sicher; **mihi exploratum est** für mich steht fest; **aliquid pro explorato habere** etw für sicher halten

explōsī → explodere
explōsiō ⟨explōsiōnis⟩ F ||explodere|| Auszischen, Auspfeifen

explōsus ⟨a, um⟩ PPP → explodere
ex-poliāre ⟨ō, āvī, ātum 1.⟩ = **exspoliare**
ex-polīre ⟨iō, īvī, ītum 4.⟩

1 *(unkl.)* glätten, polieren

2 *fig* ausbilden, verfeinern

3 RHET glätten, verfeinern

expolītiō ⟨expolītiōnis⟩ F ||expolire||

1 Glätten, Anstreichen *eines Hauses*

2 RHET Ausschmückung *der Rede*

expolītus ⟨a, um⟩ ADJ ||expolire||

1 glatt, blank
2 ausgebildet, verfeinert

ex-pōnere ⟨pōnō, posuī, positum 3.⟩

1 herausstellen, hinausstellen
2 öffentlich ausstellen, zur Schau stellen
3 vor Augen stellen
4 aussetzen
5 an Land setzen, ausschiffen
6 zur Verfügung stellen
7 preisgeben
8 auseinandersetzen
9 darlegen, darstellen

1 herausstellen, hinausstellen; **scalas ~** Schiffstreppen auslegen; **herbam in sole ~** Gras in der Sonne auslegen; **aliquem orbe ~** j-n aus dem Kreis ausstoßen
2 öffentlich ausstellen, zur Schau stellen; **rem venditioni ~** eine Sache zum Verkauf ausstellen
3 vor Augen stellen; **vitam iuventuti ad imitandum ~** der Jugend das Leben zum Vorbild vor Augen halten; **praemium ~** eine Belohnung aussetzen
4 (vkl., nachkl.) Kinder aussetzen, **pueros in proxima alluvie** Kinder in der nächstgelegenen Lache
5 SCHIFF an Land setzen, ausladen; **milites (ex) navibus ~** Soldaten aus Schiffen an Land setzen; **copias in Africa ~** Truppen in Afrika ausschiffen; **in litus ~** an der Küste an Land setzen; *passiv* landen
6 zur Verfügung stellen, **alicui magnam pecuniam ~** j-m eine große Geldsumme
7 preisgeben, **provinciam barbaris ~** die Provinz den Barbaren preisgeben; **expositum esse** ausgeliefert sein, preisgegeben sein; **alicui ad praedandum expositum esse** j-m zur Plünderung überlassen sein
8 auseinandersetzen
9 darlegen, mitteilen, *absolut od alicui aliquid* j-m etw; **sicuti exposui** wie ich dargelegt habe; **rem breviter ~** die Sache kurz darstellen

ex-porgere Com., ex-porrigere ⟨por(ri)gō, porrēxī, porrēctum 3.⟩

1 *Pers.* hervorstrecken; **labellum ~** die Lippen schürzen
2 (unkl.) ausdehnen, ausbreiten, *bes* MIL; **munitiones ~** Befestigungen ausdehnen
3 glätten; **frontem ~** die Stirn glätten, freundlich sein

ex-portāre ⟨ō, āvī, ātum 1.⟩

1 hinaustragen, fortschaffen, *aliquem/aliquid* j-n/etw, *ex re/re* aus etw, **sua omnia** alle seine Habe
2 *Waren* ausführen; ↔ importare
3 verbannen, **in ultimas terras** in die fernsten Länder

exportātiō ⟨exportātiōnis⟩ F̄ ||exportare||

1 Ausfuhr, Export
2 *Sen.* Verbannung

ex-poscere ⟨poscō, poposcī, -. 3.⟩

1 dringend fordern, verlangen, *aliquid ab aliquo* etw von j-m, *auch mit m eines pron aliquid aliquem* etw von j-m, *ut/ne*
2 *poet von Sachen* erfordern; **opes ~ magnas** große Mittel erfordern
3 (nachkl.) j-s Auslieferung verlangen, *aliquem*; **Hannibalem ~** die Auslieferung Hannibals verlangen
4 REL *von den Göttern* erbitten, erflehen; **~ pacem a deis** den Frieden von den Göttern erflehen; **~ pacem Teucris** Frieden erflehen für die Trojaner

expositīcius ⟨a, um⟩ ADJ ||exponere|| *Plaut.* ausgesetzt

expositiō ⟨expositiōnis⟩ F̄ ||exponere||

1 Aussetzung *eines Kindes*
2 Darlegung, Schilderung
3 (eccl.) Auslegung, Erklärung

expositus¹ ⟨a, um, adv expositē⟩ ADJ ||exponere||

1 *poet* offen, frei daliegend
2 bloßgestellt, preisgegeben
3 öffentlich zugänglich
4 (nachkl.) *poet* allgemein verständlich, alltäglich
5 (nachkl.) *poet* leutselig

ex-positus² ⟨a, um⟩ PPP → exponere

ex-postulāre ⟨ō, āvī, ātum 1.⟩

1 dringend verlangen, dringend fordern, *aliquid ab aliquo* etw von j-m, *ut/ne/+AcI*; **primas sibi partes ~** die ersten Teile für sich fordern
2 j-s Auslieferung verlangen, *aliquem*
3 sich beschweren, zur Rede stellen, *absolut od cum aliquo aliquem* bei j-m über j-n, *cum aliquo aliquid/de re* bei j-m über etw, *+AcI/+indir Fragesatz*

expostulātiō ⟨expostulātiōnis⟩ F̄ ||expostulare||

1 Verlangen, Forderung
2 Beschwerde, Vorwurf, *cum aliquo* gegen jdn

ex-posuī → exponere

expōtāre ⟨ō, āvī, ātum 1.⟩ = epotare

expressī → exprimere

expressus¹ ⟨a, um, adv expressē⟩ ADJ ||exprimere||

1 herausgepresst
2 deutlich ausgesprochen; **expressis verbis** (mlat.) mit ausdrücklichen Worten, ausdrücklich

3 deutlich, anschaulich; **expressa sceleris vestigia** deutliche Spuren des Verbrechens

ex-pressus² ⟨a, um⟩ PPP → exprimere

exprētus ⟨a, um⟩ ADJ Plaut. = **expressus²**

---

ex-primere ⟨primō, pressī, pressum 3.⟩ ||premere||

1 ausdrücken, auspressen
2 herausdrücken, herauspressen
3 emportreiben, in die Höhe heben
4 deutlich aussprechen
5 erpressen, erzwingen
6 abbilden, gestalten
7 nachahmen
8 wiedergeben, schildern

1 (nachkl.) poet ausdrücken, auspressen; **spongiam ~** einen Schwamm ausdrücken; **nasum ~** sich die Nase putzen
2 herausdrücken, herauspressen, aliquid ex re etw aus etw, **sucum e semine** den Saft aus einem Samenkorn; **spiritum ~** sich erhängen
3 emportreiben, in die Höhe heben; **agger turres expresserat** der Wall hatte die Türme erhöht
4 deutlich aussprechen, **verba** die Worte
5 fig erpressen, erzwingen; **veritatem tormentis ~** die Wahrheit durch Folter erpressen; **~ nummos ab amico blanditiis** dem Freund mit Schmeicheleien Geld abnötigen; **alicui laetitiam ~** j-m Fröhlichkeit entlocken
6 (unkl.) künstlerisch abbilden, darstellen; **simulacra ex auro ~** Statuen aus Gold formen; **~ imaginem in cera** ein Bild aus Wachs formen; **vestis singulos artūs exprimit** das Kleid lässt die einzelnen Glieder hervortreten
7 fig nachahmen; **oratorem imitando ~** den Redner genau nachahmen
8 mit Worten wiedergeben; übersetzen; **verbum e verbo ~** Wort für Wort wiedergeben; **aliquid Latine uno verbo ~** etw auf Lateinisch in einem Wort ausdrücken

ex-probrāre ⟨ō, āvī, ātum 1.⟩ ||ex, probrum|| Vorwürfe machen, vorwerfen, **alicui aliquid** j-m etw, **alicui de re** j-m wegen etw, +AcI

exprobrātiō ⟨exprobrātiōnis⟩ F ||exprobrare|| (vkl., nachkl.) Vorwurf

exprobrātor ⟨exprobrātōris⟩ M ||exprobrare|| (nachkl.) Tadler

exprobrātrīx ⟨exprobrātrīcis⟩ M ||exprobrator|| Tadlerin; **memoria ~** Sen. das tadelnde Gedächtnis

ex-prōmere ⟨prōmō, prōmpsī, prōmptum 3.⟩

1 (vkl., nachkl.) hervorholen, hervorbringen; **omnes apparatūs supplicii ~** alle Folterwerkzeuge hervorholen
2 poet Töne ausstoßen, hervorstoßen
3 fig an den Tag legen, deutlich zeigen, **aliquid** etw, **aliquid in aliquem/in aliquo** etw gegen j-n, **in re** gegen etw; **suum odium ~** seinen Hass deutlich zeigen; **crudelitatem in inimico ~** Grausamkeit gegenüber dem Feind an den Tag legen
4 mit Worten darlegen, vortragen, **aliquid** etw, +AcI/+indir Fragesatz, **causas belli** die Gründe des Krieges

exprōmptus ⟨a, um⟩ ADJ Ter. bereit, bei der Hand

expudōrātus ⟨a, um⟩ ADJ ||pudor|| unverschämt, schamlos

expuere ⟨expuō, expuī, expūtum 3.⟩ = **exspuere**

expūgnābilis ⟨expūgnābile⟩ ADJ ||expugnare|| (nachkl.) poet einnehmbar; **urbs ~** einnehmbare Stadt

ex-pūgnāre ⟨ō, āvī, ātum 1.⟩

1 erobern, einnehmen, **oppidum vi/per vim** eine Festung mit Gewalt
2 Belagerte zur Übergabe zwingen, besiegen
3 fig überwinden, vernichten; **animum ~** sich selbst bezwingen; **decus muliebre ~** eine Frau vergewaltigen
4 erzwingen, erpressen; **sibi legationem ~** sich eine Gesandtschaft erkämpfen; **coepta ~** das Begonnene durchsetzen
5 Ov. fig mit Worten angreifen

expūgnātiō ⟨expūgnātiōnis⟩ F ||expugnare|| Eroberung; fig Überfall

expūgnātor ⟨expūgnātōris⟩ M ||expugnare|| Eroberer; **~ pudicitiae** fig Verführer

expūgnāx ⟨expūgnācis⟩ ADJ ||expugnare|| bezwingend, wirksam

ex-pulī → **expellere**

ex-pulsāre ⟨ō, (āvī), ātum 1.⟩ ||expellere|| Mart. forttreiben; **pilam ~** den Ball (ab)schlagen

expulsī ⟨ōrum⟩ M ||expellere|| die Verbannten

expulsiō ⟨expulsiōnis⟩ F ||expellere|| Vertreibung, Austreibung

expulsor ⟨expulsōris⟩ M ||expellere|| Vertreiber, **alicuius** j-s, **alicuius rei** aus etw, **~ tyrannorum** Befreier von den Tyrannen

ex-pulsus ⟨a, um⟩ PPP → **expellere**

expultrīx ⟨expultrīcis⟩ F ||expellere|| Vertreiberin; **~ vitiorum** Vertreiberin der Laster

ex-pungere ⟨pungō, pūnxī, pūnctum 3.⟩ (unkl.)

1 ausstreichen, **nomen** den Namen aus dem Schuldbuch
2 aus dem Dienst entlassen
3 aus dem Weg schaffen, wegräumen

4 *fig* aufheben, ausgleichen; **munus munere ~** ein Geschenk durch ein Geschenk ausgleichen

5 *ein Verzeichnis* prüfend durchgehen, revidieren, *zur Tilgung der Namen Unwürdiger u. Toter*

ex-pūrgāre ⟨ō, āvī, ātum 1.⟩

1 (*nachkl.*) reinigen, säubern; **~ aliquem** j-n heilen; **sermonem ~** *fig* die Sprache reinigen

2 (*vkl., nachkl.*) rechtfertigen, entschuldigen

expūrgātiō ⟨expūrgātiōnis⟩ F̲ ||expurgare|| *Plaut.* Rechtfertigung, Entschuldigung

expūrigāre ⟨ō, āvī, ātum 1.⟩ = expurgare

expūrigātiō ⟨expūrigātiōnis⟩ F̲ = expurgatio

ex-putāre ⟨ō, āvī, ātum 1.⟩

1 (*nachkl.*) ausputzen, beschneiden

2 (*unkl.*) erwägen, ergründen, *aliquid* etw, *auch +indir Fragesatz*

ex-pūtēscere ⟨ēscō, -, - 3.⟩ *Plaut.* verfaulen

ex-quīrere ⟨quīrō, quīsīvī, quīsītum 3.⟩ ||quaerere||

1 heraussuchen, auswählen; **verba per sonum ~** Worte nach dem Klang auswählen

2 durchsuchen, **omnia terrā marique** alles zu Wasser und zu Land

3 *fig* untersuchen, prüfen

4 *fig* erforschen, ergründen, **verum** die Wahrheit; **sententias ~** Meinungen abfragen

5 verlangen, erbitten, **alicuius consilium** j-s Rat

exquīsīta ⟨ōrum⟩ N̲ Erkundigungen

exquīsītus ⟨a, um, *adv* exquīsītē⟩ ADJ auserlesen, ausgezeichnet; **rationes exquisitae** scharfsinnige Gründe; **munditia exquisita** gesuchte Eleganz

▶ deutsch: **exquisit**

exrādīcitus ADV ||radix|| *Plaut.* mitsamt der Wurzel

ex-sacrificāre ⟨ō, -, - 1.⟩ *poet* ein Opfer darbringen, *re* mit etw

ex-saevīre ⟨iō, -, - 4.⟩ *Liv.* austoben

exsanguis ⟨exsangue⟩ ADJ

1 blutlos, ohne Blut

2 *fig* leblos, ohnmächtig

3 kraftlos, erschöpft

4 entseelt, tot, *re* durch etw, von etw

5 blass; *poet* blass machend

ex-saniāre ⟨ō, -, - 1.⟩ ||sanies|| (*nachkl.*) von Eiter reinigen, von Jauche reinigen

ex-sarcīre ⟨sarciō, -, sartūrus 4.⟩ (*unkl.*) ausflicken; *fig* ersetzen

ex-satiāre ⟨ō, āvī, ātum 1.⟩ (*nachkl.*) = **exsaturare**

exsaturābilis ⟨exsaturābile⟩ ADJ ||exsaturare|| *Verg.* zu sättigen; **non ~** unersättlich

ex-saturāre ⟨ō, āvī, ātum 1.⟩

1 *poet* völlig sättigen, **aliquem vino ciboque** j-n mit Wein und Essen

2 *fig* völlig befriedigen, stillen, *aliquem/aliquid* j-n/etw, *re* durch etw

ex-scendere ⟨scendō, scendī, scēnsum 3.⟩ = **escendere**

exscēnsiō ⟨exscēnsiōnis⟩ F̲ = **escensio**

exscēnsus ⟨a, um⟩ PPP → **escendere**

ex-scindere ⟨scindō, scidī, scissum 3.⟩ ausreißen; *fig* zerstören

ex-screāre ⟨ō, āvī, ātum 1.⟩ (*nachkl.*) *poet* sich räuspern

ex-scrībere ⟨scrībō, scrīpsī, scrīptum 3.⟩

1 abschreiben; (*nachkl.*) abzeichnen, abmalen

2 aufschreiben, aufzeichnen

ex-sculpere ⟨sculpō, sculpsī, sculptum 3.⟩

1 ausmeißeln, *mit dem Grabstichel* ausstechen, *mit dem Messer* ausschnitzen; **simulacrum e quercu ~** ein Bild aus Eichenholz schnitzen

2 *Nep.* wegmeißeln, auskratzen, **versūs** Verse

3 *fig durch Fragen* herauspressen, **verum ex aliquo** aus j-m die Wahrheit

ex-secāre ⟨secō, secuī, sectum 1.⟩

1 herausschneiden, wegschneiden, **linguam** die Zunge; **aliquem ~** j-n aus dem Mutterleib herausschneiden

2 entmannen, kastrieren, *aliquid* j-n; **testes ~** entmannen

3 herausschinden, herausschlagen; **quinas capiti mercedes exsecat** er schindet fünf Prozent *monatlich* aus dem Kapital heraus

exsecrābilis ⟨exsecrābile, *adv* exsecrābiliter⟩ ADJ ||exsecrari||

1 verflucht, verwünscht

2 verfluchend; **carmen exsecrabile** Verwünschungsformel

ex-secrāre ⟨ō, āvī, ātum 1.⟩ (*vkl., mlat.*), **ex-secrārī** ⟨or, ātus sum 1.⟩

A V̲T̲ verfluchen; *Hor.* feierlich schwören *unter Verwünschungen.*

B V̲I̲ fluchen, Verwünschungen ausstoßen, *in aliquem* gegen j-n, *ut*

exsecrātiō ⟨exsecrātiōnis⟩ F̲ ||exsecrari||

1 Verfluchung, Verwünschung, *alicuius* j-s *od* durch j-n

2 (*mlat.*) kirchliche Verfluchung

ex-secrātus ⟨a, um⟩ ADJ ||exsecrari u. exsecrare|| verflucht, verwünscht, *alicui* von j-m; **columna exsecrata** Säule des Fluchs

exsectiō ⟨exsectiōnis⟩ F̲ ||exsecare|| Ausschneiden, Abschneiden

execūtiō ⟨execūtiōnis⟩ F̲ ||exsequi|| (*nachkl.*)

1 Ausführung, Vollzug,

2 rechtliche Verfolgung, Gerichtsbarkeit, *alicuius rei* in etw

3 Verwaltung, vollziehende Gewalt, **Syriae** in

Syrien

exsecūtor ⟨exsecūtōris⟩ M ‖exsequi‖ (nachkl.) Vollstrecker, Rächer

ex-secūtus ⟨a, um⟩ PPERF → exsequi

ex-sequī ⟨sequor, secūtus sum 3.⟩
1 (unkl.) zu Grabe geleiten
2 (nachkl.) teindlich verfolgen, **ferro ignique** mit Feuer und Schwert
3 (nachkl.) gerichtlich verfolgen, rächenn; **violata iura ~** die Verletzung der Rechte ahnden
4 fig einer Sache nachgehen, etw erstreben, aliquid
5 fig sein Recht geltend machen; **ius suum armis ~** sein Recht mit Waffengewalt geltend machen
6 Liv. fig zu ermitteln suchen, erforschen, aliquid etw, +indir Fragesatz; **aliquid quaerendo ~** etw durch Befragen zu ermitteln suchen
7 Catul. fig einer Partei anhängen
8 ausführen, vollziehen; **pompas ~** Leichenfeiern begehen; **mortem ~** sich selbst töten
9 fig ausführlich berichten, beschreiben, aliquid etw, +indir Fragesatz, **aliquid verbis** etw mit Worten
10 fig erdulden, ertragen, **fatum Pompei unā** gemeinsam das Schicksal des Pompeius

exsequiae ⟨ārum⟩ F ‖exsequi‖
1 Leichenfeier, Bestattung; **exsequias alicuius prosequi/alicui ire** j-n zu Grabe geleiten
2 meton Leiche, sterbliche Überreste

exsequiālis ⟨exsequiāle⟩ ADJ ‖exsequiae‖ Leichen...; **carmen exsequiale** Totenlied

ex-sercīre ⟨serciō, -, sertūrus 4.⟩ = exsarcire

ex-serere ⟨serō, seruī, sertum 3.⟩
1 (nachkl.) poet herausstrecken, emporheben, aliquid ex re/re etw aus etw; **enses ~** die Schwerter emporheben; **~ linguam** die Zunge herausstrecken
2 Körperteile entblößen, **umeros** die Schultern
3 fig lerlösen, befreien, aliquem re. j-n von etw; **aliquem vinculis ~** j-n aus dem Gefängnis befreien; **~ aliquem aere alieno** j-n von der Schuldenlast befreien
4 (nachkl.) poet offenbaren, zeigen; **haec exserit narratio** das zeigt die Erzählung; **~ principem** seine Macht als Fürst zeigen

ex-sertāre ⟨ō, -, - 1.⟩ ‖exserere‖ (nachkl.) poet wiederholt hervorstrecken

ex-sībilāre ⟨ō, āvī, ātum 1.⟩
1 auszischen, auspfeifen
2 (nachkl.) poet hervorzischen, **dirum quiddam** Sen. etw Schreckliches

ex-sicāre ⟨sicō, sicuī, sictum 1.⟩ = **exsecare**

ex-siccāre ⟨ō, āvī, ātum 1.⟩ austrocknen; ausleeren

exsiccātus ⟨a, um⟩ ADJ ‖exsiccare‖ vertrocknet

ex-sīgnāre ⟨ō, āvī, ātum 1.⟩ (vkl., nachkl.) Punkt für Punkt aufzeichnen, aufschreiben

ex-silīre ⟨siliō, siluī/silīvī/silīī, sultum 4.⟩ ‖salire‖
1 herausspringen, hinausspringen; **piscis e mari exsilit** der Fisch springt aus dem Meer hervor, **oculi exsiliunt** die Augen treten hervor
2 Com. nach vorn springen
3 aufspringen, emporspringen, absolut od de re/ex re/re von etw, aus etw, **ex sella** aus dem Sessel; **arbor ad caelum exsilit** fig ein Baum wächst zum Himmel

exsilium ⟨ī⟩ N = exilium

ex-siluī → exsilire

exsistentia ⟨ae⟩ F ‖exsistere‖ (eccl.) Dasein, Existenz; PHIL bloßes Dasein ↔ Sosein; → essentia

ex-sistere ⟨sistō, stitī, - 3.⟩
1 herausgehen, hervorkommen, absolut od od re/a re/de re/re von etw, aus etw, **e latebris** aus den Schlupfwinkeln; **ab inferis ~** von den Toten auferstehen; **de terra ~** sich vom Boden erheben
2 auftauchen, emportauchen; **armati terrā exsistunt** Bewaffnete tauchen aus der Erde auf
3 (nachkl.) MIL hervorbrechen
4 hervorkommen, entstehen
5 von Personen erscheinen, werden; **aliquis exsistit crudelis in aliquem** j-d erweist sich grausam gegen j-n; **ex amicis inimici exsistunt** aus Freunden werden Feinde
6 von Sachen od Zuständen eintreten, werden; **ex luxuria avaritia exsistit** aus dem Überfluss entsteht Habsucht; **aliquid verum exsistit** etw stellt sich als wahr heraus; perf auch vorhanden sein, stattfinden; **exstiti** oft = fui
7 log. sich ergeben; **ex quo exsistit, ut** daraus ergibt sich, dass; **exsistit illud** es ergibt sich jenes, ut/+AcI

exsolāre ⟨ō, āvī, ātum 1.⟩ = **exulare**

exsolētus ⟨a, um⟩ ADJ = **exoletus**

exsolūtiō ⟨exsolūtiōnis⟩ F ‖exsolvere‖ (nachkl.) Befreiung, Erlösung

ex-solvere ⟨solvō, solvī, solūtum 3.⟩
1 lösen, losmachen, **vincula** Fesseln; **nexum ~** einen Knoten entwirren; **famem ~** Hunger vertreiben; **obsidium ~** die Belagerung aufheben
2 (nachkl.) öffnen; **alvus exsoluta** Durchfall
3 auflösen, erklären; **~ nobis, quare** Lucr. uns erklären, warum
4 fig erlösen, befreien, aliquem re j-n von etw,

plebem aere alieno das Volk von den Schulden
5 *Schulden od Verpflichtungen* bezahlen, abtragen; **stipendium praeteritum ~** den rückständigen Sold zahlen
6 aufheben, **certamen** Streit
7 leisten, erfüllen; **promissum** ein Versprechen einlösen; **gratiam ~** Dank abstatten; **beneficia ~** Wohltaten vergelten; **poenas ~** büßen

ex-somnis ⟨exsomne⟩ ADJ ||somnus|| (*nachkl.*) *poet* schlaflos, wach

ex-sorbēre ⟨sorbeō, sorbuī/sorpsī, - 2.⟩
1 ausschlürfen, einsaugen; **vestis sanguinem exsorbuit** das Kleid saugte das Blut auf
2 *fig* verschlucken, auskosten; **multorum difficultatem ~** *Cic.* den Eigensinn vieler verwinden
3 *Iuv.* aussaugen, entkräften

ex-sors ⟨exsortis⟩ ADJ (*nachkl.*)
1 *poet* ohne Los = ohne Anteil an *etw*, von *etw* ausgeschlossen, *alicuius rei*; **~ secandi** unfähig zu schneiden
2 *poet* auserlesen, außergewöhnlich; **honores exsortes** außergewöhnliche Ehren

ex-spargere ⟨spargō, sparsī, sparsum 3.⟩ = **exspergere**

ex-spatiārī ⟨or, ātus sum 1.⟩ (*nachkl.*)
1 *poet* von der Bahn abkommen, sich ausbreiten; **exspatiata flumina** über die Ufer getretene Flüsse
2 *fig* vom Thema abschweifen

ex-spectāre ⟨ō, āvī, ātum 1.⟩
A VT
1 j-n/*etw* erwarten, auf j-n/*etw* warten, *aliquem/aliquid*; **auxilia Germanorum ~** auf die Hilfstruppen der Germanen warten; **legatos ~** die Gesandten erwarten; **ventum secundum ~** auf günstigen Wind warten; **cenantes comites ~** abwarten, bis die Gefährten mit dem Essen fertig sind
2 (*nachkl.*) *poet* voraussehen, verlangen; **oleae falcem rastrosque exspectant** die Ölbäume verlangen nach Messer und Hacken
3 erhoffen, wünschen, **alicuius auxilium** j-s Hilfe
4 (*nachkl.*) bevorstehen, *aliquem* j-m; **aliquem exspectat fatum** j-m steht der Tod bevor
5 (*mlat.*) wollen
B VI warten, harren, meist mit *dum/quoad/donec* bis, *si* ob, *ut*, nach verneintem Verb *quin* dass, +*indir Fragesatz*; **paucos dies ~** wenige Tage warten; **rusticus exspectat, dum defluat amnis** *Ov.* der Bauer wartet, bis der Fluss abfließt; **Carthagine ~** sich in Karthago aufhalten

exspectātiō ⟨exspectātiōnis⟩ F ||exspectare|| Erwartung, Spannung, Neugierd; *pej* Angst; **~ visendi Alcibiadis** Angst den Alkibiades zu sehen; **~ de sermone** Angst vor dem Gespräch; **in exspectatione alicuius rei esse** auf etw gespannt sein; **exspectationem sui facere** Neugierde auf sich erregen; **praeter/contra omnium exspectationem** gegen die Erwartung aller; **in exspectationem esse** erwartet werden, in Aussicht sehen

exspectātus ⟨a, um⟩ ADJ ||exspectare|| erwartet, erwünscht

ex-spergere ⟨spergō, spersī, spersum 3.⟩ ||spargere|| *poet* über und über bespritzen; versprühen

ex-spēs indekl ADJ (*unkl.*) ohne Hoffnung, hoffnungslos, *alicuius rei* auf etw; **vitae ~** ohne Hoffnung auf das Leben

ex-spīrāre ⟨ō, āvī, ātum 1.⟩
A VT (*nachkl.*) *poet* aushauchen, ausspeien, **flammam** eine Flamme; **~ animam** den Geist aufgeben, sterben
B VI
1 (*nachkl.*) *poet* sterben; in Vergessenheit geraten
2 (*nachkl.*) *poet* (keuchend) herausfahren; **vis ventorum exspirat** die Wucht der Winde bricht los

exspīrātiō ⟨exspīrātiōnis⟩ F ||exspirare|| Ausdünstung, **terrae** der Erde

ex-splendēscere ⟨splendēscō, splenduī, - 3.⟩ hervorleuchten; *fig* sich glänzend hervortun

ex-spoliāre ⟨ō, āvī, ātum 1.⟩ ausplündern, gänzlich berauben, *aliquem re* j-n einer Sache

ex-sprētus ⟨a, um⟩ ADJ = **expretus**

ex-spuere ⟨spuō, spuī, spūtum 3.⟩ ausspeien; *fig* von sich geben; **miseriam ex animo ~** den Jammer aus dem Herzen verbannen

ex-stāre ⟨ō, -, - 1.⟩
1 von Personen u. Sachen herausstehen, hervorragen, *ex re/de re/re* aus *etw*; **milites exstant ex aqua** die Soldaten ragen aus dem Wasser heraus; **cervi summis vix cornibus ex nive exstant** die Hirsche ragen mit den Spitzen ihres Geweihes kaum aus dem Schnee heraus; **signa exstantia** erhaben gearbeitete Siegel
2 *fig* von Sachen, seltener von Personen sich deutlich zeigen, auffallen, vorhanden sein,; **exstat** es stellt sich klar heraus, +*AcI*/+*indir Fragesatz*
3 *fig* noch vorhanden sein, noch existieren; **domina exstat** die Herrin lebt noch
4 (*mlat.*) = **esse**

exstasis ⟨exstasis⟩ F = **ecstasis**

ex-sternāre ⟨ō, āvī, ātum 1.⟩ *poet* aus der Fassung bringen, heftig erschrecken, **equos** die Pferde; *passiv* scheu werden, aus der Fassung geraten

ex-stīllāre ⟨ō, āvī, ātum 1.⟩ (vkl., nachkl.) stark triefen; **~ lacrimis** in Tränen zerfließen

ex-stīllēscere ⟨ēscō, -, - 3.⟩ ||exstillare|| poet zu triefen beginnen, ausfließen

ex-stimulāre ⟨ō, āvī, ātum 1.⟩ (nachkl.) poet aufstacheln, aufwiegeln

exstimulātor ⟨exstimulātōris⟩ M ||exstimulare|| Tac. Aufwiegler, Rädelsführer

exstīnctiō ⟨exstīnctiōnis⟩ F ||exstinguere|| Auslöschen; fig Zerstörung

exstīnctor ⟨exstīnctōris⟩ M ||exstinguere|| Vernichter, Zerstörer

ex-stinguere ⟨stinguō, stīnxī, stīnctum 3.⟩
1 auslöschen, löschen, **incendium aquā** den Brand mit Wasser; **sitim ~** den Durst löschen; passiv erlöschen
2 (nachkl.) austrocknen, aufsaugen
3 (vkl., nachkl.) umbringen, töten, **multos ferro** viele mit dem Schwert; passiv umkommen, zugrunde gehen; **exstinctus** tot
4 vernichten, unterdrücken, **invidiam** die Missgunst; passiv zugrunde gehen, untergehen
5 in Vergessenheit bringen, **crimina sua ~** seine Verbrechen; passiv in Vergessenheit geraten, verstummen

ex-stirpāre ⟨ō, āvī, ātum 1.⟩ ||stirps|| (nachkl.) poet ausrotten; **arbores ~** Bäume entwurzeln; **humanitatem ex animo ~** fig alle Menschlichkeit aus dem Geist austilgen

ex-stitī → exsistere

exstrūctiō ⟨exstrūctiōnis⟩ F ||exstruere|| Errichtung; Bau

ex-struere ⟨struō, strūxī, strūctum 3.⟩
1 aufhäufen, auftürmen, **acervum librorum** einen Haufen von Büchern, **rogum** einen Scheiterhaufen; **~ divitias** fig Reichtümer anhäufen
2 beladen, **mensam epulis** den Tisch mit Speisen; **mensa exstructa** reich gedeckte Tafel; **focum lignis ~** Holz auf dem Herd aufschichten
3 einen Bau errichten, aufbauen, auch fig; **villa turribus exstructa** mit Türmen überbautes Landhaus; **mare ~** im Meer Bauten errichten

exsuctus ⟨a, um⟩ ADJ ||exsugere|| ausgemergelt

exsūcus ⟨a, um⟩ ADJ (nachkl.) saftlos

ex-sūdāre ⟨ō, āvī, ātum 1.⟩
A VI (nachkl.) poet abfließen
B VT (nachkl.) poet ausschwitzen; im Schweiß des Angesichts durchführen, **certamen** einen Wettkampf

ex-sūgere ⟨sūgō, sūxī, sūctum 3.⟩ (unkl.) aussaugen

exsul ⟨exsulis⟩ = exul

exsulāre ⟨ō, āvī, ātum 1.⟩ = exulare

exsultābundus ⟨a, um⟩ ADJ ||exsultare|| (nachkl.) jubelnd, jauchzend

exsultāns ⟨exsultantis, adv exsultanter⟩ ADJ ||exsultare|| (nachkl.)
1 hüpfend von Wortern, die aus kurzen Silben bestehen
2 ausgelassen, maßlos

ex-sultāre ⟨ō, āvī, ātum 1.⟩ ||saltare||
1 hoch aufspringen; **equus ferocitate exsultat** das Pferd bäumt sich vor Ungestüm
2 poet von Gewässern aufbrausen, emporstrudeln
3 Quint. hüpfen
4 sich ausgelassen tummeln; fig sich seinem Schwung überlassen
5 jubeln, jauchzen, absolut od re infolge einer Sache, vor etw, wegen etw, in re/re über etw, bei etw, **victoriā** über den Sieg, **gaudio** vor Freude, **alterius ruinis** über den Untergang des anderen
6 pej leidenschaftlich sein, prahlen, von Gefühlen u. Personen

exsultātiō ⟨exsultātiōnis⟩ F ||exsultare|| Fröhlichkeit, Jubel; (nachkl.) übermütiges Betragen

exsultim ADV ||exsultare|| Hor. in ausgelassenen Sprüngen

ex-sultus ⟨a, um⟩ PPP → exsilire

exsuperābilis ⟨exsuperābile⟩ ADJ ||exsuperare|| poet überwindbar; **non ~** unbezwingbar

exsuperantia ⟨ae⟩ F ||exsuperare|| Hervorragen; fig Vorzüglichkeit

ex-superāre ⟨ō, āvī, ātum 1.⟩ (nachkl.)
A VI
1 sich hoch erheben, emporsteigen; **violentia alicuius exsuperat** j-s Gewalttätigkeit flammt auf
2 fig hervorragen, absolut od re durch etw, **virtute** durch Tüchtigkeit
3 im Kampf die Oberhand behalten
B VT
1 überragen
2 überschreiten, übersteigen
3 fig übersteigen, übertreffen; **summum lovem ~** Jupiters Macht übersteigen; **Tarquinios superbiā ~** die Tarquinier an Hochmut übertreffen
4 fig überwinden, bewältigen
5 zeitl. überleben, überdauern

ex-surdāre ⟨ō, -, ātum 1.⟩ ||surdus|| (nachkl.) poet taub machen; fig betäuben

ex-surgere ⟨surgō, surrēxī, surrēctum 3.⟩
1 aufstehen; aufsteigen; **in collem ~** den Hügel hinaufrücken
2 (nachkl.) fig feindlich sich erheben, sich empören, contra aliquid/adversus aliquid gegen etw; **plebs exsurgit** das Volk erhebt sich
3 fig sich erholen, wieder zu Kräften kommen

ex-suscitāre ⟨ō, āvī, ātum 1.⟩
1. *einen Schlafenden* wecken, aufwecken
2. *poet* anfachen, **flammas** Flammen
3. *geistig* erregen; **se ~** sich aufraffen

exsuscitātiō ⟨exsuscitātiōnis⟩ F ||exsuscitare|| Ermutigung, Ermunterung

exta ⟨ōrum⟩ N ||exsecare||
1. die (edleren) Eingeweide *der Opfertiere, aus denen geweissagt wurde: Herz, Lunge, Leber;* **exta deo dare** die Eingeweide dem Gott opfern; **~ laeta** Glück verkündende Eingeweide
2. *Com. meton* Opfermahl

ex-tābēscere ⟨tābēscō, tābuī, - 3.⟩
1. (*nachkl.*) *poet* sich gänzlich abzehren
2. *fig* nach und nach verschwinden, sich verlieren; **opiniones vetustate extabescunt** die Meinungen schwinden mit dem Alter

extāre ⟨ō, -, - 1.⟩ = **exstare**

extāris ⟨extāre⟩ ADJ ||exta|| *Plaut.* zum Kochen der Eingeweide dienlich

ex-templō ADV ||ex, templum|| sofort, augenblicklich

extemporālis ⟨extemporāle⟩ ADJ ||ex, tempus|| (*nachkl.*) *poet* aus dem Stegreif, unvorbereitet; **rhetor ~** Stegreifredner

extemporālitās ⟨extemporālitātis⟩ F ||extemporalis|| *Suet.* Fähigkeit zur Stegreifrede, Fähigkeit zur Stegreifdichtung

extempulō ADV *Plaut.* = **extemplo**

ex-tendere ⟨tendō, tendī, tentum/tēnsum 3.⟩
1. ausdehnen, ausstrecken; *passiv* sich ausstrecken, lang hingestreckt daliegen; **pennas ~** die Flügel ausspannen
2. *poet* ausbreiten, verbreiten; **nomen in ultimas oras ~** den Namen verbreiten bis an die äußersten Grenzen; *passiv* sich ausbreiten; **ignis per latos campos extenditur** das Feuer verbreitet sich über die weiten Felder
3. sich erstrecken lassen, verlängern; **fenus in usuras ~** ausgeliehenes Kapital durch Zinsen vergrößern
4. *zeitl.* hinziehen, verlängern; **ab hora tertia ad noctem pugnam ~** die Schlacht von der dritten Stunde bis in die Nacht hinziehen; **curas in annum venientem ~** seine Sorgen sich in das folgende Jahr hinziehen lassen
5. (*nachkl.*) *poet* erweitern, vergrößern, *auch fig*; **agrum ~** das Feld vergrößern; **cupiditas gloriae extenditur** der Ehrgeiz wächst
6. anspannen, anstrengen; **se magnis itineribus ~** in Gewaltmärschen vorrücken; **itinera extenta** weite Märsche

extentāre[1] ⟨ō, āvī, ātum 1.⟩ ||extendere|| (*Lucr., spätl.*) ausdehnen, ausstrecken

extentāre[2] ⟨ō, āvī, ātum 1.⟩ *Plaut.* versuchen, erproben

extenterāre ⟨ō, āvī, ātum 1.⟩ = **exenterare**

extentus[1] ⟨a, um, *adv* extentē⟩ ADJ ||extendere|| ausgedehnt; *zeitl.* fern

ex-tentus[2] ⟨a, um⟩ PPP → **extendere**

ex-tenuāre ⟨ō, āvī, ātum 1.⟩
1. dünn machen, kleiner machen; **cibum dentibus ~** die Nahrung mit den Zähnen zerkleinern; *passiv* dünn werden, sich verdünnen, zerfließen; **extenuari in aquas** zu Wasser zerfließen
2. (*nachkl.*) MIL auseinander ziehen
3. *fig* verkleinern,; *fig in der Darstellung* schmälern; **sumptūs ~** die Aufwendungen einschränken; **bellicas laudes ~** den Kriegsruhm schmälern; **censum ~** das Vermögen zu niedrig angeben

extenuātiō ⟨extenuātiōnis⟩ F ||extenuare||
1. (*nachkl.*) Verdünnung, **aeris** der Luft
2. RHET Verkleinerung

extenuātus ⟨a, um⟩ ADJ ||extenuare|| gering, schwach

exter ⟨extera, exterum⟩ ADJ, **exterus** ⟨a, um⟩ ADJ, *komp* **exterior, ius**, *sup* **extrēmus** *u.* **extimus, a, um**
1. ausländisch, auswärtig; **nationes/gentes exterae** ausländische Völker
2. *komp* weiter draußen liegend, auf der Außenseite (befindlich); **exteriorem ire alicui** zu j-s Linken gehen
3. *sup örtl.* der äußerste, der entfernteste; *zeitl.* der letzte; *graduell* der äußerste; **extrema manus non accessit operi** die letzte Hand fehlt dem Werk; **extremi digiti** Fingerspitzen; **extremum periculum** größte Gefahr, höchste Gefahr; **auxilium extremum** letztes Mittel; **extrema spes** letzte Hoffnung, geringste Hoffnung; **perventum est ad extrema** es kam zum Äußersten; **ad extremum** für den äußersten Fall; **res publica in extremo sita est** der Staat befindet sich in höchster Gefahr

ex-terebrāre ⟨ō, (āvī), ātum 1.⟩
1. herausbohren
2. *Plaut.* erzwingen, **ut**

ex-terere ⟨terō, trīvī, trītum 3.⟩ (*unkl.*)
1. herausreiben; **ignis extritus** entfachtes Feuer
2. zerreiben; *fig* zertreten, zermalmen, zerquetschen

ex-tergēre ⟨tergeō, tersī, tersum 2.⟩
1. (*vkl., nachkl.*) auswischen, abwischen
2. *fig* ausfegen, ausplündern

exterī ⟨ōrum⟩ M ||exterus|| die Fremden, Ausländer

exterior ⟨exterius⟩ ADJ *komp* → **exter**

ex-termināre ⟨ō, āvī, ātum 1.⟩
1. vertreiben; verbannen, **aliquem ab aliquo** j-n

von j-m, *aliquem ex re|de re|re* j-n aus etw, j-n von etw

2 *fig* entfernen, abweisen; **auctoritatem ~** das Ansehen beseitigen

externa ⟨ōrum⟩ N̄ ||externus||

1 die äußeren Erscheinungen

2 die auswärtigen Dinge, Auslan

externus

A ⟨a, um⟩ ADJ ||exter||

1 *aus der Sicht des Einzelnen* äußerer, äußerlich; **res externa** die Dinge, die die Außenwelt gewährt

2 *aus der Sicht der Gemeinschaft* ausländisch, auswärtig, fremd, fremdartig; **bellum externum** Krieg im Ausland; **victoria externa** Sieg über ausländische Feinde; **amor ~** Liebe zu einer Ausländerin, Liebe zu einem Ausländer

B ⟨ī⟩ M̄ Fremder, Ausländer

▷ *deutsch:* **extern**

ex-terrēre ⟨eō, uī, itum 2.⟩

1 aufschrecken, aufscheuchen

2 *j-n* erschrecken, einschüchtern, *re* durch etw; **~ ad aliquid** durch Einschüchterung zu etw bringen

exterritus ⟨a, um⟩ PPP erschreckt, bestürzt

extersus ⟨extersūs⟩ M̄ ||extergere|| *Plaut.* Auswischen

exterus ⟨a, um⟩ ADJ = **exter**

ex-texere ⟨ō, -, - 3.⟩ *Plaut.* ein *Gewebe* auftrennen; *hum j-m* Geld abnehmen, *aliquem*

exti... *auch* = **exsti...**

ex-timēscere ⟨timēscō, timuī, - 3.⟩ ||timere|| Angst bekommen, sich sehr fürchten; **equi sibilis extimescunt** die Pferde werden scheu durch das Pfeifen; **tyrannum ~** sich vor dem Tyrannen fürchten

extimus ⟨a, um⟩ ADJ sup → **exter**

exti-spex ⟨extispicis⟩ M̄ ||exta, specere|| Eingeweideschauer, Zeichendeuter; = **haruspex**

extispicium ⟨ī⟩ N̄ ||extispex|| (*nachkl.*) Eingeweideschau, Opferschau; = **haruspicina**

ex-tollere ⟨extollō, extulī ⟨*selten* exsustulī⟩, - 3.⟩

1 (*unkl.*) herausnehmen, heraussetzen; **pedem domo ~** den Fuß vor das Haus setzen

2 emporheben, aufheben, **caput** den Kopf, **alte pugiōnem ~** den Dolch hoch erheben

3 *fig mit Worten* preisen, rühmen; **aliquem in caelum ~** j-n in den Himmel heben

4 aufrichten; *pej* überheblich machen, *aliquem/animum alicuius* j-n; **se magis ~** nach Höherem streben

5 *Tac.* verschönern, **hortos magnificentiā** die Gärten durch Pracht

6 *Plaut.* verschieben, **res serias in alium diem** die ernsten Dinge auf einen anderen Tag

ex-torquēre ⟨torqueō, torsī, tortum 2.⟩

1 herausdrehen, entwinden, *aliquid alicui* etw j-m, **gladium e/de manibus alicuius** das Schwert aus j-s Händen

2 *ein Glied* ausrenken; *Ter., Liv.* foltern

3 *fig* entwinden, entreißen, wegnehmen, *alicui aliquid* j-m etw; **victoriam hosti ~** dem Feind den Sieg entreißen; **frumentum ~ ab aliquo** j-m Getreide wegnehmen; **~ decem talenta** zehn Talente erpressen; **alicui errorem ~** j-m einen Irrtum nehmen

extorris ⟨extorre⟩ ADJ landesflüchtig, verbannt, *absolut od +abl;* **patriā ~** aus der Heimat verbannt

extortor ⟨extortōris⟩ M̄ ||extorquere|| *Ter.* Erpresser

extrā

A ADV ||exter||

1 außen, außerhalb; **in corpore et ~** im Körper und außerhalb; **~ excedere** hinausragen; **quae ~ sunt** Außenwelt

2 **~ quam** außer; **~ quam si** außer wenn; **~ quam qui eorum** ausgenommen die von ihnen, die

3 außerdem, überdies

B PRÄP +akk

1 außerhalb, vor; **~ portam** vor der Tür; **~ provinciam** außerhalb der Provinz; **~ coniurationem** der Verschwörung fern

2 aus … hinaus, über … hinaus; **progredi ~ munitiones** aus den Festungsanlagen hinausgehen

3 außer = ausgenommen, mit Ausnahme von; **omnes ~ ducem** alle außer dem Feldherrn

4 über … hinaus, ohne *etw;* **~ iocum** ohne Scherz; **~ modum** über die Maßen; **~ ordinem** außer der Reihe, über das gewöhnliche Maß hinaus

extractum ⟨ī⟩ N̄ ||extrahere|| (*mlat.*) Auszug *des Wesentlichen*, Extrakt; **~ carnis** (*nlat.*) Fleischextrakt

ex-trahere ⟨trahō, trāxī, tractum 3.⟩

1 herausziehen, herausreißen, *aliquid ex re|re* etw aus etw; **telum e corpore ~** die Waffe aus dem Körper herausziehen; **errorem stirpitus ~** *fig* eine Irrlehre ganz ausrotten

2 (*nachkl.*) *poet* herausführen, hervorlocken; **aliquem rure in urbem ~** j-n vom Land in die Stadt locken; **scelera in lucem ~** *fig* Verbrechen ans Licht ziehen

3 *fig* befreien, retten, **urbem ex periculis** die Stadt aus den Gefahren

4 in die Länge ziehen, aufschieben; **bellum in tertium annum ~** den Krieg ins dritte Jahr ziehen

5 *Zeit* nutzlos verbringen; (*unkl.*) zubringen, **tri-**

duum disputationibus drei Tage mit Verhandlungen

6 *j-n* hinhalten

extrāneus

A ⟨a, um⟩ ADJ ||extra||

1 außen befindlich, von außen kommend

2 ausländisch, fremd

B ⟨ī⟩ M (nachkl.) Ausländer, Fremdling

extrā-ōrdināriī ⟨ōrum⟩ M ||extraordinarius|| Elitetruppe, *ausgewählte Formation, die im Lager neben der porta praetoria ihre Zelte hatte*

extrā-ōrdinārius

A ⟨a, um⟩ ADJ ||extra, ordo||

1 außerordentlich, außergewöhnlich; **pecuniae extraordinariae** Gelder, die nicht aus gewöhnlichen Einkünften stammen

2 MIL auserlesen

B ⟨ī⟩ M (nlat.) außerordentlicher Professor

extrēmī ⟨ōrum⟩ M ||extremus|| Nachhut

extrēmitās ⟨extrēmitātis⟩ F ||extremus||

1 Äußerstes, äußerer Umkreis; **~ mundi** der äußere Umkreis der Welt; **~ lacūs** Einfassung des Sees

2 äußerste Grenze

3 GEOM Fläche

4 RHET Extreme, äußerste Gegensätze

5 GRAM Endung

extrēmō, extrēmum[1] ADV ||extremus|| endlich, zuletzt; **ad extremum** bis zuletzt, schließlich

extrēmum[2] ⟨ī⟩ N ||extremus||

1 Ende, äußerster Punkt; **ab extremo ordiri** von hinten anfangen; **extremum habere** ein Ende haben; **in extremo erat** am Schluss des Briefes stand

2 PL *poet* Lebensende, Tod

extrēmus ⟨a, um⟩ ADJ sup → exter

ex-trīcāre ⟨ō, āvī, ātum 1.⟩ ||ex, tricae||

1 herauswickeln, herauswinden; *passiv* sich herauswickeln; **cerva plagis extricta** aus dem Netz befreite Hirschkuh

2 *fig* auftreiben, beschaffen

extrīn-secus ADV ||exter||

1 von außen; **bellum ~ imminens** von außen drohender Krieg

2 an der Außenseite, auf der Außenseite; **columna ~ inaurata** an der Außenseite vergoldete Säule

3 *Eutr.* außerdem

ex-trūdere ⟨trūdō, trūsī, trūsum 3.⟩

1 hinausstoßen, zurückdrängen; **aliquem domo ~** j-n aus dem Haus treiben; **mare aggere ~** das Meer durch einen Damm zurückdrängen

2 sich vom Hals schaffen, **merces** Waren

3 *Lucr.* verdrängen

ex-truere ⟨truō, trūxī, trūctum 3.⟩ = **exstruere**

ex-tūberāre ⟨ō, āvī, ātum 1.⟩ ||tuber[1]|| (nachkl.) emporwölben

extudī → **extundere**

extulī → **efferre** *u.* → **extollere**

extume-factus ⟨a, um⟩ ADJ ||extumeo, facere|| aufgeschwollen

ex-tumēre ⟨eō, -, - 2.⟩ *Plaut.* aufschwellen

extumus ⟨a, um⟩ ADJ sup = **extimus**; → **exter**

ex-tundere ⟨tundō, tudī, (tūsum), 3.⟩ (unkl.)

1 herausschlagen, *in Metall* treiben; **ancilia ~** Schilde treiben

2 mühsam zustande bringen; erringen; **alicui honorem ~** j-m Ehre erringen

3 herauspressen; *fig* abnötigen

4 vertreiben

5 zerschlagen; **calcibus frontem ~** mit den Hufen die Stirn einschlagen

ex-turbāre ⟨ō, āvī, ātum 1.⟩ gewaltsam hinausjagen, vertreiben, *aliquem ex re/re* j-n aus etw, **hostem** den Feind; **Octaviam ~** Octavia verstoßen; **spem pacis ~** *fig* die Hoffnung auf Frieden vereiteln; **mentem alicuius ~** j-n aus der Fassung bringen

ex-ūberāre ⟨ō, āvī, ātum 1.⟩

1 *von Gewässern* reichlich hervorströmen, sprudeln

2 reichlich vorhanden sein, wuchern

3 von *etw* überströmen, an *etw* Überfluss haben, *re*

ex-uere ⟨uō, uī, ūtum 3.⟩

1 ausziehen, herausziehen

2 ausziehen, ablegen

3 ablegen, aufgeben

4 ausziehen, entkleiden

5 berauben

1 ausziehen, herausziehen, *aliquem ex re/de re* j-n aus etw; **se ex laqueis ~** sich von den Fesseln losmachen; **hordea de palea ~** Gerste von der Spreu trennen; **hominem ex homine ~** alles menschliche Gefühl verleugnen; **mihi ex animo exui non potest** ich lasse mir den Glauben nicht nehmen, +AcI

2 ausziehen, ablegen, *aliquid re* etw von etw, **vestem** ein Kleid; **sibi vincula ~** sich die Fesseln abstreifen; **ensem umero ~** das Schwert von der Schulter nehmen

3 *fig etw* ablegen, aufgeben; **amicitiam ~** eine Freundschaft aufgeben; **promissa ~** Versprechen nicht halten; **fidem ~** die Treue brechen; **patriam ~** sich von der Heimat lossagen

4 ausziehen, entblößen; **lacertos ~** die Arme

entblößen

5 *fig* j-n berauben; j-n zwingen *etw* im Stich zu lassen, *aliquem re*; **hostem armis ~** den Feind zwingen die Waffen wegzuwerfen; **se iugo ~** sich des Jochs entledigen; **se monstris ~** die unnatürliche Gestalt ablegen, *passiv* sich entkleiden; **exui cornua** die Hörner verlieren

exuī → exuere

exul

A ⟨exulis⟩ ADJ

1 verbannt, heimatlos

2 *fig* von *etw* ausgeschlossen, ohne *etw, alicuius rei*.

B ⟨exulis⟩ M u. F Verbannter, Verbannte

exulāre ⟨ō, āvī, ātum 1.⟩ ||exul||

1 verbannt sein, im Ausland leben

2 *fig* ausgeschlossen sein; **domo exulo** ich darf nicht nach Hause; **res publica exulat** der Staat besteht nicht mehr

3 als Verbannter umherirren

4 (*mlat.*) eine Auslandsreise machen

ex-ulcerāre ⟨ō, āvī, ātum 1.⟩ ||ulcus||

1 (*nachkl.*) zum Eitern bringen

2 *fig* verschlimmern; verbittern

3 *fig* erbittern, aufbringen, *aliquem/alicuius animum* j-n, *re* durch *etw*

exulcerātiō ⟨exulcerātiōnis⟩ F ||exulcerare|| (*nachkl.*) Aufreißen (und Eitern) einer Wunde

exultābundus ⟨a, um⟩ ADJ = **exsultabundus**

exultāre ⟨ō, āvī, ātum 1.⟩ = **exsultare**

exultātiō ⟨exultātiōnis⟩ F = **exsultatio**

exultim ADV = **exsultim**

ex-ululāre ⟨ō, āvī, ātum 1.⟩ *poet* aufheulen

exululātus ⟨a, um⟩ ADJ ||exululare||

1 durch Heulen gefeiert; mit Heulen gerufen

2 aufheulend

ex-ūnctus ⟨a, um⟩ PPP → exunguere

ex-undāre ⟨ō, āvī, ātum 1.⟩ (*nachkl.*)

1 *poet* hinausfluten; **in litora ~** ans Ufer angeschwemmt werden

2 überströmen; *fig* reichlich vorhanden sein

exundātiō ⟨exundātiōnis⟩ F ||exundare|| (*nachkl.*) Überschwemmung

ex-ung(u)ere ⟨ung(u)ō, -, ūnctum 3.⟩, **ex-ung(u)ī** ⟨unguor, - 3.⟩ *Plaut.* durch Salben verschmieren, mit Salben sein Vermögen durchbringen

ex-ūrere ⟨ūrō, ussī, ustum 3.⟩

1 (*vkl.*) *poet* herausbrennen, tilgen; **scelus exuritur igni** der Frevel wird durch Feuer getilgt

2 völlig verbrennen, einäschern, **oppida** Städte; **aliquem vivum ~** j-n lebendig verbrennen

3 (*nachkl.*) *fig* austrocknen; *vom Durst* brennend quälen

4 erhitzen; *fig* zur Liebe entflammen

5 wegätzen, zerfressen; **venenum exurit ferrum** das Gift zerfrisst das Eisen

6 *von Sorgen* zermürben

ex-urgēre ⟨eō, -, - 2.⟩ *Plaut.* ausdrücken, auspressen

exustio ⟨exustiōnis⟩ F ||exurere|| Verbrennung, Brand

ex-ūtus ⟨a, um⟩ PPP → exuere

exuviae ⟨ārum⟩ F, **exuvium** ⟨ī⟩ N ||exuere||

1 abgezogene Haut, abgelegte Haut *der Tiere*; **exuviae serpentis** Schlangenhaut; **exuvias ponere** sich häuten

2 *vom Menschen* Kleidung, *auch* Haar

3 *dem Feind ausgezogene* Rüstung; Beute; **ornatus exuviis alicuius** mit j-s Waffenrüstung geschmückt; **exuviae nauticae** erbeutete Schiffsschnäbel

F *Abk*

1 = **filius** Sohn; *bes in Grabinschriften*

2 = **fecit** gemacht hat es +*Name*

3 = **fidelis** treu *als Beiname von Legionen*; **~ ~** = **Flavia fidelis** die treue flavische Legion

4 = **felix** glücklich *als Beiname von Legionen*

5 F. C. = **faciundum curavit** machen ließ es +*Name*

Fab. *Abk* = **Fabiā (tribu)** aus der fabischen Tribus

faba ⟨ae⟩ F Bohne; *Mart. meton* Bohnenbrei

fabālis ⟨fabāle⟩ ADJ ||faba|| (*vkl.*) *poet* Bohnen...

Fabaris ⟨Fabaris, *akk* Fabarim, *abl* Fabarī⟩ M *Verg.* Nebenfluss des Tiber, heute Farfa

fābella ⟨ae⟩ F ||fabula||

1 kleine Erzählung, Märchen

2 kleines Schauspiel

faber¹ ⟨fabrī⟩ M

1 Handwerker, Künstler, *meist durch Attribut näher bestimmt*; **~ tignarius** Zimmermann; **~ ferrarius** Schmied; **~ aerarius** Kupferschmied; **~ marmoris** Steinmetz, Bildhauer; **~ eboris** Elfenbeinschnitzer; **suae quisque fortunae ~ est** jeder ist seines Glückes Schmied

2 PL die Bauhandwerker; MIL Pioniere; **praefectus fabrum** Werkmeister, Feldzeugmeister

3 *Ov.* Sonnenfisch

⚠ **Faber est suae quisque fortunae.** Jeder ist seines Glückes Schmied. *Appius Claudius bei Sallust*

faber² ⟨bra, brum, *adv* fabrē⟩ ADJ ||faber¹||

kunstfertig, geschickt
- ❗ **Homo faber** Der Mensch als Handwerker = *Der Mensch kann seine Umwelt aktiv verändern. Anthropologische Kennzeichnung der menschlichen Gattung.*

Fabiānī ⟨ōrum⟩ M̄ Soldaten des Fabius
Fabiānus ⟨a, um⟩ ADJ des Fabius, fabisch
Fabius ⟨a, um⟩ *Name einer uralten patriz. gens, 477 v. Chr. im Kampf gegen Veii bis auf einen Knaben am Cremera vernichtet*
1. **Q. ~ Maximus Cunctator** *Gegner Hannibals, gest. 203 v. Chr.*
2. **Q. ~ Maximus Pictor** *geb. um 250 v. Chr., Verfasser des ersten röm. Geschichtswerkes in griech. Sprache*
3. **Q. ~ Maximus Allobrogicus** *Konsul 121 v. Chr., Besieger der Allobroger*

fabrē ADV → faber²
fabrē-facere ⟨faciō, fēcī, factum 3., *passiv* fabrē-fīō, factus sum, fierī⟩ kunstvoll verfertigen, geschickt bearbeiten
fabrica ⟨ae⟩ F̄ ||faber||
1. Werkstätte *eines faber, bes* Schmiede
2. Kunst, Handwerk *eines faber*
3. *meton* Ausübung eines Handwerks, Ausübung einer Kunst
4. *(nachkl.)* Kunstfertigkeit, Geschicklichkeit
5. kunstvolle Verarbeitung, Bearbeitung
6. *Com. fig* Kunstgriff, List
7. *(mlat.)* Bauhütte

fabricāre ⟨ō, āvī, ātum 1.⟩, **fabricārī** ⟨or, ātus sum 1.⟩ ||fabrica||
1. anfertigen, herstellen, *bes* schmieden, zimmern, bauen; **fabricatus** *auch passiv* hergestellt, geschmiedet, gezimmert
2. *fig* bilden, bereiten; **verba ~** neue Wörter bilden
3. *Sen. fig pej* Böses ersinnen

fabricātiō ⟨fabricātiōnis⟩ F̄ ||fabricari||
1. *(nachkl.)* Bauen
2. kunstvoller Bau, **hominis** des menschlichen Körpers
3. Kunstgriff, künstliche Veränderung, kunstvolle Gestaltung

fabricātor ⟨fabricātōris⟩ M̄ ||fabricari||
1. Bildner; Werkmeister
2. *fig* Urheber; Ursache

Fabriciānus ⟨a, um⟩ ADJ des Fabricius
Fabricius ⟨a, um⟩ *Name einer röm. gens*
1. **Q. ~ Luscīnus** *Sieger über Pyrrhus, Inbild altröm. Redlichkeit u. Unbestechlichkeit*
2. **pons ~** *Brücke über den Tiber, urspr. aus Holz, seit 62 v. Chr. aus Stein*

fabrīlia ⟨fabrīlium⟩ N̄ ||fabrilis|| Schmiedearbeiten, Bildwerke
fabrīlis ⟨fabrīle⟩ ADJ ||faber¹|| des Künstlers, des Handwerkers, Künstler…, Schmiede…; **opera fabrilia** Schmiedearbeiten; **follis ~** Blasebalg

fabula¹ ⟨ae⟩ F̄ ||faba|| *Plaut.* kleine Bohne
fābula² ⟨ae⟩ F̄
1. Gerede der Leute, Tagesgespräch; **fabulam esse** Tagesgespräch sein; **fabulam fieri** Tagesgespräch werden
2. *meton* Gegenstand des Geredes, Stoff zu Gerede; **lupus in fabulā** wenn man vom Wolf spricht (kommt er)
3. Unterhaltung; **tempus fabulis conterere** die Zeit mit Unterhaltung vertreiben
4. *meton* erdichtete Erzählung, Geschichte; **~ nutricularum** *Quint.* Ammenmärchen
5. äsopische Fabel
6. Märchen, Mythos, Sage, *pl* Mythologie; **fabulae ferunt/fabulae produnt/in fabulis est** die Sage berichtet; **fabulae Manes** das nichtige Reich der Schatten
7. Gegenstand der Dichtung, Stoff
8. *meton* Schauspiel, Theaterstück; **fabulam agere** ein Stück aufführen; **fabulam dare** ein Stück zur Aufführung bringen; **fabulam edere** ein Stück aufführen lassen
9. Heldengedicht, Epos
10. *umgangssprachlich* dummes Geschwätz; Komödie; **quae haec est ~?** *Com.* was ist hier los?; **fabulae!** dummes Zeug!
11. **~ docet** *(mlat.)* die Geschichte lehrt, die Moral von der Geschichte ist

▶ deutsch: **Fabel**
  englisch: **fable**
  französisch: **fable**
  spanisch: **fábula**
  italienisch: **favola**

fābulāre ⟨ō, -, - 1.⟩ *Plaut.*, **fābulārī** ⟨or, ātus sum 1.⟩ ||fabula²|| *(nachkl.)* plaudern,; *pej* schwätzen, *cum aliquo* mit j-m, *inter se* untereinander, *de re* über etw

fābulāris ⟨fābulāre⟩ ADJ ||fabula²|| *(nachkl.)* sagenhaft, Sagen…; **historia ~** Heroengeschichte

fābulātor ⟨fābulātōris⟩ M̄ ||fabulari|| *(nachkl.)* Erzähler, Fabeldichter

fābulōsus ⟨a, um, *adv* fābulōsē⟩ ADJ ||fabula²|| *(nachkl.)*
1. sagenreich, durch Sagen berühmt; **Charybdis fabulosa** die durch Sagen berühmte Charybdis
2. die Sagen liebend
3. *fig* wunderbar, unglaublich; **fabulosa et immania** *Plin.* unerhörte Entsetzlichkeiten

---

facere ⟨faciō, fēcī, factum 3.⟩

A transitives Verb

FACE

1 tun, machen
2 anfangen
3 erzeugen
4 verfassen
5 prägen
6 bearbeiten
7 auf die Beine bringen
8 auftreiben
9 zurücklegen
10 zubringen, vollenden
11 ausführen
12 veranstalten, feiern
13 sagen, reden
14 erheben
15 liefern
16 betreiben
17 (er)leiden
18 verursachen
19 gewähren

B Wendungen
1 ernennen
2 tun lassen, sagen lassen
3 zu Eigentum machen
4 schätzen, achten
5 bewirken
6 mach, dass
7 es ist mir unmöglich
8 den Fall setzen, annehmen
9 sich irgendwohin auf den Weg machen

C intransitives Verb
1 tun, handeln
2 Feldarbeit verrichten
3 = caco
4 = futuo
5 verfahren, sich benehmen
6 es halten
7 opfern
8 dienen, nützen

— **A** transitives Verb —

V/T

1 tun, machen, *absolut od +pron akk/+adv*; **hoc perfacile est factu** das ist leicht zu machen; **quid faciam?** was soll ich tun?; **nihil feci, quod me paeniteat** ich habe nichts getan, was ich bereuen müsste; **multa iocose ~** vieles im Scherz tun; **si quid es facturus** wenn du etw gegen mich ausrichten willst
2 *etw* mit *j-m/einer Sache* anfangen, *alicui/alicui rei*; **quid facies huic homini?** was wirst du mit diesem Menschen anfangen?; **nescit, quid faciat auro/de praeda** er weiß nicht, was er mit dem Gold/mit der Beute anfangen soll
3 machen, erzeugen; **scuta ex cortice ~** Schilde aus Rinde anfertigen; **aes alienum ~** Schulden machen; **anulum regi ~** dem König einen Ring anfertigen; **sibi viam ~** sich einen Weg bahnen; **olivetum ~** einen Olivenhain anlegen; **pontem in flumine ~** eine Brücke über den Fluss schlagen; **castra ~** ein Lager aufschlagen
4 *Schriften* verfassen, schreiben; **litteras ad aliquem ~** einen Brief an j-n schreiben; **versūs ~** Verse dichten
5 *Geld* prägen
6 *Stoffe* bearbeiten, verarbeiten, **ebur** Elfenbein
7 *Soldaten* auf die Beine bringen
8 *Geld* auftreiben; erwerben; **rem ~** ein Vermögen verdienen; **stipendium ~** Sold verdienen = Kriegsdienst tun
9 (*nachkl.*) eine Strecke zurücklegen
10 (*nachkl.*) Zeit zubringen, vollenden
11 ausführen, zustande bringen; **exempla in aliquem ~** ein Exempel an j-m statuieren; **gratulationem ~** Glückwünsche abstatten; **deditionem ~** sich ergeben; **opus ~** Feldarbeit verrichten; **facinus ~** ein Verbrechen begehen; **imperata ~** Befehle ausführen; **promissa ~** Versprechen erfüllen; **vota ~** Gelübde ablegen; **sumptum ~** Aufwand machen; **iudicium ~** ein Urteil abgeben, Gericht halten; **iter ~** eine Reise unternehmen, marschieren, seinen Weg nehmen; **mentionem ~ de re/alicuius rei** etw erwähnen; **insidias alicui ~** j-m einen Hinterhalt bereiten; **vim ~ alicui** j-m Gewalt antun; **alicui iniuriam ~** j-m Unrecht zufügen
12 *Feste, Opfer* veranstalten, feiern
13 *Worte* sagen, reden; **verba ~** eine Rede halten
14 *Geschrei* erheben
15 *Schlachten* liefern
16 *Geschäfte od Berufe* betreiben, ausüben; **argentariam ~** ein Bankgeschäft betreiben
17 *Schaden, Schiffbruch* (er)leiden; **vitae finem ~** den Tod finden; **iacturam ~** über Bord werfen, aufopfern
18 *Zustände, Verhältnisse* verursachen, hervorrufen, *auch Gefühle; Freundschaft, Bündnisse* schließen; **finem rei ~** einer Sache ein Ende machen; **desiderium ~ alicui** j-m ein Verlangen einflößen; **admirationem ~** Bewunderung erregen; **fidem ~** Gewissheit verschaffen; **bellum ~** einen Krieg beginnen, *auch* Krieg führen; **fugam alicuius ~** j-n in die Flucht schlagen; **foedus ~** einen Vertrag schließen
19 gewähren, geben, *alicui aliquid* j-m etw; **delicti gratiam ~** Verzeihung für ein Vergehen gewähren; **transitum ~** den Durchzug gestatten; **orationi audientiam ~** der Rede Gehör verschaffen; **alicui negotia ~** j-m Schwierig-

keiten machen; **alicui copiam alicuius rei ~** j-m Gelegenheit zu etw geben

— B Wendungen —

Wendungen:

1 +*dopp. akk* zu etw machen, zu etw ernennen, zu etw wählen; **aliquem oratorem ~** j-n zu einem Redner machen, aus j-m einen Redner machen; **aliquem testem ~** j-n zum Zeugen nehmen; **aliquem certiorem ~ de re** j-n über etw benachrichtigen; **aliquem avem ~** j-n in einen Vogel verwandeln; **alicuius iniurias irritas ~** j-s Gewalttaten vereiteln; **aliquid reliquum ~** etw übrig lassen; **aliquid missum ~** etw aufgeben; **aliquid palam ~** etw offenbar machen; **se locupletum ~** sich als reich ausgeben

2 *in einer Schrift od bildlichen Darstellung* tun lassen, sagen lassen; **Homerus Polyphemum cum ariete colloquentem facit** Homer lässt Polyphem mit dem Widder sprechen

3 +*gen* zu j-s Eigentum machen; **tota Asia populi Romani facta est** ganz Asien wurde zum Eigentum des römischen Volkes gemacht; **aliquid suae dicionis/suae potestatis/sui arbitrii ~** etw in seine Gewalt bringen; **aliquem sui iuris ~** j-n sich untertan machen; **optionem Carthaginiensium ~** die Wahl den Karthagern überlassen; **terram suam ~** das Land zu seinem Eigentum machen

4 +*gen*/*pro re* schätzen, achten; **aliquid magni ~** etw sehr schätzen; **aliquid pro nihilo ~** etw nicht achten; **aliquid lucri ~** etw als Gewinn ansehen; **rem aequi bonique ~** mit etw zufrieden sein

5 +*ut*/+*Konjkt*/*ne*/+*AcI* bewirken, dafür sorgen, *dass*; **fecisti, ne cui iniuria inferretur** du hast dafür gesorgt, dass niemandem Unrecht getan wurde

6 fac (ut) mach, dass, *formelhaft zur Verstärkung des imp, verneint mit ne*; **fac (ut) venias** mach, dass du kommst; **fac sciam** lass mich ja wissen; **fac, ne quid omittas** unterlasse ja nichts

7 ~ non possum, ut es ist mir unmöglich, *etw zu tun*; **~ non possum, quin** ich muss unbedingt

8 +*AcI* den Fall setzen, annehmen, voraussetzen; *auch* sich stellen, als ob; **fac ita esse** gesetzt den Fall, es sei so; **faciamus deos non esse** nehmen wir an, es gebe keine Götter; **facio me alias res agere** ich stelle mich, als würde ich andere Dinge tun

9 (se) ~ aliquo (*nachkl.*) sich irgendwohin auf den Weg machen; **homo coepit ad stelas ~** der Mensch begann sich auf den Weg zu den Stelen zu machen

— C intransitives Verb —

VII

1 tun, handeln, tätig sein

2 *Ter.* Feldarbeit verrichten

3 = **cacare**

4 = **futuere**

5 irgendwie verfahren, sich benehmen; **benigne alicui ~** j-m wohl tun; **e re publica ~** im Sinne des Staates verfahren

6 es mit j-m halten, auf j-s Seite stehen, j-s Partei ergreifen, *cum aliquo*/*ab aliquo*; **hoc facit a me** dies spricht für mich; **~ contra/adversus aliquem** gegen j-n Partei ergreifen

7 opfern, *absolut od alicui* j-m, *re* mit etw

8 (*nachkl.*) *poet* dienen, nützen, MED gut anschlagen, *alicui* j-m, *alicui rei* zu etw, für etw, *ad aliquid* zu etw; **aqua mihi non facit** das Wasser tut mir nicht gut; **dura corona capiti meo non facit** der harte Kranz tut meinem Kopf nicht gut

▶ französisch: **faire**
  spanisch: **hacer**
  italienisch: **fare**

facessere ⟨facessō, facessī/facessīvī, facessītum 3.⟩ ||facere||

A VII (*vkl.*) *poet* ausführen; *pej* bereiten; **iussa ~** Befehle ausführen; **praecepta ~** Vorschriften befolgen; **alicui negotium ~** j-m Schwierigkeiten machen

B VII sich entfernen; (*nachkl.*) beiseite gesetzt werden; **ex urbe ~** sich aus der Stadt entfernen; **amicitia facessit** die Freundschaft wird vernachlässigt

facētia ⟨ae⟩ F̄ ||facetus||

1 Scherz, Witz

2 PL witzige Bemerkungen; beißender Witz

facētum ⟨ī⟩ N̄ ||facetus|| *Hor.* Anmut, Grazie

facētus ⟨a, um, *adv* facētē⟩ ADJ ||fax||

1 fein, anmutig *im Äußeren u. im Benehmen*

2 *poet* freundlich, artig

3 witzig, launig, geistreich; **aliquid facete dicere** etw geistreich sagen

faciēs ⟨faciēī⟩ F̄ ||facere||

1 *von Personen u. Sachen, konkr. u. abstr.* äußere Erscheinung, Form; **~ grata** angenehme Erscheinung

2 (*unkl.*) Art, Beschaffenheit; **in hederae faciem** nach Art des Efeus

3 (*nachkl.*) äußerer Schein ↔ *Wirklichkeit*; **publici consilii facie** unter dem Schein einer öffentlichen Sitzung

4 Gesicht, Antlitz; **~ homini tantum est, ceteris animantibus os** nur der Mensch hat ein Gesicht, die übrigen Lebewesen haben ein Maul; **aliquem nosse de facie** j-n vom Gesicht her kennen

5 *poet* schönes Gesicht

6 *poet* Schönheit, Anmut

7 ~ **Hippocratica** (*mlat.*) hippokratisches Gesicht, Gesichtsausdruck der Sterbenden *nach der Beschreibung im Corpus Hippocraticum*

▶ englisch: face
französisch: face
spanisch: faa
italienisch: faccia

facile ADV ||facilis||

1 leicht, mühelos; **aliquid ediscere** etw leicht lernen

2 sicher, unstreitig; **notus** wohlbekannt; **omnibus antecellere** mühelos alle übertreffen; **mille homines** gut und gern tausend Menschen; +*Negation* **non/haud** schwerlich, kaum

3 bereitwillig, gern; **credere alicui** j-m bereitwillig glauben

4 angenehm, behaglich; **vivere** angenehm leben

facilis ⟨facile⟩ ADJ, ADV → facile *u.* **faciliter**

1 *meist von Sachen* leicht *zu tun*, mühelos; **ascensus ~** müheloser Aufstieg; **humus ~** leicht zu bestellender Boden; **~ somnus** schnell kommender Schlaf; **facile ad credendum** leicht zu glauben; **facile dictu** leicht zu sagen; **~ corrumpi** leicht zu bestechen; **ei erat facillimum, ut procederet** für ihn war es sehr leicht vorzurücken; **in facili esse** leicht sein; **e facili** mit Leichtigkeit

2 *meist von Personen* gewandt, geschickt; **~ ad dicendum** gewandt im Reden; **~ in inventione** geschickt im Finden; **~ victū** den Lebensunterhalt leicht findend; **manus ~** geschickte Hand; **oculi faciles** muntere Augen; **cera ~** geschmeidiges Wachs

3 wumgänglich, freundlich, re|in re in etw; **~ ad aliquid/in aliquid/alicui rei** zu etw bereit; **~ sermone** freundlich im Gespräch; **~ ad concedendum** kompromissbereit; **dii faciles ad tua vota** die deinen Gelübden gnädigen Götter

4 (*mlat.*) leicht empfänglich, *ad aliquid* für etw

5 facile ut (*mlat.*) vielleicht, dass

facilitās ⟨facilitātis⟩ F ||facilis||

1 (*nachkl.*) Leichtigkeit *in der Durchführung*; Zugänglichkeit *eines Ortes*

2 (*nachkl.*) Gewandtheit, Fertigkeit; *meton* leicht Hingeschriebenes; **~ oris** Geläufigkeit in der Aussprache

3 Neigung, Anlage, *alicuius rei* zu etw

4 Freundlichkeit, Gutmütigkeit; *pej* Leichtsinn, *alicuius alicuius rei|in re* j-s in etw

faciliter ADV = **facile**

facinerōsus, facinorōsus

A ⟨a, um⟩ ADJ ||facinus|| *von Personen u. Sachen* verbrecherisch, ruchlos

B ⟨ī⟩ M Verbrecher

facinus ⟨facinoris⟩ N ||facere||

1 (auffallende) Tat, Handlung

2 Untat, Verbrechen; **facinus facere/committere** ein Verbrechen begehen

3 *Lucr. meton* verbrecherische Absicht, verbrecherische Gesinnung

4 *meton* Werkzeug des Verbrechens, *z. B.* Giftbecher

5 *meton* Verbrecher; **catervas omnium facinorum circum se habere** Haufen von verbrecherischem Gesindel um sich haben

6 *Com.* Prachtstück; Ding

factāre ⟨ō, -, - 1.⟩ ||facere|| *Plaut.* machen, verrichten

facteon *indekl* = **faciendum**; → facere

factiō ⟨factiōnis⟩ F ||facere||

1 Tun, Handeln

2 *meton* Recht *etw zu tun*; **~ testamenti** Recht ein Testament zu machen

3 POL Umtriebe, Parteiwesen

4 *meton* Partei; *pej* Rotte

5 (*nachkl.*) Verschwörung, Aufstand

6 Renngesellschaft *der Wagenrennen im Zirkus, von denen es vier nach Farben benannte gab, die albata, russata, veneta u. prasina*

factiōsus

A ⟨a, um⟩ ADJ ||factio||

1 *Plaut.* zum Handeln aufgelegt; **linguā ~** mit der Zunge schnell bereit, schlagfertig

2 parteiisch, herrschsüchtig

3 mit großem Anhang, einflussreich

B ⟨ī⟩ M Parteiführer; Parteigänger

factitāre ⟨ō, āvī, ātum 1.⟩ || facere|| gewöhnlich machen, gewerbsmäßig betreiben

factitātus ⟨a, um⟩ ADJ ||factitare|| gewöhnlich, üblich

factor ⟨factōris⟩ M ||facere|| (*vkl., nachkl.*)

1 Verfertiger; **~ pilae** *Plaut.* der den zugespielten Ball schlägt

2 (*mlat.*) Schöpfer, Gott

factum ⟨ī⟩ N ||facere||

1 vollendete Tat, Werk, +*adj od adv*; **dicta factaque** Worte und Taten; **~ meum** meine Tat; **~ pulcherrimum** sehr schöne Tat; **bene ~** gute Tat

2 Vorfall, Ereignis, Geschichte; **bonum ~** (*vkl., nachkl.*) zum allgemeinen Wohl!; Glück auf! *Eingangsformel von Edikten u. Dekreten*

3 de facto (*mlat.*) tatsächlich

▶ deutsch: Fakt
englisch: fact
französisch: fait
spanisch: hecho
italienisch: fatto

factus[1] ⟨a, um⟩ PPP → facere; PPERF → fieri

factus² ⟨a, um⟩ ADJ ||facere||
1. *Plaut.* geschehen; **factius nihilo facit** er macht es um nichts geschehener = es nützt ihm nichts
2. *von Personen* geschaffen, *ad aliquid/alicui rei* zu etw, für etw; **amori ~** für die Liebe geschaffen
3. gebildet; **homo ad unguem ~** *Hor.* vollkommen gebildeter Mensch
4. *von Sachen* kunstvoll gearbeitet; kunstgerecht; **argentum (fabre)factum** kunstvoll gearbeitetes Silber; **oratio facta** kunstgerechte Rede

facula ⟨ae⟩ F ||fax|| *(vkl.)* Kienspan, kleine Fackel

facultās ⟨facultātis⟩ F
1. Möglichkeit, Gelegenheit, *absolut od alicuius rei/auch ad aliquid* zu etw, *ut* dass; **~ rei bene gerendae** Möglichkeit etw gut auszuführen; **~ est, ut** es besteht die Möglichkeit, dass; **~ offertur** es bietet sich die Gelegenheit
2. Erlaubnis, **itineris faciendi** eine Reise zu machen
3. Kraft; Talent, *alicuius rei, selten in re* in etw, zu etw
4. Aufgabe; *von Sachen* Verwendbarkeit
5. (vorhandener) Vorrat, Fülle, *alicuius rei* von etw
6. PL die Hilfsmittel; Geldmittel
7. *(mlat.)* Fakultät, *einem Fach zugeordneter Teil einer Hochschule;* **~ docendi** Lehrbefähigung *an einer höheren Schule od Universität*

fācundia ⟨ae⟩ F ||facundus|| *(unkl.)*
1. Redegabe, Beredsamkeit
2. *konkr.* Redner

fācunditās ⟨fācunditātis⟩ F ||facundus|| *Plaut.* Zungenfertigkeit

fācundus ⟨a, um, *adv* fācunde⟩ ADJ ||fari|| *(unkl.)* redegewandt, beredt; zungenfertig; *von Sachen auch* geläufig

faeceus ⟨a, um⟩ ADJ ||faex|| *Plaut. fig* unflätig, unsauber

faec(u)la ⟨ae⟩ F ||faex|| *(nachkl.) poet* Weinsteinsalz *als Arznei od Würzmittel*

faelēs, faelis ⟨faelis⟩ F = feles

faen... = fen...

Faesulae ⟨arum⟩ F Stadt nö. von Florentia, heute Fiesole

Faesulānus ⟨a, um⟩ ADJ aus Faesulae

Faesulānus ⟨i⟩ M Einwohner von Faesulae

faex ⟨faecis⟩ F
1. *(nachkl.) poet* Bodensatz gegorener Flüssigkeiten; Hefe, *auch als Schminke verwendet*
2. *fig, pej* Abschaum
3. **dies sine faece** *Mart. fig* wolkenloser Tag
4. *Mart. fig* Boden einer Kassette
5. *(nachkl.) poet* Weinstein, Weinsteinsalz
6. Bodensatz *trockener Gegenstände*

fāgineus, fāginus ⟨a, um⟩ ADJ ||fagus|| buchen, aus Buchenholz

fāgus ⟨i⟩ F Buche; *meton* Buchenholz

faida ⟨ae⟩ F *(mlat.)* Fehde

fala ⟨ae⟩ F
1. *(vkl.)* Belagerungssturm
2. *Iuv.* Säule *aus Holz an der spina des Circus zur Aufnahme der ova*

falārica ⟨ae⟩ F ||fala|| *(unkl.)*
1. Wurfspeer *mit langer eiserner Spitze*
2. Brandpfeil

falcārius ⟨i⟩ M ||falx|| Sichelmacher, Sichelschmied; **inter falcarios** in der Sichelmacherstraße

falcātus ⟨a, um⟩ ADJ ||falx||
1. *(nachkl.)* mit Sicheln versehen, Sichel...; **currus ~** Sichelwagen
2. *meton* sichelförmig, gekrümmt

falci-fer ⟨falcifera, falciferum⟩ ADJ ||falx, ferre|| sicheltragend; **deus ~** sicheltragender Gott = Saturn; **currus ~** Sichelwagen

falcō ⟨falcōnis⟩ F *(spätl.)* Falke

falconarius ⟨i⟩ M *(mlat.)* Falkner

falerae ⟨ārum⟩ F = phalerae

Faleriī ⟨ōrum⟩ M Stadt der Falisker, im S. Etruriens, heute Civita Castellana

Falernum ⟨i⟩ N
1. *(erg. vinum)* Falernerwein
2. *(erg. praedium)* falernisches Landgut *des Pompeius*

Falernus ⟨a, um⟩ ADJ falernisch; **~ ager** Gebiet *im NW Kampaniens, berühmt durch seinen hervorragenden Wein*

Faliscum ⟨i⟩ N ||Faliscus|| Gebiet von Falerii

Faliscus
A ⟨a, um⟩ ADJ aus Falerii, von Falerii
B ⟨i⟩ M Einwohner von Falerii

fallācia ⟨ae⟩ F ||fallax|| Täuschung, Betrug; *pl* Verstellungskünste

fallāci-loquus ⟨a, um⟩ ADJ ||fallax, loqui|| betrügerisch redend

fallāx ⟨fallācis, *adv* fallāciter⟩ ADJ *von Personen u. Sachen* betrügerisch, täuschend

fallere ⟨fallō, fefellī, -3.⟩ *(falsus gewöhnlich ADJ, PPP durch deceptus ersetzt)*
1. zu Fall bringen, ausgleiten lassen
2. täuschen, betrügen
3. nicht leisten, nicht erfüllen
4. täuschend nachmachen, nachahmen
5. unwirksam machen, unkenntlich machen
6. entgehen, verborgen bleiben

1. *(nachkl.) poet* zu Fall bringen, ausgleiten las-

sen; **glacies fallit pedes** das Eis lässt die Füße ausgleiten

2 *fig* täuschen, betrügen; **fallendo nocere** durch Betrug Schaden zufügen; **murus fallit** die Mauer gewährt keinen Schutz; **spem alicuius ~** j-n in seiner Hoffnung täuschen; **me fallit** ich täusche mich im Tag; **me fallit** ich täusche mich, ich weiß nicht; *passiv* sich täuschen, sich irren; **nisi fallor** wenn ich mich nicht irre; **nisi me omnia fallunt/nisi totā re fallor** wenn mich nicht alles täuscht

3 nicht leisten, versagen; **promissum ~** ein Versprechen nicht erfüllen; **fidem ~** die Treue brechen

4 täuschend nachmachen, nachahmen

5 unwirksam machen, unkenntlich machen; **horas sermonibus ~** die Stunden durch Gespräche vertreiben

6 *j-s Aufmerksamkeit* entgehen, verborgen bleiben, *absolut od aliquem*; **aetas fallit** die Zeit vergeht unbemerkt; **Pan te fefellit vocans** Pan lockte dich heimlich; **hostis fallit incedens** der Feind kommt unbemerkt heran; **nequiquam fallis dea** vergeblich versuchst du deine Gottheit zu verbergen; **fallit me** es entgeht mir, es bleibt mir verborgen, *+AcI*

falsārius ⟨ī⟩ M̄ ||falsus|| (*vkl., nachkl.*) Fälscher, *bes eines Testaments*

falsi-dicus ⟨a, um⟩ ADJ ||falsus, dicere|| (*unkl.*) verlogen

falsi-ficus ⟨a, um⟩ ADJ ||falsus, facere|| *Plaut.* falsch handelnd

falsi-iūrius ⟨a, um⟩ ADJ ||falsus, iurare|| *Plaut.* falsch schwörend

falsi-locus, falsi-loquus ⟨a, um⟩ ADJ ||falsus, loqui|| (*vkl., nachkl.*) verlogen, *alicuius rei* in Bezug auf etw

falsimōnia ⟨ae⟩ F̄ ||falsus|| *Plaut.* Betrügerei

falsi-parēns ⟨falsiparentis⟩ ADJ *Catul.* einen erdichteten Vater habend; **~ Amphitryoniades** der fälschlich Sohn des Amphitryon Genannte

falsō ADV → falsus

falsum ⟨ī⟩ N̄ ||falsus||

1 Unwahrheit, Lüge; **falsum sentire** falsche Gedanken hegen

2 Fälschung, Betrug

falsus

A ⟨a, um⟩ ADJ, ADV ⟨falsō⟩ u. ⟨falsē⟩ ||fallere||

1 (*vkl., nachkl.*) sich irrend; **~ es** du irrst

2 nichtig, unbegründet; **falsa spes** unbegründete Hoffnung

3 falsch, gefälscht; **litterae falsae** gefälschte Briefe

4 *von Sachen* unecht, nachgemacht; **crines falsae** falsche Haare

5 *von Personen* untergeschoben; **testis ~** untergeschobener Zeuge

6 betrügerisch, verlogen; **testis ~** verlogener Zeuge; **imago falsa** Trugbild; **falsa avis** trügerisches Vorzeichen

7 *adv* fälschlich, irrtümlich; *als abgekürzter Satz* falsch!; **falso respondere** falsch antworten

B ⟨ī⟩ M̄ Lügner, Betrüger

▸ deutsch: **falsch**
  englisch: **false**
  französisch: **faux**
  spanisch: **falso**
  italienisch: **falso**

falx ⟨falcis⟩ F̄

1 Sichel, Sense

2 (*unkl.*) Winzermesser, Gartenmesser

3 *Gell., Lucr.* Sichel am Streitwagen

4 MIL Mauerhaken

fāma ⟨ae⟩ F̄ ||fari||

1 Gerücht, Sage; geschichtliche Überlieferung; **~ incerta** ungewisse Überlieferung; **~ victoriae/de victoria** die Kunde vom Sieg; **~ est** es geht das Gerücht, *+AcI*; **aliquid famā accipere** etw durch Hörensagen erfahren

2 öffentliche Meinung, Volksstimme

3 Ruf, Leumund; **bona ~** guter Ruf

4 Ruhm, Berühmtheit; **posteritas famaque** Ruhm bei der Nachwelt; **alicuius famam laedere** j-s guten Ruf schädigen; **famae parcere** sich den guten Ruf erhalten

5 schlechter Ruf; **~ atque invidia** gehässige Nachrede

Fāma ⟨ae⟩ F̄ Göttin des Gerüchts, Tochter der Terra

famēlicus

A ⟨a, um⟩ ADJ ||fames|| (*unkl.*) hungrig, verhungert

B ⟨ī⟩ M̄ Hungerleider

famēs ⟨famis⟩ F̄

1 Hunger; **fame interire** verhungern; **famem tolerare/perferre** den Hunger ertragen

2 Hungersnot

3 *fig* Dürftigkeit, Armut *im Ausdruck*

4 *poet* heftiges Verlangen, Gier, *alicuius rei* nach etw, **auri** nach Gold

▸ englisch: **famine**
  französisch: **faim/famine**
  spanisch: **hambre**
  italienisch: **fame**

Famēs ⟨Famis⟩ F̄ *Verg., Ov.* personifizierter Dämon des Hungers

fāmigerātiō ⟨fāmigerātiōnis⟩ F̄ ||fama, gerere|| *Plaut.* Geschwätz der Leute

fāmigerātor ⟨fāmigerātōris⟩ M̄ ||fama, gerere|| *Plaut.* Schwätzer

familia ⟨ae⟩ F̄

1 Hausgemeinschaft, *alle zu einem Hauswesen ge-*

hörenden u. der Gewalt des Hausherrn unterstehenden Mitglieder der Hausgemeinschaft, Herrschaft u. Diener zusammen; **pater familiās/familiae** Hausherr; **mater familiās/familiae** Hausfrau; **filius familiās/familiae** Sohn des Hauses, *der noch nicht volljährig ist*; **filia familiās/familiae** Tochter des Hauses, *die noch nicht volljährig ist*

2 Sklaven, leibeigene Dienerschaft

3 Hörige *eines Mächtigen od eines Tempels*

4 Familie = Zweig, Linie *einer gens*

5 (*nachkl.*) = **gens**

6 Truppe, Bande *bes der Gladiatoren*

7 *fig auf einen Stifter zurückgehende* Philosophenschule, Sekte; **tota Peripateticorum ~** die ganze Schule der Peripatetiker

8 Vermögen, Besitz; **familiam herciscere** das Familienerbe teilen

▶ deutsch: **Familie**
  englisch: **family**
  französisch: **famille**
  spanisch: **familia**
  italienisch: **famiglia**

familiāris

A ⟨familiāre⟩ ADJ, ADV ⟨familiāriter⟩ ||familia||

1 (*vkl., nachkl.*) zum Gesinde gehörig, Sklaven...

2 häuslich, Haus...; **copiae familiares** Vermögen

3 zur Familie gehörig, Familien...; **res familiares** Familienangelegenheiten, Privatvermögen; **pecuniae familiares** Privatvermögen

4 *fig von Personen* vertraut

5 *von Sachen* vertraut, freundlich; **familiariter uti aliquo** mit j-m freundschaftlichen Umgang haben; **~ esse** sich wie zu Hause fühlen; **aliquid alicui familiare est** *Plin.* etw ist bei j-m Brauch

6 Eingeweideschau einheimisch; **pars ~** der für den eigenen Staat geltende Teil der Leber; **fissum familiare** Einschnitt an dem auf den Staat bezüglichen Teil der Leberlappens

B ⟨familiāris⟩ M

1 Sklave, Diener

2 Vertrauter, Freund; **familiarissimus Caesaris** der beste Freund Caesars

familiāritās ⟨familiāritātis⟩ F ||familiaris|| vertrauter Umgang; (*nachkl.*) *meton* vertraute Freunde des Hauses

fāmōsa ⟨ae⟩ F ||famosus|| *poet* Dirne, Prostituierte

fāmōsus ⟨a, um, *adv* fāmōsē⟩ ADJ ||fama||

1 (*nachkl.*) *poet* berühmt, ruhmvoll

2 berüchtigt, verrufen

3 (*nachkl.*) *poet* ehrenrührig, verleumderisch; **libellus ~** Schmähschrift, Pamphlet

famul (*altl.*) = **famulus**

famula ⟨ae⟩ F ||famulus|| Dienerin, Sklavin; **virtus ~ fortunae est** *fig* die Tugend ist die Dienerin des Glücks

famulārī ⟨or, ātus sum 1.⟩ ||famulus|| dienen, *absolut od alicui/alicui rei* j-m/einer Sache

famulāris ⟨famulāre⟩ ADJ ||famulus|| Sklaven...; **vestis ~** Sklaventracht; **iura famularia dare** Sklavenrechte geben = zu Sklaven machen

famulātus ⟨famulātūs⟩ M ||famulari|| Dienstbarkeit, Knechtschaft

famulitium ⟨ī⟩ N ||famulus||

1 das Dienen

2 *meton* Dienerschaft

famulus ⟨ī⟩ M

1 Diener, Sklave; *pl* Gesinde; *auch adj* dienend; **~ Volcani** Gehilfe des Vulcan, Kyklop

2 (*nlat.*) Student, der einem Hochschullehrer assistiert, *bes* im Krankenhaus tätiger Medizinstudent

fānārī ⟨or, ātus sum 1.⟩ ||fanum|| *Sen.* umherrasen

fānāticus ⟨a, um⟩ ADJ ||fanari|| *von Personen u. Sachen* von einer Gottheit in Raserei versetzt, begeistert; **Galli fanatici** Kybelepriester; **error ~** Wahnsinn

fandum ⟨ī⟩ N ||fari|| Recht

fandus ⟨a, um⟩ *ger* → **fari**

Fanniānus ⟨a, um⟩ ADJ des Fannius

Fannius ⟨a, um⟩ Name einer *pleb. gens*

fantas... = **phantas...**

fānum ⟨ī⟩ N ||fari|| Heiligtum, Tempel

Fānum ⟨ī⟩ N vollständig Fanum Fortunae, Küstenstadt *in Umbrien, heute Fano an der Adria*

far ⟨farris⟩ N

1 Dinkel, Spelt, *Weizenart u. Brotkorn der Römer*

2 *meton* Schrot, Mehl, *bes* Opferschrot, Opfermehl

3 *meton* aus Dinkel Gebackenes, Brot; **una farris libra** ein Pfund Brot

farcīmen ⟨farcīminis⟩ N ||farcire|| (*vkl., nachkl.*) Wurst

farcīre ⟨farciō, farsī, fartum 4.⟩ (voll)stopfen, füllen, *aliquid re* etw mit etw; **se ~** sich voll stopfen, sich voll fressen

Farfarus ⟨ī⟩ M = **Fabaris**

farferum ⟨ī⟩ N *Plaut.* Huflattich

fārī ⟨for, fātus sum 1.⟩ sprechen, sagen, *absolut od aliquid* etw, *alicui/ad aliquem* j-m, +*indir Fragesatz*; **fando audire** vom Hörensagen wissen; **fandus sagbar sein** = erlaubt sein; **non fandus** unaussprechlich

farīna ⟨ae⟩ F ||far|| Mehl; **aliquis est farinae nostrae** j-d ist von unserer Art

farmac... = **pharmac...**

farrāgō ⟨farrāginis⟩ F ||far|| Mischfutter; *fig* vermischter Inhalt; Bagatelle

farrāta ⟨ōrum⟩ N̄ ‖farratus‖ Mehlspeise
farrātus ⟨a, um⟩ ADJ ‖far‖ aus Getreide gemacht, mit Brei gefüllt
fars ⟨fartis⟩ F̄ ‖farcire‖ *Com.* Füllung; **fartim facere ex hostibus** *Plaut.* aus den Feinden Hackfleisch machen
farsī → farcire
fartim ADV ‖farcire‖ voll, dicht
fartis ⟨fartis⟩ F̄ = **fars**
fartor ⟨fartōris⟩ M̄ ‖farcire‖ (*unkl.*) Geflügelmäster, Geflügelhändler
fartus ⟨a, um⟩ PPP → farcire
fās N̄ indekl ‖fari‖
① göttliches Recht, heilige Ordnung; **contra ius fasque** gegen menschliches und göttliches Recht; ↔ nefas
② sittlich Gutes, Erlaubtes; **aliquid fas non putare** etw für nicht erlaubt halten; **ultra fas** mehr als billig; **per omne fas et nefas** im Guten und Bösen; **fas est** es ist erlaubt, man darf, es ist möglich, *alicui* j-m, +inf/+AcI
③ Schicksal, Verhängnis
Fās N̄ indekl (*nachkl.*) das personifizierte göttliche Recht
fasceola ⟨ae⟩ F̄ = **fasciola**
fascia ⟨ae⟩ F̄ ‖fascis‖
① Binde, Band
② Schenkelbinde
③ PL Leibgurt, Leibschurz
④ Schuhband
⑤ Büstenhalter
⑥ Kopfbinde, Diadem
⑦ Gurt; **~ lecti cubicularis** Bettgurt
⑧ *Plaut.* Wickelbinden *der Säuglinge*
fasciāre ⟨ō, āvī, ātum 1.⟩ ‖fascia‖ (*nachkl.*) *poet* umwinden, einwickeln
fasciātim ADV ‖fascis‖ *Quint.* bündelweise
fasciculus ⟨ī⟩ M̄ ‖fascis‖ Bündelchen, Päckchen; **~ epistolarum** Bündelchen von Briefen; **~ florum** Blumenstrauß
fascināre ⟨ō, āvī, ātum 1.⟩ ‖fascinum‖ verhexen; (*mlat.*)verführen
fascinātiō ⟨fascinātiōnis⟩ F̄ ‖fascinare‖ (*nachkl.*) Verzauberung, Behexung
fascinum ⟨ī⟩ N̄, **fascinus** ⟨ī⟩ M̄
① Behexung, Verhexung
② (*nachkl.*) *poet* das männliche Glied, *Amulett in Form des männlichen Gliedes gegen Verzauberung*
fasciola ⟨ae⟩ F̄ ‖fascia‖ kleine Binde, *bes* Schenkelbinde
fascis ⟨fascis⟩ M̄
① (*unkl.*) Bündel, Paket
② (*unkl.*) Bürde, Last, *bes* Kriegsgepäck
③ PL die Rutenbündel *mit eingestecktem Beil, Symbol der staatlichen Macht über Leben u. Tod, von Liktoren den Konsuln vorangetragen*; **fasces et secures habere** sich Rutenbündel und Beile vorantragen lassen; **fasces submittere/demittere alicui** die Rutenbündel vor j-m senken
④ *Plaut. meton* Konsulat; (*nachkl.*) hohe Ämter; **fasces corripere** die Konsulargewalt an sich reißen

> **fasces – das Rutenbündel mit Beil**

Die **fasces** waren ein Symbol zunächst für die Macht des Königs, später der höchsten römischen Beamten. Sie bestanden aus einem Rutenbündel, das mit einem Lederstreifen zusammengehalten wurde. In der Mitte steckte ein Beil, dessen Klinge hervorstand. Die Ruten und das Beil symbolisierten die Todesstrafe und die körperlichen Strafen. Die **fasces** wurden von den **lictores** den höchsten Beamten vorangetragen. Ihre Zahl richtete sich nach dem Rang des Beamten: Die Könige, später die Konsuln hatten 12, Diktatoren 24, der **magister equitum** 6 fasces.

RÖMISCHES LEBEN

fasēlus ⟨ī⟩ M̄ u. F̄ = **phaselus**
fasma ⟨fasmatis⟩ N̄ = **phasma**
fassus ⟨a, um⟩ PPERF → fateri
fāstī ⟨ōrum⟩ M̄ ‖fastus²‖
① Gerichtstage
② *meton* Verzeichnis der Gerichtstage, *305 v. Chr. von Cn. Flavius veröffentlicht*
③ Kalender, *Verzeichnis der dies fasti u. dies nefasti;* die Fasten, *poet Festkalender Ovids*
④ Jahrbücher der Geschichte
⑤ Konsularfasten, *Verzeichnis der höchsten Behörden jedes Jahres, von 508 bis 354 v. Chr., meist fasti consulares od wegen ihres Aufbewahrungsortes auch fasti Capitolini genannt*
fastīdiōsus ⟨a, um, *adv* fastīdiōsē⟩ ADJ ‖fastidium‖
① (*vkl.*) voll Ekel, voll Widerwillen
② *fig* etw zurückweisend, *einer Sache* überdrüssig, *alicuius rei*
③ widerwillig, ärgerlich
④ wählerisch; dünkelhaft
⑤ Ekel erregend, widerwärtig
fastīdīre ⟨īō, īvī, ītum 4.⟩ ‖fastidium‖
① (*unkl.*) *physisch* Widerwillen empfinden, Ekel empfinden, *aliquid* vor etw, **vinum** vor Wein
② *fig* verschmähen, als unter seiner Würde betrachten, *aliquid/aliquem* etw/j-n, (*nachkl.*) +inf/+AcI; **amicitiam alicuius ~** j-s Freundschaft verschmähen; **~ in re** etw auszusetzen haben an etw
③ vornehm tun, sich brüsten

fastīdium ⟨ī⟩ N̄ ||fastus¹, taedere||
① Ekel, Überdruss, *alicuius rei* an etw, gegen etw; ~ **cibi** Appetitlosigkeit
② *fig geistige* Abneigung, Geringschätzung, *alicuius j-s od gegen j-n, alicuius rei gegen etw;* **fastidio esse alicui** j-m zuwider sein
③ verwöhnter Geschmack
④ Dünkel, Blasiertheit
⑤ Nörgelei, Pedanterie

fastīgātus ⟨a, um, *adv* fastīgātē⟩ ADJ
① ansteigend
② (*nachkl.*) in eine Spitze auslaufend; **collis in acutum cacumen ~** in einen spitzen Gipfel auslaufender Hügel
③ schräg abfallend; **collis leniter ~** flach abfallender Hügel

fastīgium ⟨ī⟩ N̄
① nach unten Neigung; *auch* Tiefe; **tenui fastigio** in mäßiger Abdachung, in stumpfem Winkel; **~ scrobium** Tiefe der Gruben
② nach oben Steigung, Erhebung; **~ altius terrae** ziemlich bedeutendes Hochland
③ Giebel, Giebelfeld; **operi ~ imponere** ein Werk vollenden
④ Tempel
⑤ (*nachkl.*) Gipfel, Höhepunkt; **~ montis** Gipfel des Berges
⑥ Oberfläche, Niveau; **~ aquae** Wasserspiegel
⑦ *fig* hohe Stellung, Würde, **mortale** eines Menschen
⑧ Hauptpunkt; **summa sequar fastigia rerum** nur das Wichtigste will ich berühren

fastōsus ⟨a, um⟩ ADJ ||fastus¹||
① *Mart., Petr.* voll stolzer Kälte, spröde
② *Mart. fig* köstlich, prächtig

fāstus¹ ⟨fāstūs⟩ M̄ Stolz, Hochmut, *alicuius j-s,* **erga aliquid** gegen etw

fāstus² ⟨a, um⟩ ADJ ||fas|| nur mit dies verbunden, meist PL; **dies fasti** Gerichtstage, *an denen der Prätor gemäß göttlichem Recht Gericht halten durfte;* → **fasti**

Fāta ⟨ōrum⟩ N̄ ||fatum|| Schicksalsgöttinnen, Parzen

fātālis ⟨fātāle, *adv* fātāliter⟩ ADJ ||fatum||
① vom Geschick bestimmt, *ad aliquid* zu etw; **hora ~** Schicksalsstunde
② des Schicksals, Schicksals…; **libri fatales** die Sibyllinischen Bücher; **deae fatales** die Parzen; **responsum fatale** Schicksalsspruch
③ *pej* verhängnisvoll, tödlich; **dies ~** Todestag

fatērī ⟨fateor, fassus sum 2.⟩ ||fari||
① eingestehen, bekennen, *alicui aliquid* j-m etw, +inf/+AcI/+indir Fragesatz
② *fig* zeigen, verraten, **iram vultu** den Zorn durch den Gesichtsausdruck; **~ deam** sich als Göttin zu erkennen geben

fāti-canus, fāti-cinus ⟨a, um⟩ ADJ ||fatum, canere|| *Ov.* schicksalskündend, weissagend

fāti-dicus
Ⓐ ⟨a, um⟩ ADJ ||fatum, dicere|| weissagend
Ⓑ ⟨ī⟩ M̄ Wahrsager

fāti-fer ⟨fatifera, fatiferum⟩ ADJ ||fatum, ferre|| todbringend, tödlich

fatīgāre ⟨ō, āvī, ātum 1.⟩ ||agere||
① (*nachkl.*) *poet* abhetzen
② körperlich u. geistig müde machen, ermüden, **itinere** durch den Marsch; **dentem in dente ~** den Zahn unaufhörlich am Zahn reiben
③ hart mitnehmen, quälen, **fame** durch Hunger; **terga iuvencorum hastā ~** die Zugtiere mit der Lanze anstacheln; **silvas ~** die Wälder unaufhörlich durchjagen; **messes ~** (das Unkraut) nicht aufkommen lassen; **remigio diem noctemque ~** Tag und Nacht unablässig rudern; **Martem ~** zum Kampf drängen
④ (*nachkl.*) *poet* durch Bitten bestürmen, mürbe machen

fatīgātiō ⟨fatīgātiōnis⟩ F̄ ||fatigare|| (*nachkl.*)
① Ermüdung, *alicuius j-s, alicuius rei* infolge von etw; **~ continui laboris** Ermüdung infolge der ständigen Arbeit
② Neckerei

fāti-loqua ⟨ae⟩ F̄ ||fatum, loqui|| *Liv.* Wahrsagerin

fatim = **affatim**

fatīscere ⟨īscō, -, - 3.⟩, **fatīscī** ⟨īscor, - 3.⟩ ||fatigare|| (*unkl.*)
① Risse bekommen, bersten; **ianua fatiscit** die Tür öffnet sich
② *fig* erschlaffen, ermüden; **seditio fatiscit/fatiscitur** der Aufruhr legt sich

fatua ⟨ae⟩ F̄ ||fatuus|| (*nachkl.*) *poet* Närrin

fatuārī¹ ⟨or, - 1.⟩ ||fatuus|| *Sen.* albern schwatzen

fatuārī² ⟨or, - 1.⟩ (*nachkl.*) begeistert sein

fatuitās ⟨fatuitātis⟩ F̄ ||fatuus|| Albernheit, Einfalt

fātum ⟨ī⟩ N̄ ||fari||
① Götterspruch, Weissagung; **sic erat in fatis** so stand es im Buch des Schicksals
② *Verg.* Götterwille
③ *fig* Weltordnung, *allg.* Schicksal
④ Schicksal *des Einzelnen,* Bestimmung; **fata novissima** die letzten Augenblicke; **fato cedere/concedere/obire/fungi/perfungi** eines natürlichen Todes sterben; **fata alicuius proferre** j-s Leben verlängern; **fata iubent** das Schicksal gebietet, +AcI; **alicuius/alicui ~ est** j-m ist es vom Schicksal bestimmt, +AcI, ut dass
⑤ Unheil, Verderben; **fata Troiae** Untergang Trojas

⚠ **Fata obstant.** Das Schicksal steht dage-

gen. **Fata viam invenient.** Das Schicksal findet seinen Weg. *Beide Zitate stammen von Vergil.*
fātus ⟨a, um⟩ PPERF → fari
fatuus
A ⟨a, um⟩ ADJ
1 *von Personen u. Sachen* albern, töricht; **puer ~** einfältiger Knabe; **litterae fatuae** alberner Brief
2 *dem Geschmack nach* fade
B ⟨ī⟩ M (*nachkl.*) *poet* Narr
faucēs ⟨faucium, *sg nur abl* fauce⟩ F
1 (*unkl.*) Rachen, Hals; **os devoratum fauce lupi haerebat** der verschlungene Knochen blieb im Rachen des Wolfes stecken
2 *fig* Heißhunger
3 *fig* Rachen, Schlund; **aliquem ex faucibus belli eripere** j-n dem Rachen des Krieges entreißen; **aliquem faucibus urgere** j-m im Nacken sitzen; **~ defensionis premere** die Verteidigung unmöglich machen; **aliquis faucibus premitur** j-m sitzt das Messer an der Kehle
4 enger Eingang, enger Zugang
5 *Vitr.* ARCH schmaler Gang
6 Engpass, Schlucht
7 Flussmündung
8 Landenge; Meerenge
9 Höhle, Tiefe, *bes* Krater
Fauna ⟨ae⟩ F *Frau od Schwester des Faunus, seit dem 18. Jh. allegorisches Titelstichwort auf Lehrbüchern der Zoologie, danach synonym für* Tierwelt
Faunī ⟨ōrum⟩ M *nackte Walddämonen in Bocksgestalt*
Faunus ⟨ī⟩ M *sagenhafter König von Latium, Vater des Latinus, nach seinem Tod als weissagender Gott des Feldes u. des Waldes verehrt, später mit dem griech. Pan gleichgesetzt*
Fausta ⟨ae⟩ F *Tochter des Diktators Sulla, Zwillingsschwester des L. Cornelius Sulla Faustus;* → **Faustus**
Faustitās ⟨Faustitātis⟩ F ||faustus|| *Göttin der Fruchtbarkeit*
Faustulus ⟨ī⟩ M MYTH *Hirte des Amulius, Pflegevater von Romulus u. Remus*
faustus ⟨a, um, *adv* faustē⟩ ADJ ||favere|| beglückend, günstig, gesegnet, *alicui* für j-n; **dies ~** glücklicher Tag
Faustus ⟨ī⟩ M ||faustus|| *röm. Beiname;* **L. Cornelius Sulla ~** *Sohn des Diktators Sulla*
fautor ⟨fautōris⟩ M ||favere|| Gönner, *auch* bezahlter Beifallklatscher *im Theater*
fautrīx ⟨fautrīcis⟩ F ||fautor|| Gönnerin, Beschützerin; *adj* gewogen, günstig
fautum PPP → favere
faux ⟨faucis⟩ F SG → fauces
favea ⟨ae⟩ F ||favere|| *Plaut.* Lieblingssklavin
favēre ⟨faveo, fāvī, fautum, 2.⟩

1 für j-n günstig sein, j-m gewogen sein, *alicui*; **di faveant** die Götter mögen gnädig sein; **venti faventes** günstige Winde; **favet illi virgini** er hat eine Neigung für jenes Mädchen; **orationi alicuius ~** j-s Rede nicht übel nehmen
2 **linguā/ore ~** REL mit dem Mund *einer Sache* gewogen sein = andächtig schweigen; still sein, schweigen
3 Beifall klatschen; **turba faventium** die Schar der Beifall Klatschenden
4 *poet* begehren, wünschen, +*inf*/+*AcI*; **faveant di, ut/ne** gebe es der Himmel, dass/dass nicht
favilla ⟨ae⟩ F ||fovere|| (*unkl.*) (glimmende) Asche; *fig* Ursprung; **haec est venturi prima ~ mali** *Prop.* das ist der Ursprung künftigen Unglücks
favitor ⟨favitōris⟩ M (*altl.*) = **fautor**
favōnius ⟨ī⟩ M ||fovere|| lauer Westwind, Zephir
favor ⟨favōris⟩ M ||favere||
1 Gunst, Begünstigung
2 Beifall, Applaus
3 *poet* andächtige Stille, Andacht
favōrābilis ⟨favōrābile, *adv* favōrābiliter⟩ ADJ ||favor|| (*nachkl.*)
1 begünstigt, beliebt
2 einnehmend, gewinnend; *adv* mit Beifall
favus ⟨ī⟩ M Honigwabe; Honigkuchen; *meton* Honig
fax ⟨facis⟩ F
1 Fackel, *meist aus Kienholz, zum Leuchten u. zum Anzünden;* **collucentes faces** Fackelzug; **facem praeferre alicui** j-m die Fackel vorantragen; **facem praeferre ad libidinem** j-n verleiten, j-n verführen
2 Fackel *als Attribut der Furien u. des Cupido*
3 Hochzeitsfackel; *meton* Hochzeit
4 Leichenfackel; **utraque fax** Hochzeits- und Leichenfackel
5 feurige Lufterscheinung; Sternschnuppe; **stella facem ducens** Komet
6 Licht der Gestirne
7 *fig* Flamme, Feuer, *meist pl*; **faces dicendi** flammende Beredsamkeit; **omnes faces invidiae alicuius subicere** die Glut des Hasses gegen j-d auf jede Weise schüren
8 *fig* Qual; **faces dolorum** brennende Schmerzen
faxim = fecerim; → facere
faxō = fecero; → facere
febrārius ⟨a, um⟩ ADJ = **februarius**
febricitāre ⟨ō, āvī, ātum 1.⟩ ||febris|| (*nachkl.*) fiebern
febricula ⟨ae⟩ F ||febris|| leichtes Fieber, Fieberanfall
febrīculōsus ⟨a, um⟩ ADJ ||febricula|| (*nachkl.*)

poet fiebrig

febris ⟨febris, *akk* febrim *u.* febrem, *abl* febrī *u.* febre⟩ F̄ Fieber, Fieberanfall
▶ deutsch: **Fieber**
englisch: **fever**
französisch: **fièvre**
spanisch: **fiebre**
italienisch: **febbre**

Febris ⟨Febris⟩ F̄ Göttin des Fiebers *mit Tempel auf dem Palatin*

februārius ⟨a, um⟩ ADJ ||februum|| zur Reinigung gehörig

Februārius A ⟨ī⟩ M̄ Reinigungsmonat, Februar, *bis 450 v. Chr. letzter, später zweiter Monat des Jahres, in dem die Reinigungs- u. Sühneriten vollzogen wurden* B ⟨a, um⟩ ADJ zum Februar gehörig

februum ⟨ī⟩ N̄, *meist* PL
❶ REL Reinigungs- und Sühnemittel
❷ Reinigungs- und Sühnefest, *jährlich im Februar gefeiert*

fec. *Abk (nlat.)* = **fecit** gemacht hat es, *häufiger Zusatz bei Signatur des bildenden Künstlers*

fēcī → facere

fēcundāre ⟨ō, āvī, ātum 1.⟩ ||fecundus|| befruchten

fēcunditās ⟨fēcunditātis⟩ F̄ ||fecundus||
❶ Fruchtbarkeit, **mulieris** der Frau, **terrae** der Erde, **animi** des Geistes
❷ *(spätl.)* reicher Vorrat, Fülle

Fēcunditās ⟨Fēcunditātis⟩ F̄ Göttin der Fruchtbarkeit

fēcundus ⟨a, um, *adv* fēcundē⟩ ADJ
❶ *von Lebewesen u. Pflanzen, der Erde u. a.* fruchtbar, *alicuius rei/re* an etw; **provincia fecunda annonae** an Getreide reiche Provinz
❷ *fig* reich, *alicuius rei/re* an etw; **seges fecunda** reiche Saat; **ingenium fecundum** erfinderischer Geist; **saecula culpae fecunda** an Schuld reiche Jahrhunderte
❸ *fig* üppig, voll; **quaestus ~** satter Gewinn; **fons ~** wasserreiche Quelle
❹ befruchtend; **imbres fecundi** fruchtbar machende Regengüsse; **fecundae verbera dextrae** die die Frauen angeblich fruchtbar machenden Schläge *der luperci*

fefellī → fallere

fel ⟨fellis⟩ N̄
❶ Gallenblase, Galle *von Mensch u. Tier*
❷ *Ov.* galliger Saft; Gift
❸ *fig* Galle = Bitterkeit; Zorn

fēlātor ⟨fēlātōris⟩ M̄ = **fellator**

fēlātrīx ⟨fēlātrīcis⟩ F̄ = **fellatrix**

fēlēs ⟨fēlis⟩ F̄ Katze, Marder, Iltis; *fig* Räuber; **~ virginalis** *Plaut.* Mädchenräuber

felicātus ⟨a, um⟩ ADJ = **filicatus**

fēlīcitās ⟨fēlīcitātis⟩ F̄ ||felix||
❶ *(nachkl.)* Fruchtbarkeit, **terrae** der Erde
❷ *fig* Glück, Glückseligkeit; *meton* Gefühl des Glücks
❸ glücklicher Erfolg, Segen

Fēlīcitās ⟨Fēlīcitātis⟩ F̄ Göttin des Glücks *mit Tempel auf dem Esquilin*

fēlis ⟨fēlis⟩ F̄ = **feles**

fēlīx[1] ⟨fēlīcis, *adv* fēlīciter⟩ ADJ
❶ *(nachkl.) poet* fruchtbar, ergiebig; **regio ~** fruchtbare Gegend; **poma felicia** köstliches Obst
❷ *fig* glücklich, vom Glück begünstigt, *von Personen u. Sachen, bezogen auf das äußere Glück*, **in re** in etw, **re** durch etw, in etw, *alicuius rei* in Bezug auf etw; **Sulla Felix** Sulla der Glückliche; **feliciter** *als Zuruf* Glück auf!
❸ Glück bringend, günstig; **quod ~ fortunatumque sit** was Glück und Segen bringe!

fēlīx[2] ⟨fēlicis⟩ F̄ = **filix**

fēl(l)āre ⟨ō, āvī, ātum 1.⟩ saugen; *Catul., Mart. auch obszön*

fēllātor ⟨fēllātōris⟩ M̄ ||fellare|| *Mart. obszön* Sauger

fēllātrīx ⟨fēllātrīcis⟩ F̄ ||fellator|| *obszön* Saugerin

Felsina ⟨ae⟩ F̄ etrusk. Name für Bononia, heute Bologna

fēmella ⟨ae⟩ F̄ ||fecundus|| *Catul.* Dämchen

fēmina ⟨ae⟩ F̄
❶ Frau *als Geschlechtsbezeichnung; von Tieren* Weibchen; **canis ~** Hündin; *adj* weiblich
❷ *pej* weibischer Mensch
❸ *Quint.* GRAM das weibliche Geschlecht
❹ **tornus ~** ARCH Zapfenpfanne; **cardo ~** ARCH der obere, hohle Teil der Türangel

fēminal ⟨fēminālis⟩ N̄ ||femina|| *(nachkl.)* weibliche Scham

fēminālia ⟨feminālium⟩ N̄ ||feminis, femur|| *Suet.* Schutzbinden um die Oberschenkel, Unterhosen

fēmineus ⟨a, um⟩ ADJ ||femina||
❶ weiblich, Frauen...; **vox feminea** weibliche Stimme
❷ von Frauen herrührend; **ululatus ~** Frauengejammer
❸ Frauen betreffend; **venus feminea/amor ~** Liebe zu einer Frau; **poena feminea** an einer Frau vollzogene Strafe; **Marte femineo cadere** durch die Hand einer Frau fallen
❹ weibisch, unmännlich

fēminīnus ⟨a, um⟩ ADJ ||femina|| *(vkl., nachkl.)* GRAM weiblich; **genus femininum** weibliches Geschlecht

femur ⟨feminis/femoris⟩ N̄ Oberschenkel, Schenkel

fēnebris ⟨fēnebre⟩ ADJ ||fenus|| *(nachkl.)* Zins...,

Schulden…; **lex ~** Zinsgesetz; **res ~** Schuldenwesen; **malum fenebre** Wucher; **pecunia ~ auf Zinsen ausgeliehenes Geld**

fēnerāre ⟨ō, āvī, ātum 1.⟩, **fēnerārī** ⟨or, ātus sum 1.⟩ ||fenus||

1 gegen Zinsen ausleihen, **pecunlam binis centesimis** Geld zu 2% monatlich = zu 24% jährlich

2 Wucher treiben

3 (unkl.) Gewinn bringen

fēnerātiō ⟨fēnerātiōnis⟩ F̄ ||fenerare|| Wucher

fēnerātō ADV ||fenerare|| Plaut. mit Wucherzinsen, zu j-s großen Schaden

fēnerātor ⟨fēnerātōris⟩ M̄ ||fenerare|| Geldverleiher; pej Wucherer

fenestella ⟨ae⟩ F̄ ||fenestra|| (nachkl.) poet Fensterchen, Pförtchen

Fenestella ⟨ae⟩ F̄ kleines Tor in Rom, wahrscheinlich auf dem Palatin

fenestra ⟨ae⟩ F̄

1 Maueröffnung, Fenster

2 Schießscharte

3 fig Gelegenheit, Weg zu etw

▶ deutsch: **Fenster**
französisch: **fenêtre**
italienisch: **finestra**

fēneus ⟨a, um⟩ ADJ ||fenum|| (nachkl.) aus Heu; **homines fenei** Strohmänner

fēniculārius ⟨a, um⟩ ADJ ||feniculum|| Fenchel…

fēniculum ⟨ī⟩ N̄ ||fenum|| (vkl., nachkl.) Fenchel

fēnīlia ⟨ium⟩ N̄ ||fenum|| Heuboden

fēnum ⟨ī⟩ N̄ Heu; **fenum edere** Heu fressen = dumm wie ein Ochse sein; **fenum in cornu habere** Heu auf den Hörnern haben = bösartig sein, wie die Stiere, deren Hörner mit Heu verbunden wurden

fēnus ⟨fēnoris⟩ N̄

1 Zinsen; **alicui pecuniam sine fenore credere** j-m Geld ohne Zinsen leihen; **alicui pecuniam fenori/fenore dare** j-m Geld gegen Zinsen leihen; **iniquissimo fenore versuram facere** eine Anleihe gegen übermäßige Zinsen aufnehmen

2 (nachkl.) meton durch Zinsen anwachsende Schulden, Schuldenlast; **fenore obrui** von der Schuldenlast erdrückt werden

3 (vkl., nachkl.) gegen Zins ausgeliehenes Kapital; **~ in agris collocare** Kapital in Grundstücken anlegen

4 Ausleihen von Geld gegen Zinsen; pej Wucher(geschäft); **fenore lacerare homines** Menschen durch Zinsen zugrunde richten

fēnusculum ⟨ī⟩ N̄ ||fenus|| Plaut. iron hübsche Zinsen

fera ⟨ae⟩ F̄ ||ferus|| wildes Tier, Wild

Fērālia ⟨Fērālium⟩ N̄ ||feralis|| Totenfest, in Rom am 21. Februar gefeiert; allg. Leichenbestattung, Totenkult

fērālis ⟨fērāle⟩ ADJ

1 (nachkl.) poet Toten…, Leichen…; **carmen ferale** Totengesang; **reliquiae ferales** Asche

2 (Ov., nachkl.) todbringend, schrecklich

ferāx ⟨ferācis, adv ferāciter⟩ ADJ ||ferre|| fruchtbar, ergiebig; **ager ~** fruchtbarer Acker; **terra arborum ~** an Bäumen reiches Land; **locus de officiis ~** fig an Pflichten reiches Gebiet

ferbuī → **fervere**

ferctum ⟨ī⟩ N̄ = **fertum**

ferculum ⟨ī⟩ N̄ ||ferre||

1 Tragegestell, Tragbahre

2 (nachkl.) poet Tablett; meton Gang innerhalb einer Mahlzeit

ferē u. (altl.) auch **fere** ADV, dem Bezugswort nachgestellt

1 etwa, fast, bes bei Zahlenangaben; **centum fere pedites** fast hundert Fußsoldaten; **eodem fere tempore** fast zur gleichen Zeit; **nemo fere** so gut wie niemand

2 meistens, gewöhnlich; **itinera nocte fere faciemus** Märsche werden wir in der Regel nur nachts machen; **non fere** nur ausnahmsweise

ferentārius ⟨ī⟩ M̄ ||ferire|| (unkl.) meist berittener u. leicht bewaffneter Wurfschütze; Plaut. hum Helfer in der Not

Ferentīna ⟨ae⟩ F̄ ||Ferentinum|| latinische Göttin

Ferentīna aqua F̄ Quelle am Rand der Albanerberge, Ort von latinischen Bundesversammlungen

Ferentīnās

A ⟨Ferentīnātis⟩ ADJ aus Ferentinum, von Ferentinum

B ⟨Ferentīnātis⟩ M̄ Einwohner von Ferentinum

Ferentīnum ⟨ī⟩ N̄

1 Stadt in Latium an der via Latina, heute Ferentino

2 Gegend am Westfuß der Albanerberge mit heiligem Hain der Ferentina

3 = **Ferentium**

Ferentīnum ⟨ī⟩ N̄ Stadt in Etrurien, Geburtsort des Kaisers Otho, heute Ferento

Ferētrius ⟨ī⟩ M̄ Beiname des Jupiter, wohl „der Schleuderer" des Blitzes od des silex, dessen steinernen Symbols, dem die spolia opima dargebracht wurden; ihm war angeblich der älteste, schon von Romulus erbaute Tempel Roms geweiht

feretrum ⟨ī⟩ N̄ (vkl.) poet Trage, Bahre

fēriae ⟨ārum⟩ F̄

1 geschäftsfreie Tage, Feiertage; **~ forenses** Gerichtsferien; **~ Latinae** Bundesfest, Bundesversammlung der Latiner

2 meton Ruhe, Frieden

3 *Plaut. hum* Hungerferien, das Fasten
4 (*mlat.*) *sg* Markt, Wochentag

fēriārī ⟨or, ātus sum 1.⟩ ||feriae|| (*vkl., spätl.*) feiern, untätig sein

fēriātus ⟨a, um⟩ ADJ ||feriari||
1 feiernd, müßig
2 (*nachkl.*) festlich

fericulum ⟨ī⟩ N̄ = ferculum
ferīna ⟨ae⟩ F̄ ||ferinus|| Wildbret
ferīnus ⟨a, um⟩ ADJ ||fera|| (*nachkl.*) *poet* von wilden Tieren, des Wildes; **caro ferina** Wildbret; **caedes ferina** Weidwerk, Jagd

ferīre ⟨iō, -, - 4.⟩
1 schlagen, treffen; **contra ~** seinerseits wieder zuschlagen; **aliquem sagittā ~** j-n mit dem Pfeil treffen; **murum ariete ~** die Mauer mit dem Rammbock erschüttern; **frontem ~** sich vor die Stirn schlagen, **caper cornu ferit** der Bock stößt mit dem Horn; **uvas pede ~** die Weintrauben mit den Füßen treten; **venam ~** die Ader öffnen; **carmina ~** Lieder zur Laute singen; **verba palato ~** Worte im Gaumen hervorbringen; **clamor ferit aethera** *fig* das Geschrei dringt zum Himmel; **sidera ~** bis zu den Gestirnen reichen; **aliquid ferit oculos** etw macht Eindruck auf die Augen
2 (*nachkl., Inschrift*) schlagen = prägen, **nummos** Münzen
3 schlachten; **foedus ~** ein Bündnis schließen *unter Schlachtung eines Opfertiers*
4 erlegen, töten; **aliquem securi ~** j-n mit dem Beil hinrichten, j-n enthaupten
5 *Com., Prop.* prellen, betrügen, *aliquem re* j-n um etw

feritās ⟨feritātis⟩ F̄ ||ferus|| *von Menschen, Tieren u. Sachen* Wildheit, Rohheit

fermē ADV = fere

fermentum ⟨ī⟩ N̄
1 (*nachkl.*) Gärung
2 *Plaut. fig* Erbitterung, Zorn
3 (*nachkl.*) Gärungsmittel, Sauerteig; **panis nullo fermento** ungesäuertes Brot
4 gegorenes Getränk, Malzbier

ferōcia ⟨ae⟩ F̄, **ferōcitās** ⟨ferōcitātis⟩ F̄ ||ferox||
1 *von Mensch u. Tier u. abstr.* wilder Mut, Unerschrockenheit; **~ iuvenum** Unerschrockenheit der Jugend; **~ equi** Wildheit des Pferdes; **~ animi** wilder Mut
2 *pej* Zügellosigkeit, Wildheit

ferōculus ⟨a, um⟩ ADJ ||ferox|| (*vkl., nachkl.*) wild, unbändig

Fērōnia ⟨ae⟩ F̄ *altital.* Erd- u. Totengottheit

ferōx ⟨ferōcis, *adv* ferōciter⟩ ADJ ||ferus||
1 (*nachkl.*) *poet* mutig, unerschrocken
2 *pej* wild, zügellos, *re* durch etw, mit etw, in etw, über etw, *alicuius rei* in etw, in Bezug auf etw, *alicui* gegen j-n; **aetas ~ currit** die Zeit enteilt unaufhaltsam

ferrāmentum ⟨ī⟩ N̄ ||ferrum|| eisernes Werkzeug; *pl auch* Waffen

ferrāria ⟨ae⟩ F̄ ||ferrarius|| Eisengrube, Eisenbergwerk

ferrārius
A ⟨a, um⟩ ADJ ||ferrum|| Eisen...
B ⟨ī⟩ M̄ (*nachkl.*) Schmied

ferrātī ⟨ōrum⟩ M̄ ||ferratus|| Gehanischte
ferrātilis ⟨ferrātile⟩ ADJ ||ferrum|| mit Eisen versehen; **genus feratile** gefesselte Sklaven

ferrātus ⟨a, um⟩ ADJ ||ferrum|| (*unkl.*)
1 mit Eisen beschlagen; **hasta ferrata** mit Eisen beschlagene Lanze
2 eisenhaltig; **aquae ferratae** eisenhaltige Gewässer
3 eisern, aus Eisen; **obices ferratae portarum** eiserne Türriegel

ferre ⟨ferō, tulī, lātum 0.⟩
1 tragen
2 davontragen, gewinnen
3 ertragen, erdulden
4 herumtragen
5 verbreiten, überall erzählen
6 rühmen
7 allgemein bezeichnen
8 vor sich hertragen, zur Schau tragen
9 wegtragen, mitnehmen
10 erbeuten, rauben
11 bringen
12 darbringen, entrichten
13 darbringen, weihen
14 antragen, anbieten
15 einbringen
16 hervorbringen, erzeugen
17 melden
18 mit sich bringen, erfordern
19 eintragen, verbuchen
20 in Bewegung bringen, hintragen
21 sich rasch bewegen, eilen

1 tragen *konkr. u. fig*; **onus umeris ~** eine Last auf den Schultern tragen; **rami poma ferentes** Obst tragende Äste; **arma/signa ~ in hostem** den Feind angreifen; **aliquem ~** mit j-m schwanger gehen; *passiv* sich tragen lassen; **cognomen ~** *fig* den Beinamen führen; **aliquem (in) oculis ~** *fig* j-n wie seinen Augapfel lieben
2 davontragen, gewinnen; **laudem ~** Ruhm ernten; **veniam ~** Verzeihung erlangen; **suffragia ~** Stimmen erhalten; **gaudia ~** Genuss empfinden; **damna ~** Schaden erleiden; **re-**

pulsam ~ bei der Bewerbung durchfallen

2 ertragen, erdulden, aushalten; **frigus ~** Kälte ertragen; **aliquid aegre ~** sich über etw ärgern, etw übel nehmen; **vinum vetustatem fert** der Wein hält sich; **non ferendus** unerträglich, unausstehlich, unzulässig; **loco ignominiae ~** als Schande aufnehmen

4 herumtragen; *passiv* herumgehen

5 *fig* verbreiten, überall erzählen; **vera ~** die Wahrheit verbreiten; **sicut fama fert** wie die Rede geht; **fama fertur** es geht das Gerücht; **ut Graeci ferunt** wie die Griechen berichten; **ferunt/fertur** man berichtet, +AcI

6 *fig* rühmen; **aliquid laudibus ~** etw rühmen

7 *fig* allgemein als *j-n* bezeichnen, für *etw* ausgeben; **se consulem ~** für einen Konsul gelten wollen

8 **prae se ~** zur Schau tragen, öffentlich zeigen; **pugionem prae se ~** einen Dolch offen tragen; **dolorem aperte prae se ~** seinen Schmerz offen zeigen

9 wegtragen, mitnehmen; **spem tui ~** *fig* von dir hoffen; **imagines ex re ~** RHET Bilder von etw entlehnen; **ne id quidem tacitum a Turno tuli** *fig* nicht einmal dazu hat Turnus mir gegenüber geschwiegen

10 erbeuten, rauben; **partem praedae ~** einen Teil der Beute wegtragen; **~ et agere** ganz ausplündern

11 bringen, **alicui epistulam** j-m einen Brief; **auxilium ~** Hilfe bringen; **alicui fidem ~** j-m Glauben schenken; **matri complexum ~** die Mutter umarmen; **vim alicui ~** j-m Gewalt antun; **omnia sub auras ~** alles ans Tageslicht bringen

12 darbringen, entrichten; **tributum alicui ~** j-m Abgaben entrichten; **suprema ~ cineri alicuius** j-m die letzte Ehre erweisen

13 *Opfer* darbringen, weihen; **tura altaribus ~** den Altären Weihrauch darbringen

14 antragen, anbieten; **condicionem** eine Bedingung

15 POL *od* JUR einbringen; **legem ~** einen Gesetzesantrag einbringen; **suffragium ~** eine Stimme abgeben; **rogationem ~** einen Antrag einbringen; **~ ad populum de re** etw beim Volk beantragen; **iudicem ~** einen Richter vorschlagen; **iudicem ~ alicui** *Liv.* j-m einen Richter vorschlagen, j-n anklagen

16 hervorbringen, erzeugen; **ager fruges fert** das Feld trägt Früchte; **Graecia multos viros tulit** *fig* Griechenland brachte viele Männer hervor

17 melden, berichten; **fama mihi tulit te venisse** ein Gerücht berichtete mir von deiner Ankunft; **quid fert iste tumultus?** was soll dieser Lärm?

18 mit sich bringen, erfordern; **natura fert, ut** die Natur verlangt, dass; **mea opinia fert ita** meine Meinung verlangt es so; **res hoc fert** die Angelegenheit erfordert dies

19 *im Rechnungsbuch* eintragen, verbuchen, **acceptum et expensum** Einnahmen und Ausgaben

20 in Bewegung bringen, fortreißen; **pedem domum ~** nach Hause gehen; **quocumque pedes ferunt** wohin auch die Füße tragen; **manūs caelo ~** die Hände zum Himmel emporstrecken; **ventus ferens** günstiger Fahrwind; **pedem retro ~** zurückgehen; **gradūs ingentes ~** große Schritte machen; **equi ferentes** durchgehende Pferde

21 *passiv u.* **se ~** sich rasch bewegen, eilen; **se ~ obviam alicui** j-m entgegeneilen; **equo ferri** reiten; **pennā ferri** fliegen; **omni cogitatione ferri in aliquid** alle seine Gedanken auf etw richten; **flumine ferri** flussabwärts treiben; **Rhenus citatus fertur** der Rhein fließt schnell; **ore se ~** sich brüsten; **se suasorem ~** öffentlich als Fürsprecher auftreten

ferre → ferre

ferreus ⟨a, um⟩ ADJ ||ferrum||

1 eisern, aus Eisen; **imber ~** Geschosshagel; **manus ferrea** Enterhaken

2 (*nachkl.*) *fig* unerschütterlich, fest; **corpus animusque Catonis ~** der eisenharte Körper und Geist Catos; **somnus ~** Todesschlaf

3 *fig* hart, grausam; **proles ferrea** eisernes Zeitalter

4 RHET hart *im Ausdruck*, unbeholfen

ferri-crepīnus ⟨a, um⟩ ADJ ||ferrum, crepare|| *Plaut.* eisenklirrend; **insulae ferricrepinae** *hum* Gefängnis

ferri-terium ⟨ī⟩ N ||ferrum, terere|| „Eisenreibwerk", *hum* für Arbeitslager

ferri-terus ⟨a, um⟩ ADJ ||ferrum, terere||, **ferri-tribāx** ⟨ferritrībācis⟩ ADJ ||ferrum|| *Plaut.* „Eisen abreibend" = gefesselt, *vom Sklaven*

ferrūgineus, ferrūginus ⟨a, um⟩ ADJ ||ferrugo|| rostfarbig, dunkel

ferrūgō ⟨ferrūginis⟩ F ||ferrum|| Eisenrost; *meton* dunkle Farbe

ferrum ⟨ī⟩ N

1 Eisen *als Rohstoff u. Material*

2 *meton* eisernes Gerät

3 eiserne Waffe, Schwert; **ferro ignique fines vastare** ein Gebiet mit Feuer und Schwert verwüsten

4 *fig* Waffengewalt; **ferro/cum ferro** mit bewaffneter Hand

5 *fig* Gefühllosigkeit, Härte des Herzens

6 *poet* eisernes Zeitalter

ferrūmināre ⟨ō, āvī, ātum 1.⟩ (nachkl.) zusammenkitten, zusammenleimen; **labra in labris ~** Plaut. fig Lippen an Lippen kleben = küssen

fertilis ⟨fertile, adv fertiliter⟩ ADJ ||ferre||
1 tragfähig, fruchtbar, (klass.) nur von Sachen, alicuius rei/re an etw, alicui für j-n
2 poet befruchtend, Segen spendend

fertilitās ⟨fertilitātis⟩ F ||fertilis|| Fruchtbarkeit, Ergiebigkeit, **agrorum** der Äcker; **~ frugum** Ergiebigkeit an Feldfrüchten

fertum ⟨ī⟩ N Opferkuchen aus Gerstenschrot, Öl u. Honig

ferula ⟨ae⟩ F (nachkl.)
1 poet Pfriemenkraut, eine Staudenpflanze mit knotigem Stängel u. einem Mark, in dem sich Feuer glühend erhalten ließ; damit stahl Prometheus das Feuer aus dem Himmel
2 meton Stab, Stock als Stütze, Züchtigungsmittel u. als chirurgische Schiene
3 Ferula, der gerade, mit einem Kreuz abschließende Hirtenstab des Papstes

ferūmināre ⟨ō, āvī, ātum 1.⟩ = **ferruminare**

ferus
A ⟨a, um⟩ ADJ
1 wild, ungezähmt
2 fig hart, grausam
B ⟨ī⟩ M wildes Tier, Wild

fervē-facere ⟨faciō, fēcī, factum 3.⟩ ||fervere|| heiß machen, glühend machen

fervēns ⟨ferventis, adv ferventer⟩ ADJ = **fervidus**

fervēre¹ ⟨ferveō, ferbuī, - 2.⟩
1 (unkl.) von Flüssigem sieden, kochen
2 poet aufwallen, toben
3 von Festem glühen, brennen
4 hervorschwärmen, umherschwärmen; **apes de bove fervunt** Bienen schwärmen aus dem Rind hervor
5 fig in Leidenschaft glühen, brennen, re/a re durch etw, von etw; **aliquis avaritiā fervet** j-d brennt vor Habsucht; **animus fervebat ab ira** er glühte vor Zorn
6 fig eifrig betrieben werden, mit Feuer betrieben werden

fervere² ⟨fervō, fervī, - 3.⟩ = **fervere**¹

fervēscere ⟨ēscō, -, - 3.⟩ ||fervere|| (unkl.) sich erhitzen, glühend werden

fervidus ⟨a, um⟩ ADJ ||fervere||
1 kochend, wogend; **aqua fervida** kochendes Wasser; **aequor fervidum** brandendes Meer
2 glühend, brennend
3 fig hitzig, leidenschaftlich

fervor ⟨fervōris⟩ M ||fervere||
1 Kochen, Wogen; **~ maris** das Wogen des Meeres
2 kochende Hitze, Glut; **~ solis** Sonnenhitze, Sonnenglut
3 fig Leidenschaft, Feuer

Fescennia ⟨ae⟩ F, **Fescennium** ⟨ī⟩ nördlich etrusk. Stadt nördlich von Falerii

Fescennīnus ⟨a, um⟩ ADJ aus Fescennia, von Fescennia; **Fescennini versūs/Fescennina carmina** Liv., Hor. Verse aus Fescennia, improvisierte Neck- u. Spottgedichte bäuerlich-derber Prägung in dialogischer Form, vorgetragen bei Festen, bes bei Hochzeiten

fessus ⟨a, um⟩ ADJ ||fatisci|| müde, erschöpft, re/de re durch etw, auch einer Sache müde; **miles ~** erschöpfter Soldat; **aetas fessa** Altersschwäche; **navis fessa** morsches Schiff; **res fessae** missliche Verhältnisse; **~ de itinere** müde vom Marschieren; **~ vivendo** lebensmüde; **~ ab undis** ermüdet von den Wellen; **~ rerum** müde von den Umständen

festīnābundus ⟨a, um⟩ ADJ ||festinare|| eilend, eilfertig

festīnanter ADV ||festinare|| (nachkl.) eilends, hastig, übereilt

festīnāre ⟨ō, āvī, ātum 1.⟩
A VI von Personen u. Sachen eilen, sich beeilen; **milites festinant** die Soldaten eilen; **oratio ad aliquid festinat** die Rede eilt auf etw zu
B VT (nachkl.) etw beschleunigen, etw eilends tun, aliquid; **~ iter** den Marsch beschleunigen; **~ alicui mortem** j-s Tod beschleunigen; **non festinantur virgines** die Mädchen werden nicht zu früh verheiratet; **vestes ~** die Kleider eilends anlegen

🛈 **Festina lente!** Eile mit Weile! Lieblingsausspruch des Kaisers Augustus

festīnātiō ⟨festīnātiōnis⟩ F ||festinare|| Eile, Hast, alicuius j-s, alicuius rei in etw, bei etw; pl eilige Fälle

festīnātō ADV (nachkl.) = **festinanter**

festīnus ⟨a, um⟩ ADJ ||festinare|| poet eilends, hastig

fēstīvitās ⟨fēstīvitātis⟩ F ||festivus||
1 (vkl., nachkl.) Heiterkeit, Fröhlichkeit; **mea ~** Plaut. meine Wonne, Kosewort
2 Witz, Humor, gute Laune
3 RHET Redeschmuck, Ausschmückung
4 (spätl.) Festlichkeit

fēstīvus ⟨a, um, adv fēstīvē⟩ ADJ ||festus||
1 (vkl.) festlich, feierlich gestimmt
2 heiter, fröhlich; **convivium festivum** fröhliches Gastmahl
3 von Personen u. Sachen scherzhaft, witzig; **homo ~** witziger Mensch; **sermo ~** launige Rede
4 von Personen gemütlich, angenehm
5 hübsch, nett, auch iron von Personen u. Sachen; **femina festiva** nette Dame; **festiva copia li-**

brorum hübsche Anzahl von Büchern
fēstra ⟨ae⟩ F̲ = **fenestra**
festūca ⟨ae⟩ F̲
1 (vkl., nachkl.) Grashalm, Halm
2 Plaut. Stäbchen des Prätors, mit dem er einen Sklaven zum Zeichen der Freilassung schlug
3 Ramme
fēstum ⟨ī⟩ N̲ ||festus|| Festtag, Fest, (
🛈 **Post festum venisti.** Du bist nach dem Fest gekommen. = *Die Hauptsache hast du verpasst*
fēstus ⟨a, um⟩ ADJ
1 festlich, feierlich; **dies ~** Festtag; **diem festum agere** einen Festtag begehen
2 Fest…
3 *poet* festlich geschmückt; **domus festa** festlich geschmücktes Haus
▶ deutsch: Fest
  englisch: feast
  französisch: fête
  spanisch: fiesta
  italienisch: festa
Fēstus ⟨ī⟩ M̲ vollständig S. Pompeius Festus, röm. Grammatiker des 2. Jh. n. Chr., Verfasser eines Auszugs aus einem Glossar der augusteischen Zeit; Auszüge durch Paulus Diaconus erhalten
fēta ⟨ae⟩ F̲ ||fetus¹|| Muttertier
fētēre ⟨eō, -, - 2.⟩ = **foetēre**
Fētiālēs ⟨Fētiālium⟩ M̲ die Fetialen, *Kollegium von 20 Priestern, die für die Sicherung der völkerrechtlichen Beziehungen zuständig waren, v. a. Bündnisse zu schließen u. Kriegserklärungen abzugeben hatten*
fētiālis
A ⟨fētiāle⟩ ADJ ||Fetiales|| zu den Fetialen gehörig
B ⟨fētiālis⟩ M̲ Kriegsherold
fētidus ⟨a, um⟩ ADJ = **foetidus**
fētor ⟨fētōris⟩ M̲ = **foetor**
fētūra ⟨ae⟩ F̲ ||fetus²|| Fortpflanzung; (nachkl.) *meton* Jungvieh
fētus¹ ⟨a, um⟩ ADJ
1 (nachkl.) *poet* schwanger, trächtig
2 *fig* bestellt; **ager ~** bestellter Acker
3 *fig* fruchtbar, ergiebig; **terra frugibus feta** an Früchten reiches Land
4 **feta** die geboren hat, die Junge geworfen hat; **femina feta** Wöchnerin; **lupa feta** Wolfsmutter
fētus² ⟨ūs⟩ M̲
1 Gebären, Geburt; *pl* Zeugungsvorgänge
2 *von der Erde* Fruchtbarkeit
3 *meton* Wachstum
4 Erzeugnis, Ertrag
5 *von Pflanzen* Spross, *auch* Frucht; **~ nucis** Pfropfreis der Walnuss
6 *von Tieren u. Menschen* Kind, Junges; *pl* junge Brut; **~ cervae** Kitz; **~ suis** Ferkel, Frischling
7 *fig* Frucht, Ertrag; **oratorum** Zuwachs an Rednern; **~ animi** Cic. Geistesfrucht
feudalis ⟨feudale⟩ ADJ (mlat.) Lehns…
feudum ⟨ī⟩ N̲ (mlat.) Lehen; Dienst
fiat ||fieri|| (mlat.) *auf Rezepten* es werde bereitet
fiber ⟨fibrī⟩ M̲ Biber
fibra ⟨ae⟩ F̲
1 Faser *von Pflanzen*; **~ radicis** Wurzelfaser
2 Lappen an den Eingeweiden wie Leber u. Lunge; *pl* Eingeweide
Fibrēnus ⟨ī⟩ F̲ Flüsschen in Latium bei Arpinum, Nebenfluss des Liris, heute Febrino
fībula ⟨ae⟩ F̲
1 ARCH Klammer, Bolzen
2 (unkl.) *in der Kleidung* Fibel, Schnalle
3 Mart., Iuv. Infibulationsring *der männnliche Vorhaut um Geschlechtsverkehr zu verhindern*
Fīcāna ⟨ae⟩ F̲ Stadt zwischen Rom u. Ostia, heute Tenuta
fīcēdula ⟨ae⟩ F̲ ||ficus|| Feigendrossel, *eine Grasmückenart*
fīcētum ⟨ī⟩ N̲ ||ficus|| (unkl.)
1 Feigenpflanzung
2 *fig* Feigwarzen, Kondylome, *spitze Hautwucherungen bes an After u. Genitalien*
fīcōsus ⟨a, um⟩ ADJ ||ficus|| *poet* voller Feigwarzen
fictile ⟨fictilis⟩ N̲ ||fictilis|| (nachkl.) Geschirr aus Ton, Tongefäß
fictilis ⟨fictile⟩ ADJ ||fingere|| aus Ton
fictiō ⟨fictiōnis⟩ F̲ ||fingere|| (nachkl.)
1 Bildung, Gestaltung
2 RHET Bildung, Umbildung *eines Wortes*
3 Personifikation
4 Erdichtung, erdichteter Fall
▶ deutsch: Fiktion
fictor ⟨fictōris⟩ M̲ ||fingere||
1 Bildhauer
2 Opferkuchenbäcker
3 Schöpfer, Urheber; **~ fandi** Verg. Lügenmeister
fictrīx ⟨fictrīcis⟩ F̲ ||fictor|| Bildnerin, Gestalte-

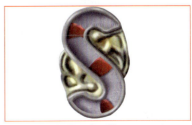

fibula – Fibel, Schnalle

rin

fictum ⟨ī⟩ N̄ ||fictus²|| Erdichtung, Lüge

fictūra ⟨ae⟩ F̄ (vkl., nachkl.) Bildung, bes Gestaltung

fictus¹ ⟨a, um⟩ PPP → fingere

fictus²

A ⟨a, um⟩ ADJ, ADV ⟨fictē⟩ ||fingere||

1 geformt, gestaltet; **signum ex auro fictum** aus Gold geformtes Bild

2 erdichtet, erlogen; *adv* zum Schein

3 lügnerisch, falsch

B ⟨ī⟩ M̄ *Hor.* Heuchler

fīcula ⟨ae⟩ F̄ ||ficus|| kleine Feige

Fīculea ⟨ae⟩ F̄ Stadt nö. von Rom, zum heutigen Stadtgebiet Roms gehörend

Fīculēnsis ⟨Fīculēnse⟩ ADJ aus Ficulea, von Ficulea; **via Ficulensis** alter Name für via Nomentana

fīculnus ⟨a, um⟩ ADJ ||ficula|| (unkl.) vom Feigenbaum, Feigen…

fīcus ⟨ī u. ūs⟩

A F̄

1 Feigenbaum

2 (vkl.) Feige; **~ prima** die erste Feige = Reifezeit der Feigen, Herbstanfang

3 (vkl.) *hum* Gesäß

B M̄ Feigwarze, Kondylom, *spitze Hautwucherung, bes an After u. Genitalien*

▶ deutsch: **Feige**
  englisch: **fig**
  französisch: **figue**
  spanisch: **higo**
  italienisch: **fico**

fideī-commissum ⟨ī⟩ N̄ ||fides¹, committere|| Fideikommiss, *testamentarische Verfügung, durch die ein Erblasser eine gesetzlich zugelassene Person als Erben einsetzt im Vertrauen darauf, dass diese das Erbe einer bestimmten gesetzlich nicht zugelassenen Person übergibt*

fideiussor ⟨fideiussōris⟩ M̄ ||fides¹, iubere|| Bürge

fidēle ADV → fidelis

fidēlia ⟨ae⟩ F̄ (unkl.) Gefäß *aus Ton od Glas*, Topf; **duo parietes de eadem fidelia dealbare** zwei Fliegen mit einer Klappe schlagen

fidēlis

A ⟨fidēle⟩ ADJ, ADV ⟨fidēliter⟩ u. ⟨fidēle⟩ ||fides¹||

1 *von Lebewesen u. abstr.* treu, zuverlässig, *alicui* j-m, *in aliquem* gegen j-n, *auch in aliquo/alicuius* j-m; **coniux ~** treue Ehefrau; **canis ~** treuer Hund

2 *von Sachen* sicher, fest

3 (mlat.) rechtgläubig

B ⟨fidēlis⟩ M̄

1 Getreuer, Vertrauter

2 (mlat.) Vasall

3 (mlat.) Christ, Gläubiger

▶ deutsch: **fidel**
  französisch: **fidèle**
  spanisch: **fiel**
  italienisch: **fedele**

fidēlitās ⟨fidēlitātis⟩ F̄ ||fidelis||

1 Treue, Zuverlässigkeit

2 (mlat.) Lehnstreue, Treueeid

Fīdēna ⟨ae⟩ F̄, **Fīdēnae** ⟨ārum⟩ F̄ Stadt nördlich von Rom, am linken Tiberufer, heute im Stadtgebiet von Rom liegend

Fīdēnās ⟨Fīdēnātis⟩ ADJ aus Fidenae, von Fidenae

Fīdēnātēs ⟨Fīdēnātium⟩ M̄ die Einwohner von Fidenae

fīdēns ⟨fidentis, *adv* fidenter⟩ ADJ ||fidere|| zuversichtlich, entschlossen; **~ animi** zuversichtlich im Herzen

fīdentia ⟨ae⟩ F̄ ||fidens|| Selbstvertrauen, Zuversicht

fīdere ⟨fīdō, fisus sum 3.⟩ j-m vertrauen, sich auf j-n, *alicui*; zuverlässig glauben, *+AcI*; sich trauen, wagen, *+inf*

fidēs¹ ⟨fideī⟩ F̄ ||fidere||

1 Glaube, Vertrauen, *das jd hegt*; **alicui fidem dare** j-m Glauben schenken; **alicui ~ fit** j-m wird glaubhaft; **fidem facere alicui** Glauben erwecken bei j-m, j-n überzeugen; **cum fide** vertrauensvoll

2 Treue, Gewissenhaftigkeit, *in aliquem/erga aliquem* gegen j-n, *alicuius rei* in etw; **~ rerum et verborum** Ehrlichkeit in Wort und Tat; **cum fide/cum bona fide** gewissenhaft; **(ex) bona fide** auf Treu und Glauben; **de mala fide** wegen Veruntreuung; **in fide manere** treu bleiben

3 Schutz, Beistand; **in fidem alicuius venire/se conferre/se permittere** sich unter j-s Schutz stellen; **in alicuius fide esse** unter j-s Schutz stehen; **in fidem et potestatem alicuius se permittere** sich auf Gnade und Ungnade j-m ergeben

4 Ehrenwort, Versprechen; **alicui fidem dare** j-m sein Wort geben; **fidem dare et accipere** sich gegenseitig das Wort geben; **fidem conservare** sein Wort halten; **fidem exsolvere** sein Wort einlösen; **fidem mutare/violare** sein Wort brechen; **fidem interponere/fidem suam obligare** sein Wort verpfänden; **fide meā** auf mein Wort; **per fidem** auf treulose Weise

5 (spätl., eccl.) REL christlicher Glaube

6 Beglaubigung, Bestätigung; **alicui fidem alicuius rei addere** j-m etw bestätigen, j-m etw beglaubigen; **~ alicuius rei penes ali-**

quem est j-d hat etw zu bestätigen, j-d hat etw zu verantworten; **tum manifesta est ~** da bestätigt es sich offen; **ad fidem alicuius rei** zum Beweis einer Sache; **dictis fidem addere** die Worte in Erfüllung gehen lassen

7 Gewissheit, Zuverlässigkeit; **librum ad historiae fidem scribere** ein Buch der historischen Wahrheit gemäß schreiben; **fidem reportare** zuverlässige Nachricht bringen

8 Sicherheit, Unverletzlichkeit, *die jd genießt*; **~ pacis** garantierter Friede; **alicui fidem dare** j-m freies Geleit geben

9 Glaubwürdigkeit; **orationi fidem afferre** der Rede Glaubwürdigkeit geben; **fidem orationis imminuere** die Glaubwürdigkeit einer Rede vermindern; **res fidem habet** die Sache ist glaubwürdig; **res fide maior est** die Sache ist unglaublich

10 Vertrauen, *das jd genießt*, Kredit, *bes in Geldangelegenheiten*; **aliquis fidem habet** j-d besitzt Kredit; **alicuius concidit** j-s Kredit sinkt; **homo sine re et fide** Mensch ohne Geld und ohne Kredit

11 (*mlat.*) das christliche Glaubensbekenntnis

fidēs[2] ⟨fidis⟩ F̲

1 Darmsaite, Saite *eines Musikinstruments*

2 P̲L̲ Saiteninstrument, Lyra; **fidibus canere** ein Saiteninstrument spielen, die Laute schlagen

Fidēs ⟨Fidis⟩ F̲ (*unkl.*) Leier *als Gestirn*

fidī → findere

fidi-cen ⟨fidicinis⟩ M̲ ||fides[2], canere|| Lautenspieler; lyrischer Dichter

fidicina ⟨ae⟩ F̲ ||fidicen|| *Com.* Lautenspielerin

fidicinius ⟨a, um⟩ A̲D̲J̲ ||fidicen|| *Plaut.* des Lautenspielers; **ludus ~** Musikschule

fidicula ⟨ae⟩ F̲ ||fides[2]||

1 kleine Laute

2 (*nachkl.*) Folterwerkzeug aus Stricken, *mit denen dem Delinquenten die Glieder aus den Gelenken gerissen wurden*

fidis ⟨fidis⟩ F̲ = **fides**[2]

Fidis ⟨Fidis⟩ F̲ = **Fides**; → fides[2]

Fidius ⟨ī⟩ M̲ *vollständig Dius Fidius*, Gott der Treue, *mit dem sabinischen Gott Semo Sancus, später mit Herkules gleichgesetzt*, **per Deum Fidium** beim allwissenden Gott, *Beteuerungsformel*; **me Dius ~ (iuvet)** so wahr mir Gott helfe

fīdūcia ⟨ae⟩ F̲ ||fidere||

1 Vertrauen, zuversichtlicher Glaube, *absolut od alicuius rei* zu etw, an etw, auf etw; **~ sui/rerum suarum** Selbstvertrauen

2 Selbstgefühl, Mut

3 (*vkl., nachkl.*) Zuverlässigkeit

4 J̲U̲R̲ Überlassung *eines Eigentums* auf Treu und Glauben *durch Scheinverkauf*; Verpfändung; **formula fiduciae** Verpfändung

5 *meton durch Scheinverkauf* anvertrautes Gut, Unterpfand; **iudicium fiduciae** Prozess wegen Vorenthaltung des Anvertrauen

6 Eigentumssicherheit, Absicherung durch eine Hypothek

7 *fig* Sicherheit, Bürgschaft

fīdūciārius ⟨a, um⟩ A̲D̲J̲ ||fiducia|| auf Treu und Glauben anvertraut; **operam fiduciariam habere** ein kommissarisches Amt haben

fīdus ⟨a, um, *adv* fidē⟩ A̲D̲J̲ ||fidere||

1 *von Lebewesen u. abstr.* treu, zuverlässig

2 *von Sachen* sicher, fest, *alicuius rei* für etw, gegen etw; **statio male fida carinis** unsicherer Ankerplatz für die Schiffe; **mons nivibus ~** *Tac.* Berg, auf dem dauernd Schnee liegt

---

fierī ⟨fīō, factus sum 0.⟩

1 werden, entstehen
2 geschehen, entstehen
3 herauskommen, betragen
4 folgen, hervorgehen
5 gemacht werden
6 werden
7 Eigentum werden
8 ernannt werden
9 geschätzt werden
10 geopfert werden

---

1 werden, entstehenn; **homo ~ non potest formosior** der Mensch kann nicht schöner geschaffen werden

2 *von Zuständen u. Ereignissen* geschehen, stattfinden; **clamor fit** es entsteht ein Geschrei; **magna fit lapidatio** es fällt ein schwerer Hagel von Steinen; **fit commutatio rerum** es tritt eine Veränderung der Verhältnisse ein; **fit mihi timor** mich überkommt Furcht; **quid fiet mihi/de me?** was soll aus mir werden?; **si quid mihi fiat** wenn mir etw zustoßen sollte; **ut fit** wie es so geschieht; **quo facto** nachdem dies geschehen war = hierauf, infolgedessen, deshalb, trotzdem; **fit, ut** es ereignet sich, dass; **bene fit, ut** es trifft sich gut, dass; **~ potest, ut** es ist möglich, dass; **~ non potest, quin/ut non** es ist notwendig, dass; es muss, notwendigerweise, durchaus; **~ aliter non potest, quam ut** es ist notwendig, dass

3 (*nachkl.*) M̲A̲T̲H̲ herauskommen, betragen; **quid fit?** was kommt heraus?

4 *log.* folgen, hervorgehen; **ita fit, ut** daraus folgt, dass

5 *als passiv von facere* gemacht werden; **pons fit** eine Brücke wird gebaut; **alicui statua fit** j-m wird ein Denkmal errichtet; **potestas fit** die

Erlaubnis wird gegeben
[6] zu *etw* werden; **aliquis amicus fit** j-d wird ein Freund
[7] *j-s* Eigentum werden; **haec domus patris fit** dieses Haus wird Eigentum des Vaters
[8] zu *etw* ernannt werden; **aliquis consul fit** j-d wird Konsul
[9] geschätzt werden; **aliquis ab aliquo magni fit** j-d wird von j-m hoch geschätzt
[10] geopfert werden; **pro populo fit** für das Volk wird geopfert; **unā hostiā fit** es wird nur ein Tier geopfert

figere ⟨figō, fixī, fixum 3.⟩

[1] (an)heften, befestigen
[2] öffentlich anschlagen
[3] aufhängen, weihen
[4] aufrichten, errichten
[5] fest einprägen
[6] hineinschlagen, hineinstoßen
[7] fest auf etw richten
[8] durchbohren, erlegen
[9] treffen, verletzen

---

[1] (an)heften, befestigen, *in re|in rem|ad rem|alicuius rei|re*; *passiv* fest haften (bleiben); **hominem in cruce/in crucem/cruci ~** einen Menschen ans Kreuz schlagen; **arborem cacumine montis ~** einen Baum auf dem Gipfel des Berges einpflanzen; **aliquis fixus manet** j-d bleibt wie angewurzelt stehen; **fixus in silentium** in Schweigen versunken; **fixum esse** unumstößlich sein
[2] *zur Bekanntmachung* öffentlich anschlagen; **leges ~** Gesetze anschlagen
[3] *als Trophäe od Weihegeschenk* aufhängen, weihen, *alicui aliquid* j-m etw; **arma postibus/in postibus ~** Waffen an den Pfosten aufhängen
[4] *Bauwerke* aufrichten, errichten, *alicui* für j-n; **crucem in illo loco ~** ein Kreuz an jenem Ort errichten; **domos ~** sich häuslich niederlassen; **modum ~ alicui rei** einer Sache ein Ziel setzen
[5] *fig* fest einprägen, **aliquid penitus in animo** etw tief im Geist
[6] *etw Spitzes* hineinschlagen, hineinstoßen, *aliquid in re|re* etw in etw; **mucronem in hoste ~** den Dolch in den Feind bohren; **in lumina figi** in die Augen gestochen werden; **virus in venas ~** Gift in die Adern spritzen
[7] fest auf *etw* richten, heften, *in re|in rem|re*; **oculos in terram ~** die Augen auf den Boden richten; **mentem ~ in re** seine Aufmerksamkeit auf etw richten
[8] durchbohren, treffen; **hominem telo ~** einen Menschen mit einem Geschoss durchbohren
[9] *fig mit Worten* treffen, verletzen; **aliquem maledictis ~** j-n mit Schmähungen verletzen

figlīnus ⟨a, um⟩ ADJ = figulus
fīgmentum ⟨ī⟩ N ||fingere|| Erfindung; Bildung *von Wörtern*
figulāris ⟨figulāre⟩ ADJ ||figulus|| (*vkl., nachkl.*) Töpfer…; **rota ~** Töpferscheibe
figulus ⟨ī⟩ M ||fingere|| (*unkl.*) Töpfer
Figulus ⟨ī⟩ M röm. Beiname; → Nigidius
figūra ⟨ae⟩ F ||fingere||

[1] äußere Gestalt, Figur; **~ hominis/humana** menschliche Gestalt; **~ formae** Bildung der Gestalt
[2] schöne Gestalt, Schönheit
[3] Bild, bildliche Darstellung; **~ fictilis** Tonfigur
[4] Schatten *eines Verstorbenen*
[5] Sen. PHIL Urbild, Idee; **figurae Epicurī** *Lucr.* = Atome
[6] Art und Weise, Beschaffenheit; **~ vocis** Charakter der Stimme
[7] Redefigur; *auch* Anspielung
[8] (*mlat.*) Symbol
▷ deutsch: **Figur**
  englisch: **figure**
  französisch: **figure**
  spanisch: **figura**
  italienisch: **figura**

figūrāre ⟨ō, āvī, ātum 1.⟩ ||figura||

[1] gestalten, bilden, **mundum** die Welt; **anūs in volucres ~** alte Frauen in Vögel verwandeln
[2] (*nachkl.*) *fig* sich ausmalen *in der Fantasie*; **animo inanes species ~** sich im Geist Wahngestalten vorstellen
[3] RHET mit Redefiguren ausschmücken

figūrātiō ⟨figūrātiōnis⟩ F ||figura|| (*nachkl.*) Gestaltung, Vorstellung
fīlātim ADV ||filum|| *Lucr.* fadenweise
filex ⟨filicis⟩ F = filix
fīlia ⟨ae⟩ F ||filius|| Tochter; *poet* Spross; **filiis et filiabus** Söhnen und Töchtern
filicātus ⟨a, um⟩ ADJ ||filix|| mit Farnkrautmuster verziert, kunstvoll gearbeitet
fīliola ⟨ae⟩ F ||filia|| Töchterchen; *iron.-pejor.* weibischer Mensch
fīliolus ⟨ī⟩ M ||filius|| Söhnchen
fīlius ⟨ī⟩ M ||felare|| Sohn; Spross; **regis ~** Prinz; **fortunae ~** Glückskind; **terrae ~** Mensch unbekannter Herkunft, hergelaufener Mensch; **mi fili** *vok* mein Sohn!
filix ⟨filicis⟩ F (*nachkl.*) Farnkraut, Unkraut, *auch Schimpfwort*; *Pers.* männliche Schamhaare
filtrum ⟨i⟩ N (*mlat.*) Durchseihgerät *aus Filz*, Filter

fīlum ⟨ī⟩ N̄
1. Faden, Garn; **velamina filo pleno** grobe Decken; **tenui filo pendēre** an einem seidenen Faden hängen
2. Lebensfaden, *den die Parzen für die Menschen spinnen*
3. Staubfaden
4. Faser *von Pflanzen*
5. Gespinst, Gewebe
6. *Ov.* Saite
7. (*unkl.*) *fig* äußere Gestalt
8. RHET Art und Weise, Form; **uberius ~** ausführlichere Behandlung

fimbria ⟨ae⟩ F̄ Franse; *pl* Gekräusel

Fimbria ⟨ae⟩ F̄ röm. Beiname; → Flavius

fimbriātus ⟨a, um⟩ ADJ ||fimbria|| (*vkl., nachkl.*) mit Fransen (versehen)

fimum ⟨ī⟩ N̄, **fimus** ⟨ī⟩ M̄ (*nachkl.*) Dünger, Mist

fīnālis ⟨e⟩ ADJ ||finis|| (*spätl.*) End...; endgültig

findere ⟨findō, fidī, fissum 3.⟩
1. spalten, sprengen; **lignum ~** Holz spalten; **agrum sarculo ~** den Acker umbrechen
2. durchfurchen, durchströmen; **terras vomere ~** das Erdreich mit dem Pflug durchfurchen; **freta maris classe ~** die Flut des Meeres mit der Flotte durchsegeln
3. *passiv* **se ~** sich spalten, zerplatzen; **via se findit in ambas partes** der Weg gabelt sich in zwei Richtungen; **findor** *Plaut.* ich möchte platzen (vor Ärger)

fingere ⟨fingō, finxī, fictum 3.⟩

1. streicheln, streichelnd berühren
2. bilden, formen
3. bauen, darstellen
4. ordnen, frisieren
5. gestalten
6. dressieren, zähmen
7. umbilden, umwandeln
8. sich einbilden
9. ersinnen, erdichten
10. sinnen

1. streicheln, streichelnd berühren; **manūs aegras manibus amicis ~** kranke Hände mit liebenden Händen streicheln
2. bilden, formen, *aliquem/aliquid* j-n/etw, *aliquid de re/ex re* etw aus etw, *aliquid in aliquid* etw zu etw, etw nach etw; **aliquid cerā/ex cera ~** etw aus Wachs formen; **pocula de humo ~** Becher aus Ton fertigen; **in artūs ~** zu Gliedern formen
3. bauen, darstellen; **aves nidos fingunt** die Vögel bauen Nester; **Alexander a Lysippo fingi volebat** Alexander wollte von Lysipp dargestellt werden; **carmina ~** Lieder dichten; **ars fingendi** Bildhauerkunst
4. *poet* das Haar ordnen; *allg.* zurechtmachen; **se alicui ~** sich für j-n zurechtmachen; **vultum ~** *Ov.* sein Gesicht verstellen; **vitem putando ~** einen Weinstock beschneiden
5. *fig* gestalten, *durch Unterricht* bilden; **sui cuique mores fingunt fortunam** jeder ist seines Glückes Schmied; **se ~ ad aliquid** sich nach etw richten; **animos audientium ~** die Hörer beeinflussen
6. *fig von Tieren* dressieren, zähmen
7. *fig* umwandeln; zu *etw* machen, +*dopp. akk*; **vitam ~** sein Leben ändern; **aliquem miserum ~** j-n arm machen; **se pavidum ~** sich feige stellen
8. sich *etw* einbilden, sich *etw* vorstellen; **suā naturā ceteros ~** die Übrigen nach seinem eigenen Wesen beurteilen; **finge** stell dir vor, +*AcI*
9. ersinnen, erdichten; **crimina in aliquem ~** Vorwürfe gegen j-n ersinnen
10. auf *etw* sinnen, *aliquid*; **profectionem ~** an die Abreise denken

fīniēns ⟨finientis⟩ M̄ ||finire|| (*erg.* **orbis**) Gesichtskreis, Horizont

fīnīre ⟨iō, īvī, ītum 4.⟩ ||finis||

A V̄T
1. begrenzen, **alicuius imperium** j-s Herrschaftsbereich
2. *fig einer Sache* Grenzen setzen, etw einschränken, *aliquid*; **cupiditates ~** die Begierden einschränken
3. festsetzen, bestimmen, *aliquid re* etw durch etw, etw nach etw; **diem ~** einen Termin bestimmen
4. PHIL definieren, logisch abgrenzen
5. beenden, **vitam** das Leben; **sitim ~** den Durst stillen; *passiv* aufhören
6. RHET periodisch abschließen

B V̄I (*nachkl.*)
1. zu reden aufhören, schließen
2. enden = sterben

fīnis ⟨finis, *abl* fine *u.* finī⟩ M̄ *u.* F̄
1. Grenze, Grenzlinie; **fines propagare/proferre** Grenzen hinausschieben; **fines terminare** Grenzen bestimmen; **fines violare** Grenzen verletzen; **quem ad finem?** wie weit?, wie lange?; **usque ad eum finem** so weit, so lange; **fine alicuius rei** bis an etw
2. PL *meton* Gebiet; Grundstücke; **primi/extremi fines** äußerstes Grenzgebiet; **dominos finibus pellere** die Besitzer von ihrem Grund vertreiben
3. *fig* Schranke, Einschränkung; **~ humanae**

naturae Grenze der menschlichen Natur; **sine ullo fine** unbegrenzt

4 Ziel; *fig* Zweck; **domūs ~ est usus** *Cic.* der Zweck des Hauses ist der Gebrauch; **ad eum finem** zu diesem Zweck; **eā fini, ut** in der Absicht, dass

5 *Quint.* Definition, Erklärung

6 Höhepunkt, Gipfel; **~ bonorum** höchstes Gut; **~ honorum** Gipfel der Ämterlaufbahn

7 *zeitl.* Ende, Schluss; **aliquid ad finem adducere** etw zu Ende führen; **finem capere/in fine esse** zu Ende sein; **finem facere alicuius rei/alicui rei** einer Sache ein Ende machen

8 (*nachkl.*) *poet* Lebensende, Tod

9 (*nlat.*) Schlussvermerk *in Druckwerken*

⚠ **Finis coronat opus.** *Ov.* Das Ende krönt das Werk = *Ende gut, alles gut. Auch Motto vieler US-amerikanischen Schulen.*

fīnītē ADV → finitus
fīnitimī ⟨ōrum⟩ M ||finitimus|| Grenznachbarn
fīnitimus ⟨a, um⟩ ADJ ||finis||

1 angrenzend, benachbart; **bellum finitimum** Krieg in der Nachbarschaft

2 *fig* nahestehend, verwandt, *alicuius/alicui rei* j-m/ einer Sache; **metus aegritudini ~ est** die Angst ist der Krankheit sehr ähnlich

fīnītiō ⟨fīnītiōnis⟩ F ||finire|| (*nachkl.*)

1 Begrenzung

2 *fig* Erklärung, Definition

fīnītīvus ⟨a, um⟩ ADJ ||finire|| *Quint.* auf Bestimmung beruhend, auf Erklärung beruhend

fīnītor ⟨fīnītōris⟩ M ||finire||

1 Feldmesser, Geometer; *Plaut.* auch *hum* vom Prologsprecher

2 *Sen.* Horizont

fīnītumus ⟨a, um⟩ ADJ = finitimus
fīnītus ⟨a, um, *adv* fīnītē⟩ ADJ ||finire||

1 begrenzt, beschränkt; *adv* mit Einschränkung, mäßig

2 beendet

fīnxī → fingere
fīō → fierī
firmāmen ⟨firmāminis⟩ N *Ov.* = firmamentum
firmāmentum ⟨ī⟩ N ||firmare||

1 Befestigung, Stütze; **alicui firmamento esse** j-m als Stütze dienen

2 *fig* Stärke, **rei publicae** des Staates

3 Hauptbeweis, Hauptpunkt

4 (*spätl., eccl.*) Himmelsgewölbe, Firmament

Firmānus

A ⟨a, um⟩ ADJ aus Firmum, von Firmum

B ⟨ī⟩ M Einwohner von Firmum

firmāre ⟨ō, āvī, ātum 1.⟩ ||firmus||

1 befestigen, fest machen, **aestuaria aggeribus** die Buchten durch Dämme sichern; *allg.* dauerhaft machen; **turres praesidiis ~** die Türme durch Besatzungen sichern; **gradum ~** festen Fuß fassen; **rem publicam ~** den Staat festigen; **concordiam et pacem ~** Eintracht und Frieden stärken; **civitates obsidibus ~** sich der Treue der Staaten durch Geiseln versichern

2 *Körper u. Geist* stärken, kräftigen; *passiv* stark werden; **aetas firmata** Mannesalter

4 *fig* ermutigen, ermuntern; *passiv* sich fassen, sich aufraffen; **firmatus animo/animi** im Herzen fest entschlossen

5 *eine Behauptung oda ein Versprechen* bekräftigen, bestätigen; **~ aliquid iure iurando** etw eidlich bekräftigen

6 fest behaupten, +AcI

7 dartun, beweisen; **naturam fati ex divinationis ratione ~** das Wesen des Schicksals aus der Sicht der Weissagung beweisen

firmātor ⟨firmātōris⟩ M ||firmus|| (*nachkl.*) Befestiger, **paci** des Friedens

firmitās ⟨ātis⟩ F ||firmus|| Festigkeit, Ausdauer

firmiter ADV → firmus

firmitūdō ⟨firmitūdinis⟩ F = firmitas

Firmum ⟨ī⟩ N Stadt im Picenum, s. von Ancona, 8 km von der Küste entfernt, heute Fermo

firmus ⟨a, um, *adv* firmē *u.* firmiter⟩ ADJ

1 fest, kräftig; *von Personen u. Sachen, ad aliquid* zu etw, in Beziehung auf etw, *in re* in etw, *a re* vonseiten einer Sache, *contra aliquid/adversus aliquid/ alicui rei* gegen etw; **vir ~** starker Mann; **ordines firmi** fest geschlossene Reihen; **vinum firmum** haltbarer Wein; **~ ad dimicandum** tüchtig im Kampf; **~ ab equitatu** stark vonseiten der Reiterei

2 *fig geistig* fest, konsequent; **accusator ~** beharrlicher Ankläger

3 zuverlässig, sicher; **consilium firmum** vertrauenswürdiger Rat; **litterae firmae** Briefe mit sicheren Nachrichten; **candidatus ~** Amtsbewerber mit guten Erfolgsaussichten

fiscālis ⟨ae⟩ F ||fiscus|| (*nachkl.*) zur Staatskasse gehörig, fiskalisch

fiscella ⟨ae⟩ F ||fiscus|| geflochtenes Körbchen

fiscina ⟨ae⟩ F ||fiscus|| geflochtener Korb, Obstkorb

fiscus ⟨ī⟩ M

1 (*nachkl.*) geflochtener Korb, (*klass.*) nur Geldkorb

2 *Iuv. meton* Geld

3 *z. Zt. der Republik* Staatskasse; Staatsgelder

4 *in der Kaiserzeit* kaiserliche Privatkasse

5 (*mlat.*) königliche Domäne

▶ deutsch: **Fiskus**
  englisch: **fisc**
  französisch: **fisc**

spanisch: **fisco**
italienisch: **fisco**

fissilis ⟨fissile⟩ ADJ ||findere|| spaltbar; gespalten; **fissile caput** *Plaut.* gespaltener Kopf = Loch im Kopf

fissiō ⟨fissiōnis⟩ F ||findere|| Spalten, Zerschlagen

fissum ⟨ī⟩ N ||findere|| Spalt, Einschnitt, *bes in Leber u. Lunge*

fissus ⟨a, um⟩ PPP → findere

fistūca ⟨ae⟩ F = festuca

fistula ⟨ae⟩ F

1 Rohr, Röhre, *bes in Wasserleitungen*

2 *Gegenstand aus einem Rohrstängel:* Hirtenpfeife; Schreibfeder

3 *(vkl., nachkl.)* MED Fistel, *röhrenförmige Verbindung zwischen einem Organ u. der Körperoberfläche od einem anderen Organ;* ~ **puris** Eiterbeule

fistulāre ⟨ō, -, - 1.⟩, **fistulārī** ⟨or, - 1.⟩ ||fistula|| *(spätl.)* auf der Hirtenflöte blasen

fistulātor ⟨fistulātōris⟩ M ||fistula|| Pfeifer, *der dem Redner auf der Flöte die richtige Tonhöhe angab*

fistulātus ⟨a, um⟩ ADJ ||fistulare|| *Suet.* mit Röhren versehen, hohl

fistulōsus ⟨a, um⟩ ADJ ||fistula|| *(vkl., nachkl.)* porös, durchlässig

fīsus ⟨a, um⟩ PPERF → fidere

fītilla ⟨ae⟩ F *(nachkl.)* Opferbrei

fīxī → figere

fīxus¹ ⟨a, um, *adv* fīxē⟩ ADJ ||figere|| fest, bleibend, unabänderlich, bestimmt; **fixum est** es ist fest beschlossen, +AcI

fīxus² ⟨ūs⟩ M ||figere|| *(nachkl.)* Einschlagen

fīxus³ ⟨a, um⟩ PPP → figo

flābelli-fera ⟨ae⟩ F ||flabellum, ferre|| *Plaut.* Fächerträgerin

flābellulum ⟨ī⟩ N ||flabellum|| *Ter.* kleiner Fächer

flābellum ⟨ī⟩ N ||flabellum|| *(vkl.) poet* Fächer, Wedel; ~ **caudae pavonis** Rad des Pfaues; ~ **seditionis** Anheizer des Aufruhrs

flābilis ⟨flābile⟩ ADJ ||flare|| luftförmig

flābrum ⟨ī⟩ N ||flare|| *(spätl.) poet meist* PL das Wehen; wehende Winde

flaccēre ⟨eō, -, - 2.⟩ ||flaccus|| schlaff sein; *fig* nachlassen

flaccēscere ⟨ēscō, -, - 3.⟩ ||flaccere|| *(spätl.)* erschlaffen, ermatten

flaccidus ⟨a, um⟩ ADJ ||flaccus|| *(nachkl.) poet* matt, kraftlos

flaccus ⟨a, um⟩ ADJ ||vkl.|| schlaff; schlappohrig

Flaccus ⟨a, um⟩ *röm. Beiname*; *am bekanntesten Quintus Horatius Flaccus*; → Horatius

flagellāre ⟨ō, āvī, ātum 1.⟩ ||flagellum|| *(nachkl.) poet* peitschen, schlagen, geißeln, *aliquem re* j-n mit etw, *in aliquid* auf etw

flagellum ⟨ī⟩ N ||flagrum||

1 Peitsche, Geißel; **flagello insonare** mit der Peitsche knallen

2 *Verg.* Wurfriemen am Wurfspieß

3 *Pers.* Stock *zum Antreiben des Kreisels*

4 *Ov.* Fangarme *des Polypen*

flāgitāre ⟨ō, āvī, ātum 1.⟩

1 *Plaut.* öffentlich ausrufen lassen

2 leidenschaftlich fordern, dringend verlangen, *aliquid ab aliquo/aliquem* etw von j-m; **posco atque flagito** ich fordere und verlange; ~ **Aeduos frumentum** von den Äduern die Lieferung von Getreide fordern; ~ **praemium a civibus** von den Bürgern Belohnung verlangen

3 *von abstr. Subj.* dringend erfordern, notwendig machen; **res severitatem flagitat** die Angelegenheit erfordert Strenge

4 zu wissen verlangen; **crimen ab adversario** ~ den Vorwurf vom Gegner wissen wollen, +*indir Fragesatz*

5 j-s Auslieferung verlangen, *aliquem*

6 vor Gericht fordern, belangen

7 j-m unsittliche Anträge machen, sich an j-m vergreifen wollen, *aliquem*

flāgitātiō ⟨flāgitātiōnis⟩ F ||flagitare|| ungestüme Forderung, dringende Mahnung

flāgitātor ⟨flāgitātōris⟩ M ||flagitare|| Forderer, Mahner

flāgitiōsus ⟨a, um, *adv* flāgitiōsē⟩ ADJ ||flagitium|| schändlich, *alicui* für j-n; ausschweifend *von Personen u. Sachen*

flāgitium ⟨ī⟩ N ||flagitare||

1 ehrlose Handlung, Schandtat

2 Ausschweifung, wüstes Leben

3 *Tac.* Verletzung der militärischen Ehre

4 PL schmähliche Behauptungen, schändliche Äußerungen

5 Lasterhaftigkeit

6 Schande, Schimpf; **aliquid** ~ **putare** etw für eine Schande halten

7 *(vkl., nachkl.) meton* Schandkerl; **catervas flagitiorum circum se habere** Haufen von Schandkerlen um sich haben

flagrāns ⟨flagrantis, *adv* flagranter⟩ ADJ ||flagrare||

1 *(nachkl.) poet* brennend, flammend

2 *fig* leuchtend, funkelnd, strahlend, *re* von etw

3 *fig* leidenschaftlich, erregt

flagrantia ⟨ae⟩ F ||flagrare||

1 Glut, **oculorum** der Augen

2 *fig* glühende Liebe

3 **flagitii** ~ *Plaut.* *als Schimpfwort* Schandkerl

flagrāre ⟨ō, āvī, ātum 1.⟩

1 brennen, lodern

2 *fig* glänzen, funkeln

3 *fig* lodern, *vor Leidenschaft*, glühen, *von Personen u. Sachen*; **~ amore** vor Liebe entbrannt sein; **studio litterarum ~** vor Eifer für die Wissenschaft brennen; **infamiā ~** ganz verrufen sein; **inopiā ~** schwer von Armut heimgesucht werden; **bellum flagrat** der Krieg tobt; **convivia flagrant stupris flagitiisque** bei den Gelagen herrschen Unzucht und schändliche Lüste

flagri-triba ⟨ae⟩ F̲ ||flagrare|| *Plaut.* „Peitschenabnutzer", häufig geprügelter Sklave

flagrum ⟨ī⟩ N̲ (*vkl., nachkl.*) Peitsche, Geißel

flāmen¹ ⟨flāminis⟩ M̲ Flamen, Priester *einer bestimmten Gottheit; es gab drei maiores flamines aus patri. u. zwölf flamines minores aus pleb. Stand für niedere Gottheiten; auch göttlich verehrte Kaiser*

flāmen² ⟨flāminis⟩ N̲ ||flare|| (*vkl.*)
1 *das Wehen des Windes*
2 Wind, Luftzug
3 Blasen auf der Flöte; *pl* Flötentöne

Flāminiānus ⟨a, um⟩ A̲D̲J̲ des Flaminius

flāminica ⟨ae⟩ F̲ ||flamen¹|| (*nachkl.*) *poet* Ehefrau eines Flamen, *bes des flamen Dialis*

Flāminīnus ⟨ī⟩ M̲ → Quinctius

flāminium ⟨ī⟩ N̲ ||flamen¹|| Amt eines Flamen

Flāminius ⟨a, um⟩ *Name einer pleb. gens; am bekanntesten C. ~, Vorkämpfer der plebs, legte als Zensor 220 v. Chr. die via Flaminia von Rom nach Ariminum an, fiel 217 v. Chr. als Konsul am Trasumener See*

flamma ⟨ae⟩ F̲
1 Flamme, loderndes Feuer; **flammam concipere** Feuer fangen; **flammā ferroque** mit Feuer und Schwert
2 *meton* Fackel
3 Blitz; Stern
4 Hitze, Licht, *auch fig, bes auch* Hitze *des Fiebers od. der Leidenschaft*; **~ gulae** Heißhunger
5 *poet* Eifersucht
6 *fig* Liebesglut; *meton* Geliebte
7 *fig* höchste Gefahr, Verderben
▶ deutsch: **Flamme**
   englisch: **flame**
   französisch: **flamme**
   spanisch: **llama**
   italienisch: **fiamma**

flammāre ⟨ō, āvī, ātum 1.⟩ ||flamma|| (*nachkl.*)
A V̲I̲I̲ nur **flammans** flammend, brennend
B V̲T̲ anzünden; *fig* entflammen; **flammatus** *auch* feuerrot

flamm(e)ārius ⟨ī⟩ M̲ *Plaut.* ||flammeum|| Weber von Brautschleiern

flammeolum ⟨ī⟩ N̲ ||flammeum|| *Iuv.* kleiner Brautschleier

flammēscere ⟨ēscō, -, - 3.⟩ ||flamma|| *Lucr.* feurig werden

flammeum ⟨ī⟩ N̲ ||flammeus|| (*unkl.*) roter Brautschleier *der Römerin*; feuerrote Farbe

flammeus ⟨a, um⟩ A̲D̲J̲ ||flamma|| feurig; (*nachkl.*) feuerrot glänzend

flammi-fer ⟨flammifera, flammiferum⟩ A̲D̲J̲ ||flamma, ferre|| (*nachkl.*) *poet* Flammen tragend, flammend, brennend, feurig, heiß

flammula ⟨ae⟩ F̲ ||flamma|| Flämmchen

flāmōnium ⟨ī⟩ N̲ = flaminium

flāre ⟨ō, āvī, ātum 1.⟩
A V̲I̲I̲ blasen, wehen; **ventus flat** der Wind weht; **simul ~ sorbereque haud facile factu** zu gleicher Zeit blasen und schlürfen ist nicht leicht = *etw Unmögliches*.
B V̲T̲
1 (*vkl.*) *poet* (hervor)blasen; **flammam ~** eine Flamme (blasend) entfachen
2 hervorwehen; **pulvis vento flatus** vom Wind aufgewirbelter Staub
3 *die Flöte* blasen
4 *mit dem Blasebalg blasend* Metalle schmelzen; *Geld* gießen

flascō ⟨flascōnis⟩ M̲ (*spätl.*) Weinflasche

flātus ⟨flātūs⟩ M̲ ||flare||
1 (*nachkl.*) Blasen, Wehen *des Windes*; **~ fortunae** *fig* Hauch des Glücks
2 (*nachkl.*) MED (lautlose) Blähung
3 Atmung; *meton* Atem; **~ equorum** das Schnauben der Pferde
4 Blasen der Flöte, Flötenspiel
5 *meton* Aufgeblasenheit, Hochmut

flāvēns ⟨flāventis⟩ A̲D̲J̲ = flavus

flāvēre ⟨eō, -, - 2.⟩ ||flavus|| (*nachkl.*) goldgelb sein

flāvēscere ⟨ēscō, -, - 3.⟩ ||flavere|| gelb werden, sich blond färben

Flāviānus ⟨a, um⟩ A̲D̲J̲ des Flavius

Flāvius ⟨a, um⟩ *Name einer röm., urspr. sabinischen gens*
1 **Cn. ~** *urspr. Sekretär des Appius Caecus (312 v. Chr.), 304 v. Chr. kurulischer Ädil, gab den ersten röm. Kalender heraus u. veröffentlichte zuerst die röm. Prozessformen (ius civile Flavianum)*
2 **C. ~ Fimbria** *Konsul 104 v. Chr.*
3 **C. ~ Fimbria** *Anhänger von Marius u. Cinna, Selbstmord 85 v. Chr.*
4 **T. ~ Vespasianus** *Kaiser 69–79 n. Chr.*
5 *gleichnamiger Sohn von 4., Kaiser Titus, 79–81 n. Chr.*
6 **T. ~ Domitianus** *Bruder von 5., Kaiser 81–96 n. Chr.*

flāvus
A ⟨a, um⟩ A̲D̲J̲ (*spätl.*) gelb *in allen Schattierungen*; **color ~** helle Hautfarbe
B ⟨ī⟩ M̲ Golddenar

flēbilis ⟨flēbile, *adv* flēbiliter⟩ A̲D̲J̲ ||flere||
1 beweinenswert, jammervoll
2 Tränen verursachend, schmerzlich
3 *von Personen* weinend; *von Sachen* rührend

flectere ⟨flectō, flexī, flexum 3.⟩

A VT

1 biegen, beugen, **membra** Glieder; **arcum ~** einen Bogen spannen; **ulmum in burim ~** eine Ulme zum Krummholz biegen; **in anguem se ~** zu einer sich windenden Schlange werden

2 *fig j-n/etw* verändern, *einer Sache* eine andere Richtung geben, *aliquem/aliquid*; **iter/viam ~** die Richtung ändern; **aliquem ~ a re** j-n von etw abbringen; **fatum ~** das Schicksal abwenden; **vocem ~** die Stimme modulieren

3 GRAM *Wörter* beugen; (*nachkl.*) bilden

4 *geistig* umstimmen, geneigt machen, *ad aliquid* für etw; **mentes hominum oratione ~** die Menschen durch eine Rede umstimmen

5 umsegeln, **promontorium** das Vorgebirge

6 wenden; *fig* auf *etw* beziehen; **equos ~** die Pferde wenden; **currum de foro in Capitolium ~** den Wagen vom Forum zum Kapitol lenken; **versūs in Tiberium ~** Verse auf Tiberius beziehen

B VI (*nachkl.*)

1 sich *wohin* wenden, zu *etw* wenden

2 umkehren

flēmina ⟨um⟩ N (*Plaut., nachkl.*) Krampfadern

flēre ⟨fleō, flēvī, flētum 2.⟩

A VI

1 weinen, klagen, *absolut od de re* über etw, *alicui* vor j-m

2 *Suet. von Pferden* wiehern

3 *von Leblosem* tränen, träufeln

B VT

1 beweinen, beklagen, *aliquem/aliquid* j-n/etw, +AcI; **casum rei publicae ~** den Verfall des Staates beklagen

2 *fig* unter Tränen vortragen

3 weinend bitten

flētus ⟨ūs⟩ M ||flere||

1 Weinen, Jammer; **magno fletu** unter vielen Tränen; **ad fletum movere alicui** j-n zu Tränen rühren

2 Rührung

3 *meton* Tränen, Tränenstrom; **fletum abstergere** Tränen abwischen

flēvī → flere

Flēvō ⟨Flēvōnis⟩ M *See im NW von Germanien, heute Zuidersee*

Flēvum ⟨ī⟩ N *Kastell der Römer an der heutigen Zuidersee, von den Friesen belagert*

flex-animus ⟨a, um⟩ ADJ ||flectere||

1 *poet* herzerweichend

2 *poet* gerührt

flexī → flectere

flexibilis ⟨a, um⟩ ADJ ||flectere||

1 biegsam, elastisch, geschmeidig

2 *fig* lenksam, gefügig

3 *pej* unbeständig

flexilis ⟨flexile⟩ ADJ = **flexibilis**

flexi-loquus ⟨a, um⟩ ADJ ||flexus², loqui|| zweideutig (redend)

flexiō ⟨flexiōnis⟩ F ||flectere||

1 Biegung, Krümmung

2 PL *fig* krumme Wege, Ausflüchte

3 Modulation *der Stimme*

flexi-pēs ⟨flexipedis⟩ ADJ ||flexus²|| *Ov.* krummfüßig, sich rankend

flexuōsus ⟨a, um, *adv* flexuōsē⟩ ADJ ||flexus²|| voller Krümmungen, gewunden

flexūra ⟨ae⟩ F ||flectere|| (*nachkl.*) *poet* Krümmung, Biegung

flexus¹ ⟨a, um⟩ PPP → flectere

flexus² ⟨a, um⟩ ADJ ||flectere||

1 gebogen, gekrümmt

2 *fig vom Ton* weich; **sonus ~** Mollton

flexus³ ⟨flexūs⟩ M ||flectere||

1 Biegung, Krümmung; **~ vallium** Windung der Täler; **~ capillorum** das Kräuseln der Haare

2 Seitenweg, Umweg

3 Biegung, Kurve *im Zirkus um die meta*

4 Wendung, Ausweichen *des Körpers*

5 *fig* Wendung; *Quint.* Modulation *der Stimme*

6 *meton* Wendepunkt; **~ rerum publicarum** politische Wende; **~ aetatis** Lebenswende; **~ autumni** Spätherbst

7 *Quint.* GRAM Flexion, Flexionsform

8 PL RHET Wendungen *des Redners*; **mille flexūs et artes** tausend Wendungen und Kunstgriffe

flīctus ⟨flīctūs⟩ M ||fligere|| (*vkl.*) Anschlagen, Anprall

flīgere ⟨ō, -, - 3.⟩ (*vkl.*) schlagen, zu Boden schlagen

floccus ⟨ī⟩ M (*vkl., nachkl.*) Flocke; *fig* Kleinigkeit; **non flocci facio/pendo aliquid** etw ist mir gleichgültig

Flōra ⟨ae⟩ F Göttin der Blumen u. des Frühlings, Tempel in der Nähe des Circus maximus

Flōrālia ⟨Flōrālium *u.* Flōrāliōrum⟩ N Floralien, Fest der Flora vom 28. April bis zum 3. Mai

Flōrālis ⟨Flōrāle⟩ ADJ zu Flora gehörig

floreat ||florere|| (*mlat.*) er (sie, es) blühe

flōrēns ⟨flōrentis, *adv* flōrenter⟩ ADJ ||florere||

1 blühend, *meist* = glänzend ausgestattet, *re* mit etw; **aetate ~** in blühendem Alter; **opibus ~** glänzend ausgestattet mit Mitteln

2 jugendlich blühend

3 mächtig, einflussreich; **rebus florentissimis** zur Zeit des höchsten Glanzes; **oratio ~** blumenreiche Rede

Flōrentia ⟨ae⟩ F Stadt am Arno, heute Florenz

Flōrentīnus ⟨a, um⟩ ADJ aus Florentia, von Florentia

Flōrentīnus ⟨ī⟩ M̄ Einwohner von Florentia

florenus ⟨ī⟩ M̄ (mlat.) zuerst 1252 in Florenz geprägte Goldmünze, dann nach seinem Muster in Deutschland geprägter Gulden

flōrēre ⟨eō, uī, - 2.⟩ ||flos||

1. von Pflanzen blühen; **arbor floret** der Baum blüht; **floret annus** es ist Blütezeit
2. (nachkl.) fig glänzen, strotzen, re von etw; **ager autumno floret** der Acker strotzt im Herbst
3. fig angesehen sein, mächtig sein; **in re militari ~** als Feldherr glänzen
4. fig sich hervortun, sich auszeichnen; **aetate ac viribus ~** in der Blüte seiner Jahre und Kräfte stehen; **genae florentes** die ersten Barthaare

flōrēscere ⟨ēscō, -, - 3.⟩ ||florere|| aufblühen; in glänzende Verhältnisse kommen

flōreus ⟨a, um⟩ ADJ ||flos||

1. aus Blumen bestehend
2. blumig, blumenreich

flōridulus ⟨a, um⟩ ADJ ||floridus|| Catul. schön blühend

flōridus ⟨a, um, adv flōridē⟩ ADJ ||flos||

1. blühend; subst **florida et varia** Cic. bunte Blumenfülle
2. blühend, in Jugendfrische; **aetas florida** blühendes Alter
3. blühend, blumig; **oratio florida** blumige Rede
4. (vkl.) poet aus Blumen (bestehend), blumenreich

flōri-fer ⟨fera, ferum⟩ ADJ ||flos, ferre||, **flōri-ger** ⟨gera, gerum⟩ ADJ ||flos, gerere|| (nachkl.) poet Blumen tragend

flōri-legus ⟨a, um⟩ ADJ ||flos, legere|| Ov. Blütenstaub sammelnd, Honig sammelnd

florinus ⟨ī⟩ M̄ (mlat.) = **florenus**

flōrus ⟨a, um⟩ ADJ rotgelb; blond

Flōrus ⟨ī⟩ M̄ vollständig Publius Annius Florus, Verfasser eines Auszugs aus der röm. Geschichte von Livius, vielleicht identisch mit dem gleichnamigen Dichter u. Redner, der unter Hadrian lebte

flōs ⟨flōris⟩ M̄

1. Blüte, Blume
2. meton Blütenstaub, Honig; **apis fert collectos flores** die Biene bringt den gesammelten Blütenstaub
3. fig Blütezeit; Höhepunkt
4. fig Jugendkraft, Jugendfrische
5. fig Jungfräulichkeit, Unberührtheit
6. meton junge Mannschaft, Kern, **nobilitatis** des Adels
7. fig bester Teil, Schmuck; pl Glanzpunkte; **~ dignitatis** ausgezeichnete Würde
8. fig die ersten zarten Barthaare, Flaum

flōsculus ⟨ī⟩ M̄ ||flos||

1. Blümchen, kleine Blüte
2. fig Zierde; RHET schmückender Ausdruck
3. Sen. aus einer Schrift exzerpierte Sentenz

flūcti-fragus ⟨a, um⟩ ADJ ||fluctus, frangere|| Wellen brechend

flūcti-ger ⟨flūgtigera, flūgtigerum⟩ ADJ ||fluctus, gerere|| Wellen ertragend

flūcti-sonus ⟨a, um⟩ ADJ ||fluctus, sonare|| wellenrauschend, tosend

flūctuāre ⟨ō, āvī, ātum 1.⟩, **flūctuārī** ⟨or, ātus sum 1.⟩ ||fluctus||

1. (nachkl.) poet wogen, wallen; **turba fluctuans** wogende Menge
2. fig von Leidenschaften aufbrausen, unruhig sein; **irā ~** vor Zorn aufbrausen
3. in der See treiben; fig schwanken; **~ inter spem metumque** zwischen Hoffnung und Angst schwanken

⚠ **Fluctuat nec mergitur.** Es schwankt, aber es geht nicht unter. Inschrift im Stadtwappen von Paris, das ursprünglich auf einer Insel in der Seine lag.

flūctuātiō ⟨flūctuātiōnis⟩ F̄ ||fluctuare|| unruhige Bewegung; fig schwankende Stimmung

flūctuōsus ⟨a, um⟩ ADJ ||fluctus|| (vkl., nachkl.) wogend, stürmisch

flūctus ⟨ūs⟩ M̄ ||fluere||

1. Lucr. Strömung; Flut; **fluctūs sedare** die Wogen glätten; **excitare fluctūs in simpulo** einen Sturm im Wasserglas verursachen, viel Lärm um nichts machen
2. fig meist pl Unruhen, Gefahren; **fluctūs civiles** politische Unruhen; **fluctūs contionum** stürmische Versammlungen; **emergere e fluctibus servitutis** sich aus dem Strudel der Sklaverei erheben

fluēns ⟨fluentis, adv fluenter⟩ ADJ ||fluere||

1. fließend; von festen Gegenständen triefend
2. schlaff (herabhängend); **buccae fluentes** Hängebacken
3. fig gleichmäßig dahinfließend, gleichförmig; **oratio ~** gleichförmige Rede
4. fig einförmig, eintönig

fluenti-sonus ⟨a, um⟩ ADJ ||fluentum, sonare|| Catul. von Wogen umbraust

fluentum ⟨ī⟩ N̄ ||fluens|| (nachkl.) poet Strömung, Flut

fluere ⟨fluō, flūxī, (flūxum) 3.⟩

1. fließen, strömen; **Rhodanus fluit** die Rhône fließt
2. nass sein, re von etw; fig reich sein, re an etw; **corpus sudore fluit** der Körper trieft von Schweiß
3. von festen Gegenständen hervorströmen, herabwallen; **fluunt viscera** die Eingeweide quellen heraus; **rami fluunt** die Zweige wuchern; co-

mae fluentes herabwallende Haare; **fluent arma de manibus** die Waffen werden aus den Händen gleiten; **poma fluunt** die Äpfel fallen nach und nach ab

4 *von Menschenmassen* strömen, sich ergießen; **turba fluit castris** *Verg.* die Schar strömte aus dem Lager

5 *fig* entstehen, ausgehen, *a re|ex re* von etw; **haec ex eodem fonte fluxerunt** dies kam aus derselben Quelle

6 *fig von Lehren, Zuständen* sich ausbreiten, um sich greifen; **Pythagorae doctrina late longeque fluxit** die Lehre des Pythagoras verbreitete sich weit und breit

7 *fig* dahinfließen, dahinströmen; **oratio libere fluit** die Rede fließt frei dahin; **cuncta fluunt** alles fließt, alles ist in ewigem Wechsel

8 *fig* vonstatten gehen; **res ad voluntatem alicuius fluunt** die Dinge gehen nach j-s Willen vonstatten

9 *fig* auf *etw* hinauslaufen; **res fluit ad interregnum** die Angelegenheit läuft auf eine Zwischenregierung hinaus

10 *zeitl.* vergehen, dahinfließen; zerfließen; sich verlieren

11 *fig* ermüden, erschlaffen; **vires lassitudine fluunt** die Kräfte schwinden vor Ermüdung

12 *fig* niedersinken; **moriens ad terram fluit** sterbend sinkt er zu Boden

fluidus ⟨a, um⟩ ADJ ||fluere|| *(nachkl.)*

1 fließend, flüssig; *von festen Gegenständen* triefend

2 *von Gewändern* herabwallend

3 schlaff, schlotternd

4 erschlaffend

fluitāre ⟨ō, āvī, ātum 1.⟩ ||fluere||

1 *von Flüssigkeiten* wogen; *von beweglichen Dingen* wallen

2 *von festen Dingen* mit den Wellen treiben

3 wanken, schwanken

4 *fig geistig* schwanken, wankend werden, *re* durch etw, in etw; **socius fluitat** der Bundesgenosse schwankt

flūmen ⟨flūminis⟩ N ||fluere||

1 Strömung, Flut; **secundo flumine** stromabwärts, **adverso flumine** stromaufwärts

2 *meton* Fluss, Strom

3 *fig* Strom = flüssige Masse, **sanguinis von Blut**

4 *meton* Gegend an einem Fluss

5 Flussgott

6 *fig* reiche Fülle, **ingenii** des Geistes

7 *fig* Redefluss; **~ inanium verborum** leerer Wortschwall

Flūmentāna porta F Flusstor in der Servianischen Mauer, das aus der Stadt auf das Marsfeld führte; **hum** Landgut vor dem Flusstor

flūmineus ⟨a, um⟩ ADJ ||flumen|| im Fluss befindlich, am Fluss lebend; **avis fluminea** Flussvogel

fluor ⟨fluōris⟩ M ||fluere|| *(nachkl.)* Strömung, Ausfluss, *bes* MED

flūtāre ⟨ō, -, - 1.⟩ = **fluito**

fluviālis ⟨fluviāle⟩ ADJ, **fluviatilis** ⟨fluviāle⟩ ADJ ||fluvius|| in Flüssen, an Flüssen (befindlich, wachsend, lebend), Fluss...; **piscis ~** Flussfisch

fluvidus ⟨a, um⟩ ADJ = **fluidus**

fluvius ⟨ī⟩ M ||fluere||

1 *(nachkl.)* Fluss, Strom, *nur geografisch*; **Rhenus ~** der Rhein

2 *meton* Flusswasser, Strömung; Flussgott

flūxī → **fluere**

flūxus¹ ⟨a, um, *adv* flūxē⟩ ADJ ||fluere||

1 *(nachkl.)* fließend, flüssig

2 *(nachkl.) poet* herabwallend; schlaff (herabhängend)

3 *fig* schwankend, unsicher

4 zerfallend, verfallend; **muri fluxi** verfallende Mauern; **res fluxae** zerrüttete Verhältnisse; **studia fluxa** erfolglose Bestrebungen

flūxus² ⟨flūxūs⟩ M ||fluere|| *(nachkl.)* Fließen; **~ sanguinis** das Verbluten

fōcāle ⟨fōcālis⟩ N ||faux|| *(nachkl.) poet* Halstuch, Halsbinde

focil(l)āre ⟨ō, āvī, ātum 1.⟩, **foculāre** ⟨ō, -, - 1.⟩ ||fovere|| durch Wärme wieder beleben

foculum ⟨ī⟩ N ||fovere|| *Plaut.* hitzefestes Geschirr *zum Aufwärmen der Speisen*; Mittel zum Aufwärmen

foculus ⟨ī⟩ M ||focus|| kleine Opferpfanne; kleiner Herd

focus ⟨ī⟩ M

1 *(unkl.)* Pfanne; Brandaltar; **dis tura in focos dare** den Göttern Weihrauch in die Opferpfannen legen

2 Feuerstätte *des Hauses*, Herd, *bes im Atrium*; **ad focum sedere** beim Herd sitzen

3 *(Prop., spätl.) meton* Feuer, Glut

4 *Verg.* Brandstätte des Scheiterhaufens

5 *fig* Haus und Hof, Heim; **arae focique** die Heiligtümer der Tempel und Häuser

fodere ⟨fodiō, fōdī, fossum 3.⟩

1 graben, durch Graben fertigstellen, **puteum** eine Grube

2 aufgraben, umgraben, **terram** die Erde; **murum ~** eine Mauer untergraben

3 ausgraben, **argentum** Silber

4 durchbohren

5 stechen, ausstechen; **lumina ~** die Augen ausstechen; **dolor fodit** der Schmerz wühlt

fōdī → **fodere**

fodicāre ⟨ō, -, - 1.⟩ ||fodere||
① (nachkl.) stechen, stoßen, **latus** in die Seite
② fig beunruhigen, kränken

fodīna ⟨ae⟩ F ||fodere|| (nachkl.) Grube, Bergwerk

foecund... = fecund...

foedāre ⟨ō, āvī, ātum 1.⟩ ||foedus¹||
① (unkl.) verunstalten; verwüsten; **agros** ~ die Felder verwüsten; **aliquem verberibus** ~ j-n durch Schläge übel zurichten; **crines** ~ die Haare zerraufen; **aliquem unguibus** ~ j-n zerkratzen; **volucres ferro** ~ Vögel mit dem Schwert töten
② besudeln; fig schänden; **annus multiplici clade foedatus** von vielfältigem Unglück beflecktes Jahr

foederātī ⟨ōrum⟩ M ||foederatus|| die Verbündeten

foederātus ⟨a, um⟩ ADJ ||foedus²|| verbündet

foedi-fragus ⟨a, um⟩ ADJ ||foedus², frangere|| vertragsbrüchig

foedītās ⟨foedītātis⟩ F ||foedus¹|| Hässlichkeit; Schändlichkeit; ~ **vestītūs** Hässlichkeit der Kleidung; ~ **animi** Niederträchtigkeit

foedus¹ ⟨a, um, adv foedē⟩ ADJ von Personen u. Sachen hässlich physisch u. fig; scheußlich

foedus² ⟨foederis⟩ N
① Staatsvertrag, Bündnis; pl Bündnistafeln; **foedus facere/icere/ferire/pangere** einen Vertrag schließen; **foedus frangere/violare/rumpere** einen Vertrag brechen; **ex foedere** kraft des Bündnisses
② selten Vertrag, Übereinkunft zwischen Einzelnen; ~ **scelerum** Übereinkunft zu Verbrechen; ~ **coniug(i)ale/thalami/lecti** Ehevertrag; **foedera caelestia** Ehen der Götter; **non aequo foedere amantes** unglücklich Liebende
③ meton Bestimmung, Gesetz
④ meton Verheißung, Zusage

foen... = fen...

foenīcopterus ⟨ī⟩ M = **phoenicopterus**

foetēre ⟨eō, -, - 2.⟩ (vkl., nachkl.) stinken, Ekel verursachen; **foetet tuus mihi sermo** fig deine Rede ekelt mich an

foetidus ⟨a, um⟩ ADJ ||foetere|| übel riechend, stinkend

foetor ⟨foetōris⟩ M ||foetere|| Gestank

foetus¹ ⟨a, um⟩ ADJ = **fetus¹**

foetus² ⟨ūs⟩ M = **fetus²**

foliātum ⟨ī⟩ N ||foliatus|| (erg **unguentum**) wohlriechende Salbe, Parfüm

foliātus ⟨a, um⟩ ADJ ||folium|| aus (wohlriechenden) Blättern gemacht

folium ⟨ī⟩ N Blatt einer Pflanze; pl poet Laub, Kranz
▶ deutsch: **Folie**
englisch: **foil**
französisch: **feuille**
spanisch: **hoja**
italienisch: **foglia**

folliculus ⟨ī⟩ M ||follis||
① kleiner Ledersack, Schlauch
② Suet. Luftball
③ (vkl., nachkl.) Hülle, Hülse

follis ⟨follis⟩ M
① Ledersack
② Plaut. Übungsball der Faustkämpfer
③ Luftballon, Ballon
④ lederner Blasebalg; Iuv. fig Lunge
⑤ (unkl.) lederner Geldbeutel
⑥ (spätl.) Follis, kleine versilberte Bronzemünze von geringem Wert

follītim = **follītum**; → **follitus**

follītus ⟨a, um⟩ ADJ ||follis|| Plaut. mit einem Geldsack versehen

fōmentum ⟨ī⟩ N ||fovere||
① (nachkl.) poet Wundverband, kalter od warmer Umschlag
② Linderungsmittel, **dolorum** für Schmerzen
③ **frigida curarum fomenta** Hor. fig die kalten Umschläge der Sorgen, die den Geist für Höheres unempfänglich machen

fōmes ⟨fōmitis⟩ M ||fovere|| (nachkl.) poet Zündstoff, Zunder

fōns ⟨fontis⟩ M
① Quelle; Wasser; **ignes fontibus restinguere** Feuer mit Wasser löschen
② fig Quelle, Ursprun
③ (mlat.) Taufe; ~ **sacer** heilige Quelle = Taufe

Fōns ⟨Fontis⟩ M Quellgott

fontānus ⟨a, um⟩ ADJ ||fons|| (nachkl.) poet Quell...; **unda fontana** Quellwasser

Fontēiānus ⟨a, um⟩ ADJ des Fonteius

Fontēius ⟨a, um⟩ Name einer pleb. gens; **M.** ~ Legat Sullas 69 v. Chr., von Cicero verteidigt

fonticulus ⟨ī⟩ M ||fons|| (nachkl.) poet kleine Quelle, Brünnlein

Fontinālia ⟨ium⟩ N ||Fontinalis|| Fest des Quellgottes am 13. Oktober

Fontinālis ⟨Fontināle⟩ ADJ ||Fons|| dem Quellgott geweiht

forābilis ⟨forābile⟩ ADJ ||forare|| (nachkl.) poet durchbohrbar, verwundbar

forāmen ⟨forāminis⟩ N ||forare|| Bohrloch; Loch; **tibiae** ~ Loch in der Flöte

forāre ⟨ō, āvī, ātum 1.⟩ (vkl., nachkl.) (durch-)bohren

forās ADV
① vor die Tür, hinaus; **aliquem** ~ **mittere** j-n hinausschicken
② **i/vade** ~, **uxor** Plaut., Mart. geh hinaus, Frau, Scheidungsformel

FORM

3 in die Öffentlichkeit; **aliquid ~efferre** etw bekannt machen
4 *vulg* draußen, auswärts; **= foris**
for-ceps ⟨forcipis⟩ M̄ u. F̄ ||capere|| (*unkl.*) Feuerzange, Zange *als Werkzeug, Marterwerkzeug u. (zahn)ärztliches Instrument*
forda ⟨ae⟩ F̄ ||fordus|| trächtige Kuh
fordeum ⟨ī⟩ N̄ **= hordeum**
fordus ⟨a, um⟩ ADJ ||ferre|| (*unkl.*) trächtig
fore ⟨fuō, fuī, futūrus 0.⟩
1 (*vkl., nachkl.*) werden, (*klass.*) nur fore; auch geschehen werden
2 sein *als Ergänzung zu esse*
3 *konjkt imperf* **forem, fores ... = essem, esses ...;** *Plaut. auch* **= fuissem, fuisses ...**
4 *konjkt präs* **fuam, fuas ... = sim, sis ...**
5 *inf fut* **fore = futurum esse**
6 **futurus** zukünftig
7 **fore** (*mlat.*) **= esse; = fieri**
forēnsia ⟨forēnsium⟩ N̄ ||forensis|| *Suet.* Prunkgewänder
forēnsis
A ⟨forēnse⟩ ADJ ||forum||
1 zum Markt gehörig, Markt...; **turba ~** Gesindel auf dem Markt, Marktschreier
2 öffentlich; **vestitus ~** Ausgehanzug, Staatskleid
3 gerichtlich, Gerichts...; **feriae forenses** Gerichtsferien
B ⟨forēnsis⟩ M̄ (*vkl., nachkl.*) öffentlicher Redner, Rechtsanwalt
Forentum ⟨ī⟩ N̄ *Stadt in Apulien, heute Forenzo*
forfex ⟨forficis⟩ M̄ u. F̄ ||forceps|| (*nachkl.*) *poet* Zange, Friseurschere
forica ⟨ae⟩ F̄ *luv.* öffentliche Toilette
foris[1] ⟨foris⟩ F̄
1 Türflügel, einflügelige Tür; *pl* Tür *eines Hauses od Zimmers*, die Türflügel; **fores aperire** die Tür(en) öffnen; **fores claudere** die Tür(en) schließen; **~ crepuit/fores crepuerunt** *Com.* die Tür hat geknarrt = es kommt j-d heraus
2 *fig* Zugang, Eingang, *alicuius rei* zu etw, in etw
forīs[2] ADV
1 von draußen, von außen her
2 draußen; auswärts; **~ cenare** außer Haus essen
3 außerhalb des Senats
4 im Ausland
5 im Lager, im Krieg
6 in den Händen anderer = verschuldet
fōrma ⟨ae⟩ F̄
1 Form, Gestalt; **~ hominis** Gestalt des Menschen; **~ navis** Form des Schiffes
2 Gesicht; **~ reliquaque figura** das Gesicht und die übrige Gestalt
3 schöne Gestalt, Schönheit; **puer formā ex-**

cellens Junge von außergewöhnlicher Schönheit; **formas mulierum describere** die Schönheit der Frauen beschreiben
4 Bild, Abbild, **deorum** der Götter
5 Letter, Zeichen *von Buchstaben*; **unius et viginti formae litterarum** einundzwanzig Buchstaben
6 MATH Figur
7 Umriss *einer Zeichnung*; **formas in pulvere describere** Figuren in den Staub schreiben
8 Entwurf, Fassung *eines Schriftstücks*, **senatūs consulti** eines Senatsbeschlusses; **~ philosophorum** Abriss des Systems der Philosophie
9 *poet* Erscheinung, Vision; **~ ferarum** Tierkreis; **~ magnorum luporum** Werwölfe
10 Modell, Gussform; **~ sutorum** Schusterleisten; **~ nummi** Münzprägestempel
11 RHET Redefigur
12 GRAM Flexionsform
13 Art, Beschaffenheit; **~ insolitae pugnae** ungewohnte Kampfweise; **~ vitae** Lebensweise; **~ rei publicae** Verfassung des Staates; **in provinciae formam redigere** zur Provinz machen
14 Ideal, Vorstellung; **~ beatae vitae** das Ideal eines glücklichen Lebens
15 Spezies, Art; ↔ **genus**
▶ deutsch: **Form**
   englisch: **form**
   französisch: **forme**
   spanisch: **forma**
   italienisch: **forma**
fōrmālis ⟨fōrmāle⟩ ADJ ||forma|| (*nachkl.*) förmlich, an eine Form gebunden; **epistula ~** Verfügung *des Landesherren*
formaliter ADV (*mlat.*) förmlich, in aller Form
fōrmāmentum ⟨ī⟩ N̄ *Lucr.* **= formatio**
fōrmāre ⟨ō, āvī, ātum 1.⟩ ||forma||
1 *einen Stoff* formen, gestalten, *aliquid in aliquid* etw zu etw; **capillos ~** Haare ordnen; **signum in muliebrem figuram ~** eine Statue als Frau formen
2 (*nachkl.*) *poet* einrichten, ordnen, **regnum** die Herrschaft
3 *durch Unterricht od Gewöhnung* bilden, unterweisen, *alquem/aliquid* j-n/etw, *ad aliquid/in aliquid* zu etw; **boves ad usum agrestem ~** Rinder zu Zugtieren abrichten
4 bauen, herstellen, **classem** eine Flotte; **gaudia tacita mente ~** sich verborgene Freuden vorstellen; **novam personam ~** eine neue Figur schaffen *im Schauspiel*
5 *Quint.* Worte mit der Zunge formen, aussprechen; **verba recte ~** Worte richtig aussprechen
fōrmātiō ⟨fōrmātiōnis⟩ F̄ ||formare|| (*nachkl.*)

Gestaltung, Bildung; **~ columnarum** Gestaltung der Säulen; **~ morum** *fig* Charakterbildung

fōrmātor ⟨fōrmātōris⟩ M̄ ||formare|| *(nachkl.)* Bildner, Former

fōrmātūra ⟨ae⟩ F̄ *Lucr.* = **formatio**

Formiae ⟨ārum⟩ F̄ *Stadt in Latium, an der via Appia, bekannt als Weinort, heute Formia am Golf von Gaeta*

Formiānum ⟨ī⟩ N̄ *Ciceros Landgut bei Formiae*

Formiānus ⟨a, um⟩ ADJ aus Formiae, von Formiae

Formiānus ⟨ī⟩ M̄ Einwohner von Formiae

formīca ⟨ae⟩ F̄ Ameise

formīcīnus ⟨a, um⟩ ADJ ||formica|| *Plaut.* Ameisen...

formīdābilis ⟨formīdābile⟩ ADJ ||formido¹|| *(nachkl.) poet* furchtbar, grausig

formīdāre ⟨ō, āvī, ātum 1.⟩ ||formido|| Grausen empfinden, sich fürchten, *aliquem/aliquid* vor j-m/vor etw; **formidatus** gefürchtet, *alicui* von j-m, *re/de re* durch etw, wegen etw; **aquae formidatae** Wasserscheu

formīdō ⟨formīdinis⟩ F̄
1 Angst, Entsetzen, *alicuius* j-s *od* vor j-m, *alicuius rei* vor etw; **~ bonorum hominum tyranni** die Angst der guten Menschen vor dem Tyrannen
2 religiöse Ehrfurcht, heiliger Schauer
3 *meton* Schreckbild; Vogelscheuche

formīdolōsus, formīdulōsus ⟨a, um, *adv* formīdolōsē *u.* formīdulōsē⟩ ADJ ||formido||
1 *von Personen u. Sachen* Furcht erregend, grausam, *alicui* für j-n
2 *(vkl., nachkl.)* ängstlich, scheu, *alicuius* vor j-m

fōrmō(n)sitās ⟨fōrmō(n)sitātis⟩ F̄ ||formo(n)sus|| Formvollendung, Schönheit

fōrmō(n)sus ⟨a, um, *adv* fōrmō(n)sē⟩ ADJ ||forma|| schön, wohlgestaltet; **virgo formosa** schönes Mädchen

fōrmula ⟨ae⟩ F̄ ||forma||
1 Form, Gestalt; Schönheit
2 Regel; Richtschnur,; **ad Stoicorum formulam vivere** nach der Lehre der Stoiker leben
3 herkömmliche Zustände, herkömmliche Beschaffenheit
4 Vertrag(sbestimmung); **ex formula** vertragsgemäß; **in sociorum formulam referre** unter den üblichen Bedingungen als Bundesgenossen aufnehmen
5 *Liv.* zensorisches Steuerformular, Tarif; **censum agere ex formula** tarifgemäß den Zensus abhalten
6 JUR Rechtsformel; gerichtliches Verfahren; **~ sponsionis** Vertragsformel; **formulā cadere/excidere** den Prozess verlieren
7 *(mlat.)* Glaubensformel

fōrmulārius ⟨ī⟩ M̄ ||formula|| *Quint.* Kenner der Rechtsformeln, Rechtsanwalt

Fornācālia ⟨Fornācālium⟩ N̄ ||Fornax|| *Fest zu Ehren der Göttin der Backöfen u. zum Dank für das neue Getreide, von Numa eingesetzt, im Februar gefeiert*

fornācālis ⟨fornācāle⟩ ADJ ||fornax|| *(unkl.)* zu den Öfen gehörig, Ofen-

fornācula ⟨ae⟩ F̄ ||fornax|| *(nachkl.)* kleiner Ofen; *Iuv. fig vom Kopf des Tiberius*

fornāx ⟨fornācis⟩ F̄
1 Ofen, Backofen
2 Kalkofen
3 Schmelzofen; Esse *des Gottes Vulcan*, Feuerschlund *des Ätna*

Fornāx ⟨Fornācis⟩ F̄ Ofengöttin

fornicāre ⟨ō, -, - 1.⟩, **fornicārī** ⟨or, - 1.⟩ ||fornix|| *(eccl.)* Unzucht treiben, Ehebruch begehen

fornicātiō¹ ⟨fornicātiōnis⟩ F̄ ||fornix|| *(nachkl.)* ARCH Wölbung, Schwibbogen, *frei stehender Bogen zwischen zwei Wänden*

fornicātiō² ⟨fornicātiōnis⟩ F̄ ||fornicare|| *(eccl.)* Unzucht, Hurerei

fornicātus ⟨a, um⟩ ADJ ||fornix|| gewölbt; **via fornicata** Schwibbogenstraße, *bedeckte Straße von der Stadt zum Marsfeld*

fornix ⟨fornicis⟩ M̄
1 Wölbung, Gewölbe
2 Schwibbogen, *frei stehender Bogen zwischen zwei Wänden*
3 Ehrenbogen; **~ Fabii** Ehrenbogen *des Q. Fabius Maximus Allobrogicus, auf der via sacra errichtet*
4 *Liv.* MIL überwölbte Ausfallspforte
5 überwölbter Weg
6 unterirdisches Gewölbe, Bordell
7 *Suet.* = **pathicus**
8 *(nlat.)* MED gewölbeartiger Körperteil, *bes* Scheidengewölbe

Forōiūliēnsis ⟨Forōiūliēnse⟩ ADJ aus Forum Iulii, von Forum Iulii; → **forum**

forpex ⟨forpicis⟩ M̄ ||forceps|| *(unkl.)* Feuerzange

fors
A *nur nom u. abl sg* **forte** F̄ blinder Zufall; **ut ~ fert** wie es der Zufall mit sich bringt; **forte fortunā** *zu guten Stunde;* **forte** zufällig, von ungefähr, *nach si, sin, nisi, ne* vielleicht, etwa, möglicherweise; **forte temere** auf gut Glück; **si forte** günstigstenfalls, eventuell
B ADV vielleicht; **~ et** vielleicht auch

Fors ⟨Fortis⟩ F̄ ||fors|| Schicksalsgöttin; **~ Fortuna** Glücksgöttin

fors-an ADV = **forsitan**

forsit ADV = **forsitan**

forsitan ADV ||fors, an|| vielleicht, möglicherweise *+ind/+konjkt, auch ohne Verb;* **spe ~ recuperandae libertatis** vielleicht in der Hoffnung auf Wiedererlangung der Freiheit

fortasse *u. (selten)* **fortassis** ADV ||fors||
1 vielleicht, vermutlich, hoffentlich, *meist +ind, auch ohne Verb*; **fretus ~familiaritate sua** vielleicht im Vertrauen auf seine Freundschaft
2 *bei Zahlen* ungefähr, etwa; **sextā ~ horā** etwa um die sechste Stunde

forte ADV → **fors** *u.* → **fortis**

fortia ⟨fortium⟩ N ||fortis|| Heldentaten

forticulus ⟨a, um⟩ ADJ ||fortis|| ziemlich mutig

fortis
A ⟨forte⟩ ADJ, ADV ⟨fortiter⟩ *u. (mlat.)* ⟨forte⟩
1 *physisch* stark, kräftig; **filia ~** gesunde Tochter; **loris fortiter uti** die Zügel straffer ziehen; **fortius curare** mit stärkeren Mitteln behandeln
2 dauerhaft, fest; **pons ~** feste Brücke
3 *(nachkl.)* mächtig, einflussreich; **oppidum forte** mächtige Stadt
4 *fig geistig* tapfer, mutig *von Personen, Eigenschaften u. Sachen, ad aliquid* zu etw, *in Bezug auf etw, contra aliquid* gegen etw, *alicui* gegen j-n, *+inf*; **vir ~** mutiger Mann; **arma fortia** heldenhafte Waffen; **~ manu** persönlich tapfer
5 *pej* gewaltsam
6 **fortiter** *u.* **forte** *(mlat.)* stark, sehr
B ⟨fortis⟩ M der Tapfere; (
⚠ **Fortes fortuna adiuvat.** Den Tüchtigen hilft das Glück. = Wer wagt, gewinnt.

fortitūdō ⟨fortitūdinis⟩ F ||fortis||
1 Stärke, Körperkraft
2 Mut, Tapferkeit; *pl* tapfere Taten, Beweise von Tapferkeit

▶ **fortitudo**

Der Begriff der **fortitudo** (Mut, Tapferkeit) stand dem antiken römischen Konzept der Tugend (**virtus**) nahe und bezeichnete besonnene Tapferkeit, körperliche und geistige Unerschütterlichkeit und Stärke sowie die Fähigkeit, Schmerzen zu ertragen.

RÖMISCHES LEBEN ◀

fortuīta ⟨ōrum⟩ N ||fortuitus|| Zufälligkeiten

fortuītū M ||fortuitus|| *(spätl.)* = **fortuito**, → **fortuitus**

fortuītus ⟨a, um, *adv* fortuītō⟩ ADJ ||fors|| durch Zufall veranlasst, planlos; **bonum fortuitum** unverdientes Gut; **malum fortuitum** unverschuldetes Unglück; **oratio fortuita** Rede aus dem Stegreif; *adv* zufälligerweise

fortūna ⟨ae⟩ F ||fors||
1 Schicksal, Glück *als überirdische Macht, die nach persönlicher Gunst od Ungunst die menschlichen Angelegenheiten bestimmt*; **~ caeca est** das Schicksal ist blind; **~ in omni re dominatur** das Schicksal herrscht in allen Dingen
2 Glück, Unglück; *pl* glückliche Umstände, unglückliche Umstände; **~ altera** das wechselnde Glück; **~ utraque** Glück und Unglück; **per fortunas provide** um Himmels willen
3 *von Sachen* Glück, Erfolg; **~ belli** Kriegsglück
4 äußere Lage, Lebensstellung; *pl* Vermögen; **ad beate vivendum nihil opus est fortunis** zum glücklichen Leben bedarf es keines Vermögens
⚠ **Suae quisque fortumae faber est.** Jeder ist seines Glückes Schmied.

Fortūna ⟨ae⟩ F Schicksalsgöttin, Glücksgöttin *mit alten Kulten in Latium u. Rom, z. B. als Fortuna Primigenia in Praeneste; seit dem 1. Jh. v. Chr. wurde Fortuna der griech. Tyche gleichgesetzt*; **~ populi Romani/urbis Romae** Schutzgöttin des römischen Volkes/Roms; **Fortunae filius** Glückskind

fortūnāre ⟨ō, āvī, ātum 1.⟩ ||fortuna|| beglücken, segnen

fortūnātus
A ⟨a, um⟩ ADJ, ADV ⟨fortūnātē⟩ ||fortunare||
1 beglückt, äußerlich glücklich; **mors fortunata** seliger Tod; **insulae fortunatae** Inseln der Seligen
2 begütert, wohlhabend
B ⟨ī⟩ M
1 Glückskind
2 reicher Mann

forulī ⟨ōrum⟩ M ||forus|| *(nachkl.) poet* Büchergestell, Bücherschrank

Forulī ⟨ōrum⟩ M Stadt im Sabinerland, an der via Saleria, heute Civitatomassa bei L'Aquila

forum ⟨ī⟩ N
1 freier Platz vor dem Grab
2 öffentlicher Platz
3 Marktflecken, Handelsplatz
4 Kreisstadt
5 Geschäftsleben, Verkehr
6 öffentliches Leben, Staatsgeschäfte
7 Gerichtsverhandlungen, Prozesse
8 Gerichtstag

1 *(vkl.)* freier Platz vor dem Grab
2 öffentlicher Platz *einer Stadt*, Marktplatz; **~ (Romanum)** *Platz zwischen Kapitol u. Palatin, auf dem nördlich Teil, dem comitium, wurden die Volksversammlungen abgehalten; andere fora in Rom*: **bovarium** Rindermarkt, Viehmarkt *zwischen Circus maximus u. Tiber*; **~ (h)olitorium** Gemüsemarkt *zwischen Kapitol u. Tiber*; **~ pisca(to)rium** Fischmarkt *unweit des Vestatempels*; **~ coquinum** *Plaut.* Köchemarkt, *auf dem man Köche mieten konnte*; **~ cuppe-**

Fortuna – Göttin des Schicksals

dinis Naschmarkt *an der via sacra; die Zahl der fora wuchs mit der Stadt, bes in der Kaiserzeit*
3 *außerhalb Roms* Marktflecken, Handelsplatz; *daher viele Ortsnamen*: **Appii** *an der via Appia beim heute Latina;* **~ Aurelii** *beim heutigen Montalto di Castro;* **~ Cornelii** *an der via Aemilia, heute Imola;* **~ Gallorum** *an der via Aemilia, heute Castelfranco bei Bologna;* **~ Iulii/~ Iulium** *sw. von Nizza, von Caesar angelegt, heute Fréjus*
4 Kreisstadt *in der Provinz*
5 Geschäftsleben; Geldgeschäfte; **in foro versari** Geldgeschäfte betreiben, *von Sachen* auf dem Geldmarkt üblich sein; **foro cedere** bankrott werden; **verba de foro arripere** Worte von der Straße aufgreifen
6 öffentliches Leben, Staatsgeschäfte; **in foro esse** am öffentlichen Leben teilnehmen; **foro carere/de foro decedere** sich vom öffentlichen Leben zurückziehen
7 Gerichtsverhandlungen, Prozesse; **forum non attingere** nicht als Redner vor Gericht auftreten; **forum indicere** Ort und Zeit für die Gerichtsverhandlung bestimmen
8 *außerhalb Roms* Gerichtstag; **forum agere** Gerichtstag halten

forus ⟨ī⟩ M̄
1 *(vkl., nachkl.)* Schiffsgang *zwischen den Ruderbänken*
2 *Liv. pl* Sitzreihen, Zuschauerplätze *im Theater u. im Zirkus*
3 *Verg. pl* Gänge *zwischen den Zellen des Bienenstocks; fig* Zellen
4 **~ aleatorius** *Suet.* Spielbrett

Fōsī ⟨ōrum⟩ M̄ *germ. Stamm beim heutigen Hildesheim*

fossa ⟨ae⟩ F̄ ||fodere||
1 Graben, Kanal, *auch pl nur ein Graben*
2 *(nachkl.) poet* Grube, Loch
3 *(vkl.) poet* Mauerfurche *als Umriss einer zu gründenden Stadt*
4 Flussbett
5 weibliche Scham
6 After *bei Homosexuellen*

fossiō ⟨fossiōnis⟩ F̄ ||fodere|| Umgraben, **agri** des Feldes

fossor ⟨fossōris⟩ M̄ ||fodere|| Landmann; *fig* grober, ungebildeter Mensch

fossūra ⟨ae⟩ F̄ ||fodere|| *(nachkl.)* Graben *als Tätigkeit; meton* Graben *als Ergebnis des Grabens*

fossus ⟨a, um⟩ PPP → fodere

fōtus ⟨a, um⟩ PPP → fovere

fovea ⟨ae⟩ F̄ Grube; Fallgrube *zum Fangen von Tieren*

fovēre ⟨foveō, fōvī, fōtum 2.⟩
1 warm halten, erwärmen; **gallinae pullos pennis fovent** die Hühner wärmen ihre Küken mit den Federn; **aras ignibus ~** Opferfeuer auf den Altären unterhalten; **aliquem gremio/sinu ~** j-n liebevoll auf den Schoß nehmen
2 *(nachkl.) poet* warm baden *bes zur Heilung;* **~ corpus in unda** den Körper im Wasser warm baden
3 **amplexu ~** *Verg.* umarmen
4 pflegen; **se luxu ~** es sich gut gehen lassen
5 Örtlichkeiten nicht verlassen, sich ständig *irgendwo* aufhalten; **progeniem nidosque ~** die Brut und das Nest hüten
6 *(nachkl.) poet* unterstützen, fördern; **Caesaris in nos amorem ~** die Liebe Caesars zu uns fördern; **spem ~** die Hoffnung aufrechterhalten; **bella ~** Kriege in die Länge ziehen

frāctiō ⟨frāctiōnis⟩ F̄ ||frangere|| *(spätl., eccl.)* Bruch, Brechen; **~ panis** Brechen des Brotes

frāctūra ⟨ae⟩ F̄ ||frangere|| *(vkl., spätl.)* Zerbrechen; MED Knochenbruch, Fraktur

frāctus¹ ⟨a, um⟩ PPP → frangere

frāctus² ⟨a, um⟩ ADJ ||frangere||

forum Romanum – Versammlungsort in Rom

① schwach, kraftlos
② weichlich

fragilis ⟨fragile, *adv* fragiliter⟩ ADJ ||frangere||
① (*nachkl.*) *poet* zerbrechlich, brüchig
② *fig* gebrechlich; schwach
③ *meton* prasselnd, knackend *beim Brennen*

fragilitās ⟨fragilitātis⟩ F ||fragilis||
① (*nachkl., spätl.*) Zerbrechlichkeit
② *fig* Hinfälligkeit, Schwäche

fragmen ⟨fragminis⟩ N (*nachkl.*)=**fragmentum**

fragmentum ⟨ī⟩ N ||frangere|| Bruchstück; (*nachkl.*) Reisig; *pl* Trümmer

fragor ⟨fragōris⟩ M ||frangere||
① *Lucr.* Zerbrechen
② Krachen, Lärm; ~ **caeli** Donner, Wolkenbruch; ~ **aridus** Knacken des dürren Holzes
③ (*nachkl.*) *fig* lauter Beifall

fragōsa ⟨ōrum⟩ N ||fragosus|| Unebenheiten

fragōsus ⟨a, um, *adv* fragōsē⟩ ADJ ||fragor|| (*nachkl.*)
① brüchig; *fig* uneben
② tosend, brausend

fragrāns ⟨fragrantis, *adv* fragranter⟩ ADJ ||fragrare|| wohlriechend, duftend

fragrantia ⟨ae⟩ F ||fragrans|| (*nachkl.*) Wohlgeruch

fragrāre ⟨ō, -, - 1.⟩ (*nachkl.*) *poet* duften, stark riechen

frāgum ⟨ī⟩ N (*nachkl.*) *poet* Erdbeere

framea ⟨ae⟩ F
① Wurfspieß der Germanen
② (*spätl., eccl.*) Flammenschwert

frangere ⟨frangō, frēgī, frāctum 3.⟩

① brechen, zerbrechen
② mahlen
③ brechen
④ entmutigen
⑤ schwächen
⑥ kürzen
⑦ bändigen, bezähmen
⑧ erweichen

① brechen, zerbrechen; *passiv* (zer)brechen, zerschellen; ~ **consulis fasces** die Rutenbündel des Konsuls brechen; **brachium** ~ den Arm brechen; **ianuam** ~ die Tür aufbrechen; **navem** ~ Schiffbruch erleiden; **fluctus frangitur a saxo** die Flut bricht sich am Felsen; **fractae naves** Schiffbruch; **fracti sonitūs tubarum** dumpfer Klang der Trompeten

② *Getreide* mahlen, *Früchte* zerquetschen; **cerrem machina frangit** die Mühle mahlt das Getreide

3 *fig* Verträge u. Ä. brechen; **foedus ~** den Vertrag brechen; **dignitatem suam ~** seine Würde verletzen; **mandata ~** Aufträge nicht richtig ausrichten

4 *fig* entmutigen, demütigen; **aliquem contumeliā ~** j-n durch eine Beleidigung demütigen

5 *fig* schwächen, lähmen; *passiv u.* **se ~** nachlassen, sich verlieren; **alicuius consilia ~** j-s Pläne vereiteln; **Graeciae nomen frangitur** Griechenlands Name verliert an Geltung

6 *fig* Zeit kürzen

7 *fig* bändigen, bezähmen; **nationes ~** Völker überwinden; **libidines ~** Leidenschaften bezähmen

8 *fig* erweichen, bewegen; **virum ~** den Mann rühren

frāter ⟨frātris⟩ M̄

1 Bruder; **~ geminus/gemellus** Zwillingsbruder; **fratres (gemini)** die Zeussöhne Kastor und Pollux; *pl (nachkl.) auch* Geschwister

2 Cousin *von väterlicher u. mütterlicher Seite*

3 Neffe; Schwager; Blutsverwandter; Stammesverwandter, Mitbürger; **Suessones fratres Remorum** die Suessonen, Verwandte der Remer

4 *als Kosewort* lieber Freund; *Plaut.* Geliebter

5 **libri fratres** Bücher vom gleichen Verfasser

6 *Ehrentitel* Bundesgenosse; **Aedui fratres saepe a senatu appellati** die Äduer, die vom Senat oft Bundesgenossen genannt wurden

7 *(mlat.)* Ordensbruder; *pl* Klosterbrüder

frāterculāre ⟨ō, -, - 1.⟩ ||fraterculus|| als Brüder heranwachsen

frāterculus ⟨ī⟩ M̄ ||frater|| Brüderchen, *auch als Kosewort*

frāternitās ⟨frāternitātis⟩ F̄ ||frater|| *(nachkl.)* Brüderlichkeit, Bruderschaft

frāternus ⟨a, um, *adv* frāternē⟩ ADJ ||frater||

1 brüderlich, Bruder...; **amor ~** Liebe des Bruders, Liebe zum Bruder

2 *allg.* verwandtschaftlich, vetterlich; **caedes fraterna** Verwandtenmord

3 *fig* innig befreundet; **fraterne amari ab aliquo** von j-m innig geliebt werden

frātri-cīda ⟨ae⟩ M̄ ||frater, caedere|| Brudermörder

fraudāre ⟨ō, āvī, ātum 1.⟩ ||fraus||

1 betrügen, hintergehen; **~ milites praedā** die Soldaten um die Beute betrügen

2 unterschlagen, **stipendium** den Sold; **fraudata restituere** unterschlagenes Geld zurückgeben; **nuptias ~** die Heirat nicht genehmigen

fraudātiō ⟨fraudātiōnis⟩ F̄ ||fraudare|| Betrügerei

fraudātor ⟨fraudātōris⟩ M̄ ||fraudare|| Betrüger

fraudulenter ADV → fraudulentus

fraudulentia ⟨ae⟩ F̄ ||fraudulentus|| *Plaut.* betrügerischer Sinn, Neigung zum Betrügen

fraudulentus ⟨a, um, *adv* fraudulenter⟩ ADJ ||fraus|| betrügerisch, arglistig; **dux ~** arglistiger Anführer; **venditio fraudulenta** betrügerischer Verkauf

fraus ⟨fraudis⟩ F̄

1 Betrug, Täuschung; **per fraudem agere** betrügerisch handeln; **sine fraude** ehrlich; **fraudem facere senatūs consulto** einen Senatsbeschluss hinterlistig umgehen; **~ alicuius** Betrug von j-m, Betrug an j-m

2 *Com. meton* Betrüger

3 Selbsttäuschung, Irrtum

4 Schaden, Nachteil, *bes* JUR; **alicui fraudi esse** j-m schaden; **sine fraude esse** ohne Schaden sein, ohne Strafe sein

5 Verbrechen, Frevel

frausus ⟨a, um⟩ ADJ ||fraudare|| *Plaut.* der betrogen hat

fraxineus, fraxinus[1] ⟨a, um⟩ ADJ ||fraxinus[2]|| *(nachkl.) poet* aus Eschenholz

fraxinus[2] ⟨ī⟩ F̄ *(nachkl.) poet* Esche; *meton* Speer aus Eschenholz

Fregellae ⟨ārum⟩ F̄ Stadt der Volsker am Liris, 328 v. Chr. von Rom kolonisiert, 125 v. Chr. von den Römern zerstört

Fregellānus ⟨a, um⟩ ADJ aus Fregellae, von Fregellae

Fregellānus ⟨ī⟩ M̄ Einwohner von Fregellae

Fregēnae ⟨ārum⟩ F̄ *Bürgerkolonie nördlich von Ostia, 245 v. Chr. gegründet, heute Maccarese*

frēgī → frangere

fremebundus ⟨a, um⟩ ADJ ||fremere|| *(nachkl.)* vor Wut schnaubend, rauschend

fremere ⟨ō, uī, itum 3.⟩

A V̄ī dumpf tosen, dröhnen; **fremunt milites** die Soldaten murren

B V̄ī *poet* äußern; *Liv.* laut klagen, *aliquid* etw, +ACI; **arma ~** laut nach Waffen verlangen

fremidus ⟨a, um⟩ ADJ ||fremere|| *Ov.* tobend

fremitus ⟨ūs⟩ M̄ ||fremere|| *auch* P̄L dumpfes Getöse, Lärm; **~ militum** Murren der Soldaten; **~ maris** Brausen des Meeres

fremor ⟨fremōris⟩ M̄ ||fremere|| Murmeln, Stimmengewirr

fremuī → fremere

frēnāre ⟨ō, āvī, ātum 1.⟩ ||frenum||

1 *(nachkl.) poet* aufzäumen, **equos** die Pferde; **equites frenati** Reiter mit aufgezäumten Pferden

2 *fig* lenken, regieren

3 zügeln, bändigen, **furorem legibus** die Raserei durch Gesetze, **voluptates temperantiā** die Lüste durch Mäßigung

frēnātor ⟨frēnātōris⟩ M ‖frenare‖ Lenker, **equorum** der Pferde

frendēre[1] ⟨eō, -, - 2.⟩ (spätl.), **frendere**[2] ⟨trendō, -, frē(n)sum 3.⟩

A VI mit den Zähnen knirschen, +AcI
B VT (vkl., nachkl.) zermalmen, zermahlen

frenēticus ⟨a, um⟩ ADJ = **phreneticus**

frēnī ⟨ōrum⟩ M → **frenum**

Frentānī ⟨ōrum⟩ M samnitisches Volk an der sö. Adria, am Frento

Frentānus ⟨a, um⟩ ADJ frentanisch

frēnum ⟨ī⟩ N, PL auch **frēnī, ōrum** M

1 Zaum, Zügel; **frenum retinere/inhibere/ducere** die Zügel anziehen, die Zügel straffen; **frena mittere** die Zügel loslassen; **frenum accipere/frenos recipere** sich den Zügel gefallen lassen = sich fügen; **frenum/frenos mordere** fig die Zähne zeigen

2 fig Steuer des Schiffes, Regierung des Staates
3 (nachkl.) Band; MED Bändchen, Vorhautbändchen

frequēns ⟨frequentis, adv **frequenter**⟩ ADJ

1 häufig, zahlreich; **cives frequentes in forum convenerunt** die Bürger kamen zahlreich zum Forum; **senatus ~** gut besuchter Senat, beschlussfähiger Senat; **legatio ~** aus vielen Personen bestehende Gesandtschaft

2 dicht bevölkert, viel besucht; **theatrum ~** gut besuchtes Theater

3 ausgefüllt, reich versehen, alicuius rei/re mit etw; **loca custodiis frequentia** dicht mit Wachen besetztes Gelände; **mons silvae ~** dicht bewaldeter Berg

4 häufig anwesend; **aliquis est ~ Romae** j-d ist oft in Rom; **conviva ~** fast täglicher Gast; **frequentem esse in re** etw häufig tun

5 zeitl. von Sachen häufig, wiederholt; **honores frequentes** zahlreiche Ehrungen

6 adv oft, häufig

frequentāre ⟨ō, āvī, ātum 1.⟩ ‖frequens‖

1 zahlreich besuchen, oft besuchen; **Marium ~** dem Marius scharenweise zuströmen; **Bacchum ~** den Bacchus umschwärmen

2 Plaut. häufig bei sich sehen
3 Feste in Scharen feiern; mitfeiern
4 zahlreich versammeln, in großer Anzahl zusammenbringen
5 Örtlichkeiten bevölkern, beleben; **solitudinem Italiae ~** die Einöden Italiens bevölkern; **contionem legibus agrariis ~** durch Einbringung der Ackergesetze einen starken Besuch der Versammlung bewirken
6 oft tun, häufig gebrauchen; **„Hymenaee" frequentant** sie rufen immer wieder „Hymenaee"

frequentātiō ⟨frequentātiōnis⟩ F ‖frequentare‖

1 Häufung, häufiger Gebrauch
2 Zusammenfassung der Hauptpunkte einer Rede

frequentātīvus ⟨a, um⟩ ADJ ‖frequentare‖ Gell. eine Wiederholung ausdrückend; **verba frequentativa** Verben zum Ausdruck von häufigen Handlungen

frequentia ⟨ae⟩ F ‖frequens‖

1 von Personen zahlreiche Versammlung, großer Andrang
2 von Sachen Häufigkeit; Menge
▶ deutsch: **Frequenz**

frēsus ⟨a, um⟩ PPP → **frendere**

fretēnsis ⟨fretēnse⟩ ADJ ‖fretum‖ zur Meerenge gehörig; **mare fretense** Cic. Meerenge von Sizilien

fretum ⟨ī⟩ N ‖fervere‖

1 Meerenge, Kanal; **nostri maris et Oceani ~** Straße von Gibraltar; **~ (Siculum/Siciliense/Siciliae)** Straße von Messina
2 (unkl.) Meer, Meeresflut, oft pl
3 Brandung, Strömung
4 Lucr. pl fig Jahresströmung als Übergangszeit von der Kälte zur Wärme
5 (nachkl.) fig Überschäumen, **adulescentiae** der Jugend

fretus[1] ⟨fretūs⟩ M = **fretum**

frētus[2] ⟨a, um⟩ ADJ vertrauend; pej trotzend, re/sehr selten alicui rei auf etw, auch +AcI; **~ multitudine militum** im Vertrauen auf die Zahl der Soldaten; **discordiae hostium ~** vertrauend auf die Zwietracht der Feinde

friāre ⟨ō, (āvī), ātum 1.⟩ (unkl.) zerreiben, zerbröckeln

fricāre ⟨fricō, fricuī, fric(ā)tum 1.⟩ (unkl.) reiben, kratzen, **costas arbore** die Rippen am Baum

frīctus ⟨a, um⟩ PPP → **frigere**

frīgefactāre ⟨ō, -, - 1.⟩ kühlen

frīgerāre ⟨ō, -, - 1.⟩ ‖frigus‖ Catul. kühlen, erfrischen

frīgēre[1] ⟨frīgeō, (frīxī), - 2.⟩

1 (unkl.) kalt sein, frieren; auch poet tot sein
2 schlaff sein, gleichgültig sein; von Leblosem auch stocken
3 von Personen u. Sachen mit Kälte aufgenommen werden, unbeachtet bleiben, ad aliquem vor j-m, bei j-m; **prima contio Pompei frigebat** die erste Versammlung des Pompeius verlief unbeachtet

frīgere[2] ⟨frīgō, frīxī, frīctum/frīxum 3.⟩ (vkl., nachkl.) backen, rösten

frīgēscere ⟨ēscō, -, - 3.⟩ ‖frigere‖‖ kalt werden; *fig* erstarren

frīgidārium ⟨ī⟩ N ||frigidarius||
1 Abkühlraum *in den röm. Thermen*
2 Kühlraum *für Speisen*

frīgidārius ⟨a, um⟩ ADJ ||frigidus|| abkühlend, zum Kaltbaden bestimmt

frīgide-factāre ⟨ō, -, - 1.⟩ ||frigidus|| *Plaut.* (ab)kühlen

frīgidulus ⟨a, um⟩ ADJ ||frigidus|| ein bisschen kalt; *fig* etwas matt

frīgidus ⟨a, um, *adv* frīgidē⟩ ADJ ||frigere||
1 kalt; *auch* erstarrt; **annus ~** kalte Jahreszeit = Winter
2 *(nachkl.) poet* Kälte bringend, eisig
3 *fig* Schauer erregend, schauerlich
4 *fig* kalt, schlaff, *in aliquid/alicui rei* zu etw, für etw; **~ in dicendo** ohne Feuer im Reden; **~ in Venerem** ohne Leidenschaft für die Liebe

frīgus ⟨frīgoris⟩ N ||frigere||
1 Kälte, Frost *als Temperatur*; **frigora caloresque vitare** Frost und Hitze meiden; **picta Spartani frigora saxi** der bunte, kalte Estrich
2 *poet* Kühlung; *pl* kaltes Wetter; **propter frigora frumenta matura non erant** wegen der kühlen Witterung war das Getreide nicht reif
3 Winterkälte, Winter; **frigore/frigoribus** im Winter
4 *fig* Kälte des Todes, Tod; **~ letale** Tod
5 *fig* eisiger Schrecken, Schauer
6 *meton* kaltes Land; **~ non habitabile** *Ov.* unbewohnbares kaltes Land
7 *fig* Kälte *als Eigenschaft*; Lässigkeit
8 *fig* üble Aufnahme, Ungnade
9 *fig von Sachen* Fadheit, Kraftlosigkeit, **argumentorum** der Beweise

friguttīre ⟨iō, -, - 4.⟩ *(unkl.)* zwitschern, lispeln

fringillus ⟨ī⟩ M *(vkl.) poet* Fink, Spatz

Frīsiī ⟨ōrum⟩ M die Friesen, *westgerm. Volk*

Frīsius ⟨a, um⟩ ADJ friesisch

frit N *indekl (vkl.)* kleines Korn, Körnchen

frītilla ⟨ae⟩ F = **fitilla**

fritillus ⟨ī⟩ M *(nachkl.) poet* Würfelbecher

fritinnīre ⟨iō, -, - 4.⟩ *(unkl.)* zwitschern; *fig* quietschen

frīvola ⟨ōrum⟩ N ||frivolus|| *(nachkl.)*
1 *poet* armseliger Hausrat
2 *poet* nichts sagende Worte; Kleinigkeiten

frīvolus ⟨a, um⟩ ADJ *(nachkl.) poet* armselig; läppisch, albern

frīxī → frigere¹ *u.* → frigere²

frondātor ⟨frondātōris⟩ M ||frons¹|| *Verg.* Baumscherer; Winzer

frondēre ⟨eō, -, - 2.⟩ ||frons¹|| *(nachkl.) poet* belaubt sein, grünen; **aurum frondens** goldener Zweig

frondēscere ⟨ēscō, -, - 3.⟩ ||frondere|| sich belauben, ausschlagen; **arbores frondescunt** die Bäume schlagen aus

frondeus ⟨a, um⟩ ADJ ||frons¹|| *poet* belaubt; **tecta frondea** Laubdächer = belaubte Bäume; **cuspis frondea** Zahnstocher aus Holz

frondi-fer ⟨fera, ferum⟩ ADJ ||frons¹, ferre|| *(vkl.) poet* belaubt

frondōsus ⟨a, um⟩ ADJ ||frons¹|| *(unkl.)* reich belaubt

frōns¹ ⟨frondis⟩ F
1 Laub, Laubwerk; **~ nigra** Nadeln
2 *(nachkl.) pl meton* belaubte Bäume
3 *meton* Laubkranz, *bes* Lorbeerkranz; **~ funerea** Totenkranz *aus Zypressenzweigen*

frōns² ⟨frontis⟩ F
1 Stirn *von Mensch u. Tier*; **adversis frontibus** Stirn gegen Stirn; **frontem contrahere** die Stirn runzeln; **frontem remittere** die Stirn glätten
2 Gesichtsausdruck; **verissimā fronte** mit aufrichtigstem Gesicht; **pristina ~** früherer Ernst; **~ proterva** freche Stirn, Frechheit; **~ urbana** Dreistigkeit des Städters; **salvā fronte** ohne Scham
3 *fig* Stirnseite, Vorderseite; **~ aedium** Fassade; **a fronte/in fronte** von vorne; **dextrā fronte** auf dem rechten Flügel
4 GEOM Breitseite *einer Fläche*, Breite; **mille pedes in fronte** tausend Fuß breit
5 *(nachkl.) poet* Außenrand *einer Buchrolle*; **frontes geminae** die beiden äußeren Ränder; **frontes pumice polire** die Außenseiten mit einem Bimsstein glätten
6 *Ov.* erste Seite *einer Buchrolle*; **versūs in prima fronte libelli praeponere** Verse auf die erste Seite des Buches setzen
7 *(nachkl.) poet* das Äußere, der erste Anblick, Schein; **utrum fronte an mente** ob nur zum Schein oder wirklich; **primā fronte multos decepit** durch den ersten Schein hat er viele getäuscht

▶ deutsch: **Front**

frontālia ⟨ium⟩ N ||frons²|| *(nachkl.)* Stirnschmuck *der Pferde*

Frontīnus ⟨ī⟩ M vollständig *S. Iulius Frontinus*, Feldherr in Britannien u. Germanien, 97 n. Chr. Direktor der röm. Wasserversorgung, 100 n. Chr. Konsul, 101 n. Chr. Prokonsul in Britannien, Verfasser eines Werkes über Wasserleitungen u. eines Buches über Feldmesskunst

frontō ⟨frontōnis⟩ M ||frons²|| der Breitstirnige

Frontō ⟨Frontōnis⟩ M Beiname des *M. Cornelius Fronto*, Redner, Konsul 143 n. Chr., Erzieher Marc Aurels

fructa ⟨orum⟩ N *(mlat.)* Gutserzeugnisse

frūctuārius ⟨a, um⟩ ADJ ||fructus|| *(unkl.)*

fruchtbringend; **ager ~** Pachtzins einbringender Acker

frūctuōsus ⟨a, um, *adv* frūctuōsē⟩ ADJ ||fructus|| fruchtbar, ertragreich

frūctus ⟨frūctūs⟩ M ||frui||

1 Nutznießung, Nutzung; **~ animi** *fig* geistiger Genuss; **fructum capere ex re** Genuss von etw haben

2 *konkr.* Ertrag; *pl* Erzeugnisse *von Feld, Viehzucht u. Bergwerk;* **fruges reliquique fructūs** die Feldfrüchte und die übrigen Erträge; **fructūs metallorum** die Erträge der Bergwerke; **fructūs ex arboribus** Erträge der Obstbäume; **fructum edere** Ertrag geben

3 *konkr.* Kapitalzinsen, Renten

4 *fig* Gewinn, Erfolg; **~ laborum** Erfolg der Arbeiten; **fructum capere** Nutzen ziehen; **fructum ferre** Gewinn bringen

▶ deutsch: **Frucht**
englisch: **fruit**
französisch: **fruit**
spanisch: **fruto**
italienisch: **frutto**

frūgālis ⟨frūgāle⟩ ADJ ||frux||

1 (*nachkl.*) Frucht...; **maturitas ~** Fruchtreife

2 tauglich, besonnen, (*klass.*) *nur komp*

frūgālitās ⟨frūgālitātis⟩ F ||frugalis||

1 (*nachkl.*) Vorrat an Früchten

2 Wirtschaftlichkeit Besonnenheit

3 RHET strenges Maßhalten, **eloquentiae** in der Rede

frūgēs ⟨frūgum⟩ F → **frux**

frūgī *indekl* ||frux|| ADJ *gebraucht* wirtschaftlich, sparsam, besonnen; **atrium ~** einfaches Atrium

Frūgī *röm. Beiname;* → **Calpurnius**

frūgi-fer ⟨frūgifera, frūgiferum⟩ ADJ, *Lucr.*

frūgi-ferēns ⟨frūgiferentis⟩ ADJ ||frux, ferre|| fruchtbar, (*klass.*) *nur vom Boden; fig* nutzbringend, *re* an etw; **numen frugifera** fruchtbringende Gottheit, = **Ceres**

frūgi-legus ⟨a, um⟩ ADJ ||frux, legere|| *Ov.* Früchte sammelnd

frūgi-parus ⟨a, um⟩ ADJ ||frux, parere|| *Lucr.* fruchtbringend

fruī ⟨fruor, frūctus sum/fruitus sum 3.⟩

1 etw genießen, sich an etw erfreuen, *re / aliquid;* **victoriā ~** den Sieg genießen; **amicitiae recordatione ~** sich mit Vergnügen an die Freundschaft erinnern; **in voluptatibus fruendis** im Genuss der Vergnügungen; **ad voluptates fruendas** zum Genuss der Vergnügungen

2 den Umgang genießen, *aliquo* mit j-m; **Attico ~** den Umgang mit Atticus genießen

3 JUR die Nutznießung haben, *re* von etw;

agrum fruendum locare ein Feld zum Nießbrauch verpachten; **certis fundis ~** vertraglich gesicherte Grundstücke nutzen

frūmentārī ⟨or, ātus sum 1.⟩ ||frumentum|| Getreide holen, Proviant holen; **milites frumentatum mittere** Soldaten zum Getreideholen schicken

frūmentāria ⟨ae⟩ F ||frumentarius|| (*erg.* **actio**) Getreideverhandlung

frūmentārius

A ⟨a, um⟩ ADJ ||frumentum||

1 Proviant..., Getreide...; **navis frumentaria** Getreideschiff; **lex frumentaria** Getreidegesetz; **quaestus ~** Getreidehandel; **res frumentaria** Verpflegung

2 getreidereich; **provincia frumentaria** getreidereiche Provinz

B ⟨ī⟩ M

1 Getreidehändler; *pl* MIL Proviantkolonne

2 *seit Hadrian* Geheimagent, Polizeispitzel

frūmentātiō ⟨frūmentātiōnis⟩ F ||frumentari||

1 Getreideholen, Versorgung; *pl* Proviantkolonnen

2 Getreideausgabe, Getreidespende

frūmentātor ⟨frūmentātōris⟩ M ||frumentari|| *Liv.* Getreidelieferant; MIL für die Versorgung zuständiger Offizier

frūmentum ⟨ī⟩ N ||frui||

1 Getreide *sowohl Saat als auch geerntetes Korn, bes* Korn; **alicui frumentum imperare** j-m die Lieferung von Getreide auferlegen

2 PL *meton* Getreidearten; Getreidekörner

3 Versorgung mit Getreide, Proviant

frūnīscī ⟨frūniscor, frūnītus sum 3.⟩ (*vkl., nachkl.*) genießen, *aliquid/re* etw

Frusinās

A ⟨Frusinātis⟩ ADJ aus Frusino, von Frusino

B ⟨Frusinātis⟩ M Einwohner von Frusino

Frusinō ⟨Frusinōnis⟩ M *Stadt der Volsker od Herniker an der via Latina, sö. von Rom, heute Frosinone*

frustil(l)ātim ADV ||frustum|| *Com.* brockenweise, stückweise

frūstrā ADV

1 (*vkl., nachkl.*) irrtümlich; **~ esse** sich getäuscht sehen; **~ habere aliquem** j-n in seiner Erwartung täuschen

2 vergeblich, umsonst; **legati ~ discesserunt** die Gesandten zogen ab ohne etw ausgerichtet zu haben; **aliquid ~ habere** etw vernachlässigen; **~ esse** misslingen

3 zwecklos, grundlos; **tempus ~ conterere** Zeit zwecklos verstreichen lassen

frūstrāmen ⟨frūstrāminis⟩ F ||frustrare|| *Lucr.* Täuschung

frūstrāre ⟨ō, āvī, ātum 1.⟩ ||frustra|| (*vkl.,*

nachkl.) hintergehen, täuschen; *passiv Liv.* das Ziel verfehlen, danebenschießen

frūstrārī ⟨or, ātus sum 1.⟩ ||frustra||
1 = frustrare; **spes me frustratur** die Hoffnung täuscht mich
2 (*nachkl.*) *poet* vereiteln; **improbas spes hominum d.** die schändlichen Hoffnungen der Menschen vereiteln

frūstrātiō ⟨frūstrātiōnis⟩ F ||frustrare|| (*unkl.*)
1 Täuschung, Irreführung
2 Vereitelung, *bes* absichtliche Verzögerung

frūstrātus ⟨frūstrātūs⟩ M ||frustrare|| Täuschung; **frustratui habere aliquem** j-n zum Besten halten

frustulentus ⟨a, um⟩ ADJ ||frustum|| voll von (Fleisch-)Stückchen; **aqua frustulenta** *Plaut.* Fleischbrühe

frustum ⟨ī⟩ N
1 Brocken, Bissen; *pl* Fleischstückchen; ~ **pueri** *Plaut.* du halbe Portion!
2 PL allzu kleine Teile *in der log. Gliederung*

frutex ⟨fruticis⟩ M
1 (*unkl.*) Strauch, Busch, *meist pl*; Strauchwerk, Gebüsch
2 *Suet.* Stammende mit frischen Trieben
3 (*vkl., nachkl.*) Schimpfwort Klotz, Dummkopf

fruticāre ⟨ō, āvī, ātum 1.⟩ (*nachkl.*), **fruticārī** ⟨or, - 1.⟩ ||frutex|| (Zweige) treiben, ausschlagen

fruticētum ⟨ī⟩ N ||frutex|| Gesträuch, Gebüsch

fruticōsus ⟨a, um⟩ ADJ ||frutex|| (*nachkl.*)
1 voll Gebüsch
2 buschig; **vimina fruticosa** Weidengebüsch

frūx ⟨frūgis⟩ F ||frui||
1 Frucht *der Erde; meist pl* Feldfrüchte, Getreide; **fruges medicatae** Zauberkräuter; ~ **tosta** Brot
2 *meton* Mehl, Opferschrot
3 *sg u. pl fig* Ertrag, Nutzen; **fruges industriae** Früchte des Fleißes; **carmina expertia frugis** *Hor.* Gedichte ohne lehrreichen Inhalt
4 *fig* moralische Tauglichkeit; **ad bonam frugem se recipere** sich bessern, vernünftiger werden
5 *dat, adj gebraucht* = frugi

fū INT *Plaut.* pfui!

fuam, fuās, fuat ... → fore

fūcāre ⟨ō, āvī, ātum 1.⟩ ||fucus¹||
1 (*nachkl.*) *poet* färben
2 schminken; **colorem stercore crocodili ~** Schminke aus Krokodilmist auftragen
3 *fig* aufputzen, (ver)fälschen

fūcina ⟨ōrum⟩ N ||fucus|| mit pflanzlichen Mitteln gefärbte Stoffe, *statt mit Purpur*

Fūcinus lacus M größter in den Abruzzen gelegener See, gefürchtet wegen seiner Überschwemmungen; Versuche von Caesar u. Claudius den See abzuleiten schlugen *fehl*; heute Lago di Celano

fūcōsus ⟨a, um⟩ ADJ ||fucus¹|| geschminkt; *fig* unecht; **amicitia fucosa** vorgetäuschte Freundschaft

fūcus¹ ⟨ī⟩ M
1 (*nachkl.*) pflanzlicher Farbstoff
2 *meton* roter Farbstoff; Purpur
3 *Verg.* rötliches Bienenwachs; (*nachkl.*) rote Schminke
4 *fig* falscher Aufputz, Schein; **fucum facere alicui** j-n täuschen

fūcus² ⟨ī⟩ M (*unkl.*) Drohne

fūdī → fundere

fūfae INT ||fu|| *Plaut.* pfui!

Fūfius ⟨a, um⟩ Name einer pleb. gens; **Q. ~ Calenus** Volkstribun 61 v. Chr., Legat Caesars

fuga ⟨ae⟩ F
1 Flucht, Entrinnen, *alicuius* j-s; ~ **Italiae** Flucht durch Italien; **fugā salutem petere** sein Heil in der Flucht suchen; **fugam alicuius facere** *selten*: j-s Flucht verursachen, j-n in die Flucht schlagen, *meist*: die Flucht ergreifen; **fugam capere/fugam petere/fugae se dare/fugae se mandare** die Flucht ergreifen; **in fuga/ex fuga** auf der Flucht
2 *meton* Gelegenheit zur Flucht; Fluchtweg; **alicui fugam claudere** j-m den Fluchtweg abschneiden
3 (freiwillige) Verbannung, Exil; *Ov.* Verbannungsort
4 *fig* Scheu, Abneigung, *alicuius rei* vor etw, gegen etw; ~ **laborum** Arbeitsscheu; ~ **dolorum** Schmerzempfindlichkeit
5 *meton* Schnelligkeit, Eile; ~ **temporum** das Dahineilen der Zeit; **fugā** in Eile

fugāre ⟨ō, āvī, ātum 1.⟩ ||fuga||
1 in die Flucht schlagen; ~ **et fundere** völlig schlagen
2 vertreiben, verjagen, **nubes** Wolken
3 in die Verbannung treiben

fugāx ⟨fugācis⟩ ADJ ||fugere||
1 *von Personen u. Tieren* flüchtig, scheu; ~ **alicuius rei** vor etw fliehend, etw vermeidend; ~ **ambitionis** Ehrgeiz vermeidend
2 *poet* vor Männern fliehend, spröde
3 *fig* vergänglich

fugere ⟨fugiō, fūgī, fugitum 3.⟩

A intransitives Verb
1 fliehen
2 forteilen
3 in die Verbannung gehen
4 (ent)schwinden, vergehen

B transitives Verb
1 fliehen

2 entfliehen, entgehen
3 meiden, vermeiden
4 verschmähen, ablehnen
5 entgehen

— **A** intransitives Verb —

V/I

1 fliehen, entkommen; **a crudelissimo hoste ~** vor dem äußerst grausamen Feind fliehen; **ex oppido ~** aus der Stadt fliehen; **ad aliquem ~** zu j-m fliehen; **a turpitudine ~** sich von der Schändlichkeit fern halten
2 forteilen, *auch von Sachen, z. B. Schiffen, Wagen, Wolken, Geschossen, Flüssen*; dem Blick enteilen
3 (landes)flüchtig werden, in die Verbannung gehen; **e patria ~** aus der Heimat in die Verbannung gehen
4 *fig* (ent)schwinden, vergehen; **tempus fugit** die Zeit enteilt; **vires fugiunt** die Kräfte schwinden; **vinum fugiens** nicht lagerfähiger Wein; **mensis fugit** der Monat geht zu Ende; **oculi fugiunt** die Augen brechen

— **B** transitives Verb —

V/T

1 fliehen, *aliquem/aliquid* vor j-m/vor etw
2 entfliehen, entgehen, *aliquem/aliquid* j-m/einer Sache; **manūs avidas heredis ~** den gierigen Händen des Erben entrinnen; **vox fugit Moerim** dem Moeris versagt die Stimme
3 *fig* meiden, vermeiden, **conspectum multitudinis** den Anblick der Menge
4 verschmähen, ablehnen, *aliquem* j-n, *+Inf*; **aliquem iudicem ~** j-n als Richter ablehnen; **iudicium senatūs ~** das Urteil des Senats verwerfen
5 j-s Wahrnehmung od Aufmerksamkeit entgehen, unbekannt bleiben, *aliquem/aliquid* j-m/einer Sache; **aliquid alicuius scientiam fugit** j-s Kenntnis entgeht etw; **fugit aliquem** *+inf/+AcI* j-m entgeht, dass, *+indir Fragesatz* j-m entgeht, ob; **fūgit aliquem** j-d hat vergessen, *+AcI*

fūgī → fugere
fugiēns ⟨fugientis⟩ ADJ ‖fugere‖ fliehend, *alicuius rei* vor etw; **~ laboris** arbeitsscheu
fugitāns ⟨fugitantis⟩ ADJ ‖fugitare‖ (*Ter., spätl.*) fliehend, scheu, **~ est litium** Prozessieren ist ihm verhasst
fugitāre ⟨ō, āvī, ātum 1.⟩ ‖fugere‖
A V/I *Ter., (spätl.)* eilig fliehen
B V/T
1 *fig* vermeiden, scheuen
2 *Ter., Lucr. fig* sich scheuen, *+inf*
fugitīvus
A ⟨a, um⟩ ADJ ‖fugitare‖ flüchtig geworden, entflohen; **servus ~** entflohener Sklave; **~ a iure et legibus** außerhalb von Recht und Gesetz
B ⟨ī⟩ M Ausreißer, entflohener Sklave
fugitor ⟨fugitōris⟩ M ‖fugere‖ *Plaut.* Ausreißer, Flüchtling
fugitum PPP → fugere
fuī → esse *u.* → fore
fulcīmen ⟨fulcīminis⟩ N ‖fulcire‖ *Ov.* Pfeiler, Stütze
fulci-pedia ⟨ae⟩ F ‖fulcireo, pes‖ *Petr.* Trampel
fulcīre ⟨fulciō, fulsī, fultum 4.⟩
1 stützen, emporhalten; **caelum vertice ~** den Himmel mit dem Nacken stützen; **fultus re** auf etw gestützt, auf etw lehnend, auf etw stehend
2 *poet* befestigen, versperren; **ianuam serā ~** die Tür mit einem Querbalken verrammeln; **~ pedibus pruinas** den Schnee mit den Füßen festtreten
3 *fig* aufrechterhalten, unterstützen; **rem publicam labentem ~** den schwankenden Staat unterstützen; **aliquem litteris ~** j-n durch Briefe bestärken
fulcrum ⟨ī⟩ N ‖fulcire‖ (*spätl.*) *poet* Bett, Speisesofa
fulgēns ⟨fulgentis, *adv* fulgenter⟩ ADJ ‖fulgere‖ (*nachkl.*) glänzend, strahlend, *auch fig*
fulgēre[1] ⟨fulgeō, fulsī, - 2.⟩
1 blitzen, *auch fig von einem Redner*; **caelo fulgente** wenn es blitzt; **fulget** es blitzt
2 *fig* glänzen, strahlen; **aliquis fulget armis** j-d funkelt vor Waffen
3 vor anderen glänzen, sich hervortun, *re* durch etw; **~ in aliquo** in j-m sich auf glänzende Weise zeigen; **fulgebat iam in adulescentulo indoles virtutis** *Nep.* schon in dem Jüngling zeigte sich strahlend die angeborene Tüchtigkeit
fulgere[2] ⟨ō, -, - 3.⟩ = **fulgere**[2]
fulgētrum ⟨ī⟩ N ‖fulgere‖ (*nachkl.*) Wetterleuchten
fulgidus ⟨a, um⟩ ADJ ‖fulgere‖ *poet* blitzend, schimmernd
fulgor ⟨fulgōris⟩ M ‖fulgere‖
1 Blitz, Wetterleuchten; = **fulgur**
2 heller Glanz, Leuchten
3 *fig* Glanz, Ruhm
fulgur ⟨uris, *abl auch* ere⟩ N ‖fulgere‖
1 Blitz, Wetterleuchten; = **fulmen**[1]
2 *fig* Glanz, Schimmer
fulgurālis ⟨fulgurāle⟩ ADJ ‖fulgur‖ die Blitze betreffend; **libri fulgurales** Bücher über die Deutung und Sühnung der Blitze
fulgurāre ⟨ō, āvī, ātum 1.⟩ ‖fulgur‖ (*unkl.*) blitzen, *fig auch vom Redner u. von der Rede*; **Iove tonante et fulgurante** wenn es blitzt und donnert

fulgurāta ⟨ōrum⟩ N ||fulguratus|| **vom Blitz getroffene Gegenstände**

fulgurātiō ⟨fulgurātiōnis⟩ F ||fulgurare|| *Sen.* **Wetterleuchten**

fulgurātor ⟨fulgurātōris⟩ M ||fulgurare||
1 (vkl., Inschrift) **Blitzeschleuderer**
2 **Blitze schleudernder Priester**

fulgurātus ⟨a, um⟩ ADJ ||fulgurare|| *Sen.* **vom Blitz getroffen**

fulgurītus ⟨a, um⟩ ADJ ||fulgur|| (vkl., nachkl.) **vom Blitz getroffen**

fulica ⟨ae⟩ F (nachkl.) *poet* **Wasserhuhn, Blässhuhn**

fūlīgō ⟨fūlīginis⟩ F
1 **Ruß, lucubrationum** der Lampe bei den nächtlichen Studien
2 *Iuv.* **Augenbrauenfarbe**

fulix ⟨fulicis⟩ F = **fulica**

fullō ⟨fullōnis⟩ F (vkl., nachkl.) **Tuchwalker,** *auch obszön*

fullōnia ⟨ae⟩ F ||fullonius|| **Tuchwalkerhandwerk**

fullōnius ⟨a, um⟩ ADJ ||fullo|| (vkl., nachkl.) **zum Tuchwalker gehörig,** *auch obszön*

fulmen¹ ⟨fulminis⟩ N ||fulgere||
1 **Blitz, Blitzschlag; Iuppiter fulmina iacit** Jupiter schleudert Blitze; **fulmine percuti** vom Blitz getroffen werden
2 *Ov. fig* **feuriger Hauch, glühender Atem**
3 *fig* **zerschmetternder Schlag, unwiderstehliche Kraft; ~ fortunae** Schicksalsschlag
4 *fig* **harte Strafe**
5 *meton* **starker Kriegsheld; duo fulmina imperii nostri** die zwei starken Kriegshelden unseres Reiches

fulmen² ⟨fulminis⟩ N ||fulcire|| *fig* **Stütze**

fulmenta ⟨ae⟩ F ||fulcire|| (nachkl.) **Stütze;** *Plaut.* **Schuhabsatz**

fulmināre ⟨ō, āvī, ātum 1.⟩ ||fulmen¹||
A VI **blitzen, wie ein Unwetter toben; fulminat** es blitzt
B VT **mit dem Blitz treffen,** *auch fig*

fulminātiō ⟨fulminātiōnis⟩ F ||fulminare|| *Sen.* **Blitzeschleudern, Blitz**

fulmineus ⟨a, um⟩ ADJ ||fulmen¹||
1 *poet* **Blitz...; ictus ~** Blitzschlag
2 *fig* **mörderisch, vernichtend**

fulsī → **fulcire** u. → **fulgere**

fultūra ⟨ae⟩ F ||fulcire|| (nachkl.) *poet* **Stütze;** *fig* **Stärkung** des Leibes durch Speise

fultus ⟨a, um⟩ PPP → **fulcire**

Fulviaster ⟨Fulviastrī⟩ M **ein zweiter Fulvius** im Lügen

Fulvius ⟨a, um⟩ Name einer pleb. gens aus Tusculum
1 **M. ~ Nobilior** besiegte als Konsul 189 v. Chr. den Ätolischen Bund; Kunstliebhaber u. Gönner des Ennius
2 **M. ~ Flaccus** Konsul 125 v. Chr., Anhänger der Gracchen
3 **M. ~ Bombalio** Vater der Fulvia, der Todfeindin Ciceros

fulvor ⟨fulvōris⟩ M ||fulvus|| *Catul.* **Rotgelb**

fulvus ⟨a, um⟩ ADJ (nachkl.) *poet* **rotgelb, blond**

fūmāre ⟨ō, āvī, ātum 1.⟩ ||fumus|| **rauchen, dampfen,** *re* von etw; **arae sacrificiis fumant** die Altäre rauchen von den Opfergaben; **domus fumabat** der Schornstein rauchte; **campi pulvere fumant** *fig* die Felder stauben

fūmārium ⟨ī⟩ N ||fumus|| (nachkl.) *poet* **Rauchkammer**

fūmeus ⟨a, um⟩ ADJ ||fumus|| *poet* **rauchig, in Rauch aufbewahrt**

fūmidus ⟨a, um⟩ ADJ ||fumus||, **fūmi-fer** ⟨fūmifera, fūmiferum⟩ ADJ ||fumus, ferre|| *poet* **Rauch bringend, rauchend, dampfend**

fūmificāre ⟨ō, -, - 1.⟩ ||fumificus|| **räuchern**

fūmi-ficus ⟨a, um⟩ ADJ ||fumus, facere|| (vkl.) *poet* **Rauch machend, rauchend, dampfend**

fūmigāre ⟨ō, āvī, ātum 1.⟩ ||fumus, agere||
A VI **rauchen**
B VT **räuchern**

fūmōsus ⟨a, um⟩ ADJ ||fumus||
1 (vkl.) *poet* **voll Rauch, qualmend**
2 **verräuchert, rauchgeschwärzt, rußig; imagines fumosae** rauchgeschwärzte Ahnenbilder

fūmus ⟨ī⟩ M
1 **Rauch, Qualm;** *pl* **Rauchwolken, Nebel; fumo atque ignibus significare** Rauch- und Feuerzeichen geben
2 *Plaut. fig* **dummes Geschwätz, Unsinn**
3 *Redensarten*: **fumum vendere** Rauch verkaufen = mit leeren Vorspiegelungen abspeisen; **aliquid in fumum et cinerem vertere** etw in Rauch aufgehen lassen, etw verprassen; **flamma fumo proxima est** wo Rauch ist, ist auch Feuer
4 **fumi Massiliae** *Mart. meton* **geräucherter Wein aus Massilia**

⚠ **Flamma fumo est proxima.** *Plaut.* **Wo Rauch ist, ist auch Feuer.**

fūnāle ⟨fūnālis⟩ N ||funalis||
1 *Liv.* **Strick, Schnur** an der Schleuder
2 **Fackel, Kerzenleuchter**

fūnālis ⟨e⟩ ADJ ||funis||
1 **zum Seil gehörig; aus einem Seil gemacht; cereus ~** Wachsfackel
2 **an der Leine gehend; equus ~** Handpferd

fūn-ambulus ⟨ī⟩ M ||funis, ambulare|| (vkl., nachkl.) **Seiltänzer**

fūnctī ⟨ōrum⟩ M ||fungi|| **Vollendete, Tote;** =

defuncti
fūnctiō ⟨fūnctiōnis⟩ F̄ ||fungor|| Verrichtung, Besorgung
fūnctus ⟨a, um⟩ PPERF → fungi
funda ⟨ae⟩ F̄
1 Schleuder; **lapides fundā mittere** Steine mit der Schleuder werfen
2 *meton* geschleudertes Geschoss, Schleuderstein
3 *Verg. fig* trichterförmiges, mit Bleikugeln beschwertes Wurfnetz *zum Fischen*
4 (*Plaut., spätl.*) Geldsäckchen, Geldbeutel
fundāmen ⟨fundāminis⟩ N̄ ||fundare|| (*spätl.*) *poet* Grundlage
fundāmentum ⟨ī⟩ N̄ ||fundare|| Unterbau, Grund; *fig* Grundlage; **fundamentum iacere alicui rei/alicuius rei** den Grundstein legen zu etw; **pietas ~ est omnium virtutum** die Gottesfurcht ist die Grundlage aller Tugenden
▶ *deutsch:* **Fundament**
Fundānus
A ⟨a, um⟩ ADJ aus Fundi, von Fundi
B ⟨ī⟩ M̄ Einwohner von Fundi
fundāre ⟨ō, āvī, ātum 1.⟩ ||fundus||
1 (*vkl.*) *poet* mit einem Boden versehen; **robora fundatura naves** Eichenholz für den Boden der Schiffe
2 *fig* gründen, begründen; **urbem ~** eine Stadt gründen; **navem ancorā ~** ein Schiff mit dem Anker am Grund festmachen
3 *fig* festigen, befestigen; **pecuniam villis ~** Geld in Landhäusern anlegen
fundātor ⟨fundātōris⟩ M̄ ||fundare|| (*nachkl.*) *poet* Gründer
fundātus ⟨a, um⟩ ADJ ||fundare|| fest gegründet

---

fundere ⟨fundō, fūdī, fūsum 3.⟩

1 (aus)gießen
2 ausschütten, ausstreuen
3 flüssig machen, schmelzen
4 schleudern
5 im Überfluss strömen lassen, vergeuden
6 benetzen
7 ausströmen lassen
8 hören lassen
9 hervorbringen, erzeugen
10 verbreiten
11 vertreiben
12 niederwerfen, zu Boden strecken

---

1 *Flüssiges* (aus)gießen, ausfließen lassen; **sanguinem/fletūs ~** Blut/Tränen vergießen; *passiv* sich ergießen, fließen, strömen
2 *Festes* ausschütten, ausstreuen; **segetem in Tiberim ~** *Liv.* die Saat in den Tiber schütten; **nuces ~** Nüsse ausschütten; **homines per agros fusi** über die Felder verstreute Menschen; **crines fusi** herabwallende Haare
3 *fig Festes* flüssig machen, schmelzen; *aus Erz* gießen; **aera ~** Erz schmelzen
4 *fig Geschosse* schleudern; **tela in hostes ~** Geschosse gegen die Feinde schleudern; **convicia ~ in aliquem** *fig* Beschimpfungen über j-n ausgießen
5 *fig* im Überfluss strömen lassen, verschwenden, **opes** Geldmittel
6 *Tib. fig* benetzen, **tempora multo mero** die Schläfen mit viel Wein
7 ausströmen lassen
8 hören lassen, **sonos** Töne
9 hervorbringen, erzeugen; **terra fruges fundit** die Erde bringt Früchte hervor; **ex utero ~** gebären
10 verbreiten; *fig* ausführlich darstellen; *passiv u.* **se ~** sich ausbreiten, sich ausdehnen; **vitis in omnes partes se fundit** der Weinstock breitet sich nach allen Seiten aus
11 feindlich vertreiben; **hostes fugare atque ~** die Feinde völlig schlagen; **fusus** besiegt
12 (*nachkl.*) *poet* niederwerfen, zu Boden strecken; *passiv* sich niederlegen, sich lagern
Fundī ⟨ōrum⟩ M̄ Stadt im südlichen Latiums, an der via Appia, heute Fondi
funditāre ⟨ō, -, -. 1.⟩ ||fundere|| (*vkl., nachkl.*) hinschleudern, niederstrecken; *fig* über die Lippen kommen lassen
funditor ⟨funditōris⟩ M̄ ||funda|| Schleuderer
funditus ADV ||fundus||
1 von Grund auf; *fig* völlig
2 *Lucr.* im Grunde; *Catul.* im Innersten
fundus ⟨ī⟩ M̄
1 Grund, Boden *eines Gefäßes od Gegenstandes;* **~ armarii** Boden eines Schrankes; **~ maris** Meeresgrund; **fundo** von Grund auf; **~ collis** Grundfläche eines Hügels
2 *fig* Maß und Ziel, Grenze; **largitio fundum non habet** die Freigebigkeit hat keine Grenze
3 JUR Autorität; **fundum fieri legis/legi** ein Gesetz bestätigen
4 *meton* Grundstück, Landgut
5 *Mart. meton* Trinkgefäß, Becher
fūnebria ⟨fūnebrium⟩ N̄ ||funebris|| Leichenbegängnis
fūnebris ⟨fūnebre⟩ ADJ, **fūnereus** ⟨a, um⟩ ADJ ||funus||
1 zum Leichenbegängnis gehörig, Toten...; **frons ~** Totenkranz *aus Zypressenzweigen;* **epulum funebre** Leichenmahl
2 *fig* todbringend; **sacra funebria** Menschenopfer; **bubo ~** todverkündender Uhu

FUNE | 424

3 verderblich, unheilvoll

fūnerāre ⟨ō, āvī, ātum 1.⟩ ||funus|| (nachkl.)
1 *poet* bestatten
2 *poet* töten

fūnēstāre ⟨ō, āvī, ātum 1.⟩ ||funestus|| *durch Blutvergießen* beflecken, entweihen, **templa hostiis humanis** die Tempel durch Menschenopfer

fūnestus ⟨a, um⟩ ADJ ||funus||
1 (nachkl.) *poet* durch eine Leiche befleckt
2 *Liv.* in Trauer versetzt
3 *poet* tödlich, mörderisch
4 trauervoll, unheilvoll, *alicui/alicui rei* für j-n/für etw

fungī ⟨fungor, fūnctus sum 3.⟩
1 verwalten, verrichten, *re/aliquid* etw; **munere ~** ein Amt verwalten; **honoribus ~** Ehrenämter bekleiden; **sacris ~** Opfer darbringen; **dapibus ~** Mahl halten, das Mahl beenden; **lacrimis ~** weinen; **sepulcro ~** begraben; **morte/vitā ~** sterben; **Nestor ter aevo functus** Nestor, der drei Menschenalter sah; **stipendio functum esse** ausgedient haben; **~ militare munus** eine militärische Aufgabe erfüllen; **virtute ~** Tüchtigkeit an den Tag legen; **gaudio ~** Freude bezeigen
2 (nachkl.) *pej* erleiden, überstehen, *re/aliquid* etw; **laboribus ~** Strapazen überstehen; **fato ~** den Tod erleiden
3 *von Personen u. Sachen* erlangen, finden, *re/aliquid* etw; **fato suo fungi** sein Lebensziel erreichen

fungīnus ⟨a, um⟩ ADJ ||fungus|| *Plaut.* von Pilzen, Pilz...

fungus ⟨ī⟩ M
1 Pilz; *Plaut.* als Schimpfwort Dummkopf
2 Lichtschnuppe *am Docht der Öllampe*

fūniculus ⟨ī⟩ M ||funis|| dünnes Seil, Schnur

fūnis ⟨fūnis⟩ M Seil, Strick; **~ ancorarius** Ankertau; **per extentum funem ire** als Seiltänzer auftreten; **funem ducere** befehlen, herrschen; **funem sequi** gehorchen, dienen; **funem reducere** seine Meinung ändern; **ne currente retro ~ eat rotā** *Hor.* damit der Spieß sich nicht umdreht

fūnus ⟨fūneris⟩ N
1 Bestattung, Leichenzug; **paterno funeri iusta solvere** dem Vater die letzte Ehre erweisen; **~ ducitur** der Leichenzug setzt sich in Bewegung
2 PL Gebräuche bei der Leichenfeier; *poet* großes Sterben
3 *meton* Totenbahre
4 *meton* Leiche, *auch* Tierleiche
5 PL die Schatten der Toten, die Manen
6 Tod; Mord; **sub ipsum funus** schon dem Tod nah; **funera edere** morden; **genti funera movere** ein Blutbad anrichten
7 *fig von Sachen* Grab, Untergang; **lacrimosa funera Troiae** der viel beweinte Untergang Trojas
8 *meton* Zerstörer, **rei publicae** des Staates

fuō → **fore**

fūr ⟨fūris⟩ M u. F Dieb, Diebin; *als Schimpfwort* Schurke

fūrārī ⟨or, ātus sum 1.⟩ ||fur||
1 stehlen, heimlich entwenden, *absolut od alicui/ab aliquo aliquid* j-m etw
2 *fig* erschleichen; **alicuius speciem ~** heimlich j-s Gestalt annehmen
3 (nachkl.) *poet* entziehen, *alicui aliquid* j-m etw; **patri equos ~** die Pferde vor dem Vater verbergen
4 *Tac. poet* Handstreiche ausführen

fūrātim ADV ||fur|| *Plaut.* diebischerweise

fūrāx ⟨fūrācis, adv fūrāciter⟩ ADJ ||furari|| diebisch; **homo ~** diebischer Mensch

furca ⟨ae⟩ F
1 zweizackige Gabel; **furcā expellere** *fig* mit aller Gewalt austreiben
2 gabelförmiger Stützpfahl
3 Gabelholz, Halsblock, *bei Auspeitschung u. Kreuzigung von Sklaven u. Verbrechern benutzt*; **ire sub furcam** in Knechtschaft geraten
4 *Plaut.* Trageholz, Tragegerät *für Lasten*

furci-fer ⟨furciferī⟩ M ||furca, ferre|| „Gabelholzträger", *Schimpfwort für Sklaven, etwa* Galgenstrick

furcifera ⟨ae⟩ F ||furcifer|| *Petr.* männliches Glied, Penis

furcilla ⟨ae⟩ F ||furca|| kleine Gabel; Stützstange

furcillāre ⟨ō, -, - 1.⟩ ||furcilla|| *Plaut.* mit der Gabel bearbeiten

furcula ⟨ae⟩ F ||furca|| gabelförmiger Stützpfahl; *pl meton* gabelförmiger Engpass; **Furculae Caudinae** das kaudinische Joch, *Niederlage der Römer im zweiten Samniterkrieg unter den Konsuln T. Venturius u. Spurius Postumius, 321 v. Chr.*

furenter ADV ||furere|| rasend, wütend

furere ⟨furō, -, - 3.⟩
1 (nachkl.) *poet* dahinstürmen; *fig* wüten, rasen, *absolut od re* vor etw, durch etw, von etw, *+inf +AcI*, **libidinibus** vor Leidenschaften; **furorem ~** die Wut austoben; **id ~** darüber toben; **in aliquem/contra aliquid ~** gegen j-n/gegen etw rasen; **Clodius furebat se vexatum esse** Clodius war wütend darüber, dass er angegriffen worden war; **Tydides furit te reperire** Tydides sucht dich mit rasender Wut
2 (nachkl.) *fig* rasend verliebt sein, *aliquo/in aliquo* in j-n
3 *fig* prophetisch *od* bacchantisch begeistert sein,

entzückt sein, schwärmen

furfur ⟨furfuris⟩ M̄ (unkl.) Kleie

furia ⟨ae⟩ F̄ ||furere||
1. Wut, Wahnsinn; **furias concipere** in Wut geraten
2. Liebeswut, Liebesleidenschaft
3. Verzückung, Begeisterung
4. *meton von Personen* fluchbeladener Mensch, böser Dämon

Furia ⟨ae⟩ F̄ Furie, Rachegöttin; *pl* Furien, Rachegöttinnen, *mit den griech. Erinnyen verschmolzen, den Töchtern der Erde od der Nacht, den unterirdischen Rächerinnen allen Unrechts, bes der Frevel gegen die Bande des Blutes, alicuius* für j-n *od* gegen j-n; **Furiae sororis** die Furien, die das an der Schwester begangene Verbrechen bestrafen; die Furien, die das von der Schwester begangene Verbrechen bestrafen

furiālis ⟨furiāle, *adv* furiāliter⟩ ADJ ||furia||
1. wütend, wahnsinnig, (bacchantisch) begeistert; **malum furiale** entsetzliches Unglück
2. in Raserei versetzend
3. zu den Furien gehörig, Furien...

Fūriānī ⟨ōrum⟩ M̄ Soldaten des Camillus; → Furius

furiāre ⟨ō, āvī, ātum 1.⟩ ||furia|| wütend machen, rasend machen

furiātus ⟨a, um⟩ ADJ = furiosus

furibundus ⟨a, um⟩ ADJ ||furere|| wütend, rasend; begeistert

Furīna ⟨ae⟩ F̄ röm. Göttin unbekannter Funktion, schon z. Zt. des M. T. Varro kaum mehr bekannt, doch war ihr ein Hain mit Heiligtum auf dem Ianiculus geweiht, Fest am 25. Juli; von Cicero fälschlich mit den Furien in Verbindung gebracht

furīnus ⟨a, um⟩ ADJ ||fur|| Plaut. Diebes...

furiōsus ⟨a, um, *adv* furiōsē⟩ ADJ ||furia|| wütend, rasend; **mulier furiosa** leidenschaftliche Frau; **cupiditas furiosa** rasende Begierde

Fūrius ⟨a, um⟩ Name einer patriz. gens; **M. ~ Camillus** Eroberer von Veii 396 v. Chr. u. Falerii 394 v. Chr., Sieger über die Gallier 390 v. Chr.

furnāria ⟨ae⟩ F̄ ||furnus|| Bäckerei

furnus ⟨ī⟩ M̄ (unkl.) Ofen, *bes* Backofen

furor ⟨furōris⟩ M̄ ||furere||
1. Wut, Raserei, Wahnsinn; *pl* Wutausbrüche, Zornesausbrüche
2. *meton* Kampfwut
3. Erbitterung, Grimm
4. Liebeswahn(sinn); *meton* Geliebte; *pl* Liebesgeschichten
5. (nachkl.) Gier *nach Besitz*
6. prophetische *od* bacchantische Begeisterung; **sine furore poeta esse non potest** ohne Begeisterung kann man nicht Dichter sein

Furor ⟨Furōris⟩ M̄ Rachegeist; Furor, *personifizierte Kampfwut, im Gefolge des Mars*

Furrīna ⟨ae⟩ F̄ = Furina

fūrti-ficus ⟨a, um⟩ ADJ ||furtum, facere|| Plaut. diebisch

fūrtim ADV ||fur|| verstohlen, heimlich

fūrtīvus ⟨a, um, *adv* fūrtīvē⟩ ADJ ||furtum||
1. (unkl.) gestohlen, entwendet
2. *fig* verstohlen, heimlich; **victoria furtiva** erschlichener Sieg; **vir ~** heimlicher Liebhaber

fūrtum ⟨ī⟩ N̄ ||fur||
1. Diebstahl; **furtum facere** einen Diebstahl verüben
2. *meton* gestohlenes Gut, Raub; **furtum ligurrire** heimlich naschen
3. Heimlichkeit, heimliche Liebschaft, heimliche Verabredung; **~ tori** Ehebruch
4. Hinterlist, Gaunerei; *pl* Schliche; **furto** heimlich, verstohlen
5. MIL Handstreich, Kriegslist
6. geheimer Vorwand

fūrtus ⟨fūrtūs⟩ M̄ ||fur|| Iuv. Diebstahl

fūrunculus[1] ⟨ī⟩ M̄ ||fur|| kleiner Dieb, elender Spitzbub

fūrunculus[2] ⟨ī⟩ M̄ MED akutes eitriges Geschwür

furvus ⟨a, um⟩ ADJ (nachkl.) *poet* dunkel, schwarz; **equus ~** Rappe; **alae furvae** die Flügel des Schlafes

fuscāre ⟨ō, āvī, ātum 1.⟩ ||fuscus|| (nachkl.) *poet* schwärzen, bräunen

fuscina ⟨ae⟩ F̄ Dreizack

fuscus ⟨a, um⟩ ADJ
1. dunkel, schwärzlich; **lanterna fusca** undurchsichtige Laterne
2. *vom Ton* dumpf, heiser; **vox fusca** heisere Stimme

fūsilis ⟨fūsile⟩ ADJ ||fundere|| geschmolzen, gegossen, flüssig

fūsiō ⟨fūsiōnis⟩ F̄ ||fundere|| Ausguss, Ausfluss; *fig* Verbreitung

fūstis ⟨fūstis, *abl* fūste *u.* fūstī⟩ F̄ Stock; *pl* Knüppelholz; **aliquem fusti male percutere** j-n böse verprügeln

fūsti-tudīnus ⟨a, um⟩ ADJ ||fustis, tundere|| Plaut. mit dem Stock schlagend; **insula fustitudina** *hum* Arbeitshaus

fūstuārium ⟨ī⟩ N̄ ||fustis|| MIL Totprügeln *als Strafe für Fahnenflucht u. Ä*

fūsus[1] ⟨ī⟩ M̄ (nachkl.) *poet* Spindel *bes der Parzen*

fūsus[2] ⟨a, um, *adv* fūsē⟩ ADJ ||fundere||
1. lang hingestreckt
2. *von Sachen* ausgedehnt
3. *von Haar u. Kleidung* wallend, fliegend; **toga fusa** übermäßig weite Toga
4. *von der Rede* gleichmäßig; *von Personen u. Sachen* ausführlich

fūsus³ ⟨a, um⟩ PPP → fundere
fūtātim ADV Plaut. reichlich, häufig
fūtilis
  A ⟨fūtile⟩ ADJ, ADV ⟨fūtile⟩
  1 durchlässig; **canis ~** nicht stubenreiner Hund; **glacies ~** zerbrechliches Eis
  2 fig von Personen u. Sachen unzuverlässig, wertlos; adv eitel, unnütz
  B ⟨fūtilis⟩ M unzuverlässiger Mensch
fūtilitās ⟨fūtilitātis⟩ F Nichtigkeit, leeres Geschwätz
fūttilis ⟨fūttile u. fūttilis⟩ ADJ M = futilis
fūttilitās ⟨fūttilitātis⟩ F = futilitas
futuere ⟨futuō, futuī, futūtum 3.⟩ vulg Geschlechtsverkehr haben, aliquam mit einer Frau
futūrus ⟨a, um⟩ PART fut → fore
futūtiō ⟨futūtiōnis⟩ F ‖futuere‖ Geschlechtsverkehr
futūtor ⟨futūtōris⟩ M ‖futuere‖ Mart. Beischläfer
futūtrīx ⟨futūtrīcis⟩ F ‖fututor‖ Mart. lesbische Frau, auch adj lüstern, geil

G

G g erst 234 v. Chr. ins röm. Alphabet aufgenommener Buchstabe, vorher durch C wiedergegeben: cratia → gratia; Abk:
  1 = Gaius
  2 nach Legionszahlen = **Gallica** gallisch, = **Gemina** Doppel...
  3 ~ **I.** = **Germania inferior** Niedergermanien; → Germania
  4 ~ **L.** = **Genio loci** dem Schutzgeist des Ortes
  5 ~ **P. R. F.** = **Genio populi Romani feliciter** Beschwörungsformel, etwa Heil dir, römisches Volk
  6 ~ **S.** = **Germania Superior** Obergermanien; → Germania
Gabalī ⟨ōrum⟩ M kelt. Stamm in den Cevennen
gabata ⟨ae⟩ F Mart. Schale, Schüssel
Gabiī ⟨ōrum⟩ M Stadt ö. von Rom, an der via Praenestina, früh verfallen, unbedeutende Ruinen
Gabīnius ⟨a, um⟩ Name einer pleb. gens; **A. ~** Volkstribun 67 v. Chr.; **lex Gabinia** Gabinischer Gesetzesantrag, Antrag auf Übertragung des Oberbefehls gegen die Seeräuber an Pompeius
Gabīnus
  A ⟨a, um⟩ ADJ aus Gabii, von Gabii; **via Gabina** Straße nach Gabii
  B ⟨ī⟩ M Einwohner von Gabii
Gādēs ⟨Gādium⟩ F alte phönikische Stadt im SW von Spanien, heute Cádiz
Gādītānae ⟨ārum⟩ F Tänzerinnen aus Gades
Gādītānus ⟨a, um⟩ ADJ aus Gades, von Gades
Gādītānus ⟨ī⟩ M Einwohner von Gades
gaesum ⟨ī⟩ N Wurfspieß der Gallier
Gaetūlī ⟨ōrum⟩ M Nomadenvolk in Nordafrika, zwischen Kleiner Syrte u. Atlantischem Ozean
Gaetūlus ⟨a, um⟩ ADJ poet afrikanisch
Gaia ⟨ae⟩ F Quint. Bezeichnung für Braut bei Hochzeiten
Gaiānus ⟨a, um⟩ ADJ des Gaius
Gaius ⟨ī⟩ M
  1 röm. Vorname, abgek C., auch G., vok Gai
  2 Quint. Bezeichnung für Bräutigam bei Hochzeiten
  3 Jurist, wahrscheinlich z. Zt. der Kaiser Hadrian u. Marc Aurel, Verfasser einer bis ins MA. u. in die Neuzeit bedeutenden Sammlung von Rechtsvorschriften
  4 bei nachaugusteischen Historikern = Kaiser Caligula
Galaesus ⟨ī⟩ M kleiner Fluss bei Tarent
Galatae ⟨ārum⟩ M die Galater, um 275 v. Chr. nach Kleinasien eingewanderte Gallier; → Galatia
Galatēa ⟨ae⟩ F Nereide, von Polyphem vergeblich umworben
Galatia ⟨ae⟩ F ‖Galatae‖ Galatien, Landschaft ö. des Halys bis an die Grenzen von Pamphylien u. Kilikien, seit 25 v. Chr. röm. Provinz
galba ⟨ae⟩
  A F Suet. Larve des Eschenspinners, die sich in den Eschenstamm bohrt.
  B M Suet. Schmerbauch
Galba ⟨ae⟩ M Beiname der gens Sulpicia; **Sergius Sulpicius ~** röm. Kaiser 68–69 n. Chr.
galbaneus ⟨a, um⟩ ADJ ‖galbanum‖ aus Galban
galbanum ⟨ī⟩ N Galban, wohlriechendes Harz
galbeum ⟨ī⟩ N, **galbeus** ⟨ī⟩ M (vkl., nachkl.) mit Heilmitteln getränkte Binde
Galbiānī ⟨ōrum⟩ M die Anhänger des Galba
galbinātus ⟨a, um⟩ ADJ ‖galbinus‖ Mart. modisch gekleidet, wie eine Frau gekleidet
galbinum ⟨ī⟩ N ‖galbinus‖ grüngelbes Modegewand für Männer
galbinus ⟨a, um⟩ ADJ (nachkl.) poet grüngelb; fig modisch, weichlich
galbulus ⟨ī⟩ M (nachkl.) poet Vogel mit grüngelbem Gefieder, vielleicht Goldammer
galea ⟨ae⟩ F Lederhelm, mit Metall beschlagen
galeāre ⟨ō, āvī, ātum 1.⟩ ‖galea‖ (nachkl.) den Helm aufsetzen, mit dem Helm bedecken
galeātus ⟨a, um⟩ ADJ ‖galea‖ mit Helm; **Minerva galeata** die helmgeschmückte Minerva
Galēnus ⟨ī⟩ M aus Pergamon, Leibarzt des Kaisers Marc Aurel, Autorität des Altertums, gest. um 200 n. Chr.
galeōtae ⟨ārum⟩ M Wahrsager in Sizilien
galēriculum ⟨ī⟩ N ‖galerum‖ (nachkl.) poet klei-

Galba

Servius Sulpicius Galba (3 v. Chr. – 69 n. Chr.) stammte aus einem alten römischen Patriziergeschlecht und wurde 68 n. Chr. vom Senat zum Kaiser ernannt. Während seiner Regierungszeit kümmerte er sich v. a. um die Sanierung der von **Nero** zerrütteten Staatsfinanzen, indem er dessen große Schenkungen zurückforderte, die kostenlosen Getreidezuteilungen an die plebs und die Zirkusspiele einstellte und die den Prätorianern versprochenen Belohnungen (**donativum**) verweigerte. Dadurch verlor er die Unterstützung von Volk und Heer und wurde bei einem Prätorianeraufstand ermordet.

GESCHICHTE

---

ne Fellkappe, kleine Perücke

galērītus ⟨a, um⟩ ADJ ||galerum|| (unkl.) mit einer Fellkappe bedeckt

galērum ⟨ī⟩ N̄, **galērus** ⟨ī⟩ M̄ Pelzkappe; fig Perücke

Galilaea ⟨ae⟩ F̄ Landschaft im N von Palästina

Galilaeī ⟨ōrum⟩ M̄ die Galiläer, die Einwohner von Galiläa

galla ⟨ae⟩ F̄ Gallapfel

Galla[1] ⟨ae⟩ F̄ ||Gallus¹|| Gallierin

Galla[2] ⟨ae⟩ F̄ ||Gallus¹|| hum Priester der Kybele, da diese Priester entmannt waren

Gallaecī ⟨ōrum⟩ M̄ die Einwohner von Gallaecia

Gallaecia ⟨ae⟩ F̄ Landschaft im NW Spaniens, heute Galicia

Gallī[1] ⟨ōrum⟩ M̄ die Gallier, lat. Gesamtname aller kelt. Stämme, bes im heutigen Frankreich, Belgien u. Oberitalien

Gallī[2] ⟨ōrum⟩ M̄ die Priester der Kybele, die entmannt waren

Gallia ⟨ae⟩ F̄ ||Galli¹|| Gallien; ~ **cisalpina/citerior** das diesseitige Gallien, von Rom aus gesehen diesseits der Alpen = Oberitalien, zerfiel in zwei Teile: ~ **cispadana** das Gallien diesseits des Po; ~ **transpadana** das Gallien jenseits des Po; ~ **transalpina/ulterior** das jenseitige Gallien, von Rom aus gesehen jenseits der Alpen; ~ **Belgica** NO Galliens; ~ **Celtica/Lugdunensis** Landschaft zwischen Loire, Seine u. Marne; ~ **Narbonensis/Provincia** Landschaft an der unteren Rhône, heute Provence

galliambicus ⟨a, um⟩ ADJ ||galliambus|| galliambisch; **metrum galliambicum** galliambisches Versmaß, katalektischer ionischer Tetrameter, von Catull verwendet

galliambos, galliambus ⟨ī⟩ M̄ ||Galli², iambus|| (nachkl.) poet **Galliambus**, von den Priestern beim Kybelekult gesungenes Lied

gallica ⟨ae⟩ F̄ ||Galli¹|| gallische Holzsandale

Gallicānus ⟨a, um⟩ ADJ ||Galli¹, Gallia|| mit Gallien (zufällig) zusammenhängend, mit den Galliern (zufällig) zusammenhängend; **legiones Gallicanae** die in Gallien liegenden Legionen

Gallicus[1] ⟨a, um⟩ ADJ ||Galli¹|| gallisch; **ager ~** gallisches Gebiet, Küstenstreifen an der Adria mit der Hauptstadt Sena Gallica

Gallicus[2] ⟨a, um⟩ ADJ ||Galli²|| zu den Galli gehörig; **turba Gallica** Schar der Isispriester, deren Kult dem der Kybele glich

gallīna ⟨ae⟩ F̄ ||gallus|| Henne, Huhn; (pl) Kosewort; **ad gallinas** (nachkl.) Hühnerhof, Landgut bei Rom

⚠ **Gallina scripsit.** Plaut. Das hat ein Huhn geschrieben. = unleserlich gekritzelte Schrift

gallīnāceus ⟨a, um⟩ ADJ ||gallina|| Hühner...; **gallus ~** Haushahn

gallīnārius
A ⟨a, um⟩ ADJ ||gallina|| für die Hühner, Hühner...
B ⟨ī⟩ M̄ Hühnerwärter

Gallo-graecī ⟨ōrum⟩ M̄ = **Galatae**

Gallo-graecia ⟨ae⟩ F̄ = **Galatia**

gallus ⟨ī⟩ M̄ Hahn, Haushahn; **~ in suo sterquilino plurimum potest** Sen. Sprichwort auf seinem Misthaufen ist jeder Hahn am stärksten, jeder ist Herr in seinem Haus

Gallus[1]
A ⟨a, um⟩ ADJ gallisch; → Galli¹
B ⟨ī⟩ M̄ Gallier; → Galli¹

Gallus[2] ⟨ī⟩ M̄ Kybelepriester; → Galli²

Gallus[3] ⟨ī⟩ M̄ röm. Beiname; **C. od Cn. ~** aus Forum Iulii, 69–26 v. Chr., galt als Schöpfer der röm. Elegie

gamēliōn ⟨gamēliōnis⟩ M̄ siebter Monat des attischen Kalenders, etwa Januar/Februar entsprechend

gānea ⟨ae⟩ F̄ vulg Kneipe; Bordell; meton Schlemmerei

gāneō ⟨gāneōnis⟩ F̄ ||ganea|| Schlemmer, Prasser

gāneum ⟨ī⟩ N̄ = **ganea**

gangaba ⟨ae⟩ M̄ Curt. Lastenträger

Gangaridae ⟨ārum⟩ M̄, **Gangarides** ⟨Gangaridum, akk Gangaridās⟩ M̄ Volk an der Mündung des Ganges

Gangēs ⟨Gangis⟩ M̄ Hauptfluss Indiens

Gangēticus ⟨a, um⟩ ADJ, auch **Gangētis** ⟨Gangētidis⟩ ADJ F̄ vom Ganges; poet indisch

gannīre ⟨iō, -, -.⟩ (unkl.) von Hunden kläffen; von Menschen keifen

gannītus ⟨gannītūs⟩ M̄ ||gannire|| (nachkl.) von Hunden Gekläff; von Menschen das Keifen

Ganymēdēs ⟨Ganymēdis, auch Ganymēdī, akk auch Ganymēdēn⟩ M̄ Sohn des Tros, von Zeus in Gestalt eines Adlers in den Olymp entführt, dort zu sei-

nem Mundschenk erhoben
Ganymēdēus ⟨a, um⟩ ADJ des Ganymedes
Garamantes ⟨Garamantum⟩ M̄ die Garamanten, *Volk im Innern Afrikas, Hauptstadt Garamal im heutigen Libyen*
Garamantis ⟨Garamantidis⟩ ADJF zu den Garamanten gehörig, *auch afrikanisch, libysch*
garrīre ⟨iō, īī/īvī, ītum 4.⟩
A VI
1 schwatzen, plaudern, *meist pej*
2 *von Tieren* quaken, zwitschern
B VT (her)plappern; **fabellas ~** Geschichten zum Besten geben
garrulitās ⟨garrulitātis⟩ F̄ ||garrulus|| (*nachkl.*) *poet* Geschwätzigkeit, *auch von Tieren*
garrulus
A ⟨a, um⟩ ADJ ||garrire|| (*unkl.*) geschwätzig, schwatzhaft, *fast immer pej*; **hora garrula** Plauderstunde
B ⟨ī⟩ M̄ Schwätzer
garum ⟨ī⟩ N̄ (*nachkl.*) *poet* pikante Fischsoße
Garumna ⟨ae⟩ M̄ Hauptstrom Aquitaniens, *heute Garonne*
Garumnī ⟨ōrum⟩ M̄ Stämme an der Garumna
gastrum ⟨ī⟩ N̄ *Petr.*
1 bauchiges Gefäß
2 Bauch wie eine Amphore
gaudēre ⟨gaudeō, gāvīsus sum 2.⟩
1 sich (innerlich) freuen, *absolut od re|selten de re über etw*, *+akk nur bei neutralem pron*, *+AcI/+inf/+part*; **~ in se/in sinu** sich ins Fäustchen lachen; **ingenio suo ~** sich seinem Hang nach Herzenslust überlassen; **id ~** sich darüber freuen; **dolorem alicuius ~** Schadenfreude über *js* Schmerz empfinden; **gaudeo scribens** ich schreibe mit Herzenslust; **gaudet potitus** er freut sich über den Raub; **beneficia accipere gaudes** über den Empfang von Wohltaten freust du dich; ↔ **laetari**
2 gegrüßt sein *Begrüßungsformel*; **Celso ~ refer** grüße den Celsus
3 *von leblosen Subj.* lieben, gern haben, gern hören, gern sehen, *re* etw; **scaena gaudet miraculis** das Theater liebt die Wunder
❗ **Gaudeamus igitur, dum iuvenes sumus.** Freuen wir uns also, solange wir jung sind. *Anfang eines berühmten Studentenliedes*
gaudimōnium ⟨ī⟩ N̄ ||gaudere|| *Petr.* Freude
gaudium ⟨ī⟩ N̄ ||gaudere||
1 innere Freude; **gaudio exsultare** vor Freude jubeln; ↔ **laetitia**
2 Vergnügen, Genuss; **gaudia corporis** körperliche Genüsse
3 *meton* Gegenstand der Freude, Liebling, *meist pl*
Gaugamēla ⟨ōrum⟩ N̄ Ort in Assyrien zwischen

> **Semideponentien**

Semideponentien weisen nur in einem Stamm (Präsens- oder Perfektstamm) die Eigenschaft von Deponentien (passive Form und aktive Bedeutung) auf:

| **gaudet** (Präsens – aktive Form) | sie freut sich |
| **gavisa est** (Perfekt – passive Form) | sie hat sich gefreut |

GRAMMATIK

Ninive u. Arbela, *bekannt durch den Sieg Alexanders des Großen 331 v. Chr. über Darius*
gaulus ⟨ī⟩ M̄ *Plaut.* ovales Trinkgefäß
Gaurus ⟨ī⟩ M̄ Gebirgszug ö. von Cumae, *heute Monte Gauro*
gausapa ⟨ae⟩ F̄
1 Fries, *flauschiges Wollgewebe*
2 *meton* Abwischtuch; Tafeltuch
3 Gewand
gausapātus ⟨a, um⟩ ADJ ||gausapa|| (*nachkl.*) mit Fries bekleidet; zottig
gausape ⟨gausapis⟩ N̄, **gausapēs** ⟨gausapis⟩ M̄ = **gausapa**
gausapina ⟨ae⟩ F̄ ||gausapinus|| Gewand aus Fries
gausapinus ⟨a, um⟩ ADJ ||gausapa|| *Mart., Petr.* aus Fries, aus zottigem Wolltuch
gausapum ⟨ī⟩ N̄ = **gausapa**
gāvīsus ⟨a, um⟩ PPERF → **gaudere**
gaza ⟨ae⟩ F̄
1 Schatz, Schatzkammer *orient. Fürsten*; **~ Persica** persische Schatzkammer
2 PL Kleinodien; Reichtum
3 *poet* ländlicher Besitz, Vorrat
Gaza ⟨ae⟩ F̄ Hafenstadt in Palästina, *sw von Jerusalem*
gehenna ⟨ae⟩ F̄ (*eccl.*) Hölle
Gela ⟨ae⟩ F̄ dorische Stadt an der Südwestküste Siziliens
gelāre ⟨ō, āvī, ātum 1.⟩ ||gelu|| (*nachkl.*) *poet* zum Gefrieren bringen; **gelatus** gefroren, eiskalt
Gelās ⟨Gelae⟩ M̄ Fluss in Sizilien
gelasīnus ⟨ī⟩ M̄ *Mart.* Grübchen in der Wange
Gelduba ⟨ae⟩ F̄ Kastell in Germania inferior, *heute Gellep bei Krefeld*
Gelēnsēs ⟨Gelēnsium⟩ M̄ die Einwohner von Gela
gelida ⟨ae⟩ F̄ ||gelidus|| *Hor.* kaltes Wasser
gelidus ⟨a, um, *adv* gelidē⟩ ADJ ||gelu||
1 eiskalt; kalt; **umor ~** Eis; *adv* mit kühler Ruhe
2 *poet* kalt machend, starr; **terror ~** starrer Schrecken

Gellius ⟨a, um⟩ Name einer röm. gens; **A.** ~ röm. Schriftsteller des 2. Jh. n.Chr., Verfasser der „Noctes Atticae" (Attische Nächte), wertvoll v. a. wegen zahlreicher Zitate aus verlorenen Werken

Gelōus ⟨a, um⟩ ADJ aus Gela, von Gela

gelū ⟨gelūs⟩ N, **gelum** ⟨ī⟩ N
1. Frost
2. *meton* Eisdecke, gefrorener Schnee
3. (*nachkl.*) *fig* Erstarrung, Kälte

gemebundus ⟨a, um⟩ ADJ ||gemere|| *Ov.* seufzend, stöhnend

gemelli-para ⟨ae⟩ F ||gemellus, parere|| *Ov.* Mutter von Zwillingen

gemellus ⟨a, um⟩ ADJ ||geminus||
1. = **geminus**; **legio gemella** Doppellegion
2. wie Zwillinge ähnlich

gemere ⟨ō, uī, itum 3.⟩
A VI
1. stöhnen, seufzen
2. (*nachkl.*) *von Tieren* krächzen, brüllen
3. (*nachkl.*) *von Sachen* sausen, tosen
B VT beklagen, betrauern; **hic status gemitur** dieser Zustand wird beklagt

gemināre ⟨ō, āvī, ātum 1.⟩ ||geminus||
A VT
1. verdoppeln, **mercedem** den Lohn; **geminatus** verdoppelt, doppelt; **victoria geminata** Doppelsieg
2. wiederholen, unmittelbar aneinanderreihen; **consulatūs geminati** die unmittelbar aufeinander folgenden Konsulate
3. (*nachkl.*) *poet* zu einem Paar vereinigen, paaren; *passiv* sich paaren, *alicui* mit j-m; **agni tigribus geminantur** Lämmer paaren sich mit Tigern
B VI *Lucr.* doppelt vorhanden sein

gemināti̅ō ⟨geminātiōnis⟩ F ||geminare|| Verdoppelung, **verborum** von Wörtern

geminus
A ⟨a, um⟩ ADJ, ADV ⟨geminē⟩
1. Zwillings...; **frater** ~ Zwillingsbruder
2. *fig* doppelt, zweifach; **portae geminae** Doppeltür
3. *Ov.* doppelt gestaltet, mit zwei Gestalten
4. wie Zwillinge ähnlich, gleich
B ⟨ī⟩ M
1. Zwilling, Zwillingsbruder; *pl* Zwillinge; **Gemini** Zwillinge *als Gestirn*
2. (*spätl.*) *pl* die Hoden

gemitus ⟨gemitūs⟩ M ||gemere||
1. Seufzen, dStöhnen; ~ **ereptae virginis** Wehklage des entführten Mädchens
2. *poet von Tieren u. Sachen* Getöse, Gebrüll; ~ **maris** das Tosen des Meeres
3. *Verg. meton* Betrübnis, Trauer, *alicuius rei* über etw

gemma ⟨ae⟩ F
1. Knospe, Auge *einer Pflanze*
2. Edelstein; Perle
3. *Verg.* mit Edelsteinen besetzter Becher, aus einem Halbedelstein gefertigter Becher
4. *Ov.* Siegel, Siegelring; **gemmam imprimere** das Siegel einprägen
5. *Ov.* Auge *im Pfauenschwanz*
▶ deutsch: **Gemme**

gemmāre ⟨ō, āvī, ātum 1.⟩ ||gemma||
1. Knospen treiben
2. mit Edelsteinen besetzt sein, wie Edelsteine funkeln

gemmātus ⟨a, um⟩ ADJ ||gemma|| (*nachkl.*) *poet* mit Edelsteinen besetzt, mit Perlen besetzt

gemmeus ⟨a, um⟩ ADJ ||gemma||
1. aus Edelsteinen
2. (*unkl.*) *poet* mit Edelsteinen geschmückt
3. (*nachkl.*) *poet* wie Edelsteine glänzend

gemmi-fer ⟨gemmifera, gemmiferum⟩ ADJ ||gemma, ferre||
1. Perlen mit sich führend
2. mit Edelsteinen geschmückt, mit Perlen geschmückt

Gemōniae ⟨ārum⟩ F (*erg.* **scālae**) Treppe vom Kerker zum Kapitol, über die der Henker die Leichen der Hingerichteten schleifte u. in den Tiber warf; genauer Verlauf unbekannt, da keine Überreste

gemuī → **gemere**

gena ⟨ae⟩ F
1. Wange, Backe
2. (*nachkl.*) *meton* Augenhöhle, Auge

Genaunī ⟨ōrum⟩ M Stamm in Raetien

Genava ⟨ae⟩ F Grenzstadt der Allobroger zu den Helvetiern, heute Genf

geneālogia ⟨ae⟩ F (*spätl.*) Geschlecht; Abstammung
▶ deutsch: **Genealogie**

geneālogus ⟨ī⟩ M Verfasser von Stammbäumen, Genealoge

gener ⟨generī⟩ M
1. Schwiegersohn; Verlobter der Tochter
2. (*nachkl.*) Schwager
3. (*spätl.*) Mann der Enkelin, Mann der Urenkelin

generāle ⟨generālis⟩ N (*mlat.*) Universität

generālis
A ⟨generāle⟩ ADJ, ADV ⟨generāliter⟩ ||genus||
1. zum Geschlecht gehörig, Gattungs...
2. allgemein, die ganze Gattung betreffend; *adv* im Allgemeinen, überhaupt
3. öffentlich
B ⟨generālis⟩ F (*mlat.*) Dirne, Prostituierte

generāre ⟨ō, āvī, ātum 1.⟩ ||genus||
1. erzeugen, erschaffen; *passiv* abstammen; **deus hominem generavit** *Cic.* Gott erschuf

den Menschen; **generatus** entsprossen, Sprössling, *ab aliquo/aliquo* j-s
② (*nachkl.*) *fig* geistig schaffen, erfinden

generāscere ⟨āscō, -, - 3.⟩ ||generare|| *Lucr.* erzeugt werden; sich der Gattung des Erzeugers anpassen

generātim ADV ||genus||
① klassenweise, nach Gattungen
② im Allgemeinen, überhaupt

generātiō ⟨generātiōnis⟩ F̄ ||generare|| (*nachkl., spätl.*)
① Zeugungsfähigkeit
② Generation, Menschenalter
③ ~ **aequivoca/spontanea** (*nlat.*) Urzeugung

generātor ⟨generātōris⟩ M̄ ||generare|| Erzeuger; Stammvater

genere ⟨genō, genuī, genitum 3.⟩ (*altl.*) = **gignere**

generōsus ⟨a, um, *adv* generōsē⟩ ADJ ||genus||
① *von Personen* aus edlem Geschlecht; *von Tieren u. Pflanzen* vorzüglich; **atrium generosum** ahnenreiches Atrium; **insula metallis generosa** eine wegen ihrer Bergwerke gepriesene Insel
② *fig von der Gesinnung* edelmütig

genesis ⟨genesis, *akk* genesim *u.* genesin⟩, *abl* genesī⟩ F̄
① *poet* Schöpfung, *Name des 1. Buches Mose*
② *poet* Konstellation, Horoskop

genesta ⟨ae⟩ F̄ = **genista**

genethliacon ⟨ī⟩ N̄ ||genethliacus|| Geburtstagsgedicht

genethliacus
A ⟨a, um⟩ ADJ (*unkl.*) Geburts..., Geburtstags...
B ⟨ī⟩ M̄ Horoskopsteller

genetīvus ⟨a, um⟩ ADJ ||gignere|| (*nachkl.*) *poet* angeboren, ursprünglich; **nomen genetivum** Stammname; **nota genetiva** Muttermal; **casus** ~ GRAM Genetiv

genetrīx ⟨genetrīcis⟩ F̄ ||genitor|| (*nachkl.*) *poet* Erzeugerin, Mutter; **Venus** ~ Mutter Venus *als Ahnfrau der Julier*; ~ **magna deum** = Kybele; ~ **frugum** = Ceres

geniālis
A ⟨geniāle⟩ ADJ, ADV ⟨geniāliter⟩ ||genius||
① dem Genius heilig, *bes* hochzeitlich; **lectus** ~ Ehebett
② (*nachkl.*) *poet* den Genius erfreuend; fröhlich; **tori geniales** die Festkissen; **festum genialiter agere** ein Fest fröhlich feiern
B ⟨geniālis⟩ M̄ (*erg.* **torus**) *Liv.* Ehebett

geniculātus ⟨a, um⟩ ADJ ||genu|| mit Knoten versehen, knotig

genista ⟨ae⟩ F̄ (*nachkl.*) *poet* Ginster

genitābilis ⟨a, um⟩ ADJ ||gignere|| (*unkl.*) die Zeugung fördernd, befruchtend

genitāle ⟨genitālis⟩ N̄ ||genitalis|| männliches Glied, *auch* Geschlechtsteile; *pl* Geschlechtsteile

genitālis ⟨genitāle, *adv* genitāliter⟩ ADJ ||gignere|| zur Zeugung gehörend, befruchtend; Geburts...; **semina genitalia** befruchtende Samen; **vis** ~ Zeugungskraft; **membra genitalia** Geschlechtsteile; **dies** ~ Geburtstag

Genitālis ⟨Genitālis⟩ F̄ Geburtsgöttin, *Beiname der Diana*

genitīvus ⟨a, um⟩ ADJ = **genetivus**

genitor ⟨genitōris⟩ M̄ ||gignere|| Erzeuger, Vater; Schöpfer, Urheber, Gründer

genitūra ⟨ae⟩ F̄ ||gignere|| (*nachkl.*) Zeugung; Geburtsstunde; Stand der Gestirne bei der Geburt

genitus ⟨a, um⟩ PPP → **gignere**

genius ⟨ī⟩ M̄ ||gignere||
① Genius, *urspr. Symbol der männlichen Zeugungskraft, dann Verkörperung der männlichen Kraft*; Schutzgeist des Mannes, *der ihn durch das ganze Leben begleitet u. seine Freuden u. Sorgen mit ihm teilt, dem man schwor man, ihm opferte man, bes am Geburtstag u. am Hochzeitstag*; **genio indulgere/genio bona multa facere** sich etw gönnen; **genium vino curare** Wein genießen; **genium suum defraudare/belligerare cum genio** sich das Beste versagen
② Schutzgeist *von Verträgen, Völkern, Staaten, Familien, Legionen u. anderer gesellschaftlicher u. staatlicher Gruppen, auch von Orten*; ~ **loci** Schutzgeist eines Ortes
③ Dämon *eines jeden Menschen*
④ *Tac.* Gönner, Gastgeber

gēns ⟨gentis⟩ F̄ ||gignere||
① Stamm, Geschlecht, Sippe, Verband mehrerer Familien, *urspr. nur von den Patriziern*; **sine gente** von niedrigem Stand, ohne Ahnen; **patres maiorum gentium** Senatoren aus patrizischen Familien; **patres minorum gentium** Senatoren aus plebejischen Familien; **di maiorum gentium** höhere Götter; **di minorum gentium** niedere Götter
② *meton* Abkömmling, Spross; **deum** ~ Spross der Götter, = Aeneas
③ *selten* = **genus**
④ *von Tieren* Gattung, Art; ~ **apum** Bienenschwarm, Bienenvolk; **umida** ~ **ponti** = Robben
⑤ *fig* Volk, Stamm; **gentes ac nationes** Stämme und Völker; **ius gentium** Völkerrecht; **gentium** in aller Welt; **longe gentium** in weiter Ferne
⑥ Gemeinde
⑦ Landschaft, Gegend; **Cataonia, quae gens**

genitivus – Genitiv

Der Genitiv bezeichnet die Zugehörigkeit oder den Bereich, in dem etwas geschieht:

genitivus possessivus wessen?
hortus patris — der Garten des Vaters

genitivus qualitatis wie beschaffen?
discipulus magnae industriae — ein sehr fleißiger Schüler

genitivus partitivus wovon?
multi incolarum — viele von den Einwohnern

genitivus pretii wie viel wert?
plurimi est fides — am meisten wert ist die Treue

Es wird oft nur aus dem Zusammenhang klar, ob der Genitiv Subjekt (genitivus subiectivus) oder Objekt (genitivus obiectivus) einer Handlung darstellt:

amor patris — die Liebe des Vaters (genitivus subiectivus)
die Liebe zum Vater (genitivus obiectivus)

Der Genitiv als Objekt kann zudem stehen bei unpersönlichen Verben wie **pudet, piget, paenitet, miseret**:
pudet me tui – ich schäme mich deinetwegen

GRAMMATIK

---

iacet supra Ciliciam Kataonien, eine Landschaft, die oberhalb von Kilikien liegt
8 (spätl.) pl Ausland; Barbaren
9 (eccl.) auch pl die nichtchristlichen Völker, die Heiden
▷ französisch: **gens**
spanisch: **gente**
italienisch: **gente**

gentiāna ⟨ae⟩ F (nachkl.) Enzian
genticus ⟨a, um⟩ ADJ ||gens|| Tac. einem Volk eigen, national
gentīlicius ⟨a, um⟩ ADJ ||gentilis||
1 zu einer gens gehörig; (nachkl.) Volks...; **sacrificia gentilicia** die dem Stamm eigenen Opfer
2 (spätl.) heidnisch
gentīlis
A ⟨gentīle⟩ ADJ ||gens||
1 zur gleichen Sippe gehörig; Geschlechts...
2 (nachkl.) aus demselben Stamm, zum selben Volk gehörig
3 (spätl.) nicht römisch, barbarisch
4 (eccl.) nicht christlich, heidnisch
B ⟨gentīlis⟩ M
1 Angehöriger der gleichen Sippe, Verwandter
2 Gell. Landsmann
3 (spätl.) pl Barbaren; Nichtrömer
4 (eccl.) pl Heiden
gentīlitās ⟨gentīlitātis⟩ F ||gentilis||
1 Sippenverwandtschaft; (nachkl.) die Gentilen; pl Gentilverbände
2 (spätl.) Zugehörigkeit zu einem Volk
3 (eccl.) Heidentum; meton antike Religion; die Heiden
genū ⟨genūs⟩ N
1 Knie; **genūs orbis** Kniescheibe; **ad genua alicuius procumbere** j-m zu Füßen fallen; **genua submittere/ponere/flectere alicui** vor j-m das Knie beugen; **aliquem ad genua admittere** j-n zum Fußfall zulassen
2 Knie = Kräfte; **dum genua virent** solange die Kräfte nicht schwinden
Genua ⟨ae⟩ F Hafen- u. Handelsstadt in Ligurien
genuāle ⟨genuālis⟩ N ||genu|| Ov. Kniebinde
genuī → **gignere**
genuīnus¹ ⟨a, um adj, adv genuīnē⟩ ||gignere|| angeboren, natürlich
▷ deutsch: **genuin**
genuīnus²
A ⟨a, um⟩ ADJ ||gena|| Wangen...; **dens ~** Backenzahn
B ⟨ī⟩ M Backenzahn
genus¹ ⟨generis⟩ N ||gignere||
1 Geburt, Abstammung; **nobile ~** edle Abstammung; **avus paterno genere/materno genere** Großvater väterlicherseits/mütterlicherseits; **genus trahere/ducere ab aliquo** von j-m abstammen
2 hohe Geburt, Adel
3 Stamm, Volk; **~ bellicosum** kriegerischer Stamm
4 Familie, Haus; **auctores generis mei** meine Ahnen

gens – römische Sippe

gens bezeichnete die Gesamtheit der Nachkommen eines einzigen männlichen Vorfahren. Auf diesen ging auch der Geschlechtername (**nomen gentile**) zurück. Später veränderte sich die Bedeutung in Richtung Gattung oder Volk. Auch ausländische Völker wurden als **gentes** bezeichnet. Im Christentum erhielt das zugehörige Adjektiv **gentilis** die Bedeutung „heidnisch". Das Wort lebt in zahlreichen Sprachen weiter, meist mit der Bedeutung „Leute" (ital.: la gente, franz.: les gens), die Bedeutung von gentilis entwickete sich zu „adelig, höfisch" und weiter zu „höflich" (franz.: gentil, davon engl.: gentle).

populus	Volk
natio	Völkerstamm
	gemeinsame Abstammung und Sprache
gens	Völkerstamm
	kann mehrere nationes umfassen
plebs	das Volk
	im Gegensatz zu den Adeligen
vulgus	Pöbel
	verächtlicher Begriff für die breite Unterschicht
familia	Hausgemeinschaft
	schließt Sklaven mit ein, entspricht nicht unserem Wort „Familie"

WORTSCHATZ

[5] *poet* Nachkommenschaft; *vom Einzelnen* Kind, Sohn, Enkel
[6] (natürliches) Geschlecht; **~ virile** männliches Geschlecht; **~ muliebre** weibliches Geschlecht
[7] (*nachkl.*) grammatisches Geschlecht; **~ masculinum** männliches Geschlecht; **~ femininum** weibliches Geschlecht; **~ neutrum** sächliches Geschlecht
[8] *kollektiv* Art, Gattung, Gesamtheit; *von Menschen* Rasse, Schlag, Kaste, Stand, Zunft; *pej* Sippe, Sorte; *von Tieren* Rasse; ↔ forma; *von Sachen* Art; **alia id ~** anderes Derartiges; **genere non numero** qualitativ, nicht quantitativ
[9] Fach
[10] Gattungsbegriff; Gattung
[11] *fig* Art und Weise, Beschaffenheit; **novum et inauditum ~** neue und unerhörte Verfahrensweise; **alio genere** auf andere Weise; **uno genere** auf gleiche Weise; **~ argumentandi** Art und Weise der Beweisführung; **~ dicendi** Ausdrucksweise, Redeweise, Stil, Sprache; **~ vitae/vivendi** Lebensweise
[12] *fig* Hinsicht, Beziehung; **in omni genere** in jeder Hinsicht, in jeder Beziehung

genus² ⟨genūs⟩ M̄ *u. nördlich* = **genu**
geōgraphia ⟨ae⟩ F̄ Erdbeschreibung, Geografie
geōmetrēs ⟨ae⟩ M̄ Feldmesser; Mathematiker
geōmetria ⟨ae⟩ F̄ Feldmesskunst; Geometrie, Mathematik
geōmetrica ⟨ōrum⟩ N̄ Geometrie
geōmetricus ⟨a, um, *adv* geōmetricē⟩ ADJ geometrisch; **rationes geometricae** geometrische Beweise
Geōrgica ⟨ōrum⟩ N̄ ||georgicus|| Lehrgedicht Vergils über den Landbau
geōrgicus ⟨a, um⟩ ADJ (*nachkl.*) *poet* den Landbau betreffend, landwirtschaftlich
Geraesticus portus M̄ Hafen von Teos, sw. von Smyrna in Kleinasien

gerere ⟨gerō, gessī, gestum 3.⟩

[1] tragen, herbeitragen
[2] an sich tragen, mit sich führen
[3] zeigen, an den Tag legen
[4] in sich tragen, hegen
[5] auf sich tragen, hervorbringen
[6] sich betragen, sich benehmen
[7] ausführen, vollziehen
[8] führen
[9] bekleiden
[10] leiten, verwalten
[11] machen
[12] eine Tat vollbringen
[13] verbringen, verleben

[1] tragen, herbeitragen; **saxa in muros gerunt** *Liv.* sie tragen Steine auf die Mauern

2 (unkl.) an sich tragen, mit sich führen, *bes Kleidung, Schmuck, Waffen*; **vestem ~** ein Kleid tragen; **galeam in capite ~** einen Helm auf dem Kopf tragen

3 zeigen, an den Tag legen; **personam alicuius ~** j-s Rolle spielen; **regem ~** sich benehmen wie ein König; **prae se ~** *fig* offen tragen, an den Tag legen; **animum altum prae se ~** edle Gesinnung an den Tag legen

4 *fig* in sich tragen, empfinden; **aimum fortem ~** ein tapferes Herz in sich tragen; **curam pro aliquo ~** um j-n besorgt sein; **amicitiam cum aliquo ~** für j-n Freundschaft empfinden; **odium ~ in aliquem** gegen j-n Hass nähren; **aliter atque animo ~** anders als nach der Neigung des Herzens handeln

5 *poet* auf sich tragen, hervorbringen; **terra urbes silvasque gerit** die Erde trägt Städte und Wälder; **silva frondes gerit** der Wald trägt Laub

6 se ~ sich betragen, sich benehmen, *+adv*; **se fortiter ~** sich tapfer zeigen; **se pro cive ~** sich wie ein Bürger benehmen; **se medium ~** sich neutral verhalten; **se dis minorem ~** sich den Göttern unterordnen

7 ausführen, vollziehen; **~ labores in foro** öffentliche Tätigkeiten ausüben; **~ aliquid in colloquio** etw im Gespräch verhandeln; **spes gerendi** Hoffnung etw auszuführen; *passiv* geschehen, sich zutragen; **quid negotii geritur?** was geht vor?; **dum haec geruntur** während dieser Vorgänge

8 *Krieg* führen; **bellum ~ cum aliquo** mit j-m Krieg führen; **bellum ~ contra aliquem** gegen j-n Krieg führen

9 *Ämter* bekleiden; **magistratūs ~** Ämter bekleiden; **imperia ~** den Oberbefehl führen

10 leiten, verwalten; **rem publicam ~** den Staat leiten, den Staat regieren, für den Staat kämpfen; **comitia ~** Wahlen leiten

11 *Geschäfte* machen, *Geschäfte* führen; **negotium bene ~** ein Geschäft gut führen; **negotii gerentes** Geschäftsleute

12 rem ~ eine Tat vollbringen; handeln; *vom Feldherrn* kommandieren, das Kommando haben; *von Soldaten* kämpfen; **res gesta** Vorfall, Ereignis; **his rebus gestis** nach diesen Vorfällen; **res gestae Romanorum** Taten der Römer, Geschichte der Römer; **rem bene ~** eine Sache gut ausführen, ein gutes Geschäft machen, sein Vermögen gut verwalten, siegreich sein

13 *Zeit* verbringen, verleben; **tempus primae adulescentiae ~** die Zeit der ersten Jugend verbringen; **sexagesimum aetatis annum ~** im 60. Lebensjahr stehen

Gergovia ⟨ae⟩ F̱ Stadt der Arverner, von Caesar 52 v. Chr. erfolglos belagert, heute Gergovie, s. von Clermont-Ferrand

germāna ⟨ae⟩ F̱ ||germanus|| (vkl.) leibliche Schwester

Germānī ⟨ōrum⟩ M̱ Germanen

Germānia ⟨ae⟩ F̱ Germanien, *Sammelbegriff für das Gebiet rechts des Rheins u. nördlich des Limes*; *pl* Ober- und Niedergermanien; Germanien, *röm. Provinz links des Rheins, ab 90 n.Chr. eingeteilt in* **~ inferior** Niedergermanien, *Gebiet am w. Niederrhein, u.* **~ superior** Obergermanien, *Gebiet am w. Oberrhein*

Germania

Germania steht für das gesamte von germanischen Stämmen bewohnte Gebiet zwischen Rhein, Donau und Weichsel bis nach Skandinavien. Links des Rheins (**Rhenus**) lagen die römischen Provinzen **Germania inferior** und **Germania superior**. Feldzüge jenseits des Rheins wurden nach der Niederlage des Feldherrn Varus (9 n.Chr. im Teutoburger Wald, bei Osnabrück) aufgegeben. Germanien wird aus römischer Sicht bei Caesar (**De bello Gallico**) und Tacitus (**Germania**) beschrieben.

GESCHICHTE

Germāniciānus ⟨a, um⟩ ADJ in Germanien stationiert

Germānicus ⟨a, um⟩ ADJ germanisch

Germānicus ⟨ī⟩ M̱ Ehrenname für siegreiche Kriegführung in Germanien, *bes des Drusus Claudius Nero, des Bruders des Tiberius*

germānitās ⟨germānitātis⟩ F̱ ||germanus||

1 Bruderschaft, Schwesternschaft, Geschwisterschaft; **stuprum germanitatis** Inzest

2 *Liv. fig* gemeinsame Abstammung, nahe Verwandtschaft von Städten

germānus ⟨a, um, *adv* germānē⟩ ADJ ||germen||

1 *von Geschwistern od Stiefgeschwistern* leiblich, echt; **frater ~** leiblicher Bruder; **soror germana** leibliche Schwester

2 (vkl.) *fig* brüderlich, schwesterlich

3 *fig* echt, wahr; **ironia germana** reine Ironie; **iustitia germana** wirkliche Gerechtigkeit; **germane rescribere** aufrichtig aufschreiben

Germānus ⟨ī⟩ M̱ ||Germani||

1 Germane

2 (erg. **nummus**) *Iuv.* Goldmünze mit Kopf des Domitian

germen ⟨germinis⟩ Ṉ ||gignere||

1 Leibesfrucht; Geschlecht

2 *von Pflanzen* Keim, Knospe; *fig* Keim

germināre ⟨ō, āvī, ātum 1.⟩ ||germen|| (nachkl.) poet keimen, hervorsprossen

gerontikōs ADV Sen. nach Greisenart

gerra¹ ⟨ae⟩ F̄ (unkl.) Rutengeflecht; pl Lappalien

gerra² ⟨ae⟩ F̄ = **guerra**

gerrēs ⟨gerris⟩ M̄ (nachkl.) poet minderwertiger Seefisch

gerrīnum ⟨ī⟩ N̄ ||gerrae|| Plaut. Narrenkleid

gerrō ⟨gerrōnis⟩ M̄ ||gerrae|| Ter. Possenreißer

geruli-figulus ⟨ī⟩ M̄ ||gerulus, figulus|| Plaut. Helfershelfer

gerulus
- **A** ⟨a, um⟩ ADJ ||gerere|| (unkl.) tragend
- **B** ⟨ī⟩ M̄ Träger, Bote

gerūsia ⟨ae⟩ F̄ Altersheim für verdiente Bürger in griech. Städten; urspr. Rat der Alten, Rathaus

Gēryōn ⟨Gēryōnis⟩ M̄, **Gēryonēs** ⟨Gēryonae⟩ M̄ dreileibiger Riese u. König auf der hispanischen Insel Erythea, Besitzer großer Rinderherden, die Herkules raubte

Gesoriacus portus M̄ Hafenort in der nördlich Picardie, heute Boulogne-sur-mer

gessī → **gerere**

gesta ⟨ōrum⟩ N̄ ||gerere||
- **1** Vorfälle, Ereignisse
- **2** (mlat.) Tatenberichte; ~ **Romanorum** Taten der Römer, lat. geschriebene moralisierende Novellen- u. Anekdotensammlung des 13. u. 14. Jh.

gestāmen ⟨gestāminis⟩ N̄ ||gerere|| (nachkl.)
- **1** Last, Bürde
- **2** meton Trage; Sänfte

gestātiō ⟨gestātiōnis⟩ F̄ ||gestare||
- **1** (spätl.) das Tragen
- **2** (nachkl.) Ausfahrt; meton Reitbahn

gestātor ⟨gestātōris⟩ M̄ ||gestare||
- **1** Träger
- **2** der Ausgefahrene, Reisender

gestātōrius ⟨a, um⟩ ADJ ||gestare|| (nachkl.) zum Tragen dienend; **sella gestatoria** Sänfte

gestere ⟨ō, āvī, ātum 1.⟩ ||gerere||
- **A** VI
  - **1** tragen, fahren; **puerum in manibus ~** den Jungen auf den Händen tragen; **~ regem (in) lecticā** den König in der Sänfte tragen; **(partum) in utero ~** schwanger sein; **~ aliquem in sinu/in oculis** Com. fig j-n abgöttisch lieben; passiv (nachkl.) sich tragen lassen, fahren; **gestari equo** reiten
  - **2** Kleidung, Schmuck, Waffen an sich tragen, mit sich führen
  - **3** (vkl., nachkl.) herbeischaffen, **irritamenta gulae ex Italia** Gaumenfreuden aus Italien
  - **4** als Neuigkeit hinterbringen
- **B** VI Suet. sich tragen lassen, sich fahren lassen

gesticulārī ⟨or, ātus sum 1.⟩ ||gestus²|| (nachkl.)
- **A** VI gestikulieren
- **B** VT pantomimisch ausdrücken, durch Gesten ausdrücken

gesticulātiō ⟨gesticulātiōnis⟩ F̄ ||gesticulor|| pantomimische Bewegung, ausdrucksvolle Bewegung

gestiō ⟨gestiōnis⟩ F̄ ||gerere|| Ausführung, **negotii** eines Geschäfts

gestīre ⟨iō, īvī/iī, ītum 4.⟩
- **A** VI
  - **1** ||gestus²|| Gell. gestikulieren
  - **2** ||gerere|| ausgelassen sein, übermütig sein
  - **3** VT ||gerere|| heftig verlangen, sehnsüchtig wünschen, **aliquid** etw, +inf/+Acl

gestitere ⟨ō, -, - 1.⟩ ||gestere|| zu tragen pflegen

gestor ⟨gestōris⟩ M̄ ||gerere|| Plaut. Zuträger, Neuigkeitskrämer

gestus¹ ⟨a, um⟩ PPP → **gerere**

gestus² ⟨gestūs⟩ M̄ ||gerere||
- **1** Haltung, Bewegung; **~ edendi** Haltung beim Essen; **~ avium** das Schwingen der Vögel beim Flug
- **2** Gebärdenspiel, Gestikulation; **gestum agere** gestikulieren

Geta ⟨ae⟩ M̄ Gete, auch röm. Beiname, Beiname des jüngeren Sohnes von Septimius Severus, 189–212 n. Chr.

Getae ⟨ārum⟩ M̄ die Geten, thrakisches Reitervolk im NO des heutigen Bulgarien u. der rumänischen Dobrudscha bis in den S der Ukraine

Getēs ⟨ae⟩ M̄ = **Geta**

Geticus ⟨a, um⟩ ADJ zu den Geten gehörig, getisch

geuma ⟨geumatis⟩ N̄ Plaut. Kostprobe

gibba ⟨ae⟩ F̄ ||gibbus|| (nachkl.) Buckel, Höcker

gibber¹ ⟨gibbera, gibberum⟩ ADJ ||gibbus|| (vkl., nachkl.) buckelig

gibber² ⟨gibberis⟩ M̄ u. nördlich ||gibbus|| (vkl., nachkl.) Buckel, Höcker

gibbus ⟨ī⟩ M̄ Buckel, Rundung

Gigantēus ⟨a, um⟩ ADJ ||Gigas|| zu den Giganten gehörig, riesig

Gigās ⟨Gigantis, pl Gigantes, Gitantum⟩ M̄ schlangenfüßiger Riesen, Söhne der Gaia (Erde); ihr Sturm auf den Himmel wurde von Zeus u. den übrigen Göttern abgewehrt in der Gigantomachie, dargestellt auf dem Fries des Pergamonaltares

gignentia ⟨gignentium⟩ N̄ ||gignere|| Gewächse, Geschöpfe

gignere ⟨gignō, genuī, genitum 3.⟩
- **1** (er)zeugen, gebären; passiv erzeugt werden, geboren werden; **Iuppiter Herculem genuit** Jupiter zeugte den Herkules; **deus animum ex sua divinitate genuit** Cic. Gott schuf die Seele aus seinem göttlichen Wesen; **pisces ova gignunt** Fische legen Eier; **genitus** j-m ent-

sprossen, *j-s* Sohn

2 *von Sachen, bes von der Erde u. von Pflanzen* hervorbringen; *passiv* entstehen, wachsen; **terra omnia gignit** die Erde bringt alles hervor; **quae in terris gignuntur** was in den Ländern wächst

3 bewirken, verursachen; *passiv* entstehen

gilvus ⟨a, um⟩ ADJ (*unkl.*) gelb, honiggelb, *nur von Pferden*

gingīva ⟨ae⟩ F̄ (*nachkl.*) *poet* Zahnfleisch, *auch pl*

ginnus ⟨ī⟩ M̄ (*nachkl., Mart.*) kleiner, verkrüppelter Maulesel

girrēs ⟨girris⟩ M̄ = **gerres**

glabellus ⟨a, um⟩ ADJ ||glaber|| (*nachkl.*) glatt (rasiert), unbehaart

glaber ⟨glabra, glabrum⟩ ADJ (*unkl.*) glatt, kahl

glabrāria ⟨ae⟩ F̄ ||glaber|| *Mart.* mit hum Doppelbedeutung von einer Frau

1 glatt geschorene Sklaven liebend

2 *fig* des Vermögens beraubt

glabrī ⟨ōrum⟩ M̄ ||glaber|| *Sen., Catul.* enthaarte Sklaven, Lustknaben

glaciālis ⟨glaciāle⟩ ADJ ||glacies|| (*nachkl.*) *poet* eisig, eiskalt

glaciāre ⟨ō, āvī, ātum 1.⟩ ||glacies|| (*nachkl.*) *poet* in Eis verwandeln

glaciēs ⟨glaciēī⟩ F̄ (*nachkl.*)

1 Eis; *meton* Kälte; **~ lubrica** Glatteis; *pl* Eisfelder

2 *fig* Sprödigkeit, Härte

▶ deutsch: **Gletscher**
 französisch: **glace**
 italienisch: **ghiaccio**

gladiātor ⟨gladiātōris⟩ M̄ ||gladius||

1 Gladiator, Fechter, *meist Sklaven, Kriegsgefangene u. Verbrecher, in Fechterschulen ausgebildet*

2 *pej u. Schimpfwort* Bandit

3 PL *meton* Gladiatorenkämpfe, Gladiatorenspiele; **gladiatoribus** bei den Gladiatorenspielen

gladiātōrium ⟨ī⟩ N̄ ||gladiatorius|| *Liv.* Handgeld *für Freie, die sich als Gladiatoren anwerben ließen*

gladiātōrius ⟨a, um⟩ ADJ ||gladiator|| Gladiatoren...; bei Gladiatorenspielen; **familia gladiatoria** Fechtergruppe, Gladiatorenbande; **locus ~** Schauplatz bei den Gladiatorenspielen

gladiātūra ⟨ae⟩ F̄ ||gladiator|| *Tac.* Gladiatorenkampf

gladiolus ⟨ī⟩ M̄ ||gladius|| (*nachkl.*) kleines Schwert

gladius ⟨ī⟩ N̄, **gladium** ⟨ī⟩ M̄

1 kurzes zweischneidiges Schwert *als Hieb- u. Stichwaffe*; **gladium stringere/destringere/educere** das Schwert ziehen; **gladium condere** das Schwert einstecken; **ignem gladio scrutari** mit dem Schwert im Feuer stochern = Öl ins Feuer gießen

2 *allg.* Waffe, *meist fig*; **plumbeo gladio iugulari** mit schwachen Beweisen widerlegt werden

3 *meton* Mord(tat), Gladiatorenkampf; **locare ad gladium** zum Gladiatorenkampf aufstellen

glaeba ⟨ae⟩ F̄

1 Erdscholle, Erdklumpen

2 (*nachkl.*) *meton* Acker, Feld, Boden

3 (*nachkl.*) *meton* Klumpen, Stück

glaebula ⟨ae⟩ F̄ ||glaeba||

1 Stückchen Acker

2 kleiner Klumpen

glaesum ⟨ī⟩ N̄ (*nachkl.*) Bernstein

glandi-fer ⟨glandifera, glandiferum⟩ ADJ ||glans, ferre|| Eicheln tragend

glandiōnida ⟨ae⟩ M̄ = **glandium**

glandium ⟨ī⟩ N̄ ||glans|| (*vkl., nachkl.*) Drüsenstück vom Schweinehals, als Leckerbissen geschätzt

glandulae ⟨ārum⟩ F̄ ||glans||

1 (*nachkl.*) Mandeln, Drüsen am Hals

2 *Mart.* = **glandium**

glāns ⟨glandis⟩ F̄

1 Kernfrucht, *bes* (essbare) Eichel

2 *fig* eichelförmige Schleuderkugel *aus Ton od Blei*

3 (*nachkl.*) MED Eichel *am männlichen Glied*

glārea ⟨ae⟩ F̄ Kies, grober Sand, Schotter

glāreōsus ⟨a, um⟩ ADJ ||glarea|| (*vkl., nachkl.*) voller Sand, voller Kies

glaucina ⟨ōrum⟩ N̄ *Mart.* Salbe aus Schöllkraut

glaucōma ⟨glaucōmatis⟩ N̄, (*altl.*) **glaucūma** ⟨ae⟩ F̄

1 (*nachkl.*) MED grüner Star

2 *Plaut. fig* blauer Dunst, Trübung des Blickes

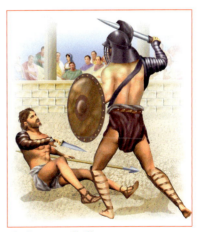

gladiator – Gladiator

gladiator – Berufskämpfer auf Leben und Tod

Zunächst kämpften in den Arenen Kriegsgefangene oder zum Tode Verurteilte, später auch Sklaven, gewöhnliche Verbrecher und Freie. Die Kämpfer wurden in speziellen Gladiatorenschulen ausgebildet und je nach Bewaffnung und Kampfart in verschiedene Kategorien eingeteilt. Der **retiarius** z. B. kämpfte mit Netz und Dreizack, der **laquearius** mit Stock und Lasso. Am Tag des Schauspiels zogen sie in die Arena ein und grüßten den Imperator mit folgenden Worten:
Ave, Caesar, morituri te salutant!
Ave Caesar, die Todgeweihten grüßen dich!
Wurde ein Kämpfer besiegt, bat er um Gnade, indem er einen Finger hob. Der Imperator zeigte mit dem Daumen nach oben, um ihn zu begnadigen, oder nach unten (**pollice verso**), um ihn töten zu lassen. Die Sieger erhielten Geld und Lorbeerkränze, besonders erfolgreiche Gladiatoren wurden regelrecht als „Stars" verehrt. Wer nach hundert Kämpfen noch am Leben war, erhielt einen Degen (**rudis**). Er bedeutete das Ende der Karriere und für den Sklaven die Freiheit.

RÖMISCHES LEBEN

---

glaucus ⟨a, um⟩ ADJ
1 blaugrau, graugrün
2 *poet* leuchtend, funkelnd

Glaucus ⟨ī⟩ M Fischer auf Euböa; vom Genuss von Kräutern berauscht sprang er ins Meer, wurde von Okeanos (Oceanus) u. Thetis in einen Meergott verwandelt u. mit der Sehergabe ausgestattet

glēba ⟨ae⟩ F = glaeba
glēbula ⟨ae⟩ F = glaebula
glēsum ⟨ī⟩ N = glaesum
glīs ⟨glīris⟩ M (unkl.) Haselmaus; Siebenschläfer

glīscere ⟨īscō, -, - 3.⟩
1 aufflammen, erglimmen; **ignis gliscit oleo** das Feuer flammt durch Öl auf
2 *fig* entbrennen, **invidiā** vor Neid
3 allmählich zunehmen, allmählich wachsen

globōsus ⟨a, um⟩ ADJ ||globus|| kugelförmig, rund

globus ⟨ī⟩ M
1 Kugel, Ball
2 Feuerkugel, Meteor
3 Klumpen, **sanguinis** von Blut
4 (*nachkl.*) Schar; POL Verein
▶ deutsch: **Globus**

glomerāmen ⟨glomerāminis⟩ N ||glomerare|| zusammengeballtes Kügelchen; *Lucr. pl* kugelförmige Atome

glomerāre ⟨ō, āvī, ātum 1.⟩ ||glomus|| (unkl.)
1 zu einem Knäuel zusammenballen, aufwickeln; *passiv* sich zusammenballen; **aliquid re ~** etw mit etw dicht vermengen; **annus (se) glomerans** Kreislauf des Jahres
2 *fig* zusammendrängen, verdichten; *passiv* sich zusammendrängen

glomus ⟨glomeris⟩ N (*vkl.*) Knäuel; **~ lanae** Wollknäuel

glōria ⟨ae⟩ F
1 Ruhm, Ehre, *alicuius* j-s *od* bei j-m, *alicuius rei* von etw, in etw, wegen etw; **alicui gloriae esse** j-m zur Ehre gereichen; **~ posteritatis** Ruhm bei der Nachwelt
2 *meton* Gegenstand des Ruhmes, Stolz; **frontis** stolzer Stirnschmuck
3 (*vkl., nachkl.*) *pl* Ruhmestaten, Heldentaten
4 Ehrgeiz; *pej* Prahlerei; **gloriā duci** von Ehrgeiz getrieben werden
5 **gloria in excelsis Deo** (*mlat.*) Ehre sei Gott in der Höhe
⚠ **Ad maiorem Dei gloriam** Zur größeren Ehre Gottes *Wahlspruch des Jesuitenordens*

glōriārī ⟨or, ātus sum 1.⟩ ||gloria|| sich rühmen, prahlen, *absolut od re* einer Sache, wegen etw, mit etw; **victoriā suā ~** sich mit seinem Sieg brüsten; **~ ad amicos** sich vor Freunden rühmen; **gloriandus** rühmenswert

glōri-ficāre ⟨ō, āvī, ātum 1.⟩ ||gloria, facere|| (*eccl.*) rühmen, verherrlichen

glōriātiō ⟨glōriātiōnis⟩ F ||gloriari|| Prahlerei

glōrificātiō ⟨glōrificātiōnis⟩ F ||glorificare||

---

gladius – Kurzschwert

(eccl.) Verherrlichung
glōriōla ⟨ae⟩ F ‖gloria‖ ein bisschen Ruhm
glōriōsus ⟨a, um, adv glōriōsē⟩ ADJ ‖gloria‖
1 ruhmvoll, rühmlich, alicui für j-n; **mors gloriosa** ruhmvoller Tod
2 ruhmsüchtig, ehrgeizig
3 prahlerisch; **Miles Gloriosus** Der aufschneiderische Soldat, Titel einer Komödie des Plautus
glōssa ⟨ae⟩ F
1 (spätl.) = **glossema**
2 (mlat.) Erklärung einer Textstelle, Kommentar
▶ deutsch: **Glosse**
glōssārium ⟨glōssāriī⟩ N Gell. Wörterbuch mit Erklärung fremder u. ungebräuchlicher Wörter, Glossar
glossator ⟨glossatōris⟩ M (mlat.) Verfasser von Glossen
glōssēma ⟨glōssēmatis, pl glōssēmatum u. glōssēmatōrum⟩ N der Erklärung bedürftiges Wort; Worterklärung
glūbere ⟨glūbō, glūpsī, glūptum 3.⟩ (vkl.) poet abschälen; fig berauben, aliquid/aliquem etw/j-n; **ramos ~** Zweige abschälen
glūten ⟨glūtinis⟩ N (unkl.) Leim
glūtināre ⟨ō, āvī, ātum 1.⟩ ‖gluten‖
1 leimen, zusammenleimen
2 MED fest verheilen lassen; passiv fest verheilen
glūtinātor ⟨glūtinātōris⟩ M ‖glutinare‖ Buchbinder
glūtinum ⟨ī⟩ N = **gluten**
glūtīre, gluttīre ⟨iō, iī/īvī, ītum 4.⟩ (unkl.) hinunterschlürfen
Glycera ⟨ae⟩ F Name einer Hetäre, bes Geliebte des Menander; bei Horaz u. Tibull Name von fingierten Geliebten
Gnaeus ⟨ī⟩ M röm. Vorname, abgek Cn.
gnāritās ⟨gnāritātis⟩ F ‖gnarus‖ Kenntnis; **~ locorum** Ortskenntnis
gnāruris ⟨gnārure⟩ ADJ (altl.) = **gnarus**
gnārus ⟨a, um⟩ ADJ
1 kundig, erfahren, bekannt, alicuius rei in etw, mit etw; **~ rei publicae** erfahren in der Politik
2 (nachkl.) bekannt, alicui j-m
Gnathō ⟨Gnathōnis⟩ M Name eines Schmarotzers bei Terenz, daher überhaupt Schmarotzer
Gnātia ⟨ae⟩ F Hafenstadt in Apulien
gnātus ⟨a, um⟩ ADJ = **natus**
gnāvus ⟨a, um⟩ ADJ = **navus**
Gnidius, Gnidus ⟨ī⟩ M = **Cnidos**
gnōmē ⟨gnōmēs⟩ F (nachkl.) Sinnspruch
gnōmōn ⟨gnōmonis⟩ M (nachkl.) Zeiger der Sonnenuhr
Gnōsiacus ⟨a, um⟩ ADJ aus Gnosos, kretisch
Gnōsias ⟨adis⟩ F, **Gnōsis** ⟨Gnōsidis⟩ F ‖Gnosos‖ Kreterin

Gnōsius
A ⟨a, um⟩ ADJ aus Gnosos, kretisch
B ⟨ī⟩ M Einwohner von Gnosos
Gnōs(s)os, Gnōssus ⟨ī⟩ F Stadt auf Kreta, Residenz des Königs Minos
gnōsticī ⟨ōrum⟩ M die Gnostiker, Anhänger der im 1. Jh. n. Chr. entstandenen Bewegung der Gnosis
Gnōsus ⟨ī⟩ F = **Gnossus**
gōbiō ⟨gōbiōnis⟩ M, **gōbius** ⟨ī⟩ M Gründling, bis zu 15 cm langer Fisch der Karpfenfamilie
Golgī ⟨ōrum⟩ M Hauptstätte des Aphroditekultes auf Zypern, Ruinen an der Ostküste der Insel
Gomphēnsēs ⟨Gomphēnsium⟩ M Einwohner von Gomphi
Gomphī ⟨ōrum⟩ M Stadt in Thessalien, geringe Ruinen beim heutigen Muzaki
gonger ⟨congrī⟩ M = **conger**
gonorrhoea ⟨ae⟩ F Gonorrhoe, Tripper, eine Geschlechtskrankheit
Gordium ⟨ī⟩ N Hauptstadt des Königs Gordius von Phyrgien, bedeutendes Ruinenfeld bei Polatli, sw. von Ankara
Gordius ⟨ī⟩ M sagenhafter König von Phrygien, bekannt durch den so genannten Gordischen Knoten, den er um das Joch seines Wagens geschlungen hatte und den Alexander der Große löste, indem er ihn mit dem Schwert durchtrennte
Gordyaeī ⟨ōrum⟩ M die Einwohner von Gordyaia
Gordyaeī montēs M Berge von Gordyaia, Gebirgslandschaft am Oberlauf des Tigris, dem heutigen kurdischen Gebirge entsprechend
Gorgiās ⟨ae⟩ M aus Leontini in Sizilien, Schüler des Empedocles, Sophist, seit 427 v. Chr. Lehrer der Redekunst in Athen
Gorgō ⟨Gorgonis u. Gorgonūs⟩ F, meist PL **Gorgones, Gorgonum** F die drei schlangenhaarigen Töchter des Phorkys; die schrecklichste, die gleichzeitig als einzige sterblich war, war Medusa. Der Anblick ihres Kopfes verwandelte in Stein; Perseus schlug ihr den Kopf ab, aus dem Blut entstand das geflügelte Pferd Pegasus; den abgeschlagenen Kopf der Medusa trug Athene auf ihrem Brustpanzer od Schild
Gorgobina ⟨ae⟩ F Stadt der ausgewanderten gall. Bojer im Gebiet der Äduer, beim heutigen La Guerche-sur-l'Aubois bei Nevers-sur-Loire
Gorgones ⟨Gorgonum⟩ F → **Gorgo**
Gorgoneus ⟨a, um⟩ ADJ ‖Gorgo‖ Gorgonen...; **equus ~** Gorgonenpferd, = Pegasus; **lacus ~** Gorgonensee, durch den Hufschlag des Pegasus entstandene Quelle; → **Hippocrene**
Gortȳn ⟨Gortȳnos⟩ F, **Gortȳna** ⟨ae⟩ F Stadt im S Kretas, bereits von Homer genannt, in röm. Zeit Hauptstadt der Provinz Kreta, früh Bischofssitz, ausgedehnte Ruinen beim Dorf Mitropolis, inschriftlich erhaltene alte Gesetze

Gortȳniacus, Gortȳnius ⟨a, um⟩ ADJ aus Gortyna, zvon Gortyna
Gortȳnius ⟨ī⟩ M Einwohner von Gortyna
gōrȳtus ⟨ī⟩ M = corytus
Gotīnī ⟨ōrum⟩ M kelt. Stamm im Bergland zwischen Markomannen u. Quaden
Gotōnēs ⟨Gotōnum⟩ M germ. Volk an der unteren Weichsel
grabātus ⟨ī⟩ M ‖makedonisches Lw.‖ niedriges Ruhebett, bes für Kranke
Gracchānus ⟨a, um⟩ ADJ ‖Gracchus‖ gracchisch, der Gracchen
Gracchus ⟨ī⟩ M Beiname der gens Sempronia; → Sempronius; bekannt v. a. die beiden Gracchen, Söhne der Cornelia, bekannt als Agrarreformer: **Tiberius Sempronius ~** 133 v. Chr. erschlagen; **C. Sempronius ~** 121 v. Chr. getötet
gracilis ⟨e, adv graciliter⟩ ADJ (unkl.)
1 von Menschen, Tieren u. Sachen schlank; pej schmächtig; **vox ~** dünne Stimme
2 fig knapp, dürftig
3 von der Rede einfach, schlicht
gracilitās ⟨gracilitātis⟩ F ‖gracilis‖
1 Schlankheit; pej Magerkeit
2 Quint. RHET Schlichtheit, Einfachheit
grāculus ⟨ī⟩ M (unkl.) Dohle
gradārius ⟨a, um⟩ ADJ ‖gradus‖ (vkl., nachkl.) Schritt für Schritt gehend, im Schritt
gradātim ADV ‖gradus‖
1 schrittweise
2 fig stufenweise, nach und nach
gradātiō ⟨gradātiōnis⟩ F ‖gradus‖
1 Vitr. Errichtung von Stufen, Stufe
2 Steigerung als Redefigur
gradātus ⟨a, um⟩ ADJ ‖gradus‖ (nachkl.) abgestuft
gradī ⟨gradior, gressus sum 3.⟩ schreiten, einhergehen; poet fahren
Grādīvus ⟨ī⟩ M (nachkl.) Beiname des Mars
gradus ⟨gradūs⟩ M ‖gradi‖

1 Schritt, Tritt; **suspenso gradu** auf den Zehen; **gradum facere** einen Schritt tun; **gradum ferre** den Schritt lenken; **gradum proferre** vorwärts gehen; **gradum referre** zurück gehen; **gradum sistere/sustinere** stehen bleiben; **gradum corripere** den Schritt beschleunigen; **gradu addere** einen Schritt rasch nach dem anderen tun; **pleno gradu** im Sturmschritt; **gradum conferre** zu kämpfen anfangen, auch zum Gespräch zusammenkommen; **gradum inferre in hostes** gegen den Feind vorrücken; **gradum facere ex aedilitate ad censuram** fig den Schritt vom Ädilenamt zum Zensorenamt machen; **primus ~ imperii** der erste Schritt zur Ausbreitung der Herrschaft
2 poet das Nahen, **mortis** des Todes
3 (nachkl.) poet von Fechtern u. Kriegern Kampfstellung; Standpunkt; **de gradu pugnare** stehenden Fußes kämpfen; **de gradu deicere** aus seiner Stellung verdrängen, aus der Fassung bringen
4 meton Stufe, Sprosse, pl Treppe, Leiter
5 (nachkl.) stufenförmige Sitzreihe im Theater, Tribüne
6 (nachkl.) Haarflechte
7 MUS Tonstufe
8 fig Grad von Verwandtschaften, Reihenfolgen, Alters- u. Zeitstufen; **heres tertio gradu** Erbe dritten Ranges; **~ aetatis** Altersstufe; **gradibus/per gradūs** stufenweise
9 fig Rang, Würde; **~ senatorius** Senatorenrang
Graeca ⟨ae⟩ F ‖Graecus‖ Griechin

▶ **Gracchus**

Tiberius Sempronius Gracchus (162-133 v. Chr.) kämpfte 133 v. Chr. als Volkstribun für ein Agrargesetz gegen das Latifundienwesen. Die **lex Sempronia** beschränkte den Besitz von Anteilen am **ager publicus** auf 500 **iugera**. Durch diese Maßnahme sollte die Not der Bauern gelindert werden. Als der Tribun Octavius sein Veto einlegte, setzte Tib. Gracchus ihn ab. Um seine Pläne durchzusetzen, kandidierte Gracchus ein zweites Mal für das Tribunat. Bei Unruhen während der Wahl wurde er mit einigen Anhängern unter der Führung des **Pontifex Maximus Scipio Nasica** getötet.

Caius Sempronius Gracchus (154-121 v. Chr.) führte als Volkstribun die Politik seines Bruders Tiberius fort. Sein Reformprogramm sah u. a. die Verteilung von Getreide an das Volk zu herabgesetzten Preisen, das Bürgerrecht für alle Latiner, die Gründung neuer Kolonien in Italien und Afrika sowie die Bildung von Schwurgerichten aus Rittern und Senatoren bei Erpressungsprozessen vor. Er verlor jedoch an Einfluss und wurde 121 nicht zum dritten Mal zum Volkstribun gewählt. Als seine Gesetze aufgehoben werden sollten, kam es zu Unruhen und Kämpfen; während dieser ließ er sich von einem Sklaven töten.

GESCHICHTE

Graecānicus ⟨a, um⟩ ADJ ||Graeci|| nach Art der Griechen

graecārī ⟨or, ātus sum 1.⟩ ||Graecus|| (nachkl.) *pej* nach griechischer Art leben

Graecē ADV → Graecus

Graecī ⟨ōrum⟩ M die Griechen

Graecia ⟨ae⟩ F
1. Griechenland *im engeren Sinn, aber auch alles von Griechen bewohnte Land, bes Kleinasien;* **Magna ~** Großgriechenland, *bes Unteritalien u. Sizilien*
2. *meton* die Griechen

graecissāre ⟨ō, -, - 1.⟩ griechische Art nachahmen

Graecostasis ⟨Graecostasis⟩ F Griechenstand, *offene Halle in der Nähe der Kurie, wo griech. od andere ausländische Gesandte die Entscheidungen des Senats abwarteten*

Graeculus
A ⟨a, um⟩ ADJ ||Graecus|| griechisch, *meist pej od iron;* **negotium Graeculum** ein echt griechisches Geschäft, ein erbärmliches Geschäft
B ⟨ī⟩ M „Griechlein", *meist pej od iron*

Graecum ⟨ī⟩ N ||Graecus|| griechische Sprache

Graecus
A ⟨a, um⟩ ADJ, ADV ⟨Graecē⟩ griechisch; **Graece scribere** griechisch schreiben
B ⟨ī⟩ M Grieche
⚠ **Ad Kalendas Graecas** Auf die griechischen Kalenden (verschieben) = auf den Sankt-Nimmerleins-Tag verschieben.

Grāī, Grāiī ⟨ōrum *u.* um⟩ M (altl.) = Graeci

Grāiocelī ⟨ōrum⟩ M Bergvolk in der Gegend des Mont-Cenis mit der Hauptstadt Ocelum

Grāiu-gena ⟨ae⟩ M ||Graius¹, gignere|| Grieche von Geburt

Grāius¹ ⟨a, um⟩ ADJ = Graecus /

Grāius² ⟨a, um⟩ ADJ grajisch; **Alpes Graiae** die grajischen Alpen *s. des Mont-Cenis;* → Graeoceli

grallātor ⟨grallātōris⟩ M (vkl., nachkl.) Stelzenläufer

grāma ⟨ae⟩ F *Plaut.* Augenbutter, *cremeartige Absonderung aus dem Auge*

grāmen ⟨grāminis⟩ N (nachkl.)
1. Gras, Rasen; *pl* Wiesen; **graminis herba** Grashalm
2. Weide
3. Pflanze; *pej* Unkraut; **gramina mala** Giftpflanzen

grāmineus ⟨a, um⟩ ADJ ||gramen||
1. (nachkl.) *poet* mit Gras bewachsen; aus Gras; **campus ~** mit Gras bewachsenes Feld; **sedile gramineum** Rasenbank
2. aus Rohr; **hasta graminea** Lanze aus Bambusrohr

grammatica ⟨ae⟩ F, **grammatica** ⟨ōrum⟩ N, **grammaticē** ⟨grammaticēs⟩ F Grammatik, Philologie

grammaticus
A ⟨a, um⟩ ADJ, ADV ⟨grammaticē⟩ grammatisch, sprachwissenschaftlich; **grammatice scribere** nach den Regeln der Grammatik schreiben
B ⟨ī⟩ M Sprachkundiger, Sprachgelehrter, Philologe, *auch* Kritiker

grammatista ⟨ae⟩ M Elementarlehrer

grānārium ⟨ī⟩ N ||granum|| Kornboden, Speicher, *meist pl*

grand-aevus ⟨a, um⟩ ADJ ||grandis, aevum|| (unkl.) hochbetagt

grandēscere ⟨ēscō, -, - 3.⟩ ||grandis|| (nachkl.) *poet* groß werden, wachsen

grandiculus ⟨a, um⟩ ADJ ||grandis|| *Com.* ziemlich groß, ziemlich erwachsen

grandi-fer ⟨grandifera, grandiferum⟩ ADJ ||grandis, ferere|| sehr einträglich

grandi-loquus
A ⟨a, um⟩ ADJ ||grandis, loqui||
1. großsprecherisch
2. von der Rede erhaben, feierlich
B ⟨ī⟩ M Prahler

grandināre ⟨at, āvit, - 1.⟩ ||grando|| unpers (vkl., nachkl.) es hagelt

grandīre ⟨iō, -, - 4.⟩ ||grandis|| (vkl.) vergrößern

grandis ⟨grande, *adv* granditer⟩ ADJ
1. groß, gewaltig; **saxum grande** riesiger Felsen; **frumenta grandia** großkörniges Getreide
2. von Lebewesen erwachsen
3. *fig* bejahrt; **aetas ~** hohes Alter
4. *an Zahl od Inhalt* zahlreich, umfangreich
5. *fig* bedeutend, wichtig; **exemplum grande** überzeugendes Beispiel

grandi-scāpius ⟨a, um⟩ ADJ ||grandis, scapus|| *Sen.* großstämmig

granditās ⟨granditātis⟩ F ||grandis|| Größe; *fig* Erhabenheit

grandō ⟨grandinis⟩ F Hagel; *pl* Hagelwetter

Grānicus ⟨ī⟩ M *Fluss in Kleinasien*

grāni-fer ⟨grānifera, grāniferum⟩ ADJ ||granum, ferre|| *Ov.* Körner schleppend

grānum ⟨ī⟩ N
1. Korn, Kern
2. *fig* Beere
⚠ **Cum grano salis** *nlat.* Mit einem Körnchen Salz, mit etwas Witz, nicht ganz wörtlich gemeint

graphiārium ⟨ī⟩ N ||graphiarius|| *Mart.* Griffelbüchse

graphiārius ⟨a, um⟩ ADJ ||graphium|| *Suet.* zum Schreibgriffel gehörig

graphicus ⟨a, um, *adv* graphicē⟩ ADJ
1. (nachkl.) *poet* malerisch

2 *von Personen* leibhaftig

graphium ⟨ī⟩ N̄ (*nachkl.*) *poet* Schreibstift, Griffel

grassārī ⟨or, ātus sum 1.⟩ ||gradi|| (*unkl.*)

1 rüstig losschreiten, dahinschreiten; **milites recto limite grassantur** die Soldaten schreiten geradeaus dahin

2 sich herumtreiben, *bes nachts*

3 *j-n* angreifen, auf *etw* erpicht sein, *in aliquem/in aliquid*; **ad gloriam viā virtutis ~** auf dem Weg der Tugend nach Ruhm streben

4 zu Werke gehen, verfahren, *meist pej, in aliquem* gegen j-n, mit j-m; **iure, non vi ~** den Weg des Rechts, nicht der Gewalt verfolgen

5 hart zu Werke gehen, wüten, *adversus aliquem/in aliquem/in aliquo* gegen j-n, *in aliquid* gegen etw

grassātor ⟨grassātōris⟩ M̄ ||grassor||

1 *Gell.* Müßiggänger, Nachtschwärmer

2 Wegelagerer, Bandit

grassātūra ⟨ae⟩ F̄ ||grassor|| (*nachkl.*)

1 nächtliches Herumschwärmen

2 Banditentum

grātārī ⟨or, ātus sum 1.⟩ (*nachkl.*) = **gratulari**

grātēs F̄ ||gratus|| P̄L̄ *nur nom u. akk* Dank; **summas grates agere/dicere** innigsten Dank sagen; **grates superis decernere** den Göttern ein Dankfest beschließen

---

grātia ⟨ae⟩ F̄ ||gratus||

1 Anmut, Liebenswürdigkeit
2 Gunst
3 Freundschaft, Liebe
4 Gefälligkeit, Gunst
5 Freude, Lust
6 aus Rücksicht auf
7 Dank, Erkenntlichkeit

1 (*nachkl.*) *poet* Anmut, Liebenswürdigkeit

2 Gunst, *in der jd steht*, Ansehen; **homo summā gratiā** Mensch von höchstem Ansehen; **gratiā plurimum posse/valere** sehr viel vermögen; **alicui gratiā est apud aliquem/cum aliquo** j-d ist bei j-m sehr beliebt; **in gratia ponere** beliebt machen; **gratiam inire/parere ab aliquo/apud aliquem/ad aliquem/alicuius** sich j-s Gunst erwerben

3 Freundschaft, Liebe; **esse in gratiā cum aliquo** mit j-m in gutem Einvernehmen sein; **in gratiam redire cum aliquo** sich mit j-m wieder aussöhnen; **cum bona gratia** in aller Güte; **cum mala gratia** in Hass

4 Gefälligkeit, Gunst, *die jd anderen erweist; pej* Parteilichkeit; **gratiam exercere** Gunst erweisen; **gratiae causā** aus Gunst, aus Gefälligkeit, aus Höflichkeit, aus persönlichen Rücksichten; **gratiam alicuius rei facere alicui** j-m in einer Sache Gnade erweisen; **gratiam dicendi facere** das Wort gestatten; **gratiam iuris iurandi facere alicui** j-n in Gnaden vom Eid entbinden; **gratiam delicti facere** Gnade vor Recht ergehen lassen

5 Freude, Lust, *alicuius rei* an etw, **~ armorum** Freude an Waffen

6 **gratiā** *nachgestellt* aus Rücksicht auf *j-n/etw, j-m/einer Sache* zuliebe, um *j-s* willen, *alicuius/alicuius rei*; **amicitiae gratiā** um der Freundschaft willen; **meā gratiā** um meinetwillen

7 Dank, Erkenntlichkeit, *pro re/alicuius rei* für etw; **gratiam habere alicui pro re** j-m dankbar sein für etw; **gratiam referre alicui pro re** durch die Tat sich j-m dankbar erweisen, *auch* durch die Tat Vergeltung an j-m üben; **gratiam debere alicui** j-m Dank schulden

8 **Dei gratia** (*abl*) (*mlat.*) von Gottes Gnaden

▷ *deutsch:* **Grazie**

Grātia ⟨ae⟩ F̄ Göttin der Anmut; *pl* die Grazien, *Töchter des Zeus: Aglaie, Euphrosyne, Thalia, Begleiterinnen der Aphrodite/Venus*

Grātidius ⟨a, um⟩ Name einer röm. *gens*; **Gratidia** Großmutter Ciceros

grāti-ficārī ⟨or, ātus sum 1.⟩ ||gratus, facere||

A V̄Ī sich gefällig erweisen, *alicui/alicui rei* j-m/einer Sache; **de re ~** von etw gerne geben; **nihil ~** sich in nichts gefällig erweisen

B V̄T̄ freudig darbringen, gewähren, (auf)opfern, *aliquid alicui/alicui rei* etw j-m/einer Sache

grātificātiō ⟨grātificātiōnis⟩ F̄ ||gratificari|| Gefälligkeit; *meton* Schenkung

▷ *deutsch:* **Gratifikation**

grātiīs A̅D̅V̅ = **gratis**

grātiōsus

A ⟨a, um⟩ A̅D̅J̅ ||gratia||

1 *von Personen* gefällig, freundlich, *in re* in etw, bei etw

2 (*nachkl.*) *von Sachen* aus Gnade gegeben

3 *von Personen u. Sachen* beliebt, angesehen, *alicui/apud aliquem* bei j-m

B ⟨ī⟩ M̄ Günstling

grātīs A̅D̅V̅ ||gratia|| unentgeltlich, umsonst

▷ *deutsch:* **gratis**

grātuītus ⟨a, um, *adv* grātuītō⟩ A̅D̅J̅ ||gratis|| *von Sachen, selten von Personen* umsonst, unentgeltlich; **amicitia gratuita** uneigennützige Freundschaft; **milites gratuiti** Freiwillige; **comitia gratuita** Wahl ohne gekaufte Stimmen; *adv* umsonst, ohne Vorteil

grātulābundus ⟨a, um⟩ A̅D̅J̅ ||gratulari|| (*nachkl.*) *poet* beglückwünschend

grātulārī ⟨or, ātus sum 1.⟩

1 gratulieren, beglückwünschen, *absolut od inter se* untereinander, *alicui aliquid* j-m zu etw, *ali-*

cui de re j-m wegen etw, *alicui in re* j-m bei etw, *quod/cum* dass, *+AcI/+akk des PPP*; **in hoc/qua in re tibi gratulor** dazu gratuliere ich dir; **Brutus Ciceroni recuperatam libertatem gratulatus est** Brutus gratulierte dem Cicero zur wiedererlangten Freiheit

2 (*unkl.*) freudig danken, *alicui* j-m

grātulātiō ⟨grātulātiōnis⟩ F ||gratulari||

1 an den Tag gelegte Freude; **cum summa gratulatione civium** zur größten Freude der Bürger

2 Glückwunsch; **mutuā gratulatione fungi** sich gegenseitig beglückwünschen

3 zuteil gewordener Glückwunsch

4 *meton* Freude über eigenes Glück, Siegesfreude; *pl* Freudenfeste

5 freudige Danksagung, öffentliches Dankfest

grātulātor ⟨grātulātōris⟩ M ||gratulari|| *Mart.* Gratulant

grātus ⟨a, um, *adv* grātē⟩ ADJ

1 *poet* anmutig, lieblich; **Venus grata** die liebliche Venus; **carmen gratum** hübsches Gedicht

2 *fig* freundlich gesinnt, *absolut od alicui* j-m; *adv* mit Vergnügen, gern

3 erwünschtlieb; **ista veritas etiamsi iucunda non est, mihi tamen grata est** wenn diese Wahrheit auch nicht angenehm ist, ist sie mir dennoch wertvoll; **gratum/gratius/gratissimum alicui (aliquid) facere** j-m einen Gefallen/einen größeren Gefallen/einen sehr großen Gefallen tun; **gratae in vulgus leges** dem Volk willkommene Gesetze

4 dankbar, erkenntlich; **homo ~** dankbarer Mensch; **memoria grata** dankbare Erinnerung; **male ~** undankbar

Graupius mōns M Gebirge *od* Berg in Kaledonien, dem heutigen Schottland

gravāmen ⟨gravāminis⟩ N ||gravare|| (*spätl.*) Beschwerlichkeit, drückende Last; (*nlat.*) *pl* Beschwerden

gravanter ADV (*nachkl.*) = **gravate**

gravāre ⟨ō, āvī, ātum 1.⟩ ||gravis|| (*nachkl.*)

1 beladen, belasten

2 *fig* erschweren, verschlimmern, **invidiam alicuius** j-s Neid

3 belästigen, bedrücken; **re gravatus** von etw beschwert, durch etw belastet; **gravata ebrietate mens** von Trunkenheit umnebelter Geist

gravārī ⟨or, ātus sum 1.⟩ ||gravare||

A VI

1 sich beschwert fühlen, verdrießlich sein, *absolut od re* durch etw; **militiā ~** nicht gern Soldat sein

2 sich weigern, Schwierigkeiten machen, *absolut od +inf*; **primo ~ coepit** anfänglich begann er Schwierigkeiten zu machen

B VT (*unkl.*) verweigern, ungern übernehmen; **aspectum civium ~** den Anblick der Bürger lästig finden

grāvāstellus ⟨ī⟩ M = **ravistellus**

gravātē *Lucr., Liv.*, **gravātim** ADV ||gravari|| ungern; **haud gravatim** ohne viele Umstände

gravēdinōsus ⟨a, um⟩ ADJ ||gravedo|| verschnupft

gravēdō ⟨gravēdinis⟩ F ||gravis|| fest sitzender Schnupfen

grave-olēns ⟨graveolentis⟩ ADJ *auch getrennt Verg.* stark riechend, übel riechend

gravēscere ⟨ēscō, -, 3.⟩ ||gravis|| (*nachkl.*) *poet* schwer werden; *fig* sich verschlimmern; **fetu ~** von Früchten strotzen; **valetudo gravescit** der Gesundheitszustand verschlechtert sich

grāvla ⟨ūrum⟩ N ||gravis|| hartes Geschick, harte Strafe

gravida ⟨ae⟩ F ||gravidus|| schwangere Frau

gravidāre ⟨ō, āvī, ātum 1.⟩ ||gravis|| (*vkl., nachkl.*) schwängern; *fig* befruchten; **terra gravidata seminibus** von Samen befruchtete Erde

graviditās ⟨graviditātis⟩ F ||gravidus|| Schwangerschaft

gravīdō ⟨gravīdōnis⟩ F = **gravedo**

gravidus ⟨a, um⟩ ADJ ||gravis||

1 schwanger; *von Tieren* trächtig

2 *fig* voll beladen, reich, *re* an etw; **nubes gravida** regenschwere Wolke

---

gravis ⟨grave, *adv* graviter⟩ ADJ

1 schwer

2 groß, stark

3 drückend, lästig

4 schlimm

5 schwer, heftig

6 widerlich, ekelhaft

7 tief, dumpf

8 ungesund, gefährlich

9 gewichtig, wichtig

10 angesehen, (ehr)würdig

11 erhaben, feierlich

12 ernst

13 schwer beladen

14 hoch betagt

15 schwerfällig, ungelenk

16 schwanger

17 verdrießlich, mürrisch

---

1 schwer *von Gewicht*, wuchtig; **onus grave** schwere Last; **pretium grave** hoher Preis; **terra ~** fetter Boden, schwerer Boden; **cibus ~** schwer verdauliche Speise

2 poet von Personen groß, stark

3 fig, pej drückend, lästig, beschwerlich; **labor ~** beschwerliche Arbeit; **senectus ~** mühevolles Greisenalter; **grave dictu** unangenehm zu sagen

4 fig schlimm, hart; **superbia ~** schwer zu ertragender Hochmut; **graviter consulere/vindicare in aliquem** hart gegen j-n verfahren

5 fig schwer, heftig; **tempestas ~** schweres Gewitter, **graviter ferire aliquem** j-n heftig schlagen; **vulnus grave** schwere Wunde

6 fig widerlich, ekelhaft; vom Geruch stark, stinkend; **odor ~** übler Geruch; **graviter olere** übel riechen

7 fig von der Stimme od vom Ton tief, dumpf; **vox ~** tiefe Stimme; **graviter sonare** dumpf klingen, dumpf tönen

8 fig ungesund, gefährlich; **anni tempus grave** ungesunde Jahreszeit; **caelum grave** ungesundes Klima

9 fig gewichtig, wichtig; **testis ~** wichtiger Zeuge; **argumentum grave** wichtiges Beweismittel; **testimonium grave** schwer belastende Zeugenaussage; **gravissime iudicare de aliquo** von j-m eine sehr hohe Meinung haben

10 fig von Personen angesehen, (ehr)würdig; **homo et aetate et meritis ~** ein nach Alter und Verdienst angesehener Mann

11 fig von Sachen erhaben, feierlich, majestätisch; RHET nachdrücklich, wirksam; **oratio ~** eindringliche Rede

12 fig ernst, streng; **consul ~** besonnener Konsul; **omnes gravioris aetatis** alle Bejahrten

13 schwer beladen, re mit etw; **miles armis ~** schwer bewaffneter Soldat; **vino ~** vom Wein betrunken

14 (nachkl.) poet hoch betagt

15 (nachkl.) schwerfällig, ungelenk

16 schwanger

17 verdrießlich, mürrisch; adv ungern; **aliquid graviter ferre** über etw ungehalten sein, auch quod/+AcI

Graviscae ⟨ārum⟩ F̄ sumpfiger Ort s. von Tarquinii, bekannt durch guten Wein

gravitās ⟨gravitātis⟩ F̄ ||gravis||

1 Gewicht, Last, auch fig

2 pej Druck, Belastung

3 Härte, Strenge

4 Schwangerschaft

5 Ungesundheit, schädlicher Einfluss

6 Schwerfälligkeit, Mattigkeit

7 Bedeutung, Ansehen

8 vom Charakter sittlicher Ernst, Würde, Erhabenheit, Feierlichkeit

gregālēs ⟨gregālium⟩ M̄ ||gregalis|| Kameraden; pej Spießgesellen

gregālis ⟨gregāle⟩ ADJ ||grex||

1 (nachkl.) zur Herde gehörig, zum Haufen gehörig

2 von gewöhnlicher Sorte, einfach; **miles ~** einfacher Soldat

3 zum gleichen Haufen gehörend

gregārius ⟨a, um⟩ ADJ ||grex|| (nachkl.) zur Herde gehörig; fig zu den gemeinen Soldaten gehörig

gregātim ADV ||grex|| herdenweise, scharenweise

gremium ⟨ī⟩ N̄

1 Schoß; **in gremio alicuius iacēre** sich an j-n schmiegen

2 fig Schoß als Ort der Ruhe u. Geborgenheit; **rem in deorum gremiis ponere** etw den Göttern überlassen

3 fig Innerstes, Herz einer Sache; **medio Graeciae gremio** mitten in Griechenland

4 (eccl.) Bündel, bes Garbe

gressus¹ ⟨a, um⟩ PPERF → **gradi**

gressus² ⟨gressūs⟩ M̄ ||gradi|| (nachkl.)

1 Schritt, Gang; **gressum anteferre** vorausgehen; **gressum inferre** hineingehen; **gressum comprimere** stehen bleiben

2 fig Fahrt des Schiffes; pl Gang der Rede

grex ⟨gregis⟩ M̄, Lucr. u. (spätl.) auch F̄

1 Herde, bes von Kleinvieh; **~ suillus** Schweineherde; **~ bovillus** Rinderherde; **~ cervorum** Rudel Hirsche; **~ avium** Vogelschwarm

2 fig Schar, Kreis

3 fig geschlossene Gesellschaft; POL Klub; PHIL Sekte, Schule

4 Menge von Leblosem, **virgarum** von Ruten

⚠ **Epicuri de grege porcus** Hor. Ein Schweinchen aus der Herde des Epikus Horaz bezeichnet so sich selbst und seine philosophische Ausrichtung.

grillāre ⟨ō, -, - 1.⟩ ||gryllus|| zirpen, von der Grille

grōma ⟨ae⟩ F̄ Feldmessinstrument

grōmāticī ⟨ōrum⟩ M̄ ||gromaticus|| die Feldmesser

grōmāticus ⟨a, um⟩ ADJ das Feldmessen betreffend

Grudii ⟨ōrum⟩ M̄ Volk in Gallia Belgica, in der Gegend des heutigen Oudenarde

gruis ⟨gruis⟩ F̄ Phaedr. = **grus**

grummus, grūmus ⟨ī⟩ M̄ (nachkl.) poet Erdhaufen, Erdhügel

grundīre ⟨iō, iī, ītum 4.⟩ grunzen

grundītus ⟨grundītūs⟩ M̄ ||grundire|| das Grunzen

grunnīre ⟨iō, iī, ītum 4.⟩ = **grundire**

grunnītus ⟨grunnītūs⟩ M̄ = **grunditus**

grūs ⟨gruis⟩ F̄ u. M̄ Kranich

gryllus ⟨ī⟩ M̄ Grille

Grȳnīa ⟨ae⟩ F äolische Hafenstadt
grȳps ⟨grȳpis u. grȳphis⟩ F (nachkl.) Greif, *ein Fabelwesen mit Löwenleib, Adlerkopf u. Flügeln*
gubernābilis ⟨gubernābile⟩ ADJ ||gubernare|| *Sen.* lenkbar, leitbar
gubernāclum, gubernāculum ⟨ī⟩ N ||gubernare||
1 Steuerruder
2 *fig* Lenkung, Regierung, (*klass.*) meist pl
gubernāre ⟨ō, āvī, ātum 1.⟩
1 steuern, das Steuerruder führen
2 *fig* leiten, regieren
gubernātiō ⟨gubernātiōnis⟩ F ||gubernare||
1 Steuerung
2 *fig* Leitung, Regierung
gubernātor ⟨gubernātōris⟩ M ||gubernare||
1 Steuermann
2 *fig* Lenker, Leiter
gubernātrīx ⟨gubernātrīcis⟩ F ||gubernator|| Lenkerin
gubernum ⟨ī⟩ N *Lucr.* nur PL = **gubernaculum**
guerra ⟨ae⟩ F (*mlat.*) Streit, Krieg
gugga nur in der Form **guggast homo** *Plaut.* genaue Bedeutung unbekannt, vermutlich ein Begriff des Missbrauchs
gula ⟨ae⟩ F Speiseröhre, Kehle; *meton* Schlemmerei; **gulam obtorquere** die Kehle zuschnüren; **~ Cerberi** (*mlat.*) Höllenschlund
gulōsus ⟨a, um⟩ ADJ ||gula|| genusssüchtig; *fig* wählerisch; **lector ~** literarischer Feinschmecker
gum… = **gym…**
gumia ⟨ae⟩ F (nachkl.) *poet* Schlemmer, Leckermaul
gun… = **gyn…**
gurdus ⟨a, um⟩ ADJ *Quint.* dumm, tölpelhaft
gurges ⟨gurgitis⟩ M
1 Strudel, Wirbel
2 *poet* Meer, Flut
3 *poet* verschlingender Abgrund, Schlund
4 *meton* Fresssucht; *von Personen* Schlemmer
gurguliō ⟨gurguliōnis⟩ F
1 Schlund, Kehle
2 *Plaut. fig* Rausch
3 = **curculio**
gurguliōnius ⟨a, um⟩ ADJ ||gurgulio|| *Plaut.*
1 zum Schlund gehörig
2 zum Rausch gehörig; **campi gurgulionii** Zecherei, Trinkerei
gurgustium ⟨ī⟩ N ||gurges|| ärmliche Wohnung, dunkle Kneipe
gūrus ⟨ī⟩ M = **gyrus**
gustāre ⟨ō, āvī, ātum 1.⟩
1 kosten; *meton* einen Imbiss nehmen
2 *fig* erproben, versuchen
gustātōrium ⟨ī⟩ N ||gustare|| (nachkl.) Essgeschirr, Schüssel
gustātus ⟨ūs⟩ M ||gustare||
1 Geschmackssinn, Geschmack, *den jd hat*
2 Geschmack *einer Sache*; **~ acerbus** bitterer Geschmack
gustus ⟨ūs⟩ M ||gustare|| (nachkl.)
1 *poet* Kosten; *fig* Kostprobe
2 Geschmack *von etw*
⚠ **De gustibus non est disputandum.** Über Geschmack lässt sich nicht streiten.
gutta ⟨ae⟩ F
1 Tropfen
2 *fig* tropfenartiger Fleck am Tierkörper, *z. B. an Schlangen*
3 ARCH Tropfen *als Zierrat am Kapitell einer Säule od am Grundbalken eines Frieses*
4 *Plaut.* ein bisschen; **~ certi consilii** ein bisschen von einem guten Rat
⚠ **Gutta cavat lapidem.** Steter Tropfen höhlt den Stein.
guttātim ADV ||gutta|| tropfenweise
guttātus ⟨a, um⟩ ADJ ||gutta|| (*spätl.*) gesprenkelt; **Numidicae guttatae** *Mart.* Perlhühner
guttula ⟨ae⟩ F ||gutta|| *Plaut.* Tröpfchen
guttur ⟨gutturis⟩ N (unkl.) Kehle; *fig* Schlemmerei; **~ inferior** = After; **guttur alicuius frangere** j-m das Genick brechen
gūtus ⟨ī⟩ M (unkl.) Krug *mit engem Hals u. kleiner Öffnung, zum Salben mit Öl, auch für kultische Zwecke*
Gyaros, Gyarus ⟨ī⟩ F kleine Kykladeninsel in der Ägäis, zur Kaiserzeit Verbannungsort, heute Jura
Gyās, Gyēs ⟨Gyae⟩ M ein hundertarmiger Riese
Gȳgēs ⟨Gȳgis u. Gygae⟩ M MYTH König von Lydien, um 700 v. Chr.; Besitzer eines Ringes, der ihn unsichtbar machte
gymnasiarchus ⟨ī⟩ M Vorsteher einer Sportschule
gymnasium ⟨ī⟩ N Gymnasium, öffentlicher Sportplatz, Schule für Leibesübungen, Ringschule, später auch Mittelpunkt des geistigen Lebens, Versammlungsort der Philos. u. Rhetoren
▶ deutsch: **Gymnasium**
gymnasticus ⟨a, um⟩ ADJ *Plaut.* gymnastisch, turnerisch
gymnicus ⟨a, um⟩ ADJ = **gymnasticus**
gynaecēum, gynaecīum ⟨ī⟩ N, **gynaecōnītis** ⟨gynaecōnītidis⟩ F Frauenwohnung, *der innere Teil des griech. Hauses*
gypsāre ⟨ō, āvī, ātum 1.⟩ ||gypsum|| mit Gips überziehen
gypsātus ⟨a, um⟩ ADJ ||gypsare|| mit Gips überzogen; **pes ~** Sklavenfuß
gypsum ⟨ī⟩ N (unkl., *Iuv.*) Gips; *meton* Gipsbild
gȳrāre ⟨ō, āvī, ātum 1.⟩ ||gyrus||
A VT umgeben
B VI sich (im Kreis) drehen

gȳro-vagus ⟨a, um⟩ ADJ ||gyrus|| (eccl.) von Mönchen herumgehend, umherwandernd

Gyrtōn ⟨Gyrtōnis⟩ F Stadt in Thessalien bei Larissa, Spuren beim heutigen Bakrena bei Larissa

gȳrus ⟨ī⟩ M
1. Kreislinie; fig Kreisbewegung; **gyros trahere** sich winden; **gyros ducere** kreisen
2. Reitkunst Volte; **in gyros ire/gyrum capere** im Kreis laufen
3. Prop. meton Reitbahn; **gyrum equo pulsare** das Pferd in der Reitbahn tummeln; **in gyrum rationis duci** sich von der Vernunft leiten lassen,
4. fig von der Zeit Lauf, Kreislauf

Gythēum, Gythium, Gythīum ⟨ī⟩ N Stadt u. Hafen in Lakonien, Hafen von Sparta, heute Marathonisi

H

H h Abk
1. = **hic**¹ u. oblique Fälle dieser
2. = **hastata** (erg. **cohors**) mit Lanzen bewaffnete Kohorte
3. = **heres** Erbe
4. = **hora** Stunde
5. C. = **Hispania citerior** das diesseitige Spanien; → Hispania
6. ~ c. (nlat.) = **honoris causa** ehrenhalber
7. ~ e. = **hoc est** das heißt
8. ~ E. T. = **heres ex testamento** testamentarisch bestimmter Erbe
9. ~ ~ = **heredes** die Erben
10. ~ l. = **hoc loco** (nlat.) an diesem Ort
11. ~ m. = **huius mensis** (nlat.) dieses Monats
12. ~ S. = **hic situs est** hier liegt
13. HS. = **sestertius** Sesterz
14. ~ S. S. = **hic siti sunt** hier liegen

habēna ⟨ae⟩ F ||habere||
1. poet Riemen, Schleuder
2. Schnur der Peitsche; Peitsche
3. Zügel; **habenas effundere/laxare/(im)mittere** die Zügel schießen lassen; **habenas premere/adducere** die Zügel anziehen
4. Plaut. fig Lenkung, Leitung, Regierung

habēre ⟨eō, uī, itum 2.⟩

1. halten
2. an sich haben, an sich tragen
3. behalten, bewahren
4. beinhalten
5. halten, vortragen
6. veranstalten
7. erhalten
8. behandeln,
9. für etw halten
10. sich verhalten, sich befinden
11. Vermögen haben
12. haben, besitzen
13. zur Frau haben
14. bewohnen
15. halten, züchten
16. zu erdulden haben, erleiden
17. geistig haben = wissen, kennen
18. als etw haben
19. ergriffen haben, beherrschen
20. in sich haben, umfassen
21. haben
22. vermögen, können,
23. bei sich haben, um sich haben
24. mit sich bringen, zur Folge haben
25. müssen,

1. halten, , bes von Örtlichkeiten umschließen; **iaculum manibus ~** einen Wurfspieß in den Händen halten; **aliquem in custodia ~** j-n in Gewahrsam halten
2. an sich haben, an sich tragen; **tunicam ~** eine Tunika tragen
3. behalten, bewahren; **aliquid sibi ~** etw für sich behalten; **res tuas tibi habe** Ehescheidungsformel behalte dein Eigentum für dich; **coniugem suas res sibi ~ iussit** er ließ sich von seiner Frau scheiden; **aliquid secum ~** etw geheim halten
4. von Schriften beinhalten
5. Reden halten, vortragen; **dialogum ~** einen Dialog schreiben; **verba ~** Worte sprechen
6. abhalten; Zeit verbringen; **contionem ~** eine Versammlung abhalten; **gratulationem ~** Dank abstatten; **iter ~** marschieren; **alicui honores ~** j-m Ehren erweisen; **rationem ~** berechnen, kalkulieren; **adulescentiam ~** die Jugend verbringen
7. erhalten, in einem Zustand halten; **aliquem sollicitum ~** j-n in Aufregung halten; **aliquem suspectum ~** j-n in Verdacht haben; **mare infestum ~** das Meer unsicher machen; PPP zum Ausdruck eines dauernden Zustandes: **portas clausas ~** die Türen geschlossen halten; **aliquem perspectum ~** j-n durchschaut haben; **vectigalia redempta ~** die Abgaben gepachtet haben
8. behandeln, +adv od adv Ausdruck; **aliquem bene ~** j-n gut behandeln; **aliquem male ~** j-n ausschelten
9. für etw halten, +dopp. akk, pro re für etw, Gen

pretii, +*dat*; *häufig passiv* für *etw* gehalten werden; **deos aeternos et beatos ~** die Götter für glücklich und ewig halten; **aliquem in summis ducibus ~** j-n zu den obersten Anführern zählen; **aliquid magni ~** etw für teuer halten; **aliquem pro amico ~** j-n für einen Freund halten; **aliquid religioni ~** sich aus etw ein Gewissen machen; **duritiam voluptati ~** Anstrengungen als ein Vergnügen betrachten; **aliquem ludibrio ~** j-n zum Besten halten; **aliquis magnae habetur auctoritatis** j-d gilt als Mann von größtem Ansehen; **satis ~** sich begnügen, +*inf*; **parum ~** nicht damit zufrieden sein, +*inf*

10 **se ~** sich verhalten, sich befinden; **quoquo modo res se habet** wie immer die Sache sich verhält; **se graviter ~** schwer krank sein

11 *absolut* Vermögen haben; **habet in Bruttiis** er hat Besitz im Bruttierland; **in nummis ~** Barvermögen haben; **~ in praediis urbanis** Grundstücke in der Stadt haben

12 haben, besitzen; **rem ~** Vermögen besitzen

13 zur Frau haben

14 (*nachkl*.) *poet* bewohnen; *auch* beherrschen; MIL besetzt halten; **Romam a principio reges habuerunt** über Rom herrschten am Anfang Könige

15 Vieh halten, züchten; **pecora habens** Viehzüchter

16 zu erdulden haben, erleiden; **febrim ~** Fieber haben; **vulnus ~** verwundet sein; **suspicionem adulterii ~** im Verdacht des Ehebruchs stehen; **iudicium ~** angeklagt sein

17 geistig haben = wissen, kennen; **consilia nostra habet** er kennt unsere Pläne; **tantum habeto** so viel sollst du wissen; **non habeo, quo me recipiam** ich weiß nicht, wohin ich mich zurückziehen soll; **sic ~** überzeugt sein, *absolut od* +*AcI*

18 als *etw* haben, zu *etw* haben, an *j-m etw* haben, +*dopp. akk*; **aliquem collegam ~** j-n als Amtsgenossen haben

19 *fig von Zuständen u. Gefühlen* ergriffen haben, beherrschen; **aliquem somnus habet** j-d schläft

20 in sich haben, umfassen; **ea regio montes non habet** diese Gegend hat keine Berge; **virtus hoc habet, ut** die Tugend besitzt die Eigentümlichkeit, dass; **aliquid (in) animo ~** etw im Sinn haben, etw wollen, +*inf*; **aliquem in animo ~** an j-n denken

21 haben *als nachdrückliche Umschreibung eines Verbs*; **odium in aliquem ~** gegen j-n Hass empfinden

22 vermögen, können, +*inf*; **haec habeo dicere** das kann ich sagen

23 bei sich haben, um sich haben; **duos servos secum ~** zwei Sklaven bei sich haben; **fluvium a dextra ~** den Fluss zu seiner Rechten haben

24 *fig* mit sich bringen, verursachen; **aliquid magnam admirationem habet** etw erregt große Bewunderung

25 (*nachkl*.) müssen, +*ger*; **habeo respondendum** ich muss antworten

26 (*mlat*.) zur Umschreibung des Futurs; **dicere habemus = dicemus** wir werden sagen

27 (*eccl*.) müssen; **cantare habes** du musst singen

28 **omne ~** (*mlat*.) die ganze Habe

❗ **Habes, habeberis.** *Plaut*. Hast du was, dann wirst du was haben.

habilis ⟨habile, *adv* habiliter⟩ ADJ ||habere||

1 handlich, bequem, *ad aliquid/alicui rei* zu etw, für etw, *re* durch etw, wegen etw; **calceus ~ ad pedem** ein für den Fuß bequemer Schuh

2 *fig* passend, geeignet, *von Personen u. Sachen*, *in re* in etw, *alicui* für jdn

habilitās ⟨habilitātis⟩ F̄ ||habilis|| Geschicklichkeit

habitābilis ⟨habitābile⟩ ADJ ||habitare|| bewohnbar

habitāre ⟨ō, āvī, ātum 1.⟩ ||habere||

A V̄T bewohnen; *passiv* als Wohnsitz dienen

B V̄I

1 wohnen; **in luna habitari** *unpers* auf dem Mond gebe es Bewohner

2 *fig* heimisch sein; sich eifrig *mit etw* beschäftigen; **quies habitat** es herrscht Ruhe; **oculi mei in vultu alicuius habitant** meine Augen ruhen stets auf j-s Gesicht

habitātiō ⟨habitātiōnis⟩ F̄ ||habitare||

1 Wohnung

2 *Suet. meton* Hausmiete

habitātor ⟨habitātōris⟩ M̄ ||habitare||

1 Bewohner, Mieter

2 Einwohner *eines Landes*

habitūdō ⟨habitūdinis⟩ F̄ ||habere|| (*vkl., nachkl*.) Äußeres, Gestalt

habiturīre ⟨iō, -, - 4.⟩ ||habere|| *Plaut*. haben wollen, begehren

habitus¹ ⟨us⟩ M̄ ||habere||

1 (*nachkl*.) Haltung, Stellung *des Körpers*

2 Aussehen, äußere Erscheinung

3 Kleidung, Tracht; **suo habitu vitam degere** in der eigenen Haut stecken

4 Stimmung, Zustand, *körperlich u. geistig*

5 Eigentümlichkeit, Eigenschaft

6 (*nachkl*.) Verhalten, Gesinnung

7 (*mlat*.) **habitum mutare** ins Kloster gehen

habitus² ⟨a, um⟩ ADJ ||habere|| *Com*. wohlgenährt, beleibt

habroton... = abroton...

hāc ADV ||hic¹|| (erg. **viā** od **parte**) auf diesem Weg, hier; ~ ... ~/**illāc** (nachkl.) poet hier ... dort; ~ **atque illāc** Ter. überall

hāc-tenus ADV

1 (nachkl.) poet örtl. bis hierher, so weit

2 (nachkl.) poet zeitl. bis jetzt, bis zu diesem Zeitpunkt

3 in Rede od Schrift abschließend od abbrechend so weit, bis hierher

4 fig bis zu dem Grad, zu diesem Zweck; beschränkend insoweit, nur in der Beziehung, *quatenus/quoad/qua/quod* als

Hadria ⟨ae⟩

A M poet das Adriatische Meer

B F

1 Stadt in Picenum, heute Atri, nördl. von Pescara

2 Stadt an der Pomündung, heute Adria

Hadriānus¹ ⟨a, um⟩ ADJ zu Hadria gehörig, aus Hadria

Hadriānus² ⟨ī⟩ M Einwohner von Hadria

Hadriānus³ ⟨ī⟩ M *Publius Aelius Hadrianus, geb. 76 n. Chr., Kaiser 117-138 n. Chr.;* **villa Hadriani** Villa des Hadrian, *große Villenanlage, Ruinenfeld bei Tivoli;* **Mausoleum Hadriani** Mausoleum des Hadrian, *heute Engelsburg in Rom*

▶ **Hadrianus**

Publius Aelius Hadrianus (76 - 138 n. Chr.) folgte **Trajan**, der ihn adoptiert hatte, 117 n. Chr. auf dem römischen Kaiserthron. Er beendete die römische Expansionspolitik zugunsten einer Konsolidierungspolitik und bemühte sich um die Neustrukturierung des Reichs (Militär und Verwaltung) und die Sicherung der Grenzen.
In Britannien baute er das **vallum Hadriani** (Hadrian's Wall). Er unternahm häufig Reisen im Reich und ließ zahlreiche Bauten errichten (in Rom u. a. sein Mausoleum, die heutige Engelsburg). Mit Hadrian beginnt eine Periode der Beruhigung mit dem Ziel der Pax Augusta.

GESCHICHTE ◀

Hadrūmētum ⟨ī⟩ N = **Adrumetum**

haedilia ⟨ae⟩ F ||haedus|| Hor. Geißlein, Zicklein

haedillus ⟨ī⟩ M ||haedus|| Plaut. Böcklein, *Kosewort*

haedīnus ⟨a, um⟩ ADJ ||haedus|| von jungen Ziegenböcken

Haeduī ⟨ōrum⟩ M = **Aedui**

haedulus ⟨ī⟩ M ||haedus|| Iuv. Ziegenböckchen

haedus ⟨ī⟩ M Böckchen, junger Ziegenbock;

pl (nachkl.) fig zwei Sterne im Sternbild des Fuhrmanns, mit deren Aufgang im Oktober die Herbststürme beginnen

Haemonia ⟨ae⟩ F alter Name für Thessalien

Haemonis ⟨Haemonidis⟩ F Thessalierin

Haemonius ⟨a, um⟩ ADJ thessalisch; **iuvenis** ~ thessalischer Jüngling, = Iason; **puer/heros** ~ thessalischer Knabe/Held, = Achill; **artes Haemonii** Zauberkünste; **culter** ~ Zaubermesser *der Medea*; **puppis Haemonia** thessalisches Schiff, = Argo

Haemos, Haemus ⟨ī⟩ M Balkan *im N Thrakiens*

haerēre ⟨haereō, haesī, haesum 2.⟩

1 hängen bleiben

2 festsitzen, sich aufhalten

3 fest hängen

4 sich anhängen, ein Anhängsel sein

5 stehen bleiben

6 stocken, stecken bleiben

1 hängen bleiben, sitzen bleiben; **hasta haeret** die Lanze bleibt hängen; **hic terminus haeret** dieses Ziel steht fest; **in equo** ~ sattelfest sein; **in oculis** ~ immer vor Augen schweben; **in criminibus** ~ sich in Verbrechen verstricken; **in luto** ~ in der Tinte sitzen; **in poena** ~ endlich von der Strafe ereilt werden; **osculo alicuius** ~ an j-s Mund mit Küssen hängen; **haeret in alicuius mente** j-d hat den festen Glauben, +AcI

2 fig festsitzen, sich aufhalten

3 fig fest an *j-m/etw* hängen, an *etw* festhalten, *alicui/aliquo u. in re/alicui rei/re;* ~ **in eadem sententia** in derselben Meinung verharren; ~ **in tergo alicuius** j-m im Nacken sitzen; **alicui/lateri alicuius** ~ j-m nicht von der Seite weichen; **proposito** ~ eng mit der Handlung des Dramas zusammenhängen

4 fig sich anhängen, ein Anhängsel sein

5 fig wie gebannt od wie angewurzelt stehen bleiben; **lingua metu haeret** die Stimme stockt vor Angst; **animo** ~ staunen; **hic aqua haeret** hier hapert es

6 fig stecken bleiben; ratlos sein; **haereo, quid faciam** ich schwanke, was ich tun soll

haerēscere ⟨ēscō, -, - 3.⟩ ||haerere|| Lucr. hängen bleiben, stecken bleiben

haeresis ⟨haeresis u. haereseos⟩ F

1 Lehre, Dogma

2 Philosophenschule, Sekte

3 (spätl., eccl.) von der rechten Lehre abweichende Lehre, Irrlehre; Sekte

haereticus

A ⟨a, um⟩ ADJ (eccl.) ketzerisch

B ⟨ī⟩ M (eccl.) Irrlehrer, Ketzer

haesī → haerere
haesitābundus ⟨a, um⟩ ADJ ||haesitare|| *Plin.* verlegen stotternd
haesitantia ⟨ae⟩ F ||haesitare|| Stocken; **~ linguae** das Stottern
haesitāre ⟨ō, āvī, ātum 1.⟩ ||haerere||
  1 festsitzen, stecken bleiben, *auch fig*
  2 *fig* stottern
  3 *fig* unschlüssig sein, verlegen sein; **cum haesitaret Catilina** als Catilina nicht mit der Sprache heraus wollte; **~ de re** *(nachkl.)* über etw hin und her beraten
haesitātiō ⟨haesitātiōnis⟩ F ||haesitare|| Stocken *in der Rede; fig* Unentschlossenheit
haesitātor ⟨haesitātōris⟩ M ||haesitare|| *Phaedr.* Unentschlossener
haesus ⟨a, um⟩ PPP → haerere
hahae, hahahae INT *des Lachens Com.* haha!
halagora ⟨ās⟩ F *Plaut.* Salzmarkt
hālāre ⟨ō, āvī, ātum 1.⟩
  A VI hauchen; duften, *re* von etw
  B VT anhauchen, ausdünsten
halcēdō ⟨halcēdinis⟩ F = **alcedo**
halcyōn ⟨halcyonis⟩ F = **alcyon**
hālēc ⟨hālēcis⟩ N = **allec**
haliaeetos, haliaeetus, haliāetos, haliāetus ⟨ī⟩ M *(nachkl.) poet* Seeadler, Fischadler
Halicarnassēnsis ⟨Halicarnassēnse⟩ ADJ aus Halicarnassos, von Halicarnassos
Halicarnasseūs ⟨Halicarnasseī⟩ M Einwohner von Halicarnassos
Halicarnassius ⟨a, um⟩ ADJ aus Halicarnassos, von Halicarnassos
Halicarnassos, Halicarnassus, Halicarnāsus ⟨ī⟩ F dorische Siedlung u. Hafenstadt *an der Südwestspitze Kleinasiens, in der Landschaft Karien, heute Bodrum; Geburtsort Herodots u. des Dichters Kallimachos; Residenz des Tyrannen Mausolos, dessen um 350 v. Chr. in Halicarnassos erbautes Grabmal Vorbild u. Bezeichnung für diese Schöpfungen der Architektur wurde; das Mausoleum gehörte zu den Sieben Weltwundern*
halieutica ⟨halieuticōn⟩ N Lehrgedicht Ovids über das Fischfang
halieuticus ⟨a, um⟩ ADJ *(nachkl.)* zum Fischen gehörig
hālitus ⟨ūs⟩ M ||halare|| *(nachkl.) poet* Hauch; Dunst
hallēc, hallēx¹ ⟨hallēcis⟩ N → **allec**
hallex² ⟨hallicis⟩ M
  1 = **allex**¹
  2 *(nlat.)* MED die große Zehe
hallūc... = **aluc...**
hallux ⟨hallucis⟩ M = **hallex**² 2
halophanta ⟨ae⟩ M *Com.* Halunke, Gauner

halōs ⟨halō, *akk* halō⟩ M Hof *um Sonne od Mond*
halōsis ⟨*akk* halōsin⟩ F Eroberung
haltēres ⟨haltērum, *akk* haltērēras⟩ M *Mart.* Hanteln
Halys ⟨Halyos⟩ M größter Fluss Kleinasiens, heute Kisil-Irmak
hama ⟨ae⟩ F *(nachkl.) poet* Feuereimer
hamadryas ⟨hamadryadis, *dat pl* hamadryasin, *akk pl* hamadryadas⟩ F Baumnymphe, *die mit dem Baum lebt u. stirbt*
hāmātilis ⟨hāmātile⟩ ADJ *Plaut.* mit Angeln; **piscatus ~** das Angeln
hāmātus ⟨a, um⟩ ADJ
  1 *Ov.* mit Haken versehen; **hamata lorica** *(mlat.)* Kettenhemd; **sentis ~** stacheliger Dornenstrauch
  2 hakenförmig, gekrümmt
  3 *Plin. fig* eigennützig; **munera hamata** Köder
Hamilcar ⟨Hamilcaris⟩ M Hamilcar Barca(s), *Vater des Hannibal, karthagischer Heerführer, gest. 228 v. Chr.*
hāmiōta ⟨ae⟩ M ||hamus|| *(vkl.)* Angler
Hammōn ⟨Hammōnis⟩ M ägyptisch Amun, Gott *von Theben in Oberägypten, später widderköpfiger libyschägyptischer Orakelgott, von den Griechen als Zeus Ammon, von den Römern als Jupiter Hammon verehrt*
Hammōniī ⟨ōrum⟩ M Bewohner der Oase Hammonium
Hammōnium ⟨ī⟩ N Oase mit Heiligtum des Hammon, heute Schiwah
hāmulus ⟨ī⟩ M ||hamus|| *Plaut.* kleiner Haken, *(nachkl.)* als chirurgisches Instrument; **~ piscarius** Angel
hāmus ⟨ī⟩ M
  1 Haken; *Verg. pl* Ringelhaken des Kettenpanzers
  2 *poet* Widerhaken, Angelhaken; *Hor. meton* Köder
  3 *Ov.* gekrümmter Bügel des Schwertgriffs
  4 *Ov.* Krallen *des Habichts*
  5 *Ov.* Dorn, Stachel *eines Strauchs*
Hannibal ⟨Hannibalis⟩ M karthagischer Feldherr, 247–183 v. Chr.; **alter ~** ein zweiter Hannibal = ein Todfeind der Römer; **~ ad portas** Hannibal vor den Toren, *Schreckensruf im 2. Punischen Krieg, zitiert in größter Not*
hapalopsis ⟨hapalopsidis⟩ F *Plaut.* erdichteter Name eines Gewürzes
haphē ⟨haphēs⟩ F *Mart., Suet.* feiner Sand, *mit dem sich die Ringer bestreuten um besser zufassen zu können; Sen.* Staub
hapsis ⟨hapsīdis⟩ F = **absis**
hara ⟨ae⟩ F Stall, *bes* Schweinestall; *Plaut.* Schimpfwort
harēn... = **aren...**
hariola ⟨ae⟩ F ||hariolus|| *Plaut.* Wahrsagerin
hariolārī ⟨or, ātus sum 1.⟩ ||hariolus|| wahrsa-

Hannibal

Der karthagische Feldherr **Hannibal** (247-183 v. Chr.) nahm 219 v. Chr. Sagunt ein und löste damit den 2. Punischen Krieg aus. Im Kampf gegen die Römer überquerte er mit seinem Heer die Alpen und besiegte die Römer bei **Cannae** (216). Als **Scipio** Karthago bedrohte, kehrte Hannibal nach Afrika zurück, um dort weiterzukämpfen. In der Schlacht bei **Zama** (202 v. Chr.) unterlag er Scipio. Hannibal musste später aus Karthago fliehen, an seine Erfolge im 2. Punischen Krieg konnte er nicht mehr anknüpfen. Um einer Auslieferung an die Römer zu entgehen, beging er Selbstmord.
Hannibal gilt als der Feind Roms schlechthin. Bekannt ist sein Ausspruch:
Odi odioque sum Romanis.
Ich hasse die Römer und die Römer hassen mich.

GESCHICHTE

gen; *Com. pej* faseln
hariolātiō ⟨hariolātiōnis⟩ F ||hariolor|| (*vkl., nachkl.*) Wahrsagung
hariolus ⟨ī⟩ M Wahrsager
harispex ⟨harispicis⟩ M = **haruspex**
Harmodius ⟨ī⟩ M *einer der Mörder des Hipparch*; Tyrannenmörder
harmonia ⟨ae⟩ F
1. Einklang, Harmonie *in der Musik; Lucr.* Einklang *zwischen Seele u. Geist*
2. Sphärenharmonie
Harmonia ⟨ae⟩ F *Tochter des Ares u. der Aphrodite, Gattin des Kadmos; erhielt zur Hochzeit von den Göttern ein von Hephaistos gefertigtes Halsband, das jedem späteren Besitzer Verderben brachte*
harpa ⟨ae⟩ F (*spätl.*) Harfe
harpagāre ⟨ō, āvī, ātum 1.⟩ *Plaut.* rauben
harpagō ⟨harpagōnis⟩ M Hakenstange *zum Einreißen von Mauern*; Enterhaken; *Plaut.* Schimpfwort
harpastum ⟨ī⟩ N kleiner fester Fangball
harpax ⟨harpagis, *akk* harpaga⟩ ADJ räuberisch
harpē ⟨harpēs⟩ F (*nachkl.*) *poet* Sichelschwert
Harpocratēs ⟨Harpocratis⟩ M *aus Ägypten in Rom aufgenommene Gottheit, Genius des Schweigens*; **aliquem Harpocratem reddere** *Catul.* j-n zum Schweigen verpflichten
Harpȳïa ⟨ae⟩ F
1. Harpyie, *Menschen raubender Sturmdämon, Fabelwesen, halb Frau u. halb Vogel; pl gefräßige Ungeheuer, Verkörperung des alles dahinraffenden Hungers*
2. Hund des Aktaion (Actaeon)
Harūdēs ⟨um⟩ M *germ. Volk zwischen Neckar u. Bodensee*
hārunc *Com.* = **harum**; → **hic**[1]
harundi-fer ⟨harundifera, harundiferum⟩ ADJ ||harundo, ferre|| *Ov.* Schilf tragend
harundinētum ⟨ī⟩ N ||harundo|| (*vkl., nachkl.*) Röhricht
harundineus ⟨a, um⟩ ADJ ||harundo|| (*unkl.*) mit Schilf bewachsen; **silva harundinea** Röhricht; **carmen harundineum** Hirtenlied
harundinōsus ⟨a, um⟩ ADJ ||harundo|| *Catul.* schilfreich
harundō ⟨harundinis⟩ F (*unkl.*)
1. Schilfrohr, Bambus(rohr)
2. Rohrkranz
3. Rohrpfeife, Hirtenflöte, Schalmei
4. Pfeilschaft
5. Leimrute *zum Vogelfang*
6. Angelrute
7. Rohrbündel *als Vogelscheuche*
8. Steckenpferd
9. Kamm *des Webstuhls*
10. MED Schiene *des Chirurgen*
11. Schreibfeder; *fig* Stil
haru-spex ⟨haruspicis⟩ M ||specere|| Opferschauer, *der aus den Eingeweiden der Opfertiere weissagte*, Wahrsager
haruspica ⟨ae⟩ F ||haruspex|| *Plaut.* Opferschauerin, Wahrsagerin
haruspicīna ⟨ae⟩ F ||haruspicinus|| Opferschau
haruspicīnus ⟨a, um⟩ ADJ ||haruspex|| die Opferschau betreffend
haruspicium ⟨ī⟩ N ||haruspex|| (*nachkl.*) *poet* (Kunst der) Opferschau
Hasdrubal ⟨Hasdrubalis⟩ M
1. karthagischer Heerführer, Schwiegersohn des Hamilcar Barcas
2. karthagischer Heerführer, Bruder Hannibals, gefallen 207 v. Chr. am Metaurus
hasta ⟨ae⟩ F
1. Stange, Pfahl
2. Spieß, Speer, *mit Eisen beschlagene Wurfwaffe der Reiterei u. der Fußsoldaten*; **hastam abicere** die Lanze wegwerfen = aufgeben
3. ~ **pura** (*nachkl.*) *poet* Lanze ohne Eisenspitze, Auszeichnung für Tapferkeit
4. ~ **recurva** *Ov.* Haarpfeil *zum Ordnen des Haares der Braut*
5. Zepter *als Attribut von Göttern, Priestern u. Königen*
6. *meton* Auktion, *auch* Verpachtung *von Staatseinkünften*; ~ **Pompei** Versteigerung der Güter des Pompeius; **hastam ponere** eine Auktion abhalten; **sub hasta vendere/hastae subicere** versteigern; **ius hastae** Auktionsrecht; **ad hastam publicam accedere** an einer öffentlichen Versteigerung teilnehmen; **hastam centumviralem cogere** das Zentumviralgericht einbe-

hasta — Speer

rufen
7 *fig* männliches Glied
hastātus
A ⟨a, um⟩ ADJ ||hasta|| *Tac* mit einem Speer bewaffnet
B ⟨ī⟩ M (*nachkl.*) Speerträger, Lanzenreiter; *pl* Hastaten, Soldaten des ersten Gliedes; **primus ~** die erste Kompanie des ersten Gliedes, der Zenturio des ersten Manipels der Hastaten
hastīle ⟨hastīlis⟩ N ||hasta||
1 (*nachkl.*) Stange, Pfahl
2 Lanzenschaft, Schaft des Wurfspießes
3; Wurfspieß, Speer
4 *meton* Ast, Zweig; **myrtus densis hastilibus horrida** durch dichte Zweige struppige Myrte
hastilūdium ⟨ī⟩ N (*mlat.*) Turnier
hastula ⟨ae⟩ F Splitter, Span
Hatria ⟨ae⟩ F u. M = **Hadria**
hau[1] INT au
hau[2] (*altl. u. vor Kons.*), **haud** ADV nicht, nicht gerade, *verneint meist nur einen einzelnen Begriff, bes um diesen in sein Gegenteil zu verwandeln* (*Litotes*); **haud facile** sehr schwierig
haud-dum ADV (*nachkl.*) noch nicht *sowohl von der Gegenwart wie von der Vergangenheit*
haud-quāquam ADV keineswegs, durchaus nicht; **haudquaquam dubius** keineswegs zweifelhaft

haurīre ⟨hauriō, hausī, haustum 4.⟩

1 schöpfen, herausschöpfen
2 vergießen, ausströmen lassen
3 nehmen
4 heraufholen, (auf)sammeln
5 einsaugen
6 austrinken, leeren
7 verschlingen, in die Tiefe ziehen
8 genießen
9 verwunden, durchbohren
10 in sich aufnehmen, erfassen
11 vollenden

1 *Flüssigkeit* schöpfen, herausschöpfen, **aquam galeā** Wasser mit dem Helm
2 *Blut* vergießen, ausströmen lassen
3 *fig* nehmen, entlehnen; **sumptum ex aerario ~** Geld aus der Staatskasse nehmen; **terram ~** Erde aufwerfen; **aliquid ex vano ~** etw aus unsicherer Quelle nehmen
4 *poet* heraufholen, (auf)sammeln; **pulverem palmis ~** Staub mit Palmzweigen aufwedeln; **suspiratūs ~** tief aufseufzen
5 *Flüssigkeit* einsaugen, trinken; **vinum ~** Wein trinken; **lucem ~** *fig* das Tageslicht erblicken, geboren werden
6 *ein gefülltes Gefäß* austrinken, leeren
7 (*nachkl.*) *fig* verschlingen; *poet* verzehren; *passiv* versinken; **arbores in profundum ~** Bäume in der Tiefe versinken lassen; **provincias ~** Provinzen aussaugen
8 *Freude* genießen; *Schmerz* empfinden
9 (*nachkl.*) *poet Körperteile* verwunden, durchbohren; **pavor haurit corda** *fig* Angst peinigt die Herzen
10 *mit dem Geist od mit den Sinnen* in sich aufnehmen, erfassen; **strepitum ~** Lärm vernehmen; **aliquid cogitatione ~** etw gedanklich aufnehmen
11 (*nachkl.*) *poet* vollenden; **sol medium orbem hausit** die Sonne hat ihren halben Umlauf vollendet
hauscio = **haud scio** → **scire**
hausī → **haurire**
haustrum ⟨ī⟩ N ||haurire|| *Lucr.* Schöpfrad
haustus[1] ⟨a, um⟩ PPP → **haurire**
haustus[2] ⟨haustūs⟩ M ||haurire||
1 Schöpfen, Wasserschöpfen
2 JUR Schöpfrecht, Recht der Quellenbenutzung
3 *meton* Geschöpftes; **~ aquarum** geschöpftes Wasser
4 *fig* das Einatmen, **caeli** von Luft
5 (*nachkl.*) *poet* Trinken, Schluck
haut ADV = **haud**
haut... = **haud...**
havē INT = **ave**
havēre[1] ⟨eō, -, -, 2.⟩ = **avere**[1]
havēre[2] ⟨eo, -, -, 2.⟩ = **avere**[2]
Heautontīmōrūmenos ⟨ī⟩ M Der Selbstpeiniger, *Titel einer Komödie des Terenz*
hebdomada ⟨ae⟩ F (*mlat.*) Woche
hebdomas ⟨hebdomadis, *akk* hebdomada⟩ F Anzahl von sieben Tagen; der siebte Tag *bei Krankheiten;* **quarta ~** der achtundzwanzigste Tag
Hēbē ⟨Hēbēs⟩ F MYTH *griech.* Göttin der Jugend, Tochter der Hera, Gattin des Herkules; *lat.* = **Iuventa**
heben... = **eben...**

hebēre ⟨eō, -, - 2.⟩ ||hebes|| (nachkl.) poet stumpf sein; fig träge sein; **sanguis hebet** das Blut stockt

hebes ⟨hebetis⟩ ADJ
① stumpf, abgestumpft
② fig von Sinnen, Empfinden, Geisteskräften schwach; allg. von Personen u. Sachen träge; **os ~** appetitloser Mund; **dolor ~** kalte Teilnahme; **rhetorica ~** oberflächliche Redekunst
③ fig stumpfsinnig, dumm; **~ in suo negotio** dumm in seinem Geschäft

hebēscere ⟨ēscō, -, - 3.⟩ ||hebere|| stumpf werden; fig erlahmen; **sidera hebescunt** die Sterne verblassen

hebetāre ⟨ō, āvī, ātum 1.⟩ ||hebes|| (nachkl.) poet stumpf machen; fig abstumpfen, schwächen; **sidera ~** die Gestirne verdunkeln

hebetātiō ⟨hebetātiōnis⟩ F ||hebetare|| (nachkl.) Abstumpfung

Hebraeus ⟨a, um⟩ ADJ (vkl.) hebräisch, jüdisch

Hebrus ⟨ī⟩ M
① Hauptfluss Thrakiens, heute Maritza, entspringt im Rilagebirge u. mündet s. von Hadrianopel in die Ägäis
② meton Thrakien

Hecabē ⟨Hecabēs⟩ F = **Hecuba**

Hecata ⟨ae⟩ F, **Hecatē** ⟨Hecatēs⟩ F MYTH alte unterirdische dreigestaltige Göttin der Jagd, der Wege u. der Zauberei, teils mit Artemis/Diana, teils mit Persephone/Proserpina gleichgesetzt

Hecatēis ⟨Hecatēidis u. Hecatēidos⟩ ADJ, **Hecatēius** ⟨a, um⟩ ADJ zur Hekate gehörig; **carmina Hecateia** Zaubersprüche

hecatombē ⟨hecatombēs, akk hecatombēn⟩ F (unkl.) Opfer von 100 Rindern; großes öffentliches Opfer; große Zahl von Opfern

Hector ⟨Hectoris⟩ M Sohn des Priamus u. der Hekabe (Hecuba), Gatte der Andromache, Held von Troja, von Achill im Zweikampf getötet

Hectoreus ⟨a, um⟩ ADJ des Hektor; Verg. troisch

Hecuba ⟨ae⟩ F Gattin des Priamus, Mutter von 19 Söhnen, darunter Hektor u. Paris, nach dem Fall Trojas Sklavin des Odysseus; Mart. alte garstige Frau

Hecyra ⟨ae⟩ F Die Schwiegermutter, Titel einer Komödie des Terenz

hedera ⟨ae⟩ F Efeu; pl Efeuranken, dem Bacchus heilig, auch dem Apollo u. den Musen geweiht

hederi-ger ⟨hederigera, hederigerum⟩ ADJ ||hedera, gerere|| Catul. Efeu tragend

hederōsus ⟨a, um⟩ ADJ ||hedera|| Prop. reich an Efeu

hēdychrum ⟨ī⟩ N Balsam, Parfüm

hēī INT = **ei**

hēīa INT = **eia**

hēīc ADV (altl.) = **hic**²

hēiul... = **eiul...**

helciārius ⟨ī⟩ M Mart. Treidler, Gespann, das Schiffe flussaufwärts zog

Helena ⟨ae⟩ F, **Helenē** ⟨Helenēs⟩ F MYTH Tochter des Zeus u. der Leda, Gattin des Menelaos, von Paris nach Troja entführt, was dem Mythos nach der Anlass zum Trojanischen Krieg wurde

▶ **Helena**

Helena, die Tochter von **Zeus** und **Leda**, galt als die schönste Frau ihrer Zeit. Obwohl sie die Ehefrau des **Menelaos** war, wurde sie von **Aphrodite** dem **Paris** versprochen als Belohnung dafür, dass er diese vor Athene und Iuno zur schönsten Göttin erklärt hatte. Paris entführte Helena nach Troja, was dem Mythos nach der Anlass zum Trojanischen Krieg wurde.

◀ MYTHOLOGIE

Hēliades ⟨Hēliadum⟩ F MYTH die drei Töchter des Helios/Sol, Schwestern des Phaeton, ihre Tränen wurden in Bernstein verwandelt, sie selbst in Pappeln; **lacrimae Heliadum** Bernstein; **nemus Heliadum** Pappelhain

helica ⟨ae⟩ F Gewinde des Schneckenhauses

Helicē ⟨Helicēs⟩ F der Große Bär; Sen. meton Norden

Helicōn ⟨Helicōnis⟩ M MYTH Bergzug in Böotien, den Musen heilig; Ov. meton Dichtkunst

Helicōniades ⟨Helicōniadum⟩ F die Musen

Helicōnius ⟨a, um⟩ ADJ des Helikon, vom Helikon

hēliocamīnus ⟨ī⟩ M (nachkl.) Zimmer zur Sonnenseite

Hēliopolis ⟨Hēliopolis⟩ F
① Stadt in Ägypten, geringe Reste n von Kairo
② Stadt in Coelesyrien, heute Baalbek, n von Damaskus, mit zahlreichen Ruinen

hēliotropium ⟨ī⟩ N (spätl.)
① Sonnenwendblume, Heliotrop, Blume, die sich ständig zur Sonne wendet
② Bandjaspis, Halbedelstein

Hellānicus ⟨ī⟩ M Prosaschriftsteller aus Mytilene auf Lesbos, um 450 v. Chr.

Hellas ⟨Hellados u. Helladis⟩ F der klassische u. seit 1833 wieder übliche Name für Griechenland

Hellē ⟨Hellēs⟩ F MYTH Tochter des Athamas u. der Nephele, floh mit ihrem Bruder Phrixos auf einem Widder mit goldenem Vlies (Fell) vor ihrer Stiefmutter Ino u. ertrank in einer Meerenge, die nach ihr „Hellespont" genannt wurde

helleborōsus ⟨a, um⟩ ADJ ||helleborus|| der viel Nieswurz braucht, nicht ganz bei Verstand

helleborum ⟨ī⟩ N̄, **helleborus** ⟨ī⟩ M̄ Nieswurz, *Hahnenfußgewächs, im Altertum Heilmittel gegen Epilepsie u. Geisteskrankheit, Brechmittel*

Hellēspontiacus ⟨a, um⟩ ADJ ||Hellespontus|| des Hellespont

Hellēspontius
Ⓐ ⟨a, um⟩ ADJ ||Hellespontus|| des Hellespont
Ⓑ ⟨ī⟩ M̄ Anwohner des Hellespont

Hellēspontus ⟨ī⟩ M̄ Hellespont, *heute Dardanellen*; → **Helle**

helluārī ⟨or, ātus sum 1.⟩ ||helluo|| schlemmen, prassen, *absolut u. re* in etw

helluātiō ⟨helluātiōnis⟩ F̄ ||helluari|| Schlemmerei

helluō ⟨helluōnis⟩ M̄ Schlemmer, Prasser

helops ⟨helopis⟩ M̄ *eine Art Stör*

Hēlōtae ⟨ārum⟩ M̄ = **Hilotae**

helu... = **hellu...**

helvella ⟨ae⟩ F̄ Küchenkraut, Grünzeug

Helvēticus ⟨a, um⟩ ADJ ||Helvetii|| helvetisch

Helvētiī ⟨ōrum⟩ M̄ die Helvetier, *kelt. Volk in der heutigen Schweiz*

Helvētius ⟨a, um⟩ ADJ helvetisch

Helviī ⟨ōrum⟩ M̄ Stamm in der Provinz Gallien, *am rechten Rhôneufer*

Helvius ⟨a, um⟩ *Name einer pleb. gens*

hem INT hm!, ei!, o!

hēmerodromus ⟨ī⟩ M̄ (*nachkl.*) Eilbote, Kurier

hēmicillus ⟨ī⟩ M̄ Halbesel, *Schimpfwort*

hēmicrānia ⟨ae⟩ F̄ (*nachkl.*) halbseitiger Kopfschmerz, Migräne

hēmicyclium ⟨ī⟩ N̄
Ⓐ (*nachkl.*) Halbkreis
Ⓑ (halbrunder) Lehnsessel; (*nachkl.*) (halbrunde) Gartenbank

hēmīna ⟨ae⟩ F̄ (*unkl.*) Becher, halber Sextariusl, *Hohlmaß von ca. 0,25 l*

hēmīnārium ⟨ī⟩ N̄ ||hemina|| *Quint.* Geschenk vom Maß einer hemina

hēmistichium ⟨ī⟩ N̄ (*nachkl.*) Halbvers

hēmitritaeos, hēmitritaeus
Ⓐ ⟨ī⟩ M̄ (2 1/2 Tage dauerndes) Wechselfieber
Ⓑ ⟨a, um⟩ ADJ am Wechselfieber leidend

hendecasyllabus ⟨ī⟩ M̄ (*nachkl.*) *poet* elfsilbiger Vers

Henetī ⟨ōrum⟩ M̄ = **Veneti**

Henna ⟨ae⟩ F̄ alte Stadt im Zentrum Siziliens, *wichtiger Kultort der Demeter/Ceres, heute Enna*

Hennaeus ⟨a, um⟩ ADJ aus Henna, von Henna

Hennēnsēs ⟨ium⟩ M̄ die Einwohner von Henna

Hennēnsis ⟨Hennēnse⟩ ADJ aus Henna, von Henna

hēpatiārius ⟨a, um⟩ ADJ *Plaut.* die Leber betreffend

heptēris ⟨heptēris⟩ F̄ (*nachkl.*) Siebenruderer, Siebendecker

hera ⟨ae⟩ F̄ = **era**

Hēraclēa ⟨ae⟩ F̄ *Name von ca. zehn antiken Städten*
Ⓐ Hafenstadt in Unteritalien, heute Policoro
Ⓑ ~ **Minoa** auf Sizilien bei Agrigent, heute Ereclea Minoa
Ⓒ ~ **Pontica** am Schwarzen Meer, heute Ereglia
Ⓓ ~ **Trachinia** w. der Thermopylen, geringe Reste
Ⓔ ~ **Sintica** am Strymon, Ruinen bei Nigrita

Hēracleēnsis ⟨Hēracleēnse⟩ ADJ aus Heraclea, von Heraclea

Hēracleēnsis ⟨Hēracleēnsis⟩ M̄ Einwohner von Heraclea

Hēracleōtēs ⟨ae⟩ ADJ aus Heraclea, von Heraclea

Hēracleōtēs ⟨ae⟩ M̄ Einwohner von Heraclea

Hēraclīa ⟨ae⟩ F̄ = **Heraclea**

Hēraclīdēs ⟨Hēraclīdae⟩ M̄ aus Heraclea Pontica, *griech. Philos. um 340 v. Chr., Schüler des Plato u. des Aristoteles, Vorbild Ciceros*

Hēraclītus ⟨ī⟩ M̄ aus Ephesus, *Philos. der Ionischen Schule, um 500 v. Chr.*

Hēraea ⟨ōrum⟩ N̄ Fest der Hera

herba ⟨ae⟩ F̄
Ⓐ Halm, Stängel
Ⓑ *sg u. pl* junges Gras, Rasen; *pl* Graswiede
Ⓒ *sg u. pl* junge Saat; **frumenta in herbis sunt** das Getreide steht (schon) auf dem Halm
Ⓓ Kraut, Pflanze; **vulnus herbis curare** die Wunde mit Kräutern behandeln
Ⓔ (*nachkl.*) *poet* Unkraut
Ⓕ (*nachkl.*) *poet* Zauberkraut; **herbae Hecataeae** Zauberkräuter

herbārium ⟨ī⟩ N̄ ||herbarius|| Pflanzenbuch,; (*nlat.*) Sammlung (gepresster) getrockneter Pflanzen

herbārius
Ⓐ ⟨a, um⟩ ADJ ||herba|| Kräuter...
Ⓑ ⟨ī⟩ M̄ Botaniker

herbēscere ⟨ēscō, -, - 3.⟩ ||herba|| Halme treiben, hervorsprießen

herbeus ⟨a, um⟩ ADJ ||herba|| *Plaut.* grasgrün; grün unterlaufen

herbidus ⟨a, um⟩ ADJ ||herba|| (*unkl.*) grasreich, Gras...

herbi-fer ⟨fera, ferum⟩ ADJ ||herba, ferre|| (*nachkl.*) *poet* grasreich, kräuterreich

herbi-gradus ⟨a, um⟩ ADJ ||herba, gradi|| *poet* im Gras sich bewegend, im Gras kriechend, *von der Schnecke*

herbōsus ⟨a, um⟩ ADJ ||herba|| (*vkl., nachkl.*) grasreich, kräuterreich

herbula ⟨ae⟩ F̄ ||herba|| Kräutlein, Pflänzchen

hercēus ⟨a, um⟩ ADJ (nachkl.) poet zum Vorhof gehörig; **Iuppiter ~** der Haus und Hof beschützende Jupiter, *Beiname des Jupiter*

herciscere ⟨īscō, -, - 3.⟩ das Erbe verteilen; **herciscunda familia** Aufteilung des Familienerbes

hercius ⟨a, um⟩ ADJ = **herceus**

hercle → **Hercules**

herctum ⟨ī⟩ N Teilung des Erbes; **herctum ciere** das Erbe teilen

Herculānēnsis ⟨Herculānēnse⟩ ADJ aus Herculaneum, von Herculaneum; *subst* **in Herculānēnsī** im Gebiet von Herculaneum

Herculāneum ⟨ī⟩ N Stadt in Kampanien, 79 n. Chr. durch den Ausbruch des Vesuv von Schlamm begraben, bedeutende Fundstelle für Zeugnisse antiken Lebens

▶ **Herculaneum**

Die ursprünglich griechische Siedlung **Herculaneum** (heute Ercolano), am Golf von Neapel gelegen, entwickelte sich zu einem eleganten „Ferienort" der römischen Patrizier. 79 n. Chr. wurde Herculaneum zusammen mit **Pompeii** und **Stabiae** bei einem Vesuvausbruch zerstört, der die Stadt unter Lava und Asche begrub. Der Ort wurde zu Beginn des 18. Jahrhunderts wiederentdeckt. Die Grabungen förderten die Anlage der antiken Stadt und zahlreiche Bauten mit ihren Wandmalereien, Mosaiken, Skulpturen und Hausrat zutage.

RÖMISCHES LEBEN

Herculāneus ⟨a, um⟩ ADJ aus Herculaneum, von Herculaneum

Herculēs ⟨Herculis *u.* Herculī⟩ M MYTH Herkules, Herakles, *Sohn des Zeus u. der Alkmene (Alcmena), der Gattin des Amphytrion; berühmtester Held der griech. Mythologie, Ideal der männlichen Kraft u. Tugend*; **hercle** *u.* **mehercle** beim Herkules!, wahrhaftig!, *nur von Männern gebrauchte Beteuerungsformel*

Herculeus ⟨a, um⟩ ADJ des Herkules; **urbs Herculea** von Herkules erbaute Stadt, *Herculaneum in Kampanien*

Hercynia silva F Gesamtheit der Mittelgebirge vom Rhein bis zu den Karpaten

here ADV = **heri**

hērēditārius ⟨a, um⟩ ADJ ||hereditas||
1 erbschaftlich, Erbschafts...
2 erblich, ererbt, *auch fig*; **cognomen hereditarium** ererbter Beiname

hērēditās ⟨hērēditātis⟩ F ||heres||
1 *abstr.* Erben
2 *konkr.* Erbe; **hereditatem adire/cernere** ein Erbe antreten; **~ sine sacris** *Plaut.* Vorteil ohne Mühe

hērēdium ⟨ī⟩ N ||heres|| (vkl., nachkl.) Erbgut

Herennius ⟨a, um⟩ röm. Gentilname; **Auctor ad Herrenium** anonymer Verfasser eines unter den Werken Ciceros überlieferten Lehrbuchs der Rhetorik, das einem Herennius gewidmet ist, entstanden ca. 85 v. Chr.

hērēs ⟨hērēdis⟩ M u. F
1 Erbe, Erbin; **heredem aliquem facere/scribere/testamento instituere** j-n zum Erben einsetzen; **~ ex asse** Universalerbe; **~ ex dimidia parte** Erbe zur Hälfte; **~ ex dodrante** Dreiviertelerbe
2 *fig* Nachfolger
3 *Plaut. hum* Besitzer, Herr
4 *poet* Nachwuchs; **geminus ~** zwei Nachwachsende, *von den Köpfen der Hydra*

herī ADV gestern; (nachkl.) poet neulich

heri-fuga ⟨ae⟩ F = **erifuga**

herīlis ⟨herīle⟩ ADJ = **erilis**

Hermae ⟨ārum⟩ F die Hermen, *dem Götterboten u. Beschützer der Wege Hermes geweihte viereckige Pfeiler in den griech. Städten auf den Straßen u. auf Plätzen*

Hermaeum ⟨ī⟩ N
1 Pavillon im kaiserlichen Garten
2 Küstenort in Böotien gegenüber Euböa

Hermagorās ⟨ae⟩ M griech. Rhetor in Rom, 1. Jh. v. Chr., Begründer eines besonderen rhetorischen Systems

Hermagorēī ⟨ōrum⟩ M die Schüler des Hermagoras

Hermaphrodītus ⟨ī⟩ M Sohn des Hermes u. der Aphrodite, der mit der Quellnymphe Salmakis zu einem einzigen Leib verwuchs (Mannfrau); Zwitter

Herm-athēna ⟨ae⟩ F Doppelbüste von Hermes u. Athene

Hermēraclēs ⟨Hermēraclis⟩ M Doppelbüste von Hermes u. Herakles/Herkules

Hermēs ⟨Hermae⟩ M SG von **Hermae**

Herminōnēs ⟨Herminōnum⟩ M einer der drei germ. Urstämme, an der mittleren Elbe

Hermionē ⟨Hermionēs⟩ F
1 Tochter des Menelaos u. der Helena
2 Küstenstadt im S von Argolis, heute Kastri

Hermionicus ⟨a, um⟩ ADJ aus Hermione, von Hermione

Hermundūrī ⟨ōrum⟩ M germ. Volk im Gebiet von Franken u. Thüringen

Hermus ⟨ī⟩ M Gold führender Fluss im W Kleinasiens

hernia ⟨ae⟩ F (nachkl.) poet Nabelbruch, Leistenbruch

Hernicī ⟨ōrum⟩ M Stamm im mittleren Latium, Hauptstadt Anagnia an der via Latina

Hernicus ⟨a, um⟩ ADJ zu den Hernici gehörig

herniōsus ⟨a, um⟩ ADJ ||hernia|| (nachkl.) poet an einem Bruch leidend

Hērō ⟨Hērūs⟩ F Priesterin der Aphrodite in Sestos am Westufer des Hellespont, Geliebte des Leander von Abydos

Hercules

Herkules, der Sohn von **Zeus** und der Alkmene (**Alcmena**), war der berühmteste Held der griechischen Mythologie. Im Dienst seines Bruders musste er zwölf Heldentaten vollbringen. Aus Eifersucht schickte seine Frau **Deianira** ihm ein Hemd, das mit dem Blut des **Nessus** vergiftet war. Von Schmerzen gequält, verbrannte sich Herkules auf dem Berg **Oeta** und stieg als Gott in den Olymp auf. Herkules galt als das Ideal der männlichen Kraft und Tugend.

MYTHOLOGIE

hērōa ⟨ōrum⟩ N̄ ||herous|| epische Gedichte
Hērōdēs ⟨Hērōdis⟩ M̄ *Name mehrerer jüdischer Fürsten, bes Herodes der Große, König von Judäa 37–4 v. Chr.*
Hērodotus ⟨ī⟩ M̄ *aus Halikarnass, um 484–424 v. Chr., „Vater" der griech. Geschichtsschreibung*
hērōicus ⟨a, um⟩ ADJ
■ heroisch, mythisch
■ (nachkl.) *meton* episch; **tempora heroica** Zeiten der Sage
hērōīnē ⟨hērōīnēs, *nom pl* hērōīnae⟩ F̄, **hērōis** ⟨hērōidis⟩ F̄ Halbgöttin, Heroine; **Heroi-**

des Heroinenbriefe Ovids
hērōs ⟨hērōis⟩ M̄ Heros, Halbgott; *fig* Held
hērōus
A ⟨a, um⟩ ADJ
■ = **heroicus**
■ episch; **versus ~** daktylischer Hexameter
B ⟨ī⟩ M̄ epischer Vers, Hexameter
hērūca ⟨ae⟩ F̄ = **eruca**
herus ⟨ī⟩ M̄ = **erus**
Hēsiodēus, Hēsiodīus ⟨a, um⟩ ADJ ||Hesiodus|| des Hesiod
Hēsiodus ⟨ī⟩ M̄ *epischer Dichter aus Askra in Böotien, um 700 v. Chr.*
Hēsiona ⟨ae⟩ F̄, **Hēsionē** ⟨Hēsionēs⟩ F̄ *Tochter des Troerkönigs Laomedon, Gattin des Telamon*
Hesperia ⟨ae⟩ F̄ ||Hesperus|| Abendland
Hesperides ⟨Hesperidum⟩ F̄ die Hesperiden, *Töchter der Nacht, die auf einer Insel des Okeanos (Oceanus) den Baum mit den goldenen Äpfeln bewachen*
Hesperis ⟨Hesperidis⟩ ADJ F̄, **Hesperius** ⟨a, um⟩ ADJ abendlich, abendländisch, westlich
Hesperos, Hesperus ⟨ī⟩ M̄ Abendstern
hesternus ⟨a, um⟩ ADJ ||heri|| gestrig, von gestern; **hesterno (die)** gestern
hetaeria ⟨ae⟩ F̄ (*nachkl.*) Geheimbund, Verein
hetaericē ⟨hetaericēs⟩ F̄ *Nep.* Garde zu Pferd
heu INT = **eheu**
heureta, heuretēs ⟨hereutae⟩ M̄ *Plaut.* Erfinder
heūs INT he!, heda!, Zuruf
hexaclīnon ⟨ī⟩ N̄ *Mart.* sechssitziges Sofa
hexameter
A ⟨hexametra, hexametrum⟩ ADJ METR sechsfüßig
B ⟨hexametrī⟩ M̄ (*nachkl.*) METR daktylischer Hexameter
hexaphoron ⟨ī⟩ N̄ *Mart.* von sechs Mann getragene Sänfte
hexapylon ⟨ī⟩ N̄ *Liv.* Tor mit sechs Durchlässen
hexēris ⟨hexēris⟩ F̄ *Liv.* Sechsruderer, Sechsdecker
hiāre ⟨ō, āvī, ātum 1.⟩
A V̄ī
■ offen stehen, klaffen
■ (*nachkl.*) *von Menschen u. Tieren* den Mund öffnen, den Rachen aufsperren
■ *poet vor Staunen* gaffen, staunen, **ad aliquid** über etw
■ schnappen, gierig trachten, **aliquid** nach etw
■ *von der Rede* zusammenhangslos sein; *Quint.* bes den Hiat zulassen
B V̄t mit geöffnetem Mund hervorbringen, herausschreien; **carmen ~** ein Lied zart ertönen lassen

hiātus ⟨hiātūs⟩ M ||hiare||
1 Öffnung, Kluft, Schlund
2 geöffneter Mund; *poet* Rachen *von Tieren*
3 *meton* RHET Hiat, Zusammentreffen zweier Vokale
4 *meton* pomphafte Ankündigung, Aufschneiderei
5 *(nachkl.) meton* das Schnappen, Gier, *alicuius rei* nach etw

Hibēr ⟨Hibēris⟩ M Iberer

Hibēria ⟨ae⟩ F *(nachkl.)*
1 Land der Iberer, *der Anwohner des Hiberus*
2 *Landschaft s. des Kaukasus, heute Georgien*

Hibēricus ⟨a, um⟩ ADJ iberisch; spanisch

hīberna ⟨ōrum⟩ N ||hibernus|| Winterlager; *poet* Winterzeit; **hibernis peractis** nach dem Winter

hībernāculum ⟨ī⟩ N ||hibernare|| *(nachkl.)* Winterzelt; *pl* Winterlager; = **hiberna**

hībernāre ⟨ō, āvī, ātum 1.⟩ ||hibernus|| überwintern; in Winterquartieren liegen

Hibernia ⟨ae⟩ F Irland

hibernum¹ ADV ||hibernus|| Plaut. heftig

hibernum² ⟨ī⟩ N ||hibernus|| Plaut. Sturm

hībernus ⟨a, um⟩ ADJ
1 winterlich, Winter...; **annus ~** Winterzeit; **legio hiberna** Legion, die in den Winterquartieren liegt
2 *poet* stürmisch, rau

Hibērus¹
A ⟨a, um⟩ ADJ ||Hiberia 1.|| iberisch; spanisch; **~ piscis** Makrele
B ⟨ī⟩ M Iberer; = **Hiber**

Hibērus² ⟨ī⟩ M Einwohner von Hiberia; → **Hiberia 2**

Hibērus³ ⟨ī⟩ M Ebro

hibiscum ⟨ī⟩ N, **hibiscus** ⟨ī⟩ F Hibiscus, *eine Malvenart*

hīc¹ ⟨haec, hoc⟩ DEM PR, *adj u. subst*
1 *örtl.* dieser, diese, dieses; hier anwesend, mein, unser, *das heißt dem Sprechenden in Raum, Zeit od Vorstellung am nächsten*; **~ locus** diese Stelle, wo ich bin; **~ M. Antonius** der hier anwesende M. Antonius; **per hanc dextram** bei meiner Rechten; **haec** die Zustände unseres Staates, Weltall
2 *zeitl.* jetzig, heutig; **~ dies** dieser heutige Tag; **hoc triduo** in den letzten drei Tagen; **haec** die jetzigen Zustände
3 der in der Rede stehende, der vorliegende
4 *bei Subst. statt des Gen*; **~ dolor** der Schmerz darüber; **~ timor** die Furcht davor
5 **~ ... ille** der eine ... der andere, dieser ... jener, der Letztere ... der Erstere; *aber*: **cave Catoni anteponas Socratem; huius enim facta, illius dicta laudantur** stelle nicht Sokrates über Cato; gerühmt werden die Taten des Ersteren (= Cato) und die Worte des Letzteren (= Sokrates)
6 zurückweisend dieser; **hi Catilinae proximi familiaresque sunt** diese sind Catilinas Verwandte und Freunde
7 *vorausweisend* folgender; **eius belli causa haec fuit** die Ursache dieses Krieges war folgende
8 ein solcher; **ne fueris ~ tu** werde du nicht ein solcher
9 **hoc** *nom u. akk* (nur) so viel; **hoc constat** so viel steht fest; **hoc honoris** dieser Grad der Ehre; **hoc terrae** dieses Stück Land; **hoc ad te litteram dedi** diesen Wisch von einem Brief habe ich dir geschickt; **quid hoc hominis est** was ist das für ein Mensch; **hoc commodi est, quod** das Gute dabei ist, dass; **hoc noctis** zu dieser Nachtzeit
10 **hoc est** das heißt; **honor amplissimus, hoc est consulatus** das mächtigste Amt, das heißt das Konsulat
11 **hōc** *n abl* desto, umso; **hoc maior** umso größer; **quo ... hoc** je ... desto
12 **hōc** *n abl* dadurch; deshalb, deswegen, *quod*
13 **hōc** = **huc**
14 *(mlat.)* der, die, das
15 *(mlat.)* irdisch
16 **haec et haec** *(mlat.)* alles Mögliche
17 **ad hoc** *(mlat.)* (eigens) zu diesem Zweck

hīc² ADV ||hic¹||
1 *örtl.* hier, an dieser Stelle, *wo der Sprecher sich befindet*; **~ ... illic/~ ... ~** hier ... dort, an einem Ort ... an einem anderen Ort
2 *zeitl.* jetzt, hierauf; **~ illi flentes rogare coeperunt** hierauf begannen jene weinend zu bitten
3 *fig* hierbei, und doch
4 *(mlat.)* auf Erden

⚠ **Hic Rhodus, hic salta!** Hier ist Rhodos, hier spring! = Zeige hier an Ort und Stelle, was du kannst!

hīce ⟨haece, hōce⟩ DEM PR, verstärktes → **hic**¹

Hicetās ⟨ae⟩ M Pythagoreer aus Syrakus, soll als Erster die Kreisbewegung der Erde erkannt haben

hīcine ⟨haecine, hōcine⟩ Interrogpr., verstärkt fragend = **hic**¹ +**ne**⁴

hiemālis ⟨hiemāle⟩ ADJ ||hiems|| Winter...; stürmisch; **vis ~** Winterkälte

hiemāre ⟨ō, āvī, ātum 1.⟩ ||hiems||
1 *(unkl.) poet* überwintern; MIL in die Winterquartiere ziehen
2 *(nachkl.) poet* stürmen; **mare hiemat** das Meer stürmt

Hiempsal ⟨Hiempsalis⟩ M numidischer Königsname

1 Sohn des Micipsa, Enkel des Masinissa
2 Freund des Pompeius
hiems ⟨hiemis⟩ F
1 Winter
2 *meton* Kälte, Frost; **~ amoris mutati** das Erkalten der Liebe
3 *synekd* Jahr; **plures hiemes** mehrere Jahre
4 Unwetter, Sturm
Hierō(n) ⟨Hierōnis⟩ M syrakusanischer Königsname
1 ~ **I.** 477–466 v. Chr., Förderer der griech. Dichter Pindar, Simonides u. Aischylos
2 ~ **II.** 269–214 v. Chr., im 2. Punischen Krieg erst Gegner, dann Verbündeter der Römer
hieronīcae ⟨ārum⟩ M *Suet.* die Sieger in heiligen Festspielen
Hierōnicus ⟨a, um⟩ ADJ des Hieron
Hierosolyma ⟨ōrum *n u.* ae⟩ F Jerusalem, Hauptstadt Judäas, 70 n. Chr. von Kaiser Titus erobert u. zerstört
Hierosolymārius ⟨a, um⟩ ADJ aus Jerusalem, von Jerusalem; *Spottname für Pompeius*: Held von Jerusalem
Hierosolymitānus ⟨a, um⟩ ADJ aus Jerusalem, von Jerusalem
hietāre ⟨ō, -, - 1.⟩ ||hiare|| *Com.* den Mund aufsperren, gähnen, gaffen
hilarāre ⟨ō, āvī, ātum 1.⟩ ||hilaris|| erheitern, aufheitern, **convivas** die Gäste
hilaris ⟨hilare, *adv* hilariter⟩ ADJ = **hilarus**
hilaritās ⟨hilaritātis⟩ F, **hilaritūdō** ⟨hilaritūdinis⟩ F ||hilaris|| *Plaut.* Heiterkeit, Fröhlichkeit
hilarulus ⟨a, um⟩ ADJ ||hilaris|| recht heiter
hilarus ⟨a, um, *adv* hilarē⟩ ADJ heiter, fröhlich; **homo ~** fröhlicher Mensch; **vultus ~** fröhliche Miene; **hilare vivere** fröhlich leben
hīlla ⟨ae⟩ F ||hira|| (*unkl.*) *meist* PL Eingeweide; *meton* Würstchen
Hīlōtae ⟨ārum⟩ M Heloten, Leibeigene, spartanische Staatssklaven
hīlum ⟨ī⟩ N (*nachkl.*) Fäserchen, *meist* +Negation; *fig* etw Geringes; **non ~** nicht das Geringste
Hilur... = **Illyr...**
Hīmera ⟨ae⟩
A M Name zweier Flüsse auf Sizilien, heute Fiume Grande u. Fiume Salso, galten im Altertum als Mittellinie von Sizilien.
B F *auch* **Hīmera** ⟨ōrum⟩ nördlich Stadt an der Nordküste Siziliens, von den Karthagern 409 v. Chr. zerstört, Reste bei Termini Imarese, ö. von Palermo
hinc ADV ||hic¹||
1 *örtl.* von hier; hier; **~ incipiam** hier will ich beginnen
2 *zeitl.* von jetzt an, dann
3 *fig* infolgedessen, daher

hinnīre ⟨iō, iī/īvī, - 4.⟩ (*nachkl.*) *poet* wiehern
hinnītus ⟨hinnītūs⟩ M ||hinnire|| Wiehern
hinnuleus ⟨ī⟩ M (*unkl.*)
1 Mauleselfüllen
2 *männliches* Hirschkalb, junger Rehbock
hinnulus ⟨ī⟩ M ||hinnus|| (*vkl., nachkl.*) junger Maulesel
hinnus ⟨ī⟩ M (*unkl.*) Maulesel
hīnuleus ⟨ī⟩ M = **hinnuleus**
hippagōgoē ⟨hippagōgōn, *akk* hippagōgūs⟩ F *Liv.* Pferdetransportschiffe
Hipparchus ⟨ī⟩ M
1 Sohn des Peisistratos (Pisistratus), zusammen mit seinem Bruder Hippias Herrscher von Athen, 514 v. Chr. ermordet
2 Mathematiker u. Astronom aus Nicäa, um 160 v. Chr.
Hippō ⟨Hippōnis⟩ M Name mehrerer Städte
1 ~ **Regius** Handelsstadt an der Küste Numidiens, zeitweise Residenz der Könige von Numidien, seit 259 n. Chr. Bischofssitz, heute Ruinenstätte bei Bone, Algerien.
2 ~ **Diarrhytus** Stadt w. von Utica, heute Bizerte in Tunesien
hippocentaurus ⟨ī⟩ M Kentaur, Fabelwesen mit dem Oberkörper eines Menschen und dem Unterkörper eines Pferdes
Hippocratēs ⟨Hippocratis⟩ M von Kos, berühmtester Arzt des Altertums, ca. 460–366 v. Chr.
Hippocraticus ⟨a, um⟩ ADJ hippokratisch, des Hippokrates; **Hippocraticum iusiurandum** hippokratischer Eid, *Eid Leben zu erhalten*; **corpus Hippocraticum** Sammlung von 53 Schriften aus der Ärzteschule von Kos u. Knidos
Hippocrēnē ⟨Hippocrēnēs⟩ F Musenquelle am Helikon in Böotien, durch den Hufschlag des Pegasus entstanden
Hippodamē ⟨Hippodamēs⟩ F, **Hippodamēa**, **Hippodamīa** ⟨ae⟩ F
1 Tochter des Oinomaos von Pisa, Gattin des Pelops, Mutter des Atreus u. des Thyestes
2 Gattin des Peirithoos (Pirithous)
hippodamus ⟨ī⟩ M *Mart.* Rossebändiger; Reiter
hippodromos, **hippodromus** ⟨ī⟩ M (*unkl.*) Pferderennbahn, Zirkus
Hippolytē ⟨Hippolytēs⟩ F Königin der Amazonen, Tochter des Ares, Gattin des Theseus, Mutter des Hippolytos
Hippolytus ⟨ī⟩ M Sohn des Theseus, wies die Liebe seiner Stiefmutter Phaedra zurück u. wurde deswegen von dieser verleumdet; von den eigenen Pferden zu Tode geschleift, von Asklepios wieder zum Leben erweckt u. nach Latium gebracht; dort als Gott Virbius im Hain der Diana von Aricia verehrt
hippomanes ⟨hippomanis⟩ N
1 (*nachkl.*) Brunstschleim der Stuten, als Zaubermittel für Liebestränke benutzt

2 Verg. Auswuchs *auf der Stirn neugeborener Füllen, als Zaubermittel für Liebestränke benutzt*

Hippōnactēī ⟨ōrum⟩ M ||Hipponacteus|| Hinkiamben

Hippōnactēus ⟨a, um⟩ ADJ des Hipponax; *fig* Spott...

Hippōnax ⟨Hippōnactis⟩ M *aus Ephesus, um 540 v. Chr., Verfasser von Spottgedichten, Erfinder des Hinkiambus;* → choliambus

hippopērae ⟨ārum⟩ F Sen. Packsattel *des Reiters*

hippopotamus ⟨ī⟩ M (nachkl.) Flusspferd, Nilpferd

hippotoxota ⟨ae⟩ M berittener Bogenschütze; *pl* leichte Kavallerie

hippūros, hippūrus ⟨ī⟩ M Fisch, vielleicht Goldkarpfen

hīr N indekl (vkl.) *poet* hohle Hand

hīra ⟨ae⟩ F (vkl., nachkl.) leerer Darm; *pl* Eingeweide

hircīnus ⟨a, um⟩ ADJ ||hircus|| Bocks...; wie ein Bock stinkend

hircosalius ⟨ī⟩ M ||hircus, salire|| Plaut. springender Bock

hircōsī ⟨ōrum⟩ M ||hircosus|| Stinkböcke

hircōsus ⟨a, um⟩ ADJ ||hircus|| (unkl.) stinkend wie ein Bock

hircus ⟨ī⟩ M (unkl.) Ziegenbock; *meton* Bocksgestank; *fig Schimpfwort* geiler Bock; **mulgere hircos** Unmögliches tun, töricht handeln

hirnea ⟨ae⟩ F (vkl.) Kanne, Krug

hirniōsus ⟨a, um⟩ ADJ = herniosus

Hirpīnī ⟨ōrum⟩ M samnitisches Volk in Unteritalien

Hirpīnus ⟨a, um⟩ ADJ zu den Hirpini gehörig, *auch röm. Beiname*

hirqu... = hirc...

hirsūtus ⟨a, um⟩ ADJ stachelig, struppig; (nachkl.) *fig* roh

Hirtiānus, Hirtīnus ⟨a, um⟩ ADJ des Hirtius

Hirtius ⟨ī⟩ M *röm. Gentilname;* **A.** ~ *Legat Caesars u. Freund Ciceros; siegte als Konsul 43 v. Chr. bei Mutina, fiel aber in der Schlacht; Verfasser des 8. Buches von Caesars De bello Gallico*

hirtus ⟨a, um⟩ ADJ = hirsutus

hirūdō ⟨hirūdinis⟩ F (unkl.) Blutegel; *fig* Blutsauger

hirundinīnus ⟨a, um⟩ ADJ ||hirundo|| (unkl.) Schwalben...

hirundō ⟨hirundinis⟩ F Schwalbe; Plaut. Kosewort

⚠ **Una hirundo non facit ver.** Eine Schwalbe macht noch keinen Frühling.

hīscere ⟨ō, -, - 3.⟩ ||hiare||

A VI

1 (vkl.) *poet* sich öffnen, klaffen

2 den Mund auftun, mucksen

B VT *poet* sagen, vorbringen; ~ **reges** Könige besingen

Hispaliēnsēs ⟨Hispaliēnsium⟩ M die Einwohner von Hispalis

Hispalis ⟨Hispalis⟩ F Handelsstadt in Hispania Baetica, heute Sevilla

Hispānia ⟨ae⟩ F Spanien, *die ganze pyrenäische Halbinsel;* **(duae) Hispāniae** die zwei spanischen Provinzen, *Hispania citerior/Tarraconensis u. Hispania ulterior/Lusitania et Baetica*

Hispānicus ⟨a, um⟩ ADJ spanisch, aus Spanien stammend

Hispāniēnsis ⟨Hispāniēnse⟩ ADJ spanisch, zufällig mit Spanien zusammenhängend; **legio** ~ in Spanien stationierte Legion; **bellum Hispaniense** Krieg in Spanien

Hispānus ⟨a, um⟩ ADJ spanisch, aus Spanien stammend

Hispānus ⟨ī⟩ M Spanier

hispidus ⟨a, um⟩ ADJ (nachkl.) *poet* rau, struppig; **ager** ~ mit Unkraut überzogener Acker

hister ⟨histrī⟩ M = histrio

Hister ⟨Histrī⟩ M die untere Donau *mit Mündungsgebiet*

historia ⟨ae⟩ F

1 Untersuchung, Forschung

2 Kenntnis, Wissen; **nihil historiā dignum** nichts Wissenswertes

3 Geschichte = Geschichtsforschung, Geschichtsschreibung; **fides historiae** geschichtliche Wahrheit

4 Geschichte = Geschichtswerk; ~ **Augusta** (spätl.) Sammlung von Biografien der römischen Kaiser *von Hadrian bis Numerianus*

5 Bericht, Erzählung

6 *meton* Gegenstand der Erzählung

7 geschichtlich beglaubigte Erzählung; *auch* Sage, Mythos; *pl* Mythologie

▶ englisch: history
französisch: histoire
spanisch: historia
italienisch: storia

historiālis ⟨historiāle⟩ ADJ ||historia|| zur Geschichte gehörig, geschichtlich

historicē ⟨historicēs⟩ F Quint. Erklärung der Schriftsteller

historicus

A ⟨a, um⟩ ADJ, ADV ⟨historicē⟩ geschichtlich; **genus historicum** geschichtlicher Stil

B ⟨ī⟩ M Geschichtsforscher, Historiker

historiographus ⟨ī⟩ M (spätl.) Geschichtsschreiber

historiola ⟨ae⟩ F (mlat.) kleine Geschichte

Histrī ⟨ōrum⟩ M = Histriani; → Histria

Histria ⟨ae⟩ F Istrien, *Halbinsel im N der Adria*

Histriānī ⟨ōrum⟩ M die Einwohner von Istrien

histricus ⟨a, um⟩ ADJ ||hister|| *Plaut.* zu den Schauspielern gehörig; **imperator ~** Schauspieldirektor; **imperium histricum** Theaterdirektion

Histricus ⟨a, um⟩ ADJ istrisch

histriō ⟨histriōnis⟩ M̄ Schauspieler; *(mlat.)* Gaukler

histriōnālis ⟨histriōnāle⟩ ADJ ||histrio|| *Tac.* schauspielerisch, Schauspieler...

histriōnia ⟨ae⟩ F̄ ||histrio|| *(vkl., nachkl.)* Schauspielkunst

hiulcāre ⟨ō, -, ātum 1.⟩ ||hiulcus|| *poet* spalten, aufreißen

hiulcus ⟨a, um, *adv* hiulcē⟩ ADJ ||hiare||
1. *poet* klaffend, rissig
2. *Plaut. fig* lechzend, gierig
3. *von der Rede* unzusammenhängend; durch häufigen Hiat gestört

hōc
A ADV *(unkl.)* = **huc**
B → **hic**[1]

ho-diē ADV ||dies||
1. an diesem Tag, heute; **~ mane** heute Morgen
2. *fig* heutzutage, in unserer Zeit
3. noch heute, noch heutzutage; **~que** und noch heute, auch heute noch
4. sogleich, auf der Stelle
5. *bei Drohungen u. Verwünschungen* je, jemals; **si sensero ~** wenn ich jemals merke

hodiernum ⟨ī⟩ N̄ ||hodiernus|| Heute

hodiernus ⟨a, um⟩ ADJ ||hodie||
1. heutig
2. jetzig

hol... = **ol...**

Homēriacus, Homēricus ⟨a, um⟩ ADJ ||Homerus|| homerisch, des Homer

Homērida ⟨ae⟩ M̄ = **Homeronida**

Homērius ⟨a, um⟩ ADJ = **Homericus**

Homērōnida ⟨ae⟩ M̄ *Plaut.* Nachahmer Homers

Homērus ⟨ī⟩ M̄ Homer, *griech. Dichter des 8. Jh. v. Chr.; Werke sind Ilias u. Odyssee*

homi-cīda ⟨ae⟩ M u. F ||homo, caedere|| Mörder, Mörderin; *adj* Männer mordend

homicīdium ⟨ī⟩ N̄ ||homicida|| Mord, Tötung eines Menschen

homīlia ⟨ae⟩ F̄
1. Rede vor dem Volk
2. *(eccl.)* Auslegung der Bibel, Predigt

homō ⟨hominis⟩ M̄
1. Mensch *als Gattungsbegriff*, ↔ *Götter u. Tiere*; **genus hominum** Menschengeschlecht; **rex hominum deumque** König der Menschen und Götter; **~ servus** Sklavenseele; **paucorum hominum esse** nur mit wenigen Menschen verkehren; **numquam inter homines fuisse** nie mit Menschen umgegangen sein; **cum inter homines esset** zu Lebzeiten; **hominem exuere** die Menschengestalt ablegen
2. Mensch *als Träger von menschlichen Eigenschaften*; **hominem ex homine tollere** j-m das nehmen, was ihn zum Menschen macht
3. *in der Anrede* guter Mensch, Freund
4. Ehemann
5. Mann *in gesellschaftlicher u. politischer Hinsicht*; **~ novus** Mann ohne Ahnen; *(nachkl.)* Neuling, Emporkömmling; **~ de plebe** Mann aus dem Volk; **~ Romanus** Römer
6. Bewohner
7. Sklave
8. *statt eines pron* der eben Genannte; ich
9. PL Leute, Angehörige; **mille homines** tausend Mann
10. *Mart.* Manneskraft, Zeugungskraft
11. *(mlat.)* Lehnsmann
▶ französisch: **homme**
spanisch: **hombre**
italienisch: **uomo**

homoeomeria ⟨ae⟩ F̄ *Lucr.* Ähnlichkeit *der Teile*

homoeoteleuton ⟨ī⟩ N̄ ähnlich klingender Ausgang *aufeinander folgender Glieder*, Reim

homōnyma ⟨ōrum⟩ N̄ *Quint.* gleich lautende Wörter *mit verschiedener Bedeutung*

homullus ⟨ī⟩ M̄ ||homo|| Menschlein, Schwächling

homunciō ⟨homunciōnis⟩ M, **homunculus** ⟨ī⟩ M̄ ||homo|| Menschlein, schwaches Geschöpf

Homunculus ⟨ī⟩ M̄ *(nlat.)* Retortenmensch

honestāmentum ⟨ī⟩ N̄ ||honestare|| *(nachkl.)* Schmuck, Zierde

honestāre ⟨ō, āvī, ātum 1.⟩ ||honestus|| ehren, auszeichnen

honestās ⟨honestātis⟩ F̄ ||honestus||
1. Ehre, Ansehen
2. PL Auszeichnungen; *meton* angesehene Personen
3. Ehrbarkeit, Anständigkeit
4. *von Sachen* Schönheit, Zierde

honestī ⟨ōrum⟩ M̄ ||honestus|| Männer aus gutem Haus

honestum ⟨ī⟩ N̄ ||honestus|| etwas Schönes

honestus ⟨a, um, *adv* honestē⟩ ADJ ||honos||
1. geehrt, angesehen, *von Personen u. Sachen, bes Familie u. Stand*; **honesto loco natus** von vornehmer Abstammung
2. ehrenvoll, ehrenhaft, **vita honeste acta** ehrenhaft verbrachtes Leben; **nomen honestum** ehrenvoller Name; **divitiae honestae** in Ehren

erworbener Reichtum, zum anständigen Leben ausreichende Mittel; **honestum factum** ehrenhafte Tat; **honestum est** es macht Ehre, es bringt Ehre

3 *von Sachen* schön, hübsch

▶ englisch: **honest**
französisch: **honnête**
spanisch: **honesto**
italienisch: **onesto**

honor ⟨honōris⟩ M̄

1 Ehre, *die j-m erwiesen wird*, Auszeichnung; ~ **aetatis** dem Alter gebührend; **alicui honorem afferre** j-m Ehre erweisen; **honorem praefari/dicere** „mit Verlaub" sagen, *um einen anstößigen Ausdruck zu entschuldigen*; **aliquid facere honoris alicuius causā/in honorem alicuius** etw zu Ehren von j-m tun

2 Hochachtung, Verehrung

3 *meton* Ehrenamt; ~ **regni** Königswürde; **honoris gradus** Ehrenstufe

4 *(nachkl.)* Ehrentitel

5 Ehrengeschenk, Honorar; **medico honorem habere** den Arzt honorieren

6 Kompliment

7 *(nachkl.) poet* Opfer, Ehrenfest; **honores mactare** Opfertiere schlachten; **honorem Baccho dicere** dem Bacchus ein Loblied singen

8 Ansehen, Ruhm,; ~ **pugnae** Kriegsruhm; **honori esse alicui** j-m Ehre bringen; **aliquid in honorem adducere** etw zu Ehren bringen

9 *meton* Ehre bringender Gegenstand; Schönheit; ~ **silvarum** = Laubschmuck; ~ **ruris** = Früchte

10 *(mlat.)* Lehen

11 *(mlat.)* Fürstenwürde

Honor ⟨Honōris⟩ M̄ Gott der Ehre, *oft mit Virtus verbunden, ihre Tempel standen in Rom nebeneinander vor der porta Capena*

honōrābilis ⟨honōrābile⟩ ADJ ||honorare|| ehrenvoll, ehrenhaft

honōrāre ⟨ō, āvī, ātum 1.⟩ ||honor|| *(nachkl.) poet* ehren, auszeichnen; verherrlichen; **aliquem sellā curuli ~** j-n in ein kurulisches Amt berufen

honōrārium ⟨ī⟩ N̄ ||honorarius|| Ehrengeschenk; ~ **decurionatūs** Abgabe an den Fiskus für die Ratsherrenwürde

▶ deutsch: **Honorar**

honōrārius ⟨a, um⟩ ADJ ||honor|| Ehren...

honōrātus

A ⟨a, um⟩ ADJ, ADV ⟨honōrātē⟩ ||honorare||

1 geehrt, angesehen; **senectus honorata** ehrenvolles Greisenalter

2 *von Sachen* ehrenvoll; **militia honorata** ehrenvoller Kriegsdienst

B ⟨ī⟩ M̄ Würdenträger

honōri-ficus ⟨a, um, *adv* honōrificē⟩ ADJ ||honor, facere|| Ehre bringend, ehrenvoll, *alicui* für jdn

Honōrius ⟨ī⟩ M̄ Sohn des Kaisers Theodosius I., Herrscher des Weström. Reiches 395–423 n. Chr.

honōrus ⟨a, um⟩ ADJ ||honor|| *(nachkl.) poet* ehrenvoll, ansehnlich

honōs ⟨honōris⟩ M̄ = **honor**

hoplomachus ⟨ī⟩ M̄ *(nachkl.)* schwerbewaffneter Gladiator

hōra ⟨ae⟩ F̄

1 Tageszeit, Stunde *als Zeiteinheit* = 12. *Teil der Zeit von Sonnenaufgang bis Sonnenuntergang, jahreszeitlich verschieden, jedoch war die sechste Stunde des Tages immer mit dem Mittag, die sechste Stunde der Nacht mit Mitternacht identisch*; ~ **quarta** etwa 10 Uhr; **quota ~ est?** wie viel Uhr ist es?; **in hora** innerhalb einer Stunde; **in horam vivere** in den Tag hineinleben; **in horas/in horam** von Stunde zu Stunde, stündlich; **horae canonicae** *(mlat.)* die Horen, die Gebetsstunden *der Geistlichen u. Mönche*; **ab hora ad horam** *(mlat.)* einmal am Tag

2 *poet* Zeitabschnitt, Zeit, Jahreszeit

▶ deutsch: **Uhr**
englisch: **hour**
französisch: **heure**
spanisch: **hora**
italienisch: **ora**

Hōrae ⟨ārum⟩ F̄ MYTH die Horen, *die drei Töchter des Zeus u. der Themis, Göttinnen des Wachstums, Blühens, Reifens in der Natur u. der Jahreszeiten*

hōraeos, hōraeus ⟨a, um⟩ ADJ *Plaut.* rechtzeitig eingesalzen, mariniert

Horātius ⟨a, um⟩ röm. Gentilname

1 nach altröm. Sage wurde der Streit zwischen Rom u. Alba Longa über die Vorherrschaft entschieden durch den Sieg der drei röm. Horatier über die drei albanischen Curatier

2 P. ~ **Cocles** widersetzte sich vor einer Tiberbrücke allein den Etruskern unter Porsenna u. verschaffte so den Römern Zeit die Brücke niederzureißen, Vorbild altröm. virtus

3 Q. ~ **Flaccus**, 65–8 v. Chr., größter Lyriker Roms, einer der Hauptvertreter der augusteischen Klassik, Verfasser von Oden u. Epoden, Satiren u. Briefen

hordeāceus, hordeācius ⟨a, um⟩ ADJ ||hordeum|| *(vkl., nachkl.)* aus Gerste, Gersten...

hordeārius ⟨a, um⟩ ADJ ||hordeum||

1 Gersten...

2 *Suet.* gerstenähnlich = aufgebläht

hordēia ⟨ae⟩ F̄ *Plaut.* unbekannter Fisch

hordēius ⟨a, um⟩ ADJ *Plaut.* = **hordeaceus**

hordeum ⟨ī⟩ N̄ Gerste

hōria, hōriola ⟨ae⟩ F̄ *(vkl., nachkl.)* Fischerkahn

horizōn ⟨horizontis, *akk* horizontem *u.* horizonta⟩ M̄ (*nachkl.*) Gesichtskreis, Horizont

hōrnōtinus ⟨a, um⟩ A̅D̅J̅ ||hornus|| diesjährig, heurig

hōrnus ⟨a, um, *adv* hornō⟩ A̅D̅J̅ (*vkl.*) *poet* diesjährig; *adv* heuer, in diesem Jahr

hōrologium ⟨ī⟩ N̄ Uhr, Sonnenuhr, Wasseruhr

horrendus ⟨a, um⟩ A̅D̅J̅ ||horrere||
1. (*nachkl.*) *poet* schrecklich
2. *Verg.* erstaunlich, bewundernswert

horrēre ⟨eō, uī, - 2.⟩
A V̅I̅
1. starr sein, sich sträuben, *re* von etw; **comae horrent** die Haare sträuben sich; **verba minis horrent** die Worte strotzen von Drohungen; **mare fluctibus ~** das Meer wogt stürmisch; **horrens** starrend, stachelich, struppig; **umbra horrens** düsterer Schatten
2. vor Frost oder Furcht schaudern,

B V̅T̅
1. zurückschaudern, *aliquem/aliquid* vor j-m/vor etw, +*inf*/+*indir Fragesatz*; **~ crudelitatem** vor der Grausamkeit zurückschaudern
2. anstaunen

horrēscere ⟨horrēscō, horruī, - 3.⟩ ||horrere||
A V̅I̅
1. starr werden; wogen
2. *fig* schaudern, zittern
B V̅T̅ schaudern, *aliquem/aliquid* vor j-m/vor etw, +*inf*/+*part*; **horresco referens** *Verg.* schaudernd erzähle ich

horreum ⟨ī⟩ N̄ Vorratskammer; Scheune

horribilis ⟨horribile, *adv* horribiliter⟩ A̅D̅J̅ ||horrere||
1. schauerlich, schrecklich, *alicui* für j-n; **horribile dictu** schrecklich zu sagen
2. erstaunlich; *Plaut.* ehrwürdig; **secretum horribile** ehrwürdiges Geheimnis

horridulus ⟨a, um⟩ A̅D̅J̅ ||horridus||
1. (*vkl.*) starrend, strotzend
2. *Mart.* struppig
3. *fig* schmucklos, ungehobelt
4. *Pers.* vor Kälte schaudernd

horridus ⟨a, um, *adv* horridē⟩ A̅D̅J̅ ||horrere||
1. starrend, struppig; **sus ~** borstiges Schwein; **mare horridum** wild tobendes Meer; **campus ~** nicht kultiviertes Feld; **silva dumis horrida** mit Gestrüpp dicht bewachsener Wald
2. *fig* wild, ungebildet; **miles ~** wilder Soldat; **horride vivere** ein ungeregeltes Leben führen
3. *fig lobend* schmucklos, einfach, schlicht

horologium – Wasseruhr und Sonnenuhr

1 clepsydra – Wasseruhr   2 solarium – Sonnenuhr

4 *fig vor Kälte* schaudernd; *von Sachen* schaurig; **December ~** eiskalter Dezember
5 *fig* schauderhaft, entsetzlich; **aspectus ~** grausiger Anblick; **procella horrida** schrecklicher Sturm

horri-fer ⟨horrifera, horriferum⟩ ADJ ||horreo, ferre|| schaurig; *fig* schrecklich; **Erinys horrifera** schreckliche Rachegöttin

horrificāre ⟨ō, āvī, ātum 1.⟩ ||horrificus|| (*nachkl.*)
1 rau machen, uneben machen; **mare ~** das Meer aufwallen lassen
2 *j-n* erschrecken, *j-m* Schauder einflößen, *aliquem*

horri-ficus ⟨a, um⟩ ADJ (*nachkl.*) **= horribilis**
horri-sonus ⟨a, um⟩ ADJ ||horreo, sonare|| *poet* schrecklich tönend, grauenvoll kreischend

horror ⟨horrōris⟩ M ||horrere||
1 (*nachkl.*) Rauheit; **~ dicendi** *fig* raue Sprache
2 Schauer *vor Frost od Kälte*; *ebenso* Fieberschauer; **frigidus ~ membra quatit** kalter Schauer lässt die Glieder zittern
3 *fig* Schauder, Entsetzen
4 *poet* Wonneschauer; **divina voluptas atque ~** *Lucr.* göttliches Vergnügen und wonniger Schauer
5 (*nachkl.*) religiöse Scheu, frommer Schauder
6 **~ vacui** (*nlat.*) Abscheu vor dem leeren Raum

horruī → **horrere** *u.* → **horrescere**

hōrsum ADV ||huc, versum|| *Com.* hierher

hortāmen ⟨hortāminis⟩ N ||hortari|| (*nachkl.*) *poet* Ermunterung, Ermunterungsmittel

hortāmentum ⟨ī⟩ N **= hortamen**

hortāre ⟨ō, āvī, ātum 1.⟩, **hortārī** ⟨or, ātus sum 1.⟩
1 ermuntern, ermahnen, *aliquem ad rem*|*in aliquid*|*aliquid* j-n zu etw, *de re* in Bezug auf etw, *meist* ut|ne dass/dass nicht, +*konjkt*/+*inf*/+*AcI*; **~ pacem** zum Frieden mahnen; **hoc vos hortor** dazu ermahne ich euch
2 MIL Soldaten anfeuern, zum Kampf ermutigen
3 *von Sachen* auffordern, veranlassen, *ad aliquid* zu etw; **tempus me ad hoc consilium hortatur** die Zeit veranlasst mich zu diesem Entschluss

hortātiō ⟨hortātiōnis⟩ F ||hortari|| Ermunterung, Ermahnung, *alicuius* j-s, *alicuius rei* zu etw; **contiones hortationesque** anfeuernde Ansprachen

hortātīvus ⟨a, um⟩ ADJ ||hortari|| *Quint.* der Ermunterung dienlich

hortātor ⟨hortātōris⟩ M ||hortari||
1 Mahner, Anreger, *alicuius* j-s, *alicuius rei* zu etw; **aliquo hortatore** auf j-s Anregung
2 *poet* Rudermeister

hortātrīx ⟨hortātrīcis⟩ F ||hortator|| (*unkl.*) Mahnerin

hortātus ⟨hortātūs⟩ M **= hortatio**

hortēnsia ⟨ōrum⟩ N ||hortensius|| Gartengewächse, Gartenfrüchte
▶ deutsch: **Hortensie**

Hortēnsiāna ⟨ōrum⟩ N ||Hortensianus|| *Ciceros philosophische Schrift „Hortensius"*

Hortēnsiānus ⟨a, um⟩ ADJ des Hortensius

hortēnsius ⟨a, um⟩ ADJ ||hortus|| Garten...

Hortēnsius ⟨a, um⟩ *röm. Gentilname, berühmtester Vertreter* **Q. ~ Hortalus**, *114–50 v. Chr., röm. Staatsmann u. neben Cicero berühmtester Redner der Zeit, 69 v. Chr. Konsul, u. a. Verteidiger des Verres u. so Gegner Ciceros, mit dem er sich aussöhnte u. anfreundete; Cicero widmete ihm eine viel beachtete, aber verlorene Schrift „Hortensius"*

hortulus ⟨ī⟩ M ||hortus|| kleiner Garten; *pl* kleiner Park; **collis hortulorum** der spätere *mons Pincius*, heute *Monte Pincio*

hortus ⟨ī⟩ M Garten; Park

hospes ⟨hospitis⟩ M (*selten* F)
1 Gastfreund, Gast
2 Gastfreund, Gastgeber; *adj* gastfreundlich
3 Fremder, Fremdling; *adj* in etw fremd, unerfahren, *in re*|*alicuius rei*

hospita ⟨ae⟩ F ||hospitus||
1 weiblicher Gast
2 Wirtin
3 Fremde

hospitāle ⟨hospitālis⟩ N ||hospitalis||
1 Gästezimmer; *pl* Gastwohnung
2 (*mlat.*) Krankenhaus, Herberge
▶ deutsch: **Hospital**

hospitālis ⟨hospitāle, *adv* hospitāliter⟩ ADJ ||hospes||
1 des Gastes, des Gastfreundes; **cubiculum hospitale** Gästezimmer; **beneficia hospitalia** Wohltaten für den Gast
2 gastlich, gastfreundlich

hospitālitās ⟨hospitālitātis⟩ F ||hospes|| Gastlichkeit, Gastfreundlichkeit

hospitārī ⟨or, -1.⟩ ||hospes|| (*nachkl.*) als Gast einkehren; *fig* sich aufhalten

hospitium ⟨ī⟩ N ||hospes||
1 Gastfreundschaft, *auch* POL
2 *meton* Gastfreunde
3 *meton* gastliche Aufnahme, Bewirtung; **aliquem hospitio invitare** j-n als Gast einladen
4 Quartier, Herberge
5 (*nachkl.*) für Tiere Lager
6 *Plaut. hum* Einkehr, Bleibe
▶ deutsch: **Hospiz**

hospitus ⟨a, um⟩ ADJ, *nur* SG F *u.* PL N ||hospes||
1 fremd; **navis hospita** fremdes Schiff

Deponentien

Es gibt im Lateinischen viele der Form nach passive Verben, die jedoch aktive Bedeutung tragen. Man spricht in diesen Fällen von **Deponentien** (von **deponere** „ablegen", weil diese Wörter ihre aktive Form gleichsam abgelegt haben).

amplecti	umarmen
passive Form	*aktive Bedeutung*

Eine Passivform kann von einem Deponens nicht gebildet werden. Das Passiv muss in solchen Fällen umschrieben werden oder das Deponens muss durch ein anderes Verb ähnlicher Bedeutung ersetzt werden.

Agricola aratro utitur.	Der Bauer benutzt einen Pflug.
Aratrum ab agricola adhibetur.	Der Pflug wird vom Bauern benutzt.

Zu beachten ist außerdem, dass das Partizip Perfekt eines Deponens ebenfalls aktive Bedeutung hat.

Caesar milites hortatus profectus est.	Nachdem Caesar die Soldaten ermahnt hatte, ist er aufgebrochen. (*wörtlich: Der die Soldaten ermahnt habende Caesar ist aufgebrochen.*)

GRAMMATIK

---

2 gastfreundlich, freundlich aufgenommen **3** freundlich aufnehmend; **unda gelu concreta plaustris hospita** die zu Eis gefrorene und Wagen tragende Woge
hostia ⟨ae⟩ F̲
1 Opfertier, Schlachtopfer; **~ humana** Menschenopfer
2 (*mlat.*) Hostie
hostiātus ⟨a, um⟩ ADJ ||hostia|| *Plaut.* mit Opfertieren versehen
hosticum ⟨ī⟩ N̲ ||hosticus|| Feindesland
hosticus ⟨a, um⟩ ADJ ||hostis||
1 *Plaut.* fremd, ausländisch
2 (*unkl.*) feindlich, des Feindes
hosti-ficus ⟨a, um, *adv* hostificē⟩ ADJ ||hostis, facere|| feindselig, feindlich
hostīlia ⟨ōrum⟩ N̲ ||hostilis|| Feindseligkeiten
hostīlis ⟨hostīle, *adv* hostīliter⟩ ADJ ||hostis||
1 feindlich, dem Feind gehörig; **condiciones hostiles** mit dem Feind vereinbarte Bedingungen; **metus ~** Furcht vor dem Feind; **bella hostilia** Kriege mit auswärtigen Feinden
2 feindselig
Hostīlius ⟨a, um⟩ röm. Gentilname; **Tullus ~** der dritte röm. König
hostīmentum ⟨ī⟩ N̲ ||hostire|| (*vkl.*) Vergeltung
hostīre ⟨iō, -, - 4.⟩ (*vkl.*) vergelten; **~ contra** zurückschlagen
hostis ⟨hostis⟩ M̲ u. F̲
1 (*vkl.*) Fremder, Fremde
2 Feind, Landesfeind; ↔ **inimicus**
3 *fig* Gegner, Widersacher, *auch* Prozessgegner; **~ patriae** Hochverräter; **~ veritatis** Feind der Wahrheit
4 Rivale, Nebenbuhler
huba ⟨ae⟩ F̲ (*mlat.*) Hufe, *germ. Landmaß*
hūc ADV ||hic¹||
1 *örtl.* hierher, an den Ort des Sprechenden, selten in historischer Erzählung dorthin; **~ et ~** hierhin und dorthin, hin und her
2 *fig* hierzu, dazu, bis zu diesem Punkt, so weit; für diesen Zweck; **~ accedit** dazu kommt; **~ arrogantiae venit** so weit kam es im Hochmut; **~ine?** bis hierher?, so weit?; **~usque** (*nachkl.*) bis hierher, so weit
hui INT hui!, ei!, ach was! *zum Ausdruck des Staunens, der Ironie od des Spotts*
hūiusce-modī, hūius-modī ||hic¹, modus|| dieser Art, derartig
hūmāna ⟨ōrum⟩ N̲ ||humanus|| Menschliches, Irdisches; **omnia divina et humana violare** alles göttliche und menschliche Recht verletzen
hūmānitās ⟨hūmānitātis⟩ F̲ ||humanus||
1 Menschlichkeit, menschliche Würde
2 Milde, Freundlichkeit
3 Bildung; Sinn für Anstand
▶ deutsch: **Humanität**
hūmānitus ADV ||humanus||
1 auf menschliche Art; **si quid mihi ~ accidisset** wenn mir etw Menschliches zugestoßen wäre = wenn ich gestorben wäre
2 *Com.* menschlich, freundlich; **non ~** unmenschlich
hūmānus ⟨a, um, *adv* hūmānē u. hūmāniter⟩ ADJ
1 menschlich, Menschen-; **facies humana**

menschliches Gesicht; **genus humanum** Menschengeschlecht; **hostia humana** Menschenopfer; **scelus humanum** Verbrechen gegen die Menschen; **audacia non humana** übermenschliche Kühnheit; **aliquid humaniter facere** etw wie Menschen machen; **humane vivere** sein Leben genießen

2 *von Personen u. Sachen* menschenwürdig, gebildet, kultiviert; **adulescens ~** höflicher junger Mann; **voluptas humana** menschenwürdiges Vergnügen; **humane commodus** hübsch bequem, *iron* höchst unbequem

3 menschenfreundlich, mild

4 gelassen, ruhig; **aliquid humane/humaniter ferre** etw gelassen tragen

5 humana militia (*mlat.*) die streitende Christenheit

▶ deutsch: **human**
englisch: **human**
französisch: **humain**
spanisch: **humano**
italienisch: **umano**

humāre ⟨ō, āvī, ātum 1.⟩ ||humus|| beerdigen; *Nep. fig* **bestatten** *d. h. verbrennen u. die Asche in eine Urne legen*

humātiō ⟨humātiōnis⟩ F ||humare|| Beerdigung, Begräbnis

hūmectāre ⟨ō, āvī, ātum 1.⟩ = **umectare**

hūmēre ⟨eō, -, - 2.⟩ = **umere**

humerus ⟨ī⟩ M = **umerus**

hūmēscere ⟨ēscō, -, - 3.⟩ = **umescere**

hūmidus ⟨a, um⟩ ADJ = **umidus**

hūmi-fer ⟨hūmifera, hūmiferum⟩ ADV = **umifer**

humilis ⟨humile, *adv* humiliter⟩ ADJ ||humus||

1 *von Wuchs u. Statur* niedrig, klein

2 (*nachkl.*) *von Örtlichkeiten* niedrig; flach

3 *fig von Stand, Rang, Ansehen* gering, unbedeutend; **aliquem humiliorem redigere** j-n erniedrigen

4 *von Sachen* alltäglich, dürftig

5 *von der Rede* schmucklos, gewöhnlich

6 *von der Gesinnung* kleinlich, gemein

7 *von der Stimmung* feig; (*eccl.*) demütig; **pavor ~** entmutigende Furcht

humilitās ⟨humilitātis⟩ F ||humilis||

1 Niedrigkeit, kleiner Wuchs; **~ siderum** niedriger Stand der Gestirne

2 *fig* niedriger gesellschaftlicher Stand, niedere Herkunft

3 geringe Bedeutung, Erniedrigung

4 Niedergeschlagenheit; Unterwürfigkeit, Selbsterniedrigung

5 (*spätl., eccl.*) Demut, Bescheidenheit

hūmor ⟨hūmōris⟩ M → **umor**

humus ⟨ī⟩ F

1 Erdboden, Boden; **mortuos tegit ~ iniecta** die Toten bedeckt die aufgeworfene Erde; **humum ore mordere** *umgangssprachlich* ins Gras beißen

2 Boden *in Bezug auf Fruchtbarkeit*; Ackerland

3 Fußboden; **~ lutulenta vino** vom Wein beschmutzter Boden

4 *meton.* Gegend, Land; **~ grata Minervae** das der Minerva liebe Land, = Attika

5 *fig* Niedriges, Gemeines; **humum vitare** das Niedrige meiden

6 humi auf dem Boden, *auch* zu Boden; **humi iacēre** auf dem Boden liegen; **humi ponere** auf den Boden legen

7 humo vom Boden; auf dem Boden; **homines humo excitati** die aus der Erde erweckten Menschen; **humo fumare** von Grund auf rauchen, aus Schutt und Asche rauchen

Hyacinthia ⟨ōrum⟩ N die Hyazinthien, *dreitägiges Fest in Sparta im Juli zu Ehren des Hyacinthus u. des Apollo mit Totenopfern u. Wettspielen*; → Hyacinthus

hyacinthinus ⟨a, um⟩ ADJ Hyazinthen...; → hyacinthus

Hyacinthos, Hyacinthus ⟨ī⟩ M junger Mann aus Sparta, von Apollo geliebt u. von diesem durch einen unglücklichen Diskuswurf getötet; aus seinem Blut entspross die gleichnamige Blume; → hyacinthus

hyacinthus ⟨ī⟩ M (*nachkl.*) *poet* Hyazinthe, *nicht gleichzusetzen mit unserer Hyazinthe, im Altertum eine violettblaue Schwertlilie od Gartenrittersporn*

Hyades ⟨Hyadum⟩ F MYTH die Hyaden, *im Mythos die Töchter des Atlas u. die Schwestern der Plejaden; aus sieben Sternen bestehendes Sternbild im Kopf des Stiers u. in der Nachbarschaft des Orion; im Altertum als Regensterne bezeichnet, da ihr Untergang Mitte November die Regenzeit ankündigt*

hyaena ⟨ae⟩ F (*nachkl.*) *poet* Hyäne

hyalus ⟨ī⟩ M

1 *Verg.* Glas; **color hyali** glasgrüne Farbe

2 (*mlat.*) Trinkglas

Hybla ⟨ae⟩ F Stadt auf Sizilien, bekannt durch ihren Honig

Hyblaeus ⟨a, um⟩ ADJ aus Hybla, von Hybla

Hyblē ⟨Hyblēs⟩ F = **Hybla**

Hyblēnsēs ⟨Hyblēnsium⟩ M die Einwohner von Hybla

hybrida ⟨ae⟩ M u. F *Suet.* Mischling; Bastard

▶ deutsch: **Hybrid**

Hybrida ⟨ae⟩ M u. F röm. Beiname

Hydaspēs ⟨Hydaspis⟩ M der westlichste Fluss des Fünfstromlandes, heute Dschilam in Pakistan; Entscheidungsschlacht zwischen Alexander dem Großen u. Poros; Gründung der Stadt Bukephala

hydra ⟨ae⟩ F

1 Wasserschlange; Schlange

2 Hydra Lernea Hydra vom See Lerna, *von Herkules erlegt*

Hydra[1] ⟨ae⟩ F̲ MYTH *Ungeheuer mit 50 Köpfen, Mutter des Cerberus*

Hydra[2] ⟨ae⟩ F̲ *Schlange als Gestirn*

hydraulēs ⟨ae⟩ M̲ *(nachkl.)* Wasserorgelspieler

hydraulicus ⟨a, um⟩ A̲D̲J̲ *(nachkl.)* durch Wasser getrieben, hydraulisch; **organa hydraulica** Wasserorgeln

hydraulus ⟨ī⟩ M̲ Wasserorgel, *bei der die Luftzufuhr durch Wasserdruck erzeugt wurde; Vorläuferin der Pfeifenorgel*

hydria ⟨ae⟩ F̲ Wasserkrug; Topf, Krug, Urne

hydrocēlē ⟨hydrocēlēs⟩ F̲ *Mart.* Hodenbruch

hydrochoos, hydrochous ⟨ī⟩ N̲ *Catul.* Wassermann *als Gestirn*

hydrōpicus ⟨a, um⟩ A̲D̲J̲ *(nachkl.) poet* wassersüchtig

hydrōps ⟨hydrōpis⟩ M̲ *(nachkl.) poet* Wassersucht

Hydrūntum ⟨ī⟩ N̲, **Hydrūs** ⟨Hydrūntis⟩ M̲ *Stadt an der Ostküste Kalabriens, heute Otranto*

hydrus ⟨ī⟩ M̲ *(nachkl.) poet* Wasserschlange; Schlange, *bes in den Haaren der Erinnyen/Furien u. der Medusa*

Hygīa ⟨ae⟩ F̲ *Göttin der Gesundheit*

Hylās ⟨ae⟩ M̲ *junger Begleiter des Herkules auf der Argonautenfahrt; beim Wasserschöpfen in Mysien von Quellnymphen wegen seiner Schönheit in die Tiefe gezogen*

hȳlē ⟨hȳlēs⟩ F̲ *Suet.* Materie, Stoff; *fig* schriftliche Materialien

hymēn ⟨hymenis⟩ M̲ Häutchen; MED Jungfernhäutchen

Hymēn ⟨Hymenis⟩ M̲ Gott der Ehe, Hochzeitsgott, *Sohn des Apollo u. einer Muse, dargestellt mit Fackel u. Brautschleier; meton* Hochzeitslied

hȳmenaeos, hȳmenaeus ⟨ī⟩ M̲

1 Brautlied, Hochzeitsgesang

2 *meton* Hochzeitsfeier, Vermählung; *bei Tieren* Begattung

Hȳmenaeos, Hȳmenaeus ⟨ī⟩ M̲ = **Hymen**

Hymēttius ⟨a, um⟩ A̲D̲J̲ des Hymettus, zum Hymettus gehörig

Hymēttos, Hymēttus ⟨ī⟩ M̲ *Berg im SO von Athen, berühmt durch Marmor, Honig u. Thymian, heute Immitos*

hymnus ⟨ī⟩ M̲ Lobgesang; *(eccl.)* geistliches Lied
▶ deutsch: **Hymne**

Hypanis ⟨Hypanis⟩ M̲ *Fluss in der Ukraine, heute Bug*

hyperbaton ⟨ī⟩ N̲ RHET künstliche Änderung der normalen Wortfolge *zur Hervorhebung*, Hyperbaton; *lat.* = **transgressio**

hyperbolē ⟨hyperbolēs⟩ F̲ RHET Übertreibung *als Stilmittel*; **luce clarius** heller als Licht; *lat.* = **superlatio**

Hyperboreī ⟨ōrum⟩ M̲ die Hyperboreer, *nach griech. Vorstellung ein im hohen Norden lebendes glückliches Volk, das sich dem Dienst Apollos widmete*

Hyperboreūs ⟨a, um⟩ A̲D̲J̲ zu den Hyperboreern gehörig; *auch* nördlich

Hyperīdēs ⟨Hyperīdis⟩ M̲ *athen. Redner, Zeitgenosse des Demosthenes u. Anhänger der makedonienfeindlichen Partei; 322 v. Chr. auf Befehl des Antipater hingerichtet*

Hyperīōn ⟨Hyperīonis⟩ M̲

1 *Sohn des Uranos u. der Erdmutter Gaia, Titan, Vater des Helios/Sol, der Selene/Luna u. der Eos/Aurora*

2 der Sonnengott = Sohn des Hyperion

Hyperm(n)ēstra ⟨ae⟩ F̲, **Hyperm(n)ēstrē** ⟨Hyperm(n)ēstrēs⟩ F̲ *jüngste der Danaiden, die als Einzige ihren Ehemann nicht tötete u. so das Geschlecht des Danaos fortsetzte, Stammmutter berühmter Heroen*

hypocauston, hypocaustum ⟨ī⟩ N̲ Heizgewölbe unter dem Fußboden, Fußbodenheizung

hypocrisis ⟨hypocrisis⟩ F̲ *(eccl.)* Heuchelei

hypocrita, hypocritēs ⟨ae⟩ M̲ Mime, *der die Worte eines Schauspielers mit Gebärden begleitete*

hypodidascalus ⟨ī⟩ M̲ Unterlehrer, Assistent

hypomnēma ⟨hypomnēmatis⟩ N̲ *(unkl.)* Notiz, schriftliche Gedächtnisstütze

hypothēca ⟨ae⟩ F̲ Unterpfand, Pfand, Hypothek

Hyrcānī ⟨ōrum⟩ M̲ die Einwohner von Hyrcania

Hyrcānia ⟨ae⟩ F̲ *Landschaft des Perserreiches, sö. des Kaspischen Meeres*

Hyrcānius, Hyrcānus ⟨a, um⟩ A̲D̲J̲ aus Hyrcania, zu Hyrcania gehörig; **mare Hyrcanum** Kaspisches Meer

Hystaspēs ⟨Hystaspis *u.* Hystaspī⟩ M̲ *persischer Name, z. B. Vater des Darius I., daher Darius Hystaspis*

hystericus ⟨a, um⟩ A̲D̲J̲ *Mart.* hysterisch

i I

A *röm. Zahlzeichen für 1.*
B *Abk*

1 ~ **f.** (*mlat.*) = **ipse fecit** hat es selbst gemacht, *auf Kunstwerken +Name des Künstlers*
2 ~ **heute F. C.** = **ipsius heres faciundum curavit** er machte sich zu seinem eigenen Erben
3 ~ **R.** (*nlat.*) = **Imperator Rex** Kaiser und König

Iacchus ⟨ī⟩ M̄

1 Kultname des Gottes in den Eleusinischen Mysterien
2 *meton* Wein

iacēre¹ ⟨eō, uī, itūrus 2.⟩ ‖iacere²‖

1 liegen, daliegen
2 ruhen
3 krank daliegen, krank sein
4 zu Tisch liegen
5 zu Boden gestreckt daliegen, auf dem Boden liegen
6 tot daliegen, unbegraben daliegen
7 liegen bleiben, untätig sich aufhalten
8 liegen, gelegen sein
9 wohnen
10 in Trümmern liegen
11 nachschleppen
12 gesenkt sein
13 liegen
14 mutlos sein, niedergeschlagen sein
15 machtlos sein, ohnmächtig sein
16 brach liegen, unbeachtet sein
17 aufhören, ins Stocken geraten
18 ungebraucht sein, unbenutzt sein
19 niedrig stehen

---

1 liegen, daliegen; **ad pedes alicuius/alicui** ~ j-m zu Füßen liegen; **nix iacet** Schnee liegt
2 ruhen, schlafen; ~ **ad quartam horam** bis 10 Uhr schlafen
3 krank daliegen, krank sein; **iacet sine spe** er liegt krank da ohne Hoffnung
4 zu Tisch liegen; **in conviviis** ~ bei Gelagen zu Tisch liegen
5 zu Boden gestreckt daliegen, auf dem Boden liegen; **per me iacet inclitus Hector** durch mich liegt der berühmte Hektor da
6 tot daliegen, unbegraben daliegen; **iacentes** Gefallene
7 *von Reisenden* liegen bleiben, untätig sich aufhalten; **Brundisii** ~ sich in Brundisium aufhalten
8 *geografisch* gelegen sein, sich erstrecken
9 *von Völkern* wohnen
10 *poet von Bauten od Städten* in Trümmern liegen; **iacet Ilion ingens** das gewaltige Troja liegt in Trümmern
11 *fig von Kleidern* nachschleppen
12 *fig von Augen u. Blick* gesenkt sein; **oculi iacent** die Augen fallen zu
13 *fig in einem Zustand* liegen, in *etw* versunken sein; **in amore** ~ in Liebe versunken sein
14 *fig* mutlos sein, niedergeschlagen sein; **iacentes militum animos extollere** die mutlosen Soldaten aufrichten
15 *fig* machtlos sein, ohne Einfluss sein; **ratio iacet** die Vernunft ist machtlos
16 *fig von Leblosem* brachliegen, verachtet sein; **studia iacent** die Bemühungen werden nicht beachtet
17 *fig* aufhören, ins Stocken geraten
18 *fig* ungebraucht sein, unbenutzt sein
19 *fig dem Wert nach* niedrig stehen; **pretia praediorum iacent** die Preise für Landgüter sind niedrig

iacere² ⟨iaciō, iēcī, iactum 3.⟩

1 werfen, schleudern, **saxa** Steine; **lapides de muro in hostes** ~ Steine von der Mauer herab auf die Feinde werfen
2 hinabwerfen, hinabstürzen; **se in profundum** ~ sich in die Tiefe stürzen
3 auswerfen, **ancoram** den Anker
4 wegwerfen, ausstreuen; **arma** ~ die Waffen wegwerfen; **semina** ~ Samen ausstreuen, säen; **oscula** ~ Kusshände zuwerfen
5 *fig Drohungen* ausstoßen, schleudern; **verba superba** ~ hochmütige Reden führen
6 *fig Äußerungen* fallen lassen, vorbringen; **suspicionem** ~ einen Verdacht äußern
7 errichten, bauen; **aggerem** ~ einen Damm aufwerfen; **fundamenta urbi** ~ den Grund für eine Stadt legen; **salutem in arte** ~ seine Hoffnung auf die Kunst setzen

iactāns ⟨iactantis, *adv* iactanter⟩ ADJ ‖iactare‖ prahlerisch, überheblich

iactantia ⟨ae⟩ F̄ ‖iactans‖ (*nachkl.*)

1 das Anpreisen; ~ **sui** Selbstverherrlichung
2 das Gerühmtwerden, das Gepriesenwerden, (gewollter) Beifall

iactāre ⟨ō, āvī, ātum 1.⟩ ‖iacere²‖

1 wiederholt werfen, mit Kraft werfen
2 auswerfen, wegwerfen
3 ausstoßen, vorbringen
4 wiederholt zur Sprache bringen
5 immer im Munde führen

6 sich rühmen, sich brüsten
7 hin und her werfen, hin und her schütteln
8 gestikulierend bewegen, rhythmisch bewegen
9 sich viel beschäftigen

---

1 wiederholt werfen, mit Kraft werfen; **fulmina ~** Blitze schleudern; **basia ~** Kusshände zuwerfen
2 (*unkl.*) auswerfen, wegwerfen; **arma ~** die Waffen wegwerfen; **~ frusta** Brocken zuwerfen; **~ semina** Samen auswerfen, säen; **~ odorem late** Geruch weit verbreiten
3 *Worte od Drohungen* ausstoßen, vorbringen, **minas ~** Drohungen ausstoßen
4 wiederholt zur Sprache bringen, **rem in sermonibus** eine Angelegenheit in Gesprächen; **fabulā iactaris in urbe** du bist das Stadtgespräch
5 *etw* immer im Munde führen, mit *etw* prahlen, *aliquid*; **~ gratiam urbanam** prahlen mit seiner Beliebtheit in der Stadt
6 **se ~** sich rühmen, sich brüsten, *absolut od in re|de re* wegen etw; **se ~ alicui** sich gegenüber j-m brüsten; **se ~ magnifice** sich selbstbewusst benehmen
7 hin und her werfen; *fig* quälen; **~ cervicem** den Kopf schütteln; **crines ~** die Haare flattern lassen; **aestu febrique iactari** von Fieberhitze geschüttelt werden; **opiniones se iactantes** sich durchkreuzende Meinungen
8 gestikulierend bewegen, rhythmisch bewegen, **manūs** die Hände
9 *passiv u.* **se ~** *fig* sich viel beschäftigen, *in re|re* mit etw

iactātiō ⟨iactātiōnis⟩ F ||iactare||
1 Schütteln, Erschütterung; **~ pennarum** das Schwingen der Flügel
2 gestikulierende Bewegung *des Redners*
3 (*nachkl.*) Prahlerei, **virtutis** mit der Tüchtigkeit
4 Erschütterung, Wanken; **~ navis** das Schwanken des Schiffes
5 (seelische) Erregung, Regung; **~ animi** seelische Erregung, *auch* Wankelmut
6 gezoltter Beifall, gespendetes Lob; **iactationem habere in populo** die Zustimmung des Volkes haben

iactātor ⟨iactātōris⟩ M ||iactare|| Prahler, *alicuius rei* mit etw

iactātus ⟨iactātūs⟩ M ||iactare|| (*nachkl.*) *poet* Schütteln, Erschütterung

iactitāre ⟨ō, āvī, ātum 1.⟩ ||iactare|| (*nachkl.*) *poet* öffentlich vortragen, **ridicula** Lächerlichkeiten

iactūra ⟨ae⟩ F ||iacere||
1 das Abwerfen *von Ladung zur Vermeidung eines Schiffbruchs*; **navem iacturā servare** das Schiff durch Abwerfen von Ladung retten
2 *fig* Aufopferung *von etw Wertvollem*, Verlust; **alicuius rei iacturam facere/accipere/pati** den Verlust von etw erleiden, etw verlieren
3 *meton* Aufwand, Kosten

iactus¹ ⟨a, um⟩ PPP → iacere²
iactus² ⟨iactūs⟩ M ||iacere²||
1 Werfen, Schleudern
2 (*nachkl.*) *poet* Wurf *im Würfelspiel*
3 (*nachkl.*) MIL Schussweite; **intra teli iactum** innerhalb der Schussweite

iaculābilis ⟨iaculābile⟩ ADJ ||iaculari|| *poet* zum Werfen geeignet, Wurf...

iaculārī ⟨or, ātus sum 1.⟩ ||iaculum||
A VI den Speer werfen, den Wurfspieß schleudern; **probris in aliquem ~** (*nachkl.*) *fig* mit Beschimpfungen gegen j-n losziehen
B VT (*nachkl.*)
1 werfen, schleudern, *aliquid in aliquem/alicui* etw gegen j-n; **ignem in hostes ~** Feuer auf die Feinde schleudern; **ignem puppibus ~** Feuer auf die Schiffe schleudern
2 **se ~** sich stürzen
3 auf *etw* schießen, *etw/j-n* erlegen, *aliquid/aliquem*; **cervos ~** Hirsche erlegen; **arces sacras ~** die heiligen Burgen mit dem Blitz treffen
4 *fig* streben, **aliquid** nach etw

iaculātiō ⟨iaculātiōnis⟩ F ||iaculari|| (*nachkl.*) Werfen, Wurf

iaculātor ⟨iaculātōris⟩ M ||iaculari|| (*unkl.*)
1 Schleuderer, *re* mit etw
2 MIL Speerschütze

iaculātrīx ⟨iaculātrīcis⟩ F ||iaculator|| Schleuderin; **Diana** als Jägerin

iaculum ⟨ī⟩ N ||iacere|| Wurfspieß, Speer; *Ov. fig* Wurfnetz

iaculus ⟨a, um⟩ ADJ ||iacere|| *Plaut.* zum Werfen geeignet, Wurf...; **rete iaculum** Wurfnetz

iāientāculum ⟨ī⟩ N = ientaculum
iāiūnus ⟨a, um⟩ ADJ = ieiunus

iam ADV
1 *zeitl. von Vergangenheit, Gegenwart u. Zukunft* schon; schon jetzt, eben jetzt, soeben, gerade; **multi ~ anni sunt/erant** schon viele Jahre sind es/waren es; **pater ~ nunc redibit** der Vater wird schon jetzt zurückkommen; **~ tum** schon damals; **cum ~** als eben, als gerade
2 nun, von nun an; **sed ~ age** nun handle endlich
3 sogleich, augenblicklich; **id tu ~ intelleges, cum domum veneris** das wirst du sogleich begreifen, wenn du nach Hause kommst; **iamiam** jeden Augenblick, im nächsten Moment; **iamiam intellego, quid dicas** jetzt begreife

ich, was du sagst

4 ~ ... ~ bald ... bald; **= tum ... tum**

5 non ~/nihil ~/nemo ~ nicht mehr; jetzt noch nicht; **nihil ~ spero** nichts mehr hoffe ich; **~ nequeo** ich kann nicht mehr; **vix ~** kaum mehr, kaum noch

6 weiterführend ferner, weiter; *steigernd* sogar; **videte ~ cetera** seht nun weiter das Übrige; **venio ~ ad aliam rem** ich komme nun zu einer anderen Sache; **~ primum** zuerst, erstens; **~ vero** sogar, wirklich; **~ ut** gesetzt, dass nun

7 *im Syllogismus* nun aber; **= atqui**

iambēus, iambicus ⟨a, um⟩ ADJ *(nachkl.)* poet jambisch

iambus ⟨ī⟩ M

1 Iambus, *Versfuß*, ∪−

2 jambischer Vers, jambisches Gedicht, Spottgedicht, Schmähgedicht

iānālis ⟨iānāle⟩ ADJ ||Ianus|| des Janus

iāniculum ⟨ī⟩ N, **mōns iāniculus** *dem Gott Janus geweihter Hügel Roms am rechten Ufer des Tiber*

iāni-gena ⟨ae⟩ M u. F ||Ianus, gignere|| von Janus geboren, Sohn des Janus, Tochter des Janus

iānitor ⟨iānitōris⟩ M ||Ianus|| Türhüter; *(mlat.)* Küster; **caelestis aulae ~** Türhüter des himmlischen Palastes = Janus

iānitrīx ⟨iānitrīcis⟩ F ||ianitor|| *(vkl., nachkl.)* Pförtnerin

iantāre ⟨ō, āvī, ātum 1.⟩ = **ientare**

ianthina ⟨ōrum⟩ N ||ianthinus|| *Mart.* violette Kleider

ianthinus ⟨a, um⟩ ADJ veilchenfarbig, violett

iānua ⟨ae⟩ F ||Ianus||

1 Tür, Haustür; **ianuam aperire** die Tür öffnen; **ianuam claudere** die Tür schließen

2 *fig* Eingang, Zugang, *alicuius rei* zu etw; **~ Asiae** Zugang zu Asien; **hac ianuā ingressus sum in causam** durch diesen Einstieg bin ich die Sache angegangen

iānuālis ⟨iānuāle⟩ ADJ ||Ianus|| des Janus

iānuārius

A ⟨a, um⟩ ADJ ||Ianus||

1 dem Janus gehörig; dem Janus geweiht

2 zum Januar gehörig

B ⟨ī⟩ M Januar

iānus ⟨ī⟩ M

1 bedeckter Durchgang, Torbogen

2 Janusbogen, *von Numa angelegter Durchgang im N des Forum Romanum, mit nach O u. W offenen Eingängen, mit einer Statue des Janus geschmückt u. daher als Tempel bezeichnet; wurde in Friedenszeiten geschlossen, vor Augustus einmal, unter Augustus dreimal*

3 PL Bögen, Torhallen, *die drei überdeckten Hallen am Forum, i. summus, i. medius u. i. imus*

Iānus ⟨ī⟩ M altital. Gott, *dargestellt mit einem nach vorn u. einem nach hinten gerichteten Gesicht*

Īapetīonidēs ⟨Īapetīonidae⟩ M Nachkomme des Iapetus

Īapetus ⟨ī⟩ M Sohn des Uranos u. der Gaia, Vater von Prometheus, Epimetheus u. Atlas

Iāpudes ⟨Iāpudum⟩, **Iāpydes** ⟨Iāpydum⟩ M Stamm im NW Illyriens

Iāpygia ⟨ae⟩ F ||Iapyx¹|| Südapulien, *Landschaft, in die Iapyx übersiedelte*

Iāpygius ⟨a, um⟩ ADJ ||Iapyx¹|| des Iapyx; südapulisch

Iāpyx¹ ⟨Iāpygis⟩ M

1 Sohn des Kreters Daedalus, der nach Italien übersiedelte

2 Südapulier, *bes* = **Daunus**

3 Nordwestwind, *günstig für die Überfahrt von Süditalien nach Griechenland*

4 *auch adj übersetzt* japygisch, südapulisch; **= Iapygius**

Iāpyx² ⟨Iāpygis⟩ M Trojaner, von Apollo mit der Gabe der Heilkunst ausgestattet, rettete dem verwundeten Aeneas mit der Hilfe von Venus das Leben

Iāsō(n) ⟨Iāsonis⟩ M Anführer der Argonauten

Iāsonius ⟨a, um⟩ ADJ des Iason, zu Iason gehörig

iaspis ⟨iaspidis⟩ F *(nachkl.)* Jaspis, Halbedelstein

iātralīptēs ⟨ae⟩ M *Plin.* Badearzt

Iāzyges ⟨um⟩ M sarmatisches Volk an der unteren Donau

ib., ibd. *Abk* = **ibidem** an derselben Stelle

Ibēr ⟨Ibēris⟩ M = **Hiber**

Ianus – Gott der Türen, des Anfangs und des Endes

Ibēricus ⟨a, um⟩ ADJ = **Hibericus**
Ibērus ⟨ī⟩ M̄ = **Hiberus**
ibī ADV
① örtl. da, dort; **ubi ... ~** wo ... da
② zeitl. da, damals, dann; **~ demum** dann erst; **~ vero** dann vollends
③ fig dabei, in diesem Punkt; **illi ~ sunt** jene sind dabei, jene sind damit beschäftigt
ibī-dem ADV an derselben Stelle, ebendahin; fig bei derselben Gelegenheit
ībis ⟨ībis u. ībidis⟩ F̄ Ibis, Wasservogel
ibiscum ⟨ī⟩ N̄ = **hibiscum**
ibrida ⟨ae⟩ F̄ = **hybrida**
ībus → **is**
Ībycus ⟨ī⟩ M̄ griech. Lyriker aus Regium, 6. Jh. v. Chr., lebte am Hof des Polykrates von Samos
Īcaria ⟨ae⟩ F̄ ‖Icarus‖ Insel in der Ägäis w. von Samos
Īcarius¹
A ⟨a, um⟩ ADJ des Icarus; **mare Icarium** Meer des Icarus
B ⟨ī⟩ M̄
① Vater der Penelope
② = **Icarus**
Īcarus ⟨ī⟩ M̄
① Sohn des Daedalus, versuchte mit seinem Vater mithilfe von Flügeln von Kreta zu fliehen, stürzte dabei ins Meer und ertrank
② Athener, nahm Dionysos/Bacchus freundlich auf u. wurde mit der Rebe u. Kenntnis des Weinbaus belohnt; die berauschten Bauern hielten sich für vergiftet u. erschlugen ihn; von Zeus als Bootes unter die Sterne versetzt
īcas ⟨īcadis⟩ F̄ der 20. Tag jeden Monats, zu Ehren des Epikur gefeiert
iccircō ADV = **idcirco**
īcere ⟨īcō, īcī, ictum 3.⟩
① schlagen, stoßen; **aliquem fulmine ~** j-n mit dem Blitz treffen
② **foedus ~** ein Bündnis schließen unter Schlachtung eines Opfertieres
ichneumōn ⟨ichneumonis⟩ M̄ Plin., Cic. Pharaonenratte, Raubtier in Ägypten
īcī → **icere**
īconicus ⟨a, um⟩ ADJ Suet. nach dem Leben dargestellt
īconismus ⟨ī⟩ M̄ Abbildung, getreue Darstellung
ictericus ⟨a, um⟩ ADJ (nachkl.) poet gelbsüchtig
ictis ⟨ictidis, akk icti, akk pl ictidas⟩ F̄ Frettchen
ictus¹ ⟨a, um⟩ ADJ ‖icere‖ schwer getroffen, beunruhigt; **caput ictum** berauschter Kopf; **vix ~ aer** kaum bewegte Luft
ictus² ⟨ictūs⟩ M̄ ‖icere‖
① Stoß, Schlag, Stich, Wurf; **falsus ~** Fehlstoß; **certus ~** Treffer; **sine ictu** ohne zu treffen; **ictibus** stoßweise; **~ solis** Sonnenstrahl
② Anschlag von Saiteninstrumenten, Schlagen des Taktes; Takt
③ **~ seminis** Lucr. Samenerguss, Ejakulation
④ fig Schlag, Schicksalsschlag
⑤ MIL feindlicher Angriff, Ansturm; **sub ictum dari** den feindlichen Angriffen ausgesetzt sein
id. Abk
① = **īdem** derselbe
② = **idem** dasselbe
Īda ⟨ae⟩ F̄
① Waldgebirge im SO der Troas, Ort des Parisurteils, heute Kazdag
② Gebirgszug auf Kreta, wo Zeus aufgezogen worden sein soll, heute Psiloritis
Īdaeus ⟨a, um⟩ ADJ des Ida; meist **phrygisch, troisch**
Īdaeus ⟨a, um⟩ ADJ des Ida
Īdalia ⟨ae⟩ F̄ Gegend um → **Idalium**
Īdaliē ⟨Īdaliēs⟩ F̄ Aphrodite von Idalium
Īdalium ⟨ī⟩ N̄ Bergzug u. Stadt auf Zypern, Hauptsitz des Aphroditekultes, Ruinen bei Dali, zwischen Larnaka u. Nikosia
Īdalius ⟨a, um⟩ ADJ des Idalium, von Idalium
id-circō ADV darum, deshalb; **tacetis ~, quia periculum vitatis** ihr schweigt deshalb, weil ihr die Gefahr meidet
Īdē ⟨Īdēs⟩ F̄ = **Ida**
īdem ⟨eadem, idem⟩ DEM PR, subst u. adj gebraucht
① derselbe, ebenderselbe, der nämliche, der gleiche; **amicus est alter idem** ein Freund ist das zweite Selbst; **idem velle atque idem nolle** das Gleiche wollen und nicht wollen; **sub eodem tecto** unter demselben Dach; **unus atque idem** nur einer, und zwar immer derselbe; **idem ac/atque/et/qui** derselbe wie, selten +ut/quam/quasi, (unkl.) +cum/+dat
② wenn demselben Subj. ein anderes Prädikat beigegeben wird zugleich, gleichfalls; **stulti iidem miseri sunt** die Dummen sind auch armselig
③ beim Gegensatz dennoch, gleichwohl; **multi, qui vulnera fortiter acceperunt, iidem dolorem morbis ferre non possunt** viele, die Wunden tapfer hingenommen haben, können dennoch den Schmerz einer Krankheit nicht ertragen
identidem ADV ‖idem‖ immer wieder, zum wiederholten Mal
id-eō ADV deswegen, darum
IDIB. Abk = **Idibus** an den Iden; → **Idus**
idiōma ⟨idiōmatis⟩ N̄ (spätl.) Eigentümliches im Ausdruck; (mlat.) Mundart
▶ deutsch: Idiom
idiōta, idiōtēs ⟨ae⟩ M̄ unwissender Mensch, ungebildeter Mensch
Idistavīsō campus M̄ Ebene am rechten Ufer der Weser, wo Germanicus den Arminius 16 n. Chr. besiegte,

IDOL 468

genaue Lage unbekannt

īdōlum ⟨ī⟩ N
1. Bild, Schattenbild
2. PHIL Bild in der Seele, Vorstellung
3. (eccl.) Götzenbild
▶ deutsch: **Idol**

Īdomeneūs ⟨Īdomeneī *u.* Īdomeneos⟩ M
Sohn des Deucalion, Enkel des Minos, König in Kreta, Held der Griechen vor Troja

idōneus ⟨a, um, *adv* idōneē⟩ ADJ
1. passend, geeignet, *absolut od alicui rei/ad aliquid zu etw, +Infl qui +konjkt;* **dux ~** fähiger Feldherr; **auctor ~** zuverlässiger Gewährsmann; **ventus ~** günstiger Wind; **locus castris ~** für das Lager geeigneter Platz
2. für *etw* empfänglich, einer Sache würdig, *re, + Infl qui +konjkt*
3. straffällig; **digni et idonei** Strafwürdige und Straffällige

īdos N *indekl Sen.* Aussehen, Gestalt; Bild

Īdūs ⟨Īduum⟩ F die Iden, *Datum der Monatsmitte; in den Monaten März, Mai, Juli u. Oktober am 15., in den übrigen Monaten am 13. Tag*

īdyllium ⟨ī⟩ N kleines Gedicht, *oft bukolischen Charakters,* Idylle

iēcī → iacere²

iecur ⟨iecoris⟩ N Leber, *bes wichtiges Organ für die Eingeweideschau, nach antiker Auffassung Sitz der Affekte u. der sinnlichen Liebe*

iecusculum ⟨ī⟩ N ||iecur|| kleine Leber

iēientāculum ⟨ī⟩ N = ientaculum

iēiūnicōsus ⟨a, um⟩ ADJ ||ieiunium|| *Plaut.* ganz nüchtern, hungrig

iēiūnitās ⟨iēiūnitātis⟩ F ||ieiunus||
1. (vkl., nachkl.) Nüchternheit
2. *fig* Trockenheit *in der Rede;* Mangel an Kenntnissen

iēiūnium ⟨ī⟩ N ||ieiunus||
1. Fasten, Fastenzeit; **ieiunium ponere** das Fasten beenden; **ieiunium solvere** das Fasten unterbrechen
2. *meton* Hunger
3. *meton* Magerkeit, Unterernährung, *bes bei Tieren*

iēiūnus ⟨a, um, *adv* iēiūnē⟩ ADJ
1. nüchtern, mit leerem Magen, hungrig, durstig; **homo ~** nüchterner Mensch; **stomachus ~** leerer Magen
2. *fig vom Feld* mager, dürr, trocken
3. nach *etw* hungrig, nach *etw* verlangend, *alicuius rei;* **aures huius orationis ieiunae** durch diese Rede unbefriedigte Ohren
4. *fig von der Rede u. vom Redner* trocken, fad

ientāculum ⟨ī⟩ N ||ientare|| (erstes) Frühstück, Morgenimbiss

ientāre ⟨ō, āvī, ātum 1.⟩ frühstücken, den Morgenimbiss einnehmen

igitur KONJ, *meist nachgestellt*
1. schlussfolgernd also, somit, daher, demnach
2. *bei Aufforderungen* also, so … denn
3. also, wie gesagt *zur Wiederaufnahme eines durch eine Zwischenbemerkung unterbrochenen Gedankens*
4. zusammenfassend also, kurz, mit einem Wort

ī-gnārus ⟨a, um⟩ ADJ ||in-², gnarus||
1. unwissend, unerfahren, *absolut od alicuius rei/ de re* in einer Sache, bezüglich einer Sache, *+Acl/+indir Frgs; absolut* ohne etw zu wissen, ahnungslos; **legum ~** ohne Kenntnis der Gesetze; **~ orationis faciendae** unerfahren darin, eine Rede zu halten; **~ ante malorum** nicht an die Übel denkend; **omnibus ignaris** ohne dass j-d etw ahnte; **fors ignara** blinder Zufall
2. (nachkl.) unbekannt, fremd; **regio hostibus ignara** den Feinden unbekannte Gegend

īgnāvia ⟨ae⟩ F ||ignavus|| Trägheit; Feigheit; **~ est contraria fortitudini** Feigheit ist das Gegenteil von Tapferkeit

ī-gnāvus
A ⟨a, um⟩ ADJ, ADV ⟨ignāvē *u.* ignāviter⟩
1. träge, untüchtig, *ad aliquid/alicuius rei* zu etw; **homo ~** träger Mensch; **gravitas ignava** unbewegliche Last; **nemus ignavum** unfruchtbarer Hain; **palatum ignavum** sprachloser Gaumen; **letum ignavum** ruhmloser Tod
2. feige, mutlos; **animus ~** feige Gesinnung
B ⟨ī⟩ M Feigling

īgnēscere ⟨ēscō, -, - 3.⟩ ||ignis|| in Brand geraten; *poet von Leidenschaften* entbrennen; **ira ignescit** der Zorn entbrennt

īgneus ⟨a, um⟩ ADJ ||ignis||
1. feurig, brennend; **sidera ignea** glühende Sterne; **Chimaera ignea** Feuer schnaubende Chimaera; **aestas ignea** sengende Hitze
2. (nachkl.) *fig, poet* feuerfarbig, glänzend
3. *fig* hitzig, glühend
4. *fig* blitzschnell

īgniculus ⟨ī⟩ M ||ignis||
1. (nachkl.) kleine Flamme Funke
2. PL *fig* erste Anfänge, Keime
3. *fig* Heftigkeit; **~ desiderii** heiße Sehnsucht

īgni-fer ⟨ignifera, igniferum⟩ ADJ ||ignis, ferre|| *poet* Feuer tragend, feurig

īgni-gena ⟨ae⟩ M ||ignis, gignere|| feuergeboren; **Bacchus ~** *Ov.* der feuergeborene Bacchus

īgni-pēs ⟨ignipedis⟩ ADJ ||ignis|| *poet* feuerfüßig, schnell

īgni-potēns ⟨ignipotentis⟩ ADJ ||ignis|| das Feuer beherrschend

īgnis ⟨ignis, *abl* igne *u.* ignī⟩ M
1. Feuer; **ignem facere/accendere** Feuer machen; **ignem restinguere** das Feuer löschen; **ignem concipere/comprehendere** Feuer fan-

gen; **aliquem aquā et igni interdicere** j-m Feuer und Wasser versagen = j-n ächten
2 Wachfeuer, Opferfeuer; **ignibus significationem facere** durch Feuer Signale geben; **aliquem igni cremare** j-n verbrennen
3 Brand; **domibus ignem inferre** Häuser in Brand stecken; **ferro ignique vastare** mit Feuer und Schwert verwüsten
4 Fackel; *fig* Verderben; **parvus hic ~ magnum incendium exsuscitabit** *Liv.* dieses kleine Feuer (= der junge Hannibal) wird einen großen Brand entfachen
5 PL Brände *zur Folterung*
6 Blitz
7 Stern, Gestirn
8 **sacer ~** *poet* Antoniusfeuer, *Krankheit mit bösartigen Geschwüren*
9 feurige Farbe, Röte, Feuerglanz, Glut, Schein, Schimmer, Funkeln, *bes* Sternenglanz, Fackelschein
10 *poet* Glut, Hitze; **~ solis** Sonnenhitze
11 *fig* Leidenschaft, Zornesglut; *meton* Geliebte
12 (*mlat.*) Höllenfeuer

ignītus ⟨a, um⟩ ADJ ||ignis|| feurig, glühend
ī-gnōbilis ⟨ignōbile, *adv* ignōbiliter⟩ ADJ ||in-², nobilis|| *von Personen u. Sachen* unbekannt, unbedeutend; **ignobili loco natus** von unbedeutender Herkunft
ignōbilitās ⟨ignōbilitātis⟩ F ||ignobilis|| Ruhmlosigkeit, niedere Herkunf
ignōminia ⟨ae⟩ F ||in-², nomen|| Schimpf, Schande, , *alicuius* j-s *od* für j-n, *alicuius rei* wegen einer Sache; **aliquem ignominiā afficere** j-m Schimpf und Schande zufügen, *bes als zensorische Maßnahme durch Aberkennung od Schmälerung der bürgerlichen Rechte*; → **infamia**
ignōminiōsus ⟨a, um, *adv* ignōminiōsē⟩ ADJ ||ignominia||
1 schimpflich, ehrenrührig
2 *von Personen* durch öffentliche Beschimpfung getroffen, entehrt
ignōrābilis ⟨ignōrābile, *adv* ignōrābiliter⟩ ADJ ||ignorare|| unbekannt
ignōrantia ⟨ae⟩ F ||ignorans|| Unkenntnis, Unwissenheit *als dauernder Zustand*
ignōrātiō ⟨ignōrātiōnis⟩ F ||ignorare||
1 Unkenntnis, Unwissenheit
2 fehlendes Bewusstsein, Unfreiwilligkeit
ignōrātus ⟨a, um⟩ ADJ ||ignorare||
1 unbekannt, unerkannt, *ab aliquo* j-m, von j-m; **ars ignorata** Unkenntnis der Kunst
2 *Sall., Tac.* unbemerkt
3 unbewusst, unfreiwillig
4 unverschuldet
ignōrāre ⟨ō, āvī, ātum 1.⟩ ||ignarus||
1 nicht kennen, nicht wissen, *absolut od aliquem/aliquid* j-n/etw, *de aliquo* über j-n, *+AcI/+indir Fragesatz*; *passiv* unbekannt bleiben, unbemerkt bleiben; **Lucullum ~** den Charakter des Lucullus nicht kennen
2 **non ~** sehr wohl wissen
3 nicht kennen wollen, verleugnen
▶ *deutsch:* **ignorieren**
ignōscēns ⟨ignōscentis⟩ ADJ ||ignoscere|| *Ter.* versöhnlich, verzeihend
ī-gnōscere ⟨gnōscō, gnōvī, gnōtum 3.⟩ j-m verzeihen, *auch* j-n begnadigen, *alicui*; **alicui omnia ~** j-m alles verzeihen; **ignosco, quod non fecisti** ich verzeihe, dass du nicht gehandelt hast; **~ non possum, si quis stulte facit** ich kann nicht verzeihen, wenn j-d töricht handelt; **ignoscendus** verzeihlich
ī-gnōtus¹ ⟨a, um⟩ PPP → **ignoscere**
ī-gnōtus²
A ⟨a, um⟩ ADJ ||in-², notus||
1 *von Personen u. Sachen* unbekannt, fremd; **~ in populo** beim Volk unbekannt
2 unbemerkt, ungewohnt, unerhört
3 *selten* von niederer Herkunft, ohne bekannte Ahnen
4 unkundig
B ⟨ī⟩ M
1 Fremder, Unbekannter; **noti ignotique** Bekannte und Unbekannte
2 Mensch von niederer Herkunft, Mensch ohne bekannte Ahnen
3 Unkundiger, Unwissender; **ignotis aliquid notum facere** den Unwissenden etw bekannt machen
ī-gnōvī → **ignoscere**
Iguvīnātes ⟨Iguvīnātium⟩ M, **Iguvīnī** ⟨ōrum⟩ M die Einwohner von Iguvium
Iguvīnus ⟨a, um⟩ ADJ aus Iguvium, von Iguvium
Iguvium ⟨ī⟩ N alte Stadt in Umbrien, heute Gubbio
iī → **ire**
īle ⟨īlis⟩ N Schambereich, Genitalbereich
Ilerda ⟨ae⟩ F Stadt in Hispania Tarraconensis, Hauptstadt der Ilergetes; heute Lerida
Ilergaonēs ⟨Ilergaonum⟩ M, **Ilergavonēnsēs** ⟨Ilergavonēnsium⟩ M Volk in Hispania Tarraconensis
Ilergētes ⟨Ilergētum⟩ M Volk in Hispania Tarraconensis
īleum ⟨ī⟩ N = **ile**
īlex ⟨īlicis⟩ F Steineiche, Eiche
īlia ⟨īlium⟩ N *Catul.* Unterleib; Eingeweide, Magen; Schambereich; **ilia ducere** schwer atmen, tief atmen, keuchen
Īlia ⟨ae⟩ F ||Ilium|| Troerin, Trojanerin, *bes* Rhea Silvia, *die Stammmutter Roms*
Īliacus ⟨a, um⟩ ADJ ||Ilium|| troisch, trojanisch

Īliadēs¹ ⟨Īliadae⟩ M ||Ilium|| Troer, = Ganymedes

Īliadēs² ⟨Īliadae⟩ M ||Ilia|| Sohn der Ilia, = Romulus, Remus

Īlias
- **A** ⟨Īliadis⟩ ADJ F ||Ilium|| troisch, trojanisch
- **B** ⟨Īliadis⟩ F
  1. Troerin, Trojanerin
  2. die Ilias des Homer, das Epos vom Trojanischen Krieg

īlicet ADV ||ire licet||
1. Com. lasst uns gehen!, es ist vorbei
2. poet sogleich, sofort

īlicētum ⟨ī⟩ N ||ilex|| Mart. Eichenwald

īlicō ADV ||in¹, locus||
1. Com. örtl. an dem Ort, dort
2. zeitl. auf der Stelle, sofort

Īliēnsēs¹ ⟨Īliēnsium⟩ M Volk auf Sardinien

Īliēnsēs² ⟨Īliēnsium⟩ M ||Ilium|| die Troer, die Trojaner

īlignus ⟨a, um⟩ ADJ ||ilex|| Com., Hor. von der Steineiche, Eichen...

Īliī ⟨ōrum⟩ M ||Ilium|| die Troer, die Trojaner

Īlion ⟨ī⟩ N = **Ilium**

Īliona ⟨ae⟩ F
1. = Ilione
2. = Hecuba

Īlionē ⟨Īlionēs⟩ F älteste Tochter des Priamus, Titel eines Dramas des Pacuvius

Īlios ⟨ī⟩ F = **Ilium**

Īlīthyīa ⟨ae⟩ F griech. Göttin der Geburtshilfe, Tochter des Zeus u. der Hera

Īliturgī ⟨ōrum⟩ M Stadt in Hispania Baetica, heute Andújar

Īliturgitānī ⟨ōrum⟩ M die Einwohner von Iliturgi

īlium ⟨ī⟩ N = **ile**

Īlium ⟨ī⟩ N poet Name des homerischen Troja, gegründet von Tros u. seinem Sohn Ilos

Īlius ⟨a, um⟩ ADJ ilisch, troisch, trojanisch

illā ADV → **ille**

il-labefactus ⟨a, um⟩ ADJ ||in², labefacere|| poet unerschüttert, unerschütterlich

il-lābī ⟨labor, lāpsus sum 3.⟩
1. hineingleiten, sich einschleichen, absolut od in aliquid/ad aliquid in etw, bei etw, auch alicui rei in etw; **in hominum animos ~** sich in die Herzen der Menschen einschleichen; **~ urbi** sich in die Stadt schleichen
2. einstürzen

il-labōrāre ⟨ō, -, - 1.⟩ Tac. sich abmühen, re bei etw, **domibus** beim Bau der Häuser

il-labōrātus ⟨a, um⟩ ADJ ||in², laborare|| (nachkl.)
1. unbearbeitet
2. ungezwungen, mühelos

illāc ADV ||illic||
1. auf jener Seite, dort
2. dorthin; **~ facere** Cic. zu jener Partei gehören

il-lacessītus ⟨a, um⟩ ADJ Tac. ungereizt, unangefochten

il-lacrimābilis ⟨illacrimābile⟩ ADJ
1. unbeweint
2. ohne Tränen, unerbittlich

il-lacrimāre ⟨ō, āvī, ātum 1.⟩, **il-lacrimārī** ⟨or, ātus sum 1.⟩
1. über etw weinen, etw beweinen, absolut od aliquid/alicui rei; **~ alicuius mortem/morti** über j-s Tod weinen
2. Hor. dazu weinen

il-laesus ⟨a, um⟩ ADJ ||in², laedere|| (nachkl.) poet unverletzt, unangefochten

il-laetābilis ⟨illaetābile⟩ ADJ poet unerfreulich, traurig

il-laqueāre ⟨ō, āvī, ātum 1.⟩ ||in¹, laqueus||
1. verstricken, umgarnen, aliquem re j-n mit etw
2. zum Treuebruch verführen

il-lātus ⟨a, um⟩ PPP → **inferre**

il-laudātus ⟨a, um⟩ ADJ (unkl.) poet ungelobt, ruhmlos

il-lautus ⟨a, um⟩ ADJ = **illutus**

ille ⟨illa, illud⟩ DEM PR, subst u. adj
1. örtl. jener; **~ locus** jener Ort
2. örtl. dort befindlich; dort; **illa ripa** das jenseitige Ufer; **~ exercitus** das feindliche Heer
3. zeitl. vergangen, früher; **illi consules** die damaligen Konsuln; **ex illo** seitdem; **qua illa scelera vidistis?** was habt ihr damals für Verbrechen gesehen?
4. zurückverweisend früher erwähnt, schon erwähnt; **~ alter filius** der bereits erwähnte zweite Sohn
5. statt eines **illa fama** die Kunde davon; **~ dolor** der Schmerz darüber
6. hervorhebend jener bekannte, jener berühmte; pej jener berüchtigte; **magnus ~ Alexander** jener berühmte Alexander; **hic ~ est** das ist der bekannte; **illud Socratis** jener berühmte Ausspruch des Sokrates; **illud Homeri** jenes bekannte Werk des Homer
7. **hic ... ille** dieser ... jener, der Erstere ... der Letztere, der eine ... der andere; **ille et ille** der oder der
8. folgender; **hoc quidem durum et acerbum est, illud vero ferri non potest** das ist zwar hart und bitter, das Folgende aber ist unerträglich
9. zur Verstärkung des Subj. in Verbindung mit quidem freilich, allerdings; **severitas habet illa quidem gravitate, sed ...** die Strenge hat freilich ihre Bedeutung, aber ...
10. **illā** adv (erg. **viā/parte**) (unkl.) dort, auf jener Seite, auch dorthin

11 **illō** *adv* dorthin; *fig* dahin, zu jener Sache
12 **illud** so viel, nur so viel; **illud constat** so viel steht fest

illecebra ⟨ae⟩ F ||illicere||
1 Verlockung, Reiz, *alicuius* j-s, *alicuius rei* von etw, zu etw
2 *meton* Gabe der Verführung; *Plaut.* Lockvogel

illecebrōsus ⟨a, um, *adv* illecebrōsē⟩ ADJ ||illecebra|| (*vkl., nachkl.*) verführerisch

illectus[1] ⟨a, um⟩ ADJ ||illicere|| angelockt
illectus[2] ⟨illectūs⟩ M ||illicere|| *Plaut.* Lockung
il-lectus[3] ⟨a, um⟩ PPP → **illicere**
il-lectus[4] ⟨a, um⟩ ADJ ||in², legere|| ungelesen
il-lepidus ⟨a, um, *adv* illepidē⟩ ADJ (*unkl.*) unfein, witzlos
il-lēvī → **illinere**
illex ⟨illicis⟩ M u. F ||illicere|| (*vkl., nachkl.*) Verführer, Verführerin, Lockvogel
il-lēxī → **illicere**
illī ADV ||ille|| *Com.* dort; *fig* dabei
il-lībātus ⟨a, um⟩ ADJ ||in², libare|| unvermindert, ungeschwächt, ungeschmälert
il-līberālis ⟨illīberāle, *adv* illīberāliter⟩ ADJ
1 eines freien Mannes unwürdig, unanständig; **homo ~** gemeiner Mensch; **iocandi genus illiberale** unanständige Art zu scherzen
2 unhöflich, ungefällig, *in aliquem* gegen j-n
3 *Liv.* knauserig
illīberālitās ⟨illīberālitātis⟩ F ||illiberalis||
1 unedles Benehmen, ungezogenes Benehmen
2 mangelnde Gefälligkeit
3 (*vkl., nachkl.*) Knauserei
illīc[1] ⟨illaec, illūc⟩ DEM PR ||ille, ce|| jener da; **~ne?** jener da?
illīc[2] ADV ||illic¹||
1 dort, da; *fig* im Jenseits
2 (*nachkl.*) *poet* auf jener Seite, bei jenem Menschen
3 (*vkl., nachkl.*) in jener Sache, bei jener Gelegenheit
il-licere ⟨liciō, lēxī, lectum 3.⟩ anlocken; *pej* verlocken, *aliquem re* j-n mit etw, *aliquem ad aliquid/in aliquid* j-n zu etw, *ut* dass, +konjkt/+inf
illicita ⟨orum⟩ N ||illicitus|| Unerlaubtes
il-licitātor ⟨illicitātōris⟩ M Scheinbieter, Scheinkäufer, *der nur zum Schein bietet um den Preis hochzutreiben*
il-licitus ⟨a, um, *adv* illicitē⟩ ADJ (*nachkl.*) unerlaubt, unzulässig
illicō ADV = **ilico**
il-līdere ⟨līdō, līsī, līsum 3.⟩ ||in¹, laedere||
1 (*vkl.*) *poet* hineinschlagen, hineinstoßen, *alicui rei/in aliquid* in etw; **navis in proximum vadum illiditur** das Schiff wird in die nächste Untiefe getrieben
2 (*nachkl.*) *poet* anschlagen, anstoßen, *aliquid alicui rei/ad rem* etw an etw; **caput foribus ~** den Kopf an die Tür schlagen; **saxibus illidi** auf Felsen geraten
3 zerschlagen, zerschmettern; **serpentem ~** eine Schlange zerschmettern
il-ligāre ⟨ō, āvī, ātum 1.⟩
1 anbinden, befestigen; **manūs post tergum ~** die Hände hinter dem Rücken festbinden; **iuga tauris ~** den Stieren die Joche auflegen; **aratra iuvencis ~** junge Stiere vor die Pflüge spannen; **sententiam verbis ~** *fig* seine Meinung in Worte fassen
2 *fig* fesseln; verpflichten; **se foedere cum Romanis ~** sich den Römern vertraglich verpflichten
3 *fig* verwickeln, hemmen; **illigatus praedā** *Tac.* beladen mit Beute; **illigari angustis disputationibus** in kleinlichen Untersuchungen befangen sein
illim ADV ||ille||
1 *örtl.* von da, von dort
2 *Sall. zeitl.* von da an
il-līmis ⟨illīme⟩ ADJ ||limus¹|| schlammfrei; **fons ~** reine Quelle
illinc ADV ||ille||
1 *örtl.* von dort; dort; **~ ... hinc** dort ... hier
2 *zeitl.* seit jener Zeit, seit damals
3 **~ facere** *fig* zu jener Partei gehören
il-linere ⟨liniō, lēvī, litum 3.⟩
1 (*nachkl.*) *poet* aufstreichen, auf *etw* streichen, *aliquid alicui rei* etw auf etw; **collyria oculis ~** Augensalbe auf die Augen streichen; **aliquid chartis ~** etw auf das Papier schmieren; **nives agris ~** die Felder mit Schnee bedecken
2 bestreichen, überziehen, *aliquid re* etw mit etw; **pocula ceris ~** Becher mit Wachs überziehen
il-liquēfactus ⟨a, um⟩ ADJ flüssig gemacht, geschmolzen
il-līsī → **illidere**
il-līsus ⟨a, um⟩ PPP → **illidere**
il-litterātus
A ⟨a, um⟩ ADJ ungelehrt, ohne wissenschaftliche Bildung, ohne Sprach- und Literaturkenntnisse; unwissenschaftlich
B ⟨ī⟩ M (*mlat.*) Laie
illō → **ille**
illōc ADV = **illuc**²
il-locābilis ⟨illocābile⟩ ADJ ||in-², locare|| *Plaut.* nicht an den Mann zu bringen, nicht zu verheiraten
il-lōtus ⟨a, um⟩ ADJ = **illutus**
illūc[1] → **illic**¹
illūc[2] ADV ||illic¹||
1 *örtl.* dorthin, dahin; **huc (et) illuc/illuc et il-**

luc hierhin und dorthin, nach allen Seiten
2 in jene Welt, ins Jenseits
3 *(vkl., nachkl.)* zeitl. bis dahin
4 *fig* dahin, dorthin; **~ facere** zu jener Partei halten; **~ redeamus** kommen wir zu jenem Thema zurück

il-lūcēre ⟨eō, -, - 2.⟩ *(vkl., spätl.)* auf *etw* leuchten, *alicui rei*

il-lūcēscere ⟨lūcēscō, lūxī, - 3.⟩
A *VI*
1 zu leuchten beginnen; **dies illucescit** der Tag bricht an; **illucescit** es wird Tag, es wird hell
2 *fig* hervorleuchten, sich zeigen; **vox consulis populo Romano in tenebris illuxit** die Stimme des Konsuls leuchtete dem römischen Volk in der trüben Lage
B *VT* bescheinen, *aliquem* jdn

il-lūdere ⟨lūdō, lūsī, lūsum 3.⟩
1 umspielen, *alicui rei* etw; **palla talis illudit** das Gewand umspielt die Fußknöchel
2 spielend hinschreiben; **chartis ~** *Hor.* spielend zu Papier bringen
3 *fig* mit *j-m/etw* spielen, sein Spiel mit *j-m/etw* treiben, *j-n* verspotten, *j-n* verhöhnen, *alicui/aliquem/in aliquem/alicui rei/aliquid*; *absolut* spotten; *passiv* verspottet werden; **alicuius dignitati ~** j-s Würde verspotten
4 *fig* täuschen, betrügen, *aliquem/alicui*
5 *fig* sich an *j-m* vergreifen, *etw* mutwillig beschädigen, *alicui/alicuius rei u. aliquem/aliquid*; **pecuniae ~** Geld durchbringen; **corpus alicuius ~** j-n vergewaltigen

il-lūmināre ⟨ō, āvī, ātum 1.⟩ ||lumen|| erleuchten; *fig* verherrlichen; **orationem sententiis ~** eine Rede mit Zitaten schmücken

illūminātē *ADV* ||illuminare|| klar, erleuchtet

il-lūnis ⟨illūne⟩ *ADJ* ||in-², luna|| *(nachkl.)* ohne Mondschein; **nox ~** mondlose Nacht

Illuricus ⟨a, um⟩ *ADJ* = **Illyricus**; → **Illyria**

Illurii ⟨ōrum⟩ *M* = **Illyrii**; → **Illyria**

il-lūsī → **illudere**

illūsiō ⟨illūsiōnis⟩ *F* ||illudere|| RHET Spott, Ironie *als Figur*

illūstrāmenta ⟨ōrum⟩ *N* ||illustrare|| *Quint.* Verschönerungsmittel

il-lūstrāre ⟨ō, āvī, ātum 1.⟩
1 erleuchten, erhellen; **candelabri templum fulgore ~** den Tempel mit dem Schein des Leuchters erhellen
2 *fig* ans Licht bringen, offenbaren; *passiv* ans Licht kommen
3 *fig* anschaulich machen, erklären; **philosophiam Latinis litteris ~** die Philosophie in lateinischen Schriften erläutern
4 *fig* Glanz verleihen, feiern; *passiv* gefeiert werden, zu hohem Ruhm gelangen

illūstrātiō ⟨illūstrātiōnis⟩ *F* ||illustrare|| RHET Anschaulichkeit, anschauliche Darstellung

illūstris ⟨illūstre, adv nur komp illūstrius⟩ *ADJ*
1 erleuchtet, hell
2 *fig* für den Verstand einleuchtend, klar; **illustrius dicere de re** über etw deutlicher sprechen
3 *fig* glänzend, auffallend
4 *fig* berühmt, hervorragend; **de viris illustribus** Über berühmte Männer, *Titel eines Werkes von Nepos*
5 *fig* vornehm, angesehen

il-lūsus ⟨a, um⟩ *PPP* → **illudere**

illūti(bi)lis ⟨illūti(bi)le⟩ *ADJ* ||in-², -luere¹|| *Plaut.* durch Waschen nicht zu beseitigen

il-lūtus ⟨a, um⟩ *ADJ* ||in-², -luere¹||
1 *(vkl., nachkl.)* ungewaschen, unrein, schmutzig; *fig* unanständig
2 *Verg.* nicht abgewaschen; **sudor ~** nicht abgewaschener Schweiß

il-luviēs ⟨illuviēī⟩ *F* ||in-², lavare|| *(unkl.)*
1 Schmutz *an Mensch u. Tier*
2 Überschwemmung; *meton* Morast

Illyria ⟨ae⟩ *F*, **Illyricum** ⟨ī⟩ *N* Illyrien, *9 n. Chr. von den Römern unterworfen u. in die Provinzen Dalmatia u. Pannonia aufgeteilt*

Illyricus ⟨a, um⟩ *ADJ* illyrisch

Illyrii ⟨ōrum⟩ *M* indogerm. Volk, *zu dem Griechen u. Römer nur die Bewohner ö. der Adria rechneten*

Illyris ⟨Illyridis⟩ *F* Illyrien

Illyris ⟨Illyridis⟩ *ADJ F*, **Illyrius** ⟨a, um⟩ *ADJ* illyrisch

Īlōtae ⟨ārum⟩ *M* = **Hilotae**

Īlus ⟨ī⟩ *M*
1 *Sohn des Tros, Vater des Laomedon, König von Troja*
2 = **Iulus**

Ilva ⟨ae⟩ *F* Insel an der Küste vor Etrurien, heute Elba

imāginārī ⟨or, ātus sum 1.⟩ ||imago|| *(nachkl.)* sich einbilden, sich vorstellen, träumen

imāginārius ⟨a, um⟩ *ADJ* ||imaginari|| *(nachkl.)*
1 Bilder...; **pictor ~** Porträtmaler
2 scheinbar, Schein...

imāginātiō ⟨imāginātiōnis⟩ *F* ||imaginari|| *(nachkl.)* Einbildung, Vorstellung, Phantom, Traum

imāginōsus ⟨a, um⟩ *ADJ* ||imago|| *Catul.* voller Einbildung, voller Fantasie

imāgō ⟨imāginis⟩ *F*
1 Bild, Abbildung *als Plastik u. Gemälde*, Statue, Büste, Porträt; **~ ficta** Büste; **~ picta** Porträt; **~ avi** Porträt des Großvaters
2 Ahnenbild, Wachsmaske *der Vorfahren*; **ius imaginum** Gesetz über die Ahnenbilder, *Gesetz, das bestimmte, welche Ahnenbilder im Atrium aufgestellt werden durften*

IMMA

3 Ebenbild, Abbild
4 Schatten, Schattenbild; **imagines mortuorum** die Schatten der Toten
5 Traumbild; Trugbild
6 *mit u. ohne* **voce** Echo
7 Vorspiegelung, Vorwand; **aliquem imagine pacis decipere** j-n durch die Vorspiegelung des Friedens täuschen
8 Erscheinung, Anblick, **insepultorum** der Unbestatteten
9 RHET Gleichnis, Vergleich; **hac ego compellor imagine** *Hor.* mit diesem Gleichnis werde ich angemahnt
10 PHIL Vorstellung; Begriff
11 Gedanke, *alicuius/alicuius rei* an j-n/an etw; **~ poenae** Gedanke an die Strafe; **tua ~** der Gedanke an dich

imāguncula ⟨ae⟩ F̄ ‖imago‖ Bildchen
imbēcillis ⟨imbēcille⟩ ADJ = **imbecillus**
imbēcillitās ⟨imbēcillitātis⟩ F̄ ‖imbecillus‖
1 Schwäche *im physischen Sinn, aber auch von Sachen*, **corporis** des Körpers, **materiae** des Bauholzes
2 Kränklichkeit, Krankheit
3 *fig* Mangel an Energie, Antriebsschwäche

im-bēcillus ⟨a, um⟩ ADJ, ADV *nur im komp* **imbēcillius**
1 schwach, kraftlos; **senex ~** schwacher Greis; **aetas imbecilla** kraftloses Zeitalter; **medicina imbecilla** unwirksame Medizin
2 kränklich
3 *fig* haltlos, schwankend; **imbecillius assentiri** auf weniger entschiedene Weise zustimmen

im-bellis ⟨imbelle⟩ ADJ ‖bellum‖
1 unkriegerisch; **telum imbelle** kraftloses Geschoss
2 feige; **res imbelles** feiges Benehmen
3 friedlich; wehrlos

imber ⟨imbris⟩ M̄
1 Regenguss, Regen; **~ lapidum** Steinregen; **~ tortus** Hagel; *pl* Regentropfen, Regenströme
2 *poet* Unwetter, Gewitter
3 (*nachkl.*) *meton* Regenwasser *zur Bewässerung, allg.* Wasser

im-berbis ⟨imberbe⟩ ADJ, **imberbus** ⟨a, um⟩ ADJ ‖in-², barba‖ bartlos
im-bibere ⟨bibō, bibī, - 3.⟩ (*nachkl.*) in sich hineintrinken; *fig* sich aneignen; **~ animo malam opinionem de aliquo** von j-m eine schlechte Meinung bekommen
im-bītere ⟨ō, -, - 3.⟩ *Plaut.* hineingehen
imbrex ⟨imbricis⟩ F̄ *u.* M̄ ‖imber‖ (*unkl.*)
1 Hohlziegel *zur Ableitung von Wasser; meton* Dach aus Hohlziegeln
2 *fig* Beifallklatschen *mit hohlen Händen*
3 Rippenstück; **~ porci** Schweinerippchen

imbricus ⟨a, um⟩ ADJ, **imbri-fer** ⟨imbrifera, imbriferum⟩ ADJ ‖imber, ferre‖ Regen bringend, regnerisch

im-buere ⟨uō, uī, ūtum 3.⟩
1 befeuchten, eintauchen, *aliquid re* etw mit etw, etw in etw
2 erfüllen, *re* mit etw, **pectora pietate** die Herzen mit Frömmigkeit
3 *pej* beflecken, vergiften; **gladium scelere ~** das Schwert durch ein Verbrechen beflecken
4 an *etw* gewöhnen,, *re*; heranbilden, *ad aliquid* zu etw, *+inf*; *passiv u.* **se ~** sich gewöhnen
5 beginnen, zuerst kennenlernen; **terras vomere ~** das Land zum ersten Mal pflügen; **exemplum ~** das erste Beispiel geben

imitābilis ⟨imitābile⟩ ADJ ‖imitari‖ leicht nachzuahmen; **non ~** unnachahmlich
imitāmen ⟨imitāminis⟩ N̄, **imitāmentum** ⟨ī⟩ N̄ = **imitatio**

imitārī ⟨or, ātus sum 1.⟩ PPERF *auch passiv*
1 nachahmen; *pej* nachäffen, *aliquem in re* j-n in etw
2 nachahmend darstellen, nachbilden, **alicuius chirographum ~** j-s Handschrift nachahmen
3 *von Leblosem* gleichkommen, ähnlich sein, *aliquid* einer Sache; **umor potest ~ sudorem** Feuchtigkeit kann dem Schweiß ähnlich sein; **imitans/imitatus** ähnlich; **imitans/imitatus metas** kegelförmig; **imitans lunam** mondförmig
4 *poet* ersetzen, *aliquid re* etw durch etw, **ferrum sudibus** das Schwert durch Knüttel; **pocula vitea acidis sorbis ~** Wein durch bittere Vogelbeeren ersetzen
5 übersetzen
6 im Geist Vorhandenes darstellen; **gaudium ~** Freude zeigen; **aliquid penicillo ~** etw mit dem Pinsel darstellen

imitātiō ⟨imitātiōnis⟩ F̄ ‖imitari‖
1 *abstr.* Nachahmung; *pej* Nachäffung, *alicuius/alicuius rei* von j-m/von etw
2 (*nachkl.*) *abstr.* Nachahmungstrieb
3 (*nachkl.*) *konkr.* Nachahmung, *auch* Übersetzung
▶ deutsch: Imitation

imitātor ⟨imitātōris⟩ M̄ ‖imitari‖ Nachahmer; *pej* Nachäffer
imitātrīx ⟨imitātrīcis⟩ F̄ ‖imitator‖ Nachahmerin
im-maculātus ⟨a, um⟩ ADJ ‖in-², maculare‖ unbefleckt
im-madēscere ⟨madēscō, maduī, - 3.⟩ nass werden, feucht werden
im-mānis ⟨immāne, *adv* immāne *u.* immā-

niter⟩ ADJ ||manes||
1 ungeheuer groß, gewaltig; **corpus immane** Riesenleib; **belua ~** ungeheures Tier; **praeda ~** ungeheuer große Beute; **immane quantum discrepare** ungeheuer weit abweichen
2 *von Menschen* grausam*h*; *von Tieren* wild; *von Sachen* entsetzlich
immānitās ⟨immānitātis⟩ F ||immanis||
1 (*nachkl.*) ungeheure Größe
2 *von Wesen u. Charakter* Entsetzlichkeit, Wildheit, Rohheit; **~ verborum** ungeheuerliche Neuerung im Sprachgebrauch
3 *meton* Scheusal, Unmensch; **in hac immanitate versari** unter solchen Unmenschen leben
im-mānsuētus ⟨a, um⟩ ADJ ungezähmt, roh, wild; **gens immansueta** wildes Volk; **ventus ~** stürmischer Wind
immātūritās ⟨immātūritātis⟩ F ||immaturus||
1 (*nachkl.*) Unreife
2 *fig* Voreiligkeit
im-mātūrus ⟨a, um⟩ ADJ
1 (*nachkl.*) unreif; noch nicht erwachsen; **uva immatura** unreife Traube; **puella immatura** noch nicht erwachsenes Mädchen
2 *fig* vorzeitig, zu früh erfolgt; **mors immatura** zu früher Tod
im-mediātus ⟨a, um⟩ ADJ ||in-², medius|| unvermittelt; (*mlat.*) unmittelbar
im-medicābilis ⟨immedicābile⟩ ADJ *poet* unheilbar; **telum immedicabile** Geschoss, das eine unheilbare Wunde verursacht
im-mēiere ⟨ō, -, - 3.⟩ hineinurinieren; **vulvae ~** *Pers. fig* Geschlechtsverkehr haben
im-memor ⟨immemoris⟩ ADJ
1 vergesslich; **ingenium ~** Vergesslichkeit
2 undankbar; pflichtvergessen
3 *etw* nicht bedenkend, ohne Rücksicht auf *etw, alicuius rei*; **~ dignitatis suae** ohne Rücksicht auf seine Würde
im-memorābilis ⟨immemorābile⟩ ADJ
1 *Plaut.* nicht erwähnenswert
2 *Lucr.* unermesslich
3 *Plaut.* schweigsam
im-memorātus ⟨a, um⟩ ADJ *poet* unerwähnt, unbekannt
im-mēnsitās ⟨immēnsitātis⟩ F ||immensus|| Unermesslichkeit, unermessliche Größe
immēnsum ⟨ī⟩ N ||immensus|| Unermessliches, unermesslicher Raum; **in/ad ~** ins Unendliche, ungeheuer
im-mēnsus ⟨a, um⟩ ADJ ||in-², metiri|| unermesslich, ungeheuer, unendlich
im-merēns ⟨immerentis⟩ ADJ (*unkl.*) nicht verdienend, unschuldig
im-mergere ⟨mergō, mersī, mersum 3.⟩
1 eintauchen, versenken, *aliquem/aliquid in ali-quid/alicui rei/re* j-n/etw in etw; **~ se alto** in die Tiefe tauchen
2 *fig* versenken, tief hineinstecken; **manum in ōs leonis ~** die Hand tief in den Rachen des Löwen stecken; *passiv u.* **se ~** sich einschleichen, eindringen; **se ~ in consuetudinem alicuius** sich bei j-m einschleichen
im-meritus ⟨a, um, *adv* immeritō⟩ ADJ ||in-², mereri, merere||
1 der *etw* nicht verdient hat, *+inf*; unschuldig
2 unverdient; **triumphus ~** unverdienter Triumph; **immerito** ohne Verdienst, mit Unrecht; **haud immerito** mit Recht
im-mersibilis ⟨immersābile⟩ ADJ ||in-², mersare|| *Hor.* unversenkbar, *re* durch etw, in etw
im-mētātus ⟨a, um⟩ ADJ ||in-², metare²|| *Hor.* unvermessen; **iugera immetata** unvermessene Ackerflächen
im-migrāre ⟨ō, āvī, ātum 1.⟩ einwandern, einziehen; **avaritia in rem publicam immigrat** *fig* die Habsucht zieht in den Staat ein
imminentia ⟨imminentium⟩ N ||imminere|| drohende Zukunft
im-minēre ⟨eō, -, - 2.⟩
1 hereinragen, sich hinneigen, *alicui rei* über etw; **luna imminet** der Mond steht hoch; **pinus villae imminet** eine Pinie ragt über das Landhaus
2 *von Örtlichkeiten* über *etw* emporragen, einen Ort beherrschen, *alicui rei*; **montes itineri imminent** die Berge überragen den Weg; **carcer imminens foro** das Gefängnis dicht am Forum
3 *fig* j-n hart bedrängen; j-m drohend gegenüberstehen, *alicui*; **hostes nobis imminent** die Feinde stehen uns drohend gegenüber; **fortuna nobis imminet** das Schicksal verfolgt uns
4 nach *etw* trachten, streben, auf *etw* lauern, *alicui rei*; **in occasionem exercitūs opprimendi ~** auf eine Gelegenheit zur Vernichtung des Heeres lauern; **deditioni ~** zur Übergabe geneigt sein
5 *vom Unglück* j-m nahe bevorstehen, j-m drohen, *alicui/alicuius rei*; **mors cotidie imminet** täglich droht der Tod; **princeps imminens** der künftige Fürst
im-minuere ⟨minuō, minuī, minūtum 3.⟩
1 vermindern, verkleinern; **membris imminutus** verkrüppeltes Glied
2 *fig* schwächen, beschränken; **libertatem ~** die Freiheit einschränken; **pacem ~** den Frieden stören
3 ~ aliquem j-n geringschätzig behandeln
imminūtiō ⟨imminūtiōnis⟩ F ||imminuere||
1 Verminderung, Verkleinerung; **~ corporis** Verkrüppelung

IMMO

2 *fig* Schmälerung, Beeinträchtigung
3 RHET scheinbar verkleinernder Ausdruck *zum Zweck der Vergrößerung*, Litotes

im-miscēre ⟨misceō, miscuī, mixtum 2.⟩ (*nachkl.*)
1 hineinmischen; verbinden, *alicui/alicui rei* mit j-m/mit etw; **pedites equitibus ~** die Fußsoldaten unter die Reiterei mischen; **ima summis ~** das Unterste mit dem Obersten verbinden; **manūs manibus ~** ins Handgemenge kommen; *passiv u.* **se ~** sich in *etw* mischen, in *etw* verschwinden, *alicui rei*; **nocti ~** in der Nacht verschwinden
2 *fig* verbinden, vereinigen, *aliquid alicui rei/cum re* etw mit etw; **vitia virtutibus ~** Fehler mit Vorzügen verbinden
3 *passiv u.* **se ~** an *etw* teilnehmen in *etw* verwickelt werden, *alicui rei*

im-miserābilis ⟨immiserābile⟩ ADJ *Hor.* erbarmungslos, ohne Erbarmen

im-misericors ⟨immisericordis, *adv* immisericorditer⟩ ADJ unbarmherzig

immissiō ⟨immissiōnis⟩ F ||immittere||
1 (*spätl.*) Einführen
2 Wachsenlassen, **sarmentorum** der Pfropfreiser

immissus ⟨a, um⟩ ADJ ||immittere|| *vom Haar* lang herabwallend, herabhängend

im-mītis ⟨immīte⟩ ADJ (*nachkl.*) herb, unreif; *fig* unsanft, streng, hart; **caedes ~** unmenschliches Morden; **sanguis ~** grausam vergossenes Blut

---

im-mittere ⟨mittō, mīsī, missum 3.⟩

1 hineinschicken
2 vorgehen lassen, vorrücken lassen
3 hineinleiten
4 schießen lassen
5 hineinschleudern, abschießen
6 in den Besitz einsetzen
7 hineintreiben, einsetzen
8 loslassen, aufhetzen
9 zufügen, antun wollen
10 wachsen lassen, emporschießen lassen

---

1 hineinschicken, hineinlassen, *in aliquid/alicui rei* in etw, *ad aliquid* zu etw; **aliquem in urbem ~** j-n in die Stadt schicken; **corpus in undas ~** sich in die Wellen stürzen; **collum in laqueum ~** den Hals in die Schlinge stecken
2 MIL vorgehen lassen, vorrücken lassen; **equitatum in hostes ~** die Reiterei gegen die Feinde schicken; **navem in terram ~** das Schiff auf das Land auflaufen lassen; *passiv u.* **se ~** sich hineinstürzen; **se in medios hostes ~** sich mitten unter die Feinde werfen
3 *Wasser* hineinleiten, **aquam canalibus** Wasser in die Rohre
4 *die Zügel* schießen lassen; **habenas equo ~** einem Pferd die Zügel schießen lassen; **classi ~** mit vollen Segeln fahren
5 *Geschosse* hineinschleudern, abschießen; **tela tormentis ~** Geschosse mit Geschützen schleudern; **ignes in silvas ~** Brandfackeln in die Wälder schießen
6 JUR in den Besitz *von etw* einsetzen *aus der Sicht des Prätors*
7 hineintreiben, einsetzen, *aliquid in aliquid/alicui rei* etw in etw; *fig* einfließen lassen, sich entschlüpfen lassen; **tigna in flumen ~** Pfähle in den Fluss rammen; **feraces plantae immittuntur** wilde Reiser werden eingepfropft
8 *feindlich* loslassen, aufhetzen, *aliquem alicui* j-n gegen j-n; **canes ~** die Hunde loslassen; **servos in rem publicam ~** die Sklaven gegen den Staat aufhetzen
9 zufügen, antun wollen, *aliquid alicui/in aliquem* etw j-m
10 (*nachkl.*) wachsen lassen, emporschießen lassen, **vitem** den Weinstock; *passiv* aufwachsen

immō ADV, *oft verstärkt durch vero, etiam, magis, potius*
1 *bestätigend* aber ja, allerdings
2 *ablehnend, verneinend* im Gegenteil, keineswegs; **silebitne? ~ vero obsecrabit** wird er schweigen? Keineswegs, er wird beschwören
3 *steigernd* ja sogar

im-mōbilis ⟨a, um⟩ ADJ
1 unbeweglich; **terra ~** unbewegliche Erde
2 *fig* unerschütterlich, unempfindlich, *re* durch etw, für etw; **~ lacrimis** nicht durch Tränen zu rühren
3 *fig* untätig, ruhig
▶ deutsch: **Immobilie**

immōbilitās ⟨immōbilitātis⟩ F ||immobilis|| (*nachkl.*) Unbeweglichkeit

immoderātiō ⟨immoderātiōnis⟩ F ||immoderatus|| Maßlosigkeit, Unmäßigkeit

im-moderātus ⟨a, um, *adv* immoderātē⟩ ADJ
1 unermesslich, unendlich
2 *fig* maßlos, übertrieben; **tempestas immoderata** ungeheures Unwetter

immodestia ⟨ae⟩ F ||immodestus|| (*vkl., nachkl.*) Maßlosigkeit; MIL Ungehorsam

im-modestus ⟨a, um, *adv* immodestē⟩ ADJ
1 unmäßig, maßlos
2 *fig* unbescheiden, ungebührlich, frech

im-modicus ⟨a, um, *adv* immodicē⟩ ADJ übermäßig groß; *fig* übertrieben, *in re/alicuius* *rei* in etw, bei etw

im-modulātus ⟨a, um⟩ ADJ *Hor.* unmelodisch

im-moenis ⟨immoene⟩ ADJ *Plaut.* = **immunis**

im-molāre ⟨ō, āvī, ātum 1.⟩ ||lin¹, mola|| feierlich opfern; *fig* hinopfern, töten; **Iovi ~** dem Jupiter opfern

immolātiō ⟨immolātiōnis⟩ F ||immolare|| Opfer; *pl* Opferhandlungen; **immolationes infandae** Zauberopfer

immolātor ⟨immolātōris⟩ M ||immolare|| Opfernder

im-mōlītus ⟨a, um⟩ ADJ *(nachkl.)* hineingebaut, *in aliquid* in etw, auf etw

im-morārī ⟨or, ātus sum 1.⟩ *(nachkl.)* sich bei *etw* aufhalten, bei *etw* verweilen, *alicui rei/in re*

im-morī ⟨moror, mortuus sum 3.⟩ in/auf/über *etw* sterben, *alicui rei*; **sorori ~** auf der Leiche der Schwester sterben; **studiis ~** sich totarbeiten

im-morsus ⟨a, um⟩ ADJ ||in¹, mordere||
■ derb gebissen
■ *fig* gebeizt, gereizt; **stomachus ~** gereizter Magen

im-mortālis
Ⓐ ⟨immortāle⟩ ADJ, ADV ⟨immortāliter⟩
■ unsterblich
■ *fig* unvergänglich, unvergesslich; **immortales gratias agere alicui** j-m überschwänglich danken
■ *Prop.* glückselig wie die Götter, selig
Ⓑ ⟨immortālis⟩ M Unsterblicher, Gott; *pl* Götter, *bes* die Unsterblichen, *persische Elitetruppe von 10 000 Mann, die immer auf dieser Zahl gehalten wurde*

immortālitās ⟨immortālitātis⟩ F ||immortalis||
■ Unsterblichkeit
■ *meton* unsterblicher Teil des Menschen, Seele
■ *fig* Unvergänglichkeit, unsterblicher Ruhm
■ *Com.* höchstes Glück, Glückseligkeit

im-mōtus ⟨a, um⟩ ADJ ||in-², movere|| *(unkl.)*
■ unbewegt; unbeweglich; **dies ~** windstiller Tag; **~ a re** vor etw geschützt
■ *fig* ungestört; **pax immota** ungestörter Friede
■ unerschütterlich, sicher
■ unerschüttert, ungerührt; **animus ~** ungerührter Geist

im-mūgīre ⟨iō, iī, - 4.⟩ darin brüllen, dazu brüllen; **Aetna cavernis immugit** *Verg.* der Ätna dröhnt in seinem Innern

im-mulgēre ⟨eō, -, - 2.⟩ hineinmelken, *aliquid alicui rei* etw in etw

immunditia ⟨ae⟩ F ||immundus|| *(vkl., nachkl.)* Unreinlichkeit; *(mlat.)* Unanständigkeit

im-mundus ⟨a, um, *adv* immundē⟩ ADJ unsauber, unrein, schmutzig, ekelhaft, widrig; *fig* unzüchtig

im-mūnīre ⟨iō, īvī, - 4.⟩ hineinbauen; **praesidium immunivit** *Tac.* er ließ in ihrem Gebiet ein Kastell anlegen

im-mūnis ⟨immūne⟩ ADJ ||in-², munus||
■ frei von Leistungen *bes gegenüber dem Staat, meist absolut od alicuius rei/re/a re* von etw
■ steuerfrei, nicht tributpflichtig, *alicuius rei* von etw
■ *(nachkl.) fig* zu einem gemeinsamen Mahl nichts beisteuernd, schmarotzend
■ *(nachkl.)* frei von öffentlichen Diensten, *bes von Kriegsdienst u. Ämtern*
■ *meton* pflichtvergessen
■ *(nachkl.) poet* frei, verschont, *alicuius rei* von etw; **terra ~** unbebautes Land

immūnitās ⟨immūniātis⟩ F ||immunis||
■ Freisein von Leistungen, Freisein von Diensten, *alicuius j-s, alicuius rei* von etw
■ *fig* Vergünstigung, Privileg
■ *fig* das Befreitsein, *alicuius rei* von etw

im-mūnītus ⟨a, um⟩ ADJ *(nachkl.)*
■ *poet von Städten* unbefestigt, ohne Mauern
■ *poet von Straßen* ungepflastert

im-murmurāre ⟨ō, -, - 1.⟩ *(nachkl.) poet* hineinmurmeln, hineinrauschen, *absolut od alicui rei* in etw

immūtābilis¹ ⟨immūtābile⟩ ADJ ||immutare|| *Plaut.* verändert

im-mūtābilis² ⟨immūtābile⟩ ADJ unveränderlich

immūtābilitās ⟨immūtābilitātis⟩ F ||immutabilis²|| Unveränderlichkeit

im-mūtāre ⟨ō, āvī, ātum 1.⟩
■ verändern, umwandeln
■ RHET metonymisch gebrauchen, *aliquid pro re* etw statt etw; **Africam pro Afris ~** Afrika für Afrikaner sagen
■ RHET allegorisch gebrauchen; **oratio immutata** allegorischer Sprachgebrauch, Allegorie

immūtātiō ⟨immūtātiōnis⟩ F ||immutare|| Veränderung, Vertauschung; RHET Metonymie; **~ verborum** Vertauschung der Wörter

immūtātus¹ ⟨a, um⟩ PPP → immutare

im-mūtātus² ⟨a, um⟩ ADJ ||in-², mutare|| unverändert

im-mūtēscere ⟨mūtēscō, mūtuī, - 3.⟩ *(nachkl.) poet* verstummen

im-mūtuī → immutescere

imp. *Abk (nlat.)* = **imprimatur** es soll gedruckt werden; → imprimere

IMP. *Abk*
■ = **imperium** Befehl; Herrschaft; Reich

2 = **imperator** Feldherr; Kaiser

im-pācātus ⟨a, um⟩ ADJ (nachkl.) poet unfriedlich, unruhig

im-pāctus ⟨a, um⟩ PPP → impingere

im-pār ⟨imparis, adv impariter⟩ ADJ

1 ungleich, verschieden nach Größe, Zahl od Zeitdauer, ~ an etw

2 ungleichartig, verschieden; **acer coloribus** ~ verschiedenfarbiger Ahorn

3 von Zahlen ungerade; **ludere par impar** Gerade und Ungerade spielen; **modi impares/ versūs impariter iuncti** elegisches Distichon

4 von der Toga schief sitzend

5 nach Kraft u. Bedeutung ungleich, unterlegen, alicui/alicui rei j-m/einer Sache, in re in etw, an etw; selten überlegen

6 fig von Personen u. Sachen nicht ebenbürtig

im-parātus ⟨a, um⟩ ADJ unvorbereitet, wehrlos; ~ **re** mit etw nicht versehen

impartīre ⟨iō, iī/īvī, ītum 4.⟩, **impartīrī** ⟨ior, - 4.⟩ = **impertire**

im-pāstus ⟨a, um⟩ ADJ ||in-², pascere|| poet ungefüttert, hungrig

im-patibilis ⟨impatibile⟩ ADJ = **impetibilis**

im-patiēns ⟨impatientis, adv impatienter⟩ ADJ (nachkl.)

1 unfähig etw zu ertragen, einer Sache nicht gewachsen, alicuius rei; ~ **viri** männerfeindlich

2 ungeduldig, unbeherrscht, absolut

3 PHIL leidenschaftslos, absolut

impatientia ⟨ae⟩ F ||impatiens|| (nachkl.)

1 Unfähigkeit etw zu ertragen, alicuius rei

2 Ungeduld, alicuius rei bei etw; Schwäche

3 PHIL Freisein von Leidenschaft

im-pavidus ⟨a, um, adv impavidē⟩ ADJ unerschrocken, furchtlos

impedīmentum ⟨ī⟩ N ||impedire||

1 Hindernis, alicuius rei einer Sache od bei etw, für etw; **alicui impedimento esse ad aliquid** j-m hinderlich sein in Bezug auf etw

2 PL Gepäck; MIL Tross einschließlich der Lasttiere u. Knechte, Packpferde

im-pedīre ⟨iōvī, ī/iī, ītum 4.⟩

1 (unkl.) umwickeln, festhalten; ~ **aliquem complexu** j-n umarmen; ~ **caput myrto** das Haupt mit einem Myrtenkranz umflechten; **orbes orbibus** ~ ineinander verschlungene Kreise bilden

2 Örtlichkeiten unzugänglich machen, (ver)sperren

3 verwickeln, verwirren; **mentem alicuius doloribus** ~ j-n seelisch quälen, j-n seelisch foltern

4 fig behindern, hemmen; **nihil me impedit** nichts steht mir im Weg; **se ~ a suo munere** sich in seiner Tätigkeit stören lassen

impedītiō ⟨impedītiōnis⟩ F ||impedire|| Verhinderung, Hemmung

impedītus ⟨a, um⟩ ADJ ||impedire||

1 gehindert, gehemmt, **inopiā** durch Not

2 von Örtlichkeiten versperrt, unwegsam; **flumen impeditum** schwer überquerbarer Fluss

3 fig schwer bepackt, schwerfällig; MIL nicht kampfbereit; **oratio impedita** RHET schwerfällige Rede

4 schwierig, beschwerlich, alicui für j-n, ad aliquid in Bezug auf etw; **impedita rei publicae tempora** schwierige Zeiten für den Staat

im-pēgī → impingere

im-pellere ⟨pellō, pulī, pulsum 3.⟩

1 anstoßen, treffen; **aliquem gladio** ~ j-n mit dem Schwert treffen

2 wegstoßen, antreiben; **navem remis** ~ das Schiff mit Rudern vorwärts bewegen; **sagittam nervo** ~ den Pfeil abschießen; **aliquem in hunc casum** ~ j-n in diese Lage bringen

3 (nachkl.) einen Feind zum Weichen bringen

4 j-m den letzten Stoß geben, j-n zu Fall bringen, aliquem; **praecipitantem** ~ einen Unglücklichen noch unglücklicher machen

5 fig antreiben, veranlassen; passiv sich verleiten lassen; **irā impulsus** aus Zorn

im-pendēre¹ ⟨eō, -, - 2.⟩

1 herüberhängen, über etw hängen, absolut od alicui rei; **saxum Tantalo impendet** ein Felsen hängt drohend über Tantalus

2 fig von Übeln od Gefahren j-m drohend bevorstehen, j-m drohen, alicui/in aliquem; **bellum a Parthis impendebat** es drohte ein Krieg von den Parthern

im-pendere² ⟨pendō, pendī, pēnsum 3.⟩

1 Kosten od Geld aufwenden; Geld ausgeben; **pecuniam ~ in res vanas** Geld ausgeben für wertlose Dinge

2 fig Mühe od Zeit aufwenden, in aliquid/ad aliquid/ alicui rei für etw

im-pendī → impendere

impendiō ADV ||impendium|| beim komp bedeutend, bei Weitem; **impendio magis** weit mehr

impendiōsus ⟨a, um⟩ ADJ ||impendium|| Plaut. großen Aufwand machend, aufwendig

impendium ⟨ī⟩ N ||impendere||

1 Aufwand, Kosten

2 (nachkl.) Verlust, Schaden

3 die auf einem Darlehen lastenden Unkosten = Zinsen

im-penetrābilis ⟨impenetrābile⟩ ADJ (nachkl.)

1 undurchdringlich, alicui rei/adversus aliquid für etw

2 fig unüberwindlich; **pudicitia ~** unüberwindliches Schamgefühl

impēnsa ⟨ae⟩ F (erg. **pecunia**)

1 Aufwand, Kosten, alicuius rei einer Sache, an

etw, für etw; **impensā alicuius** auf j-s Kosten
2 (nachkl.) fig Aufopferung, Verwendung; **meis impensis** auf Kosten meines guten Namens
impēnsus² ⟨a, um, adv impēnsē⟩ ADJ ||impendere||
1 vom Preis teuer, hoch; **impenso vendere aliquid** etw teuer verkaufen; **impensius** mit größerem Aufwand
2 fig bedeutend; dringend; **amor ~** feurige Liebe; **voluntas impensa** entschiedener Wunsch; **impense cupere** heftig begehren; **nunc ego facio id impensius** jetzt betreibe ich dies umso entschiedener; **impense improbus** sehr unredlich
im-pēnsus¹ ⟨a, um⟩ PPP → impendere
im-perāre ⟨ō, āvī, ātum 1.⟩ ||in¹, parare²||
1 befehlen, gebieten, ut/ne dass/dass nicht, +konjkt/+AcI/+inf/+indir Fragesatz; **aliquo imperante** auf j-s Befehl; **ad imperandum vocari** zum Befehlsempfang gerufen werden; **ancillae cenam ~** der Magd die Besorgung der Mahlzeit auftragen; **pontem fieri imperat** er befiehlt den Bau einer Brücke; **imperat, quas adeat civitates** er befiehlt, zu welchen Städten er sich begeben soll
2 eine Leistung auferlegen, zu stellen befehlen; **alicui obsides ~** j-m die Stellung von Geiseln befehlen
3 über j-n herrschen, j-m befehlen, den Oberbefehl haben; (nachkl.) römischer Kaiser sein; absolut od alicuius/alicui rei; **arvis ~** die Felder bearbeiten; **Pompeio imperante** unter dem Befehl des Pompeius; **sibi ipsi ~** fig sich selbst beherrschen
imperātor ⟨imperātōris⟩ M ||imperare||
1 Gebieter, Herrscher
2 MIL Oberfeldherr, Oberkommandierender einer Aufgabe mit eigener Verantwortung, dem das imperium übertragen wird
3 siegreicher Feldherr, Ehrentitel; **Cn. Pompeius ~** der siegreiche Feldherr Cn. Pompeius
4 Allherrscher, Beiname Jupiters
5 (nachkl.) seit Caesar Titel der röm. Herrscher, dem Namen in der Regel vorangestellt; absolut römischer Kaiser; **~ Augustus** Kaiser Augustus
6 **Imperator Rex** (nlat.) Kaiser und König
▶ englisch: emperor
   französisch: empereur
   spanisch: emperador
   italienisch: imperatore
imperātōrius ⟨a, um⟩ ADJ ||imperator||
1 des Feldherrn, Feldherrn...; **forma imperatoria** imponierende Gestalt; **laus imperatoria** Feldherrnruhm
2 (nachkl.) kaiserlich
imperātrīx ⟨imperātrīcis⟩ F ||imperator|| Gebieterin, Befehlshaberin
imperātum ⟨ī⟩ N ||imperare|| Befehl, Auftrag
im-perceptus ⟨a, um⟩ ADJ ||in-², percipere||
1 (nachkl.) poet undurchschaut, unentdeckt
2 unbegreiflich
im-percere ⟨ō, -, - 3.⟩ ||in¹, parcere|| schonen, alicui j-n; absolut sich schonen
im-percussus ⟨a, um⟩ ADJ ||in-², PPP von percutio|| Ov. geräuschlos
im-perditus ⟨a, um⟩ ADJ ||in-², perdere|| poet noch verschont, nicht zugrunde gerichtet
im-perfectus ⟨a, um, adv imperfectē⟩ ADJ ||in-², perficere||
1 unvollendet, unvollkommen
2 (nachkl.) poet unverdaut; **cibus ~** unverdaute Speise; **verba imperfecta** fig unverdaute Worte
3 Sen. sittlich unvollkommen
im-perfossus ⟨a, um⟩ ADJ ||in-², perfodere|| Ov. nicht durchbohrt
imperiālis ⟨imperiāle⟩ ADJ ||imperium|| (spätl.) kaiserlich, Kaiser...
imperiōsus ⟨a, um, adv imperiōsē⟩ ADJ ||imperium||
1 herrschend, mächtig; **sibi ~** sich selbst beherrschend
2 pej herrisch, tyrannisch; **aequor imperiosum** stürmisches Meer
imperitāre ⟨ō, āvī, ātum 1.⟩ ||imperare||
A VI
1 j-m befehlen, über j-n herrschen, alicui
2 (mlat.) Kaiser sein
B VT befehlen, verlangen; **aequam rem ~** eine gerechte Sache befehlen
imperītia ⟨ae⟩ F ||imperitus|| (nachkl.) Unerfahrenheit, Ungeschick
im-perītus
A ⟨a, um⟩ ADJ, ADV ⟨imperītē⟩ unerfahren, ungeschickt, alicuius rei/in re in etw, mit etw; **iuris civilis ~** im bürgerlichen Recht unkundig; **imperite dicere** unklug reden
B ⟨ī⟩ M Laie; pej Pfuscher
imperium ⟨ī⟩ N ||imperare||
1 Befehl, Auftrag; **~ decumarum** Auflage des Zehnten; **imperium accipere** einen Befehl erhalten; **imperium abnuere** einen Befehl verweigern; **ad imperium** auf Befehl
2 Macht zu befehlen, Gewalt, alicuius j-s od über j-n, in aliquem über j-n; **~ custodiae** Befehlsgewalt über die Gefängnisse; **~ in suos** Macht über die Angehörigen; **summum/summa imperii** höchste Gewalt
3 höchste Gewalt im Staat, Herrschaft, , alicuius j-s od über j-n; pl Hoheitsrechte, Herrschertaten; **~ orbis terrarum** Weltherrschaft; **imperio potiri** sich der Herrschaft bemächtigen); **de

imperio decertare um die Macht streiten; **alīquem sub imperium alicuius redigere** j-n in j-s Gewalt bringen; **in imperio esse** herrschen; **imperio alicuius** unter j-s Regierung; **novīs imperiīs studēre** nach Veränderung der Herrschaft streben

4 Amtsgewalt; MIL Oberbefehl, Kommando; **imperia magistrātūsque** Militär- und Zivilbehörden, Würden in Krieg und Frieden, Ämter in Krieg und Frieden

5 *meton* Behörde; Befehlshaber

6 Amtsführung; Amtsdauerr; **haec gesta sunt in meo imperio** dies geschah in meinem Amtsjahr

7 Herrschaftsgebiet, Reich

8 *(mlat.)* Kaisertum; Reichsoberhaupt

▶ englisch: **empire**
französisch: **empire**
spanisch: **imperio**
italienisch: **impero**

▶ **imperium**

Unter **imperium** verstand man in der Republik die Kompetenzen der höchsten römischen Volksvertreter, die sich vor allem auf die Befehlsgewalt über das Heer und die Rechtsprechung bezogen. Das imperium war stets auf die Dauer des jeweiligen Amtes (meist ein Jahr) beschränkt. In der Kaiserzeit war der Kaiser alleiniger **imperator** auf Lebenszeit. Als **imperium Romanum** wurde das gesamte römische Herrschaftsgebiet bezeichnet. In Anlehnung daran nannte man später das riesige britische Kolonialreich *British Empire*.

WORTSCHATZ ◀

im-periūrātus ⟨a, um⟩ ADJ ||in-², periurare|| *Ov.* bei dem man keinen Meineid zu schwören wagt

im-permissus ⟨a, um⟩ ADJ ||in-², permittere|| *Hor.* unerlaubt

im-perpetuus ⟨a, um⟩ ADJ *Sen.* unbeständig

im-perspicuus ⟨a, um⟩ ADJ *Plin.* undurchschaubar, versteckt

im-perterritus ⟨a, um⟩ ADJ ||in-², perterrere|| *poet* unerschrocken

im-pertīre ⟨iō, iī *u.* īvī, ītum 4.⟩, **im-pertīrī** ⟨ior, - 4.⟩ ||in¹, partire, partiri||

1 zuteilen, schenken, *alicui aliquid* j-m etw, *de re* von etw; **~ alicui salutem** j-n grüßen lassen; **~ se talem alicui** sich j-m so zeigen

2 *(vkl., nachkl.)* ausrüsten, *aliquem re* j-n mit etw; **aetatem puerilem doctrinis ~** das zarte Alter mit Wissen bekannt machen

impertīta ⟨ōrum⟩ N̄ *Liv.* Vergünstigungen, Zugeständnisse

im-perturbātus ⟨a, um⟩ ADJ *(nachkl.) poet* ungestört, ruhig

im-pervius ⟨a, um⟩ ADJ *(nachkl.) poet* unwegsam, unpassierbar; **lapis ignibus ~** feuerfester Stein

impete → **impetus**

im-petere ⟨ō, -, - 3.⟩ *(unkl.)* anfallen, angreifen, beschuldigen

im-petibilis ⟨impetibile⟩ ADJ ||in-², patibilis|| unerträglich

impetīgō ⟨impetīginis⟩ F ||impetere|| *(nachkl.)* chronischer Hautausschlag mit Pustelbildung, Räude

impetrābilis ⟨impetrābile⟩ ADJ ||impetrare|| *(unkl.)*

1 leicht erreichbar, leicht zu erlangen

2 leicht erreichend; überzeugend

im-petrāre ⟨ō, āvī, ātum 1.⟩

1 ausführen, zustande bringen

2 erreichen, durchsetzen; **~ de re** in Bezug auf etw das Gewünschte erlangen/Gehör finden/Erfolg haben; **~ de indutiis** bezüglich des Waffenstillstands Erfolg haben; **ab animo ~** es über sich bringen, *ut/ne* dass/dass nicht, *+inf/+AcI*

impetrātiō ⟨impetrātiōnis⟩ F ||impetrare|| Auswirkung, Vergünstigung

impetrīre ⟨iō, īvī, ītum 4.⟩ (durch günstige Vorzeichen) zu erlangen suchen

impetus ⟨impetūs *u. poet* impetis, *abl* impete⟩ M̄ ||impetere||

1 Ansturm, Schwung; **~ militum** ungestümer Angriff der Soldaten; **~ navis** schnelle Fahrt des Schiffes; **~ caeli** rascher Umlauf der Himmelskörper; **~ fluminis** starke Strömung des Flusses; **impetum capere** einen Anlauf nehmen

2 Angriff, Überfall; **primus ~** erster Angriff; **nocturnus** nächtlicher Überfall; **dare impetum in aliquem** auf j-n einen Angriff machen, j-n angreifen; **impetum alicuius ferre/sustinere** j-s Angriff standhalten

3 *fig* Heftigkeit; Begierde, Drang; **~ mihi est** es drängt mich, es treibt mich, *+inf*

4 *fig* Leidenschaft, Leidenschaftlichkeit; **~ gaudentium** Freudenrausch

5 *(nachkl.) meton* rascher Entschluss, Laune; **~ regis occidendi** Entschluss den König zu töten

6 Schwung, **orationis** der Rede

im-pexus ⟨a, um⟩ ADJ ||in-², pectere|| *(nachkl.) poet* ungekämmt; *fig* srau

im-piāre ⟨ō, āvī, ātum 1.⟩ ||impius|| *(vkl., nachkl.)* mit Schuld beflecken; **se ~** sündigen

impietās ⟨impietātis⟩ F ||impius|| Pflichtvergessenheit, Gottlosigkeit, *in aliquem* gegenüber j-m; **~ in principem** *(nachkl.)* Majestätsbeleidigung

im-piger ⟨impigra, impigrum, *adv* impigrē⟩ ADJ unverdrossen, unermüdlich; **iuvenis ~** unermüdlicher junger Mann; **ingenium impigrum** rastloser Geist; **~ ad labores belli** unermüdlich in den Strapazen des Krieges

impigritās ⟨impigritātis⟩ F ||impiger|| Unverdrossenheit

im-pingere ⟨pingō, pēgī, pāctum 3.⟩ ||in¹, pangere||

1 hineinschlagen, an *etw/j-n* schlagen, *alicui/alicui rei*; **alicui fustem ~** j-n mit dem Stock schlagen; **alicui calcem ~** j-m einen Fußtritt geben; **impingi saxis** auf Felsen auflaufen; **alicui compedes ~** j-m Fesseln anlegen; **alicui dicam ~** *Ter. fig* j-m einen Prozess anhängen; **alicui titulum ~** j-m ein Täfelchen anheften, *von Sklaven*

2 *(nachkl.) poet* wohin treiben, jagen; **hostes ~ litoribus** die Feinde zur Küste jagen; *passiv* auf *etw* stoßen

3 *fig* aufdrängen, aufnötigen; **alicui calicem mulsi ~** j-m einen Becher Honigwein vor die Nase halten

im-pinguāre ⟨ō, āvī, ātum 1.⟩ ||in¹, pinguis||
A VT fett machen
B VI fett werden

im-pius
A ⟨a, um⟩ ADJ, ADV ⟨impiē⟩ pflichtvergessen, gottlos; **turba impia** ruchloses Gesindel; **dii impii** Götter, die bei Zauberei und Verwünschungen gerufen werden; **impie dicere** gottlos reden
B ⟨ī⟩ M Frevler, Bösewicht

im-plācābilis ⟨implācābile⟩ ADJ unversöhnlich, unerbittlich, *absolut od alicui/in aliquem* gegenüber j-m

im-plācātus ⟨a, um⟩ ADJ
1 *poet* unbesänftigt
2 *poet* unversöhnlich; **gula implacata** unersättlicher Schlund

im-placidus ⟨a, um⟩ ADJ *poet* unsanft, kriegerisch

im-plectere ⟨plectō, -, plexum 3.⟩ hineinflechten, verflechten, *aliquid re* etw mit etw; **implexae crinibus angues Eumenides** *Verg.* Rachegöttinnen mit ins Haar eingeflochtenen Schlangen; **implexus luctu** in Trauer verloren

im-plēre ⟨eō, ēvī, ētum 2.⟩

1 anfüllen, erfüllen
2 anfüllen
3 sättigen, stillen
4 befruchten, schwängern
5 vollzählig machen, vollständig machen
6 ganz anfüllen, vollenden
7 ausfüllen
8 vollbringen, ausführen

1 anfüllen, erfüllen, *oft fig*; **fossam ~** einen Graben voll schütten; **aures alicuius ~** j-m in den Ohren liegen; **~ aliquem** j-n ganz in Anspruch nehmen

2 anfüllen, *aliquid re/alicuius rei/de re* etw mit etw, **poculum vino** einen Becher mit Wein; **vela ventis ~** die Segel vom Wind schwellen lassen; **~ animum spe** *fig* das Herz mit Hoffnung erfüllen

3 *(nachkl.)* sättigen, *bes* befriedigen; *passiv* sich sättigen; **se ~ sanguine alicuius** *fig* sich an j-s Blut sättigen; **dolorem suum lacrimis ~** seinen Schmerz mit Tränen stillen

4 befruchten, schwängern; **Thetidem Achille ~** Thetis zur Mutter des Achill machen

5 *(nachkl.) poet* vollzählig machen, ergänzen; **cohortes ~** die Kohorten auffüllen; **luna orbem implet/luna impletur** es wird Vollmond

6 *ein Maß od eine Zeit* ganz anfüllen, vollenden; **quadraginta annos ~** vierzig Jahre vollenden; **~ finem vitae** sterben

7 *(nachkl.) ein Amt od eine Stelle* ausfüllen, *j-n* in seinem Amt vertreten

8 *fig* vollbringen, ausführen; **promittit quod non possit ~** er verspricht, was er nicht vollbringen kann; **fata ~** die Prophezeiung erfüllen; **partes ~** seine Pflicht erfüllen

im-plicāre ⟨ō, āvī/uī, ātum/itum 1.⟩

1 verwickeln, verflechten; **ordines stipitum inter se ~** die Pfahlreihen miteinander verflechten; **aliquem in laqueis ~** j-n in Schlingen verwickeln; **se dextrae alicuius ~** sich an j-s rechte Seite anschmiegen

2 eng verbinden, untrennlich verknüpfen, *aliquid cum re/alicui rei*; **fidem cum pecuniis ~** die Treue an Geld binden, die Treue von Geld abhängig machen; **impudentia inscientiā implicāta** Unverschämtheit verbunden mit Unwissenheit

3 *in einen Zustand* verwickeln, verstricken, *aliquem re* j-n in etw; *passiv* in *etw* verwickelt werden, in *etw* geraten, *re*; **implicari aliquo genere vitae** sich an einen Lebensberuf binden; **familiaritatibus implicari** freundschaftliche Verbindungen anknüpfen; **morbo/in morbum implicitus** krank; **tantis rebus implicatus** in so großer Verlegenheit

4 verwirren; **tanti errores nos implicant** so viele Irrlehren verwirren uns

5 um *etw* wickeln; **bracchia collo alicuius ~**

die Arme um j-s Hals schlingen
6 umfassen, umschlingen; **crines auro ~** *Verg.* die Haare mit Gold umwinden

implicātiō ⟨implicātiōnis⟩ F ||implicare||
1 Verflechtung, **nervorum** der Nerven
2 Einfügung, **locorum communium** von Gemeinplätzen
3 Verwirrung, **rei familiaris** des Familienbesitzes

implicātus ⟨a, um⟩ ADJ ||implicare|| verwickelt; *fig* verschlossen

implicīscī ⟨īscor, - 3.⟩ *Plaut.* sich verwirren, in Verwirrung geraten

implicitāre ⟨ō, āvī, ātum 1.⟩ ||implicare|| *Plin.* verwickeln; **delphinus varios orbes implicat** der Delfin schwimmt in vielfältigen Kreisen

implicitē ADV ||implicare||
1 verwickelt, verworren
2 (*mlat.*) mit inbegriffen, einschließlich

im-plōrāre ⟨ō, āvī, atum 1.⟩
1 *unter Tränen* rufen, **nomen filii** den Namen des Sohnes
2 anflehen, anrufen, *aliquem aliquid* j-n um etw, **deos** die Götter; **Romanos auxilium ~** die Römer um Hilfe anrufen; **leges ~** sich auf die Gesetze berufen
3 erflehen, erbitten, *aliquid alicui* etw für j-n, *ab aliquo* von j-m, *ut/ne*, **caelestes aquas** *Hor.* Wasser vom Himmel; **auxilium urbi** Hilfe für die Stadt

implōrātiō ⟨implōrātiōnis⟩ F ||implorare|| Anflehen, Hilferuf

im-pluere ⟨uō, uī, - 3.⟩ (*unkl.*) hineinregnen, herabregnen, *alicui rei* auf etw; **silvis ~** auf die Wälder herabregnen; **alicui impluit malum** *hum* es regnet Hiebe für jdn

im-plūmis ⟨implūme⟩ ADJ ||in-², pluma|| ungefiedert, kahl

impluviātus ⟨a, um⟩ ADJ ||impluvium||
1 *Plaut.* viereckig *wie das impluvium*
2 regengrau

impluvium ⟨ī⟩ N Impluvium, Auffangbecken für Regenwasser im röm. Haus, von einem Säulengang umschlossen

im-polītus ⟨a, um, *adv* impolītē⟩ ADJ
1 (*nachkl.*) ungeglättet, unbehauen; **lapis ~** unbehauener Stein
2 *fig* ungeschliffen, schmucklos; **oratio impolita** nicht ausgefeilte Rede; **orator ~** unausgebildeter Redner; **res impolita** unvollendete Sache

im-pollūtus ⟨a, um⟩ ADJ (*unkl.*) unbefleckt

im-pōnere ⟨pōnere, posuī, positum 3.⟩
1 setzen, legen
2 verladen, einschiffen
3 anstellen
4 aufsetzen
5 aufbürden
6 hintergehen, täuschen
7 ansetzen
8 aufwenden
9 anlegen
10 beilegen
11 antun, zufügen
12 ein Ziel setzen, ein Ende setzen

1 in/an/auf *etw* setzen, stellen, legen, *in aliquid/in re/alicui rei*; **dextram in alicuius caput ~** die Rechte auf j-s Haupt legen; **mortuum in rogum ~** den Toten auf den Scheiterhaufen legen; **aliquem in perditam causam ~** j-n in eine verlorene Sache hineinziehen; **in agro Samnitium coloniam ~** eine Kolonie ins Gebiet der Samniter legen; **alicui coronam ~** j-m eine Krone aufsetzen; **dona aris ~** die Gaben auf die Altäre legen; **aliquem caelo ~** j-n in den Himmel versetzen

2 *Personen u. Sachen* verladen, einschiffen, *absolut od in naves*; **exercitum Brundisii ~** das Heer in Brundisium einschiffen

3 als *etw* einsetzen, anstellen; **aliquem custodem in hortis ~** j-n als Wächter in den Gärten einsetzen; **Atheniensibus triginta viros ~** die Dreißig (= Tyrannen) über die Athener setzen; **nullo quasi imposito** als ob niemand eingesetzt wäre

4 aufsetzen, *aliquid alicui/alicui rei* etw j-m/einer Sache; **victori coronam ~** dem Sieger den Kranz aufsetzen; **operi fastigium ~** dem Werk die Krone aufsetzen, das Werk zum Abschluss bringen

5 *fig* aufbürden, *alicui aliquid* j-m etw, **alicui laborem** j-m eine Arbeit, **bovi onus** dem Ochsen eine Last, **populo tributa** dem Volk Abgaben; **alicui impositum est** j-m ist es auferlegt, *+inf*

6 *fig* hintergehen, täuschen, *alicui* jdn; **res mihi imposuit** die Sache täuschte mich; **sibi ~** sich täuschen

7 (*nachkl.*) ansetzen; anbringen; **claves portis ~** die Schlüssel in die Türen stecken; **supremam manum alicui rei ~** an etw letzte Hand anlegen; **turres super aggeres ~** Türme auf die Dämme setzen

8 *fig* Geld aufwenden, *alicui rei* für etw

9 *fig* Zügel anlegen; **frenos ~ alicui** j-m Zügel anlegen

10 *fig* j-m einen Namen beilegen; **labori nomen inertiae ~** die Arbeit Trägheit nennen

11 *fig Böses* antun, zufügen; **alicui vulnus ~** j-m eine Wunde zufügen

12 **finem/modum ~** *Liv. fig* ein Ziel setzen, ein Ende setzen, *alicui rei* einer Sache

im-portāre ⟨ō, āvī, ātum 1.⟩
1 *Fremdes aus dem Ausland* einführen, **vinum ad se** Wein zu sich
2 *fig Schlimmes* zufügen, verursachen, *alicui* j-m; **suspicionem ~** Verdacht erregen
▶ deutsch: **importieren**

importūnitās ⟨importūnitātis⟩ F ||importunus|| Schroffheit, Rücksichtslosigkeit, **hominis** eines Menschen; **~ sceleris** Brutalität eines Verbrechens

im-portūnus ⟨a, um, *adv* importūnē⟩ ADJ
1 *von Örtlichkeiten* unzugänglich, *alicui rei* für etw, zu etw
2 *von der Zeit* ungünstig
3 (*nachkl.*) *fig* ungelegen, beschwerlich; **importunum est** es ist beschwerlich, +*inf*
4 *von Personen u. ihrem Benehmen* rücksichtslos, unverschämt

im-portuōsus ⟨a, um⟩ ADJ (*nachkl.*) ohne Hafen

im-pos ⟨impotis⟩ ADJ ||potis|| (*nachkl.*) nicht mächtig, **animi** des Verstandes

im-positus ⟨a, um⟩ PPP → imponere

im-possibilis ⟨impossibile⟩ ADJ (*nachkl.*) unmöglich

impostor ⟨impostōris⟩ M ||imponere|| (*spätl.*) Betrüger; **impostores (docti)** (*nlat.*) Gelehrte, die Fälschungen produzieren

im-posuī → imponere

im-potēns
A ⟨impotentis⟩ ADJ, ADV ⟨impotenter⟩
1 ohnmächtig, schwach
2 nicht mächtig, nicht Herr, *alicuius rei* einer Sache; **~ irae** nicht Herr seines Zorns; **elephanti impotentius regebantur** die Elefanten ließen sich kaum noch lenken
3 zügellos, maßlos, *alicui* gegen j-n; **Aquilo ~** der rasende Aquilo; **~ militibus** despotisch gegen die Soldaten
B ⟨impotentis⟩ M der Schwache

impotentia ⟨ae⟩ F ||impotens||
1 Unvermögen, Dürftigkeit
2 Zügellosigkeit, Despotismus
▶ deutsch: **Impotenz**

impraesentiārum ADV ||in praesentia rerum|| (*unkl.*) für jetzt, zunächst

im-prānsus ⟨a, um⟩ ADJ (*vkl.*) *poet* ohne Frühstück, nüchtern

im-precārī ⟨or, ātus sum 1.⟩ (*nachkl.*) *poet* anwünschen; **alicui bene ~** j-m Gutes anwünschen

imprecātiō ⟨imprecātiōnis⟩ F ||imprecari|| (*nachkl.*) Verfluchung

im-pressī → imprimere

impressiō ⟨impressiōnis⟩ F ||imprimere||
1 (*nachkl.*) Eindrücken, Abdruck *in Wachs o. Ä.*
2 RHET Artikulation; *pl* Hebungen und Senkungen
3 PL PHIL Eindrücke *der Erscheinungen auf der Seele*
4 (*vkl., nachkl.*) MIL Eindringen, Überfall

impressum N ||imprimere|| Impressum, *in Druckschriften kurze Angabe über Herausgeber, Verlag, Erscheinungsort u. Erscheinungszeit*

im-pressus ⟨a, um⟩ PPP → imprimere

im-primere ⟨primō, pressī, pressum 3.⟩ ||premere||
1 eindrücken, einprägen; *passiv* Eindrücke erhalten; **pollicem ~** den Daumen eindrücken; **hastam ~** die Lanze aufstützen; **sulcum ~** die Furche ziehen; **sigillum in cera ~** das Siegel ins Wachs drücken; **aratrum muris ~** den Pflug über die Mauern ziehen; **aliquid memoriae ~** etw dem Gedächtnis einprägen; **speciem in animo ~** PHIL ein Bild dem Geist einprägen; **animus quasi cera imprimitur** die Seele erhält Eindrücke wie das Wachs
2 mit einem eingedrückten Zeichen versehen; **totam Italiam vestigiis flagitiorum ~** ganz Italien mit den Spuren seiner Schandtaten zeichnen, in ganz Italien die Spuren seiner Schandtaten hinterlassen; **libros ~** (*nlat.*) Bücher drucken; **imprimatur** (*nlat.*) Druckerlaubnis

imprīmīs ADV ||in primis|| in erster Linie, besonders; **doctus ~** gelehrt wie wenige

im-probābilis ⟨improbābile, *adv* improbābiliter⟩ ADJ (*nachkl.*) nicht zu billigen, verwerflich

im-probāre ⟨ō, āvī, ātum 1.⟩ missbilligen, verwerfen; **testem ~** j-n als Zeugen ablehnen; **consilium ~** einen Plan missbilligen

improbātiō ⟨improbātiōnis⟩ F ||improbare|| Missbilligung, *alicuius* j-s *od* vonseiten j-s

improbitās ⟨improbitātis⟩ F ||improbus|| Schlechtigkeit, Unredlichkeit

improbulus ⟨a, um⟩ ADJ ||improbus|| *Iuv.* etwas dreist

im-probus
A ⟨a, um⟩ ADJ, ADV ⟨improbē⟩
1 von schlechter Beschaffenheit, unbrauchbar
2 moralisch schlecht, böse; **homo ~** böser Mensch; **factum improbum** schlechte Tat; **improbe facere** ruchlos handeln
3 maßlos, übertrieben; **labor ~** übermäßige Mühe
4 *fig* unverschämt, frech; *von Tieren auch* gefräßig, unersättlich, gierig; **puer ~** frecher Knabe, = Amor; **fortuna improba** launisches Glück
5 unanständig, schamlos; **carmina improba** unanständige Verse
B ⟨ī⟩ M Schuft, Verräter

im-prōcērus ⟨a, um⟩ ADJ (nachkl.) von niedrigem Wuchs, unansehnlich

im-prōdictus ⟨a, um⟩ ADJ ||in-², dicere|| nicht verschoben, nicht verlegt; **dies improdicta** nicht verschobener Termin

im-professus ⟨a, um⟩ ADJ ||in ?, profiteri|| (nachkl.)
1 der sich nicht bekannt hat
2 beim Zoll nicht angegeben

im-prōmptus ⟨a, um⟩ ADJ (nachkl.) nicht rasch, nicht schlagfertig

im-properātus ⟨a, um⟩ ADJ Verg. unbeschleunigt, langsam

impropria ⟨ōrum⟩ N ||improprius|| unpassende Ausdrücke

im-proprius ⟨a, um, adv impropriē⟩ ADJ unpassend

im-prosper(us) ⟨improspera, improsperum, adv improsperē⟩ ADJ (nachkl.) unheilvoll, unglücklich

im-prōvidus ⟨a, um⟩ ADJ
1 (nachkl.) nicht voraussehend, nichts ahnend, alicuius rei etw, von etw; **improvidi hostes** ahnungslose Feinde; **certaminis ~** ahnungslos in Bezug auf den Kampf
2 adv ⟨imprōvidē⟩ unvorsichtig, unbekümmert, alicuius rei um etw, wegen etw; **~ futuri** unbekümmert um die Zukunft

imprōvīsum ⟨ī⟩ N ||improvisus|| unerwartetes Ereignis; pl unvorhergesehene Fälle; **(de/ex) improviso** unversehens, unerwartet

im-prōvīsus ⟨a, um, adv imprōvīsō⟩ ADJ ||in-², providere|| unvorhergesehen, unvermutet

im-prūdēns
A ⟨imprūdentis⟩ ADJ, ADV ⟨imprūdenter⟩
1 ahnungslos; **hostes imprudentes aggredi** ahnungslose Feinde angreifen; **aliquo imprudente** ohne j-s Wissen, ohne j-s Vermuten
2 unabsichtlich; **~ hoc feci** das habe ich unabsichtlich getan
3 einer Sache unkundig, in etw unerfahren, alicuius rei; **legis ~** des Gesetzes unkundig; **~ maris** in der Seefahrt unerfahren
4 (unkl.) unklug, unvorsichtig
B ⟨imprūdentis⟩ M Unverständiger

imprūdentia ⟨ae⟩ F ||imprudens||
1 Ahnungslosigkeit
2 Unabsichtlichkeit; **per imprudentiam** unversehens, unabsichtlich
3 Unkenntnis, alicuius rei von etw; Unklugheit
4 Unachtsamkeit, Unvorsichtigkeit

impūberēs ⟨impūberum⟩ M, **impūbēs**¹ ⟨impūbium⟩ M ||impubes²|| Kinder, Jungen

im-pūbēs² ⟨impūberis⟩ ADJ, **im-pūbis** ⟨impūbe⟩ ADJ noch nicht erwachsen, unreifh; **corpus impube** unreifer Körper; **gena impubes** bartlose Wange

im-pudēns ⟨impudentis, adv impudenter⟩ ADJ schamlos, unverschämt; **homo ~** unverschämter Mensch; **mendacium ~** schamlose Lüge; **impudenter loqui** unanständig reden; **pecunia ~** unanständig viel Geld

impudentia ⟨ae⟩ F ||impudens|| Schamlosigkeit, Unverschämtheit

impudīcitia ⟨ae⟩ F ||impudicus|| Unzüchtigkeit, Unzucht

im-pudīcus ⟨a, um, adv impudīcē⟩ ADJ unzüchtig, bes von Päderasten

im-pūgnāre ⟨ō, āvī, ātum 1.⟩ angreifen; fig bekämpfen

impūgnātiō ⟨impūgnātiōnis⟩ F ||impugnare|| Bestürmung

im-pulī → impellere

impulsiō ⟨impulsiōnis⟩ F ||impellere|| Anregung

impulsor ⟨impulsōris⟩ M ||impellere|| Antreiber, Anreger; **aliquo impulsore** auf j-s Anregung

impulsus¹ ⟨impulsūs⟩ M ||impellere|| äußerer Anstoß; fig Anregung; **~ deorum** Anregung durch die Götter
▶ deutsch: **Impuls**

im-pulsus² ⟨a, um⟩ PPP → impellere

im-pūne ADV
1 ungestraft, straflos; **impune esse/abire** ungestraft bleiben, straflos ausgehen
2 ohne Schaden, ohne Gefahr; **impune in otio esse** ohne Gefahr in Ruhe leben

impūnitās ⟨impūnitātis⟩ F ||impune||
1 Straflosigkeit
2 fig Ungebundenheit, Zügellosigkeit

impūnitus ⟨a, um, adv impūnitē⟩ ADJ ||in-², punire||
1 ungestraft, straflos; **iniuria impunita** ungestraftes Unrecht
2 fig ungebunden, zügellos; **libertas impunita** zügellose Freiheit; **mendacium impunitum** freche Lüge

impūrātus ⟨a, um⟩ ADJ ||impurus|| Com. schmutzig, schuftig; **ille ~** jener Schuft

impūritās ⟨impūritātis⟩ F, **impūritia** ⟨ae⟩ F ||impurus|| Lasterhaftigkeit, Unanständigkeit

im-pūrus ⟨a, um, adv impūrē⟩ ADJ
1 (nachkl.) poet unrein, schmutzig
2 fig lasterhaft, gemein

im-putāre ⟨ō, āvī, ātum 1.⟩ (nachkl.)
1 anrechnen, in Rechnung bringen
2 Mart. meton schenken, widmen, alicui aliquid j-m etw
3 fig als Schuld od Verdienst anrechnen, zuschreiben; **equis natum ~** den Pferden den Tod des Sohnes zuschreiben; **alicui beneficium ~** j-m

als Wohltat anrechnen
imputātor ⟨imputātōris⟩ M ||imputare|| *Sen.*
Selbstgerechter, *der mit seinen guten Taten prahlt*
im-putātus ⟨a, um⟩ ADJ ||in-², putare|| *(nachkl.) poet* unbeschnitten, ungepflegt; **vinea imputata** verwahrloster Weinstock
īmulus ⟨a, um⟩ ADJ ||imus|| *Catul.* ganz unten, zuunterst
īmum ⟨ī⟩ N ||imus||
1. Unterstes, Grund; Unterwelt; **summa et ima miscere** das Oberste mit dem Untersten mischen; **ab imo/ex imo** von unten an, zuunterst
2. Ende, Schluss; **ad imum** bis zum Ende, zuletzt noch
īmus ⟨a, um⟩ ADJ
1. *örtl.* unterster, *meist partitiv* = unterster Teil; **in imo mari** in der Tiefe des Meeres; **cauda ima** Schwanzende; **dolium imum** Boden des Fasses; **ad manes imos** tief hinab zu den Manen
2. *zeitl.* letzter; **mensis ~** letzter Monat
3. *nach Rang od Reihenfolge* unterster, niedrigster; **insignes et imi** Hoch und Niedrig

---

in¹

A Präfix
1. in, an
2. ein-, hinein-

B Präposition +akk
1. in, in … hinein
2. in … hinein, bis in … hinein
3. auf, für
4. in, nach
5. in
6. in, zu
7. zu, für
8. in, zu
9. gegen, mit Rücksicht auf
10. in, nach

C Präposition +abl
1. in, an, auf
2. innerhalb
3. in
4. in, innerhalb
5. zur Zeit von, bei Gelegenheit von
6. in, an
7. in Betreff, bezüglich
8. unter, zu

— **A Präfix** —

PRÄF il- *vor l;* m- *vor b, p, m;* ir- *vor r;* i- *vor gn; sonst* in-
1. *Ortsangabe* in, an, auf, bei; **in-stare** in *etw* stehen; **in-sidere** in *etw* sitzen, auf *etw* sitzen
2. *Richtungsangabe bei Verben der Bewegung* ein-, hinein-; **in-ire** hinein-gehen; **in-vadere** eindringen; **in-serere¹** ein-reihen; **in-serere²** einpflanzen

— **B Präposition +akk** —

PRÄP +akk
1. *örtl. auf die Frage „wohin?"*, *immer bei Verben der Bewegung* in, in … hinein, in … hinauf, auf, auf … hinauf, in … hinab, nach, zu; **in urbem redire** in die Stadt zurückkehren; **abicere in mare** ins Meer werfen; **in Asiam proficisci** nach Asien aufbrechen; **advenire in insulam** auf der Insel ankommen; **convenire in oppidum** in der Stadt zusammentreffen; **se abdere in silvas** sich in den Wäldern verstecken; **adventus in castra** Ankunft im Lager; **iter in Hispaniam** Weg nach Spanien; **in ius vocare** *fig* vor Gericht zitieren; **aliquem accipere in civitatem** j-m die Staatsbürgerschaft verleihen; **in invidiam alicuius incidere** bei j-m verhasst werden; **in suspicionem venire** in Verdacht geraten; **in potestatem senatūs esse = venisse et in potestate senatūs esse** sich in der Gewalt des Senats befinden; **alicui in mentem est** es fällt j-m ein; **ut in funebrem pompam** wie bei der Bestattung; **in medium relinquere** unentschieden lassen
2. *zeitl.* in … hinein, bis in … hinein; **bellum in hiemem ducere** den Krieg in den Winter hineinziehen, bis in den Winter hinein Krieg führen; **dormire in multum diem** bis in den hellen Tag hinein schlafen
3. *zeitl.* auf, für; **in annum** für ein Jahr; **aliquid in multos annos praedicere** etw auf viele Jahre voraussagen; **in futurum** für die Zukunft; **in tempus** für den Augenblick; **in dies** von Tag zu Tag; **in diem** nur für einen Tag, nur für heute, von Tag zu Tag, alle Tage, auf den bestimmten Tag; **in diem vivere** in den Tag hinein leben
4. *Ausdehnung* in, nach; **sex pedes in longitudinem** sechs Fuß lang; **crescere in latum** in die Breite wachsen; **in rectum** geradeaus; **in omnes partes** nach allen Richtungen; **in utramque partem disputare** *fig* das Für und Wider diskutieren; **in maius** mit Übertreibung
5. *Einteilung* in; **Gallia est divisa in partes tres** Gallien ist in drei Teile eingeteilt; **agrum in iugera dena discribere** das Ackerland in je zehn Morgen aufteilen
6. *Wandel* in, zu; **redigere aliquem in avem** j-n in einen Vogel verwandeln
7. *Zweck od Absicht* zu, für; **legionem in praesidium mittere** eine Legion als Besatzung schicken; **in auxilium vocare** zu Hilfe rufen; **ad praetorem in ius adire** den Prätor um Rechtshilfe bitten; **in eam sententiam loqui** in dieser Absicht reden; **tres viros in consilium dare** drei Männer als Beiräte geben; **in mea vulnera pugno** ich trachte nach meinem eigenen

Leid; **mittere aliquem in imperium magnum** j-n schicken um ein großes Reich zu erwerben; **in hoc/in haec/in id** dafür, dazu, deswegen
8 *Wirkung od Ergebnis* in, zu; **in incertum** aufs Ungewisse
9 *freundlich u. feindlich Gesinnung* gegen, mit Rücksicht auf; **liberalis in milites** freigebig gegen die Soldaten; **saevire in aliquem** gegen j-n wüten; **orationem habere in aliquem** auf j-n eine Rede halten, gegen j-n eine Rede halten; **legem scribere in aliquid** ein Gesetz erlassen gegen etw
10 *Art u. Weise* in, nach, gemäß, auf, wie; **villae in urbium modum** Landhäuser nach Art von Städten; **mirum in modum** auf wunderbare Weise; **pax convenit in has condiciones** der Friede kommt unter folgenden Bedingungen zustande; **in patrum morem** nach Sitte der Väter; **in vicem** wechselweise; **in rem esse** förderlich sein; **in numerum ludere** nach dem Takt spielen; **in quantum** inwieweit; **in tantum** insoweit; **in faciem hederae** efeuähnlich; **in plumam** wie ein Gefieder; **in barbarum** nach Art eines Barbaren

— **C** Präposition +abl —

PRÄP +abl

1 *örtl. auf die Frage „wo?" (Ruhelage), auch bei Verben wie ponere, locare, collocare u. Ä., nach denen im Deutschen auf „wohin?" gefragt wird* in, an, auf; **in urbe vivere** in der Stadt leben; **anulum in digito habere** einen Ring am Finger haben; **navem tenere in ancoris** das Schiff vor Anker halten; **in barbaris** bei den Barbaren; **aliquid in mensa ponere** etw auf den Tisch stellen; **pontem facere in flumine** eine Brücke über den Fluss bauen; **navigare in Italia** an der Küste Italiens segeln

2 *örtl.* innerhalb; **in tribus milibus** innerhalb von drei Meilen, auf drei Meilen
3 *meist von der Kleidung* in; **in veste domestica sedere** in Hauskleidung dasitzen
4 *zeitl.* innerhalb, während; **in multis annis** im Verlauf vieler Jahre; **in sex mensibus** innerhalb von sechs Monaten; **in die** während des Tages; **ter in anno** dreimal jährlich; **in pueritia** in der Jugend
5 *Zeitumstände* zur Zeit von, bei Gelegenheit von; **in bello** in Kriegszeiten; **in fame** zur Zeit der Hungersnot; **in tempore venire** zur rechten Zeit kommen; **in praesentia** unter den gegenwärtigen Umständen
6 *Umstände u. Verhältnisse* in, an, bei, unter; **in rebus adversis** im Unglück; **in ridendo** beim Lachen, lachend; **aliquam in matrimonio habere** j-n zur Frau haben; **hac in re/in hoc** hierin, hierbei; **in eo est, ut** es steht so, dass; **in summis honoribus esse** in höchsten Ehren stehen; **in eadem pulchritudine esse** ebenso schön sein; **in vitio esse** fehlerhaft sein, unrecht sein
7 *Angabe der Beziehung* in Betreff, bezüglich, hinsichtlich, an, bei, gegen; **audax in convocandis hominibus** kühn beim Zusammenrufen von Menschen; **laudare aliquem in re** j-n bezüglich einer Sache loben
8 *Zugehörigkeit* unter, zu, *selten* zugleich mit; **aliquem in amicis numerare** j-n zu seinen Freunden zählen

in-² PRÄF il- *vor l*; im- *vor b, p, m*; ir- *vor r*; i- *vor gn; sonst* in- nicht, ohne, un- *zum Ausdruck der Verneinung, meist vor adj u. adv, selten vor Subst.*; **il-licitus** unerlaubt; **im-mensus** un-ermesslich; **ir-reparabilis** un-wiederbringlich; **in-nocens** un-schuldig; **i-gnotus** un-bekannt; **im-potens** ohn-mächtig

in-accessus ⟨a, um⟩ ADJ ‖in-², accedere‖ *poet* unzugänglich, *alicui rei* für etw; **inaccessa mapalium** *subst* unzugängliche Behausungen
in-acēscere ⟨acēscō, acuī, - 3.⟩ *(nachkl.) poet* sauer werden; *fig* verdrießen, *alicui* jdn
Īnachidēs ⟨Īnachidae⟩ M Nachkomme des Inachus, = Epaphos *als Enkel*, = Perseus *als Argiver*
Īnachis ⟨Īnachidis *u.* Īnachidos⟩ F Nachkomme des Inachus, = Io
Īnachis ⟨Īnachidis⟩ ADJ F, **Īnachius** ⟨a, um⟩ ADJ von Inachus stammend, argivisch, griechisch
Īnachus ⟨ī⟩ M MYTH Hauptfluss von Argos, heute Panitsa; *im Mythos Flussgott, Sohn des Okeanos (Oceanus) u. der Thetis, erster König von Argos, Vater der Io*
in-ads… = **in-ass…**
in-adt… = **in-att…**
in-adustus ⟨a, um⟩ ADJ *poet* nicht angebrannt, nicht versengt
in-aedificāre ⟨ō, āvī, ātum 1.⟩
1 anbauen, erbauen, *alicui rei/in rem* in etw, an etw, bei etw; **sacellum in domo ~** eine kleine Kapelle im Haus aufbauen
2 zubauen, verbauen
in-aequābilis ⟨inaequābile, *adv* inaequābiliter⟩ ADJ
1 *(vkl., nachkl.)* ungleich, uneben
2 *fig* ungleichmäßig, ungleichförmig
in-aequālis ⟨inaequāle, *adv* inaequāliter⟩ ADJ
1 *(nachkl.) poet* uneben, schief; **mensa ~** wackliger Tisch
2 *poet* uneben machend; **tonsor ~** Haarschneider, der Stufen schneidet; **procella ~** das Meer aufwühlender Sturm
3 *fig* ungleich groß; **calices inaequabiles** bald volle, bald halb volle Becher

4 (*nachkl.*) *fig* wechselnd, wechselvoll, veränderlich, unbeständig

inaequālitās ⟨inaequālitātis⟩ F ||inaequalis|| (*vkl., nachkl.*) Ungleichheit, Unähnlichkeit

in-aequāre ⟨ō, -, - 1.⟩ eben machen, gleich machen

in-aequātus ⟨a, um⟩ ADJ ||in-², aequare|| *Tib.* ungleich

in-aequus ⟨a, um⟩ ADJ = **iniquus**

in-aestimābilis ⟨e, *adv* inaestimābiliter⟩ ADJ

1 (*nachkl.*) nicht schätzbar, unberechenbar; **animus multitudinis ~** unberechenbare Stimmung der Masse

2 (*nachkl.*) unschätzbar, außerordentlich

3 PHIL wertlos, nicht beachtenswert

in-aestuāre ⟨ō, -, - 1.⟩ (*Hor., spätl.*) aufbrausen, *alicui rei* in etw

in-affectātus ⟨a, um⟩ ADJ ||in-², affectoare|| (*nachkl.*) ungekünstelt

in-agitābilis ⟨inagitābile⟩ ADJ ||in-², agitare|| *Sen.* bewegungsunfähig

in-agitātus ⟨a, um⟩ ADJ ||in-², agitare|| *Sen.* unbewegt; *fig* nicht beunruhigt

inalpīnī ⟨ōrum⟩ M ||inalpinus|| die Alpenbewohner, Alpenvölker

in-arātus ⟨a, um⟩ ADJ ||in-¹, Alpes|| (*unkl.*) in den Alpen wohnend

in-amābilis ⟨inamābile⟩ ADJ (*unkl.*) nicht liebenswürdig, verhasst; **regnum inamabile** verhasstes Reich = Unterwelt; **palus inamabile** verhasster Fluss = Styx

in-amārēscere ⟨ēscō, -, - 3.⟩ *Hor.* bitter werden; anekeln

in-ambitiōsus ⟨a, um⟩ ADJ nicht ehrgeizig, anspruchslos

in-ambulāre ⟨ō, āvī, ātum 1.⟩ auf und ab gehen, spazieren gehen

inambulātiō ⟨inambulātiōnis⟩ F ||inambulare|| *Catul.* Auf-und-ab-Gehen, Hin-und-her-Schaukeln

in-amoenus ⟨a, um⟩ ADJ (*nachkl.*) *poet* unerfreulich, reizlos

ināne ⟨inānis⟩ N ||inanis||

1 leerer Raum

2 Unwesentliches

inānes ⟨inānum⟩ M ||inanis|| eitle Narren

inānia ⟨inānium⟩ M ||inanis|| Nichtigkeiten

ināniae ⟨ārum⟩ F ||inanis|| *Plaut.* Leere

ināni-logista ⟨ae⟩ M ||inanis|| *Plaut.* Phrasendrescher

ināni-loquus ⟨a, um⟩ ADJ ||inanis, loqui|| *Plaut.* vergeblich redend

in-animālis ⟨inanimāle⟩ ADJ (*nachkl.*) = **inanimus**

inānimentum ⟨ī⟩ N ||inanis|| *Plaut.* Leere

inānīre ⟨iō, īvī, ītum 4.⟩ ||inanis|| (*nachkl.*) *poet* leer machen

in-ānis ⟨ināne, *adv* ināniter⟩ ADJ

1 leer, inhaltslos; **vas inane** leeres Gefäß; **litterae inanes** inhaltsloser Brief; **navis ~** unbeladenes Schiff, unbemanntes Schiff; **equus ~** Pferd ohne Reiter; **regna inania** Reich der körperlosen Schatten, Unterwelt; **corpus inane** toter Körper; **laeva ~** linke Hand ohne goldenen Ring; **lumina inania** blinde Augen; **vulnus ~** klaffende Wunde; **~ ab aliquo/a re** ohne j-n/ohne etw

2 *poet* mit leerem Magen, hungrig

3 mit leeren Händen; **legati inanes ad regem reverterunt** die Gesandten kehrten mit leeren Händen zum König zurück

4 arm, unbemittelt; **civitas ~** ausgeplünderte Stadt

5 *fig* leer, gehaltlos

6 *fig* nichtig; vergeblich

7 *fig* eingebildet, prahlerisch; **inaniter loqui** prahlerisch reden

inānitās ⟨inānitātis⟩ F ||inanis||

1 leerer Raum

2 *fig* Eitelkeit, Nichtigkeit

in-arātus ⟨a, um⟩ ADJ ||in-², arare|| *poet* ungepflügt, brachliegend

in-ārdēscere ⟨ārdēscō, ārsī, - 3.⟩

1 sich einbrennen, *alicui rei* in etw

2 sich entzünden, *re* durch etw, von etw; *fig* leidenschaftlich entbrennen

in-ārēscere ⟨ārēscō, āruī, - 3.⟩ (*vkl., nachkl.*) austrocknen, versiegen, *auch fig*

Īnarimē ⟨Īnarimēs⟩ F = **Aenaria**

in-artificiālis ⟨inartificiāle, *adv* inartificiāliter⟩ ADJ *Quint.* nicht kunstgerecht

in-ascēnsus ⟨a, um⟩ ADJ ||in-², ascendere|| *Plin.* nicht bestiegen, nicht betreten

in-assuētus ⟨a, um⟩ ADJ *poet* ungewohnt, ungewöhnlich

in-attenuātus ⟨a, um⟩ ADJ ||in-², attenuare|| *Ov.* ungeschwächt

in-audāx ⟨inaudācis⟩ ADJ *Hor.* zaghaft

in-audīre ⟨iō, iī/īvī, ītum 4.⟩ hören, vernehmen

in-audītus ⟨a, um⟩ ADJ ||in-², audire||

1 ungehört, bis jetzt noch unbekannt, *alicui* von j-m/j-m; **nemini ~** jedem zu Ohren gekommen

2 *fig* unerhört, beispiellos

3 (*nachkl.*) JUR unverhört; **aliquem inauditum punire** j-n ohne Vernehmung bestrafen

in-augurāre ⟨ō, āvī, ātum 1.⟩

A V/i (*vkl., nachkl.*) Augurien anstellen; **inaugurato** nach Anstellen der Augurien, unter Anstellen der Augurien

B VT (durch Augurien) feierlich einweihen, weihen; **templum ~** einen Tempel weihen; **flaminem ~** einen Priester einführen

in-aurāre ⟨ō, āvī, ātum 1.⟩ ||aurum||
1 vergolden
2 *hum* in Gold fassen, überaus reich machen

in-aurēs ⟨inaurium⟩ F (vkl., nachkl.) Ohrgehänge, Ohrklips

in-auspicātus ⟨a, um, *adv* inauspicātō⟩ ADJ (nachkl.) *poet* ohne Auspizien (angenommen)

in-ausus ⟨a, um⟩ ADJ ||in-², audere|| (nachkl.) *poet* ungewagt, unversucht, *alicui* von j-m; **nil inausum linquere** nichts unversucht lassen

inb... = **imb...**

inbeneficio ⟨are, avi, atum 1.⟩ (mlat.) zu Lehen geben, belehnen

inc. *Abk* (nlat.) **= incidit** hat eingeschnitten, hat gestochen, *auf Kupferstichen, +Name des Stechers;* → incidere²

in-caeduus ⟨a, um⟩ ADJ ||caedere|| *poet* ungehauen, nicht abgeholzt; **silva incaedua** nicht abgeholzter Wald

in-calēscere ⟨calēscō, caluī, - 3.⟩
1 warm werden, heiß werden; **toga lacrimis incaluit** die Toga wurde von heißen Tränen benetzt
2 *fig* entbrennen, begeistert werden, *re* durch etw, *alicui* für j-n, *ad aliquid* zu etw, für etw; **vino incalesci** vom Wein erhitzt werden

in-calfacere ⟨ō, -, - 3.⟩ *poet* erwärmen

in-callidus ⟨a, um, *adv* incallidē⟩ ADJ unklug, nicht weltklug

in-candēscere ⟨candēscō, canduī, - 3.⟩ (nachkl.)
1 weiß werden
2 erglühen, sich entzünden

in-cānēscere ⟨cānēscō, cānuī, - 3.⟩ weißgrau schimmern

in-cantāre ⟨ō, āvī, ātum 1.⟩ (unkl.)
1 eine Zauberformel gegen *j-n* hersagen, *aliquem*
2 durch Zaubersprüche weihen

incantatrix ⟨incantatricis⟩ F (mlat.) Zauberin, Hexe

incānus ⟨a, um⟩ ADJ ||incanescere|| (nachkl.) *poet* ganz grau

incappare ⟨are, avi, atum 1.⟩ (mlat.) mit einem Kapuzenmantel versehen

in-carnāre ⟨ō, āvī, ātum 1.⟩ ||in¹, caro¹|| (eccl.) zu Fleisch machen

incarnātiō ⟨incarnātiōnis⟩ F ||incarnare|| Fleischwerdung, Menschwerdung; **~ Christi** (eccl.) Menschwerdung Christi

in-carnātus ⟨a, um⟩ ADJ ||incarnare|| (eccl.) Mensch geworden, geboren

incassum = **in cassum**; → cassus

in-castīgātus ⟨a, um⟩ ADJ ||in-², castigare|| *Hor.* ungezüchtigt, ungetadelt

in-cautus ⟨a, um, *adv* incautē⟩ ADJ
1 unvorsichtig, unbedacht, *ab aliquo* vor j-m, gegen j-n, um j-n, *ad aliquid* in Bezug auf etw
2 (nachkl.) unbehütet, unsicher, *alicui* von j-m
3 unvermutet

in-cēdere ⟨cēdō, cessī, cessum 3.⟩
A VI
1 einherschreiten, einhergehen, *bes um gesehen zu werden;* **superbus ~** daherstolzieren; **equis ~** einherreiten; **proprius ~** näher treten
2 MIL heranrücken, heranmarschieren
3 *von Zuständen* eintreten, hereinbrechen; **pestilentia in castra incessit** die Seuche brach über das Lager herein
4 *von Gerüchten* auftreten, sich verbreiten
5 *von Gefühlen* befallen, *alicui* j-n; *absolut* aufkommen; **cura omnium animis incedit** Sorge befällt alle
B VT
1 betreten, beschreiten
2 *von Zuständen* befallen; sich ausbreiten, *aliquem* bei j-m, unter j-m; **seditio legiones incedit** ein Aufstand breitet sich unter den Legionen aus

in-celebrātus ⟨a, um⟩ ADJ ||in-², celebrare|| (unkl.) unveröffentlicht

in-cēnāre ⟨ō, -, - 1.⟩ (nachkl.) darin speisen

in-cēnātus ⟨a, um⟩ ADJ ||in-², cenare|| (vkl.) hungrig

in-cendere ⟨cendō, cendī, cēnsum 3.⟩
1 anzünden, *auch* verbrennen; *passiv* in Brand geraten; **aram ~** den Altar anzünden, Feuer auf dem Altar entzünden
2 erleuchten, erhellen; **luna incenditur radiis solis** der Mond wird durch die Sonnenstrahlen erleuchtet
3 *fig* entzünden, in Wut versetzen; *passiv* entbrennen; **iram ~** den Zorn erregen; **equum calcaribus ~** ein Pferd anspornen; **incensus** entflammt
4 aufhetzen, reizen, *in aliquem* gegen j-n
5 (unkl.) steigern, vergrößern, **vires** die Kräfte
6 (nachkl.) *poet* erfüllen, *re* mit etw; **caelum clamore ~** den Himmel mit Geschrei erfüllen

in-cendī → incendere

incendiārius ⟨ī⟩ M ||incendium|| (nachkl.) Brandstifter, Mordbrenner

incendium ⟨ī⟩ N ||incendere||
1 Brandstiftung; Brand; **incendium facere/ excitare** einen Brand entfachen
2 *meton* Fackel
3 *fig von Leidenschaften* Feuer, Glut
4 *fig* Verderben, Untergang; **~ belli** Gräuel des Krieges; **~ urbis** Untergang der Stadt

incēnsiō ⟨incēnsiōnis⟩ F ||incendere|| Brand, Einäscherung

incēnsus¹ ⟨a, um⟩ ADJ ||incendere|| entbrannt; *fig* begeistert

in-cēnsus²

A ⟨a, um⟩ ADJ ||in-², censere|| vom Zensor nicht abgeschätzt

B ⟨ī⟩ M vom Zensor nicht Abgeschätzter

in-cēnsus³ ⟨a, um⟩ PPP → incendere

in-cēpī → incipere

in-ceptāre ⟨ō, āvī, - 1.⟩ ||incipere||

A VII *etw* beginnen, anfangen

B VII Streit anfangen, *cum aliquo* mit j-m

inceptiō ⟨inceptiōnis⟩ F ||incipere||

1 Anfang, Beginn

2 *Ter.* Vorhaben

inceptor ⟨inceptōris⟩ M ||incipere|| *Ter.* der *etw* beginnt

inceptum ⟨ī⟩ N, (*nachkl.*) **inceptus¹** ⟨inceptūs⟩ M ||incipere||

1 Anfang, Beginn; **ab incepto** von Anfang an

2 *meton* Vorhaben, Unternehmen

in-ceptus² ⟨a, um⟩ PPP → incipere

in-cerāre ⟨ō, āvī, ātum 1.⟩ ||in¹, cera|| (*nachkl.*) mit Wachs überziehen; **genua deorum ~ hum** die Knie der Götter schmierig machen *durch Berühren u. Küssen* = inbrünstig zu den Göttern flehen

in-cernere ⟨cernō, crēvī, crētum 3.⟩ (*unkl.*) darüber streuen

in-certāre ⟨ō, -, - 1.⟩ ||incertus|| (*vkl.*) ungewiss machen, verunsichern

incertō ADV → incertus

incertum ⟨ī⟩ N ||incertus|| Ungewissheit, Unsicherheit; *pl* Wechselfälle; **aliquid in incerto relinquere** etw ungewiss lassen; **aliquid ad incertum revocare** etw infrage stellen; **in incerto esse** in Ungewissheit sein; **in incerto habere** unentschlossen sein

incertus ⟨a, um, *adv* incertē *u.* incertō⟩ ADJ

1 ungewiss, unentschieden; **luna incerta** trüber Mond; **vultus ~** verstörte Miene; **sol ~** unbeständiger Sonnenschein; **menses incerti** veränderliche Monate

2 unklar, schwer zu unterscheiden

3 *von Personen* unschlüssig, ratlos, *alicuius rei* in einer Sache, +*indir Fragesatz*; **sententiae ~** in seiner Meinung schwankend

in-cessere ⟨cesso, cessī, - 3.⟩ ||incedere|| (*nachkl.*) *poet* j-n angreifen; *fig* bedrohen

in-cessī → incedere *u.* → incessere

in-cessum PPP → incedere

incessus ⟨incessūs⟩ M ||incedere||

1 Gangart, Gang; **incessu erectus** mit aufrechtem Gang

2 *Tac.* feindliches Vordringen, Einfall *in ein Land*

3 *Tac.* Eingang, Zugang

incestāre ⟨ō, āvī, ātum 1.⟩ ||incestus¹|| (*unkl.*) beflecken, verunreinigen, *bes sexuell*

incesti-ficus ⟨a, um⟩ ADJ ||incestus¹, facere|| *Sen.* sich befleckend, eine böse Tat begehend

incestum ⟨ī⟩ N ||incestus¹|| Unzucht, Blutschande; **incestum facere/committere alicuius** Unzucht begehen mit j-m; **incesto liberare** von der Blutschande freisprechen

▶ deutsch: **Inzest**

incestus¹ ⟨incestūs⟩ M ||in-², carere||

1 Geschlechtsverkehr mit Vestalinnen

2 Blutschande

in-cestus²

A ⟨a, um⟩ ADJ, ADV ⟨incestē⟩ ||in-², castus||

1 *moralisch od* REL befleckt

2 unzüchtig, blutschänderisch

B ⟨ī⟩ M Frevler

inchoāre ⟨ō, āvī, ātum 1.⟩ = incohare

in-cidere ⟨cidō, cidī, - 3.⟩ ||in¹, cadere||

1 hinfallen

2 fallen

3 (absichtlich) sich hineinstürzen

4 überfallen, angreifen

5 befallen

6 geraten

7 vorfallen, sich zutragen

1 hinfallen, in *etw* fallen, auf *etw* fallen, *absolut od in aliquid/alicui rei/aliquem*; **tela incidunt** Geschosse schlagen ein, Geschosse treffen

2 in eine Zeit fallen, **in hunc diem** auf diesen Tag

3 (absichtlich) sich in *etw* hineinstürzen; *von Flüssen* sich ergießen, *alicui rei* in etw

4 überfallen, angreifen, *alicui/in aliquem* j-n; **ultimis ~** die Letzten überfallen; **in hostem ~** den Feind angreifen

5 *von Zuständen od Übeln* j-n befallen, *j-m* widerfahren, *alicui/in aliquem*; **terror incidit exercitui** Schrecken befällt das Heer; **pestilentia in urbem incidit** eine Seuche kommt über die Stadt; **~ aliquem** j-n ergreifen

6 *fig unfreiwillig* in *etw* geraten, auf *etw* stoßen, *in aliquem/in aliquid*; **in manūs latronum ~** Räubern in die Hände fallen; **in Caesarem ~** auf Caesar stoßen; **in alienum ~** an den Unrechten kommen; **in morbum ~** krank werden; **in suspicionem ~** in Verdacht geraten; **ad aliquid faciendum ~** auf etw verfallen; **in mentionem alicuius rei ~** auf etw zu sprechen kommen; **in sermonem hominum ~** ins Gerede der Leute kommen; **in sermonem ~** auf den Gegenstand zu sprechen kommen; in-

cidit alicui in mentem es fällt j-m ein
7 vorfallen, sich ereignen; **mentio incidit de uxoribus** das Gespräch kam auf die Frauen; **casus incidit** es ereignete sich der Fall; **forte incidit, ut** zufällig traf es sich, dass

in-cīdere[2] ⟨cīdō, cīdī, cīsum 3.⟩ ||in[1], caedere||
1 *etw* einschneiden, Einschnitte in *etw* machen, *aliquid*; **manum ~** in die Hand schneiden; **pulmo incisus** Lunge mit einem Einschnitt
2 mit Werkzeugen einhauen, eingravieren, *aliquid in aliquid/in re* etw in etw; **leges in aes ~** Gesetze in Erz einmeißeln; **nomina in tabula ~** Namen in eine Tafel eingravieren; **amores arboribus ~** Liebesworte in die Bäume schneiden
3 (aus)schneiden; **dentes ~** Zähne *in die Säge* schneiden; **alicui pennas ~** j-m die Flügel stutzen
4 beschneiden, **vites** die Weinstöcke
5 zerschneiden, durchschneiden; **funem** ein Seil
6 teilen, absetzen
7 unterbrechen, abbrechen; **alicui sermonem ~** j-m das Wort abschneiden; **novas lites ~** neue Streitigkeiten verhüten
8 (nachkl.) wegnehmen, rauben, **omnem spem** alle Hoffnung

incilāre ⟨ō, -, - 1.⟩ schelten, tadeln

incīle ⟨incīlis⟩ M̄ (unkl.) Abzugskanal, Abzugsgraben, *auch fig*

in-cinere ⟨ō, -, - 3.⟩ ||canere|| (unkl.) ertönen lassen, anstimmen

in-cingere ⟨cingō, cinxī, cinctum 3.⟩ (nachkl.)
1 umgürten, *aliquid re* j-n mit etw; *passiv* sich umgürten, sich bekränzen
2 *fig* umgeben, umschließen, *aliquem/aliquid re* j-n/etw mit etw; **urbem moenibus ~** die Stadt mit Mauern umschließen

in-cipere ⟨cipiō, cēpī, ceptum 3.⟩
A V̄T̄ beginnen, *a re/re* mit etw; anfangen zu reden, *a re* mit etw, bei etw
B V̄Ī anfangen, beginnen, **oppugnationem** eine Belagerung

incipissere ⟨ō, -, - 3.⟩ ||incipere|| *Plaut.* eifrig beginnen

incīsē, incīsim ADV ||incidere[2]|| RHET abgehackt, kurz gegliedert

incīsiō ⟨incīsiōnis⟩ F̄, **incīsum** ⟨ī⟩ N̄ ||incidere[2]|| RHET Abschnitt, Glied *einer Periode*

in-cīsus ⟨a, um⟩ PPP → incidere[2]

incitāmentum ⟨ī⟩ N̄ ||incitare|| Anreiz; *fig* Antrieb

in-citāre ⟨ō, āvī, ātum 1.⟩
1 antreiben, beschleunigen; **equum calcaribus ~** das Pferd mit Sporen antreiben; *passiv u.* **se ~** vorwärts eilen, stürzen

2 *fig* antreiben, anspornen, *aliquem in aliquid/ad aliquid* j-n zu etw; **mentem alicuius ad spem praedae ~** j-n zur Hoffnung auf Beute bringen
3 *pej* aufregen, aufwiegeln, *aliquem in aliquem/ contra aliquem* j-n gegen j-n
4 vergrößern, steigern; **eloquendi celeritatem ~** das Tempo der Rede steigern; **poenas ~** Strafen verschärfen

incitātiō ⟨incitātiōnis⟩ F̄ ||incitare||
1 Anregung, Erregung
2 Schwung; Drang

incitātus ⟨a, um, *adv* incitātē⟩ ADJ ||incitare||
1 angetrieben; *allg.* schnell; **milites incitati fugā** Soldaten in eiliger Flucht
2 *fig* erregt, aufgebracht

in-citus[1] ⟨a, um⟩ ADJ ||in[1], ciere|| stark bewegt, schnell

in-citus[2] ⟨a, um⟩ ADJ ||in-[2], ciere|| (vkl.) *poet* unbewegt; **aliquem ad incitas (calces) redigere** j-n schachmatt setzen *im Brettspiel*, j-n in höchste Verlegenheit bringen

in-cīvīlis ⟨incīvīle, *adv* incīvīliter⟩ ADJ ungebührlich, hart

in-clāmāre ⟨ō, āvī, ātum 1.⟩ V̄T̄ u. V̄Ī, absolut *od aliquem* j-n, alicui j-m, ut/ne dass, dass nicht, +indir Fragesatz

in-clāmitāre ⟨ō, -, - 1.⟩ ||inclamare|| *Plaut.* anschreien

in-clārēscere ⟨clārēscō, clāruī, - 3.⟩ bekannt werden, berühmt werden

in-clēmēns ⟨inclēmentis, *adv* inclēmenter⟩ ADJ (vkl., nachkl.) hart, unerbittlich; **dictator ~** harter Diktator; **verbum ~** schonungsloses Wort

inclēmentia ⟨ae⟩ F̄ ||inclemens|| (nachkl.) *poet* Härte, Unerbittlichkeit; **~ caeli** raues Klima

inclīnābilis ⟨inclīnābile⟩ ADJ ||inclinis|| *Sen.* sich leicht neigend; **animus in pravum ~** leicht zum Bösen geneigter Geist

---

in-clīnāre ⟨ō, āvī, ātum 1.⟩

A transitives Verb
1 neigen, beugen
2 zum Geschlechtsverkehr hinlegen
3 hinneigen, hinwenden
4 zum Sinken bringen, zu Fall bringen
5 den Ausschlag geben, die entscheidende Wendung geben

B intransitives Verb
1 sich neigen
2 ins Wanken kommen, weichen
3 sich hinneigen, geneigt sein
4 sinken, sich zum Schlechten wenden

— **A** transitives Verb —

V/T

1 (nachkl.) neigen, beugen; **genua ~** die Knie beugen; **mālum ~** den Mast niederlegen
2 zum Geschlechtsverkehr hinlegen
3 fig hinwenden, lenken; **omnem culpam in aliquem ~** alle Schuld auf j-n schieben; **onera a pauperibus in divites ~** die Lasten von den Armen auf die Reichen wälzen
4 fig zum Sinken bringen, zu Fall bringen; **fraus rem inclinat** der Betrug bringt die Sache zu Fall
5 fig den Ausschlag geben, die entscheidende Wendung geben, *aliquid* einer Sache

— B intransitives Verb —

V/I, passiv u. **se ~**

1 sich neigen; **fretum aestū inclinatur** die Strömung geht in der Meerenge abwärts
2 ins Wanken kommen, weichen; **acies inclinat(ur)** die Schlachtordnung kommt ins Wanken
3 fig sich hinneigen, geneigt sein; **animus in hanc sententiam inclinatur** zu der Meinung neigen; **sententiae inclinant eo, ut** die Stimmung ist dafür, dass
4 fig sinken, sich zum Schlechten wenden; **res inclinata est** die Sache ist halb verloren; **fortuna inclinata est** das Glück hat sich gewendet

inclīnātiō ⟨inclīnātiōnis⟩ F ||inclinis||
1 Neigung, Biegung
2 **~ vocis** RHET Heben und Senken der Stimme
3 fig Zuneigung, *ad aliquem/in aliquem* zu j-m
4 Veränderung, Wechsel; **~ rerum** Änderung der Verhältnisse

inclīnātus ⟨a, um⟩ ADJ ||inclinare||
1 geneigt, sich neigend; **dies ~** zu Ende gehender Tag
2 von der Stimme tief, *auch* wechselnd
3 fig abwärts gehend, sinkend
4 (nachkl.) zu *etw/j-m* geneigt, j-m zugetan, *j-m/einer Sache* günstig gestimmt, *ad aliquem/ad aliquid/in aliquid*

inclitus ⟨a, um⟩ ADJ = inclutus

in-clūdere ⟨clūdō, clūsī, clūsum 3.⟩ ||claudere||
1 einschließen, einsperren, *in rem/in re/alicui rei* in etw; umschließen, einengen; umringen, umgeben; **consulem in carcerem/in carcere ~** den Konsul ins Gefängnis sperren; **animus in corpore inclusus** die im Körper eingeschlossene Seele; **aliquem angustiis temporis ~** j-n in Zeitnot bringen
2 in *etw* einfügen, fassen; **ebur auro ~** Elfenbein mit Gold durchwirken; **germen ~** einen Zweig aufpfropfen; **aliquid in formam rei ~** etw der Idee einer Sache anpassen
3 versperren; fig hemmen; **alicui viam ~** j-m den Weg versperren
4 (nachkl.) fig schließen = beenden
5 passiv (mlat.) Nonne werden

inclusa ⟨ae⟩ F (mlat.) Nonne

inclūsiō ⟨inclūsiōnis⟩ F ||includere|| Einschließung

inclusive ADV (mlat.) einschließlich

in-clūsus ⟨a, um⟩ PPP → includere

in-clutus ⟨a, um⟩ ADJ ||in[1], cluere|| (unkl.) viel genannt, berühmt

in-coāctus ⟨a, um⟩ ADJ (nachkl.) ungezwungen

incoctus[1] ⟨a, um⟩ ADJ ||incoquere|| poet eingekocht, gefärbt

in-coctus[2] ⟨a, um⟩ ADJ ||in-[2], coquere|| Plaut. ungekocht

in-cōgitābilis ⟨incōgitābile⟩ ADJ Plaut., **in-cōgitāns** ⟨incōgitantis⟩ ADJ ||cogitare|| Ter. unbedacht, unbesonnen

incōgitantia ⟨ae⟩ F ||incogitans|| Plaut. Unbedachtheit

in-cōgitāre ⟨ō, -, - 1.⟩ Hor. sich *etw* gegen *j-n* ausdenken, *aliquid alicui*; **fraudem socio ~** sich einen Betrug gegen den Gefährten ausdenken

in-cōgitātus ⟨a, um⟩ ADJ
1 Plaut. unbedacht
2 Sen. unüberlegt
3 undenkbar

in-cognitus ⟨a, um⟩ ADJ
1 von Personen u. Sachen unbekannt; **incognita pro cognitis habere** Unbekanntes für bekannt halten
2 nicht erkennbar, *bes* PHIL
3 JUR nicht untersucht; **incognitā causā** ohne gerichtliche Untersuchung
4 Liv. nicht (als Eigentum) anerkannt; **incognita** von niemandem als Eigentum beanspruchte Dinge

in-cohāre ⟨ō, āvī, ātum 1.⟩
1 (nur) anfangen, *ohne zu vollenden*; einleiten; **luna incohatur** es ist Neumond; **aras ~** Altäre errichten, Altäre weihen
2 fig zu beschreiben beginnen, zu reden anfangen
3 Tac. fig im Senat zur Sprache bringen, *absolut od de re* etw

incohātus ⟨a, um⟩ ADJ ||incohare|| angefangen, unvollendet; **opus incohatum** unvollendetes Werk; **quaestio incohata** offene Frage

incola ⟨ae⟩ M u. F ||incolere|| von Menschen u. Tieren Einwohner, Bewohner; *adj* einheimisch

incolentēs ⟨incolentium⟩ M ||incolere|| (nachkl.) die Einwohner

in-colere ⟨colō, coluī, cultum 3.⟩

A V̅T̅ bewohnen
B V̅T̅ wohnen, sesshaft sein, *nur mit präp cis, trans, inter, propel+adv;* **cis Rhenum ~** diesseits des Rheins wohnen

in-columis ⟨incolume⟩ ADJ *von Personen u. Sachen* unversehrt, unverletzt

incolumitās ⟨incolumitātis⟩ F ||incolumis|| Unversehrtheit, Sicherheit

in-comitātus ⟨a, um⟩ ADJ ||in-², comitare|| *(unkl.)* ohne Geleit, unbegleitet

in-comitiāre ⟨ō, -, -. 1.⟩ ||in¹, comitium|| *Plaut.* vor die Komitien zwingen; *fig* öffentlich beschimpfen

in-commendātus ⟨a, um⟩ ADJ ||in-², commendare|| *Ov.* nicht zur Schonung empfohlen; **tellus imcommendata** die den Winden preisgegebene Erde

incommodāre ⟨ō, āvī, ātum 1.⟩ ||incommodus|| beschwerlich fallen, *absolut od alicui* j-m

incommodesticus ⟨a, um⟩ ADJ *Plaut.* lästig

incommoditās ⟨incommoditātis⟩ F ||incommodus||
1 Unbequemlichkeit
2 *Plaut.* Unhöflichkeit
3 *Ter.* Nachteil, Schaden

incommodum ⟨ī⟩ N ||incommodus||
1 Unbequemlichkeit, Unannehmlichkeit, **loci** des Ortes; **incommodo tuo** sodass es dir unangenehm wäre
2 Schaden, Unglück; MIL Niederlage; **incommodo alicuius** zu j-s Schaden; **multis incommodis affici** viele Nachteile erleiden

in-commodus ⟨a, um, *adv* incommodē⟩ ADJ
1 unbequem, unangenehm; **valetudo incommoda** Unpässlichkeit; **incommode venire** zur Unzeit kommen
2 unfreundlich, *meist von Personen,* **re** durch etw, in etw, **alicui** gegen jdn

in-commūtābilis ⟨incommūtābile, *adv* incommūtābiliter⟩ ADJ unveränderlich

in-comparābilis ⟨incomparābile⟩ ADJ *(nachkl.)* unvergleichlich

in-compertus ⟨a, um⟩ ADJ ||in-², comperire|| *(nachkl.)* unerforscht, unsicher

in-compositus ⟨a, um, *adv* incompositē⟩ ADJ
1 ungeordnet, **agmen incompositum** ungeordnete Marschkolonne; **gladiator ~** Gladiator in falscher Stellung; **pes ~** stolpernder Fuß
2 kunstlos, plump; **versus ~** holperiger Vers

in-comprehēnsibilis ⟨incomprehēnsibile⟩ ADJ unfassbar; unendlich

in-cōmptus ⟨a, um⟩ ADJ
1 ungepflegt; **ungues incompti** ungeschnittene Nägel
2 ungekämmt; **capilli incompti** ungekämmte Haare
3 *fig* kunstlos, schlicht

in-concessus ⟨a, um⟩ ADJ ||in-², concedere||
1 unerlaubt, verboten
2 versagt, unmöglich *alicui* j-m

in-conciliāre ⟨ō, āvī, -. 1.⟩ *Plaut.*
1 verführen, ins Unglück bringen
2 betrügerisch an sich bringen

in-concinnus ⟨a, um, *adv* inconcinnē *u.* inconcinniter⟩ ADJ unharmonisch, plump

in-concussus ⟨a, um⟩ ADJ ||in-², concutere|| *(nachkl.)* unerschüttert; unerschütterlich

in-conditus ⟨a, um, *adv* inconditē⟩ ADJ ||in-², condere||
1 ungeordnet
2 einfach, schlicht
3 kunstlos, plump; **inconditum dicendi genus** plumpe Art zu reden
4 *(nachkl.) von Personen* ungebildet, roh

in-cōnfūsus ⟨a, um⟩ ADJ ||in-², confundere|| *(nachkl.)* nicht verwirrt; *fig* nicht außer Fassung

in-congruēns ⟨incongruentis⟩ ADJ ungereimt, inkonsequent

incōnsequentia ⟨ae⟩ F *Quint.* mangelnde Folgerichtigkeit, Inkonsequenz

incōnsīderantia ⟨ae⟩ F Unbesonnenheit, Verblendung

in-cōnsīderātus ⟨a, um, *adv* incōnsīderātē⟩ ADJ
1 *von Sachen* unüberlegt, übereilt
2 *von Personen* unbesonnen

in-cōnsōlābilis ⟨incōnsōlābile⟩ ADJ *(nachkl.) poet* untröstlich; **vulnus ~** durch keinen Trost heilbare Wunde

in-cōnstāns ⟨incōnstantis, *adv* incōnstanter⟩ ADJ unbeständig; nicht folgerichig

incōnstantia ⟨ae⟩ F ||inconstans|| Unbeständigkeit, mangelnde Folgerichtigkeit

in-cōnsultus¹ ⟨a, um⟩ ADJ ||in-², consulere||
1 *(nachkl.)* unbefragt; **senatus ~** nicht befragter Senat
2 *poet* unberaten, ratlos
3 *von Personen u. Sachen* unüberlegt, unbesonnen

in-cōnsultus² *abl* ⟨incōnsultu⟩ M ||in-², consulere|| *Plaut.* das Nichtbefragen; **meo inconsulto** ohne mich befragt zu haben

in-cōnsūmptus ⟨a, um⟩ ADJ ||in-², consumere|| *Ov.* unverbraucht; *fig* unvergänglich, ewig

in-contāminātus ⟨a, um⟩ ADJ ||in-², contaminare|| *(vkl., nachkl.)* unbefleckt, rein

in-contentus ⟨a, um⟩ ADJ ||in-², contendere|| ungespannt; **fides incontenta** ungespannte Saite

in-continēns ⟨incontinentis, *adv* incontinenter⟩ ADJ nicht enthaltsam

in-continentia ⟨ae⟩ F ||incontinens|| Ungenügsamkeit, Begehrlichkeit

in-conveniēns ⟨inconvenientis⟩ ADJ (unkl.) nicht übereinstimmend, unähnlich

in-coquere ⟨coquō, coxī, coctum 3.⟩ (nachkl.)
1 in *etw* hineinkochen
2 in kochende Flüssigkeit eintauchen, färben; **vellera incocta ruborēs** (griech. akk) mit Purpur gefärbte Wolle
3 kochen, braten

in-corporālis ⟨incorporāle⟩ ADJ (nachkl.) unkörperlich

in-corrēctus ⟨a, um⟩ ADJ ||in-², corrigere|| Ov. unverbessert

in-corruptus ⟨a, um, adv incorruptē⟩ ADJ ||in-², corrumpere||
1 unverdorben, unversehrt; **sucus ~** reiner Saft; **virgo incorrupta** unbescholtene Jungfrau
2 unverfälscht, echt
3 unbefangen, aufrichtig
4 unbestechlich, unbestochen; **testis ~** unbestochener Zeuge

in-crassāre ⟨ō, āvī, ātum 1.⟩ ||in¹, crassus|| (eccl.)
A VT fett machen
B VI fett werden

in-crēbrāre ⟨ō, āvī, ātum 1.⟩ ||creber|| Plaut. häufig tun

in-crēb(r)ēscere ⟨crēb(r)ēscō, crēb(r)uī, - 3.⟩ häufig werden, zunehmen, sich verbreiten; **increbuit proverbio** es wurde sprichwörtlich

incrēdibilia ⟨ōrum⟩ N ||incredibilis|| (nachkl.) unglaubwürdige Dinge

in-crēdibilis ⟨incrēdibile, adv incrēdibiliter⟩ ADJ
1 unglaublich; **incredibile est** es ist unglaublich, +AcI/+indir Fragesatz; **incredibile audītū** unglaublich zu hören
2 fig außerordentlich, erstaunlich; **incredibile quantum** ganz außerordentlich
3 Plaut. unglaubwürdig, unzuverlässig
4 (eccl.) ungläubig

in-crēdulus ⟨a, um⟩ ADJ (nachkl.) poet ungläubig

incrēmentum ⟨ī⟩ N ||increscere||
1 Wachstum
2 Zuwachs; *auch* Zins; **in incremento esse** wachsen, zunehmen; **~ afferre alicui rei** etw vermehren
3 (nachkl.) Nachwuchs, Ergänzung
4 (nachkl.) fig Stamm, Same
5 poet Nachwuchs, Spross

in-crepāre ⟨ō, uī/āvī, itum/ātum 1.⟩

A VI
1 rauschen, lärmen; **corvorum exercitus increpat** die Schar der Raben krächzt
2 laut zurufen, zuschreien
3 fig laut werden, sich regen; **suspicio increpat** der Verdacht kommt auf; **quidquid crepuit** bei dem geringsten Geräusch

B VT
1 (nachkl.) ertönen lassen, erschallen lassen; **manūs ~** Beifall klatschen; **alicui aliquid ~** j-m etw zurufen
2 schelten, verhöhnen, *aliquem alicuius rei* j-n wegen etw, +dopp. akk
3 unter lauten Schmähungen vorwerfen, tadeln; **~ aliquid in aliquem** etw scheltend gegen j-n äußern
4 beklagen, bejammern
5 ermuntern, antreiben; **boves stimulo ~** die Rinder mit der Stachelpeitsche antreiben

increpitāre ⟨ō, āvī, ātum 1.⟩ ||increpare||
A VI laut rufen, zurufen; **alicui ~** j-n anfahren, j-n schelten
B VT
1 schelten, verhöhnen, *aliquem/aliquid* j-n/etw
2 poet vorwerfen, *alicui aliquid* j-m etw, *quod* weil, dass

in-crēscere ⟨crēscō, crēvī, - 3.⟩ (nachkl.)
1 einwachsen, anwachsen, *absolut od alicui rei* in etw, an etw
2 emporwachsen, aufwachsen; **seges iaculis increvit** die Saat schoss auf zu Lanzen
3 fig anwachsen; *von Personen* mächtiger werden; **flumina increscunt** die Flüsse schwellen an

in-crētus ⟨a, um⟩ PPP → incernere

in-cruentātus ⟨a, um⟩ ADJ ||in-², cruentare|| (nachkl.) poet unblutig, nicht mit Blut befleckt

in-cruentus ⟨a, um⟩ ADJ (nachkl.)
1 unblutig, ohne Blutvergießen
2 *von Personen* unverwundet, ohne Verlust; **exercitus ~** Heer ohne Verlust

in-crustāre ⟨ō, āvī, ātum 1.⟩ ||in¹, crusta||
1 beschmutzen
2 *Wände* mit Marmor verkleiden

incrustātiō ⟨incrustātiōnis⟩ F ||incrustare|| (nachkl.) Marmorverkleidung *der Wände*

in-cubāre ⟨ō, uī/āvī, itum/ātum 1.⟩
1 in *etw* liegen, auf *etw* liegen, *alicui rei*, **corticī** auf Rinde; **ovis/nido ~** brüten; **nox mari incubat** die Nacht liegt über dem Meer
2 *an einem Ort* sich aufhalten
3 *an einem heiligen Ort od im Tempel* zum wahrsagenden Schlaf sich hinlegen
4 sorgfältig bewachen, eifrig hüten, *alicui rei* etw
5 Sen. fig über *etw* brüten, *einer Sache* nachhän-

gen, *alicui rei*

incubitāre ⟨ō, āvī, ātum 1.⟩ ||incubare|| (*vkl.*) *poet* bebrüten

in-cubitus ⟨a, um⟩ PPP → incubare *u.* → incumbere

incubuī → incubare *u.* → incumbere

incubus ⟨ī⟩ M ||incubare|| (*spätl.*) Alp, nächtlicher Dämon

in-cūdere ⟨cūdō, cūdī, cūsum 3.⟩ schmieden, bearbeiten; **lapis incusus** geschärfter Stein *als Werkzeug*

in-culcāre ⟨ō, āvī, ātum 1.⟩ ||in¹, calcare||

1 (*nachkl.*) fest eintreten, einstampfen

2 *fig* in eine Rede od einen Text einschalten; *bes pej* hineinstopfen; **inculcatus** mit vielen Einschüben

3 *fig* einschärfen, fest einprägen; **aliquid memoriae ~** etw dem Gedächtnis einprägen

4 *fig* aufdrängen, aufnötigen; **se auribus alicuius ~** j-m in den Ohren liegen

in-culpātus ⟨a, um⟩ ADJ ||in-², culpare|| (*nachkl.*) *poet* unbescholten, untadelig

inculta ⟨ōrum⟩ N ||incultus|| öde Stätten

in-cultus¹ ⟨a, um, *adv* incultē⟩ ADJ ||in-², colere||

1 unbebaut, öde; **agri inculti** brachliegende Felder; **via inculta** ungebahnter Weg

2 *fig* ungeordnet, schmucklos; **versūs inculti** nicht ausgefeilte Verse; **inculte dicere** einfach sprechen

3 *fig* äußerlich ungepflegt, vernachlässigt

4 *fig* ungebildet, roh, *re* in etw; **homo ~** ungebildeter Mensch

in-cultus² ⟨incultūs⟩ M (*nachkl.*)

1 äußerliche Vernachlässigung, Unsauberkeit

2 Mangel an Bildung

in-cultus³ ⟨a, um⟩ PPP → incolere

in-cumbere ⟨cumbō, cubuī, cubitum 3.⟩

1 sich *etw* legen, sich auf *etw* stützen; **remis ~** sich in die Riemen legen, schnell rudern; **in gladium ~** sich in das Schwert stürzen; **loco ~** auf der Stelle hinsinken

2 (*nachkl.*) feindlich sich auf j-n stürzen, auf j-n eindringen, *absolut od in aliquem/in aliquid*

3 auf *etw* hereinstürzen *etw* hereinbrechen, *in aliquid/alicui rei*

4 sich über *etw* neigen, beugen; **lecto ~** sich über das Bett beugen; **~ super aliquem** sich über j-n beugen

5 *fig* sich einer Sache widmen, sich auf *etw* verlegen; **omni studio in/ad bellum ~** sich mit allem Eifer dem Krieg widmen; **~ rogandis legibus** sich um die Gesetzesanträge kümmern; **in alicuius cupiditatem ~** j-s ehrgeizige Wünsche unterstützen

6 auf j-m schwer lasten, j-n schwer treffen, *in aliquem/alicui*

7 den Ausschlag geben, *alicui rei* einer Sache

incūnābula ⟨ōrum⟩ N

1 Windeln, Wickelbänder

2 *fig* Wiege; (*nachkl.*) Ursprung

in-cūrātus ⟨a, um⟩ ADJ ||in-², curare|| *Hor.* ungeheilt; unheilbar

in-cūria ⟨ae⟩ F ||in-², cura||

1 Mangel an Sorgfalt, Leichtsinn, *alicuius* j-s, *alicuius rei* in etw, bei etw

2 Mangel an Pflege

incūriōsus ⟨a, um, *adv* incūriōsē⟩ ADJ ||incuria|| (*nachkl.*)

1 sorglos, gleichgültig, *absolut od in re/alicuius rei/alicui rei* in etw, bei etw; **castra incuriose ponere** das Lager leichtfertig aufstellen

2 vernachlässigt, nachlässig behandelt; **historia incuriosa** oberflächliche Geschichtsschreibung

in-currere ⟨currō, cucurrī/currī, cursum 3.⟩

1 in *etw* hineinlaufen; *Ov.* von Flüssen dahinströmen; **in columnas ~** mit dem Kopf gegen die Wand rennen

2 MIL gegen j-n anstürmen, j-n angreifen, *absolut od in aliquem/alicui/aliquem*; *fig* mit Worten angreifen; *auch* einen Einfall machen, einfallen

3 j-m begegnen, auf j-n stoßen; **in oculos ~** *fig* zu Gesicht kommen, in die Augen fallen

4 *beim Lesen* auf etw stoßen; auf *etw* zu sprechen kommen, *in aliquid*; **in memorabilia ~** auf Denkwürdigkeiten zu sprechen kommen

5 *örtl.* in *etw* hineinreichen, an *etw* stoßen; **agri incurrunt in publicum Cumanum** die Felder stoßen an das Land von Cumae

6 in einen Zustand geraten, verfallen; **in morbum ~** krank werden; **in hominum facetorum urbanitatem ~** sich dem Witz der Spötter aussetzen

7 *von Zeit u. Ereignissen* eintreffen, eintreten

8 in eine Zeit fallen, *auch* mitwirken; **in eum diem ~** auf diesen Tag treffen

9 (be)treffen, *in aliquem* jdn

incursāre ⟨ō, āvī, ātum 1.⟩ ||incurrere||

1 (*nachkl.*) *poet* zufällig auf j-n/*etw* stoßen, *alicui/alicui rei*; **rupibus ~** auf Felsen stoßen

2 *fig* sich aufdrängen

3 (*vkl., nachkl.*) absichtlich in *etw* einfallen, gegen j-n anstürmen; **agmen incursatur ab equitibus** der Heereszug wird von Reitern überfallen

4 befallen; **dolor in aliquem incursat** ein Schmerz befällt j-n

5 sich vergreifen, *in aliquem* an j-m

incursiō ⟨incursiōnis⟩ F ||incurrere||

1 Anlauf, Andrang

2 *feindlich* Angriff, Einfall

incursitāre ⟨ō, -, - 1.⟩ ||incurrere||
1 *absichtlich* auf *j-n* losgehen
2 *zufällig* gegen *j-n* anrennen
3 *fig* anstoßen

in-cursum PPP → incurrere

incursus ⟨incursūs⟩ M ||incurrere||
1 (*nachkl.*) *poet* Andrang, Ansturm
2 *von Tieren u. Menschen* Angriff
3 *fig* Anlauf, Plan

in-curvāre ⟨ō, āvī, ātum 1.⟩ ||curvus||
1 krümmen, biegen; *passiv* gebückt gehen
2 *Sen. fig* niederbeugen, niederdrücken

incurvus ⟨a, um⟩ ADJ ||incurvare|| gekrümmt; gebückt

incūs ⟨incūdis⟩ F ||incudere|| Amboss, *auch fig*; **eandem incudem tundere** immer dasselbe tun; **iuvenes in studiorum incude positi** Jugendliche in der Ausbildung

incūsāre ⟨ō, āvī, ātum 1.⟩ *j-n* beschuldigen, sich über *j-n*/*etw* beklagen, *aliquem, alicuius rei*/*ob aliquid* wegen *etw*, *auch quod*/*ut* dass, +AcI

incūsātiō ⟨incūsātiōnis⟩ F ||incusare|| Beschuldigung

in-cussī → incutioere

incussus¹ *abl* ⟨incussū⟩ M ||incutere|| (*nachkl.*) das Anschlagen, **armorum** der Waffen

in-cussus² ⟨a, um⟩ PPP → incutere

in-custōdītus ⟨a, um⟩ ADJ ||in-², custodire|| (*nachkl.*)
1 unbewacht, unbehütet; **obsides incustoditi** unbewachte Geiseln; **amor ~** nicht geheim gehaltene Liebe
2 unvorsichtig

incūsus ⟨a, um⟩ PPP → incudere

in-cutere ⟨cutiō, cussī, cussum 3.⟩ ||quatere||
1 (*nachkl.*) *poet* an *etw* anschlagen, gegen *etw* schlagen, *aliquid in rem*/*alicui rei* *etw* gegen *etw*, *an etw*; **scipionem in caput ~** einen Stab an den Kopf schlagen
2 (*nachkl.*) (hin)schleudern, (hin)werfen; **nuntium alicui ~** *Liv.* j-m eine Nachricht hinschleudern
3 *fig* einjagen, einflößen; **alicui timorem ~** j-m Furcht einjagen; **minas ~** Drohungen äußern; **~ vim ventis** den Winden Kraft verleihen

indāgāre ⟨ō, āvī, ātum 1.⟩ ||indago|| aufspüren; *fig* erforschen

indāgātiō ⟨indāgātiōnis⟩ F ||indagare|| Erforschung, **veri** der Wahrheit

indāgātor ⟨indāgātōris⟩ M ||indagare|| (*vkl., nachkl.*) Erforscher

indāgātrīx ⟨indāgātrīcis⟩ F ||indagator|| Erforscherin

indāgō ⟨indāginis⟩ F ||agere|| Umzingelung *des Wildes*, Treibjagd

ind-audīre ⟨iō, īvī, ītum 4.⟩ = **inaudire**

in-de ADV ||is, de||
1 *örtl.* von da, von dort; **i~ in urbem rediit** von dort kehrte er in die Stadt zurück
2 *örtl.* von dieser Seite
3 *örtl.* daher, daraus; **aquam ~ haurire** Wasser von dort schöpfen
4 *zeitl.* von da an, dann; **iam ~ a principio** schon von Anfang an; **~ a teneris** von zarter Jugend an
5 *kausal* daher, deshalb; **~fit, ut** daher kommt es, dass

in-dēbitus ⟨a, um⟩ ADJ *poet* nicht gebührend, unverdient

indecēns ⟨indecentis, *adv* indecenter⟩ ADJ ||indecere|| (*nachkl.*) *poet* unschicklich, unanständig

indecentia ⟨ae⟩ F ||indecens|| (*nachkl.*) Unschicklichkeit

in-decēre ⟨eō, -, - 2.⟩ *Plin.* übel anstehen, *aliquem* j-m

in-dēclīnābilis ⟨a, um⟩ ADJ
1 (*nachkl.*) unbeugsam, fest
2 GRAM undeklinierbar

in-dēclīnātus ⟨a, um⟩ ADJ ||in-², declinare|| *poet* unverändert, treu

indecōra ⟨ae⟩ F ||indecorus|| hässliche Frau

in-decorāre ⟨ō, -, - 1.⟩ ||indecoris|| *Hor.* entstellen, schänden

in-decoris ⟨indecore⟩ ADJ ||in-², decus|| *poet* unrühmlich, schmählich, *alicui* für jdn

in-decōrus ⟨a, um, *adv* indecōrē⟩ ADJ
1 unschön, hässlich
2 *fig sittlich* unanständig, unrühmlich, *alicui* für jdn

in-dēfatīgābilis ⟨indēfatīgābile⟩ ADJ ||in-², defatigare|| *Sen.* unermüdlich

in-dēfatīgātus ⟨a, um⟩ ADJ ||in-², defatigare|| *Sen.* nicht ermüdet

in-dēfēnsus ⟨a, um⟩ ADJ ||in-², defendere|| (*nachkl.*) unverteidigt, unbeschützt

in-dēfessus ⟨a, um⟩ ADJ (*nachkl.*) *poet* nicht ermüdet; unermüdlich

in-dēflētus ⟨a, um⟩ ADJ ||in-², deflere|| *Ov.* unbeweint

in-dēflexus ⟨a, um⟩ ADJ ||in-², PPP von deflecto|| (*vkl., nachkl.*) ungebeugt; ungeschwächt

in-dēiectus ⟨a, um⟩ ADJ ||in-², deicere|| *Ov.* nicht niedergeworfen

in-dēlēbilis ⟨indēlēbile⟩ ADJ (*nachkl.*) *poet* unvernichtbar, unvergänglich

in-dēlībātus ⟨a, um⟩ ADJ ||in-², delibare|| *poet* ungeschmälert, unberührt

in-demnātus ⟨a, um⟩ ADJ ||in-², damnare|| unverurteilt, ohne Urteilsspruch

in-demnis ⟨indemne⟩ ADJ ||in-², damnum|| (nachkl.) schadlos, ohne Schaden
in-dēplōrātus ⟨a, um⟩ ADJ ||in-², deplorare|| Ov. unbeweint
in-dēprāvātus ⟨a, um⟩ ADJ ||in-², depravare|| Sen. unverdorben
in-dēprehēnsibilis ⟨indēprehēnsibile⟩ ADJ ||in-², deprehendere|| (nachkl.) unbemerkbar
in-dēprēnsus ⟨a, um⟩ ADJ ||in-², deprehendere|| poet unfassbar, unbegreiflich
ind-eptus ⟨a, um⟩ PPERF → indipisci
in-dere ⟨dō, didī, ditum 3.⟩
1 hineinsetzen, hineinlegen, hineinstellen; **potioni venenum ~** dem Getränk Gift beimischen
2 einführen, **novos ritūs** neue Bräuche
3 Affekte u. a. verursachen, einflößen, alicui aliquid j-m etw; **hostibus pavorem ~** den Feinden Furcht einjagen
4 auf etw legen, beigeben, in aliquid/alicui rei; **ignem in aram ~** Feuer auf dem Altar anfachen; **castella rupibus ~** Festungen auf den Felsen erbauen; **alicui custodes ~** j-m Wachen beigeben
5 Namen beilegen; **alicui cognomen ex victoria ~** j-m einen Beinamen aufgrund des Sieges beilegen
in-dēsertus ⟨a, um⟩ ADJ Ov. nie verlassen = unvergänglich
in-dēstrictus ⟨a, um⟩ ADJ ||in-², destringere|| Ov. ungestreift, unverletzt
in-dētōnsus ⟨a, um⟩ ADJ ||in-², detondere|| Ov. ungeschoren, mit wallendem Haar
in-dēvītātus ⟨a, um⟩ ADJ ||in-², devitare|| Ov. unvermeidlich, unausweichlich
index ⟨indicis⟩ M u. F ||indicare||
1 Entdecker, Entdeckerin
2 Anzeiger, Anzeigerin; pej Verräter, Verräterin, Denunziant, Denunziantin, Spion, Spionin; adj anzeigend, verratend
3 Plin. Fachmann, Fachfrau
4 meton von Sachen Anzeichen; Zeigefinger
5 Titel eines Schriftwerkes, Aufschrift eines Gemäldes
6 kurzer Inhalt, Zusammenfassung
7 (vkl., nachkl.) Verzeichnis, Etikett
8 Prüfstein
9 (nlat.) Verzeichnis der Bücher, deren Lektüre den Katholiken aufgrund einer päpstlichen Entscheidung verboten ist
India ⟨ae⟩ F Indien, bes Vorderindien, Land am Indus u. Ganges
indicāre ⟨ō, āvī, ātum 1.⟩
1 Verborgenes anzeigen, aussagen; pej denunzieren; **se ~** sich verraten; **vultus indicat mores** das Gesicht verrät den Charakter; **~ aliquid lacrimis** etw durch Tränen verraten; **~ de re** über etw Aufschluss geben
2 den Preis angeben, den Wert angeben
indicātiō ⟨indicātiōnis⟩ F ||indicare|| (vkl., nachkl.) Preisangabe, Wertangabe
in-dīcēns ⟨indicentis⟩ ADJ ||in-², dicere|| (vkl., nachkl.) nichts sagend; **me indicente** ohne dass ich es sage, ohne meine Warnung
in-dīcere ⟨dīcō, dīxī, dictum 3.⟩
1 ankündigen, öffentlich bekannt geben; **diem comitiis ~** den Termin für die Komitien bekannt geben; **exercitum Pisas ~** das Heer nach Pisae beordern; **bellum ~** den Krieg erklären
2 (nachkl.) Leistungen od Abgaben auferlegen
indicium ⟨ī⟩ N ||index||
1 Anzeige, Aussage bes vor Gericht; pej Verrat, Denunziation
2 meton Protokoll über gemachte Angaben; **commutare indicium** das Protokoll fälschen
3 Erlaubnis zur Aussage, Erlaubnis Angaben zu machen
4 Prämie für Denunziation; **partem indicii accipere** seinen Anteil an der Denunziationsprämie erhalten
5 fig Kennzeichen, Beweis für etw bisher Unbekanntes; **~ sceleris** Beweis für ein Verbrechen; **indicio esse alicuius rei/alicui rei/de re** zum Beweis für etw dienen
6 Suet. Denkmal
▶ deutsch: **Indiz**
  französisch: **indice**
  spanisch: **indicio**
  italienisch: **indizio**
indictiō ⟨indictiōnis⟩ F ||indicere||
1 Ankündigung, kaiserliche Verfügung einer Auflage
2 meton außerordentliche Steuer
3 (spätl.) Indiktion, Zeitraum von 15 Jahren, der auf einer Grundsteuerperiode des gleichen Zeitraums beruhte
indictus¹ ⟨a, um⟩ PPP → indicere
in-dictus² ⟨a, um⟩ ADJ ||in-², dicere||
1 ungesagt, ungenannt
2 JUR unverhört; **indictā causā** ohne Verhör, ohne Verteidigung
Indicus ⟨a, um⟩ ADJ ||India|| indisch; **dentes Indici** Elfenbein; **conchae Indicae** Perlen;
indi-dem ADV ebendaher; fig aus derselben Quelle; **scelus indidem ortum** Verbrechen, das aus derselben Sache entstanden ist
in-didī → indere
in-differēns ⟨indifferentis, adv indifferenter⟩ ADJ
1 ohne Unterschied
2 gleichgültig; bes stoischer weder gut noch böse
indifferentia ⟨ae⟩ F ||indifferens|| (nachkl.)

Gleichheit

indi-gena
- **A** ⟨ae⟩ ADJ ‖indu, genere = gignere‖ eingeboren, einheimisch
- **B** ⟨ae⟩ M Eingeborener

indigēns
- **A** ⟨indigentis⟩ ADJ ‖indigere‖
  1. Not leidend, bedürftig
  2. unvollständig, unzulänglich
- **B** ⟨indigentis⟩ M Notleidender, Bedürftiger

indigentia ⟨ae⟩ F ‖indigens‖
1. Bedürfnis, Not
2. unersättliches Verlangen

ind-igēre ⟨eō, uī, - 2.⟩ ‖indu, egere‖
1. Mangel haben, *re* an etw
2. nötig haben, *alicuius rei*/*re* etw; *absolut* bedürftig sein; **cibo ~** Nahrung brauchen
3. nach etw verlangen, etw vermissen, *alicuius rei*

indiges¹
- **A** ⟨indigetis⟩ ADJ *(nachkl.)* eingeboren, heimisch; **patrii dii indigetes** die einheimischen Götter
- **B** ⟨indigetis⟩ M einheimischer Heros, Stammvater

indiges² ⟨indigis⟩ ADJ ‖indigere‖ *(vkl.)* bedürftig

in-dīgestus ⟨a, um, *adv* indīgestē⟩ ADJ ‖in-², digerere‖ *(nachkl.) poet* ungeordnet; **indigesta moles** ungeordnete Masse

indīgna ⟨ōrum⟩ N ‖indignus‖ unverdientes Schicksal, unverdiente Strafe

indīgnābundus ⟨a, um⟩ ADJ ‖indignari‖ *(nachkl.)* voller Unwillen, entrüstet

indīgnandus ⟨a, um⟩ ADJ ‖indignari‖ worüber jd entrüstet sein muss, j-s Entrüstung verdienend, *alicui*

indīgnāns ⟨indīgnantis, *adv* indīgnanter⟩ ADJ ‖indignari‖ *(nachkl.) poet* von Personen u. Sachen unwillig, entrüstet

in-dīgnārī ⟨or, ātus sum 1.⟩ ‖indignus‖ etw als unwürdig empfinden, sich über etw entrüsten, *aliquid*/*selten de re, +AcI, quod* dass

indīgnātiō ⟨indīgnātiōnis⟩ F ‖indignari‖
1. Unwille, Entrüstung; **indignationem movere** Unwillen erregen
2. *meton* Äußerung des Unwillens
3. *meton* RHET Erregung des Unwillens
4. *Quint.* Unwillen Erregendes, Unanständigkeit

indīgnātiuncula ⟨ae⟩ F ‖indignatio‖ *Plin.* Anflug von Entrüstung

indīgnitās ⟨indīgnitātis⟩ F ‖indignus‖
1. von Personen Niederträchtigkeit, empörendes Benehmen
2. unwürdige Behandlung, Zurücksetzung
3. von Sachen Unwürdiges; Schande
4. *meton* Unwille, Entrüstung, *alicuius* j-s, *alicuius rei* über etw

in-dīgnus ⟨a, um, *adv* indīgnē⟩ ADJ
1. unwürdig; unverdient, *absolut od aliquo*/*alicuius* j-m, für j-n, *re*/*alicuius rei* einer Sache, für etw; **dignos indignosque laudare** Würdige und Unwürdige loben; **indigna poena** unverdiente Strafe; **poeta ~** unfähiger Dichter; **amor ~** unverdiente Liebe; **scripta indigna** gehaltlose Schriften; **hiems indigna** allzu harter Winter; **indignum est** es ist eine Ungerechtigkeit, es ziemt sich nicht, *+inf*/*+AcI*; **indignum cive Romano** eines römischen Bürgers unwürdig; **magnorum haud indignum avorum** großer Vorfahren wohl würdig; **indignum relatu** des Berichtes nicht wert
2. unschuldig, nicht straffällig
3. *pej* empörend, schändlich
4. **indigne ferre** *meton* etw mit Unwillen tragen, entrüstet sein über etw, *aliquid, +AcI, quod* dass

indigus ⟨a, um⟩ ADJ ‖indigere‖ *(nachkl.)* bedürftig, *absolut od alicuius rei* einer Sache

in-dīligēns ⟨indīligentis, *adv* indīligenter⟩ ADJ nachlässig; *bes Com.* leichtsinnig

indīligentia ⟨ae⟩ F ‖indiligens‖ Nachlässigkeit, Sorglosigkeit

ind-ipīscī ⟨indipīscor, indeptus sum 3.⟩ ‖indu, apisci‖ *(unkl.)* erreichen, erlangen, *alicuius rei* etw

in-dīreptus ⟨a, um⟩ ADJ ‖in-², diripere‖ ungeplündert, nicht ausgeplündert

in-disciplīnātus ⟨a, um⟩ ADJ ‖in-², disciplina‖ *(eccl.)* zuchtlos, liederlich

in-discrētus ⟨a, um⟩ ADJ ‖in-², discernere‖
1. ungetrennt; unzertrennlich; **voces indiscretae** Stimmengewirr
2. nicht unterscheidbar, *alicui* für j-n
3. ohne Unterschied, einerlei

in-disertus ⟨a, um, *adv* indisertē⟩ ADJ unberedt, wortarm

in-dispositus ⟨a, um, *adv* indispositē⟩ ADJ ‖in-², disponere‖ *(nachkl.) poet* ungeordnet, unordentlich

in-dissolūbilis ⟨indissolūbile⟩ ADJ von Personen u. Sachen unauflöslich

in-dissolūtus ⟨a, um⟩ ADJ ‖in-², dissolvere‖ nicht aufgelöst

in-distīnctus ⟨a, um, *adv* indistīnctē⟩ ADJ *(nachkl.) poet* verworren, unklar

in-ditus ⟨a, um⟩ PPP → indere

indivīduum ⟨ī⟩ N ‖individuus‖ Atom; *(mlat.)* Einzelding; *später* Einzelwesen
▶ deutsch: Individuum

in-dīviduus ⟨a, um⟩ ADJ
1. *(nachkl.)* ungeteilt; *fig* gleichmäßig
2. *(nachkl.)* unzertrennlich
3. unteilbar, untrennbar

in-dīvīsus ⟨a, um⟩ ADJ ‖in-², dividere‖ ungeteilt;

pro indiviso zu gleichen Teilen, gleichmäßig
in-dīxī → indicere
in-docilis ⟨indocile⟩ ADJ
1. ungelehrig, keine Lehre annehmend
2. (*nachkl.*) *poet* ungebildet; unerfahren
3. *von Sachen* unlehrbar; **disciplina usūs ~** Kenntnis der Praxis, die nicht gelehrt werden kann
4. kunstlos, einfach

in-doctus
A ⟨a, um⟩ ADJ, ADV ⟨indoctē⟩ ungelehrt, ungebildet; *von Sachen auch* ungeschickt, roh
B ⟨ī⟩ M Ungebildeter, Laie

indolentia ⟨ae⟩ F ||in-², dolere|| Unempfindlichkeit gegen Schmerz

indolēs ⟨indolis⟩ F ||indu, alere||
1. natürliche Beschaffenheit, **arboris** eines Baumes
2. *zur Entwicklung fähige* Begabung, Talent; **~ ad dicendum** Rednertalent

in-dolēscere ⟨ēscō, uī, - 3.⟩ ||in-², dolere||
A VI (*nachkl.*) Schmerz empfinden, wehtun; **oculi indolescunt** die Augen tun weh
B VT
1. schmerzlich empfinden; **tactum hominis velut vulnera ~** die Berührung eines Menschen wie Wunden schmerzlich empfinden
2. sich betrüben, *absolut od aliquid/re* über etw, *+AcI, quod* dass

indolōria ⟨ae⟩ F = **indolentia**
in-doluī → indolescere
in-domābilis ⟨indomābile⟩ ADJ Plaut. unbezähmbar

in-domitus ⟨a, um⟩ ADJ ||in-², domare||
1. *von Menschen u. Tieren* ungezähmt, ungebändigt, wild; **ager ~** unebautes Feld
2. *fig* unbezwungen; **gentes indomitae** unbezwungene Völker
3. (*nachkl.*) *poet* unbezwinglich, unüberwindlich, unbändig

in-dormīre ⟨iō, īvī, ītum 4.⟩
1. (*nachkl.*) *poet* auf *etw* schlafen, *alicui rei*
2. *fig etw* verschlafen, *etw* nachlässig betreiben, *alicui rei*; **tempori ~** den rechten Zeitpunkt verschlafen; **~ in isto homine colendo** die rechte Gelegenheit zur Verehrung dieses Menschen verschlafen

in-dōtātus ⟨a, um⟩ ADJ
1. (*unkl.*) ohne Mitgift, arm
2. *fig* arm, ohne Mitgift der Beredsamkeit
3. *Ov. fig* ohne Totengaben

indu PRÄP +*abl* (*altl.*) = **endo**
in-dubitābilis ⟨indubitābile⟩ ADJ (*nachkl.*) unzweifelhaft
in-dubitāre ⟨ō, -, - 1.⟩ zweifeln, *alicui rei* an etw

in-dubitātus ⟨a, um, *adv* indubitātē⟩ ADJ ||in-², dubitare|| unzweifelhaft, außer Zweifel
in-dubius ⟨a, um⟩ ADJ (*nachkl.*) unzweifelhaft

in-dūcere ⟨dūcō, dūxī, ductum 3.⟩

1. anziehen
2. überziehen
3. durchstreichen
4. hineinführen, einführen
5. anführen
6. öffentlich auftreten lassen, aufführen
7. einführen, aufbringen
8. reden lassen
9. bewegen, veranlassen
10. es über sich bringen, sich entschließen
11. in das Rechnungsbuch eintragen, verrechnen

1. über *etw* ziehen; *Kleider od Waffen* anziehen; **novum tectorium ~** frische Tünche auftragen; **caliginem ~** Finsternis ringsum verbreiten; **cortex inductus** darüber wachsende Rinde; **favilla inducta** bedeckende Asche; **pontem ~ flumini** eine Brücke über den Fluss schlagen; **umbram terris ~** Schatten über die Erde verbreiten; **~ sibi calceos** sich Schuhe anziehen; **tunicam ~** die Tunika anlegen
2. überziehen, *re* mit etw; **scuta pellibus ~** die Schilde mit Fellen überziehen
3. *Geschriebenes* durchstreichen; *fig* aufheben, rückgängig machen; **nomina ~** Schuldposten streichen
4. hineinführen, einführen; **legatos in regiam ~** Gesandte in den Palast führen; **discordiam in civitatem ~** *fig* Zwietracht in die Stadt bringen
5. MIL anführen; *als Ehefrau* heimführen; *als Zeugen od Beklagten* zum Verhör führen
6. öffentlich auftreten lassen, aufführen; **comoediam ~** ein Lustspiel aufführen; **elephantos in circum ~** Elefanten in den Zirkus bringen; **rationem Epicuri ~** die Lehre Epikurs (öffentlich) vortragen
7. *fig Neues* einführen, aufbringen; **novum morem in rem publicam ~** eine neue Sitte im Staat einführen
8. *in einem Theaterstück* reden lassen, handeln lassen; **Tiresiam deplorantem caecitatem suam ~** den Tiresias seine Blindheit beklagen lassen
9. bewegen, veranlassen, *ad aliquid/in aliquid* zu etw; **ad bellum ~** zum Krieg verleiten; **inductus re** aus etw, infolge einer Sache; **cupiditate inductus** aus Gier
10. **(in) animum ~** es über sich bringen, sich entschließen, den Entschluss fassen, *aliquid*

zu etw, *+inf*; *+AcI* = sich zu dem Glauben entschließen, sich überzeugen
11 in das Rechnungsbuch eintragen, verrechnen; **pecuniam in rationes ~** eine Geldsumme verrechnen; **agrum alicui ingenti pecuniā ~** j-m ein Feld für eine ungeheure Summe anrechnen

inductiō ⟨inductiōnis⟩ F ||inducere||
1 Einführung, Zuleitung; **~ aquarum** Bewässerung, Wasserversorgung
2 ~ personarum RHET Einführung sprechender Personen
3 Auftreten(lassen) im Zirkus; **~ iuvenum armatorum** das Auftreten bewaffneter junger Männer
4 Verleitung, *alicuius rei* zu etw; **~ erroris** Irreführung
5 Neigung, Hinneigung; **~ animi** Zug des Herzens
6 fester Vorsatz, Entschluss
7 PHIL, RHET Induktion(sbeweis) *von Einzelbeispielen zum Allgemeinen*; ↔ deductio

inductor ⟨inductōris⟩ M ||inducere|| „Einführer"; **inductores nostri tergi** *Plaut.* die uns Schläge überziehen

inductus¹ *abl* ⟨inductū⟩ M ||inducere|| Antrieb; **huius persuasu et inductu** durch dessen Überredung und Antrieb

inductus² ⟨a, um⟩ ADJ ||inducere|| *Plin.* eingeführt, fremd; ↔ patrius

in-ductus³ ⟨a, um⟩ PPP → inducere

indūcula ⟨ae⟩ F ||induere|| *Plaut.* Unterkleid der Frau

---

induere ⟨uō, uī, ūtum 3.⟩

1 anziehen, anlegen
2 sich etw anziehen
3 sich hüllen
4 sich hineinstürzen, hineinfallen
5 umgeben, bedecken
6 beilegen
7 annehmen, sich aneignen
8 sich einlassen

---

1 anziehen, anlegen, *Kleidung, Waffen, Schmuck*; **~ vestem** ein Kleid anziehen; **galeam ~** einen Helm aufsetzen; **sibi anulum ~** sich einen Ring anstecken; **beluae formam hominis ~** einem wilden Tier die Gestalt eines Menschen überstreifen; **arbor se induit** der Baum kleidet sich mit Obst
2 *passiv* sich *etw* anziehen, *re/rem*; **indutus** bekleidet
3 **se ~** sich hüllen; *fig* sich verwickeln, hineingeraten, *in aliquid* in etw; **arbor se in florem induit** der Baum hüllt sich in Blüte; **se ~ in laqueos** sich in Schlingen verwickeln
4 se ~ sich hineinstürzen, hineinfallen, *re* in etw, an etw; **mucrone se ~** sich ins Schwert stürzen; **se ~ confessione suā** sich in seinem eigenen Geständnis fangen
5 *fig* umgeben, versehen, *aliquid re* etw mit etw; **dii specie humanā induti** Götter in Menschengestalt
6 *fig* beilegen; **sibi cognomen ~** sich einen Beinamen zulegen; **alicui speciem latronis ~** j-m die Erscheinung eines Räubers geben
7 *fig auch* **sibi ~** annehmen, sich aneignen; **personam iudicis ~** die Rolle des Richters spielen
8 *fig* sich einlassen, *aliquid* auf etw; **hostilia adversus aliquem ~** sich auf Feindseligkeiten gegen j-n einlassen; **munia ducis ~** die Pflichten des Anführers übernehmen

indu-gredī - ⟨gredior, - 3.⟩ = **ingredi**

induī → induere

indulgēns ⟨indulgentis, *adv* indulgenter⟩ ADJ ||indulgens|| *von Personen u. Sachen* nachsichtig, gütig, gnädig

indulgentia ⟨ae⟩ F ||indulgens||
1 Nachsicht, Güte, *alicuius* j-s, *gegen* j-n, *in aliquem* gegen j-n; **~ fortunae** *fig* Güte des Schicksals; **~ caeli** Milde des Klimas
2 (*eccl.*) Ablass
3 (*mlat.*) *auch* Lossprechung vom Bann

indulgentiarius ⟨i⟩ M (*mlat.*) Ablasshändler

indulgēre ⟨dulgeō, dulsī, dultum 2.⟩

A Vi
1 nachsichtig sein, *j-m* gewogen sein, *aus Güte od Schwäche* j-n begünstigen, *alicui/alicui rei*; **Aeduorum civitati ~** dem Stamm der Äduer gewogen sein; **~ sibi animo** sich gehen lassen, sich (zu) viel herausnehmen
2 *einer Sache* nachhängen, sich hingeben, *alicui rei*; **aleae ~** ein Spieler sein
3 für *etw* sorgen, *etw* pflegen, *alicui rei*; **~ valetudini** für die Gesundheit sorgen; **sibi ~** sich gütlich tun
B Vt (*nachkl.*) *aus Gunst od Schwäche* bewilligen, gestatten, *alicui aliquid* j-m etw; **solacium ~** Trost spenden

indūmentum ⟨ī⟩ N ||induere||
1 (*spätl.*) Anzug, Kleidung
2 *Sen. fig* Brühe; **~ boletorum** Champignonsoße

indu-pedīre ⟨iō, īvī, ītum 4.⟩ *Lucr.* = **impedire**

in-dūrāre ⟨ō, āvī, ātum 1.⟩ (*nachkl.*) *poet* hart machen; *fig* härten, *aliquid re* etw durch etw; **nives ~** den Schnee hart werden lassen; **ora cornū ~** das Gesicht zu Horn verhärten

in-dūrēscere ⟨dūrēscō, dūruī, - 3.⟩ (nachkl.) poet hart werden; fig sich abhärten; perf unerschütterlich zu j-m stehen, pro aliquo; fest bleiben, absolut; **saxo ~** zu Stein erhärten; **corpus usū indurescit** durch Übung wird der Körper hart; **miles induruerat pro Vitello** der Soldat stand unerschütterlich zu Vitellus

Indus
A ⟨a, um⟩ ADJ indisch; → India
B ⟨ī⟩ M
1 Inder, auch Äthiopier, Araber; → India
2 Hauptfluss Indiens

indusiārius ⟨ī⟩ M ||indusium|| Plaut. Hersteller von Übertuniken

indusiātus ⟨a, um⟩ ADJ ||indusium|| (Plaut., nachkl.) mit einer Übertunika bekleidet

indusium ⟨ī⟩ N Übertunika

industria ⟨ae⟩ F ||industrius|| eifrige Tätigkeit, Unternehmungsgeist, alicuius rei/in re in etw, bei etw; **(de/ex) industriā** absichtlich; **sine industriā** unabsichtlich
▷ deutsch: Industrie
  englisch: industry
  französisch: industrie
  spanisch: industria
  italienisch: industria

industrius ⟨a, um, adv industriē⟩ ADJ fleißig, tätig

indūtiae ⟨ārum⟩ F Waffenstillstand; (vkl., nachkl.) fig Ruhe; **~ trium dierum** dreitägiger Waffenstillstand; **per indutias** während des Waffenstillstands

indūtus[1] ⟨a, um⟩ PPP → induere

indūtus[2] ⟨nur dat sg indūtuī u. abl pl indūtibus⟩ M ||induere|| (vkl., nachkl.) Anziehen eines Kleides; konkr. Kleidung

induviae ⟨ārum⟩ F ||induere|| (vkl., nachkl.) Kleidung

in-dūxī → inducere

in-ēbriāre ⟨ō, āvī, ātum 1.⟩ ||in-¹, ebrius|| (nachkl.) betrunken machen, berauschen; **aurem ~** Iuv. fig die Ohren voll chwatzen

in-edia ⟨ae⟩ F ||edere¹|| Hungern, Fasten, freiwillig od gezwungen

in-ēditus ⟨a, um⟩ ADJ ||in-², edere²|| Ov. noch nicht herausgegeben; **cura inedita** noch nicht herausgegebene Schriften

in-efficāx ⟨inefficācis⟩ ADJ (nachkl.) unwirksam, schwach

in-ēlabōrātus ⟨a, um⟩ ADJ ||in-², elaborare|| Sen. nicht ausgearbeitet

in-ēlegāns ⟨inēlegantis, adv inēleganter⟩ ADJ unfein, geschmacklos; **ineleganter dividere** unlogisch teilen

in-ēluctābilis ⟨inēluctābile⟩ ADJ (nachkl.) poet unabwendbar, unvermeidlich; **fatum ineluctabile** unentrinnbares Schicksal

in-ēmendābilis ⟨inēmendābile⟩ ADJ (nachkl.) unverbesserlich, unheilbar

in-ēmorī ⟨ēmorior, - 3.⟩ Hor. bei etw sterben, alicui rei

in-emptus ⟨a, um⟩ ADJ ||in-², emere|| (nachkl.) poet ungekauft; **consulatus ~** nicht erkauftes Konsulat; **corpus inemptum** Leiche ohne Lösegeld

in-ēnarrābilis ⟨inēnarrābile⟩ ADJ (nachkl.) unbeschreiblich, unerklärlich

in-ēnōdābilis ⟨inēnōdābile⟩ ADJ ||enodare|| unlösbar; fig unerklärlich

in-eō → inire

ineptī ⟨ōrum⟩ M ||ineptus|| Leute mit schlechtem Geschmack, Pedanten

ineptia ⟨ae⟩ F selten u. **ineptiae** ⟨ārum⟩ F ||ineptus|| Albernheit,; beim Schreiben Geschmacklosigkeit

ineptīre ⟨iō, -, - 4.⟩ ||ineptus|| (vkl.) poet albern reden, albern handeln

in-eptus ⟨a, um, adv ineptē⟩ ADJ ||aptus||
1 Hor. unbrauchbar, untauglich
2 fig meist von Sachen unpassend, ungereimt
3 fig meist von Personen albern, töricht; **inepte disserere** albern daherschwatzen

in-equitābilis ⟨inequitābile⟩ ADJ Curt. für Reiterei ungeeignet; **campi inequitabiles** für die Reiterei ungeeignetes Gelände

in-ermis ⟨inerme⟩ ADJ, **in-ermus** ⟨a, um⟩ ADJ ||in-², arma|| unbewaffnet, wehrlos; **miles ~** Soldat ohne Waffen; **legatus ~** Gesandter ohne Heer; **senectus ~** fig kinderloses Alter; **carmen inerme** fig niemanden verletzendes Gedicht; **~ in philosophia** fig in der Philosophie nicht sehr bewandert

in-errāns ⟨inerrantis⟩ ADJ ||in-², errare|| nicht (umher)irrend; **stella ~** Fixstern

in-errāre ⟨ō, -, - 1.⟩ umherirren, alicui rei in etw, an etw, auf etw; **montibus ~** in den Bergen umherirren; **oculis ~** fig vor Augen schweben

in-ers ⟨inertis⟩ ADJ ||in-², ars||
1 ungeschickt, unfähig; **versus ~** kunstloser Vers
2 von Personen u. Sachen untätig, träge; **aqua ~** stehendes Wasser; **glaeba ~** unfruchtbare Scholle; **voces inertes** nichtiges Geschwätz; **horae inertes** Mußestunden
3 unnütz, bedeutungslos; **querelae inertes** unnütze Streitereien
4 meton träge machend, erschlaffend; **somnus ~** träge machender Schlaf
5 (meist nachkl.) poet mutlos, feige; **mors ~** ruhmloser Tod

inertia ⟨ae⟩ F ||iners||

1 Ungeschicklichkeit
2 Untätigkeit, Trägheit; **~ laboris** Unlust an der Arbeit
3 Feigheit

in-ērudītus ⟨a, um, *adv* inērudītē⟩ ADJ *von Personen u. Sachen* ungebildet, unwissenschaftlich

in-ēscāre ⟨ō, āvī, ātum 1.⟩ ||in¹, esca|| (*vkl., nachkl.*) ködern; *fig* verführerisch anlocken

īn-esse ⟨īnsum, īnfuī, - 0.⟩
1 in/auf/bei/an *etw* sein, sich befinden
2 *fig* innewohnen, *oft* = besitzen, *in aliquo/alicui* j-m, in j-m, *in re/alicui rei* einer Sache, in etw

in-euschēmē ADV *Plaut.* ohne Anstand

in-ēvectus ⟨a, um⟩ ADJ ||in¹, vehi|| *Verg.* hinaufgefahren, hinaufgestiegen

in-ēvītābilis ⟨inēvītābile⟩ ADJ (*nachkl.*) *poet* unvermeidlich, unausweichbar

in-ēvolūtus ⟨a, um⟩ ADJ ||in-², evolvere|| *Mart.* unaufgerollt; **liber ~** ungeöffnetes Buch

in-excitābilis ⟨inexcitābile⟩ ADJ ||in-², excitare|| *Sen.* unerweckbar; **somnus ~** tiefer Schlaf

in-excitus ⟨a, um⟩ ADJ ||in-², excire|| *poet* nicht aufgeregt, friedlich

in-excūsābilis ⟨inexcitābile⟩ ADJ (*nachkl.*) *poet* unentschuldbar

in-excussus ⟨a, um⟩ ADJ ||in-², excutere|| *Verg.* unerschüttert, unerschrocken

in-exercitātus ⟨a, um⟩ ADJ
1 (*nachkl.*) unbeschäftigt
2 ungeübt, *ad aliquid* zu etw

in-exhaustus ⟨a, um⟩ ADJ ||in-², exhaurire||
1 (*nachkl.*) unerschöpft, ungeschwächt
2 unerschöpflich

in-exōrābilis ⟨inexōrābile⟩ ADJ unerbittlich, *in aliquem/adversus aliquem* gegen j-n, *alicui rei* für etw; **iudex ~** unerbittlicher Richter; **odium inexorabile** unversöhnlicher Hass; **fatum inexorabile** unabwendbares Schicksal

in-expedītus ⟨a, um⟩ ADJ (*nachkl.*) verwickelt

in-experrēctus ⟨a, um⟩ ADJ ||in-², expergisci||
1 *Ov.* nicht erwacht
2 unerweckbar

in-expertus ⟨a, um⟩ ADJ (*nachkl.*)
1 in *etw* unerfahren, *eine Sache* noch nicht gewöhnt, *absolut od alicui rei/alicuius rei*
2 *von Sachen* unversucht, unerprobt, *re* in etw; **bellis ~** in Kriegen unerprobt
3 unbekannt

in-expiābilis ⟨inexpiābile⟩ ADJ ||in-², expiare||
1 unsühnbar
2 unversöhnlich; *fig* nicht austilgbar

in-explēbilis ⟨inexplēbile⟩ ADJ unersättlich, *meist fig, alicuius rei* in etw

in-explētus ⟨a, um⟩ ADJ ||in-², explere||
1 ungesättigt

2 unersättlich, maßlos; **~ lacrimans** unaufhörlich weinend

in-explicābilis ⟨inexplicābile, *adv* inexplicābiliter⟩ ADJ
1 unentwirrbar, unauflöslich
2 *fig* unausführbar; **via ~** ungangbarer Weg; **morbus ~** unheilbare Krankheit; **bellum inexplicabile** endloser Krieg
3 unerforschlich, unerklärbar

in-explicitus ⟨a, um⟩ ADJ ||in-², explicare|| *poet* unerklärlich

in-explōrātus ⟨a, um⟩ ADJ (*nachkl.*) unerkundet, unbekannt; **inexplorato proficisci** *Liv.* abmarschieren ohne vorherige Erkundung

in-expūgnābilis ⟨inexpūgnābile⟩ ADJ
1 (*nachkl.*) *von Personen u. Sachen* uneinnehmbar, unüberwindlich; **via ~** ungangbarer Weg; **gramen inexplicabile** unausrottbare Pflanze
2 *von Personen* unerschütterlich, fest

in-exspectātus ⟨a, um⟩ ADJ unerwartet

in-exstīnctus ⟨a, um⟩ ADJ ||in-², extinguere||
1 *Ov.* unausgelöscht
2 *fig* unauslöschlich, unersättlich; **libido inexstincta** unstillbare Begierde; **nomen inexstinctum** unvergänglicher Name

in-exsuperābilis ⟨inexsuperābile⟩ ADJ (*nachkl.*)
1 übersteigbar, unersteigbar
2 *fig* unüberwindlich
3 *fig* unübertrefflich

in-extrīcābilis ⟨inextrīcābile, *adv* inextrīcābiliter⟩ ADJ ||in-², extricare|| (*unkl.*) unentwirrbar

īn-fabrē ADV ||in-², faber²|| (*unkl.*) ungeschickt, unkünstlerisch

īn-fabricātus ⟨a, um⟩ ADJ ||in-², fabricare|| (*nachkl.*) *poet* unbearbeitet, roh

īnfacētiae ⟨ārum⟩ F ||infacetus|| *Catul.* Geschmacklosigkeiten

īn-facētus ⟨a, um, *adv* infacētē⟩ ADJ witzlos, geschmacklos; **homo ~** geschmackloser Mensch; **mendacium infacetum** plumpe Lüge

īn-fācundus ⟨a, um⟩ ADJ (*nachkl.*) sprachlich nicht gewandt

īn-fāmāre ⟨ō, āvī, ātum 1.⟩
1 in üblen Ruf bringen, in Schande bringen, *aliquem re* j-n durch etw
2 (*nachkl.*) verdächtigen, verleumden

īnfāmia ⟨ae⟩ F ||infamis||
1 übler Ruf, Schande, *alicuius* j-s, *alicuius rei* einer Sache *od* wegen etw; **~ pecuniae** Schande der Geldgier
2 Verlust der bürgerlichen Rechte
3 *Ov. meton* Schandfleck; **nostri ~ saeculi** Schandfleck unseres Jahrhunderts

īn-fāmis ⟨infāme⟩ ADJ ||in-², fama||
1 *von Personen u. Sachen* verrufen, berüchtigt;

domus ~ verrufenes Haus; **carmen infame** Zauberformel; **digitus ~** Mittelfinger

2 *meton* schlechten Ruf bringend, entehrend

īn-fandus ⟨a, um⟩ ADJ ||in-², fari||

1 unsäglich, unerhört

2 *pej* abscheulich, entsetzlich; **infanda** Untaten; **infandī** Ruchlose

3 infandum! o Schande!, o Gräuel!

īn-fāns

A ⟨īnfantis⟩ ADJ ||in-², fari||

1 stumm

2 noch nicht sprechend, lallend

3 unberedt, ohne Redegabe

4 sehr jung, noch klein

5 kindlich, kindgemäß

6 *fig* kindisch, läppisch

B ⟨īnfantis⟩ M u. F

1 kleines Kind *bis etwa zum siebenten Lebensjahr*; (*spätl.*) Kind im Mutterleib

2 (*mlat.*) Page; Prinz; Chorknabe

▶ englisch: **infant**
französisch: **enfant**
spanisch: **infante**

īnfantārius ⟨a, um⟩ ADJ ||infans|| *Mart.* kinderlieb

īnfantia ⟨ae⟩ F ||infans||

1 *Lucr.* Unfähigkeit zu sprechen

2 *meton* Mangel an Redegabe

3 (*nachkl.*) Kindheit, Jugend

4 (*nachkl.*) kindisches Wesen

īnfantīlis ⟨īnfantīle⟩ ADJ ||infans|| (*nachkl.*)

1 kindlich

2 noch klein

īn-farcīre ⟨farciō, farsī, farsum 4.⟩ = **infercire**

īn-fatīgābilis ⟨īnfatīgābile⟩ ADJ ||in-², fatigare|| (*nachkl.*) unermüdlich

īn-fatuāre ⟨ō, āvī, ātum 1.⟩ ||in¹, fatuus|| betören

īn-faustus ⟨a, um⟩ ADJ (*nachkl.*)

1 unheilvoll, Unglück bringend

2 nicht vom Glück begünstigt, **bellis** in seinen Kriegen

īnfēcī → inficere

īnfector ⟨īnfectōris⟩ M ||inficere|| Färber

īnfectus¹ ⟨a, um⟩ ADJ ||inficere|| gefärbt

īn-fectus² ⟨a, um⟩ ADJ ||in-², facere||

1 ungetan, ungeschehen; **aliquid pro infecto habere** etw für ungeschehen halten; **aliquid infectum reddere** etw rückgängig machen; **facta atque infecta** Dichtung und Wahrheit

2 (*nachkl.*) unvollendet, unfertig; **infectā re** unverrichteter Dinge; **infectā pace** ohne Friedensschluss; **infecto bello** ohne den Krieg fortzusetzen

3 (*nachkl.*) unausführbar, unmöglich, *alicui* für j-n

4 (*nachkl.*) *poet* unbearbeitet, ungeprägt; **aurum infectum** ungeprägtes Gold; **argentum infectum** Silber in Barren

īnfēcunditās ⟨īnfēcunditātis⟩ F ||infecundus|| (*nachkl.*) Unfruchtbarkeit

īn-fēcundus ⟨a, um, *adv* īnfēcundē⟩ ADJ (*nachkl.*) *poet* unfruchtbar, *auch fig*

īnfēlīc(it)āre ⟨ō, -, - 1.⟩ ||infelix|| *Com.* unglücklich machen, strafen

īnfēlīcitās ⟨īnfēlīcitātis⟩ F ||infelix||

1 *Quint.* Unfruchtbarkeit

2 *fig* Unglück, Elend

īn-fēlīx

A ⟨īnfēlīcis⟩ ADJ, ADV ⟨īnfēlīciter⟩

1 (*vkl.*) *poet* unfruchtbar, unergiebig; **arbor ~** Galgen

2 *von Personen u. Sachen* unglückselig, elend

B ⟨īnfēlīcis⟩ M der Unglückliche

īnfēnsāre ⟨ō, -, - 1.⟩ ||infensus|| *Tac.* feindselig behandeln; zürnen; **dii infensantes** *Tac.* zürnende Götter

īnfēnsus ⟨a, um, *adv* īnfēnsē⟩ ADJ feindlich *der Gesinnung nach*, feindselig, gehässig; **hostis ~** erbitterter Feind; **valetudo infensa** schlechte Gesundheit; **servitium infensum** drückende Sklaverei

īnferbuī → infervescere

īn-fercīre ⟨fercio, fersī, fersum 4.⟩ ||in¹, farcire|| hineinstopfen; **verba ~** Wörter einflicken

īnferī ⟨ōrum *u.* īnferum⟩ M ||inferus|| die Verstorbenen; **descendere ad inferos** in die Unterwelt hinabsteigen; **apud inferos** in die Unterwelt

īnferiae ⟨ārum⟩ F Totenopfer

īnferior ⟨īnferius⟩ ADJ *komp* → inferus

īnferius ADV *komp* → infra

īnferna ⟨ōrum⟩ N ||infernus|| (*nachkl.*) *poet* Unterwelt; (*eccl.*) Hölle

īnfernālis ⟨īnfernāle⟩ ADJ ||infernus||

1 unterirdisch

2 (*mlat.*) teuflisch, höllisch

īnfernus

A ⟨a, um⟩ ADJ, ADV ⟨īnfernē⟩ ||infernus||

1 unten befindlich, der untere

2 (*nachkl.*) *poet* unterirdisch, unter der Erde befindlich

3 zur Unterwelt gehörig, der Unterwelt entstiegen; **gurges infernus** unter der Erde befindlicher Strudel; **tenebrae infernae** unterirdische Finsternis; **rex ~** König der Unterwelt, = Pluto; **luno inferna** die Juno der Unterwelt, = Proserpina; **palus inferna** Fluss der Unterwelt, = Styx; **lacus ~** See zur Unterwelt, = Avernersee

B ⟨i⟩ M
1 (spätl.) Hölle
2 (mlat.) Teufel
3 PL = **inferi**

---

in-ferre ⟨īnferō, intulī, illātum 0.⟩

1 hineintragen, hineinschaffen
2 an etw legen
3 beisetzen, bestatten
4 darbringen, opfern
5 aufstellen
6 vorbringen, äußern
7 zufügen, verursachen
8 beginnen
9 sich begeben, sich stürzen
10 erregen, einjagen
11 folgern, schließen

1 hineintragen, hineinschaffen; **ligna in ignem ~** Holz ins Feuer werfen; **Graecas litteras in Latium ~** die griechischen Schriften in Latium einführen; **fontes urbi ~** Wasser in die Stadt hineinleiten; **imperium ~** den Oberbefehl übertragen; **manūs ~ alicui/in aliquem** Hand an j-n legen; **gressum ~ alicui** auf j-n losgehen
2 auf *etw* legen, setzen, stellen; **scalas ad moenia ~** Leitern an die Mauern legen; **aliquem in scopulum ~** j-n an die Klippe treiben
3 *Tote* beisetzen, bestatten; **sepulcro** im Grab
4 *Opfer* darbringen, opfern; **honores Anchisae ~** dem Anchises ein Ehrenfest widmen
5 *Rechnungen* aufstellen; **rationibus/in rationes ~** Rechnungen aufstellen, Rechnungen eintragen; **sumptum civibus ~** den Aufwand den Bürgern in Rechnung stellen
6 *in der Rede* vorbringen, äußern; **crimina ~** Vorwürfe erheben; **mentionem alicuius rei ~** etw erwähnen; **sermonem ~ de re** die Rede auf etw bringen; **alicui causam belli ~** gegen j-n einen Grund zum Krieg suchen
7 Böses zufügen, verursachen, *aliquid alicui/ad aliquem* etw j-m; **alicui dolorem ~** j-m Schmerz zufügen
8 MIL **bellum/arma ~** Krieg beginnen, *alicui* mit j-m; **bellum ~ in aliquid** den Krieg irgendwohin verlegen; **signa/aquilam/vexillum ~** angreifen, *alicui/in aliquem/adversus aliquem* j-n; **signa ~ urbi/in urbem** eine Stadt angreifen
9 *passiv u.* **se ~** sich begeben, eindringen, *in aliquid/alicui rei* in etw; **foribus se ~** zur Tür hineingehen; **se ~ in urbem** sich in die Stadt begeben; **se in medios enses ~** sich mitten in die Schwerter stürzen; **se ~ in vitae discrimen** sein Leben aufs Spiel setzen; **se ~ alicui** sich j-m nähern; **se ~ socium** sich als Gefährte anschließen
10 *Gefühle* erregen, einjagen, *aliquid alicui/in aliquem* etw j-m; herbeiführen, verursachen; **terrorem exercitui/in exercitum ~** dem Heer Schrecken einflößen
11 RHET folgern, schließen; **deinde infertur** schließlich wird gefolgert

in-fersī → infercire
in-fersum PPP → infercire

īnferus ⟨a, um, *komp* īnferior, īnferius, *sup* īnfimus, a, um⟩ ADJ
A Positiv
1 unten befindlich, unterer; **mare inferum** das Tyrrhenische Meer
2 unterirdisch; **dii inferi** die Götter der Unterwelt
B komp
1 örtl. tiefer gelegen, niedriger gelegen; **pars ~** unterer Teil, tiefer gelegener Teil; **locus ~** Senke im Gelände; **ex inferiore loco dicere** nicht auf der Rednerbühne sprechen; **labrum inferius** Unterlippe; **in inferius ferri** tiefer sinken
2 zeitl. später, jünger
3 *an Zahl, Kraft od Rang* geringer, schwächer; **ordines inferiores** untere Ränge, niedrigere Dienstgrade; **inferiorem esse in dicendo** im Reden unterlegen sein; **acie/proelio inferiorem discedere** eine Schlacht verlieren
C sup
1 örtl. unterster, *oft partitiv* unterer Teil; **ab infimo solo** unten vom Boden an; **auricula infima** Ohrläppchen; **infimus mons** Fuß des Berges; **ara infima** der unterste Teil des Altars; **in infimo mari** auf dem Meeresgrund; **ab infimo** von ganz unten
2 *dem Rang, dem Wert od der Beschaffenheit nach* unterster, geringster; **homo infimo loco natus** Mann einfachster Herkunft; **nemo infimus** keiner, auch der Geringste nicht

in-fervēscere ⟨fervēscō, ferbuī, - 3.⟩ (unkl.) zu sieden beginnen, aufbrausen

īnfesta ⟨ōrum⟩ N ||īnfestus|| Gefahren, Unglück

īnfestāre ⟨ō, āvī, ātum 1.⟩ ||īnfestus|| (nachkl.) *poet* beunruhigen, gefährden

īn-festus ⟨a, um, *adv* īnfestē⟩ ADJ
1 beunruhigt, gefährdet; **vita infesta** gefährdetes Leben; **regio a Samnitibus infesta** von den Samnitern bedrohte Gegend; **aliquid infestum facere/reddere/habere** etw unsicher machen
2 beunruhigend, feindselig, *alicui/in aliquem* gegen j-n; **provincia infesta** aufsässige Provinz; **oculi infesti** feindselige Augen; **vulnus infe-**

stum tödliche Wunde
3 MIL kampfbereit, schlagfertig; **mucrone infesto** mit gezücktem Dolch; **infesto agmine proficisci** in Angriffskolonnen marschieren

īn-ficere ⟨ficiō, fēcī, fectum 3.⟩ ||in¹, facere||
1 (nachkl.) versetzen, vermischen, *mit einer Flüssigkeit* tränken, benetzen, *aliquid re* etw mit etw
2 *fig* einweihen, mit *etw* bekannt machen; **puerum artibus ~** einen Jungen in die Künste einführen
3 färben, bemalen; **arma sanguine ~** die Waffen mit Blut röten; **pallor ora inficit** Blässe überzieht das Gesicht; **fumus diem inficit** Rauch verdunkelt den Tag
4 (nachkl.) poet vergiften; **Allecto Gorgoneis infecta venenis** Allecto, erfüllt von gorgonischen Giften
5 *fig* vergiften, beflecken; **hoc quod infectum est** die jetzige Ansteckung = der bereits angerichtete Schaden; **scelus infectum** Schandfleck der Sünde
▶ deutsch: **infizieren**

īnficētiae ⟨ārum⟩ F̄ = **infacetiae**
īnficētus ⟨a, um⟩ ADJ = **infacetus**
īn-fidēlis ⟨īnfidēle, adv īnfidēliter⟩ ADJ
1 untreu, treulos, *alicui* j-m, gegen j-n
2 (eccl., mlat.) ungläubig, heidnisch

īnfidēlitās ⟨īnfidēlitātis⟩ F̄ ||infidelis||
1 Untreue, Treulosigkeit
2 (eccl.) Unglaube

īn-fīdus ⟨a, um⟩ ADJ treulos, unzuverlässig, *re* durch etw, von etw, in etw, *alicui* gegen j-n; **amicus ~** unzuverlässiger Freund; **pax infida** unsicherer Friede; **portus ~** tückischer Hafen

īn-fīgere ⟨fīgō, fīxī, fīxum 3.⟩
1 hineinheften, hineinstoßen; *passiv* eindringen, stecken bleiben; **signum (terrae) ~** das Feldzeichen in die Erde stoßen; **gladium hosti in pectus ~** das Schwert dem Feind in die Brust stoßen; **hominem scopulo ~** einen Menschen an die Klippe schleudern
2 *fig* einprägen, befestigen; **animum in patriae salute ~** seine Aufmerksamkeit auf das Wohl der Heimat richten

īnfimās, īnfimātis ⟨īnfimātis⟩ M̄ ||infimus||
Plaut. Angehöriger der untersten Schicht

īnfimus ⟨a, um⟩ ADJ SUP → **inferus**

īn-findere ⟨findō, fidī, fissum 3.⟩ *poet* einschneiden; **sulcos mari ~** das Meer durchfurchen

īnfīnitās ⟨īnfīnitātis⟩ F̄ ||in-², finis|| Unendlichkeit, unendliche Weite

īn-fīnītiō ⟨īnfīnītiōnis⟩ F̄ Unendlichkeit

īn-fīnītum ⟨ī⟩ N̄ ||infinitus|| Unendliches, Unermessliches

īn-fīnītus ⟨a, um, adv īnfīnītē⟩ ADJ
1 örtl. grenzenlos, unendlich
2 zeitl. zeitlos, unaufhörlich; **tempus infinitum** Ewigkeit
3 zahllos, unendlich viel
4 dem Grad nach unermesslich; *adv* grenzenlos
5 PHIL, RHET allgemein, allgemein gültig, abstrakt; **coniunctiones infinitae** unbestimmte Aussagen; **infinite referre de re** in allgemeiner Form über etw berichten
6 **verbum infinitum/modus ~** GRAM Infinitiv

īnfirmāre ⟨ō, āvī, ātum 1.⟩ ||infirmus||
1 (nachkl.) schwächen, entkräften
2 *fig* erschüttern, **fidem testium** die Glaubwürdigkeit der Zeugen
3 *fig* widerlegen
4 für ungültig erklären, **legem** ein Gesetz

īnfirmātiō ⟨īnfirmātiōnis⟩ F̄ ||infirmare||
1 Widerlegung
2 Ungültigmachung

īnfirmitās ⟨īnfirmitātis⟩ F̄ ||infirmus||
1 psychische Schwäche, Gebrechlichkeit
2 (nachkl.) Krankheit
3 *meton* schwaches Geschlecht, *Frauen od Kinder*
4 *fig* geistige Schwäche; Mangel an Talent
5 *fig* Charakterschwäche; Unselbstständigkeit

īn-firmus ⟨a, um, adv īnfirmē⟩ ADJ
1 schwach, kraftlos, *physisch od an Zahl, Umfang, Größe*, *re* durch etw, an etw, *ex re* infolge einer Sache
2 (nachkl.) unpässlich, angegriffen
3 *fig* geistig schwach, mutlos
4 *fig* moralisch unzuverlässig, haltlos
5 *poet* abergläubisch
6 gering, unbedeutend; **senatūs consultum infirmum** ungültiger Senatsbeschluss

īn-fit *od* **īn-fīt** (unkl.) er fängt an, *re* mit etw, +inf

īnfitiae *akk* ⟨īnfitiās⟩ (vkl., nachkl.) Leugnen; *nur in Verbindung* **infitias ire** ableugnen (wollen), in Abrede stellen; **non infitias ire** zugestehen, anerkennen, *absolut od aliquid* etw, +AcI

īnfitiālis ⟨īnfitiāle⟩ ADJ ||infitiae|| ablehnend

īnfitiārī ⟨or, ātus sum 1.⟩ ||infitiae|| leugnen, nicht anerkennen

īnfitiātiō ⟨īnfitiātiōnis⟩ F̄ ||infitiari|| Leugnen, *alicuius rei* von etw

īnfitiātor ⟨īnfitiātōris⟩ M̄ ||infitiari|| „Ableugner", der vor Gericht Ausflüchte macht *um sich der Verurteilung zu entziehen*

īnfixum ⟨ī⟩ N̄ ||infigere|| Tac. fester Entschluss

īn-flammāre ⟨ō, āvī, ātum 1.⟩
1 in Brand setzen, anzünden; **urbem ~** die Stadt anzünden
2 *fig* erregen, anfeuern, *aliquem in aliquem* j-n gegen j-n; **cives ~** die Bürger anfeuern; **~ alicuius animum** j-n erregen, j-s Geist erregen;

odium ~ Hass erregen

7 *fig* in feuriger Rede sprechen, *aliquid* über etw

īnflammātiō ⟨īnflammātiōnis⟩ F ||inflammare||

1 Brandstiftung, Brand

2 *fig* Glut, Erregung

in-flāre ⟨ō, āvī, ātum 1.⟩

1 (*vkl., nachkl.*) hineinblasen; **aquam in ōs ~** Wasser ins Gesicht blasen

2 aufblasen, anschwellen lassen; **buccas alicui ~** die Backen gegen j-n aufblasen; **inflatus** angeschwollen, aufgedunsen

3 *ein Instrument* blasen; **tibicen ~** Flöte blasen

4 *einen Ton* blasen; **paulo inflavit vehementius** *fig* er schlug einen volleren Ton an *in der Darstellung*

5 *fig* aufblähen, überheblich machen; **victoriā inflari** vom Sieg überheblich werden

6 durch Blasen entfachen; *fig* ermutigen,; **alicuius spem mendaciis ~** j-s Hoffnung durch Lügen steigern

īnflātiō ⟨īnflātiōnis⟩ F ||inflare|| Aufblähen, Blähung, *auch als* MED **inflationem habere** eine Blähung verursachen; **~ praecordiorum** *Suet.* Brustfellentzündung

īnflātus¹ ⟨a, um, *adv* īnflātē⟩ ADJ ||inflare||

1 aufgeblasen, geschwollen; **amnis ~** angeschwollener Strom

2 *fig* stolz

3 *fig* zornig, erregt, *re* durch etw, über etw

4 übertrieben; (*nachkl.*) RHET schwülstig

īnflātus² ⟨īnflātūs⟩ M ||inflare||

1 Blasen, **tibicinis** der Flöte

2 *fig* Anhauch, Eingebung

in-flectere ⟨flectō, flexī, flexum 3.⟩

1 (einwärts) beugen, biegen; *passiv u.* **se ~** sich biegen, sich krümmen; **bacillum ~** ein Stäbchen biegen; **oculos alicuius ~** *fig* j-s Augen auf sich ziehen

2 *fig die Stimme* modulieren; **sonus inflexus** herabgestimmter Ton, milderer Ton der Rede, mittlere Tonart

3 *fig das Recht* beugen, verdrehen

4 *fig* ändern, verändern, **cursum** die Richtung; **suum nomen e Graeco ~** seinen Namen aus dem Griechischen ableiten

5 *fig den Sinn* rühren, bewegen; **sensūs alicuius/aliquem precibus ~** j-n durch Bitten bewegen; *passiv* sich rühren lassen

in-flētus ⟨a, um⟩ ADJ ||in-², flere|| *poet* unbeweint

in-flexibilis ⟨īnflexibile⟩ ADJ (*nachkl.*) *poet* unbeugsam

īnflexiō ⟨īnflexiōnis⟩ F ||inflectere||

1 Biegen, Beugen; **~ laterum** Haltung

2 Windung, die Ranken

3 GRAM Abwandlung, Umbildung, **verborum** von Worten

īnflexus ⟨īnflexūs⟩ M ||inflectere|| Biegung; *fig* Veränderung

in-flīgere ⟨flīgō, flīxī, flīctum 3.⟩

1 hineinschlagen, stoßen, *alicui rei/in aliquid* in etw, an etw, auf etw

2 *durch Schlagen* zufügen, beibringen

3 zufügen, antun

in-fluere ⟨fluō, flūxī, flūxum 3.⟩

1 hineinfließen, sich ergießen, *absolut od in aliquid/alicui rei* in etw; **Rhenus in Oceanum influit** der Rhein fließt in den Ozean

2 *fig von Personen in großer Zahl* eindringen

3 *fig* unbemerkt eindringen, sich einschleichen

in-fodere ⟨fodiō, fōdī, fossum 3.⟩ eingraben, vergraben; **taleas in terram ~** Setzreiser in die Erde eingraben; **corpora terrae ~** Tote beerdigen

in-forāre ⟨ō, -, - 1.⟩ ||in¹, forum|| *Plaut.* vor Gericht verklagen

in-fōrmāre ⟨ō, āvī, ātum 1.⟩

1 (*nachkl.*) *poet* formen, bilden; **clipeum ~** einen Schild formen

2 *fig* gut organisieren; **animus a natura bene informatus** von der Natur gut organisierter Geist

3 ein Bild entwerfen, *aliquem/aliquid* von j-m/von etw; darstellen

4 *fig* im Geist sich vorstellen, sich denken; **informatum esse** als Idee vorhanden sein

5 ausbilden, unterrichten

īnfōrmātiō ⟨īnfōrmātiōnis⟩ F ||informare||

1 PHIL Vorstellung, Begriff, im Geist vorhandene Vorstellung; gewonnene Vorstellung

2 Erläuterung, Deutung

3 (*eccl.*) Unterweisung, Belehrung

▶ deutsch: **Information**

īn-fōrmis ⟨īnfōrme⟩ ADJ ||in-², forma|| (*unkl.*)

1 ungestaltet, formlos

2 *von Personen u. Sachen* unschön, hässlich

in-fortūnātus ⟨a, um⟩ ADJ *von Personen* unglücklich

in-fortūnium ⟨ī⟩ N ||in-², fortuna|| (*unkl.*) Unglück, *bes* Prügel

īnfrā

A ADV, *komp* ⟨inferius⟩ ||inferus||

1 *örtl.* unten, darunter; **infra descendere** tief hinabsteigen

2 *poet* in der Unterwelt

3 *in Schriften u. Reden* weiter unten, nachher

4 *zeitl.* später

5 *fig vom Rang her* unterhalb, im Rang tiefer

6 *komp* weiter unten, niedriger

B PRÄP +akk

1 örtl. unter, unterhalb; **infra eum locum** unter diesem Ort; **infra aliquem cubare** bei Tisch zu j-s Rechten liegen

2 zeitl. nach, später als

3 fig nach Größe, Rang, Wert geringer als, nachstehend; **aliquem infra se esse arbitrari** j-n für geringer als sich halten

īn-frāctiō ⟨īnfrāctiōnis⟩ F ||īnfringere|| Zerbrechen; **~ animi** Niedergeschlagenheit

īnfrāctus ⟨a, um⟩ ADJ ||īnfringere||

1 gebrochen, zerbrochen

2 Ov. gebogen, gekrümmt

3 fig entkräftet; entmutigt niedergeschlagen

4 RHET abgehackt, abgerissen; **īnfrācta loqui** Cic. in abgehackten Sätzen sprechen

īn-fragilis ⟨īnfragile⟩ ADJ (nachkl.) poet ungeschwächt

īn-frēgī → īnfringere

īn-fremere ⟨ō, uī, -3.⟩ brummen;

īn-frēnāre ⟨ō, āvī, ātum 1.⟩

1 (nachkl.) aufzäumen, anschirren

2 fig in Zaum halten, bändigen

īn-frēnātus[1] ⟨a, um⟩ PPP → īnfrēnāre

īn-frēnātus[2] ⟨a, um⟩ ADJ ||in-², frenāre|| (nachkl.) ungezäumt, ohne Zaum; **equites īnfrēnāti** Reiter auf ungezäumten Pferden

īn-frendere ⟨eō, -, -2.⟩, **īnfrendere** ⟨ō, -, -3.⟩ (nachkl.) knirschen, **dentibus** mit den Zähnen

īn-frēnis ⟨īnfrēne⟩ ADJ = īnfrēnātus²

īn-frēnus ⟨a, um⟩ ADJ = īnfrēnātus²

īn-frequēns ⟨īnfrequentis⟩ ADJ

1 der Zahl nach nicht häufig, nicht zahlreich; **senātus ~** nicht beschlussfähiger Senat

2 von Örtlichkeiten dünn bevölkert, wenig besucht; **īnfrequentissima urbis** die einsamsten Teile der Stadt

3 von Personen selten erscheinend, lässig, alicuius rei in etw; **~ deorum cultor** nachlässiger Verehrer der Götter; **~ rei militaris** nachlässig im soldatischen Dienst; **~ militia** Plaut. hum Dienst bei der Hetäre

īnfrequentia ⟨ae⟩ F ||īnfrequēns||

1 geringe Anzahl, geringe Besucherzahl

2 Tac. von Örtlichkeiten Einsamkeit, Öde

īn-frīgidāre ⟨ō, āvī, ātum 1.⟩

A VT abkühlen

B VI abkühlen, kalt werden

īn-fringere ⟨fringō, frēgī, frāctum 3.⟩ ||in¹, frangere||

1 (mitten) einknicken, zerbrechen; **~ vestes** Kleider zerreißen; **remus īnfrāctus** im Wasser gebrochen aussehendes Ruder durch Lichtbrechung

2 fig schwächen, entkräften; **vim militum ~** die Kraft der Soldaten brechen; **potentiam consulis ~** die Macht des Konsuls untergraben; **tributa ~** die Steuern senken

3 (vkl.) poet an etw zerschlagen; **līminibus lumbos ~** sich die Lenden an der Schwelle wund reiben

4 RHET den Rhythmus od den Fortgang einer Rede abbrechen, unterbrechen

īn-frōns ⟨īnfrondis⟩ ADJ Ov. unbelaubt, ohne Baum und Strauch; **ager ~** baumloses Feld

īn-frūctuōsus ⟨a, um⟩ ADJ (nachkl.) unfruchtbar; fig erfolglos

īn-frūnītus ⟨a, um⟩ ADJ ||in-², frunisci|| (unkl.) ungenießbar; albern

īn-fūcātus ⟨a, um⟩ ADJ geschminkt; fig übertüncht

īnfula ⟨ae⟩ F

1 Inful, weiße Kopfbinde mit scharlachrotem Streifen, um die Stirn gebunden; Kopfschmuck der Priester, Vestalinnen, Schutzflehenden u. Opfertiere, später auch der Kaiser u. hohen Beamten; fig **Ehrenzeichen**

2 (mlat.) Mitra; Papstkrone

īnfulātus ⟨a, um⟩ ADJ ||īnfula|| (nachkl.) mit der Inful geschmückt

īn-fulcīre ⟨fulciō, fulsī, fultum 4.⟩ hineinstopfen; fig einfügen; **alicuī cibum ~** j-m Essen hineinstopfen; **omnibus locis hoc verbum ~** an allen Stellen dieses Wort einfügen

īn-fundere ⟨fundō, fūdī, fūsum 3.⟩

1 hineingießen auf etw gießen, in aliquid/alicui rei; **nix īnfūsa** gefallener Schnee; **alicuī vīnum ~** j-m Wein einschenken; **umerīs capillīs īnfūsa** mit vom Haar umwallten Schultern

2 fig hineinströmen lassen, eindringen lassen, in aliquid in etw; **vitia in civitātem ~** die Laster in die Stadt eindringen lassen; passiv hineinströmen, sich ergießen; **īnfūsus populus** zahlreich versammeltes Volk

3 (nachkl.) poet hingießen, hinschütten, alicui auf etw, über etw; **collō mariti īnfūsa** den Gatten umschlingend

īn-fuscāre ⟨ō, āvī, ātum 1.⟩

1 poet schwärzen, dunkel färben; **barba īnfuscat pectus** der Bart bedeckt die Brust

2 fig verdunkeln, verderben; **glōriam saevitiā ~** den Ruhm durch Grausamkeit trüben

3 (nachkl.) klanglich dämpfen; **vōx nātūrā īnfuscāta** eine von Natur belegte Stimme

4 sprachlich entstellen, verderben

īnfūsum ⟨ī⟩ N (nlat.) Aufguss

Ingaevonēs ⟨Ingaevonum⟩ M germ. Stamm an der Nordsee

Ingaunī ⟨ōrum⟩ M ligurischer Stamm

in-gemere ⟨ō, -, -3.⟩ = ingemīscere

in-gemēscere ⟨gemēscō, gemuī, -3.⟩ = ingemīscere

in-gemināre ⟨ō, āvī, ātum 1.⟩
- **A** VT verdoppeln, wiederholen
- **B** VI sich verdoppeln, sich wiederholen; **hastis ~** Speer auf Speer werfen

in-gemīscere ⟨gemīscō, gemuī, - 3.⟩ ||ingemere||
- **A** VI aufseufzen, stöhnen, *absolut od in re*/*ad aliquid*/*alicui rei*/*re* bei etw, über etw; **aratro ~** unter dem Pflug stöhnen; **~ morte/morti alicuius** über j-s Tod jammern
- **B** VT laut bedauern, bejammern, *aliquem*/*aliquid* j-n/etw, *+AcI*; **alicuius interitum ~** j-s Untergang bejammern

ingemuī → ingemiscere

in-generāre ⟨ō, āvī, ātum 1.⟩ einpflanzen, schaffen; **mores hominibus ~** den Menschen Sitten einpflanzen; **ingenerātus** angeboren, *alicui* j-m

ingeniarius ⟨i⟩ M (*mlat.*) Festungsbaumeister

ingeniātus ⟨a, um⟩ ADJ ||ingenium|| (*vkl., nachkl.*) von Natur beschaffen

ingenierius ⟨i⟩ M = **ingeniarius**

ingeniōsus ⟨a, um, *adv* ingeniōsē⟩ ADJ ||ingenium||
- **1** von Natur aus geeignet, *ad aliquid*/*alicui rei* zu etw; **ager ad segetes ~** für die Saat geeigneter Acker
- **2** *von Personen u. abstr.* geistreich, erfinderisch, talentiert, scharfsinnig, pfiffig; **poeta ~** talentierter Dichter; **defensio ingeniosa** scharfsinnige Verteidigung

ingenita ⟨ōrum⟩ N ||ingignere|| angeborene Vorzüge

ingenitus ⟨a, um⟩ PPP → ingignere

ingenium ⟨i⟩ N ||ingignere||
- **1** *von Menschen u. Tieren* Naturanlage, natürliche Begabung
- **2** Charakter, Temperament; **~ mobile** unsteter Charakter
- **3** (*nachkl.*) *poet* angeborener Mut, Energie
- **4** natürlicher Verstand, Intelligenz; **ingenii acumen** Scharfsinn; **extremi ingenii esse** ein Dummkopf sein
- **5** geistige Beweglichkeit, Fantasie
- **6** Genie, Talent; **homines magnis ingeniis praediti** große Geister; **natura et ~** natürliches Talent; **ingenii sollertia** gewandter Geist; **ingenii monumentum** Geistesprodukt
- **7** *von Personen* Genie, geistreicher Mensch
- **8** kluger Einfall; *pej* Intrige
- **9** natürliche Beschaffenheit, **loci** des Ortes
- **10** (*mlat.*) Technik, Kriegsgerät

in-gēns ⟨ingentis⟩ ADJ ungeheuer groß, gewaltig, *re* durch etw, an etw, in etw; **numerus ~** ungeheuer große Zahl; **~ viribus** gewaltig an Kraft

ingenuitās ⟨ingenuitātis⟩ F ||ingenuus||
- **1** Stand eines Freigeborenen, edle Geburt
- **2** *meton* Wesen eines Freigeborenen, Aufrichtigkeit

ingenuus
- **A** ⟨a, um⟩ ADJ, ADV ⟨ingenuē⟩ ||ingignere||
  - **1** *poet* einheimisch
  - **2** (*vkl.*) *poet* angeboren, natürlich; **indoles ingenuae** angeborene Anlagen
  - **3** von freien Eltern geboren
  - **4** *meton* eines freien Mannes würdig, anständig
  - **5** *poet* überfein, verzärtelt
- **B** ⟨ī⟩ M der Freie

in-gerere ⟨gerō, gessī, gestum 3.⟩
- **1** (*unkl.*) hineinbringen, hineintragen, *alicui rei*/*in aliquid* in etw; **lapides ~** Steine hineinwerfen; **aquam in salinas ~** Wasser in die Salzlager gießen; **se omnium oculis ~** sich allen zeigen
- **2** (*unkl.*) Worte ausstoßen; anführen; **convicia in aliquem ~** Schmähungen gegen j-n ausstoßen
- **3** antun, zufügen, *alicui aliquid* j-m etw; **osculum alicui ~** j-m einen Kuss geben
- **4** aufdrängen, aufnötigen; **alicui medicum ~** j-m einen Arzt aufnötigen; **alicui aliquem iudicem ~** j-m j-n als Richter aufdrängen

in-gignere ⟨gignō, genuī, genitum 3.⟩ einpflanzen; **homini cupiditatem veri videndi ~** einem Menschen das Verlangen die Wahrheit zu sehen einpflanzen; **ingenitus** angeboren

in-glōriōsus ⟨a, um⟩ ADJ (*vkl., nachkl.*) unrühmlich, *alicuius rei* in etw

in-glōrius ⟨a, um⟩ ADJ ||in-², gloria|| unrühmlich, ruhmlos, *alicuius rei* in etw; **homo ~** ruhmloser Mensch

in-gluviēs ⟨ingluviēī⟩ F ||in¹, gula||
- **1** (*nachkl.*) *poet* Kropf *der Vögel*; *allg.* Kehle
- **2** *meton* Gefräßigkeit; *fig* Unersättlichkeit

ingrāti-ficus ⟨a, um⟩ ADJ ||ingratus, facere|| (*vkl.*) undankbar

in-grātiīs, in-grātis ADV wider Willen, ungern

ingrātitūdō ⟨ingrātitinis⟩ F ||ingratus|| (*nachkl.*) Undankbarkeit

in-grātus
- **A** ⟨a, um⟩ ADJ, ADV ⟨ingrātē⟩
  - **1** *von Personen u. Sachen* unangenehm, unerfreulich; **alicui non ~** bei j-m wohlgelitten; **ingrate** ungern
  - **2** undankbar, unerkenntlich, *in aliquem*/*adversus aliquem* gegen j-n, *alicui rei* für etw; **homo ~** undankbarer Mensch; **ingratē aliquid ferre** sich für etw undankbar zeigen
  - **3** *von Sachen* nicht mit Dank aufgenommen; nicht nützlich

B ⟨ī⟩ M̄ der Undankbare

in-gravāre ⟨ō, āvī, ātum 1.⟩ (nachkl.) beschweren; *fig* verschlimmern

in-gravēscere ⟨ēscō, -, - 3.⟩

1 (nachkl.) *poet* schwerer werden, *bes* schwanger werden

2 *fig* schwerfälliger werden, sich beschwert fühlen

3 *fig* ernsthafter werden

4 *fig pej* drückender werden, schlimmer werden; **morbus ingravescit** die Krankheit verschlimmert sich

5 *fig von Personen* kränker werden

6 *fig* es immer ärger treiben

in-gredī ⟨gredior, gressus sum 3.⟩ ||in¹, gradi||

A V̄T

1 einherschreiten, einhergehen; **vestigiis patris ~** in die Fußstapfen des Vaters treten; **proelii vestigiis ~** den Sieg ausnützen

2 hineingehen; *fig etw* anfangen, *absolut od intra aliquid/in aliquid/alicuius rei* in etw; **~ in rem publicam** beginnen sich dem Staatsdienst zu widmen; **~ ad aliquid** zu etw entschlossen sein

3 zu reden beginnen

B V̄T

1 betreten, **domum** ein Haus; **~ mare** in See stechen; **aethera pennis ~** die Luft durchfliegen; **iter/viam ~** einen Weg einschlagen

2 *feindlich j-n* angreifen, *auf j-n* losgehen, *aliquem*

3 anfangen, beginnen, *aliquid* etw, *+inf*; **disputationem ~** eine Diskussion beginnen; **consulatum ~** das Konsulat antreten; **periculum ~** eine Gefahr auf sich nehmen; **~ dicere** zu sprechen beginnen

ingressiō ⟨ingressiōnis⟩ F̄ = **ingressus**¹

ingressus² ⟨a, um⟩ P̄P̄ER̄F̄ → **ingredi**

in-gressus¹ ⟨ingressūs⟩ M̄ ||ingredi||

1 das Einherschreiten, Gang; *fig* Gang der Rede; *meton* freie Bewegung; **ingressū prohiberi** keinen freien Schritt tun können

2 Eintritt, Einzug, Zugang, *in aliquid/alicuius rei* in etw, zu etw; **~ fori** Zugang zum Markt

3 (nachkl.) *feindlich* Einfall

4 (nachkl.) *poet* Anfang, Beginn; **ingressum capere** seinen Anfang nehmen

in-gruere ⟨gruō, gruī, - 3.⟩ (unkl.) *aut j-n/etw* hereinstürzen; *fig j-n* befallen, *absolut od in aliquem/alicui rei*; **morbus ingruit** eine Krankheit bricht aus

inguen ⟨inguinis⟩ N̄

1 (nachkl.) *meist pl* die Weichen

2 *poet* Unterleib; *pl* Geschlechtsteile

3 Geschwulst *in der Leistengegend*

in-gurgitāre ⟨ō, āvī, ātum 1.⟩ ||in¹, gurges||

1 (vkl., nachkl.) in einen Strudel hinabstürzen, in die Tiefe hinabstürzen

2 *passiv u.* **se ~** sich stürzen; **se in flagitia ~** sich in den Strudel des Lasters stürzen; **se in copias alicuius ~** in j-s Reichtum schwelgen

3 sich voll fressen und saufen, *absolut*

in-gustātus ⟨a, um⟩ A̅D̅J̅ ||in-², gustare|| *Hor.* noch nie (vorher) gekostet, noch nie genossen

in-habilis ⟨inhabile⟩ A̅D̅J̅

1 unhandlich, unbequem

2 *von Personen u. Sachen fig* untauglich, ungeschickt, *alicui* für j-n, *ad aliquid/alicui rei* für etw; **asinus oneri ferendo ~** ein zum Lastentragen untauglicher Esel

in-habitābilis ⟨inhabitābile⟩ A̅D̅J̅ unbewohnbar

inhabitantēs ⟨inhabitantium⟩ M̄ ||inhabitare|| die Einwohner, die Bewohner

in-habitāre ⟨ō, āvī, ātum 1.⟩ (nachkl.) *poet*

A V̄T bewohnen

B V̄I wohnen

in-haerēre ⟨haereō, haesī, - 2.⟩

1 *etw* festhalten, fest stehen bleiben; **lingua haeret** die Zunge ist angewachsen

2 *fig* festsitzen; **malum in visceribus inhaeret** das Übel sitzt in den Eingeweiden fest; **~ tergo fugientis** dem Fliehenden im Nacken sitzen; **oculis alicuius ~** j-m immer vor Augen schweben; **alicui ~** j-m treu ergeben sein

3 *fig* begründet sein, seine Wurzeln haben, *in re* in etw; **~ in nervis** im innersten Wesen einer Sache begründet sein

inhaerēscere ⟨haerēscō, haesī, haesūrus 3.⟩ = **inhaerere**

in-haesī → **inhaerere** *u.* → **inhaerescere**

inhaesūrus ⟨a, um⟩ P̄AR̄T̄ *fut* → **inhaerescere**

in-hālāre ⟨ō, āvī, ātum 1.⟩

1 zuhauchen, anhauchen

2 (nlat.) MED einatmen, inhalieren

in-hiāre ⟨ō, āvī, ātum 1.⟩

1 den Mund aufsperren, gaffen

2 schnappen, *alicui rei* nach etw, **uberibus lupinis** nach den Zitzen der Wölfin

3 *fig* gierig nach *etw* trachten, *auf etw* begierig lauern, *alicui rei/aliquid*; **alicuius opibus ~** nach j-s Schätzen trachten

4 auf *etw* neugierig hinstarren, *etw* angaffen, *alicui rei/aliquid*

in-hibēre ⟨eō, uī, itum 2.⟩ ||in¹, habere||

1 zurückhalten, anhalten, **socios** die Gefährten

2 SCHIFF *ein Schiff* rückwärts rudern; zu rudern aufhören

3 *fig* aufhalten, hemmen, hindern; **aliquem**

loqui volentem ~ j-n, der sprechen will, nicht zu Wort kommen lassen; **cursum ~** Halt machen; **spem ~** die Hoffnung dämpfen; **cruorem ~** das Blut stillen

4 anwenden, gebrauchen, ausüben, *alicui/in aliquem* gegen j-n; **imperium in deditos ~** Gewalt gegen die Unterworfenen anwenden

inhibitiō ⟨inhibitiōnis⟩ F ||inhibere|| Hemmen; **~ remigum** Rückwärtsrudern

inhonestāre ⟨ō, -, - 1.⟩ ||inhonestus|| Ov. entehren, schänden

in-honestus ⟨a, um, *adv* inhonestē⟩ ADJ

1 von Personen u. Sachen unanständig, schändlich; **inhonestum factu** schändlich zu tun
2 von Personen u. Sachen ehrlos, unrühmlich
3 von Stand u. Rang niedrig, gering
4 (vkl.) poet äußerlich hässlich, garstig; **vulnus inhonestum** hässliche Wunde

in-honōrātus ⟨a, um⟩ ADJ
1 ohne Ehrenamt, nicht angesehen
2 ohne Ehrengabe; **inhonoratum aliquem dimittere** ohne Ehrengabe j-n entlassen

in-honōrificus ⟨a, um⟩ ADJ Sen. ehrenrührig
in-honōrus ⟨a, um⟩ ADJ (nachkl.) poet ungeziert, ungeputzt

in-horrēre ⟨eō, -, - 2.⟩ (nachkl.) von etw starren

inhorrēscere ⟨horrēscō, horruī, - 3.⟩ ||inhorrere||
1 erstarren, sich sträuben
2 aufwogen, sich kräuseln, *bes vom Meer*
3 fig vor Furcht od Schrecken erschauern, erstarren

in-hospitālis ⟨inhospitale⟩ ADJ (unkl.) ungastlich

inhospitālitās ⟨inhospitālitātis⟩ F ||inhospitalis|| Ungastlichkeit

in-hospitus ⟨a, um⟩ ADJ (nachkl.) = **inhospitalis**

inhūmānitās ⟨inhumānitātis⟩ F ||inhumanus||
1 Unmenschlichkeit, Grausamkeit
2 Mangel an Bildung
3 Unfreundlichkeit, Mangel an Lebensart
4 Knauserei, Geiz

in-hūmānus ⟨a, um, *adv* inhūmānē u. inhūmāniter⟩ ADJ
1 unmenschlich, grausam
2 ungebildet, unkultiviert
3 unhöflich, unfreundlich
▶ deutsch: **inhuman**

in-humātus ⟨a, um⟩ ADJ ||in-², humare|| unbestattet, unbegraben

in-ibī ADV
1 örtl. dort, gerade da
2 zeitl. schon nahe daran, vor der Tür stehend
3 von der Anzahl darin, darunter

in-icere ⟨iciō, iēcī, iectum 3.⟩ ||in¹, iacere²||
1 hineinwerfen
2 einflößen, einjagen
3 verursachen, bewirken
4 ins Gespräch bringen, in die Rede einfließen lassen
5 auf etw werfen
6 überwerfen, anziehen
7 anlegen
8 gewaltsam Hand an j-n legen, j-n vor Gericht laden

1 hineinwerfen hineinbringen, *in aliquid/alicui rei*; **se ~** sich in etw werfen, sich in etw stürzen
2 fig Gefühle einflößen, einjagen; **alicui terrorem ~** j-m Schrecken einjagen; **alicui spem ~** j-m Hoffnung einflößen
3 fig verursachen, bewirken; **tumultum ~** einen Aufruhr verursachen
4 fig ins Gespräch bringen, erwähnen; **aliquid in sermone ~** etw im Gespräch erwähnen; **alicui nomen alicuius ~** j-m gegenüber j-s Namen erwähnen
5 auf *etw* werfen, über *etw* werfen, *alicui rei*; **manūs ferreas ~** Enterhaken anlegen; **flumini pontem ~** eine Brücke über den Fluss schlagen; **alicui terram ~** j-n beerdigen
6 *Kleider* überwerfen, anziehen; **sibi vestem ~** sich ein Kleid anziehen
7 *Fesseln* anlegen
8 **manum ~ alicui** sich j-s bemächtigen, j-n vor Gericht laden; **manum ~ alicui rei** etw als Eigentum in Besitz nehmen, etw für sein Eigentum erklären, Besitz von etw ergreifen

iniectiō ⟨iniectiōnis⟩ F ||inicere||
1 Anlegen; **~ manūs** gewaltsame Besitzergreifung
2 MED Spritze, *bes* Einlauf
▶ deutsch: **Injektion**

iniectus¹ ⟨iniectūs⟩ M ||inicere|| Hineinwerfen, Daraufwerfen

in-iectus² ⟨a, um⟩ PPP → **iniciere**

in-iī → **inire**

inimīca ⟨ae⟩ F ||inimicus|| Feindin

inimīcāre ⟨ō, āvī, ātum 1.⟩ ||inimicus|| (nachkl.) poet verfeinden, entzweien, **urbes** Städte

inimīcitia ⟨ae⟩ F u. pl **inimīcitiae** ⟨ārum⟩ F Feindschaft, Gegnerschaft im Privaten

in-imīcus

A ⟨a, um⟩ ADJ, ADV ⟨inimīcē⟩ ||in-², amicus||
1 von Personen u. Sachen, bes im Privatbereich feindlich, feindselig, *alicui* j-m, gegen j-n
2 von Sachen ungünstig, verhängnisvoll, *alicui/alicui rei* für j-n/für etw
3 nicht beliebt, verhasst; **nomen inimicum**

verhasster Name

B ⟨ī⟩ M̄ persönlicher Feind; **inimicissimus** größter Feind, Todfeind; ↔ hostis

▶ englisch: enemy
französisch: ennemi
spanisch: enemigo
italienisch: nemico

in-imitābilis ⟨inimitābile⟩ ADJ (nachkl.) unnachahmlich

in-intellegēns ⟨inintellegentis⟩ ADJ unverständig, ohne Vernunft

inīqua ⟨ae⟩ F̄ ||iniquus|| Feindin

inīquitās ⟨inīquitātis⟩ F̄ ||iniquus||

1 Unebenheit *des Bodens*, Ungleichheit *der Lage*
2 *fig* Ungleichheit
3 *fig* Schwierigkeit, Ungunst
4 *fig* Ungerechtigkeit, Härte

in-īquus

A ⟨a, um⟩ ADJ, ADV ⟨inīquē⟩ ||in-², aequus||

1 uneben, ungleich
2 *vom Kampf* ungleich
3 *fig* ungünstig, unbequem, schwierig; *von der Zeit* ungelegen; *vom Ort* ungünstig, alicui für j-n
4 (nachkl.) *fig* übermäßig, zu groß; **sol ~** zu große Sonnenhitze; **hiems iniqua** strenger Winter; **spatia iniqua** zu enge Räume; **pondus iniquum** zu schweres Gewicht
5 *fig* ungerecht, unbillig; **iudex ~** ungerechter Richter; **per aequa et iniqua** durch billige und unbillige Zugeständnisse, so oder so
6 *fig* abgeneigt, feindlich
7 *fig* nunwillig, missgestimmt, alicuius rei bei etw, über etw; **animo iniquissimo** mit größtem Widerwillen

B ⟨ī⟩ M̄ Feind, Gegner; **aequi et iniqui** Freunde und Feinde

inīre ⟨eō, iī/īvī, itum 0.⟩

A V̄I

1 örtl. hineingehen, einziehen; **in urbem ~** in die Stadt einziehen
2 zeitl. anfangen, beginnen; **vere ineunte** bei Frühlingsbeginn **iniens aetas** Jugend; **ab ineunte aetate** vom Eintritt ins bürgerliche Leben an

B V̄T

1 örtl. betreten, **cubile** das Schlafzimmer; **convivia ~** Gastmähler besuchen; **somnum ~** *fig* einschlafen; **viam ~** *fig* einen Weg einschlagen; **Hispania a Romanis inita est** Spanien wurde von den Römern betreten
2 *von Tieren* bespringen, **vaccam** eine Kuh
3 *von einer Zeit* beginnen; **initā aestate** nach Sommeranfang
4 *eine Tätigkeit* antreten, übernehmen; **magistratum ~** ein Amt antreten
5 Geschäfte *od* Verträge abschließen, eingehen, *cum aliquo* mit j-m
6 Entschlüsse fassen; Pläne schmieden, alicuius rei von etw, de re bezüglich einer Sache; **rationem ~** eine Maßregel ergreifen; **numerum ~** eine Zählung vornehmen
7 **gratiam ~** Gnade finden, sich beliebt machen, ab aliquo/apud aliquem/ad aliquem bei j-m

initiālis ⟨initiāle⟩ ADJ ||initium|| (nachkl.) anfänglich

▶ deutsch: Initialen

initiāmenta ⟨ōrum⟩ N̄, **initiātiō** ⟨initiātiōnis⟩ F̄ ||initiare|| Einweihung in einen Geheimkult

initiāre ⟨ō, āvī, ātum 1.⟩ ||initium||

1 einweihen *in einen Geheimkult od in Mysterien*, einführen, *re* in etw; **aliquam Bacchis ~** eine Frau in den Bacchuskult einweihen
2 *fig* einführen; **puerum ~** einen Jungen in die Bürgerliste eintragen lassen; **aliis studiis initiari** andere Wissenschaften lernen

initium ⟨ī⟩ N̄ ||inire||

1 örtl. u. zeitl. Anfang, Beginn, *pl* Anfänge, Ursprung; **~ silvae** Beginn des Waldes; **~ veris** Frühlingsanfang; **~ Remorum** Beginn des Gebietes der Remer; **initium alicuius rei ducere a re/ex re** etw mit etw beginnen lassen, etw von etw ausgehen lassen; **~ alicuius rei oritur/nascitur/proficiscitur a re** etw nimmt seinen Anfang mit etw, etw geht von etw aus; **initio** am Anfang, anfangs; **ab initio** von Anfang an
2 PL physikalisch Grundstoffe; *meton* Anfangsgründe *einer Wissenschaft*
3 PHIL Prinzip; **~ cognoscendi** Erkenntnisprinzip
4 Auspizien, *mit denen man alles begann*
5 (nachkl.) Regierungsantritt
6 (Einführung in einen) Geheimkult; *meton* Kultgeräte der Mysterien

initus¹ ⟨initūs⟩ M̄ ||inire||

1 Herankommen; Ankunft
2 *fig* Anfang, Beginn
3 Begattung; *fig* Liebe

in-itus² ⟨a, um⟩ PPP → inire

iniūcunditās ⟨iniūcunditātis⟩ F̄ ||iniucundus|| Unannehmlichkeit

in-iūcundus ⟨a, um, adv iniūcundē⟩ ADJ von Personen u. Sachen unangenehm; unfreundlich

in-iūdicātus ⟨a, um⟩ ADJ ||in-², iudicare|| (vkl., nachkl.) unentschieden

in-iungere ⟨iungō, iūnxī, iūnctum 3.⟩

1 (nachkl.) einfügen
2 anschließen, anfügen; **aggeres muro ~** Liv. die Dämme mit der Mauer verbinden; **tecta muro iniuncta** Dächer, die bis an die Mauer reichen

3 (unkl.) zufügen, antun, **alicui iniuriam** j-m ein Unrecht
4 auferlegen, **alicui onus** j-m eine Last

in-iūrātus ⟨a, um⟩ ADJ unvereidigt

iniūria ⟨ae⟩ F ||iniurius||
1 *zugefügtes od erlittenes* Unrecht, Ungerechtigkeit, *alicuius* j-s *od* gegen j-n, *alicuius re* von etw *od* in etw bestehend; **~ legatorum violatorum** das Unrecht der Verletzung der Gesandten; **iniuriam accipere** Unrecht erleiden; **iniuriam facere** Unrecht zufügen; **iniuriam decernere** ein ungerechtes Urteil fällen; **haud iniuriā** nicht ohne Grund; **per iniuriam** widerrechtlich
2 Gewalttat, *alicuius* j-s *od* gegen j-n, **Verris** des Verres, **sociorum** gegen die Bundesgenossen
3 Vergewaltigung; Verführung
4 *fig* Schaden, Verletzung
5 Beleidigung, Kränkung; **actio iniuriarum** Beleidigungsklage
6 *Liv. meton* mit Unrecht erworbenes Eigentum, widerrechtlicher Besitz
7 (nachkl.) *poet* Rache für erlittenes Unrecht, Strafe, *alicuius rei* für etw, *alicuius* an j-m; **iniuriam exercere** Rache üben

iniūriōsus ⟨a, um, *adv* iniūriōsē⟩ ADJ ||iniuria|| ungerecht, widerrechtlich (handelnd), *in aliquem* gegen j-n; **venti iniuriosi** mutwillige Winde

in-iūrius, iniūrus ⟨a, um⟩ ADJ ||in-², ius|| *von Personen u. Sachen* ungerecht

in-iussū *abl sg* ||in-², iussus²|| ohne Befehl, ohne Auftrag, *alicuius* von j-m

in-iussus ⟨a, um⟩ ADJ ||in-², iubere|| aus freien Stücken

iniūstitia ⟨ae⟩ F ||iniustus|| Ungerechtigkeit, ungerechtes Vorgehen

iniūstum ⟨ī⟩ N ||iniustus|| Ungerechtigkeit

in-iūstus ⟨a, um, *adv* iniūstē⟩ ADJ
1 *von Personen od. Sachen* widerrechtlich, ungerecht; **regna iniusta** unrechtmäßig erworbene Reiche
2 *fig von Sachen* hart, drückend

inl... = **ill...**

inm... = **imm...**

in-nābilis ⟨innābile⟩ ADJ ||in-², nare|| *Ov.* undurchschwimmbar; **unda ~** Woge, auf der man nicht schwimmen kann

in-nāre ⟨ō, āvī, ātum 1.⟩
1 hineinschwimmen, *aliquid* in etw
2 befahren
3 auf *etw* schwimmen, auf *etw* fahren, *alicui rei*
4 obenauf schwimmen
5 dahinströmen, **Maricae litoribus** an Maricas Ufern

in-nāscī ⟨nāscor, nātus sum 3.⟩ naturgemäß in etw wachsen, auf *etw* wachsen, *alicui rei/in re*; **murex innatus** angewachsene Purpurschnecke

in-natāre ⟨ō, āvī, ātum 1.⟩
1 hineinschwimmen
2 *fig* hineinströmen, sich ergießen, *in aliquid/aliquid/alicui rei* in etw
3 auf *etw* schwimmen, in *etw* schwimmen, *alicui rei/aliquid*; **folia innatantia** obenauf schwimmende Blätter; **innatans** oberflächlich

innātus ⟨a, um⟩ ADJ ||innasci|| angeboren, natürlich

in-nāvigābilis ⟨innāvigābile⟩ ADJ ||in-², navigare|| (nachkl.) nicht mit Schiffen zu befahren

in-nectere ⟨nectō, nexuī, nexum 3.⟩
1 umschlingen, umbinden, *aliquid re* etw mit etw; **colla auro ~** ein goldenes Halsband umlegen; **aliquid alicui rei ~** etw um etw schlingen
2 verknüpfen, verbinden, **ramos inter se** Zweige miteinander; **causas morandi ~** die Gründe für die Verzögerung nacheinander vorbringen
3 verwickeln, verstricken, *aliquem alicui rei* j-n in etw

in-nītī ⟨nītor, nīsus sum/nīxus sum 3.⟩
1 sich auf *etw* stützen, sich an *etw* lehnen, *re/in aliquid/alicui rei*
2 (nachkl.) *fig* auf *etw* beruhen, *re/in aliquid/alicui rei*; **columnis ~** auf Säulen ruhen; **alis ~** auf Flügeln schweben

in-nocēns ⟨innocentis, *adv* innocenter⟩ ADJ ||in-², nocere||
1 unschädlich, harmlos
2 unschuldig, schuldlos
3 rechtschaffen, unbescholten, uneigennützig

innocentia ⟨ae⟩ F ||innocens||
1 Harmlosigkeit, Unschädlichkeit
2 Schuldlosigkeit
3 Rechtschaffenheit, Unbescholtenheit
4 *meton* die Unschuldigen

in-nocuus ⟨a, um, *adv* innocuē⟩ ADJ ||in-², nocere||
1 unschädlich
2 unschuldig
3 rechtschaffen
4 unbeschädigt, unangefochten

in-nōtēscere ⟨nōtēscō, nōtuī, - 3.⟩ (nachkl.) *poet* bekannt werden

in-novāre ⟨ō, āvī, ātum 1.⟩ erneuern; **se ~** *fig* sich von Neuem einer Sache hingeben

in-noxius ⟨a, um, *adv* innoxiē⟩ ADJ (unkl.)
1 *von Personen u. Sachen* unschädlich, harmlos
2 unschuldig, rechtschaffen, *alicuius rei* einer Sache, an etw; **causa innoxia** Sache der Un-

schuldigen
3 *von Personen u. Sachen* unbeschädigt; ungefährdet
4 unverschuldet, unverdient
in-nūbere ⟨nūbō, nūpsī, nuptum 3.⟩ (nachkl.) *poet von einer Frau* (in eine Familie) einheiraten; **quo** ~ in welche Familie einheiraten; **~ thalamis nostris** (dat!) als Ehefrau an meine Stelle treten
in-nūbilus ⟨a, um⟩ ADJ *Lucr.* unbewölkt
in-nūbis ⟨innūbe⟩ ADJ ‖in-², nubes‖ *poet* wolkenlos, heiter
in-nubus ⟨a, um⟩ ADJ ‖in-², nubere‖ unverheiratet; *fig* jungfräulich
in-nuere ⟨nuō, nuī, - 3.⟩ (vkl., nachkl.) zuwinken, *absolut od alicui* j-m
in-numerābilis ⟨innumerābile, *adv* innumerābiliter⟩ ADJ *von Personen u. Sachen, im sg u. pl* unzählig, unendlich; **innumerabiles homines** unzählige Menschen; **~ pecunia** unendlich viel Geld; **innumerabiliter** unzählige Male, auf unzählige Arten
innumerābilitās ⟨innumerābilitātis⟩ F ‖innumerabilis‖ Unzählbarkeit, unzählige Menge, **atomorum** von Atomen
in-numerālis ⟨innumerāle⟩ ADJ ‖in-², numerus‖ *Lucr.* unzählig
in-numerus ⟨a, um⟩ ADJ (unkl.) = **innumerabilis**
innupta ⟨ae⟩ F ‖innuptus‖ Jungfrau
in-nuptus ⟨a, um⟩ ADJ ‖in-², nubere‖
1 unverheiratet
2 *fig* unglücklich; **innuptae nuptiae** unglückliche Ehe, *eigentlich* Ehe, die keine ist
in-nūtrīre ⟨iō, īvī, ītum 4.⟩ (nachkl.) bei *etw* aufziehen, *alicui rei; passiv* bei/auf/in/unter *etw* aufwachsen; **mari innutriri** am Meer aufwachsen
Īnō ⟨Īnūs *u.* Īnōnis⟩ F MYTH Tochter des Kadmos, Stiefmutter des Phrixos u. der Helle, von Hera mit Wahnsinn geschlagen, stürzte sich ins Meer u. wurde zur Meergöttin Leukothea
in-oblītus ⟨a, um⟩ ADJ ‖in-², oblivisci‖ *Ov.* nicht vergessend
in-obrutus ⟨a, um⟩ ADJ ‖in-², obruere‖ nicht überschüttet, nicht verschlungen
in-obsequens ⟨inobsequentis⟩ ADJ (nachkl.) *poet* ungehorsam
in-observābilis ⟨inobservābile⟩ ADJ (nachkl.) *poet* unmerklich
in-observantia ⟨ae⟩ F (nachkl.)
1 Unachtsamkeit
2 Unregelmäßigkeit, Unordnung
in-observātus ⟨a, um⟩ ADJ ‖in-², observare‖ (nachkl.) *poet* unbeobachtet
in-offēnsus ⟨a, um, *adv* inoffēnsē⟩ ADJ (nachkl.)
1 unangestoßen, unberührt; **meta inoffensa** unberührte Zielsäule *im Zirkus*
2 *fig* ungehindert, ungestört; **mare inoffensum** klippenloses Meer; **cursus honorum ~** ununterbrochene Ämterlaufbahn
in-officiōsus ⟨a, um⟩ ADJ pflichtwidrig; lieblos
in-olēns ⟨inolentis⟩ ADJ *Lucr.* geruchlos
in-olēscere ⟨olēscō, olēvī, olitum 3.⟩ ‖in¹, obruere‖ in *etw* (hinein)wachsen, mit *etw* verwachsen, *absolut od alicui rei*
in-ōminātus ⟨a, um⟩ ADJ ‖in¹, omen‖ *Hor.* fluchbeladen
in-opertus ⟨a, um⟩ ADJ (nachkl.) unverhüllt
inopia ⟨ae⟩ F ‖inops‖
1 Mangel, Armut, *alicuius rei* an etw; **~ cibi** Mangel an Nahrung; **~ consilii** Ratlosigkeit
2 Mangel an Nahrungsmitteln, Hungersnot
3 geringe Zahl, geringe Menge; **~ iuniorum** geringe Zahl an jungen Leuten
4 Hilflosigkeit, Verlegenheit
5 *meton* ratlose Leute, hilflose Personen
6 RHET Armut an Gedanken
in-opīnāns ⟨inopīnantis, *adv* inopīnanter⟩ ADJ ‖in-², opinari‖ nichts ahnend, ahnungslos; **aliquem inopinantem aggredi** j-n unvermutet angreifen; **aliquo inopinante** wider j-s Vermuten
inopīnātum ⟨ī⟩ N ‖inopinatus‖ Unvermutetes; **ex inopinato** unversehens
in-opīnātus ⟨a, um, *adv* inopīnātō⟩ ADJ ‖in-², opinari‖
1 = **inopinans**
2 unvermutet, unverhofft; **bellum alicui inopinatum** für j-n unerwarteter Krieg
in-opīnus ⟨a, um⟩ ADJ ‖opinari‖ (nachkl.) *poet* unvermutet
inopiōsus ⟨a, um⟩ ADJ ‖inopia‖ *Plaut.* bedürftig, **consilii** des Rates
in-ops
A ⟨inopis⟩ ADJ
1 (nachkl.) machtlos, nicht in der Lage, +inf
2 hilflos, ratlos; **milites inopes a duce reliciti** die hilflos von ihrem Anführer verlassenen Soldaten
3 arm, bedürftig, *absolut od alicuius rei/re/a re* einer Sache, an etw; **aerarium ~** leere Staatskasse; **somni ~** schlaflos; **mentis ~** ohne Verstand; **verborum/verbis ~** ohne Worte, sprachlos; **amicorum/ab amicis ~** ohne Freunde
4 *von Sachen* dürftig, gehaltlos; **oratio ~** dürftige Rede
B ⟨inopis⟩ M der Machtlose
in-optātus ⟨a, um⟩ ADJ *Sen.* unerwünscht

in-ōrātus ⟨a, um⟩ ADJ ||in-², orare|| (vkl., spätl.) nicht vorgetragen; **inorātā rē** ohne dass die Angelegenheit vorgetragen war

inōrdinātum ⟨ī⟩ N ||inordinatus|| Unordnung

in-ōrdinātus ⟨a, um, adv inōrdinātē⟩ ADJ ||in-², ordinare|| **exercitus ~** nicht in Reih und Glied aufgestelltes Heer

in-ōrnātus ⟨a, um, adv inōrnātē⟩ ADJ ||in-², ornare|| schmucklos, schlicht

in-ōtiōsus ⟨a, um⟩ ADJ viel beschäftigt

Īnōus ⟨a, um⟩ ADJ der Ino, zu Ino gehörig

inp... = **imp...**

inquam ⟨inquis, inquit, inquiunt; fut inquiēs, inquiet; perf inquiī⟩ Defect.

1 sage ich, sagte ich; antworte ich, nur in der wörtlichen Rede u. immer dazwischengestellt

2 bei nachdrücklicher Wiederholung eines Wortes ich sage, ich betone es; selten bei Wiederaufnahme des Satzanfangs od des ganzen Gedankens (bes nach Parenthese) od bei Zusammenfassung

3 **inquies/inquit** sagt man, wird man sagen, heißt es, bei der Einführung eines voraussichtlichen Einwurfs

in-quiēs ⟨inquiētis⟩ ADJ = **inquietus**

inquiētāre ⟨ō, āvī, ātum 1.⟩ ||inquietus|| (nachkl.) beunruhigen; erschweren

in-quiētus ⟨a, um⟩ ADJ von Personen u. Sachen unruhig; **urbs actionibus inquieta** durch ihre Betriebsamkeit unruhige Stadt

inquilīnus ⟨ī⟩ M ||in¹, colere||

1 Insasse, Mieter

2 eingewanderter Bürger

3 Mitbewohner in einem fremden Haus, Hausgenosse

in-quināre ⟨ō, āvī, ātum 1.⟩

1 überstreichen, übertünchen, **parietem** eine Wand

2 verunreinigen, beschmutzen

3 fig beflecken, beschimpfen; **famam alicuius ~** j-s Ruf beflecken

inquinātus ⟨a, um, adv inquinātē⟩ ADJ ||inquinare|| beschmutzt, schmutzig; **aqua cadaveribus inquinata** durch Leichen verunreinigtes Wasser; **vita flagitiis inquinata** durch Schandtaten beflecktes Leben; **inquinate loqui** fehlerhaft sprechen

in-quīrere ⟨quīrō, quīsīvī, quīsītum 3.⟩ ||in¹, quaerere||

1 j-n aufsuchen, nach etw suchen, **aliquem/aliquid**

2 untersuchen, erforschen, **in aliquem** in Bezug auf j-n, **de re** bezüglich einer Sache, +indir Fragesatz

3 JUR Beweismittel für die Klage sammeln, beschaffen, absolut od in aliquem gegen j-n; **inquisito** (mlat.) nach erfolgter Untersuchung

inquīsītiō ⟨inquīsītiōnis⟩ F ||inquirere||

1 (vkl., nachkl.) das Aufsuchen, **militum** der Soldaten

2 PHIL Untersuchung, Erforschung, **veri** der Wahrheit

3 JUR Untersuchung der nötigen Beweismittel zur Klage, **alicuius** gegen jdn

▶ deutsch: **Inquisition**

inquīsītor ⟨inquīsītōris⟩ M ||inquirere||

1 (nachkl.) poet Spitzel, Spion

2 PHIL Forscher, Erforscher

3 JUR Kläger; Staatsanwalt; Untersuchungsrichter

in-quīsītus¹ ⟨a, um⟩ PPP → inquirere

in-quīsītus² ⟨a, um⟩ ADJ ||in-², quaerere|| Plaut. nicht untersucht

in-quīsīvī → inquirere

inquit → inquam

inr... = **irr...**

īn-saepīre ⟨saepiō, -, saeptum 4.⟩ Sen. einzäunen

īn-salūber ⟨īnsalūbris, īnsalūbre⟩ ADJ, **īn-salūbris** ⟨īnsalūbre adj, adv īnsalūbriter⟩ (nachkl.) ungesund

īn-salūtātus ⟨a, um⟩ ADJ ||in-², salutare|| (nachkl.) poet ungegrüßt, ohne Abschiedsgruß; **inque salutatam linquo** Verg. und ich lasse sie ohne Abschiedsgruß zurück

īn-sānābilis ⟨īnsānābile⟩ ADJ unheilbar; fig unverbesserlich

īnsānī ⟨ōrum⟩ M ||insanus|| die Irren

īnsānia ⟨ae⟩ F ||insanus||

1 Wahnsinn, Raserei, **alicuius rei** einer Sache, in etw, bei etw; **~ belli** Wahnsinn des Krieges

2 tolles Treiben, exzentrisches Wesen; pl tolle Streiche

3 dichterische Begeisterung, Verzückung

4 unsinnige Übertreibung, Verschwendung, **alicuius rei** in etw, auf etw

īnsānīre ⟨iō, iī u. īvī, ītum 4.⟩ ||insanus|| wahnsinnig sein, auch von Sachen; begeistert sein, in re in etw, bei etw; **mare insanit** das Meer tobt; **in aliquem ~** rasend hinter j-m her sein, sein Vermögen an j-n verschwenden; **~ in aliquid** auf etw versessen sein; **errorem similem ~** auf ähnliche Weise toll sein; **emendo ~** vor Kauflust verrückt sein; **seros amores ~** in später Liebe brennen; **sollemnia ~** ein gewöhnlicher Narr sein

īnsānitās ⟨īnsānitātis⟩ F ||insanus|| ungesunder Zustand, krankhafter Zustand

īn-sānus ⟨a, um, adv īnsānē⟩ ADJ

1 wahnsinnig als krankhafter Zustand

2 fig verrückt, von Leidenschaft beherrscht

3 von Sachen rasend, tobend

4 verzückt, begeistert

5 unsinnig groß, übertrieben groß

6 (nachkl.) wahnsinnig machend; **fames insana** zum Wahnsinn treibender Hunger

īn-satiābilis ⟨īnsatiābile, *adv* īnsatiābiliter⟩ ADJ

1 unersättlich: **lupus ~** unersättlicher Wolf; **cupiditas ~** unersättliche Begierde; **re ~** durch etw nicht befriedigt

2 nicht sättigend, keinen Überdruss verursachend

īn-satietās ⟨īnsatietātis⟩ F *Plaut.* Unersättlichkeit

īn-saturābilis ⟨īnsaturābile, *adv* īnsaturābiliter⟩ ADJ ||saturare|| unersättlich

īn-scendere ⟨scendō, scendī, scēnsum 3.⟩ ||scandere||

A VI hineinsteigen, hinaufsteigen

B VT (vkl., nachkl.)

1 besteigen, **equum** ein Pferd, **scaenam** die Bühne

2 *fig* bespringen, begatten

īnscēnsiō ⟨īnscēnsiōnis⟩ F ||inscendere|| Besteigen, Einsteigen; **~ in naves** das Betreten der Schiffe

īnscēnsus ⟨īnscēnsūs⟩ M ||inscendere|| (nachkl.) das Bespringen, **equae** einer Stute

īn-sciēns ⟨īnscientis, *adv* īnscienter⟩ ADJ

1 nicht wissend; **aliquo insciente** ohne j-s Wissen

2 unverständig, einfältig

3 *Ter.* ungeschickt

4 unabsichtlich; **inscienter contra foedera facere** unabsichtlich gegen die Bündnisse handeln

īnscientia ⟨ae⟩ F ||insciens||

1 Unkenntnis; **~ rerum** Mangel an Weltkenntnis

2 Unverstand

3 PHIL Nichtwissen

īnscītia ⟨ae⟩ F ||inscitus||

1 Ungeschicklichkeit, Unfähigkeit *als Dauerzustand, alicuius rei* in etw, in Bezug auf etw

2 (vkl.) Unkenntnis, Mangel an Verständnis, *alicuius rei* einer Sache, in Bezug auf etw; = **inscientia**

īnscītiōrēs ⟨īnscītiōrum⟩ M ||inscitus|| Ignoranten

īn-scītus ⟨a, um, *adv* īnscītē⟩ ADJ

1 ungeschickt, unverständig

2 (nachkl.) unkundig, unwissend

īn-scius

A ⟨a, um⟩ ADJ, ADV ⟨īnsciē⟩

1 unwissend, ohne Kenntnis, *stets pej, alicuius rei* einer Sache; **medicus ~** unwissender Arzt; **~ culpae** sich keiner Schuld bewusst, frei von Schuld

2 ohne es zu wissen, absichtslos; **aliquo in-**

scio ohne j-s Wissen; **haud ~** wohl wissend

B ⟨ī⟩ M Laie, Uneingeweihter

īn-scrībere ⟨scrībō, scrīpsī, scrīptum 3.⟩

1 schreiben auf *etw* schreiben, *in re/alicui rei*; **nomen in statua/statuae ~** den Namen auf eine Statue schreiben

2 zuschreiben, beilegen, *alicui aliquid* j-m etw

3 als Urheber bezeichnen, als Vorwand gebrauchen

4 mit einer Aufschrift versehen, mit einer Inschrift versehen; **columnas litteris ~** auf Säulen eine Inschrift setzen

5 *einen Brief* adressieren, **epistulam patri** einen Brief an den Vater

6 *ein Buch* betiteln; **liber inscribitur** das Buch hat den Titel; **librum alicui ~** j-m ein Buch widmen

7 (nachkl.) kenntlich machen, deutlich bezeichnen

8 brandmarken

īnscrīptiō ⟨īnscrīptiōnis⟩ F ||inscribere||

1 Aufschreiben, Daraufschreiben

2 Aufschrift, Titel

3 Brandmarkung

īn-scrīptus ⟨a, um⟩ ADJ ||in-², scribere||

1 ungeschrieben

2 nicht im Gesetz erwähnt

īn-sculpere ⟨sculpō, sculpsī, sculptum 3.⟩ einschnitzen, einmeißeln, *aliquid alicui rei/in re* etw in etw; *fig* tief einprägen; **aliquid in animo ~** etw im Innern fest einprägen

īn-secābilis ⟨īnsecābile⟩ ADJ ||secare|| (nachkl.) unzerschneidbar, unteilbar; **corpora insecabilia** Atome

īn-secāre ⟨secō, secuī, sectum 1.⟩ einschneiden, aufschlitzen, zerschneiden, durchschneiden

īnsecta ⟨ōrum⟩ N ||insecare|| Insekten

īn-sectārī ⟨or, ātus sum 1.⟩ ||insequi||

1 dauernd verfolgen, intensiv verfolgen; **~ herbam rastris** Unkraut mit der Harke gründlich ausjäten

2 *fig* bedrängen, verhöhnen, verunglimpfen

īnsectātiō ⟨īnsectātiōnis⟩ F ||insectari||

1 Verfolgung, *alicuius* j-s, **hostium** der Feinde

2 *fig* Verhöhnung; *pl* Spottreden

īnsectātor ⟨īnsectātōris⟩ M ||insectari|| (nachkl.)

1 Verfolger, Gegner

2 *fig* Kritiker, Eiferer, *alicuius rei* einer Sache, gegen etw

īn-secūtus ⟨a, um⟩ PPERF → **insequi**

īnsēdābiliter ADV ||in-², sedere|| *Lucr.* unstillbar

īn-sēdī → **insidere**¹ *u.* → **insidere**²

īn-segestus ⟨a, um⟩ ADJ ||in-², seges|| *Plaut.* ungesät

īn-senēscere ⟨senēscō, senuī, - 3.⟩ in *etw* alt werden, bei *etw* alt werden, *alicui rei*, **librīs** bei seinen Büchern

īn-sēnsilis ⟨īnsēnsile⟩ ADJ *Lucr.* empfindungslos

īn-sēparābilis ⟨īnsēparābile⟩ ADJ ||in-², separare|| (*nachkl.*) unzertrennlich

īn-sepultus ⟨a, um⟩ ADJ ||in-², sepelire|| unbestattet, ohne Begräbnis; **sepultura insepulta** Begräbnis, das eigentlich keines ist, unseliges Begräbnis

īn-sequī ⟨sequor, secūtus sum 3.⟩
1 auf dem Fuß nachfolgen, unmittelbar folgen, *örtl., zeitl. u. der Reihenfolge nach, absolut od aliquem/aliquid* j-m/einer Sache; **verba insequentia** die folgenden Worte; **aliquid oculīs ~** etw mit den Augen verfolgen
2 *feindlich* verfolgen, **hostem** den Feind
3 *fig* angreifen, *bes* verhöhnen
4 *eine Tätigkeit* fortsetzen
5 sich bemühen, sich daranmachen, **ut** dass, +inf
6 ereilen, erreichen; **aliquem mors insequitur** j-n ereilt der Tod

īn-serere¹ ⟨serō, sēvī, situm 3.⟩
1 (*unkl.*) einsäen, einpflanzen
2 aufpfropfen, **vitem** eine Weinrebe; **pirus insita** veredelter Birnbaum
3 *fig* einverleiben, vereinigen; **aliquem in Catilinos ~** j-n in die Familie der Catilini adoptieren
4 *fig* geistig einpflanzen, einprägen; **alicui novas opiniones ~** j-m neue Ansichten einprägen

īn-serere² ⟨serō, seruī, sertum 3.⟩
1 einfügen, hineinstecken, *aliquid in aliquid/alicui rei* etw in etw; **telum ~** eine Lanze hineinstoßen; **fenestrās ~** Fenster in die Wand einlassen; **bracchia ~** die Arme hineinzwängen; **oculōs in alicuius pectora ~** den Blick in j-s Inneres dringen lassen; **pellem auro ~** den Schild mit Gold belegen
2 (*nachkl.*) *Webersprache* den Einschlag durch den Aufzug schießen
3 (*nachkl.*) *fig* einflechten, einschalten, *bes in der Rede*; **iocos historiae ~** scherzhafte Anekdoten in die Geschichtsschreibung einflechten; **nomen famae ~** den Namen berühmt machen
4 **se ~** sich einmischen, *absolut od in aliquid/alicui rei* in etw; **fortunae se ~** sich in eine höhere Stellung hineindrängen
5 einreihen, aufnehmen; **Caesarem stellīs ~** den Kaiser unter die Sterne versetzen

īnsertāre ⟨ō, āvī, ātum 1.⟩ ||inserere|| (*nachkl.*) hineinstecken, **sinistram clipeo** die Linke in den Schild

īnsertus ⟨a, um⟩ PPP → inserere²

īnseruī → inserere²

īn-servīre ⟨iō, īvī, ītum 4.⟩
1 *als Untertan* dienstbar sein
2 *fig* dienen, nachgeben, *alicui/aliquem* j-m; **temporibus ~** sich den Zeitumständen fügen; **~ amantem** einem Geliebten zu Willen sein
3 *meton einer Sache* ergeben sein, *etw* eifrig betreiben, *alicui rei*; **suīs commodīs ~** seiner Bequemlichkeit hingegeben sein

īn-sessum ⟨a, um⟩ PPP → insidere¹ *u.* → insidere²

īn-sēvī → inserere¹

īn-sībilāre ⟨ō, -, - 1.⟩ hineinpfeifen, hineinsausen, *alicui rei* in etw

īn-sīdere ⟨sīdō, sēdī, sessum 3.⟩
A VI
1 sich setzen, sich niederlassen, *in re/alicui rei* auf etw; **in dorso equī/dorso equī ~** sich auf den Rücken des Pferdes setzen
2 (*nachkl.*) MIL *irgendwo* in Stellung gehen; sich als Ansiedler niederlassen
3 *fig* sich festsetzen, sich einprägen; **insedit oratio in memoria/memoriae** die Rede haftet im Gedächtnis
B VT besetzen, **Capitolium** das Kapitol

īn-sīdēre² ⟨sideō, sēdī, sessum 2.⟩ ||in¹, sedere||
A VI
1 in *od* auf *etw* sitzen, liegen, *in re/alicui rei*; **equō ~** auf dem Pferd sitzen; **insidēns capulō manus** fest am Griff liegende Hand
2 in etw fest sitzen, herrschen, *in re/alicui rei* in etw, *in aliquo* in j-m
3 *irgendwo* seinen Wohnsitz haben, sesshaft sein
B VT
1 (*nachkl.*) MIL besetzt halten, **locum** einen Ort
2 *Tac.* bewohnen

īnsidiae ⟨ārum⟩ F ||insidere||
1 Hinterhalt, *als Ort oder Truppe*; **locus ad insidiās aptus** für einen Hinterhalt geeigneter Ort; **alicui insidiās ponere** j-m einen Hinterhalt stellen
2 *fig* Nachstellung, Anschlag, *alicuius* j-s, gegen j-n, *alicuius rei* in Bezug auf eine Sache; **in insidiās incidere** in eine Falle geraten; **~ caedis** Todesfalle; **per insidiās/(ex) insidiīs** hinterlistigerweise
3 Überlistung, *die jd erleidet*

īn-sidiārī ⟨or, ātus sum 1.⟩ ||insidiae||
1 im Hinterhalt liegen, *absolut*; im Hinterhalt auflauern, *alicui* j-m
2 *fig* nach dem Leben trachten, *absolut od alicui/aliquem* j-m
3 nachstellen, auflauern, *alicui* j-m; **Piraeō ~**

einen Handstreich gegen Piraeus beabsichtigen

īnsidiātor ⟨īnsidiātōris⟩ M ||insidiari|| Soldat im Hinterhalt; Bandit; *Hor.* Erbschleicher

īnsidiōsus ⟨a, um, *adv* īnsidiōsē⟩ ADJ ||insidiae|| *von Personen u. Sachen* hinterlistig, tückisch

īnsīgne ⟨īnsīgnis⟩ N ||insignis||

1 Kennzeichen, Abzeichen; **~ vērī** Kriterium der Wahrheit

2 Abzeichen *eines Amtes od Standes*, Ehrenzeichen; **~ rēgnī** Krone; **~ militāre/militiae** Dienstauszeichnung

3 Wappen, Flagge; **nāvem ex īnsignī cognōscere** das Schiff an seiner Flagge erkennen

4 Zierde, Schmuck; *pl* Prachtstücke; **~ verbōrum** Glanzpunkte

5 Signal; **~ nocturnum** nächtliches Signal

īn-sīgnīre ⟨iō, īvī, ītum 4.⟩ ||in¹, signum||

1 (*nachkl.*) *poet* ausprägen, einprägen

2 kenntlich machen, bezeichnen

3 auszeichnen, zieren

īnsīgnis ⟨īnsīgne, *adv* īnsīgniter⟩ ADJ

1 *von Personen u. Sachen* gekennzeichnet; geschmückt

2 *fig* auffallend, ausgezeichnet; **Homērus ~** der gefeierte Homer

īnsīgnītus¹ ⟨a, um, *adv* īnsīgnītē⟩ ADJ ||insignire||

1 deutlich, charakteristisch, *re/a re* durch etw; **īnsīgnītae notae vēritātis** deutliche Zeichen der Wahrheit

2 *fig* auffallend, ausgezeichnet, *von Sachen u. Personen, meist pej*; **īnsīgnītē improbus** beispiellos verrucht

īn-sīgnītus² ⟨a, um⟩ ADJ ||in¹, signum|| (*vkl.*) mit einer Fahne

īnsile ⟨īnsilis⟩ N *Lucr.* Teil des Webstuhls

īn-silīre ⟨siliō, siluī/silīvī, - 4.⟩ ||salire|| hineinspringen; (*spätl.*) *von Tieren* bespringen

īn-simulāre ⟨ō, āvī, ātum 1.⟩ fälschlich od irrtümlich beschuldigen, verdächtigen, *meist außergerichtlich*, *alicuius rei* einer Sache; **~ aliquem prōditiōnis** j-n des Verrats verdächtigen

īnsimulātiō ⟨īnsimulātiōnis⟩ F ||insimulare|| Beschuldigung, Anklage, *alicuius alicuius rei* j-s wegen einer Sache

īn-sincērus ⟨a, um⟩ ADJ (*spätl.*) *poet* unrein, verdorben

īn-sinuāre ⟨ō, āvī, ātum 1.⟩ ||in¹, sinus||

A VT in den Bausch der Toga stecken; *fig* in eine Lücke eindringen lassen; **opēs alicuius īnsinuantur alicuī** j-s Vermögen fällt j-m zu; **mōrēs ferīs gentibus īnsinuantur** Sitten werden den wilden Völkern beigebracht

B VI, *passiv u.* **se ~**

1 sich hineindrängen, eindringen, *absolut od in aliquid/alicuī rei/inter aliquid* in etw; **inter equitum turmās ~** in die Reiterschwadronen eindringen

2 *fig* sich einschmeicheln, sich einschleichen, *alicuī* bei j-m, *in aliquid* in etw; **cūnctīs pavor īnsinuat** alle überkommt Furcht; **~ plēbī** sich beim Volk einschmeicheln; **sē ~ in alicuius familiāritātem** sich bei j-m einschmeicheln; **sē ~ in sermōnem alicuius** sich auf feine Art in ein Gespräch mit j-m einlassen; **sē ~ in antīquam philosophiam** sich in die alte Philosophie einleben

īnsinuātiō ⟨īnsinuātiōnis⟩ F ||insinuare|| eindringlicher Eingang *einer Rede, bes* Empfehlung

īn-sipiēns

A ⟨īnsipientis⟩ ADJ, ADV ⟨īnsipienter⟩ ||sapiens|| unverständig, albern

B ⟨īnsipientis⟩ M Narr

īnsipientia ⟨ae⟩ F ||insipiens|| Dummheit

īn-sistere ⟨sistō, stitī, - 3.⟩

1 sich stellen, hintreten

2 auftreten, Fuß fassen

3 betreten

4 einschlagen, eifrig betreiben

5 verfolgen

6 stehen bleiben, haltmachen

7 eine Pause machen

8 verharren, beharren

9 zweifeln

---

1 sich stellen, hintreten, *in re/alicuī reī* in etw, auf etw; **iacentibus ~** auf die Gefallenen treten; **~ rāmīs** sich auf Zweigen niederlassen; **alicuius vestīgiīs ~** in j-s Fußstapfen treten

2 auftreten, Fuß fassen; **digitīs ~** sich auf die Zehen stellen

3 (*vkl., nachkl.*) betreten, einen Weg einschlagen; **~ viam** einen Weg einschlagen; **vestīgia pedum prīmīs plantīs ~** die ersten Schritte machen

4 *fig* ein Verfahren einschlagen, *aliquid/alicuī reī*; sich einer Sache zuwenden, *in aliquid/ad aliquid*; **~ ratiōnem pugnae** eine Art des Kampfes einschlagen; **~ speī** sich der Hoffnung hingeben; **sīc īnstitit ōre** so begann er zu sprechen; **in exitium īnsistitur** man besteht auf der Vernichtung

5 (*nachkl.*) j-n verfolgen, j-m nachsetzen, *alicuī*

6 stehen bleiben, haltmachen

7 *in der Rede* eine Pause machen; **ōrātor paulūlum īnstitit** der Redner machte eine kleine Pause

8 verharren, beharren, *alicuī reī/in rē* bei etw, in

etw
9 zweifeln, *in re* an etw
▶ deutsch: **insistieren**

īnsitīcius ⟨a, um⟩ ADJ ||inserere¹|| (vkl., nachkl.) (aus dem Ausland zu uns) verpflanzt, ausländisch

īnsitiō ⟨īnsitiōnis⟩ F ||inserere¹|| Pfropfen; *pl* Arten des Pfropfens

īnsitīvus ⟨a, um⟩ ADJ ||inserere¹||
1 *Hor.* gepfropft, veredelt; **pirus insitiva** veredelter Birnbaum
2 *fig* von auswärts eingeführt, fremd; **disciplina insitiva** fremde Lebensweise
3 *fig* unecht; **liberi insitivi** durch Adoption angenommene Kinder

īnsitor ⟨īnsitōris⟩ M ||inserere¹|| (nachkl.) *poet* Gärtner

īnsitus¹ ⟨a, um⟩ ADJ ||inserere¹|| angeboren, eingewurzelt, eigen; *fig* in der Sache liegend

īn-situs² ⟨a, um⟩ PPP → inserere¹

īn-sociābilis ⟨īnsociābile⟩ ADJ (nachkl.) unvereinbar, unverträglich

īn-sōlābiliter ADV ||in-², solari|| *poet* untröstlich

īn-solēns ⟨īnsolentis, *adv* īnsolenter⟩ ADJ ||in-², solere||
1 an *etw* nicht gewöhnt, in *etw* ein Neuling, *alicuius rei*|*in re*; **~ infamiae** an Schande nicht gewöhnt; **~ in dicendo** nicht redegewandt; **aliquis ~ emiratur** j-d staunt fassungslos
2 ungewöhnlich, auffallend
3 übertrieben, unmäßig; **insolenter abuti re** etw schamlos missbrauchen
4 dreist, unverschämt
5 gegen die Gewohnheit, ungewöhnlich; **insolenter evenit** es kommt selten vor

īnsolentia ⟨ae⟩ F ||insolens||
1 Ungewohntheit; **~ rerum secundarum** ungewöhnliches Glück
2 Ungewöhnlichkeit, Neuheit
3 auffallendes Wesen, auffallendes Benehmen
4 Übertreibung, Verschwendung
5 Unverschämtheit, Rücksichtslosigkeit

īn-solēscere ⟨ēscō, -, - 3.⟩ ||insolens|| (nachkl.) übermütig werden, überheblich werden

īn-solidus ⟨a, um⟩ ADJ *Ov.* haltlos, schwach

īn-solitus ⟨a, um⟩ ADJ
1 an *etw* nicht gewöhnt, mit *etw* nicht vertraut, *alicuius rei*|*ad aliquid*; **exercitus ad laborem ~** nicht an Strapazen gewöhntes Heer; **aliquem insolitum cogere** j-n gegen seine Gewohnheit zwingen
2 *von Sachen* ungewohnt, unbekannt; **loquacitas mihi insolita** eine mir ungewohnte Geschwätzigkeit
3 ungewöhnlich = selten

īn-solūbilis ⟨īnsolūbile⟩ ADJ
1 (spätl.) unauflöslich; **vinculum insolubile** unauflösbare Fessel
2 (nachkl.) *fig* unbezahlbar
3 *fig* unwiderlegbar

īnsomnia ⟨ae⟩ F ||insomnis|| Schlaflosigkeit; *meton* schlaflose Nacht

īn-somnis ⟨īnsomne⟩ ADJ ||in-², somnus|| (nachkl.) *poet* schlaflos; **nox ~** durchwachte Nacht

īnsomnium¹ ⟨ī⟩ N ||insomnis|| (nachkl.) = **insomnia**

īn-somnium² ⟨ī⟩ N ||in¹, somnium|| (nachkl.) Traum, Traumbild

īn-sonāre ⟨sonō, sonuī, sonitum 1.⟩
A V*i* dabei ertönen, erschallen; **unda insonat** die Woge braust; **flagello ~** mit der Peitsche knallen
B V*t* ertönen lassen, erschallen lassen; **verbera ~** *Verg.* die Peitsche knallen lassen

īn-sōns ⟨insontis⟩ ADJ (unkl.)
1 unschuldig
2 *fig* unschädlich, ohne zu schaden

īn-sōpītus ⟨a, um⟩ ADJ, **īn-sopor** ⟨īnsopōris⟩ ADJ *poet* schlaflos, stets wach

īn-spectāre ⟨ō, āvī, ātum 1.⟩ || inspicere||
A V*i* zuschauen, zusehen; **inspectante aliquo** vor j-s Augen
B V*t* erblicken

īnspectiō ⟨īnspectiōnis⟩ F ||inspicere|| (nachkl.)
1 Durchsicht, Prüfung
2 Überlegung

īnspector ⟨īnspectōris⟩ M ||inspicere||
1 Betrachter
2 (spätl.) Prüfer *der Felder zu Steuerzwecken*
▶ deutsch: **Inspektor**

īnspectus¹ ⟨a, um⟩ PPP → inspicere

īnspectus² ⟨īnspectūs⟩ M ||inspicere|| (nachkl.) Betrachtung

īn-spērāns ⟨īnspērantis⟩ ADJ ||in-², sperare|| nicht hoffend, wider Erwarten; **insperanti mihi accidit** wider Erwarten geschah mir

īn-spērātus ⟨a, um, *adv* īnspērātō⟩ ADJ ||in-², sperare|| unverhofft, unerwartet, unvermutet; **ex insperato** unvermutet

īn-spergere ⟨spergō, spersī, spersum 3.⟩ ||in¹, spargere|| daraufstreuen, daraufspritzen; **naevi in corpore inspersi** auf dem Körper befindliche Muttermale

īn-spīcāre ⟨ō, -, - 1.⟩ ||in¹, spica|| *Verg.* zuspitzen, rings einschneiden

īn-spicere ⟨spiciō, spexī, spectum 3.⟩ ||specere||
1 hineinsehen, hineinblicken, *aliquid*|*in aliquid* in etw; **in speculum ~** in den Spiegel schauen
2 *etw Geschriebenes* nachlesen

3 besichtigen; wahrnehmen
4 mustern, **milites** Soldaten
5 *fig geistig* betrachten, prüfen; **aliquem a puero** ~ j-s Leben von Jugend auf prüfen
▶ deutsch: **inspizieren**

in-spīrāre ⟨ō, āvī, ātum 1.⟩
A V/I hineinblasen, in *etw* blasen, *alicui rei*
B V/T
1 einhauchen; *fig* eingeben; **animam** ~ die Seele einhauchen; **venenum** ~ Gift einflößen; **fortitudinem** ~ Tapferkeit einflößen
2 *durch Anblasen* entfachen
3 begeistern, **vatem** den Seher

īnspīrātiō ⟨īnspīrātiōnis⟩ F ||in¹, spirare|| (*spätl.*) Einhauchen; Eingebung; ~ **divina** göttliche Eingebung

in-spoliātus ⟨a, um⟩ ADJ (*nachkl.*) *poet* nicht beraubt, vor Plünderung bewahrt

in-spuere ⟨spuō, spuī, spūtum 3.⟩ (*nachkl.*) hineinspucken

in-spurcāre ⟨ō, āvī, ātum 1.⟩ *Sen.* besudeln

in-spūtāre ⟨ō, -, - 1.⟩ *Plaut.* anspucken

in-stabilis ⟨instabile⟩ ADJ
1 zum Stehen ungeeignet, nicht betretbar
2 (*nachkl.*) nicht fest stehend, schwankend; **hostis** ~ nicht standhaltender Feind; **gradus** ~ unsicherer Schritt
3 *fig* unstet, unbeständig, veränderlich

īnstāns
A ⟨īnstantis⟩ ADJ, ADV ⟨īnstanter⟩ ||instare||
1 unmittelbar bevorstehend, drohend; **periculum** ~ drohende Gefahr
2 gegenwärtig; **tempus** ~ gegenwärtiger Zeitpunkt
3 dringend, heftig; **sibi** ~ vorwärts eilend
B ⟨īnstantis⟩ N, **īnstantia**¹ ⟨īnstantium⟩ N gegenwärtige Lage

īnstantia² ⟨ae⟩ F ||instans||
1 (*nachkl.*) Drängen; *fig* Heftigkeit *der Rede*; (*mlat.*) beharrliche Verfolgung *einer Rechtssache*
2 unmittelbare Nähe, Gegenwart

īnstar N *indokl.*
1 *Verg.* Gehalt, Gestalt; **quantum instar in ipso!** welch auffallende Erscheinung er selbst!
2 *gen eines Subst.* Gehalt von etw, auch gleich wie, statt; **alicuius/alicuius rei instar esse/habere/obtinere** das Aussehen haben von j-m/etw, die Größe haben von j-m/etw, die Bedeutung haben von j-m/etw, so gut sein wie j-d/etw, so viel gelten wie j-d/etw; **equus montis instar** ein Pferd wie ein Berg; **epistula voluminis instar** ein Brief vom Umfang eines Buches; **hos dies instar vitae esse puto** diese Tage achte ich einem ganzen Leben gleich
3 *bei Zahlenangaben* ungefähr; **milites duarum instar legionum** Soldaten von etwa zwei Legionen

in-stāre ⟨stō, stitī, stātūrus 1.⟩
1 auf *etw* stehen, stehen bleiben, *re/in re*; **iugis** ~ die Höhen besetzen; **rectam instas viam** *Plaut.* du bist auf dem rechten Weg
2 andrängen, nachsetzen
3 auf *j-n* eindringen, *j-m* hart zusetzen, *alicui/alicuiquem*; **vestigiis** ~ auf dem Fuß folgen
4 mit Bitten *od* Forderungen bestürmen, *absolut od alicui* j-n, ut
5 *fig* in der Nähe sein, drohend bevorstehen; **hiems instat** der Winter steht bevor
6 *etw* eifrig betreiben, auf *etw* bestehen, *alicui rei/aliquid, ut*
7 fortfahren, sich beeilen, +*inf*

in-stātūrus ⟨a, um⟩ PART *fut* → instare

in-staurāre ⟨ō, āvī, ātum 1.⟩
1 ins Werk setzen, veranstalten; **sacrum diis** ~ für die Götter ein Opferfest veranstalten
2 erneut veranstalten, erneuern, **ludos** Spiele
3 *allg.* erneuern, wiederholen
4 wiederherstellen, auffrischen

īnstaurātiō ⟨īnstaurātiōnis⟩ F ||instaurare|| Erneuerung, Wiederholung

īnstaurātīvus ⟨a, um⟩ ADJ ||instaurare|| erneuert, wiederholt

in-sternere ⟨sternō, strāvī, strātum 3.⟩
1 darüber ausbreiten; **pulpita tignis** ~ eine Bretterbühne aufschlagen
2 bedecken, überdecken; *passiv* sich bedecken; **se pelle leonis** ~ sich mit einem Löwenfell umhüllen

in-stīgāre ⟨ō, āvī, ātum 1.⟩ antreiben, anspornen; aufreizen, aufhetzen; **Romanos in Hannibalem** ~ die Römer gegen Hannibal aufhetzen; ~ **iram** Zorn erregen

īnstīgātor ⟨īnstīgātōris⟩ M ||instigare|| Antreiber, Aufwiegler

īnstīgātrīx ⟨īnstīgātrīcis⟩ F ||instigator|| Aufwieglerin

in-stīllāre ⟨ō, āvī, ātum 1.⟩
1 hineinträufeln; *fig* einflüstern; **oleum lumini** ~ Öl ins Feuer träufeln
2 *etw* benetzen, auf *etw* tropfen, *aliquid*; **guttae īnstillant saxa** die Tropfen fallen auf die Felsen

in-stimulāre ⟨ō, -, - 1.⟩ *fig* anreizen, anspornen

īnstimulātor ⟨īnstimulātōris⟩ M ||instimulare|| Anstifter, *alicuius rei* zu etw

īnstīnctor ⟨īnstīnctōris⟩ M Anstifter, *alicuius rei* zu etw

īnstīnctus¹ ⟨īnstīnctūs⟩ M ||instinguere|| Anreiz, Antrieb; **divino instinctu** auf göttliche Eingebung; ~ **naturae** (*mlat.*) Naturtrieb

in-stīnctus² ⟨a, um⟩ PPP → instinguere

īn-stinguere ⟨stinguō, stīnxī, stīnctum 3.⟩ anreizen, antreiben; **instinctus furore** aus Wut

īn-stipulārī ⟨or, ātus sum 1.⟩ *Plaut.* festsetzen, sich ausbedingen

īnstita ⟨ae⟩ F ||instare|| *(nachkl.)* in Falten gelegter Besatz an der Tunika einer vornehmen verheirateten Dame; *meton* vornehme römische Dame

īn-stitī → īnsistere *u.* → īnstāre

īnstitiō ⟨īnstitiōnis⟩ F ||instare|| Stillstand

īnstitor ⟨īnstitōris⟩ M ||instare|| *(nachkl.) poet* Krämer, Trödler

īnstitōrium ⟨ī⟩ N ||institor|| *Suet.* Krämerladen

īn-stituere ⟨uō, uī, ūtum 3.⟩ ||in¹, statuere||

1. hinstellen, hineinstellen
2. errichten, erbauen
3. zu *etw* bestellen
4. veranstalten, unternehmen
5. anfangen, beginnen
6. einführen, einsetzen
7. ordnen, organisieren
8. ausbilden, unterrichten

---

1. hinstellen, hineinstellen; **vestigia ~ pedis** fest auftreten; **argumenta in pectus ~** *fig* Beweisgründe erwägen; **aliquid in animum ~** *fig* sich etw in den Kopf setzen; **aliquem in animum ~** *fig* j-n ins Herz schließen

2. errichten, erbauen; **turres ~** Türme bauen; **pontem ~** eine Brücke schlagen; **fossas ~** Gräben anlegen; **templum Phoebo ~** dem Phoebus einen Tempel errichten; **codicem ~** ein Rechnungsbuch anlegen; **milites ~** Truppen aufstellen

3. zu *etw* bestellen, als *etw* einsetzen; **aliquem testem ~** j-n als Zeugen bestellen; **liberis aliquem tutorem ~** j-n als Vormund für die Kinder einsetzen

4. *fig* veranstalten, unternehmen; **delectum ~** eine Wahl veranstalten; **quaestionem ~** eine Untersuchung anstellen; **amicitiam cum aliquo ~** mit j-m Freundschaft schließen; **condiciones ~** Bedingungen aufstellen

5. *fig* anfangen, sich entschließen, +*inf*; **~ historias scribere** sich zur Geschichtsschreibung entschließen

6. Neues einführen; festsetzen; **~ dies festos** Festtage einführen; **institutum est, ut** es ist üblich, dass

7. *Vorhandenes* ordnen, organisieren; **civitatis mores ~** die Bräuche der Stadt pflegen; **familia bene instituta** gut gezogenes Personal

8. ausbilden, unterrichten, *re* in etw, *ad aliquid* zu etw, +*inf*/+*AcI*; **pueros litteris Graecis ~ die** Jugend in der griechischen Sprache unterrichten; **elephantos ~** Elefanten abrichten

īnstitūtiō ⟨īnstitūtiōnis⟩ F ||instituere||
1. Einrichtung; **institutionem suam conservare** seinen Gewohnheiten treu bleiben
2. Anweisung, Unterricht
▶ deutsch: **Institution**

Īnstitūtiōnēs ⟨Īnstitūtiōnum⟩ F *(spätl.)* Titel *kurz gefasster Rechtssysteme, bes die in vier Büchern von einer Kommission Justinians verfassten Institutionen, die als Einführung in die Rechtswissenschaft den ersten Teil des Corpus iuris civilis bilden*

īnstitūtor ⟨īnstitūtōris⟩ M ||instituere||
1. Betreiber; Unternehmer
2. *(spätl.)* Unterweiser, Lehrer

īnstitūtum ⟨ī⟩ N ||instituere||
1. Einrichtung, Brauch, **ex instituto** dem Herkommen gemäß; **instituto suo** nach seiner bisherigen Gewohnheit
2. Vorhaben, Absicht
3. Anweisung, Unterricht; *pl* Lehrmeinungen, Unterrichtsmethoden
4. *(nachkl.)* Verordnung, Anordnung
▶ deutsch: **Institut**

īn-stitūtus ⟨a, um⟩ PPP → instituere

īn-strātus¹ ⟨a, um⟩ PPP → insternere

īn-strātus² ⟨a, um⟩ ADJ ||in-², sternere|| *Verg.* unbedeckt

īn-strēnuus ⟨a, um, *adv* īnstrēnuē⟩ ADJ
1. untätig, lässig
2. *(nachkl.)* unentschlossen, feig

īn-strepere ⟨ō, uī, itum 3.⟩ *(nachkl.)* ächzen, knarren

īn-stringere ⟨stringō, strīnxī, strictum 3.⟩ *(nachkl.) poet* umbinden, umfassen; **gemmis ~** mit Edelsteinen einfassen

īnstrūctiō ⟨īnstrūctiōnis⟩ F ||instruere||
1. Ordnen, Aufstellen, **militum** der Soldaten
2. *(nachkl.)* Errichtung, Bau

īnstrūctor ⟨īnstrūctōris⟩ M ||instruere|| Ordner

īnstrūctus¹ ⟨īnstrūctūs⟩ M ||instruere|| Ausstattung, Rüstzeug

īnstrūctus² ⟨a, um, *adv im komp* īnstrūctius⟩ ADJ ||instruere||
1. aufgestellt, geordnet
2. (gut) gerüstet, gut ausgerüstet; **aedes instructa** möbliertes Haus
3. *fig* ausgerüstet, versehen, *re* mit etw; **vitiis instructior** reicher an Lastern
4. *fig* unterrichtet, unterwiesen, **his rebus** in diesen Dingen

īn-strūctus³ ⟨a, um⟩ PPP → instruere

īn-struere ⟨struō, strūxī, strūctum 3.⟩

1. hineinbauen, einfügen

2 aufbauen, erbauen
3 geordnet aufstellen, ordnen
4 anstellen, vorbereiten
5 ausstatten, herstellen
6 ausrüsten, versehen
7 mit Kenntnissen ausrüsten
8 unterrichten

1 hineinbauen, einfügen; **contabulationem in parietes ~** Balken in die Wände einbauen
2 aufbauen, errichten; **aggerem ~** einen Damm errichten; **tuguria conchis ~** Hütten aus Muscheln bauen
3 *fig* geordnet aufstellen, ordnen, *meist* MIL; **copias ~** Truppen ordnen
4 *fig* anstellen, vorbereiten; **aliquem ad caedem ~** j-n zum Mord anstellen
5 ausstatten, veranstalten; **convivium ~** ein Gastmahl veranstalten; **classem ~** eine Flotte bemannen; **agrum ~** ein Feld mit dem notwendigen Gerät bestücken; **~ accusationem** *fig* die zur Klage nötigen Beweise herbeischaffen
6 ausrüsten, versehen, *re* mit etw; **amicum consiliis ~** den Freund mit Ratschlägen bedenken; **se ~ ad iudicium** sich auf eine Gerichtssitzung vorbereiten
7 mit Kenntnissen ausrüsten; **aliquem artibus ~** j-n in den Künsten ausbilden; **aliquem in iure civili ~** j-n im bürgerlichen Recht unterweisen
8 (*unkl.*) unterrichten, *aliquem* j-n, +*indir Fragesatz*
▶ deutsch: **instruieren**

īnstrūmentum ⟨ī⟩ N̄ ||instruere||
1 Gerät(e), Werkzeug(e)
2 Reisegeräte
3 Hausgerät, Inventar
4 Kleidung, Schmuck
5 (*nachkl.*) Schmuck an Büchern
6 *fig* Beweismittel; Urkunde, Zeugnis, *alicuius rei* für etw
7 *fig* Hilfsmittel, Requisiten
8 Vorrat
▶ deutsch: **Instrument**

īnsuāsum ⟨ī⟩ N̄ → **suasum**
īn-suāvis ⟨īnsuāve⟩ ADJ unangenehm, ohne Reiz
Īnsubrēs ⟨Īnsubrum *u.* Īnsubrium⟩ M̄ kelt. Stamm in Oberitalien mit Hauptstadt Mediolanum
īn-sūdāre ⟨ō, -, - 1.⟩ bei *etw* schwitzen, *alicui rei*
īnsuē-factus ⟨a, um⟩ ADJ daran gewöhnt, dazu abgerichtet
īn-suere ⟨suō, suī, sūtum 3.⟩ einnähen, einsticken, *in aliquid/alicui rei* in etw; **aurum vestibus ~** Gold in Kleider einsticken
īn-suēscere ⟨suēscō, suēvī, suētum 3.⟩

A VI sich gewöhnen, *ad aliquid/alicui rei* an etw, *auch* +*inf*
B VT gewöhnen, *aliquem* j-n; **ita insuetus sum** *Hor.* ich bin es so gewöhnt

īn-suētus¹ ⟨a, um⟩ ADJ
1 an *etw* nicht gewöhnt, in *etw* ungeübt, *absolut od alicuius rei/ad aliquid/alicui rei*; **laboris ~** an Strapazen nicht gewöhnt
2 (*nachkl.*) ungewöhnlich, fremd; **iter insuetum** unbekannter Weg; **insueta rudere** ungewöhnlich brüllen

īn-suētus² ⟨a, um⟩ PPP → **insuescere**

īnsula ⟨ae⟩ F̄
1 Insel; **insulae fortunatorum** Inseln der Seligen
2 *Stadtteil von Syrakus*
3 *fig* großes Haus, einzeln stehendes Mietshaus, *auch* Häuserblock
▶ deutsch: **Insel**
   englisch: **isle**
   französisch: **île**
   spanisch: **isla**
   italienisch: **isola**

▶ **insula – mehrstöckiges Mietshaus**

Ursprünglich waren die mehrstöckigen Miethäuser (**insulae**) von einer Freifläche umgeben (daher der Name). Sie wurden vor allem in der Kaiserzeit gebaut, als viel billiger Wohnraum benötigt wurde. In der Regel handelte es sich um ein gemauertes Gebäude mit bis zu fünf Stockwerken, unterteilt in Drei- bis Fünfzimmerwohnungen, die über Treppen und Korridore zugänglich waren und an finanzschwache Familien vermietet wurden. Im Erdgeschoss befanden sich meist Geschäfte (**tabernae**) oder Wohnungen für wohlhabendere Bürgerinnen und Bürger. Während das Erdgeschoss gar über einen Wasseranschluss verfügen konnte, boten die billigeren Wohnungen in den oberen Stockwerken weniger Komfort und schlechtere Fluchtmöglichkeiten bei (den häufigen) Bränden.

RÖMISCHES LEBEN ◀

īnsulānus ⟨ī⟩ M̄ ||insula|| Inselbewohner
īnsulārēs ⟨īnsulārium⟩ M̄ ||insularis|| die Bewohner eines Mietshauses
īnsulāris ⟨īnsulāre⟩ ADJ ||insula|| (*spätl.*) Insel...
īnsulsitās ⟨īnsulsitātis⟩ F̄ ||insulsus|| Geschmacklosigkeit; (*nachkl.*) Ungeschliffenheit; **~ villae** geschmacklose Anlage eines Landhauses
īn-sulsus ⟨a, um, *adv* īnsulsē⟩ ADJ ||in-², salsus||

1 (*nachkl.*) ungesalzen, ohne Geschmack
2 *fig* geschmacklos, ohne Witz, fade, albern; **insulse dicere** albern daherreden; **gula insulsa** Gaumen, der an faden Gerichten Geschmack findet

īn-sultāre ⟨ō, āvī, ātum 1.⟩ ‖insilire‖
1 hineinspringen, *alicui rei* in etw; **aquis ~** ins Wasser springen
2 herumspringen, tanzen, *alicui rei* in etw, auf etw; **aliquid ~** etw in wildem Taumel durchtanzen
3 *fig* verhöhnen, verspotten, *aliquem/alicui* j-n, *in aliquid* etw; **casibus alicuius ~** über j-s Unglücksfälle spotten

īnsultātiō ⟨īnsultātiōnis⟩ F ‖insultare‖ (*nachkl.*)
1 RHET Anlauf
2 Verhöhnung

īnsultūra ⟨ae⟩ F ‖insultare‖ *Plaut.* Aufspringen auf das Pferd

in-sum → inesse

īn-sūmere ⟨sūmō, sūmpsī, sūmptum 3.⟩ aufwenden, anwenden, *in aliquid/in re/alicui rei* auf etw; **paucos dies reficiendae classi ~** wenige Tage aufwenden für die Überholung der Flotte

īn-super
A ADV
1 oben darauf, oben darüber
2 von oben her
3 *fig* noch obendrein
B PRÄP +akk (*vkl., nachkl.*) = **super**

īn-superābilis ⟨īnsuperābile⟩ ADJ
1 unübersteigbar, ungangbar
2 *fig* unüberwindlich; **valetudo ~** unheilbare Krankheit; **fatum insuperabile** unentrinnbares Schicksal

īn-surgere ⟨surgō, surrēxī, surrēctum 3.⟩
1 sich erheben, sich aufrichten; **equus insurgit** das Pferd steht auf; **remis ~** sich mit Macht in die Riemen legen; **collis insurgit** der Hügel steigt an
2 *fig* sich erheben, *alicui* gegen j-n
3 *fig* aufstreben, mächtiger werden

īn-susurrāre ⟨ō, āvī, ātum 1.⟩ einflüstern, zuflüstern

in-tābēscere ⟨tābēscō, tābuī, - 3.⟩ schmelzen; *fig* vergehen

in-tāctilis ⟨intāctile⟩ ADJ *Lucr.* unberührbar, unfühlbar

in-tāctus[1] ⟨a, um⟩ ADJ ‖in-², tangere‖ (*unkl.*)
1 *von Personen u. Sachen* unberührt; *von geistigen Stoffen* noch unbehandelt; **boves intacti** vom Joch noch unberührte Rinder; **Britannus ~** unbezwungener Britannier; **bellum intactum trahere** den Krieg ohne Entscheidung hinziehen; **puella intacta** jungfräuliches Mädchen
2 noch kräftig, noch frisch
3 unantastbar
4 unversehrt, unverletzt; **vires intactae** ungeschmälerte Kräfte
5 verschont (geblieben), *re/a re* von etw; **homo infamiā ~** von Schande verschonter Mann; **animus religione ~** für religiöse Gefühle unzugänglicher Geist
6 unversucht; **nihil intactum relinquere** nichts unversucht lassen; **honor ~** noch nicht angetretenes Ehrenamt

in-tāctus[2] ⟨intāctūs⟩ M *Lucr.* Unberührbarkeit

in-tāminātus ⟨a, um⟩ ADJ *Hor.* unbefleckt, fleckenlos

in-tēctus[1] ⟨a, um⟩ PPP → integere

in-tēctus[2] ⟨a, um⟩ ADJ
1 ungedeckt, unbedeckt; **domus intecta** Haus ohne Dach
2 unbekleidet, nackt
3 *fig* offenherzig, aufrichtig, *alicui* gegen jdn

integellus ⟨a, um⟩ ADJ ‖integer‖ ziemlich unangetastet

in-teger ⟨integra, integrum, *adv* integrē⟩ ADJ ‖in-², tangere‖
1 unversehrt, unverletzt; **signum integrum** unberührtes Siegel; **loca integra** von der Plünderung verschonte Orte; **gens a cladibus belli integra** von den Gräueln des Krieges verschont gebliebener Stamm
2 unverletzlich, unantastbar; **de/ab/ex integro** von Neuem
3 *von Speisen u. a.* frisch; unvermischt, rein; **vinum integrum** unvermischter Wein
4 ungeschwächt, gesund, *alicui rei* in Bezug auf etw; *auch* nüchtern; *von Frauen* unberührt, keusch; **corpus integrum** gesunder Körper; **valetudo integra** blühende Gesundheit; **sanguis ~** jugendfrisches Blut
5 unvermindert, ungeschmälert, unverkürzt, ungeschwächt, unverändert, vollständig, noch ganz voll; **fines integri** vollständiges Gebiet; **annus ~** volles Jahr; **existimatio integra** ungetrübt guter Ruf; **rebus integris** als alles noch gut stand
6 noch unerledigt, unentschieden; **offensiones integrae** nicht beigelegte Zwistigkeiten; **alicui causam integram reservare** für j-n die Sache in der Schwebe halten
7 vernünftig, unparteiisch
8 *moralisch* unverdorben, , *bes* unbestechlich; **integrum se servare** sich von Schuld freihalten; **~ a coniuratione** unschuldig an der Verschwörung
▶ deutsch: **integer**

in-tegere ⟨tegō, tēxī, tēctum 3.⟩ bedecken,

Liv. fig schützen

integimentum ⟨ī⟩ N̄ = integumentum

integrāre ⟨ō, āvī, ātum 1.⟩ ||integer||
1. wiederherstellen; **artum elapsum ~** ein Glied wieder einrenken
2. ergänzen
3. *geistig* auffrischen
4. erneuern, wieder aufnehmen

integrāscere ⟨āscō, -, - 3.⟩ ||integer|| *Ter.* sich erneuern

integrātiō ⟨integrātiōnis⟩ F̄ ||integrare|| (*Ter., spätl.*) Erneuerung, Wiederherstellung

integrī ⟨ōrum⟩ M̄ ||integer|| gesunde Leute; *bes* MIL frische Truppen

integritās ⟨integritātis⟩ F̄ ||integer||
1. körperliche Unversehrtheit; **~ virginalis** Jungfräulichkeit
2. geistige Frische
3. Gesundheit
4. sittliche Lauterkeit, Unbescholtenheit

integrum ⟨ī⟩ N̄ ||integer||
1. unverletzter Rechtszustand, früherer Zustand
2. freie Hand, volle Handlungsfreiheit; **res/de re in integro est** die Sache ist noch unerledigt; **haec non iam in integro nobis sunt** das können wir nicht mehr ungeschehen machen; **alicui integrum non est** es steht nicht mehr in j-s Gewalt, +*Infl*ut

integumentum ⟨ī⟩ N̄ ||integere||
1. (*nachkl.*) Decke, Hülle
2. *fig* Hülle; Schutz

intellēctuālis ⟨intellēctuāle, *adv* intellēctuāliter⟩ ADJ ||intellectus|| (*spätl.*) geistig

intellēctus¹ ⟨intellēctūs⟩ M̄ ||intellegere||
1. Wahrnehmung, Empfindung
2. Erkenntnis, Verständnis
3. Sinn, Bedeutung; **intellectum habere** verstanden werden; **intellectu carere** unverständlich sein

⚠ **Nihil est in intellectu quod non prius fuerit in sensu.** Nichts ist im Vertand, was nicht vorher mit den Sinnen aufgenommen wurde.

intel-lēctus² ⟨a, um⟩ PPP → intellegere

intellegēns
A ⟨intellegentis⟩ ADJ, ADV ⟨intellegenter⟩ ||intellegere||
1. einsichtig, verständig; **orator ~** kundiger Redner; **iudicium ~** kluges Urteil
2. sich auf *etw* verstehend, sachverständig; **dicendi ~ existimator** ein wortkundiger Kritiker
B ⟨intellegentis⟩ M̄ Kenner, Sachverständiger

intellegentia ⟨ae⟩ F̄ ||intellegere||
1. Verstand, Erkenntnisvermögen; **~ communis/popularis** gesunder Menschenverstand; **res intellegentiam alicuius fugit** etw übersteigt j-s Fassungskraft; **res in intellegentiam alicuius cadit** etw ist j-m verständlich
2. Verständnis, Kennerschaft, *alicuius rei/in re* von etw, in etw; **iuris civilis** Kompetenz im bürgerlichen Recht; **~ in rusticis rebus** landwirtschaftliche Sachkenntnisse
3. *meton* Begriff, Vorstellung, *meist pl, alicuius rei* von etw

▶ deutsch: **Intelligenz**

intel-legere ⟨legō, lēxī *u.* lēgī, lēctum 3.⟩ ||inter, legō²||
1. wahrnehmen, erkennen, empfinden, fühlen *mit Sinnen u. Verstand, absolut od aliquid etw, +AcI/+indir Fragesatz, passiv +NcI*; **ex litteris tuis intellegi potest/intellegendum est** aus deinem Brief lässt sich erkennen
2. *rein geistig* einsehen, verstehen, begreifen, *auch* wissen; **intellegendi auctor** Meister im Denken; **res est difficilis intellectu** die Sache ist schwer zu begreifen; **ex se intellegitur** es versteht sich von selbst; **intellego, quid loquor** ich weiß genau, was ich sage
3. sich auf *etw* verstehen, Verständnis für *etw* haben; *absolut* Kenner sein, Sachverständiger sein
4. (*nachkl.*) **~ aliquem** j-s Charakter verstehen, j-n richtig zu beurteilen wissen
5. sich *etw* denken, sich *etw* unter *etw* vorstellen, +*dopp. akk*; **quem intellegimus sapientem?** wen stellen wir uns unter einem Weisen vor?

▶ deutsch: **intelligent**
englisch: **intelligent**
französisch: **intelligent**
spanisch: **inteligente**
italienisch: **intelligente**

intellegibilis ⟨intellegibile⟩ ADJ ||intellegere|| (*nachkl.*) verständlich, begreiflich

intellig... = **intelleg...**

Intemeliī ⟨ōrum⟩ M̄ ligurischer Stamm um Album Intemelium, heute Ventimiglia

in-temerātus ⟨a, um⟩ ADJ ||in-², temerare|| (*nachkl.*) *poet* unbefleckt, unverletzt; **vinum intemeratum** unvermischter Wein

in-temperāns ⟨intemperantis, *adv* intemperanter⟩ ADJ maßlos, leidenschaftlich; **homo ~** zügelloser Mensch; **animus ~** leidenschaftliches Wesen

intemperantia ⟨ae⟩ F̄ ||intemperans|| Maßlosigkeit; *meton* Sittenlosigkeit; **~ civitatis** Anarchie

in-temperātus ⟨a, um, *adv* intemperātē⟩ ADJ unmäßig, übertrieben; **intemperatā nocte** mitten in der Nacht

intemperiae ⟨ārum⟩ F̄ (*vkl., nachkl.*)

1 Unwetter
2 *fig* Wahnsinn, Unsinn

in-temperiēs ⟨ēī⟩ F

1 Übermaß, **solis** der Sonnenwärme, **aquarum** an Regen; **~ ebrietatis** übermäßige Trunkenheit

2 (*nachkl.*) schlechtes Wetter; *Plaut. fig* Unglück; **~ caeli** ungesundes Klima

3 *fig* Zügellosigkeit, aufsässiges Wesen

in-tempestīvus ⟨a, um, *adv* intempestīvē⟩ ADJ ungelegen, unpassend; **epistula intempestiva** Brief zur Unzeit; **intempestive agere** nicht zeitgemäß handeln

in-tempestus ⟨a, um⟩ ADJ ||tempus||

1 intempesta nox dunkle Nacht, Mitternacht; *Verg.* als Person die dunkle Nacht, Mutter der Furien

2 *Verg.* ungesund

in-temptātus ⟨a, um⟩ ADJ ||in-², temptare|| (*nachkl.*) *poet* unberührt; *fig* unversucht; **nil intemptatum relinquere** nichts unversucht lassen

in-tendere ⟨tendō, tendī, tentum 3.⟩

1 (an)spannen, straffen
2 überspannen, überziehen
3 anspannen, anstrengen
4 vermehren, verstärken
5 ausspannen, ausstrecken
6 richten, lenken
7 legen, fügen
8 auf etw richten
9 gegen j-n richten
10 sich wenden, gehen
11 zielen, streben
12 anstreben, beabsichtigen
13 behaupten, versichern

1 (an)spannen, straffen; **arcum ~** den Bogen spannen; **venti vela intendunt** die Winde blähen die Segel

2 überspannen, überziehen, *aliquid re* etw mit etw; **bracchia duro tergo ~** die Arme mit hartem Leder umwinden; **locum sertis ~** den Ort mit Gewinden bekränzen

3 *fig* anspannen, anstrengen, **animum** den Geist

4 vermehren, verstärken; **officia ~** den Diensteifer verstärken; **tenebrae se intendunt** die Dunkelheit nimmt zu

5 ausspannen, ausstrecken; **dexteram ad statuam ~** die Rechte nach der Statue ausstrecken; **bracchia remis ~** die Arme zum Rudern strecken

6 irgendwohin lenken; *bes Geschosse* abschießen; *eine Waffe* ziehen; **oculos in vultum legentis ~** die Augen auf das Gesicht des Lesers richten; **iter in Italiam ~** die Marschrichtung auf Italien lenken

7 (*nachkl.*) legen, fügen, *aliquid alicui rei* etw an etw; **telum nervo ~** den Pfeil an die Sehne legen; **bracchia ventis ~** die Segelstangen nach dem Wind drehen; **nubes se intendunt (caelo)** Wolken überziehen den Himmel; **numeros nervis ~** die Saiten melodisch stimmen

8 *fig Aufmerksamkeit* auf etw richten, lenken, *ad aliquid/in aliquid/alicui rei*; **curam in suos ~** Sorge auf die Seinen richten; **litem ~** einen Streit entfachen; **dolum ~** einen Betrug anzetteln

9 feindlich gegen j-n richten, *in aliquem*

10 sich wenden, gehen; **eo ~** dorthin gehen

11 *fig wohin* zielen, streben; **alicuius dicta huc/ eo intendunt** j-s Worte zielen dorthin

12 anstreben, beabsichtigen

13 behaupten, versichern

intēnsiō ⟨intēnsiōnis⟩ F ||intendere|| Spannung

intentāre ⟨ō, āvī, ātum 1.⟩ ||intendere||

1 drohend ausstrecken, *eine Waffe* ziehen; **gladium in consulem ~** das Schwert gegen den Konsul ziehen

2 *fig* androhen, bedrohen, *aliquid alicui* j-m etw, j-n mit etw; **arma Latinis ~** die Latiner mit der Waffe bedrohen

3 (*nachkl.*) mit einer gerichtlichen Anklage drohen

intentātiō ⟨intēntātiōnis⟩ F ||intentare|| *Sen.* das Ausstrecken *nach etw*

intentātus¹ ⟨a, um⟩ PPP → intentare
in-tentātus² ⟨a, um⟩ ADJ = intemptatus

intentiō ⟨intentiōnis⟩ F ||intendere||

1 das Gespanntsein, Spannung
2 Anstrengung, Bemühung
3 MUS Spannung *des Tones*, Stimmung
4 Vorhaben, Absicht
5 Hebung, Steigerung
6 Aufmerksamkeit, *absolut od alicuius rei* auf etw; gerichtlicher Angriff

intentus¹ ⟨intentūs⟩ M ||intendere|| das Ausstrecken

intentus² ⟨a, um, *adv* intentē⟩ ADJ ||intendere||

1 angespannt, gespannt
2 *fig* groß, heftig, stark
3 gespannt, voll Erwartung, *in aliquid/ad aliquid* auf etw
4 eifrig *mit etw* beschäftigt, auf *etw* bedacht, *alicui rei/ad aliquid/re*; **muniendis castris ~** mit der Befestigung des Lagers beschäftigt
5 (*nachkl.*) schlagfertig, kampfbereit
6 (*nachkl.*) *poet* angestrengt, eifrig
7 streng; **disciplina intenta** strenge Erziehung

in-tentus³ ⟨a, um⟩ PPP → intendere
in-tepēre ⟨eō, -, - 2.⟩ *poet* lau sein
intepēscere ⟨tepēscō, tepuī, -, 3.⟩ ||intepere|| (*nachkl.*) *poet* warm werden

---

inter

A Präfix
1. zwischen (hinein)
2. mitten (drinnen)
3. hin und wieder, von Zeit zu Zeit
4. unter-, zugrunde

B Präposition
1. inmitten, mitten in
2. zwischen
3. während, innerhalb
4. unter, zwischen

— A Präfix —

PRÄF
1. zwischen (hinein); **~-mittere** dazwischen schicken
2. mitten (drinnen); **~-esse** dazwischen sein; **~-ea** unterdessen
3. hin und wieder, von Zeit zu Zeit; **~-visere** von Zeit zu Zeit besuchen
4. unter-, zugrunde; **~-ire** unter-gehen; **~-ficere** zugrunde richten, töten

— B Präposition —

PRÄP +*akk*
1. *örtl.* inmitten, zwischen; *nach Verben der Bewegung* mitten hinein; **~ urbem et Tiberim** zwischen der Stadt und dem Tiber; **~ planitiem** mitten in der Ebene; **~ equites pugnare** in der Reiterei kämpfen; **~ medios hostes se conicere** sich mitten unter die Feinde stürzen; **~ falcarios** in der Sichelmacherstraße; **~ sicarios accusare** wegen Meuchelmordes anklagen
2. *zeitl.* zwischen; **~ horam tertiam et quartam** zwischen der dritten und der vierten Stunde
3. *zeitl.* während, innerhalb; **~ noctem** während der Nacht; **~ haec negotia** im Laufe dieser Geschäfte; **~ arma regum** bei den kriegerischen Unternehmungen der Könige; **~ verba** mitten im Redefluss
4. *fig* unter, zwischen; **~ homines esse** auf Erden leben; **~ feras esse** unter wilden Tieren leben; **peritissimus ~ duces** der erfahrenste unter den Feldherren; **bona dividere ~ cives** die Güter unter den Bürgern verteilen; **iudicare ~ sententias** entscheiden zwischen den Meinungen; **ira fuit ~ Hectorem et Achillem** Erbitterung herrschte zwischen Hektor und Achill; **~ vilia** in ärmlichen Verhältnissen; **~ haec parata** während dieser Vorbereitungen; **~ haec** inzwischen, unterdessen; **~ hominem et beluam hoc interest** zwischen Mensch und Tier besteht folgender Unterschied; **discrimen est ~** es besteht ein Unterschied zwischen; **~ spem et metum haesitare** zwischen Hoffnung und Angst schwanken; **eminere/praestare ~ ceteros** unter den Übrigen herausragen; **~ paucos** unter wenigen, wie nur wenige, ganz besonders; **insignis ~ omnes** ausgezeichnet unter allen = hervorragend wie nur wenige; **~ cetera/cuncta/omnia** vor allem, besonders; **~ nos** unter uns; **~ se** untereinander, einander, gegenseitig; **amamus ~ nos** wir lieben einander; **~ se colloqui** miteinander sprechen; **haud procul ~ se (ab)esse** nicht weit voneinander entfernt sein

inter-aestuāre ⟨ō, -, - 1.⟩ (*nachkl.*) an Krämpfen leiden; asthmatisch sein

interāmenta ⟨ōrum⟩ N̄ *Liv.* inneres Holzwerk eines Schiffes

Inter-amna ⟨ae⟩ F̄
1. Stadt in Umbrien, heute Terni
2. Stadt der Volsker im s. Latium am Fluss Liri, heute Pignataro

Interamnās ⟨Interamnātis⟩ ADJ aus Interamna, von Interamna

Interamnās ⟨Interamnātis⟩ M̄ Bewohner von Interamna

inter-aptus ⟨a, um⟩ ADJ *Lucr.* miteinander verbunden

inter-ārēscere ⟨ēscō, -, - 3.⟩ vertrocknen, versiegen

inter-bibere ⟨ō, -, - 3.⟩ austrinken

inter-bītere ⟨ō, -, - 3.⟩ *Plaut.* untergehen

inter-calāre ⟨ō, āvī, ātum 1.⟩
1. (durch Ausrufen) einen Schalttag einschieben, einschalten; **intercalatur** eine Einschaltung findet statt
2. *Liv. fig* aufschieben, **poenam** eine Strafe

intercalāris ⟨intercalāre⟩ ADJ, **intercalārius** ⟨a, um⟩ ADJ ||intercalare|| eingeschaltet; **mensis ~** Schaltmonat, *vor Caesars Kalenderreform alle zwei Jahre zwischen dem 23. u. 24. Februar eingeschoben*; **intercalares Kalendae priores** der erste Tag des ersten der Schaltmonate, *die 46 v. Chr. zusätzlich eingeschoben wurden*

intercapēdō ⟨intercapēdinis⟩ F̄ ||intercapere|| Unterbrechung

inter-cēdere ⟨cēdō, cessī, cessum 3.⟩
1. dazwischenkommen, dazwischengehen
2. dazwischen liegen, dazwischen sich erstrecken; **palus intercedit** ein Sumpf liegt dazwischen
3. *zeitl.* dazwischen vergehen; *perf* dazwischen liegen; **nox intercessit** eine Nacht liegt dazwischen

4 *von Ereignissen* dazwischenkommen, dazwischen eintreten
5 *von Personen* hindernd dazwischentreten, sich widersetzen, *alicui/alicui rei* gegen j-n/gegen etw; **interceditur** es wird Einspruch erhoben, es steht etw im Weg
6 *als Vermittler* eintreten, sich ins Mittel legen, *absolut od pro aliquo* für j-n
7 sich verbürgen, *pro aliquo* für j-n; **magnam pecuniam ~ pro aliquo** sich mit einer hohen Geldsumme für j-n verbürgen
8 fig *von Sachen* mit im Spiel sein
9 fig *von Verhältnissen* bestehen, stattfinden; **inter aliquos amicitia intercedit** zwischen einigen besteht Freundschaft

inter-cēpī → intercipere
interceptiō ⟨interceptiōnis⟩ F ‖intercipere‖ Wegnahme
interceptor ⟨interceptōris⟩ M ‖intercipere‖ (*nachkl.*) der etw unterschlägt, *alicuius rei*
inter-ceptus ⟨a, um⟩ PPP → intercipere
inter-cessī → intercedere
intercessiō ⟨intercessiōnis⟩ F ‖intercedere‖
1 Gell. Dazwischentreten, Dazukommen
2 Einspruch, Protest
3 Vermittlung, *bes* Bürgschaft
intercessor ⟨intercessōris⟩ M ‖intercedere‖
1 Protestierender, Einspruch Erhebender
2 Vermittler
3 Bürge
inter-cessum PPP → intercedere
inter-cīdere¹ ⟨cīdō, cīdī, cīsum 3.⟩ ‖caedere‖
1 in der Mitte durchschneiden, in der Mitte durchstechen; **pontem ~** eine Brücke abbrechen; **colles vallibus intercisi** von Tälern durchschnittene Hügel; **valles spatio intercisae** durch einen Zwischenraum getrennte Täler
2 (*nachkl.*) *aus einem Ganzen* herausschneiden, *bes* aus einem Rechnungsbuch Blätter herausschneiden und es so verfälschen; **commentarios ~** Kommentare fälschen
inter-cidere² ⟨cidō, cidī, - 3.⟩ ‖cadere‖
1 dazwischenfallen; **tela intercidunt** es regnet Geschosse
2 fig dazwischen vorfallen, sich dazwischen zutragen
3 verloren gehen, zugrunde gehen, umkommen, abhanden kommen, außer Gebrauch kommen; **claves portarum intercidunt** die Türschlüssel gehen verloren
4 (dem Gedächtnis) entfallen, vergessen werden, *mit u. ohne* **memoriā**
inter-cinere ⟨ō, -, - 3.⟩ ‖canere‖ dazwischensingen

inter-cipere ⟨cipiō, cēpī, ceptum 3.⟩ ‖capere‖
1 mitten auf dem Weg abfangen, gefangen nehmen; **commeatūs ~** Transporte abfangen; **hastam ~** von der einem anderen zugedachten Lanze getroffen werden; **venenum ~** das für einen anderen bestimmte Gift erhalten; **a suis interceptus** von den Seinen abgeschnitten
2 (*nachkl.*) fig in der Mitte unterbrechen, abschneiden; **viam ~** einen Weg abschneiden, einen Weg versperren
3 fig entreißen, rauben, *aliquid alicui/ab aliquo* etw j-m
4 fig vor der Zeit wegraffen, umbringen; **Cerem ~** die Saat vernichten

intercīsē ADV ‖intercidere¹‖ unterbrochen, nicht zusammenhängend; **intercise dicere** abgehackt sprechen
inter-cīsus ⟨a, um⟩ PPP → intercidere¹
inter-clūdere ⟨clūdō, clūsī, clūsum 3.⟩ ‖claudere‖
1 versperren, abschneiden, *alicui aliquid* j-m etw; **alicui viam ~** j-m den Weg abschneiden
2 einschließen, *re* durch etw; **aliquem angustiis ~** j-n durch enges Gelände einschließen
3 abschneiden, trennen, *aliquem ab aliquo* j-n von j-m, *re* von etw; **hostem commeatū ~** den Feind vom Nachschub abschneiden
4 fig hindern; **intercludor dolore, quominus ad te scribam** ich werde vom Schmerz daran gehindert, dir zu schreiben
interclūsiō ⟨interclūsiōnis⟩ F ‖intercludere‖ Absperrung; RHET Einschub
inter-clūsus ⟨a, um⟩ PPP → intercludere
inter-columnium ⟨ī⟩ N ‖columna‖ Abstand zwischen Säulen
inter-currere ⟨currō, (cu)currī, cursum 3.⟩
1 dazwischenlaufen, sich dazwischenwerfen
2 fig sich ins Mittel legen
3 fig sich einmischen, dazukommen, *alicui rei* zu etw
4 Liv. fig in der Zwischenzeit *irgendwohin* eilen
intercursāre ⟨ō, -, - 1.⟩ ‖intercurrere‖
1 (*nachkl.*) dazwischenlaufen, sich dazwischenwerfen
2 dazwischen liegen
intercursus abl ⟨intercursū⟩ M ‖intercurrere‖ schnelles Dazwischentreten
inter-cus ⟨intercutis⟩ ADJ unter der Haut befindlich; **aqua ~** Wassersucht
inter-dāre ⟨dō, -, datum 1.⟩ Lucr. dazwischengeben, verteilen
inter-dīcere ⟨dīcō, dīxī, dictum 3.⟩
1 untersagen, verbieten, *alicui re/aliquid* j-m etw, *ne/ut non/+inf/+AcI*; **Romanis omni Galliā**

~ den Römern den Aufenthalt in ganz Gallien verbieten; **alicui aliquo** ~ j-m den Umgang mit j-m verbieten; **alicui domo** ~ j-m das Haus verbieten

2 *alicui aquā et igni* ~ j-n ächten; **sacrificiis** ~ **alicui** j-n vom Gottesdienst ausschließen

3 *vom Prätor* verordnen, verbieten; ~ **de re, ut** in einer Sache verfügen, dass

4 *allg.* verfügen, befehlen, *alicui* j-m, *ut*

interdictiō ⟨interdictiōnis⟩ F ||interdicere|| *(nachkl.)* Verbot; ~ **aquae et ignis** verschärfte Form der Verbannung

interdictum ⟨I⟩ N ||interdicere||

1 Verbot, Einspruch, *aliciuius alicuius rei/de re* j-s von etw, j-s in Bezug auf etw

2 einstweilige Verfügung des Prätors, Interdikt

inter-dictus ⟨a, um⟩ PPP → interdicere

inter-diū, *(vkl., nachkl.)* **interdius** ADV bei Tag, über den Tag

inter-dīxī → interdicere

inter-duāre ⟨ō, -, - 1.⟩ *Plaut.* dafür geben; **floccum non interduim** darauf gebe ich keinen Pfifferling

interductus ⟨interductūs⟩ M Trennungszeichen, Interpunktion

inter-dum ADV manchmal, mitunter; ~ ... ~/**saepe**/**modo** bald ... bald

inter-eā ADV ||is||

1 *zeitl.* unterdessen, inzwischen

2 indessen, jedoch; **cum** ~ während doch

inter-emere ⟨emō, ēmī, ēmptum 3.⟩ = **interimere**

inter-ēmī → interimere

interēmptor ⟨interēmptōris⟩ M ||interimere|| *(nachkl.)* Mörder

inter-ēmptus ⟨a, um⟩ PPP → interimere

inter-eō → interire

inter-equitāre ⟨ō, -, - 1.⟩ dazwischenreiten, *absolut od aliquid* zwischen etw

in-terere ⟨terō, trīvī, trītum 3.⟩ hineinreiben, einbrocken, *auch fig*

inter-esse ⟨sum, fuī, - 0.⟩

1 *örtl. u. zeitl.* dazwischen sein, dazwischen liegen; **fluvius inter eas civitates interest** der Fluss liegt zwischen diesen Stämmen

2 sich unterscheiden, *ab aliquo/a re* von j-m/von etw, *in re* in etw, bei etw; **interest** es ist ein Unterschied *zwischen/in/bei*

3 dabei sein bei *etw*, teilnehmen an *etw*, *alicui rei/in re*

4 **interest** es ist daran gelegen, es ist von Interesse, *alicuius* für j-n, *+pron der Sache, an der j-m liegt/+inf/+AcI, ut/ne* dass/dass nicht, *in re* bei etw, *ad aliquid/alicuius rei* in Rücksicht auf etw, für etw; **meā interest** mir liegt daran

inter-est → interesse

inter-fārī ⟨for, fātus sum 1.⟩ dazwischenreden, ins Wort fallen

interfātiō ⟨interfātiōnis⟩ F ||interfari|| Dazwischenreden, Unterbrechung *einer Rede*

inter-fēcī → interficere

interfectiō ⟨interfectiōnis⟩ F ||interficere|| *(unkl.)* Ermordung

interfector ⟨interfectōris⟩ M ||interficere|| Mörder

interfectrīx ⟨interfectrīcis⟩ F ||interfector|| Mörderin

inter-ficere ⟨ficiō, fēcī, fectum 3.⟩ ||facere||

1 töten, ermorden; **aliquem manu sua** ~ j-n eigenhändig töten; **veneno** ~ mit Gift töten

2 vernichten, zugrunde richten

3 *(vkl., nachkl.)* berauben, *aliquem re* j-n einer Sache; **aliquem vitā** ~ j-n töten

inter-fierī ⟨fīō, - 0.⟩ *passiv zu Interficere* umkommen, zugrunde gehen

inter-fluere ⟨fluō, flūxī, - 3.⟩ zwischen *etw* fließen, durch *etw* fließen, *absolut od aliquid* zwischen etw; ~ **Naupactum et Patras** zwischen Naupactus und Patrae fließen

inter-fodere ⟨fodiō, -, fossum 3.⟩ *Lucr.* untergraben, durchbohren

inter-fugere ⟨ō, -, - 3.⟩ *Lucr.* dazwischen fliehen

inter-fuī → interesse

inter-fūsus ⟨a, um⟩ ADJ ||inter, fundere|| dazwischen fließend, *absolut od aliquid* zwischen etw; **genas maculis** ~ die Wangen (mit Blut) befleckt

inter-iacēre ⟨eō, -, - 2.⟩ dazwischen liegen; **campus Tiberi ac montibus interiacens** zwischen Tiber und Gebirge liegende Ebene

inter-iacere ⟨iaciō, iēcī, iectum 3.⟩ = **intericere**

inter-ibī ADV unterdessen

inter-icere ⟨iciō, iēcī, iectum 3.⟩ ||iacere||

1 *örtl.* dazwischenwerfen, einfügen; *passiv* dazwischentreten; *passiv perf* dazwischen liegen; **nasus oculis interiectus est** die Nase liegt zwischen den Augen

2 einmischen, einmengen

3 *zeitl.* einschieben, einfügen; **librum** ~ in der Zwischenzeit ein Buch schreiben

interiectiō ⟨interiectiōnis⟩ F ||intericere|| *(nachkl.)*

1 RHET Einschaltung

2 RHET Einschub, Parenthese

3 GRAM Interjektion, Ausrufewort, Empfindungswort

interiectus¹ ⟨interiectūs⟩ M ||intericere||

1 Dazwischentreten; ~ **terrae** Dazwischentreten der Erde *zwischen Sonne u. Mond*

2 *Tac. zeitl.* eingetretener Verlauf; Zwischenzeit; **~ noctis** Einbruch der Nacht; **~ paucorum dierum** Frist von wenigen Tagen

inter-iectus² ⟨a, um⟩ ADJ ||intericere||
1 dazwischen liegend; *fig* in der Mitte stehend; **longo spatio navigationis interiecto** auf einem langen Weg zur See; **spatio mediocri interiecto** in geringer Entfernung
2 *zeitl.* nach Verlauf *einer Zeit*; **interiecto anno** nach einem Jahr dazwischen; **intervallibus aequalibus interiectis** in gleichen Zwischenräumen; **brevi spatio interiecto** nach kurzer Zeit; **longā interiectā morā** nachdem eine lange Zeit verstrichen war

inter-iectus³ ⟨a, um⟩ PPP → **intericere**

inter-iī → **interire**

inter-im ADV
1 unterdessen, inzwischen
2 einstweilen, vorläufig
3 (*nachkl.*) bisweilen = **interdum**; **~ ... ~** bald ... bald
4 (*meist vkl., nachkl.*) bei alledem, jedoch

inter-imere ⟨imō, ēmī, ēmptum 3.⟩ ||emere||
1 aus dem Weg räumen, töten
2 *fig* mit Todesangst erfüllen
3 *fig* zugrunde richten, beseitigen

interior ⟨interius *im komp, adv* interius⟩ ADJ
1 innerer, im Innern befindlich,; **vestis ~** Unterkleid; **fossa ~** der Stadt näherer Graben; **portus ~** innerer Teil des Hafens; **~ epistula** Mitte des Briefes; **nota ~ Falerni** tiefer im Keller aufbewahrter Falernerwein, älterer Jahrgang Falernerwein
2 dem Mittelpunkt näher, dem Ziel näher; **rota ~** inneres Rad, der Zielsäule näheres Rad; **~ ictibus** innerhalb der Schussweite; zu nahe um verwundet zu werden = außerhalb der Schussweite
3 *geografischer* mehr im Innern des Landes gelegen, im Binnenland gelegen
4 *fig* enger, vertrauterr; **consilia interiora** geheime Pläne; **interius est eiusdem esse civitatis** von derselben Stadt zu sein verbindet enger
5 tiefer gehend; **~ vis vocabuli** tieferer Sinn eines Wortes
6 **interiōra** ⟨interiōrum⟩ n Inneres, innere Teile; **~ corporis** das Innere des Körpers, die Eingeweide
7 **interiōrēs** ⟨interiōrum⟩ m Feinde in der Stadt; Bewohner des Binnenlandes

inter-īre ⟨eō, iī, itūrus 0.⟩ zugrunde gehen; **usus tormentorum interit** der Einsatz von schweren Geschützen wird vereitelt; **~ ab aliquo** von j-m getötet werden; **interream si ich will des Todes sein, wenn

interitiō ⟨interitiōnis⟩ F ||interire|| Untergang, Tod

interitūrus ⟨a, um⟩ PART fut → **interire**

interitus ⟨interitūs⟩ M ||interire|| Untergang, Vernichtung; **~ optimatium** Sturz der Optimaten

inter-iungere ⟨iungō, iūnxī, iūnctum 3.⟩
1 (untereinander) verbinden, miteinander verbinden
2 Zugtiere zwischendurch ausspannen, rasten lassen

interius¹ → **interior**

interius² ADV *im komp* ||intra|| weiter drinnen; **oratio insistit interius** die Rede hört mitten drin auf

inter-lābī ⟨lābor, lāpsus sum 3.⟩ *auch getrennt* dazwischen dahingleiten, dazwischen fließen; **inter labuntur aquae** dazwischen fließen die Flüsse

inter-latēre ⟨eō, -, - 2.⟩ *Sen.* dazwischen verborgen sein

inter-legere ⟨ō, -, - 3.⟩ *poet* hier und da abbrechen, **frondes** Blätter

inter-linere ⟨liniō, lēvī, litum 3.⟩
1 (*nachkl.*) in den Zwischenräumen bestreichen; kitten
2 Urkunden durch Streichen von Wörtern fälschen

interlocūtiō ⟨interlocūtiōnis⟩ F ||interloquor|| Einspruch, Einwurf, *bes vor Gericht*

inter-loquī ⟨loquor, locūtus sum 3.⟩ (*vkl., nachkl.*) dazwischenreden, j-n unterbrechen, *absolut od alicui*

inter-lūcēre ⟨lūceō, lūxī, - 2.⟩ (*unkl.*)
1 dazwischen hervorschimmern; **noctu interlucet** es wird plötzlich hell und wieder dunkel
2 durchsichtig sein
3 sich deutlich zeigen; **aliquid interlucet inter** ein klarer Unterschied tritt hervor zwischen

inter-luere ⟨luō, -, - 3.⟩ (*vkl., nachkl.*) zwischen *etw* fließen

inter-lūnium ⟨ī⟩ N (*nachkl.*) ||luna|| *poet* Neumond, Mondwechsel

intermēnstruum ⟨ī⟩ N ||intermenstruus|| Neumond, Mondwechsel

inter-mēnstruus ⟨a, um⟩ ADJ zwischen zwei Monaten; **tempus intermenstruum** Zeit des Mondwechsels

inter-minārī ⟨or, ātus sum 1.⟩
1 androhen
2 unter Drohungen untersagen

interminātus¹ ⟨a, um⟩ ADJ ||interminari|| versagt

in-terminātus² ⟨a, um⟩ ADJ ||in-², terminare|| unbegrenzt

inter-miscēre ⟨misceō, miscuī, mixtum 2.⟩ beimischen, daruntermischen, *alicui rei* einer Sache, unter etw; **aliquid re ~** etw mit etw vermischen; **turbam indignorum dignis ~** Würdige und Unwürdige vermischen

inter-mīsī → intermittere

intermissiō ⟨intermissiōnis⟩ F ||intermittere|| Nachlassen, Unterbrechung; **~ officii** Unterlassung einer Pflicht; **~ epistularum** Unterbrechung des Briefwechsels

inter-mittere ⟨mittō, mīsī, missum 3.⟩

A transitives Verb
1. dazwischentreten lassen
2. leer lassen
3. unterbrechen
4. verstreichen lassen, vorbeigehen lassen
5. zeitweilig unbesetzt lassen

B intransitives Verb
zeitweilig nachlassen, aussetzen

— A transitives Verb —

V/T

1. dazwischentreten lassen; *passiv* dazwischen liegen; **valle intermissā** da ein Tal dazwischen lag; **nocte intermissā** da die Nacht inzwischen hereingebrochen war

2. *einen Raum* dazwischen offen lassen, leer lassen; **mediocribus spatiis intermissis** in mäßigen Abständen; **hoc spatio intermisso** in dieser Entfernung; **opus est intermissum** das Werk hat eine Lücke; **aliquid intermittitur re/a re** etw wird von etw freigelassen

3. *fig* unterbrechen, zeitweilig ruhen lassen; **libertatem ~** das freie Wort zeitweilig unterdrücken; *passiv* zeitweilig nachlassen, ruhen; **ventus intermittitur** der Wind legt sich

4. *eine Zeit* verstreichen lassen, vorbeigehen lassen; **spatio intermisso** nach Verlauf von einiger Zeit; **brevi tempore intermisso** nach kurzer Frist; **nulla pars nocturni temporis ad laborem intermittitur** jede Stunde der Nacht wird ununterbrochen zur Arbeit genutzt

5. *ein Amt* zeitweilig unbesetzt lassen, **intermissis magistratibus** *Caes.* nachdem die Ämter zeitweilig unbesetzt gewesen waren

— B intransitives Verb —

V/I zeitweilig nachlassen, aussetzen; **hostes non intermittunt subeuntes** die Feinde rücken unaufhörlich heran

inter-morī ⟨morior, mortuus sum 3.⟩
1. *(nachkl.)* unbemerkt hinsterben; *fig* zugrunde gehen; **intermortuus** (wie) abgestorben, (wie) tot

2. *Liv.* ohnmächtig werden

inter-mundia ⟨ōrum⟩ N ||mundus|| zwischen den Welten liegende Räume, *die nach Epikurs Ansicht von den Göttern bewohnt wurden*

inter-mūrālis ⟨intermūrāle⟩ ADJ *Liv.* zwischen den Mauern befindlich

interna ⟨ōrum⟩ N ||internus|| innere Angelegenheiten

inter-nātus ⟨a, um⟩ ADJ ||nascor|| *(nachkl.)* dazwischen gewachsen, *alicui rei* zwischen etw; **herbae saxis internatae** Kräuter zwischen den Felsen

inter-necāre ⟨ō, (āvī), ātum 1.⟩ *(vkl., nachkl.)* hinmorden, vernichten

interneciō ⟨interneciōnis⟩ F ||internecare|| Vernichtung *eines Heeres od Volkes*; Untergang; **ad internecionem caedi/deleri** vernichtend geschlagen werden

internecīvus ⟨a, um⟩ ADJ ||internecare|| mörderisch, vernichtend

inter-nectere ⟨ō, -, - 3.⟩ *poet* verknüpfen; **crinem auro ~** das Haar mit Gold verflechten

interniciō ⟨interniciōnis⟩ F = **internecio**

inter-nitēre ⟨eō, -, - 2.⟩ *(nachkl.)* dazwischen hervorleuchten, hindurchscheinen; **sidera internitent** die Gestirne leuchten hervor

inter-nōdium ⟨ī⟩ N ||nodus|| Raum zwischen zwei Gelenken, Raum zwischen zwei Knoten; **~ crurum** Schenkelröhren

inter-nōscere ⟨nōscō, nōvī, - 3.⟩ voneinander unterscheiden, **geminos** Zwillinge

internūntia ⟨ae⟩ F ||internuntius|| Unterhändlerin, Vermittlerin

inter-nūntiāre ⟨ō, -, - 1.⟩ *Liv.* Boten austauschen

internūntius ⟨ī⟩ M ||internuntiare|| Unterhändler, Vermittler

internus ⟨a, um, *adv* internē⟩ ADJ ||inter|| *(nachkl.)* poet im Innern befindlich, einheimisch; **discordiae internae** innere Wirren

inter-ōscitāre ⟨ō, -, - 1.⟩ *Ter.* unterdessen gähnen

inter-pellāre ⟨ō, āvī, ātum 1.⟩
1. *j-n* unterbrechen; Einspruch erheben
2. einwenden
3. mit Bitten bestürmen, mit Fragen bestürmen
4. *allg.* stören; aufhalten; **victoriam ~** den Sieg vereiteln; **saxum alveum amnis interpellat** ein Felsen sperrt das Flussbett
5. *(spätl.)* unsittliche Anträge machen, **mulierem** einer Frau

interpellātiō ⟨interpellātiōnis⟩ F ||interpellere|| Unterbrechung *in der Rede*; *allg.* Störung

interpellātor ⟨interpellātōris⟩ M ||interpellere|| der *eine Rede* stört, Zwischenrufer

inter-polāre ⟨ō, āvī, ātum 1.⟩
1. neu herrichten, *bes Kleider* auffrischen
2. *fig* betrügerisch ausstaffieren, verfälschen, *bes Texte*

interpolātiō ⟨interpolātiōnis⟩ F̄ ||interpolare||
1. (*nachkl.*) Umgestaltung, eingefügte Veränderung
2. (*eccl.*) Täuschung
3. *mlat.* Verfälschung *eines Textes* durch Einschaltung *von Wörtern, Sätzen od Abschnitten*

interpolātor ⟨interpolātōris⟩ M̄ (*spätl., eccl.*) Verfälscher, Verderber

interpolis ⟨interpole⟩ ADJ ||interpolare|| (*vkl., nachkl.*) neu hergerichtet, auf jung zurechtgemacht

inter-pōnere ⟨pōnere, posuī, positum 3.⟩

1. dazwischenstellen, dazwischenlegen
2. einschieben, einschalten
3. einschieben
4. unterschieben
5. dazwischen eintreten lassen
6. hinzuziehen, einschalten
7. eintreten lassen, geltend machen
8. vorschützen, anführen
9. als Pfand einsetzen

1. dazwischenstellen, dazwischenlegen, *aliquid alicui rei/inter aliquid* etw zwischen etw; **auxilia equitatui** ~ Hilfstruppen in die Reiterei einsetzen
2. einschieben, einschalten; **menses intercalarios** ~ Schaltmonate einschieben
3. *in der Rede* einschieben, **nullum verbum** kein einziges Wort
4. unterschieben; verfälschen; **falsas tabulas** ~ falsche Verzeichnisse unterschieben
5. *eine Zeit* dazwischen eintreten lassen, **spatium ad recreandos animos** eine Zeit zur Erholung; *passiv* dazwischen eintreten, dazwischen liegen; **paucis diebus interpositis** nach Verlauf weniger Tage; **hoc spatio interposito** mittlerweile
6. *als Helfer od Vermittler* hinzuziehen, einschalten; **aliquem testem** ~ j-n als Zeugen zuziehen; **se** ~ sich einmischen, *absolut od alicui rei/ in aliquid* in etw; **se** ~ **audaciae alicuius** sich j-s Frechheit widersetzen, *quominus/ne*
7. *fig* eintreten lassen, geltend machen; **auctoritatem suam** ~ sein Ansehen geltend machen; **decretum** ~ eine Entscheidung treffen; **pactiones** ~ Verträge anknüpfen; **moram** ~ eine Verzögerung verursachen
8. *Gründe* vorschützen, anführen, **causā interpositā** unter dem Vorwand
9. als Pfand einsetzen; **fidem suam** ~ **in aliquid/in re** sein Ehrenwort auf etw geben

interpositiō ⟨interpositiōnis⟩ F̄ ||interponere||
1. *Vitr.* Dazwischensetzen, **columnarum** von Säulen
2. Einschieben, Einschalten
3. *meton* Einschub, *bes* Parenthese

interpositus abl ⟨interpositū⟩ M̄ ||interponere|| Dazwischentreten

interpres ⟨intepretis⟩ M̄ u. F̄
1. Vermittler, Vermittlerin; **aliquo interprete** durch j-s Vermittlung; **linguā interprete** mittels der Sprache
2. Dolmetscher, Dolmetscherin; **per interpretem** durch Dolmetscher
3. Ausleger, Deuter, Interpret, Auslegerin, Deuterin, Interpretin; ~ **poetarum** Deuter der Dichter; ~ **caeli** Sterndeuter, Astrologe
4. Übersetzer, Übersetzerin

▷ deutsch: **Interpret**

inter-pressī → interprimere
inter-pressus ⟨a, um⟩ PPP → interprimere
inter-pretārī ⟨or, ātus sum 1.⟩ ||interpres||

A VT̄ *Plaut.* den Mittler abgeben, zu Hilfe kommen

B VT̄

1. erklären, auslegen; *+AcI* = zur Erklärung sagen, die Erklärung abgeben; ~ **de re** eine Erklärung von etw geben; **aliquid ex re** ~ aus etw auf etw schließen; **consilium ex necessitate** ~ aus der Notwendigkeit auf den Vorsatz schließen
2. übersetzen
3. verstehen, begreifen; **aliquem** ~ j-s Charakter begreifen, j-s Handlungsweise begreifen
4. irgendwie beurteilen; für *etw* ansehen, *+dopp. akk*; **alicuius felicitatem grato animo** ~ j-s Erfolg freudig anerkennen; **sapientiam eam** ~ unter Weisheit etw Derartiges verstehen
5. *Liv.* sich bestimmt ausdrücken über *etw*, entscheiden über *etw*, *+indir Fragesatz*

▷ deutsch: **interpretieren**

interpretātiō ⟨interpretātiōnis⟩ F̄ ||interpretari||
1. Erklärung, Deutung; ~ **iuris** Auslegung des Rechtes
2. Übersetzung, *auch* Übersetztes

▷ deutsch: **Interpretation**

inter-primere ⟨primō, pressī, pressum 3.⟩ ||premere|| *Plaut.* eindrücken, zerdrücken

interpūncta ⟨ōrum⟩ N̄ ||interpungere|| Abteilungen; ~ **verborum** kleinere Pausen; ~ **argumentorum** Absätze

interpūnctiō ⟨interpūnctiōnis⟩ F̄ ||interpungere|| Trennung *der Wörter* durch Punkte

▷ deutsch: **Interpunktion**

inter-pūnctus ⟨a, um⟩ ADJ ‖interpungere‖ abgeteilt, unterschieden

inter-pungere ⟨pungō, pūnxī, pūnctum 3.⟩ *Wörter* durch Punkte trennen

inter-quiēscere ⟨quiēscō, quiēvī, - 3.⟩ dazwischen ausruhen, eine Pause machen

inter-rēgnum ⟨ī⟩ N̄ Zwischenregierung, Interregnum, *in der Königszeit nach dem Tod eines Königs, in der Republik nach dem Tod od dem Ausscheiden eines Konsuls*

inter-rēx ⟨interrēgis⟩ M̄ Zwischenkönig, Reichsverwalter; → interregnum

in-territus ⟨a, um⟩ ADJ ‖in-², terrere‖ (*nachkl.*) *poet* unerschrocken, furchtlos, *alicuius rei* vor etw; **~ leti** ohne Furcht vor dem Tod; **~ ad omnia** unerschrocken in Bezug auf alles

inter-rogāre ⟨ō, āvī, ātum 1.⟩

1 fragen, befragen, *aliquem de re/aliquid* j-n etw, j-n nach etw; **senatorem sententiam ~** einen Senator nach seiner Meinung fragen

2 JUR verhören, *aliquem de re* j-n in Bezug auf etw

3 JUR gerichtlich belangen, einfordern; **aliquem legibus ~** j-n nach den Gesetzen belangen; **aliquem legibus ambitūs ~** j-n gerichtlich belangen wegen Amtserschleichung

4 Sen. PHIL eine Schlussfolgerung ziehen

interrogātiō ⟨interrogātiōnis⟩ F̄ ‖interrogare‖

1 Frage, Befragung

2 JUR Verhör

3 Sen. Kontrakt

4 PHIL Schlussfolgerung, Syllogismus

5 Quint. Frage *als Redefigur*

interrogātiuncula ⟨ae⟩ F̄ ‖interrogatio‖

1 kurze Frage, unbedeutende Frage, *bes des Richters od Dialektikers*; **interrogatiunculae angustae** peinliche Fragen

2 Schlussfolgerung

inter-rogātum ⟨ī⟩ N̄ ‖interrogare‖ Frage; **ad interrogata respondere** auf Fragen antworten

inter-rumpere ⟨rumpō, rūpī, ruptum 3.⟩

1 auseinanderreißen, zerreißen; **pontem ~** eine Brücke abbrechen; **venas ~** Adern abbrechen

2 *fig Reden od Handlungen* abbrechen, unterbrechen

3 *fig* trennen, isolieren; **ignes interrupti** vereinzelte Feuer

interruptē ADV ‖interrumpere‖ mit Unterbrechungen

interruptiō ⟨interruptiōnis⟩ F̄ ‖interrumpere‖ Quint. Abbrechen, *bes in der Rede*; (*spätl.*) Unterbrechung

inter-saepīre ⟨saepiō, saepsī, saeptum 4.⟩

1 verstopfen, verwahren

2 absperren, abschneiden; **urbem vallo ab arce ~** die Stadt durch einen Wall von der Burg abschneiden; **Romanis conspectum exercitūs ~** den Römern den Blick auf das Heer versperren

inter-scindere ⟨scindō, scidī, scissum 3.⟩ auseinanderreißen, abbrechen; **aggerem ~** einen Damm einreißen; **venas ~** Adern öffnen

inter-scrībere ⟨scrībō, scrīpsī, scrīptum 3.⟩ (*nachkl.*) dazwischenschreiben; durch Zusätze verbessern

inter-secāre ⟨secō, secuī, sectum 1.⟩ (*spätl.*) auseinanderschneiden

inter-serere¹ ⟨serō, sēvī, situm 3.⟩ (*nachkl.*) *poet* dazwischensäen, dazwischenpflanzen, *aliquid alicui rei* etw zwischen etw

inter-serere² ⟨ō, -, - 3.⟩ einfügen, einschieben; **causam ~** als Grund anführen

inter-sistere ⟨sistō, stitī, - 3.⟩ Quint. mitten innehalten, absetzen, *vom Redner u. von der Rede*

inter-situs ⟨a, um⟩ ADJ (*nachkl.*) *poet* dazwischen liegend

interspīrātiō ⟨interspīrātiōnis⟩ F̄ Atempause

inter-sternere ⟨sternō, strāvī, strātum 3.⟩ (*nachkl.*) dazwischenstreuen, dazwischenlegen

inter-stīnctus ⟨a, um⟩ ADJ (*nachkl.*) hier und da besetzt, *re* mit etw

inter-stinguere ⟨stinguō, -, stīnctum 3.⟩ Lucr. auslöschen, *passiv* erlöschen

inter-stringere ⟨ō, -, - 3.⟩ Plaut. zuschnüren

inter-sum → interesse

inter-texere ⟨texō, texuī, textum 3.⟩ (*nachkl.*)

1 *poet* dazwischen einweben, dazwischen einflechten, *aliquid alicui rei* etw einer Sache

2 *poet* durchweben, *aliquid re* etw mit etw

inter-trahere ⟨trahō, trāxī, tractum 3.⟩ entziehen, *alicui aliquid* j-m etw

inter-trīmentum ⟨ī⟩ N̄ ‖terere‖

1 Abrieb *von einem Metall*, Abnützung; *fig* Verlust

inter-turbāre ⟨ō, -, - 1.⟩ (*Com., nachkl.*) Verwirrung stiften, Unruhe stiften

inter-utrāsque ADV Lucr. zwischen beiden hin, zwischen beiden durch

inter-vallum ⟨ī⟩ N̄ ‖vallus‖

1 *örtl.* Zwischenraum, Abstand; **ex intervallo** von fern

2 *zeitl.* Zwischenzeit, Pause; **ex tanto intervallo** nach so langer Zeit; **ex intervallo** nach geraumer Zeit; **per intervalla** zeitweilig; **sine intervallo** ohne abzusetzen; **intervallo dicere** mit Pausen sprechen

3 Unterschied, *inter* zwischen

4 MUS Intervall

inter-vellere ⟨vellō, vellī/vulsī, vulsum 3.⟩

(nachkl.)
1 mitten herausreißen
2 hier und da ausrupfen
inter-venīre ⟨veniō, vēnī, ventum 4.⟩
1 dazwischenkommen, *mittlerweile* eintreten, *absolut od alicui|alicui rei* j-m, bei j-m, *alicui rei* einer Sache, bei einer Sache; **~ alicuius orationi** mitten unter j-s Rede eintreten; **plangor verbo intervenit** nach jedem Wort schlug sie sich an die Brust; *perf* zwischen mehreren bestehen
2 durch sein Eintreten unterbrechen, *alicui rei|aliquid* etw; in den Weg treten, *alicui* j-m; **hiems rebus gerendis intervenit** der Winter unterbricht die notwendigen Arbeiten
3 *vermittelnd od hindernd* eintreten, einschreiten, *absolut od alicui rei* in Bezug auf etw
▶ deutsch: **intervenieren**
interventor ⟨interventōris⟩ M ||intervenire||
störender Besucher
inter-ventum PPP → intervenire
interventus ⟨interventūs⟩ M ||intervenire||
1 Dazwischenkommen
2 (nachkl.) Vermittlung, Beistand
inter-vertere ⟨vertō, vertī, versum 3.⟩
1 unterschlagen, entziehen
2 (nachkl.) verschwenden, durchbringen
3 übergehen, **aedilitatem** das Amt des Ädils
4 *Plaut.* j-n um etw bringen, *aliquem re*
inter-vīsere ⟨vīsō, vīsī, vīsum 3.⟩
1 von Zeit zu Zeit nach *etw* sehen, *absolut od +indir Fragesatz*; **domum ~** von Zeit zu Zeit nach Hause gehen und nachsehen
2 von Zeit zu Zeit besuchen, *aliquem* jdn
inter-volitāre ⟨ō, -, - 1.⟩ *Liv.* dazwischen umherfliegen
inter-vomere ⟨ō, -, - 3.⟩ *Lucr.* dazwischen ergießen, dazwischen von sich geben
inter-vortere ⟨vortō, vortī, vorsum 3.⟩ (altl.) = **intervertere**
in-testābilis[1] ⟨intestābile⟩ ADJ ||testari||
1 unfähig Zeuge zu sein, unfähig zu einem Testament
2 *fig* ehrlos, infam, verabscheuungswürdig
in-testābilis[2] ⟨intestābile⟩ ADJ ||testis[2]|| zeugungsunfähig, *auch im Doppelsinn zu intestabilis[1] verwendet*
in-testātus[1] ⟨a, um⟩ ADJ ||testor||
1 ohne Testament; **intestato mori** sterben ohne ein Testament gemacht zu haben
2 *Plaut.* nicht durch Zeugen überführt
in-testātus[2] ⟨a, um⟩ ADJ *Plaut.* = **intestabilis**[2]
intestīnum ⟨ī⟩ N ||intestinus||
1 Innereien, Darm; *pl* Eingeweide *in der Bauchhöhle*
2 PL *Plaut.* Einlegearbeit *des Kunsttischlers*
intestīnus ⟨a, um⟩ ADJ ||intus||

1 innerlich, im Innern befindlich, *in der Einzelperson, in Familie od Staat*
2 im Innern der Seele, subjektiv
3 einheimisch
in-texere ⟨texō, texuī, textum 3.⟩
1 einweben, hineinweben, *aliquid alicui rei* etw in etw; **aurum vestibus ~** Gold in die Kleider weben
2 *fig* verweben, verflechten, einfügen, *bes in die Rede, aliquid alicui rei|in re* etw in etw, etw mit etw
3 *fig* redend einführen
4 (nachkl.) *poet* umflechten, umgeben; **hastas floribus ~** Lanzen mit Blumen umflechten
intibum ⟨ī⟩ N (nachkl.) *poet* wilde Zichorie, Endivie
intimus
A ⟨a, um⟩ ADJ, ADV ⟨intimē⟩ ||inter||
1 innerster; **intima Macedonia** der innerste Teil Makedoniens; **intima spelunca** der tiefste Teil des Kellers; **angulus ~** der geheimste Winkel
2 *fig* am tiefsten eindringend, gründlich; **disputatio intima** erschöpfende Erörterung; **philosophia intima** das Wesentliche der Philosophie
3 geheimster
4 wirksamster
5 vertrautester, eng befreundet; **amicus ~** engster Freund, Busenfreund; **intime** herzlichst; **intime uti aliquo** sehr engen Umgang mit j-m haben
B ⟨ī⟩ M Busenfreund
▶ deutsch: **intim**
französisch: **intime**
spanisch: **íntimo**
italienisch: **intimo**
in-tingere ⟨tingō, tīnxī, tīnctum 3.⟩ (unkl.) eintauchen, **calamum** die Schreibfeder
in-tolerābilis ⟨intolerābile, *adv* intolerābiliter⟩ ADJ
1 *Liv.* unwiderstehlich
2 *von Personen u. Sachen* unerträglich, *auch fig, alicui* für jdn
in-tolerandus ⟨a, um⟩ ADJ = **intolerabilis**
in-tolerāns ⟨intolerantis, *adv* intoleranter⟩ ADJ
1 unfähig *etw* zu ertragen; unduldsam gegenüber *einer Sache, alicuius rei*; **~ aequalium** unduldsam gegenüber Altersgenossen
2 unerträglich, *alicui* für j-n
3 *adv* unmäßig, maßlos; **intoleranter gloriari** maßlos prahlen
intolerantia ⟨ae⟩ F ||intolerans||
1 Unerträglichkeit
2 maßloses Benehmen
3 (spätl.) Unduldsamkeit

in-tonāre ⟨tonō, tonuī, tonātum 1.⟩
A VI
① *poet* losdonnern, laut donnern; **Fortuna intonat** Fortuna grollt; **intonat** es donnert
② *fig* laut ertönen, dröhnen; **vox tribuni intonat** die Stimme des Tribunen ertönt laut
B VT
① laut ertönen lassen; *Prop.* auf der Laute besingen
② *passiv* sausend herniederfahren; **Eois intonata fluctibus hiems** *Hor.* aus den östlichen Fluten donnernder Wintersturm
in-tōnsus ⟨a, um⟩ ADJ ||in-², tondere||
① ungeschoren, mit langem Haar; **~ comas** *griech. akk* mit ungeschorenem Haar
② *fig von Bäumen* dicht belaubt; *von Bergen* dicht bewaldet
in-torquēre ⟨torqueō, torsī, tortum 2.⟩
① hineindrehen, einflechten, *aliquid alicui rei* etw in etw; **angues capillis ~** Schlangen ins Haar einflechten
② hineinbohren, *aliquid alicui rei* etw in etw; **hastam tergo ~** die Lanze in den Rücken bohren
③ *allg.* flechten, winden; **capilli intorti** gekräuselte Haare; **oculos ~** die Augen rollen
④ schwingen, schleudern; **iaculum alicui ~** ein Geschoss gegen j-n schleudern
⑤ drehen, verdrehen; **mentum dicendo ~** das Kinn beim Sprechen schief ziehen; **mores ~** *fig* die Sitten verderben
intrā
A ADV innerhalb, inwendig
B PRÄP +*akk*
① *zeitl.* innerhalb, *bes* diesseits; **intra parietes** innerhalb der Mauern; **intra se** in seinem Innern, bei sich; **intra montem** diesseits des Berges
② *bei Verben der Bewegung auch auf die Frage „wohin?"* in … hinein; **intra munitiones se recipere** sich in die Festung zurückziehen; **abdere ferrum intra vestes** einen Dolch unter den Kleidern verbergen; **intra fossam legiones reducere** die Legionen hinter den Graben zurückführen
③ *zeitl.* innerhalb, während; **intra decem annos** innerhalb von zehn Jahren; **intra decimum diem, quam venerat** innerhalb von zehn Tagen nach seiner Ankunft
④ *bei Zahl-, Maß- od Grenzangaben* innerhalb, innerhalb der Schranken; **intra modum** innerhalb des rechten Maßes; **intra fortunam manere** innerhalb seines Standes bleiben
⑤ unter, weniger als; **intra centum** weniger als hundert
⑥ **intra muros** (*mlat.*) nicht öffentlich, geheim
intrābilis ⟨intrābile⟩ ADJ ||intrare|| *Liv.* zugänglich
in-tractābilis ⟨intractābile⟩ ADJ (*nachkl.*) *poet* schwer zu behandeln; wild
in-tractātus ⟨a, um⟩ ADJ ||in-², tractare||
① nicht behandelt; **equus ~** nicht zugerittenes Pferd
② unversucht; **scelus intractatum** nicht versuchtes Verbrechen
in-trācursus ⟨a, um⟩ ADJ ||in-², tra(ns)currere|| *Sen.* (noch) nicht durchlaufen
in-trāre² ⟨ō, āvī, ātum 1.⟩ ||intra||
A VI
① eintreten, hineingehen, *auch fig bes von Zuständen u. Verhältnissen*; **dolor intrat** Schmerz tritt ein; **in possessionem ~** in den Besitz treten
② *fig geistig* eindringen, *in aliquid* in etw, **in rerum naturam** in das Wesen der Dinge; **~ in alicuius familiaritatem** sich mit j-m auf vertrauten Fuß stellen; **magis ~** tiefer eindringen, **in suum animum ~** in sich gehen
B VT
① betreten, MIL eindringen, *aliquid* in etw; **urbem ~** die Stadt betreten, in die Stadt einrücken; **domus intrata est** das Haus wurde betreten
② *fig von Gefühlen* ergreifen, befallen, *aliquem/animum alicuius* j-n
③ *Mart.* durchstechen, **aprum** einen Eber
in-tremere ⟨ō, -, - 3.⟩ ||intremere||, **in-tremīscere** ⟨tremīscō, tremuī, - 3.⟩ (*nachkl.*) *poet* erzittern, erbeben; **genua intremiscunt timore** die Knie zittern vor Angst
in-trepidus ⟨a, um, *adv* intrepidē⟩ ADJ unerschrocken, unverzagt, *alicui* gegen j-n; **intrepide se recipere** sich in Ruhe und Ordnung zurückziehen
in-tribuere ⟨ō, -, - 3.⟩ besteuern
in-trīcāre ⟨ō, āvī, ātum 1.⟩ ||in¹, tricae|| in Verlegenheit bringen
intrīn-secus ADV
① inwendig, im Inneren
② *Suet.* einwärts, nach innen
in-trītus ⟨a, um⟩ ADJ noch ungeschwächt
intrō¹ ADV hinein, herein
intrō-dūcere ⟨dūcō, dūxī, ductum 3.⟩
① hineinführen, einführen; **copias ~** Truppen einrücken lassen
② *fig* einführen, vorlassen; **philosophiam Graecam in Italiam ~** die griechische Philosophie in Italien einführen
③ *fig* einführen, anordnen
④ *fig in der Rede* vorführen, anführen
⑤ *fig* einen Satz als Behauptung aufstellen, behaupten
intrōductiō ⟨intrōductiōnis⟩ F ||introducere|| Einführen, Zuführung

intro-eō → introire
intro-ferre ⟨ferō, tulī, - 0.⟩ hineinbringen, hineintragen
intrō-gredī ⟨gredior, gressus sum 3.⟩ ||gradī|| (nachkl.) poet hineingehen, eintreten
intro-iī → introire
intro-īre ⟨iō, iī, itum 0.⟩
- **A** VI hineingehen; MIL einziehen
- **B** VT betreten

intro-itum PPP → introire
introitus ⟨introitūs⟩ M ||introire||
1. Eintritt, Einzug; *von Schiffen* Einlaufen, **in portum** in den Hafen
2. *fig* Anfang, Vorspiel; Einleitung
3. *Plin.* Antritt *eines Amtes*
4. Eingang *als Ort*, Zugang, Öffnung
5. (*mlat.*) Eingangsgebet, Eingangsgesang
6. (*mlat.*) Eintrittsgeld

intrō-mittere ⟨mittō, mīsī, missum 3.⟩ hineinschicken, einmarschieren lassen, einlassen, vorlassen, *auch fig*; **voluptates ~** Vergnügungen einlassen
intrōrsum, intrōrsus ADV
1. nach innen; landeinwärts
2. (*nachkl.*) *poet* innerlich, inwendig

intrō-rumpere ⟨rumpō, rūpī, ruptum 3.⟩ hereinbrechen, einbrechen; **hostes eā introruperunt** die Feinde brachen dort ein
intrōspectāre ⟨ō, -, - 1.⟩ ||introspicere|| *Plaut.* hineinschauen
intrō-spicere ⟨spiciō, spexī, spectum 3.⟩ ||specere||
1. in *etw* hineinschauen; *etw* besichtigen, *aliquid*
2. *fig* prüfend betrachten, mustern

intrōsum ADV *Lucr.* = **introrsum**
intrō-tulī → introferre
intrō-vocāre ⟨ō, -, - 1.⟩ hereinrufen
intubum ⟨ī⟩ N = **intibum**
in-tuērī ⟨tueor, tuitus sum 2.⟩
1. hinschauen; anschauen, , *in aliquid* auf etw, *aliquid* etw; **deos patrios ~** die heimischen Götter ansehen; **terram ~** zu Boden sehen
2. *Plin.* geografisch nach *etw* liegen, *aliquid*; **cubiculum montes intuitur** das Schlafzimmer liegt zum Gebirge hin
3. bewundernd auf *j-n* sehen, *j-n* anstaunen, *aliquem*; **Pompeium sicut aliquem de caelo delapsum ~** den Pompeius wie j-n, der vom Himmel gefallen ist, anstaunen
4. *geistig* betrachten, erwägen
5. berücksichtigen, beachten, **voluntatem audientium** den Willen der Zuhörer

in-tuī ⟨tuor, tuitus sum 3.⟩ = **intueor**
in-tulī → inferre
in-tumēscere ⟨tumēscō, tumuī, - 3.⟩ (*nachkl.*)
1. anschwellen
2. *fig* sich aufblasen, sich aufblähen, **superbiā** vor Hochmut
3. *fig* zornig werden, *alicui* auf j-n
4. *fig* zunehmen, wachsen

in-tumulātus ⟨a, um⟩ ADJ ||in-², tumulare|| *Ov.* unbeerdigt, unbestattet
intumus ⟨a, um⟩ ADJ (*altl.*) = **intimus**
in-turbātus ⟨a, um⟩ ADJ *Plaut.* nicht bestürzt
in-turbidus ⟨a, um⟩ ADJ *Tac.*
1. nicht beunruhigt, ruhig
2. friedfertig

intus ADV
1. (*vkl., nachkl.*) von drinnen, von innen
2. innen, inwendig; **extra et ~** außen und innen
3. zu Hause; *auch* in der Stadt, im Lager
4. im Innern, im Herzen
5. (*nachkl.*) *poet* nach innen, hinein; **~ aliquem ducere** j-n hineinführen

in-tūtus ⟨a, um⟩ ADJ (*nachkl.*)
1. ungeschützt, schutzlos; **intuta moenium** *subst* schwache Stellen der Mauern
2. unzuverlässig, unsicher

inula ⟨ae⟩ F (*nachkl.*) *poet* Alant, *Arznei- u. Gewürzpflanze, Korbblütler*
īnuleus ⟨ī⟩ M → hinnuleus
in-ultus ⟨a, um⟩ ADJ ||in-², ulcisci||
1. ungerächt; **cives inulti perierunt** die Bürger gingen ungerächt zugrunde
2. ungestraft, straflos; **aliquem inultum esse pati/sinere** j-n ungestraft lassen; **odium inultum** unbefriedigte Rachsucht

in-umbrāre ⟨ō, āvī, ātum 1.⟩
- **A** VT (*unkl.*), verdunkeln; *fig* in den Schatten stellen
- **B** VI (*unkl.*) dunkeln, dunkel werden; **inumbrante vesperā** in der Abenddämmerung

in-undāre ⟨ō, āvī, ātum 1.⟩
- **A** VT
  1. überschwemmen, überfluten, **campum** das Feld; **Cimbri Italiam inundaverunt** *fig* die Kimbern überschwemmten Italien
  2. Überschwemmungen anrichten, herbeiströmen, *absolut*
- **B** VI überfließen, *re* von etw, **sanguine** von Blut

inundātiō ⟨inundātiōnis⟩ F ||inundare|| (*nachkl.*) Überschwemmung
in-ungere ⟨ungō, ūnxī, ūnctum 3.⟩, **in-unguere** ⟨unguō, ūnxī, ūnctum 3.⟩ einsalben, bestreichen; *passiv* sich salben; **inuncta conchis** Bohnen in Öl
in-urbānus ⟨a, um, *adv* inurbānē⟩ ADJ
1. unstädtisch; ungebildet
2. ungefällig

3 geschmacklos

in-ūrere ⟨ūrō, ussī, ustum 3.⟩

1 (nachkl.) poet einbrennen, *aliquid alicui rei* etw einer Sache

2 fig kennzeichnen; pej brandmarken, *aliquem/aliquid re* j-n/etw mit etw

3 fig einprägen; verursachen; **alicui famam superbiae ~** j-m den Ruf des Hochmutes anhängen; **dolorem ~** Schmerz zufügen

4 (nachkl.) fig anbrennen, erhitzen

5 *Quint.* mit dem Brenneisen brennen = frisieren

6 **calamistris ~** fig mit erkünsteltem Redeschmuck aufputzen

in-urgēre ⟨urgeō, ursī, - 2.⟩, **in-urguēre** ⟨urgueō, ursī, - 2.⟩ *Lucr.* eindringen

in-ūsitātus ⟨a, um, *adv* inūsitātē⟩ ADJ ungebräuchlich, ungewöhnlich, *alicui* für jdn

in-ūtilis ⟨inūtile⟩ ADJ, ADV ⟨inūtiliter⟩

1 *von Personen u. Sachen* unbrauchbar, untauglich, *alicui rei/ad rem* für etw; **corpus inutile** kampfunfähiger Körper

2 nachteilig, schädlich, *alicui* für jdn

inūtilitās ⟨inūtilitātis⟩ F ||inutilis||

1 *Lucr.* Unbrauchbarkeit

2 Schädlichkeit, Verderblichkeit

Inuus ⟨ī⟩ M urspr. selbstständiger Gott, später dem Gott Pan als Befruchter der Herden gleichgesetzt; **Inui Castrum** alte Küstenstadt in Latium in der Nähe der Tibermündung

in-vādere ⟨vādō, vāsī, vāsum 3.⟩

1 gewaltsam hineingehen, eindringen
2 betreten
3 kühn unternehmen, angehen
4 angreifen
5 anfahren, zur Rede stellen
6 überkommen, überfallen
7 raubend überfallen, raubend an sich reißen
8 stürmisch umarmen

1 gewaltsam hineingehen, eindringen, *in aliquid/aliquid* in etw; **in urbem cum exercitu ~** in die Stadt mit einem Heer eindringen; **ignis invadit das Feuer dringt ein**

2 *einen Ort* betreten, *an einen Ort* gelangen, *aliquid;* **urbem ~** die Stadt betreten, in die Stadt gelangen

3 (nachkl.) poet kühn unternehmen, angehen; **proelium ~** eine Schlacht führen

4 auf j-n/etw losgehen, j-n angreifen, *in aliquem/ in aliquid u. aliquem/aliquid*; **hostes ~** die Feinde angreifen; **in collum alicuius ~** j-m stürmisch um den Hals fallen

5 (nachkl.) mit Worten anfahren, zur Rede stellen;

aliquem mināciter ~ j-n unter Drohungen zur Rede stellen

6 *von Affekten od Krankheiten* überkommen, überfallen, *in aliquem/aliquem/alicui* j-n, *in aliquid/aliquid* etw; *absolut* = hereinbrechen, sich verbreiten; **pestis invadit in aliquem** j-n befällt eine Krankheit; **aliquem metus invadit** j-n befällt Angst; **terror invadit** Schrecken verbreitet sich

7 raubend überfallen; angreifen, *in aliquid/aliquid* etw; **in alicuius praedia ~** j-s Güter überfallen; **in Marii nomen ~** sich den Namen des Marius anmaßen; **consulatum ~** das Konsulat an sich reißen

8 *Petr.* stürmisch umarmen, **aliquem basiolis** j-n unter Küssen

in-valēscere ⟨valēscō, valuī, - 3.⟩ (nachkl.) erstarken, die Oberhand gewinnen; **verba temporibus invalescunt** die Wörter kommen mit der Zeit in Gebrauch

in-validus

A ⟨a, um⟩ ADJ kraftlos, schwach; **homo senectā ad munera corporis ~** ein Mann, durch das Alter zu schwach für körperliche Arbeiten

B ⟨ī⟩ M Schwacher, Kranker

in-vāsī → invadere

invāsiō ⟨invāsiōnis⟩ F ||invadere|| (spätl.) Angriff, Einfall

▶ deutsch: **Invasion**

invāsor ⟨invāsōris⟩ M ||invadere|| (spätl.) Angreifer, Eroberer

in-vāsus ⟨a, um⟩ PPP → invadere

invectīcius ⟨a, um⟩ ADJ ||invehere|| (nachkl.) eingeführt, nicht heimisch; fig seicht

invectiō ⟨invectiōnis⟩ F ||invehere||

1 Einfuhr *von Waren*, Import
2 Einfahrt

invectīvae ⟨ārum⟩ F ||invectivus|| Schmähreden, *von Ciceros Reden gegen Catilina*

invectīvus ⟨a, um⟩ ADJ ||invehere|| schmähend

in-vehere ⟨vehō, vēxī, vectum 3.⟩

1 hineinführen, heranführen
2 einführen, importieren
3 verursachen
4 hineinfahren, hineinreiten
5 angreifen
6 sich gegen j-n ereifern

1 hineinführen, heranführen; **frumenta ~** Getreide (in die Scheunen) einfahren; **Euphrates novos agros invehit** der Euphrat schwemmt neues Land an; **pecuniam in aerarium ~** Geld in die Staatskasse bringen; **mare opes litoribus invehit** das Meer wirft Schätze an die Küsten; **bellum ~ totam in Asiam** Krieg über ganz Asien bringen

2 einführen, importieren; **vinum in Galliam ~** Wein nach Gallien einführen

3 fig über j-n bringen, j-m verursachen, j-m zufügen, *alicui*; *passiv* hereinbrechen; **divitiae avaritiam invehit** Reichtum verursacht Habsucht

4 *passiv u.* **se ~** hineinfahren, hineinreiten, hineinfließen, hineinfliegen, +*abl des Mittels, in aliquid/aliquid/alicui rei* in etw; *von Flüssen* einherfließen, heranströmen; **curru invehi** auf dem Wagen hineinfahren; **equo invehi** hineinreiten; **invehi in portum** in den Hafen einlaufen; **moenia triumpho ~** triumphierend in die Stadt einziehen

5 *passiv u.* **se ~** feindlich auf j-n/etw losgehen, j-n angreifen, *aliquem/in aliquem/alicui rei*

6 *passiv u.* **se ~** *fig* mit Worten j-n/etw angreifen, sich gegen j-n/etw ereifern, *in aliquem/in aliquid*; **~ multis verbis in perfidiam alicuius** wortreich j-s Ruchlosigkeit angreifen; **nonnulla ~** vielfach sich ereifern

in-vendibilis ⟨invendibile⟩ ADJ *Plaut.* unverkäuflich

in-venīre ⟨veniō, vēnī, ventum 4.⟩

1 auf *etw* kommen, *etw* vorfinden, *meist zufällig*; **amicum in provincia ~** den Freund in der Provinz auffinden; **argenti venas ~** auf Silberadern stoßen; *passiv* gefunden werden, sich zeigen, erscheinen

2 beim Lesen auf etw stoßen; **apud auctores invenio** +*AcI* bei den Schriftstellern finde ich, dass

3 *irgendwie* finden, +*dopp. akk, im passiv* +*dopp. nom*; **aliquem fidum ~** j-n zuverlässig finden

4 zufällig *od* gelegentlich bekommen, gewinnen; **emptorem ~** einen Käufer finden; **nomen ex re ~** von etw einen Namen bekommen; **mortem manu hostium ~** durch Feindeshand sterben

5 ausfindig machen, erfahren; **coniurationem ~** eine Verschwörung entdecken; **viam ~** Mittel und Wege finden; **inventum est** man fand, man fand heraus

6 ermöglichen, schaffen; **ferro viam ~** sich mit dem Schwert den Weg bahnen

7 *passiv u.* **se ~** sich dareinfinden

inventārium ⟨ī⟩ N ||invenire|| (*spätl.*) Vermögensverzeichnis, Nachlassverzeichnis

inventiō ⟨inventiōnis⟩ F ||invenire||

1 Finden, Auffinden

2 Erfinden; RHET Erfindung

3 *meton* Erfindungsgabe

4 (*nachkl.*) *konkr.* Erfindung = Erfundenes

inventiuncula ⟨ae⟩ F ||inventio|| *Quint.* wertlose Erfindung

inventor ⟨inventōris⟩ M ||invenire|| Erfinder, Urheber; **~ scelerum** Anstifter zu Verbrechen

inventrīx ⟨inventrīcis⟩ F ||inventor|| Schöpferin

inventum ⟨ī⟩ N ||invenire||

1 Erfindung, Entdeckung; *pl* Lehren, Ansichten

2 PL das Erworbene

in-ventus ⟨a, um⟩ PPP → invenire

in-venustus ⟨a, um, *adv* invenustē⟩ ADJ

1 ohne Anmut

2 *Ter.* unglücklich in der Liebe

in-verēcundus ⟨a, um, *adv* inverēcundē⟩ ADJ (*unkl.*) unverschämt, schamlos; **~ deus** schamloser Gott, = Bacchus, *weil er alles ausplaudert*

in-vergere ⟨ō, -, - 3.⟩ *poet*, REL daraufgießen, *aliquid alicui rei* etw auf etw

inversiō ⟨inversiōnis⟩ F ||invertere||

1 *Quint.* Umstellung, **verborum** von Wörtern

2 *fig* Ironie, versteckter Spott

3 *Quint.* Allegorie

in-vertere ⟨vertō, vertī, versum 3.⟩

1 umwenden, umdrehen; **annus inversus** sich dem Ende näherndes Jahr

2 *poet* umpflügen; *vom Wind* aufwühlen; *alicui rei* in etw; **solum vomere ~** den Boden umpflügen

3 *fig* verschlechtern, verderben

4 *fig* übel deuten; ironisch gebrauchen

5 (*nachkl.*) *fig* verändern, *bes* mit anderen Worten ausdrücken

in-vesperāscit ⟨-, - 3.⟩ *Liv.* es wird Abend

in-vestīgāre ⟨ō, āvī, ātum 1.⟩ aufspüren; *fig* erkunden; **~ de aliquo** nach j-m Nachforschungen anstellen

investīgātiō ⟨investigātiōnis⟩ F ||investigare|| Erforschung

investīgātor ⟨investīgātōris⟩ M ||investigare|| Erforscher, Aufspürer

in-vestīre ⟨iō, (īvī), ītum 4.⟩ (*nachkl.*) bekleiden

investitura ⟨ae⟩ F (*mlat.*) Investitur, *feierliche Einsetzung eines Bischofs*

in-veterāre ⟨ō, āvī, ātum 1.⟩ ||vetus|| etw alt machen, *einer Sache* Dauer verleihen, *aliquid*; *passiv* alt werden, einwurzeln

inveterāscere ⟨veterāscō, veterāvī, - 3.⟩ ||inveterare||

1 *von Personen u. Sachen* alt werden

2 *fig* sich einnisten, sich eingewöhnen; **macula inveterascit in nomine alicuius** ein Makel verbindet sich mit j-s Namen; **inveteravit, ut** es ist herkömmlich, dass; **honor huic urbi inveteravit** die Ehre ist mit dieser Stadt verwachsen

3 veralten = auf die lange Bank geschoben werden

inveterātiō ⟨inveterātiōnis⟩ F ‖inveterare‖ Einwurzelung; *meton* eingewurzelter Fehler

inveterātus ⟨a, um⟩ ADJ ‖inveterare‖ alt, eingewurzelt

in-veterāvī → inveterāscere u. → inveterare

invia ⟨ōrum⟩ N ‖invius‖ unwegsames Gelände

in-vicem ADV, *auch getrennt*

1 abwechselnd, wechselweise; **defatigatis ~ integri succedunt** den Erschöpften rücken jeweils Ausgeruhte nach

2 (*nachkl.*) einander, einer den anderen, gegenseitig, auf beiden Seiten; **~ se occidere** sich gegenseitig töten

3 (*nachkl.*) *poet* umgekehrt, andererseits, dagegen, meinerseits, deinerseits *usw.*; **requiescat tandem Italia, uratur ~ Africa** *Liv.* möge Italien endlich Ruhe haben, Afrika dagegen brennen

in-victus ⟨a, um⟩ ADJ ‖in-², vincere‖ *von Personen u. Sachen* unbesiegbar, unüberwindlich, *ad aliquid/in aliquid* in Bezug auf etw, für etw, *adversus aliquid* gegenüber etw; **fides invicta** unerschütterliche Treue; **invicta sibi quaedam facere** sich gewisse unüberwindliche Schranken setzen; **ab hoste ~** vom Feind unbesiegt; **~ adversus libidines** unüberwindlich gegenüber Leidenschaften

invidendus ⟨a, um⟩ ADJ ‖invidere‖ (*nachkl.*) *poet* beneidenswert

invidēns ⟨invidentis⟩ M ‖invidere‖ Neider

invidentia ⟨ae⟩ F ‖invidens‖ PHIL Neid

in-vidēre ⟨videō, vīdī, vīsum 2.⟩

1 j-n um etw beneiden, j-m etw missgönnen, *alicui alicui rei/alicuius alicui rei/alicui in re/alicui aliquid/alicui re/alicuius rei, quod/ut/ne* dass/dass nicht, *alicui +inf/+AcI*; **~ divitiis alicuius** j-n um seinen Reichtum beneiden; **alicui in purpura ~** j-n um seinen Purpur beneiden; **alicui invidetur** j-d wird beneidet; **invideor** ich werde beneidet

2 aus Neid vorenthalten, entziehen, *alicui aliquid* j-m etw, *+inf/+AcI*

3 (*vkl., Catul.*) mit bösem Blick ansehen, durch böse Blicke Unheil bringen

invidia ⟨ae⟩ F ‖invidere‖

1 Neid, *den jd hegt*, Missgunst; **deorum invidiam movere** den Neid der Götter erregen; **absit verbo ~** mit Verlaub gesagt

2 *meton* Neider, neidische Person

3 Grund zum Neid; **quae tandem ~ est?** welchen Grund zum Neid gibt es denn eigentlich?

4 Neid, *der gegen j-n gehegt wird*, Missgunst, *alicuius* j-s, bei j-m, *alicuius rei* wegen etw; **in invidia esse/invidiam habere** verhasst sein; **aliquem in invidiam vocare/adducere** j-n verhasst machen; **invidiā premi/ardere** angefeindet werden; **in invidiam venire/incidere** verhasst werden; **hoc ei magnae invidiae erat** das wurde ihm sehr übel genommen; **~ decemviralis** Hass gegen die Dezemviren

5 Anfeindung, üble Nachrede, *alicuius rei* von etw, wegen etw

6 *meton* Gegenstand des Neides; **invidiae aut pestilentiae possessores** die Besitzer von beneideten oder ungesunden Grundstücken

⚠ **Invidia gloriae comes.** Neid ist der Begleiter des Ruhms = Ruhm erzeugt Neid.

Invidia ⟨ae⟩ F Dämon des Neides, *von den Furien in die Unterwelt gestoßen*

invidiōsus ⟨a, um, *adv* invidiōsē⟩ ADJ

1 neidisch, missgünstig

2 beneidet, beneidenswert, *alicui* für j-n

3 Hass erregend, Unwillen erregend, *alicui/in aliquem* gegen j-n; **crimen invidiosum** blamierender Vorwurf

4 verhasst, widerwärtig, *a re* infolge von etw

invidus

A ⟨a, um⟩ ADJ ‖invidere‖ neidisch, missgünstig, *alicui/alicuius rei* auf j-n/auf etw; **nox coeptis nostris invida** eine für unser Vorhaben ungünstige Nacht

B ⟨ī⟩ M

1 Neider

2 (*mlat.*) Teufel

in-vigilāre ⟨ō, āvī, ātum 1.⟩

1 (*nachkl.*) *poet* wachen, *alicui rei* bei etw, in etw, über etw; **alicuius ~** bei der Krankheit wachen

2 *fig* etw überwachen, auf *etw* bedacht sein, *alicui rei*

in-violābilis ⟨inviolābile⟩ ADJ (*nachkl.*) *poet* unverletzlich

in-violātus ⟨a, um, *adv* inviolātē⟩ ADJ ‖in-², violare‖

1 *von Personen u. Sachen* unverletzt, unversehrt; **nuntius ~** unverletzter Bote; **amicitiā inviolatā** ohne die Freundschaft zu verletzen

2 unverletzlich, immun; **tribunus plebis ~** durch Immunität geschützter Volkstribun

in-vīsere ⟨vīsō, vīsī, (vīsum) 3.⟩

1 nach etw sehen, etw besichtigen, *aliquid*

2 besuchen, aufsuchen

3 *Catul.* erblicken

in-vīsitātus ⟨a, um⟩ ADJ ‖in-², visitare‖

1 *Quint.* unbesucht

2 noch nie gesehen, unbekannt

invīsus¹ ⟨a, um⟩ ADJ ‖invidere‖

1 verhasst; hassenswert; **cypressi invisi** verhasste Zypressen; **aliquem invisum habere** j-n hassen; **dis hominibusque invisum** Göt-

tern und Menschen verhasst
2 j-n hassend, j-m feindlich gesinnt, *alicui*
in-vīsus² ⟨a, um⟩ ADJ ||in-², videre|| **noch nie gesehen**
in-vīsus³ ⟨a, um⟩ PPP → invidere
invītāmentum ⟨ī⟩ N ||invitare|| Lockmittel, Reiz, *alicuius rei* einer Sache, zu etw
in-vītāre ⟨ō, āvī, ātum 1.⟩
1 einladen, **amicum ad cenam** den Freund zum Abendessen
2 bewirten, verpflegen, **aliquem liberaliter** j-n großzügig; **se ~** es sich gut schmecken lassen, sich gütlich tun
3 *fig* auffordern, *aliquem ad aliquid/in aliquid* j-n zu etw; **aliquem ad dimicandum ~** j-n zum Kampf auffordern
4 *fig* reizen, verlocken; **~ militem praemiis ad proditionem** den Soldaten durch Belohnungen zum Verrat verleiten
invītātiō ⟨invītātiōnis⟩ F ||invitare|| Einladung; *fig* Aufforderung, *alicuius j-s od* an j-n, *alicuius rei/ad aliquid* zu etw
invītātor ⟨invītātōris⟩ M ||invitare|| *Mart.* Einlader, Angestellter, der zu Gelagen einladen musste
invītātus ⟨nur abl sg invītātū⟩ M = **invitatio**
in-vītus ⟨a, um, *adv* invītē u. (altl.) invītō⟩ ADJ **von Personen u. Sachen** unfreiwillig, ungern; **magister hoc ~ fecit** der Lehrer tat dies unfreiwillig; **aliquo invito** gegen j-s Willen; **parentibus invitissimis** ganz gegen den Willen der Eltern
in-vius ⟨a, um⟩ ADJ ||in-², via|| *(nachkl.) poet* unwegsam, *auch* unzugänglich, *alicui* für j-n; **via virtuti invia** ein für die Tugend nicht gangbarer Weg
in-vocāre ⟨ō, āvī, ātum 1.⟩
1 anrufen, zu Hilfe rufen, *aliquem alicui/adversus aliquem* j-n gegen j-n; **deos testes ~** die Götter als Zeugen anrufen
2 *(vkl., nachkl.)* benennen, nennen; **aliquem dominum ~** j-n Herr nennen
invocātiō ⟨invocātiōnis⟩ F ||invocare|| *(nachkl.)* Anrufung
in-vocātus¹ ⟨a, um⟩ PPP → invocare
in-vocātus² ⟨a, um⟩ ADJ ||in-², vocare|| **nicht gerufen, nicht eingeladen**
in-volāre ⟨ō, āvī, ātum 1.⟩
1 *(vkl., nachkl.)* hineinfliegen
2 feindlich sich stürzen, *aliquid* auf etw; sich stürmisch bemächtigen, *in aliquid/aliquid* einer Sache; **castra ~** sich auf das Lager stürzen; **cupido animos involat** die Begierde ergreift die Seelen; **~ in possessionem vacuam** sich eines herrenlosen Besitzes bemächtigen
involātus ⟨involātūs⟩ M ||involare|| **Flug**
involitāre ⟨ō, -, - 1.⟩ ||involare|| auf *etw* flattern, über *etw* flattern, *alicuius rei*
involūcre ⟨involūcris⟩ N ||involvere|| *Plaut.* Hülle, *bes* Frisiermantel
involūcrum ⟨ī⟩ N ||involvere||
1 Hülle, Decke
2 *fig* Fülle
involūtus ⟨a, um⟩ ADJ ||involvere|| in Dunkel gehüllt, schwer verständlich
in-volvere ⟨volvō, volvī, volūtum 3.⟩
1 hineinwälzen, hinaufwälzen; **~ cupas** Fässer daraufrollen; **silvas ~** Wälder mitreißen; *passiv* niederstürzen, *alicui* auf etw, *fig* sich einschleichen, eindringen
2 einhüllen, verhüllen; **vera obscuris verbis ~** die Wahrheit in dunkle Worte hüllen; **bellum pacis nomine ~** den Krieg unter dem Wort Frieden verstecken; **se ~ laqueis interrogationis** sich in den Schlingen der Befragung verstricken; **se ~ litteris** sich in die Wissenschaft vergraben; *passiv* sich hüllen
involvulus ⟨ī⟩ M ||involvere|| *Plaut.* Wickelspinner, kleiner Schmetterling
in-vulnerābilis ⟨invulnerābile⟩ ADJ ||vulnerare|| *Sen.* unverwundbar
in-vulnerātus ⟨a, um⟩ ADJ ||in-², vulnerare|| **unverwundet**
iō INT *des Schmerzes* o!, ach!; *auch der Freude* juchhe!; **io triumphe!** auf zum Triumph!
Iō ⟨Īūs u. Iōnis⟩ F Tochter des argivischen Königs Inachos, Geliebte des Zeus, von Hera in eine Kuh verwandelt, von Argos bewacht, floh von einer Bremse gejagt nach Ägypten, wo sie wieder Menschengestalt erhielt u. als Isis verehrt wurde
Iōannēs ⟨Iōannis⟩ M = **Iohannes**
iocārī ⟨or, ātus sum 1.⟩ ||iocus||
A VI scherzen, spaßen, schäkern, *in re* bei etw; **~ in aliquid** scherzend auf etw anspielen
B VT scherzend sagen, spottend vorbringen
iocātiō ⟨iocātiōnis⟩ F ||iocari|| Scherz
iocator ⟨iocatoris⟩ M *(mlat.)* Gaukler, Spielmann
iocineris → iocur
iocōsus ⟨a, um, *adv* iocōsē⟩ ADJ ||iocus|| *von Personen u. Sachen* scherzhaft, neckisch
ioculārī ⟨or, - 1.⟩ ||ioculus|| *Liv.* = **iocari**
iocularia ⟨ōrum⟩ N ||iocularis|| *poet* Späße
ioculāris ⟨ioculāre, *adv* iocula̅riter⟩ ADJ ||ioculus|| *von Sachen* scherzhaft, possierlich
ioculārius ⟨a, um⟩ ADJ ||ioculari|| *Ter.* spaßhaft
ioculātor ⟨ioculātōris⟩ M ||ioculari|| Witzbold, Spaßmacher; **scenici ioculatores** *(spätl.)* Mimen
ioculus ⟨ī⟩ M ||iocus|| *Plaut.* kleiner Scherz, Witz
iocur ⟨iocineris⟩ N = **iecur**
iocus ⟨ī⟩ M, PL **iocī**, **ōrum** M *u.* **ioca, ōrum** N
1 Scherz, Spaß; **ioca atque seria** Heiteres und

Ernstes; **alicui iocos dare/movere** j-n belustigen; **per iocum/ioco** im Scherz; **extra iocum/ remoto ioco** Spaß beiseite

2 *meton* Gegenstand des Scherzes

3 *fig* Spiel, Zeitvertreib

4 *meton* **scherzhaftes Gedicht, Scherzlied**

5 *Ov. fig* Liebesspiel, Tändelei

6 *fig* Kinderspiel, Kleinigkeit; **quibus ius iurandum ~ est** für die der Eid eine Kleinigkeit ist

> deutsch: **Jux**
> englisch: **joke**
> französisch: **jeu**
> spanisch: **juego**
> italienisch: **gioco**

Iocus ⟨ī⟩ M̄ Gott des Witzes

Iōhannēs ⟨Iōhannis⟩ M̄ *Name mehrerer biblischer Gestalten*; **~ Baptista** Johannes der Täufer; **~ Evangelista** der Evangelist Johannes

Iōlciacus ⟨a, um⟩ ADJ aus Iolcos, von Iolcos

Iōlcos, Iōlcus ⟨ī⟩ F̄ *alte Stadt in Thessalien, Ausgangspunkt der Argonautenfahrt, heute Teil der Stadt Bolos*

Iōnes ⟨Iōnum⟩ M̄ die Ionier, *einer der vier Hauptstämme der Griechen*

Iōnia ⟨ae⟩ F̄ Ionien, *Landschaft an der Westküste Kleinasiens*

Iōniacus, Iōnicus, Iōnius[1], **Īonius**[1] ⟨a, um⟩ ADJ ionisch

Iōnius[2], **Ionius**[2] ⟨a, um⟩ ADJ zu Io gehörig, der Io

Iordānēs ⟨Iordānis⟩ M̄ Jordan, *Fluss in Palästina*

iōta N̄ *indekl* Jota, *griech. Buchstabe, auch Zahlzeichen*; *Mart.* Strich

Iovis → Iuppiter; (*mlat.*) *auch nom* = **Iuppiter**

Īphigenīa ⟨ae⟩ F̄ Tochter des Agamemnon

ipse ⟨a, um, *gen* ipsīus, *dat* ipsī⟩ DEM PR, subst u. adj gebraucht

1 selbst, persönlich; **rex ~ aderit** der König wird persönlich anwesend sein; **veritas se ipsa defendit** die Wahrheit verteidigt sich selbst; **Lentulum omnibus ac mihi ipsi antepono** den Lentulus ziehe ich allen und auch mir selbst vor

2 *zur Hervorhebung der Bedeutung einer Person* er = Herr, Gebieter; Herrin, Gebieterin; **Iora ~ tenebat** die Zügel hielt der Herr selbst; **suam norat ipsam** er kannte seine Herrin; **~ dixit** der Meister hat es gesagt

3 *zur Umschreibung des Besitzverhältnisses* eigen; **mea ipsius domus** mein eigenes Haus; **nostra ipsorum decreta** unsere eigenen Beschlüsse; **illi homines ipsorum linguā Celtae appellantur** jene Menschen nennen sich in ihrer eigenen Sprache Kelten

4 von selbst, freiwillig; **res ipsa se aperuit** die Sache wurde ganz von selbst offenbar; **~ per se** ganz aus eigenem Antrieb

5 schon allein, schon an sich; **saepe metus ~ affert calamitatem** oft führt allein schon die Furcht zum Unheil

6 *steigernd* selbst, sogar; **ipsa virtus contemnitur** selbst die Tugend wird verachtet

7 gerade, genau,; **triginta dies ipsos Athenis fui** genau 30 Tage war ich in Athen; **sub ipso vallo** dicht unter dem Wall; **sub ipso monte** direkt am Fuß des Berges; **post ipsum proelium** unmittelbar nach der Schlacht; **nunc dicam de accusatione ipsa** nun will ich über die eigentliche Anklage sprechen; **nunc ipsum** gerade jetzt; **tum ipsum** gerade damals; **sub ipsa profectione** im Augenblick der Abfahrt; **vita ipsa** das nackte Leben; **ad ipsum mane** bis zum hellen Tag

8 **~/~ quoque/et ~/atque ~** gleichfalls, ebenfalls, *zur Aneihung eines weiteren Subj. an dasselbe Prädikat*; **frater meus Romae est, ego ~ quoque Romam proficiscar** mein Bruder ist in Rom und ich werde ebenfalls nach Rom aufbrechen

īr N̄ *indekl* = **hir**

īra ⟨ae⟩ F̄

1 Zorn, Erbitterung; *pl* Wutausbrüche, Äußerungen von Zorn; **aliquid per iram facere** etw im Zorn tun; **irā commotus/impulsus/inflammatus** wutentbrannt; **alicui irae esse** j-m verhasst sein; **ira in Romanos** Zorn gegen die Römer; **ira fugae** Wut über die Flucht; **ira sua** Zorn gegen sich; **ira paterna** Wut gegen den Vater

2 Heftigkeit; **ira belli** Wüten des Kriegs

3 *Ov. meton* Ursache des Zorns, Grund zum Zorn

4 heftige Begierde

5 (*nachkl.*) Kampfswut

⚠ **Sine ira et studio***Tac.*) Ohne Zorn und Parteinahme = vorurteilslos, unvoreingenommen

īrācundia ⟨ae⟩ F̄ ||iracundus||

1 Neigung zum Zorn, Jähzorn

2 Zornesausbruch, *alicuius rei* über etw

īrācundus ⟨a, um, *adv* īrācundē⟩ ADJ ||ira|| jähzornig, aufbrausend, *in aliquem/adversus aliquem* gegen jdn

īrāscī ⟨īrāscor, - 3.⟩ ||ira|| zornig werden; zornig sein, *absolut od alicui/alicuius rei* gegen j-n/gegen etw; **montibus ~** gegen die Berge wüten; **taurus in cornua irascitur** der Stier stößt wütend mit den Hörnern

īrātus ⟨a, um, *adv* īrātē⟩ ADJ ||ira|| *von Personen u. Sachen* erzürnt, zornig; **deus ~** erzürnter Gott; **mare iratum** stürmisches Meer; **preces iratae**

Flüche; **venter ~** hungriger Magen

īre ⟨eō, iī/īvī, ītum 0.⟩

1. gehen, kommen
2. marschieren, ziehen
3. wandern, reisen
4. losgehen
5. gehen
6. übergehen
7. vonstatten gehen, verlaufen
8. vergehen
9. dauern

1 gehen, kommen; **pedibus ~** zu Fuß gehen; **eodem itinere ~** auf dem gleichen Weg gehen; **sacris ~** vom Opfer kommen; **iter ~** einen Weg gehen; **infitias ~** leugnen; **suppetias ~** zu Hilfe kommen; **exsequias/pompam funeris alicui ~** an j-s Begräbnis teilnehmen; **ex curia ~** aus der Kurie kommen; **in Capitolium ~** auf das Capitol gehen; **in ius ~** vor Gericht gehen; **ad arma ~** zu den Waffen greifen; **cubitum/dormitum ~** schlafen gehen; **venatum ~** auf die Jagd gehen; **itur** man geht; **itum est** man ist gegangen; **subsidio ~** zu Hilfe kommen; **viro ~** zum Mann gehen
2 MIL marschieren, ziehen; **maximis itineribus ~** in Eilmärschen marschieren; **in ordines ~** sich in Reih und Glied stellen
3 wandern, reisen; **equo ~** reiten; **curru ~** im Wagen fahren; **in viscera terrae ~** in das Innere der Erde eindringen; **pedibus in alicuius sententiam ~** fig j-s Meinung beitreten *im Senat*; **in alia omnia ~** für die entgegengesetzte Meinung stimmen; **in duplum ~** noch einmal so viel Strafe zahlen; **per exempla cognata ~** bekannte Beispiele nachahmen
4 auf *etw* losgehen, *ad aliquid/in aliquid/contra aliquid*; an *etw* gehen, *in aliquid*; **alicui obviam ~** j-m entgegengehen; **in consilium ~** zur Beratung gehen; **in suffragium ~** zur Abstimmung schreiten; **praeceps in causam ~** sich kopfüber in die Sache stürzen; **in scelus ~** ein Verbrechen begehen; **se remque publicam perditum ~** auf das eigene und des Staates Verderben ausgehen; **in lacrimas ~** in Tränen ausbrechen
5 gehen; fließen; fliegen; **astra per caelum eunt** die Gestirne ziehen am Himmel entlang; **telum longius it** das Geschoss fliegt weiter; **hasta per corpus it** die Lanze dringt in den Körper ein; **fumus in auras it** Rauch steigt in die Lüfte empor; **sanguis naribus it** Blut strömt aus der Nase; **funis retro it** *Hor.* das Seil *des Lastaufzuges* rollt zurück; **pugna ad pedes it** man beginnt zu Fuß zu kämpfen
6 (nachkl.) poet in *etw* übergehen, zu *etw* werden, *in aliquid*; **odia in perniciem ibunt** der Hass wird in Vernichtung übergehen
7 vonstatten gehen, verlaufen; **valetudo it in melius** die Gesundheit bessert sich
8 (unkl.) vergehen; **it dies** der Tag vergeht; **mores eunt praecipites** die guten Sitten verfallen
9 dauern; **si non tanta quies iret** wenn nicht solche Ruhe herrschte
10 **iri** +*Supin* werden = *inf fut*; **vos laudatum iri spero** ich hoffe, dass man euch loben wird

īrim *abl sg von* → **er**
Īris ⟨Īridis⟩ F Göttin des Regenbogens, Götterbotin
īrōnīa ⟨ae⟩ F feiner Spott, Ironie, *auch* RHET
īrōnicus ⟨a, um, *adv* īrōnicē⟩ ADJ (spätl.) spöttisch, ironisch
Īros ⟨ī⟩ M = Irus
irquus ⟨ī⟩ M = hircus
ir-rāsus ⟨a, um⟩ ADJ ||in-², radere|| *Plaut.* ungeschoren
ir-ratiōnālis ⟨irratiōnāle⟩ ADJ (nachkl.)
1. unvernünftig
2. mechanisch
▶ deutsch: **irrational**

ir-raucēscere ⟨raucēscō, rausī, - 3.⟩ ||in¹, raucus|| heiser werden
irrefrāgābilis ⟨irrefrāgābile⟩ ADJ (spätl.) ohne Widerspruch
ir-religātus ⟨a, um⟩ ADJ ||in-², religere|| nicht zurückgebunden; **Ariadne irreligata comas** Ariadne mit nicht zurückgebundenem Haar
ir-religiōsus ⟨a, um, *adv* irreligiōsē⟩ ADJ (nachkl.) gottlos
ir-remeābilis ⟨irremeābile⟩ ADJ ||in-², remeare|| keine Rückkehr gewährend, unauflösbar; **unda ~** die Rückkehr verwehrende Woge
ir-remediābilis ⟨irremediābile⟩ ADJ ||in-², remedium|| (nachkl.) unheilbar, unversöhnlich
ir-reparābilis ⟨irreparābile⟩ ADJ (nachkl.) poet unwiederbringlich, unersetzlich
ir-rēpere ⟨rēpō, rēpsī, rēptum 3.⟩
1. in *etw* hineinkriechen, hineinschleichen, *in aliquid/aliquid/alicui rei*
2. fig sich einschleichen, sich einnisten, *in aliquid/aliquid/alicui rei* in etw; **~ in mentes hominum** sich in den Köpfen der Menschen einnisten; **in testamentum locupletium ~** in die Testamente der Reichen eingeschmuggelt werden
3. *Tac.* fig Einfluss gewinnen, sich beliebt machen

ir-repertus ⟨a, um⟩ ADJ ||in-², reperire|| poet nicht (auf)gefunden, nicht entdeckt
ir-reprehēnsus ⟨a, um⟩ ADJ ||in-², reprehende-

re|| *Ov.* untadelig

ir-requiētus ⟨a, um⟩ ADJ *(nachkl.) poet* rastlos, unablässig

ir-resectus ⟨a, um⟩ ADJ ||in-², resecare|| *Hor.* unbeschnitten

ir-resolūtus ⟨a, um⟩ ADJ ||in-², resolvere|| *Ov.* unaufgelöst; **vincula irresoluta** unaufgelöste Fesseln

ir-rētīre ⟨iō, īvī, ītum 4.⟩ ||in¹, rete||

1 *(nachkl.) poet* im Netz fangen

2 *fig* fangen, verwickeln; **se ~ erroribus** sich in Irrtümern verstricken

ir-retortus ⟨a, um⟩ ADJ ||in-², retorquere|| *Hor.* nicht zurückgewandt

ir-reverēns ⟨irreverentis, *adv* irreverenter⟩ ADJ *(nachkl.)* unehrerbietig, gleichgültig, *alicui rei* gegen etw

irreverentia ⟨ae⟩ F ||irreverens|| Mangel an Ehrfurcht, Unbescheidenheit, *alicui rei* gegen etw

ir-revocābilis ⟨irrevocābile, *adv* irrevocābiliter⟩ ADJ

1 unwiderruflich

2 unveränderlich

3 unversöhnlich

ir-revocātus ⟨a, um⟩ ADJ ||in-², revocare|| *poet* nicht wieder aufgefordert

ir-rīdēre ⟨rīdeō, rīsī, rīsum 2.⟩

A VI bei *etw* lachen, spotten

B VT verlachen, verspotten

ir-rīdiculē ADV ohne Witz

irrīdiculum ⟨ī⟩ N ||irridere|| *Plaut.* Spott, Gespött

ir-rigāre ⟨ō, āvī, ātum 1.⟩

1 *(vkl.) poet* eine Flüssigkeit irgendwohin leiten

2 bewässern, überschwemmen

3 *(nachkl.) fig* erfrischen, **fessos artūs** die müden Glieder

4 **~ plagis aliquem** *Plaut. hum* j-n verprügeln

irrigātiō ⟨irrigātiōnis⟩ F ||irrigare|| Bewässerung

irriguus ⟨a, um⟩ ADJ ||irrigare||

1 bewässernd; **fons irrigua** bewässernde Quelle

2 bewässert, feucht; **corpus mero irriguum habere** sich die Kehle mit Wein spülen

irrīsiō ⟨irrīsiōnis⟩ F = irrisus

irrīsor ⟨irrīsōris⟩ M ||irridere|| Spötter, Lästermaul

irrīsus ⟨irrīsūs⟩ M ||irridere|| Verspottung, Hohn; **irrisui esse alicui** j-m zum Gespött dienen; **ab irrisu linguam exserere** zum Spott die Zunge herausstrecken

irrītābilis ⟨irrītābile⟩ ADJ ||irritare|| reizbar, leicht erregbar

irrītāmen ⟨irrītāminis⟩ N, **irrītāmentum** ⟨ī⟩ N Reizmittel; *fig* Verlockung, *alicuius rei von etw od zu etw*

irrītāre¹ ⟨ō, -, - 1.⟩ ||irritus|| ungültig machen, brechen, **pactum** einen Vertrag

ir-rītāre² ⟨ō, āvī, ātum 1.⟩

1 *(nachkl.)* reizen; *fig* erregen; **tussim ~** Husten verursachen

2 *fig* zum Zorn od zu einer Leidenschaft reizen, *auch geistig* anregen; **aliquem ad iram ~** j-n zum Zorn reizen

3 erbittern, aufbringen, *aliquem in aliquem* j-n gegen j-n

4 einen Zustand gewaltsam herbeiführen, provozieren

irrītātiō ⟨irrītātiōnis⟩ F ||irritare||

1 Reizung, Anreiz

2 Verlockung

3 *Liv.* Erbitterung

▶ deutsch: Irritation

irrītātor ⟨irrītātōris⟩ M ||irritari|| *(nachkl.)* der reizt, der Anreiz gibt

irritum ⟨ī⟩ N ||irritus|| Misslingen; **aliquid ad irritum redigere** etw vereiteln; **ad irritum/in irritum cadere** fehlschlagen

ir-ritus ⟨a, um⟩ ADJ ||ratus||

1 ungültig; **testamentum irritum** ungültiges Testament

2 *fig von Sachen* vergeblich, ohne Erfolg, unwirksam; **remedium irritum** unwirksames Heilmittel; **ictus ~** Fehlschlag

3 *fig von Personen* nichts ausrichtend, ohne Erfolg; **legati irriti redierunt** die Gesandten kehrten unverrichteter Dinge zurück; **~ alicuius rei** unglücklich in etw, getäuscht in etw

ir-rogāre ⟨ō, āvī, ātum 1.⟩

1 etw gegen *j-n* beim Volk beantragen, *aliquid alicui*, **legem** ein Gesetz; **lex irrogata** Ausnahmegesetz

2 *Strafen* mit Genehmigung des Volkes auferlegen, **alicui supplicium** j-m die Todesstrafe

3 *(nachkl.) poet* auferlegen, zuerkennen

irrogātiō ⟨irrogātiōnis⟩ F ||irrogare|| Auferlegung, **poenae** einer Strafe

ir-rōrāre ⟨ō, āvī, ātum 1.⟩

A VT

1 betauen, benetzen; Regen bringen; **crinem aquis ~** das Haar mit Wasser benetzen; **Atricus irrorat** der Südwestwind bringt Regen

2 *fig* träufeln, *aliquid alicui rei* etw auf etw

B VI tropfen; **lacrimae foliis irrorant** Tränen fallen wie Tautropfen auf die Blätter

ir-rūctō ⟨-, -, āre⟩ *Plaut.* hineinrülpsen

ir-ruere ⟨ruō, ruī, - 3.⟩ in *etw* hineinstürzen, eindringen, *in aliquem/in aliquid*; *fig* sich in etw hineindrängen

ir-rumāre ⟨ō, -, ātum 1.⟩ *Catul., Mart.* Oralver-

irrumātiō ⟨irrumātiōnis⟩ F ||irrumare|| Catul. Oralverkehr

irrumātor ⟨irrumātōris⟩ M ||irrumare|| der Oralverkehr betreibt

ir-rumpere ⟨rumpō, rūpī, ruptum 3.⟩
1 einbrechen, eindringen; **in medios hostes ~** mitten unter die Feinde stürmen
2 fig sich hindernd in etw eindrängen, etw gewaltsam unterbrechen, in aliquid

ir-rūpī → irrumpere

irruptiō ⟨irruptiōnis⟩ F ||irrumpere|| Einfall, Einbruch

ir-ruptum PPP → irrumpere

irruptus ⟨a, um⟩ ADJ ||in-², rumpere|| nicht zerrissen, unzerreißbar

Īrus ⟨ī⟩ M bei Homer Bettler aus Ithaka; meton Bettler

is ⟨ea, id, gen eius, dat eī⟩ DEM PR, PERS PR subst u. adj gebraucht
1 derselbe, dieselbe, dasselbe; dieser, diese, dieses; der, die, das; er, sie, es, auf Genanntes od Angedeutetes zurückweisend; **apud Helvetios longe nobilissimus fuit Orgetorix; is coniurationem fecit** bei den Helvetiern war der weitaus Edelste Orgetorix; dieser machte eine Verschwörung
2 ein solcher, ein derartiger, auf folgenden Konsekutivsatz hinweisend; **ea est gens Romana, quae victa quiescere nesciat** das römische Volk ist von der Art, dass es besiegt niemals ruhen kann
3 **is, qui** derjenige, welcher; **Caesar legatos misit ad eas civitates, quas superioribus annis superaverat** Caesar schickte Gesandte zu denjenigen Städten, die er in den vorigen Jahren erobert hatte; **eo ... quo** je ... desto
4 als Ersatz eines **is numerus = numerus eorum** deren Zahl; **is metus** die Furcht davor; **ea mentio** die Erwähnung dieser Sache
5 **isque/et is/atque is** und zwar, und noch dazu; verneint **nec is** und zwar nicht; **unam rem explicabo eamque maximam** eine Sache will ich erklären und zwar die wichtigste
6 **id quod** was in erklärenden Zusätzen
7 **id est** das heißt zur Erklärung eines vorhergehenden Subst.; **mollitia animi, id est laborum fuga** Verweichlichung, das heißt die Scheu vor Mühen
8 +gen **id hostium** eine solche Zahl von Feinden; **id honoris** ein solches Maß an Ehre; **id aetatis esse** in dem Alter stehen; **id temporis** zu dieser Zeit; **ad id loci** bis dahin
9 **ad id** bis jetzt; **in id** dazu, deswegen; **ex eo** darauf; **eo** dadurch; **in eo est, ut** die Sache steht auf dem Punkt, dass
10 **eius** sein, ihr; **Caesar eiusque amicus** Caesar und sein Freund

Īsara ⟨ae⟩ M Nebenfluss der Rhône, heute Isère

Īsaurī ⟨ōrum⟩ M die Einwohner von Isauria

Īsauria ⟨ae⟩ F Landschaft in Kleinasien, von Pompeius 63 v. Chr. mit der Provinz Cilicia vereinigt

Īsauricus, Īsaurus ⟨a, um⟩ ADJ aus Isauria, von Isauria

īselasticum ⟨ī⟩ N (kaiserliches) Geschenk für den einziehenden Sieger

īselasticus ⟨a, um⟩ ADJ (nachkl.) zum Einzug gehörig; **iselasticum certamen** Wettkampf zu Ehren des einziehenden Siegers

Īseon, Īsēum ⟨ī⟩ N Tempel der Isis

Īsis ⟨Īsidis u. Īsis⟩ F altägypt. Göttin, Schwester u. Gattin von Osiris, von den Griechen mit Io gleichgesetzt

Ismēnis ⟨Ismēnidis⟩ F ||Ismenos|| Thebanerin

Ismēnius ⟨a, um⟩ ADJ des Ismenos; poet thebanisch

Ismēnos, Ismēnus ⟨ī⟩ M Fluss, der durch Theben fließt

Īsocratēs ⟨Īsocratis u. Īsocratī⟩ M berühmter athenischer Redner, 436–338 v. Chr., Schüler des Gorgias

Īsocratēus, Īsocratīus ⟨a, um⟩ ADJ des Isokrates

issa = ipsa; → ipse

Issa ⟨ae⟩ F Insel vor der dalmatinischen Küste, heute Lissa

Issaeī ⟨ōrum⟩ M die Einwohner von Issa

Issaeus, Issaicus ⟨a, um⟩ ADJ aus Issa, von Issa

isse = ipse

Issēnsēs ⟨Issēnsium⟩ M die Einwohner von Issa

Issēnsis ⟨Issēnse⟩ ADJ aus Issa, von Issa

Issus ⟨ī⟩ F Stadt in Kilikien, berühmt durch den Sieg Alexanders des Großen über Darius III. 333 v. Chr.

istāc ADV ||istic²|| Com. bis dorthin

istāc-tenus ADV Plaut. bis dorthin

Istaevonēs ⟨Istaevonum⟩ M westgerm. Stammesverband

iste ⟨ista, istud, gen istius, dat istī⟩ DEM PR, adj u. subst
1 dieser da; jener dort; dein; euer
2 in Briefen, Reden, Dialogen auf Örtlichkeiten od Verhältnisse beim Partner deutend dortig; **iste locus** der Ort, wo du bist; **istae res** die Verhältnisse bei euch; **ista arma** die Waffen, die du trägst; **Plato iste** der eben von dir genannte Plato
3 mit verächtlichem od iron Nebensinn der da, ein solcher; **istae copiae** diese lächerlichen Truppen

ister ⟨istrī⟩ M Pantomime

Ister ⟨Istrī⟩ M = Hister

Isthmia ⟨ōrum⟩ N ||Isthmius|| die Isthmischen Spiele, alle zwei Jahre zu Ehren des Poseidon/Neptun

Isthmius ⟨a, um⟩ ADJ ||Isthmos|| zur Landenge

gehörig

Isthmos, Isthmus ⟨ī⟩ M̄ Landenge, *bes* Landenge von Korinth

istī ADV ||iste|| *Plaut.* dort

istic¹ ⟨istaec, istoc *u.* istuc⟩ = **iste**

istīc² ADV ||istic¹||

① dort, da, *wo du bist od wo ihr seid*, bei dir, bei euch

② *fig* hierbei, bei dieser Gelegenheit; **~ esse** ganz Ohr sein

istim ADV = **istinc**

istīmodī (*altl.*) = **istiusmodi**

istinc ADV ||istim, -ce||

① von dort, *wo du bist*, von deiner Seite, von eurer Seite

② (*vkl.*) *fig* davon weg; **~ auferre** davon wegnehmen

③ (*nachkl.*) fort von hier; **ilico ~!** schnell fort von hier!

istīus-modī von solcher Art, so beschaffen

istō(c) ADV ||iste/istic¹||

① dorthin, dahin, *wo du bist od wo ihr seid*

② **istō** da hinein

③ **istōc** (*vkl., nachkl.*) fort von hier

istōrsum ADV *Ter.* dorthin gewandt

Istrī ⟨ōrum⟩ M̄ = **Histri**

Istria ⟨ae⟩ F̄ = **Histria**

istuc¹ → **istic**

istūc² ADV ||iste||

① dahin, dorthin, *wo du bist od wo ihr seid*, auf deine Seite, auf eure Seite

② *Com. fig* zu der Sache, dazu

Istvaeonēs ⟨Istvaeonum⟩ M̄ = **Istaevones**

ita ADV

① *qualitativ* so, auf diese Weise; **res ~ evenit, ut dixi** die Sache hat sich so zugetragen, wie ich gesagt habe

② *vergleichend* **~ ... ut** so ... wie; **ut ... ~** wie ... so, zwar ... aber; **ut quisque** +Sup **... ~** +sup je +komp ... desto +komp; **ut quisque amplissimus est ~ plurimos amicos habet** je angesehener einer ist, desto mehr Freunde hat er

③ *beschwörend* **~ ... ut** so wahr ... wie, dass ... so gewiss

④ *fragend* **~ne/~ne est** also wirklich? **~ne vero/tandem?** ist es denn wirklich so?; **quid ~?** wieso?, inwiefern?, *auch fragend*

⑤ also, folgendermaßen; **orator ~ dixit** der Redner sprach folgendermaßen, *meist* +AcI

⑥ *antwortend* **~/~ est/~ vero est** so ist es, ja, allerdings; **~ non/non est ~** nein

⑦ *zusammenfassend* infolgedessen, daher; *in Schlusssätzen* folglich; **pater aegrotare coepit et ~ mortuus est** der Vater begann zu kränkeln und ist daher gestorben; **~ fit, ut** so kommt es, dass, *in Schlussfolgerungen*

⑧ *log. u. zeitl. folgend* dann, so

⑨ *einschränkend* **~ ... ut/si** unter der Bedingung, dass, unter der Voraussetzung, dass; *verneint* **~ ... ut non/ne tamen** nur insofern, dass; nur insoweit, als

⑩ *graduell* so sehr, dermaßen; **~ non** so wenig; **~ raro, ut** so selten, dass; **non ~/haud ~/non ~ valde** nicht eben, nicht gerade, nicht sonderlich; **non ~ multo post** nicht eben viel später

Italia ⟨ae⟩ F̄ Italien; *meton* die Bewohner von Italien

Italica¹ ⟨ae⟩ F̄ *Name der Stadt Corfinium während des Bundesgenossenkrieges*

Italica² ⟨ae⟩ F̄ *Stadt in Hispania Baetica, 206 v. Chr. von Publius Cornelius Scipio als Veteranensiedlung gegründet, Heimat der Kaiser Trajan und Hadrian*

Italicēnsis ⟨Italicēnse⟩ ADJ aus Italica, von Italica

Italicēnsis ⟨Italicēnsis⟩ M̄ Einwohner von Italica

Italicus ⟨a, um⟩ ADJ ||Italia|| italisch, aus Italien; **bellum Italicum** Bundesgenossenkrieg

Italis ⟨Italidis⟩ F̄ ||Italia|| Italerin, Italikerin

Italus

Ⓐ ⟨a, um⟩ ADJ ||Italia|| italisch, von Italien

Ⓑ ⟨ī⟩ M̄ Italer, Italiker; *pl* die eingeborenen Bewohner von Italien

ita-que

Ⓐ ADV und so; **dixerat et ~ fecit** er hatte es gesagt und machte es so

Ⓑ KONJ daher, deshalb, *immer am Satzanfang*

itāre ⟨ō, -, -⟩ ||ire|| gehen

item ADV

① *vergleichend* ebenso, auf gleiche Weise, *allein stehend od korrespondierend mit* ut, quemadmodum wie, *quasi* wie wenn; **et ~/~que** und ebenfalls, und auch

② gleichfalls, ebenfalls, *bei gleichem Präd. für verschiedene Subj.*

③ *anreihend* ebenso, gleichermaßen; **solis defectiones ~ lunae praedicuntur** Sonnenfinsternisse werden ebenso vorausgesagt wie Mondfinsternisse

④ (*vkl.*) von der Art, dergleichen; **lapides substernendi sunt aut quid ~** es müssen Steine oder etwas dergleichen untergelegt werden

iter ⟨itineris⟩ N̄ ||ire||

① *abstr.* Gehen, Gang

② Reise, Marsch, *auch* Flug; *von Flüssen* Lauf; **~ facere** eine Reise machen, marschieren; **~ habere** auf dem Weg sein, eine Reise vorhaben; **~ Romam** Reise nach Rom; **~ Asiae/in Asiam** Reise nach Asien; **ex itinere** auf dem Marsch, unterwegs

③ Tagesmarsch *zur Angabe der Wegstrecke*; **~ pau-**

corum dierum wenige Tagesmärsche; **~ iustum** normaler Tagesmarsch; **~ magnum** Eilmarsch

4 *meton* Recht irgendwo zu gehen, Durchgang; **~ per provinciam dare** das Durchzugsrecht durch die Provinz geben

5 *konkr.* Weg, Straße; **~ angustum** enger Weg; **~ facile** einfacher Weg; **~ facere** einen Weg bahnen

6 *fig* Weg, **ad civitatem** zum Bürgerrecht

7 *fig* Gang, Fortgang

8 *fig* Art und Weise, Methode; **nova itinera eloquentiae** neue Wege in der Redekunst

iterāre ⟨ō, āvī, ātum 1.⟩ ||iterum||

1 zum zweiten Mal tun, wiederholen; *passiv* sich wiederholen; **voces ~** Worte nachsprechen; **aequor ~** das Meer übers Neue befahren; **cursūs ~** die Wege wieder aufnehmen; **tumulum ~** den Hügel wieder aufrichten; **ianua nullis iterata** die von niemandem wieder durchschrittene Pforte

2 nochmals pflügen

3 (*spätl.*) zweimal beschlafen

4 wiederholen; **fortunam questibus ~** das Schicksal zweimal beklagen

5 RHET *Worte od Wendungen* öfter wiederholen

iterātiō ⟨iterātiōnis⟩ F ||iterare|| Wiederholung, *bes* RHET

iterātō ADV = **iterum**

iterum ADV

1 zum zweiten Mal, wiederum; **semel atque ~/semel ~que** zu wiederholten Malen; **semel ... ~ ... tertio** erstens ... zweitens ... drittens

2 (*nachkl.*) andererseits, dagegen

Ithaca ⟨ae⟩ F, **Ithacē** ⟨Ithacēs⟩ F MYTH Ithaka, *Insel im Ionischen Meer, Heimat des Odysseus (Ulixes), heute Ithaki*

Ithacēnsis ⟨Ithacēnse⟩ ADJ aus Ithaka, von Ithaka

Ithacēnsis ⟨Ithacēnsis⟩ M Einwohner von Ithaka

Ithacus ⟨a, um⟩ ADJ aus Ithaka, von Ithaka

Ithacus ⟨ī⟩ M Einwohner von Ithaka

itidem ADV ebenso, gleichfalls

itiner ⟨itineris⟩ N (*altl.*) = **iter**

itinerārium ⟨ī⟩ N ||itinerarius|| Straßen- und Stationenverzeichnis *der Kaiserzeit*

itinerārius ⟨a, um⟩ ADJ ||iter|| (*spätl.*) Reise-...

itiō ⟨itiōnis⟩ F ||ire|| Gehen, Gang; **domum ~** das Nachhausegehen

Itius portus M Hafen der Moriner im N Galliens, Ausgangspunkt von Caesars Expedition nach Britannien

itum PPP → **ire**

Itūraeī ⟨ōrum⟩ M Stamm in Ituraea im NO Palästinas, bekannt als Bogenschützen u. Räuber

Itūraeus ⟨a, um⟩ ADJ zu den Ituraei gehörig

itus ⟨itūs⟩ M ||ire|| Gang; **~ et reditus** Hin- und Rückreise

Itylus ⟨ī⟩ M, **Itys** ⟨Ityis *u.* Ityos⟩ M Sohn des Tereus, von seiner eigenen Mutter Prokne getötet u. dem Vater zum Mahl vorgesetzt

iuba ⟨ae⟩ F

1 Mähne *des Löwen, hum* von buschigem Haar

2 *meton* Kamm *am Kopf einer Schlange*

3 *meton* Helmbusch *aus Pferdehaaren*

Iuba ⟨ae⟩ M Könige von Numidien; **~ I.** Anhänger des Pompeius, von Caesar 46 v. Chr. geschlagen, tötete sich selbst; **~ II.** Sohn von Iuba I., erhielt von Augustus das väterliche Reich zurück, Verfasser von historischen Schriften

iubar ⟨iubaris⟩ N

1 *poet* helles Licht

2 *meton* Stern, Sonne

iubātus ⟨a, um⟩ ADJ ||iuba|| (*unkl.*) mit einer Mähne versehen, mit einem Kamm versehen

iubēre ⟨iubeō, iussī, iussum 2.⟩

1 befehlen, verordnen

2 j-n grüßen lassen, von j-m Abschied nehmen

3 beschließen, genehmigen

4 zu etw wählen

5 ärztlich verordnen

1 befehlen, verordnen, *aliquem/alicui* j-n, j-m, +*AcI*; **lex aut iubet aut vetat** das Gesetz befiehlt oder verbietet; **Caesar castra munire iussit** Caesar befahl das Lager zu befestigen; **Caesar captivos vincīri iussit** Caesar ließ die Gefangenen fesseln; **iubeor** mir wird befohlen, ich soll; **Decemviri libros Sibyllinos inspicere iussi sunt** die Dezemviren wurden beauftragt die Sibyllinischen Bücher zu befragen; **Decius in castra duci iussus est** es wurde befohlen, Decius ins Lager zu führen

2 aliquem salvere/salvum esse ~ j-n grüßen lassen, von j-m Abschied nehmen

3 POL *formelhaft* beschließen, offiziell anordnen; **legem ~** ein Gesetz beschließen; **senatus dictatorem dici iussit** der Senat ordnete die Ernennung eines Diktators an

4 zu *etw* wählen, zu *etw* erklären, +*akk*/+*dopp. akk*; **aliquem imperatorem ~** j-n zum Befehlshaber ernennen

5 MED ärztlich verordnen; **aegrotus, qui vinum sumere iussus sit** Kranker, dem der Genuss von Wein verordnet sei

iūbilaeum ⟨ī⟩ N (*spätl.*) Jubelzeit, Jubelfeier

iūbilāre ⟨ō, āvī, ātum 1.⟩ (*vkl., spätl.*) jauchzen, laut und wild lärmen

iūcunditās ⟨iūcunditātis⟩ F ||iucundus||

1 Annehmlichkeit, Anziehendes; **dare se iucunditati** sich dem Vergnügen hingeben
2 *von Personen* Liebenswürdigkeit, gute Laune
3 Beliebtheit; *pl* Gefälligkeiten

iūcundus ⟨a, um⟩ *adj adv* **iūcundē**⟩ ||iuvare
1 erfreulich, angenehm; **iucunde vivere** angenehm leben; **iucundius bibere** mit größerem Genuss trinken
2 *von Personen* liebenswürdig, heiter; **iucunde esse** bei Stimmung sein
3 beliebt, *alicui* bei j-m; **populo ~ esse** beim Volk beliebt sein

Iūdaea ⟨ae⟩ F Judäa, *im weiteren Sinn ganz* Palästina

Iūdaeus ⟨ī⟩ M Jude

Iūdaicus ⟨a, um⟩ ADJ jüdisch

iūdex ⟨iūdicis⟩ M selten F
1 Richter; **iudicem alicui dare** für j-n einen Richter bestellen, *vonseiten des Prätors*; **iudicem alicui ferre** j-m einen Richter vorschlagen, *vonseiten des Klägers*; **iudicem dicere** angeben, wen man als Richter haben will; **~ vitae necisque** Richter über Leben und Tod; **te iudice** vor deinem Richterstuhl
2 *Liv.* Schiedsrichter; *fig* Kritiker
3 (*mlat.*) Amtmann; Verwalter

iūdicāre ⟨ō, āvī, ātum 1.⟩ ||iudex||

A transitives Verb
1 gerichtlich untersuchen
2 entscheiden, verurteilen
3 glauben, meinen
4 beurteilen, schätzen
5 für etw halten
6 öffentlich für etw erklären
B intransitives Verb
über etw urteilen

— **A** transitives Verb —

V/T
1 gerichtlich untersuchen, Recht sprechen, *absolut od aliquid* etw, über etw; **verum ~** ein richtiges Urteil fällen; **rem/res ~** das Richteramt ausüben; **aliquid contra aliquem ~** j-n in etw verurteilen; **alicui perduellionem/perduellionis ~** j-n wegen Hochverrats verurteilen; **alicui vel capitis vel pecuniae ~** j-n zum Tod oder zu einer Geldstrafe verurteilen; **iudicavit dotem deberi** er entschied, dass eine Mitgift geschuldet werde
2 entscheiden, verurteilen; **lites ~** Streitfälle entscheiden; **res iudicata** abgeurteilte Sache, Präzedenzfall
3 glauben, meinen, *+dopp. akk/+AcI*
4 *fig* beurteilen, schätzen, *aliquem/aliquid re/ex re*

j-n/etw nach etw; **ex quo iudicari potest** man kann daraus schließen; **aliquem ex ingenio suo ~** j-n nach seiner Begabung beurteilen
5 *fig* für etw halten, *+dopp. akk;* **aliquem idoneum ~** j-n für geeignet halten
6 *fig* öffentlich für *etw* erklären, *+dopp. akk;* **aliquem hostem ~** j-n zu einem Feind des Vaterlandes erklären

— **B** intransitives Verb —

V/I *fig* über *etw* urteilen, über *etw* entscheiden, *de re*; **recte ~** richtig entscheiden; **ex aliquo de ceteris ~** von j-m auf die Übrigen schließen; **sibi ipsi ~** sich eigenmächtig selbst ein Urteil anmaßen

iūdicātiō ⟨iūdicātiōnis⟩ F ||iudicare||
1 richterliche Untersuchung
2 Urteil, Spruch

iūdicātrīx ⟨iūdicātrīcis⟩ F *Quint.* Richterin; *adj* beurteilend

iūdicātum ⟨ī⟩ N ||iudicare|| richterliches Urteil; *meton* gerichtlich festgesetzte Summe

iūdicātus ⟨iūdicātūs⟩ M ||iudicare|| Richteramt

iūdiciālis ⟨iūdiciāle⟩ ADJ ||iudicium|| gerichtlich, Gerichts…; **iudiciale genus dicendi** Gerichtsrede

iūdiciārius ⟨a, um⟩ ADJ ||iudicium|| gerichtlich, Gerichts…; **controversiae iudiciariae** Streitigkeiten über das Gerichtsverfahren; **lex iudiciaria** Gesetz über Gerichtsstand und -verfahren

iūdicium ⟨ī⟩ N

1 gerichtliche Untersuchung, Gerichtsverhandlung
2 Gericht, Gerichtsort
3 Gerichtshof, Richterkollegium
4 Gerichtsverfassung, Gerichtsbarkeit
5 Prozess, Rechtsstreit
6 richterliches Urteil, Entscheidung
7 Urteil, Meinung
8 Urteilskraft, Urteilsvermögen
9 Einsicht, Geschmack
10 Überlegung
11 Gottesurteil

1 JUR gerichtliche Untersuchung, Gerichtsverhandlung, *alicuius rei/de re* wegen etw; **~ publicum** Strafverfahren; **~ privatum** Zivilverfahren; **iudicium facere/exercere** Gericht halten; **aliquem in iudicium addicere/deducere/vocare** j-n verklagen; **iudicium dare/reddere** eine Verhandlung zulassen *vom Prätor*
2 *meton* Gericht, Gerichtsort; **in iudicium venire** vor Gericht erscheinen; **in iudicio** vor Ge-

richt

3 Gerichtshof, Richterkollegium; **iudicium sortiri** das Richterkollegium durch das Los bestimmen; **iudicium pecuniā temptare** die Richter zu kaufen versuchen

4 PL Gerichtsverfassung, Gerichtsbarkeit, Rechtspflege; Richteramt; *Quint.* Gerichtsreden

5 Prozess, Rechtsstreit; **iudicium habere** einen Prozess haben, angeklagt sein; **iudicium vincere** einen Prozess gewinnen; **~ capitis** Kapitalprozess, Prozess über Leben und Tod

6 richterliches Urteil, Entscheidung, *alicuius rei/de re* über etw; **iudicium de aliquo facere/dicere** ein Urteil über j-n fällen; **~ voluntatis** vom eigenen Willen getroffene Entscheidung

7 *fig* Urteil, Meinung, *alicuius rei/de re* über etw; **suo iudicio uti** seiner Überzeugung folgen; **iudicio** aus Überzeugung; **omnium iudicio** nach allgemeinem Urteil; **meo iudicio** meiner Ansicht nach

8 *fig* Urteilskraft, Urteilsvermögen; **iudicium habere** urteilsfähig sein

9 *fig* Einsicht, Geschmack; **homo in omni iudicio elegantissimus** Mann von erlesenstem Geschmack; **magni indicii esse** viel Geschmack haben

10 *fig* Überlegung; **iudicio aliquid facere** etw mit Vorbedacht tun, etw absichtlich tun

11 (*mlat.*) Gottesurteil; Jüngstes Gericht

iugālēs ⟨iugālium⟩ N ||iugalis|| Gespann; **iugales gemini** Zweigespann

iugālis ⟨iugāle⟩ ADJ ||iugum||
1 im Joch gehend, Zug…; **equus ~** Zugpferd
2 *fig* Ehe…, Hochzeits…; **vinculum iugale** Ehebund; **nox ~** Hochzeitsnacht
3 **os iugale** Jochbein

iugāre ⟨ō, āvī, ātum 1.⟩ ||iugum||
1 (*vkl., nachkl.*) jochartig verbinden
2 (*klass.*) nur *fig* verbinden, verheiraten, *aliquam/aliquam alicui* j-n mit j-m

iugārius ⟨a, um⟩ ADJ = iugalis; **vicus ~** Stadtviertel in Rom s. des Kapitols, benannt nach der Ehestifterin Juno, die dort ein Heiligtum hatte

iugātiō ⟨iugātiōnis⟩ F ||iugare|| das Anbinden der Reben an eine Stütze

iūgerum ⟨ī⟩ N ein Morgen Land, = 1/4 Hektar = 2500 Quadratmeter

iūgis ⟨iūge⟩ ADJ ||iungere||
1 zusammengespannt; **iuge auspicium** vereintes Auspicium, *wenn die Ochsen, die bei einer Auspizienfahrt zusammengespannt waren, vor dem Wagen misteten u. damit das Auspicium störten*
2 (*nachkl., spätl.*) beständig, fortdauernd

iū-glāns ⟨iūglandis⟩ F ||Iovis glans|| Walnuss; Walnussbaum

iugōsus ⟨a, um⟩ ADJ ||iugum|| *Ov.* gebirgig

iugulae ⟨ārum⟩ F (*vkl.*) Sterngürtel *des Orion*

iugulāre ⟨ō, āvī, ātum 1.⟩ ||iugulum||
1 die Kehle durchschneiden, schlachten; **suem ~** ein Schwein schlachten; **pecudes ~ in flammam** Vieh geschlachtet den Flammen weihen
2 erdolchen, ermorden, *hinterlistig u. heimlich*; *absolut* = morden, Morde begehen
3 *fig* vernichten, stürzen; **aliquem factis decretisque ~** j-n mit Taten und Verordnungen stürzen; **curas mero ~** den Kummer mit Wein ertränken

iugulātiō ⟨iugulātiōnis⟩ F ||iugulare|| (*nachkl.*) Erdolchen

iugulum ⟨ī⟩ N, **iugulus** ⟨ī⟩ M ||iungere||
1 (*nachkl.*) Schlüsselbein
2 Kehle; **alicuius iugulum petere** j-n erstechen wollen; **alicui iugulum dare/offerre/porrigere** sich von j-m töten lassen
3 (*nachkl.*) *fig* Hauptsache; **~ causae** Hauptpunkte

iugum ⟨ī⟩ N ||iungere||
1 Joch, Querbalken an der Deichsel, zum Anspannen *der Zugtiere*; **iugum tauris imponere** den Stieren das Joch auflegen; **iugum tauris solvere** den Stieren das Joch abnehmen
2 *meton* Gespann; Paar; **multis iugis arare** mit vielen Gespannen pflügen
3 *fig* Joch; Ehejoch; Sklavenjoch; **iugum exuere** das Joch abschütteln; **iugo premere** unterdrücken, unterjochen
4 *fig* freundschaftliche Beziehung, Liebesgemeinschaft
5 Eifer, Pflicht; **iugum pariter ferre** die Mühen des Lebens zu gleichen Teilen tragen
6 *fig* Querholz, Querbalken *zur Verbindung mehrerer Dinge*; MIL Joch, *das aus drei Lanzen gebildet wurde u. unter dem der besiegte Feind hindurchkriechen musste*; **exercitum sub iugum mittere** das Heer unter das Joch schicken
7 Querholz an der Waage, *allg.* Waage, *auch als Gestirn*
8 *Ov.* Webebaum, *Teil des Webstuhls*; **tela iugo vincta est** das Gewebe ist an den Baum gebunden
9 *Verg.* Ruderbank; **per longa iuga sedere** auf langen Ruderbänken sitzen
10 *fig* Gebirgszug, Kamm, Bergrücken, Bergkette; Berg, Anhöhe; **~ Alpium** *Liv.* die Gebirgskette der Alpen

Iugurtha ⟨ae⟩ M Alleinherrscher Numidiens, *im Krieg mit Rom (112–106 v. Chr.) zunächst siegreich, von Marius besiegt, an die Römer ausgeliefert u. 104 v. Chr. hingerichtet*

Iugurthīnus ⟨a, um⟩ ADJ des Iugurtha

Iūlēus ⟨a, um⟩ ADJ

Iugurtha

Iugurtha (ca. 160-104 v. Chr.) war der Alleinherrscher von Numidien. Durch den Mord an vielen Italikern kam es zum Krieg mit Rom (112-106 v. Chr.). Dabei war Iugurtha zunächst erfolgreich, unterlag dann aber **Marius** und floh. Er wurde an die Römer ausgeliefert und 104 v. Chr. hingerichtet.

GESCHICHTE

❶ des Iulus; **mons ~** Albanergebirge
❷ des Iulius Caesar
❸ des Augustus
❹ kaiserlich; **habenae Iuleae** die römische Herrschaft
Iūlia ⟨ae⟩ F̱ *Info-Fenster*

Iulia

Name der Frauen aus der **gens Iulia** oder des iulisch-claudischen Kaiserhauses. Die ältere Iulia (ca. 83-54 v. Chr.) war die Tochter von **Caesar** und **Cornelia**. Sie wurde mit **Pompeius** verheiratet, um die Verbindung zwischen Caesar und Pompeius zu stärken, starb jedoch sehr jung im Kindbett. Die jüngere Iulia (39 v. Chr.-14 n. Chr.) war die Tochter von **Augustus** und **Scribonia**. Sie war verheiratet mit **Marcus Claudius Marcellus**, mit **Vipsanius Agrippa** (mit dem sie fünf Kinder hatte) und schließlich mit **Tiberius**, um die politischen Bündnisse des Vaters zu festigen. Iulia wurde wegen Unzucht von Augustus selbst aus Rom verbannt.

GESCHICHTE

Iūliānus¹ ⟨ī⟩ M̱ *röm. Vorname, auch Name einiger Kaiser*; **Flavius Claudius ~**, *genannt* **Apostata** *röm. Kaiser 361–363 n. Chr.*
Iūliānus² ⟨a, um⟩ ADJ des Iulius
Iūlius ⟨a, um⟩ *Name einer patriz. gens; berühmtester Vertreter Iulius Caesar*; → **Caesar**; **mensis ~** der Monat Juli; **Portus ~** *Kriegshafen s. von Cumae*
Iūlus ⟨ī⟩ M̱
❶ MYTH *Sohn des Aeneas, Stammvater der gens Iulia*
❷ = **Caesar**
iūmentum ⟨ī⟩ Ṉ Zugtier, Lasttier; **iumenta iuncta** Zweiergespann
iunceus ⟨a, um⟩ ADJ ||iuncus|| (*unkl.*) aus Binsen, Binsen…; *fig* gertenschlank
iuncōsus ⟨a, um⟩ ADJ ||iuncus|| (*nachkl.*) *poet* voller Binsen; **litora iuncosa** mit Binsen bewachsene Küsten
iūnctim ADV ||iunctus||

❶ vereint, beisammen
❷ (*nachkl.*) unmittelbar nacheinander
iūnctiō ⟨iūnctiōnis⟩ F̱ ||iungere|| Verbindung, **verborum** von Wörtern
iūnctūra ⟨ae⟩ F̱ ||iungere||
❶ Verbindung; Fuge; **laterum ~** Gürtelschnalle
❷ *Ov.* Verwandtschaft
❸ GRAM, RHET Zusammensetzung *eines Wortes*, Verbindung *der Wörter*
iūnctus¹ ⟨a, um⟩ PPP → **iungere**
iūnctus² ⟨a, um⟩ ADJ, ADV → **iūnctim** ||iungere||
❶ zusammengefügt, vereinigt; **oratio iuncta** gut gefügte Rede
❷ (*nachkl.*) *poet* angrenzend, benachbart; **Italia Dalmatis iuncta** der an Dalmatien angrenzende Teil Italiens; **arctos aquilonibus iuncta** Nordpol
❸ (*nachkl.*) *poet* verwandt, befreundet; **iunctissimi** *Tac.* die nächsten Verwandten
iuncus ⟨ī⟩ M̱ (*nachkl.*) *poet* Binse

iungere ⟨iungō, iūnxī, iūnctum 3.⟩

❶ ins Joch spannen
❷ bespannen
❸ anschließen, anfügen
❹ verbinden, vereinigen
❺ zusammenführen
❻ ehelich verbinden, verheiraten
❼ zusammensetzen
❽ durch Verbindung zustande bringen

❶ *Tiere* ins Joch spannen; **~ tauros ad currum/curru** (*dat*) Stiere vor den Wagen spannen; **iuncti leones** Löwengespann; **iumenta iuncta** Zweiergespann
❷ *einen Wagen* bespannen; **currum albis equis ~** einen Wagen mit weißen Pferden bespannen
❸ *fig* anschließen, anfügen, *aliquid ad aliquid/alicui rei* etw an etw, *sed ad aliquem/alicui* sich j-m
❹ *fig von Personen u. Sachen* verbinden, vereinigen; **manūs/dextras ~** sich begrüßen; **oscula ~** sich küssen; **corpora ~** sich liebend vereinen, miteinander schlafen; **urbem ~** die Stadtteile verbinden; **fenestras ~** die Fenster schließen; **dolorem cum aliquo ~** den Schmerz mit j-m teilen; **consuetudines cum aliquo ~** Gewohnheiten mit j-m teilen; **cursum equis ~** mit den Pferden Schritt halten; *passiv* sich verbinden, sich vereinigen; **iungi foedere** sich vertraglich verbinden
❺ (*nachkl.*) MIL *Truppen* zusammenführen
❻ (*nachkl.*) *poet* ehelich verbinden, verheiraten,

aliquem cum aliquo/alicui j-n mit j-m; **impari iungi** nicht standesgemäß heiraten

[7] GRAM *Wörter* zusammensetzen; Quint. RHET *Wörter* durch eine rhythmische Klausel verbinden

[8] (nachkl.) poet durch Verbindung zustande bringen

Iūniānus ⟨a, um⟩ ADJ des Iunius

iūnior ⟨iūnius⟩ ADJ im komp → iuvenis

iūniōrēs ⟨iūniōrum⟩ M ||iunior|| junge Mannschaft, jüngere Altersklasse

iūniperus ⟨ī⟩ F (unkl.) Wacholder, Wacholderstrauch

Iūnius ⟨a, um⟩

[1] *Name einer patriz. gens, 509 v. Chr. ausgestorben; später Name einer vornehmen pleb. gens;* → Brutus, → Iuvenalis

[2] (erg. **mensis**) Juni

Iūnō ⟨Iūnōnis⟩ F MYTH *Göttin der Geburt, der Fruchtbarkeit u. der Ehe, später mit der griech. Hera gleichgesetzt u. als Schwester u. Gattin Jupiters verehrt; Feindin der Troer u. des Aeneas*

Iūnōnālis ⟨Iūnōnāle⟩ ADJ zu Juno gehörig, der Juno geweiht; **mensis ~** der Monat Juni

Iūnōnicola ⟨ae⟩ M u. F Verehrer der Juno, Verehrerin der Juno

Iūnōnigena ⟨ae⟩ M Sohn der Juno, = Vulcan

Iūnōnius ⟨a, um⟩ ADJ zu Juno gehörig, der Juno geweiht; **menis ~** der Monat Juni

iūnxī → iungere

Iūpiter, Iuppiter ⟨Iovis, Iovi, Iovem, Iove⟩ M

[1] MYTH *älteste u. höchste Gottheit der Römer, Gott des himmlischen Lichtes, Sohn des Saturn u. der Rhea, Bruder von Neptun u. Pluto, Bruder u. Gatte der Juno, später mit dem griech. Gott Zeus gleichgesetzt, heilig waren ihm Adler u. Eiche*

[2] meton Himmel, Klima; **sub Iove** unter freiem Himmel; **sub Iove frigido** in kaltem Klima

[3] *Planet* Jupiter

Iūra ⟨ae⟩ M auch **Iūra mōns** M Juragebirge, *Grenze zwischen den Sequanern u. Helvetiern, heute Schweizer Jura*

iūrāre ⟨ō, āvī, ātum 1.⟩ ||ius²||

A VI

[1] schwören, einen Eid ablegen; **iurantia verba** Worte des Schwurs; **~ per deos** bei den Göttern schwören; **~ in verba alicuius** schwören auf die von j-m vorgesprochene Eidesformel; **~ in verba magistri** auf den Lehrer schwören, dem Lehrer blind folgen

[2] **~ in aliquid** poet sich zu etw verschwören; **~ in aliquem** sich gegen j-n verschwören

B VT

[1] durch Schwur bekräftigen, versprechen; **ius iurandum ~** einen Eid leisten; **falsum/falsa ~**

 Iuno

Iuno war ursprünglich die Göttin der Geburt, der Fruchtbarkeit und der Ehe. Später wurde sie mit der griechischen **Hera** gleichgesetzt und als Schwester und Gattin Jupiters (**Iuppiter**) verehrt. Sie galt als erbitterte Feindin der Troer und des **Aeneas** und versuchte zu verhindern, dass dieser sich in Italien ansiedelte.

MYTHOLOGIE

falsch schwören; **id in litem ~** das zugunsten seines Prozesses beschwören

[2] unter Eid j-n zum Zeugen der Wahrheit anrufen, bei j-m/etw schwören, *aliquem/aliquid*; **Iovem lapidem ~** beim Jupiterstein schwören; **arae iurandae** Altäre, an denen geschworen werden muss; **palus dis iuranda ~** der Styx, bei dem die Götter schwören müssen

[3] (unkl.) **calumniam ~** schwören, dass man nicht böswillig klagt

iūrārī ⟨or, ātus sum 1.⟩ ||ius²|| schwören; **Regulus iuratus missus est ad senatum** nachdem Regulus geschworen hatte, wurde er zum Senat geschickt

iūrātor ⟨iūrātōris⟩ M ||iurare|| (vkl., nachkl.) ver-

IUS

> **Iupiter, Iuppiter**

Jupiter, der Sohn des **Saturnus** und der **Rhea**, war die älteste und höchste Gottheit der Römer. Er war der Gott des himmlischen Lichtes und Herrscher über Blitz und Donner. In seinem Machtbereich fiel auch der politische Erfolg des imperium Romanum. Seine Brüder waren **Neptunus** und **Pluto**. Seine Schwester **Iuno**, die höchste Göttin der Römer, war gleichzeitig auch seine Ehefrau. Später wurde Jupiter mit dem höchsten Gott der Griechen, **Zeus**, gleichgesetzt. Heilig waren ihm Adler und Eiche.

MYTHOLOGIE ◁

eidigter Begutachter, *bes Gehilfe des Zensors*
iūrātus
 A ⟨a, um⟩ ADJ ||iurare|| vereidigt; **iudex ~** vereidigter Richter
 B ⟨ī⟩ M (*mlat.*) Geschworener; Schöffe
iūre-cōnsultus ⟨a, um⟩ ADJ = **consultus**¹
iūrgāre ⟨ō, āvī, ātum 1.⟩
 1 einen Rechtsstreit führen, prozessieren, *ad-versus aliquem* gegen j-n
 2 *fig* zanken, streiten
 3 *fig* ausschelten, **aliquem verbis** j-n mit Worten
iūrgium ⟨ī⟩ N ||iurgare|| Streit; Prozess; *pl* Vorwürfe
iūridiciālis ⟨iūridiciāle⟩ ADJ ||iuridicus|| rechtlich, gerichtlich
iūri-dicus
 A ⟨a, um⟩ ADJ ||ius², dicere|| (*nachkl.*) Recht sprechend
 B ⟨ī⟩ M Richter
iūris-dictiō ⟨iūrisdictiōnis⟩ F
 1 Zivilgerichtsbarkeit
 2 (*nachkl.*) *meton* Gerichtsbezirk
iūris-prūdentia ⟨ae⟩ F Rechtswissenschaft
iurista ⟨ae⟩ M (*mlat.*) Jurist
iūs¹ ⟨iūris⟩ N Brühe, Suppe; *bewusst zweideutig:* **~ Verrinum** Rechtsprechung des Verres/Schweinebrühe
iūs² ⟨iūris⟩ N
 1 Recht; **~ et fas** menschliches und göttliches Recht; **iura dare/condere** eine Verfassung geben
 2 Recht *als Rechtsnormen einer Art;* **~gentium** Völkerrecht; **~ hospitii** Gastrecht; **~ civile** bürgerliches Recht; **~ publicum** Staatsrecht, Strafrecht; **~ humanum/hominum** Naturrecht
 3 Recht *als Gegenstand richterlicher Entscheidung;* **summum ~** strengstes Recht; **summo iure agere** nach den Buchstaben des Gesetzes verfahren; **iure uti** nach der Strenge des Gesetzes verfahren; **ius dicere/reddere** Recht sprechen; **ius petere** sich Recht sprechen lassen; **iura dare alicui** j-m Rechtssprüche erteilen; **ius/de iure respondere alicui** j-m Rechtsbelehrung erteilen, j-m Rechtsbescheide erteilen
 4 *meton* Gericht *als Gerichtsstätte;* **in ius ire/ius adire** vor Gericht gehen; **aliquem in ius vocare** j-n vor Gericht bringen
 5 Recht, Anspruch; **suum ius armis exsequi** sein Recht mit Waffengewalt geltend machen; **nullum ~** Rechtlosigkeit; **iura communia** gleiches Recht; **iure** mit Recht; **iure meritoque/iusto iure** mit vollem Recht; **~ legis** durch das Gesetz gewährte Berechtigung; **~ imperii** Hoheitsrecht; **~ civium** Bürgerrecht; **~ dicendi** das Recht zu sprechen; **~ est** es ist rechtens; +*inf,* **ut** dass
 6 Vorrecht, Privileg; **~ metallorum** Recht zum Anlegen eines Bergwerks; **~ trium liberorum** Vorrechte der Väter von drei oder mehr ehelichen Söhnen
 7 Gewalt, Macht; **alicui ius de aliquo dare**

j-m die Gewalt über j-n geben; **sui iuris esse** sein eigener Herr sein
▶ deutsch: **Jura**

iūs iūrandum ⟨iūris iūrandī⟩ N̄ Eid, Schwur; **ius iurandum alicui dare** j-m einen Eid leisten; **ius iurandum violare** einen Eid brechen

iussī → iubere

iussum ⟨ī⟩ N̄ ‖iubere‖
1 Befehl, Geheiß
2 *Ov.* ärztliche Verordnung
3 Volksbeschluss, Verordnung

iussus¹ ⟨a, um⟩ PPP → iubere

iussus² *nur abl sg* ⟨iussū⟩ M̄ ‖iubere‖ **iussū alicuius** auf j-s Befehl

iūsta ⟨ōrum⟩ N̄ ‖iustus‖
1 Gebührendes; herkömmliche Gebräuche
2 die letzten Ehren *bei Totenbestattungen*; Totenfeiern

iūstificāre ⟨ō, āvī, ātum 1.⟩ ‖iustificus‖ *(eccl.)*
1 recht handeln
2 rechtfertigen

iūstificātiō ⟨iūstificātiōnis⟩ F̄ ‖iustificare‖ *(eccl.)* Rechtfertigung

iūstificātus ⟨a, um⟩ ADJ ‖iustificare‖ *(eccl.)* gerechtfertigt

iūsti-ficus ⟨a, um⟩ ADJ ‖iustus, facere‖ *Catul.* recht handelnd

Iūstiniānus ⟨ī⟩ M̄ oström. Kaiser 527–565 n. Chr.; *kodifizierte das röm. Recht im Codex Iustiniani*

Iūstīnus ⟨ī⟩ M̄
1 *röm. Kaiser:* ~ **I.** 518–527 n. Chr.; ~ **II.** 565–578 n. Chr.
2 *röm. Geschichtsschreiber des 2. od 3. Jh. n. Chr.*

iūstitia ⟨ae⟩ F̄ ‖iustus‖
1 Gerechtigkeit
2 Gerechtigkeitsgefühl
3 gerechtes Verfahren
▶ deutsch: **Justiz**
   englisch: **justice**
   französisch: **justice**
   spanisch: **justicia**
   italienisch: **giustizia**

Iūstitia ⟨ae⟩ F̄ Göttin der Gerechtigkeit, *der griech. Dike entsprechend*

iūstitium ⟨ī⟩ N̄ ‖ius, stare‖
1 Einstellung aller Rechtsgeschäfte, Stillstand der Gerichte
2 *Liv. fig* Stillstand; **~ omnium rerum** Stillstand aller Geschäfte
3 *(nachkl.)* Landestrauer

iūstum ⟨ī⟩ N̄ ‖iustus‖ Gerechtigkeit

iūstus ⟨a, um *adj adv* iūstē⟩
1 *von Personen u. Sachen* gerecht; Gerechtigkeit übend, *in aliquem* gegen j-n; **vir ~** gerechter Mann; **imperium iustum** gerechte Herrschaft
2 rechtmäßig, gesetzmäßig; **uxor iusta** rechtmäßige Ehefrau; **hostis ~** Feind, der das Recht hat Krieg zu führen
3 gebührend, wohl begründet; **triumphus ~** verdienter Triumph; **causa iusta** triftiger Grund
4 (formal) richtig, vollständig; **iter iustum** normaler Tagesmarsch; **exercitus ~** vollzähliges Heer; **plus iusto** mehr als recht, über Gebühr

Iūturna ⟨ae⟩ F̄ Quellnymphe, Schwester des Turnus

iūtus ⟨a, um⟩ PPP → iuvare

iuvāre ⟨iuvō, iūvī, iūtum/iuvātūrus 1.⟩
1 j-n unterstützen, j-m helfen, *aliquem, in re* bei etw, *re* mit etw, durch etw; **iuvor** ich werde unterstützt, mir wird geholfen; **onera alicuius ~** j-s Last erleichtern; **deo iuvante** mit Gottes Hilfe; **~ ad aliquid** zu etw beitragen; **quid iuvat?** was hilft es?, was nützt es?, *+inf/+AcI*
2 erfreuen, erheitern; **iuvat aliquem** es freut j-n, es erfreut j-n, *+inf/+AcI*

iuvātūrus ⟨a, um⟩ PART *fut* → iuvare

Iuvāvum ⟨ī⟩ N̄ röm. Stadt im Noricum an der Stelle *des heutigen Salzburg*

iuvenālia ⟨iuvenālium⟩ N̄ ‖iuvenalis‖ *von Nero geschaffene Spiele, urspr. Theaterspiele*

iuvenālis ⟨iuvenāle, *adv* iuvenāliter⟩ ADJ *(nachkl.) poet* = **iuvenilis**; **ludi iuvenales** = **iuvenalia**

Iuvenālis ⟨iuvenālis⟩ M̄ röm. Beiname; **D. Iunius ~** röm. Satiriker, ca. 60–140 n. Chr.

iuvenārī ⟨or, ātus sum 1.⟩ ‖iuvenis‖ *Hor.* den

▶ **Iustinianus**

Die Regierung des oströmischen Kaisers **Iustinianus** (482 - 565 n. Chr., Kaiser ab 518) ist geprägt von dem Versuch, das alte Römische Reich wiederherzustellen. Auf militärischem Gebiet war er durch die Feldherren **Belisar** und **Narses** erfolgreich (Rückeroberung der nordafrikanischen Küste, Zerstörung des Vandalenreichs, Kampf gegen Ost- und Westgoten). Während seiner Regierungszeit ließ er die vorhandenen Materialien zur Rechtsprechung sammeln und systematisieren. Es entstand das Gesetzeswerk des **Corpus Iuris Civilis**. Er strebte nach einer einheitlichen Staatsreligion, wobei er den katholischen Glauben gegen die Monophysiten (die glaubten, dass Jesus nur Gott war) unterstützte.

GESCHICHTE

jungen Mann spielen, tändeln
iuvenca ⟨ae⟩ F ||iuvencus|| (vkl.)
1 *poet* junge Kuh, Färse
2 *fig* junges Mädchen
iuvencus
A ⟨a, um⟩ ADJ (unkl.) jung
B ⟨ī⟩ M
1 junger Stier
2 *fig* junger Mann
iuvenēscere ⟨ēscō, -, - 3.⟩ ||iuvenis|| (nachkl.)
1 *poet* zu einem jungen Mann heranwachsen; *auch von Tieren* heranwachsen
2 wieder jung werden, sich verjüngen
iuvenīlis ⟨iuvenīle⟩ ADJ ||iuvenis|| jugendlich, rüstig
iuvenis
A ⟨iuvenis⟩ ADJ, *komp* **iūnior, iūnius** *u.* **iuvenior, iuvenius** jung, jugendlich; **anni iuvenes** Jugendjahre
B ⟨iuvenis⟩
1 M junger Mann *von ca. 20 bis 45 Jahren, auch* = **adulescens**; Sohn; **iuvenes utriusque sexūs** *Suet.* junge Leute beiderlei Geschlechts
2 F *poet* junges Mädchen
iuvenīx ⟨iuvenīcis⟩ F ||iuvenis|| *Plaut.* junge Kuh, Färse
iuventa ⟨ae⟩ F ||iuvenis|| (nachkl.)
1 Jugend, Jugendzeit; **a iuventa** von Jugend auf; **iuventam ruri agere** die Jugendzeit auf dem Land verbringen
2 *meton* Jugendkraft, Jugendfrische
3 *meton* junge Leute
4 *meton* erstes Barthaar, Flaum
Iuventa ⟨ae⟩ F Göttin der Jugend
iuventās ⟨iuventātis⟩ F ||iuvenis|| = **iuventa**
iuventūs ⟨iuventūtis⟩ F ||iuvenis||
1 Jugend, Jugendzeit, *ca. 25–45 Jahre*
2 *meton* junge Leute; **patriam iuventute orbare** dem Vaterland die Jugend rauben
3 junge Mannschaft, waffenfähige Mannschaft *von 18 bis 45 Jahren*
iuxtā
A ADV
1 dicht daneben, nahe dabei, *auf die Frage „wo?", selten „wohin?"*
2 (*meist vkl., nachkl.*) *fig* ebenso, ebenso sehr; **plebi patribusque ~ carus** bei Volk und Senat gleichermaßen beliebt; **~ mecum omnes intellegitis** ihr begreift ebenso gut wie ich
B PRÄP +*akk*
1 dicht neben, dicht bei; *selten auf die Frage „wohin?"* = bis dicht in die Nähe; **~ viam** dicht neben dem Weg; **provehi Ceraunia ~** bis in die Nähe des Ceraunia vorrücken
2 (*nachkl.*) *von Zeit, Rang, Reihenfolge* unmittelbar nach, nächst

3 *Tac.* unmittelbar vor, gegen; **~ finem vitae** unmittelbar vor dem Lebensende
4 *Tac. bei Annäherung u. Ähnlichkeit* nahe an, beinahe; **~ aliquid esse** einer Sache nahestehen; **~ seditionem ventum est** es kam beinahe zu einem Aufstand
iuxtim ADV (nachkl.) *poet* in der Nähe, daneben
Ixīōn ⟨Ixīonis⟩ M König der Lapithen in Thessalien, stellte Hera nach u. wurde in der Unterwelt auf ein sich ständig drehendes feuriges Rad geschmiedet
Ixīonidēs ⟨Ixīonidae⟩ M Nachkomme des Ixion
Ixīonius ⟨a, um⟩ ADJ des Ixion

Siehe unter **i**.

Bis zur frühen Neuzeit wurde der Laut j im Lateinischen durch den Buchstaben I (I, i) wiedergegeben.

 Jesus Christus

Geburts- und Todesjahr von **Jesus Christus** lassen sich nur ungefähr bestimmen (ca. 4 v. Chr.-30 n. Chr.). Als Wanderprediger im Gebiet des heutigen Israel verkündete er, das Reich Gottes sei nahe, und predigte unbedingten Gottesgehorsam, was ihm die Feindschaft der jüdischen Priester und der römischen Besatzer eintrug. Der römische Statthalter Pontius Pilatus verurteilte ihn zum Tod am Kreuz und ließ ihn hinrichten. Nach biblischer Überlieferung erstand er drei Tage später von den Toten auf und fuhr nach 40 Tagen in den Himmel auf. Kerngedanken der christlichen Religion sind die Liebe Gottes zu allen Menschen, die Vergebung der Sünden und die Auferstehung. Sie breitete sich schnell im Römischen Reich aus, u. a. durch die Missionsreisen des Apostels Paulus.

GESCHICHTE

kalendae – erster Tag des Monats

Vielleicht leitet sich der Begriff vom griechischen „kalo" (ich rufe) ab, da an diesem Tag der **Pontifex Maximus** das Volk auf dem Kapitol in der Nähe des Tempels der **Iuno Moneta** zusammenrief, um offiziell den Beginn des Monats anzukündigen und mitzuteilen, ob die **Nonae** auf den fünften oder siebten Tag fielen. An diesem Tag mussten die Zinsen an die Gläubiger gezahlt werden. Kaiser Augustus soll, wenn er jemanden als säumigen Zahler bezeichnete, gesagt haben, jener bezahle **ad kalendas Graecas** – an den griechischen Kalenden: Die Griechen kannten nämlich keine **kalendae**. Das Wort „kalendae" lebt im deutschen „Kalender" fort.

RÖMISCHES LEBEN

K

K *Abk* = **Kaesō** *röm. Vorname*
Kal. *Abk* = **Kalendae** = **Calendae** die Kalenden
▶ deutsch: **Kalender**
Karthāg... = **Carthag...**
koppa *griech. Buchstabe, Zahlzeichen für 90*

L

L l *Abk*
1 = **Lucius**
2 *als Zahlzeichen* = 50
3 = **libra** *röm. Pfund, als Gewichtsbezeichnung*
4 l. a. *Abk* (*mlat.*) = **lege artis** nach den Regeln der (ärztlichen) Kunst
5 L. A. M. *Abk* (*mlat.*) = **liberalium artium magister** akademischer Grad; → **liberalis**
6 l. c. *Abk* (*nlat.*) = **loco citato** am angegebenen Ort
7 l. s. *Abk* (*mlat.*) = **loco sigilli** anstelle eines Siegels
8 L. S. *Abk* (*mlat.*) = **lectori salutem** dem Leser einen Gruß

labāre ⟨ō, āvī, ātum 1.⟩ ||labi||
1 wanken, schwanken; **acies labat** die Front wankt; **littera labat** die Hand(schrift) zittert
2 *fig* wanken, dem Untergang nahe sein; **res publica labat** der Staat wankt; **memoria labat** die Erinnerung trügt
3 *fig von Personen u. Stimmungen* schwanken, unzuverlässig sein
labarum ⟨ī⟩ N̄ (*spätl.*) röm. Kriegsfahne, von Konstantin dem Großen mit dem Christogramm geschmückt u. zur Fahne des Kaisers u. des Reichs erhoben

labāscere ⟨āscō, -, - 3.⟩ ||labare|| (*vkl.*) *poet* ins Wanken kommen; *fig* nachgeben
labea ⟨ae⟩ F̄ (*altl., spätl.*) *vulg* = **labium**
Labeātēs ⟨Labeātium u. Labeātum⟩ M̄ Volk nördlich von Makedonien
lābēcula ⟨ae⟩ F̄ ||labes|| Fleckchen; *fig* kleiner Schandfleck
labe-facere ⟨faciō, fēcī, factum 3., *passiv* labe-fīō, factus sum, fierī⟩
1 erschüttern, wankend machen; **iaculum ~** das Wurfnetz lockern; **ossa ~** Knochen erweichen
2 *fig* zugrunde richten, stürmen
3 *fig in der Gesinnung* erschüttern
labefactāre ⟨ō, āvī, ātum 1.⟩ ||labefacere||
1 wankend machen, erschüttern; *passiv* wanken, schwanken; **onus gravidi ventris ~** abtreiben; **chartam a vinclis ~** ein Buch öffnen
2 *fig* zugrunde richten, schädigen
3 (*vkl.*) *fig in der Gesinnung* wankend machen
labefactātiō ⟨labefactātiōnis⟩ F̄ ||labefactare|| (*nachkl.*) Erschütterung
labellum¹ ⟨ī⟩ N̄ ||labrum¹|| kleine Lippe, *bei Plaut. auch Kosewort*
lābellum² ⟨ī⟩ N̄ ||labrum²|| kleines Opferbecken
Labeō ⟨Labeōnis⟩ M̄ röm. Beiname; **Q. Antistius ~** berühmter Jurist der augusteischen Zeit
labeōsus ⟨a, um⟩ ADJ ||labere|| *Lucr.* mit dicken Lippen
Laberius ⟨a, um⟩ Name einer pleb. gens; **Decius ~** röm. Ritter u. Mimendichter, Zeitgenosse Caesars
lābēs ⟨lābis⟩ F̄ ||labi||
1 Fall, Sturz; **~ terrae** Erdrutsch; **labem facere** fallen, stürzen
2 *fig* Untergang, Verderben
3 *meton* verderbliche Person, verderbliche Sache
4 entstellender Fleck, Schmutzfleck
5 *fig* Schande; *meton von Personen* Schandkerl

lābī ⟨lābor, lāpsus sum 3.⟩

1 sinken

2 hinabgleiten, hinabfließen
3 dahingleiten
4 entgleiten, entschlüpfen
5 sterben
6 entfallen, in Vergessenheit geraten
7 verrinnen, vergehen
8 ausgleiten, straucheln
9 fallen, sich irren
10 dem Fall nahe sein
11 allmählich geraten, allmählich verfallen

1 (nachkl.) poet sinken; fig verfallen; **mores magis magisque labuntur** die Sitten verfallen mehr und mehr; **lapsum genus** Verfall des Volkes; **lapsis rebus** im Unglück

2 fig hinabgleiten, herabfallen; **deus pennis per auras labitur** der Gott schwebt mit Flügeln durch die Lüfte; **lacrimae genis/in genas labuntur** Tränen rinnen die Wangen herab

3 dahingleiten, dahinfließen; **amnis labitur** der Strom fließt dahin; **anguis circum tempora labitur** die Schlange schlängelt sich um die Schläfen; **venenum in viscera labitur** Gift dringt in die Eingeweide ein; **orator longius labitur** fig der Redner schweift ab

4 (nachkl.) poet entgleiten, entschlüpfen, auch fig; **manus in vanum labitur** die Hand schlägt in die Luft; **recto itinere ~** vom rechten Weg abkommen; **mente ~** den Verstand verlieren

5 fig sterben

6 fig entfallen, in Vergessenheit geraten

7 fig von der Zeit verrinnen, vergehen

8 (nachkl.) poet ausgleiten, straucheln

9 fig geistig od moralisch fallen, sich irren, absolut od in re in etw, bei etw, re/per rem durch etw; **hac spe lapsus** in der Hoffnung getäuscht

10 fig dem Fall nahe sein

11 fig in einen Zustand allmählich geraten, allmählich verfallen, ad aliquid/in aliquid zu etw, in etw

Labiēnus ⟨ī⟩ M̄ Beiname des T. Attius Labienus

labium ⟨ī⟩ N̄ (vkl., nachkl.) = **labrum**¹

labor ⟨labōris⟩ M̄

1 Arbeit, Anstrengung; **~ corporis et animi** körperliche und geistige Arbeit; **res erat magni labōris** es war ein großes Stück Arbeit; **fugiens laboris** arbeitsscheu; **alicui laborem imponere** j-m Anstrengung auferlegen; **cum labore** mit Mühe; **sine labore** mühelos

2 Ergebnis der Arbeit; Leistung; **~ boum** bestelltes Feld; **multorum mensium ~** Ertrag vieler Monate

3 Beschwerlichkeit, Strapaze; bes anstrengender Marsch, Feldarbeit, Kampfspiel, Kampf; Unternehmung, Tat; **per laborem** unter Strapazen

4 Arbeitskraft, Ausdauer; **homo magni laboris summaeque industriae** Mann von großer Arbeitskraft und höchstem Fleiß; **magni formica laboris** Hor. arbeitsame Ameise

5 Not, Unglück; **~ solis** Sonnenfinsternis; **~ lunae** Mondfinsternis; **~ Troiae** = Zerstörung Trojas

6 Schmerz, Kummer; **~ Lucinae** Wehen

labōrāre ⟨ō, āvī, ātum 1.⟩ ||labor||

A intransitives Verb
1 sich anstrengen
2 leiden, bedrückt sein
B transitives Verb
bearbeiten, verfertigen

— **A** intransitives Verb —

VT

1 arbeiten, sich anstrengen, absolut od alicui für j-n, pro re für etw; +inf sich darum kümmern; **~ in re** mit etw beschäftigt sein; **id ~** darauf hinarbeiten, ut/ne dass/dass nicht; **ut honore dignus essem laboravi** ich habe darauf hingearbeitet, der Ehre würdig zu sein

2 leiden, Schwierigkeiten haben, absolut od re an etw, von etw, für etw vom Übel, ex re/a re an etw für den leidenden Körperteil oder die Ursache des Leidens; **silvae laborant** die Wälder beugen sich unter der Schneelast; **utero ~** schmerzhafte Wehen haben; **fame ~** Hunger leiden; **ex capite ~** Kopfschmerzen haben; **ab aere alieno ~** unter Schulden leiden; **~ de aliquo/pro aliquo** wegen j-s in Sorge sein; **~ in re** mit etw in Bedrängnis sein; **laborant duae in uno** zwei Frauen sind in einen Mann verliebt

— **B** transitives Verb —

VT (nachkl.) poet bearbeiten, verfertigen; **frumentum ~** Getreide anbauen; **vestes auro ~** Kleider mit Gold durchwirken

▶ deutsch: **laborieren**

laboratorium ⟨ī⟩ N̄ (mlat.) Arbeitsstätte, Forschungsstätte zunächst für alchimistische Versuche

labōri-fer ⟨labōrifera, labōriferum⟩ ADJ ||labor. ferre|| Anstrengungen ertragend, Mühen ertragend

labōriōsus ⟨a, um, adv labōriōsē⟩ ADJ ||labor||
1 von Sachen mühsam, beschwerlich
2 von Personen u. Sachen geplagt, sich abmühend
3 von Personen arbeitsam

labōs ⟨labōris⟩ M̄ = **labor**

Labōs ⟨Labōris⟩ M̄ ||labor|| Dämon der Mühsal, Dämon der Not in der Unterwelt

labrum¹ ⟨ī⟩ N̄

1 Lippe; **aliquid primis labris attingere/gus-**

tare etw nur oberflächlich kennenlernen
2 *fig* Rand *eines Gefäßes od Grabens;* **a labris** am Rand

lābrum² ⟨ī⟩ N̄
1 Becken; *meton* Bad; **labra Dianae** Waldteich
2 Bottich *zum Austreten der Trauben*

labrusca ūva, labrusca vītis F̄ wilde Rebe, wilder Wein

labruscum ⟨ī⟩ N̄ Frucht des wilden Weines

labyrinthēus ⟨a, um⟩ ADJ ||labyrinthus|| des Labyrinths

labyrinthos, labyrinthus ⟨ī⟩ M̄ *Verg., Ov.* Labyrinth, *bes das von Daedalus in Gnossos auf Kreta errichtete Gebäude mit vielen Gängen*

lac ⟨lactis⟩ N̄
1 Milch; **lacte vivere** von Milch leben
2 Milchsaft *von Pflanzen;* **~ veneni** Saft von Giftpflanzen
3 *Ov. meton* Milchfarbe

Lacaena ⟨ae⟩ F̄ Lakonierin, Spartanerin, *bes Helena; adj* spartanisch

Lacedaemōn ⟨Lacedaemonis⟩ F̄ Sparta, *Hauptstadt von Lakonien*

Lacedaemonius ⟨a, um⟩ ADJ spartanisch, lakonisch

Lacedaemonius ⟨ī⟩ M̄ Spartaner, Lakonier

lacer ⟨lacera, lacerum⟩ ADJ (*nachkl.*)
1 zerfetzt, zerrissen; **currus ~** zerbrochener Wagen
2 zerfleischend

lacerāre ⟨ō, āvī, ātum 1.⟩ ||lacer||
1 zerreißen, zerstören; **alicuius corpus ~** j-s Körper zerfleischen; **cornua ~** Hörner zerbrechen; **pontem ~** eine Brücke zerstören; **crines/capillos ~** Haare zerzausen; **laceratus comas** sich die Haare raufend
2 (*nachkl.*) *fig* verhunzen, zerstückeln
3 *fig* mit Worten verunglimpfen, schmähen; **haec te lacerat oratio** diese Rede verletzt dich
4 *fig* vergeuden, verschleudern

lacerātiō ⟨lacerātiōnis⟩ F̄ ||lacerare|| Zerfleischung, Zersplitterung

lacerna ⟨ae⟩ F̄ mantelartiger Überwurf *zum Schutz gegen Kälte u. Regen, oft mit Kapuze*

lacernātus ⟨a, um⟩ ADJ ||lacerna|| mit einem Überwurf bekleidet

lacerta ⟨ae⟩ F̄ ||lacertus||
1 Eidechse
2 Bastardmakrele, *ein der Makrele ähnlicher Fisch*

lacertōsus ⟨a, um⟩ ADJ ||lacertus|| muskulös

lacertus ⟨ī⟩ M̄
1 Muskel des Oberarmes; Arm; *meist pl* Muskeln; **bracchia et lacerti** Ober- und Unterarme
2 *Ov.* Schere *des Skorpions*
3 PL *fig* Kraft, Stärke

4 (*nachkl.*) = **lacerta**

lacessere ⟨ō, iī/īvī, ītum 3.⟩
1 reizen, herausfordern, *oft fig;* **aliquem iniuriā ~** j-n durch Ungerechtigkeit reizen; **ventos ictibus ~** Hiebe in die Luft tun; **aera sole lacessita** von der Sonne bestrahlte Metalle
2 *herausfordernd* beginnen, erregen; **arma ~** die Waffen ergreifen

lachanizāre ⟨ō, -, - 1.⟩ *Suet.* = **languere**

Lachesis ⟨Lachesis⟩ F̄ eine der drei Moiren/Parzen

lacinia ⟨ae⟩ F̄ Zipfel *an Kleidungsstücken;* **laciniā obtinere aliquid** *fig* etw nur mit Not festhalten

Lacīnium ⟨ī⟩ N̄ Halbinsel an der Ostküste von Bruttium, sö. von Kroton mit einem Tempel der Iuno Lacinia, von dem noch eine Säule erhalten ist

Lacīnius ⟨a, um⟩ ADJ von Lacinium; **diva Lacinia** *meton* Tempel der Iuno Lacinia

Lacō, Lacōn ⟨Lacōnis⟩ M̄ Lakonier, Lakedaemonier, Spartaner

Lacōnica ⟨ae⟩ F̄, **Lacōnicē** ⟨Lacōnicēs⟩ F̄ Lakonien, *Landschaft auf der Peloponnes*

Lacōnicum ⟨ī⟩ N̄ Schwitzbad, *Teil eines öffentlichen Bades; Plaut.* lakonisches Gewand

Lacōnicus ⟨a, um⟩ ADJ, **Lacōnis** ⟨Lacōnidis⟩ F̄ lakonisch, spartanisch

lacrima ⟨ae⟩ F̄
1 Träne, *alicuius/alicuius rei* um jdn, um etw; **lacrimas profundere/effundere** Tränen vergießen; **hinc illae lacrimae** *Ter.* daher diese Tränen = da liegt der Hund begraben
2 (*nachkl.*) *fig* Tropfen; ausgeschwitzte Flüssigkeit; **lacrimae turis** Weihrauchkörner; **lacrimae Heliadum** Bernstein
3 (*vkl.*) *fig* Tropfen des männlichen Samens
4 **Lacrimae Christi** (*mlat.*) „Christustränen", *urspr. Wein von den Hängen des Vesuv*
⚠ **Hinc illae lacrimae.** *sprw.* Daher die Tränen. = Jetzt haben wir den Grund.

lacrimābilis ⟨lacrimābile⟩ ADJ ||lacrimare|| (*nachkl.*)
1 *poet* beweinenswert
2 *poet* kläglich

lacrimābundus ⟨a, um⟩ ADJ ||lacrimare|| (*nachkl.*) weinend

lacrimāre ⟨ō, āvī, ātum 1.⟩ ||lacrima|| weinen, *fig von Pflanzen* Tropfen absondern

lacrimōsus ⟨a, um⟩ ADJ ||lacrima|| (*nachkl.*) *poet* tränenreich, *auch* jammervoll; **carmen lacrimosum** Trauergesang; **fumus ~** Tränen erregender Rauch

lacrimula ⟨ae⟩ F̄ ||lacrima|| Tränchen; **~ falsa** *Ter.* Krokodilsträne

Lactantius ⟨ī⟩ M̄ **L. Cae(ci)lius Firmianus ~** berühmter Kirchenschriftsteller um 300 n. Chr., „Cicero Christianus"

lactāre¹ ⟨ō, āvī, ātum 1.⟩ ||lac|| (*nachkl.*)

1 Milch geben; **ubera lactitant** Euter, die Milch geben
2 Milch saugen; **vitulus lactat** das Kalb saugt Milch
3 aus Milch bestehen; **metae lactantes** Käse

lactāre² ⟨ō, āvī, ātum 1.⟩ ⟨vkl.⟩ an sich locken, betrügen

lactēns
A ADJ ⟨lactentis⟩ ||lac||
1 saugend; **annus ~** das noch ganz junge Jahr
2 von Pflanzen milchig, saftig
B M **lactentes** ⟨lactentium⟩ Säuglinge

lacteolus ⟨a, um⟩ ADJ ||lacteus|| milchweiß; **puellae lacteolae** Catul. zarte Mädchen

lactēs ⟨lactium⟩ F ||lac||
1 ⟨nachkl.⟩ „Milch", Samenflüssigkeit der Fische
2 poet Eingeweide der Tiere, Gekröse

lactēscere ⟨ēscō, -, -3.⟩ ||lac|| zu Milch werden, in Milch übergehen

lacteus ⟨a, um⟩ ADJ ||lac||
1 milchig; **umor ~** Milch
2 Verg. voll von Milch, strotzend von Milch
3 Mart. saugend, Milch trinkend
4 meton milchweiß; Quint. ganz rein

lactitāre ⟨ō, -, -1.⟩ ||lactare¹|| Mart. säugen
lactūca ⟨ae⟩ F ||lac|| ⟨nachkl.⟩ poet Kopfsalat
lactūcula ⟨ae⟩ F ||lactuca|| zarter Kopfsalat

lacūna ⟨ae⟩ F ||lacus||
1 ⟨unkl.⟩ Loch; Ov. Grübchen
2 ⟨nachkl.⟩ poet Tiefe, Abgrund
3 poet Lache; Teich
4 fig Lücke, Verlust
5 **~ maris** ⟨mlat.⟩ Lagune

lacūnar ⟨lacūnāris⟩ N ||lacuna|| getäfelte Decke des Zimmers, Kassettendecke

lacūnāre ⟨ō, āvī, ātum 1.⟩ ||lacuna|| ⟨nachkl.⟩ poet vertiefen, mit einer Kassettendecke schmücken

lacūnōsus ⟨a, um⟩ ADJ ||lacuna|| lückenhaft
lacus ⟨lacūs⟩ M
1 See, Teich
2 Lache, Sumpf
3 poet Wasser, Gewässer; **~ altus** tiefe Flut
4 Wasserbecken; Brunnen
5 Trog, Wanne
6 Verg. Löschtrog, Kühltrog der Schmiede
▶ deutsch: **Lache**
englisch: **lake**
französisch: **lac**
spanisch: **lago**
italienisch: **lago**

laecasīn indekl Plaut. vulg.-obszön lecken; **~ dico frigori** ich schere mich nicht um die Kälte

laedere ⟨laedō, laesī, laesum 3.⟩
1 poet verletzen, beschädigen; **collum zonā ~** sich erhängen
2 fig kränken, beleidigen; **pudorem ~** das Schamgefühl verletzen; **famam ~** den Ruf schädigen; **via laedit** der Weg ist beschwerlich, der Weg ist langweilig
▶ deutsch: **lädieren**

Laelius ⟨i⟩ M Name einer pleb. gens; **C. ~ Sapiens** Freund des jüngeren Scipio, Titelfigur von Ciceros Schrift „De amicitia"

laena ⟨ae⟩ F langer Wollmantel
Lāertēs ⟨Lāertae u. Lāertis⟩ M Vater des Odysseus
Lāertiadēs ⟨Lāertiadae⟩ M Nachkomme des Laertes, = Odysseus
Lāertius ⟨a, um⟩ ADJ des Laertes
laesī → laedere
laesiō ⟨laesiōnis⟩ F ||laedere|| Verletzung; RHET absichtliches Reizen des Gegners
Laestrȳgones ⟨Laestrȳgonum⟩ M Menschen fressendes Riesenvolk im fernen W od N, bei Ovid bei Formiae in Latium
Laestrȳgonius ⟨a, um⟩ ADJ zu den Laestrygonen gehörig; **amphora Laestrygonia** Krug mit formianischem Wein
laesūra ⟨ae⟩ F ||laedere|| Verletzung; fig Schädigung
laesus ⟨a, um⟩ PPP → laedere
laetābilis ⟨laetābile⟩ ADJ ||laetari|| erfreulich
laetārī ⟨or, ātus sum 1.⟩ ||laetus|| sich freuen, fröhlich sein; **laetanti animo** fröhlichen Herzens; **laetantia loca** blühende Fluren; **id laetor** darüber freue ich mich; **non longum laetabere** deine Freude wird nicht lange dauern; **laetandus** erfreulich
laetātiō ⟨laetātiōnis⟩ F ||laetari|| Jubel
laetificāre ⟨ō, āvī, ātum 1.⟩ ||laetificus||
1 erfreuen
2 befruchten, fruchtbar machen; **Indus aquā agros laetificat** der Indus macht die Felder fruchtbar durch sein Wasser
laeti-ficus ⟨a, um⟩ ADJ ||laetus, facere|| poet erfreulich
laetitia ⟨ae⟩ F ||laetus||
1 laute, lebhafte Freude, Fröhlichkeit, alicuius rei über etw; **~ victoriae** Freude über den Sieg; **gaudium atque laetitiam agere** sich der Freude und Fröhlichkeit hingeben
2 ⟨nachkl.⟩ meton erfreulicher Anblick, Schonheit
3 ⟨nachkl.⟩ Fruchtbarkeit, üppiger Wuchs
Laetitia ⟨ae⟩ F Dämon der Freude
laetus ⟨a, um, adv laetē⟩ ADJ
1 froh, fröhlich, re/de re/alicuius rei/ob aliquid über etw; mit Freuden, willig, gerne; **homo ~** fröhlicher Mensch; **pecus ~** munteres Vieh; **sonus ~** Jubelruf; **sedes laeti** Wohnsitze der Seligen; **laetissimis animis excipi** mit größter Freude

aufgenommen werden

2 erfreulich, beglückend; **Venus laeta** gnädige Venus; **exta laeta** Eingeweide von glücklicher Vorbedeutung *bei der Eingeweideschau*; **nomen militibus laetum** für die Soldaten Glück verheißender Name

3 fruchtbar, üppig; **segetes laetae** üppige Saaten; **tellus laeta** fetter Boden; **res laeta** blühendes Glück; **~ alicuius rei/re** reich an etw

4 *von Tieren* wohlgenährt, gesund

5 *vom Redner u. der Rede, vom Dichter* blühend, eine reiche Fülle zeigend

laeva ⟨ae⟩ F̄ ||laevus|| linke Hand, linke Seite; **ad laevam** zur Linken; **dextrā laevāque** rechts und links

laevum ⟨ī⟩ N̄ ||laevus|| linke Seite, linker Flügel; *pl* linke Seite, links gelegene Gegend; **laeva tenere** sich links halten

laevus ⟨a, um, *adv* laevē⟩ ADJ

1 linker, links; **laeva manus** linke Hand; **amnis ~** linke Seite des Flusses; **a parte laeva** auf der linken Seite

2 *fig* linkisch, ungeschickt; **homo ~** ungeschickter Mensch; **tempus laevum** Unzeit; **non ~** gewandt

3 *bei Blickrichtung nach S war O u. somit links die Glück verheißende Richtung, daher* Glück bringend, Glück verheißend; **numina laeva** gnädige Götter

4 *nach griech. Vorbild bei Blickrichtung nach O war links der N, daher* Unheil bringend, ungünstig; **numina laeva** feindliche Götter

lagalōpēx ⟨lagalōpecis⟩ F̄ *ein Vogel*

laganum ⟨ī⟩ N̄ *Hor. poet* fladenartiger Kuchen, *in Öl gebacken, Kranken- u. Armenkost*

lagēna ⟨ae⟩ F̄ = **lagona**

lagēos ⟨ī⟩ F̄ *(nachkl.)* Hasenwein, *Wein einer griech. Rebsorte, prickelnder, leichter Weißwein*

lagoena ⟨ae⟩ F̄ = **lagona**

lagōis ⟨lagōidis⟩ F̄ *Hor.* Schneehuhn, *eine Delikatesse*

lagōna, lagūna ⟨ae⟩ F̄ Henkelgefäß *mit weitem Bauch u. dünnem Hals aus Ton od Glas, bes Weinkrug*

laguncula ⟨ae⟩ F̄ ||lagona|| *(nachkl.)* Fläschchen

Lāiadēs ⟨Lāiadae⟩ M̄ Nachkomme des Laius, = Oedipus

lāicālis ⟨lāicāle⟩ ADJ ||laicus|| *(eccl.)* Laien...

lāicus

A ⟨a, um⟩ ADJ *(mlat.)* weltlich

B ⟨ī⟩ M̄

1 *(eccl.)* Laie, *das heißt nicht Priester*

2 *(mlat.)* Laienbruder

Lāis ⟨Lāidis *u.* Lāidos⟩ F̄ Name zweier berühmter Hetären in Korinth

Lāius ⟨ī⟩ M̄ Vater des Oedipus, Gatte der Iokaste, König von Theben

lalīsiō ⟨lalīsiōnis⟩ F̄ *Mart.* Fohlen des Waldesels

lāma ⟨ae⟩ F̄ *poet* Sumpf, Morast

lamberāre ⟨ō, -, - 1.⟩ ||lambare|| (be)lecken; **meo me ludo lamberas** du zahlst mir mit gleicher Münze

lambere ⟨lambō, lambī, lambitum 3.⟩

A VI lecken

B VT

1 lecken, belecken; **lupa linguā pueros lambit** die Wölfin beleckt die Knaben mit ihrer Zunge

2 *(nachkl.) fig von Sachen* leicht berühren; *vom Fluss* bespülen

lambitus ⟨lambitūs⟩ M̄ ||lambare|| *(spätl.)* Lecken

lāmella ⟨ae⟩ F̄ ||lamina|| *(nachkl.)* Metallblättchen

▶ deutsch: **Lamelle**

lāmenta ⟨ōrum⟩ N̄ Jammern, Wehklagen

lāmentābilis ⟨lāmentābile⟩ ADJ ||lamentari||

1 *poet* beklagenswert

2 jammernd, kläglich; **funus ~** mit Trauerklagen verbundene Leichenfeier

lāmentārī ⟨or, ātus sum 1.⟩ ||lamentum||

A VI laut wehklagen, jammern, *in re* bei etw

B VT laut beklagen

▶ deutsch: **lamentieren**

lāmentārius ⟨a, um⟩ ADJ ||lamentari|| *Plaut.* Klagen erregend

lāmentātiō ⟨lāmentātiōnis⟩ F̄ ||lamentari|| Wehklagen

lāmentum ⟨ī⟩ N̄ = **lamenta**

lamia ⟨ae⟩ F̄ *(nachkl.) poet* Vampir, *meist pl*

Lamia ⟨ae⟩ M̄ Beiname in der gens Aelia; → **Aelius**

Lamiānus ⟨a, um⟩ ADJ des Lamia

lāmina ⟨ae⟩ F̄

1 dünne Platte *aus Metall od Holz*; Blech, Brett; **~ fulva** Goldblech; **in lamina scribere** auf Erztafeln schreiben

2 *Curt.* Brustplatte *für Pferde*

3 Eisenklammer

4 *(nachkl.) poet* Schwertklinge

5 *Hor.* verächtlich Blech = Geld

6 *Ov.* noch weiche Nussschale

lamirus ⟨ī⟩ M̄ = **lamyrus**

lammina, lamna ⟨ae⟩ F̄ = **lamina**

lampada ⟨ae⟩ F̄, **lampas** ⟨lampadis⟩ F̄

1 Fackel, Leuchter

2 *meton* Glanz, Licht

3 *Sen.* Meteor

▶ deutsch: **Lampe**

Lampsacēnus

A ⟨a, um⟩ ADJ aus Lampsacum, von Lampsacum

B ⟨ī⟩ M̄ Einwohner von Lampsacum
Lampsacum ⟨ī⟩ N̄, **Lampsacus** ⟨ī⟩ F̄ Stadt an der Ostküste des Hellespont, heute Lapseki
Lamus ⟨ī⟩ M̄ MYTH König der Laestrygonen, Gründer der Stadt Formiae in Latium
lamyrus ⟨ī⟩ M̄ (nachkl.) poet unbekannter Seefisch
lāna ⟨ae⟩ F̄
  1 Wolle; **rixari de lana caprina** um Ziegenwolle streiten = um eine Nichtigkeit streiten
  2 meton aus Wolle Gefertigtes, Wollstoff
  3 meton Wollspinnen
  4 fig Wollenes an Früchten u. Pflanzen; Baumwolle
  5 lanae vellera per caelum Verg. fig Schäfchenwolken am Himmel
lānārius ⟨ī⟩ M̄ ||lana|| (vkl., nachkl.) Wollarbeiter
lānātae ⟨ārum⟩ F̄ ||lanatus|| die Wollträger = Schafe
lānātus ⟨a, um⟩ ADJ ||lana|| (nachkl.) poet Wolle tragend, wollig
lancea ⟨ae⟩ F̄ (nachkl.) Lanze, Speer
lancināre ⟨ō, āvī, ātum 1.⟩ ||lacer|| zerfleischen; fig verspeisen
lāneus ⟨a, um⟩ ADJ ||lana|| Catul. fig weich wie Wolle
Langobardī ⟨ōrum⟩ M̄ germ. Volk an der Unterelbe, wanderten später über Ungarn nach Norditalien
langue-facere ⟨faciō, -, - 3.⟩ ||languere, facere|| einschläfern, beruhigen
languēns ⟨languentis⟩ ADJ ||languere|| matt, schlaff
languēre ⟨gueō, guī, - 2.⟩
  1 von Personen u. Sachen matt sein; fig untätig sein, re durch etw, in re in etw, de re/ex re infolge einer Sache; **homo languet** der Mensch ist müde; **amor languet** die Liebe ist erkaltet; **flos languet** die Blume ist welk
  2 fig langweilig sein
languēscere ⟨ēscō, guī, - 3.⟩ ||languere|| matt werden, träge werden; **flos languescit** die Blume verwelkt; **luna languescit** der Mond verdunkelt sich; **favor languescit** die Gunst erkaltet
languī → languere u. → languescere
languidulus ⟨a, um⟩ ADJ ||languidus|| schon welk; Catul. fig wohlig matt
languidus ⟨a, um, adv languidē⟩ ADJ ||languere||
  1 von Personen u. Sachen matt, träge; **animus ~** träger Geist; **flumen languidum** langsam fließender Fluss; **ventus ~** sanfter Wind; **vinum languidum** milder Wein; **quies languida** einschläfernde Ruhe
  2 fig untätig, gleichgültig
languor ⟨languōris⟩ M̄ ||languere||
  1 Mattigkeit; Erschlaffung, Entkräftung; **~ aquosus** kraftlos machende Wassersucht
  2 fig Trägheit, Sorglosigkeit
  3 fig Langeweile; Hor. Schwermut
laniāre¹ ⟨ō, āvī, ātum 1.⟩ zerfleischen, zerfetzen; **genas ~** die Wangen zerkratzen; **carmina ~** fig Gedichte verreißen; **vestem a corpore ~** die Kleidung vom Körper reißen; **genas manu laniatus** passiv +griech. akk sich die Wangen mit der Hand zerkratzend
laniātiō ⟨laniātiōnis⟩ F̄ Sen., **laniātus** ⟨laniātūs⟩ M̄ ||lanere|| Zerfleischung; pl Menge blutiger Wunden
laniēna ⟨ae⟩ F̄ (vkl., nachkl.) Fleischerladen
lānificium ⟨ī⟩ N̄ ||lanificus|| (nachkl.) Wollarbeit
lāni-ficus ⟨a, um⟩ ADJ ||lana, facere|| Wolle spinnend, Wolle webend; **ars lanifica** Webkunst; **sorores lanificae** die Parzen
lāni-ger
  A ⟨lānigera, lānigerum⟩ ADJ ||lana, gerere|| Wolle tragend, wollig
  B ⟨lānigerī⟩ M̄ Widder, Lamm
laniō ⟨laniōnis⟩ F̄ ||laniare|| (nachkl.) Fleischer; (spätl.) fig Henker
laniōnius ⟨a, um⟩ ADJ ||lanio|| Suet. Fleischer...; Henkers...
lāni-pēs ⟨lānipedis⟩ ADJ ||lana|| (nachkl.) die Füße mit Wolle umwickelt
lanista ⟨ae⟩ M̄ Gladiatorenmeister; pej Aufwiegler; **lanistā Cicerone** von Cicero aufgehetzt
lānitium ⟨ī⟩ N̄ ||lana|| Ertrag an Wolle, Wolle
lanius ⟨ī⟩ M̄
  1 (unkl.) Fleischer
  2 Plaut. fig Opferschlächter; Henker
lanterna ⟨ae⟩ F̄ Laterne, Lampe
lanternārius ⟨ī⟩ M̄ ||lanterna|| Laternenträger; fig Spießgeselle
lantgravius ⟨ī⟩ M̄ (mlat.) Landgraf
lānūgō ⟨lānūginis⟩ F̄ ||lana|| (nachkl.)
  1 Wolliges, Wolle an Textilien, Früchten od Kräutern
  2 erster Bartflaum
  3 (mlat.) MED Wollhaarflaum des menschlichen Fetus
Lānuvinum ⟨ī⟩ N̄ Landgut bei Lanuvium
Lānuvinus
  A a, um ADJ aus Lanuvium, von Lanuvium
  B ⟨ī⟩ M̄ Einwohner von Lanuvium
Lānuvium ⟨ī⟩ N̄ alte latinische Stadt am Südhang der Albanerberge
lanx ⟨lancis⟩ F̄ Schüssel, Schale
Lāocoōn ⟨Lāocoontis⟩ M̄ Priester des Apollo in Troja, der die Trojaner vor dem hölzernen Pferd warnte; wurde von zwei Schlangen getötet, davon antike Skulptur aus dem 1. Jh. v. Chr., 1506 in Rom gefunden
Lāodicēa ⟨ae⟩ F̄ Stadt in Kleinasien
Lāodicēnī ⟨ōrum⟩ M̄ die Einwohner von Laodicea

Lāomedōn ⟨Lāomedontis⟩ M̄ Vater des Priamus

Lāomedontēus ⟨a, um⟩ ADJ des Laomedon

Lāomedontiadēs ⟨Lāomedontiadae⟩ M̄ Nachkomme des Laomedon, = Priamus; pl die Trojaner

Lāomedontius ⟨a, um⟩ ADJ des Laomedon

lapathum ⟨ī⟩ N̄, **lapathus** ⟨ī⟩ M̄ u. F̄ (nachkl.) poet Sauerampfer

lapi-cīda ⟨ae⟩ M̄ ||lapis, caedere|| (vkl., nachkl.) Steinmetz

lapicīdīnae ⟨ārum⟩ F̄ ||lapicida|| Steinbrüche, bes als Strafort

lapidāre ⟨ō, āvī, ātum 1.⟩ ||lapis|| (nachkl.)
A VT j-n steinigen, nach j-m/etw mit Steinen werfen, aliquem/aliquid.
B VI u. unpers **lapidat** es regnet Steine

lapidārius ⟨a, um⟩ ADJ ||lapis|| (vkl., nachkl.) Stein...; **latomiae lapidariae** Steinbrüche
▶ deutsch: **lapidar**

lapidātiō ⟨lapidātiōnis⟩ F̄ ||lapidare|| Steinwürfe; Steinigung; **magna ~** Hagel von Steinen

lapidātor ⟨lapidātōris⟩ M̄ ||lapidare|| Steinschleuderer

lapideus ⟨a, um⟩ ADJ ||lapis|| steinern; Plaut. versteinert

lapidōsus ⟨a, um⟩ ADJ ||lapis|| (unkl.)
1 steinig, voller Steine
2 hart wie Stein

lapillus ⟨ī⟩ M̄ ||lapis||
1 Steinchen, Kiesel
2 Marmorstückchen für ein Mosaik
3 Edelstein, auch Perle; **lapilli niveī viridesque** Hor. Perlen und Smaragde
4 Stimmstein; **lapilli nivei atrique** Ov. Stimmsteine zum Abstimmen über Leben und Tod

lapis ⟨lapidis⟩ M̄ u. (vkl.) auch F̄
1 Stein als Stoff, ↔ Holz, Metall; **~ quadratus** Quader; **~ vivus** Feuerstein; **~ ardeus** Meteor; **~ bibulus** Bimsstein
2 poet Marmor; **lapides varii** bunte Mosaiksteinchen
3 meton aus Stein Gefertigtes; (nachkl.) Tisch
4 Meilenstein; Grenzstein; **ad quintum lapidem** beim fünften Meilenstein; **~ sacer** Grenzstein; **~ ultimus** Grabstein
5 Steintritt, Standplatz des Ausrufers beim Sklavenverkauf; **tribunos de lapide emere** fig Tribunen bestechen
6 poet Edelstein, auch Perle
7 (vkl.) fig gefühlloser Mensch, Klotz
8 **Iuppiter lapis** Donnerkeil, den man beim Schwur als Symbol in der Hand hielt; **Iovem lapidem iurare** beim Donnerkeil schwören
9 **~ niger** (mlat.) schwarzer Stein auf dem Forum Romanum, unter dem ein Monument mit der ältesten röm. Inschrift entdeckt wurde
10 **~ lazuli** (mlat.) Lasurstein, dunkelblauer Halbedelstein

Lapithae ⟨ārum⟩ M̄ MYTH die Lapithen, Bergvolk um den Olymp, bekannt durch ihren Kampf gegen die Kentauren

Lapithēs ⟨Lapithae⟩ M̄ Lapithe

lappa ⟨ae⟩ F̄ (nachkl.) poet Klette

lāpsāre ⟨ō, -, - 1.⟩ ||labi|| (nachkl.) poet wiederholt ausgleiten, wiederholt wanken

lapsi ⟨orum⟩ M̄ ||labi|| (mlat.) Abgefallene, Christen, die in den Verfolgungen seit Decius ihrem Glauben untreu geworden waren

lāpsiō ⟨lāpsiōnis⟩ F̄ ||labi|| (nachkl.) poet Abgleiten; fig Neigung zum Schlimmen

lāpsus¹ ⟨a, um⟩ PPERF → labi

lāpsus² ⟨ūs⟩ M̄ ||labi||
1 Gleiten, Lauf der Flüsse u. Gestirne
2 Ranken der Reben, Rollen der Räder
3 Fall, Sturz; **~ terrae** Erdrutsch
4 fig Fehltritt, Verstoß; **multi populares lapsūs** viele Verstöße gegen die Volksgunst
5 **~ calami** (mlat.) Schreibfehler; **~ linguae** (mlat.) Versprecher
▶ deutsch: **Lapsus**

laquear, laqueāre ⟨laqueāris⟩ N̄ (nachkl.) = **lacunar**; meist pl

laqueātus ⟨a, um⟩ ADJ getäfelt, mit einer Kassettendecke versehen

laqueus ⟨ī⟩ M̄ Schlinge; fig Falle; **laqueo gulam frangere alicuius** j-n erdrosseln; **Stoicorum laquei** Trugschlüsse der Stoiker

Lār ⟨Laris⟩ M̄
1 meist pl die Laren, Hausgötter, Schutzgötter des Hauses, in den Kreis der Götter aufgenommene Verstorbene; neben den Lares privati gab es auch Lares publici/urbani, die den Staat beschützten u. zu denen auch Romulus u. Remus sowie Acca Larentia gehörten; ↔ **lemures**
2 meton Haus, Haushalt; **~ certus** fester Wohnsitz; **sine lare** ohne eigenen Herd
3 meton Nest der Vögel, Stock der Bienen
4 Hor. meton philosophische Schule, philosophische Sekte

lārdum ⟨ī⟩ N̄ = **laridum**

Lārentālia ⟨Lārentālium⟩ N̄ Fest der → Acca Larentia, der Ziehmutter von Romulus u. Remus, am 23. Dezember

largi-ficus ⟨a, um⟩ ADJ ||largus, facere|| Lucr. reichlich

largi-fluus ⟨a, um⟩ ADJ ||largus, fluere|| Liv. reichlich fließend

largi-loquus ⟨a, um⟩ ADJ ||largus, loqui|| Plaut. geschwätzig

largīrī ⟨ior, ītus sum 4.⟩ ||largus||

1 reichlich geben, großzügig austeilen, *meist aus eigennützigen Gründen od zu politischen Zwecken*; **bona ex alieno/de alieno ~** reiche Spenden aus fremdem Vermögen verteilen
2 *pej* bestechen
3 *fig* gewähren, zugestehen; **alicui civitatem ~** j-m das Bürgerrecht gewähren; **honores ~** Ehren erweisen; **iniurias ~** Unrecht verzeihen

largitās ⟨largitātis⟩ F ||largus|| Freigebigkeit

largiter ADV → largus

largitiō ⟨largitiōnis⟩ F ||largus||
1 reichliches Geben, reichliches Schenken *aus eigennützigen Absichten, alicuius j-s od an j-n, in aliquem* an j-n
2 Freigebigkeit *gegen das Volk wie Spiele, Spenden von Getreide, Öl u. a.*; reiche Schenkung
3 Bestechung
4 Verleihung, **civitatis** des Bürgerrechts
5 (*nachkl.*) Kasse des Kaisers für Spenden

largītor ⟨largītōris⟩ M ||largiri||
1 (*nachkl.*) Spender; *adj* freigebig
2 *pej* „Spendierer", Bestecher

largus ⟨a, um, *adv* largē *u.* largiter⟩ ADJ
1 *von Personen* freigebig, *re* mit etw; **vir ~ animo** Mann von freigebigem Charakter
2 *von Sachen* ergiebig, reichlich; **large procedere** weit vorrücken; **largiter posse** viel vermögen
3 reich, *alicuius rei* an etw

lāridum ⟨ī⟩ N (*unkl.*) Speck

larifuga ⟨ae⟩ M ||lar, fugere|| *Petr.* Herumtreiber

Lārīnās

Lares – Hausgötter

A ⟨Lārīnātis⟩ ADJ aus Larinum, von Larinum
B ⟨Lārīnātis⟩ M Einwohner von Larinum

Lārīnum ⟨ī⟩ N Stadt in Samnium, heute Larino

Lārīs(s)a ⟨ae⟩ F
1 *Stadt in Thessalien, heute Larissa*
2 *Stadt im NO Griechenlands*
3 *Burg von Argos mit Tempel des Zeus Larisaios*

Lārīs(s)aeī ⟨ōrum⟩ M die Einwohner von Larisa

Lārīs(s)aeus ⟨a, um⟩ ADJ aus Larisa, von Larisa

Lārīs(s)ēnsēs ⟨Lārīs(s)ēnsium⟩ M die Einwohner von Larisa

Lārius (lacus) M See in Oberitalien, heute Comer See

larix ⟨laricis⟩ F (*nachkl.*) Lärche

lars ⟨lartis⟩ M Herr, Fürst, *etrusk. Titel od Beiname*; **~ Tolumnius** König von Veii

lārua ⟨ae⟩ F (*altl.*) = **larva**

lāruālis ⟨lāruāle⟩ ADJ (*altl.*) = **larvalis**

lāruātus ⟨a, um⟩ ADJ (*altl.*) = **larvatus**

lārva ⟨ae⟩ F
1 (*vkl., nachkl.*) Gespenst; Gerippe
2 (*nachkl.*) *meton* Larve, Maske *des Schauspielers*
▶ **deutsch: Larve**

lārvālis ⟨lārvāle⟩ ADJ ||larva|| (*nachkl.*) *poet* gespenstisch

lārvātus ⟨a, um⟩ ADJ ||larva|| (*vkl.*) *poet* behext

lasanum ⟨ī⟩ N (*nachkl.*) *poet* Nachtgeschirr; *Hor.* Kochgeschirr

lāsar... = **laser...**

lascīvia ⟨ae⟩ F ||lascivus||
1 Fröhlichkeit, Ausgelassenheit
2 (*nachkl.*) *pej* Zügellosigkeit, Ausschweifung
3 Geziertheit *des Stils od Ausdrucks*

lascīvībundus ⟨a, um⟩ ADJ ||lascivire|| *Plaut.* voller Mutwillen

lascīvīre ⟨iō, iī, ītum 4.⟩ ||lascivus||
1 ausgelassen sein, schäkern; **fugā ~** munter davonhüpfen
2 zügellos sein, überheblich sein

lascīvus ⟨a, um⟩ ADJ, ADV ⟨lascīvē⟩
1 *poet* lustig, ausgelassen; **puella lasciva** kokettes Mädchen; **hedera lasciva** üppig rankender Efeu
2 *pej* zügellos, ausschweifend
3 (*nachkl.*) *von der Rede* geziert *im Ausdruck*, überladen
▶ **deutsch: lasziv**

lāser ⟨lāseris⟩ N Saft der Sirpepflanze, *im Altertum als Arznei u. Gewürz verwendet*

lāserpīci-fer ⟨lāserpīcifera, lāserpīciferum⟩ ADJ ||laserpicium, ferre|| *Catul.* Laserpicium tragend

lāserpīcium ⟨ī⟩ N (*vkl., nachkl.*)
1 Saft der Sirpepflanze, *im Altertum als Arznei u.*

Gewürz verwendet
2 Sirpepflanze

Lasēs ⟨Lasum⟩ M̄ = **Lares**; → Lar

lassāre ⟨ō, āvī, ātum 1.⟩ ||lassus|| müde machen, matt machen; *passiv* müde werden, ermatten

lasserpīci-fer ⟨lasserpīcifera, lasserpīciferum⟩ ADJ = **laserpicifer**

lasserpīcium ⟨ī⟩ N̄ = **laserpicium**

lassitūdō ⟨lassitūdinis⟩ F̄ ||lassus|| Ermüdung, Ermattung

lassulus ⟨a, um⟩ ADJ ||lassus|| *Catul.* todmüde

lassus ⟨a, um⟩ ADJ (unkl.) von Personen u. Sachen müde, erschöpft; **stomachus ~** schwacher Magen; **ōs lassum** lechzender Mund; **res lassa** missliche Lage; **lumina lassa** brechende Augen

lastaurus ⟨ī⟩ M̄ *Suet.* liederlicher Mensch, unzüchtiger Mensch

lāta ⟨ōrum⟩ N̄ ||latus¹|| breite Aussprache

latebra ⟨ae⟩ F̄ ||latere||

1 Verborgensein, Verborgenheit

2 Schlupfwinkel, Versteck, *alicuius rei* von etw *od* in etw; **~ ferarum** Schlupfwinkel des Wildes; **~ silvarum** Versteck in den Wäldern; **~ animae** geheimer Sitz des Lebens

3 *fig* Zuflucht, Zufluchtsort

4 *fig* Ausflucht, Entschuldigung; **~ mendacii** Ausflucht durch eine Lüge

latebricola ⟨ae⟩ F̄ ||latebra, colere|| *Plaut.* Besucher dunkler Kneipen

latebrōsus ⟨a, um, *adv* latebrōsē⟩ ADJ ||latebra|| (unkl.) voller Schlupfwinkel; versteckt; **loca latebrosa** Bordelle; **pumex ~** poröser Bimsstein

latēns ⟨latentis, *adv* latenter⟩ ADJ ||latere|| verborgen, heimlich

later ⟨lateris⟩ M̄ Ziegel(stein), *an der Sonne getrocknet*

laterāmen ⟨laterāminis⟩ N̄ *Lucr.* Seitenwände

Laterānus ⟨ī⟩ M̄ röm. Beiname; **aedes Lateranae** *Gebäude auf dem Caelius, das den Plautii Laterani gehörte, wurde von Kaiser Konstantin dem Großen dem Bischof von Rom geschenkt, heute Il Laterano*

laterculus ⟨ī⟩ M̄ ||later||

1 Ziegel(stein)

2 (vkl.) Eierkuchen

latēre ⟨eō, uī, - 2.⟩

1 verborgen sein, sich verborgen halten; **abditum ~** verborgen und versteckt sein

2 im Stillen leben, zurückgezogen leben

3 *fig* sicher sein, geborgen sein

4 *fig* unbekannt bleiben, ein Geheimnis sein, *aliquem* j-m; **res Hannibalem latuit** die Sache blieb dem Hannibal verborgen; **latet** es ist unbekannt, *alicui/aliquem* j-m, +*indir Fragesatz*/+*AcI*

▶ deutsch: **latent**

latericium ⟨ī⟩ N̄ ||latericius|| Ziegelbau

latericius ⟨a, um⟩ ADJ ||later|| aus Ziegeln gemacht, Ziegel...

latericulus ⟨ī⟩ M̄ = **laterculus**

latēscere ⟨ēscō, -, - 3.⟩ ||latere|| *poet* sich verbergen

latex ⟨laticis⟩ M̄ (nachkl.) *poet* Flüssigkeit, *oft pl*; Wasser; **occulti latices** *Liv.* verborgene Wasseradern; **~ meri** Wein; **Palladii latices** Öl; **~ absinthii** Wermut

Latiālis ⟨Latiāle⟩ ADJ (nachkl.) aus Latium, von Latium; **Iuppiter Latialis** *Jupiter als Beschützer des Latinerbundes*

Latiar ⟨Latiāris⟩ N̄ Fest des Iuppiter Latiaris; → Latialis

Latiāris ⟨Latiāre⟩ ADJ = **Latialis**

latibulum ⟨ī⟩ N̄ ||latere|| Schlupfwinkel, Versteck

lāti-clāvius

A ⟨a, um⟩ ADJ ||latus², clavus|| (nachkl.) mit einem breiten Purpurstreifen versehen, *an der Tunika zum Zeichen der Senatorenwürde*

B ⟨ī⟩ M̄ Senator, Patrizier

lātifundium ⟨ī⟩ N̄ ||latus², fundus|| großer Landbesitz

Latīna ⟨ae⟩ F̄ ||Latium|| Latinerin, latinische Frau

Latīniēnsis

A ⟨Latīniēnse⟩ ADJ latinisch, aus Latium

B ⟨Latīniēnsis⟩ M̄ Latiner, Einwohner von Latium

Latīnitās ⟨Latīnitātis⟩ F̄ ||Latium||

1 reiner lateinischer Ausdruck, gute lateinische Sprache, gute Latinität

2 das latinische Recht *der latinischen Gemeinden (Selbstverwaltung, Steuerfreiheit), Zwischenstufe zwischen dem Recht des röm. Bürgers u. dem des Nichtbürgers*

Latīnus

A ⟨a, um⟩ ADJ

1 latinisch, aus Latium; *auch* lateinisch, römisch; **convertere in Latinum** ins Lateinische übersetzen; **diligenter Latine loqui** ein gewähltes Latein sprechen

2 gut lateinisch, korrekt

3 *fig* deutlich, ernstlich

B ⟨ī⟩ M̄

1 Latiner, Einwohner von Latium

2 MYTH König von Laurentum, nahm die dort landenden Aeneas auf u. gab ihm seine Tochter Lavinia zur Frau

3 MYTH König von Alba Longa

lātiō ⟨lātiōnis⟩ F̄ ||latus¹|| Bringen; **~ auxilii** Hilfeleistung; **~ legis** Gesetzesvorschlag, Gesetzesantrag; **~ suffragii** Stimmrecht

latitāre ⟨ō, āvī, ātum 1.⟩ ||latere|| sich ver-

LATU

steckt halten, *bes um nicht vor Gericht erscheinen zu müssen*

latitātiō ⟨latitātiōnis⟩ F ||latitare|| *Quint.* Sich-versteckt-Halten

lātitūdō ⟨lātitūdinis⟩ F ||latus²||
1. Breite; **mille passus in latitudinem patere** sich tausend Schritte in der Breite erstrecken
2. *fig* breite Aussprache
3. *Plin.* Fülle des Ausdrucks

Latium ⟨ī⟩ N *Landschaft um Rom, Mutterland Roms; poet* Rom, Römisches Reich; *meton* die Latiner

Latius ⟨a, um⟩ ADJ latinisch, aus Latium

Lātō ⟨Lātūs⟩ F = **Latona**

Lātōia ⟨ae⟩ F Tochter der Lato = Diana

Lātōis ⟨Lātōidis⟩ ADJ der Lato, zu Lato gehörig

Lātōis ⟨Lātōidis *u.* Lātōidos⟩ F Tochter der Lato = Diana

Lātōius ⟨a, um⟩ ADJ der Lato, zu Lato gehörig

Lātōius ⟨ī⟩ M Sohn der Lato = Apollo

lātomiae ⟨ārum⟩ F = **lautumiae**

Lātōna ⟨ae⟩ F *Mutter des Apollo u. der Artemis/Diana*

Lātōnigena ⟨ae⟩ M *u.* F Kind der Latona, = Apollo *bzw.* Diana

Lātōnius ⟨a, um⟩ ADJ der Latona, zu Latona gehörig

lātor ⟨lātōris⟩ M ||latus¹||
1. Antragsteller
2. *(mlat.)* Überbringer; **~ legis** Überbringer des Gesetzes, = Moses

Lātōus
A ⟨a, um⟩ ADJ der Lato, zu Lato gehörig
B ⟨ī⟩ M = Apollo

lātrāre ⟨ō, āvī, ātum 1.⟩
A VI
1. bellen, kläffen
2. *fig* schimpfen, zanken, *bes von schlechten Rednern*
3. *(nachkl.) poet von Sachen* lärmen; *vom Magen* knurren
B VT
1. anbellen
2. beschimpfen
3. herausknurren, *aliquid* etw
4. *Luci.* ungestüm fordern

lātrātor ⟨lātrātōris⟩ M ||latrare|| *(nachkl.) poet* Beller = Hund; *fig* Maulheld

lātrātus ⟨lātrātūs⟩ M ||latrare|| *(unkl.)* Bellen; *fig* Gekläff

lātrīna ⟨ae⟩ F ||lavare|| *(vkl., nachkl.)* Toilette, Kloake
▶ deutsch: **Latrine**

latrō ⟨latrōnis⟩ M
1. *(vkl.)* angestellter Diener, Söldner
2. Soldat, Bauer, *Stein im Brettspiel*
3. Straßenräuber, Bandit, *alicuius* bei j-m, *für j-n, alicuius rei* in etw, auf etw
4. *(nachkl.)* Freibeuter, Freischärler
5. *Verg.* im Hinterhalt lauernder Jäger

latrōcinārī ⟨or, ātus sum 1.⟩ ||latro||
1. *Plaut.* Kriegsdienste leisten
2. Straßenraub treiben, Seeräuberei treiben

latrōcinium ⟨ī⟩ N ||latro||
1. Straßenräuberei, Piraterie, *alicuius rei* in etw, auf etw
2. Raubzug, Beutezug
3. Spitzbüberei
4. *meton* Räuberbande, Raubgesindel
5. *Ov.* Brettspiel

latrunculārius ⟨a, um⟩ ADJ ||latrunculus|| *Sen.* zum Brettspiel gehörig; **tabula latruncularia** Spielbrett

latrunculus ⟨ī⟩ M ||latro||
1. Straßenräuber, elender Bandit
2. *(vkl., nachkl.) fig* Stein *im Brettspiel*

lātumiae ⟨ārum⟩ F = **lautumiae**

lātūra ⟨ae⟩ F ||latus¹|| *(nachkl.)* Tragen von Lasten

lātus¹ ⟨a, um⟩ PPP → **ferre**

lātus² ⟨a, um, *adv* lātē⟩ ADJ
1. breit; **agger trecentos pedes ~** dreihundert Fuß breiter Damm
2. ausgedehnt, weit
3. *fig von der Aussprache* breit; *von der Rede* weitschweifig, ausführlich
4. *adv* weit, breit; **late vagari** weit umherschweifen; **vallis late patens** weit offenes Tal; **longe lateque** weit und breit; **quam latissime** so weit wie möglich
5. *adv fig von der Rede* weitläufig, ausführlich; **fuse lateque dicere de re** lang und breit über etw reden
6. *(nachkl.) adv fig* reichlich, stark; **opibus latius uti** allzu verschwenderisch mit dem Reichtum umgehen

latus³ ⟨lateris⟩ N
1. Seite *des Körpers*; **a latere/in latus** seitwärts; **dolor lateris** Seitenstechen; **lateri alicuius (ad-) haerere** j-m nicht von der Seite weichen, j-m im Nacken sitzen; **alicui latus dare** sich bei j-m eine Blöße geben, sich bei j-m bloßstellen; **latus alicuius/alicui tegere** j-s Seite decken, j-n begleiten; **artifices lateris** die Balletttänzer
2. Umgebung = die Vertrauten; **a latere alicuius esse** j-s nächste Umgebung bilden; **nonnulli a latere tyranni** einige aus der Umgebung des Tyrannen
3. Verwandtschaft, Seitenlinie
4. Nachbarschaft, Nähe; **hostes a latere** Feinde an den Grenzen

> **Bedürfnisanstalten**

Eine Toilette in unserem Sinne in der Wohnung bzw. im Haus zu haben, war in der Antike eine absolute Seltenheit. Zur Verrichtung der Notdurft wurden vielmehr Nachttöpfe (**matellae**) verwendet. Der Inhalt wurde in ein Fass (**dolium**) im Treppenhaus oder auf einen dem Haus nahen Misthaufen geschüttet.
Bewohnern der oberen Stockwerke einer insula mochte der Weg zum Misthaufen bisweilen zu weit bzw. die Achtung vor den Passanten auf der Straße zu gering gewesen sein, denn sie schütteten nicht selten den Inhalt ihrer Nachttöpfe einfach aus dem Fenster. Es gab darüber hinaus öffentliche Bedürfnisanstalten (**latrinae**), die gegen eine kleine Gebühr benutzt werden durften. Sie bestanden meist aus einer mit Löchern versehenen Bank aus Stein oder Marmor, unter der Wasser floss und die Ausscheidungen in die großen Abwasserkanäle der Stadt leitete.

RÖMISCHES LEBEN ◀

5 Brust, Lunge *als Sitz der Kraft u. der Stimme*; **legem bonis lateribus suadere** aus voller Brust zu einem Gesetz raten
6 (*nachkl.*) *poet* Seite = Körper, Leib; **hoc ~** = ich; **latus in arenā deponere** sich im Sand niederlegen
7 *von Sachen* Seite, Seitenfläche; **dextrum ~ castrorum** rechte Seite des Lagers; **~ navis** Breitseite des Schiffes, Planken des Schiffes; **in omne latus** nach allen Richtungen; **~ mundi** Zone der Erde
8 MIL Flanke *eines Heeres*; **hostem aperto latere aggredi** den Feind an der offenen Flanke angreifen; **ab latere/ex latere** von der Flanke her, in der Flanke, auf der Flanke
9 (*nachkl.*) MATH Seite; **triangulum aequis lateribus constituere** ein gleichseitiges Dreieck zeichnen
▶ deutsch: **lateral**

latusculum ⟨ī⟩ N̄ ||latus³|| *poet* kleine Seite
laudābilis ⟨laudābile, *adv* laudābiliter⟩ ADJ ||laudare|| lobenswert, rühmenswert
laudāre ⟨ō, āvī, ātum 1.⟩ ||laus||
1 loben, rühmen, *alicuius aliquid/aliquem propter aliquid* j-n wegen etw; **~ sapientiam Socratis** Sokrates wegen seiner Weisheit rühmen
2 gutheißen, billigen
3 verherrlichen
4 eine Leichenrede halten, *aliquem* j-m
5 *vor Gericht* entlasten
6 lobend erwähnen, anführen; **aliquem auctorem ~** j-n als Verfasser nennen
laudātiō ⟨laudābilōnis⟩ F̄ ||laudare||
1 Lob, Lobrede, *alicuius* j-s *od* auf j-n; **~ funebris** Leichenrede
2 entlastendes Zeugnis *vor Gericht*
3 Dankadresse *der Bewohner einer Provinz für einen Statthalter an den Senat*
laudātīva ⟨ae⟩ F̄ ||laudativus|| *Quint.* Gattung der Lobreden
laudātīvus ⟨a, um⟩ ADJ ||laudare|| (*nachkl.*) lobend
laudātor ⟨laudātōris⟩ M̄ ||laudare||
1 Lobredner; *pej* Lobhudler
2 JUR Entlastungszeuge *vor Gericht*
3 (*nachkl.*) Leichenredner
laudātrīx ⟨laudātrīcis⟩ F̄ ||laudator|| Lobrednerin
laudātus ⟨a, um⟩ ADJ ||laudare|| gepriesen, ausgezeichnet, *alicui* von j-m, *re* wegen etw; schön; **dux cunctis ~** von allen gerühmter Feldherr
laudicēnus ⟨ī⟩ M̄ ||laudare, cena|| *Plin.* Schmarotzer, Lobredner auf eine Mahlzeit, *um eingeladen zu werden, im Wortspiel mit Laodiceni, die Bewohner von Laodicea*
laurea ⟨ae⟩ F̄
1 Lorbeer, Lorbeerbaum
2 *meton* Lorbeerkranz, Lorbeerzweig, *Schmuck Apollos u. seiner Priester, der Dichter, Triumphatoren u. Ahnenbilder*
3 *meton* Triumph, Ruhm; **laureae cupidus** begierig nach Ruhm
laureātus ⟨a, um⟩ ADJ ||laurea|| mit Lorbeer bekränzt, mit Lorbeer geschmückt; **(litterae) laureatae** Siegesbericht
Laurēns ⟨Laurentis⟩ ADJ aus Laurentum, von Laurentum
Laurentēs ⟨Laurentium *u.* Laurentum⟩ M̄ die Einwohner von Laurentum
Laurentīnus, Laurentius ⟨a, um⟩ ADJ aus Laurentum, von Laurentum
Laurentum ⟨ī⟩ N̄ alte Stadt in Latium, sö. von Ostia
laureola ⟨ae⟩ F̄ = **laurea**
laureus ⟨a, um⟩ ADJ ||laurus|| Lorbeer-...; **corona laurea** Lorbeerkranz
lauri-comus ⟨a, um⟩ ADJ ||laurus, coma|| *Lucr.* mit Lorbeer belaubt
lauri-ger ⟨laurigera, laurigerum⟩ ADJ ||laurus, gerere|| *poet* lorbeerbekränzt
laurus ⟨ī *u.* ūs⟩ F̄ = **laurea**
laus ⟨laudis⟩ F̄

1 Lob, Ruhm; **laudis avidus/cupidus** begierig nach Ruhm; **laudem ferre** Lob ernten; **laudem habere** Lob verdienen; **laudem victoriae habere** wegen des Sieges berühmt sein; **laudem de aliquo habere** sich des Sieges über j-n rühmen können; **laudi esse** löblich sein; **hoc in laude tua pono** das rechne ich dir als Lob an **2** Lobspruch, Lobrede; **aliquid laudibus (ef)ferre/extollere** etw preisen; **laudes et gratias agere alicui** j-m Lob und Dank sagen; **habere laudes de aliquo** eine Lobrede auf j-n halten **3** *Curt.* Ruhmsucht **4** *meton* rühmliche Tat, Vorzug; **laudes Herculis** die großen Taten des Herkules **5** (*mlat.*) *pl* Lobgesang; Gebet nach der Messe; **laudes divinae** (*mlat.*) Gottesdienst

⚠ **Summa/magna cum laude.** Mit sehr großem/großem Lob. Beste bzw. zweitbeste Bewertung bei der Doktorprüfung

lautia ⟨ōrum⟩ N̄ (*nachkl.*) öffentliche Bewirtung *von fremden Gästen in Rom*; **locus ~que** Unterkunft und Verpflegung

lautitia ⟨ae⟩ F̄ ||lautus|| Pracht, Eleganz

lautumiae ⟨ārum⟩ F̄ Steinbrüche, *oft als Strafort*; Gefängnis *am Forum*

lautus¹ ⟨a, um⟩ PPP → **lavare**

lautus² ⟨a, um, *adv* lautē⟩ ADJ ||lavare|| **1** (*vkl.*) sauber; *von Sachen* elegant **2** *Com.* köstlich **3** *von Personen* vornehm, fein; **laute vivere** standesgemäß leben

lavābrum ⟨ī⟩ N̄ ||lavare|| *Lucr.* Badewanne

lavācrum ⟨ī⟩ N̄ ||lavare|| (*nachkl.*) Badezimmer; (*spätl.*) Taufe

lavāre ⟨lavō, lāvī, lautum/lōtum/lavātum 1.⟩
A V̄T
1 waschen, baden; **manūs ~** die Hände waschen **2** *fig* begießen, befeuchten; **pannos ~** die Gewänder abspülen **3** *fig* wegwaschen, wegspülen; **mala vino ~** das Unglück mit Wein vertreiben
B V̄I *u. passiv* sich waschen, baden; **lavatum ire** baden gehen

lavātiō ⟨lavātiōnis⟩ F̄ ||lavare|| **1** Waschen, Bad **2** (*nachkl.*) Badegeschirr; (*nachkl.*) Badezimmer

Laverna ⟨ae⟩ F̄ *altröm.* Gottheit, als Unterweltsgottheit verehrt, später Schutzgöttin der Diebe

Lāvīnia ⟨ae⟩ F̄ MYTH Tochter des Königs der Laurenter, zweite Gattin des Aeneas

Lāvīnium ⟨ī⟩ N̄ von Aeneas zu Ehren von Lavinia erbaute Stadt in Latium, s. von Rom, dort Ausgrabungen

Lāvīnius, Lāvīnus ⟨a, um⟩ ADJ aus Lavinium, von Lavinium

laxāmentum ⟨ī⟩ N̄ ||laxare|| Erleichterung, Milderung

laxāre ⟨ō, āvī, ātum 1.⟩ ||laxus||
1 (*nachkl.*) *poet* lockern, lösen; *passiv* schlaff werden; **habenis laxatis** mit gelockerten Zügeln; **viam ~** einen Weg öffnen; **humus laxatur** das Erdreich taut auf **2** erweitern, ausdehnen; **ordines ~** die Schlachtordnung auseinanderziehen; **laxatae custodiae** einzeln stehende Posten; **foros ~** auf dem Verdeck Platz machen **3** *zeitl.* verlängern, ausdehnen **4** *fig* mildern, mäßigen; **annonam ~** den Getreidepreis ermäßigen; **spiritum ~** den Mut sinken lassen **5** (*nachkl.*) *fig* nachlässig(er) betreiben **6** *fig* sich erholen lassen, beruhigen

laxitās ⟨laxitātis⟩ F̄ ||laxus|| **1** Geräumigkeit, Weite **2** (*nachkl.*) *fig* Gelassenheit, Ruhe

laxus ⟨a, um, *adv* laxē⟩ ADJ ||languere|| **1** (*nachkl.*) *poet* schlaff, locker; **calceus ~** zu großer Schuh; **ianua laxa** offene Tür **2** *fig* zwanglos, frei; **laxius vivere** freier leben; **annona laxior** niedrigerer Getreidepreis **3** *örtl.* weit, weitläufig **4** *zeitl.* lang; **diem laxius proferre** den Termin weiter hinausschieben; **pecuniam laxius curare** Geld nicht auf einmal auszahlen, Geld nach und nach auszahlen

lb. Abk (*nlat.*) = **libra** Pfund

lea ⟨ae⟩ F̄ = **leaena**

leaena ⟨ae⟩ F̄ Löwin; *poet auch* Löwe

Lēander ⟨Lēandrī⟩ M̄ Geliebter der Hero

lebēs ⟨lebētis, *akk pl auch* lebētas⟩ M̄ *poet* Metallbecken, *Siegespreis od Ehrengabe*; *auch* Waschbecken

lectīca ⟨ae⟩ F̄ ||lectus¹|| Sänfte; Totenbahre

lectīcāriola ⟨ae⟩ F̄ ||lecticarius|| *Mart.* Geliebte eines Sänftenträgers

lectīcārius ⟨ī⟩ M̄ ||lectica|| Sänftenträger

lectica – Sänfte

lectīcula ⟨ae⟩ F ||lectica||
1. kleine Sänfte
2. *Suet.* Ruhebett; **~ lucubratoria** Liege zum Arbeiten und Studieren
3. *Nep.* Totenbahre

lecticulus ⟨ī⟩ M ||lectulus|| *Catul.* Bett, Lotterbett

lēctiō ⟨lēctiōnis⟩ F ||legere||
1. (*nachkl.*) Sammeln
2. Auswahl; Dichtung
3. Lesen, Durchlesen, **libri** eines Buches
4. Lektüre, Studium
5. *meton* Lesestoff, Text; *Gell. pl* als Buchtitel Erklärungen *älterer Ausdrücke*
6. Vorlesen
7. *Liv.* Verlesen der Senatorenliste *durch den Zensor*

▶ deutsch: **Lektion**

lectisterniātor ⟨lectisterniātōris⟩ M ||lectisternium|| *Plaut.* Saaldiener, *der die Polster der Speisesofas zurechtlegt*

lecti-sternium ⟨ī⟩ N ||lectus, sternere|| Göttermahl, *kultische Götterbewirtung, wobei die Bilder der zu ehrenden Götter auf die Kissen gelegt wurden, in Rom 399 v. Chr. aus Anlass einer Seuche eingeführt*

lēctitāre ⟨ō, āvī, ātum 1.⟩ ||legere||
1. aufmerksam lesen, oft lesen
2. *Plin.* vorlesen

lēctiuncula ⟨ae⟩ F ||lectio|| leichte Lektüre, flüchtiges Lesen

lēctor ⟨lēctōris⟩ M ||legere||
1. Leser *eines Buches*
2. Vorleser, *meist ein zum Vorlesen angestellter Sklave*

▶ deutsch: **Lektor**

lectulus ⟨ī⟩ M ||lectus¹||
1. Bett; **~ obscenus** Bett einer Prostituierten
2. Brautbett, Ehebett
3. Liege zum Schreiben und Studieren
4. Speisesofa
5. *Tac.* Totenbahre; Paradebett

lectus¹ ⟨ī⟩ M
1. Bett, Schlafstätte; **~ caelebs** Bett eines Junggesellen; **lecto teneri/in lecto esse** das Bett hüten
2. Brautbett, Ehebett
3. Liege *zum Lesen, Schreiben u. Ä.*
4. (*nachkl.*) Totenbett; Paradebett

lēctus² ⟨a, um, *adv* lēctē⟩ ADJ ||legere|| ausgewählt; *fig* ausgezeichnet

lēctus³ ⟨a, um⟩ PPP → legere

Lēda ⟨ae⟩ F Gattin des spartanischen Königs Tyndareos, Geliebte des Zeus; bekannt u. vielfach dargestellt ist ihre Begegnung mit Zeus in Gestalt eines Schwanes; Mutter der Helena, Clytaemnestra (Clytaemestra) u. der Dioskuren

Lēdaeus ⟨a, um⟩ ADJ von Leda stammend; *auch* spartanisch; **dii Ledaei** die Dioskuren

Lēdē ⟨Lēdēs⟩ F = **Leda**

lēgālis ⟨lēgāle⟩ ADJ ||lex|| (*spätl.*) gesetzlich; (*eccl.*) den göttlichen Gesetzen gemäß

▶ deutsch: **legal**

lēgāre ⟨ō, āvī, ātum 1.⟩ ||lex||
1. als Gesandten abschicken, abordnen
2. zum Legaten ernennen; **legari ab aliquo** sich von j-m zu Legaten machen lassen; **aliquem alicui ~** j-n j-m als obersten Mitarbeiter beigeben, j-n j-m als Stellvertreter beigeben
3. durch ein Testament letztwillig verfügen, vermachen; **aliquid ab aliquo ~** etw festsetzen, was von einem bestimmten Erben ausbezahlt werden soll

lēgātārius ⟨a, um⟩ ADJ ||legatum|| (*spätl.*) im Testament bedacht

lēgātiō ⟨lēgātiōnis⟩ F ||legare||
1. Gesandtschaft; Amt eines Gesandten; **legationem suscipere** eine Gesandtschaft übernehmen; **~ libera** freie Gesandtschaft, Wahlgesandtschaft, *einem Senator vom Senat bewilligte Gesandtschaft in eine Provinz zu privaten Zwecken mit den Rechten wirklicher Gesandter*
2. *meton* Gesandtschaft; Gesandtschaftsbericht; **legationem referre/renuntiare** einen Gesandtschaftsauftrag eröffnen, Bericht erstatten
3. *meton* Gesandte, Personal einer fremden Gesandtschaft
4. Stelle eines Gesandten *beim Feldherrn od Statthalter einer Provinz,* Stelle eines Unterfeldherrn

lēgātor ⟨lēgātōris⟩ M ||legare¹|| *Suet.* Erblasser

lēgātōrius ⟨a, um⟩ ADJ ||legatus|| eines Legaten, zu einem Gesandten gehörig

lēgātum ⟨ī⟩ N ||legare|| Vermächtnis *im Testament*

lēgātus ⟨ī⟩ M ||legare||
1. Gesandter, Botschafter; **legatos mittere ad aliquem** Gesandte zu j-m schicken
2. MIL Unterfeldherr, *vom Senat ernannt, erhielt vom Oberfeldherrn seinen Wirkungskreis,* alicuius *j-s,* alicui bei j-m; **~ pro praetore** mit einem selbstständigen Kommando betrauter Legat
3. Unterstatthalter, *oberster Mitarbeiter u. Stellvertreter eines Statthalters*
4. *in der Kaiserzeit* Statthalter *in einer kaiserlichen Provinz*
5. *Suet.* Befehlshaber einer einzelnen Legion
6. (*mlat.*) päpstlicher Gesandter *meist in besonderer Mission*

legenda ⟨ae⟩ F (*mlat.*) Heiligenerzählung; **~ aurea** wichtigste spätmittelalterliche Sammlung von Heiligenerzählungen

▶ deutsch: **Legende**
   englisch: **legend**

französisch: **légende**
spanisch: **leyenda**
italienisch: **leggenda**

legere ⟨legō, lēgī, lēctum 3.⟩

1. zusammenlesen, sammeln
2. auswählen
3. lesen, durchlesen
4. vorlesen, verlesen
5. eine Vorlesung halten
6. aufrollen
7. küssend auffangen
8. belauschen
9. mustern
10. folgen, verfolgen
11. hinsegeln
12. durchfahren, durchwandern

1 zusammenlesen, sammeln; **olivas de ramis ~** Oliven von den Zweigen pflücken; **alicui capillos ~** j-m die Haare ausraufen
2 auswählen; *pej* stehlen; **iudices ~** Richter auswählen; **aliquem in senatum ~** j-n in den Senat wählen; **milites ~** Soldaten ausheben; **vir virum legit** jeder wählt sich seinen Mann
3 lesen, durchlesen; **librum ~** ein Buch lesen; **legimus apud scriptorem** man liest bei einem Schriftsteller; **Homerum ~** Homer lesen = die Gesänge Homers lesen
4 vorlesen, verlesen; **senatum ~** die Senatorenliste verlesen, **princeps in senatu lectus est** er ist als Erster auf der Senatorenliste verlesen worden
5 (*vkl., nachkl.*) eine Vorlesung halten; **~ apud aliquem** bei j-m eine Vorlesung hören
6 aufrollen; *von den Segeln* einziehen; **fila/stamina ~** Fäden aufwickeln; **extrema fila ~** die letzten Lebensfäden aufspulen; **funem ~** ein Seil aufrollen
7 *Atem* küssend auffangen
8 *Gespräche* belauschen
9 mustern
10 folgen, verfolgen; **vestigia alicuius ~** j-s Spuren folgen; **orbes tortos ~** verschlungene Nebenwege gehen
11 hinsegeln, *etw* umfahren; **promunturium ~** ein Vorgebirge umsegeln; **vada ~** Untiefen vorsichtig umfahren
12 *Orte* durchfahren, durchwandern
▶ deutsch: **Lektüre**

lēge-rupa ⟨ae⟩ M = **legirupa**
lēge-rupiō ⟨lēgerupiōnis⟩ F = **legirupio**

Gerund und Gerundiv

Das Gerund ist ein Verbalsubstantiv, d. h. ein aus einem Verb gebildetes Substantiv. Die Substantivierung des Infinitivs (Präsens Aktiv) im Deutschen wird durch den sächlichen Artikel markiert; im Lateinischen hingegen wird die Substantivierung des Infinitivs im Nominativ und im Akkusativ nicht gekennzeichnet:

Legere iucundum est. — (Das) Lesen macht Spaß.

Im Dativ und Ablativ werden die Formen des Gerunds, eines Verbalsubstantivs, verwendet:

Legendo delector. — Durch das Lesen werde ich erfreut.

Der Deklination des lateinischen Infinitivs liegt folgendes Schema zugrunde:
legere (*nom*) – das Lesen
legendi (*gen*) – des Lesens
legendo (*dat*) – dem Lesen
legere (*akk*) – das Lesen
legendo (*abl*) – durch das Lesen

Die Akkusativform des Gerunds auf –um wird nur nach der Präposition „ad" verwendet:
ad legendum – zum Lesen

Das Gerundiv ist ein Verbaladjektiv, das angibt, „was getan werden muss":

Liber legendus est. — Das Buch muss gelesen werden.

Möglich ist auch der unpersönliche Gebrauch des Gerundivs:

Legendum est. — Es muss gelesen werden.
Man muss lesen.

GRAMMATIK

lēgī → legere

lēgi-fer ⟨lēgifera, lēgiferum⟩ ADJ ||lex, ferre|| (nachkl.) poet **Gesetze gebend**

legiō ⟨legiōnis⟩ F ||legere||

1 **Legion**, taktisch selbständige Heereseinheit von 4200–6000 Mann, in republikanischer Zeit in 30 Manipel u. in Schlachtaufstellung nach Altersklassen in hastati, principes u. triarii sowie 1200 velites eingeteilt; seit Marius 10 Kohorten = 30 Manipel = 60 Zenturien, dazu 300 Reiter

2 (unkl.) nicht röm. **Heer, Heerhaufen**

3 Plaut. fig **Hilfsmittel**

> ▶ **legio**

Die Legion war die Grundeinheit des römischen Heeres. Sie bestand ursprünglich aus 3000 Fußsoldaten und 300 Reitern. Während der Republik wurde das Heer in zwei Legionen geteilt, die von je einem Konsul befehligt wurden. Um die Flexibilität zu erhöhen, wurden sie in **manipuli** unterteilt. Gegen Ende des 2. Jahrhunderts v. Chr. stieg die Stärke der zwei Legionen auf je 6000 Mann, die Zahl der Reiter betrug 200 - 300 pro Legion. Zur Zeit des **Augustus** gab es 25 Legionen, die über das ganze Römische Reich verteilt waren. Jede dieser Legionen wurde von einem Legaten (**legatus**) befehligt.

GESCHICHTE

legiōnāriī ⟨ōrum⟩ M ||legionarius|| **Legionstruppen**

legiōnārius ⟨a, um⟩ ADJ ||legio|| **zur Legion gehörig, Legions…**

lēgi-rupa ⟨ae⟩ M ||lex, rumpere|| Plaut. **Gesetzesbrecher**

lēgi-rupiō ⟨lēgirupiōnis⟩ F ||lex, rumpere|| Plaut. **Gesetzesverletzung, Gesetzesübertretung**

lēgitimus ⟨a, um, adv lēgitimē⟩ ADJ ||lex||

1 **gesetzmäßig, gesetzlich**; **liberi legitimi** eheliche Kinder, **aetas legitima** gesetzliches Alter für etw; **legitima quaedam** gewisse gesetzliche Formalitäten

2 **Gesetzes…**; **quaestiones legitimae** Ermittlungen aufgrund eines Gesetzes

3 **gebührend, recht**; **sonus ~** richtiger Ton

▶ deutsch: **legitim**

legiuncula ⟨ae⟩ F ||legio|| Liv. **armselige Legion**

lēgulēius ⟨ī⟩ M ||lex|| **Gesetzeskrämer, trockener Jurist**

legūmen ⟨legūminis⟩ N ||legere|| **Hülsenfrucht**, bes **Bohne, Erbse**

Lemannus lacus M **Genfer See**

lembus ⟨ī⟩ M (unkl.) **Kahn; Jacht**

lēmma ⟨lēmmatis⟩ N

1 (nachkl.) poet **Stoff** einer Schrift

2 **Überschrift**

3 **Gedicht**, bes **Epigramm**

Lēmnias ⟨Lēmniadis⟩ F **Einwohnerin von Lemnos**

Lēmni-cola ⟨ae⟩ M ||Lemnos, colere|| Ov. **Bewohner von Lemnos**, = Hephaistos/Vulcan

Lēmniēnsis ⟨Lēmniēnse⟩ ADJ **von Lemnos, zu Lemnos gehörig**; **Lemniense furtum** der Diebstahl von Lemnos = die Entwendung des Feuers durch Prometheus

lēmniscātus ⟨a, um⟩ ADJ ||lemniscus|| **mit Bändern geschmückt**; **palma lemniscata** fig **Siegerpreis** fig für einen Mord

lēmniscus ⟨ī⟩ M (unkl.) **Kranzbinde, Schleife**

Lēmnius

A ⟨a, um⟩ ADJ **von Lemnos, zu Lemnos gehörig**; **pater ~** **Vater von Lemnos**, = Hephaistos/Vulcan

B ⟨ī⟩ M **Einwohner von Lemnos**

Lēmnos, Lēmnus ⟨ī⟩ F **vulkanische Insel im N der Ägäis, dem Hephaistos/Vulcan heilig**

Lemovīcēs ⟨Lemovīcum⟩ M kelt. **Stamm in Aquitanien mit der Hauptstadt Augustoritum** (später civitas Lemovicum, heute Limoges)

lemurēs ⟨lemurum⟩ M (unkl.) **Gespenster der Seelen der Toten, Nachtgeister**; ↔ Lar

Lemuria ⟨ōrum⟩ N **Lemurenfest** vom 9.–12. Mai, um die Gespenster zu versöhnen u. aus dem Haus zu bannen

lēna ⟨ae⟩ F Plaut. **Kupplerin**; adj **lockend**

Lēnaeus

A ⟨a, um⟩ ADJ poet **bacchisch**; **pater ~** = Bacchus; **Lenaei latices** **Wein**

B ⟨ī⟩ M **Bacchus**

lēnīmen ⟨lēnīminis⟩ N, **lēnīmentum** ⟨ī⟩ N ||lenire|| **Linderungsmittel, Beruhigungsmittel**

lēnīre ⟨iō, iī/īvī, ītum 4.⟩ ||lenis||

A VT **lindern**; fig **besänftigen**; **tigres ~** Tiger zähmen

B VI Plaut. **sich besänftigen, sich mildern**; **dum irae leniunt** während sich der Zorn legt

lēnis ⟨lēne, adv lēniter⟩ ADJ

1 **sanft, mild**; **ventus ~** leichter Wind; **fastigium lene** sanft ansteigende Anhöhe

2 **langsam**; fig **langsam wirkend**; **gradus ~** gemächlicher Schritt; **venenum lene** schleichendes Gift

3 fig von Charakter u. Geist **ruhig, gelassen**; **deus ~** gnädiger Gott; **verba lenia** gemäßigte Worte; **leniter alloqui aliquem** j-n schonend ansprechen; **lenius agere** nicht entschieden genug auftreten

lēnitās ⟨lēnitātis⟩ F ||lenis||

1 **Sanftheit, Milde**; **~ legum** Milde der Gesetze

2 Gelassenheit;
3 Langsamkeit ~ **fluminis** Trägheit des Flusses
lēnitūdō ⟨lēnitūdinis⟩ F = **lenitas**
lēnō ⟨lēnōnis⟩ M ||lena|| Zuhälter; *fig* Verführer
lēnōcinārī ⟨or, ātus sum 1.⟩ ||leno||
1 *fig* j-m in widerlicher Weise schmeicheln; j-n locken, *alicui*
2 (*nachkl.*) verschönern, fördern, *alicui rei* etw; **insitae ferocitati arte ~** die angeborene Wildheit durch Kunst mildern
lēnōcinium ⟨ī⟩ N ||lena||
1 Zuhälterei; *meton* Kuppellohn
2 *fig* Lockmittel; (*nachkl.*) lockende Schmeichelei
lēnōnius ⟨a, um⟩ ADJ ||leno|| (*vkl., nachkl.*) zur Kuppelei gehörig; **aedes lenoniae** Bordell
lēns ⟨lentis⟩ F (*vkl., nachkl.*) Linse
 deutsch: **Linse**
  englisch: **lens**

französisch: **lentille**
spanisch: **lente**
italienisch: **lente**
lentāre ⟨ō, āvī, ātum 1.⟩ ||lentus|| *poet* biegsam machen, biegen
lentēscere ⟨ēscō, , 3.⟩ ||lentus|| (*nachkl.*) *poet* zäh werden; *fig* nachlassen; **lentescunt curae** *Ov.* die Sorgen lassen nach
lentīsci-fer ⟨lentīscifera, lentīsciferum⟩ ADJ ||lentiscus, ferre|| *Ov.* Mastixbäume tragend
lentīscum ⟨ī⟩ N, **lentīscus** ⟨ī⟩ F (*unkl.*) Mastixbaum, *Baum im Mittelmeerraum, dessen Harz zur Mundhygiene benutzt wurde*; Zahnstocher aus Mastixholz
lentitūdō ⟨lentitūdinis⟩ F ||lentus||
1 *Vitr.* Zähigkeit, Biegsamkeit
2 (*nachkl.*) Langsamkeit; RHET steifer Stil
3 Gleichgültigkeit, Phlegma
Lentulitās ⟨Lentulitātis⟩ F ||Lentulus|| *hum* der alte Adel der Lentuli

▶ **legionarius – Legionär**

Die Ausrüstung eines Legionärs bestand aus:

1 **galea** – Lederhelm (mit Metall beschlagen)
2 **lorica** – Harnisch, Panzer (über der Tunica getragen)
3 **scutum** – rechteckiger Schild
6 **tunica** – kurzes Untergewand
7 **caligae** – Ledersandalen mit genagelter Sohle

Als Angriffswaffen hatte der Legionär:

4 **gladius** – Kurzschwert
5 **pilum** – Speer

Der römische Legionär musste seine Verpflegung sowie sein Koch-, Ess- und Trinkgeschirr (**vasa**) selbst transportieren. Dieses Gepäck (**sarcinae**), das er an einer gegabelten hölzernen Stange (**mulus Marianus** – „Mariusesel") trug, wog ca. 20 kg.

RÖMISCHES LEBEN

lentulus ⟨a, um⟩ ADJ ||lentus|| ziemlich zäh; *fig* etwas langsam, *bes im Bezahlen*
Lentulus ⟨ī⟩ M *Beiname in der gens Cornelia;* → **Cornelius**

lentus ⟨a, um, *adv* lentē⟩ ADJ

1 zäh, klebrig
2 fest zusammenhaltend
3 biegsam, geschmeidig
4 langsam
5 lang dauernd, anhaltend
6 langsam wirkend
7 schleppend, steif
8 langsam, ruhig
9 gleichgültig, lau
10 unbeugsam, eigensinnig

1 zäh, klebrig
2 *poet* fest zusammenhaltend; **lenta pituita** zäher Schleim; **bracchia lenta** fest umschlungen haltende Arme, fest an den Körper gezogene Arme
3 biegsam, geschmeidig; **habenae lentae** dehnbare Zügel; **verbera lenta** Schläge mit geschmeidigen Ruten; **umor ~** geschmeidig machende Feuchtigkeit
4 *fig* langsam *in der Bewegung*, träge; **lentiore spem facere** die Erfüllung der Hoffnung verzögern; **marmor ~** ruhiges Meer, unbewegliches Meer; **carbones lenti** langsam brennende Kohlen
5 *zeitl.* lang dauernd, anhaltend; **lentius spe** länger als man hoffte; **~ abesto** bleib lange weg
6 *fig* langsam wirkend; **venenum lentum** schleichendes Gift
7 RHET *von Stil u. Vortrag* schleppend, steif
8 *fig* langsam, ruhig; **~ in umbra** behaglich im Schatten hingestreckt
9 *fig pej* gleichgültig, lau; **lente dicere** gleichgültig sprechen
10 (*nachkl.*) *fig* unbeugsam, eigensinnig

lēnullus ⟨ī⟩ M ||leno|| *Plaut.* Kuppler, Zuhälter
lēnunculus[1] ⟨ī⟩ M ||leno|| *Plaut.* Kuppler, Zuhälter
lēnunculus[2] ⟨ī⟩ M Barke, Kahn
leō ⟨leōnis⟩ M Löwe, *auch als Gestirn*
Leōnida, Leōnidās ⟨Leōnidae⟩ M *König von Sparta, fiel als Verteidiger der Thermopylen gegen Xerxes 480 v. Chr.*
leōnīnus ⟨a, um⟩ ADJ ||leo|| Löwen...; **cavum leoninum** Löwenhöhle
Leontīnī ⟨ōrum⟩ M *Stadt auf Sizilien nw. von Syrakus, heute Lentini*
Leontīnus ⟨a, um⟩ ADJ aus Leontini, von Leontini
Leontīnus ⟨ī⟩ M Einwohner von Leontini
lepas ⟨lepadis⟩ F = **lopas**
lepidus ⟨a, um, *adv* lepidē⟩ ADJ
1 niedlich; *iron u. pej* weichlich; **puella lepida** hübsches Mädchen
2 witzig, geistreich **dictum lepidum** Witz
Lepidus ⟨ī⟩ M *Beiname in der gens Aemilia;* → **Aemilius; M. Aemilius ~** *schloss nach Caesars Ermordung mit Antonius u. Octavian das zweite Triumvirat (43 v. Chr.), starb 13 v. Chr.*
Lepontiī ⟨ōrum⟩ M *Volk in den Zentralalpen, dem heutigen Tessin*
lepōs ⟨lepōris⟩ M
1 Feinheit *in Benehmen u. Ausdruck*, Charme
2 geistreicher Witz, Humor
lepra ⟨ae⟩ F (*nachkl.*) Aussatz
leprōsus ⟨a, um⟩ ADJ ||lepra|| (*spätl., eccl.*) aussätzig
Leptīnus ⟨a, um⟩ ADJ aus Leptis Magna, von Leptis Magna
Leptis Magna F *alte phönikische Kolonie in Nordafrika, seit Kaiser Trajan röm. Kolonie, Geburtsort des Kaisers Septimius Severus; Ausgrabungen u. Ruinen ö. von Tripolis*
Leptis Minor F *Stadt in Nordafrika, heute Lemta, bedeutende Ruinen*
Leptitānī ⟨ōrum⟩ M die Einwohner von Leptis Magna
lepus ⟨leporis⟩ M Hase, *auch als Kosewort,* (*klass.*) *nur als Sternbild;* **mi ~** mein Häschen
lepusculus ⟨ī⟩ M ||lepus|| Häschen
Lerna ⟨ae⟩ F *See, Fluss u. Ort s. von Argos, in der Sage Ort, wo Herkules die Hydra tötete*
Lernaeus ⟨a, um⟩ ADJ aus Lerna, von Lerna
Lernēs ⟨Lernēs⟩ F = **Lerna**
Lesbiacus ⟨a, um⟩ ADJ aus Lesbos, von Lesbos
Lesbias ⟨Lesbiadis⟩, **Lesbis** ⟨Lesbidis⟩
A ADJ F von Lesbos, lesbisch
B F Einwohnerin von Lesbos, Lesbierin
Lesbius ⟨a, um⟩ ADJ von Lesbos, lesbisch
Lesbos ⟨ī⟩ F *äolische Insel vor der ionischen Küste, s. von Troas, Geburtsort des Arion, des Alkaios u. der Sappho*
Lesbōus ⟨a, um⟩ ADJ von Lesbos, lesbisch
Lesbus ⟨ī⟩ F = **Lesbos**
lessus *nur akk* ⟨um⟩ M (*altl.*) Totenklage
lētālia ⟨ōrum⟩ N ||letalis|| tödliche Mittel
lētālis ⟨lētāle⟩ ADJ ||letum|| (*nachkl.*) *poet* tödlich, todverkündend; **sonus ~** todverkündender Ruf der Eule
▶ deutsch: **letal**
lētāre ⟨ō, āvī, ātum 1.⟩ ||letum|| töten
Lēthaeus ⟨a, um⟩ ADJ *Verg., Ov.* zur Lethe gehörig; Vergessen bringend; **somnus ~** todbringender Schlaf

lēthargicus ⟨a, um⟩ ADJ (nachkl.) poet schlafsüchtig
▶ deutsch: **lethargisch**
lēthargus ⟨ī⟩ M (nachkl.) poet Schlafsucht
Lēthē ⟨Lēthēs⟩ F Strom in der Unterwelt, aus dem die Toten Vergessen alles Vergangenen tranken
lēti-fer ⟨lētifera, lētiferum⟩ ADJ (nachkl.) = **letalis**
Lētō ⟨Lētūs⟩ F = **Lato**
Lētōis ⟨Lētōidis⟩ F = **Latois**; → Lato
Lētōius ⟨a, um⟩ ADJ = **Latoius**; → Lato
lētum ⟨ī⟩ N (altl.) poet Tod; fig Untergang
Lētum ⟨ī⟩ N Dämon der Unterwelt
Leucadia ⟨ae⟩ F Insel u. deren im N liegende Hauptstadt vor der Küste Akarnaniens, wurde lange als das homerische Ithaka angesehen
Leucadius ⟨a, um⟩ ADJ aus Leucadia, von Leucadia
Leucadius ⟨ī⟩ M Einwohner von Leucadia
Leucas[1] ⟨Leucadis⟩ F = **Leucadia**
Leucas[2] ⟨Leucadis⟩ F = **Leucatas**
leucaspis ⟨leucaspidis⟩ ADJ (nachkl.) mit weißen Schilden; **phalanx ~** Schlachtreihe mit weißen Schilden
Leucātās, Leucātēs ⟨Leucātae⟩ M Vorgebirge im S der Insel Leukas mit einem Apollotempel
Leuconicum ⟨ī⟩ N Mart. leukonische Wolle als Kissenfüllung, benannt nach dem Stamm der Leuci zwischen Maas u. Mosel
leuconotus ⟨ī⟩ M (nachkl.) heller, trockener Südwestwind
leucophaeātus ⟨a, um⟩ ADJ Mart. aschgrau gekleidet
Leucothea ⟨ae⟩ F, **Leucotheē** ⟨Leucotheēs⟩ F Kultname der Meeresgöttin Ino
Leuctra ⟨ōrum⟩ N Ort in Böotien, sw. von Theben, bekannt durch den Sieg des Epaminondas über die Spartaner 371 v. Chr.
Leuctricus ⟨a, um⟩ ADJ aus Leuctra, von Leuctra
levāmen ⟨levāminis⟩ N, **levāmentum** ⟨ī⟩ N ||levare²|| Linderungsmittel; fig Trost
lēvāre[1] ⟨ō, āvī, ātum 1.⟩ ||levis¹|| glätten; in der Rede od beim Schreiben feilen; **corpus ~** sich enthaaren

levāre[2] ⟨ō, āvī, ātum 1.⟩ ||levis²||

1 leichter machen, erleichtern
2 leichter machen
3 befreien, erlösen
4 verringern, mindern
5 wegnehmen, abnehmen
6 in die Höhe heben, erheben
7 aufrichten, stärken

1 (nachkl.) poet leichter machen, erleichtern; **naves ~** Schiffe entladen; **aliquem onere ~** j-m eine Last abnehmen; **colla serpentem ~** vom Drachenwagen herabsteigen; **aliquam ~** eine Frau entbinden; passiv entbunden werden
2 fig leichter machen, mildern; **alicuius metum ~** j-s Angst mindern; **dolorem consolando ~** durch Trösten den Schmerz lindern, **viam sermone ~** durch Gespräch den Weg verkürzen; **omen ~** das böse Vorzeichen entkräften; **annonam ~** den Getreidepreis senken
3 befreien, erlösen, re von etw; **se ~ aere alieno** sich von Schulden befreien; **nemus fronde levatur** der Wald entlaubt sich
4 etw Gutes verringern, mindern; **alicuius auctoritatem ~** j-s Ansehen schwächen
5 wegnehmen, abnehmen; **capiti decus ~** den Kopfschmuck abnehmen
6 in die Höhe heben, aufrichten, **saucium ~** einen Verwundeten aufrichten; passiv u. **se ~** sich erheben; **se pennis ~** auffliegen
7 fig aufrichten, stärken; **adventus tuus me levabit** deine Ankunft wird mich aufrichten; **luctu alicuius levari** sich an j-s Trauer weiden
levātiō ⟨levātiōnis⟩ F ||levare²||
1 Vitr. das Hochheben
2 fig Erleichterung; Verminderung
lēve ⟨lēvis⟩ N ||levis¹|| Hor. glatte Oberfläche
lēvī → linere
leviculus ⟨a, um⟩ ADJ ||levis²|| ziemlich leicht; (nachkl.) fig ziemlich unbedeutend
levidēnsis ⟨levidēnse⟩ ADJ ||levis²||
1 (spätl.) leicht gewebt, dünn
2 fig geringfügig; **munusculum levidense** Cic. kleines, unbedeutendes Geschenk
levi-fidus a, um ADJ ||levis², fides¹|| Plaut. nicht ganz glaubwürdig
levi-pēs ⟨levipedis⟩ ADJ ||levis²|| (vkl.) poet leichtfüßig
lēvis[1] ⟨lēve⟩ ADJ
1 glatt, geglättet; **hircus ~** glatthaariger Ziegenbock
2 (nachkl.) poet blank, glatt poliert
3 glatt, schlüpfrig
4 unbehaart, bartlos; kahlköpfig
5 jugendlich, zart, auch geputzt
6 von der Rede geschliffen, fließend; **levia sectari** Hor. nach Glätte streben
levis[2] ⟨leve, adv leviter⟩ ADJ
1 leicht von Gewicht; **pondus leve** leichtes Gewicht; **armatura ~** leichte Bewaffnung; **pila levius cadunt** die Wurfspieße fallen mit geringerer Kraft; **leviter ferre** willig tragen
2 MIL leicht bewaffnet
3 leicht im Gehalt; leicht verdaulich; **terra ~** magerer Boden; **populi leves** körperlose

Schatten

4 (nachkl.) fig schnell, flüchtig; **cervus ~** schneller Hirsch; **agmen ~** leicht beweglicher Heereszug

5 fig mild, sanft; **imperium leve** milde Herrschaft; **verba leviora** sanftere Worte; **levissime dicere** den mildesten Ausdruck benutzen; **leviter dolere** maßvollen Schmerz empfinden; **alicui ~** j-m milde gesinnt

6 fig unbedeutend, geringfügig; **auctor ~** unbedeutender Schriftsteller; **cura ~** kleine Sorge, geringe Sorge; **pugna ~** unbedeutender Kampf; **munimentum leve** leicht befestigtes Lager; **auditio/rumor ~** unverbürgtes Gerücht; **pecunia alicui levissima est** Geld spielt bei j-m gar keine Rolle; **leviter curare** sich wenig kümmern; **aliquid in levi habere** etwas für eine Kleinigkeit achten

7 fig von Personen u. Sachen leichtsinnig, unzuverlässig; **homo ~** leichtfertiger Mensch; **amicitia ~** Freundschaft mit leichtfertigen Menschen; **leviter significare** oberflächlich andeuten

levi-somnus ⟨a, um⟩ ADJ ||levis²|| Lucr. mit leichtem Schlaf

lēvitās¹ ⟨lēvitātis⟩ F ||levis¹|| Glätte; RHET fließender Ausdruck

levitās² ⟨levitātis⟩ F ||levis²||

1 Leichtigkeit des Gewichtes

2 poet Beweglichkeit, Geschwindigkeit

3 fig Leichtfertigkeit, Oberflächlichkeit; **levitates amatoriae** Leichtfertigkeit in der Liebe; **levitates comicae** leichtfertige Streiche in der Komödie

4 fig vom Charakter Leichtsinn, würdeloses Benehmen

5 fig von Sachen Nichtigkeit, Unhaltbarkeit; **~ opinionis** Unhaltbarkeit einer Meinung

lēvor ⟨lēvōris⟩ M ||levis¹|| Glätte, **vocis** des Ausdrucks

lēx ⟨lēgis⟩ F ||legere||

1 juristische Formel

2 Vertrag

3 Bedingung, Bestimmung

4 Gesetzesvorschlag

5 Gesetz

6 Verfassung

7 geschriebenes Recht

8 einzelne Bestimmungen

9 Regel, Vorschrift

10 Gewohnheit, Art

11 Art und Weise

12 Regelmäßigkeit, Ordnung

13 Heilige Schrift

1 juristische Formel für ein Geschäft

2 Vertrag; **~ mancipii** Kaufvertrag; **~ operi faciundo** Bauvertrag

3 Bedingung, Bestimmung; **legem accipere** eine Bedingung annehmen; **leges pacis alicui dicere/scribere** j-m die Friedensbedingungen diktieren

4 Gesetzesvorschlag, Gesetzesantrag; **legem ferre/rogare** ein Gesetz einbringen, ein Gesetz beantragen, ut/ne dass/dass nicht; **legem perferre** ein Gesetz durchbringen; **legem promulgare** ein Gesetz durch Anschlag öffentlich bekannt machen; **legem sciscere/iubere** ein Gesetz genehmigen; **legem antiquare/repudiare** einen Gesetzesvorschlag verwerfen, einen Gesetzesvorschlag ablehnen

5 Gesetz; Volksbeschluss; **poena legis** gesetzlich vorgeschriebene Strafe; **legem abrogare** ein Gesetz abschaffen; **lege uti** den Schutz der Gesetze genießen, auch gesetzlich verfahren; **lege/legibus/ex lege/ex legibus** gesetzmäßig

6 PL Verfassung; **leges libertasque** republikanische Verfassung

7 PL geschriebenes Recht

8 PL einzelne Bestimmungen eines Gesetzes

9 Regel, Vorschrift einer Kunst, Wissenschaft u. a.; **~ fati** Schicksalsbestimmung; **legem alicui statuere** für j-n etw als Regel aufstellen

10 Gewohnheit, Art, nach der jd lebt

11 Art und Weise, Beschaffenheit

12 Regelmäßigkeit, Ordnung; **sine lege** ungeordnet, regellos

13 (mlat.) Heilige Schrift; Altes Testament

14 **lege artis** (mlat.) nach den Regeln der (ärztlichen) Kunst

lexis ⟨lexeos⟩ F poet Wort, Ausdrucksweise

lībāmen ⟨lībāminis⟩ N ||libare|| Opfer, Opfergabe; **prima libamina** die von der Stirn des Opfertieres abgeschnittenen Haare

lībāmentum ⟨ī⟩ N ||libare||

1 Spende, Opfer

2 Sen. fig Kostprobe; pl Sammlung von Lesestücken

Libanus ⟨ī⟩ M Libanon, Gebirge in Syrien

lībāre ⟨ō, āvī, ātum 1.⟩

1 einem Gott ein Trankopfer darbringen; **altaria pateris ~** die Altäre durch Ausgießen aus den Schalen benetzen; **Iovi ~** dem Jupiter ein Trankopfer bringen

2 allg. opfern, bes unblutige Gaben

3 ein wenig wegnehmen, entnehmen, ex re/a re von etw

4 (nachkl.) poet leicht berühren; **cibos digitis ~** die Speisen mit den Fingern leicht berühren; **~ oscula natae** den Mund der Tochter leicht küssen

5 (unkl.) kosten, naschen; **artes ~** die Künste oberflächlich kennen lernen; **iecur ~** die Leber fressen

6 (nachkl.) poet mindern, schwächen; **virginitatem ~** die Jungfernschaft rauben

lībārius ⟨ī⟩ M ‖libare‖ Kuchenbäcker, Kuchenverkäufer

lībātiō ⟨lībātiōnis⟩ F ‖libare‖ Trankopfer, Ausschütten von Wein od Wasser

lībella ⟨ae⟩ F ‖libra‖

1 röm. Silbermünze im Wert von 1/10 Denar; **heres ex libella** Erbe eines Zehntels

2 kleine Münze; **ad libellam** auf Heller und Pfennig, genau

3 (nachkl.) Lucr. Wasserwaage

libellus ⟨ī⟩ M ‖liber¹‖

1 kleine Schrift, Büchlein; pl Buchladen

2 Verzeichnis

3 Notizbuch, Merkbuch

4 Brief, Schreiben

5 Programm für eine Theatervorstellung, Theaterzettel

6 öffentliche Bekanntmachung, Aushang; **libellos deicere** die Anschläge abnehmen = die Beschlagnahmung aufheben

libēns ⟨libentis, adv libenter⟩ ADJ ‖libere‖ gern, willig; **libenter esse** guter Laune sein

libentia ⟨ae⟩ F ‖libens‖ (vkl., nachkl.) Fröhlichkeit, Vergnügen, sinnliche Lust

Libentia ⟨ae⟩ F = Venus

Libentīna ⟨ae⟩ F = **Lubentina**

liber¹ ⟨librī⟩ M

1 Bast, Schicht zwischen Stamm u. Rinde des Baumes, auf der man in ältesten Zeiten schrieb

2 meton Buch, Schrift; **Platonis libri** Platos Schriften; **libri carminum** Zauberbücher

3 (nachkl.) meton Schreiben; Verfügung

4 meton Verzeichnis, Register

5 Quint. meton Rede, Gedicht, Komödie

6 PL Religionsbücher; Auguralbücher; Rechtsbücher; **libri Sibyllini** die Sibyllinischen Bücher

▶ französisch: livre
  spanisch: libro
  italienisch: libro

liber²

A ⟨lībera, līberum⟩ ADJ, ADV ⟨līberē⟩

1 von Personen u. Sachen frei, ungebunden; adv auch freiwillig; **sapiens semper est ~** der Weise ist immer frei; **pes ~** ungefesselter Fuß; **campus ~** offenes Gelände; **aequor liberum** offenes Meer; **mandata libera** uneingeschränkte Vollmacht; **custodia libera** freie Haft im Haus eines angesehenen Bürgers; **conclave liberum** beliebiges Zimmer; **libera mendacio uti** frischweg lügen; **fenus liberum** durch kein Gesetz beschränkter Wucherzins

2 frei von etw, ohne etw, a re/re/alicuius rei, ab aliquo von j-m; **~ fati** an keinen Schicksalsspruch gebunden

3 freimütig; pej dreist

4 sorgenfrei, frei von Geschäften; **lectulus ~** Bett eines Junggesellen

5 politisch frei; unabhängig; **civitas libera** freie Stadt

6 fig zügellos, ausschweifend; **Cupido ~** der schamlose Cupido; **libere vivere** ausschweifend leben

B ⟨līberī⟩ M

1 Freigeborener

2 PL līberī, ōrum u. līberum M die frei geborenen Kinder, Kinder; **coniuges ac liberi** Frauen und Kinder

Līber³ ⟨Līberī⟩ M ‖liber²‖ altital. Gott der Zeugung u. des Wachstums, später mit Bacchus/Dionysos gleichgesetzt; Gott des Weines; meton Wein

Lībera ⟨ae⟩ F ‖Liber³‖

1 = Proserpina, Tochter der Ceres u. Schwester des Liber

2 = Ariadne als Ehefrau des Bacchus

Līberālia ⟨Līberālium⟩ N ‖Liber³, Libera‖ Fest des Bacchus sowie der Ceres u. Libera, am 17. März, an dem die jungen Männer die toga virilis empfingen

līberālis ⟨līberāle, adv līberāliter⟩ ADJ ‖liber²‖

1 Freiheits...; **causa ~** Prozess um Freiheitsrechte; **nuptiae liberales** Ehe zwischen Freien

2 edel; vornehm; **artes liberales/doctrinae liberales/studia liberalia** Künste und Wissenschaften, die einem Freien zukommen, anfangs 9, seit 400 n. Chr. 7 artes liberales: Grammatik, Rhetorik, Dialektik (= trivium) / Arithmetik, Geometrie, Musik, Astronomie (= quadrivium)

3 gütig, freundlich

4 freigebig, großzügig, in aliquem gegen j-n

5 von Sachen reichlich, stattlich; **epulae liberales** üppige Mahlzeit; **liberalius se indulgere** sich reichlichere Genüsse gestatten

▶ deutsch: liberal

līberālitās ⟨līberālitātis⟩ F ‖liberalis‖

1 Güte, edle Gesinnung

2 Freigebigkeit

3 meton Schenkung

līberāre ⟨ō, āvī, ātum 1.⟩ ‖liber²‖

1 befreien, freilassen aus Sklaverei od Gefangenschaft; **servum ~** einen Sklaven freilassen; **ensem vaginā ~** das Schwert ziehen

2 befreien, ex re aus etw, a re/re von etw; **multos ex incommodis ~** viele aus ihrer unbequemen Lage befreien; **patriam a tyranno ~** das Vaterland vom Tyrannen befreien; **~ se a Venere** sich von der Verpflichtung gegenüber Venus lösen

3 *fig* abgabenfrei machen
4 *fig* aufheben; **obsidionem urbis ~** die Belagerung der Stadt aufheben
5 **~ fidem** *fig* sein Wort einlösen; **nomina ~** *fig* die Schulden tilgen
6 *fig* von Örtlichkeiten von der Verbauung der Aussicht befreien; **templa ~** Tempel aus einer Verbauung lösen
7 JUR freisprechen, *aliquem re/alicuius rei* j-n von etw; **aliquem voti ~** j-n von seinem Gelübde entbinden

līberātiō ⟨līberātiōnis⟩ F ||liberare|| Befreiung, *akt. u. passiv; bes gerichtlicher* Freispruch, *alicuius rei* von etw

līberātor ⟨līberātōris⟩ M ||liberare|| Befreier; *adj* befreiend

lībere ⟨libet, libuit/libitum est 2.⟩ *unpers* es beliebt, es gefällt, *alicui* j-m, *+inf*; **mihi libet** ich will, ich mag; **mihi libet plura scribere** ich will mehr schreiben

⚠ **Quod libet.** Was gefällt. = Nach Gutdünken Zusammengestelltes.

līberī ⟨ōrum *u.* līberum⟩ M → **liber²**

liberta ⟨ae⟩ F ||libertus|| Freigelassene

lībertās ⟨lībertātis⟩ F ||liber²||
1 Freiheit, Unabhängigkeit *von jeglicher Behinderung;* Erlaubnis, *alicuius* j-s, *alicuius rei* in etw
2 bürgerliche Freiheit *des Einzelnen,* ↔ *Sklaverei, Knechtschaft;* **libertate uti** frei sein; **servos ad libertatem vocare** den Sklaven die Freiheit verheißen; **aliquem e servitute in libertatem vindicare** j-n aus der Knechtschaft befreien
3 politische Freiheit *eines Volkes od Staates,* ↔ *monarchische Verfassung od fremde Oberherrschaft;* republikanische Verfassung
4 Freiheitssinn
5 Freimütigkeit, Unerschrockenheit
6 Missbrauch der Freiheit, Zügellosigkeit; **nimia ~** allzu große Freiheit; **~ vitae** ungebundenes Leben

Lībertās ⟨Lībertātis⟩ F Göttin der Freiheit, *in Rom in mehreren Tempeln verehrt*

lībertīna ⟨ae⟩ F ||libertinus|| Freigelassene

lībertīnus
A ⟨a, um⟩ ADJ ||libertus|| freigelassen
B ⟨ī⟩ M Freigelassener, Sohn eines Freigelassenen

lībertus ⟨ī⟩ M ||liber²|| Freigelassener *von j-m, daher immer +gen od poss pr;* **Tiro ~ Ciceronis** Tiro, der Freigelassene des Cicero

libīdinārī ⟨or, ātus sum 1.⟩ ||libido|| (*nachkl.*) *poet* brünstig sein, geil sein

libīdinōsus ⟨a, um, *adv* libīdinōsē⟩ ADJ ||libido||
1 genusssüchtig, wollüstig
2 willkürlich, launenhaft

> **libertus – der Freigelassene**

Ein **libertus** war ein Sklave (**servus**), der von seinem Herrn befreit wurde. Der Freigelassene erhielt u. a. das römische Bürgerrecht, wurde aber nicht zu den kurulischen Ämtern, zur Priesterschaft, zum Heer und zum Senat zugelassen. Er behielt seinen Vornamen als Sklave als **cognomen** bei und nahm **praenomen** und **nomen** seines ehemaligen Herrn an. So hieß z. B. Tiro, der Sklave von Marcus Tullius Cicero, nach seiner Freilassung Marcus Tullius Tiro. In der Kaiserzeit lockerten sich die Einschränkungen nach und nach, und die Freigelassenen, nunmehr **cives pleno iure**, konnten auch beachtliche Karrieren in der kaiserlichen Verwaltung machen. Bekanntestes Beispiel eines erfolgreichen **libertus** ist in der lateinischen Literatur der reiche Trimalchio aus Petrons Satyricon.

WORTSCHATZ

libīdō ⟨libīdinis⟩ F ||libere||
1 Begierde, Lust, *alicuius rei* nach etw, zu etw, an etw; *absolut* Leidenschaft; **~ sanguinis** Blutdurst; **~ in armis** Vergnügen an Waffen; **~ est = libet**
2 sinnliche Lust, Lüsternheit; *pl* Lüste, Sinnlichkeit; **libidini esse alicui** j-m zur Befriedigung der Lust dienen
3 Willkür, Zügellosigkeit; *pl* Willkürlichkeiten; **ad libidinem/ex libidine** nach Laune, nach Belieben
4 (*nlat.*) MED Trieb; Grundantrieb der allgemeinen Lebenskraft

libita ⟨ōrum⟩ N ||libere|| Belieben

Libitīna ⟨ae⟩ F
1 röm. Totengöttin, *die die Erfüllung der Begräbnispflichten überwachte; ihr war ein Hain geweiht*
2 *meton* Ausstattung für das Begräbnis
3 *Hor. meton* Tod

libitīnārius ⟨ī⟩ M ||Libitina|| (*nachkl.*) Begräbnisunternehmer

libitus ⟨libitūs⟩ M ||libet|| (*spätl.*) Gelüste; **ad libitum** (*mlat.*) nach Belieben

lībra ⟨ae⟩ F
1 Waage, *bes auch zum Abwiegen des Geldes;* **per aes et libram/aere et librā** JUR rechtsgültiger Kauf, *wobei der Käufer mit einem Geldstück an die Waage schlug;* **testamentum sine libra et tabulis facere** *Cic.* ohne Beachtung der gesetzlichen Form ein Testament machen; **librā et aere liberatum emittere** *Liv.* den aus der Hand des Gläubigers Befreiten durch Schenkung entlassen

2 Wasserwaage; **ad libram** in gleicher Höhe; **turres ad libram facere** Türme in gleicher Höhe erbauen
3 Pfund, = *327,45 g*; **corona aurea librarum quinque** goldener Kranz von 5 Pfund
4 *Liv.* Gleichgewicht
5 Waage *als Sternbild*
6 (*mlat.*) karolingisches Silberpfund

lībrālis ⟨lībrāle⟩ ADJ ||libra|| (*nachkl.*) ein Pfund schwer

lībrāmentum ⟨ī⟩ N ||librare||
1 (*nachkl.*) Gewicht, Gewichtsstück; **~ plumbi** Bleigewicht
2 Gefälle *des Wassers*
3 *Tac. meton* Schwungriemen
4 MATH waagrechte Fläche

lībrāre ⟨ō, āvī, ātum 1.⟩ ||libra||
1 im Gleichgewicht halten, in der Schwebe halten; *passiv* sich in der Schwebe halten; **geminas libravit in alas suum corpus** *Ov.* er verteilte das Körpergewicht auf die beiden Flügel
2 (*nachkl.*) *poet* balancierend schwingen, schleudern; **se/corpus ~** sich schwingen, fliegen; **corpus in herba ~** *poet* sich im Gras ausstrecken

lībrāria ⟨ae⟩ F ||libra|| *Iuv.* Werkmeisterin, *die den Sklavinnen die Wolle zuwog*

lībrāriolus ⟨ī⟩ M ||librarius|| armseliger Bücherabschreiber, Kopist; **librarioli Latini** dürftige lateinische Literatur

lībrārium ⟨ī⟩ N ||librarius|| Bücherkasten, Bücherschrank

lībrārius
A ⟨a, um⟩ ADJ ||liber¹|| Buch..., Bücher...; **scriba ~** Buchhalter; **scriptor ~** Kopist; **magister ~** Schreiblehrer, Elementarlehrer
B ⟨ī⟩ M
1 Schreiber, Sekretär
2 Buchhändler

lībrātor ⟨lībrātōris⟩ M ||librare||
1 Fachmann für die Wasserwaage
2 MIL Steinschleuderer, Wurfschütze

lībrātus ⟨a, um⟩ ADJ ||librare|| kräftig geschwungen, wuchtig

lībrīlis ⟨lībrīle⟩ ADJ ||libra|| ein Pfund schwer; **funda ~** *Caes.* Schleuder für schwere Steine

lībrītor ⟨lībrītōris⟩ M (*nachkl.*) = **librator**

lībum ⟨ī⟩ N ||libare|| sakrales Wort Opferkuchen, Fladen, *vor allem an Geburtstagen den Göttern geopfert*

Liburnī ⟨ōrum⟩ M die Liburner, *bekannt durch ihre schnellen Seeräuberschiffe, die als Modell für die röm. Kriegsschiffe dienten*

Liburnia ⟨ae⟩ F *Landschaft im N Dalmatiens*

Liburnicus, Liburnus ⟨a, um⟩ ADJ zu den Liburnern gehörig; **(navis) Liburna** Liburnerjacht

Libya ⟨ae⟩ F Libyen
1 *in älterer Zeit Name des bekannten* Afrika
2 Nordküste Afrikas

Libycus ⟨a, um⟩ ADJ libysch, afrikanisch

Libyē ⟨Libyēs⟩ F = **Libya**

Libys
A ⟨Libyos⟩ ADJ libysch, afrikanisch
B ⟨Libyos⟩ M Libyer

Libyssa ⟨ae⟩ ADJ F, **Libystis** ⟨Libystidis⟩ ADJ F libysch, afrikanisch

Libyus ⟨a, um⟩ ADJ libysch, afrikanisch

licēns ⟨licentis, *adv* licenter⟩ ADJ ||licet||
1 frei, ungebunden; *adv* nach freiem Belieben
2 *pej* willkürlich, frech

licentia ⟨ae⟩ F ||licens||
1 Ungebundenheit; Macht; **aliis alia ~ est** den einen ist dies, den anderen das erlaubt; **~ regni** Herrschergewalt; **~ vitae et necis** Macht über Leben und Tod
2 Erlaubnis, Vollmacht
3 *von Personen u. Sachen* Willkür, Frechheit; **~ tyranni** Willkür des Tyrannen; **~ nocturni temporis** durch die Nacht begünstigte Zügellosigkeit; **~ vocis et linguae** freche Anmaßung in Ton und Sprache
▶ deutsch: **Lizenz**

Licentia ⟨ae⟩ F Göttin der Zügellosigkeit, *griech. Hybris*

licentiōsus ⟨a, um⟩ ADJ ||licentia|| (*nachkl.*) willkürlich, ausschweifend

licēre ⟨eō, uī, - 2.⟩
1 angeboten werden; *Hor.* wert sein
2 (*nachkl.*) *poet* eine Ware anbieten

licērī ⟨liceor, licitus sum 2.⟩ ||licere|| *in der Auktion* bieten; einen Preis aussetzen, *aliquid* auf etw, *+gen od +abl zur Angabe des Preises*; **ad nutum licentium** auf den Wink der Meistbietenden; **contra ~** überbieten

licet ⟨licuit/licitum est 2.⟩ ||licere||
A es ist erlaubt, es ist möglich, *absolut od +inf; +AcI, als Subj. nur n eines pron od adj, selten +konjkt*; **dum ~** solange man kann; **per me ~** meinetwegen; **hoc ~** das ist erlaubt; **tibi liceat narres** du magst erzählen; **~ adspicias** du kannst sehen
B KONJ *+konjkt* wenn auch, zugegeben dass, *poet auch ohne finites Verb bei adj u. part*; **fremant omnes ~, dicam quod sentio** mögen alle murren, ich werde sagen, was ich denke; **quamvis ~** wenn auch noch so sehr; **quamvis ~ insectemur Stoicos, metuo, ne soli philosophi sint** *Cic.* mögen wir die Stoiker auch noch so schmähen, ich fürchte, sie sind die einzigen Philosophen

⚠ **Quod licet Iovi, non licet bovi.** *Sen.* Was Jupiter erlaubt ist, ist nicht auch dem Ochsen

erlaubt. = Nicht alle dürfen dasselbe.
līchēn ⟨līchēnis⟩ M (nachkl.) poet Flechte
Licinius ⟨a, um⟩ Name einer pleb. gens etrusk. Herkunft

1 L. ~ **Crassus** 140–91 v. Chr., Staatsmann u. bedeutender Redner

2 M. ~ **Crassus Dives** 115–53 v. Chr., Anhänger Sullas, siegreich im Krieg gegen Spartacus, mit Pompeius u. Caesar erstes Triumvirat 60 v. Chr., bei Carrhae 53 v. Chr. von den Parthern geschlagen u. durch Verrat von ihnen ermordet

3 L. ~ **Lucullus Ponticus** 106–56 v. Chr., Feldherr im Bundesgenossenkrieg u. gegen Mithridates u. Tigranes, bekannt durch seinen Reichtum, sanierte die durch Wucher ruinierte Provinz Asien, musste sein Kommando an Pompeius abgeben, starb im Wahnsinn

4 L. ~ **Murena** Feldherr im Krieg gegen Mithridates 63 v. Chr., designierter Konsul, wegen Bestechung angeklagt, von Cicero mit Erfolg verteidigt (Oratio pro Murena)

5 A. ~ **Archias** → Archias

licitārī ⟨or, ātus sum 1.⟩ (vkl., nachkl.) = **liceri**
licitātiō ⟨licitātiōnis⟩ F ||licitari|| Bieten bei Auktionen, Gebot
licitātor ⟨licitātōris⟩ M ||licitari|| Bieter bei Auktionen
licitus ⟨a, um⟩ ADJ ||licet|| erlaubt, vergönnt
līcium ⟨ī⟩ N (nachkl.) Webkunst Ende des alten Gewebes, Querfäden, an die die Fäden des neuen Aufzugs (Längsfäden) geknüpft wurden; Faden; **licia telae addere/licia telis annectere** ein Webstück beginnen
līctor ⟨līctōris⟩ M Liktor, öffentlicher Diener der höheren Magistrate, die bei öffentlichen Auftritten die Symbole der Amtswürde, die fasces, ihren Herren vorantrugen u. ihre Befehle ausführten; der Diktator hatte 24, der Konsul 12, der Prätor 6, der kaiserliche Legat 5 Liktoren, der flamen Dialis sowie jede Vestalin hatten je einen Liktor ohne fasces; **primus/proximus ~** der dem Beamten unmittelbar vorangehende Liktor, dienstältester Liktor; **proxumus ~ lugurthae** lugurthas treuester Leibwächter
licuī → licere u. → liquere u. → liquescere
līdere ⟨ō, -, - 3.⟩ Lucr. → laedere
liēn ⟨liēnis⟩ M (vkl., nachkl.) Milz
liēnōsus ⟨a, um⟩ ADJ ||lien|| (vkl., nachkl.) milzkrank
ligāmen ⟨ligāminis⟩ N, **ligāmentum** ⟨ī⟩ N ||ligare|| (nachkl.) poet Band, Binde
ligāre ⟨ō, āvī, ātum 1.⟩ (nachkl.)

1 binden, **manūs post tergum** die Hände hinter den Rücken

2 anbinden, festbinden; **mulam ~** eine Mauleselin anschirren; **pisces in glacie ligati** im Eis festgefrorene Fische

3 ein Band um etw schlingen, etw umschlingen, aliquid; **vulnera veste ~** eine Wunde mit Stoff

 lictores – römische Leibwächter

fasces – Rutenbündel mit Beil

Die **lictores** waren Amtsdiener, die mit den **fasces** vor den höchsten römischen Beamten hergingen und dafür sorgten, dass alle Personen (außer **matronae** und Vestalinnen) die Straße vor den Würdenträgern freimachten. Außerdem nahmen sie Verhaftungen vor, führten Bestrafungen und Geißelungen durch und vollstreckten Todesurteile. Die Liktoren waren meist Freigelassene; sie wurden für ihre Tätigkeit bezahlt und waren vom Kriegsdienst befreit. Bekleidet waren sie mit der Toga, im Krieg mit einem Soldatenmantel (**sagum**).

RÖMISCHES LEBEN

verbinden; **guttura laqueo ~** die Kehle mit einer Schlinge zusammenschnüren

4 fig durch ein Band verbinden, vereinigen, auch fig

5 durch Vereinigung zustande bringen, schließen; **pacta ~** Verträge schließen

▶ deutsch: **Liga**

LIME

Ligāriānus ⟨a, um⟩ ADJ des Ligarius

Ligārius ⟨a, um⟩ röm. Gentilname; **Q. ~** Parteigänger des Pompeius, von Cicero erfolgreich verteidigt

Liger ⟨Ligeris, akk Ligerim u. Ligerem⟩ M Loire, Fluss im heutigen Frankreich

lignārī ⟨or, ātus sum 1.⟩ ||lignum|| Holz holen; Plaut. züchtigen

lignārius
A ⟨a, um⟩ ADJ ||lignum|| (nachkl.) Holz…
B ⟨ī⟩ M Holzhändler, Holzarbeiter; **inter lignarios** auf dem Holzmarkt, in der Holzmarktstraße

lignātiō ⟨lignātiōnis⟩ F ||lignari|| Holzfällen, Holzholen

lignātor ⟨lignātōris⟩ M ||lignari|| Holzfäller

ligneolus ⟨a, um⟩ ADJ ||ligneus|| fein aus Holz gearbeitet

ligneus ⟨a, um⟩ ADJ ||lignum||
1 hölzern, Holz…; **equus ~** hölzernes Pferd
2 Plaut. meton auf eine Holztafel geschrieben
3 fig hölzern, trocken

lignum ⟨ī⟩ N
1 Holz als Stoff; **calcei ex ligno facti** Holzschuhe
2 Stück Holz; pl Brennholz; **ligna in silvam ferre** Holz in den Wald tragen = etw Überflüssiges tun
3 Hor. meton Baum
4 (nachkl.) meton aus Holz Gefertigtes, Schaft eines Speeres,; **mobile ~** Marionette

ligō ⟨ligōnis⟩ M Tac. Hacke zum Auflockern der Erde

ligula[1] ⟨ae⟩ F (nachkl.) poet Löffel

ligula[2] ⟨ae⟩ F
1 = **lingula**[1]
2 (mlat.) Zünglein, Zipfel

Ligur ⟨Liguris⟩ M u. F, PL **Ligures** ⟨Ligurum⟩ M Ligurer, nichtindogermanischer Stamm in Westeuropa, in historischer Zeit auf das Küstengebiet Oberitaliens zurückgedrängt, galten als schlau u. betrügerisch

Liguria ⟨ae⟩ F Land der Ligurer

ligur(r)īre ⟨iō, iī/īvī, ītum 4.⟩
1 lüstern od naschhaft an etw lecken, etw belecken, aliquid; **furta ~** heimlich naschen
2 auf etw lüstern sein, nach etw begierig sein, aliquid

ligurrītiō ⟨ligurrītiōnis⟩ F ||ligurrire|| Naschhaftigkeit des Feinschmeckers

Ligus
A ⟨Liguris⟩ ADJ ligurisch; → Ligur
B ⟨liguris⟩ M u. F = **Ligur**

Ligusticus, Ligustīnus ⟨a, um⟩ ADJ ||Ligus|| ligurisch

ligustrum ⟨ī⟩ N (nachkl.) Liguster, Rainweide

līlium ⟨ī⟩ N
1 (unkl.) Lilie; **~ album** weiße Lilie
2 MIL Lilie, trichterförmige Fallgrube mit spitzen Pfählen in der Mitte als Verschanzung

Lilybaeon, Lilybaeum ⟨ī⟩ N Westspitze Siziliens u. Stadt auf Sizilien, punisch, seit 241 v. Chr. röm., heute Marsala, unbedeutende Reste

Llybëius, Lilybītānus ⟨a, um⟩ ADJ aus Lilybaeum, von Lilybaeum

līma ⟨ae⟩ F (unkl.) Feile; meton künstlerische Ausarbeitung einer Schrift; **ultima ~ scriptis deest** die letzte Ausarbeitung fehlt den Schriften

līmāre[1] ⟨ō, āvī, ātum 1.⟩ ||lima||
1 (nachkl.) feilen, glätten; **cornu ~** das Horn wetzen; **caput cum aliquo ~** Plaut. hum sich mit j-m küssen
2 fig feilen, verbessern, bes Schriftwerke
3 fig genau erforschen, bes philosophisch untersuchen; **veritatem ~** den Begriff der Wahrheit philosophisch untersuchen
4 fig vermindern, beschränken; **alicuius commoda ~** j-s Vorteile mindern; **~ aliquid de re/de aliquo** etw von etw/von j-m wegnehmen; **se ~ ad aliquid** sich auf etw beschränken

līmāre[2] ⟨ō, -, - 1.⟩ ||limus[1]|| Plaut. mit Straßenkot bespritzen

līmātulus ⟨a, um⟩ ADJ ||limatus|| gefeilt; fig = limatus

līmātus ⟨a, um⟩ ADJ ||limare[1]|| gefeilt; (klass.) nur fig sorgfältig ausgearbeitet; **oratio limata** ausgefeilte Rede

limbulārius ⟨ī⟩ M ||limbus|| Plaut. Bordürenmacher

limbus ⟨ī⟩ M
1 (vkl.) poet Bordüre, Saum an einem Kleid od Gewebe
2 (eccl.) Vorhölle, Ort der vorchristlichen Gerechten in der Unterwelt

līmen ⟨līminis⟩ N
1 Schwelle; allg. Eingang; **custos ad limina** Türhüter
2 (nachkl.) poet Haus, Wohnung; **~ sacrum** Tempel; **~ regis/regum** Königspalast
3 Verg. Schranken in der Rennbahn
4 (nachkl.) fig Eingang, Anfang
5 fig Grenze, Ende

līmes ⟨līmitis⟩ M
1 Rain als Ackergrenze, Grenze; **saxum agro limitem ponere** einen Felsen als Grenzstein in den Acker setzen
2 bestimmte, genau festgelegte Grenze zwischen zwei Ländern, bes Grenzwall
3 fig Unterschied
4 schmaler Weg, Pfad,; **eundem limitem agere** dieselben Mittel gebrauchen; **~ fluminis** Flussbett; **sectus ~** Tierkreis; **~ curvus** Regenbogen

▶ deutsch: **Limit**

līmōsus ⟨a, um⟩ ADJ ||limus¹|| (nachkl.) poet schlammig

limpidus ⟨a, um⟩ ADJ von Flüssigkeiten klar, hell; **aqua limpida** klares Wasser

līmulus ⟨a, um⟩ ADJ ||limus²|| Plaut. schielend; **oculis limulis** mit koketten Blicken

līmus¹ ⟨ī⟩ M Schlamm; Schmutz; ~ **malorum** Bodensatz der Übel; **ad limum** bis auf den Grund (des Wassers)

līmus² ⟨a, um⟩ ADJ (unkl.) schielend

līmus³ ⟨ī⟩ M Verg. mit Purpurstreifen besetzter Schurz der Opferdiener

līnāre ⟨ō, āvī, ātum 1.⟩ ||linea|| (vkl., nachkl.) nach dem Lot ausrichten

līnārius ⟨ī⟩ M ||linum|| Plaut. Leinenweber

līnctus ⟨a, um⟩ PPP → lingere

līnea ⟨ae⟩ F ||linum||
1. Richtschnur, Richtmaß der Maurer u. Zimmerleute; **ad lineam/rectis lineis** senkrecht
2. Linie, Strich
3. Plaut. Skizze, Entwurf
4. Linie am Ende der Rennbahn
5. fig Grenzlinie, Ziel; **lineas transire** die Schranken überschreiten
6. (unkl.) Einschnitt zwischen den Sitzreihen im Theater
7. Plaut. Angelschnur
8. PL (nachkl.) Netz
9. (mlat.) leinenes Untergewand

▶ deutsch: **Leine, Linie**
englisch: **line**
französisch: **ligne**
spanisch: **línea**
italienisch: **linea**

līneāmentum ⟨ī⟩ N ||linea||
1. Linie, Strich, auch MATH
2. PL Skizze, Grundriss
3. PL äußere Gestalt; (nachkl.) Gesichtszüge
4. RHET, LIT bloße Skizze einer Schrift

līneāris ⟨līneāre⟩ ADJ ||linea|| (nachkl.) Linien...; ~ **ratio** Geometrie; ~ **probatio** mathematischer Beweis

linere ⟨liniō, līvī/lēvī, litum 3.⟩ (nachkl.)
1. bestreichen, beschmieren, aliquid re etw mit etw; **cerā spiramenta** ~ die Röhren mit Wachs bestreichen; **vinum pice** ~ Hor. Wein mit Pech versiegeln; **alicui labra** ~ jdn hintergehen
2. überziehen, bedecken; **tectum auro** ~ das Dach mit Gold überziehen
3. besudeln, beschmutzen; **ora luto** ~ das Gesicht mit Dreck beschmutzen
4. auf der Wachstafel ausstreichen

līneus ⟨a, um⟩ ADJ ||linum|| leinen, aus Leinen

lingere ⟨lingō, līnxī, līnctum 3.⟩ (unkl.) lecken, belecken

Lingones ⟨Lingonum, akk Lingonas⟩ M kelt. Stamm in Gallien, Hauptstadt Andematunnum, später Lingones, heute Langres

lingua ⟨ae⟩ F
1. Zunge bei Menschen u. Tieren
2. meton Rede; Ausspruch;
3. poet Laut, Gesang; **linguam moderari** seine Rede mäßigen; **linguam tenere** schweigen; ~ **volucrum** Gesang der Vögel
4. (vkl., nachkl.) meton, pej böse Zunge; Geschwätzigkeit
5. Sprache ↔ andere Sprachen; ~ **Graeca** die griechische Sprache; **utraque** ~ Griechisch und Latein
6. Mundart, Dialekt
7. (nachkl.) poet Landzunge, Vorgebirge

▶ englisch: **language**
französisch: **langue**
spanisch: **lengua**
italienisch: **lingua**

linguārium ⟨ī⟩ N ||lingua|| Sen. „Zungenzoll", Strafe für dummes Reden

linguāx ⟨linguācis⟩ ADJ ||lingua|| Gell. geschwätzig

lingula¹ ⟨ae⟩ F ||lingua||
1. Landzunge
2. (nachkl.) poet Schuhriemen
3. Plaut. Schimpfwort Schlappschwanz

lingula² ⟨ae⟩ F = **ligula¹**

lingulāca ⟨ae⟩ M u. F ||lingua¹|| (vkl.) Plappermaul; adj geschwätzig

 limes – Graben und Teufelsmauer

Als **limes** wurde die befestigte Außengrenze des Römischen Reiches bezeichnet, z. B. der Hadrianswall zwischen der römischen Provinz Britannien und dem feindlichen Schottland. In Deutschland gab es seit dem 1. Jahrhundert n. Chr. den obergermanisch-rätischen Limes mit Graben, Erdwall und Palisadenzaun. Er reichte in seiner größten Ausdehnung ca. 380 km weit von Andernach am Rhein bis nach Lorch am Main. Dort schloss sich der rätische Limes an, der bis Kelheim führte (ca. 165 km) und teilweise aus Steinmauern bestand. Kastelle und Wachtürme waren Beobachtungs- und Signalstationen. Um 260 n. Chr. wurde der Limes von den Alemannen durchbrochen. Die Römer gaben ihn auf und verschoben ihre Grenze.

RÖMISCHES LEBEN

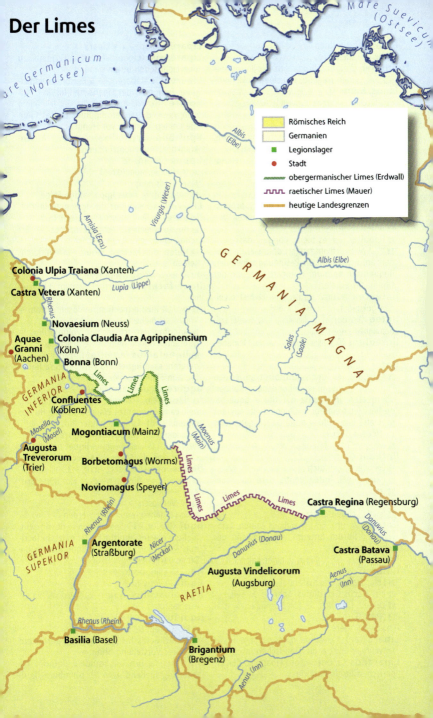

līnia ⟨ae⟩ F = linea
līnia... = linea...
līni-ger ⟨līnigera, līnigerum⟩ ADJ ||linum, gerere|| *poet* Leinen tragend, in Leinen gekleidet
Linos, Linus ⟨ī⟩ M *Sohn des Apollo, griech. Sänger der Heroenzeit, Lehrer des Orpheus u. Herkules*
linquere ⟨linquō, līquī, -3.⟩
A V/T
1. hinterlassen, *+dopp. akk; in einem Zustand* lassen; **aliquid intactum ~** etw unberührt lassen
2. verlassen, **urbem ~** die Stadt verlassen; **lumen ~** sterben
3. im Stich lassen
4. loslassen
5. *poet* überlassen, *alicui aliquid* j-m etw; **promissa procellis ~** Versprechen nicht halten
6. unterlassen, vermeiden
7. **linquitur** *Lucr.* es bleibt übrig, *ut* dass
8. V/I *u. passiv* schwinden, *bes* ohnmächtig werden; **animus linquit** die Besinnung schwindet; **linquentem animum revocare** sich von der Ohnmacht erholen

linteātus ⟨a, um⟩ ADJ ||linteum|| *(nachkl.)* in Leinen gekleidet
linteō ⟨linteōnis⟩ M ||linteum|| *(vkl., nachkl.)* Leinenweber
linteolum ⟨ī⟩ N ||linteum|| *(vkl., nachkl.)* leinenes Tüchlein
linter ⟨lintris⟩ F *u.* M
1. Kahn; **flumen iunctis lintribus transire** den Fluss mit zusammengebundenen Kähnen überqueren; **in liquidā nat tibi ~ aquā** *Tib.* du hast jetzt eine gute Gelegenheit; **navigat hinc aliā iam mihi ~ aquā** *Ov.* ich gehe jetzt zu Neuem über
2. *(vkl.) poet* Trog, Mulde

linteum ⟨ī⟩ N ||linteus||
1. Leinwand, Leintuch
2. *meton* Segel; **lintea ventis dare** die Segel setzen
3. *Mart.* Vorhang
4. *(spätl.)* Lendenschurz

linteus ⟨a, um⟩ ADJ ||linum|| aus Leinen, Leinwand...; **librum linteum** auf Leinwand geschriebenes Buch
lintriculus ⟨ī⟩ M ||linter|| kleiner Kahn
līnum ⟨ī⟩ N
1. Lein, Flachs; Flachsstängel
2. aus Flachs Gefertigtes, Schnur; *Ov.* Seil,
3. Leinen, Leintuch, *bes zum Durchseihen von Wein*
4. Netz, Garn

līnxī → lingere
Lipara ⟨ae⟩ F größte der Liparischen Inseln n. von Sizilien, heute Lipari; *pl* die Liparischen Inseln
Liparaeus ⟨a, um⟩ ADJ aus Lipara, zu den Liparischen Inseln gehörig

Liparē ⟨Liparēs⟩ F = Lipara
Liparēnsis ⟨Liparēnse⟩ ADJ aus Lipara, zu den Liparischen Inseln gehörig
Liparēnsis ⟨Liparēnsis⟩ M Bewohner von Lipara, Bewohner der Liparischen Inseln
lippīre ⟨iō, īvī, ītum 4.⟩ ||lippus|| triefäugig sein; *Plaut. fig* brennen; **lippiunt fauces fame** die Kehlen brennen vor Hunger
lippitūdō ⟨lippitūdinis⟩ F ||lippus|| Augenkrankheit, Augenentzündung
lippus ⟨a, um⟩ ADJ
1. triefäugig, augenkrank
2. *fig* blödsinnig
3. *meton* saftig; **ficus lippa** saftige Feige

Liq. *Abk (nlat.)* = Liquor flüssiges Arzneimittel
liquāre ⟨ō, āvī, ātum 1.⟩ ||liquere|| *(nachkl.)*
1. flüssig machen, schmelzen; **aes ~** Erz schmelzen
2. klären, durchseihen; **vinum ~** Wein durchseihen
3. *fig* von unnötigen Worten reinigen

liquē-facere ⟨faciō, fēcī, factum 3.⟩ ||liquere||
1. *(nachkl.)* flüssig machen, auflösen; **ceram ~** Wachs schmelzen
2. *fig* entnerven, schwächen; **voluptatibus liquefactus** durch Sinneslüste geschwächt
3. **liquefactus** ⟨a, um⟩ *adj* flüssig; in Fäulnis geraten; **saxa liquefacta** Lava; **viscera liquefacta** in Fäulnis geratene Eingeweide

liquēre ⟨liqueō, licuī/liquī, -2.⟩
1. flüssig sein, klar sein; **liquens** flüssig, klar, hell; **campi liquentes** Wasserfläche(n); **fluvius liquens** sanft dahinfließender Fluss
2. *fig* klar sein, deutlich sein; **liquet** es ist klar, *alicui* j-m, *+AcI/+indir Fragesatz;* **liquet** JUR die Sache ist klar, die Sache ist spruchreif

liquēscere ⟨liquēscō, licuī, -3.⟩ ||liquere||
1. *(nachkl.) poet* flüssig werden; *vom Wasser auch* klar werden
2. *Ov.* verwesen
3. *fig* vergehen; entkräftet werden

līquī ⟨līquor, -3.⟩ ||liquere|| *(unkl.)* flüssig sein, fließen; **glacies liquitur** Eis schmilzt; **in lacrimas ~** in Tränen zerfließen; **liquuntur res** die Dinge vergehen
līquī[1] → linquere
liquī[2] → liquere
liquidiusculus ⟨a, um⟩ ADJ ||liquidus|| *Plaut.* etwas sanfter
liquidum ⟨ī⟩ N ||liquidus||
1. Flüssigkeit, *bes* Wasser
2. *(nachkl.)* Gewissheit; **ad liquidum perducere** zu klarer Vorstellung bringen

liquidus ⟨a, um, *adv* liquidē *u.* liquidō⟩ ADJ
1. flüssig, fließend, *auch fig*; **plumbum liqui-**

dum flüssiges Blei; **nymphae liquidae** Quellnymphen; **odores liquidi** duftende Salben

2 klar, durchsichtig; **aqua liquida** klares Wasser; **caelum liquidum** heiterer Himmel; **iter liquidum** Bahn durch die Luft

3 *fig* ungetrübt, lauter; **mens liquida** heitere Stimmung

4 rein, unvermischt; **Falernum liquidum** echter Falernerwein; **vox liquida** reiner Ton

5 *fig* klar, deutlich

6 *adv* ⟨liquide⟩ (*nachkl.*) rein; unbedenklich

7 *adv* ⟨liquido⟩ mit Gewissheit

▶ deutsch: **liquide**

liquor ⟨liquōris⟩ M ||liquere||

1 flüssiger Zustand, Klarheit

2 Flüssigkeit; Wasser; *pl* Gewässer

▶ deutsch: **Likör**

Liquor ⟨Liquoris⟩ M (*nlat.*) flüssiges Arzneimittel; **~ cerebro-spinalis** Gehirn-Rückenmarks-Flüssigkeit

Līris ⟨Līris⟩ M *Fluss im S Latiums, heute Oberlauf Liri, Unterlauf Gariglano*

līs ⟨lītis⟩ F

1 Streit, Zank; **lites sedare/componere** Streitigkeiten beilegen

2 Rechtsstreit, Prozess; **lis privata** Privatprozess; **lis capitis** Kapitalprozess; **decemviri (st)litibus iudicandis** Zehnmännergremium in Prozessen über Bürgerrecht und Freiheit; **litem orare** einen Prozess führen; **litem amittere/perdere** einen Prozess verlieren; **litem obtinere** einen Prozess gewinnen; **litem dare secundum aliquem** einen Prozess zu j-s Gunsten entscheiden

3 Streitgegenstand, Streitsache; **litem in suam rem vertere** (als Richter) den Streitgegenstand selbst behalten; **litem lite resolvere** eine Streitsache durch eine andere Streitsache erklären wollen; **litem aestimare** die Entschädigungssumme festsetzen; **litem aestimatam solvere** die festgesetzte Streitsumme bezahlen

Lissus ⟨ī⟩ F *Stadt im S Dalmatiens, heute Lesh in Albanien*

Litāna silva F *Wald in Gallia cisalpina, vermutlich nördlich von Bologna, 216 v. Chr. vernichtende Niederlage der Römer durch die Gallier*

litanīa ⟨ae⟩ F

1 (*spätl.*) Bittgesang zu Gott

2 (*mlat.*) gesprochenes *od* gesungenes Wechselgebet; Bußprozession

▶ deutsch: **Litanei**

litāre ⟨ō, āvī, ātum 1.⟩

A VI

1 opfern und dabei ein günstiges Vorzeichen erhalten; **non auspicato nec litato** ohne Durchführung der Auspizien und ohne durch Opfer ein günstiges Vorzeichen erhalten zu haben

2 (*nachkl.*) *poet vom Opfer* guten Ausgang versprechen; **victima non litat** das Opfertier verspricht keinen guten Ausgang

B VT (*nachkl.*)

1 glücklich opfern

2 opfern, weihen

3 durch Opfer besänftigen

4 sühnen, rächen

litātiō ⟨litātiōnis⟩ F ||litare|| Opfern mit günstigen Vorzeichen, glückliches Opfern

lītera ⟨ae⟩ F = **littera**

Līternum ⟨ī⟩ N *Stadt in Kampanien an der Mündung des Liternus, nördlich von Cumae, bekannt als letzter Aufenthaltsort des Scipio Maior Africanus*

liti-cen ⟨liticinis⟩ M ||lituus, canere|| Bläser des Signalhorns

lītigāre ⟨ō, āvī, ātum 1.⟩ ||lis, agere|| streiten, prozessieren

lītigātor ⟨lītigātōris⟩ M ||litigare|| Prozessführender

lītigātus *abl* ⟨lītigātū⟩ M ||litigo|| (*nachkl.*) Streit, Prozess

lītigiōsus ⟨a, um⟩ ADJ ||litigare||

1 zänkisch; **forum litigiosum** Forum voller Prozesse

2 streitig; **praediolum litigiosum** streitiges kleines Landgut

3 prozesssüchtig

lītigium ⟨ī⟩ N ||litigare|| (*vkl., nachkl.*) kleiner Streit, Zank

lītorālis ⟨lītorāle⟩ ADJ = **litoreus**

lītoreus ⟨a, um⟩ ADJ ||litus|| *poet* Ufer..., Strand...; **aves litoreae** Strandvögel

---

littera ⟨ae⟩ F ||linere||

1 Buchstabe

2 Alphabet

3 Handschrift

4 schriftliche Aufzeichnungen

5 Brief, Schreiben

6 Verfügung

7 schriftlicher Bericht

8 Vertrag, Schuldverschreibung

9 Grabinschrift

10 amtliches Schreiben

11 Schriften

12 Wissenschaft(en)

13 wissenschaftliche Bildung

14 Schriftstellerei

---

1 Buchstabe; **~ grandis** Großbuchstabe; **~ maxima** Unzialbuchstabe; **~ salutaris** Heil versprechender Buchstabe, *A = absolvo*; **~ tristis** Unheil bringender Buchstabe, *C = condemno*; **nullam litteram ad aliquem mittere** an j-n keine Zeile schreiben; **litteris parcere** das Papier sparen; **litteras discere apud aliquem** bei j-m lesen lernen; **ad litteram** buchstäblich

2 PL Alphabet, *auch* Schrift; **litterarum ordine** in alphabetischer Reihenfolge; **litteras nescire** nicht schreiben können

3 PL Handschrift; **litterae fratris** Handschrift des Bruders

4 PL Geschriebenes, schriftliche Aufzeichnungen; **aliquid litteris mandare** etw schriftlich aufzeichnen; **litteris confisus** im Vertrauen auf die schriftliche Fassung; **litteris/per litteras** schriftlich

5 PL Brief, *auch* Briefe; **litteras alicui dare** einen Brief/Briefe einem Boten zum Überbringen geben; **litteras dare ad aliquem** einen Brief/Briefe an j-n schreiben; **litteras reddere alicui** einen Brief/Briefe dem Empfänger aushändigen; **litteras alicuius/ab aliquo accipere** von j-m einen Brief/Briefe erhalten

6 PL schriftliche Aufforderung, Verfügung; **litteras mittere, ut** einen Befehl schicken, dass

7 PL schriftlicher Bericht; **litterae victrices** Siegesmeldung

8 PL Vertrag; Rechnungsbücher

9 PL *Ov.* Grabinschrift

10 PL amtliches Schreiben; Akte(n), Dokument(e), Urkunde(n), Protokoll(e); Diplom; **litteras publicas corrumpere** Urkunden fälschen; **de litteris corruptis accusare** wegen Urkundenfälschung anklagen

11 PL Schriften, SLiteratur; **ex litteris discere** aus Büchern lernen

12 PL Wissenschaft(en)

13 PL wissenschaftliche Bildung, literarische Bildung; **litteras nescire** ohne wissenschaftliche Bildung sein

14 PL Schriftstellerei

▷ deutsch: **Letter**
 englisch: **letter**
 französisch: **lettre**
 spanisch: **letra**
 italienisch: **lettera**

litterārius ⟨a, um⟩ ADJ ||littera|| (*vkl., nachkl.*) zum Lesen gehörig, zum Schreiben gehörig, Elementar…; **magister ~** Elementarlehrer

litterātor ⟨litterātōris⟩ M ||littera||
1 Grundschullehrer
2 Sprachgelehrter, Grammatiker
3 Halbgebildeter

litterātōria ⟨ae⟩ F ||litteratorius|| Grammatik

litterātōrius ⟨a, um⟩ ADJ ||litterator|| grammatisch

litterātūra ⟨ae⟩ F ||litterae||
1 Buchstabenschrift
2 das Geschriebene
3 *Tac.* Alphabet
4 (*nachkl.*) Grammatik; Sprachunterricht
5 (*mlat.*) Brief; wissenschaftliche Bildung
▷ deutsch: **Literatur**

litterātus
A ⟨a, um⟩ ADJ, ADV ⟨litterātē⟩ ||littera||
1 (*vkl., nachkl.*) mit Buchstaben bezeichnet, gebrandmarkt
2 gelehrt, gebildet; *von Sachen* den gelehrten Studien gewidmet, den Wissenschaften gewidmet; **~ Graecis et Latinis** in der griechischen und lateinischen Literatur bewandert; **homines litterati** Schriftstellerwelt, Gelehrtenstaat; **otium litteratum** gelehrte Muße; **litterate dicta** geistreiche Einfälle
3 *adv* mit deutlichen Buchstaben, deutlich
4 *adv* buchstäblich, wörtlich
5 (*mlat.*) akademisch gebildet

B ⟨ī⟩ M
1 Gelehrter
2 (*mlat.*) Student, Akademiker

litterula ⟨ae⟩ F ||littera||
1 (kleiner) Buchstabe
2 PL Briefchen
3 PL einige Gelehrsamkeit in Literatur; etwas wissenschaftliche Bildung; **~ Graecae** ein bisschen Griechisch

littus ⟨littoris⟩ N = **litus**
litum PPP → **linere**
litūra ⟨ae⟩ F ||linere||
1 Ausstreichen *auf der Wachstafel mit dem breiten Ende des Griffels*
2 Korrektur, Verbesserung
3 Tränenfleck; Makel

lītus ⟨litoris⟩ N
1 Meeresufer, Küste, Strand; **litus arare** den Strand pflügen = sich vergeblich mühen; **arenas in litus fundere** Sand auf den Strand schütten = etw Unnützes tun; **omnia litora** alle Punkte der Küste
2 *poet* Ufer *eines Gewässers*
3 *poet* Küstengegend
4 *Suet.* Landungsplatz

lituus ⟨ī⟩ M
1 Krummstab *des Auguren zum Abzeichnen des templum*
2 MIL Signalhorn *der Reiterei, gerade u. am unteren Ende gebogen, mit hellem schrillem Ton*
3 *meton* Signal
4 *von Personen* Veranlasser
5 (*mlat.*) Bischofsstab

līvēre ⟨eō, -, - 2.⟩
1 bleifarben sein, dunkel sein, *bes durch Drücken*

LOCA

> **Schule im Alten Rom**

Die Organisation des Schulwesens war im Alten Rom Privatsache. Eltern konnten frei entscheiden, ob sie ihre Kinder zu einem Lehrer schickten oder nicht, und mussten für den Unterricht ihrer Kinder bezahlen. Dennoch scheint ein relativ großer Teil der Mädchen und Jungen in Rom Unterricht von einem Grundschullehrer (**litterator**) erhalten zu haben, bei dem sie freilich selten mehr als Lesen, Schreiben und Rechnen lernten. Die Elementarbildung beim litterator war in der Regel im Alter von 11 Jahren beendet, in den meisten Fällen wurde keine höhere Bildung mehr angestrebt. Jungen der höheren Schichten konnten ihre Ausbildung beim **grammaticus** fortsetzen, der sie lehrte, griechische (und später auch lateinische) Dichter gut vorzutragen sowie sprachlich, inhaltlich und stilistisch zu verstehen. Die dritte und höchste Stufe römischer Schulbildung stellte die Ausbildung bei einem **rhetor** (Redelehrer) dar, der seinen Schülern die Kunst guter und gewandter Rede beibrachte. Über Unterrichtsmethoden machte man sich nicht viele Gedanken. Meist wurde diktiert und auswendig gelernt. Als Beleg für die Mangelhaftigkeit der Lehrmethoden mag die Tatsache gelten, dass nach den vier Jahren Unterricht beim litterator meist nur dürftig gelesen, gerechnet und geschrieben werden konnte.

RÖMISCHES LEBEN

---

od Stoßen
2 *fig* neidisch sein
līvēscere ⟨ēscō, -, - 3.⟩ ||livere|| *Lucr.*
1 bläulich werden
2 *fig* neidisch werden
līvī → linere
Līviānus ⟨a, um⟩ ADJ des Livius
līvidulus ⟨a, um⟩ ADJ ||lividus|| *Iuv.* ein wenig neidisch
līvidus ⟨a, um⟩ ADJ ||livere|| (*nachkl.*)
1 *poet* bleifarben, bläulich
2 *fig* neidisch
Līvius ⟨a, um⟩ *röm. Gentilname*
1 M. ~ **Salinator**, um 254–200 v. Chr., zweimal Konsul, schlug 207 v. Chr. zusammen mit C. Claudius Nero den Hasdrubal am Metaurus
2 M. ~ **Drusus** → Drusus
3 Livia Drusilla → Drusus
4 Livia Schwester des Germanicus
5 ~ **Andronicus** gefangener Grieche aus Tarent, dann freigelassen, ältester röm. Dichter, Übersetzer der Odyssee Homers („*Odusia*")
6 T. ~ **Patavinus** 59 v. Chr. bis 17 n. Chr., größter röm. Historiker, röm. Geschichte „Ab urbe condita" von der Erbauung Roms bis zum Tod des Drusus 9 n. Chr.; von den 142 Büchern sind 35 erhalten (1–10, 21–45)
Līvius ⟨a, um⟩ ADJ des Livius
līvor ⟨līvōris⟩ M ||livere||
1 bläuliche Farbe, blauer Fleck am Körper durch Druck, Stoß od Schlag
2 *fig* blasser Neid
lixa ⟨ae⟩ M (*nachkl.*) Marketender; *pl Liv., Tac., Sall.* gesamter Tross
locālis ⟨locāle, *adv* locāle⟩ ADJ ||locus|| (*vkl., spätl.*) örtlich; **casus** ~ (*mlat.*) Lokativ
▶ *deutsch:* **lokal**

locāre ⟨ō, āvī, ātum 1.⟩ ||locus||

1 stellen, legen
2 stellen, setzen
3 unterbringen

1 stellen, legen, setzen, *in re|re* wohin, *immer auf die Frage „wo?"*; gründen, erbauen, errichten; **aliquem primum** ~ j-n an die Spitze stellen; **se medium** ~ sich in die Mitte stellen; **viros sedili** ~ Männer auf dem Stuhl Platz nehmen lassen; **membra tergo** ~ sich auf den Rücken des Pferdes setzen; **fundamenta alicuius rei** ~ den Grund zu etw legen; **castra** ~ ein Lager aufschlagen; **coloniam idoneo loco** ~ eine Kolonie an einem geeigneten Ort ansiedeln
2 *fig* stellen, setzen; **omnem operam in litteris** ~ alle Mühe auf die Wissenschaft verwenden; **aliquem in parte regni** ~ j-n Anteil an der Herrschaft geben; **virtutem ita/eo loco** ~, **ut** die Tugend so hoch schätzen, dass; **locatum esse in re** auf etw beruhen
3 unterbringen; **virginem in matrimonium** ~ ein Mädchen verheiraten; **milites novis hibernaculis** ~ die Soldaten in neuen Winterlagern einquartieren; **pecuniam** ~ Geld auf Zins anlegen, Geld gegen Zinsen ausleihen; **domum** ~ ein Haus vermieten; **fundum alicui** ~ j-m ein Grundstück verpachten; **statuam faciendam** ~ die Anfertigung einer Statue in Auftrag geben
locārius ⟨ī⟩ M ||locus|| *Mart.* Vermieter *von Theaterplätzen*
locātiō ⟨locātiōnis⟩ F ||locare||
1 *Quint.* Stellung, **verborum** der Wörter
2 Verpachtung, Vermietung; *meton* Pachtvertrag; **locationem inducere** einen Pachtver-

trag für ungültig erklären

locātor ⟨locātōris⟩ M ||locare|| Vermieter, Verpächter

locātum ⟨ī⟩ N ||locare|| Vermietung, Verpachtung

locellus ⟨ī⟩ M ||locus|| Kästchen

locitāre ⟨ō, -, - 1.⟩ ||locare|| Ter. verpachten

Locrēnsēs ⟨Locrēnsium⟩ M

1 die Einwohner von Locri

2 die Einwohner von Locris

Locrī¹ ⟨ōrum⟩ M Stadt im S Italiens, Kolonie der Lokrer

Locrī² ⟨ōrum⟩ M

1 die Einwohner von Locri

2 die Einwohner von Locris, die Lokrer

Locris ⟨Locridis u. Locridos⟩ F Landschaft in Mittelgriechenland

loculāmentum ⟨ī⟩ N ||loculus|| (nachkl.) Regal; Büchse

loculus ⟨ī⟩ M ||locus||

1 Plaut. Plätzchen, kleines Zimmer

2 kleines Kästchen für Schmuck u. Geld; Schatulle; **loculi peculiares** Privatkasse

3 Hor. Kästchen für die Rechensteine u. andere Schulutensilien

4 (nachkl.) Sarg

locu-plēs ⟨locuplētis⟩ M ||locus, plere||

1 von Personen u. Sachen wohlhabend, reich

2 fig reich ausgestattet, ergiebig, re an etw; **annus frugibus ~** fruchtbares Jahr

3 von Personen glaubwürdig, zuverlässig; **auctor ~** zuverlässiger Gewährsmann

locuplētāre ⟨ō, āvī, ātum 1.⟩ ||locuples|| bereichern; fig reichlich ausstatten, aliquem/aliquid re j-n/etw mit etw; passiv sich bereichern; **natura ipsa sapientem locupletat** die Natur selbst stattet den Weisen reichlich aus

locuplētātor ⟨locuplētātōris⟩ M ||locupletare|| Eutr. der bereicherte

---

locus ⟨ī⟩ M

1 Ort, Platz

2 rechter Ort, rechte Stelle

3 angewiesener Ort

4 Wohnort

5 Gut, Grundstück

6 Ort, Ortschaft

7 Abschnitt

8 Stelle

9 Rang

10 Zeit, Zeitraum

11 günstiger Zeitpunkt

12 Gelegenheit, Möglichkeit

13 Lage, Zustand

---

1 Ort, Platz; pl **loca, ōrum** n, selten **locī, ōrum** m; **loca luminis** Augenhöhlen; **suis locis** an günstigen Punkten, an geeigneten Punkten; **in unum locum convenire** an einer Stelle zusammenkommen; **loca superiora** höher gelegene Orte, Anhöhen; **~ superior** oft = Rednerbühne; **dicere ex superiore loco** vom Redner od vom Richter von oben her sprechen; **loca communia** öffentliche Orte, öffentliche Plätze (Markt, Theater usw.); **ubicumque loci** überall

2 örtl. rechter Ort, rechte Stelle; **non est hic ~, ut loquamur** hier ist nicht der rechte Ort um zu sprechen; **locum non percutere** die richtige Stelle nicht treffen

3 angewiesener Ort, Stellung, bes MIL u. Gladiatorensprache; **locum capere** Stellung nehmen; **suo loco pugnare** in günstiger Stellung kämpfen; **suis locis uti** eine günstige Stellung haben

4 ständiger Aufenthaltsort, Wohnort; **loca et lautia** Wohnung und Verpflegung; **loca tacentia** Unterwelt

5 Gut, Grundstück

6 Ortschaft; Gelände; **~ munitus** befestigter Platz; **natura loci** Beschaffenheit des Geländes; **~ aequus** ebenes Gelände; **~ iniquus** abschüssiges Gelände; **loca patentia** offenes Gelände; **deus loci** einheimischer Gott

7 LIT Stelle in Büchern, Abschnitt einer Darstellung; pl **locī, ōrum** m Hauptlehren, Hauptstücke einer Wissenschaft, Sätze, Beweisquellen; **multos locos poetarum discere** viele Stellen aus den Dichtern auswendig lernen; **loci communes** rednerische Gemeinplätze

8 Stelle in einer Reihenfolge, Punkt in der Aufzählung; **principem locum tenere** den ersten Platz einnehmen; **primo loco** an erster Stelle; **priore loco dicere** zuerst sprechen; **superiore loco dicere** später sprechen; **nunc meus ~ est** jetzt bin ich an der Reihe; **sententiae loco disserere** in der Reihenfolge der Abstimmung sprechen

9 Rang; Stellung; **humili loco natus** von einfacher Herkunft; **quem locum apud regem obtines?** welchen Rang hast du beim König inne?; **tenere oratorum locum** einen Namen unter den Rednern haben

10 (vkl., nachkl.) Zeit, Zeitraum; **interea loci** inzwischen; **postea loci** hinterdrein; **ad id locorum/ad locum** sogleich

11 günstiger Zeitpunkt; **loco/in loco** zur rechten Zeit

12 Gelegenheit, Möglichkeit, absolut od alicuius rei/alicui rei/ad aliquid zu etw; **ad fugam ~** Gelegenheit zur Flucht; **locum morti invenire** einen Ort zum Sterben finden; **locum mendacio**

LONG

facere Veranlassung zur Lüge geben; **misericordiae locum relinquere** Mitleid walten lassen; **res locum habet** eine Sache findet statt
13 Lage, Umstände; **hoc loco** in dieser Beziehung; **nullo loco** unter keinen Umständen
14 **loco** (nlat.) kaufmännisch hier, greifbar, lieferbar;
15 **loco/in loco** wie, anstatt *+gen*; **parentis loco colere aliquem** j-n wie einen Vater lieben; **praedae loco habere aliquid** etw als Beute betrachten
⚠ **Loco citato.** An der bereits zitierten Stelle.

locusta, locusta ⟨ae⟩ F̅ (vkl., nachkl.) Heuschrecke

Locusta ⟨ae⟩ F̅ berüchtigte Giftmischerin z. Zt. Neros

locūtiō ⟨locūtiōnis⟩ F̅ ||loquari||
1 Sprechen
2 Sprache, *bes* Aussprache
3 PL (nachkl.) Redensarten

Locūtius ⟨ī⟩ M̅ → Aius

locūtus ⟨a, um⟩ PPERF → loqui

lōdīcula ⟨ae⟩ F̅ ||lodix|| (nachkl.) kleine gewebte Decke

lōdīx ⟨lōdīcis⟩ F̅ (nachkl.) poet gewebte Decke

logēum ⟨ī⟩ N̅ Archiv

logica ⟨ōrum⟩ N̅, **logica** ⟨ae⟩ F̅, **logicē** ⟨logicēs⟩ F̅ Logik

logicus ⟨a, um⟩ ADJ das Wort betreffend, die Vernunft betreffend
▶ deutsch: **logisch**

logium ⟨ī⟩ N̅ = logeum

logos, logus ⟨ī⟩ M̅
1 Com. Wort; pl leere Worte, dummes Zeug
2 Scherzrede, Wortspiel
3 PL (nachkl.) Fabeln

lōlīgō ⟨lōlīginis⟩ F̅ = lolligo

lolium ⟨ī⟩ N̅ Verg., Hor. Schwindelhafer, haferartiges Unkraut, galt als schädlich für die Augen

Lolliānus ⟨a, um⟩ ADJ des Lollius

lollīgō ⟨lollīginis⟩ F̅ Tintenfisch

lollīguncula ⟨ae⟩ F̅ ||lolligo|| Plaut. kleiner Tintenfisch

Lollius ⟨a, um⟩ röm. Gentilname; **M. ~ Paullinus** als Legat 16 v. Chr. von den Germanen am Rhein geschlagen

lōmentum ⟨ī⟩ N̅ ||lavo|| Waschmittel, Paste

Londinium ⟨ī⟩ N̅ das heutige London

longa ⟨ae⟩ F̅ ||longus|| Länge = lange Silbe

long-aevus ⟨a, um⟩ ADJ ||longus, aevum|| (nachkl.) poet hochbetagt, bejahrt

longē ADV ||longus||
1 örtl. weit, fern; **abesse** weit entfernt sein; **gradi** weit ausschreiten; **lateque** weit und breit; **a castris** weit vom Lager entfernt
2 von Weitem, von fern, *meist fig*; **venire** von weit her kommen; **principia alicuius rei repetere** die Anfänge von etw von weit her holen
3 (nachkl.) steigernd weitaus, bei Weitem, *meist beim Sup sowie bei Verben u. adj der Verschiedenheit*; **maximus** bei Weitem der Größte; **melior** weitaus besser; **alius** ein ganz anderer
4 fig weitläufig, ausführlich; **longius dicere** ausführlicher sprechen
5 zeitl. lange; **non longius triduo abesse** nicht länger als drei Tage abwesend sein

longinqua ⟨ōrum⟩ N̅ ||longinquus|| weite Strecken; entfernte Punkte

longinquī ⟨ōrum⟩ M̅ ||longinquus|| fern stehende Personen

longinquitās ⟨longinquitātis⟩ F̅ ||longinquus||
1 örtl. Länge, Weite
2 örtl. Entfernung, Abgelegenheit
3 zeitl. lange Dauer, *bes* Langwierigkeit

longinquus ⟨a, um, *adv* longinquē⟩ ADJ ||longus||
1 örtl. lang, weit; **amnis ~** Strom mit langem Lauf
2 (weit) entfernt, entlegen; **legatio longinqua** Gesandtschaft in ferne Gegenden; **cura longinqua** Sorge um fern liegende Dinge
3 auswärtig, fremd; **ex longinquo** aus der Ferne
4 zeitl. lang dauernd, langwierig; **longinquiore tempore** in längerer Zeit
5 zeitl. fern; **longinquum tempus** ferne Zeit

Longīnus ⟨ī⟩ M̅ Beiname in der gens Cassia; → Cassius

longiter ADV Lucr. =

longitūdō ⟨longitūdinis⟩ F̅ ||longus||
1 örtl. Länge; **in longitudinem** in die Länge, der Länge nach
2 zeitl. lange Dauer

longiusculus ⟨a, um⟩ ADJ ||longus|| ziemlich lang

Longobardī ⟨ōrum⟩ M̅ = Langobardi

longulus ⟨a, um, *adv* longulē⟩ ADJ ||longus|| ziemlich lang, ziemlich weit

longum ⟨ī⟩ N̅ ||longus|| lange Zeit; **ex longo** seit langer Zeit; **in longum sufficere** für lange Zeit ausreichen

longurius ⟨ī⟩ M̅ ||longus|| lange Stange, lange Latte

longus ⟨a, um⟩ ADJ, ADV → longē *u.* → longiter

1 lang, groß
2 geräumig, ausgedehnt
3 (weit) entfernt, entlegen
4 weitläufig

LOPA | 582

[5] lang dauernd
[6] lang, gedehnt

---

[1] örtl. lang, groß; **navis longa** Kriegsschiff; ↔ rundbauchiges Handelsschiff; **antrum longum** tiefe Höhle; **exilia longa** weite Irrfahrten; **gradūs longi** lange Reihe von Stufen; **longa manus regis** fig weit reichende Hand des Königs; **longum clamare** laut schreien; **ratis centum pedes longa** hundert Fuß langes Floß; **homo ~** hoch gewachsener Mensch

[2] poet geräumig, ausgedehnt; **caelum longum** weiter Himmel; **ululatus ~** fig weithin hörbares Geschrei

[3] (nachkl.) poet (weit) entfernt, entlegen; **longa a domo militia** Kriegsdienst weitab der Heimat

[4] weitläufig; **longum est** +inf es würde zu weit führen; **ne longum faciam/fiat** um mich kurz zu fassen

[5] zeitl. lang dauernd; pej langwierig; **tempus longum** lange Zeit; **dies longior** längere Frist, späterer Termin; **morbus ~** chronische Krankheit; **mors longa** langsamer Tod; **~ spe** von Personen der noch lange zu leben hofft; **nihil est longius quam** nichts ist langweiliger als, +inf; **alicui nihil longius est/videtur quam ut/quam dum** j-d kann die Zeit nicht erwarten, bis, +konjkt

[6] METR von der Silbe lang, gedehnt

lopas ⟨lopadis, akk pl lopadas⟩ F̄ Napfschnecke

loquācitās ⟨loquācitātis⟩ F̄ ||loquax|| Geschwätzigkeit

loquāculus ⟨a, um⟩ ADJ ||loquax|| Lucr. ein wenig geschwätzig

loquāx ⟨loquācis, adv loquāciter⟩ ADJ ||loqui|| geschwätzig, redselig; **ranae loquaces** stets quakende Frösche; **epistula ~** wortreicher Brief; **testudo ~** tonreiche Laute; **lympha ~** plätscherndes Wasser; **oculi loquaces** ausdrucksvolle Augen

loquēla, loquella ⟨ae⟩ F̄ ||loqui|| Rede; meton Art zu reden

loquentia ⟨ae⟩ F̄ ||loqui|| (nachkl.) Zungenfertigkeit

loquī ⟨loquor, locūtus sum 3.⟩

[A] VII sprechen; von Sachen deutlich zeigen; **homines ~ possunt, pecudes non item** die Menschen können sprechen, die Tiere nicht; **aliter loquimini ac sentitis** ihr sprecht anders, als ihr denkt; **male ~** nachteilig sprechen; **materia loquendi** Gesprächsstoff; **finem loquendi facere** das Gespräch beenden; **digitis nutuque ~** mit Gestikulation reden; **pinus loquitur** die Pinie rauscht sanft; **ut consuetudo loquitur** wie man gewöhnlich sagt; **~ pro aliquo** zu j-s Verteidigung sprechen, in j-s Namen sprechen, an j-s Stelle das Wort führen

[B] VII

[1] sagen, sprechen; **pauca ~** wenig sagen; **vulgo/omnes loquuntur** es geht allgemein das Gerede, +AcI

[2] besprechen; **quid turres loquar** was soll ich von den Türmen sprechen

[3] ständig von j-m/etw sprechen, aliquem/aliquid; **nihil nisi ~ exercitūs** nur von den Truppen reden

[4] aussprechen, melden; **furta ~** Heimlichkeiten ausplaudern

[5] rühmen, besingen

loquitārī ⟨or, ātus sum 1.⟩ ||loqui|| (vkl., nachkl.) sprechen

lōrāmentum ⟨ī⟩ N̄ ||lorum|| (Iust.) Riemenwerk

lōrārius ⟨a, um⟩ ADJ ||lorum|| (vkl., nachkl.) Zuchtmeister der Sklaven

lōrātus ⟨a, um⟩ ADJ ||lorum|| mit Riemen gebunden

lōreus ⟨a, um⟩ ADJ ||lorum|| (vkl., nachkl.) aus Riemen

lōrīca ⟨ae⟩ F̄ ||lorum||

[1] Panzer, meist aus Leder u. mit Erzstreifen od Erzringen bestückt

[2] fig Brustwehr an Mauern

lōrīcātus ⟨a, um⟩ ADJ ||lorica|| (vkl., nachkl.) gepanzert, Panzer...

lōrīcula ⟨ae⟩ F̄ ||lorica|| (nachkl.) kleine Brustwehr

lōri-pēs ⟨lōripedis⟩ M̄ ||lorum|| (vkl., nachkl.) „Riemenbein"; adj humpelnd

lōrum ⟨ī⟩ N̄

[1] Lederriemen

[2] meton Zügel; **equum loro ducere** das Pferd am Zügel führen; **lora dare** die Zügel schießen lassen; **media inter lora** mitten im Fahren

[3] meton Peitsche, Geißel

[4] Mart. meton Gürtel der Venus

[5] (nachkl.) meton, poet Kapsel mit Amulett

lōtium ⟨ī⟩ N̄ ||lavare|| (vkl., nachkl.) Urin

lōtos ⟨ī⟩

[A] F̄

[1] Lotus; Lotusfrucht

[2] Ov. Flöte aus Lotusholz

[3] Verg. Steinklee

[B] M̄ ital. Dattelpflaume

lōtum PPP = **lautum**; → **lavare**

lōtus ⟨ī⟩ F̄ u. M̄ = **lotos**

Lua ⟨ae⟩ F̄ röm. Göttin, der man die erbeuteten Waffen weihte, indem man diese verbrannte

lubēns ⟨luventer⟩ ADJ = **libens**

Lūbentīna ⟨ae⟩ F̄ Beiname der Venus als Göttin der sinnlichen Lust

lubet = libet
lubīdō ⟨lubīdinis⟩ F̄ = **libido**
lūbricāre ⟨ō, āvī, ātum 1.⟩ ||lubricus|| (nachkl.) poet schlüpfrig machen, glatt machen
lūbricum ⟨ī⟩ N̄ ||lubricus||
 1 Schlüpfrigkeit, pl schlüpfrige Stellen; **lubrico itinerum** auf schlüpfrigen Wegen; **lubrico paludum** auf schlüpfrigem Sumpfboden
 2 Unsicherheit
lūbricus ⟨a, um⟩ ADJ
 1 (unkl.) schlüpfrig, glatt; **glacies lubrica** glattes Eis; **anguis ~** schlüpfrige Schlange; **conchylia lubrica** schleimige Purpurschnecke
 2 fig leicht beweglich, flüchtig; **fortuna lubrica** unstetes Glück
 3 unsicher, gefährlich; **aetas puerilis lubrica** unsicheres Knabenalter; **vulgus lubricum** schwankende Masse
 4 Verg. betrügerisch
Lūca[1] ⟨ae⟩ F̄ Stadt im N Etruriens, heute Lucca
Lūca[2] **bōs** ⟨Lūcae bovis⟩ M̄ Plaut., Lucr. lukanischer Ochse = Elefant
Lūcānī ⟨ōrum⟩ M̄ die Einwohner von Lucania
Lūcānia ⟨ae⟩ F̄ Landschaft an der Westseite Unteritaliens
lūcānica ⟨ae⟩ F̄ ||Lucania|| Rauchwurst
Lūcānicus, Lucānus ⟨a, um⟩ ADJ aus Lucania, von Lucania
lūcar ⟨lūcāris⟩ N̄ ||lucus|| (nachkl.) Forststeuer, verwendet zur Bezahlung der Schauspieler, daher Tac. Gage für die Schauspieler
lucellum ⟨ī⟩ N̄ ||lucrum|| kleiner Gewinn
Lūcēnsis
 A ⟨Lūcēnse⟩ ADJ aus Luca, von Luca
 B ⟨Lūcēnsis⟩ M̄ Einwohner von Luca
lūcēre ⟨lūceō, lūxī, - 2.⟩
 A VI leuchten; fig klar sein; **lucet** es ist Tag
 B VT (vkl.) leuchten lassen
Lūcerēs ⟨Lūcerum⟩ M̄
 1 die Angehörigen einer der drei ältesten Tribus in Rom neben den Ramnes u. Tities, etrusk. Herkunft
 2 die Angehörigen der gleichnamigen Ritterzenturie
Lūceria ⟨ae⟩ F̄ Stadt in Apulien, heute Lucera
lucerna ⟨ae⟩ F̄ ||lucere||
 1 Öllampe aus Ton od Erz; poet = Kerze
 2 PL meton Nachtarbeit
 3 PL nächtliches Gelage
lūcēscere ⟨lūcēscō, lūxī, - 3.⟩ ||lucere|| zu leuchten anfangen; **sol lucescit** die Sonne geht auf; **Nonae lucescent** die Nonen brechen an; **lucescit** es wird Tag
lūcī → **lux**
lūcidus ⟨a, um, adv lūcidē⟩ ADJ ||lux|| (nachkl.)
 1 leuchtend hell, strahlend
 2 von Personen u. Sachen deutlich, klar; **verbum lucide definire** ein Wort klar definieren

▶ deutsch: **luzid**
lūci-fer ⟨lūcifera, lūciferum⟩ ADJ ||lux, ferre||
 1 (vkl.) poet Licht bringend, Licht tragend; **pars lunae lucifera** leuchtender Teil des Mondes
 2 ans Licht bringend; **Diana Lucifera** ans Licht bringende Diana, als Geburtsgöttin angerufen
Lūcifer ⟨Lūciferī⟩ M̄ ||lucifer||
 1 Morgenstern, Planet Venus, im Mythos Sohn der Aurora
 2 meton, poet Tag
 3 (mlat.) Luzifer, Beiname des Teufels, des von Gott abgefallenen Engels
lūci-fuga ⟨ae⟩ M̄ ||lux, fugere|| (nachkl.) Nachtschwärmer
lūci-fugus ⟨a, um⟩ ADJ ||lux, fugere|| lichtscheu; fig menschenscheu, auch subst
Lūcīliānus ⟨a, um⟩ ADJ des Lucilius
Lūcīlius ⟨a, um⟩ röm. Gentilname; **C. ~** etwa 180–103 v. Chr., aus Suessa Aurunca, Freund des jüngeren Scipio, Begründer der röm. Satire
Lūcīna ⟨ae⟩ F̄
 1 Geburtsgöttin, Erscheinungsform der Juno, von den Dichtern mit Artemis/Diana gleichgesetzt
 2 meton Gebären, Geburt, auch von Tieren
 3 = **Hecate** als Urheberin schwerer Träume
lūcīscere ⟨lūcīscō, lūxī, - 3.⟩ = **lucescere**
Lūcius ⟨ī⟩ M̄ röm. Vorname
lucmō(n) ⟨lucmōnis⟩ M̄ = **lucumo**
lucrāre ⟨ō, āvī, ātum 1.⟩, **lucrārī** ⟨or, ātus sum 1.⟩ ||lucrum|| gewinnen, auch pej; erlangen
lucrātīvus ⟨a, um⟩ ADJ ||lucrum|| gewinnbringend; gewonnen

▶ deutsch: **lukrativ**
Lucrētia ⟨ae⟩ F̄ Gattin des Tarquinius Collatinus
Lucrētius ⟨a, um⟩ röm. Gentilname
 1 Spurius **~ Tricipitinus** röm. Senator
 2 Titus **~ Carus** 98 od 97–55 v. Chr., röm. Dichter,

Lucretia

Der Sage nach war Lucretia (6. Jh. v. Chr.) die hübsche und tüchtige Frau von **Lucius Tarquinius Collatinus**. Sie wurde von **Sextus Tarquinius**, dem Sohn des Königs **Tarquinius Superbus**, vergewaltigt. Nachdem sie ihrem Mann und ihrem Vater von dem Verbrechen erzählt hatte, verlangte sie, dass die beiden sie rächten, und beging Selbstmord. **Lucius Iunius Brutus**, der schon lange plante, die Tarquinier zu stürzen, ergriff die Gelegenheit, um das Volk aufzuwiegeln, und vertrieb zusammen mit Collatinus den Tyrannen. Die Gestalt der Lucretia verkörpert das Ideal der **pudicitia** (Keuschheit und Schamhaftigkeit).

GESCHICHTE ◀

Verfasser des philos. Lehrgedichtes „De rerum natura"

lucri-fer ⟨fera, ferum⟩ ADJ ||lucrum, ferre|| *Plaut.* Gewinn bringend

lucrificābilis ⟨lucrificābile⟩ ADJ ||lucrum, facere|| *Plaut.* gewinnbringend

lucri-fuga ⟨ae⟩ M ||lucrum, fugere|| *Plaut.* der vor dem Gewinn flieht

Lucrīnēnsis ⟨Lucrīnēnse⟩ ADJ, **Lucrīnus**[1] ⟨a, um⟩ ADJ ||Lucrinus[2]|| zum Lukrinersee gehörig

Lucrīnus[2] **(lacus)** M Lukrinersee *bei Baiae, reich an Fischen u. Austern*

lucri-peta ⟨ae⟩ M ||lucrum, petere|| *Plaut.* Gewinnsüchtiger

lucrōsus ⟨a, um⟩ ADJ ||lucrum|| *(nachkl.) poet* gewinnbringend, vorteilhaft

lucrum ⟨ī⟩ N

1 Gewinn, Vorteil; **alicui lucro/in lucro esse** für j-n von Vorteil sein; **in lucro/in lucris ponere** als Gewinn rechnen; **ad lucrum revocare aliquid** sich etw zunutze machen; **de lucro vivere** von der Gnade anderer leben

2 *meton* Gewinnsucht

3 *meton* durch Gewinn erlangter Reichtum

luctāmen ⟨luctāminis⟩ N ||luctor|| *(nachkl.)*

1 *poet* Ringkampf

2 *Verg. fig* Anstrengung, Bemühung

luctārī ⟨or, ātus sum 1.⟩

1 ringen, als Ringer kämpfen; **luctando exerceri** sich im Ringkampf trainieren

2 *fig* gegen Schwierigkeiten od Widerstände kämpfen, sich abmühen, sich anstrengen, *cum aliquo* mit j-m, *cum re/alicui rei* gegen etw, *re* mit etw; **fluctibus ~** gegen die Fluten kämpfen

3 *(nachkl.) poet* innerlich mit sich kämpfen

4 *poet* sich widersetzen, widerstreben

luctātiō ⟨luctātiōnis⟩ F ||luctari||

1 Ringen, Ringkampf

2 *fig* Ankämpfen *gegen Schwierigkeiten*, Kampf

3 *fig* Wortstreit

luctātor ⟨luctātōris⟩ M ||luctari|| *(unkl.)* Ringer, *hum auch vom Wein*

lūcti-fer ⟨lūctifera, lūctiferum⟩ ADJ ||luctus, ferre|| Traurigkeit bringend, traurig

lūcti-ficus ⟨a, um⟩ ADJ ||luctus, facere|| Unglück bringend, verderblich

lūcti-sonus ⟨a, um⟩ ADJ ||luctus, sonare|| *Ov.* traurig klingend

lūctuōsus ⟨a, um, *adv* lūctuōsē⟩ ADJ ||luctus||

1 unheilvoll, traurig, *alicui* für j-n

2 schwer geprüft, voll Trauer

lūctus[1] ⟨a, um⟩ PPP → lugere

lūctus[2] ⟨lūctūs⟩ M ||lugere||

1 Trauer, *alicuius* j-s *od* wegen j-s, um j-n, über j-n, **amissae sororis** über den Verlust der Schwester; **~ domesticus** Familientrauer

2 *meton* Trauerfall

3 *meton* Äußerung der Trauer; Totenklage

4 *meton* Trauerkleidung; **in luctu esse** Trauerkleider angelegt haben

5 Anlass zur Trauer

Lūctus ⟨Lūctūs⟩ M *Verg.* Gott der Trauer

lūcubrāre ⟨ō, āvī, ātum 1.⟩

A VI bei Licht arbeiten, bei Nacht arbeiten

B VT bei Licht ausarbeiten

lūcubrātiō ⟨lūcubrātiōnis⟩ F ||lucubrare|| Nachtarbeit, *konkr. u. abstr.*; **~ anicularum** *Cic.* Geschwätz der alten Frauen beim Spinnen

lūcubrātōrius ⟨a, um⟩ ADJ ||lucubrare|| *Suet.* zum Studium bei Nacht dienlich

lūculentus ⟨a, um, *adv* lūculentē *u.* lūculenter⟩ ADJ ||lux||

1 hell, hübsch hell

2 *fig von Personen u. Sachen*, ansehnlich; RHET treffend; **luculente scribere** treffend schreiben

Lūcullēus, Lūculliānus ⟨a, um⟩ ADJ des Lucullus

Lūcullus ⟨ī⟩ M *Beiname in der gens Licinia;* → Licinius

lūculus ⟨ī⟩ M ||lucus|| *Suet.* kleiner Hain, Wäldchen

Lucumō ⟨Lucumōnis⟩ M hoher etrusk. Adeliger, *von den Römern fälschlich als Eigenname aufgefasst*

lucūna ⟨ae⟩ F = **lacuna**

lūcus[1] ⟨ī⟩ M ||lucere||

1 einer Gottheit geweihter Hain

2 *poet* Wald, Gebüsch, *auch öfter Ortsname, z. B.* **Lucus Augusti** heute Lugo in Spanien

lūcus[2] *nur abl* ⟨lūcū⟩ M ||lucere|| *(vkl.)* Licht

lūcusta ⟨ae⟩ F = **locusta**

lūdere ⟨lūdō, lūsī, lūsum 3.⟩

A VI

1 spielen, sich durch ein Spiel belustigen, *re* mit etw, um etw; **pilā ~** mit dem Ball spielen; **duodecim scriptis ~** auf dem Zwölffelderbrett spielen; **magnā pecuniā ~** hoch spielen

2 tanzen, *auch von Sachen*; **in numerum ~** nach dem Takt tanzen; **iubae ludunt** die Helmbusche flattern

3 körperliche Übungen machen

4 spielen *als Schauspieler*, in einem Schauspiel auftreten

5 scherzen, spaßen, *re* mit etw; **arma ad ludendum sumere** zum Spaß Waffen ergreifen; **ludens** im Scherz; **versu Syracosio ~** scherzhafte Lieder in Theokrits Ton versuchen

6 flirten, *in aliqua* mit einem Mädchen

B VT

1 spielen; **proelia latronum ~** Schach spielen; **~ par impar** Gerade-Ungerade spielen

2 spielen, ohne Anstrengung betreiben; **car-**

LUMB

mina ~ spielend dichten; **opus ~** Häuschen bauen

3 *j-n* necken, über *j-n* scherzen, *aliquem*

4 hintergehen, täuschen; *passiv* sich täuschen

lūdia ⟨ae⟩ F̲ ‖ludius‖
1 Tänzerin *auf der Bühne*
2 Frau eines Fechters

lūdibrium ⟨ī⟩ N̲ ‖ludus‖
1 Spielerei; Possenspiel
2 (*nachkl.*) Blendwerk, Täuschung; **~ oculorum** optische Täuschung
3 *meton* Spott, Hohn, *alicuius rei* über etw, wegen etw; *pl* Arten des Hohnes; **alicui ludibrio esse** j-m als Spielball dienen; **ludibrio habere aliquem** j-n zum Besten halten; **per ludibrium** spöttisch
4 (*nachkl.*) Entehrung

lūdibundus ⟨a, um⟩ A̲D̲J̲ ‖ludere‖
1 lustig, guter Dinge
2 *fig* mühelos; unbemerkt

lūdicer ⟨lūdicra, lūdicrum⟩ A̲D̲J̲ = **ludicrus**

lūdicrum ⟨ī⟩ N̲ ‖ludicrus‖
1 Scherz, *auch* Spielzeug
2 Schauspiel, Festspiel; **~ Olympiorum** Olympische Spiele

lūdicrus ⟨a, um⟩ A̲D̲J̲ ‖ludus‖
1 kurzweilig, spaßhaft; **ars ludicra** Tanzkunst; **certamen ludicrum** Kampfspiel; **res ludicra** Tändelei; **praemia ludicra** Gewinne im Wettkampf
2 schauspielerisch, zum Schauspieler gehörig; **ars ludicra** Schauspielkunst

lūdificābilis ⟨lūdificābile⟩ A̲D̲J̲ ‖ludificari‖ *Plaut.* foppend, voll Übermut

lūdificāre ⟨ō, āvī, ātum 1.⟩, **lūdificārī** ⟨or, ātus sum 1.⟩ ‖ludus, facere‖
1 necken; *absolut* Possen treiben; **hostem ~** *Liv.* den Feind an der Nase herumführen
2 *nur* **ludificari** *Liv.* mit List hintertreiben, vereiteln

lūdificātiō ⟨lūdificātiōnis⟩ F̲ ‖ludificari‖ Neckerei; Täuschung

lūdificātor ⟨lūdificātōris⟩ M̲ ‖ludificari‖ Spötter

lūdificātus ⟨lūdificātūs⟩ M̲ ‖ludificari‖ Fopperei, Gespött

lūdī-magister ⟨lūdīmagistrī⟩ M̲ Schulmeister

lūdiō ⟨lūdiōnis⟩ M̲ (*nachkl.*), **lūdius** ⟨ī⟩ M̲ ‖ludus‖
1 Komödiant, (pantomimischer) Tänzer
2 *nur* **ludius** *Iuv.* = **gladiator**

lūdus ⟨ī⟩ M̲
1 Spiel *als Zeitvertreib od körperliche Übung*; **~ campestris** Spiel auf dem Marsfeld; **~ militaris** Spiel der Soldaten, *bes* Waffenübungen
2 Kriegsspiel; *meton* Schauspiel; *meist pl* Schauspiele, Wettkämpfe; **ludi votivi** gelobte Spiele; **ludis** bei den Spielen, zur Zeit der Spiele; **ludos facere** Spiele veranstalten
3 Spiel; *meton* Gegenstand des Scherzes; **ludo aetatis frui** die Freuden der Jugend genießen; **~ Fortunae** Laune des Schicksals; **per ludum** im Scherz; **amoto ludo** Scherz beiseite
4 Kinderspiel = Kleinigkeit; **~ est illa perdiscere** dies zu lernen ist ein Kinderspiel; **per ludum** spielend, ohne Mühe
5 Schule; Gladiatorenschule **~ fidicinus** Musikschule; **ludum habere/exercere** Schule halten; **magister ludi** Schulmeister
6 (*mlat.*) geistliches Drama

luēlla ⟨ae⟩ F̲ ‖luere²‖ *Lucr.* Buße, Strafe

-luere¹ ⟨-luō, -luī, -lūtum 3.⟩ *nur in den Zusammensetzungen von lavare gebräuchlich*; → **lavo**

luere² ⟨luō, luī, luitūrus 3.⟩
1 büßen, abbüßen, sühnen; **foedus ~** die Verletzung des Vertrags sühnen; **stuprum morte ~** den Ehebruch mit dem Tod büßen
2 (*nachkl.*) *poet* durch Buße abwenden
3 (*nachkl.*) bezahlen, **aes alienum** Schulden
4 **~ poenam/poenas** Strafe erleiden, *alicuius* für j-n, *alicuius rei* für etw

luēs ⟨luis⟩ F̲ ‖luere²‖
1 (*unkl.*) ansteckende Krankheit, Seuche
2 *fig* Pest = Schandmensch, *Schimpfwort*
3 (*nachkl.*) *fig* Unheil, Verderben
4 (*nlat.*) M̲E̲D̲ = Syphilis

Lugdūnēnsis
A ⟨Lugdūnēnse⟩ A̲D̲J̲ aus Lugdunum, von Lugdunum
B ⟨Lugdūnēnsis⟩ M̲ Einwohner von Lugdunum

Lugdūnum ⟨ī⟩ N̲ Name mehrerer kelt. Städte in Gallien, *bes das heutige* Lyon

lūgēre ⟨lūgeō, lūxī, lūctum 2.⟩
A V̲I̲ trauern, (äußerlich) Trauer zeigen; **lugentes** die Trauernden; **senatus luget** der Senat hat Trauerkleidung angelegt
B V̲T̲ betrauern, *aliquem/aliquid* j-n/etw, +AcI; **fratrem mortuum ~** den toten Bruder betrauern

lūgubria ⟨ōrum⟩ N̲ ‖lugubris‖ Trauerkleider

lūgubris ⟨lūgubre, *adv* lūgubriter⟩ A̲D̲J̲ ‖lugere‖
1 zur Trauer gehörig, Trauer…; **lamentatio ~** Totenklage; **sagum lugubre** gewöhnliches Oberkleid
2 (*nachkl.*) *poet* in Trauer befindlich, trauernd
3 *fig* traurig, unheilvoll
4 trauervoll, kläglich

luī → **luere²**

luitūrus ⟨a, um⟩ P̲A̲R̲T̲ *fut* → **luere²**

lumbi-fragium ⟨ī⟩ N̲ ‖lumbus, frangere‖ zerschlagene Lenden; **lumbifragium auferes** *Plaut.* du wirst als Krüppel weggehen

lumbrīcus ⟨ī⟩ M̄ (vkl., nachkl.)
① Spulwurm
② Regenwurm; *auch als Schimpfwort für einen Emporkömmling* Wurm

lumbus ⟨ī⟩ M̄ (unkl.) Lende, *auch* Schamteile

lūmen ⟨lūminis⟩ N̄
① Lichtquelle, Leuchte; **~ diurnum** Leuchte des Tages = Sonne; **~ caeli/mundi** Leuchte des Himmels = Sonne, Mond; **lumen accendere** Licht anzünden; **lumen exstinguere** das Licht löschen; **ad lumina** bei Licht
② Licht, ausgestrahlte Helligkeit; **aliquid collocare in bono lumine** etw in ein vorteilhaftes Licht rücken; **~ solis** Sonnenlicht
③ Tageslicht; *meton* Tag; **~ obscurum** Zwielicht; **luminibus alicuius obstruere** j-m das Licht verbauen; **lumine quarto** am vierten Tag
④ *poet* Lebenslicht, Leben; **sub luminis oras partu ēdere** zur Welt bringen
⑤ Augenlicht; *meton* Auge; **loca luminis** Augenhöhlen; **supremum ~** das Brechen der Augen
⑥ Lichtöffnung, Fenster
⑦ *fig* Glanz, Helligkeit
⑧ *fig* Schmuck, Zierde; **~ civitatis** Zierde des Staates; **lumina ducum** edelste Anführer
⑨ *fig* geistige Klarheit, klare Einsicht; **lumen adhibere alicui rei** Licht in etw bringen, Klarheit über etw verbreiten
⑩ RHET Glanzpunkt der Beweisführung, Hauptpunkt der Beweisführung; *pl* Tropen, Figuren; **~ litterarum** glanzvolle Darstellung in der Literatur
⑪ Rettung; Retter
⑫ **lumina ecclesiae** (mlat.) Kirchenväter

lūmināria ⟨lūminārium⟩ N̄ ‖lumen‖ Fensterläden

lūminōsus ⟨a, um⟩ ADJ ‖lumen‖ (nachkl.) hell; *fig* hervorstechend

lūna ⟨ae⟩ F̄
① Mond; *meton* Mondnacht; **~ crescit** der Mond nimmt zu; **luna decrescit** der Mond nimmt ab; **~ deficit** der Mond verfinstert sich; **quarta ~** der vierte Tag nach Neumond; **per lunam/ad lunam** bei Mondschein
② *poet* Monat; *pl* Mondphasen
③ *meton* mondförmige Figur, *bes* halbmondförmiges Abzeichen *der patriz. Senatoren*

Lūna ⟨ae⟩ F̄ Mondgöttin, *später mit Artemis/Diana gleichgesetzt*

lūnāre ⟨ō, āvī, ātum 1.⟩ ‖luna‖ (nachkl.) halbmondförmig krümmen

lūnāris ⟨lūnāre⟩ ADJ ‖luna‖ Mond..., *bes* mondförmig; **cursus ~** Mondbahn

lūnātus ⟨a, um⟩ ADJ ‖lunare‖ halbmondförmig, sichelförmig; **pellis lunata** Schuh mit einem halbmondförmigen Abzeichen *der patriz. Senatoren*

lunter ⟨luntris⟩ M̄ u. F̄ = **linter**

luntriculus ⟨ī⟩ M̄ = **lintriculus**

lūnula ⟨ae⟩ F̄ ‖luna‖ *Plaut.* halbmondförmiges Halsband

lupa ⟨ae⟩ F̄ ‖lupus‖
① (nachkl.) *poet* Wölfin
② *fig* öffentliche Prostituierte

lupānar ⟨lupānāris⟩ N̄ ‖lupa‖ (unkl.) Bordell, *fig als Schimpfwort*

lupārī ⟨or, -1.⟩ ‖lupa‖ (vkl.) mit Straßendirnen Unzucht treiben

lupātus ⟨a, um⟩ ADJ ‖lupus‖ (nachkl.) *poet* mit Wolfszähnen versehen = mit spitzen Stacheln versehen; **frena lupata** Wolfsgebiss

Lupercal ⟨Lupercālis⟩ N̄ ‖Lupercus‖ Grotte am Palatin, *wo der Sage nach die Wölfin Romulus u. Remus säugte*

Lupercālia ⟨Lupercālium⟩ N̄ Fest des Lupercus, *am 15. Februar; die Priester liefen nur mit einem Fellschurz bekleidet um den Palatin u. schlugen mit Riemen auf entgegenkommende Frauen ein, was Segen für die Ehe bringen sollte*

Lupercālis ⟨Lupercāle⟩ ADJ des Lupercus

Lupercī ⟨ōrum⟩ M̄ die Priester des Lupercus

Lupercus ⟨ī⟩ M̄ altröm. Hirten- u. Fruchtbarkeitsgott, *dem Faunus gleichgesetzt*

Lupia ⟨ae⟩ F̄ rechter Nebenfluss des Rheins, heute Lippe

lupillus ⟨ī⟩ M̄ ‖lupinus‖ *Plaut.* kleine Wolfsbohne, Lupine

lupīnum ⟨ī⟩ N̄ = **lupinus**

lupīnus
A ⟨a, um⟩ ADJ des Wolfs, der Wölfin
B ⟨ī⟩ M̄ Lupine, Wolfsbohne, *als Viehfutter u. Spielgeld benutzt*; **aera lupinis distant** das Echte unterscheidet sich vom Falschen

lupus ⟨ī⟩ M̄
① Wolf, *dem Mars heilig*; *Redewendungen*: **~ in fabula** = der Wolf kommt, wenn man von ihm spricht; **ovem lupo committere** = den Bock zum Gärtner machen; **~ non curat numerum** = der Wolf frisst auch die gezählten Schafe; **~ ultro fugiat oves** = mag auch die ganze Natur sich umkehren; **lupi Moerim videre priores** = ich schweige, *weil nach altem Volksglauben derjenige die Stimme verlor, der einem Wolf begegnete u. diesem zuerst gesehen wurde*; **hac urget ~, hac canis ~** = vom Regen in die Traufe kommen
② (unkl.) Seebarsch
③ *Liv. meton* Feuerhaken, Raubhaken
④ *poet* Wolfsgebiss eines Pferdezaums

🛑 **Homo est homini lupus.** *Plaut.* Der

Mensch ist dem Menschen ein Wolf. *Verwendet, um auszudrücken, dass Menschen einander Böses tun*

lurcinābundus ⟨a, um⟩ ADJ ||lurcor|| (*vkl.*) fressend

lurcō ⟨lurcōnis⟩ M (*vkl., nachkl.*) Schlemmer, Wüstling

lūridus ⟨a, um⟩ ADJ (*nachkl.*) *poet* leichenblass; blass machend

lūror ⟨lūrōris⟩ M (*nachkl.*) *poet* Leichenblässe

lus-cinia ⟨ae⟩ F (*vkl.*), **lusciniola** ⟨ae⟩ F (*vkl.*), **lus-cinius** ⟨ī⟩ M (*nachkl.*) *poet* Nachtigall

luscītiōsus ⟨a, um⟩ ADJ ||luscus|| nachtblind, halbblind

luscus ⟨a, um⟩ ADJ

[1] *Iuv.* ein Auge zudrücken *beim Zielen, blinzeind*
[2] einäugig
[3] *Mart.* halb blind

lūsī → ludere

lūsiō ⟨lūsiōnis⟩ F ||ludere|| das Spielen, Spiel

Lūsitānia ⟨ae⟩ F *sw. Teil der Iberischen Halbinsel; ungefähr dem heutigen Portugal entsprechend*

Lūsitānus ⟨a, um⟩ ADJ aus Lusitania, lusitanisch

Lūsitānus ⟨ī⟩ M Einwohner von Lusitania

lūsitāre ⟨ō, āvī, ātum 1.⟩ ||ludere||

[1] (*vkl., nachkl.*) spielen
[2] *Tert.* scherzen, schäkern

lūsor ⟨lūsōris⟩ M ||ludere||

[1] Spieler
[2] **~ tenerorum amorum** Dichter tändelnder Liebeslieder
[3] *Plaut.* Spötter

lūsōriae ⟨ārum⟩ F ||lusorius|| (*erg.* **naves**) *Sen.* Lustjachten

lūsōrius ⟨a, um⟩ ADJ ||lusor|| (*nachkl.*)

[1] Spiel…
[2] kurzweilig
[3] nichtig, ungültig

lustra ⟨ae⟩ F = **lustrum**¹

lūstrālis ⟨lūstrāle⟩ ADJ ||lustrum²||

[1] zum Sühneopfer gehörig; **sacrificium lustrale** Sühneopfer, Reinigungsopfer; **aqua ~** Weihwasser
[2] alle fünf Jahre geschehen

lūstrāre ⟨ō, āvī, ātum 1.⟩ ||lustrum||

[1] beleuchten, erhellen
[2] reinigen, durch Reinigungsopfer sühnen; *passiv* sich reinigen; **lustrari Iovi** dem Jupiter ein Reinigungsopfer bringen
[3] mustern, **exercitum** das Heer, *verbunden mit einem Reinigungsopfer*
[4] umgeben, umkreisen; **ignem in equis ~** den Scheiterhaufen zu Pferd umkreisen
[5] *poet* genau besichtigen, genau betrachten; **~ aliquem** auch nach j-m spähen
[6] *geistig* erwägen, prüfen
[7] durchwandern, besuchen
[8] *fig* durchmachen, bestehen; **pericula ~** Gefahren bestehen

▶ deutsch: **Lüster**

lustrārī ⟨or, ātus sum 1.⟩ ||lustrum¹|| (*vkl.*) sich in Bordellen herumtreiben

lūstrātiō ⟨lūstrātiōnis⟩ F ||lustrare||

[1] (*nachkl.*) Sühneopfer, Sühnung
[2] *Liv.* Musterung
[3] Durchwanderung, Reise, *alicuius rei* durch etw; **~ municipiorum** Reise durch die Landstädte

lūstricus ⟨a, um⟩ ADJ (*nachkl.*) Reinigungs…; **dies ~** Lustraltag, Namenstag, *8. od 9. Tag nach der Geburt, an dem das Kind durch Opfer gereinigt wurde u. seinen Namen erhielt*

lustrum¹ ⟨ī⟩ N

[1] (*vkl.*) Morast, Pfütze
[2] *poet* Wildlager; Wald
[3] *fig* Bordell
[4] PL *meton* wüstes Leben, ausschweifendes Leben

lūstrum² ⟨ī⟩ N

[1] Reinigungsopfer, Sühneopfer, *bes großes Sühneopfer der Zensoren alle fünf Jahre zum Abschluss ihrer Amtszeit auf dem Marsfeld mit Opferung eines Schweines, Widders u. Stieres*; **lustrum perficere** die Zensur beenden; **sub lustro** am Ende der Zensur
[2] *meton* Zeitraum von fünf Jahren, *bes auch als* Pachtzeit, Steuerperiode
[3] *in der Kaiserzeit alle fünf Jahre abgehaltenes kapitolinisches Fest mit Spielen u. Wettkämpfen*

lūsus¹ ⟨a, um⟩ PPP → ludere

lūsus² ⟨lūsūs⟩ M ||ludere|| Spiel; Liebesspiel; **trigon** Ballspiel; **~ bacchantium** Bacchantenfest; **per lusum** zum Zeitvertreib

lutāre ⟨ō, āvī, ātum 1.⟩ ||lutum¹|| (*vkl.*) *poet* mit Salben beschmieren

Lutātius ⟨a, um⟩ Name einer pleb. gens, bekannt *u. a.* **~ Catulus**, mit Marius Sieger über die Kimbern bei Vercellae 101 v. Chr.

lūteolus ⟨a, um⟩ ADJ ||luteus²|| (*nachkl.*) *poet* gelblich, gelb

lūtēr ⟨lūtēris⟩ M (*eccl.*) Gefäß, Becken

Lūtētia ⟨ae⟩ F *Hauptstadt des gall. Stammes der Parisii, deshalb auch Lutetia Parisiorum, heute Paris*

luteus¹ ⟨a, um⟩ ADJ ||lutum¹||

[1] schlammig, lehmig; **opus luteum** Nest
[2] aus Ton
[3] mit Kot beschmutzt, schmutzig
[4] *fig* wertlos, geringfügig; **negotium luteum** Bagatelle

lūteus² ⟨a, um⟩ ADJ ||lutum²|| (*unkl.*) goldgelb, rötlich gelb

lutitāre ⟨ō, -, - 1.⟩ ||lutare|| *Plaut.* besudeln

lutōsus ⟨a, um⟩ ADJ ‖lutum¹‖ (vkl., nachkl.) lehmig, schmutzig

lutulentus ⟨a, um⟩ ADJ ‖lutum¹‖
1 schlammig, schmierig
2 *Mart.* mit Salben beschmiert
3 *fig* unrein, hässlich

lutum¹ ⟨ī⟩ N
1 Kot, Schlamm, *fig auch als Schimpfwort;* **in luto esse/haesitare** *Plaut., Ter.* in der Tinte sitzen; **pro luto esse** einen Dreck wert sein
2 Lehm; **contabulationem luto consternere** eine Balkenlage mit Lehm bedecken

lūtum² ⟨ī⟩ N
1 (nachkl.) *poet* Gelbkraut, *wohlriechende Gartenpflanze, auch Kraut zum Gelbfärben*
2 *meton* gelbe Farbe, Blässe

lūx ⟨lūcis⟩ F
1 Licht, *das von einer Lichtquelle ausgestrahlt wird,* Helligkeit
2 Tageslicht, Tag *als Zeitabschnitt;* **lux meridiana** Mittagslicht; **multā luce** hoch am Tag; **luce clarior** sonnenklar; **luce ortā** nach Tagesanbruch; **sub lucem** gegen Tagesanbruch; **ante lucem** vor Tagesanbruch; **primā luce** bei Tagesanbruch; **in lucem** bis zum hellen Morgen; **luce/luci** am hellen Tag; **omni luce** täglich; **luci** (altl.) am hellen Tag
3 Licht *der Sterne*
4 Lebenslicht, Leben; **lux aeterna** ewiges Leben; **lux ultima** Tod
5 *poet* Augenlicht; **damnum lucis ademptae** Verlust des Augenlichtes
6 *fig* Licht des Geistes, Klarheit
7 *fig* (Licht der) Öffentlichkeit, *auch* Ruhm; **lucem splendoremque fugere** vor Ruhm und Glanz fliehen
8 Rettung, *auch als Kosewort* Leben

luxāre ⟨ō, āvī, ātum 1.⟩ ‖luxus²‖ (vkl., nachkl.) verrenken

luxārī ⟨or, - 1.⟩ ‖luxus¹‖ *Plaut.* schwelgen

lūxī → lucere *u.* → lucescere *u.* → lugere

luxuria ⟨ae⟩ F, **luxuriēs** ⟨luxuriēī⟩ F ‖luxus¹‖
1 von Pflanzen *u.* Boden Üppigkeit, üppiges Wachstum; **in herbis inest ~** in den Kräutern ist üppiges Wachstum
2 *fig* von der Rede Überfülle
3 *fig* Prunksucht, Schwelgerei
4 Zügellosigkeit *bei der Machtausübung*
5 *Com.* Begierde, Geilheit

luxuriāre ⟨ō, āvī, ātum 1.⟩, **luxuriārī** ⟨or, ātus sum 1.⟩ ‖luxus¹‖ *Liv., Ov.*
1 üppig sein, üppig wachsen
2 *fig* üppig strotzen, schwellen, *re* durch etw
3 von Personen *u.* Sachen mutwillig sein, ausgelassen sein, *re* durch etw, infolge von etw; **laetitia luxuriat** die Fröhlichkeit steigt zu Kopf
4 *poet* von Tieren lustig umherspringen

luxuriōsus ⟨a, um, *adv* luxuriōsē⟩ ADJ ‖luxuria‖
1 üppig wachsend
2 *fig* üppig, schwelgerisch, ausschweifend
3 übertrieben, mutwillig

luxus¹ ⟨luxūs⟩ M
1 (nachkl.) *poet* Fruchtbarkeit
2 (nachkl.) *fig* Ausschweifung, Geilheit
3 übermäßiger Aufwand, Prunk
▶ deutsch: **Luxus**

luxus² ⟨a, um⟩ ADJ ‖luctari‖ (vkl., nachkl.) verrenkt

Lyaeus ⟨ī⟩ M Beiname des Bacchus; = Wein; *adj* **latex ~** *Verg.* = Wein

Lycaeus
A ⟨ī⟩ M Gebirge im SW Arkadiens, dem Zeus u. Pan heilig
B ⟨a, um⟩ ADJ aus Lycaeus, von Lycaeus

Lycambēs ⟨Lycambae⟩ M aus Paros, Vater der Neobule, verweigerte diese dem Dichter Archilochos, der ihn dafür mit seinen Spottversen zum Selbstmord trieb

Lycēum ⟨ī⟩ N
1 das dem Apollon Lykeios geweihte Gymnasium im N Athens, Lehrstätte des Aristoteles
2 Gymnasium im Tusculanum Ciceros
3 (nlat.) von den Humanisten als Ehrenname verwendet für die Universität

lychnobius ⟨ī⟩ M *Sen.* Nachtschwärmer

lychnūchus ⟨ī⟩ M Leuchte, Leuchter; = lucerna

Lycia ⟨ae⟩ F Landschaft im SW Kleinasiens

Lycīum ⟨ī⟩ N = Lyceum

Lycius ⟨a, um⟩ ADJ aus Lycia, von Lycia

Lycūrgus ⟨ī⟩ M berühmter Gesetzgeber der Spartaner, soll um 820 v. Chr. seinem Volk eine Verfassung gegeben haben

Lȳdia ⟨ae⟩ F Lydien, Landschaft an der Westküste Kleinasiens, Hauptstadt Sardes

Lȳdius, Lȳdus ⟨a, um⟩ ADJ lydisch; *poet auch* etruskisch

Lȳdus ⟨ī⟩ M Lyder; *poet auch* Etrusker, *da nach der Sage eine Schar Lyder nach Etrurien gewandert war*

lygdos ⟨ī⟩ F weißer Marmor *von der Insel Paros*

Lygiī ⟨ōrum⟩ M Stamm der Sueben

lympha ⟨ae⟩ F
1 klares Wasser, *bes* Quellwasser; *pl* Quellnymphen; **~ sacra** (mlat.) Taufwasser
2 (nlat.) Lymphe, Gewebsflüssigkeit; Impfstoff

lymphāticus ⟨a, um⟩ ADJ (vkl., nachkl.), **lymphātus** ⟨a, um⟩ ADJ wahnsinnig, außer sich vor Schrecken; **pavor ~** panischer Schrecken; **nummus ~** *Plaut.* wahnsinnige Münze, *die sich nicht im Geldbeutel halten will*

Lyncēstae ⟨ārum⟩ M Volk im SW von Makedonien

Lyncēstius ⟨a, um⟩ ADJ zu den Lyncestae gehörig; **Lyncestius amnis** Fluss bei den Lyncestae, *dessen Wasser betrunken machte*

Lynceūs ⟨Lynceī⟩ M *Argonaut, bekannt durch sein scharfes Auge*

Lynceūs ⟨a, um⟩ ADJ *scharfsichtig*

Lyncīdēs ⟨Lyncīdae⟩ M *Nachkomme des Lynceus,* = Perseus

lynx ⟨lyncis⟩ M u. F *Hor., Ov.* Luchs

lyra ⟨ae⟩ F

❶ Leier, Laute, *meist siebensaitiges Instrument, von*

▶ lyra – Laier, Laute

Eines der bekanntesten Saiteninstrumente der Römer war die **lyra**, die der Sage nach von Hermes/Merkur erfunden worden sein soll. Ihr Schallkörper bestand aus einer Schildkrötenschale bzw. einer Nachbildung aus Holz auf den 7 Darmsaiten gespannt wurden. Während die **lyra** in erster Linie als Instrument für Hausgebrauch und Musierziehung galt, so war die **cithara**, ein ebenfalls siebensaitiges Instrument mit großem Schallkörper aus Holz, ein ausgesprochenes Virtuoseninstrument .

RÖMISCHES LEBEN ◀

Hermes/Merkur erfunden, dem Apollo geschenkt

❷ **meton** lyrische Dichtung; Gesang

❸ Leier *als Sternbild*

▶ deutsch: Leier
   englisch: lyre
   französisch: lyre
   italienisch: lira

lyrica ⟨ōrum⟩ N ||lyricus|| Oden

lyricus

Ⓐ ⟨a, um⟩ ADJ *(nachkl.) poet* zur Leier gehörig, lyrisch

Ⓑ ⟨ī⟩ M lyrischer Dichter

lyristēs ⟨lyristae⟩ M *(nachkl.)* Lautenspieler

Lyrnēsos ⟨ī⟩ F *Stadt in der Troas, Geburtsort der Briseis*

Lȳsander ⟨Lȳsandrī⟩ M *spartanischer Feldherr, eroberte 404 v. Chr. Athen*

Lȳsiās ⟨Lȳsiae⟩ M *athenischer Redner z. Zt. des Sokrates*

Lȳsimachus ⟨ī⟩ M *Feldherr Alexanders des Großen*

Lȳsippus ⟨ī⟩ M *Bildhauer u. Erzgießer aus Sikyon z. Zt. Alexanders des Großen*

M

m M *Abk*

❶ = **Marcus**

❷ = **mille** *Zahlzeichen für 1000*

❸ **M'.** = **Manius**

❹ **m. p.** *Abk (mlat.)* = **manu propria** mit eigener Hand

Macareus ⟨ī⟩ M *Gefährte des Odysseus*

maccis ⟨maccidis⟩ F *Plaut.* erfundener Gewürzname

Macedō ⟨Macedonis⟩ ADJ ||Macedones|| *nur bei Personen* makedonisch

Macedones ⟨Macedonum⟩ M die Makedonier

Macedonia ⟨ae⟩ F Makedonien, *Landschaft in N Griechenlands*

Macedonicus ⟨a, um⟩ ADJ, *auch als Beiname u.*

Macedonius ⟨a, um⟩ ADJ makedonisch; **legiones Macedonicae** römische Legionen in Makedonien

macellārius ⟨ī⟩ M ||macellum|| *(vkl., nachkl.)* Fleischwarenhändler

macellum ⟨ī⟩ N, **macellus** ⟨ī⟩ M Fleischmarkt, Marktplatz

macer ⟨macra, macrum⟩ ADJ *von Menschen u. Tieren* mager, dünn, *immer pej; fig vom Boden* unergiebig; dünn; abgehärmt; **libellus ~** dünnes

Büchlein

Macer ⟨Macrī⟩ M̄ röm. Beiname
1. **C. Licinius** ~ *Geschichtsschreiber um 70 v. Chr.*
2. **Aemilius** ~ *Freund Vergils u. Ovids*

macēra ⟨ae⟩ F̄ = **machaera**

mācerāre ⟨ō, āvī, ātum 1.⟩
1. mürbe machen, einweichen
2. *fig körperlich* entkräften, schwächen
3. *geistig* quälen

macēre ⟨eō, -, - 2.⟩ ||macer|| *Plaut.* mager sein

māceria ⟨ae⟩ F̄ Umfriedung, Mauer

macēscere ⟨ēscō, -, - 3.⟩ ||macere|| (*vkl., nachkl.*) abmagern

machaera ⟨ae⟩ F̄ Schwert; *Plaut. hum* männliches Glied

machaerophorus ⟨ī⟩ M̄ Schwertträger, Trabant

Machāōn ⟨Machāonis⟩ M̄ *Sohn des Asklepios, berühmter Arzt vor Troja*

Machāonius ⟨a, um⟩ ADJ des Machaon

māchina ⟨ae⟩ F̄
1. Maschine, Werkzeug *zum Heben, Werfen, Vorwärtsbewegen u. Ä.*; ~ **navalis** Schiffsmaschine *um Schiffe ins Wasser zu ziehen*; **omnes machinas adhibere** *fig* alle Hebel in Bewegung setzen
2. Winde, Rolle
3. Belagerungsmaschine
4. Gerüst *zum Ausstellen der verkäuflichen Sklaven*
5. (*nachkl.*) Bau, Werk; ~ **belli** Kriegsgerät
6. *fig* Kunstgriff, List

▶ deutsch: Maschine
englisch: machine
französisch: machine
spanisch: máquina
italienisch: macchina

māchināmentum ⟨ī⟩ N̄ ||machinari||
1. Maschine
2. Marterwerkzeug
3. Gabelarm *am Geschütz*

māchinārī ⟨or, ātus sum 1.⟩ ||machina||
1. künstlich bewerkstelligen
2. ersinnen, kunstvoll verfertigen
3. heimlich (Böses) ersinnen, im Schilde führen, *aliquid alicui/in aliquem* etw gegen jdn

māchinātiō ⟨māchinātiōnis⟩ F̄ ||machinari|| (*nachkl.*)
1. Mechanismus, mechanisches Getriebe *zum Bewegen*
2. Maschine
3. Kunstgriff, List

māchinātor ⟨māchinātōris⟩ M̄ ||machinari||
1. (*nachkl.*) Maschinenbauer, Baumeister; **machinatore aliquo** unter j-s baulicher Leitung
2. *fig* Anstifter; ~ **scelerum** Anstifter zu bösen Taten

māchinātrīx ⟨māchinātrīcis⟩ F̄ ||machinator|| *Sen. fig* Anstifterin

māchinōsus ⟨a, um⟩ ADJ ||machina|| *Suet.* kunstvoll zusammengefügt

maciēs ⟨maciēī⟩ F̄ ||macer|| Magerkeit, Dürre, (*nachkl.*) *fig auch von der Rede*

macilentus ⟨a, um⟩ ADJ ||macere|| (*vkl., nachkl.*) abgemagert

macrēscere ⟨macrēscō, macruī, - 3.⟩ ||macere|| (*unkl.*) mager werden, abmagern

macritūdō ⟨macritūdinis⟩ F̄ ||macer|| *Plaut.* Magerkeit

Macrobius ⟨ī⟩ M̄ *lat. Schriftsteller um 400 n. Chr.*

macrochīr ⟨macrochīris⟩ M̄ „Langhand", *Beiname des Perserkönigs Artaxerxes I.*

macrocollum ⟨ī⟩ N̄ großformatiges Papier, gutes Papier

macruī → macrescere

mactābilis ⟨mactābile⟩ ADJ ||mactare|| *Lucr.* tödlich

mactāre ⟨ō, āvī, ātum 1.⟩ ||mactus||
1. verherrlichen, ehrenvoll beschenken
2. *Opfersprache:* einen Gott durch ein Opfer ehren, versöhnen; **deos extis** ~ die Götter durch Opferung der Eingeweide versöhnen
3. (*nachkl.*) *poet* ein Tier opfern, als Opfer schlachten
4. *fig wie ein Opfertier* schlachten, als Totenopfer weihen
5. *fig durch etw Übles* opfern, vernichten

mactātor ⟨mactātōris⟩ M̄ ||mactare|| *poet* Schlächter, Mörder

mactātus *abl* ⟨mactātū⟩ M̄ ||mactare|| *Lucr.* Opfern, Schlachten

macte → mactus

mactus ⟨a, um⟩ ADJ
1. verherrlicht *fast nur im erstarrten vok* **macte**; **macte virtute (esto)** Heil deinem Heldenmut!
2. *Lucr.* = **mactatus**; getroffen wie ein Opfertier

macula ⟨ae⟩ F̄
1. Flecken, Punkt; **maculas auferre de vestibus** Flecken von den Kleidern entfernen
2. *fig* bewohnter Fleck, bewohnter Ort
3. *fig* Schandfleck
4. *Hor. fig* Fehler in der Darstellung
5. Masche *in Strickereien u. Netzen*
6. ~ **lutea** (*nlat.*) der gelbe Fleck *auf der Netzhaut des Auges*

▶ deutsch: Makel

maculāre ⟨ō, āvī, ātum 1.⟩ ||macula||
1. (*unkl.*) beflecken, beschmutzen
2. *fig* entehren, schänden

maculōsus ⟨a, um⟩ ADJ ||macula||
1. (*unkl.*) gefleckt; bunt; **fulgor** ~ schillernder Glanz
2. befleckt, beschmutzt
3. *fig* entehrt, berüchtigt; **nefas maculosum**

MAGI — 591

unnatürliche Laster

made-facere ⟨fēcī, factum, facere, *passiv* madefīō, factus sum 3.⟩ ||madere|| nass machen; *Plaut. fig* betrunken machen; **madefactus re** von etw triefend, mit etw gefärbt

madefactāre ⟨ō, -, - 1.⟩ ||madefacere|| *Plaut.* befeuchten

madēre ⟨eō, uī, - 2.⟩

1 nass sein, triefen, *re* von etw; **nix madet** der Schnee schmilzt; **madens = madidus**, *auch* betrunken

2 (*vkl.*) *poet* überströmen, übervoll sein

madēscere ⟨madēscō, maduī, - 3.⟩ ||madere|| (*nachkl.*) *poet* nass werden, triefen, *re* von etw

madidus ⟨a, um, *adv* madidē⟩ ADJ ||madere||

1 nass, triefend; **fossa madida** wasserreicher Graben; **glebae auro madidae** golddurchzogene Klumpen

2 (*vkl., nachkl.*) von Speisen mürbe, gar; (**vino**) ~ (*unkl.*) betrunken

3 *Mart. fig* voll, erfüllt, *re* von etw

mador ⟨madōris⟩ M ||madere|| (*nachkl.*) Nässe

maduī → **madere** *u.* → **madescere**

madulsa ⟨ae⟩ F ||madere|| *Plaut.* Rausch

Madȳtos ⟨ī⟩ F Stadt bei Sestos auf der Chersones, heute Maydos

Maeander ⟨Maeandrī⟩ M

1 Fluss im SW von Kleinasien, heute Menderes, bekannt wegen seiner vielen Windungen

2 *meton* Windung; *poet* Besatz *des Gewandes mit einem verschlungenen Muster*

3 RHET Umschweife, gewundene Redeweise

Maeandrius ⟨a, um⟩ ADJ des Maeander

Maeandros, Maeandrus ⟨ī⟩ M = **Maeander**

Maecēnās ⟨Maecēnātis, *gen pl* Maecēnātum⟩ M; **C. Cilnius ~** *aus altem etrusk. Adel, röm. Ritter, Vertrauter des Augustus, Gönner der Dichter, bes des Horaz u. Vergil, gest. 8 v. Chr.; als Gattungsname auch Beschützer u. Gönner der Kunst u. Wissenschaften, seit Martial auch als Schimpfwort*

Maecēniānus ⟨a, um⟩ ADJ des Maecenas

Maedī ⟨ōrum⟩ M thrakischer Stamm

maena ⟨ae⟩ F Sardelle

Maenala ⟨ōrum⟩ N Gebirgszug u. Stadt in Arkadien; Lage des Hauptortes nicht genau bekannt, keine Überreste

Maenalis ⟨Maenalidis⟩ ADJ F, **Maenalius** ⟨a, um⟩ ADJ aus Maenala, von Maenala, *auch* arkadisch; **versus Maenalii** arkadische Hirtenlieder; **ursa/arctos Maenalia** die arkadische Bärin, = Kallisto

Maenalos, Maenalus ⟨ī⟩ M = **Maenala**

maenas ⟨maenadis⟩ F *poet* Mänade, *auch* Priesterin *der Kybele od des Priapos*

maeniānum ⟨ī⟩ N ||Maenius|| Balkon

Maenius ⟨a, um⟩ röm. Gentilname; **C. ~** Konsul 338 v. Chr., Sieg über Antium, Beendigung des Latinerkrieges; brachte als Zensor 318 v. Chr. Balkone an den Häusern um das Forum an (maenianum); **columna Maenia** Säule des Maenius, *auf dem Forum dem Maenius zu Ehren aufgestellt wegen seines Sieges über Antium*

Maeonia ⟨ae⟩ F ältester Name für Lydien, *auch* Etrurien

Maeonidēs ⟨Maeonidae⟩ M Lyder, *bes* Homer, *da angeblich in Lydien geboren; poet auch* Etrusker, *da diese der Überlieferung nach aus Lydien ausgewandert waren*

Maeonius ⟨a, um⟩ ADJ lydisch, *auch* etruskisch; homerisch; episch, heroisch

Maeōtae ⟨ārum⟩ M skythisches Volk am Asowschen Meer

Maeōtidae ⟨ārum⟩ M die Anwohner des Asowschen Meeres

Maeōtis ⟨Maeōtidis *u.* Maeōtidos⟩ ADJ F, **Maeōtius** ⟨a, um⟩ ADJ zu den Maeotae gehörig; **Maeotis (palus)** Asowsches Meer

maerēre ⟨eō, uī, - 2.⟩

A VI trauern, *sibi* für sich, bei sich

B VT betrauern; wehmütig ausrufen; **mortem filii ~** den Tod des Sohnes betrauern

maeror ⟨maerōris⟩ M ||maerere|| Trauer, Wehmut, *alicuius* j-s, *alicuius rei* über etw, bei etw

maestitia ⟨ae⟩ F ||maestus|| Traurigkeit, Schwermut; **orationis ~** düstere Stimmung der Rede

maestitūdō ⟨maestitūdinis⟩ F ||maestus|| (*Com., nachkl.*) = **maestitia**

maestus ⟨a, um, *adv* maestē *u.* maestiter⟩ ADJ

1 traurig, schwermütig, *re* durch etw, über etw; **orator ~** düsterer Redner

2 *poet* Trauer…, klagend; **clamor ~** Jammergeschrei; **querela maesta** Klageruf

3 Trauer bringend; gefährlich

māgālia ⟨māgālium⟩ N (*nachkl.*) = **mapalia**

mage ADV (*vkl., nachkl.*) = **magis**

Magetobriga ⟨ae⟩ F = **Admagetobriga**

magicus ⟨a, um⟩ ADJ (*nachkl.*) *poet* Zauber…, magisch; **lingua magica** zaubermächtige Sprache; **deus ~** Gott, der bei Zaubereien angerufen wird; **ōs magicum** beschwörende Rede

magis ADV ||magnus||

1 bei adj u. adv mehr, in höherem Grad, *meist* +quam, zur Umschreibung des komp, *meist wenn die adj u. adv keinen Komparativ bilden*; **~ necessarius** nötiger

2 bei Verben oft stärker, besser u. Ä.; **~ intellegere** besser verstehen; **rem ~ admirari quam probare** eine Sache mehr bewundern als billigen

3 *bei Subst.* mehr, in höherem Ausmaß; ~ **vir** ein Mann im höheren Sinn des Wortes

4 **non ~ ... quam** ebenso sehr ... wie, nicht nur ... sondern auch, *wenn beide Glieder bejahenden Sinn haben*; ebenso wenig ... wie, *wenn beide Glieder einen verneinenden Sinn haben*; nicht sowohl ... als vielmehr, *wenn das Erste als weniger bedeutend dargestellt wird*

5 **eo/hoc/tanto ~** desto mehr, umso mehr, *mit folgendem quod/quo/quoniam/si/ut/ne*; **neque eo ~** und nun nichts mehr = aber ebenso wenig, und dennoch nicht

6 **quo ~ ... eo (~)** je mehr ... desto (mehr); **quo minus ... eo ~** je weniger ... desto mehr; **tam ~ ... quam magis~** umso mehr ... je mehr

7 **impendio ~** bedeutend mehr; **multo ~** viel mehr; **nihilo ~** ebenso wenig; **solito ~** mehr als gewöhnlich; **~ magis~que/~ et ~/~ ac ~/~ ~** immer mehr; **in dies ~/cotidie ~** täglich mehr; **~ minusve** mehr oder weniger

8 eher, vielmehr; **~ est, ut/quod ... quam ut/ quod** es ist eher Ursache da, zu ... als zu ...

magister ⟨magistrī⟩ M̄

1 Meister, Vorsteher; **~ equitum** Reiteroberst; **~ navis** Kapitän, *auch* Schiffseigner, Steuermann; **~ sacrorum** Oberpriester; **~ militiae** Heerführer; **~ morum** Sittenwächter; **~ elephanti** Elefantenlenker; **~ cenandi** Vorsitzender des Festmahls, Symposiarch, Präside; **~ societatis** Direktor einer Steuerpachtgesellschaft, Verwalter; **~ mensae** *(mlat.)* Truchsess; **~ sapientium** Meister der Weisen = Aristoteles

2 Lehrer, Lehrmeister; **primi magistri** *(mlat.)* die Elementarlehrer

3 *fig* Führer, Berater

4 *(mlat.)* Magister, *akademischer Grad*

▷ deutsch: **Meister**
englisch: **mister**
französisch: **maître**
spanisch: **maestro**
italienisch: **maestro**

magisterium ⟨ī⟩ N̄ ||magister||

1 Amt eines Vorstehers, Leitung; **~ morum** Sittenaufsicht = Zensur; **~ sacerdotii** Amt des Oberpriesters

2 *(Plaut., spätl.)* Lehramt, Erzieheramt

3 *Plaut.* Unterricht, Lehrer

4 *(mlat.)* Magisterwürde

magistra ⟨ae⟩ F̄ ||magister||

1 *(vkl.)* Leiterin, Vorsteherin

2 *fig* Lehrerin, Lehrmeisterin; Schule; **arte magistrā** mithilfe der Kunst

magistrātus ⟨magistrātūs⟩ M̄ ||magister||

1 öffentliches Amt; **magistratūs et imperia** Zivil- und Militärämter, Beamten- und Offizierssstellen

2 *meton* (Staats-)Beamter; **aliquo magistratū** unter j-s Amtsführung

3 PL Behörde, Obrigkeit

▷ deutsch: **Magistrat**

magmentārius ⟨a, um⟩ ADJ als Opfergabe geweiht

magnanimitās ⟨magnanimitātis⟩ F̄ ||magnanimus|| Hochherzigkeit, Großmut

magn-animus ⟨a, um⟩ ADJ ||magnus|| hochherzig; mutig

Magnēs

A ⟨Magnētis⟩ ADJ magnesisch, von Magnesia; **(lapis) Magnēs** Magnet, Magnetstein

B ⟨Magnētis⟩ M̄ Einwohner von Magnesia;

Magnēsia ⟨ae⟩ F̄

1 Landschaft entlang der Ostküste von Thessalien mit Vorkommen von Magnetsteinen

2 Stadt am Maeander im SW Kleinasiens; Gründung der Magnesier

3 Stadt am Sipylos in Lydien

Magnēsius ⟨a, um⟩ ADJ magnesisch, von Magnesia; **saxum Magnesium** Magnet

Magnēssa ⟨ae⟩ F̄, **Magnētis** ⟨Magnētidis⟩ F̄ Einwohnerin von Magnesia

magni-dicus ⟨a, um⟩ ADJ ||magnus, dicere|| *(vkl., nachkl.)* prahlend

magnificāre ⟨ō, āvī, ātum 1.⟩ ||magnificus|| *(Com., nachkl.)* hoch schätzen; *fig* rühmen; **Magnificat** *(mlat.)* Preislied der katholischen Kirche, liturgischer Gesang

magnificentia ⟨ae⟩ F̄ ||magnificus||

1 Großartigkeit, Pracht; **~ liberalitatis** glänzende Freigebigkeit

2 *meton* Prachtliebe, Prunkliebe

3 Erhabenheit, Hoheit; Pathos

4 Hochherzigkeit

5 *pej* Prahlerei

6 *(mlat.)* Titel Hoheit

magni-ficus ⟨a, um, *adv* magnificē *u.* magnificenter⟩ ADJ ||magnus, facere||

1 großartig, prachtvoll; **factum magnificum** Großtat

2 *von Personen* prachtliebend

3 *von der Rede* schmuckreich, pathetisch

4 *vom Charakter* hochherzig, großmütig

5 *pej* prahlerisch, selbstbewusst

magniloquentia ⟨ae⟩ F̄ ||magniloquus|| erhabene Sprache; *(nachkl.) pej* Prahlerei

magni-loquus ⟨a, um⟩ ADJ ||magnus, loqui|| *(nachkl.) poet* erhaben; *meist pej* prahlerisch

magnitūdō ⟨magnitūdinis⟩ F̄ ||magnus||

1 Größe; große Menge; **~ itineris** Länge des Weges; **~ aquae/fluminis** hoher Wasserstand

2 Stärke, Kraft; **~ poenae** Härte der Strafe; **~ vulneris** Gefährlichkeit der Wunde

MALE

- ▣ *fig* Bedeutung, Wichtigkeit
- ▣ *fig* hohe Stellung, Ansehen

magnō opere *od* **māgnopere** *sup* **maximopere** *u.* **maximō opere** ADV
- ▣ überaus, sehr, *nur bei Verben u. adj part*; **~ laudans** in höchsten Tönen lobend
- ▣ **non ~** nicht erheblich, nicht sonderlich, *fast nur beim Verb*; **nullā ~ clade acceptā** ohne erheblichen Verlust

magnus ⟨a, um, *komp* māior, māius, *sup* maximus, a, um⟩ ADJ
- ▣ groß *in der Ausdehnung*; umfangreich; **epistula magna** langer Brief; **aquae magnae** große Wassermassen, stürmische Wassermassen
- ▣ groß *an Zahl, Menge, Gewicht*; viel; **populus ~** zahlreich versammeltes Volk; **pecunia magna** beträchtliche Geldsumme; **magnā parte/magnam partem** großenteils; **magni aestimare** hoch schätzen; **magni esse** viel gelten
- ▣ *zeitl.* lang, beträchtlich; **annus ~** das große Weltjahr, *die Umlaufzeit aller sieben Planeten von einer bestimmten Konstellation bis zur gleichen, ca. 26 000 Jahre*
- ▣ *zeitl.* alt; **magno natu** bejahrt, betagt; **filius maximus natus** ältester Sohn; **maior patria** frühere Heimat
- ▣ *fig* stark, kräftig,; **offensio magna** schwere Beleidigung; **vinculum magnum** enges Band; **usus ~/consuetudo magna** lebhafter Verkehr; **argumentum magnum** schlagender Beweis; **casus ~** reiner Zufall; **opinio magna** hohe Meinung; **preces magnae** dringende Bitten; **suspicio magna** dringender Verdacht
- ▣ *fig von Bedeutung, Geltung* ansehnlich, bedeutend; **labor ~** schwierige Arbeit; **iactura magna** schwerer Verlust; **causa magna** wichtige Ursache; **ratio magna** triftiger Grund; **scientia magna** umfassende Kenntnisse; **magnum est** es ist eine große Aufgabe; **maximum est** es ist die Hauptsache, +*inf*; **quod maius est** was noch mehr sagen will; **in maius augere** übertreiben
- ▣ *fig vom Rang* hoch stehend, mächtig, *daher der Beiname* **Magnus** der Große; **invidiā maior** über den Neid erhaben
- ▣ *fig von der Gesinnung* edel; *pejor.* stolz; **ingenium magnum** hohe Begabung; **vir ~** edler Mensch
- ▣ *fig* übertrieben; zu streng
- ▣ **maior domus** (*mlat.*) Hausmeier; **maior villae** (*mlat.*) Gutsverwalter, Gutspächter

Māgō ⟨Māgōnis⟩ M̄ *Name eines vornehmen karthagischen Geschlechts, u. a. jüngster Bruder Hannibals*

Magontiācum ⟨ī⟩ N̄ = **Mogontiacum**

magūdaris ⟨magūdaris⟩ F̄ Stängel der Pflanze Siphion; → **laserpicium**

magus ⟨ī⟩ M̄
- ▣ Magier, *Angehöriger einer persischen Priesterkaste*
- ▣ (persischer) Weiser, Wahrsager
- ▣ *pej* Zauberer, Gaukler; *adj* Zauber…, magisch
- ▣ **magi ex oriente** (*eccl.*) die Weisen aus dem Morgenland

magydaris ⟨magydaris⟩ F̄ = **magudaris**

Maharbal ⟨Maharbalis⟩ M̄ punischer Reiteroberst *in der Schlacht bei Cannae, der Hannibal vergeblich geraten haben soll sofort gegen Rom zu ziehen*

Māia ⟨ae⟩ F̄ Tochter des Atlas, von Zeus Mutter des Hermes/Merkur, eine der Plejaden

māiālis ⟨māiālis⟩ M̄ (*nachkl.*) kastrierter Eber, *fig auch als Schimpfwort*

māiestās ⟨māiestātis⟩ F̄ ||maior||
- ▣ Erhabenheit, Würde
- ▣ Hoheit *des Staates, in der Republik des Volkes, in der Monarchie des Fürsten od Kaisers*; *Nep.* Vorherrschaft; **crimen laesae maiestatis** Verbrechen der Majestätsbeleidigung
- ▣ Majestätsbeleidigung, *auch* Gesetz wegen Majestätsbeleidigung, Hochverrat
- ▣ *Titel eines Kaisers od Königs* Majestät
- ▣ **Maiestas Domini** *Kunstgeschichte* der thronende Christ, *v. a. in der Romanik häufiges Motiv*
- ▶ deutsch: **Majestät**

māior ⟨māius⟩ ADJ *komp* → **magnus**

māiōrēs ⟨um⟩ M̄ ||magnus||
- ▣ die älteren Leute, die Alten; *Liv.* = der Senat
- ▣ Vorfahren, Ahnen

Māius ⟨a, um⟩ ADJ des Mai, zum Mai gehörig; **(mensis) ~** Mai

māiusculus ⟨a, um⟩ ADJ ||maior||
- ▣ etwas groß
- ▣ etwas größer, etwas älter
- ▶ deutsch: **Majuskel**

māla ⟨ae⟩ F̄ (*unkl.*) Kinnlade; *fig* Wange, *meist pl*; *pl* Rachen *von Menschen u. Tieren*

mālabathron ⟨ī⟩ N̄ = **malobathron**

malacia ⟨ae⟩ F̄ Windstille auf dem Meer, Meeresstille

malacissāre ⟨ō, -, - 1.⟩ *Plaut.* geschmeidig machen

malacus ⟨a, um⟩ ADJ (*vkl.*) weich; *fig* üppig

malaxāre ⟨ō, āvī, ātum 1.⟩ (*nachkl.*) geschmeidig machen

male ⟨*komp* pēius, *sup* pessimē⟩ ADV ||malus¹||
- ▣ schlecht, zu Unrecht; **male dicere/loqui** verleumden; **~ facere alicui** j-m Unrecht tun; **~ velle alicui** j-m feindlich gesinnt sein; **~ esse** schlecht stehen; **~ alicui est** j-m geht es schlecht; **aliquem ~ habere** j-n belästigen; **~ alicui accidit** j-m ergeht es schlecht; **~ accipere aliquem** j-m übel mitspielen; **~ audire ab aliquo** in schlechtem Ruf bei j-m stehen; **~ mereri de aliquo** j-m schlechte Dienste leisten; **~ agitur cum aliquo** j-d ist schlimm dran
- ▣ *vom Erfolg* unglücklich, ungünstig; **~ mori**

schmerzvoll sterben; **~ vendere** zu billig verkaufen; **~ emere** zu teuer kaufen

3 zur Unzeit, am falschen Ort

4 zu viel, zu sehr; **~ parvus** verteufelt klein

5 zu wenig, kaum noch; **~ scire aliquid** sich zu wenig auskennen in etw; **~ prudens** unklug; **~ gratus** undankbar; **~ parens** ungehorsam; **~ fidus** unzuverlässig

6 *bei pej Ausdrücken* heftig, sehr; **~ raucus** ganz heiser

Malea, Malēa ⟨ae⟩ F̄, **Maleae** ⟨ārum⟩ F̄
Verg. äußerste Südostspitze der Peloponnes, galt als sehr gefährlich für die Seefahrt

male-dicāx ⟨maledicācis⟩ ADJ, *auch getrennt (vkl., nachkl.)* schmähsüchtig

maledīcēns ⟨maledīcentis⟩ ADJ ||maledicere|| schmähsüchtig

male-dīcere ⟨dīcō, dīxī, dictum 3.⟩ schmähen, lästern, *absolut od alicui* j-n, über jdn

maledictiō ⟨maledictiōnis⟩ F̄ ||maledicere|| Schmähung

maledictum ⟨ī⟩ N̄ ||maledicere|| Schmähung, üble Nachrede

maledicus ⟨a, um, *adv* maledicē⟩ ADJ ||male, dicere|| schmähsüchtig, verleumderisch

male-facere ⟨faciō, fēcī, factum 3.⟩ (*Com., nachkl.*) Böses zufügen

malefactor ⟨malefactōris⟩ M̄ ||malefacere|| (*vkl., nachkl.*) Übeltäter

malefactum ⟨ī⟩ N̄ ||malefacere|| Übeltat

malefica ⟨ōrum⟩ N̄ ||maleficus|| Zaubermittel

maleficium ⟨ī⟩ N̄ ||maleficus||

1 Frevel, Verbrechen

2 Feindseligkeit, zugefügter Schaden; **sine maleficio** ohne irgendeinen Schaden zu tun; **maleficii causā** in böser Absicht

3 (*nachkl.*) Betrug

4 PL̄ (*nachkl.*) Zaubermittel

male-ficus

A ⟨a, um, *komp* maleficentior, maleficentius, *sup* maleficentissimus, a, um⟩ ADJ, ADV ⟨maleficē⟩ ||male, facere||

1 übel handelnd, gottlos

2 missgünstig, feindselig

3 schädlich; **animalia malefici generis** Lebewesen der schädlichen Art

4 Zauber...

B ⟨ī⟩ M̄ Übeltäter, Verbrecher

Malepartus (*mlat.*) *in der Fabel die Raubburg des Fuchses*

male-suādus ⟨a, um⟩ ADJ ||suadere|| (*vkl.*) *poet* übel ratend, verführerisch

Maleventum ⟨ī⟩ N̄ *alter Name für Beneventum*

male-volēns ⟨malevolentis⟩ ADJ ||velle|| (*vkl.*) neidisch, missgünstig

malevolentia ⟨ae⟩ F̄ ||malevolens|| Missgunst, Neid

male-volus

A ⟨a, um, *sup* malevolentissimus, a, um⟩ ADJ ||velle|| missgünstig, neidisch, *alicui/in aliquem* gegen j-n

B ⟨ī⟩ M̄ Neider

Māliacus sinus M̄ Golf von Mali, *gegenüber der Insel Euböa u. ö. der Stadt Lamia*

māli-fer ⟨mālifera, māliferum⟩ ADJ ||malum¹, ferre|| *Verg.* Äpfel tragend, obstreich

malific... = malefic...

malignitās ⟨malignitātis⟩ F̄ ||malignus||

1 Missgunst, Bosheit

2 Knauserei, *alicuius* j-s, *alicuius rei* bei etw

malīgnus ⟨a, um, *adv* malīgnē⟩ ADJ (*unkl.*) ||malus¹||

1 böswillig, missgünstig

2 schädlich, verderblich

3 unfruchtbar

4 *von Personen* knauserig

5 *von Personen* kalt, spröde

6 *von Sachen* spärlich, kärglich

7 **spiritus ~** (*mlat.*) Teufel

malitia ⟨ae⟩ F̄ ||malus¹||

1 Schlechtigkeit, Bosheit

2 Hinterlist, Schikane

3 *hum* Schalkhaftigkeit

malitiōsus ⟨a, um, *adv* malitiōsē⟩ ADJ ||malitia|| boshaft, hinterlistig

malivolentia ⟨ae⟩ F̄ = malevolentia

malivolus ⟨a, um⟩ ADJ = malevolus

mālle ⟨mālō, māluī, - 0.⟩

1 lieber wollen, vorziehen

2 *alicui* ~ j-m gewogener sein; **alicui aliquid** ~ j-m etw lieber gönnen

malleātor ⟨malleātōris⟩ M̄ ||malleus|| *Mart.* der pocht, der schlägt

malleolus ⟨ī⟩ M̄ ||malleus||

1 Setzling *einer Pflanze*

2 Brandpfeil

malleus ⟨ī⟩ M̄ (*unkl.*) Hammer, Schlegel

mālō → malle

mālobathron, mālubathrum ⟨ī⟩ N̄ indisches Zimtöl, kostbares Salböl

māluī → malle

mālum¹ ⟨ī⟩ N̄

1 Apfel; **ab ovo usque ad mala** von der Vorspeise bis zur Nachspeise; **~ discordiae** *fig* Zankapfel

2 *Ter.* Quitte; Granatapfel; Zitrone; *pl* Obst

malum² ⟨ī⟩ N̄ ||malus¹||

1 Übel

2 Fehler, Krankheit; **bona aut mala** Vorzüge oder Fehler

3 Unglück, Unheil

4 Gefahr; Schaden

5 Strafe, Züchtigung
6 Beleidigung, Schimpfwort
7 Schlechtigkeit, Untat
8 *Ausdruck des Unwillens* zum Henker!, zum Teufel!

malus¹ ⟨a, um, *komp* pēior, pēius, *sup* pessimus, a, um⟩ ADJ, ADV → male

1 schlecht, böse; **dolo malo** in böser Absicht
2 unehrlich, hinterlistig; **ambitio mala** falscher Ehrgeiz; **malā fide agere cum aliquo** mit j-m unredlich verfahren
3 POL schlecht = zur Gegenpartei gehörig
4 *äußerlich od physisch, auch geschäftlich* untüchtig, untauglich, *alicui rei* zu etw; **~ militiae** untauglich für den Kriegsdienst; **pudor ~** falsche Scham
5 *(unkl.) körperlich* unschön, hässlich
6 mutlos, feige
7 *(unkl.)* gering, wertlos; **pcioribus ortus** von niedrigeren Ahnen abstammend
8 *von Wirkungen, Verhältnissen u. Zuständen* schlimm, ungünstig; **valetudo mala** schlechtes Befinden; **nuntius ~** schlimme Nachricht; **in peiorem partem mutari** sich zum Schlimmen wenden; **in peius ruere** sich verschlimmern; **malam opinionem habere de aliquo** eine schlechte Meinung haben von j-m
9 schädlich, verderblich; **gramina/herba mala** giftige Pflanzen; **ora mala** ungesunde Gegend; **avis/ales mala** unheilvoller Vogel
10 schändlich, *auch* schmähend; **lustra mala** verrufenes Bordell
11 unglücklich, traurig; **mala res** Züchtigung, Strafe, üble Lage, Unglück, Leiden

mālus² ⟨ī⟩ F ||malum¹|| Apfelbaum, Obstbaum
mālus³ ⟨ī⟩ M
1 Mastbaum, Mast
2 *aufrecht stehender* Eckbalken *der Tür*
3 Mast zum Tragen des Zeltdaches

malva ⟨ae⟩ F Malve
Mām. *Abk* = **Mamercus**
Māmercus ⟨ī⟩ M
1 MYTH Sohn des Mars u. der Silvia
2 Tyrann von Katana auf Sizilien um 340 v. Chr.
3 Vorname u. Beiname in der gens Aemilia, die Mars als Stammvater sah; → **Aemilius**

Mamers ⟨Mamertis⟩ M = **Mars**
Māmertīnī ⟨ōrum⟩ M kampanische Söldner, die sich 282 v. Chr. der Stadt Messana bemächtigten u. einen Räuberstaat gründeten
Māmertīnus ⟨a, um⟩ ADJ des Mars
mamilla ⟨ae⟩ F ||mamma||
1 Brustwarze, Brust
2 *von Tieren* Zitze, *auch Kosewort*
mamillāre ⟨mamillāris⟩ N ||mamilla|| *Mart.* Büstenhalter

mamma ⟨ae⟩ F ||Lallwort||
1 Busen; *von Tieren* Euter
2 *(vkl., nachkl.) fig* Mama, Mutter
mammeātus ⟨a, um⟩ ADJ ||mamma|| *Plaut.* vollbusig; **amica mammeata** Busenfreundin
mammicula ⟨ae⟩ F ||mamma|| *Plaut.* niedliches Brüstchen
mammium ⟨ī⟩ N *Plaut.* Brüstchen *als Kosewort*
mammōna, mammōnās ⟨mammōnae⟩ M *(eccl.)* Reichtum, Geld
▶ deutsch: Mammon
mammōsus ⟨a, um⟩ ADJ ||mamma|| *(unkl.)* vollbusig
Māmurius Veturius ⟨ī⟩ M etrusk. Bronzekünstler, Verfertiger der ancilia; → **ancile**
Māmurra ⟨ae⟩ M röm. Ritter, im Heer Caesars in Gallien praefectus fabrum
mānābilis ⟨mānābile⟩ ADJ ||manare|| einströmend, einfließend
mānāre ⟨ō, āvī, ātum 1.⟩

A VI
1 *(nachkl.) poet* fließen, strömen; **~ pleno de pectore** *fig* vergessen werden
2 triefen, *re* von etw
3 *fig* entspringen, herrühren, *ex re/a re* von etw
4 *fig* sich verbreiten; **fama manat per urbem** das Gerücht verbreitet sich in der Stadt
B VT *(nachkl.) poet* ausströmen lassen, vergießen; **lacrimas ~** Tränen vergießen

manceps ⟨mancipis⟩ M ||manus, capere||
1 Aufkäufer von Staatsgütern, *alicuius* von j-s Gütern
2 Pächter öffentlicher Abgaben, Steuerpächter
3 *(nachkl.)* Unternehmer öffentlicher Leistungen
4 *Plaut.* Bürge

mancipāre ⟨ō, āvī, ātum 1.⟩ ||manceps|| *(unkl.)* zu Eigen geben; *fig* hingeben; **saginae mancipatus** der Fresslust hingegeben
mancipium ⟨ī⟩ N ||manceps||
1 JUR Eigentumserwerb durch Handauflegen in Gegenwart von fünf Zeugen; **mancipio dare/accipere** in aller Form verkaufen/kaufen; **lex mancipi(i)** Kaufvertrag; **ius mancipii** Kaufrecht
2 *meton* Eigentum, Besitz; **ius mancipii** volles Eigentumsrecht; **sui mancipii esse** sein eigener Herr sein
3 *meton* (gekaufter) Sklave, *auch* Sklavin
mancipāre ⟨ō, āvī, ātum 1.⟩ = **mancipare**
mancupium ⟨ī⟩ N = **mancipium**
mancus ⟨a, um⟩ ADJ ||manus||
1 verstümmelt, verkrüppelt
2 *fig* schwach, ohnmächtig; **~ alicui rei** für etw untüchtig
3 *von Sachen* unvollständig, mangelhaft

mandāre ⟨ō, āvī, ātum 1.⟩
1 anvertrauen, überliefern; **filiam viro ~** die Tochter einem Mann zur Frau geben; **aliquid litteris ~** etw schriftlich aufzeichnen; **carmina foliis ~** Gedichte zu Papier bringen; **fruges vetustati ~** Früchte alt werden lassen; **corpus terrae ~** eine Leiche begraben; **memoriae ~** auswendig lernen
2 *fig* auftragen
3 verordnen, befehlen, *aliquid alicui/alicui de re* j-m etw; **aliquid ad aliquem ~** etw an j-n bestellen, j-n von etw benachrichtigen lassen
▶ deutsch: **Mandant**

mandātor ⟨mandātōris⟩ M ‖mandare¹‖ (*nachkl.*) Auftraggeber; Anstifter

mandātum ⟨ī⟩ N ‖mandare‖
1 Auftrag, Befehl; **litterae mandataque** schriftliche und mündliche Befehle
2 *in der Kaiserzeit* Befehl des Kaisers, Mandat
3 *poet* anvertrauter Gegenstand, ausgehändigtes Paket
4 JUR Übernahme der unentgeltlichen Ausführung eines Geschäftes; Geschäftsauftrag; **iudicium mandati** Urteil wegen nicht erfüllten Geschäftsauftrags
▶ deutsch: **Mandat**

mandātus ⟨mandātūs⟩ M **= mandatum**; *nur abl sg* **mandātū** im Auftrag, *alicuius* j-s

Mandēla ⟨ae⟩ F Ort in der Nähe des Sabinergutes des Horaz

mandere ⟨mandō, mandī, mānsum 3.⟩
1 etw kauen, in etw beißen, *aliquid*; **humum ~** ins Gras beißen; **omnia minima ~** alles ganz klein kauen
2 (*vkl., nachkl.*) essen, zerfleischen

mandra ⟨ae⟩ F
1 Zug aneinander gekoppelter Saumtiere
2 *im Brettspiel* geschlossene Reihe der niederen Figuren, vergleichbar mit den Bauern des Schachspiels

Mandūbiī ⟨ōrum⟩ M kelt. Stamm mit der Hauptstadt Alesia w. von Dijon

mandūcāre ⟨ō, āvī, ātum 1.⟩, **mandūcārī** ⟨or, ātus sum 1.⟩ ‖manducus‖ (*vkl., nachkl.*) kauen, kauend essen

mandūcus ⟨ī⟩ M ‖mandere‖ Plaut. Vielfraß, komische Figur bei öffentlichen Umzügen u. in Komödien mit weit geöffnetem Mund u. klappernden Zähnen

māne
A N *indekl, nur im nom akk u. abl sg* Morgen, Frühe; **m~ est** es ist noch früh; **multo ~** frühmorgens; **ad ipsum ~** bis zum hellen Morgen
B ADV am Morgen, frühmorgens; **hodie ~** heute früh; **bene ~** sehr früh

manēre ⟨maneō, mānsī, mānsum 2.⟩
A Vi
1 bleiben, *bes* übernachten; **in vita ~** am Leben bleiben; **~ in loco** die Stellung behaupten; **~ dum** bleiben bis; **manetur** man bleibt; **maneatur** man bleibe
2 *von Sachen u. Zuständen* fortbestehen, noch vorhanden sein; **~ alicui** j-m verbleiben; **exercitus integer mansit** das Heer blieb unversehrt; **maneat** es muss dabei bleiben, +AcI; **manens/mansurus** dauernd, beständig
3 *von Personen* fest bei *etw* bleiben; in *etw* verharren, *in re/re*; **promissis ~** zu seinen Versprechen stehen
4 sicher beschieden sein, *alicui* j-m
B Vt
1 j-n erwarten, auf j-n warten, *aliquem/aliquid*
2 *von Übeln* unausweichlich bevorstehen, *aliquem* j-m; **mors te manet** der Tod steht dir bevor
3 (*mlat.*) wohnen; **= esse**

mānēs ⟨mānium⟩ M
1 die Manen, *göttlich verehrte* Seelen der Toten
2 (*nachkl.*) *meton* Leichnam
3 die unterirdischen Götter, Unterwelt
4 Dämon, Genius *eines Menschen*; **quisque suos patimur manes** wir büßen alle nach unserem Wesen

mangō ⟨mangōnis⟩ M (*nachkl.*)
1 betrügerischer Händler
2 Sklavenhändler

mangōnicus ⟨a, um⟩ ADJ ‖mango‖ (*nachkl.*) eines betrügerischen Händlers, zu einem betrügerischen Händler gehörig

mānī *Lokativ* = **mane**

manibiae ⟨ārum⟩ F = **manubiae**

manica ⟨ae⟩ F ‖manus‖
1 langer Ärmel *der Tunika, der auch die Hand bedeckte*
2 (*vkl.*) *poet* Handfessel
3 (*mlat.*) Handschuh; Manschette

manicātus ⟨a, um⟩ ADJ ‖manica‖ mit langen Ärmeln

manicula ⟨ae⟩ F ‖manus‖ (*vkl., nachkl.*) Händchen

manifestāre ⟨ō, āvī, ātum 1.⟩ ‖manifestus‖ (*nachkl.*) *poet* offenbaren, an den Tag legen; *passiv* sichtbar sein

manifestārius ⟨a, um⟩ ADJ ‖manifestus‖
1 *von Sachen* handgreiflich
2 *von Personen* auf frischer Tat ertappt

manifestātiō ⟨manifestātiōnis⟩ F ‖manifestare‖ (*eccl.*) Offenbarung

manifestō ADV → **manifestus**

manifestus ⟨a, um, *adv* manifestē *u.* manifestō⟩ ADJ
1 (*unkl.*) *von Personen* bei *etw* erwischt, *etw* sichtbar verratend, *alicuius rei*, +*inf*; **aliquem sceleris manifestum habere** j-n eines Verbrechens über-

führen; **~ vitae** sichtbar noch lebend; **aliquis dissentire ~ est** j-d ist offensichtlich anderer Meinung

2 *von Sachen* augenscheinlich, offenbar; **forma manifesta** deutlich ausgeprägte Gestalt; **manifesto deprehendere** auf frischer Tat ertappen

▶ deutsch: **Manifest**

Mānīlius ⟨a, um⟩ *röm. Gentilname, bekannt* **C. ~ Volkstribun** 66 v. Chr., Initiator der lex Manilia, durch die dem Pompeius der Oberbefehl im Krieg gegen Mithridates übertragen wurde

maniplāris ⟨maniplāre⟩ ADJ = **manipularis**
maniplus ⟨ī⟩ M → **manipulus**
manipretium ⟨ī⟩ N = **manupretium**
manipulāris

A ⟨manipulāre⟩ ADJ ||manipulus|| zu einem Manipel gehörig, der einfachen Soldaten; **iudex ~** aus den einfachen Soldaten erwählter Richter

B ⟨manipulāris⟩ M einfacher Soldat, Gemeiner; **meus ~** mein (Kriegs-) Kamerad

manipulārius

A ⟨a, um⟩ ADJ = **manipularis**
B ⟨ī⟩ M = **manipularis**

manipulātim ADV ||manipulus|| *(vkl., nachkl.)* manipelweise, in kleineren Haufen

mani-pulus ⟨ī⟩ M ||manus||

1 *(unkl.)* Hand voll, Bündel

2 *fig* Manipel, *Drittel einer Kohorte;* Schar

Mānius ⟨ī⟩ M *röm. Vorname, abgek M'.*
Manliānum ⟨ī⟩ N *Landgut Ciceros*
Manliānus ⟨a, um⟩ ADJ *des Manlius;* **imperia Manliana** strenge Befehle

Manlius ⟨a, um⟩ *röm. Gentilname*

1 M. ~ Capitolinus Konsul 392 v. Chr., Retter des Kapitols beim Gallierüberfall, 384 v. Chr. des Hochverrats angeklagt u. vom Tarpejischen Felsen gestürzt

2 L. ~ Capitolinus Diktator 263 v. Chr.

3 T. ~ Capitolinus Sohn von 2, Beiname Torquatus, Diktator, ließ 340 v. Chr. seinen eigenen Sohn trotz Gelingens des Unternehmens wegen Ungehorsams hinrichten

mannulus ⟨ī⟩ M ||mannus|| *(nachkl.) poet* kleines Pony

mannus ⟨ī⟩ M *(nachkl.) poet* gallisches Pony
Mannus ⟨ī⟩ M erster Mensch in der germ. Sage
mansi → **manere**
mānsiō ⟨mānsiōnis⟩ F ||manere||

1 Verbleiben, Aufenthalt

2 *(nachkl.) meton* Station; Tagesreise

3 *(mlat.)* Wohnung

mānsitāre ⟨ō, āvī, ātum 1.⟩ ||manere|| *(nachkl.)* sich aufhalten, wohnen

mānstrūga ⟨ae⟩ F = **mastruca**
mānsuē-facere ⟨faciō, fēcī, factum 3., *passiv* fierīfīō, factus sum⟩ ||mansues, facere||

1 *Tiere* zähmen, bändigen; *passiv* zahm werden
2 *(nachkl.) fig Menschen* besänftigen
3 *fig Menschen* kultivieren, bilden

mānsuēs ⟨mānsuis *u.* mānsuētis⟩ ADJ ||manus, suescere|| *(vkl., nachkl.)* an die Hand gewöhnt, zahm

mānsuēscere ⟨suēscō, suēvī, suētum 3.⟩ ||mansuetus||

A VII *(nachkl.)* zahm werden; *fig* sanft werden
B VT *(nachkl.)* zähmen

mānsuētūdō ⟨mānsuētūdinis⟩ F ||mansuetus||

1 *von Tieren* Zahmheit

2 *fig* Milde, *in aliquem* gegen j-n; Zivilisation; *Eutr. auch kaiserlicher Titel;* **~ tua** Euer Gnaden

mānsuētus ⟨a, um, *adv* mānsuētē⟩ ADJ ||manus, suetus||

1 *(vkl., nachkl.) von Tieren* gezähmt, zahm; **sus ~** Hausschwein

2 *von Personen u. Sachen* sanft, mild, gelassen; harmlos

mānsum ⟨a, um⟩ PPP → **manere**
mānsūrus ⟨a, um⟩ PART *fut* → **manere**
mānsus ⟨a, um⟩ PPP → **mandere²**
mantāre ⟨ō, -, - 1.⟩ ||manere|| Com.

A VII warten
B VT auf j-n warten, *aliquem*

man-tēle ⟨mantēlis⟩ N, **man-tēlium** ⟨ī⟩ N ||manus|| *(unkl.)* Handtuch; *(spätl.)* Tischtuch

mantellum, mantēlum ⟨ī⟩ N Plaut. Hülle, Decke

▶ deutsch: **Mantel**
französisch: **manteau**
spanisch: **mantel**
italienisch: **mantello**

mantica ⟨ae⟩ F *(unkl.)* Ranzen, Rucksack
manticulātor ⟨manticulātōris⟩ M Betrüger
mantīle ⟨mantīlis⟩ N = **mantele**
Mantinēa ⟨ae⟩ F Stadt im ö. Arkadien, Tod des Epaminondas 362 v. Chr., heute Mandinia n. von Tripolis mit zahlreichen Ausgrabungen

mantīsa ⟨ae⟩ F *(vkl., nachkl.)* Zugabe; Profit
mantiscinārī ⟨or, ātus sum 1.⟩ Plaut. wahrsagen, weissagen

mantissa ⟨ae⟩ F = **mantisa**
Mantō ⟨Mantūs⟩ F

1 Seherin, Tochter des Sehers Teiresias
2 weissagende Nymphe, Mutter des Ocnus, des Erbauers von Mantua

Mantua ⟨ae⟩ F Stadt am Mincius, Heimat des Vergil
manuāle ⟨manuālis⟩ N ||manualis|| Buchfutteral; Plaut. Handbücher

manuālis ⟨manuāle⟩ ADJ ||manus|| *(nachkl.)* eine Hand füllend; mit der Hand geworfen

manubiae ⟨ārum⟩ F ||manus, habere||

1 *(vkl., nachkl.)* Kriegsbeute; Beutegelder

2 Raubanteil, ungesetzlicher Gewinn, *bes von Beamten*

3 *sg Augurensprache* Blitzschlag, Donnerschlag

manubiālis ⟨manubiāle⟩ ADJ ||manubiae|| *Suet.* Beute...; **pecunia ~** erbeutetes Geld

manubiārius ⟨a, um⟩ ADJ ||manubiae|| *Plaut.* Beute bringend; **amicus ~** ein Freund, der Vorteil bringt

manubrium ⟨ī⟩ N ||manus|| Griff, Stiel; **exemi e manu istis manubrium** *Plaut. fig* ich habe ihnen das Heft aus der Hand genommen

manufest... = manifest...

manuleārius ⟨ī⟩ M ||manuleus|| Manschettenmacher

manuleātus ⟨a, um⟩ ADJ ||manuleus|| (*Plaut., nachkl.*) mit langen Ärmeln

manuleus ⟨ī⟩ M ||manus|| *die Hand bedeckender* Tunikaärmel, Manschette

manūmissiō ⟨manūmissiōnis⟩ F ||manumittere||

1 Freilassung *des Sklaven durch den Herrn*

2 *fig* Erlass der Strafe, Verzeihung

manū-mittere ⟨mittō, mīsī, missum 3.⟩ ||manus|| einen Sklaven freilassen

manu-pretium ⟨ī⟩ N ||manus|| Arbeitslohn; *fig* Lohn

---

manus ⟨manūs⟩ F

1 Hand

2 bewaffnete Hand

3 persönliche Tapferkeit, Stärke

4 Kampf

5 Gewalttat

6 Macht, Entscheidung

7 Gewalt des Vaters über die Kinder und Sklaven

8 Arbeit, Tätigkeit

9 Menschenarbeit

10 Werk, Kunstwerk

11 Handschrift

12 Wurf

13 Hieb, Stich

14 Schar

15 Dienerschaft

16 Handwerksleute

17 Enterhaken

18 Urkunde, Eid

---

1 Hand, *auch* Arm; (*nachkl.*) *bei Tieren* Tatze; *fig beim Elefant* Rüssel; *oft pl*; **in manum/in manus sumere** in die Hand nehmen; **manu aliquem ducere** j-n an der Hand führen; **aliquem in manus accipere** j-n auf die Arme nehmen; **manibus alicuius excipi** j-m in die Arme sinken; **manūs tollere** die Hände über dem Kopf zusammenschlagen; **meā manu** eigenhändig; **alicuius rei causā ne manum quidem vertere** keinen Finger für etw rühren; **manūs dare/dedere** sich fesseln lassen, *fig* sich für besiegt erklären, nachgeben; **aliquem in manibus habere** j-n auf Händen tragen, j-n wert halten; **in manibus esse** in aller Händen sein, allgemein bekannt sein, gegenwärtig sein, jetzt vorgehen, in j-s Händen liegen; **ad manum esse** zur Hand sein; **ad manum habere** zur Hand haben; **ad manum accedere** an j-n herankommen; *von Tieren* aus der Hand fressen; **inter manus** durch Handreichung, auf den Händen, in den Händen; **inter manus esse** auf der Hand liegen; **de manu facere** mit eigener Hand machen; **per manum tradere aliquid** etw von Hand zu Hand weitergeben, etw von Geschlecht zu Geschlecht weitergeben, etw durch Vererbung weitergeben; **manu** mit bloßen Händen; **manu tenere** *fig* bestimmt wissen; **manibus teneri** augenscheinlich sein

2 bewaffnete Hand; **manum/manūs conferre/conserere** handgreiflich werden; **militibus manu consulere** den Soldaten durch persönliches Mitkämpfen helfen; **manu iter facere** mit dem Schwert in der Hand den Weg bahnen

3 *meton* persönliche Tapferkeit, Stärke; **manu fortis/promptus** persönlich tapfer; *pl* tapfere Taten

4 Handgemenge, Kampf, *sg u. pl*; **ad manum/in manus venire/accedere** handgreiflich werden; **res ad manus venit** es kommt zum offenen Kampf; **proelium in manibus facere** im Handgemenge kämpfen; **aequā manu/aequis manibus discedere** ohne Entscheidung auseinander gehen

5 Gewalttätigkeit, Gewalttat, *sg u. pl*; **per manus** mit Gewalt

6 Macht, Entscheidung, *sg u. pl*; **aliquid in manu alicuius ponere** etw j-s Entscheidung überlassen; **in alicuius manu esse** in j-s Gewalt sein, j-m untertan sein

7 Gewalt des Vaters über die Kinder und Sklaven; Gewalt des Familienoberhaupts über die Ehefrau

8 Arbeit, Tätigkeit; **usu manuque** durch tätige Arbeit; **manum ultimam/manum summam imponere alicui rei** letzte Hand an etw legen; **manūs pretium** Arbeitslohn, Lohn, Entgelt

9 Menschenarbeit; **manu** von Menschenhand, künstlich

10 Werk, Kunstwerk

11 Handschrift; Stil *des bildenden Künstlers*; **ad me-**

am manum redii nun schreibe ich selbst
[12] Wurf *beim Würfelspiel*
[13] Quint. Hieb, Stich, Stoß *beim Fechten*
[14] Hand voll, Schar; *pej* Bande, Rotte; MIL bewaffnete Mannschaft
[15] *poet* Dienerschaft
[16] [PL] Handwerksleute, Arbeiter beim Bau
[17] *fig* Enterhaken
[18] *(mlat.)* Urkunde, Eid; **manu quartā se expurgare** sich mit drei Eideshelfern rein waschen
▶ französisch: **main**
  spanisch: **mano**
  italienisch: **mano**
mapālia ⟨mapālium⟩ [N]
[1] *(unkl.)* Hütten, Nomadenzelte
[2] *fig* unnütze Dinge, dummes Zeug
mappa ⟨ae⟩ [F]
[1] Serviette, Mundtuch
[2] *im Zirkus* Flagge, Signaltuch; **~ mundi** *(mlat.)* Weltkarte, Landkarte
Maracanda ⟨ae⟩ [F] Ort am Rand des iranischen Hochlands, heute Samarkand in Usbekistan
Marathōn ⟨Marathōnis⟩ [M] u. [F] Ort an der Ostküste Attikas, berühmt durch den Sieg der Griechen über die Perser 490 v. Chr.; *daher Marathonlauf, von Marathon nach Athen 42 km*
Marathōnius ⟨a, um⟩ [ADJ] aus Marathon, von Marathon
marathrum ⟨ī, *akk pl auch* ōs⟩ [N] *(nachkl.) poet* Fenchel
marca ⟨ae⟩ [F] *(mlat.)* Mark; Pfund
Mārcellēa *od* **Mārcellīa** ⟨ōrum⟩ [F] Fest zu Ehren der Familie des Marcellus, des Patrons von Sizilien; → Marcellus 1
Mārcelliānus ⟨a, um⟩ [ADJ] des Marcellus
Mārcellus ⟨ī⟩ [M] *röm. Beiname*
[1] **M. Claudius ~** *Eroberer von Syrakus 212 v. Chr., 208 v. Chr. im Kampf gegen Hannibal gefallen, Patron von Sizilien*
[2] **M. Claudius ~** *Gegner Caesars, von Caesar begnadigt, dafür Ciceros Dankrede Pro Marcello, 45 v. Chr. ermordet*
[3] **M. Claudius ~** *Neffe u. Adoptivsohn des Augustus, Ehemann der Iulia; zu seinen Ehren von Augustus das theatrum Marcelli 17–13 v. Chr. auf dem forum holitorum erbaut*
marcēre ⟨eō, -, - 2.⟩ *(nachkl.)* welk sein, schlaff sein; **pavore ~** vor Furcht gelähmt sein
marcēscere ⟨marcēscō, marcuī, - 3.⟩ ||marcere|| *(nachkl.) poet* welk werden, schlaff werden; **vino ~** Katzenjammer haben
marchio ⟨marchionis⟩ [M] *(mlat.)* Markgraf
marcidus ⟨a, um⟩ [ADJ] ||marcere|| *(nachkl.) poet*, *meist fig von Personen u. Sachen* schlaff, matt; **vigiliis ~** von Nachtwachen ermüdet
Mārcius ⟨a, um⟩ *röm. Gentilname*

[1] **Ancus ~** *nach der Sage der 4. König Roms*
[2] **Cn. ~ Coriolanus** *Eroberer der Volskerstadt Corioli 493 v. Chr., sagenhafter Held der röm. Frühzeit*
[3] **Q. ~ Rex** *legte als Prätor 144 v. Chr. die aqua Marcia von Tibur nach Rom an*
Marcodūrum ⟨ī⟩ [N] *Ort der Ubier*
Marcomanī, **Marcomannī** ⟨ōrum⟩ [M] die Markomannen, *suebisches Volk zwischen Main u. Donau, von Marbod ca. 8 v. Chr. ins spätere Böhmen geführt, von wo sie z. Zt. von Marc Aurel 166–180 n. Chr. in das Römische Reich einbrachen*
Marcomannicus ⟨a, um⟩ [ADJ] markomannisch
marcor ⟨marcōris⟩ [M] ||marcere|| *(nachkl.)* Welkheit; *fig* Schlaffheit
Mārcus ⟨ī⟩ [M] *röm. Vorname, abgek M.*

Marcus Aurelius

Der sogenannte Philosophenkaiser **Marcus Aurelius Antoninus** (121 - 180 n. Chr.) wurde 138 von Kaiser **Antoninus Pius** adoptiert und trat 161 n. Chr. die Regierung an. Während seiner Regierungszeit führte er Kriege gegen die Parther und verschiedene germanische Stämme (dargestellt auf der Marc-Aurel-Säule in Rom). 180 starb er während eines Feldzugs in der Nähe von Wien (**Vindobona**). Geprägt von der stoischen Philosophie verfasste er zwölf Bücher Selbstbetrachtungen in griechischer Sprache.

GESCHICHTE

Mardonius ⟨ī⟩ [M] *persischer Feldherr, Schwiegersohn des Darius, Führer des ersten Zuges der Perser gegen Griechenland 492 v. Chr., fiel 479 v. Chr. bei Plataeae*
mare ⟨maris⟩ [N]
[1] Meer, die See; **~ magnum** hochgehendes Meer, Ozean; **~ nostrum** Mittelmeer; **~ superum** Adria; **~ inferum** Tyrrhenisches Meer; **~ externum** Atlantischer Ozean; **~ angustum** Meerenge; **secundo mari** am Meer entlang; **mari uti** das Meer befahren; **terrā marique** zu Wasser und zu Land; **aquas in mare fundere** Wasser ins Meer gießen = etw ganz Unnötiges tun; **maria montesque polliceri** goldene Berge versprechen; **maria omnia caelo miscere** = Himmel und Erde in Bewegung setzen
[2] *(nachkl.) meton* Meerwasser, Seewasser
[3] *meton* Meeresstrand
Marea ⟨ae⟩ [F] *See u. Stadt w. von Alexandria, berühmt durch den Wein, der dort wuchs*
Mareōticum ⟨ī⟩ [N] mareotischer Wein
Mareōticus ⟨a, um⟩ [ADJ], **Mareōtis** ⟨Mareōtidis⟩ [ADJ F] aus Marea, von Marea
marescalcus ⟨ī⟩ [M] *(mlat.)* Pferdeknecht; Mar-

schall
► deutsch: **Marschall**
margarīta ⟨ae⟩ f̲, **margarītum** ⟨ī⟩ n̲ Perle
marginnāre ⟨ō, āvī, ātum 1.⟩ ||margo|| einrahmen, einfassen
margō ⟨marginis⟩ f̲ Rand; *fig* Grenze; **ad marginem** an den Rand, *Bemerkung in Schriftstücken*
Mariānus ⟨a, um⟩ A̲D̲J̲ des Marius
Marīca ⟨ae⟩ f̲ *altital.* Nymphe, in Minturnae am unteren Liris verehrt
marīnus ⟨a, um⟩ A̲D̲J̲ ||mare|| = **maritimus**; **Venus marina** die dem Meer entstiegene Venus; **ros ~** Rosmarin
► deutsch: **Marine**
marisca ⟨ae⟩ f̲ ||mariscus||
❶ Feige minderer Qualität
❷ Feigwarze
mariscus ⟨a, um⟩ A̲D̲J̲ von der größeren, schlechteren Art
marīta ⟨ae⟩ f̲ ||maritus|| Ehefrau, Gattin
marītālis ⟨marītāle⟩ A̲D̲J̲ ||maritus|| *(nachkl.) poet* ehelich, Ehe...
marītāre ⟨ō, āvī, ātum 1.⟩ ||maritus|| *(unkl.)*
❶ verheiraten, **filiam** die Tochter
❷ *fig* einen Baum mit einer Rebe **verbinden**
maritima ⟨ōrum⟩ n̲ ||maritimus|| Küstenlandschaften

maritimus ⟨a, um⟩ A̲D̲J̲ ||mare|| im Meer, am Meer, Meer...; **regio maritima** Küstenland; **officium maritimum** Oberbefehl zur See, Vormacht zur See; **res maritima** Seewesen; **bellum maritimum** Seekrieg, *bes* Krieg gegen Seeräuber
maritumus ⟨a, um⟩ A̲D̲J̲ *(altl.)* = **maritimus**
marītus
Ⓐ ⟨a, um⟩ A̲D̲J̲ *(unkl.)* ehelich; *meton bes von Bäumen* angebunden; **domūs maritae** Häuser von Eheleuten; **lex marita** Ehegesetz; **Venus marita** eheliche Liebe; **torus ~** Ehebett; **caedes marita** Mord am eigenen Ehemann
Ⓑ ⟨ī⟩ m̲ Ehemann, Gatte; *pl* Eheleute
Marius ⟨a, um⟩ A̲D̲J̲ *Name einer pleb. gens;* **C. ~** *156–86 v. Chr., Sieger über Iugurtha 106 v. Chr., über die Teutonen 102 v. Chr. u. über die Kimbern 101 v. Chr., siebenmal Konsul, Gegner Sullas*
Marius ⟨a, um⟩ A̲D̲J̲ des Marius
marmor ⟨marmoris⟩ n̲
❶ Marmor, *allg.* Stein
❷ *meton* Marmorart; Werk aus Marmor; *pl* Marmorsteinbrüche
❸ *poet* glänzende Meeresfläche
marmorārius ⟨ī⟩ m̲ ||marmor|| *(nachkl.)* Marmorarbeiter
marmoreus ⟨a, um⟩ A̲D̲J̲ ||marmor||
❶ aus Marmor, Marmor...

 Marius

Gaius Marius (157 - 86 v. Chr.) stammte aus dem Ritterstand. Seine wichtigste Reform war die Zulassung der **proletarii** zum Heer. Damit wurde aus dem freiwilligen Bauernheer ein Söldnerheer, das seinem jeweiligen Befehlshaber verbunden war. Er besiegte **Iugurtha**, die Kimbern und die Teutonen. Ab 90 v. Chr. kämpfte er im Bürgerkrieg gegen **Sulla**. Zunächst war er gezwungen zu fliehen, kehrte jedoch zurück und begann mit blutigen Verfolgungen der Anhänger Sullas. 86 v. Chr., kurz nach Antritt seines siebten Konsulats, starb er. Marius gilt als typischer **homo novus** und Kämpfer gegen die Oligarchie.

GESCHICHTE ◄

❷ *fig, poet* marmorweiß, marmorglänzend
Marō ⟨Marōnis⟩ m̲ *röm. Beiname;* → **Vergilius**; P̲L̲ *Mart.* = große Dichter
Maroboduus ⟨ī⟩ m̲ Marbod, *König der Markomannen, von Markomannenfürsten vertrieben; Tiberius wies ihm Ravenna als Aufenthaltsort zu, gest. 37 n. Chr.*
Marōnēa ⟨ae⟩ f̲ Küstenstadt in Thrakien, durch Wein berühmt, heute Maróna mit Ausgrabungen
Marōnēus ⟨a, um⟩ A̲D̲J̲ aus Maronea, von Maronea
Marōnīa ⟨ae⟩ f̲ = **Maronea**
marra ⟨ae⟩ f̲ *(nachkl.) poet* Hacke *zum Jäten*
Mārs ⟨Mārtis⟩ m̲
❶ M̲Y̲T̲H̲ *röm. Gott, urspr. Wettergott, dem der Frühlingsmonat März (Martius) geweiht war, später ganz mit Ares als Kriegsgott gleichgesetzt; als Vater des Romulus Stammvater des röm. Volkes; Tempel auf dem forum Augusti*
❷ *meton* Krieg, Kampf; **~ apertus** offene Feldschlacht; **~ femineus** Kampf mit einer Frau; **~ Hectoreus** Kampf mit Hektor; **~ alienus** Kampf mit einem fremden Volk; **~ parentalis** Kampf zu Ehren des toten Vaters; **collato Marte** im Handgemenge; **Martem accendere** zum Kampf anfeuern; **Martem invadere** einen Kampf beginnen; **~ forensis** *fig* Rechtsstreit
❸ Kampfart; **aequo Marte** unter gleichen Kampfverhältnissen
❹ Tapferkeit; **~ patrius** vom Vater ererbte Tapferkeit; **alicui Marte secundum esse** j-m an Tapferkeit nachstehen
❺ Planet Mars
marscalcus ⟨ī⟩ m̲ *(mlat.)* = **marescalcus**
Mārsī¹ ⟨ōrum⟩ m̲ *sabellisches Volk am lacus Fucinus, galten als Zauberer, die Schlangenbisse heilen konnten*
Mārsī² ⟨ōrum⟩ m̲ *germ. Volk zwischen Lippe u. Ruhr*
Mārsicus ⟨a, um⟩ A̲D̲J̲ ||Marsi¹|| der Marser, zu

601 ‖ MASS

Mars

Der römisch Gott **Mars** war ursprünglich der Wettergott, dem der Frühlingsmonat März (**Martius**) geweiht war. Später wurde er mit dem griechischen Gott **Ares** gleichgesetzt und damit zum Kriegsgott. Als Vater des Romulus war er der Stammvater des römischen Volkes. Ihm war auf dem **forum Augusti** ein Tempel geweiht.

MYTHOLOGIE ◀

den Marsern gehörig
marsūpium, marsuppium ⟨ī⟩ N̄ (vkl., nachkl.) Geldbeutel
Mārsus
 A ⟨a, um⟩ ADJ ‖Marsi¹‖ **zu den Marsern gehörig; duellum Marsum** Bundesgenossenkrieg
 B ⟨ī⟩ M̄ röm. Beiname; **Domitius ~** röm. Dichter der augusteischen Zeit, Freund von Vergil u. Horaz
Marsya, Marsyās ⟨ae⟩ M̄ Satyr aus Phrygien, hob die von Athene erfundene, aber wegen der beim Spiel entstehenden Verzerrung des Gesichtes wieder weggeworfene Flöte auf u. spielte meisterhaft auf ihr, forderte Apollo zu einem Wettkampf zwischen Flöte u. Kithara auf, verlor ihn aber u. wurde von Apollo lebendig gehäutet

Mārtiālis ⟨Mārtiāle⟩ ADJ ‖Martius‖
 1 des Mars; **flamen ~** Marspriester
 2 zur Martischen Legion gehörig
 3 röm. Beiname; **M. Valerius ~** bedeutender röm. Dichter, 40 n. Chr. in Bilbilis in Spanien geb., lebte von 64 n. Chr. bis kurz vor seinem Tod in Rom, gest. um 100 n. Chr. in seiner span. Heimat
 ▶ deutsch: **martialisch**
Mārti-cola ⟨ae⟩ M̄ ‖Mars, colere‖ Ov. Verehrer des Mars
Mārti-gena ⟨ae⟩ M̄ ‖Mars, gignere‖ Ov. Nachkomme des Mars
Mārtius ⟨a, um⟩ ADJ ‖Mars‖
 1 dem Mars geweiht, des Mars; des März; **mensis ~** Monat März; **proles Martiae** Nachkommen des Mars = Romulus und Remus; **campus ~** Marsfeld bei Rom; **gramen Martium** Gras des Marsfeldes
 2 (nachkl.) meton kriegerisch
 3 meton zum Planeten Mars gehörig
martyr ⟨martyris⟩ M̄ u. F̄ (eccl.) Zeuge, bes Märtyrer, Märtyrerin
martyrium ⟨ī⟩ N̄ (eccl.) Zeugnis, bes Martyrium
mās
 A ⟨maris⟩ ADJ männlich; fig kräftig; **vitellus mas** Eidotter, aus dem ein Männchen hervorgeht
 B ⟨maris⟩ M̄ Mann; von Tieren Männchen; poet Junge
masculīnus ⟨a, um⟩ ADJ ‖masculus‖ männlich; bes GRAM männlich
masculus
 A ⟨a, um⟩ ADJ ‖mas‖
 1 männlich
 2 fig mutig, energisch; **tura mascula** Tropfweihrauch, die beste Sorte.
 B ⟨ī⟩ M̄ Mann, Männchen
Masinissa ⟨ae⟩ M̄ König in Numidien, Verbündeter der Römer, Großvater des Iugurtha
massa ⟨ae⟩ F̄ geknetete Masse, Teig; **~ lactis alligati** Käse
Massagetae ⟨ārum⟩ M̄ kriegerisches Nomadenvolk zwischen Kaspischem Meer u. Aralsee
Massica ⟨ōrum⟩ N̄ Gegend um den Massicus
Massicum ⟨ī⟩ N̄ ‖Massicus‖ Massikerwein
Massicus (mons) M̄ Berg zwischen Latium u. Kampanien, berühmt wegen seines guten Weines
Massilia ⟨ae⟩ F̄ Stadt an der Südostküste Galliens, Kolonie der Phokäer, heute Marseille
Massiliēnsis ⟨Massiliēnse⟩ ADJ aus Massilia, von Massilia
Massiliēnsis ⟨Massiliēnsis⟩ M̄ Einwohner von Massilia
Massinissa ⟨ae⟩ M̄ = **Masinissa**
Massȳlī ⟨ōrum⟩ M̄ Bewohner des ö. Numidien

Massȳlus ⟨a, um⟩ ADJ zu den Massyli gehörig, *auch* numidisch

mastīgia ⟨ae⟩ M *Com.* der dauernd Prügel bekommt, Taugenichts

mastrūca ⟨ae⟩ F Schafspelz, *allg.* Pelz, *bei Plaut. Schimpfwort*

mastrūcātus ⟨a, um⟩ ADJ ||mastruca|| einen Pelz tragend

māsturbārī ⟨or, - 1.⟩ masturbieren

māsturbātor ⟨māsturbātōris⟩ M ||masturbari|| *Mart.* Masturbator

matara ⟨ae⟩ F (*nachkl.*), **mataris** ⟨mataris⟩ F gallischer Wurfspieß

matella ⟨ae⟩ F, **matelliō** ⟨matelliōnis⟩ F Topf; *meton* Allerweltshure

māter ⟨tris⟩ F

① Mutter, *alicuius* j-s; **~ familiae/familias** Hausfrau; **soror ex matre** Schwester mütterlicherseits; **matrem esse/fieri de aliquo** von j-m schwanger sein; **matrem facere** schwängern; **prima ~/vetus ~** (*mlat.*) erste Mutter/alte Mutter, = Eva; **~ dolorosa** (*mlat.*) schmerzensreiche Mutter, *Maria im Schmerz um das Leiden u. den Tod ihres Sohnes Jesus, häufiges Motiv in der bildenden Kunst*

② *von Tieren* Muttertier; **~ equorum** Stute

③ *von Pflanzen* Mutterstamm, Mutterstock

④ *poet* Ehefrau, Frau

⑤ *meton* Mutterliebe, Mutterherz

⑥ *fig* Ehrenname für ältere Frau u. von Göttinnen; **Magna Mater** = Kybele; *spöttisch in der Anrede* **o mater** gute Alte

⑦ (*unkl.*) Mutterstadt, Stammland

⑧ *fig* Schöpferin, Urheberin; **~ frugum** Schöpferin der Früchte, = Ceres; **~ florum** Schöpferin der Blumen, = Flora; **~ amorum** Urheberin der Liebe, = Venus

mātercula ⟨ae⟩ F ||mater|| Mütterchen, *oft als Kosewort*

māteria ⟨ae⟩ F ||mater||

① Grundstoff, Material; **pocula eiusdem materiae** Becher aus gleichem Material

② Brennstoff

③ Baumaterial, Nutzholz,; **~ navalis** Schiffsbauholz; **materiam caedere** Bauholz fällen

④ Balken

⑤ Stammholz, Stamm

⑥ (*nachkl.*) *poet* Vorräte, Lebensmittel; **~ ficti** *fig* Vorrat an erdichteten Vorwänden

⑦ *fig* Nahrung

⑧ *fig geistiger od künstlerischer* Stoff; *wissenschaftliche* Materialien; **~ crescit alicui** j-m wächst der Stoff unter den Händen; **pro materia** der Sache gemäß

⑨ Quelle, Ursache; **~ seditionis** Ursache eines Aufstandes; **materiam dare/praebere alicui rei** Anlass zu etw geben

⑩ Anlage, Talent, *alicuius rei/ad aliquid* zu etw; **~ Catonis** Anlage zu einem Cato; **materiā alicuius perire** durch j-s unempfindlichen Charakter zugrunde gehen

▶ deutsch: **Materie**

māteriālis ⟨māteriāle⟩ ADJ ||materia|| (*spätl.*) materiell; (*mlat.*) weltlich

māteriāre ⟨ō, -, ātum 1.⟩ ||materia|| aus Holz bauen; **aedes male materiatae** Gebäude aus schlechtem Holz, baufällige Gebäude

māteriārī ⟨or, - 1.⟩ ||materia|| Holz fällen, Holz herbeischaffen

māteriārius ⟨ī⟩ M ||materia|| *Plaut.* Bauholzhändler

māteriēs ⟨māteriēī⟩ F = **materia**

materis ⟨materis⟩ F = **mataris**; → **matara**

māternus ⟨a, um⟩ ADJ ||mater|| mütterlich, von mütterlicher Seite; **res materna** Erbteil von der Mutter; **origo materna** Herkunft mütterlicherseits; **arma materna** von der Mutter Venus geschenkte Waffen

mātertera ⟨ae⟩ F ||mater|| Schwester der Mutter, Tante

mathēmatica ⟨ae⟩ F, **mathēmaticē** ⟨mathēmaticēs⟩ F Mathematik; *Suet.* Astrologie

mathēmaticus

Ⓐ ⟨a, um⟩ ADJ mathematisch

Ⓑ ⟨ī⟩ M Mathematiker; (*nachkl.*) Astrologe

Mātrae ⟨ārum⟩ F = **Matronae**

Mātrālia ⟨Mātrālium⟩ N ||mater|| Fest zu Ehren der Mater Matuta, *in Rom am 11. Juni*

Mātrēs ⟨Mātrum⟩ F = **Matronae**

mātri-cīda ⟨ae⟩ M ||mater, caedere|| Muttermörder

mātricīdium ⟨ī⟩ N ||matricida|| Muttermord

mātrimōniālis ⟨mātrimōniāle⟩ ADJ ||matrimonium|| (*nachkl.*) ehelich, Ehe...

mātrimōnium ⟨ī⟩ N ||mater||

① Ehe; **aliquam in matrimonium ducere** eine Frau heiraten; **aliquam in matrimonio habere** j-n zur Frau haben; **matrimonium alicuius tenere** j-s Ehefrau sein; **filiam alicui in matrimonium dare/in matrimonio collocare** j-m die Tochter zur Frau geben; **aliquam secum/sibi matrimonio iungere** eine Frau heiraten

② PL *Tac. meton* Ehefrauen

mātrīmus ⟨a, um⟩ ADJ ||mater|| dessen Mutter noch lebt

mātrīx ⟨mātrīcis⟩ F ||mater|| (*vkl., nachkl.*)

① Muttertier, Zuchttier

② *fig* Stamm, aus dem die Zweige kommen

③ *fig* Gebärmutter

④ (*spätl.*) Verzeichnis, Matrikel

mātrōna ⟨ae⟩ F ||mater||

MATU

1 vornehme Dame; Ehefrau
2 *als Beiname der Juno* Herrin, Gebieterin
▶ deutsch: **Matrone**

Mātrona ⟨ae⟩ F̄ *Nebenfluss des Sequana, heute Marne*

Mātrōnae ⟨ārum⟩ F̄ *in Gallien, Germanien, Britannien u. Oberitalien verehrte Schutzgöttinnen eines Ortes*

mātrōnālis ⟨mātrōnāle⟩ ADJ ‖matrona‖ einer Ehefrau zukommend, Frauen...; **feriae Matronales** Matronalien, Fest der Frauen am 1. März zu Ehren der Iuno Lucina, der Beschützerin der Ehe

mattea ⟨ae⟩ F̄ (*nachkl.*) *poet* Leckerbissen

Mattiacī ⟨ōrum⟩ M̄ *germ. Volk am Rhein*

Mattiacus ⟨a, um⟩ ADJ zu den Mattiaci gehörig; **fontes Mattiaci/aquae Mattiacae** *das heutige Wiesbaden*

Mattium ⟨ī⟩ N̄ *Hauptstadt der Mattiaci*

matula ⟨ae⟩ F̄ (*vkl.*) Topf, *bes* Nachtgeschirr, *bei Plautus auch Schimpfwort*

mātūrāre ⟨ō, āvī, ātum 1.⟩ ‖maturus‖

A V̄T

1 reif machen, zur Reife bringen; *passiv* reif werden, reifen

2 *fig* zur rechten Zeit verrichten; **multa ~ datur** *Verg.* vieles wird rechtzeitig zu tun gegeben

3 beschleunigen, schnell zur Ausführung bringen; **necem ~** schnellen Tod bringen

B V̄I sich beeilen, *auch* sich übereilen, *ad aliquid* zu einem Zweck, *+inf*; **maturato opus est** Eile ist nötig

mātūrātē ADV ‖maturare‖ *Plaut.* schleunig

mātūrēscere ⟨mātūrēscō, mātūruī, - 3.⟩ ‖maturare‖ reif werden; *fig* sich entwickeln; **nubilibus annis ~** zum heiratsfähigen Alter heranwachsen

mātūritās ⟨mātūritātis⟩ F̄ ‖maturus‖

1 Reife

2 *fig* Höhepunkt, Vollendung; **~ temporum** Höhepunkt der Not

3 rechte Zeit, richtiger Zeitpunkt; **~ temporum** regelmäßiger Eintritt der Zeiten

mātūruī → maturescere

mātūrus ⟨a, um, *adv* mātūrē⟩ ADJ

1 *von Früchten* reif

2 *dem Alter nach* reif, erwachsen, *alicui* für j-n, *alicui rei* zu etw, für etw; **aetas matura** Mannesalter

3 entwickelt, *zu seiner Bestimmung* tauglich; **causa belli matura** schon gültiger Grund zum Krieg; **missio matura** bevorstehende Entlassung; **lux matura** volles Licht; **omnia matura sunt** alles ist zur Ernte reif; **~ animo et aevo** reif an Einsicht und Jahren; **~ animi** reif an Verstand

4 rechtzeitig; **tempus maturum videtur** es scheint an der Zeit; **satis mature** noch zeitig genug

5 frühzeitig, schleunig; **biduo maturius** zwei Tage zu früh; **mature facto opus est** rasches Handeln ist nötig

6 zu früh, frühzeitig; **mors matura** zu früher Tod

▶ deutsch: **Matura**

Mātūta ⟨ae⟩ F̄ *Beiname verschiedener Göttinnen in Latium*; **Mater ~** Mutter, die Gutes getan hat, Heilgöttin, *od Göttin der Frühe, Göttin der Morgenhelle,*

▶ **matrimonium – Ehe und Eheformen**

Das Mindestalter für die Ehe war bei Jungen 14, bei Mädchen 12 Jahre. Drei Formen der Eheschließung waren geläufig:

usus (convivendi)	gemeinsames Zusammenleben *Mann und Frau lebten ein Jahr zusammen und galten dann als verheiratet*
coemptio	Kaufehe *die Frau wurde symbolisch an ihren zukünftigen Mann „verkauft"*
confarreatio	feierliche Eheschließung *feierlich opferten die Eheleute eine Art Brot (**panis farreus**) in Anwesenheit des Oberpriesters (**pontifex maximus**) und des Priesters des Jupiter (**flamen Dialis**).*

Mit jeder Heiratsform wurde die Frau dem Befehl des Mannes unterstellt. Erst in der Kaiserzeit konnte sie mit ihrem Vermögen dem Befehl des Vaters unterstellt bleiben. Scheidung war bei allen Eheformen möglich. Einer Scheidung (**divortium**) bei den genannten drei Formen der Ehe musste der **pater familias** zustimmen.

WORTSCHATZ

matrona – vornehme, verheiratete Frau

1 stola – langes Gewand
2 palla – Oberkleid

aber auch der Reife u. daher auch Geburtsgöttin
mātūtīnus ⟨a, um, *adv* **mātūtīnē**⟩ ADJ ‖Matuta‖ morgendlich, Morgen…; **pruina matutina** morgendlicher Reif; **pater ~ =** Ianus *als Gott des anbrechenden Tages*; **equi matutini** die Pferde der Aurora; **ales ~** Morgenvogel = Hahn; **(hora) matutina** *(mlat.)* Morgenstunde, Mette
Mauretānia ⟨ae⟩ F westlichste Landschaft der Nordküste Afrikas, heute etwa Marokko
Maurī ⟨ōrum⟩ M die Mauren, *berühmt als Reiter u. Bogenschützen*
Mauritānia ⟨ae⟩ F **= Mauretania**
Maurus ⟨a, um⟩ ADJ maurisch, *allg.* afrikanisch, punisch
Maurūsiī ⟨ōrum⟩ M **= Mauri**
Maurūsius ⟨a, um⟩ ADJ maurisch, *allg.* afrikanisch, punisch
Mausōlēum ⟨ī⟩ N ‖Mausolus‖ das Grabmal des Mausolos, *eines der 7 Weltwunder*
Mausōlus ⟨ī⟩ M Tyrann von Halikarnass um 360 v. Chr.; *seine Gattin Artemisia errichtete ihm ein prächtiges Grabmal*
māvolō konjkt **māvelim = malo**; → **malle**
Māvors ⟨Māvortis⟩ M **= Mars**
Māvortius ⟨a, um⟩ ADJ **= Martius**
Māxentius ⟨ī⟩ M röm. Kaiser 306–312 n. Chr.
maxilla ⟨ae⟩ F ‖mala‖ Kinnbacken, Kinn
maximē ADV ‖magis‖

① am meisten, im höchsten Grad, *bes zur Umschreibung fehlender Superlativ-Formen*; **~ ideoneus** am geeignetsten; *oft bei Verben* **~ colere aliquem** j-n am meisten verehren; **multo ~** bei Weitem am meisten; **vel ~** am allermeisten; **quam ~** möglichst, so weit wie möglich
② *zur Bildung des Elativs* sehr, überaus; **~ confidere alicui** j-m sehr vertrauen
③ *zur Hervorhebung eines Begriffs* besonders, hauptsächlich; **cum … tum ~** sowohl … als besonders; **et ~/~que** und namentlich
④ am liebsten; **aliquem ~ vivum capere** am liebsten lebend gefangen nehmen
⑤ gerade, eben; **cum ~** gerade jetzt, gerade damals; **nunc cum ~** nun mehr denn je
⑥ im Ganzen, ungefähr; **hoc ~ modo** ungefähr auf diese Weise
⑦ *in Antworten* jawohl, sehr gern
maximitās ⟨maximitātis⟩ F ‖maximus‖ *poet* Größe
maximopere ADV → **magnopere**
maximus ⟨a, um⟩ ADJ SUP → **magnus**
Maximus ⟨ī⟩ M Beiname der Fabier; → **Fabius**; *pl* Männer wie Q. Fabius Maximus
maxumē ADV **= maxime**
maxumus ⟨a, um⟩ ADJ **= maximus**
māzonomus ⟨ī⟩ M *(vkl.)* korbartig geformte Schüssel für Speisen
mē *pers Pr akk* → **ego**
meāre ⟨ō, āvī, ātum 1.⟩ *(nachkl.)* gehen, sich bewegen, *fast nur von Leblosem*; **amnis meat** der Fluss strömt dahin
meātus ⟨meātūs⟩ M ‖mare‖ *(nachkl.)*
① Gang, Bewegung; **~ spiritūs** das Atemholen
② *meton* Weg, Bahn; **meatūs caeli** Bahnen der Gestirne
mē-castor *Com.* beim Kastor! Schwurformel
mēchanica
Ⓐ ⟨ae⟩ F ‖mechanicus‖ Mechanik
Ⓑ ⟨ōrum⟩ N Kunstwerke
mēchanicus

A ⟨a, um⟩ ADJ (nachkl.) zur Mechanik gehörig
B ⟨ī⟩ M Mechaniker
mēd = me; → ego
meddix ⟨meddicis⟩ M = medix
Mēdēa ⟨ae⟩ F *Tochter des Königs Aietes von Kolchis, Zauberin, mit deren Hilfe sich Iason des goldenen Vlieses bemächtigte; sie folgte Iason nach Griechenland; als dieser ihr die korinthische Königstochter Kreusa vorzog, tötete sie diese u. die eigenen mit Iason gezeugten Kinder u. floh nach Korinth, kehrte später nach Kolchis zurück;* ~ **Palatina** = Clodia

  Medea

Medea, die Tochter des kolchischen Königs **Aietes**, war eine Zauberin. Mit ihrer Hilfe bemächtigte sich **Iason** des goldenen Vlieses. Medea folgte Iason nach Griechenland; als dieser ihr die korinthische Königstochter **Kreusa** vorzog, tötete sie diese und die eigenen mit Iason gezeugten Kinder und floh nach Korinth. Später kehrte sie nach **Kolchis** zurück.

MYTHOLOGIE ◁

medēla ⟨ae⟩ F ||mederi|| (nachkl.) Heilmittel; *fig* Abhilfe
medērī ⟨eor, - 2.⟩ heilen, *fig* helfen, *alicui rei* einer Sache; **medens** Arzt
Mēdī ⟨ōrum⟩ M ||Media|| die Meder, die Einwohner von Medien; *auch* die Perser, die Parther, die Assyrer
Mēdia ⟨ae⟩ F Medien, *asiatische Landschaft s. u. sw. des Kaspischen Meeres, Hauptstadt Ekbatana (heute Hamadan)*
mediastrīnus ⟨ī⟩ ||medius|| (vkl., nachkl.) Hausknecht, Badediener
Mēdica ⟨ae⟩ F ||Media|| (*erg.* **herba**) (unkl.) aus Medien eingeführter Klee, Luzerne
medicābilis ⟨medicābile⟩ ADJ ||medicari|| (nachkl.) *poet* heilbar
medicāmen ⟨medicāminis⟩ N, **medicāmentum** ⟨ī⟩ N ||medicari||

❶ Heilmittel, Arznei; **alicui medicamentum dare ad aliquid** j-m ein Medikament geben für etw/gegen etw
❷ (nachkl.) Gift, Gifttrank
❸ Abtreibungsmittel; **medicamentis partum adigere** abtreiben
❹ Zaubermittel, Zaubertrank; ~ **amatorium** Liebestrank
❺ Schönheitsmittel
❻ *fig* Hilfsmittel, Mittel, *alicuius rei* für etw, gegen etw

▶ deutsch: **Medikament**

medicāre ⟨ō, āvī, ātum 1.⟩ ||medicus1|| (nachkl.) *poet*

❶ mit irgendeinem Kräutersaft od Ä. vermischen, zubereiten; **potio medicata** Heiltrank, Mixtur; **sedes medicatae** mit Säften besprengte Stellen
❷ färben
❸ mit Heilkräften versehen, bezaubern; **virga medicata** Zauberstab; **fruges medicatae** Zauberkräuter; **somnus medicatus** durch Zauberei verursachter Schlaf

medicārī ⟨or, ātus sum 1.⟩ ||medicus|| (unkl.) heilen, *auch fig, alicui* j-n, *aliquid* etw
medicātus¹ ⟨a, um⟩ ADJ ||medicare|| (nachkl.) heilkräftig
medicātus² ⟨medicātūs⟩ M ||medicari|| *poet* Zaubermittel
medicīna ⟨ae⟩ F ||medicinus||

❶ Heilkunst
❷ *Plaut.* Quacksalberbude, ärztliches Sprechzimmer
❸ Heilmittel,
❹ *fig* Hilfsmittel, Heilmittel, *alicuius rei* gegen etw, für etw

▶ deutsch: **Medizin**

medicīnus ⟨a, um⟩ ADJ ||medicus²|| zur Heilkunst gehörig, zum Arzt gehörig
medicus
A ⟨a, um⟩ ADJ ||mederi|| heilsam, Heil...; **ars medica** Heilkunst
B ⟨ī⟩ M Arzt
Mēdicus ⟨a, um⟩ ADJ ||Media|| medisch; *auch* persisch, assyrisch; **flumen Medicum** assyrischer Fluss = Euphrat
medietās ⟨medietātis⟩ F ||medius|| Mitte; (nachkl.) Hälfte; **ex medietate** zur Hälfte
medimnum ⟨ī⟩ N, (vkl., nachkl.) **medimnus** ⟨ī⟩ M attischer Scheffel, *Hohlmaß von etwa 52 l, 6 röm. Scheffel*
mediocris ⟨mediocre, *adv* mediocriter⟩ ADJ ||medius||

❶ mittelmäßig, die Mitte haltend; **statura** ~ mittlere Größe; *adv* so ziemlich, leidlich
❷ *pej* nur unbedeutend; *vom Stand* niedrig; *adv* nur wenig, in geringem Grad; **orator** ~ nur mäßiger Redner; **ingenium mediocre** mittelmäßige Begabung; **non** ~ groß, bedeutend; **mediocria gerere** nichts von Bedeutung tun; **familia** ~ Familie von niedrigem Stand
❸ gemäßigt, gelassen; **non** ~ nicht hoch strebend; **aliquid mediocriter ferre** etw gelassen tragen

mediocritās ⟨mediocritātis⟩ F ||mediocris||

❶ Mittelmäßigkeit, Unbedeutendheit
❷ Mittelweg, Mäßigung, *alicuius rei/in re* in etw; **mediocritatem tenere** einen mittleren Weg halten; **aurea** ~ *Hor.* goldener Mittelweg

3 PL gemäßigte Leidenschaften
4 *Quint.* RHET mittlere Schreibart

Mediōlānēnsis
A ⟨Mediōlānēnse⟩ ADJ aus Mediolanum, von Mediolanum
B ⟨Ī⟩ M Einwohner von Mediolanum

Mediōlānium, Mediōlānum ⟨ī⟩ N Stadt in Gallia transpadana, heute Mailand

Mediomatricī ⟨ōrum⟩ M gall. Stamm um das heutige Metz

medioximus, medioxumus ⟨a, um⟩ ADJ ||mediocris|| *Plaut.* der mittelste

meditābundus ⟨a, um⟩ ADJ ||meditari|| (*Iust.*) eifrig sinnend, *aliquid* auf etw

meditāmentum ⟨ī⟩ N ||meditari|| das Sinnen *auf etw;* pl Vorübungen, **belli** auf den Krieg

meditārī ⟨or, ātus sum 1.⟩
1 über *etw* nachdenken, *etw* überlegen, *aliquid/de re/ad aliquid,* +indir Fragesatz
2 sich vorbereiten, sich üben, absolut od *ad aliquid* auf etw, für etw
▶ deutsch: **meditieren**

meditātiō ⟨meditātiōnis⟩ F ||meditari||
1 das Nachdenken, *alicuius rei* über etw
2 Vorbereitung, *alicuius rei* auf etw
3 fig Vorübung, Vorstudium

meditātus ⟨a, um, adv meditātē⟩ ADJ ||meditari|| überlegt, überdacht; **commentatio meditata** sorgfältig ausgearbeitete Abhandlung

mediterrānea ⟨ōrum⟩ N ||mediterraneus|| (nachkl.) Landesinneres, Binnenland

medi-terrāneus ⟨a, um⟩ ADJ ||medius, terra|| binnenländisch, fern vom Meer

meditullium ⟨ī⟩ N ||medius|| (unkl.) Binnenland; Mitte

medium ⟨ī⟩ N ||medius||
1 Mitte; **sarcinas in medium conicere** das Gepäck in die Mitte werfen; **~ diei** Mitte des Tages
2 Öffentlichkeit; fig tägliches Leben; **verba e medio sumere** seine Worte aus dem Publikum nehmen; **aliquid in medium proferre** etw an die Öffentlichkeit bringen; **aliquem in medium vocare** j-n vor Gericht bringen; **in medium venire/procedere** sich öffentlich zeigen, vor Gericht auftreten; **tabulae sunt in medio** die Listen liegen zu jedermanns Einsicht vor; **aliquid in medio/in medium relinquere** etw unentschieden lassen; **de medio recedere** aus dem Weg räumen, abschaffen; **se e medio amovere** sich aus dem öffentlichen Leben zurückziehen
3 Gemeinwohl; **in medium laborare** für das Gemeinwohl arbeiten; **res cedit in medium** etw verfällt dem öffentlichen Besitz; **aliquid in medium dare** etw zum allgemeinen Gebrauch geben
4 (*vkl., nachkl.*) Hälfte

medius ⟨a, um⟩ ADJ

1 der mittlere, dazwischen liegend
2 der mittlere, dazwischen liegend
3 in der Mitte stehend, die Mitte haltend
4 mittelmäßig, ziemlich
5 neutral, unparteiisch
6 zweideutig, doppeldeutig
7 vermittelnd, eine Mittlerrolle einnehmend
8 dazwischenkommend, störend
9 halb, zur Hälfte

1 örtl. der mittlere, dazwischen liegend; **locus ~** Mittelpunkt; **ignes medii** in der Mitte des Altars brennende Opferfeuer; **insula media** mediale Insel, **media insula** in der Mitte gelegene Insel, der mittlere Teil der Insel; **per mediam insulam** mitten durch die Insel; **in medio foro** mitten auf dem Markt; **per medios hostes** mitten durch die Feinde; **in medios hostes** mitten unter die Feinde; **hoc est ex medio iure** dies gehört zum Kern des Rechts; **in medio dolore** in tiefstem Schmerz

2 zeitl. der mittlere, dazwischen liegend; **tempus medium** Zwischenzeit; **vix quinque horis mediis** kaum fünf Stunden später; **medium esse** dazwischenfallen; **mediā aestate** mitten im Sommer; **media nox** Mitternacht; **~ dies** Mittag; **anni medii temporis** die mittleren Lebensjahre; **media aetas** Mannesalter; **mediae pruinae** Mitte des Winters; **in pace media** im tiefsten Frieden

3 fig in der Mitte stehend; weder gut noch böse; **pacis mediumque belli esse** zwischen Krieg und Frieden stehen

4 fig mittelmäßig, ziemlich; **gratia non media** außerordentliche Beliebtheit

5 fig neutral, unparteiisch; **medium se gerere** neutral bleiben; **res publica media est** der Staat ist Gemeingut

6 fig zweideutig, doppeldeutig; **responsum medium** zweideutige Antwort

7 poet vermittelnd, eine Mittlerrolle einnehmend; **medium paci se offerre** sich als Mittler für den Frieden anbieten; **~ fratris et sororis** eine Vermittlerrolle zwischen Bruder und Schwester einnehmen

8 fig dazwischenkommend, störend; **aliquis ~ occurrit** j-d kommt dazwischen

9 (*nachkl.*) fig halb, zur Hälfte; **media pars** Hälfte; **medio cursu** auf halbem Weg

⚠ **In medias res.** *Hor.* Mitten in die Dinge

mēdius Fidius → Fidius
medīx ⟨medicis⟩ M̄, *meist* **medix tuticus** Bundesoberhaupt *der Osker*
medulla ⟨ae⟩ F̄
① (*nachkl.*) *poet* Mark *der Knochen u. Pflanzen, meist pl*
② *fig* Innerstes, Herz; **alicui inclusum esse medullis** j-m am Herzen liegen
③ (*vkl., nachkl.*) *fig* Kern = das Beste
medullitus ADV ||medulla|| (*vkl., nachkl.*) bis ins Mark, herzlich; **medullitus amare** von Herzen lieben
medullula ⟨ae⟩ F̄ ||medulla|| *Catul.* zartes Mark
medus ⟨ī⟩ M̄ Honigwein, Met
Mēdus ⟨a, um⟩ ADJ ||Media|| medisch, aus Medien; *auch* persisch, assyrisch
Medūsa ⟨ae⟩ F̄ → Gorgo
Medūsaeus ⟨a, um⟩ ADJ zur Medusa gehörig; **~ equus** Pferd der Medusa = Pegasus; **~ fons** Quelle der Medusa = Hippokrene
mefītis ⟨mefitis⟩ F̄ = **mephitis**
Megaera ⟨ae⟩ F̄ *eine der Erinnyen/Furien*; (*spätl.*) Megäre, böse Frau
Megalē ⟨Megalēs⟩ F̄ die Große Göttermutter Kybele, *Magna Mater, Kult 204 v. Chr. in Rom eingeführt*
Megalēnsia ⟨Megalēnsium⟩ N̄ Fest der Megale, *am 4. April*
Megalē polis, Megalo-polis ⟨Megalē polis⟩ F̄ Stadt im S Arkadiens, Heimat des Geschichtsschreibers Polybios, heute ein kleiner Ort gleichen Namens mit Ruinen
Megalopolitānus ⟨a, um⟩ ADJ aus Megalopolis, von Megalopolis
Megalopolitānus ⟨ī⟩ M̄ Einwohner von Megalopolis
Megara ⟨ōrum⟩ N̄, **Megara** ⟨ae⟩ F̄ Stadt w. von Athen, Geburtsort des Philos. Euklid, Ort u. Name erhalten, nur spärliche antike Reste
Megarēnsis ⟨Megarēnis⟩ M̄, **Megareūs** ⟨Megareī u. Megareos⟩ M̄ Einwohner von Megara
Megareūs ⟨a, um⟩ ADJ aus Megara, von Megara
Megaricī ⟨ōrum⟩ M̄ die Anhänger Euklids
Megaricus ⟨a, um⟩ ADJ aus Megara, von Megara
megistānes ⟨megistānum, *akk* megistas⟩ M̄ (*nachkl.*) die Würdenträger, die Magnaten
meherc(u)le, meherculēs INT beim Herkules!; → Hercules
mēiere ⟨ō, -, - 3.⟩ urinieren, *fig vom eingetragenen Nachtgeschirr, auch in sexueller Bedeutung*
mel ⟨mellis⟩ N̄ Honig; **melle dulcior** honigsüß; *fig* Süßigkeit, Süßes, Liebliches, *auch Kosewort*; **mella Falerno diluta** Honigwein
Mela ⟨ae⟩ M̄ röm. Beiname; **Pomponius ~** 1. Jh. n. Chr., Verfasser eines Lehrbuches der Geografie
Melampūs ⟨Melampodis⟩ M̄ ältester Seher u. Arzt
melancholicus ⟨a, um⟩ ADJ schwermütig, melancholisch
melandryum ⟨ī⟩ N̄ (*unkl.*) Stück eingesalzener Thunfisch
melanūrus ⟨ī⟩ M̄ Schwarzschwanz, *kleiner Seefisch*
Melās ⟨Melanis⟩ M̄ Name mehrerer Flüsse
melculum ⟨ī⟩ N̄ ||mel|| *Plaut.* „Honigpüppchen", *Kosewort*
Meldī ⟨ōrum⟩ M̄ Volk in Gallien
Meleager, Meleagros ⟨Meleagrī⟩ M̄ Besieger des Kalydonischen Ebers
mēlēs, mēlis ⟨mēlis⟩ F̄ (*unkl.*) Marder, Dachs
Meliboēa ⟨ae⟩ F̄ Stadt an der Ostküste Magnesias, Geburtsort des Philoktet
Meliboeus ⟨a, um⟩ ADJ aus Meliboea, zu Meliboea gehörig; **~ dux** Anführer aus Meliboea = Philoktet
Melicerta, Melicertēs ⟨Melicertae⟩ M̄ Meeresgott
melicus ⟨a, um⟩ ADJ
① *poet* musikalisch
② lyrisch
melilōton ⟨ī⟩ N̄, **melilōtos** ⟨ī⟩ M̄, **melilōtum** ⟨ī⟩ N̄ (*nachkl.*) *poet* Honigklee, Steinklee
melimēlum ⟨ī⟩ N̄ (*unkl.*) in Honig eingelegtes Obst, *bes* Quitten
mēlīna ⟨ae⟩ F̄ = **mellina**
mēlīnum ⟨ī⟩ N̄ ||Melos|| (*vkl., nachkl.*)
① Farbstoff
② Schminke
melior ⟨melius⟩ ADJ *komp* → bonus
melisphyllum ⟨ī⟩ N̄, (*mlat.*) **melissa** ⟨ae⟩ F̄, **melissophyllon** ⟨ī⟩ N̄ Melisse
Melissus ⟨ī⟩ M̄ vollständig **Maecēnās ~** Freigelassener des Maecenas, Schriftsteller
Melita ⟨ae⟩ F̄, **Melitē** ⟨Melitēs⟩ F̄ Malta
Melitēnsia ⟨ōrum⟩ N̄ maltesische Decken, maltesische Teppiche
Melitēnsis ⟨Melitēnse⟩ ADJ maltesisch, von Malta
melius
Ⓐ ADJ *komp* nördlich → bonus
Ⓑ ADV *komp* → bene
Mēlius ⟨a, um⟩ ADJ aus Melos, von Melos
meliusculus ⟨a, um, *adv* meliusculē⟩ ADJ ||melior|| (*vkl., nachkl.*) ein wenig besser
mella ⟨ae⟩ F̄
① ||mel|| *Plaut.* Honiggetränk
② (*spätl.*) syrische Bohne
melliculus ⟨a, um⟩ ADJ ||mel|| *Plaut.* honigsüß
melli-fer ⟨mellifera, melliferum⟩ ADJ ||mel, ferre|| Honig (ein)tragend

mellīla ⟨ae⟩ F̄ ||mellina¹|| *Plaut.* „Honigpüppchen", *Koseworт*

mellīna¹ ⟨ae⟩ F̄ ||mel|| *Plaut.* Honigwein

mellīna² ⟨ae⟩ F̄ ||meles|| *Plaut.* Sack aus Marderfell

mellīnia ⟨ae⟩ F̄ ||mel|| *Plaut.* Süßigkeit

mellītus ⟨a, um⟩ ADJ ||mel|| (unkl.) Honig…; *fig* süß

mēlō ⟨mēlōnis⟩ F̄ (spätl.) *eine Art* Melone

melōdia ⟨ae⟩ F̄ (spätl.) Melodie, Lied

Melodūnum ⟨ī⟩ N̄ gall. *Stadt im Land der Senonen, heute* Melun

melos ⟨*dat u. abl sg* o, *akk sg* os *u.* um, *nom pl* mele⟩ N̄ Gesang, Lied

Mēlos ⟨ī⟩ F̄ *Kykladeninsel mit Hauptstadt gleichen Namens, Name erhalten, geringe Überreste, Fundstelle der Venus von Milo*

Melpomenē ⟨Melpomenēs⟩ F̄ *Muse der Tragödie*

membrāna ⟨ae⟩ F̄ ||membrum||

1. Häutchen, zarte (innere) Haut *tierischer Organe u. an Pflanzen*
2. Schlangenhaut
3. *meton aus Tierhaut gefertigtes* Pergament; *pl* Pergamentblätter
4. *Lucr.* Oberfläche

▶ deutsch: **Membran**

membrāneus ⟨a, um⟩ ADJ ||membrana|| (nachkl.) *poet* aus Pergament

membrānula ⟨ae⟩ F̄ ||membrana|| (dünnes) Pergament; *meton* Pergamentschrift

membrātim ADV ||membrum||

1. gliedweise
2. stückweise, einzeln
3. RHET in kleinen Abschnitten

membrum ⟨ī⟩ N̄

1. Glied *als Körperteil; pl* Glieder, Gliedmaßen; **artus membrorum** Bau der Glieder
2. PL männliche *od* weibliche Genitalien; *sg* männliches Glied
3. Teil, Glied *eines organischen Ganzen;* **philosophiae membra** Bereiche der Philosophie
4. Teilnehmer *einer Gesellschaft*
5. Raum, Zimmer
6. RHET Teil einer Rede, Satzglied

mē-met → ego *u.* → met

meminisse *inf* ⟨meminī 0.⟩ *Defect.*

1. sich erinnern, *alicuius* an j-n; **ut meminī** soweit ich mich erinnere; **~ sui** ich soll daran denken; **~ aliquem** sich noch auf j-n besinnen
2. daran denken, *+inf* etw zu tun, *ut* dass; **memento** denk daran, gedenke
3. mündlich, schriftlich erwähnen, *alicuius/de aliquo* j-n, *alicuius rei* etw

⚠ **Memento mori.** Denke daran, dass du sterben wirst. = Auch wenn du größten Ruhm erntest, bleibst du ein sterblicher Mensch.

Memmiadēs ⟨Memmiadae⟩ M̄ ein → Memmius, ein Memmiade

Memmiānus ⟨a, um⟩ ADJ des Memmius

Memmius ⟨a, um⟩ ADJ röm. Gentilname; **C. ~** *Prätor 58 v. Chr., Freund Ciceros u. des Dichters Lukrez*

Memnōn ⟨Memnonis⟩ M̄ MYTH *Sohn der Eos/Aurora, König der Äthiopier, von Achill getötet; seine Gefährten wurden wegen großer Trauer in Vögel verwandelt*

Memnonides ⟨Memnonidum⟩ M̄ die memnonischen Vögel

Memnonis ⟨Memnonidis⟩ ADJ F̄, **Memnonius** ⟨a, um⟩ ADJ des Memnon, morgenländisch; **aves Memnoniae** die memnonischen Vögel

memor ⟨memoris, *adv* memoriter⟩ ADJ

1. sich an *j-n*/etw erinnernd; *auch von Sachen* etw berücksichtigend, mit Rücksicht auf *etw, absolut od alicuius/alicuius rei;* **~ sui** seiner Würde eingedenk; **vox ~ libertatis** die noch Freiheitssinn atmende Stimme; **exemplum parum ~ legum humanarum** unmenschliches Beispiel; **pectus ~ treues** Gedächtnis; **~ aevum** Erinnerung bei der Nachwelt
2. dankbar, erkenntlich, *absolut od in aliquem* gegen j-n; **~ in bene meritos** erkenntlich gegen verdiente Menschen
3. (nachkl.) *pej* unversöhnlich
4. vorsorgend, bedachtsam
5. mit gutem Gedächtnis
6. (nachkl.) *poet* erinnernd, mahnend, *absolut od alicuius rei* an etw
7. *adv* auswendig, mit gutem Gedächtnis

memorābilis ⟨memorābile⟩ ADJ ||memorare||

▶ **verba defectiva**

Als **verbum defectivum** bezeichnet man ein Verb, von dem einige Formen nicht gebräuchlich sind.
Von folgenden Verben werden nur die Formen des Perfektstamms gebildet:
odisse – hassen
meminisse – sich erinnern
coepisse – begonnen haben

Von folgenden Verben sind nur wenige Formen gebräuchlich:
inquam – ich sage/sagte
inquit – er/sie sagt/sagte
aio – ich sage
ais – du sagst
ait – er/sie sagt
aiunt – sie sagen

GRAMMATIK ◀

1 *Com.* denkbar
2 erwähnenswert, denkwürdig, merkwürdig
3 *poet* berühmt, gepriesen

memorandum ⟨ī⟩ N̄ ||memorandus|| *(nlat.)* (diplomatische) Denkschrift
▶ deutsch: **Memorandum**

memorandus ⟨a, um⟩ ADJ *(unkl.)* erwähnenswert, merkwürdig

memorāre ⟨ō, āvī, ātum 1.⟩ ||memor||
1 *Tac.* erinnern, mahnen, *aliquid* an etw
2 erwähnen; rühmen; **incredibile est memoratu** es klingt unglaublich

memorātor ⟨memorātōris⟩ M̄ ||memorare|| *(unkl.)* Erzähler

memorātus[1] ⟨a, um⟩ ADJ ||memorare|| *(nachkl.)* berühmt, merkwürdig

memorātus[2] ⟨memorātūs⟩ M̄ ||memorare|| Erwähnung, Erzählung

memoria ⟨ae⟩ F̄ ||memor||
1 Gedächtnis, Erinnerungsvermögen; **memoriā vigere** ein gutes Gedächtnis haben; **memoriae studere** sein Gedächtnis üben; **aliquid memoriā complecti/tenere** etw im Gedächtnis behalten; **aliquid memoriā repetere** sich etw ins Gedächtnis zurückrufen; **aliquid memoriae mandare** sich etw merken; **ex memoriā deponere aliquid** etw vergessen; **ex memoria** aus dem Kopf
2 Erinnerung, Andenken, *alicuius* j-s *od* an j-n, *alicuius rei* an etw; **post hominum memoriam** seit Menschengedenken; **memoriam alicuius rei excitare/referre/retinere/repetere** sich etw ins Gedächtnis zurückrufen; **~ rei excidit/abiit/abolevit** etw ist vergessen worden
3 *Tac.* Bewusstsein
4 Zeit; **patrum memoriā** zur Zeit der Väter; **meā memoriā** zu meiner Zeit; **paulo supra hanc memoriam** kurz vor unserer Zeit
5 Überlieferung, Nachricht, Kunde, Zeugnis, *alicuius rei* von etw; **aliquid memoriā prodere** etw durch mündliche Überlieferung weitergeben; **memoriā ac litteris** mündlich und schriftlich
6 schriftliche Aufzeichnung; **~ rerum gestarum** Geschichtsschreibung; **memoriae prodere/tradere aliquid** etw schriftlich aufzeichnen, etw schriftlich der Nachwelt überliefern; **memoriae prodendus** der Aufzeichnung wert
7 Geschichte *als Überlieferung*, geschichtlicher Bericht; **omnis rerum ~** Weltgeschichte

memoriālis ⟨memoriāle⟩ ADJ ||memoria|| *(nachkl.)* zum Gedächtnis gehörig; **libellus ~** Denkschrift

memoriola ⟨ae⟩ F̄ ||memoria|| schwaches Gedächtnis

memoriter ADV → memor

Memphis ⟨Memphidis⟩ F̄ *eine der Hauptstädte des alten Ägyptens, s. des Nildeltas*

Memphītēs ⟨Memphītae⟩ M̄, **Memphīticus** ⟨a, um⟩, **Memphītis** ⟨Memphītidis *u.* Memphītidos⟩ ADJ F aus Memphis, von Memphis, *auch* ägyptisch

Menander ⟨Menandrī⟩ M̄ *342–290 v. Chr., bedeutendster Vertreter der neueren attischen Komödie, Vorbild des Plautus u. Terenz*

Menandrēus ⟨a, um⟩ ADJ des Menander

Menandrus ⟨Menandrī⟩ M̄ = **Menander**

Menapii ⟨ōrum⟩ M̄ *Volk in Gallia Belgica an der Nordsee w. der Schelde, Hauptort Castellum Menapiorum, heute Cassel in Nordostfrankreich*

menda ⟨ae⟩ F̄ *(nachkl.)* = **mendum**

mendāci-locus, **mendāci-loquus** ⟨a, um⟩ ADJ ||mendacium, loqui|| lügenhaft

mendācium ⟨ī⟩ N̄ ||mendax||
1 Lüge; **onerare aliquem mendaciis** j-m die Hucke voll lügen
2 *fig* Sinnestäuschung
3 Erdichtung, Fiktion

mendāciunculum ⟨ī⟩ N̄ ||mendacium|| kleine Lüge

mendāx
A ⟨mendācis⟩ ADJ ||mendum||
1 lügnerisch, unwahr
2 *fig* täuschend, (be)trügerisch; **forma ~** Truggestalt
3 *fig* erlogen, erdichtet
4 *fig* unverdient
5 *fig* nachgemacht
B ⟨mendācis⟩ M̄ Lügner

mendīcābulum ⟨ī⟩ N̄ ||mendicare|| *(vkl., nachkl.)* Bettler

mendīcantēs ⟨mendicantium⟩ M̄ ||mendicare|| die Bettler; *(mlat.)* Bettelmönche

mendīcāre ⟨ō, āvī, ātum 1.⟩, **mendīcārī** ⟨or, ātus sum 1.⟩ ||mendicus||
A *(unkl.)* betteln
B V̄T erbetteln; **cibus mendicatus** Bettelbrot

mendīcātiō ⟨mendīcātiōnis⟩ F̄ ||mendicare|| *Sen.* Betteln, **vitae** um das Leben

mendīcitās ⟨mendīcitātis⟩ F̄ ||mendicus|| Bettelarmut, Bettelstab

mendīculus ⟨a, um⟩ ADJ ||mendicus|| *Plaut.* bettlerisch, Bettler...

mendīcus
A ⟨a, um⟩ ADJ, ADV ⟨mendīcē⟩ ||mendum||
1 bettelarm
2 *Mart. fig von Sachen* erbettelt
3 *fig von Sachen* armselig, ärmlich
B ⟨ī⟩ M̄ Bettler; *Ter.* Lump; *pl Hor.* bettelnde Kybelepriester

mendōsus ⟨a, um, *adv* mendōsē⟩ ADJ ||mendum||

① fehlerhaft, verkehrt
② oft Fehler machend, *in re* in etw, bei etw
③ **mendosa cantilena** (*mlat.*) Schelmenliedchen

mendum ⟨ī⟩ N̄ (*nachkl.*) poet Fehler; *allg.* Versehen

Menelāēus ⟨a, um⟩ ADJ des Menelaus

Menelāus ⟨ī⟩ M̄ Sohn des Atreus, jüngerer Bruder des Agamemnon, Gatte der Helena, König von Sparta

Menēni(ān)us ⟨a, um⟩ ADJ des Menenius

Menēnius ⟨a, um⟩ ADJ Name einer patriz. gens in Rom

Menippus ⟨ī⟩ M̄ um 270 v. Chr., kynischer Philos. aus Gadara in Syrien, Verfasser beißender Satiren

Menoetiadēs ⟨Menoetiadae⟩ M̄ Nachkomme des Menoetius, = Patroklos

Menoetius ⟨ī⟩ M̄ Vater des Patroklos

mēns ⟨mentis⟩ F̄
① Denkvermögen, Verstand; **~ et ratio** Verstand und Vernunft; **~ et animus** Verstand und Gemüt; **mente complecti/comprehendere aliquid** etw verstandesmäßig begreifen; **suae/sanae mentis esse** bei gesundem Verstand sein; **mentis inops/mente captus** verrückt
② Einsicht, Besinnung; **~ alicui excidit** j-d verliert die Besinnung; **sine ulla mente** ohne jede Einsicht
③ Denkweise, Charakter; *oft zur Umschreibung einer Person:* **Gallorum mentes** = die Gallier; **civium mentes** = die Bürger; **hoc nostrae mentis est** das entspricht unserem Charakter; **~ animi** Gesinnung des Herzens; **~ cuiusque is est quisque** die Denkart ist das Ich eines jeden
④ Gewissen
⑤ Mut, Leidenschaft; **mentem deponere** den Mut sinken lassen
⑥ *fig* Seele, Geist; **~ publica** Staatsweisheit
⑦ Gedanke, Vorstellung; **alicui mentem inicere** j-m einen Gedanken eingeben; **in mentem mihi venit** mir kommt in den Sinn, ich erinnere mich, mir fällt ein, *aliquid/alicuius rei/ de re* etw, an etw
⑧ Meinung, Ansicht; **mihi longe alia mens est** ich bin ganz anderer Ansicht; **mentem alicuius sanare** j-n umstimmen
⑨ Absicht, Plan; **hac/eā mente** in dieser Absicht

⚠ **Mens sana in corpore sano.** In einem gesunden Körper (steckt auch) ein gesunder Geist.

Mēns ⟨Mentis⟩ F̄ Gottheit der Besinnung(skraft)

mēnsa ⟨ae⟩ F̄
① Tisch, Esstisch; **mensas cibis onerare** die Tische mit den Speisen beladen; **aliquid mensis imponere** etw auftischen
② Essen, Mahlzeit; **secunda ~** Nachtisch, Nachspeise; **apud/super mensam** bei Tisch
③ Opfertisch, Altar
④ Verkaufstisch *bes der Fisch- u. Fleischhändler*
⑤ Wechseltisch; **~ publica** öffentliche Bank
⑥ (*mlat.*) Mittagstisch der Studenten, Speisesaal

mēnsārius ⟨ī⟩ M̄ ||mensa|| Geldwechsler, Bankier

mēnsiō ⟨mēnsiōnis⟩ F̄ ||metiri|| Messung; **~ vocum** Silbenmaß

mēnsis ⟨mēnsis⟩ M̄ Monat; (*nachkl.*) MED meist *pl* Monatsblutung

mēnsor ⟨mēnsōris⟩ M̄ ||metiri|| (*unkl.*) Vermesser, *bes* Feldmesser

mēnstruālis ⟨mēnstruāle⟩ ADJ ||menstruus|| (*vkl., nachkl.*) monatlich, für einen Monat

mēnstruāre ⟨ō, -, -1.⟩ ||menstruus|| (*spätl.*) die Monatsblutung haben
▶ deutsch: **menstruieren**

mēnstruum ⟨ī⟩ N̄ ||menstruus||
① monatliche Amtsverrichtung, Monatsdienst
② (*erg.* **frumentum**) *Liv.* Lebensmittel für einen Monat

mēnstruus ⟨a, um⟩ ADJ ||mensis||
① monatlich
② einen Monat dauernd, für einen Monat berechnet

mēnsula ⟨ae⟩ F̄ ||mensa|| (*vkl., nachkl.*) Tischchen

mēnsūra ⟨ae⟩ F̄ ||metiri||
① Messen, Messung; **~ ex aqua** Messung mit der Wasseruhr; **sub aurium mensuram cadere** vom Ohr (ab)gemessen werden können
② Maß, *mit dem man misst*
③ Maß *als Ergebnis der Messung*; Größe; **~ itinerum** Wegmaß; **~ bibendi** Dauer des Trinkens; **~ posterior** Länge der Hinterfüße; **~ verborum** Quantität der Wörter; **~ legati** (*nachkl.*) *fig* Charakter des Gesandten, Würde des Gesandten

mēnsus ⟨a, um⟩ PPERF → metiri

menta, mentha ⟨ae⟩ F̄ Minze

mentiēns ⟨mentientis⟩ M̄ ||mentiri|| PHIL Trugschluss

mentiō ⟨mentiōnis⟩ F̄ ||mens, meminisse||
① Erwähnung, Erinnerung, *alicuius* j-s, an j-n, *alicuius rei* einer Sache, an etw; **incidit de uxoribus ~** das Gespräch kam auf die Frauen
② Anregung, Vorschlag; **mentionem alicuius rei/de re facere/agitare** etw zur Sprache bringen

mentīrī ⟨mentior, mentītus sum 4.⟩
A V̄I
① lügen, ein Lügner sein; **aperte ~** offen lü-

gen

2 zum Lügner werden, sein Wort nicht halten

3 *poet* frei erfinden, dichten

4 *Plaut.* sich täuschen, sich irren

B VT

1 fälschlich vorbringen, erdichten; **mentitus** erlogen, erdichtet, nachgemacht, trügerisch; **spem ~** die Hoffnung täuschen

2 fälschlich vorgeben; *+dopp. akk* sich fälschlich für j-n ausgeben

3 (*nachkl.*) fälschlich sich aneignen; treulos versprechen; **sacra ~** *vom Trojanischen Pferd* sich fälschlich für ein Weihegeschenk ausgeben

Mentor ⟨Mentōris⟩ M̄

1 berühmter Künstler für getriebene Arbeiten, um 350 v. Chr.

2 *meton, poet* Silbergefäß, Silberschale *in getriebener Arbeit*

Mentoreus ⟨a, um⟩ ADJ des Mentor

mentula ⟨ae⟩ F̄ männliches Glied, Penis

mentulātus ⟨a, um⟩ ADJ ||mentula|| mit einem großen Glied

mentum ⟨ī⟩ N̄ Kinn; *meton* Kinnbart

mephītis ⟨mephītis⟩ F̄ (*unkl.*) schädliche Ausdünstung der Erde

Mephītis ⟨Mephītis⟩ F̄ Gottheit der giftigen Dünste, Schutzgottheit gegen die giftigen Dünste

merāc(u)lus, merācus ⟨a, um⟩ ADJ ||merus|| (*vkl., nachkl.*) ziemlich unvermischt, ziemlich rein, *auch fig*

mercābilis ⟨mercābile⟩ ADJ ||mercari|| *Ov.* käuflich

mercārī ⟨or, ātus sum 1.⟩ ||merx||

A VI (*vkl., nachkl.*) Handel treiben

B VT erhandeln, kaufen, *auch fig*; **~ aliquid magno/magnā pecuniā** etw teuer kaufen; **mercatus** *pperf auch passiv Bedeutung* erkauft

mercātor ⟨mercātōris⟩ M̄ ||mercari||

1 Kaufmann

2 Aufkäufer

mercātōrius ⟨a, um⟩ ADJ ||mercator|| des Kaufmanns, Handels…; **navis mercatoria** Handelsschiff

mercātūra ⟨ae⟩ F̄ ||mercari|| Handel, *auch* Einkauf; *pl* Handelsgeschäfte; **~ quaedam utilitatum** so eine Art Handel um seines Vorteils willen

mercātus ⟨ūs⟩ M̄ ||mercari||

1 Handel

2 Markt, Jahrmarkt

▶ deutsch: **Markt**
englisch: **market**
französisch: **marché**
spanisch: **mercado**
italienisch: **mercato**

mercēdārius ⟨ī⟩ M̄ ||merces|| *Sen.* Lohngeber, Arbeitgeber

mercē-dōnius mēnsis M̄ ||merces|| Schaltmonat

mercēdula ⟨ae⟩ F̄ ||merces||

1 armseliger Lohn

2 PL geringe Einkünfte, erbärmliche Pachtgelder

mercēn(n)ārius

A ⟨a, um⟩ ADJ ||merces|| gemietet, bezahlt; **miles ~** Söldner; **arma mercenaria** Waffen, die man um Sold ergreift

B ⟨ī⟩ M̄ Lohnarbeiter; Söldner

mercēs ⟨mercēdis⟩ F̄ ||merx||

1 Lohn, Sold, *alicuius rei* für etw; **milites mercede conducere** Söldner anwerben; **sine mercede** umsonst

2 *pej* Bestechungsgeld

3 Verdienst, *auch pl*

4 Honorar, Gehalt

5 Strafe, Schaden, *alicuius rei* für etw; **mercede suorum** zum Nachteil der Seinen

6 Miete, Pacht; *pl auch* Zinsen aus einem Kapital

7 *Hor.* Bedingung

mercimōnium ⟨ī⟩ N̄ ||merx|| (*vkl., nachkl.*) Ware

Mercuriālēs ⟨Mercuriālium⟩ M̄ ||Mercurialis|| Kollegium der Kaufleute *in Rom*

Mercuriālis ⟨Mercuriāle⟩ ADJ ||Mercurius|| des Merkur; **viri Mercuriales** Glückskinder, *bes die Dichter als Günstlinge des Merkur*

Mercurius ⟨ī⟩ M̄

1 Gott des Handels, später Götterbote, Seelenführer, *dem griech. Hermes gleichgesetzt, Sohn des Jupiter u. der Maia, körperlich u. geistig gewandter Jüngling, mit Flügeln an den Füßen u. einem Heroldstab dargestellt*

2 Mercurii Aqua Quelle *an der via Appia*; **Mercurii promunturium** Ostspitze des Golfs von Karthago, heute Kap Bon; **Mercurii stella** Planet Merkur

merda ⟨ae⟩ F̄ *poet* Kot, Exkremente

merenda ⟨ae⟩ F̄ ||merere|| (*vkl., nachkl.*) Vesperbrot

merēns ⟨merentis⟩ ADJ ||merere|| (*nachkl.*) *poet* es verdienend, würdig; *pej* schuldig

merēre ⟨eō, uī, itum 2.⟩, **merērī** ⟨eor, itus sum 2.⟩

1 verdienen, erwerben, *auch fig*; **magnam pecuniam ~** viel Geld verdienen; **alicui aliquid ~** j-m etw einbringen; **quid mereas/merearis/ merere velis, ut** welcher Preis könnte dich wohl dazu bewegen, dass

2 (*nachkl.*) durch Prostitution verdienen

3 (**stipendia**) **~** MIL durch Kriegsdienst Sold verdienen, Kriegsdienst leisten; **triplex ~** dreifachen Sold erhalten; **equo/equis ~** als Reiter dienen; **pedibus ~** als Fußsoldat dienen

4 etw beanspruchen können, *einer Sache* würdig

Mercurius – Gott des Handels und der Händler

sein, *absolut od aliquid/ut/+inf/+AcI*
5 *pej* verschulden, sich zuziehen; **gravius ~** sich eine härtere Strafe zuziehen; **scelus ~** ein Verbrechen verüben, ein Verbrechen auf sich laden
6 *meist Deponens* sich Verdienste erwerben, sich verdient machen, *de aliquo/de re* um j-n/um etw, *in re* in etw, bei etw; **bene ~** sich wohl verdient machen; **meritus de aliquo** j-s Wohltäter

meretrīcium ⟨ī⟩ N̄ ‖meretricius‖ *Suet.* Prostitution

meretrīcius ⟨a, um⟩ ADJ ‖meretrix‖ zu einer Dirne gehörig; **quaestus ~** Erwerb durch Prostitution

meretrīcula ⟨ae⟩ F̄ ‖meretrix‖ kleine Dirne, elende Dirne

meretrīx ⟨meretrīcis⟩ F̄ ‖merere‖ Freudenmädchen, Dirne, Hetäre

mergae ⟨ārum⟩ F̄ *Plaut.* zweizackige Getreidegabel

mergere ⟨mergō, mersī, mersum 3.⟩
A VT
1 eintauchen, versenken, *aliquem/aliquid in re/in rem* j-n/etw in etw; *Schiffe* in den Grund bohren; *Lebendes* ertränken; *passiv* versenkt werden, sinken; **se in flumen ~** im Fluss untertauchen
2 *(nachkl.) poet* hineinstecken, hineinsenken; *passiv von Gestirnen* untergehen; **caput in terram effossam ~** den Kopf in den Graben stecken
3 *(nachkl.) poet* verbergen, verstecken; **pandere res altā terrā et caligine mersas** Dinge ausbreiten, die tief in der Erde und im Nebel verborgen sind
4 *(nachkl.) fig* versenken, stürzen; **se ~/mergi in voluptates** sich ins Vergnügen stürzen; **mersus vino somnoque** in Schlaf und Trunkenheit versunken; **mersae res** versunkener Zustand, bodenlose Not; **usurae mergunt sortem** die Zinsen verschlingen das Kapital
B VĪ versinken, untertauchen

merges ⟨mergitis⟩ F̄ ‖mergae‖ *(nachkl.) poet* Ährenbündel, Getreidegarbe

mergus ⟨ī⟩ M̄ ‖mergere‖ *(unkl.)* Taucher, *Wasservogel*

merīdiānus ⟨a, um⟩ ADJ ‖meridies‖
1 Mittags...; **tempus meridianum** Mittagszeit; **circulus ~** Mittagslinie, Äquator
2 im Süden gelegen, südlich
▶ deutsch: Meridian

merīdiāre ⟨ō, āvī, ātum 1.⟩ ‖meridies‖ *(nachkl.) poet* Mittagsruhe halten

merīdiātiō ⟨merīdiātiōnis⟩ F̄ ‖meridio‖ Mittagsruhe, Mittagsschläfchen

merīdiēs ⟨merīdiēī⟩ M̄
1 Mittag, Mittagszeit
2 *meton* Süden; **ad meridiem spectare** nach Süden hin liegen; **a meridie** auf der Südseite

Mēriōnēs ⟨Mēriōnae⟩ M̄ Held der Griechen vor Troja

meritāre ⟨ō, āvī, ātum 1.⟩ ‖merere‖ verdienen, einbringen, **sestertios** Sesterzen

meritō ADV ‖meritus‖ verdientermaßen, mit Recht

meritōria ⟨ōrum⟩ N̄ ‖meritorius‖ Mietwohnung

meritōrium ⟨ī⟩ N̄ ‖meritorius‖ Bordell

meritōrius ⟨a, um⟩ ADJ ‖merere‖
1 *(nachkl.)* Miet..., Lohn...; **reda meritoria** Mietwagen
2 unzüchtig; **pueri meritorii** Lustknaben; **scortum meritorium** Dirne

meritum ⟨ī⟩ N̄ ‖merere‖
1 *(vkl., nachkl.)* Lohn; *pej* verdiente Strafe
2 Verdienst; *von Sachen* Bedeutung

3 Wohltat, Gefälligkeit, *in aliquem/erga aliquem* gegen j-n
4 *pej* Schuld, Verschulden; **nullo meo merito** ohne mein Verschulden
▸ deutsch: **Mcriten**

meritus ⟨a, um⟩ ADJ ||mereo, mereri||
1 würdig; *pej* schuldig
2 verdient, gebührend

Merō ⟨Merōnis⟩ M *Suet.* der unvermischten Wein trinkt, Säufer, *Spottname des Kaisers Tiberius*

mero-bibus ⟨a, um⟩ ADJ ||merum, bibere|| *Plaut.* unvermischten Wein trinkend

merops ⟨meropis⟩ M *Verg.* Specht

Merops ⟨Meropis⟩ M König der Äthiopier

mersāre ⟨ō, āvī, ātum 1.⟩ (*nachkl.*) = **mergere**

mersī → **mergere**

mersus ⟨a, um⟩ PPP → **mergere**

mertare ⟨ō, -, - 1.⟩ (*altl.*) = **mersare**

merula ⟨ae⟩ F
1 Amsel
2 (*unkl.*) Meeramsel, *ein Fisch*

meruleus ⟨a, um⟩ ADJ ||merula|| *Plaut.* schwarz wie eine Amsel

merum ⟨ī⟩ N ||merus|| unvermischter Wein, *allg.* Wein

merus ⟨a, um⟩ ADJ
1 unvermischt, rein; **libertas mera** *fig* unbeschränkte Freiheit
2 *meton* echt, wahr
3 weiter nichts als; **sermo ~** bloß Gerede; **merum bellum loqui** nur von Krieg reden
4 unbedeckt, bloß; **pes ~** unbedeckter Fuß

merx ⟨mercis⟩ F Ware, Sache; **merces mutare** Tauschhandel treiben; **merces femineae** weibliche Schmuckstücke

mesochorus ⟨ī⟩ M Chorführer; Führer der bezahlten Beifallklatscher, Claqueur

Mesopotamia ⟨ae⟩ F Mesopotamien, Zweistromland, *Land zwischen Euphrat u. Tigris*

mēsor ⟨mēsōris⟩ M = **mensor**

Messāl(l)a ⟨ae⟩ M *röm. Beiname in der gens Valeria;* → **Valerius**

Messāl(l)īna ⟨ae⟩ F dritte Ehefrau des Kaisers Claudius, bekannt wegen ihres schamlosen Lebenswandels; *Claudius ließ sie 48 n. Chr. töten*

Messāl(l)īnus ⟨a, um⟩ ADJ des Messalà, von Messala

Messāna ⟨ae⟩ F Stadt auf Sizilien, heute Messina

Messānius ⟨a, um⟩ ADJ aus Messana, von Messana

Messēna ⟨ae⟩ F, **Messēnē** ⟨Messēnēs⟩ F Hauptstadt der Landschaft Messenien im SW der Peloponnes, *Name erhalten, bedeutende Überreste*

Messēnius[1] ⟨a, um⟩ ADJ aus Messena, von Messena

Messēnius[2] ⟨ī⟩ M Einwohner von Messena

▶ **Messalina**

Valeria Messalina (25 - 48 n. Chr.) wurde sehr jung die dritte Frau des künftigen Kaisers **Claudius**. Sie gebar ihm zwei Kinder, **Octavia** und **Britannicus**. In der Überlieferung wird sie als ehrgeizig, grausam und zügellos beschrieben. Während ihrer Ehe hatte sie zahlreiche Liebhaber, deren Untergang sie häufig herbeiführte. Außerdem ließ sie mehrere Gegner, u. a. **Polybius**, beseitigen und **Seneca** nach Korsika verbannen. Während einer Abwesenheit des Claudius verbündete sie sich mit einigen seiner Feinde und heiratete in aller Öffentlichkeit **Gaius Silius**. Claudius ließ daraufhin Silius hinrichten und Messalina ermorden.

GESCHICHTE ◀

Messēnius[3] ⟨a, um⟩ ADJ = **Messanius**; → **Messana**

messis ⟨messis⟩ F ||metere||
1 Ernte; *Verg.* Honigernte
2 *meton* Erntezeit; Jahr
3 Ernteertrag, *auch fig*; Getreide; **~ Sullani temporis** Ertrag der sullanischen Zeit, *d. i. der Proskriptionen*

messor ⟨messōris⟩ M ||metere|| Schnitter, *auch fig*

messōrius ⟨a, um⟩ ADJ ||messor|| Schnitter…

messus ⟨a, um⟩ PPP → **metere**

-met SUF *zur Hervorhebung eines pers pr od poss pr;* **egomet** ich selbst

mēta ⟨ae⟩ F
1 Kegel, Pyramide
2 Säule *an beiden Enden des Zirkus, die umfahren werden musste, auch fig;* **interiorem metam curru tenere** in der Rede nicht abschweifen; **ad metas haerere** zu Fall kommen, scheitern
3 Rennbahn
4 *fig* vorspringender Ort, den man umfährt
5 *Liv.* Wendepunkt; **~ solis** Wendepunkt der Sonne
6 Ziel, Grenze; **metae rerum** Grenzen der römischen Herrschaft; **nox mediam caeli metam contigerat** es war Mitternacht; **utraque ~** Ausgangs- und Endpunkt
7 **Meta sudans** *Sen.* Springbrunnen *vor dem Amphitheater in Rom*

metalēpsis ⟨metalēpsis, *akk* metalēpsim, *abl* metalepsī⟩ F *Quint.* doppelte Metonymie (z. B. messis: Ernte → Erntezeit → Jahr)

metallum ⟨ī⟩ N (*unkl.*)
1 Metall; Geld
2 *meton* Bergwerk; (*nachkl.*) auch Steinbruch

metamorphōsis ⟨metamorphōsis⟩ F

1 Verwandlung *einer Gestalt*
2 PL **Metamorphōsēs, Metamorphōseōn** F *Titel eines Werkes von Ovid u. eines Romans von Apuleius*
metaphora ⟨ae⟩ F Bedeutungsübertragung, Metapher
metaplasmus ⟨ī⟩ M Umbildung, Umformung, *bes* GRAM Ableitung von Flexionsformen u. Ableitung der Formen von einem anderen Stamm, *z. B.* fero, tuli, latum
mētāre ⟨ō, -, - 1.⟩ = metari
mētārī ⟨or, ātus sum 1.⟩ ||meta||
1 ein Ziel abstecken, *allg.* messen; **metatus** *pperf auch passiv* abgesteckt
2 *fig* durchwandern
metathesis F (*spätl.*) GRAM Buchstabenumstellung, Lautumstellung
mētātor ⟨mētātōris⟩ M ||metari|| Vermesser
Metaurus ⟨ī⟩ M *Fluss in Umbrien, bekannt durch die Schlacht 207 v. Chr., in der die Römer über Hasdrubal siegten; heute Metauro*
Metellus ⟨ī⟩ M *röm. Beiname in der gens Caecilia;* → Caecilius
metere ⟨metō, (messem fēcī), messum 3.⟩
1 mähen, abmähen; **metentes** die Mäher; **pabula falce ~** Futter mit der Sichel mähen
2 ernten, abernten; **flores ~** Blüten aussaugen
3 *fig* abhauen, abpflücken
4 *fig* niederhauen, niedermetzeln; **aliquem gladio ~** j-n mit dem Schwert niederhauen
methodicē ⟨methodicēs⟩ F *Quint.* GRAM der methodische Teil *der Grammatik*, Methodik
methodos, methodus ⟨ī⟩ F nach festen Regeln geordnetes wissenschaftliches Verfahren, Methode
Mēthymna ⟨ae⟩ F *Stadt auf der Insel Lesbos, Geburtsort des Arion; heute Mithymna*
Mēthymnaeus ⟨a, um⟩ ADJ, **Mēthymnias** ⟨Mēthymniadis⟩ ADJF aus Methymna, von Methymna
metīculōsus ⟨a, um⟩ ADJ ||metus||
1 furchtsam
2 fürchterlich
mētīrī ⟨mētior, mēnsus sum 4.⟩
1 messen, vermessen; **agrum ~** ein Feld vermessen; **nummos ~** Münzen in Scheffeln messen = sehr reich sein; **annum ~** ein Jahr in Monate einteilen
2 zumessen, zuteilen; **militibus frumentum ~** den Soldaten das Getreide zuteilen
3 (*nachkl.*) durchwandern, durchfahren
4 *geistig* ermessen, schätzen; **omnia voluptate ~** alles nach dem sinnlichen Vergnügen beurteilen
Metō(n) ⟨Metōnis⟩ M *Astronom in Athen, um 440 v. Chr.*

metōposcopus ⟨ī⟩ M *Suet.* „Stirnbeschauer", *der das Schicksal eines Menschen von seiner Stirn abliest*
metrēta ⟨ae⟩ F (*unkl.*)
1 Tonne, *Maß für Schiffsladungen*
2 Ölgefäß, Weingefäß
metricus ⟨a, um⟩ ADJ (*nachkl.*) metrisch
mētropolis *akk* ⟨im⟩ F
1 (*spätl.*) Mutterstadt; Hauptstadt *einer Provinz*
2 (*mlat.*) Sitz eines Erzbischofs
▶ deutsch: Metropole
mētropolīta ⟨ae⟩ M (*spätl.*) Metropolit, Erzbischof
metrum ⟨ī⟩ N (*unkl.*) Versmaß, Silbenmaß
Mettius, Mettus ⟨a, um⟩ ADJ *Name eines sagenhaften sabinischen Geschlechtes;* **~ Curtius** *ließ sich z. Zt. des Romulus in Rom nieder;* **~ Fufetius** *letzter Diktator von Alba Longa*
metūculōsus ⟨a, um⟩ ADJ = meticulosus
metuere ⟨ō, uī, - 3.⟩ ||metus||
A VI
1 sich fürchten, furchtsam sein, *alicui*/*de aliquo* um j-n, für j-n, *ab aliquo* vor j-m, *alicui rei*/*de re* um etw, für etw; **~ dimicare** sich scheuen zu kämpfen
2 (*nachkl.*) sich scheuen, Bedenken haben, +*inf*; +*indir Fragesatz*
3 mit Besorgnis erwarten; **de vita ~** um sein Leben fürchten
B VT
1 fürchten, befürchten, *aliquem*/*aliquid* j-n/etw, *aliquid ab aliquo*/*ex aliquo* etw vonseiten j-s; **insidias ab hostibus ~** einen Hinterhalt vonseiten der Feinde fürchten; **metuens** fürchtend, scheuend, *aliquem*/*aliquid* j-n/etw; **metuens deorum** gottesfürchtig; **metuendus** furchtbar, Furcht erregend, *alicuius rei* in Bezug auf etw; **metuendus belli** Furcht erregend im Kampf
2 Ehrfurcht haben, *aliquem* vor j-m; **patrem ~** Ehrfurcht vor dem Vater haben
3 sich hüten, *aliquem*/*aliquid* vor j-m/vor etw
metuī → metuere
mētula ⟨ae⟩ F ||meta|| kleine Pyramide
metus ⟨metūs⟩ M
1 Furcht, Besorgnis, *alicuius* j-s vor j-m, *ab aliquo*/*ex aliquo* vor j-m, um j-n, *de aliquo* für j-n, um j-n, *alicuius rei*/*a re* vor etw, um etw, *de re*/*pro re* für etw, um etw; **~ hostilis** Furcht vor dem Feind; **~ alienus** Furcht vor anderen; **~ Parthicus** Furcht vor einem Krieg mit den Parthern; **is ~ est** die Furcht davor; **~ est** es ist zu befürchten, *ne*/+*AcI*; **in metu esse**/**metum habere** Furcht verursachen, gefürchtet werden, *selten* in Furcht sein, Furcht haben
2 PL Besorgnisse, Befürchtungen
3 Ehrfurcht, religiöse Scheu

4 (nachkl.) meton Gegenstand der Furcht
5 kritische Lage; pl Rufe der Angst

meus ⟨a, um⟩ POSS PR der 1. Person sg
A adj
1 mein; **amicus meus** mein Freund, ein Freund von mir; **domus mea** mein Haus; **epistulae meae** meine Briefe, Briefe von mir; **amor meus** meine Liebe od Liebe zu mir; **iniuria mea** von mir verübtes Unrecht od mir zugefügtes Unrecht
2 mein lieber als Ausdruck besonderer Verbundenheit; **Titus meus** mein lieber Titus; **mi Tite** vok mein lieber Titus
B subst
1 meus in der Anrede mein Lieber; **mea** meine Liebe
2 mei die Meinen, meine Angehörigen, meine Freunde
3 mea mein Eigentum, meine Habe, meine Interessen; **omnia mea mecum porto** ich trage meine ganze Habe bei mir
4 meum meine Angelegenheit, meine Pflicht, meine Gewohnheit; **de meo dabo** ich will aus meinen Mitteln geben
⚠ **Mea culpa.** Durch meine Schuld. *Schuldbekenntnis in der katholischen Liturgie*

Mēvānia ⟨ae⟩ F Stadt in Umbrien, heute Bevagna
Mez(z)entius ⟨ī⟩ M Tyrann in Etrurien, von dort vertrieben, floh zum König Turnus
mī
1 → meus
2 = mihi
mia ⟨ae⟩ F Lucr. eine; **Charitōn mia** eine der Grazien
mica ⟨ae⟩ F
1 Körnchen, Krümel; **~ salis** ein bisschen Salz, fig ein bisschen Verstand
2 Sen. Name eines kleinen Speisezimmers
micāre ⟨ō, uī, - 1.⟩
1 zucken, zittern, zappeln, züngeln; **arteriae micant** die Adern pulsieren; **cor micat** das Herz klopft; **equus auribus micat** das Pferd spitzt die Ohren; **digitis ~** das Fingerspiel spielen; **dignus est, quicum in tenebris mices** er ist würdig, mit ihm im Dunkeln das Fingerspiel zu spielen, von einem sehr ehrlichen Menschen
2 (nachkl.) poet schimmern, blitzen
mīcārius ⟨a, um⟩ ADJ ||mica|| Krümel sammelnd
Micipsa ⟨ae⟩ M König von Numidien, Sohn des Masinissa
mictum PPP → mingere
micturīre ⟨iō, -, - 4.⟩ ||mingere|| Wasser lassen (gehen), austreten
Mida (unkl.), **Midās** ⟨ae⟩ M MYTH König von Phrygien, berühmt durch seinen Reichtum

migdilix Plaut. Bedeutung unklar, vielleicht zweisprachig
migrāre ⟨ō, āvī, ātum 1.⟩
A VI
1 wandern, auswandern; **ex vita/de vita ~** fig aus dem Leben scheiden, sterben
2 (nachkl.) poet sich verändern; **in colorem marmoreum ~** in Marmorfarbe übergehen
B VT
1 wegbringen, fortschaffen; **res migratu difficiles** schwer zu transportierende Dinge
2 fig übertreten, verletzen; **ius** das Recht
migrātiō ⟨migrātiōnis⟩ F ||migrare||
1 Wanderung, Auswanderung, auch vom Tod
2 RHET, GRAM. Übergang eines Wortes in eine andere, übertragene Bedeutung
Mīlaniōn ⟨Mīlaniōnis⟩ M Gatte der Atalante, die er im Wettlauf durch eine List besiegt hatte
mīle NUM card = mille
mīles ⟨mīlitis⟩
A M
1 Soldat, Krieger; pl Truppen
2 Fußsoldat
3 gewöhnlicher Soldat, auch Kamerad; **milites centuriones** Soldaten und Offiziere
4 Ov. fig Stein auf dem Spielbrett
B F fig Begleiterin; **~ nova** Ov. Neuling
Mīlēsius
A ⟨a, um⟩ ADJ ||Miletus|| aus Milet; auch schlüpfrig; **Milesia crimina** Ov. milesische Laster
B ⟨ī⟩ M Einwohner von Milet
Mīlētis ⟨Mīlētidis⟩ ADJ F ||Miletus|| aus Milet; auch schlüpfrig
Mīlētus ⟨ī⟩ F ionische Handelsstadt an der Westküste Kleinasiens, Geburtsort des Thales, im Altertum von hoher kultureller, politischer u. wirtschaftlicher Bedeutung; bedeutende Überreste der röm. Stadt
mīlia → mille
mīliārium[1] ⟨ī⟩ N = milliarium
mīliārium[2] ⟨ī⟩ N ||miliarius[2]|| hohes, hirseförmiges Gefäß, Badekanne
mīliārius[1] ⟨a, um⟩ ADJ = milliarius
mīliārius[2] ⟨a, um⟩ ADJ ||milium|| (nachkl.) Hirse...
mīliē(n)s ADV = Milliens
mīlitāre ⟨ō, āvī, ātum 1.⟩ ||miles||
1 Kriegsdienste leisten, Soldat sein; **sub signis alicuius ~** unter j-s Fahne Soldat sein; **bellum ~** den Krieg mitmachen; **militantes** Soldaten, Krieger
2 (nachkl.) allg. Dienste leisten, dienen
3 (mlat.) Lehnsdienste leisten
mīlitāria ⟨ium⟩ N ||militaris|| militärische Übungen
mīlitāris
A ⟨mīlitāre⟩ ADJ, ADV ⟨mīlitāriter⟩ ||miles||

1 Soldaten..., Kriegs...; **instrumenta militaria** Kriegsgeräte; **arma militaria** reguläre Waffen; **signa militaria** Feldzeichen; **aetas ~** wehrfähiges Alter; **disciplina ~** Kriegszucht; *adv* nach Soldatenart
2 kriegserfahren
B ⟨mīlitāris⟩ M̄ = **miles**
▶ deutsch: Militär

mīlitārius ⟨a, um⟩ ADJ ||miles|| Soldaten...

mīlitia ⟨ae⟩ F̄ ||miles||
1 Kriegsdienst, Waffendienst; **militiae** im Krieg; *pl* verschiedene Arten von Kriegsdiensten
2 die Soldaten
3 (*nachkl.*) Feldzug
4 *fig* Dienst, *allg. u. iron*
5 (*mlat.*) Hofdienst
6 (*mlat.*) Ritterschaft

milium ⟨ī⟩ N̄ (*unkl.*) Hirse

mīlle *indekl* NUM *card*
A ADJ *tausend, unzählige;* **~ pedites** tausend Fußsoldaten
B NPL ein Tausend; **mīlia** Tausende, je tausend Einheiten, *+gen*; **duo milia militum** zweitausend Soldaten; **~ passuum** tausend Doppelschritte = eine Meile = *1,5 km*; **milia frumenti centum** Hor. hunderttausend Scheffel Getreide

mīllē(n)simum ADV ||millesimus|| zum tausendsten Mal

mīllē(n)simus ⟨a, um⟩ NUM *ord* der tausendste

milliārium ⟨ī⟩ N̄ Meilenstein; **~ aureum** Tac., Suet. „goldener Meilenstein", von Augustus auf dem Forum errichtete Säule, die die Namen der wichtigsten Orte an den hier auslaufenden Straßen u. deren Entfernung von Rom angab

milliārius ⟨a, um⟩ ADJ ||mille|| (*vkl., nachkl.*) tausend Stück enthaltend

mīlliē(n)s ADV ||mille||
1 tausend Mal; *fig* unzählige Male
2 (*erg.* **sestertium**) hundert Millionen Sesterzen

Milō¹ ⟨Milōnis⟩ M̄ Athlet aus Kroton, um 520 v. Chr.

Milō² ⟨Milōnis⟩ M̄ röm. Beiname; **T. Annius ~** zusammen mit Publius Clodius 57 v. Chr. Volkstribun, später dessen Gegner u. Mörder, von Cicero verteidigt, nach Massilia verbannt

Milōn ⟨Milōnis⟩ M̄ = **Milo**¹

Milōniāna ⟨ae⟩ F̄ (*erg.* **oratio**) Ciceros Rede für Milo; → Milo²

Milōniānus ⟨a, um⟩ ADJ des Milo, zu Milo gehörig; → Milo²

Miltiadēs ⟨Miltiadis *u.* ī⟩ M̄ Sohn des Kimon, athenischer Feldherr, Sieger von Marathon 490 v. Chr.

mīluīna ⟨ae⟩ F̄ ||miluinus|| (*erg.* **fames**) Plaut. Heißhunger

mīluīnus ⟨a, um⟩ ADJ ||miluus||
1 Falken...falkenartig
2 *fig* räuberisch, diebisch

mīluus ⟨ī⟩ M̄
1 Gabelweihe, Taubenfalke, *fig von einem habgierigen Menschen*
2 Hor. Meerweihe, *ein Raubfisch*
3 Ov. Stern in der Nähe des Großen Bären

mīlvīna ⟨ae⟩ F̄ = **miluina**

mīlvīnus ⟨a, um⟩ ADJ = **miluinus**

mīlvus ⟨ī⟩ M̄ = **miluus**

mīma ⟨ae⟩ F̄ ||mimus|| Schauspielerin

mīmiambī ⟨ōrum⟩ M̄ (*nachkl.*) *poet* Mimiamben, *kleine Dramen in Iamben od Choliamben*

mīmicus ⟨a, um, *adv* mīmicē⟩ ADJ
1 schauspielerisch, komödiantisch
2 (*nachkl.*) *fig* affektiert, Schein...

Mimnermus ⟨ī⟩ M̄ griech. Elegiendichter um 620 v. Chr.

mīmographus ⟨ī⟩ M̄ (*nachkl.*) Verfasser mimischer Gedichte

mīmula ⟨ae⟩ F̄ ||mima|| (kleine) Schauspielerin

mīmus ⟨ī⟩ M̄
1 Schauspieler im Mimus, Possenreißer
2 Mimus, Posse *aus dem einfachen Volksleben, meist derb u. anstößig, mit Tanz u. Flötenspiel, ohne Masken*
3 *fig* Possenspiel, Farce; **~ vitae humanae** das Possenspiel des menschlichen Lebens
4 (*mlat.*) Spielmann

mina ⟨ae⟩ F̄ Mine, *griech. Münze = 100 Drachmen*

mināciae ⟨ārum⟩ F̄ ||minax|| Plaut. Drohungen

minae ⟨ārum⟩ F̄
1 (*nachkl.*) Zinnen
2 *fig* Drohungen; **~ murorum** drohender Bau; **~ mali** drohende Anzeichen
3 Hor. Gewissensbisse

minanter ADV ||minari|| Ov. drohend

mināre ⟨ō, āvī, ātum 1.⟩ Sen. durch Schreien od Prügeln antreiben

minārī ⟨or, ātus sum 1.⟩ ||minae||
1 Verg. hochragen
2 drohen, androhen, *alicui aliquid* j-m etw, *alicui re* j-m mit etw, *+infl/+AcI*, ut dass
3 *poet* prahlend verheißen, erwarten lassen
4 Hor. bedrohen

minātiō ⟨minātiōnis⟩ F̄ ||minari|| Drohung

mināx ⟨mināicis, *adv* mināciter⟩ ADJ ||minari||
1 Verg. emporragend
2 *fig* drohend

Mincius ⟨ī⟩ F̄ schilfreicher Fluss in Oberitalien bei Mantua, heute Mincio

minctum PPP → **mingere**

minēre ⟨eō, -, - 2.⟩ Lucr. ragen

Minerva ⟨ae⟩ F̄
1 MYTH Tochter Jupiters, urspr. sabinische Göttin des Handwerks u. der Kunstfertigkeit, später mit der griech.

Göttin Athene gleichgesetzt u. damit Göttin der Weisheit, Wissenschaft u. Künste, Beschützerin der Städte im Frieden, der Gewerbe u. der weiblichen Handarbeiten, aber auch des Krieges; **invitā Minervā** ohne Berufung; **crassā/pinguī Minervā** ohne feinere Bildung
2 *meton* Wollarbeit, *bes Spinnen u. Weben*
3 *meton* Ölbaum, Olive; Öl
Minervae arx ⟨F⟩ = **Minervium**
Minervae prōmunturium ⟨N⟩ *Halbinsel s. von Neapel*
Minervium ⟨ī⟩ ⟨N⟩ *Stadt u. Burg in Kalabrien, mit einem alten Tempel der Minerva*

 Minerva

Minerva, die Tochter Jupiters, war ursprünglich die sabinische Göttin des Handwerks und der Kunstfertigkeit. Später wurde sie mit der griechischen Göttin **Athene** gleichgesetzt und damit zur Göttin der Weisheit, Wissenschaft und Künste, die Beschützerin der Städte im Frieden, der Gewerbe und der weiblichen Handarbeiten, aber auch des planvoll geführten Krieges.

MYTHOLOGIE ◀

mingere ⟨mingō, mīnxī, mīnctum/mictum 3.⟩ Harn lassen
miniātulus ⟨a, um⟩ ADJ ||miniatus|| zinnoberrot; **cerula miniatula** Rotstift
miniātus ⟨a, um⟩ ADJ ||minium|| zinnoberrot, rot; **cerula miniata** Rotstift
minimē ADV SUP → **parum**
minimum
A ⟨ī⟩ ⟨N⟩ ||parvus|| sehr Weniges
B ADV
1 am wenigsten, sehr wenig
2 (*nachkl.*) *zeitl.* sehr kurze Zeit, sehr selten
▷ deutsch: **Minimum**
minimus ⟨a, um⟩ ADJ SUP → **parvus**
minīnus ⟨a, um⟩ ADJ ||mina|| *Plaut.* eine Mine kostend; *im Wortspiel mit minus²:* kahl, dürftig
minister ⟨ministrī⟩ M ||minus¹||
1 Diener; Helfer; **ales fulminis ~** der Adler, der Träger des Blitzes; **legum ~** Vollstrecker der Gesetze; **sermonum ~** Unterhändler; **alicui ministro esse** j-m zu Diensten sein; **ministro aliquo** mit j-s Hilfe; **~ sceleris** Werkzeug des Verbrechens
2 (*mlat.*) Hofbeamter
▷ deutsch: **Minister**
  englisch: **minister**
  französisch: **ministre**
  spanisch: **ministro**
  italienisch: **ministro**

ministeriālis
A ⟨ministeriāle⟩ ADJ ||ministerium|| (*spätl.*) den Dienst beim Kaiser betreffend
B ⟨ministeriālis⟩ M (*mlat.*) unfreier Dienstmann; Ministeriale, *Angehöriger des Dienstadels*
ministerium ⟨ī⟩ ⟨N⟩ ||minister|| (*nachkl.*)
1 Dienstleistung, Amt *von Untergebenen, auch von Tieren;* **~ iumentorum** Arbeit der Zugtiere; **~ nauticum** Matrosendienst; **~ sceleris** Ausführung eines Verbrechens, Beihilfe zu einem Verbrechen
2 *meton* Gehilfe; Dienerschaft
3 (*mlat.*) Hilfsgerät; Amtsbezirk; Gottesdienst
ministra ⟨ae⟩ F ||minister|| Dienerin, Gehilfin
ministrāre ⟨ō, āvī, ātum 1.⟩ ||minister||
1 j-n/etw bedienen, j-m aufwarten, *bes bei Tisch, absolut od alicui/alicui rei,* **ministratur** es wird bedient; **velis ~** das Segelwerk bedienen
2 *Speisen* auftragen, *Wein* kredenzen, *alicui aliquid* j-m etw
3 verschaffen, schenken, *alicui aliquid* j-m etw
4 (*unkl.*) ausführen; versehen, *alicui re* etw mit etw; **iussa medicorum ~** die Anordnungen der Ärzte ausführen; **naves velis ~** Schiffe mit Segeln ausstatten
5 (*mlat.*) Messdiener sein
ministrātor ⟨ministrātōris⟩ M ||ministrare||

1 Diener *bei Tisch*; *(mlat.)* Mundschenk
2 Beistand, Ratgeber *bes in Rechtssachen*
ministrātrīx ⟨ministrātrīcis⟩ F ||ministrator|| Gehilfin
minitābundus ⟨a, um⟩ ADJ ||minitari|| *(nachkl.)* unter Drohungen, drohend
minitāre ⟨ō, -, - 1.⟩, **minitārī** ⟨or, ātus sum 1.⟩ ||minari|| drohen, androhen
minium ⟨ī⟩ N *(nachkl.)* Menniger, Zinnober, *rote Farbe*
Mīnōis ⟨Mīnōidis⟩ F Tochter des Minos, = Ariadne
Mīnōius ⟨a, um⟩ ADJ des Minos, *auch* kretisch
minor ⟨minus⟩ ADJ *komp* → parvus
minōrātus ⟨a, um⟩ ADJ verkleinert
minōrēs ⟨minōrum⟩ M ||minor||
1 die Jüngeren, *auch* Nachwelt
2 untere Stände, *auch* Untergebene
minoritae ⟨arum⟩ M *(mlat.)* „mindere Brüder", Minoriten, *gemäßigte Richtung der Franziskaner*
Mīnōs ⟨Mīnōis⟩ M MYTH König von Kreta, *wegen seiner Gerechtigkeit nach seinem Tod mit seinem Bruder Rhadamanthys Richter in der Unterwelt; Gatte der Pasiphae u. Vater der Ariadne*
Mīnōtaurus ⟨ī⟩ M MYTH Ungeheuer, halb Mensch, halb Stier, *Sohn der Pasiphae u. eines Stiers; Minos sperrte ihn in das Labyrinth, Theseus drang mit der Hilfe von Ariadne dort ein u. tötete ihn*

▶ Minotaurus

Auf Kreta lebte **Minotaurus**, der Sohn der **Pasiphae** und eines Stiers. Er war ein Ungeheuer, halb Mensch, halb Stier. **Minos**, der Ehemann von Pasiphae, sperrte ihn in das Labyrinth. Mit der Hilfe von **Ariadne** drang **Theseus** dort ein und tötete ihn.

MYTHOLOGIE ◀

Mīnōus ⟨a, um⟩ ADJ des Minos, *auch* kretisch
Minturnae ⟨ārum⟩ F Stadt im S von Latium *an der Mündung des Liris; Reste bei Marina di Lago di Patria nw. von Neapel*
Minturnēnsis ⟨Minturnēnse⟩ ADJ aus Minturnae, von Minturnae
Minucius ⟨a, um⟩ Name einer röm. *gens*
1 Minucia Vestalin, *wegen Verletzung des Keuschheitsgebotes 337 v. Chr. lebendig begraben*
2 M. ~ Felix Schriftsteller *u. Vertreter des Christentums im 3. Jh. n. Chr.*
minuere ⟨uō, uī, ūtum 3.⟩
1 *poet* zerkleinern, spalten; **ligna ~** Holz spalten
2 verkleinern, vermindern; **multitudinem ~** die Volksmenge vermindern; *passiv u.* **se ~** abnehmen, nachlassen; **minuente aestu** bei eintretender Ebbe
3 *fig etw* schwächen, beschränken; **alicuius gloriam ~** j-s Ruhm schmälern; **controversiam ~** einen Streit mildern; **opinionem ~** ein Vorurteil bekämpfen; **aliquem ~** j-n entmutigen
minus[1] ADJ *komp* nördlich → parvus
minus[2] *komp* → parum
minus[3] ⟨a, um⟩ ADJ *(vkl.)* am Bauch kahl
minusculus ⟨a, um⟩ ADJ ||minus|[1]| ziemlich klein, etwas kurz
▶ deutsch: **Minuskel**
minūtal ⟨minūtālis⟩ N ||minutus|| *Iuv., Mart.* Ragout
minūtātim ADV ||minutus|| stückweise, nach und nach
minūtia ⟨ae⟩ F ||minutus|| *(nachkl.)* Kleinheit, geringe Größe
minūtulus ⟨a, um⟩ ADJ ||minutus|| *(vkl., nachkl.)* ganz klein
minūtus[1] ⟨a, um⟩ PPP → minuere
minūtus[2] ⟨a, um, *adv* minūtē⟩ ADJ ||minuere||
1 zerstückelt; *adv* detailliert; *komp* zu speziell
2 verkleinert, winzig; **litterae minutae** kleine Schrift
3 *fig* unbedeutend, geringfügig; **genus sermonis minutum** niedere Redegattung; **plebes minutae** die kleinen Leute; **res minuta** Kleinigkeit; **causa minuta** Bagatellsache
4 kleinlich
▶ deutsch: **Minute**
mīnxī → mingere
Minyae ⟨ārum⟩ M die Minyer, *Volk in Böotien, Hauptstadt Orchomenos; poet* die Argonauten
Minyās ⟨Minyae⟩ M MYTH König von Orchomenos *u. Stammheros der Minyer*
Minyēias ⟨Minyēiadis⟩ F, **Minyēis** ⟨Minyēidis⟩ F Tochter des Minyas
Minyēius ⟨a, um⟩ ADJ des Minyas
mīrābilia ⟨mīrābilium⟩ N ||mirabilis||
1 wunderliche Ansichten
2 *(mlat.)* Wundertaten
mīrābilis ⟨mīrābile, *adv* mīrābiliter⟩ ADJ ||mirari||
1 wunderlich, sonderbar; **mirabile est** es ist merkwürdig, +*inf*/+*Acl*
2 bewundernswert; *von Personen* verehrungswürdig; **mirabilem in modum** auf wunderbare Weise; **mirabile auditu** erstaunlich zu hören
mīrābundus ⟨a, um⟩ ADJ ||mirari|| *(nachkl.)* voll Verwunderung
mīrāculum ⟨ī⟩ N ||mirari||
1 Wunder, Wunderding; *pl* Zauberkünste; **~ magnitudinis** Wunder an Größe; **alicui mira-**

culō esse für j-n Anlass zur Bewunderung sein ❷ Wunderbares, Auffallendes; **~ victōriae** das Wunderbare an einem Sieg
▶ deutsch: **Mirakel**

mīrandus ⟨a, um⟩ ADJ ||mirari|| wunderbar, bewundernswert

mīrārī ⟨or, ātus sum 1.⟩ ||mirus||
❶ sich wundern, staunen, *absolut od aliquem/aliquid* über j-n/über etw, *+AcI/+indir Fragesatz/quod/si*; **miratus** verwundert
❷ verwundert fragen, gern wissen wollen, *+indir Fragesatz*; **~, quo id evadat** verwundert fragen, wohin das führen soll
❸ *etw Großartiges* bewundern, *bes* bewundernd verehren, *aliquem/aliquid* j-n/etw, *aliquem alicuius rei* j-n wegen etw

mīrātiō ⟨mīrātiōnis⟩ F ||mirari|| Verwunderung

mīrātor ⟨miratoris⟩ M ||mirari|| *(nachkl.) poet* Bewunderer

mīrātrīx ⟨mīrātrīcis⟩ F ||mirator|| Bewunderin; *adj* bewundernd, sich wundernd

mīri-ficus ⟨a, um, *adv* mīrificē⟩ ADJ ||mirus, facere|| = mirabilis

mīrimodīs ADV ||mirus, modus|| auf erstaunliche Art

mirmillō ⟨mirmillōnis⟩ M = murmillo

mīrus ⟨a, um, *adv* mīrē⟩ ADJ
❶ wunderbar, *auch* wunderlich; **mirum in modum** auf erstaunliche Weise; **mirum non est** es ist nicht verwunderlich; **mirum est, ut** *+konjkt* es ist erstaunlich, dass; **animalia miris modis** sonderbare Gestalten
❷ *besondere Verbindungen:* **mirum quantum/mirum quam/mire quam** *adv* außerordentlich; **mirum quantum inimicus erat** er war außerordentlich feindselig; **mirum, ni/nisi** es sollte mich wundern, wenn nicht; höchstwahrscheinlich; **mirum, ni domi est** ich wette, er ist zu Hause; **mirum** *Ausruf* o Wunder!; **quid mirum** was Wunder?, natürlich

mīs *(altl.)* = **meis** *dat pl von* meus

Mīsargyridēs ⟨Mīsargyridae⟩ M Plaut. Geldverächter, Silberfeind, *Name eines Wucherers in der Komödie „Mostellaria"*

miscellānea ⟨ōrum⟩ N ||miscellus||
❶ *Iuv.* Mischgericht, geringste Gladiatorenkost
❷ *Tert.* vermischte Schriften, Schriften verschiedenen Inhalts

miscellus ⟨a, um⟩ ADJ ||miscere|| *(vkl., nachkl.)* gemischt

miscēre
⟨misceō, miscuī, mixtum/mistum 2.⟩

❶ mischen, vermischen
❷ vereinigen, verbinden
❸ in j-n/etw verwandelt werden, die Gestalt von j-m/etw annehmen
❹ durch Mischung zubereiten
❺ durcheinander bringen, verwirren
❻ überall erfüllen

❶ mischen, vermischen, *oft fig, aliquid re/cum re/alicui rei* etw mit etw; *passiv* vermischt werden, sich vermischen; **res diversissimas ~** verschiedenste Dinge vermischen; **Graeca verbis Latinis ~** griechische Wörter mit lateinischen Wörtern vermischen; **vina cum Styge miscenda bibas** du sollst sterben
❷ vereinigen, verbinden; **utile dulci ~** das Nützliche mit dem Angenehmen verbinden; **aliquem dis superis ~** j-n den unsterblichen Göttern zugesellen; **circa regem misceri** sich um den König scharen; **mixta corpora** einander geschmiegte Körper; **dextras ~** einander die Rechte geben; **manūs ~** miteinander kämpfen; **vulnera inter se ~** sich gegenseitig verwunden; **corpus cum aliquā ~** mit einer Frau schlafen; **se ~/misceri alicui** Geschlechtsverkehr mit j-m haben
❸ **misceri aliquo/re** in j-n/etw verwandelt werden, die Gestalt von j-m/etw annehmen
❹ durch Mischung zubereiten; *fig durch Mischung* erzeugen; **his mixtum ius est** aus Folgendem ist die Soße gemischt; **aconita mixta** Gifttränke aus Eisenhut; **mixtus matre Sabellā** entsprossen von einer sabinischen Mutter
❺ *fig* durcheinanderbringen, verwirren; **~ integram aciem** *Liv.* die noch wohl geordnete Schlachtreihe durcheinander bringen; **caelum terramque ~** Himmel und Erde aufrühren; **plura ~** mehr Unordnung erregen
❻ *(nachkl.) fig* überall erfüllen, *aliquid re* etw mit etw

⚠ **Mixtum compositum.** Durcheinander.

misellus ⟨a, um⟩ ADJ ||miser|| recht unglücklich, erbärmlich

Mīsēna ⟨ōrum⟩ N *Vorgebirge u. Stadt in Kampanien bei Baiae, benannt nach dem Grab des Misenus, das sich dort befand;* → Misenus²; *Stationsort der röm. Flotte, heute Cap di Miseno*

Mīsēnsis ⟨Mīsēnsе⟩ ADJ aus Misena, von Misena

Mīsēnum ⟨ī⟩ N *(erg.* **promunturium***)*, **Mīsēnus**¹ ⟨ī⟩ M *(erg.* **mons***)* = Misena

Mīsēnus²
Ⓐ ⟨ī⟩ M Signalbläser, Begleiter des Aeneas.
Ⓑ ⟨a, um⟩ ADJ des Misenus

miser ⟨misera, miserum, *adv* miserē *u.* miseriter⟩ ADJ

❶ unglücklich, *auch* töricht; **o me miserum** o ich Unglücklicher!; **habere aliquem miserri-**

mum j-n sehr plagen, *alicuius rei* wegen einer Sache

2 *von Sachen* jämmerlich, erbärmlich; **condicio misera** erbärmliche Lage; **praeda misera** ärmliche Beute; **mors misera** bitterer Tod; **misere vivere** erbärmlich leben; **miserum est** es ist an Eilend, *+inf*; **miserum** *Ausruf* entsetzlich!, wie schmerzlich!, *alicui* für j-n

3 *(nachkl.) poet* krank, leidend

4 *Ter. moralisch* nichtswürdig, abscheulich

5 *poet von Gefühlen* leidenschaftlich, heftig

6 unglücklich machend, quälend; **tumultus mentis** ~ quälende Sorge

miserābilis ⟨miserābile, *adv* miserābiliter⟩ ADJ ||miserari||

1 *von Personen u. Sachen* beklagenswert, elend; **pater** ~ beklagenswerter Vater; **aspectus** ~ jämmerlicher Anblick

2 jammernd, klagend; **carmen miserabile** Klagelied

▶ deutsch: **miserabel**

miserandus ⟨a, um⟩ ADJ ||miserari|| beklagenswert

miserārī ⟨or, ātus sum 1.⟩ ||miser|| beklagen; *(nachkl.)* bemitleiden; **alicuius fortunam** ~ j-s Schicksal beklagen

miserātiō ⟨miserātiōnis⟩ F ||miserari||

1 Mitgefühl, Bedauern

2 *meton*, RHET rührender Vortrag, ergreifende Schilderung

miserēre ⟨eō, uī, itum 2.⟩ *(vkl.)*, **miserērī** ⟨eor, itus sum 2.⟩ sich *j-s/einer Sache* erbarmen, *j-n/etw* bemitleiden, *absolut u. alicuius/alicuius rei*; **miserēre** erbarme dich!

miserēscere ⟨ēscō, -, - 3⟩ ||miserere|| *poet* Mitleid haben, *alicuius* mit j-m; **miserescit me alicuius** es tut mir leid um jdn

miseret ⟨-, - 2.⟩, **miserētur** ⟨- 2.⟩ ||miserere, misereri|| **me alicuius/alicuius rei** ich bedauere j-n/etw

miseria ⟨ae⟩ F ||miser||

1 Elend, Unglück; *pl* Leiden; **miseriae esse** Unglück bringen

2 *(vkl., nachkl.)* Mühseligkeit, Beschwernis

3 Angst, Ängstlichkeit

▶ deutsch: **Misere**

Miseria ⟨ae⟩ F personifiziert das Elend, *Tochter des Erebus u. der Nox*

misericordia ⟨ae⟩ F ||misericors||

1 Mitleid, Mitgefühl, *absolut od alicuius* j-s *od* mit j-m, gegen j-n, *alicuius rei* mit etw; ~ **alicuius populi** j-s Mitleid mit dem Volk

2 *meton* das Jammern

3 erfahrenes Mitgefühl, *auch* bemitleidenswerter Zustand; **magnam misericordiam habere** großes Mitleid verdienen; **aliquid magnā cum misericordiā pronuntiare** unter lebhafter Erweckung der Teilnahme etw ausrufen

Misericordia ⟨ae⟩ F Mitleid *als Gottheit*

miseri-cors ⟨misericordis⟩ ADJ ||miser, cor|| mitleidig, barmherzig, *in aliquem/in aliquo* gegen jdn

miseriter ADV → miser

miseritus PPERF → misereri

mīsī → mittere

missa ⟨ae⟩ F ||mittere||

1 *(spätl.)* Entlassung, Verabschiedung

2 *(eccl.)* Messe, *Gottesdienst der katholischen Kirche, enstanden aus der urspr. Schluss- u. Entlassungsformel nach einem Gottesdienst, die auf die gesamte Feier übertragen wurde*

⚠ **Missa sollemnis.** *(mlat.)* Feierliches Hochamt.

missale ⟨missalis⟩ N *(mlat.)* Messbuch

missīcius ⟨a, um⟩ ADJ ||mittere|| *(unkl.)* entlassen, abgedankt

missiculāre ⟨ō, -, - 1.⟩ ||mittere|| *Plaut.* oft schicken

Missi dominici M → missus³

missile ⟨missilis⟩ N ||missilis|| Geschoss, *meist pl*; **missilibus pugnare** mit Wurfgeschossen kämpfen

missilis ⟨missile⟩ ADJ ||mittere|| *(nachkl.) poet* werfbar, Wurf...

missiō ⟨missiōnis⟩ F ||mittere||

1 Abschicken, Sendung; ~ **legatorum** das Schicken von Gesandten

2 Entlassung, Freilassung *eines Gefangenen*

3 Dienstentlassung

4 *Gladiatorensprache* Befreiung eines Gladiators *vom Kampf für einen Tag, daher* Gnade; **sine missione** *Liv., Suet.* auf Leben und Tod

5 ~ **sanguinis** *(nachkl.)* Aderlass

6 Schluss

▶ deutsch: **Mission**

missitāre ⟨ō, āvī, ātum 1.⟩ ||mittere|| *(vkl., nachkl.)* wiederholt schicken

missor ⟨missōris⟩ M ||mittere|| *poet* Schütze

missus¹ ⟨a, um⟩ PPP → mittere

missus² ⟨missūs⟩ M ||mittere||

1 Sendung, Auftrag; **missu alicuius** in j-s Auftrag

2 *(nachkl.) poet* Wurf, Schuss

3 *(nachkl.)* Gang *der Gladiatoren*, Rennen *der Rennwagen*

missus³ ⟨i⟩ M *(mlat.)* Bote, Gesandter; **Missi dominici** Königsboten

mistum PPP → miscere

mitella ⟨ae⟩ F ||mitra|| *(nachkl.)*

1 seidene Kopfbinde *von Frauen, später von Freudenmädchen u. Modegecken*

2 MED Armtragetuch

mitellīta cēna ⟨ae⟩ F̄ ||mitella|| *Suet.* Gastmahl, *bei dem seidene Kopfbinden ausgeteilt wurden, was sehr kostenaufwendig war*

mītēscere ⟨ēscō, -, - 3.⟩ ||mitis||

1 reif werden *von Früchten;* den herben Geschmack verlieren

2 *fig* sich mildern, nachlassen, *von Kälte u. Ä., auch von Abstraktem*

3 zahm werden, friedlich werden; ~ **malis hominum** bei den Leiden der Menschen Erbarmen fühlen

Mithraeum ⟨ī⟩ N̄ Kultraum des Mithras, *Reste in fast allen Provinzen aufgefunden, in Rom in der Kirche San Clemente erhalten*

Mithrās, Mithrēs ⟨Mithrae⟩ M̄ altpersischer Licht- u. Sonnengott; *mit den röm. Legionen gelangte der Mithraskult in alle Provinzen, wo er sich mit den Landesreligionen vermischte*

Mithridātēs ⟨Mithridātis⟩ M̄ Name der Könige von Pontos; ~ **VI. Eupator** *ca. 132–163 v. Chr., erbitterter Feind der Römer, gegen die er drei Kriege führte (89–84, 83–81, 74–64 v. Chr.), zuletzt von Pompeius besiegt u. durch Selbstmord gestorben*

▶ **Mithridates**

Mithridates VI. Eupator (ca. 132 - 163 v. Chr.), der König von Pontos, war ein erbitterter Feind der Römer. Er führte gegen sie drei Kriege (89 - 84, 83 - 81, 74 - 64 v. Chr.). Schließlich wurde er von **Pompeius** besiegt und starb durch Selbstmord.

GESCHICHTE ◀

Mithridātēus, Mithridāticus ⟨a, um⟩ ADJ des Mithridates

mīti-ficāre ⟨ō, āvī, ātum 1.⟩ ||mitis, facere|| weich machen; verdauen; **cibum** ~ Essen verdauen

mītigāre ⟨ō, āvī, ātum 1.⟩ ||mitis||

1 reif machen; auflockern; **cibum** ~ Essen weich kochen; **agrum** ~ das Feld auflockern

2 *fig Zustände u. Affekte* mildern, mäßigen; *passiv* milder werden; **frigus** ~ die Kälte mildern; **legis acerbitatem** ~ die Härte des Gesetzes mildern

3 *Tiere* zähmen; *fig geistig* besänftigen; **aures elephantorum ad sonum** ~ die Ohren der Elefanten an den Klang gewöhnen; **aliquem in aliquem/alicui** ~ j-n mit j-m versöhnen

mītigātiō ⟨mītigātiōnis⟩ F̄ ||mitigare|| Milderung, Besänftigung

mītis ⟨mīte, *adv* mīte⟩ ADJ

1 mild, weich

2 *von Früchten* süß, reif

3 *vom Boden* locker

4 *von Zuständen u. Affekten* sanft, zärtlich

5 mild gestimmt, ruhig, *in aliquem/alicui* gegen j-n, *aliquid* in Bezug auf etw

mītīscere ⟨īscō, -, - 3.⟩ = mitescere

mitra ⟨ae⟩ F̄

1 Kopfbinde, Turban *der Orientalen, in Griechenland u. Rom nur von Frauen u. Modegecken getragen*

2 (*mlat.*) Bischofshut

mitrātus ⟨a, um⟩ ADJ ||mitra|| (*nachkl.*) mit Mitra

mittere ⟨mittō, mīsī, missum 3.⟩

1 werfen, schleudern

2 schicken, senden

3 geleiten

4 bereiten

5 liefern, stellen

6 sagen lassen, melden

7 entsenden,

8 fortlassen, entlassen

9 aufheben

10 entlassen

11 aus dem Dienst entlassen

12 freilassen, freigeben

13 loslassen, aufgeben

14 mit Stillschweigen übergehen

15 einen Aderlass vornehmen

16 setzen, stellen

1 werfen, schleudern, *auch fig*; **lapides fundā** ~ Steine mit der Schleuder schießen; **tesseram** ~ würfeln; **corpus saltu ad terram** ~ auf den Erdboden hinabspringen; **panem cani** ~ dem Hund Brot hinwerfen; **arma** ~ die Waffen hinwerfen; **aliquem in iambos** ~ j-n zu Schmähliedern hinreißen; **aliquem in fabulas** ~ j-n ins Stadtgespräch bringen; **aliquem in possessionem** ~ j-n in den Besitz einsetzen; *passiv u.* **se** ~ sich werfen, sich stürzen; **vis aquae caelo mittitur** eine Menge Wasser strömt vom Himmel herab; **se in foedera** ~ sich in Verträge einlassen; **se in aliquem** ~ *feindlich* sich auf j-n stürzen

2 schicken, senden, *aliquem* j-n, *aliquid ad aliquem* etw an j-n, *aliquid alicui* etw j-m, *aliquem de re* j-n wegen etw; **aliquem ad mortem/neci** ~ j-n in den Tod schicken; **exercitum sub iugum** ~ das Heer unter das Joch schicken; **orbem sub leges** ~ den Erdkreis unterwerfen; **iudices in consilium** ~ die Richter sich beraten lassen

3 geleiten

4 bereiten; einflößen, *alicui aliquid* j-m etw; *eine Schrift* widmen; **librum ad aliquem** ~ j-m ein Buch widmen

5 *von Ländern od Völkern* liefern, stellen; **India ebur mittit** Indien liefert Elfenbein
6 *durch Boten od schriftl.* sagen lassen, melden, *ad aliquem/alicui* j-m, *+AcI*, *ut/ne* dass/dass nicht, *+konjkt*; **epistulam ad aliquem ~** einen Brief an j-n schreiben; **alicui salutem ~** j-m einen Gruß schicken
7 *fig* entsenden; äußern; **oratio ex ore alicuius mitti videtur** die Rede scheint aus j-s Mund zu kommen
8 fortlassen, entlassen; **mitte me** lass mich los; **equos ~** die Pferde laufen lassen; **naves ~** die Schiffe treiben lassen; **quadrigas ~** die Viergespanne aus den Schranken lassen
9 *Versammlungen* aufheben
10 *aus einem Verhältnis* entlassen; *Ter.* sich scheiden lassen
11 aus dem Dienst entlassen
12 freilassen, freigeben
13 loslassen, aufgeben; **certamen ~** den Kampf beenden; **misso officio** ohne Rücksicht auf die Pflicht, *+inf*
14 *in der Rede* mit Stillschweigen übergehen; **~ quod** den Umstand übergehen, dass
15 **sanguinem ~** *(nachkl.)* MED Blut abzapfen, einen Aderlass vornehmen, *(klass.)* nur *fig*
16 *(mlat.)* setzen, stellen, legen
▶ deutsch: **Messe**
  englisch: mass
  französisch: messe
  spanisch: misa
  italienisch: messa

mītulus ⟨ī⟩ M̄ *(unkl.)* essbare Miesmuschel

mixcix ⟨mixcicis⟩ M̄ *Petr.* Mensch mit einer schwankenden Meinung

mixtim ADV ||miscere|| *Lucr.* vermischt

mixtum PPP → miscere

mixtūra ⟨ae⟩ F̄ ||miscere|| *(unkl.)* Vermischung, Vereinigung

Mnēmonides ⟨Mnēmonidum⟩ F̄ Töchter der *Mnemone od Mnemosyne* = Musen

Mnēmosynē ⟨Mnēmosynēs⟩ F̄ MYTH Göttin *des Gedächtnisses, von Zeus Mutter der Musen*

mnēmosynum ⟨ī⟩ N̄ *Catul.* Andenken, Souvenir

mōbilis ⟨mōbile, *adv* mōbiliter⟩ ADJ ||movere||
1 beweglich; schnell; **nervis alienis mobile lignum** Hampelmann, Marionette; **horae mobiles** flüchtige Stunden, vergängliche Stunden
2 *fig* leicht erregbar
3 *fig* wechselnd, schwankend, *in aliquem* gegenüber j-m, *in re* in etw, bei etw
▶ deutsch: **Möbel**
  französisch: meuble
  spanisch: mueble
  italienisch: mobile

mōbilitāre ⟨ō, -, - 1.⟩ Com., *Lucr.* beweglich machen, lebendig machen

mōbilitās ⟨mōbilitātis⟩ F̄ ||mobilis||
1 *von Personen u. Sachen* Beweglichkeit, Schnelligkeit
2 *fig* Unbeständigkeit, Wankelmut

moderābilis ⟨moderābile⟩ ADJ ||moderari|| *Ov.* gemäßigt

moderāmen ⟨moderāminis⟩ N̄ ||moderari|| *(nachkl.)*
1 Lenkungsmittel, *bes* Steuerruder
2 *fig* Lenkung; **~ equorum** Lenkung der Pferde; **~ rei publicae** Regierung des Staates

moderāmentum ⟨ī⟩ N̄ ||moderari|| *(nachkl.)* Lenkungsmittel; Längenmessung

moderanter ADV ||moderari|| *Lucr.* mit Mäßigung

moderāre ⟨āvī, ātum, 1.⟩ *(altl.)* = **moderari**

moderārī ⟨or, ātus sum 1.⟩ ||modus||
1 mäßigen, im Zaum halten, *alicui/alicui rei, selten aliquem/aliquid* j-n/etw; *absolut* die rechte Mitte halten; **~ linguae** die Zunge im Zaum halten; **cursui navium ~** langsamer segeln; **animos in rebus secundis ~** die Menschen im Glück mäßigen; **equum frenis ~** das Pferd zügeln
2 lenken, leiten, *absolut od aliquem, aliquid/alicui rei* etw; **frena imperii ~** die Zügel der Herrschaft in der Hand halten
3 ausrichten, bestimmen, *aliquid re/ex re* etw nach etw; **consilia non voluptate, sed officio ~** seine Pläne nicht nach seinem Vergnügen, sondern nach der Pflicht ausrichten

moderātim ADV ||moderatus|| *Lucr.* gemäßigt, allmählich

moderātiō ⟨moderātiōnis⟩ F̄ ||moderari||
1 Zügeln, Beherrschen; **~ cupiditatum** das Zügeln der Leidenschaften
2 Leitung, Herrschaft, *alicuius rei/in aliquid* von etw, über etw; **~ rei publicae** Leitung des Staates
3 Mäßigung; Milde
4 Selbstbeherrschung, *alicuius* j-s, *in re* in etw, bei etw
5 Mäßigung, Harmonie; **~ caeli** gemäßigtes Klima; **~ vocis** Artikulation der Stimme; **~ numerorum ac pedum** rhythmisches und metrisches Gesetz

moderātor ⟨moderātōris⟩ M̄ ||moderari||
1 Leiter, Lenker; **~ harundinis** Fischer; **~ exercitūs** Anführer des Heeres
2 *(nachkl.) poet* Mäßigender, das gehörige Maß Anwendender, *alicuius rei* bei etw
▶ deutsch: **Moderator**

moderātrīx ⟨moderātrīcis⟩ F̄ ||moderator||
1 Lenkerin, Beherrscherin

MODU

☐ die Mäßigung übt; **~ commotionum** die alle Erregungen mäßigt

moderātus ⟨a, um, *adv* moderātē⟩ ADJ ||moderari||

① *von Sachen* gemäßigt, maßvoll
② *von Personen* besonnen, ruhig

modernus ⟨a, um⟩ ADJ ||modo|| (*spätl.*) neu, jetzig

modestia ⟨ae⟩ F ||modestus||
① Mäßigung, Besonnenheit
② Milde, Schonung
③ Bescheidenheit, Anspruchslosigkeit
④ williger Gehorsam, Unterordnung
⑤ Anstand, Ehrbarkeit
⑥ PHIL Zeitgemäßheit
⑦ Milde, gemäßigte Beschaffenheit; **~ caeli** Milde des Klimas

modestus ⟨a, um, *adv* modestē⟩ ADJ ||modus||
① maßvoll, besonnen
② bescheiden, anspruchslos
③ gesetzlich, loyal
④ gehorsam
⑤ anständig, ehrbar

modiālis ⟨modiāle⟩ ADJ ||modius|| *Plaut.* einen Scheffel fassend

modicus ⟨a, um, *adv* modicē⟩ ADJ ||modus||
① das Maß einhaltend, mäßig; **modice vinosus** kein großer Weintrinker; **modice locuples** ziemlich wohlhabend; **modice se recipere** sich in gemäßigtem Schritt zurückziehen
② mittelmäßig; **dicendi genus modicum** mittlere Redegattung
③ angemessen, passend
④ unbedeutend, klein, *alicui rei* in Bezug auf etw; **fossa modica** Graben von geringer Tiefe; **cibus ~** schmale Kost; **~ virium** gering an Kräften
⑤ besonnen, gelassen, *re/alicuius rei* in etw
⑥ bescheiden, anspruchslos
⑦ loyal

modi-ficāre ⟨ō, āvī, ātum 1.⟩ ||modus, facere||
① abmessen
② umformen

modificātiō ⟨modificātiōnis⟩ F ||modificare|| (*nachkl.*) richtige Abmessung

modius ⟨ī⟩ M ||modus|| Scheffel, *röm.* Getreidemaß *von ca. 8 l*; **pleno modio** reichlich

modo

A ADV ||modus||
① *zeitl.* eben, vor Kurzem; **milites ~ conscripti** eben erst ausgehobene Soldaten; **ex tanto ~ regno** aus einem eben noch großen Reich
② *zeitl.* sogleich, bald darauf; **~ ... ~** bald ... bald; **~ ... tum** erst ... dann
③ *modal* nur, bloß; **res delectationem ~ habet, non salutem** die Sache bringt nur Unterhaltung, nicht Rettung
④ *besondere Verbindungen:* **si ~** *+ind* wenn überhaupt, vorausgesetzt nur, dass; **~ ut/ne** *+konjkt* nur vorausgesetzt, dass/dass nicht; **~ non** fast, beinahe; **non ~ ... sed etiam/verum etiam** nicht nur ... sondern auch; **non ~ ... sed** nicht nur ... nein sogar, ich will nicht sagen ... sondern (auch) nur; **non ~ non ... sed etiam** nicht nur ... sondern sogar; **non ~ non ... sed ne ... quidem** nicht nur nicht ... sondern nicht einmal

B KONJ *+konjkt* wenn nur; **~ Iuppiter adsit** *Verg.* wenn nur Jupiter beisteht

modulāmen ⟨modulāminis⟩ N = **modulatio**

modulārī ⟨or, ātus sum 1.⟩ ||modulus||
① nach dem Takt abmessen, den Takt schlagen; **sonum vocis pulsu pedum ~** *Liv.* zum Klang der Stimme mit den Füßen den Takt schlagen
② (*nachkl.*) *poet* im richtigen Takt singen, im richtigen Takt spielen; **carmina avenā ~** *Verg.* die Lieder mit der Flöte begleiten

modulātiō ⟨modulātiōnis⟩ F ||modulari|| (*nachkl.*) Takt, Rhythmus

modulātor ⟨modulātōris⟩ M ||modulari|| *Hor.* Musiker

modulātus ⟨a, um, *adv* modulātē⟩ ADJ ||modulari|| im Takt, rhythmisch

modulus ⟨ī⟩ M ||modus|| Maß; Maßstab; **homo moduli bipedalis** Männchen von zwei Fuß

modus ⟨ī⟩ M
① Maß; Größe; **~ pomorum** Menge von Obst
② Maßstab, (*klass.*) *nur fig*
③ *fig* Stellung, Rang
④ Ebenmaß
⑤ Takt; Melodie, *meist pl*; Musik; **modos dicere** ein Lied anstimmen
⑥ *fig* Ziel, Beschränkung, *alicuius rei* einer Sache, in etw; **supra modum** über Gebühr; **sine modo** maßlos; **modum habere/adhibere** Maß halten, sich beschränken; **modum facere/statuere/constituere/imponere/ponere** ein Ziel setzen, eine Schranke setzen, ein Ende machen
⑦ Maßhalten, Mäßigung
⑧ (*meist nachkl.*) Vorschrift, Regel; **in modum venti** je nachdem wie der Wind geht
⑨ Art, Weise *einer Handlung;* **~ belli** Wendung des Krieges; **~ vitae** Lebensweise; **modo/in modum** in der Weise, nach der Art, *alicuius/alicuius rei* von j-m, von etw; **oratoris modo** als Wortführer; **modo pecorum** wie Hasen, wie Schafe; **hoc modo/ad hunc modum/in hunc modum** auf diese Weise, folgendermaßen; **mirum in modum** wunderbarerweise; **maio-**

rem in modum in höherem Grad; **nullo modo** keineswegs, keinesfalls; **aliquo modo** einigermaßen; **quodam modo** gewissermaßen; **multis modis** vielfach; **quibus modis** durch welche Mittel; ~ **procedendi** (mlat.) Verfahrensweise; ~ **vivendi** (nlat.) erträgliche Form des (Zusammen-)Lebens

10 (vkl., nachkl.) GRAM Form des Verbums, Modus; ~ **fatendi** Indikativ; ~ **faciendi** Aktiv; ~ **patiendi** Passiv

11 (mlat.) nach Art der Sequenzen durchkomponierter Lied

moecha ⟨ae⟩ F ||moechus|| poet Ehebrecherin; Dirne, auch adj

moechārī ⟨or, ātus sum 1.⟩ ||moechus|| Catul., Hor., Mart. Ehebruch treiben

moechissāre ⟨ō, -, - 1.⟩ Plaut. mit j-m Ehebruch treiben; j-n vergewaltigen, aliquam

moechus ⟨ī⟩ M Ehebrecher; „Hausfreund"

moenia ⟨moenium⟩ N

1 Stadtmauer(n); Festungswerk, auch freier Platz; Schutzwehr

2 die Gebäude einer Stadt innerhalb der Mauern; Stadt

3 Gebäude; allg. Mauern

moenīre ⟨īō, īvī, ītum 4.⟩ = **munire**

Moenus ⟨ī⟩ M Main

moerus ⟨ī⟩ M (altl.) = **murus**

Moesī ⟨ōrum⟩ M die Einwohner der Provinz → Moesia

Moesia ⟨ae⟩ F röm. Provinz an der unteren Donau

Moesiacus ⟨a, um⟩ ADJ aus der Provinz Moesia, von Moesia

Mogontiācum ⟨ī⟩ N, **Mogontiācus** ⟨ī⟩ F röm. Standlager, unter Augustus am linken Rheinufer u. gegenüber der Einmündung des Mains errichtet, später Hauptquartier von Germania superior, heute Mainz

mola ⟨ae⟩ F ||molare||

1 Mühlstein; pl Mühle

2 meton Schrotmehl, Opferschrot zum Bestreuen der Opfertiere; ~ **salsa** Schrot und Salzlake

Mola ⟨ae⟩ F Plaut. Mühlgöttin

molāris

A ⟨molāre⟩ ADJ ||mola|| (nachkl.) Mühlstein..., so groß wie ein Mühlstein

B ⟨molāris⟩ M (erg. **lapis**)

1 Mühlstein

2 fig großer Stein, Felsblock

3 fig Backenzahn

molere ⟨ō, uī, itum 3.⟩

1 mahlen; **cibaria molita** Mehl

2 = **futuere**

mōlēs ⟨mōlis⟩ F

1 (nachkl.) poet Masse, Last

2 Untier; große Maschine; **urbem molibus oppugnare** eine Stadt mit Maschinen belagern

3 gewaltige Holzmasse, gewaltige Steinmasse

4 Riesenbau; ~ **equi** Riesenbau des Trojanischen Pferdes; ~ **pinea** Flotte von großen Schiffen

5 (nachkl.) sich türmende Wogenmasse

6 fig Heeresmasse, Heeresmacht

7 fig Schwere, Größe; ~ **pugnae** Kampfgewühl

8 (nachkl.) fig Anstrengung, Mühe; **tantae molis erat** so große Mühe kostete es, +inf

molestia ⟨ae⟩ F ||molestus||

1 Beschwerlichkeit, Belästigung, akt. u. passiv; **alicui molestiam exhibere** j-m Beschwerden verursachen; **sine molestia tua** ohne dich zu belästigen; ~ **navigandi** Seekrankheit

2 Unlust, Ärger; **molestiā affici** sich ärgern, Mitgefühl haben

3 Gezwungenes, Affektiertes im Ausdruck; **elegantia sine molestia** feine Art ohne Künstelei

molestus ⟨a, um, adv molestē⟩ ADJ ||moles||

1 beschwerlich, lästig; von Personen auch zudringlich, aufdringlich; **nomen molestum** schwer auszusprechender Name

2 verdrießlich; adv ungern; **moleste ferre aliquid** über etw unwillig sein

3 gezwungen, affektiert im Ausdruck

mōlīmen ⟨mōlīminis⟩ N (nachkl.), **mōlīmentum** ⟨ī⟩ N ||moliri||

1 Anstrengung; Hor. wichtigtuerische Miene; **res est parvi molimenti** die Sache erfordert nur geringe Anstrengung; **adminicula parvi molimenti** Maschinen von geringer Kraft; ~ **rerum** Staatsumwälzung

2 meton gewaltiger Bau; **molimine vasto** Ov. von riesigem Ausmaß

---

mōlīrī ⟨ior, ītus sum 4.⟩ ||moles||

A transitives Verb

1 fortbewegen

2 schwingen, schleudern

3 untergraben

4 lichten

5 ins Werk setzen, bauen

6 verursachen, erzeugen

7 unternehmen, beabsichtigen

B intransitives Verb

sich in Bewegung setzen, sich rühren

— **A** transitives Verb —

VT

1 eine Last fortbewegen, von der Stelle bewegen; **montes sede suā** ~ Berge versetzen; **corpus ex somno** ~ den Körper aus dem Schlaf reißen; **terram aratro** ~ Erde mit dem Pflug umwühlen; **fundamenta ab imo** ~ Fundamente von Grund auf einreißen; **sabulum aegre** ~ sich mühsam durch den Sand fortarbeiten

2 *poet* schwingen, schleudern; **habenas** ~ lenken

3 *fig* untergraben

4 (*nachkl.*) den Anker lichten; *einen Verschluss* sprengen

5 *fig etw Großes* ins Werk setzen, bauen, ausführen; **muros** ~ Mauern erbauen; **locum** ~ einen Ort mit Gebäuden versehen; **iter** ~ den Weg fortsetzen; **viam** ~ den Weg bahnen; **laborem** ~ eine mühevolle Arbeit vollbringen

6 *fig Zustände, Abstraktes* verursachen, erzeugen, bereiten; **animum belli** ~ j-n zum Krieg bestimmen

7 unternehmen, beabsichtigen, planen; **multa in rem publicam** ~ vieles gegen den Staat unternehmen; **bellum Antipatro** ~ einen Krieg gegen Antipater planen

— B intransitives Verb —

VII sich in Bewegung setzen, sich rühren, aufbrechen, sich abmühen; **hinc** ~ von hier aufbrechen; **de occupando regno** ~ sich abmühen um die Macht zu gewinnen; ~ **adversum fortunam** gegen das Schicksal ankämpfen; **in insulam** ~ sich an die Insel heranarbeiten

mōlītiō ⟨mōlītiōnis⟩ F ||moliri||

1 (*nachkl.*) Niederreißen, Verschiebung

2 Zurüstung

mōlītor ⟨mōlītōris⟩ M ||moliri|| Schöpfer, Rädelsführer

mōlītrīx ⟨mōlītrīcis⟩ F ||molitor|| *Suet.* Rädelsführerin

mollēscere ⟨ēscō, -, - 3.⟩ ||mollis|| (*nachkl.*)

1 weich werden

2 *fig* sanft werden, veredelt werden

3 *fig* verweichlicht werden, erschlaffen

mollicellus, molliculus ⟨a, um⟩ ADJ ||mollis|| recht zart, zärtlich

mollīmentum ⟨ī⟩ N ||mollire|| Linderungsmittel

molli-pēs ⟨mollipedis⟩ ADJ ||mollis|| weichfüßig, langsam

mollīre ⟨iō, īvī/iī, ītum 4.⟩ ||mollis||

1 weich machen, erweichen; **herbas flammā** ~ Gemüse weich kochen; **agros** ~ Felder auflockern; **lanam trahendo** ~ Wolle spinnen

2 *fig* mildern; veredeln; **fructūs feros** ~ wilde Früchte veredeln; **poenam** ~ die Strafe erleichtern; **clivum** ~ eine Steigung mindern

3 *fig* verweichlichen

4 *fig* besänftigen, mäßigen, bändigen, zähmen

mollis ⟨molle⟩ ADJ

1 weich, ocker; **solum molle** lockerer Boden; **muscus** ~ weiches Moos; **pratum molle** grasreiche Wiese

2 *fig* biegsam, gelenkig; **capilli molles** wallende Haare; **aurum molle** geschmeidige Goldfäden

3 sanft, mild, zart, *sinnlich u. geistig*; sanft sich bewegend, ruhig; mild *für das Gefühl od den Geschmack*; behaglich, angenehm; **aurae molles** sanft wehende Winde; **molles morsiunculae** zarte Bisse; **vinum molle** milder Wein; **umbra** ~ angenehmer Schatten

4 sanft ansteigend; sanft abfallend

5 *von künstlerischem Schaffen u. Kunstwerken* weich, zart; *poet*, RHET weich, fließend; **oratio** ~ fließende Rede; **sermo** ~ sanft einschmeichelndes Gespräch

6 *innerlich u. geistig* sanft, gelinde, freundlich, gelassen, ruhig, leidenschaftslos; **mollissimā viā consequi aliquid** etw auf die schonendste Weise verfolgen; **rem in mollius referre** etw sanfter darstellen; **molliter ferre** mit Ergebenheit tragen; **versūs molles** rührende Verse

7 leicht empfänglich für Eindrücke, empfindlich, sentimental, nachgiebig; zart fühlend, *ad aliquid/in aliquid* für etw; **auriculae molles** den Schmeicheleien leicht zugängliche Ohren

8 *pej* weichlich, schwach, schlaff, energielos; furchtsam, feige; unzüchtig

mollitia ⟨ae⟩ F, **mollitiēs** ⟨mollitiēī⟩ F ||mollis||

1 Geschmeidigkeit, Biegsamkeit, Beweglichkeit

2 *fig* Zartheit, Empfindsamkeit, Zärtlichkeit; Sanftmut

3 *pej* Weichlichkeit, Schwäche, Mangel an Energie; ~ **frontis** Mangel an Zuversicht

4 *pej* Üppigkeit, Wollust; **in mollitiis aetatulam agere** seine Jugend in Ausschweifungen vertun

mollitūdō ⟨mollitūdinis⟩ F ||mollis|| Weichheit; (*nachkl.*) Zartheit; ~ **humanitatis** Sanftmut

Molō ⟨Molōnis⟩ M → Apollonius

moloc(h)inārius ⟨ī⟩ M *Plaut.* Schneider von Malvenkleidern *mit Stoff aus Malvenfasern*

Molossī ⟨ōrum⟩ M die Einwohner von Molossis

Molossis ⟨Molossidis⟩ F *Landschaft um Dodona in Epirus*

Molossus ⟨a, um⟩ ADJ aus Molossis, von Molossis

mōly ⟨mōlyos⟩ N (*Ov., nachkl.*) Moly, *Wunderkraut gegen Verzauberung*

mōmen ⟨mōminis⟩ N ||movere|| Bewegung; Anstoß

mōmentōsus ⟨a, um⟩ ADJ ||momentum|| *Quint.* nur augenblicklich

mōmentum ⟨ī⟩ N̄ ||movere||
1 (*nachkl.*) Gewicht *bei der Waagschale*
2 bewegender Druck, Stoß, Ruck; Anstoß, Anlass, Impuls
3 *fig* Kraftaufwand, Nachhilfe
4 *fig* Beweggrund, Ursache
5 *fig* Wichtigkeit, Bedeutung, Wert, Wirkung; *meton* ausschlaggebende Sache, ausschlaggebende Person; **magni momenti esse** große Bedeutung haben; **consultatio levioris momenti** minder wichtige Erwägung; **momentum habere/afferre ad aliquid** entscheidend sein für etw; **momentum facere ad aliquid/in re** Einfluss ausüben auf etw/bei etw; **parvum ~** ein Weniges, das den Ausschlag gibt; **argumentorum momenta** entscheidende Beweise; **aliquis magnum in omnia ~ est** j-d ist ausschlaggebend für alles
6 Bewegung *als physikalisches Phänomen*; **momenta sua sustentare** immer währende Bewegung haben
7 (*nachkl.*) Bewegung des Züngleins an der Waage, Ausschlag; (*klass.*) nur *fig* Entscheidung
8 *fig* Veränderung, Wechsel
9 *zeitl.* Verlauf, Umlauf; **~ leonis** Kreislauf des Gestirns des Löwen
10 *zeitl.* Zeitraum, Periode, Stadium
11 *zeitl.* schneller Verlauf, Augenblick, Moment; **~ occasionis** günstiger Augenblick; **momento (temporis)** im Nu

momordī → mordere

Mona ⟨ae⟩ F̄
1 Insel zwischen Britannien u. Irland, heute Isle of Man
2 Insel nahe der Nordwestküste von Wales, heute Anglesey

monacha ⟨ae⟩ F̄ (*eccl.*) Nonne
monachus ⟨ī⟩ M̄ (*eccl.*) Mönch
monarchia ⟨ae⟩ F̄ (*spätl.*) Alleinherrschaft, Monarchie
monastērium ⟨ī⟩ N̄ (*eccl.*) Kloster; (*mlat.*) Stiftskirche; Münster, Dom
monaulos, monaulus ⟨ī⟩ M̄ (*nachkl.*) *poet* einfache Flöte
monēdula ⟨ae⟩ F̄ Dohle, *bei Plaut. Kosewort*
monēre ⟨eō, uī, itum 2.⟩
1 erinnern, mahnen, *aliquem de re/alicuius rei* j-n an etw, j-n auf etw, +AcI/+indir Fragesatz; **id moneo** daran erinnere ich
2 ermahnen, auffordern, *ut/ne* dass/dass nicht, +inf
3 eingeben, vorsagen; **vatem ~** den Seher begeistern
4 weissagen, vorhersagen
5 unterweisen, belehren
6 *Tac.* zurechtweisen, bestrafen

monēris ⟨monēris⟩ F̄ (*nachkl.*) Einruderer, Eindecker
monērula ⟨ae⟩ F̄ = monedula
monēta ⟨ae⟩ F̄ Münzprägestätte; *meton* geprägtes Geld; Gepräge, *auch fig*
▶ deutsch: **Moneten**

Monēta ⟨ae⟩ F̄
1 = **Mnemosyne**
2 *Beiname der auf dem Kapitol verehrten Juno; in ihrem Tempel befand sich die Münzprägestätte*

monētālis
A ⟨monētāle⟩ ADJ ||moneta|| zur Münze gehörig
B ⟨monētālis⟩ M̄ Münzmeister; *fig* Geldmann, *hum vom Gläubiger, der sein Geld zurückfordert*

monīle ⟨monīlis⟩ N̄ Halsband, Collier
monimentum ⟨ī⟩ N̄ = monumentum
monita ⟨ōrum⟩ N̄ ||monere||
1 Erinnerungen, Ermahnungen
2 Prophezeiungen

monitiō ⟨monitiōnis⟩ F̄ = **monitus**
monitor ⟨monitōris⟩ M̄ ||monere||
1 der erinnert, *alicuius rei* an etw
2 Rechtsberater
3 Mahner, Warner
4 = **nomenclator**

monitōrius ⟨a, um⟩ ADJ ||monere|| *Sen.* mahnend, warnend

monitus ⟨monitūs⟩ M̄ ||monere||
1 Erinnerung, Mahnung
2 Weissagung, göttliche Eingebung

Monoecus ⟨ī⟩ M̄ *Beiname des Herkules*; **arx Monoecī** F̄ *Vorgebirge an der ligurischen Küste*; **portus Monoecī** M̄ *Hafen an der ligurischen Küste, heute Monaco*

monogamia ⟨ae⟩ F̄ (*eccl.*) Einehe
monogramma ⟨monogrammatis⟩ N̄ (*spätl.*) ein Buchstabe, der mehrere in sich fasst; Monogramm
monogrammos ⟨onogrammon⟩ ADJ nur aus Umrissen bestehend, nur skizziert; **dii monogrammi** Schattengötter
monopodium ⟨ī⟩ N̄ (*nachkl.*) Tischchen mit einem Fuß
monopōlium ⟨ī⟩ N̄ Alleinverkaufsrecht
▶ deutsch: **Monopol**

monopteros ⟨monopteron⟩ ADJ *Vitr.* mit einer einzigen Säulenreihe
monosyllabum ⟨ī⟩ N̄ (*nachkl.*) *poet* einsilbiges Wort
monotropus ⟨ī⟩ M̄ *Plaut.* Einsiedler
mōns ⟨montis⟩ M̄
1 Berg, Gebirge; **~ Iura** Jura; **montes Pyrenaei** Pyrenäen
2 *meton* Fels, Gestein; Felsstück; *pl* Berghänge =

Weinpflanzungen

3 *fig* Berg = hoch aufgetürmte Masse

4 ~ **pubis** (*mlat.*) MED Schamberg

▶ englisch: mount
französisch: mont
spanisch: montaña
italienisch: monte

mōnstrābilis ⟨mōnstrābile⟩ ADJ ||monstrare|| *Plin.* bemerkenswert

mōnstrāre ⟨ō, āvī, ātum 1.⟩ ||monstrum||

1 zeigen, weisen; **viam erranti ~** dem Irrenden den Weg zeigen

2 *mit Worten* verordnen, vorschreiben, *alicui aliquid* j-m etw, *+inf*

3 bezeichnen; unterweisen

4 *Tac.* wegen eines Vergehens gerichtlich anzeigen

mōnstrātiō ⟨mōnstrātiōnis⟩ F ||monstrare|| (*vkl., nachkl.*) Zeigen

mōnstrātor ⟨mōnstrātōris⟩ M ||monstrare||

1 (*nachkl.*) *poet* Wegweiser, Führer; **~ urbium** Stadtführer, Cicerone

2 *fig* Lehrer, Erfinder

mōnstrātus ⟨a, um⟩ ADJ ||monstrare||

1 hoch angesehen, *alicui* bei j-m

2 auffallend

mōnstrum ⟨ī⟩ N ||monere||

1 Wahrzeichen, Wunderzeichen *der Götter als übernatürliche u. schreckliche Erscheinung*

2 *fig* Ungeheuer, Ungetüm; *vom Charakter* Scheusal

3 Ungeheuerlichkeit, schreckliche Vorstellung

4 (*mlat.*) Gespenst

▶ deutsch: Monster
englisch: monster
französisch: monstre
spanisch: monstruo
italienisch: mostro

mōnstruōsus ⟨a, um, *adv* mōnstruōsē⟩ ADJ ||monstrum||

1 ungeheuerlich, unnatürlich

2 abenteuerlich, seltsam

montāna ⟨ōrum⟩ N ||montanus|| Gebirgsgegend

montānus

A ⟨a, um⟩ ADJ ||mons||

1 Berg..., Gebirgs...

2 gebirgig

B ⟨ī⟩ M Bergbewohner

monti-cola ⟨ae⟩ M ||mons, colere|| *poet* Bergbewohner

monti-fer ⟨montifera, montiferum⟩ ADJ ||mons, ferre|| *Sen.* bergtragend

monti-vagus ⟨a, um⟩ ADJ ||mons|| die Berge durchstreifend

mont(u)ōsus ⟨a, um⟩ ADJ ||mons|| bergig, gebirgig

monumentum ⟨ī⟩ N ||monere||

1 Denkmal, Andenken, *alicuius* j-s *od* an j-n, *alicuius rei* einer Sache *od* an etw; **alicui monumento esse** j-m zum Andenken dienen; **monumenti causā** zur Erinnerung, als Andenken

2 Votivgegenstand, Siegesdenkmal, Weihegeschenk

3 Grabmal; Familienbegräbnis

4 Erkennungszeichen

5 PL *fig* Urkunden, Akten; **monumenta et litterae** schriftliche Denkmäler; **monumenta rerum (gestarum)** Geschichtswerke; **monumenta Germaniae historica** (*nlat.*) Quellensammlung *zur Geschichte Deutschlands im Mittelalter*

▶ deutsch: Monument

mora¹ ⟨ae⟩ F More, *Abteilung des spartanischen Heeres von 400 bis 900 Mann*

mora² ⟨ae⟩ F

1 Aufenthalt, Verzögerung; **~ fluminis** durch den Fluss verursachte Verzögerung; **~ dicendi** weitläufige Reden; **moram temporis quaerere, dum** Zeit zu gewinnen suchen, bis; **paululum morae habere, dum** ein wenig warten müssen, bis; **moras agitare/moram trahere** länger zögern; **nulla ~ est** es kann gleich geschehen; **inter moras** mittlerweile; **~ longa est** es würde zu lange aufhalten, *+inf*; **est aliquid in mora, quominus/ne** etw verhindert, dass; **nihil in mora habere, quominus** nicht zögern zu

2 *meton* Rast; Pause *in der Rede*

3 (*nachkl.*) *poet* Zeitraum, Dauer; **morā** mit der Zeit, allmählich

4 (*nachkl.*) Hindernis, Hemmnis

5 (*mlat.*) METR Zeitdauer zur Aussprache einer kurzen Silbe

mōra³ ⟨ae⟩ F ||morus|| Närrin

mōrālis ⟨mōrāle⟩ ADJ ||mos|| *Cic., Tac.* moralisch, ethisch

morārī¹ ⟨or, ātus sum 1.⟩ ||mora²||

A intransitives Verb

1 sich aufhalten, verweilen

2 zögern, säumen

B transitives Verb

1 aufhalten, hindern

2 meinetwegen mögen ...

3 unterhalten

— **A** intransitives Verb —

VI

1 *eine Zeit lang* sich aufhalten, verweilen, *auch fig, in re* bei etw; auf sich warten lassen, ausbleiben; **auxilia morantur** die Hilfstruppen bleiben aus

2 zögern, säumen, *absolut od +inf, quin/quominus* dass/dass (nicht); **morando** allmählich

— **B** transitives Verb —

VT

1 aufhalten, hindern, *quin/quominus* dass/dass (nicht); **aliquem ab re ~** j-n an etw hindern; **nullo morante** da niemand hinderte; **ne multis morer** um es kurz zu machen, kurz; **Orcum ~** den Tod warten lassen, weiterleben; **alicui lucem arte ~** j-m das Leben künstlich fristen

2 nihil moror (*nachkl.*) *Formel* ich halte euch nicht weiter auf, *vom Konsul im Senat u. vom Richter*; ich bin sogleich bereit, *+inf*; meinetwegen mag, meinetwegen mögen, *+AcI*; ich mache mir nichts aus *j-m/etw*, ich will nichts wissen von *j-m/von etw, aliquem/aliquid*; **nihil moror eos salvos esse** meinetwegen mögen sie wohlbehalten sein; **nihil moror istius modi clientes** ich mache mir nichts aus derartigen Klienten

3 fesseln = unterhalten; **carmina aures morantur** die Lieder fesseln die Ohren

mŏrārī² ⟨or, - 1.⟩ ||morus²|| (*vkl., nachkl.*) ein Narr sein

mŏrātor ⟨morātōris⟩ M̄ ||morari||

1 Zögerer; (*nachkl.*) MIL Nachzügler

2 Verzögerer; *bes vor Gericht* Winkeladvokat

mŏrātus¹ ⟨a, um⟩ PPERF → morari

mŏrātus² ⟨a, um⟩ ADJ ||mos||

1 irgendwie gesittet, *irgendwie* geartet; **homo bene ~** Mensch mit guten Sitten; **venter male ~** unersättlicher Bauch

2 fabula recte morata LIT Theaterstück mit richtig gezeichneten Charakteren

3 charakteristisch; angemessen; **narratio morata** angemessene Erzählung

morbidus ⟨a, um⟩ ADJ ||morbus||

1 (*vkl., nachkl.*) krank, siech

2 *Lucr.* krank machend, ungesund

morbōsus ⟨a, um⟩ ADJ ||morbus|| (unkl.)

1 krank

2 = **pathicus**

Morbōvia ⟨ae⟩ F̄ ||morbus|| *Suet.* „Krankenland"; **abire Morboviam** hingehen, wo der Pfeffer wächst

morbus ⟨ī⟩ M̄

1 Krankheit, *körperlich u. geistig, auch fig*; **~ caeli** ungesundes Klima; **~ difficilis** schwer zu heilende Krankheit; **~ comitialis** Epilepsie; **~ regius** Gelbsucht

2 *geistig u. sittlich* Kummer; Sucht

3 PL **Morbi** *Verg.* Krankheitsdämonen *der Unterwelt*

mordāx ⟨mordācis, *adv* mordāciter⟩ ADJ ||mordere||

1 beißend, bissig, *auch von Sachen*; **canis ~** bis-siger Hund; **ferrum ~** schneidende Axt; **urtica ~** stechende Brennnessel

2 *fig* bissig *mit Worten*; **carmen ~** bissiges Gedicht

3 *fig von Geschmack* bitter, scharf

mordēre ⟨mordeō, momordī, morsum 2.⟩

1 beißen; kauen; **canes mordunt** Hunde beißen; **pulex mordet** der Floh sticht

2 *fig von Schnallen, Haken u. a.* ergreifen, fassen, zuhaken; **fibula mordet vestem** die Schnalle schließt das Kleid

3 *fig von Flüssen* bespülen

4 *fig von klimatischen Einflüssen* brennen, beißen; **frigora mordent** die Kälte beißt; **aestus mordet** die Hitze sengt

5 *fig* kränken, verletzen; **epistulae mordent** Briefe kränken; **paupertas mordet** Armut tut weh; **conscientiā morderi** Gewissensbisse haben

mordicus ADV ||mordere||

1 beißend, mit den Zähnen

2 *fig* verbissen, hartnäckig; **~ tenere aliquid** etw/an etw hartnäckig festhalten

mŏrētum ⟨ī⟩ N̄ *poet* Kräuterkloß, im Mörser zubereitetes Gericht

mŏrī ⟨morior, mortuus sum, moritūrus 3.⟩

1 sterben, *re/ex re* an etw; *fig* sterblich verliebt sein; **morbo ~** an einer Krankheit sterben; **ex vulnere/vulnere ~** an einer Wunde sterben; **moriar si/ni** ich will des Todes sein, wenn/wenn nicht

2 *fig von Sachen* absterben, erlöschen; **flamma moritur** die Flamme erlischt; **lumina moriuntur** die Augen brechen; **leges mortuae** verschollene Gesetze

3 moriens sterbend, auf dem Sterbebett; **voces morientes** Worte eines Sterbenden

4 mŏritūrus ⟨a, um⟩ *adj* dem Tod verfallen, dem Tod geweiht

⚠ **Non omnis moriar.** *Hor.* Ich werde nicht ganz sterben. *Erg.: sondern durch meinen Ruf weiterleben*

moribundus ⟨a, um⟩ ADJ ||mori||

1 im Sterben liegend

2 sterblich

3 *Catul.* tödlich

mŏri-gerāre ⟨ō, -, - 1.⟩ *Plaut.*, **mŏri-gerārī** ⟨or, ātus sum 1.⟩ ||mos, gerere|| zu Willen sein, *alicui/alicui rei* j-m/einer Sache

mŏri-gerus ⟨a, um⟩ ADJ ||mos, gerere|| (unkl.) willfährig, *bes sexuell, absolut od alicui in re* j-m in etw

Morinī ⟨ōrum⟩ M̄ *belg. Volk an der Kanalküste*

mŏriō ⟨mōriōnis⟩ M̄ ||morus²|| (*nachkl.*) Narr, Hofnarr

mormyr ⟨mormyris⟩ F̄ (*nachkl.*) *poet* unbekannter

Seefisch
mōrologus ⟨a, um⟩ ADJ *Plaut.* dumm redend
mōrōsitās ⟨mōrōsitātis⟩ F ||morosus|| mürrisches Wesen, Eigensinn
mōrōsus ⟨a, um, *adv* mōrōsē⟩ ADJ ||mos|| *von Personen u. Sachen* mürrisch; (*nachkl.*) *fig von Sachen* hartnäckig
Morpheūs ⟨Morpheī *u.* Morpheos⟩ M Gott der Träume, *Sohn des Schlafgottes Hypnos*
mors ⟨mortis⟩ F
1 Tod; *pl* Todesfälle, Todesarten; **mortem alicui afferre/inferre** *u.* **alicui morti esse** j-m den Tod bringen; **mortem sibi consciscere** sich den Tod geben; **mortem expetere** den Tod suchen; **mortem obire** eines natürlichen Todes sterben; **mortem occumbere** einen gewaltsamen Tod finden, *bes in der Schlacht*; **mortem deprecari** um sein Leben bitten; **~ extrema/suprema** die letzten Augenblicke
2 *meton* Leiche; **campi morte conteguntur** die Felder sind von Leichen übersät
3 *poet* durch Mord vergossenes Blut; **ensem multā morte recepit** *Verg.* er zog die blutige Waffe heraus
Mors ⟨Mortis⟩ F Gottheit des Todes, *Tochter des Erebus u. der Nox*
morsiuncula ⟨ae⟩ F ||morsus|| (*vkl., nachkl.*) Biss, *bes beim Küssen*
morsus[1] ⟨a, um⟩ PPP → mordere
morsus[2] ⟨morsūs⟩ M ||mordere||
1 Biss; Essen
2 Fassen, Festhalten *einer Schnalle, eines Ankers*; **~ uncus** *Verg.* gebogener Zahn *des Ankers*; **~ roboris** Baumspalte, *die die Speerspitze festhält*
3 *Mart. fig* Beißen, Ätzen *als scharfe u. schmerzhafte Empfindung*; **~ aceti** Schärfe des Essigs
4 *fig* hämischer Angriff, Kränkung
5 Ärger, Verdruss, *alicuius rei* einer Sache *od* über etw
mortālia ⟨mortālium⟩ N ||mortalis|| Menschliches, Menschenschicksal
mortālis
A ⟨mortāle⟩ ADJ ||mors||
1 *von Lebewesen* sterblich
2 *von Sachen* vergänglich; menschlich; **arma mortalia** von Menschenhand verfertigte Waffen; **cura ~** Pflege des Menschen; **vulnus ~** von der Hand eines Menschen beigebrachte Wunde; **malum mortale** natürliches Übel
3 peccatum mortale (*eccl.*) Todsünde
B ⟨mortālis⟩ M Sterblicher, Erdensohn
mortālitās ⟨mortālitātis⟩ F ||mortalis||
1 Sterblichkeit; Vergänglichkeit
2 sterbliche Natur, *auch* menschliche Schwäche; **mortalitatem explere** das Zeitliche segnen
3 (*nachkl.*) die Menschen
▶ *deutsch:* **Mortalität**
mortārium ⟨ī⟩ N (*vkl., nachkl.*) Mörser
morticīnus ⟨a, um⟩ ADJ ||mors|| abgestorben; *als Schimpfwort* Aas
morti-fer ⟨mortifera, mortiferum, *adv* mortiferē⟩ ADJ ||mors, ferre||
1 todbringend, tödlich
2 mortifera ⟨ōrum⟩ n (*nachkl.*) todbringende Stoffe
morti-ferus ⟨a, um⟩ ADJ = **mortifer**
mortuālia ⟨mortuālium⟩ N ||mortuus|| (*vkl.*) Totenlieder *der Klagefrauen*
morturīre ⟨iō, -, - 4.⟩ ||mors|| gern sterben wollen
mortuus
A ⟨a, um⟩ ADJ ||mori|| tot, nach dem Tod
B ⟨ī⟩ M Toter, Leiche; **de mortuis nil nisi bene** über Tote nur Gutes, *lat. Übersetzung eines alten griech. Sprichwortes*
mōrulus ⟨a, um⟩ ADJ ||morus[1]|| *Plaut.* tiefschwarz
mōrum ⟨ī⟩ N (*nachkl.*)
1 Maulbeere
2 Brombeere
mōrus[1] ⟨ī⟩ F ||morum|| (*nachkl.*) *poet* Maulbeerbaum
mōrus[2]
A ⟨a, um⟩ ADJ, ADV ⟨mōrē⟩ *Plaut.* albern, närrisch
B ⟨ī⟩ M Narr
mōs ⟨mōris⟩ M
1 Wille, Eigenwille; **morem gerere alicui** sich j-m fügen, j-m zu Willen sein
2 (*nachkl.*) *poet* Vorschrift, Gesetz, Regel; **sine more** zügellos; **in morem** regelmäßig
3 Sitte, Gewohnheit; **mos maiorum** Sitte der Väter; **more/moribus/de more/ex more** nach der Gewohnheit; **in morem venire/vertere** zur Gewohnheit werden; **supra morem** ungewöhnlich; **more et exemplo** nach dem herkömmlichen Verfahren; **mos/moris est** es ist Sitte, *ut* dass, *+inf/+AcI*
4 Art und Weise, Natur; **more/ad morem/in morem/in more alicuius** nach j-s Art
5 PL Sitten = Benehmen, Lebensart; **praefectus morum** Sittenrichter
6 PL Gesinnung, Charakter; **vir morum veterum** Mann von alter Biederkeit; **his moribus** beim heutigen Zeitgeist
⚠ **O tempora, o mores.** *Cic.* O Zeiten, o Sitten. *Um seiner schlechten Meinung über seine Zeit Ausdruck zu verleihen*
Mosa ⟨ae⟩ M Maas
Mosella ⟨ae⟩ M ||Mosa|| Mosel
Möstellāria ⟨ae⟩ F „Gespensterkomödie", *Ti-*

▶ mos maiorum – die Sitte der Väter

mos maiorum, die Sitte der Väter, bezeichnete die Gesamtheit der Werte, die seit Beginn der Stadt als typisch für die römische Kultur und als Vorbild für die Nachfahren anerkannt wurden. Sie bildeten eine Bewertungsgrundlage für privates und staatliches Handeln. Die **mores maiorum** umfassten u. a. folgende Begriffe:

abstinentia	Enthaltsamkeit
constantia	Beständigkeit
decus	Anstand, Ehre
fides	Treue
gravitas	Ernst
honestas	Ehrbarkeit
humanitas	Menschlichkeit
industria	Fleiß
magnitudo animi	Großherzigkeit
pietas	Frömmigkeit
probitas	Rechtschaffenheit
severitas	Strenge
virtus	Tüchtigkeit

Der **mos maiorum** entstand in einer landwirtschaftlich und patriarchalisch geprägten Gesellschaft. Mit der kulturellen Entwicklung, dem Kontakt mit der griechischen Kultur und den neuen wirtschaftlichen und gesellschaftlichen Anforderungen wurde seine Bedeutung beschnitten.

WORTSCHATZ

tel einer Komödie von Plautus

mōtāre ⟨ō, āvī, ātum 1.⟩ ||movere|| (nachkl.) poet hin- und herbewegen

mōtiō ⟨mōtiōnis⟩ F ||movere|| Bewegung; fig Gemütsbewegung, Erregung, Affekt

mōtiuncula ⟨ae⟩ F ||motio|| (nachkl.) leichter Fieberanfall

mōtor ⟨mōtōris⟩ M ||movere|| Mart. Beweger; ~ cunarum der die Wiege schaukelt
▶ deutsch: **Motor**

mōtus¹ ⟨a, um⟩ PPP → movere

mōtus² ⟨mōtūs⟩ M ||movere||
1. Bewegung; ~ **remorum** Ruderschläge; ~ **oculorum** Augenaufschlag; ~ **siderum** Umlauf der Gestirne
2. Lauf, Gang; **se movere ad motūs fortunae** sich wenden, wohin das Glück sich neigt = den Mantel nach dem Wind hängen
3. heftige Bewegung, Erschütterung; ~ **terrae** Erdbeben; **Austri** ~ das Toben des Südostwindes
4. poet Aufbruch, Abreise
5. Körperbewegung; Tanz; ~ **decens** anmutige Bewegung; **dare motum** einen Tanz aufführen
6. fig Erregung, Leidenschaft
7. fig geistige Tätigkeit; pl Regungen; ~ **celer cogitationis** schneller Gedankenflug
8. fig Trieb, Begeisterung
9. POL Aufstand, Erhebung
10. Quint. RHET bildlicher Ausdruck

movēre ⟨moveō, mōvī, mōtum 2.⟩

A transitives Verb
1. fortbewegen
2. vertreiben, verstoßen
3. abbringen
4. bewegen
5. herbeischaffen
6. erwägen, bedenken
7. verändern
8. beeindrucken, beeinflussen
9. erschrecken, ängstigen
10. rühren
11. reizen
12. antreiben
13. hervorrufen

B intransitives Verb
1. sich entfernen, abmarschieren
2. sich bewegen, tanzen

— **A transitives Verb** —

√Tr

1. fortbewegen, entfernen, *aliquid loco/re/de re/ex re/a re in aliquid/ad aliquid* etw von woher nach wohin; **mensam** ~ die Tafel aufheben; **armenta stabulis** ~ Vieh aus dem Stall treiben; **oculos a vultu alicuius** ~ die Augen von j-s Gesicht abwenden; **castra** ~ das Lager abbrechen, aufbrechen; **fluctibus moveri** von den Fluten fortgetrieben werden; **Martem in proelia** ~ mit Kriegsmacht zum Kampf ausziehen

2. vertreiben, verstoßen, *re/ex re/de re* von etw, aus etw; **aliquem senatu/de senatu** ~ j-n aus dem Senat ausstoßen; **hostes statu** ~ die Feinde aus der Stellung werfen; **aliquem loco** ~ j-n absetzen; **verba loco** ~ Wörter ausstreichen

3. fig abbringen, **aliquem de sententia** j-n von seiner Meinung

4. *an derselben Stelle* bewegen, schütteln; **caput** ~ den Kopf schütteln; **crines per aera** ~ die Haare durch die Luft flattern lassen; **citharam** ~ die Laute schlagen; **omnes terras, omnia maria** ~ Himmel und Erde in Bewegung setzen; **bilem alicui** ~ = j-n zum Zorn reizen; **agros** ~ Felder auflockern; **limum** ~ den

Schlamm aufwühlen; **mare ~** das Meer durchrudern; **arma ~** zu den Waffen greifen; **alicuius fidem ~** j-s Vertrauen erschüttern

5 herbeischaffen, holen; **pecuniam ab aliquo ~** von j-m Geld flüssig machen; **arcana fatorum ~** die Geheimnisse des Schicksals enthüllen

6 (nachkl.) poet im Geiste bedenken, überlegen; **eadem ~** dieselben Pläne hegen

7 verändern; **nihil motum ex antiquo** keine Änderung am Hergebrachten

8 beeindrucken, beeinflussen; passiv sich beeinflussen lassen, sich bestimmen lassen

9 erschrecken, ängstigen; passiv sich fürchten, scheu werden

10 rühren; begeistern

11 reizen; POL in Aufruhr versetzen; passiv in Unruhe geraten, unruhig werden

12 antreiben, drängen; passiv sich bestimmen lassen; **se ~ ad aliquid** sich zu etw anschicken

13 bes einen Zustand hervorrufen, erzeugen; **risum ~** sich lächerlich machen; **cantūs ~** Gesänge anstimmen; **carmina a Iove ~** Lieder mit Jupiter anfangen lassen; **pugna se moverat** die Schlacht war im Gange; **historias ~** Erzählungen vortragen

— **B** intransitives Verb —

VII, passiv u. **se ~**

1 sich entfernen, abmarschieren; **ex Biturigibus in Aeduos moveri** aus dem Gebiet der Bituriger in das der Äduer marschieren; **res moventes** bewegliche Habe; **in arma moveri** zum Kampf ausrücken

2 sich bewegen, tanzen, hüpfen, wogen; **pontus movetur** das Meer wogt; **vena moventur** die Adern pulsieren; **gemma de palmite movetur** die Knospe entwickelt sich aus dem Zweig; **Cyclopem moveri** den Zyklopentanz aufführen; **se in nullam/neutram partem ~** sich für keine Partei entscheiden; **terra movetur/movet** die Erde bebt

mox ADV

1 von der Zukunft bald, demnächst; bes in indir Fragesatz ob nicht bald; **mox veniam** bald werde ich kommen; **quam mox** wie bald; **intentus quam mox signum daretur** gespannt, ob nicht bald das Zeichen gegeben würde

2 (nachkl.) von der Vergangenheit u. in Aufzählungen bald darauf; **mox deinde** bald darauf; **primo ... mox** zuerst ... dann

3 (mlat.) sofort; **mox ubi/ut** sobald als

mucc... = **muc...**

Mūciānus ⟨a, um⟩ ADJ des Mucius

mūcidus ⟨a, um⟩ ADJ ||mucus|| (unkl.)

1 schimmelig

2 schleimig, rotzig

Mūcius ⟨a, um⟩ röm. Gentilname; **C. ~ Scaevola** Held der röm. Frühzeit im Kampf gegen den Etruskerkönig Porsenna

Mūcius ⟨a, um⟩ ADJ des Mucius

mucrō ⟨mucrōnis⟩ F

1 scharfe Spitze einer Stichwaffe; Dolch

2 fig Spitze; (Lucr., nachkl.) Grenze; **~ tribunicius** Schärfe der Tribunenmacht

mūcus ⟨ī⟩ M (unkl.) Nasenschleim, Rotz

mūgil, mūgilis ⟨mūgilis⟩ M (nachkl.) poet Meeräsche, ein Seefisch

mūgīnārī ⟨or, - 1.⟩ ||mugire|| Com. laut murmeln; fig nachdenken

mūgīre ⟨īō, ī/īi, ītum 4.⟩

1 brüllen, bes vom Rind; **mugientes** Rinder

2 fig dröhnen, krachen

mūgītus ⟨mūgītūs⟩ M ||mugire||

1 (nachkl.) poet Gebrüll der Rinder

2 Dröhnen

mūla ⟨ae⟩ F ||mulus|| Maulesel_in_; **cum ~ pepererit** niemals, da die Maulesel unfruchtbar ist

mulcāre ⟨ō, āvī, ātum 1.⟩

1 (durch)prügeln, roh misshandeln

2 Plaut. ein Übel wohl oder übel durchmachen

mulcēre ⟨mulceō, mulsī, mulsum 2.⟩

1 sanft streicheln; belecken

2 fig sanft berühren; vom Wind sanft bewegen

3 fig besänftigen, mildern **aliquem carmine ~** j-n mit einem Lied erfreuen

Mulciber ⟨Mulciberis u. Mulcibris, auch Mulciberī⟩ M „Erweicher", „Schmelzer", Beiname des Vulcan/Hephaistos; meton Feuer

mulctra ⟨ae⟩ F, **mulctrārium, mulctrum** ⟨ī⟩ N ||mulgere|| (nachkl.) poet Melkkübel; Ov. fig Milch

mulgēre ⟨mulgeō, mulsī, mulctum 2.⟩ (nachkl.) melken; **hircos ~** Böcke melken = Unmögliches tun

muliebria ⟨muliebrium⟩ N ||muliebris|| weibliche Geschlechtsteile

muliebris ⟨muliebre, adv muliebriter⟩ ADJ ||mulier||

1 weiblich, Frauen...; **vestis ~** Frauenkleid; **iniuria ~** Unrecht, dem eine Frau ausgesetzt ist; **certamen muliebre** Streit um Frauen; **muliebria pati** sich wie eine Frau gebrauchen lassen

2 fig unmännlich, verweichlicht

muliebrōsus ⟨a, um⟩ ADJ = **mulierosus**

mulier ⟨mulieris⟩ F

1 Frau; **~ ancilla** weiblicher Dienstbote

2 Ehefrau

3 Suet. als Schimpfwort Memme

mulierārius

A ⟨a, um⟩ ADJ ||mulier|| Frauen..., von einer Frau gedungen

B ⟨ī⟩ M̄ *Catul.* Schürzenjäger

muliercula ⟨ae⟩ F̄ ||mulier||
1. kleine, schwache Frau
2. *pej* liederliches Frauenzimmer
3. *fig* Memme

mulierōsitās ⟨mulierōsitātis⟩ F̄ ||mulierosus|| zu große Liebe zu Frauen

mulierōsus ⟨a, um⟩ ADJ ||mulier|| verrückt nach Frauen

mūlīnus ⟨a, um⟩ ADJ ||mulus|| (*nachkl.*) *poet* Maultier...; *fig* stumpfsinnig

mūliō ⟨mūliōnis⟩ M̄ ||mulus|| Maultiertreiber, *auch Schimpfwort*

mūliōnius ⟨a, um⟩ ADJ ||mulio|| zum Maultiertreiber gehörig, eines Maultiertreibers

mullus ⟨ī⟩ M̄ Meerbarbe, *ein Seefisch*

mulsa ⟨ae⟩ F̄ ||mulsus|| *Plaut.* Liebchen

mulsī → mulcere *u.* → mulgere

mulsum¹ ⟨ī⟩ N̄ ||mulsus|| (*erg* **vinum**) Honigwein

mulsum² PPP → mulcere

mulsus ⟨a, um⟩ ADJ (*vkl., nachkl.*) mit Honig versüßt; lieblich

multa ⟨ae⟩ F̄
1. Strafe durch Abgabe *von etw, wie Vieh, Geld*; Geldstrafe; **alicui multam dicere** j-m eine Strafe auferlegen; **multam petere** eine Geldstrafe beim Volk beantragen
2. *Plaut. fig* Strafe durch Entbehrung

mult-angulus ⟨a, um⟩ ADJ ||multus|| *Lucr.* vieleckig

multāre ⟨ō, āvī, ātum 1.⟩ ||multa|| strafen, bestrafen, *aliquem re* j-n mit etw, j-n um etw, *aliquid* etw; **pecuniā** ~ mit einer Geldbuße bestrafen; **exsilio** ~ mit der Verbannung bestrafen; **multari alicui** j-m eine Strafe zu zahlen schuldig sein

multātīcius ⟨a, um⟩ ADJ ||multa|| *Liv.* Straf..., Buß...

multātiō ⟨multātiōnis⟩ F̄ ||multare|| Bestrafung, **bonorum** am Besitz

multēsimus ⟨a, um⟩ ADJ ||multus|| *Lucr.* nur einer von vielen; **multesima pars** nur ein Bruchteil

multi-bibus ⟨a, um⟩ ADJ ||multus, bibere|| *Plaut.* viel trinkend, versoffen

multi-cavus ⟨a, um⟩ ADJ ||multus, cavus|| *Ov.* mit vielen Löchern; **pumex** ~ poröser Bimstein

multīcia ⟨ōrum⟩ N̄ ||multicius|| fein gewebte Gewänder

multīcius ⟨a, um⟩ ADJ ||multus, licium|| fein gewebt

multifāriam ADV ||multus|| an vielen Orten, an vielen Stellen

multi-fidus ⟨a, um⟩ ADJ ||multus, findere|| (*nachkl.*) *poet* vielfach gespalten, vielarmig

multi-formis ⟨multiforme⟩ ADJ ||multus, formal|| vielgestaltig

multi-forus ⟨a, um⟩ ADJ ||multus|| *poet* mit vielen Löchern

multi-generis ⟨multigenere⟩ ADJ *Plaut.*, **multi-genus** ⟨a, um⟩ ADJ ||multus, genus|| *Lucr.* vielfältig

multi-iugis ⟨multiiuge⟩ ADJ (*nachkl.*), **multi-iugus** ⟨a, um⟩ ADJ ||multus, iugum|| vielspännig; (*nachkl.*) vielfältig

multi-loquium ⟨ī⟩ N̄ ||multus, loqui|| *Plaut.* Geschwätzigkeit

multi-loquus ⟨a, um⟩ ADJ ||multus, loquor|| *Plaut.* geschwätzig

multi-modīs ADV ||multus, modus|| auf vielerlei Art, vielfältig

multi-modus ⟨a, um⟩ ADJ ||multus|| (*eccl.*) vielfältig

multi-plex ⟨multiplicis, *adv* multipliciter⟩ ADJ ||multus||
1. vielschichtig, vielfach gewunden; **vitis multiplici lapsu serpit** der Weinstock schlängelt sich mit vielfachen Windungen empor; ~ **lorica** *Verg.* Rüstung aus vielen Schichten
2. *Liv.* vielmal so groß
3. *fig* vielseitig, vielerlei
4. *fig* vieldeutig, schwer zu ergründen
5. *fig* unbeständig, veränderlich; **ingenium** ~ unbeständiger Geist

multiplicābilis ⟨multiplicābile⟩ ADJ ||multiplicare|| *poet* vielfältig

multiplicāre ⟨ō, āvī, ātum 1.⟩ ||multiplex|| vervielfältigen, vermehren; **usuras** ~ die Zinsen erhöhen
▶ deutsch: **multiplizieren**

multiplicātiō ⟨multiplicātiōnis⟩ F̄ ||multiplicare|| (*nachkl.*) Vervielfältigung, Vermehrung

multi-potēns ⟨multipotentis⟩ ADJ ||multus|| *Plaut.* sehr mächtig

multi-sonus ⟨a, um⟩ ADJ ||multus|| vieltönig, wortreich

multitūdō ⟨multitūdinis⟩ F̄ ||multus||
1. Menge; Übermacht; **multitudine fretus** im Vertrauen auf die Übermacht
2. Menschenmenge; einfache Soldaten; *pl* Pöbelhaufen

multi-vagus ⟨a, um⟩ ADJ ||multus|| viel umherschweifend, nomadisierend

multi-volus ⟨a, um⟩ ADJ ||multus, velle|| *Catul.* viel begehrend

multum

A ⟨ī⟩ N̄; *komp* ⟨plūs, plūris⟩ N̄; *sup* ⟨plūrimum, ī⟩ N̄ ||multus||
1. viel, großes Stück; ~ **militum** eine große Menge Soldaten; ~ **temporis** viel Zeit; ~ pe-

cuniae viel Geld; **ad multum diei** bis weit in den Tag; **multo** um vieles, viel, bei Weitem, *meist beim komp*; **multo maior** viel größer; **multo aliter/secus** ganz anders; **multo ante** viel früher; **multo optimus** bei Weitem am besten
2 *komp* mehr, größere Menge; **plus valere** mehr vermögen; **plus minusve** mehr oder weniger; **plus aeque** mehr als billig; **pluris** *Gen pretii* höher, teurer; **pluris aestimare** höher einschätzen
3 *komp* sehr viel, das meiste; **quam plurimum** möglichst viel; **plurimi vendere** sehr teuer verkaufen, zum höchsten Preis verkaufen
B ADV; *komp* ⟨plūs⟩; *sup* ⟨plūrimum⟩
1 sehr; *auch akk pl* **multa** sehr; **multum adiuvare aliquem** j-n sehr unterstützen; **aliquem multum desiderare** sich nach j-m sehr sehnen; **non multum** nicht sehr, nicht sonderlich; **multum abesse** viel abwesend sein; **multum in venationibus esse** viel auf der Jagd sein
2 *komp* mehr, in höherem Grad; **aliquem plus amare** j-n mehr lieben; **plus (quam) ducenti milites** mehr als zweihundert Soldaten; **plus quam triduo** mehr als drei Tage
3 *sup* sehr viel, größtenteils; **plurimum Romae vivere** meistens in Rom leben

multus ⟨a, um, *komp* plūrēs, plūra; *sup* plūrimus, a, um⟩ ADJ
1 viel *nach Menge u. Zahl*, zahlreich, *meist pl, sg nur bei Stoffnamen u. Abstr.*; **multi homines** viele Menschen; **multi amici mei** viele von meinen Freunden; **bene multi** recht viele; **minime multi** ganz wenige; **multa et gravia vulnera** viele schwere Wunden; **multi docti homines** viele Gelehrte; **multum aurum** viel Gold; **multum studium** viel Eifer; **~ miles/multi milites** viele Soldaten
2 groß, bedeutend; **multum pretium** hoher Preis; **multi nominis esse** sehr gefeiert sein; **multa pax** tiefer Frieden; **~ risus** inniges Lachen; **~ amictus** dichter Schleier; **multā morte** bei sicherem Tod; **multum est** es ist von Einfluss, es nützt sehr, +*inf*
3 groß, weit; **multa pars Europae** großer Teil Europas; **~ toro iacet** er liegt lang ausgestreckt auf dem Bett
4 *zeitl.* vorgerückt, spät; **multa nox** tiefe Nacht; **multo die** spät am Tag; **multa lux** heller Tag; **ad multum diem** bis weit in den Tag hinein; **multo mane** am frühen Morgen
5 *von der Rede u. vom Redner* weitläufig, ausführlich
6 eifrig, *pej* aufdringlich; **multa virtus** häufig bewährte Tugend; **multum est** man hört es oft
7 *komp* mehr, die Mehrheit, *mit u. ohne quam*; **plures quam quattuor senatores** mehr als vier Senatoren; **pluribus verbis** wortreicher; *(unkl.) auch ohne komp. Sinn* → complures
8 *sup* sehr viel, der meiste; **silva plurima** sehr dichter Wald; **amnis plurimus** hoch angeschwollener Strom; **plurimi** die meisten, sehr viele, **plurima rosa** *poet* sehr viele Rosen
9 **multa** vieles, vielerlei; **quid multis** wozu viele Worte?; **multi** die Menge, die gewöhnlichen Redner

⚠ **Non multa, sed multum.** *Pli.* Nicht vielerlei, sondern viel (soll man tun).

mūlus ⟨ī⟩ M
1 Maultier, *Kreuzung zwischen Eselhengst u. Pferdestute*
2 *fig* Packesel
3 *als Schimpfwort* Dummkopf

Mulvius pōns M *die nördlichste Tiberbrücke in Rom, über die die via Flaminia nach Etrurien führte*

Mummius ⟨a, um⟩ *Name einer röm. gens*; **L. ~ Achaicus** *Eroberer u. Zerstörer Korinths (146 v. Chr.)*

Mūnātius ⟨a, um⟩ *Name einer röm. gens*; **L. ~ Plancus** *Legat Caesars in Gallien, Freund Caesars u. Ciceros, später Anhänger des Antonius u. des Octavian, für den er 27 v. Chr. den Titel Augustus vorschlug*

Munda ⟨ae⟩ F *Stadt in Hispania Baetica, s. von Corduba, berühmt durch Caesars Sieg über Pompeius 45 v. Chr., heute Montilla*

mundānus
A ⟨a, um⟩ ADJ ‖mundus²‖ *(mlat.)* weltlich, irdisch
B ⟨ī⟩ M Weltbürger

mundāre ⟨ō, āvī, ātum 1.⟩ ‖mundus¹‖ *(nachkl.) poet* reinigen, säubern; **mensam ~** den Tisch säubern

munditia ⟨ae⟩ F *(vkl., nachkl.)*, **munditiēs** ⟨munditiēī⟩ F ‖mundus¹‖
1 *(vkl.)* Sauberkeit, Reinheit; *pl* Aufräumarbeiten
2 Zierlichkeit, Eleganz
3 Eitelkeit, Prunksucht
4 RHET Zierlichkeit im Ausdruck
5 feine Lebensart, Anstand

mundulus ⟨a, um, *adv* mundulē⟩ ADJ ‖mundus¹‖ geputzt, zierlich

mundus¹ ⟨a, um, *adv* mundē *u.* munditer⟩ ADJ
1 *(unkl.)* sauber, rein; **liber pumice ~** mit dem Bimsstein geglättetes Buch; **in mundo esse/habere** *(altl.)* in Bereitschaft sein/haben
2 *fig* zierlich, nett, fein, anständig, elegant

mundus² ⟨ī⟩ M
1 *(vkl., nachkl.)* Putz, Toilettengeräte *der Frauen*
2 Welt, Weltall; *pl* Weltkörper; **~ triformis/triplex** = Himmel, Erde und Meer
3 (Sternen-)Himmel
4 Welt, Erde; **civis totius mundi** *Cic.* Weltbür-

ger
5 Menschheit, die Menschen
6 (vkl., nachkl.) der Mundus, *runde Opfergrube in Rom, die als Eingang zur Unterwelt den unterirdischen Göttern geweiht war u. nur dreimal im Jahr geöffnet wurde*
7 ~ **intelligibilis** (nlat.) PHIL die geistige Welt (der Ideen), die Welt der Dinge an sich; (nlat.) PHIL die sinnlich wahrnehmbare Welt, die Welt der Erscheinungen

mūnerāre ⟨ō, āvī, ātum 1.⟩, **mūnerārī** ⟨or, ātus sum 1.⟩ ||munus||
1 schenken, *alicui aliquid* j-m etw
2 beschenken, *aliquem re* j-n mit etw

mūnerārius ⟨a, um⟩ ADJ ||munus|| (nachkl.) Spender eines Gladiatorenspiels

mūneri-gerulus ⟨ī⟩ M̄ ||munus, gerere|| *Plaut.* Überbringer von Geschenken

mūnia N̄ (klass.) nur nom u. akk Leistungen, Amtspflichten; **belli pacisque munia** Pflichten in Krieg und Frieden

mūni-ceps ⟨mūnicipis⟩ M̄ u. F̄ ||munia, capere|| Bürger, Bürgerin eines Municipiums, Kleinstädter, Kleinstädterin

mūnicipālis
A ⟨mūnicipāle⟩ ADJ ||municipium||
1 zu einem Municipium gehörig, kleinstädtisch; **dolor** ~ Schmerz der Bürger eines Municipiums
2 spießbürgerlich
B ⟨mūnicipālis⟩ M̄ Kleinstädter

mūnicipātim Av. ||municipium|| municipienweise

mūnicipium ⟨ī⟩ N̄ ||municeps|| Landstadt, *bes ital.* Kleinstadt *mit eigener Verwaltung u. eigenen Gesetzen, aber mit röm. Bürgerrecht, teils mit, teils ohne Stimmrecht in Rom*

mūnificāre ⟨ō, āvī, ātum 1.⟩ ||munificus|| *Lucr.* beschenken

mūnificentia ⟨ae⟩ F̄ ||munificus|| (nachkl.) Freigebigkeit, Gnadenakt, *in aliquem* gegen j-n

mūni-ficus ⟨a, um, adv mūnificē⟩ ADJ ||munus, facere|| freigebig, mildtätig, *in aliquem* gegen j-n, *in re* in etw

mūnimen ⟨mūniminis⟩ N̄ (spätl.), **mūnīmentum** ⟨ī⟩ N̄ ||munire|| Verschanzung; **aliquid pro munimento habere** in etw seine Sicherheit haben

mūnīre ⟨iō, īvī/iī, ītum 4.⟩ ||moenia||
A VII schanzen, mauern; **muniendo fessus** ermüdet von der Schanzarbeit; **munientes** Bauleute
B VT
1 Mauern bauen, *Wege* anlegen, gangbar machen
2 ummauern, befestigen; **castra vallo atque fossā** ~ das Lager mit Wall und Graben sichern
3 *fig* schützen, sichern; **civitas iure munita** durch das Recht geschützte Bürgerschaft

mūnis ⟨mūne⟩ ADJ ||munus|| *Plaut.* gefällig, verbunden

mūnīta ⟨ōrum⟩ N̄ ||munitus|| *Lucr.* ausgebauter Weg

mūnītāre ⟨ō, -, -. 1.⟩ ||munire|| *einen Weg* bahnen

mūnītiō ⟨mūnītiōnis⟩ F̄ ||munire||
1 *abstr.* Befestigung; Gangbarmachung; ~ **viarum** Wegebau; ~ **fluminum** das Anlegen von Brücken
2 *konkr.* Befestigung, Verteidigungslinie; ~ **operis** feste Schanze
▶ deutsch: **Munition**

mūnītor ⟨mūnītōris⟩ M̄ ||munire|| (nachkl.) *poet*
1 Erbauer, **Troiae** von Troja
2 Schanzarbeiter; MIL Pionier

mūnītus ⟨a, um, adv mūnītē⟩ ADJ ||munire||
1 fest, befestigt; **urbs munita** feste Stadt
2 *fig* geschützt, sicher, *contra aliquid/re* vor etw, gegen etw

mūnus ⟨mūneris⟩ N̄
1 Aufgabe, Pflicht; ~ **regis** Aufgabe des Königs; ~ **militiae/militare** Kriegsdienst; **munera rei publicae** politische Aufgaben; ~ **bestiae** Bestimmung des Tieres
2 Amt, Posten; ~ **servorum** Sklavendienst
3 Leistung, Abgabe; **alicui munus imponere** j-m eine Aufgabe aufgeben; **liber ab omni munere** von jeder Verpflichtung frei
4 Gefälligkeit, GGnade; **tui muneris sum** ich bin ein Werk deiner Gnade; **munere alicuius rei** mithilfe einer Sache, mittels einer Sache
5 letzter Liebesdienst, Bestattung; **suprema munera** *Verg.* letzter Liebesdienst, letzte Ehre
6 Geschenk, Gabe; **aliquem muneribus cumulare** j-n mit Geschenken überhäufen; **nuptiale** ~ Hochzeitsgeschenk; **libertatis** ~ Geschenk der Freiheit; ~ **a deis datum** Geschenk der Götter; ~ **Veneris** Geschenk der Venus = Schönheit; ~ **Bacchi** Geschenk des Bacchus = Wein; ~ **Cereris** Geschenk der Ceres = Brot
7 Opfer, *bes* Totenopfer; **munera templis ferre** Opfer zum Tempel bringen
8 Geschenk eines Beamten an das Volk, Festspiel
9 (nachkl.) *meton* Festspielhaus, Theater
10 *fig* Prachtbau *des Weltalls*; **moderator tanti operis et muneris** *Cic.* Gestalter eines so großen Werkes und Baues

mūnusculum ⟨ī⟩ N̄ ||munus|| kleines Geschenk; **alieni facinoris** ~ lächerlicher Gewinn aus fremdem Verbrechen

mūraena ⟨ae⟩ F̄ = murena

mūrālis ⟨mūrāle⟩ ADJ ||murus|| Mauer...; **falx**

MUSC

~ Mauerhaken; **corona** ~ Mauerkranz, *Tapferkeitsauszeichnung für den, der als Erster die feindliche Mauer erstiegen hatte*

mūrēna ⟨ae⟩ F̄ Muräne, *ein Seefisch*

Mūrēna ⟨ae⟩ M̄ *röm. Beiname in der gens Licinia*; → Licinius

mūrex ⟨mūricis⟩ M̄
1. (*nachkl.*) Purpurschnecke *mit stacheliger Schale*
2. *essbare* Stachelschnecke
3. (*nachkl.*) *meton* Purpurfarbe
4. *fig* Spitziges, Fußangel
5. Schneckenschale *als Tritonshorn*

Murgantia ⟨ae⟩ F̄
1. *sehr alte Stadt im Innern Siziliens mit Ausgrabungen bei Aidone*
2. *Stadt in Samnium, genaue Lage nicht bekannt*

muria ⟨ae⟩ F̄ (*unkl.*) Salzlake, Pökel

muriāticus ⟨a, um⟩ ADJ ||muria|| eingepökelt

mūri-cīdus ⟨a, um⟩ ADJ *Plaut.* schlapp, energielos

mūrīnus ⟨a, um⟩ ADJ ||mus|| (*vkl., nachkl.*) von Mäusen, Mäuse...; **pellis murina** Marderfell

murmillō ⟨murmillōnis⟩ M̄ Gladiator *mit gall. Helm, auf dessen Spitze sich als Abzeichen ein Fisch befand*

murmur ⟨murmuris⟩ N̄ Gemurmel *sowohl des Beifalls als auch des Unwillens*; *fig* Rauschen

murmurāre ⟨ō, āvī, ātum 1.⟩ ||murmur|| murmeln; *poet* rauschen; **intestina murmurant** *Plaut.* der Magen knurrt

murmurātiō ⟨murmurātiōnis⟩ F̄ ||murmurare|| (*nachkl.*) Murren

murmurillum ⟨ī⟩ N̄ *Plaut.* Gemurmel

muro... = **myro...**

murra¹ ⟨ae⟩ F̄ *poet* Flussspat, Achat, *woraus kostbare Gefäße gemacht wurden*; *meton* Murragefäß

murra² ⟨ae⟩ F̄ (*nachkl.*) *poet* Myrrhenbaum; *meton* Myrrhe, *Saft aus der Rinde des Myrrhenbaums als Würze u. Duftstoff*

murreus¹ ⟨a, um⟩ ADJ ||murra¹|| aus Flussspat, aus Achat

murreus² ⟨a, um⟩ ADJ ||murra²|| mit Myrrhe parfümiert; myrrhefarben

murrh... = **murr...**

murrina ⟨ōrum⟩ N̄ ||murrinus¹|| Gefäße aus Achat

murrinum ⟨ī⟩ N̄ ||murra²|| (*erg.* **vinum**) mit Myrrhe versetzter Wein

murrinus¹ ⟨a, um⟩ ADJ ||murra¹|| (*nachkl.*) *poet* aus Flussspat, aus Achat

murrinus² ⟨a, um⟩ ADJ ||murra²|| aus Myrrhe bereitet, mit Myrrhe parfümiert

Murtēta ⟨ōrum⟩ N̄ ||murtetum|| *Örtlichkeit bei Baiae mit Schwefelbädern*

murtētum ⟨ī⟩ N̄ ||murtus|| Myrtengebüsch, Myrtenwäldchen

murteus ⟨a, um⟩ ADJ ||murtus|| von Myrten; myrtenfarben

murtum ⟨ī⟩ N̄ Myrtenbeere

murtus ⟨ī *u.* murtūs⟩ F̄ (*unkl.*) Myrte, *immergrüner Strauch, der Venus heilig*; *meton* Myrtenstab

mūrus ⟨ī⟩ M̄ Mauer, *fig* Bollwerk; **Achilles Graium ~** Achill, der Schutz der Griechen

▶ deutsch: Mauer
französisch: mur
spanisch: muro
italienisch: muro

mūs ⟨mūris⟩ M̄ Maus, *auch* Ratte, *auch Kosewort*; **mus rusticus** Feldmaus

Mūs ⟨Mūris⟩ M̄ *röm. Beiname in der gens Decia*; → Decius

Mūsa ⟨ae⟩ F̄
1. MYTH Muse, *meist pl, urspr. 3, später 9 weibliche Gestalten der griech. Mythologie, Töchter des Zeus u. der Mnemosyne, Schutzgöttinnen der Künste, von den Römern übernommen; später wurden den einzelnen Musen bestimmte Gebiete zugeordnet*
2. *meton* Musenkunst; Dichtung, Musik, Gesang, Lied
3. *meton* Künste, Wissenschaften; **musae agrestiores** Rechtswissenschaft und Beredsamkeit; **musae mansuetiores** Philosophie

▶ **Musae**

Ursprünglich gab es 3 Musen, später wurden 9 genannt. Die Töchter von **Zeus** und **Mnemosyne** wurden als Schutzgöttinnen der Künste verehrt; später wurden den einzelnen Musen bestimmte Gebiete zugeordnet. Ihr Kult wurde auch von den Römern übernommen.

MYTHOLOGIE ◀

mūsaeus ⟨a, um⟩ ADJ ||Musa|| (*nachkl.*) *poet* dichterisch, musikalisch

Mūsaeus ⟨ī⟩ M̄ MYTH *Sänger u. Seher in Attika*

musca ⟨ae⟩ F̄
1. Fliege
2. *Plaut. meton* ungebetener Gast; aufdringlicher Mensch

muscārium ⟨ī⟩ N̄ ||musca|| (*nachkl.*) *poet* Fliegenwedel; Kleiderbürste

mūs-cipula ⟨ae⟩ F̄, **mūs-cipulum** ⟨ī⟩ N̄ ||mus, capere|| (*unkl.*)
1. Mausefalle; (*spätl.*) *fig* Fallstrick
2. *nur* **muscipula** (*mlat.*) Katze

muscōsus ⟨a, um⟩ ADJ ||muscus|| moosig, bemoost

mūsculus ⟨ī⟩ M̄ ||mus||
1. Mäuschen
2. (*nachkl.*) *fig* Muskel

3 MIL Minierdach, Schutzdach, *unter dem die Belagerer die feindliche Mauer untergruben*
4 *(vkl., nachkl.)* Miesmuschel

muscus ⟨ī⟩ M̄ *(unkl.)* Moos

mūsēum ⟨ī⟩ N̄ *(vkl., nachkl.)* „Musenort", Akademie, Bibliothek, Institut
▶ deutsch: **Museum**

mūsica ⟨ae⟩ F̄, **mūsica** ⟨ōrum⟩ N̄, **mūsicē** ⟨mūsicēs⟩ F̄ Musik, Tonkunst; *im weiteren Sinne* Poesie, Kunst, Wissenschaft, höhere Bildung; **~ caelestis** *(mlat.)* Sphärenmusik; **~ sacra** *(nlat.)* Kirchenmusik; **~ viva** *(nlat.)* moderne Musik *seit 1945*

mūsicus
A ⟨a, um⟩ A̅D̅J̅, A̅D̅V̅ ⟨mūsicē⟩
1 Musik…; *(vkl.)* dichterisch
2 *(nachkl.)* gelehrt, wissenschaftlich
B ⟨ī⟩ M̄ Musiker, Tonkünstler

mūsīum ⟨ī⟩ N̄ = **museum**

mussāre ⟨ō, āvī, ātum 1.⟩ *(nachkl.)*
1 leise vor sich hinsprechen; *meton* sich bedenken
2 *von Bienen* summen; *von Tieren* Angst haben

mussitāre ⟨ō, āvī, ātum 1.⟩ ‖mussare‖ *(nachkl.)*
1 murmeln, leise vor sich hinsprechen
2 schweigend dulden

mustāceum ⟨ī⟩ N̄ ‖mustum‖ Hochzeitskuchen; **laureolam in mustaceo quaerere** versuchen einen leichten Sieg zu erringen

mūstēla ⟨ae⟩ F̄ Wiesel

mūstēlīnus ⟨a, um⟩ A̅D̅J̅ ‖mustela‖ *(vkl., nachkl.)* Wiesel…

mūstella ⟨ae⟩ F̄ = **mustela**

mūstellīnus ⟨a, um⟩ A̅D̅J̅ = **mustelinus**

musteus ⟨a, um⟩ A̅D̅J̅ ‖mustum‖ *(vkl., nachkl.)* mostähnlich; *fig* frisch

mustulentus ⟨a, um⟩ A̅D̅J̅ ‖mustum‖ *(vkl., nachkl.)* mostreich

mustum ⟨ī⟩ N̄ u. P̄L̄ ‖mustus‖ *(unkl.)* Most; *meton* Weinlese

mustus ⟨a, um⟩ A̅D̅J̅ *(vkl.)* jung, frisch

mūtābilis ⟨mūtābile, *adv* mūtābiliter⟩ A̅D̅J̅ ‖mutare‖ *von Personen u. Sachen* veränderlich, launisch

mūtābilitās ⟨mūtābilitātis⟩ F̄ ‖mutabilis‖ Veränderlichkeit

---

mūtāre ⟨ō, āvī, ātum 1.⟩

A transitives Verb
1 entfernen
2 wechseln, tauschen
3 eintauschen
4 ändern, umgestalten
5 verwandeln
6 umstimmen
7 verbessern

B intransitives Verb
sich ändern, umschlagen

— **A transitives Verb** —

V̄T̄
1 entfernen, vertreiben; **aliquem civitate ~** j-n aus der Stadt jagen; **~ arbores** Bäume versetzen; *passiv u.* **se ~** sich entfernen, wegschleichen, wegkommen, *re* von etw, aus etw
2 wechseln, tauschen; **principem ~** den Herrn wechseln; **iumenta ~** die Pferde wechseln; **sedem/locum ~** in die Verbannung gehen; **orationem/genus eloquendi ~** den Ausdruck wechseln, Abwechslung in die Rede bringen; **res inter se ~** Tauschhandel treiben; **personam ~** die Maske abwerfen = seine wahre Natur zeigen
3 eintauschen, *aliquid re* etw für etw; **certa pro incertis ~** Sicheres für Unsicheres eintauschen
4 ändern, umgestalten; **vultum ~** das Gesicht verziehen; **testamentum ~** das Testament ändern; **fidem ~** wortbrüchig werden; *passiv* sich ändern; **fortuna mutatur** das Glück schlägt um
5 verwandeln; **alite/in alitem mutatur** er wird in einen Vogel verwandelt; **mutatus ab aliquo** von j-m verschieden; **faciem mutatus** im Gesicht verwandelt
6 umstimmen; **ad misericordiam ~** zum Mitleid umstimmen
7 verbessern; verschlechtern; **vinum mutatur** der Wein schlägt um, der Wein wird sauer; **mutati in deterius principatūs initium** Tac. der Anfang der zum Schlechten veränderten Herrschaft; **aura mutata** ungünstiger Wind

— **B intransitives Verb** —

V̄Ī sich ändern, umschlagen; **annona nihil mutavit** der Getreidepreis hat sich nicht geändert; **~ in aliquid** in etw übergehen
▶ deutsch: **mutieren**

mūtātiō ⟨mūtātiōnis⟩ F̄ ‖mutare‖
1 Veränderung, Umwandlung; **~ locorum** Ortswechsel; **~ castrorum** Verlegung des Lagers
2 POL Umwälzung, Umsturz; **~ rerum** Umsturz des Staates
3 Gegenseitigkeit, Austausch
4 RHET Vertauschung des Ausdrucks, Hypallage

mutilāre ⟨ō, āvī, ātum 1.⟩ ‖mutilus‖
1 *(nachkl.) poet* verstümmeln
2 *fig* vermindern, verkleinern

mutilus ⟨a, um⟩ A̅D̅J̅ verstümmelt; *fig von der Rede* abgehackt

Mutina ⟨ae⟩ F̄ etrusk. Stadt in der Poebene an der via Aemilia, seit 183 v. Chr. röm. Kolonie, heute Modena

Mutinēnsis ⟨Mutinēnse⟩ ADJ aus Mutina, von Mutina

mūtīre ⟨iō, īvī, ītum 4.⟩ = muttire

mūtō ⟨mūtōnis⟩ M̄ (nachkl.) poet männliches Glied, Penis

mūtōniātus ⟨a, um⟩ ADJ ||mutonium|| Mart. mit einem großen Penis

mūtōnium ⟨ī⟩ N̄ (nachkl.) = **muto**

muttīre ⟨iō, īvī, ītum 4.⟩ (vkl., nachkl.) mucksen, leise sprechen,

muttītiō ⟨muttītiōnis⟩ F̄ ||muttire|| Plaut. Mucksen

muttō ⟨muttōnis⟩ M̄ = **muto**

mūtuāre ⟨ō, āvī, ātum 1.⟩ (altl.), **mūtuārī** ⟨or, ātus sum 1.⟩ ||mutuus|| borgen, aliquid ab aliquo etw von j-m; fig entlehnen, aliquid ab aliquo etw von j-m, aliquid a re|de re etw von etw; **~ domum** ein Haus mieten; **~ verbum a simili** mit übertragenem Sinn sprechen, metaphorisch sprechen

mūtuātiō ⟨mūtuātiōnis⟩ F̄ ||mutuari|| Anleihe, Borgen

mūtuitāns ⟨mūtuitantis⟩ ADJ ||mutuari|| Plaut. der borgen will

mūtulus ⟨ī⟩ M̄ = **mitulus**

mūtūniātus ⟨a, um⟩ ADJ = **mutoniatus**

mūtūnicum ⟨ī⟩ N̄ = **mutonium**

mūtuō ADV → **mutuus**

mūtus ⟨a, um⟩ ADJ

1 von Lebewesen sprachlos, stumm

2 von Sachen still, lautlos; **artes mutae** Künste, über die man schweigt = Künste, die wenig Ruhm bringen; **consonantes mutae** GRAM die Mutae, Verschlusslaute, b/p, d/t, g/c/k

mūtuum ⟨ī⟩ N̄ ||mutuus||

1 (vkl., nachkl.) Darlehen

2 Gegenseitigkeit; **per mutua** untereinander

mūtuus ⟨a, um, adv mūtuō u. mūtuē⟩ ADJ

1 geborgt, geliehen; **pecuniam mutuam dare alicui** j-m Geld leihen; **pecuniam mutuam sumere ab aliquo** von j-m Geld leihen; adv leihweise

2 wechselseitig, gegenseitig; **amor ~** gegenseitige Liebe; **mutua verba reddere** Worte wechseln; **aliquem mutuo diligere** j-n wieder lieben; **aestus maritimi mutuo accedentes et recedentes** die Gezeiten des Meeres, die abwechselnd anstürmen und zurückfluten

Mycalē[1] ⟨Mycalēs⟩ F̄ Vorgebirge in Kleinasien gegenüber der Insel Samos

Mycalē[2] ⟨Mycalēs⟩ F̄ thessalische Hexe

Mycēna ⟨ae⟩ F̄, **Mycēnae** ⟨ārum⟩ F̄ Mykene, sehr alte Stadt in der Argolis nördlich von Argos, Königssitz der Atriden, ausgedehnte u. berühmte Ausgrabungen seit 1874 (Schliemann)

Mycēnaeus ⟨a, um⟩ ADJ mykenisch

Mycēnēnsēs ⟨Mycēnēnsium⟩ M̄ die Mykener

Mycēnis ⟨Mycēnidis⟩ F̄ Tochter Mykenes = Iphigenie

Myconos, Myconus ⟨ī⟩ F̄ Kykladeninsel nö. von Delos

mȳgalē ⟨mȳgalēs⟩ F̄ Spitzmaus

Mygdōn ⟨Mygdonis⟩ M̄ alter König der Phryger; nach ihm benannt: **Mygdones** ⟨Mygdonum⟩ M̄ urspr. thrakischer, nach Phrygien ausgewanderter Stamm

Mygdonius ⟨a, um⟩ ADJ = thrakisch, phrygisch

Mȳlae ⟨ārum⟩ F̄ Halbinsel u. Stadt an der Nordküste Siziliens, heute Milazzo; Sieg des Duilius 260 v. Chr. über die Karthager u. des Agrippa über den Sohn des Pompeius 36 v. Chr.

myoparō ⟨myoparōnis, akk pl myoparōnas⟩ M̄ leichtes Kaperschiff

mȳriada ⟨ae⟩ F̄ (eccl.) zehntausend; unendliche Menge

myrīca ⟨ae⟩ F̄, **myrīcē** ⟨myrīcēs⟩ F̄ Tamariske, immergrüner Strauch

Myrmidones ⟨Myrmidonum⟩ M̄ Gefolgsleute des Achill in der homerischen Ilias

myrmillō ⟨myrmillōnis⟩ M̄ = **murmillo**

Myrō ⟨Myrōnis⟩ M̄ berühmter attischer Bronzegießer aus Eleutherai, um 460 v. Chr.

myrobalanum ⟨ī⟩ N̄ Mart. Frucht der Behennuss; Parfüm aus der Frucht der Behennuss

myrobrechārius ⟨ī⟩ M̄ Plaut. Parfümhändler

myrobrechīs nur akk pl ADJ Suet. salbentriefend, parfümiert; **cincinnos ~ persequitur** er betreibt parfümiertes Wortgekräusel, zur Bezeichnung des manierierten Stils des Maecenas

myropōla ⟨ae⟩ M̄ Com. Parfümeriehändler

myropōlium ⟨ī⟩ N̄ Plaut. Parfümladen

myrothēcium ⟨ī⟩ N̄ Plaut. Salbenbüchse

myrrh... = **murr...**

myrt... = **murt...**

Myrtos ⟨ī⟩ F̄ kleine Insel an der Südspitze von Euböa

Myrtōum mare N̄ Teil des Ägäischen Meeres zwischen Attika u. Kreta

Mȳsia ⟨ae⟩ F̄ Landschaft in NO von Kleinasien zwischen Troas u. Lydien

Mȳsius ⟨a, um⟩ ADJ aus Mysia, von Mysia

mystagōgus ⟨ī⟩ M̄ Fremdenführer durch heilige Orte

mystērium ⟨ī⟩ N̄ Geheimnis, bes im kultischrelig. Sinn; pl Geheimkult; fig Geheimlehren

mystēs ⟨mystae⟩ M̄ Priester bei den Mysterien; pl Eingeweihte

mysticus ⟨a, um⟩ ADJ poet zu den Mysterien gehörig, geheimnisvoll

Mȳsus
A ⟨a, um⟩ ADJ aus Mysia, von Mysia
B ⟨ī⟩ M̄ Einwohner von Mysia
Mytilēnae ⟨ārum⟩ F̄ *Hauptstadt der Insel Lesbos, heute Mytilini*
Mytilēnaeus ⟨a, um⟩ ADJ aus Mytilenae, von Mytilenae
Mytilēnē ⟨Mytilēnēs⟩ F̄ = **Mytilenae**
Mytilēnēnsis ⟨Mytilēnēnse⟩ ADJ = **Mytilenaeus**
mȳtilus ⟨ī⟩ M̄ = **mitulus**
myxa ⟨ae⟩ F̄, **myxus** ⟨ī⟩ M̄ *Mart.* Lampendocht

N

N n *Abk*
1 = **Numerius**
2 = **nepos** Enkel, Neffe
3 = **Nonae** die Nonen
4 ~ **B.** (*nlat.*) = **nota bene** wohlgemerkt
5 ~ **L.** = **non liquet** JUR die Sache ist nicht klar
Nabataeī ⟨ōrum⟩ M̄ *arabisches Volk*
nablium ⟨ī⟩ N̄ *phönikisches Saiteninstrument*
nactus ⟨a, um⟩ PPERF → **nancisci**
nae *Partikel* = **ne**[1]
naenia ⟨ae⟩ F̄ = **nenia**
Naeviānus ⟨a, um⟩ ADJ des Naevius
Naevius ⟨a, um⟩ *Name einer röm. gens;* **Cn. ~** *röm. Dramatiker u. Epiker, Schöpfer der fabula praetexta, Verfasser des ersten nationalröm. Epos „Bellum Poinicum", gest. 201 v. Chr. in Utica*
Naevius ⟨a, um⟩ ADJ des Naevius
naevulus ⟨ī⟩ M̄ ||naevius|| kleines Muttermal
naevus ⟨ī⟩ M̄ Muttermal
Nāias ⟨Nāiadis⟩ F̄
1 Wassernymphe; *allg.* Nymphe
2 *meton* Wasser
Nāicus ⟨a, um⟩ ADJ ||Naias|| der Najaden, zu den Najaden gehörig
Nāis ⟨Nāidis⟩ F̄ = **Naias**
nam
A *Partikel der Versicherung* ja, allerdings; **nam mehercule** ja wahrhaftig
B KONJ
1 *zur Erläuterung u. Begründung, meist am Anfang des Satzes, poet auch nachgestellt* denn; nämlich
2 zum Beispiel
3 *an ein anderes Wort angehängt, auch getrennt* denn, doch; **quisnam?** wer denn?; **ubinam?** wo denn?

Namnetēs ⟨Namnetum⟩ M̄ *kelt. Volk in der Gegend des heutigen Nantes*
nam-que
A ADV wahrlich, freilich
B KONJ denn; nämlich
nancīscī ⟨nancīscor, nactus sum/nānctus sum 3.⟩ zufällig erreichen, zufällig erlangen, bekommen, gewinnen; zufällig antreffen, finden; **spatium ~** Zeit gewinnen; **spem morae ~** Hoffnung auf Aufschub erlangen; **febrim ~** Fieber bekommen; **maleficam naturam ~** die Ungunst der Natur erfahren; **nanctus** pperf *auch mit passiv Bedeutung* erreicht
nānus ⟨ī⟩ M̄ (*nachkl.*) *poet* Zwerg
Napaeae ⟨ārum⟩ F̄ ||napaeus|| Nymphen der Waldtäler
napaeus ⟨a, um⟩ ADJ zum Waldtal gehörig
Nār ⟨Nāris⟩ M̄ *schwefelhaltiger Nebenfluss des Tiber in Umbrien, heute Nera*
Nārbō ⟨Nārbōnis⟩ M̄ u. F̄, **Nārbōna** ⟨ae⟩ F̄ *Stadt in Gallia Narbonensis, heute Narbonne*
Nārbōnēnsis ⟨Nārbōnēnse⟩ ADJ aus Narbo, von Narbo
narcissus ⟨ī⟩ M̄ (*nachkl.*) *poet* Narzisse
Narcissus ⟨ī⟩ M̄
1 *Sohn des böotischen Flussgottes Kephisos, verschmähte die Liebe von Echo u. verliebte sich in das eigene im Wasser gespiegelte Bild, wurde in die Blume Narzisse verwandelt*
2 *Freigelassener u. Günstling des Kaisers Claudius*
nardinum ⟨ī⟩ N̄ ||nardinus|| *Plaut.* Nardenwein
nardinus ⟨a, um⟩ ADJ (*nachkl.*) aus Narden gemacht, Narden...
nardum ⟨ī⟩ N̄, **nardus** ⟨ī⟩ F̄ (*nachkl.*) *poet* Narde, *aus Indien eingeführte Grasplfanze, deren Saft ein kostbares Duftöl lieferte; meton* Nardenöl, Nardencreme
nāre ⟨nō, nāvī, - 1.⟩
1 *von Lebendem u. Leblosem* schwimmen
2 *fig* segeln, hin und her wogen
nāris ⟨nāris⟩ F̄
1 Nasenloch; *pl* Nase, Nüstern; **naribus uti** die Nase rümpfen, spotten
2 (*nachkl.*) *fig* feine Nase, Scharfsinn; **homo emunctae naris** *Hor.* Mann mit scharfem Verstand
narrābilis ⟨narrābile⟩ ADJ ||narrare|| *poet* erzählbar
narrāre ⟨ō, āvī, ātum 1.⟩
1 erzählen, mitteilen, *alicui* j-m, *aliquid* etw, *de re* über etw, +AcI, *im passiv* +NcI, +*indir Fragesatz*
2 Nachrichten bringen; **bene ~** gute Nachricht bringen; **male ~** schlechte Nachricht bringen
3 erwähnen, sprechen, *aliquid* etw, von etw; **Catulum et illa tempora ~** den Catulus und jene Zeit erwähnen; **filium narras mihi?**

sprichst du mir von meinem Sohn?; **narra mihi** sag mir einmal; **narro tibi** lass dir sagen

narrātiō ⟨narrātiōnis⟩ F ||narrare|| Erzählung; RHET Darlegung des Sachverhalts

narrātiuncula ⟨ae⟩ F ||narratio|| (nachkl.) kleine Erzählung, Anekdote

narrātor ⟨narrātōris⟩ M ||narrare|| Erzähler

narrātus ⟨narrātūs⟩ M ||narrare|| (nachkl.) = **narratio**

narthēcium ⟨ī⟩ N Cremedose, Schminkkästchen

nārus ⟨a, um⟩ ADJ = **gnarus**

Nārycius ⟨a, um⟩ ADJ aus Naryx, von Naryx

Nārycum ⟨ī⟩ N, **Nāryx** ⟨Nārycis⟩ F

1 Stadt der Lokrer in Mittelgriechenland, keine Überreste

2 Kolonie der Lokrer in Bruttium

---

nāscī ⟨nāscor, nātus sum 3.⟩

1 geboren werden, erzeugt werden
2 entstehen, entspringen
3 sich finden, vorkommen
4 geboren, entsprossen

1 von Lebewesen geboren werden, erzeugt werden; **~ in urbe** in der Stadt Rom geboren werden; **~ in litteris** mit den Wissenschaften aufwachsen; **in miseriam sempiternam ~** zu ewigem Elend geboren werden

2 fig von Sachen u. Abstr. entstehen, entspringen; von Gestirnen aufgehen; **facinus e cupiditate nascitur** das Verbrechen entsteht aus der Begierde; **collis nascitur** ein Hügel erhebt sich; **luna nascitur** der Mond geht auf; **nascens luna** Neumond; **ventus nascitur** ein Wind kommt auf; **amnis nascitur** ein Fluss entspringt; **ex hoc nascitur, ut** daraus folgt, dass

3 sich finden, vorkommen; **ibi plumbum nascitur** dort gibt es Bleivorkommen

4 pperf geboren bestimmt; **post hominum genus natum** seit Menschengedenken; **Romanus natus** von Geburt Römer; **sermo nobis natus** unsere Muttersprache; **imperio/ad imperandum natus** zum Herrschen geboren; **loca insidiis nata** für einen Hinterhalt wie geschaffenes Gelände; **pro re nata** nach Beschaffenheit der Sache; **triginta annos natus** dreißig Jahre alt; **maior/minor sexaginta annos natus** älter/jünger als sechzig Jahre

Nāsīca ⟨ae⟩ M röm. Beiname; → **Scipio**

Nāsō ⟨Nāsōnis⟩ M röm. Beiname; → **Ovidius**

Nāsos ⟨ī⟩ F Stadtteil von Syrakus; = **Ortygia**

nassa ⟨ae⟩ F Fischreuse; fig Netz

nassiterna ⟨ae⟩ F (vkl.) Gießkanne

nāsturcium ⟨ī⟩ N ||nasus, torquere|| Kresse

nāsum ⟨ī⟩ N, **nāsus** ⟨ī⟩ M (vkl.)

1 Nase; poet Geruchssinn
2 fig feine Nase, scharfes Urteil
3 fig Nase als Sitz des Spottes; **naso suspendere aliquem/aliquid** über j-n/etw die Nase rümpfen, über j-n/etw spotten
4 iuv. fig Tülle, Schnabel eines Bechers

Nāsus ⟨ī⟩ M = **Nasos**

nāsūtus ⟨a, um, adv nasūtē⟩ ADJ ||nasus|| mit großer Nase; fig spöttisch

nāta ⟨ae⟩ F ||nasci|| Tochter

nātālicia ⟨ae⟩ F ||natalicius|| (erg. **cena**) Geburtstagsessen

nātālicius ⟨a, um⟩ ADJ ||natalis|| Geburtstags..., Geburts...; **praedicta natalicia** Geburtskonstellation, Horoskop

nātālis

A ⟨nātāle⟩ ADJ ||natus²|| Geburts...; **hora ~** Geburtsstunde; **humus ~** Heimat; **dies ~** Geburtstag, Jahrestag

B ⟨nātālis⟩ M

1 Geburtstag
2 poet Geburtsort
3 Geburtsgott, Geburtsgenius
4 PL (nachkl.) poet Herkunft, Familie, sozialer Stand; **natalium splendor** Glanz der Herkunft
5 **~ (dies) domini** (mlat.) Weihnachten

natantēs ⟨natantium u. natantum⟩ M ||natare|| Schwimmtiere

natāre ⟨ō, āvī, ātum 1.⟩ ||nare||

A VI

1 von Lebewesen u. Leblosem schwimmen
2 fig überströmen, voll sein; **pavimenta vino natantia** von Wein triefende Böden
3 wogen, wallen; **segetes natantes** wogende Saaten; **vestis natans** wallendes Kleid
4 von Personen unsicher sein, schwanken

B VT durchschwimmen, **freta** die Meerengen

natātiō ⟨natātiōnis⟩ F ||natare|| Schwimmen, Schwimmübung, auch pl

natātor ⟨natātōris⟩ M ||natare|| (unkl.) Schwimmer

nātiō ⟨nātiōnis⟩ F ||nasci||

1 Geburt, Abstammung; **natione Medus** medischer Abstammung
2 Stamm, Volk; **eiusdem nationis esse** ein Landsmann sein
3 fig Gattung, Art, oft iron; **~ Epicureorum** die Sippschaft der Epikureer; **rudis ~** rauer Menschenschlag
4 PL (spätl., eccl.) die Nichtchristen, die Heiden
▶ deutsch: **Nation**

Nātiō ⟨Nātiōnis⟩ F Geburtsgöttin

natis ⟨natis⟩ F (vkl.) poet Hinterbacke; pl Gesäß

nātīvus ⟨a, um⟩ ADJ ||natus²||

1 geboren, auf natürlichem Weg entstanden; **verba nativa** Stammwörter

2 angeboren, natürlich; **malum nativum** Hunger; **sermo ~** Muttersprache

natrix ⟨natricis⟩ F
1. Wasserschlange; *fig* Schlange
2. *poet* männliches Glied, Penis

nātūra ⟨ae⟩ F ||nasci||
1. Geburt
2. Geschlechtsteil; *pl* Genitalien
3. Natur, natürliche Beschaffenheit; **~ rerum** Wesen des Ganzen; **naturā** von Natur aus
4. Gestalt, Äußeres; **~ fluminis** Richtung des Flusses
5. *geistig* Temperament, Charakter; **in naturam vertere** zur zweiten Natur werden
6. Naturtrieb, natürliches Gefühl
7. Naturgesetz, Weltordnung; **naturam vincere** sich übermenschlich anstrengen; **naturae satisfacere/concedere** sterben; **in rerum naturā est** es ist möglich
8. Naturkraft, Schöpferkraft der Natur
9. Welt; Schöpfung
10. Grundstoff, Element; **duae naturae** Erde und Wasser
11. Naturgebilde, Kreatur; **~ duplex** Doppelgestalt; **naturae rerum** wirkliche Dinge
12. Organ
13. *Lucr.* Geschlecht, Gattung

⚠️ **Natura non facit saltus.** Die Natur macht keine Sprünge. *Lehre von der stetigen, nicht sprunghaften Weiterentwicklung in der Natur*

nātūrālia ⟨ōrum⟩ N ||naturalis|| natürliche Dinge

▶ deutsch: **Naturalien**

nātūrālis ⟨nātūrāle, *adv* nātūrāliter⟩ ADJ ||natura||
1. natürlich, von der Natur geschaffen; **portus ~** natürlicher Hafen; **lex ~** Naturgesetz
2. leiblich; **filius ~** leiblicher Sohn
3. (*nachkl.*) außerehelich
4. natürlich, angeboren
5. die Natur betreffend, Natur…; **disputatio ~** naturwissenschaftliche Erörterung

⚠️ **Naturalia non sunt turpia.** *Verg.* Für natürliche Bedürfnisse muss man sich nicht schämen.

nātus¹ ⟨a, um⟩ PPERF → nasci
nātus² ⟨ī⟩ M ||nasci|| Sohn; *pl* Kinder; *auch von Tieren* die Jungen
nātus³ *abl* ⟨nātū⟩ M ||nasci|| Geburt; Alter; **grandis natū** hochbetagt; **maior natū** älter; **maiores natū** ältere Leute

nauarchus ⟨ī⟩ M Kapitän
nauclēricus ⟨a, um⟩ ADJ des Schiffsherrn
nauclērus ⟨ī⟩ M (*vkl., nachkl.*) Herr eines Schiffes
naucula ⟨ae⟩ F (*nachkl.*) = **navicula**

nauculārī ⟨or, - 1.⟩ ||naucula|| *Mart.* auf einem kleinen Schiff fahren
naucum ⟨ī⟩ N Nussschale, *nur in Redewendungen*: **non nauci esse** keinen Pfifferling wert sein; **non nauci habere/facere** gering schätzen; **homo non nauci** Taugenichts

nau-fragium ⟨ī⟩ N ||navis, frango||
1. Schiffbruch, **naufragium facere** Schiffbruch erleiden
2. *fig* Niederlage; **~ maris** Niederlage zur See
3. *fig* Zusammenbruch, Ruin
4. PL *meton* Trümmer, Überreste

naufragus
A ⟨a, um⟩ ADJ ||naufragium||
1. schiffbrüchig; *fig* ruiniert
2. Schiffe zerstörend
B ⟨ī⟩ M Schiffbrüchiger

naulum ⟨ī⟩ N (*nachkl.*) *poet* Fahrgeld, Frachtgeld
naumachia ⟨ae⟩ F (*nachkl.*) *poet* Seegefecht *als Schauspiel*; Ort eines Seegefechts, *meist ein künstlicher Teich*
naumachiārius ⟨ī⟩ M ||naumachia|| Kämpfer in einem Seegefecht *als Schauspiel*
Naupactos, Naupactus ⟨ī⟩ F wichtige Hafenstadt in der Straße von Korinth

nausea ⟨ae⟩ F
1. Seekrankheit; (*unkl.*) Übelkeit
2. *Sen. fig* Ekel, Ekel erregende Langeweile

nauseābundus ⟨a, um⟩ ADJ ||nausea|| *Sen.* seekrank; an verdorbenem Magen leidend
nauseāre ⟨ō, āvī, ātum 1.⟩ ||nausea||
1. seekrank sein; sich erbrechen
2. *Sen. fig* sich ekeln
3. *Phaedr. fig* sich schlecht benehmen

nauseātor ⟨nauseātōris⟩ M ||nausea|| *Sen.* Seekranker
nauseola ⟨ae⟩ F ||nausea|| kleine Übelkeit
nausi… = **nause…**

nauta ⟨ae⟩ M
1. Seemann, Matrose; *pl* Schiffsmannschaft
2. *poet* Schiffsherr, Reeder
3. *poet* Schiffspassagier

nautea ⟨ae⟩ F *Plaut.* Abwasser eines Schiffes
nauticus
A ⟨a, um⟩ ADJ seemännisch, See…
B ⟨ī⟩ M (*nachkl.*) = **nauta**

nāvāle ⟨nāvālis⟩ N ||navalis|| Standort der Schiffe, Hafen; *pl* Schiffswerft, Dock
nāvālis ⟨nāvāle⟩ ADJ ||navis|| See…, Schiffs…; **corona ~** Schiffskrone, *Auszeichnung für einen Seesieg*; **materia ~** Schiffsbauholz
nāvāre ⟨ō, āvī, ātum 1.⟩ ||navus|| eifrig betreiben, rührig verrichten; **rem publicam ~** dem Staat eifrig dienen; **operam ~** sich erfolgreich bemühen; **operam/studium alicui ~** j-m bei-

stehen; **alicui bellum ~** j-m im Krieg Hilfe leisten

nāvē ADV → navus

nāvicula ⟨ae⟩ F ||navis|| kleines Schiff, Boot, Kahn

nāviculāria ⟨ae⟩ F ||navicularius|| Handelsschifffahrt, Reederei

nāviculārius
A ⟨a, um⟩ ADJ ||navicula|| zum Schiffswesen gehörig
B ⟨ī⟩ M Reeder

nāvi-fragus ⟨a, um⟩ ADJ ||navis, frangere|| poet Schiffe zerstörend

nāvigābilis ⟨nāvigābile⟩ ADJ ||navigo|| (nachkl.) schiffbar

nāvigāre ⟨ō, āvī, ātum 1.⟩ ||navis, agere||
A VI
1 zur See fahren, segeln; **ex portu in Asiam ~** aus dem Hafen nach Asien segeln
2 abfahren, in See stechen
B VT
1 durchsegeln, durchfahren, **maria** die Meere
2 Sall. durch Seefahrt erwerben

nāvigātiō ⟨nāvigātiōnis⟩ F ||navigare|| Schifffahrt, alicuius rei auf etw; Seereise; meton Fahrgelegenheit; **~ flūminis** Schifffahrt auf einem Fluss

nāvigātor ⟨nāvigātōris⟩ M ||navigare|| Quint. Schiffer, Seefahrer

nāvi-ger ⟨navigera, navigerum⟩ ADJ ||navis, gerere|| Schiffe tragend, schiffbar

nāvigiolum ⟨ī⟩ N ||navigium|| (unkl.) = navicula

nāvigium ⟨ī⟩ N ||navigare|| Schiff, Kahn

nāvis ⟨nāvis⟩ F
1 Schiff; **~ longa** Kriegsschiff; **~ onerāria** Lastschiff; **~ constrāta** Schiff mit Verdeck; **~ praetōria** Admiralsschiff, Kommandoschiff; **navem deducere** ein Schiff vom Stapel lassen; **navem subducere** ein Schiff an Land ziehen; **navibus et quadrigis** mit Schiffen und Quadrigen = mit allen Kräften; **~ rei publicae** fig Staatsschiff
2 (mlat.) Kirchenschiff, Langhaus einer Kirche, das für das Volk bestimmt war

nāvita ⟨ae⟩ M = nauta

nāvitās ⟨nāvitātis⟩ F ||navus|| Rührigkeit, Eifer

nāviter ADV → navus

nāvus ⟨a, um, adv nāviter u. selten nāvē⟩ ADJ rührig, eifrig; adv tüchtig, völlig; **nāviter impudens** völlig unverschämt

Naxius ⟨a, um⟩ ADJ aus Naxos, von Naxos

Naxos, Naxus ⟨ī⟩ F größte, schon früh besiedelte, weinreiche Kykladeninsel, Kultstätte des Dionysos u. der Ariadne

nē¹ Partikel der Beteuerung, nur vor pers pr u. dem pr wahrhaftig, ja, häufig im Hauptsatz von konditionalen Gefügen; **ne ego ei non affuissem, nisi** wirklich, ich hätte ihm nicht geholfen, wenn nicht

nē²
A ADV
1 nicht in Aussagesätzen in Zusammensetzungen; **nequam** nichts wert; **ne-quiquam** vergeblich
2 **ne ... quidem** nicht einmal; vergleichend auch nicht; im Gegensatz keineswegs; **ne in templis quidem** nicht einmal in den Tempeln
3 in Befehlssätzen nicht, in Gesetzestexten auch +imp fut, +konjkt präs od konjkt perf; **tu ne cede malis** du aber weiche nicht dem Unglück; **nocturna sacrificia ne sunto** nächtliche Opfer sollen nicht stattfinden; **ne laudaveris** lobe nicht
4 in Wunsch- u. Beteuerungssätzen nicht, +konjkt; **ne veniās** komme (ja) nicht; **ne vivam, si scio** ich will des Todes sein, wenn ich weiß
5 in Konzessivsatz zugegeben, dass nicht; gesetzt, dass nicht, +konjkt; **ne sit sane summum malum dolor, malum certe est** mag der Schmerz auch nicht (gerade) das größte Übel sein, ein Übel ist er sicherlich
B KONJ +konjkt
1 in abhängigen Begehrsätzen dass nicht; **oro te, ne veniās** ich bitte dich, nicht zu kommen
2 nach Ausdrücken der Furcht u. Besorgnis dass; **ne non** dass nicht; **timeo, ne hostis veniat** ich fürchte, dass der Feind kommt; **timeo, ne socii non veniant** ich fürchte, dass die Bundesgenossen nicht kommen
3 nach den Verben hindern, untersagen, sich hüten, sich weigern dass od übersetzt als inf mit zu, +konjkt; **plura ne scribam, dolore impedior** ich werde durch den Schmerz gehindert mehr zu schreiben
4 Finalsatz dass nicht, damit nicht, um nicht, +konjkt; **nolo esse laudator, ne videar adulator** ich will kein Lobredner sein, um nicht als Schmeichler zu erscheinen

ne-³ unbetonte Wortverneinung: **nego** ich verneine; **neg-lego** ich vernachlässige; **ne-fas** Unrecht

-ne⁴ Fragepartikel, immer an das die Frage betonende Wort einer Satzfrage angehängt, meist nicht übersetzbar
1 in dir Fragen, wenn die Antwort unbestimmt ist; **totane urbs arsit?** brannte etwa die ganze Stadt?
2 in dir Fragen mit der erwarteten Antwort ja = **nonne**; **vidisne?** siehst du etwa nicht?
3 in dir Fragen mit der erwarteten Antwort nein = **num**
4 allein stehend **egone?** ich?, doch ich nicht?; **itane?** so?, also wirklich?; **ain' tu?** ist das dein Ernst?
5 in indir Satzfragen ob (nicht), ob etwa (nicht); **Epaminondas quaesivit, salvusne esse clipeus** Epaminondas fragte, ob sein Schild unversehrt sei
6 in Alternativfragen **-ne ... an/-ne = utrum ... an**

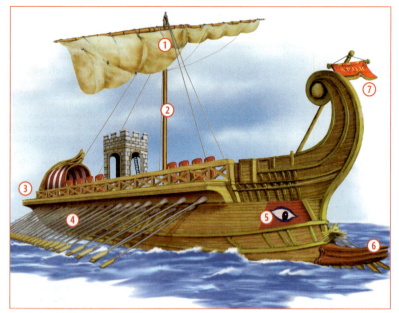

navis longa – Kriegsschiff

1. velum – Segel
2. malus – Mast
3. puppis – Heck
4. remi – Ruder
5. oculus – Auge (als Glücksbringer)
6. rostrum – Rammsporn
7. prora – Bug

---

7 **-ne ... an** u. **-ne ... -ne** in dir Alternativfragen: 1. Glied unübersetzt, 2. u. eventuell folgende Glieder **oder**
8 **-ne ... an/-ne ... -ne/- ... -ne** in indir Alternativfragen **ob ... oder**
9 **-ne ... necne/- ... necne** in indir Alternativfragen **ob ... oder nicht**

Neāpolis ⟨Neāpolis⟩ F̲
1 Stadtteil von Syrakus
2 Hafenstadt in Kampanien am Westabhang des Vesuv, um 600 v. Chr. von Kyme aus gegründet, seit 326 v. Chr. mit Rom verbündet, heute Neapel

Neāpolitānus ⟨a, um⟩ A̲D̲J̲ aus Neapolis, von Neapolis

Neāpolitānus ⟨ī⟩ M̲ Einwohner von Neapolis

nebula ⟨ae⟩ F̲
1 Dunst, Nebel
2 poet Rauch des Feuers
3 Wolke
4 poet Oblate; dünne Kleider; dünnes Blech

nebulō ⟨nebulōnis⟩ M̲ ||nebula|| Windbeutel, Taugenichts

nebulōsus ⟨a, um⟩ A̲D̲J̲ ||nebula|| neblig, dunkel

nec ||ne-³, -que||
A A̲D̲V̲ (altl.) nicht; = **non**
B K̲O̲N̲J̲ = **neque**

necāre ⟨ō, āvī, ātum 1.⟩ gewaltsam töten, ermorden; (vkl., nachkl.) fig vernichten; **aliquem verberibus ~** j-n totpeitschen

nec-dum K̲O̲N̲J̲ und nicht, aber nicht

necessāria ⟨ōrum⟩ M̲ ||necessarius|| eng Verbundenes

necessārius
A ⟨a, um⟩ A̲D̲J̲, A̲D̲V̲ ⟨necessāriō u. necessāriē⟩ ||necesse||
1 notwendig; unumgänglich; *alicui* für j-n, *ad aliquid/alicui rei* zu etw, für etw; **res ad vivendum necessariae** lebensnotwendige Dinge; **necessarium est** es ist notwendig, man muss, +inf|+AcI/selten *ut* dass; **necessariae partes** (nachkl.) Geschlechtsteile
2 dringend, zwingend; **tempus necessarium** drängende Umstände, Not; **~ alicui** j-m am

Herzen liegend
3 *von Personen* nahestehend, verwandt
4 *adv* notgedrungen, unvermeidlich
B ⟨ī⟩ M̄ enger Verwandter

necesse A̅D̅J̅N̅ ||ne², cedere|| notwendig, *nur in Verbindungen:* **~ esse** nötig sein, notwendig sein, *nur mit pron als Subj.,* +*inf*/+*AcI*/*selten ut* dass; **quod ~ est** was nötig ist; **homini ~ est mori** der Mensch muss sterben; **~ habere** für notwendig halten, nötig haben, müssen, +*inf*

necessitās ⟨necessitātis⟩ F̄ ||necesse||
1 Notwendigkeit, Unvermeidlichkeit; **necessitate coactus** notgedrungen
2 unvermeidliche Folge
3 Verhängnis, Schicksal
4 Notdurft
5 Not, Bedrängnis; **~ rei** Mühseligkeit der Lage; **in magna necessitate esse** in großer Not sein
6 (*nachkl.*) Mangel, Armut
7 P̄L̄ notwendige Bedürfnisse, nötige Leistungen
8 verbindende Kraft, fesselnde Macht
9 *fig* enge Verbindung, nahes Verhältnis

necessitūdō ⟨necessitūdinis⟩ F̄ ||necesse||
1 Notwendigkeit, Unvermeidlichkeit
2 (*nachkl.*) Notlage, Bedrängnis
3 enge Verbindung, Verwandtschaft; *pl* freundschaftliche Beziehungen, geschäftliche Beziehungen; **~ regni** enge Verbindung mit der Herrscherfamilie; **~ rerum** Zusammenhang zwischen den Dingen

necessum esse, necessus esse = **necesse esse**; → **necesse**

nec-legere ⟨legō, lēxī, lēctum 3.⟩ = **neglegere**

nec-ne K̄O̅N̅J̅ ||nec|| *bei indir, sehr selten bei dir Alternativfragen* oder nicht?

nec-nōn = **nec ... non**; → **neque**

nec-opīnāns ⟨necopīnantis⟩ A̅D̅J̅ *auch getrennt* ||opinari|| nichts vermutend, ahnungslos

nec-opīnātus ⟨a, um, *adv* necopīnātō⟩ A̅D̅J̅ ||opinari|| unvermutet, unerwartet

nec-opīnus ⟨a, um⟩ A̅D̅J̅
1 = **necopinans**
2 = **necopinatus**

nectar ⟨nectaris⟩ N̄
1 Göttertrank; *Ov.* Götterbalsam
2 *fig* Süße; köstlicher Wein
▶ deutsch: **Nektar**

nectareus ⟨a, um⟩ A̅D̅J̅ ||nectar|| *poet* aus Nektar, süß wie Nektar

nectere ⟨nectō, nexuī/nexī, nexum 3.⟩
1 (ver)knüpfen, *zu einem festen Ganzen* verbinden; **flores ~** Blumen zusammenbinden; **laqueum ~** eine Schlinge knüpfen; **vincula gutturi ~** einen Strick um die Kehle schlingen
2 *poet* umwinden, umschlingen; **nector caput olivā** ich umwinde mir den Kopf mit einem Ölzweig
3 J̄U̅R̅ binden, fesseln, verhaften; **~ aliquem (ob aes alienum)** j-n in Schuldhaft nehmen
4 *fig* anknüpfen, anfügen
5 *fig* verknüpfen, verbinden; **virtutes inter se nexae** miteinander verflochtene Tugenden
6 (*nachkl.*) *fig* anzetteln, ersinnen
7 (*nachkl.*) *fig* verbinden, verpflichten

nē-cubī K̄O̅N̅J̅ +*konjkt* ||ne², ubi|| damit nicht irgendwo

nē-cunde K̄O̅N̅J̅ +*konjkt* ||ne², unde|| damit nicht irgendwoher

nē-dum ||ne²||
A (*altl.*) damit nicht inzwischen; = **ne dum**.
B K̄O̅N̅J̅ +*konjkt*/+*ind* geschweige denn, dass
C A̅D̅V̅ in verkürzten Sätzen ohne Verb geschweige (denn); *nach verneintem Satz* noch viel weniger; *nach bejahtem Satz* noch viel mehr
D (*unkl.*) *am Satzanfang* nicht nur; = **non solum**

ne-facere ⟨ō, -, - 3.⟩ ||ne-³|| *Plaut.* anders handeln

nefandum ⟨ī⟩ N̄ ||nefandus|| Frevel

ne-fandus ⟨a, um⟩ A̅D̅J̅ ||ne-³, farī|| unsäglich, abscheulich; **lues nefandum** unheilvolle Seuche

nefārium ⟨ī⟩ N̄ ||nefarius|| = **nefas**

nefārius
A ⟨a, um⟩ A̅D̅J̅, A̅D̅V̅ ⟨nefāriē⟩ ||nefas|| frevelhaft, gottlos
B ⟨ī⟩ M̄ Frevler

ne-fās N̄ *indekl, nur nom u. akk sg* ||ne-³||
1 Frevel *gegen Gott u. Religion*, Gräueltat; **~!** entsetzlich!, abscheulich!
2 *meton* Frevler, Scheusal
3 *auch adj übersetzt* unerlaubt; **~ est** es ist nicht erlaubt, man darf nicht
4 *auch adj übersetzt* unmöglich; **aliquid corrigere ~ est** etw zu verbessern ist unmöglich

ne-fāstus ⟨a, um⟩ A̅D̅J̅ ||ne-³||
1 R̄E̅L̅ verboten; **dies ~** gesperrter Tag, *an dem Markt, Gerichtssitzungen u. Komitien aus religiösen Gründen verboten waren*
2 *fig* unheilvoll, Unglücks-...
3 *fig von Handlungen* sündhaft

negantia ⟨ae⟩ F̄ ||negare|| Verneinung

negāre ⟨ō, āvī, ātum 1.⟩
A V̅T̅ Nein sagen; eine ablehnende Antwort geben, *alicui* j-m; **petitioni ~** eine Bitte abschlagen
B V̅T̅
1 verneinen, leugnen, +*AcI*, *verneint auch mit quin*, *passiv* +*NcI*; **non ~** offen zugestehen
2 abschlagen, verweigern, *alicui aliquid* j-m

etw; **se ~ vinculis** sich der Verhaftung entziehen; **vela ~ ventis** die Segel einziehen; **se ~ alicui** j-n abweisen

negātiō ⟨negātiōnis⟩ F ||negare|| Verneinung, Leugnen

negitāre ⟨ō, āvī, ātum 1.⟩ ||negare|| beharrlich leugnen, *absolut od +Acl*

neglēctiō ⟨neglēctiōnis⟩ F ||neglegere|| (*vkl., nachkl.*) Vernachlässigung, Gleichgültigkeit, *alicuius* j-s *od* gegen jdn

neglēctus[1] ⟨a, um⟩ ADJ ||neglegere|| (*vkl., nachkl.*) vernachlässigt, unbeachtet; **capilli neglecti** ungepflegte Haare

neglēctus[2] ⟨a, um⟩ PPP → neglegere

neglegēns ⟨neglegentis, *adv* neglegenter⟩ ADJ

1 nachlässig, gleichgültig, *aliciuius rei/in re* gegen etw, in etw, *in aliquem* gegen j-n; **~ officii** pflichtvergessen

2 verschwenderisch

neglegentia ⟨ae⟩ F ||neglegens||

1 Nachlässigkeit, *alicuius* j-s, *alicuius rei/in re* in etw, bei etw

2 Vernachlässigung, Gleichgültigkeit, *alicuius* gegen j-n, *alicuius rei* gegen etw; **~ sui** das Sichgehenlassen; **~ epistularum** kühle Zurückhaltung in Briefen

neg-legere ⟨legō, lēxī, lēctum 3.⟩ ||nec, legere||

1 *j-n/etw* vernachlässigen, *aliquem/aliquid/selten de aliquo*; *+inf* versäumen; *+Acl* gleichgültig ansehen

2 gering schätzen, ignorieren

3 übersehen, ungestraft lassen; *passiv* ungestraft bleiben

negōtiālis ⟨negōtiāle⟩ ADJ ||negotium|| geschäftlich; praktisch; **locus ~** (*nachkl.*) öffentliche Tätigkeit

negōtiāns ⟨negōtiantis⟩ M ||negotiari|| = **negotiator**

negōtiārī ⟨or, ātus sum 1.⟩ ||negotium|| Handelsgeschäfte im Großen betreiben; *allg.* Handel treiben

negōtiātiō ⟨negōtiātiōnis⟩ F ||negotiari|| Großhandel; *allg.* Handel

negōtiātor ⟨negōtiātōris⟩ M ||negotiari||

1 Großhändler, *bes* Bankier

2 *allg.* Kaufmann, Händler

negōtiolum ⟨ī⟩ N ||negotium|| kleines Geschäft, Geschäftchen

negōtiōsitās ⟨negōtiōsitātis⟩ F ||negotiosus|| *Gell.* Geschäftigkeit

negōtiōsus ⟨a, um⟩ ADJ ||negotium|| tätig, geschäftig; **dies ~** *Tac.* Alltag, Werktag

neg-ōtium ⟨ī⟩ N ||ne²||

1 Tätigkeit, Beschäftigung; **quid est tibi hic negotii?** was hast du hier zu tun?; **in negotio esse** beschäftigt sein; **alicui ~ est cum aliquo** j-d hat mit j-m zu tun

2 einzelne Beschäftigung, Verrichtung, Auftrag, Aufgabe; **alicui negotium mandare** j-m einen Auftrag geben; **infecto negotio** unverrichteter Dinge

3 schwieriges Geschäft, Mühe; **satis negotii habere in re** genug zu tun haben mit etw; **alicui ~ est cum aliquo** j-d hat seine Not mit j-m; **nihil negotii habere** Ruhe haben; **magno negotio** mit großer Schwierigkeit; **sine negotio/nullo negotio** ohne viele Umstände

4 Geschäfte, Obliegenheiten

5 Staatsgeschäft(e), Staatsdienst; **in negotio** im Staatsdienst

6 kriegerische Unternehmung, Kampf

7 Handelsgeschäft, Geldgeschäft; **negotia gerentes** Geschäftsleute

8 häusliche Angelegenheit; *sg u. pl* Hauswesen; **negotium bene gerere** gut wirtschaften

9 Angelegenheit; *sg u. pl* Verhältnisse, Umstände

10 *pej von Menschen* Stück, Wesen; **Teucris illa lentum ~ est** *Cic.* jene Troerin ist ein langsames Stück

⚠ **Beatus ille, qui procul negotiis.** *Hor.* Glücklich ist, wer fern von den (alltäglichen und schwierigen) Geschäften ist.

Nēlēius

A ⟨a, um⟩ ADJ des Neleus

B ⟨ī⟩ M Nachkomme des Neleus

Nēlēus ⟨Nēleī⟩ M König von Pylos, Vater des Nestor

Nēlēus ⟨a, um⟩ ADJ des Neleus

Nēlīdēs ⟨Nēlīdae⟩ M Nachkomme des Neleus

Nemausus ⟨ī⟩ F kelt. Siedlung im unteren Rhônetal, seit Augustus röm. Kolonie, heute Nîmes, mit bedeutenden antiken Denkmälern

Nemea ⟨ae⟩ F Landschaft u. Ort im N der Peloponnes, mit einem Hain des Zeus, wo alle zwei Jahre die Nemeischen Spiele (**Nemea, ōrum** N) gefeiert wurden; in der Nähe soll Herkules den Nemeischen Löwen getötet haben

Nemeaeus ⟨a, um⟩ ADJ nemeisch

Nemesis ⟨Nemesis *u.* Nemeseos⟩ F Göttin der Vergeltung

nēmō ⟨nullius⟩ INDEF PR

A *subst* niemand, keiner; **~ amicorum** keiner der Freunde; **~ nostrum** niemand von uns; **~ ex eis** niemand von ihnen; **~ dives** kein Reicher; **~ ignorat** jeder weiß; **non ~** mancher; **~ non** jeder; **~ unus** kein Einziger

B *adj nur bei Personen* kein; **~ hostis** kein Feind

⚠ **Nemo malus felix.** *Iuv.* Kein schlechter Mensch kann glücklich sein.

nemorālis ⟨nemorāle⟩ ADJ ||nemus|| zum Hain gehörig, waldig

nemorēnsis ⟨nemorēnse⟩ ADJ ||nemus|| zum Hain gehörig, waldig; **lacus ~** Ov. zum Hain von Aricia gehöriger See, s. des Albanersees, so benannt nach dem heiligen Hain der Diana, heute Lago di Nemi; **in Nemorensi** auf dem Gebiet des Hains von Aricia

nemori-cultrīx ⟨nemoricultrīcis⟩ F ||nemus|| Phaedr. Waldbewohnerin; **sus ~** Wildschwein

nemori-vagus ⟨a, um⟩ ADJ ||nemus|| Catul. im Wald umherschweifend

nemorōsus ⟨a, um⟩ ADJ ||nemus|| (nachkl.) poet waldreich; baumreich

nempe ADV denn doch, allerdings, bes in Antworten auf eine Frage; oft iron freilich, natürlich; **quid volunt leges? ~ ut eis obtemperemus** was wollen die Gesetze? Doch wohl, dass wir ihnen gehorchen

nemus ⟨nemoris⟩ N
1 Hain, Wald mit Lichtungen
2 einer Gottheit geweihter Hain
3 poet von den Bäumen im Innenhof des röm. Hauses Park
4 Verg. Baumpflanzung; Weinpflanzung
5 sich waldartig ausbreitender Baum; **ingens quercus, una nemus** Ov. eine ungeheure Eiche, allein ein ganzer Wald

nēnia ⟨ae⟩ F
1 Leichengesang, urspr. von den Verwandten, später von bezahlten Klagefrauen gesungen; allg. Klagegesang
2 Zauberlied, Zauberformel
3 Volkslied; Schlummerlied
4 **id fuit ~ ludo** Plaut. das war das Ende vom Lied

neophytus ⟨ī⟩ M Tert. Neubekehrter

Neoptolemus ⟨ī⟩ M Sohn des Achill, auch Pyrrhos genannt

neōtericī ⟨ōrum⟩ M die Neoteriker, röm. Dichterkreis des 1. Jh. v. Chr., der sich im Stil an die hellenistisch-alexandrinische Dichtung anschloss; Hauptvertreter war Catull

nepa ⟨ae⟩ F
1 Skorpion als Tier u. als Gestirn
2 Krebs als Tier u. als Gestirn

nēpenthes N indekl das die Sorgen vertreibt, Beiname eines Krauts, das angeblich Sorgen vertrieb

Nephelē ⟨Nephelēs⟩ F Mutter des Phrixos u. der Helle

Nephelēis ⟨Nepheleidis u. Nepheleidos⟩ F Tochter der Nephele

nepōs ⟨nepōtis⟩ M
1 Enkel; (nachkl.) Neffe
2 Hor. meton Verschwender, Wüstling

Nepōs ⟨Nepōtis⟩ M röm. Beiname; **Cornelius ~** ca 100–25 v. Chr., Freund von Cicero, Atticus u. Catull, Verfasser von Geschichtswerken, bes „De viribus illustribus" (Über berühmte Männer)

nepōtārī ⟨or, - 1.⟩ ||nepos|| (nachkl.) verschwenden

nepōtātus ⟨nepōtātūs⟩ M ||nepotari|| (nachkl.) Schwelgerei

nepōtulus ⟨ī⟩ M ||nepos|| Plaut. Enkelchen

neptis ⟨neptis⟩ F ||nepos|| Enkelin; (spätl.) Nichte; **doctae neptes** Ov. die Musen

Neptūnīnē ⟨Neptūnīnēs⟩ F ||Neptunus|| Tochter des Meeres, = Thetis

Neptūnius ⟨a, um⟩ ADJ ||Neptunus|| des Neptun; **moenia Neptunia** Mauern des Neptun, = Troja, das von Poseidon/Neptun befestigt worden war; **arva Neptunia** die Gefilde des Neptun, = Meer; **heros ~** = Theseus, als Sohn od Nachkomme des Poseidon/Neptun; **dux ~** Sextus Pompeius, der sich für einen Sohn Neptuns ausgab

Neptūnus ⟨ī⟩ M Neptun, urspr. Gott der Quellen u. Flüsse, durch Gleichsetzung mit dem griech. Poseidon Gott der Meere; Sohn des Kronos/Saturnus; meton Meer

nē-quam indekl, komp ⟨nēquior, nēquius⟩, sup ⟨nēquissimus, a, um adj, adv nēquiter⟩ ||ne²||
1 (vkl.) poet von Sachen nichts wert, wertlos
2 von Personen nichtswürdig; leichtsinnig

nē-quāquam ADV ||ne², quisquam|| keineswegs, durchaus nicht

ne-que KONJ ||ne²||
1 bei Verneinung des ganzen Satzes und nicht, auch nicht
2 nach vorhergehender Verneinung und, oder
3 nach vorhergehender Bejahung aber nicht, jedoch nicht; **nostri hostem in fugam dederunt ~ persequi potuerunt** unsere Leute schlugen den Feind in die Flucht, konnten ihn aber nicht verfolgen
4 und zwar nicht; denn nicht; und demnach nicht; und wirklich nicht
5 und nicht einmal, und auch nicht; = **(ac) ne quidem**
6 **~ quisquam** und niemand; **~ quiddam** und nichts; **~ ullus** und keiner; **~ usquam** und nirgends
7 **~ is/ ~ id** und zwar nicht
8 **~ vero** aber nicht; **~ enim** denn nicht; **~ enim quisquam** denn niemand; **~ tamen** und dennoch nicht; **~ etiam** und sogar nicht
9 **~ ... non** und gewiss auch, und in der Tat; **~ enim non** denn wirklich, denn jedenfalls; **~ tamen non** dennoch aber
10 **~ aut ... aut** u. **~ vel ... vel** und weder ... noch
11 **~ ... ~** weder ... noch, wie nicht ... so auch nicht, so wenig ... ebenso wenig; auch und we-

Neptun

Neptunus wurde ursprünglich von den Römern als Gott der Quellen und Flüsse verehrt. Durch die spätere Gleichsetzung mit dem griechischen **Poseidon** wurde er zum Gott der Meere; seine Waffe war der Dreizack, mit dem er das Meer aufwühlte. Er war ein Sohn des **Kronos/Saturnus** und damit ein Bruder Jupiters.

MYTHOLOGIE

der ... noch

12 ~ ... **et/-que** einerseits nicht ... andererseits (aber), nicht ... sondern vielmehr, zwar nicht ... aber

13 **et** ... ~ einerseits ... andererseits nicht, zwar ... aber nicht

neque-dum KONJ = **necdum**

nē-quīquam ADV ||ne², quiquam||
1 vergeblich, erfolglos
2 ohne Grund, unnötigerweise

nequīre ⟨īō, īvī/iī, itum 0.⟩ nicht können

nēquiter ADV → nequam

nēquitia ⟨ae⟩ F, **nēquitiēs** ⟨nēquitiēī⟩ F
||nequam|| Nichtsnutzigkeit; Üppigkeit

nēre ⟨neō, nēvī, nētum 2.⟩ Verg., Ov. spinnen, weben

Nērēīnē ⟨Nērēīnēs⟩ F, **Nērēis** ⟨Nērēidis⟩
F Nereide, Tochter des Nereus

Nērēius ⟨a, um⟩ ADJ Verg., Ov. des Nereus

Nēreūs ⟨Nēreī u. Nēreos⟩ M Meergott, Sohn des Okeanos (Oceanus) u. der Gaia, Vater von 50 Töchtern, den Nereiden

Nērīnē ⟨Nērīnēs⟩ F Nereide, Tochter des Nereus

Nēritius
A ⟨a, um⟩ ADJ ||Neritos|| des Odysseus
B ⟨ī⟩ M = Odysseus

Nēritos, Nēritus ⟨ī⟩
A M Gebirge auf Ithaka.
B F kleine felsige Insel bei Ithaka

Nerō ⟨Nerōnis⟩ M Beiname in der gens Claudia; → Claudius

1 **C. Claudius** ~ Sieger über Hasdrubal am Metaurus 207 v. Chr.

2 **Tib. Claudius** ~ erster Ehemann der Livia Drusilla; aus der Ehe stammen der Kaiser Tiberius u. Drusus, der Vater des Kaisers Claudius

3 **Tib. Claudius** ~ Kaiser 54–68 n. Chr.

Nerōnēus ⟨a, um⟩ ADJ des Nero
Nerōnia ⟨ōrum⟩ N Spiele zu Ehren des Nero
Nerōniānus, Nerōnius ⟨a, um⟩ ADJ des Nero

Nerthus ⟨ī⟩ F germ. Fruchtbarkeitsgöttin

Nerva ⟨ae⟩ M röm. Beiname; → **Cocceius**

Nervicus ⟨a, um⟩ ADJ ||Nervii|| der Nervier, zu den Nerviern gehörig

Nerviī ⟨ōrum⟩ M die Nervier, belg. Stamm zwischen Schelde u. Sambre

nervōsus ⟨a, um, adv nervōsē⟩ ADJ ||nervus||
1 (nachkl.) poet sehnig, muskulös
2 fig kraftvoll, bes vom Redner u. der Rede

nervulus ⟨ī⟩ M ||nervus|| nur pl Glieder

nervus ⟨ī⟩ M
1 Sehne, Muskel; pl Glieder; Hor. männliches Glied
2 meton Darmsaite, Saite eines Musikinstruments; pl Saiteninstrument; **nervos pellere** die Saiten schlagen
3 PL Hor. Fäden, Drähte von Marionetten
4 (nachkl.) poet Sehne des Bogens od der Wurfmaschine
5 Riemen zum Fesseln; meton Gefängnis
6 PL fig Stärke, Kraft; **omnibus nervis conten-**

dere mit aller Kraft kämpfen; **opes ac nervi** Mittel und Macht

[7] PL fig Seele, innerstes Wesen; **nervi coniurationis** Triebfeder der Verschwörung

[8] **~ rerum** (nlat.) = Geld, wohl studentische lat. Version eines Ausspruchs von Bion

▶ deutsch: **Nerv**
englisch: **nerv**
französisch: **nerf**
spanisch: **nervio**
italienisch: **nervo**

nesapius ⟨a, um⟩ ADJ ||ne-³, sapere|| Petr. **unwissend**

ne-scīre ⟨iō, īvī/iī, ītum 4.⟩ ||ne-³||

[1] nicht wissen, nicht kennen, absolut od aliquem j-n, aliquid/de re etw, +AcI/+indir Fragesatz; **nomen alicuius ~** j-s Namen nicht kennen; **nescio, quid dicam** ich weiß nicht, was ich sagen soll; **non ~** sehr wohl wissen

[2] nicht verstehen, nicht können; **Graece loqui nescio** ich kann kein Griechisch

[3] **nescio an** +konjkt ich weiß nicht, ob nicht; vielleicht, möglicherweise; **nescio an non** schwerlich

[4] eingeschoben ohne Einfluss auf die Konstruktion **nescio quis** irgendwer; **nescio qui** irgendein; **nescio quid** irgendwas, oft unbedeutend od außerordentlich, merkwürdig; **nescio quando** irgendwann; **nescio quomodo/quo pacto** unwillkürlich, unbegreiflich, leider

ne-scius ⟨a, um⟩ ADJ ||ne-³, scire||

[1] unwissend, ohne zu wissen, absolut od alicuius rei/de re etw, einer Sache, +AcI/+indir Fragesatz; **non nescium esse** sehr wohl wissen

[2] (nachkl.) poet nicht imstande, unfähig, +inf/ +ger; **tolerandi ~** nicht imstande etw zu ertragen

[3] poet unempfindlich

[4] (unkl.) unbekannt, unbewusst; **non nescium habere** sehr wohl wissen, +AcI

Nessēus ⟨a, um⟩ ADJ des Nessus

Nessus ⟨ī⟩ M Kentaur, von Herkules getötet, als er Deianira, die Gattin des Herkules, vergewaltigen wollte; sterbend gab der Kentaur Deianira von seinem Blut als angeblichen Liebeszauber; das Hemd, das Deianira damit später tränkte, brachte Herkules den Tod

Nestor ⟨Nestōris⟩ M König von Pylos, greiser u. weiser Berater der Griechen vor Troja

nētus ⟨a, um⟩ PPP → nere

neū KONJ → neve

neuma ⟨ae⟩ F (mlat.) Neume, mittelalterliches Notenzeichen, zunächst ohne Verwendung von Linien; pl Melodie

ne-uter ⟨neutra, neutrum⟩ ||ne-³-, uter|| PERS PR stets dreisilbig gesprochen

[A] subst keiner (von beiden); **~ consulum** keiner der (beiden) Konsuln; **neutri** keine von beiden Parteien; **neutris auxilia mittere** neutral bleiben

[B] ADJ

[1] kein (von beiden); **in neutram partem** weder zum Schaden noch zum Nutzen

[2] GRAM sächlichen Geschlechts

[3] PHIL gleichgültig, weder gut noch böse

ne-utiquam ADV auch getrennt keineswegs, durchaus nicht

neutra ⟨ōrum⟩ N ||neuter|| sächliche Wörter

neutrālis ⟨neutrāle⟩ ADJ ||neuter|| Quint. GRAM sächlich

▶ deutsch: **neutral**

neutrō ADV ||neuter|| (vkl., nachkl.) nach keiner der beiden Seiten

neutr-ubī ADV ||neuter|| (vkl., nachkl.) an keiner der beiden Stellen

nē-ve KONJ

[1] zur Einleitung des 2. Gliedes eines Aufforderungssatzes od Finalsatz und nicht, noch; **peto a te, ne abeas ~ nos deseras** ich verlange von dir, dass du weder weggehst noch uns verlässt

[2] **~ ... ~** damit weder ... noch

nēvī → nere

ne-vīs, ne-vult → nolle

nex ⟨necis⟩ F

[1] gewaltsamer Tod, Mord; **necem sibi con-**

Nero

Tiberius Claudius Nero (37 - 68 n. Chr.), Sohn von Gnaeus Domitius Ahenobarbus und Agrippina der Jüngeren, wurde von seinem Stiefvater, Kaiser **Claudius**, adoptiert. Durch Intrigen seiner Mutter wurde er statt von dessen Sohn **Britannicus** Kaiser. In den ersten Regierungsjahren zeigte er sich unter dem Einfluss seiner Mutter, des Prätorianerpräfekten **Burrus** und des Philosophen **Seneca** gemäßigt, doch bald schon begann seine tyrannische Willkürherrschaft. Als der Verdacht aufkam, er habe den Brand Roms 64 n. Chr. selbst verursacht, schob er die Schuld daran den Christen zu und ließ sie grausam verfolgen. Nach der Aufdeckung der Pisonischen Verschwörung 65 n. Chr. wurden u. a. **Seneca**, **Lucan** und **Petron** zum Selbstmord gezwungen. 68 n. Chr. tötete er sich während einer Revolte.

GESCHICHTE

sciscere sich umbringen
② (nachkl.) poet Tod
③ meton Blut des Ermordeten

nexī → nectere

nexilis ⟨nexile⟩ ADJ ||nectere|| (vkl.) poet zusammengeknüpft, verschlungen

nexuī → nectere

nexum ⟨ī⟩ N ||nectere|| JUR feierliche Form des Darlehensvertrages, Darlehen

nexus¹ ⟨ī⟩ M ||nectere|| in Schuldhaft Befindlicher, Schuldknecht

nexus² ⟨nexūs⟩ M ||nectere||
① Verknüpfung; Umschlingung; **~ bracchiorum** Verschlingung der Arme; **~ serpentis** Umschlingung einer Schlange
② (nachkl.) fig Verbindung, Zusammenhang; **~ causarum latentium** Zusammenhang verborgener Ursachen
③ JUR Schuldverpflichtung; meton Schuldknechtschaft; **nexu vinctus** Schuldknecht

nexus³ ⟨a, um⟩ PPP → nectere

nī
Ⓐ ADV nicht; **quidni?** wie nicht?, warum nicht?
Ⓑ KONJ
① final dass nicht, damit nicht
② konditional wenn nicht, bes bei Drohungen, Wetten, Beteuerungen; **peream, ni ita est** ich will des Todes sein, wenn es nicht so ist; **mirum, ni domi esset** ich müsste mich irren, wenn er nicht zu Hause wäre; er ist sicher zu Hause

Nīcaea ⟨ae⟩ F
① Stadt in Phrygien, bekannt durch das Konzil 325 n. Chr.
② Stadt in Lokris nahe der Thermopylen
③ Stadt in Ligurien, heute Nizza

Nīcaeēnsis¹ ⟨Nīcaeēnse⟩ ADJ aus Nicaea, von Nicaea

Nīcaeēnsis² ⟨Nīcaeēnsis⟩ M Einwohner von Nicaea

Nīcaeus ⟨a, um⟩ ADJ Liv. der „Siegreiche", Beiname des Jupiter

Nīcander ⟨Nīcandrī⟩ M Dichter, Grammatiker u. Arzt, um 150 v. Chr.

nīcātor ⟨nīcātōris⟩ M (nachkl.) Sieger; pl Beiname der Leibwache des Königs Perseus von Makedonien

nīcētērium ⟨ī⟩ N Iuv. Siegespreis

Nīcomēdēs ⟨Nīcomēdis⟩ M Name mehrerer Könige von Bithynien

Nīcomēdīa ⟨ae⟩ F Stadt in Bithynien, dort Plinius der Jüngere zeitweilig Statthalter

Nīcopolis ⟨Nīcopolis⟩ F Stadt in Arkadien, von Augustus zur Erinnerung an seinen Sieg erbaut an der Stelle seines Lagers vor der Schlacht bei Actium

nictāre ⟨ō, -, -1.⟩, **nictārī** ⟨or, -1.⟩ (unkl.) mit den Augen zwinkern; fig zucken

nīdāmentum ⟨ī⟩ N ||nidus|| Plaut. Baustoff für das Nest

nīdi-ficus ⟨a, um⟩ ADJ ||nidus, facere|| poet nistend

nīdor ⟨nīdōris⟩ M Bratenduft, Dunst

nīdulus ⟨ī⟩ M ||nidus|| Nestchen, kleines Nest

nīdus ⟨ī⟩ M
① Nest, Horst
② meton die Jungen im Nest, Brut
③ fig behaglicher Sitz
④ poet Felsennest
⑤ Mart. Bücherschrank

niger ⟨nigra, nigrum⟩ ADJ
① glänzend schwarz, dunkel(farbig); **crinis ~** schwarzes Haar; **silva nigra** Nadelwald
② (nachkl.) poet von Personen sonnenverbrannt, gebräunt
③ Verg. dunkel, verdunkelnd
④ fig, poet unheilvoll, schrecklich
⑤ fig, poet tückisch, böse

Nigidius ⟨a, um⟩ Name einer röm. gens; **P. ~ Figulus** Freund Ciceros, Grammatiker u. Philos.

nigrāns ⟨nigrantis⟩ ADJ ||nigrare|| schwarz, dunkelfarbig

nigrāre ⟨ō, āvī, ātum 1.⟩ ||niger|| poet schwarz sein

nigrēdō ⟨nigrēdinis⟩ F ||niger|| Schwärze

nigrēscere ⟨nigrēscō, nigruī, - 3.⟩ ||niger|| (unkl.) schwarz werden

nigror ⟨nigrōris⟩ M ||niger|| (unkl.) Schwärze, Dunkelheit

nigruī → nigrescere

nihil u. im Vers auch **nihīl**
Ⓐ N indekl, nur nom u. akk
① nichts; Bedeutungsloses; **~ quidquam** gar nichts; **~ pecuniae** kein Geld; **virtute ~ est praestantius** nichts ist vortrefflicher als die Tugend; **~ iustum** nichts Gerechtes; **~ esse** eine Null sein, nichts bedeuten
② **non ~** manches, einiges; **non ~ temporis** einige Zeit; **~ non** alles
③ **~ nisi** nichts als, nur; **~ aliud nisi** nichts anderes als, nur
④ **hoc ~ ad me (attinet)** dies geht mich nichts an; **hoc ~ ad rem** das tut nichts zur Sache
⑤ **~ est, quod/cur/quamobrem** es besteht kein Grund, dass, +konjkt
⑥ **~ minus** in Antworten ganz und gar nicht
Ⓑ ADV
① in keiner Weise, in keiner Hinsicht; **~ te impedio** ich hindere dich keineswegs
② aus keiner Ursache; **~ nisi/~ aliud nisi/~ aliud quam** aus keinem anderen Grund als

⚠ **De nihilo nihil.** Aus nichts entsteht nichts. *Standpunkt der Epikureer, dass alles eine Ursache hat und nicht einfach durch den Willen der Götter entsteht*

nihil-dum ADV noch nichts

nihilō-minus ADV → nihilum
nihilum
A ⟨ī⟩ N̄
1 nichts, Nichts; **ad nihilum venire** zunichte werden; **ad nihilum redigere** zunichte machen; **in nihilum recidere/occidere** in ein Nichts zerfallen
2 **nihili** für nichts; **nihili facere** für nichts schätzen; **nihili esse** nichts wert sein; **homo nihili** nichtswürdiger Mensch; **homo nihili factus** kastrierter Mann
3 **nihilo** für nichts, um nichts; **nihilo emere** um nichts kaufen; **pro nihilo** für nichts; **ex nihilo oriri** aus dem Nichts entstehen; **de nihilo** aus nichts, ohne Grund
4 **nihilo minus/setius** adv nichtsdestoweniger, trotzdem
B ADV in keiner Beziehung, keineswegs
nīl (unkl.) = **nihil**
Nīliacus, Nīlōticus ⟨a, um⟩ ADJ, **Nīlōtis** ⟨Nīlōtidis⟩ ADJ F ||Nilus|| des Nil, auch ägyptisch
Nīlus ⟨ī⟩ M̄
1 Nil; personifiziert Gott des Nil
2 Wassergraben
nimbātus ⟨a, um⟩ ADJ ||nimbus|| Plaut. in Nebel gehüllt
nimbi-fer ⟨nimbifera, nimbiferum⟩ ADJ ||nimbus, ferre|| (vkl.) poet wolkig, Regen bringend
nimbōsus ⟨a, um⟩ ADJ ||nimbus|| (nachkl.) poet wolkig, Regen bringend
nimbus ⟨ī⟩ M̄
1 Wolke, bes Nebel(hülle), in die die Götter sich hüllen
2 poet Staubwolke, Rauchwolke
3 Sturmwolke, Regenwolke
4 meton Platzregen, Unwetter
5 fig plötzliches Unglück
6 (nachkl.) poet große Menge, dichte Schar
▶ deutsch: **Nimbus**
nimietās ⟨nimietātis⟩ F̄ ||nimius|| (nachkl., spätl.) Übermaß
nimiopere ADV, auch getrennt zu sehr, überaus
nī-mīrum ADV allerdings, natürlich, oft iron
nimis ADV
1 zu sehr, allzu, bei Adj, Adv u. Verben; **~ mollis** zu weich; **~ saepe** zu oft; **~ gaudere** sich allzu sehr freuen
2 gar sehr, überaus; **oculi ~ arguti** überaus scharfe Augen
⚠ **Ne quid nimis!** Nichts im Übermaß! = Nichts übertreiben!
nimium ⟨ī⟩ N̄ ||nimius|| Zuviel, Übermaß; **nimio** +komp bei Weitem; **nimio plus** allzu sehr
nimius ⟨a, um⟩ ADJ
1 zu groß, zu viel, in re/alicuius rei/re in etw, bei etw

2 von Personen maßlos, auch zu mächtig
3 Petr., Mart. sehr groß, sehr viel
4 **nimium quantum** adv außerordentlich
5 **nimio/nimium = nimis**
ningere ⟨ningō, nīnxī, - 3.⟩ (nachkl.) poet unpers ningit es schneit, persön. **ningunt floribus rosarum** Lucr. sie streuen Rosen
ninguere ⟨ninguō, nīnxī, - 3.⟩ = **ningit**
ninguis ⟨ninguis⟩ F̄ (nachkl.) = **nix**
Ninos, Ninus ⟨ī⟩
A M̄ MYTH Gründer des assyrischen Reiches, Gatte der Semiramis.
B F̄ Ninive am Tigris, alte Hauptstadt von Assyrien, 612 v. Chr. von Medern u. Babyloniern zerstört, Ruinen bei Mosul im Irak
nīnxit → ning(u)ere
Nioba ⟨ae⟩ F̄, **Niobē** ⟨Niobēs⟩ F̄ MYTH Tochter des Tantalus, wegen ihrer Überheblichkeit gegenüber Leto/Latona tötete Apollo ihre sechs Söhne, Artemis/Diana ihre sechs Töchter; sie selbst wurde in Stein verwandelt
Niobēus ⟨a, um⟩ ADJ der Niobe, zu Niobe gehörig
niptra ⟨ōrum⟩ N̄ Waschwasser, Titel einer Tragödie des Pacuvius
Nīsaeus ⟨a, um⟩ ADJ von Nisos stammend; → Nisus 1
Nīsēis ⟨Nīseidis⟩ F̄ Tochter des Nisos, = Skylla; → Nisus 1
Nīsēius ⟨a, um⟩ ADJ von Nisos stammend; → Nisus 1
ni-sī KONJ
1 wenn nicht, wofern nicht; als Verneinung eines Satzes außer wenn, es sei denn, dass
2 bes nach Verneinungen außer, als; **nihil aliud ~** nichts anderes als; **nihil ~** nichts außer; **non ... ~/~ ... non** nichts als, nur, bloß; **~ si** außer wenn; **~ quod** außer dass, nur dass
3 **~ forte** es müsste denn sein, dass; **~ (vero) iron** es müsste denn gar sein, dass
Nīsias ⟨Nīsiadis⟩ F̄ Tochter des Nisos, = Skylla; → Nisus 1
nīsus[1] ⟨a, um⟩ PPERF → niti
nīsus[2] ⟨nīsūs⟩ M̄ ||niti||
1 festes Auftreten, Anstrengung
2 (nachkl.) Hinaufklettern, Emporsteigen
3 Schwung; von Sternen Umschwung
4 (nachkl.) poet Geburtswehen, das Gebären, sg u. pl
5 Tac. Brechreiz
6 (nachkl.) fig Anlauf, Nachdruck; **suo nisu** aus eigenem Antrieb
Nīsus ⟨ī⟩ M̄
1 König von Megara, Vater der Skylla, beide in Seevögel verwandelt
2 Troer, Freund des Euryalus
nītēdula, nītēla ⟨ae⟩ F̄ Haselmaus

nitēns ⟨nitentis⟩ ADJ ||nitere||
① (*nachkl.*) *poet* glänzend
② *fig* prächtig, *von der Rede* glänzend; **quā nulla nitentior femina** die schönste Frau

nitēre ⟨eō, uī, - 2.⟩
① fett sein; *von Menschen u. Tieren* wohlgenährt sein
② *meton* glänzen, blinken
③ *fig* strahlen; auffallen
④ *fig* reichlich vorhanden sein, reichlichen Ertrag bringen; **vectigal in pace nitet** im Frieden ist das Steueraufkommen reichlich

nitēscere ⟨ēscō, -, - 3.⟩ ||nitere|| (*nachkl.*) *poet* fett werden; *meton u. fig* länzend hervortreten

nītī ⟨nītor, nīxus sum/nīsus sum 3.⟩
① sich stemmen, sich stützen, *absolut od re/in re/in aliquid* auf etw; **genibus ~** knien; **cubito ~** sich auf den Ellenbogen stützen; **~ in adversum/contra** sich entgegenstemmen; **nixae aere trabes** durch eherne Säulen gestützt
② zu einer Bewegung sich in die Höhe stemmen; sich aufrichten; **serpentes nituntur** die Schlangen fangen an zu kriechen
③ *von Kämpfenden* Fuß fassen, sich halten
④ emporklettern; *von Fliegendem* schweben; **gradibus ~** die Stufen hinaufsteigen
⑤ vorwärts streben
⑥ *Suet.* sich anstrengen um seine Notdurft zu verrichten
⑦ *poet* in Wehen liegen
⑧ *fig* nach *etw* trachten, auf *etw* hinarbeiten, *in aliquid/ad aliquid*
⑨ *fig* auf *j-m/etw* beruhen, sich auf *j-n/etw* verlassen, *in aliquo/in re/re* auf etw
⑩ *fig* sich anstrengen; *+AcI* zu beweisen suchen, dass; **contra verum ~** gegen die Wahrheit ankämpfen

nitidiusculus ⟨a, um⟩ ADJ ||nitidus|| *Plaut.* schön glänzend

nitidus ⟨a, um, *adv* nitidē⟩ ADJ ||nitere||
① (*nachkl.*) *poet* von Menschen u. Tieren fett, wohlgenährt
② *meton* glänzend, schimmernd; **dies ~** sonniger Tag; **coma nardo nitida** von Nardenöl glänzendes Haar
③ *fig* stattlich, schön;
▶ deutsch: **netto**
   englisch: **net**
   französisch: **net**
   spanisch: **neto**
   italienisch: **netto**

Nitiobrogēs ⟨Nitiobrogum⟩ M Volk im SW von Gallien an der Garonne; Hauptstadt Aginnum, heute Agen

nitor ⟨nitōris⟩ M ||nitere||
① *Ter.* Beleibtheit, Korpulenz
② Glanz, Schimmer
③ *fig* (blendende) Schönheit, Eleganz
④ Glanz; Ansehen; **~ generis** Ansehen des Geschlechtes

nitrātus ⟨a, um⟩ ADJ ||nitrum|| (*nachkl.*) *poet* mit Natron vermischt

nitrum ⟨ī⟩ N (*unkl.*) Laugensalz, Natron

nivālis ⟨nivāle⟩ ADJ ||nix|| (*nachkl.*)
① *poet* Schnee…; **ventus ~** Schneesturm; **aurae nivales** Schneeluft
② *poet* beschneit; *fig* schneeweiß

nivārius ⟨a, um⟩ ADJ ||nix|| *Mart.* mit Schnee gefüllt; **colum nivarium** mit Schnee gefülltes Sieb *zum Seihen des Weines*

nivātus ⟨a, um⟩ ADJ ||nix|| (*nachkl.*) mit Schnee gekühlt

nīve¹ KONJ *Lucr.* = **neve**

nī-ve² KONJ oder wenn nicht

niveus ⟨a, um⟩ ADJ ||nix|| (*nachkl.*) *poet* Schnee…; *fig* schneeweiß; **agger ~** Schneehaufen

nivōsus ⟨a, um⟩ ADJ ||nix|| (*nachkl.*) *poet* schneereich

nix ⟨nivis⟩ F
① Schnee; *meton meist pl* Schneemassen; **nix capitis** schneeweißes Haar
② *meton* Schneewasser
③ *meton* Schneekälte

nīxārī ⟨or, - 1.⟩ = **niti**

Nīxī ⟨ōrum⟩ M ||niti|| Geburtsgottheiten, *deren kniende Statuen auf dem Kapitol in Rom standen*

nīxus¹ ⟨a, um⟩ PPERF → **nitor**

nīxus² ⟨nīxūs⟩ M = **nisus²**

nōbilis
Ⓐ ⟨nōbile⟩ ADJ, ADV ⟨nōbiliter⟩ ||(g)noscere||
① (*vkl., nachkl.*) erkennbar, kenntlich; **gaudium nobile** sichtbare Freude
② *von Personen u. Sachen* bekannt
③ berühmt; *pej* berüchtigt, *re* durch etw, *in re* in etw, *ex re* wegen etw
④ adelig, edel
⑤ vortrefflich, vorzüglich; **canis ad venandum ~** vorzüglicher Jagdhund
Ⓑ ⟨nōbilis⟩ M Adeliger, Aristokrat; *pl* die Adeligen
▶ deutsch: **nobel**

nōbilitāre ⟨ō, āvī, ātum 1.⟩ ||nobilis||
① (*nachkl.*) bekannt machen
② berühmt machen, berüchtigt machen; *passiv* berühmt werden

nōbilitās ⟨nōbilitātis⟩ F ||nobilis||
① Berühmtheit, **summorum virorum** der höchstgestellten Männer
② Adel, vornehmer Stand; *meton* die Adeligen
③ Vorzüglichkeit
④ (*nachkl.*) *poet* edler Sinn

nocēns
Ⓐ ⟨nocentis⟩ ADJ, ADV ⟨nocenter⟩ ||nocere||

1 schädlich, verderblich, *stets absolut*
2 JUR schuldig, verbrecherisch
B ⟨nocentis⟩ M̄ Schuldiger, Übeltäter

nocēre ⟨eō, uī, itum 2.⟩
1 schaden, *absolut u. alicui/alicui rei* j-m/einer Sache; **noxam ~** eine böse Tat begehen
2 *von Sachen* schädlich sein, hinderlich sein
3 *j-m* eine Kränkung zufügen, sich vergreifen *an j-m, alicui*

nocīvus ⟨a, um⟩ A̅D̅J̅ ||nocere|| (*nachkl.*) *poet* schädlich

Nocti-fer ⟨Noctiferī⟩ M̄ ||nox, ferre|| *poet* Abendstern

noctilūca ⟨ae⟩ F̄ ||nox, lucere|| (*vkl.*)
1 Laterne
2 *Beiname der Luna*

nocti-vagus ⟨a, um⟩ A̅D̅J̅ ||nox|| (*nachkl.*) *poet* nachts umherschweifend

noctū ||nox||
A *abl* → nox
B A̅D̅V̅ nachts, bei Nacht

noctua ⟨ae⟩ F̄ ||nox|| (*unkl.*) Nachteule, Käuzchen

noctuābundus ⟨a, um⟩ A̅D̅J̅ ||nox|| zur Nachtzeit, zur Nachtzeit reisend

noctuīnus ⟨a, um⟩ A̅D̅J̅ ||noctua|| *Plaut.* des Käuzchens

nocturnum ⟨ī⟩ N̄ ||nocturnus|| (*mlat.*) Nokturn, *liturgisches Nachtgebet*

nocturnus
A ⟨a, um⟩ A̅D̅J̅ ||noctu|| nächtlich, Nacht...; **vigiliae nocturnae** nächtliche Wachen; **~ Bacchus** der bei Nacht verehrte Bacchus
B **Nocturnus** ⟨ī⟩ M̄ *Plaut.* Gott der Nacht

noctu-vigilus ⟨a, um⟩ A̅D̅J̅ ||vigilare|| *Plaut.* bei Nacht wachend

nocuus ⟨a, um⟩ A̅D̅J̅ ||nocere|| *poet* schädlich

nōdāre ⟨ō, āvī, ātum 1.⟩ ||nodus|| (*nachkl.*) *poet* verknoten, zu einem Knoten zusammenknüpfen; **crines nodantur in aurum** *Verg.* die Haare sind mit einem Goldnetz zusammengefasst

nōdōsus ⟨a, um⟩ A̅D̅J̅ ||nodus|| (*nachkl.*) *poet* knotig; *von Personen* verschmitzt

nōdus ⟨ī⟩ M̄ ||nectere||
1 Knoten; **nodum connectere** einen Knoten machen; **aliquem in nodum complecti** j-n eng umschlingen
2 Gürtel
3 *meton* Haarknoten; **crinem nodo substringere** das Haar zu einem Knoten aufbinden
4 Knöchel, *allg.* Gelenk
5 Band *der Zunge*
6 Knoten *am Holz;* Knospe *an der Pflanze*
7 *fig* einigendes Band, Verbindung; Fessel
8 *fig* Verbindlichkeit, Eid
9 *fig* Verwicklung, Schwierigkeit; LIT Verwicklung *im Drama*

noenu' *Lucr.* = **non**
noenum (*altl.*) = **non**

nōla ⟨ae⟩ F̄ ||nolle|| *Quint.* die Spröde

Nōla ⟨ae⟩ F̄ Stadt in Kampanien, stand im 2. Punischen Krieg treu zu Rom, Sterbeort des Augustus

Nōlānum ⟨ī⟩ N̄ Gebiet von Nola
Nōlānus ⟨a, um⟩ A̅D̅J̅ aus Nola, von Nola
Nōlānus ⟨ī⟩ M̄ Einwohner von Nola

nōlle ⟨nōlō, nōluī, - 0.⟩
1 nicht wollen, sich weigern, *absolut od aliquid etw, +inf;* **noli/nolito/nolite** +inf = Umschreibung *des verneinten imp;* **noli putare** glaube nicht; **nollem dixissem** hätte ich doch nicht gesagt
2 **alicui ~** ein Vorurteil gegen j-n haben, eine Abneigung gegen j-n haben

⚠ **Nolens, volens.** Wollend, nicht wollend. = Wohl oder übel.

Nomas ⟨adis⟩
A M̄ Nomade; *pl* Nomaden, wandernde Hirtenvölker, *bes* Numidier
B F̄ Numidierin

nōmen ⟨nōminis⟩ N̄
1 Name
2 Wort, Ausdruck
3 Familienname
4 Titel
5 Geschlecht
6 berühmter Name, guter Ruf
7 bloßer Name, Schein
8 Name eines Schuldners

1 Name; **alicui nomen dare** j-m einen Namen geben; **nomen accipere ab aliquo** den Namen von j-m bekommen; **alicui ~ est Gaius/Gaio/Gai** j-d heißt Gaius; **dare/dicere alicui nomen Marcum/Marco** j-m den Namen Marcus geben; **nomen dare/edere/profiteri** sich freiwillig melden, *bes zum Kriegsdienst;* **ad nomen non respondere** dem Aufruf keine Folge leisten; **nomen accipere** in die Wahlliste aufnehmen; **nomen alicuius deferre** j-n gerichtlich belangen, j-n anklagen; **nomen recipere** *vom Prätor* die Klage gegen j-n annehmen
2 Wort, Ausdruck; GRAM Nomen, Substantiv
3 Familienname; Gentilname; Vorname; Beiname
4 Titel; **~ regium/regis** Königstitel; **~ imperatoris/imperii** Feldherrntitel
5 Geschlecht; Volk; Nationalität; Person, Held; **~ Nerviorum** Volk der Nervier; **~ Romanum** Römertum; **tanta nomina** so große Männer
6 berühmter Name, Ruhm; **magnum ~** gro-

ßer Name; **vulgus sine nomine** der namenlose Pöbel

7 Schein, Vorwand; **honestis nominibus certare** unter ehrenhaften Vorwänden kämpfen; **per nomen militare** unter dem Vorwand des Kriegszustandes

8 Name eines Schuldners *im Schuldbuch; meton* Schuldposten; **nomen facere in tabulas** einen Schuldposten in das Schuldbuch eintragen; **nomen solvere/exsolvere/dissolvere/expedire** eine Schuld bezahlen; **nomina exigere** Gelder eintreiben; **nomen in alium transcribere** die Schuld auf einen anderen übertragen; **pecunia mihi est in nominibus** ich habe Geld ausstehen; **uno nomine** *fig* in einem Posten, auf einmal, in Bausch und Bogen; **~ lentum** schlechter Zahler

9 **nomine** mit Namen, namens; **oppidum Remorum nomine Bibrax** eine Stadt der Remer mit dem Namen Bibrax

10 **nomine** (bloß) dem Namen nach; **notus mihi nomine tantum** mir nur dem Namen nach bekannt

11 **nomine** in *j*-s Namen, in *j*-s Auftrag; **senatūs nomine** im Auftrag des Senats

12 **nomine** unter dem Namen; **obsidum nomine** als Geisel

13 **nomine** aufgrund; **rei publicae nomine** mit Rücksicht auf den Staat; **eo nomine** deswegen

14 **meo nomine** ich meinerseits, für mich persönlich

▶ deutsch: **Name**
englisch: **name**
französisch: **nom**
spanisch: **nombre**
italienisch: **nome**

nōmen-clātiō ⟨nōmenclātiōnis⟩ F ||calare|| Benennung mit Namen

nōmen-clātor ⟨nōmenclātōris⟩ M ||nomenclatio|| „Namensnenner", Sklave, der seinem Herrn die Namen der ihm Begegnenden nennen musste

nōmenclātūra ⟨ae⟩ F ||nomenclatio|| (*nachkl.*) Namensverzeichnis

nōmen-culātor ⟨nōmenculātōris⟩ M = nomenclator

Nōmentānum ⟨ī⟩ N Landgut bei Nomentum

Nōmentānus

A ⟨a, um⟩ ADJ aus Nomentum, von Nomentum

B ⟨ī⟩ M Einwohner von Nomentum

Nōmentum ⟨ī⟩ N Stadt nördlich von Rom, heute Mentana

nōmināre ⟨ō, āvī, ātum 1.⟩ ||nomen||

1 benennen, bezeichnen; *passiv* heißen

nomen – römische Namen

Der frei geborene Römer führte drei Namen, den Vornamen (**praenomen**), den Namen der Sippe, aus der er stammte (**nomen gentile**, etwa Familienname), und den Beinamen (**cognomen**), der oft besondere Fähigkeiten oder Verdienste beschrieb oder auch ein Spitzname sein konnte, z. B. **Plautus** – Plattfuß. Die Zahl der gebräuchlichen Vornamen war gering, ca. 18. Vom fünften Kind an beschränkte man sich meist auf die Nummerierung: **Quintus, Sextus** usw. Man redete sich nicht mit dem Vornamen, sondern mit dem Namen der Sippe oder dem Beinamen (**agnomen**, z. B. **Africanus**) an. Die Töchter bekamen keinen Vornamen, sondern führten das **nomen gentile** des Vaters, z. B. **Cornelia** – Tochter des Cornelius. Mehrere Töchter unterschied man durch Zusätze wie **maior, minor** usw.

RÖMISCHES LEBEN

2 namentlich anführen, namentlich erwähnen

3 rühmen

4 für ein Amt vorschlagen, ernennen; **aliquem dictatorem ~** j-n zum Diktator ernennen

5 (*nachkl.*) anklagen; **aliquem inter coniuratores ~** j-n als Verschwörer anklagen

nōminātim ADV ||nomino|| namentlich, ausdrücklich

nōminātiō ⟨nōminātiōnis⟩ F ||nominare||

1 (*unkl.*) Nennung, Benennung

2 Vorschlagen, Vorschlag *eines Kandidaten* für ein Amt

nōminātīvus

A ⟨a, um⟩ ADJ ||nominare|| (*vkl., nachkl.*) zur Nennung gehörig; **casus ~** GRAM Nominativ

B ⟨ī⟩ M GRAM Nominativ

nominativus – Nominativ

Der Nominativ antwortet auf die Frage <u>wer</u>? oder <u>was</u>? und bezeichnet in der Regel das Subjekt des Satzes oder ein Prädikatsnomen.

Marcus gaudet	Marcus freut sich
Gallia est omnis divisa ...	Ganz Gallien ist aufgeteilt ...

GRAMMATIK

nōminitāre ⟨ō, āvī, ātum 1.⟩ ||nominare|| *Lucr.* benennen, nennen

Nomios, Nomius ⟨ī⟩ M der „Hirt", *Beiname des Apollo, der die Herden des Admetos gehütet hatte*

nomisma ⟨nomismatis⟩ N
1 *Hor.* Münze
2 *Mart.* Marke, *für die im Theater Wein ausgegeben wurde*

nomos akk ⟨nomon⟩ N *Suet.* Gesangsstück, Lied

nomus ⟨ī⟩ M *Plin.* Region, Bezirk

nōn ADV
1 nicht, *vor dem verneinten Wort, bei Verneinung des ganzen Satzes vor dem Verb; beim sup* nicht eben; **filium tuum non vidi** ich habe deinen Sohn nicht gesehen; **nuntium non iucundum affers** du bringst keine angenehme Nachricht; *bes in der Litotes:* **non parvus** sehr groß; **non invitus** sehr gern; **homo non beatissimus** nicht gerade sehr reicher Mensch
2 *Verbindungen:* **non nemo** mancher; **nemo non** jeder; **non nullus** mancher; **nullus … non** jeder; **non nihil** etwas; **nihil … non** alles; **non numquam** zuweilen; **numquam … non** immer; **non nusquam** an manchen Orten; **nusquam … non** überall; **nisi non/non … nisi** nur, lediglich
3 *in der Frage bei Erwartung einer bejahenden Antwort* = **nonne**
4 **non possum non** ich kann nicht umhin, ich muss, +inf; **non possum non te laudare** ich muss dich unbedingt loben
5 **et non** und nicht, *verneint ein einzelnes Wort*
6 **ut non** dass nicht, +Konsekutivsatz
7 **ne non** dass nicht *nach Verben des Fürchtens*
8 **ac non/et non** und nicht viel mehr; **nec … non** und gewiss auch
9 *in Antworten* nein, *fast immer mit Wiederholung des in der Frage betonten Wortes*

Non. *Abk* = **Nonae** die Nonen

nōna ⟨ae⟩ F ||nonus|| die neunte Stunde

Nōna ⟨ae⟩ F ||nonus|| MYTH *eine der Parzen, Göttin des für die Geburt entscheidenden 9. Monats*

Nōnae ⟨ārum⟩ F ||nonus|| die Nonen, *in den Monaten März, Mai, Juli, Oktober der 7. Tag, in den übrigen Monaten der 5. Tag des Monats*

nōnāgēnī ⟨ae, a⟩ NUM distr ||nonaginta|| (nachkl.) je neunzig

nōnāgēsimus ⟨a, um⟩ NUM ord ||nonaginta|| neunzigster

nōnāgiē(n)s NUM ADV ||nonaginta|| neunzigmal; **~ sestertium** 9 Millionen Sesterzen

nōnāgintā indekl NUM card neunzig

nōnānus
A ⟨a, um⟩ ADJ ||nonus|| *Tac.* zur neunten Legion gehörig
B ⟨ī⟩ M Soldat der neunten Legion

nōnāria ⟨ae⟩ F ||nonarius|| (erg. **meretrīx**) öffentliche Dirne, *die erst nach der 9. Stunde ihrem Gewerbe nachgehen durfte*

nōnārius ⟨a, um⟩ ADJ ||nonus|| zur neunten Stunde gehörig

nōn-dum ADV noch nicht; **~ etiam** noch immer nicht

nōngentī ⟨ae, a⟩ NUM card neunhundert

nōnna ⟨ae⟩ F
1 Kinderwärterin, Amme
2 (eccl.) Nonne, Klosterfrau

nōn-ne Fragepartikel
1 *in der dir Frage* nicht?, etwa nicht? *bei Erwartung einer bejahenden Antwort*
2 *im indir Fragesatz* ob nicht

nōn-nēmō *auch getrennt* mancher; → nemo

nōn-nihil *auch getrennt*
A etwas, einiges; → nihil
B ADV einigermaßen

nōn-nūllus ⟨a, um⟩ INDEF PR
A adj beträchtlich, ziemlich viel
B subst mancher, der eine und der andere, *meist pl;* **nonnulli** einige, manche

nōn-numquam ADV, *auch getrennt* manchmal, zuweilen

nōnus ⟨a, um⟩ NUM ord ||novem|| der neunte

Nōrēia ⟨ae⟩ F Stadt in den Ostalpen, Niederlage der Römer 113 v. Chr. gegen die Kimbern, *genaue Lage nicht bekannt*

Nōrica ⟨ae⟩ F Frau aus Noricum

Nōricum ⟨ī⟩ N röm. Provinz zwischen Pannonien u. Raetien, ö. des Inn

Nōricus ⟨a, um⟩ ADJ aus Noricum, von Noricum

nōrma ⟨ae⟩ F Winkelmaß; *fig* Richtschnur

nōrmālis ⟨nōrmāle⟩ ADJ ||norma|| (nachkl.) nach dem Winkelmaß; **angulus ~** rechter Winkel
▶ deutsch: **normal**
englisch: **normal**
französisch: **normal**
spanisch: **normal**
italienisch: **normale**

Nortia ⟨ae⟩ F etrusk. Schicksalsgöttin

nōs ⟨nostrī *u.* nostrum *u.* nostrōrum, *dat u. abl* nōbīs, *akk* nōs⟩ PERS PR wir, *auch als pl der Bescheidenheit*

nōscere ⟨nōscō, nōvī, nōtum 3.⟩
1 kennenlernen, erfahren, *aliquem re/de re* j-n an etw., +inf/+indir Fragesatz; *perf* kennen, wissen; *pass* erkannt werden, bekannt werden, *alicui* j-m
2 bereits Bekanntes wiedererkennen
3 anerkennen, gelten lassen
4 *Tac.* JUR *als Richter* untersuchen, erkennen
⚠ **Unum cum noveris, omnes noveris.** *Ter.* Kennst du einen, kennst du alle.

nōscitāre ⟨ō, āvī, ātum 1.⟩ ||noscere||
1 (unkl.) bemerken, wahrnehmen
2 wieder erkennen
3 *Plaut.* betrachten, untersuchen

nōs-met PERS PR verstärktes *nos*; → **met**
noster ⟨nostra, nostrum⟩ POSS PR ‖nos‖

A ADJ

1 *von Personen u. Sachen* unser, *auch als pl der Bescheidenheit*; *zeitl.* gegenwärtig; **pater ~** unser Vater; **amicus ~** unser Freund, ein Freund von uns; **amor noster** unsere Liebe, Liebe zu uns; **orator ~** unser Redner; der Redner, um den es gerade geht; **memoria nostra** die gegenwärtige Zeit

2 für uns günstig; **loca nostra** für uns günstiges Gelände

B M

1 der Unsere, unser Angehöriger

2 **nostra** ⟨ōrum⟩ *npl* unser Eigentum, unser Vermögen

nostrās ⟨nostrātis⟩ ADJ ‖noster‖ aus unserem Land, einheimisch; **nostrates philosophi** *Cic.* die Philosophen unseres Volkes

nota¹ ⟨ae⟩ F ‖notus‖

1 Zeichen; (*unkl.*) Vorzeichen; **notam ducere** ein Zeichen machen *mit dem Finger auf dem Tisch*; **~ genitiva** Muttermal; **notae sceleris** *fig* Zeichen eines Verbrechens

2 Schriftzeichen; (*nachkl.*) Abkürzung; *pl* Schrift, Brief

3 Etikett *an Gefäßen*; *fig* Art

4 Brandmal; *fig* Schandfleck; **notam inurere alicui** j-m ein Mal einbrennen; **notis compunctus** tätowiert

5 zensorische Rüge; *fig* Schande

6 ehrender Beiname; **notam trahere a re** einen Beinamen von etw bekommen

7 Zeichen, Wink; **notas reddere** zuwinken

▶ deutsch: **Note**
  englisch: **note**
  französisch: **note**
  spanisch: **nota**
  italienisch: **nota**

nōta² ⟨ae⟩ F ‖notus‖ Bekannte
nōta³ ⟨ōrum⟩ N ‖notus‖ Bekanntes
notābilis ⟨notābile, *adv* notābiliter⟩ ADJ ‖notare‖

1 bemerkenswert, denkwürdig

2 (*nachkl.*) auffallend; *pej* berüchtigt

3 (*nachkl.*) *fig* bemerkbar, merklich

notāre ⟨ō, āvī, ātum 1.⟩ ‖nota‖

1 kennzeichnen, bezeichnen; **~ chartam** ein Blatt beschreiben; **sentes crura notant** Dornen ritzen die Beine; **genas ungue ~** die Wangen mit dem Fingernagel zerkratzen; **tempora cursu lunae ~** die Zeiten durch den Umlauf des Mondes bestimmen

2 schreiben, *bes mit Abkürzungen*; **verba ~** Wörter schreiben

3 schriftlich anmerken, aufzeichnen; **legem ~** ein Gesetz aufzeichnen

4 *mit Worten j-n/etw* bezeichnen, erwähnen, *auch* auf *j-n/etw* anspielen, *aliquem/aliquid*

5 ein Wort etymologisch erklären

6 *mit den Sinnen* wahrnehmen; **cantūs avium ~** den Gesang der Vögel hören; **fumum ~** Rauch riechen

7 *geistig* sich merken, sich einprägen; **dicta mente ~** die Worte im Geist festhalten

8 *vom Zensor* offiziell rügen; *allg.* tadeln; **aliquem furti nomine ~** j-n wegen Diebstahls rügen; **aliquem ignominiā ~** j-n brandmarken

notārius ⟨ī⟩ M ‖nota‖ Stenograf; (*spätl., mlat.*) Schreiber

▶ deutsch: **Notar**

notātiō ⟨notātiōnis⟩ F ‖notare‖

1 Kennzeichnung, **tabularum** der Stimmtäfelchen; **~ vitae** Charakterisierung des Lebens

2 Erklärung der Herkunft eines Wortes, Etymologie

3 zensorische Rüge

4 Bemerkung, Beobachtung

5 Untersuchung bei der Wahl

notātus ⟨a, um⟩ ADJ ‖notare‖

1 gekennzeichnet

2 bemerkbar

nōtēscere ⟨nōtēscō, nōtuī, - 3.⟩ ‖notus²‖ (*nachkl.*) *poet* bekannt werden

nothus

A ⟨a, um⟩ ADJ (*unkl.*)

1 unehelich, *Vater bekannt, Mutter Sklavin od Konkubine*

2 *fig* unecht, fremd

B ⟨ī⟩ M uneheliches Kind; *bei Tieren* Mischling

nōti-ficāre ⟨ō, -, - 1.⟩ ‖notus, facere‖ *poet* bekannt machen; (*mlat.*) melden, anzeigen

nōtiō ⟨nōtiōnis⟩ F ‖noscere‖

1 *Plaut.* Kennenlernen; **quid tibi hanc ~ est?** was hast du dich mit ihr bekannt zu machen?

2 offizielle Untersuchung; (zensorische) Rüge

3 Kenntnis, Vorstellung, *alicuius* j-s *od* von j-m, *alicuius rei/de re* von etw; **~ deorum** Vorstellung von den Göttern; **~ insita** angeborener Begriff, Begriff *a priori*; **verbo alia ~ subiecta est** dem Wort wurde ein anderer Sinn unterlegt

nōtitia ⟨ae⟩ F, **nōtitiēs** ⟨nōtitiēī⟩ F ‖notus‖

1 (*nachkl.*) *poet* Bekanntheit; **plus notitiae dare alicui** j-n bekannter machen

2 (*nachkl.*) Ruf, Ruhm

3 Bekanntschaft mit *etw*, Kenntnis von *etw*, Wissen um *etw*, *alicuius rei*; **~ locorum** Ortskenntnis; **notitiam feminae habere** Geschlechtsverkehr mit einer Frau haben

4 Begriff, Vorstellung; **~ rerum** allgemeiner Begriff

nōtor ⟨nōtōris⟩ M̄ ||noscere|| (nachkl.) Kenner; Zeuge der Identität

nōtōrius ⟨a, um⟩ ADJ ||noscere|| (spätl.) anzeigend; (mlat.) offenkundig
▶ deutsch: **notorisch**

nōtuī → notescere

notus¹ ⟨ī⟩ M̄ (nachkl.) poet Südwind, stürmisch u. Regen bringend; pl Sturm

nōtus²
Ⓐ ⟨a, um⟩ ADJ ||noscere||
❶ von Personen u. Sachen bekannt; **vada nota** bekannte Furten; **aliquid notum habere** etw kennen, etw wissen; **notum est** es ist bekannt
❷ freundschaftlich, vertraut
❸ poet gewohnt, gewöhnlich; **carmen ex noto fictum** Lied aus ganz gewöhnlichen Ausdrücken
❹ (nachkl.) poet berühmt, angesehen
❺ akt. bekannt, alicuius rei mit etw; **~ provinciae** die Provinz kennend
Ⓑ ⟨ī⟩ M̄ Bekannter

nōtus³ ⟨a, um⟩ PPP → noscere

novācula ⟨ae⟩ F̄ scharfes Messer; Mart. Dolch

Novaesium ⟨ī⟩ N̄ Militärlager am Niederrhein, heute Neuss

novāle ⟨novālis⟩ N̄, **novālis** ⟨novālis⟩ F̄ ||novus|| (unkl.) Brachfeld, Neubruch

novāre ⟨ō, āvī, ātum 1.⟩ ||novus||
❶ neu machen, erneuern; passiv sich erneuern; **vulnus ~** eine Wunde wieder aufreißen; **agrum ~** einen Acker zweimal pflügen
❷ erfrischen
❸ neu schaffen, erfinden; **tela ~** neue Waffen schmieden; **tecta ~** neue Häuser bauen
❹ eine neue Gestalt geben, verändern; **fidem ~** die Treue brechen
❺ **~ (res)** die bestehende Verfassung stürzen
❻ poet verwandeln, **faciem** das Gesicht

novātrīx ⟨novātrīcis⟩ F̄ ||novare|| Erneuerin

novellae ⟨ārum⟩ F̄ ||novellus|| junge Bäume, junge Weinstöcke

Novellae ⟨ārum⟩ F̄ ||novellus|| (erg. **leges**) Novellen, Teil des Corpus Iuris Civilis, nach dem Codex Iustinianus entstanden

novellāre ⟨ō, -, - 1.⟩ ||novellus|| Suet. neue Weinstöcke setzen

novellus ⟨a, um⟩ ADJ ||novus|| neu, jung; **arbor novella** junger Baum; **oppida novella** Liv. neu eroberte Städte

novem indekl NUM card neun; **decem ~** Caes. u. **decem et ~** Liv. neunzehn

November
Ⓐ ⟨Novembris, Novembre⟩ ADJ ||novem|| zum Monat November gehörig; **mensis ~** November
Ⓑ ⟨Novembris⟩ M̄ November

novem-diālis, noven-diālis ⟨novemdiāle⟩ ADJ ||novem, dies||
❶ neuntägig
❷ (nachkl.) poet am neunten Tage (stattfindend); **(sacrum) novemdiale** am neunten Tag nach der Beisetzung einer Leiche dargebrachtes Opfer; **novemdiales pulveres** Hor. neun Tage alte Asche = noch frische Asche; **~ cena** Tac. Leichenmahl

novēnī ⟨ae, a⟩ NUM distr ||novem|| Tac. je neun

novēnsidēs, novēnsilēs dīvī M̄
❶ neu aufgenommene Götter
❷ sabinischer Neungötterkreis

noverca ⟨ae⟩ F̄ ||novus|| Stiefmutter

novercālis ⟨novercāle⟩ ADJ ||noverca|| (nachkl.) poet stiefmütterlich; fig lieblos

novercārī ⟨or, - 1.⟩ ||noverca|| sich wie eine Stiefmutter benehmen, alicui gegen jdn

nōvī → noscere

novīcius
Ⓐ ⟨a, um⟩ ADJ ||novus|| noch neu im Haus
Ⓑ ⟨ī⟩ M̄
❶ Neuling
❷ (mlat.) Novize, Mönch während der Probezeit

noviē(n)s ADV ||novem|| (vkl., nachkl.) neunmal

Noviodūnum ⟨ī⟩ N̄ Name mehrerer kelt. Orte
❶ Stadt im Gebiet der Suessionen, beim heutigen Soissons, vermutlich identisch mit dem heutigen Pommiers
❷ Stadt der Bituriger an der mittleren Loire
❸ Stadt der Äduer, heute Nevers

novitās ⟨novitātis⟩ F̄ ||novus||
❶ Neuheit; **gratia novitatis** Reiz der Neuheit; **~ anni** Frühjahr, Jahresanfang
❷ Neues, Ungewöhnliches; **~ periculi** neue Gefahr, ungewohnte Gefahr
❸ neue Bekanntschaft, meist pl
❹ junger Adel
❺ PL (mlat.) Neuerscheinungen

Novocōmēnsēs ⟨Novocōmēnsium⟩ M̄ die Bewohner von Novum → Comum

novum ⟨ī⟩ N̄ ||novus|| Neuerung, neuer Vorfall

---

novus ⟨a, um, adv novē⟩ ADJ

❶ neu, bisher nicht da gewesen
❷ ungewöhnlich, sonderbar
❸ unerfahren in
❹ neu, verändert
❺ äußerster, letzter
❻ neuerdings, vor Kurzem

---

❶ neu, bisher nicht da gewesen; **amicus ~** neuer Freund; **(miles) ~** Rekrut; **maritus ~** Bräutigam; **legiones novae** neu angeworbene Legionen; **res nova** Neuigkeit; **aestas nova** Frühsommer; **frumentum novum** frisch geerntetes Getreide; **frons nova** frischer Zweig;

res novae Neuerungen, Revolutionen; **homo ~** Emporkömmling, Mann ohne Ahnen

2 ungewöhnlich, beispiellos; **scelus novum** ganz neue Art von Verbrechen; **novum est, ut** es ist ein ungewöhnlicher Fall, dass

3 unerfahren in *etw*, nicht vertraut mit *etw, re*; **equus ~** nicht zugerittenes Pferd

4 *bei Personen* neu, verändert; **Camillus ~** ein anderer Camillus

5 *sup* äußerster, letzter; **agmen novissimum** Nachhut; **cauda novissima** Spitze des Schwanzes; **crura novissima** unterster Teil der Beine; **proelium novissimum** das letzte Treffen

6 **novissime** *adv* neuerdings, vor Kurzem, *bes bei Aufzählungen*; **primum ... deinde ... novissime** zuerst ... dann ... schließlich

▶ deutsch: neu
  englisch: new
  französisch: neuf
  spanisch: nuevo
  italienisch: nuovo

nox ⟨noctis⟩ F̄

1 Nacht, *auch* Abend; **nocte/de nocte** bei Nacht, nachts; **diem noctemque/dies noctesque** Tag und Nacht; **primā nocte** bei Einbruch der Nacht; **mediā nocte** um Mitternacht; **sub noctem** spätabends; **de multa nocte** in tiefer Nacht; **ad multam noctem** bis tief in die Nacht

2 *fig* Dunkelheit; **versūs noctem habent** die Verse sind dunkel

3 *fig* Todesnacht, Tod

4 *fig, poet* Blindheit

5 *fig* Nachtruhe, Schlaf

6 *fig, poet* Unterwelt

7 *fig* Verblendung, Unverstand

8 *fig* unglückliche Lage, traurige Umstände; **nox rei publicae offusa** über den Staat hereingebrochenes Unglück

Nox ⟨Noctis⟩ F̄ Göttin der Nacht, *Tochter des Chaos*

noxa ⟨ae⟩ F̄ ||nocere||

1 *(nachkl.)* Schaden; **alicui noxae esse** j-m Schaden zufügen; **noxam nocere** eine böse Tat begehen

2 *meton* Schuld, Verbrechen; **in noxa esse** schuldig sein

3 *Liv.* Strafe

noxia ⟨ae⟩ F̄ ||noxius|| Schuld, Vergehen; **aliquid alicui noxiae est** etw wird j-m als Schuld angerechnet, etw wird j-m zur Last gelegt

noxiōsus ⟨a, um⟩ ADJ ||noxia|| *(nachkl.)*

1 schädlich

2 sündhaft, verschuldet

noxius

A ⟨a, um⟩ ADJ ||noxa|| *(nachkl.)*

1 *poet* schädlich, verderblich

2 *poet* schuldig, straffällig

B ⟨i⟩ M̄ Übeltäter

nūbēcula ⟨ae⟩ F̄ ||nubes|| *(nachkl.)* Wölkchen; **~ frontis** *fig* Wölkchen auf der Stirn

nūbere ⟨nūbō, nūpsī, nuptum 3.⟩

1 *von der Frau* heiraten, sich verheiraten, *absolut od alicui* j-n, mit j-m; **in familiam ~** in eine Familie einheiraten; **aliquam nuptum dare/collocare alicui** eine Frau mit j-m verheiraten; **nupta alicui/cum aliquo** mit j-m verheiratet; **verba nupta** unzüchtige Worte

2 *(spätl., eccl.) vom Mann* heiraten

nūbēs ⟨nūbis⟩ F̄

1 Wolke, *bes* Regenwolke

2 *meton* Rauchwolke, Staubwolke

3 *(nachkl.) fig* dichte Schar, Schwarm; **~ telorum** Geschoßhagel; **~ belli** Schlachtgetümmel

4 *fig, poet* Nebel; *fig* Schleier

5 *Quint. fig* dünnes, durchsichtiges Kleid

6 *(nachkl.) fig, poet* finsteres Aussehen, ernste Miene

7 *fig* traurige Lage, Unglück; **~ belli** Gewitterwolke des Krieges

8 *Hor. fig* inhaltsloser Schwulst

nūbi-fer ⟨nūbifera, nūbiferum⟩ ADJ ||nubes, ferre|| *(nachkl.)*

1 *poet* Wolken tragend

2 *poet* Wolken bringend

nūbi-gena ⟨ae⟩ M̄ u. F̄ ||nubes, gignere|| *Verg., Ov.* Wolkenkind, *bes Beiname der Kentauren, die Ixion mit einer Wolke gezeugt hatte*

nūbilis ⟨nūbile⟩ ADJ ||nubere|| heiratsfähig, geschlechtsreif

nūbilōsus ⟨a, um⟩ ADJ ||nubilus|| *(nachkl.)* bewölkt, düster

nūbilum ⟨i⟩ N̄ ||nubilus|| Gewölk, trübes Wetter

nūbilus ⟨a, um⟩ ADJ ||nubes|| *(nachkl.) poet*

1 wolkig; Wolken bringend

2 dunkel, trübe

3 *fig* finster, düster

4 *fig* ungünstig

5 *fig* unglücklich

nuci-frangibulum ⟨i⟩ N̄ ||nux, frangere|| *Plaut.* Nussknacker

nuc(u)leus ⟨i⟩ M̄ ||nux|| Kern, *bes* Nusskern

nūdāre ⟨ō, āvī, ātum 1.⟩ ||nudus||

1 entblößen, entkleiden; **Satyros agrestes ~** ländliche Satyrn halb nackt auf die Bühne bringen

2 bloßlegen, enthüllen; **gladium ~** das Schwert ziehen; **messes ~** Getreide ausdreschen

3 MIL entblößen = unverteidigt lassen
4 *fig* berauben, *re* einer Sache; **parietes ornamentis ~** die Wände ihres Schmuckes berauben; **aliquem ~** j-n seiner Würde entkleiden
5 *fig* verraten, an den Tag bringen; **alicui amorem ~** j-m seine Liebe gestehen

nu·dius ADV ||dies|| es ist jetzt der ... Tag, *stets mit einer Ordinalzahl*; **~ tertius** vorgestern; **~ tertius decimus** heute vor zwölf Tagen

nūdulus ⟨a, um⟩ ADJ ||nudus|| nackt

nūdus ⟨a, um⟩ ADJ
1 nackt; unbedeckt; **arbor nuda** Baum ohne Laub; **domus nuda** leeres Haus; **subsellia nuda** unbesetzte Bänke, freie Bänke
2 (*nachkl.*) leicht bekleidet, leicht bewaffnet
3 unbewaffnet, ungedeckt; **nudo corpore pugnare** ohne Schild kämpfen
4 *fig* einer Sache beraubt, leer von *etw*, ohne *etw*, absolut *od re*/*alicuius rei*/*a re*; **navis remigio nuda** Schiff ohne Ruder
5 *fig* mittellos; hilflos
6 *fig* allein, nur; **hoc nudum relinquitur** es bleibt die bloße Frage übrig
7 *fig* einfach, ungeschminkt; **veritas nuda** ungeschminkte Wahrheit; **verba nuda** *Plin.* schlüpfrige Wörter

nuere ⟨nuō, nuī, nūtum 3.⟩ nicken, winken, *meist nur in Komposita gebräuchlich*

nūgae ⟨ārum⟩ F
1 Possen; poetische Kleinigkeiten
2 *meton* Schwindler, Possenreißer

nūgāmenta ⟨ōrum⟩ N = **nugae**

nūgārī ⟨or, ātus sum 1.⟩ ||nugae||
1 Possen reißen, scherzen, dummes Zeug schwatzen
2 *Plaut.* aufschneiden, schwindeln

nūgātor ⟨nūgātōris⟩ M ||nugari|| Schwätzer, Aufschneider

nūgātōrius ⟨a, um⟩ ADJ ||nugator|| läppisch, wertlos

nūgāx ⟨nūgācis⟩ ADJ ||nugari|| possierlich; **nugacissume** *adv sup* höchst kurzweilig

nūgi·gerulus ⟨ī⟩ M ||nugae|| *Plaut.* Schnickschnackkrämer; Windbeutel

nūgi·vendus ⟨ī⟩ M ||nugae, vendere|| *Plaut.* Schnickschnackverkäufer

nūllum ⟨nūllīus⟩ N ||nullus|| = **nihil**

nūllus
A ⟨a, um⟩ ADJ
1 kein, keinerlei
2 *bei einem Subst. im abl* ohne; **nullo ordine** ohne Ordnung; **nullo comite** ohne Begleiter
3 *bes in der Umgangssprache* keineswegs, gar nicht; **misericordia tibi nulla debetur** du verdienst keineswegs Mitleid
4 *fig* unbedeutend, gering; **nullum esse** verloren sein, tot sein, zugrunde gegangen sein
B ⟨nūllīus⟩ M
1 keiner, niemand
2 **~ non** jeder; **non nullus** mancher; **~ unus** kein Einzelner

⚠ **Nulla poena sine lege.** Keine Bestrafung ohne Gesetz. = Eine Tat darf nur bestraft werden, wenn zum Tatzeitpunkt bereits ein Gesetz bestand, das diese Tat unter Strafe stellt. *Rechtsgrundsatz*

nūllus-dum ⟨a, um⟩ ADJ (*nachkl.*) (bis jetzt) noch keiner

num
A ADV nun noch, jetzt, *nur noch in* **nunc, etiamnum, etiamnunc** *enthalten.*
B *Fragepartikel*
1 *im dir Fragesatz bei Erwartung einer verneinenden Antwort, verstärkt* **numquid** *u.* **numque**; etwa, doch wohl nicht; **num me reprehendere audes?** wagst du etwa mich zu tadeln?
2 *im indir Fragesatz* ob (nicht), ob etwa (nicht); **dic, num fidem ei habeas** sag, ob du ihm etwa Glauben schenkst

Num. *Abk* = **Numerius**

Numantia ⟨ae⟩ F Stadt der Keltiberer in Hispania Tarraconensis, 133 v. Chr. von Scipio Africanus Numantinus erobert u. zerstört

Numantīnus ⟨a, um⟩ ADJ aus Numantia, von Numantia

Numantīnus ⟨ī⟩ M Einwohner von Numantia

Numa Pompilius M Sabiner, der Sage nach zweiter König von Rom, schuf zahlreiche Gesetze

numella ⟨ae⟩ F (*vkl., nachkl.*) Halseisen *für Sklaven u. für Tiere*

nūmen ⟨nūminis⟩ N ||nuere||
1 Wink, Wille
2 göttlicher Wille, Walten der Gottheit
3 *meton* Gott, Gottheit, göttliches Wesen
4 (*nachkl.*) *poet* **Manen** geliebter Personen
5 Orakel(spruch), *bes pl*
6 (*nachkl.*) *poet von Menschen* Hoheit, Majestät, Schutzgeist, *bes der röm. Kaiser*

numerābilis ⟨numerābile⟩ ADJ ||numerare|| (*nachkl.*) zählbar; leicht zählbar

numerāre ⟨ō, āvī, ātum 1.⟩ ||numerus||
1 zählen; **aliquid per digitos ~** etw an den Fingern abzählen; **senatum ~** den Senat auszählen um die Beschlussfähigkeit festzustellen
2 aufzählen, auszahlen; **militum stipendium ~** den Soldaten den Sold auszahlen
3 aufzählen; erzählen
4 zu *etw* zählen, unter *etw* rechnen, *aliquem*/*aliquid in aliquibus*/*inter aliquos*/*in re* j-n/etw unter j-n/etw; **aliquem inter amicos ~** j-n zu seinen Freunden zählen; **facta in gloria ~** das Ver-

übte sich zum Ruhm rechnen
5 für *etw* halten, *+dopp. akk;* **aliquid in loco/in parte benificii ~** etw als Wohltat anrechnen; **aliquid nullo loco ~** etw für nichts rechnen

numerātiō ⟨numerātiōnis⟩ F ||numerare|| (*nachkl.*) Auszahlung, Barzahlung

numerātum ⟨i⟩ N ||numerare|| bares Geld; **numerato solvere** bar bezahlen

numerātus ⟨a, um⟩ ADJ ||numerare|| bar; **numeratam pecuniam habere** bei Kasse sein

Numeriānus ⟨a, um⟩ ADJ des Numerius

Numerius ⟨i⟩ M röm. *Vorname*

numerō ADV ||numerus|| *Com.*
1 alsbald, geschwind, rechtzeitig
2 zu früh

numerōsus ⟨a, um, adv numerōsē⟩ ADJ ||numerus||
1 (*nachkl.*) zahlreich, volkreich; **civitas numerosa** volkreiche Stadt
2 rhythmisch; *Ov.* rhythmenreich

numerus ⟨i⟩ M

1 Teil
2 Takt, Rhythmus
3 Takte
4 Versfuß, Vers
5 Gänge
6 Zahl
7 Arithmetik
8 Ordnung
9 Zwischenraum
10 Truppenabteilung
11 Verzeichnis, Liste
12 Rang
13 Menge, Masse
14 bloße Zahl, Null
15 Numerus

1 Teil *eines Ganzen*, Bestandteil; **numeris suis carere** mangelhaft sein
2 Takt, Rhythmus; *in der Rede* rhythmischer Tonfall, Wohlklang, Harmonie; *fig* Takt *im Benehmen;* **histrio extra numerum se movet** der Schauspieler bewegt sich nicht im Takt; **aliquid procedit in numerum** etw geht in richtiger Weise vonstatten; **nihil extra numeros facere** nichts Taktloses tun
3 PL *in der Musik* Takte; Melodie
4 METR Versfuß, Vers; *pl* Versbau, Versmaß; **numeri graves** heroische Verse; **numeri impares** elegische Verse, Distichon
5 PL (*nachkl.*) Gänge *des sportlichen Wettkampfes, auch sexuell*
6 Zahl, Menge; **numerum inire** eine Zählung veranstalten; **numerum deferre** die Zahl angeben; **numerum subtiliter exsequi** die Zahl genau angeben; **navis habet suum numerum** das Schiff hat die gehörige Besatzung; **numero** der Zahl nach, im Ganzen; **ad numerum** vollzählig; **ad numerum** *+gen* ungefähr, gegen; **in civium numero esse** zu den Bürgern gehören; **aliquem (in) hostium numero dicere/habere** j-n zu den Feinden rechnen; **numero sapientium haberi** unter die Weisen gezählt werden
7 PL *meton* Arithmetik, *auch* Astrologie
8 *Ov. fig* Ordnung
9 *fig* Zwischenraum
10 (*nachkl.*) Truppenabteilung; Kohorte
11 PL (*nachkl.*) *fig* Verzeichnis, Liste; MIL Stammrolle; Kanon der klassischen Schriftsteller
12 *meton* Rang, Platz; **aliquem numero aliquo putare** j-n achten, j-n schätzen; **nullo in oratorum numero** kein Redner von Bedeutung; **in aliquo numero esse** in einiger Ehre stehen; **hunc in numerum non repono** diesen beachte ich nicht weiter; **(in) numero** *+gen* in der Eigenschaft, anstatt, für, als; **militis numero** als einfacher Soldat
13 *meton* Menge, Masse
14 *meton, poet* bloße Zahl, Null
15 (*vkl., nachkl.*) *meton,* GRAM Numerus

▸ deutsch: **Nummer**
englisch: **number**
französisch: **nombre**
spanisch: **número**
italienisch: **numero**

Numida ⟨ae⟩ M Numider, Einwohner von Numidien, *bes* Iugurtha; *pl* nomadisierende Berberstämme

Numidia ⟨ae⟩ F Numidien, Landschaft Nordafrikas, *heute Ostalgerien*

Numidicus ⟨a, um⟩ ADJ numidisch

numisma ⟨numisatis⟩ N = **nomisma**

Numitor ⟨Numitōris⟩ M König von Alba Longa, *Vater der Rea Silvia, Großvater von Romulus u. Remus*

nummārius ⟨a, um⟩ ADJ ||nummus||
1 Geld..., Münz...; **difficultas nummaria** Geldverlegenheit; **res nummaria** Geldwesen, Münzwesen
2 *fig* bestechlich; bestochen; **iudex ~** bestechlicher Richter

nummātus ⟨a, um⟩ ADJ ||nummus|| mit Geld versehen, reich

nummāriolus, nummulārius ⟨i⟩ M ||nummulus|| Geldmakler; Münzprüfer

nummulus ⟨i⟩ M ||nummus|| Geldstückchen; *auch pej* schnödes Geld

nummus ⟨i⟩ M
1 Geldstück, Münze; *pl* Barvermögen, bares Geld; **in suis nummis versari/esse** bares Ver-

NUNT

▶ **numerus – Buchstaben statt Ziffern**

Die römischen Zahlen werden mit Buchstaben dargestellt. Die Grundzahlen sind:

I	1
V	5
X	10
L	50
C	100
D	500
M	1000

Alle übrigen Zahlen werden durch Addition dieser Zeichen dargestellt, wobei die Zahlenwerte von links nach rechts immer kleiner werden:
III = 3; VII = 7; XV = 15;
CLXXVI = 176

Steht eine kleinere Zahl vor einer größeren, wird sie von ihr abgezogen:
IV = 4 (5 − 1).

Maximal drei gleiche Zahlzeichen dürfen nebeneinander stehen:
CCC = 300; CD = 400 (500 − 100).

RÖMISCHES LEBEN

mögen haben
2 Geldkurs; **~ iactatur** der Geldkurs schwankt
3 *Com.* bestimmte Münze, z. B. *Plaut.* Didrachme; *Ter.* Drachme
4 *in Rom* Sesterz
5 *fig* Bezeichnung einer Kleinigkeit Groschen; **ad nummum convenit** es stimmt auf Heller und Pfennig

num-ne *Fragepartikel* → **num**
numquam ADV nie; *(vkl., nachkl.)* verstärkte Verneinung sicherlich nicht
Numquam-ēripidēs ⟨Numquamēripidae⟩ M̄ *Plaut. hum* Niemalsloslasser
num-quī ADV *Plaut.* wohl auf irgendeine Weise
num-quid *Fragepartikel* → **num**
num-quid-nam *Fragepartikel*
1 *dir* irgendetwas?
2 *indir* ob (irgend)etwas
num-quis-nam *Fragepartikel* denn doch jemand?
nunc ADV
1 *zeitl.* jetzt, nun; **nunc ipsum** eben jetzt; **nunc cum maxime** jetzt mehr denn je; **etiam nunc/nunc etiam** auch jetzt noch, immer noch; **nunc … nunc** bald … bald
2 *fig* unter solchen Umständen, nun also, *bes beim imp*; **comparate nunc** vergleicht also

3 *advers meist* **nunc autem/nunc vero** nun aber, so aber, *oft nach dem Irrealis*
⚠ **Nunc est bibendum.** *Hor.* Jetzt sollen wir trinken. = Jetzt ist ein wichtiger Grund zum Feiern gegeben.
nunc-iam ADV *Com.* jetzt gleich
nunci-ne, *Ter.* **nunc-ne** jetzt?
nun-cubī ADV *(vkl.)*
1 *dir* irgendwo?
2 *indir* ob irgendwo
nuncupāre ⟨ō, āvī, ātum 1.⟩
1 feierlich aussprechen; öffentlich erklären; **vota ~** Gelübde darbringen
2 (be)nennen; ernennen; **aliquem heredem ~** j-n zum Erben ernennen
nuncupātiō ⟨nuncupātiōnis⟩ F̄ ||nuncupare||
1 *(nachkl.)* Aussprechen von Gelübden, Darbringen von Gelübden
2 Einsetzung als Erbe
nūndinae ⟨ārum⟩ F̄ ||nundinus||
1 an jedem neunten Tag abgehaltener Markt, Wochenmarkt
2 *meton allg.* Markt
3 *fig* Handel, Verkauf
nūndinālis ⟨nūndināle⟩ ADJ ||nundinae|| *Plaut.* nur alle neun Tage gemietet
nūndinārī ⟨or, ātus sum 1.⟩ ||nundinae||
A VI
1 *(nachkl.)* handeln, feilschen
2 *hum* irgendwo verkehren
B VT erschachern, *durch verwerfliche Mittel* erhandeln
nūndinātiō ⟨nūndinātiōnis⟩ F̄ ||nundinari|| Handeln, Feilschen, *alicuius rei* mit etw *od* um etw
nūndinum ⟨ī⟩ N̄ ||nundinus|| *(erg.* **tempus**) achttägige Woche; **trīnum ~** Zeitraum von drei achttägigen Wochen = gesetzliche Frist von drei Markttagen; **comitia in trinum nundinum indicere** die Komitien auf den dritten Markttag legen
nūn-dinus ⟨a, um⟩ ADJ ||novem, dies|| neuntägig
nūntia ⟨ae⟩ F̄ ||nuntius|| Botin, Verkünderin
nūntiāre ⟨ō, āvī, ātum 1.⟩ ||nuntius|| verkünden, melden; *+ut* dass, *+konjkt* den Befehl überbringen, dass; **nuntiato** auf diese Nachricht
nūntiātiō ⟨nūntiātiōnis⟩ F̄ ||nuntiare|| REL Ankündigung eines Zeichens *durch den Augur*
nūntium ⟨ī⟩ N̄ ||nuntius|| Nachricht, Anzeige
nūntius
A ⟨a, um⟩ ADJ ||novus, venire|| verkündend, meldend, *alicuius rei* etw
B ⟨ī⟩ M̄
1 Bote; Botschaft
2 JUR Ehevertrag; Scheidungsvertrag; **nun-**

tium remittere alicui sich von j-m scheiden lassen
▶ deutsch: **Nuntius**

nū-per ADV
① neulich,
② ehemals, vor Zeiten

nūperus ⟨a, um⟩ ADJ ||nuper|| neu, frisch gefangen

nūpsī → nubere

nupta ⟨ae⟩ F ||nubere|| Ehefrau, Braut

nuptiae ⟨ārum⟩ F ||nubere||
① Hochzeit, *alicuius* j-s, mit j-m; **mulier multarum nuptiarum** oft verheiratete Frau
② (Plaut., spätl.) nichtehelicher Geschlechtsverkehr

nuptiālis ⟨nuptiāle⟩ ADJ ||nuptiae|| Hochzeits..., Ehe...; **pactio ~** Ehevertrag; **tabulae nuptiales** Eheurkunde

nuptuīre ⟨tu(e)ō, -, - 4.⟩, **nupturīre** ⟨iō, īvī/iī, ītum 4.⟩ ||nubere|| (nachkl.) poet heiratslustig sein

nuptus ⟨a, um⟩ PPP → nubere

Nūrsia ⟨ae⟩ F sabinische Stadt, heute Norcia

nurus ⟨nurūs⟩ F Schwiegertochter; allg. junge Frau

nusquam ADV ||usquam||
① nirgends, an keinem Ort; **~ esse** nicht vorhanden sein; **~ nisi in laude** Cic. fig nur in ruhmvoller Anerkennung
② (vkl., nachkl.) von nirgendwoher; **auxilium ~ nisi a Lacedaemoniis petere** Hilfe nur von den Lakedaemoniern erbitten
③ fig bei keiner Gelegenheit
④ zu nichts; **~ alio natum esse** zu nichts anderem geboren sein

nūtāre ⟨ō, āvī, ātum 1.⟩ ||nuere||
① mit dem Kopf nicken, bes als Zeichen des Schlafes
② (nachkl.) hin und her schwanken, sich bewegen; **urbs tanto discrimine nutat** die Stadt schwebt in so großer Gefahr
③ (nachkl.) schwanken, wanken
④ im Urteil schwanken; (nachkl.) in der Treue wanken

nūtātiō ⟨nūtātiōnis⟩ F ||nutare|| (nachkl.) das Schwanken

nūtrīcāre ⟨ō, āvī, ātum 1.⟩ (vkl., nachkl.), **nūtrīcārī** ⟨or, ātus sum 1.⟩ säugen, ernähren

nūtrīcātus ⟨nūtrīcātūs⟩ M ||nutricari|| (vkl.) Säugen

nūtrīcium ⟨ī⟩ N Ernährung, Pflege

nūtrīcius ⟨ī⟩ M ||nutrix|| Erzieher, Hofmeister

nūtrīcula ⟨ae⟩ F ||nutrix|| Amme

nūtrīmen ⟨nūtrīminis⟩ N, **nūtrīmentum** ⟨ī⟩ N ||nutrire|| (nachkl.) meist PL Nahrung; pl Zucht, Pflege

nūtrīre ⟨iō, īvī/iī, ītum 4.⟩ (nachkl.), **nūtrīrī** ⟨ior, ītus sum 4.⟩
① (er)nähren, füttern; passiv ernährt werden, sich nähren
② säugen
③ aufziehen, großziehen; **silvam ~** einen Wald wachsen lassen
④ fig hegen, gedeihen lassen; **mens rite nutrita** gebildeter Geist; **Graeciam ~** Liv. Griechenland schonend behandeln

nūtrītor ⟨nūtrītōris⟩ M ||nutrire|| (nachkl.) poet Ernährer, Erzieher

nūtrīx ⟨nūtrīcis⟩ F ||nutrire||
① Ernährerin, Amme; pl Catul. meton die weiblichen Brüste; **Sicilia ~ populi Romani** fig Sizilien, die Kornkammer des römischen Volkes
② fig Nährerin, Förderin

nūtus ⟨nūtūs⟩ M ||nuere||
① Nicken, Wink; **nutū vocibusque hostes vocare** die Feinde durch Winken und Zurufen reizen; **nutū signisque loquuntur** sie sprechen durch Winken und Zeichen
② fig Wille, Befehl
③ (nachkl.) fig Zustimmung
④ Schwerkraft

nux ⟨nucis⟩ F
① Nuss; (nachkl.) allg. Frucht mit harter Schale; **nux cassa** taube Nuss; fig Kleinigkeit
② (nachkl.) meton Nussbaum, Verg. Mandelbaum

nycticorax ⟨nycticoracis⟩ M (eccl.) Uhu

nympha ⟨ae⟩ F, **nymphē** ⟨nymphēs⟩ F
① Nymphe, weibliche Gottheit niederen Ranges, Töchter des Zeus, Naturgottheiten der Quellen, Berge, Flüsse u. Wälder; Mart. Seewasser
② junge Frau, Braut

nymphaeum ⟨ī⟩ N (den Nymphen geweihtes) Brunnenhaus, urspr. mit einer Quelle verbunden, später prunkvolle Anlage

Nȳsa ⟨ae⟩ F MYTH Ort, an dem Dionysos/Bacchus von den Nymphen aufgezogen worden war, in hellenistischer Zeit nach Indien verlegt

Nȳsaeus ⟨a, um⟩ ADJ, **Nȳsēis** ⟨Nȳsēidis⟩ ADJ F, zu Nysa gehörig, auch bacchisch

Nȳseus ⟨eī⟩ M Beiname des Bacchus

Nȳsias ⟨Nȳsiadis⟩ ADJ F zu Nysa gehörig, auch bacchisch

Nȳsigena ⟨ae⟩ M u. F in Nysa geboren

Nȳssa ⟨ae⟩ F = **Nysa**

OBER

ō INT *Ausruf starker Gefühlsäußerung,* +nom, +akk, +vok, +gen *(selten)*; **o me miserum** oh ich Armer; **o fortunate adolescens** oh glücklicher junger Mann; *in Wunschsätzen* **o si** oh wenn doch +konjkt; *in Fragen* **o quid agis?** oh was tust du?

Ōariōn ⟨Ōariōnis⟩ M *Catul.* = **Orion**

---

ob[1]

A Präfix entgegen, gegen … hin
B Präposition
1. entgegen
2. gegenüber
3. für, als Entgelt für
4. wegen, um … willen

--- **A** Präfix ---

PRÄF oc- *vor c,* of- *vor f; verkürzt zu* o-: entgegen, gegen … hin; **ob-ire** entgegen-gehen

--- **B** Präposition ---

PRÄP +akk

1. *örtl. auf die Frage „wohin?"* entgegen, gegen … hin; **ora obvertere ob ōs alicuius** das Gesicht j-s Gesicht zuwenden

2. *örtl. auf die Frage „wo?"* gegenüber, vor; **ob oculos versari** vor Augen schweben

3. *fig zur Bezeichnung des Gegenwertes* für, als Entgelt für; **pretium ob stultitiam ferre** den Lohn für die Dummheit erhalten

4. *fig* wegen, um … willen; **ob perfidiam tuam** *Plaut.* wegen deiner Treulosigkeit; **ob eam rem/quam ob rem** wegen dieser Sache, daher, deshalb; **ob id ipsum** ebendeshalb; **non ob aliud** aus keinem anderen Grund; **facere aliquid ob rem** im Interesse der Sache etw tun, mit Erfolg für die Sache etw tun

ob.[2] *Abk (mlat.)* = **obiit** starb *Inschrift auf Grabsteinen*

obaerātī ⟨ōrum⟩ M ||obaeratus|| die Schuldner

ob-aerātus ⟨a, um⟩ ADJ ||aes|| *(nachkl.)* verschuldet

ob-ambulāre ⟨ō, āvī, ātum 1.⟩
1. *Verg.* entgegengehen
2. *(unkl.)* umherstreifen, spazieren gehen
3. *(unkl.)* umhergehen, *alicui rei/aliquid* vor etw, bei etw, an etw

ob-arāre ⟨ō, āvī, ātum 1.⟩ *Liv.* umpflügen

ob-armāre ⟨ō, āvī, ātum 1.⟩ *(nachkl.) poet* gegen den Feind bewaffnen, *aliquid re* etw mit etw

obba ⟨ae⟩ F *(unkl.)* größeres Tongefäß *mit breitem Boden,* kleineres Gefäß *mit weitem Bauch u. engem Hals,* Karaffe

Obba ⟨ae⟩ F *Stadt in Nordafrika*

ob-brūtēscere ⟨brūtēscō, brūtuī, - 3.⟩ ||brutus|| *Lucr.* den Verstand verlieren, gefühllos werden

ob-dere ⟨dō, didī, ditum 3.⟩ *(unkl.)*
1. entgegenstellen
2. *etw* vor *etw* legen, *aliquid alicui rei*; verschließen; **pessulum foribus ~** einen Riegel vor die Tür legen

ob-dormīscere ⟨dormīscō, dormīvī, - 3.⟩ einschlafen

ob-dūcere ⟨dūcō, dūxī, ductum 3.⟩
1. gegen *etw/j-n* führen; **Curium ~** den Curius als Amtsbewerber gegen andere vorschieben
2. *als Zulage* noch zugeben
3. davorziehen, davorlegen, *aliquid alicui rei* etw vor etw
4. über *etw* ziehen, *alicui rei*; **vestem corporī ~** ein Kleid über den Körper ziehen
5. überziehen, bedecken; **cicatrix obducitur** die Narbe verharscht; **nocte obductā** unter dem Schleier der Nacht
6. *(nachkl.) poet* zusammenziehen, runzeln; **frontem ~** die Stirn runzeln
7. hineinziehen, schlürfen; **venenum ~** Gift trinken

ob-ductāre ⟨ō, -, - 1.⟩ ||obducere|| *Plaut.* herzuführen, herzubringen

obductiō ⟨obductiōnis⟩ F ||obducere|| Verhüllen, Bedecken; **~ capitis** das Verhüllen des Kopfes

obductus ⟨a, um⟩ ADJ ||obducere|| umwölkt; vernarbt; **dolor ~** verhehlter Schmerz; **vox uno sono obducta** monotone Stimme

ob-dūrāre ⟨ō, āvī, ātum 1.⟩ VI hart sein, aushalten

ob-dūrēscere ⟨dūrēscō, dūruī, - 3.⟩ ||obdurare||
1. *(vkl., nachkl.)* hart werden, steif werden
2. *fig* gefühllos werden, unempfindlich werden, *absolut od ad aliquid/contra aliquid/alicui rei* gegen etw

obeliscus ⟨ī⟩ M
1. *(nachkl.)* spitze Säule, Obelisk
2. = **obelus**

obelus ⟨ī⟩ M *(spätl.)* liegender Spieß, *kritisches Zeichen für eine für falsch od schlecht gehaltene Textstelle*

obeō → **obire**

ob-equitāre ⟨ō, āvī, ātum 1.⟩ *(nachkl.)* heranreiten, *alicui rei/aliquid* an etw; **usque ad portam ~** bis an das Tor heranreiten; **agminī ~** an der Marschkolonne entlangreiten

ob-errāre ⟨ō, āvī, ātum 1.⟩ *(nachkl.)*
1. hin und her irren, umherirren, *absolut od alicui rei* an etw

2 *fig* hin und her schweifen; **chordā eādem ~** auf die gleiche Saite fehlgreifen

obēsitās ⟨obēsitātis⟩ F ||obesus|| (*nachkl.*) Wohlbeleibtheit

ob-esse ⟨sum, fuī, - 0.⟩ entgegen sein, schaden, *absolut od alicui/alicui rei* j-m/einer Sache; **non obest** es schadet nicht, *+inf*

ob-ēsus ⟨a, um⟩ ADJ ||obedere|| (*nachkl.*)
1 abgezehrt, mager
2 fett, gemästet
3 aufgedunsen, geschwollen
4 *fig* unfein, dumm; **iuvenis naris obesae** junger Mann mit unempfindlicher Nase

obex ⟨obicis⟩ M u. F ||obicere|| (*nachkl.*)
1 Querbalken, Riegel
2 Damm, Wall; **~ saxi** Felswand
3 Barrikade; *fig* Hindernis

obf... = **off...**

ob-fuī → obesse

ob-gannīre ⟨iō, iī/īvī, ītum 4.⟩ (*Plaut., nachkl.*) vorschwatzen

ob-gerere ⟨gerō, gessī, gestum 3.⟩ (*Plaut., nachkl.*) darbringen, darbieten

ob-haerēre ⟨eō, -, - 2.⟩ *Suet.* stecken bleiben

ob-haerēscere ⟨haerēscō, haesī, haesum 3.⟩ ||obhaerere|| (*nachkl.*) *poet* stecken bleiben; *fig* ans Herz wachsen

ob-iacēre ⟨eō, uī, - 2.⟩ (*nachkl.*) gegenüberliegen, *absolut od alicui rei* einer Sache

---

ob-icere ⟨iciō, iēcī, iectum 3.⟩ ||iacere||

1 entgegenstellen, entgegenwerfen
2 entgegnen, einwenden
3 preisgeben, bloßstellen
4 einjagen, einflößen
5 vorwerfen, hinwerfen
6 vorhalten, davorlegen
7 darbieten
8 zum Vorwurf machen

---

1 entgegenstellen, entgegenwerfen, *alicui aliquid* j-m etw; *passiv* entgegentreten, sich zeigen; **hosti pedites ~** das Fußvolk dem Feind entgegenwerfen; **se ad currum ~** dem Gespann entgegenstürzen; **oculis obici** plötzlich erscheinen
2 *fig* entgegnen, einwenden
3 *fig* preisgeben, bloßstellen, *aliquem alicui* j-n j-m, *aliquid alicui rei* etw einer Sache; **legatum barbaris ~** den Gesandten den Barbaren preisgeben; **se periculis ~** sich den Gefahren preisgeben; **caput ~** den Kopf der Gefahr darbieten
4 *fig* einjagen; verursachen, *alicui aliquid* j-m etw; **alicui terrorem ~** j-m einen Schrecken einjagen
5 vorwerfen, hinwerfen; **corpus feris ~** den Körper den wilden Tieren vorwerfen; **praedam ~ hosti** die Beute dem Feind ausliefern; **obiectus** vor *etw* liegend, *auch* vorn befindlich; **silva obiecta** vor einem liegender Wald; **insula portui obiecta** dem Hafen vorgelagerte Insel
6 *zum Schutz* vorhalten, davorlegen; **portam/ fores ~** die Tür zuwerfen; **ericium portui ~** dem Hafen ein Hindernis vorsetzen; **navem submersam faucibus ~** den Zugang durch ein versenktes Schiff sperren; **noctem ~ peccatis** *fig* Dunkelheit über die Fehler breiten
7 darbieten, *alicui aliquid* j-m etw
8 *fig* zum Vorwurf machen, *alicui aliquid/de re od aliquid in aliquem* j-m etw, *quod* dass, *+AcI*; **alicui ~ de aliquo** j-m Vorwürfe machen in Bezug auf j-n; **alicui furtum ~** j-m einen Diebstahl vorwerfen; **alicui ~ de morte Caesaris** j-m Vorwürfe machen bezüglich des Todes von Caesar

obiectāre ⟨ō, āvī, ātum 1.⟩ ||obicere|| (*nachkl.*)
1 entgegenwerfen, entgegenhalten, *alicui aliquid* etw einer Sache
2 *fig* preisgeben, aussetzen
3 *fig* vorwerfen, vorhalten, *alicui aliquid* j-m etw, *+AcI*

▶ deutsch: **Objekt**

obiectātiō ⟨obiectātiōnis⟩ F ||obicere|| Vorwurf

obiectum ⟨ī⟩ N ||obicere|| Vorwurf

obiectus¹ ⟨a, um⟩ PPP → obicere

obiectus² ⟨obiectūs⟩ M ||obicere||
1 Entgegenstellen, Vorschieben, **plutei** einer Schutzwand
2 (*nachkl.*) Davorliegen; Vorsprung; **~ montis** davor liegendes Gebirge

obiex ⟨obicis⟩ M u. F = **obex**

ob-iī → obire

ob-īrāscī ⟨īrāscor, īrātus sum 3.⟩ (*nachkl.*) zornig werden, *alicui rei* über etw

obīrātiō ⟨obīrātiōnis⟩ F ||obirasci|| Zorn

obīrātus ⟨a, um⟩ ADJ ||obirasci|| (*nachkl.*) zornig, *alicui* auf jdn

---

ob-īre ⟨eō, iī/īvī, itum 0.⟩

A intransitives Verb
1 hingehen
2 entgegengehen, begegnen
3 untergehen

B transitives Verb
1 etw erreichen
2 begehen, besuchen
3 durchgehen
4 umgeben

5 antreten

— **A** intransitives Verb —

V/i

1 hingehen, *in aliquid* in etw, an etw, zu etw; **~ in infera loca** an tiefer gelegene Orte gehen

2 entgegengehen, begegnen; **~ ad omnes hostium conatūs** allen Unternehmungen der Feinde begegnen

3 *von Gestirnen* untergehen; (*nachkl.*) *fig von Personen* sterben

— **B** transitives Verb —

V/t

1 an *etw* herangehen, *etw* erreichen, *aliquid*; **flamma aliquid obit** die Flamme erreicht etw

2 besuchen, durchwandern; **vigilias ~** die Wachen inspizieren; **omnia curru ~** alles mit dem Wagen umkreisen; **omnia visu ~** alles betrachten; **comitia ~** die Volksversammlung besuchen, an der Volksversammlung teilnehmen

3 *in der Rede* durchgehen

4 *poet* umgeben; **mare terras obit** das Meer umspült die Länder; **ora pallor obit** das Gesicht erbleicht

5 *fig poet* etw antreten, *etw* übernehmen, *aliquid*; **res suas ~** seine Angelegenheiten wahrnehmen; **diem ~** einen Termin einhalten; **locum et tempus ~** Ort und Zeit abwarten; **annum petitiōnis suae ~** sich in dem gesetzlich bestimmten Lebensjahr um ein Amt bewerben; **mortem ~** eines natürlichen Todes sterben; **morte obitā** nach dem Tod

obiter ADV ||ob|| (*nachkl.*)
1 obenhin
2 zufällig
3 nebenbei, gelegentlich
4 zugleich

obitus[1] ⟨obitūs⟩ M ||obire||
1 *von Gestirnen* Untergang
2 *fig* Vernichtung, **Cimbrōrum** der Kimbern
3 *fig* Hinscheiden, (natürlicher) Tod; *pl* Todesqualen
4 (*vkl., nachkl.*) Besuch

ob-itus[2] ⟨a, um⟩ PPP → obire

ob-iūrgāre, ob-iūrigāre ⟨ō, āvī, ātum 1.⟩
1 tadeln, *aliquem/aliquid* j-n/etw, *aliquem de re/in re* j-n wegen etw, *quod*; tadelnd auffordern, *ut*
2 abmahnen; **peccatis ~** *Plaut.* durch Mahnen von Sünden abhalten wollen
3 (*nachkl.*) züchtigen, schlagen

obiūrgātiō ⟨obiūrgātiōnis⟩ F ||obiurgare|| Tadel, Verweis

obiūrgātor ⟨obiūrgātōris⟩ M ||obiurgare|| Tadler

obiūrgātōrius ⟨a, um⟩ ADJ ||obiurgator|| scheltend, tadelnd; **epistula obiurgatoria** brieflicher Tadel

obiūrgitāre ⟨ō, āvī, ātum 1.⟩ ||obiurgare|| *Plaut.* tüchtig schelten

ob-languēscere ⟨languēscō, languī, - 3.⟩ ||languescere|| matt werden

oblata ⟨ae⟩ F ||offerre|| (*mlat.*) als Opfer dargebrachtes Abendmahlbrot, *bes* Hostie; Oblate

ob-lātrāre ⟨ō, -, - 1.⟩ (*nachkl.*) anbellen, anfahren

oblātrātrīx ⟨oblātrātrīcis⟩ F ||oblatrare|| *Plaut.* kläffende Hündin, *Schimpfwort*

ob-lātus ⟨a, um⟩ PPP → offerre

oblectāmen ⟨oblectāminis⟩ N ||oblectare||
1 *poet* = **oblectamentum**
2 *Ov.* Trost

oblectāmentum ⟨ī⟩ N, **oblectātiō** ⟨oblectātiōnis⟩ F ||oblectare|| Vergnügen, angenehme Unterhaltung

oblectāre ⟨ō, āvī, ātum 1.⟩
1 erfreuen, angenehm unterhalten; *passiv* sich erfreuen
2 (*nachkl.*) *poet* eine Zeit angenehm verbringen

oblēnīmen ⟨oblēnīminis⟩ N ||oblenire|| *poet* Beruhigungsmittel

ob-lēnīre ⟨iō, -, - 4.⟩ (*nachkl.*) besänftigen

ob-lēvī → oblinere

oblīcus ⟨a, um⟩ ADJ = **obliquus**

ob-līdere ⟨līdō, līsī, līsum 3.⟩ ||laedere||
1 zusammendrücken
2 (*nachkl.*) zerquetschen, erwürgen

ob-ligāre ⟨ō, āvī, ātum 1.⟩
1 (*nachkl.*) *poet* binden, festbinden
2 *fig* binden, einschränken; **aliquem iudicio ~** j-n durch richterliches Urteil binden
3 *fig eines Vergehens* schuldig machen; *passiv u.* **se ~** sich schuldig machen, *re* einer Sache
4 verbinden, zubinden
5 *fig* verpflichten, *aliquem re* j-n durch etw, **vadem tribus milibus aeris ~** den Bürgen zur Zahlung von 3000 Assen verpflichten; **sibi aliquem ~** sich j-n verpflichten
6 *fig* verpfänden, als Pfand geben; geloben, feierlich versprechen

obligātiō ⟨obligātiōnis⟩ F ||obligare||
1 Gebundensein
2 JUR Verpflichtung, Verbindlichkeit; **~ pecuniae** finanzielle Verpflichtung
▶ deutsch: **Obligation**

obligātus ⟨a, um⟩ ADJ ||obligare||
1 verbunden
2 verpflichtet
3 verschuldet, mit Hypotheken belastet
4 geweiht

ob-līmāre ⟨ō, āvī, ātum 1.⟩ ||limare[2]||
1 mit Schlamm überziehen

2 fig verschlemmen, verprassen
ob-linere ⟨liniō, lēvī, litum 3.⟩
1 bestreichen, beschmieren, *aliquem re* j-n mit etw; **oblitus faciem** *griech. akk* mit verschmiertem Gesicht
2 fig überladen, bedecken, *aliquid re* etw mit etw
3 *Gell.* fig ausstreichen
4 fig besudeln, beflecken
oblīquāre ⟨ō, āvī, ātum 1.⟩ ‖obliquus‖ seitwärts richten; fig gemildert aussprechen
oblīquitās ⟨oblīquitātis⟩ F ‖obliquus‖ (*nachkl.*) schiefe Richtung, Winkel
ob-līquus ⟨a, um⟩ ADJ
1 seitlich, schief; **iter obliquum** Seitenweg; **lux obliqua** *Ov.* seitlich einfallendes Licht; **obliquo monte decurrere** den Berg auf einem Seitenweg hinabeilen; **ex obliquo/ab obliquo** von der Seite, seitwärts; **per obliqua campi** auf Seitenwegen
2 (*nachkl.*) *poet* gekrümmt, gewunden
3 schielend; fig neidisch
4 versteckt, verblümt; **obliqua insectatio** *Tac.* verdeckter Angriff
5 (*vkl., nachkl.*) GRAM abhängig, indirekt; **oratio obliqua** indirekte Rede
ob-līsī → oblidere
ob-līsus ⟨a, um⟩ PPP → oblidere
ob-litēscere ⟨litēscō, lituī, - 3.⟩ sich verbergen, sich verstecken, *a re* vor etw
ob-litterāre ⟨ō, āvī, ātum 1.⟩ ‖ob litteras (scribere)‖ *nur* fig in Vergessenheit bringen, auslöschen; *passiv* in Vergessenheit geraten
ob-lituī → oblitescere
oblitus[1] ⟨a, um⟩ PPP → oblinere
oblitus[2] ⟨a, um⟩ PPERF → oblivisci
oblīviō ⟨oblīviōnis⟩ F ‖oblivisci‖
1 Vergessen, *bes* Amnestie; **in oblivionem alicuius rei adduci/venire** etw vergessen; **aliquem in oblivionem dare** j-n in Vergessenheit geraten lassen; **aliquem ab oblivione vindicare** j-n der Vergessenheit entreißen; **lex oblivionis** Amnestiegesetz
2 (*nachkl.*) Vergesslichkeit
oblīviōsus ⟨a, um⟩ ADJ ‖oblivio‖
1 vergesslich
2 *Hor.* Sorgen stillend
ob-līvīscī ⟨līvīscor, lītus sum 3.⟩
1 vergessen, *absolut od alicuius* j-n, *alicuius rei/aliquid* etw, +inf/+AcI/+indir Fragesatz
2 fig nicht beachten, *alicuius rei* etw; *von Sachen* nicht mehr haben; **paterni generis ~** das väterliche Geschlecht nicht mehr beachten; **~ sui** sich selbst untreu werden
oblīvium ⟨ī⟩ N ‖oblivisci‖ (*nachkl.*) *meist* PL = oblivio

ob-locāre ⟨ō, -, - 1.⟩ eine Arbeit vergeben
oblocūtor ⟨oblocūtōris⟩ M ‖obloqui‖ *Plaut.* „Widersprecher"; **~ sum** ich widerspreche
ob-longus ⟨a, um⟩ ADJ (*vkl., nachkl.*) länglich
ob-loquī ⟨loquor, locūtus sum 3.⟩
1 widersprechen, *absolut od alicui* j-m
2 *Catul.* schimpfen; (*nachkl.*) tadeln
3 *poet* dazu singen, dazu spielen; **~ numeris septem discrimina vocum** *Verg.* das Lied mit der siebensaitigen Leier begleiten
obloquium ⟨ī⟩ N ‖obloqui‖
1 Widerspruch
2 Beschimpfung
ob-luctārī ⟨or, ātus sum 1.⟩ (*nachkl.*) *poet* gegen *etw* ankämpfen, *einer Sache* Widerstand leisten, *alicui rei*; **flumini ~** gegen den Fluss ankämpfen; **genibus harenae ~** sich mit den Knien auf den sandigen Boden stemmen
ob-lūdiāre ⟨ō, -, - 1.⟩ ‖ludere‖ *Plaut.* scherzen
ob-mōlīrī ⟨ior, ītus sum 4.⟩ (*nachkl.*)
1 vorschieben, **truncos** Baumstämme
2 verbarrikadieren
ob-murmurāre ⟨ō, āvī, ātum 1.⟩ (*nachkl.*)
A VI murren, *alicui rei* über etw
B VT dabei murmeln, *aliquid* etw
ob-mūtēscere ⟨mūtēscō, mūtuī, - 3.⟩ ‖mutus‖ verstummen; fig aufhören; **dolor obmutescit** der Schmerz lässt nach
ob-nātus ⟨a, um⟩ ADJ (*nachkl.*) angewachsen, *alicui rei* an etw
ob-nītī ⟨nītor, nīxus sum 3.⟩ (*nachkl.*)
1 *poet* sich dagegenstemmen, *alicui rei* gegen etw; fig Widerstand leisten, *alicui rei/contra aliquid* gegen etw
2 +inf sich anstrengen
obnīxus ⟨a, um, *adv* obnīxē⟩ ADJ ‖obniti‖ (*unkl.*) standhaft, beharrlich; +inf fest entschlossen
obnoxiōsus ⟨a, um⟩ ADJ ‖obnoxius‖ (*vkl.*) unterwürfig, gehorsam
ob-noxius ⟨a, um, *adv* obnoxiē⟩ ADJ ‖ob[1], noxa‖
1 straffällig, einer Strafe verfallen, *alicuius rei* wegen etw; **~ pecuniae debitae** straffällig wegen Schulden
2 einem Laster ergeben, *eines Vergehens* schuldig, *absolut od alicui rei* einer Sache
3 unterworfen, untertan, *alicui/alicui rei* j-m/einer Sache
4 einem Übel ausgesetzt, preisgegeben; **obnoxium est** es ist bedenklich, es ist gefährlich, +inf
5 unterwürfig, sklavisch, *absolut*
6 in gedrückter Stimmung
7 schwach
8 fig verpflichtet, verbunden
ob-nūbere ⟨nūbō, nūpsī, nuptum 3.⟩ (*unkl.*)

umhüllen, verschleiern; **caput obnuptum** verhülltes Haupt

ob-nūbilus ⟨a, um⟩ ADJ *poet* umwölkt

ob-nūntiāre ⟨ō, āvī, ātum 1.⟩

1 (*vkl., nachkl.*) Unangenehmes melden

2 REL böse Vorzeichen melden, Einspruch erheben, *alicui/alicui rei* gegen j-n/gegen etw

obnūntiātiō ⟨obnūntiātiōnis⟩ F ||obnuntiare|| REL Meldung böser Vorzeichen

oboediēns

A ⟨oboedientis⟩ ADJ, ADV ⟨oboedienter⟩||oboedire|| gehorsam, fügsam; **ventri ~** *pej* den Bedürfnissen des Bauches frönend

B ⟨oboedientis⟩ M Untergebener

oboedientia ⟨ae⟩ F ||oboediens|| Gehorsam

ob-oedīre ⟨iō, īvī, ītum 4.⟩ ||audire||

1 Gehör schenken

2 gehorchen, *alicui, alicui rei* j-m/einer Sache

ob-olere ⟨eo, ui, - 2.⟩ (*vkl., nachkl.*) Geruch von sich geben, riechen, *aliquid* nach etw; **alium ~** nach Knoblauch riechen; **oboluit huic marsuppium** *Plaut.* sie roch den Geldbeutel

obolus ⟨ī⟩ M (*vkl., nachkl.*) Obolus, *kleine griech. Münze = 1/6 einer Drachme*

ob-orīrī ⟨orior, ortus sum 4.⟩ sich erheben, entstehen; **alicui lacrimae oboriuntur** j-m kommen die Tränen; **lux libertatis oboritur** *fig* das Licht der Freiheit geht auf

ob-rēpere ⟨rēpō, rēpsī, rēptum 3.⟩

1 (*unkl.*) herankriechen, heranschleichen

2 *fig* heranschleichen, *alicui/alicui rei* an j-n/an etw; **ad honores ~** Ehrenstellen erschleichen

3 überfallen, überraschen, *alicui* j-n

4 unbemerkt eindringen, *in aliquid* in etw

ob-rēptāre ⟨ō, āvī, ātum 1.⟩ ||obrepere|| (*vkl., nachkl.*) beschleichen

ob-rētīre ⟨iō, -, - 4.⟩ ||ob¹, rete|| *Lucr.* ins Netz ziehen, verstricken

ob-rigēscere ⟨rigēscō, riguī, - 3.⟩ erstarren

ob-rōdere ⟨rōdō, rōsī, rōsum 3.⟩ (*vkl., nachkl.*) benagen

ob-rogāre ⟨ō, āvī, ātum 1.⟩ ganz od teilweise aufheben, *alicui rei* etw, **legi** ein Gesetz

obrogātiō ⟨obrogātiōnis⟩ F ||obrogare|| Änderungsvorschlag *zu einem Gesetz*

ob-ruere ⟨ruō, ruī, rutum 3.⟩

1 überschütten *mit einer Masse, mit Wasser o. Ä.*; überdecken; **obrui undis** von Wogen begraben werden; **ventos otio ~** *fig* die Winde beruhigen

2 *fig* verhüllen, *bes* verdunkeln

3 *fig* überladen; **se vino epulisque ~** sich überladen mit Wein und Essen

4 *fig* erdrücken; vernichten; **verbis ~** mit Worten niederdonnern; **risus testem obruit** das Gelächter brachte den Zeugen aus der Fassung; **obrui aere alieno** in Schulden versinken

5 (*nachkl.*) *fig* verdunkeln = übertreffen; **famam alicuius ~** j-s Ruf übertreffen

obrussa ⟨ae⟩ F Feuerprobe des Goldes; *Sen. fig* Probe

ob-rutus ⟨a, um⟩ PPP → obruere

ob-saepīre ⟨saepiō, saepsī, saeptum 4.⟩ (*vkl., nachkl.*) versperren, verschließen; **alicui iter ~** j-m den Weg versperren

ob-saturāre ⟨ō, -, - 1.⟩ *Ter.* sättigen

obscaen... = **obscen...**

ob-scaevāre ⟨ō, āvī, - 1.⟩ ||ob¹, scaevus|| ein böses Vorzeichen melden

obscēnī ⟨ōrum⟩ M ||obscenus|| die Unzucht mit sich treiben lassen

obscēnitās ⟨obscēniātis⟩ F ||obscenus|| Unanständigkeit, Anstößigkeit

obscēnum ⟨ī⟩ N ||obscenus|| Scham; *pl* Geschlechtsteile; unsittliche Handlungen

obs-cēnus ⟨a, um, *adv* obscēnē⟩ ADJ

1 von böser Vorbedeutung, unheilvoll; **volucris obscena** Nachteule

2 (*nachkl.*) *poet* schmutzig, ekelhaft; **fetus ~** Missgeburt; **vas obscenum** Nachtgeschirr

3 *fig* unanständig, unsittlich; **versūs obsceni** unanständige Verse; **puellae obscenae** die Straßenmädchen

▶ deutsch: **obszön**

obscoen... = **obscen...**

obscūrāre ⟨ō, āvī, ātum 1.⟩ ||obscurus||

1 verdunkeln, verfinstern; *passiv* sich verfinstern

2 verhüllen, verbergen

3 *fig* unkenntlich machen; *in der Rede* verhüllen; **~ litteras** Buchstaben undeutlich aussprechen

4 *fig* in den Schatten stellen, zurückdrängen; *passiv* in den Hintergrund treten, ohne Bedeutung sein; **obscurata verba** veraltete Wörter

obscūrātiō ⟨obscūrātiōnis⟩ F ||obscurare|| Verdunkelung; Dunkelheit; *pl* unbemerkt bleibende Dinge

obscūritās ⟨obscūritātis⟩ F ||obscurus||

1 (*nachkl.*) Dunkelheit; *fig* Verdunkelung

2 *fig* Unverständlichkeit, Unklarheit

3 Niedrigkeit *des Standes*, Unbekanntheit

obscūrum ⟨ī⟩ N ||obscurus|| Finsternis, Schatten

obscūrus ⟨a, um, *adv* obscūrē⟩ ADJ

1 (*nachkl.*) *poet* dunkel, finster; **lux obscura/lumen obscurum** Dämmerung; **aqua obscura** trübes Wasser

2 versteckt, unbemerkt; **taberna obscura** dunkle Kneipe; **Pallas obscura** verhüllte Pallas; **aliquid non obscure ferre** sich etw anmerken lassen

3 *fig von der Rede* undeutlich, unverständlich

4 *fig vom Charakter* verschlossen
5 *fig* unbekannt, nicht berühmt; **obscuro loco natus** von niederer Herkunft
6 *fig* unsicher, trübe; **spes obscura** unsichere Hoffnung
▶ deutsch: **obskur**

ob-secrāre ⟨ō, āvī, ātum 1.⟩ ‖ob¹, sacer‖ inständig bitten; anflehen, *auch +dopp. akk, ut/ne dass/dass nicht, +konjkt; eingeschoben:* ich bitte dich, hör mal; **id unum te obsecro** um dieses eine flehe ich dich an

obsecrātiō ⟨obsecrātiōnis⟩ F̄ ‖obsecrare‖
1 inständiges Bitten, Beschwörung
2 öffentlicher Bettag, Bußtag
3 feierliche Beteuerung

ob-secundāre ⟨ō, āvī, ātum 1.⟩ = **obsequi**
ob-secūtus ⟨a, um⟩ PPERF → **obsequi**
ob-sēdī → **obsidere¹** u. → **obsidre²**
ob-sēpīre ⟨sēpiō, sēpsī, sēptum 4.⟩ = **obsaepire**

obsequēla ⟨ae⟩ F̄ (*unkl.*) = **obsequium**
obsequēns ⟨obsequentis, adv obsequenter⟩ ADJ (*vkl., nachkl.*) nachgiebig; *von Gottheiten* gnädig; **aliquid obsequenter facere** etw bereitwillig tun
obsequentia ⟨ae⟩ F̄ = **obsequium**
ob-sequī ⟨sequor, secūtus sum 3.⟩
1 nachgeben, gehorchen, *absolut od alicui/alicui rei* j-m/einer Sache, *ut*
2 *einem Fürsten* huldigen
3 sich *einer Sache* hingeben, sich von *etw* leiten lassen, *alicui rei*; **studiis suis ~** sich seinen Studien widmen; **irae ~** sich vom Zorn leiten lassen

obsequium ⟨ī⟩ N̄ ‖obsequi‖
1 Nachgiebigkeit, Gehorsam; *pej* Kriecherei, *alicuius* j-s *od* gegen j-n, *in aliquem/erga aliquem* gegen j-n; **~ alicuius plebis/erga plebem** j-s Nachgiebigkeit gegen das Volk; **~ ventris** Schlemmerei; **~ desiderii** Erfüllung des Verlangten; **iurare in alicuius obsequium** j-m den Treueeid leisten
2 (*nachkl.*) *poet* Hingabe, Preisgabe; *pl* Geschlechtsverkehr
3 (*nachkl.*) Gunstbezeigung, Gunsterweis
4 (*nachkl.*) militärischer Gehorsam

ob-serāre ⟨ō, āvī, ātum 1.⟩ ‖ob¹, sera‖ (*unkl.*) verriegeln, verschließen; **fores ~** die Tür verriegeln

ob-serere ⟨serō, sēvī, situm 3.⟩
1 *Plaut.* säen, aussäen, *frumentum* Getreide; **~ pugnos** *hum* die Fäuste tanzen lassen, verprügeln; **aerumnam ~ in aliquem** j-m Kummer bereiten
2 besäen, bepflanzen; **terram frugibus ~** die Erde mit Feldfrüchten bepflanzen

observābilis ⟨observābile⟩ ADJ ‖observare‖ (*nachkl.*) bemerkbar

observāns ⟨observantis, adv observanter⟩ ADJ ‖observare‖
1 (*nachkl.*) beobachtend
2 hoch achtend, verehrend, *alicuius/alicuius rei* j-n/etw

observantia ⟨ae⟩ F̄ ‖observans‖
1 (*nachkl.*) Beobachtung, Befolgung
2 Hochachtung, Verehrung, *alicuius* j-s, *in aliquem* für j-n, gegen j-n
3 (*spätl.*) Befolgung; *bes* REL Regeln

observāre ⟨ō, āvī, -1.⟩
1 *etw* aufmerksam beobachten, *aliquid, ut/ne* dass/dass nicht, *+indir Fragesatz;* berechnen
2 *poet* hüten, bewachen
3 *fig* beachten, befolgen; **diem ~** den Termin einhalten; **observatum est, ut** man achtete darauf, dass
4 *fig* hoch achten, verehren; **~ aliquem ut patrem** j-n wie seinen Vater verehren
▶ deutsch: **observieren**

observātiō ⟨observātiōnis⟩ F̄ ‖observare‖
1 Beobachtung, *bes* Gewissenhaftigkeit
2 (*nachkl.*) Einhaltung; *meton* Regel

observātor ⟨observātōris⟩ M̄ ‖observare‖ (*nachkl.*) Beobachter

observitāre ⟨ō, āvī, -1.⟩ ‖observare‖ eifrig beobachten, *aliquid* etw

ob-ses ⟨obsidis⟩ M̄ u. F̄
1 Geisel; **alicui obsides imperare** j-m die Stellung von Geiseln befehlen; **obsides dare** +Acl durch Stellung von Geiseln Sicherheit gewähren, dass
2 *fig* Bürge, Unterpfand, *alicuius rei* für etw

obsessiō ⟨obsessiōnis⟩ F̄ = **obsidio**
obsessor ⟨obsessōris⟩ M̄ ‖obsidere¹‖
1 (*vkl.*) *poet* Bewohner
2 Belagerer

ob-sessus ⟨a, um⟩ PPP → **obsidere¹** u. → **obsidere²**

ob-sēvī → **obserere**

ob-sidēre¹ ⟨sideō, sēdī, sessum 2.⟩ ‖sedere‖
A V̄Ī (*vkl., nachkl.*) an einem Ort sitzen, warten
B V̄T
1 an *etw* sitzen, auf *etw* sitzen, *aliquid*
2 einen Ort besetzt halten
3 *fig* beherrschen, in seiner Gewalt haben
4 *fig* bedrängen, beschränken
5 einschließen, belagern
6 auf *etw* lauern, Zeit abpassen für *etw, aliquid*

ob-sidēre² ⟨sīdō, sēdī, sessum 3.⟩
1 *einen Ort* besetzen, *bes* MIL; **ianuam alicuius ~** j-s Haustür umstellen
2 *poet* belagern, einschließen
3 *Tib.* durch Kauf in seinen Besitz bringen

obsidiālis ⟨obsidiāle⟩ ADJ ‖obsidium‖ (nachkl.) zur Belagerung gehörig, Belagerungs...; **corona ~** Liv. Belagerungskranz, Kriegsauszeichnung für die Befreiung eines eingeschlossenen Heeres

obsidiō ⟨obsidiōnis⟩ F ‖obsidere‖
1. Belagerung, Blockade
2. Gefangenschaft
3. *fig* Bedrängnis

obsidiōnālis ⟨obsidiōnāle⟩ ADJ = obsidialis

obsidium[1] ⟨ī⟩ N ‖obses‖ Tac. Geiselhaft

obsidium[2] ⟨ī⟩ N ‖obsidere‖
1. Einschließung, Blockade
2. *Plaut.* Gefahr

ob-sīgnāre ⟨ō, āvī, ātum 1.⟩
1. versiegeln
2. untersiegeln, **litteras publico signo** ein Schriftstück mit dem Staatssiegel; **tabellis obsignatis agere cum aliquo** = in strengster Form mit j-m verhandeln
3. *Lucr.* eindrücken, einprägen

obsīgnātor ⟨obsīgnātōris⟩ M ‖obsignare‖ Besiegler *einer Urkunde*; Testamentszeuge

ob-sipāre ⟨ō, -, - 1.⟩ *Plaut.* ins Gesicht spritzen; **aquolam ~** erfrischen, Mut machen

ob-sistere ⟨sistō, stitī, - 3.⟩
1. sich entgegenstellen; *perf* entgegenstehen, *absolut od alicui* j-m; **~ famae alicuius** j-s Ruf verdunkeln
2. *feindlich* sich j-m widersetzen, j-n bekämpfen, *absolut od alicui, ne/quominus* dass, *+inf*

obsitus ⟨a, um⟩ ADJ ‖obserere‖ ganz bedeckt, voll, *re* von etw

obsolē-fierī ⟨fīō, factus sum 0.⟩ = obsolescere

ob-solēscere ⟨solēscō, solēvī, - 3.⟩
1. sich abnutzen; *fig* veralten
2. **obsolētus** ⟨a, um, *adv* obsolētē⟩ *adj* abgenutzt; veraltet

ob-sonāre[1] ⟨ō, -, - 1.⟩ *Plaut.* dreinreden

ob-sōnāre[2] ⟨ō, āvī, ātum 1.⟩, **ob-sōnārī** ⟨or, ātus sum 1.⟩
1. für die Küche als Zukost einkaufen; **ambulando famem ~** *Cic.* durch Spazierengehen Hunger als Zukost einkaufen
2. *Ter.* ein Gastmahl geben, speisen

obsōnātor ⟨obsōnātōris⟩ M ‖obsonare[2]‖ (vkl., nachkl.) Einkäufer *für die Küche*

obsōnātus ⟨obsōnātūs⟩ M ‖obsonare[2]‖ Einkauf *für die Küche*

obsōnium ⟨ī⟩ N Zukost; Gemüse, Obst; Fisch

ob-sorbēre ⟨eō, uī, - 2.⟩ (vkl., nachkl.) gierig einschlürfen

obstāculum ⟨ī⟩ N ‖obstare‖ (nachkl.) Hindernis

obstantia ⟨obstantium⟩ N ‖obstare‖ Hindernisse

ob-stāre ⟨stō, stitī, stātūrus 1.⟩ entgegenstehen; *fig* hinderlich sein, *absolut od alicui/alicui rei* j-m/einer Sache, *ne/quominus/verneint auch quin* dass; **difficultates mihi obstant** Schwierigkeiten stehen mir im Weg; **Ilium diis obstitit** Ilion war den Göttern verhasst

⚠ **Principiis obsta.** *Ov.* Wehre den Anfängen.

obstātūrus ⟨a, um⟩ PART *fut* → obstare

obstetrīx ⟨obstetrīcis⟩ F ‖obstare‖ (unkl.) Hebamme

ob-stināre ⟨ō, āvī, ātum 1.⟩ (unkl.) auf *etw* bestehen, *etw* fest beschließen, *ad aliquid*, *+inf*; **~ mori** fest beschließen zu sterben

obstinātiō ⟨obstinātiōnis⟩ F ‖obstinare‖ Festigkeit; *pej* Starrsinn; **sententiae ~** Beharrlichkeit in den Grundsätzen; **~ taciturna** beharrliches Schweigen

obstinātus ⟨a, um, *adv* obstinātē⟩ ADJ ‖obstinare‖ entschlossen; *pej* hartnäckig, *ad aliquid/in aliquid* zu etw; **certum et obstinatum est** es ist fest beschlossen; **obstinatum ad mortem esse** zum Tod entschlossen sein; **~ pro aliquo** j-m treu ergeben

ob-stipēscere ⟨stipēscō, stipuī, - 3.⟩ = obstupescere

obstīpus ⟨a, um⟩ ADJ ‖stipare‖ (nachkl.) seitwärts geneigt, rückwärts geneigt

obstita ⟨ōrum⟩ N ‖obsistere‖ gegenüberstehende, vom Blitz getroffene Dinge

ob-stitī → obsistere *u.* → obstare

ob-strepere ⟨strepō, strepuī, strepitum 3.⟩
1. entgegentönen, entgegenlärmen; **pluvia obstrepit** der Regen plätschert; **obstrepi re von etw** umrauscht werden
2. übertönen, überschreien; *passiv* niedergeschrien werden; **contio decemviro obstrepuit** die Versammlung überschrie den Dezemvir
3. *fig* j-n stören, j-m hinderlich sein, *absolut od alicui*; **alicui litteris ~** j-n mit Briefen belästigen

ob-strictus ⟨a, um⟩ PPP → obstringere

ob-strigillāre ⟨ō, āvī, ātum 1.⟩ (vkl., nachkl.) hinderlich sein, im Weg stehen

ob-stringere ⟨stringō, strīnxī, strictum 3.⟩
1. (unkl.) vor *etw* binden; **follem ob gulam** *Plaut.* einen ledernen Geldsack vor die Kehle binden
2. (unkl.) zubinden, festbinden; **ventos ~** die Winde eingeschlossen halten
3. *fig* moralisch binden, verpflichten; **cives legibus ~** die Bürger durch Gesetze binden; **fidem alicuius ~** sich der Treue j-s versichern; **fidem suam alicui ~** sein Wort j-m verpfänden; **fide obstrictum teneri** durch Eid gebunden sein; **aliquem obstrictum habere** j-n sich verpflich-

tet haben; **clementiam suam ~ crebris orationibus** sich in zahlreichen Reden zur Milde verpflichten; **religione gentili obstringi** nach fremdem Brauch schwören

4 *pej* verstricken, verwickeln; **principem societate scelerum ~** *Tac.* den Fürsten durch Teilnahme an Verbrechen binden

obstrūctiō ⟨obstrūctiōnis⟩ F̄ ||obstruere|| Einschließung

obs-trūdere ⟨trūdō, trūsī, trūsum 3.⟩ = **obtrudere**

ob-struere ⟨struō, strūxī, strūctum 3.⟩

1 entgegenbauen, davor bauen; **alicuius luminibus ~** j-m die Fenster verbauen

2 versperren, verschließen; **flumina magnis operibus ~** die Flüsse durch mächtige Schanzwerke versperren; **alicuius aures ~** j-s Ohren für Bitten verschließen

ob-stupefacere ⟨faciō, fēcī, factum 3.⟩ in Erstaunen versetzen, betäuben; **metus maerorem obstupefacit** *Liv.* die Furcht stumpft die Trauer ab

ob-stupēscere ⟨stupēscō, stupuī, - 3.⟩ erstarren, betäubt werden

ob-stupidus ⟨a, um⟩ A̅D̅J̅ (*vkl., nachkl.*) starr, betäubt

ob-suere ⟨suō, suī, sūtum 3.⟩ (*nachkl.*) *poet* zunähen, annähen

ob-sum → **obesse**

ob-surdēscere ⟨surdēscō, surduī, - 3.⟩ ||surdus|| taub werden; *fig von Personen* Mahnungen kein Gehör schenken

ob-taedēscere ⟨ēscit, -, - 3.⟩ *unpers Plaut.* **obtaedescit** es ekelt an

ob-tegere ⟨tegō, tēxī, tēctum 3.⟩

1 schützend bedecken; *fig* decken

2 verbergen; *fig* verschleiern; **domum arboribus ~** das Haus mit Bäumen umschatten; **sui obtegens** sich verstellend

ob-temperāre ⟨ō, āvī, ātum 1.⟩ *j-m/einer Sache* gehorchen, sich nach *j-m/etw* richten, *alicui/ alicui rei*

obtemperātiō ⟨obtemperātiōnis⟩ F̄ ||obtemperare|| Gehorsam, **legibus** gegenüber den Gesetzen

ob-tendere ⟨tendō, tendī, tentum 3.⟩

1 davor spannen, vorhalten, *aliquid alicui rei/ante aliquid* etw vor etw; **sudarium ante faciem ~** das Schweißtuch vor das Gesicht halten; **obtentā nocte** unter dem Mantel der Nacht; **curis obtendit luxum** *Tac. fig* er zog das Genussleben den Regierungsgeschäften vor

2 *passiv* gegenüberliegen, *alicui rei* einer Sache; **Britannia Germaniae obtenditur** Britannien liegt Germanien gegenüber

3 (*nachkl.*) *fig* vorschützen, **valetudinem corporis** gesundheitliche Gründe

4 (*nachkl.*) *fig* verhüllen, einhüllen; **natura alicuius quasi velis obtenditur** j-s Wesen wird wie von Schleiern umhüllt

obtentus² ⟨obtentūs⟩ M̄ ||obtendere|| (*nachkl.*)

1 Vorspann, Vordach

2 *fig* Verschleierung, Hülle; **vitiis obtentui esse** als Hülle für Laster dienen

3 *fig* Vorwand, Deckmantel; **sub obtentu cognominis** unter dem Deckmantel des Beinamens

ob-tentus¹ ⟨a, um⟩ P̄P̄P̄ → **obtendere** u. → **obtinere**

ob-terere ⟨terō, trīvī, trītum 3.⟩

1 zertreten, zerquetschen; **equitatus hostem obterit** die Reiterei reitet den Feind nieder

2 *fig* aufreiben, vernichten

3 *fig* herabsetzen, schmälern; **aliquem verbis ~** j-n mit Worten herabsetzen

ob-testārī ⟨or, ātus sum 1.⟩

1 (*nachkl.*) zum Zeugen anrufen

2 feierlich beteuern

3 unter Anrufung der Götter beschwören, inständig bitten, *aliquem de re* j-n wegen etw, *ut/ne* dass/dass nicht, +konjkt

obtestātiō ⟨obtestātiōnis⟩ F̄ ||obtestari||

1 Beschwörung *durch Anrufung einer Gottheit*; *meton* Beschwörungsformel

2 (*nachkl.*) inständiges Bitten

ob-texere ⟨texō, texuī, textum 3.⟩ (*nachkl.*) *poet* darüber weben; *fig* bedecken

obticentia ⟨ae⟩ F̄ ||obticere|| (*nachkl.*) das Schweigen; RHET Pause *als Stilmittel*

ob-ticēre ⟨eō, -, - 2.⟩ ||tacere|| *Ter.* Schweigen halten

ob-ticēscere ⟨ticēscō, ticuī, - 3.⟩ ||obticere|| (*unkl.*) verstummen

ob-tigī → **obtingere**

ob-tinēre ⟨tineō, tinuī, tentum 2.⟩ ||tenere||

A V̄T̄

1 festhalten; **obtine aurīs** *Plaut.* halte mich bei den Ohren

2 innehaben, im Besitz haben; **pristinam dignitatem ~** die alte Würde innehaben; **domum suam ~** seine Heimat bewohnen; **proverbii locum ~** als Sprichwort gelten; **numerum deorum ~** zu den Göttern gehören; **ea fama plerosque obtinet** dieses Gerücht hat die meisten Anhänger

3 MIL besetzt halten; **stationem ~** Stellung bezogen haben

4 *ein Amt* innehaben, verwalten; **exercitum ~** ein Heer kommandieren

5 *Erstrebtes* erhalten, bekommen

6 festhalten, bewahren; **veritatem ~** der Wahrheit den Sieg verschaffen; **legem ~** ein

Gesetz streng beachten
7 *gerichtlich* behaupten, durchsetzen
8 *VII* sich behaupten, sich durchsetzen
ob-tingere ⟨tingō, tigī, - 3.⟩ ||tangere||
1 zuteil werden, zufallen, *bes* POL *vom Auslosen von Ämtern*
2 zustoßen
ob-torpēscere ⟨torpēscō, torpuī, - 3.⟩ erstarren, gefühllos werden
ob-torquēre ⟨torqueō, torsī, tortum 2.⟩ herumdrehen, zusammendrehen; **collum alicuius ~** j-n würgen
ob-trectāre ⟨ō, āvī, ātum 1.⟩ ||tractare|| entgegenarbeiten, ankämpfen, *alicui/alicui rei* gegen j-n/gegen etw; **alicuius laudibus ~** j-s Verdienste herabsetzen
obtrectātiō ⟨obtrectātiōnis⟩ F̄ ||obtrectare|| Eifersucht, Anfeindung
obtrectātor ⟨obtrectātōris⟩ M̄ ||obtrectare|| Widersacher, Nebenbuhler
ob-trūdere ⟨trūdō, trūsī, trūsum 3.⟩
1 hineinstoßen
2 *Plaut.* verschlingen
3 aufdrängen, *alicui aliquid* j-m etw
ob-truncāre ⟨ō, āvī, ātum 1.⟩ (*unkl.*) in Stücke hauen, niederhauen
ob-tudī → obtundere
ob-tuērī ⟨tueor, - 2.⟩, **ob-tuī** ⟨tuor, - 3.⟩ *Plaut.* hinsehen; erblicken
ob-tulī → offerre
ob-tundere ⟨tundō, tudī, tū(n)sum 3.⟩
1 (*nachkl., spätl.*) gegen *etw* schlagen, auf *etw* schlagen, *aliquid*
2 (*spätl.*) *poet durch Schlagen* stumpf machen; *fig* abstumpfen; **aures ~ alicui** j-m in den Ohren liegen; **vocem ~** sich heiser schreien; **aegritudinem ~** Kummer mildern
3 *fig* belästigen, behelligen
obtūnsus ⟨a, um⟩ ADJ = **obtusus**
ob-tūrāre ⟨ō, āvī, ātum 1.⟩ verstopfen; **aures alicui ~** j-n nicht hören wollen
ob-turbāre ⟨ō, āvī, ātum 1.⟩
1 (*nachkl.*) verwirren, in Unordnung bringen
2 (*vkl., nachkl.*) *fig* überschreien; *absolut* dagegen lärmen
3 *fig seelisch* betäuben, **aliquem** j-s Schmerz
4 *fig* unterbrechen, stören
ob-turgēscere ⟨turgēscō, tursī, - 3.⟩ *poet* anschwellen
ob-tursī → obturgescere
obtūsus ⟨a, um⟩ ADJ ||obtundere||
1 (*nachkl.*) *poet* abgestumpft, stumpf
2 *fig* betäubt, ermüdet
3 verdunkelt
4 *Quint.* heiser
5 schwach, matt

6 *geistig* abgestumpft; *Verg.* gefühllos
7 dumm; **quid potest dici obtusius?** *Cic.* was kann Dümmeres gesagt werden?
obtūtus ⟨obtūtūs⟩ M̄ ||obtueri|| Anschauen, Blick
ob-umbrāre ⟨ō, āvī, ātum 1.⟩ (*nachkl.*)
1 beschatten, verdunkeln
2 *fig* verhüllen; beschönigen
3 *fig* schützen
ob-uncus ⟨a, um⟩ ADJ *poet* einwärts gebogen
ob-ustus ⟨a, um⟩ ADJ ||ob¹, urere|| *poet* angebrannt; **glaeba canenti semper obusta gelu** *Ov.* vom weißen Frost immer angegriffenes Erdreich
ob-vāgīre ⟨iō, -, - 4.⟩ *Plaut.* vorwimmern
ob-vallāre ⟨ō, (āvī), ātum 1.⟩ verschanzen, *auch fig*
ob-venīre ⟨veniō, vēnī, ventum 4.⟩
1 (*nachkl.*) *absichtlich* bei *etw* eintreffen, sich einfinden, **pugnae** bei der Schlacht
2 begegnen, eintreten
3 *fig* zuteil werden
ob-versārī ⟨or, ātus sum 1.⟩
1 (*nachkl.*) sich vor *etw* herumtreibensich zeigen, *alicui rei/in re*; **in foro ~** sich auf dem Forum zeigen
2 *fig* vorschweben, *absolut od alicui/alicui rei* j-m/ einer Sache
ob-vertere ⟨vertō, vertī, versum 3.⟩
1 zuwenden, zukehren; **remos lateri ~** *Ov.* die Ruder über den Bug legen
2 *passiv* sich hinwenden, *bes* MIL; **obverti in hostem** *Liv.* Front machen gegen den Feind
3 *passiv* seine Aufmerksamkeit zuwenden; entgegenkommen; **ad sanguinem et caedes obverti** *Tac.* sich dem Blutvergießen und Morden zuwenden
ob-viam ADV ||ob¹, via||
1 entgegen, *freundl. u. feindlich*; **~ se dare** begegnen, in den Weg treten; **alicui ~ dari** (*nachkl.*) j-m in den Wurf kommen
2 **~ ire** j-m entgegentreten, sich j-m widersetzen, einem Übel abhelfen, j-n unterstützen, *alicui/ alicui rei*
ob-vigilāre ⟨ō, āvī, ātum 1.⟩ *Plaut.* wachsam sein
ob-vius
A ⟨a, um⟩ ADJ ||obviam||
1 begegnend, entgegenkommend; **nullo obvio hoste** ohne Widerstand des Feindes; **litterae obviae** Briefe, die unterwegs eintreffen; **~ se dare** begegnen, in den Weg treten
2 (*nachkl.*) *von Sachen* im Weg liegend; **montes itineri obvii** *Nep.* Berge im Weg
3 (*nachkl.*) *fig* ausgesetzt, preisgegeben
4 (*nachkl.*) *fig* in der Nähe; zur Hand

5 (*nachkl.*) freundlich, gefällig
6 ⟨i⟩ M̄ der Begegnende
ob-volvere ⟨volvō, volvī, volūtum 3.⟩ einwickeln, verhüllen
ob-vortere ⟨vortō, vortī, vorsum 3.⟩ = **obvertere**
oc-caecāre ⟨ō, āvī, ātum 1.⟩
1 (*nachkl.*) blenden; **hostem pulvere effuso ~** *Liv.* durch aufgewehten Staub den Feind blenden
2 (*vkl., nachkl.*) verdunkeln, verfinstern; **diem ~** den Tag verdunkeln
3 *fig* unverständlich machen
4 *fig* verblenden
5 *fig* unsichtbar machen, verdecken; **terra semen occaecat** die Erde verbirgt den Samen
occallātus ⟨a, um⟩ ADJ ||ob¹, callum|| *Sen.* dickhäutig; gefühllos
oc-callēscere ⟨callēscō, calluī, - 3.⟩ (*unkl.*) dickhäutig werden; *fig von Personen* gefühllos werden
oc-canere ⟨ō, uī, - 3.⟩ (*nachkl.*) dazublasen, dazwischenblasen
occāre ⟨ō, āvī, ātum 1.⟩ (*unkl.*) eggen, das Feld bestellen
occāsiō ⟨occāsiōnis⟩ F̄ ||occidere¹||
1 günstige Gelegenheit, Gunst der Umstände, *alicuius rei*/*aliquid aliquid* zu etw; **per occasionem** bei Gelegenheit; **occasione datā/oblatā** bei gegebener Gelegenheit
2 MIL Handstreich; **occasionis est res** es kommt nur auf einen Handstreich an
3 *Quint.* anständiger Vorwand
occāsiuncula ⟨ae⟩ F̄ ||occasio|| *Plaut.* hübsche Gelegenheit
occāsus¹ ⟨a, um⟩ PPP → **occidere¹**
occāsus² ⟨occāsūs⟩ M̄ ||occidere¹||
1 Untergang *der Gestirne*; *meton* Westen; **solis occasu** bei Sonnenuntergang
2 *fig* Verderben; Ende
oc-cātiō ⟨occātiōnis⟩ F̄ ||occare|| Eggen
occātor ⟨occātōris⟩ M̄ ||occare|| der eggt
oc-cecinī → **occinere**
oc-cēdere ⟨cēdō, cessī, cessum 3.⟩ (*vkl.*) entgegentreten
oc-centāre ⟨ō, āvī, - 1.⟩ ||ob¹, cantare|| ein Ständchen bringen, ein Spottlied singen
oc-cēpī → **occipere**
oc-ceptāre ⟨ō, āvī, - 1.⟩ ||occipere|| *Plaut.* anfangen
oc-ceptus ⟨a, um⟩ PPP → **occipere**
occidēns ⟨occidentis⟩ M̄ ||occidere¹|| (*erg.* sol) Westen; (*nachkl.*) *meton* Abendland; **ab oriente ad occidentem** von Osten nach Westen
▶ deutsch: **Okzident**
  englisch: **occident**
  französisch: **occident**
  spanisch: **occidente**
  italienisch: **occidente**
occidentālis ⟨occidentāle⟩ ADJ ||occidens|| (*nachkl.*) westlich; **ventus ~** Abendwind
oc-cidere¹ ⟨cidō, cidī, cāsum, 3.⟩ ||ob¹, cadere||
1 (*vkl., nachkl.*) niederfallen, hinfallen
2 *fig von Gestirnen* untergehen; **sol occidens** Westen; **vita occidens** Lebensabend
3 *fig* niederfallen, umkommen, *bes* im Krieg fallen
4 *fig* untergehen, zugrunde gehen; **occidi** ich bin verloren!
oc-cīdere² ⟨cīdō, cīdī, cīsum 3.⟩ ||ob¹, caedere||
1 (*vkl.*) zu Boden schlagen
2 totschlagen, töten, *bes im Krieg*; *passiv* im Kampf fallen; **occisi** die Gefallenen
3 *fig* (zu Tode) martern, quälen; **rogando ~** *Hor.* j-n durch Fragen quälen; **fabulans ~** mit Geschwätz quälen
4 *fig* verderben, zugrunde richten
oc-cidī¹ → **occidere¹**
oc-cīdī² → **occidere²**
occīdiō ⟨occīdiōnis⟩ F̄ ||occidere²|| Niedermetzeln, Vernichtung
occiduus ⟨a, um⟩ ADJ ||occidere¹||
1 untergehend; *meton* westlich; **sol ~** untergehende Sonne
2 dem Tod nahe
occillāre ⟨ō, -, - 1.⟩ ||occare|| *Plaut.* zerschlagen
oc-cinere ⟨cinō, cinuī/cecinī, - 3.⟩ ||ob¹, canere|| *Liv.* seine Stimme hören lassen, *bes von Weissagevögeln*; **~ cornua tubasque** *Tac.* die Hörner und Trompeten erschallen lassen
oc-cipere ⟨cipiō, cēpī, ceptum 3.⟩ ||ob¹, capere||
A V̄T anfangen, unternehmen; **magistratum ~** ein Amt antreten
B V̄I seinen Anfang nehmen; **hiems occipit** der Winter beginnt
occipitium ⟨i⟩ N̄ ||ob¹, caput|| (*vkl., nachkl.*) Hinterkopf
occīsiō ⟨occīsiōnis⟩ F̄ ||occidere²|| Totschlag, Mord
occīsissumus ⟨a, um⟩ ADJ ||occidere²|| *Plaut.* ganz verloren
occīsor ⟨occīsōris⟩ M̄ ||occidere²|| *Plaut.* Mörder
oc-cīsus ⟨a, um⟩ PPP → **occidere²**
occlāmitāre ⟨ō, -, - 1.⟩ *Plaut.* laut schreien
oc-clūdere ⟨clūdō, clūsī, clūsum 3.⟩ ||ob¹, claudere||
1 verschließen, (ab)schließen
2 einschließen, einsperren
3 *Com. fig* hemmen, zurückhalten

oc‐cubāre ⟨cubō, cubuī, cubitum 1.⟩
1 *Plaut.* vor *etw* liegen, Wache stehen
2 (*nachkl.*) tot daliegen; **umbris ~ sterben**
oc‐cubuī → occubare u. → occumbere
oc‐culcāre ⟨ō, āvī, ātum 1.⟩ ||ob¹, calcare|| (*vkl., nachkl.*) niedertreten
oc‐culere ⟨culō, culuī, cultum 3.⟩ ||ob¹, celare|| verdecken; *fig* verheimlichen
oc‐cultāre ⟨ō, āvī, ātum 1.⟩ ||occulere||
1 verbergen, versteckt halten, *aliquid re|in re* etw in etw; *passiv* sich verborgen halten
2 *fig* verheimlichen, **aliquem** j‑s Namen
occultātiō ⟨occultātiōnis⟩ F̲ ||occultare|| Verbergen; *fig* Verheimlichen
occultātor ⟨occultātōris⟩ M̲ ||occultare|| „Verberger"; **latronum ~** Schlupfwinkel der Räuber
occultum ⟨ī⟩ N̲ ||occultus²||
1 Versteck; **in occultum se abdere** sich verbergen; **in occulto/ex occulto/per occultum** insgeheim
2 Geheimnis
occultus¹ ⟨a, um, *adv* occultē⟩ A̲D̲J̲ ||occulere||
1 versteckt, unbemerkt; **febris occulta** schleichendes Fieber; **cupiditas occulta** verborgene Begierde; **occulte proficisci** heimlich aufbrechen; **occulte dicere** sich dunkel ausdrücken
2 *von Personen u. Charakter* verschlossen
▶ deutsch: Okkultismus
oc‐cultus² ⟨a, um⟩ P̲P̲P̲ → occulere
oc‐culuī → occulere
oc‐cumbere ⟨cumbō, cubuī, cubitum 3.⟩
1 sterben; **ante annos suos ~** vorzeitig sterben; **mortem/morte/morti ~** in den Tod gehen
2 unterliegen
3 *von Gestirnen* untergehen

---

oc‐cupāre ⟨ō, āvī, ātum 1.⟩

1 einnehmen, besetzen
2 anfüllen
3 an sich reißen, sich aneignen
4 fassen, ergreifen
5 überfallen, angreifen
6 erlangen, gewinnen
7 erfassen, ergreifen
8 fesseln, beherrschen
9 anlegen, ausleihen
10 hindern, stören
11 schleunig vollziehen, rasch ausführen
12 zuvorkommen

---

1 einnehmen, besetzen, *bes* MIL; **currum ~** einen Wagen besteigen
2 anfüllen, *re* mit etw; **alicui ōs flammis ~** j‑m die Glut ins Gesicht schleudern
3 an sich reißen, sich aneignen; *perf* in Besitz haben, innehaben; **~ aliquem** sich j‑s bemächtigen, j‑n für sich in Beschlag nehmen
4 fassen, ergreifen; **aliquem amplexu ~** j‑n umarmen; **feram ~** Wild fangen; **mors hominem occupat** der Tod ereilt einen Menschen
5 (*nachkl.*) *poet* überfallen, angreifen
6 *poet* erlangen, gewinnen; **cibum ~** Speise auftreiben
7 *von Gefühlen u. Zuständen* erfassen, ergreifen; **nox occupat oculos** die Nacht bedeckt die Augen; **fama occupat aures** das Gerücht erfüllt die Ohren
8 fesseln, beherrschen
9 *Geld* anlegen, ausleihen
10 (*nachkl.*) hindern, stören
11 (*nachkl.*) *poet ein Geschäft* schleunig vollziehen, rasch ausführen; **bellum facere ~** sich beeilen einen Krieg zu führen
12 (*unkl.*) zuvorkommen, *aliquem|aliquid* j‑m/einer Sache, *+inf* mit etw; zuerst anreden; **occupor ab aliquo** j‑d kommt mir zuvor; **aprum telo ~** den Eber zuvor schießen; **diem fati ~** sich das Leben nehmen; **gratiam alicuius ~** j‑s Gnade vorher suchen; **aliquis ferire occupat** j‑d versucht den ersten Stoß zu tun
occupātiō ⟨occupātiōnis⟩ F̲ ||occupare||
1 Besetzung, Einnahme
2 *fig* Beschäftigung; Behinderung, *alicuius rei* einer Sache, mit etw; **~ ambitionis** Bemühungen bei der Amtsbewerbung; **~ urbis ac vitae** Inanspruchnahme durch das öffentliche Leben; **~ temporum** Zeitumstände; **~ rei publicae** Staatsgeschäfte, Staatswirren
occupātus ⟨a, um⟩ A̲D̲J̲ ||occupare|| *von Personen* beschäftigt, viel beschäftigt, *re|in re* mit etw

---

oc‐currere ⟨currō, currī/cucurrī, cursum 3.⟩

1 entgegenlaufen
2 angreifen
3 zu etw hinkommen
4 sich darbieten, sich zeigen
5 zu Hilfe kommen
6 entgegenarbeiten, zuvorkommen
7 entgegnen, einwenden

---

1 j‑m entgegenlaufen, j‑m begegnen, *alicui*
2 feindlich auf j‑n losgehen, j‑n angreifen, *alicui| alicui rei*
3 zu *etw* hinkommen, in *etw* hineingeraten, *alicui rei|ad aliquid*; **concilio/ad concilium ~** der Versammlung beiwohnen; **aliis rebus ~** in andere Verhältnisse geraten

4 *fig* sich zeigen, vorkommen, *alicui* j-m; (**alicui**) **occurrit** es drängt sich (j-m) der Gedanke auf, es fällt (j-m) ein
5 *fig* zu Hilfe kommen, *alicui* j-m
6 *fig* entgegenarbeiten, zuvorkommen, *alicui rei* einer Sache; **discrepantiae ~** ein Missverständnis lösen
7 *fig mit Worten* entgegnen, einwenden; **occurritur alicui a quaerentibus** es wird j-m mit der Frage entgegengetreten; **occurrit illud** mir tritt der Einwand entgegen, +*AcI*; **quid occurrat, non videtis** was eingewendet werden kann, seht ihr nicht

occursāre ⟨ō, āvī, ātum 1.⟩ ‖occurrere‖ (*unkl.*)
A V/I
1 j-m begegnen, auf j-n stoßen, *alicui*
2 sich *feindlich* entgegenwerfen
3 hereneilen, herankommen
4 *fig* widerstreben, entgegenwirken
5 (**animo**) **~** einfallen
B V/T überrennen; **me occursant multae** *Plaut.* mich überrennen viele Frauen

occursātiō ⟨occursātiōnis⟩ F ‖occursare‖ freundliches Entgegenkommen, Glückwunsch
occursiō ⟨occursiōnis⟩ F ‖occurrere‖ (*nachkl.*) Anfechtung, **fortunae** des Schicksals
occursum PPP → occurrere
occursus ⟨occursūs⟩ M ‖occurrere‖ (*nachkl.*)
1 *poet* Begegnung, Anstoßen, *alicuius rei* an etw, **stipitis** an einen Pfahl
2 *poet* Herbeieilen

Ōceanītis ⟨Ōceanītidis⟩ F ‖Oceanus‖ Meernymphe
Ōceanus ⟨ī⟩ M
1 Gott des die Erdscheibe umströmenden Wassers, des Weltmeeres, Gatte der Tethys, Vater der Meernymphen
2 Weltmeer, Ozean, ↔ *Mittelmeer*; **ostium Oceani** Straße von Gibraltar

ocellātī ⟨ōrum⟩ M ‖ocellatus‖ die Spielsteinchen, *die wie die Würfel mit Augen (Punkten) versehen waren*
ocellātus ⟨a, um⟩ ADJ ‖ocellus‖ (*vkl., nachkl.*) mit Augen versehen
ocellus ⟨ī⟩ M ‖oculus‖
1 (*vkl.*) *poet* Äuglein
2 *fig für etw Vortreffliches od Liebes* Augapfel, Perle, *bei Plaut.* Kosewort

Ocelum ⟨ī⟩ N Stadt in Gallia citerior, heute Oulx
ōcimum ⟨ī⟩ N Basilikum
ōcior ⟨ōcius⟩ ADJ
1 schneller
2 **ōciter** *adv* schnell
3 **ōcius** *adv* schneller; *fig* eher
oclī-ferius ⟨a, um⟩ ADJ ‖oculus, ferire‖ *Sen.* augenfällig
Ocnus ⟨ī⟩ M

1 MYTH Gründer von Mantua
2 MYTH Gestalt, *die im Hades ständig ein Seil flicht, das eine Eselin am anderen Ende wieder auffrisst*

ocrea ⟨ae⟩ F (*unkl.*) Beinschiene
ocreātus ⟨a, um⟩ ADJ ‖ocrea‖ (*nachkl.*) *poet* mit Beinschienen versehen

octaphoron ⟨ī⟩ N ‖octaphoros‖ von acht Sklaven getragene Sänfte
octaphoros ⟨on⟩ ADJ von acht Mann getragen

octāva ⟨ae⟩ F ‖octavus‖
1 (*erg.* **pars**) (*nachkl.*) achter Teil, Achtel
2 (*erg.* **hora**) achte Stunde

Octāvia ⟨ae⟩ F Schwester des Octavianus, *zuerst mit C. Marcellus, dann mit M. Antonius verheiratet, von ihm 32 v. Chr. verstoßen, gest. 11 v. Chr.*
Octāviānus
A ⟨a, um⟩ ADJ des Octavius
B ⟨ī⟩ M = **Octavius** 2
Octāvius ⟨a, um⟩
A röm. Gentilname
1 **C. ~** 61 v. Chr. Prätor, Vater des Augustus
2 **C. ~** = C. Iulius Caesar Octavianus, geb. 63 v. Chr., von Caesar adoptiert, 31 v. Chr.–14 n. Chr. röm. Kaiser, genannt Augustus
B ADJ des Octavius

octāvum
A ADV ‖octavus‖ zum achten Mal
B ⟨ī⟩ N (*erg.* **granum**) Achtfaches, achtfacher Ertrag

octāvus
A ⟨a, um⟩ NUM *ord* der achte; **octava pars** achter Teil, Achtel
B ⟨ī⟩ M (*erg.* **lapis**) (*nachkl.*) der achte Meilenstein *von Rom aus*

octiē(n)s NUM ADV ‖octo‖ achtmal
octingentēsimus ⟨a, um⟩ NUM *ord* ‖octingenti‖ der achthundertste
octingentī ⟨ae, a⟩ NUM *card* achthundert
octi-pēs ⟨octipedis⟩ ADJ *poet* achtfüßig
octiplicātus ⟨a, um⟩ ADJ = **octuplicatus**
octō *indekl* NUM *card* acht
Octōber ⟨Octōbris, Octōbre⟩ ADJ ‖octo‖ des Oktobers, Oktober...; **mensis ~** Monat Oktober; **Kalendae Octobres** die Kalenden des Oktober

octō-decim *indekl* NUM *card* (*nachkl.*) achtzehn
Octodūrus ⟨ī⟩ M Hauptort der Veragri im Wallis, *beim heutigen Martigny*
octōgēnārius ⟨a, um⟩ ADJ ‖octogeni‖ achtzig enthaltend; achtzigjährig
octōgēnī ⟨ae, a⟩ NUM *distr* ‖octoginta‖ je achtzig
octōgē(n)simus ⟨a, um⟩ NUM *ord* ‖octoginta‖ (*vkl., nachkl.*) der achtzigste
octōgiē(n)s NUM ADV ‖octoginta‖ achtzigmal

ODIU

> **Octavia – Octavia Minor und Claudia Octavia**

Octavia die Jüngere (69-11 v. Chr.), die Schwester des **Augustus**, war in zweiter Ehe mit **Marcus Antonius** verheiratet und vermittelte zwischen Bruder und Ehemann. 35 v. Chr. zog sie mit 2000 Mann nach Osten, um M. Antonius gegen die Parther zu unterstützen. Dennoch verstieß dieser sie 32 v. Chr. Nach seinem Tod erzog sie neben ihren eigenen Kindern auch die Kinder, die er von seiner ersten Frau und von **Cleopatra** hatte.

Claudia Octavia (ca. 40-62 n. Chr.), die Tochter von Kaiser **Claudius** und **Messalina**, war mit **Nero** verheiratet. Dieser verstieß und verbannte sie, um seine schwangere Geliebte **Poppaea** zu heiraten. Wegen Octavias großer Beliebtheit beim Volk ließ Nero sie ermorden oder zwang sie zum Selbstmord. Das Schicksal der Octavia ist Gegenstand einer **Seneca** zugeschriebenen Tragödie (**fabula praetexta**), die einzige erhaltene über ein römisches Thema.

GESCHICHTE

---

octōginta *indekl* NUM *distr* achtzig

octō-iugis ⟨octōiuge⟩ ADJ ||iugum|| (*nachkl.*) achtspännig; *verächtlich* acht Mann hoch

octōnārius ⟨a, um⟩ ADJ ||octoni|| (*vkl., nachkl.*) aus acht bestehend; **versus ~** achtgliedriger Vers

octōnī ⟨ae, a⟩ NUM *distr* ||octo|| je acht; *poet* acht auf einmal

octōphoron ⟨ī⟩ N = **octaphoron**

octōphoros ⟨on⟩ ADJ = **octaphoros**

octuplicātus ⟨a, um⟩ ADJ *Liv.* verachtfacht, achtmal mehr

octuplum ⟨ī⟩ N ||octuplus|| Achtfaches; **poena octupli** Strafe des Achtfachen

octuplus ⟨a, um⟩ ADJ achtfach

octussis ⟨octussis⟩ M ||octo, asses|| *Hor.* acht Asse

oculāris ⟨oculāre⟩ ADJ, **oculārius** ⟨a, um⟩ ADJ ||oculus|| Augen...; **medicina ocularis/ocularia** Augenheilkunde

oculātus ⟨a, um⟩ ADJ ||oculus|| (*vkl., nachkl.*)
 1 mit Augen versehen, sehend; **testis ~** Augenzeuge
 2 sichtbar, augenfällig

oculeus ⟨a, um⟩ ADJ ||oculus|| *Plaut.* vieläugig

oculissimus ⟨a, um⟩ ADJ ||oculus|| *Plaut.* lieb

oculus ⟨ī⟩ M
 1 Auge; **oculorum acies** Schärfe der Augen; **oculos convertere in aliquid** die Augen auf etw werfen; **oculos deicere de aliquo/a re** die Augen abwenden von j-m/von etw; **oculos demittere** die Augen niederschlagen; **oculos circumferre** umherblicken; **aliquid ante oculos obversatur alicui** j-m schwebt etw vor Augen; **ante oculos/sub oculos/in oculis alicuius** vor j-s Augen, in j-s Gegenwart; **in oculis esse/vivere** für alle sichtbar sein; **in oculis alicuius/alicui esse** bei j-m sehr beliebt sein; **in oculos ferre/gestare aliquem** j-n auf Händen tragen
 2 *meton* Augenlicht, Sehkraft; **oculos/lumina oculorum amittere/perdere** das Augenlicht verlieren
 3 (*nachkl.*) *fig von Pflanzen* Auge = Knospe
 4 *fig* Perle = das Vorzüglichste *von etw*
 5 *fig* Leuchte

ōdēum ⟨ī⟩ N MUS Gebäude für Wettkämpfe od Aufführungen

ōdī → **odisse**

odiōsicus ⟨a, um⟩ ADJ *Plaut.* = **odiosus**

odiōsus ⟨a, um, *adv* odiōsē⟩ ADJ ||odium¹|| verhasst, widerwärtig, *alicui* j-m, für j-n; **verba odiosa** anstößige Worte

odīre ⟨iō, -, -4.⟩ (*spätl.*) = **odisse**

ōdisse *perf inf* ⟨ōdī, ōsūrus⟩ *Defect.* hassen; verschmähen

⚠ **Oderint dum metuant.** Mögen sie mich hassen, solange sie mich fürchten. *Angeblich ein Spruch des Dichters Accius, den Kaiser Caligula gerne benutzte*

odium¹ ⟨ī⟩ N ||odisse||
 1 Hass, Feindschaft, *alicuius* j-s *od* gegen j-n, *in aliquem/erga aliquem/adversus aliquem* gegen j-n; *auch passiv* das Verhasstsein; **~ meum** mein Hass *od* Hass gegen mich; **~ defectionis** Hass wegen des Abfallens; **mihi ~ est cum aliquo** ich habe Feindschaft mit j-m; **odio esse alicui, in odio esse alicui/in odio esse apud aliquem** j-m verhasst sein; **odium habere alicuius rei/in aliquem** Hass hegen gegen etw/gegen j-n; **in odium alicuius incurrere** j-s Hass auf sich laden; **vocare aliquem in odium** j-n verhasst machen; **magno odio in aliquem ferri** j-n sehr hassen; **odia alicuius in se convertere** sich j-s Hass zuziehen
 2 Abneigung, Widerwille; **~ rerum suarum** Unzufriedenheit mit den eigenen Verhältnissen
 3 *meton* widerwärtiges Benehmen, Unausstehlichkeit
 4 Gegenstand des Hasses, verhasste Person; **~ hominis** verhasster Mensch

ōdīum² ⟨ī⟩ N̄ = **odeum**
odor ⟨odōris⟩ M̄
1 Geruch, *der von etw ausgeht;* **suavis ~** angenehmer Geruch
2 Geruchssinn, Witterung *der Tiere*
3 *Plaut. meton* wohlriechende Stoffe, Salben
4 schlechter Geruch, Gestank
5 *fig* Ahnung, Vermutung; **~ alicuius rei est** man munkelt von etw; **suspicionis ~** Hauch von Verdacht
odōrāre ⟨ō, āvī, ātum 1.⟩ ||odor|| *(nachkl.) poet* mit Duft erfüllen
odōrārī ⟨or, ātus sum 1.⟩ ||odorare||
1 an *etw* riechen, *etw* durch Riechen untersuchen, *aliquid*
2 *(nachkl.) poet* wittern
3 *fig* ausspüren, erforschen; **~ ex aliquo** j-m auf den Zahn fühlen
4 *fig* nach *etw* trachten, *aliquid*
5 *fig* nur riechen an *etw* = *etw* oberflächlich betrachten, *aliquid*
odōrātiō ⟨odōrātiōnis⟩ F̄ = **odoratus¹**
odōrātus¹ ⟨odōrātūs⟩ M̄ ||odorari||
1 Riechen, Geruch
2 Geruchssinn
odōrātus² ⟨a, um⟩ ADJ ||odor|| *(nachkl.) poet* wohlriechend, duftend
odōri-fer ⟨odōrifera, odōriferum⟩ ADJ ||odor, ferre|| *(nachkl.)*
1 *poet* wohlriechend, duftend
2 *poet* Spezereien erzeugend
odōrus ⟨a, um⟩ ADJ ||odor||
1 wohlriechend
2 witternd
odōs ⟨odōris⟩ M̄ = **odor**
Odyssēa, Odyssīa ⟨ae⟩ F̄ die Odyssee *Homers u. die lat. Bearbeitung durch Livius Andronicus*
oeconomia ⟨ae⟩ F̄
1 harmonische Gliederung *einer Rede od eines literarischen Werkes*
2 *(mlat.)* Verwaltung
▶ deutsch: **Ökonomie**
oeconomicus
A ⟨a, um⟩ ADJ
1 Wirtschaft..., Haushalt...
2 *Quint.* RHET richtig; **oeconomica causae dispositio** richtige Darstellung der Angelegenheit
B ⟨ī⟩ M̄ Haushalter, *Titel eines Werkes von Xenophon*
oeconomus ⟨ī⟩ M̄ *(spätl.)* Verwalter, Wirtschafter
Oedipodīonius ⟨a, um⟩ ADJ des Oedipus
Oedipūs ⟨Oedipodis u. ī⟩ M̄ Sohn des Laios u. der Iokaste, König von Theben, tötete unwissentlich seinen Vater u. heiratete seine Mutter; *Titel zweier Tragödien des Sophokles*

❗ **Davus sum, non Oedipus.** *Ter.* Ich bin Davus, nicht Oedipus. = Ich bin nur ein einfacher Mensch, kein Alleskönner.

Oenēius ⟨a, um⟩ ADJ des Oeneus
Oeneūs ⟨Oeneī u. Oeneos⟩ M̄ MYTH König von Kalydon in Ätolien, Vater des Meleager u. des Tydeus
Oenēus ⟨a, um⟩ ADJ des Oeneus
Oenīdēs ⟨ae⟩ M̄ Sohn des Oeneus, Nachkomme des Oeneus
Oenomaus ⟨ī⟩ M̄ MYTH König von Pisa in Elis, Vater der Hippodameia, Stammvater des Atridenhauses; *Titel einer Tragödie des Accius*
oenophorum ⟨ī⟩ N̄ *Plaut.* Weinkrug
oenopōlium ⟨ī⟩ N̄ Weinschenke
Oenōtria ⟨ae⟩ F̄ *anderer Name für Bruttium u. Lucania nach dem König Oenotrus; poet gleichbedeutend mit Italia*
Oenōtrius ⟨a, um⟩ ADJ des Oenotrus; italisch, römisch
Oenōtrus ⟨ī⟩ M̄ König der Sabiner
oestrus ⟨ī⟩ M̄
1 *Sen.* Pferdebremse, *ein für das Vieh lästiges Insekt*
2 *fig* Raserei, Begeisterung
3 *(eccl.)* sinnliche Leidenschaft
oesypum ⟨ī⟩ N̄ *Ov.* Heilmittel, Schönheitsmittel, *das aus ungewaschener Schafwolle gewonnen wurde*
Oeta ⟨ae⟩ F̄ Gebirge in Südthessalien, auf dem Herkules sich selbst verbrannt haben soll
Oetaeus ⟨a, um⟩ ADJ des Oeta
Oetaeus ⟨ī⟩ M̄ *Ov.* = Herkules, *wegen seines Todes auf dem Oeta.*
Oetē ⟨Oetēs⟩ F̄ = **Oeta**
ofella ⟨ae⟩ F̄ ||offa|| *Mart.* Bissen, Stückchen
offa ⟨ae⟩ F̄ Bissen; Klumpen
offātim ADV ||offa|| stückweise, bissenweise
of-fēcī → officere
of-fectus ⟨a, um⟩ PPP → officere

---

of-fendere ⟨fendō, fendī, fēnsum 3.⟩

A intransitives Verb
1 sich stoßen
2 verunglücken
3 Anstoß erregen
4 Anstoß nehmen an
B transitives Verb
1 anstoßen
2 auf etw stoßen
3 verletzen, beleidigen

— A intransitives Verb —

VI
1 anstoßen, sich stoßen, *in re|alicui rei* an etw; **navis in scopulis offendit** das Schiff stößt an die Klippen
2 verunglücken, eine Niederlage erleiden; ~

apud iudices verurteilt werden; **offenditur** man kommt zu Schaden; **in exercitu offensum est** das Heer ist zu Schaden gekommen
③ Anstoß erregen, *aliquid* in etw; **nihil ~ in** nichts Anstoß erregen
④ Anstoß nehmen an *etw*, unzufrieden sein mit *etw, in aliquo/in re*; **~ aliquid in aliquo** an etw bei j-m Anstoß nehmen

— **B** transitives Verb —

VT

① *etw* anstoßen; **caput ~** sich den Kopf anstoßen; **scuta strepunt offensa** die Schilde klirren beim Anstoßen; **pes offensus** strauchelnder Fuß; **vocis offensa imago** Widerhall, Echo
② auf *etw* stoßen, j-n antreffen, *aliquid/aliquem*; **multos inimicos apud inferos ~** viele Feinde in der Unterwelt finden; **aliquem imparatum ~** j-n unvorbereitet antreffen
③ verletzen; belästigen; *passiv* an etw Anstoß nehmen, über *etw* unwillig sein, *re/in re*; **animum in aliquo offendere** sich durch j-n beleidigt fühlen

of-fendī → offendere
offendiculum ⟨ī⟩ N ||offendere|| (*nachkl.*) Anstoß, Hindernis
offēnsa ⟨ae⟩ F ||offendere||
① (*nachkl.*) Unbequemlichkeit, unangenehmer Zufall
② *fig* Anfall einer Krankheit, Unpässlichkeit
③ (*nachkl.*) *fig* Kränkung, Beleidigung
④ *fig* Ungnade, Ungunst, *alicuius rei* wegen etw, über etw
offēnsāre ⟨ō, -, - 1.⟩ ||offendere|| (*unkl.*)
A VT anstoßen; **capita ~** die Köpfe an die Wand stoßen
B VI in der Rede stocken
offēnsātiō ⟨offēnsātiōnis⟩ F ||offensare|| (*nachkl.*) Anstoßen, Verstoß
offēnsātor ⟨offēnsātōris⟩ M ||offensare|| *Quint.* Nichtskönner, Stümper
offēnsiō ⟨offēnsiōnis⟩ F ||offendere||
① Anstoßen, *alicuius rei* an etw; *meton* Gegenstand, an den man anstoßen kann
② Erkrankung, Unpässlichkeit
③ Anstoß, *den jd gibt od nimmt*, Ärgernis; **~ populi** Anstoß des Volkes *od* Anstoß beim Volk; **offensionem habere ad aliquid** Widerwillen gegen etw haben
④ Unglück, Niederlage; **~ belli** Niederlage im Krieg; **~ iudicii** Niederlage vor Gericht
offēnsiuncula ⟨ae⟩ F ||offensio||
① kleine Beleidigung
② kleine Widerwärtigkeit
offēnsum ⟨ī⟩ N ||offendere|| Verstoß
offēnsus[1] ⟨a, um⟩ PPP → offendere
offēnsus[2] ⟨a, um⟩ ADJ ||offendere||
① gekränkt, erzürnt, *alicui/in aliquem* gegen j-n, *re* durch etw, über etw; **offensā in eum militum voluntate** sooft die Stimmung der Soldaten gegen ihn gereizt war
② verhasst, zuwider, *alicui* j-m
offēnsus[3] ⟨offēnsūs⟩ M ||offendere|| *poet* Anstoßen; Anstoß, *konkr. u. fig*
of-ferre ⟨offerō, obtulī, oblātum 0.⟩ ||ob[1], ferre||
① entgegenbringen, zeigen; **poenam oculis deorum ~** die Strafe vor den Augen der Götter vollziehen; **res oblata** Erscheinung
② *passiv u.* **se ~** sich zeigen; **offertur foedum omen** es zeigt sich ein böses Vorzeichen
③ *passiv u.* **se ~** entgegengehen, *bes feindlich* entgegentreten
④ *fig* anbieten, darbieten, *alicui aliquid* j-m etw; **se ~** sich zur Verfügung stellen, *ad aliquid* zu etw, für etw; +AcI *fut* sich anbieten etw zu tun
⑤ *fig* aussetzen, preisgeben; **se ~ morti/ad mortem** sich dem Tod weihen
⑥ *fig* vorbringen; **crimina ~** Vorwürfe erheben
⑦ *fig* darbringen, verursachen; **alicui beneficium ~** j-m einen Dienst erweisen
⑧ (*eccl.*) *fig* weihen, opfern
offerrūmentae ⟨ārum⟩ F *Plaut.* Geschenke; *hum* Schläge
offertōrium ⟨ī⟩ N ||offerre||
① (*eccl.*) Opferstätte
② (*mlat.*) Opferung, Gebet zur Opferung *als Teil der Liturgie*
offerūmentae ⟨ārum⟩ F = offerrumentae
of-ficere ⟨ficiō, fēcī, fectum 3.⟩ ||ob[1], facere||
① in den Weg treten, den Weg versperren, *alicui* j-m; **luminibus alicuius ~** j-m die Sicht nehmen
② *fig einer Sache* hinderlich sein, *etw* beeinträchtigen, *alicui rei*
officiālis
A ⟨officiāle⟩ ADJ ||officium|| (*spätl.*) Pflicht..., Amt...
B ⟨officiālis⟩ M untergeordneter Beamter
▶ deutsch: **offiziell**
officīna ⟨ae⟩ F Werkstätte; *fig* Schule; **~ dicendi** Rednerschule
officiōsus ⟨a, um, *adv* officiōsē⟩ ADJ ||officium||
① dienstfertig, willig, *in aliquem* gegen j-n; **homo ~** gefälliger Mensch
② pflichtgemäß; **labores officiosi** pflichtgemäße Arbeiten
officium ⟨ī⟩ N ||ops, facere||
① Dienstleistung, Dienst; **~ servorum** Dienst der Sklaven; **~ divinum** (*mlat.*) Gottesdienst; **~ altaris** (*mlat.*) Liturgie
② Gefälligkeit, Höflichkeit, *alicuius* j-s, *alicuius rei*

in etw, *in aliquem* gegen j-n; **officia intendere** den Diensteifer steigern

3 Ehrenbezeigung, Ehrendienst; **officii causā** ehrenhalber; **alicui officium facere/praestare** j-m seine Aufwartung machen

4 (*nachkl.*) offizielle Feier, Zeremonie; **nuptiarum ~** *Suet.* Hochzeitsfeier

5 Amt, Beruf; *pl* Wirkungskreis; **~ scribae** Amt des Geheimschreibers; **~ sacri** Opferdienst; **~ privatum** Privatgeschäft; **in officio esse** seinen Dienst tun; **~ maritimum** Kommando zur See

6 moralische Pflicht, Verpflichtung; **officium servare** seine Pflicht erfüllen; **ab officio discedere/officium deserere/officio deesse** seine Pflicht nicht erfüllen

7 *meton* Pflichterfüllung; Gehorsam

8 Pflichtgefühl

of-fīgere ⟨fīgō, fīxī, fīxum 3.⟩ (*unkl.*) einschlagen, befestigen

of-firmāre ⟨ō, āvī, ātum 1.⟩ (*unkl.*) fest machen, festigen; **animum ~** sich ein Herz fassen

of-firmātus ⟨a, um, *adv* offirmātē⟩ ADJ ||offirmare|| (*vkl., nachkl.*) standhaft; *pej* störrisch

offla ⟨ae⟩ F̄ = **offula**

of-flectere ⟨ō, -, - 3.⟩ *Plaut.* umlenken

of-fōcāre ⟨ō, āvī, ātum 1.⟩ ||ob¹, faux|| (*nachkl.*) erwürgen, ersticken

of-frēnātus ⟨a, um⟩ ADJ ||frenare|| (*vkl., nachkl.*) am Zaum geführt; **offrenatum ductare** *hum* an der Nase herumführen, täuschen

offūcia ⟨ae⟩ F̄ ||ob¹, fucus|| *Plaut.* Schminke; Täuschung

offula ⟨ae⟩ F̄ ||offa|| (*nachkl.*) Stückchen, Bissen

of-fulgēre ⟨fulgeō, fulsī, - 2.⟩ (*nachkl.*) *poet* entgegenleuchten; **nova lux oculis offulsit** *Verg.* ein neues Licht strahlte den Augen entgegen

of-fundere ⟨fundō, fūdī, fūsum 3.⟩

1 hingießen, ausgießen

2 *fig* ausbreiten, verbreiten; *passiv* sich ausbreiten, sich ergießen; **si quid tenebrarum offundit exsilium** wenn die Verbannung das Gemüt verfinstert; **aer nobis offunditur** Luft umgibt uns; **religio animo offusa** dem Herzen sich aufdrängende Scheu

3 bedecken, erfüllen, *aliquid re* etw mit etw

og-gannīre ⟨iō, īvī/iī, ītum 4.⟩ = **obgannire**

og-gerere ⟨gerere, gessī, gestum 3.⟩ = **obgerere**

ōh INT = **o**

ōhē, ohe INT (*vkl.*) *poet* halt!, halt ein!

oho INT oho!

oīeī, oiei INT *Com.* o weh!

Oīleūs ⟨Oīleī *u.* Oīleos⟩ M̄ König der Lokrer, Vater des Kleinen Ajax

Oīliadēs ⟨Oīliadae⟩ M̄, **Oīlīdēs** ⟨Oīliadae⟩ M̄, Nachkomme des Oileus, = Ajax

olea ⟨ae⟩ F̄ = **oliva**

oleāginus ⟨a, um⟩ ADJ ||olea|| vom Olivenbaum; **virgula oleagina** Olivenzweig

oleārius

A ⟨a, um⟩ ADJ Öl...; **vasa olearia** Ölgefäße

B ⟨ī⟩ M̄ Ölhändler

Ōlearos ⟨ī⟩ F̄ *Kykladeninsel w. von Paros, heute Antiparo*

oleaster ⟨oleastrī⟩ M̄ ||olea|| wilder Olivenbaum

Ōlenius ⟨a, um⟩ ADJ

1 aus Olenus, von; → Olenus 1

2 aus Olenus; ätolisch; → Olenus 2

olēns ⟨olentis⟩ ADJ ||olere|| duftend; *pej* stinkend

Ōlenus ⟨ī⟩ F̄

1 *Stadt in Achaia, genaue Lage nicht bekannt*

2 *Stadt in Ätolien, Lage unbekannt*

olēre¹ ⟨eō, uī, - 2.⟩, **olere²** ⟨ō, uī, - 3.⟩

1 riechen, duften, *aliquid/re* nach etw; **ceram ~** nach Wachs riechen; **nihil ~** nach nichts riechen

2 *fig* verraten, erkennen lassen; **nihil ex Academia olet** es trägt keine Spur von der Akademie an sich

3 sich (durch seinen Geruch) bemerkbar machen, +*indir Fragesatz*; **aurum huic olet** *Plaut. fig* er riecht, dass ich Geld habe

⚠ **Non olet.** (Geld) stinkt nicht. = Man sieht nicht, wie das Geld verdient wurde. *Ausspruch Vespasians, als ihn sein Sohn wegen der Einführung einer Toilettensteuer kritisierte*

olētum ⟨ī⟩ N̄ ||olere|| Kot, Exkremente

oleum ⟨ī⟩ N̄ Öl, *bes* Olivenöl; **oleum et operam perdere** sich vergeblich abmühen; **oleum camino addere** Öl ins Feuer gießen; **aliquid palaestrae et olei est** etw verrät Schule und Feile, *bes von einer Rede*

▸ deutsch: **Öl**
  englisch: **oil**
  französisch: **huile**
  spanisch: **óleo**
  italienisch: **olio**

ol-facere ⟨faciō, fēcī, factum 3.⟩ riechen; *fig* wahrnehmen

ol-factāre ⟨ō, āvī, ātum 1.⟩ ||olfacere|| an *etw* riechen, *aliquid*

Ōliaros ⟨ī⟩ F̄ = **Olearos**

olidus ⟨a, um⟩ ADJ ||olere|| (*nachkl.*) *poet* riechend, stinkend

ōlim ADV

1 einst, ehemals

2 (*unkl.*) längst, seit jeher

3 in ferner Zukunft, dereinst

OMNI

■4 *poet* manchmal, *auch* gewöhnlich
■5 *(vkl.) poet* je, jemals, *in Fragesatz u. Konzessivsatz;* **an quid est ~ salute melius?** was ist denn jemals besser als Gesundheit?

olitor ⟨olitōris⟩ M ‖olus‖ Gemüsegärtner, Gemüsehändler

olītōrius ⟨a, um⟩ ADJ ‖olitor‖ Kohl..., Gemüse...

olīva ⟨ae⟩ F
■1 *(nachkl.) poet* Olive
■2 Olivenbaum
■3 Olivenzweig, Olivenkranz

olivētum ⟨ī⟩ N ‖oliva‖ Olivenpflanzung, Olivenhain

olīvi-fer ⟨olīvifera, olīviferum⟩ ADJ ‖oliva, ferre‖ Oliven tragend

olīvum ⟨ī⟩ N *(vkl.) poet* Olivenöl, *bes* Salböl

ōlla ⟨ae⟩ F Topf, Kochtopf

ōllāris ⟨ōllāre⟩ ADJ ‖olla‖ *(nachkl.) poet* Topf...; **uvae ollares** im Topf aufbewahrte Trauben

olor ⟨olōris⟩ M Schwan

olōrīnus ⟨a, um⟩ ADJ ‖olor‖ *poet* Schwanen...

olus ⟨oleris⟩ N Gemüse, *bes* Kohl

olusculum ⟨ī⟩ N ‖olus‖ Gemüse, Kohl

Olympia ⟨ae⟩ F *dem Zeus heiliger Bezirk in Elis, Ort der alle 4 Jahre stattfindenden Olympischen Spiele zu Ehren des Zeus; seit 1874 Grabungen mit bedeutenden Funden*

Olympia ⟨ōrum⟩ N die Olympischen Spiele

Olympiacus ⟨a, um⟩ ADJ olympisch

Olympias¹ ⟨Olympiadis⟩ F Olympiade, *Zeitraum von 4 Jahren zwischen 2 Olympischen Spielen, Olympiadenrechnung seit 776 v. Chr.*

Olympias² ⟨Olympiadis⟩ F *Gattin Philipps II. von Makedonien, Mutter Alexanders des Großen*

Olympicus ⟨a, um⟩ ADJ aus Olympia, olympisch

Olympionīcēs ⟨ae⟩ M Olympiasieger

Olympium ⟨ī⟩ N Tempel des Zeus u. Städtchen in Sizilien

Olympius ⟨a, um⟩ ADJ olympisch

Olympus ⟨ī⟩ M
■1 Bergzug im N Griechenlands, nach griech. Glauben Sitz der Götter
■2 *meton* Himmelsgewölbe

Olynthiī ⟨ōrum⟩ M die Einwohner von Olynthus

Olynthus ⟨ī⟩ F Stadt auf Chalkidike, 348 v. Chr. von Philipp II. von Makedonien zerstört, 1928–1938 ausgegraben

O. M. *Abk* = **Optimus Maximus** Größter und Bester, *Beiname Jupiters*

omāsum ⟨ī⟩ N *(nachkl.) poet* Rinderkaldaunen

ōmen ⟨ōminis⟩ N
■1 Vorzeichen, *bes* drohendes Zeichen; ~ **triste** ungünstiges Vorzeichen
■2 guter Wunsch, Glückwunsch; **aliquem votis ominibusque prosequi** j-n mit allen guten und frommen Wünschen begleiten
■3 *Sen.* Bedingung; **eā lege atque omine** nach diesem Gesetz und unter dieser Bedingung
■4 *Vergl. mit Auspizien verbunden* feierlicher Brauch, *bes* Hochzeit
⚠ **Nomen est omen.** *Plaut.* Der Name ist ein Vorzeichen. *Heute meist scherzhaft verwendet, wenn der Name einer Person oder Sache scheinbar Rückschlüsse auf bestimmte Eigenschaften zulässt*

ōmentum ⟨ī⟩ N *(nachkl.) poet* Haut *im Innern des Körpers; meton* Eingeweide

ōminārī ⟨or, ātus sum 1.⟩ ‖omen‖
■1 weissagen, prophezeien, *alicui aliquid* j-m etw
■2 *Liv.* ahnen
■3 androhen, anwünschen; **verba male ominata** Worte mit böser Vorbedeutung

ōminātor ⟨ōminātōris⟩ M ‖ominari‖ *Plaut.* Wahrsager

ōminōsus ⟨a, um, *adv* ōminōsē⟩ ADJ ‖omen‖ *(nachkl.)* unheilvoll

o-mīsī → omittere

omissus ⟨a, um⟩ ADJ ‖omittere‖ *Ter.* nachlässig

o-mittere ⟨mittō, mīsī, missum 3.⟩
■1 *(vkl., nachkl.)* fallen lassen, wegwerfen; **arma ~** die Waffen fallen lassen; **maritum ~** den Gatten verlassen
■2 *fig absichtlich* aufgeben; *+inf* aufhören; **Scythos ~** die Skythen in Ruhe lassen; **occasionem ~** eine Gelegenheit ungenutzt lassen; **scelus impunitum ~** ein Verbrechen ungestraft lassen; **omnibus rebus omissis** unter Hintansetzung alles anderen; **~ lugere** nicht weiter trauern
■3 *in der Rede od Erzählung* übergehen, *aliquem* j-n, *aliquid/de re* etw, *+AcI/+indir Fragesatz*

omni-ciēns ⟨omnicientis⟩ ADJ ‖omnis, ciere‖ *Lucr.* alles erregend

omni-gena ⟨ae⟩ M u. F ‖omnis, gignere‖ *poet* von allerlei Art, allerlei

omni-genus *(unkl.)* = **omne genus** *(akk)* allerlei

omni-modīs ADV ‖omnis, modus‖ *(unkl.)* auf jede Weise

omnīnō ADV ‖omnis‖
■1 gänzlich, völlig, *meist nachgestellt*; **laboribus ~ liberatus** völlig frei von Arbeiten; **egregius vir ~** ein ganz hervorragender Mensch; **~ aut magnā ex parte** ganz oder großteils; **non ~** nicht ganz, *auch* gar nicht; **~ non** durchaus nicht, überhaupt nicht; **~ nihil** überhaupt nichts
■2 allerdings, zwar, *einen Gegensatz einleitend*; **pugnae ~, sed cum adversario facili** zwar Kämpfe, aber mit einem einfachen Gegner
■3 im Ganzen, überhaupt

4 *bei Zahlenangaben* insgesamt, *auch* überhaupt nur; **octo ~ legiones** acht Legionen insgesamt **5** *zur Betonung der Allgemeingültigkeit* überhaupt **6** nur = von allem anderen abgesehen; **moleste fero, quod ~ respondere ausus es** ich bin ungehalten, dass du überhaupt nur wagtest zu antworten **7** *zur Zusammenfassung* kurz, mit einem Wort

omni-parēns ⟨omniparentis⟩ ADJ ||omnis, parens²|| alles gebärend, *subst* Allmutter

omni-potēns ⟨omnipotentis⟩ ADJ ||omnis|| (*unkl.*) allmächtig

omnis ⟨omne⟩ INDEF PR
A *adj*
1 all, jeder; *pl* alle; **in omni re** in jeder Sache; **omnia maxima mala** alle Übel, auch die größten
2 allerlei, jegliche Art von; **omnia mala** jegliche Art von Übeln
3 lauter, nichts als; **omnes lecti** lauter ausgewählte Leute
4 ganz, gesamt; **omnis Gallia** ganz Gallien; **ex omnibus castris** von allen Punkten des Lagers
B *subst* jeder; *pl* alle; **ad unum omnes** alle ohne Ausnahme; **omnium opinio** allgemeine Meinung; **omnium divitissimus** der Reichste von allen; **inter omnes constat** es ist allgemein bekannt; **omne quod** alles, was; **in eo sunt omnia** darauf beruht alles; **cum eo mihi sunt omnia** ich stehe mit ihm in bestem Einvernehmen; **aliquis alicui omnia est** j-d gilt j-m alles; **alia omnia** ganz das Gegenteil; **ad omnia/per omnia/omnia** in allen Beziehungen, in jeder Hinsicht
⚠ **Omnia vincit amor.** *Ov.* Die Liebe besiegt alles.

omni-tuēns ⟨omnituentis⟩ ADJ ||omnis, tueri|| (*nachkl.*) *poet* alles sehend

omni-vagus ⟨a, um⟩ ADJ ||omnis|| überall umherschweifend

omni-volus ⟨a, um⟩ ADJ ||omnis, volus|| *Catul.* alles begehrend

Omphalē ⟨Omphalēs⟩ F MYTH Königin von Lydien, der Herkules ein Jahr in Frauenkleidung dienen musste

onager ⟨onagrī⟩ M
1 (*unkl.*) Wildesel
2 (*nachkl.*) röm. Wurfgeschütz *für Steine*

onāgos ⟨ī⟩ M Eseltreiber, *Titel einer Komödie des Demophilos, Vorlage der „Asinaria" des Plautus*

onagrus ⟨ī⟩ M = **onager**

onerāre ⟨ō, āvī, ātum 1.⟩ ||onus||
1 beladen, bepacken; **servos ~** Sklaven bepacken; **ventrem ~** den Magen überladen; **manum iaculis ~** sich mit Wurfspießen bewaffnen; **ossa aggere terrae ~** die Gebeine mit einem Erdhügel bedecken
2 *fig* überhäufen, überschütten
3 *fig* belästigen
4 (*nachkl.*) *fig* erschweren, vergrößern; **alicuius inopiam ~** j-s Not vergrößern
5 *poet* reichlich laden, reichlich füllen, *aliquid re* etw mit etw; **dona ~ canistris** Geschenke aufhäufen in Körbchen

onerāria ⟨ae⟩ F ||onerarius|| Transportschiff, Frachtschiff

onerārius ⟨a, um⟩ ADJ ||onus|| Last..., Fracht...; **navis oneraria** Lastschiff, Frachtschiff

onerōsus ⟨a, um⟩ ADJ ||onus|| (*nachkl.*) *poet* drückend, beschwerlich,, *auch fig*

onocrotalus ⟨ī⟩ M *Mart.* Pelikan

onus ⟨oneris⟩ N
1 Last; Gewicht; **~ ventris/uteri** Fetus
2 *fig* Mühe, schwierige Aufgabe; **~ officii** Last des Amtes; **oneri esse alicui** j-m beschwerlich fallen
3 PL die Lasten = Steuern; Schulden; **alicui onera graviora iniungere** j-m (noch) schwerere Lasten aufbürden

onustus ⟨a, um⟩ ADJ ||onus||
1 *von Personen u. Sachen* belastet, beladen; **navis frumento onusta** mit Getreide beladenes Schiff
2 *fig* voll, *re* von etw; **pharetra telis onusta** ein Köcher voller Pfeile
3 (*unkl.*) *fig* geistig bedrückt, *re* von etw

onyx ⟨onychis⟩
1 F Onyx, *gelblicher, auch brauner od roter Halbedelstein, mit weißen Adern durchzogen, bevorzugt als Kamee verwendet*
2 M Onyx, *gelblicher Marmor*
3 M *u.* F Onyxgefäß, Salbenbüchschen aus Onyx, Cremedöschen aus Onyx

op. *Abk* (*nlat.*) = **opus** MUS Werk; **op. posth.** = **opus posthumum** (*fehlerhaft für postumum*) nach dem Tod des Künstlers veröffentlichtes Werk

opācāre ⟨ō, āvī, ātum 1.⟩ ||opacus|| beschatten, **locum** einen Platz

opācitās ⟨opācitātis⟩ F ||opacus|| (*nachkl.*) Beschattung, Schatten

opācus ⟨a, um⟩ ADJ schattig; (*nachkl.*) *fig* dunkel; **mundus ~** Unterwelt; **barba opaca** dichter Bart; **opaca locorum** finstere Winkel
▶ deutsch: **opak**

opella ⟨ae⟩ F ||opera|| *poet* (kleine) Arbeit; **~ forensis** Geschäft auf dem Forum

opera ⟨ae⟩ F ||opus||
1 Arbeit, Mühe; **res est multae operae** die Sache kostet viel Mühe; **operam in re consumere/locare/ponere** *u.* **operam alicui rei tribuere** Mühe verwenden auf etw; **homines in ope-**

ras mittere den Leuten Arbeit und Verdienst verschaffen; **operam dare alicui rei** Mühe auf etw verwenden, etw pflegen, darauf hinarbeiten, darauf sehen; **liberis operam dare** Kinder zeugen; **funeri operam dare** einem Begräbnis beiwohnen; **tonsori operam dare** sich rasieren lassen; **deditā/datā operā** absichtlich, vorsätzlich; **operae pretium facere** sich ein Verdienst erwerben; **operae pretium est** es ist der Mühe wert, *+inf*; **non operae est** *Liv.* es lohnt sich nicht, *+inf*; **operā alicuius** durch j-s Zutun, durch j-s Vermittlung, durch j-s Schuld; **eādem operā** zugleich

2 Dienst, Hilfe; **in operis societatis** im Dienst der Gesellschaft; **~ forensis** Verteidigung vor Gericht; **operas reddere alicui** j-m wieder Dienste leisten; **operam fortium virorum ēdere** sich als tapfere Männer erweisen; **operam dare alicui** j-m Dienste leisten, *vom Richter* j-s Sache untersuchen, j-s Sache schlichten; **alicuius sermoni operam dare** j-m aufmerksam zuhören; **auctioni operam dare** eine Versteigerung abhalten

3 *meton* Zeit, *die man auf etw verwendet*, Gelegenheit; **est mihi ~** ich habe Zeit, ich habe Lust, es passt mir gut, *+inf*

4 *meton* Arbeiter; *pej* Helfershelfer

operārī ⟨or, ātus sum 1.⟩ ‖opera/opus‖
1 mit *etw* beschäftigt sein, *etw* verrichten, *absolut od alicui rei*; **~ rei publicae** für den Staat arbeiten; **operantes** Schanzarbeiter
2 REL der Gottheit dienen, opfern, *absolut od alicui* j-m
3 *eine gottesdienstähnliche Handlung ausführen*; **sacris ~** einen Gottesdienst abhalten

operāria ⟨ae⟩ F̄ ‖operarius‖ Arbeiterin, *bei Plaut. auch zweideutig von einer Hetäre*

operārius
A ⟨a, um⟩ ADJ ‖opera‖ zur körperlichen Arbeit gehörig, für körperliche Arbeit geeignet
B ⟨ī⟩ M̄ Arbeiter, Handlanger

operculum ⟨ī⟩ N̄ ‖operire‖ Deckel

operīmentum ⟨ī⟩ N̄ ‖operire‖ (*vkl., nachkl.*) Decke, Deckel

operīre ⟨operiō, operuī, opertum 4.⟩
1 bedecken, zudecken, *aliquid re* etw mit etw; **nox terram operit** die Nacht verhüllt die Erde
2 *Tac.* begraben
3 *fig* überhäufen, beladen
4 *fig* verbergen, verhehlen; **luctum ~** die Trauer verbergen

operōsitās ⟨operōsitātis⟩ F̄ ‖operosus‖ Geschäftigkeit, übertriebene Sorgfalt

operōsus ⟨a, um, *adv* operōsē⟩ ADJ ‖opera‖
1 geschäftig, tätig; **senectus operosa** tätiges Greisenalter; **herba operosa** wirksames Heilkraut
2 mühsam, beschwerlich; **ars operosa** mühevolle Kunst; **aes operosum** kunstvoll gebildetes Erz

opertōrium ⟨ī⟩ N̄ ‖operire‖ (*nachkl.*) Decke

opertum ⟨ī⟩ N̄ ‖operire‖ geheimer Ort; Geheimnis; **~ telluris** Tiefe der Erde

opertus ⟨a, um⟩ ADJ ‖operire‖ verborgen, geheim

operuī → operire

opēs ⟨opum⟩ F̄ → ops

ophītēs ⟨ae⟩ M̄ (*nachkl.*) *poet* Marmor *mit schlangenartigen Flecken*

ophthalmiās ⟨ae⟩ M̄ *Plaut.* Neunauge, *ein Süßwasserfisch*

ophthalmicus
A ⟨a, um⟩ ADJ (*spätl.*) Augen…
B ⟨ī⟩ M̄ Augenarzt

opicus ⟨a, um⟩ ADJ (*unkl.*) bäurisch, ungebildet

opi-fer ⟨opifera, opiferum⟩ ‖ops, ferre‖ Hilfe leistend, hilfreich

opi-fex ⟨opificis⟩ M̄ ‖opus, facere‖
1 Werkmeister, Urheber; **~ mundi/rerum** Schöpfer der Welt; **~ verborum** Wortbildner
2 Handwerker, bildender Künstler

opificīna ⟨ae⟩ F̄ = officina

opificium ⟨ī⟩ N̄ (*vkl., spätl.*) (Verrichtung einer) Arbeit

ōpiliō ⟨ōpiliōnis⟩ M̄ ‖ovis, pellere‖ Schafhirt, Ziegenhirt

opīmitās ⟨opīmitātis⟩ F̄ ‖opimus‖ (*vkl., nachkl.*) Reichtum, Herrlichkeit

opīmus ⟨a, um, *adv* opīmē⟩ ADJ
1 fett, feist
2 *von Feldern* fruchtbar
3 *fig von der Rede* überladen
4 *fig allg.* reich, bereichert; **opus casibus opimum** an Wechselfällen reiche Tätigkeit; **praeda opima** reiche Beute; **accusatio opima** einträgliche Anklage; **cena opima** leckeres Mahl; **spolia opima** Ehrenrüstung, *die der siegreiche Feldherr dem im Zweikampf besiegten Feind abgenommen hatte*

opīnābilis ⟨opīnābile⟩ ADJ ‖opinari‖ vermutlich, eingebildet

opīnārī ⟨or, ātus sum 1.⟩ meinen, vermuten, *absolut od +AcI*; (**ut**) **opinor** *als Einschub* denke ich, vermutlich

opīnātiō ⟨opīnātiōnis⟩ F̄ ‖opinari‖ Vermutung, Einbildung

opīnātor ⟨opīnātōris⟩ M̄ ‖opinari‖ der immer zu Vermutungen neigt

opīnātus[1] ⟨a, um⟩ ADJ ‖opinari‖ eingebildet, scheinbar

opīnātus[2] ⟨opīnātūs⟩ M̄ ‖opinari‖ *Lucr.* Vermutung

opīniō ⟨opīniōnis⟩ F̄ ||opinari||
1 Meinung, Vermutung, *alicuius* j-s, *alicuius/de aliquo* von j-m, über j-n, *alicuius rei/de re* von etw, über etw; **~ huius diei** Meinung von dem Erfolg dieses Tages; **~ trium legionum** Hoffnung auf drei Legionen; **opinionem timoris praebere** die Vorstellung erwecken, als wären sie in Furcht; **opinionem habere/in opinione esse** der Meinung sein; **contra opinionem/praeter opinionem** wider Erwarten; **opinione celerius** schneller als erwartet
2 Einbildung; Glaube; **in opinione versari** auf Einbildung beruhen
3 hohe Meinung, *die jd hegt*
4 guter Ruf; **summam iustitiae opinionem habere** im Ruf der größten Gerechtigkeit stehen; **opinionem capere** sich einen guten Ruf erwerben
5 Gerücht, *alicuius rei* von etw; **opinionem in vulgus ēdere** ein Gerücht im Volk ausstreuen; **~ exit** das Gerücht verbreitet sich, +AcI

opi-parus ⟨a, um, *adv* opiparē⟩ ADJ ||ops, parare²|| (*vkl., nachkl.*) prächtig, reichlich, (*klass.*) *nur adv*; **opipare edere et bibere** reichlich essen und trinken

opisthographus ⟨a, um⟩ ADJ (*nachkl.*) auf der Rückseite beschrieben

opitulārī ⟨or, ātus sum 1.⟩ ||ops|| helfen, beistehen, *alicui* j-m; abhelfen, *alicui rei* einer Sache; **inopiae plebis ~** der Not des Volkes abhelfen

opium ⟨ī⟩ N̄ (*nachkl.*) Mohnsaft, Opium

opobalsamētum ⟨ī⟩ N̄ ||opobalsamum|| Balsampflanzung

opobalsamum ⟨ī⟩ N̄ (*nachkl.*) *poet* Balsam

oportēre ⟨et, uit, - 2.⟩ *unpers* es gehört sich, es ist in Ordnung, es ist nötig, man muss, *absolut od +inf/+AcI/auch +akk/+PPP*; **aliquid actum oportuit** *Plaut.* es müsste schon etw geschehen sein

oportūn... = **opportun...**

op-pectere ⟨ō, -, - 3.⟩ *Plaut. hum* abnagen

op-pēdere ⟨ō, -, - 3.⟩ *poet* anfurzen; beschimpfen, *alicui* jdn

op-pēgī → **oppingere**

op-perīrī ⟨perior, pertus sum 4.⟩
A VIT warten, Halt machen, **unum diem** einen Tag
B VT (*vkl., nachkl.*) erwarten, abwarten, *aliquem/aliquid* j-n/etw, *ut* dass, *dum* bis; **opperiamur, dum exeat aliquis** *Plaut.* warten wir, bis j-d hinausgeht

op-pessulātus ⟨a, um⟩ ADJ ||ob¹, pessulus|| (*nachkl.*) verriegelt

op-petere ⟨ō, īvī/iī, ītum 3.⟩ (*vkl., nachkl.*) einer Sache entgegengehen, *etw* erleiden, *aliquid*; **mortem ~** sterben

oppidānus
A ⟨a, um⟩ ADJ ||oppidum|| städtisch, *bes* kleinstädtisch; **oppidanum dicendi genus** provinzielle Art zu sprechen
B ⟨ī⟩ M̄ Städter

oppidātim ADV ||oppidum|| *Suet.* städteweise, in allen Städten

oppidō ADV sehr, äußerst

oppidulum ⟨ī⟩ N̄ ||oppidum|| Städtchen

▶ accusativus cum infinitivo

Nach einigen unpersönlichen Verben wie **constat** (es ist bekannt), **oportet** (man muss), **necesse est**, sowie nach Verben der Wahrnehmung (**verba sentiendi**), des Sagens und Meinens (**verba dicendi**), des Gefühls und der Gefühlsäußerung (**verba affectus**) folgt im Lateinischen meist eine besondere Infinitivkonstruktion, der AcI (**accusativus cum infinitivo**), wo im Deutschen ein dass-Satz steht.

Hos libros legi oportet.	Diese Bücher müssen gelesen werden. (*wörtlich: Es ist notwendig, dass diese Bücher gelesen werden.*)

Je nach Zeitstufe des Infinitivs wird ein anderes Zeitverhältnis ausgedrückt.

Infinitiv Präsens = Gleichzeitigkeit

Dixerunt Caesarem oppidum oppugnare.	Sie sagten, Caesar greife (in jenem Moment) die Stadt an.

Infinitiv Perfekt = Vorzeitigkeit

Dixerunt Caesarem oppidum oppugnavisse.	Sie sagten, Caesar habe die Stadt angegriffen.

Infinitiv Futur = Nachzeitigkeit

Dixerunt Caesarem oppidum oppugnaturum esse.	Sie sagten, Caesar werde die Stadt (zu einem späteren Zeitpunkt) angreifen.

GRAMMATIK

op·pidum ⟨ī⟩ N
1 (vkl.) Schranken im Zirkus
2 MIL fester Platz, Festung
3 meton Stadt, meist kleinere Landstadt

op·pignerāre ⟨ō, āvī, ātum 1.⟩ ||ob¹, pignus|| verpfänden, *aliquid pro re* etw für etw

op·pīlāre ⟨ō, āvī, ātum 1.⟩ verrammeln, verschließen

op·pingere ⟨pingō, pēgī, - 3.⟩ ||ob¹, pangere|| *Plaut.* aufdrücken, **savium** einen Kuss

op·plēre ⟨pleō, plēvī, plētum 2.⟩ (an)füllen; dicht bedecken; **nives omnia oppleverant** Schnee hatte alles bedeckt; **portum ~** einen Hafen besetzen

op·plōrāre ⟨ō, -, - 1.⟩ „entgegenweinen"; **~ auribus meis** mir die Ohren voll weinen

op·pōnere ⟨pōnō, posuī, positum 3.⟩
1 entgegensetzen, entgegenstellen, entgegenlegen; *passiv* entgegenstehen, gegenüberliegen, *alicui rei* zu etw; **bracchia ~** die Arme vorhalten; **auriculam ~** das Ohr hinhalten; **stabula soli ~** die Ställe nach Süden hin anlegen
2 *einer Gefahr* aussetzen, preisgeben; **oppositum ad periculum** der Gefahr ausgesetzt
3 *mit Worten* einwenden, entgegnen
4 *vergleichend* gegenüberstellen
5 JUR verpfänden, dagegensetzen, *auch beim Würfelspiel*

opportūna ⟨ōrum⟩ M ||opportunus|| MIL bedrohte Punkte

opportūnitās ⟨opportūnitātis⟩ F ||opportunus||
1 günstige Lage; (nachkl.) meton günstig gelegener Ort; **~ loci** günstige Lage des Ortes
2 *fig* gelegene Zeit, günstige Gelegenheit; **~ temporis** günstiger Augenblick; **aliquā datā opportunitate** bei günstiger Gelegenheit
3 Vorteil, Bequemlichkeit; **~ belli** militärischer Vorteil
4 günstige Anlage, **corporis** des Körpers

opportūnus ⟨a, um, *adv* opportūnē⟩ ADJ
1 örtl. günstig gelegen, bequem, *alicui* für j-n, *alicui rei/ad aliquid* für etw, zu etw
2 *fig zeitl.* günstig, rechtzeitig
3 geeignet, vorteilhaft, *alicui* für j-n, *re* durch etw, *wegen etw, alicui rei/ad aliquid* für etw, zu etw
4 (vkl., nachkl.) *von Personen* geschickt, gewandt
5 (nachkl.) *feindlich Angriffen* ausgesetzt, leicht anzugreifen; **aliquis alicuius ~ fit** j-d bietet j-m eine Blöße
▶ deutsch: **Opportunist**

opposita ⟨ōrum⟩ N ||oppositus²|| PHIL Sätze, die miteinander im Widerspruch stehen

oppositiō ⟨oppositiōnis⟩ F ||opponere|| (spätl.) entgegengesetzte Behauptung, Antithese
▶ deutsch: **Opposition**

oppositus¹ ⟨a, um⟩ PPP → opponere

oppositus² ⟨a, um⟩ ADJ ||opponere|| entgegengestellt, gegenüberliegend

oppositus³ ⟨oppositus⟩ M ||opponere||
1 Entgegenstellung
2 das Entgegenstehen, das Vortreten

op·posuī → opponere

op·pressī → opprimere

oppressiō ⟨oppressiōnis⟩ F ||opprimere||
1 Unterdrückung
2 Überrumpelung *eines Ortes*
3 *Ter.* Überfall *auf eine Person*, Gewalttätigkeit

oppressiuncula ⟨ae⟩ F ||oppressio|| zärtliches Drücken, **papillarum** *Plaut.* der Brüste

oppressor ⟨oppressōris⟩ M ||opprimere|| Unterdrücker

oppressus *abl* ⟨oppressū⟩ M ||opprimere|| *Lucr.* Druck

op·primere ⟨primō, pressī, pressum 3.⟩ ||ob¹, premere||
1 niederdrücken; erdrücken; **opprime ōs!** halt den Mund!; **vultum ~** den Blick senken; **ignem ~** ein Feuer ersticken; **litteras ~** Buchstaben nicht aussprechen
2 *fig* unterdrücken; verbergen; **dolorem ~** den Schmerz ersticken; **insigne veri ~** das Kriterium der Wahrheit geheim halten; **infamiam ~** die Schande vertuschen
3 niederdrücken, fast erdrücken; **Athenas servitute oppressas tenere** Athen in drückender Knechtschaft halten
4 überwältigen, vernichten; *passiv* erliegen, unterliegen; **insontem falso crimine ~** einen Unschuldigen durch einen falschen Vorwurf vernichten
5 plötzlich überfallen; *fig* überraschen; **luce oppressus** vom Licht überrascht
6 aus der Fassung bringen

opprobrāmentum ⟨ī⟩ N ||opprobrare|| *Plaut.* schimpflicher Vorwurf

op·probrāre ⟨ō, -, - 1.⟩ ||probrum|| (vkl., nachkl.) schimpfend vorwerfen

op·probrium ⟨ī⟩ N ||ob¹, probrum|| Beschimpfung; Schande

op·pūgnāre ⟨ō, āvī, ātum 1.⟩
1 angreifen; *einen Ort* bestürmen, *auch fig*; **aliquem pecuniā ~** j-n zu bestechen versuchen
2 *Plaut. hum* mit den Fäusten bearbeiten

oppūgnātiō ⟨oppūgnātiōnis⟩ F ||oppugnare||
1 MIL Bestürmung, Sturmangriff
2 Belagerungsmethode, Belagerungskunst
3 JUR Anklage *vor Gericht*, Widerspruch; **iudicium sine oppugnatione** Urteil ohne Widerspruch

oppūgnātor ⟨oppūgnātōris⟩ M ‖oppugnare‖ Belagerer, Angreifer

ops ⟨opis, pl opēs, opum⟩ F
1. Bemühung, Dienst; **opis pretium** Lohn für die Mühe
2. sg u. pl körperliche Anstrengung, Kraft; **non est opis meae** es steht nicht in meiner Macht, +inf; **gemīnā ope currere** mit doppelter Kraft laufen; **omnibus opibus** mit allen Kräften
3. Hilfe, Schutz; **ope alicuius** mit j-s Hilfe
4. PL Hilfsquellen, Mittel
5. PL Vermögen, Reichtum; **pro opibus** nach Maßgabe des Vermögens
6. PL Streitkräfte, Heer
7. PL politische Macht, einflussreiche Stellung

Ops ⟨Opis⟩ F röm., urspr. sabinische Göttin der Fruchtbarkeit der Felder; allg. Göttin, die Hilfe bringt, früh gleichgesetzt mit Rhea u. Saturnus als Gattin beigegeben

opsc... = **obsc...**
opsōn... = **obson...**
opst... = **obst...**

optābilis ⟨optābile, adv optābiliter⟩ ADJ ‖optare‖ wünschenswert, willkommen, alicui j-m, ut dass, +inf

optandus ⟨a, um⟩ ADJ ‖optare‖ wünschenswert

optāre ⟨ō, āvī, ātum 1.⟩
1. wählen, aussuchen
2. wünschen, den Wunsch aussprechen, aliquid ab aliquo etw von j-m, ut/ne dass/dass nicht, +konjkt/+inf/+AcI; **~ alicui aliquid** j-m etw anwünschen; **optandus** wünschenswert, alicui für jdn

optātiō ⟨optātiōnis⟩ F ‖optare‖ Wunsch, auch RHET

optātum ⟨ī⟩ N ‖optare‖ Wunsch; frommer Wunsch, Träumerei; **optato** nach Wunsch

optātus ⟨a, um, adv optātē⟩ ADJ ‖opto‖ erwünscht, willkommen

opthalmi... → **ophthalmi...**

opticē ⟨opticēs⟩ F Vitr. Optik

optimās
A ⟨optimātis⟩ ADJ ‖optimus‖ zu den Besten gehörig, aristokratisch; **status rei publicae ~** Aristokratie
B ⟨optimātis⟩ M
1. Optimat, Aristokrat; pl die Optimaten, Adelspartei, ↔ Volkspartei
2. (mlat.) die Großen des Reiches

optimus ⟨a, um, adv optimē⟩ ADJ sup → **bonus** u. → **bene**

optiō ⟨optiōnis⟩
1. F freie Wahl, freier Wille; **optionem alicui dare/facere** j-m seinen Willen erfüllen
2. M (vkl., nachkl.) Gehilfe, den man sich wählt; bes MIL Vertreter des Zenturio
▶ deutsch: **Option**

▶ **optimates – die Besten**

optimates hatte ursprünglich die Bedeutung „die Besten" und bezeichnete die Mitglieder des konservativen Adels (**nobilitas**) und des Senatorenstandes. Damit sollte deren gesellschaftliche, aber auch moralische und politische Überlegenheit zum Ausdruck gebracht werden. Im 2. Jahrhundert v. Chr. bildeten sich im Senat zwei Parteien: Die **optimates** waren die Verfechter des alten Adels, während die **populares** die Interessen der aufgestiegenen Schichten (z. B. der **equites**) vertraten.

RÖMISCHES LEBEN ◀

---

optīvus ⟨a, um⟩ ADJ ‖optare‖ (nachkl.) poet selbst gewählt, selbst gewünscht

optu... = **obtu...**
optumās ⟨optumātis⟩ = **optimas**
optumus ⟨a, um⟩ ADJ = **optimus**
opulēns ⟨opulentis⟩ ADJ = **opulentus**

opulentāre ⟨ō, -, - 1.⟩ ‖opulens‖ (vkl.) poet reich machen, bereichern

opulenter ADV = **opulente**; → **opulentus**

opulentia ⟨ae⟩ F ‖opulens‖ (vkl., nachkl.)
1. Reichtum, Pracht; **~ pacis** Segen des Friedens
2. politische Macht, Einfluss

opulentitās ⟨opulentitātis⟩ F Com. = **opulentia**

opulentus ⟨a, um, adv opulentē⟩ ADJ ‖ops‖
1. von Personen u. Sachen reich, wohlhabend, re/alicuius rei an etw; **~ voluptatibus** schwelgend in Genüssen
2. reichlich vorhanden, glänzend; **dona opulentissima** sehr reichliche Gaben
3. mächtig, einflussreich
▶ deutsch: **opulent**

---

opus ⟨operis⟩ N
1. Arbeit, Beschäftigung
2. Landarbeit
3. Bauen, Bau
4. Bergbau
5. Weidwerk
6. Praxis des Arztes
7. Kampf, Kriegshandwerk
8. Beischlaf
9. Wirkung
10. einzelnes Werk, Tat
11. Aufgabe
12. Mühe, Anstrengung
13. Menschenhand, Kunst
14. Ausführung, Stil

ORAT

15 vollendetes Werk

___

1 Arbeit, Beschäftigung; **~ diurnum** Tagewerk; **opus facere** arbeiten; **in opere esse/versari** tätig sein; **res est magni operis** eine Sache erfordert große Arbeit
2 Landarbeit
3 Bauen, Bau; **opus facere** bauen; **opus fit** es wird gebaut
4 (*nachkl.*) Bergbau
5 *Hor.* Weidwerk
6 (*vkl., nachkl.*) Praxis des Arztes; **se ex opere recipere** von der Praxis zurückkommen
7 *poet* Kampf, Kriegshandwerk
8 *poet* Beischlaf
9 *von Sachen* Wirkung
10 einzelnes Werk, Tat, Unternehmung
11 Aufgabe, Leistung; **aliquid mei operis est** etw ist meine Aufgabe; **operum hoc tuorum est** das wäre eine Arbeit für dich
12 Mühe, Anstrengung; **magno/maximo opere** sehr; **tanto opere** so sehr; **nimio opere** zu sehr
13 Menschenhand, Kunst, ↔ *Natur*
14 *bei Kunstwerken* Ausführung, Stil
15 vollendetes Werk, Schöpfung; **~ Minervae** Gewebe, Stickerei; **opus facere** ein Gebäude aufführen; **~ Alexandrinum/sectile** Fußbodenmosaik; **~ caementicium/incertum** Mauerwerk aus Bruchsteinen mit Mörtelguss; **opera munitionesque** Belagerungswerke und Verschanzungen; **opera efficere** Werke schaffen; **~ posthumum** (*fehlerhaft für postumum*) (*nlat.*) nachgelassenes Werk, *das erst nach dem Tod des Künstlers veröffentlicht wird*
16 **~ est** es ist notwendig, es ist erforderlich, es ist zweckmäßig, man braucht, *absolut od alicui* für j-n, *meist unpers +abl/+gen für das Benötigte, +inf/+AcI;* **nobis ~ est libris** wir brauchen Bücher; **mihi libri ~ sunt** ich brauche Bücher; **si quid ~ esse putaret** nötigenfalls; **quae ~ sunt** die Bedürfnisse, die nötigen Maßregeln
⚠ **Opere citato.** In dem bereits zitierten Werk.

opusculum ⟨ī⟩ N̄ ||opus|| kleines Werk; kleine Schrift

ōra¹ ⟨ae⟩ F̄ Tau, Schiffsseil; **oras praecidere** die Taue kappen

ōra² ⟨ae⟩ F̄ ||os||
1 Rand, Grenze
2 Küste, Küstengegend
3 ferne Gegend, *allg.* Gegend; **orae caelestes** Himmelsräume; **orae luminis** Tageslicht, Sonnenlicht; **evolvere oras belli** den Schauplatz des Krieges enthüllen
4 Erdgürtel, Zone

ōrāclum, ōrāculum ⟨ī⟩ N̄ ||orare||
1 Orakel, Orakelstätte; **~ Delphicum** Orakel von Delphi
2 Orakelspruch; *fig* Weissagung
3 Spruch, Satz; **oracula physicorum** Sätze der Naturphilosophen

ōrāre ⟨ō, āvī, ātum 1.⟩
1 reden, *auch* beten; **talibus dictis orabat** so sprach er; **orantes** die Redner
2 verhandeln, vortragen; **litem ~** einen Prozess vor Gericht führen
3 bitten, ersuchen, *aliquid alicuius/alicui rei* um etw für j-n/für etw, *+inf/+AcI/+konjkt, ut/ne* dass/dass nicht; **principem orabat deligere senatores** *Tac.* er bat den Fürsten Senatoren auszuwählen; **oro te, mihi mitte ...** ich bitte dich, schicke mir ...
4 (*eccl.*) beten; **oremus** lasst uns beten; **ora pro nobis** (*mlat.*) bitte für uns, *Kurzgebet in der katholischen Liturgie*
⚠ **Ora et labora.** Bete und arbeite. *alte Mönchsregel, die auf die von Benedikt von Nursia verfasste sog. Benediktinerregel zurückgeht*

ōrārius ⟨a, um⟩ ADJ ||ora²|| *Plin.* an der Küste befindlich; **oraria navis** Küstensegler

ōrātiō ⟨ōrātiōnis⟩ F̄ ||orare||
1 Rede, Sprache
2 Redeweise, Stil; **utriusque orationis facultas** Fertigkeiten in beiden Arten des Ausdrucks
3 Prosa
4 Stoff zum Reden; Äußerung; **~ secunda** schmeichelhafte Worte; **hac oratione habitā** nachdem er diese Worte gesprochen hatte; **oratione** der Aussage nach, dem Namen nach
5 Rede, Vortrag; **~ perpetua** zusammenhängende Rede; **orationem habere/dicere de re** eine Rede halten über etw; **orationem facere/conficere** eine Rede ausarbeiten
6 Gegenstand der Rede, Thema
7 Redegabe, Beredsamkeit; **in eo est satis orationis** er besitzt eine hinreichende Rednergabe
8 *Suet., Tac.* kaiserliche Kabinettsorder
9 (*eccl.*) Gebet, *bes* Vaterunser

ōrātiuncula ⟨ae⟩ F̄ ||oratio|| kleine Rede, hübsche Rede

ōrātor ⟨ōrātōris⟩ M̄ ||orare||
1 Sprecher *einer Gesandtschaft*, Unterhändler
2 Redner, Staatsmann
3 PL Bittsteller

ōrātōria ⟨ae⟩ F̄ ||oratorius|| (*erg.* **ars**) (*nachkl.*) Redekunst, Rhetorik

ōrātōrium ⟨ī⟩ N̄ ||oratorius|| Bethaus; (*nlat.*) Oratorium, *Musikstück für Solostimmen, Chor u. Orchester*

ōrātōrius ⟨a, um, *adv* ōrātōriē⟩ ADJ ||orator||

ORAT

Orakel

Orakel waren vor allem für die griechische Antike eine wichtige Einrichtung. Mussten in schwer zu durchschauenden Situationen politische Entscheidungen von Gewicht getroffen werden, so bat man gerne eine Gottheit um ihren Rat. Ein geeigneter Ort hierfür war das **oraculum**. Das bekannteste war dem Apollo geweiht und befand sich in Delphi. Dort fungierte als Medium zwischen Gott und Mensch die Priesterin **Pythia**, die wohl unter dem Einfluss von Dämpfen die göttliche Eingabe in Worte fasste.
Orakelsprüche waren oft dunkel formuliert und schwer zu erschließen, manchmal gar zweideutig. So wendet sich z. B. der fabelhaft reiche Lyderkönig Kroisos an das Orakel von Delphi mit der Frage, ob er seinen bis an den Halys erfolgreich geführten Eroberungszug fortsetzen solle, und bekommt folgende Antwort:
Croesus Halyn penetrans magnam pervertet opum vim.
Kroisos wird, wenn er den Halys überschreitet, ein Großreich zerstören.

Kroisos interpretierte das Orakel allzu optimistisch und unterlag. Ein Orakelwesen war bei den Römern kaum ausgeprägt.

MYTHOLOGIE

1 rednerisch, Redner...
2 (eccl.) zum Beten gehörig
ōrātrīx ⟨ōrātrīcis⟩ F ‖orator‖
1 Fürsprecherin, Vermittlerin
2 Plaut. Bittstellerin
3 Quint. Rhetorik
ōrātum ⟨ī⟩ N ‖orare‖ Ter. Bitte
ōrātus ⟨ōrātūs⟩ M ‖orare‖ Bitten; **oratu** auf Bitten
orba ⟨ae⟩ F ‖orbus‖ Waise, Witwe
orbāre ⟨ō, āvī, ātum 1.⟩ ‖orbus‖
1 der Eltern berauben, der Kinder berauben, aliquem aliquo j-n einer Person; **matrem filio ~** die Mutter des Sohnes berauben, der Mutter den Sohn rauben
2 fig des Teuersten berauben, aliquem/aliquid re j-n/etw einer Sache; **amicum omni spe ~** den Freund jeder Hoffnung berauben, dem Freund jede Hoffnung rauben
orbātiō ⟨orbātiōnis⟩ F ‖orbare‖ Sen. Beraubung, Ausplünderung
orbātor ⟨orbātōris⟩ M ‖orbare‖ Ov. der j-m die Kinder raubt, der j-m die Eltern raubt; **Achilles nostri ~** Achill, der mich kinderlos gemacht hat
orbiculātus ⟨a, um⟩ ADJ ‖orbis‖ kreisrund
Orbilius ⟨a, um⟩ Name einer röm. gens; **Lucius ~Pupillus** Grammatiker aus Benevent, Lehrer des Horaz in Rom
orbis ⟨orbis⟩ M
1 Kreis, kreisrunde Linie; **~ rotae** die Felgen; **~ muri** Ringmauer; **~ signifer** Tierkreis; **~ lacteus** Milchstraße; **orbes finientes** Horizont
2 (nachkl.) kreisförmige Bewegung, Windung
3 kreisförmige Stellung; **in orbem consistere/orbem colligere** sich im Kreis aufstellen; **orbem facere** einen Kreis bilden
4 fig Kreislauf; Umschwung im Staatsleben
5 in der Rede Periode; **~ orationis** periodische Abrundung
6 Quint. der abgeschlossene Kreis der Wissenschaften, allgemeine Bildung
7 meton Scheibe, Rad; **~ mensae** runde Tischplatte

oratio obliqua – indirekte Rede

Aussagesätze werden im Lateinischen in der indirekten Rede mit dem AcI (**accusativus cum infinitivo**) wiedergegeben, Fragesätze durch einen indirekten Fragesatz. Nebensätze stehen im Konjunktiv. Die korrekte Übertragung einer lateinischen indirekten Rede ins Deutsche kann Probleme bereiten. Beachtet werden muss hierbei, dass im Deutschen in der indirekten Rede der Konjunktiv I (abgeleitet von den Präsensformen, z. B. sie sei, habe, gehe, mache) verwendet werden muss. Der Konjunktiv II (abgeleitet von den Präteritumsformen, z. B. sie wäre, hätte, ginge, machte) wird nur verwendet, wenn die Form des Konjunktiv I nicht unmissverständlich als Konjunktiv erkennbar ist.
Falsch: Sie sagt, sie haben das getan. („sie haben" könnte auch Indikativ sein)
Richtig: Sie sagt, sie hätten das getan.

GRAMMATIK

> **orator – die Aufgaben eines Redners**

Um eine gute und wirkungsvolle Rede zu halten, musste der Redner gemäß den Lehren der antiken Rhetorik folgende fünf Aufgaben (**officia oratoris**) bewältigen.

inventio	Auffinden der Gesichtspunkte
dispositio	Gliederung des Vortrags
elocutio	Ausformulierung
memoria	Einprägen der Rede
pronuntiatio	öffentlicher Vortrag

WORTSCHATZ

---

8 *alles Scheibenförmige:* Sonne(nscheibe), Mond(scheibe), Diskus(scheibe), Schild, Waagschale, Spiegel, runder Tisch

9 Rad, Glücksrad; **circumagitur ~** *fig* das Blatt wendet sich

10 Himmelsgewölbe, Himmel

11 Erdscheibe; **~ terrae** Erdenrund, die ganze Erde; **~ terrarum** Erdkreis, *bes* das römische Weltreich, *meton* Menschengeschlecht

12 Gebiet, Gegend; **~ Eous** Morgenland

orbita ⟨ae⟩ F ||orbis||
1 Fahrbahn; *fig* Vorbild; **~ lunaris** Mondbahn
2 (*mlat.*) MED Augenhöhle

orbitās ⟨orbitātis⟩ F ||orbus||
1 Elternlosigkeit, Kinderlosigkeit
2 Witwentum
3 Verlust, *alicuius/alicuius rei* j-s/einer Sache; *fig* Mangel, *alicuius/alicuius rei* an j-m/an etw

orbitōsus ⟨a, um⟩ ADJ ||orbita|| *Verg.* voller Wagengeleise

Orbōna ⟨ae⟩ F Göttin der Kinderlosigkeit, *die von kinderlosen Eheleuten angerufen wurde, die Kinder haben wollten*

orbus
A ⟨a, um⟩ ADJ
1 verwaist, *aliquo/ab aliquo/alicuius* von j-m; elternlos, kinderlos; verwitwet
2 *fig einer Sache* beraubt, ohne *etw, re/a re/alicuius rei*
B ⟨ī⟩ M Waise; **orbi orbaeque** Witwen und Waisen

orca ⟨ae⟩ F (*unkl.*) Tonne *zur Konservierung, bes von Salzfischen*

Orcades ⟨Orcadum⟩ F Inselgruppe bei Schottland, heute Orkney-Inseln

orchas ⟨orchadis⟩ F *Verg.* eirunde Olive

orchēstra ⟨ae⟩ F
1 der vornehmste, für Senatoren bestimmte Platz im Theater; *in der späten Kaiserzeit* Podium für Musiker, Tänzer u. a.
2 *meton* Senat
▶ *deutsch:* **Orchester**

Orchomenos ⟨ī⟩ M, **Orchomenum** ⟨ī⟩ N, **Orchomenus** ⟨ī⟩ M
1 Stadt in Böotien, Ruinen beim heutigen Skripu nö. von Levadia
2 Stadt in Arkadien

Orcīniānus ⟨a, um⟩ ADJ ||Orcus|| Toten…; **Orciniana sponda** *Mart.* Totenbahre

Orcīnus, Orcīvus ⟨a, um⟩ ADJ ||Orcus|| (*nachkl.*) Toten…; **Orcini senatores** *Suet.* Senatoren, die nach Caesars Tod in den Senat kamen

Orcus ⟨ī⟩ M
1 (*nachkl.*) *poet* Unterwelt, Reich der Toten
2 *meton* Gott der Unterwelt = Pluto
3 (*unkl.*) Tod; **Orcum morari** den Tod warten lassen = weiterleben

ōrdia prīma F *Lucr.* = primordia

ōrdināre ⟨ō, āvī, ātum 1.⟩ ||ordo||
1 ordnen, aufstellen; **arbustum sulcis ~** eine Baumpflanzung in Reihen anlegen; **magistratūs ~** die Reihenfolge der Beamten festlegen
2 ordentlich einrichten, regeln; **annos ~** seine Jahre zählen; **res publicas ~** die Geschichte des Staates darstellen
3 *Beamte* in ein Amt einsetzen, bestellen; **aliquem in successionem regni ~** j-n zur Thronfolge bestimmen
4 *ein Amt* vergeben
5 (*eccl.*) zum Priester weihen, *einen Priester* in sein Amt einsetzen
6 (*spätl.*) *jur* abfassen, festlegen; **testamentum ~** ein Testament verfassen
7 **militem ~** (*mlat.*) zum Ritter schlagen

ōrdinārius
A ⟨a, um⟩ ADJ ||ordo|| (*nachkl.*)
1 ordentlich, regelmäßig
2 vorzüglich
B ⟨ī⟩ M (*nlat.*)
1 ordentlicher Inhaber *der Kirchengewalt nach katholischem Kirchenrecht*
2 *veraltet* Klassenlehrer *an höheren Schulen*
3 ordentlicher Professor

ōrdinātim ADV ||ordinatus||
1 nach der Reihe, reihenweise
2 MIL nach Gliedern, gliedweise

ōrdinātiō ⟨ōrdinātiōnis⟩ F ||ordinare|| (*nachkl.*)
1 Ordnung, Regelung
2 Stellung in einem Amt
3 (*eccl.*) Priesterweihe, Bischofsweihe
4 (*nlat.*) ärztliche Verordnung

ōrdinātor ⟨ōrdinātōris⟩ M ||ordinare|| Ordner; *Sen.* JUR Einleiter eines Prozesses

ōrdinātus ⟨a, um, *adv* ōrdinātē⟩ ADJ

|||ordinare geordnet, regelmäßig
ōrdīrī ⟨ōrdior, ōrsus sum 4.⟩
A *VT* anfangen, beginnen, **opus** ein Werk; **initium alicuius rei ~** den Anfang von etw machen; **reliquos ~** die Lebensbeschreibungen der Übrigen beginnen
B *VI u. absolut* zu reden beginnen, sprechen, *alicui* zu j-m; **~ a re** von etw ausgehen
ōrdō ⟨ōrdinis⟩ M̄ ||oriri||
1 Reihe *gleichartiger Gegenstände*; Sitzreihe *im Theater*; **in quattuordecim ordinibus sedere** = Ritter sein
2 MIL Glied, Linie; **ordinem observare** Reih und Glied halten
3 *von Lebewesen* Abteilung; *meton* Zenturio; **centuriones primorum ordinum** Hauptleute der ersten Zenturien, Hauptleute erster Klasse; **aliquem in ordinem cogere** j-n degradieren, j-n demütigen, j-n hintansetzen; **octavi ordines** Zenturionen der achten Klasse
4 *Quint.* Kanon *der lesenswerten Schriftsteller*
5 gehörige Reihenfolge, Anordnung; **~ rerum** Ordnung der Dinge, Gang der Ereignisse; **~ fatorum** Gang des Schicksals; **~ sanguinis** Stammbaum; **~ sceleris** Hergang des Verbrechens; **in ordinem se referre** wieder in Ordnung kommen; **ordine/in ordine/in ordinem** der Reihe nach, ordnungsgemäß, nach Gebühr; **ex ordine** nach der Reihe und Ordnung, *auch* sogleich, sofort; **extra ordinem** außer der Reihe und Ordnung, *auch* über das gewöhnliche Maß, gegen jede Ordnung
6 *Plaut.* Verfassung, Zustand
7 *(mlat.)* Mönchsorden
8 PL *(mlat.)* die Weihen, Weihestufen
oreās ⟨oreādis⟩ F̄ *poet* Bergnymphe
Orestēs ⟨Orestae *u.* Orestis⟩ M̄ *Sohn des Agamemnon u. der Klytaemnestra, Bruder der Iphigenie*; tötete seine Mutter u. ihren Liebhaber um deren Mord an seinem Vater zu rächen
Orestēus ⟨a, um⟩ ADJ des Orest
orexis ⟨orexis⟩ F̄ *luv.* Verlangen, Appetit
organicus
A ⟨a, um⟩ ADJ musikalisch
B ⟨ī⟩ M̄ Künstler im Saitenspiel, Musiker
organum ⟨ī⟩ N̄ *(nachkl.)* Werkzeug *jeder Art, bes u. meist pl* Musikinstrumente; *(eccl.)* Orgel
Orgetorīx ⟨Orgetorīgis⟩ M̄ helvetischer Anführer
orgia ⟨ōrum⟩ N̄ die Orgien, nächtlicher geheimer Dienst zu Ehren des Bacchus; Geheimnisse; **~ Itala** Geheimnisse der Liebe in lateinischer Sprache
orichalcum ⟨ī⟩ N̄ Messing
ōricilla ⟨ae⟩ F̄ = **auricula**
Ōricos ⟨ī⟩ F̄ *Stadt in Epirus, gegenüber von Brundisium*
ōricula ⟨ae⟩ F̄ = **auricula**
Ōricum ⟨ī⟩ N̄ = **Oricos**
oriēns ⟨orientis⟩ M̄ ||oriri|| *(erg.* **sol**)
1 Osten, Morgen *als Himmelsrichtung*
2 *meton* Morgenland, Orient
▶ deutsch: **Orient**
englisch: orient
französisch: orient
spanisch: oriente
italienisch: oriente
Oriēns ⟨Orientis⟩ M̄ *meton* Sonnengott; **Oriente primo** bei Tagesanbruch
orientālēs ⟨orientālium⟩ M̄ ||orientalis|| Orientalen
orientālis ⟨orientāle⟩ ADJ ||oriens|| morgenländisch, orientalisch
orīginālis ⟨orīgināle⟩ ADJ ||origo|| *(nachkl.)* ursprünglich; *(mlat.)* ererbt; **peccatum originale** *(eccl.)* Erbsünde
orīginātiō orīginātiōnis F̄ ||origo|| *Quint.* Wortableitung, Etymologie
orīgō ⟨orīginis⟩ F̄ ||oriri||
1 Ursprung, *bes* Abstammung; **originem ab aliquo trahere/ducere** seine Abstammung von j-m herleiten
2 *(nachkl.) meton* Stamm, Familie; **ab ultima origine stirpis Romanae** aus einer uralten römischen Familie
3 *meton* Stammvater, Stammmutter
4 Mutterstadt, Stammvolk
5 **Origines** Ursprünge, *Titel eines Geschichtswerkes des älteren Cato*
Ōrīōn ⟨Ōrīōnis⟩ M̄ MYTH *Jäger aus Böotien, von Eos/Aurora geliebt, von Artemis/Diana getötet, mit seinem Hund als Sternbild an den Himmel versetzt*
orīrī ⟨orior, ortus sum 4.⟩
1 *von Personen* sich erheben
2 *von Gestirnen* aufgehen
3 entstehen, entspringen; **bellum oritur** ein Krieg bricht aus; **cura apud aliquem oritur** Sorge erwacht bei j-m
4 *von Personen* geboren werden, abstammen
5 *von Bäumen u. Früchten* wachsen
6 *örtl.* anfangen; *allg.* anfangen, beginnen; **silva a finibus oritur** der Wald fängt an den Grenzen an
oriundus ⟨a, um⟩ ADJ ||oriri|| *(unkl.)* abstammend, *ab aliquo* von j-m, *a re/ex re* von etw; **~ ex Etruscis** von den Etruskern abstammend
ōrnāmentum ⟨ī⟩ N̄ ||ornare||
1 Ausrüstung; *pl* Ausrüstungsgegenstände
2 Schmuck, Zierde
3 PL Schönheiten *der Rede*
4 PL Ehrenzeichen, Insignien
5 äußere Ehre, Auszeichnung
ōrnāre ⟨ō, āvī, ātum 1.⟩
1 ausrüsten, ausstatten; **naves o.** Schiffe aus-

statten; **provinciam o.** das Erforderliche für die Verwaltung der Provinz veranlassen

2 ausschmücken, zieren; **poetam hederā o.** den Dichter mit Efeu schmücken; **capillos o.** die Haare frisieren; **hortos o.** die Gartenanlagen verschönern

3 *fig* fördern, *bes* auszeichnen; **civitatem omnibus rebus o.** den Staat mit allen Mitteln fördern; **aliquis imperator a senatu ornatur** j-d wird vom Senat mit dem Imperatorentitel ausgezeichnet

ōrnātrīx ⟨ōrnātrīcis⟩ F ‖ornator‖ (*nachkl.*) *poet* Friseurin

ōrnātus[1] ⟨a, um, *adv* ōrnātē⟩ ADJ ‖ornare‖

1 ausgerüstet, versehen, *re* mit etw; **equus ~** aufgezäumtes Pferd; **navia armis ornata** mit Waffen ausgerüstete Schiffe

2 *fig* geschmackvoll; **ornate dicere** geschmackvoll reden

3 *fig* rühmlich, ehrenvoll

4 *fig* geehrt, geachtet, *re* durch etw, wegen etw; **civis ornatissimus** hoch geehrter Bürger

ōrnātus[2] ⟨ōrnātūs⟩ M ‖ornare‖

1 Ausrüstung, Ausstattung; Ausschmückung; *allg.* Schmuck, Zierrat, *bes in der Rede*

2 *meton* kunstreich geordnete Welt

3 *meton* Anzug, Kleidung *auch*

4 *meton* schönes Äußeres

ornus ⟨ī⟩ F (*nachkl.*) *poet* wilde Bergesche

Orontēs ⟨Orontae *u.* Orontis⟩ F Hauptstrom Syriens, im heutigen Libanon entspringend, heute Nahr el Assi

Orontēus ⟨a, um⟩ ADJ des Orontes

Orpheūs ⟨Orpheī *u.* Orpheos⟩ M MYTH Sohn des Apollo u. der Kalliope, Gatte der Eurydike, Sänger

▶ **Orpheus**

Orpheus, der Sohn des **Apollo** und der **Kalliope** war laut der Sage ein Sänger, der mit seinem Gesang sogar wilde Tiere besänftigen konnte. Er war mit **Eurydike** verheiratet. Als diese starb, stieg Orpheus in die Unterwelt hinab und erweichte die Herrscher des Totenreichs, sodass sie Eurydike mit ihm zurückgehen ließen. Als er sich jedoch gegen das Verbot nach ihr umsah, musste sie im Totenreich bleiben. Später wurde Orpheus von wahnsinnigen Frauen in Thrakien zerrissen.

MYTHOLOGIE ◀

Orpheūs, Orphicus ⟨a, um⟩ ADJ des Orpheus

orphus ⟨ī⟩ M *Ov.* Orfe, *ein Seefisch*

orropȳgium ⟨ī⟩ N = **orthopygium**

ōrsa ⟨ōrum⟩ N ‖ordiri‖ Anfang, Unternehmen

ōrsus[1] ⟨a, um⟩ PPERF → **ordiri**

ōrsus[2] ⟨ōrsūs⟩ M ‖ordiri‖

1 Zettel, *Anfang eines Gewebes*

2 *allg.* Anfang; Unternehmen

orthodoxus ⟨a, um⟩ ADJ (*spätl.*) rechtgläubig

▶ deutsch: **orthodox**

orthographia ⟨ae⟩ F (*nachkl.*) Rechtschreibung

▶ deutsch: **Orthographie**

orthopȳgium ⟨ī⟩ N *Mart.* Steiß *der Vögel*, Bürzel

ortus[1] ⟨ortūs⟩ M ‖oriri‖

1 Aufgang *eines Gestirns, bes* Sonnenaufgang; *meton* Osten

2 *fig* Entstehung, Ursprung; **~ fluminis** Ursprung eines Flusses

3 *fig* Geburt, Herkunft; **Cato ortu Tusculanus** Cato, ein gebürtiger Tusculaner; **ortum ducere ab aliquo** von j-m abstammen; **primo ortu** gleich nach der Geburt

4 *Lucr.* das Wachsen *der Feldfrüchte*

ortus[2] ⟨ī⟩ M = **hortus**

ortus[3] ⟨a, um⟩ PPERF → **oriri**

Ortygia ⟨ae⟩ F, **Ortygiē** ⟨Ortygiēs⟩ F

1 Stadtteil von Syrakus auf einer Insel

2 Hain bei Ephesus

3 alter Name der Insel Delos, Geburtsstätte der Artemis/Diana

Ortygius ⟨a, um⟩ ADJ von Ortygia

oryx ⟨orygis⟩ M (*nachkl.*) *poet* wilde Ziege, Gazelle

orȳza ⟨ae⟩ F (*nachkl.*) *poet* Reis

ōs[1] ⟨ōris⟩ N

1 Mund; Schnabel

2 (*unkl.*) Sprache, Rede; **libero ore loqui** mit Freimut sprechen; **in hominum ora pervenire** ins Gerede der Leute kommen; **hominem ex tuo ore admiror** nach deiner Schilderung bewundere ich diesen Menschen; **uno ore** einstimmig

3 (*nachkl.*) Aussprache

4 (*nachkl.*) Beredsamkeit

5 Gesicht, Miene; **in ore sunt omnia** alle Wirkung beruht auf dem Gesichtsausdruck; **in os adversum** gerade ins Gesicht

6 Augen, Gegenwart; **in ore omnium versari** sich öffentlich zeigen; **ante os esse** vor Augen sein

7 Aussehen, Gestalt

8 Vorderseite eines Kopfes

9 *fig* Maske

10 *fig* Rachen, Schlund

11 *fig* Öffnung

12 Eingang, Ausgang

13 Mündung; Quelle

14 *fig* Frechheit, Unverschämtheit

os² ⟨ossis⟩ N̄ Knochen; *pl* Gebeine, Gerippe; *fig* Innerstess; **os coxae** (*mlat.*) Hüftbein; **os ilium** (*mlat.*) Darmbein; **os occipitale** (*mlat.*) Hinterhauptsbein; **os pubis** (*mlat.*) Schambein

os-cen ⟨oscinis⟩ M̄ ||canere|| Weissagevogel, *als solche galten Krähe, Rabe, Eule, Adler, in deren Geschrei man Vorzeichen sah*

Oscī ⟨ōrum⟩ M̄ Volk in Kampanien, *Name geografisch unterschiedlich verwendet, vorwiegend von der oskischen Sprache, die durch Inschriften belegt ist*

ōscillātiō ⟨ōscillātiōnis⟩ F̄ ||oscillare|| *Plaut.* Schaukeln

ōscillum ⟨ī⟩ N̄ ||osculum|| kleine Abbildung des Bacchus, *zur Abwehr böser Geister in den Feldern aufgehängt*

ōscitanter ADV ||oscitare|| schläfrig; *fig* teilnahmslos

ōscitāre ⟨ō, -, - 1.⟩, **ōscitārī** ⟨or, - 1.⟩ ||os¹, citare||
1 den Mund aufsperren
2 schreien
3 gähnen, *fig* teilnahmslos sein

ōscitātiō ⟨ōscitātiōnis⟩ F̄ (*nachkl.*) *poet* das Gähnen; *Quint. fig* matte Sprache

ōsculābundus ⟨a, um⟩ ADJ ||osculari|| *Suet.* wiederholt küssend

ōsculārī ⟨or, ātus sum 1.⟩ ||osculum|| küssen, *inter se einander*; *fig* zärtlich lieben

ōsculātiō ⟨ōsculātiōnis⟩ F̄ ||osculari|| Küssen

ōsculum ⟨ī⟩ N̄ ||os¹||
1 (*nachkl.*) *poet* Mündchen
2 *meton* Kuss

Oscus ⟨a, um⟩ ADJ ||Osci|| oskisch; **ludi Osci** die Atellanen, *Volkspossen mit feststehenden Charaktertypen*

Osīris ⟨Osīridis *u.* Osīris⟩ M̄ Hauptgott der Ägypter, *Gatte der Isis; Richter der Seelen in der Unterwelt*

ōsor ⟨ōsōris⟩ M̄ ||odisse|| Hasser; **~ mulierum** *Plaut.* Frauenfeind

Ossa ⟨ae⟩ F̄ *u.* M̄ Gebirge im N Thessaliens, *Nachbarberg des Olymp*

Ossaeus ⟨a, um⟩ ADJ des Ossa

osseus ⟨a, um⟩ ADJ ||os²|| (*nachkl.*) *poet* knöchern, knochenhart

ossiculum ⟨ī⟩ N̄ ||os²|| (*nachkl.*) Knöchelchen

ossi-fraga ⟨ae⟩ F̄, **ossi-fragus** ⟨ī⟩ M̄ ||os², frangere|| (*nachkl.*) Knochenbrecher; *fig* Seeadler

os-tendere ⟨tendō, tendī, tentum 3.⟩
1 (*vkl.*) entgegenstrecken, vorhalten
2 *fig* entgegenhalten
3 zeigen, sehen lassen; **vocem ~** die Stimme hören lassen; **iambos Latio ~** die Iamben in Rom einführen; *passiv u.* **se ~** erscheinen, zutage treten
4 *fig* vor Augen halten, in Aussicht stellen
5 *fig* einwenden
6 *fig* offenbaren, verraten
7 *fig* erklären, zu verstehen geben; **ut ostendimus** wie ich erzählt habe

ostentāneus ⟨a, um⟩ ADJ ||ostentare|| *Sen.* anzeigend; **fulgura ostentanea** auffallende Blitze

ostentāre ⟨ō, āvī, ātum 1.⟩ ||ostendere||
1 wiederholt hinhalten; zeigen; **iugula sua ~** seine Kehle darbieten; **se ~** sich zeigen
2 *fig* vor Augen halten
3 *fig* an den Tag legen, offenbaren
4 *fig* etw zur Schau stellen, prahlen *mit etw, aliquid*; **arma capta ~** mit den erbeuteten Waffen prahlen
5 *fig* in Aussicht stellen, versprechen
6 durch Beweise o. Ä. darlegen, erklären, +AcI/+indir Fragesatz

▶ deutsch: **ostentativ**

ostentātiō ⟨ostentātiōnis⟩ F̄ ||ostentare||
1 Zeigen, Offenbaren; **~ saevitiae** zur Schau getragene Wildheit
2 *fig* Prahlerei, Angeberei; **~ ingenii** Prahlerei mit der Begabung
3 *fig* Schein, Täuschung

ostentātor ⟨ostentātōris⟩ M̄ ||ostentare||
1 der auf etw aufmerksam macht, *alicui alicuius rei* j-n auf etw
2 Prahler, Angeber, *alicuius rei* mit etw

ostentuī *dat* SG, M̄ ||ostendere||
1 zur Schau, zur Schaustellung
2 zum klaren Beweis, **esse** dienen, +AcI
3 zum Schein; **aliquid ~ credere** etw für eine Täuschung halten

ostentum ⟨ī⟩ N̄ ||ostendere||
1 Anzeichen, Wunderzeichen
2 (*nachkl.*) *meton* Scheusal

ostentus ⟨a, um⟩ PPP → ostendere

Ōstia ⟨ae⟩ F̄ *u.* ōrum N̄ Hafenstadt Roms an der Tibermündung, *heute Ostia antica mit bedeutenden Ausgrabungen*

ōstiārium ⟨ī⟩ N̄ ||ostiarius|| (*erg.* **tributum**) Türsteuer

ōstiārius
A ⟨a, um⟩ ADJ ||ostium|| Tür...
B ⟨ī⟩ M̄ Pförtner

ōstiātim ADV ||ostium|| von Tür zu Tür, von Haus zu Haus

Ōstiēnsis ⟨Ōstiēnse⟩ ADJ aus Ostia, von Ostia

ōstium ⟨ī⟩ N̄ ||os¹||
1 Tür, Pforte; **~ rectum** Vordertür; **~ posticum** Hintertür
2 *fig* Eingang, Zugang; **~ Oceani** Straße von Gibraltar
3 Mündung *eines Flusses*

ostrea ⟨ae⟩ F̄, **ostreum** ⟨ī⟩ N̄ (*vkl., nachkl.*)

OVUM

> **Ostia – der Hafen Roms**

Ostia Tiberina, nach der Überlieferung vom vierten römischen König, Ancus Marcius, gegründet, war die erste römische Kolonie und der Hafen Roms. Die Blüte der Stadt liegt in der Kaiserzeit: Unter **Augustus** entstand das Theater, unter **Tiberius** das erste **Forum**, **Claudius** begann den Bau des neuen Hafens. Auch unter **Hadrian**, den **Antonini** und **Severi** entwickelte sich die Stadt weiter. Später verlor sie an Bedeutung und verfiel. Durch Ausgrabungen wurden die verschiedenen Wohnformen dokumentiert, einerseits die herrschaftlichen Häuser (**domus**), andererseits die mehrstöckigen Miethäuser (**insulae**), die von den unteren Schichten bewohnt wurden.

GESCHICHTE

Auster, Muschel
ostreātus ⟨a, um⟩ ADJ ||ostreum|| *Plaut.* gleichsam mit Austernschalen besetzt, grindig
ostreōsus ⟨a, um⟩ ADJ ||ostrea|| austernreich
ostri-fer ⟨ostrifera, ostriferum⟩ ADJ ||ostreum, ferre|| austernreich, muschelreich
ostrīnus ⟨a, um⟩ ADJ *poet* purpurn
ostriōsus ⟨a, um⟩ ADJ = **ostreosus**
ostrum ⟨ī⟩ N ||ostrinus|| *(nachkl.)*
1 Purpur, Farbstoff von der Purpurschnecke
2 *meton* Purpurgewand, Purpurdecke
ōsūrus ⟨a, um⟩ PART *fut* → **odisse**
ōsus ⟨a, um⟩ ADJ ||odisse||
1 hassend
2 verhasst
Othō ⟨Othōnis⟩ M *röm. Beiname*
1 L. Roscius ~ → **Roscius**
2 M. Salvius ~, *geb. 32 n. Chr., 69 n. Chr. röm. Kaiser*
Othōniānus ⟨a, um⟩ ADJ des Otho
ōtiārī ⟨or, ātus sum 1.⟩ ||otium|| Muße haben, faulenzen
ōtiolum ⟨ī⟩ N ||otium|| ein bisschen Muße, einige Mußestunden
ōtiōsus
A ⟨a, um⟩ ADJ, ADV ⟨ōtiōsē⟩ ||otium||
1 untätig, nicht beschäftigt, *alicuius rei* mit etw; **2** *von Sachen* in Untätigkeit verbracht; *auch* nutzlos; **otiosi urbani** städtische Müßiggänger; **senectus otiosa** untätiges Greisenalter; **pecunia otiosa** Geld, das keine Zinsen bringt; **alicui otiosum est** j-d macht sich einen Zeitvertreib daraus, *+inf*; **quaestio otiosa** nutzlose Frage
3 frei von einem Amt, ohne Staatsgeschäfte
4 für die Wissenschaften lebend, literarisch tätig
5 *von Personen u. Sachen* ruhig, friedlich; **aliquem otiosum reddere** j-n zur Ruhe bringen
6 sorglos; neutral
7 *(nachkl.)* vom Redner weitschweifig
B ⟨ī⟩ M
1 friedlicher Bürger
2 Neutraler
ōtium ⟨ī⟩ N
1 Freiheit von Berufsgeschäften, Privatleben; **otio frui** Muße genießen; **~ urbanum** müßiges Städtchen
2 literarische Beschäftigung, wissenschaftliches Studium
3 **otia mea** *Ov. meton* Früchte meiner Muße
4 Müßiggang; **otio languescere** durch Müßiggang träge werden; **otium sequi** müßig sein
5 politische Ruhe; **per otium** während der Friedenszeit; **res ad otium deducere** die Angelegenheit friedlich beilegen; **~ ab aliquo** Ruhe vor j-m
6 Neutralität
⚠ **Otium cum dignitate.** *Cic.* Muße mit Würde. = Ein ruhiges Leben in einer angesehenen gesellschaftlichen Position.
ovāre ⟨ō, -, -, 1.⟩
1 *(unkl.)* jubeln, *re* über etw; **victoriā ~** über den Sieg jubeln; **flamma ovat** das Feuer prasselt
2 feierlich einziehen; → **ovatio**
ovarium ⟨ī⟩ N *(mlat.)* Eierstock
ovātiō ⟨ovātiōnis⟩ F ||ovare|| *(nachkl.)* kleiner Triumph, Ovation, *bei der der Feldherr mit einem Myrtenkranz geschmückt zu Fuß od zu Pferd in die Stadt einzog*
ovicula ⟨ae⟩ F ||ovis|| *(nachkl.)* Schäfchen
Ovidius ⟨a, um⟩ *röm. Gentilname*; **Publius ~ Naso** *neben Horaz u. Vergil größter Dichter der augusteischen Zeit, geb. 43 v. Chr. in Sulmo, 8 n. Chr. von Augustus nach Tomi am Schwarzen Meer verbannt, dort 17 n. Chr. gestorben*
ovīle ⟨ovīlis⟩ N ||ovilis||
1 Schafstall, Ziegenstall
2 *fig speziell* eingezäunter Abstimmungsplatz *auf dem Marsfeld*
ovīlis ⟨ovīle⟩ ADJ ||ovis|| zu Schafen gehörig, Schaf…
ovillus ⟨a, um⟩ ADJ ||ovis|| *(vkl., nachkl.)* von Schafen, Schaf…; **grex ~** Schafherde
ovis ⟨ovis⟩ F Schaf; *meton* (Schaf-)Wolle
ōvum ⟨ī⟩ N Ei; **ovum parere/gignere** ein Ei legen; **septem ova** sieben Eier, *zu Beginn eines Rennens im Zirkus waren sieben eiförmige Gegenstände aufgestellt, wovon nach jeder Runde eines weggenommen wurde um so die Runden zu zählen*
⚠ **Ab ovo usque ad mala.** *sprw.* Von der Vor-

speise bis zum Nachtisch. = Während der ganzen Mahlzeit.

Ōxos, Ōxus ⟨ī⟩ M *Fluss im Innern Asiens, heute Amu Darja, fließt in den Aralsee*

oxycomina ⟨ōrum⟩ N *Petr.* in Salzlake eingelegte Oliven

oxygarum ⟨ī⟩ N *(nachkl.) poet* Fischbrühe

P

P p *Abk*
1. = **Publius**
2. *(mlat., nlat.)* = **Papa** Papst
3. *(mlat., nlat.)* = **Pater** Pater, Mönch
4. *(mlat., nlat.)* = **Pastor** Pfarrer, Bischof
5. *(mlat., nlat.)* = **Pontifex** Bischof, Papst
6. = **pagina** Seite
7. = **pinxit** hat gemalt, *gefolgt vom Namen des Künstlers auf Gemälden*
8. **p. a.** = **per annum** jährlich
9. **p. a.** = **pro anno** jährlich
10. **P. C.** = **Patres Conscripti** Senatoren
11. **P. M.** = **Pontifex maximus** *Oberhaupt des Priesterkollegiums*
12. **P. R.** = **Populus Romanus** das römische Volk
13. **p. r. t.** *(mlat.)* = **pro rata temporis** auf einen bestimmten Zeitraum bezogen
14. **P. S.** *(mlat.)* = **postscriptum** Nachschrift
15. **P. T.** *(mlat.)* = **praemissis titulis** mit vorausgeschickten Titeln

pābulārī ⟨or, ātus sum 1.⟩ ||pabulum|| Futter holen; *Plaut.* fischen gehen

pābulātiō ⟨pābulātiōnis⟩ F ||pabulari|| Fütterung, Futterholen, *bes* MIL

pābulātor ⟨pābulātōris⟩ M ||pabulari|| Futterholer

pābulum ⟨ī⟩ N Futter, *meist pl; allg.* Nahrung; **pabula caelestia** Ambrosia

pācālis ⟨pācāle⟩ ADJ ||pax¹|| friedlich; **flammae pacales** *Ov.* Opferbrand auf dem Altar der Friedensgöttin

pācāre ⟨ō, āvī, ātum 1.⟩ ||pax¹|| beruhigen; unterwerfen; **omni pacatā Galliā** *Caes.* nach der Unterwerfung ganz Galliens

pācātor ⟨pācātōris⟩ M ||pacare|| *(nachkl.) poet* Friedensstifter, Friedensbringer

pācātum ⟨ī⟩ N ||pacatus|| *(nachkl.)*
1. Freundesland
2. *fig* friedliche Gesinnung

pācātus ⟨a, um, *adv* pācātē⟩ ADJ ||pacare|| beruhigt, friedlich, *alicui* gegenüber j-m

Pachȳnos ⟨ī⟩ F, **Pachȳnum** ⟨ī⟩ N, **Pachȳnus** ⟨ī⟩ F *Kap an der Südspitze Siziliens*

pāci-fer ⟨pācifera, pāciferum⟩ ADJ ||pax¹, ferre|| *(nachkl.) poet* Frieden bringend

pācificāre ⟨ō, āvī, ātum 1.⟩, **pācificārī** ⟨or, ātus sum 1.⟩ ||pacificus||
A VI Frieden schließen, *cum aliquo* mit j-m
B VT versöhnen, besänftigen

pācificātiō ⟨pācificātiōnis⟩ F ||pacificare|| Befriedung, Friedensstiftung

pācificātor ⟨pācificātōris⟩ M ||pacificare|| Friedensstifter

pācificātōrius ⟨a, um⟩ ADJ ||pacificator|| den Frieden vermittelnd, Friedens…

pāci-ficus ⟨a, um⟩ ADJ ||pax¹, facere|| Frieden stiftend, friedfertig
▶ deutsch: Pazifist

pacīscī ⟨pacīscor, pactus sum 3.⟩
A VI einen Vertrag schließen, sich einigen
B VT
1. verabreden, *aliquid cum aliquo* etw mit j-m; sich ausbedingen, *aliquid ab aliquo* etw von j-m, *ut/ne* dass/dass nicht
2. *(nachkl.)* vom Mann sich verloben, *aliquam* mit j-m; **alicui pacta** mit j-m verlobt
3. *poet* sich verpflichten, *+inf*
4. *poet* vertauschen, eintauschen
5. *(nachkl.) poet* sich verpflichten, *+inf*

Pacorus ⟨ī⟩ M *Name parthischer Könige*

pacta ⟨ae⟩ F ||pactus¹|| *poet* Verlobte, Braut

pactiō¹ ⟨pactiōnis⟩ F ||pacisci||
1. Übereinkommen, Vertrag, *de re/alicuius rei* über etw, *ut/ne* dass/dass nicht; *pl* Vertragspunkte; **sine ulla pactione** ohne jede Bedingung
2. Kontrakt zwischen den Generalpächtern
3. Komplott
4. Versprechen

pactiō² ⟨pactiōnis⟩ F ||pangere|| Fügung, Formel

Pactōlis ⟨Pactōlidis⟩ ADJ des Pactolus

Pactōlos, Pactōlus ⟨ī⟩ M *Gold führender Fluss in Lydien, Symbol für Reichtum*

pactor ⟨pactōris⟩ M ||pacisci|| Vermittler, Stifter

pactum ⟨ī⟩ N ||pacisci||
1. = **pactio**
2. Weise, Art, *nur abl sg*; **alio pacto** auf andere Weise; **nullo pacto** ganz und gar nicht; **nescio quo pacto** leider
⚠ **Pacta sunt servanda.** *(mlat.)* Verträge müssen eingehalten werden.

pactus¹ ⟨a, um⟩ PPERF → pacisci

pactus² ⟨a, um⟩ ADJ ||pacisci|| verabredet, versprochen; **pacto** nach getroffener Verabredung

pāctus³ ⟨a, um⟩ PPP → pangere
Pactyē ⟨Pactyēs⟩ F̄ Stadt in Thrakien
Pācuviānus ⟨a, um⟩ ADJ des Pacuvius
Pācuvius ⟨ī⟩ M̄ 220–130 v. Chr., bedeutender Tragödiendichter in Rom, Neffe des Ennius
Padus ⟨ī⟩ M̄ Hauptfluss in Oberitalien, heute Po
Paeān ⟨Paeānis⟩ M̄

1 griech. Heilgott, urspr. selbstständig, dann mit Apollo gleichgesetzt

2 paeān ⟨paeānis⟩ m Päan, Hymnus auf einen Gott, bes Apollo; allg. Festgesang, Siegeslied; Versfuß des Päan, aus 3 Kürzen u. 1 Länge an beliebiger Stelle

paedagōgium ⟨ī⟩ N̄ (nachkl.)
1 Pagenschule für Sklavensöhne; Verführung
2 meton Pagen

paedagōgus ⟨ī⟩ M̄ Hofmeister, Sklave, der die Söhne des Herrn immer zu begleiten hatte; Cic. allg. Erzieher
▶ deutsch: **Pädagoge**

paedīcāre ⟨ō, āvī, ātum 1.⟩ poet Unzucht mit Knaben treiben

paedīcātor ⟨paedīcātōris⟩ M̄, **paedīcō** ⟨paedīcōnis⟩ M̄ ||paedicare|| Knabenschänder

paedor ⟨paedōris⟩ M̄ Schmutz

paegniārius ⟨ī⟩ M̄ Spiel…, Scherz…; **gladiatores paegniarii** Suet. zum Scherz fechtende Gladiatoren

paelex ⟨paelicis⟩ F̄
1 Nebenfrau; Geliebte
2 Lustknabe

paelicātus ⟨paelicātūs⟩ M̄ ||paelex|| wilde Ehe, Konkubinat

Paelīgnī ⟨ōrum⟩ M̄ Stamm in Mittelitalien im höchsten, daher kühlsten Teil der Apenninen

Paelīgnus ⟨ī⟩ M̄ zu den Paeligni gehörig, auch zauberkundig

paene ADV
1 beinahe, fast; **~ dicam** fast möchte ich sagen; **~ cecidi** beinahe wäre ich gefallen; **quam ~** wie bald, wie leicht
2 völlig

paen-īnsula ⟨ae⟩ F̄ (nachkl.) poet Halbinsel

paenitentia ⟨ae⟩ F̄ ||paenitere|| (nachkl.) poet Reue, Schamgefühl, alicuius rei wegen etw

paenitēre ⟨eō, uī, - 2.⟩ ||paene||
1 persön. etw bereuen, über etw Reue empfinden, alicuius rei; **paenitendo** durch Bereuen; **paenitendus** verwerflich
2 aliquem paenitet unpers j-d bereut etw, j-d ärgert sich über etw, alicuius rei, +inf, quod dass, +indir Fragesatz; **aliquem paenitet sui** j-d ärgert sich über sich; **me paenitet vixisse** ich bedauere gelebt zu haben; **me paenitet, quod a me ipse descivi** ich bedauere, dass ich mir selbst untreu wurde; **me non paenitet** ich bin nicht abgeneigt, ich bin zufrieden

paenitūdō ⟨paenitūdinis⟩ F̄ ||paenitere|| (nachkl.) Reue

paenula ⟨ae⟩ F̄ Mantel mit Kapuze, Reisemantel

paenulatus ⟨a, um⟩ ADJ mit einem Reisemantel bekleidet

paeōn ⟨paeōnis⟩ M̄ = **paean**
Paeōn ⟨Paeōnis⟩ M̄ = **Paean**
Paeōnius ⟨a, um⟩ ADJ des Apollo; ärztlich; **herba Paeonia** Heilkraut

Paestānus
A ⟨a, um⟩ ADJ aus Paestum, von Paestum
B ⟨ī⟩ M̄ Einwohner von Paestum

Paestum ⟨ī⟩ N̄ griech. Kolonie des 6. Jh. v. Chr. am Golf von Salerno; heute Pesto mit gut erhaltenen Tempeln

paetulus ⟨a, um⟩ ADJ (vkl.) = **paetus**

paetus ⟨a, um⟩ ADJ (unkl.) blinzelnd, bes verliebt blickend

pag. Abk = **pagina** Seite

pāganica ⟨ae⟩ F̄ ||paganicus|| Mart. mit Federn ausgestopfter Ball

pāgānicus ⟨a, um⟩ ADJ ||paganus||
1 ländlich, dörflich
2 (eccl.) heidnisch

pāgānismus ⟨ī⟩ M̄ ||paganus|| (spätl.) Heidentum; (mlat.) heidnische Bestandteile im christlichen Glauben

pāgānus
A ⟨a, um⟩ ADJ ||pagus||
1 (nachkl.) poet dörflich, ländlich
2 (eccl.) heidnisch
B ⟨ī⟩ M̄
1 Landbewohner
2 Zivilist
3 (eccl.) Heide

pagare ⟨ō, avi, atum 1.⟩ (mlat.) bezahlen

Pagasae ⟨ārum⟩ F̄ thessalische Hafenstadt am Golf von Pagasae, später in Demetrias aufgegangen

Pagasaeus ⟨a, um⟩ ADJ aus Pagasae, von Pagasae; **Pagasaea coniunx** Gattin aus Pagasae, = Alkestis; **Pagasaea carina** das Schiff aus Pagasae, = Argo

Pagasaeus ⟨ī⟩ M̄ Mann aus Pagasae, = Iason
Pagasē ⟨Pagasēs⟩ F̄ = **Pagasae**

pāgātim ADV ||pagus|| (nachkl.) dorfweise, von Dorf zu Dorf; **quondam ~ habitantes** Liv. die einst in Dörfern hausenden Menschen

pāgella ⟨ae⟩ F̄ = **pagina**

pāgina ⟨ae⟩ F̄
1 Streifen vom Bast der Papyrusstaude, Blatt Papier
2 Seite Papier od eines Buches; Kolumne
3 (nachkl.) Seite eines Magistratsverzeichnisses
4 meton Geschriebenes, bes Gedicht
5 meton Platte am Fuß von Statuen

6 meton Liste von Ehrenstellen
7 (mlat.) Urkunde; ~ **sacra** Heilige Schrift, Bibel

pāginula ⟨ae⟩ F = **pagina**

pāgus ⟨ī⟩ M ||pangere||
1 Bezirk; meton Einwohnerschaft eines Bezirks
2 Dorf; meton Landvolk

pāla ⟨ae⟩ F
1 (vkl., nachkl.) Spaten
2 Fassung eines Edelsteins

Palaemōn ⟨Palaemonis⟩ M
1 Meeresgott, vor seiner Verwandlung Melicerta genannt.
2 **Remius** ~ Verfasser der ersten ausführlichen lat. Grammatik, 1. Jh. n. Chr.

Palae-polis ⟨Palaepolis⟩ F wörtlich „Altstadt", älterer Teil von Neapel

Palaepolītānī ⟨ōrum⟩ M die Einwohner von Palaepolis

Palaestē ⟨Palaestēs⟩ F Landeplatz im N von Epirus

Palaestīna ⟨ae⟩ F, **Palaestīnē** ⟨Palaestīnēs⟩ F urspr. Küstenstreifen am Mittelmeer, dann Name einer röm. Provinz

Palaestīnus ⟨a, um⟩ ADJ aus Palästina, auch syrisch

Palaestīnus ⟨ī⟩ M Einwohner von Palästina, auch Syrer

palaestra ⟨ae⟩ F
1 Ringplatz, Ringschule
2 meton Ringkampf
3 fig Schule bes für Redner
4 fig Übung, Bildung
5 hum Bordell

palaestrica ⟨ae⟩ F ||palaestricus|| Ringkunst

palaestricus
A ⟨a, um⟩ ADJ, ADV ⟨palaestricē⟩ zur Ringschule gehörig, in der Ringschule üblich; adv wie in der Ringschule
B ⟨ī⟩ M Quint. Lehrer in der Ringschule

palaestrīta ⟨ae⟩ M Ringer

palam
A ADV
1 offen, öffentlich
2 offen, rückhaltlos
3 fig offenkundig, bekannt
B PRÄP +abl vor, in Gegenwart von; ~ **populo** vor dem Volk, in Anwesenheit des Volkes

Palamēdēs ⟨Palamēdis⟩ M Erfinder u. Künstler, begleitete Agamemnon nach Troja, von Odysseus getötet

pālārī ⟨or, ātus sum 1.⟩ (nachkl.)
1 poet sich zerstreuen, umherirren; **stellae palantes** Planeten
2 fig irren, schwanken

Palātīnus
A ⟨a, um⟩ ADJ
1 des Palatium, palatinisch; **Apollo** ~ der auf dem Palatium verehrte Apollo, Tempel des Apollo mit einer von Augustus angelegten Bibliothek
2 kaiserlich; **domus Palatīna** kaiserliches Haus
3 (mlat.) fürstlich, königlich; ~ **comes** Pfalzgraf; **palatini ministri** Hofgesinde, die Hofgesellschaft
B ⟨ī⟩ M (mlat.) Höfling

Palātium, Pālātium ⟨ī⟩ N
1 der palatinische Hügel in Rom
2 (nachkl.) meton Palast, bes der Wohnsitz des Augustus u. der folgenden Kaiser; Residenz
▶ deutsch: **Palast**
  englisch: **palace**
  französisch: **palais**
  spanisch: **palacio**
  italienisch: **palazzo**

palātum ⟨ī⟩ N, **palātus** ⟨ī⟩ M
1 Gaumen als Organ des Geschmacks u. der Rede
2 fig Wölbung

palea ⟨ae⟩ F Spreu

palear ⟨paleāris⟩ N ||palea|| Ov. Wamme, die vom Nacken des Rindes herabhängende Hautfalte

Palēs ⟨Palis⟩ F Schutzgöttin der Hirten

Palīlia ⟨Palīlium⟩ N die Palilien, ländliches Hirtenfest am Gründungstag Roms, dem 21. April

Palīlis ⟨Palīle⟩ ADJ der Pales geweiht

palimbacchīus pēs M (nachkl.) „umgekehrter Bacchius", Versmaß: ∪ – –

palimpsēstus ⟨ī⟩ M Palimpsest, abgeschabtes u. noch einmal benutztes Pergament

palinōdia ⟨ae⟩ F häufig wiederholter Gesang

Palinūrus ⟨ī⟩ M Steuermann des Aeneas, fiel schlafend ins Meer u. ertrank; nach ihm benannt ein Vorgebirge u. ein Hafen

pālitārī ⟨or, - 1.⟩ ||palor|| Plaut. umherschweifen

paliūrus ⟨ī⟩ M u. F Verg. Judendorn, Christdorn, Strauch, für Hecken verwendet

palla ⟨ae⟩ F
1 Plaut., Hor. langes, faltenreiches Obergewand der Frauen u. Schauspieler
2 Sen. fig Vorhang; ~ **pulverea** poet Staubwolke

pallaca ⟨ae⟩ F Suet. Konkubine

Palladium ⟨ī⟩ N ||Pallas¹|| das vom Himmel gefallene Bild der Pallas Athene in Troja, galt als Unterpfand der Sicherheit; von Odysseus entwendet; nach röm. Überlieferung im Vestatempel aufbewahrt u. dort verehrt

Palladius ⟨a, um⟩ ADJ ||Pallas¹|| der Pallas geweiht; ~ **ramus** Olivenzweig; **silva Palladia** Olivenwald

Pallantēum ⟨ī⟩ N ||Pallas²|| von dem Ahnherrn Pallas gegründete Stadt in Arkadien, Name auf die von Euander erbaute Ansiedlung auf dem Aventin übertragen

Pallantēus, Pallantius ⟨a, um⟩ ADJ ||Pallas²|| des Pallas

Pallas¹ ⟨Palladis u. Pallados⟩ F̲

1 *Beiname der Athene/Minerva;* **Palladis ars** Kunstfertigkeit der Pallas, = das Spinnen, das Weben; **Palladis arbor** Baum der Pallas, = Olivenbaum; **Palladis avis/ales** Vogel der Pallas, = Eule

2 *meton* Olivenbaum, Olivenöl

3 Kunstfertigkeit

Pallās² ⟨Pallantis⟩ M̲ MYTH *Name verschiedener Personen:*

1 *Vater der Athene/Minerva*

2 *einer der Giganten*

3 *Ahnherr des Euander*

4 *Sohn des Euander*

pallēns ⟨pallentis⟩ A̲D̲J̲ ||pallere|| (*nachkl.*)

1 blass, bleich

2 *meton* blass machend

pallēre ⟨eō, uī, - 2.⟩

1 blass seln

2 sich entfärben

3 *fig* sich ängstigen, sich fürchten, *aliquid* vor etw, *alicui* für j-n, um jdn

pallēscere ⟨pallēscō, palluī, - 3.⟩ ||pallere|| (*nachkl.*)

1 erblassen, gelblich werden, *re* durch etw, von etw

2 *fig* ängstlich werden, in Furcht geraten, *aliquid* vor etw, über etw

palliātus ⟨a, um⟩ A̲D̲J̲ ||pallium|| mit einem griechischen Mantel bekleidet; **fabula palliata** Schauspiel mit griechischem Stoff und griechischen Kostümen

pallidulus ⟨a, um⟩ A̲D̲J̲ ||pallidus|| *Catul.* ziemlich blass, ziemlich bleich

pallidus ⟨a, um⟩ A̲D̲J̲ ||pallere||

1 blass, bleich, *bes von der Unterwelt*

2 verliebt

3 *meton* bleich machend

palliolātim A̲D̲V̲ ||palliolum|| *Plaut.* mit einem Mäntelchen

palliolātus ⟨a, um⟩ A̲D̲J̲ ||palliolum|| (*nachkl.*) *poet* mit einer Kapuze

palliolum ⟨ī⟩ N̲ ||pallium|| *griech.* Mäntelchen, *bes der Philos.;* (*nachkl.*) *poet* Kapuze

pallium ⟨ī⟩ N̲

1 *Suet. griech.* Mantel, Überwurf, *galt in Rom als nicht sehr seriös;* **tunica proprior pallio** das Hemd ist näher als der Rock

2 (*nachkl.*) *poet* Bettdecke; Vorhang

3 (*mlat.*) Krönungsmantel; Pallium, *liturgisches Würdezeichen des Papstes u. der Metropoliten*

pallor ⟨pallōris⟩ M̲ ||pallere||

1 Blässe, Erblassen

2 *meton* Furcht, Angst

Pallor ⟨Pallōris⟩ M̲ Blässe, Angst *als Gottheit*

palluī → **pallere** *u.* → **pallescere**

pallula ⟨ae⟩ F̲ ||palla|| *Plaut.* Mäntelchen

palma¹ ⟨ae⟩ F̲

1 flache Hand, Handfläche

2 (*nachkl.*) *poet* Ruder, Ruderblatt

3 Palme; *meton* Palmzweig; **in palmis** (*mlat.*) am Palmsonntag

4 Dattel

5 *fig* Siegespreis; *meton* Sieg

6 äußerer Zweig *eines Baumes*

palma² ⟨ae⟩ F̲ *Tib.* = **parma**

palmāre ⟨ō, -, - 1.⟩ ||palma¹|| *Quint.* die flache Hand als Zeichen eindrücken

palmāris ⟨palmāre⟩ A̲D̲J̲ ||palma¹|| der Siegespalme würdig, des Preises würdig

palmārium ⟨ī⟩ N̲ ||palma¹|| *Ter.* Hauptwerk, Meisterstück

palmātus ⟨a, um⟩ A̲D̲J̲ ||palma¹|| (*nachkl.*) *poet* mit gestickten Palmzweigen verziert

palmes ⟨palmitis⟩ F̲ ||palma¹|| Zweig; Weinrebe

palmētum ⟨ī⟩ N̲ ||palma¹|| Palmenhain

palmi-fer ⟨palmifera, palmiferum⟩ A̲D̲J̲ ||palma¹, ferre|| *poet* Palmen tragend, reich an Palmen

palmōsus ⟨a, um⟩ A̲D̲J̲ ||palma¹|| *Verg.* reich an Palmen

palmula ⟨ae⟩ F̲ ||palma¹|| (*unkl.*)

1 Schaufel des Ruders; *allg.* Ruder

2 Palme, Palmzweig

3 Dattel

Palmȳra ⟨ae⟩ F̲ alte Handelsstadt nw. von Damaskus, schloss sich 14 n. Chr. dem Röm. Reich an; bedeutende Ruinen aus der Kaiserzeit

palpāre ⟨ō, āvī, ātum 1.⟩ liebkosend streicheln; *fig* j-m schmeicheln, *absolut od alicui*

palpārī ⟨or, ātus sum 1.⟩ = **palpare**

palpātiō ⟨palpātiōnis⟩ F̲ ||palpare|| *Plaut.* Zärtlichkeit

palpātor ⟨palpātōris⟩ M̲ ||palpare|| *Plaut.* Schmeichler

palpebra ⟨ae⟩ F̲ ||palpare|| Augenlid, *meist pl*

palpitāre ⟨ō, āvī, ātum 1.⟩ ||palpare|| zucken, klopfen; **cor palpitat** das Herz klopft

palpitātiō ⟨palpitātiōnis⟩ F̲ ||palpitare|| Zucken, Blinzeln

palpō ⟨palpōnis⟩ M̲ ||palpare|| *Pers.* Schmeichler

palpus ⟨ī⟩ M̲ ||palpare|| *Plaut.* Streicheln

palūdāmentum ⟨ī⟩ N̲

1 Kriegsmantel, Feldherrnmantel

2 *meton* Krieg

palūdātus ⟨a, um⟩ A̲D̲J̲ im Kriegsmantel, im Feldherrnmantel

palūdōsus ⟨a, um⟩ A̲D̲J̲ ||palus²|| *poet* sumpfig

palumbēs, palumbis ⟨palumbis⟩ M̲ *u.* F̲,

palumbus ⟨ī⟩ M̲ Ringeltaube

pālus¹ ⟨ī⟩ M̄ ‖pangere‖ Pfahl
palūs² ⟨palūdis⟩ F̄
1 Sumpf; *poet auch* See
2 *meton* Sumpfrohr
palūster ⟨palūstris, palūstre⟩ ADJ ‖palus²‖ sumpfig, Sumpf…; **ranae palustres** im Sumpf lebende Frösche
palūx ⟨palūcis⟩ F̄ = **balux**
pampineus ⟨a, um⟩ ADJ ‖pampinus‖ (*nachkl.*) *poet* aus Weinlaub, mit Weinlaub umwunden; **frondes pampineae** Weinlaub; **vitis pampinea** rankende Weinrebe
pampinus ⟨ī⟩ M̄ Weinranke, Weinlaub
Pān ⟨Pānos *u.* Pānis, *akk* Pāna⟩ M̄
1 Wald- u. Hirtengott, Sohn des Hermes/Merkur, dargestellt mit Hörnern, Schwanz u. Bocksfüßen
2 PL dem Pan ähnliche Wald- und Feldgottheiten
panaca ⟨ae⟩ F̄ *Mart.* Trinkgeschirr
panacēa ⟨ae⟩ F̄ *Verg. poet* Allheilkraut
Panaetius ⟨ī⟩ M̄ Stoiker aus Rhodos, um 150 v. Chr., in Rom u. Athen lebend, Freund des jüngeren Scipio u. des Laelius
Panaetōlicus ⟨a, um⟩ ADJ *Liv.* gesamtätolisch
panaricium ⟨ī⟩ N̄ (*nachkl.*) Nagelbettentzündung
pānāriolum ⟨ī⟩ N̄ ‖panarium‖ *Mart.* Brotkörbchen
pānārium ⟨ī⟩ N̄ ‖panis‖ (*vkl., nachkl.*) Brotkorb
Panathēnāicus ⟨ī⟩ M̄ am Fest der Panathenäen gehaltene Rede auf Athen *im Jahr 339 v. Chr. von Isokrates*
panchrēstus ⟨a, um⟩ ADJ zu allem nützlich
pancratiastēs ⟨ae⟩ M̄ Allkämpfer, Ring- u. Faustkämpfer
pancraticē ADV ‖pancratium‖ *Plaut.* nach Art der Allkämpfer; **pancratice valere** kerngesund sein
pancration, pancratium ⟨ī⟩ N̄ Allkampf, Faust- und Ringkampf
pandāre ⟨ō, āvī, ātum 1.⟩ ‖pandus‖ biegen, krümmen; *passiv* sich krümmen, sich beugen
pandectae ⟨ārum⟩ F̄ = **digesta**
pandere ⟨pandō, pandī, passum/pānsum 3.⟩
1 ausbreiten, ausstrecken, **manūs** die Hände; **capillus passus/crines passi** aufgelöste Haare; **longe lateque se ~** weiten Einfluss gewinnen
2 *passiv u.* **se ~** (*nachkl.*) sich ausbreiten, sich ausdehnen
3 (*unkl.*) zum Trocknen ausbreiten
4 (*unkl.*) öffnen; begehbar machen, *meist fig; passiv* sich öffnen, sich auftun
5 offenbaren, kundtun, *alicui aliquid* j-m etw; **rerum primordia pandam** *Lucr.* ich will die Uranfänge der Dinge offenbaren
pandiculārī ⟨or, ātus sum 1.⟩ ‖pandare¹‖ *Plaut.* sich gähnend recken und strecken
Pandīōn ⟨Pandīonis, *akk* Pandīona⟩ M̄ MYTH König von Athen
Pandōra ⟨ae⟩ F̄ MYTH Gestalt, nach Hesiod auf Befehl von Zeus von Hephaistos gestaltet u. mit großer Schönheit ausgestattet; als Frau des Epimetheus zu den Menschen geschickt als Rache für das von Prometheus gestohlene Feuer; öffnete die ihr von den Göttern mitgegebene Büchse, in der alle Leiden u. Übel befanden, die damit auf die Erde kamen
Pandrosos ⟨ī⟩ F̄ MYTH Tochter des Kekrops
pandus ⟨a, um⟩ ADJ ‖pandare‖ einwärts gewölbt, gekrümmt
panēgyricus ⟨ī⟩ M̄ Festrede zur Verherrlichung Athens *von Iskorates 380 v. Chr.*; Lobrede
Pangaea ⟨ōrum⟩ N̄ Gebirge an der Grenze von Makedonien zu Thrakien
pangere ⟨pangō, pepigī/pēgī/pānxī, pāctum 3.⟩
1 (*nachkl.*) einschlagen, befestigen; **clavum ~** einen Nagel einschlagen; **colles ~** die Hügel mit Weinstöcken bepflanzen
2 *fig* zusammenfügen; verfassen; *absolut* dichten; **versūs ~** *Lucr.* Verse abfassen; **de pangendo nihil fieri potest** mit der Schriftstellerei kann es nichts werden
3 *fig* besingen
4 *fig* zustande bringen; **prima per artem temptamenta alicuius ~** zuvor j-s Herz schlau zu erforschen versuchen
5 *fig nur vom Perfektstamm pepigisse* festsetzen, *ut/ne* dass/dass nicht; versprechen, +*inf*; **foedus cum aliquo ~** einen Vertrag mit j-m schließen; **se alicui ~** sich mit j-m verloben
Panhormus ⟨ī⟩ M̄ = **Panormus**
pāniceus ⟨a, um⟩ ADJ ‖panis‖ *Plaut.* aus Brot gemacht
pāniculus ⟨ī⟩ M̄ Schilf, Rohrbüschel
pānicum ⟨ī⟩ N̄ Hirse
pānicus ⟨a, um⟩ ADJ = **paniceus**
pāni-ficium ⟨ī⟩ N̄ ‖panis, facere‖ (*unkl.*) Backwerk, *bes* Opferkuchen
pānis ⟨pānis⟩ M̄ Brot; **~ angelicus** (*eccl.*) Manna, Abendmahlsbrot
▶ französisch: **pain**
  spanisch: **pan**
  italienisch: **pane**
Pāniscus ⟨ī⟩ M̄ *Cic., Suet.* kleiner Pan
panniculus ⟨ī⟩ M̄ ‖pannus‖ (*nachkl.*) Tuchfetzen, Lumpen
Pannonia ⟨ae⟩ F̄ Pannonien, seit 9 n. Chr. bis Ende des 4. Jh. röm. Provinz zwischen Ostalpen, Donau u. Save; Pannonia superior mit der Hauptstadt Vindobona

(Wien) u. Pannonia inferior mit der Hauptstadt Aquincum (heute Stadtteil von Budapest)

Pannonicus ⟨a, um⟩ ADJ aus Pannonien, pannonisch

Pannoniī ⟨ōrum⟩ M die Einwohner von Pannonien, Pannonier

pannōsus ⟨a, um⟩ ADJ ||pannus|| zerlumpt; (nachkl.) fig welk

pannūceus, pannūcius ⟨a, um⟩ ADJ (nachkl.) = **pannosus**

pannus ⟨ī⟩ M (unkl.) Stück Tuch, auch ärmliches Kleidungsstück

Panormitānus ⟨a, um⟩ ADJ aus Panormus, von Panormus

Panormus ⟨ī⟩ F Stadt an der Nordwestküste Siziliens, heute Palermo

pānsa ⟨ae⟩ F ||pandere|| (vkl.) Plattfuß, (klass.) nur als Beiname

pānsum PPP → pandere

pantex ⟨panticis⟩ M Com. poet Wanst; pl Gedärme

panthēra ⟨ae⟩ F Panther; **confusa genus ~ camelo** = Giraffe

panthēreus ⟨a, um⟩ ADJ ||panthera|| Verg. Panther…

panthērīnus ⟨a, um⟩ ADJ ||panthera|| (vkl., nachkl.) gefleckt; fig braun und blau geschlagen

Panthēum ⟨ī⟩ N Pantheon, Tempel für alle Götter, größter antiker Kuppelbau in Rom; 27 v. Chr. erbaut, nach Brand von Kaiser Hadrian wiederhergestellt; heute Kirche S. Maria Rotonda

Panthous ⟨ī⟩ M trojanischer Apollopriester, Vater des trojanischen Helden Euphorbus

pantomīmicus ⟨a, um⟩ ADJ ||pantomimus|| pantomimisch

pantomīmus ⟨ī⟩ M
1 Sen., Suet. der Pantomime, Balletttänzer
2 die Pantomime, pantomimisches Stück

pantopōlium ⟨ī⟩ N Plaut. Kaufhaus, Warenhaus

pāpa ⟨pāpae u. pāpātis⟩ M (eccl.) Bischof; Papst

papae INT = **babae**

pāpās ⟨pāpātis⟩ M Iuv. Erzieher

papāver ⟨papāveris⟩ N (nachkl.) Mohn; pl Mohnkörner, Mohnpflanzen

papāvereus ⟨a, um⟩ ADJ Ov. des Mohnes, Mohn…

Paphius ⟨a, um⟩ ADJ aus Paphus, auch zyprisch

Paphlagō(n) ⟨Paphlagōnis⟩ M Einwohner von Paphlagonia

Paphlagonia ⟨ae⟩ F Landschaft an der Nordküste Kleinasiens

Paphos, Paphus ⟨ī⟩ M Sohn des Pygmalion, sagenhafter Gründer von **Paphus** ⟨ī⟩ F, einer Seestadt auf Zypern mit altem Aphroditeheiligtum, Lage beim heutigen Kuklia

pāpiliō ⟨pāpiliōnis⟩ F
1 (nachkl.) Schmetterling, Falter
2 (spätl.) fig Zelt

papilla ⟨ae⟩ F ||papula|| Brustwarze; Brust; **papillae auratae** goldene Kettchen, die man um die Brüste legte

Papīriānus ⟨a, um⟩ ADJ des Papirius

Papīrius ⟨a, um⟩
A röm. Gentilname
1 **L. ~ Cursor** Held des Samniterkrieges
2 **C. ~ Carbo** Volkstribun u. Anhänger der Gracchen, als Konsul 120 v. Chr. Anhänger der Optimaten.
B ADJ des Papirius

papista ⟨ae⟩ M (mlat.) Anhänger des Papstes

Pāpius ⟨a, um⟩ röm. Gentilname; bekannt **M. ~ Mutilus** Konsul 9 n. Chr.; veranlasste zusammen mit seinem Kollegen Poppaeus das Gesetz gegen Kinderlosigkeit

pappāre ⟨ō, -, - 1.⟩ (vkl.) poet essen, „futtern"

pappās ⟨pappātis⟩ M = **papas**

pappus ⟨ī⟩ M liegender Pflanzensame

papula ⟨ae⟩ F Verg., Sen. Bläschen; (mlat.) Blatter, Pestbeule

papȳri-fer ⟨papȳrifera, papȳriferum⟩ ADJ ||papyrus, ferre|| Ov. Papyrusstauden tragend

papȳrus ⟨ī⟩ M u. F (nachkl.) poet Papyrusstaude; meton Papier

pār
A ⟨paris⟩ ADJ, ADV → **pariter**
1 gepaart, ähnlich
2 gleich, gleich groß in Bezug auf Größe, Maß, Kraft u. Bedeutung
3 von Zahlen gerade; **ludere par impar** Hor. Gleich-Ungleich spielen
4 unentschieden; **pari proelio discedere** im Kampf unentschieden auseinander gehen

papyrus – Papyrusstaude und Papyrusblatt

5 *j-m/einer Sache* gewachsen, *alicui/alicui rei* j-m, *re* in etw

6 entsprechend, angemessen; **oratio rebus par** eine der Sache angemessene Rede; **par est** es ziemt sich, *absolut od +AcI*

7 sich selbst gleich, gleichmäßig stark *in einer Eigenschaft.*

B ⟨paris⟩ M̄ *u.* F̄

1 der Gleiche, die Gleiche; **pares cum paribus facillime congregantur** gleich und gleich gesellt sich gern

2 Genosse, Genossin; Altersgenosse

3 Gatte, Gattin

4 Gegner; **habebo parem Hannibalem** *Liv.* ich werde Hannibal als Gegner haben

C ⟨paris⟩ N̄

1 Gleiches, das Gleiche; **par pari/pro pari referre** Gleiches mit Gleichem vergelten; **par pari respondere** bar bezahlen; **paria horum** gleiche Vorgänge wie diese

2 *sg u. pl* Paar; **tria paria amicorum** drei Freundespaare

parābilis ⟨parābile⟩ ADJ ||parare²|| leicht zu beschaffen, leicht zu gewinnen

parabola ⟨ae⟩ F̄, **parabolē** ⟨parabolēs⟩ F̄ Gleichnis; (*spätl.*) gleichnishafte Erzählung
▶ deutsch: **Parabel**

paraclētus ⟨ī⟩ M̄ (*eccl.*) Tröster; (*mlat.*) Heiliger Geist

paradīgma ⟨paradīgmatos⟩ N̄ (*spätl.*) RHET, GRAM Beispiel, Paradigma

paradīsus ⟨ī⟩ M̄

1 (*nachkl.*) Tiergarten, Park

2 (*eccl.*) Paradies

3 (*mlat.*) Vorhof *der altchr. Basilika*

paradoxa ⟨ōrum⟩ N̄ widersprüchliche Sätze; **~ Stoicorum** *Titel einer Schrift Ciceros gegen die Stoiker*

Paraetacēnē ⟨Paraetacēnēs⟩ F̄ Gebirgslandschaft in der iranischen Provinz Isfahan

Paraetonium ⟨ī⟩ N̄ ehemalige Hauptstadt der Provinz Libya Inferior, heute Marsa Matruck

Paraetonius ⟨a, um⟩ ADJ aus Paraetonium, *auch* ägyptisch, afrikanisch

paragraphus ⟨ī⟩ F̄ (*spätl.*) GRAM Zeichen zur Trennung des Stoffes
▶ deutsch: **Paragraph**

paralysis ⟨paralysis *u.* paralyseos⟩ F̄ *Petr., Suet.* MED Lähmung

paralyticus ⟨a, um⟩ ADJ (*nachkl.*) gelähmt

paramentum ⟨ī⟩ N̄ (*mlat.*) Zierstück; *meist pl* Kirchenschmuck; liturgische Gewänder *der Geistlichen*

paranymphus ⟨ī⟩ M̄ (*spätl.*) Brautführer; (*mlat.*) Erzengel Michael

paraphrasis ⟨paraphrasis⟩ F̄ (*nachkl.*) RHET Umschreibung

parāre¹ ⟨ō, āvī, ātum 1.⟩ ||par||

1 *Plaut.* gleich schätzen

2 se cum aliquo ~ sich mit j-m verständigen *in einer Angelegenheit*

parāre² ⟨ō, āvī, ātum 1.⟩ ||parere||

1 vorbereiten, (aus)rüsten, *aliquid* etw *od* sich zu etw; **alicui bellum ~** gegen j-n einen Krieg vorbereiten; **alicui insidias ~** einen Hinterhalt gegen j-n vorbereiten; **omnia ad defensionem ~** alles für die Verteidigung vorbereiten

2 sich zu *etw* anschicken, *etw* beabsichtigen, *+inf, ut* dass; **proficisci ~** beabsichtigen aufzubrechen

3 erwerben, gewinnen; **pacem ~** Frieden stiften; (**sibi**) **ius ~** sich Recht verschaffen

4 kaufen; **hortos argento ~** Gärten für Geld kaufen

parārius ⟨ī⟩ M̄ ||parare²|| *Sen.* Unterhändler, Makler

parasceuē ⟨parasceuēs⟩ F̄ Zurüstung; Rüsttag *der Juden, Tag vor dem Sabbat;* (*eccl.*) Karfreitag

parasīta ⟨ae⟩ F̄ ||parasitus|| *Hor.* Schmarotzerin

parasītārī ⟨or, - 1.⟩ *Plaut.* schmarotzen

parasītaster ⟨parasītastrī⟩ M̄ ||parasitus|| *Ter.* elender Schmarotzer

parasītātiō ⟨parasītātiōnis⟩ F̄ ||parasitari|| *Plaut.* das Schmarotzen

parasīticus ⟨a, um⟩ ADJ ||parasitus|| Schmarotzer...

parasītus ⟨ī⟩ M̄ ||parasitus||

1 Tischgast

2 Schmarotzer, Mitesser
▶ deutsch: **Parasit**

parastichis ⟨parastichidis⟩ F̄ (*nachkl.*) Akrostichon, *die Anfangsbuchstaben od -silben der Verszeilen eines Gedichtes ergeben ein Wort od einen Satz*

parātiō ⟨parātiōnis⟩ F̄ ||parare²||

1 Vorbereitung

2 *fig* Streben, *alicuius rei* nach etw

paratragoedāre ⟨ō, -, - 1.⟩ *Plaut.* wie in der Tragödie bombastisch reden

parātus¹ ⟨parātūs⟩ M̄ ||parare²||

1 Zurüstung, Veranstaltung

2 Kleidung; Schmuck

parātus² ⟨a, um, *adv* parātē⟩ ADJ ||parare²||

1 vorbereitet, fertig, *ad aliquid/in aliquid/alicui rei* zu etw, für etw; **rictus ~ in verba** zum Sprechen bereiter Mund

2 zu *etw* entschlossen, auf *etw* gefasst, *ad aliquid/in aliquid/alicui rei*; **milites ad dimicandum parati** zum Kampf entschlossene Soldaten

3 ausgerüstet, *re* mit etw; geübt; **parate dicere** gewandt reden; **simulatione ~** Meister der Verstellung; **in iure ~** in der Rechtskunde erfahren; **exercitus ~** schlagkräftiges Heer

4 leicht, bequem; **victoria parata** leichter

Sieg
▶ deutsch: **parat**

paraverēdus ⟨ī⟩ M̄ (*spätl.*) Postpferd *auf Nebenlinien*

parazōnium ⟨ī⟩ N̄ *Mart.* kurzes Schwert, Dolch

Parca ⟨ae⟩ F̄ *urspr. Geburtsgöttin, später der Moira gleichgesetzt,* Schicksalsgöttin, Parze

parce-prōmus ⟨a, um⟩ ADJ ‖parcus, promere‖ *Plaut.* knickerig

parcere ⟨parcō, pepercī/parsī, parsūrus 3.⟩
1 sparen, sparsam umgehen, *absolut od alicui rei* mit etw, *aliquid* etw; **~ viribus** Kräfte sparen; **labori alicuius ~** j-m eine Anstrengung ersparen
2 Abstand nehmen von *etw, etw* unterlassen, *alicui rei, selten a re;* **parce metu** *Verg.* fürchte dich nicht; **nullis verborum contumeliis ~** nicht mit Lästerungen sparen
3 schonen, verschonen, *alicui/alicuis rei* j-n/etw; **vitae alicuius ~** j-s Leben schonen
4 Rücksicht nehmen auf *etw, etw* berücksichtigen, *alicui/alicuis rei;* **alicuius oculis ~** auf j-s Augen Rücksicht nehmen

parcitās ⟨parcitātis⟩ F̄ ‖parcus‖ Sparsamkeit

parcus ⟨a, um, *adv* parcē⟩ ADJ ‖parcere‖
1 sparsam; *pej* knickerig, *alicuius rei* mit etw; **~ donandi** sparsam mit Geben
2 enthaltsam, genügsam, *alicuius rei/in re* in etw; **verba parca** schonende Worte; **parce dicere** sich zurückhaltend äußern
3 *im Ausdruck* schlicht, knapp
4 *meton* nicht reichlich vorhanden, spärlich; **victus ~** karger Lebensunterhalt; **lintea parca vento dare** nur selten Segel setzen

pardalis ⟨pardalis⟩ F̄ *Curt.* Pantherweibchen
pardus ⟨ī⟩ M̄ *Iuv.* Panther
pārēns¹ ⟨pārentis⟩ ADJ ‖parere‖ gehorsam
parēns² ⟨parentis⟩ M̄ u. F̄ ‖parere‖
1 Vater, Mutter; *pl* Eltern
2 Vorfahr, Ahnherr; *pl* Vorfahren
3 Vetter; *pl* Verwandte
4 *fig* Urheber; *von Leblosem u. Abstraktem* Grund
5 Mutterland, Mutterstadt

parentālia ⟨parentālium⟩ N̄ ‖parentalis‖ jährliche Totenfeier für Eltern oder Verwandte *am 21. Februar, auch Feralia genannt*

parentālis ⟨parentāle⟩ ADJ ‖parens²‖
1 elterlich, der Eltern
2 zur jährlichen Totenfeier für Eltern oder Verwandte gehörig

parentāre ⟨ō, āvī, ātum 1.⟩ ‖parens²‖
1 das Totenopfer darbringen *für Eltern od Verwandte*
2 *fig* j-n rächen, j-m Genugtuung verschaffen, *j-n* versöhnen, *alicui;* **sanguine fratri ~** *Sen.* den Bruder rächen

parenthesis ⟨parenthesis⟩ F̄ (*spätl.*) RHET Zwischensatz, Einschub
▶ deutsch: **Parenthese**

parenti-cīda ⟨ae⟩ M̄ ‖parens², caedere‖ *Plaut.* Vatermörder, Verwandtenmörder

pārēre¹ ⟨eō, uī, itūrus 2.⟩
1 (*vkl.*) *poet* erscheinen, sich zeigen
2 *formelhaft* **paret** es zeigt sich, es ist erwiesen, *+AcI*
3 gehorchen, *alicui/alicui rei* j-m/einer Sache
4 untertan sein, dienen, *alicui/alicui rei* j-m/einer Sache
5 nachgeben, nachkommen, *alicui rei* einer Sache

parere² ⟨pariō, peperī, partum (paritūrus) 3.⟩
1 erzeugen, gebären, *fast nur von der Mutter, aliquem alicui* j-n j-m, *aliquem ex aliquo* j-n von j-m; **gallina ovum parit** das Huhn legt ein Ei
2 *fig* hervorbringen; **terra fruges parit** die Erde bringt Früchte hervor
3 *fig geistig* erfinden, erschaffen; **nova verba ~** neue Wörter schaffen
4 *fig* erwerben, gewinnen; **amicos ~** Freunde gewinnen; **salutem ~** Rettung finden
5 *fig* verursachen, sich zuziehen; **suspicionem ~** Verdacht erregen; **alicui fiduciam ~** j-m Vertrauen einflößen

parergon ⟨ī⟩ N̄ *Vitr.* Nebenwerk, Beiwerk
pariambus ⟨ī⟩ M̄ *Quint.* Versfuß ∪ ∪; = **pyrr(h)ichius**

pāri-cīd... = **parricid...**

pariēs ⟨parietis⟩ M̄
1 Wand, Mauer; **intra parietes** innerhalb der vier Wände, *auch* in einem Familienrat, auf gütlichem Weg; **parietem ducere** eine Wand ziehen
2 *Plaut., Hor. fig* Scheidewand, Trennwand

parietārius ⟨a, um⟩ ADJ ‖paries‖ (*spätl.*) Wand...; **pictor ~** Wandmaler

parietinae ⟨ārum⟩ F̄ ‖paries‖ altes Gemäuer, Ruinen

Parīlia ⟨Parīlium⟩ N̄ = **Palilia**
parilis ⟨parile⟩ ADJ ‖par‖ gleich, gleichförmig
Parion ⟨ī⟩ N̄ = **Parium**
Paris ⟨Paridis⟩ M̄ Sohn des Priamus, Entführer der Helena, vor Troja durch den Pfeil des Philoktet getötet

Parīsiī ⟨ōrum⟩ M̄ *gall.* Stamm an der mittleren Sequana, Hauptstadt Lutetia (Parisiorum)

paritāre ⟨ō, -, - 1.⟩ ‖parare²‖ *Plaut.* vorbereiten, sich anschicken, *+inf;* beabsichtigen, *ut*

pariter ADV ‖par‖
1 in gleicher Weise, ebenso, *mit nachfolgendem ac/et/atque* wie; **~ errare** ebenso irren; **ultimi ~ propinquis** die Entfernten wie die näher Ste-

henden; **eum ~ odimus atque tu** wir hassen ihn ebenso wie du; **~ ac si/ut si** gleich als wenn, gleich als ob

2 ohne Unterschied; **armatos et inermes ~ caedere** Bewaffnete und Unbewaffnete ohne Unterschied niedermetzeln

3 gleichzeitig, zusammen; **regnum ~ cum vita amittere** gleichzeitig mit der Herrschaft sein Leben verlieren

pāritor ⟨pāritōris⟩ M̄ ‖parere‖ (spätl.) Leibwächter, Diener

Parium ⟨ī⟩ N̄ Hafenstadt am Südufer des Marmarameeres, heute Kemér

Parius

A ⟨a, um⟩ ADJ aus Paros, von Paros
B ⟨ī⟩ M̄ Einwohner von Paros

parma ⟨ae⟩ F̄ (unkl.) kleiner Rundschild der Leichtbewaffneten u. Reiter; meton Gladiator

Parma ⟨ae⟩ F̄ Stadt in Oberitalien, Name erhalten

parmātus

A ⟨a, um⟩ ADJ ‖parma‖ mit dem Rundschild bewaffnet
B ⟨ī⟩ M̄ Rundschildträger

Parmenidēs ⟨Parmenidis⟩ M̄ Philos. aus Elea, um 450 v. Chr., Vertreter der Schule von Elea

Parmeniō(n) ⟨Parmeniōnis⟩ M̄ Vertrauter u. General Alexanders des Großen

Parmēnsis

A ⟨Parmēnse⟩ ADJ aus Parma, von Parma
B ⟨Parmēnsis⟩ M̄ Einwohner von Parma

parmula ⟨ae⟩ F̄ Hor. Schildchen

parmulārius ⟨ī⟩ M̄ ‖parmula‖ Suet. Anhänger der mit der parma kämpfenden Gladiatoren

Parnāsis ⟨Parnāsidis⟩ ADJ F aus dem Parnassus, vom Parnassus

Parnās(s)ius ⟨a, um⟩ ADJ aus dem Parnassus, vom Parnassus

Parnās(s)us ⟨ī⟩ M̄ Gebirge bei Delphi mit der kastalischen Quelle

parochia ⟨ae⟩ F̄ (eccl.) Amtsbezirk der Kirche; (mlat.) Pfarrei

parochus ⟨ī⟩ M̄ Gastwirt einer Station für reisende Staatsbeamte u. Diplomaten; allg. Wirt

paropsis ⟨paropsidis⟩ F̄ (nachkl.) poet kleine Schüssel

Paros ⟨ī⟩ F̄ Kykladeninsel, Geburtsort des Dichters Archilochos, bekannt durch ihren Marmor, Name erhalten

parra ⟨ae⟩ F̄ Hor. Schleiereule, deren Flug u. Geschrei als schlechte Vorzeichen galten; **malam parram pilare** Petr. Pech haben

Parrhasia ⟨ae⟩ F̄ Landschaft u. Stadt im SW Arkadiens

Parrhasis ⟨Parrhasidis⟩ F̄, **Parrhasius**[1] ⟨a, um⟩ ADJ parrhasisch, arkadisch; **Parrhasius rex** der arkadische König, = Euander; **Parrhasia virgo** die arkadische Jungfrau, = Callisto;

Parrhasia ursa Ov., Verg. Sternbild Großer Bär

Parrhasius[2] ⟨ī⟩ M̄ aus Ephesus stammender berühmter Maler, um 400 v. Chr.

parri-cīda ⟨ae⟩ M̄ ‖caedere‖

1 Mörder eines Verwandten, bes Vatermörder
2 fig Mörder, Hochverräter
3 allg. Verräter, Verbrecher; **~ patriae** Cic., Sall. Hochverräter

parricīdālis ⟨parricīdāle⟩ ADJ ‖parricida‖ Petr. mörderisch, verrucht

parricīdātus ⟨parricīdātūs⟩ M̄, **parricīdium** ⟨ī⟩ N̄ ‖parricida‖

1 Mord an einem nahen Verwandten, bes Vatermord; Mord
2 fig Hochverrat, schweres Verbrechen

---

pars ⟨partis⟩ F̄

1 Teil, Stück
2 Geschlechtsteile
3 ein Teil
4 großenteils
5 Anteil
6 Gebiet, Richtung
7 Beziehung, Hinsicht
8 Art
9 Partei
10 Amt, Pflicht

1 Teil, Stück; **~ (corporis)** Körperteil; **~ de nobis** ein Teil von uns; **~ ex illis** ein Teil von jenen; **magna/maior ~** Mehrzahl, die meisten; **~ praecipua** Hauptteil; **~ dimida** Hälfte; **tertia ~** Drittel; **duae partes** zwei Drittel; **tres partes** drei Viertel; **duabus partibus plus** zweimal mehr; **omnibus partibus maior** unendlich viel größer

2 PL Geschlechtsteile

3 von Personen ein Teil, mehrere; **~ ... ~ ...** einige ... andere ...

4 Wendungen: **magnam partem/magnā (ex) parte** großenteils; **maximam partem/maximā (ex) parte** größtenteils; **(ex) parte** zum Teil, teils; **ex aliqua parte/ex quadam parte** einigermaßen; **ne minimā quidem ex parte** nicht im geringsten; **nonnullā parte** teilweise; **omni ex parte** völlig

5 Anteil, alicuius rei an etw; Geschäftsanteil; **in parte alicuius rei esse** an etw teilnehmen; **in partem alicuius rei venire** Anteil an etw bekommen; **~ mea nulla est in re** ich habe keinen Anteil an etw; **in partem alicuius rei vocare** j-n an etw teilnehmen lassen, j-n zu etw zuziehen; **pro virili parte** nach Kräften

6 Gebiet; Richtung; **ab/ex utraque parte** rechts und links; **omnibus (in) partibus** überall; **eā parte** dort; **qua ex parte** wo; **quam in partem** wohin

7 *fig* Beziehung, Hinsicht; **in utramque partem** für beide Fälle; **nullam in partem** keinesfalls; **in eam partem** in der Beziehung, in der Absicht, deswegen; **in omnes partes/omnibus partibus/omni ex parte** in jeder Hinsicht, völlig; **in utramque partem/in contrarias partes disputare** für und wider erörtern

8 Art *einer Gattung*

9 Partei, *meist pl*; **partium studium** Parteieifer; **a parte alicuius esse** auf j-s Seite stehen; **nullius/neutrius partis esse** neutral bleiben; **aliarum partium esse** einer anderen Partei angehören

10 Amt, Aufgabe; *pl* Rolle *des Schauspielers*; **partes implere** seine Pflicht erfüllen; **partes primae** Hauptrolle; **partes recipere** eine Rolle übernehmen; **alicuius partes agere** j-s Rolle spielen

▶ deutsch: **Part**

parsī → **parcere**

parsimōnia ⟨ae⟩ F ||parcere|| Sparsamkeit, *alicuius* j-s, *alicuius rei* in etw; **~ victūs** einfache Lebensweise

parsūrus ⟨a, um⟩ PART fut → **parcere**

Parthāōn ⟨Parthāonis⟩ M König von Kalydon

Parthēnī ⟨ōrum⟩ M Stamm in Dalmatien um Dyrrhachium

partheniae ⟨ārum⟩ M Jungfrauensöhne, *die sagenhaften Gründer von Tarent*

parthenicē ⟨parthenicēs⟩ F *Catul.* Jungfernkraut, *Pflanze*

Parthenius¹ ⟨ī⟩ M
1 (*erg.* **mons**) Gebirge zwischen Arkadien u. Argolis
2 (*erg.* **saltus**) berühmtes Tal in der Gegend von 1

Parthenius² ⟨ī⟩ M *griech. Dichter*

Parthenopē ⟨Parthenopēs⟩ F alter Name von Neapel

Parthenopēius ⟨a, um⟩ ADJ aus Parthenope, von Parthenope

Parthī ⟨ōrum⟩ M die Parther, *skythisches Steppenvolk sö. des Kaspischen Meeres, ausgezeichnete Reiter u. Bogenschützen, als wild u. grausam bekannt*

Parthia ⟨ae⟩ F *Landschaft sö. des Kaspischen Meeres*

Parthicus, Parthus ⟨a, um⟩ ADJ parthisch

Parthyaeī ⟨ōrum *u.* um⟩ M = **Parthi**

parti-ceps

A ⟨participis⟩ ADJ ||pars, capere|| an *etw* teilnehmend, *einer Sache* teilhaftig, *alicuius rei, alicui* mit j-m

B ⟨participis⟩ M Teilnehmer, Kamerad; **~ coniurationis** Beteiligter an einer Verschwörung

participāre ⟨ō, āvī, ātum 1.⟩ ||particeps||
1 teilnehmen lassen, *aliquem alicuius rei* j-n an etw

2 (*vkl., nachkl.*) teilen, *aliquid cum aliquo* etw mit j-m; **~ suas laudes cum Caesare** seinen Ruhm mit Caesar teilen

3 *poet* teilhaben, *aliquid* an etw

particula ⟨ae⟩ F ||pars||
1 Teilchen, Stückchen, bisschen; **ex aliqua particula** einigermaßen
2 *Quint.* kleine Notiz
3 GRAM Partikel, *Wortart*

▶ deutsch: **Partikel**

particulātim ADV ||particula|| (*unkl.*) stückweise

partim ADV ||pars|| zum Teil, teils; **~ fugientes interficiuntur, ~ intercipiuntur** die Fliehenden werden zum Teil getötet, zum Teil abgefangen

partiō ⟨partiōnis⟩ F ||parere|| (*unkl.*) Gebären

partīre ⟨iō, īvī/iī, ītum 4.⟩, **partīrī** ⟨ior, ītus sum 4.⟩ ||pars||

1 teilen, *ein Ganzes in Teile* zerlegen

2 einteilen, abteilen; **aliquid in partes ~** etw in Teile einteilen; **genus in species ~** eine Gattung in Arten unterteilen; **partitis temporibus** in regelmäßigem Wechsel

3 verteilen, zuteilen, *aliquid inter se* etw untereinander; **~ aliquid cum aliquo** etw mit j-m teilen

4 seinen Teil bekommen, *aliquid* von etw; **mercem ~** seinen Teil vom Lohn bekommen

partītē ADV ||partiri|| mit richtiger Einteilung

partītiō ⟨partītiōnis⟩ F ||partiri||

1 Teilung, **urbis et Italiae** der Stadt (Rom) und Italiens

2 RHET Einteilung, Gliederung; **~ artium** Einteilung der Künste

3 Verteilung, **praedae** der Beute

partitūdō ⟨partitūdinis⟩ F ||parere²|| (*vkl., spätl.*) Gebären

partum ⟨ī⟩ N ||parere²|| (*vkl., nachkl.*) Erworbenes, Vorrat; *meist pl* erworbenes Vermögen

parturīre ⟨iō, īvī, - 4.⟩ ||parere²||

A VI

1 von *Menschen u. Tieren* gebären wollen

2 *fig* sich ängstigen

B VT

1 gebären, *auch fig*; **Notus parturit imbres** der Südwind bringt Regen; **arbor parturit** der Baum schlägt aus, der Baum treibt aus

2 *fig* mit *etw* schwanger gehen, *etw* vorhaben, *aliquid*

partus¹ ⟨a, um⟩ PPP → **parere**²

partus² ⟨partūs⟩ M ||parere²||

1 Geburt, Niederkunft; **~ abiectus** Fehlgeburt, Frühgeburt; *pl* Geburtswehen

2 *meton* Geburtszeit; *von Fischen* Laichzeit

3 Zeugung; *fig* Ursprung

C konkr. Kind, Kinder; Junges, die Jungen; **partum edere** ein Kind zur Welt bringen; **partum abigere** abtreiben

parum ||parvus||

A Subst., nur im nom u. akk sg zu wenig, nicht genug; **~ sapientiae** zu wenig Weisheit; **aliquid ~ facere** etw als unwichtig betrachten; **~ habere** sich nicht damit begnügen, nicht damit zufrieden sein, +inf; **~ est** es genügt nicht, +inf/ +AcI; **minus** etw Geringeres, weniger; **minus valere** weniger vermögen; **minus auctoritatis** weniger Einfluss

B komp ⟨minus⟩, sup ⟨minimē⟩ ADV

1 zu wenig, in zu geringem Maß; **~ institutus** zu wenig ausgebildet; **~ firmus** zu schwach; **~ multi** zu wenige; **non ~/haud ~** genug, ziemlich; **non ~ saepe** oft genug, nicht zu selten

2 nicht sonderlich, nicht sehr; **~ confidere alicui** j-m nicht sonderlich vertrauen

3 komp weniger, geringer; **minus clarus** weniger berühmt; **plus minus** mehr oder weniger, ungefähr; **nihil minus** ganz und gar nicht; **minus (quam) ducenti milites** weniger als zweihundert Soldaten, nicht ganz zweihundert Soldaten; **uno minus teste habere** einen Zeugen weniger haben; **me minus uno** außer mir allein, mich ausgenommen; **multo minus** viel weniger; **eo minus** desto weniger; **quo minus** je weniger; **nihilo minus** nichtsdestoweniger; **non minus/haud minus** nicht weniger, gleich viel, ebenso, ebenso sehr

4 komp nicht sonderlich, nicht recht; **minus diligenter** nicht sonderlich gewissenhaft; **minus intellegere** nicht recht verstehen; **si minus** wenn nicht, andernfalls; **sin minus** wenn aber nicht, andernfalls

5 komp zu wenig; **minus dicere** zu wenig sagen

parum-loquium ⟨ī⟩ N̄ ||loqui|| Plaut. Wortkargheit

parum-per ADV auf kurze Zeit, auf einen Augenblick

Parus ⟨ī⟩ F̄ = **Paros**

parva ⟨ae⟩ F̄ ||parvus|| kleines Mädchen

parvitās ⟨parvitātis⟩ F̄ ||parvus|| Kleinheit, Nichtigkeit; **mea ~** (nachkl.) meine Wenigkeit, ich

parvulum[1] ⟨ī⟩ N̄ ||parvulus|| Kleinigkeit; pl Hor. beschränkte Verhältnisse

parvulum[2] ADV ||parvulus|| nur ein wenig

parvulus

A ⟨a, um⟩ ADJ ||parvus||

1 sehr klein, unbedeutend; **causa parvula** Bagatellsache, Kleinigkeit

2 noch sehr jung; **filius ~** kleines Söhnchen; **aetas parvula** zartes Alter

3 noch zu jung, noch zu klein, alicui rei für etw

B ⟨ī⟩ M̄ kleines Kind; **a parvulo** von klein auf

parvum ⟨ī⟩ N̄ ||parvus|| weniges, Kleinigkeit; **parvo contentus** mit wenigem zufrieden; **parvo uti** mit geringen Mitteln auskommen; **aliquid parvi facere/aestimare** etw gering schätzen; **aliquid parvo emere** etw billig kaufen

parvus

A ⟨a, um⟩ komp ⟨minor, us⟩, sup ⟨minimus, a, um⟩ ADJ

1 örtl., Menge klein, gering; **insula parva** kleine Insel; **numerus ~** geringe Zahl; **aula parva** enger Hof

2 zeitl. kurz; **tempus parvum** kurze Zeit; **parva noctis pars** kurzer Teil der Nacht

3 vom Alter klein, jung; **~ aetate/natu** jung; **minor natu** jünger; **natu minimus** sehr jung; **aliquot annis minor** einige Jahre jünger; **minor triginta annis** jünger als dreißig Jahre

4 vom Wert gering, unbedeutend; **res parva** unbedeutende Sache; **detrimentum parvum** geringer Schaden

5 vom Ton leise, schwach; **voce parvā** mit leiser Stimme, mit schwacher Stimme

6 bescheiden, demütig

B ⟨ī⟩ M̄ kleiner Junge; **a parvo/a parvis** von Jugend an, von Kindheit an

Pasargadae ⟨ārum⟩ F̄ alte Hauptstadt Persiens, von Kyros II. um 550 v. Chr. gegründet, Krönungsort der persischen Könige, n. von Persepolis in der Gegend des heutigen Schiras

pasceolus ⟨ī⟩ M̄ Plaut. Geldsäckchen

pāscere ⟨pāscō, pāvī, pāstum 3.⟩

1 vom Hirten das Vieh weiden, hüten; **agnos ~** Lämmer weiden

2 Viehzucht treiben

3 Tiere halten, aufziehen; **tigres ~** Hor. den Tigern zum Fraß dienen

4 Nahrung geben, füttern; **flammas ~** fig die Flammen nähren; **spem ~** fig Hoffnung nähren, Hoffnung hegen

5 fig wachsen lassen; **ager filicem pascit** der Acker lässt Farnkraut wachsen; **amorem ~** Liebe wachsen lassen; **flamma pascitur** die Flamme wächst an; **nummos alienos ~** Schulden wachsen lassen

6 fig weiden = erfreuen; **colores oculos pascunt** die Farben erfreuen die Augen

7 fig vom Vieh abweiden lassen

8 fig fressen, verzehren

pascha ⟨ae⟩ F̄ u. ⟨paschatis⟩ N̄ (spätl., eccl.) Passah; Osterfest; **in octavis paschae** am Sonntag nach Ostern

pāscī ⟨pāscor, pāstus sum 3.⟩ ||pascere||

A V̄ī

1 *vom Vieh* weiden, fressen, *absolut*; **si pulli non pascentur** *Liv.* wenn die Weissagehühner nicht fressen wollen
2 *meist von Tieren* sich nähren, *re* von etw; **boves frondibus pascuntur** die Tiere nähren sich von Laub
3 *fig* sich weiden, seine Freude haben, *re* an etw; **discordiis civium ~** *Cic.* sich an der Uneinigkeit der Bürger erfreuen
4 V̅T̅ (*nachkl.*) *poet* abweiden, **silvas** die Wälder

pāscua ⟨ōrum⟩ N̅ ||pascuus|| Weide, Weideland, (*nachkl.*) *auch* fig

pāscuus ⟨a, um⟩ A̅D̅J̅ ||pascere|| Weide...

Pāsiphaa ⟨ae⟩ F̅, **Pāsiphaē** ⟨Pāsiphaēs⟩ F̅ Tochter des Helios/Sol, Gattin des Minos

Pāsithea ⟨ae⟩ F̅ eine der drei Grazien

passer ⟨passeris⟩ M̅
1 Sperling, Spatz; **~ marinus** (*vkl., nachkl.*) Strauß
2 *Hor.* Flunder, *ein Seefisch*

passerculus ⟨ī⟩ M̅ ||passer|| *Plaut.* Spätzchen, Kosewort

passim A̅D̅V̅ ||pandere||
1 weit und breit, Schritt für Schritt
2 durcheinander, ohne Unterschied
▶ deutsch: **passim**

passiō ⟨passiōnis⟩ F̅ ||pati||
1 (*vkl.*) Krankheit
2 (*spätl.*) Affekt, Leiden
3 (*eccl.*) Leidensgeschichte Christi, Passion

passum ⟨ī⟩ N̅ ||pandere|| (*unkl.*) Wein aus getrockneten Trauben, Traubensekt

passus¹ ⟨a, um⟩ P̅P̅P̅ → **pandere**
passus² ⟨a, um⟩ A̅D̅J̅ ||pandere|| getrocknet; **racemi passi** Rosinen; **lac passum** Käse
passus³ ⟨a, um⟩ P̅P̅E̅R̅F̅ → **pati**
passus⁴ ⟨passūs⟩ M̅ ||pandere||
1 *röm. Längenmaß* Klafter, *ca. 1,5 Meter*; **mille passūs** eine Meile, *ca. 1,5 km*; **duo milia passuum** zwei Meilen
2 Schritt, Tritt
3 *meton* Fußstapfe

pāstillus ⟨ī⟩ M̅ ||panis|| (*nachkl.*) *poet* Kügelchen aus Mehl
▶ deutsch: **Pastille**

pāstiō ⟨pāstiōnis⟩ F̅ ||pasci|| Weide, Weideplatz

pāstor ⟨pāstōris⟩ M̅ ||pascere|| Hirt; (*eccl.*) Pfarrer, Bischof

pāstōrālis ⟨pāstōrāle⟩ A̅D̅J̅, **pāstōricius**, **pāstōrius** ⟨a, um⟩ A̅D̅J̅ ||pastor||
1 Hirten...; **pastoricia fistula** Hirtenflöte
2 (*mlat.*) seelsorgerisch, geistlich

pāstus¹ ⟨a, um⟩ P̅P̅P̅ → **pascere**
pāstus² ⟨a, um⟩ P̅P̅E̅R̅F̅ → **pasci**
pāstus³ ⟨pāstūs⟩ M̅ ||pascere||
1 Fütterung
2 *meton* Futter; *Lucr.* Nahrung *der Menschen*; **~ animorum** *fig* geistige Nahrung
3 Weide, Weideplatz

patagiārius ⟨ī⟩ M̅ *Plaut.* Bortenmacher

patagiātus ⟨a, um⟩ A̅D̅J̅ *Plaut.* mit einer Borte besetzt

Patara ⟨ōrum⟩ N̅ Hafenstadt an der Südwestküste Lykiens, mit Heiligtum u. Orakel des Apollo

Patavīnitās ⟨Patavīnitātis⟩ F̅ ||Patavium|| *Liv., Suet.* Mundart der Pataviner

Patavīnus
A ⟨a, um⟩ A̅D̅J̅ aus Patavium, von Patavium
B ⟨ī⟩ M̅ Einwohner von Patavium, Pataviner

Patavium ⟨ī⟩ N̅ Stadt in Venetien, Geburtsstadt des Titus Livius, heute Padua

pate-facere ⟨faciō, fēcī, factum 3., *passiv* fīō, factus sum 0.⟩ ||patere||
1 weit öffnen, weit aufreißen; **portam ~** das Tor weit öffnen
2 zugänglich machen, bahnen; **iter per Alpes ~** den Weg durch die Alpen bahnen
3 öffnen, sichtbar machen
4 *fig* enthüllen, verraten, *alicui aliquid* j-m etw

patefactiō ⟨patefactiōnis⟩ F̅ ||patefacere|| Eröffnung, Enthüllung

pate-factus ⟨a, um⟩ P̅P̅P̅ → **patefacere**
pate-fēcī → **patefacere**

patella ⟨ae⟩ F̅ ||patera/patina|| flache Schale, *bes* Opferschale; **edere de patella** *Cic.* aus der Opferschale essen, *als Beispiel für einen Frevel gegen die Götter*

patellārius ⟨a, um⟩ A̅D̅J̅ ||patella|| zur Opferschale gehörig; **dii patellarii** Laren und Penaten, *denen bei Festen Opferschalen vorgesetzt wurden*

patena ⟨ae⟩ F̅ (*nachkl.*) *poet* Krippe

patēns
A ⟨patentis⟩ A̅D̅J̅, A̅D̅V̅ ⟨patenter⟩ ||patere¹||
1 offen, unversperrt, *alicui/alicui rei* für j-n/für etw; **caelum ~** freie Luft
2 *Ov. fig* offenbar, offenkundig
B ⟨patentis⟩ N̅ freier Raum, Bresche

pater ⟨patris⟩ M̅
1 Vater; (*unkl.*) Ahnherr; *pl* Väter, Eltern; **~ familiae/familias** Familienvater
2 P̅L̅ P̅O̅L̅ Senatoren; Patrizier; **patres conscripti** Senatoren
3 *fig* Schöpfer, Haupt *einer Schule*; **Zeno ~ Stoicorum** Zeno, Haupt der Stoiker; **~ cenae** Gastgeber
4 **~ patriae** Vater des Vaterlandes, Retter des Vaterlandes, *Ehrentitel, dem Cicero verliehen, später von den meisten Kaisern geführter Titel*
5 (*eccl.*) Pater, *katholischer Ordensgeistlicher*; **patres veteres** Kirchenväter

patera ⟨ae⟩ F̅ ||patere¹|| flache Schale, *bes* Opferschale

patēre¹ ⟨eō, uī, - 2.⟩

1 weit offen stehen, *alicui* j-m; **vulnera patent** Wunden klaffen; **portus praedonibus patet** der Hafen steht den Räubern offen

2 zugänglich sein, *bes* freistehen; **iter patet** der Weg ist offen; **patuit quibusdam fuga** einigen stand die Flucht offen

3 *fig* bloßgestellt sein, ausgesetzt sein; **morbis ~** Krankheiten ausgesetzt sein

4 sichtbar sein; **quae patent, quae nota sunt omnibus** *Cic.* was allen sichtbar, allen bekannt ist

5 *fig* offenbar sein; **patet** es ist offenbar, es ist offenkundig, *+AcI/+indir Fragesatz*

6 *örtl.* sich erstrecken, sich ausdehnen; **campus tria milia passuum patet** das Feld dehnt sich drei Meilen weit aus; **late ~** einen weiten Spielraum haben

patere² ⟨ō, -, - 3.⟩ *(altl.)* = **pati**

paternum ⟨ī⟩ N̄ ||paternus|| väterliches Erbgut

paternus ⟨a, um⟩ A̅D̅J̅ ||pater||

1 väterlich, des Vaters; **avus ~** Großvater väterlicherseits

2 *meton* heimatlich; **terra paterna** Heimatland

patēscere ⟨patēscō, patuī, - 3.⟩ ||patere¹||

1 sich öffnen; *fig* sichtbar werden

2 *örtl.* sich erstrecken, sich ausdehnen

pathicus ⟨a, um⟩ A̅D̅J̅ für Unzucht zugänglich; **liber ~** Buch voller Zoten

patī ⟨patior, passus sum 3.⟩

1 ertragen, aushalten; **dolorem ~** Schmerz ertragen; **iniusta imperia ~** ungerechte Befehle erdulden; **supplicium ~** hingerichtet werden

2 *(unkl.)* sexuell sich hingeben, *aliquem/aliquid* j-m/ einer Sache; **Venerem ~** sich der Liebe hingeben

3 *(vkl.) poet* eine Zeit unter Entbehrungen verbringen; *absolut* in Not so hinleben

4 *fig* dulden, sich gefallen lassen, *aliquid* etw, *ut* dass, *+inf*; **mea dignitas non patitur, ut** meine Würde duldet es nicht, dass

5 *fig* etw erfahren, von *etw* betroffen werden, *aliquid*; **naufragium ~** Schiffbruch erleiden

6 *(nachkl.)* hinnehmen, lassen, *+dopp. akk*; **aliquem civem ~** j-n als Bürger dulden; **nihil intactum ~** nichts unversucht lassen

7 *Quint.* GRAM passiven Sinn haben; **patiendi modus** Passiv

8 *(mlat.)* den Märtyrertod erleiden

patibilis ⟨patibile⟩ A̅D̅J̅ ||pati||

1 erträglich

2 empfindsam; **natura ~** empfindsames Wesen

patibulātus ⟨a, um⟩ A̅D̅J̅ ||patibulum|| *Plaut.* mit dem Halsblock beladen

patibulum ⟨ī⟩ N̄ ||patere²||

1 Marterholz, Halsblock, *Balken um den Hals eines Sklaven od Verbrechers, um dessen Arme zu strecken, wurde bei zum Kreuzestod Verurteilten am senkrechten Balken hochgezogen u. bildete den Querbalken des Kreuzes*

2 *(mlat.)* Galgen, Kreuz

patiēns ⟨patientis, *adv* patienter⟩ A̅D̅J̅ ||pati||

1 etw ertragend, gegen *etw* abgehärtet, *alicuius rei*; **frigoris ~** gegen Kälte abgehärtet; **fluvius navium ~** schiffbarer Fluss; **campus vomeris ~** leicht pflügbares Feld

2 geduldig, willig, *absolut od ad aliquid* zu etw

3 *fig* fest, hart; **saxo patientior** härter als Felsen

4 *fig* enthaltsam, genügsam

▶ deutsch: **Patient**

patientia ⟨ae⟩ F̄ ||patiens||

1 Ertragen, Erdulden; **~ famis** Ertragen von Hunger

2 Ausdauer, Abhärtung; **~ laboris** Ausdauer in Anstrengung

3 Geduld, Nachgiebigkeit; **patientiā alicuius abuti** j-s Geduld missbrauchen

4 *pej* sexuelle Hingabe

5 *(nachkl.)* Unterwürfigkeit

6 *(nachkl.)* Unempfindlichkeit, Gleichgültigkeit

patina ⟨ae⟩ F̄ Pfanne, Schüssel

patinārius

A ⟨a, um⟩ A̅D̅J̅ ||patina|| Schüssel...; **piscis ~**

▶ **pater familias – das Familienoberhaupt**

pater familias war jede Person männlichen Geschlechts ohne männlichen Verwandten in aufsteigender Linie. Die absolute Gewalt, die er innerhalb der Familie besaß, war die **patria potestas**, die in erster Zeit sogar die Macht über Leben und Tod der Familienmitglieder vorsah. Die Söhne unterstanden der **patria potestas** auch im Erwachsenenalter und konnten, selbst wenn sie hohe zivile und militärische Ämter ausübten, keinen eigenen Besitz haben (außer dem **peculium**) und mussten jede Strafe hinnehmen, die ihnen auferlegt wurde – selbst den Verkauf als Sklave oder die Todesstrafe. Im Lauf der Jahrhunderte wurde diese Form der unbeschränkten Macht etwas abgeschwächt.

RÖMISCHES LEBEN ◀

Plaut. in der Schüssel mit Brühe gekochter Fisch
B ⟨ī⟩ M̄ *Suet.* Fresssack
Patrae ⟨ārum⟩ F̄ *Küstenstadt im N Achaias, heute Patras*
patrāre ⟨ō, āvī, ātum 1.⟩ vollbringen, ausführen; **pacem ~** Frieden schließen; **ius iurandum ~** das Bündnis durch die erforderliche Eidesformel schließen; **pater patratus** *Liv.* Bundespriester, Vorsteher der Fetialen, *der bei Bündnissen die Eidesformel sprach*
patrātor ⟨patrātōris⟩ M̄ ||patrare|| (*nachkl.*) Vollstrecker; **~ necis** *Tac.* Mörder
patrātus ⟨a, um⟩ PPP → patrare
Patrēnsis
A ⟨Patrēnse⟩ ADJ aus Patrae, von Patrae
B ⟨Patrēnsis⟩ M̄ Einwohner von Patrae
patria ⟨ae⟩ F̄ ||patrius|| Heimat, Geburtsort; **~ maior** Mutterstadt
⚠ **Ubi bene, ibi patria.** Wo es mir gutgeht, da ist meine Heimat.
patriarcha, patriarchēs ⟨ae⟩ M̄
1 (*eccl.*) Stammvater
2 (*mlat.*) Patriarch, *hoher Bischofstitel in der orthodoxen Kirche*; Erzbischof
patricē ADV *Plaut.* väterlich
patricia ⟨ae⟩ F̄ ||patricius|| Patrizierin
patriciātus ⟨patriciātūs⟩ M̄ ||patricius|| *Suet.* Patrizierstand, Patriziat
patri-cīda ⟨ae⟩ M̄ ||pater, caedere|| Vatermörder
patricius
A ⟨a, um⟩ ADJ ||pater|| patrizisch, adelig; **~ magistratus** Konsulat
B ⟨ī⟩ M̄ Patrizier; *pl* Patriziat, Geschlechteradel, *seit dem 4. Jh. n. Chr. nur noch hoher Ehrentitel*
patrimōnium ⟨ī⟩ N̄ ||pater|| väterliches Erbgut, *allg.* Vermögen; **~ Petri** (*mlat.*) Kirchenstaat
patrīmus ⟨a, um⟩ ADJ ||pater|| mit noch lebendem Vater
patriōta ⟨ae⟩ M̄ (*spätl.*) Landsmann
patrissāre ⟨ō, -, - 1.⟩ ||pater|| *Plaut., Ter.* nach dem Vater geraten
patrītus ⟨a, um⟩ ADJ ||pater|| vom Vater ererbt; **illa patrita et avita philosophia** *Cic.* jene vom Vater und Großvater übernommene Philosophie
patrium ⟨ī⟩ N̄ ||patrius|| (*erg. nomen*) „Vaternamen", Patronym
patrius ⟨a, um, *adv* patriē⟩ ADJ ||pater||
1 väterlich; **potestas patria** väterliche Gewalt
2 angestammt, ererbt; ↔ **inductus; mos ~** übernommene Sitte; **res patria** ererbtes Vermögen
3 heimatlich; **sermo ~** Muttersprache; **sepulcrum patrium** Grab in der Heimat
patrōcinārī ⟨or, ātus sum 1.⟩ ||patronus|| (*vkl., nachkl.*) beschützen, beschirmen, *alicui/alicui rei* j-n/etw
patrōcinium ⟨ī⟩ N̄ ||patrocinari||
1 Patronat, Schutz durch einen Patron
2 Verteidigung vor Gericht; *pl meton* Schützlinge, Klienten
3 *fig* Schutz, Beistand
▶ deutsch: **Patrozinium**
Patroclos, Patroclus ⟨ī⟩ M̄ Freund des Achill, *von Hektor mit Apollos Hilfe getötet*
patrōna ⟨ae⟩ F̄ ||patronus||
1 Beschützerin
2 Herrin *eines Freigelassenen*
patrōnus ⟨ī⟩ M̄ ||pater||
1 Schutzherr *von Klienten, Gemeinden od Freigelassenen*
2 gerichtlicher Vertreter *des Klägers od Beklagten, allg.* Anwalt, Verteidiger
3 *fig* Verteidiger, Beschützer
4 (*mlat.*) Schutzheiliger *in der katholischen Kirche*
patruēlis
A ⟨patruēle⟩ ADJ ||patruus||
1 vom Bruder des Vaters stammend, *selten* von der Schwester des Vaters stammend
2 *Ov.* Vettern gehörig, Vettern...
B ⟨patruelis⟩ M̄ Vetter, Cousin *väterlicherseits*
patruus
A ⟨a, um⟩ ADJ ||pater|| *poet* des Onkels
B ⟨ī⟩ M̄
1 Onkel *väterlicherseits*; **~ maior** Großonkel
2 strenger Sittenrichter
patuī → patere *u.* → patescere
Patulcius ⟨ī⟩ M̄ Beiname des Janus
patulus ⟨a, um⟩ ADJ ||patere||
1 offen stehend
2 allen zugänglich

patricii – die Oberschicht der Gesellschaft

Als Patrizier wurden die Mitglieder des römischen Adels und der Oberklasse bezeichnet. Sie übernahmen nach Ende des etruskischen Königtums die Macht im Staat. Dazu gehörte die Besetzung der hohen Staats- und Priesterämter. Im Zuge der Ständekämpfe lockerten sich einige Einschränkungen, als sich die Plebejer, also das gewöhnliche Volk, ihr Recht auf Teilhabe an der politischen Macht erstritten. Während der Kaiserzeit wurde das Patriziat vom **princeps** als Ehrentitel vergeben. Bekannte Patrizierfamilien waren u. a. die Cornelii, Valerii, Claudii, Aemilianii.

RÖMISCHES LEBEN

3 weit ausgebreitet; **arbor patula** Baum mit ausladenden Ästen

pauci-loquium ⟨ī⟩ N ||paucus, loqui|| *Plaut.* Wortkargheit

paucitās ⟨paucitātis⟩ F ||paucus||
1 geringe Anzahl, geringe Truppenzahl
2 Beschränkung

paucula ⟨ōrum⟩ N ||pauculus|| ein paar Wörtchen

pauculus ⟨a, um⟩ ADJ ||paucus|| (*nachkl.*) sehr wenig; *pl* sehr wenige, ein paar

paucus ⟨a, um⟩
A ADJ
1 (*unkl.*) wenig, gering; **~ numerus** kleine Zahl
2 PL wenige, nur wenige; **pauci amici** nur wenige Freunde; **pauciores** geringere Anzahl; **pauci ordinis senatorii** wenige aus dem Senatorenstand; **disertus inter paucos** beredt wie wenige
B MPL die Oligarchen, die Optimaten, Optimatenpartei; **paucorum potentia** *Sall.* die Macht der Oligarchen
C NPL weniges; wenige Worte; **ut in pauca conferam** um mich kurz zu fassen; **aliquid quam paucissimis absolvere** etw in größtmöglicher Kürze abhandeln

paul(l)ātim ADV ||paulus||
1 allmählich, nach und nach
2 einzeln, einer nach dem anderen

paul(l)īs-per ADV ein Weilchen, *absolut od* +*dum/donec* bis

paul(l)ulum
A ⟨ī⟩ N ||paul(l)ulus|| ein wenig; **~ operae** ein bisschen Mühe
B ADV ein wenig; auf ein Weilchen; **paululum respirare** sich ein bisschen erholen

paul(l)ulus ⟨a, um⟩ ADJ ||paulus|| (*vkl., nachkl.*) gering, klein; **equi paulluli** kleine Pferde

paul(l)um¹ N *gen u. dat ungebräuchlich* ||paul(l)us|| nur eine Kleinigkeit, (nur) eine kurze Strecke, (nur) ein Weilchen; **~ interest** es ist nur ein kleiner Unterschied; **~ deest** nur wenig fehlt; **paulo** um ein weniges; **paulo maior** nur wenig größer; **paulo ante** kurz vorher; **paulo post** wenig später, kurz nachher

paul(l)um² ADV ||paul(l)us|| ein wenig, ein bisschen

paul(l)us ⟨a, um⟩ ADJ ||paul(l)us|| klein, wenig; **~ sumptus** geringer Aufwand

Paul(l)us ⟨ī⟩ M Beiname in der gens Aemilia; → **Aemilius**

pauper
A ⟨pauperis⟩ ADJ
1 arm, unbemittelt, *alicuius rei* an etw; **vir ~** armer Mann; **~ amicorum** arm an Freunden
2 (*unkl.*) *fig* ärmlich, armselig
B ⟨pauperis⟩ M der Arme
▶ englisch: poor
französisch: pauvre
spanisch: pobre
italienisch: povero

pauperāre ⟨ō, -, - 1.⟩ ||pauper|| (*vkl.*) *poet* arm machen; *j-n einer Sache* berauben, *aliquem re*

pauperculus ⟨a, um⟩ ADJ ||pauper|| = **pauper**

pauperiēs ⟨pauperiēī⟩ F (*unkl.*) = **paupertas**

paupertās ⟨paupertātis⟩ F ||pauper|| Armut, Dürftigkeit; **~ verborum** Armut des Ausdrucks

pausa ⟨ae⟩ F *Plaut., Lucr.* Rast, Stillstand
▶ deutsch: Pause

Pausaniās ⟨ae⟩ M spartanischer Feldherr, Sieger von Plataeae 479 v. Chr., als Verräter 467 v. Chr. gest.

pausārius ⟨ī⟩ M ||pausa|| *Sen.* Ruderkommandant

pausea, pausia ⟨ae⟩ F (*unkl.*) fleischige Olive

Pausiās ⟨Pausiae, *akk* Pausiān⟩ M griech. Maler, 4. Jh. v. Chr.

pausill... = **pauxill...**

pauxillātim ADV ||pauxillus|| *Plaut.* allmählich

pauxillīsper ADV ||pauxillus|| *Plaut.* ein Weilchen

pauxillulum ⟨ī⟩ N ||pauxillulus|| ein bisschen

pauxillulus ⟨a, um⟩ ADJ ||pauxillus|| ganz wenig

pauxillum ADV ||pauxillus|| ein wenig

pauxillus ⟨a, um⟩ ADJ ||paul(l)us|| ganz wenig

pave-factus ⟨a, um⟩ ADJ *poet* geängstigt, erschreckt

pavēre ⟨paveō, pāvī, - 2.⟩
A VI (*unkl.*) zittern, sich ängstigen, *re* durch etw, infolge von etw, *ad aliquid* bei etw, vor

> **patronus –**
> **der ehemalige Schutzherr**

Im römischen Recht war der **patronus** der ehemalige Herr eines Sklaven, den er unter seine Schirmherrschaft nahm, wobei der Freigelassene (**libertus**) einer Reihe von Pflichten unterlag. Im allgemeineren Sinn war der **patronus** derjenige, der andere Personen (**clientes**) unter seinen Schutz nahm oder sie in einem Prozess verteidigte. Patroni der Bewohner einer römischen Provinz waren die Eroberer dieses Gebiets und ihre Nachkommen. An sie konnten sich die Bewohner wenden, um Unterstützung und Rat im Umgang mit der Regierung in Rom zu erhalten. In der Kaiserzeit waren die patroni diejenigen, die der Landbevölkerung Schutz gegen die Steuereintreiber boten im Austausch gegen Land, Naturalien oder Geld.

RÖMISCHES LEBEN

etw; **speque metuque pavent** *Ov.* sie zittern vor Hoffnung und Angst; **sibi pavens** *Tac.* für sich besorgt; **venae pavent** *fig* die Adern schließen sich

B V̅T̅ zittern, sich ängstigen, *aliquid* vor etw, *ne* dass; sich scheuen, *+inf;* **tristiorem casum ~** vor einem schlimmeren Fall zittern; **~ laedere maternas umbras** *Ov.* sich scheuen die Schatten der Mutter zu kränken

pavēscere ⟨ēscō, -, - 3.⟩ = **pavere**
pāvī → **pascere** *u.* → **pavere**
pavidus ⟨a, um, *adv* pavidē⟩ ADJ ||pavere|| (nachkl.)

1 *von Personen u. Sachen* zitternd, schüchtern
2 ängstigend, erschreckend; **pavido clamore** *Liv.* mit furchterregendem Geschrei

pavīmentātus ⟨a, um⟩ ADJ ||pavimentum|| mit einem Estrich versehen
pavīmentum ⟨ī⟩ N̅ ||pavire|| Estrich
pavīre ⟨iō, īvī, ītum 4.⟩ schlagen, feststampfen; **terram ~** den Erdboden feststampfen
pavitāre ⟨ō, āvī, ātum 1.⟩ ||pavere|| sich sehr ängstigen; Schüttelfrost haben
pāvō ⟨pāvōnis⟩ M̅ Pfau, *der Juno heilig*
pāvōnīnus ⟨a, um⟩ ADJ ||pavo|| vom Pfau; *fig* bunt
pavor ⟨pavōris⟩ M̅ ||pavere||

1 Angst, Entsetzen, *alicuius rei* vor etw; **~ capit aliquem, ne** j-n befällt Furcht, dass
2 *poet* Spannung, ängstliche Erwartung

Pavor ⟨Pavōris⟩ M̅ (nachkl.) Gottheit des Schreckens
pāvus ⟨ī⟩ M̅ = **pavo**
pāx¹ ⟨pācis⟩ F̅

1 Friede, Friedensschluss, *cum aliquo/alicuius* mit j-m; **pacem petere** um Frieden bitten; **pacem facere/componere/pangere cum aliquo** mit j-m Frieden schließen; **pax convenit cum aliquo** es kommt zum Frieden mit j-m; **in pace** in Friedenszeiten
2 PL Friedensschlüsse, friedliche Zustände
3 *von Leblosem* (Zustand der) Ruhe; **ventorum paces** *Lucr.* Windstille; **pax pelagi** ruhige See
4 Seelenruhe, Gemütsruhe; **pace tuo dixerim** nimm es mir nicht übel, sei über meine Worte nicht ungehalten
5 Beistand, Gnade *der Götter*

▶ englisch: **peace**
  französisch: **paix**
  spanisch: **paz**
  italienisch: **pace**

pax² INT
1 schwupp!
2 Ruhe!, still!

Pāx ⟨Pācis⟩ F̅ Friedensgöttin, *dargestellt mit Ölzweig od Füllhorn*; **Pax Augusta** Göttin des von Kaiser Augustus gebrachten Friedenszustandes; **Ara Pacis Augustae** Altar des augusteischen Friedens, *Denkmal am Ostrand des Marsfeldes, 13 v. Chr. vom Senat gelobt, 9 n. Chr. geweiht, 1938 wieder aufgebaut*

paxillus ⟨ī⟩ M̅ ||palus¹|| (vkl., nachkl.) kleiner Pfahl, Pflock
peccāre ⟨ō, āvī, ātum 1.⟩

1 *poet* straucheln
2 sich versprechen
3 sündigen, moralisch falsch handeln, *re* durch etw, mit etw, *in aliquo* an j-m, *in re* in etw, an etw, bei etw, *in aliquem* gegen j-n, *in aliquid* gegen etw; *vom Wind* tückisch sein
4 sich vergreifen, *in aliquo* an j-m; **~ in muliere** *Cic.* sich an einer Frau vergreifen

peccātor ⟨peccātōris⟩ M̅ ||peccare|| (eccl.) Sünder
peccātum ⟨ī⟩ N̅, **peccātus** *abl* ⟨peccātū⟩ M̅ ||peccare||

1 Vergehen; Fehler
2 (eccl.) Sünde; **peccatum mortale** (mlat.) Todsünde

pecorōsus ⟨a, um⟩ ADJ ||pecus¹|| reich an Vieh
pecten ⟨pectinis⟩ M̅ ||pectere|| (unkl.)

1 Kamm; **digiti pectine iuncti** kammartig verschlungene Finger; **deducere pectine crines** mit dem Kamm durch das Haar fahren
2 *fig* Weberkamm
3 *fig* Rechen, Harke
4 *fig* Kammmuschel
5 MUS Plektron, Stöckchen *zum Schlagen der Saiten*
6 *meton* Lied; **~ alternus** elegisches Lied, Distichon
7 *fig* Schamhaare

pectere ⟨pectō, pexī, pexum 3.⟩ (nachkl.) kämmen, striegeln
pectus ⟨pectoris⟩ N̅

1 Brust; **pectore nudo** *Caes.* mit entblößter Brust; **cicatrices adverso pectore** Narben vorn auf der Brust
2 Inneres; Herz, Mut, Gemüt; **toto pectore amare** von ganzem Herzen lieben; **forti pectore** mit Mut
3 Seele, Geist, Verstand, Einsicht; Gesinnung
4 Person; **mortalia pectora** die Sterblichen
5 Kehle

⚠ **Pure pectore.** *Ho.* Mit reinem Herzen. = In aller Unschuld.

pectusculum ⟨ī⟩ N̅ ||pectus|| kleine Brust
pecū *dat u. abl* ⟨pecū⟩ N̅ = **pecus¹**
pecuāria¹ ⟨ae⟩ F̅ ||pecuarius|| Viehzucht
pecuāria² ⟨ōrum⟩ N̅ ||pecuarius|| Viehherden
pecuārius

A ⟨a, um⟩ ADJ ||pecu|| Vieh...; **res pecuaria** Viehzucht

B ⟨i⟩ M̄ Viehzüchter, Weidepächter

pecūlārī ⟨or, ātus sum 1.⟩ ||depeculari|| (nachkl.) Unterschlagungen begehen, Staatsgelder veruntreuen

pecūlātor ⟨pecūlātōris⟩ M̄ ||peculari|| Veruntreuer von Staatsgeldern

pecūlātus ⟨pecūlātūs⟩ M̄ ||peculari|| Unterschlagung von Staatsgeldern

pecūliāre ⟨ō, āvī, ātum 1.⟩ ||peculium|| mit Besitz ausstatten, beschenken

pecūliāris ⟨pecūliāre, adv pecūliāriter⟩ ADJ ||peculium||

1 (vkl., nachkl.) zum Privatbesitz gehörig

2 fig eigentümlich, eigenartig; **peculiaria huius urbis vitia** Tac. die dieser Stadt eigentümlichen Laster

3 fig außerordentlich, ungewöhnlich

pecūliātus ⟨a, um⟩ ADJ ||peculiare|| (unkl.) begütert, vermögend

pecūliōsus ⟨a, um⟩ ADJ ||peculium|| Plaut. begütert

pecūlium ⟨i⟩ N̄ ||pecu||

1 aus Vieh bestehendes Privatvermögen; Eigentum

2 Sondergut des Sohnes, der Tochter, des Sklaven; Spargut

3 Sen. fig schriftl. Zugabe

4 Petr. fig Patengeschenk = das männliche Glied

pecūnia ⟨ae⟩ F̄ ||pecu||

1 Eigentum, Vermögen; **pecuniam facere** Eigentum erwerben

2 Geld; pl Gelder, Geldsummen; **magna pecunia/multum pecuniae** viel Geld; **praesens/numerata ~** Bargeld; **~ publica** Staatseinkünfte; **dies pecuniae** Zahltag; **pecuniam solvere** bezahlen; **pecunias accipere/capere** Geld nehmen, sich bestechen lassen

3 (nachkl.) Münze, bes Kupfermünze

pecūniārius ⟨a, um⟩ ADJ ||pecunia|| Geld...; **res pecuniaria** Geldgeschäft, Geld; **inopia rei pecuniariae** Geldmangel

pecūniōsus ⟨a, um⟩ ADJ ||pecunia||

1 Nep. wohlhabend

2 Mart. gewinnbringend

pecus¹ ⟨pecoris⟩ N̄

1 Vieh, bes Kleinvieh, Schafe, Ziegen, Schweine, auch Seetiere, Robben, Bienen, Fische, Wild u. a.

2 poet Stück Vieh; pl Viehherden

3 Schimpfwort Vieh

pecus² ⟨pecudis⟩ F̄ ||pecu||

1 einzelnes Stück Vieh; pl Viehherden; Bienen; **pecudes et bestiae** zahme und wilde Tiere; **pecudum more** wie Schweine

2 Schimpfwort roher Mensch, einfältiger Mensch

pedālis ⟨pedāle⟩ ADJ ||pes|| einen Fuß lang, einen Fuß breit

Pedānus

A ⟨a, um⟩ ADJ aus Pedum, von Pedum

B ⟨i⟩ M̄ Einwohner von Pedum

pedārius ⟨a, um⟩ ADJ ||pes|| Fuß...; (**senator**) **~** Senator zweiten Ranges, der noch kein kurulisches Amt innehatte u. daher kein eigenes Votum hatte

pedātus¹ abl ⟨pedātū⟩ M̄ ||pes|| (vkl.) Angriff

pedātus² ⟨a, um⟩ ADJ ||pes|| Suet. mit Füßen versehen; **male ~** schlecht zu Fuß

pedellus ⟨i⟩ M̄ (mlat.) Gerichtsbote, Amtsgehilfe

pēdere ⟨pēdō, pepēdī, pēditum 3.⟩ poet furzen

pedes ⟨peditis⟩ M̄ ||pes||

1 (nachkl.) poet Fußgänger, zu Fuß

2 MIL Fußsoldat

3 Plebejer; **equites peditesque** Patrizier und Plebejer, Adel und Volk

pedester ⟨pedestris, pedestre⟩ ADJ ||pedes||

1 zu Fuß, Fuß...

2 Liv. MIL der Fußsoldaten; **exercitus ~/copiae pedestres** Fußvolk

3 zu Lande, Land...; **exercitus ~/copiae pedestres** Landheer

4 (nachkl.) fig einfach; in Prosa

pede-temptim, pede-tentim ADV ||pes, temptare||

1 poet Schritt für Schritt

2 fig vorsichtig, behutsam

pedica ⟨ae⟩ F̄ (unkl.)

1 Fußfessel

2 Fußschlinge, Schlinge zum Vogelfang

pēdicāre² ⟨ō, āvī, ātum 1.⟩ = **paedicare**

pēdicātor ⟨pēdicātōris⟩ M̄, **pēdicō** ⟨pēdicōnis⟩ M̄ = **paedicator**

pēdis ⟨pēdis⟩ M̄ u. F̄ (vkl.) Laus

pedisequa ⟨ae⟩ F̄ ||pedisequus|| Dienerin, Zofe

pedi-sequus ⟨i⟩ M̄ ||pes, sequi|| Diener, Lakai

peditāstellus ⟨i⟩ M̄ Plaut. gewöhnlicher Fußsoldat

peditātus ⟨peditātūs⟩ M̄ ||pedes|| MIL Fußvolk, Infanterie; **copiae peditatūs** Truppen zu Fuß

pēditum ⟨i⟩ N̄ ||pedere|| Catul. Furz

Pedius ⟨a, um⟩ röm. Gentilname

1 **Q. ~** mit Caesar verwandt, von diesem als Teilerbe eingesetzt

2 **Q. ~ Poplicola** Redner

Pedō ⟨Pedōnis⟩ M̄ → **Albinovanus**

pēdor ⟨pēdōris⟩ M̄ = **paedor**

pedum ⟨i⟩ N̄ ||pes|| Verg. Hirtenstab; (mlat.) Bischofsstab

Pedum ⟨i⟩ N̄ Stadt in Latium, ö. von Rom

Pēgasēus ⟨a, um⟩ ADJ des Pegasus

Pēgasis
A ⟨Pēgasidis⟩ ADJ F des Pegasus
B ⟨Pēgasidis⟩ F Muse, Quellnymphe
Pēgasos, Pēgasus ⟨ī⟩ M geflügeltes Pferd des Bellerophon
pēgī → pangere
pēgma ⟨pēgmatis⟩ N
1 Bücherbrett, Bücherfach
2 (nachkl.) poet Versenkung, Versenkungsmaschine im Theater
pē-ierāre ⟨ō, āvī, ātum 1.⟩ ||periurare||
A VI einen Meineid schwören, falsch schwören
B VT durch einen Meineid verletzen; **ius peieratum** Meineid
pēierātiuncula ⟨ae⟩ F ||peierare|| Plaut. kleiner Meineid
pēior ⟨pēius⟩ ADJ komp von malus¹
pelagius ⟨a, um⟩ ADJ (unkl.) Meer..., See...; **pelagiae volucres** Petr. Seevögel
Pelagones ⟨Pelagonum⟩ M Volk im nördlich Makedonien
pelagus ⟨ī⟩ N Verg., Ov. Meer, brausende Wassermasse
pēlamys ⟨pēlamydis⟩ F (unkl.) junger Thunfisch
Pelasgī ⟨ōrum u. Pelasgum⟩ M nach Herodot Ureinwohner Griechenlands; allg. Griechen
Pelasgias ⟨Pelasgiadis⟩ ADJ F, **Pelasgis** ⟨Pelasgidis⟩ ADJ F, **Pelasgus** ⟨a, um⟩ ADJ pelasgisch, allg. griechisch
Pelethronius ⟨a, um⟩ ADJ aus Pelethronion stammend, einer Gegend in Thessalien; allg. thessalisch
Pēlēus ⟨Pēleī u. Pēleos⟩ M König in Thessalien, Gatte der Nereide Thetis, Vater des Achilles
pēlex ⟨pēlicis⟩ F = **paelex**
Pēliacus ⟨a, um⟩ ADJ aus Pelion, von Pelion; allg. thessalisch
Peliades ⟨Peliadum⟩ F ||Pelias¹|| Töchter des Pelias
Peliās¹ ⟨Peliae⟩ M König von Iolkos, Onkel des Iason, schickte diesen aus um das Goldene Vlies zu holen
Pēlias² ⟨Pēliadis⟩ ADJ aus Pelion, von Pelion; allg. thessalisch
pelicānus ⟨ī⟩ M (eccl.) Pelikan; **pius ~** (mlat.) = Christus
pēlicātus ⟨pēlicātūs⟩ M = **paelicatus**
Pēlīdēs ⟨Pēlīdae⟩ M Pelide, Sohn des Peleus, = Achill, Enkel des Peleus, = Neoptolemos
Pēlion ⟨ī⟩ N, **Pēlios, Pēlius** ⟨ī⟩ M Gebirge auf der Halbinsel Magnesia
Pella ⟨ae⟩ F Hauptstadt von Makedonien, Geburtsort u. Residenz Alexanders des Großen
pellācia ⟨ae⟩ F ||pellax|| Lucr. Lockung; Verführung

Pellaeus ⟨a, um⟩ ADJ aus Pella, von Pella, auch makedonisch, alexandrinisch, ägyptisch
pellāx ⟨pellācis⟩ ADJ ||pellicere|| (Verg., spätl.) verführerisch, verschmitzt; **~ Ulixes** der schlaue Odysseus
Pellē ⟨Pellēs⟩ F = **Pella**
pellecebrae ⟨ārum⟩ F ||pellicere|| Plaut. Verlockung, Verführung
pellēctiō ⟨pellēctiōnis⟩ F ||pellegere|| Durchlesen
pel-lectus ⟨a, um⟩ PPP → pellicere
pel-legere ⟨legō, lēgī, lēctum 3.⟩ = **perlegere**
Pellēnaeī ⟨ōrum⟩ M die Einwohner von Pellene
Pellēnē ⟨Pellēnēs⟩ F Stadt in Achaia
Pellēnēnsis ⟨Pellēnēnse⟩ ADJ aus Pellene, von Pellene
pellere ⟨pepellō, pulī, pulsum 3.⟩
1 stoßend od schlagend in Bewegung setzen; **navigia contis ~** Schiffe mit Stangen fortstoßen; **sagittam ~** einen Pfeil abschießen; **nervos ~** Saiten anschlagen; **classica ~** Trompeten ertönen lassen; **initium sermonis ~** ein neues Gespräch anregen
2 stoßen, schlagen; **fores ~** an die Tür klopfen; **terram pede ~** mit dem Fuß auf den Boden stampfen
3 fig geistig treffen, beeindrucken
4 verstoßen, vertreiben; **aliquem in exsilium ~** j-n in die Verbannung treiben; **~ aliquem a re** j-n von etw abhalten; **frigus ~** Kälte fernhalten
5 Feinde zum Weichen bringen, schlagen; **hostes pelluntur** die Feinde werden zurückgeworfen; **flumen ~** fig den Fluss zurückdrängen
6 verbannen; **aliquem patriā ~** j-n aus dem Vaterland verbannen
7 Durst löschen, Hunger stillen
pel-licere ⟨liciō, lēxī, lectum 3.⟩ anlocken, verlocken; **maiorem partem sententiarum ~** fig die Mehrheit der Stimmen auf seine Seite bringen
pelliceus ⟨a, um⟩ ADJ = **pellicius**
pellicia ⟨ae⟩ F ||pellicius|| (mlat.) Pelz, Pelzmantel
pellicius ⟨a, um⟩ ADJ ||pellis|| (spätl.) aus Fellen gemacht
pellicula ⟨ae⟩ F ||pellis||
1 kleines Fell, Häutchen; **pelliculam curare** es sich gut gehen lassen
2 Iuv. Vorhaut
3 (vkl.) = **scortum**
pelliō ⟨pelliōnis⟩ M ||pellis|| (Plaut., spätl.) Kürschner
pellis ⟨pellis⟩ F

1 Tierhaut, Fell
2 menschliche Haut; **in propria pelle non quiescere** sich in seiner Haut nicht wohl fühlen
3 *fig* Hülle; **pellem detrahere alicui** j-m die Maske vom Gesicht reißen
4 *meton* Produkte aus Tierhaut: Lederdecke, Lederzelt, Lederschild, Pelzmütze, Schuh, Schuhriemen, Pergament; **milites in pellibus habere** Soldaten in Winterzelten halten; **pes natat in pelle** *Ov.* der Fuß schwimmt im Schuh = der Schuh ist zu groß

▶ deutsch: **Fell**
englisch: **pell**
französisch: **peau**
spanisch: **piel**
italienisch: **pelle**

pellītus ⟨a, um⟩ ADJ ||pellis|| mit einem Pelz bedeckt, mit Fell bekleidet; **oves pellitae** mit Pelz bedeckte Schafe *zur Schonung der kostbaren Wolle*

pel-lūcēre ⟨lūceō, lūxī, - 2.⟩ = **perlucere**

Pelopēias ⟨Pelopēiadis⟩ ADJ F, **Pelopēis** ⟨Pelopēidis⟩ ADJ F, **Pelopēius**, **Pelopēus** ⟨a, um⟩ ADJ des Pelops, *auch* peloponnesisch; phrygisch

Pelopidae ⟨ārum⟩ M Nachkommen des Pelops

Peloponnēnsēs ⟨Peloponnēnsium⟩ M ||Peloponnesus|| die Einwohner des Peloponnes

Peloponnēsiacus ⟨a, um⟩ ADJ ||Peloponnesus|| peloponnesisch, zur Peloponnes gehörig

Peloponnēsiī ⟨ōrum⟩ M ||Peloponnesus|| die Peloponnesier, die Einwohner der Peloponnes

Peloponnēsius ⟨a, um⟩ ADJ ||Peloponnesus|| peloponnesisch, von der Peloponnes

Peloponnēsus ⟨ī⟩ F Peloponnes, *s. Halbinsel Griechenlands*

Pelops ⟨Pelopis⟩ M Sohn des Tantalos, König von Elis u. Argos, Vater des Atreus u. des Thyestes

pelōris ⟨pelōridis⟩ F (unkl.) Riesenmuschel

pelta ⟨ae⟩ F (nachkl.) *poet* leichter, halbmondförmiger Schild

peltastae ⟨ārum⟩ M (nachkl.) mit der pelta ausgerüstete Soldaten, Leichtbewaffnete

peltātus ⟨a, um⟩ ADJ ||pelta|| mit der pelta bewaffnet

pēlvis ⟨pēlvis⟩ F
1 (vkl., nachkl.) Schüssel, Becken
2 (mlat.) MED Becken

penārius ⟨a, um⟩ ADJ ||penus|| Vorrats...; **cella penaria** Vorratskammer, *fig* Kornkammer

penātēs ⟨penātium⟩ M ||penes||
1 Penaten, Hausgötter, *Schutzgötter des Hauses u. der Familie, auch des Staates; ihre Bilder waren am Herd des Hauses aufgestellt*
2 *meton* Wohnung, Haus; **penates tectaque relinquere** Haus und Hof verlassen

penāti-ger ⟨penātigera, penātigerum⟩ ADJ ||penates, gerere|| *Ov.* die Penaten tragend

pendēre¹ ⟨pendeō, pependī, - 2.⟩
1 hängen, herabhängen
2 aufgehängt sein, sich erhängt haben
3 schlaff herabhängen, schlaff herabwallen
4 schweben
5 wiegen, schwer sein
6 sich ständig aufhalten
7 abhängig sein
8 ergeben sein
9 unvollendet liegen bleiben
10 schwanken, unentschlossen sein
11 ungewiss sein, zweifelhaft sein

1 hängen, herabhängen, *in re/ex re/a re/de re/re* an etw, von etw herab; **poma in arbore/ex arbore pendit** der Apfel hängt am Baum; **ab ore alicuius pendere** *fig* j-m mit gespannter Aufmerksamkeit zuhören
2 *poet* von Personen u. Sachen aufgehängt sein, sich erhängt haben
3 (nachkl.) *poet* von Kleidern, Körperteilen u. Ä. schlaff herabhängen, schlaff herabwallen
4 (nachkl.) *poet* von Personen u. Sachen schweben; einzustürzen drohen; **auriga pronus in verbera pendet** der Wagenlenker beugt sich oben zum Schlag vorwärts
5 (vkl., nachkl.) wiegen, schwer sein
6 (nachkl.) sich ständig aufhalten
7 *fig* von j-m/etw abhängig sein, auf j-m/etw beruhen, *ex aliquo/ab aliquo/ex re/in re*; **ex patre ~** vom Vater abhängig sein; **ex una origine ~** von einer Familie abstammen
8 *fig* j-m ergeben sein, an j-m hängen, *ex aliquo/de aliquo*; **amicus ex te pendet** der Freund hängt an dir
9 (nachkl.) *fig* unvollendet liegen bleiben
10 *fig* von Personen u. Sachen schwanken, unentschlossen sein, *de aliquo* um j-s willen; **animi/animo ~** im Herzen unentschlossen sein
11 (nachkl.) *fig* ungewiss sein, zweifelhaft sein; **reus pendet** der Prozess des Angeklagten ist ungewiss

pendere² ⟨pendō, pependī, pēnsum 3.⟩
A V/T
1 (vkl., nachkl.) an die Waage hängen, abwiegen
2 erwägen, beurteilen, *aliquid ex re/re* etw nach etw
3 (vkl.) schätzen, achten; **aliquid magni ~** etw hoch schätzen; **aliquid nihili ~** etw für nichts achten

4 *Geld* zahlen, bezahlen
5 *fig Strafe* erleiden, büßen, *alicuius rei* wegen etw, für etw; **poenam/poenas alicui ~** j-m Strafe zahlen; **sanguine ~** mit seinem Blut büßen
6 VI (*nachkl.*) wiegen, Gewicht haben

pendulus ⟨a, um⟩ ADJ ‖pendere¹‖ (*nachkl.*)
1 hängend, schwebend
2 *fig* schwankend, ungewiss

Pēnēia ⟨ae⟩ F Tochter des Peneus, = Daphne
Pēnēis ⟨Pēnēidis⟩ ADJ F, **Pēnēius** ⟨a, um⟩ ADJ des Peneus
Pēnelopa ⟨ae⟩ F, **Pēnelopē** ⟨Pēnelopēs⟩ F Gattin des Odysseus, Mutter des Telemach
Pēnelopēus ⟨a, um⟩ ADJ der Penelope, zu Penelope gehörig
Pēnēos ⟨ī⟩ M = **Pēneus**

penes PRÄP +akk
1 im Besitz, in der Gewalt, *aliquem* j-s; **penes aliquem est summum imperium** die höchste Macht liegt bei j-m; **penes se esse** bei Sinnen sein
2 (*vkl., nachkl.*) aufseiten, *aliquem* j-s; **culpa penes aliquem est** die Schuld liegt bei j-m; **penes rem publicam esse** es mit dem Staat halten

Penestae ⟨ārum⟩ M Volk in Illyrien
pēnētica ⟨ae⟩ F Hungerkur
penetrābilis ⟨penetrābile⟩ ADJ ‖penetrare‖ (*nachkl.*)
1 durchdringbar, erreichbar
2 durchdringend, durchbohrend; **fulmen penetrabile** zerschmetternder Blitz

penetrāle ⟨penetrālis⟩ N ‖penetralis‖ *meist* PL das Innere *eines Hauses od Tempels*; Heiligtum; **~ patrium** Heiligtum des Vaterhauses; **~ urbis** Mittelpunkt der Stadt

penetrālis ⟨penetrāle⟩ ADJ ‖penetrare‖ innerlich, inwendig; **signum penetrale** Zeichen im Innern des Tempels; **dii pentrales** = die Penaten

penetrāre ⟨ō, āvī, ātum 1.⟩ ‖penitus‖
A VI eindringen, hineinkommen, *allg.* vordringen, gelangen, *ad aliquem* zu j-m, *in aliquid/intra aliquid* in etw, *ad aliquid* bis zu etw
B VT durchdringen, betreten, *aliquid* etw; **aliquid animum alicuius alte penetrat** *fig* etw macht einen tiefen Eindruck auf j-n; **iter Lucullo penetratum** der Weg, auf dem Lucullus vorgedrungen ist
▶ deutsch: **penetrant**

Pēnēus ⟨ī⟩ M Hauptfluss Thessaliens, als Flussgott Vater der Daphne
Pēnēus ⟨a, um⟩ ADJ des Peneus
pēnicillum ⟨ī⟩ N, **pēnicillus** ⟨ī⟩ M ‖peniculus‖ Pinsel; *meton* Malerei

pēniculus ⟨ī⟩ M ‖penis‖ *Com.* Bürste; Schwamm
Pēnīnus ⟨a, um⟩ ADJ = **Poeninus**
pēnis ⟨pēnis⟩ M
1 (*vkl.*) Schwanz
2 männliches Glied; *meton* Unzucht

penitus
A ADV ‖penes‖
1 bis ins Innerste, inwendig; **argentum penitus abditum** tief im Innern der Erde verborgenes Silber; **causae penitus latentes** in der Tiefe verborgene Ursachen; **suspiria penitus trahere** tief aufseufzen
2 *fig* weithin, fern; **terrae penitus penitusque iacentes** weiter und weiter sich erstreckende Länder
3 tief, fest
4 (*unkl.*) innig, herzlich
5 *fig* von Grund auf, völlig; **aliquid penitus abradere** etw völlig abscheren
B ⟨a, um⟩ ADJ, ADV ⟨penitē⟩ (*unkl.*) innerlich, inwendig

penna ⟨ae⟩ F
1 Feder
2 PL *u.* SG Flügel, Gefieder; **pennis se levare** auffliegen; **pennas vertere** davonfliegen; **pennas incidere** die Flügel beschneiden; **pennis decisis** *fig* mit getäuschten Hoffnungen
3 *meton* Fliegen, Flug
4 *poet* Feder am Pfeil, Pfeil

pennātus ⟨a, um⟩ ADJ ‖penna‖ gefiedert, geflügelt; **Fama pennata** *Verg.* die geflügelte Fama
Pennīnus ⟨a, um⟩ ADJ = **Poeninus**
penni-pēs ⟨pennipedis⟩ ADJ = **pinnipes**
penni-potēns ⟨pennipotentis⟩ ADJ ‖penna‖ *Lucr.* geflügelt
pennipotentēs ⟨pennipotentium⟩ F Geflügel, Vögel
pennula ⟨ae⟩ F ‖penna‖ Flügelchen
pēnsāre ⟨ō, āvī, ātum 1.⟩ ‖pendere²‖ (*nachkl.*)
1 abwiegen; **Romanos scriptores eādem trutinā ~** *fig* die römischen Schriftsteller mit demselben Maß messen
2 *fig* gegeneinander abwägen, vergleichen; **res pensatae** Dinge, die sich das Gleichgewicht halten
3 bezahlen; *fig* büßen; **benefacta maleficiis ~** Gutes mit Bösem vergelten
4 *fig* erwägen, überlegen
5 *fig* beurteilen; **vires hostium ~** die Kräfte der Feinde beurteilen
6 *fig* ausgleichen, ersetzen
7 (*mlat.*) meinen; **~ de re** an etw denken

pēnsilia ⟨pēnsilium⟩ N ‖pensilis‖ männliches Glied

pēnsilis ⟨pēnsile⟩ ADJ ǁpendere[1]ǁ (unkl.) aufgehängt, schwebend; **uva ~** hängend aufbewahrte Traube, getrocknete Traube; **horti pensiles** hängende Gärten

pēnsiō ⟨pēnsiōnis⟩ F ǁpendere[2]ǁ
1. Zahlung; *meton* Rate *einer Zahlung*; **~ praesens** Barzahlung
2. Miete, Pachtzins
▶ deutsch: **Pension**

pēnsitāre ⟨ō, āvī, ātum 1.⟩ ǁpensareǁ
1. (*nachkl.*) genau wiegen
2. *fig* reiflich überlegen, *aliquid* etw, *+indir Fragesatz*
3. bezahlen; *absolut* steuerpflichtig sein

pēnsum ⟨ī⟩ N ǁpendere[2]ǁ
1. (*vkl., nachkl.*) Wolle, *die den Sklavinnen jeden Tag zum Verarbeiten zugemessen wurde*, Tagewerk
2. *fig* Wollarbeit, gesponnenes Garn, gewebtes Garn
3. *fig* Aufgabe
▶ deutsch: **Pensum**

pēnsus[1] ⟨a, um⟩ PPP → pendere[2]

pēnsus[2] ⟨a, um⟩ ADJ ǁpendere[2]ǁ (*vkl., nachkl.*) *fig* wichtig, gewichtig; **nihil pensi habeo/mihi est** ich lege kein Gewicht darauf, ich nehme keine Rücksicht darauf

pentagōnium ⟨ī⟩ N Fünfeck
▶ deutsch: **Pentagon**

pentameter ⟨pentametrī⟩ M *Quint.* Pentameter

pentēcostē ⟨pentēcostēs⟩ F (*eccl.*) der 50. Tag nach Ostern, Pfingsten

Pentelicus ⟨a, um⟩ ADJ aus pentelischem Marmor, *benannt nach dem mons Pentelicus, einem Gebirge in Attika*

pentēris ⟨pentēridis⟩ F (*nachkl.*) Schiff mit fünf Ruderreihen übereinander, Fünfdecker

Penthesilēa ⟨ae⟩ F Königin der Amazonen, *von Achill im Zweikampf besiegt*

Pentheūs ⟨Pentheī *u.* Pentheos⟩ M König von Theben, Gegner des Dionysoskultes, von der eigenen Mutter u. Bacchantinnen zerrissen

Penthēus ⟨a, um⟩ ADJ des Pentheus

penuārius ⟨a, um⟩ ADJ = penarius

penum ⟨ī⟩ N = **penus**

pēnūria ⟨ae⟩ F Mangel, *alicuius rei* an etw

penus ⟨penoris⟩ N, **penus** ⟨penūs *u.* ī⟩ M *u.* F im Haus verwahrter Vorrat an Lebensmitteln, Mundvorrat

Peparēthus ⟨ī⟩ F Insel nördlich von Euböa, heute Skopelos

pepēdī → pedere
pependī → pendere[1] *u.* → pendere[2]
pepercī → parcere
peperī → parere[2]
pepigī → pangere

peplum ⟨ī⟩ N weites Obergewand *der griech. Frauen*, Prachtgewand

pepulī → pellere

per

A Präfix
1. ringsum, umher
2. durch, zer-
3. bis zum Ziel
4. über das Ziel hinaus, ver-
5. sehr

B Suffix
hindurch

C Präposition
1. durch, über
2. durch ... hin, ringsum in
3. entlang
4. durch, hindurch
5. im Verlauf, während
6. nach Verlauf von
7. mittels, mithilfe von
8. für
9. bei, um ... willen
10. wegen, infolge
11. unter dem Vorwand
12. mit Rücksicht auf, vor
13. mit, in
14. einzeln

— A Präfix —

PRÄF

1. ringsum, umher; **per-equitare** umher-reiten
2. durch, zer-; **per-agrare** durch-wandern; **per-fringere** zer-brechen
3. bis zum Ziel, völlig; **per-ficere** voll-enden
4. über das Ziel hinaus, ver-; **pel-licio** ver-locken
5. sehr; **per-magnus** sehr groß; **per-multi** sehr viele

— B Suffix —

SUF hindurch; **parum-per** auf kurze Zeit

— C Präposition —

PRÄP +akk

1. *örtl. zur Angabe des Durchgangs* durch, über; **flumen per urbem fluit** der Fluss fließt durch die Stadt; **pontem per Nilum facere** eine Brücke über den Nil schlagen; **per gradus deici** die Stufen hinabstürzen; **per munitiones se deicere** sich über die Schanzen hinweg stürzen
2. *örtl. zur Angabe der Verbreitung* durch ... hin, ringsum in; **disponere per urbem** über die Stadt verteilen; **per orbem** in der ganzen Welt; **per silvas** in den Wäldern hier und dort; **per omnia** ganz und gar; **per manus tradere** von

Hand zu Hand gehen lassen

3 *örtl.* entlang; **per flumina** längs der Flüsse; **per amnem** den Fluss hinab

4 *zeitl.* durch, hindurch; **per triennium** drei Jahre hindurch

5 *zeitl.* im Verlauf, während, **mortuos per indutias sepelire** die Toten während des Waffenstillstands bestatten; **per somnium** im Traum

6 *zeitl.* nach Verlauf von

7 *instrumental* mittels, mithilfe von; **certiorem fieri per nuntios** durch Boten benachrichtigt werden; **per internuntios agere cum aliquo** durch Unterhändler mit j-m verhandeln

8 **per se** für sich; durch sich selbst; selbst

9 *bei Schwüren u. Bitten* bei, um … willen; **per Iovem** bei Jupiter

10 *kausal* wegen, aus; **per misericordiam** aus Mitleid; **per haec** deswegen

11 *zur Angabe eines vorgeschützten Grundes* unter dem Vorwand; **per fidem fallere aliquem** j-n durch einen falschen Eid täuschen

12 mit Rücksicht auf, vor; **per valetudinem non posse** aus gesundheitlichen Gründen nicht können; **per senatum** weil der Senat es verhindert; **per me (licet)** meinetwegen; **stat per me** es liegt an mir; **non stat per me, quominus** es ist nicht meine Schuld, dass nicht

13 *modal* mit, in; **per vim** mit Gewalt; **per dolum** durch List; **per iocum** im Scherz; **per litteras** schriftlich; **per speciem** unter dem Schein; **per commodum** gemächlich

14 *(mlat.) bei Personen* = **a³**; **per singulos** einzeln

pēra ⟨ae⟩ F̄ *(spätl.)* Ranzen

per-absurdus ⟨a, um⟩ ADJ ganz ungereimt

per-accomodātus ⟨a, um⟩ ADJ sehr bequem, sehr gelegen, *auch getrennt*

per-ācer ⟨ācris, ācre⟩ ADJ sehr scharf; **per-acre iudicium** sehr scharfes Urteil

per-acerbus ⟨a, um⟩ ADJ

1 sehr herb

2 *Plin.* sehr schmerzlich

per-acēscere ⟨acēscō, acuī, - 3.⟩ *Plaut.* sehr sauer werden, sehr ärgerlich werden

perāctiō ⟨perāctiōnis⟩ F̄ ‖peragere‖ Beendigung; **~ fabulae** Schlussakt des Schauspiels

per-āctus ⟨a, um⟩ PPP → **per-agere**

per-acūtus ⟨a, um, *adv* per-acūtē⟩ ADJ

1 sehr hell, durchdringend

2 *geistig* sehr scharf, scharfsinnig

per-adulēscēns ⟨peradulēscentis⟩ M̄, **per-adulēscentulus** ⟨ī⟩ M̄ ganz junger Mann

per-aequē ADV völlig gleich

per-agere ⟨agō, ēgī, āctum 3.⟩

1 *(nachkl.) poet* umhertreiben; **pecora ~** Vieh umhertreiben

2 *poet* durchbohren; **latus ense ~** die Seite mit dem Schwert durchbohren

3 durchführen, vollenden; **concilium ~** eine Versammlung abhalten; **sol signa peragit** die Sonne durchläuft die Sternbilder; **hibernis peractis** nach Ablauf des Winters

4 entkräften, zermürben; *passiv* sterben

5 *(nachkl.) eine Zeit* durchleben; **otia ~** in Frieden dahinleben

6 *ein Bühnenstück od eine Rolle* durchspielen

7 *(nachkl.)* einen Prozess zu Ende führen; *einen Angeklagten* zur Verurteilung bringen

8 *(nachkl.)* formulieren; *in der Rede* vortragen; **querelas ~** Klagen hören lassen

per-agitāre ⟨ō, āvī, ātum 1.⟩

1 umherjagen

2 *Sen. fig* aufstacheln

per-agrāre ⟨ō, āvī, ātum 1.⟩

A VT durchwandern, durchstreifen; **agros ~** die Felder durchstreifen; **dicendo omnes latebras suspicionum ~** *Cic.* in der Rede in alle Schlupfwinkel der Verdächtigungen eindringen

B VI sich verbreiten, sich ausdehnen; **fama peragrat** ein Gerücht verbreitet sich

peragrātiō ⟨peragrātiōnis⟩ F̄ ‖peragrare‖ Durchwanderung

per-amāns ⟨peramantis, *adv* peramanter⟩ ADJ sehr liebend, *alicuius* j-n; liebevoll

per-ambulāre ⟨ō, āvī, ātum 1.⟩ *(unkl.)* durchwandern; **crocum ~** über die mit Safranessenz besprengte Bühne gehen; **frigus artūs perambulat** *Ov.* Kälte durchdringt die Glieder

per-amīcus ⟨a, um⟩ ADJ *(nachkl.)* sehr freundschaftlich

per-amoenus ⟨a, um⟩ ADJ *Tac.* sehr angenehm

per-amplus ⟨a, um⟩ ADJ sehr groß, sehr geräumig

per-angustus ⟨a, um, *adv* perangustē⟩ ADJ sehr eng, sehr schmal

per-annāre ⟨ō, āvī, ātum 1.⟩ *Suet.* ein Jahr leben

per-antīquus ⟨a, um⟩ ADJ uralt

per-appositus ⟨a, um⟩ ADJ sehr passend, sehr schicklich, *alicui* für jdn

per-arāre ⟨ō, āvī, ātum 1.⟩

1 *poet* durchpflügen; durchsegeln

2 *fig* mit dem Griffel auf die Wachstafel schreiben, niederschreiben

per-arduus ⟨a, um⟩ ADJ sehr schwierig

per-argūtus ⟨a, um⟩ ADJ sehr scharfsinnig, sehr geistreich

per-armātus ⟨a, um⟩ ADJ *Curt.* gut bewaffnet

per-attentus ⟨a, um, *adv* perattentē⟩ ADJ sehr aufmerksam

pērātus ⟨a, um⟩ ADJ ||pera|| *Plaut.* mit einem Ranzen

per-aurīre ⟨iō, īvī, ītum 4.⟩ *Plaut.* durch das Ohr aufnehmen

per-bacchārī ⟨or, ātus sum 1.⟩ durchschwärmen, **multos dies** viele Tage

per-bāsiāre ⟨ō, -, - 1.⟩ *Petr.* der Reihe nach abküssen

per-beātus ⟨a, um⟩ ADJ sehr glücklich

per-bellē ADV sehr fein, sehr hübsch

per-bene ADV sehr gut, sehr wohl

per-benevolus ⟨a, um⟩ ADJ sehr wohlwollend, *alicui* j-m

per-benīgnē ADV sehr gütig

per-bibere ⟨bibō, bibī, - 3.⟩ (*unkl.*)
1. ganz aufsaugen
2. *fig geistig* ganz in sich aufnehmen

per-bītere ⟨ō, -, - 3.⟩ (*unkl.*)
1. hingehen
2. zugrunde gehen

per-blandus ⟨a, um⟩ ADJ sehr einnehmend, sehr gewinnend

per-bonus ⟨a, um⟩ ADJ sehr gut

per-brevis ⟨e, *adv* perbreviter⟩ ADJ sehr kurz; **litterae perbreves** sehr kurzer Brief; **perbrevi (tempore)** in sehr kurzer Zeit

perca ⟨ae⟩ F (*nachkl.*) *poet* Barsch

per-calefacere ⟨faciō, fēcī, factum 3.⟩ durchhitzen, durchglühen

per-calefierī ⟨fīō, factus sum 0.⟩ durchhitzt werden, durchglüht werden

per-calēscere ⟨calēscō, caluī, - 3.⟩ *poet* ganz heiß werden

per-callēscere ⟨callēscō, calluī, - 3.⟩
1. ganz gefühllos werden, gleichgültig werden
2. klug werden

per-cārus ⟨a, um⟩ ADJ
1. sehr kostspielig
2. *fig* sehr lieb, sehr teuer

per-cautus ⟨a, um⟩ ADJ sehr vorsichtig

per-celebrāre ⟨ō, āvī, ātum 1.⟩ überall verbreiten; *passiv* in aller Munde sein

per-celer ⟨perceleris, percelere, *adv* perceleriter⟩ ADJ sehr schnell

per-cellere ⟨cellō, culī, culsum 3.⟩
1. schlagen, stoßen, *aliquid* etw, an etw; **genu femur ~** mit dem Knie gegen den Schenkel stoßen
2. niederwerfen, niederschlagen; *passiv* niedergeworfen werden, hart getroffen werden
3. *fig* zugrunde richten, mutlos machen
4. *fig* erschrecken, bestürzen; **perculsus** erschreckt, *auch* gereizt

per-cēnsēre ⟨eō, uī, - 2.⟩
1. (*vkl., nachkl.*) mustern, besichtigen;
2. (*nachkl.*) *poet* durchwandern, durchreisen
3. aufzählen; **promerita ~** *Cic.* Verdienste auflisten
4. berechnen, überschlagen

per-cēpī → percipere

percepta ⟨ōrum⟩ N ||percipere|| Lehr- und Grundsätze

perceptiō ⟨perceptiōnis⟩ F ||percipere||
1. Einsammeln, Ernten
2. *fig* Begreifen, Erkenntnis
3. Begriff

per-ceptus ⟨a, um⟩ PPP → percipere

per-cīdere ⟨cīdō, cīdī, cīsum 3.⟩ ||caedere|| (*unkl.*) zerschlagen; *obszön* mit Knaben Unzucht treiben; Oralverkehr treiben

per-ciēre ⟨-, -, cieō 2.⟩, **per-cīre** ⟨ciō, -, citum 4.⟩
1. in Bewegung setzen, erregen
2. *Plaut.* nennen; **aliquem impudicum ~** j-n unanständig nennen

per-cipere ⟨cipiō, cēpī, ceptum 3.⟩ ||capere||
1. (*unkl.*) erfassen, ergreifen; **auras ~** Winde auffangen
2. *poet* in sich aufnehmen, annehmen
3. bekommen, gewinnen; **fructūs ~** Früchte ernten
4. *fig* wahrnehmen; hören
5. *fig geistig* klar erfassen, begreifen; *perf* kennen, wissen; **omnium civium nomina ~** die Namen aller Bürger genau kennen; **nomen usu perceptum alicui est** j-m ist der Name durch den Umgang geläufig; **aliquid perceptum habere** sich etw zu Eigen gemacht haben

per-cīsus ⟨a, um⟩ PPP → percidere

percitus¹ ⟨a, um⟩ ADJ ||percire||
1. erregt, gereizt
2. reizbar, hitzig

per-citus² ⟨a, um⟩ PPP → perciere

per-cīvīlis ⟨percīvīle⟩ ADJ *Suet.* sehr leutselig

per-cōlāre ⟨ō, āvī, ātum 1.⟩
1. (*vkl., nachkl.*) durchseihen, **vinum** den Wein
2. *fig* durchsickern lassen; *passiv* durchsickern

per-colere ⟨colō, coluī, cultum 3.⟩ (*unkl.*)
1. zu Ende führen; **incohata ~** Begonnenes zu Ende führen
2. sehr schmücken
3. sehr ehren, sehr feiern

per-colopāre ⟨ō, -, - 1.⟩ ||per, colaphus|| *Petr.* ohrfeigen

per-cōmis ⟨percōme⟩ ADJ überaus freundlich, überaus gefällig

per-commodus ⟨a, um, *adv* percommodē⟩ ADJ sehr bequem, sehr passend, *alicui/alicui rei* für j-n/für etw, *ad aliquid* zu etw

per-cōnārī ⟨or, - 1.⟩ (*vkl., nachkl.*) versuchen

per-contārī ⟨or, ātus sum 1.⟩ nachforschen; fragen, *ab aliquo*/*ex aliquo*/*aliquem de re* j-n über etw, *aliquem aliquid* j-n etw, *+indir Fragesatz*

percontātiō ⟨percontātiōnis⟩ F ||percontari||
1 Befragung, Erkundigung; **percontationem facere** ein Verhör anstellen
2 RHET Frage *als Redefigur*

percontātor ⟨percontātōris⟩ M ||percontari|| Ausfrager, Ermittler

per-contumāx ⟨percontumācis⟩ ADJ *Ter.* sehr trotzig

per-copiōsus ⟨a, um⟩ ADJ (*nachkl.*) sehr wortreich

per-coquere ⟨coquō, coxī, coctum 3.⟩ (*unkl.*)
1 gar kochen, backen
2 *fig* erhitzen
3 *fig* reif machen
4 *fig* schwärzen

per-crepāre ⟨crepō, crepuī, - 1.⟩ laut erschallen

per-cruciārī ⟨or, - 1.⟩ *Plaut.* sich zu Tode ängstigen

per-culī → percellere

per-culsus ⟨a, um⟩ PPP → percellere

per-cūnctārī ⟨or, ātus sum 1.⟩ = **percontari**

per-cupere ⟨iō, -, - 3.⟩ (*Com., nachkl.*) sehr wünschen

per-cupidus ⟨a, um⟩ ADJ sehr geneigt, *alicuius* j-m

per-cūrāre ⟨ō, āvī, ātum 1.⟩ (*nachkl.*) völlig heilen, ausheilen; **vulnus ~** eine Wunde ausheilen

per-cūriōsus ⟨a, um⟩ ADJ sehr neugierig

per-currere ⟨currō, (cu)currī, cursum 3.⟩
A VI hinlaufen, eilen; **per temonem ~** über die Deichsel hinlaufen
B VT
1 durchlaufen, durcheilen; **pectine telas ~** die Aufzüge des Gewebes mit dem Weberkamm durchschießen; **metus pectus percurrit** Furcht durchschauert die Brust; **quaesturam, praeturam, consulatum ~** die Quästur, die Prätur und das Konsulat der Reihe nach innehaben
2 *fig in der Rede* der Reihe nach aufzählen; flüchtig erwähnen
3 *fig mit dem Blick od in Gedanken* überfliegen; flüchtig durchsehen; **omnes causas percursas animo habere** alle Rechtsfälle im Kopf haben

per-cursāre ⟨ō, āvī, ātum 1.⟩ ||percurrere|| (*nachkl.*)
A VT durchstreifen
B VI umherschweifen, *re* in etw

percursātiō ⟨percursātiōnis⟩ F ||percursare|| Durchreise, Wanderung

percursiō ⟨percursiōnis⟩ F ||percurrere||
1 flüchtige Erwähnung *in der Rede*
2 schnelles Überdenken

per-cursus ⟨a, um⟩ PPP → percurrere

per-cussī → percutere

percussiō ⟨percussiōnis⟩ F ||percutere||
1 Schlagen, Schlag; **capitis ~** Schlag an den Kopf; **~ digitorum** das Schnippen mit den Fingern
2 RHET, MUS Takt, Taktschlagen; Tonfall

percussor ⟨percussōris⟩ M ||percutere|| Mörder; **~ veneficus** Giftmörder

percussus[1] ⟨percussūs⟩ M ||percutere|| Schlag; *fig* Beleidigung

per-cussus[2] ⟨a, um⟩ PPP → percutere

per-cutere ⟨cutiō, cussī, cussum 3.⟩ ||quatere||
1 durchbohren, durchstoßen
2 heftig erschüttern
3 schlagen, stoßen
4 schlagen
5 schlagen, prägen
6 verwunden
7 schmerzlich berühren, verletzen
8 totschlagen, ermorden
9 ein Bündnis durch Schlachtopfer besiegeln
10 erschüttern, rühren
11 hintergehen, betrügen

---

1 durchbohren, durchstoßen, *aliquem*/*aliquid re* j-n/etw mit etw
2 (*nachkl.*) *poet* heftig erschüttern; **pennas ~** die Flügel schwingen
3 schlagen, stoßen; **Iuppiter aliquem fulmine percutit** Jupiter trifft j-n mit dem Blitz; **forem virgā ~** mit der Rute an die Tür klopfen; **pede terram ~** mit dem Fuß auf den Boden stampfen; **de caelo percuti** vom Blitz getroffen werden; **locum non ~** den Nagel nicht auf den Kopf treffen; **matres pectora percussae** Mütter, die sich mit den Händen an die Brust schlagen
4 (*nachkl.*) *ein Instrument* schlagen; **nervos ~** die Saiten schlagen
5 (*nachkl.*) Münzen schlagen, prägen
6 (*nachkl.*) verwunden; **percussus gladio bracchium** mit dem Schwert am Arm verletzt
7 *seelisch* schmerzlich berühren, verletzen
8 totschlagen; *vom Henker* hinrichten; **feras ~** Wild schießen
9 **foedus ~** ein Bündnis durch Schlachtopfer besiegeln

10 *geistig* erschüttern, beeindrucken; **amore percussus gravi** von Liebe tief getroffen
11 hintergehen, betrügen
per-decōrus ⟨a, um⟩ ADJ *Plin.* sehr anständig
per-dēlīrus ⟨a, um⟩ ADJ *Lucr.* sehr unsinnig
per-depsere ⟨ō, uī, - 3.⟩ *Catul.* j-n durchkneten, mit *j-m* Geschlechtsverkehr haben, *aliquem*
per-dere ⟨dō, didī, ditum 3.⟩
1 zugrunde richten, vernichten
2 verschwenden, vergeuden; **fortunas suas ~** sein Vermögen verschwenden
3 verlieren, einbüßen; **operam et oleum ~** *fig* sich vergeblich abmühen; **~ litem/causam** einen Prozess verlieren
4 verspielen; **multum in alea ~** viel beim Würfelspiel verlieren
🛈 **Oleum et operam perdidi.** *Plaut.* Ich habe Öl und Mühe vergeudet. = Alles umsonst.
per-didī → perdere
per-difficilis ⟨perdifficile, *adv* perdifficiliter⟩ ADJ sehr schwer, sehr schwierig
per-dīgnus ⟨a, um⟩ ADJ sehr würdig, *re* einer Sache; **~ amicitiā** der Freundschaft sehr würdig
per-dīligēns ⟨perdīligentis, *adv* perdīligenter⟩ ADJ *Cic.* sehr sorgfältig, sehr pünktlich
per-dīscere ⟨dīscō, didicī, - 3.⟩ gründlich lernen, auswendig lernen; *perf* genau verstehen
per-disertē ADV sehr beredt
perditor ⟨perditōris⟩ M ||perdere|| Verderber, Zerstörer
perditus[1] ⟨a, um, *adv* perditē⟩ ADJ ||perdere||
1 verloren; *vor Liebe* verblendet; **luctu ~** in tiefe Trauer versunken
2 hoffnungslos, verzweifelt; **res perdita** hoffnungslose Lage
3 *von Leidenschaften u. Zuständen* heillos, maßlos; **perdita luxuria** *Nep.* maßlose Verschwendungssucht
4 *sittlich* verkommen, verrucht; **homines perditi** Gesindel
perditus[2] ⟨perditūs⟩ M ||perdo|| *Plaut.* Verlust
per-ditus[3] ⟨a, um⟩ PPP → perdere
per-diū ADV langwierig
per-diuturnus ⟨a, um⟩ ADJ sehr lange dauernd, sehr langwierig
per-dīves ⟨perdīvitis⟩ ADJ sehr reich
perdīx ⟨perdīcis⟩ M u. F (*unkl.*) Rebhuhn
per-docēre ⟨doceō, docuī, doctum 2.⟩ gründlich (be)lehren, deutlich darlegen
perdoctus ⟨a, um, *adv* perdoctē⟩ ADJ ||perdocere|| sehr gelehrt, sehr geschickt; **docte ~** gut abgerichtet
per-dolēre ⟨eō, uī, itum 2.⟩ (*vkl., nachkl.*) sehr schmerzen

perdolēscere ⟨dolēscō, doluī, - 3.⟩ ||perdolere|| tief bedauern, sich sehr ärgern, +*AcI*
per-doluī → perdolere *u.* → perdolescere
per-domāre ⟨ō, uī, itum 1.⟩ (*nachkl.*)
1 völlig (be)zähmen; **tauros ~** Stiere völlig zähmen
2 *fig* völlig unterwerfen, **cives** Bürger
per-dormīscere ⟨īscō, -, - 3.⟩ *Plaut.* durchschlafen
per-dūcere ⟨dūcō, dūxī, ductum 3.⟩
1 *ans Ziel* hinführen, leiten, *aliquem/aliquid ad aliquem/ad aliquid/in aliquid* j-n/etw zu j-m/zu etw; **legatos ad Caesarem ~** Gesandte zu Caesar führen; **aliquem ad furorem ~** *fig* j-n zum Wahnsinn bringen; **aliquem ad summam dignitatem ~** *fig* j-n zur höchsten Stellung erheben; **rem ad extremum casum ~** etw bis zum Äußersten bringen
2 *Mauern, Gräben, Bauten irgendwohin* führen, anlegen, *ad aliquid* bis zu etw; **fossam ad montem ~** den Graben bis zum Berg führen
3 *eine Frau j-m* zuführen, mit *j-m* verkuppeln, *alicui*
4 *fig* fortsetzen, hinziehen; **rem ad Idus Maias ~** eine Angelegenheit bis zu den Iden des Mai hinziehen
5 *fig* veranlassen, verführen, *aliquem ad aliquid* j-n zu etw; **aliquem ad suam sententiam ~** j-n für seine Ansicht gewinnen; **aliquem ad se/ad studium sui ~** j-n auf seine Seite bringen
6 *poet* überziehen, einsalben
perductāre ⟨ō, āvī, ātum 1.⟩ ||perducere|| *Plaut.* herumführen, verkuppeln
perductor ⟨perductōris⟩ M ||perducere|| Fremdenführer; *Cic. pej* Zuhälter
per-ductus ⟨a, um⟩ PPP → perducere
per-dūdum ADV *Plaut.* vor sehr langer Zeit
perduelliō ⟨perduelliōnis⟩ F ||perduellis|| Hochverrat, Landesverrat
per-duellis ⟨perduellis⟩ M ||duellum||
1 Krieg führender Feind; Landesfeind
2 *Plaut.* persönlicher Feind
perduim ⟨perduis ...⟩ *alter konjkt präs* → perdere
per-dūrāre ⟨ō, āvī, ātum 1.⟩
1 ausdauern, aushalten
2 dauern, währen; **longum in aevum ~** eine lange Zeit dauern
per-dūxī → perducere
per-edere ⟨edō, ēdī, ēsum 3.⟩ *poet* ganz verzehren, zernagen
Peredia ⟨ae⟩ F ||peredere|| *hum* Fressland
per-ēgī → peragere
per-egrē ADV *Com.*
1 in der Fremde, im Ausland; **peregre habi-**

PERF

tare im Ausland leben; **animus ~ est** der Geist ist der Welt entrückt
2 (vkl., nachkl.) aus der Fremde
3 (unkl.) in die Fremde

peregrīna ⟨ae⟩ F̄ ||peregrinus|| Fremde, Nichtbürgerin

peregrīnābundus ⟨a, um⟩ ADJ ||peregrinari|| Liv. viel in der Fremde

peregrīnārī ⟨or, ātus sum 1.⟩ ||peregrinus||
1 in der Fremde sein, in der Fremde reisen
2 fig umherschweifen, wandern; **aures vestrae peregrinantur** Cic. eure Ohren sind woanders
3 fig fremd sein, unbekannt sein; **philosophia Romae peregrinatur** die Philosophie ist in Rom fremd
4 (mlat.) wallfahren

peregrīnātiō ⟨peregrīnātiōnis⟩ F̄ ||peregrinari||
1 Aufenthalt im Ausland, Reise im Ausland
2 Plin. ausländischer Aufenthaltsort
3 (mlat.) Pilgerschaft, Pilgerpfad

peregrīnātor ⟨peregrīnātōris⟩ M̄ ||peregrinari|| Freund des Reisens

peregrīnitās ⟨peregrīnitātis⟩ F̄ ||peregrinus||
1 (nachkl.) rechtliche Stellung des Nichtbürgers
2 fig fremde Sitte; Quint. ausländischer Akzent

peregrīnus
A ⟨a, um⟩ ADJ ||peregre||
1 von Personen u. Sachen fremd, ausländisch; **timor ~** Furcht vor einem auswärtigen Feind; **mors peregrina** Tod in der Fremde; **amores peregrini** Liebschaften mit Ausländerinnen; **iurisdictio peregrina** Gerichtsbarkeit über Nichtbürger; **volucris peregrina** Zugvogel
2 fig unwissend, re in etw
B ⟨ī⟩ M̄
1 Fremder, Nichtbürger
2 (mlat.) Pilger; Kreuzfahrer

per-ēlegāns ⟨perēlegantis, adv perēleganter⟩ ADJ sehr geschmackvoll, sehr gewählt, bes im Ausdruck

per-ēloquēns ⟨perēloquentis⟩ ADJ sehr beredt

per-ēmī → perimere

per-emnis ⟨peremne⟩ ADJ ||per, amnis|| den Flussübergang betreffend; **auspicia peremnia** Auspizien bei einem Flussübergang

perēmptālis ⟨perēmptāle⟩ ADJ ||perimere|| Sen. vernichtend; (eine Prophezeiung) aufhebend

perēmptor ⟨perēmptōris⟩ M̄ ||perimere|| (nachkl.) Mörder

per-ēmptus ⟨a, um⟩ PPP → perimere

perendiē ADV ||dies|| übermorgen

perendinus ⟨a, um⟩ ADJ ||dies|| übermorgig; **die perendino** Caes. übermorgen

Perenna ⟨ae⟩ F̄ → Anna

perennāre ⟨ō, āvī, ātum 1.⟩ ||per, annus|| (nachkl.) poet lange dauern, lange bestehen

per-ennis ⟨perenne⟩ ADJ ||annus||
1 (nachkl.) das ganze Jahr hindurch dauernd
2 allg. beständig; nie versiegend; **fama ~** alte Sage

perenni-servus ⟨ī⟩ M̄ Plaut. ewiger Sklave

perennitāre ⟨ō, -, - 1.⟩ ||perennare|| Plaut. dauernd erhalten

perennitās ⟨perennitātis⟩ F̄ ||perennis|| beständige Dauer; **~ fontium** Unversiegbarkeit der Quellen

per-eō → perire

per-equitāre ⟨ō, āvī, ātum 1.⟩
A VT (nachkl.) durchreiten, **aciem** die Schlachtreihe
B VI umherreiten, **per omnes partes** überall

per-errāre ⟨ō, āvī, ātum 1.⟩ (nachkl.) poet durchirren, durchstreifen; **hedera truncum pererrat** Plin. Efeu umschlingt den Baumstamm; **aliquem totum luminibus ~** j-n von Kopf bis Fuß mustern

per-ērudītus ⟨a, um⟩ ADJ gut unterrichtet

per-excelsus ⟨a, um⟩ ADJ hoch emporragend

per-exiguus ⟨a, um, adv perexiguē⟩ ADJ sehr klein, sehr wenig; **ignis ~** ganz schwaches Feuer

per-expedītus ⟨a, um⟩ ADJ sehr leicht (zu bewerkstelligen)

per-fabricāre ⟨ō, āvī, ātum 1.⟩ Plaut. fertig zimmern; fig überlisten

per-facētus ⟨a, um, adv perfacētē⟩ ADJ sehr witzig

per-facilis ⟨perfacile, adv perfacile⟩ ADJ
1 sehr leicht, +inf/+Supin; **perfacile factu** sehr leicht zu machen
2 fig sehr gefällig
3 adv sehr leicht; Com. sehr gern

per-fācundus ⟨a, um⟩ ADJ (nachkl.) sehr beredt

per-familiāris
A ⟨perfamiliāre⟩ ADJ sehr vertraut, alicui j-m
B ⟨perfamiliāris⟩ M̄ vertrauter Freund

per-fēcī → perficere

perfectiō ⟨perfectiōnis⟩ F̄ ||perficere||
1 Vollendung
2 Vollkommenheit; **~ atque absolutio optimi** das Ziel idealer Vollkommenheit

perfector ⟨perfectōris⟩ M̄ ||perficere|| Vollender

perfectum ⟨ī⟩ N̄ ||perfectus|| Vollkommenheit; **ultra perfectum** über das Maß der Vollendung hinaus

perfectus¹ ⟨a, um, *adv* perfectē⟩ ADJ ||perficere|| vollendet, vollkommen; ~ **et absolutus** absolut vollkommen

▶ deutsch: **perfekt**
englisch: **perfect**
französisch: **parfait**
spanisch: **perfecto**
italienisch: **perfetto**

per-fectus² ⟨a, um⟩ PPP → perficere

perferēns ⟨perferentis⟩ ADJ ||perferre|| geduldig im Ertragen

per-ferre ⟨ferō, tulī, lātum 0.⟩
1 *bis zum Ziel* hintragen, hinbringen; *passiv* hingelangen, (an-) kommen; **sacra ad urbes ~** Heiligtümer in die Städte bringen; **hasta vires non perfert** = die Lanze verliert die Kraft; **lapis ictum non pertulit** = der Stein kam nicht ans Ziel; **se ~** sich hinbegeben
2 überbringen, übergeben, *aliquid ad aliquem/alicui* etw j-m; **alicui litteras ~** j-m einen Brief überbringen
3 berichten, melden; **ad aliquem perfertur de re** j-d erhält die Nachricht von etw
4 durchführen, vollenden; **intrepidos vultūs ~** bis zum Ende unerschrockene Mienen beibehalten; **legem ~** ein Gesetz durchsetzen; **lex perfertur** ein Gesetz geht durch
5 geduldig ertragen, erdulden

perfica ⟨ae⟩ F ||perficere|| *Lucr.* Vollenderin

per-ficere ⟨ficiō, fēcī, fectum 3.⟩ ||facere||
1 vollenden, bauen; **pontem ~** eine Brücke bauen; **Achillem citharā ~** den Achill an der Leier vollkommen ausbilden
2 *abstr.* Handlungen *od* Zustände zustande bringen, verwirklichen; **munus ~** einen Auftrag ausführen; **ratio perficiendi** Ausführungsweise
3 *eine Zeit* durchleben, überdauern
4 beenden; durchführen; **bellum ~** den Krieg beenden; **comitia ~** die Komitien abhalten
5 ausarbeiten, abfassen; **commentarios ~** Kommentare verfassen
6 durchsetzen, bewirken, *ut/ne* dass/dass nicht, *verneint auch mit quominus* dass

per-fidēlis ⟨perfidēle⟩ ADJ ganz zuverlässig

perfidia ⟨ae⟩ F ||perfidus|| Treulosigkeit, Wortbrüchigkeit, *in aliquem* gegen jdn

perfidiōsus ⟨a, um, *adv* perfidiōsē⟩ ADJ = **perfidus**

per-fidus ⟨a, um, *adv* perfidē⟩ ADJ
1 treulos, wortbrüchig; **amicus ~** treuloser Freund
2 *von Sachen* unzuverlässig, unsicher

per-fīgere ⟨fīgō, fīxī, fīxum 3.⟩ durchbohren; **perfixus** *Lucr. fig* ergriffen, getroffen

perflābilis ⟨perflābile⟩ ADJ ||perflare|| dem Wind ausgesetzt, luftig

per-flāgitiōsus ⟨a, um⟩ ADJ sehr lasterhaft

per-flāre ⟨ō, āvī, ātum 1.⟩ (unkl.)
A VT durchwehen, durchblasen
B VI wehen; **aura maris perflat** *Curt.* der Seewind weht

perflātus ⟨perflātūs⟩ M ||perflare|| (nachkl.) Luftzug

per-flūctuāre ⟨ō, -, - 1.⟩ *Lucr.* durchfluten

per-fluere ⟨fluō, flūxī, flūxum 3.⟩ (unkl.)
1 durchfließen; *von Gefäßen* auslaufen
2 hinfließen, münden
3 *fig* überfließen von *etw*, reich sein an *etw*, *re*

per-fodere ⟨fodiō, fōdī, fossum 3.⟩
1 durchgraben, *bes mit einer Waffe* durchbohren
2 graben, durchstechen; **fretum manu ~** *Liv.* den Kanal mit der Hand durchgraben

per-forāre ⟨ō, āvī, ātum 1.⟩
1 durchbohren, durchlöchern; **scutum spiculis ~** den Schild mit Wurfspießen durchbohren
2 einen Gang *od* Öffnungen durch Durchbrechen anlegen; **Stabianum ~** durch Anlegen von Lichtungen einen Ausblick auf das Landgut bei Stabiae gewinnen

perforātor ⟨perforātōris⟩ M ||perforare|| *Plaut.* Einbrecher

per-fortiter ADV *Ter.* sehr tapfer

perfossor ⟨perfossōris⟩ M ||perfodere|| *Plaut.* Einbrecher

per-frāctus ⟨a, um⟩ PPP → perfringere

per-frēgī → perfringere

per-fremere ⟨ō, -, - 3.⟩ (vkl.) laut schnauben; laut einherrauschen

per-frequēns ⟨perfrequentis⟩ ADJ *Liv.* sehr besucht, sehr belebt

per-fricāre ⟨fricō, fricuī, frictum/fricātum 1.⟩ stark reiben, stark frottieren; **caput sinistrā manu ~** sich den Kopf mit der linken Hand kratzen; **ōs ~** *fig* alle Scham ablegen

per-frīgē-facere ⟨faciō, -, - 3.⟩ *Plaut.* eiskalt machen; **cor alicui ~** j-m einen großen Schrecken einjagen

per-frīgēscere ⟨frīgēscō, frīxī, - 3.⟩ kalt werden, sich erkälten

per-frīgidus ⟨a, um⟩ ADJ sehr kalt

per-fringere ⟨fringō, frēgī, frāctum 3.⟩ ||frangere||
1 durchbrechen, **hostium phalangem** die Schlachtordnung der Feinde; **domos ~** in Häuser einbrechen; **tempora ~** die Schläfe durchbohren
2 *fig* sich Bahn brechen, sich Eingang verschaffen, *aliquid* durch etw; **~ animōs** Menschen mächtig ergreifen
3 zerbrechen, durchhauen; **cervicem suam ~** sich das Genick brechen
4 *fig* vereiteln, vernichten; **senatūs decreta ~**

PERH

die Erlasse des Senats vereiteln; **omnia repagula pudoris ~** sich über alle Schranken der Scham hinwegsetzen

per-frīxī → perfrigescere

per-fruī ⟨truor, fructus sum 3.⟩

1. ganz auskosten, genießen, *re* etw; **vitā ~** das Leben genießen; **ad perfruendas voluptates** zum Genieße der Vergnügungen
2. *Ov.* vollständig ausführen, *re* etw

perfuga ⟨ae⟩ M ||perfugere|| Überläufer, Flüchtling

per-fugere ⟨fugiō, fūgī, - 3.⟩

1. fliehen, seine Zuflucht nehmen, *ad aliquem* zu j-m, bei j-m, *ad aliquid|in aliquid* zu etw, bei etw
2. als Überläufer fliehen, übergehen; **perfugiunt** es kommen Überläufer

perfugium ⟨ī⟩ N ||perfugere||

1. Zuflucht; MIL Rückzugspunkt, *alicuius* j-s, *alicuius rei* einer Sache, für etw, gegen etw; **~ hiemis** Unterschlupf vor dem Winter
2. *fig* Ausflucht

perfūnctiō ⟨perfūnctiōnis⟩ F ||perfungi||

1. Verwaltung, Bekleidung *eines Amtes*
2. Überstehen, **laborum** *von* Mühen

perfūnctōrius ⟨a, um⟩ ADJ ||perfungi|| schlaff, nachlässig

per-fundere ⟨fundō, fūdī, fūsum 3.⟩

1. übergießen, überschütten, *meist fig; passiv* übergossen werden, sich übergießen; **vestem ostro ~** das Kleid mit Purpur färben; **perfusus umeros oleo** die Schultern mit Öl gesalbt; **genas lacrimis perfusus** die Wangen mit Tränen benetzt
2. (*nachkl.*) überschütten *mit trockenen Dingen*, bedecken; **cubiculum perfusum sole** von Sonne erfülltes Zimmer
3. *fig mit Gefühlen* überströmen, ganz erfüllen; **aliquem horrore ~** j-m einen Schrecken einjagen

per-fungī ⟨fungor, fūnctus sum 3.⟩

1. ganz verrichten, verwalten, *re* etw; **munere ~** ein Amt verwalten
2. überstehen, durchmachen, *re* etw; **memoria perfuncti periculi** Erinnerung an die überstandene Gefahr; **perfunctus sum** ich habe es überstanden, ich bin am Ende
3. (*unkl.*) genießen, *re* etw, **epulis** Speisen

per-furere ⟨ō, -, - 3.⟩ *poet* fort und fort wüten, umhertoben

perfūsōrius ⟨a, um⟩ ADJ ||perfundere||

1. (*nachkl.*) oberflächlich, nicht gründlich
2. *Suet.* verwirrend, irreführend

Pergama ⟨ōrum⟩ N = **Pergamum** 2

pergamēna ⟨ae⟩ F ||Pergamum|| Pergament

pergamen(t)um ⟨ī⟩ N (*mlat.*) Pergament

Pergamēnus

A ⟨a, um⟩ ADJ aus Pergamum, von Pergamum; → Pergamum 2; **charta Pergamena** Pergament

B ⟨ī⟩ M Einwohner von Pergamum; → Pergamum 2

Pergameus ⟨a, um⟩ ADJ trojanisch; → Pergamum 1

Pergamum ⟨ī⟩ N, **Pergamus** ⟨ī⟩ F

1. *die Burg von Troja*
2. *Stadt in Großmysien, Hauptstadt des Pergamenischen Reiches, 133 v. Chr. von Attalos III. den Römern vermacht, heute Bergama, bedeutende Ausgrabungen (Pergamonaltar, seit 1929 in Berlin)*

per-gaudēre ⟨eō, -, - 2.⟩ sich sehr freuen

pergere ⟨pergō, perrēxī, perrēctum 3.⟩

A VI

1. weitergehen, aufbrechen; **pergel/pergite!** wohlan!, ans Werk
2. fortfahren, nicht ablassen, *absolut od +inf*; **pergite, ut coepistis** fahrt fort, wie ihr begonnen habt
3. in der Rede fortfahren, in der Rede weitergehen

B VT **iter ~** den Weg fortsetzen, den Marsch fortsetzen

per-gnōscere ⟨gnōscō, gnōvī, - 3.⟩ (*altl.*) = **pernoscere**

per-graecārī ⟨or, - 1.⟩ *Plaut.* auf griechische Art zechen, in Saus und Braus leben

per-grandis ⟨pergrande⟩ ADJ sehr groß; **~ natu** sehr alt

per-graphicus ⟨a, um⟩ ADJ *Plaut.* sehr schlau, sehr listig

per-grātus ⟨a, um⟩ ADJ sehr angenehm, *auch getrennt*; **pergratum alicui facere** j-m einen großen Gefallen tun, *si/quod/ut*

per-gravis ⟨pergrave, *adv* pergraviter⟩ ADJ sehr schwer, sehr gewichtig; *adv* sehr heftig

pergula ⟨ae⟩ F (*unkl.*)

1. Vorbau
2. Sternwarte, Observatorium
3. Bordell

per-haurīre ⟨hauriō, hausī, haustum 4.⟩ (*Plaut., nachkl.*) ganz austrinken; ganz verschlingen

per-hibēre ⟨hibeō, hibuī, hibitum 2.⟩ ||habere||

1. hinhalten, als Rechtsbeistand aufbieten
2. erwähnen, erzählen; **ut perhibent** wie man erzählt
3. nennen, anführen, *aliquem* jdn

per-hīlum ⟨ī⟩ N *Lucr.* sehr wenig

per-honōrificus ⟨a, um, *adv* perhonōrificē⟩ ADJ

1. sehr ehrenvoll

2 sehr ehrerbietig, *in aliquem* gegen jdn
per-horrēre ⟨eō, -, - 2.⟩ *(nachkl.) poet* sich heftig entsetzen, *aliquid* vor etw
perhorrēscere ⟨horrēscō, horruī, - 3.⟩ ||perhorrere||

A V/i

1 erschauern, erbeben; **toto corpore ~** am ganzen Körper erbeben

2 *von Gewässern* hoch aufschäumen; erbeben, erzittern

B V/t sich entsetzen, zurückschrecken, *aliquem/aliquid* vor j-m/vor etw, *ne* dass, *+inf*; **navita Bosphorum perhorrescit** *Hor.* vor dem Bosporus fürchtet sich der Seemann

per-horridus ⟨a, um⟩ ADJ *Liv.* ganz starrend, sehr schauerlich

per-hūmānus ⟨a, um, *adv* perhūmāniter⟩ ADJ sehr freundlich, sehr höflich

per-iambus ⟨ī⟩ M *Quint.* = **pariambus**

Periclēs ⟨Periclis *u.* Periclī⟩ M berühmter athenischer Staatsmann, 493–429 v. Chr.

perīclitārī ⟨or, ātus sum 1.⟩

A V/t versuchen, erproben; **fortunam belli ~** das Glück des Krieges erproben; **periclitatus** *auch passiv* versucht, erprobt; **periclitati mores** erprobte Sitten

B V/i

1 einen Versuch machen, *in re* an etw

2 gefährdet sein, bedroht sein, *re* durch etw, mit etw, *in re* bei etw; **alicuius vita periclitatur** j-s Leben ist in Gefahr

perīclitātiō ⟨perīclitātiōnis⟩ F ||periclitari|| Versuch

perīclum ⟨ī⟩ N = **periculum**

perīculōsus ⟨a, um, *adv* perīculōsē⟩ ADJ ||periculum|| gefährlich, *alicui/alicui rei* für j-n/für etw; **iuxta periculoso** da es gleich gefährlich war

perīculum ⟨ī⟩ N

1 Versuch, Probe; **periculum facere alicuius rei** etw versuchen, etw probieren; **periculum fortunae facere** das Elend aus eigener Erfahrung kennen lernen; **periculum alicuius facere** sich mit j-m messen

2 Gefahr, Risiko, *alicuius* j-s *od* durch j-n, *alicuius rei* vor einer Sache, für etw; **periculo alicuius** auf j-s Gefahr hin; **periculo rei publicae** unter Gefahr für den Staat; **magno (cum) periculo** unter großer Gefahr; **res est magni periculi** die Sache ist sehr gefährlich; **periculum facere alicuius rei** etw riskieren; **in periculo esse/versari** in Gefahr schweben; **~ est, ne** es ist zu befürchten, dass

3 Anklage, Prozess; **periculum alicui facessere** j-n anklagen

4 *meton* Gerichtsprotokoll; Verurteilungsbeschluss

5 *Quint.* RHET das Gewagte *im Ausdruck*

🛑 **Periculum in mora.** *Liv.* Gefahr besteht im Zögern. = Gefahr ist im Verzug.

per-idōneus ⟨a, um⟩ ADJ sehr geeignet, sehr passend, *alicui rei/ad aliquid* zu etw

perierāre ⟨ō, āvī, ātum 1.⟩ = **peierare**

perierātiuncula ⟨ae⟩ F *Plaut.* = **peieratiuncula**

per-iī → **perire**

Perillus ⟨ī⟩ M Erzgießer aus Akragas (Agrigentum), fertigte für den Tyrannen Phalaris einen eisernen, innen hohlen Stier, in dem Verbrecher verbrannt werden sollten; wurde vom Tyrannen gezwungen als Erster in den Stier zu steigen u. kam darin um

per-illūstris ⟨perillūstre⟩ ADJ

1 *Nep.* sehr deutlich

2 sehr angesehen

per-imbēcillus ⟨a, um⟩ ADJ sehr schwach

per-imere ⟨imō, ēmī, ēmptum 3.⟩ ||emere||

1 ganz wegnehmen; vernichten; **lunam ~** den Mond verdunkeln

2 *(nachkl.)* töten; **morte peremptus** vom Tod dahingerafft

3 *fig* völlig vereiteln, **reditum** die Rückkehr

per-impedītus ⟨a, um⟩ ADJ *(nachkl.)* sehr unwegsam

perinaeum ⟨ī⟩ N *(mlat.)* = **perineum**

per-inānis ⟨perināne⟩ ADJ *Mart.* ganz leer, wertlos

per-incertus ⟨a, um⟩ ADJ *Sall.* ganz unsicher

per-incommodus ⟨a, um, *adv* perincommodē⟩ ADJ *Liv.* ganz ungelegen

per-inde ADV auf gleiche Weise, in demselben Maß; **ars operosa et ~ fructuosa** ein kunstvolles und ebenso fruchtbares Handwerk; **non ~** nicht in gleichem Maß; **haud ~ ... quam** sowohl ... als vielmehr; **haud ~** nicht gerade, nicht sonderlich; **~ ac/si/ut/quam** ebenso wie, in demselben Maß wie, je nachdem; **~ ac si/quasi/tamquam (si)/quam si**, +konjkt gleich als ob, gerade als ob, gerade wie wenn

per-indignē ADV ||dignus|| *Suet.* sehr unwillig

per-indulgēns ⟨perindulgentis⟩ ADJ sehr nachsichtig, *in aliquem* gegen jdn

perineos ⟨ī⟩ M, **perineum** ⟨ī⟩ N *(mlat.)* MED Damm

per-ineptus ⟨a, um⟩ ADJ sehr unpassend

per-īnfāmis ⟨perīnfāme⟩ ADJ *(unkl.)* sehr übel, berüchtigt

per-īnfirmus ⟨a, um⟩ ADJ sehr schwach

per-ingeniōsus ⟨a, um⟩ ADJ sehr scharfsinnig, sehr witzig

per-ingrātus ⟨a, um⟩ ADJ *Sen.* sehr undankbar

per-inīquus ⟨a, um⟩ ADJ

1 sehr unangemessen

2 sehr ungehalten

per-īnsīgnis ⟨perīnsīgne⟩ ADJ sehr auffallend

Perinthus ⟨ī⟩ F thrakische Hafenstadt in der Propontis, später Heraklea, heute Eregli

per-invalidus ⟨a, um⟩ ADJ Curt. sehr schwach

per-invīsus ⟨a, um⟩ ADJ sehr verhasst, *alicui* j-m

per-invītus ⟨a, um⟩ ADJ sehr ungern

periodus ⟨ī⟩ F (nachkl.) Satzgefüge, Periode

Peripatēticus

A ⟨a, um⟩ ADJ peripatetisch, zum Peripatos gehörig

B ⟨ī⟩ M Peripatetiker, *Anhänger der Schule des Aristoteles*

peripetasma ⟨peripetasmatis⟩ N Teppich, Decke

Periphās ⟨Periphantis⟩ M attischer König der Urzeit, wegen seiner Gerechtigkeit wie Zeus verehrt, von diesem in einen Adler verwandelt

periphrasis ⟨periphrasis⟩ F (nachkl.) Umschreibung

peripteros ⟨on⟩ N Vitr. ringsum geflügelt; **aedes ~** Tempel mit umlaufender Säulenreihe

per-īrātus ⟨a, um⟩ ADJ sehr zornig, *alicui* auf jdn

per-īre ⟨iō, iī, itum 0.⟩ (vkl.)

1 *von Personen u. Sachen* verloren gehen, verschwinden; **urbes pereunt** Städte gehen unter; **nix perit** Schnee schmilzt

2 *gewaltsam* ums Leben kommen, umkommen; **perii** ich bin verloren; **peream, si/nisi** ich will des Todes sein, wenn/wenn nicht

3 *von Leblosem* verloren gehen; aufhören; **tempus perit** Zeit verstreicht ungenützt; **actiones et res pereunt** Klagerecht und Anspruch erlöschen

4 unsterblich verliebt sein, *aliquem/aliquam* in jdn

perīrī ⟨perior, perītus sum 4.⟩ Plaut. erfahren

periscelis ⟨periscelidis⟩ F (nachkl.) poet Knieband, Kniespange

peristasis ⟨peristasis⟩ F Thema *eines Vortrages*

periströma ⟨periströmatos⟩ N Teppich, Decke

peristȳlium, peristȳlum ⟨ī⟩ N offener Innenhof *des röm. Hauses mit Säulenumgang,* Peristyl

Pērithous ⟨ī⟩ M **= Pirithous**

perītia ⟨ae⟩ F ||peritus|| (nachkl.) Erfahrung, Kenntnis, *alicui rei* von etw

peritum PPP → **perire**

perītus

A ⟨a, um⟩ ADJ, ADV ⟨perītē⟩ ||perīrī||

1 erfahren, kundig, *absolut od alicuius rei/re/in re* in etw, +inf

2 geschickt, gebildet

B ⟨ī⟩ M Sachverständiger, Kunstverständiger

per-iūcundus ⟨a, um, adv periūcundē⟩ ADJ sehr angenehm; *adv* mit großem Vergnügen, in guter Stimmung

per-iūrāre ⟨ō, āvī, ātum 1.⟩ = **peierare**

periūriōsus ⟨a, um⟩ ADJ ||periurium|| Plaut. meineidig

periūrium ⟨ī⟩ N ||periurus|| Meineid

per-iūrus

A ⟨a, um⟩ ADJ eidbrüchig, meineidig

B ⟨ī⟩ M Meineidiger

perl... *auch* = **pell...**

per-lābī ⟨lābor, lāpsus sum 3.⟩

A VIT etw durcheilen, über *etw* hingleiten, *aliquid*; **Neptunus summas perlabitur undas** Neptun durchgleitet die Wellenberge

B VI

1 hineinschleichen, hineinkriechen, *in aliquid* in etw

2 unbemerkt gelangen, *ad aliquem* zu j-m

per-laetus ⟨a, um⟩ ADJ Liv. sehr freudig

per-lātē ADV sehr weit; **~ patere** einen sehr großen Umfang haben

per-latēre ⟨eō, uī, - 2.⟩ Ov. immer verborgen bleiben

per-lātus ⟨a, um⟩ PPP → **perferre**

per-lavāre ⟨lavō, lāvī, - 1.⟩ (Plaut., spätl.) ganz abwaschen, durchweichen

per-legere ⟨legō, lēgī, lēctum 3.⟩

1 poet genau betrachten, durchmustern; **omnia oculis ~** alles mit den Augen mustern

2 durchlesen, **epistulam** einen Brief

3 (vkl., nachkl.) verlesen, ganz vorlesen; **senatum ~** die Senatorenliste verlesen

per-lepidē ADV Plaut. sehr fein

per-levis ⟨perleve, adv perleviter⟩ ADJ sehr leicht; *fig* sehr unbedeutend

per-libēns ⟨perlibentis, adv perlibenter⟩ ADJ sehr gern; **me perlibente** Cic. zu meinem Vergnügen

per-līberālis ⟨perlīberāle, adv perlīberāliter⟩ ADJ

1 sehr gütig

2 sehr gut erzogen

per-libēre ⟨libet, libuit, - 2.⟩ unpers Plaut. es beliebt, ich habe große Lust

per-lībrāre ⟨ō, āvī, ātum 1.⟩ (nachkl.) gleichmachen

per-licere ⟨liciō, lēxī, lectum 3.⟩ = **pellicere**

per-litāre ⟨ō, āvī, ātum 1.⟩ Liv. unter ungünstigen Vorzeichen opfern, *alicui* j-m, *re* etw

per-longinquus ⟨a, um⟩ ADJ Plaut. sehr langwierig

per-longus ⟨a, um, adv perlongē⟩ ADJ

1 sehr lang

2 sehr langwierig
3 *adv* sehr weit
per-lub... = **perlib...**
perlūcēns ⟨perlūcentis⟩ ADJ ‖perlucere‖ durchsichtig
per-lūcēre ⟨lūceō, lūxī, - 2.⟩
1 durchscheinen, durchschimmern; **ex re ~** aus etw sichtbar sein
2 (*vkl., nachkl.*) durchsichtig sein
perlūcidulus ⟨a, um⟩ ADJ ‖perlucidus‖ *Catul.* ziemlich durchsichtig
perlūcidus ⟨a, um⟩ ADJ ‖perlucere‖ durchsichtig; sehr hell
perlūctuōsus ⟨a, um⟩ ADJ sehr traurig
per-luere ⟨luō, luī, lūtum 3.⟩ ‖lavare‖ abspülen, abwaschen; *passiv* baden
per-lūstrāre ⟨ō, āvī, ātum 1.⟩
1 (*nachkl.*) durchstreifen, **agros** die Felder
2 *fig* (durch)mustern; *geistig* erwägen
per-madefacere ⟨faciō, fēcī, factum 3.⟩ *Plaut.* durchweichen
per-madēscere ⟨madēscō, maduī, - 3.⟩ (*nachkl.*) ganz nass werden; *fig* erschlaffen
per-magnus ⟨a, um⟩ ADJ sehr groß, sehr bedeutend; **permagni interest** es liegt sehr viel daran; **permagno vendere** sehr teuer verkaufen
per-male ADV sehr unglücklich
per-mananter ADV ‖permanare‖ *Lucr.* durchfließend, durchdringend
per-mānāre ⟨ō, āvī, ātum 1.⟩
1 *Lucr.* hindurchfließen; *fig* durchdringen; **calor argentum permanat** die Hitze durchdringt das Silber
2 hindurchfließen, sich ergießen; **ad omnes partes ~** in alle Richtungen sich ergießen
3 eindringen, sich verbreiten; **ad sensum ~** Eindruck machen
permānāscere ⟨āscō, -, - 3.⟩ ‖permanare‖ *Plaut.* hinfließen; *fig* zu Ohren kommen, *ad aliquem* j-m
per-manēre ⟨maneō, mānsī, mānsūrus 2.⟩
1 verbleiben, ausharren; **in armis ~** unter Waffen bleiben
2 sich erhalten, fortbestehen; **aquae permanent** der Wasserstand hält an; **diutissime impuberes permanserunt** *Caes.* sie blieben sehr lange ohne sexuelle Erfahrung
3 in *etw* verharren, *einer Sache* treu bleiben, *in re*; **in libertate ~** an der Freiheit festhalten
per-mānsī → permanere
permānsiō ⟨permānsiōnis⟩ F ‖permanere‖ Verbleiben; *fig* Verharren
per-marīnus ⟨a, um⟩ ADJ über das Meer geleitend

per-matūrēscere ⟨matūrēscō, matūruī, - 3.⟩ (*nachkl.*) *poet* völlig reif werden
per-meāre ⟨ō, āvī, ātum 1.⟩ (*nachkl.*)
A VT durchwandern, durchziehen; **maria ac terras ~** durch Meere und Länder ziehen
B VI an ein Ziel gelangen; **sagittae longius in hostes permeant** *Tac.* die Pfeile gelangen weiter bis zu den Feinden
per-mediocris ⟨permediocre⟩ ADJ sehr mittelmäßig, sehr mäßig
per-meditātus ⟨a, um⟩ ADJ *Plaut.* gut vorbereitet
Permēssus ⟨ī⟩ M *Fluss in Böotien, dessen Quellen am Helikon den Musen heilig waren*
per-mētīrī ⟨mētior, mēnsus sum 4.⟩
1 ausmessen
2 (*unkl.*) *fig* durchwandern, durchfahren; *pperf auch passiv*
per-mingere ⟨mingō, mīnxī, - 3.⟩ (*vkl.*) anpissen; *Hor. meton Knaben* missbrauchen
per-mīrus ⟨a, um⟩ ADJ sehr wunderbar; sehr merkwürdig
per-miscēre ⟨misceō, miscuī, mixtum 2.⟩
1 vermischen, durcheinandermengen, *aliquid cum re/re* etw mit etw; *passiv* sich vermischen; **sanguinem vino ~** Blut und Wein mischen
2 *fig* vereinen, verbinden, *cum re/alicui rei* mit etw; *passiv* sich vereinen, handgreiflich werden, *alicui* mit j-m; **permixtus alicuius consiliis** in j-s Pläne verwickelt
3 *fig* verwirren, in Unordnung bringen; **omnia ~** alles drunter und drüber gehen lassen
per-mīsī → permittere
permissiō ⟨permissiōnis⟩ F ‖permittere‖
1 (*nachkl.*) unbedingte Überlassung, MIL Kapitulation
2 RHET Überlassung der Entscheidung an Richter, Überlassung der Entscheidung an Gegner
permissum ⟨ī⟩ N ‖permittere‖ (*nachkl.*) *poet* Erlaubnis, Gunst
permissus[1] ⟨permissūs⟩ M ‖permittere‖ Erlaubnis; **permissū** mit Erlaubnis
per-missus[2] ⟨a, um⟩ PPP → permittere
permitiālis ⟨permitiāle⟩ ADJ ‖permities‖ *Lucr.* Verderben; *meton* Verderber
permitiēs ⟨permitiēī⟩ F ‖pernicies‖ (*vkl.*) Verderben; *meton* Verführer
per-mittere ⟨mittō, mīsī, missum 3.⟩
1 (*nachkl.*) schleudern, gehen lassen; **habenas equo ~** einem Pferd die Zügel schießen lassen; **tela ~** Geschosse schleudern; **equi permittuntur** Pferde sprengen heran; **tribunatum ~** dem Tribunat die Zügel schießen lassen = sich des Tribunats uneingeschränkt bedienen; **se ~** sich stürzen

2 *fig* überlassen, anvertrauen, *alicui aliquid* j-m etw; **se alicui/fidei alicuius ~** sich auf Gnade und Ungnade j-m ergeben

3 fahren lassen, opfern, *aliquid alicui* etw j-m zuliebe; **inimicitias patribus conscriptis ~** persönliche Feindschaften den Senatoren zuliebe aufgeben

4 erlauben, gestatten, *alicui aliquid* j-m etw *+inf/ +AcI, ut* dass; **permittente senatu** mit Erlaubnis des Senats; **permittitur** es ist erlaubt, man darf, *+inf, ut* dass; **permisso** als ihm erlaubt worden war, da man durfte

permixtē, permixtim ADV ‖permiscere‖ vermischt; *Cic.* RHET mit versetzten Wörtern

permixtiō ⟨permixtiōnis⟩ F ‖permiscere‖
1 Vermischung, Verwirrung; **~ terrae** allgemeines Chaos
2 Mischung

per-mixtus ⟨a, um⟩ PPP → permiscere

per-modestus ⟨a, um, *adv* permodestē⟩ ADJ
1 sehr bescheiden, sehr schüchtern
2 *Tac. von Sachen* sehr gemäßigt, sehr maßvoll

per-modicus ⟨a, um, *adv* permodicē⟩ ADJ (*nachkl.*) sehr mäßig, sehr klein

per-molere ⟨ō, uī, - 3.⟩ *poet* zermahlen; *Hor.* mit j-m schlafen, *aliquam*

per-molestus ⟨a, um, *adv* permolestē⟩ ADJ sehr beschwerlich; *adv* mit großem Verdruss; **permoleste ferre** sehr übel nehmen

per-mollis ⟨permolle⟩ ADJ *Quint.* sehr weich, sehr sanft

permōtiō ⟨permōtiōnis⟩ F ‖permovere‖ Erregung, *bes* Gemütsbewegung

per-movēre ⟨moveō, mōvī, mōtum 2.⟩
1 (*nachkl.*) *poet* bewegen, **mare ventis** das Meer durch Winde
2 *fig* bewegen, veranlassen; **aliquem precibus ~** j-n durch Bitten bewegen
3 *fig* rühren, erschüttern, *aliquem/animum alicuius/mentem alicuius* j-n; **permoveri mente/animo** den Mut sinken lassen; **irā permotus** aus Zorn
4 (*nachkl.*) *fig* einen Affekt erregen; **invidiam ~** Neid erregen

per mulcēre ⟨mulceō, mulsī, mulsum 2.⟩
1 (*nachkl.*) streichen, streicheln; **comas ~** die Haare glatt streichen
2 *fig* sanft berühren; **aram flatu ~** den Altar umfächeln
3 *fig* beruhigen, besänftigen, *aliquem/animum alicuius* j-n
4 *fig* liebkosen

permultum[1] ⟨ī⟩ N ‖permultus‖ sehr viel; **permulto certior** bei Weitem sicherer, weit sicherer, sehr viel sicherer

permultum[2] ADV ‖permultus‖ sehr viel; **~ interest** es liegt sehr viel daran

per-multus ⟨a, um⟩ ADJ sehr viel; **permulti colles** sehr viele Hügel

per-mūnīre ⟨iō, īvī, ītum 4.⟩ (*nachkl.*)
1 völlig befestigen
2 die Befestigung vollenden

per-mūtāre ⟨ō, āvī, ātum 1.⟩
1 verändern, wechseln; **~ vices stationum** die Wachposten ablösen
2 vertauschen, umtauschen, *auch* eintauschen, *aliquid re/cum re* etw mit etw, etw gegen etw
3 (*nachkl.*) auswechseln, loskaufen; **captivos ~** Gefangene austauschen; **aliquem auro ~** j-n für Gold loskaufen
4 *Geld* auf Wechsel nehmen, mit Wechsel bezahlen; **pecuniam Athenas ~** Geld in Wechseln nach Athen schicken

permūtātiō ⟨permūtātiōnis⟩ F ‖permutare‖
1 Veränderung, Wechsel; **~ rerum** Veränderung der Lage
2 Tausch, Austausch; **~ captivorum** Austausch von Gefangenen
3 Tauschhandel; Umsatz *von Geldern u. Wechseln*

perna ⟨ae⟩ F (*vkl., nachkl.*) Hinterkeule *bes beim Schwein*, Schinken

per-necessārius
A ⟨a, um⟩ ADJ
1 sehr notwendig
2 sehr nahe stehend
B ⟨ī⟩ M Vertrauter

per-necesse ADV unbedingt notwendig

per-negāre ⟨ō, āvī, ātum 1.⟩
1 entschieden leugnen, *+AcI*
2 rundweg abschlagen

per-nēre ⟨neō, nēvī, nētum 2.⟩ *poet* von den *Parzen* abspinnen

perniciābilis ⟨perniciābile⟩ ADJ ‖pernicies‖ (*nachkl.*) = **perniciosus**

perniciālis ⟨perniciāle⟩ ADJ ‖pernicies‖ (*nachkl.*) *poet* verderblich, tödlich

perniciēs ⟨perniciēī⟩ F ‖per, necare‖
1 Untergang, Verderben
2 *meton* Verderben bringender Mensch, Pest; **Verres ~ Siciliae** Verres, die Pest Siziliens

perniciōsus ⟨a, um, *adv* perniciōsē⟩ ADJ ‖pernicies‖ verderblich, schädlich, *alicui/alicui rei* für j-n/für etw

pernīcitās ⟨pernīcitātis⟩ F ‖pernix‖ Schnelligkeit, Behändigkeit

per-niger ⟨pernigra, pernigrum⟩ ADJ *Plaut.* ganz schwarz

pernimium ADV ‖pernimius‖ gar zu viel

per-nimius ⟨a, um⟩ ADJ (*spätl.*) gar zu groß

pernīx ⟨pernīcis, *adv* pernīciter⟩ ADJ
1 schnell, rasch; **perniciter equo desilire**

schnell vom Pferd springen
2 ausdauernd, beharrlich
per-nōbilis ⟨pernōbile⟩ ADJ sehr bekannt, sehr berühmt
pernoctāre ⟨ō, āvī, ātum 1.⟩ ||per, nox|| übernachten, die Nacht zubringen
pernōnidēs ⟨pernōnidae⟩ M ||perna|| *hum* „Schinkensohn"
per-nōscere ⟨nōscō, nōvī, - 3.⟩ genau kennenlernen, gründlich erforschen; *perf* genau kennen
per-nōtēscere ⟨nōtēscō, nōtuī, - 3.⟩ (*nachkl.*) überall bekannt werden; **pernotescit** es wird überall bekannt, +AcI
per-nōtus ⟨a, um⟩ ADJ überall bekannt, genau bekannt
per-nox *abl* ⟨pernocte⟩ ADJ *nur nom u. abl sg* (*nachkl.*) *poet* die Nacht hindurch (dauernd); **luna ~ erat** der Mond schien die ganze Nacht; **lunā pernocte** in mondheller Nacht
per-numerāre ⟨ō, āvī, ātum 1.⟩ (*unkl.*)
1 aufzählen
2 auszahlen
pērō ⟨pērōnis⟩ M (*unkl.*) roher Lederstiefel *bes der Bauern u. Soldaten*
per-obscūrus ⟨a, um⟩ ADJ sehr dunkel
per-odiōsus ⟨a, um⟩ ADJ sehr verhasst, sehr zuwider
per-officiōsē ADV sehr gefällig
per-olēre ⟨eō, uī, - 2.⟩ (*vkl.*) *poet* sehr übel riechen
pērōnātus ⟨a, um⟩ ADJ ||pero|| *Pers.* Stiefel tragend
per-opportūnus ⟨a, um, *adv* peropportūnē⟩ ADJ sehr willkommen
per-optātus ⟨a, um⟩ ADJ (*spätl.*) sehr erwünscht; *adv* ganz nach Wunsch
per-opus ADV *Ter.* sehr nötig
per-ōrāre ⟨ō, āvī, ātum 1.⟩
1 die Rede beenden; **breviter peroratur** man tut die Sache mit kurzen Worten ab
2 die Schlussrede halten
3 *etw* vollständig erörtern, sich über *etw* aussprechen, *absolut od aliquid/de re*; **res illo die non peroratur** die Angelegenheit wird an jenem Tag nicht vollständig erörtert
perōrātiō ⟨perōrātiōnis⟩ F ||perorare||
1 Schluss der Rede, Epilog
2 Schlussrede
per-ōrnāre ⟨ō, āvī, ātum 1.⟩ *Tac.* ständig zieren
perōrnātus ⟨a, um⟩ ADJ ||perorno|| besonders schön
per-ōsculārī ⟨or, ātus sum 1.⟩ *Mart.* der Reihe nach küssen
per-ōsus ⟨a, um⟩ ADJ ||odi|| (*unkl.*) *j-n/etw* sehr hassend, voll Hass gegen *j-n/etw, aliquem/aliquid*; **exilium ~** der Verbannung überdrüssig; **lucem ~** lebensmüde; **~ sum nomen regium** ich hasse den Königstitel
per-pācāre ⟨ō, āvī, ātum 1.⟩ (*nachkl.*) völlig zur Ruhe bringen
per-parcē ADV *Ter.* sehr sparsam
per-parvulus ⟨a, um⟩ ADJ sehr klein, sehr unbedeutend
perparvum ⟨ī⟩ N ||perparvus|| sehr wenig
per-parvus ⟨a, um⟩ ADJ sehr klein, sehr unbedeutend
per-pāstus ⟨a, um⟩ ADJ *Phaedr.* gut genährt
per-pauca ⟨ōrum⟩ N sehr weniges
per-paucī
A ⟨ae, a⟩ ADJ sehr wenige; **perpauci equites** sehr wenige Reiter
B ⟨ōrum⟩ M sehr wenige Leute
per-pauculī ⟨ae, a⟩ ADJ sehr wenige, nur ein paar; **perpauculi passūs** nur ein paar Schritte
per-paul(l)ulum, per-paul(l)um ⟨ī⟩ N ein klein wenig, (nur) sehr wenig, *alicuius rei* von *etw*
per-pauper ⟨perpauperis⟩ ADJ ganz arm
per-pauxillum ⟨ī⟩ N *Plaut.* sehr wenig
per-pavefacere ⟨faciō, fēcī, factum 3.⟩ *Plaut.* sehr erschrecken
per-pellere ⟨pellō, pulī, pulsum 3.⟩
1 (*unkl.*) stark anstoßen
2 einen tiefen Eindruck machen, *aliquem* auf *j-n*
3 (*vkl., nachkl.*) eifrig betreiben, durchsetzen, *aliquem ad aliquid etw bei j-m, aliquem ut/ne* bei *j-m, dass/dass nicht, +inf*; **aliquem ad societatem ~** ein Bündnis bei j-m durchsetzen
per-pendere ⟨pendō, pendī, pēnsum 3.⟩
1 (*nachkl.*) genau abwiegen
2 *fig* genau erwägen, gründlich untersuchen, *aliquid re/ad aliquid etw nach etw, +indir Fragesatz*
perpendiculum ⟨ī⟩ N ||perpendere|| Bleilot, Richtblei; **ad perpendiculum** senkrecht, lotrecht
perperam ADV
1 unrichtig, falsch
2 (*nachkl.*) aus Versehen
perpes ⟨perpetis⟩ ADJ (*unkl.*) dauernd, ununterbrochen; **perpeti nocte** die ganze Nacht durch
perpessīcius ⟨a, um⟩ ADJ ||perpeti|| *Sen.* geduldig
perpessiō ⟨perpessiōnis⟩ F ||perpeti||
1 Erdulden
2 *Sen.* Ausdauer
per-petī ⟨petior, pessus sum 3.⟩ ||pati||
1 erdulden, ertragen
2 (*unkl.*) sich überwinden, geschehen lassen,

+inf/+AcI
per-petītus ⟨a, um⟩ ADJ *Sen.* entrückt, verklärt
per-petrāre ⟨ō, āvī, ātum 1.⟩ ||patrare|| (vkl., nachkl.) ganz zustande bringen, *aliquid etw*, es dahin bringen, *ut/ne* dass/dass nicht
perpetuālis ⟨perpetuāle⟩ ADJ ||perpetuus|| *Quint.* überall gültig, allgemein
perpetuāre ⟨ō, āvī, ātum 1.⟩ ||perpetuus|| fortsetzen, unterbrochen dauern lassen; **~ verba** ununterbrochen reden
perpetuārius ⟨a, um⟩ ADJ ||perpetuus|| *Sen.* ständig unterwegs
perpetuitās ⟨perpetuitātis⟩ F ||perpetuus|| ununterbrochene Fortdauer, Zusammenhang; **~ vitae** das ganze Leben, (mlat.) das ewige Leben; **ad perpetuitatem** für immer
perpetuō ADV ||perpetuus|| beständig, fortwährend

perpetuus ⟨a, um⟩ ADJ, ADV → perpetuō

1 fortlaufend, ununterbrochen
2 ununterbrochen, beständig
3 lebenslänglich, auf Lebenszeit
4 ganz
5 allgemein gültig

1 örtl. fortlaufend, ununterbrochen; **silvae continuae** lückenlose Wälder; **stationes perpetuae** ununterbrochene Postenkette; **trabes perpetuae** durchlaufende Balken; **perpetuae mensae** Tische in langer Reihe; **perpetuum bovis tergum** nicht zerschnittene Haut des Rindes, ganze Haut des Rindes; **carmen perpetuum** einen ganzen Sagenkreis umfassendes Lied

2 zeitl. beständig, ewig; **ignis Vestae ~** das ewige Feuer der Vesta; **questio perpetua** ständiger Schwurgerichtshof; **in perpetuum/in modum perpetuum** auf ewig; **sumptus ~** laufende Ausgaben; **fenus perpetuum** regelmäßige Zinsen; **vitā perpetuā** das ganze Leben hindurch

3 zeitl. lebenslänglich, auf Lebenszeit; **imperium perpetuum** Kommando auf Lebenszeit
4 *Ter.* ganz; **triduum perpetuum** ganze drei Tage
5 allgemein gültig; **edictum perpetuum** allgemeiner Erlass

per-placēre ⟨eō, -, - 2.⟩ sehr gefallen
perplexābilis ⟨perplexābile, adv perplexābiliter⟩ ADJ ||perplexari|| *Plaut.* verwirrend, doppeldeutig
perplexārī ⟨or, - 1.⟩ ||perplexus|| *Plaut.* Verwirrung stiften

perplexus ⟨a, um, adv perplexē u. perplexim⟩ ADJ
1 ineinander verflochten, ineinander verschlungen
2 fig verworren, mehrdeutig
▶ deutsch: **perplex**
perplicātus ⟨a, um⟩ ADJ *Lucr.* verwickelt, verworren, *auch getrennt*
per-pluere ⟨pluō, -, - 3.⟩
1 (vkl., nachkl.) durchregnen, hindurchregnen
2 *Plaut., Quint.* den Regen durchlassen, *auch fig*
3 *fig* sich ergießen
per-polīre ⟨iō, īvī/iī, ītum 4.⟩
1 (nachkl.) ganz glätten, *Wände* tünchen
2 *etw* feilen, *etw* glätten, an *etw* letzte Hand anlegen, *aliquid*
3 **perpolītus** ⟨a, um⟩ adj verfeinert, fein gebildet
per-populārī ⟨or, ātus sum 1.⟩ (nachkl.) ganz verwüsten, völlig ausplündern, *pperf auch passiv*
per-pōtāre ⟨ō, āvī, ātum 1.⟩
1 durchzechen
2 *Lucr.* austrinken
perpōtātiō ⟨perpōtātiōnis⟩ F ||perpotare|| Trinkgelage
per-premere ⟨premō, pressī, pressum 3.⟩, **per-primere** ⟨primō, pressī, pressum 3.⟩ (nachkl.) poet ständig drücken; **cubilia ~** *Hor.* ständig im Bett liegen
per-properē ADV *Plaut.* sehr eilig
per-propinquus
A ⟨a, um⟩ ADJ sehr nahe, nahe verwandt
B ⟨ī⟩ M naher Verwandter
per-prosperus ⟨a, um⟩ ADJ *Suet.* sehr glücklich
per-prūrīscere ⟨īscō, -, - 3.⟩ (Plaut., nachkl.) sehr geil werden
per-pūgnāx ⟨perpūgnācis⟩ ADJ sehr streitsüchtig
per-pulcher ⟨pulchra, pulchrum⟩ ADJ *Ter.* sehr schön
per-pulī → perpellere
per-pulsus ⟨a, um⟩ PPP → perpellere
per-pūrgāre ⟨ō, āvī, ātum 1.⟩
1 völlig reinigen, *se re* sich durch etw
2 ins Reine bringen
3 gründlich widerlegen
perpusillum ADV ||perpusillus|| sehr wenig
per-pusillus ⟨a, um⟩ ADJ sehr klein
per-putāre ⟨ō, -, - 1.⟩ *Plaut.* auseinandersetzen; **alicui argumentum ~** j-m den Inhalt auseinandersetzen
per-quadrātus ⟨a, um⟩ ADJ völlig quadratisch
per-quam ADV überaus, sehr, *bei adj, adv u. Verben*; **~ brevis** sehr kurz

per-quīrere ⟨quīrere, quīsīvī, quīsītum 3.⟩ ‖quaerere‖ genau erforschen, sich genau erkundigen

perquīsītē ADV ‖perquisitus‖ mit strenger Kritik, *auch* vielseitig

perquīsītor ⟨perquīsītōris⟩ M ‖perquirere‖ Besucher, **auctionum** von Versteigerungen

per-quīsītus ⟨a, um⟩ PPP → perquirere

per-quīsīvī → perquirere

per-rārus ⟨a, um, *adv* perrārō⟩ ADJ sehr selten

per-reconditus ⟨a, um⟩ ADJ sehr verborgen

perrēctus ⟨a, um⟩ PPP → pergere

per-rēpere ⟨rēpō, rēpsī, -3.⟩ (*nachkl.*) *poet* hinkriechen, *aliquid* über etw

perrēptāre ⟨ō, āvī, ātum 1.⟩ ‖perrepere‖ überall herumkriechen

perrēxī → pergere

Perrhaebia ⟨ae⟩ F *Landschaft in Thessalien*

per-rīdiculus ⟨a, um, *adv* perrīdiculē⟩ ADJ sehr lächerlich

per-rogāre ⟨ō, āvī, ātum 1.⟩ (*nachkl.*) alle der Reihe nach fragen, *aliquid* wegen etw, nach etw; **sententias** ~ alle nach ihrer Meinung fragen

perrogātiō ⟨perrogātiōnis⟩ F ‖perrogare‖ Durchsetzung eines Gesetzes, Beschluss

per-rumpere ⟨rumpō, rūpī, ruptum 3.⟩

A VI hindurchbrechen, einen Weg bahnen; ~ **per medios hostes** sich einen Weg mitten durch die Feinde bahnen

B VT

1 durchbrechen, zerteilen

2 gewaltsam eindringen, *aliquid* in etw; **paludes** ~ in die Sümpfe eindringen; **artūs** ~ Glieder durchbohren; **aliquem** ~ sich zu j-m drängen

3 *fig* überwinden, vernichten; **periculum** ~ einer Gefahr Herr werden; **leges** ~ Gesetze mit Füßen treten; **consilia alicuius** ~ j-s Pläne durchkreuzen

Persa ⟨ae⟩ M Perser; *poet* Parther

Persae ⟨ārum⟩ M die Perser; *poet* die Parther

per-saepe ADV sehr oft, *auch getrennt*

per-salsus ⟨a, um, *adv* persalsē⟩ ADJ sehr witzig

per-salūtāre ⟨ō, āvī, ātum 1.⟩ *Sen.* der Reihe nach begrüßen

persalūtātiō ⟨persalūtātiōnis⟩ F ‖persalutare‖ allseitige Begrüßung

per-sānāre ⟨ō, āvī, ātum 1.⟩ (*nachkl.*) völlig heilen

per-sānctē ADV (*vkl., nachkl.*) hoch und heilig; ~ **iurare** *Suet.* hoch und heilig schwören

per-sapiēns ⟨persapientis, *adv* persapienter⟩ ADJ sehr weise

per-scienter ADV sehr klug

per-scindere ⟨scindō, scidī, scissum 3.⟩ (*nachkl.*) *poet* ganz zerreißen

per-scītus ⟨a, um⟩ ADJ sehr treffend, *auch getrennt*

per-scrībere ⟨scrībō, scrīpsī, scrīptum 3.⟩

1 genau niederschreiben, *auch* zu Ende schreiben

2 amtlich protokollieren; **iudicum dicta** ~ die Worte der Richter protokollieren

3 (ver)buchen

4 *Geld* anweisen; **aliquid a quaestore** ~ etw durch eine Anweisung an den Quästor bezahlen

5 *schriftl.* ausführlich berichten, *alicui]ad aliquem* j-m, +AcI; **omnia Romam ad suos** ~ alles den Seinen nach Rom melden; **de suis rebus** ~ über seine Angelegenheiten ausführlich berichten

6 (*nachkl.*) ausschreiben; **notata, non perscripta erat summa** *Suet.* die Summe war nur in Zahlen angegeben, nicht ausgeschrieben

perscrīptiō ⟨perscrīptiōnis⟩ F ‖perscribere‖

1 Niederschrift, Aufzeichnung

2 Protokoll

3 Eintragung in das Rechnungsbuch, Buchung

4 *meton* gebuchter Posten

5 Zahlungsanweisung

perscrīptor ⟨perscrīptōris⟩ M ‖perscribere‖ Buchhalter

per-scrūtāre ⟨ō, āvī, ātum 1.⟩, **per-scrūtārī** ⟨or, ātus sum 1.⟩ durchsuchen; *fig* durchforschen

perscrūtātiō ⟨perscrūtātiōnis⟩ F ‖perscrutari‖ (*nachkl.*) Durchsuchung

per-secāre ⟨secō, secuī, sectum 1.⟩

1 durchschneiden

2 *fig* genau erforschen

3 *Liv. fig* ausrotten

persectārī ⟨or, ātus sum 1.⟩ ‖persequi‖ (*vkl.*) *poet* eifrig verfolgen; *fig* eifrig nachgehen, eifrig nachforschen

persecūtiō ⟨persecūtiōnis⟩ F ‖persequi‖

1 (*nachkl.*) Verfolgung

2 gerichtliche Verfolgung; (*eccl.*) Verfolgung der Christen

per-secūtus ⟨a, um⟩ PPERF → persequi

per-sedēre ⟨sedeō, sēdī, sessum 2.⟩ (*nachkl.*) ununterbrochen sitzen bleiben

per-sēdī → persedere *u.* → persidere[1] *u.* persidere[2]

per-sēgnis ⟨persēgne⟩ ADJ (*nachkl.*) sehr schwach

Persēius ⟨a, um⟩ ADJ des Perseus; → Perseus

per-sentīre ⟨sentiō, sēnsī, sēnsum 4.⟩ tief fühlen, deutlich wahrnehmen, *aliquid* etw, +AcI
persentīscere ⟨īscō, -, - 3.⟩ (vkl.) = **persentīre**
Persephonē ⟨Persephonēs⟩ F = **Proserpina**; *meton* Tod
Persepolis ⟨Persepolis⟩ F Hauptstadt von Persis, Residenz der persischen Könige, von Alexander dem Großen zerstört, Ruinen n. von Schiras

per-sequī ⟨sequor, secūtus sum 3.⟩

[1] ständig nachfolgen
[2] verfolgen
[3] einholen, erreichen
[4] bekämpfen
[5] rächen, bestrafen
[6] gerichtlich verfolgen
[7] eifrig betreiben
[8] nachahmen
[9] durchforschen, durchsuchen
[10] fortsetzen, zu Ende führen
[11] darstellen, erzählen

[1] *j-m* ständig nachfolgen, *j-n* begleiten, *aliquem*; **fugam alicuius ~** j-m auf der Flucht folgen; **vestigia muri ~** dem Lauf der Mauer folgen
[2] *feindlich* verfolgen; **fugientes ~** *Caes.* die Flüchtenden verfolgen
[3] einholen, erreichen; **mors et fugacem persequitur virum** *Hor.* der Tod holt auch den Fliehenden ein
[4] bekämpfen; **aliquem bello ~** j-n bekriegen
[5] rächen, bestrafen; **alicuius mortem ~** j-s Tod rächen
[6] gerichtlich verfolgen; gerichtlich zu erlangen suchen; **ius suum ~** sein Recht geltend machen; **pecuniam ab aliquo ~** Geld von j-m einklagen
[7] eifrig betreiben; erstreben, *aliquid* etw, +indir Fragesatz/+inf; **antiqua ~** das Altertum eifrig studieren; **otium ~** Muße erstreben
[8] nachahmen; **exempla maiorum ~** die Beispiele der Vorfahren nachahmen; **Academiam ~** sich zur Akademie bekennen
[9] durchforschen, durchsuchen; **ortūs animantium ~** die Ursprünge der Lebewesen erforschen
[10] fortsetzen, ausführen; **studia usque ad senectutem ~** seine Studien bis ins Alter fortführen; **mandata ~** Aufträge ausführen
[11] darstellen; protokollieren; **aliquid scripturā ~** etw schriftlich abhandeln

Persēs ⟨Persae⟩ M
[1] Perser
[2] = Perseus 2

per-sessum PPP → **persedere** u. → **persidere**

Perseūs ⟨Perseī u. Perseōs⟩ M
[1] Sohn des Zeus u. der Danae, tötete die Medusa u. rettete Andromeda
[2] ~ V. letzter König von Makedonien, 168 v. Chr. bei Pydna von L. Aemilius Paullus besiegt

Perseūs ⟨a, um⟩ ADJ des Perseus; → **Perseus**

persevērāns ⟨perseverantis, *adv* persevēranter⟩ ADJ ||perseverare|| (nachkl.) beharrlich, ausdauernd, *alicuius rei* in etw

perseverantia ⟨ae⟩ F ||perseverans|| Beharrlichkeit, Ausdauer; **~ belli** lange Dauer des Krieges

per-sevērāre ⟨ō, āvī, ātum 1.⟩ ||severus||

A V/I
[1] beharrlich bei *etw* verbleiben, auf *etw* bestehen, *re/in re*; **navis perseverat** das Schiff setzt die Fahrt fort; **in ira ~** im Zorn verharren
[2] (nachkl.) zeitl. Bestand haben, lange anhalten; **tremor terrae perseverabat** das Erdbeben hielt lange an

B V/T
[1] bei *etw* verharren, *etw* fortsetzen, *aliquid*
[2] beharrlich behaupten, +AcI; auf der Forderung bestehen, *ut*; **~ cursum** den Lauf fortsetzen

per-sevērus ⟨a, um, *adv* persevērē⟩ ADJ (nachkl.) sehr streng

Persia ⟨ae⟩ F Persien, *im engeren Sinn die Landschaft Persis am Persischen Golf*

Persicum ⟨ī⟩ N (nachkl.) Pfirsich

Persicus¹ ⟨a, um, *adv* Persicē⟩ ADJ persisch

Persicus² ⟨a, um⟩ ADJ des Perseus; → **Perseus 2**

per-sīdere¹ ⟨sideō, sēdī, sessum 2.⟩ = **persedere**

per-sīdere² ⟨sīdō, sēdī, sessum 3.⟩ sich ansetzen, eindringen

per-sīgnāre ⟨ō, āvī, ātum 1.⟩ (nachkl.) genau aufzeichnen

per-similis ⟨persimile⟩ ADJ sehr ähnlich, *alicuius/alicui* j-m, *alicuius rei/alicui rei* einer Sache

per-simplex ⟨persimplicis⟩ ADJ sehr einfach; **victus ~** *Tac.* sehr einfache Lebensweise

Persis
A ⟨Persidis⟩ F Persien, *im engeren Sinn die Landschaft Persis am Persischen Golf.*
B ⟨Persidis⟩ ADJ F persisch

per-sistere ⟨sistō, stitī, - 3.⟩ (nachkl.) hartnäckig stehen bleiben, verharren; **in eadem impudentia ~** *fig* in derselben Unverschämtheit verharren

Persius ⟨a, um⟩ röm. Gentilname; **A. ~ Flaccus**

Satiriker in Rom, 34–62 n. Chr.
persōlla ⟨ae⟩ F ||persona|| *Plaut.* Fratze
per-sōlus ⟨a, um⟩ ADJ *Plaut.* ganz allein
per-solvere ⟨solvō, solvī, solūtum 3.⟩

1 völlig auflösen; deutlich erklären, *alicui aliquid* j-m etw

2 auszahlen, bezahlen; **stipendium militibus ~** den Soldaten den Sold ausbezahlen; **aes alienum alienis nominibus ~** die Schulden fremder Leute bezahlen

3 *fig* abtragen, erweisen; **~ grates/gratiam alicui** j-m Dank abstatten; **vota ~** Gelübde erfüllen; **alicui iusta ~** j-m die letzte Ehre erweisen; **primae epistulae ~** das Nötige am ersten Brief erwidern; **alicui poenas ~** j-m Buße tun, *auch* j-m eine Strafe auferlegen; **poenas ~** Strafe erleiden; **capite ~** mit dem Leben büßen

persōna ⟨ae⟩ F

1 Maske, Larve; **~ comica** Komödienmaske; **~ tragica** Tragödienmaske

2 *meton* Rolle, Person *in einem Bühnenstück*

3 *fig* Rolle *im Leben*, Charakter; **mutam personam praebere** eine stumme Rolle spielen; **personam deponere** nicht mehr weiterspielen; **alicuius personam ferre/gerere/tenere/sustinere** j-s Rolle spielen, j-n vertreten; **alicuius personā/in persona/ex persona/per personam facere aliquid** in j-s Eigenschaft etw tun; **~ civitatis** Repräsentant des Staates; **~ potestatis** Amtsperson

4 Persönlichkeit, Individualität; **de Catonis persona dicere** über die Persönlichkeit Catos sprechen; **~ secunda** zweite Hauptperson

5 GRAM Person; **~ prima** erste Person

▶ deutsch: **Person**
   englisch: **person**
   französisch: **personne**
   spanisch: **persona**
   italienisch: **persona**

persōnālis ⟨persōnāle, *adv* persōnāliter⟩ ADJ ||persona|| (*spätl.*) persönlich
per-sonāre ⟨ō, uī, - 1.⟩

A VI

1 widerhallen, laut erschallen; **domus cantu personat** das Haus hallt wider vom Gesang

2 seine Stimme erschallen lassen

3 *auf einem Instrument* spielen; **citharā ~** auf der Leier spielen

B VT

1 (*nachkl.*) *poet* mit Tönen füllen; **regna latratu ~** die Reiche mit Gebell erfüllen; **aurem alicui ~** j-m ins Ohr flüstern

2 laut verkünden, laut rufen

3 (*nachkl.*) besingen

persōnātus ⟨a, um⟩ ADJ ||persona|| maskiert, verkleidet, *auch fig*

per-spargere ⟨spargō, sparsī, sparsum 3.⟩
= **perspergere**

perspectāre ⟨ō, āvī, ātum 1.⟩ ||perspicere|| (*vkl., nachkl.*) genau ansehen, gründlich ansehen
perspectē ADV ||perspectus|| *Plaut.* einsichtsvoll
perspectus¹ ⟨a, um⟩ ADJ ||perspicere|| durchschaut, bewährt
per-spectus² ⟨a, um⟩ PPP → perspicere
per-speculārī ⟨or, ātus sum 1.⟩ *Suet.* genau erforschen

per-spergere ⟨spergō, spersī, spersum 3.⟩ ||spargere|| (*vkl., nachkl.*) besprengen, bestreuen; **lepore ~ orationem** die Rede mit Humor würzen

per-spexī → perspicere
perspicāx ⟨perspicācis⟩ ADJ ||perspicere||

1 scharfsichtig

2 *fig* einsichtig

per-spicere ⟨spiciō, spexī, spectum 3.⟩

A VI hindurchschauen, hineinsehen, *per aliquid* durch etw

B VT

1 (*nachkl.*) deutlich sehen

2 besichtigen, untersuchen

3 prüfend durchlesen

4 *fig* durchschauen, deutlich wahrnehmen, *+AcI/indir Fragesatz, im passiv +NcI*; **fraudem ~** einen Betrug durchschauen; **aliquid coniecturā ~** etw erraten; **aliquid perspectum habere** etw völlig durchschaut haben, von etw völlig überzeugt sein

perspicientia ⟨ae⟩ F ||perspicere|| völlige Erkenntnis, Durchblick
perspicuitās ⟨perspicuitātis⟩ F ||perspicuus|| Deutlichkeit
perspicuus ⟨a, um, *adv* perspicuē⟩ ADJ ||perspicere||

1 (*nachkl.*) *poet* durchsichtig

2 *fig* deutlich, offenbar

per-spissō ADV ||spissus|| *Plaut.* sehr langsam
per-stāre ⟨stō, stitī, stātūrus 1.⟩

1 (*nachkl.*) *poet* feststehen, stehen bleiben

2 *fig* fortdauern, (unverändert) bleiben

3 *fig* bei *etw* fest bleiben, auf *etw* beharren, *in re/+inf*; **in sententia ~** *Cic.* auf seiner Meinung beharren

per-sternere ⟨sternō, strāvī, strātum 3.⟩ (*nachkl.*) ganz pflastern; **viam silice ~** die Straße schottern

per-stimulāre ⟨ō, āvī, ātum 1.⟩ *Tac.* ständig aufreizen
per-stitī → persistere *u.* → perstare
per-strepere ⟨ō, uī, - 3.⟩ sehr lärmen
per-stringere ⟨stringō, strīnxī, strictum 3.⟩

persona — Maske, Theatermaske

❶ (vkl., nachkl.) zusammenschnüren
❷ streifen, oberflächlich berühren; **solum aratro ~** den Boden durchpflügen
❸ fig unangenehm berühren, erschüttern, aliquem/animum alicuius j-n
❹ fig tadeln, verweisen, verspotten
❺ fig in der Rede streifen, flüchtig besprechen
❻ fig abstumpfen, betäuben

per-studiōsus ⟨a, um, adv perstudiōsē⟩ ADJ sehr eifrig, alicuius rei in etw; **alicuius ~** j-m sehr ergeben

per-suādēre ⟨suādeō, suāsī, suāsum 2.⟩
❶ überzeugen, alicui de re j-n von etw; **mihi persuadetur** ich werde überzeugt, ich lasse mich überzeugen; **mihi persuasum est/mihi persuasi/mihi persuadeo** ich bin überzeugt; **mihi persuasissimum est** ich bin vollkommen überzeugt
❷ überreden, bewegen, absolut od alicui j-n, ut/ne dass/dass nicht, +konjkt/+inf/+AcI; **mihi persuadetur** ich werde überredet, ich lasse mich überreden; **mihi persuasum est/persuasus sum** ich habe mich überreden lassen, ich bin entschlossen; **persuasus mori** entschlossen zu sterben

persuāsibilis ⟨persuāsibile, adv persuasibiliter⟩ ADJ ||persuadere|| (Quint., spätl.) leicht überzeugend

persuāsiō ⟨persuāsiōnis⟩ F ||persuadere||
❶ Überredung, Überzeugung
❷ (nachkl.) meton Glaube, Einbildung

persuāstrīx ⟨persuāstrīcis⟩ F ||persuadere|| Plaut. Verführerin

per-suāsum PPP → persuadere

persuāsus abl ⟨persuāsū⟩ M ||persuadere|| Überredung

per-subtīlis ⟨persubtīle⟩ ADJ
❶ Lucr. sehr fein
❷ fig sehr durchdacht

persultāre ⟨ō, āvī, ātum 1.⟩ ||saltare||
A VI (nachkl.) umherspringen
B VT (nachkl.) durchstreifen

per-taedēre ⟨taedet, taesum est 2.⟩ unpers Ekel empfinden, überdrüssig sein/werden, aliquem alicuius rei j-d einer Sache

pertaesus ⟨a, um⟩ ADJ ||pertaedere|| (nachkl.) einer Sache überdrüssig, alicuius rei/aliquid

per-tegere ⟨tegō, tēxī, tectum 3.⟩ (vkl., nachkl.) ganz bedecken

per-temptāre ⟨ō, āvī, ātum 1.⟩
❶ (nachkl.) überall betasten
❷ fig probieren, erforschen
❸ fig überdenken
❹ (nachkl.) fig von Übeln od Affekten durchzucken

per-tendere ⟨tendō, tendī, tentum/tēnsum 3.⟩
❶ (unkl.) durchzusetzen versuchen; **pertendens animo** mit hartnäckigem Sinn

② eilen, *in aliquid/ad aliquid* in etw/zu etw

per-tentāre ⟨ō, āvī, ātum 1.⟩ = **pertemptare**

per-tenuis ⟨pertenue⟩ ADJ sehr dünn; *fig* sehr schwach

per-terebrāre ⟨ō, āvī, ātum 1.⟩ *mit dem Bohrer* durchbohren

per-tergēre ⟨tergeō, tersī, tersum 2.⟩ (*nachkl.*) *poet* abwischen; *fig* leicht berühren

perterre-facere ⟨faciō, fēcī, factum 3.⟩ ||perterrere|| (*vkl., nachkl.*) in Schrecken versetzen

per-terrēre ⟨eō, uī, itum 2.⟩ heftig erschrecken, einschüchtern

perterri-crepus ⟨a, um⟩ ADJ ||perterrere, crepare|| *Lucr.* schrecklich rauschend, schrecklich tönend

per-texere ⟨texō, texuī, textum 3.⟩ (*nachkl.*)
① zu Ende weben
② *fig* vollenden

pertica ⟨ae⟩ F (*unkl.*) Stange, Latte

perticātus ⟨a, um⟩ ADJ ||pertica|| mit einer Stange versehen, an einer Stange befestigt

pertime-factus ⟨a, um⟩ ADJ ||pertimere, facere|| (*unkl.*) eingeschüchtert

per-timēre ⟨eō, -, 2.⟩ (*spätl.*) sich sehr fürchten

pertimēscere ⟨timēscō, timuī, - 3.⟩ ||pertimere||
A *vi* in große Furcht geraten, sich sehr fürchten, *de re* um etw, wegen etw, für etw
B *vt* sehr fürchten, *aliquid* etw

pertinācia ⟨ae⟩ F ||pertinax|| Beharrlichkeit; *pej* Hartnäckigkeit

per-tināx ⟨pertinācis, *adv* pertināciter⟩ ADJ ||tenere||
① (*nachkl.*) *poet* festhaltend
② (*nachkl.*) lange anhaltend; *pej* hartnäckig, *in re/ad aliquid/adversus aliquid/in aliquid/alicuius rei* in etw; *~ irae* am Zorn festhaltend
③ *Plaut.* geizig

per-tinēre ⟨eō, uī, -. 2.⟩ ||tenere||
① sich erstrecken, sich ausdehnen, reichen, *ab re/ex re in aliquid/ad aliquid* von etw bis etw; *pons ex oppido ad Helvetios pertinet* die Brücke führt von der Stadt zu den Helvetiern; *silva quinquaginta milia passuum pertinet* der Wald erstreckt sich 50 Meilen weit
② *fig* sich auf j-n/etw beziehen, j-n/etw betreffen, *ad aliquem/ad aliquid*; *suspicio ad nos non pertinet* der Verdacht trifft uns nicht; *quod pertinet ad deos* was die Götter betrifft; *hoc eodem pertinet* das bezieht sich auf dasselbe
③ *fig* zu *etw* dienen, auf *etw* abzielen, *ad aliquid*; *res ad luxuriam pertinentes* Luxusartikel; *quae ad effeminandos animos pertinent* was zur Verweichlichung beiträgt; *aliquid ad spem pertinet* etw vermag Hoffnung zu erwecken; *quae ad victum pertinent* Lebensmittel; *quo/quorsum pertinet?* was für einen Sinn hat es?

per-tingere ⟨ō, -, - 3.⟩ ||tangere|| (*nachkl.*) sich ausdehnen, sich erstrecken; *collis in immensum pertingebat* ein Hügel erstreckte sich in unendliche Weite

pertīsum PPP = **pertaesum**; → **pertaedere**

per-tolerāre ⟨ō, āvī, ātum 1.⟩ (*vkl.*) *poet* geduldig ertragen

per-tractāre ⟨ō, āvī, ātum 1.⟩
① überall betasten, überall befühlen
② *fig* einwirken, *aliquid* auf etw; *sensūs hominum ~* auf die Sinne der Menschen einwirken

pertractātē ADV ||pertractare|| *Plaut.* abgedroschen

pertractātiō ⟨pertractātiōnis⟩ F ||pertractare|| Behandlung, Beschäftigung, *alicuius rei* mit etw; *~ poetarum* Beschäftigung mit Dichtern

per-trahere ⟨trahō, trāxī, tractum 3.⟩ (*nachkl.*) *poet* an ein Ziel schleppen, *aliquem/aliquid ad aliquem/ad aliquid/in aliquid* j-n/etw zu j-m/zu etw; *hostes in insidias ~* die Feinde in einen Hinterhalt locken

per-trectāre ⟨ō, āvī, ātum 1.⟩ = **pertractare**

per-tribuere ⟨uō, uī, - 3.⟩ *Plin.* von allen Seiten erteilen

per-tricōsus ⟨a, um⟩ ADJ ||tricae|| *Mart.* sehr verwickelt

per-trīstis ⟨pertrīste⟩ ADJ
① *poet* sehr traurig
② sehr mürrisch

per-trītus ⟨a, um⟩ ADJ ||terere|| *Sen.* sehr abgenutzt; alltäglich

per-tudī → **pertundere**

per-tulī → **perferre**

per-tumultuōsē ADV sehr lärmend, in großer Aufregung

per-tundere ⟨tundō, tudī, tū(n)sum 3.⟩ (*unkl.*) durchstoßen, durchlöchern

pertūnsus ⟨a, um⟩ ADJ mit einem Loch

per-turbāre ⟨ō, āvī, ātum 1.⟩
① ganz verwirren, in Unordnung bringen; *passiv* in Unordnung geraten
② *fig* stören, beunruhigen; *aetatum ordinem ~* die Zeitfolge durcheinander bringen; *pactiones bellicas periurio ~* die Kriegsbündnisse durch Meineid stören
③ *fig* aufregen, aus der Fassung bringen, *aliquem/animum alicuius* j-n; *passiv* sich verblüffen lassen, *re* durch etw, *de re* wegen etw; *passiv +indir Fragesatz* in der Bestürzung nicht wissen

perturbātiō ⟨perturbātiōnis⟩ F ||perturbare||
① Verwirrung, Störung; *~ caeli fig* stürmisches Wetter

2 POL Umwälzung, Umsturz, *auch pl*; **~ comitiorum** stürmische Auftritte in der Volksversammlung

3 Leidenschaft, Aufregung

perturbātrīx ⟨perturbātrīcis⟩ F ||perturbare|| „Verwirrerin"; **~ omnium rerum** die alles in Verwirrung bringt, *von der neueren Akademie*

perturbātus ⟨a, um, *adv* perturbātē⟩ ADJ ||perturbare||

1 verworren, stürmisch; **perturbate dicere** verworren reden

2 *fig* bestürzt, außer Fassung; **vultus ~** verstörte Miene

per-turpis ⟨perturpe⟩ ADJ sehr unanständig, sehr hässlich

per-tūsus ⟨a, um⟩ ADJ **= pertunsus**; → pertundere

pērula ⟨ae⟩ F ||pera|| (*vkl., nachkl.*) kleiner Ranzen

per-ungere ⟨ungō, ūnxī, ūnctum 3.⟩ bestreichen, einreiben

per-urbānus ⟨a, um⟩ ADJ sehr fein; *pej* übertrieben höflich

per-ūrere ⟨ūrō, ussī, ustum 3.⟩

1 (*nachkl.*) *poet* ganz verbrennen, ganz versengen; **agrum ~** im Land sengen und brennen; **terra gelu perusta** vom Frost versengtes Land, gefrorenes Land; **sole perustum** von der Sonne verbrannt; **perustus funibus latus** (*griech. akk*) *Hor.* die Seite von Stricken gezeichnet

2 wund drücken; entzünden

3 (*nachkl.*) brennend quälen; **sitis saucios perurebat** *Curt.* brennender Durst quälte die Verwundeten

4 *fig von Leidenschaften od Begierden* entflammen; (*nachkl.*) erhitzen; **peruri inani gloriā** vor Begierde nach eitlem Ruhm brennen

per-urgēre ⟨urgeō, ursī, - 2.⟩ (*nachkl.*) j-m sehr zusetzen, j-n bedrängen, *aliquem*

Perusia ⟨ae⟩ F etrusk. Stadt ö. des Trasumener Sees, ab 310 v. Chr. röm., heute Perugia

Perusīnus ⟨a, um⟩ ADJ aus Perusia, von Perusia

Perusīnus ⟨ī⟩ M Einwohner von Perusia

per-ūtilis ⟨perūtile, *adv* perūtiliter⟩ ADJ sehr nützlich

per-vādere ⟨vādō, vāsī, vāsum 3.⟩

1 durch *etw* hindurchgehen, *etw* durchdringen, *aliquid/per aliquid*; **incendium per agros pervadit** das Feuer verbreitet sich über die Felder; **fama urbem pervadit** das Gerücht verbreitet sich in der Stadt

2 bis zu *etw* gelangen, *etw* erreichen, *ad aliquid/in aliquid*; **fama in Asiam pervaserat** *Liv.* das Gerücht war bis nach Asien gedrungen

per-vagārī ⟨or, ātus sum 1.⟩

A VI

1 umherschweifen, **omnibus in locis** an allen Orten

2 *fig* überall bekannt werden, allgemein werden

B VT

1 durchziehen, durchschweifen

2 *fig* durchdringen, erfüllen; **cupiditates hominum mentes pervagantur** Begierden erfüllen die Sinne der Menschen

pervagātus ⟨a, um⟩ ADJ ||pervagari|| weit verbreitet, allgemein; **pars est pervagatior** das Gebiet hat eine weitere Ausdehnung

per-vagus ⟨a, um⟩ ADJ *poet* überall umherschweifend

per-variē ADV sehr vielfältig

per-vāsī → pervadere

per-vāstāre ⟨ō, āvī, ātum 1.⟩ (*nachkl.*) völlig verwüsten, verheeren

per-vāsus ⟨a, um⟩ PPP → pervadere

per-vehere ⟨vehō, vēxī, vectum 3.⟩

1 *Liv.* durchführen, (hin)durchfahren, *aliquem* j-n; *passiv* durchfahren, befahren; **pervehi fretum Siciliae ~** über die Meerenge bei Sizilien fahren

2 (*nachkl.*) hinführen, hinfahren, *aliquem* j-n; *passiv* hinfahren, hinkommen

per-velle ⟨volō, voluī, - 0.⟩ gern wollen, sehr wünschen, +*infl*/+*konjkt*, *auch getrennt*

per-vellere ⟨vellō, vellī, - 3.⟩

1 (*unkl.*) stark rupfen; *fig* reizen; **stomachum ~** *Hor.* den Magen reizen

2 *fig* j-n kränken, j-m wehtun, *aliquem*

3 *fig* scharf kritisieren, **ius civile** *Cic.* das bürgerliche Recht

4 *Sen. fig* aufrütteln

per-vēnārī ⟨or, -. 1.⟩ durchjagen, *auch fig*; **totam urbem ~** *Plaut.* die ganze Stadt durchjagen

per-venīre ⟨veniō, vēnī, ventum 4.⟩

1 an ein Ziel kommen, glücklich ankommen, *ad aliquem/in aliquem* bei j-m, *ad aliquid/in aliquid* bei etw; **in urbem ~** in der Stadt ankommen; **ad urbem ~** in die Nähe der Stadt gelangen; **liber pervenit in manus alicuius** das Buch kommt in j-s Hände

2 *fig* in einen Zustand kommen, geraten; **in amicitiam alicuius ~** in freundschaftliche Beziehungen zu j-m treten, j-s Freund werden; **in odium alicuius ~** bei j-m verhasst werden

3 *von Leblosem* zufallen, zuteil werden, *ad aliquem* j-m; **hereditas ad filiam pervenit** das Erbe fällt der Tochter zu

per-ventum PPP → pervenire

perversiō ⟨perversiōnis⟩ F ||perversus|| (*unkl.*)

Verdrehung

perversitās ⟨perversitātis⟩ F ‖perversus‖ Verdrehtheit, Dummheit

perversus ⟨a, um, *adv* perversē⟩ ADJ ‖pervertere‖
① verkehrt, verdreht; **oculi perversi** schielende Augen; **comas induit perversas** sie setzte die Perücke verkehrt auf
② *fig* falsch, widersinnig; **cachinnus ~** *Ov.* albernes Lachen; **perversa ingenia** *Plin.* schlechte Charaktere, schlechte Menschen
▶ deutsch: **pervers**

per-vertere ⟨vertō, vertī, versum 3.⟩
① umstoßen, umstürzen, umkehren, umwerfen; **mensas ~** Tische umstoßen
② *fig* vernichten, zugrunde richten; **mores ~** die guten Sitten verderben; **perverso more** gegen die Sitte; **perverso numine** gegen den Willen der Götter

per-vesperī ADV sehr spät abends

per-vestīgāre ⟨ō, āvī, ātum 1.⟩
① *vom Jagdhund* aufspüren
② *fig etw* genau erforschen, *einer Sache* auf die Spur kommen, *aliquid*

pervestīgātiō ⟨pervestīgātiōnis⟩ F ‖pervestigare‖ Forschung

per-vetus ⟨perveteris⟩ ADJ, **per-vetustus** ⟨a, um⟩ ADJ sehr alt, uralt

per-viam ADV ‖via‖ zugänglich

pervicācia ⟨ae⟩ F ‖pervicax‖ (*vkl., nachkl.*) Beharrlichkeit; *pej* Hartnäckigkeit

pervicax ⟨pervicācis, *adv* pervicāciter⟩ ADJ (*nachkl.*) *poet von Personen u. Sachen* beharrlich; *pej* hartnäckig, *alicuius rei* in *etw*; **~ recti** unermüdlich im Guten

per-vidēre ⟨video, vīdī, vīsum 2.⟩
① (*nachkl.*) *poet* überblicken; genau sehen
② *fig* genau erkennen, gründlich untersuchen, *aliquid etw*, *+indir Fragesatz*

per-vigēre ⟨eō, uī, -2.⟩ *Tac.* sehr stark sein, großen Einfluss haben, *re* durch *etw*, in *etw*

pervigil ⟨pervigilis⟩ ADJ ‖pervigilare‖ (*nachkl.*)
① stets wachend, schlaflos
② durchwacht; **nox ~** durchwachte Nacht

per-vigilāre ⟨ō, āvī, ātum 1.⟩ durchwachen; **nox pervigilata** durchwachte Nacht; **Veneri ~** im Dienst der Venus durchwachen

pervigilātiō ⟨pervigilātiōnis⟩ F ‖pervigilare‖ (religiöse) nächtliche Feier

pervigilia ⟨ae⟩ F ‖pervigil‖ nächtliches Wachen

pervigilium ⟨ī⟩ N ‖pervigil‖ (*nachkl.*)
① Nachtwache
② religiöse nächtliche Feier

per-vīlis ⟨pervīle⟩ ADJ (*nachkl.*) sehr preiswert

per-vincere ⟨vincō, vīcī, victum 3.⟩

A VT
① (*unkl.*) völlig besiegen; *fig* übertreffen
② *fig* mit Mühe bewegen, *aliquem* j-n, *ut*/*verneint* auch *quin*
③ erzwingen, durchsetzen, *aliquid etw*, *ut*/*ne* dass/dass nicht, *verneint* auch *quin* dass
④ *Lucr.* beweisen, nachweisen

B VI
① *Tac.* völlig siegen, entscheidend siegen
② *fig* seine Meinung durchsetzen, recht behalten

pervium ⟨ī⟩ N ‖pervius‖ Durchgang

per-vius ⟨a, um⟩ ADJ
① begehbar, *alicui*/*alicui rei* für j-n/für *etw*; **transitiones perviae** begehbare Durchgänge; **tempora pervia facere** die Schläfen durchbohren
② (*Plaut., nachkl.*) *fig* offen, zugänglich

per-vīvere ⟨vīvō, vīxī, victūrus 3.⟩ (*vkl.*) weiterleben

per-volāre¹ ⟨ō, āvī, ātum 1.⟩
① durchfliegen; *fig* durcheilen; **sex milia passuum ~** sechs Meilen im Flug zurücklegen
② hinfliegen, hineinen

per-volg... = **pervulg...**

pervolitāre ⟨ō, āvī, ātum 1.⟩ ‖pervolare‖ (*nachkl.*) *fig etw* durchfliegen, in *etw* umherfliegen, *aliquid*

pervolūtāre ⟨ō, āvī, ātum 1.⟩ ‖pervolvere‖ genau studieren

per-volvere ⟨volvō, volvī, volūtum 3.⟩
① (*vkl., nachkl.*) herumwälzen, **aliquem in luto** j-n im Schlamm
② *fig* genau bekannt machen
③ *Catul.* genau durchlesen

pervors... = **pervers...**

pervort... = **pervert...**

per-vulgāre ⟨ō, āvī, ātum 1.⟩
① öffentlich bekannt machen, veröffentlichen
② **se ~** *von Prostituierten* sich preisgeben
③ häufig betreten, durchlaufen

pervulgātus ⟨a, um, *adv* pervulgātē⟩ ADJ ‖pervulgare‖ bekannt; gewöhnlich

pēs ⟨pedis⟩ M
① Fuß *eines Menschen od Tieres*; **pedibus captus** gelähmt; **servus a pedibus** Laufbursche; **pedibus/pede** *u. (nlat.)* **per pedes** zu Fuß; **pedibus ire** zu Fuß gehen; **pedibus merere** beim Fußvolk dienen; **pedibus in sententiam alicuius ire** j-s Meinung beitreten; **ad pedes desilire** vom Pferd springen; **ad pedes descendere/degredi** absitzen; **equitem ad pedem deducere** den Reiter absitzen lassen; **pugna ad pedes venit** es entsteht ein Kampf zu Fuß; **pedem ferre** gehen, kommen; **pedem inferre** eintreten; **pedem efferre** hinaustreten; pe-

dem conferre zu kämpfen beginnen, angreifen; **pede collato** Mann gegen Mann; **pedem referre/revocare** zurückweichen, sich zurückziehen; **pedem trahere** hinken; **ante pedes alicuius** in j-s Gegenwart; **sub pedibus alicuius esse** in j-s Gewalt sein; **sub pedibus esse** nicht beachtet werden, überwunden sein; **pede secundo** *von Gottheiten* helfend, gnädig
2 *von Tieren* Huf; Kralle; *pl* Fänge
3 Fuß *an Möbeln u. a.*; ~ **pernae** Schinkenbein
4 *meton* Schritt, Gang; *pl* Wettlauf, Schnelligkeit der Füße; **cito pede** schnellen Schrittes
5 SCHIFF Tau, Leine, *womit das Segel an der Bordwand befestigt wird*; **pedibus aequis/pede aequo navigare** mit gleich gespannten Tauen segeln, mit vollem Wind segeln; **pedem facere** mit halbem Wind segeln
6 Fuß *als Längenmaß = 1/16 eines digitus = 296 mm*; **non pedem ab aliquo discedere** sich keinen Fuß breit von j-m entfernen; **suo pede metiri** nach seinem Maß messen
7 Versfuß; Versmaß; **pes Archilochi** archilochisches Versmaß
⚠ **Per pedes.** *scherzhaft* Zu Fuß.

pessimissimus ⟨a, um⟩ ADJ sup → **pessimus**
pessimus ⟨a, um⟩ ADJ sup → **malus**[1]
Pessinūntius ⟨a, um⟩ ADJ aus Pessinus, von Pessinus
Pessinūs ⟨Pessinūntis⟩ F u. M *alte Stadt im Grenzgebiet zwischen Phrygien u. Galatien, Heiligtum der Kybele, Ruinenfeld*
pessulus ⟨ī⟩ M (*Com., nachkl.*) Riegel
pessum ADV (*unkl.*) zu Boden; ~ **ire** *fig* zugrunde gehen, umkommen; ~ **dare** *fig* zugrunde richten; ~ **dari** *fig* herabsinken
pesti-fer ⟨pestifera, pestiferum, *adv* pestiferē⟩ ADJ ||pestis, ferre|| unheilvoll, schädlich; ~ **ignis** *Ov.* verderbliches Feuer
pestilēns ⟨pestilentis⟩ ADJ ||pestis|| ungesund; *fig* verderblich
pestilentia ⟨ae⟩ F ||pestilens||
1 Epidemie, Seuche, *auch fig*
2 ungesunde Luft; *meton* ungesunde Gegend
▶ deutsch: **Pestilenz**
pestilitās ⟨pestilitātis⟩ F *Lucr.* = **pestilentia**
pestis ⟨pestis⟩ F
1 Pest, Seuche
2 *meton* ungesunde Witterung
3 *fig* Unglück, Untergang; *pl* Gebrechen
4 *meton* Unheilstifter, Scheusal
▶ deutsch: **Pest**
  englisch: **pest**
  französisch: **peste**
  spanisch: **peste**
  italienisch: **peste**
petasātus ⟨a, um⟩ ADJ ||petasus|| mit Reisehut, reisefertig
petasō ⟨petasōnis⟩ M *Mart.* Vorderschinken *vom Schwein*
petasunculus ⟨ī⟩ M ||petaso|| *Iuv.* kleiner Schinken
petasus ⟨ī⟩ M (*Plaut., spätl.*) Reisehut
petauristārius ⟨ī⟩ M *Petr.* Akrobat
petaurum ⟨ī⟩ N (*nachkl.*) *poet* Sprungbrett *u. a. Geräte der Gaukler*
Petēlia ⟨ae⟩ F Stadt im O von Bruttium

petere ⟨petō, petīvī/petiī, petītum 3.⟩

1 aufsuchen
2 angreifen
3 sich bittend an j-n wenden
4 zu erlangen suchen, begehren
5 verlangen
6 sich um etw bewerben
7 beanspruchen, gerichtlich einklagen
8 holen

1 *einen Ort* aufsuchen, zu *einem Ort* eilen, *aliquid*; **calidiora loca** ~ wärmere Orte aufsuchen; **continentem** ~ zum Festland steuern; **caelum pennis** ~ zum Himmel emporfliegen; **amnis campum petit** der Fluss ergießt sich auf das Feld; **mons astra petit** der Berg ragt bis zu den Sternen empor; **aliquem amplexu** ~ j-n umarmen; **alium cursum** ~ eine andere Richtung einschlagen
2 angreifen, *fig* bedrohen; **hostes armis** ~ die Feinde mit Waffen angreifen; **aliquem bello** ~ j-n bekriegen; **aliquem lapidibus** ~ mit Steinen nach j-m werfen; **petor** man hat es auf mich abgesehen; **aliquis lege petitur** ein Gesetz ist auf j-n gemünzt
3 sich bittend an *j-n* wenden, *aliquem*
4 zu erlangen suchen, begehren; **salutem fugā** ~ sein Heil in der Flucht suchen
5 verlangen; erbitten, *aliquid ab aliquo/ex aliquo* j-n um etw, *aliquid alicui/pro aliquo* etw für j-n, *ut/ne* dass/dass nicht, *+konjkt/+inf*; **consilium ab amico** ~ sich Rat holen bei einem Freund; **peto a te, ut mihi ignoscas** ich bitte dich mir zu verzeihen
6 sich um *etw* bewerben, um *j-n* werben; **consulatum** ~ sich um das Konsulat bewerben; **virginem** ~ ein Mädchen zur Geliebten begehren; **petentes** die Bewerber; **petor ab aliquo/alicui** ich werde von j-m umworben
7 beanspruchen, gerichtlich einklagen, *aliquid ab aliquo* etw von j-m; **poenas ab aliquo** ~ sich von j-m Genugtuung verschaffen, j-n bestrafen, *alicuius rei* für etw, wegen etw; **is qui petit** Kläger; **is unde/a quo petitur** Beklagter

🛇 holen; *fig* hernehmen; **gemitūs alto de corde ~** tief aufseufzen; **exemplum alicuius rei ab aliquo ~** sich in etw ein Beispiel an j-m nehmen; **causam ex alto ~** den Grund weit herholen

petessere ⟨ō, -, - 3.⟩ ||petere|| erstreben; **caelum ~** den Himmel durchdringen

petilus ⟨a, um⟩ ADJ ||petere|| *Plaut.* schmächtig, spärlich

petītiō ⟨petītiōnis⟩ F ||petere||
1 *Fechtersprache* Angriff, Hieb
2 (*nachkl.*) Ersuchen, Bitte, *alicuius rei* um etw
3 Bewerbung, **muneris** um ein Amt
4 JUR gerichtlicher Anspruch; *meton* Anspruchsrecht
5 **~ principii** (*mlat.*) Beweisfehler, Benutzung eines unbewiesenen Satzes als Beweisgrund
▶ deutsch: Petition

petītor ⟨petītōris⟩ M ||petere||
1 Bewerber *um ein Amt*
2 JUR Kläger *im Privatprozess*

petiturīre ⟨iō, -, - 4.⟩ ||petere|| sich um ein Amt bewerben wollen

petītus ⟨petītūs⟩ M ||petere||
1 Sichneigen; **terrae ~ suavis** *Liv.* sanftes Neigen zur Erde
2 (*nachkl.*) Verlangen

petorritum ⟨ī⟩ N (*unkl.*) vierrädriger offener Wagen

petra ⟨ae⟩ F (*vkl., nachkl.*) Fels, Stein

Petra ⟨ae⟩ F Name mehrerer Städte u. Orte

Petrīnum ⟨ī⟩ N Landgut bei Sinuessa

petrō ⟨petrōnis⟩ M *Plaut.* alter Hammel

Petrōnius Arbiter Günstling Neros, Verfasser des erotisch-satirischen Romanes „Satyricon" (oder „Satirae") mit der Cena Trimalchionis, z. T. erhalten, wichtige Quelle für Kenntnis des Vulgärlateins

petulāns ⟨petulantis, *adv* petulanter⟩ ADJ ||petere|| *von Personen u. Sachen* ausgelassen, frech

petulantia ⟨ae⟩ F ||petulans|| Ausgelassenheit, Frechheit

petulcus ⟨a, um⟩ ADJ ||petere|| (*nachkl.*) *poet* zum Stoßen geneigt

petulus ⟨a, um⟩ ADJ = **petilus**

Peucetia ⟨ae⟩ F Landschaft in Apulien

Peucīnī ⟨ōrum⟩ M germ. Stamm im Donaudelta

pexātus ⟨a, um⟩ ADJ ||pexus|| *Mart.* mit einem Kleid aus reiner Wolle

pexī → pectere

pexus ⟨a, um⟩ PPP → pectere

Phaeācēs ⟨Phaeācum⟩ M die Phäaken, *sagenhaftes Volk der homerischen Odyssee auf der Insel Scheria, als fröhliche Lebenskünstler bekannt*

Phaeācia ⟨ae⟩ F Phäakenland

Phaeācius, Phaeācus ⟨a, um⟩ ADJ Phäaken..., zu den Phäaken gehörig

Phaeāx ⟨Phaeācis⟩ M Phäake

phaecasia ⟨ōrum⟩ N weiße Schuhe, *urspr. liturgische Kleidung der Priester in Athen*

phaecasiātus ⟨a, um⟩ ADJ mit weißen Schuhen

Phaedōn ⟨Phaedōnis⟩ M *aus Elis, Anhänger des Sokrates; nach ihm ist ein Dialog von Plato über die Unsterblichkeit benannt*

Phaedra ⟨ae⟩ F *Tochter des Minos, Gattin des Theseus; liebte ihren Stiefsohn Hippolytos u. versuchte ihn zu verführen; ihre Liebe wurde zurückgewiesen u. schlug in Hass um; verleumdete ihren Stiefsohn bei seinem Vater u. beging Selbstmord*

Phaedrus ⟨ī⟩ M
1 Schüler des Sokrates, Titel eines Dialogs von Plato
2 epikureischer Philos. in Athen, Freund des Atticus u. Ciceros
3 röm. Fabeldichter, Freigelassener des Augustus

Phaethōn ⟨Phaethontis⟩ M
1 Beiname des Sonnengottes Helios/Sol
2 Sohn des Helios/Sol; bat seinen Vater den Sonnenwagen lenken zu dürfen; setzte dabei die Erde in Brand u. wurde von einem Blitz des Zeus erschlagen

Phaethonteus ⟨a, um⟩ ADJ des Phaethon

Phaethontiades ⟨Phaethontiadum⟩ F Schwestern des Phaethon; = **Heliades**

Phaethontis ⟨Phaethontidis⟩ ADJ F des Phaethon; **volucris ~** Schwan; **gutta ~** Bernstein

phager ⟨phagrī⟩ M (*nachkl.*) unbekannter Seefisch, vielleicht Seebrasse

phalanga ⟨ae⟩ F Walze, Rolle

phalangītēs ⟨phalangītae⟩ M Soldat einer Phalanx, Schwerbewaffneter

phalanx ⟨phalangis⟩ F MIL Phalanx, Schlachtordnung

phalārica ⟨ae⟩ F = **falarica**

Phalaris ⟨Phalaridis⟩ M *Tyrann aus Akragas (Agrigentum) auf Sizilien um 560 v. Chr., bekannt durch den von Perillus gefertigten Stier*

phalerae ⟨ārum⟩ F
1 (*nachkl.*) *poet* Schmuck für Pferde *an Stirn u. Brust*
2 militärische Auszeichnung, Orden, *auf der Brust getragen*
3 *fig* äußerlicher Schmuck

phalerātus ⟨a, um⟩ ADJ ||phalerae||
1 mit Brustschmuck versehen
2 *Ter. fig* schön klingend

Phalēreus, Phalēreūs ⟨Phalēreī u. Phalēreos⟩ M Einwohner von Phalerum

Phalēricus ⟨a, um⟩ ADJ aus Phalerum, von Phalerum; **Phalerico portu uti** *Nep.* über den Hafen von Phalerum verfügen

Phalērum ⟨ī⟩ N ältester Hafen von Athen, durch eine Mauer mit der Stadt verbunden

Phanae ⟨ārum⟩ F Südspitze von Chios

Phanaeus ⟨a, um⟩ ADJ von Phanae, zu Phanae gehörig; **Ph. rex** Verg. königlicher Wein von Phanae

phantasia ⟨ae⟩ F (nachkl.) Gedanke, Einfall
▶ deutsch: **Fantasie**

phantasma ⟨phantasmatis⟩ N (nachkl., spätl.) Gespenst, Trugbild

Phantasus ⟨i⟩ M Gott der Träume

Phaōn ⟨Phaōnis⟩ M
1 Fährmann aus Lesbos, verschmähte Sapphos Liebe
2 hartherziger Geliebter

pharetra ⟨ae⟩ F (nachkl.) poet Köcher

pharetrātus ⟨a, um⟩ ADJ ||pharetra|| poet köchertragend; **pharetrata virgo** köchertragende Jungfrau, = Artemis/Diana; **~ puer** köchertragender Knabe, = Eros/Amor

Pharītae ⟨ārum⟩ M die Einwohner von Pharus

Pharius ⟨a, um⟩ ADJ aus Pharus, von Pharus, auch ägyptisch

pharmacia ⟨ae⟩ F (mlat.) Gebrauch von Heilmitteln; Arznei
▶ deutsch: **Pharmazie**

pharmacopōla ⟨ae⟩ M Hor. Zaubertrankverkäufer, Quacksalber

pharmacus ⟨i⟩ M Petr. Giftmischer

Pharos ⟨i⟩ M = Pharus

Pharsālia ⟨ae⟩ F Gebiet von Pharsalos

Pharsālicus, Pharsālius ⟨a, um⟩ ADJ aus Pharsalos, von Pharsalos

Pharsālos, Pharsālus ⟨i⟩ F Stadt in Thesallien, dort Sieg Caesars über Pompeius 48 v. Chr., heute Farsala

Pharus ⟨i⟩ M ehemals kleine Insel an der Hafeneinfahrt von Alexandria in Ägypten, von Alexander dem Großen durch einen Damm mit dem Festland verbunden; der an der Ostspitze stehende gleichnamige Signalturm, 279 v. Chr. vollendet, war eines der sieben Weltwunder

Phasēlis ⟨Phasēlidis⟩ F Hafenstadt an der Ostküste Lykiens, Ruinenfeld

phasēlos, phasēlus ⟨i⟩ M u. F
1 (nachkl.) poet essbare Schwertbohne
2 fig leichtes Schiff, Boot

Phāsiacus, Phāsiānus ⟨a, um⟩ ADJ ||Phasis|| phasisch, kolchisch

phāsiānus ⟨i⟩ M ||Phasis|| (erg. **gallus**) Fasan

Phāsias ⟨Phāsiadis⟩ ADJ F ||Phasis||
1 phasisch, kolchisch
2 subst Kolchierin, bes Medea

Phāsis
A ⟨Phāsidis u. Phāsidos⟩
1 M Fluss in Kolchis, im Kaukasus entspringend
2 F griech. Handelskolonie an der Mündung des Flusses Phasis am Ostufer des Schwarzen Meeres, heute Poti in der Ukraine
B ⟨Phāsidis⟩ ADJ
1 phasisch, kolchisch
2 f Kolchierin, bes Medea

phasma ⟨phasmatis⟩ N Erscheinung, Gespenst

Pheneus ⟨i⟩ F Stadt in Arkadien, Ruinen w. von Korinth

phengītēs ⟨phengītae⟩ M Suet. durchsichtiger Glimmerstein, in der Antike als Fensterglas benutzt

Pherae ⟨ārum⟩ F
1 Stadt in Thessalien
2 Stadt in Messenien

Pherecratēs ⟨Pherecratis⟩ M Dichter der älteren attischen Komödie

Pherecratīus ⟨a, um⟩ ADJ des Pherecrates

Pherecȳdēs ⟨Pherecȳdis⟩ M
1 Philos., 6. Jh. v. Chr., Lehrer des Pythagoras
2 Genealoge aus Athen, 5. Jh. v. Chr.

phiala ⟨ae⟩ F (nachkl.) poet Trinkschale

Phīdiacus ⟨a, um⟩ ADJ des Phidias

Phīdiās ⟨ae⟩ M größter Bildhauer u. Erzgießer Athens z. Zt. des Perikles

Philadelphia ⟨ae⟩ F Stadt in Lydien, Ruinen ö. von Izmir

Philaenōrum Arae Hafen am südlichsten Punkt der Großen Syrte

philēma ⟨philēmatis⟩ N Lucr. Kuss

Philēmō(n) ⟨Philēmonis⟩ M
1 MYTH Gestalt, armer Greis in Phrygien; er u. seine Gattin Baukis wurden wegen ihrer Gastfreundschaft von der Sintflut verschont
2 Dichter der neueren attischen Komödie

pharetra – Köcher

Philētas ⟨Philētae⟩ M̄ *griech. Elegiker, 4. Jh. v. Chr., Vorbild des Properz*

Philippēnsis ⟨Philippēnse⟩ ADJ, **Philippēus**[1] ⟨a, um⟩ ADJ *aus Philippi, von Philippi*

Philippēus[2] ⟨a, um⟩ ADJ *des Philippus*

Philippī ⟨ōrum⟩ M̄ *Stadt in Makedonien, urspr. Krenides, von Philipp II. besetzt u. umbenannt; 42 v. Chr. Schlacht des Marcus Antonius u. Octavianus gegen die Caesarmörder Brutus u. Cassius; frühes chr. Zentrum, antike u. frühchr. Reste, Name erhalten*

❗ **Philippis iterum me videbis.** Bei Philippi wirst du mich wiedersehen. (Meist wiedergegeben mit: Bei Philippi werden wir uns wiedersehen.) *Prophezeiung für kommendes Unheil, da Brutus bei Philippi besiegt wurde; auf Griechisch von Plutarch überliefert, durch Shakespeare verbreitet*

Philippicus ⟨a, um⟩ ADJ *des Philippus;* **orationes Philippicae** *philippische Reden des Demosthenes gegen Philipp II. u. Ciceros gegen Marcus Antonius*

Philippius ⟨a, um⟩ ADJ *aus Philippi, von Philippi*

Philippopolis ⟨Philippopoleos⟩ F̄ *Stadt in Thrakien, heute Plovdiv in Bulgarien*

Philippus ⟨ī⟩ M̄ *Name makedonischer Könige; bes ~ II. Vater Alexanders des Großen, regierte 359–336 v. Chr.; ~ V. im Krieg gegen die Römer 197 v. Chr. bei Kynoskephalai besiegt*

Philistus ⟨ī⟩ M̄ *Geschichtsschreiber in Syrakus, Zeitgenosse Dionysios' I., Nachahmer des Thukydides*

philitia ⟨ōrum⟩ N̄ *gemeinsame Mahlzeiten der Spartiaten*

Philō ⟨Philōnis⟩ M̄ = **Philon**

Philoctēta ⟨ae⟩ M̄ MYTH **Philoktet**, *Gefährte des Herkules, nahm am Krieg gegen Troja teil, wurde wegen eines eiternden Schlangenbisses auf Lemnos zurückgelassen u. im zehnten Jahr nachgeholt u. geheilt, tötete mit einem Pfeil des Herkules den Paris*

Philoctētaeus ⟨a, um⟩ ADJ *Ov. des Philoktet*

Philoctētēs ⟨Philoctētae⟩ M̄ = **Philocteta**

Philodēmus ⟨ī⟩ M̄ *Epikureer u. Epigrammdichter z. Zt. Ciceros*

Philolāus ⟨ī⟩ M̄ *Pythagoreer aus Unteritalien, um 400 v. Chr.*

philologia ⟨ae⟩ F̄
1 Gelehrsamkeit, literarische Studien
2 *Sen.* Philologie, Sprach- und Literaturwissenschaft

philologus ⟨ī⟩ M̄
1 Gelehrter, Literat
2 Philologe, *Sprach- und Literaturwissenschaftler*

Philomēla ⟨ae⟩ F̄
1 *Schwester der Prokne, von deren Gatten Tereus vergewaltigt, der ihr die Zunge herausschnitt; in eine Nachtigall verwandelt*
2 *Verg. meton* Nachtigall

Philomēliēnsēs ⟨Philomēliēnsium⟩ M̄ *die Einwohner von Philomelium*

Philomēlium ⟨ī⟩ N̄ *Stadt in Phrygien*

Philōn ⟨Philōnis⟩ M̄
1 *akademischer Philos. in Athen, um 75 v. Chr.*
2 *Architekt in Athen, um 300 v. Chr.*

philosopha ⟨ae⟩ F̄ ||philosophus|| Philosophin

philosophārī ⟨or, ātus sum 1.⟩ ||philosophus|| philosophieren, nachdenken

philosophia ⟨ae⟩ F̄
1 Philosophie; *meton* philosophische Richtung
2 *Nep.* philosophischer Gegenstand, philosophisches Problem
3 PL philosophische Schulen, philosophische Richtungen

❗ **Philosophia pellit timores.** *Cic.* Die Philosophie vertreibt Ängste.

philosophus
A ⟨a, um⟩ ADJ philosophisch
B ⟨ī⟩ M̄ Philosoph; *(mlat.)* Gelehrter

❗ **Si tacuisses, philosophus mansisses.** Hättest du geschwiegen, wärst du Philosoph geblieben. = Hättest du nichts gesagt, hätte man nicht gemerkt, dass du nichts weißt.

philtrum ⟨ī⟩ N̄ *(nachkl.) poet* Liebestrank

philyra ⟨ae⟩ F̄ *(nachkl.) poet* Linde; Lindenbast

Philyra ⟨ae⟩ F̄ *Nymphe, Tochter des Okeanos (Oceanus), von Saturnus Mutter des Kentauren Chiron, von Zeus in eine Linde verwandelt*

phīmus ⟨ī⟩ M̄ *Hor.* Würfelbecher

Phīnēius ⟨a, um⟩ ADJ *des Phineus*

Phīneus ⟨Phīneī u. Phīneos⟩ M̄ MYTH *König in Thrakien, blendete seine Söhne u. wurde von den Göttern mit Blindheit bestraft*

Phīnēus ⟨a, um⟩ ADJ *des Phineus*

Phintiās ⟨ae⟩ M̄ *Pythagoreer aus Syrakus, Freund des Damon*

Phlegethōn ⟨Phlegethontis⟩ M̄ Feuerstrom, *Fluss in der Unterwelt*

Phlegethontis ⟨Phlegethontidis⟩ ADJ F *des Phlegethon*

Phlegraeī campī
1 MYTH *Gegend auf Phlegra (später Pallene), einer der Halbinseln der Chalkidike, Ort der Schlacht zwischen Göttern u. Giganten*
2 *vulkanische Landschaft zwischen Neapel u. Cumae*

Phlegyās ⟨ae⟩ M̄ MYTH *König der Lapithen, soll den Apollotempel in Delphi in Brand gesteckt haben u. büßte in der Unterwelt*

Phliūs ⟨Phliūntis⟩ F̄ *Stadt auf der Peloponnes*

Phobētōr ⟨Phobētōris,* akk* Phobētōra⟩ M̄ MYTH *auch Icelos genannter Sohn des Hypnos, erscheint im Schlaf in Gestalt wilder Tiere*

phōca ⟨ae⟩ F̄ *(nachkl.) poet* Seehund, Robbe

Phōcaea ⟨ae⟩ F̄ *ionische Seestadt gegenüber Lesbos, Mutterstadt von Massilia*

Phōcaeēnsēs ⟨Phōcaeēnsium⟩ M̄, **Phōcaeī** ⟨ōrum⟩ M̄ die Einwohner von Phocaea
Phōcaicus[1] ⟨a, um⟩ ADJ aus Phocaea, von Phocaea
Phōcaicus[2] ⟨a, um⟩ ADJ aus Phocis, von Phocis
Phōcēnsēs[1] ⟨Phōcēnsium⟩ M̄ die Einwohner von Phocaea
Phōcēnsēs[2] ⟨Phōcēnsium⟩ M̄ die Einwohner von Phocis
Phōcēus[1] ⟨a, um⟩ ADJ aus Phocis, von Phocis
Phōcēus[2] ⟨Phōceī u. Phōceos⟩ M̄ Einwohner von Phocis
Phōciī ⟨ōrum⟩ M̄ die Einwohner von Phocis
Phōcis ⟨Phōcidis u. Phōcidĭdos⟩ F̄ Landschaft Mittelgriechenlands, mit dem Orakelort Delphi
Phoebas ⟨Phoebadis⟩ F̄ ‖Phoebus‖ Priesterin Apollos
Phoebē ⟨Phoebēs⟩ F̄
  1 MYTH *Beiname der Artemis/Diana als Mondgöttin*
  2 *meton* Mondnacht
Phoebēius, Phoebēus ⟨a, um⟩ ADJ des Phoebus; **lampas Phoebeia** Sonne; **ars Phoebeia** Heilkunst; **virgo Phoebeia** = Daphne; **ignes Phoebeiī** Sonnenstrahlen; **sortes Phoebeiae** Orakel
Phoebi-gena ⟨ae⟩ M̄ Sohn des Phoebus, = Asklepios
phoebus ⟨a, um⟩ ADJ *Plaut.* rein, leuchtend
Phoebus ⟨ī⟩ M̄
  1 *Kultname des Apollo als Sonnengott*
  2 *meton* Sonne; **sub utroque Phoebo** im Osten und im Westen
  3 *meton* Lorbeer
Phoenīca ⟨ae⟩ F̄, **Phoenīcē** ⟨Phoenīcēs⟩ F̄ Phönikien, *mit den Hauptstädten Sidon u. Tyrus*
Phoenīces ⟨Phoenīcum⟩ M̄ die Phöniker, die Punier, *berühmt durch Handel, Schifffahrt u. Purpurfärberei*
Phoenīcius ⟨a, um⟩ ADJ phönikisch
phoenīcopterus ⟨ī, pl ōrum u. um⟩ M̄ *Sen., Suet.* Flamingo
Phoenissa ⟨ae⟩ F̄ ‖Phoenica‖ Phönikerin, Punierin, *bes* = Dido
phoenīx ⟨phoenīcis⟩ M̄ *Sen., Tac.* Phönix, *ägyptischer Wundervogel, der nach einer Lebenszeit von 500 Jahren sich selbst verbrennt u. verjüngt wieder aufersteht, Symbol der ewigen Erneuerung*
Phoenīx ⟨Phoenīcis⟩ M̄
  1 *Berater u. Freund des Achill*
  2 *Sohn des Agenor, Bruder der Europa*
  3 Phönier, Punier; → Phoenica
phōnascus ⟨ī⟩ M̄ Gesangs- und Deklamationslehrer
Phorcis ⟨Phorcidis u. Phorcidos⟩ ADJ F̄ des Phorcus; *subst* **Phorcynis**

Phorcus ⟨ī⟩ M̄ Meeresgottheit, Vater der Gorgonen
Phorcynis ⟨Phorcynidis u. Phorcynidos⟩ F̄ Tochter des Phorcus, *eine der Gorgonen, bes* Medusa
Phorcys ⟨Phorcyis⟩ M̄ = **Phorcus**
Phormiō ⟨Phormiōnis⟩ M̄
  1 *Peripatetiker, der Hannibal Unterricht in Kriegskunst geben wollte, daher Bezeichnung für j-n, der über Dinge redet, von denen er nichts versteht*
  2 *Titelfigur einer Komödie von Terenz*
Phraātēs ⟨Phraātis⟩ M̄ *Name mehrerer Partherkönige*
phrasis ⟨phrasis⟩ F̄ *(nachkl.)* rednerischer Ausdruck, Diktion
  ▶ deutsch: **Phrase**
phrenēsis ⟨phrenēsis⟩ F̄ *(nachkl.)* Wahnsinn, Geisteskrankheit
phrenēticus
  A ⟨a, um⟩ ADJ *(nachkl.)* geisteskrank, wahnsinnig
  B ⟨ī⟩ M̄ Geisteskranker, Wahnsinniger
Phrixēus ⟨a, um⟩ ADJ des Phrixos
Phrixos, Phrixus ⟨ī⟩ M̄ *Bruder der Helle*
Phryges ⟨Phrygum⟩ M̄ ‖Phrygia‖ die Phrygier, *thrakisches Volk, um 1200 v. Chr. aus der Balkaninsel eingewandert, galten als Erfinder der Tuchstickerei*
Phrygia ⟨ae⟩ F̄ Phrygien, *Landschaft in Kleinasien, Großphrygien im W Kleinasiens u. Kleinphrygien, die Südküste des Hellespont u. der Propontis, beide durch Mysia getrennt*
Phrygiae ⟨ārum⟩ F̄ Trojanerinnen
phrygiō ⟨phrygiōnis⟩ M̄ *Plaut.* Tuchsticker, Goldsticker
Phrygius ⟨a, um⟩ ADJ phrygisch, trojanisch, asiatisch, weichlich; **Phrygia mater** die phrygische Mutter, = Kybele; **~ pastor** der phrygische Hirte, = Paris; **vestis Phrygia** kunstvoll besticktes Kleid
Phrȳnē ⟨Phrȳnēs⟩ F̄
  1 *durch ihre Schönheit berühmte Hetäre in Athen, 4. Jh. v. Chr.*
  2 Prostituierte
  3 Kupplerin
Phryx ⟨Phrygis⟩ M̄ ‖Phrygia‖ Phrygier, *auch* Trojaner, *bes* Aeneas; *auch* Priester der Kybele
Phthīa ⟨ae⟩ F̄ Stadt im S Thessaliens, Geburtsort des Achill
Phthīas ⟨Phthīadis⟩ F̄ Frau aus Phthia
Phthīōtēs ⟨Phthīōtae⟩ M̄ Mann aus Phthia
Phthīōticus ⟨a, um⟩ ADJ aus Phthia, von Phthia
Phthīōtis ⟨Phthīōtidis⟩ F̄ Landschaft, die man für das homerische Phthia hielt
phthisicus ⟨ī⟩ M̄ *(nachkl.)* Schwindsüchtiger
phthisis ⟨phthisis⟩ F̄ *(nachkl.)* Schwindsucht
Phthīus ⟨a, um⟩ ADJ aus Phthia, von Phthia;

rex ~ König von Phthia, = Peleus; **vir ~** Mann aus Phthia, = Achill

phȳ ⟨INT⟩ *Ter.* pfui!

phylaca ⟨ae⟩ F̄ *Plaut.* Gefängnis

phylacista ⟨ae⟩ M̄ *Plaut.* Kerkermeister

phȳlarchus ⟨ī⟩ M̄ Stammesfürst

physica ⟨ae⟩ F̄, **physica** ⟨ōrum⟩ N̄ ||physicus|| Physik, Naturlehre, Naturphilosophie

physicus
A ⟨a, um⟩ ADJ, ADV ⟨physicē⟩ die Natur betreffend, physikalisch; *adv* nach Art der Physiker
B ⟨ī⟩ M̄ Physiker, Naturforscher, Naturphilosoph

physiognōmōn ⟨physiognōmonis⟩ N̄ Beurteiler des Charakters aufgrund der Gesichtszüge, Kenner der Physiognomie

physiologia ⟨ae⟩ F̄ Naturkunde, Naturphilosophie

piābilis ⟨piābile⟩ ADJ ||piare|| *Ov.* sühnbar

piāculāria ⟨ium⟩ N̄ ||piacularis|| *Liv.* Sühneopfer

piāculāris ⟨piāculāre⟩ ADJ ||piaculum|| sühnend, Sühne...

piāculum ⟨ī⟩ N̄ ||piare||
1 Sühnemittel, *bes* Sühneopfer, *alicuius rei* für etw
2 *meton* Sühne, Strafe; **piaculum exigere ab aliquo** von j-m Sühne fordern
3 Schuld, Vergehen; **piaculum committere/mereri/contrahere** Schuld auf sich laden; **~ est** *Plaut.* es wäre eine Dummheit

piāmen ⟨piāminis⟩ N̄, **piāmentum** ⟨ī⟩ N̄ (*nachkl.*) = **piaculum**

piāre ⟨ō, āvī, ātum 1.⟩ ||pius||
1 (*vkl.*) *poet* verehren; **sacra ~** Opfer verrichten
2 durch ein Opfer versöhnen
3 sühnen
4 (*nachkl.*) *poet* vergelten, wiedergutmachen; **culpam morte ~** *Verg.* die Schuld mit dem Tod bestrafen

pīca ⟨ae⟩ F̄ ||picus¹|| (*unkl.*) Elster; **~ pulvinaris** *Mart.* „Sofaelster" = Klatschbase

picāre ⟨ō, āvī, ātum 1.⟩ ||pix|| mit Pech bestreichen, verpichen

picāria ⟨ae⟩ F̄ ||pix|| Pechhütte, Teerofen

picātus ⟨a, um⟩ ADJ ||picare|| (*nachkl.*) *poet* mit Pech bestrichen; nach Pech schmeckend

picea ⟨ae⟩ F̄ ||piceus|| (*nachkl.*) *poet* Pechföhre, Kiefer

Pīcēns ⟨Pīcentis⟩ ADJ aus Picenum, von Picenum

Pīcentēs ⟨Pīcentium *u.* Pīcentum⟩ M̄ die Einwohner von Picenum

Pīcēnum ⟨ī⟩ N̄ *Landschaft in Italien am Adriatischen Meer s. von Ancona*

Pīcēnus ⟨a, um⟩ ADJ aus Picenum, von Picenum

piceus ⟨a, um⟩ ADJ ||pix|| (*nachkl.*) *poet* aus Pech, Pech...; **flumen piceum** rinnendes Pech; **nubes piceae** pechschwarze Wolken; **lumen piceum** qualmende Fackel

Pictonēs ⟨Pictonum⟩ M̄ *kelt. Stamm im heutigen Poitou*

pictor ⟨pictōris⟩ M̄ ||pingere|| Maler

Pictor ⟨Pictōris⟩ M̄ *Beiname in der gens Fabia*; → **Fabius**

pictūra ⟨ae⟩ F̄ ||pingere||
1 Malerei; **~ (lineāris)** (*nachkl.*) Zeichnen; **~ (textilis)** Sticken
2 *Plaut.* Schminken
3 *meton* Gemälde; Zeichnung; Stickerei
4 *fig* Ausmalung in der Rede; Beschreibung

pictūrātus ⟨a, um⟩ ADJ ||pictura|| *Verg.* mit Stickerei verziert, gestickt

pictus¹ ⟨a, um⟩ PPP → **pingere**

pictus² ⟨a, um⟩ ADJ ||pingere||
1 gemalt, gezeichnet; **tabula picta** Gemälde
2 bemalt, angestrichen
3 bunt, *bes* gefleckt, **volucres pictae** bunt gefiederte Vögel
4 **(acu) ~** gestickt, bunt durchwirkt; **~ acu chlamydem** (*griech. akk*) in einem gestickten Mantel; **~ acu tunicas** (*griech. akk*) in gestickter Tunika
5 RHET zierlich, kunstvoll gruppiert
6 bloß gemalt, scheinbar

pīcus¹ ⟨ī⟩ M̄ (*unkl.*) Specht

pīcus² ⟨ī⟩ M̄ *Plaut.* Vogel Greif

Pīcus ⟨ī⟩ M̄ MYTH *König, Sohn des Saturnus, Vater des Faunus, von Kirke in einen Specht verwandelt, weil er ihre Liebe verschmähte*

Piēria ⟨ae⟩ F̄ *makedonische Landschaft nö. vom Olymp, Heimat des Orpheus, Lieblingsort der Musen*

Pīeriae ⟨ārum⟩ F̄ die Musen

Pīerides ⟨Pīeridum⟩ F̄ Töchter des Pierus, die Musen

Pīeros, Pīerus ⟨ī⟩ M̄ MYTH *Stammesheros von Pieria, gab seinen neun Töchtern die Namen der Musen od Vater der Musen; nach anderer Überlieferung unterlagen die Töchter im Wettstreit den Musen u. wurden in Elstern verwandelt*

pietās ⟨pietātis⟩ F̄ ||pius||
1 fromme Gesinnung, Pflichtgefühl;
2 *gegen die Götter* Frömmigkeit; *gegen die Eltern* Verehrung; *gegen Freunde u. Wohltäter* Anhänglichkeit
3 Gerechtigkeit der Götter, Erbarmen
4 (*nachkl.*) *poet* Milde, Barmherzigkeit
5 **vestra ~** (*mlat.*) *als Anrede* Euer Gnaden

Pietās ⟨Pietātis⟩ F̄ Göttin der kindlichen Liebe und Ehrfurcht *mit zwei Tempeln in Rom*

pietāti-cultrīx ⟨pietāticultrīcis⟩ ADJ ||pietas,

colere|| *Petr.* **kinderlieb**
piger ⟨pigra, pigrum, *adv* pigrē⟩ ADJ **träge, faul**; **annus ~** dahinschleichendes Jahr; **campus/ager ~** unfruchtbares Feld; **frigus pigrum** träge machender Frost; **pigrae radices** zähes Wurzelwerk; **palus pigra** stehendes Wasser; **bellum pigrum** lang dauernder Krieg; **pectora pigra** unempfindliches Gemüt
pigēre ⟨et, uit, -2.⟩ ||piger|| *unpers*
1 **es verdrießt**, *aliquem alicuius rei* etw j-n; **ad pigendum induci** veranlasst werden Unlust zu empfinden
2 = **paenitet**, → **paenitere**; **verba pigenda** Worte, die man bereuen muss
3 **es erregt Scham**; **fateri pigebat** man schämte sich zu sagen
pigmentārius ⟨ī⟩ M ||pigmentum|| **Farbenhändler, Salbenhändler**
pigmentum ⟨ī⟩ N ||pingere||
1 **Farbe** *zum Malen*; **aliquem pingere pigmentis ulmeis** *Plaut.* j-n grün und blau schlagen
2 (*vkl., nachkl.*) **Schminke**
3 *fig* **Schmuck** *der Rede*
▶ deutsch: **Pigment**
pignerāre ⟨ō, āvī, ātum 1.⟩ ||pignus|| (*nachkl.*) *poet* **als Pfand geben, verpfänden, versetzen**
pignerārī ⟨or, ātus sum 1.⟩ ||pignus||
1 *Ov.* **zum Pfand nehmen, als Pfand annehmen**
2 **sich aneignen, beanspruchen**
pignerātor ⟨pignerātōris⟩ M ||pignerari|| **Pfandnehmer, Pfandleiher**
pignus ⟨pignoris *u.* pigneris⟩ N
1 **Pfand, Unterpfand**, *alicuius rei* für etw; **aliquid pignori dare** etw verpfänden; **pignori esse** verpfändet sein; **pignora capere/auferre** Pfänder nehmen *als Zwangsmittel um die Senatoren zum Erscheinen im Senat zu veranlassen*
2 (*nachkl.*) *poet* **Hypothek**; **pignori accipere aliquid** sich etw als Hypothek verschreiben lassen
3 (*nachkl.*) **Geisel**
4 (*nachkl.*) *poet* **Wetteinsatz, Wettbetrag**; **pignore certare/contendere** eine Wette abschließen
5 *fig* **Bürgschaft, Garantie**
6 (*nachkl.*) *fig* **Liebespfand**; *pl* **teure Angehörige**
pigrāre ⟨ō, āvī, ātum 1.⟩, **pigrārī** ⟨or, - 1.⟩ ||piger|| **träge sein, säumen**, +*inf*
pigrēscere ⟨ēscō, -, - 3.⟩ ||piger|| (*nachkl.*) **träge werden, langsam werden**
pigritia ⟨ae⟩ F, **pigritiēs** ⟨pigritiēī⟩ F ||piger|| *Liv.* **Trägheit, Unlust**, *absolut od alicuius rei* zu etw
pīla¹ ⟨ae⟩ F ||pinsere|| (*vkl.*) **Mörser**
pīla² ⟨ae⟩ F
1 *Hor.* **Pfeiler, Säule**, *bes vor dem Laden eines Buchhändlers mit Bücherverzeichnis*
2 (*nachkl.*) *poet* **Steindamm, Mole**
pila³ ⟨ae⟩ F ||pilus¹||
1 **Ball** *zum Spielen*; **pilā ludere** Ball spielen; **mea ~ est** ich habe gewonnen; **claudus pilam** der Lahme mit dem Ball, *jd, der etw nicht richtig zu gebrauchen versteht*
2 *meton* **Ballspiel**
3 **Stimmkügelchen** *der Richter*
4 **pilae Mattiacae** **Seifenkügelchen** *zum Haarefärben*
5 *Mart.* **Strohpuppe** *zum Reizen der Stiere*
pīlānus ⟨ī⟩ M ||pilum|| (*vkl.*) *poet* = **triarius**
pilāre ⟨ō, āvī, ātum 1.⟩ ||pilus¹||
1 *Mart.* **die Haare ausrupfen, enthaaren**
2 (*spätl.*) *fig* **berauben, plündern**
pilārius ⟨ī⟩ M ||pila³|| *Quint.* **Jongleur, Gaukler**
pīlātus ⟨a, um⟩ ADJ ||pilum|| **mit einem Wurfspieß bewaffnet**
Pīlātus ⟨ī⟩ M → **Pontius**
pīleātus ⟨a, um⟩ ADJ = **pilleatus**
pīlentum ⟨ī⟩ N **vierrädriger Prachtwagen** *für vornehme Frauen bei festlichen Angelegenheiten*
pīleolus ⟨ī⟩ M = **pilleolus**
pīleum ⟨ī⟩ N = **pilleum**
pīleus ⟨ī⟩ M = **pilleus**
pili-crepus ⟨ī⟩ M ||pila³, crepare|| *Sen.* **Ballspieler**
pilleātus ⟨a, um⟩ ADJ ||pilleus|| (*nachkl.*) *poet* **mit einer Filzkappe geschmückt**, *Zeichen der Freilassung, auch Kopfbedeckung der Römer bei festlichen Gastmählern, bes an den Saturnalien*; **fratres pilleati** *Catul.* **Kastor und Pollux**
pilleolus ⟨ī⟩ M ||pilleus|| (*nachkl.*) *poet* **Käppchen**
pilleum ⟨ī⟩ N, **pilleus** ⟨ī⟩ M (*vkl., nachkl.*) **Filzkappe**, *Kopfbedeckung des freien Römers, meist nur bei feierlichen Gelegenheiten getragen*; **servos ad pilleum vocare** die Sklaven durch Aussicht auf Freilassung zum Aufruhr reizen
pilōsus ⟨a, um⟩ ADJ ||pilus¹|| (**stark**) **behaart**
pilula ⟨ae⟩ F ||pila³|| (*nachkl.*) **Bällchen, Kügelchen**
▶ deutsch: **Pille**
pīlum ⟨ī⟩ N
1 (*vkl., nachkl.*) **Mörserkeule, Stampfer**
2 MIL **Wurfspieß** *des röm. Fußvolkes*; **~ murale** schwerer Wurfspieß *zur Verteidigung des Lagerwalles*; **Pila Horatia** Stelle auf dem Forum Romanum
Pīlumnus ⟨ī⟩ M *altital.* **Ehegott** *neben Picumus, nach Vergil Ahnherr des Turnus*
pilus¹ ⟨ī⟩ M ||pila³||
1 **einzelnes Körperhaar** *bei Mensch u. Tier*; **munitae sunt palpebrae vallo pilorum** die Augenlider sind geschützt durch einen Wall von Haaren
2 *fig* **Faser, Kleinigkeit**; **ne pilo quidem minus**

um kein Haar weniger; **pili non facere** keinen Pfifferling dafür geben

pīlus² ⟨ī⟩ M ||primipilus|| Manipel der Triarier, *der erprobtesten Soldaten*; (**centurio**) **primi pili** der rangälteste Zenturio des ersten Manipels der Triarier

Pimpla ⟨ae⟩ F *Musenquelle in Pieria am Olymp*

Pimplēa ⟨ae⟩ F, **Pimplēis** ⟨Pimplēidis⟩ F Muse

Pimplēus ⟨a, um⟩ ADJ der Pimpla, von Pimpla

pīna ⟨ae⟩ F Steckmuschel, *eine Art Miesmuschel*

pinacothēca ⟨ae⟩ F, **pinacothēcē** ⟨pinacothēcēs⟩ F *Petr.* Gemäldegalerie

Pīnārius ⟨a, um⟩ ADJ *Name einer alten ital. gens, die zusammen mit den Potitiis bis 312 v. Chr. an der Ara maxima den Herkuleskult betreute*

pincerna ⟨ae⟩ M *(spätl.)* Kellner

Pindaricus ⟨a, um⟩ ADJ ||Pindarus|| des Pindar

Pindarus ⟨ī⟩ M *griech. Dichter, 522–442 v. Chr.*

Pindus ⟨ī⟩ M *griech. Gebirge zwischen Thessalien u. Epirus*

pīnētum ⟨ī⟩ N ||pinus|| *(nachkl.) poet* Fichtenwald

pīneus ⟨a, um⟩ ADJ ||pinus|| Fichten...; **ardor ~** Feuer von Fichtenholz

pingere ⟨pingō, pīnxī, pictum 3.⟩
1 bemalen, bestreichen; *passiv* sich schminken
2 zeichnen, malen
3 färben, bunt machen; **vaccinia luteolā calthā ~** Hyazinthen in bunter Abwechslung unter gelbe Dotterblumen mischen
4 sticken; **togam (acu) ~** die Toga besticken
5 *fig* schmücken
6 RHET, LIT ausmalen, lebhaft schildern

pingue ⟨pinguis⟩ N Fett *im Fleisch*

pinguēscere ⟨ēscō, -, - 3.⟩ ||pinguis|| *(nachkl.) poet* fett werden, gedüngt werden

pinguiārius ⟨ī⟩ M ||pinguis|| *Mart.* Fettliebhaber

pinguiculus ⟨a, um⟩ ADJ ||pinguis||

pinguis ⟨pingue, adv pinguiter⟩ ADJ
1 *von Lebewesen* wohlgenährt, fett
2 *(nachkl.) poet* fettig, ölig; **ara ~** vom Fett der Opfertiere triefender Altar
3 saftig, fleischig, dick; **fici pingues** saftige Feigen; **caelum pingue** dicke Luft
4 *(nachkl.) fig* fruchtbar, ergiebig; **solum pingue** fruchtbarer Boden, **flumen pingue** befruchtender Fluss; **tilia ~** honigreiche Linde
5 *fig* plump; geistlos; **pingui Minervā** mit hausbackenem Verstand, ohne feinere Bildung
6 *fig von der Rede* schwülstig; **poetae pingue quiddam sonantes** *Cic.* schwülstig klingende Dichter
7 *(nachkl.) fig von Zuständen* behaglich, ruhig

pinguitūdō ⟨pinguitūdinis⟩ F ||pinguis|| *Quint.* plumpe, derbe Aussprache

pīni-fer ⟨pīnifera, pīniferum⟩ ADJ ||pinus, ferre|| *poet* Fichten tragend

pīni-ger ⟨pīnigera, pīnigerum⟩ ADJ ||pinus, gerere|| *poet* mit Fichten bekränzt

pinna ⟨ae⟩ F
1 = penna
2 Flosse *von Fischen*; Flughaut *der Fledermäuse*
3 Zinne, Mauerkrone

pinnātus ⟨a, um⟩ ADJ ||pinna|| befiedert, geflügelt

pinni-ger ⟨pinnigera, pinnigerum⟩ ADJ ||pinna, gerere||
1 geflügelt
2 *Catul.* mit Flossen

pinni-pēs ⟨pinnipedis⟩ ADJ ||pinna|| *Catul.* mit Flügeln an den Füßen

pinni-rapus ⟨a, um⟩ ADJ ||pinna, rapere|| *Iuv.* den Federschmuck raubend

pinnula ⟨ae⟩ F ||pinna|| Federchen; *pl* Flügelchen

pīnotērēs ⟨ae⟩ M kleiner Krebs *als Schmarotzer*

pīnsere ⟨pīnsō, pīnsuī, pistum 3.⟩ klein stampfen, zerstoßen; **flagro ~** geißeln

pīnsitāre ⟨ō, -, - 1.⟩ ||pinsere|| *Plaut.* zu stampfen pflegen

pīnus ⟨pīnūs *u.* ī⟩ F *(nachkl.)*
1 Fichte, Kiefer, Föhre; Pinie
2 *meton* Fichtenholz, Schiffsbauholz; Schiff
3 *meton* Fackel
4 *meton* Fichtenkranz
▶ deutsch: Pinie
englisch: pine
französisch: pin
spanisch: pino
italienisch: pino

pinx. *Abk* = **pinxit** hat (es) gemalt, *oft auf Gemälden u. Stichen neben dem Namen des Malers*

pīnxī → pingere

piper ⟨piperis⟩ N *(nachkl.)* Pfeffer

piperātus ⟨a, um⟩ ADJ ||piper|| *(nachkl.)* gepfeffert; *fig* diebisch

pīpiāre ⟨ō, -, - 1.⟩ *Catul.* piepen

pīpilāre ⟨ō, āvī, ātum 1.⟩ *Catul.* piepen

pipinna ⟨ae⟩ F *Mart. Kindersprache* Penis

pīpulum ⟨ī⟩ N *Plaut.* Lärmen; *(nachkl.)* Wimmern

Pīraea ⟨ōrum⟩ N, **Pīraeēūs** ⟨Pīraeī⟩ M, **Pīraeus** ⟨ī⟩ M *Stadtteil u. Hafen von Athen, unter Perikles durch die Langen Mauern mit der Stadt verbunden, 86 v. Chr. von Sulla zerstört*

Pīraeus ⟨a, um⟩ ADJ des Piraeus

pīrāta ⟨ae⟩ M Seeräuber

pīrātica ⟨ōrum⟩ N ||piraticus|| Seeräuberei; **pi-**

raticam facere Seeräuberei betreiben

pīrāticus ⟨a, um⟩ ADJ ||pirata|| Seeräuber..., Piraten...

Pīrithous ⟨ī⟩ M̄ König der Lapithen, Gatte der Hippodameia, bei der Hochzeit Kampf mit den Kentauren, ging mit seinem Freund Theseus in die Unterwelt um Proserpina zu rauben, wurden beide dafür auf einen Stuhl des Vergessens gefesselt

pirum ⟨ī⟩ N̄ (unkl.) Birne

pirus ⟨ī⟩ F̄ ||pirum|| Birnbaum

Pīrūstae ⟨ārum⟩ M̄ illyrischer Stamm

Pīsa ⟨ae⟩ F̄ Stadt in Elis, in deren Nähe die Olympischen Spiele abgehalten wurden

Pīsae ⟨ārum⟩ F̄ Stadt in Etrurien, heute Pisa

Pīsaea ⟨ae⟩ F̄ Frau aus Pisa, = Hippodameia

Pīsaeus ⟨a, um⟩ ADJ aus Pisa, von Pisa

Pīsānus
A ⟨a, um⟩ ADJ aus Pisae, von Pisae
B ⟨ī⟩ M̄ Einwohner von Pisae

Pisaurum ⟨ī⟩ N̄ Stadt in Umbrien, heute Pesaro

piscārī ⟨or, ātus sum 1.⟩ ||piscis||
1 fischen
2 ~ **in aere** Plaut. sich vergebliche Mühe machen

piscārius ⟨a, um⟩ ADJ ||piscis|| Fisch...; **forum piscarium** Plaut. Fischmarkt

piscātor ⟨piscātōris⟩ M̄ ||piscari||
1 Fischer
2 Com. Fischhändler
3 (mlat.) = Petrus; **anulus piscatoris** Siegelring des Papstes

piscātōrius ⟨a, um⟩ ADJ ||piscator|| Fischer...; **navis piscatoria** Fischerkahn

piscātus ⟨piscātūs⟩ M̄ ||piscari||
1 Fischfang
2 Plaut. fig Fang
3 Com. (nachkl.) meton Fische

pisciculus ⟨ī⟩ M̄ ||piscis|| Fischlein

piscīna ⟨ae⟩ F̄ ||piscis||
1 Fischteich
2 (nachkl.) Wasserbehälter, Badebecken

piscīnārius ⟨ī⟩ M̄ ||piscina|| Fischteichbesitzer

piscis ⟨piscis⟩ M̄ Fisch; pl Fische als Sternbild

piscōsus ⟨a, um⟩ ADJ ||piscis|| (nachkl.) poet fischreich

pisculentus ⟨a, um⟩ ADJ ||piscis|| (vkl.) fischreich

Pisida ⟨ae⟩ M̄ Einwohner von Pisidia

Pisidia ⟨ae⟩ F̄ Landschaft im SW Kleinasiens

Pisidicus ⟨a, um⟩ ADJ aus Pisidia, von Pisidia

Pīsistratidae ⟨ārum⟩ M̄ die Söhne des Pisistratus, Hippias u. Hipparch

Pīsistratus ⟨ī⟩ M̄ Tyrann in Athen, 560–527 v. Chr.

Pīsō ⟨Pīsōnis⟩ M̄ Beiname in der gens Calpurnia; → Calpurnius

Pīsōniānus ⟨a, um⟩ ADJ des Piso

pistillum ⟨ī⟩ N̄ ||pilum|| (vkl., nachkl.) Mörserkeule, Stampfer

pistor ⟨pistōris⟩ M̄ ||pinsere||
1 Müller, der zugleich Bäcker war
2 Bäcker, auch Beiname Jupiters

pistōr(i)ēnsis ⟨pistōr(i)ēnse⟩ ADJ ||pistor|| Bäcker...

Pistōriēnsis ⟨Pistōriēnse⟩ ADJ aus Pistorium, von Pistorium

Pistōrium ⟨ī⟩ N̄ Stadt im N Etruriens, Niederlage Catilinas 62 v. Chr., heute Pistoia

pistrīlla ⟨ae⟩ F̄ ||pistrinum|| Ter. kleine Stampfmühle

pistrīnēnsis ⟨pistrīnēnse⟩ ADJ ||pistrinum|| Suet. Mühlen...

pistrīnum ⟨ī⟩ N̄ Stampfmühle; **cum aliquo in eodem pistrino vivere** mit j-m am selben Strang ziehen

pistrīx ⟨pistrīcis⟩ F̄ ||pistor||
1 Bäckerin
2 = **pristis**

pistus ⟨a, um⟩ PPP → **pinsere**

pisum ⟨ī⟩ N̄ Erbse

Pitanē ⟨Pitanēs⟩ F̄ Stadt in der Argolis, gegenüber von Lesbos

pithēcium ⟨ī⟩ N̄ Plaut. Äffchen

Pithēcūsae ⟨ārum⟩ F̄ Inseln im Tyrrhenischen Meer, heute Ischia u. Procida

pithiās ⟨ae⟩ M̄ Sen. Fassstern, Komet mit der Form eines Fasses

pittacium ⟨ī⟩ N̄ (nachkl.) poet Lederstückchen; Etikett auf Weinflaschen

pītuīta ⟨ae⟩ F̄ Schleim; Hor. meton Verschleimung

pītuītōsus ⟨a, um⟩ ADJ ||pituita|| verschleimt

pītvīta ⟨ae⟩ F̄ = **pituita**

pius ⟨a, um, adv piē⟩ ADJ
1 pflichtgemäß, richtig
2 gegen die Götter fromm, gewissenhaft; **bellum pie indicere** mit gutem Gewissen den Krieg erklären
3 gegen Eltern u. Angehörige treu, ergeben, in aliquem/erga aliquem gegen j-n; **amor ~** zärtliche Liebe
4 gegen das Vaterland treu, opferbereit
5 gerecht; auch mild
6 von Handlungen, Zuständen od Sachen rechtmäßig, pflichtgemäß; **far pium** Opfermehl; **manus pia** reine Hand; **iustum piumque** Recht und Billigkeit
7 (spätl.) gütig, gnädig
8 poet lieb, teuer

pix ⟨picis⟩ F̄ Pech, auch Teer; pl Pechstücke, Pechmassen; **pice linere** mit Pech bestreichen, teeren

plācābilis ⟨plācābile, adv plācābiliter⟩ ADJ

|||placare

1 versöhnlich, mild, *ad aliquid/alicui rei* für etw; **~ ad preces alicuius** zugänglich für j-s Bitten
2 (Ter., spätl.) versöhnend; **placabilius est** es versöhnt leichter

plācābilitās ⟨plācābilitātis⟩ F ||placabilis|| Versöhnlichkeit

plācāmen ⟨plācāminis⟩ N, **plācāmentum** ⟨ī⟩ N ||placare|| (nachkl.) Versöhnungsmittel, Besänftigungsmittel

plācāre ⟨ō, āvī, ātum 1.⟩
1 poet ebnen, glätten; **aequora ~** das Meer glätten
2 fig beruhigen, beschwichtigen; **hominem ~** einen Menschen beruhigen; **iram ~** Zorn besänftigen
3 fig versöhnen, *aliquem/animum alicuius* j-n, *alicui/in aliquem* mit j-m; **civem rei publicae ~** den Bürger mit dem Staat versöhnen; **sibi ipse placatus** mit sich selbst in Frieden; *passiv* sich versöhnen, *alicui/in aliquem* mit j-m

plācātiō ⟨plācātiōnis⟩ F ||placare|| Versöhnung, Beruhigung

plācātus ⟨a, um, *adv* plācātē⟩ ADJ ||placare||
1 versöhnt, *alicui/in aliquem* mit j-m
2 ruhig, gelassen; **Venus placata** die holde Venus; **aliquid placate ferre** etw gelassen ertragen

placenta ⟨ae⟩ F
1 Kuchen
2 (mlat.) MED Plazenta *Mutterkuchen in der Gebärmutter*

Placentia ⟨ae⟩ F *Stadt am Po, heute Piacenza*

Placentīnus ⟨a, um⟩ ADJ aus Placentia, von Placentia

Placentīnus ⟨ī⟩ M Einwohner von Placentia

placēre ⟨placeō, placuī/placitus sum, placitum 2.⟩
1 von Personen u. Sachen gefallen, gefällig sein; **sibi ~** mit sich zufrieden sein; **placens** liebenswürdig, gefällig
2 von Schauspielern u. Schauspielen Gefallen finden, Beifall finden
3 **placet** *unpers* es gefällt, es beliebt; **+AcI** es ist j-s Meinung, es ist j-s Ansicht, man beschließt; **si placet** wenn's beliebt; **si diis placet** *iron* man sollte es kaum für möglich halten; **mihi placet** meine Meinung geht dahin, es ist mein Wille, +inf/+AcI, ut/ne dass/dass nicht
▶ englisch: please
 französisch: plaire
 italienisch: piacere

placidulē ADV ||placidus|| Plaut. recht sanft

placidus ⟨a, um, *adv* placidē⟩ ADJ ||placere||
1 (nachkl.) poet flach, eben
2 fig sanft, ruhig; **amnis ~** ruhiger Strom; **ventus ~** leichter Wind; **quies placida** behagliche Ruhe; **collis placide acclivis** sanft ansteigender Hügel
3 von Göttern huldvoll, gnädig

placitāre ⟨ō, -, - 1.⟩ ||placere|| Plaut. sehr gefallen

placitum ⟨ī⟩ N ||placitus|| (nachkl.) poet geäußerte Meinung

placitus ⟨a, um⟩ ADJ ||placere|| (nachkl.) poet gefallend, angenehm, *alicui* j-m, bei j-m; **locus ambobus ~** bei beiden beliebter Ort

placūsia ⟨ae⟩ F Plaut. ein Schalentier

plāga¹ ⟨ae⟩ F
1 Schlag, Stoß; **plagam ferre** einen Schlag führen; **oratio magnam plagam facit** fig die Rede macht einen tiefen Eindruck
2 meton Wunde; fig Verlust; **plagam infligere/imponere alicui** j-n verwunden

plaga² ⟨ae⟩ F
1 Netz, Schlinge *der Jäger*; **plagas tendere** Netze spannen
2 (vkl.) Teppich, Bettdecke
3 Raum; Gegend; **rectā plagā** in gerader Richtung
4 (nachkl.) poet Zone; **~ solis iniqui** heiße Zone
5 (nachkl.) Bezirk

plagiāria ⟨ae⟩ F Verführerin, Straßenmädchen

plagiārius ⟨ī⟩ M Menschenräuber; Mart. fig Plagiator, *jd, der abschreibt, ohne seine Quelle anzugeben*

plāgi-ger ⟨plāgigera, plāgigerum⟩ ADJ, **plāgi-gerulus** ⟨a, um⟩ ADJ ||plaga¹, gerere|| Plaut. der Schläge bekommt

plāgi-patida ⟨ae⟩ M ||plaga¹, pati|| Plaut. der Schläge erduldet

plāgōsus ⟨a, um⟩ ADJ ||plaga¹|| (nachkl.)
1 prügelfreudig
2 mit Wunden bedeckt

plagula ⟨ae⟩ F ||plaga²|| (vkl., nachkl.)
1 Blatt, *d. h. die Hälfte der aus zwei Teilen zusammengenähten Toga*
2 Blatt Papier, Bogen
3 Teppich, Bettdecke

plagūsia ⟨ae⟩ F **= placusia**

plānctus¹ ⟨a, um⟩ PPP → plangere

plānctus² ⟨plānctūs⟩ M ||plangere|| poet = plangor

Plancus ⟨ī⟩ M röm. Beiname in der gens Munatia; → Munatius

planēta ⟨ae⟩ M (spätl.) Planet

plangere ⟨plangō, plānxī, plānctum 3.⟩
A VT
1 mit Geräusch schlagen; **volucris plangitur** der Vogel schlägt mit den Flügeln, der Vogel flattert

2 *als Zeichen von Trauer* sich Brust und Arme schlagen
3 *meton* laut betrauern, *auch passiv*
B V̄ī (*nachkl.*)
1 *von Schlagen* erdröhnen, brausen
2 laut trauern, laut klagen, *auch passiv*
plangor ⟨plangōris⟩ M̄ ||plangere||
1 lautes Klatschen, lautes Schlagen
2 lautes Trauern, Wehklagen; **plangorem dare** lautes Wehklagen erheben
planguncula ⟨ae⟩ F̄ Wachspüppchen
plāni-loquus ⟨a, um⟩ ADJ ||planus², loqui|| *Plaut.* offen redend
plāni-pēs ⟨plānipedis⟩ ADJ ||planus²|| (*unkl.*) barfuß
plānitās ⟨plānitātis⟩ F̄ ||planus²|| *Tac.* Deutlichkeit
plānitia ⟨ae⟩ F̄, **plānitiēs** ⟨planitiei⟩ F̄ Fläche, Ebene, *auch* MATH
planta¹ ⟨ae⟩ F̄ Setzling, Pfropfreis
▶ deutsch: **Pflanze**
englisch: **plant**
französisch: **plante**
spanisch: **planta**
italienisch: **pianta**
planta² ⟨ae⟩ F̄ (*nachkl.*) *poet* Fußsohle, Fuß; **vestigia plantis insistere** *Verg.* Spuren mit den Fußsohlen eindrücken
plantāre ⟨plantāris⟩ N̄ ||planta¹|| Setzling, Ableger; *pl* Baumschule, Pflanzen
plantāre ⟨ō, -, -1.⟩ pflanzen
plānum ⟨ī⟩ N̄ ||planus²|| (*nachkl.*) *poet* Ebene, Fläche; **in plano/de plano** JUR auf ebener Erde, außergerichtlich
planus¹ ⟨ī⟩ M̄ Landstreicher, Abenteurer
plānus² ⟨a, um, *adv* plānē⟩ ADJ
1 flach, eben; **locus ~** ebenes Gelände; **planum corpus** breit gedrückter Körper
2 *fig* deutlich, klar; **aliquid planum facere** etw klar machen
3 *adv* deutlich, klar; **plano dico** ich sage ausdrücklich
4 *adv* gänzlich, völlig; **plane nihil** gar nichts; **plane eruditus** hochgebildet; **plane vir** ein ganzer Mann
5 *adv in Antworten* allerdings, gewiss
plānxī → plangere
plasma ⟨plasmatis⟩ N̄
1 (*spätl.*) Gebilde, Geschöpf
2 (*nachkl.*) *poet* Tonwechsel, weibliche Modulation der Stimme
Plataeae ⟨ārum⟩ F̄ Stadt im S von Böotien, 479 v. Chr. Sieg der Griechen über die Perser
Plataeēnsēs ⟨Plataeēnsium⟩ M̄ die Einwohner von Plataeae
platalea ⟨ae⟩ F̄ Pelikan

platanōn ⟨platanōnis⟩ M̄ (*nachkl.*) *poet* Platanenhain
platanus ⟨ī u. platanūs⟩ F̄ Platane
platea, platēa ⟨ae⟩ F̄ Straße, Gasse
▶ deutsch: **Platz**
englisch: **place**
französisch: **place**
spanisch: **plaza**
italienisch: **piazza**
Platō ⟨Platōnis⟩ M̄ *Philos.* aus Athen, 427–347 v. Chr., Schüler des Sokrates, Lehrer des Aristoteles, Stifter der Akademie
Platōnicī ⟨ōrum⟩ M̄ die Anhänger Platos
Platōnicus ⟨a, um⟩ ADJ platonisch, des Plato
plaudere ⟨plaudō, plausī, plausum 3.⟩
A V̄T (*nachkl.*) *poet* klopfen, klatschend schlagen; **colla equorum ~** den Hals der Pferde klopfen; **choreas pedibus ~** den Reigen stampfen, die Füße zum Tanz schwingen
B V̄ī
1 klatschen, klappern, *re* mit etw; **perdix plausit pennis** *Ov.* das Rebhuhn schlug mit den Flügeln
2 Beifall spenden, *alicui/alicui rei* j-m/einer Sache, *sibi* sich selbst; **aliquo plaudente** unter j-s Beifall
plausibilis ⟨plausibile⟩ ADJ ||plaudere|| beifallswürdig
plausor ⟨plausōris⟩ M̄ ||plaudere|| (*nachkl.*) *poet* Beifallspender
plaustrum ⟨ī⟩ N̄
1 Lastwagen, Wagen
2 *Ov.* Wagen, Großer Bär *als Sternbild*
plausus¹ ⟨a, um⟩ PPP → plaudere
plausus² ⟨plausūs⟩ M̄ ||plaudere||
1 Klatschen
2 Beifall
Plautīnus ⟨a, um⟩ ADJ des Plautus
Plautus ⟨ī⟩ M̄ T. Maccius Plautus, röm. Lustspieldichter, 254–184 v. Chr., 20 Stücke erhalten
plēbēcula ⟨ae⟩ F̄ ||plebs|| *Hor.* Pöbel, Gesindel
plēbēia ⟨ae⟩ F̄ ||plebeius|| Plebejerin
plēbēius
A ⟨a, um⟩ ADJ ||plebs||
1 plebejisch, bürgerlich; **plebeiae leges** Gesetze der Volkspartei
2 *pej* gemein, ordinär; **panis ~** gewöhnliches Brot
B ⟨ī⟩ M̄ Plebejer
plēbēs ⟨plēbeī u. plēbī⟩ F̄ = **plebs**
plēbi-cola ⟨ae⟩ M̄ ||plebs, colere|| Volksfreund; *adj* volksfreundlich
plēbi-scītum ⟨ī⟩ N̄ ||plebs, scitum|| Volksentscheid
plēbs ⟨plēbis⟩ F̄
1 Bürgerklasse, die Plebejer, ↔ *Patrizier od Opti-*

> **plebeii – das einfache Volk**

Als **plebs** wurden die römischen Bürger mit Ausnahme der Patrizier bezeichnet. Diese Bevölkerungsgruppe bestand vor allem aus Bauern und Handwerkern. War das Volk in der Frühzeit den Entscheidungen der Patrizier gegenüber machtlos, so erstritten die Plebejer im Laufe der Ständekämpfe, auch zu den höchsten Ämtern zugelassen zu werden (bis auf z. B. **interregnum** und bestimmte Priesterämter). Der Begriff wurde jedoch zunehmend negativ gebraucht; heute bedeutet *plebejisch* „ungebildet, ungehobelt".

RÖMISCHES LEBEN

maten; *poet* = **populus**

2 *pej* Masse, Pöbel; **deus de plebe** *Ov.* Gott niederen Ranges

3 ~ **beata** (*mlat.*) Schar der Seligen

plectere ⟨plectō, plexī/plexuī, plexum 3.⟩ *poet* flechten

plectī ⟨plector, - 3.⟩

1 (*vkl.*) *poet* geschlagen werden, Prügel bekommen

2 *fig* büßen, leiden, *re* wegen etw, für etw; **in suo vitio** ~ innerhalb seiner Schuld büßen; ~ **in re** getadelt werden wegen etw

plectilis ⟨plectile⟩ ADJ ||plectere|| *Plaut.* geflochten

plēctrum ⟨ī⟩ N

1 Plektron, Schlegel

2 *meton* Leier, Zither

3 *meton* (lyrisches) Lied

4 Gesangsweise; ~ **maius** voller Gesang; ~ **gravius** höherer Schwung

Plēiades ⟨Plēiadum⟩ F die Plejaden, *die sieben Töchter des Atlas u. der Pleione, die von Orion verfolgt u. von Zeus als Siebengestirn an den Himmel versetzt wurden; Aufgang Anfang des Sommers u. damit Beginn der Schifffahrt, Untergang Anfang des Winters u. Ende der Schifffahrt*

Plēias ⟨Plēiadis⟩ F Plejade; → Pleiades

Plēiōnē ⟨Plēiōnēs⟩ F Gattin des Atlas, Mutter der Plejaden

Plēmyrium ⟨ī⟩ N kleines Gebirge bei Syrakus

plēnārius ⟨a, um⟩ ADJ ||plenus|| (*eccl.*) vollständig, völlig

plēnitūdo ⟨plēnitūdinis⟩ F ||plenus|| (*spätl., eccl.*) Fülle, volles Maß

plēnus ⟨a, um; *adv* plēnē⟩ ADJ

1 voll, gefüllt
2 gesättigt, befriedigt
3 beleibt
4 schwanger
5 reichlich versehen
6 inhaltsreich, ausführlich
7 vollständig, völlig
8 stark besucht, zahlreich besucht

1 voll, gefüllt, *alicuius rei/re* von etw, mit etw **poculum vini plenum** Becher voll Wein; **amnis** ~ angeschwollener Strom; **cera plena** voll geschriebene Wachstafel; **uber plenum** strotzendes Euter; **plenis velis** mit vollen Segeln

2 gesättigt, befriedigt

3 beleibt, *fig von Tönen* volltönend; **corpus plenum** fülliger Leib

4 schwanger, *alicuius* von j-m; trächtig

5 *fig* reichlich versehen, *alicuius rei/re* mit etw; reichlich; ~ **annis** bejahrt; **mensa plena** reichlich gedeckter Tisch; **verba plenissima** Fülle von Worten; **aliquid plenius perscribere** etw übertrieben berichten

6 *fig* inhaltsreich, ausführlich; **epistula plena** ausführlicher Brief

7 vollständig, völlig; **luna plena** Vollmond; **plene/ad plenum** vollständig, völlig

8 (*nachkl.*) stark besucht, zahlreich besucht

plērumque

A ⟨plērīque⟩ N ||plerusque|| der größte Teil; ~ **noctis** der größte Teil der Nacht

B ADV meistens, gewöhnlich

plērus ⟨a, um⟩ ADJ (*altl.*) = plerusque

plērus-que ⟨plēraque, plērumque⟩ ADJ

1 der größte Teil; **pleraque oratio** der größte Teil der Rede

2 PL die meisten, sehr viele, *meist adj gebraucht, selten als Subst., mit gen partitivus od mit ex*; **plerique Belgae** die meisten Belger; **plerique fugientes perierunt** die meisten kamen auf der Flucht um; **plerique nostrorum** die meisten der Unseren

Pleumoxiī ⟨ōrum⟩ M kleiner belg. Stamm

pleurītis ⟨pleurītidis⟩ F *Vitr.* Seitenstechen; Rippenfellentzündung

Pleurōn ⟨Pleurōnis⟩ F Stadt in Ätolien

plex(u)ī → plectere

plexus ⟨a, um⟩ PPP → plectere

Plīas ⟨ādis⟩ F = Pleias

plicāre ⟨ō, uī, ātum 1.⟩ (*nachkl.*) *poet* zusammenfalten, zusammenrollen

plicātrīx ⟨plicātrīcis⟩ F ||plicare|| *Plaut.* Büglerin, Garderobenmädchen

Plīnius ⟨a, um⟩ röm. Gentilname

1 C. ~ **Secundus** der Ältere, Verfasser der Enzyklopädie Naturalis historia in 37 Büchern, beim Vesuvausbruch 79 n. Chr. ums Leben gekommen

2 C. ~ **Caecilius Secundus** der Jüngere, von sei-

nem Onkel adoptiert, Statthalter von Bithynien, gest. 113 n. Chr., erhalten zehn Bücher Briefe

plinthus ⟨ī⟩ F̄ viereckige Abdeckplatte *der Säulen*

plōdere ⟨ō, -, - 3.⟩ = **plaudere**

ploerēs ⟨ploera⟩ ADJ *komp* (altl.) = **plures**; → **multus**

plōrābundus ⟨a, um⟩ ADJ ||plorare|| *Plaut.* jammernd

plōrāre ⟨ō, āvī, ātum 1.⟩
- **A** VI laut weinen, jammern
- **B** VT (unkl.) laut beklagen, *aliquem/aliquid* j-n/etw, +AcI

plōrātillum ⟨ī⟩ N̄, **plōrātillus** ⟨ī⟩ M̄ ||plorare|| *Plaut.* Heulerei

plōrātor ⟨plōrātōris⟩ M̄ ||plorare|| *Mart.* Schreihals; *adj* heulend

plōrātus ⟨plōrātūs⟩ M̄ ||plorare|| Geschrei, Wehklagen

plōstellum ⟨ī⟩ N̄ ||plostrum|| (vkl.) *poet* Wägelchen

plōstrum ⟨ī⟩ N̄ = **plaustrum**

ploxenum, ploxinum ⟨ī⟩ N̄ *Catul., Quint.* Wagenkasten

pluere ⟨pluit, pluit, - 3.⟩ *unpers* es regnet, *re/ rem* etw, *fig* es fällt in Massen herab; **pluit lapidibus** es regnet Steine; **sanguine/sanguinem pluit** es regnet Blut

plūma ⟨ae⟩ F̄
1. Flaumfeder; *sg u. pl* Flaum
2. *meton* Federkissen, Bett
3. Flaum = erster Bart
4. Schuppen *am Panzer*

▶ deutsch: **Flaum**
  englisch: plume
  französisch: plume
  spanisch: pluma
  italienisch: piuma

plūmātile ⟨plūmātilis⟩ N̄ ||pluma|| *Plaut.* Brokatkleid *im Muster von Flaumfedern*

plūmātus ⟨a, um⟩ ADJ ||pluma|| (nachkl.)
1. *poet* flaumig, gefiedert
2. geschuppt; **lorica plumata** Schuppenpanzer

plumbeus ⟨a, um⟩ ADJ ||plumbum||
1. (unkl.) aus Blei, bleiern; **vas plumbeum** Vase aus Blei
2. *fig* stumpf; (nachkl.) gefühllos
3. (vkl.) *poet* bleischwer, drückend

plumbum ⟨ī⟩ N̄
1. Blei; ~ **album** Zinn
2. *meton* Bleikugel; Bleiröhre; Bleistift, Bleifeder

plūmeus ⟨a, um⟩ ADJ ||pluma||
1. aus Flaumfedern; **torus** ~ Federbett
2. federleicht, zart

plūmi-pēs ⟨plūmipedis⟩ ADJ ||pluma|| *Catul.* an den Füßen gefiedert

plūmōsus ⟨a, um⟩ ADJ ||pluma|| (nachkl.) *poet* gefiedert, befiedert

pluō → **pluere**

plūrālia ⟨plūrālium⟩ N̄ ||pluralis|| *Quint.* Nomina im Plural

plūrālis
- **A** ⟨plūrāle⟩ ADJ, ADV ⟨plūrāliter⟩ ||plus|| (nachkl.) im Plural
- **B** ⟨plūrālis⟩ M̄ Plural

plūrēs ⟨plūra⟩ ADJ *komp* → **multus**

plūriē(n)s ADV ||plus|| mehrfach, oftmals

plūri-fāriam ADV ||plus|| (nachkl.) an vielen Stellen

plūrimus ⟨a, um⟩ ADJ *sup* → **multus**

plūs ⟨plūris⟩ N̄ → **multum**

plūsculum
- **A** ⟨ī⟩ N̄ ||plusculus|| etwas mehr, *alicuius rei* von etw; ~ **negotii** etwas mehr Arbeit; ~ **quam** etwas mehr als
- **B** ADV etwas mehr

plūsculus ⟨a, um⟩ ADJ ||plus|| etwas mehr; **plusculae noctes** *Apul.* einige Nächte mehr

plus-scius ⟨a, um⟩ ADJ ||plus, scire|| *Petr.* mehr wissend

pluteum ⟨ī⟩ N̄, **pluteus** ⟨ī⟩ M̄
1. MIL Schutzwand, *auf Rädern beweglich, aus Weiden zur Deckung von schanzenden Soldaten*
2. unbewegliche Brustwehr *an Wällen, auf Türmen u. auf Schiffen*
3. (nachkl.) *poet* Wandbrett *an einem Speisesofa,* Speisesofa
4. Lesepult
5. Sockel
6. Totenbahre

Plūtō(n) ⟨Plūtōnis⟩ M̄ Gott der Unterwelt, Sohn des Kronos, Gatte der Persephone/Proserpina

Plūtōnia ⟨ōrum⟩ N̄ ungesunde Gegend in Asien, wo ein Tempel des Pluto gestanden haben soll

Plūtōnius ⟨a, um⟩ ADJ des Pluto

Plūtus ⟨ī⟩ M̄ Gott des Reichtums

pluvere ⟨pluvit, plu(v)it, - 3.⟩ = **pluere**

pluvia ⟨ae⟩ F̄ ||pluvius|| Regen; *pl* Regengüsse

pluviālis ⟨pluviāle⟩ ADJ ||pluvia|| (nachkl.) *poet* Regen..., Regen bringend; **aquae pluviales** Regenwasser; **pluviales fungi** *uv.* durch den Regen gewachsene Pilze

pluvius ⟨a, um⟩ ADJ ||pluit|| Regen..., Regen bringend; **arcus** ~ Regenbogen; **aurum pluvium** Goldregen; **rores pluvii** Regenschauer; **frigus pluvium** kalter Regen; **Iuppiter** ~ Jupiter, der regnen lässt

pōcillum ⟨ī⟩ N̄ ||poculum|| (vkl., nachkl.) kleiner Becher

pōclum, pōculum ⟨ī⟩ N̄
1. Becher, Trinkgefäß

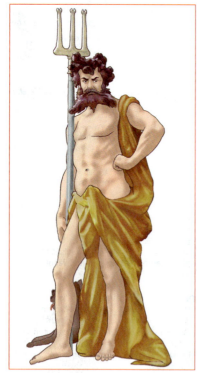

Pluto – Gott der Unterwelt

2 *meton* Trank, *meist pl*; **ad pocula venire** zum Gelage kommen; **pocula amoris** Liebestrank; **pocula Acheloia** *Verg.* Becher mit Wasser
3 Gifttrank; Zaubertrank; **alicui poculum dare** j-m den Giftbecher reichen; **~ Circae** Zaubertrank der Circe
▶ deutsch: **Pokal**
podager ⟨podagrī⟩ M̄ (*vkl.*) *poet* Gichtkranker
podagra ⟨ae⟩ F̄ Fußgicht, Podagra
podagricus
A ⟨a, um⟩ ADJ (*nachkl.*) an Gicht leidend
B ⟨ī⟩ M̄ Gichtkranker
podagrōsus ⟨a, um⟩ ADJ ‖podagra‖ (*vkl.*) an Gicht leidend, gichtig
Podalīrius ⟨ī⟩ M̄ Sohn des Äskulap (Asclepius), Arzt der Griechen vor Troja
pōdex ⟨pōdicis⟩ M̄ *poet* Gesäß
podium ⟨ī⟩ N̄ (*nachkl.*)
1 Trittbrett, Untergestell
2 Paneel, *untere Wandbekleidung*
3 Balkon *im Amphitheater od Zirkus*

Poeās ⟨Poeantis⟩ M̄ *Thessalier, Vater des Philoktet*
poecilē ⟨poecilēs⟩ F̄ Halle *mit Gemälden geschmückt*
poēma ⟨poēmatis⟩ N̄ Gedicht, Dichtung
poēmatium ⟨ī⟩ N̄ (*nachkl.*) Gedichtchen
poena ⟨ae⟩ F̄
1 Buße; **poenas dare/solvere/pendere alicuius rei** büßen für etw
2 Strafe, Rache; **~ regis** vom König verhängte Strafe *od* am König vollzogene Strafe; **~ legum** durch Gesetze bestimmte Strafe; **~ capitis/vitae** Todesstrafe; **~ scelerum** Strafe für die Verbrechen; **poenas dare/reddere alicuius rei** bestraft werden für etw; **poenas dare alicui** von j-m bestraft werden; **poenas capere pro aliquo** j-n rächen; **poenas habere ab aliquo** sich an j-m gerächt haben; **poenae esse** bestraft werden
3 (*nachkl.*) *poet* Beschwerlichkeit, Pein; **aliquem per omnem poenam trahere** j-n auf jede Weise peinigen
▶ deutsch: **Pein**
  englisch: **pain**
  französisch: **peine**
  spanisch: **pena**
  italienisch: **pena**
Poena ⟨ae⟩ F̄ Rachegöttin
poenālis ⟨poenāle⟩ ADJ ‖poena‖ (*nachkl.*) Straf..., zur Strafe dienend; **civitas alicui ~** j-s Strafort
poenārius ⟨a, um⟩ ADJ ‖poena‖ *Quint.* Straf...
Poenicus ⟨a, um⟩ ADJ = **Punicus**
Poenīnus ⟨a, um⟩ ADJ penninisch; **Alpes Poeninae** die Alpen vom Großen St. Bernhard bis zum Gotthard; **mons ~** der Große St. Bernhard; **iter Poeninum** Straße über den Großen St. Bernhard
poenīre ⟨iō, īvī/iī, ītum 4.⟩, **poenīrī** ⟨ior, ītum 4.⟩ = **punire**
poenitentia ⟨ae⟩ F̄
1 = **paenitentia**
2 (*mlat.*) Buße; **poenitentiam agere** Buße tun; **poenitentiam dare** Buße auferlegen
poenitet = **paenitet**; → **paenitere**
poenītiō ⟨poenītiōnis⟩ F̄ (*altl.*) = **punitio**
Poenulus ⟨ī⟩ M̄ ‖Poenus‖ Der junge Punier, *Titel einer Komödie des Plautus*
Poenus
A ⟨a, um⟩ ADJ punisch, karthagisch, phönikisch
B ⟨ī⟩ M̄ Punier, Karthager, *bes* = Hannibal; **~ uterque** die Punier in Afrika und Spanien
poēsis ⟨poēsis⟩ F̄ Dichtung; Dichtkunst
▶ deutsch: **Poesie**
poēta ⟨ae⟩ M̄
1 Dichter, Poet; **~ laureatus** lorbeergekrönter

POLY

Dichter, *antiker Brauch der Dichterkrönung, seit dem Humanismus erneuert*
2 *Plaut. pej* Ränkeschmied, Spinner
poētica ⟨ae⟩ F̄, **poēticē** ⟨poēticēs⟩ F̄ Dichtkunst
poēticus ⟨a, um, *adv* poēticē⟩ ADJ dichterisch, Dichter…; **ars poetica** Dichtkunst
poētria ⟨ae⟩ F̄ Dichterin
pōgōniās ⟨ae⟩ M̄ (*nachkl.*) Bartstern
pol, pōl INT ||Pollux|| bei Pollux!, wahrhaftig!
Polemōn ⟨Polemōnis⟩ M̄ *griech. Philos., um 300 v. Chr., Lehrer des Zenon;* → Zenon 2
Polemōnēus ⟨a, um⟩ ADJ des Polemon
polenta ⟨ae⟩ F̄ ||pollen|| (*unkl.*) Gerstengraupen, Gerstenmehl
polentārius ⟨a, um⟩ ADJ ||polenta|| (*vkl., nachkl.*) Gerstengraupen…
Pōliō ⟨Pōliōnis⟩ M̄ = **Pollio**
polīre ⟨iō, īvī, ītum 4.⟩
1 glätten, polieren; **libelli frontes pumice ~** den Buchtitel mit Bimsstein glätten
2 tünchen, weißen
3 *fig* verfeinern, feilen; **orationem ~** an der Rede feilen
polītīa ⟨ae⟩ F̄ Staatsverfassung, Staat, *Titel einer Schrift Platos*
polīticus ⟨a, um⟩ ADJ staatswissenschaftlich, politisch
polītūra ⟨ae⟩ F̄ ||polire|| (*nachkl.*) Glättung, Vollendung
polītus ⟨a, um, *adv* polītē⟩ ADJ ||polire||
1 geglättet
2 getüncht
3 *fig* schön eingerichtet
4 *fig* gebildet, elegant, *re* durch etw, in etw; **polite scribere** einen geschliffenen Stil schreiben
pollen ⟨pollinis⟩ N̄ (*vkl., nachkl.*) sehr feines Mehl
pollēns ⟨pollentis⟩ ADJ ||pollere|| stark, mächtig; **herbae pollentes** wirksame Kräuter
pollenta ⟨ae⟩ F̄ = **polenta**
pollentārius ⟨a, um⟩ ADJ = **polentarius**
pollentia ⟨ae⟩ F̄ ||pollens|| (*vkl.*) Stärke
Pollentia ⟨ae⟩ F̄ *Liv.* Göttin der Macht
pollēre ⟨eō, -, - 2.⟩ (viel) vermögen, stark sein
pollex ⟨pollicis⟩ M̄
1 Daumen; **digitus ~** Daumen; **pollices premere** die Daumen drücken
2 als Maß = 1 Zoll, *ca. 2,5 cm*
pol-licērī ⟨liceor, licitus sum 2.⟩
1 sich *alcui* erbieten, *etw* versprechen, *absolut od aliquid*, +AcI; **bene/benigne ~** schöne Versprechungen machen; **alicui liberaliter ~** j-m großzügige Versprechungen machen; **alicui se ducem ~** sich j-m als Führer anbieten

2 ankündigen
3 *vom Käufer* bieten
⚠ **Maria montesque polliceri.** *Sall.* Meere und Berge versprechen. = Das Blaue vom Himmel versprechen.
pollicitārī ⟨or, ātus sum 1.⟩ ||polliceri|| (*vkl., nachkl.*) oft versprechen
pollicitātiō ⟨pollicitātiōnis⟩ F̄ ||polliceri|| Versprechen, Verheißung
pollicitum ⟨ī⟩ N̄ ||polliceri|| (*nachkl.*) *poet* das Versprochene, Versprechen
pollicitus ⟨a, um⟩ PPERF → polliceri
pollictor ⟨pollictōris⟩ M̄ = **pollinctor**
pollinārius ⟨a, um⟩ ADJ ||pollen|| (*vkl., nachkl.*) Mehl…, Puder…
pollīnctor ⟨pollīnctōris⟩ M̄ ||pollingere|| (*vkl.*) *poet* Leichenwäscher
pollingere ⟨lingō, līnxī, līnctum 3.⟩ (*vkl., nachkl.*) Leichen waschen und salben
Pōlliō ⟨Pōlliōnis⟩ M̄ → Asinius
pol-lūcēre ⟨lūceō, lūxī, lūctum 2.⟩ (*vkl., nachkl.*)
1 als Speise vorsetzen; bewirten
2 als Opfer darbringen
pollūcibiliter ADV ||pollucere|| *Plaut.* wie ein Opfermahl, köstlich
pollūctum ⟨ī⟩ N̄ ||pollucere|| dargebrachtes Opfer
pollūctūra ⟨ae⟩ F̄ ||pollucere|| *Plaut.* köstliches Mahl
pol-lūctus ⟨a, um⟩ PPP → pollucere
pol-luere ⟨luō, luī, lūtum 3.⟩
1 *poet* besudeln, beschmutzen
2 *fig* beflecken, entweihen
3 **pollūtus** ⟨a, um⟩ *adj* (*nachkl.*) lasterhaft
Pollūx ⟨Pollūcis⟩ M̄ Sohn des Zeus/Jupiter od des Tyndareus u. der Leda, Bruder des Kastor; **uterque ~** Kastor und Pollux
pol-lūxī → pollucere
polus ⟨ī⟩ M̄ Pol, Himmelsgewölbe
Polybius ⟨ī⟩ M̄ *griech. Geschichtsschreiber aus Megalopolis in Arkadien, um 201–120 v. Chr., kam 166 v. Chr. als Geisel nach Rom, gehörte zum Scipionenkreis*
Polyclētus, Polyclītus ⟨ī⟩ M̄ *berühmter griech. Bildhauer, um 430 v. Chr.*
Polycratēs ⟨Polycratis⟩ M̄ *Tyrann auf Samos, um 530 v. Chr.*
Pōlydamās ⟨Pōlydamantos, *akk* Pōlydamanta⟩ M̄ trojanischer Held
Polygnōtus ⟨ī⟩ M̄ *berühmter griech. Maler auf Thasos, seit 463 v. Chr. in Athen*
Polyhymnia ⟨ae⟩ F̄ Muse des ernsten Gesanges
Polymachaeroplāgidēs ⟨Polymachaeroplāgidae⟩ M̄ *Plaut.* „Vielschwertschläger-Sohn", *hum Namensbildung für einen Soldaten*
polymyxos ⟨on⟩ ADJ *Mart.* mit vielen Dochten

polyphagus ⟨ī⟩ M̄ *Suet.* Vielfraß
Polyphēmos, Polyphēmus ⟨ī⟩ M̄ einäugiger Kyklop, Sohn des Poseidon/Neptun
Polyplūsius ⟨a, um⟩ ADJ *Plaut.* erdichteter griech. Familienname, etwa „Steinreich"
pōlypōsus ⟨a, um⟩ ADJ ǁpolypusǁ *Mart.* an Polypen leidend
pōlypus ⟨ī⟩ M̄
1 (Meer-)Polyp
2 MED Polyp *in der Nase*
Polyxena ⟨ae⟩ F̄ Tochter des Priamus, Geliebte des Achill, von Neoptolemos geopfert
pōmārium ⟨ī⟩ N̄ ǁpomariusǁ Obstgarten
pōmārius
A ⟨a, um⟩ ADJ ǁpomumǁ (*vkl.*) Obst...
B ⟨ī⟩ M̄ (*nachkl.*) Obsthändler
pōmerīdiānus ⟨a, um⟩ ADJ = **postmeridianus**
pōmērium ⟨ī⟩ N̄ ǁpost, murusǁ Maueranger, nicht bebauter Streifen entlang der Innen- u. Außenseite der röm. Stadtmauer
Pōmētia ⟨ae⟩ F̄, **Pōmētiī** ⟨ōrum⟩ M̄ alte, völlig verschwundene Stadt sw. von Rom, nach der die Pontinischen Sümpfe benannt sein sollen; → **Pomptinus**
pōmi-fer ⟨pōmifera, pōmiferum⟩ ADJ ǁpomum, ferreǁ Obst tragend, obstreich
pōmoerium ⟨ī⟩ N̄ = **pomerium**
Pōmōna ⟨ae⟩ F̄ Obstgöttin
pōmōsus ⟨a, um⟩ ADJ ǁpomumǁ obstreich
pompa ⟨ae⟩ F̄
1 Festzug, Prozession *an Festen u. bei Spielen*
2 Leichenzug; ~ **funeris** feierliches Trauergeleit, *bei dem die Ahnenbilder mitgeführt wurden*
3 *fig* Zug, Reihe *von Personen*
4 *Mart. fig* Hauptgang *eines Mahles*
5 *fig* Pracht, *bes* Prunkrede; **in dicendo pompam adhibere** prunkvoll reden
▶ deutsch: **Pomp**
Pompēī ⟨ōrum⟩ M̄ Stadt sö. von Neapel, zusammen mit Herculaneum u. Stabiae 79 n. Chr. beim Ausbruch des Vesuv verschüttet; seit 1748 u. 1860 Ausgrabungen mit wichtigen Funden
Pompēiānum ⟨ī⟩ N̄ Landgut Ciceros bei Pompeji
Pompēiānus¹ ⟨a, um⟩ ADJ aus Pompeji, pompejanisch
Pompēiānus² ⟨ī⟩ M̄ Pompejaner
Pompēiānus³
A ⟨a, um⟩ ADJ des Pompeius
B ⟨ī⟩ M̄ Anhänger des Pompeius
Pompēiī ⟨ōrum⟩ M̄ = **Pompei**
Pompēius ⟨iī u. ī⟩ M̄ Name einer pleb. gens; **Cn. ~ Magnus** röm. Feldherr u. Staatsmann, 106–48 v. Chr., Sieg über die Seeräuber u. über Mithridates, 60 v. Chr. erstes Triumvirat mit Caesar u. Crassus, ab 49 v. Chr. mit Caesar verfeindet, von diesem 48 v. Chr. bei Pharsalos besiegt, auf der Flucht nach Ägypten ermordet

Pompeii

Pompeii, ursprünglich eine oskische Gründung, wurde 91 v. Chr. römische Kolonie und entwickelte sich zu einem Handels- und Produktionszentrum sowie „Ferienort" für adelige Römer. Zusammen mit **Herculaneum** und **Stabiae** wurde es am 24. August 79 v. Chr. bei einem Vesuvausbruch verschüttet. In seinen Epistulae beschreibt **Plinius der Jüngere**, der Neffe des **älteren Plinius**, die Abläufe und Ereignisse beim Vulkanausbruch und berichtet über den Tod seines Onkels. Die Ausgrabungen von Pompeii begannen 1748 und dauern bis heute an. Die Bauwerke, Straßen, Plätze, Thermen und Wohnhäuser geben ein außergewöhnliches Zeugnis vom Leben in einer römischen Stadt zur Kaiserzeit.

RÖMISCHES LEBEN

Pompilius ⟨a, um⟩ Name einer röm. gens; → **Numa**
pompilus ⟨ī⟩ M̄ (*nachkl.*) *poet* Schiffe begleitender Seefisch
Pompōnius ⟨a, um⟩ röm. Gentilname; **T. ~ Atticus** → **Atticus**
Pomptīnum ⟨ī⟩ N̄ = **ager Pomptinus**; → **Pomptinus**
Pomptīnus ⟨a, um⟩ ADJ pontinisch; **ager ~** Sumpfgebiet in Latium; **paludes Pomptinae** die Pontinischen Sümpfe *an der Küste Latiums zwischen Circei u. Tarracina*
pōmum ⟨ī⟩ N̄
1 Frucht; *pl* Obst
2 (*unkl.*) Obstbaum

Pompeius

Gnaeus Pompeius Magnus (106 - 48 v. Chr.) kämpfte zunächst aufseiten **Sullas**. 72 v. Chr. schlug er zusammen mit **Crassus** den **Spartacus**-Aufstand nieder, 70 v. Chr. beseitigte er die Piraterie im Mittelmeer. 68 v. Chr. erhielt er den Oberbefehl im Krieg gegen **Mithridates**, den er nach zwei Jahren erfolgreich beendete. Als der Senat sich weigerte, Landverteilungen an seine Veteranen zu bestätigen, verbündete er sich mit Crassus und **Caesar** zum ersten Triumvirat. Bald schon kämpfte er aber auf der Seite des Senats gegen Caesar für die Erhaltung der bisherigen Form der Republik, unterlag Caesar jedoch 48 v. Chr. bei **Pharsalos**. Auf der Flucht wurde er in Ägypten ermordet.

GESCHICHTE

pōmus ⟨i⟩ F ||pomum|| (*unkl.*) Obstbaum
ponderāre ⟨ō, āvī, ātum 1.⟩ ||pondus||
1 (*unkl.*) abwiegen, das Gewicht feststellen
2 *fig* erwägen, beurteilen, *aliquid re|ex re* etw nach etw; **omnia voluptatibus et doloribus ~** alles nach Genüssen u. Schmerzen beurteilen
ponderōsus ⟨a, um⟩ ADJ ||pondus||
1 (*vkl., nachkl.*) schwer, gewichtig
2 *fig* mit gewichtigem Inhalt
pondō *indekl* ||pondus||
1 (*vkl., nachkl.*) an Gewicht; **corona aurea libram ~** goldene Krone von einem Pfund Gewicht
2 ein *röm.* Pfund = **libra**; **sex ~ et selibram habere** *Petr.* sechseinhalb Pfund wiegen
pondus ⟨ponderis⟩ N ||pendere||
1 Gewicht *an der Waage*, Gewichtsstück; **pondera iniqua** falsche Gewichte
2 ein *röm.* Pfund, = *326 g*
3 *meton* Schwere, Masse; **saxa magni ponderis** Felsen von großem Gewicht
4 schwerer Körper; *pej* Last
5 Menge, Masse
6 Schwerkraft, Gleichgewicht
7 *fig* Gewicht *von Worten*; **pondera rerum ipsa** lediglich die gewichtigsten Gründe; **verba sine pondere** kraftlose Worte
8 *fig* Ansehen, Bedeutung
9 Trittstein, Schrittstein *zum Überqueren der Straße*

▶ deutsch: **Pfund**
englisch: **pound**
französisch: **poids**

pōne
A ADV hinten
B PRÄP +*akk* hinter; **vinctae ~ tergum manūs** *Tac.* hinter dem Rücken gefesselte Hände

pōnere ⟨pōnō, posuī/posīvī, positum/postum 3.⟩
A VT
1 setzen, stellen, legen, *in re|in rem* in etw, auf etw; **librum in mensa ~** ein Buch auf den Tisch legen; **se sub curru ~** sich unter den Wagen legen
2 aufstellen, **alicui statuas in foro** j-m Statuen auf dem Forum
3 errichten, anlegen; **nidum ~** ein Nest bauen; **castra ~** ein Lager aufschlagen
4 pflanzen; **semina ~** säen
5 *Speisen* vorsetzen
6 ablegen; *als Weihegeschenk* niederlegen; **arma ~** die Waffen niederlegen; **libros de manibus ~** Bücher aus der Hand legen; **calculum ~** die Rechensteinchen aufs Brett setzen, eine Berechnung anstellen, *fig* in Betracht ziehen; **barbam ~** den Bart beschneiden; **fratri capillos ~** dem Bruder die Haare als Totenopfer weihen
7 senken, neigen; **ancoras ~** den Anker auswerfen; **alicui genua ~** vor j-m niederknien
8 *Mannschaften* verlegen; versetzen; **aliquem in caelo ~** j-n an den Himmel versetzen
9 *Tote* bestatten, (*nachkl.*) aufbahren
10 *Haare* ordnen
11 zurücklegen, hinterlegen; **tabulas in aerario ~** ein Dokument im Staatsarchiv hinterlegen
12 *Kapital* anlegen, ausleihen; **pecuniam ~** Geld anlegen
13 von Frauen gebären; *von Tieren* Junge werfen; **ova ~** Eier legen
14 beruhigen, glätten; **venti se ponunt** die Winde legen sich
15 *Preise od Belohnungen* aussetzen
16 *als Pfand* einsetzen, verpfänden, *bes beim Spiel*
17 einsetzen, bestellen, *aliquid aliquem* j-n als etw, j-n zu etw; **aliquem custodem ~** j-n als Wächter bestellen; **alicui accusatorem ~** für j-n einen Kläger bestellen
18 *bildlich* darstellen; **totum ~** ein Ganzes darstellen; **Venerem ~** ein Abbild der Venus formen
19 *fig* aufgeben, verlieren; **vitam ~** sterben; **bellum ~** den Krieg beenden; **positis ambagibus** ohne Umschweife; **posito pudore** ohne Scham
20 *fig* setzen, legen, *in re|in aliquo* auf etw/auf j-n; **omnem spem in consule ~** alle Hoffnung auf den Konsul setzen; **tantum in ea arte ~** so großes Gewicht auf diese Kunstfertigkeit legen
21 *fig* in einen Zustand versetzen; **aliquem in magna gloria ~** j-n hochberühmt machen; **aliquem in culpa et suspicione ~** j-n schuldig und verdächtig machen; **in laude positum esse** Ruhm haben
22 *fig* verwenden; **omnem curam in salute patriae ~** alle Sorge auf das Wohl der Heimat verwenden
23 *fig* festsetzen, bestimmen; **praecepta ~** Vorschriften aufstellen; **finem ~** ein Ende setzen; **Olympidas ~** eine Olympiade ansetzen
24 *fig* zu *etw* rechnen, zu *etw* zählen, *in re,* +*dopp. akk*; **mortem in malis ~** den Tod zu den Übeln rechnen; **aliquid in lucro ~** etw als Gewinn betrachten; **aliquid in dubio ~** etw in Zweifel ziehen; **aliquid haud in magno discrimine ~** kein großes Gewicht auf etw legen; **aliquem principem ~** j-n für den Ersten ansehen
25 *fig* anführen, behaupten; **pro certo ~** als sicher hinstellen; **exemplum ab re/ex re ~** ein Beispiel von etw nehmen

26 *fig* als feststehend annehmen
27 *fig* (zur Besprechung) stellen; **quaestionem ~** eine Frage stellen
28 den Satz aufstellen, +AcI
29 **positum esse** *fig* beruhen, *in re* auf etw; **spes posita est in defensione** die Hoffnung beruht auf der Verteidigung
B VII sich legen; **venti ponunt** die Winde legen sich

pōns ⟨pontis⟩ M
1 Brücke, Steg; *pl Tac. auch* Brücke mit mehreren Bögen; **~ sublicius** Pfahlbrücke, *die den Ianiculum mons mit Rom verband*; **~ navibus effectus** *Tac.* Schiffsbrücke; **pontem facere in flumine/ per flumen** *u.* **flumen ponte iungere** eine Brücke über den Fluss schlagen; **pontem rescindere/interscindere/interrumpere/dissolvere** die Brücke abreißen
2 (*nachkl.*) Knüppeldamm, Moorweg
3 bewegliche Schiffstreppe, Landesteg
4 Fallbrücke, *bes zwischen Mauer u. Belagerungsturm*
5 Plattform, Deck *auf Schiffen u. Türmen*
6 PL Stege zu den umzäunten Abstimmungsbereichen in den Volksversammlungen
7 Namensteil von Orten an Flussübergängen, z. B. **~ Campanus** Übergang der via Appia über den Fluss Savo bei Sinuessa

ponticulus ⟨ī⟩ M ‖pons‖ kleine Brücke
Ponticus¹ ⟨ī⟩ M röm. Dichter, Zeitgenosse von Ovid u. Properz
Ponticus² ⟨a, um⟩ ADJ aus Pontus, von Pontus
ponti-fex ⟨pontificis⟩ M
1 Pontifex, Priester, *mit der Überwachung des Kultus betrauter Oberpriester*; **collegium pontificum** Priesterkollegium, *urspr. 4, seit Caesar 16 Mitglieder, dessen Präsident Pontifex maximus genannt wurde*; **pontifices minores** Gehilfen des Priesterkollegiums, Schreiber des Priesterkollegiums
2 (*mlat.*) Bischof, Papst; **~ maximus** Erzbischof, *seit dem 5. Jh. Ehrentitel des Papstes*
pontificālis ⟨pontificāle⟩ ADJ ‖pontifex‖
1 oberpriesterlich, Priester...
2 (*mlat.*) bischöflich, päpstlich
pontificātus ⟨pontificātūs⟩ M ‖pontifex‖
1 Würde eines Oberpriesters
2 (*mlat.*) Papstwürde, Pontifikat
3 (*mlat.*) Diözese, *Amtsgebiet eines Bischofs*
pontificius ⟨a, um⟩ ADJ = **pontificalis**
Pontius ⟨a, um⟩ urspr. samnitischer, später röm. Gentilname; **C. ~** Anführer der Samniten bei Caudium, 321 v. Chr.; **~ Pilatus** kaiserlicher Prokurator von Judäa, Richter Jesu Christi
pontō ⟨pontōnis⟩ M ‖pons‖ Transportschiff; MIL Brückenschiff
pontus ⟨ī⟩ M *poet* Meer, hohe See

 pontifices – römische Priester

Hauptaufgabe der zunächst vier, später 16 **pontifices** war die Kontrolle der öffentlichen und privaten Religionsausübung. Sie gaben zu religiösen Fragen Auskunft, legten die Gerichtstage (**dies fasti**) und die religiösen Feiertage (**dies nefasti**) fest und deuteten die **prodigia** (Vorzeichen einer Unternehmung). Dies sicherte ihnen großen politischen Einfluss. Sie waren in einem Gremium (**collegium pontificum**) zusammengefasst und Oberpriester war der **pontifex maximus**. Dieser Titel war später dem Kaiser vorbehalten; heute wird das Wort „Pontifex" als Synonym für „Papst" gebraucht.

RÖMISCHES LEBEN

Pontus ⟨ī⟩ M
1 das Schwarze Meer; **~ Euxinus** das Schwarze Meer
2 Landstriche um das Schwarze Meer, *bes das Reich des Mithridates*, **Pontus**, *nach dessen Unterwerfung röm. Provinz*
popa ⟨ae⟩ M Opferdiener; *pej* Fettwanst
popanum ⟨ī⟩ N *Iuv.* Opferkuchen
popellus ⟨ī⟩ M ‖populus¹‖ *poet* Pöbel
popīna ⟨ae⟩ F Garküche, Kneipe; *meton* Essen aus einer Kneipe
popīnō ⟨popīnōnis⟩ M ‖popina‖ *Hor.* Schlemmer
poples ⟨poplitis⟩ M Kniekehle; (*nachkl.*) *poet* Knie
Poplicola ⟨ae⟩ M (*altl.*) = **Publicola**
poplus ⟨ī⟩ M (*altl.*) = **populus**¹
poposcī → **poscere**
Poppaeus ⟨a, um⟩ röm. Gentilname; **Q. ~ Sabinus** Konsul 9 n. Chr.; **Poppaea Sabina** ehrgeizige u. sittenlose Gattin des Otho, später des Nero
poppysma ⟨poppysmatis⟩ N Zungenschnalzen *als Ausdruck des Beifalls*

 Poppaea Sabina

In zweiter Ehe mit **Marcus Salvius Otho** verheiratet, begann Poppaea Sabina (30 - 65 n. Chr.) ein Verhältnis mit **Nero**. 63 n. Chr. heiratete dieser Poppaea und verlieh ihr den Titel Augusta. 65 n. Chr. starb sie, damals schwanger, überraschend, vielleicht durch Gewaltanwendung Neros. Die Überlieferung beschreibt sie als eine Frau von besonderer Schönheit, hoher Intelligenz und großem Ehrgeiz.

GESCHICHTE

populābilis ⟨populābile⟩ ADJ ||populari|| *Ov.* zerstörbar

populābundus ⟨a, um⟩ ADJ ||populari|| (*nachkl.*) auf Verwüstung bedacht

populāre ⟨ō, āvī, ātum 1.⟩, **populārī** ⟨or, ātus sum 1.⟩ ||populus¹||

1 verwüsten; plündern; **agros ~** die Felder verwüsten; **hamum ~** den Köder wegnehmen

2 *fig* vertilgen, zerstören; **aetas formam populabitur** *Ov.* das Alter wird die Schönheit zerstören; **tempora ~** die Schläfen verstümmeln

populārēs ⟨populārium⟩ M ||popularis|| Demokraten, Mitglieder der Volkspartei; ↔ optimates *u.* → nobiles

populāris

A ⟨populāre⟩ ADJ, ADV ⟨populāriter⟩ ||populus¹||

1 des Volkes, Volks...; **iracundia ~** Volkszorn; **aura/ventus ~** Gunst des Volkes; **munus populare** Geschenk an das Volk; **civitas/res publica ~** Demokratie

2 allgemein verbreitet, allgemein fasslich; **populariter loqui** volkstümlich sprechen

3 beim Volk beliebt

4 volksfreundlich, demokratisch

5 *pej* demagogisch, um die Gunst des Volkes buhlend

6 (*nachkl.*) *poet* zum gleichen Volk gehörig, einheimisch

B ⟨populāris⟩ M

1 Landsmann, Mitbürger

2 (*vkl., nachkl.*) *fig* Standesgenosse; Gefährte

populāritās ⟨populāritātis⟩ F ||popularis||

1 *Plaut.* Landsmannschaft

2 *Tac., Suet.* volkstümliches Benehmen, Bestreben dem Volk zu gefallen

▶ deutsch: **Popularität**

populātiō ⟨populātiōnis⟩ F ||populari|| Verwüstung, Plünderung

populātor ⟨populātōris⟩ M (*nachkl.*) *poet* Zerstörer, Plünderer

populātrīx ⟨populātrīcis⟩ F ||populator|| *poet* Zerstörerin

pōpuleus ⟨a, um⟩ ADJ ||populus²|| *poet* Pappel...; **umbra populea** Schatten der Pappel

pōpuli-fer ⟨pōpulifera, pōpuliferum⟩ ADJ ||populus², ferre|| Pappeln tragend, reich an Pappeln

populī-scītum ⟨ī⟩ N ||populus¹, sciscere|| *auch getrennt* Volksbeschluss

pōpulnus ⟨a, um⟩ ADJ ||populus²|| *Plaut.* aus Pappelholz

Populōnia ⟨ae⟩ F *alte Hafenstadt in Etrurien, Ruine u. Nekropole nö. von Piombino*

populus¹ ⟨ī⟩ M

1 Volk, *das einen Staat bildet*

2 Gemeinde; Stamm

3 PL Untertanen

4 die Patrizier *in Rom in ältesten Zeiten im Gegensatz zu der rechtlosen plebs*

5 gesamtes Volk *von Rom*; **senatus populusque Romanus** Senat und Volk von Rom

6 die Plebejer

7 Leute, Bevölkerung, *bes der Hauptstadt*

8 Öffentlichkeit; Zuhörer

9 Gemeinde, Staatskasse

10 (*spätl.*) Gemeinde, Laien; **~ dei/Christianus** (*mlat.*) Christenheit

▶ deutsch: **Pöbel**
  englisch: **people**
  französisch: **peuple**
  spanisch: **pueblo**
  italienisch: **popolo**

populus² ⟨ī⟩ F Pappel; **~ alba** Silberpappel

por- PRÄF dar-, hin-, vor-

porca ⟨ae⟩ F ||porcus|| (weibliches) Schwein, Sau

porcella ⟨ae⟩ F ||porcula|| *Plaut.* Ferkelchen

porcellus ⟨ī⟩ M ||porculus|| (*unkl.*) Schweinchen, *bes* Frischling

porcīna ⟨ae⟩ F ||porcinus|| (*erg.* **caro**) *Plaut.* Schweinefleisch

porcīnārius ⟨ī⟩ M ||porcina|| *Plaut.* Schweinefleischhändler

porcīnus ⟨a, um⟩ ADJ ||porcus|| vom Schwein, Schweine...

Porcius ⟨a, um⟩ *röm. Gentilname*; → Cato

porcula ⟨ae⟩ F ||porca|| Ferkel

porculus ⟨ī⟩ M ||porcus|| Ferkel

porcus ⟨ī⟩ M

1 zahmes Schwein, *bes* Ferkel; **~ femina** Mutterschwein

2 *fig* Schlemmer

3 (*vkl.*) (jungfräuliche) weibliche Scham

porēctus ⟨a, um⟩ PPP → poricere

porgere ⟨ō, -, -3.⟩ (*altl.*) = **porrigere**

poricere ⟨poriciō, -, porēctum 3.⟩ = **porricere**

porphyrēticus, porphyrīticus ⟨a, um⟩ ADJ (*nachkl.*) aus Porphyr, purpurrot

porrēctiō ⟨porrēctiōnis⟩ F ||porrigere|| das Ausstrecken

porrēctus¹ ⟨a, um⟩ PPP → porricere *u.* → porrigere

porrēctus² ⟨a, um⟩ ADJ ||porrigere||

1 ausgestreckt, ausgedehnt

2 abgestorben, tot

3 *fig* glatt, heiter; **porrectiore fronte** *Plaut.* mit heiterer Stirn

4 *zeitl.* lang

5 *Quint.* gedehnt

por-rēxī → porrigere

porricere ⟨porriciō, -, porrēctum 3.⟩ ||iacere|| als Opfer hinwerfen; **inter caesa et porrecta** zwischen den Schlachten und dem Auslegen *auf dem Altar* = im letzten Augenblick

por-rigere ⟨rigō, rēxī, rēctum 3.⟩ ||regere||
① ausstrecken, ausdehnen, *alicui* zu j-m; **brachium ~** den Arm ausstrecken; **manūs ad caelum/caelo ~** die Hände zum Himmel emporstrecken; **~ iugulum** die Kehle darbieten; **pocula ~** die Becher erheben
② *passiv u.* **se ~** sich erstrecken, liegen;
③ von Personen sich der Länge nach hinlegen, sich ausstrecken; **quo ~ tua porrigat ira** *Ov.* wohin dein Zorn sich erstreckt
④ (*nachkl.*) *poet* niederstrecken, niederwerfen; **hostem ~** den Feind niederwerfen
⑤ (*nachkl.*) *zeitl.* verlängern, hinziehen; **syllabam ~** eine Silbe dehnen
⑥ *poet* vergrößern, vermehren
⑦ hinstrecken; *fig* gewähren; **oscula ~** *Ov.* Küsse geben; **manūs ~** die Hände reichen

porrīgō ⟨porrīginis⟩ F (*nachkl.*) *poet* Kopfgrind, Schuppen

Porrima ⟨ae⟩ F Geburtsgöttin, *eine der beiden Begleiterinnen der Carmenta*

porrō ADV
① (*nachkl.*) *örtl.* weiter = vorwärts, in die Ferne; **armentum ~ agere** das Vieh vorwärts treiben
② *örtl.* in der Ferne
③ *zeitl.* weiter, fernerhin
④ *Ov. zeitl.* früher
⑤ *fig* weiter, sodann; **~ autem** weiter aber *in der Rede od Beweisführung*; **videte iam ~ cetera** seht nun das Weitere; **age ~** sehen wir weiter, lasst uns weitergehen
⑥ im Untersatz von Syllogismen nun aber
⑦ steigernd sogar
⑧ im Gegensatz andererseits, hingegen

porrum ⟨ī⟩ N, **porrus** ⟨ī⟩ M (*unkl.*) Lauch, Porree

Porsēna, Porsenna, Porsīna, Porsinna ⟨ae⟩ M König von Clusium in Etrurien, *belagerte nach der Sage 507 v. Chr. Rom um die vertriebenen Tarquinier zurückzuführen*

porta ⟨ae⟩ F
① Tor, *bes einer Stadt od eines Lagers*; Tür *in der Mauer*; **~ praetoria** Haupttor *im röm. Lager*; **~ principalis** Seitentor *im röm. Lager*; **Porta Nigra** schwarzes Tor, *monumentales röm. Stadttor in Trier aus dem 4. Jh. n. Chr.*
② PL Engpass
③ *fig* Eingang; Ausgang
④ PL *fig* Mittel, Wege
▶ deutsch: **Pforte**
    französisch: **porte**
    spanisch: **puerta**
    italienisch: **porta**

portāre ⟨ō, āvī, ātum 1.⟩
① eine Last tragen, bringen; *passiv* fahren, sich tragen lassen; **onus umeribus ~** Last auf den Schultern tragen; **merces plaustris ~** Waren in Karren transportieren
② bei sich führen; *von Schiffen* an Bord haben; **penates secum ~** die Penaten mit sich führen
③ (*unkl.*) mit sich bringen, überbringen

portātiō ⟨portātiōnis⟩ F ||portare|| (*nachkl.*) Transport

por-tendere ⟨tendō, tendī, tentum 3.⟩
① Zukünftiges ankündigen, vorhersagen, prophezeien
② *passiv* (*vkl., nachkl.*) sich ankündigen, bevorstehen, sich zeigen

portenti-ficus ⟨a, um⟩ ADJ ||portentum, facere|| *Ov. poet* grauenhaft wirkend

portentōsum ⟨ī⟩ N ||portentosus|| Missgeburt

portentōsus ⟨a, um⟩ ADJ ||portentum|| außergewöhnlich, unnatürlich

portentum[1] ⟨ī⟩ N ||portendere||
① grauenhaftes Vorzeichen; **portenta deum obstabant** *Verg.* schreckliche Zeichen der Götter sprachen dagegen
② Ungeheuer; *fig* fantastisches Gebilde

por-tentum[2] PPP → portendere

Porthāōn ⟨Porthāonis⟩ M = Parthaon

porthmēus ⟨porthmeī *u.* porthmeos⟩ M (*nachkl.*) *poet meist* Charon

porticula ⟨ae⟩ F ||porticus|| kleine Säulenhalle, kleine Galerie

porticus ⟨ūs⟩ F ||porta||
① Halle, Säulengang
② Gerichtshalle *des Praetors*
③ MIL Laufgang für Schanzarbeiten
④ *poet* Vorplatz *eines Zeltes*

portiō ⟨portiōnis⟩ F ||pars||
① (*nachkl.*) Anteil, Teil, *alicuius rei* an etw, von etw; **regnum portionibus dividere** die Herrschaft stückweise teilen
② *fig* Verhältnis; **pro portione** nach richtigem Verhältnis, nach Maßgabe
▶ deutsch: **Portion**

portisculus ⟨ī⟩ M ||porta, portus|| (*vkl.*) Hammer *des Rudermeisters zum Schlagen des Taktes*; *fig* Kommando

portitor ⟨portitōris⟩ M ||porta, portus||
① (*nachkl.*) Fährmann, *bes* Charon
② Zolleinnehmer; *fig* Schnüffler

portōrium ⟨ī⟩ N ||portitor|| (*spätl.*) Zollhaus

portōrium ⟨ī⟩ N ||portitor|| Zoll, Steuer, *alicuius rei* von etw, für etw; **~ transvectionis** Durchgangszoll, Transitzoll

portula ⟨ae⟩ F ||porta|| *Liv.* Türchen

Portūnus ⟨ī⟩ M Gott *des röm. Tiberhafens*

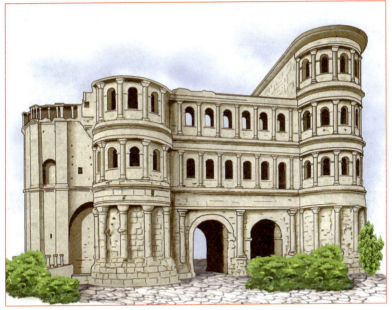

porta – Stadttor

portuōsus ⟨a, um⟩ ADJ ǁportusǁ reich an Häfen; **sinus ~** eine Bucht mit vielen Häfen

portus ⟨portūs⟩ M ǁportaǁ
1 Hafen; **~ Piraei** Hafen von Piraeus; **e portu proficisci/solvere** aus dem Hafen auslaufen; **in portu esse/navigare** im sicheren Hafen sein; **in portum invehi/portum capere** in den Hafen einlaufen; **in portu operam dare** Zollbeamter sein
2 *poet* Flussmündung
3 *fig* Zufluchtsort, sicherer Hafen
▷ englisch: **port**
französisch: **port**
spanisch: **puerto**
italienisch: **porto**

pos- (*altl., vulg*) = **post-**

pōsca ⟨ae⟩ F (*Plaut., nachkl.*) Essiggetränk, Getränk der einfachen Leute

poscaenium ⟨ī⟩ N ǁpost, scaenaǁ *Lucr.* Raum hinter der Bühne; **poscaenia vitae** die geheimen Handlungen der Menschen

poscere ⟨poscō, poposcī, - 3.⟩
1 fordern, verlangen, *aliquid ab aliquo/aliquem* etw von j-m, *alicui* für j-n, *aliquem aliquid* j-n zu etw, j-n als etw, *+Inf/ut* dass; auffordern, *+AcI*; **poscor aliquid** man fordert etw von mir; **Pelopidam imperatorem ~** den Pelopidas als Feldherrn fordern
2 *fig von Sachen* erfordern; **sic fata Iovis poscunt** *Verg.* so erfordert es Jupiters Wille
3 nach *etw* forschen, nach *etw* fragen, *aliquid, +indir Fragesatz;* **causas ~** nach den Ursachen forschen
4 zum Kampf herausfordern; **aliquem in proelia ~** j-n zum Kampf herausfordern; **poscunt maioribus poculis** sie fordern einander mit größeren Bechern heraus
5 vor Gericht fordern; **dictatorem reum ~** den Diktator als Angeklagten vor Gericht fordern
6 *um ein Mädchen* anhalten; **tuam sororem uxorem ~** um deine Schwester anhalten
7 (*vkl., nachkl.*) anrufen, anflehen; **tua numina posco** *Verg.* um deinen Schutz flehe ich; **poscor Olympo** der Himmel ruft mich

Posīdōnius ⟨ī⟩ M *Philos.* der mittleren Stoa, um 100 v. Chr., Einflüsse auf Cicero

positiō ⟨positiōnis⟩ F ǁponereǁ (*nachkl.*)
1 Lage; *fig* Verfassung; **~ caeli** Klima; **~ mentis** Geistesverfassung; *pl* Umstände
2 Aufgabe, Thema
3 METR Senkung
4 GRAM Endung
5 Längung bewirkende Stellung *einer kurzen Sil-*

portus – Hafen
pharus – Leuchtturm

be vor mehreren Konsonanten
▶ deutsch: Position
positor ⟨positōris⟩ M ||ponere|| *Ov.* Erbauer
positūra ⟨ae⟩ F ||ponere|| (*nachkl.*) Stellung, Lage; **~ dei** die der Welt von Gott gegebene Stellung
positus¹ ⟨a, um⟩ PPP → ponere
positus² ⟨positūs⟩ M ||ponere||
1 (*nachkl.*) *poet* Stellung, Lage
2 *Ov.* Frisur; *pl* Frisiermethoden
posmerīdiānus ⟨a, um⟩ ADJ = postmeridianus

posse ⟨possum, potuī, - 0.⟩
1 können, imstande sein; **responde nunc, si potes** antworte jetzt, wenn du kannst; **multa exempla proferre possum** ich kann/könnte viele Beispiele anführen; **fieri potest, ut** es ist möglich, dass; **fieri non potest, ut** es ist unmöglich, dass; **fieri non potest, ut non/ quin** es ist notwendig, dass; **non possum non** ich muss, +*inf*; **potest, ut** es ist möglich, dass; **qui potest?** wie ist es möglich?; **si potest** wenn es möglich ist
2 es fertigbringen, sich dazu entschließen, +*inf*
3 etwas vermögen, Einfluss haben; **multum ~** viel vermögen; **aliquid ~** einige Fähigkeiten besitzen; **qui non potest** der nichts zu leisten vermag, der Unfähige; **largiter apud aliquem ~** viel bei j-m gelten; **optime ~** sehr gute Fähigkeiten haben
4 können, verstehen, *aliquid* etw, +*inf*; **non omnes omnia possumus** wir können nicht alle alles
5 *Mart.* mit j-m schlafen, *aliquem*
pos-sēdī → possidere¹ u. → possidere²
possessiō ⟨possessiōnis⟩ F
A ||possidere|| Besitznahme, Besitzergreifung; **in possessionem mittere** Leute zur Besitznahme schicken
B ||possidere||
1 Besitz; **~ rei publicae** Leitung des Staates
2 *meton* Besitzung, Eigentum; **~ urbana et rustica** Besitz in der Stadt und auf dem Land
possessiuncula ⟨ae⟩ F ||possessio|| kleiner Besitz
possessīvus ⟨a, um⟩ ADJ ||possidere|| *Quint.* GRAM besitzanzeigend
possessor ⟨possessōris⟩ M ||possidere||
1 Besitzer, Grundbesitzer

2 JUR Besitzer einer strittigen Sache, Beklagter

pos-sessus ⟨a, um⟩ PPP → possidere¹ u. → possidere²

possibilis ⟨possibile⟩ ADJ ||possum|| (nachkl.) möglich

pos-sidēre ⟨sideō, sēdī, sessum 2.⟩ ||sedere||
1 besitzen, innehaben; **agros ~** Felder besitzen; **Parthos ~** die Parther beherrschen; **libido ingenium possidet** die Leidenschaft beherrscht den Verstand; **aliquis usu possidetur** j-d lässt sich durch die lange Gewohnheit beherrschen
2 MIL *einen Ort* besetzt halten

pos-sīdere ⟨sīdō, sēdī, sessum 3.⟩ in Besitz nehmen, besetzen; **bona ~** Güter konfiszieren; **·· totum hominem** *Cic. fig* den ganzen Menschen in Beschlag nehmen; *perf* in Besitz haben

possum → posse

---

post

A Präfix nach-, hintan-
B Adverb
1 hinten, zuletzt
2 nachher, danach
C Präposition
1 hinter
2 nach, seit
3 nächst

— **A** Präfix —

PRÄF nach-, hintan-; **post-ponere** hintan-setzen

— **B** Adverb —

ADV
1 örtl. hinten, zuletzt; **post exsultare** mit den Hinterbeinen hochspringen
2 zeitl. nachher, später; **paulo post** wenig später; **post futuri** die in der Zukunft Lebenden

— **C** Präposition —

PRÄP +*akk*
1 örtl. hinter; **post tergum** hinter dem Rücken
2 zeitl. nach, seit; **post horam decimam** nach der zehnten Stunde; **decimo anno post bellum initum** *Liv.* im zehnten Jahr nach Kriegsbeginn; **post Ciceronem consulem** nach dem Konsulat des Cicero; **post hominum memoriam** seit Menschengedenken; **post magnitudinem nominis Romani** nach dem Rom groß geworden war; **post omnia** nach dem Verlust von allem; **post Christum natum** (*mlat.*) nach Christi Geburt; **post festum** (*mlat.*) nach dem Fest = zu spät, hinterher
3 *von Reihenfolge od Rang* nächst; nach, hinter; **post hunc Apollinem colunt** neben diesem verehren sie den Apollo; **habere aliquid post aliquid** etw zurückstellen hinter etw

poste (*altl.*) = post

post-eā ADV ||post, is||
1 darauf, nachher, später; **~ loci** nachher; **brevi ~** kurz nachher; **~ aliquanto** etwas später
2 *in Übergängen* ferner, weiter, sodann; **quid ~?** was geschah weiter?, was soll daraus folgen?

posteā-quam KONJ = postquam

posterī ⟨ōrum *u.* posterum⟩ M ||posterus|| die Nachkommen

posterior ⟨posterius⟩ ADJ *komp* → posterus

posteritās ⟨posteritātis⟩ F ||posterus||
1 Folgezeit, Zukunft; **posteritatis rationem habere** an die Zukunft denken; **in posteritatem** für die Zukunft, künftig
2 *meton* Nachwelt, Nachkommenschaft; **posteritati servire** nach Ruhm bei der Nachwelt streben

posterus ⟨a, um, *komp* posterior, ius, *sup* postrēmus, a, um *u.* postumus, a, um⟩ ADJ ||post||

1 nachfolgend, folgend, kommend; **dies ~** der folgende Tag; **aetas postera** Nachwelt; **laus postera** Ruhm bei der Nachwelt; **postero die, quam profectus est, domum rediit** am Tag nach der Abreise kehrte er nach Hause zurück; **postero** *adv* am folgenden Tag
2 *komp* der hintere, der folgende *von zwei*; **tempus posterius/aetas posterior** Folgezeit; **posteriores oratores** die zuletzt genannten Redner; **tempore posterior** der Zeit nach später; **posterius** *adv* später
3 *komp* schlechter, geringer
4 *sup* **postremus** hinterster, letzter; **acies postrema** Hintertreffen; **in postremo libro** am Ende des Buches
5 *sup* **postremus** *fig* geringster, schlechtester; **postremam fortunam pati** das schlimmste Schicksal erleiden; **hoc non in postremis** ganz besonders
6 *sup* **postumus** zuletzt geboren; JUR nachgeboren, nach dem Tod des Vaters geboren

post-ferre ⟨ferō, -, -. 0.⟩ (*nachkl.*) nachsetzen, hintanstellen, *re* in etw

post-genitī ⟨ōrum⟩ M *Hor.* die Nachgeborenen, die Nachkommen; **clarus postgenitis** berühmt bei den Nachkommen

post-habēre ⟨eō, uī, itum 2.⟩ nachsetzen, hintansetzen; **omnibus rebus posthabitis** *Cic.* unter Zurückstellung alles anderen

post-hāc ADV ||post, hic¹|| von jetzt an, später; *bei Vergangenheit* später

post-haec ADV (*nachkl.*) nachher, später

post-ibī *Plaut.* hernach, hierauf

postīculum ⟨ī⟩ N ||posticum|| *Plaut.* Hinterhaus

postīcum ⟨ī⟩ N ||posticus|| Hintertür, Hinterseite

postīcus ⟨a, um⟩ ADJ (unkl.) hinten befindlich, Hinter…; **posticae partes aedium** Hinterhaus

post-id ADV Com. hernach

postid-eā ADV Com., Catul. = postea

postilēna ⟨ae⟩ F Plaut. Schweifriemen *des Pferdegeschirrs*

postiliō ⟨postiliōnis⟩ F ||postulare|| REL Verlangen einer Gottheit ein vergessenes Opfer nachzuholen

post-illā(c) ADV Catul. nachher

postis ⟨postis⟩ F
1 Pfosten, Pfeiler
2 Plaut. Tür, Pforte

post-līminium ⟨ī⟩ N ||limen|| Heimkehrrecht, *das Recht in die Heimat u. den früheren Rechtsstatus zurückzukehren*; **postliminio** nach dem Heimkehrrecht

post-merīdiānus ⟨a, um⟩ ADJ Nachmittags…; **tempus postmeridianum** Cic. Nachmittagsstunde

post-modo, post-modum ADV bald darauf

post-moerium ⟨ī⟩ N = pomerium

post-partor ⟨postpartōris⟩ M ||parere²|| Plaut. Nacherwerber; Nachkomme

post-pōnere ⟨pōnō, posuī, positum 3.⟩ nachstellen, hintansetzen; **omnibus rebus postpositis** mit Hintansetzung alles anderen

post-prīncipia ⟨ōrum⟩ N (vkl.) poet Fortgang

post-prīncipiō ADV (vkl.) in der Folgezeit, nachher

post-putāre ⟨ō, āvī, ātum 1.⟩ Ter. hintansetzen, gering schätzen

post-quam KONJ
1 nachdem, als, *meist +ind perf; +ind Plusquamperfekt im Anschluss an einen abl der Zeitangabe u. bei der Bezeichnung des Resultats einer Handlung; +ind imperf bei in der Vergangenheit dauernden Zuständen*; **Caesar, ~ … cognovit, castra posuit** Caesar schlug ein Lager auf, nachdem er erkannt hatte …
2 seitdem, damals während, *+ind präs u. imperf*

postrēmō ADV ||postremus||
1 schließlich, endlich, *bes in Aufzählungen*
2 zusammenfassend kurz, überhaupt

postrēmum ADV ||postremus|| zum letzten Mal

postrēmus ⟨a, um⟩ ADJ sup → posterus

postrī-diē ADV ||posterus, dies|| am folgenden Tag, tags darauf, *absolut od +akk*; **~ Idūs Decembres** am Tag nach den Iden des Dezember; **~ eius diei** am unmittelbar folgenden Tag

postrī-duo ADV Plaut. = postridie

post-scrībere ⟨scrībō, scrīpsī, -3.⟩ hinter etw schreiben, *alicui rei*; **Tiberi nomen suo postscripserat** Tac. sie hatte den Namen des Tiberius hinter den eigenen geschrieben

postulāre ⟨ō, āvī, ātum 1.⟩
1 fordern, verlangen, *aliquid alicui* etw für j-n, *aliquid ab aliquo/aliquem* etw von j-m, *ut/ne* dass/ dass nicht, *+konjkt/+AcI/+NcI*; **non postulatus** unaufgefordert; **~ de re** Forderungen stellen wegen einer Sache; **a senatu de foedere ~** beim Senat wegen des Bündnisses nachfragen; **nihil praetorem ~** vom Prätor nichts verlangen
2 begehren, wollen, *+inf/+AcI*; **dicendo vincere non postulo** Cic. ich will nicht als Redner siegen
3 fig erfordern, *aliquid* etw, *ut/ne* dass/dass nicht, *+inf*; **maturius quam id tempus anni postulabat** Caes. früher als es die Jahreszeit erforderte
4 JUR gerichtlich belangen, anklagen, *aliquem de re/alicuius rei/re* j-n wegen etw; **aliquem de pecuniis repetundis ~** j-n wegen Erpressung anklagen
5 JUR beantragen *vor Gericht*, **iudicem** einen Richter

postulātīcius ⟨a, um⟩ ADJ ||postulatus|| Sen. gefordert, verlangt

postulātiō ⟨postulātiōnis⟩ F ||postulare||
1 Forderung, Gesuch, *alicuius rei* einer Sache, nach etw, um etw, wegen etw
2 Com. Klage, Beschwerde
3 JUR Antrag auf Klage *beim Prätor*; gerichtliche Klage

postulātor ⟨postulātōris⟩ M ||postulare|| Suet. Kläger

postulātum ⟨ī⟩ N ||postulare|| Forderung, Gesuch; **postulata peragere** Gesuche in bestimmten Formeln vollziehen

postulātus abl ⟨postulātū⟩ M ||postulare|| Liv. Klage, Beschwerde vor Gericht

Postumiānus ⟨a, um⟩ ADJ des Postumius

Postumius
A ⟨a, um⟩ Name einer patriz. gens
B ⟨a, um⟩ ADJ des Postumius

postumus ⟨a, um⟩ ADJ sup → posterus

Postumus ⟨ī⟩ M
1 röm. Vorname od Beiname
2 Ov. = Postumius

Post-verta, Post-vorta ⟨ae⟩ F röm. Göttin

posuī → ponere

pōtāre ⟨pōtō, pōtāvī, pōtum/pōtātum 1.⟩
1 viel trinken, saufen, *bes von Tieren*
2 fig einsaugen, aufnehmen; **vellera fucum potant** die Wolle nimmt die Farbe an
3 Plaut. sich antrinken

pōtātiō ⟨pōtātiōnis⟩ F ||potare|| Plaut. Trinkgelage

pōtātor ⟨pōtātōris⟩ M ||potare|| Plaut. Zecher, Trinker

pote → potis
potēns ⟨potentis, *adv* potenter⟩ ADJ
1 (*vkl., nachkl.*) fähig, kundig
2 mächtig, einflussreich, *absolut von Personen u. Staaten, re* durch etw; **matrona ~** im Haus gebietende Frau; **natura ~** die mächtige Natur
3 *von Sachen* kräftig, wirksam; **votum ~** erfolgreicher Wunsch
4 *von Personen* fähig, imstande, *alicuius rei/ad aliquid* zu etw; **~ regni** regierungsfähig; *adv* nach Kräften
5 etw beherrschend, Herr von *etw, alicuius rei*; **~ mentis** bei Sinnen; **sui ~** sein eigener Herr, unabhängig, *auch* selbstbeherrscht; **non ~ sui erat** er war außer sich
6 *poet* der etw erlangt hat; **~ voti** dem sein Wunsch erfüllt wurde; **~ iussi** der den Befehl vollzogen hat; **promissi ~ factus** der sein Versprechen eingelöst hat
7 *fig* glücklich
8 potentem esse (*mlat.*) = **posse**
potentātus ⟨potentātūs⟩ M ||potens|| Macht, Herrschaft
potentia ⟨ae⟩ F ||potens||
1 (*nachkl.*) *poet* Kraft; Wirksamkeit
2 MIL, POL Macht, Gewalt; **~ singularis** Alleinherrschaft; **~ rerum** Oberherrschaft
potērium ⟨ī⟩ N *Plaut.* Becher
potesse (*altl.*) = **posse**
potestās ⟨potestātis⟩ F ||potis||
1 Kraft, Wirksamkeits, *alicuius/alicuius rei* über j-n/über etw; **~ vitae necisque** Macht über Leben und Tod; **in sua potestate esse** sein eigener Herr sein; **~ patris in filium** Macht des Vaters über den Sohn; **in potestate mentis esse** seines Verstandes mächtig sein; **exire ex potestate/de potestate** (**mentis**) den Verstand verlieren; **in alicuius potestate est, ut/ne** j-d kann etw dafür tun, dass/dass nicht
2 POL Macht, Herrschaft; **aliquem in potestatem/sub potestatem alicuius redigere** j-n j-m unterwerfen; **in alicuius potestate esse** j-m unterworfen sein
3 (*nachkl.*) *konkr.* Machthaber, Könige
4 Amtsgewalt *bes von Zivilbeamten*; Amt; **~ perpetua** lebenslängliche Stellung; **aliquis nihil potestatis habet** j-d hat nichts zu sagen; **potestati praeesse/potestatem gerere/potestatem agere** ein Amt bekleiden
5 *konkr.* Beamter, Behörde; **imperia et potestates** Militär- und Zivilbehörden
6 Möglichkeit, Erlaubnis; **~ omnium rerum** unbeschränkte Vollmacht; **alicui potestatem pugnandi facere** j-m eine Schlacht anbieten; **potestatem sui facere alicui** sich j-m zur Verfügung stellen, sich mit j-m auf einen Kampf einlassen, j-m Audienz geben; **~ certorum hominum mihi est** ich kann zuverlässige Personen finden; **~ est** es ist gestattet, man kann, +inf
pōtīcius ⟨ī⟩ M *Plaut.* Knabe, Junge
pōtiō ⟨pōtiōnis⟩ F ||potare||
1 Trinken; **cibus ~** Essen und Trinken
2 Gifttrank; (*vkl., nachkl.*) Arznei;
3 (*vkl., nachkl.*) Zaubertrank; *poet* Liebestrank
pōtiōnātus ⟨a, um⟩ ADJ ||potio|| *Suet.* mit einem Liebestrank im Leib
potior ⟨potius⟩ ADJ *komp* → **potis**
potīre ⟨iō, īvī, ītum 4.⟩ ||potis|| In j-s Gewalt bringen, *alicuius*; *passiv* in j-s Gewalt geraten
potīrī ⟨ior, ītus sum 4.⟩ ||potis||
1 sich *einer Sache* bemächtigen, etw erlangen, *aliquid/re/alicuius rei*; **summam imperii ~** *Nep.* den Gipfel der Macht erlangen; **auso ~** ein Wagnis bestehen; **voto ~** das Gewünschte erreichen; **non sum potiunda** ich bin nicht zu gewinnen, ich bin nicht erreichbar
2 *einen Ort* erreichen
3 besitzen, beherrschen, *re/alicuius rei* etw; *absolut* die Oberhand haben; **omni Numidiā potiebatur** *Sall.* er beherrschte ganz Numidien; **rerum ~** im Besitz der Macht sein; **hostes mari potiuntur** die Feinde haben die Herrschaft zur See; **qui potiuntur** die Machthaber
potis ⟨pote, *komp* potior, potius, *sup* potissimus, a, um⟩ ADJ
1 vermögend, mächtig; **~ est** er vermag, er kann; **pote est** es ist möglich
2 *komp* besser, *auch* tüchtiger; **multitudine potiores Graecis/quam Graeci** den Griechen zahlenmäßig überlegen; **mortem servitute potiorem ducere** den Mord für besser als die Sklaverei halten, den Tod der Sklaverei vorziehen; **potiora** wichtigere Dinge; **potius** vielmehr, eher, lieber; **haec non laudatio sed potius irrisio est** das ist keine Lobrede, sondern eher eine Spottrede; **potius quam/quam ut** lieber als/als dass; **vel potius/sive potius** oder vielmehr; **non potius ... quam** nicht (sowohl) ... als vielmehr
3 *sup* vorzüglichster, wichtigster; **causa potissima** der wichtigste Grund, **potissimum** am wichtigsten, hauptsächlich; **eo potissimum tempore** gerade zu dieser Zeit
pōtitāre ⟨ō, āvī, ātum 1.⟩ ||potare|| *Plaut.* (*nachkl.*) tüchtig trinken
Potītius ⟨a, um⟩ *röm. Gentilname*; → **Pinarius**
potītus ⟨a, um⟩ PPERF → **potior**[2]
pōtiuncula ⟨ae⟩ F ||potio|| (*nachkl.*) mäßiges Getränk
pōtor ⟨pōtōris⟩ M (*nachkl.*) *poet* Trinker, Säufer, Zecher; **aquae ~** Wassertrinker; **~ Rhodani**

Anwohner der Rhône

pōtrīx ⟨pōtrīcis⟩ F̄ ‖potor‖ *Phaedr.* Trinkerin, Säuferin

potuī → posse

pōtulentum ⟨ī⟩ N̄ ‖potulentus‖ Getränk

pōtulentus ⟨a, um⟩ ADJ ‖potus‖
1. trinkbar
2. (*nachkl.*) betrunken

pōtus¹ ⟨a, um⟩ ADJ ‖potare‖
1. ausgetrunken
2. der reichlich getrunken hat, angetrunken

pōtus² ⟨ūs⟩ M̄
1. Trinken
2. (*nachkl.*) Getränk

pr. *Abk* = **pridie** am Tag vorher

prae

A PRÄF
1. vorn, an der Spitze; **prae-sum** ich bin an der Spitze; **prae-acutus** vorn zugespitzt
2. vor der Zeit, vorzeitig; **praecox** früh-reif
3. örtl. voraus; **prae-mittere** voraus-schicken
4. *steigernd* überaus, sehr; **prae-dives** überaus reich

B ADV
1. *Com.* voran, voraus; **i prae** geh voran
2. **prae quam** = **praequam**.

C PRÄP +abl
1. örtl. vor; **prae se ferre/gerere** vor sich tragen; *fig* zur Schau tragen, deutlich zeigen; **prae se agere** vor sich hertreiben
2. im Vergleich mit, gegenüber; **prae omnibus** mehr als alle
3. *kausal, v. a. hindernd* vor, wegen; **prae lacrimis loqui non posse** vor Tränen nicht sprechen können

prae-acūtus ⟨a, um⟩ ADJ vorn zugespitzt

prae-altus ⟨a, um, *adv* praealtē⟩ ADJ
1. sehr hoch
2. sehr tief

praebenda ⟨ōrum⟩ N̄ ‖praebere‖
1. zustehendes Verpflegungsgeld, zustehendes Kleidergeld
2. (*mlat.*) Pfründe, Einkünfte aus einem Kirchenamt

praebēre ⟨eō, uī, itum 2.⟩

A
1. darreichen, hinhalten
2. gewähren
3. preisgeben, überlassen
4. verursachen, erregen
5. geschehen lassen, erlauben
6. sehen lassen, zeigen
7. zeigen, beweisen

1. darreichen, hinhalten, *alicui aliquid* j-m etw; **aures ~ alicui** j-m Gehör schenken; **ōs ~ ad contumeliam** sich öffentlich beschimpfen lassen; **terga ~** fliehen
2. gewähren, zur Verfügung stellen; **regi equites ~** dem König Reiter stellen
3. preisgeben, überlassen; **se telis hostium ~** sich den Geschossen der Feinde aussetzen; **se continendum ~** sich festhalten lassen
4. *fig* verursachen, bewirken; **speciem horribilem ~** einen schrecklichen Anblick bieten; **metum defectionis ~** Angst vor dem Abfall erregen; **risum ~** Gelächter auslösen; **suspicionem ~** Verdacht erregen
5. geschehen lassen, erlauben, +*inf*; **praebuit ipsa rapi** sie hat sich selbst entführen lassen
6. (*nachkl.*) sehen lassen, zeigen
7. zeigen, beweisen; (**se**) ~ +*akk* sich als etw/als j-d zeigen, *alicui* j-m, *in aliquem* gegen j-n, *in aliquo* bei j-m; **se attentum auditorem ~** sich als aufmerksamer Zuhörer erweisen; **~ se misericordem in aliquem** sich gegen j-n mitleidig zeigen; **pari se virtute ~** sich als an Vorzüglichkeit ebenbürtig erweisen

prae-bibere ⟨bibō, bibī, - 3.⟩ vortrinken, zutrinken, *alicui* j-m

praebita ⟨ōrum⟩ N̄ ‖praebere‖ Verpflegungsgeld, Kleidergeld

praebitiō ⟨praebitiōnis⟩ F̄ ‖praebere‖ Darreichung, Lieferung; **~ copiarum** Lieferung von Lebensmitteln

praebitor ⟨praebitōris⟩ M̄ ‖praebere‖ Lieferant

prae-calidus ⟨a, um⟩ ADJ (*nachkl.*) sehr warm

prae-calvus ⟨a, um⟩ ADJ *Suet.* sehr kahl

prae-cantāre ⟨ō, āvī, ātum 1.⟩ *Petr.* besprechen, bezaubern

praecantātiō ⟨praecantātiōnis⟩ F̄ ‖praecantare‖ *Quint.* Bezauberung

praecantātrīx ⟨praecantātrīcis⟩ F̄ ‖praecantare‖ *Plaut.* Zauberin, weise Frau

praecantrīx ⟨praecantrīcis⟩ F̄ = **praecantatrix**

prae-cānus ⟨a, um⟩ ADJ *Hor.* vorzeitig ergraut

prae-cavēre ⟨caveō, cāvī, cautum 2.⟩

A VI
1. (*vkl., nachkl.*) sich hüten, *a re* vor etw; **~ a rege** sich vor dem König hüten
2. Vorsorge treffen; **~, id ne accideret** Vorsorge treffen, damit das nicht eintreffe

B VT etw verhüten, *einer Sache* vorbeugen, *aliquid*; **venenum ~** dem Gift vorbeugen

prae-cēdere ⟨cēdō, cessī, cessum 3.⟩

A VI vorangehen; *von Sachen* vorangetragen werden; **comitum praecesserat ordo** *Verg.* die Schar der Begleiter war vorangegangen;

faces praecedunt die Fackeln werden vorangetragen; **tempora praecedentia** vorhergehende Zeiten

B VT

1 vorangehen, vorantahren, *aliquem/aliquid* j-m/einer Sache; **~ classem** der Flotte voransegeln

2 *fig* übertreffen, überholen; **reliquos Gallos virtute ~** die übrigen Gallier an Tüchtigkeit übertreffen

praecellēns ⟨praecellentis⟩ ADJ ||praecellere|| hervorragend, ausgezeichnet

prae-cellere ⟨ō, -, - 3.⟩

A VT übertreffen, *aliquem re* j-n an etw

B VI

1 *j-s* Oberhaupt sein, *j-m* vorstehen, *alicui*; **genti ~** das Oberhaupt des Stammes sein

2 sich auszeichnen, hervorragen; **~ per eloquentiam** durch Beredsamkeit sich auszeichnen

prae-celsus ⟨a, um⟩ ADJ *poet* sehr hoch, sehr schroff

prae-centāre ⟨ō, āvī, ātum 1.⟩ ||cantare|| vortragen

praecentiō ⟨praecentiōnis⟩ F ||praecinere|| Musik, Vorspiel, *bes vor od beim Opfer*

prae-cēpī → praecipere

prae-ceps ⟨praecipitis⟩ ||prae, caput||

A ADJ, ADV ⟨praeceps⟩

1 mit dem Kopf voran, kopfüber; **aliquem praecipitem de porticu in forum deicere** j-n kopfüber von der Halle auf das Forum werfen

2 *von Örtlichkeiten* abschüssig, abfallend; **saxa praecipitia** schroffe Felsen; **~ ac lubrica via vitae** *fig* der abschüssige und gefährliche Weg durchs Leben; *adv* in die Tiefe, in der Tiefe

3 gefährlich, ins Verderben stürzend; **famam alicuius praeceps** (*adv*) **dare** j-s Ruf in jähe Gefahr bringen

4 (*nachkl.*) *poet* sich neigend, geneigt; **sol ~ in occasum** die zum Untergang sich neigende Sonne

5 *fig zeitl.* sich neigend, zu Ende gehend; **die iam praecipiti** da der Tag sich schon neigt

6 *von Personen* geneigt; **homo in iram ~** ein zum Zorn neigender Mensch

7 Hals über Kopf, schleunigst; **aliquis ~ fugae se mandat** j-d flieht Hals über Kopf; **aliquem praecipitem agere** j-n in eiliger Flucht vor sich hertreiben; **fluvius ~** reißender Fluss; **~ Africus** stürmischer Westsüdwestwind; **remedium ~** augenblicklich wirkendes Heilmittel

8 jählings, blindlings; **aliquis ~ cadit** j-d stürzt blindlings ins Verderben

9 übereilt, unbesonnen

10 besinnungslos

B N

1 (*nachkl.*) schroffer Abhang, Abgrund; **aliquid in praeceps rapere** etw in die Tiefe reißen

2 Gefahr, Verderben; **in praeceps dare** ins Verderben stürzen; **aegrum ex praecipiti levare** einen Kranken aus Lebensgefahr retten

praeceptiō ⟨praeceptiōnis⟩ F ||praecipere||

1 Unterweisung, Vorschrift

2 PHIL Vorstellung

3 *Plin.* JUR Vorauserbe, *ein der allg. Erbschaft vorgezogener Erbteil*

praeceptīvus ⟨a, um⟩ ADJ ||praecipere|| vorschreibend, ratend

praeceptor ⟨praeceptōris⟩ M ||praecipere|| Lehrer, *bes* PHIL *alicuius* j-s, *alicuius rei* in etw

praeceptrīx ⟨praeceptrīcis⟩ F ||praeceptor|| Lehrerin, Erzieherin

praeceptum ⟨ī⟩ N ||praecipere||

1 Vorschrift, Weisung; **praeceptum observare** *Caes.* eine Vorschrift beachten; **praeceptum dare/ponere in rem** einen Auftrag geben zu etw

2 Rat, Warnung

3 Lehre, Regel; **~ disserendi** Logik

prae-ceptus ⟨a, um⟩ PPP → praecipere

prae-cerpere ⟨cerpō, cerpsī, cerptum 3.⟩ ||carpere||

1 vor der Zeit pflücken, vor der Zeit ernten; **messes ~** Getreide vor der Zeit ernten

2 *fig* vorwegnehmen

praecessī → praecedere

praecessum PPP → praecedere

prae-cīdere ⟨cīdō, cīdī, cīsum 3.⟩ ||caedere||

1 vorn abschneiden, vorn abhauen; **ancoras ~** die Anker kappen; **linguam alicui ~** *Plaut.* *fig* j-m das Wort abschneiden

2 entfernen, nehmen; **alicui spem ~** j-m die Hoffnung nehmen

3 abschlagen, verweigern

4 sich kurz fassen, mitten im Reden abbrechen, *absolut*; **praecide** mach es kurz

5 zerschneiden; *fig* schnell abbrechen; **naves ~** Schiffe unbrauchbar machen

praecīnctiō ⟨praecīnctiōnis⟩ F ||praecingere|| Umfassungsmauer *der Amphitheater u. Theater, terrassenförmig ansteigend, mit umlaufendem Gang im Inneren als Zugang zu den Sitzen*

praecīnctūra ⟨ae⟩ F ||praecingere|| Umgürtung

prae-cinere ⟨cinō, cinuī/cecinī, - 3.⟩ ||canere||

A VI

1 vorspielen, ertönen, *alicui rei* vor etw, bei etw; **fides praecinunt** die Laute klingt; **sacrificiis ~** bei den Opfern ertönen

2 *Tib.* eine Zauberformel hersagen

8 VT vorhersagen, weissagen

prae-cingere ⟨cingō, cinxī, cinctum 3.⟩
1 gürten, umgürten; *passiv* sich gürten
2 (*nachkl.*) *fig* umgeben, umkränzen; **cervix praecingitur auro** *Ov.* der Nacken wird bekränzt mit Gold

prae-cipere ⟨cipiō, cēpī, ceptum 3.⟩
‖capere‖

1 vorher nehmen
2 vorauserben
3 im Voraus genießen, im Voraus empfinden
4 vorgreifen
5 vorschreiben, befehlen
6 warnen
7 lehren

1 vorher nehmen, vorwegnehmen; **montem ~** den Berg vorher besetzen; **iter ~** einen Vorsprung gewinnen, *auch* vor einem anderen abreisen; **tempore praecepto** wegen des zeitlichen Vorsprungs; **bellum ~** einen Krieg vorher anfangen; **cantūs ~** den Gesang der Vorsängerin anstimmen; **aestus lac praecipit** die Hitze trocknet die Milch vorher aus; **seges praecipitur** das Getreide wird zu rasch reif
2 (*nachkl.*) JUR vorauserben
3 im Voraus genießen; im Voraus erfahren; **spem ~** im Voraus hoffen
4 vorgreifen, *aliquid re* einer Sache mit etw; **aliquid opinione/animo/cogitatione ~** etw im Voraus vermuten, sich vorstellen; **non praecipiam** ich will nicht vorgreifen
5 vorschreiben, *alicui aliquid/de re* j-m etw, *ut/ne* dass/dass nicht, *+konjkt/+inf/+AcI/+indir Fragesatz*; j-m raten, *alicui*
6 j-n warnen, *alicui*
7 lehren, *absolut od alicui aliquid/de re* j-n etw; **praecipientes** die Lehrer

praecipes ⟨praecipis⟩ ADJ = **praeceps**
praecipitanter ADV ‖praecipere‖ *Lucr.* Hals über Kopf

praecipitāre ⟨ō, āvī, ātum 1.⟩ ‖praeceps‖

A transitives Verb
1 kopfüber hinabwerfen, kopfüber hinabstürzen
2 stürzen, vernichten
3 übereilen, überstürzen
4 drängen,
B intransitives Verb
1 sich kopfüber hinabstürzen
2 rasch eilen, geraten
3 zu Ende gehen
4 zugrunde gehen, sinken

— **A** transitives Verb —

VT
1 kopfüber hinabwerfen, kopfüber hinabstürzen, *aliquem/aliquid* j-n/etw, *de re/ex re*, von etw, *in aliquid* in etw; **aliquem ex muro/de muro in fluvium ~** j-n von der Mauer in den Fluss werfen; *passiv u.* **se ~** sich hinabstürzen; *von Gestirnen* rasch untergehen; **in flumen se ~/praecipitari** sich in den Fluss stürzen; **lux praecipitatur aquis** das Licht stürzt sich dem Wasser zu; **praecipitatus** zu Ende eilend, sinkend
2 *fig* stürzen, vernichten; **aliquem de altissimo dignitatis gradu ~** j-n vom Höhepunkt des Ansehens herabstürzen
3 (*nachkl.*) *fig* übereilen, überstürzen; **consilia ~** Pläne übereilen; **furor iraque mentem praecipitant** Wut und Zorn reißen den Verstand mit
4 *fig* drängen, *+inf* zu etw

— **B** intransitives Verb —

VI
1 sich kopfüber hinabstürzen, plötzlich hinabfallen, *ex re/de re* von etw; **praecipitantem impellere** j-n während des Sturzes noch einen Stoß geben = einen Unglücklichen noch unglücklicher machen; **nox caelo/de caelo praecipit** die Nacht flieht schnell vom Himmel
2 *fig* rasch eilen, geraten, *in rem/ad rem* in etw; **ad exitium ~** ins Verderben stürzen
3 *fig* (*zeitl.*) zu Ende gehen; **hiems praecipitat** der Winter geht zu Ende
4 *fig* zugrunde gehen, sinken; **praecipitanti rei publicae subvenire** dem vom Untergang bedrohten Staat zu Hilfe kommen

praecipitātiō ⟨praecipitātiōnis⟩ F ‖praecipere‖ (*nachkl.*) Herabstürzen
praecipitium ⟨ī⟩ N ‖praeceps‖ (*nachkl.*) abschüssige Stelle
praecipuē ADV ‖praecipuus‖ vorzugsweise, besonders; **~ cum** zumal da
praecipuum ⟨ī⟩ N ‖praecipuus‖ *Plaut.* das Wichtigste, Vorzug; *pl* PHIL Vorzügliches, *selbst nicht das Gute, aber dem Guten am nächsten*
praecipuus

A ⟨a, um⟩ ADJ ‖praecipere‖
1 ausschließlich, eigentümlich, *alicui* für j-n; **periculum praecipuum** persönliche Gefahr; **supplicium praecipuum** besonders empfindliche Strafe
2 *von Personen u. Sachen* hervorragend, außerordentlich *im Guten u. Schlechten;* **aliquem praecipuo honore habere** *Caes.* j-n in besonderen Ehren halten
3 (*nachkl.*) besonders geeignet, *ad aliquid* zu etw;

~ ad scelera großer Verbrecher
B ⟨ī⟩ M̄
1 (nachkl.) Hauptperson; *pl* die Wichtigsten; **amicorum** der beste unter den Freunden
2 JUR Vorerbe, Vorauserbe
praecīsiō ⟨praecīsiōnis⟩ F̄ ||praecidere||
1 Abschneiden
2 *meton* Abschnitt, Ausschnitt
3 RHET Abbrechen *eines Gedankens*
praecīsus[1] ⟨a, um, *adv* praecīsē⟩ ADJ ||praecidere||
1 (nachkl.) *poet* jäh, abschüssig; **saxum praecisum** abschüssiger Felsen
2 RHET abgebrochen, kurz, bündig; **conclusio praecisa** bündiger Schluss
3 *adv* kurz, abgekürzt; schlechthin
▶ deutsch: **präzise**
prae-cīsus[2] ⟨a, um⟩ PPP → praecidere
praeclāra ⟨ōrum⟩ N̄ ||praeclarus|| Kostbarkeiten
prae-clārus ⟨a, um, *adv* praeclārē⟩ ADJ
1 sehr hell, sehr klar
2 *fig* glänzend, herrlich, *in re/alicuius rei* in etw; **praeclarum est** es ist ehrenvoll; **praeclarum in servis auxilium** *iron* eine herrliche Hilfe an den Sklaven
3 *fig* angesehen, berühmt
prae-clūdere ⟨clūdō, clūsī, clūsum 3.⟩ ||claudere||, MIL versperren; **vocem alicui** j-m das Maul stopfen
praecō ⟨praecōnis⟩ M̄ Ausrufer; *fig* Lobredner; **aliquid praeconi/sub praeconem subicere** etw unter den Hammer bringen
prae-cōgitāre ⟨ō, āvī, ātum 1.⟩ (nachkl.) vorher überdenken
prae-cognōscere ⟨cognōscō, cognōvī, cognitum 3.⟩ (unkl.) vorher erfahren
prae-colere ⟨colō, coluī, cultum 3.⟩
1 vorher bearbeiten, vorbilden
2 vorschnell verehren
prae-compositus ⟨a, um⟩ ADJ *Ov.* vorher einstudiert
praecōnium ⟨ī⟩ N̄ ||praeconius||
1 Amt des öffentlichen Ausrufers; **praeconium facere** Ausrufer sein
2 (nachkl.) kräftige Stimme
3 öffentliche Bekanntmachung, Veröffentlichung
4 *fig* Verherrlichung, *auch pl*; Verkündigung
praecōnius ⟨a, um⟩ ADJ ||praeco|| des Ausrufers
prae-cōnsūmere ⟨sūmō, sūmpsī, sūmptum 3.⟩ *Ov.* vorher aufbrauchen; vorher aufreiben
prae-contrectāre ⟨ō, -, - 1.⟩ *Ov.* vorher betasten; **eam videndo ~** sie mit Blicken verschlingen
prae-coquis ⟨praecoque⟩ ADJ = **praecox**
prae-cordia ⟨ōrum⟩ N̄ ||prae, cor||
1 Zwerchfell; Eingeweide
2 (nachkl.) Brusthöhle, Brust
3 *fig* Herz *als Sitz des Gefühls*; Gefühl; **~ stolidae mentis** törichter Sinn
prae-corrumpere ⟨rumpō, rūpī, ruptum 3.⟩ *Ov.* vorher bestechen; *fig* vorweg einnehmen *gegen jdn*
prae-cox ⟨praecocis⟩ ADJ ||coquere||
1 (nachkl.) frühreif
2 (nachkl.) *fig* unzeitig, vorschnell
prae-cultus ⟨a, um⟩ ADJ (nachkl.) *poet* sehr (aus)geschmückt
prae-cupidus ⟨a, um⟩ ADJ ganz begierig; **~ pretiosae supellectilis** *Suet.* ganz gierig auf kostbaren Hausrat
prae-currere ⟨currō, (cu)currī, cursum 3.⟩
1 vorauslaufen, vorauseilen; **equites praecurrunt** Reiter reiten voran; **eo fama praecurrerat** dorthin war das Gerücht vorausgeeilt
2 *zeitl. fig* vorangehen, vorhergehen; **certis rebus certa signa praecurrunt** *Cic.* gewissen Dingen gehen bestimmte Zeichen voraus; **aliquem aetate ~** älter sein als j-d
3 j-m zuvorkommen, j-n überholen, *aliquem/alicui*
4 *fig* übertreffen, *aliquem/alicui* j-n; **aliquem celeritate ~** j-n an Schnelligkeit übertreffen
praecursiō ⟨praecursiōnis⟩ F̄ ||praecurrere||
1 Vorhergehen
2 Vorbereitung *der Zuhörer*
3 *Plin.* MIL Geplänkel
praecursor ⟨praecursōris⟩ M̄ ||praecurrere||
1 Vorläufer
2 vorauseilender Diener, *auch* Kundschafter
3 PL *Liv.* MIL Vorhut
4 (eccl.) Vorläufer *Christi*, = Johannes
praecursōrius ⟨a, um⟩ ADJ ||praecursor|| (nachkl.) vorauseilend; vorläufig
prae-cursus ⟨a, um⟩ PPP → praecurrere
prae-cutere ⟨cutiō, cussī, cussum 3.⟩ ||quatere|| *Ov.* (voraus)schwingen
praeda ⟨ae⟩ F̄
1 Beute, *auch pl*; **praedam agere** Beutevieh wegtreiben; **esse ex praeda** ein Beutestück sein; **praedae esse** zur Beute werden, *auch* Beute einbringen; **~ hostium** von den Feinden gemachte Beute, *auch* den Feinden abgenommene Beute
2 = **praedatio**
3 *meton* Raub, geraubtes Gut
4 *fig* Gewinn, Vorteil; **magnas praedas facere** großen Gewinn ziehen
5 *Phaedr.* unterschlagener Fund

praedābundus ⟨a, um⟩ ADJ ‖praedari‖ (nachkl.) auf Beute ausgehend

prae-damnāre ⟨ō, āvī, ātum 1.⟩ im Voraus verurteilen; **spem ~** die Hoffnung schon im Voraus aufgeben

praedāre ⟨ō, āvī, ātum 1.⟩ ‖praeda‖ (vkl., nachkl.) rauben

praedārī ⟨or, ātus sum 1.⟩ ‖praeda‖
A VI Beute machen, plündern; *fig* sich bereichern
B VT
1 (nachkl.) *poet* ausplündern
2 erbeuten, rauben; **aliquem ~** an j-m einen Fang tun

praedātiō ⟨praedātōnis⟩ F ‖praedari‖ (nachkl.) Beutemachen, Plündern

praedātor
A ⟨praedātōris⟩ M ‖praedari‖
1 Plünderer; **exercitus ~** plünderndes Heer
2 *Ov. fig* Jäger
B ⟨praedātōris⟩ ADJ gewinnsüchtig

praedātōrius ⟨a, um⟩ ADJ ‖praedator‖ Beute machend, räuberisch; **navis praedatoria** Seeräuberschiff

praedātus¹ ⟨a, um⟩ ADJ ‖praedare‖ *Plaut.* mit Beute versehen

praedātus² ⟨praedātūs⟩ M ‖praedari‖ *Plaut.* Beutemachen, Plündern

prae-dēlassāre ⟨-, -, ō 1⟩ *Ov.* vorher schwächen

prae-dēstināre ⟨ō, āvī, ātum 1.⟩ (nachkl.) *poet* im Voraus bestimmen, im Voraus zum Ziel setzen
▷ deutsch: **prädestiniert**

praedēstinātiō ⟨praedēstinātiōnis⟩ F ‖praedestinare‖ (eccl.) Vorherbestimmung

praediātor ⟨praediātōris⟩ M ‖praedium‖ Aufkäufer *der an den Staat verpfändeten Grundstücke*, Grundstücksmakler

praediātōrius ⟨a, um⟩ ADJ ‖praediator‖ die Pfändung von Gütern betreffend; **ius praediatorium** Pfandrecht

praedicābilis ⟨praedicābile⟩ ADJ ‖praedicare‖ rühmenswert

prae-dicāre ⟨ō, āvī, ātum 1.⟩
1 öffentlich ausrufen, bekannt machen
2 *fig* öffentlich erklären, ankündigen
3 preisen, rühmen; **aliquem liberatorem patriae ~** j-n als Befreier des Vaterlandes preisen; **~ de re** viel Aufhebens um etw machen
4 (eccl.) *das Evangelium* verkünden, predigen
▷ deutsch: **Prädikat**

praedicātiō ⟨praedicātiōnis⟩ F ‖praedicare‖
1 öffentliche Bekanntmachung *durch den praeco*
2 rühmende Erwähnung, *alicuius* j-s, *alicuius rei/ de re* einer Sache
3 Aussage, *alicuius rei* über etw
4 (eccl.) Verkündigung *des Evangeliums*, Predigt

praedicātor ⟨praedicātōris⟩ M ‖praedicare‖
1 (nachkl.) Ausrufer
2 *fig* Lobredner
3 (eccl.) Verkündiger des Evangeliums, Prediger; **fratres praedicatores** Dominikaner, *ein chr. Mönchsorden*

prae-dīcere ⟨dīcō, dīxī, dictum 3.⟩
1 *schriftlich, mündlich* vorher bemerken, vorausschicken; **praedictus** vorher erwähnt, oben erwähnt
2 *Zukünftiges* vorhersagen, prophezeien; **defectionem solis ~** eine Sonnenfinsternis voraussagen
3 (nachkl.) vorher festsetzen, vorher bestimmen; **reo diem ~** den Termin für den Angeklagten vorher festsetzen
4 vorschreiben, einschärfen, *alicui aliquid* j-m etw, *ut/ne*

praedictiō ⟨praedictiōnis⟩ F ‖praedicere‖
1 *Quint.* Vorhersagen
2 Weissagung, Prophezeiung

praedictum ⟨ī⟩ N ‖praedicere‖
1 Voraussage
2 Weissagung
3 Befehl
4 Verabredung; **ex praedicto** *Liv.* aufgrund einer Verabredung

praediolum ⟨ī⟩ N ‖praedium‖ kleines Landgut

prae-discere ⟨discō, didicī, - 3.⟩ *etw* vorher lernen, sich vorher mit *etw* bekannt machen, *aliquid*

prae-dispositus ⟨a, um⟩ ADJ (nachkl.) vorher hier und da aufgestellt

prae-ditus ⟨a, um⟩ ADJ begabt, versehen, *re* mit etw

praedium ⟨ī⟩ N Landgut; *allg.* Grundbesitz; **~ urbanum** Landgut im Stadtgebiet

prae-dīves ⟨praedīvitis⟩ ADJ (nachkl.) *poet* sehr reich; **~ cornu** *Ov.* reich gefülltes Horn

prae-dīvināre ⟨ō, āvī, ātum 1.⟩ (vkl., nachkl.) vorausahnen

praedō ⟨praedōnis⟩ M ‖praeda‖
1 Plünderer, Räuber; **~ (maritimus)** Seeräuber; **bellum praedonum** Seeräuberkrieg
2 *Ov., Verg.* Entführer *einer Person*
3 Frevler, *alicuius rei* gegen etw

prae-docēre ⟨doceō, docuī, doctum 2.⟩ (nachkl.) vorher unterrichten

prae-domāre ⟨ō, uī, - 1.⟩ im Voraus bändigen

prae-dūcere ⟨dūcō, dūxī, ductum 3.⟩ vor *etw* ziehen, *aliquid alicui rei* etw vor etw

prae-dulcis ⟨praedulce⟩ ADJ sehr süß; *abwer-*

PRAE

tend süßlich; **praedulce illud dicendi genus** *Quint.* jene süßliche Art zu reden

prae-dūrus ⟨a, um⟩ ADJ (nachkl.) *poet* sehr hart, sehr abgehärtet

prae-ēminēre ⟨eō, -, - 2.⟩ (nachkl.) = **praeminere**

prae-esse ⟨sum, fuī, - 0.⟩
1. an der Spitze von *etw* stehen, *etw* leiten, *alicui/alicui rei*; **exercitui ~** ein Heer befehligen; **proviniciae ~** eine Provinz verwalten; **qui praesunt** die Vorgesetzten, die Offiziere; **rei frumentariae ~** das Provantwesen unter sich haben; **potestati ~** ein Amt bekleiden
2. Hauptperson sein, *alicui rei* von etw
3. *Ov.* schützen, *alicui rei* etw; **moenibus urbis ~** die Mauern der Stadt schützen

prae-farī ⟨for, fātus sum, 1.⟩ *Defect.*
1. REL als Eingangsformel vorausschicken, die Eingangsformel zum Opfer sprechen, *aliquid alicui rei* etw einer Sache, etw vor etw
2. (nachkl.) vorläufig erklären, +AcI
3. als Vorwort vorausschicken, als Entschuldigung vorausschicken; **pauca praefatus de sua senectute** nach wenigen Worten über sein hohes Alter
4. vorsprechen, vorbeten
5. *poet* vorher anrufen, **divos** die Götter
6. (nachkl.) *poet* vorhersagen, weissagen

praefātiō ⟨praefātiōnis⟩ F ||praefari||
1. Einleitungsformel, Eingangsformel; **~ sacrorum** Einleitungsformel der Opferhandlung
2. (nachkl.) Vorwort, Einleitung
3. (eccl.) Praefation, Einleitung des Hochgebetes

prae-fēcī → praeficere

praefectūra ⟨ae⟩ F ||praefectus²||
1. Amt des Vorstehers, Amt des Aufsehers, *bes im Staat*; **~ morum** Amt des Sittenrichters
2. *Plaut.* Richteramt
3. MIL Befehlshaberstelle, Kommando
4. höhere Offiziersstelle *in der Provinz*
5. (nachkl.) *meton* kaiserliche Provinzialverwaltung, Statthalterschaft
6. *meton ital.* Kreisstadt *unter röm. Verwaltung*

praefectus¹ ⟨ī⟩ M ||praeficere||
1. Vorgesetzter, Vorsteher
2. Offizier, *bes* Befehlshaber der bundesgenössischen Reiterei und Hilfstruppen; **~ urbis/urbi** Gouverneur von Rom; **~ classis/classi** Admiral; **~ navis** Kapitän; **~ praetoriarum cohortium** Befehlshaber der Prätorianer, Befehlshaber der kaiserlichen Leibwache; **~ fabrum** Werkmeister; **~ custodum** Wachkommandant; **~ vigilum** Feuerwehrkommandant; **~ vehiculorum** Chef der kaiserlichen Post
3. außerhalb des röm. Staates höherer Beamter, höherer Offizier; *bei den Persern* Satrap
4. (mlat.) Burggraf
5. **~ aulae** (mlat.) Hausmeier; **~ chori** (mlat.) Chorführer

prae-fectus² ⟨a, um⟩ PPP → praeficere

prae-ferōx ⟨praeferōcis⟩ ADJ (nachkl.) sehr wild, sehr ungestüm

prae-ferrātus ⟨a, um⟩ ADJ vorn mit Eisen beschlagen; *fig* in Ketten geschlagen

prae-ferre ⟨ferō, tulī, lātum 0.⟩
1. vorantragen, voraustragen, *alicui aliquid* j-m etw; **praetoribus fasces ~** den Prätoren die Rutenbündel voraustragen
2. (nachkl.) vorn an sich tragen, zeigen
3. *fig* an den Tag legen, zeigen; **iudicium ~** ein Urteil äußern; **amorem ~** Liebe heucheln; **opinio huius diei praefertur** die Meinung von dem Erfolg dieses Tages äußert sich dahin
4. (nachkl.) *fig* vorschützen; **officii titulum sceleri ~** Pflichttreue als Aushängeschild für ein Verbrechen gebrauchen; **speciem pietatis odio ~** seinen Hass unter dem Schein der Ergebenheit verbergen
5. *fig* den Vorzug geben; **se alicui ~/alicui praeferri** j-n überflügeln
6. (nachkl.) *fig* vorziehen, *aliquid alicui rei* etw einer Sache; **mortem servituti ~** *Cic.* den Tod der Knechtschaft vorziehen
7. (nachkl.) *zeitl. fig* vorwegnehmen
8. *passiv* (nachkl.) vorbeieilen, vorbeifahren, *absolut od aliquid/praeter aliquid* an etw; **castra sua ~** am Lager vorbeieilen

prae-fervidus ⟨a, um⟩ ADJ (vkl., nachkl.) sehr heiß; *fig* glühend; **irā ~** vor Jähzorn glühend

prae-festīnāre ⟨ō, āvī, ātum 1.⟩ (vkl., nachkl.)
1. sich übereilen
2. vorbeieilen, *aliquid* an etw

prae-fica ⟨ae⟩ F ||prae, facere|| (vkl., nachkl.) Klagefrau *bei Bestattungen*

prae-ficere ⟨ficiō, fēcī, fectum 3.⟩ ||facere||
1. vorn an die Spitze von *etw* stellen, mit *etw* beauftragen, *alicui rei*; **aliquem classi ~** j-n an die Spitze der Flotte stellen
2. j-n anstellen, j-n bestellen; **certos homines ~** zuverlässige Leute anstellen; **aliquem in eo exercitu ~** j-m in diesem Heer eine Offiziersstelle verleihen

prae-fīdēns ⟨praefidentis⟩ ADJ zu sehr vertrauend

prae-fīgere ⟨fīgō, fīxī, fīxum 3.⟩
1. vorn anheften, vorn anschlagen, *aliquid alicui rei/in re/ad aliquid* etw an etw; **sudes ~** Pfähle vorn am Ufer einschlagen
2. vorn beschlagen, vorn versehen, *aliquid re* etw mit etw; **asseres cuspidibus praefixi** *Caes.* mit Spitzen beschlagene Stangen

③ *Tib.* durchbohren; **stat latus praefixa veru** sie steht, die Seite durchbohrt von einem Spieß

prae-fīnīre ⟨iō, īvī/iī, ītum 4.⟩ vorher bestimmen, *auch* beschränken; **diem ~** den Termin vorher festsetzen; **numero nusquam finito** *Liv.* ohne zahlenmäßige Beschränkung

prae-fiscinē, prae-fiscinī ADV ||fascinum|| (*vkl., nachkl.*) unberufen

prae-flōrāre ⟨ō, āvī, ātum 1.⟩ ||flos|| vorher der Blüte berauben

prae-fluere ⟨ō, -, - 3.⟩ (*nachkl.*) *poet* vorbeifließen, *aliquid* an etw

prae-fōcāre ⟨ō, āvī, ātum 1.⟩ ||fauces|| (*nachkl.*) *poet* ersticken, erwürgen

prae-fodere ⟨fodiō, fōdī, fossum 3.⟩
① *Verg.* einen Graben ziehen, *aliquid* vor etw
② *Ov.* vorher vergraben

prae-fōrmāre ⟨ō, āvī, ātum 1.⟩ *Quint.* vorher entwerfen; vorzeichnen, vorschreiben

prae-formīdāre ⟨ō, āvī, ātum 1.⟩ (*nachkl.*) *poet* vor etw zurückschrecken

praefrāctus¹ ⟨a, um, *adv* praefrāctē⟩ ADJ ||praefringere||
① *Sen.* eckig
② *fig* schroff *in der Schreibart*; *vom Charakter* rücksichtslos

prae-frāctus² ⟨a, um⟩ PPP → praefringere

prae-frēgī → praefringere

prae-frīgidus ⟨a, um⟩ ADJ (*nachkl.*) *poet* sehr kalt

prae-fringere ⟨fringō, frēgī, frāctum 3.⟩ ||frangere|| vorn abbrechen, oben abbrechen

prae-fuī → praeesse

prae-fulcīre ⟨fulciō, fulsī, fultum 4.⟩
① *Plaut.* als Stütze gebrauchen
② vorbauen, unterstützen

prae-fulgēre ⟨fulgeō, fulsī, - 2.⟩ (*nachkl.*)
① *poet* hervorleuchten, hervorstrahlen
② *fig* auffallen, sich auszeichnen

prae-gelidus ⟨a, um⟩ ADJ (*nachkl.*) sehr kalt

prae-gestīre ⟨iō, -, - 4.⟩ sich lebhaft freuen, +*inf*

praegnāns ⟨praegnantis⟩ ADJ, (*vkl., spätl.*)
praegnās ⟨praegnātis⟩ ADJ ||(g)nasci||
① schwanger; *von Tieren* trächtig
② *fig* strotzend, voll
③ *Plaut. fig* derb
▷ deutsch: **prägnant**

prae-gracilis ⟨praegracile⟩ ADJ *Tac.* sehr hager, sehr dürr

prae-grandis ⟨praegrande⟩ ADJ (*unkl.*) überaus groß; *fig* gewaltig

prae-gravāre ⟨ō, āvī, ātum 1.⟩ (*nachkl.*)
A VT
① sehr belasten, sehr beschweren; **scuta telis ~** die Schilde durch Geschosse sehr belasten
② *fig* niederdrücken, belästigen
③ *fig* verdunkeln
B VI überwiegen, das Übergewicht haben

prae-gravis ⟨praegrave⟩ ADJ (*nachkl.*)
① sehr schwer; **currus crateris aureis ~** schwer mit goldenen Mischgefäßen beladener Wagen
② *fig* sehr schwerfällig
③ *fig* überladen
④ *fig* sehr lästig, *alicui* für jdn

prae-gredī ⟨gredior, gressus sum 3.⟩ ||gradi||
① vorausgehen, vorausziehen, *absolut od ali-*

▶ **praefectus**

Die Präfekten nahmen sowohl im zivilen Leben als auch beim Heer verschiedene Aufgaben war, die ihnen von einem höheren Beamten übertragen wurden:

praefectus urbi / urbis	Gouverneur der Stadt Rom; *ursprünglich der Vertreter der Konsuln, später der Kaiser, während deren Abwesenheit von Rom; später ständig im Amt.*
praefectus classis / classi	Admiral
praefectus navis	Kapitän
praefectus praetoriarum cohortium	Befehlshaber der Prätorianer, Befehlshaber der kaiserlichen Leibwache
praefectus fabrum	Werkmeister
praefectus custodum	Wachkommandant
praefectus vigilum	Feuerwehrkommandant
praefectus vehiculorum	Chef der kaiserlichen Post

WORTSCHATZ

quem j-m; **lictores praegrediebantur** die Liktoren gingen voraus; **agmen ~** dem Heer vorausgehen

2 (nachkl.) zuvorkommen, *aliquem* j-m

3 vorbeigehen, vorüberziehen, *aliquid* an etw; **castra ~** am Lager vorüberziehen

praegressiō ⟨praegressiōnis⟩ F ‖praegredi‖ Vorangehen; **~ stellarum** das Vorrücken der Sterne

praegressus¹ ⟨praegressūs⟩ M ‖praegredi‖ Voranschreiten; *fig* Entwicklung; *pl* Entwicklungsstufen

prae-gressus² ⟨a, um⟩ PPERF → praegredi

prae-gustāre ⟨ō, āvī, ātum 1.⟩ (nachkl.) *poet* vorkosten; vorher zu sich nehmen; **medicamina ~** vorher Gegengifte zu sich nehmen

praegustātor ⟨praegustātōris⟩ M ‖praegustare‖ (nachkl.) *poet* Vorkoster *von Speisen u. Getränken*, (klass.) nur *fig*

prae-hibēre ⟨eō, uī, itum 2.⟩ *Plaut.* = **praebere**

prae-iacēre ⟨eō, -, - 2.⟩ (nachkl.) *poet* vor *etw* liegen, *alicui rei/aliquid*

prae-īre ⟨eō, iī/īvī, itum 0.⟩

1 vorausgehen, vorankommen, *absolut od alicui/aliquem* j-m; **aliquem/alicui Romam ~** j-m nach Rom vorausgehen

2 *fig* vorsprechen, *bes* eine Eidesformel

3 (nachkl.) *fig* vorschreiben, verordnen

prae-iūdicāre ⟨ō, āvī, ātum 1.⟩

1 eine Vorentscheidung abgeben, im Voraus entscheiden

2 *fig* im Voraus urteilen, *de re* über etw; **opinio praeiudicata** vorgefasste Meinung

praeiūdicium ⟨ī⟩ N ‖praeiudicare‖

1 = **praeiudicium**

2 *Liv.* im Voraus Entschiedenes; **aliquid pro praeiudicato ferre** etw im Voraus für entschieden halten

prae-iūdicium ⟨ī⟩ N

1 JUR Vorentscheidung, *die für die spätere Entscheidung als Norm gelten kann od muss, de re* über etw

2 *Liv. allq.* vorgefasstes Urteil, *bes* schlimmes Vorzeichen; **~ belli** schlimmes Vorzeichen für den Krieg

prae-iuvāre ⟨iuvō, iūvī, - 1.⟩ (nachkl.) vorher unterstützen

prae-lābī ⟨lābor, lāpsus sum 3.⟩

1 sich vorwärts bewegen, vorangleiten

2 vorbeigleiten, vorüberfahren, *absolut od aliquid* an etw

prae-lambere ⟨ō, -, - 3.⟩ *Hor.* vorher belecken

praelatus¹ ⟨ī⟩ M (mlat.) kirchlicher Würdenträger, Prälat

prae-lātus² ⟨a, um⟩ PPP → praeferre

prae-lautus ⟨a, um⟩ ADJ *Suet.* prachtliebend

prae-lēctiō ⟨praelēctiōnis⟩ F *Quint.* Vorlesen

prae-legere ⟨legō, lēgī, lēctum 3.⟩ (nachkl.)

1 erklärend vorlesen; (mlat.) eine Vorlesung halten

2 vorüberfahren, vorübersegeln, *aliquid* an etw

prae-ligāre ⟨ō, āvī, ātum 1.⟩

1 vorn anbinden, *aliquid alicui rei* etw an etw; **fasces cornibus boum ~** *Liv.* Bündel an den Hörnern der Rinder anbinden

2 (nachkl.) umbinden, *re* mit etw

3 zubinden; **ōs folliculo ~** *Cic.* den Mund mit einer Hülle zubinden; **praeligatum pectus** *Plaut. fig* verstocktes Herz

prae-longus ⟨a, um⟩ ADJ (nachkl.) sehr lang

prae-loquī ⟨loquor, locūtus sum 3.⟩

1 *Plaut.* vor einem anderen reden, j-m das Wort nehmen

2 (nachkl.) einleitend sagen

prae-lūcēre ⟨lūceō, lūxī, - 2.⟩

A VI von Personen u. Sachen vorleuchten, *alicui* j-m, *alicui* zu etw; **servus praelucens** vorausleuchtender Sklave; **maioribus suis virtute sua ~** *fig* seinen Vorfahren durch Tüchtigkeit den Weg zur Berühmtheit öffnen

B VT

1 voranleuchten lassen; **bonam spem in posterum ~** gute Hoffnung in die Zukunft voranleuchten lassen = die Zukunft in hellem Licht erscheinen lassen

2 *Hor. fig* übertreffen, überstrahlen

prae-lūdere ⟨lūdō, lūsī, - 3.⟩ (nachkl.) vorspielen; proben

prae-lūdium ⟨ī⟩ N (nlat.) Vorspiel

prae-lūsiō ⟨praelūsiōnis⟩ F ‖praeludere‖ *Plin.* Vorspiel

prae-lūstris ⟨praelūstre⟩ ADJ *Ov.* sehr glänzend; *fig* sehr vornehm

prae-mandāre ⟨ō, āvī, ātum 1.⟩

1 im Voraus empfehlen

2 im Voraus auftragen; einen Steckbrief erlassen

praemandātum ⟨ī⟩ N ‖praemandare‖ Steckbrief; **aliquem praemandatis requirere** j-n steckbrieflich suchen

prae-mātūrus ⟨a, um, *adv* praemātūrē⟩ ADJ (unkl.) vorzeitig, frühzeitig

prae-medicātus ⟨a, um⟩ ADJ *Ov.* vorher mit Zaubermitteln versehen

prae-meditārī ⟨or, ātus sum 1.⟩ etw vorher bedenken, sich auf *etw* gefasst machen, *absolut od aliquid*, +AcI/+indir Fragesatz, *pperf* auch passiv

praemeditātiō praemeditāti F ‖praemeditari‖ vorhergehende Überlegung

prae-mercārī ⟨or, ātus sum 1.⟩ *Plaut.* vorher kaufen

prae-metuere ⟨ō, -, - 3.⟩
A VT im Voraus fürchten, *aliquem/aliquid* j-n/etw
B VI im Voraus in Furcht sein, *alicui* um j-n, um j-s willen

praemiārī ⟨or, - 1.⟩ ‖praemium‖ *Suet.* sich eine Belohnung ausbedingen

prae-minēre ⟨eō, -, - 2.⟩ (nachkl.) hervorragen; *fig* überragen, *aliquem re* j-n durch etw, j-n an etw

prae-mittere ⟨mittō, mīsī, missum 3.⟩
1 vorausschicken
2 (nachkl.) RHET, LIT *in einer Rede od Schrift* vorausschicken
3 vorausmelden lassen, +AcI

praemium ⟨ī⟩ N ‖emere‖
1 Vorteil, Vorrecht; *pl* Gaben, Schätze; **~ scribae** Rangabzeichen des Schreibers
2 Gunst, **legis** des Gesetzes
3 Belohnung, Auszeichnung, *alicuius* j-s, *alicuius rei* an etw, in etw bestehend, für etw; **praemio aliquem afficere/donare** j-n belohnen
4 *iron* Strafe; **cape praemia facti** *Ov.* nimm den Lohn für deine Tat
5 (nachkl.) *poet* Gewinn, Beute
6 *Verg. meton* Heldentat
▶ deutsch: **Prämie**

prae-modulārī ⟨or, ātus sum 1.⟩ *Quint.* vorher abmessen

prae-molestia ⟨ae⟩ F Vorahnung des Verdrusses

prae-mōlīrī ⟨ior, - 4.⟩ *Liv.* vorbereiten

prae-mollīre ⟨iō, īvī, ītum 4.⟩ (nachkl.) vorher weich machen, vorher sanft machen

prae-mollis ⟨praemolle⟩ ADJ (nachkl.) sehr weich

prae-monēre ⟨eō, uī, itum 2.⟩
1 vorher an *etw* erinnern, vorher *etw* mahnen, vorher vor *etw* warnen, *aliquid, ut/ne* dass/dass nicht, +konjkt, *quod* dass
2 (nachkl.) *poet* vorhersagen, weissagen

praemonitus ⟨praemonitūs⟩ M ‖praemonere‖ *Ov.* Warnung; Weissagung

prae-mōnstrāre ⟨ō, āvī, ātum 1.⟩
1 (nachkl.) *poet* vorher zeigen, vorher angeben
2 weissagen, ansagen

prae-mōnstrātor ⟨praemōnstrātōris⟩ M ‖praemonstrare‖ Wegweiser

prae-mordēre ⟨mordeō, mordī, morsum 2.⟩ vorn abbeißen; *fig* abzwacken, *ex re* von etw

prae-morī ⟨morior, mortuus sum 3.⟩ (nachkl.) vorzeitig sterben; *von Leblosem* absterben

prae-morsus ⟨a, um⟩ PPP → praemordere

prae-mūnīre ⟨iō, īvī, ītum 4.⟩
1 vorn befestigen, schützen; **aditūs magnis operibus ~** die Zugänge durch große Befestigungsanlagen schützen
2 vorbauen
3 *fig* vorausschicken, *alicui rei* einer Sache; vorschützen

praemūnītiō ⟨praemūnītiōnis⟩ F ‖praemunire‖ RHET Vorbauen; Verwahrung *als Figur*

prae-narrāre ⟨ō, āvī, ātum 1.⟩ *Ter.* vorher erzählen

prae-natāre ⟨ō, āvī, - 1.⟩ (nachkl.)
1 *poet* voranschwimmen
2 *poet* vorüberschwimmen; *fig* vorüberfließen, *aliquid* an etw

prae-nāvigāre ⟨ō, āvī, ātum 1.⟩ (nachkl.) vorbeisegeln, *aliquid* an etw; **~ vitam** *Sen. fig* am Leben vorbeisegeln

Praeneste ⟨Praenestis⟩ N u. F *Stadt in Latium, heute Palestrina*

Praenestīnus ⟨a, um⟩ ADJ aus Praeneste, von Praeneste

Praenestīnus ⟨ī⟩ M Einwohner von Praeneste

prae-nitēre ⟨eō, uī, - 2.⟩ (nachkl.) hervorstrahlen; überstrahlen, *alicui* jdn

prae-nōmen ⟨praenōminis⟩ N
1 Vorname, *meist abgek*
2 *Suet.* Titel

prae-nōscere ⟨nōscō, nōvī, nōtum 3.⟩ vorher kennenlernen, vorher erfahren

prae-nōtiō ⟨praenōtiōnis⟩ F Vorbegriff, *alicuius rei* von etw

prae-nūbilus ⟨a, um⟩ ADJ *Ov.* sehr dunkel

praenūntia ⟨ae⟩ F ‖praenuntius‖ Vorbote, Vorzeichen

prae-nūntiāre ⟨ō, āvī, ātum 1.⟩ vorher verkünden, *aliquid/de re* etw, +AcI

praenūntius
A ⟨a, um⟩ ADJ ‖praenuntiare‖ (nachkl.) vorher verkündend, *alicuius rei* etw; **praenuntia verba cladis** *Ov.* die Niederlage im Voraus verkündende Worte
B ⟨ī⟩ M Vorbote, Vorzeichen

prae-occupāre ⟨ō, āvī, ātum 1.⟩
1 MIL vorher besetzen, vorher einnehmen
2 *fig* im Voraus verpflichten, im Voraus gewinnen; **animos militum timore ~** die Soldaten durch Angst im Voraus lähmen; **legatione praeoccupatus** durch die Gesandtschaft gebunden
3 j-n überraschen, j-m zuvorzukommen versuchen, *aliquem*

praeoccupātiō ⟨praeoccupātiōnis⟩ F ‖praeoccupare‖ frühere Besetzung, frühzeitige Besetzung *eines Ortes*

prae-olēre ⟨ō, -, - 3.⟩ im Voraus in die Nase

steigen; **mihi praeolit** mir schwant, ich ahne
prae-optāre ⟨ō, āvī, ātum 1.⟩
1 lieber wollen, *aliquid quam aliquid* etw als etw, +inf/+AcI
2 vorziehen, *aliquem alicui* j-n j-m, *aliquid alicui rei* etw einer Sache

prae-pandere ⟨ō, -, - 3.⟩ (nachkl.) poet
1 vorn ausbreiten, vorn öffnen
2 vorher ausbreiten, vorher öffnen

prae-parāre ⟨ō, āvī, ātum 1.⟩ vorbereiten, instand setzen, *aliquid ad aliquid/alicui rei* etw zu etw, etw für etw; +inf sich vornehmen; **hortos ~** Gärten pflegen; **insidias ~** Intrigen anstiften; **aditum spei ~** Hoffnung anbahnen; **orationem ~** eine Rede einstudieren

praeparātiō ⟨praeparātiōnis⟩ F̲ ||praeparare|| Vorbereitung, Rüstung

praeparātum ⟨ī⟩ N̲ ||praeparare|| Vorbereitung
▶ deutsch: **Präparat**

praepedīmentum ⟨ī⟩ N̲ ||praepedire|| Plaut. Hindernis

prae-pedīre ⟨iō, iī, ītum 4.⟩ (unkl.)
1 vorn anbinden, vorn fesseln
2 fig hemmen, verhindern; **se praedā ~** sich durch Beutemachen aufhalten lassen; **mentem alicuius ~** j-n befangen machen; **verba sua ~** stottern; **bonas artes ~** gute Eigenschaften unwirksam machen

prae-pendēre ⟨pendeō, pendī, - 2.⟩ vorn herabhängen

prae-pes
A ⟨praepetis⟩ A̲D̲J̲
1 REL vorausfliegend, Glück verkündend
2 schnell (fliegend); geflügelt
B ⟨praepetis⟩ M̲ u. F̲ Vogel; **~ Iovis** Ov. Vogel des Jupiter, = Adler; **~ Medusaeus** = Pegasus

prae-pilātus ⟨a, um⟩ A̲D̲J̲ ||pila³|| (nachkl.) an der Spitze mit einem Knauf versehen

prae-pinguis ⟨praepingue⟩ A̲D̲J̲ (nachkl.) poet sehr fett; fig sehr derb

prae-pollēre ⟨eō, uī, - 2.⟩ (nachkl.) viel vermögen, das Übergewicht haben

prae-ponderāre ⟨ō, āvī, ātum 1.⟩
A V̲I̲ (nachkl.) das Übergewicht haben
B V̲T̲ das Übergewicht geben; passiv das Übergewicht bekommen

prae-pōnere ⟨pōnō, posuī, positum 3.⟩
1 voransetzen, voranlegen, voranstellen, *aliquid alicui rei* etw einer Sache
2 in der Darstellung vorausschicken
3 an die Spitze stellen, zum Befehlshaber machen, *aliquem alicui rei/alicui* j-n von etw/j-n von j-m; **aliquem ~** j-m das Kommando übertragen; **aliquem navibus ~** j-n an die Spitze der Flotte stellen; **praepositum esse** kommandieren, befehlen
4 vorziehen, *aliquem alicui* j-n j-m, *aliquid alicui rei* etw einer Sache

prae-portāre ⟨ō, -, - 1.⟩ vorantragen, zur Schau tragen

praepositiō ⟨praepositiōnis⟩ F̲ ||praeponere||
1 Voranstellung
2 fig Vorzug
3 GRAM Präposition

praepositum ⟨ī⟩ N̲ ||praeponere|| Vorzügliches; pl bevorzugte Dinge, *die aber nicht als absolut gut zu verstehen sind*

praepositus¹ ⟨ī⟩ M̲ = **praefectus**
prae-positus² ⟨a, um⟩ P̲P̲P̲ → **praeponere**
prae-posterāre ⟨ō, āvī, ātum 1.⟩ ||praeposterus|| (nachkl.) umkehren

prae-posterus ⟨a, um, adv praeposterē u. praeposterō⟩ A̲D̲J̲ verkehrt; verkehrt handelnd

prae-posuī → **praeponere**

prae-potēns ⟨praepotentis⟩ A̲D̲J̲
1 sehr mächtig, sehr einflussreich
2 beherrschend
3 **praepotentēs** ⟨praepotentium⟩ m die Mächtigen

praeproperanter A̲D̲V̲ Lucr. sehr schnell
prae-properus ⟨a, um, adv praeproperē⟩ A̲D̲J̲
1 sehr eilig, sehr hastig
2 (nachkl.) pej voreilig

prae-pūtium ⟨ī⟩ N̲ (nachkl.) poet Vorhaut, auch pl

prae-quam A̲D̲V̲ im Vergleich damit
prae-querī ⟨queror, questus sum 3.⟩ Ov. vorher klagen

prae-radiāre ⟨ō, āvī, ātum 1.⟩ Ov. überstrahlen

prae-rapidus ⟨a, um⟩ A̲D̲J̲ (nachkl.) poet sehr reißend; fig sehr hitzig

prae-reptus ⟨a, um⟩ P̲P̲P̲ → **praeripere**
prae-rigēscere ⟨rigēscō, riguī, - 3.⟩ Tac. vorn erfrieren

prae-rigidus ⟨a, um⟩ A̲D̲J̲ (nachkl.) sehr starr
prae-ripere ⟨ripiō, ripuī, reptum 3.⟩ ||rapere||
1 (unkl.) wegreißen, entreißen, *alicui aliquid* j-m etw; **immatura morte praereptus** von einem zu frühen Tod weggerafft
2 fig wegschnappen, entziehen, *alicui aliquid* j-m etw; **alicui laudem ~** j-m den Ruhm wegschnappen
3 vor der Zeit an sich reißen
4 unversehens erhaschen
5 im Voraus vereiteln

prae-rōdere ⟨rōdō, rōsī, rōsum 3.⟩ (nachkl.) vorn abnagen

praerogātiō ⟨praerogātiōnis⟩ F̲ ||praerogare||

Sen. Vorrecht

praerogātīva ⟨ae⟩ F ‖praerogativus‖
① zuerst abstimmende Zenturie; **sortitio praerogativae** *Cic.* Auslosung der zuerst abstimmenden Zenturie
② *fig* günstige Vorzeichen, Vorbedeutung
③ *Liv.* Vorwahl
④ (*nachkl., spätl.*) Vorrang, Vorrecht

praerogātīvus ⟨a, um⟩ ADJ ‖praerogare‖ zuerst abstimmend; **tribus praerogativa** Tribus, aus der die zuerst abstimmende Zenturie ausgelost wurde; **omen praerogativum** die Prärogativzenturie als Vorzeichen

prae-rumpere ⟨rumpō, rūpī, ruptum 3.⟩
① vorn abbrechen, vorn abreißen; **funis praerumpitur** das Seil reißt vorn ab
② *fig die Rede* abbrechen

praerupta ⟨ōrum⟩ N ‖praeruptus‖ (*nachkl.*) steile Hänge, schroffe Felsen

praeruptus ⟨a, um⟩ ADJ ‖praerumpere‖
① jäh, schroff, abschüssig
② *fig* abstoßend, hart; **homo ~ animo** hartherziger Mensch; **audacia praerupta** Tollkühnheit; **dominatio praerupta** unnahbare Herrschaft

praes ⟨praedis⟩ M
① Bürge, *alicuius* j-s, für j-n; **praedem esse pro aliquo** für j-n bürgen
② *meton* Vermögen des Bürgen

praesaepe ⟨praesaepis⟩ N
① (*unkl.*) Krippe; *fig* Tisch, Nahrung
② (*vkl.*) *poet* Stall
③ PL liederliche Häuser, verrufene Kneipen
④ *poet* Bienenkorb

prae-saepīre ⟨saepiō, saepsī, saeptum 4.⟩ vorn versperren

praesaepium ⟨ī⟩ N (*vkl., nachkl.*) = **praesaepe**

prae-sāgīre ⟨iō, īvī, - 4.⟩, **praesāgīrī** ⟨ior, - 4.⟩
① vorausahnen, vorher merken
② (*spätl.*) voraussehen lassen, prophezeien

praesāgītiō ⟨praesāgītiōnis⟩ F ‖praesagire‖ Ahnung; *meton* Ahnungsvermögen

praesāgium ⟨ī⟩ N ‖praesagire‖
① (*nachkl.*) Ahnung, *alicuius rei* von etw
② Weissagung; Vorzeichen; **~ fatale** Prophezeiung von seinem Schicksal

praesāgus ⟨a, um⟩ ADJ (*nachkl.*) *poet* ahnend, weissagend

prae-scīre ⟨sciō, scīvī/sciī, scītum 4.⟩ vorher wissen

prae-scīscere ⟨scīscō, scīvī/sciī, - 3.⟩ vorher in Erfahrung bringen

prae-scius ⟨a, um⟩ ADJ (*nachkl.*) vorher wissend, *alicuius rei* etw

prae-scīvī → praesciscere *u.* → praescire

prae-scrībere ⟨scrībō, scrīpsī, scrīptum 3.⟩
① voranschreiben, schriftlich davorsetzen; **diplomatibus principem ~** *Tac.* den Urkunden den Namen des Kaisers voransetzen; **auctoritates praescriptae** die dem Senatsbeschluss zur Beurkundung vorangeschriebenen Senatorennamen
② *Tac. fig* vorschieben, zum Vorwand nehmen
③ (*nachkl.*) zur Nachahmung vorzeichnen; **formam futuri principatūs ~** *fig* ein Bild des künftigen Kaisers entwerfen
④ diktieren, eingeben
⑤ vorschreiben, verordnen, *alicui aliquid/de re* j-m etw, *ut/ne* dass/dass nicht, +*inf*/+*indir Fragesatz*
⑥ *Hor.* ein Gutachten abgeben

praescrīptiō ⟨praescrīptiōnis⟩ F ‖praescribere‖
① Voranschreiben; *meton* Vorwort, Überschrift
② *fig* Vorwand
③ *fig* JUR Einwand, Klausel
④ *fig* Vorschrift, Verordnung
⑤ *fig* Vorherbestimmung; **~ semihorae** *Cic.* Beschränkung auf eine halbe Stunde

praescrīptum ⟨ī⟩ N ‖praescribere‖
① *Hor.* vorgezeichnete Grenze
② *fig* Vorschrift, Regel; **ad praescriptum agere** nach Vorschrift handeln

prae-scrīptus ⟨a, um⟩ PPP → praescribere

prae-secāre ⟨secō, secuī, sectum 1.⟩ vorn abschneiden, **crines** die Haare; **ad praesectum unguem** *Hor.* ganz genau

prae-sēdī → praesidere

praesegmen ⟨praesegminis⟩ N ‖praesecare‖ (*vkl., spätl.*) Abgeschnittenes, Abfall

praesēns
Ⓐ ⟨praesentis⟩ ADJ ‖praeesse‖
① persönlich (anwesend), selbst; **aliquis ~ adest** j-d ist persönlich anwesend; **quaestionem habere de praesente** über j-n in seiner Gegenwart eine Untersuchung anstellen; **facundia ~** Beredsamkeit eines Augenzeugen; **aliquo praesente** in j-s Gegenwart
② gegenwärtig, jetzig; **perfugium ~** Zuflucht für jetzt; **in rem praesentem venire** sich an Ort und Stelle begeben; **in re praesenti** an Ort und Stelle
③ augenblicklich eintretend, sofortig; **diligentia ~** sofortiges Einschreiten; **decretum ~** auf der Stelle gefasster Beschluss; **pecunia ~** bares Geld
④ schnell wirkend, wirksam; **memoria praesentior** lebendigere Erinnerung
⑤ augenscheinlich, offenkundig; **insidiae praesentes** offenkundiger Hinterhalt
⑥ hilfreich, gnädig; **tutela ~** *Hor.* hilfreicher

Schutz

7 dringend, dringlich; **preces praesentes** dringende Bitten

8 entschlossen, unerschrocken; **animus ~** Entschlossenheit, Unerschrockenheit

B ⟨praesentis⟩ N̄ (nachkl.) Gegenwart, die gegenwärtigen Verhältnisse; **in praesenti** für jetzt, unter den gegenwärtigen Umständen

praesēnsiō ⟨praesēnsiōnis⟩ F̄ ||praesentire|| Vorempfindung, Ahnung; **~ rerum futurarum** Vorahnung von künftigen Dingen

praesentāneus ⟨a, um⟩ ADJ ||praesens|| (nachkl.) schnell wirkend

praesentāre ⟨ō, -, - 1.⟩ ||praesens|| (nachkl., spätl.)

1 gegenwärtig machen, zeigen; **sese ~ alicui** sich j-m zeigen

2 überreichen

▶ deutsch: **präsentieren**

praesentārius ⟨a, um⟩ ADJ ||praesens||

1 (vkl., spätl.) gegenwärtig; **aurum praesentarium** bares Geld

2 (nachkl.) schnell wirkend

praesentia¹ ⟨ae⟩ F̄ ||praesens||

1 Gegenwart, Anwesenheit; **~ animi** Geistesgegenwart; **in praesentia** augenblicklich, jetzt

2 Ov. unmittelbarer Eindruck, Wirkung

praesentia² ⟨ae⟩ F̄ = **praesens**

prae-sentīre ⟨sentiō, sēnsī, sēnsum 4.⟩ vorherempfinden, ahnen, *aliquid* etw, +AcI

praesēpe ⟨praesēpis⟩ N̄ = **praesaepe**

praesēpium ⟨ī⟩ N̄ = **praesaepium**

prae-sepultus ⟨a, um⟩ ADJ ||sepelire|| (nachkl.) vorher begraben, vorher bestattet

praesertim ADV ||prae, serere¹|| *kausal* zumal, besonders, *bes mit cum, quod, si, qui*; **~ cum** zumal da

prae-servīre ⟨iō, -, - 4.⟩ (vkl., nachkl.) vorzugsweise dienen, *alicui* j-m

prae-ses

A ⟨praesidis⟩ ADJ ||praesidere|| schützend; leitend, besorgend, *alicuius rei* etw

B ⟨praesidis⟩ M̄ u. F̄

1 Beschützer, Beschützerin, Vorgesetzter

2 Vorsteher; Unterfeldherr; **~ belli – Minerva**; **~ provinciae** Statthalter

praesidēns ⟨praesidentis⟩ M̄ ||praesidere|| Tac. Vorsitzender, Vorsteher

prae-sidēre ⟨sideō, sēdī, sessum 2.⟩ ||sedere||

1 schützen, verteidigen, *alicui rei/aliquid* etw

2 leiten; MIL befehligen, *alicui rei/aliquid* etw; **exercitui ~** das Heer befehligen

▶ deutsch: **Präsident**
  englisch: **president**
  französisch: **président**
  spanisch: **presidente**
  italienisch: **presidente**

praesidiārius ⟨a, um⟩ ADJ ||praesidium|| (nachkl.) zum Schutz dienend, Besatzungs...

praesidium ⟨ī⟩ N̄ ||praesidere||

1 Schutz, Hilfe, *alicuius* j-s *od* für j-n; **alicui praesidio esse** j-m zum Schutz dienen; **aliquem alicui praesidio mittere** j-n j-m zu Hilfe schicken; **praesidium sibi in fuga ponere** sein Heil auf die Flucht setzen; **praesidio alicuius rei** im Vertrauen auf etw

2 *meton* Beschützer

3 Schutzmittel; Hilfsmittel

4 Deckung, Geleit; **praesidium agitare** die Deckung bilden

5 MIL Besatzung, Garnison; **~ trium legionum** aus drei Legionen bestehende Besatzung

6 MIL Posten, Schanze; **in praesidio esse** auf Posten stehen; **praesidio decedere/praesidium relinquere** seinen Posten verlassen, desertieren

▶ deutsch: **Präsidium**

prae-sīgnificāre ⟨ō, -, - 1.⟩ vorher anzeigen, *alicui aliquid* j-m etw

prae-sīgnis ⟨praesīgne⟩ ADJ *poet* vor anderen ausgezeichnet

prae-sonāre ⟨ō, uī, - 1.⟩ *poet* vorher ertönen

prae-spargere ⟨ō, -, - 3.⟩ Lucr. vorher bestreuen

praestābilis ⟨praestābile⟩ ADJ = **praestans**

praestāns ⟨praestantis, *adv* praestanter⟩ ADJ ||praestare|| *von Personen u. Sachen* vorzüglich, ausgezeichnet, *in re/alicuius rei* in etw, an etw

praestantia ⟨ae⟩ F̄ ||praestans|| Vortrefflichkeit, Vorzüglichkeit, *alicuius rei* in etw

---

prae-stāre ⟨stō, stitī, stitum, stātūrus 1.⟩

A intransitives Verb
1 übertreffen
2 es ist besser

B transitives Verb
1 verleihen, verschaffen
2 verrichten, leisten
3 erhalten
4 beibehalten, fortsetzen
5 an den Tag legen, zeigen
6 einstehen

— **A** intransitives Verb —

VI

1 übertreffen, *alicui/aliquem* j-n, *alicui rei* etw; **aequalibus suis ~** seine Altersgenossen übertreffen; **~ inter suos** sich unter den Seinen auszeichnen

2 **praestat** *unpers* es ist besser, *alicui* für j-n, +*inf*/

+AcI; **mori praestat quam haec pati** *Cic.* es ist besser, zu sterben, als dies zu erleiden
— **B transitives Verb** —

VII

1 verleihen, verschaffen, *alicui aliquid* j-m etw; zahlen, entrichten; **sententiam ~** seine Stimme abgeben; **terga ~ hosti** vor dem Feind fliehen; **mare tutum ~ alicui** für j-n das Meer sicher machen

2 verrichten, leisten, *alicui aliquid* j-m etw; **regi iusta ~** dem König die letzte Ehre erweisen; **mobilitatem equitum ~** ebenso beweglich wie Reiter sein; **vicem alicuius ~** j-s Stelle vertreten; **fidem ~** sein Wort halten

3 *in einem Zustand* erhalten; **aliquem incolumem ~** j-n unversehrt erhalten

4 beibehalten, fortsetzen; **consuetudinem ~** eine Gewohnheit beibehalten

5 an den Tag legen, zeigen; **magnam virtutem ~** große Tüchtigkeit an den Tag legen; **se ~** sich *als etw* zeigen, sich *als etw* erweisen; **se fortem ~** sich als tapfer erweisen; **se legatum diligentem ~** sich als gewissenhafter Gesandter erweisen

6 einstehen, sich verbürgen, *aliquem/aliquid* für j-n/für etw, *alicui aliquid* j-m gegenüber für etw, *de aliquo/de re* wegen einer Sache, *ab aliquo* in j-s Namen, *a se* in seinem Namen; **alicuius facta ~** für j-s Taten einstehen

praestātiō ⟨praestātiōnis⟩ F ||praestare|| (*nachkl.*) Bürgschaft, Gewährleistung; **ad praestationem scribere** *Sen.* für die Wahrheit der Ausführungen bürgen

prae-sternere ⟨ō, -, - 3.⟩ (*vkl., nachkl.*) ausstreuen; *Plin.* fig den Weg ebnen

prae-stes ⟨praestitis⟩ M u. F *Ov.* Schützer, Schützerin

praestīgia ⟨ae⟩ F, **praestīgiae** ⟨ārum⟩ F Blendwerk, Gaukelei; **praestigiae verborum** leerer Wortschwall

praestīgiātor ⟨praestīgiātōris⟩ M ||praestigiae|| (*vkl., nachkl.*) Gaukler, Betrüger

praestīgiātrīx ⟨praestīgiātrīcis⟩ F ||praestigiator|| *Plaut.* Gauklerin, Betrügerin

prae-stināre ⟨ō, āvī, ātum 1.⟩ (*vkl., nachkl.*) kaufen

prae-stitī → praestare

praestituere ⟨stituō, stituī, stitūtum 3.⟩ ||statuere|| vorher festsetzen, vorschreiben; **diem ~** einen Termin vorher festsetzen

praestitus ⟨a, um⟩ PPP → praestare

praestō ADV ||prae||

1 anwesend, zu Diensten; **~ esse/adesse** zu Diensten sein

2 *feindlich* entgegentretend

3 *fig* förderlich, günstig; **saluti tuae ~** für dein Heil förderlich

praestōlāre ⟨ō, -, - 1.⟩, **praestōlārī** ⟨or, ātus sum 1.⟩ bereitstehen; auf j-n/etw warten, *etw* erwarten, *alicui/alicui rei/aliquid*

prae-strangulāre ⟨ō, -, - 1.⟩ erwürgen

prae-stringere ⟨stringō, strīnxī, strictum 3.⟩

1 (*nachkl.*) *poet* vorn zubinden, vorn zuschnüren; **manūs vinculis secantibus ~** *Sen.* die Hände mit schneidenden Fesseln binden

2 vorn streifen, vorn berühren

3 *fig* blenden, abstumpfen; **oculos ~** die Augen blenden

prae-struere ⟨struō, strūxī, strūctum 3.⟩ (*nachkl.*)

1 vorn verbauen, vorn verrammeln

2 (als Schutz) vor sich aufbauen

3 vorbereiten, vorher zubereiten

prae-suere ⟨suō, suī, sūtum 3.⟩ (*nachkl.*) *poet* vorn benähen, vorn bedecken; **hasta foliis praesuta** *Ov.* vorn umlaubte Lanze

praesul ⟨praesulis⟩ M ||salire|| **= praesultator**

prae-sultāre ⟨ō, -, - 1.⟩ ||saltare|| *Liv.* vorausspringen

praesultātor ⟨praesultātōris⟩ M ||praesultare|| Vortänzer *bei Spielen u. Festzügen*

prae-sum → praeesse

prae-sūmere ⟨sūmō, sūmpsī, sūmptum 3.⟩ (*nachkl.*)

1 vorher zu sich nehmen, vorher genießen

2 *fig* vorwegnehmen, im Voraus tun

3 *fig* vorher empfinden, im Voraus genießen

4 *fig* im Voraus vermuten, erwarten

5 *fig* im Voraus sich vorstellen

praesūmptiō ⟨praesūmptiōnis⟩ F ||praesumere||

1 (*nachkl.*) Vorgenuss

2 RHET Vorwegnahme eines möglichen Einwandes

3 Vermutung, Erwartung, *alicuius* j-s, *alicuius rei* von etw, auf etw

prae-tegere ⟨tegō, tēxī, tēctum 3.⟩ (*nachkl.*) vorn bedecken

prae-temptāre ⟨ō, āvī, ātum 1.⟩ (*nachkl.*) *poet* vorher untersuchen; *fig* vorher versuchen

prae-tendere ⟨tendō, tendī, tentum 3.⟩ (*nachkl.*)

1 hervorstrecken, **bina cornua** beide Hörner

2 vor sich hinhalten; *fig* zur Schau tragen; **coniugis taedas ~** behaupten j-s wirklicher Gatte zu sein

3 *passiv von Örtlichkeiten* vor etw sich erstrecken, vor etw gelegen sein, *absolut od alicui rei*

4 (*nachkl.*) *poet* zum Schutz vor etw vorziehen, bedecken, *alicui rei* vor etw; **morti muros ~** Mauern gegen den Tod ziehen

5 fig vorgeben, beschönigen, *alicui rei aliquid* etw mit etw; **honesta nomina ~** ehrenhafte Namen vorgeben; **legatorum decretum calumniae ~** die böswillige Anklage der Gesandten mit einer Verordnung beschönigen
prae-tentāre ⟨ō, āvī, ātum 1.⟩ = **praetemptare**
prae-tentus ⟨a, um⟩ PPP → praetendere
prae-tenuis ⟨praetenue⟩ ADJ (nachkl.) sehr dünn, sehr fein
prae-tepēscere ⟨tepēscō, tepuī, - 3.⟩ Ov. vorher erglühen, vorher warm werden

praeter

A Präfix
vorüber-, vorbei-
B Adverb
1 vorbei, vorüber
2 außer
3 mehr als
C Präposition
1 an ... vorbei
2 ausgenommen
3 nebst, neben
4 über ... hinaus, gegen
5 mehr als, in höherem Grad als

— A Präfix —

PRÄF vorüber-, vorbei-; **~-ire** vorüber-gehen; **praeter-ducere** vorbei-führen

— B Adverb —

ADV
1 örtl. vorbei, vorüber, *nur in Zusammensetzungen erhalten, siehe I.*
2 (nachkl.) poet außer; **nemo ~ armatus** niemand außer einem Bewaffneten
3 **~ quam** *Com.* mehr als

— C Präposition —

PRÄP +akk
1 örtl. an ... vorbei, an ... hin; **copias ~ castra traducere** die Truppen am Lager vorbeiführen
2 fig ausgenommen, mit Ausnahme von, *nach Verneinung auch* als; **~ haec = ~ea** außerdem; **nihil ~ unum dicere** nichts als das eine sagen; **nil ~ plorare** nichts als jammern
3 neben, abgesehen von; **~ te alios decem adducemus** neben dir werden wir zehn andere herbeiführen; **nihil aliud fers ~ arcam** abgesehen von der Kasse bringst du nichts anderes; **~ haec** ohnedies; **~ id quod = ~quam quod** nichts außer dass
4 über ... hinaus, gegen; **~ modum** übermäßig; **~ consuetudinem/solitum** gegen die Gewohnheit; **~ exspectationem** wider Erwarten
5 mehr als, in höherem Grad als; **~ ceteros florere** mehr als die anderen sich auszeichnen
praeter-agere ⟨agō, ēgī, āctum 3.⟩ poet vorbeitreiben, *aliquem aliquid* j-n an etw; **equum deversoria ~** *Hor.* das Pferd an den Herbergen vorbeitreiben
praeter-bītere ⟨ō, -, - 3.⟩ *Plaut.* vorbeigehen, *absolut od aliquid* an etw
praeter-dūcere ⟨dūcō, dūxī, ductum 3.⟩ *Plaut.* vorbeiführen
praeter-eā ADV ||praeter, is||
1 weiter, ferner
2 außerdem
3 zeitl. auch in Zukunft, weiterhin
praeter-eō → praeterire
praeter-equitāre ⟨ō, -, - 1.⟩ *Liv.* vorüberreiten
prae-terere ⟨terō, trīvī, - 3.⟩ (vkl., nachkl.) vorn abreiben
praeter-ferrī ⟨feror, lātus sum 0.⟩ *Liv., Lucr.* vorübereilen, *aliquid* an etw
praeter-fluere ⟨fluō, flūxī, - 3.⟩
1 (nachkl.) vorbeifließen, vorüberfließen, *absolut od aliquid* an etw, **moenia** an der Mauer
2 fig aus dem Gedächtnis schwinden
praeter-gredī ⟨gredior, gressus sum 3.⟩ ||gradi|| vorüberziehen, *absolut od aliquid* an etw, vor etw
praeter-hāc ADV ||praeter, hic¹|| *Com.* weiterhin, außerdem
praeter-iī → praeterire

praeter-īre ⟨iō, iī/īvī, itum 4.⟩

A intransitives Verb
1 vorbeigehen, vorbeiziehen
2 vergehen, verfließen
B transitives Verb
1 vorbeigehen, vorbeiziehen
2 entgehen, unbekannt sein
3 verschweigen
4 übergehen, unberücksichtigt lassen
5 übertreffen

— A intransitives Verb —

VI
1 örtl. vorbeigehen, vorbeiziehen; **praeteriens modo mihi dixit** nur im Vorbeigehen sagte er mir
2 zeitl. vergehen, verfließen; **tempus praeterit** die Zeit vergeht

— B transitives Verb —

VT
1 örtl. vorbeigehen, vorbeiziehen, *aliquem/aliquid* an j-m/an etw, vor j-m/vor etw; **amnis moenia praeterit** der Strom fließt an der Mauer vorbei

2 entgehen, unbekannt sein, *aliquem* j-m; **non me praeterit** ich weiß wohl, +*AcI*; **neminem praeterit** es ist allgemein bekannt, +*AcI*

3 unerwähnt lassen, verschweigen, *aliquem* j-n, *aliquid/de re* etw, *quod*; **non ~ Hannibalem et Hamilcarem** Hannibal und Hamilcar nicht unerwähnt lassen

4 übergehen, unberücksichtigt lassen; **~ aliquem silentio** j-n stillschweigend übergehen; **aliquis praeteritur** j-d geht leer aus

5 (*unkl.*) übertreffen, überschreiten; **virtus tua alios praeterit** *Ov.* deine Tapferkeit übertrifft alle; **iustum praeterit ira modum** *Ov.* der Zorn überschreitet das rechte Maß

⚠️ **Praeterita mutare non possumus.** *Cic.* Vergangenes können wir nicht mehr ändern.

praeteritus[1] ⟨a, um⟩ ADJ ‖praeterere‖ vergangen, früher; **praeteriti viri** verstorbene Männer

▶ deutsch: **Präteritum**

praeter-itus[2] ⟨a, um⟩ PPP → praeterire

praeter-lābī ⟨lābor, lāpsus sum 3.⟩
1 (*nachkl.*) poet vorübergleiten, vorüberfahren, *absolut od aliquid* an etw
2 fig entschlüpfen

praeter-lātus ⟨a, um⟩ PPERF → praeterferre

praeter-meāre ⟨ō, -, - 1.⟩ vorbeigehen

praetermissiō ⟨praetermissiōnis⟩ F ‖praetermittere‖ Weglassung, Unterlassung; **~ aedilitatis** Unterlassung der Bewerbung um das Ädilenamt

praeter-mittere ⟨mittō, mīsī, missum 3.⟩
1 vorbeigehen lassen, vorbeilassen
2 *eine Gelegenheit* ungenutzt vorübergehen lassen
3 *Zeit* vergehen lassen, verstreichen lassen
4 unterlassen; **scelus ~** ein Verbrechen unterlassen
5 *in der Rede od schriftl.* übergehen, übersehen; **silentio ~** mit Stillschweigen übergehen
6 ungestraft lassen; **ius gentium violatum** die Verletzung des Völkerrechts

praeter-nāvigāre ⟨ō, -, - 1.⟩ (*nachkl.*) mit dem Schiff vorbeifahren

praeter-propter ADV, *auch getrennt* (*vkl., nachkl.*) ungefähr, etwa

praeter-quam ADV ausgenommen, außer; **omnes ~ pauci** alle mit wenigen Ausnahmen; **~ quod** abgesehen davon, dass

praetervectiō ⟨praetervectiōnis⟩ F ‖praetervehere‖ Vorbeifahren; **~ omnium** *Cic.* eine Stelle, an der alle vorbeifahren müssen

praeter-vehī ⟨vehor, vectus sum 3.⟩ vorbeifahren, *aliquid* an etw, vor etw; *fig* vorübergehen, *aliquid* an etw; **aliquid silentio ~** etw mit Stillschweigen übergehen; **oratio aures vestras praetervecta est** die Rede ist euch entgangen

praeter-volāre ⟨ō, āvī, ātum 1.⟩
1 vorbeifliegen, *absolut od aliquem/aliquid* an j-m/ an etw; **~ alicuius sensum** *fig* von j-m überhört werden; **litora ~** schnell an der Küste vorüberfahren
2 *fig* schnell entschwinden
3 *fig* flüchtig hinweggehen, *aliquid* über etw

praeter-volitāre ⟨ō, āvī, ātum 1.⟩ *Phaedr.* vorbeifliegen

prae-texere ⟨texō, texuī, textum 3.⟩
1 (*nachkl.*) poet vorn anweben, säumen; **toga purpurā praetexta** Toga mit Purpurbesatz, *Toga der röm. Würdenträger u. der frei geborenen Jugendlichen*
2 *fig* umsäumen, besetzen; **carmen primis litteris sententiā praetexitur** das Gedicht enthält gleich im Anfang eine Sentenz
3 *fig* schmücken, zieren
4 (*nachkl.*) poet (vorn) bedecken, einfassen; **nationes Rheno praetexuntur** die Stämme ziehen sich das ganze Rheinufer entlang
5 *fig* bemänteln; **hoc nomine praetexit culpam** *Verg.* mit diesem Namen bemäntelt sie die Schuld
6 *fig* vorschützen, vorgeben

praetexta ⟨ae⟩ F ‖praetexere‖
1 Toga mit Purpurbesatz, *Toga der röm. Würdenträger u. der frei geborenen Jugendlichen*
2 die römische Tragödie, *mit röm. Stoff, begründet von Naevius*

praetextātus ⟨a, um⟩ ADJ ‖praetexta‖
1 eine purpurverbrämte Toga tragend
2 unzüchtig; **verba praetextata** *Suet.* Zoten

praetextum ⟨ī⟩ N (*nachkl.*) = **praetextus**[3]

praetextus[1] ⟨a, um⟩ ADJ ‖praetexere‖ purpurverbrämt; **toga praetexta = praetexta** 1.; **fabula praetexta = praetexta** 2

praetextus[2] abl ⟨praetextū⟩ M ‖praetexere‖ (*nachkl.*)
1 Schmuck, Zierde
2 Vorwand; **sub praetextu alicuius rei** unter dem Vorwand von etw

prae-textus[3] ⟨a, um⟩ PPP → praetexere

prae-timēre ⟨eō, uī, - 2.⟩ im Voraus fürchten

prae-tīnctus ⟨a, um⟩ ADJ ‖tingere‖ vorher benetzt

praetor ⟨praetōris⟩ M
1 Vorsteher, Anführer, *urspr. Titel der röm. Konsuln u. des Diktators*; Bürgermeister *fremder Städte*; **legatus pro praetore** stellvertretender Legat, Unterfeldherr *mit dem imperium*
2 Prätor, *seit 367 v. Chr. wurde den beiden Konsuln ein praetor urbanus für die städtische Rechtsprechung zur Sei-*

te gestellt; ab 242 v. Chr. zusätzlich für Streitigkeiten zwischen Römern u. Fremden ein praetor peregrinus; mit der Zahl der Provinzen stieg deren Zahl bis auf 18 unter Nero; Dauer der Amtszeit ein Jahr, entweder in Rom od in den Provinzen, gingen nach Ablauf des Amtsjahres als Propratoren od Statthalter in die Provinzen (pro praetore); auch Proprätor

3 **praetores aerarii** die Leiter der Staatskasse, *von Augustus geschaffenes Amt, von Claudius ersetzt durch die* **praetores fidei commissorum** Prätoren für Fideikommiss

4 *bei nichtröm. Völkern* Heerführer; Statthalter, Satrap; **~ navalis** Admiral

praetōriānus ⟨a, um⟩ ADJ ||praetorium||

1 zur kaiserlichen Leibwache gehörig; **miles ~** Prätorianer

2 zum praefectus praetorio gehörig, zum Befehlshaber der kaiserlichen Leibwache gehörig

praetōricius ⟨a, um⟩ ADJ ||praetor|| *Mart.* prätorisch, vom Prätor verliehen

praetōrium ⟨ī⟩ N ||praetorius||

1 Prätorium, *Hauptplatz im Lager*
2 Feldherrnzelt, Hauptquartier
3 *Liv. meton* Kriegsrat im Feldherrnzelt
4 Amtswohnung des Provinzstatthalters
5 *(spätl.)* kaiserliche Leibwache, die Prätorianer
6 Palast, Herrenhaus
7 *(mlat.)* Rathaus
8 *Verg. fig* Zelle der Bienenkönigin

praetōrius

A ⟨a, um⟩ ADJ ||praetor||

1 prätorisch, Prätor..., *auch* proprätorisch, des Proprätors; **comitia praetoria** Wahl der Prätoren; **potestas praetoria** Amt des Prätors, Amt des Statthalters; **cohors praetoria** Gefolge des Statthalters

2 Feldherrn...; **imperium praetorium** Oberbefehl; **navis praetoria** Admiralschiff; **porta praetoria** Vordertor zum Lager; **cohors praetoria** Leibwache des Feldherrn, Leibwache des Kaisers

B ⟨ī⟩ M ehemaliger Prätor, Mann von prätorischem Rang

prae-torquēre ⟨torqueō, torsī, tortum 2.⟩ umdrehen

prae-tractāre ⟨ō, -, -1.⟩ *Tac.* vorher beraten

prae-trepidāre ⟨ō, -, -1.⟩ *Catul.* sehr eilfertig sein

prae-trepidus ⟨a, um⟩ ADJ *Pers., Suet.* sehr zitternd; *fig* sehr ängstlich

prae-truncāre ⟨ō, āvī, ātum 1.⟩ vorn abhauen

prae-tulī → praeferre

praetūra ⟨ae⟩ F ||praetor||

1 Prätur, Amt des Prätors *in Rom*
2 Statthalterschaft *in der Provinz*
3 *bei nichtröm. Völkern* Feldherrnwürde, Heerführung

prae-umbrāre ⟨ō, -, -1.⟩ *Tac.* überschatten
prae-ustus ⟨a, um⟩ ADJ vorn verbrannt
prae-ut ADV *Plaut.* wie, damit verglichen
prae-vādere ⟨ō, -, -3.⟩ *Sen.* vorbeigehen, *aliquid* an etw; *fig* befreit werden, *aliquid* von etw

prae-valēre ⟨eō, uī, -2.⟩ *(nachkl.)*

1 sehr stark sein
2 *fig* sehr viel gelten, den Vorrang haben; **sapientia praevalet virtute** die Weisheit vermag mehr als die Tapferkeit
3 *bei Abstimmungen* die Mehrheit haben

prae-valēscere ⟨valēscō, valuī, -3.⟩ den Vorrang erhalten

prae-validus ⟨a, um⟩ ADJ *(nachkl.)*

1 sehr stark, sehr mächtig; **nomina praevalida** bedeutende Namen
2 mehr geltend
3 zu stark; **terra praevalida** zu fruchtbares Land; **vitia praevalida** Laster, die überhand genommen haben

prae-vallāre ⟨ō, āvī, ātum 1.⟩ *(nachkl.)* verbarrikadieren

prae-vāricārī ⟨or, ātus sum 1.⟩ ||varicare|| *Cic., Tac.* seine Pflicht verletzen, die Gegenpartei heimlich begünstigen

praevāricātiō ⟨praevāricātiōnis⟩ F ||praevaricari|| Pflichtverletzung

praevāricātor ⟨praevāricātōris⟩ M ||praevaricari|| untreuer Sachwalter, *bes* Anwalt, der die Gegenpartei begünstigt; **~ Catilinae** Scheinkläger gegen Catilina

prae-vehī ⟨vehor, vectus sum 3.⟩

1 vorausfahren, vorausreiten, vorausströmen, *aliquid* einer Sache
2 vorüberfahren, vorüberreiten, vorüberströmen, *aliquid* an etw

prae-vēlōx ⟨praevēlōcis⟩ ADJ sehr schnell; **memoria ~** *Quint.* sehr schnell auffassendes Gedächtnis

prae-venīre ⟨veniō, vēnī, ventum 4.⟩ j-m zuvorkommen, j-n überholen, *auch fig*; **perfidiam ~** einen Verrat vereiteln; **aliquis/aliquid praevenitur** man kommt j-m/einer Sache zuvor

prae-verrere ⟨ō, -, -3.⟩ vorher fegen
prae-vertere ⟨vertō, vertī, versum 3.⟩

1 voranstellen, vorziehen, *aliquid alicui rei* etw einer Sache; **alia mihi praevertenda sunt** *Liv.* ich muss anderes vorher erledigen; **poculum ~** *Plaut.* den Becher zuerst ergreifen

2 *(nachkl.) poet* einer Sache vorgehen, mehr gelten *als etw, absolut od alicui rei*; **pietas amori praever-**

tit Frömmigkeit gilt mehr als Liebe
3 (nachkl.) poet vorangehen, voranlaufen
4 einer Sache zuvorkommen, etw übertreffen, aliquid; **ventos cursu ~** in seinem Lauf die Winde überholen
5 vereiteln, verhindern
6 Verg. überraschen, überrumpeln

prae-vertī ⟨vertor, - 3.⟩
1 sich zuvor irgendwohin begeben
2 sich zuerst einer Sache zuwenden, etw zuerst betreiben, alicui rei/ad aliquid
3 zuvorkommen, aliquem/aliquid j-m/einer Sache
4 vorziehen, aliquid etw

prae-vidēre ⟨video, vīdī, vīsum 2.⟩ zuvor erblicken; fig Zukünftiges voraussehen

prae-vitiāre ⟨ō, -, - 1.⟩ vorher verderben; **gurgitem ~** vorher trüben

prae-vius ⟨a, um⟩ ADJ Ov. vorausgehend

prae-volāre ⟨ō, āvī, ātum 1.⟩ voranfliegen

prāgmaticus
A ⟨a, um⟩ ADJ
1 erfahren, geschäftskundig, sachkundig
2 (spätl.) Zivilsachen betreffend
B ⟨ī⟩ M Rechtskundiger, oft Berater von Rednern; (spätl.) allg. Anwalt

prandēre ⟨prandeō, prandī, prānsum 2.⟩
A VI frühstücken, zu Mittag essen; **pransus** PPP auch akt. der gefrühstückt hat; **miles pransus** Soldat, der gefrühstückt hat, marschfertiger Soldat; **pransus potus** vollgefressen und vollgesoffen
B VT zum Frühstück verzehren; allg. genießen

prandium ⟨ī⟩ N
1 zweites Frühstück gegen Mittag
2 Mart. allg. Mahlzeit; **ad prandium vocare** zum Essen rufen
3 Plaut. Futter von Tieren

prānsitāre ⟨ā, -, - 1.⟩ ||prandere|| zum Frühstück essen

prānsor ⟨prānsōris⟩ M ||prandere|| Plaut. Frühstücksgast; allg. Gast

prānsōrius ⟨a, um⟩ ADJ ||pransor|| beim Frühstück gebraucht

prānsus ⟨a, um⟩ PPP → prandere

prasinātus ⟨a, um⟩ ADJ ||prasinus|| Petr. grün bekleidet

prasiniānus ⟨a, um⟩ ADJ ||prasinus|| Petr. der der grünen Zirkuspartei anhängt

prasinus
A ⟨a, um⟩ ADJ (nachkl.) lauchgrün
B ⟨ī⟩ M Rennfahrer der grünen Zirkuspartei

prātēnsis ⟨prātēnse⟩ ADJ ||pratum|| auf Wiesen wachsend, Wiesen-...; **pratenses fungi** Hor. auf der Wiese wachsende Pilze

prātulum ⟨ī⟩ N ||pratum||

prātum ⟨ī⟩ N
1 Wiese; (vkl., nachkl.) meton Heu
2 fig Fläche, bes Fläche des Meeres
▷ deutsch: **Prater**
französisch: **pré**
spanisch: **prado**
italienisch: **prato**

prāvitās ⟨prāvitātis⟩ F ||pravus||
1 Krümmung, Verunstaltung; **~ oris** Cic. Verzerrung des Mundes, das Fratzenschneiden
2 fig Verkommenheit, Verworfenheit; pl schlechte Eigenschaften
3 fig Verkehrtheit, Verschrobenheit

prāvum ⟨ī⟩ N = pravitas

prāvus ⟨a, um, adv prāvē⟩ ADJ
1 Hor. krumm, missgestaltet
2 verkehrt, verschroben; **sententia prava** verschrobene Meinung
3 von Personen u. Sachen unfähig, schlecht; **prave velle** zu Unrecht wollen

prāxis ⟨prāxis⟩ F Petr. Verfahren; (mlat.) Amt
▷ deutsch: **Praxis**

Prāxitelēs ⟨Prāxitelis⟩ M griech. Bildhauer, 4. Jh. v. Chr., Schöpfer der Aphrodite von Knidos u. anderer berühmter Werke

Prāxitelius ⟨a, um⟩ ADJ des Praxiteles

precārī ⟨or, ātus sum 1.⟩ ||preces||
1 flehentlich bitten, anflehen, aliquem/aliquid j-n/etw, aliquid ab aliquo j-n um etw, ut/ne dass/ dass nicht, +Konjkt/+AcI; **verba precantia** flehende Worte; **parce, precor, mihi** schone mich bitte; **opem ~** Hilfe erflehen; **vitam ~ ab aliquo** j-n um sein Leben bitten; **alicui ~** sich j-m flehend nähern
2 beten; **~ deos** zu den Göttern beten
3 j-m Gutes od Böses wünschen; **alicui bene ~** j-m Gutes wünschen; **alicui male ~** j-m Böses wünschen
4 verwünschen, verfluchen, alicui jdn

precārius ⟨a, um, adv precāriō⟩ ADJ ||preces||
1 (nur) erbeten, erbettelt; **victus ~** Gnadenbrot; **forma precaria** Ov. geborgte Gestalt
2 unbeständig, unsicher; **malignum et precarium lumen** Sen. ungesundes und unzureichendes Licht
3 adv unter Bitten, aus Gnade
4 adv widerruflich
5 (mlat.) zu Lehen gegeben
▷ deutsch: **prekär**

precātiō ⟨precātiōnis⟩ F ||preces||
1 Bitte, Gebet
2 (nachkl.) Gebetsformel
3 pej Verwünschung

precātor ⟨precātōris⟩ M ||precari|| (Com., spätl.) Bittsteller; Fürbitter

precēs ⟨um⟩ F

1 Bitte, Ersuchen; **omnibus precibus orare** auf jede Weise bitten
2 Gebet; **preces et vota** Gebet und Gelübde
3 *pej* Verwünschung, Fluch; **precibus detestari** verwünschen
4 *Ov.* Wunsch

preciae ⟨ārum⟩ F̲ (*nachkl.*) *Name einer unbekannten Weinsorte*

pre-hendere ⟨hendō, hendī, hēnsum 3.⟩
1 (an)fassen, ergreifen; **aliquem cursu ~** j-n im Lauf einholen
2 anhalten *zu einem Gespräch*
3 erwischen, ertappen, *in re* bei etw; **aliquem in furto ~** j-n beim Diebstahl ertappen; **servum speculatorem ~** einen Sklaven als Spion erwischen
4 aufgreifen; *von Tieren* fangen
5 *fig* einnehmen; erreichen; **arcem ~** die Burg einnehmen; **oras Italiae ~** die Küsten Italiens erreichen

prehēnsāre ⟨ō, āvī, ātum 1.⟩ ||prehendere||
1 (*nachkl.*) *poet* anfassen, ergreifen; **alicuius manūs ~** j-s Hände ergreifen
2 anfassen *um mit ihm zu reden*
3 die Hand drücken, *aliquem* j-m; sich um ein Amt bewerben, *absolut od aliquem* jdn

pre-hēnsus ⟨a, um⟩ P̲P̲P̲ → prehendere

prēlum ⟨ī⟩ N̲ (*unkl.*) Presse *zum Plätten der Kleider*; Kelter *zum Pressen der Weintrauben*

---

premere ⟨premō, pressī, pressum 3.⟩

1 drücken, pressen
2 Geschlechtsverkehr haben
3 drücken
4 belasten, beschweren
5 bedecken
6 bedrängen
7 j-n verfolgen
8 streifen, berühren
9 eindrücken
10 durchbohren
11 fest aufdrücken
12 ausdrücken, auslöschen
13 niederdrücken, herabdrücken
14 herabsetzen, abwerten
15 unterdrücken
16 hemmen, bremsen
17 beschneiden
18 beherrschen
19 zusammendrücken
20 zusammenfassen, kurz fassen

---

1 drücken, pressen; **natos ad pectora ~** die Kinder an die Brust drücken; **ora ore ~** den Mund küssen; **frena dente ~** in die Zügel beißen; **aliquid ore ~** etw kauen, etw zerbeißen; **frena ~** die Zügel festhalten
2 (*nachkl.*) Geschlechtsverkehr haben, *aliquam* mit einer Frau; *von Tieren* bespringen; **galli premunt gallinas** *Mart.* die Hähne besteigen die Hühner
3 (*unkl.*) auf *etw* drücken, *etw* belasten, *aliquid*; **solum ~** den Boden betreten; **ebur ~** sich auf den Stuhl aus Elfenbein setzen; **vestigia alicuius ~** in j-s Fußstapfen treten; **saltūs praesidiis ~** die Wälder dicht mit Schutztruppen besetzen; **locum ~** *fig* einen Ort oft besuchen, nicht von einem Ort weichen
4 (*nachkl.*) *poet* belasten, *fig* belästigen; **trabes columnas premunt** *Hor.* die Balken lasten auf den Säulen; **naves ~** Schiffe beladen
5 (*nachkl.*) *poet* mit etw Drückendem bedecken, *bes* verbergen; **luna lumen premit** der Mond verbirgt sein Licht, der Mond geht unter
6 bedrängen; **exercitum ~** das Heer bedrängen; **aliquem verbo ~** j-n auf das Wort festlegen; *passiv* in Bedrängnis sein, in Not sein; **re frumentariā ~** an Proviant Not leiden
7 hinter *j-m* her sein, *j-n* verfolgen, *absolut od aliquem*; **cervum ad retia ~** den Hirsch in die Netze jagen
8 streifen, berühren; **latus ~** sich zur Seite halten; **litus ~** sich am Ufer halten
9 eindrücken; **pedibus vestigia pressa** *Lucr.* Fußspuren; **vestigia per ignem ~** das Feuer durchschreiten; **hastam sub mentum ~** die Lanze unter dem Kinn hineinstoßen
10 durchbohren, **aliquem hastā** j-n mit der Lanze
11 fest aufdrücken; **cubitum ~** den Ellbogen aufstützen
12 ausdrücken, auslöschen; **ubera ~** melken
13 niederdrücken; zu Boden schlagen; *passiv* sich senken; sinken; **aulea premitur** *Hor.* der Theatervorhang senkt sich
14 *fig durch Worte* herabsetzen, abwerten; **famam alicuius ~** j-s Ruf schmälern
15 unterdrücken; *fig* nicht aufkommen lassen; **sermones vulgi ~** das Gerede der Masse nicht aufkommen lassen
16 hemmen, bremsen; **vestigia ~** stehen bleiben; **lucem ~** das Licht nicht durchlassen; **habenas ~** die Zügel kurz halten
17 *Bäume* beschneiden
18 (*nachkl.*) *poet* beherrschen, POL niederhalten
19 (*nachkl.*) *poet* zusammendrücken; *Geöffnetes* schließen; **collum laqueo ~** den Hals mit der Schlinge zuschnüren
20 zusammenfassen, kurz fassen

prēndere ⟨prēndō, prēndī, prēnsum 3.⟩ = prehendere

prēnsāre ⟨ō, āvī, ātum 1.⟩ = **prehensare**
prēnsātiō ⟨prēnsātiōnis⟩ F ||prensare|| Amtsbewerbung, Bewerbung
presbyter ⟨presbyterī⟩ M (eccl.) Ältester, Priester
pressāre ⟨ō, āvī, ātum 1.⟩ ||premere|| poet drücken, pressen; **ubera (manibus) ~** Verg., Ov. melken
pressī → premere
pressiō ⟨pressiōnis⟩ F ||premere||
1 Vitr. Druck
2 Absteifung; meton Stütze
3 fig Hebel, Winde; **tectum pressionibus tollere** das Dach mit Winden anheben
pressūra ⟨ae⟩ F ||premere|| Druck; **~ aquarum** Wasserdruck
pressus¹ ⟨a, um, adv pressē⟩ ADJ ||premere||
1 gedrückt, gehemmt; **pede/gressu/gradu presso** langsamen Schrittes
2 RHET von Stimme u. Ausdruck gemäßigt; von der Aussprache wohlklingend
3 RHET knapp; genau; **Thucydides verbis ~** Cic. der im Ausdruck präzise Thukydides
4 im Denken u. Handeln zögernd, zurückhaltend
pressus² ⟨pressūs⟩ M ||premere|| Drücken, Druck; **~ oris** Druck der Lippen = Wohllaut der Aussprache
pressus³ ⟨a, um⟩ PPP → premere
prēstēr ⟨prēstēris⟩ M Lucr. feuriger Wirbelwind
pretiōsus ⟨a, um, adv prētiōsē⟩ ADJ ||pretium||
1 kostbar, wertvoll; **equus ~** wertvolles Pferd
2 (unkl.) kostspielig, teuer
3 Hor. verschwenderisch
pretium ⟨ī⟩ N
1 für Waren u. Leistungen Preis, Geldwert; **in pretio esse/pretium habere** einen Wert haben, einen Preis haben; **in suo pretio esse** einen angemessenen Preis haben; **merces magni/ parvi pretii** teure/billige Ware; **pretium facere** vom Verkäufer einen Preis fordern, vom Käufer einen Preis bieten
2 meton Bezahlung, bes Lösegeld; **captivos sine pretio remittere** die Gefangenen ohne Lösegeld entlassen; **pretio** für Geld; **magno pretio aliquid emere** teuer kaufen; **parvo pretio emere** billig kaufen
3 Lohn, Vergeltung, alicuius rei einer Sache, für etw; **~ manūs** Arbeitslohn; **~ certaminis** Siegespreis; **(operae) ~ est** es ist der Mühe wert, +inf; **pretium alicuius rei facere** Anerkennung für etw finden; **operae pretium facere** etw Lohnendes tun; **ignaviae ~** Strafe für die Feigheit; **pretium ob stultitiam ferre** den Preis für die Dummheit bezahlen
4 pej Bestechung

▶ deutsch: **Preis**
englisch: **price**
französisch: **prix**
spanisch: **precio**
italienisch: **prezzo**

prex ⟨precis⟩ F SG von preces
Priamēis ⟨Priamēidis⟩ F Tochter des Priamus, = Kassandra
Priamēius ⟨a, um⟩ ADJ des Priamus
Priamidēs u. im Vers auch **Prīamidēs** ⟨ae⟩ M Nachkomme des Priamus
Priamus ⟨ī⟩ M Sohn des Laomedon, letzter König von Troja, Gatte der Hekabe (Hecuba)
Priāpē(i)a ⟨ōrum⟩ N Sammlung derb-erotischer lat. Gedichte unbekannter Verfasser aus augusteischer Zeit
Priāpus ⟨ī⟩ M
1 aus Kleinasien übernommener Gott der Fruchtbarkeit, dargestellt mit übergroßem Phallus; seine Figur wurde auch als Vogelscheuche aufgestellt
2 fig männliches Glied; geiler Mensch; **~ siligineus** Backwerk in Phallusform
prīdem ADV
1 längst, vor langer Zeit, seit langer Zeit; **quam ~** wie lange ist es her, dass; **iam ~** schon längst; **non ita ~** vor gar nicht langer Zeit
2 vor Kurzem, früher
prīdiānus ⟨a, um⟩ ADJ ||pridie|| (nachkl.) gestrig
prī-diē ADV vor etw, tags zuvor, alicuius/ alicuius rei vor etw; **~ Īdūs Maias** am Tag vor den Iden des Mai; **~ insidiarum** am Tag vor dem Attentat; **~ quam Athenas veni** am Tag bevor ich nach Athen kam
Priēnē ⟨Priēnēs⟩ F ionische Stadt n. von Milet, berühmtes Atheneheiligtum, Ruinenstätte
prīmae ⟨ārum⟩ F ||primus|| Hauptrolle; fig erste Stelle
prīm-aevus ⟨a, um⟩ ADJ ||primus, aevum|| von Personen u. Sachen jugendlich; **coniux primaeva** jugendliche Gattin
prīmānī ⟨ōrum⟩ M ||primus|| (nachkl.) Soldaten der ersten Legion
prīmārius ⟨a, um⟩ ADJ ||primus|| einer der Ersten, vornehm
prīmās ⟨prīmātis⟩ M ||primus||
1 (nachkl.) Erster, Vornehmster
2 (spätl.) Dorfrichter, Rangältester
3 (mlat.) Edling, Ehrentitel
prīmātus ⟨ūs⟩ M ||primus|| (vkl., nachkl., spätl.) erste Stelle, Vorrang
▶ deutsch: **Primat**
prīmē ADV ||primus|| vorzüglich, besonders
Primigenia ⟨ae⟩ F ||primigenus|| Beiname der Fortuna als Begleiterin ihrer Lieblinge von Geburt an
prīmi-genius ⟨a, um⟩ ADJ ||primus, gignere|| (vkl., nachkl.) ursprünglich, allererst

prīmi-genus ⟨a, um⟩ ADJ *Lucr.* = **primigenius**
prīmīpīlāris
A ⟨prīmīpīlāre⟩ ADJ ||primipilus|| MIL zum ersten Manipel der Triarier gehörig
B ⟨prīmīpīlāris⟩ M ehemaliger Zenturio der ersten Manipel der Triarier
prīmīpīlus ⟨ī⟩ M ||primi pili|| Zenturio des ersten Manipels der Triarier, rangältester Hauptmann
prīmitiae ⟨ārum⟩ F ||primus|| (*nachkl.*)
1 Erstlinge, *bes der Früchte*
2 erster Ertrag; **spolia et ~** Erstlingsbeute
3 *Verg.* erste Waffentat
prīmitīvus ⟨a, um⟩ ADJ ||primus|| (*nachkl.*) der Erste in seiner Art; **primitiva ecclesia** (*mlat.*) Urkirche
prīmitus ADV ||primus|| (*nachkl.*)
1 zum ersten Mal
2 zuerst
prīmō ADV ||primus||
1 zum ersten Mal
2 *zeitl.* zuerst, anfangs; **cum ~** (*unkl.*) sobald als
prīmōgenita ⟨ōrum⟩ N ||primogenitas|| Recht der Erstgeburt
primogenitus ⟨a, um⟩ ADJ ||primus, gignere|| erstgeboren
prīm-ōrdium ⟨ī⟩ N ||primus, ordiri||
1 Uranfang, Ursprung, *meist pl*; **primordia Romanorum** die Anfänge der römischen Herrschaft
2 *Tac.* Regierungsantritt
prīmōrēs ⟨prīmōrum⟩ M ||primoris||
1 (*nachkl.*) die vordersten Reihen
2 (*nachkl.*) *fig* die Vordersten, die Ersten
prīmōris ⟨prīmōre⟩ ADJ *meist pl* ||primus||
1 (*unkl.*) vorderster, vorn; **primores digiti** Fingerspitzen; **primoribus labris aliquid attingere/gustare** *fig* etw nur obenhin berühren, sich nur oberflächlich mit etw beschäftigen
2 vornehmster, angesehenster
prīmulum ADV ||primulus|| ganz am Anfang, ganz zuerst
prīmulus ⟨a, um⟩ ADJ ||primus|| *Com.* der erste
prīmum
A ⟨ī⟩ N ||primus||
1 vortrab; *pl* die vordersten Glieder *im Heer*; **in primo ire** vorn gehen; **prima habere** den ersten Platz haben; **ad prima** vorzüglich
2 Anfang, Beginn, *auch pl*; **in primo** am Anfang, zuerst
3 PL Vorsätze
4 PL Urstoffe, Elemente
B ADV
1 zuerst, fürs Erste
2 zum ersten Mal; **hoc ~** jetzt zum ersten Mal
3 *in Aufzählungen* erstens

4 **ubi ~**/**cum ~**/**ut ~**/**simulac ~**/**simul ~** sobald als; **quam ~** möglichst bald
prīmum-dum ADV *Plaut.* fürs Erste
prīmus ⟨a, um⟩ ADJ
1 *örtl.* der vorderste, *örtl., zeitl., in einer Ordnung* erster; **pedes primi** Vorderfüße; **Idūs primi** die nächsten Iden; **sol ~** aufgehende Sonne; **terra prima** noch junges Land; **~ quisque** einer nach dem anderen, der Reihe nach
2 der erstbeste; **primo quoque tempore** bei der erstbesten Gelegenheit
3 beginnend, vorn; **agmen primum** Vorhut; **in prima provincia** vorn in der Provinz; **in prima epistula** am Anfang des Briefes; **primum saxum** Rand des Felsens; **primā luce** bei Tagesanbruch; **primā nocte** bei Einbruch der Nacht; **primo vere** zu Beginn des Frühlings **primo adventu** gleich bei seiner Ankunft; **prima sapientia** Anfang der Weisheit
4 *fig von Personen u. Sachen* der vornehmste, der wichtigste
⚠ **Primus inter pares.** Erster unter Gleichen. *Bezeichnung, die Augustus für seine Stellung in Rom verwendete*

prīn-ceps
A ⟨principis⟩ ADJ
1 *zeitl. od in einer Reihenfolge* der erste; **Hannibal ~ in proelium ibat** Hannibal ging als Erster in die Schlacht; **aliquis ~ bellum facit** j-d eröffnet den Krieg
2 *fig nach Rang u. Wert* der angesehenste, Haupt...; **principem aliquem ponere** j-n obenan stellen, j-m den Vorrang geben; **~ ad aliquid** vorzüglich zu etw geeignet
B ⟨principis⟩ M
1 Urheber, Anstifter; **~ inveniendi** der erste Erfinder; **~ rogationis** Antragsteller; **~ nobilitati vestrae** der Ahnherr eures Adels
2 Haupt, Hauptperson
3 *pl* die ersten Männer im Staat, die Vornehmsten
4 **~ iuventutis** *in der Republik* Anführer der Ritterzenturien, *seit Augustus* Kronprinz, Prinz
5 (*nachkl.*) Herrscher; *seit Augustus* Kaiser; **uxor principis** Kaiserin; **feminae principes** Frauen aus dem Kaiserhaus
6 PL Soldaten der ersten Schlachtfront, *später* Soldaten der zweiten Schlachtfront; *sg* Manipel der principes, Zenturio der principes
7 **~ mundi** (*mlat.*) Teufel
prīncipālis ⟨prīncipāle, *adv* prīncipāliter⟩ ADJ ||princeps||
1 ursprünglich; (*nachkl.*) hauptsächlich
2 (*nachkl.*) fürstlich, kaiserlich
3 MIL zum Hauptplatz im Lager führend, Haupt...; **via ~** die breite Querstraße *im röm.*

Lager; **porta ~** Seitentor *des Lagers*
prīncipātus ⟨prīncipātūs⟩ M ||princeps||
1 erste Stelle, Vorrang; **principatum sententiae habere** seine Stimme zuerst abgeben können
2 oberste Stelle, *bes im Senat;* Herrschaft; **totius Galliae principatum tenere** die Vorherrschaft über ganz Gallien innehaben
3 *(spätl.)* Kaisertum, Prinzipat; **~ Augusti** Herrschaft des Augustus
4 *meton* Princeps, römischer Kaiser
5 PHIL oberster Grundsatz *des Handelns*
6 Anfang, Ursprung; **aliquo temporis principatu** zu irgendeinem Beginn der Zeit
7 *(mlat.)* Fürstentum
prīncipiālis ⟨prīncipāle⟩ ADJ ||principium|| *Lucr.* anfänglich, ursprünglich
prīncipium ⟨ī⟩ N ||princeps||
1 Anfang, Ursprung; **principium ducere ab aliquo** seine Abstammung von j-m ableiten; **~ belli** Beginn des Krieges
2 *meton* Anfänger, Urheber
3 *fig* Grund, Grundlage, *auch pl;* **principia iuris** Grundlage des Rechtes; **principia naturae/naturalia** Grundtriebe; **principia philosophiae** Grundlehren der Philosophie
4 *fig* Grundstoff, Element
5 MIL Hauptplatz des römischen Lagers, Hauptquartier
6 *in der Volksversammlung* zuerst abstimmende Tribus, zuerst abstimmende Kurie
7 PL *(nachkl.)* MIL Front, die vordersten Reihen
8 *(mlat.)* Prinzip
▷ deutsch: **Prinzip**
prior
A ⟨prius⟩ ADJ komp
1 *örtl.* der vordere, Vorder...; **pars ~** der vordere Teil, Vorderteil
2 *zeitl.* der frühere, der erste *von zwei*
3 vorherig, vorausgehend; **consul ~** der vorherige Konsul; **priore loco dicere** zuerst sagen; **filia ~** die ältere Tochter; **Dionysius ~** Dionysius der Ältere; **populus ~** Volk der früheren Zeiten
4 *von Rang u. Wert* höher stehend, wichtiger; **nihil prius videtur quam** nichts scheint wichtiger als, *+inf*
B ⟨priōris⟩ M
1 PL die Vorfahren
2 *(mlat.)* Prior, Abt, *Vorsteher eines Klosters*
Prīsciānus ⟨ī⟩ M *aus Caesarea in Mauretanien, um 500 n. Chr., der letzte große lat. Grammatiker*
prīscus ⟨a, um, *adv* prīscē⟩ ADJ
1 *von Personen u. Sachen* sehr alt, altertümlich
2 *bes lobend* altehrwürdig; *tadelnd* altmodisch; **Tarquinius ~** Tarquinius der Ältere; **virtus prisca** die alte Sittenordnung
3 *poet* früher, ehemalig; **prisca tempora** frühere Zeiten, alte Zeiten
4 nach alter Art, streng; **prisce agere** ohne Umstände handeln
Prīscus ⟨ī⟩ M *röm. Beiname;* **Qu. Servilius ~** *Eroberer von Veii u. Fidenas;* **C. Helvidius ~** *stoischer Philos., gest. nach 70 n. Chr.*
prīstinus ⟨a, um⟩ ADJ
1 früher, alt, ↔ *Gegenwart;* **in pristinum restituere** in den früheren Zustand zurückversetzen
2 letztvergangen, gestrig; **dies ~** der gestrige Tag
pristis ⟨pristis⟩ F
1 Seeungeheuer, *bes* Wal, *auch als Gestirn*
2 *Verg.* Name eines Schiffes; *meton* schnelles Kriegsschiff
prius ||prior|| ADV eher, zuerst; **plebs montem sacrum prius, deinde Aventinum occupavit** das Volk hat zuerst den heiligen Berg, dann den Aventin besetzt
prius-quam KONJ, *auch getrennt* eher als, ehe, bevor; **~ ad causam redeo** bevor ich zur Sache zurückkomme; **prius ... quam** lieber ... als, *+konjkt*
prīvantia ⟨ōrum⟩ N ||privare|| *aus der Sprachwissenschaft* das Verneinende
prīvāre ⟨ō, āvī, ātum 1.⟩ ||privus||
1 berauben, *aliquem re* j-n einer Sache; **aliquem ~ somno** j-n des Schlafes berauben, j-m den Schlaf rauben
2 *von einem Übel* befreien, *aliquem re* j-n von etw
prīvātim ADV ||privatus||
1 als Privatmann, privat, für seine Person, in eigenem Namen; **maximo ~ periculo** unter größter persönlicher Gefahr; ↔ **publice**
2 *Liv.* zu Hause; **~ se tenere** sich daheim aufhalten
3 aus eigenen Mitteln
prīvātiō ⟨prīvātiōnis⟩ F ||privare|| Befreitsein, *alicuius rei* von etw
prīvātum ⟨ī⟩ N ||privatus|| Privatvermögen, Privatgebrauch; **ex privato** aus eigenen Mitteln, aus dem Haus; **in privatum vendere** zum Privatgebrauch verkaufen
prīvātus
A ⟨a, um⟩ ADJ
1 Privat..., persönlich; **res privatae** Privatangelegenheiten, Privateigentum
2 eigen; eigentümlich
3 *von Personen* ohne öffentliches Amt lebend, als Privatmann lebend
4 *(nachkl.)* nicht kaiserlich, nicht fürstlich; **privati homines** *(mlat.)* einfache Kriegsleute, Mannschaften

B ⟨i⟩ M̄ Privatmann, gewöhnlicher Bürger
▶ deutsch: **privat**
englisch: **private**
französisch: **privé**
spanisch: **privado**
italienisch: **privato**

Prīvernum ⟨i⟩ N̄ Stadt in Latium, heute Priverno
prīvīgna ⟨ae⟩ F̄ ||privignus|| Stieftochter
prīvīgnus ⟨i⟩ M̄ ||privus, gignere|| Stiefsohn; pl Stiefkinder
prīvi-lēgium ⟨i⟩ N̄ ||privus, lex|| Ausnahmegesetz; (nachkl.) Vorrecht; ~ **aetatis** Recht der Erstgeburt
▶ deutsch: **Privileg**

prīvus ⟨a, um⟩ ADJ
1 für sich bestehend, einzeln; **privas verbenas secum ferre** Liv. einzelne grüne Zweige mit sich tragen
2 (unkl.) eigen, besonders; **privis vocibus dicere** Gell. mit besonderen Worten sagen
3 (nachkl.) frei von etw, ohne etw, alicuius rei; **militiae ~** frei vom Militärdienst

prō¹ INT der Klage u. der Verwunderung o!, meist in Beschwörungsformeln, +vok/+akk; **pro sancte Iuppiter** o heiliger Jupiter; **pro deum atque hominum fidem** bei allem, was im Himmel und auf Erden heilig ist

prō²

A Präfix
1 vor-, her
2 vor-
3 für, zum Schutz
4 anstatt

B Adverb
verhältnismäßig

C Präposition
1 vor
2 vorn auf, vorn an
3 für, zugunsten
4 für, statt
5 so gut wie, wie als
6 als Vergeltung für, als Bezahlung für
7 im Verhältnis zu, gemäß

— **A** Präfix —

PRÄF
1 örtl. vor-, her, vorwärts-; **pro-muntorium** Vor-gebirge
2 zeitl. vor-; **pro-videntia** Voraus-sicht
3 für, zum Schutz; **pro-tegere** schützen
4 anstatt; **pro-consul** Statthalter

— **B** Adverb —

ADV verhältnismäßig

— **C** Präposition —

PRÄP +abl
1 örtl. vor, vor einem Gegenstand, den man im Rücken hat; vor ... hin, bei Verben der Bewegung auf die Frage „wohin?"; **sedere pro aede Castoris** vor dem Kastortempel sitzen mit dem Rücken zum Tempel
2 vorn auf, vorn in; **pro suggestu loqui** auf der Rednerbühne sprechen; **pro tectis** vorn auf den Dächern stehend; **pro contione** vor der Volksversammlung, vor dem versammelten Heer
3 für, zugunsten; **pro patria pugnare** für das Vaterland kämpfen; **Ciceronis pro Milone oratio** Ciceros Rede für Milo; **aliquid pro aliquo est** etw ist günstig für j-n; **verba facere pro delicto** zur Entschuldigung sprechen
4 stellvertretend für, statt; **unus pro cunctis** einer für alle; **quid pro triumpho datur** Tac. was immer statt des Triumphes bewilligt wird; **pro collegio respondere** im Namen des Kollegiums antworten; **pro consule** Prokonsuls; **Ciceronis pro praetore nomine** im Namen des Proprätors Cicero
5 bei Gleichheit so gut wie, wie als; **se pro cive gerere** sich als Bürger benehmen; **pro nihilo haberi** für nichts geachtet werden; **pro occiso relinqui** als tot zurückgelassen werden; **mora pro culpa est** Verzögerung gilt als Schuld; **pro hoste esse** als Feind gelten; **pro perfuga venire** als (scheinbarer) Überläufer kommen; **aliquid facere pro amico** etw als Freund tun; **pro certo scire** als sicher wissen
6 als Vergeltung für, zum Lohn für; **huic pro eius virtute maiorem locum restituerat** Caes. diesem hatte er für seine Tüchtigkeit den höheren Rang wiedergegeben; **ulcisci aliquem pro scelere** j-n für ein Verbrechen bestrafen
7 im Verhältnis zu, gemäß; **pro magnitudine periculi** entsprechend der Größe der Gefahr; **consilium pro tempore et pro re capere** einen Beschluss nach Zeit und Umständen fassen; **pro viribus** nach Kräften; **pro mea parte** nach meinen Kräften; **pro se quisque** jeder nach seinen Kräften; **pro portione/pro rata parte** nach bestimmtem Verhältnis; **pro eo quod** im Verhältnis dazu, dass; dementsprechend, dass; **pro eo ac/ut** je nachdem
8 **pro die** (mlat., nlat.) pro Tag; **pro domo** (mlat., nlat.) in eigener Sache; **pro forma** (mlat., nlat.) der Form halber; **pro memoria** (mlat., nlat.) zum Gedächtnis; **pro centum** (mlat., nlat.) Prozent; **pro mille** (mlat., nlat.) Promille; **pro dosi** (mlat., nlat.) MED als Einzelgabe; **pro rata temporis** (mlat., nlat.) auf den Tag genau; **pro tempore** (mlat., nlat.) vorläufig

proāgorus ⟨i⟩ M̄ der oberste Beamte in einigen Städten Siziliens

pro-auctor ⟨proauctōris⟩ M *Suet.* Stammvater

pro-avia ⟨ae⟩ F *Tac., Suet.* Urgroßmutter

proavītus ⟨a, um⟩ ADJ ||proavus|| von den Vorfahren ererbt

pro-avus ⟨ī⟩ M Urgroßvater; Vorfahr

probābilis ⟨probābile, *adv* probābiliter⟩ ADJ ||probare||

① tauglich, gut; **tria civitatum genera probabilia** *Cic.* drei annehmbare Staatsformen

② glaubhaft, glaubwürdig; **causa ~** *Tac.* glaubhafte Begründung

probābilitās ⟨probābilitātis⟩ F ||probabilis|| Glaubhaftigkeit; Wahrscheinlichkeit

probāre ⟨ō, āvī, ātum 1.⟩

① prüfen, untersuchen

② (*unkl.*) nach etw beurteilen, *aliquid re/ex re/a re* etw nach etw

③ als tüchtig anerkennen, billigen, *aliquem/aliquid* j-n/etw, *+AcI/+InfI im passiv +NcI*

④ anerkennen, genehmigen; **aliquem iudicem ~** j-n als Richter anerkennen

⑤ j-m etw als beifallswert erscheinen lassen, *j-n* mit *etw* zufriedenstellen, *alicui aliquid/de re*

⑥ *passiv u.* **se ~** j-s Beifall gewinnen, sich bei j-m beliebt machen, *alicui*; **filius parentibus minus probatur** der Sohn missfällt den Eltern

⑦ glaubhaft machen, beweisen *durch Gründe od Beweise*, absolut od aliquid/alicui etw j-m; **alicui se memorem ~** sich j-m als dankbar erweisen; **aliquid pro vero probatur** etw gilt als wahr

⑧ **aliquem pro aliquo ~** j-n als etw ausgeben, *+AcI*

⑨ (*nachkl.*) durch Beweise überführen *als Täter*

probātiō ⟨probātiōnis⟩ F ||probare||

① Prüfung, Besichtigung; **athletarum ~** *Cic.* Musterung der Athleten

② Genehmigung

③ Schein der Wahrheit

④ (*nachkl.*) Beweis; Beweisführung; **levissimae probationes** *Sen.* sehr oberflächliche Beweisführung

probātīvus ⟨a, um⟩ ADJ ||probare|| *Quint.* den Beweis betreffend

probātor ⟨probātōris⟩ M ||probare|| der etw billigt, Lobredner von *etw, alicuius rei*

probātus ⟨a, um⟩ ADJ ||probare||

① erprobt, bewährt; **viri probati** bewährte Männer; **femina probata** ehrbare Frau

② angenehm, beliebt, *alicui* j-m, bei j-m; **mihi ipse ~** *Tac.* mit mir selbst im Reinen

prober ⟨probra, probrum⟩ ADJ (*altl.*) = **probrosus**

prōbet *Lucr.* = **prohibet**; → **prohibere**

probitās ⟨probitātis⟩ F ||probus|| Rechtschaffenheit, Redlichkeit

problēma ⟨problēmatis⟩ N wissenschaftliche Aufgabenstellung, wissenschaftliche Fragestellung
▶ deutsch: **Problem**

proboscis ⟨proboscidis⟩ F (*unkl.*) Rüssel des Elefanten

probri-perlecebrae ⟨ārum⟩ F *Plaut.* Schmeichelkätzchen, Verführerin

probrōsus ⟨a, um, *adv* probrōsē⟩ ADJ ||probrum||

① schändlich, entehrend; **carmen probrosum** Schmähgedicht

② (*nachkl.*) schimpflich handelnd, lasterhaft

probrum ⟨ī⟩ N

① Beschimpfung, Beleidigung; **probra iactare/iacere in aliquem** j-n beschimpfen

② Schande, Schmach; **probro esse** zur Schande gereichen, **aliquid probro habere** etw für eine Schande halten

③ Schandtat

④ Ehebruch

probus ⟨a, um, *adv* probē⟩ ADJ

① tüchtig, richtig; **ingenium probum** guter Kopf

② echt, unverfälscht; **argentum probum** echtes Silber

③ sittlich ehrlich, anständig

④ *adv in Antworten* recht so!; **probissime** sehr richtig

PROC. *Abk* = **pro consule/pro consulibus** anstelle des Konsuls/der Konsuln; → **consul**

procācitās ⟨procācitātis⟩ F ||procax|| Zudringlichkeit, Frechheit

procārī ⟨or, - 1.⟩ ||procus|| fordern, verlangen

procāx ⟨procācis, *adv* procāciter⟩ ADJ ||poscere|| von Personen u. Sachen frech, unverschämt; **sermo ~** freche Rede

prō-cēdere ⟨cēdō, cessī, cessum 3.⟩

① vorwärts schreiten, hervorkommen, *absolut od ab re/de re/e re* aus etw; **ante portam ~** vor die Tür treten; **~ visum** hinausgehen um zuzuschauen

② MIL vorrücken, marschieren

③ öffentlich erscheinen, auftreten; **in medium ~** unter die Menge treten; **in contionem ~** in der Volksversammlung auftreten

④ *fig von der Zeit* fortschreiten, vorrücken

⑤ *fig* vorwärts kommen, zu Ehren emporsteigen

⑥ *fig* weitergehen, fortdauern

⑦ *fig* Fortschritte machen, tiefer eindringen, *in re/re* in etw; **opere ~** mit dem Bau vorankommen; **puer aetate procedit** der Junge wird älter

⑧ *fig* sich versteigen *bis zu einem Punkt*; **eo magnitudinis ~** sich bis zu dem Grad versteigen;

PROC

quo illud procedit? wie weit geht dies?; **liberius altiusque ~** zu weit über das Thema hinausgehen

[9] *fig* Erfolg haben, gelingen; **si processit** wenn es gut geht

[10] zugute kommen, nützen, *alicui* j-m

procella ⟨ae⟩ F ||procellere||

[1] Sturm, Orkan, Unwetter

[2] (*nachkl.*) stürmischer Angriff; **equester ~** stürmischer Angriff der Reiterei

[3] *fig* Unruhe, Aufruhr

pro-cellere ⟨ō, -, - 3.⟩

[1] darauf stürzen; **se in mensam ~** *Plaut.* sich auf den Tisch stürzen

[2] se ~ sich vordrängen

procellōsus ⟨a, um⟩ ADJ ||procella|| (*nachkl.*) stürmisch, *auch* Sturm erregend

procer ⟨procerls⟩ M einer der Vornehmen; *pl* die Vornehmsten, Aristokratie

prōcēritās ⟨prōcēritātis⟩ F ||procerus|| Schlankheit, Länge; **~ arborum** *Cic.* hoher Wuchs der Bäume

prō-cērus ⟨a, um, *adv* prōcērē⟩ ADJ ||crescere|| lang gewachsen, hoch; **syllabae procerae** METR lange Silben

prō-cessī → procedere

prōcessiō ⟨prōcessiōnis⟩ F ||procedere||

[1] Vorrücken des Heeres

[2] (*spätl.*) feierlicher Umzug, REL Prozession

prō-cessum PPP → procedere

prōcessus ⟨prōcessūs⟩ M ||procedere||

[1] (*nachkl.*) Fortschreiten

[2] Fortschritt, Wachstum; **~ dicendi** *Cic.* Fortschritt als Redner

[3] (*nachkl.*) *poet* glücklicher Ausgang, Glück

Prochyta ⟨ae⟩ F, **Prochytē** ⟨Prochytēs⟩ F kleine Insel vor Misenum in Kampanien, heute Procida

prō-cidere ⟨cidō, cidī, - 3.⟩ ||cadere|| (*nachkl.*) nach vorn niederfallen

prōcīnctus ⟨prōcīnctūs⟩ M Bereitmachen zum Kampf; **in procinctu** in Kampfbereitschaft, in Bereitschaft

prō-clāmāre ⟨ō, āvī, ātum 1.⟩ schreien, laut rufen

prōclāmātiō ⟨prōclāmātiōnis⟩ F ||proclamare|| Ausrufen, Schreien

prōclāmātor ⟨prōclāmātōris⟩ M ||proclamare|| = clamator; Schreier; schlechter Sachwalter

prōclīnāre ⟨ō, āvī, ātum 1.⟩ (*nachkl.*) *poet* vorwärts beugen, abwärts neigen; *passiv* sich vorwärts neigen; **proclinatus** der Entscheidung nahe, auf abschüssiger Bahn

prō-clīvis ⟨prōclīve⟩ ADJ, **prō-clīvus** ⟨a, um *adj*, *adv* prōclīve *u.* prōclīvī⟩ ||pro², clivus||

[1] (*nachkl.*) vorwärts geneigt, abschüssig, *auch* *fig*; **per proclive/in proclive** bergab, abwärts; **proclivi currere** rasch abwärts laufen

[2] *fig* schwierig, dunkel

[3] *fig* geneigt, bereit, *ad aliquid* zu etw

[4] *fig* leicht (ausführbar); **in proclivi esse** leicht sein

prōclīvitās ⟨prōclīvitātis⟩ F ||proclivis||

[1] (*nachkl.*) abschüssige Lage, Abhang

[2] *fig* Neigung, Geneigtheit, *ad aliquid* zu etw

Procnē ⟨Procnēs⟩ F

[1] die in eine Schwalbe verwandelte Schwester der Philomele

[2] *Verg. meton* Schwalbe

procoetōn ⟨procoetōnis⟩ N *Plin.* Vorzimmer

prō-cōnsul ⟨prōcōnsulis⟩ M

[1] ehemaliger Konsul, Prokonsul

[2] Statthalter *einer Provinz nach seiner Amtszeit als Konsul*, Verwalter *einer senatorischen Provinz in der Kaiserzeit*

prōcōnsulāris

A ⟨prōcōnsulāre⟩ ADJ ||proconsul|| (*nachkl.*) prokonsularisch; **imago ~** *Liv.* Schattenbild der konsularischen Gewalt; **ius proconsulare** *Tac.* Recht des Prokonsuls

B ⟨prōcōnsulāris⟩ M Prokonsul

prōcōnsulātus ⟨prōcōnsulātūs⟩ M ||proconsul||

[1] Prokonsulat, Amt des Prokonsuls

[2] Statthalterschaft, Amt des Statthalters

prō-crāstināre ⟨ō, āvī, ātum 1.⟩ ||crastinus|| vertagen, aufschieben

prōcrāstinātiō ⟨prōcrāstinātiōnis⟩ F ||procrastinare|| Aufschub, Vertagung

prō-creāre ⟨ō, āvī, ātum 1.⟩

[1] zeugen, *ex aliqua/de aliqua* mit einer Frau

[2] gebären

[3] *fig* hervorbringen, schaffen

prōcreātiō ⟨prōcreātiōnis⟩ F ||procreare|| Zeugung

prōcreātor ⟨prōcreātōris⟩ M ||procreare|| Erzeuger; *fig* Schöpfer; *pl* Eltern

prōcreātrīx ⟨prōcreātrīcis⟩ F ||procreator|| Urheberin, Mutter

prō-crēscere ⟨ēscō, -, - 3.⟩ *Lucr.* hervorwachsen

Procris ⟨Procris⟩ F attische Königstochter, wurde von ihrem Gatten auf der Jagd versehentlich getötet

Procrūstēs ⟨Procrūstae⟩ M MYTH Wegelagerer in Attika, der Reisende nach der Größe seines Folterbettes entweder streckte, wenn sie klein waren, oder ihnen Gliedmaßen abschlug, wenn sie groß waren; von Theseus getötet

prō-cubāre ⟨ō, uī, - 1.⟩ *Verg.* hingestreckt daliegen

prō-cubuī → procubare *u.* → procumbere

prō-cūdere ⟨cūdō, cūdī, cūsum 3.⟩

1 (nachkl.) schmieden, hämmern; **enses ~** Schwerter schmieden

2 fig formen; Lucr. schaffen; **dolos ~** Ränke schmieden

procul ADV

1 in die Ferne

2 fern, in die Ferne, ab re|re von etw; **flumen non ~ est** der Fluss ist nicht weit (entfernt); **res haud ~ seditione erat** die Sache war nicht weit von einem Aufruhr entfernt; **~ dubio** ohne Zweifel; **~ errare** sehr irren; **aliquid ~ habere** etw verachten, etw verabscheuen; **haud ~ est, quin** es ist nahe daran, dass

3 aus der Ferne, von fern

4 zeitl. lange vor, +abl; **haud ~ solis occasu** Liv. nicht lange vor Sonnenuntergang

prō-culcāre ⟨ō, āvī, ātum 1.⟩ ||calcare||

1 niedertreten, zertreten

2 fig erniedrigen

prōculcātiō ⟨prōculcātiōnis⟩ F̄ ||proculcare|| (nachkl.) Zerschlagung, Zertrümmerung; **~ regni** Sen. Zerschlagung einer Herrschaft

prō-cumbere ⟨cumbō, cubuī, cubitum 3.⟩

1 von Personen sich vorwärts legen, sich vorbeugen

2 von Sachen sich neigen, sich schräg stellen

3 sich legen; niederfallen

4 sich bittend zu Füßen werfen, alicui j-m

5 fig von Sachen einstürzen; vom Getreide sich legen; **agger in fossam procumbit** der Wall stürzt in den Graben

6 fig sinken, in Verfall geraten

prō-cūrāre ⟨ō, āvī, ātum 1.⟩

1 besorgen, verwalten

2 (nachkl.) poet kaiserlicher Prokurator sein, absolut

3 pflegen, **corpus** den Körper

4 REL entsühnen

prōcūrātiō ⟨prōcūrātiōnis⟩ F̄ ||procurare||

1 Besorgung einer Sache, Verwaltung

2 Amt eines kaiserlichen Prokurators, kaiserliche Finanzverwaltung

3 REL Sühnung, Sühneopfer; **procurationes incesti** Tac. Reinigungszeremonien wegen Blutschande

prōcūrātiuncula ⟨ae⟩ F̄ ||procuratio|| Sen. Prokuratorenpöstchen

prōcūrātor ⟨prōcūrātōris⟩ M̄ ||procurere||

1 Verwalter, Vorsteher, als Beamter; **~ aerarii** Verwalter der Staatskasse; **~ regni** Reichsverwalter, Reichsverweser; **~ ludi** Vorsteher der kaiserlichen Gladiatorenschule

2 im Privatleben Stellvertreter, Hausverwalter

3 in der Kaiserzeit kaiserlicher Prokurator zur Erhebung der kaiserlichen Einkünfte

prōcūrātrīx ⟨prōcūrātrīcis⟩ F̄ ||procurator|| Pflegerin

prō-currere ⟨currō, (cu)currī, cursum 3.⟩

1 hervorstürmen; MIL vorrücken

2 vom Meer vorwärts stürmen

3 (nachkl.) von Örtlichkeiten vorragen, sich erstrecken

prōcursāre ⟨ō, -, - 1.⟩ ||procurrere|| (nachkl.) vorlaufen

prōcursātiō ⟨prōcursātiōnis⟩ F̄ ||procursare|| Liv. Geplänkel

prō-cursātor ⟨prōcursātōris⟩ M̄ ||procursare|| meist PL Plänkler

prōcursiō ⟨prōcursiōnis⟩ F̄ ||procurrere||

1 rasches Vorschreiten des Redners auf die Zuhörer zu

2 Abschweifung

prōcursum PPP → procurrere

prōcursus ⟨prōcursūs⟩ M̄ ||procurrere|| (nachkl.) poet Vorlaufen, Vorstürmen

prōcurvus ⟨a, um⟩ ADJ Verg. vorwärts gekrümmt

procus ⟨ī⟩ M̄ Freier; fig Bewerber

Procyōn ⟨Procyōnis⟩ M̄ Kleiner Hund, als Sternbild

prōd-āctus ⟨a, um⟩ PPP → prodigere

prōd-ambulāre, prōdeambulāre ⟨ō, -, - 1.⟩ Ter. hervorspazieren

prōd-ēgī → prodigere

prō-dere ⟨dō, didī, ditum 3.⟩

1 weitergeben; **genus a sanguine Teucri ~** das Geschlecht aus dem Blut der Troer fortpflanzen

2 fig übergeben, überliefern, alicui aliquid j-m etw; **posteris ~** der Nachwelt überliefern

3 fig berichten, melden; **memoriā proditum est** die Sage hat sich erhalten; **memoriā et litteris ~** mündlich und schriftlich überliefern, +AcI

4 poet hervorbringen, zum Vorschein bringen

5 veröffentlichen, bekannt machen; **exemplum ~ in aliquo** an j-m ein Beispiel statuieren

6 ernennen, wählen, zu einem Amt; **aliquem interregem ~** j-n zum Zwischenkönig ernennen

7 Geheimnisse verraten; **cultu prodi** durch die Kleidung verraten werden

8 ausliefern, preisgeben; **fidem ~** sein Wort brechen

9 (vkl.) einen Termin verschieben; **nuptiis dies ~** Ter. den Termin für die Hochzeit hinausschieben

prōd-esse ⟨prōsum, prōfuī, - 0.⟩

1 nützlich sein, helfen, absolut od alicui|alicui rei j-m/einer Sache, ad aliquid|in aliquid zu etw, für etw, in re in etw, bei etw

2 (nachkl.) MED helfen

prō-dīcere ⟨dīcō, dīxī, dictum 3.⟩ *einen Termin* gerichtlich verschieben, verlegen
Prodicius ⟨a, um⟩ ADJ des Prodicus
prō-dictātor ⟨prōdictātōris⟩ M *Liv.* stellvertretender Diktator
Prodicus ⟨ī⟩ M Sophist z. Zt. des Sokrates
prō-didī → prodere
prōdigentia ⟨ae⟩ F ||prodigere|| Verschwendung
prōd-igere ⟨igō, ēgī, āctum 3.⟩ ||agere||
① *(vkl., nachkl.)* hervortreiben, **sues** Schweine
② *fig* verschwenden, vertun
prōdigiālis ⟨prōdigiāle, *adv* prōdigiāliter⟩ ADJ ||prodigium||
① *Plaut.* Ungünstiges abwehrend
② *(nachkl.) poet* ungeheuerlich
prōdigiōsus ⟨a, um, *adv* prōdigiōsē⟩ ADJ ||prodigium|| *(nachkl.)* abenteuerlich, unnatürlich; **prodigiosum dictu** *Tac.* schauerlich zu sagen
prōdigium ⟨ī⟩ N ||aio||
① Wunderzeichen, unerklärliche Erscheinung, *meist Unglück verkündend*
② Ungeheuerlichkeit, ungeheuerliches Ereignis
③ *von Menschen u. Tieren* Ungeheuer, Scheusal
prōdigus ⟨a, um, *adv* prōdigē⟩ ADJ ||agere||
① verschwenderisch, *re* mit etw; **prodige vivere** verschwenderisch leben
② *von Sachen* reich, fruchtbar, *alicuius rei* an etw
③ leicht hingebend, nicht achtend, *alicuius rei* etw; **vitae ~** sein Leben nicht achtend
prōd-īre ⟨eō, iī, itum 0.⟩
① hervorgehen; *von Schiffen* auslaufen
② *fig* erscheinen, sich zeigen
③ vorrücken, vordringen; **~ volando** vorwärts fliegen; **extra modum ~** *fig* das Maß überschreiten, *re* in etw
④ *fig von Örtlichkeiten* vortreten, vorragen
prōditiō ⟨prōditiōnis⟩ F ||prodere|| Preisgeben, Verrat, *alicuius rei* einer Sache, an etw
prōditor ⟨prōditōris⟩ M ||prodere|| Verräter; *adj* verräterisch
prō-docēre ⟨eō, -, - 2.⟩ *Hor.* laut lehren
prodromus ⟨ī⟩ M
① Eilbote, Kurier
② PL *Lic. fig* Nordnordostwinde
prō-dūcere ⟨dūcō, dūxī, ductum 3.⟩
① vorführen, hervorführen; **captivos ~** Gefangene vorführen
② öffentlich auftreten lassen, auf die Bühne bringen
③ *Truppen* ausrücken lassen
④ ausliefern
⑤ *(vkl.) poet* begleiten, geleiten
⑥ *fig* hervorbringen; großziehen
⑦ weiter vorschieben, vorziehen
⑧ hervorlocken, verlocken; **naves ~** Schiffe herauslocken
⑨ *rangmäßig* befördern; erhöhen
⑩ *örtl.* weiter ausdehnen; **aciem longius ~** *Caes.* die Schlachtreihe weiter auseinanderziehen
⑪ *zeitl.* hinauszögern; *in Aussprache u. Ausdruck* dehnen; **rem in hiemem ~** die Angelegenheit bis in den Winter hinauszögern; **syllabam ~** eine Silbe dehnen
▶ deutsch: **produzieren**
prōducta ⟨ōrum⟩ N ||productus²|| *Sen.* vorzuziehende Dinge, schätzenswerte Dinge
prōductāre ⟨ō, -, - 1.⟩ ||producere|| *Ter.* hinziehen
prōductiō ⟨prōductiōnis⟩ F ||producere||
① Verlängerung, Hinausschieben; **~ verbi** Verlängerung eines Wortes durch eine Silbe
② Dehnung *durch Aussprache*
prōductus¹ ⟨a, um⟩ ADJ ||producere||
① verlängert, ausgestreckt
② *zeitl.* in die Länge gezogen
prō-ductus² ⟨a, um⟩ PPP → producere
prō-dūxī → producere
proēgmena ⟨ōrum⟩ N PHIL vorzuziehende Dinge
proeliārī ⟨or, ātus sum 1.⟩ ||proelium||
① kämpfen, *vor Gericht* mit Worten streiten
② *fig* mit j-m schlafen
proeliāris ⟨proeliāre⟩ ADJ ||proelium|| *(vkl., nachkl.)* Schlacht…
proeliātor ⟨proeliātōris⟩ M ||proeliari|| *Tac.* Kämpfer, Krieger
proelium ⟨ī⟩ N
① Kampf, Schlacht, *auch fig*; **~ navale** Seeschlacht; **~ equestre** Reiterkampf; **proelium committere** eine Schlacht liefern
② *Liv.* Zweikampf
③ Angriff
④ Krieg
⑤ PL die Kämpfer, die Krieger
⑥ *allg.* Streit, Konflikt
profānāre ⟨ō, āvī, ātum 1.⟩ ||profanus|| entweihen, entheiligen
profānum ⟨ī⟩ N ||profanus|| weltlicher Besitz; **in profano** auf ungeweihtem Boden
pro-fānus ⟨a, um⟩ ADJ
① ungeweiht, unheilig
② nicht eingeweiht *in einen Kult*
③ *(nachkl.)* unrein; **animalia profana** unreine Tiere
④ gottlos, ruchlos, *auch* Unheil verkündend
⑤ *(mlat.)* heidnisch
▶ deutsch: **profan**
pro-fārī ⟨for, fātus sum 1.⟩ *(vkl.)*
① heraussagen, reden; **paternum nomen ~**

den Namen des Vaters aussprechen
2 weissagen

profatus *abl* ⟨profatū⟩ M̄ ||profari|| (*nachkl.*) Aussprechen

prō-fēcī → proficere

profectiō ⟨profectiōnis⟩ F̄ ||proficisci||
1 Aufbruch, Abmarsch
2 *fig* Herkunft

profectō ADV ||pro, factum|| wirklich; jedenfalls

prō-fectum PPP → proficere

pro-fectus¹ ⟨a, um⟩ PPERF → proficisci

pro-fectus² ⟨prōfectūs⟩ M̄ ||proficere|| (*vkl., nachkl.*) Fortschritt, Wirkung; **sine profectu** vergeblich; **profectu carere** erfolglos sein

prō-ferre ⟨ferō, tulī, lātum 0.⟩
1 hervortragen, heraustragen; **pecuniam ~** Geld hergeben
2 vorstrecken, vorzeigen; **e stagno caput ~** *Phaedr.* den Kopf aus dem Teich strecken
3 *fig* öffentlich zeigen
4 *als Erfinder* hervorbringen, schaffen; **nova rerum nomina ~** *Hor.* für etw neue Namen schaffen
5 *fig* veröffentlichen, bekannt machen; **ingenium ~** Talent zeigen
6 *fig* vortragen, verkünden; **sententiam ~** *Tac.* seine Meinung aussprechen
7 vorwärtstragen, weitertragen; **gradum ~** weitergehen
8 *örtl.* weiter ausdehnen; *zeitl.* verlängern; **imperium usque ad mare prolatum est** *Liv.* das Herrschaftsgebiet wurde bis zum Meer ausgedehnt
9 *zeitl.* verschieben, aufschieben; **exercitum ~** die Versammlung des Heeres verschieben; **res ~** die öffentlichen Geschäfte vertagen = Gerichtsferien eintreten lassen; **res prolatae** Stillstand der öffentlichen Geschäfte, Eintritt der Gerichtsferien

professae ⟨ārum⟩ F̄ ||professus²|| Dirnen, Prostituierte

professiō ⟨professiōnis⟩ F̄ ||profiteri||
1 (*unkl.*) öffentliche Erklärung, Äußerung
2 offizielle Erklärung, Angabe *vor einer Behörde*
3 *meton* Beruf; (*nachkl.*) Lehrstuhl; **oratorum ~** *Tac.* Berufsstand der Redner
4 Bekenntnis, Gelübde

professor ⟨professōris⟩ M̄ ||profiteri|| (*nachkl.*) öffentlich angestellter Lehrer, Professor

professōrius ⟨a, um⟩ ADJ ||professor|| (*nachkl.*) schulmeisterlich, Schulmeister...

professus¹ ⟨a, um⟩ PPERF → profiteri

professus² ⟨a, um⟩ ADJ ||profiteri|| zugestanden, offenkundig; **ex professo** vorsätzlich

prō-fēstus ⟨a, um⟩ ADJ (*nachkl.*) *poet* nicht festlich, alltäglich; **profestis lucibus et sacris** *Hor.* an Werk- und Festtagen

prō-ficere ⟨ficiō, fēcī, fectum 3.⟩ ||facere||
1 vorwärts kommen, fortschreiten
2 *fig* Fortschritte machen, gewinnen, *ad aliquid / in aliquid* in Bezug auf etw; **~ aliquid in philosophia** in der Philosophie Fortschritte machen; **hoc tantum proficiunt** *Petr.* nur dies erreichen sie
3 *von Leblosem* helfen, dienen; *von Heilmitteln* wirken; **plurimum ~** sehr viel helfen

proficīscī ⟨ficiscor, fectus sum 3.⟩ ||proficere||
1 aufbrechen, abfahren; **~ ad somnum/ad dormiendum** schlafen gehen; **venatum ~** zur Jagd aufbrechen
2 MIL marschieren; **in pugnam ~** in den Kampf ziehen; **alicui auxilio ~** j-m zu Hilfe kommen
3 RHET fortfahren; übergehen, *ad aliquid* zu etw; **~ ad reliqua** *Cic.* zum Rest übergehen
4 *von etw* ausgehen, den Anfang von *etw* aus machen, *a re*
5 herkommen, abstammen, *ab aliquo* von j-m, *a re/ex re* von einer Sache; **profecti ab Aristotele** die Schüler des Aristoteles, die Schule des Aristoteles

pro-fitērī ⟨fiteor, fessus sum 2.⟩ ||fateri||
1 offen bekennen, **verum** die Wahrheit; **dolorem ~** Schmerz äußern
2 öffentlich erklären, anmelden; **(nomen) ~** sich zum Kriegsdienst melden, sich als Bewerber melden; **lenocinium ~** (*nachkl.*) sich als Prostituierte beim Ädil registrieren lassen; **se profiteri alicuius** sich öffentlich für etw ausgeben; **se amicum ~** sich einen Freund nennen
3 als sein Fach angeben, *bes* Professor *eines Faches* sein
4 versichern, versprechen; **se adiutorem ad aliquid ~** seinen Beistand zu etw anbieten; **indicium ~** erklären, dass man ein Aussage machen möchte, eine Anzeige machen
5 (*mlat.*) das Klostergelübde ablegen

prō-flāre ⟨ō, āvī, ātum 1.⟩ (*nachkl.*) hervorblasen, **flammas** Flammen; **somnum ~** schnarchen

prōflīgāre ⟨ō, āvī, ātum 1.⟩
1 niederschlagen, überwältigen; **copias hostium ~** die Truppen der Feinde überwältigen
2 *fig* MIL stürzen, vernichten; **rem publicam ~** *Cic.* den Staat vernichten
3 *fig* moralisch erniedrigen, tief sinken lassen
4 *fig* niederdrücken
5 *fig* dem Ende nahe bringen, erledigen; **bellum ~** den Krieg beinahe vollenden

prōflīgātor ⟨prōflīgātōris⟩ M̄ ||profligare|| (*nachkl.*) Verschwender

prōflīgātus ⟨a, um⟩ ADJ ||profligare||
1 *von Personen* ruchlos
2 *von Alter u. Zeit* weit vorgerückt

prōfluēns
A ⟨prōfluentis⟩ ADJ, ADV ⟨prōfluenter⟩ ||profluere||
1 hervorfließend, hervorströmend; *adv* in reichem Maß; **in aquam profluentem** *Liv.* ins strömende Wasser
2 ruhig, gleichförmig; **~ sermo** flüssige Redeweise
B ⟨prōfluentis⟩
1 *n* Redestrom
2 *F* fließendes Wasser

prōfluentia ⟨ae⟩ F ||profluens|| Hervorströmen; *fig* Strom

prō-fluere ⟨fluō, flūxī, - 3.⟩
1 hervorfließen, hervorstromen; **Mosa profluit ex monte Vogeso** *Caes.* die Maas entspringt in den Vogesen
2 *fig* unbemerkt *irgendwohin* gelangen, gleiten; **ad incognitas libidines ~** *Tac.* sich noch nicht gekannten Lüsten hingeben

prōfluvium ⟨ī⟩ N ||profluere|| (*nachkl.*) Hervorfließen; **~ ventris** Durchfall

pro-fugere ⟨fugiō, fūgī, - 3.⟩
A VI entfliehen, flüchten; **noctu clam ~** *Sall.* nachts heimlich entfliehen
B VT fliehen, *aliquem/aliquid* vor j-m/vor etw; **civium conspectum ~** den Blick der Bürger meiden

profugus
A ⟨a, um⟩ ADJ ||profugere||
1 flüchtig
2 verbannt
B ⟨ī⟩ M
1 Flüchtling
2 Verbannter
3 Abtrünniger *vom Glauben*

prō-fuī → **prodesse**

pro-fundere ⟨fundō, fūdī, fūsum 3.⟩
1 hingießen, vergießen; *passiv u.* **se ~** sich ergießen, hervorströmen; **lacrimas ~** Tränen vergießen; **omnes vires ~** alle Kräfte aufbieten; **multitudo sagittariorum se profudit** *Caes.* die Schar der Bogenschützen schwärmte aus; **se ~ in questūs** in Klagen ausbrechen; **totum se in aliquem ~** sich j-m ganz hingeben
2 herabhängen lassen; *passiv* herabhängen
3 *fig* aushauchen, ausstoßen; **voces ~** Schreie ausstoßen
4 *fig* opfern, preisgeben
5 *fig* verschwenden, vergeuden; **pecuniam ~** Geld verschwenden
6 niederstrecken, niederwerfen; **somnus membras profundit** *Lucr.* der Schlaf streckt die Glieder hin

profundum ⟨ī⟩ N ||profundus|| Tiefe, Abgrund; **~ maris** Tiefe des Meeres; **~ camporum** tief gelegene Felder; **veritas in profundo demersa** *fig* die in der Tiefe ruhende Wahrheit

profundus ⟨a, um⟩ ADJ
1 tief, bodenlos
2 tief; **silvae profundae** tiefe Wälder; **profundae tenebrae** tiefe Finsternis; **profunda nox** tiefe Nacht
3 dicht; **grando profunda** dichter Hagel
4 hoch; **caelum profundum** hoher Himmel
5 *fig* in der Unterwelt; **manes profundi** *Verg.* die Seelen in der Unterwelt
6 *fig* unermesslich, unersättlich; **profundae libidines** *Cic.* unersättliche Leidenschaften

profūsiō ⟨profūsiōnis⟩ F ||profundare|| (*nachkl.*) Ausfluss, *fig* Verschwendung; **~ sanguinis** Ausfluss des Blutes

profūsus ⟨a, um, *adv* profūsē⟩ ADJ ||profundere||
1 (*vkl.*) herabhängend, lang
2 ausgelassen, unmäßig; **hilaritas profusa** ausgelassene Fröhlichkeit; **profuge tendere in castra** in wilder Flucht dem Lager zustreben
3 *von Personen* verschwenderisch; *von Sachen* kostspielig; **nepos ~** verschwenderischer Enkel; **epulae profusae** üppige Gastmähler

prō-gener ⟨prōgenerī⟩ M *Sen.* Gatte der Enkelin

prō-generāre ⟨ō, āvī, ātum 1.⟩ (*nachkl.*) *poet* zeugen

prōgeniēs ⟨prōgeniēī⟩ F ||progignere||
1 Abstammung, Geschlecht
2 *meton* Nachkommenschaft
3 Nachkomme; *Ov. fig* Werke eines Dichters

prōgenitor ⟨prōgenitōris⟩ M ||progignere|| (*unkl.*) Stammvater

prō-gignere ⟨gignō, genuī, genitum 3.⟩ zeugen, erzeugen; *von der Frau* gebären; *passiv* entstehen

prō-gnāriter ADV ||gnarus|| (*vkl.*) klipp und klar; **indicare pretium ~** *Plaut.* den Preis klipp und klar nennen

prōgnātus ⟨a, um⟩ ADJ erzeugt, geboren; **ab aliquo/ex aliquo ~** von j-m abstammend; **sēmet prognati** Sprösslinge seines Geschlechts

Prognē ⟨Prognēs⟩ F = **Procne**

prognōstica ⟨ōrum⟩ N Vorzeichen des Wetters, Titel von Ciceros Übersetzung eines Gedichtes von Aratos

programma ⟨programmatis⟩ N (*spätl.*) Bekanntmachung, Edikt

prō-gredī ⟨gredior, gressus sum 3.⟩ ||gradi||
1 herausschreiten, auftreten; **in publicum ~** öffentlich auftreten, ausgehen

vorwärts gehen; *von Schiffen* weitersegeln
3 *fig* in der Rede fortschreiten, weiter ausholen; **longius ~ non posse** kein Wort weiter vorbringen
4 *fig* Fortschritte machen, vorwärts kommen
5 *fig* zu weit gehen

prōgressiō ⟨prōgressiōnis⟩ F = **progressus**; *fig* Fortschritt; RHET Steigerung *als Stilfigur*

prōgressus[1] ⟨prōgressūs⟩ M ||progredi||
1 Vorwärtschreiten, Fortschreiten
2 MIL Vorrücken
3 *fig* Anfang
4 *fig* Fortschritt, Entwicklung

prō-gressus[2] ⟨a, um⟩ PPERF → **progredi**

progymnastēs ⟨progymnastae⟩ M *Sen.* Vorturner, Trainer

prōh INT = **pro**[1]

pro-hibēre ⟨hibeō, hibuī, hibitum 2.⟩ ||habere||
1 fernhalten, abwehren; MIL abschneiden, *ab re/re* von etw; **praedones ab insula ~** die Seeräuber von der Insel fernhalten; **aliquem oppidō ~** j-m den Zugang zur Stadt verwehren; **aliquem senatū ~** j-n aus dem Senat ausschließen; **hostem aquā ~** den Feind vom Wasser abschneiden
2 verhindern, hindern, *aliquem re/ab re* j-n an etw, *aliquem id* j-n daran, *ne/quominus* dass, *verneint mit quin* dass, *+inf/+AcI*; **aditum ~** den Zugang verhindern; **~ aliquem (a) reditu** j-n an der Rückkehr hindern
3 verbieten
4 schützen, bewahren, *aliquem/aliquid* j-n/etw, *ab re/re* vor etw, gegen etw; **rem publicam a periculo ~** den Staat vor der Gefahr schützen

prohibitiō ⟨prohibitiōnis⟩ F ||prohibere|| Verbot; **~ sceleris** *Caes.* Verbot eines Verbrechens

prō-icere ⟨iciō, iēcī, iectum 3.⟩ ||iacere||
1 vorwerfen, *alicui aliquid* j-m etw
2 vorstrecken, ausstrecken; *passiv* vorragen, herausragen
3 hinauswerfen; verbannen; **aliquem in insulam ~** j-n auf eine Insel verbannen
4 *(nachkl.) poet* wegwerfen, ablegen; **arma ~** die Waffen niederlegen; **lacrimas ~** Tränen vergießen
5 se ~ sich niederwerfen, sich stürzen; **se ex navi ~** über Bord springen; **se in iudicium ~** sich zu einem Prozess drängen
6 *fig* etw verschmähen, auf *etw* verzichten, *aliquid*
7 *fig* preisgeben; **senatūs auctoritatem ~** den Einfluss des Senats für nichts achten
8 se ~ in aliquid sich zu etw erniedrigen
9 *Tac. zeitl.* hinziehen, hinhalten

proiectīcius ⟨a, um⟩ ADJ ||proiectus|| *Plaut.* ausgesetzt, preisgegeben

proiectiō ⟨proiectiōnis⟩ F ||proicere|| Ausstrecken, **brachii** des Armes

proiectus[1] ⟨a, um⟩ ADJ ||proicere||
1 hervortretend, hervorspringend; **saxa proiecta** vorspringende Felsen
2 *fig* außerordentlich, unmäßig
3 neigend, *ad aliquid* zu etw
4 nach vorn hingestreckt, daliegend
5 *(nachkl.) fig* verachtet
6 *Tac. fig* niedergeschlagen

proiectus[2] *abl* ⟨proiectū⟩ M ||proicere|| ausgestreckte Lage

prō-iectus[3] ⟨a, um⟩ PPP → **proicere**

proin, pro-inde ADV
1 demnach, daher, folglich
2 ebenso, auf gleiche Weise; **proinde quasi/ac si** gleich als ob, gerade wie wenn, +*konjkt*

pro-lābī ⟨lābor, lāpsus sum 3.⟩
1 *(vkl.) poet* vorwärts gleiten, vorwärts schlüpfen; **elephanti prolabebantur** *Liv.* die Elefanten glitten vorwärts
2 vorwärts herabgleiten, vorwärts herabfallen
3 in *etw* verfallen, *in aliquid/ad aliquid* in etw; **~ longior quam** weitläufiger werden als
4 *von Bauten* einstürzen
5 *fig* irren, fehlen, *re* infolge einer Sache
6 *fig* sinken, verfallen

prōlāpsiō ⟨prōlāpsiōnis⟩ F ||prolabi|| Ausgleiten

prōlātāre ⟨ō, āvī, ātum 1.⟩ ||proferre||
1 *(nachkl.) poet* erweitern, vergrößern
2 *fig* aufschieben, verzögern
3 *Tac. fig* hinhalten, fristen; **vitam ~** sein Leben fristen

prōlātiō ⟨prōlātiōnis⟩ F ||proferre||
1 mündlicher Vortrag, Erwähnung; **~ exemplorum** Erwähnung von Beispielen
2 *(nachkl.)* Ausweiten; **~ finium** das Ausweiten des Gebietes
3 *zeitl.* Verschiebung, Aufschub; **~ diei** das Aufschieben des Termins; **~ rerum** Gerichtsferien

prō-lātus ⟨a, um⟩ PPP → **proferre**

prōlectāre ⟨ō, āvī, ātum 1.⟩ ||prolicere|| verlocken, reizen

prōlēs ⟨prōlis⟩ F ||alere||
1 Sprössling; Nachkommenschaft
2 junge Mannschaft; **peditum equitumque ~** *Cic.* Nachwuchs des Fußvolkes und der Reiterei

prōlētāriī ⟨ōrum⟩ M ||proletarius|| Angehörige der untersten Gesellschaftsklasse, *die kein Vermögen besaßen u. vom Kriegsdienst befreit waren*

prōlētārius ⟨a, um⟩ ADJ ||proles||
1 zur untersten Gesellschaftsklasse gehörig

2 *Plaut. fig* niedrig, gewöhnlich

prō-licēre ⟨ō, -, - 3.⟩ (*unkl.*) anlocken, hervorlocken

pro-lixus ⟨a, um, *adv* prolixē⟩ ADJ

1 (*nachkl.*) *poet* lang, wallend

2 *adv* reichlich

3 geneigt, bereitwillig; **parum prolixe** wenig zuversichtlich; **~ in aliquem** j-m sehr zugetan

4 *von Sachen* glücklich, günstig

prōlocūtor ⟨prōlocūtōris⟩ M ||proloqui|| *Quint.* Redner; Sachwalter

prologūmenē lex *Sen.* Gesetz mit Vorwort

prōlogus ⟨ī⟩ M (*vkl., nachkl.*) Vorwort, Prolog *eines Theaterstückes*; Sprecher des Prologs

prō-longāre ⟨ō, āvī, ātum 1.⟩ ||longus|| (*eccl.*) verlängern

prō-loquī ⟨loquor, locūtus sum 3.⟩ aussprechen; weissagen; **~ in senatu** im Senat reden

prō-lubium ⟨ī⟩ N ||lubet|| (*vkl., nachkl.*) Lust; Vergnügen

prō-lūdere ⟨lūdō, lūsī, lūsum 3.⟩

1 ein Vorspiel machen; *fig* sich vorbereiten, **ad pugnam** zum Kampf

2 einen Vortrag einleiten, *re* mit etw

prō-luere ⟨luō, luī, lūtum 3.⟩ ||lavare||

1 hervorspülen, ausspülen

2 wegspülen

3 waschen, befeuchten; **praecordia ~** *Hor.* die Gedärme reinigen; **pleno se ~ auro** den vollen Goldbecher austrinken

prōlūsiō ⟨prōlūsiōnis⟩ F ||proludere|| Vorspiel, Probe

prōluviēs ⟨prōluviēī⟩ F ||proluere||

1 Überschwemmung

2 (*nachkl.*) Unrat

prō-mercālis ⟨prōmercāle⟩ ADJ ||mercari|| (*nachkl.*) verkäuflich

prōmere ⟨prōmō, prōmpsī, prōmptum 3.⟩

1 hervornehmen, hervorholen

2 hervorbringen, zeigen; **sol diem promit** die Sonne lässt den Tag erscheinen; **clienti iura ~** dem Klienten Rechtsbescheide geben; **aliquid in publicum ~** etw öffentlich bekannt machen; **argumenta ex re ~** einer Sache Beweismittel entnehmen

3 vortragen, erzählen; **orationem ~** eine Rede halten

prō-merēre ⟨eō, uī, itum 2.⟩, **prō-merērī** ⟨eor, itus sum 2.⟩

1 etw verdienen, sich einen Anspruch auf *etw* erwerben, *aliquid*

2 (*nachkl.*) *pej* verschulden, sich zuziehen; **poenam ~** sich eine Strafe zuziehen

3 (*nachkl.*) erwerben, erlangen

4 *meist Deponens* sich verdient machen; **bene mereri de multis** sich um vieles verdient machen

prōmeritum ⟨ī⟩ N ||promerere|| Verdienst, *alicuius in aliquem* j-s um j-n; Schuld

Promētheūs ⟨Promētheī *u.* Promētheos⟩ M Titan, schuf den Menschen *u.* stahl für ihn das Feuer aus dem Olymp, von Zeus zur Strafe an den Kaukasus geschmiedet, wo ein Adler seine immer nachwachsende Leber fraß, von Herkules befreit

Promētheūs ⟨a, um⟩ ADJ des Prometheus

Promēthiadēs, Promēthīdēs ⟨ae⟩ M Nachkomme des Prometheus, = Deucalion

prōminēns

A ⟨prōminentis⟩ ADJ ||prominere|| hervorragend

B ⟨prōminentis⟩ N Vorsprung, Ausläufer

prō-minēre ⟨eō, uī, - 2.⟩

1 (*nachkl.*) *poet* hervorragen, hervortreten; **coma in vultum prominet** das Haar hängt ins Gesicht; **pectore ~** vorgebeugt sein

2 *fig* sich erstrecken

prōminulus ⟨a, um⟩ ADJ ||prominere|| (*nachkl.*) hervorragend

prōmiscam ADV ||promiscus|| ohne Unterschied

prōmiscus, prōmiscuus ⟨a, um, *adv* prōmisc(u)ē⟩ ADJ ||pro, miscere||

1 gemischt, ohne Unterschied; **conubia promiscua** Mischehe *zwischen Patriziern u. Plebejern*; **divina atque humana promiscua habere** *Sall.* Göttliches und Menschliches für unterschiedslos halten; **aliquid promiscuum/in promiscuo habere** etw gemeinschaftlich besitzen; **in promiscuo esse** Gemeinschaftsgut sein, ohne Unterschied sein

2 *fig* gewöhnlich; **conglobatur promiscua multitudo** *Tac.* das gemeine Volk rottete sich zusammen

3 *adv* ohne Unterschied

prō-mīsī → promittere

prō-missiō ⟨prōmissiōnis⟩ F ||promittere|| Versprechen, *auch* RHET

prōmissor ⟨prōmissōris⟩ M ||promittere|| der viel verspricht, Großmaul

prōmissum ⟨ī⟩ N ||promittere|| Versprechen, Verheißung, Zusage

prōmissus[1] ⟨a, um⟩ ADJ ||promittere||

1 von Bart u. Haar lang, lang herabhängend

2 *Hor.* viel versprechend

prō-missus[2] ⟨a, um⟩ PPP → promittere

prō-mittere ⟨mittō, mīsī, missum 3.⟩

1 (*nachkl.*) hervorfließen lassen; **lacrimas ~** Tränen vergießen

2 (lang) wachsen lassen; **promissis capillis** mit langen Haaren

3 *fig* versprechen, geloben; **Iovi templum ~**

dem Jupiter einen Tempel geloben; **sibi reditum** ~ sich Hoffnung auf Rückkehr machen; **se ultorem** ~ mit Rache drohen, Rache schwören; **damni infecti** ~ Ersatz für den angetanen Schaden versprechen

4 sich zum Essen ansagen, *ad aliquem* bei j-m; ~ **ad cenam** eine Einladung zum Essen annehmen

5 *Zukünftiges* voraussagen

prō-monēre ⟨eō, uī, - 2.⟩ im Voraus warnen, im Voraus aufmerksam machen, *aliquem de re* j-n bezüglich einer Sache

prōmontōrium ⟨ī⟩ N̄ = promunturium

prōmōta ⟨ōrum⟩ N̄ = proegmena

prōmōtiō ⟨prōmōtiōnis⟩ F̄ ||promovere||

1 Beförderung *zu einer Ehrenstelle*

2 (*mlat.*) Beförderung zur Doktorwürde, Promotion

prōmovēre ⟨moveō, mōvī, mōtum 2.⟩

1 vorwärts bewegen, vorrücken; **castra** ~ *Caes.* das Lager vorverlegen

2 *Gebäude* verlängern

3 (*nachkl.*) *poet* erweitern, ausdehnen; **se in latitudinem** ~ sich in die Breite ausdehnen

4 fördern, heben

5 *Personen* befördern, aufrücken lassen

6 *Hor.* hervorholen, offenbaren; **arcana** ~ *Hor.* Geheimnisse offenbaren

prōmpsī → promere

prōmpta ⟨ōrum⟩ N̄ ||promptus|| Offenkundiges

prōmptāre ⟨ō, -, - 1.⟩ ||promere|| *Plaut.* herausgeben

prōmptum ⟨ī⟩ N̄ ||promptus|| Schlagfertigkeit

prōmptus[1] *abl* ⟨prōmptū⟩ M̄ ||promere|| *nur in der Verbindung* in promptu +*Verb*

1 Sichtbarkeit; **in promptu esse** sichtbar sein, vor aller Augen liegen

2 Bereitschaft; **in promptu esse** bereit sein; **in promptu est** es ist leicht, +*inf*

prōmptus[2] ⟨a, um, *adv* prōmptē⟩ ADJ ||promere||

1 sichtbar, offen; **legionum studia prompta** *Tac.* offenkundige Zuneigung der Legionen

2 bereit, fertig, bereitwillig, *ad aliquid*/*in aliquid*/*alicui rei*/*alicuius rei* zu etw, *alicui* für j-n

3 schlagfertig, entschlossen; **linguā** ~ schlagfertig; ~ **belli** gewandt im Krieg; **manu** ~ persönlich tapfer

4 freimütig; **promptius dicere** allzu freimütig sprechen

5 leicht, bequem; **promptum est** es ist leicht, +*inf*

prōmptus[3] ⟨a, um⟩ PPP → promere

prōmulgāre ⟨ō, āvī, ātum 1.⟩ öffentlich anschlagen, ankündigen; **legem/rogationem** ~ einen Gesetzesvorschlag allgemein bekannt machen

prōmulgātiō ⟨prōmulgātiōnis⟩ F̄ ||promulgare|| öffentliche Bekanntmachung

prōmulsidāre ⟨prōmulsidāris⟩ N̄ ||promulsis|| *Petr.* Tablett für die Vorspeisen

prō-mulsis ⟨prōmulsidis⟩ F̄ ||mulsum|| Vorspeise

prōmunturium ⟨ī⟩ N̄ *Liv.* Vorsprung *eines Berges*; Vorgebirge

prōmus ⟨ī⟩ M̄ ||promere|| Küchenmeister; *Plaut. fig* Hüter

prō-mūtuus ⟨a, um⟩ ADJ vorgestreckt *als Darlehen*; **vectigal promutuum** Vorsteuer

prō-nāos, prō-nāus ⟨ī⟩ M̄ *Vitr.* Vorhalle des Tempels, Pronaos

pro-nepōs ⟨pronepōtis⟩ M̄ Urenkel

pro-neptis ⟨proneptis⟩ F̄ (*nachkl.*) *poet* Urenkelin

pronoea ⟨ae⟩ F̄ Vorsehung

prō-nōmen ⟨prōnōminis⟩ N̄ (*vkl., nachkl.*) GRAM Fürwort, Pronomen

prō-nuba ⟨ae⟩ F̄ ||nubere|| (*unkl.*) Brautjungfer; *pej* Stifterin einer unglücklichen Ehe; **Iuno pronuba** Juno als Ehestifterin

prōnum ⟨ī⟩ N̄ ||pronus||

1 Abschüssiges; **nihil proni habere** nichts haben, was nach unten zieht

2 Abhang

prō-nūntiāre ⟨ō, āvī, ātum 1.⟩

1 öffentlich bekannt machen, ausrufen; **per praeconem** ~ durch einen Herold bekannt machen; **legem** ~ die Annahme eines Gesetzes bekannt machen; **aliquem praetorem** ~ j-n als Prätor ausrufen

2 laut ankündigen, laut verkünden, *alicui aliquid* j-m etw

3 MIL einen Befehl ergehen lassen

4 berichten, erzählen

5 sententias ~ *vom Konsul* die Meinungsäußerungen der Senatoren zusammenfassen und darüber abstimmen lassen

6 JUR *vom Richter* das Urteil fällen, entscheiden, *de aliquo* über j-n, *de re* über etw; **tristiorem sententiam** ~ *Suet.* ein Todesurteil fällen

7 beim Verkauf bekannte Fehler angeben

8 RHET vortragen, deklamieren, *selten* schriftlich behandeln

prōnūntiātiō ⟨prōnūntiātiōnis⟩ F̄ ||pronuntiare||

1 öffentliche Bekanntmachung

2 Richterspruch

3 (*nachkl.*) Vortrag, Deklamation

4 *log.* Aussage

prōnūntiātor ⟨prōnūntiātōris⟩ M̄ ||pronuntiare|| Erzähler, Berichterstatter

prōnūntiātum ⟨ī⟩ N ||pronuntiare|| *log.* Grundsatz

prō-nūper ADV *Plaut.* erst kürzlich

prō-nurus ⟨ūs⟩ F *Ov.* Gattin des Enkels

prōnus ⟨a, um, *adv* prone⟩ ADJ

1 vorwärts geneigt, schräg; **tigna prone adigere** die Pfähle schräg einschlagen

2 (*nachkl.*) *poet* abstürzend, abschüssig; **ultima prona via est** *Ov.* am Ende ist der Weg abschüssig; **sidus pronum** untergehendes Gestirn

3 *Hor.* von der Zeit enteilend, flüchtig

4 *fig* geneigt, aufgelegt, *ad aliquid*/*in aliquid*/*alicui rei* zu etw

5 (*nachkl.*) *fig* gewogen, zugetan, *alicui*/*in aliquem* j-m; **fortuna prona** günstiges Schicksal

6 (*nachkl.*) *fig* leicht, bequem, *alicui* für j-n, *ad aliquid* in Bezug auf etw; **iter ad honores pronum** *Tac.* bequemer Weg zu den Ehrenämtern

prooemiārī ⟨or, - 1.⟩ ||prooemium|| *Plin.* eine Rede einleiten

prooemium ⟨ī⟩ N Einleitung, Vorwort

prō-pāgāre ⟨ō, āvī, ātum 1.⟩ ||pangere||

1 *Pflanzen* fortpflanzen

2 *fig Familien od Namen* fortpflanzen

3 *zeitl.* verlängern; **vitam ~** das Leben verlängern

4 *örtl.* ausdehnen, erweitern; **fines imperii ~** die Grenzen des Reiches ausweiten

▶ deutsch: **Propaganda**

prōpāgātiō ⟨prōpāgātiōnis⟩ F ||propagare||

1 *von Pflanzen u. Personen* Fortpflanzung

2 Ausweitung; **~ finium** Ausweitung der Grenzen

3 Verlängerung

prōpāgātor ⟨prōpāgātōris⟩ M ||propagare|| Verlängerer

prōpāgō ⟨prōpāginis⟩ F ||propagare||

1 Setzling, Ableger *von Pflanzen*

2 *Nep. fig* Sprössling, Kind

prō-palam ADV

1 öffentlich, vor aller Welt; **bellum ~ minari** *Liv.* öffentlich mit Krieg drohen

2 offenkundig

prōpatulum ⟨ī⟩ N ||propatulus|| freier Platz, offener Platz; **in propatulo** im Freien, in der Öffentlichkeit; **in propatulo habere** öffentlich anbieten

prō-patulus ⟨a, um⟩ ADJ nach vorn offen; **in loco propatulo** an einem vorn offenen Platz

prope

A ADV, *komp* ⟨propius⟩, *sup* ⟨proximē u. proxumē⟩

1 *örtl.* nahe, in der Nähe, *ab re*/*ad aliquid* von etw; **~ esse** nahe sein; **propius accedere** näher hinzutreten; **proxime sequi** unmittelbar folgen; **propius abesse ab aliquo** j-m näher stehen; **~ a Sicilia** nahe bei Sizilien; **pro pius** umso näher; **propius firmare aliquid** etw auf wirksamere Weise bekräftigen

2 (*vkl., nachkl.*) *zeitl.* nahe bevorstehend; **mors ~ imminet** der Tod steht nahe bevor; **~ est, ut** die Zeit ist nahe, dass

3 *zeitl.* kurz vorher, soeben; **legiones proxime conscriptae** soeben ausgehobene Legionen

4 *fig* beinahe, fast; **~ nemo/nemo ~** fast niemand, kaum jemand; **his ~ verbis** mit ungefähr diesen Worten; **~ dicam** fast möchte ich sagen; **~ est, ut** es ist nahe daran, dass; es fehlt nicht viel, dass

5 gewissermaßen, sozusagen; **iusti ~ mater et aequi** *Hor.* sozusagen Mutter des Gerechten und Billigen

6 *vom Rang* gleich nach; **proxime ab aliquo** gleich nach j-m

B PRÄP +akk, *seltener* (*bei komp u. sup*) +dat

1 *örtl.* nahe bei, in der Nähe von; **~ castra** in der Nähe des Lagers

2 *zeitl.* nahe an, gegen, um; **~ Kalendas Sextiles** um die Kalenden des Juli, gegen Anfang Juli; **proxime** sogleich nach; **proxime solis occasum** gleich nach Sonnenuntergang

3 (*nachkl.*) *fig* nicht weit von, beinahe zu; **propius** näher an, ähnlicher; **proxime** sehr nahe an, sehr ähnlich; **res ~ secessionem venit** es kam beinahe zu einem Abfall; **propius fidem est** es verdient eher Glauben; **propius virtutem** der Tugend näher; **proxime morem Romanum** der Römerart sehr ähnlich

C ADJ *komp* ⟨propior, propius⟩, *sup* ⟨proximus, a, um⟩

1 *komp örtl.* näher, näher liegend, *alicui rei*/*aliquid*/*a re* bei etw; **propior urbi** näher bei der Stadt

2 *komp zeitl.* näher, *auch* später

3 *komp fig* näher, ähnlicher; **propior vero** wahrscheinlicher; **tauro formam propior** einem Stier an Gestalt ähnlicher

4 *komp fig* näher verwandt, vertrauter, *alicui* j-m, mit j-m

5 *komp* passender, geeigneter

6 *komp* wirksamer

7 *sup örtl.* der nächste, sehr nah, *alicui*/*allicui rei* j-m/einer Sache; **lictor proximus** der zunächst gehende Liktor; **in proximo litore** ganz nahe am Ufer

8 *sup zeitl.* der letzte, der vorige

9 *sup zeitl.* der nächstfolgende

10 *sup fig vom Rang* der nächste, *re* durch etw, an etw, nach etw

11 *sup* nächstkommend, sehr ähnlich; **vero/veris proximus** der wahrscheinlichste; **proximus ac/atque** fast ganz so wie

12 sup fig sehr nahe verwandt, am nächsten verwandt, *alicui* mit j-m

prope-diem ADV nächstens, demnächst

prō-pellere, pro-pellere ⟨pellō, pulī, pulsum 3.⟩

1 vorwärts treiben, fortstoßen; **navem remis ~** ein Schiff mit Rudern vorwärts bewegen

2 (*vkl., nachkl.*) vom Vieh vor sich hertreiben; **pecus pastum ~** das Vieh vor sich her auf die Weide treiben

3 vertreiben, in die Flucht schlagen; **periculum ~** die Gefahr vertreiben

4 fig antreiben, bewegen, *aliquem ad aliquid* j-n zu etw

prope-modo, prope-modum ADV nahezu, beinahe, fast

prō-pendēre ⟨pendeō, pendī, pēnsum 2.⟩

1 (*vkl., nachkl.*) hervorhängen, herabhängen

2 das Übergewicht haben; **bona propendent** fig das Gute überwiegt

3 fig sich neigen, *in aliquem/in aliquid* zu j-m/zu etw; **propendeat ad nos** Cic. dass er sich uns zuneige

prōpēnsiō ⟨prōpēnsiōnis⟩ F ||propendere|| Neigung, Hang, *ad aliquid* zu etw

prōpēnsus ⟨a, um, *adv* prōpēnsē⟩ ADJ ||propendere||

1 poet herabhängend; **labrum propensum** herabhängende Lippe

2 fig geneigt, *ad aliquid/in aliquid* zu etw; **ad misericordiam ~** zu Mitleid neigend

3 fig schwer; wichtig

4 nahe kommend, sich nähernd, *ad aliquid* an etw

properanter ADV ||properare|| (*nachkl.*) poet eilends, eilig; **~ ire** schnell gehen

properantia ⟨ae⟩ F, **properātiō** ⟨properātiōnis⟩ F ||properare|| (*nachkl.*) Eile, Eilfertigkeit

properāre ⟨ō, āvī, ātum 1.⟩ ||properus||

A VT (*unkl.*) beschleunigen, **iter** den Marsch; **gloriam ~** rasch Ruhm erringen; **arma viro ~** dem Mann eilig die Waffen bringen

B VI eilen, sich beeilen; **properato opus est** Eile tut Not

properātō ADV = **properanter**

properi-pēs ⟨properipedis⟩ ADJ ||properus|| Catul. eilenden Fußes, schnell

Propertius ⟨ī⟩ M **Sextus ~** aus Umbrien, ca. 47–15 v. Chr., berühmter Elegiker, zum Kreis des Maecenas gehörend; Mittelpunkt von 3 seiner 4 Bücher ist seine Liebe zu Cynthia (= Hostia)

properus ⟨a, um, *adv* properē u. properiter⟩ ADJ (*unkl.*) eilig, schnell, *alicuius rei* in Bezug auf etw, *+inf*

prō-pexus ⟨a, um⟩ ADJ ||pectere|| (*nachkl.*) poet von Bart u. Haaren nach vorn gekämmt, herabhängend

prophēta, prophētēs ⟨ae⟩ M

1 (*spätl.*) Weissager, Prophet

2 (*mlat.*) auch Psalmist

⚠ **Nemo propheta in patria.** Der Prophet gilt nichts im eigenen Land.

prophētīa ⟨ae⟩ F (*eccl.*) Weissagung, Prophetie

prophēticus ⟨a, um, *adv* prophēticē⟩ ADJ (*eccl.*) prophetisch

prōpīn N indekl Mart., Petr. Aperitif

pro-pīnāre, prō-pīnāre ⟨ō, āvī, ātum 1.⟩

1 zutrinken, *alicui* j-m

2 (*nachkl.*) poet zu trinken geben, *alicui aliquid* j-m etw; **aliquem deridendum ~** j-n dem Spott preisgeben

propinātiō ⟨propīnātiōnis⟩ F ||propinare|| (*nachkl.*) Zutrinken

propincus ⟨a, um⟩ ADJ = **propinquus**

propinqua ⟨ae⟩ F ||propinquus|| Verwandte, Angehörige

propinquāre ⟨ō, āvī, ātum 1.⟩ ||propinquus||

A VI

1 sich nähern, *absolut od alicui* j-m, *aliquid* einer Sache

2 zeitl. nahe bevorstehen

B VT beschleunigen; **tu rite propinques augurium** Verg. erfülle rasch die Voraussage

propinquitās ⟨propinquitātis⟩ F ||propinquus||

1 Nähe, auch pl; **ex propinquitate pugnare** in der Nähe kämpfen

2 fig Verwandtschaft

propinquum ⟨ī⟩ N ||propinquus|| Nähe; **in propinquo esse** in der Nähe sein; **ex propinquo cognoscere** aus der Nähe kennen lernen; **propinqua urbi** Umgebung der Stadt

propinquus

A ⟨a, um⟩ ADJ, ADV ⟨propinquē⟩

1 örtl. nahe liegend, benachbart, *alicui rei* einer Sache

2 zeitl. nahe bevorstehend

3 fig nahe kommend, ähnlich, *alicui rei* einer Sache

4 verwandt, *alicui* mit j-m, *re* in etw

B ⟨ī⟩ M Verwandter, Angehöriger, naher Freund

propior ⟨propius⟩ ADJ komp → **prope**

propitiāre ⟨ō, āvī, ātum 1.⟩ ||propitius|| (*vkl., nachkl.*) versöhnen; **adoratione deos ~** die Götter durch Anbetung versöhnen

propitius ⟨a, um⟩ ADJ günstig, gnädig

propius

A ADV komp → **prope**

B ADJ komp → **propior**

propnigēum ⟨ī⟩ N Heizraum des Bades,

warmer Vorraum des Bades
propōla ⟨ae⟩ M̲ Krämer
prō-polluere ⟨ō, -, - 3.⟩ *Quint.* noch mehr beflecken

---

prō-pōnere ⟨pōnō, posuī, positum 3.⟩

1 öffentlich aufstellen, öffentlich hinstellen
2 zum Verkauf ausstellen
3 veröffentlichen, bekannt machen
4 (sich) vorstellen, (sich) vor Augen stellen
5 sich vornehmen, beschließen
6 versprechen, in Aussicht stellen
7 vorschlagen, zur Beratung vorlegen
8 vortragen
9 den Vordersatz eines Syllogismus bilden

---

1 öffentlich aufstellen, öffentlich hinstellen; **imagines Neronis ~** *Tac.* Bilder Neros öffentlich aufstellen; **edictum ~** einen Erlass öffentlich anschlagen
2 zum Verkauf ausstellen
3 veröffentlichen, bekannt machen; **leges ~** Gesetze bekannt machen
4 (sich) vorstellen, (sich) vor Augen stellen; **sibi spem ~** sich Hoffnung machen
5 sich vornehmen, beschließen; **res proposita** Vorhaben, Plan; **propositum est alicui/alicui rei** j-d/etw hat die Aufgabe, +Inf/ut
6 versprechen, in Aussicht stellen, *alicui aliquid* j-m etw; **praemia proposuit** *Caes.* er versprach Belohnung; *passiv* in Aussicht stehen, vorschweben
7 vorschlagen, zur Beratung vorlegen
8 *in der Rede* vor *etw* aufmerksam machen, *etw* vorbringen, *aliquid/auch de re,* +AcI/+indir Fragesatz; **accusator vehementer proponit** *Cic.* der Kläger trägt heftig vor; **aliquid pro certo ~** etw als sicher hinstellen
9 *log.* den Vordersatz eines Syllogismus bilden
Propontiacus ⟨a, um⟩ A̲D̲J̲ zur Propontis gehörig
Propontis ⟨Propontidis *u.* Propontidos⟩ F̲ das heutige Marmarameer
prō-porrō A̲D̲V̲ *Lucr.* weiter, wieder
prō-portiō ⟨prōportiōnis⟩ F̲ Verhältnis, Ebenmaß
▶ deutsch: **Proportion**
prōpositiō ⟨prōpositiōnis⟩ F̲ ||proponere||
1 Vorstellung, *alicuius* j-s, *alicuius rei* von etw; **~ animi** Vorstellung von der Seele
2 Thema; **~ quid sis dicturus** *Cic.* das Thema, über das du sprechen willst
3 *Quint.* Darlegung *einer Tatsache*
4 Vordersatz *eines Syllogismus*; **~ maior** Obersatz; **~ minor** Untersatz

prōpositum ⟨ī⟩ N̲ ||proponere||
1 Vorsatz, Plan; **~ assequi** das Vorhaben erreichen; **deterreri a proposito** vom Plan abgeschreckt werden
2 *Plin.* Lebensplan, Lebensweise
3 *Hor.* Handlung, Tendenz *eines Dramas*
4 Hauptgegenstand *einer Darstellung*, Thema; **ad propositum venire** zum Thema kommen
5 These
6 Vordersatz *eines Syllogismus*
prōpositus[1] ⟨a, um⟩ A̲D̲J̲ ||proponere||
1 bloßgestellt, ausgesetzt, *alicui/alicui rei* j-m/einer Sache
2 bevorstehend, drohend
prō-positus[2] ⟨a, um⟩ P̲P̲P̲ → proponere
prō-posuī → proponere
prō-praetor ⟨prōpraetōris⟩ M̲ Proprätor, ehemaliger Prätor, Statthalter *einer Provinz*
propriē A̲D̲V̲ ||proprius||
1 als ausschließliches Eigentum, jeder für seine Person
2 eigentümlich, charakteristisch; **~ communia dicere** das Allgemeine individualisieren
3 ausschließlich, speziell
4 *vom sprachlichen Ausdruck* eigentlich, im eigentlichen Sinne
5 passend; **aliquid ~ dicere** etw passend sagen
proprietās ⟨proprietātis⟩ F̲ ||proprius||
1 eigentümliche Beschaffenheit, charakteristische Beschaffenheit; **~ verborum** eigene Bedeutung der Wörter
2 (nachkl.) *meton* besondere Art, Spezies
3 (nachkl.) Eigentumsrecht, Besitz
proprius ⟨a, um⟩ A̲D̲J̲, A̲D̲V̲ → propriē
1 ausschließlich eigen, allein eigen; **ager ~** eigener Acker; **aliquid proprium facere** sich etw zu eigen machen; **mea propria domus** mein eigenes Haus; **haec nostra propria sunt** dies gehört uns, dies ist unser Eigentum
2 bleibend, beständig, *alicui* j-m, für j-n
3 charakteristisch, eigentümlich; **proprium virtutis** *Sen.* Wesen der Tugend; **proprium est alicuius/alicuius rei** es ist typisch für j-n/für etw, +inf
4 persönlich; *von Wörtern* eigentlich
propter
A A̲D̲V̲ *örtl.* nahe, in der Nähe, daneben; **spelunca est ~** die Kneipe ist in der Nähe
B P̲R̲Ä̲P̲ +akk
1 *örtl.* nahe bei, neben; **~ viam** neben dem Weg
2 *kausal* wegen, aus; **~ frigora** wegen des kalten Klimas; **~ metum** aus Furcht
3 durch die Schuld von, durch das Verdienst von; **~ hanc rem** deshalb

4 aus Rücksicht auf; **~ rem publicam** mit Rücksicht auf den Staat

propter-eā ADV deswegen, deshalb

proptervus ⟨a, um⟩ ADJ = protervus

prōpudiōsus ⟨a, um⟩ ADJ ||propudium|| (vkl., nachkl.) schamlos, unverschämt

prō-pudium ⟨ī⟩ N ||pudet||
1 (vkl., nachkl.) Schandtat, Schamlosigkeit
2 meton Schandkerl

prōpūgnāculum ⟨ī⟩ N ||propugnare||
1 Schutzwehr, Bollwerk, auch fig
2 meton Schutz
3 meton Verteidigungsgrund

prō-pūgnāre ⟨ō, āvī, ātum 1.⟩
A VI
1 zum Kampf vorrücken
2 für j-n/etw kämpfen, j-n/etw verteidigen, pro aliquo/pro re; **pro alicuius salute ~** für j-s Heil kämpfen
B VT (nachkl.) verteidigen

prōpūgnātiō ⟨prōpūgnātiōnis⟩ F ||propugnare|| Verteidigung, alicuius j-s, alicuius rei/pro re einer Sache

prōpūgnātor ⟨prōpūgnātōris⟩ M ||propugnare|| Verteidiger; meton Verfechter

prō-pulī → propellere

prōpulsāre ⟨ō, āvī, ātum 1.⟩ ||propellere||
1 zurückschlagen, abwehren; **hostem ~** den Feind zurückschlagen
2 fig abwehren, abwenden, aliquid ab aliquo etw von j-m; **frigus ~** Kälte abwehren

prōpulsātiō ⟨prōpulsātiōnis⟩ F ||propulsare|| Abwehr

prōpulsus[1] abl ⟨prōpulsū⟩ M ||propellere|| Sen. Luftdruck

prō-pulsus[2] ⟨a, um⟩ PPP → propellere

propylaea ⟨ōrum⟩ N die Propyläen, Eingangstor u. -halle am Westaufgang zur Akropolis in Athen, unter Leitung des Phidias 437–431 v. Chr. erbaut, Nachbildung in München

prō-quaestōre PL prōquaestōribus M Proquästor, ehemaliger Quästor, höherer Provinzialbeamter

prō-quam KONJ Lucr. nach dem Maß wie

prōra ⟨ae⟩ F Vorderdeck; Schiff; **~ et puppis** erster und letzter Beweggrund

prō-rēpere ⟨rēpō, rēpsī, rēptum 3.⟩ hervorkriechen, hervorschleichen, ex re/re aus etw

prōrēta ⟨ae⟩ M Plaut. Oberbootsmann

prō-ripere ⟨ripiō, ripuī, reptum 3.⟩ ||rapere||
A VT hervorreißen, fortreißen; **se/pedes ~** hervorstürzen; **se alicui ~** j-s Händen entrinnen
B VI eilen; **quo proripis?** wohin eilst du?

prō-rītāre ⟨ō, -, - 1.⟩ (nachkl.) anlocken

prō-rogāre ⟨ō, āvī, ātum 1.⟩
1 durch Antrag beim Volk verlängern; **provinciam ~** die Verwaltung der Provinz verlängern
2 aufschieben, **paucos dies** um wenige Tage
3 (vkl.) vorher auszahlen, vorschießen

prōrogātiō ⟨prōrogātiōnis⟩ F ||prorogare||
1 Liv. Verlängerung
2 Aufschub, **diei** des Termins

prōrogātīvus ⟨a, um⟩ ADJ ||prorogare|| Sen. aufschiebbar

prōrogātor ⟨prōrogātōris⟩ M ||prorogare|| Petr. der auszahlt

prōrsa ⟨ae⟩ F ||prorsus[1]|| Prosa

prōrsum ADV = prorsus[2]

prōrsus[1] ⟨a, um⟩ ADJ
1 nach vorwärts gerichtet
2 (nachkl.) fig prosaisch, in Prosa

prōrsus[2] ADV
1 (vkl.) vorwärts; **res ~ it** fig die Sache geht voran
2 Ter. geradewegs
3 völlig, ganz und gar; **~ assentire** ganz und gar zustimmen; **non ~/nullo modo ~** durchaus nicht, ganz und gar nicht
4 (nachkl.) abschließend kurz, mit einem Wort

prō-ruere ⟨ruō, ruī, rutum 3.⟩
A VI
1 hervorstürzen, hervorstürmen
2 (nachkl.) niederstürzen, einstürzen; **oppidum proruit terrae motu** durch ein Erdbeben stürzt die Stadt zusammen
B VT
1 (vkl.) hervorreißen; **se foras ~** hinausstürzen
2 umstürzen, einreißen; passiv einstürzen

prō-rumpere ⟨rumpō, rūpī, ruptum 3.⟩
A VI
1 hervorbrechen, hervorstürzen; **in medios hostes ~** sich mitten unter die Feinde werfen
2 losbrechen, ausbrechen; **eo ~** sich so weit versteigen; **pestis prorumpit** eine Seuche bricht aus
3 herausdringen, nach außen dringen
B VT hervorbrechen lassen; **atram nubem ~** Verg. eine dunkle Wolke ausstoßen; passiv u. **se ~** hervorbrechen, hervorstürzen; **proruptus** hervorbrechend, hervordringend

prōsa ⟨ae⟩ F = prorsa

prōsāpia ⟨ae⟩ F (vkl., nachkl.) Sippe, Familie

proscaenium ⟨ī⟩ N (unkl.) Vorbühne, Bühne

prō-scindere ⟨scindō, scidī, scissum 3.⟩ (nachkl.)
1 aufreißen, durchfurchen; **terram ferro ~** die Erde mit dem Schwert aufreißen
2 fig abfällig kritisieren, verreißen

prō-scrībere ⟨scrībō, scrīpsī, scrīptum 3.⟩
1 öffentlich bekannt machen, ankündigen
2 öffentlich anbieten zum Verkauf od zur Vermie-

tung

3 Güter öffentlich einziehen; j-n ächten

prōscrīptiō ⟨prōscrīptiōnis⟩ F ||proscribere||

1 öffentliches Verkaufsangebot

2 Ächtung; Beschlagnahme *von Gütern*; **sub proscriptione** zur Zeit der Proskriptionen

prōscrīptūrīre ⟨iō, -, - 4.⟩ ||proscribere|| ächten wollen

prōscrīptus ⟨a, um⟩ PPP → proscribere

prō-secāre ⟨secō, secuī, sectum 1.⟩ (unkl.)

1 vorn abschneiden, *bes die Opferteile*, opfern

2 den Boden aufbrechen, pflügen

3 **prōsecta** ⟨ōrum⟩ N Opferstücke

prōsecūtus ⟨a, um⟩ PPERF → prosequi

prō-seda ⟨ae⟩ F ||sedere|| öffentliche Dirne

prō-sēmināre ⟨ō, -, - 1.⟩ aussäen; *fig* fortpflanzen

prō-sequī ⟨sequor, secūtus sum 3.⟩

1 begleiten, geleiten; **diem ~** den Tag feierlich begehen

2 *beim Weggehen* j-m etw mit auf den Weg geben, j-n mit etw beschenken, *aliquem re*; **egredientem verbis ~** dem Aufbrechenden eine glückliche Reise wünschen; **aliquem lacrimis ~** j-m Tränen nachweinen; **alicuius nomen grato animo ~** j-s Namen dankbar in Ehren halten; **alicuius virtutem gratā memoriā ~** den Verdiensten j-s dankbare Erinnerung bewahren

3 mündlich, schriftlich schildern

4 feindlich verfolgen

prō-serere¹ ⟨serō, seruī, sertum 3.⟩ *Plaut.* hervorstrecken

prō-serere² ⟨serō, sēvī, satum 3.⟩ durch Säen hervorbringen

prō-serpere ⟨ō, -, - 3.⟩ (vkl., nachkl.) hervorkriechen

Prōserpina ⟨ae⟩ F Tochter der Demeter/Ceres, Gattin des Hades/Pluto, Herrin der Unterwelt, griech. Persephone

proseucha ⟨ae⟩ F *luv.* Gebetsort *der Juden*

prō-sicāre ⟨sicō, secuī, sectum 1.⟩ (altl.) = prosecare

prō-silīre ⟨siliō, siluī/silīvī/siliī, - 4.⟩ ||salire||

1 hervorspringen; aufspringen, *irgendwohin* springen, stürmen, rasch vordringen; **ex tabernaculo ~** aus dem Zelt stürmen; **lacrimae prosiliunt** Tränen quellen hervor; **rivus e lapide prosilit** ein Bach entspringt aus dem Felsen

2 (vkl., nachkl.) sich rasch an *etw* machen, *aliquid/ad aliquid*; **amicum castigatum ~** sich rasch daran machen, dem Freund den Kopf zu waschen

prosit ||prodesse|| (nlat.) wohl bekomm's

▶ deutsch: **Pros(i)t**

prō-socer ⟨prōsocerī⟩ M (nachkl.) *poet* Großva-

ter der Gattin

prosōpopoeia ⟨ae⟩ F *Quint.* RHET Personifikation, *auch* erdichtete Rede einer abwesenden Person

prō-spectāre ⟨ō, āvī, ātum 1.⟩

1 von fern ausschauen, in die Ferne ausschauen, *aliquid* nach etw, auf etw

2 (nachkl.) anschauen, beobachten

3 (nachkl.) *poet* Aussicht haben; Aussicht gewähren, *aliquid* auf etw; **locus longe prospectans** *Tac.* Ort mit guter Aussicht; **villa mare prospectat** das Landhaus hat Aussicht auf das Meer

prōspectus¹ ⟨prōspectūs⟩ M ||prospicere||

1 Fernsicht, Ausblick; **~ maris** Ausblick auf das Meer

2 *meton* Blick

3 Gesichtskreis; **in prospectu esse** von fern sichtbar sein

4 *meton* Anblick, Aussehen

▶ deutsch: **Prospekt**

prō-spectus² ⟨a, um⟩ PPP → prospicere

prō-speculārī ⟨or, ātus sum 1.⟩ (nachkl.)

A VI in die Ferne schauen; *Liv.* MIL kundschaften

B VT erwartungsvoll ausschauen, *aliquid* nach etw; **adventum imperatoris ~** *Liv.* die Ankunft des Feldherrn erwarten

prosper ⟨prospera, prosperum⟩ ADJ = **prosperus**

prospera ⟨ōrum⟩ N ||prosperus|| Glück

prosperāre ⟨ō, -, - 1.⟩ ||prosperus|| *etw* begünstigen, *einer Sache* Erfolg verleihen, *aliquid*

▶ deutsch: **prosperieren**

prosperitās ⟨prosperitātis⟩ F ||prosperus|| günstige Beschaffenheit, Gedeihen; *pl* günstige Verhältnisse

prosperus ⟨a, um, *adv* prosperē u. prosperiter⟩ ADJ

1 glücklich, günstig

2 *poet* beglückend, *alicui* für j-n, *alicuius rei* in Bezug auf etw

prō-spexī → prospicere

prō-spicere ⟨spiciō, spexī, spectum 3.⟩

A VI

1 in die Ferne schauen, ausschauen; **ex castris in urbem ~** aus dem Lager in die Stadt schauen; **alto ~** von der hohen See aus *(abl)* ausschauen, auf die hohe See *(dat)* schauen; **longe/multum ~** eine weite Aussicht haben

2 (nachkl.) aufpassen, achtgeben

3 *fig* Vorsorge treffen, sorgen, *alicui/alicuius rei* für j-n/für etw; **liberis ~** für die Kinder sorgen; **~ malo** dem Übel vorbeugen

B VT

1 in der Ferne erblicken, vor sich sehen

2 (*nachkl.*) von fern mit ansehen
3 sich umblicken, *aliquid* nach etw
4 *von Örtlichkeiten* Aussicht gewähren, *aliquid* auf etw
5 *fig* vorhersehen; **animo exitum ~** im Geiste den Untergang vorhersehen
6 besorgen, beschaffen; **qui sedem senectuti vestrae prospiciunt** *Liv.* die euch einen Alterssitz verschaffen

prōspicientia ⟨ae⟩ F ||prospicere|| Vorsicht, Vorsorge

prō-stāre ⟨stō, stitī, - 1.⟩
1 hervorragen; **angelli paulum prostantes** *Lucr.* ein wenig vorstehende Eckchen
2 *Plaut.* vom Verkäufer auf der Straße zum Verkauf anbieten
3 von Waren zum Verkauf stehen
4 *von Straßenmädchen* sich öffentlich anbieten

prō-sternere ⟨sternō, strāvī, strātum 3.⟩
1 niederwerfen, niederstrecken; **corpus humi ~** den Körper auf den Boden hinstrecken; **se ~** *fig* sich demütigen
2 *fig* zugrunde richten, vernichten; **barbarorum vim ~** die Streitmacht der Barbaren vernichten
3 (*nachkl.*) preisgeben, anbieten; **~ sorores** *Suet.* die Schwestern verkuppeln

prōstibilis
A ⟨prōstibile⟩ ADJ ||prostare|| sich anbietend
B ⟨prōstibilis⟩ F *Plaut.* Dirne

prōstibulum ⟨ī⟩ N ||prostare|| *Plaut.* Straßenmädchen, Dirne

prō-stitī → prostare

prō-stituere ⟨stituō, stituī, stitūtum 3.⟩ ||statuere|| (*unkl.*) öffentlich preisgeben
▷ deutsch: **Prostitution**

prōstitūta ⟨ae⟩ F ||prostitutus|| (*nachkl.*) Prostituierte, Straßenmädchen

prōstitūtus ⟨a, um⟩ ADJ ||prostituere|| öffentlich preisgegeben

prostȳlos ⟨on⟩ ADJ mit Säulen an der Vorderseite

prō-subigere ⟨ō, -, - 3.⟩ *Verg.* vor sich aufwühlen

prōsum → prodesse

prōsus ⟨a, um⟩ ADJ = **prorsus**[1]

Prōtagorās ⟨Prōtagorae⟩ M *griech. Sophist, Freund des Perikles, als Atheist aus Athen verbannt, auf der Überfahrt nach Sizilien um 412 v. Chr. ertrunken, Titel eines Dialoges von Plato*

prōtēctiō ⟨prōtēctiōnis⟩ F ||protegere||
1 *Quint.* Bedeckung, Verteidigung
2 (*mlat.*) Schutz
▷ deutsch: **Protektion**

prō-tegere ⟨tegō, tēxī, tēctum 3.⟩
1 vorn bedecken; **tabernaculum hederā ~** das Zelt mit Efeu bedecken
2 ein Wetterdach anbringen, *aliquid* an etw, auf etw
3 *fig* beschützen, beschirmen, *aliquem/aliquid* j-n/etw, *aliquid a re/ad aliquid* etw gegen etw, etw vor etw
4 verdecken, verbergen; **fraudem audaciā ~** *Liv.* den Betrug mit Frechheit vertuschen

prō-tēlāre ⟨ō, āvī, ātum 1.⟩ ||protelum|| (*vkl., nachkl.*) vertreiben, fortjagen

prōtēlum ⟨ī⟩ N ||protendere|| (*unkl.*)
1 Zugseil; *meton* ein Zug Ochsen
2 *fig* ununterbrochener Fortgang; **protelo** *Catul.* in einem Zug

prō-tendere ⟨tendō, tendī, tentum 3.⟩ (*nachkl.*) hervorstrecken, ausstrecken; *passiv* sich erstrecken; **filium ~** *Tac.* seinen Sohn zeigen; **temo protentus in octo pedes** *Verg.* acht Fuß lange Deichsel

prō-tenus ADV = **protinus**

prō-terere ⟨terō, trīvī, trītum 3.⟩
1 niedertreten, zertreten
2 *im Kampf* vernichten, aufreiben
3 mit Füßen treten, misshandeln

prō-terrēre ⟨terreō, terruī, territum 2.⟩ verscheuchen, verjagen

protervitās ⟨protervitātis⟩ F Frechheit, Mutwille; **grata ~** *Hor.* charmante Frechheit

protervus ⟨a, um, *adv* protervē⟩ ADJ
1 ungestüm, heftig
2 frech, unverschämt; **lingua proterva** freche Zunge
3 keck, schelmisch

prō-testārī ⟨or, ātus sum 1.⟩ (*spätl.*) öffentlich als Zeuge auftreten, beweisen
▷ deutsch: **protestieren**

Prōteūs ⟨Prōteī *u.* Prōteos⟩ M vielgestaltiger, weissagender Meeresgott

prō-tēxī → protegere

prothȳmē ADV *Plaut.* mit Vergnügen

prothȳmia ⟨ae⟩ F Geneigtheit

prōtinam ADV ||protinus||
1 vorwärts
2 sofort

prō-tinus ADV
1 örtl. vorwärts, weiter fort
2 örtl. unmittelbar sich anschließend, zusammenhängend
3 zeitl. ununterbrochen, beständig
4 zeitl. unverzüglich, sofort; **~ a re/de re** gleich nach etw
5 zeitl. gleich anfangs
6 zeitl. ebenso weiter

prō-tollere ⟨ō, -, - 3.⟩ (*vkl., nachkl.*) hervorstrecken; *zeitl.* verlängern

prōtoprāxia ⟨ae⟩ F *Liv.* Vorrecht *bei Schuldfor-*

derungen

prōtotomī ⟨ōrum⟩ M ||prototomus|| junge Kohlstängel

prōtotomus ⟨a, um⟩ ADJ vom ersten Schnitt, zart

prō-trahere ⟨trahō, trāxī, tractum 3.⟩
1. hervorziehen, hervorschleppen
2. *fig* drängen, *aliquem ad aliquid* j-n zu etw
3. *fig* ans Licht bringen, ans Licht zerren
4. *Plaut.* hinabziehen; *passiv* hinabsinken
5. (*nachkl.*) *zeitl.* hinausziehen, verlängern; *passiv* sich in die Länge ziehen; **convivia saepe in primam lucem protraxit** *Suet.* Gelage zog er häufig bis in den frühen Morgen hin

prō-trūdere ⟨trūdō, trūsī, trūsum 3.⟩
1. vorwärts stoßen; **foras ~** hinauswerfen
2. *zeitl.* hinausschieben; **comitia in Ianuarium mensem ~** *Cic.* die Versammlung auf Januar verschieben

prō-tulī → proferre

prō-turbāre ⟨ō, āvī, ātum 1.⟩
1. vertreiben, verjagen
2. niederwerfen

pro-ut KONJ so wie, je nachdem, *+ind*; **~ res postulat** so wie die Sache es fordert

prō-vehere ⟨vehō, vēxī, vectum 3.⟩
1. (*nachkl.*) fortführen, fortschaffen; **saxa navi ~** Felsbrocken auf dem Schiff wegbringen
2. *passiv* wegfahren, wegreiten
3. (*nachkl.*) *von der Zeit* vorrücken; **provectā nocte** zu vorgerückter Nachtzeit; **bellum longius provehitur** der Krieg zieht sich weiter hinaus
4. *fig* zu weit führen, hinreißen, *ad aliquid* zu etw, *ut* dass; *passiv* zu weit gehen, sich hinreißen lassen, *in aliquid* zu etw; **longius in amicitia provehi** noch weiter in der Freundschaft gehen; **quid ultra provehor?** was rede ich noch weiter?
5. emporführen, emporbringen; *passiv* emporkommen, aufsteigen

prō-venīre ⟨veniō, vēnī, ventum 4.⟩
1. (*vkl., nachkl.*) hervorkommen, auftreten
2. *fig von Pflanzen* hervorsprießen, hervorwachsen
3. (*vkl., nachkl.*) geboren werden; *fig* entstehen
4. (*nachkl.*) vonstatten gehen; gelingen

prōventus ⟨ūs⟩ M ||provenire||
1. (*nachkl.*) Hervorkommen; Geburt
2. (*nachkl.*) Ertrag, Ernte
3. Fortgang, Erfolg

prōverbium ⟨ī⟩ N ||pro², verbum|| Sprichwort; **ut est in proverbio** wie das Sprichwort sagt; **in proverbium/in proverbi consuetudinem venire** sprichwörtlich werden; **proverbi locum obtinere** sprichwörtlich sein

prōvidēns ⟨prōvidentis, *adv* prōvidenter⟩ ADJ ||providere|| vorausschauend, vorsichtig, *alicuius rei* in etw, bei etw

prōvidentia ⟨ae⟩ F ||providens||
1. Voraussicht
2. *fig* Fürsorge, *alicuius rei* in etw, bei etw, für etw, gegen etw
3. Vorsicht
4. Vorsehung; **~ deorum** göttliche Vorsehung

prō-vidēre ⟨video, vīdī, vīsum 2.⟩
1. (*unkl.*) früher sehen
2. (*unkl.*) in der Ferne sehen, von fern sehen
3. voraussehen, vorauswissen; **aliquid ratione ~** etw vorausberechnen
4. Sorge tragen, Vorkehrungen treffen, *de re/alicui rei* in Bezug auf etw; **proviso** mit Vorbedacht
5. vorsichtig handeln; **consilia in posterum ~** kluge Maßnahmen für die Zukunft treffen

prōvidum ⟨ī⟩ N ||providus|| von göttlicher Vorsehung zeugende Begebenheit

prōvidus ⟨a, um, *adv* prōvidē⟩ ADJ ||providere||
1. voraussehend, die Zukunft kennend
2. *fig* vorsichtig, behutsam
3. *fig* vorsorgend, vorsorglich

prōvincia ⟨ae⟩ F
1. Amt, amtlicher Wirkungskreis
2. Oberbefehl, Kommando; **~ maritima** Oberbefehl über die Flotte
3. Rechtsprechung; **~ peregrina** gerichtliche Zuständigkeit für die Fremden
4. *allg.* Geschäft, Dienst
5. Provinz, *unterworfenes Gebiet außerhalb Italiens*; **civitatem in provinciae formam redigere** einen Staat zur Provinz machen
6. *bei nichtröm. Völkern* Statthalterschaft, Satrapie; Landesteil
7. *meton* Verwaltung einer Provinz
8. (*mlat.*) Gebiet
▶ deutsch: **Provinz**
englisch: **province**
französisch: **province; Provence**
spanisch: **provincia**
italienisch: **provincia**

prōvinciālis
A ⟨prōvinciāle⟩ ADJ ||provincia|| Provinz...; **administratio ~** Provinzverwaltung
B ⟨prōvinciālis⟩ M Mann aus der Provinz; *pl* die Bewohner der Provinz

prōvinciātim ADV ||provincia|| *Suet.* nach Provinzen

prōvīsere ⟨ō, -, - 3.⟩ ||providere|| *Com.* nach *etw* sehen

prōvīsiō ⟨prōvīsiōnis⟩ F ||providere|| = **providentia**

prōvīsor ⟨prōvīsōris⟩ M ||providere|| *Hor.* der *etw* im Voraus bedenkt; *Tac.* der *etw* voraussieht,

alicuius rei
prōvīsus¹ ⟨ūs⟩ M ||providere||
1. Sehen in die Ferne; Sehkraft
2. *fig* → providentia

prō-vīsus² ⟨a, um⟩ PPP → providere

prō-vīvere ⟨vīvō, vīxī, - 3.⟩ *Tac.* weiterleben

prō-vocāre ⟨ō, āvī, ātum 1.⟩
1. hervorrufen, herausrufen
2. hervorkommen lassen, wecken
3. auffordern, anregen; erregen, hervorrufen
4. herausfordern, **ad certamen** zum Wettkampf; **auras cursibus ~** die Winde zum Wettlauf herausfordern
5. JUR Berufung einlegen, *eine höhere Instanz* anrufen; sich berufen, *ad aliquem* auf jdn
▶ deutsch: **provozieren**

prōvocātiō ⟨prōvocātiōnis⟩ F ||provocare||
1. *(nachkl.)* Herausforderung zum Kampf
2. JUR Berufung *auf eine höhere Instanz;* Anrufung; **~ adversus magistratus ad populum** *Liv.* Anrufung an das Volk gegen die Beamten; **magistratūs sine provocatione** *Liv.* Beamter, gegen den es keine Anrufung gibt; **poena sine provocatione** Strafe, gegen die man keine Berufung einlegen kann
▶ deutsch: **Provokation**

prōvocātor ⟨prōvocātōris⟩ M ||provocare||
1. Herausforderer zum Kampf
2. *eine Art von Gladiatoren, die nicht aus dem Stand, sondern von der Seite angriffen*

prō-volāre ⟨ō, āvī, ātum 1.⟩ *(nachkl.)* hervorfliegen; *Caes., Liv. fig von Personen* hervorstürmen

prō-volvere ⟨volvō, volvī, volūtum 3.⟩
1. vorwärts wälzen, vorwärts rollen
2. *passiv u. se ~* sich niederwerfen; **ad pedes Caesaris provolvi** zu Füßen Caesars niederfallen
3. *passiv* vertrieben werden, **fortunis** aus seinem Besitz
4. *passiv fig* herabsinken

prō-vomere ⟨ō, -, - 3.⟩ *Lucr.* hervorspeien

prō-vorsus ADV *(altl.)* = prorsus²

prō-vulgāre ⟨ō, āvī, ātum 1.⟩ *Suet.* öffentlich bekannt machen

prox INT *Plaut.* mit Verlaub

proxenēta ⟨ae⟩ M, **proxenētēs** ⟨proxenētēs⟩ M *Sen.* Agent, Makler

proximē ADV sup → prope

proximī ⟨ōrum⟩ M ||proximus||
1. die Nächsten, die nächsten Nachbarn
2. die nächsten Verwandten, Vertraute

proximitās ⟨proximitātis⟩ F ||proximus|| *(nachkl.)*
1. Nähe, Nachbarschaft
2. *fig* nahe Verwandtschaft; Ähnlichkeit

proximum ⟨ī⟩ N ||proximus||
1. Nachbarschaft, nächster Punkt; **proximum est, ut** es folgt nun, dass
2. nächste Verwandtschaft

proximus ⟨a, um⟩ ADJ sup → prope

prūdēns ⟨prūdentis, *adv* prūdenter⟩ ADJ ||providens||
1. wissentlich, absichtlich; **~ et sciens hoc feci** dies habe ich mit voller Absicht getan
2. in *etw* erfahren, *einer Sache* kundig, *alicuius rei, +AcI+inf;* **~ iuris civilis** im bürgerlichen Recht erfahren
3. klug, einsichtsvoll, verständig

prūdentia ⟨ae⟩ F ||prudens||
1. Vorherwissen
2. Einsicht, Wissen, *alicuius rei* in etw, von etw
3. Klugheit, Umsicht, Lebensklugheit; *meton von Personen* der Weiseste
4. *Curt.* Spruchweisheit

pruīna ⟨ae⟩ F Reif, Frost; *pl meton* Winter; **ad medias pruinas** bis mitten in den Winter

pruīnōsus ⟨a, um⟩ ADJ ||pruina|| *(nachkl.)* bereift

prūna ⟨ae⟩ F *(nachkl.)* glühende Kohle

prūniceus ⟨a, um⟩ ADJ ||prunus|| *Ov.* aus Pflaumenholz

prūnum ⟨ī⟩ N *(nachkl.)* Pflaume

prūnus ⟨ī⟩ F *(nachkl.)* Pflaumenbaum

prūrīgō ⟨prūrīginis⟩ F ||prurire|| *Iuv.* Juckreiz; sexuelle Erregung

prūriōsus ⟨a, um⟩ ADJ ||prurire|| *poet* geil

prūrīre ⟨iō, -, - 4.⟩ ||pruina|| *(vkl.) poet* jucken; geil sein

Prūsia, Prūsiās ⟨ae⟩ M König von Bithynien, Gastgeber des flüchtigen Hannibal, sollte diesen an die Römer ausliefern

prytanēum ⟨ī⟩ N Rathaus *der griech. Städte*

prytanis ⟨prytanis⟩ M höchster Beamter *in griech. Städten*

prytanīum ⟨ī⟩ N = prytaneum

psallere ⟨psallō, psallī, - 3.⟩
1. *(nachkl.) poet* die Zither spielen, mit Zitherbegleitung singen
2. *(eccl.)* Psalmen singen

psalmista ⟨ae⟩ M Psalmist

psalmus ⟨ī⟩ M *(eccl.)* Psalm

psaltērium ⟨ī⟩ N
1. zitherartiges Saiteninstrument
2. *(eccl.)* die Psalmen Davids

psaltēs ⟨ae⟩ M *(vkl., nachkl.)* Zitherspieler

psaltria ⟨ae⟩ F Zitherspielerin

psecas ⟨psecadis⟩ F *(unkl.)* Friseuse

Psecas ⟨Psecadis⟩ F *Ov., Iuv.* geläufiger Name für Friseusen

psēphisma ⟨psēphismatis⟩ N
1. POL Beschluss der *griech.* Volksversammlung
2. *Plin.* Dankbotschaft *einer griech. Stadt an den Kai-*

ser
pseudo- PRÄF unecht, falsch
▶ deutsch: **pseudo-**
Pseudo-catō ⟨Pseudocatōnis⟩ M falscher Cato, Pseudocato
Pseudolus ⟨ī⟩ M „Lügenmaul", Titel einer Komödie des Plautus
pseudomenos ⟨ī⟩ M Trugschluss, falscher Syllogismus
pseudothyrum ⟨ī⟩ N Geheimtür; Cic. Hintertür
psīlocitharistēs ⟨ae⟩ M Suet. Zitherspieler
psīlōthrum ⟨ī⟩ N Mart. Mittel zum Enthaaren
psithia ⟨ae⟩ F ||psithius|| Traubensorte, aus der v. a. Rosinen hergestellt wurden
psithius ⟨a, um⟩ ADJ psithisch, Name für eine Traubensorte, die bes zur Herstellung von Rosinen diente; **vinum psithium** Rosinenwein
psittacus ⟨ī⟩ M (nachkl.) poet Papagei
psȳchomantīum ⟨ī⟩ N Totenbefragung, Totenorakel
psȳchrolūtēs ⟨psȳchrolūtae⟩ M Sen. der sich kalt wäscht, der kalt badet
-pte SUF selbst, eigen, nur an pers pr u. poss pr angehängt; **meāpte manu** mit meiner eigenen Hand
Pthīa ⟨ae⟩ F = **Phthia**
pthisicus ⟨ī⟩ M = **phthisicus**
pthisis ⟨pthisis⟩ F = **phthisis**
ptisana ⟨ae⟩ F (nachkl.) poet Gerstengrütze
ptisanārium ⟨ī⟩ N ||ptisana|| Hor. (nachkl.) poet Aufguss von Gerstengrütze, Aufguss von Reis
Ptolemaeus, Ptolomaeus ⟨ī⟩ M Name griech. Diadochenfürsten in Ägypten
Ptolemaeus ⟨a, um⟩ ADJ ptolemäisch, ägyptisch
Ptolomāis ⟨Ptolomāidis⟩ F Name mehrerer Städte in Ägypten u. Phönikien
pūbēns ⟨pūbentis⟩ ADJ ||pubere|| strotzend
pūberēs ⟨pūberum⟩ M ||pubes²|| waffenfähige Mannschaft, waffenfähige Männer
pūbertās ⟨pūbertātis⟩ F ||pubes²||
1 (nachkl.) Geschlechtsreife
2 Tac. Manneskraft, Zeugungskraft
3 erstes Barthaar
▶ deutsch: **Pubertät**
pūbēs¹ ⟨pūbis⟩ F
1 junge Mannschaft, waffenfähige Jugend
2 (vkl.) poet Männer, Leute, Volk
3 (nachkl.) poet Intimbereich, Schambereich
4 (nachkl.) poet Barthaare, Schamhaare
pūbēs² ⟨pūberis⟩ ADJ
1 vom Mann erwachsen, zeugungsfähig
2 (nachkl.) fig ausgewachsen; strotzend
pūbēscere ⟨pūbēscō, pūbuī, - 3.⟩ ||pubere||
1 vom Mann geschlechtsreif werden

2 fig heranreifen, heranwachsen
3 poet behaart werden
pūblica ⟨ae⟩ F ||publicus|| Prostituierte
pūblicānus ⟨ī⟩ M ||publicus|| Steuerpächter in den Provinzen
pūblicāre ⟨ō, āvī, ātum 1.⟩ ||publicus||
1 für die Staatskasse einziehen, enteignen, konfiszieren; **Ptolemaeum ~** die Güter des Ptolemaeus konfiszieren
2 (vkl., nachkl.) öffentlich zugänglich machen; **Aventīnum ~** den Aventin zum Anbau freigeben
3 preisgeben
4 öffentlich zeigen, öffentlich hören lassen
5 veröffentlichen; **ad publicandum** (mlat.) zur Veröffentlichung
▶ deutsch: **publizieren**
pūblicātiō ⟨pūblicātiōnis⟩ F ||publicare|| Beschlagnahme
pūblicē ADV ||publicus||
1 öffentlich, von Staats wegen, im Namen des Staates, im Interesse des Staates, amtlich; ↔ privatim
2 (nachkl.) auf Staatskosten
3 (nachkl.) allgemein, insgesamt
▶ deutsch: **publik**
pūblicitus ADV ||publicus||
1 von Staats wegen
2 in der Öffentlichkeit
Pūblicius ⟨a, um⟩ röm. Gentilname; **clivus ~** Ov. Hauptaufgang zum Aventin
Pūbli-cola ⟨ae⟩ M Beiname in der gens Valeria; → Valerius
pūblicum ⟨ī⟩ N ||publicus||
1 Staatsgebiet, Gemeindeland
2 Staatseigentum, Staatskasse; **aliquid in publicum emere** etw auf Kosten des Staates kaufen
3 Staatseinkünfte, Steuern; **societates publicorum** Gesellschaften der Steuerpächter
4 Staatsmagazin
5 Staat, Gemeinwesen; **aliquid in publicum polliceri** etw zum allgemeinen Nutzen versprechen
6 Öffentlichkeit; **legem in publico/in publicum proponere** ein Gesetz öffentlich bekannt machen; **publico carere/se abstinere** nicht ausgehen, zu Hause bleiben
pūblicus
A ⟨a, um⟩ ADJ ||populus||
1 öffentlich, staatlich, Volks…, Staats…; **mensa publica** Staatsbank; **litterae publicae** Staatsurkunden; **iniuria publica** Ungerechtigkeiten gegen den Staat; **sollicitudo publica** Besorgnis um den Staat; **causa publica** Liv. Prozess in Staatsangelegenheiten; **bono publico**

zum Vorteil des Staates

2 auf Kosten des Staates stattfindend, im Namen des Staates stattfindend, vom Senat veranstaltet

3 allgemein, gewöhnlich; alltäglich; **materies publica** häufig behandelter Stoff

4 res publica → res

5 ⟨ī⟩ M̄ Staatssklave, niederer Beamter

▶ deutsch: **Publikum**
englisch: **public**
französisch: **public**
spanisch: **público**
italienisch: **pubblico**

Pūblilius ⟨a, um⟩ röm. Gentilname; **~ Syrus** Freigelassener aus Syrien, Mimendichter des 1. Jh. v. Chr.

Pūblius ⟨ī⟩ M̄ röm. Vorname, abgek P.

pūbuī → pubescere

pudendus ⟨a, um⟩ ADJ ||pudere|| dessen man sich schämen muss, schändlich; **pars pudenda** Schamteile

pudēns ⟨pudentis, adv pudenter⟩ ADJ ||pudere|| schamhaft; bescheiden; **nihil ~** ohne Schamgefühl

pudēre ⟨pudeō, puduī, - 2.⟩

A VI sich schämen

B VT

1 mit Scham erfüllen

2 me pudet ich schäme mich, *alicuius* vor j-m, *alicuius rei* wegen etw, *+inf/+AcI/+Supin*; **pudendo** dadurch, dass man sich schämt

pudibundus ⟨a, um⟩ ADJ ||pudere|| (*nachkl.*) *poet*

1 verschämt

2 dessen man sich schämen muss

pudīcitia ⟨ae⟩ F̄ ||pudicus|| Schamhaftigkeit, Keuschheit

Pudīcitia ⟨ae⟩ F̄ Göttin der Schamhaftigkeit

pudīcus ⟨a, um, adv pudīcē⟩ ADJ ||pudere|| schamhaft, keusch

pudor ⟨pudōris⟩ M̄ ||pudere||

1 Scham; Scheu, *alicuius rei* über etw, vor etw, *alicuius* vor j-m, gegenüber j-m; **~ famae** Scheu vor der Nachrede; **~ est** *+inf* = pudet; → pudeo

2 Ehrgefühl, Takt; **homo summo pudore** Mensch von höchstem Taktgefühl

3 Bescheidenheit; **natura pudorque meus** meine natürliche Schüchternheit

4 Schamhaftigkeit, Keuschheit

5 *meton* Ehre

6 *meton* Schamröte

7 *meton* Schande; Schandfleck

puella ⟨ae⟩ F̄ ||puellus||

1 Mädchen

2 Tochter

3 junge Frau

4 Geliebte

puellāris ⟨puellāre, adv puellāriter⟩ ADJ ||puella|| (*nachkl.*) mädchenhaft, Mädchen...

puellula ⟨ae⟩ F̄ ||puella|| *poet* nettes junges Mädchen

puellus ⟨ī⟩ M̄ ||puer|| (*unkl.*) kleiner Junge

puer ⟨puerī⟩ M̄

1 Kind; **a puero/a pueris** von Kindheit an; **ex pueris excedere** den Kinderschuhen entwachsen

2 Knabe, Junge bis zum Anlegen der toga virilis

3 Sohn

4 *fig* Diener, Sklave; **~ regius/nobilis** *Liv.* Page

puera ⟨ae⟩ F̄ ||puer|| (*vkl., nachkl.*) Mädchen

puerāscere ⟨āscō, -, - 3.⟩ ||puer|| *Suet.* in das Knabenalter treten

puerīlis ⟨puerīle, adv puerīliter⟩ ADJ ||puer||

1 kindlich, jugendlich

2 kindisch, läppisch

puerīlitās ⟨puerīlitātis⟩ F̄ ||puerilis|| (*vkl., nachkl.*)

1 Knabenalter

2 kindisches Betragen

pueritia ⟨ae⟩ F̄ ||puer|| Kindheit, Jugend

puer-pera ⟨ae⟩ F̄ ||parere|| Wöchnerin

puerperium ⟨ī⟩ N̄ ||puerpera|| (*vkl., nachkl.*) Niederkunft, Geburt; *pl* Kindersegen

puerperus ⟨a, um⟩ ADJ ||puerpera|| *Ov.* die Entbindung fördernd

puertia ⟨ae⟩ F̄ = pueritia

puerulus ⟨ī⟩ M̄ ||puer||

1 Bürschchen; *iron* feines Bürschchen

2 PL Unmündige

pūga ⟨ae⟩ F̄ Steiß

pugil ⟨pugilis⟩ M̄ Faustkämpfer, Boxer

pugilātōrius ⟨a, um⟩ ADJ ||pugilatus|| von Faustkämpfern gebraucht; **follis ~** Übungsball für Faustkämpfer

pugilātus ⟨pugilātūs⟩ M̄ ||pugil|| Faustkampf

pugilicē ADV ||pugil|| nach Boxerart

pugillārēs ⟨pugillārium⟩ M̄, **pugillāria** ⟨pugillārium⟩ N̄ (*nachkl.*) *poet* Schreibtafel

pugillātōrius ⟨a, um⟩ ADJ = pugilatorius

pugillātus ⟨pugillātūs⟩ M̄ = pugilatus

pūgiō ⟨pūgiōnis⟩ F̄ ||pungere|| Dolch

pūgiunculus ⟨ī⟩ M̄ ||pugio|| kleiner Dolch

pūgna ⟨ae⟩ F̄ ||pugnare||

1 Faustkampf; Wettkampf

2 MIL Kampf, Schlacht; **~ equestris** Reiterschlacht; **~ navalis** Seeschlacht

3 MIL *meton* Schlachtreihe, Stellung; **~ media** mittlerer Teil der Schlachtordnung; **pugnam mutare** umkehren

4 *fig* lustiger Streich

5 *Mart. fig* Ringen im Bett

6 *fig* Wortgefecht

pugio – Dolch

pūgnācitās ⟨pūgnācitātis⟩ F ||pugnax|| (nachkl.) Kampfgier, Streitlust

pūgnāculum ⟨ī⟩ N̄ ||pugnare|| (vkl., nachkl.) Schanze, Bastion

pūgnāre ⟨ō, āvī, ātum 1.⟩ ||pugnus||
① kämpfen, fechten, *re* mit etw, *contra aliquem/in aliquem/adversus aliquem/alicui* gegen j-n, *pro aliquo/alicui* für j-n; **pugnam ~** eine Schlacht schlagen
② *fig* im Streit liegen, uneinig sein, *cum aliquo/alicui* mit j-m; **equus habenis pugnat** das Pferd zerrt am Zügel
③ kämpfen, sich bemühen, *in aliquid* um etw, *ut/ne* dass/dass nicht, *+inf+AcI*

pūgnātor ⟨pūgnātōris⟩ M̄ ||pugnare|| (nachkl.) *poet* Kämpfer, Streiter; **iuvencus ~** Kampfstier

pūgnātōrius ⟨a, um⟩ ADJ ||pugnator|| (nachkl.) Fechter...; **arma pugnatoria** *Suet.* scharfe Waffen, echte Waffen

pūgnāx ⟨pūgnācis, *adv* pūgnāciter⟩ ADJ ||pugnare||
① kampflustig, kriegerisch; **pugnacissimae gentes** äußerst kriegerische Völker
② *fig* streitlustig, polemisch
③ eigensinnig

pūgneus ⟨a, um⟩ ADJ ||pugnus|| *Plaut.* Faust...

pūgnus ⟨ī⟩ M̄
① (geballte) Faust
② Faustschlag, Faustkampf
③ *Sen. meton* eine Hand voll

pulcer ⟨pulcra, pulcrum⟩ ADJ = **pulcher**

pulchellus ⟨a, um⟩ ADJ ||pulcher|| schön, hübsch, *meist iron*; **~ puer** *Cic.* hübsches Herrchen

pulcher ⟨pulchra, pulchrum, *adv* pulchrē⟩ ADJ
① schön, reizend; **homo ~** stattlicher Mann
② *fig* vortrefflich, rühmlich; **facinus pulchrum** edle Tat; **mors pulchra** *Verg* ehrenvoller Tod
③ *adv* schön, ganz gut; **pulchre dicere** schön reden, gut reden
④ *adv* teuer; billig; **pulchre vendere** teuer verkaufen; **pulchre emere** billig kaufen
⑤ *adv* völlig

Pulcher ⟨Pulchrī⟩ M̄ Beiname in der gens Claudia; → Claudius; **Publius Clodius ~** Tribun 58 v. Chr.

pulchritūdō ⟨pulchritūdinis⟩ F ||pulcher||
① Schönheit
② *fig* Vortrefflichkeit, Pracht

pūlēium ⟨ī⟩ N̄ Flohkraut, *eine Duftpflanze*; *fig* sanfte Tonart

pūlex ⟨pulicls⟩ M̄ (vkl., nachkl.) Floh

pullārius ⟨ī⟩ M̄ ||pullus¹|| Hühnerwärter, *beauftragt die heiligen Hühner zu füttern*

pullātī ⟨ōrum⟩ M̄ ||pullatus|| Leute in Arbeitskleidung, das einfache Volk

pullātus ⟨a, um⟩ ADJ ||pullus²|| schwarz gekleidet

pullēiāceus ⟨a, um⟩ ADJ ||pullus²|| schwarz

pullulāre ⟨ō, āvī, ātum 1.⟩ ||pullus¹||
① (nachkl.) *poet* keimen
② *fig* wuchern, um sich greifen
③ *fig* wimmeln, *re* von etw

pullum ⟨ī⟩ N̄ ||pullus²|| dunkle Farbe, schwarzer Saum; *pl* dunkle Kleidung

pullus¹
A ⟨a, um⟩ ADJ *Plaut.* jung
B ⟨ī⟩ M̄ junges Tier; Küken; **~ milvinus** *Cic.* Falkenbrut = habgieriger Mensch

pullus² ⟨a, um⟩ ADJ dunkel, schwärzlich, *bes von Trauerkleidern u. der Arbeitskleidung des einfachen Volkes*

pulmentārium ⟨ī⟩ N̄ ||pulmentum|| (nachkl.) = **pulmentum**

pulmentum ⟨ī⟩ N̄ *Hor., Sen., Iuv.* Fleischspeise, Fleischportion

pulmō ⟨pulmōnis⟩ F Lunge; *pl* die Lungenflügel

pulmōneus ⟨a, um⟩ ADJ ||pulmo|| Lungen...; **vomitus ~** *Plaut.* Auswurf der Lunge

pulpa ⟨ae⟩ F (unkl.) Fleisch; Fruchtfleisch

pulpāmen ⟨pulpāminis⟩ N̄ *Liv.*, **pulpāmentum** ⟨ī⟩ N̄ ||pulpa||
① Zukost, Fleisch
② *fig* Leckerbissen, Würze

pulpitum ⟨ī⟩ N̄ (nachkl.) *poet* Brettergerüst, Tribüne
▷ deutsch: **Pult**

puls ⟨pultis⟩ F dicker Brei, *Kost des einfachen Volkes, auch Nahrung der Weissagehühner*

pulsāre ⟨ō, āvī, ātum 1.⟩ ||pellere||
1. heftig schlagen, klopfen, *aliquid* etw, an etw; **ostium ~** ans Tor klopfen; **curru Olympum ~** den Olymp mit dem Wagen durchfahren, **pedibus spatium Olympi ~** den Olymp durchlaufen; **sagittam ~** den Pfeil fortschnellen lassen; **campus equis pulsatus** von Pferden durchstampftes Feld
2. *meton* schlagen, misshandeln
3. *fig* (geistig) erschüttern, bewegen

pulsātiō ⟨pulsātiōnis⟩ F ||pulsare||
1. Schlagen, Stoßen; **~ scutorum** Schlagen an die Schilde
2. *meton* Schläge, Misshandlung

pulsus¹ ⟨a, um⟩ PPP → **pellere**

pulsus² ⟨pulsūs⟩ M ||pellere||
1. Stoß, Schlag; **~ remorum** Ruderschlag; **~ equorum** Hufschlag; **~ pedum** Schritte; **~ maris** Brandung
2. *fig* Eindruck, Anregung

▶ deutsch: **Puls**
  englisch: **pulse**
  französisch: **pouls**
  spanisch: **pulso**
  italienisch: **polso**

pultāre ⟨ō, -, - 1.⟩ ||pellere|| klopfen, stoßen, *aliquid* an etw

pultātiō ⟨pultātiōnis⟩ F ||pultare|| *Plaut.* Anklopfen

pulti-phagōnidēs ⟨pultiphagōnidae⟩ M *Plaut. hum* Breiesser = Römer

pulti-phagus ⟨ī⟩ M *Plaut. hum* Breiesser = Römer

pulvereus ⟨a, um⟩ ADJ ||pulvis|| staubig, Staub...

pulverulentus ⟨a, um⟩ ADJ ||pulvis||
1. staubig; **via pulverulenta** staubiger Weg
2. *Ov. fig* mühevoll

pulvīllus ⟨ī⟩ M ||pulvinus|| (*nachkl.*) *poet* kleines Kissen

pulvīnar ⟨āris⟩ N ||pulvinus||
1. Götterpolster *beim Göttermahl*
2. *meton* Tempel
3. *meton meist pl* Göttermahl; **= lectisternium**
4. *fig* Polstersitz *eines vergöttlichten Menschen, bes des röm. Kaisers*; göttliche Verehrung

pulvīnāris ⟨pulvināre⟩ ADJ ||pulvinar|| Polster...; **~ pica** *Petr.* Klatschtante

pulvīnārium ⟨ī⟩ N ||pulvinus||
1. Götterpolster
2. *Plaut.* Ankerplatz

pulvīnus ⟨ī⟩ M
1. Kissen
2. (*nachkl.*) *fig* Gartenbeet

pulvis ⟨pulveris⟩ M (*u.* F)
1. Staub, Sand
2. Glasstaub, Sand, *in den die Mathematiker ihre Figuren zeichneten*; *meton* Mathematik
3. Staub des Ringplatzes, Staub der Rennbahn; **pulverem Olympicum colligere** *Hor.* den Staub Olympias aufwirbeln
4. Asche, Staub der Toten; **~ et umbra sumus** *Hor.* Staub und Schatten sind wir
5. (*nachkl.*) *poet* Ton, Töpfererde
6. Tummelplatz *einer Tätigkeit*, Bahn; **procedere in pulverem et solem** öffentlich auftreten; **producere aliquid in solem et pulverem** etw ins wirkliche Leben führen; **in suo pulvere** auf eigener Bahn

▶ deutsch: **Pulver**
  englisch: **powder**
  französisch: **poudre**
  spanisch: **polvo; polvos**
  italienisch: **polvere**

pulvisculus ⟨ī⟩ M ||pulvis|| (*vkl., nachkl.*) Stäubchen; **cum pulvisculo** ganz und gar

pūmex ⟨pūmicis⟩ M (*u.* F) Bimsstein *zum Glätten des Papyrus u. der Haut*; *allg.* poröser Stein, *bes* Lava

pūmicāre ⟨ō, āvī, ātum 1.⟩ ||pumex|| (*unkl.*) mit Bimsstein glätten; **pumicatus** geschniegelt

pūmiceus ⟨a, um⟩ ADJ ||pumex||
1. *poet* aus Lava; **fontes pumicei** aus Bimsstein herausfließende Quellen
2. *Plaut.* trocken

pūmicōsus ⟨a, um⟩ ADJ ||pumex|| (*nachkl.*) bimssteinartig, porös

pūmiliō ⟨pūmiliōnis⟩ M *u.* F ||pumilus|| Zwerg, Zwergin

pūmilus ⟨ī⟩ M (*nachkl.*) *poet* Zwerg

punctare ⟨are, avi, atum 1.⟩ (*mlat.*) Einstiche machen, Punkte machen; **punctatus** gepunktet, gefleckt

pūnctim ADV ||pungere|| (*nachkl.*) stichweise, mit der Spitze

pūnctiō ⟨pūnctiōnis⟩ F ||pungere|| (*nachkl.*) Stechen, Einstich, Stich

pūnctiuncula ⟨ae⟩ F ||punctio|| *Sen.* leiser Stich

pūnctum ⟨ī⟩ N ||pungere||
1. (*nachkl.*) Stich, *bes eines Insektes*
2. (*nachkl.*) Punkt *als Satzzeichen*; Punkt, Auge *des Würfels*
3. Punkt *bei Abstimmungen beim Namen eines Kandidaten*; Wahlstimme
4. *fig* Beifall; Urteil; **punctum ferre** Beifall erhalten
5. MATH Punkt

▶ deutsch: **Punkt**
  englisch: **point**
  französisch: **point**
  spanisch: **punto**
  italienisch: **punto**

pūnctus¹ ⟨a, um⟩ PPP → pungere
pūnctus² ⟨pūnctūs⟩ M = **punctum**
pungere ⟨pungō, pupugī, pūnctum 3.⟩
1 stechen
2 *fig* verletzen, kränken, *aliquem/animum alicuius* j-n
Pūnicānus ⟨a, um⟩ ADJ nach punischer Art gemacht; → Poenus
Pūniceus, Pūnicus ⟨a, um⟩ ADJ
1 punisch, karthagisch, phönikisch; = **Poenus**
2 purpurfarben, purpurrot
pūnīre ⟨iō, īvī, ītum 4.⟩, **pūnīrī** ⟨ior, ītus sum 4.⟩ ||poena||
1 bestrafen
2 Rache nehmen, *aliquem* an j-m
pūnītiō ⟨pūnītiōnis⟩ F ||punire|| Bestrafung, *aliquid* für etw
pūnītor ⟨pūnītōris⟩ M ||punire||
1 Bestrafer, *alicuius* j-s
2 Rächer
pūpa ⟨ae⟩ F ||pupus||
1 Puppe
2 Mädchen
pūpilla ⟨ae⟩ F ||pupa||
1 verwaistes Mädchen
2 Pupille
pūpillāris ⟨pūpillāre⟩ ADJ ||pupillus|| (nachkl.) Waisen…; unmündig; **aetas** ~ unmündiges Alter
pūpillus ⟨ī⟩ M ||pupus|| *Iuv.* Waisenknabe, Mündel
puppis ⟨puppis⟩ F
1 Heck, hinteres Deck; **puppes vertere** die Schiffe wenden, fliehen
2 *Plaut. hum* Rücken
pupugī → pungere
pūpula ⟨ae⟩ F ||pupa|| Pupille; Auge
pūpulus ⟨ī⟩ M ||pupus|| (nachkl.) poet Bübchen
pūpus ⟨ī⟩ M [Lallwort] (vkl., nachkl.) Bübchen
pūrgāmen ⟨pūrgāminis⟩ N, **pūrgāmentum** ⟨ī⟩ N ||purgare|| (nachkl.)
1 Schmutz, Müll
2 *fig* Abschaum, Gesindel
3 Reinigungsmittel, Sühnemittel
pūrgāre ⟨ō, āvī, ātum 1.⟩ ||purus||
1 reinigen, säubern; **nubes in aethera se purgat** die Wolke löst sich auf
2 MED abführen
3 *fig* REL reinigen, sühnen
4 *fig* rechtfertigen, *aliquem alicui* j-n bei j-m, *j-n vor j-m, aliquem de re/alicuius rei* j-n wegen etw; +AcI zur Entschuldigung anführen; ~ **aliquid** etw rechtfertigen, sich gegen etw rechtfertigen
5 *Tac.* freisprechen, *aliquem de re/alicuius rei* j-n von etw

6 *Suet.* ins Reine bringen, berichtigen
pūrgātiō ⟨pūrgātiōnis⟩ F ||purgare||
1 Reinigung; MED Abführung; ~ **cloacarum** *Plin.* Reinigung der Kanäle
2 *fig* Rechtfertigung, Entschuldigung
pūrgātōrium ⟨ī⟩ N ||purgatorius|| (eccl.) Fegefeuer
pūrgātōrius ⟨a, um⟩ ADJ ||purgare|| (spätl.) reinigend
pūrgitāre ⟨ō, -, -. 1.⟩ ||purgare|| *Plaut.* reinigen
pūrificāre ⟨ō, āvī, ātum 1.⟩ (nachkl.) reinigen, säubern; **se** ~ *fig* sich entsühnen
pūrificātiō ⟨pūrificātiōnis⟩ F ||purificare|| (nachkl.) poet Reinigung
pūrigāre ⟨ō, āvī, ātum 1.⟩ = **purgare**
pūriter ADV (vkl.) → purus
purpura ⟨ae⟩ F
1 (nachkl.) Purpurschnecke
2 Purpurfarbe, Purpur
3 *meton* Purpurkleid; Purpurdecke
4 *meton* Purpur tragender Beamter, Hofbeamter
5 (nachkl.) *meton* hohes Amt, Herrschaft
6 *meton* Zeichen der Macht
purpurāscere ⟨āscō, -, -. 3.⟩ ||purpura|| tiefrot werden
purpurātus
A ⟨a, um⟩ ADJ ||purpura|| in Purpur gekleidet
B ⟨ī⟩ M hoher Beamter, Höfling
purpureus ⟨a, um⟩ ADJ
1 purpurn, rot
2 *meton* in Purpur kleidet, mit einer Purpurdecke geschmückt
3 *fig* strahlend, prächtig; **ver purpureum** *Verg.* strahlender Frühling
purpurissātus ⟨a, um⟩ ADJ ||purpurissum|| mit Purpur gefärbt; rot geschminkt
purpurissum ⟨ī⟩ N (Com., nachkl., spätl.) Purpurfarbe *zum Färben u. Schminken*
pūrulenta ⟨ōrum⟩ N ||purulentus|| noch rohe Fleischstücke
pūrulentus ⟨a, um, adv pūrulentē⟩ ADJ ||pus|| eitrig; **vulnus purulentum** *Sen.* eitrige Wunde
pūrus ⟨a, um, adv pūrē⟩ ADJ
1 rein, sauber
2 *von Örtlichkeiten* unbebaut, unbepflanzt
3 rituell rein; reinigend; **locus** ~ nicht entweihter Ort; **familia pura** *Cic.* von der Trauer befreite Familie
4 rechtschaffen, ehrlich; **libellum pure legere** eine Schrift mit reinem Herzen lesen
5 klar, hell; **sol** ~ strahlende Sonne
6 einfach, bloß; **hasta pura** Lanze ohne Eisenspitze; **toga pura** Toga ohne Purpurverzierung
7 RHET fehlerlos, *auch* schlicht

8 JUR unbedingt; *fig* völlig
▶ deutsch: **pur**

pūs ⟨pūris⟩ N̄ (nachkl.) Eiter; Geifer; **pus et venenum** Gift und Galle

pusillus ⟨a, um⟩ ADJ
1 klein, winzig
2 schwach
3 gering
4 kleinlich

pūsiō ⟨pūsiōnis⟩ M̄ kleiner Junge

pussula, pustula ⟨ae⟩ F̄
1 Bläschen, Pustel
2 *fig* Bläschen *auf geschmolzenem Silber*, reines Silber

pustulātus ⟨a, um⟩ ADJ ||pustula|| (nachkl.) mit Bläschen versehen; rein; **argentum pustulatum** reines Silber

puta ADV ||putare|| (nachkl.) *poet* zum Beispiel, nämlich; **ut ~** wie zum Beispiel

putāmen ⟨putāminis⟩ N̄ ||putare|| Schale; **~ ovi** Eierschale

putāre ⟨ō, āvī, ātum 1.⟩
1 j-n für j-n od etw für etw halten, *aliquem pro aliquo, aliquid pro re od +dopp. akk; passiv* für etw gelten, *+dopp. nom;* **nihilo ~** für nichts halten; **se beatum ~** sich für glücklich halten
2 überlegen, erwägen
3 glauben, meinen, *meist +AcI, im passiv +NcI.;* **non putaram** das hätte ich nicht geglaubt; **deum ~** an Gott glauben
4 dem Wert nach schätzen, rechnen, *aliquid +abl* etw mit etw
5 *fig* ins Reine bringen, ordnen; **rationem ~ cum aliquo** mit j-m abrechnen
6 beschneiden, *von Bäumen u. Weinstöcken;* reinigen

putātiō ⟨putātiōnis⟩ F̄ ||putare|| Beschneiden *der Bäume*

putātor ⟨putātōris⟩ M̄ ||putare|| *Verg.* der die Bäume beschneidet

puteal ⟨puteālis⟩ N̄ ||putealis||
1 Brunneneinfassung
2 Blitzmal, *vom Blitz getroffener, geweihter Ort, brunnenähnlich ummauert*

puteālis ⟨puteāle⟩ ADJ ||puteus|| Brunnen...; **nymphae puteales** Brunnennymphen

puteārius ⟨ī⟩ M̄ ||puteus|| (nachkl.) Brunnenbauer

Puteolānum ⟨ī⟩ N̄ Landgut Ciceros bei Puteoli

Puteolānus
A ⟨a, um⟩ ADJ aus Puteoli, von Puteoli
B Einwohner von Puteoli

Puteolī ⟨ōrum⟩ M̄ Seestadt zwischen Neapel u. Cumae, heute Pozzuoli

puter ⟨putris, putre⟩ ADJ
1 faul, faulig
2 *fig* verfallen, morsch
3 *fig* mürbe, schlaff; **oculi putri** schmachtende Augen

pūtēre ⟨eō, uī, - 2.⟩ (vkl.) faulig riechen, stinken, *re* nach etw

pūtēscere ⟨pūtēscō, pūtuī, - 3.⟩ verfaulen, vermodern

puteus ⟨ī⟩ M̄ (unkl.)
1 Grube
2 künstlicher Brunnen; Quelle
3 *Plaut.* unterirdisches Verlies

pūtīcius ⟨a, um⟩ ADJ = **poticius**

pūtidiusculus ⟨a, um⟩ ADJ ||putidus|| etwas zudringlicher

pūtidulus ⟨a, um⟩ ADJ ||putidus|| *Mart.* widerlich

pūtidus ⟨a, um, *adv* pūtidē⟩ ADJ ||putere||
1 faul, modrig
2 *fig* welk, verlebt
3 widerlich, zudringlich
4 RHET geziert, affektiert

putillus ⟨ī⟩ M̄ ||putus¹|| kleiner Junge

pūtīscere ⟨pūtīscō, pūtuī, - 3.⟩ = **putescere**

pūtor ⟨pūtōris⟩ M̄ ||putere|| (unkl.) Fäulnis, modriger Geruch

putre-facere ⟨faciō, fēcī, factum 3.⟩ ||puter|| (vkl., nachkl.) in Fäulnis bringen, morsch machen; *passiv* **putrefieri** verfaulen, verwesen

putrēscere ⟨ēscō, -, - 3.⟩ ||puter|| verfaulen; *Lucr.* morsch werden

putridus ⟨a, um⟩ ADJ
1 faul, verfault
2 morsch; locker
3 welk

putris ⟨putre⟩ ADJ *Plin.* = **puter**

pūtuī → **putere** *u.* → **putescere**

putus¹ ⟨ī⟩ M̄ *Verg.* Knabe

putus² ⟨a, um⟩ ADJ ||putare||
1 (vkl.) rein; **~ sychophanta** ein echter Schmarotzer
2 *fig* glänzend

pxt. Abk = **pinxit** hat (es) gemalt, *mit dem Namen des Künstlers oft auf Gemälden zu finden*

pycta, pyctēs ⟨ae⟩ M̄ (nachkl.) *poet* Faustkämpfer

Pydna ⟨ae⟩ F̄ Stadt im S Makedoniens, Sieg des Aemilius Paullus über Perseus 168 v. Chr.

Pydnaeī ⟨ōrum⟩ M̄ die Einwohner von Pydna

pyelus ⟨ī⟩ F̄ *Plaut.* Badewanne

pȳga ⟨ae⟩ F̄ = **puga**

pȳgargus ⟨ī⟩ M̄ (nachkl.) *poet* große Antilope

Pygmaeī ⟨ōrum⟩ M̄ MYTH die Pygmäen; Zwergvolk

Pygmaeus ⟨a, um⟩ ADJ der Pygmäen, zu den Pygmäen gehörig; *fig* zwergenhaft

Pygmaliōn ⟨Pygmaliōnis⟩ M̄

1 MYTH König von Kypros, Bildhauer; auf seine Bitten verlieh Aphrodite einer von ihm geschaffenen Mädchenfigur Leben
2 MYTH Bruder der Dido

Pyladēs ⟨Pyladae u. Pyladis⟩ M̄ MYTH Neffe des Agamemnon, treuer Freund des Orest

Pyladēus ⟨a, um⟩ ADJ des Pylades; **amicitia Pyladea** treue Freundschaft

pylae ⟨ārum⟩ F̄ Pass, Engpass

Pylius ⟨a, um⟩ ADJ aus Pylos, von Pylos; → Pylos 1

Pylos, Pylus ⟨ī⟩ F̄
1 „Burg des Nestor" in Elis, Ausgrabungen, Fundort von Tontafeln mit Inschriften
2 Insel in Messenien, 425 v. Chr. von den Athenern besetzt

pyra ⟨ae⟩ F̄ (nachkl.) poet Scheiterhaufen; fig Grabmal

pȳramis ⟨pȳramidis⟩ F̄ Pyramide

Pȳramus ⟨ī⟩ M̄ MYTH Liebhaber der Thisbe

Pȳrēnaeus ⟨ī⟩ M̄, **Pȳrēnaeus (saltus)** M̄ die Pyrenäen

Pȳrēnē, Pyrēnē ⟨Pȳrēnēs⟩ F̄ poet die Pyrenäen

pyrethrum ⟨ī⟩ N̄ (nachkl.) poet Bertram, eine Arzneipflanze

pyrgus ⟨ī⟩ M̄ Würfelturm, kleines hohles Gefäß, durch das die Würfel auf die Tischfläche fielen

Pyriphlegethōn ⟨Pyriphlegethontis⟩ M̄ = **Phlegethon**

pyrōpus ⟨ī⟩ M̄ (nachkl.) poet Goldbronze, Mischung aus 3/4 Kupfer u. 1/4 Gold

Pyrrha ⟨ae⟩ F̄ Gattin des Deucalion

pyrr(h)icha ⟨ae⟩ F̄ (nachkl.) dorischer Waffentanz

pyrr(h)ichius ⟨a, um⟩ ADJ Quint. pyrrhichisch; **(pes) Pyrr(h)ichius** METR pyrrhichischer Versfuß, ∪ ∪

Pyrrhō ⟨Pyrrhōnis⟩ M̄ Philos. aus Elis, Zeitgenosse des Aristoteles, Gründer der Schule der Skeptiker

Pyrrhōnēus ⟨a, um⟩ ADJ des Pyrrho

Pyrrhōnēus ⟨ī⟩ M̄ Anhänger des Pyrrho, Skeptiker

Pyrrhus ⟨ī⟩ M̄
1 = **Neoptolemus**
2 König von Epiros, besiegte die Römer 279 v. Chr. bei Ausculum, von den Römern 275 v. Chr. bei Beneventum besiegt

Pȳthagorās ⟨ae⟩ M̄ Philos. u. Mathematiker aus Samos, um 540 v. Chr., Gründer der pythagoreischen Schule in Croton (Unteritalien)

Pȳthagorēa ⟨ōrum⟩ N̄ Lehre des Pythagoras

Pȳthagorēus ⟨ī⟩ M̄ Pythagoreer

Pȳthagorēus ⟨a, um⟩ ADJ des Pythagoras, pythagoreisch

Pȳthagoricus ⟨a, um⟩ ADJ des Pythagoras, pythagoreisch

Pȳthagoricus ⟨ī⟩ M̄ Pythagoreer

pȳthaulēs ⟨ae⟩ M̄ Sen. Flötenspieler im Theater

Pȳtheās ⟨ae⟩ M̄ griech. Seefahrer u. Geograf aus Massilia, Zeitgenosse des Aristoteles

Pȳthia¹ ⟨ae⟩ F̄ ||Pytho|| Apollopriesterin in Delphi, Sprecherin des Orakels

Pȳthia² ⟨ōrum⟩ N̄ ||Pytho|| die pythischen Spiele zu Ehren des Apollo, alle acht, später alle vier Jahre aufgeführt

Pȳthias ⟨Pȳthiadis⟩ F̄ Sklavin in der röm. Komödie

Pȳthicus, Pȳthius ⟨a, um⟩ ADJ ||Pytho|| pythisch, delphisch

Pȳthō ⟨Pȳthūs⟩ F̄ ältester Name für Delphi

Pȳthōn ⟨Pȳthōnis⟩ M̄ der von Apollo in Delphi erlegte Drache

pȳtisma ⟨pȳtismatis⟩ N̄ Iuv., Vitr. bei der Weinprobe durch die Lippen ausgespritzter Wein

pȳtissāre ⟨ō, -, 1.⟩ Ter. den Wein bei der Weinprobe durch die Lippen ausspritzen

pyxis ⟨pyxidis⟩ F̄ Sen., Ov. kleine Büchse, Dose für Arzneien u. Salben

Q q Abk
1 = **Quintus**
2 = **quaestor** Quästor
3 = **Quirites** Quiriten
4 = **-que** und; **S. P. ~ R.** = **Senatus Populusque Romanus** Senat und Volk von Rom
5 **Q. (B.) F. F. S.** = **quod (bonum) felix faustumque sit** was (gut,) glücklich, günstig sein möge
6 **q. d. b. v.** = **quod deus bene vertat** was Gott zum Guten wenden möge
7 **q. e. d.** (mlat.) = **quod erat demonstrandum** MATH was zu beweisen war, Schlusssatz bei Beweisen

quā¹ ||qui|| ADV
1 interrogativ wo?, wie?, auch in indir Fragesatz; **illuc qua veniam?** wie soll ich dorthin kommen?
2 relativ wo, da wo; **non quicquam, qua** kein Punkt, wo
3 relativ wohin; **ignarus, qua res inclinatura sit** nicht wissend, wohin die Sache sich neigen werde; **qua prospici poterat** soweit man voraussehen konnte
4 relativ wie, auf welche Weise
5 so weit wie; (nachkl.) poet insofern
6 **qua ... qua** teils ... teils, sowohl ... als auch

7 *enklitisch* irgendwo; **si qua** wenn irgendwo
8 *enklitisch* irgendwie, etwa; **ne qua** damit nicht etwa; **si qua** wenn etwa
qua² → **quis** *u.* → **qui¹**

quā-cumque, quā-cunque ADV (*erg.* **viā**)
1 wo nur immer, überall wo
2 *poet* wie nur immer, auf jede Weise

quādam-tenus ADV, *auch getrennt* (*nachkl.*)
1 bis zu einem gewissen Punkt; **est quadam prodire tenus** bis zu einem gewissen Punkt kann man vordringen
2 in gewisser Hinsicht, einigermaßen

Quadī ⟨ōrum⟩ M̄ *germ. Stamm im heutigen Tschechien*

quadra ⟨ae⟩ F̄ ||quadrus|| Viereck, viereckiges Stück; **patulis nec parcere quadris** *Verg.* und die flachen Scheiben nicht schonen

quadrāgēnārius ⟨a, um⟩ ADJ ||quadrageni|| (*vkl., nachkl.*) vierzigjährig

quadrāgēnī ⟨ae, a⟩ NUM *distr* ||quadraginta|| je vierzig

quadrage(n)sima ⟨ae⟩ F̄ (*mlat.*) ||quadragesimus|| vierzigtägige Fastenzeit *vor Ostern*

quadrāgē(n)simus ⟨a, um⟩ NUM *ord* ||quadraginta|| der vierzigste; **quadragesima (pars)** der vierzigste Teil, *v. a. als Abgabe od Steuer*

quadrāgiē(n)s NUM ADV ||quadraginta|| vierzigmal; **~ (sestertium)** vier Millionen Sesterze

quadrāginta *indekl* NUM *card* ||quattuor|| vierzig

quadrāns ⟨quadrantis⟩ M̄ ||quadrare||
1 *als Münze* Viertelas, *das Eintrittsgeld für die öffentlichen Bäder, allg.* Heller; **quadrante lavatum ire** für ein Viertelas baden gehen
2 *als Maßeinheit* ein Viertel eines sextarius = 3 cyathi, *entspricht ca.* 0,15 l
3 *Mart.* Viertelpfund

quadrantal ⟨quadrantālis⟩ N̄ (*vkl., nachkl.*)
1 Hohlmaß = 1 Amphora, *entspricht ca.* 26 l
2 *Gell.* Würfel

quadrantārius ⟨a, um⟩ ADJ ||quadrans||
1 auf ein Viertel ermäßigt; **tabulae quadrantariae** auf ein Viertel ermäßigte Schuldbücher *gemäß der lex Valeria de aere alieno aus dem Jahr 86 v. Chr.*
2 ein Viertelas kostend; **quadrantaria illa permutatio** Badegeldersatz *der Clodia*

quadrāre ⟨ō, āvī, ātum 1.⟩ ||quadrus||
A VT viereckig machen; vervollständigen
B VI
1 viereckig sein; *fig* passen; **quadrat alicui** es passt j-m, +AcI; **quadrat** es passt, *absolut*
2 zutreffen; passen, *ad aliquid/in aliquid* zu etw

quadrātum ⟨ī⟩ N̄ ||quadratus||
1 Viereck, Quadrat; **mutare quadrata rotundis** von einem Extrem ins andere fallen
2 ASTRON Geviertschein, *ein Viertel des Tierkreises betragende Entfernung zwischen zwei Planeten*

quadrātūra ⟨a, um⟩ ADJ ||quadrare|| (*nachkl.*) Umwandlung in ein flächengleiches Quadrat; **~ circuli** Quadratur des Kreises

quadrātus ⟨a, um⟩ ADJ ||quadrare||
1 viereckig; **littera quadrata** Großbuchstabe
2 *fig* untersetzt, *auch* gut gebaut
▷ deutsch: Quadrat
  englisch: quadrat; square
  französisch: carré
  spanisch: cuadrado
  italienisch: quadrato

quadri... *in Zusammensetzungen* = **quattuor**

quadri-duum ⟨ī⟩ N̄ Zeitraum von vier Tagen, vier Tage

quadri-ennium ⟨ī⟩ N̄ Zeitraum von vier Jahren, vier Jahre

quadri-fāriam ADV (*vkl., nachkl.*) in vier Teile, vierfach

quadri-fidus ⟨a, um⟩ ADJ ||findere|| (*spätl.*) *poet* in vier Teile gespalten

quadrīgae ⟨ārum⟩ F̄ Viergespann; *meton* vierspänniger Wagen; **~ falcatae** Sichelwagen, Streitwagen; **navibus atque quadrigis petere aliquid** *fig* etw mit allen Mitteln zu erreichen versuchen

quadrīgālis ⟨quadrīgāle⟩ ADJ ||quadrigae|| *poet* aus einem Viergespann

quadrīgārius
A ⟨a, um⟩ ADJ ||quadrigae|| (*nachkl.*) zu einem Viergespann gehörig
B ⟨ī⟩ M̄ Rennfahrer

quadrīgātus ⟨a, um⟩ ADJ ||quadrigae|| mit der Prägung eines Viergespanns; **nummus ~** Silberdenar

quadrīgulae ⟨ārum⟩ F̄ ||quadriga|| kleines Viergespann

quadriiugī ⟨ōrum⟩ M̄ ||quadriiugus|| (*erg.* **equi**) Viergespann

quadri-iugis ⟨quadriiuge⟩ ADJ, **quadri-iugus** ⟨a, um⟩ ADJ ||iugum|| vierspännig

quadri-lībris ⟨quadrilībre⟩ ADJ ||libra|| *Plaut.* vierpfündig

quadri-mēstris ⟨quadrimēstre⟩ ADJ ||mensis|| (*vkl., nachkl.*) viermonatig

quadrīmulus ⟨a, um⟩ ADJ ||quadrimus|| *Plaut.* vierjährig

quadrīmus ⟨a, um⟩ ADJ ||quattuor, hiems|| vierjährig

quadringēnārius ⟨a, um⟩ ADJ ||quadringeni|| aus je vierhundert Mann bestehend

quadringēnī ⟨ae, a⟩ NUM *distr* ||quadringenti|| (*nachkl.*) je vierhundert

quadringentēsimus ⟨a, um⟩ NUM *ord* ||quadringenti|| der vierhundertste

quadringentī ⟨ae, a⟩ NUM *card* ||quattuor, cen-

tum|| vierhundert
quadringentiē(n)s ADV ||quadringenti|| vierhundertmal; **quadringenties sestertium** 40 Millionen Sesterzen
quadrī-partītus ⟨a, um, *adv* quadrīpartītō⟩ ADJ ||partiri|| in vier Teile geteilt, vierfach
quadri-pedāns ⟨quadripedantis⟩ ADJ u. Subst. = **quadrupedans**
quadrī-pertītus ⟨a, um⟩ ADJ =**quadripartitus**
quadri-pēs ⟨quadripedis⟩ ADJ u. Subst. = **quadrupes**
quadri-plex ⟨quadriplicis⟩ ADJ u. Subst. = **quadruplex**
quadri-rēmis
A ⟨quadrirēme⟩ ADJ ||remus|| vierruderig, mit vier Ruderreihen
B ⟨quadrirēmis⟩ F Vierdecker, Schiff mit vier Ruderreihen
quadri-vium ⟨ī⟩ N ||via|| Wegkreuzung; (spätl.) Zusammenfassung von vier Wissenschaften, Arithmetik, Musik, Geometrie, Astronomie
quadru... = *auch* **quadri...**
quadrum ⟨ī⟩ N ||quadrus||
1 Viereck
2 angemessene Form; **in quadrum redigere** in die richtige Form bringen
3 (mlat.) Quader, Grundstein
quadru-pedāns
A ⟨quadrupedantis⟩ ADJ ||quadrupes|| auf vier Füßen gehend
B ⟨quadrupedantis⟩ M u. F Rennpferd
quadru-pēs
A ⟨quadrupedis⟩ ADJ vierfüßig; **infans ~** auf Händen und Füßen gehendes Kind
B ⟨quadrupedis⟩ M u. F Vierbeiner, *bes* Pferd
quadruplārī ⟨or, - 1.⟩ ||quadruplus|| *Plaut.* denunzieren
quadruplātor ⟨quadruplātōris⟩ M ||quadruplari||
1 gewerbsmäßiger Denunziant, *der ein Viertel der Strafgelder od des Vermögens erhält*
2 (nachkl.) bestechlicher Richter
quadru-plex
A ⟨quadruplicis⟩ ADJ (vkl., nachkl.) vierfältig, vierfach
B ⟨quadruplicis⟩ N das Vierfache
quadruplicāre ⟨ō, āvī, ātum 1.⟩ ||quadruplex|| vervierfachen, vermehren
quadruplum ⟨ī⟩ N ||quadruplus|| das Vierfache
quadru-plus ⟨a, um⟩ ADJ (nachkl.) vierfach
quadrupul... = **quadrupl...**
quadrus ⟨a, um⟩ ADJ ||quattuor|| viereckig
quadruvium ⟨ī⟩ N = **quadrivium**

quaerere
⟨quaerō, quaesīvī/quaesiī, quaesītum 3.⟩

1 suchen, aufsuchen
2 vermissen
3 erfordern
4 zu erwerben suchen, erwerben
5 fragen, befragen
6 wissenschaftlich untersuchen
7 gerichtlich untersuchen, ein Verhör anstellen
8 verhandeln, beraten
9 nach etw trachten
10 sich bemühen

---

1 suchen, aufsuchen; **portum ~** den Hafen anlaufen
2 *etw* vermissen, sich nach *etw* sehnen, *aliquid*
3 *fig von Sachen* erfordern
4 zu erwerben suchen, erwerben, *absolut od aliquem/aliquid* j-n/etw, *aliquid alicui* etw für j-n, *aliquid alicui rei* etw für etw, etw zu etw, *aliquid ab aliquo* etw von j-m, *aliquid re/ex re* etw von etw; **ignominiam alicui ~** j-n beschimpfen; **venenum privigno ~** den Stiefsohn zu vergiften versuchen; **quaesito opus est alicui** j-d muss etw verdienen; **iam diu nihil quaesierat** er hatte schon lange nichts verdient
5 fragen, forschen, *absolut od aliquid ab aliquo/aliquo/ex aliquo* j-n um etw, j-n nach etw, *+indir Fragesatz*; **si verum quaerimus** aufrichtig gesprochen; **quid quaeris?/noli quaerere** was fragst du noch?, kurz und gut
6 wissenschaftlich untersuchen; **mihi quaerendum esse visum est, quid esset, cur** mir hat sich die Frage aufgedrängt, warum
7 gerichtlich untersuchen, ein Verhör anstellen; **~ de aliquo in aliquem** j-n auf der Folter zu j-s Nachteil befragen; **de servis in dominos ~** die Sklaven auf der Folter nach ihren Herren befragen
8 verhandeln, beraten, *aliquid/de re* über etw
9 (meist nachkl.) *poet* nach *etw* trachten, etw erstreben, *aliquid, +indir Fragesatz*; **fugam ~** auf Flucht sinnen; **mors quaesita** absichtlich gesuchter Tod
10 sich bemühen, *+inf*; **cognoscere ~** zu erfahren suchen

quaeritāre ⟨ō, āvī, ātum 1.⟩ ||quaerere||
1 eifrig suchen
2 sich zu verschaffen suchen
3 eifrig fragen
4 erwerben, verdienen
quaesītiō ⟨quaesītiōnis⟩ F ||quaerere||
1 Suchen
2 Befragung unter Folter

quaesītor ⟨quaesītōris⟩ M ‖quaerere‖ Untersuchungsrichter

quaesītum ⟨ī⟩ N ‖quaerere‖
① Erwerb, Verdienst
② *poet* Frage

quaesītus¹ ⟨a, um⟩ PPP → quaerere

quaesītus² ⟨a, um⟩ ADJ ‖quaerere‖
① gesucht, geziert
② ausgesucht, außerordentlich

quaesīvī → quaerere

quaes(s)ere ⟨ō, -, - 3.⟩
① suchen, zu erlangen suchen
② fragen
③ bitten, erbitten, *aliquem* j-n, *ab aliquo* von j-m; **dic, quaeso** sag bitte; **attendite quaeso diligenter** passt bitte gut auf; **quaeso, quid hoc est?** *bei Fragen der Verwunderung* was, um Himmels willen, ist das?

quaesticulus ⟨ī⟩ M ‖quaestus‖ kleiner Gewinn

quaestiō ⟨quaestiōnis⟩ F ‖quaerere‖
① Suchen; **tibi ne quaestioni essemus** *Plaut.* dass du uns nicht suchen lässt
② Frage, Befragung; Untersuchung; **re quaestione captivorum explorare** *Caes.* die Angelegenheit durch Befragung der Gefangenen erkunden; **magna ~ est** es fragt sich sehr
③ JUR gerichtliche Untersuchung, Vernehmung, *alicuius rei/de re* wegen einer Sache; **~ facinoris** Vernehmung wegen des Verbrechens; **quaestionem habere de aliquo/ex aliquo** j-n verhören; **quaestionem decernere alicui/ferre in aliquem** eine gerichtliche Untersuchung gegen j-n beantragen
④ *meton* Untersuchungsakte, Untersuchungsprotokoll; *pl* Untersuchungsergebnis
⑤ Gerichtshof; **quaestiones perpetuae** ständige Schwurgerichte, *149 v. Chr. durch die lex Calpurnia repetundarum für schwere Vergehen eingerichtet, unter Vorsitz des Prätors, aus jeweils 50 Geschworenen bestehend*
⑥ wissenschaftliche Frage, Problem, *alicuius rei/de re* nach etw, über etw; **quaestionem explicare** eine Frage lösen; **quaestionem sustinere** dem Stoff gewachsen sein
⑦ RHET strittiger rednerischer Stoff, Hauptpunkt einer strittigen Frage; **~ infinita** Frage allgemeiner Art; **~ concreta** konkreter Fall

quaestiuncula ⟨ae⟩ F ‖quaestio‖ kleine wissenschaftliche Frage, kleine Untersuchung

quaestor ⟨quaestōris⟩ M ‖quaerere‖ Quästor
① *in der Zeit der Könige* Untersuchungsrichter, Blutrichter, *je zwei*
② *in der Zeit der Republik* Finanzbeamter, Schatzmeister, *unterste Stufe der höheren Beamten, urspr. zwei, dann bis zu 20*
③ *in der Kaiserzeit* **quaestores Caesaris/principis** Geheimschreiber
④ (*mlat.*) Ablasshändler
⑤ (*nlat.*) Leiter der Universitätskasse

quaestōrium ⟨ī⟩ N ‖quaestorius‖ (*nachkl.*)
① Zelt des Quästors *im Lager*
② Amtsgebäude des Quästors *in der Provinz*

quaestōrius
A ⟨a, um⟩ ADJ ‖quaestor‖ des Quästors; **comitia quaestoria** Komitien zur Wahl der Quästoren; **aetas quaestoria** das für die Quästur erforderliche Alter; **porta quaestoria** Hintertor *des Lagers in der Nähe des Quästorenzeltes*
B ⟨ī⟩ M ehemaliger Quästor

quaestuāria ⟨ae⟩ F ‖quaestuarius‖ *Sen.* Dirne, Prostituierte

quaestuārius ⟨a, um⟩ ADJ ‖quaestus‖ (*spätl.*) ein Gewerbe treibend

quaestuōsus ⟨a, um, *adv* quaestuōsē⟩ ADJ ‖quaestus‖
① Gewinn bringend, einträglich
② *von Personen* gewinnsüchtig; reich

quaestūra ⟨ae⟩ F ‖quaestor‖
① Quästur, Amt des Quästors
② *meton* Kasse des Quästors
③ (*nlat.*) Quästur, *Universitätskasse, in die die Studiengebühren eingezahlt wurden*

quaestus ⟨quaestūs⟩ M ‖quaerere‖
① Erwerb, dauernde Einnahmen, *bes aus kaufmännischer Tätigkeit*
② *meton* Erwerbsart; Gewerbe; **quaestu iudiciario pasci** *Cic.* sich vom Beruf eines Richters ernähren
③ (*mlat.*) Handel

quālibet ADV ‖quilibet‖
① überall
② auf jede beliebige Weise

quālis ⟨quāle⟩ ADJ, ADV → quāliter
① *interrogativ* wie beschaffen?, was für ein?; **~ est istorum oratio?** von welcher Art ist deren Rede?
② *relativ* welcher Art, wie, *mit u. ohne talis*
③ *bei Zitaten*, wie, wie zum Beispiel
④ *indef* irgendwie beschaffen
⚠ **Qualis rex, talis grex.** Wie der König, so die Herde. = Wie der Hirte, so die Herde.

quālis-cumque ⟨quālecumque⟩ ADJ
① *relativ* wie beschaffen auch immer, *mit talis*
② *indef* jeder ohne Unterschied; **~ locus** jeder Ort ohne Unterschied

quālis-libet ⟨quālelibet⟩ ADJ von beliebiger Beschaffenheit, von beliebiger Art

quālis-nam ⟨quālenam⟩ ADV wie denn eigentlich beschaffen?

quālitās ⟨quālitātis⟩ F ‖qualis‖ Beschaffenheit, Eigenschaft

quaestor

Die Quästur war die unterste Stufe der Ämterlaufbahn (**cursus honorum**). Die Quästoren nahmen zunächst Aufgaben der Justiz und der öffentlichen Sicherheit wahr, später wurden sie auch in anderen Gebieten eingesetzt. So oblag den **quaestores aerarii / urbani** zur Zeit der Republik die Verwaltung des **aerarium** (Staatskasse). Je ein Quästor begleitete in der Regel den ins Feld ziehenden Konsul, auch Provinzialprätoren wurde ein Quästor an die Seite gestellt. Seit 267 v. Chr. wurde die militärische Verwaltung der römischen Flotte vier Flottenquästoren (**quaestores classici**) unterstellt. Die Zahl der Quästoren betrug ursprünglich 2, stieg aber bis zum Beginn der Kaiserzeit auf 20.

WORTSCHATZ

▶ deutsch: **Qualität**

quāliter ADV ||qualis|| (nachkl.) poet wie

quāliter-cumque ADV ||qualiscumque|| (nachkl.) wie auch immer

quālubet ADV = qualibet

quālum ⟨i⟩ N, **quālus** ⟨i⟩ M geflochtener Korb, bes Wollkorb

quam ADV ||qui¹||
① *interrogativ, ausrufend* wie sehr, wie; **quam diu** wie lange; **quam nihil** wie wenig
② *beim Vergleich* wie, als; **maior quam** größer als; **nemo tam multa scripsit quam ...** niemand hat so viel geschrieben wie ...; **non tam ... quam** nicht so sehr ... als vielmehr; **proelium atrocius quam pro numero pugnantium** eine im Verhältnis zur Zahl der Kämpfer heftigere Schlacht als erwartet; **malo ... quam** ich will lieber ... als; **praestat ... quam** es ist besser ... als; **nihil aliud quam** nichts anderes als; **ante quam** bevor; **septimo die quam** am siebten Tag als, am siebten Tag nachdem
③ möglichst, so ... wie möglich, +sup; **quam optime** möglichst gut; **quam celerrime** möglichst schnell, so schnell wie möglich; **Caesar quam maximis potuit itineribus profectus est** Caesar zog in möglichst großen Tagesmärschen; **quam primum** möglichst bald

quam-diū
Ⓐ ADV *interrogativ* wie lange?, seit wie langer Zeit?
Ⓑ KONJ so lange als, so lange wie

quam-dūdum = quam dudum

quam-libet, **quam-lubet** ADV (nachkl.)
① wie beliebt, ganz nach Belieben
② so sehr auch, wenn auch noch so

quam-ob-rem ADV
① *interrogativ* warum?, weshalb?
② *relativ* weshalb, weswegen
③ *im relativen Anschluss* und deshalb, und daher

quam-prīmum ADV möglichst schnell, so bald wie möglich

quam-quam KONJ
① obwohl, obgleich, +ind

② *im Hauptsatz* jedoch, indessen; **~ quid loquor?** freilich, was rede ich?
③ *beim part u. adj* obwohl, obgleich; **arma ~ vobis invisa** die Waffen, obwohl sie euch verhasst sind

quam-vīs
Ⓐ ADV beliebig, *beim adj u. adv steigernd*; **divitiae ~ magnae** noch so großer Reichtum; **~ multi** beliebig viele; **~ pauci** wenn auch noch so wenige; *gelegentlich mit Konjugation von velle*: **facinus quam vultis improbum** eine noch so schändliche Tat
Ⓑ KONJ wenn auch noch so sehr, wie sehr auch, (klass.) +konjkt, (unkl.) u. poet auch +ind; **avari indigent, ~ divites sint** die Geizigen leiden Not, wie reich sie auch sind; **~ non** so wenig auch, +konjkt

quā-nam ADV (nachkl.)
① wo denn?
② wie denn?

quandō
Ⓐ ADV
① *interrogativ* wann?, *in dir u. indir Fragesatz*
② *indef nach si, nisi, ne, num, quo, cum* irgendwann, je, jemals, einmal
Ⓑ KONJ +ind
① *zeitl.* als, da; **tum ~** damals als
② *kausal* weil ja, da ja doch

quando-cumque, **quando-cunque** ADV
① *relativ* wann auch immer, sooft nur
② *indef* irgendwann einmal, *auch getrennt*

quandō-que
Ⓐ ADV irgendwann einmal; **ne ~ hic ignis incendium ingens exsuscitet** Liv. damit nicht irgendwann einmal dieses Feuer einen ungeheuren Brand entzünde
Ⓑ KONJ
① *zeitl.* wann immer, sooft
② *kausal* weil denn ja, da nun einmal
Ⓒ = et quando; → quando

quandō-quidem KONJ da nun einmal, da allerdings

quanquam KONJ = quamquam

quantillum ⟨i⟩ N ||quantillus|| wie wenig

quantillus ⟨a, um⟩ ADJ ‖quantulus‖ *interrogativ, relativ* wie klein, wie gering

quantitās ⟨quantitātis⟩ F ‖quantus‖ *(nachkl.)* Größe, Menge
▶ deutsch: **Quantität**

quantō → quantus

quantō opere, quant-opere ADV
1 *interrogativ* wie sehr?, in wie hohem Grad?, *in dir u. indir Fragesatz*
2 *relativ meist mit tantopere* so sehr wie

quantulus ⟨a, um⟩ ADJ ‖quantus‖
1 *interrogativ, ausrufend* wie klein, wie wenig, *in dir u. indir Fragesatz*
2 *relativ* wie wenig, so wenig wie; **reddidit quantulum visum est** er berichtete, wie wenig gesehen wurde

quantulus-cumque ⟨quantulacumque, quantulumcumque⟩ ADJ, **quantulus-cun-que** ⟨quantulacunque, quantulumcunque⟩ ADJ *auch getrennt* wie wenig auch immer, wie klein auch immer

quantum ⟨ī⟩ N ‖quantus‖
1 *interrogativ, ausrufend, relativ* wie viel; wie wenig; **~ dabitis?** wie viel werdet ihr geben?; **~ in me est** soviel an mir liegt; **~ ad aliquem/ad aliquid** was j-n/etw betrifft; **in ~** inwieweit, so weit als; **tantus videbor, in ~ ...** ich werde in der Größe erscheinen, bis zu welcher ...
2 *akk* soviel, insoweit; **~ fieri potest** soviel getan werden kann; **~ maxime accelerare poterat** so schnell er konnte
3 **quanti** wie teuer?, für wie viel?; **quanti rem aestimas?** *Cic.* wie hoch schätzt du die Sache? **quanti erat, ut sineres?** wie wäre es denn so Großes gewesen, wenn du es gelassen hättest?; **quanti quanti** so hoch es auch sei
4 **quanto** wie viel, um wie viel, *beim komp u. ähnlichen Begriffen*; **quanto maior hic ager est quam ille?** um wie viel ist dieser Acker größer als jener?; **quanto praestat** um wie viel besser ist er!; **quanto ... tanto** *(nachkl.)* in dem Maß ... wie, +ind; **quanto intentus, tanto resolutus** ebenso konzentriert wie zügellos; **quanto** (+Positiv/Komp) **... tanto** (+komp) je ... desto; **quanto diutius considero, tanto obscurior res mihi videtur** je länger ich die Sache anschaue, desto dunkler erscheint sie mir
▶ deutsch: **Quantum**

quantum-vīs ‖quantusvis‖
A ADV sehr, gar sehr
B KONJ so sehr auch, obwohl

quantus ⟨a, um⟩ ADJ
1 *interrogativ, ausrufend* wie groß, , *auch* wie klein; **~ vir!** welch ein Mann!
2 *relativ* so groß wie, so viel wie, so lange als, *absolut od mit tantus*; *in Verbindung mit posse u. sup* möglichst, größtmöglich; **spatium quantum satis hastae** eine so große Entfernung, wie für den Speerwurf genügt; **est inter eos quanta maxima potest esse distantia** zwischen ihnen besteht die denkbar größte Verschiedenheit

quantus-cumque ⟨quantacumque, quantumcumque⟩ ADJ wie groß auch immer, wie viel auch immer; **~ sum ad iudicandum** wie wenig ich auch zum Urteilen geeignet sein mag

quantus-libet ⟨quantalibet, quantumlibet⟩ ADJ *(nachkl.)* poet wie groß es beliebt, beliebig groß; **quantumlibet intersit inter Romanos et Graecos** welch noch so großer Unterschied zwischen Römern und Griechen sein mag

quantus-quantus ⟨quantaquanta, quantumquantum⟩ ADJ *Com.* = **quantuscumque**; → *auch* **quantus 3**

quantus-vīs ⟨quantavīs, quantumvīs⟩ ADJ so groß du willst, beliebig groß

quā-propter ADV
1 *interrogativ, relativ* weswegen
2 *im relativen Anschluss* und deswegen

quā-quā ADV ‖quisquis‖ *(vkl., nachkl.)* wohin nur

quāque ADV ‖quisque‖ → **usquequaque**

quā-rē ADV ‖quae res‖
1 *interrogativ* wodurch?, warum?, *in dir. indir Fragesatz*
2 *relativ* wodurch, warum
3 *im relativen Anschluss* und daher, und deshalb

quārta ⟨ae⟩ F ‖quartus‖
1 *(erg.* **hora**) die 4. Stunde
2 *(erg.* **pars**) der 4. Teil

quārtadecumānī ⟨ōrum⟩ M ‖quartus, decimus‖ Soldaten der 14. Legion

quārtāna ⟨ae⟩ F ‖quartanus‖ *(erg.* **febris**) Wechselfieber

quārtānī ⟨ōrum⟩ M ‖quartanus‖ Soldaten der 4. Legion

quārtānus ⟨a, um⟩ ADJ ‖quartus‖ des vierten Tages, viertägig, viertägig wiederkehrend; **febris quartana** Wechselfieber

quārtārius ⟨a, um⟩ ADJ ‖quartus‖ Viertel *eines Maßes, bes des sextarius*

quārtō, quārtum ‖quartus‖ zum vierten Mal

quārtus
A ⟨a, um⟩ NUM *ord* der vierte
B ⟨ī⟩ M
1 *(erg.* **liber**) das 4. Buch
2 *(erg.* **lapis**) Meilenstein
3 *(erg.* **pater**) Ururgroßvater

quа-sī
A *(altl.)* = **quam si** als wenn
B KONJ

1 +*ind in Vergleichssätzen* gleich wie, wie; **qui servit ~ ego servio?** wer dient, wie ich diene?
2 +*konjkt in hypothetischen Vergleichen* wie wenn, als ob; **~ vero** gerade wie wenn; **~ vero me pudet** gerade als ob ich mich schäme

C ADV
1 gleich wie, wie; **~ sedatus amnis fluit** er fließt wie ein ruhiger Strom dahin
2 gewissermaßen; **~ corpus** Scheinkörper
3 ungefähr, fast, *meist bei Zahlbegriffen*
▶ deutsch: **quasi**

quasillum ⟨ī⟩ N̄, **quasillus** ⟨ī⟩ M̄ ‖qualum‖ Spinnkörbchen; **inter quasilla** in der Spinnstube; **scortum quasillo pressum** *Tib.* eine Prostituierte, die sich beim Spinnen quält = eine gewöhnliche Dirne

quassāre ⟨ō, āvī, ātum 1.⟩ ‖quatere‖

A VT (*unkl.*)
1 heftig schütteln, erschüttern
2 zerschlagen, zerschmettern
3 *von körperlichen Leiden* plagen, quälen
4 *fig* zerrütten, schwächen
B VI rasseln, klappern; **quassat caput** der Kopf wackelt

quassātiō ⟨quassātiōnis⟩ F̄ ‖quassare‖ (*nachkl.*) heftiges Schütteln

quassus[1] *abl* ⟨quassū⟩ M̄ ‖quatere‖ (*vkl.*) *poet* Schütteln

quassus[2] ⟨a, um⟩ ADJ ‖quatere‖ (*nachkl.*)
1 zerbrochen, beschädigt
2 zitternd, schwach
3 *fig* zerrüttet

quassus[3] ⟨a, um⟩ PPP → **quatere**

quate-facere ⟨faciō, fēcī, - 3.⟩ ‖quatere‖ erschüttern; *fig j-s* Einfluss untergraben, *aliquem*

quā-tenus

A ADV
1 *interrogativ* wie weit?; *zeitl.* wie lange?, nur in *indir Fragesatz*
2 *relativ* so weit wie
3 *relativ* inwieweit, inwiefern
B KONJ da ja, weil ja

quater NUM ADV ‖quattuor‖ viermal; **~ decies** vierzehnmal; **terque ~que beatus** überglücklich

quatere ⟨quatiō, -, quassum 3.⟩
1 schütteln, schwingen; **caput ~** den Kopf schütteln
2 schlagen, stoßen, stampfen, erschüttern; **fenestras iactibus ~** mit Steinchen an die Fenster werfen
3 *poet* jagen, treiben
4 schüttelnd beschädigen, zerschmettern; **moenia ariete ~** die Mauern mit dem Sturmbock zerschmettern; **naves quassae** lecke Schiffe; **cinnama quassa** kleine Zimtstücke; **faces quassae** Stückchen Kienholz; **vox quassa** gebrochene Stimme
5 *fig* aus der Fassung bringen, erschüttern; **tempora quassa mero** vom Wein umnebelter Kopf
6 *fig* plagen, beunruhigen

quaternī ⟨ae, a⟩ NUM *distr* ‖quattuor‖ je vier, immer vier; **centesimae quaternae** vier Prozent monatlicher Zins

quattuor *indekl* NUM *card* vier

quattuor-decim *indekl* NUM *card* vierzehn

quattuorvirātus ⟨quattuorvirātūs⟩ M̄ ‖quattuorviri‖ (*unkl.*) Amt der Viermänner

quattuor-virī ⟨ōrum⟩ M̄ Viermänner, *in den Munizipien u. Kolonien die vier Ortsoberen, in Rom Behörde zur Aufsicht der Straßen*

-que KONJ, *enklitisch*
1 und *zur Verbindung zweier Begriffe zu einem zusammengehörigen Ganzen, wird an den jeweils letzten Begriff angehängt;* **senatus populusque Romanus** Senat und Volk von Rom; **terrā marique** zu Wasser und zu Land; **dies noctesque** Tag und Nacht
2 *nach multi, pauci u. Ä., im Deutschen unübersetzt;* **multa graviaque vulnera** viele schwere Wunden
3 *im Hendiadyoin;* **tenebrae vinculaque** dunkles Gefängnis; **proditio ignaviaque** feiger Verrat; **legibus paremus oboedimusque** den Gesetzen gehorchen wir unbedingt
4 und somit, und daher
5 und überhaupt, kurz; **canes omnesque bestiae** Hunde und überhaupt alle Tiere
6 *erklärend* und zwar, das heißt; **pervenerunt ad Rhenum finesque Germanorum** sie kamen an den Rhein, das heißt zum Gebiet der Germanen
7 *als Gegensatz* und doch, und dabei; **dives miserque** reich und doch arm
8 *advers* aber; *nach Verneinung* sondern, vielmehr
9 *bei Zahlen* oder, bis; **ter quaterque** drei- oder viermal, drei- bis viermal
10 **-que ... -que** sowohl ... als auch, teils ... teils; **noctesque diesque** sowohl Tage als auch Nächte

queentia ⟨ae⟩ F̄ ‖quire‖ Können

quem-ad-modum ADV, *auch getrennt*
1 *interrogativ* auf welche Weise? wie?, *in dir u. indir Fragesatz*
2 *relativ* wie, sowie, *in Verbindung mit ita, item, sic, eodem modo u. Ä., stets mit eigenem Verb;* **haec, ~ exposui, ita gesta sunt** dies ist so, wie ich dargestellt habe, auch geschehen
3 (*spätl.*) wie zum Beispiel

queō *inf* → **quire**

quercētum ⟨ī⟩ N̄ = **querquetum**

querceus ⟨a, um⟩ ADJ ||quercus|| von Eichen, Eichen...; **coronae querceae** Eichenlaubkränze, als Belohnung für die Rettung von Bürgern im Krieg

quercus ⟨ūs⟩ F
1. Eiche, *dem Jupiter heilig*
2. *meton* Eichenlaub, Eichenlaubkranz
3. *meton* Eicheln

querēla, querella ⟨ae⟩ F ||queri||
1. Klage, *alicuius rei/de re* über etw; Klagelaut
2. Beschwerde, *de re* über etw, *cum aliquo* bei j-m, vor j-m, gegen j-n; **querelas apud aliquem de aliquo** bei j-m Beschwerde führen über j-n
3. (*nachkl.*) *meton* Unpässlichkeit
▶ *deutsch:* **Querelen**

querī ⟨queror, questus sum 3.⟩
1. klagen, beklagen, *absolut od aliquid/de re* etw, über etw; **fatum suum ~** sein Schicksal beklagen
2. Klagetöne hören lassen; *von Tieren* kreischen
3. sich beklagen, sich beschweren, *absolut od aliquid/de re* über etw, *cum aliquo/alicui/apud aliquem* bei j-m, +AcI, *quod* dass; **~ cum fatis** mit dem Schicksal hadern

queribundus ⟨a, um⟩ ADJ ||queri|| klagend, jammernd

querimōnia ⟨ae⟩ F ||queri|| Klage, Beschwerde, *alicuius rei/de re* über etw; **queremonias habere** Beschwerde führen

queritārī ⟨or, - 1.⟩ ||queri|| (*nachkl.*) heftig klagen

querneus, quernus ⟨a, um⟩ ADJ ||quercus|| von Eichen, Eichen...; **glans quernea** Eichel; **corona quernea** Eichenlaubkranz

querquetulānus ⟨a, um⟩ ADJ ||querquetum|| (*vkl., nachkl.*) mit einem Eichenwäldchen; **mons ~** *alter Name des mons Caelius*

querquētum ⟨ī⟩ N ||quercus|| (*vkl.*) Eichenwald

querulus ⟨a, um⟩ ADJ ||queri|| (*nachkl.*)
1. klagend, kläglich wimmernd
2. sich beklagend

questiō ⟨questiōnis⟩ F ||queri|| Klage

questus[1] ⟨a, um⟩ PPERF → queri

questus[2] ⟨questūs⟩ M ||queri|| Klage, Klageruf *der Vögel*

quī[1] ⟨quae (*als indef pr auch* qua), quod⟩ PRON, *adj u. subst*
1. *interrogativ* welcher?, welche?, welches?, was für ein?; *subst* wer?, was?; **quae est amicitia, si ...?** was ist das für eine Freundschaft, wenn ...?
2. *ausrufend* welcher, welch ein; **qui vir!** welch ein Mann!
3. *relativ* der, die, das; welcher, welche, welches; *subst* wer, was; **agri, quos coluimus** die Felder, die wir bebaut haben
4. *relativ* derjenige, welcher, *statt is, qui*; **sapienter cogitant, qui ...** weise überlegen die, welche ...
5. *relativ* so viel wie, wie viel
6. **quod** so viel, *alicuius rei* von etw, an etw; **quod ubique fuerat navium** sämtliche Schiffe; **quod satis est militum** hinreichende Anzahl Soldaten
7. *relativ* **quo** um wie viel, umso; **quo ... eo** je ... desto
8. *relativ, konsekutiv* +*konjkt* sodass er; **indignus es, cui fidem habeamus** du bist nicht würdig, dass wir Vertrauen haben; **nemo est, qui** es gibt niemanden, der
9. *relativ, final* damit er; **multi aliis eripiunt, quod aliis largiantur** viele nehmen den einen etw weg, um es anderen zu schenken
10. *relativ, kausal* da er, weil er; *verstärkt* **quippe qui/ut qui/utpote qui** da er ja; **praesertim qui/qui praesertim** zumal da er
11. *relativ, konzessiv* obwohl er, da er doch; **cur tibi invideam, qui omnibus rebus abundem?** warum sollt ich dich beneiden, da ich doch alles im Überfluss habe?
12. *relativ, beschränkend* soweit er; **quod sciam** soweit ich weiß; **quod meminerim** soviel ich mich erinnere; **orationes Catonis, quas quidem legerim** die Reden des Cato, soweit ich sie wenigstens gelesen habe
13. im relativen Anschluss und dieser, dieser nämlich
14. *indef, npl* qua, *selten* quae irgendein, irgendwelcher; *subst* irgendeiner, *meist in Nebensätzen, häufig enklitisch, bes mit si, nisi, ne, num, quo, quanto, cum, ubi*; **cave, ne qua amicorum discidia fiant** hüte dich, damit es nicht irgendwelche Zerwürfnisse zwischen den Freunden gibt; **si quae contra naturam sunt** wenn irgendetwas gegen die Natur ist

quī[2]
A ||qui[1]|| **quicum** mit dem, mit wem, *fast nur bei Angabe einer allg. bezeichneten Person.*
B ADV ||qui[1]||
1. *interrogativ* wie?, warum?, inwiefern?, *in dir u. indir Fragesatz*; **qui fit, ut ...?** wie kommt es, dass ...?
2. *interrogativ* wie hoch?, wie teuer?
3. *relativ* wodurch, womit; **habeo, qui utar** ich habe zu leben; **Aristides, qui efferretur, vix reliquit** Aristides hinterließ kaum die Mittel zur Bestattung
4. (*meist vkl.*) *indef* irgendwie
5. *in Verwünschungsformeln* wenn doch; **qui dii illi irati sint** wenn jenem doch die Götter zürnten!

quia KONJ ||quis||

1 *interrogativ* warum?; **~nam?** warum denn?
2 *kausal* weil, deshalb weil, *meist +ind*; **~ natura mutari non potest, idcirco ...** weil die Natur nicht verändert werden kann, deshalb ...
3 **non ~** nicht weil, *+ind*, nicht als ob, *+konjkt, bei Angabe eines nur angenommenen Grundes*
4 **~ne** etwa weil?
5 **~ enim** *Plaut.* weil ja
6 (*mlat.*) seit; dass

quia-nam → quia
quicquam → quisquam
quicquid → quisquis
quī-cum → qui²

quī-cumque ⟨quaecumque, quodcumque⟩ REL PR, *adj u. subst*
1 wer auch immer, jeder der; **quaecumque feram mortalia** was ich noch Sterbliches an mir trage; **quācumque ratione/quocumque modo** auf jede Weise, unter allen Umständen; **quodcumque** alles was; **hoc quodcumque vides** das alles, was du siehst; **quodcumque hoc regni** dies ganze Reich
2 = qualiscumque

quī-cunque ⟨quaecunque, quodcunque⟩ REL PR = quicumque

quī-dam ⟨quaedam, quoddam (*adj*) u. quiddam (*subst*)⟩ INDEF PR, *adj u. subst*
1 ein gewisser; irgendeiner; *pl* gewisse, einige; **scriptores quidam Romani** gewisse römische Schriftsteller, einige römische Schriftsteller; **quidam ex militibus** manche von den Soldaten; **quoddam verbum** ein gewisses Wort; **quiddam mali** etwas Böses
2 gewissermaßen ein, sozusagen ein, *zur Milderung eines Ausdrucks*; **tacitus quidam sermo** eine Art stilles Gespräch
3 ganz, geradezu; **incredibilis quaedam magnitudo ingenii** eine geradezu unglaubliche Größe des Geistes
4 (*mlat.*) ein *als unbestimmter Artikel*

quidem ADV
1 *bekräftigend* gewiss, gerade; **qui ~ duo** gerade diese beiden
2 *beschränkend* wenigstens, freilich; **hoc ~ tempore** zu dieser Zeit freilich
3 *advers* aber, allerdings; **~ ... sed** zwar ... aber
4 *erklärend* nämlich, zwar; **unā in domo et eā ~ angustā** in einem einzigen Haus und noch dazu in einem engen
5 **ne ... ~** nicht einmal, auch nicht; **ne isti ~** nicht einmal diese da

quid-nī ADV warum nicht, *+konjkt; bekräftigend* gewiss, natürlich; **~ doleam?** warum sollte ich nicht trauern?

quiēns PPR → quire
quiēs ⟨quiētis⟩ F

1 Ruhe, ↔ *Tätigkeit od Gefahr*, Erholung, *alicuius rei einer Sache od* die etw gewährt, *a re* von etw; **~ laborum** Erholung von den Mühen; **~ senectutis** Ruhe, die das Alter gewährt; **quieti se dare** sich der Ruhe hingeben; **quietem capere** Ruhe genießen
2 *Lucr.* Ruheplatz, Lager; **intectae fronde quietes** vom Laub bedeckte Ruheplätze
3 Schlaf; **ire ad quietem** schlafen gehen; **secundum quietem/per quietem/in quiete** im Schlaf
4 (*nachkl.*) *meton* Traum
5 (*nachkl.*) *meton* Todesschlaf, Tod
6 *meton* Schlafenszeit, Nacht
7 (*nachkl.*) *poet* Schweigen, Stille
8 (*nachkl.*) Friede, ruhige politische Verhältnisse
9 (*nachkl.*) *poet* Gemütsruhe, Seelenruhe

quiēscere ⟨quiēscō, quiēvī, quiētum 3.⟩ ||quies||
1 zur Ruhe kommen, ausruhen, *auch von Leblosem*; **ager quiescit** das Feld liegt brach
2 ruhig liegen, schlafen
3 RHET innehalten, aufhören
4 *fig* sich ruhig verhalten, untätig sein; **propriā pelle non ~** *Hor.* sich in seiner Haut nicht wohl fühlen
5 *fig* verstummen, schweigen
6 POL Frieden halten, neutral bleiben
7 *fig* Privatmann sein; sich von der Politik zurückziehen
8 *fig* zur Ruhe kommen, ungestört sein
9 *Com. fig* von *etw* ablassen, mit *etw* aufhören, *+inf*
10 *fig* unbesorgt sein
11 (*mlat.*) sterben

quiētus ⟨a, um, *adv* quiētē⟩ ADJ ||quiescere||
1 *von Personen u. Sachen* ruhig, still; **equus ~** ruhiges Pferd; **amnis ~** ruhig dahinfließender Strom
2 *Tac.* schlafend
3 *fig* sich ruhig verhaltend
4 *fig* ohne Kampf, friedlich
5 *fig* ruhig, neutral
6 *fig* ruhig, zurückgezogen; **vita privata et quieta** zurückgezogenes und ruhiges Leben
7 *fig* geistig ruhig, gelassen
8 *fig pej* energielos, kraftlos

▶ deutsch: **quitt**
  englisch: **quiet**
  französisch: **quiet**
  spanisch: **quieto**
  italienisch: **quieto**

quiēvī → quiescere
quī-libet ⟨quaelibet, quodlibet⟩ ADJ u. quidlibet (*subst*)⟩ indef Pr, ADJ *u. subst* jeder beliebige,

der erste beste, *auch mit pej Nebensinn;* **~ unus** einer, wer er auch sei; **quidlibet indutus** in jedem beliebigen Gewand; **quidlibet** *Hor.* alles und jedes

quīn

A ADV

1 *wie nicht, warum nicht, auch als Aufforderung;* **quin conscendimus equos** lasst uns doch die Pferde besteigen

2 *ja sogar, ja vielmehr, häufig mit etiam;* **multum scribo die, quin etiam noctibus** ich schreibe viel am Tag, ja sogar in den Nächten

B KONJ +konjkt

1 *nach verneinten Ausdrücken* dass; **non dubito, quin** ich zweifle nicht, dass; **non multum afuit, quin** es fehlte nicht viel, dass; **facere non possum/fieri non potest, quin verbis tuis fidem habeam** ich muss deinen Worten unbedingt Glauben schenken

2 *für qui non, quae non, quod non nach verneintem Subj. des regierenden Satzes* jeder; **nemo est, quin sciat** es gibt niemanden, der nicht wüsste; jeder weiß

3 *konsekutiv für ut non* dass nicht, ohne dass, *bei verneintem Prädikat des regierenden Satzes;* **numquam accedo, quin abs te abeam doctior** ich komme niemals, ohne dass ich gelehrter von dir weggehe

4 **non quin** nicht als ob nicht

quī-nam ⟨quaenam, quodnam⟩ *Interrogpr., adj u. subst,* in dir u. indir Fragesatz welcher denn?, was für einer denn?

quīna-vīcēnāria (lex) ||quini viceni|| „Fünfundzwanzig-Jahre-Gesetz", *das Verträge mit unter 25-Jährigen verbot*

Quīnctiānus ⟨a, um⟩ ADJ des Quinctius

Quīnctīlis ⟨Quīnctīle⟩ ADJ, **Quīnctīlis** ⟨Quīnctīlis⟩ M = **Quintilis**

Quīnctīlius ⟨a, um⟩ Name einer patriz. gens; → **Varus**

Quīnctius ⟨a, um⟩ röm. Gentilname

1 → **Cincinnatus**

2 **T. ~Flaminius** Sieger über Philipp V. von Makedonien 197 v. Chr.

quīnc-ūnx ⟨quīncūncis⟩ M ||quinque, uncia||

1 *als Münze* 5/12 As

2 Hohlmaß 5/12 des sextarius, = 0,225 l

3 1/5 einer Erbschaft

4 fünf Augen *auf dem Würfel*

5 *fig* Figur einer Würfelseite mit fünf Augen, Kreuzstellung, *bei Anpflanzungen, Pfählen in Gruben u. Ä*

quīncupedal ⟨quīncupedālis⟩ N ||quinque, pedalis|| *Mart.* Messstange von 5 Fuß Länge

quīndeciē(n)s NUM ADV ||quindecim|| fünfzehnmal

quīn-decim indekl NUM card fünfzehn

quīndecim-prīmī ⟨ōrum⟩ M die 15 ersten Senatoren *eines Munizipiums*

quīndecimvirālis ⟨quīndecimvirāle⟩ ADJ ||quindecimviri|| *Tac.* die Fünfzehnmänner betreffend

quīndecim-virī ⟨ōrum⟩ M die Fünfzehnmänner, *Kollegium von 15 Priestern, beauftragt mit der Aufsicht u. Befragung der Sibyllinischen Bücher*

quīngēnārius ⟨a, um⟩ ADJ ||quingeni|| aus je 500 Mann bestehend

quīngēnī ⟨ae, a⟩ NUM distr ||quingenti|| je fünfhundert

quīngentēsimus ⟨a, um⟩ NUM ord der fünfhundertste

quīngentī ⟨ae, a⟩ NUM card fünfhundert

quīngentiē(n)s NUM ADV ||quingenti|| *Suet.* fünfhundertmal

quīnī ⟨ae, a⟩ NUM distr ||quinque||

1 je fünf; **quini deni** je fünfzehn

2 *poet* fünf

quīnquāgēnārius ⟨a, um⟩ ADJ ||quinquageni|| *(vkl., nachkl.)* fünfzigjährig; fünfzig enthaltend

quīnquāgēnī ⟨ae, a⟩ NUM distr ||quinquaginta||

1 je fünfzig

2 *poet* fünfzig

quīnquāgēsiē(n)s NUM ADV fünfzigmal

quīnquāgēsima ⟨ae⟩ F ||quinquagesimus|| *(erg. pars)* ein Fünfzigstel; der Fünfzigste *als Abgabe*

quīnquāgēsimus ⟨a, um⟩ NUM ord ||quinquaginta|| der fünfzigste

quīnquāgiē(n)s NUM ADV ||quinquaginta|| *(vkl.)* fünfzigmal

quīnquāginta indekl NUM card fünfzig

quīnquātria ⟨quīnquātrium⟩ N, **quīnquātrūs** ⟨quīnquātruum⟩ F ||quinque|| die Quinquatren, *Feste zu Ehren der Minerva;* **quinquatrus maiores** die großen Quinquatren *im März als Fest der Handwerker, Ärzte, Lehrer;* **quinquatrus minores** die kleinen Quinquatren *im Juni als Fest der Flötenbläser*

quīnque[1] indekl NUM card fünf; *fig* ein paar

quīnque[2] *Plaut.* = **et quin**; → **quin**

quīnquennālis ⟨quīnquennāle⟩ ADJ ||quinquennis||

1 fünfjährig = alle vier Jahre gefeiert; alle vier Jahre stattfindend

2 *(vkl., nachkl.)* fünf Jahre dauernd

quīnqu-ennis ⟨quīnquenne⟩ ADJ ||quinque, annus||

1 fünf Jahre alt, fünfjährig

2 fünfjährig = alle vier Jahre gefeiert

quīnquennium ⟨ī⟩ N ||quinquennis|| Zeitraum von fünf Jahren, fünf Jahre

quīnque-partītus ⟨a, um⟩ ADJ ||partiri|| fünfteilig, fünffach

quīnque-pedal ⟨quīnquepedālis⟩ N̄ = **quincupedal**

quīnque-pertītus ⟨a, um⟩ ADJ = **quinque-partitus**

quīnque-prīmī ⟨ōrum⟩ M̄ die fünf ersten Senatoren *eines Munizipiums od einer Kolonie*

quīnque-rēmis
A ⟨quīnquerēme⟩ ADJ ||remus|| mit fünf Ruderbänken
B ⟨quīnquerēmis⟩ F̄ Fünfruderer, Schiff mit fünf Ruderbänken

quīnquevirātus ⟨quīnquevirātūs⟩ M̄ ||quinqueviri|| Fünfmänneramt

quīnque-virī ⟨ōrum⟩ M̄ Fünfmänner, *Kollegium für bestimmte Aufgaben*

quīnquiē(n)s NUM ADV ||quinque|| fünfmal

quīnqui-plex ⟨quīnquiplicis⟩ ADJ *Mart.* fünffältig

quīnquiplicāre ⟨ō, -, - 1.⟩ ||quinquiplex|| *Tac.* verfünffachen

quīntadecimānī ⟨ōrum⟩ M̄ Soldaten der fünfzehnten Legion

quīntāna ⟨ae⟩ F̄ ||quintus|| (*erg.* **via**) (*nachkl.*) Querweg im röm. Lager, zugleich Markt- u. Handelsplatz im Lager

quīntānī ⟨ōrum⟩ M̄ ||quintus|| *Tac.* Soldaten der fünften Legion

Quīntiliānus ⟨a, um⟩ *röm. Beiname;* **M. Fabius ~** *aus Calagurris in Spanien, ca. 35–96 n. Chr., erster staatlich bezahlter Rhetoriklehrer in Rom, Verfasser von „De institutione oratoria"*

Quīntīlis
A ⟨Quīntīle⟩ ADJ ||quintus|| zum fünften Monat gehörig, *später* zum Juli gehörig
B ⟨Quīntīlis⟩ M̄ der fünfte Monat *des am 1. März beginnenden Jahres, später zu Ehren Caesars Iulius genannt*

Quīntīlius ⟨a, um⟩ = **Quinctilius**
Quīntius ⟨a, um⟩ = **Quinctius**
quīntus ⟨a, um⟩ NUM ord ||quinque|| der fünfte; **quintum** fünfmal

Quīntus ⟨a⟩ *röm. Vorname, abgek* Qu.

quīntus-decimus ⟨a, um⟩ NUM ord der fünfzehnte

quippiam ADV ||quispiam|| *Plaut.* auf irgendeine Weise

quippe ADV
1 freilich, natürlich, allerdings, ja, *im Antwortsatz als Begründung u. zur Einführung selbstständiger Sätze*
2 **~ qui** der ja, da er ja, (*klass.*) *nur +konjkt;* **~ qui quod/cum** der ja doch; **~ ut** da ja; **~ et/~ etiam** da ja auch; **~ quasi** gleich als wenn nämlich; **~ secuturi** da sie ja bereit waren sich zu fügen

quippiam → quispiam

quippinī ADV ||quippe, ni|| (*vkl., nachkl.*) warum denn nicht?, selbstverständlich

quīre ⟨queō, uīvī/quiī, quitum 0.⟩ können, imstande sein, vermögen, *meist in verneinten Sätzen;* **aestimare non queo** ich kann nicht glauben

Quirīnālia ⟨Quirīnalium⟩ N̄ ||Quirinalis|| die Quirinalien, *Fest zu Ehren des Romulus am 17. Februar*

Quirīnālis ⟨Quirīnāle⟩ ADJ des Quirinus; des Romulus

Quirīnus
A ⟨a, um⟩ ADJ des Quirinus; des Romulus
B ⟨ī⟩ M̄
1 alter röm. Gott, später Name des zum Gott erhobenen Romulus, des Gründers Roms, mit Kultstätte auf dem Quirinal
2 Beiname des vergöttlichten Romulus
3 Beiname des Janus
4 Beiname des Augustus
5 **populus Quirini** römisches Volk; **urbs Quirini** Rom; **collis Quirini** Quirinal; **Ianus Quirini** Pforte des Kriegsgottes *im NO des Forum Romanum*

Quirīs ⟨Quirītis⟩ M̄, *meist* PL **Quirītes** ⟨Quirītium *u.* Quirītum⟩ M̄
1 (*nachkl.*) *poet* die Quiriten, *urspr. die Bewohner der sabinischen Stadt Cures*
2 die Quiriten, *die röm. Vollbürger;* **populus Romanus Quiritesque/populus Romanus Quiritium** römische Bürger, *als ehrenvolle Anrede der röm. Bürger im Frieden, bes in der Volksversammlung;* **ius Quiritium** römisches Vollbürgerrecht

▶ **Quirites – Ehrentitel für römische Vollbürger**

Quirites war die ursprüngliche Bezeichnung und blieb die ehrenvolle Anrede für die römischen Vollbürger vor allem in der Volksversammlung. Außerdem blieb das Wort in einigen alten Wendungen erhalten, wie z. B. **senatus populusque Quiritium Romanorum** (SPQR, das später zu **senatus populusque Romanus** vereinfacht wurde). Die genaue Herkunft des Wortes ist umstritten.

GESCHICHTE ◀

quirītāre ⟨ō, -, - 1.⟩
A VI um Hilfe rufen, laut schreien
B VT kreischend sagen, laut schreien

quirītātiō ⟨quirītātiōnis⟩ F̄, **quirītātus** ⟨quirītātūs⟩ M̄ ||quiritare|| (*nachkl.*) Gejammer, Hilfeschrei, Angstschrei

quirrītāre ⟨ō, -, - 1.⟩ grunzen

quis ⟨quid⟩

QUIS

A PRON, *subst u. adj*

1 *interrogativ* wer, was, *in dir u. indir Fragesatz*; **quis Themistocle clarior?** wer war berühmter als Themistokles?; **quis tu?** wer da?; **quid est gloria?** was ist Ruhm?; **quid tibi vis?** was willst du?; **quid hoc rei est?** was bedeutet das?; **quid eius rei est?** was ist an der Sache?; **quid causae est?** was geht hier vor?; **considera, quis quem fraudavisse dicatur** überlege, wer den anderen betrogen haben soll

2 *indef* irgendeiner, irgendjemand, irgendetwas, *meist subst, nach si, nisi, ne, num auch adj* = **qui, qua/quae, quod**; **dixerit quis** es könnte j-d sagen; **si quid accidat** wenn etw passieren sollte; **nisi quid auxilii sit** wenn keine Hilfe zu finden sei

B ADV ⟨quid⟩

1 *interrogativ* was?, wozu?, warum?, *in dir u. indir Fragesatz*; **quid verbis opus est?** wozu bedarf es der Worte?; **quaesivi, quid dubitaret** ich habe gefragt, warum er zweifle

2 *zur Einleitung einer rhetorischen Frage* wie? **quid ita?** warum dies?, wieso?; **quid deinde/quid tum/quid postea?** was weiter?, was soll daraus folgen?; **quid vero?** wie?, ja noch mehr; **quid? quod ...** was soll man dazu sagen, dass ...?; **quid? si ...** was soll man dazu sagen, wenn ...?; **quid enim?** denn wie?

⚠ **Quis leget haec?** Wer wird dieses Zeug lesen?

quis-nam ⟨quidnam⟩ INTERROGPR.

1 *dir* wer denn?, was denn?; **~ igitur sanus?** *Hor.* wer also ist bei Verstand?

2 *indef* etwa jemand, etwa etwas; **quaerere incipimus, ~ esset Verrucinus** *Cic.* wir begannen zu ermitteln, wer denn Verrucinus sei

quis-piam ⟨quaepiam, quidpiam/quippiam (*subst*) u. quodpiam/quoppiam (*adj*)⟩

A INDEF PR *subst u. adj* jemand, irgendjemand, irgendein beliebiger; **fortasse dixerit ~** vielleicht könnte man sagen

B ADV ⟨quidpiam⟩ etwas, in irgendeiner Beziehung, irgendwie

quis-quam ⟨quaequam, quidquam/quicquam⟩ INDEF PR *subst u. adj* auch nur irgendjemand, irgendeiner, überhaupt einer; **vix ~** kaum einer; **nec ~ unus** und kein Einziger; **~ unus** der Erstbeste; **nihil quidquam** durchaus nichts

quis-que ⟨quae-que, quid-que (*subst*) u. quod-que (*adj*)⟩ PRON, *subst u. adj*

1 *indef* jeder, jeder einzelne; jeweilig, betreffend; **suae ~ fortunae faber est** jeder ist seines Glückes Schmied; **qui cuique arti praesunt** die Meister der betreffenden Künste; **per se ~** jeder für seinen Teil, jeder nach Kräften; *bei Ordnungszahlen*: **tertio quoque die** an jedem dritten Tag; **primo quoque tempore** so bald wie möglich; **primus ~** einer nach dem anderen; *beim sup*: **optimus ~** gerade die Besten; **maximae cuique fortunae minimum credendum est** je größer das Glück, desto wengier darf man ihm trauen; *beim Vergleich*: **ut ~** (+*sup*) **... ita ~** (+*sup*) je ... desto

2 = uterque

3 *relativ* = **quisquis** *u.* = **quicumque**

quisquilia ⟨ōrum⟩ NPL *von Leblosem* Lappalien

quisquiliae ⟨ārum⟩ F

1 (*vkl., nachkl.*) Abfall, Kehricht

2 *fig* Auswurf, Abschaum

quis-quis ⟨quidquid/quicquid (*subst*) *u.* quodquod (*adj*)⟩

A *rel Pr, subst u. adj*

1 *subst* wer nur immer, was nur immer, jeder der, alles das; **~ adest** jeder Anwesende; **~ ille est** jener sei, wer er wolle; **accusatorum quidquid erat** die Ankläger, so viele sie waren; **quidquid temporis intercedit** jeder Augenblick des Wartens

2 *subst* jeder Einzelne

3 *adj* jeder beliebige, der erstbeste; **quoquo modo** unter allen Umständen

B ADV ⟨quidquid⟩ je weiter, je mehr; **quidquid progredior** je weiter ich voranschreite

quīvī → **quire**

quī-vīs ⟨quaevīs, quidvīs (*subst*) *u.* quodvīs (*adj*)⟩ *indef Pr* jeder, den du willst, jeder beliebige, jeder mögliche; **quāvīs ratione** auf jede beliebige Weise; **~ unus** jeder Beliebige

quīvīscumque ⟨quavīscumque, quodvīscumque⟩ *rel Pr* wer es auch sei, jeder

quō ‖quis, qui¹‖

A ADV

1 *relativ* wodurch, weswegen; **id, quo vulgus maxime delectatur** das, wodurch die Masse am meisten erfreut wird

2 *im relativen Anschluss* (und) dadurch, daher; **quo factum est, ut** dadurch geschah es, dass

3 um wie viel; *im relativen Anschluss* (und) um so viel; **quo maior** um wie viel größer; **quo ... eo/hoc ...** desto

4 *interrogativ, örtl.* wohin?; **quo fugiam?** wohin soll ich fliehen?

5 *interrogativ, fig* bis zu welchem Grad?, wie weit?; **nescitis, quo amentiae progressi sitis** *Liv.* wisst ihr nicht, wie weit ihr in eurer Dummheit gegangen seid?

6 *interrogativ* wozu?, zu welchem Zweck?, *bes* +*akk/*+*AcI*; **quo valet responsum?** worauf bezieht sich die Antwort?; **quo tibi istud facere?** was nützt es dir, das zu tun?

7 *relativ, örtl.* wohin; **eo ibimus, quo iusseris**

wir werden dorthin gehen, wohin du befiehlst
8 *im relativen Anschluss* (und) dorthin; **quo cum venisset** als er dorthin gekommen war
9 *indef örtl.* irgendwohin
10 *indef modal* irgendwie; **si quo usui esse posset** *Liv.* wenn es irgendwie nützen könnte
B KONJ +konjkt
1 damit dadurch
2 *vor komp* damit desto, damit umso
3 **non quo** nicht als ob, nicht als wenn

quo-ad
A ADV
1 *örtl. u. vom Grad* wie weit, so weit; **~ facere potui** soweit ich es tun konnte; **~ longissime possum** so weit wie möglich
2 *interrogativ, zeitl.* wie lange?; **~ exspectatis?** wie lange wartet ihr?
3 *relativ* bis wohin?; **dies ~ referret** der Termin, bis zu dem er es zurückbringen sollte
B KONJ
1 +ind solange, so lange als; **~ potui** solange ich konnte
2 +konjkt od ind bis, bis dass; **~ senatus dimissus est** bis der Senat entlassen wurde
C PRÄP +akk (vkl., nachkl.) hinsichtlich

quō-circa ADV daher, demzufolge, *poet auch getrennt*

quō-cumque ADV wohin nur immer, wohin es auch sei

quod¹ → **qui¹**

quod²
A ADV
1 soweit, inwiefern; **quod potero** soweit ich kann
2 *Plaut.* weshalb, warum; **quod ad vos venio, hoc est** warum ich zu euch komme, ist Folgendes; **est, quod** +konjkt es liegt ein Grund vor, dass
3 (vkl.) *im relativen Anschluss* (und) deshalb, (und) darum
4 *mit konjkt* also, nun; **quod si** wenn also, denn wenn, selbst wenn, wenn aber auch wirklich; **quod nisi/ni** wenn also nicht
B KONJ
1 *kausal* weil, meist +ind bei tatsächlichem Grund, +konjkt bei bloßer Annahme; **non quod** +konjkt nicht als ob, nicht wie wenn
2 die Tatsache, dass, +ind, zum Ausdruck von Tatsachen, bes nach Demonstrativa u. beurteilenden Ausdrücken; **hoc unum in Alexandro vitupero, quod iracundus fuit** dies eine tadle ich an Alexander, nämlich dass er jähzornig war; **accedit, quod** dazu kommt, dass; **nisi quod** außer dass; **praeterquam quod** abgesehen davon, dass; **bene fit/accidit/evenit quod** recht geschieht es, dass

3 was das betrifft, dass; wenn; **quod me Agamemnonem aemularis putas, falleris** wenn du glaubst, dass ich den Agamemnon nachahme, so irrst du
4 darüber dass, darum dass, weil *nach Verben der Gemütsbewegung, des Lobens u. Tadelns*; **angit te, quod** du bist bekümmert dich, dass
5 (vkl.) *poet* wenngleich, wenn auch, +ind
6 (unkl.) seitdem dass, seit; **tertius dies est, quod** es ist der dritte Tag, seit
7 *in der Volkssprache u. (mlat.) statt Acl u. statt ut*
⚠ **Quod non est in actis, non est in mundo.** Was nicht in den Akten ist, existiert nicht. *Grundsatz in Prozessen*

quōdam-modo ADV gewissermaßen; einigermaßen

quodsī, quodetsī, quodnisi → **quod²**

quō-libet ADV (nachkl.) *poet* wohin es beliebt, überallhin

quom = **cum²**

quō-minus KONJ +konjkt
1 dass nicht; **per me stat/fit, ~** ich bin schuld daran, dass
2 dass *od* als inf *übersetzt nach Verben des Hinderns u. Ä.*; **senectus non impedit, ~ litterarum studia teneamus** das Alter hindert uns nicht daran, am Studium der Wissenschaften festzuhalten

quō-modo
A ADV, *auch getrennt*
1 *interrogativ* wie?, auf welche Weise?, *in dir u. indir Frgs*; **nescio ~** unwillkürlich, leider
2 *im Ausruf* wie; **~ mortem filii tulit!** wie er den Tod des Sohnes getragen hat!
3 *relativ* wie; **~ nunc est** wie es jetzt ist; **~ ... sic/ita** wie ... so
4 *im relativen Anschluss* auf diese Weise, so
B KONJ (mlat.) dass

quōmodo-cumque ADV
1 *relativ* wie auch immer
2 (vkl., nachkl.) *indef* irgendwie, auf irgendeine Weise

quōmodo-nam ADV *interrogativ* wie denn?

quō-nam ADV *interrogativ* wohin denn?

quondam ADV
1 einst
2 manchmal
3 *von der Zukunft* dereinst, künftig

quon-iam KONJ +ind
1 *zeitl.* als nun, nachdem
2 *in der Überleitung* nachdem so, nachdem also
3 *kausal* weil ja, da ja; **~ quidem** weil ja doch

quōpiam ADV ||quispiam|| *Com.* irgendwohin

quoque¹ ADV auch, und ebenso, *auf ein einzelnes Wort bezogen*; **alteri ~** auch die anderen; **non solum ... sed ... ~** nicht nur ... sondern auch;

ut ... ita ... ~ wie ... so auch; **ne ... ~** (nachkl.) = **ne ... quidem** nicht einmal

quōque² = **et quo**

quōque-versus ADV = **quoquoversus**

quō-quō ADV ||quisquis|| wohin nur immer

quōquōversum, quōquōversus ADV nach allen Seiten

quōrsum, quōrsus ADV interrogativ
1. örtl. wohin?
2. fig wohin?; **quorsum tendunt haec?** wohin zielt dies?
3. fig wozu?, in welcher Absicht?; **quorsum?** Hor. wozu dies?

quot indekl
1. interrogativ, adj, selten subst wie viele?; **quot cives?** wie viele Bürger?
2. relativ wie viele; **tot ... quot** so viele ... wie; **toties ... quot** so oft ... wie
⚠ **Quot homines, tot sententiae.** Ter. So viele Menschen, wie es gibt, so viele Meinungen gibt es.

quot-annīs ADV, auch getrennt ||annus|| jährlich, alljährlich

quot-cumque indekl relativ wie viele auch immer; alle, die

quotēnī ⟨ae, a⟩ ADJ ||quot|| wie viele jedes Mal

quotīd... = **cot(t)id...**

quotiē(n)s ADV ||quot||
1. interrogativ wie oft?; auch im Ausruf wie oft
2. relativ so oft wie

quotiē(n)s-cumque ADV sooft nur immer

quot-kalendīs ADV Plaut. allmonatlich, an jedem Monatsersten

quot-quot indekl ADJ wie viele auch immer

quotumus ⟨a, um⟩ ADJ ||quotus|| Plaut. der wievielte?

quotus ⟨a, um⟩ ADJ ||quot|| der wievielte?, in dir u. indir Fragesatz; **quota est hora?** wie viel Uhr ist es?; **~ esse velis, rescribe** schreibe, wie viele du mitbringen willst

quotus-cumque ⟨quotacumque, quotumcumque⟩ ADJ Tib. der wievielte nur, so groß nur

quotus-quisque ⟨quotaquisque, quotumquisque⟩ ADJ wie wenige; **~ est/invenitur, qui** +konjkt wie wenige gibt es, die?

quō-ūsque ADV
1. zeitl. wie weit?; fig inwiefern?
2. Cic. auch getrennt, zeitl. wie lange (noch)?
⚠ **Quousque tandem (Catilina), abutere patientia nostra?** Cic. Wie lange noch (Catilina), willst du unsere Geduld noch missbrauchen)? Ausdruck empörter Ungeduld

quō-vīs ADV ||quivis|| Com. überallhin

quum = **cum²** u. = **cum¹**

R

R Abk
1. = **Romanus**, römisch, Römer
2. = **Rufus**
3. (mlat.) = **responsorium** Wiederholung beim Gottesdienst; Wechselgesang
4. (nlat.) = **rarum** Seltenheit; **r. r.** (nlat.) große Seltenheit; **r. r. r.** (nlat.) = **rarissimum** größte Seltenheit, von Münz- u. Briefmarkenwerten
5. **R. I. P.** = **requiescat in pace** er/sie ruhe in Frieden; = **requiescent in pace** sie mögen in Frieden ruhen; → requiescere

rabere ⟨ō, -, - 3.⟩ ||rabies|| (unkl.) toben, rasen
▶ deutsch: rabiat

rabidus ⟨a, um, adv rabidē⟩ ADJ ||rabies|| (nachkl.) poet rasend, ungestüm; **leones rabidi** rasende Löwen; **lupa rabida** reißende Wölfin; **venti rabidi** stürmische Winde

rabiēs ⟨Lucr. rabiēs⟩ F
1. (nachkl.) poet Raserei; Tollwut der Tiere
2. (nachkl.) fig blinde Wut; heftige Gier; **~ edendi** Essgier; **~ ventris** Heißhunger
3. Kampfeswut; **~ civica** Wut des Bürgerkrieges
4. fig rasende Begeisterung

rabiōsulus ⟨a, um⟩ ADJ ||rabiosus|| etwas rasend, halb verrückt

rabiōsus ⟨a, um, adv rabiōsē⟩ ADJ ||rabies|| wütend, rasend

Rabīrius ⟨a, um⟩ röm. Gentilname, wohl etrusk. Herkunft; **C. ~** röm. Ritter, bekannt durch eine erhaltene Verteidigungsrede Ciceros

rabō ⟨rabōnis⟩ M Plaut. = **arrabo**

rabula ⟨ae⟩ M Schreier, Rechtsverdreher

racēmi-fer ⟨racēmifera, racēmiferum⟩ ADJ ||racemus, ferre|| Ov.
1. Beeren tragend
2. mit Trauben bekränzt, Bezeichnung für Bacchus

racēmus ⟨ī⟩ M (nachkl.)
1. Kamm der Traube
2. meton Traube, Weintraube, meist pl
3. meton Traubensaft, Weinbeere, meist pl
4. meton Traubensaft, Wein

rādere ⟨rādō, rāsī, rāsum 3.⟩
1. kratzen, schaben
2. glätten; fig Literarisches feilen
3. zerkratzen, verletzen
4. Geschriebenes auskratzen, ausstreichen
5. scheren, rasieren
6. Mart. von einer Dirne j-n ganz ausziehen
7. leicht berühren, streifen, aliquid etw; **Aquilo**

radit terras der Nordostwind streift über die Länder

⚠ **Tabula rasa.** Reinen Tisch (machen).

radiāre ⟨ō, -, - 1⟩, **radiārī** ⟨or, - 1.⟩ ||radius|| (nachkl.) poet strahlen, glänzen

radiātus ⟨a, um⟩ ADJ ||radius|| mit Strahlen versehen, strahlend; **corona radiata** Strahlenkrone

rādīcāliter ADV ||radix|| (eccl.) = **radicitus**

rādīcēscere ⟨ēscō, -, - 3.⟩ ||radix|| Sen. Wurzeln schlagen

rādīcitus ADV ||radix|| von der Wurzel her; fig von Grund auf

rādīcula ⟨ae⟩ F ||radix|| Würzelchen

radiōsus ⟨a, um⟩ ADJ ||radius|| strahlend

radius ⟨ī⟩ M

1 (nachkl.) Stab, Stecken
2 (nachkl.) Speiche, technisch u. anatomisch
3 Zeichenstift
4 ~ **virilis** (spätl.) männliches Glied
5 poet Weberschiffchen
6 Stachel, pl Sporen von Tieren
7 Verg. längliche Olive
8 Halbmesser des Kreises, Radius
9 Strahl leuchtender Körper
▶ deutsch: Radius
  englisch: ray; radius
  französisch: raie; rayon; radius
  spanisch: rayo; radio
  italienisch: raggio; radio

rādīx ⟨rādīcis⟩ F

1 Wurzel einer Pflanze; **radices agere** Wurzeln schlagen
2 (nachkl.) poet Rettich, Radieschen
3 meton unterer Teil eines Gegenstandes, Fuß, Grund; ~ **montis** Fuß des Berges
4 fig Ursprung, Stamm; **Marius ex iisdem quibus nos radicibus natus** Cic. Marius, der von gleicher Herkunft ist wie wir
5 PL fester Grund, Festigkeit

raeda ⟨ae⟩ F Reisewagen mit vier Rädern u. Dach

raedārius

A ⟨a, um⟩ ADJ ||raeda|| zum Reisewagen gehörig

B ⟨ī⟩ M Kutscher

Raetī ⟨ōrum⟩ M die Raeter, Volk in den nördlichen Alpen u. zwischen Rhein, Lech u. Donau

Raetia ⟨ae⟩ F Raetien, Stammland der Raeter, von Drusus u. Tiberius unterworfen, mit dem Land der Vindeliker zur röm. Provinz gemacht

Raeticus, Raetius, Raetus ⟨a, um⟩ ADJ raetisch

Raetus ⟨ī⟩ M Raeter

rāllus ⟨a, um⟩ ADJ Plaut. glatt geschoren, glatt

rāmālia ⟨rāmālium⟩ N ||ramus|| poet Reisig

rāmenta ⟨ae⟩ F, **rāmentum** ⟨ī⟩ N (unkl.) Splitter; ein bisschen

rāmeus ⟨a, um⟩ ADJ ||ramus|| Verg. von Zweigen; **fragmenta ramea** Reisig

rāmex ⟨rāmicis⟩ M ||ramus|| MED Bruch, Hodenbruch

rāmicēs ⟨rāmicum⟩ M, **rāmitēs** ⟨rāmitum⟩ M (vkl.) Lungengefäße

Ramnēnsēs ⟨Ramnēnsium⟩ M, **Ramnēs** ⟨Ramnium⟩ M

1 einer der drei Urtribus in Rom neben den Luceres u. Tities
2 die Angehörigen der ersten von Romulus gegründeten Ritterzenturien
3 Hor. fig vornehme junge Herren

rāmōsus ⟨a, um⟩ ADJ ||ramus|| (nachkl.) poet verzweigt, vielästig; **ramosa cornua cervi** vielendiges Geweih des Hirsches

rāmulus ⟨ī⟩ M ||ramus|| Zweiglein, auch Wurzeltrieb

rāmus ⟨ī⟩ M

1 Ast, Zweig
2 poet Keule des Herkules
3 PL meton Laub; Baum
4 Sen. Flussarm
5 Linie, Zweig der Verwandtschaft
6 (vkl., nachkl.) männliches Glied
7 (mlat.) Arm des Kreuzes
8 **rami palmarum** (mlat.) Palmsonntag

rāna ⟨ae⟩ F Frosch; ~ **turpis** Kröte; ~ **marina** Seeteufel, ein Meeresfisch

rancēns ⟨rancentis⟩ ADJ (nachkl.) poet stinkend

rancidulus ⟨a, um⟩ ADJ ||randicus||

1 etwas ranzig, stinkend
2 fig ekelhaft zu hören

rancidus ⟨a, um, adv rancidē⟩ ADJ

1 stinkend, ranzig
2 fig ekelhaft

rānunculus ⟨ī⟩ M ||rana||

1 Fröschlein
2 (nachkl.) Hahnenfuß, eine Pflanze

Rapācēs ⟨Rapācium⟩ M ||rapax|| die Unaufhaltsamen, Beiname der 21. Legion

rapācidēs ⟨rapācidae⟩ M Plaut. ||rapax|| Räubersohn

rapācitās ⟨rapācitātis⟩ F ||rapax|| Raubsucht, Räuberei

rapāx ⟨rapācis⟩ ADJ ||rapere||

1 poet reißend, unaufhaltsam; **fluvius ~** reißender Fluss; **ignis ~** verzehrendes Feuer
2 fig fähig sich etw anzueignen, alicuius rei
3 fig von Personen, Tieren u. Sachen raubgierig, räuberisch

rapere ⟨rapiō, rapuī, raptum 3.⟩

1 heftig ergreifen, rasch erfassen

2 beschleunigen, eilig vollbringen
3 rasch aufnehmen
4 ausreißen, zerreißen
5 mit Gewalt fortreißen, fortschleppen
6 vor Gericht schleppen, ins Gefängnis schleppen
7 hinraffen
8 schnell wegschaffen
9 forteilen, sich eilends wohin begeben
10 entreißen
11 als Beute fortschleppen, plündern
12 an sich reißen, sich gewaltsam aneignen
13 mit sich fortreißen, verleiten

---

1 (nachkl.) poet heftig ergreifen, rasch erfassen; **galeam tectis ~** den Helm schnell aus dem Haus holen
2 (nachkl.) fig beschleunigen, eilig vollbringen; **mortuum ~** den Toten eiligst fortschaffen; **silvas ~** die Wälder schnell durcheilen
3 fig rasch aufnehmen; eilig genießen; **flammas in fomite ~** die Flammen schnell mit dem Zunder auffangen; **incendia ~** sich entzünden; **occasionem die ~** die Gelegenheit, die der Tag bietet, eilig nutzen
4 ausreißen, zerreißen
5 mit Gewalt fortreißen, fortschleppen; **raptus Hector equis** der von den Pferden mitgeschleifte Hektor
6 vor Gericht schleppen, ins Gefängnis schleppen; **aliquem sponsorem Romam ~** j-n als Bürgen nach Rom bringen
7 von Krankheit u. Tod hinraffen
8 schnell wegschaffen; **Turno mille populos ~** dem Turnus eilig tausend Leute zuführen
9 passiv u. **se ~** forteilen, sich eilends wohin begeben; **sublimis rapi** durch die Lüfte enteilen
10 entreißen, aliquid ab aliquo/alicui etw j-m
11 als Beute fortschleppen; plündern; **aliquem sublimen ~** j-n hoch in die Lüfte entführen; **villas ~** Landhäuser plündern
12 fig an sich reißen, sich gewaltsam aneignen
13 fig mit sich fortreißen; zu etw verleiten, ad aliquid/in aliquid/per aliquid; **auditorem in medias res ~** den Hörer rasch mitten ins Geschehen versetzen; **aliquem in invidiam ~** j-n dem Neid preisgeben; **aliquem in adversum ~** j-n ins Verderben reißen; **consilium alicuius in deteriorem partem ~** j-s Rat ungünstig auslegen; **rapi in errorem** sich zum Irrtum verleiten lassen

raphanus ⟨ī⟩ M̲ (unkl.) Rettich
rapiditās ⟨rapiditātis⟩ F̲ ‖rapidus‖ reißende Schnelligkeit, **fluminis** eines Flusses
rapidus ⟨a, um, adv rapidē⟩ ADJ ‖rapere‖

1 reißend, schnell; **agmen rapidum** schnell geführter Heereszug; **venenum rapidum** schnell wirkendes Gift
2 Liv. übereilt
3 von Lebewesen wild; von Leblosem verzehrend; **aestus ~** sengende Hitze

rapīna ⟨ae⟩ F̲ ‖rapere‖
1 Räuberei, Plünderung; **rapinas facere** Räubereien verüben
2 meton Raub, Beute

rapsāre ⟨ō, -, ātum 1.⟩ = **raptare**
raptāre ⟨ō, āvī, ātum 1.⟩ ‖rapere‖
1 gewaltsam fortschleppen, gewaltsam fortreißen; **aliquem in crimina ~** fig j-n zur Verantwortung ziehen
2 (nachkl.) poet rauben, plündern

raptim ADV ‖rapere‖ eilends, hastig
raptiō ⟨raptiōnis⟩ F̲ ‖rapere‖ Ter. Entführung
raptor ⟨raptōris⟩ M̲ ‖rapere‖ Räuber, Entführer; auch adj räuberisch; **lupus ~** räuberischer Wolf
raptum ⟨ī⟩ N̲ ‖rapere‖ Raub, Beute
raptus¹ ⟨a, um⟩ PPP → rapere
raptus² ⟨raptūs⟩ M̲ ‖rapere‖
1 Ov. Zerreißen, Zerfleischen
2 Raub, Räuberei; **~ frugum et pecorum** Tac. Raub von Feldfrüchten und Vieh
3 Entführung

rapuī → rapere
rāpulum ⟨ī⟩ N̲ ‖rapum‖ kleine Rübe, kleiner Rettich
rāpum ⟨ī⟩ N̲ Wurzelknolle, Rübe
rārē-facere ⟨faciō, fēcī, factum 3.⟩ ‖rarus‖ Lucr. verdünnen, locker machen; passiv locker werden
rārēscere ⟨ēscō, -, - 3.⟩ ‖rarus‖
1 dünn werden, sich auflösen; **in aquas ~** sich in Wasser auflösen
2 fig seltener werden; **colles rarescunt** die Hügel werden weniger

rāritās ⟨rāritātis⟩ F̲ ‖rarus‖
1 Lockerheit, Durchlässigkeit
2 Seltenheit, geringe Zahl

rārus ⟨a, um, adv rārē u. rārō⟩ ADJ
1 (nachkl.) poet locker, lückenhaft; **umbra rara** spärlicher Schatten; **tunica rara** Tunika aus dünnem Stoff; **silva rara** lichter Wald; **retia rara** weitmaschige Netze
2 vereinzelt; **arbores rarae** verstreut stehende Bäume
3 selten, wenig; **homo rari aditūs** wenig zugänglicher Mensch; **Caesar ~ egressu** Caesar, der selten ausgeht
4 (nachkl.) poet selten in seiner Art, außerordentlich; **quercus rara** Eiche von seltener Pracht; **indoles rarae** außergewöhnliche Ver-

anlagung

⚠ **Omnia praeclara rara.** Alles Vorzügliche ist selten.

rāsī → radere

rāsilis ⟨rasile⟩ ADJ ||radere|| (nachkl.) poet glatt, poliert

rāsitāre ⟨ō, āvī, ātum 1.⟩ ||radere|| (nachkl.) scheren, rasieren

rāstellus ⟨ī⟩ M̄ ||raster|| (vkl., nachkl.) kleine Hacke

rāster ⟨rāstrī⟩ M̄ (unkl.) = rastrum; **mihi res ad rastros redit** ich werde (wieder) zur Hacke greifen müssen = ich werde an den Bettelstab kommen

rāstrum ⟨ī⟩ N̄ (unkl.) zweizinkige Hacke, mehrzinkige Hacke

rāsūra ⟨ae⟩ F̄ ||radere|| (nachkl.) Schaben, Rasieren

rāsus ⟨a, um⟩ PPP → radere

ratificare ⟨ō, avi, atum 1.⟩ (mlat.) einen Vertrag ratifizieren, in Kraft setzen

---

ratiō ⟨ratiōnis⟩ F̄ ||reri||

1 Rechnung, Berechnung
2 Rechenschaft
3 Verzeichnis, Liste
4 Summe, Zahl
5 geschäftlicher Umgang
6 Geldgeschäft
7 Angelegenheit, Sache
8 Verbindung
9 Gebiet
10 Erwägung, Berücksichtigung
11 Vorteil, Interesse
12 vernünftiges Denken, Überlegung
13 Vernunft
14 Methode
15 Anschauungsweise
16 Beweggrund, Motiv
17 Beweisführung
18 System
19 Theorie
20 Lehrsatz, Grundsatz
21 Verfahren, Verhalten
22 Beschaffenheit, Zustand
23 Weg, Mittel

---

1 Rechnung, Berechnung; **rationem inire** eine Rechnung anstellen; **rationem alicuius rei habere/inire** etw berechnen; **facilem rationem habere** leicht zu berechnen sein; **rationem conficere/computare/subducere** eine Rechnung ausrechnen; **in rationem inducere aliquid** etw in Rechnung stellen; **~ aeraria** die Rechnung auf Kupferbasis; **quantum in ratione est** soviel sich berechnen lässt; **petitionis tuae ~ mihi semper fuit explorata** fig ich war mir des Erfolgs deiner Bewerbung immer sicher

2 Rechenschaft, oft fig, alicuius rei über etw; **rationem repetere ab aliquo** Rechenschaft von j-m fordern; **rationem reddere/persolvere alicui** j-m Rechenschaft ablegen

3 Verzeichnis, Liste

4 Summe, Zahl

5 geschäftlicher Umgang; **alicui ~/aliquid rationis cum aliquo est/intercedit** j-d steht mit j-m in Geschäftsverbindung

6 Geldgeschäft; **alicuius rationes explicare** j-s Geldgeschäfte abwickeln; **haec fides atque haec ~ pecuniarum** das hiesige Kredit- und Geldwesen

7 Angelegenheit, Sache; **~ popularis** Angelegenheit des Volkes; **e ratione domestica esse** dem Bereich der inneren Politik angehören

8 Verbindung; Verhältnis; **rationem contrahere cum aliquo** mit j-m in Verbindung treten; **rationem habere cum aliquo** mit j-m in Verbindung stehen, mit j-m zu tun haben; **pacis ~ est cum aliquo** friedliche Beziehung mit j-m haben; **pro ratione alicuius rei** im Verhältnis zu etw; **ex ratione annonae solvere** nach dem Stand des Getreidepreises zahlen

9 Gebiet, Bereich; **aliquid cadit in rationem utilitatis** etw fällt in den Bereich der Nützlichkeit

10 Erwägung, Berücksichtigung, alicuius/alicuius rei in Bezug auf j-n/etw, ut dass, +indir Fragesatz/ +AcI; **rationem habere/ducere alicuius rei** auf j-n/etw Rücksicht nehmen; **suam rationem ducere** seinen Vorteil bedenken; **sine ulla divina ratione** ohne alle Rücksicht auf die Götter; **est in aliquo ~ rei publicae** die Interessen des Staates sind j-m heilig; **ad nostrorum annalium rationem** in Hinblick auf unsere Geschichte

11 PL Vorteil, Interesse

12 vernünftiges Denken, Überlegung; **ratione/cum ratione** mit Überlegung, mit Absicht; **non sine summa ratione** mit voller Überlegung; **omnis opinio ~ est** alles Meinen ist Denken; **in ratione versari** Gegenstand der Überlegung sein; **~ est** +inf es ist vernünftig

13 Vernunft; von Sachen das Vernünftige; **nulla huiusce rei ~ est** diese Sache hat keinen Sinn

14 Methode; pl Maßregeln, Plan; **ratione methodisch**; **~ et consilium** planmäßige Überlegung; **~ et distributio** planmäßige Einteilung

15 Anschauungsweise, POL Richtung; **ab hac ratione dissentio** mit diesem Standpunkt stimme ich nicht überein; **una in causis ~**

est eius orationis, quae ad probandum argumentationem **valet** die zur Unterstützung der Beweisführung dienende Rede hat nur eine Tendenz

16 Beweggrund, Motiv; **rationem reddere, cur** den Grund angeben, warum; **nullā ratione** aus allen Grund

17 Beweisführung; Schlussfolgerung; **rationem concludere** die Beweisführung abschließen

18 System

19 Theorie, Wissenschaft; ~ **atque usus belli** Theorie und Praxis des Krieges; **sine ulla arte aut ratione** ohne die Praxis und Theorie der Kunst zu kennen

20 Lehrsatz, Grundsatz

21 Verfahren, Verhalten; **omni ratione/omnibus rationibus** auf jede Weise; **qua ratione?** wie?

22 Beschaffenheit, Zustand; ~ **pecuniarum** finanzielle Verhältnisse; ~ **comitiorum** Hergang bei den Komitien; ~ **Galliae** die Lage Galliens

23 Weg, Mittel

▶ deutsch: **Räson**
   englisch: **reason**
   französisch: **raison**
   spanisch: **razón**
   italienisch: **ragione**

ratiōcinārī ⟨or, ātus sum 1.⟩ ||ratio||

1 berechnen, rechnen

2 (unkl.) fig überlegen, +indir Fragesatz; folgern, absolut od +indir Fragesatz

ratiōcinātiō ⟨ratiōcinātiōnis⟩ F ||ratiocinari||

1 vernünftige Überlegung, bes philosophischer Gedankengang

2 Schlussfolgerung

ratiōcinātīvus ⟨a, um⟩ ADJ ||ratiocinari|| zur Schlussfolgerung gehörig

ratiōcinātor ⟨ratiōcinātōris⟩ M ||ratiocinari|| Rechnungsführer; fig Berechner; **boni ratiocinatores officiorum** Cic. die ihre Pflichten gewissenhaft abwägen

ratiōnābilis ⟨ratiōnābile⟩ ADJ ||ratio|| (nachkl.) vernünftig

ratiōnālis

A ⟨ratiōnāle⟩ ADJ, ADV ⟨ratiōnāliter⟩ ||ratio||

1 Rechnungs…

2 syllogistisch, nach den Gesetzen der Schlussfolgerung

3 zur Vernunft gehörig; adv vernünftig

B ⟨ratiōnālis⟩ M Rechnungsführer

▶ deutsch: **rational**

ratiōnārium ⟨i⟩ N ||ratio|| Suet. übersichtliches Verzeichnis; ~ **imperii** Staatshaushaltsbuch

ratis ⟨ratis⟩ M Floß, Schiff; **ratibus iungere flumen** eine Schiffsbrücke über den Fluss schlagen

ratiuncula ⟨ae⟩ F ||ratio||

1 Com. kleine Rechnung

2 schwacher Grund

3 spitzfindiger Schluss

ratus¹ ⟨a, um⟩ PPERF → **reri**

ratus² ⟨a, um⟩ ADJ ||reri||

1 durch Rechnung bestimmt, berechnet; **pro rata parte/pro rata** verhältnismäßig; **pro rata temporis** (mlat.) auf den Tag genau

2 feststehend, sicher

3 gültig, rechtskräftig; **aliquid ratum habere/ ducere/facere** etw ratifizieren, etw in Kraft setzen; **aliquid mihi ratum est** ich genehmige etw; **rata facere verba** den Wunsch erfüllen

rauci-sonus ⟨a, um⟩ ADJ ||raucus, sonus|| rau klingend, dumpf tönend

raucus ⟨a, um, adv raucē⟩ ADJ heiser; fig dumpf tönend, bes von Tieren u. Blasinstrumenten; **postes rauci** knarrende Tür

Raudius ⟨a, um⟩ ADJ raudisch; **Raudii campi** raudische Ebene, große Ebene bei Vercellae in Oberitalien, wo Marius 101 v. Chr. die Kimbern besiegte

raudus ⟨rauderis⟩ N (nachkl.) rohes Erzstück; kleiner Geldbetrag

raudusculum ⟨i⟩ N ||raudus|| kleiner Betrag, kleine Schuld

Rauracī, Raurīcī ⟨ōrum⟩ M kelt. Stamm um Basel, von Caesar besiegt; **Augusta Rauricorum** röm. Kolonie, heute Augst

Ravenna ⟨ae⟩ F Stadt an der Pomündung, Name erhalten

Ravennās ⟨Ravennātis⟩ ADJ aus Ravenna, von Ravenna

Ravennās ⟨Ravennātis⟩ M Einwohner von Ravenna

rāvīre ⟨iō, -, 4.⟩ ||ravis|| Plaut. sich heiser reden

ravis ⟨ravis⟩ F Plaut. Heiserkeit

rāvistellus ⟨i⟩ M ||ravus|| Plaut. Graukopf

rāvus ⟨a, um⟩ ADJ graugelb, fahl

re- PRÄF vor Vokalen **red-**

1 zurück-; **re-ducere** zurückführen

2 wieder-; in den früheren Zustand; **re-cognoscere** wiedererkennen; **re-stituere** in den alten Stand zurückversetzen

3 entgegen-; **re-sistere** widerstehen

rea ⟨ae⟩ F ||reus|| Angeklagte

Rēa Īlia od **Rēa Silvia** ⟨ae⟩ F Tochter des Albanerkönigs Numitor, Vestalin, von Mars Mutter von Romulus u. Remus

realis ⟨reale⟩ ADJ ||res|| (mlat.) sachlich, wesentlich

▶ deutsch: **real**

reāpse ADV ||re ipsa|| in Wirklichkeit, wirklich

Reāte N, *nur nom u. akk alte Hauptstadt der Sabiner, heute Rieti*

Reātīnus ⟨a, um⟩ ADJ aus Reate, von Reate

Reātīnus ⟨ī⟩ M Einwohner von Reate

reātus ⟨reātūs⟩ M ‖reus‖ Anklage(zu)stand, *auch* = **reus**; *(spätl.)* Schuld

re-bellāre ⟨ō, āvī, ātum 1.⟩ *(nachkl.)* den Krieg erneuern, sich wieder erheben

rebelliō ⟨rebelliōnis⟩ F ‖rebellare‖ *(nachkl.)* = **rebellio**

rebellātrīx ⟨rebellātrīcis⟩ ADJ ‖rebellare‖ den Krieg erneuernd, aufständisch

rebelles ⟨rebellium⟩ M ‖rebellis‖ *Tac.* die Aufständischen

rebelliō ⟨rebelliōnis⟩ F ‖rebellis‖ Erneuerung des Krieges *vonseiten der Besiegten*, Aufstand

rebellis ⟨rebelle⟩ ADJ ‖rebellare‖ *(nachkl.)* aufständisch, rebellisch

re-bītere ⟨ō, -, - 3.⟩ *Plaut.* zurückkehren

re-boāre ⟨ō, -, - 1.⟩ widerhallen; **reboant silvae** Echo hallt aus den Wäldern

rec. *Abk (mlat.)* = **recipe** nimm, *ärztliche Anweisung auf Rezepten*

re-calcitrāre ⟨ō, āvī, - 1.⟩ *(nachkl.) poet von Pferden* nach hinten ausschlagen; *fig* sich nicht beikommen lassen

re-calefacere ⟨faciō, fēcī, factum 3.⟩ = **recalfacere**

re-calēre ⟨eō, -, - 2.⟩ *Verg. poet* wieder warm sein

re-calēscere ⟨calēscō, caluī, - 3.⟩ ‖recalere‖ wieder warm werden

re-calfacere ⟨faciō, fēcī, factum 3.⟩ ‖calere‖ wieder erwärmen; **telum sanguine ~** *Ov.* die Waffe durch Blut wieder erwärmen

re-calvus ⟨a, um⟩ ADJ *Plaut.* mit hoher kahler Stirn

re-candēscere ⟨candēscō, canduī, - 3.⟩ wieder weiß werden; wieder (weiß) aufglühen

re-cantāre ⟨ō, -, - 1.⟩

A VI widerhallen

B VT

1 widerrufen

2 wegzaubern

recāsūrus ⟨a, um⟩ PART fut → recidere¹

re cēdere ⟨cēdō, cessī, cessum 3.⟩

1 zurückweichen, sich zurückziehen, *absolut od ab aliquo* von j-m, *a re|ex re|de re|re* von etw; **in tergum ~** rückwärts zurückweichen; **a telo ~** dem Geschoss ausweichen

2 *von Orten* zurücktreten; *perf* entfernt liegen; **longius a mari recedentia** weiter vom Meer entfernt liegende Landstriche

3 zurücktreten, in den Hintergrund treten, *bes in der Malerei*

4 *(nachkl.) poet* weggehen, sich entfernen; **~ in ventos** sich in Luft auflösen

5 *fig* von etw abweichen, etw aufgeben, *a re|de re*; **ab armis ~** die Waffen niederlegen; **a re publica ~** sich von der Politik zurückziehen; **a vita ~** aus dem Leben scheiden, sich töten

6 *fig* verloren gehen, *ab aliquo* j-m

▶ deutsch: **Rezession**

re-cellere ⟨ō, -, - 3.⟩ *(nachkl.) poet* zurückschnellen, zurückschlagen

recēns

A ⟨recentis⟩ ADJ, ADV ⟨recenter⟩

1 soeben ankommend; **~ Rōmā** gerade aus Rom zurück

2 *fig* unmittelbar nach *etw*, frisch von *etw*, *a re|re*; **Homerus ~ ab illorum aetate fuit** Homer lebte unmittelbar nach jenen; **~ a vulnere** mit frischer Wunde; **~ a dolore** noch schmerzbewegt; **caede recentia vestigia** noch frische Blutspuren; **~ a partu** eben geboren; **~ victoriā** gleich nach dem Sieg

3 *von den Kräften* frisch, ausgeruht; **equi recentes** ausgeruhte Pferde

4 *von Sachen* jung, neu; **lac ~** frische Milch; **iniuria ~** soeben zugefügtes Unrecht; **anima ~** eben vom Körper getrennte Seele; **umbrae recentes** Schatten von unlängst Verstorbenen

5 *von Personen* modern, der Neuzeit

B ADV eben erst, gerade; **~ accepta calamitas** soeben erlittene Niederlage; **recentissime** vor ganz kurzer Zeit

recēnsēre ⟨cēnseō, cēnsuī, cēnsum/cēnsītum 2.⟩

1 durchzählen, mustern; **exercitum ~** das Heer mustern

2 *(nachkl.) vom Zensor* in die Liste eintragen

3 *(nachkl.) fig* in Gedanken durchgehen; *mit Worten* aufzählen

4 *von Gestirnen* die Bahn durchlaufen; **signa recensuerat bis sol sua** *Ov.* die Sonne hatte ihre Bahn zweimal durchlaufen

recēnsiō ⟨recēnsiōnis⟩ F ‖recensere‖

1 Musterung *der Bürger durch den Zensor*, Volkszählung

2 *Suet.* berichtigende Durchsicht der Überlieferung *eines antiken Textes*

▶ deutsch: **Rezension**

recēnsus ⟨recēnsūs⟩ M ‖recensere‖ Musterung *der Bürger durch den Zensor*

re-cēpī → recipere

receptāculum ⟨ī⟩ N ‖receptare‖

1 Behälter, *alicuius rei|alicui rei* für etw

2 Magazin, Stapelplatz

3 *fig* Zufluchtsort; Abzugskanal *für Wasser*, **alicui receptaculo esse** j-m als Zufluchtsort dienen

receptāre ⟨ō, āvī, ātum 1.⟩ ‖recipere‖

1 (vkl.) rasch zurückziehen; **se ~** sich zurückziehen
2 wieder aufnehmen
3 (vkl., nachkl.) oft bei sich aufnehmen

receptiō ⟨receptiōnis⟩ F ‖recipere‖ (Plaut., spätl.) Aufnahme

receptor ⟨receptōris⟩ M ‖recipere‖ Tac.
1 Hehler
2 Wiedereroberer

receptrīx ⟨receptrīcis⟩ F ‖receptor‖ Hehlerin

receptum ⟨ī⟩ N ‖recipere‖ Verpflichtung, Garantie

receptus¹ ⟨a, um⟩ ADJ ‖recipere‖ (nachkl.) allgemein angenommen

receptus² ⟨receptūs⟩ M ‖recipere‖
1 Rücknahme, Zurückziehen
2 MIL Rückzug; **receptui canere** zum Rückzug blasen; **cecinit receptui** man gab das Signal zum Rückzug
3 meton Möglichkeit des Rückzugs
4 fig Zuflucht
5 Liv. fig Rücktritt

re-ceptus³ ⟨a, um⟩ PPP → recipere
re-cessī → recedere

recessim ADV ‖recedere‖ Plaut. rückwärts

re-cessum PPP → recedere

recessus ⟨ūs⟩ M ‖recedere‖
1 Zurückgehen, Zurückweichen; **~ avium** Rückkehr der Vögel; **aestuum accessus et ~** Flut und Ebbe
2 MIL Rückzug; fig Zurückweichen, Abneigung
3 Entweichen
4 meton Zurückgezogenheit, Einsamkeit
5 Tac. meton entfernte Lage; Verg., Ov. entlegener Ort; pej Schlupfwinkel, Versteck
6 fig Winkel, Falte
7 fig bei Gemälden Hintergrund; **umbra aliqua et ~** dunkler Hintergrund

re-charmidāre ⟨ō, -, -1.⟩ Plaut. den Namen Charmides wieder ablegen

re-cidere¹ ⟨cidō, cidī, cāsūrus 3.⟩ ‖cadere‖
1 zurückfallen, zurückschnellen; **ramus in oculum recidit** der Zweig schnellt ins Auge
2 fig von Personen einen Rückfall erleiden, wieder in einen Zustand geraten
3 zurückfallen, ad aliquem an j-n; **omnis potentatus ad Romulum recidit** alle Macht fällt an Romulus zurück
4 auf j-n zurückfallen, j-n treffen, ad aliquem/in aliquem; **poena recidit ad eum** die Strafe trifft ihn ebenfalls
5 (nachkl.) fig herabsinken, verfallen; **ad nihilum/ad nihil ~** zunichte werden
6 hinfallen; **humi recidens** zu Boden fallend
7 fig in etw geraten, einer Sache anheimfallen, in aliquid/ad aliquid; **ad ludibrium ~** dem Spött anheimfallen
8 in eine Zeit fallen
9 (vkl., nachkl.) als Eigentum zufallen, ad aliquem j-m

re-cīdere² ⟨cīdō, cīdī, cīsum 3.⟩ ‖caedere‖
1 (nachkl.) poet abhauen, abschneiden; **sceptrum de stirpe recisum** Verg. das vom Stamm gehauene Zepter
2 beschneiden; fig beschränken
3 fig beseitigen

re-cidī¹ → recidere¹
re-cīdī² → recidere²

recidīvus ⟨a, um⟩ ADJ ‖recidere¹‖ (nachkl.) poet rückfällig; fig wieder erstehend

re-cinere ⟨ō, -, -3.⟩ ‖canere‖

A VI widerhallen; **parra recinens** krächzende Schleiereule

B VT
1 widerhallen lassen, nachbeten; **dictata ~** Worte nachbeten
2 im Wechselgesang preisen

re-cingere ⟨cingō, cinxī, cinctum 3.⟩ (spätl.) entgürten, lösen; passiv sich auszuziehen, etw ablegen; **tunica recincta** frei herabwallende Tunika; **recingitur anguem** (griech. akk) sie legt die Schlange ab, mit der sie gegürtet ist

recipe (mlat.) → recipere

reciper... = recuper...

re-cipere ⟨cipiō, cēpī, ceptum 3.⟩ ‖capere‖

1 zurücknehmen, zurückbringen
2 zurücknehmen, zurückgehen lassen
3 sich zurückziehen, zurückgehen
4 wieder an sich ziehen
5 herabstimmen
6 zurückbehalten, sich vorbehalten
7 retten, befreien
8 wiedererhalten, wiedererobern
9 sich erholen, wieder Mut fassen
10 wieder an sich nehmen
11 annehmen, in sich aufnehmen
12 einnehmen, erobern
13 aufnehmen
14 an sich ziehen
15 aufnehmen
16 eine Klage zulassen
17 gestatten, gelten lassen
18 als Verpflichtung auf sich nehmen
19 zusagen

1 zurücknehmen, zurückbringen; **ensem ~** das Schwert wieder herauszuziehen; **ad limina gressum ~** zur Tür zurückgehen
2 zurücknehmen, zurückgehen lassen; **signum recipiendi dare** das Signal zum Rückzug geben

3 se ~ sich zurückziehen, zurückgehen; **se in castra** ~ sich ins Lager zurückziehen
4 wieder an sich ziehen
5 herabstimmen, **vocem** den Ton
6 *heim Kauf* zurückbehalten, sich vorbehalten, *sibi aliquid* sich etw
7 *(nachkl.) poet* retten, befreien, *aliquem ex re* j-n aus etw
8 wiedererhalten, wiedererobern; **urbs antiquam frequentiam recepit** die Stadt erlangte die alte Einwohnerzahl wieder; **animum** ~ wieder zur Besinnung kommen, wieder Mut bekommen
9 **se** ~ sich erholen, wieder Mut fassen, *ex re* von etw, nach etw
10 wieder an sich nehmen; wieder aufnehmen; **reges** ~ die Könige im Staat wieder aufnehmen
11 annehmen, in sich aufnehmen; **ferrum** ~ den Todesstoß empfangen; **a latere tela** ~ den Geschossen ausgesetzt sein; **detrimenta** ~ Niederlagen erleiden
12 einnehmen, erobern; **poenas ab aliquo** ~ j-n bestrafen
13 aufnehmen, **aliquem urbe/in urbem** j-n in der Stadt; **~ aliquem sinu gremioque** j-n mit offenen Armen aufnehmen; **aliquem sessum** ~ j-n Platz nehmen lassen
14 *Truppen* an sich ziehen
15 in einen Stand aufnehmen, *aliquem in aliquid* j-n in etw; in den Kanon der Klassiker aufnehmen; **in fidem** ~ in Schutz nehmen; **in servitutem** ~ als Sklaven aufnehmen
16 *vom Prätor* eine Klage zulassen; **nomen alicuius** ~ eine Klage gegen j-n zulassen; **aliquem reum/inter reos** ~ j-n in den Anklagestand versetzen
17 gestatten, gelten lassen; **timor recipit misericordiam** die Furcht lässt Mitleid aufkommen
18 als Verpflichtung auf sich nehmen, übernehmen, *aliquid in se* etw auf sich
19 *etw* zusagen, *etw* versprechen, *aliquid/de re*, *+AcI*; **alicui fidem** ~ j-m die heilige Versicherung geben
20 **recipe** *(mlat.)* nimm, ärztliche Anweisung auf Rezepten
▶ deutsch: **Rezept**
 englisch: **receipt**
 französisch: **recette**
 spanisch: **receta**
 italienisch: **ricetta**

reciprocāre ⟨ō, āvī, ātum 1.⟩ ||reciprocus||
A V̅T̅
1 hin und her bewegen; **animam** ~ *Liv.* ein- und ausatmen
2 *passiv* zurückfließen; in Wechselwirkung stehen
B V̅I̅ hin- und zurückfließen; **fretum reciprocat** die Strömung fließt hin und zurück; **in reciprocando mari** bei dem regelmäßigen Wechsel von Ebbe und Flut

reciprocus ⟨a, um, *adv* reciprocē⟩ A̅D̅J̅ auf dem gleichen Weg zurücktretend, zurückfließend; **mare reciprocum** Ebbe
▶ deutsch: **reziprok**

recīsus[1] ⟨a, um⟩ A̅D̅J̅ ||recidere[2]|| abgekürzt, kurz gefasst

re-cīsus[2] ⟨a, um⟩ P̅P̅P̅ → **recidere**[2]

re-citāre ⟨ō, āvī, ātum 1.⟩
1 *Dokumente* vorlesen, verlesen, *aliquid* etw, *+dopp. akk/+indir Fragesatz*; **senatum** ~ die Senatorenliste verlesen; **epistulam saepe** ~ sich wiederholt auf einen Brief berufen; **sacramentum** ~ die Eidesformel vorsprechen
2 *(eigene) Werke* vorlesen
3 *vom Schauspieler* vortragen, rezitieren

recitātiō ⟨recitātiōnis⟩ F̅ ||recitare||
1 Verlesen *von Dokumenten*
2 *Plin., Tac.* Vortrag *literarischer Werke*

recitātor ⟨recitātōris⟩ M̅ ||recitare|| Vorleser *von Dokumenten od eigener Werke*

re-clāmāre ⟨ō, āvī, ātum 1.⟩
1 dagegen schreien, laut zurufen, *absolut od alicui* j-m, *+AcI*, *ut/ne* dass/dass nicht
2 laut einwenden, laut Widerspruch erheben, *absolut od alicui/alicui rei* gegen j-n/gegen etw
3 laut widerhallen
▶ deutsch: **Reklame**

reclāmātiō ⟨reclāmātiōnis⟩ F̅ ||reclamare||
1 Zuruf; Widerspruch
2 *(mlat.)* Einspruch
▶ deutsch: **Reklamation**

reclāmitāre ⟨ō, -, -1.⟩ ||reclamare|| laut widersprechen; *fig* sich sträuben, *alicui rei* gegen etw

re-clīnāre ⟨ō, āvī, ātum 1.⟩
A V̅T̅
1 zurücklehnen, nach rückwärts biegen
2 **~ in aliquem** *Sen. fig* auf j-s Schultern legen
3 erfrischen
B V̅I̅ *(spätl.)* = **concumbere**

reclinis ⟨recline⟩ A̅D̅J̅ ||reclinare|| *(nachkl.) poet* zurückgelehnt, rückwärts gebogen, *re* mit etw

re-clūdere ⟨clūdō, clūsī, clūsum 3.⟩ ||claudere|| *(unkl.)*
1 wieder aufschließen, öffnen; **portam** ~ die Tür öffnen; **ensem** ~ *fig* das Schwert entblößen; **iugulum mucrone** ~ die Kehle durchbohren; **nebulas** ~ die Nebel zerstreuen; **humum** ~ den Boden aufgraben
2 *fig* enthüllen, offenbaren
3 *(spätl.)* einschließen, *auch* verschließen; **pe-**

cuniam in arcam ~ Geld in der Kasse einschließen

recōgitāre ⟨ō, āvī, ātum 1.⟩ (vkl., nachkl.)
① bei sich überdenken
② wieder an *etw* denken, *de re*

recognitiō ⟨recognitiōnis⟩ F ||recognoscere||
① Wiedererkennen; **mutuā recognitione factā** nach gegenseitigem Wiedererkennen
② Besichtigung, Musterung; **~ sui** Selbstprüfung

re-cognōscere ⟨nōscō, nōvī, nitum 3.⟩
① wiedererkennen, *aliquid re*/*ex re* etw an etw; **res ~** etw als sein Eigentum wiedererkennen
② sich wieder erinnern, *absolut od aliquid* an etw, *aliquem* an j-s Charakter
③ mustern, untersuchen, *bes Schriftstücke*; **decretum ~** einen Erlass prüfend durchsehen

re-colere ⟨colō, coluī, cultum 3.⟩
① wieder anbauen, wieder bearbeiten; **terram ~** das Land wieder bebauen
② *fig* wieder besuchen
③ *fig* von Neuem pflegen
④ wiederherstellen, erneuern, **imagines subversas** die zerstörten Bilder
⑤ *Tac.* wieder schmücken, wieder bekleiden; **adulescentulos paternis sacerdotiis ~** *Tac.* die jungen Männer mit der Priesterwürde ihrer Väter bekleiden
⑥ nochmals überdenken

re-colligere ⟨ligō, lēgī, lēctum 3.⟩ (nachkl.) wieder einsammeln, wiedergewinnen; **hastam ~** die Lanze wieder ergreifen; **se ~** *Ov.* sich fassen, wieder Mut bekommen, sich von einer Krankheit erholen; **actionem ~** eine Handlung aus dem Gedächtnis niederschreiben

re-commentārī ⟨or, ātus sum 1.⟩ *Plaut.* sich ins Gedächtnis zurückrufen

re-comminīscī ⟨minīscor, - 3.⟩ sich wieder erinnern

re-compōnere ⟨pōnō, posuī, positum 3.⟩ (nachkl.) (wieder) ordnen; *fig* wieder besänftigen

re-conciliāre ⟨ō, āvī, ātum 1.⟩
① wiederherstellen, **concordiam** die Eintracht
② *Feindliches* wieder vereinen, versöhnen, *aliquem alicui*/*cum aliquo* j-n mit j-m; **militum animos imperatori ~** die Soldaten mit ihrem Feldherrn aussöhnen
③ wiedergewinnen, wieder verschaffen; **Parum insulam oratione ~** die Insel Paros durch Verhandlungen wiedergewinnen

reconciliātiō ⟨reconciliātiōnis⟩ F ||reconciliare|| Wiederherstellung, *bes* Versöhnung

reconciliātor ⟨reconciliātōris⟩ M ||reconciliare|| der wiederherstellt, *alicuius rei* etw; **~ pacis** Friedensstifter

re-concinnāre ⟨ō, -, - 1.⟩ wieder zurechtmachen, wieder ausbessern

re-condere ⟨condō, condidī, conditum 3.⟩
① an seinen Ort zurückbringen; **gladium in vaginam ~** das Schwert wieder in die Scheide stecken
② **oculos ~** die Augen wieder schließen
③ aufbewahren, verwahren; **verba alicuius ~** *fig* j-s Worte im Gedächtnis bewahren
④ verstecken, verheimlichen; **aliquid nube ~** etw durch eine Wolke verhüllen
⑤ eine Waffe tief hineinstoßen

reconditus ⟨a, um⟩ ADJ ||recondere||
① versteckt, verborgen; **aliquid reconditum habere** etw versteckt halten
② entfernt, entlegen
③ *fig* verborgen, geheim
④ *fig vom Charakter* zurückhaltend, verschlossen
⑤ *Suet. fig* veraltet

re-condūcere ⟨dūcō, dūxī, ductum 3.⟩ (nachkl.) gegen Entgelt mieten

re-cōnflāre ⟨ō, -, - 1.⟩ *Lucr.* wieder anfachen

re-coquere ⟨coquō, coxī, coctum 3.⟩
① wieder kochen; durch Kochen verjüngen
② (nachkl.) *fig* umschmelzen; *hum* verwandeln; **scriba ex quinqueviro recoctus** *Hor.* vom Fünfmann zum Schreiber verwandelt

re-cordārī ⟨or, ātus sum 1.⟩ ||cor||
① sich an *etw* erinnern, *aliquid*
② bedenken, beherzigen, *aliquid*/*alicuius rei*/*de re* etw, *+AcI*/*+indir Fragesatz*
▶ deutsch: **Rekorder**

recordātiō ⟨recordātiōnis⟩ F ||recordari|| Erinnerung, *alicuius* j-s *od* an j-n, *alicuius rei* an etw

re-corrigere ⟨corrigō, corrēxī, - 3.⟩ (nachkl.) wieder gerade richten, verbessern

re-creāre ⟨ō, āvī, ātum 1.⟩
① (unkl.) von Neuem schaffen, wiedererzeugen
② *fig* wiederbeleben, erfrischen; *passiv u.* **se ~** sich erholen; **e morbo recreari**/**se ~** sich von der Krankheit erholen

re-crepāre ⟨ō, -, - 1.⟩
A VI widerhallen; immer wieder ertönen
B VT widerhallen lassen

re-crēscere ⟨crēscō, crēvī, crētum 3.⟩ (nachkl.) *poet* wieder wachsen

recrūdēscere ⟨crūdēscō, crūduī, - 3.⟩
① von Wunden wieder aufbrechen
② (nachkl.) *fig* wieder ausbrechen, wieder entbrennen; **pugna recrudescit** der Kampf entbrennt von Neuem

rēctā ADV ||rectus|| (erg **viā**) geradewegs

rēctē ADV ||rectus||
① geradeaus
② recht, richtig
③ günstig, sicher; **recte procedit alicui** j-d hat Erfolg

REDA

4 *Plaut. beim Verkauf* gut, teuer; **recte vendere** teuer verkaufen
5 *bei Antworten* richtig, gut

rēctiō ⟨rēctiōnis⟩ F ||regere|| Lenkung, Leitung
rēctor ⟨rēctōris⟩ M ||regere|| Lenker, Leiter, *alicuius/alicui* j-s; **~ navis** Steuermann; **~ equi** Reiter; **~ iuventae** Erzieher; **~ Syriae** Statthalter von Syrien; **~ copiis** Feldherr
▶ deutsch: **Rektor**

rēctrīx ⟨rēctrīcis⟩ F ||rector|| (*nachkl.*) Lenkerin, Leiterin
rēctum ⟨ī⟩ N ||rectus||
1 das Gute, das Tugendhafte
2 Mastdarm
3 das Rechte, das Richtige, das Vernünftige
rēctus[1] ⟨a, um⟩ PPP → regere
rēctus[2] ⟨a, um⟩ ADJ, ADV → recte
1 gerade; **curvo dignoscere rectum** *Hor.* das Gerade vom Krummen unterscheiden
2 in gerader Richtung, geradeaus; **ostium rectum** Vordertür; **oculi recti/acies recta** unverwandter Blick; **rectā regione fluminis** parallel zum Fluss; **recto litore** in gerader Richtung an der Küste entlang; **pedes recti** nach vorwärts gerichtete Füße; **in rectum** geradeaus; **rectā fronte** mit der Vorderseite geradeaus
3 aufrecht, senkrecht; **saxa recta** *Liv.* senkrechte Felsen; **intestinum rectum** Mastdarm
4 *fig* ungebeugt, ruhig
5 *fig* richtig, fehlerfrei; **nomina recta** sichere Schuldposten; **rectum est** es schickt sich, es gehört sich, +inf/+Acl; **rectius erit** es wird richtiger sein, +inf
6 *fig* schlicht, einfach
7 *fig* rechtschaffen, sittlich gut
8 *Quint.* MUS nicht von der Tonleiter abweichend
9 **casus ~** (*vkl., nachkl.*) GRAM Nominativ

re-cubāre ⟨ō, uī, - 1.⟩ auf dem Rücken liegen, ausruhen
re-cubuī → recubare u. → recumbere
rēcula ⟨ae⟩ F ||res|| geringe Habe
recumbere ⟨cumbō, cubuī, - 3.⟩
1 *von Personen* sich zurücklehnen, sich niederlegen, *re/in re* auf etw, in etw; **in herba ~** sich ins Gras legen; **qui proximus recumbat** Tischnachbar
2 *von Leblosem* sich senken; **nebulae campo recumbunt** die Nebel senken sich auf das Feld
3 sich anlehnen, *alicui rei* an etw
re-cuperāre ⟨ō, āvī, ātum 1.⟩ wiedererlangen; *j-s* Zuneigung wiedergewinnen, *aliquem*; **rem publicam ~** die Macht im Staat wiedererlangen; **Pelopidam ~** den Pelopidas aus der Gefangenschaft befreien

recuperātiō ⟨recuperātiōnis⟩ F ||recuperare|| Wiedererlangung; Wiedergutmachung; **~ libertatis** Wiedererlangung der Freiheit
recuperātor ⟨recuperātōris⟩ M ||recuperare||
1 *Tac.* Wiedereroberer
2 JUR Richter in Ersatzfragen, *pl* Kollegium der Richter in Ersatzfragen, *Gremium mit 3 bis 5 Mitgliedern, die zwischenstaatliche Verfahren zur Wiedergutmachung von Kriegsschäden, später auch zivilrechtliche Verfahren mit dem Ziel der schnellen Erledigung durchführten*
recuperātōrius ⟨a, um⟩ ADJ ||recuperator|| zum Gremium der recuperatores gehörig, zu den Richtern in Ersatzfragen gehörig
re-cūrāre ⟨ō, āvī, ātum 1.⟩ *Catul.* wieder heilen
re-currere ⟨currō, currī/cucurrī, cursum 3.⟩
1 *von Personen u. Sachen* zurücklaufen, zurückkehren
2 *fig* auf etw zurückkommen
3 *Quint. fig* seine Zuflucht nehmen, *ad aliquem/ad aliquid* zu j-m/zu etw
recursāre ⟨ō, -, - 1.⟩ ||recurrere|| (*nachkl.*) *poet* zurücklaufen, zurückkehren; **cura recursat** die Sorge erwacht von Neuem
re-cursum PPP → recurrere
recursus ⟨recursūs⟩ M ||recurrere|| (*nachkl.*) *poet* Rücklauf, Rückkehr; **~ pelagi** Ebbe
re-curvāre ⟨ō, āvī, ātum 1.⟩ (*nachkl.*) *poet* zurückbeugen, rückwärts sich schlängeln; **aquas in caput ~** das Wasser zur Quelle zurückfließen lassen
recurvus ⟨a, um⟩ ADJ ||recurvare|| (*nachkl.*) *poet* rückwärts gebogen; **cornu recurvum** nach hinten gebogenes Horn; **recurva aera** Angel
re-cūsāre ⟨ō, āvī, ātum 1.⟩ ||causa||
1 *mit Gründen* zurückweisen, sich weigern, *absolut od aliquid* etw, *de re* in Hinblick auf etw, +inf/+Acl, ne/quominus dass, nach Verneinung quin
2 JUR Einspruch erheben, protestieren
recūsātiō ⟨recūsātiōnis⟩ F ||recusare||
1 Ablehnung, Weigerung
2 JUR Einspruch, Protest, *auch als Teil der Verteidigungsrede*
re-cutere ⟨cutiō, cussī, cussum 3.⟩ ||quatere|| (*nachkl.*) *poet* zurückschlagen, erschüttern
re-cutītus ⟨a, um⟩ ADJ ||cutis|| (*nachkl.*) an der Vorhaut beschnitten; *fig* glatt geschoren
rēda ⟨ae⟩ F = **raeda**
red-āctus ⟨a, um⟩ PPP → redigere
red-amāre ⟨ō, -, - 1.⟩ *j-n* wieder lieben, *j-s* Liebe erwidern, *aliquem*
red-ambulāre ⟨ō, -, - 1.⟩ *Plaut.* zurückkommen
red-ārdēscere ⟨ēscō, -, - 3.⟩ *Ov.* wieder auf-

lodern
red-arguere ⟨arguō, arguī, argūtum 3.⟩ widerlegen, Lügen strafen
rēdārius ⟨ī⟩ M = **raedarius**
red-auspicāre ⟨ō, -, - 1.⟩ *Plaut. hum* zurückkehren

red-dere ⟨dō, didī, ditum 3.⟩

1. zurückstellen, zurückbringen
2. zurückgeben
3. wieder zum Vorschein bringen
4. vortragen, berichten
5. zurückgeben
6. als Gegenleistung geben, erstatten
7. ersetzen
8. vergelten
9. bezahlen
10. erfüllen
11. leiden, büßen
12. abliefern, übergeben
13. zugestehen, erteilen
14. von sich geben, ausstoßen
15. erwidern, antworten
16. nachahmen, darstellen
17. übersetzen

1. zurückstellen, zurückbringen; *passiv u.* **se ~** zurückkehren, *alicui rei* zu etw; **oculis se ~** sich wieder zeigen; **Teucrum se iterum in arma ~** sich den Waffen der Trojaner wieder entgegenstellen
2. zurückgeben, *alicui aliquid* j-m etw; **terram naturae ~** dem Land seine natürliche Gestalt wiedergeben; **maioribus reddi** durch den Tod zu seinen Vorfahren geschickt werden
3. *fig* wieder zum Vorschein bringen; **quies mentem reddit** die Ruhe bringt die Besinnung wieder; *passiv* wieder zum Vorschein kommen
4. *aus dem Kopf* vortragen; berichten; **verba male ~** die Wörter schlecht aussprechen
5. *in verändertem Zustand* zurückgeben, zu *etw* machen, *+dopp. akk;* **aliquem suum ~** j-n zu seinem Anhänger machen
6. als Gegenleistung geben, erstatten, *alicui aliquid* j-m etw, *aliquid pro re* etw für etw; zum Dank erweisen; **gratiam ~** Dank abstatten; **hanc vicem saevitiae ~** die Grausamkeit so vergelten
7. ersetzen
8. vergelten, *alicui aliquid* j-m etw
9. bezahlen; **debitum ~** Schulden bezahlen
10. *Versprechen* erfüllen
11. *Strafe* leiden, büßen
12. abliefern, übergeben, *alicui aliquid* j-m etw; **alicui rationem ~** j-m Rechenschaft ablegen; **ius/iura ~** Recht sprechen; **iudicium ~** eine gerichtliche Untersuchung anstellen
13. zugestehen, erteilen, *alicui aliquid* j-m etw
14. von sich geben, ausstoßen; **animam ~** die Seele aushauchen, sterben
15. erwidern, antworten; **mutua dicta ~** Worte wechseln
16. (*nachkl.*) nachahmen, darstellen; **fulgorem auri ~** wie Gold glänzen; **qui te nomine reddet** der den gleichen Namen haben wird wie du
17. übersetzen

red-didī → **reddere**
redditiō ⟨redditiōnis⟩ F ‖reddere‖ *Quint.* RHET Nachsatz
red-ēgī → **redigere**
red-ēmī → **redimere**
redēmptāre ⟨ō, -, - 1.⟩ ‖redimere‖ *Tac.* loskaufen
redēmptiō ⟨redēmptiōnis⟩ F ‖redimere‖
1. (*nachkl.*) Loskauf; **~ captivorum** Freikauf der Gefangenen; **~ sacramenti** Loskauf vom Kriegsdienst
2. Bestechung
3. Pacht
4. (*mlat.*) Erlösung; **~ veniarum** Ablasskauf

redēmptor ⟨redēmptōris⟩ M ‖redimere‖
1. Unternehmer; Lieferant
2. Pächter
3. der einen Gefangenen loskauft
4. (*eccl.*) Erlöser

redēmptūra ⟨ae⟩ F ‖redimere‖ *Liv.* Übernahme; Pachtung; **redempturis augere patrimonia** durch Staatsaufträge sein Vermögen vergrößern
redēmptus ⟨a, um⟩ PPP → **redimere**
red-eō → **redire**
red-hālāre ⟨ō, -, - 1.⟩ *Lucr.* zurückdampfen
red-hibēre ⟨eō, uī, itum 2.⟩ ‖habere‖
1. (*nachkl.*) wiedergeben, erstatten
2. etw Mangelhaftes zurückgeben
3. *Plaut.* etw Mangelhaftes zurücknehmen

redhibitiō ⟨redhibitiōnis⟩ F ‖redhibere‖ (*nachkl.*)
1. Rückgabe *einer mangelhaften Ware*
2. Rücknahme *einer mangelhaften Ware*

red-igere ⟨igō, ēgī, āctum 3.⟩ ‖agere‖

1. zurücktreiben
2. zurückbringen
3. eintreiben, einnehmen
4. versetzen
5. in den Kanon der Klassiker aufnehmen
6. herabsetzen, beschränken

REDI

1 (*nachkl.*) *poet* zurücktreiben, zurückjagen; **hostem in castra ~** den Feind ins Lager zurücktreiben
2 *fig* zurückbringen; **aliquid in memoriam ~ alicuius** j-m etw ins Gedächtnis zurückrufen; **homines in gratiam ~** die Männer wieder aussöhnen
3 *Geld* eintreiben, einnehmen; **pecuniam in publicum ~** den Erlös in die Staatskasse einzahlen; **praeda ad quaestorem redacta est** die Beute floss in die Kasse des Quästors; **praedam in fiscum ~** die Beute konfiszieren; **aliquid penes aliquem ~** etw in j-s Hände liefern
4 *in einen Zustand* versetzen, zu *etw* machen; **Galliam sub potestatem/in potestatem ~** Gallien in seine Gewalt bringen; **Galliam in provinciam/in formam provinciae ~** Gallien zur Provinz machen; **aliquem ad bene dicendum ~** j-n zum guten Sprechen zwingen; **congeriem in membra ~** die Masse gliedern; **aliquid ad vanum/ad irritum ~** etw vereiteln; **aliquid ad certum ~** etw zur Gewissheit erheben
5 *Quint.* in den Kanon der Klassiker aufnehmen
6 herabsetzen, beschränken; *passiv* herunterkommen; **ex sescentis ad tres senatores redegi** von sechshundert auf drei Senatoren zurückgehen

red-iī → redire
redimentum ⟨ī⟩ N (*mlat.*) Heiratsbeschränkung *für Leibeigene*
red-imere ⟨imō, ēmī, ēmptum 3.⟩ ||emere||
1 zurückkaufen, **domum** ein Haus
2 loskaufen; **pecuniā se a iudicibus ~** sich mit Geld vor Gericht loskaufen
3 *fig* abwenden, beseitigen
4 retten, erlösen; **aliquem ab Acheronte sanguine suo** j-n durch sein Blut vor der Unterwelt retten
5 kaufen; *fig* erlangen; **pacem datis obsidibus ~** den Frieden durch das Stellen von Geiseln erlangen
6 öffentliche Einkünfte pachten
7 *die Ausführung einer Arbeit* gegen Bezahlung übernehmen; **fabricandam navem ~** den Bau eines Schiffes gegen Bezahlung übernehmen
redimīculum ⟨ī⟩ N ||redimere||
1 Schmuckband
2 *Plaut.* Band, Bindemittel
redimīre ⟨iō, iī, ītum 4.⟩ umwinden, bekränzen, *aliquem re* j-n mit etw; **redimitus arundine crines** das Haar mit Schilf bekränzt
red-integrāre ⟨ō, āvī, ātum 1.⟩
1 wieder ergänzen, **deminutas copias** die zusammengeschmolzenen Truppen
2 wiederherstellen, erneuern
3 *fig* wieder auffrischen, wiederbeleben
red-ipīscī ⟨ipīscor, - 3.⟩ ||apisci|| wiedererlangen

red īre ⟨iō, iī, itum 0.⟩

1 zurückgehen, zurückkehren
2 wieder zu sich kommen
3 wieder zurückkommen
4 einkommen
5 gehen, kommen
6 anheimfallen

1 zurückgehen, zurückkehren; **in viam ~** auf den rechten Weg zurückkehren; **ad vestitum suum ~** die Trauer ablegen; **res redierunt** die öffentlichen Verhandlungen haben wieder begonnen; **astra redeunt** die Sterne gehen wieder auf
2 **ad se ~** *fig* wieder zu sich kommen; **in sese ~** seine alte Gestalt wieder annehmen; **ad officium ~** sich wieder der Pflicht unterwerfen; **in gratiam cum aliquo ~** sich mit j-m aussöhnen; **in memoriam ~ alicuius/alicuius rei** zurückdenken an j-n/an etw
3 *fig in der Rede* wieder zurückkommen, *ad aliquid/ad aliquem* auf etw/auf j-n
4 *von Erträgen* einkommen
5 *fig* gehen, kommen; **ad gladios ~** zu den Schwertern greifen; **ad manus reditur** es kommt zum Handgemenge; **Caesar ad duas legiones redierat** Caesar musste sich mit zwei Legionen begnügen; **res in eum locum rediit, ut** es kam dahin, dass; **res ad interregnum rediit** es kam zu einem Interregnum; **omnia haec verba huc redeunt** alle Worte laufen darauf hinaus
6 j-m anheimfallen, auf j-n übergehen, *ad aliquem*; **res ad patres rediit** die Regierung ging auf die Patrizier über
reditiō ⟨reditiōnis⟩ F ||redire|| Rückkehr; **domum ~** Rückkehr nach Hause
red-itum PPP → redire
reditus ⟨reditūs⟩ M ||redire||
1 Rückkehr, Heimkehr; **reditu intercludi** von der Rückkehr abgeschnitten werden
2 Kreislauf *der Gestirne*; **annum solis reditu metiri** das Jahr am Umlauf der Sonne messen
3 (*nachkl.*) Einkommen, Einkünfte; **~ pecuniae** Einkommen an Geld
redivia ⟨ae⟩ F = **reduvia**
redivīvum ⟨ī⟩ N ||redivivus|| altes Baumaterial
redivīvus ⟨a, um⟩ ADJ
1 *fig* wieder lebendig geworden; (*eccl.*) auferstanden
2 wieder benutzt, schon gebraucht

red-olēre ⟨eō, uī, - 2.⟩ riechen, duften, *aliquid/re* nach etw, von etw; **thymo ~** nach Thymian duften

re-domitus ⟨a, um⟩ ADJ ||domare|| wieder bezwungen

re-dōnāre ⟨ō, āvī, ātum 1.⟩ wiederschenken; **iras et invisum nepotem Marti redonabo** *Hor.* ich will den Groll aufgeben und den einst gehassten Enkel dem Mars zuliebe begnadigen

Rēdonēs ⟨Rēdonum⟩ M *gall.* Stamm in der Bretagne, in der Gegend des heutigen Rennes

re-dormīre ⟨iō, -, - 4.⟩ *(nachkl.)* wieder schlafen, noch einmal schlafen

re-dūcere ⟨dūcō, dūxī, ductum 3.⟩
1. zurückziehen, zurückschieben
2. *Lucr.* einziehen; **crebro auras naribus ~** häufig die Luft mit der Nase einziehen
3. zurückführen, zurückbringen; **aestas reducitur** der Sommer kehrt zurück; **venatorem ex errore ~** den Jäger aus der Irre auf den rechten Weg zurückbringen
4. MIL Truppen zurückziehen, zurückmarschieren lassen; **exercitum Ephesum hiematum ~** das Heer nach Ephesus in die Winterquartiere zurückmarschieren lassen
5. einen Vertriebenen od Verbannten wieder einsetzen; **aliquem regem ~** j-n wieder als König einsetzen
6. eine verstoßene Frau wieder zu sich nehmen
7. **aliquem in gratiam ~ cum aliquo** *fig* j-n versöhnen mit j-m; **aliquid in memoriam ~** etw ins Gedächtnis zurückrufen
8. *fig* wieder einführen, **morem** einen Brauch
9. *Ter.* auf die rechte Bahn zurückbringen
10. **in formam ~ aliquid** *poet* etw gestalten
▶ deutsch: **reduzieren**

reducta ⟨ōrum⟩ N ||reductus|| PHIL *der Stoiker* Zurückgewiesenes, Verwerfliches, *Dinge, die an sich kein Übel sind, diesem aber nahekommen*

reductāre ⟨ō, -, - 1.⟩ ||reducere|| *(spätl.)* zurückführen

reductiō ⟨reductiōnis⟩ F ||reducere|| Rückführung, Wiedereinsetzung
▶ deutsch: **Reduktion**

reductor ⟨reductōris⟩ M ||reducere|| *(nachkl.)* der zurückführt; Wiederhersteller

reductus¹ ⟨a, um⟩ ADJ ||reducere||
1. zurückgezogen, entlegen; **vallis reducta** *Hor.* entlegenes Tal
2. **reductiora** *Quint.*, *Malerei* die mehr in den Hintergrund tretenden Partien
3. **~ utrimque** *Hor.* von beiden Extremen gleich weit entfernt

re-ductus² ⟨a, um⟩ PPP → reducere

red-uncus ⟨a, um⟩ ADJ *(nachkl.) poet* einwärts gebogen, einwärts gekrümmt

redundanter ADV ||redundare|| *Plin.* allzu wortreich, weit ausholend

redundantia ⟨ae⟩ F ||redundare|| *(nachkl.)* Überfülle *des Ausdrucks*

red-undāre ⟨ō, āvī, ātum 1.⟩
1. überfließen, überströmen, *re* von etw; **~ sanguine** bluttriefend; **redundatus** überströmend, zurückströmend
2. RHET überladen sein
3. *fig* hinüberströmen; *fig* sich reichlich ergießen, *meist pej*, **ad aliquem/in aliquem/alicui** auf j-n; **dolores in me meosque redundant** die Schmerzen stürmen auf mich und die Meinen ein
4. *fig* in Fülle hervorgehen; **reus ex ea causa redundat** der Angeklagte geht aus diesem Prozess in vollem Maße schuldig hervor
5. *fig* im Überfluss vorhanden sein
6. *fig* Überfluss haben, *re* an etw
▶ deutsch: **redundant**

redundātiō ⟨redundātiōnis⟩ F ||redundare|| *(nachkl.)* Überfülle

reduvia ⟨ae⟩ F Kleinigkeit

redux ⟨reducis⟩ ADJ ||reducere||
1. zurückführend
2. zurückgeführt, zurückkehrend; **aliquis ~ est domum** j-d kehrt nach Hause zurück

re-dūxī → reducere

re-fēcī → reficere

refectiō ⟨refectiōnis⟩ F ||reficere|| *(nachkl.)*
1. Wiederherstellung
2. Erfrischung, Erholung
3. Mahlzeit

refector ⟨refectōris⟩ M ||reficere|| *Suet.* Wiederhersteller

refectorium ⟨i⟩ N *(mlat.)* Refektorium, Speisesaal im Kloster

refectōrius ⟨a, um⟩ ADJ ||refector|| *(spätl.)* erfrischend

re-fectus ⟨a, um⟩ PPP → reficere

re-fellere ⟨fellō, fellī, - 3.⟩ ||fallere|| widerlegen, als falsch zurückweisen

re-fercīre ⟨ferciō, fersī, fertum 4.⟩ ||farcire||
1. vollstopfen, anfüllen, *aliquid re* etw mit etw; **aures sermonibus ~** *fig* die Ohren mit Reden anfüllen
2. zusammenstopfen, anhäufen; **multa in oratione ~** vieles in einer Rede unterbringen

referīre ⟨iō, -, - 4.⟩ zurückschlagen; *passiv* zurückstrahlen

re-ferre ⟨referō, rettulī, rel(l)ātum 0.⟩
1. zurücktragen, zurückbringen
2. heimbringen, melden

3 zurückwenden, zurückziehen
4 zurücklenken, richten
5 beziehen, beurteilen
6 zurückerstatten
7 vergelten, erwidern
8 erwidern, entgegnen
9 wiederholen
10 widerhallen lassen
11 zurückbringen, erneuern
12 ins Gedächtnis zurückrufen
13 wiedergeben, widerspiegeln
14 überbringen, abliefern
15 entrichten
16 übertragen
17 überliefern, berichten
18 zur Sprache bringen
19 einschreiben, eintragen
20 zu etw zählen
21 es liegt daran, es kommt darauf an

---

1 zurücktragen, zurückbringen; **pecunias in templum ~** Gelder in den Tempel zurückbringen; **membra thalamo ~** die Glieder ins Gemach zurücktragen; **nullo referente** ohne dass ihn j-d zurückholte; **vinum ~** Wein ausspucken
2 als Fund od Beute heimbringen; melden, *alicui aliquid* j-m etw, *+AcI/+indir Fragesatz*; **mille talenta in publicum ~** tausend Talente in die Staatskasse bringen
3 zurückwenden, zurückziehen; **aura refert talaria** der Wind weht die Gewänder zurück; **castra ~** das Lager zurückverlegen; **pedem ~/gradum ~/gradūs ~/vestigia ~/se ~/referri** sich zurückziehen, zurückweichen, zurückkehren
4 fig den Geist zurücklenken, richten, *ad aliquem/ad aliquid* auf j-n/auf etw
5 fig auf j-n/etw beziehen, nach *etw* beurteilen, *ad aliquem/ad aliquid*; **omnia ad suum arbitrium ~** alles von seinem Urteil abhängig machen; **prospera ad fortunam ~** glückliche Umstände dem Schicksal zuschreiben
6 fig *Schuldiges* zurückerstatten
7 fig vergelten, erwidern; **alicui gratiam ~** j-m Dank durch die Tat abstatten; **parem gratiam/par pari ~** Gleiches mit Gleichem vergelten
8 fig erwidern, entgegnen, *alicui aliquid* j-m etw; **nec mutua nostris dicta refers** du erwiderst nichts auf meine Worte
9 wiederholen; **verba geminata ~** die Gebetsformel nachsprechen; **aliquem ~** j-n wiederholt nennen
10 *Töne* widerhallen lassen; *passiv* widerhallen
11 zurückbringen, erneuern; **sermonem ~** ein Gespräch wiedergeben; **legem ad populum ~** einen Gesetzesvorschlag erneut dem Volk vorlegen; **rem iudicatam ~** eine entschiedene Sache wieder vor Gericht bringen
12 (*nachkl.*) *poet* etw ins Gedächtnis zurückrufen, sich an *etw* erinnern, *aliquid*; **aliquid mente ~** etw überdenken; **versum ~** einen Vers zitieren
13 (*nachkl.*) *poet* wiedergeben, widerspiegeln; **nomine avum ~** den gleichen Namen wie der Großvater haben
14 überbringen, abliefern, *aliquid alicui/ad aliquem* etw j-m; **pecuniam populo ~** Geld an die Staatskasse abliefern
15 (*nachkl.*) *poet* entrichten, **aera ludibus** das Schulgeld
16 übertragen, *aliquid ad aliquem* etw auf j-n, **consulatum ad patrem ~** das Konsulat auf den Vater übertragen
17 *schriftlich, mündlich* überliefern, berichten, *aliquid alicui/ad aliquem* etw j-m, *+AcI+indir Fragesatz*; **aliquem in deorum numero ~** j-n unter den Göttern aufführen; **relata ~** Erzähltes wieder erzählen; **aliquem patrem ~** j-n als Vater angeben
18 *amtlich* zur Sprache bringen; vorlegen, vortragen, Bericht erstatten, Antrag stellen, *absolut od aliquid/de re ad aliquem* etw/bezüglich einer Sache bei j-m, *ut* dass, *+AcI/+indir Fragesatz*; **aliquid ad consilium ~** etw zur Entscheidung vor den Kriegsrat bringen
19 einschreiben, eintragen; **pecuniam operi publico ~** Geld unter der Rubrik „für ein öffentliches Gebäude" eintragen; **aliquem in proscriptos/inter proscriptos/in proscriptorum numerum ~** j-n auf die Liste der Geächteten setzen; **in reos ~** j-n anklagen
20 zu *etw* zählen, *in aliquid/inter aliquid*
21 *unpers* es liegt daran, es kommt darauf an, *meā/tuā ...* mir/dir ..., *selten alicuius/alicui* ihm, *+inf +AcI/+indir Fragesatz*, Grad des Interesses durch *Gen pretii/Adv./Neutra*; **nostrum omnium magnopere refert pacem servari** uns allen kommt es sehr darauf an, den Frieden zu erhalten; **nihil refert** es ist gleichgültig, es ist nicht von Belang; **quid refert?** was liegt daran?, *+indir Fragesatz*
⚠ **Relata refero**. Ich berichte Berichtetes. = Ich war nicht selbst dabei.

re-fersī → refercire
rē-fert → referre
refertus ⟨a, um⟩ ADJ ‖refercire‖ vollgestopft, gedrängt; **~ donis fortunae** voll mit Glücksgütern; **mare praedonum refertum** das Meer voller Seeräuber
re-fervēre ⟨eō, -, - 2.⟩ siedend aufwallen
refervēscere ⟨ēscō, -, - 3.⟩ ‖refervere‖ siedend aufwallen
re-fībulāre ⟨ō, āvī, ātum 1.⟩ ‖fibula‖ vom In-

fibulationsring befreien, *der zur Verhinderung des Geschlechtsverkehrs durch die Vorhaut gezogen war*

re-ficere ⟨ficiō, fēcī, fectum 3.⟩ ||facere||
1. noch einmal machen; ersetzen
2. *einen Beamten* wieder wählen; von Neuem ernennen
3. wiederherstellen; **flammam ~** das Feuer wieder anfachen
4. ergänzen, **copias** die Truppen
5. *fig* kräftigen, sich erholen lassen, *aliquem ex re/a re* j-n von etw, j-n nach etw
6. *Geld* einnehmen; *(nachkl.)* Kosten ersetzen; **impensas belli alio bello ~** die Kriegsausgaben durch einen weiteren Krieg ersetzen
7. *(mlat.)* j-n bewirten; *passiv u.* **se ~** essen

re-fīgere ⟨fīgō, fīxī, fīxum 3.⟩
1. losmachen, abreißen; **clipeum ~** den Schild abnehmen
2. *fig* abschaffen, aufheben, **leges** Gesetze
3. *fig* einpacken
4. *Verg.* wieder befestigen

re-fingere ⟨ō, -, - 3.⟩ *Verg.* wieder bilden, wieder formen

re-flāgitāre ⟨ō, -, - 1.⟩ *Catul.* zurückfordern

re-flāre ⟨ō, āvī, ātum 1.⟩ entgegenwehen

reflātus ⟨reflātūs⟩ M ||reflare|| Gegenwind

re-flectere ⟨flectō, flexī, flexum 3.⟩
1. rückwärts biegen, umwenden; **oculos ~** umschauen; **pedem ~** zurückgehen; *passiv* sich zurückbeugen; **in ungues reflecti** zurückgebogene Krallen bekommen
2. *fig* umstimmen; **animum/mentem alicuius ~** j-n besänftigen, *auch* an j-n zurückdenken
3. **se ~** *Lucr. fig* weichen
▷ deutsch: **reflektieren**

re-fluere ⟨fluō, flūxī, flūxum 3.⟩ *(nachkl.) poet* zurückfließen, überfließen; **Nilus refluit campis** *Verg.* der Nil fließt von den Feldern zurück

refluus ⟨a, um⟩ ADJ ||refluere|| *(nachkl.) poet* zurückfließend; *in Ebbe u. Flut* ab- und zuströmend

re-fōcil(l)āre ⟨ō, āvī, ātum 1.⟩ *(nachkl.)* wieder beleben, wieder erfrischen

re-fōrmāre ⟨ō, āvī, ātum 1.⟩ *(nachkl.)*
1. umgestalten; verbessern; **ora reformatus** im Gesicht verjüngt
2. wiederherstellen

refōrmātiō ⟨reformātiōnis⟩ F ||reformare|| *(nachkl.)* Umgestaltung, Verbesserung

refōrmātor ⟨reformātōris⟩ M ||reformare|| *Plaut.* Umgestalter; Erneuerer

re-formīdāre ⟨ō, āvī, ātum 1.⟩ vor *etw* zurückschaudern, *etw/j-n* fürchten, *etw* scheuen, *aliquem/aliquid, +inf/+indir Fragesatz, ne* dass

reformīdātiō ⟨reformīdātiōnis⟩ F ||reformidare|| Zurückschaudern, Angst

re-fovēre ⟨foveō, fōvī, fōtum 2.⟩ *(nachkl.) poet* wieder erwärmen; *fig* neu beleben

refrāctāriolus ⟨a, um⟩ ADJ ||refractarius|| halsstarrig, ungebärdig; **refractariolum iudicale dicendi genus** *Cic.* die polternde Juristensprache

refrāctārius ⟨a, um⟩ ADJ ||refractus|| widerspenstig

re-frāctus ⟨a, um⟩ PPP → refringere

re-frāgārī ⟨or, ātus sum 1.⟩
1. gegen *j-n/etw* stimmen, *alicui/alicui rei*, **petitioni alicuius** gegen j-s Bewerbung
2. *(nachkl.)* zu *etw* im Widerspruch stehen, *alicui rei*

re-frēgī → refringere

re-frēnāre ⟨ō, āvī, ātum 1.⟩ *(nachkl.)*
1. mit dem Zügel zurückhalten, **equos** die Pferde
2. *fig* zügeln, beherrschen, **libidines** die Leidenschaften; **aliquem ab re ~** j-n von etw zurückhalten

refrēnātiō ⟨refrēnātiōnis⟩ F ||refrenare|| *(Sen., spätl.)* Zügelung

re-fricāre ⟨ō, uī, ātūrus 1.⟩
A VT
1. wieder aufkratzen, wieder aufreißen, **cicatricem** die Narbe
2. *fig* erneuern; **dolorem ~** den Schmerz von Neuem erregen
3. VI wieder ausbrechen; **lippitudo refricat** *Cic.* die Augenentzündung bricht wieder aus

re-frīgerāre ⟨ō, āvī, ātum 1.⟩ ||frigus||
1. abkühlen, *aliquid* etw
2. *passiv* sich abkühlen, erkalten; *fig* nachlassen

refrīgerātiō ⟨refrīgerātiōnis⟩ F ||frigus|| Abkühlung

re-frīgēscere ⟨frīgēscō, frīxī, - 3.⟩
1. erkalten, sich abkühlen
2. *fig* erkalten, erlahmen; **a iudiciis forum refrixit** das Forum ist still geworden von Gerichtsverhandlungen; **Scaurus refrixerat** Scaurus hatte wenig Aussicht gewählt zu werden

re-fringere ⟨fringō, frēgī, frāctum 3.⟩ ||frangere||
1. aufbrechen, sprengen, **carcerem** das Gefängnis; **ramum ~** einen Zweig abbrechen; **vestes ~** die Kleider aufreißen
2. *fig* brechen, hemmen, **vim fluminis** die Gewalt des Flusses; **Achivos ~** die Kraft der Achiver brechen

re-frīxī → refrigescere

re-fugere ⟨fugiō, fūgī, fugitūrus 3.⟩
A VI
1. zurückweichen, fliehen, **ad suos** zu den eigenen Leuten; **sol medio orbe fugit** die Sonne verschwindet zur Hälfte; **mille fugit refugit-**

que vias er flieht tausendfach hin und her; **a consiliis ~** von Plänen abgehen; **a dicendo ~** nicht über sich bringen zu sagen

2 *fig von Örtlichkeiten* zurücktreten, dem Blick entschwinden

B V̄T̄ vor *j-m/etw* fliehen, sich vor *j-m/etw* fürchten, *aliquem/aliquid*; sich sträuben, *+inf*

refugium ⟨ī⟩ N̄ ||refugere|| Zuflucht; Zufluchtsort

re-fugus ⟨a, um⟩ ADJ (*nachkl.*) *poet von Personen u. Sachen* zurückfliehend, zurückweichend

re-fulgēre ⟨fulgeō, fulsī, - 2.⟩ (*nachkl.*) *poet* (zurück)schimmern, strahlen, *re* durch etw, von etw; **alicui ~** j-m entgegenleuchten

re-fundere ⟨fundō, fūdī, fūsum 3.⟩

1 zurückgießen, zurückschütten

2 zurückschleudern

3 *passiv* zurückströmen, sich ergießen; **refusus Oceanus** *Verg., Lucr.* der die Erde umfließende Ozean

re-fūtāre ⟨ō, āvī, ātum 1.⟩

1 zurückschlagen, zurücktreiben; **nationes bello ~** *Cic.* die Stämme durch Krieg zurückschlagen

2 *fig* zurückweisen, abweisen, **alicuius cupiditatem** j-s Begehrlichkeit

3 widerlegen

refūtātiō ⟨refūtātiōnis⟩ F̄, **refūtātus** *abl* ⟨refūtātū⟩ M̄ ||refutare|| Widerlegung

regale ⟨regalis⟩ N̄ ||regalis|| (*mlat.*) Königsgut, Königsrecht

regaliolus ⟨ī⟩ M̄ ||regalis|| kleiner Vogel; Zaunkönig

rēgālis ⟨rēgāle, *adv* rēgāliter⟩ ADJ ||rex||

1 königlich, des Königs; **domus ~** Haus von königlicher Pracht; **scriptum regale** von Königen handelnde Schrift; **genus civitatis regale** Monarchie; **carmen regale** Loblied auf Könige

2 *adv* königlich, prächtig

3 *pej* herrisch, despotisch

re-gelāre ⟨ō, āvī, ātum 1.⟩ (*nachkl.*) *poet* wieder auftauen, wieder erwärmen

re-gemere ⟨ō, -, - 3.⟩ *poet* aufseufzen

re-generāre ⟨ō, āvī, ātum 1.⟩ (*spätl.*) von Neuem hervorbringen; **regeneratus** (*eccl.*) wiedergeboren, getauft

▶ deutsch: **sich regenerieren**

regere ⟨regō, rēxī, rēctum 3.⟩

1 (gerade) lenken, leiten; **equum ~** das Pferd leiten; **navem ~** das Schiff steuern

2 abstecken, regulieren; **fines/terminos ~** Grenzen ziehen

3 *fig* regieren, beherrschen, **rem publicam** den Staat; **valetudines principis ~** Leibarzt des Fürsten sein; **eo regente** unter seiner Herrschaft; **regens** Herrscher; (*nlat.*) Vorsteher eines Priesterseminars

4 zurechtweisen, **errantem** einen Irrenden

▶ deutsch: **Regent**

re-gerere ⟨gerere, gessī, gestum 3.⟩ (*unkl.*)

1 zurücktragen, zurückschaffen; **invidiam ~** Missgunst von sich abwälzen

2 *fig* zurückgeben, erwidern

3 aufschreiben, eintragen, **in commentarios** in die Aufzeichnungen

4 regesta ⟨ōrum⟩ *n* (*spätl.*) Register, Katalog

rēgia ⟨ae⟩ F̄ ||regius||

1 Palast des Königs, Residenz

2 (*nachkl.*) Königszelt *im Lager*

3 (*nachkl.*) Hof, Hofstaat

4 (*nachkl.*) Königsfamilie, Königshaus

5 (*nachkl.*) *poet* Basilika, Säulenhalle

Rēgiēnsēs ⟨Rēgiēnsium⟩ M̄ die Einwohner von Regium Lepidum, → Regium *1*

rēgi-ficus ⟨a, um, *adv* rēgificē⟩ ADJ ||rex, facere|| (*nachkl.*) *poet* königlich, prächtig

re-gignere ⟨ō, -, - 3.⟩ *Quint.* wieder erzeugen, wiederherstellen

rēgiī ⟨ōrum⟩ M̄ ||regius|| (*nachkl.*)

1 königliche Truppen

2 Hofleute

Rēgillēnsis ⟨Rēgillēnse⟩ ADJ des Regillus, *Beiname in der gens Postumia u. Aemilia*; → Postumius *u.* → Aemilius

rēgillus ⟨a, um⟩ ADJ *Plaut.*

1 *Webersprache* mit senkrecht gezogenen Kettenfäden gewebt

2 *als Dim von regius hum* königlich, prächtig

Rēgillus ⟨ī⟩ M̄ *See in Latium, ö. von Rom, Sieg der Römer über die Latiner 496 v. Chr.*

regimen ⟨regiminis⟩ N̄ ||regere||

1 Lenkung, Leitung; **~ equitum** Kommando über die Reiterei

2 *fig* Verwaltung, Regierung; **~ totius magistratūs** Leitung der ganzen Verwaltung

3 *fig* Lenker, Leiter

rēgīna ⟨ae⟩ F̄ ||rex||

1 Königin

2 (*nachkl.*) *fig* Königstochter, Prinzessin

▶ französisch: **reine**
  spanisch: **reina**
  italienisch: **regina**

Rēgīnus

A ⟨a, um⟩ ADJ aus Regium, von Regium; → Regium *2*

B ⟨ī⟩ M̄ Einwohner von Regium

regiō ⟨regiōnis⟩ F̄ ||regere||

1 Richtung, Linie; **eandem regionem petere** dieselbe Richtung einschlagen; **rectā regione** in gerader Richtung; **rectā Danuvii regione** parallel zur Donau; **portae regione platearum patentes** die gegen die Straßen der Stadt hin offenen Tore; **de recta regione deflectere** *fig* vom rechten Weg abweichen

2 e regione geradeaus; gerade gegenüber, *alicuius/alicui* j-m, *alicuius rei/alicui rei* einer Sache; **aciem e regione instruere** die Schlachtreihe gerade gegenüber aufstellen

3 *fig* Grenzlinie, Grenze

4 *Augurensprache* Gesichtslinie, *die man sich am Himmel gezogen dachte*

5 *fig* Himmelsraum

6 Gegend; *fig* Gebiet; **~ inhabitabilis** unbewohnbare Gegend; **in quattuor regiones dividere Macedoniam** Makedonien in vier Bereiche teilen

7 *fig* Stadtviertel, Stadtbezirk *der Stadt Rom*

⚠ **Cuius regio, huius religio.** Wessen Land, dessen Religion. = Die Religion des Landesherrn bestimmt die Religion der Einwohner.

Region ⟨Regiī⟩ N̄ = **Regium**

regionātim ADV ||regio|| (*nachkl.*) bezirksweise

registrum ⟨ī⟩ N̄ (*mlat.*) Verzeichnis

▶ deutsch: **Register**

Rēgium ⟨ī⟩ N̄

1 ~ **Lepidum** Stadt zwischen Modena u. Parma, heute Reggio Emilia

2 Stadt gegenüber von Messina, heute Reggio Calabria

rēgius ⟨a, um⟩ ADJ ||rex||

1 königlich; **civitas regia** Monarchie; **exercitus ~** Heer des Perserkönigs; **bellum regium** Krieg mit einem König

2 (*unkl.*) *fig* prächtig, vorzüglich

3 zügellos; *fig* herrisch; **more regio vivere** zügellos leben; **regiae moles** Riesenbauten fürstlicher Schlösser; **morbus ~** Gelbsucht

re-glūtināre ⟨ō, -, -1.⟩ *Catul.* wieder auflösen

rēgnāre ⟨ō, āvī, ātum 1.⟩ ||regnum||

A VI

1 König sein, herrschen, *absolut od in aliquem/alicuius* über j-n; **Xerxe regnante** unter der Regierung des Xerxes; **regnatur** eine Königsherrschaft besteht

2 *fig* herrschen; **vivo et regno** *Hor.* ich herrsche und fühle mich wie ein König

3 *von Leblosem* herrschen, die Oberhand haben; **ignis per cacumina regnat** das Feuer wütet über den Gipfeln

4 Alleinherrscher sein, den Herrn spielen; **audaciā ~** mit Dreistigkeit herrschen

B VT (*nachkl.*) *poet* beherrschen; *passiv* monarchisch regiert werden

▶ englisch: **reign**

französisch: **régner**

spanisch: **reinar**

italienisch: **regnare**

rēgnātor ⟨rēgnātōris⟩ M̄ ||regus|| Herrscher, Gebieter

rēgnātrīx ⟨rēgnātrīcis⟩ F̄ ||regnator|| (*nachkl.*) Herrscherin, *oft attributiv*

rēgnum ⟨ī⟩ N̄ ||rex||

1 Königtum, Königsherrschaft

2 Herrschaft, Regierung; **regnum firmare** die Herrschaft festigen; **regna vini sortiri** den Vorsitz beim Trinkgelage auslosen

3 *pej* Gewaltherrschaft, Alleinherrschaft; **~ est dicere** es wäre tyrannisch, zu sagen

4 *meton* Königreich, Reich; **cerea regna** Bienenzellen

5 *meton* Königshaus, Herrscherfamilie; **necessitudines regni** Verbindungen mit dem Königshaus

6 *fig* Eigentum, Gebiet; **deserta regna pastorum** *Verg.* die verlassenen Stätten der Hirten

re-gredī ⟨gredior, gressus sum 3.⟩ ||gradi|| zurückgehen, zurückkehren; MIL sich zurückziehen; **~ in memoriam** sich erinnern, *+Acl*

regressiō ⟨regressiōnis⟩ F̄ ||regredi|| (*nachkl.*) Rückkehr; *Quint.* RHET Wiederholung *eines Wortes*

regressus¹ ⟨regressūs⟩ M̄ ||regredi||

1 Rückkehr, Heimkehr; MIL Rückzug; **neque habet Fortuna regressum** *Verg.* das Schicksal kann nicht rückgängig gemacht werden

2 (*nachkl.*) *fig* Rücktritt, Abkehr; **~ ab ira** Abkehr vom Zorn

3 Zuflucht, Rückhalt

4 (*spätl.*) JUR Regress, Ersatzanspruch

re-gressus² ⟨a, um⟩ PPERF → **regredi**

rēgula ⟨ae⟩ F̄ ||regere||

1 Latte, Leiste

2 Lineal

3 *fig* Richtschnur, Maßstab; **lex est iuris atque iniuriae ~** *Cic.* das Gesetz ist die Richtschnur von Recht und Unrecht

4 (*mlat.*) Ordensregel

▶ deutsch: **Regel**

englisch: **rule**

französisch: **règle**

spanisch: **regla**

italienisch: **regola**

rēgulus ⟨ī⟩ M̄ ||rex|| (*nachkl.*) kleiner König, Häuptling, Fürst, Prinz

Rēgulus ⟨ī⟩ M̄ Beiname in der gens Atilia; → **Atilius**; *bekannt* **M. Atilius ~** Konsul 269 u. 256 v. Chr., röm. Feldherr im 1. Punischen Krieg, bei Tunes besiegt u. gefangen, nach der Legende 251 mit Friedensbotschaft von den Karthagern nach Rom gesandt; sprach gegen die Annahme des Friedens u. kehrte in die Gefangenschaft zurück

re-gustāre ⟨ō, āvī, ātum 1.⟩ (*nachkl.*) noch einmal kosten; *fig* wieder genießen

rē-icere ⟨iciō, iēcī, iectum 3.⟩ ||iacere||

1 zurückwerfen; **scutum ~** den Schild auf den Rücken werfen; **fatigata membra ~** die müden Glieder zurücksinken lassen; *passiv u.* **se ~** niedersinken; **in aliquem reici/se ~** in j-s Arme sinken

2 wieder werfen

3 hinten hinstellen

4 *Kleider* zurückschlagen; **clipeum ~** den Schild zurückkreißen

5 zurücktreiben, zurückjagen

6 zurückstoßen; *fig* zurückweisen; **dona alicuius ~** j-s Geschenke zurückweisen; **petentem ~** den Bewerber abweisen; **iudices ~** die Richter ablehnen

7 wegwerfen, entfernen

8 verweisen, *aliquem ad aliquid/in aliquid* jdn an etw; **si huc te reicis** wenn du dich dazu entschließt

9 *zeitl.* verschieben, aufschieben, *aliquid in aliquid* etw auf etw

rēiculus ⟨a, um⟩ ADJ ‖reicere‖

1 (*vkl.*) ausgemerzt

2 unbrauchbar; *Sen. fig* nutzlos

rē-iēcī → reicere

rēiecta ⟨ōrum⟩ N = reiectanea

rēiectānea ⟨ōrum⟩ N ‖reiectaneus‖ PHIL Stoa Dinge, die zwar nicht böse, aber doch zurückzuweisen sind → apoproēgmena

rēiectāneus ⟨a, um⟩ ADJ ‖reiectus‖ verwerflich

rēiectāre ⟨ō, -, - 1.⟩ ‖reicere‖ *Lucr.* zurückwerfen

rēiectiō ⟨rēiectiōnis⟩ F ‖reicere‖

1 Ablehnung

2 JUR Ablehnung eines ausgelosten Richters

3 RHET Abwälzen, *in aliquem* auf jdn

rēiectus[1] ⟨a, um⟩ ADJ ‖reicere‖ verwerflich

rē-iectus[2] ⟨a, um⟩ PPP → reicere

re-lābī ⟨lābor, lāpsus 3.⟩ (*nachkl.*) zurückgleiten, zurücksinken, zurückfließen; *allg.* zurückkommen; **furtim relabi** unbemerkt zurückkommen; **relapsi** (*mlat.*) Rückfällige

re-languēscere ⟨languēscō, languī, - 3.⟩

1 erschlaffen, erlahmen

2 *fig* nachlassen

relātiō ⟨relātiōnis⟩ F ‖referre‖

1 *Quint.* Hinführen, **~ crebra** wiederholtes Hinführen der Hand zum Tintenfass

2 JUR Zurückschieben *einer Beschuldigung auf den Ankläger,* Ablehnung

3 *Sen.* Vergeltung

4 RHET Wiederholung *eines Wortes als Redefigur*

5 (*nachkl.*) Bericht, Erzählung, (*mlat.*) **relationem egredi** die Tagesordnung überschreiten

6 GRAM, PHIL Beziehung, Verhältnis

▶ deutsch: **Relation**

relātor ⟨relātōris⟩ M ‖referre‖ (*unkl.*) Berichterstatter, Referent

relātus[1] ⟨relātūs⟩ M ‖referre‖ (*nachkl.*) Vortrag, Berichterstattung, *de re/alicuius rei* einer Sache, über etw; Erzählung

re-lātus[2] ⟨a, um⟩ PPP → referre

re-laxāre ⟨ō, āvī, ātum 1.⟩

1 lockern, lösen; **spiramenta ~** Luftlöcher öffnen

2 weit machen, erweitern; *passiv* sich erweitern; **oculi relaxantur** *Sen.* die Augen weiten sich

3 *fig* abspannen, nachlassen; **dolor relaxat** der Schmerz lässt nach

4 *passiv u.* **se ~** sich losmachen, *re/a re* von etw; nachlassen; **insani relaxantur** die Tobenden werden wieder vernünftig

5 erleichtern, lindern; **severitatem ~** die Strenge mäßigen; *passiv u.* **se ~** sich erholen, *re/ex re* von etw

6 **peccata ~** (*mlat.*) Sünden vergeben

relaxātiō ⟨relaxātiōnis⟩ F ‖relaxare‖ Erleichterung, Erholung

re-lēgāre ⟨ō, āvī, ātum 1.⟩

1 wegschicken, entfernen, verbannen; → relegatio

2 *fig* zurückweisen; **milites relegati longe a ceteris** von den Übrigen abgeschnittene Soldaten; **terris gens relegata ultimis** fern wohnendes Volk

3 *fig* zuschieben, zuschreiben, *aliquid alicui/in aliquem* etw j-m

relēgātiō ⟨relēgātiōnis⟩ F ‖relegare‖ JUR Verbannung, *mildeste Form ohne Verlust der Ehre u. des röm. Bürgerrechts*

re-legere ⟨legō, lēgī, lēctum 3.⟩

1 wieder zusammenlesen, zusammennehmen; **filum ~** den Faden wieder aufwickeln

2 *fig* wieder durchreisen, **Asiam** Asien

3 *fig* wieder lesen, von Neuem lesen

4 wieder erwägen; **relegunt suos sermone labores** sie besprechen wieder ihre Leiden

re-lentēscere ⟨ēscō, -, - 3.⟩ *Ov.* wieder erschlaffen, wieder nachlassen

re-levāre ⟨ō, āvī, ātum 1.⟩

1 wieder erheben, wieder aufrichten

2 *fig* erleichtern

3 *fig* lindern, mildern

4 *fig* trösten, aufrichten; **membra ~** die Glieder ausruhen lassen; *passiv* sich erholen

5 befreien, *aliquem re* j-n von etw; **aliquem ~ tertiā mercedum parte** j-m ein Drittel des Pachtzinses erlassen

re-licērī ⟨eor, - 2.⟩ unterbieten

relictiō ⟨relictiōnis⟩ F ‖relinquere‖ böswilliges Verlassen

re-lictus ⟨a, um⟩ PPP → relinquere

relicu(u)s ⟨a, um⟩ ADJ = reliquus

re-ligāre ⟨ō, āvī, ātum 1.⟩

1 (nachkl.) poet zurückbinden, umbinden, *alicui* j-m zuliebe; **manūs post terga ~** die Hände hinter den Rücken binden; **comam nodo ~** das Haar zu einem Knoten aufbinden

2 anbinden, festbinden, *alicui rei/in re/ad aliquid* an etw; **aliquem ad currum ~** j-n an den Wagen binden

3 Catul. losbinden; **religat iuga manu** er löst das Joch mit der Hand

religātiō ⟨religātiōnis⟩ F ‖religare‖ Anbinden, **vitium** der Weinstöcke

religiō ⟨religiōnis⟩ F ‖relegere, religare‖

1 Bedenken, Zweifel

2 religiöse Bedenken, Skrupel, *alicuius* j-s, *alicuius rei* wegen einer Sache; **aliquid alicui in religionem venit** etw verursacht j-m Skrupel; **alicui religioni est** j-d macht sich ein Gewissen daraus, +AcI; **aliquid religioni habere** Bedenken haben wegen etw

3 Gewissenhaftigkeit, Genauigkeit, *alicuius* j-s, *alicuius rei* einer Sache *od* in etw, bei etw

4 religiöses Gefühl, Gottesfurcht; **aliquid in religionem vertere** etw als göttliche Vorbedeutung ansehen

5 Aberglaube, abergläubische Scheu; *pl* abergläubische Bedenken; **perturbari religionibus et metu** von abergläubischer Furcht verwirrt werden

6 Religion, Gottesverehrung

7 Gottesdienst; *pl* religiöse Einrichtungen, Kult; **religiones nocturnae** Nachtfeier (des Priapus); **religiones interpretari** Auskunft über religiöse Gebräuche geben

8 das Heilige; Heiligkeit *einer Person od Sache*

9 heilige Verpflichtung, Eid; **nova ~ iuris iurandi** neue Eidesverpflichtung; **conservare religionem** seinen Eid halten

10 Heiligtum; Glaubenssatz *pl* Götterzeichen; **~ domestica** Hausheiligtum

11 Religionsfrevel, religiöse Schuld; **~ Clodiana** von Clodius begangener Religionsfrevel

12 (mlat.) Mönchsorden, Nonnenorden; **habitus religionis** Mönchskutte

religiōsitās ⟨religiōsitātis⟩ F ‖religiosus‖ (nachkl.) Frömmigkeit, religiöse Haltung

religiōsus ⟨a, um, *adv* religiōsē⟩ ADJ ‖religio‖

1 bedenklich, *auch* unheilvoll

2 gewissenhaft, bedächtig

3 gottesfürchtig, fromm; **religiose deos colere** die Götter fromm verehren

4 *von Örtlichkeiten u. Gottheiten* heilig, ehrwürdig; **templum sanctum et religiosum** heiliger Tempel

5 (nachkl.) poet abergläubisch; scheinheilig

re-linere ⟨liniō, lēvī, litum 3.⟩ (vkl.) mit Pech Bestrichenes öffnen; **mella thesauris ~** den Honig aus den Waben nehmen

re-linquere ⟨linquō, līquī, lictum 3.⟩

1 zurücklassen, lassen
2 zurücklassen
3 hinterlassen
4 übrig lassen
5 überlassen
6 verlassen
7 aufgeben, vernachlässigen
8 ungestraft lassen
9 unerwähnt lassen, übergehen
10 ins Kloster gehen

1 zurücklassen, lassen; **fratrem in Gallia ~** den Bruder in Gallien zurücklassen; **equos ~** von den Pferden steigen; **arma ~** die Waffen niederlegen; **aliquem eloquentiā ~** j-n bezüglich Redegewandtheit hinter sich lassen; *passiv* zurückbleiben

2 *in einem Zustand* zurücklassen; **aliquem insepultum ~** j-n unbestattet lassen; **copias sine imperio ~** die Truppen ohne Führung zurücklassen; **aliquid in medio ~** etw unentschieden lassen; **nihil inexpertum ~** nichts unversucht lassen

3 *beim Tod* hinterlassen; **aliquem heredem ~** j-n als Erben, **alicui regnum ~** j-m die Herrschaft; **vix reliquit unde efferretur** Nep. er hinterließ kaum die Mittel für die Bestattung

4 übrig lassen, *alicui aliquid* j-m etw; *passiv* übrig bleiben; **fenestra in struendo ~** die Fenster beim Bauen aussparen; **pars vacat relicta** ein Teil bleibt frei; **relinquitur, ut** es ist noch übrig, dass; **nihil relinquitur nisi fuga** es bleibt nichts übrig als die Flucht

5 *fig* überlassen, *alicui aliquid* j-m etw; **sibi tempus ~** sich Zeit lassen

6 verlassen, **domum propinquosque** Haus und Verwandtschaft; **~ vitam/lucem/animam** sterben; **animus aliquem relinquit** j-d verliert die Besinnung; **consulem ~** den Konsul im Stich lassen; **signa ~** desertieren

7 *fig* aufgeben, vernachlässigen; **cultum agrorum ~** die Felder nicht mehr bestellen; **relictis omnibus rebus** unter Hintansetzung von allem; **aliquid pro relicto habere** etw als überwundenen Standpunkt betrachten

8 ungestraft lassen, **legatum interfectum** den Mord am Gesandten

9 unerwähnt lassen, übergehen; **hanc totam partem relinquam** diesen ganzen Teil will ich unerwähnt lassen

10 **mundum ~** (mlat.) ins Kloster gehen

▶ deutsch: **Relikt**
reliquiae ⟨ārum⟩ F̲ ||reliquus||
① Überreste, Trümmer; ~ **cibi** Exkremente
② Speisereste
③ Gebeine *eines Toten*; Asche *eines Leichnams*
④ *fig* Hinterlassenschaft
⑤ (*eccl.*) Reliquien
reliquum ⟨ī⟩ N̲ ||reliquus||
① Rest, *ad aliquid* in Bezug auf etw; **nihil reliqui sibi facere** alles aufbieten, nichts unterlassen, nichts übrig lassen
② Rückstand, Rest *einer Schuld*
reliquus ⟨a, um⟩ ADJ̲ ||relinquere||
① zurückgelassen, übrig geblieben, *ex re* von etw; **copiae reliquae** der Rest der Truppen; **aliquid reliquum habere** etw übrig haben; **reliquum est, ut** es bleibt, dass
② ausstehend, unerledigt; **quod reliquum restat persolvere** *Plaut.* bezahlen, was noch aussteht
③ *zeitl.* künftig; **in reliquum (tempus)** für die Folgezeit
④ PL̲ die übrigen, die anderen
relligiō ⟨relligiōnis⟩ F̲ = **religio**
re-lūcēre ⟨lūceō, lūxī, - 2.⟩ (*nachkl.*) *poet* zurückleuchten, glänzen; **illi ingens barba reluxit** *Verg.* ihm stand der riesige Bart in Flammen
relūcēscere ⟨lūcēscō, lūxī, - 3.⟩ ||relucere|| (*nachkl.*) *poet* wieder hell werden
re-luctārī ⟨or, ātus sum 1.⟩ sich sträuben, sich widersetzen, *alicui/alicui rei* j-m/einer Sache
re-lūdere ⟨lūdō, lūsī, - 3.⟩ (*nachkl.*) *poet* scherzen, spotten
re-macrēscere ⟨macrēscō, macruī, - 3.⟩ *Suet.* wieder abmagern
re-maledīcere ⟨ō, -, - 3.⟩ (*Suet., eccl.*) wieder schimpfen
re-mānāre ⟨ō, -, - 1.⟩ *Lucr.* wieder zurückfließen
re-mandāre ⟨ō, āvī, ātum 1.⟩ (*spätl.*) erwidern, *alicui* j-m
re-mandere ⟨ō, -, - 3.⟩ (*nachkl.*) wiederkäuen
re-manēre ⟨maneō, mānsī, mānsum 2.⟩
① zurückbleiben, **Romae** in Rom
② bleiben; *fig* noch vorhanden sein; **equi in eodem vestigio remanent** *Caes.* die Pferde bleiben in der gleichen Spur
remānsiō ⟨remānsiōnis⟩ F̲ ||remanere|| Zurückbleiben, Verbleiben
re-meāre ⟨ō, āvī, ātum 1.⟩
A VT̲ zurückgehen, zurückkommen, **in patriam** in die Heimat; **urbes ~** zu den Städten zurückkehren
B VT̲ nochmals durchleben
remediābilis ⟨remediābile⟩ ADJ̲ *Sen.* heilbar
re-medium ⟨ī⟩ N̲ ||mederi||

① Heilmittel, Medizin, *alicuius rei/ad aliquid* für etw
② *fig* Heilmittel, Hilfsmittel, *alicuius rei/alicui rei/ad aliquid* für etw
re-melīgō ⟨remelīginis⟩ F̲ *Plaut.* Verzögerung; *fig* säumige Frau
re-mētīrī ⟨mētior, mēnsus sum 4.⟩ (*nachkl.*)
① wieder messen, zurückmessen; **astra (oculis) ~** die Gestirne wieder beobachten
② wieder durchwandern
③ *fig* wieder bedenken
④ **vomitu ~** *Sen.* erbrechen
⑤ erstatten, bezahlen
rēmex ⟨rēmigis⟩ M̲ ||remus, agere|| Ruderer; *pl* Ruderknechte
Rēmī ⟨ōrum⟩ M̲ *belg. Stamm zwischen Marne u. Aisne, Hauptstadt Durocortorum, heute Reims*
remigāre ⟨ō, āvī, ātum 1.⟩ ||remex|| rudern; *fig* tätig sein
rēmigātiō ⟨rēmigātiōnis⟩ F̲ ||remigare|| Rudern
rēmigium ⟨ī⟩ N̲ ||remex||
① (*unkl.*) Rudern; **remigio noctem diemque fatigare** unermüdlich Tag und Nacht rudern
② Ruderwerk; **~ alarum** Flügel
③ (*nachkl.*) *poet* die Ruderknechte
re-migrāre ⟨ō, āvī, ātum 1.⟩ zurückwandern, zurückkehren
reminīscentia ⟨ae⟩ F̲ ||reminisci|| (*spätl.*) Rückerinnerung
re-minīscī ⟨miniscor, - 3.⟩
① sich erinnern, *absolut od alicuius rei/aliquid* an etw, *aliquem* an j-n
② (*nachkl.*) ausdenken, *aliquid* etw
③ bedenken
re-miscēre ⟨misceō, miscuī, mixtum 2.⟩ (*nachkl.*) *poet* (wieder) vermischen; **vera falsis ~** Wahres mit Falschem mischen
re-mīsī → remittere
remissiō ⟨remissiōnis⟩ F̲ ||remittere||
① (*nachkl.*) Zurückschicken, **captivorum obsidumque** der Gefangenen und Geiseln
② Herablassen; **superciliorum aut ~ aut contractio** *Cic.* Heben und Zusammenziehen der Augenbrauen; **~ animi** Erschlaffen des Geistes
③ *fig* Nachlassen
④ Erlass; **~ peccatorum** (*eccl.*) Vergebung der Sünden
⑤ *geistige* Erholung
⑥ Gelassenheit; RHET ruhiger Ton
remissus[1] ⟨a, um, *adv* remissē⟩ ADJ̲ ||remittere||
① abgespannt, locker; **pugna remissa** abklingende Schlacht
② *fig* lässig, träge
③ ruhig, mild
④ sanft, gelassen

5 scherzhaft, heiter
re-missus² ⟨a, um⟩ PPP → remittere

re-mittere ⟨mittō, mīsī, missum 3.⟩

A transitives Verb
1 zurückschicken
2 zurückwerfen
3 zurückgeben
4 wieder von sich geben
5 hervorbringen, verursachen
6 verweisen
7 loslassen
8 vermindern, ruhen lassen
9 nachlassen
10 den Widerstand aufgeben
11 erfrischen, sich erholen lassen
12 schenken, erlassen
13 verzichten
14 zugestehen, gönnen
B intransitives Verb
abnehmen, aufhören

— **A** transitives Verb —

VT
1 zurückschicken, **captivos** Gefangene; **repudium ~** die Ehe auflösen; **nuntium uxori ~** der Ehefrau den Scheidebrief schicken; **mandata ad aliquem ~** j-m Gegenaufträge senden
2 zurückwerfen; **pila intercepta ~** *Caes.* die aufgefangenen Spieße zurückschleudern; **calces ~** nach hinten ausschlagen
3 zurückgeben, vergelten, *alicui aliquid* j-m etw; **beneficium ~** eine Wohltat vergelten, eine Gefälligkeit erwidern
4 (nachkl.) *poet* wieder von sich geben; **nebulas ~** Nebel ausdünsten
5 (nachkl.) *poet* hervorbringen, verursachen; **atramenta remittunt labem** *Hor.* die Tinte hinterlässt Flecken
6 irgendwohin verweisen; **causam ad senatum ~** *Tac.* die Sache an den Senat zurückverweisen
7 loslassen; *Gespanntes* entspannen; **remisso arcu** *Hor.* mit ungespanntem Bogen; **habenas ~** die Zügel loslassen; **bracchia ~** die Arme sinken lassen; **tunicam ~** die Tunika herablassen
8 vermindern, ruhen lassen; **studia litterarum ~** die Studien ruhen lassen; **iras ~** die Wut vermindern; **vitam ~** das Leben beenden
9 *passiv u.* **se ~** nachlassen; **remissus** ermattet; **se ad aliquid ~** sich zu etw bequemen
10 *von Personen* den Widerstand aufgeben, *de re* in Bezug auf etw
11 *fig* erfrischen, sich erholen lassen; **animum ~** den Geist sich erholen lassen
12 *fig* schenken, erlassen, *alicui aliquid* j-m etw; **iniuriam ~** Unrecht verzeihen; **~ de re** von etw Abstand nehmen
13 (nachkl.) *fig* verzichten, *alicui aliquid* für j-n auf etw; **odia sua rei publicae ~** zugunsten des Staates auf den persönlichen Hass verzichten
14 *fig* zugestehen, gönnen, *alicui aliquid* j-m etw, +*inf*; **remitte aliquid adulescentiae** *Plin.* gönne der Jugend etw

— **B** intransitives Verb —

VI abnehmen, aufhören; **ventus remittit** der Wind lässt nach; **remittas quaerere** hör auf zu fragen

Remmius ⟨a, um⟩ *Name einer röm. gens*; **lex Remmia de calumnia** *Gesetz, durch das ein Kläger, der keine Beweise vorbringen konnte, bestraft wurde*; **~ Palaemon** *Lehrer Quintilians, Verfasser der ersten umfangreichen lat. Grammatik*

re-mōlīrī ⟨ior, ītus sum 4.⟩ *Schweres von sich* abwälzen

re-mollēscere ⟨ēscō, -, - 3.⟩
1 *Ov.* weich werden; **cera remollescit sole** *Ov.* das Wachs wird in der Sonne weich
2 *fig* verweichlicht werden; **ad laborem ferendum ~** *Caes.* für das Ertragen von Strapazen verweichlichen
3 *fig* weich werden, sich erweichen lassen; **precibus ~** sich durch Bitten erweichen lassen

re-mollīre ⟨iō, īvī, ītum 4.⟩ (nachkl.)
1 *poet* wieder weich machen, auflockern
2 *fig* verweichlichen
3 *fig* umstimmen

re-mora ⟨ae⟩ F̄ (vkl., nachkl.) Verzögerung
remorāmen ⟨remorāminis⟩ N̄ ||remorari|| *Ov.* Hindernis; *fig* Warnung

re-morārī ⟨or, ātus sum 1.⟩
A VI (unkl.) verweilen, säumen
B VT zurückhalten, aufhalten; **a negotiis ~** von Geschäften abhalten

re-mordēre ⟨mordeō, mordī, morsum 2.⟩ (nachkl.) *poet* wieder beißen; *fig* einen Angriff erwidern; *fig* quälen, **aliquem/animum alicuius** jdn
re-morsum PPP → remordere
remōta ⟨ōrum⟩ N̄ ||remotus|| PHIL *Stoa* Verwerfliches, *Dinge, die an sich kein Übel sind, aber diesem nahekommen*

remōtiō ⟨remōtiōnis⟩ F̄ ||removere||
1 Zurückbewegung
2 Ablehnung, Beseitigung; **~ criminis** *fig* Abwälzung eines Vorwurfs

remōtus ⟨ī⟩ N̄ ||remotus|| *Sen.* Ferne
remōtus ⟨a, um, *adv* remōtē⟩ ADJ ||removere||
1 entfernt, entlegen, *ab aliquo* von j-m, *a re/re* von etw; **sedes remotae a Germanis** *Caes.* Wohnsitze fern von den Germanen
2 *fig* fern, frei, *a re* von etw; **homo a culpa ~**

ein Mensch frei von Schuld; **~ ab honestate** unanständig; **verba remota** außergewöhnliche Worte; **argumenta remota** außerhalb der Sache liegende Argumente

🢂 abgeneigt, **ab omni laude ~** jedem Lob abgeneigt

re-movēre ⟨moveō, mōvī, mōtum 2.⟩ zurückbewegen, entfernen; **suos ~** die Seinen zurückziehen; **arbitros ~** die Zeugen abtreten lassen; **victum ~** den Lebensunterhalt entziehen; **mensas ~** die Tafel aufheben; **hostes a muro ~** die Feinde von der Mauer zurückdrängen; **aliquem a re publica ~** j-n von den Staatsgeschäften abberufen; **se ab aliquo/ ab amicitia alicuius ~** sich von j-m zurückziehen, sich von j-m fern halten; **aliquem senatu ~** j-n vom Senat fern halten; **remotis arbitris** ohne Zeugen; **remoto ioco** Scherz beiseite

re-mūgīre ⟨iō, -, - 4.⟩
❶ wieder brüllen
❷ zurückbrüllen, dagegen brüllen; **antro ~** aus der Höhle zurückbrüllen
❸ *fig* widerhallen

re-mulcēre ⟨mulceō, mulsī, mulsum 2.⟩
❶ zurückbeugen, einziehen; **caudam ~** den Schwanz einziehen
❷ streicheln; *fig* besänftigen

remulcum ⟨ī⟩ N̄ Schlepptau; **navem remulco trahere** ein Schiff ins Schlepptau nehmen

Remulus ⟨ī⟩ M̄ König von Alba

re-mūnerāre ⟨ō, āvī, ātum 1.⟩, **re-mūnerārī** ⟨or, ātus sum 1.⟩ wieder beschenken, belohnen, *absolut od aliquem re* j-n mit etw

remūnerātiō ⟨remūnerātiōnis⟩ F̄ ‖remunerari‖
❶ Vergeltung, Erkenntlichkeit, *alicuius rei* für etw
❷ (*mlat.*) Vergütung, Lohn

Remūria¹ ⟨ōrum⟩ N̄ = **Lemuria**

Remūria² ⟨ae⟩ F̄ Ort auf der Spitze des Aventin, wo nach der Sage Remus die Auspizien anstellte

re-murmurāre ⟨ō, -, - 1.⟩ *Verg.* entgegenrauschen, zurückrauschen

rēmus ⟨ī⟩ M̄ Ruder, Riemen; **remos ducere/ impellere** rudern; **navigium remis incitare** das Schiff mit Rudern fortbewegen; **orationem dialecticorum remis impellere** der Rede mit den Tricks der Dialektiker Schwung geben

Remus ⟨ī⟩ M̄ Zwillingsbruder von Romulus, von diesem im Streit erschlagen → **Romulus**

rēn ⟨rēnis⟩ M̄ Niere; **ex renibus laborare** Nierenschmerzen haben

re-nāre ⟨nō, -, - 1.⟩ (*nachkl.*) *poet* zurückschwimmen; *fig* wieder auftauchen

re-narrāre ⟨ō, -, - 1.⟩ wieder erzählen

re-nāscī ⟨nāscor, nātus sum 3.⟩ wiedergeboren werden, neu entstehen

re-nāvigāre ⟨ō, -, - 1.⟩ zurücksegeln

re-nēre ⟨neō, -, - 2.⟩ wieder auflösen, **fila** die Schicksalsfäden *der Parzen*

re-nīdēre ⟨eo, , , 2.⟩
❶ (*nachkl.*) *poet* zurückstrahlen, zurückglänzen;
❷ *fig* vor Freude strahlen; *auch pej* höhnisch lächeln

renīdēscere ⟨ēscō, -, - 3.⟩ ‖renidere‖ *Lucr.* erglänzen

re-nītī ⟨nītor, nīsus sum 3.⟩ sich entgegenstemmen, sich widersetzen, *alicui/alicui rei* j-m/ einer Sache

rēnō ⟨rēnōnis⟩ F̄ Tierfell, Pelz

re-nōdāre ⟨ō, āvī, ātum 1.⟩ aufknoten; **comam ~** das Haar offen tragen

renovāmen ⟨renovāminis⟩ N̄ ‖renovare‖ *Ov.* Erneuerung; neue Gestalt

re-novāre ⟨ō, āvī, ātum 1.⟩
❶ erneuern, wiederherstellen; **templum ~** den Tempel wieder aufbauen; **memoriam ~** *fig* das Gedächtnis auffrischen; **agrum ~** den Acker von Neuem umpflügen, *auch* die Brache erneuern, den Acker ruhen lassen
❷ wiederholen
❸ erfrischen; *passiv u.* **se ~** sich erfrischen
❹ hinzurechnen, **fenus in singulos annos** den Zinseszins

🢂 deutsch: **renovieren**

renovātiō ⟨renovātiōnis⟩ F̄ ‖renovare‖ Erneuerung; **~ singulorum annorum** *Cic.* Zinseszins

re-nuere ⟨nuō, nuī, - 3.⟩
❶ (*nachkl.*) abwinken
❷ *fig* ablehnen, zurückweisen, **convivium** eine Einladung zum Gastmahl
❸ *fig* widersprechen, *alicui rei* einer Sache, **crimini** dem Vorwurf

re-numerāre ⟨ō, āvī, ātum 1.⟩ (*vkl., nachkl.*) zurückzahlen, **alicui aurum** j-m das Gold

re-nūntiāre ⟨ō, āvī, ātum 1.⟩
❶ zurückmelden, als Antwort berichten, *alicui aliquid* j-m etw, *alicui de re* j-m über etw, *+AcI/+indir Fragesatz*
❷ amtlich berichten, *aliquid* etw, *von etw, über etw*; **rem ad senatum ~** über etw vor dem Senat berichten
❸ *einen Beamten* als gewählt ausrufen, proklamieren, *+dopp. akk, im passiv +dopp. nom*; **Murenam consulem ~** den Murena als Konsul ausrufen
❹ öffentlich angeben, **hostium numerum** die Zahl der Feinde
❺ **sibi ~** *Sen.* sich zu Gemüte führen, bedenken
❻ aufkündigen, *alicui aliquid* j-m etw; **alicui amicitiam ~** j-m die Freundschaft aufsagen; **repudium alicui ~** *Com.* j-m die Ehe aufkündi-

gen; **alicui ad cenam ~** j-m die Einladung zum Abendessen absagen

7 (nachkl.) aufgeben, alicui rei etw; **officiis civilibus ~** die zivilen Ämter aufgeben

renūntiātiō ⟨renūntiātiōnis⟩ F̄ ||renuntiare|| Bekanntmachung, Bericht

renūntius ⟨ī⟩ M̄ ||renuntiare|| Plaut. Laufbursche

renūtāre ⟨ō, -, - 1.⟩ ||renuere|| Lucr. sich weigern

renūtus abl ⟨renūtū⟩ M̄ ||renuere|| Plin. Ablehnung

rep. Abk (nlat.) = repetatur es soll wiederholt werden, auf ärztlichen Rezepten zur Erneuerung der Rezeptur; → repetere

repāgula ⟨ōrum⟩ N̄

1 Türriegel, Torbalken; **valvas repagulis claudere** die Flügeltüren mit Torbalken verschließen

2 Schlagbaum

3 fig Schranken; **omnia repagula pudoris perfringere** alle Schranken der Scham durchbrechen

re-pandus ⟨a, um⟩ ADJ rückwärts gekrümmt, aufwärts gebogen; **calceolus ~** Schnabelschuh

reparābilis ⟨reparābile⟩ ADJ ||reparare|| (nachkl.) poet ersetzbar; **damnum reparabile** ersetzbarer Schaden

re-parāre ⟨ō, āvī, ātum 1.⟩

1 wiedererwerben, wiederherstellen; **urbes ~** Städte wieder aufbauen; **exercitum ~** ein Heer neu aufstellen; **proelium ~** den Kampf wieder aufnehmen

2 (nachkl.) poet ersetzen, **copias** Truppen

3 verjüngen, stärken; **membra labori ~** die Glieder für die Arbeit stärken

4 (nachkl.) eintauschen, aliquid re etw gegen etw, etw für etw; **pax multo reparata sanguine** Sen. mit viel Blut erkaufter Friede

▶ deutsch: **reparieren**

reparātiō ⟨reparātiōnis⟩ F̄ ||reparare|| (spätl.) Wiederherstellung, Ausbesserung

re-parcere ⟨parcō, percī, - 3.⟩ (vkl.) poet sparsam sein, alicui rei mit etw

repastinātiō ⟨repastinātiōnis⟩ F̄ Umgraben, **agrorum** der Felder

re-patriāre ⟨ō, āvī, ātum 1.⟩ ||patria|| (spätl.) in die Heimat zurückkehren

re-pectere ⟨pectō, -, pexum 3.⟩ wieder kämmen

re-pedāre ⟨ō, āvī, - 1.⟩ ||pes|| zurückweichen

re-pellere ⟨repellō, reppulī, repulsum 3.⟩

1 zurückstoßen; **ictūs ~** Schläge abprallen lassen; **pede Oceani amnes ~** aus dem Ozean emporsteigen; **tellurem impressā hastā ~** sich an der Lanze in die Höhe schwingen; **mensas ~** Tische umstoßen

2 zurücktreiben, vertreiben, aliquem a re/ex re/re j-n von etw, j-n aus etw

3 fig fernhalten, abweisen; **aliquem a spe ~** j-m die Hoffnung nehmen; **a spe repelli** enttäuscht werden

4 fig zurückweisen, verschmähen

5 widerlegen, **allatas criminationes** die vorgebrachten Vorwürfe

re-pendere ⟨pendō, pendī, pēnsum 3.⟩

1 mit gleichem Gewicht zurückgeben, abgeben; **pensa ~** das Gesponnene abliefern

2 bezahlen; aufwiegen, aliquid re etw mit etw; **militem auro ~** den Soldaten mit Gold loskaufen

3 fig erwidern, vergelten; **magna ~** Großes mit Großem vergelten; **vices ~** Gleiches mit Gleichem vergelten; **fatis contraria fata ~** Schicksal gegen Schicksal vergelten

4 (nachkl.) poet ersetzen, wiedergutmachen

repēns ⟨repentis, adv repente, auch repens⟩ ADJ

1 plötzlich, unerwartet

2 (nachkl.) neu, gerade entstehend

re-pēnsāre ⟨ō, āvī, ātum 1.⟩ ||rependere||

1 aufwiegen, aliquid re etw mit etw

2 vergelten, ersetzen, aliquid re etw mit etw

re-pēnsus ⟨a, um⟩ PPP → rependere

repente ADV → repens

repentīnus ⟨a, um, adv repentīnō⟩ ADJ ||repens||

1 plötzlich, unerwartet; **mors repentina** plötzlicher Tod; **homo ~** plötzlich emporgekommener Mann

2 (nachkl.) fig schnell wirkend; **venenum repentinum** Tac. schnell wirkendes Gift

3 in Eile ausgehoben; **auxilia repentina** eilig ausgehobene Hilfstruppen

re-percere ⟨percō, percī, - 3.⟩ = **reparcere**

re-percī → **reparcere**

repercussiō ⟨repercussiōnis⟩ F̄ ||repercutere|| (nachkl.) Zurückschlagen; Widerschein

repercussus[1] ⟨repercussūs⟩ M̄ ||repercutere|| Rückprall; Widerhall; **~ vocis** Widerhall der Stimme

repercussus[2] ⟨a, um⟩ ADJ ||repercutere|| (nachkl.) widerhallend, zurückstrahlend

re-percutere ⟨cutiō, cussī, cussum 3.⟩ (nachkl.) poet zurückschlagen, zurückstoßen; passiv widerhallen, zurückstrahlen

rēpere ⟨rēpō, rēpsī, rēptum 3.⟩ (unkl.) kriechen, schleichen

re-perīre ⟨reperio, repperī, repertum 4.⟩

1 wieder zum Vorschein bringen, wieder auffinden

2 ausfindig machen; **reperiuntur, qui** es finden sich Leute, die, +konjkt; passiv sich zeigen, sich erweisen, +dopp. nom
3 erfahren, erkennen, **verum** die Wahrheit
4 historisch berichtet finden, +AcI/+indir Fragesatz
5 erlangen, erwerben; **sibi salutem ~** Caes. sein Heil erlangen
6 fig etw Neues erfinden, entdecken; **nihil novi ~** nichts Neues entdecken

repertīcius ⟨a, um⟩ ADJ ||reperire|| (nachkl.) auf der Straße aufgefunden

repertor ⟨repertōris⟩ M ||reperire|| (unkl.) Erfinder, Urheber

repertōrium ⟨ī⟩ N ||reperire|| (spätl.) Verzeichnis; (mlat.) Nachschlagewerk

repertum ⟨ī⟩ N ||repertus|| Erfindung

repertus[1] ⟨a, um⟩ ADJ ||reperire|| erfunden

re-pertus[3] ⟨a, um⟩ PPP → reperire

repetentia ⟨ae⟩ F ||repetere|| Lucr. Rückerinnerung

---

re-petere ⟨petō, petiī u. petīvī, petītum 3.⟩

A transitives Verb
1 wieder angreifen
2 wieder aufsuchen
3 zurückholen
4 erneuern
5 wiederholen
6 wieder überdenken
7 zurückzählen, zurückdatieren
8 wiedererlangen, wiedergewinnen
9 nachholen
10 zurückverlangen, zurückfordern
11 fordern, verlangen

B intransitives Verb
anfangen, beginnen

— A transitives Verb —

VT
1 (nachkl.) poet wieder angreifen
2 einen Ort wieder aufsuchen
3 zurückholen; hervorholen; **animos ~** fig sich in die Stimmung zurückversetzen
4 fig wiederholen, erneuern; **somnum ~** wieder schlafen; **viam ~** denselben Weg zurückgehen
5 fig wiederholen; **multum ante repetito** nachdem er wiederholt gesagt hatte, +AcI
6 fig wieder überdenken, sich ins Gedächtnis zurückrufen, aliquid etw, +AcI; **memoriā/memoriam alicuius rei ~** sich wieder an etw erinnern
7 fig zurückzählen, zurückdatieren
8 fig wiedererlangen, wiedergewinnen
9 fig nachholen
10 zurückverlangen, zurückfordern; **Salaminii Homerum repetunt** die Einwohner von Salamis beanspruchen Homer als ihren Landsmann; **aliquid in antiquum ius ~** sein altes Recht auf etw geltend machen; **civitatem in libertatem ~** die Freiheit für die Gemeinschaft fordern; **res ~** Schadenersatz fordern; **pecuniae repetundae** Ersatz für Gelderpressungen; **pecuniarum repetundarum aliquem postulare** von j-m Ersatz wegen Erpressungen fordern
11 fordern, verlangen, beanspruchen, aliquid ab aliquo etw von j-m; **rationes ~** Rechenschaft fordern; **poenas ~ ab aliquo** die Strafe an j-m vollziehen

— **B intransitives Verb** —

VI anfangen, beginnen, ab aliquo/a re mit j-m/mit etw

▶ englisch: **repeat**
  französisch: **répéter**
  spanisch: **repetir**
  italienisch: **ripetere**

repetītiō ⟨repetītiōnis⟩ F ||repetere|| Wiederholung, bes auch Anapher

repetītor ⟨repetītōris⟩ M ||repetere||
1 Ov. der zurückfordert, alicuius rei etw; **~ nuptae ademptae** der die geraubte Frau zurückfordert
2 (spätl.) Wiederholer
3 (nlat.) JUR Repetitor, Lehrer für die Vorbereitung auf Prüfungen

repetundae ⟨ārum⟩ F ||repetere|| Ersatz für Erpressungen

re-plēre ⟨eō, ēvī, ētum 2.⟩
1 wieder anfüllen, wieder vervollständigen; passiv sich wieder füllen
2 reichlich anfüllen, reichlich versorgen, aliquid re etw mit etw; passiv sich füllen; **exercitum frumento ~** das Heer mit Vorrat reichlich versorgen
3 (nachkl.) schwängern
4 Liv. mit einer Krankheit anstecken

re-plicāre ⟨ō, āvī, ātum 1.⟩
1 (vkl., nachkl.) zurückbeugen, zurückbiegen; **cervicem ~** den Nacken zurückbiegen
2 entfalten, aufrollen; **volumen ~** eine Schriftrolle aufrollen; **memoriam ~** fig die Erinnerung aufrollen
3 zurückstrahlen; **radios ~** Strahlen zurückwerfen
4 fig erwägen, bedenken
5 (mlat.) erwidern, erzählen

replicātiō ⟨replicātiōnis⟩ F ||replicare|| Zurückfalten; Rückbewegung; **~ mundi** Cic. die kreisförmige Bewegung der Welt

re-plumbāre ⟨ō, -, - 1.⟩ ||plumbum|| (nachkl.) vom Blei befreien, vom Blei reinigen

re-pōnere ⟨pōnere, posuī, positum 3.⟩

1 zurücklegen, zurückstellen; **humum ~** Erdreich zurückschaufeln

2 zurücklegen, aufbewahren, auch fig; **aliquid hiemi ~** etw für den Winter zurücklegen; **odium ~** den Hass verbergen; **aliquid sensibus imis ~** etw dem Geist tief einprägen

3 (unkl.) weglegen; fig aufgeben; **arbusta falcem reponunt** die Anpflanzung macht die Sichel entbehrlich

4 zurückgeben; wieder auf die Tafel setzen

5 (nachkl.) wiederherstellen

6 erwidern

7 hinstellen, hinlegen, aliquid re/in re etw irgendwo

8 fig versetzen, aufnehmen; **aliquem in numerum deorum/in deos** j-n unter die Götter versetzen

9 fig zu etw rechnen; **aliquem non in numerum ~** j-n nicht mit in Betracht ziehen; **rem in artis loco ~** etw für eine Kunst halten

10 fig setzen, beruhen lassen, in re auf etw; **spem in virtute ~** Hoffnung auf die Tüchtigkeit setzen

11 in beneficio ~ (mlat.) zu Lehen nehmen

re-porrigere ⟨ō, -, - 3.⟩ wieder reichen

re-portāre ⟨ō, āvī, ātum 1.⟩

1 zurücktragen, zurückbringen; **se ~ ad aliquem** zu j-m zurückkehren; **pedem ~** sich zurückziehen

2 heimbringen; fig erlangen; **victoriam ~ ab aliquo** über j-n den Sieg davontragen

3 fig berichten

▷ deutsch: **Reporter**

re-poscere ⟨ō, -, - 3.⟩

1 zurückfordern, aliquid aliquem/ab aliquo etw von j-m

2 als sein Recht fordern, verlangen; **rationem ab aliquo ~** Rechenschaft von j-m fordern; **aliquem ~** j-n ausdrücklich mahnen

repositōrium ⟨ī⟩ N ||reponere||

1 Tafelaufsatz für die Speisen eines Ganges

2 (mlat.) Schrank, Bibliothek

repostor ⟨repostōris⟩ M ||reponere|| Ov. Wiederhersteller; **~ templorum** Wiedererbauer der Tempel

repostus ⟨a, um⟩ ADJ ||reponere|| entlegen, fern

re-pōtia ⟨ōrum⟩ N ||potare|| Hor. Trinkgelage

repperī → reperire

reppulī → repellere

re-praesentāre ⟨ō, āvī, ātum 1.⟩ ||praesens||

1 vergegenwärtigen, veranschaulichen, alicui aliquid j-m etw

2 (nachkl.) poet nachahmen, **virtutem et mores Catonis** die Tugend und Sitten Catos

3 sofort tun; bar bezahlen, absolut od aliquid etw; **pecuniam ab aliquo ~** Geld durch Anweisung an j-n bezahlen

4 sofort verwirklichen; sofort vollziehen; **iudicia ~** Prozesse sofort anstrengen; **~ poenas** Strafen sofort vollziehen; **iras ~** Zorn sofort zeigen

▷ deutsch: **repräsentieren**

repraesentātiō ⟨repraesentātiōnis⟩ F ||repraesentare||

1 (nachkl.) bildliche Darstellung, Abbildung

2 Barzahlung, auch Vorauszahlung

re-prehendere ⟨prehendō, prehendī, prehēnsum 3.⟩

1 durch Ergreifen zurückhalten, festhalten, hemmen; fassen; **rem praetermissam ~** eine unterlassene Sache nachholen

2 fig zurechtweisen, tadeln, aliquem in re/de re j-n in Bezug auf etw, in eo quo in der Beziehung, dass

3 RHET widerlegen

reprehēnsāre ⟨ō, -, - 1.⟩ ||reprehendere|| Liv. wiederholt zurückhalten

reprehēnsiō ⟨reprehēnsiōnis⟩ F ||reprehendere||

1 RHET Innehalten des Redners; **sine reprehensione** ohne Anstoß

2 RHET Widerlegung

3 Tadel, Missbilligung

reprehēnsor ⟨reprehēnsōris⟩ M ||reprehendere|| Tadler; Verbesserer

re-prehēnsus ⟨a, um⟩ PPP → reprehendere

re-prēndere ⟨prēndō, prēndī, prēnsum 3.⟩ = reprehendere

re-pressī → reprimere

repressor ⟨repressōris⟩ M ||reprimere|| Unterdrücker

re-primere ⟨primō, pressī, pressum 3.⟩ ||premere||

1 zurückdrängen; aufhalten; **~ sanguinem** das Blut abbinden; **~ pedem** stehen bleiben; passiv u. **se ~** an sich halten, sich enthalten, a re einer Sache

2 fig beschränken, beschwichtigen; **luxuriam ~** die Genusssucht einschränken; **imber reprimitur** der Regen lässt nach

reprōmissiō ⟨reprōmissiōnis⟩ F ||repromittere||

1 Gegenversprechen

2 (eccl.) Verheißung; **terra repromissionis** (mlat.) das gelobte Land

re-prōmittere ⟨mittō, mīsī, missum 3.⟩

1 ein Gegenversprechen geben

2 *Suet.* wieder versprechen, erneut versprechen
3 *(eccl.)* verheißen

rēpsī → repere

rēptābundus ⟨a, um⟩ ADJ ||reptare|| *Sen.* schleichend

rēptāre ⟨ō, āvī, ātum 1.⟩ ||repere|| *(unkl.)* kriechen, schleichen

rēptātiō ⟨rēptātiōnis⟩ F ||reptare|| *Quint.* Kriechen

rēptile ⟨rēptilis⟩ N ||reptilis|| Kriechtier, Reptil

rēptilis ⟨rēptile⟩ ADJ ||repere|| kriechend

rēptus ⟨a, um⟩ PPP → repere

re-pūbēscere ⟨ēscō, -, - 3.⟩ wieder jung werden

repudiāre ⟨ō, āvī, ātum 1.⟩ ||repudium||
1 zurückweisen, ablehnen; **~ alicuius auctoritatem** j-s Autorität nicht anerkennen; **~ consilium senatūs a re publica** *Cic.* den Rat des Senats dem Staat entziehen
2 *(vkl., nachkl.) von Verlobten u. Eheleuten* zurückweisen, verstoßen; **uxorem ~** die Gattin verstoßen

repudiātiō ⟨repudiātiōnis⟩ F ||repudiare|| Zurückweisung, Ablehnung

repudiōsus ⟨a, um⟩ ADJ ||repudium|| *Plaut.* verwerflich, anstößig

re-pudium ⟨ī⟩ N
1 Zurückweisung,
2 Verstoßung der Ehefrau, Verstoßung der Verlobten; **uxorem repudio dimittere** die Gattin verstoßen

re-puerāscere ⟨āscō, -, - 3.⟩ wieder zum Kind werden

repūgnāns ⟨repūgnantis, *adv* repūgnānter⟩ ADJ ||repugnare|| widersprechend, widerstrebend

repūgnantia¹ ⟨repūgnantium⟩ N sich widersprechende Dinge, Gegensätze

repūgnantia² ⟨ae⟩ F ||repugnare||
1 *(nachkl.)* Widerstreit
2 Widerspruch

re-pūgnāre ⟨ō, āvī, ātum 1.⟩
1 MIL Widerstand leisten
2 *fig* sich widersetzen, *alicui rei/contra aliquid* einer Sache, *+inf, ne* dass; **non repugno** ich habe nichts dagegen
3 *von Sachen* im Widerspruch stehen, *alicui rei* mit etw; **simulatio amicitiae repugnat maxime** Heuchelei steht in schärfstem Widerspruch zur Freundschaft

re-pullulāre ⟨ō, āvī, ātum 1.⟩ *Sen., Plin.* wieder hervorsprießen

repulsa ⟨ae⟩ F ||repellere||
1 Zurückweisung, Niederlage *bei Wahlen u. Bewerbungen, alicuius* j-s, *alicuius rei* bei der Bewerbung um etw; **aedilicia ~** Niederlage bei der Bewerbung um die Ädilität; **repulsam accipere/ferre** durchfallen
2 *(nachkl.) fig* abschlägige Antwort, Abweisung einer Bitte; **nullius rei repulsam ferre ab aliquo** in keiner Sache bei j-m vergeblich bitten

repulsāre ⟨ō, -, - 1.⟩ ||repellere|| *Lucr.*
1 widerhallen lassen
2 immer wieder abweisen

repulsus¹ ⟨repulsūs⟩ M ||repellere|| Zurückwerfen, *bes* Widerhall

re-pulsus² ⟨a, um⟩ PPP → repellere

re-pungere ⟨ō, -, - 3.⟩ wieder stechen

re-pūrgāre ⟨ō, āvī, ātum 1.⟩ *(nachkl.)*
1 (wieder) reinigen; **hortum ~** den Garten jäten
2 *fig reinigend* beseitigen, tilgen

re-putāre ⟨ō, āvī, ātum 1.⟩
1 berechnen, **solis defectiones** die Sonnenfinsternisse
2 *fig* erwägen, bedenken, *aliquid* etw, *+AcI/+indir Fragesatz*; **multa secum/cum animo ~** viel bei sich bedenken

reputātiō ⟨reputātiōnis⟩ F ||reputare|| *(nachkl.)* Erwägung, Überlegung

re-quiēs ⟨requiētis⟩ F
1 Ruhe, Erholung
2 *(mlat.)* Requiem, Totenmesse

re-quiēscere ⟨quiēscō, quiēvī, quiētum 3.⟩

A VI
1 ruhen, sich erholen, *auch von Sachen, a re* von etw, *nach etw*; **flumina requiescunt** die Flüsse stehen still; **vitis in ulmo requiescit** der Weinstock stützt sich auf die Ulme
2 ausruhen, schlafen; **requiescat in pace** er/sie ruhe in Frieden, *Schlussformel der kath. Totenmesse u. Grabinschrift*
3 *fig* sich beruhigen, *ex re* von etw, nach etw, *in re* bei etw, an etw

B VT *Verg.* ruhen lassen, zur Ruhe bringen; **requiescunt flumina cursūs** die Flüsse hemmen den Lauf

requiētus ⟨a, um⟩ ADJ ||requiescere|| *(nachkl.) poet* ausgeruht

re-quīrere ⟨quīrō, quīsīvī/quīsiī, quīsītum 3.⟩
1 wieder aufsuchen
2 *fig* vermissen
3 *als sein Recht* fordern, verlangen; **nihil amplius ~** nichts weiter fordern; *passiv* gefordert werden, erforderlich sein; **probitas requiritur** Redlichkeit ist gefordert
4 fragen, sich erkundigen, *aliquid/de re* nach etw, *ab aliquo/ex aliquo* bei j-m, *+indir Fragesatz*
5 untersuchen, prüfen

6 **requīsīta** ⟨ōrum⟩ *n Quint.* gesuchter Ausdruck; Notdurft
▶ deutsch: **Requisiten**
requīritāre ⟨ō, -, - 1.⟩ ||requirere|| *Plaut.* nach *etw* fragen, *aliquid*
rērī ⟨rēor, ratus sum 3.⟩
1 rechnen, berechnen
2 *fig* meinen, glauben, +*AcI*/+*dopp. akk*; **rem incredibilem ~** die Sache für unglaublich halten

---

rēs ⟨reī⟩ F

1 Sache, Ding
2 Besitz, Vermögen
3 Macht, Herrschaft
4 Welt, Universum
5 Sachlage, Verhältnisse
6 Ursache, Grund
7 Sache, Geschäft
8 Rechtssache, Prozess
9 Staat, Gemeinwesen
10 Vorteil, Nutzen
11 Tat, Handlung
12 Maßregel
13 Krieg, Kampf
14 Ereignis, Begebenheit
15 Tatsache
16 Wirklichkeit
17 Natur, Wesen
18 Stoff, Inhalt

---

1 Sache, Ding; **bonae res** Wertsachen, Leckerbissen; **copia rerum** Vorräte, Lebensmittel; **quid hoc rei est?** was soll das bedeuten?; **quae res** eben dieser Umstand; **in omnibus rebus** in allem
2 Besitz, Vermögen; **possessiones et res** bewegliche und unbewegliche Habe; **res familiaris/res privatae** Privatvermögen; **rem facere** Besitz erwerben; **rem suam conficere** sein Vermögen vertun; **rem gerere** sein Vermögen verwalten; **magnae res alicuius aguntur** j-s großer Besitz steht auf dem Spiel
3 *meist pl* Macht, Herrschaft; **summa rerum** höchste Macht, Staatsleitung
4 PL Welt, Universum; **caput rerum** Hauptstadt der Welt; **dulcissime rerum** allerliebster
5 Sachlage, Verhältnisse; *oft übersetzt mit es*; **rem renuntiare** die Sachlage berichten; **si res poscat** wenn es die Sachlage erfordert; **pro re** nach den Umständen; **res secundae/prosperae/florentes** günstige Lage, Glück; **res adversae/miserae/afflictae** Unglück; **res male se habet** die Sache steht schlimm; **res se ita habent** es verhält sich so; **omnibus (in) rebus** in allen Punkten, **totā re errare** in jeder Hinsicht irren; **res venit ad arma atque pugnam** es kam zum Kampf; **res bene se habet** es steht gut; **res eo deducitur, ut** es kommt so weit, dass
6 Ursache, Grund; **quam ob rem** deshalb
7 Sache, Geschäft; **rem gerere** Geschäfte machen; **rem cum aliquo transigere** ein Geschäft mit j-m abmachen; **alicui res cum aliquo est** j-d hat mit j-m zu tun; **rem suscipere** die Aufgabe übernehmen; **res militaris/bellica** Kriegswesen; **res maritima/navalis** Seewesen; **res frumentaria** Verproviantierung; **res rustica** Landwirtschaft; **res pecuaria** Viehzucht
8 Rechtssache, Prozess; **res iudicata** rechtskräftig entschiedene Sache
9 **res (publica)** Staat, Gemeinwesen
10 Vorteil, Nutzen; **in rem/ex re alicuius est** es ist für j-n vorteilhaft, +*inf*/+*AcI*; **non ab re visum est** es schien nicht unpassend; **aliquid in rem suam convertere** sich etw zunutze machen
11 Tat, Handlung; **rebus spectata iuventus** durch Taten erprobte Jugend; **res gerere** handeln, Taten verrichten, in Staatsangelegenheiten tätig sein; **res gestae** Taten
12 Maßregel
13 Krieg, Kampf; **res alicui est cum aliquo** j-d hat mit j-m zu kämpfen; **gladio comminus rem gerere** Mann gegen Mann kämpfen
14 Ereignis, Begebenheit; *pl* Geschichte; **rerum scriptor** Geschichtsschreiber; **veteres res** alte Geschichte
15 Tatsache; Wirklichkeit; **ut erat res** wie es sich tatsächlich verhielt; **in re aliud esse** in Wirklichkeit sich anders verhalten
16 **re (vera)** in Wirklichkeit, tatsächlich; **re ipsa** tatsächlich
17 Natur, Wesen; **quid ad rem?** = es ist einerlei
18 Stoff, Inhalt
❗ **Rem tene, verba sequentur.** Halte die Sache, die Worte werden folgen. = Wenn du dich in deinem Thema auskennst, wirst du auch gut darüber sprechen können.

re-sacrāre ⟨ō, -, - 1.⟩ *Nep.* vom Fluch befreien, entsühnen
re-saevīre ⟨iō, -, - 4.⟩ *Ov.* wieder wüten
re-salūtāre ⟨ō, āvī, ātum 1.⟩ den Gruß erwidern, *aliquem* j-s
resalūtātiō ⟨resalūtātiōnis⟩ F ||resalutare|| *Suet.* Gegengruß, Erwiderung des Grußes
re-sānēscere ⟨sānēscō, sānuī, - 3.⟩ wieder gesund werden
re-sarcīre ⟨sarciō, sarsī, sartum 4.⟩
1 (*vkl., nachkl.*) wieder flicken, wieder ausbes-

sern

2 wieder ersetzen, **detrimentum** den Schaden

re-sciī → rescisco

re-scindere ⟨scindō, scidī, scissum 3.⟩

1 wieder aufreißen; **luctūs ~** die Totenklage wieder aufnehmen

2 (er)öffnen, **viās** Wege; **ferrō ulcus ~** mit dem Messer das Geschwür aufschneiden

3 abbrechen, einreißen, zerstören, zerreißen; **pontem ~** die Brücke abreißen

4 *fig* aufheben, ungültig machen; **iūdicia ~** das Urteil aufheben

re-scīscere ⟨scīscō, scīvī/sciī, scītum 3.⟩ (wieder) erfahren, entdecken

re-scissus ⟨a, um⟩ PPP → rescindere

re-scrībere ⟨scrībō, scrīpsī, scrīptum 3.⟩

1 zurückschreiben, schriftlich antworten, *alicui/ad aliquem* j-m, *alicui rei/ad aliquid* auf etw, +AcI/+indir Fragesatz; **id ipsum rescribe** *Plin.* darauf gib mir schriftlich Antwort

2 widerlegen, eine Gegenschrift verfassen

3 *Suet.* neu schreiben, überarbeiten

4 *in den Rechnungsbüchern* als bezahlt schreiben; als Belastung schreiben

5 *in einer Liste* umschreiben, versetzen; **aliquem ad equum ~** j-n zur Reiterei versetzen, j-n in den Ritterstand erheben

6 MIL nochmals ausheben, **novās legiōnēs** weitere Legionen

7 **cantūs vōcum sonīs ~** nach den Tönen der Stimmen komponieren

rescrīptum ⟨ī⟩ N ||rescribere||

1 (*nachkl.*) kaiserliche Antwort, kaiserlicher Erlass

2 (*mlat.*) Bescheid vom Papst, Bescheid vom Bischof

re-secāre ⟨secō, secuī, sectum 1.⟩

1 abschneiden, wegschneiden; **barbam ~** den Bart abschneiden; **ad vīvum ~** bis ins Fleisch schneiden; **aliquid ad vīvum ~** *fig* etw allzu wörtlich nehmen

2 *fig* verkürzen, beschränken

3 Einhalt tun, *aliquid* einer Sache

re-secrāre ⟨ō, āvī, ātum 1.⟩

1 *Plaut.* inständig bitten, feierlich bitten

2 = **resacrare**

resēda ⟨ae⟩ F *Plin.* Reseda, *Zier- u. Heilpflanze*

re-sēdī → residere¹ *u.* → residere²

re-sēmināre ⟨ō, -, - 1.⟩ *Ov.* wieder säen; *fig* wieder erzeugen

re-sequī ⟨sequor, secūtus sum 3.⟩ *Ov. in der Rede* nachfolgen = Antwort geben

re-serāre ⟨ō, āvī, ātum 1.⟩ ||sera||

1 entriegeln, öffnen; **portās hostī ~** dem Feind die Tore öffnen

2 *fig* erschließen, zugänglich machen; **Italiam gentibus** Italien den Völkern

3 *Ov.* offenbaren

4 (*nachkl.*) anfangen

re-servāre ⟨ō, āvī, ātum 1.⟩

1 erhalten, retten

2 behalten, beibehalten

3 aufbewahren, zurückhalten, *alicui aliquid* j-m etw, *ad aliquid/in aliquid* für etw, zu etw; **Minuciō mē reservābam** ich wartete mit meinem Brief auf Minucius; **reservātum ecclēsiasticum** (*nlat.*) Vorbehalt *im Augsburger Religionsfrieden zugunsten der katholischen Kirche*

reservātiō mentālis F (*mlat.*) (geheimer) Gedankenvorbehalt *bei Eid u. Vertragsabschluss*

reses ⟨residis⟩ ADJ ||residere||

1 (*vkl., nachkl.*) zurückgeblieben; **in urbe plēbs ~** das in der Stadt gebliebene Volk

2 (*nachkl.*) *fig* träge, untätig

re-sessum PPP → residere¹ *u.* → residere²

re-sidēre¹ ⟨sideō, sēdī, sessum 2.⟩ ||sedere||

A VI

1 sitzen bleiben

2 *fig* ruhen

3 *fig* zurückbleiben, noch übrig bleiben

B VT *ein Fest* feiern; **diēs dēnicālēs mortuīs resīdentur** *Cic.* die Totenfesttage werden für die Verstorbenen veranstaltet

re-sīdere² ⟨sīdō, sēdī, sessum 3.⟩

1 sich setzen, sich niederlassen

2 *fig* sich senken, sinken; **montēs resīdunt** Berge senken sich

3 (*nachkl.*) *fig* sich zurückziehen

4 *fig* nachlassen; **ardor residit** die Glut erkaltet

▶ deutsch: **Residenz**

residuum ⟨ī⟩ N ||residuus|| Rast

residuus ⟨a, um⟩ ADJ ||residere|| zurückbleibend; rückständig

re-sīgnāre ⟨ō, āvī, ātum 1.⟩

1 entsiegeln, öffnen; **Mercurius morte lūmina resīgnat** *Verg.* Merkur öffnet die vom Tod starren Augen

2 *fig* offenbaren

3 *fig* vernichten, ungültig machen

4 *Hor.* zurückzahlen, zurückgeben

▶ deutsch: **resignieren**

resīgnātiō ⟨resīgnātiōnis⟩ F (*mlat.*) Verzicht, Entsagung, Resignation

re-silīre ⟨siliō, siluī, sultum 4.⟩ ||salire||

1 zurückspringen

2 *von Sachen* abprallen; **ab hōc crīmen resilit** von ihm prallt der Vorwurf ab

3 Abstand nehmen

4 zusammenschrumpfen; **in breve spatium ~** *Ov.* auf ein kleines Maß zusammenschrumpfen

re-sīmus ⟨a, um⟩ ADJ (unkl.) aufgestülpt
rēsīna ⟨ae⟩ F (vkl., nachkl.) Harz
rēsīnātus ⟨a, um⟩ ADJ ‖resina‖ mit Harz gewürzt, mit Harz bestrichen
re-sipere ⟨ō, -, - 3.⟩ ‖sapere‖
1 nach *etw* schmecken, *aliquid*; **picem ~** nach Pech schmecken
2 *fig* erkennen lassen, verraten
re-sipīscere ⟨sipīscō, sipuī u. sipiī u. sipīvī, - 3.⟩ ‖respicere‖
1 wieder zu Verstand kommen
2 wieder zu sich kommen, sich wieder erholen
3 *Ter. fig* wieder Mut fassen
re-sistere ⟨sistō, stitī, - 3.⟩
1 stehen bleiben, stillstehen; **cum aliquo ~** mit j-m ein Wort wechseln
2 zurückbleiben, **Romae** in Rom
3 *fig* innehalten, *in der Rede* stocken, stecken bleiben
4 wieder festen Fuß fassen
5 Widerstand leisten, sich widersetzen, *absolut od alicui/alicuius rei* j-m/einer Sache; **nullo resistente** ohne jeden Widerstand; **adversus ~** offenen Widerstand leisten; **hostibus ~** den Feinden Widerstand leisten; **senatūs consulto ~** gegen den Senatsbeschluss handeln; **mens resistens** widerstandsfähiger Geist
resolūtiō ⟨resolūtiōnis⟩ F ‖resolvere‖
1 (nachkl.) Auflösung, Lähmung
2 (mlat.) Entschluss
▷ deutsch: **Resolution**
resolūtus ⟨a, um⟩ ADJ ‖resolvere‖
1 wollüstig
2 zügellos, ungebunden
re-solvere ⟨solvō, solvī, solūtum 3.⟩
1 *Gebundenes* wieder auflösen, losbinden; **crines ~** die Haare lösen; **equos ~** die Pferde ausspannen; **nivem ~** *fig* den Schnee schmelzen; **tenebras ~** die Finsternis erleuchten; **humum in partes ~** das Erdreich trennen; **filum ~** den Faden abschneiden; **terga ~** sich behaglich ausstrecken
2 *Geschlossenes* öffnen, **litteras** einen Brief; **iugulum mucrone ~** die Kehle mit dem Dolch durchstechen
3 aufheben, zerstören; **vectigal ~** eine Steuer abschaffen
4 entkräften
5 zurückzahlen
6 befreien
resonābilis ⟨resonābile⟩ ADJ ‖resonare‖ *poet* widerhallend
re-sonāre ⟨ōī, u, u. āvī, - 1.⟩
A VI
1 widerhallen, *re* von etw; **camini resonant** die Essen prasseln; **gloria virtuti resonat** der Ruhm ist ein Widerhall der Tüchtigkeit
2 *fig* ertönen, erklingen
B VT widerhallen lassen; **triste et acutum ~** einen wehmütigen und schrillen Ton von sich geben
▷ deutsch: **Resonanz**
  englisch: **resound**
  französisch: **résonner**
  spanisch: **resonar**
  italienisch: **risuonare**
resonus ⟨a, um⟩ ADJ ‖resonare‖ *poet* widerhallend
re-sorbēre ⟨eō, -, - 2.⟩ (nachkl.) wieder einschlürfen; *fig* einziehen; **mare resorbetur** es ist Ebbe
respectāre ⟨ō, āvī, ātum 1.⟩ ‖respicere‖
A VI zurücksehen; hinsehen, *ad aliquid* zu etw
B VT
1 j-n/etw ansehen, sich nach j-m/etw umsehen, *aliquem/aliquid*
2 *fig* berücksichtigen
3 *fig* erwarten
respectus[1] ⟨respectūs⟩ M ‖respicere‖
1 Zurückblicken, Rückblick, *alicuius rei* nach etw
2 (nachkl.) *fig* Rücksicht, Berücksichtigung; **sine respectu humanitatis** ohne Rücksicht auf menschliche Sitte; **respectu alicuius rei** mit Rücksicht auf etw; **~ mei** Rücksicht auf mich
3 *meton* Zufluchtsort, Rückhalt; **respectum habere ad senatum** Rückhalt finden beim Senat
re-spectus[2] ⟨a, um⟩ PPP → respicere
re-spergere ⟨spergō, spersī, spersum 3.⟩ ‖spargere‖ besprtizen, besprengen; **servili probro respersus** mit dem Makel einer Sklaventat behaftet
respersiō ⟨respersiōnis⟩ F ‖respergere‖ Besprtizen; **~ pigmentorum** Auftragen der Farben
re-spersus ⟨a, um⟩ PPP → respergere
re-spicere ⟨spiciō, spexī, spectum 3.⟩
A VI
1 zurückschauen, sich umsehen, *ad aliquid* auf etw, nach etw; **ad urbem ~** auf die Stadt zurückblicken
2 *fig* sich auf j-n beziehen, j-n angehen, *ad aliquem*
3 Rücksicht nehmen, *ad aliquem* auf j-n
B VT
1 sich nach j-m/etw umsehen, j-n/etw hinter sich bemerken, *aliquem/aliquid*; **Eurydicen respicit Orpheus** *Ov.* Orpheus sieht sich nach Eurydike um
2 überdenken

3 erwarten, **subsidia** Hilfe
4 berücksichtigen, beachten; **haec respiciens** mit Rücksicht darauf
▶ deutsch: **Respekt**
  englisch: **respect**
  französisch: **respect**
  spanisch: **respeto**
  italienisch: **rispetto**

respīrāmen ⟨respīrāminis⟩ N̄ ||respirare|| *Ov.* Luftröhre

re-spīrāre ⟨ō, āvī, ātum 1.⟩
1 *Lucr.* zurückwehen, zurückblasen
2 ausatmen; **animam ~** die Luft aushauchen
3 aufatmen, wieder zu Atem kommen, *a re* von etw, nach etw
4 *fig* sich wieder erholen, **a metu** von der Furcht
5 *fig* nachlassen

respīrātiō ⟨respīrātiōnis⟩ F̄ ||respirare||
1 Aufatmen, Atemholen; *fig* Pause, *bes in der Rede*
2 *meton* Ausdünstung, **aquarum** der Wassermassen

respīrātus *abl* ⟨ū⟩ M̄ ||respirare|| Atemholen

re-splendēre ⟨eō, uī, - 2.⟩ *(nachkl.) poet* widerstrahlen

re-spondēre ⟨spondeō, spondī, spōnsum 2.⟩
1 dagegen versprechen, geloben; **paria paribus ~** Gleiches für Gleiches leisten
2 antworten, *aliquid/de re* etw; als Antwort den Befehl erteilen, *ut*; **his rebus ~** auf diese Äußerungen antworten; **voci ~** ein Echo geben; **respondetur alicui** j-d erhält die Antwort, *+AcI*
3 Bescheid geben; **ius/de iure ~** ein Rechtsgutachten erteilen
4 *(nachkl.) beim Namensaufruf* antworten; sich verantworten; **vadato ~** sich wegen geleisteter Bürgschaft melden; **respondesne tuo nomine?** *Hor.* darfst du dieses Lob dir zurechnen?
5 *fig* j-m/einer Sache entsprechen, mit *etw* übereinstimmen, *einer Sache* ähnlich sein, *alicui/alicui rei*; **officio ~** seiner Verpflichtung nachkommen
6 *fig* vergelten, *alicui rei* etw; **amori amore ~** Liebe mit Liebe vergelten
7 *örtl.* gegenüberliegen
8 *fig* gewachsen sein, die Waage halten, *alicui rei* einer Sache
9 *fig* bezahlen; **ad reliqua ~** den Rest bezahlen
10 *(mlat.)* offenbaren, prophezeien

respōnsāre ⟨ō, -, - 1.⟩ ||respondere|| *(vkl.)*
1 antworten; widerhallen
2 *fig einer Sache* widerstehen, *etw* verschmähen, *alicui rei*

respōnsiō ⟨respōnsiōnis⟩ F̄ ||respondere|| Antwort, Entgegnung, *bes* RHET; **sibi ipsi ~** Beantwortung einer selbst aufgeworfenen Frage

respōnsitāre ⟨ō, āvī, - 1.⟩ ||respondere|| ein Rechtsgutachten abgeben

respōnsor ⟨respōnsōris⟩ M̄ ||respondere|| *Plaut.* der Antwort gibt, der Bescheid gibt

respōnsōrium ⟨ī⟩ N̄ ||respondere|| *(eccl.)* Antwort *auf eine Gebetsanrufung*; Wechselgesang

respōnsum ⟨ī⟩ N̄ ||respondere||
1 Antwort; **responsum dare/reddere alicui** j-m antworten; **responsum ferre/auferre ab aliquo** Antwort von j-m erhalten
2 Rechtsbescheid; Orakel

re-spōnsus ⟨a, um⟩ PPP → respondere

rēspūblica → res
▶ deutsch: **Republik**
  englisch: **republic**
  französisch: **république**
  spanisch: **república**
  italienisch: **repubblica**

re-spuere ⟨spuō, spuī, spūtum 3.⟩
1 zurückspeien, ausspeien; **reliquias cibi ~** sich erbrechen
2 *fig* zurückweisen, verschmähen, missbilligen, verachten

re-stāgnāre ⟨ō, -, - 1.⟩
1 *von Gewässern* überfließen, austreten
2 *meton* überschwemmt sein, unter Wasser stehen; **locus restagnat** *Caes.* der Ort ist überschwemmt

re-stāre ⟨stō, stitī, - 1.⟩
1 zurückbleiben, ausharren
2 *(nachkl.) poet* widerstehen, Widerstand leisten; **multos dies ~** viele Tage lang Widerstand leisten; **minima vi restatur** es wird geringster Widerstand geleistet
3 *(nachkl.) fig von Sachen* nicht nachgeben; **laminae restant adversum pila et gladios** die Platten halten den Geschossen und Schwertern stand
4 übrig bleiben; noch bevorstehen, *alicui* j-m, *+AcI*; **dona flammis restantia** *Verg.* Gaben, die den Flammen entgangen sind; **hoc restat** das bleibt noch, *ut* dass, *+inf*; **restat nihil aliud, nisi/quam** nichts anderes bleibt als, *+inf*; **quod restat** künftig, in Zukunft; **hoc Latio restat** das steht Latium noch bevor

re-staurāre ⟨ō, āvī, ātum 1.⟩
1 wiederherstellen, erneuern
2 von Neuem beginnen, **bellum** einen Krieg
▶ deutsch: **restaurieren**

restaurātiō ⟨restaurātiōnis⟩ F̄ ||restaurare|| *(spätl.)* Wiederherstellung, Erneuerung

restaurātor ⟨restaurātōris⟩ M̄ ||restaurare|| Wiederhersteller, Erneuerer

resticula ⟨ae⟩ F ||restis|| dünnes Seil, Schnur
re-stillāre ⟨ō, āvī, ātum 1.⟩ wieder einträufeln, *alicui aliquid* j-m etw; *fig* wieder einflößen
restīnctiō ⟨restīnctiōnis⟩ F ||restinguere|| Löschen, Stillen, **sitis** des Durstes
re-stinguere ⟨stinguō, stīnxī, stīnctum 3.⟩
1 löschen, auslöschen; **aggerem ~** den brennenden Wall löschen
2 *fig* unterdrücken, mäßigen, **seditionem** den Aufstand
3 *fig* vernichten, tilgen
restiō ⟨restiōnis⟩ M ||restis|| (*nachkl.*) Seiler, *hum von einem mit Stricken durchgepeitschten Sklaven*
re-stipulārī ⟨or, - 1.⟩ gegenseitig ein Versprechen fordern, sich dagegen versprechen lassen, *aliquid* etw, *+AcI, ut* dass
restipulātiō ⟨restipulātiōnis⟩ F ||restipulari|| Gegenverpflichtung
restis ⟨restis⟩ F (*unkl.*) Seil; *Plin.* Lauchblatt
restitāre ⟨ō-, 1.⟩ ||restare|| *Com., nachkl.* zurückbleiben; *fig* zaudern
re-stitī → resistere *u.* → restare
restitrīx ⟨restitrīcis⟩ F *Plaut.* die zurückbleibt
re-stituere ⟨stituō, stituī, stitūtum 3.⟩ ||statuere||
1 zurückstellen, wieder an die alte Stelle stellen
2 *aus der Verbannung* zurückführen; **spes restituendi** Hoffnung auf Zurückberufung
3 zurückgeben, wiedergeben, *alicui aliquid* j-m etw; **se alicui ~** sich mit j-m wieder befreunden
4 *in den früheren Stand* zurückversetzen; **consilia in integrum ~** Beschlüsse ungeschehen machen
5 wieder in seine Rechte einsetzen
6 wiederherstellen, wieder aufbauen; **cunctando rem ~** den Staat durch Zögern retten
7 wiedergutmachen, ersetzen, *alicui aliquid* j-m etw
8 (*nachkl.*) aufheben, **alicuius iudicia** j-s Urteilssprüche
restitūtiō ⟨restitūtiōnis⟩ F ||restituere||
1 (*nachkl.*) Wiederherstellung; **~ urbis in maius** Wiederaufbau und Vergrößerung der Stadt
2 Wiedereinsetzung in den früheren Stand
3 Zurückberufung aus der Verbannung
4 Begnadigung
5 (*nachkl.*) Wiederaufnahme in den Senat
restitūtor ⟨restitūtōris⟩ M ||restituere||
1 Wiederhersteller
2 (*nachkl.*) *fig* Retter
restitūtus ⟨a, um⟩ PPP → restituere
restrictus ⟨a, um, *adv* restrictē⟩ ADJ ||restringere||
1 (*nachkl.*) straff angezogen; **toga restricta** zu enge Toga
2 *Plin.* bescheiden
3 *fig* karg, spärlich, sparsam
4 (*nachkl.*) *fig* straff, streng
re-stringere ⟨stringō, strīnxī, strictum 3.⟩ (*unkl.*)
1 zurückziehen; **dentes ~** die Zähne fletschen
2 zurückbinden, *aliquid ad aliquid/alicui rei* etw an etw; **lacerti restricti** *Hor.* auf den Rücken gebundene Arme
3 *fig* beengen
4 *fig* beschränken, **sumptūs** den Aufwand
re-sūdāre ⟨ō, -, - 1.⟩ (*nachkl.*) Feuchtigkeit ausschwitzen, feucht sein, *re* von etw
re-suere ⟨suō, -, sūtum 3.⟩ (*nachkl.*) auftrennen
re-sultāre ⟨ō, -, - 1.⟩ ||saltare|| (*nachkl.*)
1 zurückspringen, zurückprallen; **tela resultant galeā** die Geschosse prallen am Helm ab
2 *vom Echo* widerhallen; **imago vocis resultat** *Verg.* das Echo tönt zurück; **colles clamore resultant** die Hügel hallen vom Geschrei wider
3 RHET hüpfen, *von einer Rede mit vielen kurzen Silben*
4 *fig* widerstreben; **barbara nomina Graecis versibus resultant** *Plin.* die barbarischen Namen fügen sich nicht in die griechischen Verse
re-sultum PPP → resilire
re-sūmere ⟨sūmō, sūmpsī, sūmptum 3.⟩ (*nachkl.*)
1 wieder nehmen, wieder ergreifen; **librum ~ in manus** das Buch wieder zur Hand nehmen
2 *fig* wiederaufnehmen, erneuern, **pugnam** den Kampf
3 *fig* wiedererlangen, **dominationem** die Herrschaft
re-supīnāre ⟨ō, āvī, ātum 1.⟩ (*unkl.*)
1 zurückbeugen, zurückstoßen; *passiv* sich zurückbeugen
2 auf den Rücken werfen, vergewaltigen
3 umreißen
resupīnus ⟨a, um⟩ ADJ ||resupinare|| (*nachkl.*)
1 zurückgebogen, rücklings; **aliquem resupinum fundere** j-n rücklings niederstrecken
2 auf dem Rücken liegend
3 *fig* den Kopf zurückwerfend, stolz
4 *fig* träge
re-surgere ⟨surgō, surrēxī, surrēctum 3.⟩
1 wieder aufstehen, sich wieder aufrichten; **herba resurgit** das Gras richtet sich wieder auf; **luna resurgit** der Mond geht wieder auf
2 *fig von Zuständen* wieder erwachen; **amor resurgit** die Liebe erwacht wieder
3 *fig von Städten u. Staaten* wieder erstehen, wieder aufblühen; **urbes resurgunt** Städte blühen wieder auf

resurrēctiō ⟨resurrēctiōnis⟩ F ‖resurgere‖ (eccl.) Auferstehung *von den Toten*

re-suscitāre ⟨ō, āvī, ātum 1.⟩
1 (spätl.) poet wieder erregen, wieder anfachen, **iram** den Zorn
2 (eccl.) wieder erwecken *vom Tod*

re-tardāre ⟨ō, āvī, ātum 1.⟩
1 verzögern, aufhalten; *passiv* sich verlangsamen
2 hemmen; abhalten, **aliquem a scribendo** j-n vom Schreiben

retardātiō ⟨retardātiōnis⟩ F ‖retardare‖ Verzögerung

re-taxāre ⟨ō, -, - 1.⟩ *Suet.* wieder tadeln

rēte ⟨rētis⟩ N Netz, *auch* Spinnennetz

re-tegere ⟨tegō, tēxī, tēctum 3.⟩
1 aufdecken, entblößen; **miles retectus** vom Schild nicht gedeckter Soldat, **clipeum ~** den Schild wegreißen
2 *Verschlossenes* öffnen
3 (nachkl.) *fig* sichtbar machen, erhellen; *passiv* sichtbar sein
4 (nachkl.) *fig* aufdecken, offenbaren, **scelus** ein Verbrechen

re-temptāre ⟨ō, āvī, ātum 1.⟩ (nachkl.) wieder versuchen; **preces ~** Bitten wiederholen

re-tendere ⟨tendō, tendī, tentum/tēnsum, 3.⟩ (nachkl.) poet abspannen, entspannen, **arcum** den Bogen

re-tentāre[1] ⟨ō, āvī, ātum 1.⟩ ‖retinere‖ zurückhalten, festhalten; *fig* erhalten

re-tentāre[2] ⟨ō, āvī, ātum 1.⟩ = retemptare

retentiō ⟨retentiōnis⟩ F ‖retinere‖
1 Anhalten, **aurigae** des Fuhrmannes; **~ assensionis** *Cic.* Zurückhalten des Beifalls
2 *fig* Zurückhalten einer Zahlung, Abzug

re-tentus ⟨a, um⟩ PPP → retendere *u.* → retinere

re-terere ⟨terō, trīvī, trītum 3.⟩ (vkl., nachkl.) abreiben

re-texere ⟨texō, texuī, textum 3.⟩
1 *Gewebtes* wieder auftrennen
2 (unkl.) umarbeiten; **se ~** einen anderen Menschen aus sich machen
3 *fig* ungültig machen, widerrufen
4 (nachkl.) poet von Neuem weben; *fig* erneuern, wiederholen; **orbes cursu ~** im Kreis zurücklaufen

rētiārius ⟨ī⟩ M ‖rete‖ Netzfechter, *Gladiator, der seinen Gegner mit einem Netz einfing, zu Boden warf u. mit einem Dreizack tötete*

reticentia ⟨ae⟩ F ‖reticere‖
1 Stillschweigen, Verschweigen *eines Fehlers beim Verkauf*
2 RHET plötzliches Abbrechen *mitten in der Rede*

re-ticēre ⟨eō, uī, - 2.⟩ ‖tacere‖

A VI
1 schweigen, *absolut od de re* über etw
2 (nachkl.) poet nicht antworten, *alicui* j-m
B VT verschweigen, **nomina coniuratorum** die Namen der Verschwörer; **reticenda** Geheimnisse

rēticulum ⟨ī⟩ N, **rēticulus** ⟨ī⟩ M ‖rete‖ kleines Netz; Sieb

retināculum ⟨ī⟩ N ‖retinere‖
1 Halter, Band
2 Zügel, Leine
3 Haltetau, Ankertau

retinēns ⟨retinentis⟩ ADJ ‖retinere‖ an *etw* festhaltend, *alicuius rei*; **equestris iuris ~** an seinem ritterlichen Recht festhaltend

retinentia ⟨ae⟩ F ‖retinere‖ Erinnerung, *alicuius rei* an etw

re-tinēre ⟨tineō, tinuī, tentum 2.⟩ ‖tenere‖
1 zurückhalten, festhalten; **milites in castris ~** die Soldaten im Lager festhalten; **aliquem obsidem ~** j-n als Geisel festhalten; **aliquem in officio ~** j-n verpflichtet halten
2 zurückbehalten, in seinem Besitz behalten
3 *fig* in Schranken halten, zügeln; **aliquis retineri non potest, quin** j-d lässt sich nicht davon abhalten, dass
4 *fig* fesseln
5 beibehalten, bewahren; **rem parsimoniā ~** das Vermögen durch Sparsamkeit erhalten; **iumenta sine pabulo retinentur** die Zugtiere bleiben ohne Futter; **vehementer retinetur, ne** man hält streng darauf, dass nicht

re-tinnīre ⟨iō, -, - 4.⟩ widerklingen

re-tonāre ⟨ō, -, - 1.⟩ *Curt.* donnernd widerhallen

re-torquēre ⟨torqueō, torsī, tortum 2.⟩
1 zurückdrehen, zurückwenden; **currum ~** den Wagen wenden; **oculos ~** die Augen zurückwenden; **agmen ad dextram retorquetur** der Heereszug schwenkt nach rechts; **hostem ~** den Feind zurücktreiben; **missilia in hostem ~** die Geschosse zu den Feinden zurückschleudern; **manūs ~** die Hände auf den Rücken binden
2 *fig* ändern, **mentem** die Gesinnung

re-torridus ⟨a, um, *adv* retorridē⟩ ADJ verdorrt, dürr; *fig* schlau

retractāre ⟨ō, āvī, ātum 1.⟩ ‖retrahere‖
1 zurückziehen; *fig* widerrufen, **dicta** seine Worte
2 sich weigern, ablehnen; **retractantem arripere** *Liv.* den sich Sträubenden ergreifen
3 wieder anfassen, wieder ergreifen; **arma ~** wieder zu den Waffen greifen; **vulnera ~** Wunden wieder aufreißen
4 (unk.) *fig* wieder bearbeiten, verbessern; **li-**

brum diligentius ~ das Buch sorgfältiger neu bearbeiten
5 *fig* neu überdenken
retractātiō ⟨retractātiōnis⟩ F̄ ‖retractare‖
1 Weigerung, Ablehnung; **sine retractatione** ohne Weigerung
2 Beschäftigung in Gedanken, *alicuius/alicuius rei* mit j-m/mit etw
3 Umarbeitung einer Schrift; *pl* Titel einer Schrift von Augustinus
retractātus ⟨a, um⟩ ADJ ‖retractare‖ umgearbeitet; **retractatius** etwas verbessert
re-tractus ⟨a, um⟩ PPP *(nachkl.)* entfernt, versteckt
re-trahere ⟨trahō, trāxī, tractum 3.⟩
1 zurückziehen, zurückbringen; **Hannibalem in Africam ~** Hannibal nach Afrika zurückholen; **retrahi ut transfuga** *Liv.* wie ein Überläufer zurückgeschleppt werden; **e fuga retractus** *Suet.* auf der Flucht eingeholt
2 abhalten; entfremden; **consules a foedere ~** die Konsuln vom Vertrag abhalten; **Thebas ab interitu ~** Theben vor dem Untergang retten
3 se ~ sich von *etw* zurückziehen, an *etw* nicht teilnehmen wollen, *re*
4 *Tac.* von Neuem ziehen, von Neuem schleppen
5 *fig* wieder ans Licht ziehen
6 *aus einer Zahl* streichen
7 hinziehen, *in einen Zustand* bringen; **aliquid in odium iudicis ~** etw beim Richter verhasst machen
re-trectāre ⟨ō, āvī, ātum 1.⟩ = retractare
re-tribuere ⟨tribuō, tribuī, tribūtum 3.⟩
1 zurückgeben, von Neuem geben
2 *fig das Gebührende* zukommen lassen
retrō
A ADV
1 *örtl.* zurück, nach hinten; **~ dare lintea** zurücksegeln
2 zurück, vorher; **quodcumque ~ est** alles, was hinter uns liegt
3 ~ ponere *fig* zurücksetzen, hintansetzen; **legis vim ~ custodire** *Plin.* ein Gesetz rückwirkend gelten lassen
4 dagegen, umgekehrt
B PRÄP *+akk (spätl.)* hinter; **~ metas** hinter den Zielsäulen
retro-agere ⟨agō, ēgī, āctum 3.⟩
1 zurücktreiben; zurückstreichen
2 *fig* besänftigen
3 umkehren, ändern
retrō-cēdere ⟨cēdō, cessī, cessum 3.⟩ *(nachkl.)* zurückweichen
retrōgradus ⟨a, um⟩ ADV ‖gradi‖ *(nachkl.)* von Gestirnen zurückgehend
retrōrsum, retrōrsus ADV ‖vertere‖
1 *(nachkl.)* rückwärts; **reiectae retrorsum minae Hannibalis** *Hor.* Hannibals Drohungen, die auf ihn selbst zurückfielen
2 umgekehrt
retrōversum, retrōversus[1] ADV *(vkl.)* rückwärts
retrōversus[2] ⟨a, um⟩ ADJ ‖retrovertere‖ zurückgekehrt, zurückgewandt
re-trūdere ⟨trūdō, trūsī, trūsum 3.⟩ *(vkl., nachkl.)* zurückstoßen
retrūsus ⟨a, um⟩ ADJ ‖retrudere‖ entfernt, versteckt
rettudī → retundere
rettulī → referre
retudī → retundere
re-tundere ⟨retundō, re(t)tudī, retū(n)sum 3.⟩
1 zurückstoßen
2 *(nachkl.)* stumpf machen, abstumpfen
3 *fig* abschwächen,; vereiteln; **impetum ~** den Angriff abschwächen; **~ linguas** die Zungen zum Schweigen bringen
4 retū(n)sus ⟨a, um⟩ *adj (unkl.)* stumpf; *fig* stumpfsinnig; *(nachkl.)* gefühllos
reus
A ⟨a, um⟩ ADJ *einer Sache* schuldig, zu *etw* verpflichtet, *alicuius rei*; **~ dotis** zur Zahlung einer Mitgift verpflichtet; **~ fortunae huius diei** verantwortlich für den Ausgang dieses Tages
B ⟨ī⟩ M Angeklagter, *alicuius rei* wegen *etw*; **aliquem reum facere** j-n anklagen; **reum peragere** den Angeklagten zur Verurteilung bringen; **aliquem in reos referre** j-n in die Liste der Angeklagten eintragen; **aliquem ex reis eximere** j-n aus der Liste der Angeklagten streichen
re-valēscere ⟨valēscō, valuī, - 3.⟩ wieder genesen, wieder zur Geltung kommen
re-vehere ⟨vehō, vēxī, vectum 3.⟩
1 zurückfahren, zurückbringen; **Dianam Carthagine Segestam ~** Diana von Karthago nach Segesta zurückführen; **~ triumphum** einen Triumph heimbringen
2 (curru) revehi zurückfahren; **(equo) revehi** zurückreiten; **(nave) revehi** zurücksegeln
3 *Cic. fig in der Rede* auf *etw* zurückkommen, *ad aliquid*
re-vēlāre ⟨ō, āvī, ātum 1.⟩ *(nachkl.) poet* enthüllen; *fig* offenbaren
revēlātiō ⟨revēlātiōnis⟩ F̄ ‖revelare‖
1 *(spätl.)* Enthüllung
2 *(eccl.)* Offenbarung
re-vellere ⟨vellō, vellī/vulsī/volsī, vulsum 3.⟩

1 wegreißen, abreißen; **herbas radice ~** Gräser mit der Wurzel ausreißen; **agri terminos ~** die Grenzsteine des Feldes verrücken; **aliquem urbe ~** j-n gewaltsam aus der Stadt wegführen

2 *fig* vertilgen; verbannen; **aliquid ex omni memoria ~** etw ganz aus dem Gedächtnis verbannen

3 aufreißen, aufbrechen, **claustra portarum** die Türschlösser; **cineres alicuius ~** j-s Asche wieder aufwühlen

re-venīre ⟨veniō, vēnī, ventum 4.⟩ zurückkommen, heimkehren; **in eum haec revenit res locum** *Plaut. fig* so weit ist es gekommen

rē-vērā ADV *auch getrennt* ||res|| in Wahrheit, in der Tat

re-verberāre ⟨ō, -, - 1.⟩ (*nachkl.*) zurückschlagen; *passiv* abprallen, *re* an etw, von etw

reverendissimus ⟨ī⟩ M ||reverendus|| Hochwürden, *Titel hoher chr. Geistlicher*

reverendus

A ⟨a, um⟩ ADJ ||revereri|| ehrwürdig

B ⟨ī⟩ M (*spätl.*) Hochwürden, *Titel hoher chr. Geistlicher*

reverēns ⟨reverentis, *adv* reverenter⟩ ADJ ||revereri|| ehrerbietig, achtungsvoll

reverentia ⟨ae⟩ F ||reverens||

1 Scheu

2 Ehrerbietung, Achtung, *alicuius* j-s *od* vor j-m

3 **~ vestra** (*mlat.*) Euer Hochwürden, *als Anrede*

Reverentia ⟨ae⟩ F Göttin der Ehrfurcht

re-verērī ⟨vereor, veritus sum 2.⟩

1 sich vor *etw* scheuen, *etw* scheuen, *j-n*/*etw* fürchten, *aliquem*/*aliquid*

2 Ehrfurcht haben, Respekt haben, *aliquem*/*aliquid* vor j-m/vor etw

re-verrere ⟨ō, -, - 3.⟩ *Plaut.* wieder auseinanderkehren

reversiō ⟨reversiōnis⟩ F ||reverti||

1 GRAM Umstellung der Wörter, *z. B. mecum statt cum me*

2 Umkehr, Rückkehr

re-vertere ⟨vertō, vertī, versum 3.⟩, **re-vertī** ⟨vertor, versus sum 3.⟩

1 zurückkehren, zurückkommen; **a rege in castra ~** vom König ins Lager zurückkehren; **in gratiam cum aliquo ~** sich mit j-m wieder aussöhnen

2 *fig in der Rede* auf *etw* zurückkommen, *ad aliquid*

3 *fig von Sachen* auf *j-n* zurückfallen, sich gegen *j-n* wenden, *in aliquem*

re-vidēre ⟨eō, -, - 2.⟩ *Plaut.* wieder hinsehen

re-vīlēscere ⟨ēscō, -, - 3.⟩ ||vilis|| *Sen.* an Wert verlieren

re-vincere ⟨vincō, vīcī, victum 3.⟩

1 (*nachkl.*) besiegen, überwältigen

2 *fig* überführen; widerlegen; **crimina rebus ~** Vorwürfe durch Tatsachen widerlegen

re-vincīre ⟨vinciō, vinxī, vinctum 4.⟩

1 *Verg.* zurückbinden; **Andromeda revincta** *Ov.* Andromeda mit auf den Rücken gebundenen Armen

2 festbinden, anbinden; **ancorae catenis revinctae** *Caes.* die mit Ketten befestigten Anker; **latus ense revinctum** mit dem Schwert umgürtete Seite

3 umwinden; **templum fronde revinctum** *Verg.* mit Laub umwundener Tempel

4 *fig* fesseln

re-virēscere ⟨virēscō, viruī, -, 3.⟩

1 wieder grünen

2 *fig* sich verjüngen

3 POL wieder aufblühen

re-vīsere ⟨vīsō, vīsī, vīsum 3.⟩

1 wieder sehen, wieder besichtigen

2 *j-n*/*etw* wieder besuchen, *j-n* heimsuchen, *aliquem*/*aliquid*

re-vīvere ⟨vīvō, -, vīctūrus 3.⟩ *poet* wieder leben

re-vīvīscere ⟨vīvīscō, vīxī, - 3.⟩ ||revivere|| wieder aufleben; *fig* sich wieder erholen

re-vīxī → revivìscere

revocābilis ⟨revocābile⟩ ADJ ||revocare|| zurückrufbar, *meist mit Verneinung*; **non ~** unwiderruflich

revocāmen ⟨revocāminis⟩ N ||revocare|| Rückruf, Warnung

re-vocāre ⟨ō, āvī, ātum 1.⟩

1 zurückrufen

2 zurückziehen, zurückbringen

3 abberufen, zurückbeordern

4 zurückhalten, abhalten

5 zurückbringen, zurückführen

6 zurückverlangen

7 wiederherstellen, erneuern

8 widerrufen

9 in einen engeren Raum zurückziehen, beschränken

10 zu sich berufen, herbeirufen

11 wohin bringen

12 hinweisen, richten

13 beziehen, zurückführen

14 von Neuem rufen, von Neuem aufrufen

15 zur Wiederholung auffordern

16 erneut vor Gericht laden

17 seinerseits rufen

18 eine Einladung erwidern

---

1 zurückrufen, *bes aus der Verbannung u. dem Kampf*; **a morte ~** ins Leben zurückrufen

2 (nachkl.) fig mit sachlichen Objekten zurückziehen, zurückbringen; **oculos/lumina ~** die Augen abwenden; **artus gelidos in vivum calorem ~** die Lebenswärme in die kalten Glieder zurückbringen

3 MIL abberufen, zurückbeordern

4 fig zurückhalten, abhalten, *aliquem a re* j-n von etw

5 fig zurückbringen, zurückführen; **iuvenem ad virtutem a luxuria ~** den jungen Mann von der Verschwendungssucht zur Tugend zurückführen; **animos ad memoriam belli ~** wieder an den Krieg erinnern; **revocari in memoriam alicuius rei** sich wieder an etw erinnern; **se ~ ad aliquid** zu etw zurückkehren; **se ~ (ad se)** sich besinnen, sich fassen

6 (nachkl.) zurückverlangen

7 wiederherstellen, erneuern; **animos ~** wieder Mut fassen; **periuria ~** die Meineide wiederholen

8 (nachkl.) poet widerrufen

9 in einen engeren Raum zurückziehen, beschränken; **se ~** sich dem Umgang entziehen

10 poet zu sich berufen, herbeirufen

11 fig etw wohin bringen, es zu *etw* kommen lassen; **rem ad manus ~** es zum Handgemenge kommen lassen; **rem ad sortem ~** es auf das Los ankommen lassen; **aliquid in dubium ~** etw in Zweifel ziehen; **omnia ad suam potentiam ~** alles für seine Herrschaft benutzen; **ad se crimen facinoris ~** die Beschuldigung für ein Verbrechen auf sich ziehen

12 fig hinweisen, richten, *ad aliquid* auf etw; **rem ad populum ~** die Entscheidung dem Volk überlassen; **rem ad arbitrium suum ~** sich die Entscheidung vorbehalten

13 fig beziehen, zurückführen, *ad aliquid/in aliquid* auf etw; **aliquid in crimen ~** etw als Schuld auffassen

14 von Neuem rufen, von Neuem aufrufen

15 *Schauspieler, Sänger* zur Wiederholung auffordern; bei *etw* nach Wiederholung rufen, *aliquid*

16 erneut vor Gericht laden

17 seinerseits rufen

18 eine Einladung erwidern, *absolut od aliquem* j-s

revocātiō ⟨revocātiōnis⟩ F ||revocare||

1 Rückberufung, Abberufung

2 RHET nochmaliges Aussprechen, Wiederholung, **verbi** eines Wortes

re-volāre ⟨ō, āvī, ātum 1.⟩ zurückfliegen; (nachkl.) fig zurückeilen

revolūbilis ⟨revolūbile⟩ ADJ ||revolvere|| zurückrollbar; **non ~** fig unabwendbar

revolūtiō ⟨revolūtiōnis⟩ F ||revolvere||

1 Zurückwälzen

2 (mlat.) Umdrehung *von Planeten*

▶ deutsch: **Revolution**

re-volvere ⟨volvō, volvī, volūtum 3.⟩ (nachkl.)

1 zurückrollen, zurückwälzen; **amnem ~** den Strom aufstauen

2 fig zurückführen; **iter ~** den Weg zurückgehen; **~ iras** den Zorn von Neuem entfachen; **casūs ~** die Unglücksfälle nochmals durchmachen

3 passiv u. **se ~** zurückrollen; **toro se ~** auf das Bett zurückfallen

4 passiv u. **se ~** vergehen; **revolvuntur saecula** die Jahrhunderte vergehen

5 (nachkl.) von Neuem auf *etw* verfallen, erneut in *etw* geraten, *in aliquid/ad aliquid*; **eo revolvitur res, ut** es kommt dahin, dass; **in luxuriam revolvi** erneut in die Verschwendungssucht verfallen

6 passiv u. **se ~** zurückkommen, *ad aliquid* auf etw; **ad memoriam coniugii revolvi/se ~** wieder an seine Ehe denken

7 wieder aufrollen, wieder lesen, **librum** ein Buch

8 wieder überdenken

9 wieder erzählen

re-vomere ⟨ō, uī, - 3.⟩ (nachkl.) poet wieder ausspeien, wieder von sich geben

re-vorrere ⟨ō, -, - 3.⟩ = **reverrere**

revors... = **revers...**

revort... = **revert...**

rēx ⟨rēgis⟩ M ||regere||

1 König, Herrscher; **Tarquinius rex** König Tarquinius

2 Perserkönig; (nachkl.) Suffet *in Karthago*; Lar *der Etrusker*

3 Königssohn, Prinz; *pl* Königspaar, Königsfamilie

4 REL Opferkönig, berufen zur Darbringung der Opfer, die früher dem König vorbehalten waren

5 pej Gewaltherrscher, Despot; **decem reges**

rex – römische Königszeit

Anfangs wurde Rom von etruskischen Königen regiert, die in einer Person oberster Heerführer, Priester und Richter waren. Nach der Sage regierten nach Romulus noch sechs weitere Könige, die immer rücksichtsloser wurden; deshalb vertrieb man um 510 v. Chr. den letzten König **Tarquinius Superbus**. Aus dem Königreich wurde eine **res publica**. Jede Erinnerung an das Königtum wurde von nun an vermieden, sogar in der Kaiserzeit.

RÖMISCHES LEBEN

aerarii *Cic.* zehn Herrscher über die Staatskasse

6 (vkl.) *fig* Herr; **rex deorum** Herr der Götter, = Jupiter; **rex aquarum** Herr der Wasser, = Neptun; **rex umbrarum** Herr der Schatten, = Pluto; **rex ferarum** König der Tiere, Löwe

▶ französisch: **roi**
spanisch: **rey**
italienisch: **re**

rēxī → regere

Rhadamanthos, Rhadamanthus ⟨ī⟩ M̄
Sohn des Zeus u. der Europa, Richter in der Unterwelt

Rhaetī ⟨ōrum⟩ M̄ = **Raeti**

Rhaetia ⟨ae⟩ F̄ = **Raetia**

rhapsōdia ⟨ae⟩ F̄ *Nep.* Rhapsodie, Gesang Homers; **~ secunda** zweites Buch der Ilias

Rhēa[1] ⟨ae⟩ F̄ = **Rea**

Rhea[2] ⟨ae⟩ F̄ Gattin des Saturn, Mutter des Zeus, mit Kybele gleichgesetzt

rhēda ⟨ae⟩ F̄ = **raeda**

rhēdārius ⟨ī⟩ M̄ = **raedarius**

Rhēgium ⟨ī⟩ N̄ = **Regium**

Rhēnānus ⟨a, um⟩ ADJ ||Rhenus|| des Rheins

rhēnō ⟨rhēnōnis⟩ M̄ = **reno**

Rhēnus ⟨ī⟩ M̄ Rhein; *meton* die Anwohner des Rheins, Germanen

rhētor ⟨rhētōris⟩ M̄ Redner, Lehrer der Redekunst

rhētorica ⟨ae⟩ F̄, **rhetōrica** ⟨ōrum⟩ N̄, **rhētoricē** ⟨rhētoricēs⟩ F̄ Redekunst, Rhetorik

rhētoricōteros ⟨ī⟩ M̄ eingebildeter Redner

rhētoricus

▶ **rhetorica – Aufbau der Rede**

In der römischen Republik spielten öffentliche Reden gesellschaftlich und politisch eine große Rolle. Es gab Rednerschulen, die die Kunst der Rede (**ars rhetorica**) lehrten. Die Redeteile (**partes orationis**) waren:

exordium	Einleitung
narratio	Darstellung des Sachverhalts
argumentatio	Beweisführung
peroratio	Schlussteil

Der berühmteste Redner Roms war zweifellos **Cicero**. In der Kaiserzeit wurde die Rede fast nur noch als Kunstform in Schulen gelehrt. Ihre wichtige Funktion auf dem Forum hatte sie verloren. Es gab Gerichtsreden, politische Entscheidungsreden und Festreden.

WORTSCHATZ ◀

A ⟨a, um⟩ ADJ, ADV ⟨rhētoricē⟩ rhetorisch, rednerisch; *adv* nach Rhetorenart; **ars rhetorica** Redekunst

B ⟨ī⟩ M̄ *Quint.* Lehrbuch der Redekunst

rheuma ⟨rheumatis⟩ N̄

1 Strömung

2 Gelenkschmerz, Rheuma

rheumaticus ⟨a, um⟩ ADJ (spätl.) rheumatisch

rheumatismus ⟨ī⟩ M̄ (nachkl.) Katarrh, Rheumatismus

rhīnocerōs ⟨rhīnocerōtis⟩ M̄ (nachkl.) Nashorn; *Mart. meton* Ölfläschchen aus Nashornbein

Rhīnocolūra ⟨ōrum⟩ N̄ Stadt an der ägypt. Nordküste, heute El Arish

Rhīzōn ⟨Rhīzōnis⟩ M̄ Stadt in Illyrien

rhō *indekl griech. Buchstabe*

Rhoda ⟨ae⟩ F̄ Stadt im NO Spaniens, heute Rosas

Rhodanus ⟨ī⟩ M̄ Rhône

Rhodiēnsis ⟨Rhodiēnse⟩ ADJ aus Rhodos, zu Rhodos gehörig

Rhodius

A ⟨a, um⟩ ADJ aus Rhodos, von Rhodos

B ⟨ī⟩ M̄ Einwohner von Rhodos

Rhodopa ⟨ae⟩ F̄, **Rhodopē** ⟨Rhodopēs⟩ F̄ hohes Gebirge im w. Thrakien

Rhodopēius ⟨a, um⟩ ADJ zur Rhodopa gehörig, *auch* thrakisch; **heros ~** thrakischer Sänger, = Orpheus

Rhodos, Rhodus ⟨ī⟩ F̄ Insel mit gleichnamiger Hauptstadt gegenüber der Südwestspitze Kleinasiens

Rhoeteus ⟨a, um⟩ ADJ von Rhoetum

Rhoetum ⟨ī⟩ N̄ Vorgebirge u. Stadt am Hellespont

Rhoetus ⟨ī⟩ M̄

1 *Hor.* ein Gigant

2 *Ov.* ein Kentaur

rhombus ⟨ī⟩ M̄

1 Kreisel *der Zauberer*, Zauberrad

2 *Hor.* Steinbutt, *ein Seefisch*

3 MATH Rhombus

rhomphaea ⟨ae⟩ F̄ = **romphaea**

rhonchus ⟨ī⟩ M̄ = **ronchus**

Rhōsicus ⟨a, um⟩ ADJ von Rhosos, *einer Stadt am Golf von Issos*; **vasa Rhosica** *Cic.* Gefäße aus Rhosos

rhythmicī ⟨ōrum⟩ M̄ die Lehrer des Rhythmus

rhythmicus ⟨a, um⟩ ADJ rhythmisch

rhythmus ⟨ī⟩ M̄

1 (vkl., nachkl.) Rhythmus *in Musik u. Rede*

2 (mlat.) Lied

rhytium ⟨ī⟩ N̄ *Mart.* Trinkhorn

rīca ⟨ae⟩ F̄ (vkl., nachkl.) Kopftuch

rīcīnium ⟨ī⟩ N̄ ||rīcula|| kleines Kopftuch

ricinus ⟨ī⟩ M̄ Ungeziefer; *Petr.* Laus

rictum ⟨ī⟩ N̄, **rictus** ⟨ūs⟩ M̄ (unkl.)
1. weit geöffneter Mund, *bei Tieren* gähnender Rachen
2. Öffnung der Augen

rīdēre ⟨rīdeō, rīsī, rīsum 2.⟩

A VI
1. lachen, *in re* bei etw, *re* über etw; **in stomacho ~** grimmig lachen; **mālis aliēnis ~** höhnisch lachen; **rīdētur** man lacht
2. *poet* zulächeln, *alicui/ad aliquem* j-m, *von Sachen* gefallen
3. *fig* strahlen, leuchten

B VT
1. verlachen, verspotten; **haec ego non rīdeo** das sage ich nicht zum Scherz; **aliquis rīdētur re** j-d wird verlacht wegen etw
2. *Plaut.* freundlich anlächeln

rīdibundus ⟨a, um⟩ ADJ ||ridere|| (nachkl.) lachend

rīdiculāria ⟨ōrum⟩ N̄ ||ridicularius|| Scherze

rīdiculārius
A ⟨a, um⟩ ADJ ||ridere|| lächerlich
B ⟨ī⟩ M̄ Spaßmacher

rīdiculum ⟨ī⟩ N̄ ||ridiculus|| Scherz, Spaß; **per rīdiculum** im Scherz; **aliquid ad rīdiculum convertere** etw ins Lächerliche ziehen

rīdiculus
A ⟨a, um⟩ ADJ, ADV ⟨rīdiculē⟩ ||ridere||
1. scherzhaft, komisch, witzig
2. *pej* lächerlich
B ⟨ī⟩ M̄ Spaßmacher

rigāre ⟨ō, āvī, ātum 1.⟩ (unkl.)
1. leiten
2. bewässern, benetzen, tränken

rigēns ⟨rigentis⟩ ADJ ||rigere|| (unkl.) = **rigidus**

rigēre ⟨eō, uī, - 2.⟩
1. steif sein, *re* vor etw, durch etw, **frigore** vor Kälte; **iānua riget** die Tür ist unbeweglich
2. strotzen, *re* vor etw, von etw
3. starr emporragen; **comae rigent terrōre** die Haare sträuben sich vor Schrecken

rigēscere ⟨rigēscō, riguī, - 3.⟩ ||rigere|| (unkl.) erstarren; *fig* sich sträuben; **capillī metū rigēscunt** die Haare sträuben sich vor Angst

rigida ⟨ae⟩ F̄ ||rigidus|| *Catul.* steifes Glied

rigidāre ⟨ō, -, - 1.⟩ ||rigidus|| *Sen.* steif machen, hart machen

rigidus ⟨a, um, *adv* rigidē⟩ ADJ ||rigere||
1. (nachkl.) *poet* starr, hart; **aqua rigida** gefrorenes Wasser
2. gerade ausgestreckt
3. starr emporragend; **capillī rigidī** gesträubte Haare
4. *fig von Kunstwerken* nicht künstlerisch bearbeitet
5. *fig* unbeugsam, unerschütterlich, unerbittlich; **vultus ~** trotzige Miene
6. *fig* abgehärtet
7. *fig von Personen u. Sachen* wild, grausam
▶ deutsch: **rigide**

Rigodūlum ⟨ī⟩ N̄ Stadt der Treverer, heute Riol bei Trier

rigor ⟨rigōris⟩ M̄ ||rigere||
1. Starrheit, Härte; **~ ferrī** Härte des Eisens
2. Erstarrung *vor Kälte*; Frost; **membra rigōre torpent** die Glieder sind starr vom Frost
3. *fig* Härte; ungehobeltes Wesen

rigorōsum ⟨ī⟩ N̄ ||rigorosus|| (nlat.) mündliche Doktorprüfung

rigorōsus ⟨a, um⟩ ADJ ||rigere|| (nlat.) streng, hart

riguī → **rigēre** u. → **rigēscere**

riguus ⟨a, um⟩ ADJ ||rigare||
1. bewässernd
2. bewässert

rīma ⟨ae⟩ F̄
1. Riss, Spalt **rīmās agere/dūcere** Risse bekommen, **rīmās explēre** Risse zustopfen; **ignea rīma** *fig* Blitzstrahl
2. *Plaut. fig* Ausflucht, Ausweg
3. *weibl.* Scheide

rīmārī ⟨or, ātus sum 1.⟩ ||rima||
1. aufwühlen
2. *fig* durchwühlen; durchforschen

rīmōsus ⟨a, um⟩ ADJ ||rima|| (nachkl.) *poet* voller Risse, leck; **rīmōsa auris** *fig* Ohr eines Schwätzers, *der nichts für sich behalten kann*

ringī ⟨ringor, - 3.⟩ die Zähne fletschen; *fig* sich ärgern

rīpa ⟨ae⟩ F̄
1. steiles Flussufer
2. (nachkl.) Meeresufer
3. PL Ufergegend
4. *Plaut. fig* Ufer, Rand

Rīpaeus, Rīphaeus ⟨a, um⟩ ADJ riphäisch, *Bezeichnung für eine raue Landschaft u. ein hartes Klima*

rīpula ⟨ae⟩ F̄ ||ripa|| kleines Ufer

riscus ⟨ī⟩ M̄ *Ter.* Koffer *aus Weidengeflecht u. mit Fell überzogen*

rīsī → **ridere**

rīsiō ⟨rīsiōnis⟩ F̄ ||ridere|| *Plaut.* Lachen, Gelächter

rīsor ⟨rīsōris⟩ M̄ ||ridere|| *poet* Lacher, Spötter

rīsus[1] ⟨a, um⟩ PPP → **ridere**

rīsus[2] ⟨rīsūs⟩ M̄ ||ridere||
1. Lachen, Gelächter; **rīsum movēre** Gelächter erregen; **rīsum dare alicuī** Lachen bei j-m erregen; **rīsū corruere** sich halb tot lachen; **rīsuī esse alicuī** von j-m ausgelacht werden; **aliquid in rīsum vertere** etw lächerlich machen
2. *meton* Gegenstand des Spottes; **magnus inimīcīs ~** *Hor.* für die Feinde Ziel lauten Spottes
3. *pej* Spott, Hohn

4 ~ **paschalis** (mlat.) „Ostergelächter", Brauch im MA, die Gemeinde zum Lachen zu bringen

rīte ADV

1 gemäß dem Ritus, entsprechend den vorgeschriebenen Zeremonien; **rite deos colere** Gottesdienst feiern

2 fig in feierlicher Form, nach Vorschrift; **testes rite affuerunt** gemäß der Vorschrift waren Zeugen anwesend

3 fig mit Recht, in rechter Weise; **haec rite sapientia appellanda est** dies ist mit Recht Weisheit zu nennen; **si rite recordor** wenn ich mich recht erinnere

4 poet zum Glück

5 (nlat.) genügend, unterstes Prädikat in der Doktorprüfung

rītuālis ⟨rītuāle⟩ ADJ ‖ritus‖ heilige Bräuche betreffend; **libri rituales** Ritualbücher

rītus ⟨rītūs⟩ M̄

1 heiliger Brauch, Ordnung des Gottesdienstes

2 (nachkl.) Brauch, Sitte; **novo ritu** nach neuem Geschmack; **ritu** nach Art von, wie, +gen

rīvālis ⟨rīvālis⟩ M̄ ‖rivus‖ Rivale, Nebenbuhler

rīvālitās ⟨rīvālitātis⟩ F̄ ‖rivalis‖ Eifersucht, eifersüchtige Nebenbuhlerschaft

rīvulus ⟨ī⟩ M̄ ‖rivus‖

1 Bächlein

2 (nachkl.) Kanal

rīvus ⟨ī⟩ M̄

1 Bach; Strom; **lacrimarum rivi** Ströme von Tränen

2 Wassergraben, Kanal; **rivos deducere** Verg. Bewässerungsgräben ziehen

3 fig Gang, Verlauf

rixa ⟨ae⟩ F̄ (nachkl., spätl.) Streit, Rauferei, alicuius rei um etw

rixārī ⟨or, ātus sum 1.⟩ ‖rixa‖ streiten, zanken

rixātor ⟨rixātōris⟩ M̄ ‖rixari‖ Zänker

Rōbīgālia ⟨Rōbīgālium⟩ N̄ Fest am 25. April zu Ehren des Gottes Robigus gegen Mehltau (eine Pflanzenkrankheit)

rōbīginōsus ⟨a, um⟩ ADJ ‖robigo‖ verrostet; fig neidisch

rōbīgō ⟨rōbīginis⟩ F̄

1 Rost an Metallen

2 fig Mehltau, eine Pflanzenkrankheit

3 fig Zahnfäule

4 fig Art Schanker, eine Geschlechtskrankheit

5 fig Untätigkeit; üble Gewohnheiten; Neid

rōboreus ⟨a, um⟩ ADJ ‖robur‖ (nachkl.) poet aus Eichenholz

rōbur ⟨rōboris⟩ N̄

1 Hartholz, bes Eichenholz; **in robore accumbere** auf Eichenbänken Platz nehmen; **~ ferro praefixum** Eichenspeer mit Eisenspitze; **ferri robora** eisenbeschlagene Torflügel; **~ aratri** eichener Pflug; **~ sacrum/cavum** das hölzerne Pferd vor Troja

2 Verlies, Kerker; **in robore et tenebris** im dunklen Verlies

3 fig Stärke, Kraft

4 meton stärkster Teil einer Sache, Kern

5 Tac. meton Stützpunkt, Mittelpunkt

6 meton erprobte Männer, Kerntruppen

rōbus¹ ⟨a, um⟩ ADJ (altl.) = **ruber**

rōbus² ⟨rōboris⟩ N̄ = **robur**

rōbustus

A ⟨a, um⟩ ADJ, ADV ⟨rōbustē⟩ ‖robur‖

1 aus Eichenholz

2 fig stark, kräftig

B ⟨ī⟩ M̄ Erwachsener

▶ deutsch: **robust**

rōdere ⟨rōdō, rōsī, rosum 3.⟩

1 benagen, anfressen; **urbana diaria ~** Hor. die städtische Tageskost knabbern

2 fig herabsetzen, verkleinern

rogālis ⟨rogāle⟩ ADJ ‖rogus‖ zum Scheiterhaufen gehörig

rogāre ⟨ō, āvī, ātum 1.⟩

1 fragen, befragen, absolut od aliquem j-n, aliquid nach etw, aliquem de re/aliquid j-n nach etw; **aliquem sententiam ~** einen Senator nach seiner Meinung fragen, einen Senator abstimmen lassen; **(populum/legem) ~** ein Gesetz beantragen beim Volk; **provinciam alicui ~** für j-n eine Statthalterschaft beantragen; **magistratum ~** einen Beamten zur Wahl vorschlagen

2 **sacramento ~** MIL vereidigen, aliquem j-n

3 bitten, ersuchen, absolut od aliquid um etw, aliquem de re/aliquem aliquid/aliquod ab aliquo j-n um etw, aliquem pro aliquo j-n für j-n, ut/ne dass/dass nicht, +konjkt/+AcI

4 einladen, aliquem ad aliquid j-n zu etw, aliquem in aliquid j-n in etw, j-n zu etw

5 holen, **aquam** Wasser

rogātiō ⟨rogātiōnis⟩ F̄ ‖rogare‖

1 Frage; RHET rhetorische Frage

2 POL Anfrage an das Volk, Gesetzesantrag; **rogationem ferre** einen Gesetzesantrag stellen; **rogationem perferre/promulgare** einen Gesetzesantrag durchbringen

3 Bitte, Aufforderung

rogātiuncula ⟨ae⟩ F̄ ‖rogatio‖

1 kurze Frage, die bereits eine Schlussfolgerung enthält

2 vorgeschlagenes Gesetz, Verordnung

rogātor ⟨rogātōris⟩ M̄ ‖rogare‖

1 Antragsteller

2 Sammler der Stimmen bei Abstimmungen

3 Mart. Bettler

rogātum ⟨ī⟩ N ||rogare|| Gefragtes, Frage
rogātus abl ⟨rogātū⟩ M ||rogare|| Antrag, Bitten; **rogatu alicuius** auf j-s Ersuchen
rogitāre ⟨ō, āvī, ātum 1.⟩ ||rogare|| wiederholt fragen; (mlat.) inständig bitten
rogitātiō ⟨rogitātiōnis⟩ F ||rogitare|| Gesetzesantrag, Gesetzesvorschlag
rogus ⟨ī⟩ M
① Scheiterhaufen
② fig Grab, Vernichtung
Rōma ⟨ae⟩ F
① Rom, *Hauptstadt von Latium, dann des Röm. Reiches, nach Varro 753 v. Chr. von Romulus u. Remus gegründet*
② Göttin der Stadt Rom
Rōmānus ⟨a, um⟩ ADJ römisch; **more Romano loqui** offen sprechen, aufrichtig sprechen; **civis ~** römischer Bürger, *Inhaber des röm. Bürgerrechts*; **populus ~** römisches Volk; **Senatus Populusque ~** Senat und Volk von Rom
Rōmānus ⟨ī⟩ M Römer
Rōmilius ⟨a, um⟩ ADJ des Romulus, *auch Name einer Tribus*
romphaea ⟨ae⟩ F = **rumpia**
Rōmuleus ⟨a, um⟩ ADJ des Romulus
Rōmulidēs ⟨ae⟩ M Nachkomme des Romulus
Rōmulus ⟨ī⟩ M Sohn des Mars u. der Rea Silvia, Zwillingsbruder des Remus; Gründer u. erster König von Rom, nach seinem Tod als Quirinus göttlich verehrt
Rōmulus ⟨a, um⟩ ADJ des Romulus, *allg.* römisch
ronchus ⟨ī⟩ M Schnarchen; *Mart.* näselnder Ton des Spötters
rōrāre ⟨ō, āvī, ātum 1.⟩ ||ros||
A Vi
① tauen, *von Gottheiten*, den Tau fallen lassen; **rorat** es fällt Tau
② fig triefen, feucht sein; **capilli rorant** die Haare sind feucht
B Vt
① poet betauen
② poet benetzen; (nachkl.) poet träufeln lassen; **pocula rorantia** den Wein nur tropfenweise spendende Becher
rōrāriī ⟨ōrum⟩ M *Liv.* Leichtbewaffnete, *die mit Schleudern den Kampf begannen*
rōrborāre ⟨ō, āvī, ātum 1.⟩ ||robur|| stärken, kräftigen
rōridus ⟨a, um⟩ ADJ ||ros|| (nachkl.) poet betaut
rōri-fer ⟨rōrifera, rōriferum⟩ ADJ ||ros, ferre|| *Lucr.* Tau bringend
rōs ⟨rōris⟩ M
① Tau, Tautropfen
② (nachkl.) Feuchtigkeit; **ros vivus** fließendes Wasser; **ros vitalis** Muttermilch; **rores pluvii** Regen(wolken)
③ **ros marinus** Rosmarin
rosa ⟨ae⟩ F
① Rosenstrauch, Rosenstock
② Rose
rosāns ⟨rosantis⟩ ADJ poet rosenrot
rosārium ⟨ī⟩ N ||rosarius|| Rosenhecke, Rosengarten
rosārius ⟨a, um⟩ ADJ ||rosa|| (nachkl.) poet aus Rosen, von Rosen
rōscidus ⟨a, um⟩ ADJ ||ros|| (unkl.)
① tauend; Tau fallen lassend
② betaut, benetzt
Rōscius ⟨a, um⟩ röm. Gentilname
① **Q. ~** berühmter Schauspieler z. Zt. Ciceros
② **S. ~** aus Ameria in Umbrien, *von Cicero verteidigt, Rede pro Sexto Roscio Amerino*
③ **L. ~ Otho** Volkstribun, Freund Ciceros
rosētum ⟨ī⟩ N ||rosa|| Rosenhecke, Rosengarten
roseus ⟨a, um⟩ ADJ ||rosa||
① aus Rosen, Rosen...
② rosenfarbig, rosig
③ fig jugendlich, schön
rōsī → rodere
rōsidus ⟨a, um⟩ ADJ = **roscidus**
rōsmarīnus ⟨ī⟩ M = **ros marinus**; → **ros**
rōstra ⟨ōrum⟩ N → **rostrum**
rōstrātus ⟨a, um⟩ ADJ ||rostrum|| mit einem Rammsporn versehen, mit Schiffsschnäbeln verziert; **columna rostrata** die mit Schiffs-

▶ Romulus und Remus

Die Zwillinge **Romulus** und **Remus** waren die Söhne von **Mars** und **Rea Silvia**. Da diese als Vestalin zur Keuschheit verpflichtet war, setzte sie aus Angst vor Bestrafung die Zwillinge in einem Korb auf dem Tiber aus. Sie wurden an Land gespült, von einer Wölfin gerettet und gesäugt. Der königliche Hirte Faustulus fand die beiden und trug sie zu sich nach Hause, wo er sie zusammen mit seiner Gattin Acca Larentia aufzog. Als die Zwillinge herangewachsen waren, fing Romulus an, die Stadt Rom zu bauen. Als sein Bruder sich darüber lustig machte und die neue Stadtmauer übersprang, tötete er ihn. Romulus war der erste König von Rom. Nach seinem Tod wurde er als Gott **Quirinus** verehrt.

MYTHOLOGIE

schnäbeln verzierte Marmorsäule auf dem Forum Romanum, *die Schiffsschnäbel stammten von karthagischen Schiffen, die C. Duilius 260 v. Chr. bei Mylä erobert hatte*

rōstrum ⟨ī⟩ N̄ ||rodere||

1 Schnabel, Schnauze, Rüssel *von Tieren, verächtlich od familiär von Menschen*

2 MIL Schiffsschnabel, Rammsporn; **navis rostro percussa** *Nep.* vom Rammsporn gerammtes Schiff

3 PL Rednerbühne *auf dem Forum Romanum in Rom, geschmückt mit den Rammspornen der 338 v. Chr. eroberten Schiffe;* **escendere in rostra** die Rednerbühne besteigen; **descendere de rostris** die Rednerbühne verlassen

4 (*mlat.*) Schnabelschuh

rōsus ⟨a, um⟩ PPP → rodere

rota ⟨ae⟩ F̄

1 Rad, Scheibe; **strepitus rotarum** *Caes.* Knarren der Räder

2 *meton* Wagen; **pedibus rotāque** zu Fuß und mit dem Wagen

3 (*unk.*) Töpferscheibe

4 Schöpfrad

5 Folterrad *der Griechen;* **in rotam ascendere** *Cic.* auf das Rad steigen

6 (*nachkl.*) Rolle, Walze *zur Fortbewegung von Lasten*

7 Kreisbahn *im Zirkus*

8 *fig* Wechsel, Unbeständigkeit; **rota fortunae** Unbeständigkeit des Glücks

9 **rotae impares** die ungleichen Verse *des elegischen Distichons* = Hexameter und Pentameter

rotālis ⟨rotāle⟩ ADJ ||rota|| (*spätl.*) mit Rädern versehen; **poena ~** (*mlat.*) Strafe des Räderns

rotāre ⟨ō, āvī, ātum 1.⟩ ||rota||

A VT im Kreis herumdrehen, im Kreis schwingen; *passiv* sich im Kreis drehen, rollen

B VI sich im Kreis drehen, rollen

rotātiō ⟨rotātiōnis⟩ F̄ ||rotare|| *Vitr.* kreisförmige Umdrehung

rotula ⟨ae⟩ F̄ ||rota|| (*vkl., nachkl.*) Rädchen

rotundāre ⟨ō, āvī, ātum 1.⟩ ||rotunditas|| rund machen, abrunden; **mille talenta ~** *Hor.* tausend Talente voll machen

rotunditās ⟨rotunditātis⟩ F̄ ||rotundus|| (*nachkl.*) Rundung

rotundus ⟨a, um, *adv* rotundē⟩ ADJ

1 rund, kreisrund, kugelrund

2 RHET periodisch abgerundet; **ore rotundo loqui** *Hor.* vollendet reden

3 *fig* charakterlich abgerundet

Rōxanē ⟨Rōxanēs⟩ F̄ Gattin Alexanders des Großen

rube-facere ⟨faciō, fēcī, factum 3.⟩ röten, aliquid re etw mit etw, etw von etw, **sanguine**

rostra – Rednerbühne

saetas die Borsten mit Blut

rubellum ⟨ī⟩ N ||rubellus|| Rotwein

rubellus ⟨a, um⟩ ADJ ||ruber|| rötlich

rubēns ⟨rubentis⟩ ADJ ||rubere||

1 rot; **vinum ~** Rotwein

2 schamrot

3 prächtig, bunt

ruber ⟨rubra, rubrum⟩ ADJ (nachkl.)

1 rot, rot gefärbt

2 mare rubrum Rotes Meer = Persischer Golf od = Indischer Ozean

rubēre ⟨eō, uī, - 2.⟩ ||ruber|| rot sein; leuchten; **prata coloribus rubent** die Felder leuchten farbig

rubēscere ⟨rubēscō, rubuī, - 3.⟩ ||rubere|| rot werden, vor Scham erröten

rubēta ⟨ae⟩ F (nachkl.) poet Kröte

rubētum ⟨ī⟩ N ||rubus|| Brombeergesträuch

rubeus ⟨a, um⟩ ADJ ||rubus|| vom Brombeerstrauch; **virga rubea** Verg. Brombeerranke

Rubī ⟨ōrum⟩ M Stadt in Apulien, heute Ruvo di Puglia bei Bari

Rubicō(n) ⟨Rubicōnis⟩ M Grenzfluss zwischen Gallia cisalpina u. Italien, bekannt durch Caesars Überschreitung 49 v. Chr., heute Fiumicino-Pisatello n. von Rimini

rubicundulus ⟨a, um⟩ ADJ ||rubicundus|| Iuv. etwas errötet

rubicundus ⟨a, um⟩ ADJ ||ruber|| (unkl.) rötlich, von der Sonne gebräunt; **Ceres rubicunda** gelbliches Getreide

rubidus ⟨a, um⟩ ADJ ||ruber|| (vkl., nachkl.) dunkelrot, braunrot

rūbīginōsus ⟨a, um⟩ ADJ = robiginosus

rūbīgō ⟨rūbīginis⟩ F = robigo

rubor ⟨rubōris⟩ M ||ruber||

1 Röte, rote Farbe; pl Purpur

2 Schamröte, Zornesröte

3 meton Schamhaftigkeit

4 meton Beschämung, Schande; **aliquid alicui rubori est/ruborem affert** etw ist für j-n beschämend

rubrīca ⟨ae⟩ F ||ruber||

1 (erg. **terra**) rote Erde, Röte

2 meton rot geschriebener Gesetzestitel; Gesetz

▶ deutsch: **Rubrik**

rubrīcātus ⟨a, um⟩ ADJ (nachkl.) rot gefärbt

rubuī → rubere u. → rubescere

rubus ⟨ī⟩ M Brombeerstrauch; Brombeere

rūctābundus ⟨a, um⟩ ADJ ||ructare|| Sen. wiederholt rülpsend

rūctāre ⟨ō, āvī, ātum 1.⟩, **rūctārī** ⟨or, ātus sum 1.⟩

A VI rülpsen, aufstoßen

B VT ausspeien, auch fig

rūctātrīx ⟨rūctātrīcis⟩ ADJ Mart. Aufstoßen verursachend

rūctuōsus ⟨a, um⟩ ADJ ||ructus|| (nachkl.) mit Rülpsen

rūctus ⟨rūctūs⟩ M Rülpsen, Aufstoßen

rudēns ⟨rudentis⟩ M u. F starkes Seil, Zugriemen; pl Tauwerk; **rudentibus apta fortuna** ungewisses Glück

rūdere ⟨ō, īvī, - 3.⟩ (nachkl.) poet von Menschen u. Tieren brüllen; von Sachen krachen

Rudiae ⟨ārum⟩ F Stadt in Apulien, Heimat des Ennius, Lage beim heutigen Lecce

rudiārius ⟨ī⟩ M ||rudis¹|| Suet. ausgedienter, mit einer rudis ausgezeichneter Gladiator

rudīmentum ⟨ī⟩ N ||rudis²|| Liv., Ov., Suet. erster Versuch, Probestück

▶ deutsch: **rudimentär**

Rudīnus

A ⟨a, um⟩ ADJ aus Rudiae, von Rudiae

B ⟨ī⟩ M Einwohner von Rudiae

rudis¹ ⟨rudis⟩ F

1 (vkl., nachkl.) Rührlöffel, Quirl

2 Degen, bes der dem ausscheidenden Gladiator als Auszeichnung verliehene; Entlassung aus dem Dienst; **rudem accipere** aus dem Dienst ausscheiden

rudis² ⟨rude⟩ ADJ

1 roh, unbearbeitet; **argentum rude** Rohsilber; **lana ~** ungesponnene Wolle; **campus ~** unbebautes Feld

2 poet von Lebewesen jung, neu

3 fig nicht ausgebildet, unerfahren, alicuius rei/ in re/re in etw, ad aliquid in Bezug auf etw

▶ deutsch: **rüde**

rūdus¹ ⟨rūderis⟩ N = **raudus**

rūdus² ⟨rūderis⟩ N (unkl.)

1 zerbröckeltes Gestein, Geröll; pl Ruinen

2 Mörtel

ruentia ⟨ruentium⟩ N ||ruere|| Unglück

ruere¹ ⟨ruō, ruī, rūtum 3.⟩

A VI

1 stürzen, stürmen; **flumen de montibus ruebat** der Fluss stürzte von den Bergen; **nox Oceano ruit** die Nacht eilt herauf aus dem Ozean; **dies ruit** der Tag enteilt; **sol ruit** die Sonne geht unter; **voces ruunt** Stimmen tönen hervor

2 niederstürzen, zusammenstürzen; **ruebant victores victique** Verg. es stürzen die Sieger und die Besiegten

3 losstürzen, in aliquem auf j-n, in aliquid/ad aliquid auf etw; übereilt handeln; **in hostes ~** sich auf die Feinde stürzen

4 ins Verderben stürzen, zugrunde gehen; **in exitium ~** ins Verderben stürzen; **Troia a culmine ruit** Troja stürzt vom Gipfel

B *VT Com.* niederreißen, zu Boden schmettern; **cumulos arenae ~** die Berge aus Sand zerschlagen

ruere² ⟨ruō, ruī, rūtum 3.⟩

1 *poet* aufwühlen, aufgraben; **divitias aerisque acervos ~** Reichtümer und Haufen von Geld zusammenscharren; **nubem ad caelum ~** eine Wolke zum Himmel emporwälzen

2 ausgraben, *bes JUR:* **ruta (et) caesa** was *auf dem Grundstück* ausgegraben und gefällt worden ist = was mobil ist

Rufrae ⟨ārum⟩ F̄ *Stadt in Kampanien*

Rufrium ⟨ī⟩ N̄ *Ortschaft in Samnium*

Rūfulī ⟨ōrum⟩ M̄ *Liv.* die vom Feldherrn bestimmten Kriegstribunen ↔ *comitiati, die vom Volk gewählt wurden*

rūfulus ⟨a, um⟩ ADJ ||rufus|| rötlich; **homo ~** *Plaut.* Rotschopf

rūfus ⟨a, um⟩ ADJ ||ruber|| *(vkl., nachkl.)* rothaarig, *häufiger Beiname in den gentes der Caecilii, Minucii u. Pompeii*

rūga ⟨ae⟩ F̄

1 Runzel, *bes im Gesicht; pl meton* Alter

2 *meton* finsteres Wesen, Ernst

3 *(nachkl.)* Kleiderfalte

rūgāre ⟨ō, āvī, ātum 1.⟩ ||ruga||

A *VT (nachkl.) poet* runzeln, **frontem** die Stirn

B *VI Plaut.* Falten werfen

Rugiī ⟨ōrum⟩ M̄ *germ. Stamm an der Ostsee*

rūgōsus ⟨a, um⟩ ADJ ||ruga|| *(nachkl.) poet* faltig, runzelig

ruī → **ruere¹** *u.* → **ruere²**

ruīna ⟨ae⟩ F̄ ||ruere¹||

1 Losstürzen; **ruinas dare** aufeinander losstürzen

2 Einsturz, Verfall *eines Gebäudes od allg.*; **ruinas facere in aliquid** auf j-n herabstürzen; **ruinam dare/trahere** einstürzen

3 *(nachkl.) fig* Niederlage, Verwüstung; **ruinas facere/edere** Verwirrung stiften

4 *fig* Untergang, Sturz, *bes* POL

5 *fig* Fehltritt, Irrtum

6 **~ caeli** Unwetter

7 *meton von Personen* Vernichter, Zerstörer

▶ deutsch: Ruin; Ruine
englisch: ruin
französisch: ruine
spanisch: ruina
italienisch: rovina

ruīnōsus ⟨a, um⟩ ADJ ||ruina|| baufällig; verfallen

rullus

A ⟨a, um⟩ ADJ ||rudis?|| ungesittet

B ⟨ī⟩ M̄ Grobian

Rullus ⟨ī⟩ M̄ *Beiname in der gens Servilia*; → **Servilius**

rumex ⟨rumicis⟩ M̄ *u.* F̄ *Plaut.* Sauerampfer

rūmi-ferre ⟨ō, -, - 1.⟩ ||rumor|| *Plaut.* öffentlich preisen

rūmi-ficāre ⟨ō, āvī, ātum 1.⟩ ||rumor, facere|| *Plaut.* öffentlich preisen

Rūmīnālis ⟨Rūmināle⟩ ADJ zu Rumina, *der Göttin der Säugenden,* gehörig; **ficus ~** der Ruminalische Feigenbaum *in Rom, unter dem der Sage nach Romulus u. Remus von der Wölfin gesäugt wurden*

rūmināre ⟨ō, -, - 1.⟩, **rūminārī** ⟨or, - 1.⟩ *(unk.)* wiederkäuen

rūminātiō ⟨rūminātiōnis⟩ F̄ ||ruminare|| *(nachkl.)* Wiederkäuen; **~ cotidiana** *Cic.* tägliches Wiederkäuen von Altem

Rūminus ⟨a, um⟩ ADJ = **Ruminalis**

rūmor ⟨rūmōris⟩ M̄

1 dumpfes Gebrüll; *(nachkl.)* Beifall, Jubel

2 unverbürgtes Gerücht, Gerede; **rumores spargere** Gerüchte verbreiten; **~ est** es geht das Gerücht, +*AcI*

3 öffentliche Meinung, Ruf

rumpere ⟨rumpō, rūpī, ruptum 3.⟩

1 gewaltsam zerbrechen, zerreißen; **vincula ~** Fesseln sprengen; **cicatrices ~** Narben aufreißen; **pectora ferro ~** die Brust mit dem Schwert durchstoßen; **aliquem ~** j-n verletzen; **radices solo ~** Wurzeln aus dem Boden reißen; *passiv* bersten, zerbersten, platzen; **aliquis rumpitur irā** j-d platzt vor Zorn

2 *(nachkl.) fig* durchbrechen, **aciem** die Front

3 *fig* sich *einen Weg* bahnen; **viam ferro ~** sich mit dem Schwert einen Weg bahnen

4 *(nachkl.) fig* hervorbrechen lassen; **fontem ungula rupit** *Ov.* der Huf ließ eine Quelle hervorbrechen; **vocem pectore ~** die Stimme hören lassen; *passiv u.* **se ~** hervorbrechen

5 *fig* verletzen, vereiteln; **foedus ~** einen Vertrag brechen; **reditum alicui ~** j-m den Rückweg abschneiden

6 *fig* unterbrechen, stören, **silentium** die Ruhe

rumpia ⟨ae⟩ F̄ *Liv.* langes zweischneidiges Schwert

rūmusculus ⟨ī⟩ M̄ ||rumor|| Gerede, Geschwätz

rūpēs ⟨rūpis⟩ F̄ ||rumpere||

1 Fels, Felswand

2 Klippe; *pl* Schluchten

rūpī → **rumpere**

Rupilius ⟨a, um⟩ röm. Gentilname

1 P. ~ *Konsul 132 v. Chr., nach ihm benannt die lex Rupilia zur Neuordnung Siziliens*

2 P. ~ Rex *Zeitgenosse des Horaz, wurde geächtet*

3 ~ *Schauspieler z. Zt. Ciceros*

ruptor ⟨ruptōris⟩ M̄ ||rumpere|| Verletzer, **foederis** eines Vertrags

ruptus ⟨a, um⟩ PPP → rumpere
rūrāre ⟨ō, -, - 1.⟩, **rūrārī** ⟨or, - 1.⟩ ||rus|| auf dem Land leben, Ackerbau treiben
rūri-cola ⟨ae⟩ F u. M ||rus, colere||
1 das Land bebauend; *subst* Bauer; Stier
2 das Land bewohnend, ländlich
rūri-gena ⟨ae⟩ M u. F ||rus, gignere|| auf dem Land geboren; *pl subst* die Landbewohner
rūrsum, rūrsus ADV ||vertere||
1 zurück, rückwärts; **rursum se recipere** sich zurückziehen
2 wieder, nochmals; **rursum renovare** wieder erneuern
3 dagegen, andererseits
rūs ⟨rūris⟩ N
1 Land ↔ Stadt; Dorf; **rus ire** aufs Land gehen; **rure** vom Land; **ruri/rure** auf dem Land
2 *meton* Landgut
Ruscinō ⟨Ruscinōnis⟩ F Stadt in Gallia Narbonensis, heute Perpignan
rūscum ⟨ī⟩ N *Verg.* Wildspargel, *dessen Zweige zum Anbinden der Reben dienten*
Rusellānus ager M Gebiet in Etrurien
russātus ⟨a, um⟩ ADJ ||russus|| *Tert.* rot gefärbt; rot gekleidet; **grex russata** rote Partei *der Rennfahrer*
rūssum ADV (*altl.*) = rursum
russus ⟨a, um⟩ ADJ ||ruber|| (*vkl.*) hellrot, *allg.* rot
rūstica ⟨ae⟩ F ||rusticus|| grobe Bäuerin
rusticalis ⟨rusticale⟩ M (*mlat.*) grob
▶ deutsch: rustikal
rūsticānus
A ⟨a, um⟩ ADJ ||rusticus|| ländlich, ländlich einfach
B ⟨ī⟩ M Landbewohner, Bauer
rūsticārī ⟨or, - 1.⟩ ||rusticus|| auf dem Land leben, sich auf dem Land aufhalten
rūsticātiō ⟨rūsticātiōnis⟩ F ||rusticari|| Aufenthalt auf dem Land, Landleben
rūsticitās ⟨rūsticitātis⟩ F ||rusticus||
1 ländliche Einfachheit; *pej* Plumpheit
2 RHET Aussprache eines Landbewohners
rūsticula ⟨ae⟩ F ||rusticulus|| (*erg.* **gallina**) Haselhuhn
rūsticulus
A ⟨a, um⟩ ADJ ||rusticulus||
1 ländlich
2 *meton* etw unbeholfen
B ⟨ī⟩ M einfacher Landbewohner
rūsticus
A ⟨a, um⟩ ADJ, ADV ⟨rūsticē⟩ ||rus||
1 ländlich, Land..., ↔ Stadt; **homo ~** Landbewohner, Bauer; **mus ~** Feldmaus; **res rusticae** Landwirtschaft
2 *meton* einfach, schlicht
3 *pej* ungeschliffen, plump

B ⟨ī⟩ M
1 Bauer
2 *pej* grober Bauer
rūsum, rūsus ADV (*altl.*) = rursum
ruta[1] ⟨ae⟩ F Raute, *Strauch mit bitter schmeckenden Blättern*
rūta[2] → ruere[2]
rutābulum ⟨ī⟩ N ||ruere[2]|| (*vkl., nachkl.*) Werkzeug zum Scharren, *bes* Ofenhaken
rūtātus ⟨a, um⟩ ADJ ||ruta[1]|| *Mart.* mit Raute versehen, mit Raute bekränzt
Rutēnī ⟨ōrum⟩ M *gall.* Stamm in Aquitanien, Hauptort Segodunum
rutilāre ⟨ō, āvī, ātum 1.⟩ ||rutilus|| (*unkl.*)
A VT rötlich färben
B VI rötlich schimmern, wie Gold glänzen
Rutīlius ⟨a, um⟩ *röm.* Gentilname, bekannt **P. ~ Rufus** Redner, Geschichtsschreiber u. Konsul z. Zt. des Marius
rutilus ⟨a, um⟩ ADJ ||ruber|| rötlich, rotgelb; **caput rutilum** rothaariger Kopf
rutrum ⟨ī⟩ N ||ruere[2]|| (*vkl., nachkl.*) Schaufel
rūtula ⟨ae⟩ F ||ruta|| kleine, zarte Raute
Rutulī ⟨ōrum⟩ M Volk in Latium unter König Turnus
rūtus ⟨a, um⟩ PPP → ruere[1] u. → ruere[2]

S

S s *Abk*
1 = **Sextus**
2 = **salutem** *in Briefen* es grüßt dich
3 **s. a.** = **sine anno** (*nlat.*) ohne Jahresangabe, *bei bibliographischen Angaben*
4 **S. C.** = **senatūs consultum** Senatsbeschluss
5 **S. D.** = **salutem dicit** es grüßt dich
6 **S. D. G.** = **soli Deo gloria** Ehre sei Gott allein
7 **S. P. D.** = **salutem plurimam dicit** es grüßt dich ganz herzlich
8 **S. P. Q. R.** = **Senatus Populusque Romanus** Senat und Volk von Rom
Sa. *Abk* (*nlat.*) = **summa** Summe
Saba ⟨ae⟩ F Gegend in Arabien
Sabaeī ⟨ōrum⟩ M die Einwohner von Saba; *allg.* die Araber
Sabaeus ⟨a, um⟩ ADJ aus Saba *allg.* arabisch
Sabazia ⟨ōrum⟩ N ||Sabazius|| *Cic.* Fest zu Ehren des Bacchus
Sabazius ⟨ī⟩ M thrakisch-phrygische Gottheit, später mit Dionysos/Bacchus gleichgesetzt
sabbatāria ⟨ae⟩ F ||sabbatum|| *Mart.* Jüdin
sabbatum ⟨ī⟩ N *meist* PL

Sabbat *der Juden;* Samstag

2 *jeder* **Feiertag** *der Juden*

3 ~ **sanctum** *(mlat.)* Ostersamstag

Sabellī ⟨ōrum⟩ M̄

1 *die kleineren mittelital. Völker sabinischer Abstammung*

2 *dic s. oskisch-sabinischen Völker*

3 = **Sabini**

Sabellicus, Sabellus ⟨a, um⟩ ADJ sabellisch, sabinisch, *auch* marsisch

Sabellus ⟨ī⟩ M̄ Sabeller, Sabiner

Sabīna ⟨ae⟩ F̄ ||Sabini|| Sabinerin

Sabīnī ⟨ōrum⟩ M̄

1 die Sabiner, *Stamm im NO von Rom*

2 Sabinerland; Landgut *des Horaz* im Sabinerland

Sabīnum ⟨ī⟩ N̄ *(erg.* **vinum***)* Sabinerwein

Sabīnus[1] ⟨a, um⟩ ADJ sabinisch; **Sabina terra** Land der Sabiner

Sabīnus[2] ⟨ī⟩ M̄ Stammvater der Sabiner

Sabīnus[3] ⟨ī⟩ M̄

1 → **Sabini**

2 *röm. Beiname, bes. in der gens Poppaea;* → **Poppaeus**; **Flavius** ~ *Dichter, Freund Ovids*

Sabis ⟨Sabis⟩ M̄ *Nebenfluss der Maas, heute Sambre*

sabulum ⟨ī⟩ N̄ *(nachkl.)* grober Sand, Kies

saburra ⟨ae⟩ F̄ Sen. Sand, *bes* Schiffssand

saburrāre ⟨ō, āvī, ātum 1.⟩ ||saburra|| mit Ballast beladen; *Plaut. hum* den Magen überladen

saccāre[1] ⟨ō, āvī, ātum 1.⟩ ||saccus|| durchseihen, filtern; **saccatus corporis umor** Urin

saccārius ⟨a, um⟩ ADJ ||saccus|| *(nachkl.)* mit Säcken beladen

saccharon, saccharum ⟨ī⟩ N̄ *(nachkl.)* Zuckersaft, *der aus Bambusrohren austritt*

▶ deutsch: Saccharose

saccipērium ⟨ī⟩ N̄ Plaut. Umhängetasche

saccō[2] ⟨saccōnis⟩ M̄ ||saccus|| spöttische Bezeichnung für die gens Oppia im Anklang an opes: Geldsack, Wucherer; → **Oppius**

sacculus ⟨ī⟩ M̄ ||saccus||

1 Säckchen, Geldbeutel

2 Säckchen zum Durchseihen des Weines, Weinfilter

saccus ⟨ī⟩ M̄

1 Sack; **ad saccum ire** Plaut. betteln gehen

2 Filter

▶ deutsch: Sack
englisch: sack
französisch: sac
spanisch: saco
italienisch: sacco

sacellum ⟨ī⟩ N̄ ||sacrum|| kleiner Tempel, kleine Kapelle

sacer ⟨sacra, sacrum⟩ ADJ

1 *von Lebewesen u. Sachen* einer Gottheit geweiht, heilig; **via sacra** heilige Straße; **sanguis** ~ Opferblut; **dies sacri** Feiertage

2 Religions...; **bellum sacrum** Religionskrieg

3 *fig* geweiht

4 ehrwürdig; **loci vetustate sacri** durch das Alter ehrwürdige Orte

5 *(nachkl.) poet* verflucht; ~ **cruor Remi nepotibus** das den Nachfahren Fluch bringende Blut des Remus

sacerdōs ⟨sacerdōtis⟩ M̄ u. F̄ Priester, Priesterin, *alicuius* j-s; *(spätl.)* Bischof; *adj* priesterlich

 sacerdos – staatlicher Priester

Als **sacerdotes** wurden Personen bezeichnet, die für die Ausübung der Religion in Rom zuständig waren. In Rom gab es keine strikte Trennung zwischen Priestern und Laien. Nur wenige mussten strenge Regeln einhalten (zum Beispiel die Vestalinnen, die Jungfrauen bleiben mussten). Die Funktion der Priester war in erster Linie die Durchführung von Opfern und anderen Ritualen. Zu den wichtigsten Priesterkollegien zählen die **pontifices**, denen der **pontifex maximus** vorstand, die **virgines Vestales** sowie die **flamines**. Die beiden letztgenannten Gruppen standen im Dienste einer Gottheit.

RÖMISCHES LEBEN ◀

sacerdōtālis ⟨sacerdōtāle⟩ ADJ ||sacerdos|| *(nachkl.)* priesterlich

sacerdōtium ⟨ī⟩ N̄ ||sacerdos|| Priesteramt, Priesterstand; **sacerdotium inire** das Priesteramt antreten

sacrāmentum ⟨ī⟩ N̄ ||sacrare||

1 JUR Haftgeld *zweier vor Gericht streitender Parteien; der Einsatz der im Prozess Unterlegenen ging an die Staatskasse;* **lex de multa et sacramento (lata)** Gesetz über Geldbuße u. Prozesseinsatz

2 *meton* Prozess, Prozessführung; **iusto sacramento contendere cum aliquo** einen gerechten Prozess gewinnen gegen j-n

3 MIL Fahneneid, Treueeid, *alicuius/pro aliquo/in verba alicuius* für j-n; *meton* Kriegsdienst; **sacramento adigere/obligare/rogare** j-n den Treueeid schwören lassen; **sacramento/sacramento dicere** den Treueeid leisten, *alicui/apud aliquem* j-m, vor j-m; **sacramento teneri** zum Kriegsdienst eidlich verpflichtet sein; **sacramento solvi** vom Kriegsdienst entbunden werden

4 *fig* Eid; **falsum sacramentum dicere** einen Meineid leisten

5 *(eccl.)* religiöses Geheimnis, Sakrament

sacrāre ⟨ō, āvī, ātum 1.⟩ ||sacer||

1 einer Gottheit weihen, opfern, *alicui aliquid* j-m etw; **aurum ~** Gold opfern; **templa ~** Tempel weihen
2 (*nachkl.*) *poet* dem Untergang weihen, verfluchen, *alicuius caput* j-s Haupt
3 heilig machen, unverletzlich machen; **lex sacrata** heiliges Gesetz, *dessen Übertretung mit Verfluchung bestraft wird*
4 eine Gottheit als heilig verehren, *aliquem re* j-n mit etw
5 (*nachkl.*) *poet* verewigen, unsterblich machen; **hunc Lesbio plectro ~** diesen mit Liedern zur Leier aus Lesbos unsterblich machen

sacrārium ⟨ī⟩ N̄ ||sacrum|| (*nachkl.*)
1 Heiligtum, heilige Stätte; **Caere ~ populi Romani** Caere, die Schutzstätte für die Götter des römischen Volkes; **philosophiae ~** Heiligtum der Philosophie
2 Kapelle, Tempel; **Ditis ~** = Unterwelt

sacrātus ⟨a, um⟩ ADJ ||sacrare||
1 *fig* geheiligt, geweiht; **arx sacrata** *Verg.* geheiligte Burg
2 *fig* von Kaisern u. Königen vergöttlicht, erhaben

sacri-cola ⟨ae⟩ M ||sacer, colere|| (*nachkl.*) Opferdiener, Opferpriester

sacri-fer ⟨sacrifera, sacriferum⟩ ADJ ||sacer, ferre|| Heiliges tragend; **sacriferae rates** *Ov.* Schiffe mit heiliger Fracht

sacrificālis ⟨sacrificāle⟩ ADJ ||sacrificus|| zum Opfer gehörig

sacrificāre ⟨ō, āvī, ātum 1.⟩ ||sacrificus||
A V̄ī
1 opfern, ein Opfer darbringen, *alicui* j-m, *re* etw als Opfer
2 (*mlat.*) die Messe feiern
B V̄T opfern, *aliquid* etw

sacrificātiō ⟨sacrificātiōnis⟩ F ||sacrificare|| Opferung; **precatio et ~** *Cic.* Gebet und Opfer

sacrificium ⟨ī⟩ N̄ ||sacer, facere||
1 Opfer, heilige Handlung
2 (*mlat.*) Messopfer

sacrificulus ⟨ī⟩ M ||sacrificus|| Opferpriester; **rex ~** Opferkönig, *Priester, der die früher dem König vorbehaltenen Opfer darbrachte*

sacri-ficus ⟨a, um⟩ ADJ ||sacrum, facere||
1 opfernd; **ōs sacrificum** *Ov.* Rede des Opfernden
2 Opfer...

sacrilegium ⟨ī⟩ N̄ ||sacrilegus|| (*nachkl.*)
1 Tempelraub; *meton* geraubte Tempelgüter
2 Religionsfrevel

sacri-legus
A ⟨a, um⟩ ADJ ||sacrum, legare||
1 heiliges Gut raubend, tempelräuberisch
2 (*nachkl.*) *poet* gottlos, verrucht
B ⟨ī⟩ M *Ter.* Tempelräuber, Tempelschänder

sacrō-sānctus ⟨a, um⟩ ADJ ||sacer, sanctus|| hochheilig, unverletzlich, *auch fig*

sacrum ⟨ī⟩ N̄ ||sacer||
1 heiliger Gegenstand, heiliger Ort
2 *poet* Götterbild; **sacrum rapere** Tempelgut rauben
3 Opfer, Opfergabe
4 *poet* Opferhymnus
5 gottesdienstliche Handlung, heiliger Brauch; *pl* Gottesdienst, Religion; **Graeco sacro** nach griechischem Ritus; **sacrum facere** ein Opfer bringen, opfern, *alicui re* j-m etw
6 Opferfest, Feier; **sacrum Florale** *Ov.* Blütenfest
7 (*nachkl.*) *fig* Geheimnisse, Mysterien

saec(u)lāris ⟨saec(u)lāre⟩ ADJ ||saeculum||
1 (*nachkl.*) hundertjährig, das Jahrhundert betreffend; **carmen saeculare** Lied zur Jahrhundertfeier
2 *Tert.* weltlich; heidnisch

saeculum ⟨ī⟩ N̄
1 Zeitalter; *meton* Generation
2 (*nachkl.*) *poet* Regierungszeit
3 Jahrhundert; *meton* die Menschen eines Jahrhunderts; **in saecula (saeculorum)** (*mlat.*) in alle Ewigkeit
4 Zeitgeist, Mode
5 *Tert.* Welt

saepe ADV ||saepire|| oft; **quam saepissime** möglichst oft

saepe-numerō ADV oft, häufig

saepēs ⟨saepis⟩ F ||saepire|| Zaun, Gehege

saepiculē ADV ||saepe|| *Plaut.* ziemlich oft

saepīmentum ⟨ī⟩ N̄ ||saepire|| Umzäunung, *auch fig*

Saepīnum ⟨ī⟩ N̄ kleine Stadt in Samnium, *Lage beim heutigen Sepino*

saepīre ⟨saepiō, saepsī, saeptum 4.⟩
1 umzäunen, einhegen, *aliquid re* etw mit etw; **in saeptis hortis** in eingezäunten Gärten
2 *fig* umgeben, umhüllen; **aliquem aēre ~** j-n mit Nebel umhüllen
3 bedecken, schützen

saeps ⟨saepis⟩ F = **saepes**

saepsī → **saepire**

saeptum ⟨ī⟩ N̄ ||saepire||
1 Einfriedung, Gehege; **saepta domorum** Inneres der Häuser
2 Hürde, Stall
3 Schranken, *bes zur Reglementierung der Wahlen, urspr. aus Brettern, von Caesar auf dem Marsfeld durch Marmorschranken ersetzt*

saeptus ⟨a, um⟩ PPP → **saepire**

saeta ⟨ae⟩ F
1 Borste, Haar; **~ equina** Pferdehaar; **saetae leonis** Löwenmähne

sacrificium – Opfer, Opfergabe
ara – Altar

2 *poet* Angelschnur
saeti-ger
A ⟨saetigera, saetigerum⟩ ADJ ||saeta, gerere|| Borsten tragend; **sues saetigeri** Borsten tragende Schweine
B ⟨ī⟩ M Eber
saetōsus ⟨a, um⟩ ADJ ||saeta|| (*nachkl.*) *poet* borstig, haarig
saevi-dicus ⟨a, um⟩ ADJ ||saevus, dicere|| zornig gesprochen, grimmig gesprochen
saevīre ⟨iō, iī, ītum 4.⟩ rasen, toben, *in aliquem/adversus aliquem/alicui* gegen j-n, *in aliquid* gegen etw; **ventus ~ coepit** der Wind begann zu tosen
saeviter ADV → saevus
saevitia ⟨ae⟩ F, **saevitiēs** ⟨ēī⟩ F ||saevus||
1 (*nachkl.*) Wut, Raserei
2 *fig* Grausamkeit, Härte; **~ hiemis** Strenge des Winters; **~ annonae** *Tac.* drückende Teuerung
saevitūdō ⟨saevitūdinis⟩ F *Plaut.* = **saevitia**
saevus ⟨a, um, *adv* saevē *u.* saeviter⟩ ADJ
1 *von Tieren* tobend, wild
2 (*nachkl.*) *fig von Personen u. Charakter* hart, grausam
sāga ⟨ae⟩ F ||sagus|| Wahrsagerin; (*vkl.*) *fig* Kupplerin
sagācitās ⟨sagācitātis⟩ F ||sagax|| Spürkraft; *fig* Scharfsinn
Sagana ⟨ae⟩ F *Name einer Zauberin*
sagātus ⟨a, um⟩ ADJ ||sagum|| *Suet.* mit einem Soldatenmantel bekleidet
sagāx ⟨sagācis, *adv* sagāciter⟩ ADJ ||sagire|| scharf witternd; *fig* scharfsinnig, *in re/rei/alicuius rei* in etw
sagīna ⟨ae⟩ F
1 (*vkl., nachkl.*) Fütterung *von Tieren*; Ernährung
2 (*nachkl.*) Futter, Speise
3 *Plaut. meton* Masttier
sagīnāre ⟨ō, āvī, ātum 1.⟩ ||sagina||
1 *von Tieren* mästen
2 füttern, nähren; *passiv* sich mästen, sich bereichern
sāgīre ⟨iō, -, - 4.⟩ scharf wittern; *fig* ahnen
sagitta ⟨ae⟩ F Pfeil; *fig* Pfeil *als Sternbild*
sagittāre ⟨ō, āvī, ātum 1.⟩ ||sagitta||
A VI mit Pfeilen schießen
B VT *nur* PPP von Pfeilen getroffen
sagittārius
A ⟨a, um⟩ ADJ ||sagitta|| Pfeil...
B ⟨ī⟩ M Bogenschütze; *fig* Schütze *als Sternbild*
sagittātus ⟨a, um⟩ ADJ ||sagitta|| *Plaut.* mit Pfei-

len versehen

sagitti-fer ⟨sagittifera, sagittiferum⟩ ADJ ||sagitta, ferre|| Pfeile tragend, mit Pfeilen bewaffnet

sagitti-potēns

A ⟨sagittipotentis⟩ ADJ ||sagitta|| mit Pfeilen mächtig

B ⟨sagittipotentis⟩ M Schütze *als Sternbild*

sagmen ⟨sagminis⟩ N ||sacer|| *das auf dem Kapitol gepflückte u. die Fetialien unverletzlich machende* Gras

sagulātus ⟨a, um⟩ ADJ ||sagulum|| mit einem Soldatenmantel bekleidet

sagulum ⟨ī⟩ N ||sagum|| kurzer Mantel; *meist* = **sagum**

sagum ⟨ī⟩ N

1 kurzer Umwurf *aus Wolltuch, bes Tracht der Germanen u. Kelten*

2 *bei den Römern* Soldatenmantel *u. Symbol des Krieges*; **sagum sumere/ad saga ire** zu den Waffen greifen; **saga ponere** die Waffen niederlegen; **in sagis esse** unter Waffen stehen

Saguntīnus

A ⟨a, um⟩ ADJ ||Saguntum|| aus Sagunt, von Sagunt

B ⟨ī⟩ M Einwohner von Sagunt

Saguntum ⟨ī⟩ N, **Saguntus** ⟨ī⟩ F Sagunt, *Stadt in Hispania Tarraconensis, 218 v. Chr. von Hannibal erobert u. zerstört*

sāgus ⟨a, um⟩ ADJ ||sagire|| *poet* wahrsagend

Sais ⟨Sais⟩ F *alte Hauptstadt von Unterägypten im w. Nildelta, heute Sa el Hagar*

Saītae ⟨ārum⟩ M die Einwohner von Sais

sāl ⟨salis⟩ M

1 Salz; *pl* Salzkörner; **granum salis** Salzkorn

2 *meton* Salzflut, Meer; **unda salis** salzige Woge des Meeres

3 *(nachkl.) poet* Salzgeschmack

4 *fig* Geschmack, Feinheit;

5 scharfer Verstand; Witz; **~ niger** schwarzer Humor

salacō ⟨salacōnis⟩ M Aufschneider, Prahlhans

salamandra ⟨ae⟩ F *Mart., Petr.* Salamander

Salamīna ⟨ae⟩ F = **Salamis**

Salamīnius

A ⟨a, um⟩ ADJ aus Salamis, von Salamis

B ⟨ī⟩ M Einwohner von Salamis

Salamīs ⟨Salamīnis⟩ F

1 Insel u. Stadt vor der Küste Attikas, Seesieg der Griechen 480 v. Chr. über die Perser

2 *Stadt an der Ostküste von Zypern*

salapūt(t)ium ⟨ī⟩ N *Catul.* Knirps, Zwerg

salārium ⟨ī⟩ N ||salarius|| Salzzuteilung *an die Soldaten u. Beamten, später durch Geld abgelöst*; Jahresgehalt

salārius

A ⟨a, um⟩ ADJ ||sal|| Salz...; **annona salaria** jährlicher Ertrag der Salzgruben; **(via) Salaria** Salzstraße *von Rom nach Reate in Amnium.*

B ⟨ī⟩ M Salzfischhändler

salāx ⟨salācis⟩ ADJ ||salire||

1 geil; **~ aries** *Ov.* geiler Widder

2 geil machend, stimulierend; **herba ~** *Ov.* anregendes Kraut

salebra ⟨ae⟩ F

1 holperige Stelle; *pl* Risse, Sprünge *im Straßenpflaster*

2 *fig* Schwierigkeit, Anstoß; **in salebras incidere** in Schwierigkeiten geraten

3 *fig* stilistische Unebenheit; **sine ullis salebris fluere** *Cic.* ohne stilistische Unebenheit fließen

salebrōsus ⟨a, um⟩ ADJ ||salebra|| holprig, rau; **saxa salebrosa** raue Felsen; **oratio salebrosa** *fig* holprige Rede

Salernum ⟨ī⟩ N *Küstenstadt in Kampanien, heute Salerno*

Saliāris ⟨Saliāre⟩ ADJ ||Salii||

1 der Salier, zu den Saliern gehörig; **carmen Saliare** Lied der Salier

2 *fig von Gastmählern* üppig

saliātus ⟨saliātūs⟩ M ||Salii|| Amt eines Saliers, Würde eines Saliers

salictum ⟨ī⟩ N ||salix|| Weidengebüsch

salientēs ⟨salientium⟩ M ||salire|| *(erg.* **fontes**) Springbrunnen

salignus ⟨a, um⟩ ADJ ||salix|| *(unkl.)* Weiden...; **salignae crates** Weidengeflechte

Salii ⟨Saliōrum *u.* Salium⟩ M die Salier, *altröm. Priesterkollegien, Salii Palatini u. Salii Agonales/Collini; führten beim Fest des Mars Waffentänze auf u. sangen altertümliche Lieder*

salillum ⟨ī⟩ N ||salinum|| *Catul.* Salzfässchen

salīnae ⟨ārum⟩ F ||sal|| Salzgrube, Salzwerk

▶ deutsch: **Saline**

Salīnae ⟨ārum⟩ F Salzwerke bei Ostia

Salīnae ⟨ārum⟩ F Salzwerke in Rom *an der Porta Trigemina*

Salīnātor ⟨Salīnātōris⟩ M ||salina|| röm. Beiname; → Livius 1

salīnum ⟨ī⟩ N ||sal|| *(unkl.)* Salzfass

sali-potēns ⟨salipotentis⟩ M ||salum|| *Plaut.* Meerbeherrscher, *Beiname des Neptun*

salīre ⟨saliō, saluī/saliī, saltum 4.⟩

A VI

1 springen, tanzen; **rotis ~** vom Wagen springen; **sal/mica salis salit** das Opfersalz springt in die Höhe, *ein günstiges Vorzeichen*

2 schlagen, klopfen; **cor salit** das Herz pocht

B VT *von Tieren* bespringen

Sali-subsilus ⟨ī⟩ M ||salire|| *Catul.* tanzender

Salier

saliunca ⟨ae⟩ F̄ (nachkl.) wilde Narde, *wohlriechende Pflanze*

salīva ⟨ae⟩ F̄ (nachkl.)
1 Speichel *im Mund*; **quidquid ad salivam facit** *Petr.* was immer das Wasser im Mund zusammenlaufen lässt
2 P̄L̄ *meton* Zauberei mithilfe des Speichels
3 *Prop. meton* Nachgeschmack
4 *meton* Begierde, Appetit

salix ⟨salicis⟩ F̄ (unkl.) Weide

Sallustiānus ⟨a, um⟩ ADJ des Sallust; → Sallustius 1

Sallustius ⟨a, um⟩ *röm. Gentilname*
1 **C. ~ Crispus** *berühmter röm. Geschichtsschreiber, 86–35 v. Chr.*
2 **~ Crispus** *Großneffe u. Adoptivsohn von 1, Ratgeber des Augustus*

Salmacidēs ⟨Salmacidae⟩ M̄ Nachkomme der → Salmacis, *auch* Schwächling

Salmacis ⟨Salmacidis⟩ F̄ mit einem Hermaphroditen zusammengewachsene Nymphe u. ihre Quelle in Karien; ihrem Wasser wurde verweichlichende Wirkung zugeschrieben;

salmō ⟨salmōnis⟩ M̄ (nachkl.) *poet* Lachs

Salōna ⟨ae⟩ F̄, **Salōnae** ⟨ārum⟩ F̄ *Hauptstadt der röm. Provinz Dalmatia, heute Solin*

salsāmentārius ⟨ī⟩ M̄ ||salsamentum|| Salzfischhändler

salsāmentum ⟨ī⟩ N̄ ||salsus|| Fischlake; marinierter Fisch

salsi-potēns ⟨salsipotentis⟩ M̄ *Plaut.* = **salipotens**

salsūra ⟨ae⟩ F̄ ||salsus||
1 Einsalzung, Salzlake
2 *Plaut. fig* Missmut

salsus ⟨a, um, *adv* salsē⟩ ADJ ||sal||
1 gesalzen, *von Natur* salzig
2 *fig* beißend; witzig; **multa salsa Graecorum** *Cic.* viel Witziges von den Griechen

saltāre ⟨ō, āvī, ātum 1.⟩ ||salire||
A V̄Ī tanzen, *bes gestikulierend*; **nemo saltat sobrius, nisi forte insani** *Cic.* niemand tanzt in nüchternem Zustand, es sei denn, er ist verrückt
B V̄T̄ (nachkl.) pantomimisch darstellen

saltātiō ⟨saltātiōnis⟩ F̄ ||saltare|| Tanzen, Tanz

saltātor ⟨saltātōris⟩ M̄ ||saltare|| Tänzer, Pantomime

saltātōrius ⟨a, um⟩ ADJ ||saltatio|| zum Tanzen gehörig; **orbis ~** Tanzreif

saltātrīx ⟨saltātrīcis⟩ F̄ ||saltator|| Tänzerin

saltātus ⟨saltātūs⟩ M̄ (nachkl.) = **saltatio**

saltem ADV
1 wenigstens, jedenfalls doch; **eripe mihi hunc dolorem aut minue ~** *Cic.* befreie mich von diesem Schmerz oder mindere ihn wenigstens
2 *mit Verneinung* **non/neque saltem** nicht einmal; **non adsurrexerunt, ~ lassitudine sedendi** *Plin.* sie standen nicht auf wegen Ermüdung vom Sitzen

salticus ⟨a, um⟩ ADJ ||saltus|| hüpfend, tanzend

saltim ADV = **saltem**

saltuōsus ⟨a, um⟩ ADJ ||saltus²|| (nachkl.) waldig, gebirgig

saltus¹ ⟨saltūs⟩ M̄ ||salire|| Sprung; **saltu venire** gesprungen kommen; **saltu se in fluvium dare** in den Fluss springen

saltus² ⟨saltūs⟩ M̄
1 Schlucht, Pass
2 Waldgebirge, wilder Bergwald
3 Weideplatz im Gebirge
4 Landgut
5 *Plaut. fig* bedenkliche Lage
6 *fig* weibliche Scham

salūber ⟨salūbris, salūbre⟩ ADJ, **salūbris** ⟨salūbre *adj, adv* salūbriter⟩ ||salus||
1 gesund, der Gesundheit dienlich; **regio salubris** gesunde Gegend; **somnus saluber** erholsamer Schlaf
2 *fig* heilsam, vorteilhaft, *alicui* für j-n; **iustitia salubris** wohltätige Gerechtigkeit
3 *fig* stark; vernünftig

salūbritās ⟨salūbritātis⟩ F̄ ||salubris||
1 Heilkraft, Zuträglichkeit; **~ loci** das gesunde Klima der Gegend; **~ aquarum** Heilkraft des Wassers; **~ Atticae dictionis** *Cic. fig* die kräftigende Wirkung des attischen Ausdrucks
2 Gesundheit, Wohlbefinden; **propter salubritatem** aus gesundheitlichen Gründen

salum ⟨ī⟩ N̄
1 unruhiger Seegang, Schlingern
2 offene See; **in salo navem tenere in ancoris** auf offener See das Schiff vor Anker halten
3 *fig* Meer von Drangsal

salūs ⟨salūtis⟩ F̄
1 Wohlbefinden, Gesundheit *von Leib u. Seele*
2 Glück, Heil, *auch als Kosewort*; **~ domestica** häusliches Glück
3 Rettung, persönliche Sicherheit; **fugā salutem petere** sein Heil in der Flucht suchen
4 *meton* Retter; **Lentulus, ~ nostra** Lentulus, unser Retter
5 Glückwunsch, Gruß; **alicui salutem mittere** j-n grüßen lassen; **salute datā redditāque** nach gegenseitiger Begrüßung
⚠ **Salus populi suprema lex.** *Cic.* Das Wohl des Volkes ist das oberste Gesetz.

Salūs ⟨Salūtis⟩ F̄ Göttin der Gesundheit und des Wohles des Staates mit Tempel auf dem Quirinal

salūtāre ⟨ō, āvī, ātum 1.⟩ ‖salus‖
1. begrüßen, grüßen
2. **deos ~** die Götter verehren
3. anreden, titulieren, +dopp. akk j-n als etw; **aliquem imperatorem ~** j-n als Kaiser anreden
4. besuchen; **salutatum venire** j-n besuchen kommen
5. Besuche empfangen

salūtāria ⟨salūtārium⟩ N̄ ‖salutaris‖ die Heilmittel

salūtāris
A ⟨salūtāre⟩ ADJ, ADV ⟨salūtāriter⟩ ‖salus‖
1. heilsam, vorteilhaft, alicui/alicui rei für j-n/für etw, ad aliquid in Bezug auf etw; **littera ~** rettender Buchstabe = a(bsolvo) ich spreche frei
2. wohlbehalten, unverletzt
3. (mlat.) gnadenreich
B ⟨salūtāris⟩ M̄ (mlat.) Heiland

salūtātiō ⟨salūtātiōnis⟩ F̄ ‖salutare‖
1. Begrüßung, Gruß
2. Besuch, bes Morgengruß der Klienten beim Patron oder Kaiser; **~ defluxit** Cic. die Besucher verliefen sich

salūtātor ⟨salūtātōris⟩ M̄ ‖salutare‖ Besucher, der seinem Patron den morgendlichen Besuch abstattet

salūtātrīx ⟨salūtātrīcis⟩ ADJF ‖salutor‖ poet aufwartend; grüßend

salūti-fer ⟨salūtifera, salūtiferum⟩ ADJ ‖salus, ferre‖ Heil bringend, rettend; **salutifera potio** MED rettender Trank

salūti-gerulus ⟨a, um⟩ ADJ ‖salus‖ Plaut. einen Gruß bringend; **pueri salutigeruli** Botenjungen

salvāre ⟨ō, āvī, ātum 1.⟩ ‖salvus‖ (eccl.) retten, erlösen

salvātiō ⟨salvātiōnis⟩ F̄ ‖salvare‖ (spätl.) Errettung, Heil

salvātor ⟨salvātōris⟩ M̄ ‖salvare‖ (eccl.) Retter, Heiland, Erlöser

salvēre ⟨eō, -, - 2.⟩ ‖salvus‖ Plaut. gesund sein, sich gesund fühlen, meist nur die Formen: **salve/salveto** sei gegrüßt; **salvete** seid gegrüßt; **~ iubere aliquem** j-n grüßen lassen; **~ ab aliquo** von j-m gegrüßt werden; **salvebis a filio meo** mein Sohn lässt dich grüßen

salvus ⟨a, um, adv salvē⟩ ADJ ‖salus‖
1. wohlbehalten, gesund; **epistula salva** nicht zerrissener Brief; **Penelope salva vivere poterat** Penelope konnte unberührt leben; **satisne/satin salve?** steht es gut bei dir?; **~ sis** Com. sei gegrüßt
2. beim abl absolut: **salvis rebus** unter guten Verhältnissen; **salvis legibus** unter Einhaltung der Gesetze; **me salvo** solange ich noch gesund bin; **salvo officio** ohne Pflichtverletzung

sambūca ⟨ae⟩ F̄
1. dreieckiges, harfenartiges Saiteninstrument
2. (nachkl.) Fallbrücke, Sturmbrücke

sambūcina ⟨ae⟩ F̄, **sambūcistria** ⟨ae⟩ F̄ ‖sambuca, canere‖ Harfenspielerin

sambūcus ⟨ī⟩ M̄ Holunderstrauch

Samius
A ⟨a, um⟩ ADJ von Samos, zu Samos
B ⟨ī⟩ M̄ Einwohner von Samos

Samnīs
A ⟨Samnītis⟩ ADJ samnitisch, aus Samnium
B ⟨Samnītis⟩ M̄ Einwohner von Samnium

Samnium ⟨ī⟩ N̄ mittelitalienische Gebirgslandschaft, ö. von Latium u. Kampanien

Samos ⟨ī⟩ F̄ Insel vor der Küste Ioniens mit Hauptstadt gleichen Namens, die heute Wathi heißt

Samothrāca ⟨ae⟩ F̄, **Samothrācē** ⟨Samothrācēs⟩ F̄ Insel vor der Küste Thrakiens, Kolonie von Samos, heute Samothraki

Samothrāces ⟨Samothrācum⟩ M̄ Einwohner von Samothrake

Samothrācia ⟨ae⟩ F̄ = **Samothraca**

sampsa ⟨ae⟩ F̄ (vkl., nachkl.) Fleisch der Olive

Samus ⟨ī⟩ F̄ = **Samos**

sānābilis ⟨sānābile⟩ ADJ ‖sanare‖ heilbar

sānāre ⟨ō, āvī, ātum 1.⟩ ‖sanus‖
1. gesund machen, heilen; **discordiam ~** fig Uneinigkeit dämpfen
2. fig wieder zur Vernunft bringen; wiedergutmachen; **si quae res restitui sanarique possit** Cic. wenn etw wieder hergestellt und in Ordnung gebracht werden kann

sānātiō ⟨sānātiōnis⟩ F̄ ‖sanare‖ Heilung

sancīre ⟨sanciō, sānxī, sānctum 4.⟩ ‖sacer‖
1. heiligen, weihen; **foedus sanguine ~** einen Vertrag durch Blut besiegeln
2. verordnen, bestimmen, alicui aliquid j-m etw, ut/ne dass/dass nicht
3. unwiderruflich bestätigen, genehmigen, +dopp. akk
4. bei Strafe verbieten, bestrafen; **incestum pontifices supremo supplicio sanciunto** Cic. Blutschande sollen die Priester mit der höchsten Strafe belegen

sāncti-ficāre ⟨ō, -, - 1.⟩ ‖sanctus, facere‖ (eccl.) heiligen; (mlat.) heilig sprechen

sānctificātiō ⟨sānctificātiōnis⟩ F̄ ‖santificare‖ (eccl.) Heiligung; (mlat.) Heiligsprechung

sānctimōnia ⟨ae⟩ F̄ ‖sanctus‖
1. Heiligkeit, Ehrwürdigkeit
2. unbescholtener Lebenswandel

sānctimōniālis
A ⟨sānctimōniāle⟩ ADJ ‖sanctus‖ (eccl.) fromm, heilig
B ⟨sānctimōniālis⟩ F̄ (eccl.) Nonne

sānctiō ⟨sānctiōnis⟩ F̄ ‖sancire‖
1. bei Gesetzen Strafbestimmung

2 *bei Verträgen* Klausel, Vorbehalt
▶ deutsch: **Sanktion**
sānctitās ⟨sānctitātis⟩ F ||sanctus||
1 Heiligkeit, Unverletzlichkeit
2 Sittenreinheit, Unschuld
3 Frömmigkeit; **religionum sanctitates** vernünftige, vom Aberglauben freie Verehrung der Götter
4 (*eccl., mlat.*) Heiligkeit, *Titel der Bischöfe u. des Papstes*
sānctitūdō ⟨dinis⟩ F ||sanctus||
1 Heiligkeit, Unverletzlichkeit
2 Sittenreinheit
sānctor ⟨sānctōris⟩ M ||sancire|| *Tac.* Stifter, Verordner
sānctuārium ⟨ī⟩ N ||sanctus||
1 (*unkl.*) Heiligtum; Geheimarchiv
2 (*mlat.*) Sakristei; *pl* Reliquien
sānctum ⟨ī⟩ N ||sanctus|| (*mlat.*) Allerheiligstes *der Kirche*; *pl* Reliquien
sānctus[1] ⟨a, um⟩ PPP → sancire
sānctus[2] ⟨a, um, *adv* sānctē⟩ ADJ ||sancire||
1 geheiligt, geweiht
2 heilig, unverletzlich, *alicui* für j-n; **aeternum sanctae foedus amicitiae** *Catul.* das ewige Band heiliger Freundschaft; **aerarium sanctius** Geheimarchiv, Rücklage des Staatsschatzes
3 ehrwürdig, erhaben; **sanctum patrum concilium/consilium** engerer Senatsausschuss; **oratio sancta** feierliche Rede
4 sittlich gut, gewissenhaft
5 fromm
Sancus ⟨ī⟩ M, **Semo Sancus** M umbrisch-samnitische Schwurgottheit, *Beiname Jupiters als Eidhelfer*
sandaliārius ⟨a, um⟩ ADJ ||sandalium|| (*nachkl.*) Sandalen...
sandali-gerula ⟨ae⟩ F ||sandalium|| *Plaut.* Sklavin, die der Herrin die Sandalen nachträgt
sandalium ⟨ī⟩ N *Com.* Sandale
sandapila ⟨ae⟩ F (*nachkl.*) Totenbahre *der Armen*
sandyx ⟨sandycis⟩ F *Verg., Prop.* rote Mineralfarbe; Scharlach
sānē ADV ||sanus||
1 vernünftig, verständig; **non ego sanius bacchabor Edonis** ich will kräftiger als die Thraker zechen
2 *fig* in der Tat, gewiss; **~ vellem** natürlich möchte ich; **res ~ difficilis** eine wirklich schwierige Sache; **~ non** in der Tat nicht
3 *in bejahenden Antworten* gewiss, ja, allerdings
4 *einräumend bei konjkt. u. imp* meinetwegen; **sint haec ~ falsa** das mag meinetwegen falsch sein
5 *verstärkend beim imp* doch; **abi ~** geh doch

6 *steigernd* ganz, durchaus *bei adj u. adv*; **homo ~ innocens** ein wirklich unbescholtener Mensch; **non ~/haud ~** nicht sonderlich; **~ quam** überaus *bei Verben, adj, adv*
Sanguālis ⟨Sanguāle⟩ ADJ = **Sanqualis**
sanguen ⟨sanguinis⟩ N (*altl.*) = **sanguis**
sanguināre ⟨ō, āvī, ātum 1.⟩ ||sanguis||
1 bluten, blutig sein
2 *fig* blutdürstig sein, blutsaugerisch sein
sanguinārius ⟨a, um⟩ ADJ ||sanguis|| blutdürstig; **bellum sanguinarium** mörderischer Krieg
sanguineus ⟨a, um⟩ ADJ ||sanguis||
1 blutig, Blut...
2 blutbespritzt, blutig; **manus sanguinea** blutbefleckte Hand
3 blutrot; **lorica sanguinea** *Verg.* rot schimmernder Panzer
sanguinolentus, sanguinulentus ⟨a, um⟩ ADJ ||sanguis|| (*unkl.*)
1 blutig, blutbefleckt
2 *fig* blutrot
3 *fig* verletzend
4 *Sen. fig* blutsaugerisch
sanguis, sanguīs ⟨sanguinis⟩ M
1 Blut *im Körper*; **~ humanus** Menschenblut; **sanguine subito ici** vom Schlag getroffen werden; **sanguinis rivus/flumen** Blutstrom; **alicui sanguinem mittere** j-n zur Ader lassen
2 *meton* Blutvergießen, Mord; **odium usque ad sanguinem incitare** den Hass bis zum Blutvergießen anheizen
3 *fig* Lebensfrische, Kraft; **~ viresque deficiunt** Leben und Kräfte schwinden
4 Blutsverwandtschaft, Abstammung; **sanguine coniunctio** Blutsverwandtschaft; **sanguine attingere aliquem** mit j-m blutsverwandt sein
5 Nachkomme, Kind, Kinder
sangui-sūga ⟨ae⟩ F ||sanguis, sugere|| Blutegel
Sangus ⟨ī⟩ M = **Sancus**
saniēs ⟨ēī⟩ F (*unkl.*) Eiter; *fig* Gift
sānitās ⟨sānitātis⟩ F ||sanus||
1 Gesundheit *des Körpers*
2 Vernunft, Besonnenheit
3 *fig* Vollständigkeit; **victoriae des Sieges**
sanna ⟨ae⟩ F *Iuv. poet* Grimasse *als Zeichen des Hohns*
sanniō ⟨sanniōnis⟩ M Grimassenschneider, Hanswurst
Sanquālis ⟨Sanquāle⟩ ADJ *Liv.* dem Gott → Sancus geweiht
sānus ⟨a, um, *adv* sānē⟩ ADJ
1 heil, gesund; **aliquem sanum facere** j-n gesund machen
2 *fig* unverdorben, fehlerfrei; **~ a vitiis** frei von Lastern

3 vernünftig, verständig; **male ~** nicht recht bei Sinnen
4 RHET maßvoll, geschmackvoll
5 *adv auch* → sane

sānxī → sancire

sapa ⟨ae⟩ F *Ov.* Most, Saft

sapere ⟨ō, iī, īvī, uī, - 3.⟩
1 schmecken, *aliquid* nach etw; **bene ~** gut schmecken
2 riechen, *aliquid* nach etw, **crocum** nach Safran
3 Geschmack haben, Geschmack empfinden
4 *fig* Geschmack haben, Fähigkeit zur Unterscheidung haben; **indoctus quid enim saperet** *Hor.* was hätte der Ungebildete denn für einen Geschmack
5 *fig* Verstand haben, weise sein; **nihil ~** nichts verstehen
⚠️ **Sapere aude.** *Hor.* Wage dich deines eigenen Verstandes zu bedienen. *Nach Kant Leitgedanke der Aufklärung*

sapiēns
A ⟨sapientis⟩ ADJ, ADV ⟨sapienter⟩ ||sapere|| weise, *bes* philosophisch gebildet; **barba ~** Philosophenbart
B ⟨sapientis⟩ M Weiser, Philosoph; **septem sapientes** die sieben Weisen *Solon, Thales, Pittakos, Bias, Chilon, Kleobulos, Periandros*

sapientia ⟨ae⟩ F ||sapiens|| Verstand, Weisheit

sapienti-potēns ⟨sapientipotentis⟩ ADJ ||sapiens|| mächtig durch Weisheit

sāpō ⟨sāpōnis⟩ M Seife; Haarpomade

sapor ⟨sapōris⟩ M ||sapere||
1 Geschmack, **vini** des Weines; **~ tristis** fader Geschmack
2 (*nachkl.*) *meton* Leckerbissen; *pl Verg.* Wohlgeruch
3 *fig* Verstand, Geschmack

sapōrātus ⟨a, um⟩ ADJ ||sapor|| (*nachkl.*) *poet* schmackhaft gemacht

Sapphicus ⟨a, um⟩ ADJ der Sappho, zu Sappho gehörig

sapphīrus ⟨ī⟩ F = **sappirus**

Sapphō ⟨Sapphūs⟩ F bedeutendste lyrische Dichterin der Griechen *aus Lesbos, in Mytilene lebend, um 600 v. Chr.*

sappīrus ⟨ī⟩ F Saphir, *ein Edelstein*; Lapislazuli, *ein Halbedelstein*

saprophagere ⟨ō, -, - 3.⟩ *Mart.* verdorbene Speisen essen

sarcina ⟨ae⟩ F ||sarcire|| (*unkl.*)
1 Bündel, Last; *pl* Gepäck; **aliquis ~ est alicui** *fig* j-d fällt j-m zur Last
2 *poet* Leibesfrucht

sarcinārius ⟨a, um⟩ ADJ ||sarcina|| Gepäck...; **iumenta sarcinaria** *Caes.* Lasttiere

sarcinātor ⟨sarcinātōris⟩ M ||sarcire|| (*Plaut., spätl.*) Flickschneider

sarcinātus ⟨a, um⟩ ADJ ||sarcina|| *Plaut.* bepackt

sarcinula ⟨ae⟩ F ||sarcina|| kleines Bündel; *pl* wenig Gepäck, Habseligkeiten; **sarcinulae puellae** *Iuv.* kleine Mitgift des Mädchens

sarcīre ⟨sarciō, sarsī, sartum 4.⟩
1 flicken, ausbessern
2 *fig* wiedergutmachen, ersetzen; **detrimentum eius diei ~** *Caes.* den Schaden dieses Tages wiedergutmachen

sarcophagus ⟨ī⟩ M (*erg.* **lapis**) (*spätl.*) *poet* Sarg, Sarkophag

sarculum ⟨ī⟩ N ||sarire|| (*vkl., nachkl.*) kleine Hacke

sarda ⟨ae⟩ F ||Sardus|| (*nachkl.*) Sardine; Sardelle

Sarda ⟨ae⟩ F ||Sardinia|| Sardin, Einwohnerin von Sardinien

Sardanapallus, Sardanapālus ⟨ī⟩ M griech. Name für den letzten König von Assyrien, Assurbanipal, 669–627 v. Chr., der als Typ des genussreichen orient. Herrschers galt; *Mart. fig* Verschwender

Sardēs ⟨Sardium⟩ F = **Sardis**

Sardiānī ⟨ōrum⟩ M die Einwohner von Sardis

sardīna ⟨ae⟩ F = **sarda**

Sardinia ⟨ae⟩ F Sardinien, *Insel im Mittelmeer, seit 238 v. Chr. röm.*

Sardiniēnsis ⟨Sardiniēnse⟩ ADJ sardisch, von Sardinien

Sardīs ⟨Sardium⟩ F uralte Hauptstadt Lydiens, *bedeutende Ruinen beim heutigen Sart*

Sardonius ⟨a, um⟩ ADJ ||Sardinia|| sardisch, von Sardinien; **herba Sardonia** eine Art Ranunkel

sardonychātus ⟨a, um⟩ ADJ ||sardonyx|| *Mart.* mit einem Sardonyx geschmückt

sardonyx ⟨sardonychis *u.* sardonychos⟩ M braunweiß gestreifter Halbedelstein

Sardōus ⟨a, um⟩ ADJ ||Sardinia|| sardisch, von Sardinien

Sardus ⟨ī⟩ M ||Sardinia|| Sarde, Einwohner von Sardinien

sargus ⟨ī⟩ M Brachse, *beliebter Seefisch*

sarīre ⟨sariō, saruī/sarīvī, saritum 4.⟩ *Plaut.* hacken, jäten

sarīsa ⟨ae⟩ F lange Lanze *der Makedonier*

sarīsophorus ⟨ī⟩ M makedonischer Lanzenträger

sarissa, sarīssa ⟨ae⟩ F = **sarisa**

Sărmatae ⟨ārum⟩ M die Sarmaten, *osteuropäisches Nomadenvolk zwischen Ostsee, Weichsel u. Wolga*

Sarmaticus ⟨a, um⟩ ADJ, **Sarmatis** ⟨Sarmatidis⟩ F sarmatisch

sarmen ⟨sarminis⟩ N *Plaut.*, **sarmentum** ⟨ī⟩ N Zweig, Rebe; *pl* Reisig; **fasces sarmento-**

rum Faschinen, *Reisigbündel zur Sicherung von Böschungen*

Sarpēdōn ⟨Sarpēdonis⟩ M̄ MYTH *Sohn Jupiters, König von Lydien, vor Troja von Patroklos getötet*

sarrapis ⟨sarrapidis⟩ F̄ *Plaut.* persische Tunika mit Purpurstreifen

sarsī → sarcire

sartāgō ⟨sartāginis⟩ F̄ ||sarcire||
1 *luv.* Tiegel, Pfanne
2 Mischmasch
3 (*eccl.*) Hexenkessel, Höllenpfuhl

sartor¹ ⟨sartōris⟩ M̄ ||sarire|| *Plaut.* Heger, Pfleger; **sator sartorque scelerum** der Verbrechen sät und pflegt

sartor² ⟨sartōris⟩ M̄ ||sarcire|| (*spätl.*) Flickschneider

sartūra ⟨ae⟩ F̄ ||sarcire|| *Sen.* Flicknaht, Flickstelle

sartus¹ ⟨a, um⟩ PPP → sarcire

sartus² ⟨a, um⟩ ADJ ||sarcire|| ausgebessert; **~ et tectus** in gutem (baulichem) Zustand, gut verwahrt; **omnia sarta tecta exigere** den baulichen Zustand von allem prüfen

sat ADV = satis

sata ⟨ōrum⟩ N̄ ||serere|| Saaten, Anpflanzungen

sat-agere ⟨agō, ēgī, āctum 3.⟩
1 den Gläubiger befriedigen
2 (*vkl., nachkl.*) vollauf zu tun haben, beschäftigt sein

satagius ⟨a, um⟩ ADJ ||satagere|| *Sen.* überängstlich

satan M̄ indekl, **satanās** ⟨ae⟩ M̄ (*eccl.*) Gegner, *bes* Teufel

satelles ⟨satellitis⟩ M̄ u. F̄
1 Leibwächter; *pl* Gefolge, Garde
2 *fig* Begleiter, Diener; **~ virtutis** Anhänger der Tugend; **~ Iovis** Begleiter des Jupiter, = Adler; **~ Orci** Diener der Unterwelt, = Charon
3 *pej* Helfershelfer, Spießgeselle

satiāre ⟨ō, āvī, ātum 1.⟩ ||satis||
1 (*nachkl.*) *poet* sättigen, *aliquem re* j-n mit etw; **cibus satiat** die Speise sättigt
2 *fig* befriedigen, stillen; **voluptas satiari non potest** die Lust kann nicht befriedigt werden
3 *meton* übersättigen; *passiv etw* satt haben, *einer Sache* überdrüssig sein, *re/alicuius rei*; **satiari re** etw in vollem Maß genießen; **satiari in re** sich an etw satt sehen

satiās ⟨satiātis⟩ F̄ = satietas

satietās ⟨satietātis⟩ F̄ ||satis||
1 (*vkl., nachkl.*) ausreichende Menge, Überfluss
2 Sättigung, *meist fig*; Übersättigung, Überdruss, Ekel, *alicuius rei* an etw

satillum ⟨ī⟩ N̄ ||satis|| das bisschen; **~ animae** *Plaut.* das bisschen Leben

satin, **satine** = **satisne**; → satis

satiō ⟨satiōnis⟩ F̄ ||sero²|| Aussaat; Anpflanzen

satira ⟨ae⟩ F̄ = satura

satis *komp* ⟨satius⟩ ADV
1 genug, genügend; **~ magnus** genügend groß; **~ amicorum** genügend Freunde; **non ~** zu wenig; **~ superque** allzu sehr, übergenug; **alicui ~ superque suarum rerum est** j-d hat genug mit sich selbst zu tun
2 JUR genügend Kaution, hinlängliche Sicherheit; **~ petere/exigere** genügend Kaution fordern; **~ cavere** genügend Kaution stellen
3 sehr; ziemlich; **~ scire** sehr wohl wissen; **non ~** nicht recht
4 **~ esse** genügen, *alicui* j-m, für j-n, *ad aliquid/in aliquid* für etw, *+AcI/+Inf/quod/si*; **tantum ~ est** es ist schon genug
5 **~ habere** für genügend halten, damit zufrieden sein, *+inf/+AcI/quod/ut/si*
6 *komp* besser, lieber; **satius est** es ist besser, *+inf/+AcI*

satis-dāre ⟨dō, dedī, datum 1.⟩ Kaution stellen, Sicherheit geben, *alicui alicuius rei* j-m für etw, **damni infecti** für einen eventuell entstehenden Schaden; **satisdato** durch Kaution

satisdatiō ⟨satisdatiōnis⟩ F̄ ||satisdare|| Kaution, Bürgschaft

satis-facere ⟨faciō, fēcī, factum 3., *passiv* satis-fīō, factus sum, fierī⟩
1 *j-m/einer Sache* Genüge leisten, *j-n* befriedigen, *alicui/alicuius rei*; **officio ~** der Pflicht genügen; **precibus alicuius ~** j-s Bitten erhören; **vitae ~** lange genug gelebt haben; **alicui satisfit** j-d verschafft sich Genugtuung
2 *einen Gläubiger* befriedigen, bezahlen, *alicui* j-n
3 *j-m* Genugtuung geben, sich bei *j-m* entschuldigen, *alicui, de re* für etw
4 hinreichend überzeugen, *alicui* j-n, *de re* in Bezug auf etw, *+AcI*

satisfactiō ⟨satisfactiōnis⟩ F̄ ||satisfacere||
1 Entschuldigung, Rechtfertigung
2 Sühne, Buße

satis-factus ⟨a, um⟩ PPP → satisfacere

satis-fēcī → satisfacere

satius ADV *komp* → satis

sator ⟨satoris⟩ M̄ ||serere²||
1 (*unkl.*) Pflanzer
2 *fig* Urheber, Schöpfer

satrapa ⟨ae⟩ M̄ = satrapes

satrapēa ⟨ae⟩ F̄ Satrapie, Statthalterschaft einer persischen Provinz

satrapēs ⟨satrapis⟩ M̄ Satrap, Statthalter einer persischen Provinz

satrapīa ⟨ae⟩ F̄ = satrapea

satur ⟨satura, saturum⟩ ADJ ||satis||
1 satt, gesättigt, *re/alicuius rei* von etw; **color ~**

satte Farbe
2 *fig von Personen* befriedigt
3 *fig* voll, reich
4 *Mart. fig* fett
5 RHET reichhaltig
satura ⟨ae⟩ F ||satur|| *(unkl.)*
1 mit Früchten gefüllte Schüssel, *die jährlich den Göttern geopfert wurde*
2 *fig* Gemenge; **per saturam** ohne Ordnung, regellos
3 *meton* Satire, Sammlung von Stegreifgedichten *vermischten Inhalts u. in verschiedenen Versformen; Prosastück in lockerem Gesprächsstil;* ethisch-didaktisches Gedicht *in Hexametern, das menschliche Schwächen u. politisch-gesellschaftliche Zustände anprangerte*
⚠ **Difficile est, saturam non scribere.** *Iuv.* Es ist schwer, (bei diesen Zuständen) keine Satire zu schreiben.
saturāre ⟨ō, āvī, ātum 1.⟩ ||satur||
1 sättigen; reichlich versorgen, *aliquem re* j-n mit etw; **animalia ~** Tiere füttern
2 *fig* stillen, befriedigen; **odium ~** seinen Hass befriedigen
saturēia ⟨ae⟩ F, **saturēia** ⟨ōrum⟩ N *Ov.* Pfefferkraut, Bohnenkraut, *mediterrane Gewürzpflanze*
saturitās ⟨saturitātis⟩ F ||satur||
1 Sättigung
2 Überfluss
Sāturnālia ⟨ōrum⟩ N ||Saturnus|| die Saturnalien, *am 17. Dezember beginnendes Freudenfest zur Erinnerung an die Regierung des Saturn mit karnevalistischen Zügen*
Sāturnia ⟨ae⟩ F ||Saturnus|| Tochter des Saturn, = Juno
Sāturnius
A ⟨a, um⟩ ADJ des Saturn; **Saturnia stella** der Planet Saturn; **Saturnia regna** goldenes Zeitalter; **~ mons** Hügel des Saturn, = Kapitol; **~ pater** saturnischer Vater, = Jupiter; **Saturnia virgo** saturnische Jungfrau, = Vesta; **~ versus** saturnischer Vers, *das röm. Versmaß vor der Übernahme griech. Metra, Schema:* ∪–∪– –||–∪–∪– –
B ⟨ī⟩ M Sohn des Saturn, = Jupiter *od* Pluto
Sāturnus ⟨ī⟩ M
1 *altital.* Gott, *später mit griech. Kronos gleichgesetzt u. als Ahnherr der Götter verehrt; seine Regierung wird mit dem goldenen Zeitalter gleichgesetzt*
2 *meton der* Planet Saturn; **Saturni dies** Samstag
satus¹ ⟨satūs⟩ M ||serere²||
1 Säen, Pflanzen; *meton* Saat
2 *fig* Ursprung; Geschlecht; **Hercules, Iovis satu editus** *Cic.* Herkules, der Spross Jupiters
satus² ⟨a, um⟩ PPP → **serere²**
satyra ⟨ae⟩ F = **satura 3**

satyriscus ⟨ī⟩ M kleiner Satyr
Satyrus ⟨ī⟩ M
1 Satyr, *bockähnlicher Begleiter des Dionysos/Bacchus, in der röm. Dichtung vielfach mit den Waldgöttern, den Faunen, gleichgesetzt*
2 PL *meton* Satyrspiel *der Griechen, parodistisches Nachspiel der Tragödie*
saucaptis ⟨saucaptidis⟩ F *Plaut.* erfundener Gewürzname
sauciāre ⟨ō, āvī, ātum 1.⟩ ||saucius|| verwunden, **hostem telis** den Feind mit Geschossen; **~ ungue** blutig kratzen; **humum ~** den Boden aufreißen
sauciātiō ⟨sauciātiōnis⟩ F ||sauciare|| Verwundung
saucius ⟨a, um⟩ ADJ
1 verwundet, verletzt, *bes im Kampf*; **taurus ~** verletzter Stier; **~ umero/umerum** an der Schulter verletzt
2 *fig* liebeskrank, verstimmt
3 *(nachkl.) fig* betrunken
4 *fig* schon halb verurteilt
5 *von Sachen* beschädigt; **mālus Africo ~** *Hor.* vom Africus geknickter Mastbaum
Sauromatae ⟨ārum⟩ M, SG **Sauromatēs** ⟨Sauromatae⟩ M = **Sarmatae**
sāviārī ⟨or, ātus sum 1.⟩ ||savium|| küssen
sāviātiō ⟨sāviātiōnis⟩ F ||saviari|| Küssen
sāviolum ⟨ī⟩ N ||savium|| *(nachkl.) poet* Küsschen
sāvium ⟨ī⟩ N
1 *(vkl.) poet* Kussmund
2 *meton* Kuss, *auch als Kosewort*
saxātilēs ⟨saxātilium⟩ M ||saxatilis|| in felsenreichem Gewässer lebende Fische
saxātilis ⟨saxātile⟩ ADJ ||saxum|| *(unkl.)* zwischen Felsen befindlich
saxētum ⟨ī⟩ N ||saxum|| felsenreiche Gegend
saxeus ⟨a, um⟩ ADJ ||saxum|| felsig, Felsen…; **umbra saxea** Schatten des Felsens
saxi-ficus ⟨a, um⟩ ADJ ||saxum, facere|| versteinernd, versteinernde; **saxifici vultūs** *der Medusa*
saxi-fragus ⟨a, um⟩ ADJ ||saxum, frangere|| *(nachkl.) poet* Felsen zerbrechend
saxōsus ⟨a, um⟩ ADJ ||saxum|| *(nachkl.) poet* steinig, felsig
saxulum ⟨ī⟩ N ||saxum|| kleiner Fels
saxum ⟨ī⟩ N
1 Felsgestein; Baustein
2 Fels, Felsblock, großer Stein; **saxa latentia** Klippen
3 *meton* Steinmauer; Gebäude aus Stein
4 *meton* Felsenhöhle
⚠ **Sisyphi saxum versare.** Den Stein des Sisyphus wälzen. = Eine Arbeit machen, die nie ans Ziel führt.

Saxum ⟨ī⟩ N̄ *in Eigennamen*: **~ Tarpeium** tarpejischer Fels *am Kapitol*; **~ sacrum** heiliger Fels *auf dem Aventin, wo Remus die Auspizien angestellt hatte*; **Saxa Rubra** *Ortschaft an der via Flaminia im s. Etrurien*

sc.[1] *Abk* (nlat.) = **sculpsit** hat gestochen; → sculpere

sc.[2] *Abk* (nlat.) = **scilicet** nämlich

scabellum ⟨ī⟩ N̄ ||scamnum||
1 Schemel, Fußbank
2 *Suet. fig* hohe Holzsohle *der Schauspieler u. Musikanten, bes* Sohle zum Treten des Taktes *beim mimischen Spiel*

scaber ⟨scabra, scabrum⟩ ADJ ||scabere|| rau, schäbig

scabere ⟨scabō, scābī, - 3.⟩ (nachkl.) schaben, kratzen; **caput digito ~** *Hor.* den Kopf mit dem Finger kratzen

scabiēs ⟨scabiēī⟩ F ||scabere||
1 (nachkl.) poet Rauheit
2 *fig* Jucken, Reiz; **~ libidinum** Kitzel der Leidenschaften

scabillum ⟨ī⟩ N̄ = **scabellum**

scabiōsus ⟨a, um⟩ ADJ ||scabies|| rau, räudig

scaena ⟨ae⟩ F
1 Bühne des Theaters; *allg.* Theater; **in scaena esse** Schauspieler sein; **de scaena decedere** die Bühnenlaufbahn aufgeben; **fabulam in scaenam deferre** ein Stück auf die Bühne bringen; **scaenae ostentatio** theatralische Darstellung
2 *Verg.* Waldstück *als Bühne*
3 *fig* Schauplatz; Rhetorenschule
4 *fig* Weltbühne; Publikum
5 *fig* äußerer Prunk
6 (unkl.) *fig* abgekartete Sache
▶ deutsch: **Szene**

scaenicus
A ⟨a, um⟩ ADJ theatralisch, Bühnen...; **artifex ~** Bühnenkünstler
B ⟨ī⟩ M̄ Schauspieler

scaeva ⟨ae⟩ F ||scaevus|| zur Linken beobachtetes Vorzeichen, *daher urspr.* günstiges Vorzeichen, *später* ungünstiges Vorzeichen

Scaevola ⟨ae⟩ M̄ *Beiname in der gens Mucia*; → Mucius

scaevus ⟨a, um⟩ ADJ links; *fig* ungünstig

scālae ⟨ārum⟩ F ||scandere|| Leiter, Treppe; MIL Sturmleiter; *Mart. meton* Treppenstufen

Scaldis ⟨Scaldis, *akk* Scaldem *u.* Scaldim, *abl* Scalde⟩ M̄ Schelde, *Fluss zur Nordsee*

scalmus ⟨ī⟩ M̄ Ruderpflock; *allg.* Boot

scalpellum ⟨ī⟩ N̄ ||scalprum|| *Cic., Sen.* chirurgisches Messer, Skalpell

scalpere ⟨scalpō, scalpsī, scalptum 3.⟩
1 (nachkl.) poet scharren, kratzen
2 *Pers. fig* zur Wollust reizen
3 mit einem Werkzeug ritzen, gravieren; **sepulcro scalpe querelam** *Hor.* schreib auf den Leichenstein ein Klagelied

scalprum ⟨ī⟩ N̄ ||scalpere||
1 Schnitzmesser, Messer zum Gravieren
2 Federmesser, Schusterahle
3 Meißel

scalpsī → scalpere

scalptor ⟨scalptōris⟩ M̄ ||scalpere|| Gemmenschneider, Graveur

scalptōrium ⟨ī⟩ N̄ ||scalpere|| *Mart.* Werkzeug zum Kratzen

scalptūra ⟨ae⟩ F ||scalpere||
1 Schneiden, Gravieren
2 *meton* Gravur, Schnitzwerk

scalptus ⟨a, um⟩ PPP → scalpere

scalpurrīre ⟨iō, -, - 4.⟩ ||scalpere|| *Plaut.* kratzen

Scamander ⟨Scamandrī⟩ M̄ *Fluss in der Troas*

scambus ⟨a, um⟩ ADJ *Suet.* krummbeinig

scammōnia ⟨ae⟩ F Purgierwinde, *Pflanze, aus deren Wurzel ein Abführmittel hergestellt wurde*

scamnum ⟨ī⟩ N̄ (unkl.) Bank, Schemel

scandalōsus ⟨a, um⟩ ADJ ||scandalum|| anstößig

scandalum ⟨ī⟩ N̄ (eccl.) Anstoß, Ärgernis

scandere ⟨scandō, scandī, scānsum 3.⟩
A V̄Ī aufsteigen, hinaufsteigen; **scandentes arces** *Prop.* ansteigende Anhöhen
B V̄T
1 (unkl.) poet besteigen, ersteigen, *auch fig*; **Capitolium atque arcem ~** *Liv.* das Kapitol und die Burg erklimmen; **~ equum** ein Pferd besteigen
2 GRAM skandieren, **versūs** Verse

scandula ⟨ae⟩ F Dachschindel

scapha ⟨ae⟩ F Kahn, Boot

scaphium ⟨ī⟩ N̄ *Mart., Iuv.*
1 Becken, Trinkschale
2 Nachttopf

scapulae ⟨ārum⟩ F (vkl., nachkl.) Schulterblätter; Rücken

scāpus ⟨ī⟩ M̄ (nachkl.)
1 Stiel, Stängel
2 PL *Lucr.* Stäbe des Weberkammes

scarabaeus ⟨ī⟩ M̄ (nachkl.) poet Käfer

scarus ⟨ī⟩ M̄ Papageifisch, *galt bei den Römern als Delikatesse*

scatebra ⟨ae⟩ F ||scatere|| (nachkl.) Sprudel; *meton* sprudelnde Quelle

scatēre[1] ⟨eō, -, - 2.⟩ (unkl.), **scatere**[2] ⟨ō, -, - 3.⟩ (altl.) sprudeln; *fig* voll sein, **re** von etw; **scatens beluis pontus** *Hor.* das von Tieren wimmelnde Meer

scatūrīgō ⟨scatūrīginis⟩ F ||scaturire|| (nachkl.) poet hervorsprudelndes Wasser, Quellwasser

scatūrīre ⟨iō, īvī, - 4.⟩ = **scatere**¹
scaturrīgō ⟨scaturrīginis⟩ F̲ = **scaturigo**
scaturrīre ⟨iō, īvī, - 4.⟩ = **scaturire**
scaurus ⟨a, um⟩ A̲D̲J̲ *Hor.* mit einem Klumpfuß
Scaurus ⟨ī⟩ M̲ röm. Beiname in der gens Aemilia; → Aemilius
scazōn ⟨ontis⟩ M̲ Hinkiambus, *jambischer Trimeter, der im letzten Fuß statt eines Jambus einen Spondeus od Trochäus hat*
scelerāre ⟨ō, āvī, ātum 1.⟩ ||scelus|| *poet* durch Frevel entweihen

scelerātus
A ⟨a, um, *adv* scelerātē⟩ A̲D̲J̲ ||scelerare||
1 (unkl.) durch Frevel entweiht; ~ **vicus** Frevlergasse *in Rom, wo Tullia, die Gattin des Tarquinius Superbus, über die Leiche ihres ermordeten Vaters gefahren war;* **campus ~** Frevelfeld, *wo der Unkeuschheit überführte Vestalinnen lebendig begraben wurden;* **sedes scelerata** Ort der Verdammten *in der Unterwelt*
2 verbrecherisch, frevelhaft; **vox scelerata** *Cic.* verbrecherisches Wort
3 (nachkl.) unheilvoll
B ⟨ī⟩ M̲ Verbrecher
scelerōsus ⟨a, um⟩ A̲D̲J̲ ||scelus|| (unkl.) verrucht
scelerus ⟨a, um⟩ A̲D̲J̲ ||scelus|| *Plaut.* scheußlich
scelestus
A ⟨a, um⟩ A̲D̲J̲, A̲D̲V̲ ⟨scelestē⟩ ||scelus||
1 verbrecherisch, verrucht
2 *Plaut. hum* listig, pfiffig
3 unheilvoll, unselig
B ⟨ī⟩ M̲ Verbrecher
scelus ⟨sceleris⟩ N̲
1 Verbrechen, Frevel, *in aliquem* gegen j-n, *alicuius rei* bestehend in etw; *pl Liv.* ruchlose Reden
2 *meton* frevelhafte Gesinnung, Ruchlosigkeit
3 frevelhafte Existenz, Schurke, *bes als Schimpfwort*
4 *poet* Strafe für den Frevel; **scelus expendere** für einen Frevel büßen
scēn... = **scaen...**
scēptri-fer ⟨scēptrifera, scēptriferum⟩ A̲D̲J̲ ||sceptrum, ferre|| *poet* zeptertragend
scēptrum ⟨ī⟩ N̲
1 Zepter *als Symbol der Herrschaft;* meton Herrschaft; **primus sceptris** der Erste an Herrschergewalt
2 *fig hum* Rohrstock *des Pädagogen*
3 *fig* männliches Glied
scēptūchus ⟨ī⟩ M̲ *Tac.* Zepterträger, Hofmarschall *im Orient*
scheda ⟨ae⟩ F̲ = **scida**
schedula ⟨ae⟩ F̲ ||scheda|| (spätl.) Zettel
schēma ⟨ae⟩ F̲ (vkl., nachkl.)
1 Figur, Stellung *bes der Tänzer*
2 Tracht, Kleidung
3 RHET *Figur; Petr.* verblümte Redewendung
▶ deutsch: Schema
schēmatismus ⟨ī⟩ M̲ *Quint.* figürliche Redeweise
schida ⟨ae⟩ F̲ = **scida**
schisma ⟨schismatis⟩ N̲ (eccl.) Spaltung, Trennung
schoenicula ⟨ae⟩ F̲ ||schoeniculus|| Prostituierte
schoeniculus ⟨a, um⟩ A̲D̲J̲ ||schoenus|| *Plaut.* mit Binsencreme gesalbt
schoenobatēs ⟨ae⟩ M̲ *Iuv.* Seiltänzer
schoenus ⟨ī⟩ M̲ (vkl., nachkl.) Binse; *meton* billige Binsencreme, *womit Prostituierte sich salbten*
schola ⟨ae⟩ F̲
1 gelehrter Vortrag, Vorlesung; **scholas habere/explicare** Vorträge halten
2 *meton* Lehrstätte, Schule
3 die Schüler, die Anhänger *einer philosophischen Richtung*
▶ deutsch: Schule
 englisch: school
 französisch: école
 spanisch: escuela
 italienisch: scuola
scholāris
A ⟨scholāre⟩ A̲D̲J̲ ||schola|| (spätl.) Schul...; (mlat.) akademisch gebildet
B ⟨scholāris⟩ M̲ (mlat.) fahrender Schüler
scholasticus
A ⟨a, um⟩ A̲D̲J̲
1 Schul..., rhetorisch; **lex scholastica** Schulregel
2 (mlat.) scholastisch
B ⟨ī⟩ M̲
1 Rhetor; Gelehrter
2 Schüler, Student
3 (mlat.) Scholastiker
4 (mlat.) Ordensgeistlicher
scida ⟨ae⟩ F̲ Streifen *des Papyrus; allg.* Blatt Papier
scidī → scindere
sciēns
A ⟨scientis, *adv* scienter⟩ A̲D̲J̲ ||scire||
1 wissend; **aliquem scientem facere** j-n wissen lassen, j-n informieren
2 wissentlich; **prudens et ~** wohl wissend; **aliquo sciente** mit j-s Wissen
3 kundig, sachverständig, *alicuius rei* in etw; ~ **rei publicae** politisch sachkundig
B ⟨scientis⟩ M̲ Sachverständiger, Kenner
scientia ⟨ae⟩ F̲ ||sciens||
1 Kenntnis, Wissen, *alicuius rei* von etw
2 Einsicht, *alicuius rei/in re* in etw; Wissenschaft, *alicuius rei* von etw, *in re* in etw

SCIT

sciī → scire
scil. *Abk* (*nlat.*) = **scilicet** nämlich
scī-licet
A
1 (*vkl., nachkl.*) man kann wissen, +*AcI od absolut*; **quis iste est Peniculus? ~ qui dudum tecum venit** wer ist dieser Peniculus? Das weißt du doch: der Mann, der vor Kurzem mit dir kam
2 *poet als Hinweis auf etw Überraschendes* man denke nur
B ADV
1 natürlich, selbstverständlich
2 *in erklärenden Antworten* nämlich, das heißt
3 *iron* natürlich, allerdings
4 leider, freilich
scilla ⟨ae⟩ F
1 *Verg.* Meerzwiebel
2 kleiner Seekrebs, Krabbe
scīn' ~ **sclsne**; → scire
scindere ⟨scindō, scidī, scissum 3.⟩
1 spalten, zerreißen; **agmen ~** die Heeresreihe durchbrechen; **mater scissa comam** Mutter mit zerrauftem Haar; **silvam ~** den Wald durchqueren; **viam per stagna ~** sich einen Weg durch das Gewässer bahnen
2 *vom Vorschneider bei Tisch* zerteilen, zerlegen
3 *fig* trennen; *passiv* sich trennen, sich teilen
4 *fig* wieder aufreißen, erneuern; **dolorem ~** den Schmerz wieder aufleben lassen
5 *fig* gewaltsam unterbrechen, stören
6 (*vkl.*) *fig* zerstören
scindula ⟨ae⟩ F (*nachkl.*) = **scandula**
▶ deutsch: **Schindel**
scintilla ⟨ae⟩ F Funke; *fig* Kleinigkeit
scintillāre ⟨ō, -, - 1.⟩ ||scintilla|| Funken sprühen, funkeln, flackern
scintillula ⟨ae⟩ F ||scintilla|| Fünkchen, *auch fig*
Scīpiadēs ⟨Scīpiadae⟩ M ||Scipio|| Angehöriger der Familie der Scipionen
scīpiō ⟨scīpiōnis⟩ M (*vkl., nachkl.*) Stab, Stock
Scīpiō ⟨Scīpiōnis⟩ M Beiname in der gens Cornelia; → Cornelius
1 P. Cornelius ~ Konsul 218 v. Chr., gest. 211 v. Chr.
2 P. Cornelius ~ Africanus maior Sohn von 1, Sieger von Zama
3 P. Cornelius ~ Aemilianus Africanus minor Schwiegersohn von 1, Eroberer von Karthago (146 v. Chr.) u. Numantia (133 v. Chr.)
4 P. Cornelius ~ Nasica Corculum Schwiegersohn von 1, Gegner der Zerstörung Karthagos
scīre ⟨sciō, scīvī/sciī, scītum 4.⟩
1 wissen, *aliquid* etw; Kenntnis haben, *aliquid* von etw, *de aliquo/ex aliquo* durch j-s Mitteilung, *de re* von etw, über etw, +*AcI*/+*indir Fragesatz*; **sicut omnes sciunt** wie alle wissen; **quod sciam** soviel ich weiß
2 verstehen, können, *absolut od aliquid* etw, *de re* von etw, +*inf*; **res, quae sciuntur** die Dinge, die man beherrscht; **vincere scis** du verstehst zu siegen
3 (*spätl.*) mit j-m schlafen, *aliquem*
4 (*nachkl.*) entscheiden; meinen; **scires** man sollte meinen, +*AcI*
scirpea ⟨ae⟩ F ||scirpeus|| Wagenkorb aus Binsen
scirpeus ⟨a, um⟩ ADJ ||scirpus|| aus Binsen, Binsen…
scirpiculus ⟨ī⟩ M ||scirpus|| Binsenkorb; **~ piscarus** Fischreuse
scirpus ⟨ī⟩ M (*vkl., nachkl.*)
1 Binse
2 in scirpo nodum quaerere *Plaut.* Schwierigkeiten suchen, wo keine sind
scīscere ⟨scīscō, scīvī, scītum 3.⟩ ||scire||
1 (*vkl., nachkl.*) zu erfahren suchen, erforschen
2 in Erfahrung bringen, erfahren
3 *vom Volk* beschließen, *aliquid* etw, *ut/ne*; **plebs/populus sciscit** das Volk beschließt
4 billigen, genehmigen
5 *vom einzelnen Mitglied der Volksversammlung* für *etw* stimmen, *aliquid*, **legem** für ein Gesetz
scīscitāre ⟨ō, -, ātum 1.⟩, **scīscitārī** ⟨or, ātus sum 1.⟩ ||sciscere|| *etw* zu erfahren suchen, sich nach *etw* erkundigen, *aliquid/de re, ex aliquo/de aliquo* von j-m, bei j-m; **aliquem ~** j-n befragen, bei j-m über etw; *de re* über etw; **oracula Phoebi ~** das Orakel des Phoebus befragen
scīscitātor ⟨scīscitātōris⟩ M ||sciscitor|| *Mart.* Nachforscher
scissor ⟨scissōris⟩ M ||scindere|| Vorschneider *der Speisen*
scissūra ⟨ae⟩ F ||scindere|| (*nachkl.*) Spaltung; *meton* Spalte
scissus¹ ⟨a, um⟩ PPP → scindere
scissus² ⟨a, um⟩ ADJ ||scindere||
1 (*nachkl.*) zerrissen
2 *fig* runzelig
3 *fig* kreischend; **vox scissa** *Cic.* kreischende Stimme
scītāmenta ⟨ōrum⟩ N ||scitus²|| *Plaut.* Leckerbissen; *fig* stilistische Feinheiten
scītārī ⟨or, ātus sum 1.⟩ ||sciscere|| wissen wollen, erforschen
scītulus ⟨a, um, *adv* scītulē⟩ ADJ ||scitus²|| *Plaut., Apul.* allerliebst
scītum¹ PPP → scio *u.* → scisco
scītum² ⟨ī⟩ N ||scire, sciscere||
1 Beschluss, Verordnung; **plebis ~** Volksbeschluss
2 *Sen.* philosophischer Lehrsatz
scītus¹ *abl* ⟨scītū⟩ M ||sciscere|| Beschluss
scītus² ⟨a, um, *adv* scītē⟩ ADJ ||sciscere||

Scipio

Publius Cornelius Scipio Africanus (236 - 183 v. Chr.) übernahm 211 den Oberbefehl in Spanien gegen die Karthager. Er besiegte **Hasdrubal** und setzte nach Afrika über, wo er 202 **Hannibal** bei **Zama** besiegte und damit den 2. Punischen Krieg für Rom entschied. In Rom wurde er von **Cato Censorius** u. a. wegen seiner Griechenfreundlichkeit und seiner großen persönlichen Machtfülle angegriffen. Schließlich war er gezwungen, sich ins Privatleben zurückzuziehen und verließ Rom.

Publius Cornelius Scipio Aemilianus (ca. 185 - 129 v. Chr.) zerstörte am Ende des 3. Punischen Krieges 146 v. Chr. Karthago. Als Kenner der griechischen Kultur förderte er deren Verbreitung in Rom. Zu seinen engsten Freunden (Scipionenkreis) gehörten Politiker, Philosophen und Schriftsteller, u. a. Gaius Laelius, Panaitios von Rhodos, Terenz und Polybios. Cicero machte ihn zur Hauptperson seiner Schrift **De re publica**.

GESCHICHTE

1 erfahren, klug; **scitum est** es ist ein kluger Einfall, +inf
2 kundig, *alicuius rei* einer Sache
3 *fig* fein, geschmackvoll
4 *(vkl., nachkl.)* passend, tauglich
sciūrus ⟨ī⟩ M̄ *(nachkl.) poet* Eichhörnchen
scīvī → scire u. → sciscere
scobis ⟨scobis⟩ F̄ ||scabo|| Holzspäne, Hobelspäne
scomber ⟨scombrī⟩ M̄ *(unkl.)* Makrele
scōmma ⟨scōmmatis⟩ N̄ Ausspruch, Spruch
scōpa ⟨ae⟩ F̄
1 dünner Zweig; *pl* Reisig, Besen
2 **scopas dissolvere** *Cic.* etw in Unordnung bringen
Scopās ⟨ae⟩ M̄ *berühmter Bildhauer u. Architekt aus Paros, um 375 v. Chr.*
scopulōsus ⟨a, um⟩ ADJ ||scopulus¹|| felsig, klippenreich
scopulus¹ ⟨ī⟩ M̄
1 Felsen, Bergspitze
2 Klippe
3 *fig* Hartherzigkeit; **scopulos gestare in corde** *Ov.* Steine im Herzen tragen, hartherzig sein
scopulus² ⟨ī⟩ M̄ ||scopus|| *Suet.* kleines Ziel
scopus ⟨ī⟩ M̄ Ziel, Zielscheibe
scordalus ⟨ī⟩ M̄ *Sen.* Streithahn
scorpiō ⟨scorpiōnis⟩ M̄, **scorpios**, **scorpius** ⟨ī⟩ M̄
1 Skorpion, *auch als Sternbild*
2 MIL Skorpion, *eine Wurfmaschine*
3 *Petr.* stacheliger Seefisch
scortārī ⟨or, - 1.⟩ ||scortum|| *(vkl.)* huren
scortātor ⟨scortātōris⟩ M̄ ||scortari|| Frauenheld, Schürzenjäger
scortea¹ ⟨ae⟩ F̄ ||scorteus|| Pelz
scortea² ⟨ōrum⟩ N̄ ||scorteus|| Lederwaren
scorteus ⟨a, um⟩ ADJ ||scortum|| ledern, aus Leder
scortillum ⟨ī⟩ N̄ ||scortum|| *Catul.* kleine Hure
scortum ⟨ī⟩ N̄
1 Fell, Haut
2 *fig* Dirne, Prostituierte
screāre ⟨ō, -, - 1.⟩ *Plaut.* sich räuspern
screātor ⟨screātōris⟩ M̄ ||screare|| *Plaut.* Räusperer; **~ sum** ich räuspere mich
screātus ⟨screātūs⟩ M̄ ||screare|| *Ter.* Räuspern
scrība ⟨ae⟩ M̄ ||scribere|| Schreiber, Sekretär
scrībere ⟨scrībō, scrīpsī, scrīptum 3.⟩
1 zeichnen, aufzeichnen, *aliquid in re* etw auf etw
2 bemalen; belegen, **testudine** mit Schildpatt
3 schreiben, *absolut od aliquid* etw, *alicui*/*ad aliquem* an j-n; mit einer Inschrift versehen
4 niederschreiben, aufzeichnen; **populo leges ~** dem Volk Gesetze geben; **alicui dicam ~** gegen j-n Klage einreichen; **scribendo adesse**/**ad scribendum esse** einen Senatsbeschluss mit abfassen und unterzeichnen
5 *Schriften od Bücher* verfassen; schriftstellern, *absolut*
6 schriftlich darstellen, +AcI; besingen
7 schriftlich ernennen, einsetzen; **se ~** sich schriftlich nennen, *z. B. auf Weihegeschenken*
8 *(vkl.)* Anweisung zur Auszahlung von Geld geben, *ab aliquo* j-m
9 *Kolonisten od Soldaten* ausheben; **colonos ~** Kolonisten in Listen eintragen; **~ aliquem gregis sui** *fig* j-n unter seine Freunde rechnen
▷ deutsch: **schreiben**
französisch: **écrire**
spanisch: **escribir**
italienisch: **scrivere**
scrīb(i)līta ⟨ae⟩ F̄ *Petr.* Käsegebäck
Scrībōnius ⟨a, um⟩ *Name einer pleb. gens, bekannt:*
1 C. **~ Curio** Prätor 121 v. Chr.
2 C. **~ Curio** Sohn von 1., Konsul 76 v. Chr.
3 L. **~ Libo** Freund Ciceros u. des Pompeius; seine

Schwester Scribonia war die zweite Gattin Octavians u. Mutter der Julia

scrīnium ⟨ī⟩ N̄ *(nachkl.) poet* zylinderförmige **Kapsel** *zum Aufbewahren von Buch- u. Papierrollen*
▶ deutsch: **Schrein**

scrīpsī → scribere

scrīptiō ⟨scrīptiōnis⟩ F̄ ||scribere||
1 Schreiben; Geschriebenwerden
2 *meton* schriftliche Darstellung; Wortlaut; **ex scriptione legem interpretari** *Cic.* Gesetze nach dem Wortlaut auslegen

scrīptitāre ⟨ō, āvī, ātum 1.⟩ ||scribere||
1 oft schreiben, regelmäßig schreiben
2 verfassen

scrīptor ⟨scrīptōris⟩ M̄ ||scribere||
1 Schreiber, Sekretär
2 Schriftsteller, Verfasser; **scriptores optimi/ praestantissimi** die klassischen Schriftsteller
3 Berichterstatter, Erzähler
4 Abfasser; ~ **legum** Gesetzgeber
5 Prosaschriftsteller, *bes* Geschichtsschreiber
6 *(nachkl.) poet* Dichter, Sänger, **belli Troiani** des Trojanischen Krieges

scriptōrium ⟨i⟩ N̄ *(mlat.)* Schreibstube *eines Klosters*

scrīptulum ⟨ī⟩ N̄ ||scriptum|| *Ov.* kleine Linie *auf dem Spielbrett*

scrīptum ⟨ī⟩ N̄ ||scribere||
1 Linie *auf dem Spielbrett, das von zwölf Linien durchkreuzt war*; **duodecim scriptis ludere** *Cic.* das Zwölflinienspiel spielen
2 Geschriebenes; Abhandlung; **aliquid scriptis mandare** etw aufschreiben; **aliquis creber in scripto est** j-d ist ein eifriger Briefschreiber; **sine scripto loqui** ohne Konzept sprechen; **de scripto loqui** nach einem schriftlichen Konzept sprechen
3 schriftliche Verordnung, Gesetz
4 Wortlaut *einer Schrift*; **ex scripto** buchstäblich, wortgetreu

scrīptūra ⟨ae⟩ F̄ ||scribere||
1 *Petr.* Zeichnen, Linie
2 Schreiben; **mendum scripturae** Schreibfehler
3 schriftliche Darstellung, schriftliche Abfassung
4 *(vkl., nachkl.) meton* Schriftwerk; ~ **sacra/sancta** *(eccl.)* Heilige Schrift, Bibel
5 *Suet.* der Buchstabe des Gesetzes
6 schriftliches Testament
7 Weidegeld, *Abgabe für das Abweiden öffentlicher Weiden*; **magister scripturae** *Cic.* Weidemeister

scrīptus[1] ⟨a, um⟩ PPP → scribere

scrīptus[2] ⟨scrīptūs⟩ M̄ ||scribere|| Schreiberberuf, Dienst des Schreibers; **scriptum facere** Sekretär sein

scrīpulum ⟨ī⟩ N̄ = **scrupulum**

scrobis ⟨scrobis⟩ M̄
1 *Tac., Suet.* Erdloch; Graben
2 *(spätl.)* weibliche Scham

scrōfa ⟨ae⟩ F̄ *luv.* Mutterschwein, *bes* Zuchtschwein

scrōfi-pāscus ⟨ī⟩ M̄ ||scrofa, pascus|| *Plaut.* Schweinezüchter

scrōfulae ⟨ārum⟩ F̄ ||scrofa|| *(spätl.)* Halsdrüsen, Halsgeschwulst

scrōtum ⟨ī⟩ N̄ *(nachkl.)* Hodensack

scrūpeus ⟨a, um⟩ ADJ ||scrupus|| *(nachkl.)* schroff, steil; **spelunca scrupea** *Verg. poet* Höhle in einer steilen Felswand

scrūpōsus ⟨a, um⟩ ADJ ||scrupus|| *Lucr.* schroff, rau

scrūpulōsus ⟨a, um, *adv* scrūpulōsē⟩ ADJ ||scrupulus||
1 voller spitzer Steine; **tamquam ex scrupulosis cotibus** *Cic.* gleichsam von steinigen Ufern
2 *(nachkl.) fig* genau, gewissenhaft

scrūpulum ⟨ī⟩ N̄
1 kleinster Teil einer Maßeinheit = 1/24 einer uncia = 1,137 g
2 *(vkl., nachkl.)* als Flächenmaß = 8,75 qm

scrūpulus ⟨ī⟩ M̄ ||scrupus||
1 *(unkl.)* spitzes Steinchen
2 *fig* ängstliche Genauigkeit, Ängstlichkeit
▶ deutsch: **Skrupel**

scrūpus ⟨ī⟩ M̄
1 *(nachkl., spätl.)* spitzer Stein
2 *fig* = **scrupulus**

scrūta ⟨ōrum⟩ N̄ *Hor.* altes Gerümpel, Kram

scrūtābundus ⟨a, um⟩ ADJ ||scrutari|| durchforschend

scrūtārī ⟨or, ātus sum 1.⟩
1 durchsuchen, durchforschen
2 *eine Person* durchsuchen
3 *fig* durchforschen, untersuchen, **vetera** die Vorzeit
4 *(nachkl.)* suchen, schnüffeln

scrūtātiō ⟨scrūtātiōnis⟩ F̄ ||scrutari|| Durchsuchung, Untersuchung

scrūtātor ⟨scrūtātōris⟩ M̄ ||scrutari|| der durchsucht, der untersucht

sculpere ⟨sculpō, sculpsī, sculptum 3.⟩
1 schnitzen, meißeln; **ebur ~** eine Statue aus Elfenbein schnitzen
2 stechen, gravieren; **sculpsit** *(nlat.)* hat gestochen *auf Kupferstichen beim Namen des Künstlers*

sculpōneae ⟨ārum⟩ F̄ ||sculpere|| *(vkl.)* Holzschuhe

sculpsī → sculpere

sculptilis ⟨sculptile⟩ ADJ ||sculpere|| *(spätl.) poet* geschnitzt

sculptūra ⟨ae⟩ F ||sculpere|| (nachkl.) Bildschnitzerei *in Holz, Elfenbein, Marmor u. Ä.*; *meton* Skulptur

sculptus ⟨a, um⟩ PPP → sculpere

scultetia ⟨ae⟩ F (mlat.) Schulzenamt

scultetus ⟨ī⟩ M (mlat.) Dorfschulze, Schultheiß

scurra ⟨ae⟩ M
1. Possenreißer, Narr
2. *Plaut.* Lebemann

scurrārī ⟨or, - 1.⟩ ||scurra||
1. den Narren spielen
2. schmarotzen; **alicui ~** j-m den Hof machen

scurrīlis ⟨scurrīle, *adv* scurriliter⟩ ADJ ||scurra|| possenhaft, närrisch; **~ iocus** *Cic.* närrischer Scherz

scurrīlitās ⟨scurrīlitātis⟩ F ||scurrilis|| (nachkl.) Possenreißerei

scūtāle ⟨scūtālis⟩ N ||scutum|| *Liv.* Schleuderriemen

scūtārius
A ⟨a, um⟩ ADJ ||scutum|| Schild...
B ⟨ī⟩ M Schildmacher; (spätl.) Schildträger

scūtātus
A ⟨a, um⟩ ADJ ||scutum|| mit einem Langschild versehen, schwer bewaffnet
B ⟨ī⟩ M Soldat mit Langschild

scutella ⟨ae⟩ F ||scutra|| kleine Trinkschale

scutica ⟨ae⟩ F *Hor.* Knute

scūti-gerulus ⟨ī⟩ M ||scutum|| *Plaut.* Waffenträger, Schildträger

scutra ⟨ae⟩ F (vkl.) flache Schüssel

scutula¹ ⟨ae⟩ F Rolle, Walze *zum Fortbewegen von Lasten*

scutula² ⟨ae⟩ F ||scutella|| (unkl.)
1. flache Schüssel *für Brot*
2. *fig* rautenförmige Figur, rautenförmiger Gegenstand; **~ ob oculos lanea** *Plaut.* eine rautenförmige Wollbinde vor den Augen

scutulāta ⟨ōrum⟩ N ||scutula²|| *Iuv.* Kleider mit Rautenmustern, karierte Kleider

scūtulum ⟨ī⟩ N ||scutum|| kleiner Langschild

scūtum ⟨ī⟩ N rechteckiger, rund gebogener Langschild *des röm. Legionärs, aus Holz mit Lederbezug u. Eisenbeschlag*

Scylla ⟨ae⟩ F
1. MYTH hoher Felsen an einer Landspitze am Eingang in die Straße von Messina, gegenüber dem Strudel der Charybdis, im Mythos ein Seeungeheuer
2. MYTH Tochter des Nisos, des Königs von Megara

Scyllaeum ⟨ī⟩ N Fels der Skylla

Scyllaeus ⟨a, um⟩ ADJ der Skylla, zur Skylla gehörig

scymnus ⟨ī⟩ M Jungtier; **~ leonum** *Lucr.* junger Löwe

scyphus ⟨ī⟩ M Becher, Pokal; **inter scyphos** beim Wein

Scȳrias ⟨Scȳriadis⟩ ADJ F, **Scyrius** ⟨a, um⟩ ADJ von Scyros, zu Scyros gehörig

Scȳros, Scȳrus ⟨ī⟩ F Insel nördlich von Euböa, *Name erhalten*

scytala ⟨ae⟩ F, **scytalē** ⟨scytalēs⟩ F (nachkl.) *poet* Briefstab *der Spartaner mit geheimen Meldungen*; *meton* geheimes Schreiben, Geheimbefehl

Scytha, Scythēs ⟨Scythae⟩ M Skythe, *meist pl*, nomadisches Steppenvolk, urspr. im Gebiet der heutigen Ukraine, berühmt u. gefürchtet als geschickte Reiter u. Bogenschützen

Scythia ⟨ae⟩ F Skythenland

Scythicus ⟨a, um⟩ ADJ skythisch; **amnis ~** *Hor.* Skythenfluss = Tanais, Don

Scythis ⟨Scythidis u. Scythidos⟩ F, **Scythissa** ⟨ae⟩ F *Nep.* Skythin

Scytho-latrōnia ⟨ae⟩ F *Plaut. scherz.* Skythenräuberland

sē¹ REFL PR *akk der 3. Person* ||sui|| sich; **inter se** einander; **ad se** in seine Wohnung, in seiner Wohnung; **apud se** in seiner Wohnung; **esse apud se** *Ter. fig* bei sich sein, bei Besinnung sein

sē² *auch se, in Zusammensetzungen auch sed-*
A PRÄF weg-, beiseite-; **se-cedere** weg-gehen; **se-cernere** absondern; **se-orsum** ab-gesondert, für sich
B PRÄP +abl (altl.) ohne; = sine; **se fraude esto** es soll ohne Verstoß sein

sē³ halb; = semi; **selibra** ein halbes Pfund

sē⁴ ||sex|| sechs...; **semestris** sechsmonatig, sechsmonatlich

sēbum ⟨ī⟩ N Talg

sēcale ⟨sēcalis⟩ N *Plin.* Getreideart, vermutlich Roggen

---

secāre ⟨secō, secuī, sectum 1.⟩

1. abschneiden, zerschneiden
2. amputieren
3. zerlegen, tranchieren
4. zerfleischen, zerstören
5. durchschneiden, teilen
6. durcheilen, durchlaufen
7. unterteilen
8. entscheiden, schlichten

1. abschneiden, zerschneiden; **abietem ~** eine Tanne fällen; **herbas ~** Kräuter abschneiden; **capillos ~** Haare schneiden; **marmora ~** Marmorblöcke zersägen; **robura ~** Eichenholz spalten; **elephantum sectum** geschnitztes Elfenbein

2. MED amputieren, *alicui aliquid* j-m etw; operieren; **varices secabantur Mario** *Cic.* dem Marius wurden die Krampfadern operiert

3. (nachkl.) *poet* zerlegen, tranchieren; **altilia de-**

center ~ *Sen.* Geflügel kunstgerecht zerlegen
4 (*vkl.*) zerfleischen, zerstören; **~ ungue genas** *Ov.* die Wangen zerkratzen; **podagra aliquem secat** die Gicht quält j-n
5 *von Flüssen, Wegen, Grenzen* durchschneiden, teilen; **amnis urbem secans** der Strom, der die Stadt teilt; **orbis sectus** *Hor.* der halbe Erdkreis; **via secto limite** ein Gang mit kreuzendem Quergang
6 (*nachkl.*) *fig* durcheilen, durchlaufen; **viam ~** sich Bahn brechen
7 *fig* unterteilen, gliedern; **causas in pura genera ~** *Cic.* die Fälle in mehrere Arten teilen
8 *fig* entscheiden, schlichten, **lites** Streitigkeiten

sē-cēdere ⟨cēdō, cessī, cessum 3.⟩
1 weggehen, sich entfernen, *absolut od ab aliquo* von j-m, *a re|de re* von etw
2 (*vkl., nachkl.*) sich zurückziehen
3 sich trennen, *ab aliquo* von j-m; **in sacrum montem ~** auf den heiligen Berg ausziehen; **a patribus ~** *Sall.* sich vom Senat trennen

sē-cernere ⟨cernō, crēvī, crētum 3.⟩
1 absondern, trennen, *aliquem|aliquid ab aliquo|a re* j-n/etw von j-m/von etw; **se a bonis ~** sich von den Guten trennen
2 ausscheiden; *fig* unterscheiden, *aliquid a re|re* etw von etw; **blandum amicum a vero ~** *Cic.* den falschen Freund vom wahren unterscheiden

secespita ⟨ae⟩ F̄ ||secare|| *Suet.* Opfermesser
sē-cessī → secedere
sēcessiō ⟨sēcessiōnis⟩ F̄ ||secedere||
1 Sichabsondern; **secessionem facere** *Caes.* sich absondern, *auch* sich zusammenrotten
2 POL Spaltung, *auch* Emigration; **~ plebis** Auszug des Volkes
▶ deutsch: **Sezession**

sē-cessum PPP → secedere
sēcessus ⟨ūs⟩ M̄ ||secedere||
1 Fortgehen, Trennung
2 *meton* einsamer Ort, Versteck
3 POL Trennung, Emigration

secius ADV *komp* → secus²

sē-clūdere ⟨clūdō, clūsī, clūsum 3.⟩ ||claudere||
1 abschließen, absperren, *aliquid a re* etw von etw
2 *passiv* sich verstecken
3 absondern, trennen; **curas ~** Sorgen verbannen
4 MIL abschneiden, *aliquem a re* j-n von etw; **munitione flumen a monte ~** *Caes.* den Fluss durch eine Schanze vom Berg abschneiden

sēcrētārium ⟨ī⟩ N̄ ||secretus|| (*nachkl.*) geheimer Ort

secretarius
A ⟨a, um⟩ ADJ (*mlat.*) heimlich, geheim
B ⟨ī⟩ M̄ (*mlat.*) Geheimschreiber; Sekretär

sēcrētiō ⟨sēcrētiōnis⟩ F̄ ||secernere|| Absonderung, Trennung

sēcrētum ⟨ī⟩ N̄ ||secretus||
1 Abgeschiedenheit; *meton* einsamer Ort; **aliquem in secretum ducere** j-n beiseite nehmen
2 Geheimnis, *pl* geheime Gedanken; geheime Schriften

sēcrētus ⟨a, um, *adv* sēcrētō⟩ ADJ ||secernere||
1 abgesondert, getrennt, *a re* von etw; **locus a tumultu ~** ein vom Lärm abgesonderter Ort
2 (*nachkl.*) *poet* entlegen, einsam; **secretiora Germaniae loca** die abgelegeneren Gegenden Germaniens
3 (*nachkl.*) *fig* geheim, heimlich; **consilia secreta** Geheimpläne; **artes secretae** Zauberkünste
4 *adv* (*vkl., nachkl.*) abseits; insgeheim
▶ deutsch: **Sekret**

secta ⟨ae⟩ F̄ ||sequi||
1 Richtung; *fig* Verfahren; **sectam alicuius persequi** j-s Grundsätzen folgen
2 POL Partei; PHIL Richtung
3 (*spätl.*) religiöse Sekte
4 (*mlat.*) Orden
5 (*mlat.*) Irrlehre

sectārī ⟨or, ātus sum 1.⟩ ||sequi||
1 j-m stets folgen, j-n überall begleiten, *aliquem*
2 in j-s Diensten stehen, *aliquem*
3 *einer Sache* nachjagen, nach *etw* streben, *aliquid*; **adsentationem vulgi acclamationemque ~** *Plin.* der Zustimmung und dem Beifall der Masse nachjagen
4 *feindlich* verfolgen
5 *ein Tier* verfolgen, jagen, **leporem** einen Hasen
6 *einen Ort* gern aufsuchen; **non quidem gymnasia sectatur** *Plin.* er sucht nicht einmal die Übungsstätten auf
7 *Hor.* erforschen, +*indir Fragesatz*

sectārius ⟨a, um⟩ ADJ ||secta|| mit einer Gefolgschaft; **vervex ~** Leithammel

sectātor ⟨sectātōris⟩ M̄ ||sectari|| Begleiter, Anhänger; *pl* Gefolge; **~ domi** Hausfreund

sectilis ⟨sectile⟩ ADJ ||secare|| (*nachkl.*)
1 geschnitten; **sectilia pavimenta** *Suet.* Mosaikfußboden
2 schneidbar, spaltbar; **sectile porrum** Schnittlauch

sectiō ⟨sectiōnis⟩ F̄ ||secare||
1 (*nachkl.*) Zerschneiden, *alicuius rei* von etw
2 *Quint.* RHET Einteilung der Rede
3 *fig* Aufkauf und Parzellierung *der vom Staat beschlagnahmten u. auf Auktionen angebotenen Güter*;

allg. Wucher; **sectionem facere** eine Versteigerung abhalten

4 *meton* Auktionsmasse, Beutemasse

sector ⟨sectōris⟩ M ||secare||

1 Abschneider; **~ collorum** Halsabschneider, Mörder

2 Güteraufkäufer

sectūra ⟨ae⟩ F ||secare|| *(vkl., nachkl.)* Schneiden; *meton* Steinbruch

sectus ⟨a, um⟩ PPP → secare

sē-cubāre ⟨ō, uī, - 1.⟩ *(nachkl.)* allein liegen; *fig* allein leben

sēcubitus ⟨ūs⟩ M ||secubare|| *Ov.* Alleinschlafen

secuī → secare

sēcul... = saecul...

sē-cum mit sich; → se¹ *u.* → cum¹

secundānī ⟨ōrum⟩ M ||secundus|| *Liv.* Soldaten der zweiten Legion

secundāre ⟨ō, -, - 1.⟩ ||secundus||

1 *(nachkl.) poet* begünstigen, **iter** die Fahrt

2 nachgeben

secundārium ⟨ī⟩ N ||secundarius|| Nebensache

secundārius ⟨a, um⟩ ADJ ||secundus|| von der zweiten Sorte, zweiter; **panis ~** einfaches Brot, Schwarzbrot; **de tribus ~** von dreien der Zweite

secundō ADV ||secundus||

1 zweitens

2 zum zweiten Mal

secundum¹ ||secundus||

A ADV hinterher; **age, i tu ~** *Plaut.* los, komm nach

B PRÄP +akk

1 *örtl.* dicht hinter; **ite ~ me** geht hinter mir

2 *örtl.* längs, entlang; **ducere ~ flumen** am Fluss entlang führen; **~ naves** der Richtung der Schiffe folgend

3 *zeitl.* gleich nach; **~ Kalendas Ianuarias** gleich nach den Kalenden des Januar

4 *von Rang u. Reihenfolge* zunächst, unmittelbar nach; **heres ~ filiam** der Erbe unmittelbar nach der Tochter

5 zugunsten von, zum Vorteil für; **~ aliquem rem iudicare** zu j-s Gunsten eine Sache entscheiden

secundum² ⟨ī⟩ N ||secundus|| *(unkl.)* Glück; *pl* glückliche Umstände

secundus ⟨a, um, *adv* secundō *u.* → secundum¹⟩ ADJ ||sequi||

1 folgender, nächster

2 nächster

3 nachstehend, geringer

4 begleitend

5 günstig, gewogen

6 glücklich

---

1 *zeitl. u. vom Rang* folgender, zweiter; **secundum bellum Punicum** der Zweite Punische Krieg; **secunda mensa** Nachtisch; **secundo die** am folgenden Tag; **(partes) secundae** die zweite Rolle; **secundas deferre alicui** j-m den zweiten Platz zuweisen

2 *(nachkl.) poet* nächster, *ab aliquo* nach j-m; **~ ab Romulo rex** *Liv.* der nächste König nach Romulus; **a mensis fine secunda dies** *Ov.* der vorletzte Tag des Monats

3 *(nachkl.) poet* nachstehend, geringer *an Rang od Qualität*; **nulli virtute ~** keinem an Tüchtigkeit nachstehend; **panis ~** *Hor.* grobes Brot, Schwarzbrot

4 begleitend; **secundo flumine** flussabwärts; **secundo vento** mit Rückenwind; **secundissimo vento** mit sehr günstigem Wind; **currus ~** rascher Wagen

5 *von Personen u. Sachen* günstig, gewogen, *alicui/in aliquem rei* für j-n, j-m *alicui rei* für etw, einer Sache; **omen secundum** Glück verheißendes Vorzeichen; **dis secundis** mit der Gunst der Götter; **secundo populo** unter dem Beifall der Volksversammlung; **lex populo secundissima** ein für das Volk sehr günstiges Gesetz; **verba secunda loqui** beipflichten, nach dem Mund reden; **verba irae secunda** den Zorn anheizende Worte

6 glücklich; **res secundae** glückliche Umstände, Glück

Secundus ⟨ī⟩ M röm. Beiname; → Plinius

secūricula ⟨ae⟩ F ||securis|| *(unkl.)* kleines Beil

secūri-fer ⟨secūrifera, secūriferum⟩ ADJ ||securis, ferre||, **secūri-ger** ⟨secūrigera, secūrigerum⟩ ADJ ||securis, gerere|| *Ov.* ein Beil tragend

secūris ⟨secūris, *akk* secūrim, *abl* secūrī⟩ F

1 Beil, Axt; **securi aliquem ferire/percutere** j-n hinrichten; **~ anceps** Doppelaxt; **~ Tenedia** äußerste Strenge *des Königs Tenes von der Insel Tenedos*

2 *meton* Hieb, Schlag; **gravem securim inicere alicui** j-m einen schweren Schlag zufügen

3 *fig* höchste Gewalt, *bes* römische Oberhoheit, *meist pl; Hor.* Ämter, Würden

sēcūritās ⟨sēcūritātis⟩ F ||securus||

1 Sorglosigkeit, Gemütsruhe

2 *(nachkl.) pej* Gleichgültigkeit, Fahrlässigkeit

3 *fig* Sicherheit, Gefahrlosigkeit

4 *(nachkl.)* Quittung, Empfangsbestätigung

sē-cūrus ⟨a, um, *adv* sēcūrē⟩ ADJ ||se², cura||

1 sorglos, unbekümmert, *de re/alicuius rei* wegen etw, *ab aliquo/a re* vonseiten j-s/vonseiten einer

Sache, j-s/einer Sache, vor j-m/vor etw; **non ~, ne** besorgt, dass

2 (nachkl.) heiter, harmlos; **~ alicuius rei** vor etw sicher

3 (nachkl.) pej fahrlässig, gleichgültig

4 (vkl., nachkl.) sicher, gefahrlos, *a re* vor etw; *komp* weniger gefahrvoll; **tempus securum** sicherer Zeitpunkt

▶ deutsch: **sicher**
  englisch: **sure**
  französisch: **sûr**
  spanisch: **seguro**
  italienisch: **sicuro**

secus¹ N̄ indekl Geschlecht, *nur in Verbindungen:* **muliebre ~** weibliches Geschlecht; **virile ~** männliches Geschlecht

secus²

A ADV, *komp* ⟨sequius *u.* secius *u.* sētius.⟩ ||se qui||

1 anders, auf andere Weise; **~ esse** sich anders verhalten, anders sein; **longe ~** ganz anders; **non multo ~** nicht viel anders, fast so; **~ ac/quam** anders als

2 anders, falsch; **recte an ~** recht oder unrecht; **bene aut ~** gut oder schlecht; **aut beate aut ~** glücklich oder nicht; **id ~ est** das ist falsch

3 (nachkl.) *subst* weniger, +*gen*; **non ~ virium** nicht weniger Kräfte

4 *komp* (unkl.) anders, nicht so; **quid diximus secius quam velles?** was haben wir anders gesagt, als du es wolltest? **nihilo setius** nichtsdestoweniger, dennoch

5 *komp* (vkl. nachkl.) weniger gut

B PRÄP +*akk*

1 *örtl.* längs, nahe ... hin; **~ viam** längs der Straße

2 *fig* nach, gemäß; **~ merita eius** nach seinen Verdiensten

C SUF *zur Bezeichnung der Seite;* → **atrinsecus** *u.* → **extrinsecus**

secūtus ⟨a, um⟩ PPERF → sequi

sed¹ KONJ

1 *berichtigend* aber, jedoch; **sed tamen** aber dennoch; **sed enim** *Cic.* eben doch; **vera tu dixisti, sed nequiquam** du hast die Wahrheit gesagt, jedoch vergeblich

2 **sed/sed tamen** *steigernd* aber auch, aber sogar

3 *bei Übergängen* doch; **sed de hoc alias** doch darüber ein andermal

4 *bei Rückkehr zum Thema* doch; **sed redeat oratio, unde aberravit** doch zurück zum Ausgangspunkt

5 *nach Verneinungen* sondern; **est haec non scripta, sed nata lex** das ist kein geschriebenes, sondern ein eingeborenes Gesetz; **non modo/non solum/non tantum ... sed etiam** nicht nur ... sondern auch; **non modo ... sed ne ... quidem** nicht nur ... sondern nicht einmal

sēd-² → **se**²

sēdāmen ⟨sēdāminis⟩ N̄ ||sedare|| *Sen.* Linderung

sēdāre ⟨ō, āvī, ātum 1.⟩ ||sedere||

1 zum Sinken bringen, **pulverem** den Staub; **vela ~** die Segel einziehen

2 *fig* beruhigen, beschwichtigen; **invidiam ~** die Missgunst besänftigen

sēdātiō ⟨sēdātiōnis⟩ F̄ ||sedare|| Beruhigung

sedativa ⟨orum⟩ N̄ (nlat.) Beruhigungsmittel

sedativus ⟨a, um⟩ ADJ (mlat.) beruhigend

sēdātus ⟨a, um, *adv* sēdātē⟩ ADJ ||sedare|| ruhig, gelassen; **dolorem sedate ferre** den Schmerz still ertragen; **homo in verbis ~** in seinen Worten bedächtiger Mensch

sē-decim indekl NUM *card* sechzehn

sēdēcula ⟨ae⟩ F̄ ||sedes|| kleiner Sessel, kleiner Stuhl

sedentārius ⟨a, um⟩ ADJ ||sedere|| *Plaut.* im Sitzen arbeitend

sedēre ⟨sedeō, sēdī, sessum 2.⟩

1 sitzen, *absolut od in re/re* auf etw, **in solio** auf dem Thron

2 eine Sitzung halten, zu Gericht sitzen

3 *an einem Ort* sich aufhalten, bleiben

4 untätig dasitzen; zurückgezogen leben; **compressis manibus ~** die Hände in den Schoß legen

5 (unkl.) *fig* festsitzen, hängen bleiben; **carina vado sedet** das Boot sitzt an einer seichten Stelle fest

6 (nachkl.) *fig* tief eingeprägt sein

7 *fig* fest beschlossen sein; **aliquid alicui animo fixum sedet** etw ist bei j-m im Geist fest beschlossen

8 (nachkl.) *von Sachen* sich setzen, sich senken; **nebula campo sedet** Nebel senken sich auf das Feld

9 *von Pflanzen* niedrig wachsen, in die Breite wachsen

sedes ⟨sēdis⟩ F̄ ||sedere||

1 Sitz, Sessel; **~ regia** Thron; **~ honoris** Ehrensitz; **~ apostolica** (mlat.) päpstlicher Stuhl

2 fester Wohnsitz, Wohnung; **sedes beatae** Wohnsitze der Seligen

3 Ruhesitz, Ruhestätte, *bes der Toten u. ihrer Seelen*

4 *allg.* Platz, Ort; **signa suas in sedes referunt** *Tac.* sie bringen die Feldzeichen an ihre Plätze zurück; **reducere aliquid in sedem** etw ins frühere Gleis zurückbringen

5 Rang, Ehrenstelle

6 (*nachkl.*) *meton* Gesäß
sēdī → sedere *u.* → sidere
sedīle ⟨sedīlis⟩ N̄ ǁsedereǁ Sitz, Sessel
sedīmentum ⟨ī⟩ N̄ ǁsedereǁ (*nachkl.*) Bodensatz, Ablagerung
sēd-itiō ⟨sēditiōnis⟩ F̄ ǁse², ireǁ
1 Streit, Zerwürfnis
2 POL, MIL Aufruhr; *fig* Aufregung
3 *meton* die Aufrührer
sēditiōsus ⟨a, um, *adv* sēditiōsē⟩ ADJ ǁseditioǁ aufrührerisch, unruhig; **homines seditiosi** aufrührerische Menschen; **vita seditiosa** politischen Unruhen ausgesetztes Leben
sē-dūcere ⟨dūcō, dūxī, ductum 3.⟩
1 wegführen, beiseite führen; **aliquem ab agmine ~** j-n von der Marschkolonne wegführen; **oculos ~** die Augen abwenden; **vinum ~** den Wein beiseite stellen
2 trennen, entfernen; **aliquem a debita peste ~** j-n vor dem verdienten Untergang retten
3 (*eccl.*) verführen
sēductiō ⟨sēductiōnis⟩ F̄ ǁseducereǁ
1 Beiseiteführen, **testium** der Zeugen
2 (*eccl.*) Verführung
sēductus ⟨a, um⟩ ADJ ǁseducereǁ zurückgezogen, entfernt; **in seducto** in der Zurückgezogenheit
sēdulitās ⟨sēdulitātis⟩ F̄ ǁsedulusǁ Geschäftigkeit; *pej* Aufdringlichkeit; **~ officiosa** *Hor.* Dienstbeflissenheit
sēdulō ADV
1 fleißig, aufmerksam
2 (*vkl., nachkl.*) mit Absicht, vorsätzlich
sēdulus ⟨a, um⟩ ADJ ǁseduloǁ fleißig; *pej* aufdringlich
Sedūnī ⟨ōrum⟩ M̄ helvetischer Stamm im Wallis um Sitten/Sion
seges ⟨segetis⟩ F̄
1 Saat; *meton* Anpflanzung von Weinstöcken; **~ clipeata virorum** *Ov.* Saat der schildbewehrten Männer
2 *meton* Saatfeld; *fig* Feld; **stimulorum ~** *Plaut.* „Prügelfeld" *von ausgepeitschten Sklaven*
3 *meton* Getreide
4 *fig* dichte Menge
Segesta ⟨ae⟩ F̄ Stadt im NW Siziliens, *der Überlieferung nach eine Gründung Trojas, Ruinen aus hellenistischer Zeit*
Segestānī ⟨ōrum⟩ M̄ die Einwohner von Segesta
Segestānum ⟨ī⟩ N̄ Gebiet von Segesta
Segestānus ⟨a, um⟩ ADJ aus Segesta, von Segesta
Segestēnsēs ⟨Segestēnsium⟩ M̄ die Einwohner von Segesta
segestre ⟨segestris⟩ N̄, **segestrum** ⟨ī⟩ N̄ (*vkl., nachkl.*) Decke *aus Fell od Stroh*
segmentātus ⟨a, um⟩ ADJ ǁsegmentumǁ *Iuv.* mit Gold besetzt, mit Purpurbesatz
segmentum ⟨ī⟩ N̄ ǁsecareǁ (*vkl., nachkl.*) Abschnitt; *meton* Besatz
sēgni-pēs ⟨sēgnipedis⟩ M̄ ǁsegnisǁ *Iuv.* altersschwacher Gaul
sēgnis ⟨sēgne, *adv* sēgniter⟩ ADJ langsam, träge, *in re*/*alicuius rei* in etw, bei etw, *ad aliquid*/*in aliquid* zu etw, für etw; **aqua ~** langsam fließendes Wasser; **bellum segne** sich in die Länge ziehender Krieg; **campus ~** ausgelaugtes Feld, unfruchtbares Feld; **pugna ~** unentschiedene Schlacht
sēgnitia ⟨ae⟩ F̄, **sēgnitās** ⟨sēgnitātis⟩ F̄, (*unkl.*) **sēgnitiēs** ⟨sēgnitiēī⟩ F̄ ǁsegnisǁ Langsamkeit, Trägheit; **~ maris** Windstille
sē-gregāre ⟨ō, āvī, ātum 1.⟩ ǁgrexǁ von der Herde absondern; *fig* trennen, *aliquem a re* j-n von etw, *ex re* aus etw
sēgrex ⟨sēgregis⟩ ADJ ǁsegregareǁ (*nachkl.*) *poet* abgesondert, getrennt
seī KONJ (*altl.*) = si
Sēiānus ⟨ī⟩ M̄ ǁSeiusǁ L. Aelius Seianus, Sohn des L. Seius Strabo, Günstling des Tiberius, 31 n. Chr. hingerichtet
seīc ADV (*altl.*) = sic
sē-iugāre ⟨ō, āvī, ātum 1.⟩ trennen, *a re* von etw
sēiugēs ⟨sēiugium⟩ M̄ ǁsēiiugisǁ Sechsergespann
sē-iugis ⟨sēiuge⟩ ADJ ǁsex, iugumǁ (*nachkl.*) sechsspännig
sēiūnctim ADV ǁseiungereǁ abgesondert
sēiūnctiō ⟨sēiūnctiōnis⟩ F̄ ǁseiungereǁ Absonderung, Trennung
sē-iungere ⟨iungō, iūnxī, iūnctum 3.⟩
1 absondern, trennen, *auch fig*; **se a consule ~** sich vom Konsul trennen; **seiunctum est a re proposita** es liegt nicht in meinem Plan
2 *fig* unterscheiden; **utilitatem a dignitate ~** *Cic.* den Nutzen von ehrenhafter Gesinnung unterscheiden
Sēius ⟨a, um⟩ röm. Gentilname; **M. ~** röm. Ritter u. Freund Ciceros
selas PL ⟨sela⟩ N̄ (*nachkl.*) Wetterleuchten
sēlēctiō ⟨sēlēctiōnis⟩ F̄ ǁseligereǁ Auswahl, Auslese
sē-lēctus ⟨a, um⟩ PPP → seligere
sē-lēgī → seligere
Seleucēa, Seleucīa ⟨ae⟩ F̄ ǁSeleucusǁ Name mehrerer von König Seleukos I. gegründeter Städte:
1 **~ Babylonia** am Tigris s. von Bagdad, Hauptstadt des Seleukidenreiches, heute Tell Umar
2 **~ Pieria** in Syrien am Orontes, Seehafen von Antiochia
Seleucus ⟨ī⟩ M̄ Name mehrerer syrischer Könige, der

Seleukiden, bes ~ **I. Nīcātor** *General Alexanders des Großen, 281 v. Chr. ermordet*

sē-lībra, selibra ⟨ae⟩ F̲ halbes Pfund

sē-ligere ⟨ligō, lēgī, lēctum 3.⟩ ||legere|| auslesen, auswählen; **selecti iudices** vom Prätor ausgewählte Richter

Selinūs ⟨Selinūntis⟩ F̲ griech. Stadt im W Siziliens, heute Selinunt, mit ausgedehnten Ruinenfeldern

sella ⟨ae⟩ F̲ ||sedere||

1 Sessel, Stuhl; ~ **curulis** Amtssessel *der höheren Magistrate*

2 Lehrstuhl

3 Arbeitsstuhl *der Handwerker*

4 Thron

5 Nachtstuhl

6 Tragsessel

7 Kutschbock; Reitsattel

sellāria ⟨ae⟩ F̲ ||sellarius||

1 Sesselzimmer

2 Prostituierte

sellāriolus ⟨a, um⟩ ADJ ||sellarius|| mit Stühlen ausgestattet; **popinae sellariolae** *Mart.* Kneipen mit Stühlen

sellārius

A ⟨a, um⟩ ADJ ||sella|| (*nachkl.*) *poet* Sessel...

B ⟨ī⟩ M̲

1 Sesselbruder = Lustmolch

2 (*mlat.*) Sattler

selli-sternium ⟨ī⟩ N̲ ||sella, sternere|| Göttermahl, *bei dem die Götterbilder auf Sesseln ruhten*; → lectisternium

sellula ⟨ae⟩ F̲ ||sella|| kleiner Sessel, kleiner Tragsessel

sellulārius

A ⟨a, um⟩ ADJ ||sellula|| Sessel...

B ⟨ī⟩ M̲ *Liv.* Handwerker, *der sein Gewerbe im Sitzen ausübt*

semel NUM ADV

1 einmal, nur einmal; **non ~, sed saepius** nicht einmal, sondern öfter; **ne ~ quidem** nicht ein einziges Mal

2 *in Aufzählungen* zuerst; ~ ... **iterum** zuerst ... dann

3 ein für allemal, mit einem Wort; **ut ~ dicam** um es mit einem Wort zu sagen

4 *ohne Betonung* erst einmal; **multi philosophi ~ egressi numquam in patriam reverterunt** viele Philosophen kehrten, einmal ausgewandert, nie mehr in ihre Heimat zurück; **quoniam/quando (quidem) ~** weil nun einmal; **cum/ut/ubi ~** sobald einmal; **qui ~** wer einmal

Semela ⟨ae⟩ F̲, **Semelē** ⟨Semelēs⟩ F̲ Tochter des Kadmos, von Zeus Mutter des Dionysos/Bacchus

Semelēius, Semelēus ⟨a, um⟩ ADJ der Semele, zu Semele gehörig

sēmen ⟨sēminis⟩ N̲ ||serere[2]||

1 Same; Setzling; ~ **vitium** Weinsetzling

2 *fig* Stamm, Geschlecht; **regio semine ortus** von königlichem Geblüt; **pecus boni seminis** gute Rasse

3 *fig* Ursache, Stoff; ~ **rerum** Grundstoffe

4 Urheber

sēmēnstris ⟨sēmēnstre⟩ ADJ = **semestris**

sēmenti-fer ⟨sēmentifera, sēmentiferum⟩ ADJ ||sementis, ferre|| *Verg.* Saat tragend, fruchtbar

sēmentis ⟨sēmentis, *akk* sēmentem *u.* sēmentim, *abl* sēmente *u.* sēmentī⟩ F̲ ||semen|| Aussaat, Saat

sēmentīvus ⟨a, um⟩ ADJ ||sementis|| Saat...; **dies sementiva** Saatfest

sēm-ermis ⟨sēmerme⟩ ADJ, **sēm-ermus** ⟨a, um⟩ ADJ = **semiermis**

sē-mēstris ⟨sēmēstre⟩ ADJ ||mensis||

1 sechs Monate alt, halbjährig

2 halbjährlich stattfindend, sich auf sechs Monate erstreckend; **semestre stipendium** *Liv.* Halbjahressold; **tribunus ~** Tribun für sechs Monate; **semestre tempus** (*nlat.*) Studienhalbjahr, Semester

sēm-ēsus ⟨a, um⟩ ADJ ||semi, edere[1]|| halb verzehrt; **praeda semesa** *Verg.* halb verzehrte Beute

sē-met = *verstärktes* **se**[1]; **semet ipsum** sich selbst

sēmi- PRÄF *vor Vokal auch* **sēm-** *u.* **sē-** halb

sēmi-adapertus ⟨a, um⟩ ADJ = **semiapertus**

sēmi-agrestis ⟨sēmiagreste⟩ ADJ (*spät.*) halb bäuerlich

sēmi-ambustus ⟨a, um⟩ ADJ *Suet.* halb verbrannt, halb verkohlt

sēmi-animis ⟨sēmianime⟩ ADJ, **sēmi-animus** ⟨a, um⟩ ADJ (*unkl.*) halb tot

sēmi-apertus ⟨a, um⟩ ADJ *Liv.* halb offen

sēmi-barbarus ⟨a, um⟩ ADJ (*nachkl.*) halb barbarisch

sēmi-bōs ⟨bovis⟩ M̲ *Ov.* Halbstier = Minotaurus

sēmi-caper ⟨sēmicaprī⟩ M̲ *Ov.* Halbbock = Pan, Faun

sēmi-cinctium ⟨ī⟩ N̲ ||cingere|| *Petr.* schmaler Gürtel um die Männertunika

sēmi-clausus ⟨a, um⟩ ADJ halb geschlossen

sēmi-cremātus, sēmi-cremus ⟨a, um⟩ ADJ ||cremare|| *Ov.* halb verbrannt

sēmi-crūdus ⟨a, um⟩ ADJ (*nachkl.*) halb roh

sēmi-cubitālis ⟨sēmicubitāle⟩ ADJ *Liv.* eine halbe Elle lang

sēmi-dea ⟨ae⟩ F̲ Halbgöttin

sēmi-deus

A ⟨a, um⟩ ADJ halbgöttlich

B ⟨ī⟩ M̲ *Ov.* Halbgott

sēmi-doctus ⟨a, um⟩ ADJ halbgebildet; *Mart. fig* ungeschickt

sēmi-ermis ⟨sēmierme⟩ ADJ, **sēmi-ermus** ⟨a, um⟩ ADJ ‖arma‖ *Liv., Tac.* nur halb bewaffnet

sēmi-ēsus ⟨a, um⟩ ADJ = semesus

sēmi-factus ⟨a, um⟩ ADJ *Tac.* nur halb fertig

sēmi-fer

A ⟨sēmifera, sēmiferum⟩ ADJ ‖ferus‖ *Ov.* halb wild, halb tierisch

B ⟨sēmiferī⟩ M Halbwilder

sēmi-fultus ⟨a, um⟩ ADJ ‖fulcire‖ sich halb auf *etw* stützend, *alicui rei*

sēmi-germānus ⟨a, um⟩ ADJ *Liv.* halb germanisch

sēmi-graecus ⟨a, um⟩ ADJ (*vkl., nachkl.*) halb griechisch

sē-migrāre ⟨ō, āvī, ātum 1.⟩ ausziehen, wegziehen

sēmi-gravis ⟨sēmigrave⟩ ADJ *Liv.* halb betrunken

sēmi-hiāns ⟨sēmihiantis⟩ ADJ ‖hiare‖ (*nachkl.*) halb geöffnet; **semihiante labello** *Catul.* mit halb offenem Mund

sēmi-homō ⟨sēmihominis⟩ M *Ov., Verg.* halb Mensch und halb Tier; *adj* halb wild

sēmi-hōra ⟨ae⟩ F halbe Stunde

sēmi-lacer ⟨sēmilacera, sēmilacerum⟩ ADJ *Ov.* halb zerrissen, halb zerfleischt

sēmi-lautus ⟨a, um⟩ ADJ *Catul.* halb gewaschen

sēmi-līber ⟨sēmilībera, sēmilīberum⟩ ADJ halb frei

sēmi-lixa ⟨ae⟩ M *Liv.* halber Marketender *als Schimpfwort*

sēmi-marīnus ⟨a, um⟩ ADJ *Lucr.* halb dem Meer zugehörig, halb Fisch

sēmi-mās ⟨sēmimaris⟩ M *Ov., Liv.* Zwitter, Hermaphrodit; *fig adj* kastriert

sēmi-mortuus ⟨a, um⟩ ADJ halb tot

sēminālis ⟨sēmināle⟩ ADJ ‖semen‖ (*nachkl.*) *poet* zum männlichen Samen gehörig, Samen...

sēmināre ⟨ō, āvī, ātum 1.⟩ ‖semen‖ säen; hervorbringen

sēminārium ⟨ī⟩ N ‖semen‖

1 Baumschule, Pflanzstätte

2 Keim; *fig* Brutstätte; **~ Catilinarum** *Cic.* Brutstätte catilinarischer Existenzen

▶ deutsch: **Seminar**

sēminātor ⟨sēminātōris⟩ M ‖semen‖ Sämann, Urheber

sēmi-nex ⟨sēminecis⟩ ADJ halb tot, halb erstarrt

sēminium ⟨ī⟩ N ‖semen‖ *Plaut.* Samen; *fig* Art, Rasse *von Tieren*

sēmi-nūdus ⟨a, um⟩ ADJ halb nackt; fast wehrlos

sēmi-orbis ⟨sēmiorbis⟩ M Halbkreis

sēmi-perfectus ⟨a, um⟩ ADJ (*nachkl.*) halb vollendet

sēmi-plēnus ⟨a, um⟩ ADJ halb voll, halb vollzählig; **navis semiplena** halb bemanntes Schiff; **stationes semiplenae** halb besetzte Posten

sēmi-putātus ⟨a, um⟩ ADJ *poet* halb beschnitten; **vitis semiputata** *Verg.* halb beschnittener Weinstock

Semīramis ⟨Semīramidis *u.* Semīramidos⟩ F MYTH *Begründerin der assyrischen Monarchie u. Gründerin von Babylon*

Semīramius ⟨a, um⟩ ADJ der Semiramis, zu Semiramis gehörig

sēmi-rāsus ⟨a, um⟩ ADJ ‖radere‖ (*nachkl.*) *poet* halb geschoren

sēmi-reductus ⟨a, um⟩ ADJ halb zurückgebogen; **laevā semireductā manu** *Ov.* mit der halb zurückgebogenen Linken

sēmi-refectus ⟨a, um⟩ ADJ ‖reficere‖ *Ov.* halb ausgebessert

sēmi-rutus ⟨a, um⟩ ADJ ‖ruere¹‖ (*nachkl.*) *poet* halb zerstört, halb eingestürzt

sēmis ⟨sēmissis⟩ *u.* M indekl

1 Hälfte eines zwölfteiligen Ganzen

2 halber As; (*spätl.*) halber solidus; **homo non semissis** Mensch, der keinen Heller wert ist

3 *allg.* Hälfte

4 (*nachkl.*) halber Morgen Land, = *0,125 Hektar*

5 (*nachkl.*) Hälfte der Erbschaft

6 PL **semisses** *von Zinsen* sechs Prozent jährlich

sēmi-senex ⟨sēmisenis⟩ M *Plaut.* halber Greis

sēmi-sepultus ⟨a, um⟩ ADJ *Ov.* halb begraben

sēmi-somnis ⟨sēmisomne⟩ ADJ, **sēmi-somnus** ⟨a, um⟩ ADJ schlaftrunken

sēmi-sōnārius ⟨ī⟩ M ‖zona‖ *Plaut.* Hersteller von schmalen Gürteln

sēmi-spathium ⟨ī⟩ N (*spätl.*) kleine spatha, *germ. Halbschwert*

sēmi-supīnus ⟨a, um⟩ ADJ halb zurückgelehnt

sēmita ⟨ae⟩ F ‖se², meare‖

1 schmaler Fußweg, Pfad

2 *fig* Bahn, Weg; **semitam sapere** den rechten Weg wissen

sēmi-tāctus ⟨a, um⟩ ADJ ‖tangere‖ *Mart.* halb berührt

sēmitālis ⟨sēmitāle⟩ ADJ ‖semita‖ *Verg.* an den Fußwegen verehrt

sēmitāre ⟨ō, āvī, ātum 1.⟩ ‖semita‖ *Mart.* einen Nebenweg durchschneiden lassen

sēmitārius ⟨a, um⟩ ADJ ‖semita‖ *Catul.* auf den Seitenwegen befindlich; **moechi semitarii**

Freier in den Hinterhöfen
sēmi-tēctus ⟨a, um⟩ ADJ ||tegere|| (nachkl.) halb bedeckt, halb nackt
sēmi-ūncia ⟨ae⟩ F = semuncia
sēmi-ustulandus ⟨a, um⟩ ADJ ||ustulare|| Subst halb zu verbrennen
sēmi-ustulātus ⟨a, um⟩ ADJ ||ustulare|| halb verbrannt
sēmi-ustus ⟨a, um⟩ ADJ ||urere|| halb verbrannt
sēmi-vir ⟨ī⟩ M

1 Ov. halb Mann und halb Stier = Minotaurus; Kentaur

2 (nachkl.) poet Zwitter, Hermaphrodit; Kastrat; adj kastriert; unmännlich; unzüchtig

sēmi-vīvus ⟨a, um⟩ ADJ halb lebend, halb tot
sēmi-vocālis ⟨sēmivocāle⟩ ADJ halb tönend; **littera ~** Halbvokal
Semnonēs ⟨Semnonum⟩ M germ. Stamm zwischen Elbe u. Oder
Sēmō ⟨Sēmōnis⟩ M alter Saatgott; → Sancus
sēmōta ⟨ōrum⟩ N ||semotus|| entlegene Gegend
sēmōtus ⟨a, um⟩ ADJ ||semovere||

1 entfernt, entlegen, ab aliquo von j-m, alicui rei von etw; **locus ~** entlegener Ort

2 fig vertraulich, geheim; **arcana semotae dictionis** Tac. Geheimnisse der vertraulichen Unterredung

3 fig ohne j-n/etw, ab aliquo/a re; **~ amicis** ohne Freunde

4 fig verschieden, a re von etw

sē-movēre ⟨moveō, mōvī, mōtum 2.⟩ entfernen; ausschließen; **aliquem a liberis ~** j-n von den Kindern entfernen; **a philosophia ~** von der Philosophie ausschließen

semper ADV

1 immer, jederzeit; beim Subst. adj ständig, immer während; **pacis ~ auctor** Liv. ständiger Friedensstifter

2 von jeher

sempiternum ADV ||sempiternus|| auf immer
sempiternus ⟨a, um⟩ ADJ ||semper|| immer während, ewig; **~ Vestae ignis** das ewige Feuer der Vesta
Semprōniānus ⟨a, um⟩ ADJ des Sempronius
Semprōnius ⟨a, um⟩

A Name einer röm. gens, aus der u. a. die Gracchen stammten; → Gracchus.

B ADJ des Sempronius

semul ADV u. KONJ = simul
sēm-ūncia ⟨ae⟩ F

1 halbe Unze, halbes Zwölftel eines zwölfteiligen Ganzen

2 Gewicht 1/24 Pfund = 13,6 g

3 1/24 der Erbschaft; **heres ex semuncia** Erbe des 24. Teils

4 beim Zins 1/24 des Kapitals; **fenus ad semuncias redactum** auf 1/24 des Kapitals herabgesetzter Zins

sēmūnciārius ⟨a, um⟩ ADJ ||semuncia|| von einer halben Unze; **fenus semunciarium** Zins von 1/24 monatlich = 1/2% Jahreszins
sēm-ustulātus ⟨a, um⟩ = semiustulatus
sēm-ustus ⟨a, um⟩ ADJ = semiustus
sen. Abk (nlat.) = **senior** der Ältere
Sena ⟨ae⟩ F Küstenstadt in Umbrien
senāculum ⟨ī⟩ N ||senatus|| (vkl., nachkl.) Sitzungssaal des Senats
senāpis ⟨senāpis⟩ F = sinapi
senāriolus ⟨ī⟩ N ||senarius|| kleiner Senar, unbedeutender Senar
senārius

A ⟨a, um⟩ ADJ ||seni|| je sechs enthaltend; **versus ~** sechsfüßiger Vers

B ⟨ī⟩ M Senar, Vers mit sechs meist jambischen Füßen

senātor ⟨senātōris⟩ M ||senatus|| Senator, Mitglied des Senats
senātōrius ⟨a, um⟩ ADJ ||senator|| senatorisch, des Senats; **senatorium consilium** Richterkollegium aus Senatoren
senātus ⟨senātūs⟩ M ||senex||

1 Senat, Staatsrat in Rom; in der Königszeit beratende Versammlung aus den Ältesten der Patrizier; in der Republik oberste Regierungsbehörde aus Patriziern u. Plebejern; in der Kaiserzeit allmählicher Verlust der Bedeutung; **Senatus Populusque Romanus** Senat und Volk von Rom = die Gesamtheit der Römer; **in senatum venire** in den Senat aufgenommen werden; **senatu/de senatu movere** aus dem Senat ausschließen; **senatum legere** die Senatorenliste verlesen; **senatūs consultum** voll gültiger Senatsbeschluss; **senatūs consultum ultimum** Feststellung des Notstandes des Staates

2 Senatsversammlung, Senatssitzung; **~ frequens** beschlussfähige Senatsversammlung

3 (nachkl.) Senatorensitze, Senatorenplätze im Theater

Seneca ⟨ae⟩ M Beiname der gens Annaea; **L. Annaeus ~** stoischer Philos. u. Schriftsteller, Erzieher Neros, starb 65 n. Chr. auf Neros Anordnung durch Selbstmord
senecta ⟨ae⟩ F = senectus²
senectus¹ ⟨a, um⟩ ADJ ||senex|| (unkl.) alt, bejahrt
senectūs² ⟨senectūtis⟩ F ||senex||

1 Greisenalter, hohes Alter; **~ orationis** Reife der Rede

2 meton die Greise

3 meton graues Haar

4 poet Verdrießlichkeit

5 fig Alter, lange Dauer einer Sache

> **senatus – die oberste Regierungsbehörde**

Die wichtigste Institution des römischen Staates bis zum Ende der Republik war der Senat, der Rat der Alten. Er bestand aus 300 Mitgliedern auf Lebenszeit (bei **Sulla** 600, **Caesar** 900, in der Kaiserzeit 600), meist Adlige und ehemalige hohe Beamte, mit einem **princeps senatus** an der Spitze. Über ihre Aufnahme entschieden die Censoren. Bald jedoch wurde es üblich, alle gewesenen Magistrate in den Senat aufzunehmen. Äußerliches Zeichen der Bedeutung der Senatoren war ein breiter Purpurstreifen (**latus clavus**) auf der Toga. Aufgaben des Senats waren u. a. Bestätigung von Gesetzen und Wahlen, Kontrolle der Beamten und Entscheidung in Krisensituationen, z. B. Krieg oder Notstand. In der Kaiserzeit bestand er meist aus Kaisertreuen und verlor seine politische Bedeutung; Senatsbeschlüsse erhielten jedoch Gesetzescharakter. Die Formel

SPQR
Senatus Populusque Romanus
Senat und Volk von Rom

drückte aus, dass über die römische Republik die Senatoren und das wahlberechtigte Volk gleichermaßen entschieden. Die übliche Anrede des versammelten Senats lautete **patres conscripti** und stammte aus der Zeit der Ständekämpfe, als auch Plebejer in den Senat aufgenommen zu werden begannen. Die patrizischen Senatoren wurden als **patres**, die plebejischen als **conscripti** („in die Senatorenliste eingetragene") bezeichnet.

RÖMISCHES LEBEN

---

senēre ⟨eō, -, - 2.⟩ ||senex|| *Catul.* alt sein

senēscere ⟨senēscō, senuī, - 3.⟩ ||senere|| alt werden; *fig* schwinden; **consilia senescunt** Pläne werden vereitelt

senex
A ⟨senis⟩ ADJ, komp ⟨senior, senius⟩ von Personen alt, bejahrt
B ⟨senis⟩ M u. F Greis, Greisin; **seniores** die Älteren

sēnī ⟨ae, a⟩ NUM *distr* je sechs, sechs auf einmal; **bis seni dies** zwölf Tage

senīlis ⟨senīle, *adv* seniliter⟩ ADJ ||senex|| greisenhaft, Greisen...; **adoptio ~** von einem Greis herrührende Adoption
▶ deutsch: **senil**

sēniō ⟨seniōnis⟩ M ||seni|| *Suet.* die Sechs im Würfelspiel

senior ⟨senius⟩ komp → senex
▶ deutsch: **Senior**
  englisch: **senior**
  französisch: **seigneur**
  spanisch: **señor**
  italienisch: **signore**

senium ⟨ī⟩ N ||senex||
1 Altersschwäche; *von Sachen* Verfall
2 *fig* Trauer; Trübsal

senius ⟨ī⟩ M ||senex|| (*vkl., nachkl.*) der Alte

Sēnōnes ⟨Sēnōnum, *akk pl* Sēnōnas⟩ M *gall. Stamm in Gallia Lugdunensis mit der Hauptstadt Agedincum, heute Sens*

sēnsa ⟨ōrum⟩ N ||sentire|| Ansichten, Gedanken

sēnsī → sentire

sēnsibilis ⟨sēnsibile⟩ ADJ ||sentire||
1 (*nachkl.*) empfindbar, fühlbar; **~ auditu** hörbar
2 (*spätl.*) der Empfindung fähig, mit Gefühl
▶ deutsch: **sensibel**

sēnsiculus ⟨ī⟩ M ||sensus|| *Quint.* kleiner Satz

sēnsi-fer ⟨sēnsifera, sēnsiferum⟩ ADJ ||sensus, ferre|| *Lucr.* Empfindung verursachend

sēnsilis ⟨sēnsile⟩ ADJ ||sentire|| *Lucr.* empfindbar, wahrnehmbar

sēnsim ADV ||sentire|| kaum merklich, allmählich, nach und nach

sēnsuālis ⟨sēnsuāle⟩ ADJ ||sensus|| (*eccl.*) sinnlich

sēnsuālitās ⟨sēnsuālitātis⟩ F ||sensualis|| (*eccl.*) Empfindsamkeit, Sinnlichkeit

sēnsus¹ ⟨a, um⟩ PPP → sentire

sēnsus² ⟨ūs⟩ M ||sentire||
1 Gefühl, Empfindung, *alicuius/alicuius rei* von j-m/von etw
2 Wahrnehmung
3 *meton* Empfindungsvermögen, Sinn; **res sensibus subiectae** sinnlich wahrnehmbare Dinge
4 Besinnung, Bewusstsein
5 Verstand, Denkvermögen; natürliches Gefühl; Seele; **imi sensūs** das Innerste der Seele
6 Verständnis, Geschmack
7 Ansicht, Meinung; **~ communis** allgemeine Anschauungsweise
8 (*nachkl.*) RHET, PHIL Bedeutung *eines Wortes*, Inhalt *einer Schrift*
9 (*nachkl.*) Gedanke, Idee

10 (*nachkl.*) Satz, Periode
11 Gefühl; Takt
12 Gesinnung, Sinnesart, *auch pl*; **eodem quo vos sensu sum** ich habe die gleiche Gesinnung wie ihr; **~ communis** herrschende Stimmung
13 Affekt, Rührung

sententia ⟨ae⟩ F̄ ||sentire||
1 Meinung, Ansicht, *alicuius* j-s, *de re* über etw; **meā sententiā** meiner Meinung nach; **ex animi mei sententia** nach bestem Wissen und Gewissen
2 Entschluss; Grundsatz *des Handelns*; **~ est/stat** es ist fest beschlossen, es ist mein Wille; **animi ~** Herzenswunsch
3 *bei Abstimmungen* Stimme; Antrag; **sententiam dicere/ferre/dare** seine Stimme abgeben, **sententiam referre** seinen Antrag vorbringen; **sententiam rogare** zur Abstimmung aufrufen; **in sententiam alicuius discedere/ire** j-s Votum beipflichten; **liberis sententiis** bei freier Abstimmung
4 Urteilsspruch, Urteil; **sententiam ferre** sein Urteil abgeben; **sententiam dicere** sein Urteil abgeben, das Urteil verkünden; **~ tremenda** (*mlat.*) Jüngstes Gericht
5 Bedeutung *eines Wortes*, Inhalt *einer Schrift od Rede*; **verba nullā subiectā sententiā** Worte ohne allen Sinn
6 Satz, Spruch

sententiare ⟨are, avi, atum 1.⟩ (*mlat.*)
A V̄ĪT urteilen
B V̄T verurteilen

sententiola ⟨ae⟩ F̄ ||sententia|| Sprüchlein, Redensart

sententiōsus ⟨a, um, *adv* sententiōsē⟩ ĀDJ ||sententia|| (*vkl., nachkl.*) sinnreich, mit vielen Sentenzen

senticētum ⟨ī⟩ N̄ ||sentis|| (*vkl., nachkl.*) Dornengestrüpp

sentīna ⟨ae⟩ F̄
1 Kielwasser, Schiffsjauche
2 Kloake; *fig* Auswurf; **haec ~ urbis** *Cic.* dieser Auswurf der Stadt

sentīre ⟨sentiō, sēnsī, sēnsum 4.⟩
1 fühlen, wahrnehmen, *absolut od aliquid* etw, *+AcI/+nom +part*; **suavitatem cibi ~** die Süße der Speise schmecken; **strepitum ~** Lärm hören; **~ aliquem** mit j-m schlafen; **aliquem perterritum ~** j-s Verwirrung bemerken
2 schmerzlich empfinden, kennenlernen, *aliquid* etw, *+indir Fragesatz*
3 erkennen, einsehen, *absolut od aliquid* etw, *de re* von etw, *+AcI/+indir Fragesatz*; **quod senserim** soviel ich mir bewusst bin; **plus ~** mehr verstehen
4 meinen, urteilen; **idem/eadem de re publica ~** die gleiche politische Einstellung haben; **optime de re publica ~** das Beste für den Staat wollen; **vera de re ~** die richtigen Ansichten über etw haben; **cum aliquo ~** auf j-s Seite stehen; **contra aliquem/adversus aliquem ~** gegen j-n feindlich gesinnt sein
5 sich *etw* unter *etw* vorstellen, *+dopp. akk/+AcI*; **eos bonos cives ~** sich diese unter guten Bürgern vorstellen
6 sich äußern, abstimmen

sentis ⟨sentis⟩ M̄ u. F̄ Dornstrauch, Dornbusch

sentīscere ⟨īscō, - 3.⟩ ||sentire|| *Lucr.* wahrnehmen, merken

sentus ⟨a, um⟩ ĀDJ *poet* dornig; *Ter.* struppig

senuī → senescere

se-orsum, se-orsus ĀDV ||se², vertere||
1 örtl. abgesondert, ohne; **seorsum a rege** ohne König; **abs te seorsus cogito** ich denke anders als du
2 ohne Zutun

sēparābilis ⟨sēparābile⟩ ĀDJ ||separare|| trennbar, *a re* von etw

sē-parāre ⟨ō, āvī, ātum 1.⟩ absondern, trennen, *a re/ex re/re* von etw, aus etw; **suum consilium a ceteris ~** einen Separatbeschluss fassen

sēparātim ĀDV ||separatus|| besonders, abgesondert

sēparātiō ⟨sēparātiōnis⟩ F̄ ||separare|| Absonderung, Trennung

sēparātus ⟨a, um⟩ ĀDJ, ĀDV → sēparātim ||separare||
1 abgesondert, getrennt; **separatim dicere de re** ohne spezielle Beziehung über etw reden
2 *Hor.* fern, entlegen
▶ deutsch: **Séparée**

sepelibilis ⟨sepelībile⟩ ĀDJ ||sepelire|| *Plaut.* was sich vergraben lässt, was sich verbergen lässt

sepelīre ⟨sepeliō, sepelīvī, sepultum 4.⟩
1 begraben, bestatten
2 *fig* vernichten, völlig unterdrücken; **dolorem ~** den Schmerz unterdrücken; **bellum ~** den Krieg ganz beenden
3 *passiv in etw* versinken, *re* in etw; in Schlaf versinken, *absolut*; **sepulto custode** da der Wächter eingeschlafen war

sēpēs ⟨sēpis⟩ F̄ = **saepes**

sēpia ⟨ae⟩ F̄ Tintenfisch; *meton* Sekret des Tintenfisches

sēpiola ⟨ae⟩ F̄ ||sepia|| *Plaut.* kleiner Tintenfisch

sēpīre ⟨sēpiō, sēpsī, sēptum 4.⟩ = **saepire**

sē-pōnere ⟨pōnō, posuī, positum 3.⟩

1 beiseite legen
2 aufsparen, sparen, **pecuniam** Geld
3 vorbehalten, reservieren, *alicui aliquid* j-m etw; **primitias Iovi ~** die ersten Früchte für Jupiter reservieren; **senectui ~** dem Alter vorbehalten
4 aussondern, trennen; **unam de mille sagittis ~** *Ov.* einen Pfeil aus tausend auswählen
5 unterscheiden, *aliquid re* etw von etw
6 (*nachkl.*) entfernen, fernhalten; **interesse pugnae an seponi** *Tac.* am Kampf teilnehmen oder sich fern halten
7 (*nachkl.*) verbannen, **aliquem in insulam** j-n auf eine Insel

sēpositus ⟨a, um⟩ *adj* ausgesucht; entfernt, abgeschlossen; **vestis seposita** Staatskleid, Festtagskleid

sēpse = **se ipse** sich selbst

sēpta ⟨ōrum⟩ N̄ = **saepta**

septem *indekl* NUM *card* sieben; *die sieben Weisen*; **Septem aquae** Gegend der sieben Bäche, *wasserreiche u. fruchtbare Gegend bei Reate*; **Septem stellae** Siebengestirn des Großen Bären

September
A ⟨Septembris, Septembre⟩ ADJ ||septem||
1 zur Sieben gehörig
2 zum September gehörig
B ⟨Septembris⟩ M̄ September

septem-decim ||septem, decem|| *indekl* NUM *card* siebzehn

septem-fluus ⟨a, um⟩ ADJ ||fluere|| in sieben Armen strömend; **~ Nilus** der siebenarmige Nil

septem-geminus ⟨a, um⟩ ADJ siebenfach; **~ Nilus** der siebenarmige Nil; **septemgemini exitus Histri** das siebenarmige Delta der unteren Donau; **septemgemina Roma** das auf sieben Hügeln liegende Rom

septem-pedālis ⟨septempedāle⟩ ADJ *Plaut.* sieben Fuß lang, sieben Fuß hoch

septem-plex ⟨septemplicis⟩ ADJ *poet* siebenfach; *von Flüssen* in sieben Armen fließend; **clipeus ~** Schild mit sieben Schichten; **~ Hister** die siebenarmige untere Donau

septem-triō ⟨septemtriōnis⟩ M̄ = **septentrio**

septem-vir ⟨ī⟩ M̄ Septemvir, Mitglied des Siebenmännerkollegiums, *des höheren Priesterkollegiums zur Entlastung der Pontifices; pl* Siebenmännerkollegium

septemvirālis
A ⟨septemvirāle⟩ ADJ ||septemvirl|| zum Siebenmännerkollegium gehörig; **auctoritas ~** Ansehen des Siebenmännerkollegiums
B ⟨septemvirālis⟩ M̄ = **septemvir**

septemvirātus ⟨ūs⟩ M̄ ||septemvir|| Amt eines Septemvir, Würde eines Septemvir

septēnārius ⟨a, um⟩ ADJ ||septem|| aus sieben Teilen bestehend; **(versus) ~** siebenfüßiger Vers

septen-decim *indekl* NUM *card* = **septemdecim**

septēnī ⟨ae, a⟩ NUM *distr* ||septem||
1 je sieben, sieben zugleich
2 *sg* (*nachkl.*) siebenfach

septennium ⟨ī⟩ N̄ ||septem, annus|| Zeitraum von sieben Jahren

septen-triō ⟨septentriōnis⟩ M̄ ||septem||
1 Siebengestirn, Wagen, Großer Bär; **~ maior** Großer Bär; **~ minor** Kleiner Bär
2 *meton* Norden, *meist pl*; Nordwind; **ad septentriones iacēre/spectare/vergere** sich nach Norden erstrecken; **axis septentrionis** Nordpol

septentriōnālia ⟨septentriōnālium⟩ N̄ ||septentrionalis|| nördliche Gegenden

septentriōnālis ⟨septentriōnāle⟩ ADJ ||septentrio|| (*vkl., nachkl.*) nördlich

septentriōnārius ⟨a, um⟩ ADJ ||septentrio|| nördlich

septiē(n)s NUM ADV ||septem|| siebenmal

septimāna ⟨ae⟩ F̄ (*spätl.*) Woche

septimānī ⟨ōrum⟩ M̄ ||septimanus|| Soldaten der siebten Legion

septimānus ⟨a, um⟩ ADJ ||septimus|| sieben...

Septimius ⟨a, um⟩ *röm. Gentilname*; → **Severus**

septimontiālis ⟨septimontiāle⟩ ADJ ||septem, mons|| zum Siebenhügelfest gehörig

septimus ⟨a, um⟩ NUM *ord* ||septem|| der siebte; **septimum** *adv* zum siebten Mal

septingentēsimus ⟨a, um⟩ NUM *ord* ||septingenti|| der siebenhundertste

septin-gentī ⟨ae, a⟩ NUM *card* ||septem, centum|| siebenhundert

septi-rēmis ⟨septirēme⟩ ADJ ||septem, remus|| mit sieben Ruderreihen; **navis ~** *Curt.* Siebendecker, Schiff mit sieben Ruderreihen

Septizōnium ⟨ī⟩ N̄ ||septem, zona|| Prachtbau des Septimius Severus, 203 n. Chr. in Rom errichtet, im 16. Jh. abgetragen

septuāgēnārius ⟨a, um⟩ ADJ ||septuaginta|| aus siebzig Teilen bestehend; **septuagenaria aetas** Alter von siebzig Jahren

septuāgēsimus ⟨a, um⟩ NUM *ord* ||septuaginta|| der siebzigste

septuāgintā *indekl* NUM *card* siebzig

septu-ennis ⟨septuenne⟩ ADJ ||septem, annus|| (*Plaut. spätl.*) siebenjährig

septuennium ⟨ī⟩ N̄ ||septuennis|| (*spätl.*) Zeitraum von sieben Jahren

septumus ⟨a, um⟩ NUM *ord* = **septimus**

sept-ūnx ⟨septūncis⟩ M̄ ||septem, uncia||

(nachkl.) poet 7/12 eines zwölfteiligen Ganzen, sieben Unzen

sepulch... = sepulc...

sepulcrālis ⟨sepulcrāle⟩ ADJ ||sepulcrum|| Ov. Grab..., Leichen...; ~ **ara** Altar zum Totenopfer; ~ **fax** Leichenfackel

sepulcrētum ⟨ī⟩ N̄ ||sepulcrum|| Catul. allgemeiner Begräbnisplatz

sepulcrum ⟨ī⟩ N̄ ||sepelire||
1 Grab, Grabstätte
2 *meton* Grabmal, Grabstein
3 *poet* der Tote; *pl* die Manen; **muta sepulcra** Catul. die schweigenden Toten
4 *poet* Tod

sepultūra ⟨ae⟩ F̄ ||sepelire|| Begräbnis, Bestattung; **aliquem sepulturā afficere** j-n bestatten

sepultus ⟨a, um⟩ PPP → sepelire

Sēquana ⟨ae⟩ M̄ die Seine

Sēquanī ⟨ōrum⟩ M̄ die Sequaner, *kelt. Volk zwischen Saône, Rhône u. Jura, Hauptstadt Vesontio*

Sēquanus ⟨a, um⟩ ADJ sequanisch, zu den Sequanern gehörig

sequāx ⟨sequācis⟩ ADJ ||sequi|| schnell folgend, heftig nachdrängend; **flammae sequaces** lodernde Flammen; **fumus** ~ überall eindringender Rauch

sequentia ⟨ae⟩ F̄ ||sequi|| Folge, Reihenfolge; (*mlat.*) Sequenz, *Chorlied der Messliturgie des MA*

sequester
A ⟨sequestra, sequestrum⟩ ADJ, **sequester** ⟨sequestris, sequestre⟩ ADJ ||sequi|| *poet* vermittelnd; **sequestrā pace** Verg. durch Vermittlung des Friedens
B ⟨sequestris u. sequestrī⟩ M̄ Vermittler, Mittelsperson bei einem Rechtsstreit

sequestrāre ⟨ō, āvī, ātum 1.⟩ ||sequester|| (*eccl.*) strittige Gegenstände zum Aufheben geben, hinterlegen

sequestrātiō ⟨sequestrātiōnis⟩ F̄ ||sequestrare|| (*spätl.*) Hinterlegung beschlagnahmter od strittiger Gegenstände

sequestre ⟨sequestris⟩ N̄ = sequestrum

sequestrum ⟨ī⟩ N̄ ||sequester|| Hinterlegung einer strittigen Sache bei einem Unparteiischen

sequī ⟨sequor, secūtus sum 3.⟩
1 folgen
2 verfolgen
3 nachfolgen, nachkommen
4 folgen, an die Reihe kommen
5 verfolgen
6 aufsuchen
7 die Folge sein
8 folgen, sich ergeben
9 Folge leisten, nachgeben
10 von selbst folgen, sich einstellen
11 zufallen, zuteil werden

1 j-m folgen, j-n/etw begleiten, *absolut od aliquem/aliquid*; **Caesarem ex urbe** ~ Caesar aus der Stadt begleiten; **alicuius castra** ~ unter j-m Soldat sein
2 *feindlich* verfolgen
3 *zeitl. od der Reihe nach* nachfolgen, nachkommen, *absolut od aliquid* einer Sache; **et quae sequuntur** und so weiter; **sequens** der folgende; **ex re** ~ im Anschluss an etw nachfolgen
4 *in der Rede* folgen, an die Reihe kommen
5 *ein Ziel* verfolgen; *fig* nach *etw* trachten, *aliquid*; **ferro extrema** ~ sich mit dem Schwert töten; **fidem alicuius** ~ sich freiwillig unter j-s Schutz stellen; **virginem** ~ sich um ein Mädchen bewerben
6 *einen Ort* aufsuchen
7 die Folge sein, *aliquid* von etw
8 *log.* folgen, sich ergeben; **sequitur** daraus folgt, *ut* dass, +AcI
9 Folge leisten, nachgeben, *aliquem/aliquid* j-m/ einer Sache; ~ **aliquem** j-s Beispiel folgen, j-s Partei ergreifen; **liberi sequuntur patrem** die Kinder folgen dem Stand des Vaters
10 von selbst folgen, sich einstellen; **telum non sequitur** das Geschoss lässt sich nicht herausziehen
11 *als Besitz* zufallen, zuteil werden, *aliquem* j-m

sequius ADV komp → secus²

Ser. *Abk* = **Servius**

Sēr. ⟨Sēris⟩ M̄ SG → Seres

sera ⟨ae⟩ F̄ (*unkl.*) kleiner Querbalken *zum Verriegeln der Tür*

Serāpēum ⟨ī⟩ N̄ ||Serapis|| Heiligtum des Serapis, *von Ptolemaios I. in Alexandria errichtet*

Serāpis ⟨Serāpis u. Serāpidis⟩ M̄ ägyptische Gottheit, *Reichsgott der Ptolemäer, bei den Griechen vielfach mit Zeus u. Hades, von den Römern mit Jupiter u. Pluto gleichgesetzt, auch Heilgott*

serēnāre ⟨ō, āvī, ātum 1.⟩ ||serenus||
A VT aufheitern, **caelum** den Himmel; **spem fronte** ~ durch eine heitere Stirn Hoffnung zeigen
B VI heiter sein

serēnitās ⟨serēnitātis⟩ F̄ ||serenus||
1 heiteres Wetter; (*nachkl.*) *fig* Heiterkeit; ~ **fortunae** Liv. Gunst des Schicksals
2 (*spätl.*) Durchlaucht, Hoheit, *Titel des Kaisers*

serēnum ⟨ī⟩ N̄ ||serenus|| heiteres Wetter

serēnus ⟨a, um⟩ ADJ
1 heiter, klar; **caelum serenum** heiterer Himmel; **serena nubes** regenlose Wolke; **auster** ~ aufheiternder Südwestwind

2 *fig* heiter, ruhig; **sereno vultu** mit heiterer Miene

Serēnus ⟨ī⟩ M̄ Durchlaucht, *Titel des Kaisers*

serere[1] ⟨serō, seruī, sertum 3.⟩
1 aneinanderreihen, zusammenfügen; **loricae sertae** Kettenpanzer
2 *fig* verknüpfen, aufeinanderfolgen lassen; *passiv* sich aneinanderreihen; **bella ex bellis ~** Krieg an Krieg reihen

serere[2] ⟨serō, sēvī, satum 3.⟩
1 säen, pflanzen, *absolut u. aliquid* etw; **arbores ~** Bäume pflanzen
2 besäen, bepflanzen; **agrum ~** das Feld bestellen
3 *fig* zeugen, erzeugen
4 *fig* aussäen, verursachen

Sēres ⟨Sērum⟩ M̄ die Serer, Chinesen, *berühmt durch die Herstellung von Seide*

serēscere ⟨ēscō, -, - 3.⟩ ‖serenus‖ trocken werden; **vestes sole serescunt** *Lucr.* die Kleider trocknen in der Sonne

Sergius ⟨a, um⟩ *etrusk.-röm. Gentilname*; → Catilina

sēria[1] ⟨ae⟩ F̄ Tonne, Fass *für Öl u. Wein*

sēria[2] ⟨ōrum⟩ N̄ ‖serius‖ ernste Dinge, Ernst

sērica ⟨ōrum⟩ N̄ ‖Seres‖ seidene Kleider, Seidenstoffe

sēricātus ⟨a, um⟩ ADJ ‖serica‖ *Suet.* in Seidenkleidern

Sēricus ⟨a, um⟩ ADJ ‖Seres‖
1 serisch, chinesisch; **sagittae Sericae** serische Pfeile
2 aus Seide; **Serica vestis** Seidenkleid; **Serici pulvilli** Seidenkissen; **Serica carpenta** seidenbespannte Karosse

seriēs ⟨seriēī⟩ F̄ ‖serere[1]‖
1 Reihe, Kette; **~ plurium navium** *Liv.* Reihe aus mehreren Schiffen; **annorum ~** eine Reihe von Jahren
2 (*nachkl.*) *poet* Abfolge von Geschlechtern, Ahnenreihe; **dignus vir hac serie** *Ov.* ein dieser Ahnen würdiger Mann; **in seriem annorum** (*mlat.*) in alle Ewigkeit

▶ deutsch: **Serie**
  englisch: **series**
  französisch: **série**
  spanisch: **serie**
  italienisch: **serie**

sēriō ADV → serius[2]

seriōsus ⟨a, um⟩ ADJ ‖serius[2]‖ (*mlat.*) ernst, zurückhaltend

sēri-sapia ⟨ae⟩ F̄ ‖serus, sapere‖ *Petr.* Speise, die später schmeckt

sērium ⟨ī⟩ N̄ ‖serius[2]‖ Ernst

sērius[1] ADV *komp* → serus

sērius[2] ⟨a, um, *adv* sēriō⟩ ADJ
1 ernst, ernsthaft, *nur von Sachen*; **seria res** ernste Sache; **serium verbum** ernstes Wort
2 *adv* im Ernst, ernstlich

sermō, sermo ⟨sermōnis⟩ M̄
1 Sprechen; Gespräch; **~ litterarum** briefliche Unterhaltung; **sermonem habere/conferre cum aliquo** ein Gespräch mit j-m führen
2 Unterredung, gelehrtes Gespräch; **sermoni interesse** an der Besprechung teilnehmen; **~ consulto longior instituitur** die Unterredung wird absichtlich in die Länge gezogen; **~ est/ fit de re** das Gespräch geht um etw; **Socratis sermones** Dialoge des Sokrates
3 *pej* Gerede, Gerücht; **in sermonem hominum venire** ins Gerede der Leute kommen; **sermonem alicui dare/praebere** j-m Anlass zum Gerede geben
4 *meton* Inhalt des Gesprächs
5 Sprache, Umgangssprache; **~ Latinus** lateinische Sprache; **patrius ~** Muttersprache
6 Schrift in der Umgangssprache; **sermones** Satiren *des Horaz*
7 Mundart, Dialekt
8 Redeweise, Ausdrucksweise; **~ proletarius** Redeweise der unteren Schicht; **sermonis error** falsche Ausdrucksweise
9 (*mlat.*) Predigt; **~ divinus** Gottes Wort

sermōcinārī ⟨or, ātus sum 1.⟩ ‖sermo‖
1 sprechen, *absolut u. cum aliquo* mit j-m
2 ein gelehrtes Gespräch führen

sermōcinātiō ⟨sermōcinātiōnis⟩ F̄ ‖sermocinari‖
1 (*nachkl.*) Zwiegespräch, Dialog
2 RHET Einführung des Redenden

sermōcinātrīx ⟨sermōcinātrīcis⟩ F̄ ‖sermocinari‖
1 Gesprächspartnerin
2 *Quint.* RHET Kunst der Unterredung

sermunculus ⟨ī⟩ M̄ ‖sermo‖ Klatsch

sērō ADV → serus

sērō-tinus ⟨a, um⟩ ADJ ‖sero‖ (*nachkl.*) spät kommend, spät handelnd; **serotinae hiemes** späte Winter

serpēns ⟨serpentis⟩ F̄ ‖serpere‖
1 Schlange, Drache, *auch als Sternbild*
2 **~ antiquus** (*mlat.*) Teufel

serpenti-gena ⟨ae⟩ M̄ ‖serpens, gignere‖ *Ov.* Schlangensöhne, Drachensöhne, *die aus den von Kadmos gesäten Drachenzähnen hervorgewachsenen Bewaffneten*

serpentīnus ⟨a, um⟩ ADJ ‖serpens‖ (*eccl.*) Schlangen...

▶ deutsch: **Serpentine**

serpenti-pēs ⟨serpentipedis⟩ ADJ ‖serpens‖ *Ov.* schlangenfüßig

serperastra ⟨ōrum⟩ N̄

1 (vkl.) orthopädische Knieschienen
2 fig Zwangsjacke

serpere ⟨serpō, serpsī, serptum 3.⟩
1 kriechen, schleichen, **per humum/humi** auf dem Boden
2 sich schlängeln; **Hister in mare serpit** Ov. die untere Donau schlängelt sich ins Meer

serpillum ⟨ī⟩ N̄ = serpullum

serpullum ⟨ī⟩ N̄ Verg. Thymian, *eine Gewürzpflanze*

serra ⟨ae⟩ F̄ Säge

serrācum ⟨ī⟩ N̄
1 zweirädriger Lastkarren mit Kasten, *auch zur Beförderung von Personen*
2 Wagen, *als Sternbild*

serrātī ⟨ōrum⟩ M̄ ‖serratus‖ Serraten, *Silberdenare mit gezacktem Rand*

serrātus ⟨a, um⟩ ADJ ‖serra‖ (nachkl.) gesägt, *von Münzen* gerändert

serrula ⟨ae⟩ F̄ ‖serra‖ kleine Säge

serta ⟨ōrum⟩ N̄ ‖serere¹‖ Kranz, Girlande

Sertōriānus ⟨a, um⟩ ADJ des Sertorius

Sertōrius ⟨a, um⟩ *röm. Gentilname*; **Q. ~** *aus Nursia, 123–72 v. Chr., Redner, Anhänger des Marius u. Gegner Sullas, Prätor in Spanien, von den Truppen Sullas vertrieben, später von den Lusitaniern zurückgerufen, stellte sich an die Spitze des Befreiungskampfes der Spanier gegen Rom; 72 v. Chr. ermordet*

sertus ⟨a, um⟩ PPP → serere¹

serum¹ ⟨ī⟩ N̄ Verg. Molke; Catul. fig männlicher Same

sērum² ⟨ī⟩ N̄ ‖serus‖ späte Zeit; **in serum noctis** bis tief in die Nacht; **sero diei** spät am Tag

sērus ⟨a, um, *adv* sērō⟩ ADJ
1 spät, zu spät, *alicuius rei* in etw, an etw; **arbor sera** langsam wachsender Baum; **platanus sera** alte Platane; **bellum serum** endloser Krieg; **serae poenae** späte Strafen; **sera iuvenum Venus** Tac. spät erwachte sinnliche Lust der jungen Männer
2 *adv* spät, zu spät; **serius** zu spät; **quam serissime** möglichst spät; **serius ocius** früher oder später; **omnium spe serius** zu spät für die Hoffnung von allen; **paulo serius** ein wenig später, ein wenig zu spät
⚠ **Potius sero quam nunquam.** Besser spät als nie.

serva ⟨ae⟩ F̄ ‖servus‖ Sklavin

servābilis ⟨servābile⟩ ADJ ‖servare‖ Ov. rettbar

servantissimus ⟨a, um⟩ ADJ ‖servans‖ Verg. streng beobachtend, *alicuius rei* etw

servāre ⟨ō, āvī, ātum 1.⟩
1 bewachen, **reos liberā custodiā** die Angeklagten im Hausarrest
2 j-n/etw beobachten, auf *etw* achten, *aliquem/aliquid*; **serva** gib acht!, pass auf!; **servantia lumina** wachsame Augen
3 *einen Ort* behaupten, an *einem Ort* bleiben, *locum*; **hydra servans ripas** die in der Ufergegend sich aufhaltende Schlange
4 fig *etw* bewahren, an *ctw* festhalten, *aliquid*; **pacta ~** Verträge einhalten; **fidem ~** die Treue wahren; **signa ~** bei den Fahnen bleiben
5 *für die Zukunft* aufbewahren, aufsparen, *aliquid alicui* etw j-m, *alicui rei/ad rem/in rem* für etw; **se ad maiora ~** sich für Größeres aufbewahren
6 retten, schützen, *aliquem/aliquid* j-n/etw, *alicui* für j-n, *+dopp. akk*; **amicum ex periculo ~** den Freund aus der Gefahr retten
⚠ **Serva me, servabo te.** Rette mich, dann rette ich dich.

servātiō ⟨servātiōnis⟩ F̄ ‖servare‖ Plin. Verfahrensweise, Praxis

servātor ⟨servātōris⟩ M̄ ‖servare‖ Retter, Hüter, Erhalter

servātrīx ⟨servātrīcis⟩ F̄ ‖servator‖ Retterin, Erhalterin

Servīliānus ⟨a, um⟩ ADJ des Servilius

servīlis ⟨servīle, *adv* servīliter⟩ ADJ ‖servus‖ sklavisch, Sklaven…; **bellum servile** Sklavenkrieg; **terror ~** Angst vor Sklaven; **servilem in modum** wie Sklaven

Servīlius ⟨a, um⟩ altröm. Gentilname

servīre ⟨iō, īvī/iī, ītum 4.⟩ ‖servus‖
1 Sklave sein, *apud aliquem* bei j-m; dienen, *alicui* j-m; **multi Carthaginienses Romae serviebant** Cic. viele Karthager waren Sklaven in Rom; **servitutem ~** in völliger Knechtschaft leben
2 POL untertan sein, *absolut od alicui* j-m
3 gefällig sein, *alicui/alicui rei* j-m/einer Sache; **auribus alicuius ~** j-m nach dem Mund reden
4 sich *einer Sache* fügen, sich nach *etw* richten, *alicui rei*; **temporibus ~** sich den Zeitumständen anpassen
5 sich widmen, sich hingeben, *alicui rei* einer Sache; **voluptatibus ~** sich den Genüssen hingeben
6 (nachkl.) nützen, dienen, *alicui rei* einer Sache
7 *von Grundstücken u. Häusern* belastet sein

servitium ⟨ī⟩ N̄ ‖servus‖
1 Sklaverei, Knechtschaft; **in servitium ducere** in die Sklaverei wegführen; **servitii signum** Ov. Zeichen der Knechtschaft
2 *sg u. pl meton* die Sklaven, Gesinde
3 (mlat.) Abgabe, Steuer
4 PL (mlat.) Einkünfte

servitrīcius ⟨a, um⟩ ADJ ‖servus‖ Plaut. Sklaven…

servitūdō ⟨servitūdinis⟩ F̄ ‖servus‖ Liv. Sklaverei

servitūs ⟨servitūtis⟩ F̄ ‖servus‖

1 Sklaverei, Knechtschaft
2 *meton* die Sklaven
3 *fig* Unterwürfigkeit, unbedingter Gehorsam
4 JUR Belastung *eines Grundstücks od Hauses*; Nutzungsrecht *eines anderen auf das Eigentum*

Servius ⟨a, um⟩ röm. Vorname, v. a. in der gens Sulpicia, Abk Ser

servula ⟨ae⟩ F̄ ||serva|| junge Sklavin

servulicola ⟨ae⟩ F̄ ||servulus, colere|| *Plaut.* Straßendirne

servulus ⟨ī⟩ M̄ ||servus|| *Plaut.* junger Sklave

servus

A ⟨a, um⟩ ADJ

1 sklavisch, Sklaven...; **serva aqua** Wasser, das von Sklaven getrunken wird

2 JUR von Grundstücken u. Häusern mit Nutzungsrecht *eines anderen* belastet

B ⟨ī⟩ M̄

1 Sklave

2 (mlat.) Leibeigener, Unfreier

sēsama ⟨ae⟩ F̄ (nachkl.) Sesam

sescēnāris ⟨sescēnāre⟩ ADJ = **sescennaris**

sescēnārius ⟨a, um⟩ ADJ ||sesceni|| sechshundert Mann stark

sescēnī ⟨ae, a⟩ NUM distr ||sescenti|| je sechshundert

sesc-ennāris ⟨sescennāre⟩ ADJ ||sesqui, annus|| eineinhalbjährig

sescentēnī ⟨ae, a⟩ NUM distr = **sesceni**

sescentēsimus ⟨a, um⟩ NUM ord ||sescenti|| der sechshundertste

ses-centī ⟨ae, a⟩ NUM card sechshundert; *fig* unzählige

sescentiē(n)s NUM ADV ||sescenti|| sechshundertmal

sescento-plāgus ⟨ī⟩ M̄ ||sescenti, plaga¹|| *Plaut.* der sechshundert Schläge bekommt

sēscu-plex ⟨plicis⟩ ADJ = **sesquiplex**

sēscuplum ⟨ī⟩ N̄ ||sesqui|| (nachkl.) das Eineinhalbfache

sēsē REFL PR = **se¹**

seselis ⟨seselis⟩ F̄ Steinkümmel, *eine Pflanze*

sēsque-opus ⟨sēsqueoperis⟩ N̄ = **sesqui-opus**

sēs-qui ADV

1 um die Hälfte mehr, eineinhalb; ~ **maior** um die Hälfte größer, eineinhalbmal so groß

2 *mit Ordnungszahlen* ein Bruchteil mehr *als die angegebene Einheit*; ~ **octavus** neun Achtel enthaltend

sēsqui-alter ⟨sēsquialtera, sēsquialterum⟩ ADJ eineinhalb

sēsqui-hōra ⟨ae⟩ F̄ *Plin.* eineinhalb Stunden

sēsqui-modius ⟨ī⟩ M̄ eineinhalb Scheffel

sēsqui-octāvus ⟨a, um⟩ ADJ neun Achtel enthaltend

sesqui-opus ⟨sesquioperis⟩ N̄ *Plaut.* eineinhalb Tagewerke

sēsquipedālis ⟨sēsquipedāle⟩ ADJ ||sesquipes|| eineinhalb Fuß lang, eineinhalb Fuß dick; **sesquipedalia verba** *Hor. fig* sehr lange Wörter

sēsqui-pēs ⟨sēsquipedis⟩ M̄ (vkl., nachkl.) eineinhalb Fuß

sēsqui-plāga ⟨ae⟩ F̄ *Tac.* eineinhalb Schläge

sēsquiplex ⟨sēsquiplicis⟩ ADJ eineinhalbfach

sēsqui-tertius ⟨a, um⟩ ADJ vier Drittel enthaltend

sessibulum ⟨ī⟩ N̄ ||sedere|| (vkl., nachkl.) Stuhl, Sessel

sessilis ⟨sessile⟩ ADJ ||sedere|| (nachkl.)

1 zum Sitzen geeignet

2 feststehend

3 niedrig

sessiō ⟨sessiōnis⟩ F̄ ||sedere||

1 Sitzen

2 *meton* Sitzung

3 Sitzgelegenheit

sessitāre ⟨ō, āvī, ātum 1.⟩ ||sedere|| immer sitzen, *in re* auf etwas

sessiuncula ⟨ae⟩ F̄ ||sessio|| kleine Sitzung

sessor ⟨sessōris⟩ M̄ ||sedere||

1 „Sitzer", Zuschauer

2 (nachkl.) Reiter

3 *Nep.* Einwohner

sessum PPP → **sedere** u. → **sidere**

sēstertia ⟨ōrum⟩ N̄ ||sestertius|| 1000 Sesterze; **decem ~** 10 000 Sesterze

sēstertiolum ⟨ī⟩ N̄ ||sestertium|| *Mart.* 100 000 Sesterze, ein „Milliönchen"

sēstertium ⟨ī⟩ N̄ *mit Zahladverbien verbunden* 100 000 Sesterze; **vicies ~** zwei Millionen Sesterze; **summa milies sestertii** eine Summe von 100 Millionen Sesterzen

sēs-tertius nummus M̄, **sēstertius** ⟨ī⟩ M̄ der Sesterz, *Silber-, später Messingmünze, gängigste röm. Münze, bis 217 v. Chr mit einem Wert von 2 1/2 As = 1/4 Denar, später mit einem Wert von 4 As, abgek IIS, später HS od N;* **nummo sestertio** für eine Kleinigkeit; **decem sestertii** zehn Sesterze

Sēstiānus ⟨a, um⟩ ADJ = **Sextianus**

Sēstius ⟨a, um⟩ ADJ röm. Gentilname = **Sextius**

Sēstos, Sēstus ⟨ī⟩ F̄ Stadt auf der thrakischen Chersones, gegenüber von Abydos

sēsuma ⟨ae⟩ F̄ *Plaut.* = **sesama**

sēta ⟨ae⟩ F̄ = **saeta**

Sētia ⟨ae⟩ F̄ Stadt in Latium, heute Sezze

sēti-ger ⟨sētigera, sētigerum⟩ ADJ = **saetiger**

Sētīnus ⟨a, um⟩ ADJ aus Setia, von Setia

sētius ADV weniger; *vermengt mit sequius* → **secus²**

sētōsus ⟨a, um⟩ ADJ = **saetosus**

seu KONJ = **sive**

sē-vehī ⟨vehor, vectus sum 3.⟩ wegfahren; **gyro ~** *Prop.* die Bahn verlassen

sevēritās ⟨sevēritātis⟩ F ||severus|| Strenge, Härte *von Personen u. Sachen;* **~ iudicis** Strenge des Richters; **~ aurium** strenges Urteil

sevēritūdō ⟨sevēritūdinis⟩ F *(vkl., nachkl.)* = severitas

sevērus ⟨a, um, *adv* sevērē⟩ ADJ streng, ernst *von Personen u. Sachen, in aliquem* gegen j-n, *re|in re* in etw, *ad aliquid* in Bezug auf etw; **custos ~** strenger Wächter; **poena severa** harte Strafe; **Falernum severum** herber Falerner(wein)

Sevērus ⟨ī⟩ M röm. Beiname
1. **Cornelius ~** *Epiker, Freund Ovids*
2. **T. Cassius ~** *röm. Rhetor unter Augustus u. Tiberius*
3. **Septimius ~** *röm. Kaiser 193–211 n. Chr.*

▶ **Septimius Severus**

Lucius Septimius Severus (146 - 211 n. Chr.) aus Nordafrika wurde 193 n. Chr. von seinen Legionen zum Kaiser ausgerufen. Er änderte grundlegend die Struktur des Römischen Reiches hin zu einer Militärmonarchie, entmachtete mehr und mehr den Senat und reformierte die Prätorianergarde. 208 n. Chr. unternahm er einen Feldzug in Britannien, sicherte im Norden die Grenze, starb aber in York. In Rom ist noch der ausgezeichnet erhaltene Triumphbogen zu sehen, der anlässlich seines Sieges über die Parther errichtet wurde.

GESCHICHTE ◀

sēvī = serere²

sē-vocāre ⟨ō, āvī, ātum 1.⟩
1. beiseite rufen, abrufen
2. trennen; **somno sevocatus animus a societate corporis** die im Schlaf von der Gemeinschaft mit dem Körper getrennte Seele

sēvum ⟨ī⟩ N = sebum

Sex. *Abk* = Sextus

sexāgēnārius ⟨a, um⟩ ADJ ||sexageni|| sechzigjährig

sexāgēnī ⟨ae, a⟩ NUM *distr* ||sexaginta|| je sechzig

sexāgēsimus ⟨a, um⟩ NUM *ord* der sechzigste

sexāgiē(n)s NUM ADV ||sexaginta|| sechzigmal; **sexagies (sestertium)** sechs Millionen Sesterze

sexāgintā indekl NUM *card* ||sex|| sechzig; *fig* sehr viele

sex-angulus ⟨a, um⟩ ADJ *(nachkl.) poet* sechseckig

sexcēnārius ⟨a, um⟩ ADJ = sescenarius

sexcēnī ⟨ae, a⟩ NUM *distr* = sesceni

sexcent... = sescent...

sexdecim indekl NUM *card* = **sedecim**

sex-ennis ⟨sexenne⟩ ADJ ||annus|| sechsjährig; **dies ~** Frist von sechs Jahren

sexennium ⟨ī⟩ N ||sexennis|| Zeitraum von sechs Jahren

sexiē(n)s NUM ADV ||sex|| sechsmal

sex-prīmī ⟨ōrum⟩ M die sechs Obersten in der Stadtverwaltung

sextādecumānī ⟨ōrum⟩ M *Tac.* die Soldaten der 16. Legion

sextāns ⟨sextantis⟩ M ||sextus||
1. ein Sechstel *einer zwölfteiligen Einheit*
2. *(nachkl.)* 1/6 As = 2 unciae; *fig* Heller
3. der sechste Teil *einer Erbschaft*
4. *(nachkl.) poet* 1/6 Pfund
5. 1/6 sextarius; **senos sextantes non excessit** er überschritt nicht einen halben Liter *an Wein*

▶ deutsch: **Sextant**

sextāriolus ⟨ī⟩ M ||sextarius|| *Suet.* Schöppchen, kleiner Krug

sextārius ⟨ī⟩ M *Flüssigkeitsmaß, ca. 0,5 l;* Krug

Sextiānus ⟨a, um⟩ ADJ des Sextius, zu Sextius gehörig

Sextīlis
A ⟨Sextīle⟩ ADJ ||sextus||
1. der sechste; **mensis ~** der Monat Sextilis, *der später August hieß*
2. zum August gehörig, August...
B ⟨Sextīlis⟩ M der Monat Sextilis, *später August*

Sextius ⟨a, um⟩ röm. Gentilname; **P. ~** *Freund Ciceros, von diesem erfolgreich verteidigt*

sextula ⟨ae⟩ F ||sextus|| 1/6 einer uncia, 72. Teil *eines Ganzen*

sextus ⟨a, um⟩ NUM *ord* ||sex|| der sechste; **sextum** zum sechsten Mal

Sextus ⟨ī⟩ M röm. Vorname, abgek S. od Sex.

sexus ⟨sexūs⟩ M natürliches Geschlecht *von Menschen u. Tieren;* **virilis ~** männliches Geschlecht; **muliebris ~** weibliches Geschlecht; **liberi utriusque sexūs** Kinder beiderlei Geschlechts

sī KONJ
1. *in Wunschsätzen* o wenn doch, *+konjkt;* **o mihi praeteritos referat si Iuppiter annos** *Verg.* o, wenn doch Jupiter mir die vergangenen Jahre zurückgäbe
2. *in Konditionalsätzen* wenn, *+ind/+konjkt;* **si amicus venit, gaudeo** wenn der Freund kommt, freue ich mich; **si amicus veniret, gauderem** wenn mein Freund käme, würde ich mich freuen; **si amicus venisset, gavisus essem** wenn mein Freund gekommen wäre, hätte ich mich gefreut
3. *bei wiederholten Handlungen od allg. gültigen Aussagen* jedes Mal wenn, sooft; **si ferrum se inflexerat, hostes evellere non poterant** wenn

das Eisen sich umgebogen hatte, konnten die Feinde es nicht herausreißen

4 wenn anders, sofern nur; **delectus habetur; si hic delectus appellandus est** man hat Vergnügen; sofern dies Vergnügen genannt werden darf

5 *in indir Fragesatz* ob, ob etw, *+konjkt*; **quaesivit, si liceret** er fragte, ob es erlaubt sei

6 mirari, si sich wundern, dass; **mirum est, si** es ist verwunderlich, dass

7 *nach Verben des Erwartens, Versuchens u. Ä.* ob; **hanc paludem si nostri transirent hostes exspectabant** *Caes.* die Feinde warteten, ob unsere Leute diesen Sumpf durchschreiten würden

8 *Verbindungen:* **perinde ac si** wie wenn, gleich als wenn, *+konjkt*; **si forte** wenn etwa; **si iam** wenn nunmehr; **si maxime** wenn auch wirklich, selbst wenn im äußersten Fall; **si modo** wenn nur, wenn überhaupt; **si quidem** wenn doch einmal, sofern, da ja; **si vero** wenn gar, wenn wirklich; **si minus** wenn nicht; **nisi si** außer wenn; **si vel** wenn auch nur; **si qui** wer etwa, welcher etwa, *nach si entfällt die Vorsilbe ali-*

sibi REFL PR *dat* ||sui²|| sich; **quid ~ vult haec res?** was soll diese Sache bedeuten?

sībila ⟨ōrum⟩ N → sibilus²

sībilāre ⟨ō, āvī, ātum 1.⟩ ||sibilus²||

A VI (*unkl.*) zischen, pfeifen; *auf der Straße einem Mädchen etw* zuflüstern, *alicui* j-m

B VT auszischen, auspfeifen

sībilus¹ ⟨a, um⟩ ADJ *poet* zischend, pfeifend

sībilus² ⟨ī⟩ M, PL *auch* **sībila**, ōrum N

1 Zischen, Pfeifen, Säuseln

2 Auspfeifen

sibi-met → -met

Sibulla, Sibylla ⟨ae⟩ F Wahrsagerin, *bes die Sibylle von Cumae*

Sibyllīnus ⟨a, um⟩ ADJ sibyllinisch, zur Sibylle gehörig; **libri Sibyllini** sibyllinische Bücher, *alte Weissagebücher, der Sage nach von Tarquinius einer alten Frau abgekauft; sie wurden auf dem Kapitol im Jupitertempel verwahrt u. in Notzeiten von einem Priesterkollegium befragt*

sīc ADV

1 so, auf diese Weise; **sic res se habet** die Sache verhält sich so; **sic transit gloria mundi** so vergeht die Herrlichkeit der Welt, *Worte an den neu gewählten Papst, wobei dreimal ein Bund Werg (Hanf- oder Flachsabfall) verbrannt wird*

2 so, so gut; **Atticus sic Graece loquebatur, ut ...** Atticus sprach so gut Griechisch, dass ...

3 solchermaßen, folgendermaßen; **sic rex coepit dicere** der König begann folgendermaßen zu sprechen; **sic habeto** glaube sicher

4 *in Antworten* so ist es, ja

> **Sibyllae**
>
> In der griechischen und römischen Mythologie waren die Sibyllen Prophetinnen, die weissagten, weil ein Gott sie erleuchtete. Die Sibyllen wurden als halbgöttliche Wesen betrachtet und waren zur Jungfräulichkeit verpflichtet. Meist handelte es sich um Priesterinnen des **Apollon**. Die berühmteste Sibylle der römischen Welt war die von **Cumae**. Sie soll **Tarquinius Superbus** die Sibyllinischen Bücher verkauft haben, eine Sammlung von Prophezeiungen der Sibylle. Diese wurden seitdem im Tempel des **Iupiter Capitolinus** aufbewahrt und befragt, wenn dem Staat Gefahr drohte oder um ein außergewöhnliches Ereignis zu erklären.
>
> MYTHOLOGIE

5 *fortfahrend* und so

6 so ohne Weiteres; **sic abire** so ohne Weiteres weggehen; **sic tempore laevo** so gerade zur Unzeit

7 so sehr, so wenig; **Caecinam sic semper dilexi, ut ...** ich habe Caecina immer so sehr geliebt, dass ...

8 *Wendungen:* **ut ... sic** wie ... so; **sic** (*+konjkt*) **... ut** (*+ind*) *in Wünschen u. Versicherungen* so gewiss ... wie; **sic ... ut** einschränkend od bedingend nur insofern ... als; doch so ... dass; **sic ... si** unter der Bedingung, dass; dann ... wenn

sīca ⟨ae⟩ F Dolch; *meton* Meuchelmord

Sicambrī ⟨ōrum⟩ M = Sigambri

Sicānī ⟨ōrum⟩ M die Sikaner, *in Sizilien eingewanderter iber. od ital. Stamm*

Sīcania ⟨ae⟩ F *alter Name für* Sizilien

Sīcanis ⟨Sīcanidis⟩ ADJ F *Ov.*, **Sīcanius, Sīcanus** ⟨a, um⟩ ADJ sikanisch, *allg.* sizilisch

sīcārius ⟨ī⟩ M ||sica|| Meuchelmörder, Mörder; **quaestio inter sicarios** Ermittlung wegen Meuchelmordes

siccāre ⟨ō, āvī, ātum 1.⟩ ||siccus||

1 (*nachkl.*) *poet* trocknen, austrocknen, **lacrimas** Tränen

2 trockenlegen, **paludes** Sümpfe

3 (*nachkl.*) *fig* austrinken; **siccat calices conviva** *Hor.* der Gast leert die Becher; **ubera ~** Euter aussaugen

4 *fig* melken

siccine ||sic|| *Com.* so?, so also?

siccitās ⟨siccitātis⟩ F ||siccus||

1 Trockenheit, Dürre; *pl* anhaltende Dürre

2 *fig* Gesundheit

3 RHET Einfachheit, Knappheit

sicc-oculus ⟨a, um⟩ ADJ ||siccus|| *Plaut.* mit tränenlosen Augen

siccum ⟨ī⟩ N ||siccus|| das Trockene, Festland
siccus ⟨a, um, *adv* siccē⟩ ADJ
1 trocken, dürr; **sicci oculi** tränenlose Augen; **signa sicca** trockene Gestirne, = der Große und der Kleine Bär, *da diese Sternbilder nie im Meer versinken*
2 *von Personen* durstig
3 (*vkl., nachkl.*) *fig* gesund
4 *fig* enthaltsam, mäßig
5 *fig vom Charakter* kalt, gefühllos
6 RHET einfach, knapp
Sīcelis
A ⟨Sīcelidis⟩ ADJ ||Sicilia|| sizilisch, von Sizilien
B ⟨Sīcelidis⟩ F Sizilierin
sicelissāre ⟨ō, -, - 1.⟩ in sizilischer Mundart sein
Sicilia ⟨ae⟩ F Sizilien
sicilicissitāre ⟨ō, -, - 1.⟩ ||sicilissare|| *Plaut.* die sizilische Redeweise nachahmen
sicīlicula ⟨ae⟩ F ||sica|| *Plaut.* kleine Sichel
Siciliēnsis ⟨Siciliēnse⟩ ADJ sizilisch, von Sizilien; **~ praeda** *Cic.* in Sizilien gemachte Beute
sīcin, sīcine ADV = **siccine**
sīcubī KONJ ||ubi|| wenn irgendwo, wo immer; **~ segnior pugna esset** *Liv.* wenn irgendwo der Kampf nachließ
sīcula ⟨ae⟩ F ||sica|| kleiner Dolch; *Catul. hum* männliches Glied
Siculus
A ⟨a, um⟩ ADJ ||Sicilia|| sizilisch, von Sizilien; **pastor ~** der sizilische Hirte, = Theokrit; **Musae Siculae** die sizilischen Musen, = die Musen der Hirtengedichte des Theokrit; **tyrannus ~** der sizilische Tyrann, = Phalaris
B ⟨ī⟩ M Sikuler, Sizilier
sīcunde KONJ ||unde|| wenn von irgendwoher
sīc-ut, sīc-utī ADV
1 wie, sowie; **~ mari, ita terrā** wie zu Wasser, so zu Land; **~ supra docuimus** wie wir oben ausgeführt haben
2 *vergleichend* gleichsam wie, wie; **natura rationem in capite ~ in arce posuit** *Cic.* die Natur hat das Denkvermögen in den Kopf gleichsam wie in eine Burg gelegt
3 wie wenn, als ob
4 wie zum Beispiel
5 so wie, in dem Zustand wie; **~ sum** so wie ich hier stehe
Sicyōn ⟨Sicyōnis⟩ M *u.* F Stadt an der Südküste des Golfes von Korinth, Ruinen beim heutigen Vasilikó
Sicyōnius ⟨a, um⟩ ADJ aus Sicyon, von Sicyon
sīdere ⟨sīdō, sēdī *u.* sīdī, sessum 3.⟩ ||sedere||
1 sich setzen, sich niederlassen, *in re/re* in etw, auf etw
2 *fig* sich senken; **sidebant nebula** die Nebel senkten sich; **metus sidit** die Angst lässt nach
3 *fig* sitzen bleiben, festsitzen, liegen bleiben
sīdereus ⟨a, um⟩ ADJ ||sidus||
1 mit Sternen; Sternen…; **ignes siderei** Sterne; **Canis ~** Hundsstern
2 *fig* strahlend; **~ clipeus** strahlender Schild
3 Sonnen…; der Sonne geweiht; **ignes siderei** Sonnengluten
Sīdōn ⟨Sīdōnis⟩ F älteste Stadt Phöniziens, heute Saida
Sīdōnes ⟨Sīdōnum⟩ M die Sidonier
Sīdōnia ⟨ae⟩ F Gegend um Sidon
Sīdōnicus ⟨a, um⟩ ADJ sidonisch *auch* tyrisch, phönikisch, karthagisch
Sīdōniī ⟨ōrum⟩ M die Sidonier; die Karthager
Sīdōnis ⟨Sīdōnidis⟩ F Sidonierin, Phönikerin
Sīdōnius ⟨a, um⟩ ADJ = **Sidonicus**
sīdus ⟨sīderis⟩ N
1 Sternbild, Stern, *poet pl auch* von einem einzelnen Gestirn
2 *meton* Gegend
3 *meton* Jahreszeit; **mutato sidere** in einer anderen Jahreszeit
4 *meton* Tag
5 Witterung
6 PL *meton* Himmel
7 (*nachkl.*) *poet* Glanz, Zierde
Sigamber ⟨Sigambra, Sigambrum⟩ ADJ ||Sigambri|| sigambrisch
Sigambra ⟨ae⟩ F ||Sigambri|| sigambrische Frau
Sigambrī ⟨ōrum⟩ M germ. Stamm zwischen Lippe *u.* Rhein
Sīgēius ⟨a, um⟩ ADJ aus Sigeum, von Sigeum, *auch* trojanisch
Sīgēum ⟨ī⟩ N Stadt *u.* Vorgebirge bei Troja
Sīgēus ⟨a, um⟩ ADJ aus Sigeum, von Sigeum, *auch* trojanisch
sigillāria ⟨ōrum⟩ N ||sigillum||
1 *Sen.* kleine Figuren
2 röm. Fest im Anschluss an die Saturnalien, so genannt nach den kleinen Figuren, die man sich schenkte
3 Kunstmarkt
sigillātus ⟨a, um⟩ ADJ ||sigillum|| mit kleinen Figuren verziert
sigillum ⟨ī⟩ N ||signum||
1 kleine Figur; **cubicula tabellis ac sigillis adornare** *Suet.* die Schlafzimmer mit Bildern und Statuetten schmücken
2 Bild im Stempel, Siegel
▶ deutsch: **Siegel**
 englisch: seal
 französisch: sceau
 spanisch: sello
 italienisch: sigillo
sigma ⟨sigmatis⟩ N Sigma, 18. Buchstabe des *griech. Alphabets*; *Mart. fig* halbrundes Speisesofa

sign. *Abk* (*nlat.*) = **signatum** unterzeichnet
sīgnāre ⟨ō, āvī, ātum 1.⟩ ||signum||
① mit einem Zeichen versehen, kennzeichnen; **campum limite ~** das Feld mit einer Grenze kennzeichnen
② (*nachkl.*) *poet* einschneiden, abbilden; **vota ~** Gelübde aufzeichnen; **ceram figuris ~** Wachs zu Gestalten bilden
③ färben, beflecken
④ versiegeln
⑤ *Mart.* schließen, beenden
⑥ Münzen mit Stempel versehen, prägen
⑦ *fig* anzeigen, ausdrücken
⑧ *fig* bemerken, beobachten
⑨ *fig* auszeichnen, schmücken
⑩ (*mlat.*) das Kreuzzeichen machen; **se ~** sich bekreuzigen
▶ deutsch: **signieren**
sīgnātor ⟨sīgnātōris⟩ M̱ ||signare|| Besiegler; **~ falsus** *Sall.* Urkundenfälscher
sīgni-fer
Ⓐ ⟨sīgnifera, sīgniferum⟩ ADJ ||signum, ferre|| Sterne tragend, mit Sternen; **orbis ~** Tierkreis
Ⓑ ⟨sīgniferī⟩ M̱ Fahnenträger; *allg.* Anführer; **~ iuventutis** Anführer der Jugend
sīgnificāns ⟨sīgnificantis, *adv* sīgnificanter⟩ ADJ ||significare|| *Quint.* deutlich, anschaulich
▶ deutsch: **signifikant**
sīgnificantia ⟨ae⟩ F̱ ||significare||
① *Quint.* Anschaulichkeit eines Wortes
② (*spätl.*) Bedeutung
sīgni-ficāre ⟨ō, āvī, ātum 1.⟩ ||signum, facere||
① Zeichen geben, *inter se* einander
② *fig* durch sichtbare Zeichen zeigen, andeuten, *alicui aliquid* j-m etw, +*dopp. akk*/+*AcI*/+*indir Fragesatz, ut* dass; **~ aliquem de re** j-n auf etw hinweisen; **~ dolorem veste** *Cic.* den Schmerz durch sein Kleid zum Ausdruck bringen
③ *von Worten* bedeuten, bezeichnen
④ *die Zukunft* voraussagen, *alicui aliquid* j-m etw, +*indir Fragesatz*
sīgnificātiō ⟨sīgnificātiōnis⟩ F̱ ||significare||
① Zeichen, *alicuius* von j-m, *alicuius rei* von etw *od* für etw, +*AcI*; **ignibus significatione factā** *Caes.* als durch Feuer ein Zeichen gegeben worden war; **~ Gallorum** Benehmen der Gallier; **significationem alicuius rei facere/dare** etw erkennen lassen, etw merken lassen
② Beifall
③ RHET Nachdruck
④ Bedeutung *eines Ausdrucks*
⑤ Ausspruch
sīgnum ⟨ī⟩ Ṉ
① Kennzeichen, Merkmal; **~ pedum** Fußspur; **signum dare alicuius rei** etw erkennen lassen
② Wahrzeichen, Vorzeichen
③ MIL Befehl; Signal; **signo dato** auf ein Signal hin
④ MIL Parole, Losung
⑤ MIL Feldzeichen, Fahne; **signa ferre** aufbrechen; **signa inferre alicui/in aliquem/adversus aliquem/contra aliquem** den Feind angreifen; **signa conferre** sich zusammenziehen; angreifen; **signa conferre ad aliquem** zu j-m stoßen; **signis collatis** in offener Feldschlacht
⑥ (*nachkl.*) MIL Abteilung, Schar
⑦ Beweis; (*nachkl.*) *meton* Beweismittel
⑧ Statue *eines Gottes*, Götterbild
⑨ Siegel; **sub signo habere** unter Siegel haben
⑩ *fig* Sternbild, Gestirn
⑪ (*spätl.*) Spitzname
▶ deutsch: **Signal**
englisch: **sign; signal**
französisch: **signe; signal**
spanisch: **signo; señal**
italienisch: **segno; segnale**
sīl¹ ⟨sīlis⟩ Ṉ (*nachkl.*) Ocker
sīl² ⟨sīlis⟩ Ṉ = **seselis**
sīlāceus ⟨a, um⟩ ADJ ||sil¹|| (*nachkl.*) ockergelb
sīlānus
Ⓐ ⟨a, um⟩ ADJ plattnasig
Ⓑ ⟨ī⟩ M̱ (*nachkl.*) *poet* Brunnen, *dessen Wasser aus einem Silenkopf sprudelt*
silenda ⟨ōrum⟩ Ṉ ||silere|| (*nachkl.*) Geheimnisse, Mysterien
silēns ⟨silentis⟩ ADJ ||silere||
① schweigend, still
② **silentēs** ⟨silentum⟩ *m* die Verstorbenen, die Toten, auch die Pythagoreer
silentium ⟨ī⟩ Ṉ ||silere||
① Stillschweigen, Stille; **silentium servare/tenere** Stillschweigen halten, Stillschweigen wahren; **silentium rumpere** das Schweigen brechen; **silentium facere classico** Stillschweigen bewirken mit einem Trompetensignal; **silentium agere de re** über etw Stillschweigen wahren; **silentio/cum silentio/per silentium** stillschweigend; **furto silentium demere** *Cic.* den Diebstahl ausplaudern
② Auguralsprache Fehlerlosigkeit bei den Auspizien
③ *fig* Muße, Ruhe
④ Ruhmlosigkeit
Silēnus¹ ⟨ī⟩ M̱ Silen, *Begleiter des Dionysos*
Silēnus² ⟨ī⟩ M̱ *griech. Geschichtsschreiber aus Sizilien, Verfasser einer verlorenen Biografie Hannibals*
siler ⟨sileris⟩ Ṉ (*nachkl.*) *poet* Bachweide
silēre ⟨eō, uī, - 2.⟩
Ⓐ V̱ĪI
① *von Lebewesen u. Leblosem* schweigen, still sein,

signum — Feldzeichen

---

absolut od de aliquo|de re über j-n/über etw
2 *fig* ruhen
3 *vt* verschweigen, unerwähnt lassen, *aliquem/ aliquid* j-n/etw, *+indir Fragesatz/+inf;* **~ alicuius merita** j-s Verdienste verschweigen
⚠ **Silent leges inter arma.** Im Krieg schweigen die Gesetze.
silēscere ⟨ēscō, -, - 3.⟩ ||silere|| *(vkl.) poet* still werden; **venti silescunt** die Winde legen sich
silex ⟨silicis⟩ M̄ u. F̄ *Verg.* Kiesel, Feuerstein, *auch fig als Bild der Hartherzigkeit;* Fels; **viam silice sternere** einen Weg mit Kieseln bestreuen
silicernium ⟨ī⟩ N̄ *Ter.* Leichenschmaus; *fig als Schimpfwort* „alter Knacker"
silīgineus ⟨a, um⟩ ADJ ||siligo|| *(unkl.)* Weizen…; **panis ~** Weizenbrot; **~ Priapus** Gebäck *in der Form des männlichen Gliedes*
silīgō ⟨silīginis⟩ F̄ *(unkl.)*
1 heller Winterweizen
2 *meton* feines Weizenmehl
siliqua ⟨ae⟩ F̄ *(unkl.)* Schote *von Hülsenfrüchten; pl meton* Hülsenfrüchte
Sīlius ⟨a, um⟩ Name einer pleb. gens
1 **T. ~** *röm. Ritter, Präfekt od Kriegstribun Caesars*
2 **C. ~ Italicus** *epischer Dichter, 25–101 n. Chr.*
sillybus ⟨ī⟩ M̄ Etikett *an Bücherrollen*
silūrus ⟨ī⟩ M̄ *ein Flussfisch*
sīlus ⟨a, um⟩ ADJ mit platter Nase
Sīlus ⟨ī⟩ M̄ *röm. Beiname*
silva ⟨ae⟩ F̄
1 Wald, Park; *pl* Teile eines Waldes; **silvae publicae** Staatsforste; **dea silvarum** Göttin der Wälder, = Diana; **silvarum numina** Gottheiten der Wälder, = Faune, Satyrn
2 *Verg. meton* Strauch, Gestrüpp
3 *fig* Wald von Speeren
4 *fig u. meton* große Menge *bes unbearbeiteten Materials, auch als Titel für Bücher mit verschiedenartigem Inhalt;* Konzept
Silvānus ⟨ī⟩ M̄
1 *röm. Gott des Waldes u. der Felder; pl* Waldgötter; **horridus ~** der struppige Silvanus
2 *(mlat.)* Waldschrat, Waldgeist
silvēscere ⟨ēscō, -, - 3.⟩ ||silva|| verwildern
silvester ⟨silvestris, silvestre⟩ ADJ, *(nachkl.)*
silvestris ⟨silvestre⟩ ADJ ||silva||
1 bewaldet, waldig; **collis silvestris** bewaldeter Hügel
2 im Wald lebend, Wald…; **materia silvestris** Holz aus den Wäldern
3 wild
4 *fig* wild, roh
Silvia ⟨ae⟩ F̄ → Rea
silvi-cola ⟨ae⟩ F̄ ||silva, colere|| Waldbewohner
silvi-cultrīx ⟨silvicultrīcis⟩ F̄ ||silva, colere|| *Catul.* Waldbewohnerin; *adj* im Wald lebend; **cerva ~** die im Wald lebende Hirschkuh
silvi-fragus ⟨a, um⟩ ADJ ||silva, frangere|| *Lucr.* Wälder brechend
Silvius ⟨ī⟩ M̄ Sohn des Aeneas u. der Lavinia, Stammvater des Königshauses von Alba Longa
silvōsus ⟨a, um⟩ ADJ ||silva|| *(nachkl.)* waldig, waldreich
sīma ⟨ae⟩ F̄ ||simus|| *Vitr.* Traufleiste *des antiken Tempels*
sīmia ⟨ae⟩ F̄ Affe
simila ⟨ae⟩ F̄
1 *Mart.* feinstes Weizenmehl
2 *(mlat.)* Semmel, Brötchen
simile ⟨similis⟩ N̄ ||similis|| Gleichnis, ähnliches Beispiel; *pl* das Ähnliche; **et similia/similiaque** *Quint.* und dergleichen mehr
⚠ **Similia similibus curantur.** Ähnliches wird durch Ähnliches geheilt. *Grundsatz der Homöopathie*

similis ⟨simile, *adv* similiter⟩ ADJ *von Personen u. Sachen* ähnlich, gleichartig, *absolut od alicuius/alicui* j-m, *alicuius rei/alicui rei* einer Sache, *re* durch etw, in etw; **veri/vero ~** wahrscheinlich; **formā ~** an Gestalt ähnlich; **~ ac/atque** ähnlich wie; **~ ut si/ac si/tamquam si** ähnlich wie wenn, +konjkt

similitūdō ⟨similitūdinis⟩ F ‖similis‖
1 Ähnlichkeit, Gleichartigkeit, *alicuius* j-s *od mit* j-m, *alicuius rei* einer Sache *od mit* etw; **~ hominum** die Ähnlichkeit der Menschen untereinander; **~ patris** die Ähnlichkeit mit dem Vater
2 Ähnliches, Nachbildung; *pl* verwandte Erscheinungen
3 Analogie, Anwendung auf ähnliche Fälle; **similitudine et translatione verborum uti** *Gell.* Wörter in übertragener Bedeutung gebrauchen
4 Gleichnis; **vulgata ~** *Liv.* allgemein bekanntes Gleichnis
5 Einförmigkeit

sīmiolus ⟨ī⟩ M ‖simius‖ Äffchen, *auch als Schimpfwort*

simītū ADV ‖ire‖ (*vkl.*) zugleich

sīmius ⟨ī⟩ M = simia

Sīmō ⟨Sīmōnis⟩ M Typ des verliebten Alten in der Komödie

Simoīs ⟨Simoentis, *akk* Simoenta⟩ M Nebenfluss des Skamander in der Troas

simonia ⟨ae⟩ F (*eccl.*) Simonie, Kauf von kirchlichen Ämtern, Verkauf von kirchlichen Ämtern

Simōnidēs ⟨Simōnidis⟩ M griech. Lyriker u. Elegiker aus Keos, um 500 v. Chr.

Simōnidēus ⟨a, um⟩ ADJ *Catul.* des Simonides

sim-plex ⟨simplicis, *adv* simpliciter⟩ ADJ
1 einfach, nicht zusammengesetzt; **aqua ~** reines Wasser; **iter ~** unverzweigter Weg; **causa ~** einfache Sache; **fortuna ~** nicht wechselndes Schicksal
2 einzeln, einer sich; **verba simplicia** einzelne Wörter
3 einfach, unauffällig; **mors ~** Tod ohne besondere Qualen
4 *fig* einfach, natürlich
5 *fig* ehrlich, offen
6 (*mlat.*) beschränkt
7 *adv* geradezu, lediglich
▶ deutsch: **simpel**

simplicitās ⟨simplicitātis⟩ F ‖simplex‖
1 Einfachheit
2 *fig* Ehrlichkeit, Offenheit; Treuherzigkeit
3 **sancta ~** (*mlat.*) heilige Einfachheit; *heute meist* heilige Einfalt

simplum ⟨ī⟩ N das Einfache

simpulum ⟨ī⟩ N
1 Schöpfkelle, Schöpflöffel
2 **fluctus in simpulo** Sturm im Wasserglas

simpuvium ⟨ī⟩ N Opferschale

simul
A ADV zugleich, gleichzeitig; **~ proficisci** gleichzeitig aufbrechen; **duo ~ bella** zwei Kriege zur gleichen Zeit; **~ cum** gleichzeitig mit
B KONJ **~/~ ac/~ atque/~ ut** sobald als, +ind perf

simulācrum ⟨ī⟩ N ‖simulare‖
1 Abbild *als Plastik od Malerei, meist* Götterbild
2 Spiegelbild
3 *poet* Traumbild; Schatten *eines Toten, meist pl*; **simulacra cara parentis** *Ov.* der liebe Schatten des Vaters
4 *Lucr.* PHIL Abbild, *das dem Geist vorschwebt*
5 Abbild, Nachbildung; **~ pugnae** Scheingefecht
6 Trugbild
7 (*mlat.*) Götzenbild

simulāmen ⟨simulāminis⟩ N ‖simulare‖ *poet* Nachahmung

simulāns ⟨simulantis⟩ ADJ ‖simulare‖ nachahmend, *alicuius rei* etw

simulāre ⟨ō, āvī, ātum 1.⟩ ‖similis‖
1 ähnlich machen; **simulatus alicui** in j-s Gestalt
2 *poet* abbilden, *auch* nachahmen
3 *fig* vorgeben, heucheln; **morbo simulato** *Cic.* unter Vorschützen einer Krankheit
4 sich stellen als ob, so tun als ob, +AcI+inf; **simulabat sese properare** er tat so, als sei er in Eile

simulātē ADV → simulatus

simulātiō ⟨simulātiōnis⟩ F ‖simulare‖
1 Verstellung, Heuchelei; *pl* (*nachkl.*) Verstellungskünste
2 Vorwand, Schein; **~ emptionis** Scheinkauf; **~ rei frumentariae** angeblicher Mangel an Verpflegung; **simulatione/per simulationem alicuius rei** unter dem Schein von etw; **simulatione rei publicae** angeblich im Interesse des Staates

simulātor ⟨simulātōris⟩ M ‖simulare‖
1 Nachahmer, *alicuius rei* einer Sache
2 *fig* Heuchler, *alicuius rei/in re* in etw; Verstellungskünstler

simulatque KONJ → simul

simulātus ⟨a, um, *adv* simulātē⟩ ADJ ‖simulare‖ geheuchelt, scheinbar; **simulatae lacrimae** geheuchelte Tränen; **simulate pugnare** zum Schein kämpfen

simultās ⟨simultātis⟩ F ‖similis‖
1 Rivalität, Eifersucht
2 Groll, Feindschaft

simulter ADV *Plaut.* auf ähnliche Weise; **~ iti-**

dem ebenso wie

sīmulus ⟨a, um⟩ ADJ ||simus|| etwas plattnasig

sīmus ⟨a, um⟩ ADJ plattnasig, stumpfnasig

sīn KONJ, *meist nach si/nisi* wenn aber, wenn dagegen; **sin autem/vero** wenn aber; **sin minus/aliter** wenn nicht, andernfalls

sināpi *indekl*, **sināpis** ⟨sināpis⟩ F (*vkl., nachkl.*) Senf

sincēritās ⟨sincēritātis⟩ F ||sincerus|| (*nachkl.*) *poet* Gesundheit; *fig* Aufrichtigkeit

sincērus ⟨a, um, *adv* sincērē⟩ ADJ

1 rein, unvermischt

2 *fig* bloß, nichts weiter als; **sincerum proelium** ein bloßes Reitergefecht, nichts weiter als ein Reitergefecht

3 *fig* ehrlich, aufrichtig

4 *fig* unverdorben, unversehrt; **iudices integri** *Plin.* unbestechliche Richter

sincipitāmentum ⟨ī⟩ N ||sinciput|| Vorderkopfstück

sinciput ⟨sincipitis⟩ N ||caput|| (*unkl.*) Vorderkopf; *meton* Hirn

sindon ⟨sindonis⟩ F *poet* indisches Leinen, indische Baumwolle

sine¹ PRÄP +*abl* ohne; **~ dubio** ohne Zweifel; **~ ullo commodo** ohne jeden Vorteil; **non ~ aliquo commodo** nicht ohne einen gewissen Vorteil; **~ die** (*mlat.*) ohne Festlegung eines Termins; **~ tempore** (*nlat.*) ohne akademische Viertel, pünktlich; **~ loco et anno** (*nlat.*) ohne Orts- und Jahresangabe *bei Veröffentlichungen*

sine² → sino

sinere ⟨sinō, sīvī/siī, situm 3.⟩

1 zulassen, erlauben, *absolut od aliquid* etw, +*AcI*, *im passiv* +*NcI*, *ut/ne* dass/dass nicht, +*konjkt*; **sine hanc animam** lass mir das Leben; **sinite arma viris** überlasst den Männern die Waffen; **sine abeam** lass mich weggehen; **aliquid inultum ~** etw ungerächt lassen; **hic accusare eum non est situs** *Cic.* man ließ nicht zu, dass er diesen anklagte; **sine** mag sein!, schon gut!

2 sein lassen; **nunc sinite** nun hört auf

singillāriter ADV ||singuli|| *Lucr.* einzeln

singillātim ADV ||singuli|| einzeln, im Einzelnen

singulāria ⟨ium⟩ N ||singularis|| *Liv.* Auszeichnungen

singulāris

A ⟨singulāre⟩ ADJ, ADV ⟨singulāriter⟩ ||singuli||

1 einzeln, für sich

2 Einzel…, Privat…; **imperium singulare** Monarchie; **certamen singulare** Zweikampf

3 (*vkl., nachkl.*) GRAM zum Singular gehörig

4 eigen, charakteristisch

5 ausgezeichnet; *pej* beispiellos

B ⟨singulāris⟩ M

1 berittener Meldesoldat; *pl* kaiserliche Elitetruppe

2 GRAM Singular, Einzahl

singulārius ⟨a, um, *adv* singulāriē⟩ ADJ ||singuli|| einzeln

singulātim ADV ||singulis|| einzeln, im Einzelnen

singulī ⟨ae, a⟩

A NUM *distr* je ein, jeder einzelne; **ex singulis familiis singulos eligere** aus den einzelnen Familien je einen auswählen; **singulis annis** jährlich; **in singulos annos** von Jahr zu Jahr

B ADJ einzeln, allein

singultāre ⟨ō, -, ātum 1.⟩

A VI (*nachkl.*) schluchzen; röcheln

B VT herausschluchzen; **animam ~** die Seele aushauchen

singultim ADV *Hor.* stockend, mit Schluchzen

singultīre ⟨iō, -, - 4.⟩

1 (*nachkl.*) schluchzen

2 *Pers.* zittern

singultus ⟨ūs⟩ M

1 Schluchzen; Röcheln

2 Schluck

3 Glucksen, Gurgeln

singulus ⟨a, um⟩ ADJ → singuli

Sinis ⟨Sinis⟩ M MYTH Straßenräuber auf dem Isthmus von Korinth, von Theseus getötet

sinister ⟨sinistra, sinistrum, *adv* sinistrē⟩ ADJ

1 links, zur Linken; **sinistra pars** der linke Teil; **rota sinisterior** zu weit nach links gelenktes Rad

2 (*nachkl.*) *fig* linkisch, verkehrt; **sinistra interpretatio** falsche Deutung

3 REL glücklich, günstig, *nach altem röm. Ritus, bei dem der Augur nach S schaut u. den O links von sich hat*

4 REL Unheil verkündend, unheilvoll, *nach jüngerer, griech. Auffassung, bei der der Augur nach N schaut u. den O rechts von sich hat*; *fig* böse, übel; **sermones sinistri** böswillige Gerüchte

sinisteritās ⟨sinisteritātis⟩ F ||sinister|| *Plin.* Ungeschicklichkeit

sinistra ⟨ae⟩ F ||sinister|| (*erg.* **manus**) die linke Hand, die Linke

sinistrī ⟨ōrum⟩ M ||sinister|| die Leute auf dem linken Flügel

sinistrōrsum, sinistrōrsus ADV ||sinister, vertere|| nach links (gewandt), links

sinistrum ⟨ī⟩ N ||sinister|| das Unheilvolle, das Böse

Sinōn ⟨Sinōnis⟩ M Grieche, der die Trojaner überredete, das hölzerne Pferd in die Stadt zu ziehen

Sinōpa ⟨ae⟩ F, **Sinōpē** ⟨Sinōpēs⟩ F Stadt auf einer Halbinsel am Südufer des Schwarzen Meeres, Geburtsort des Kynikers Diogenes, heute Sinop mit geringen Resten der alten Stadt

Sinōpēnsēs ⟨Sinōpēnsium⟩ M die Einwohner von Sinope

Sinōpēus ⟨ī⟩ M Einwohner von Sinope

sinōpis ⟨sinōpidis⟩ F ‖Sinope‖ Eisenocker, Rötel

sinuāre ⟨ō, āvī, ātum 1.⟩ ‖sinus‖ bogenförmig biegen, krümmen; *passiv* sich krümmen, sich winden; **arcum ~** den Bogen spannen

Sinuessa ⟨ae⟩ F Hafenstadt in Latium, geringe Überreste beim heutigen Mondragone

sīnum ⟨ī⟩ N (*unkl.*) weitbauchiges Tongefäß

sinuōsus ⟨a, um, *adv* sinuōsē⟩ ADJ ‖sinus¹‖ gekrümmt, gewunden; **serpens sinuosa** *Verg.* sich windende Schlange; **sinuosa vestis** *Ov.* faltenreiches Gewand; **narratio sinuosa** Erzählung voller Abschweifungen

sinus¹ ⟨sinūs⟩ M

1. Biegung, Krümmung; **~ serpentis** Windung der Schlange; **sinum dare/facere** einen Bogen machen
2. Bucht, Meerbusen
3. Landzunge, Halbinsel; **Calabri sinūs** die Buchten von Kalabrien
4. Schlucht; (*nachkl.*) Schlund der Erde
5. Bausch *der Toga*; Geldbeutel
6. Brust, Schoß, Arme; **in sinum alicuius venire** in j-s Arme kommen; **negotium in sinum defertur** eine Angelegenheit fällt in den Schoß; **in sinu gaudere** sich ins Fäustchen lachen
7. *fig* Liebe, Zärtlichkeit; **in sinu alicuius esse** von j-m geliebt werden; **homines ex sinu/de sinu alicuius** j-s Busenfreunde
8. *fig* Innerstes; **in sinu urbis** im Herzen der Stadt
9. *fig* Zufluchtsort; **~ occultus** verborgener Zufluchtsort

sīnus² ⟨ī⟩ M = sinum

sīparium ⟨ī⟩ N

1. kleiner Vorhang *bei der Komödie u. auf der Rednerbühne*; **post siparium** *fig* hinter den Kulissen
2. *meton* Komödie

sīpharum ⟨ī⟩ N, **sīpharus** ⟨ī⟩ M *Sen.* Bramsegel, *am oberen Teil des Mastes*

sīphō ⟨sīphōnis⟩ M (*vkl., nachkl.*) Röhre, Heber *zum Abfüllen von Flüssigkeiten*; *Plin.* Feuerspritze

sīphunculus ⟨ī⟩ M ‖sipho‖ *Plin.* kleines Springbrunnenrohr

sīpō ⟨sīpōnis⟩ M = sipho

Sīpontum ⟨ī⟩ N Küstenstadt in Apulien, geringe Reste bei Manfredonia

sīpunculus ⟨ī⟩ M = siphunculus

sī-quandō KONJ wenn einmal

si-quidem KONJ

1. wenn nämlich, wenn allerdings
2. *kausal* weil ja, da ja

sīremps(e) ADV (*vkl., nachkl.*) ganz gleich, ebenso; **~ lex esto** *Sen.* das Gesetz soll gleich sein

Sīrēn ⟨Sīrēnis⟩ F, **Sīrēna** ⟨ae⟩ F

1. Sirene; *meist pl*, weibliche Dämonen, Töchter des Acheloos, Mädchen mit Vogelleibern, die durch ihren bezaubernden Gesang von einer Insel aus die Vorüberfahrenden ins Verderben lockten
2. *fig* Verführerin

▶ deutsch: **Sirene**

sīrius ⟨ī⟩ M Hundsstern *am s. Sternenhimmel*; *adj* des Sirius; **~ ardor** *Verg.* Glut des Sirius

Sirmiō ⟨Sirmiōnis⟩ F Halbinsel im s. Gardasee mit Landgut Catulls, heute Sirmione

sirp... *auch* **scirp...**

sirpe ⟨sirpis⟩ M *Plaut.* Saft der Sirpepflanze; → laserpicium

sīrus ⟨ī⟩ M *Curt.* Grube zur Aufbewahrung von Getreide, Silo

sīs = suis; → suus

Sīsenna ⟨ae⟩ M vollständig **L. Cornelius ~** röm. Geschichtsschreiber u. Übersetzer, gest. 67 v. Chr.

siser ⟨siseris⟩ N (*unkl.*) Rapunzel, *eine Salatpflanze*

sistere ⟨sistō, stitī/stetī, statum 3.⟩ ‖stare‖

A VT

1. hinstellen, hinbringen; **victima sistitur ante aras** das Opfertier wird zum Altar geführt
2. (*unkl.*) aufstellen, errichten, **templum** einen Tempel
3. JUR vor Gericht bringen; **vadimonium ~** sich vor Gericht stellen; **se ~** sich stellen, sich einfinden
4. (*nachkl.*) aufhalten, zum Stehen bringen; **~ equos** Pferde zum Stehen bringen; **gradum/pedem/se ~** Halt machen, stehen bleiben; **querelas ~** Streitigkeiten beenden
5. (*unkl.*) befestigen, stärken, **rem Romanam ~** die römische Macht stärken

B VI

1. (*unkl.*) sich stellen, hintreten; *perf* stehen
2. (*unkl.*) stehen bleiben; **legio sistit** die Legion hält an; **sanguis sistit** das Blut stockt
3. JUR sich zum Termin stellen
4. *fig* fortbestehen, sich halten; **res publica ~ non potest** der Staat kann nicht fortbestehen; **non sisti potest** *unpers* der Zustand ist unhaltbar
5. (*mlat.*) = esse

sistrātus ⟨a, um⟩ ADJ ‖sistrum‖ ausgestattet mit einer Isisklapper

sīstrum ⟨ī⟩ N Isisklapper, *Lärminstrument des Isiskultes*

sisura ⟨ae⟩ F *Plaut.* einfache Pelzdecke

sisymbrium ⟨ī⟩ N Brunnenkresse

Sīsyphidēs ⟨Sīsyphidae⟩ M Nachkomme des Sisyphus, = Odysseus

Sīsyphius ⟨a, um⟩ ADJ des Sisyphus

Sīsyphos, Sīsyphus ⟨ī⟩ M MYTH Gründer von

Korinth, für seine Schlauheit bekannt, wegen seiner Frevel in der Unterwelt dazu verdammt, einen Felsblock auf eine Anhöhe zu wälzen, der immer wieder nach unten rollt

sitella ⟨ae⟩ F ||situla|| Lostopf, Wahlurne, bauchiges Gefäß mit engem Hals, in das Wasser gefüllt u. die Lose geworfen wurden; durch den engen Hals gelangte immer nur 1 Los nach oben, so wurde die Reihenfolge der Stimmabgabe bestimmt; **sitellam deferre de aliquo** über j-n abstimmen lassen

siticulōsus ⟨a, um⟩ ADJ ||sitis|| Hor. durstig; trocken

sitiēns ⟨sitientis, adv sitienter⟩ ADJ ||sitire||
❶ dürstend, lechzend, alicuius rei nach etw
❷ fig gierig

sitīre ⟨iō, -, - 4.⟩ ||sitis||
❶ dürsten, durstig sein, absolut od aliquid nach etw; **~ aquam** nach Wasser dürsten; **aquae sitiuntur** man lechzt nach Wasser
❷ fig von Pflanzen vertrocknet sein
❸ fig von Örtlichkeiten ausgetrocknet sein, dürr sein
❹ fig dürsten, Verlangen haben, aliquid nach etw, **honores** nach Ehrenstellen

sitis ⟨sitis, akk sitim, abl sitī⟩ F
❶ Durst; **sitim explere** den Durst stillen
❷ meton Trockenheit, große Hitze
❸ fig heißes Verlangen, alicuius i-s, alicuius rei nach etw, **libertatis** nach Freiheit

sitītor ⟨sitītōris⟩ M ||sitire|| (nachkl.) Dürstender, alicuius rei nach etw, **aquae** nach Wasser

sittybos, sittybus ⟨ī⟩ M Quaste; Titelzettel einer Buchrolle

situla ⟨ae⟩ F (vkl.) poet Eimer, Losurne

situs¹ ⟨sitūs⟩ M ||sinere||
❶ Lage, Stellung; **~ urbis** Lage der Stadt
❷ Hor. Bau, Monument; **regalis ~ pyramidum** Königsbau der Pyramiden
❸ (nachkl.) poet langes Liegen an einem Ort; Untätigkeit

situs² ⟨sitūs⟩ M (nachkl.) poet Moder, Schimmel, Rost, Schmutz; **arma situ squalent** die Waffen sind von Rost überzogen

situs³ ⟨a, um⟩ ADJ ||sinere||
❶ (unkl.) hingelegt, hingestellt
❷ Tac. erbaut
❸ begraben; **hic situs est Gaius** hier liegt Gaius begraben, Grabinschrift
❹ gelegen, liegend; **urbs sita in media insula** die mitten auf der Insel liegende Stadt
❺ wohnend; **ante oculos/in oculis ~** fig vor Augen liegend
❻ **situm esse in aliquo/in re** fig von j-m abhängen, auf etw beruhen; **quantum in me situm est** soviel an mir liegt

situs⁴ ⟨a, um⟩ PPP → sinere

sī-ve KONJ

❶ oder wenn als Fortsetzung eines Konditionalsatzes; **si arborum trunci ~ naves essent a barbaris missae** Caes. wenn Baumstämme oder Schiffe von den Barbaren losgelassen würden
❷ bei unwesentlichen Unterschieden oder; **~ potius** oder viel mehr
❸ **~ ... ~** wenn entweder ... oder, sei es dass ... oder dass, entweder ... oder, ob entweder ... oder; **~ habes quid ~ nil habes, scribe tamen aliquid** Cic. ob du etw hast oder nicht, schreibe dennoch etw

sīvī → sinere

smaragdus ⟨ī⟩ M u. F
❶ Smaragd, ein Edelstein
❷ grüner Halbedelstein

smaris ⟨smaridis⟩ F (nachkl.) kleiner Seefisch

smīlax ⟨smīlacis⟩ F Ov. Stechwinde, immergrüne Kletterpflanze des Mittelmeerraumes, dem Efeu ähnlich

Smintheūs ⟨Sminthei⟩ M Ov. Kultname Apollos

smyrna ⟨ae⟩ F Lucr. Myrrhe

Smyrna ⟨ae⟩ F Handelsstadt in Ionien, heute Izmir

Smyrnaeus ⟨a, um⟩ ADJ aus Smyrna, zu Smyrna gehörig

Smyrnaeus ⟨ī⟩ M Einwohner von Smyrna

sobol... = subol...

sōbrietās ⟨sōbrietātis⟩ F ||sobrius|| (nachkl.) Nüchternheit, Mäßigkeit

sobrīna ⟨ae⟩ F Geschwisterkind, Cousine

sobrīnus ⟨ī⟩ M Geschwisterkind, Cousin

sōbrius ⟨a, um, adv sōbriē⟩ ADJ
❶ nüchtern, nicht betrunken
❷ mäßig, enthaltsam
❸ fig besonnen, vernünftig; **oratores sobrii** vernünftige Redner

soccātus ⟨a, um⟩ ADJ ||soccus|| Sen. mit leichten Sandalen bekleidet

socculus ⟨ī⟩ M ||soccus|| Plin.
❶ leichte Sandale, vorwiegend von Frauen u. Schauspielern getragen, daher Symbol für die Komödie
❷ fig Komödiendienst

soccus ⟨ī⟩ M
❶ leichter griech. Schuh, in Rom als abwertendes Attribut betrachtet
❷ Schuh der Komödienschauspieler; ↔ cothurnus
❸ (nachkl.) meton Komödie; fig Stil der Komödie

socer, socerus ⟨ī⟩ M Schwiegervater; adj verschwägert; pl Schwiegereltern

socia ⟨ae⟩ F ||socius|| Teilnehmerin, alicuius rei an etw; Gefährtin; **~ tori** Ehefrau

sociābilis ⟨sociābile⟩ ADJ ||sociare|| (nachkl.) gesellig, umgänglich

sociālis ⟨sociābile, adv sociāliter⟩ ADJ ||socius||
❶ (nachkl.) poet gesellig, kameradschaftlich
❷ bundesgenössisch, Bundesgenossen...;

bellum sociale Bundesgenossenkrieg
■ ehelich; **torus ~** Ehebett; **carmen sociale** Hochzeitslied
▶ deutsch: **sozial**

sociālitās ⟨sociālitātis⟩ F ‖socialis‖ (nachkl.) Geselligkeit

sociāre ⟨ō, āvī, ātum 1.⟩ ‖socius‖ verbinden, vereinigen, *aliquem/aliquid cum aliquo/alicui* j-n/etw mit j-m, *cum re/alicui rei* mit etw; *passiv* sich an *etw* beteiligen, *alicui rei*; **natam ~ conubiis** die Tochter verheiraten; **parricidium ~** den Mord am Vater mit mehreren ausführen; **sermonem cum aliquo ~** ein Gespräch mit j-m anknüpfen; **aliquem urbe ~** j-n in die Stadt aufnehmen; **consilia ~** Pläne mitteilen

sociātus ⟨a, um⟩ ADJ ‖sociare‖ gemeinschaftlich

sociennus ⟨ī⟩ M ‖socius‖ Kamerad; *Plaut. pej* Spießgeselle

societās ⟨societātis⟩ F ‖socius‖
■ Gemeinsamkeit; Teilnahme, *alicuius* j-s, *alicuius rei* an etw; **nulla nobis cum tyranno ~ est** wir haben mit dem Tyrannen nichts gemeinsam; **aliquem in societatem recipere** j-n teilnehmen lassen
■ Kameradschaft, Gesellschaft; **societatem inire/coire cum aliquo** eine Kameradschaft mit j-m eingehen
■ POL Bündnis, Bundesgenossenschaft, *alicuius* j-s *od* mit j-m
■ Handelsgesellschaft; Gesellschaftsvertrag; **societatem facere** einen Gesellschaftsvertrag schließen, eine Handelsgesellschaft bilden; **iudicium societatis** Urteil wegen Untreue gegen den Geschäftspartner

socio-fraudus ⟨ī⟩ M ‖socius, fraudare‖ *Plaut.* Betrüger am Gefährten

socius
A ⟨a, um⟩ ADJ
■ gemeinsam, gemeinschaftlich; **~ honor** *Ov.* gemeinsame Ehrenstellung; **socium sepulcrum** gemeinsames Grab; **ignes socii** Hochzeitsfackel
■ verbündet; **tota socia Africa** das ganze verbündete Afrika; **arma socia** Waffenbündnis
B ⟨ī⟩
■ M Kamerad, Gefährte; **cum sociis ardent animi** *Verg.* mit den Gefährten brennt die Begeisterung
■ Gehilfe, Gefährte; Teilnehmer *alicuius rei* an etw; **~ regni** Mitregent; **~ sanguinis/generis** Bruder
■ Geschäftspartner; **in decumanis ~** *Cic.* Teilhaber beim Zehnten; **pro socio damnari** wegen Betrugs am Geschäftspartner verurteilt werden
■ PL die Generalsteuerpächter *in Rom*
■ Bundesgenosse, Verbündeter; **bellum sociorum** Krieg mit den Bundesgenossen
■ (*mlat.*) Hilfsgeistlicher

socordia ⟨ae⟩ F ‖socors‖
■ (*vkl., nachkl.*) geistige Trägheit
■ Sorglosigkeit

so-cors ⟨socordis⟩ ADJ, ADV *nur komp* **socordius** ‖cor‖
■ geistig träge, stumpfsinnig
■ sorglos, *alicuius rei* in Bezug auf etw

Sōcratēs ⟨Sōcratis *u.* Sōcratī⟩ M berühmter athenischer Philos., 469–399 v. Chr., Lehrer Platos, der die Philosophie des Sokrates schriftl. niederlegte; mit Sokrates Wendung der Philosophie von der Naturphilosophie zur Beschäftigung mit dem Menschen

Socrates

Der athenische Philosoph **Socrates** (469 - 399 v. Chr.) stellt einen Wendepunkt in der Geschichte der Philosophie dar. Bedeutete Philosophie zuvor so viel wie Naturbetrachtung, rückten durch Socrates der Mensch und sein Handeln in den Mittelpunkt. Socrates hinterfragte das vermeintliche Wissen seiner Mitbürger, indem er vorgab, nichts zu wissen:

Scio me nihil scire.
Ich weiß, dass ich nichts weiß.

Als er hierbei selbst die Götter infrage zu stellen wagte, setzten die Athener erbost der Provokation ein Ende und verurteilten Socrates zum Tode, weil er die Götter des Staatskults nicht anerkenne, neue Gottheiten einführe und die Jugend verführe. Unsere Kenntnis über Socrates' Denken beziehen wir vor allem aus den Schriften seines Schülers Plato, der ihn in seinen Dialogen als Hauptfigur auftreten lässt.

GESCHICHTE ◀

Sōcraticus ⟨a, um⟩ ADJ sokratisch, des Sokrates

Sōcraticus ⟨ī⟩ M Anhänger des Sokrates, Schüler des Sokrates

socrus ⟨socrūs⟩ F ‖socer‖ *Ov.* Schwiegermutter

sodālicium ⟨ī⟩ N ‖sodalicius‖ Freundschaftsbündnis; *pej* POL Geheimbund

sodālicius ⟨a, um⟩ ADJ ‖sodalis‖ (*nachkl.*) kameradschaftlich

sodālis
A ⟨sodāle⟩ ADJ *Ov.* kameradschaftlich, befreundet
B ⟨sodālis⟩ M

1 Gefährte, Kamerad
2 Mitglied einer Bruderschaft; *pl* Priesterkollegium
3 Mitglied eines Geheimbundes
sodālitās ⟨sodālitātis⟩ F̄ ||sodalis||
1 Freundschaft; Freunde; **intima ~** *Tac.* sehr enge Freundschaft
2 Tischgesellschaft
3 Priesterkollegium
4 Geheimbund
sōdēs INT wenn du so gut sein willst, gefälligst, *meist beim imp;* **corrige sodes hoc** *Hor.* verbessere das gefälligst
sōl ⟨sōlis⟩ M̄
1 Sonne; **solis radii** Sonnenstrahlen; **solis ortus** Sonnenaufgang; **solis occasus** Sonnenuntergang; **sol oriens** Osten; **sol occidens** Westen; **sole primo** bei Sonnenaufgang; **supremo sole** bei Sonnenuntergang; **sole clarior** sonnenklar; **nondum omnium dierum sol occidit** *Sprichwort* es ist noch nicht aller Tage Abend
2 *meton* Sonnenlicht, Tag; **sub sole** bei Sonnenschein; **tres soles totidemque noctes** drei Tage und ebenso viele Nächte
3 *fig* öffentliche Tätigkeit, öffentliches Auftreten; **in solem procedere** ins Licht der Öffentlichkeit treten; **aliquid in solem producere** etw ans Licht bringen
4 *fig* Leuchte, Sonne *als Ausdruck höchsten Lobes für eine bedeutende Persönlichkeit;* **solem Asiae Brutum appellat** *Hor.* er nennt Brutus die Sonne Asiens
▶ französisch: **soleil**
 spanisch: **sol**
 italienisch: **sole**
Sōl ⟨Sōlis⟩ M̄ Sonnengott, *griech. Helios, später Apollo*
sōlāciolum ⟨ī⟩ N̄ ||solacium|| *Catul.* schwacher Trost
sōlācium ⟨ī⟩ N̄ ||solari||
1 Trost, Trostmittel; **vacare culpā magnum est ~** frei von Schuld zu sein ist ein großer Trost
2 *fig* Linderungsmittel; Zuflucht, *alicuius rei* für etw, in etw, bei etw
3 (*nachkl.*) Entschädigung, Ersatz
4 *meton* Tröster, Trösterin
sōlāmen ⟨sōlāminis⟩ N̄ ||solari|| *poet* Trost
sōlāre ⟨ō, āvī, ātum 1.⟩ ||solus|| veröden
sōlārī ⟨or, ātus sum 1.⟩
1 trösten; **verba solantia** Trostworte; **fessos ~** die Ermüdeten ermuntern; **~ aliquid** sich mit etw aussöhnen
2 lindern, mildern; **famem ~** den Hunger stillen
3 entschädigen

sōlāris ⟨sōlāre⟩ ADJ ||sol|| (*nachkl.*) *poet* Sonnen…; **lumen solare** Sonnenlicht
sōlārium ⟨ī⟩ N̄ ||sol||
1 Sonnenuhr, *bes die Sonnenuhr auf dem Forum Romanum, um die Mittagszeit Treffpunkt der Römer zu Geschäften u. zur Unterhaltung;* Uhr; **~ ex aqua** *Cic.* Wasseruhr
2 Sonnenhof, Terrasse, Flachdach
▶ deutsch: **Solarium**
sōlātium ⟨ī⟩ N̄ = **solacium**
sōlātor ⟨sōlātōris⟩ M̄ ||solari|| *poet* Tröster
soldurii ⟨ōrum⟩ M̄ die Getreuen
soldus ⟨a, um⟩ ADJ = **solidus**
solea ⟨ae⟩ F̄ ||solum||
1 Sandale, *Sohle mit Riemen am Fuß befestigt;* **soleas demere/deponere** die Sandalen ablegen, zu Tisch gehen; **soleas poscere** seine Sandalen verlangen = weggehen
2 Fußfessel
3 (*nachkl.*) *poet* Scholle, *ein Fisch*
soleārius ⟨ī⟩ M̄ ||solea|| *Plaut.* Sandalenmacher
soleātus ⟨a, um⟩ ADJ ||solea|| Sandalen tragend
sōlemnis ⟨sōlemne⟩ ADJ = **sollemnis**
solemnizāre ⟨ō, āvī, ātum 1.⟩ ||solemnis|| (*spätl.*) feiern
solennis ⟨solenne⟩ ADJ = **solemnis**
solēre ⟨soleō, solitus sum, 2.⟩
1 gewohnt sein, pflegen, *absolut od +inf;* **ut solet** wie gewöhnlich; **Cato hoc dicere solebat** Cato pflegte Folgendes zu sagen; **gloria, cui maxime invideri solet** der Ruhm, der gewöhnlich am meisten Neid erregt
2 *Plaut.* mit *j-m* schlafen, *cum aliquo*
solidāre ⟨ō, āvī, ātum 1.⟩ ||solidus|| dicht machen, fest machen, zusammenfügen
soliditās ⟨soliditātis⟩ F̄ ||solidus||
1 Dichte; Festigkeit; **corpora individua propter soliditatem** *Cic.* Körper, die wegen ihrer Dichte unteilbar sind
2 Dauerhaftigkeit
solidum ⟨ī⟩ N̄ ||solidus||
1 Festes; fester Körper

soleae – einfache Sandalen

SOLI

2 (nachkl.) fig Festigkeit, Sicherheit
3 Gesamtsumme, Gesamtkapital; **in solidum appellare** das Kapital kündigen

solidus
A ⟨a, um⟩ ADJ, ADV ⟨solidē⟩
1 poet dicht, massiv; **paries solida** massive Mauer
2 poet fest, dauerhaft
3 fig ganz, vollständig; **annus ~** ein ganzes Jahr; **decies solidum** eine volle Million Sesterze
4 fig gediegen, echt; **gloria/laus solida** dauernder Ruhm; **mens solida** unerschütterliche geistige Haltung
B ⟨ī⟩ M eine Goldmünze, Wert anfangs 25 Denare, später auf die Hälfte gesunken
▶ deutsch: solide
englisch: solid
französisch: solide
spanisch: sólido
italienisch: solido

sōli-fer ⟨sōlifera, sōliferum⟩ ADJ ||sol, ferre||
Sen. die Sonne bringend

sōliferreum ⟨ī⟩ N = solliferreum

sōlistimus ⟨a, um⟩ ADJ = sollistimus

sōlitārius ⟨a, um⟩ ADJ ||solus|| alleinstehend, einsam

sōlitūdō ⟨sōlitūdinis⟩ F ||solus||
1 Einsamkeit, Zurückgezogenheit
2 meton Einöde, Wüste
3 fig Verlassenheit, Hilflosigkeit
4 Mangel, alicuius rei an etw

solitum ⟨ī⟩ N ||solere|| das Gewöhnliche, Gewohnheit; **ex solito** aus Gewohnheit, regelmäßig; **solito maior** größer als gewohnt, ungewöhnlich groß

solitus ⟨a, um⟩ ADJ ||solere|| (nachkl.) poet gewohnt, gewöhnlich; **cibus ~** gewöhnliche Nahrung; **solitum quicquam liberae civitatis** etw, das zu einem freien Staat gehört

solium ⟨ī⟩ N ||sedere||
1 Stuhl mit Rückenlehne u. Seitenlehnen
2 Thron für Könige u. Götter; (nachkl.) meton Königswürde, Königreich
3 großer Lehnstuhl der röm. Rechtsgelehrten
4 (nachkl.) Badewanne
5 (nachkl.) Sarg

sōli-vagus ⟨a, um⟩ ADJ ||solus||
1 allein umherschweifend; **caelum solivagum** der sich allein bewegende Himmel
2 isoliert

sollemne ⟨sollemnis⟩ N ||sollemnis||
1 Feier; pl Opfer
2 Brauch, Gewohnheit

soll-emnis ⟨sollemne, adv sollemniter⟩ ADJ ||solus, annus||
1 alljährlich, alle Jahre wiederkehrend; **dies deorum festi et sollemnes** die alljährlichen Festtage der Götter
2 feierlich, festlich
3 gewohnt, üblich

sollemnitās ⟨sollemnitātis⟩ F ||sollemnis|| (spätl.) Feierlichkeit

soll-ers ⟨sollertis, adv sollerter⟩ ADJ ||sollus, ars||
1 kunstfertig, geschickt, re durch etw, an etw, alicuius rei in Bezug auf etw
2 pej verschlagen, schlau

sollertia ⟨ae⟩ F ||sollers||
1 Kunstfertigkeit, Geschicklichkeit
2 pej Schlauheit, List, alicuius j-s, alicuius rei einer Sache od in etw
3 Tac. meton Kunstgriff

sollicitāre ⟨ō, āvī, ātum 1.⟩ ||sollicitus||
1 (vkl.) poet heftig erregen, erschüttern; **tellurem ~** das Feld pflügen; **arcu ~ feras** mit dem Bogen das Wild jagen
2 fig in Bewegung setzen
3 (nachkl.) fig erregen, reizen; **alium ambitio sollicitat** einen anderen quält der Ehrgeiz
4 fig erschüttern, stören; **pacem** den Frieden
5 fig beunruhigen, bekümmern; **haec cura (me) sollicitat** Cic. diese Sorge bekümmert mich
6 aufwiegeln, **plebem** das Volk
7 bewegen, ermuntern, aliquem ad aliquid/in aliquid j-n zu etw, ut/ne/+inf
8 verführen, verleiten, **concubitūs primos** zum ersten Geschlechtsverkehr

sollicitātiō ⟨sollicitātiōnis⟩ F ||sollicitare|| (nachkl.)
1 Beunruhigung, Kummer, **nuptiarum** wegen der Hochzeit
2 Aufwiegelung, Aufhetzung, **Allobrogum** der Allobroger

sollicitātor ⟨sollicitātōris⟩ M ||sollicitare|| (nachkl.) Verführer, Aufwiegler

sollicitūdō ⟨sollicitūdinis⟩ F ||sollicitus|| Unruhe, Sorge, alicuius j-s, alicuius rei einer Sache od um etw; **~ animi** innere Unruhe; **~ provinciae** Sorge um die Provinz

solli-citus ⟨a, um, adv sollicitē⟩ ADJ ||sollus, ciere||
1 heftig bewegt, erregt; **mare sollicitum** aufgewühltes Meer
2 fig unruhig, besorgt,; **aliquem sollicitum habere** j-n in Unruhe versetzen, j-n bekümmern
3 von Sachen u. Verhältnissen gestört, besorgt; **causa sollicitae vitae** Grund für ein sorgenvolles Leben; **brevissima ac sollicitissima aetas** ein sehr kurzes und überaus sorgenreiches Leben

SOLV

3 ängstlich, vorsichtig; **sollicita manu tenebras explorare** mit zitternder Hand die Dunkelheit erforschen; **canes sollicti** wachsame Hunde

solli-ferreum ⟨ī⟩ n̄ ‖sollus, ferreus‖ (nachkl.) ganz aus Eisen bestehendes Geschoss, Wurfeisen

sollistimus ⟨a, um⟩ ADJ ‖sollus‖ vollkommen, günstig; **tripudium sollistimum** günstiges Vorzeichen

sollus ⟨a, um⟩ ADJ (altl.) ganz, nur in Zusammensetzungen

Solō ⟨Solōnis⟩ M̄ = **Solon**

soloecismus ⟨ī⟩ M̄ (unkl.) GRAM Solözismus, falsche syntaktische Verbindung der Wörter

soloecum ⟨ī⟩ n̄ sprachlicher Fehler

Solōn ⟨Solōnis⟩ M̄ Gesetzgeber Athens, einer der sieben Weisen, gest. 559 v. Chr.

sōlstitiālis ⟨sōlstitiāle⟩ ADJ ‖solstitium‖

1 zur Sommersonnenwende gehörig; **dies** ~ längster Tag; **nox** ~ kürzeste Nacht; **orbis** ~ Wendekreis des Krebses

2 meton Sommer..., Sonnen...; **morbus** ~ Sonnenstich, auch Malaria

sōl-stitium ⟨ī⟩ n̄ ‖sol, stare‖ Sonnenwende; (nachkl.) meton Sommerzeit

soltanus ⟨ī⟩ M̄ (mlat.) Sultan

solum¹ ⟨ī⟩ n̄

1 unterster Teil einer Sache, Grund; **fossae** ~ Caes. Boden eines Grabens; **ab infimo solo** unten vom Boden an

2 fig Fußboden eines Raumes; **sola marmorea** Cic. Marmorfußboden

3 Fußsohle

4 Erdboden, Grund und Boden; **in solo nostro** auf unserem Grund und Boden; **quod in solo venit** was einem in den Sinn kommt

5 fig Boden, Land; ~ **celeste** Himmel; **solum vertere/mutare** auswandern, in die Verbannung gehen

6 Unterlage; ~ **Cereale** Unterlage aus Brot

▶ englisch: **soil**
französisch: **sol**
spanisch: **suelo**
italienisch: **suolo**

sōlum² ADV ‖solus‖ bloß, nur; **non** ~ **sed etiam** nicht nur ... sondern auch; **non** ~ **... sed ne ... quidem** nicht nur nicht ... sondern nicht einmal

sōlum-modo ADV (nachkl.) nur allein, allein nur

sōlus ⟨a, um, gen sōlīus, dat sōlī⟩ ADJ

1 allein, nur; **rex** ~ **profectus est** der König reiste ohne Begleitung ab; ~ **ex omnibus** als Einziger von allen

2 von Personen einsam, alleinstehend

3 von Orten verlassen, öde; **sola rura** Ov. öde Landstriche

4 außerordentlich, einzig

🔴 **Sola fide.** Nur durch den Glauben. Grundsatz der lutherischen Glaubenslehre

solūtilis ⟨solūtile⟩ ADJ ‖solutus‖ Suet. leicht zerfallend

solūtiō ⟨solūtiōnis⟩ F̄ ‖solvere‖

1 Loslösen, Gelöstsein

2 Auflösung, Erschlaffung, **totius hominis** des ganzen Menschen

3 Lösung einer Frage

4 Bezahlung einer Schuld, **rerum creditarum** der Kredite

solūtus¹ ⟨a, um⟩ PPP → **solvere**

solūtus² ⟨a, um, adv solūtē⟩ ADJ ‖solvere‖

1 (nachkl.) lose, locker; **crines soluti** offene Haare

2 Sen. zittrig, schlotternd

3 fig frei, a re/re/alicuius rei von etw; selbstständig, ungehindert; **solutum est** es steht frei, +inf; **omnia alicui solutissima sunt** j-d hat in allem völlig freie Hand

4 fig schuldenfrei; sorgenfrei

5 fig zügellos

6 fig lässig, nachlässig

7 fig von der Rede ungebunden, in Prosa

---

solvere ⟨solvō, solvī, solūtum 3.⟩

1 auflösen

2 bezahlen

3 erfüllen

4 befreien

5 auflösen

6 schwächen, lähmen

7 aufheben, beseitigen

8 enträtseln, erklären

---

1 auflösen, öffnen; **zonam** ~ den Gürtel öffnen; **capillos** ~ die Haare hängen herabhängen lassen; **iuga tauris** ~ den Stieren die Joche abnehmen; **vela** ~ die Segel hissen; **epistulam** ~ einen Brief öffnen; (**ancoram/navem**) ~ die Anker lichten, absegeln

2 fig Schulden bezahlen; **solvendo non esse** zahlungsunfähig sein, nicht zahlen können; **poenam/poenas** ~ Strafe zahlen; **aliquid ab aliquo** ~ etw durch Anweisung auf j-n auszahlen lassen

3 fig Verpflichtungen erfüllen; **fidem** ~ sein Wort halten; **beneficia** ~ Wohltaten vergelten; **militibus suprema** ~ den Soldaten die letzte Ehre erweisen

4 fig befreien, aliquem re j-n von etw; pej entfesseln; **aliquem scelere** ~ j-n von einem Verbrechen freisprechen

5 (nachkl.) auflösen; *passiv* sich auflösen; **pontem ~** eine Brücke abbrechen; **nivem ~** Schnee schmelzen

6 *fig* schwächen, lähmen; **alicui lumina ~** j-m die Augen schließen

7 *fig* aufheben, beseitigen; **iniuriam ~** das Unrecht sühnen; **foedum ~** einen Vertrag brechen; **munera ~** Geschenke zurücknehmen

8 *fig* enträtseln, erklären, **aenigma** ein Rätsel

somniāre ⟨ō, āvī, ātum 1.⟩ ||somnium||

1 träumen, *absolut od de aliquo/aliquem* von j-m, *aliquid* von etw, **Troianum** von einem Besitz bei Troja

2 an *etw* denken, *etw* meinen, *aliquid*

3 faseln, schwätzen; **philosophi non disserentes, sed somniantes** *Caes.* nicht erörternde, sondern schwätzende Philosophen

somniātor ⟨somniātōris⟩ M̄ ||somniare|| (nachkl.) Träumer

somnīculōsus ⟨a, um, *adv* somnīculōsē⟩ ADJ ||somnus|| schläfrig, träge

somni-fer ⟨somnifera, somniferum⟩ ADJ ||somnium, ferre|| Schlaf bringend; **venenum somniferum** tödliches Gift

somnium ⟨ī⟩ N̄ ||somnus||

1 Traum; *meton* Traumbild; *pl auch* Schlaf; **somniis uti** Träume haben; **per somnia** im Traum

2 *fig* Träumerei, leerer Wahn

Somnium ⟨ī⟩ N̄ Traumgott

somnus ⟨ī⟩ M̄

1 Schlaf; **ad somnum ire/proficisci** schlafen gehen; **somnum capere non posse** nicht einschlafen können; **somnum tenere** sich gegen den Schlaf wehren; **per somnum/in somno/in somnis** im Schlaf, im Traum

2 *poet* Tod

3 Schläfrigkeit, Trägheit

Somnus ⟨ī⟩ M̄ Gott des Schlafes

sōna ⟨ae⟩ F̄ (altl.) = **zona**

sonābilis ⟨sonābile⟩ ADJ ||sonare|| *poet* tönend, klirrend

sonāns ⟨sonantis⟩ ADJ ||sonare|| tönend; wohltönend

sonāre ⟨ō, uī, ātūrus 1.⟩

A VI

1 ertönen, erschallen, *je nach Subjekt*; **fons sonat** die Quelle plätschert; **inani voce ~** *Cic.* mit leeren Worten tönen

2 widerhallen

B VT

1 ertönen lassen, klingen lassen; **poetae pingue quiddam sonantes** *Cic.* Dichter, die Schwülstiges von sich geben; **mortale ~** menschliche Worte hören lassen; **raucum/rauca ~** kreischen; **diversa ~** verschieden klingen

2 *poet* durch die Stimme verraten

3 preisen, besingen; **te sonabunt carmina nostra** dich werden unsere Lieder preisen

4 bedeuten; **unum ~** dasselbe bedeuten; **hominem ~** menschlich klingen

soni-pēs ⟨sonipedis⟩ M̄ ||sonus, pes|| Pferd; *pl* Reiterei

sonitus ⟨sonitūs⟩ M̄ ||sonare|| Ton; RHET Wohlklang einer Rede

sonīvius ⟨a, um⟩ ADJ ||sonus|| *Auguralsprache* tönend

sonor ⟨sonōris⟩ M̄ ||sonare|| (nachkl.) *poet* Ton, Getöse

sonōrus ⟨a, um, *adv* sonōrē⟩ ADJ ||sonor|| (nachkl.) *poet* tönend, rauschend

sōns

A ⟨sontis⟩ ADJ schuldig, strafbar

B ⟨sontis⟩ M̄ Schuldiger, Übeltäter

sonticus ⟨a, um⟩ ADJ ||sons|| (unkl.) gefährlich; **morbus ~** gefährliche Krankheit; **causa sontica** *fig* triftiger Grund

sonuī → **sonare**

sonus ⟨ī⟩ M̄ ||sonare||

1 Ton, Laut; **~ tubae** Ton der Trompete

2 *poet* Wort

3 Stimme, Sprache; **~ cycni** Schwanengesang; **medio in sono** mitten im Sprechen; **concordi sono** einstimmig

4 RHET Art der Darstellung

sophia ⟨ae⟩ F̄ (unkl.) Weisheit

sophisma ⟨sophismatis⟩ N̄ Trugschluss

sophista, sophistēs ⟨sophistae⟩ M̄ Sophist, *gewerbemäßiger Lehrer der praktischen Philosophie u. Beredsamkeit, von Sokrates kritisiert u. bekämpft*; spitzfindiger Philosoph

Sophoclēs ⟨Sophoclis *u.* Sophoclī⟩ M̄ *der mittlere der drei berühmtesten griech. Tragiker, 496–406 v. Chr.*

Sophoclēus ⟨a, um⟩ ADJ des Sophokles

sophōs[1] ADV (nachkl.) *Beifallsbekundung* gut!, ausgezeichnet!

sophos[2], **sophus**

A ⟨a, um⟩ ADJ *poet* weise

B ⟨ī⟩ M̄ der Weise

sōpiō ⟨sōpiōnis⟩ M̄ *Catul.* männliches Glied

sōpīre ⟨iō, īvī/iī, ītum 4.⟩

1 (nachkl.) einschläfern; *passiv* einschlafen; **sopitus** eingeschläfert, schlafend

2 (nachkl.) *fig* betäuben

3 *fig* beschwichtigen, beruhigen; **ignis sopitus** das unter der Asche glimmende Feuer; **sopitae ignibus arae** das auf dem Altar erloschene Feuer

4 *Lucr.* töten

sopor ⟨sopōris⟩ M̄

sopōrātus ⟨a, um⟩ ADJ ||sopor||
① (tiefer) Schlaf
② *meton* Todesschlaf
③ *meton* Schlaftrunk
sopōrātus ⟨a, um⟩ ADJ ||sopor||
① eingeschlafen, schlafend
② einschläfernd
sopōri-fer ⟨soporifera, soporiferum⟩ ADJ ||sopor, ferre|| (*nachkl.*) *poet* Schlaf bringend; **papaver ~** *Verg.* Schlaf bringender Mohn
sopōrus ⟨a, um⟩ ADJ ||sopor|| *poet* Schlaf bringend
Sōracte ⟨Sōractis⟩ N *Berg n. von Rom, mit Apollotempel*
sōracum ⟨ī⟩ N *Plaut.* Truhe
sorbēre ⟨sorbeō, sorbuī/sorpsī, - 2.⟩
① (*unkl.*) schlürfen, hinunterschlucken, **aquam** Wasser
② *fig* verschlingen; **odium ~** Hass in sich hineinfressen
sorbil(l)āre ⟨ō, āvī, ātum 1.⟩ ||sorbere|| (*Ter., nachkl.*) schlürfen
sorbilō ADV ||sorbere|| *Plaut.* schluckweise; wie ein armer Schlucker
sorbitiō ⟨sorbitiōnis⟩ F ||sorbere|| (*unkl.*) Schlürfen; *meton* Brühe
sorbum ⟨ī⟩ N *Verg.* Vogelbeere
sordēre ⟨eō, uī, - 2.⟩ ||sordes|| schmutzig sein; *j-m* gering erscheinen, *alicui*
sordēs ⟨sordis⟩ F, *meist* PL
① Schmutz, Unrat; **sint sine sordibus ungues** *Cic.* die Nägel sollen sauber sein; **sordes allinere alicui rei** etw beschmutzen
② Trauerkleidung; *meton* Trauer
③ *fig* Verächtlichkeit
④ *fig* niedrige Herkunft; **paternae sordes** *Hor.* Niedrigkeit der Väter
⑤ *fig* schmutzige Gesinnung, niedriger Charakter
⑥ *meton* Auswurf, Pöbel
sordēscere ⟨ēscō, -, - 3.⟩ ||sordere|| (*nachkl.*) *poet* schmutzig werden; *fig* wertlos werden
sordidātus ⟨a, um⟩ ADJ ||sordidus|| schmutzig gekleidet, in Trauerkleidung
sordidulus ⟨a, um⟩ ADJ ||sordidus|| *Plaut.* etwas schmutzig, armselig
sordidus ⟨a, um, *adv* sordidē⟩ ADJ ||sordere||
① *Plaut.* schwarz; **panis ~** Schwarzbrot
② schmutzig, unrein, *re* von etw, durch etw
③ in ärmlicher Kleidung, in Trauerkleidung
④ *fig* niedrig, armselig
⑤ *fig* gemein, niederträchtig
⑥ *fig* geizig, habgierig; **quidam Athenis ~ dives** *Hor.* ein Mann in Athen, geizig und wohlhabend
sorditūdō ⟨sorditūdinis⟩ F ||sordes|| *Plaut.* Schmutz

sōrex ⟨sōricis⟩ M (*vkl., nachkl.*) Spitzmaus
sōricīnus ⟨a, um⟩ ADJ ||sorex|| *Plaut.* von der Spitzmaus
sōrītēs ⟨sōrītae⟩ M Kettenschluss, *eine Art* Trugschluss
soror ⟨sorōris⟩ F
① Schwester
② *allg.* Cousine, Verwandte
③ Geliebte, Freundin
sororcula ⟨ae⟩ F ||soror|| *Plaut.* Schwesterchen
sorōriāre ⟨ō, -, - 1.⟩ (*Plaut., nachkl.*) als Schwestern zusammen aufwachsen; *fig* zusammen anschwellen
sorōri-cīda ⟨ae⟩ M ||soror, caedere|| Mörder der Schwester
sorōrius ⟨a, um⟩ ADJ ||soror|| schwesterlich, Schwester…; **ultio sororia** Rache für die Schwester
sors ⟨sortis⟩ F ||serere||
① Los, Lostäfelchen, *alicuius* j-s *od* mit j-s Namen; *pl* Weissagungstäfelchen, *auch* Losorakel
② Losen, Verlosung; **res revocatur ad sortem** es wird gelost; **provincias in sortem conicere** um die Provinzen losen; **sortem ducere** auslosen; **extra sortem** ohne zu losen; **tertia ~** die zum dritten Mal Ausgelosten
③ Orakel, Weissagung; **sortes Lyciae** Orakel des lykischen Apollo
④ *durch Los zugeteiltes* Amt; *allg.* Beruf; **sorte abesse** wegen seines Berufes abwesend sein
⑤ Anteil; (*nachkl.*) *poet* Erbteil, *alicuius* j-s, *alicuius rei* von etw, an etw; **~ prima** erstes Kind
⑥ (*nachkl.*) *poet* Schicksal; **~ suprema** Tod; **~ rerum** Ziel
⑦ Stand, Rang; **~ prior** Vorrang
⑧ Geschlecht; **~ feminea** weibliches Geschlecht
⑨ (*nachkl.*) Art, Sorte
⑩ *auf Zinsen ausgeliehenes* Kapital
▶ deutsch: Sorte
  englisch: sort
  französisch: sorte
  spanisch: suerte
  italienisch: sorta
sorsum, sorsus ADV = seorsum
sorticula ⟨ae⟩ F ||sors|| *Suet.* Lostäfelchen
sorti-legus
Ⓐ ⟨a, um⟩ ADJ ||sors, legere|| *Hor.* prophetisch
Ⓑ ⟨ī⟩ M Weissager
sortīre ⟨iō, īvī, ītum 4.⟩, **sortīrī** ⟨ior, ītus sum 4.⟩ ||sors||
Ⓐ VII losen, *cum aliquo* mit j-m, *inter se* untereinander, *de re* um etw
Ⓑ VT
① auslosen, durch Los bestimmen, *aliquid* etw, *+indir Fragesatz*; **provinciam ~** eine Provinz aus-

losen
② *durch Los* erhalten; *allg.* bekommen
③ aussuchen, erwählen
sortītiō ⟨sortītiōnis⟩ F̄ *(nachkl.)* ||sortiri|| Losen, *alicuius rei* um etw; **~ aedilicia** um die Ädilität losen; **sortione** nach Belieben
sortītō ADV ||sortitus|| durch das Los; durch Schicksalsbestimmung
sortītor ⟨sortītōris⟩ M̄ ||sortiri|| der das Los zieht
sortītus¹ ⟨a, um⟩ ADJ ||sortire|| erlost, durch das Los gezogen
sortītus² ⟨sortītūs⟩ M̄ ||sortiri|| Losen, Auslosung; **aliquid sortītūs non pertulit** um etw ist nicht gelost worden
Sōsia, Sōsiās ⟨Sōsiae⟩ M̄ *griech.-röm. Sklavenname*
Sosius ⟨a, um⟩ *röm. Gentilname*
sospes ⟨sospitis⟩ ADJ *(unkl.)* wohlbehalten; *von Sachen* günstig
sospita ⟨ae⟩ F̄ ||sospes|| Retterin
Sospita ⟨ae⟩ F̄ *Beiname der Juno*
sospitālis ⟨sospitāle⟩ ADJ ||sospes|| *(Plaut., spätl.)* heilsam
sospitāre ⟨ō, -, - 1.⟩ ||sospes|| *Liv.* retten, bewahren
Sōtadēs ⟨Sōtadae⟩ M̄ *griech. Dichter, Anfang 3. Jh. v. Chr.*
Sōtadēus, Sōtadicus ⟨a, um⟩ ADJ des Sotades; **versus ~** Sotades-Gedicht, *Gedicht, das rückwärts gelesen einen unanständigen Sinn ergibt*
sōtēr ⟨sōtēris⟩ M̄ Retter; *(eccl.)* Erlöser
sōtēria ⟨ōrum⟩ N̄ *Mart.* Glückwunschgaben zur Genesung
Sp. *Abk* = **Spurius**
spādīx
Ⓐ ⟨spādicis⟩ ADJ *(nachkl.)* kastanienbraun
Ⓑ ⟨spādicis⟩ M̄ lyraähnliches Musikinstrument
spadō ⟨spadōnis⟩ F̄ *(nachkl.)* Eunuch
spargere ⟨spargō, sparsī, sparsum 3.⟩
① *Trockenes* streuen, *Flüssiges* spritzen
② ausstreuen, säen, **semen** Samen
③ werfen, schleudern; **fulmina ~** Blitze schleudern
④ *(nachkl.) poet Lebewesen* verteilen, zerstreuen; **se ~** sich zerstreuen
⑤ *(nachkl.) poet Lebloses* zerstreuen; verbreiten; *passiv von Gebäuden* vereinzelt stehen, verstreut liegen; **bellum ~** bald hier, bald dort Krieg führen
⑥ zerreißen, **corpora** Körper
⑦ vergeuden, **bona sua** seine Güter
⑧ *Bemerkungen* einstreuen
⑨ bestreuen, besprengen, *aliquem/aliquid re* etw mit etw; **virgulta fimo ~** die Setzlinge mit Mist bedecken; **porticum tabellis ~** die Säulenhalle mit Bildern schmücken; **terras lumine ~** die Länder mit Licht übergießen
sparsiō ⟨sparsiōnis⟩ F̄ ||spargere|| *Sen.* Versprühen von parfümiertem Wasser *im Amphitheater od Zirkus*
sparsus¹ ⟨a, um⟩ PPP → spargere
sparsus² ⟨a, um⟩ ADJ ||spargere||
① zerstreut; **crines sparsi** wirres Haar
② *(vkl., nachkl.)* fleckig, bunt
Sparta ⟨ae⟩ F̄ *Hauptstadt von Lakonien auf der Peloponnes*
Spartacus ⟨ī⟩ M̄ *Gladiator in Capua, Anführer des Sklavenkrieges 73–71 v. Chr.*

▶ **Spartacus**

Der Sklave **Spartacus**, der vermutlich aus Thrakien stammte, führte den bekanntesten Sklavenaufstand gegen die Römer an. Der Aufstand brach 73 v. Chr. in der Gladiatorenschule in **Capua** aus und weitete sich rasch aus. Spartacus sammelte ca. 90.000 entflohene Sklaven um sich und besiegte die Römer in mehreren Schlachten. 71 v. Chr. wurde er von **Crassus** in Lukanien besiegt und in der Schlacht getötet. Sein Heer wurde von **Pompeius** aufgerieben. Tausende Gefangene wurden längs der **via Appia** gekreuzigt, um andere Sklaven abzuschrecken.

GESCHICHTE ◀

Spartānus
Ⓐ ⟨a, um⟩ ADJ aus Sparta, spartanisch
Ⓑ ⟨ī⟩ M̄ Spartaner
Spartē ⟨Spartēs⟩ F̄ = **Sparta**
Spartiātēs ⟨Spartiātae⟩ M̄ ||Sparta|| Spartiat, *spartanischer Vollbürger*
Spartiāticus ⟨a, um⟩ ADJ spartanisch
spartum ⟨ī⟩ N̄ *(vkl., nachkl.)* Pfriemgras, *Graspflanze, aus deren Fasern Matten, Seile u. Taue gemacht werden*
sparulus ⟨ī⟩ M̄ ||sparus||, **sparus¹** ⟨ī⟩ M̄ Goldbrasse
sparus² ⟨ī⟩ M̄ *Sall.* Speer, Jagdspeer
spatha ⟨ae⟩ F̄ *(nachkl.)*
① breites zweischneidiges Schwert
② *fig* Weberblatt, *mit dem der Einschlag festgedrückt wird*
spatiārī ⟨or, ātus sum 1.⟩ ||spatium|| auf und ab spazieren
spatiōsus ⟨a, um, *adv* spatiōsē⟩ ADJ ||spatium|| *(nachkl.)*
① geräumig, weitläufig; **domus spatiosa** geräumiges Haus; **amnis ~** breiter Fluss
② *fig von der Zeit* lang, langwierig; **bellum spa-**

tiosum sich hinziehender Krieg; **spatiosius** in späterer Zeit

spatium ⟨ī⟩ N̄
1 Raum, Ausdehnung; **spatium dare** Platz machen; **hoc spatio** in dieser ganzen Gegend; **in spatium trahere** in die Länge ziehen; **in spatium fugere** das Weite suchen
2 Zwischenraum, Entfernung; **tanto spatio** bei so großer Entfernung
3 Weg, Wegstrecke; **tanto spatio** bei einer so langen Strecke; **magnum spatium emetiri/conficere** einen weiten Weg zurücklegen
4 (nachkl.) poet Rennstrecke, Rennbahn; **extremum ~** Ende der Rennbahn; **gloriae ~** rühmliche Laufbahn; **curvatis spatiis** in schrägen Bahnen
5 Spaziergang
6 Zeit, Dauer; **eo spatio** zu dieser Zeit; **eodem spatio** zur gleichen Zeit
7 Frist, Muße, alicuius rei/ad aliquid/in aliquid zu etw; **spatium sumere** sich Zeit nehmen
8 Länge der Zeit
9 METR Zeitmaß
10 Messleine, Lot

specere ⟨specō, spexī, spectum 3.⟩ (vkl.) schauen; (spätl.) beachten

speciālis
A ⟨speciāle⟩ ADJ, ADV ⟨speciāliter⟩ ||species|| (nachkl.) speziell, besonders
B ⟨speciālis⟩ M̄ (spätl.) enger Freund

speciāria ⟨ae⟩ F̄ ||species|| Gewürzhändlerin

speciēs ⟨speciēī⟩ F̄ ||specere||
1 Blick, Anblick; **primā specie** auf den ersten Blick
2 Aussehen, äußere Erscheinung; **humana ~** menschliches Aussehen; **in speciem alicuius rei** wie etw; **in speciem montis** wie ein Berg
3 (nachkl.) poet Traumbild, Vision
4 Bild, Statue
5 schöne Gestalt, Schönheit
6 fig äußerer Glanz, Ansehen; **~ auri** Schimmer des Goldes; **~ populi Romani** Ansehen des römischen Volkes
7 Schein, Anschein; **~ imperii** scheinbarer Oberbefehl; **speciem alicui facere** bei j-m den Anschein erwecken; **specie/per speciem/in speciem/sub specie** zum Schein, scheinbar; **ad speciem** zur Täuschung; **alariis ad speciem uti** die Hilfstruppen zu einem Scheinmanöver benutzen; **specie alicuius rei** angeblich wegen etw
8 Vorstellung, Idee, alicuius rei von etw
9 Ideal; **~ boni viri** Musterbild eines guten Menschen
10 Art, Unterabteilung einer Gattung
11 (nachkl.) Einzelfall
12 PL (spätl.) Waren; Gewürze
▶ deutsch: **Spezies**

specillum ⟨ī⟩ N̄ ||speculum|| Sonde für ärztliche Untersuchungen

specimen ⟨speciminis⟩ N̄ ||specere||
1 Kennzeichen, Beweis; **alicui specimen iustitiae dare** einen Beweis der Gerechtigkeit vor j-m geben; **specimen dare** eine Prüfung zulassen
2 Muster, Vorbild, **humanitatis** an Bildung

speciōsus ⟨a, um, adv speciōsē⟩ ADJ ||species||
1 ansehnlich, von schöner Gestalt
2 wohlklingend
3 (nachkl.) poet großartig, imponierend
4 blendend, täuschend

spectābilis ⟨spectābile⟩ ADJ ||spectare||
1 sichtbar
2 (nachkl.) poet ansehnlich, prächtig

spectāc(u)lum ⟨ī⟩ N̄ ||specere||
1 Ort, Platz, der Aussicht auf etw bietet; pl (nachkl.) Zuschauerplätze, Tribüne
2 (nachkl.) Theater, Amphitheater; **resonant spectacula plausu** Ov. die Theater hallen vom Beifall wider
3 Schauspiel, Anblick; **spectaculo esse alicui** für j-n eine Augenweide sein; **spectaculum praebere** ein Schauspiel bieten; **spectaculum capere** ein Schauspiel ansehen
4 (nachkl.) Weltwunder

spectāmen ⟨spectāminis⟩ N̄ ||spectare||
1 Plaut. Probe
2 Beweis
3 (nachkl.) Anblick, Schauspiel; **miserum spectamen aspexi** Apul. ein trauriges Schauspiel habe ich angesehen

spectāre ⟨ō, āvī, ātum 1.⟩ ||specere||
A V̄I
1 schauen, blicken; **alte ~** in die Höhe blicken
2 sich beziehen, ad aliquid auf etw; **oratio mea ad te unum spectat** meine Rede bezieht sich auf dich allein; **res ad arma spectat** es sieht nach Krieg aus
3 gelegen sein, ad aliquid/in aliquid/aliquid nach etw; **ad orientem solem ~** nach Osten hin liegen; **inter occasum solem et septentriones ~** nach Nordwesten hin gelegen sein

B V̄T
1 anschauen, betrachten; **motūs siderum ~** die Bewegungen der Gestirne betrachten
2 sich etw ansehen, **fabulam** ein Theaterstück
3 fig berücksichtigen, in Betracht ziehen, aliquid etw, +indir Fragesatz
4 fig beurteilen, prüfen, aliquid re/ex re/a re etw nach etw prüfen, **rem** die Lage der Dinge; **aliquid igni ~** etw der Feuerprobe unterziehen
5 fig nach etw streben, etw beabsichtigen, ali-

quid; **alte ~** hoch hinaus wollen
spectātiō ⟨spectātiōnis⟩ F ||spectare||
1 Anschauen, Besichtigung
2 Geldprüfung, Münzprüfung
spectātīvus ⟨a, um⟩ ADJ ||spectare|| (*nachkl., Quint.*) *poet* zur Betrachtung gehörig, theoretisch
spectātor ⟨spectātōris⟩ M ||spectare||
1 Zuschauer; *fig* Beobachter
2 (*vkl., nachkl.*) *fig* Prüfer, Kritiker; **virtutis ~ ac iudex** *Liv.* Prüfer und Richter der Tugend
spectātrīx ⟨spectātrīcis⟩ F ||spectator||
1 Zuschauerin
2 Beurteilerin
spectātus ⟨a, um, *adv* spectātē⟩ ADJ ||spectare|| erprobt, bewährt
spectiō ⟨spectiōnis⟩ F ||specere|| Recht Auspizien abzuhalten, *das nur den höheren Magistraten zustand*
spectrum ⟨ī⟩ N ||specere|| Bild *in der Seele*, Vorstellung
spēcula¹ ⟨ae⟩ F ||spes|| *Plaut., Cic.* schwache Hoffnung, Hoffnungsschimmer
specula² ⟨ae⟩ F ||specere||
1 Beobachtungsstelle, Warte; **in speculis** auf der Lauer
2 Höhe, Gipfel
speculābundus ⟨a, um⟩ ADJ ||speculari|| (*nachkl.*) immer spähend, immer lauernd
speculārī ⟨or, ātus sum 1.⟩ ||specula²||
A VI spähen, umherschauen
B VT
1 beobachten, bewachen
2 erspähen, auskundschaften
speculāria ⟨speculārium *u.* speculārōrum⟩ N ||specularis|| Fensterscheiben
speculāris ⟨speculāre⟩ ADJ ||speculum|| (*nachkl.*) *poet* spiegelartig; **lapis ~** Stein aus durchsichtigem Material
speculātiō ⟨speculātiōnis⟩ F ||speculari|| (*spätl.*) Ausspähen, Auskundschaften; *fig* Betrachtung
speculātor ⟨speculātōris⟩ M ||speculari||
1 MIL Späher, Kundschafter
2 PL (*nachkl.*) Elitetruppe der Prätorianer, Leibwache des Feldherrn
3 (*nachkl.*) Henker
4 Erforscher, Forscher
speculātōriae ⟨ārum⟩ F ||speculatorius|| *Liv.* Wachtschiff
speculātōrius ⟨a, um⟩ ADJ ||speculator|| Späh..., Wacht...; **navigium speculatorium** Aufklärungsschiff; **caliga speculatoria** *Suet.* Stiefel der Gardesoldaten
speculātrīx ⟨speculātrīcis⟩ F ||speculator|| die ausspäht, *alicuius rei* nach *etw*

speculo-clārus ⟨a, um⟩ ADJ ||speculum|| *Plaut.* spiegelklar
speculum ⟨ī⟩ N ||specere|| Spiegel, *zuerst aus Metall, später aus Glas*; *fig* Abbild
specus ⟨specūs⟩ M *u.* nördlich
1 (*nachkl.*) *poet* Höhle, Grotte
2 Stollen, Schacht
3 Abzugsgraben, Kanal
4 *fig* Tiefe, Vertiefung; **~ vulneris** tiefe Wunde
spēlaeum ⟨ī⟩ N *poet* Höhle, Grotte
spēlunca ⟨ae⟩ F Höhle, Grotte
spērābilis ⟨spērābile⟩ ADJ ||sperare|| *Plaut.* was zu hoffen ist
spērāre ⟨ō, āvī, ātum 1.⟩ ||spes||
1 erwarten, hoffen, *aliquid alicui* etw für j-n, *aliquid ab aliquo/ex aliquo* etw von j-m, +*dopp. akk*/+*AcI fut*; **omnia ex victoria ~** alles vom Sieg erhoffen; **bene ~** Gutes erwarten; **optime ~** das Beste hoffen; **aliquem perpetuum ~** auf j-s dauerhafte Liebe hoffen
2 annehmen, voraussetzen, +*inf präs od perf*
3 Übles erwarten, befürchten
spērāta ⟨ae⟩ F ||sperare|| *Plaut.* Liebste, Braut
spērātus
A ⟨a, um⟩ ADJ ||sperare|| ersehnt
B ⟨ī⟩ M *Plaut.* Liebster, Bräutigam
Sperchēis ⟨Sperchēidis⟩ ADJ F des Spercheos
Sperchēos, Sperchēus ⟨ī⟩ M Fluss im *s. Thessalien, mündet in den Malischen Meerbusen, Name erhalten*
Sperchīonidēs ⟨Sperchīonidae⟩ M Anwohner des Spercheos
Sperchīos, Sperchīus ⟨ī⟩ M = **Sperchēos**
spernārī ⟨or, - 1.⟩ ||aspernari|| *Iuv.* verschmähen
spernendus ⟨a, um⟩ ADJ ||spernare|| (*nachkl.*) verächtlich, verwerflich; **haud quaquam ~ auctor** glaubwürdiger Gewährsmann, *alicuius rei* in Bezug auf *etw*
spernere ⟨spernō, sprēvī, sprētum 3.⟩
1 (*vkl.*) zurückstoßen, entfernen
2 *fig* verschmähen, verachten
spēs ⟨speī⟩ F
1 Hoffnung, *alicuius* j-s *od* auf j-n, *alicuius rei/ad aliquid* auf etw, +*AcI*; **bona ~** begründete Hoffnung; **falsa ~** unbegründete Hoffnung; **divina ~** Hoffnung auf die Götter; **~ pacis** Hoffnung auf Frieden; **~ capiendae arcis** Hoffnung auf Eroberung der Burg; **spem in re ponere** die Hoffnung auf etw setzen; **aliquid in spe est** etw ist in Aussicht; **spe deici** in der Hoffnung getäuscht werden; **spem dimittere/deponere** die Hoffnung aufgeben; **praeter spem/contra spem** gegen jede Erwartung; **spes est in aliquo** Hoffnung ruht auf j-m; **in spem venire/adduci** Hoffnung fassen; **spem nancisci** Hoffnung schöpfen; **adulescens summae spei**

junger Mann der sehr große Hoffnung geschöpft hat *od* junger Mann, der zu sehr großen Hoffnungen berechtigt
2 Gegenstand der Hoffnung, Ziel der Hoffnung, *auch Kosename*
3 *(nachkl.)* Erwartung, Aussicht; **omnium spe celerius** *Liv.* wider aller Erwartung schnell
Spēs ⟨Speī⟩ F̄ Göttin der Hoffnung
Speusippus ⟨ī⟩ M̄ *Nachfolger Platos als Leiter der Akademie, gest. 339 v. Chr.*
spexī → **specere**
sphaera ⟨ae⟩ F̄
1 Kugel
2 ASTRON Kreisbahn der Planeten
3 ASTRON Modell des Weltalls
sphaeristērium ⟨ī⟩ N̄ *Plin.* Ballspielsaal
sphaeromachia ⟨ae⟩ F̄ *(nachkl.)* Faustkampf
Sphinx ⟨Sphingis⟩ F̄ *weibliches Fabelwesen, saß vor Theben u. gab jedem Vorübergehenden ein Rätsel auf; wer es nicht lösen konnte, wurde von ihr getötet; Darstellung meist als sitzende Löwin mit Kopf u. Brust einer jungen Frau, oft als Todessymbol auf Grabsteinen*
spīca ⟨ae⟩ F̄
1 Ähre, Getreideähre
2 *(nachkl.)* ährenähnliche Dolde
3 Kornähre, *hellster Stern im Sternbild der Jungfrau*
spicere ⟨spiciō, spexī, spectum 3.⟩ = **specere**
spīceus ⟨a, um⟩ ADJ ‖spica‖ Ähren…; **spicea messis** *Verg.* Getreideernte
spīci-fer ⟨spīcifera, spīciferum⟩ ADJ ‖spica, ferre‖ *Mart.* Ähren tragend
spīculum ⟨ī⟩ N̄ ‖spicium‖
1 Spitze *einer Lanze, eines Pfeils*, Wurfspieß
2 Stachel *von Insekten*
spīcum ⟨ī⟩ N̄, **spīcus** ⟨ī⟩ M̄ = **spica**
spīna ⟨ae⟩ F̄ ‖spica‖
1 *(nachkl.) poet* Distel
2 Stachel *von Pflanzen u. Tieren*; **animantes spinis hirsutae** Stacheltiere
3 *(vkl., nachkl.)* Rückgrat *von Menschen u. Tieren; allg.* Rücken
4 Gräte
5 *(spätl.)* Spina, *Mauer zwischen den beiden Zirkusbahnen*
6 PL *fig* Spitzfindigkeiten; **disserendi spinae** *Cic.* spitzfindige Dialektik
7 *Hor.* Sorge, Qual
spīnālis ⟨spīnāle⟩ ADJ ‖spina‖ zum Rückgrat gehörig; **medulla ~** Rückenmark
spīnētum ⟨ī⟩ N̄ ‖spina‖ *(nachkl.) poet* Dornenhecke, Dornengebüsch
spīneus ⟨a, um⟩ ADJ ‖spina‖ aus Dornen, dornig
spīni-ger ⟨spīnigera, spīnigerum⟩ ADJ ‖spina, gerere‖ *poet* dornig, stachelig
spīnōsus ⟨a, um⟩ ADJ ‖spina‖
1 *(unkl.)* dornig, stachelig; **herbae spinosae** stachelige Kräuter
2 *fig* spitzfindig; **oratio spinosa** spitzfindige Rede
1 *Catul. fig* quälend
spintēr ⟨spintēris⟩ M̄ *od* nördlich *Plaut.* schlangenförmige Oberarmspange
spintria ⟨ae⟩ M̄ *(nachkl.)* Strichjunge, männlicher Prostituierter
spinturnīcium ⟨ī⟩ N̄ *Plaut.* Unglücksvogel, *vielleicht* Uhu
spīnus ⟨ī⟩ F̄ ‖spina‖ *Verg.* Schlehdorn
spīra ⟨ae⟩ F̄ *(unkl.)*
1 kreisförmige Windung, *bes einer Schlange*; Spirale
2 *meton* Mützenbinde
3 MIL Schar, Manipel
spīrābilis ⟨spīrābile⟩ ADJ ‖spirare‖
1 luftig
2 *Verg.* belebend
spīrāculum ⟨ī⟩ N̄ ‖spirare‖ Luftloch; **spiracula Ditis** Dunsthöhle des Pluto
spīrāmentum ⟨ī⟩ N̄ ‖spirare‖
1 Luftloch; *Verg.* Flugloch der Bienen
2 *Tac.* Atemholen, Pause
spīrāre ⟨ō, āvī, ātum 1.⟩
A VI
1 *(nachkl.) poet* blasen, wehen; **~ alicui** j-n anwehen, j-n begünstigen
2 *vom Meer* brausen; *von der Schlange* zischen; schnauben

▶ **Sphinx**

Das weibliche Fabelwesen **Sphinx** saß vor Theben und gab jedem Vorübergehenden ein Rätsel auf, das wie folgt lautete: „Was geht am Morgen auf vier Füßen, am Mittag auf zweien und am Abend auf dreien?" Wer es nicht lösen konnte, wurde von ihr getötet. Erst **Oedipus** gelang es, die Lösung des Rätsels, dessen Antwort „der Mensch" ist, zu finden. Als Kind krabbele er auf allen vieren, als Erwachsener gehe er auf zwei Beinen und im Alter brauche er einen Stock als drittes Bein. Daraufhin stürzte sich die Sphinx in einen Abgrund. Dargestellt wird die Sphinx meist als sitzende Löwin mit Kopf und Brust einer jungen Frau. Oft ist sie als Todessymbol auf Grabsteinen zu finden.

MYTHOLOGIE ◀

3 atmen; *fig* leben; **spirantia exta** noch warme Eingeweide
4 *poet* duften
5 *fig* begeistert sein, dichten
B VT (*nachkl.*)
1 aushauchen, ausatmen
2 einen Duft verbreiten; erfüllt sein, *aliquid* von etw; **tribunatum ~** vom Geist der Tribunen erfüllt sein; **tragicum ~** tragisches Genie haben; **maiora ~** nach Größerem trachten
🛑 **Dum spiro, spero.** Solange ich atme, hoffe ich.

spīrit(u)ālis ⟨spīrit(u)āle⟩ ADJ ‖spiritus‖
1 Luft...
2 zum Atmen gehörig
3 (*eccl.*) geistig, geistlich

spīritus ⟨spiritūs⟩ M ‖spirare‖
1 (*unkl.*) Lufthauch, Wind; **~ frigidus** kalter Lufthauch
2 Atmen; **aera spiritu ducere** atmen; **usque ad extremum spiritum** bis zum letzten Atemzug; **uno spiritu** in einem Atemzug
3 *poet* Seufzer
4 *Verg.* Zischen *der Schlange*
5 (*nachkl.*) *poet* Ausdünstung
6 GRAM Spiritus, Hauchlaut
7 Ton, Klang, Stimme
8 Teil des Taktes
9 Leben, Lebensluft
10 *meton* Seele, Geist; **Spiritus Sanctus** (*eccl.*) der Heilige Geist
11 Wesen, Charakter; **~ avidus** Geist der Habgier; **magnos spiritūs alicui facere** j-m großen Mut einflößen; **alteriores spiritūs sumere** höher hinaus wollen
12 Begeisterung; Dichtergabe

spissāmentum ⟨ī⟩ N ‖spissare‖ *Sen.* Verschluss, Pfropfen

spissāre ⟨ō, āvī, ātum 1.⟩ ‖spissus‖
1 verdichten, aufhäufen
2 *fig* häufig hintereinander tun

spissātiō ⟨spissātiōnis⟩ F ‖spissare‖ *Sen.* Verdichtung

spissēscere ⟨ēscō, -, - 3.⟩ ‖spissare‖ *Lucr.* dicht werden

spissi-gradus ⟨a, um⟩ ADJ ‖spissus, gradus‖ *Plaut.* langsam gehend

spissitūdō ⟨spissitūdinis⟩ F ‖spissus‖ Dicke, Dichte

spissus ⟨a, um, *adv* spissē⟩ ADJ
1 dicht, dick; **~ ager** dichtes Erdreich; **spissa caligo** dichter Nebel; **mel spissum** dickflüssiger Honig; **sanguis ~** geronnenes Blut
2 *fig* langsam, ausgedehnt
3 *Petr. fig* häufig hintereinander

splēn ⟨splēnis⟩ M (*nachkl.*) *poet* Milz

splendēre ⟨eō, (uī), - 2.⟩ (*unkl.*) glänzen, strahlen

splendēscere ⟨splendēscō, splenduī, - 3.⟩ ‖splendere‖ erglänzen, Glanz bekommen

splendidus ⟨a, um, *adv* splendidē⟩ ADJ ‖splendere‖
1 glänzend, strahlend; **convivium splendidum** prächtiges Gastmahl
2 *fig* von *Tönen* hell, deutlich; **voce splendidā** mit klarer Stimme
3 *fig* wohlklingend
4 *fig* herrlich; ruhmvoll
5 *fig* prachtliebend

splendor ⟨splendōris⟩ M ‖splendere‖
1 heller Glanz
2 *fig* Klarheit, heller Klang
3 *fig* Glanz, Pracht
4 *fig* Ruhm, Ansehen
5 *von Personen* Zierde

splenduī → splendere *u.* → splendescere

splēniātus ⟨a, um⟩ ADJ ‖splenium‖ bepflastert; **mento spleniato** *Mart.* mit bepflastertem Kinn

splēnium ⟨ī⟩ N *Plin.* Pflaster, Schönheitspflaster

Spōlētīnus
A ⟨a, um⟩ ADJ aus Spoletium, von Spoletium
B ⟨ī⟩ M Einwohner von Spoletium

Spōlētium ⟨ī⟩ N Stadt in Umbrien, heute Spoleto

spoliāre ⟨ō, āvī, ātum 1.⟩ ‖spolium‖
1 die Kleider rauben, *dem erschlagenen Feind* die Rüstung ausziehen, *aliquem* j-m
2 *fig* plündern, ausplündern
3 *fig* berauben, *aliquem re* j-n einer Sache

spoliārium ⟨ī⟩ N ‖spolium‖ Umkleideraum *im Amphitheater;* *fig* Mördergrube

spoliātiō ⟨spoliātiōnis⟩ F ‖spoliare‖ Plünderung; *fig* Raub

spoliātor ⟨spoliātōris⟩ M ‖spoliare‖ Plünderer

spoliātrīx ⟨spoliātrīcis⟩ F ‖spoliator‖ Plünderin; *adj* räuberisch

spoliātus ⟨a, um⟩ ADJ ‖spoliare‖ armselig

spolium ⟨ī⟩ N
1 abgezogenes Fell, abgelegte Haut *eines Tieres;* **~ leonis** Löwenfell
2 dem erschlagenen Feind abgenommene Rüstung; **spolia opima** Ehrenrüstung
3 *fig allg.* Beute, Raub
4 *fig* Siegespreis

sponda ⟨ae⟩ F Bettstelle; Sofa; **Orciniana ~** *Mart.* Totenbahre

spondālia, spond-aulia ⟨ōrum⟩ N
1 Opfergesang mit Flötenbegleitung
2 Liedeinlage in der Tragödie

spondēre ⟨spondeō, spopondī, spōnsum 2.⟩
1 feierlich versprechen; sich verpflichten, *ab-*

solut od alicui aliquid j-m etw
2 *Bürge sein, sich verbürgen, pro aliquo* für j-n, *aliquid* für etw
3 *eine Tochter verloben, aliquam alicui* j-n mit j-m
4 *von Sachen* verheißen
5 *weissagend* versprechen

spondēus, spondīus ⟨ī⟩ M̄ METR Spondeus, Versfuß, – –

spondylus ⟨ī⟩ M̄ *Sen.* Klappmuschel

spongea, spongia ⟨ae⟩ F̄ Schwamm; *Liv. fig* schwammartiger weicher Panzer

spōns ⟨spontis⟩ F̄ *nur gen u. abl* SG → **sponte**

spōnsa ⟨ae⟩ F̄ ||spondere|| Verlobte, Braut

spōnsālia ⟨spōnsāliōrum *u.* spōnsālium⟩ N̄ ||spondere|| Verlobung; Verlobungsgeschenke; **sponsalia facere** Verlobung schließen

spōnsiō ⟨spōnsiōnis⟩ F̄ ||spondere||
1 Gelöbnis, feierliches Versprechen
2 POL feierlicher Vertrag, persönliche Abmachung
3 *bei Privatprozessen* gegenseitige Verpflichtung *der streitenden Parteien, dass die verlierende Partei der gewinnenden Partei eine bestimmte Summe auszahlen muss*

spōnsor ⟨spōnsōris⟩ M̄ ||spondere|| Bürge, *alicuius* für j-n, *alicuius rei/de re* für etw

spōnsum ⟨ī⟩ N̄ ||spondere|| Gelöbnis, Zusage

spōnsus¹ ⟨ī⟩ M̄ ||spondere|| Verlobter; *pl* die Freier

spōnsus² ⟨spōnsūs⟩ M̄ ||spondere|| Bürgschaft

spōnsus³ ⟨a, um⟩ PPP → **spondere**

spontāneus ⟨a, um⟩ ADJ ||spons|| *(spätl.)* freiwillig; **mors spontanea** Selbstmord
▶ deutsch: spontan

sponte F̄ *abl* ||spons||
1 mit *j-s* Zustimmung, mit *j-s* Erlaubnis, *alicuius*
2 +*pron* **mea/tua/sua ~** aus eigenem Antrieb, von selbst
3 für sich; **virtus sua ~ laudabilis est** die Tugend ist um ihrer selbst willen zu loben
4 zuerst, ohne Beispiel; **aliquid sua ~ instituere** als Erster etw anordnen

spopondī → **spondere**

sporta ⟨ae⟩ F̄ geflochtener Korb

sportella ⟨ae⟩ F̄ ||sportula||
1 = **sportula**
2 *in einem Körbchen dargereichte* kalte Speisen

sportula ⟨ae⟩ F̄ ||sporta||
1 geflochtenes Körbchen
2 Speisekörbchen; Portion Essen
3 Geldgeschenk *im Wert einer Mahlzeit; allg.* Geschenk
4 *fig* kurze Spiele
5 *Iuv.* Picknick

sprētor ⟨sprētōris⟩ M̄ ||spernari|| Verächter, **deorum** der Götter

sprētus ⟨a, um⟩ PPP → **spernere**

sprēvī → **spernere**

spuere ⟨spuō, spuī, spūtum 3.⟩
A VI spucken
B VT ausspucken

spuī → **spuere**

spūma ⟨ae⟩ F̄ Schaum, Gischt; **~ salis** Meeresgischt; **spumas agere in ore** *Cic.* Schaum vor dem Mund haben; **spumae argenti** Silberschaum *des silberhaltigen Bleis*; **~ caustica** *Mart.* Schmierseife

spūmāre ⟨ō, āvī, ātum 1.⟩ ||spumare||
A VI schäumen; **spumans** schäumend
B VT mit Schaum bedecken

spūmēscere ⟨ēscō, -, - 3⟩ ||spumare|| *poet* aufschäumen

spūmeus ⟨a, um⟩ ADJ ||spuma|| *(nachkl.) poet* schäumend, schaumbedeckt

spūmi-fer ⟨spūmifera, spūmiferum⟩ ADJ ||spuma, ferre||, **spūmi-ger** ⟨spūmigera, spūmigerum⟩ ADJ ||spuma, gerere|| = **spumeus**

spūmōsus ⟨a, um⟩ ADJ ||spuma|| *(nachkl.) poet* voll Schaum, schäumend

spurcātus ⟨a, um⟩ ADJ ||spurcare|| unflätig

spurci-dicus ⟨a, um⟩ ADJ ||spurcus, dicere|| *Plaut.* unflätig redend

spurci-ficus ⟨a, um⟩ ADJ ||spurcus, facere|| *Plaut.* unflätig

spurcitia ⟨ae⟩ F̄, **spurcitiēs** ⟨spurcitiēī⟩ F̄ ||spurcus|| *(unkl.)* Unflätigkeit

spurcus ⟨a, um, *adv* spurcē⟩ ADJ
1 *(unkl.)* unrein, schmutzig
2 *fig* unflätig, schmutzig; **aliquid spurce perscribere** etw in unflätigen Ausdrücken aufschreiben

Spurinna ⟨ae⟩ M̄
1 berühmter Haruspex, *der Caesar vor den Iden des März warnte*
2 Dichter unter Kaiser Otho

spurium ⟨ī⟩ N̄ ||spurius|| *(spätl.)* weibliche Scham

spurius ADJ
A ⟨a, um⟩ ADJ unehelich geboren
B ⟨ī⟩ M̄ Kind mit unbekanntem Vater

Spurius ⟨ī⟩ M̄ *röm. Vorname, abgek* Sp.

spūtāre ⟨ō, āvī, ātum 1.⟩ ||spuere||
1 ausspucken, *aliquid* etw
2 anspucken, bespucken; **qui sputatur morbus** Epilepsie, *die man durch Bespucken heilen zu können glaubte*

spūtātilicus ⟨a, um⟩ ADJ ||sputare|| wert angespuckt zu werden; *fig* verabscheuungswürdig

spūtātor ⟨spūtātōris⟩ M̄ ||sputare|| *Plaut.* Spucker

spūtum ⟨ī⟩ N̄ ||spuere|| *(nachkl.)* ausgespuckter Speichel, Auswurf

spūtus ⟨a, um⟩ PPP → spuere

squālēre ⟨eō, uī, - 2.⟩

① (nachkl.) rau sein; von etw starren, re; **tunica squalens auro** von Gold strotzende Tunika

② fig von Schmutz starren

③ verödet liegen

④ in Trauerkleidern gehen

squālidus ⟨a, um, adv squālidē⟩ ADJ ||squalere||

① rau, struppig

② schmutzig, unsauber

③ in Trauerkleidern

④ verödet

⑤ RHET rau; vom Stoff trocken

squālor ⟨squālōris⟩ M ||squalere||

① Rauheit des Stoffes

② Unsauberkeit, Schmutz von Personen u. Kleidung

③ Trauer, Trauerkleidung

④ Unwirtlichkeit, **locorum** der Gegend

squālus¹ ⟨a, um⟩ ADJ (altl.) schmutzig

squalus² ⟨ī⟩ M größerer Seefisch

squāma ⟨ae⟩ F

① Schuppe von Fischen u. Schlangen

② Iuv. Fisch; pl Schuppenpanzer

squāmi-fer ⟨squāmifera, squāmiferum⟩ ADJ ||squama, ferre||, **squāmi-ger** ⟨gera, gerum⟩ ADJ ||squama, gerere||

① schuppig

② **squāmi-gerī** ⟨ōrum⟩ m Fische

squāmōsus ⟨a, um⟩ ADJ ||squama|| poet schuppig

squilla ⟨ae⟩ F = **scilla**

st! INT schweig!, pst!

Stabiae ⟨ārum⟩ F alte Stadt in Kampanien, durch den Vesuvausbruch 79 n. Chr. zerstört, danach wieder aufgebaut, Grabungen bei der modernen Stadt Castellamare di Stabia

Stabiānum ⟨ī⟩ N Landgut bei Stabiae

Stabiānus ⟨a, um⟩ ADJ aus Stabiae, von Stabiae

stabilīmen ⟨stabilīminis⟩ N, **stabilīmentum** ⟨ī⟩ N (vkl., nachkl.) Befestigung, Befestigungsmittel

stabilīre ⟨iō, īvī, ītum 4.⟩

① befestigen

② fig aufrechterhalten, sichern, **rem publicam** den Staat

stabilis ⟨stabile, adv stabiliter⟩ ADJ ||stare||

① feststehend, fest

② zum Stehen geeignet, festen Stand gebend

③ fig von Personen u. Sachen standhaft, zuverlässig; **gloria ~** dauerhafter Ruhm; **stabile est** Plaut. es ist fest beschlossen, +AcI

stabilitās ⟨stabilitātis⟩ F ||stabilis||

① Feststehen

② fig Festigkeit, Dauer, **amicitiae** der Freundschaft

stabilītor ⟨stabilītōris⟩ M ||stabilire|| Sen. Befestiger

stabulāre ⟨ō, āvī, - 1.⟩, **stabulārī** ⟨or, ātus sum 1.⟩ ||stabulum|| (unkl.)

① im Stall stehen

② fig sich irgendwo aufhalten

stabulārius ⟨ī⟩ M ||stabulum|| (nachkl.) Gastwirt

stabulum ⟨ī⟩ N ||stare||

① Stall, Weideplatz

② Aufenthaltsort der wilden Tiere

③ Gasthof, Wirtshaus

④ Bordell

stacta ⟨ae⟩ F, **stactē** ⟨stactēs⟩ F Myrrhensaft, Myrrhenharz

stadium ⟨ī⟩ N

① Stadion, griech. Maßeinheit, etwa 190 Meter

② Rennbahn, Laufbahn

▷ deutsch: Stadium

Stagīra ⟨ōrum⟩ N kleine Stadt auf Chalkidike, Geburtsort des Aristoteles

Stagīrītēs ⟨Stagīrītae⟩ M Einwohner von Stagira, auch = Aristoteles

stāgnāre ⟨ō, āvī, ātum 1.⟩ ||stagnum||

A VI

① von Gewässern über die Ufer treten, überlaufen

② von Örtlichkeiten unter Wasser stehen, überschwemmt sein

B VT

① überschwemmen

② das Wasser zum Stehen bringen, aufhalten

③ fig befestigen

stāgnum¹ ⟨ī⟩ N

① (unkl.) durch Überschwemmung entstandener Teich, Weiher

② (nachkl.) künstlich angelegter Teich, Weiher

stagnum² ⟨ī⟩ N (nachkl.) silberhaltiges Blei, Werkblei

stalagmium ⟨ī⟩ N Plaut. tropfenförmiges Ohrgehänge

stāmen ⟨stāminis⟩ N ||stare||

① Ov. senkrechter Grundfaden in einem aufrecht stehenden Webstuhl

② fig Faden aus der Spindel, der aus mehreren Fasern gedreht wird; **stamen pollice torquere** den Faden mit dem Daumen drehen

③ fig Schicksalsfaden, Lebensfaden

④ fig Faden der Spinne

⑤ fig Faden, Faser von Pflanzen

⑥ fig Saite

⑦ fig allg. Faden, Gewebe

stāmineus ⟨a, um⟩ ADJ ||stamen|| mit einem Faden versehen

stannum ⟨ī⟩ N = **stagnum²**

STAT

stāre ⟨stō, stetī, statum/stātūrus 1.⟩

1. stehen, aufrecht stehen
2. aufgestellt sein
3. vor Anker liegen
4. emporragen
5. zum Verkauf stehen
6. kosten
7. auf j-s Seite stehen
8. auf etw beruhen
9. stehen bleiben, stillstehen
10. stecken bleiben
11. untätig dastehen, zögern
12. aufhören
13. feststehen
14. standhalten
15. bestehen, fortdauern
16. bei etw bleiben
17. Beifall finden
18. fest sein, bestimmt sein

---

1. stehen, aufrecht stehen; **armatus ~** bewaffnet dastehen; **ad ianuam ~** bei der Tür stehen
2. (nachkl.) poet aufgestellt sein
3. vor Anker liegen
4. emporragen; starren vor etw, re; **comae stant** die Haare stehen hoch
5. (unkl.) zum Verkauf stehen
6. kosten, alicui j-n, +abl/gen pretii; **alicui centum talentis ~** j-n hundert Talente kosten; **gratis ~** nichts kosten; **victoria alicui multo sanguine ac vulneribus stat** j-n kostet der Sieg viel Blut und Wunden
7. auf j-s Seite stehen, cum aliquo/ab aliquo/pro aliquo, a re/pro re auf der Seite von etw, contra aliquem/adversus aliquem/in aliquem gegen j-n, contra aliquid/adversus aliquid/in aliquid gegen etw
8. (nachkl.) poet auf etw beruhen, von etw abhängen; **viribus suis ~** auf eigenen Füßen stehen; **per aliquem stat** es hängt von j-m ab, die Schuld liegt bei j-m, quominus/ne/quin dass nicht
9. stehen bleiben, stillstehen; **sanguis stat** das Blut stockt
10. von Geschossen stecken bleiben; **hasta stat terrā** die Lanze bleibt in der Erde stecken
11. untätig dastehen, zögern
12. Tac. aufhören; **ira stat** die Wut geht nicht bis zum Äußersten
13. von Personen u. Sachen feststehen; **animo/animis ~** guten Mutes sein, bei Verstand sein
14. MIL standhalten; von der Schlacht zum Stehen kommen
15. von Personen u. Sachen bestehen, fortdauern; **Caesar diutius ~ non potest** Caesar kann sich nicht länger halten
16. bei etw bleiben, re/in re; **alicuius decreto ~** sich j-s Befehl fügen; **in fide ~** Wort halten
17. (vkl.) von Dichtungen u. Dichtern Beifall finden
18. fest sein, bestimmt sein; **alicui (sententia) stat** j-d ist entschlossen, +inf
19. (.)

⚠ **Stante pede.** nlat. Stehenden Fußes. = Sogleich.

Stata māter F Schutzgöttin der Straßen

statārius
A ⟨a, um⟩ ADJ ||stare|| (nachkl.)
1. feststehend, in Reih und Glied stehend
2. fig ruhig, gelassen
B ⟨ī⟩ M Schauspieler in einer Charakterrolle in einer Komödie

statēr ⟨statēris⟩ M (spätl.) urspr. Gewicht, dann Goldmünze, geläufigste Münze im hellenistischen Welthandel

statēra ⟨ae⟩ F Waage; **~ aurificis** Goldwaage

staticulus ⟨ī⟩ M ||status²|| Plaut. pantomimischer Tanz

statim ADV ||stare||
1. aufrecht stehend
2. (Com., nachkl.) fig zeitl. auf der Stelle, sofort
3. (nachkl.) fig beständig
4. **~ ut/simulac** sobald als

statiō ⟨statiōnis⟩ F ||stare||
1. Stillstehen, Stellung
2. Standort, Platz; **~ male fida carinis** Verg. ein für die Schiffe tückischer Ankerplatz
3. MIL Posten, Wache; **in statione esse** Wache stehen; **in stationem succedere** die Wache ablösen
4. meton Wachmannschaft; MIL Trupp, Abteilung
5. Stelle als Beamter
6. öffentlicher Platz
7. (mlat.) Wallfahrtsort

Stātius ⟨ī⟩ M röm. Beiname; **P. Papinius ~** epischer Dichter der Kaiserzeit

statīva ⟨ōrum⟩ N ||stativus|| Standlager

statīvus ⟨a, um⟩ ADJ ||stare|| feststehend; **praesidium stativum** ausgestellter Wachposten; **castra stativa** Standlager

stator ⟨statōris⟩ M ||stare, sistere|| Amtsgehilfe

Stator ⟨Statōris⟩ M der Erhalter, Beiname Jupiters

statua ⟨ae⟩ F ||status²|| Standbild, Statue

statuārius ⟨a, um⟩ ADJ ||statua|| (nachkl.) Bildgießer, Bildhauer

statuere ⟨statuī, statūtum, statuō 3.⟩ ||status²||
1. fest hinstellen, aufstellen; **arborem agro ~** einen Baum auf das Feld pflanzen; **exemplum in aliquem/in aliquo ~** fig ein Exempel an j-m statuieren
2. errichten, erbauen; **templum ~** einen Tem-

pel erbauen

3 fig anordnen, festsetzen, *alicui aliquid* j-m etw, +*dopp. akk*; **legem ~** ein Gesetz beschließen; **diem colloquio ~** den Termin für ein Gespräch festsetzen; **aliquem regem ~** j-n als König einsetzen

4 JUR *vom Richter* ein Urteil fällen, *in aliquem/de aliquo* über j-n, *de re* über etw; **exilium in reum ~** den Angeklagten zur Verbannung verurteilen; **~ de se** sich das Leben nehmen

5 fig *allg.* beschließen, *apud animum suum/cum animo* bei sich, +*inf*, *ut/ne* dass/dass nicht, +*AcI*/+*ger*/+*indir Fragesatz*

6 fig meinen, glauben, +*AcI*; **sibi ~** sich als gewiss vorstellen

statūmen ⟨statūminis⟩ N ‖statuere‖ Stütze, Schiffsrippe

statūra ⟨ae⟩ F ‖stare‖ Gestalt, Wuchs, Statur

status¹ ⟨a, um⟩ PPP → sistere

status² ⟨statūs⟩ M ‖stare‖

1 Stehen, Stand; **~ erectus** aufrechte Stellung; **aliquem de statu movere** j-n aus der Fassung bringen

2 fig Zustand, Verfassung; **privatae res vestrae quo statu sunt?** *Liv.* in welchem Zustand ist euer privater Besitz?; **nascendi** (*nlat.*) Entstehungszustand; **~ quo** (*nlat.*) gegenwärtiger Zustand; **~ quo ante** (*nlat.*) früherer Zustand

3 sichere Stellung, Wohlstand

4 bürgerliche Stellung, Rang; **dignitatis ~** würdevolle Stellung

5 ~ causae JUR, RHET Sachstand, Stand des Prozesses

6 GRAM *Quint.* Verbform, Modus

▶ deutsch: **Staat**; **Status**
  englisch: **State**; **state**
  französisch: **État**; **état**
  spanisch: **Estado**; **estado**
  italienisch: **stato**

status³ ⟨a, um⟩ ADJ ‖sistere‖ festgesetzt, bestimmt; **statā die** am festgesetzten Tag; **stato loco** am festgesetzten Ort

statūtus¹ ⟨a, um⟩ PPP → statuere

statūtus² ⟨a, um⟩ ADJ ‖statuere‖ *Plaut.* stämmig, untersetzt

stega ⟨ae⟩ F *Plaut.* Verdeck, Dach

stēla ⟨ae⟩ F Pfeiler, Säule

▶ deutsch: **Stele**

stēliō ⟨stēliōnis⟩ M = **stellio**

stēlla ⟨ae⟩ F Stern, Sternbild,

stēllāns ⟨stēllantis⟩ ADJ ‖stella‖

1 glänzend, funkelnd

2 mit Sternen bedeckt

stēllātus ⟨a, um⟩ ADJ ‖stella‖

1 mit Sternen

2 unter die Sterne versetzt

3 (*nachkl.*) *poet* blitzend, glänzend

stēlli-fer ⟨stēllifera, stēlliferum⟩ ADJ ‖stella, ferre‖ Sterne tragend

stēlliō ⟨stēlliōnis⟩ M ‖stella‖ *Verg.* Sterneidechse

stemma ⟨stemmatis⟩ N

1 Kranz

2 (*nachkl.*) fig Stammbaum, Ahnentafel

3 (*mlat.*) Kopfbinde, Krone

stercorāre ⟨ō, āvī, ātum 1.⟩ ‖stercus‖ mit Mist düngen

stercoreus ⟨a, um⟩ ADJ ‖stercus‖ *Plaut.* schmutzig, voll Mist

stercorōsus ⟨a, um⟩ ADJ ‖stercus‖ (*vkl., nachkl.*) voll Mist, kotig

sterculīn(i)um ⟨ī⟩ N (*unkl.*) ‖stercus‖ Misthaufen, Dunghaufen, *auch als Schimpfwort*

stercus ⟨stercoris⟩ N Mist, Exkremente *von Menschen u. Tieren, auch als Schimpfwort*

sterilīcula ⟨ae⟩ F ‖sterilis‖ *Petr.* Gebärmutter eines Schweines, das noch keine Junge hatte

sterilis ⟨sterile⟩ ADJ

1 (*nachkl.*) *poet* unfruchtbar

2 fig unergiebig, ertraglos; **amor ~** zurückgewiesene Liebe

3 fig nichts sagend

4 *poet* unfruchtbar machend; **robigo ~** unfruchtbar machender Brand, *eine Pflanzenkrankheit*

sterilitās ⟨sterilitātis⟩ F ‖sterilis‖

1 Unfruchtbarkeit

2 (*nachkl.*) Misswuchs

sterlingus ⟨ī⟩ M (*mlat.*) angelsächsische Münze

sternāx ⟨sternācis⟩ ADJ störrisch, sich aufbäumend

sternere ⟨sternō, strāvī, strātum 3.⟩

1 ausbreiten, hinlegen; **pontes super asseres ~** Brücken über Stangen schlagen; *passiv u.* **se ~** hinsinken, sich lagern; **somno se ~** sich zum Schlaf hinlegen; **stratus** liegend

2 (*nachkl.*) *poet* niederwerfen; fig vernichten; **silvas ~** Wälder fällen; **torrens sata sternit** der Strom schwemmt die Saaten fort

3 ebnen; pflastern; **aequora ~** das wogende Meer glätten; **odia militum ~** fig den Hass der Soldaten besänftigen; **vias ~** Wege pflastern

4 bestreuen, bedecken, *aliquid re* etw mit etw; **maria pontibus ~** Meere überbrücken

5 (*nachkl.*) Pferde satteln; **equi strati** gesattelte Pferde

▶ deutsch: **Straße**

sternuere ⟨ō, uī, - 3.⟩

A VI

1 niesen

2 fig knistern

B VT niesend geben

sternūmentum ⟨ī⟩ N ‖sternuere‖ Niesen
sternūtāmentum ⟨ī⟩ N ‖sternuere‖ *Sen.* Niesen
sterquilīn(i)um ⟨ī⟩ N = **sterculin(i)um**
stertere ⟨ō, -, - 3⟩ schnarchen
Stēsichorus ⟨ī⟩ M *griech. lyrischer Dichter aus Himera in Sizilien, etwa 640–550 v. Chr.*
stetī → **stare** *u.* → **sistere**
stibadium ⟨ī⟩ N *Plin.* halbkreisförmiges Speisesofa, Marmorbank
Stichus ⟨ī⟩ M *häufiger griech. Sklavenname, Titel einer Komödie des Plautus*
stigma ⟨stigmatis⟩ N
1 Brandmal *zur Kennzeichnung eines Sklaven od eines Makels*; Schandmal
2 *Mart.* Schnitt im Gesicht *durch einen ungeschickten Barbier*
3 *(mlat.)* Wundmal Christi
stigmatiās ⟨ae⟩ M gebrandmarkter Sklave
stigmōsus ⟨a, um⟩ ADJ ‖stigma‖ gekennzeichnet, gebrandmarkt
stīlla ⟨ae⟩ F ‖stiria‖
1 Tropfen *einer Flüssigkeit*
2 *fig* ein bisschen
stīllāre ⟨ō, āvī, ātum 1.⟩ ‖stilla‖
A VI
1 tropfen; **sanguine culter stillans** *Ov.* von Blut triefendes Messer
2 *Sen. fig von der Rede* tropfenweise fließen
B VT tropfen lassen, vergießen; **rorem ex oculis ~** *Hor.* Tränen aus den Augen fließen lassen; **aliquid ~ in aurem** *Iuv.* etw ins Ohr flüstern
stīllārium ⟨ī⟩ N ‖stilla‖ *Sen.* kleine Zugabe, Trinkgeld
stīlli-cidium ⟨ī⟩ N ‖stilla, cadere‖
1 *Sen.* fallender Tropfen
2 Tropfenfang, Dachrinne
stilus ⟨ī⟩ M
1 Stachel, Spitze
2 Schreibstift, Griffel; **stilum vertere** korrigieren
3 *meton* Schreiben
4 *fig* Schreibart, Stil *eines Schriftstellers*
▶ deutsch: **Stil**
 englisch: **style**
 französisch: **style**
 spanisch: **estilo**
 italienisch: **stile**
stimulāre ⟨ō, āvī, ātum 1.⟩ ‖stimulus‖
1 *(nachkl.) poet* mit dem Stachel antreiben, mit der Peitsche antreiben
2 *fig* quälen, beunruhigen
3 *fig* antreiben, anspornen, *aliquem/animum alicuius* j-n, *ad aliquid/in aliquid* zu etw, *in aliquem* gegen j-n, *ut/ne* dass/dass nicht, *+inf*; **avita gloria animum stimulabat** *Liv.* der vom Großvater erbte Ruhm trieb ihn an
▶ deutsch: **stimulieren**
stimulātiō ⟨stimulātiōnis⟩ F ‖stimulare‖ *(nachkl.)* Reiz, Ansporn
stimulātrīx ⟨stimulātrīcis⟩ F ‖stimulare‖ *Plaut.* Anstifterin, Hetzerin
stimuleus ⟨a, um⟩ ADJ ‖stimulus‖ *Plaut.* mit der Peitsche vollzogen; **supplicium stimuleum** mit der Peitsche vollzogene Strafe
stimulus ⟨ī⟩ M
1 Stachel
2 MIL Pflöcke mit Widerhaken
3 Stachel, Stachelpeitsche *zum Antreiben von Tieren u. zur Bestrafung von Sklaven*
4 *fig* Qual, Pein; **~ doloris** *Cic.* Qual des Schmerzes
stinguere ⟨ō, -, - 3.⟩ *(vkl.) poet* auslöschen; *passiv* verloschen, erlöschen
stīpāre ⟨ō, āvī, ātum 1.⟩
1 zusammendrängen, zusammenpressen
2 vollstopfen, füllen; **Platona Menandro ~** *Hor.* Platos Schriften zusammen mit denen Menanders einpacken
3 *fig* dicht umgeben, umdrängen; **eā frequentiā stipatus** *Liv.* von diesem Gefolge dicht umdrängt; **stipatum tribunal** *Plin.* dicht besetzte Richtertribüne
stīpātiō ⟨stīpātiōnis⟩ F ‖stipare‖
1 Zusammendrängen
2 Gefolge
stīpātor ⟨stīpātōris⟩ M ‖stipare‖ ständiger Begleiter, Leibwächter
stipendiārius
A ⟨a, um⟩ ADJ ‖stipendium‖
1 für Sold dienend
2 steuerpflichtig, abgabenpflichtig, *alicuius* j-m
B ⟨ī⟩ M
1 Söldner
2 Steuerpflichtiger
stīpendium, stipendium ⟨ī⟩ N ‖stips, pendere‖
1 Sold *des Soldaten*; Einkünfte; **stipendia merere** Soldat sein
2 *meton* Kriegsdienst; *allg* Dienst; **stipendia facere** Kriegsdienst leisten; **stipendia conficere/emereri** seine Jahre abdienen
3 Steuer, Abgabe
4 *fig* Strafe, Bußgeld
5 *(mlat.)* Gewinn
▶ deutsch: **Stipendium**
stīpes ⟨stīpitis⟩ M
1 dicker Pfahl, Stange
2 *Verg.* Holzklotz; Scheit *zum Verbrennen*; Baum
3 *fig* Dummkopf, dummer Mensch
stips ⟨stipis⟩ F

1 Geldbeitrag, Spende; **stipem cogere** Geldbeiträge einsammeln; **stipem tollere** das Betteln abschaffen
2 *fig* Gewinn, Ertrag

stipula ⟨ae⟩ F̄
1 (*vkl.*) *poet* Halm, Strohhalm; *pl meton* Stroh
2 *meton* Rohrpfeife

stipulārī ⟨or, ātus sum 1.⟩ sich förmlich versprechen lassen, *pperf auch pass*

stipulātiō ⟨stipulātiōnis⟩ F̄ ||stipulari||
1 JUR förmliche Anfrage, ob j-d zu einem mündlichen Vertrag bereit ist
2 JUR mündlicher Vertrag, Stipulation

stipulātiuncula ⟨ae⟩ F̄ ||stipulatio|| geringfügiger Vertrag

stipulātor ⟨stipulātōris⟩ M̄ ||stipulari|| Partner *eines nicht förmlichen Vertrags, Gläubiger aufgrund einer Stipulation, eines nichtförmlichen Vertrags*

stipulātus ⟨stipulātūs⟩ M̄ ||stipulari|| verlangte Stipulation, verlangter nichtförmlicher Vertrag

stīria ⟨ae⟩ F̄ (*nachkl.*) *poet* Eiszapfen

stirpēs, stirpis ⟨stirpis⟩ F̄ = **stirps**

stirpitus ADV ||stirps|| mit Stumpf und Stiel, ganz

stirps ⟨stirpis⟩ F̄
1 Wurzel *eines Baumes, einer Pflanze; allg.* Stamm
2 *allg.* Pflanze, Baum
3 *fig* Wurzel, Stamm; **stirpe/cum stirpe** mit Stumpf und Stiel, ganz
4 Wurzel, Grundlage
5 *fig* Familie, Herkunftsort; **stirpe antiquissimā** *Cic.* aus einem uralten Geschlecht geboren
6 *fig* Nachkomme

stitī → sistere

stīva ⟨ae⟩ F̄ *Ov.* Führungsgriff am Pflug

stlāta ⟨ae⟩ F̄ (*nachkl.*) Frachtschiff, *breit u. mit geringem Tiefgang*

stlātārius ⟨a, um⟩ ADJ ||stlata|| mit dem Schiff eingeführt, kostbar

stlatta ⟨ae⟩ F̄ = **stlata**

stlattārius ⟨a, um⟩ ADJ = **stlatarius**

stō → stare

Stōica ⟨ōrum⟩ N̄ ||Stoicus|| stoische Philosophie

Stōicus
A ⟨a, um⟩ ADJ, ADV ⟨Stōicē⟩ stoisch, *philos. Richtung, benannt nach der Stoa poikile, der bunten Halle in Athen, röm. Hauptvertreter Seneca*
B ⟨ī⟩ M̄ stoischer Philosoph, Stoiker

stola ⟨ae⟩ F̄
1 langes Gewand der vornehmen Römerin
2 Talar
3 Gewand *der Flötenspieler beim Minervafest*
4 (*mlat.*) liturgische Schärpe *der Geistlichen*

stolātus ⟨a, um⟩ ADJ ||stola||

1 mit der Stola bekleidet; **Ulixes ~** *Suet.* Odysseus im Frauenkleid, *iron von Livia, der Urgroßmutter des Kaisers Caligula*
2 *fig* einer ehrbaren Frau zustehend

stolidus ⟨a, um, *adv* stolidē⟩ ADJ
1 (*nachkl.*) dumm
2 *von Sachen* unwirksam

stomacacē ⟨stomacacēs⟩ F̄ (*nachkl.*) Mundfäule

stomachārī ⟨or, ātus sum 1.⟩ ||stomachus|| sich ärgern; sich zanken, *cum aliquo* mit j-m

stomachicus
A ⟨a, um⟩ ADJ (*nachkl.*) magenkrank
B ⟨ī⟩ M̄ Magenkranker

stomachōsus ⟨a, um, *adv* stomachōsē⟩ ADJ ||stomachus||
1 (*nachkl.*) verärgert, unwillig, *re* über etw
2 *von Sachen* Unmut verratend

stomachus ⟨ī⟩ M̄
1 Schlund, Luftröhre, Speiseröhre
2 Magen
3 *meton* Geschmack; **aliquid mei stomachi est** etw ist nach meinem Geschmack
4 *meton* gute Laune
5 *meton* Empfindlichkeit, Ärger; **epistula plena stomachi et querelarum** *Cic.* ein Brief voller Missmut und Klagen

storax ⟨storacis⟩ M̄ (*nachkl.*) *poet* wohlriechendes Harz des Storaxstrauches

storea, storia ⟨ae⟩ F̄ Strohmatte, Binsendecke

strabō ⟨strabōnis⟩ M̄ *Hor.* Schieler

Strabō ⟨Strabōnis⟩ M̄ *griech. Geograf, 63 v. Chr.–23 n. Chr.*

strāgēs ⟨strāgis⟩ F̄ ||sternere||
1 Niederstürzen, Zerstörung, **villarum** von Landhäusern; **stragem inter se dare** sich gegenseitig niederreißen; **stragem dare alicui rei** etw niederschlagen
2 Hinsinken
3 Sterben, Ermordung; **stragem ciere** ein Blutbad anrichten
4 (*nachkl.*) *meton* ungeordneter Haufen

strāgulum ⟨ī⟩ N̄ ||stragulus|| Decke, Teppich

strāgulus ⟨a, um⟩ ADJ ||strages|| zum Ausbreiten bestimmt

strāmen ⟨strāminis⟩ N̄ ||sternere|| (*nachkl.*) *poet* Streu, Stroh

strāmentīcius ⟨a, um⟩ ADJ ||stramentum|| (*nachkl.*) *poet* aus Stroh, Stroh...

strāmentum ⟨ī⟩ N̄ ||sternere||
1 Stroh, Streu
2 Packsattel

strāmineus ⟨a, um⟩ ADJ ||stramen|| aus Stroh, Stroh...; **straminei Quirites** Strohpuppen, *die man jährlich in den Tiber warf*

STRO

strangulāre ⟨ō, āvī, ātum 1.⟩
- **1** würgen; erwürgen
- **2** *fig* martern
- ▶ deutsch: **strangulieren**

strangūria ⟨ae⟩ F̄ Harnzwang

strāta ⟨ae⟩ F̄ ||sternere|| (*spätl.*) gepflasterte Straße

stratēgēma ⟨stratēgēmatis⟩ N̄ (*nachkl.*) Kriegslist

stratēgus ⟨ī⟩ M̄ *Plaut.*
- **1** Heerführer
- **2** *hum* Vorsitzender bei einem Gastmahl

stratiōticus ⟨a, um⟩ ADJ *Plaut.* soldatisch; **~ nuntius** Meldegänger, Meldesoldat

strātum ⟨ī⟩ N̄ ||sternere|| (*nachkl.*)
- **1** Decke, Polster
- **2** Packsattel
- **3** Pflaster, *meist pl*; **strata viarum** Straßenpflaster

strātūra ⟨ae⟩ F̄ ||sternere|| (*nachkl.*) Pflastern

strātus ⟨a, um⟩ PPP → sternere

strāvī → sternere

strēna ⟨ae⟩ F̄
- **1** (*vkl., nachkl.*) gutes Vorzeichen
- **2** *Suet.* Neujahrsgeschenk *als Zeichen eines guten Wunsches*

strēnuitās ⟨strēnuitātis⟩ F̄ ||strenuus|| (*nachkl.*) *poet* Rüstigkeit, Tätigkeit

strēnuus ⟨a, um, *adv* strēnuē⟩ ADJ
- **1** *Plaut.* kräftig
- **2** rüstig; tüchtig, *alicui rei* zu etw, *re* durch etw, in etw, *alicuius rei* in Bezug auf etw; **remedium strenuum** wirksames Heilmittel; **~ manu** geschickt; **~ linguā** *Liv.* zungenfertig
- **3** *Tac. pej* unruhig, aufrührerisch

strepere ⟨ō, uī, itum 3.⟩
- **A** VI
  - **1** lärmen, tosen, *re* von etw; **aequor remis strepit** das Meer erschallt von den Rudern
  - **2** (*nachkl.*) *poet* ertönen, erklingen
- **B** VT (*nachkl.*) lärmend rufen

strepitāre ⟨ō, -, - 1.⟩ ||strepere|| *poet* viel lärmen, laut schreien

strepitus ⟨strepitūs⟩ M̄ ||strepere|| Lärm, Klang; **rotarum ~** Rollen der Räder; **~ fluminis** Rauschen des Flusses; **valvarum ~** Knarren der Türen; **armorum ~** Waffenlärm; **~ popularis** lärmendes Verhandeln vor dem Volk; **~ citharae** Klang der Laute

striātus ⟨a, um⟩ ADJ (*vkl., nachkl.*) mit Rillen versehen, gerillt

strictim ADV ||strictus||
- **1** *Plaut.* knapp
- **2** *fig* flüchtig, kurz, summarisch

strictūra ⟨ae⟩ F̄ ||stringere|| (*unkl.*) glühende Eisenmasse

strictus[1] ⟨a, um⟩ PPP → stringere

strictus[2] ⟨a, um, *adv* strictē *u.* → strictim⟩ ADJ ||stringere|| (*nachkl.*) *poet* straff; *von der Rede* kurz; **epistula stricta et libera** *Sen.* ein knapper und freimütiger Brief
- ▶ deutsch: **strikt**

strīdēre ⟨eō, -, - 2.⟩, **strīdere** ⟨stridō, strīdī, - 3.⟩
- **1** zischen, pfeifen, schwirren, knirschen, knistern, summen, *re* von etw, durch etw; **horrisono stridentes portae** *Verg.* schrecklich knarrende Tore; **apes stridunt** Bienen summen
- **2** *von Menschen* zischen, flüstern

strīdor ⟨strīdōris⟩ M̄ ||stridere|| Zischen, Schwirren, Pfeifen, Sausen, Klirren, Schreien, Knarren; **~ serae** Kreischen der Säge; **~ dentium** Zähneklappern; **~ procellae** Brausen des Sturmes

strīdulus ⟨a, um⟩ ADJ ||stridere|| *poet* zischend, schwirrend

striga[1] ⟨ae⟩ F̄ ||stringere|| Reihe *gemähten Grases od Getreides*

striga[2] ⟨ae⟩ F̄ *Petr.* alte Hexe

strigāre ⟨ō, -, - 1.⟩ ||striga¹|| aufhören, rasten

strig(i)lis ⟨strig(i)lis⟩ F̄ Schabeisen, Striegel, *um das überschüssige Öl nach dem Einsalben vom Körper abzustreifen*; **ampulla et ~** Salbfläschchen und Striegel

strigor ⟨strigōris⟩ M̄ ||stringere|| *Plaut.* Wort, *dessen genaue Form u. Bedeutung unbekannt ist*

strigōsus ⟨a, um⟩ ADJ ||striga¹|| (*nachkl.*) mager, dürr; **strigosiores equi** abgetriebene Pferde

stringere ⟨stringō, strīnxī, strictum 3.⟩
- **1** (*nachkl.*) *poet* streifen, leicht berühren, **metas interiore rotā** die Zielsäulen mit dem inneren Rad
- **2** *von Örtlichkeiten* an *etw* stoßen, an *etw* grenzen, *aliquid*
- **3** leicht verwunden; *fig* verletzen
- **4** rühren, *alicuius animum* j-n
- **5** abstreifen, abschneiden; **hordea ~** Gerste mähen
- **6** *Waffen* ziehen; **manum ~** die Hand kampfbereit machen
- **7** (*unkl.*) straff anziehen, zusammenbinden; **vulnera frigore stricta** durch die Kälte zusammengezogene Wunden
- **8** RHET kurz zusammenfassen
- **9** *Catul.* schmieden

stringor ⟨stringōris⟩ M̄ ||stringere|| *Lucr.* zusammenziehende Kraft

strīnxī → stringere

strīx ⟨strigis *u.* strīgis⟩ F̄ (*unkl.*) Ohreule; Vampir

stropha ⟨ae⟩ F̄, **strophē** ⟨strophēs⟩ F̄
- **1** (*nachkl.*) List, Trick

2 (spätl.) Strophe

strophiārius ⟨ī⟩ M ||strophium|| *Plaut.* Miedermacher

strophium ⟨ī⟩ N
1 Büstenhalter, Mieder
2 Strick
3 (nachkl.) Kranz

strūctilis ⟨strūctile⟩ ADJ ||struere||
1 gebaut
2 Mauer...

strūctiō ⟨strūctiōnis⟩ F
1 (spätl.) Erbauen
2 Büchergestell

strūctor ⟨strūctōris⟩ M ||struere||
1 Bauarbeiter, Maurer
2 *Petr. eine Art* Oberkellner

strūctūra ⟨ae⟩ F ||struere||
1 Bau; *meton* Bauart
2 Gemäuer, Mauer
3 RHET, GRAM Aufbau *eines Werkes*; Satzbau
▸ deutsch: **Struktur**
  englisch: **structure**
  französisch: **structure**
  spanisch: **estructura**
  italienisch: **struttura**

strūctus ⟨a, um⟩ PPP → struere

struere ⟨struō, strūxī, strūctum 3.⟩
1 aufschichten, aufbauen; **scutis structis** mit aufeinander gelegten Schilden, MIL Formation *der Schildkröte*; **montes ad sidera ~** die Berge bis zu den Sternen auftürmen; **avenae structae** Halmpfeife
2 (nachkl.) *poet* erbauen, errichten; **in struendo** beim Bau; **altaria donis ~** die Altäre mit Geschenken beladen; **initia imperio ~** *Tac.* den Grund zur Herrschaft legen
3 MIL ordnen, aufstellen; **aciem ~** die Schlachtordnung aufstellen
4 *fig* Böses anstiften; **odium in alios ~** Hass gegen andere anstiften
5 **versūs ~** Verse dichten
6 (spätl.) *allg.* ausrüsten, *aliquid re* etw mit etw; **mensas hospitibus ~** Tische für die Gäste decken

struēs ⟨struis⟩ F ||struere||
1 aufgeschichteter Haufen; dichte Masse; **~ lignōrum** Holzhaufen
2 *kultischer* Opferkuchen

strūix ⟨strūicis⟩ F ||struere|| (vkl.) Haufen

strūma ⟨ae⟩ F Schwellung der Schilddrüse

strūmōsus ⟨a, um⟩ ADJ ||struma|| mit geschwollenen Drüsen

strūthea ⟨ōrum⟩ N *Plaut.* Birnenquitten

strūthiō ⟨strūthiōnis⟩ M, **strūthocamēlus** ⟨ī⟩ M *Sen.* Vogel Strauß

Strȳmō(n) ⟨Strȳmonis⟩ M Grenzfluss zwischen Thrakien u. Makedonien, heute Struma

Strȳmonis ⟨Strȳmonidis⟩ F Frau aus dem Strymon-Gebiet

Strȳmonius ⟨a, um⟩ ADJ des Strymon

stud. *Abk* (nlat.) = **studiōsus** Student

studēns ⟨studentis⟩ M ||studere|| (nlat.) Student

studēre ⟨eō, uī, - 2.⟩
1 sich um *etw* bemühen, nach *etw* streben, *absolut od alicui rei*, *+akk nur nördlich*, *+inf/+AcI*, *ut/ne* dass/dass nicht; **virtuti ~** nach Tugend streben; **novis rebus ~** nach Neuerungen streben; **memoriae ~** das Gedächtnis eifrig üben
2 für *j-n* Partei ergreifen, *j-n* begünstigen, *j-n* fördern, *absolut od alicui/alicui rei*; **Pompeianis rebus studebat** er unterstützte die Sache des Pompeius; **rebus Atheniensium ~** *Nep.* für Athen arbeiten
3 sich wissenschaftlich betätigen, studieren, *absolut*

studiōsus
A ⟨a, um⟩ ADJ, ADV ⟨studiōsē⟩ ||studium||
1 eifrig, fleißig; *adv* eifrig absichtlich; **Platonis ~ audiendi** *Cic.* ein eifriger Hörer Platos
2 auf *etw* eifrig bedacht, nach *etw* strebend, *alicuius rei/in re*
3 *j-m/einer Sache* gewogen, *j-s* Gönner, *j-s* Anhänger, *alicuius/alicui rei*; **Catonis ~** dem Cato gewogen
4 (nachkl.) eifrig im Studium, wissbegierig
B ⟨ī⟩ M
1 (mlat.) Student, *abgek* stud.
2 PL Studenten, Kunstliebhaber

studium ⟨ī⟩ N ||studere||
1 eifriges Streben, Eifer, *alicuius* j-s, *alicuius rei* nach *etw*, zu *etw*, um *etw*; **~ quaestūs/lucri** Gewinnsucht; **studio** aus Neigung, leidenschaftlich
2 Teilnahme, Interesse, *alicuius* j-s, *alicuius rei/in re/in aliquid* an *etw*, *erga aliquem* an j-m; **studio/studiis** aus Interesse
3 Parteilichkeit; *pl* Parteibestrebungen; **sine studio dicere** unparteiisch sprechen; **sine ira et studio** *Tac.* ohne Ressentiment und Beschönigung
4 Beschäftigung; Lieblingsbeschäftigung, *alicuius* j-s, *alicuius rei* mit etw
5 wissenschaftliche Betätigung; Wissenschaft; *pl* wissenschaftliche Arbeiten; **studia civilia** Staatswissenschaften
6 PL (nachkl.) Werke der Literatur
▸ deutsch: **Studium**
  englisch: **study; studies**
  französisch: **étude; études**
  spanisch: **estudio; estudios**
  italienisch: **studio**

stulti-loquentia ⟨ae⟩ F̲, **stulti-loquium** ⟨ī⟩ N̲ ||stultus, loqui|| *Plaut.* albernes Geschwätz

stulti-loquus ⟨a, um⟩ A̲D̲J̲ ||stultus, loqui|| *Plaut.* dumm redend, schwätzend

stultitia ⟨ae⟩ F̲ ||stultus||
1 Dummheit, Einfalt
2 *meton* dumme Handlung; dumme Menschen

stulti-vidus ⟨a, um⟩ A̲D̲J̲ ||stultus, videre|| *Plaut.* einfältig, verkehrt sehend

stultus
A ⟨a, um⟩ A̲D̲J̲, A̲D̲V̲ ⟨stultē⟩ *von Personen u. Sachen* dumm, einfältig; **stultum consilium** dummer Plan
B ⟨ī⟩ M̲ Dummkopf, Narr

stūpa ⟨ae⟩ F̲ = **stuppa**

stupe-facere ⟨faciō, fēcī, factum 3.⟩ ||stupere|| betäuben, verblüffen; **privatos luctūs stupefecit publicus pavor** die allgemeine Angst überdeckte die Trauer der Einzelnen

stupefactus ⟨a, um⟩ A̲D̲J̲ erstaunt, außer sich

stupēre ⟨eō, uī, - 2.⟩ ||stuprum||
1 starr sein, steif sein
2 *fig* stutzen, staunen, außer sich sein, *re* durch etw, vor etw, über etw, *in aliquo/in re* beim Anblick j-s/einer Sache, *ad aliquid* bei etw

stupēscere ⟨stupēscō, stupuī, - 3.⟩ ||stupere||
1 *Ov.* ins Stocken geraten, stehen bleiben
2 *fig* stutzen; sich entsetzen

stūpeus ⟨a, um⟩ A̲D̲J̲ = **stuppeus**

stupiditās ⟨stupiditātis⟩ F̲ ||stupidus|| Dummheit

stupidus ⟨a, um⟩ A̲D̲J̲ ||stupere||
1 verblüfft, verdutzt
2 dumm

stupor ⟨stupōris⟩ M̲ ||stupere||
1 Lähmung, Erstarrung; **~ in corpore** *Cic.* körperliche Lähmung
2 *fig* Staunen, Verblüffung
3 *fig* Dummheit
4 *meton* Dummkopf

stuppa ⟨ae⟩ F̲ Werg, Flachs

stuppeus ⟨a, um⟩ A̲D̲J̲ ||stuppa|| aus Werg, aus Flachs; **stuppea flamma manu spargitur** brennendes Werg wird mit der Hand geschleudert

stuprāre ⟨ō, āvī, ātum 1.⟩ ||stuprum|| verführen, vergewaltigen; **mulierem vi ~** eine Frau vergewaltigen

stuprātor ⟨stuprātōris⟩ M̲ ||stuprare|| Verführer; Vergewaltiger

stuprum ⟨ī⟩ N̲
1 (*vkl.*) Schande; **cum stupro redire ad suos** mit Schande zu den Angehörigen zurückkehren
2 Vergewaltigung; Ehebruch; **aliquam cogere stuprum pati** eine Frau vergewaltigen

stupuī → **stupere** *u.* → **stupescere**

sturio ⟨sturionis⟩ M̲ (*mlat.*) Stör

sturnus ⟨ī⟩ M̲ (*nachkl.*) *poet* Star

Styglus ⟨a, um⟩ A̲D̲J̲ des Styx, unheilvoll; **Stygiae tenebrae** *Verg.* stygisches Dunkel

stȳlobata, stȳlobatēs ⟨ae *u.* stȳlobatis⟩ M̲ (*vkl., Vitr.*) Säulenstuhl, Grundlage einer Säulenreihe

Stymphālis ⟨Stymphālidis⟩ A̲D̲J̲ F̲, **Stymphālius** ⟨a, um⟩ A̲D̲J̲ aus Stymphalus, von Stymphalus; **Stymphalides aves** stymphalische Vögel, *Raubvögel, die auch Menschen anfielen u. von Herkules getötet wurden*

Stymphālus ⟨ī⟩ M̲ *u.* F̲ Stadt *u.* Landschaft in Arkadien

styrax ⟨styracis⟩ M̲ = **storax**

Styx ⟨Stygis⟩ F̲
1 *Bach im N Arkadiens mit eiskaltem, als todbringend geltendem Wasser, daher mit einer der Flüsse der Unterwelt gleichgesetzt*
2 *meton* Unterwelt

Suāda, Suādēla ⟨ae⟩ F̲ ||suadere|| Göttin der Überredung, *Beiname der Venus*

suādēre ⟨suādeō, suāsī, suāsum 2.⟩
A V̲I̲ j-m den Rat geben, zureden, *alicui, de re* in Bezug auf etw, *ut/ne* dass/dass nicht, *+konjkt/+inf/ +AcI*; **incendere suadeo** *Verg.* ich rate anzuzünden
B V̲T̲
1 raten, empfehlen, *alicui aliquid* j-m etw
2 *von Sachen* reizen, *aliquid* zu etw; **suadent cadentia sidera somnos** *Verg.* die sinkenden Sterne laden zum Schlaf ein
3 überzeugen, überreden, *alicui j-n, +AcI*

suāsiō ⟨ōnis⟩ F̲ (*nachkl.*) ||suadere|| Raten, Empfehlung; R̲H̲E̲T̲ Empfehlungsrede

suāsor ⟨suāsōris⟩ M̲ ||suadere|| Ratgeber, Fürsprecher, *alicuius rei* zu etw, von etw

suāsōria ⟨ae⟩ F̲ ||suasorius|| (*erg.* **oratio**) Empfehlungsrede

suāsōrius ⟨a, um⟩ A̲D̲J̲ ||suasor|| anratend

suāsum ⟨ī⟩ N̲ *Plaut.* dunkle Farbe, dunkler Fleck

suāsus[1] ⟨a, um⟩ P̲P̲P̲ → **suadere**

suāsus[2] ⟨ūs⟩ M̲ ||suadere|| (*vkl., nachkl.*) Rat

suave ⟨suavis⟩ N̲ (*mlat.*) Kuss

suāve-olēns ⟨suāveolentis⟩ A̲D̲J̲ ||suavis, olere|| *poet* wohlriechend, duftend

suāviārī ⟨or, ātus sum 1.⟩ = **saviare**

suāvi-dicus ⟨a, um⟩ A̲D̲J̲ ||suavis, dicere||, **suāvi-loquēns** ⟨suāviloquentis⟩ A̲D̲J̲ ||suavis, loqui|| angenehm redend

suāviloquentia ⟨ae⟩ F̲ ||suaviloquens|| angenehme Rede

suāviolum ⟨ī⟩ N̲ = **saviolum**

suāvis ⟨suāve, *adv* suāve u. suāviter⟩ ADJ
1 angenehm; **suave meminisse** sich mit Vergnügen erinnern
2 liebenswürdig
3 schmackhaft, lecker

suāvī-sāviātiō ⟨suāvīsāviātiōnis⟩ F ‖suavis‖ *Plaut.* süßer Kuss

suāvitās ⟨suāvitātis⟩ F ‖suavis‖
1 Annehmlichkeit, angenehmer Reiz; **~ cibi** guter Geschmack der Speise; **~ odoris** Wohlgeruch
2 Liebenswürdigkeit; *pl* liebenswürdige Eigenschaften

suāviter ADV → suavis

suāvitūdō ⟨suāvitūdinis⟩ F ‖suavis‖ Süße, *auch als Kosewort*

suāvium ⟨ī⟩ N = savium

sub

A Präfix
1 unten, unter-
2 von unten hinauf
3 zu Hilfe
4 unmittelbar nach, danach
5 heimlich
6 ziemlich, etwas

B Präposition +akk
1 unter, unter … hin
2 gegen, um

C Präposition +abl
1 unter, unterhalb
2 unten an
3 unten in
4 unmittelbar hinter
5 gegen, um
6 innerhalb, während
7 unter, bei
8 unter

— A Präfix —

PRÄF *in der Zusammensetzung* suf- *vor* f, sug- *vor* g, *auch* sum- *vor* m, suc- *vor* c, *auch* subs- *u.* su- *vor* s

1 unten, unter-; **sub-iacēre** unten liegen; **sub-igere** unter-werfen
2 von unten hinauf; **sub-icere** hinauf-werfen
3 zu Hilfe; **sub-currere** zu Hilfe eilen
4 unmittelbar nach, danach; **sub-inde** gleich darauf
5 heimlich; **sub-ducere** heimlich wegnehmen
6 ziemlich, ein wenig; **sub-albus** weißlich

— B Präposition +akk —

PRÄP +akk

1 *örtl. auf die Frage „wohin?"* unter; bis an; **exercitum sub iugum mittere** das Heer unter das Joch schicken; **sub sensum cadere/subiectum esse** sinnlich wahrnehmbar sein; **sub montem** bis an den Berg; **sub finem adventare** nahe ans Ziel kommen; **sub ictum venire** in Schussweite kommen
2 *zeitl.* gegen, um; **sub noctem** gegen Nacht; **sub haec** gleich danach

— C Präposition +abl —

PRÄP +abl

1 *örtl. auf die Frage „wo?"* unter, unterhalb; **sub mensa** unter dem Tisch; **sub divo** unter freiem Himmel, im Freien; **sub oculis alicuius** unter j-s Augen; **sub sarcinis** das Gepäck tragend; **sub manu esse** bei der Hand sein
2 *örtl. auf die Frage „wo?"* unten an, am Fuß von; **sub monte** am Fuß des Berges; **sub septentrionibus positum esse** im Norden gelegen sein; **sub sinistra** zur Linken
3 *örtl. auf die Frage „wo?"* unten in, tief in; **sub Orco** tief im Orcus; **sub pectore** tief in der Brust; **sub acie** mitten im Kampf; **sub ossibus** im innersten Mark
4 *örtl. auf die Frage „wo?"* unmittelbar hinter; **sub ipso volat Diores** unmittelbar hinter ihm eilt Diores
5 *(nachkl.) zeitl.* gegen, um; **sub nocte** gegen Nacht; **sub eodem tempore** um die gleiche Zeit
6 *zeitl.* innerhalb, während, *Gleichzeitigkeit*; **sub die nitido** am helllichten Tag; **sub decessu suo** während der Zeit, da er die Provinz zu verlassen hatte; **sub hoc casu** bei diesem Unglücksfall; **sub sole** bei Sonnenschein
7 *fig bei Unterordnung u. Abhängigkeit* unter, bei; **sub imperio alicuius** unter j-s Herrschaft; **sub aliquo magistro** unter j-s Leitung
8 *(nachkl.) fig bei näheren Umständen* unter, bei; **sub titulo/sub specie** unter dem Vorwand; **sub hac condicione** unter der Bedingung; **sub hoc sacramento** unter Ablegung dieses Schwurs; **sub exceptione, si** mit der Ausnahme, dass

sub-absurdus ⟨a, um, *adv* sub-absurdē⟩ ADJ etwas ungereimt, etwas verschroben

sub-accūsāre ⟨ō, -, - 1.⟩ ein wenig tadeln

subāctiō ⟨subāctiōnis⟩ F ‖subigere‖ Bearbeitung; *fig* Bildung

sub-āctus ⟨a, um⟩ PPP → subigere

sub-aerātus ⟨a, um⟩ ADJ *Pers.* mit Kupfer vermischt

sub-agrestis ⟨e⟩ ADJ etwas bäurisch

sub-ālāris ⟨sub-ālāre⟩ ADJ ‖ala‖ *(nachkl.)* unter der Achsel versteckt

sub-albus ⟨a, um⟩ ADJ *(vkl., nachkl.)* weißlich

sub-alternus ⟨a, um⟩ ADJ *(eccl.)* untergeordnet

sub-amārus ⟨a, um⟩ ADJ etwas bitter
sub-aquilus ⟨a, um⟩ ADJ *Plaut.* ziemlich dunkel, bräunlich
subāre ⟨ō, -, - 1.⟩ *Lucr.* brünstig sein; **subando** in sexueller Erregung
sub-arroganter ADV ziemlich anmaßend
sub-assentiēns ⟨subassentientis⟩ ADJ bedingt zustimmend
sub-auscultāre ⟨ō, -, - 1.⟩ heimlich zuhören, lauschen
sub-basilicānus ⟨ī⟩ M ||basilica|| *Plaut.* Bummler
sub-bibere ⟨bibō, bibī, - 3.⟩ *Suet.* ein wenig trinken
sub-blandīrī ⟨ior, - 4.⟩ (vkl.) etwas schmeicheln, *alicui* j-m
sub-cavus ⟨a, um⟩ ADJ (vkl.) *poet* unten hohl; **subcava loca terrae** *Lucr.* unterirdische Höhlen der Erde
sub-cēnāre ⟨ō, -, - 1.⟩ *Quint.* von unten verzehren
sub-centuriātus ⟨ī⟩ M *Plaut.* Ersatzmann
sub-cernere ⟨cernō, crēvī, crētum 3.⟩ (vkl., nachkl.) durchsieben
sub-cingulum ⟨ī⟩ *Plaut.* Gürtel
sub-contumēliōsē ADV *Liv.* etwas schändlich
sub-crispus ⟨a, um⟩ ADJ etwas kraus
sub-custōs ⟨ōdis⟩ M *Plaut.* Hilfswächter
sub-dēbilis ⟨subdēbile⟩ ADJ *Suet.* leicht gelähmt
sub-dēficiēns ⟨subdēficientis⟩ ADJ *Curt.* leicht ermattend
sub-dere ⟨dō, didī, ditum 3.⟩
1 unterlegen, unterstellen, *aliquid alicui rei/in aliquid/sub aliquid* etw unter etw; **equo ~ calcaria** dem Pferd die Sporen geben; **calcaribus subditis** im Galopp
2 *fig* anlegen, hinbringen; **alicui ignem/faces ~** j-n anfeuern; **ignem seditioni ~** den Aufruhr schüren; **alicui aliquid spiritūs ~** j-m etwas Mut einflößen; **flamma medullis subditur** die Hitze dringt bis ins Mark
3 (nachkl.) *fig* unterwerfen, unterjochen
4 *fig* preisgeben, aussetzen
5 *fig* an j-s Stelle setzen, *aliquem in locum alicuius* j-n an j-s Stelle
6 *fig* unterschieben, **testamentum** ein Testament
7 *Tac.* heimlich anstiften
sub-didī → subdere
sub-difficilis ⟨subdifficile⟩ ADJ ziemlich schwierig; **quaestio ~** *Cic.* ziemlich delikate Frage
sub-diffīdere ⟨ō, -, - 3.⟩ etwas misstrauen; **~ coepi** *Cic.* ich wurde ein wenig skeptisch

subditīvus ⟨a, um⟩ ADJ ||subdere|| untergeschoben, unecht, verkappt
sub-docēre ⟨eō, -, - 2.⟩ *ein Kind* selbst unterrichten *ohne Lehrer*
sub-dolus ⟨a, um, *adv* subdolē⟩ ADJ hinterlistig, heimtückisch
sub-domāre ⟨ō, -, - 1.⟩ *Plaut.* überwältigen
sub-dubitāre ⟨ō, -, - 1.⟩ einigen Zweifel hegen, *absolut od +indir Fragesatz*
sub-dūcere ⟨dūcō, dūxī, ductum 3.⟩
1 unten wegziehen, *aliquid alicui rei* etw einer Sache; **ensem capiti ~** *Verg.* das Schwert unter dem Kopf wegziehen
2 entziehen, vorenthalten, *alicui aliquid* j-m etw; **cibum athletae c.** *Sen.* dem Athleten das Essen vorenthalten
3 heimlich wegnehmen, entwenden, *alicui aliquid* j-m etw; *passiv u.* **se ~** sich heimlich entfernen; **ignem caelo ~** heimlich das Feuer aus dem Himmel entwenden; **unda subducitur** die Flut geht zurück; **colles se subducunt** die Hügel verlieren sich in der Ebene
4 (nachkl.) *poet* hinaufziehen, **tunicam** die Tunika; **vela ~** die Segel einziehen; **remos ~** die Ruder einziehen; **naves in aridum ~** die Schiffe ans Ufer ziehen
5 **rationem ~** berechnen, *auch* erwägen, *alicuius rei* etw; **subductā ratione** mit Überlegung
subductiō ⟨subductiōnis⟩ F ||subducere||
1 Anlandziehen *der Schiffe*
2 Berechnung
sub-ductus ⟨a, um⟩ PPP → subducere
sub-dūrus ⟨a, um⟩ ADJ ziemlich hart
sub-dūxī → subducere
sub-edere ⟨edō, ēdī, ēsum 3.⟩ von unten anfressen, unterhöhlen
sub-ēgī → subigere
sub-eō → subire
sūber ⟨sūberis⟩ N *Verg.* Korkeiche; *meton* Kork
sub-esse ⟨subsum, -, - 0.⟩ (unkl.)
1 darunter sein, darunter liegen, *alicui rei* unter etw, hinter etw
2 verborgen sein
3 untergeordnet sein
4 einer Sache zugrunde liegen, hinter etw stecken, *alicui rei*
5 *örtl.* nahe sein, in der Nähe sein, *alicui rei* von etw; **suberat Rhenus** der Rhein war nahe
6 *zeitl.* bevorstehen
subf... → suff...
subg... *auch* = **sugg...**
sub-grandis ⟨subgrande⟩ ADJ ziemlich groß
subhastātiō ⟨subhastātiōnis⟩ F ||hasta|| (spätl.) öffentliche Versteigerung
sub-horridus ⟨a, um⟩ ADJ ziemlich rau, etwas abstoßend

sub-iacēre ⟨eō, -, - 2.⟩ unten liegen; *fig* zu *etw* gehören, *einer Sache* ausgesetzt sein, *alicui rei*

sub-icere ⟨iciō, iēcī, iectum 3.⟩ ||iacere||

1. unter etw werfen
2. unterordnen
3. unterwerfen
4. aussetzen, preisgeben
5. unterschieben
6. in die Höhe werfen, heben
7. nahe heranbringen
8. überreichen
9. eingeben, einflößen
10. an die Stelle von etw setzen
11. folgen lassen, hinzufügen

1 unter *etw* werfen, unter *etw* stellen, *aliquid alicui rei*/*sub aliquid* etw unter etw; **manūs ~** unter den Arm fassen; **ignem templis ~** Feuer unter die Tempel setzen; **caudam utero ~** den Schwanz einziehen; **aedes colli ~** ein Haus unten am Hügel erbauen; **castra urbi ~** ein Lager unterhalb der Stadt aufschlagen; **aliquid oculis ~** *fig* etw sichtbar machen; **aliquid cogitationi ~** etw bedenken

2 *fig* unterordnen; **sententiam voci/sub vocem ~** dem Wort einen Sinn unterlegen, mit dem Wort einen Begriff verbinden

3 (*nachkl.*) *fig* unterwerfen, **provinciam** eine Provinz; **se ~ alicui** sich j-m unterwerfen

4 *fig* aussetzen, preisgeben, *aliquid alicui rei*/*sub aliquid* etw einer Sache; **terram ferro ~** die Erde bearbeiten, die Erde pflügen; **alicuius bona voci praeconis/sub praecone ~** j-s Güter versteigern lassen

5 unterschieben; vorschieben, **testem** einen Zeugen

6 in die Höhe werfen, heben; **discum in aera ~** die Scheibe in die Luft werfen; **regem in equum ~** den König aufs Pferd heben; *passiv u.* **se ~** sich erheben, emporwachsen

7 nahe heranbringen, *alicui rei* an etw; **se ~** heranrücken, sich nähern

8 überreichen, **alicui libellum** j-m ein Buch

9 eingeben, einflößen, **alicui spem ~** j-m Hoffnung einflößen; **sibi aliquid ~** sich etw vorstellen

10 an die Stelle von *etw* setzen, *alicui rei*; **integras copias vulneratis ~** ausgeruhte Truppen an die Stelle von Verwundeten setzen

11 hinzufügen; entgegnen; **syllabam longam brevi ~** eine lange Silbe einer kurzen folgen lassen

subiectāre ⟨ō, āvī, ātum 1.⟩ ||subicere||

1 darunter legen, unterlegen, *aliquid alicui*/*alicui rei* etw unter j-n/unter etw

2 von unten emporschleudern, **harenam** Sand

subiectiō ⟨subiectiōnis⟩ F ||subicere||

1 RHET Veranschaulichung, anschauliche Erklärung

2 RHET Entkräftung eines selbst gemachten Einwandes

3 *Liv.* Unterschiebung, **testamenti** eines Testaments

4 (*spätl.*) Unterwerfung

5 (*spätl.*) Unterwürfigkeit

subiectīvus ⟨a, um⟩ ADJ ||subiectus|| zum Subjekt gehörig

subiector ⟨subiectōris⟩ M ||subicere|| Fälscher, **testamenti** eines Testaments

subiectum ⟨ī⟩ N ||subicere||

1 Niederung
2 (*spätl.*) Subjekt
3 (*mlat.*) Begriff
4 PL untergeordnete Begriffe

subiectus[1]

A ⟨a, um⟩ ADJ ||subicere||

1 darunter liegend, unter *j-m*/*etw* liegend, *absolut od alicui*/*alicui rei*; **versūs subiecti** die nachstehenden Verse

2 an *etw* angrenzend, *einer Sache* benachbart, *absolut od alicui rei*

3 unterworfen, untertan, *alicui*/*alicui rei* j-m/einer Sache

4 unterwürfig, demütig

5 preisgegeben, ausgesetzt, *alicui rei*/*sub aliquid* einer Sache; **~ sub incertos casūs** von Zufällen abhängig; **alicui subiectum esse** j-m zur Verfügung stehen; **subiectum esse alicui rei/sub aliquid** unter etw gehören, in den Bereich von etw fallen; **~ sensibus/sub sensūs** mit den Sinnen wahrnehmbar

B ⟨ī⟩ M (*nachkl.*) Untertan

sub-iectus[2] ⟨a, um⟩ PPP → subicere

sub-igere ⟨igō, ēgī, āctum 3.⟩ ||agere||

1 hinauftreiben, aufwärts treiben
2 *fig* unterwerfen, bezwingen
3 *fig* zwingen, *aliquem ad aliquid*/*in aliquid*/*sub aliquid* j-n zu etw, *+inf*/*+AcI*/*ut*
4 bearbeiten, durcharbeiten; **agrum ~** den Acker auflockern; **secures in cote ~** die Beile schärfen; **opus digitis ~** das Werk glatt streichen
5 bilden, schulen, *Tiere* zähmen
6 plagen, bedrängen

sub-igitāre ⟨ō, āvī, ātum 1.⟩ ||agitare|| *Plaut.* erotisch berühren

subigitātiō ⟨subigitātiōnis⟩ F ||subigitare|| *Plaut.* erotische Berührung

subigitātrīx ⟨subigitātrīcis⟩ F *Plaut.* eroti-

sche Streichlerin
sub-iī → subire
sub-impudēns ⟨subimpudentis⟩ ADJ ziemlich unverschämt
sub-inānis ⟨subināne⟩ ADJ etwas eitel
sub-inde ADV (nachkl.)
① *poet* gleich danach
② *poet* immer wieder
③ allmählich; **rarius ~** allmählich seltener
sub-īnsulsus ⟨a, um⟩ ADJ etwas abgeschmackt
sub-invidēre ⟨eō, -, - 2.⟩ j-n ein wenig beneiden, auf *j-n* ein wenig eifersüchtig sein, *alicui, +AcI*
sub-invīsus ⟨a, um⟩ ADJ etwas verhasst
sub-invītāre ⟨ō, -, - 1.⟩ nebenbei auffordern, *ut*
sub-īrāscī ⟨īrāscor, - 1.⟩ etwas zürnen, *absolut od alicui* j-m, *quod*
sub-īrātus ⟨a, um⟩ ADJ etwas zornig, verstimmt, *absolut od alicui* auf jdn

---

sub-īre ⟨eō, iī/īvī, itum 0.⟩

① unter etw gehen
② betreten
③ auf die Schultern nehmen
④ auf sich nehmen, erdulden
⑤ hinaufgehen, hinaufsteigen
⑥ an etw herangehen
⑦ sich heranschleichen, sich einschleichen
⑧ überkommen, überfallen
⑨ unmittelbar nachfolgen
⑩ ablösen

---

① unter *etw* gehen, unter *etw* treten, *aliquid/alicui rei*; **virgulta ~** unter das Gebüsch kriechen; **tectum ~** unter Dach und Fach kommen; **aquam ~** im Wasser untertauchen
② betreten, *aliquid/alicui rei* etw, **lucos/luco** die Haine/den Hain
③ auf die Schultern nehmen; *absolut* sich bücken; **patrem umeris ~** den Vater auf die Schultern nehmen; **currum ~** sich an den Wagen anspannen lassen; **alicui/aliquem ~** *sexuell* sich unter j-n schmiegen
④ *fig* auf sich nehmen, erdulden, **periculum** eine Gefahr; **condiciones ~** auf die Bedingungen eingehen; **crimen ~** ein Verbrechen auf sich laden
⑤ (*unkl.*) hinaufgehen, hinauffahren, *absolut od ad aliquid/in aliquid* zu etw; *fig von Pflanzen* aufgehen; **in montem ~** den Berg hinaufsteigen
⑥ an *etw* herangehen, sich *einer Sache* nähern, *aliquid/ad aliquid/alicui rei*; **aliquem ~** auf j-n losgehen
⑦ *fig* sich heranschleichen, sich einschleichen, *absolut od aliquid* an etw, in etw; **sopor lumina fessa subit** Schlaf schleicht sich in die ermüdeten Augen
⑧ (*nachkl.*) *fig von Zuständen, Gedanken u. Ä.* überkommen, überfallen, *aliquem/animum alicuius/alicui*; **subit aliquem** es fällt j-m ein, *+AcI/+indir Fragesatz*
⑨ (*nachkl.*) *poet* unmittelbar nachfolgen, *absolut*
⑩ (*nachkl.*) *poet* j-n/etw ablösen, an *j-s* Stelle treten, *absolut od aliquem/alicui/in locum alicuius u. aliquid*; **furcas subiere columnae** Säulen ersetzten die Stützpfähle

subitāneus ⟨a, um⟩ ADJ ‖subitus‖ (*nachkl.*) plötzlich entstehend

subitārius ⟨a, um⟩ ADJ ‖subitus‖ (*vkl., nachkl.*)
① plötzlich, in Eile zustande gebracht; **milites subitarii** in aller Eile ausgehobene Soldaten
② dringend

subitō ADV → subitus

subitum¹ ⟨ī⟩ N unerwartetes Ereignis, das Dringliche,

sub-itum² PPP → subeo

subitus ⟨a, um, *adv* subitō⟩ ADJ
① plötzlich, dringend; **consilium subitum** überstürzter Plan; **oratio subita** spontane Rede, Stegreifrede; **venti subiti** plötzlich auftretende Winde; **~ calor** unerwartete Hitze; **subita caverna** unerwartet sich öffnender Hohlraum; **subitum est alicui** es ist j-m zu plötzlich, *+inf*
② *adv* plötzlich, unvermutet

sub-iugāre ⟨ō, āvī, ātum 1.⟩ ‖iugum‖ unterjochen

subiūnctīvus ⟨a, um⟩ ADJ ‖subiungere‖ GRAM verbindend; **modus ~** Konjunktiv

sub-iungere ⟨iungō, iūnxī, iūnctum 3.⟩
① verbinden, hinzufügen, *auch fig*; **boves subiuncti** zusammengespannte Rinder; **tigres curru ~** *Verg.* Tiger vor den Wagen spannen; **nervis carmina ~** *Ov. fig* ein Lied mit Saitenspiel begleiten
② unterwerfen, unterjochen, *aliquem/aliquid alicui/sub aliquid* j-n/etw j-m/einer Sache
③ zuordnen, *aliquid alicui/alicuius rei* etw j-m/einer Sache

sub-lābī ⟨lābor, lāpsus sum 3.⟩
① heimlich heranschleichen
② verfallen, *auch fig*; **aedificia vetustate sublapsa** *Plin.* durch das Alter verfallene Gebäude

sublātiō ⟨sublātiōnis⟩ F ‖tollere‖
① METR Hebung *im Vers*; ↔ positio
② PHIL Erhebung; **~ animi** Erhebung des Geistes
③ Aufhebung, **iudicii** eines Urteils

sublātus¹ ⟨a, um, *adv* sublātē⟩ ADJ ‖tollere‖

■ erhaben

■ *pej* stolz, hochmütig, *re* wegen etw

sub-lātus² ⟨a, um⟩ PPP → sufferre *u.* → tollere

sublectāre ⟨ō, -, - 1.⟩ *Plaut.* ködern, locken

sub-legere ⟨legō, lēgī, lēctum 3.⟩ *(unkl.)*

■ unten auflesen

■ *fig* ablauschen, *alicui aliquid* j-m etw

■ nachwählen; **senatum ~** den Senat durch Nachwahl ergänzen

sublestus ⟨a, um⟩ ADJ *Plaut.* schwach, gering

sub-levāre ⟨ō, āvī, ātum 1.⟩

■ aufrichten, hochheben; **aliquid terrā ~** etw vom Boden aufheben; **iubis sublevari** sich an der Mähne festhalten

■ unterstützen, fördern

■ leichter machen, mindern; **blandimentum sublevit metum** *Tac.* die Schmeichelei verminderte die Furcht

sublevātiō ⟨sublevātiōnis⟩ F ‖sublevare‖ Erleichterung, Linderung

sublica ⟨ae⟩ F ‖sub, liquor‖ unter Wasser befindlicher Pfahl, *bes* Brückenpfahl

sublicius ⟨a, um⟩ ADJ ‖sublica‖ auf Pfählen ruhend; **pons ~** Pfahlbrücke

subligāculum ⟨ī⟩ N, *(nachkl.)* **subligar** ⟨subligāris⟩ N ‖subligare‖ Schurz

sub-ligāre ⟨ō, āvī, ātum 1.⟩ *(vkl.)* unten anbinden, *aliquid alicui rei* etw an etw; **laterī ~ ensem** das Schwert an der Seite befestigen

subligātus ⟨a, um⟩ ADJ ‖subligare‖ aufgeschürzt

sublīmāre ⟨ō, āvī, ātum 1.⟩ ‖sublimis‖ *(vkl., nachkl., spätl.) fig* erhöhen

sublīme ⟨sublīmis⟩ N ‖sublimis‖

■ Höhe, Luft

■ PL *Hor.* erhabene Forschungen

sublīmen ADV *(vkl.)* in die Höhe; **~ rapere** in die Höhe reißen

sublīmis ⟨sublīme, *adv* sublīme *u.* sublīmiter⟩ ADJ ‖sublimen‖ *(unkl.)*

■ hoch; emporragend; **~ in equis** hoch zu Ross; **~ ab unda** hochschwebend auf der Woge

■ *fig* erhaben; nach Höherem strebend

■ *fig* stolz

■ *adv* in der Höhe, oben in der Luft

■ *adv* in die Höhe, durch die Luft; **sublime volare** durch die Luft fliegen

sublīmitās ⟨sublīmitātis⟩ F ‖sublimis‖ Höhe; *fig* Erhabenheit, Schwung; **summae sublimitates** *(spätl.) meton* die höchsten Würdenträger

sub-linere ⟨liniō, līvī, litum 3.⟩

■ unten beschmieren; heimlich anschmieren

■ **ōs alicui/alicuius ~** *fig* betrügen, täuschen

sub-lingulō ⟨sublingulōnis⟩ M ‖lingere‖ *Plaut.* Topflecker

sub-lūcēre ⟨lūceō, lūxī, - 2.⟩ *Ov., Verg.* hervorleuchten

sub-luere ⟨luō, luī, lūtum 3.⟩ ‖lavare‖ unten abwaschen; unten bespülen

sub-lūstris ⟨sublūstre⟩ ADJ dämmrig; **nox ~** Zwielicht

subm... auch → **summ...**

sub-merus ⟨a, um⟩ ADJ *Plaut.* ziemlich unvermischt

sub-minia ⟨ae⟩ F ‖minium‖ *Plin.* blasszinnoberrotes Kleid

sub-ministrātor ⟨subministrātōris⟩ M *Sen.* Vermittler, Lieferant

submissim ADV ‖submissus‖ *(nachkl.)* leise

sub-molestus ⟨a, um, *adv* submolestē⟩ ADJ ziemlich unangenehm

sub-mōrōsus ⟨a, um⟩ ADJ etwas mürrisch

sub-nāscī ⟨nāscor, nātus sum 3.⟩ *(nachkl.) poet* nachwachsen

sub-nectere ⟨nectō, nexuī, nexum 3.⟩

■ (unten) anbinden, *aliquid alicui rei* etw an etw

■ (unten) zusammenhalten

■ *luv. fig* hinzufügen

sub-negāre ⟨ō, āvī, ātum 1.⟩ halb und halb ablehnen

sub-niger ⟨subnigra, subnigrum⟩ ADJ *(vkl., nachkl.)* schwärzlich

sub-nimium ⟨ī⟩ N *Plaut. hum* Bildung für ein zu großes Kleid

sub-nīsus, sub-nīxus ⟨a, um⟩ ADJ ‖niti‖

■ sich auf *etw* stützend, sich an *etw* lehnend, *re*

■ *fig* sich auf *ew.* verlassend, *re*

sub-notāre ⟨ō, āvī, ātum 1.⟩

■ unterzeichnen

■ unten anmerken

■ auf j-n zeigen, *aliquem*

sub-nuba ⟨ae⟩ F *Ov.* Nebenfrau, Nebenbuhlerin

sub-nūbilus ⟨a, um⟩ ADJ leicht bewölkt

sub-obscēnus ⟨a, um⟩ ADJ ziemlich unsittlich

sub-obscūrus ⟨a, um, *adv* subobscūrē⟩ ADJ etwas dunkel, etwas unverständlich

sub-odiōsus ⟨a, um⟩ ADJ ein wenig verdrießlich

sub-offendere ⟨ō, -, - 3.⟩ ein wenig Anstoß erregen

sub-olēre ⟨eō, -, - 2.⟩ *Com. unpers* **alicui subolet** j-d merkt, j-d wittert

sub-olēs ⟨subolis⟩ F ‖alere‖

■ Nachwuchs, Nachkommenschaft; **~ Romae** die Jugend Roms

■ *(nachkl.)* Sohn, Nachkomme

sub-olēscere ⟨ēscō, -, - 3.⟩ ‖alere‖ *(nachkl.)* heranwachsen

sub-olfacere ⟨faciō, -, - 3.⟩ *Petr.* riechen, *aliquid* etw

sub-orīrī ⟨orior, ortus sum 4.⟩ *Lucr.* allmählich nachwachsen

sub-ōrnāre ⟨ō, āvī, ātum 1.⟩
1. heimlich ausrüsten, *aliquem re* j-n mit etw
2. insgeheim anstiften, *aliquem ad aliquid/in aliquid* j-n zu etw, *ut* dass, *+indir Fragesatz*

subortus ⟨subortūs⟩ M ‖suboriri‖ allmähliche Entstehung

subp... = **supp...**

subr... auch = **surr...**

sub-rancidus ⟨a, um⟩ ADJ schon ein wenig stinkend

sub-raucus ⟨a, um⟩ ADJ ein wenig heiser

sub-rēctus ⟨a, um⟩ PPP → subrigere u. → surgere

sub-rēmigāre ⟨ō, -, - 1.⟩ (nachkl.) *poet* nachrudern

sub-rēpere ⟨rēpō, rēpsī, rēptum 3.⟩ unter *etw* kriechen, *sub aliquid*; *fig* sich heimlich einschleichen, *absolut od in aliquid* in etw; **vitia subrepunt** *Sen.* Laster schleichen sich ein

subrēptīcius ⟨a, um⟩ ADJ ‖subrepere‖ heimlich, verstohlen

sub-rēxī → subrigere

sub-rīdēre ⟨rīdeō, rīsī, rīsum 2.⟩ lächeln; zulächeln, *alicui* j-m

sub-rīdiculē ADV ein wenig lächerlich

sub-rigere ⟨rigō, rēxī, rēctum 3.⟩ emporrichten; = **surgere**; **aures ~** die Ohren spitzen; **subriguntur capilli** *Sen.* die Haare sträuben sich

sub-ringī ⟨ringor, - 3.⟩ die Nase etwas rümpfen

sub-rōstrānī ⟨ōrum⟩ M ‖rostra‖ die Bummler

sub-rubēre ⟨eō, -, - 2.⟩ rötlich sein

sub-rubicundus ⟨a, um⟩ ADJ (nachkl.) rötlich; hochrot

sub-ruere ⟨ruō, ruī, rutum 3.⟩ ‖ruere²‖
1. untergraben, zum Einsturz bringen, niederreißen
2. (nachkl.) *fig* wankend machen; vernichten

sub-rūfus
A ⟨a, um⟩ ADJ etwas rötlich
B ⟨ī⟩ M *Plaut.* Rotkopf

sub-rupere ⟨rupō, rupuī, ruptum 3.⟩ = **surripere**

sub-rūsticus ⟨a, um, *adv* subrūsticē⟩ ADJ etwas bäurisch, ein wenig roh

sub-rutilus ⟨a, um⟩ ADJ (nachkl.) etwas rötlich

sub-sannāre ⟨ō, āvī, ātum 1.⟩ ‖sanna‖ verhöhnen, *aliquem/alicui* j-n, *aliquid/alicui rei* etw

sub-scrībere ⟨scrībō, scrīpsī, scrīptum 3.⟩
1. darunter schreiben, unten hinschreiben, *aliquid alicui rei* etw unter etw
2. (nachkl.) unterschreiben, unterzeichnen
3. aufschreiben, verzeichnen, **numerum aratorum** die Anzahl der Bauern
4. *vom Zensor den Grund für die Rüge* beifügen, vermerken
5. *vom Kläger* die Klageschrift unterschreiben, Kläger sein, klagen, *in aliquem* gegen j-n; **~ alicui in aliquem** sich j-s Klage gegen j-n anschließen
6. (nachkl.) durch Unterschrift genehmigen
7. (nachkl.) *fig* einem amtlichen Schreiben eine Grußformel beifügen

subscrīptiō ⟨subscrīptiōnis⟩ F ‖subscribere‖
1. unten angefügter Zusatz; POL Vermerk des Zensors
2. Unterschrift, Signatur
3. Aufzeichnung, Liste
4. Anklageschrift; Mitanklage
5. Grußformel *am Ende eines amtlichen Schreibens*

subscrīptor ⟨subscrīptōris⟩ M JUR Mitkläger

sub-secāre ⟨secō, secuī, sectum 1.⟩ (unkl.) unten abschneiden, *herbas* Kräuter

sub-secīvus ⟨a, um⟩ ADJ = **subsicivus**

sub-secūtus ⟨a, um⟩ PPERF → subsequi

sub-sellium ⟨ī⟩ N ‖sella‖
1. Bank, Sitzbank
2. PL *meton* Gerichtssaal; *meton* Gericht, Prozess; **longi subsellii iudicatio et mora** zögernde Prüfung *im Senat*, bei der alles auf die lange Bank geschoben wird

sub-sentīre ⟨sentiō, sēnsī, - 4.⟩ *Ter.* herausfühlen, merken

sub-sequī ⟨sequor, secūtus sum 3.⟩
1. unmittelbar nachfolgen, *absolut od aliquem/aliquid* j-m/einer Sache
2. begleiten
3. (nachkl.) gleichkommen, *aliquid* einer Sache
4. nachahmen

sub-servīre ⟨iō, -, - 4.⟩ (vkl., nachkl.)
1. unterwürfig sein
2. behilflich sein

subsessor ⟨subsessōris⟩ M (nachkl.) Jäger; Aufpasser

subsicīvus ⟨a, um⟩ ADJ ‖subsecare‖
1. *Suet.* übrig bleibend
2. *zeitl.* von der Berufsarbeit frei; **tempora subsiciva** Freizeit; **opera subsiciva** Nebenarbeiten

sub-sīdere ⟨sīdō, sēdī, sessum 3.⟩
1. sich hinsetzen, sich niederlassen, *absolut od alicui* vor j-m; **equae maribus subsidunt** die Stuten lassen sich von den Hengsten begatten
2. auflauern, *alicui/aliquem* j-m
3. *fig von Sachen* sich senken, sinken; **pondere terra suo subsedit** die Erde senkte sich durch

ihr eigenes Gewicht; **flumina subsidunt** die Flüsse fallen
4 *fig* vermindern
5 *von Personen* zurückbleiben, sich ansiedeln
6 *(nachkl.) von Sachen* festsitzen, stecken bleiben
subsidiārī ⟨or, - 1.⟩ ||subsidium|| in Reserve sein; **longius ~** in weiterer Entfernung in Reserve sein
subsidiāriī ⟨ōrum⟩ M̄ ||subsidiarius|| Reservetruppen
subsidiārius ⟨a, um⟩ ADJ ||subsidium|| Reserve...
sub-sidium ⟨ī⟩ N̄ ||sedere||
1 MIL Reserve; *pl* Hilfstruppen; **legiones in subsidiis locare** Legionen als Reserve aufstellen
2 *fig* Beistand, Hilfe, *alicuius* j-s, *alicuius rei* einer Sache; **alicui subsidio esse** j-m zum Schutz dienen, *alicui rei* gegen etw
3 Zufluchtsort, Asyl, *alicuius* j-s, *alicui rei* für etw
sub-sīgnānus ⟨a, um⟩ ADJ im Kriegsdienst befindlich; **milites subsignani** *Tac.* Reservesoldaten
sub-sīgnāre ⟨ō, āvī, ātum 1.⟩
1 eintragen (lassen), **ad aerarium** in die Liste der Ärarier
2 urkundlich verpfänden
3 *fig* sich verbürgen, **fidem alicuius** für j-s Glaubwürdigkeit
sub-silīre ⟨iō, uī, - 4.⟩ ||salire||
1 emporspringen
2 hineinspringen
subsistentia ⟨ae⟩ F̄ ||subsistere|| *(spätl., eccl.)* Bestand, Substanz
sub-sistere ⟨sistō, stitī, - 3.⟩
A VI
1 stehen bleiben
2 haltmachen, anhalten; **toto agmine ~** mit dem ganzen Heereszug haltmachen
3 zurückbleiben
4 Widerstand leisten, *alicui/alicuius rei* j-m/einer Sache; *von Sachen* halten
B VT den Kampf bestehen, *aliquem* mit j-m
subsōlānus ⟨ī⟩ M̄ ||sol|| *(nachkl.)* Ostwind
sub-sortīrī ⟨sortior, sortītus sum 4.⟩ als Ersatz auslosen, **iudices** neue Richter
subsortītiō ⟨subsortītiōnis⟩ F̄ ||subsortiri|| Auslosung des Ersatzes
substantia ⟨ae⟩ F̄ ||substare||
1 *(nachkl.)* Wesen, Beschaffenheit
2 Vermögen
3 Vorhandensein
4 *(mlat.)* Substanz; Eigentum, Ware
▶ deutsch: **Substanz**
sub-stāre ⟨ō, -, - 1.⟩ *Ter.* schmächtig, dünn
sub-sternere ⟨sternō, strāvī, strātum 3.⟩

1 darunter legen, darunter streuen; **purpura convivis ~** den Gästen Purpurteppiche unterlegen; **se alicui ~** sexuell sich j-m hingeben
2 unten bestreuen
3 *fig* preisgeben, ausliefern
sub-stituere ⟨stituō, stituī, stitūtum 3.⟩ ||statuere||
1 darunter stellen, dahinter stellen
2 *fig* im Geiste sich vorstellen
3 *fig* Schuld geben, *aliquem alicui rei* j-m an etw
4 an die Stelle *j-s/einer* Sache setzen, **pro aliquo/in locum alicuius u. pro re/in locum alicuius rei**, +dopp. akk
5 *(nachkl.)* als Nacherben einsetzen
sub-strictus ⟨a, um⟩ ADJ ||substringere|| *(nachkl.) poet* schmächtig, dünn
sub-stringere ⟨stringō, strīnxī, strictum 3.⟩ *(nachkl.)*
1 aufbinden, nach oben binden; **crinem nodo ~** *Tac.* das Haar nach oben zu einem Knoten binden; **carbasa ~** die Segel einziehen
2 RHET kürzer fassen
substrūctiō ⟨substrūctiōnis⟩ F̄ ||substruere|| Unterbau
sub-struere ⟨struō, strūxī, strūctum 3.⟩
1 den Unterbau herstellen, das Fundament legen
2 mit einem Unterbau ausstatten
sub-suere ⟨suō, -, sūtum 3.⟩ unten benähen
sub-sultāre ⟨ō, -, - 1.⟩ ||saltare|| hochspringen; **ne sermo subsultet imparibus spatiis et sonis** *Quint.* RHET damit die Rede nicht durch Ungleichheit von Rhythmus und Tonlage hüpft
sub-sultim ADV ||saltim|| *Suet.* in kleinen Sprüngen
sub-tēmen ⟨subtēminis⟩ N̄
1 Einschlag, Querfaden *des Gewebes*
2 *meton* Gewebe, Faden
subter
A ADV unterhalb, unten
B PRÄP +akk auf die Frage "wohin?" unter ... hin, unter; **Plato cupiditatem ~ praecordia locavit** Plato siedelte die Begierden unter dem Zwerchfell an
C PRÄP +abl auf die Frage "wo?" unterhalb, unter; **~ testudine** unter dem Schilddach
D PRÄF heimlich; **~-fugere** heimlich entfliehen
subter-cutāneus ⟨a, um⟩ ADJ ||cutis|| unter der Haut befindlich; **morbus ~** Wassersucht
subter-dūcere ⟨dūcō, dūxī, ductum 3.⟩ *Plaut.* heimlich entziehen; **se ~** sich heimlich davonschleichen
sub-terere ⟨terō, trīvī, trītum 3.⟩ unten abreiben; *passiv u.* **se ~** sich die Hufe ablaufen
subter-fluere ⟨ō, -, - 3.⟩ unter etw wegfließen, *aliquid*

subter-fugere ⟨fugiō, fūgī, - 3.⟩
A VT (vkl., nachkl.) heimlich entfliehen
B VT sich listig *einer Sache* entziehen, *etw* listig vermeiden, *aliquid*; **simulatione insaniae militiam ~** *Cic.* sich durch Vorspiegelung von Wahnsinn dem Kriegsdienst entziehen

subter-lābī ⟨lābor, lāpsus sum 3.⟩
1 unter *etw* hinfließen, *aliquid*
2 entgleiten, entschlüpfen

sub-terrāneus ⟨a, um⟩ ADJ ||sub, terra|| unterirdisch

subter-vacāre ⟨ō, -, - 1.⟩ *Sen.* unterhalb leer sein

sub-texere ⟨texō, texuī, textum 3.⟩ (nachkl.)
1 als Schleier vorziehen, *alicui aliquid* j-m etw; verhüllen, *aliquid re* etw mit etw
2 *in die Rede* einflechten
3 anschließen, *aliquid alicui rei* etw an etw

sub-tīlis ⟨subtīle, *adv* subtīliter⟩ ADJ
1 fein, dünn; **filum subtile** *Lucr.* dünner Faden
2 (nachkl.) *fig* feinfühlig, feinsinnig
3 *fig* geschmackvoll, elegant
4 *fig* genau; geistreich; **subtiliter scribere ad aliquem** ausführlich an j-n schreiben
5 RHET schlicht, einfach
▶ deutsch: **subtil**

subtīlitās ⟨subtīlitātis⟩ F ||subtilis||
1 Feinheit, Zartheit
2 *fig* Feinfühligkeit, Geschmack
3 *fig* Genauigkeit; Scharfsinn
4 *fig* Schlichtheit, Einfachheit

sub-timēre ⟨eō, -, - 2.⟩ heimlich fürchten

sub-trahere ⟨trahō, trāxī, tractum 3.⟩
1 unter *etw* hervorziehen, *alicui rei*; **subtractus vivus superincubanti Romano** *Liv.* lebend unter einem darüber liegenden Römer hervorgezogen
2 heimlich wegziehen, entziehen, *aliquem/aliquid* j-n/etw, *alicui/alicui rei* j-m/einer Sache; (nachkl.) weglassen, verschweigen; **aggerem cuniculis ~** den Wall durch Schächte zum Einsturz bringen; **pecuniam ~** Geld unterschlagen; **oculos ~** die Augen abwenden
3 *fig* wegnehmen, wegziehen
4 *passiv u.* **se ~** sich zurückziehen; **solum sub trahitur alicui** j-m schwindet der Boden unter den Füßen

sub-trīstis ⟨subtrīste⟩ ADJ *Tac.* ein wenig traurig

sub-turpiculus ⟨a, um⟩ ADJ = **subturpis**

sub-turpis ⟨subturpe⟩ ADJ etwas schändlich

subtus
A ADV unten, unterhalb
B PRÄP +akk unterhalb

sub-tūsus ⟨a, um⟩ ADJ *Tib.* ein wenig zerschlagen

sub-ūcula ⟨ae⟩ F *Hor., Suet.* wollenes (Unter-) Hemd

sūbula ⟨ae⟩ F Ahle; **subulā leonem excipis?** *Sen.* mit einer Ahle willst du gegen einen Löwen angehen?

subulcus ⟨ī⟩ M (nachkl.) *poet* Schweinehirt

Subūra ⟨ae⟩ F belebtes Stadtviertel in Rom zwischen *Esquilinus u. Viminalis*

Subūrānus ⟨a, um⟩ ADJ aus Subura, von Subura

suburbānī ⟨ōrum⟩ M ||suburbanus|| die Bewohner der Nachbarorte Roms

suburbānitās ⟨suburbānitātis⟩ F ||suburbanus|| Nähe der Stadt Rom

suburbānum ⟨ī⟩ N ||suburbanus|| Landgut bei Rom

sub-urbānus ⟨a, um⟩ ADJ nahe bei Rom gelegen, vorstädtisch

sub-urbium ⟨ī⟩ N ||sub, urbs|| Vorstadt

sub-ūrere ⟨ō, -, - 3.⟩ ein wenig absengen, ein wenig versengen

sub-urgēre ⟨eō, -, - 2.⟩ nahe herandrängen, *ad aliquid* an etw

subvectāre ⟨ō, āvī, ātum 1.⟩ ||subvehere|| herbeischaffen, zuführen

subvectiō ⟨subvectiōnis⟩ F ||subvehere|| Zufuhr

subvectus *abl* ⟨subvectū⟩ M = **subvectio**

sub-vehere ⟨vehō, vēxī, vectum 3.⟩ hinaufbringen, stromaufwärts bringen; *passiv* stromaufwärts fahren, hinauffahren

sub-vellere ⟨vellō, vellī, vulsum 3.⟩ glatt rupfen; **aliquis subvellitur** j-m werden die Schamhaare ausgerupft

sub-venīre ⟨veniō, vēnī, ventum 4.⟩
1 zu Hilfe kommen, *alicui/alicui rei* j-m/einer Sache
2 *einem Übel* abhelfen, *alicui rei* einer Sache
▶ deutsch: **Subvention**

subventāre ⟨ō, -, - 1.⟩ ||subvenire|| *Plaut.* zu Hilfe kommen

sub-ventum PPP → subvenire

sub-verērī ⟨eor, - 2.⟩ sich ein wenig sorgen, ein wenig besorgt sein

subversor ⟨subversōris⟩ M ||subvertere|| *Tac.* Verderber, Zerstörer

sub-vertere ⟨vertō, vertī, versum 3.⟩ (unkl.) umstürzen; *fig* zerstören

subvexus ⟨a, um⟩ ADJ schräg aufsteigend, schräg sich erhebend

sub-volāre ⟨ō, -, - 1.⟩ auffliegen, emporfliegen

sub-volturius ⟨a, um⟩ ADJ *Plin.* etwas geierartig

sub-volvere ⟨volvō, -, - 3.⟩ *poet* emporwälzen, **manibus saxa** Felsen mit den Händen

succēdāneus ⟨a, um⟩ ADJ = **succidaneus**

suc-cēdere ⟨cēdō, cessī, cessum 3.⟩

1. unter etw gehen
2. auf sich nehmen
3. zu etw gehören
4. an etw herangehen
5. gelingen, glücken
6. emporsteigen
7. folgen
8. nachfolgen
9. ablösen
10. sich anschließen
11. später leben

---

1 unter etw gehen; in etw eintreten, *aliquid/alicui rei*; **tectum/tectis** ~ ein Haus betreten; **tumulo terrae** ~ begraben werden unter einem Erdhügel; **currui** ~ den Wagen ziehen; **mare longius succedit** das Meer dringt tiefer ins Land ein

2 (nachkl.) poet etw auf sich nehmen, sich *einer Sache* unterziehen, *alicui rei*; **oneri** ~ eine Last auf sich nehmen

3 Quint. zu etw gehören

4 an *j-n/etw* herangehen, sich *j-m/einer Sache* nähern, *aliquem/alicui rei*; MIL vordringen, **ad castra** zum Lager

5 fig gelingen, glücken; **succedit** es gelingt, *alicui/alicui rei* j-m/einer Sache

6 (nachkl.) poet emporsteigen, **in arduum** in die Höhe

7 folgen, *absolut od alicui* j-m, **Danais** dem Heer der Danaer

8 in Amt od Stellung j-m nachfolgen, j-s Nachfolger sein, *alicui*; **aliquis alicui succedit rex** j-d folgt j-m als König nach; **Remi in Sequanorum locum successerant** die Remer waren an die Stelle der Sequaner gerückt; **mihi succeditur** ich bekomme einen Nachfolger

9 ablösen, *alicui* j-n; **recentes defessis succedunt** Ausgeruhte lösen Ermüdete ab; **in stationem** ~ die Wache beziehen

10 örtl. sich anschließen, *alicui/alicui rei*; **ad alteram partem succedunt Ubii** auf der anderen Seite schließen sich die Ubier an

11 zeitl. später leben; folgen, *absolut od alicui/alicui rei* j-m/einer Sache; **orationi** ~ nach einem anderen reden

suc-cendere ⟨cendō, cendī, cēnsum 3.⟩ ||sub||

1 von unten anzünden, **aggerem cuniculo** *Caes.* den Wall durch einen unterirdischen Gang

2 fig entflammen; **successus amore** *Verg.* in Liebe entbrannt

suc-cēnsēre ⟨eō, uī, - 2.⟩ = **suscensere**

suc-cēnsus ⟨a, um⟩ PPP → succendere

suc-centuriāre² ⟨ō, āvī, ātum 1.⟩ (vkl., nachkl.) als Ersatz in die Zenturie einrücken; *allg.* ergänzen

suc-centuriō¹ ⟨succenturiōnis⟩ M *Liv.* Unterzenturio

suc-cessī → succedere

successiō ⟨successiōnis⟩ F ||succedere||

1. Eintreten, *alicuius rei* in etw
2. Nachfolge; Erbfolge
3. Erfolg

successīvus ⟨a, um, *adv* successīvē⟩ ADJ ||succedere|| (spätl.)

1. nachfolgend, einrückend
2. *adv* nacheinander, nach und nach

successor ⟨successōris⟩ M ||succedere||

1. Nachfolger, *alicuius/alicui* j-s, *alicuius rei* in etw
2. Thronfolger, Erbe

suc-cessum PPP → succedere

successus ⟨successūs⟩ M ||succedere||

1. Heranrücken, **hostium** der Feinde
2. Fortgang, Verlauf, **temporis** der Zeit
3. Erfolg

succidāneus ⟨a, um⟩ ADJ (vkl., nachkl.) stellvertretend; **succidanea hostia** stellvertretendes Opfer

suc-cīdere¹ ⟨cīdō, cīdī, cīsum 3.⟩ ||sub, caedere|| unten abhauen, unten abschneiden, **arborum radices** die Wurzeln der Bäume

suc-cidere² ⟨cidō, cidī, - 3.⟩ ||sub, cadere|| (unkl.) niedersinken, zu Boden fallen

suc-cīdī¹ → succidere¹

suc-cidī² → succidere²

succīdia ⟨ae⟩ F Speckseite

succiduus ⟨a, um⟩ ADJ ||succidere²|| niedersinkend, wankend; **succiduo genu** *Ov.* mit wankendem Knie

suc-cinere ⟨ō, -, - 3.⟩ ||sub, canere||

1. dazu singen
2. fig zustimmen
3. fig mit leiser Stimme vorbringen

suc-cingere ⟨cingō, cinxī, cinctum 3.⟩

1 aufschürzen; **succinctus** aufgeschürzt; **Diana vestem succincta** *Ov.* Diana, mit hochgeschürztem Kleid; **pinus cincta comas** nur am Wipfel belaubte Föhre

2 umgürten; **succinctus** gerüstet, bereit, fertig, *alicui rei* zu etw; **inferna monstra succincta serpentibus** *Sen.* unterirdische Ungeheuer, mit Schlangen umgeben

3 ausrüsten, *re* mit etw; **succinctus cultro** mit einem Messer versehen; **succinctus** *fig auch* kurz

succingulum ⟨ī⟩ N ||succingere|| *Plaut.* Gürtel

suc-cipere ⟨cipiō, cēpī, ceptum 3.⟩ = **suscipere**

suc-cīsus ⟨a, um⟩ PPP → succidere¹

suc-clāmāre ⟨ō, āvī, ātum 1.⟩ zurufen, *alicui* j-m, +AcI

succlāmātiō ⟨succlāmātiōnis⟩ F ||succlamare|| *(nachkl.)* Zuruf

suc-collāre ⟨ō, āvī, ātum 1.⟩ ||collum|| *(vkl., nachkl.)* auf die Schulter nehmen

suc-contumēliōsus ⟨a, um⟩ ADJ = **subcontumeliosus**

suc-crēscere ⟨crēvī, -, crēscō 3.⟩ *(unkl.)* nachwachsen, sich ergänzen

succrētus ⟨a, um⟩ PPP → subcernere

suc-crispus ⟨a, um⟩ ADJ = **subcrispus**

succuba ⟨ae⟩ F
1. *(nachkl.)* Nebenbuhlerin
2. *(mlat.)* Hexe

suc-cubāre ⟨ō, -, - 1.⟩ unter *etw* liegen, *alicui rei/aliquid*

suc-cubuī → succumbere

succulentum ⟨ī⟩ N ||succulentus|| *(nlat.)* Fettpflanze

succulentus ⟨a, um⟩ ADJ = **suculentus**

suc-cumbere ⟨cumbō, cubuī, cubitum 3.⟩
1. *(nachkl.) poet* niederfallen, niedersinken
2. *fig* unterliegen, nachgeben, *absolut od alicui/alicui rei* j-m/einer Sache; **Europae succubit Asia** *Nep.* Asien unterlag Europa; **tempori ~** sich der Zeit anpassen müssen; **animo ~** den Mut sinken lassen
3. mit *j-m* schlafen, *alicui*; *von Tieren* sich begatten lassen, **gallina marito succumbit** das Huhn lässt sich vom Hahn begatten

suc-currere ⟨currō, currī, cursum 3.⟩
1. sich *einer Sache* unterziehen, *absolut*
2. zu Hilfe eilen, *absolut od alicui/alicui rei* j-m/einer Sache
3. einem Übel abhelfen, *alicui rei* einer Sache
4. in den Sinn kommen, einfallen, *absolut od alicui* j-m; **succurrit ille versus Homericus** jener Homervers kam in den Sinn; **alicui succurrit** *unpers* der Gedanke steigt in j-m auf, +AcI/+indir Fragesatz

succursus ⟨succursūs⟩ M *(mlat.)* Hilfe, Unterstützung

suc-cussī → succutere

succussiō ⟨succussiōnis⟩ F, **succussus** ⟨succussūs⟩ M ||succutere|| *(nachkl.)* Erschütterung

succutere ⟨cutiō, cussī, cussum 3.⟩ ||sub, quatere|| *(nachkl.) poet* emporschleudern; *fig* aufrütteln

sūcidus ⟨a, um⟩ ADJ ||sucus|| *(unkl.)* saftig, frisch; **lana sucida** frisch geschorene Wolle

sūcinum ⟨ī⟩ N *Tac.* Bernstein

sūcinus ⟨a, um⟩ ADJ ||sucinum|| *(nachkl.) poet* aus Bernstein

sūcophant... = **sycophant...**

sūctus ⟨a, um⟩ PPP → sugere

sucula¹ ⟨ae⟩ F *(vkl., nachkl.)* Seilwinde zum Heben von Lasten

sucula² ⟨ae⟩ F ||sus|| *Plin.* Schweinchen

Suculae ⟨ārum⟩ F die Plejaden, die Hyaden

sūculentus ⟨a, um⟩ ADJ ||sucus|| *(nachkl.)* saftig

sūcus ⟨ī⟩ M
1. Saft; dicke Flüssigkeit
2. flüssige Medizin, *pl* Zaubersäfte
3. *(vkl.) fig* Geschmack
4. *fig* Kraft, Frische

sūdāre ⟨ō, āvī, ātum 1.⟩
A VI
1. schwitzen, *absolut od re* etw, von etw
2. triefen, *re* von etw
3. *fig* sich anstrengen, sich plagen

B VT
1. *(nachkl.)* ausschwitzen, **mella** Honig
2. durchschwitzen; **vestis sudata** durchgeschwitztes Kleid

sūdārium ⟨ī⟩ N ||sudare|| *(nachkl.) poet* Schweißtuch

sūdātiō ⟨sūdātiōnis⟩ F ||sudare|| *(nachkl.)* Schwitzen

sūdātōrium ⟨ī⟩ N ||sudatorius|| *Sen.* Schwitzbad, Schwitzraum *in den Thermen*

sūdātōrius ⟨a, um⟩ ADJ ||sudare|| zum Schwitzen dienlich

sūdātrīx ⟨sūdātrīcis⟩ ADJ F ||sudare|| *Mart.* schweißtriefend

sudis ⟨sudis⟩ F
1. Spitzpfahl, *auch als Waffe benützt*
2. Spitze, Stachel

sūdor ⟨sūdōris⟩ M ||sudare||
1. Schweiß
2. *meton* Ausschwitzung, Flüssigkeit
3. *fig* Mühe, Anstrengung

sūduculum ⟨ī⟩ N *Plaut.* Schimpfwort mit unbekannter Bedeutung

sūdum ⟨ī⟩ N ||sudus|| heiteres Wetter

sūdus ⟨a, um⟩ ADJ wolkenlos, heiter

Suēba ⟨ae⟩ F ||Suebi|| Suebin

Suēbī ⟨ōrum⟩ M die Sueben, *westgerm. Stamm, 58 v. Chr. von Caesar besiegt; später germ. Völkergruppe zwischen Rhein u. Elbe, ihr Name lebt als „Schwaben" fort*

Suēbia ⟨ae⟩ F Land der Sueben

Suēbicus, Suēbus ⟨a, um⟩ ADJ suebisch, der Sueben

Suēbus ⟨ī⟩ M Suebe

suere ⟨suō, suī, sūtum 3.⟩ nähen, zusammennähen

suēscere ⟨suēscō, suēvī, suētum 3.⟩
A VI sich gewöhnen, +*inf*; *perf* gewöhnt sein;

quod suesti wie du es gewöhnt bist

B *VT* gewöhnen, *aliquem re* j-n an etw; **viros disciplinā ~** *Tac.* die Männer an die Disziplin gewöhnen

Suessiōnēs ⟨Suessiōnum⟩ M Stamm in Gallia Belgica mit der Hauptstadt Noviodunum, später Augusta Suessionum, heute Soissons

Suētōnius ⟨a, um⟩ röm. Gentilname; **C. ~ Tranquillus** 70–140 n. Chr., unter Kaiser Hadrian Vorsteher der kaiserlichen Kanzlei, Geschichtsschreiber, Verfasser von Kaiserbiografien von Caesar bis Domitian (Vitae duodecim imperatorum)

suētus ⟨a, um⟩ ADJ ||suescere||

1 gewöhnt, *alicui rei* an etw, *+inf*; **~ armis** an Waffen gewöhnt

2 gewöhnt, *alicui* für j-n; **proelia sueta** gewohnte Gefechte

suēvī → suescere

sūfes ⟨sūfetis⟩ M Suffet, höchster Beamter in Karthago, wie die Konsuln je zwei für ein Jahr gewählt

suf-farcināre ⟨ō, āvī, ātum 1.⟩ (*Com., nachkl.*) voll packen, vollstopfen, *aliquid re* etw mit etw

suf-fēcī → sufficere

suf-fectus ⟨a, um⟩ PPP → sufficere

suf-ferre ⟨sufferō, sustulī, sublātum 0.⟩

1 *Plaut.* darunter halten, hinhalten

2 (*nachkl.*) hochhalten; **se ~** sich aufrecht halten

3 (*nachkl.*) fig sich einer Sache unterziehen, *aliquid*; **anhelitum ~** Atem holen können

4 fig ertragen, erdulden; **oculi vix sufferunt diem** die Augen ertragen kaum das Tageslicht

suffertus ⟨a, um⟩ ADJ ||farcire|| vollgestopft; **aliquid suffertum** fig etw voll Tönendes

suffes ⟨suffetis⟩ M **= sufes**

suf-ficere ⟨ficiō, fēcī, fectum 3.⟩ ||facere||

A *VT*

1 (*nachkl.*) etw untermauern, den Grund zu etw legen, *alicui rei*

2 mit einer Farbe überziehen, färben; **lanam ~** Wolle färben; **angues oculos sanguine suffecti** Schlangen mit blutunterlaufenen Augen

3 (*nachkl.*) poet nachwachsen lassen; poet ersetzen

4 als Ersatz wählen, nachwählen; **aliquem consulem ~** j-n als Konsul nachwählen

5 (*nachkl.*) poet darbieten, darreichen, *auch fig*

B *VI*

1 genügen, ausreichen, *absolut od alicui/alicui rei* j-m/einer Sache, *ad aliquid/in aliquid* zu etw, für etw, *+inf*; **umbo ictibus sufficit** der Schild hält die Schläge aus; **sufficit** (*nachkl.*) es genügt, *+inf, ut/ne* dass/dass nicht, *si* wenn

2 (*nachkl.*) poet imstande sein, *+inf*

sufficiēns ⟨sufficientis, adv sufficienter⟩ ADJ ||sufficere|| (*nachkl.*) ausreichend, genügend

suf-fīgere ⟨fīgō, fīxī, fīxum 3.⟩

1 heften, anschlagen, *aliquem/aliquid alicui rei/in re/in aliquid* j-n/etw an etw, auf etw; **aliquem in cruce ~** j-n ans Kreuz schlagen

2 beschlagen, *re* mit etw; **trabes auro ~** *Sen.* Balken mit Gold beschlagen

suffīmen ⟨suffīminis⟩ N *Ov.* **= suffimentum**

suffīmentum ⟨ī⟩ N ||suffire|| Räucherwerk

suffīre ⟨iō, īvī/iī, ītum 4.⟩ ||fumus||

A *VI* räuchern, *re* mit etw; **thymo ~** *Verg.* mit Thymian räuchern

B *VT*

1 (*nachkl.*) beräuchern, **vineas** Weinstöcke

2 poet wärmen

sufflāmen ⟨sufflāminis⟩ N Hemmschuh; fig Hindernis

sufflāmināre ⟨ō, āvī, ātum 1.⟩ ||sufflamen|| (durch einen Hemmschuh) hemmen, bremsen, *auch fig*; **orator sufflandus est** *Sen.* der Redner muss gebremst werden

suf-flāre ⟨ō, āvī, ātum 1.⟩

A *VI* (*unkl.*) blasen; fig sich aufblähen

B *VT* (*unkl.*) aufblasen; **se ~** fig zornig sein, *alicui* auf jdn

sufflātus ⟨a, um⟩ ADJ ||sufflare|| (*vkl., nachkl.*) aufgeblasen; fig schwülstig

suf-flāvus ⟨a, um⟩ ADJ *Suet.* hellblond

suf-fōcāre ⟨ō, āvī, ātum 1.⟩ ||sub, fauces|| erwürgen; **urbem fame ~** *Cic.* die Stadt aushungern; **spiritum ~** den Atem zusammenpressen

suffōcātiō ⟨suffōcātiōnis⟩ F ||suffocare|| (*nachkl.*) Ersticken

suf-fodere ⟨fodiō, fōdī, fossum 3.⟩

1 *Sall.* untergraben, unterwühlen, **murum** die Mauer

2 von unten durchbohren, **equos** die Pferde

3 *Curt.* unter der Erde anlegen

suffossiō ⟨suffossiōnis⟩ F ||suffodere|| Unterminierung, Untergrabung

suf-frāctus ⟨a, um⟩ PPP → suffringere

suffrāganeus ⟨ī⟩ M (*mlat.*) einem Metropoliten unterstellter Diözesanbischof, Weihbischof

suffrāgārī ⟨or, ātus sum 1.⟩ ||suffragium||

1 für j-n stimmen, j-n wählen, *absolut od alicui, ad aliquid* zu etw, für etw

2 fig begünstigen, *alicui/alicui rei* j-n/etw; **fortunā suffragante** *Cic.* mit der Gunst des Schicksals; **aliquo suffragante** auf j-s Empfehlung

suffrāgātiō ⟨suffrāgātiōnis⟩ F ||suffragari||

1 Empfehlung, **militaris** durch die Soldaten, **populi** durch das Volk

2 (*nachkl.*) Begünstigung, **materna** durch die Mutter

suffrāgātor ⟨suffrāgātōris⟩ M ||suffragari||

1 Wähler

2 POL Fürsprecher

suffrāgātōrius ⟨a, um⟩ ADJ ||suffragator|| auf die Wahlen bezogen; *amicitia suffragatoria* Freundschaft für die Zeit der Wahl

suf-frāgium ⟨ī⟩ N ||sub, fragor||
1 Stimme, Votum *bei der Abstimmung der Bürger in der Volksversammlung*; **ferre suffragium** seine Stimme abgeben; **cunctis suffragiis** einstimmig
2 Abstimmung, Wahl; **testularum ~** Scherbengericht; **suffragium inire/in suffragium ire** zur Abstimmung schreiten; **in suffragium revocari** noch einmal abstimmen
3 *meton* stimmberechtigte Zenturie
4 Wahlrecht, Stimmrecht; **suffragio exclusus** *Liv.* vom Stimmrecht ausgeschlossen
5 *poet* Zustimmung, Beifall

suffrāgō ⟨suffrāginis⟩ F (*nachkl.*) Hinterbug *von Vierbeinern*

suf-fringere ⟨fringō, frēgī, frāctum 3.⟩ ||sub, frangere|| (unten) abbrechen

suf-fugere ⟨fugiō, fugī, - 3.⟩ (*nachkl.*)
A VII unter *etw* fliehen; **in tecta ~** *Liv.* in die Häuser fliehen
B VT entfliehen, *aliquem* j-m

suffugium ⟨ī⟩ N ||suffugere|| Zufluchtsort; *fig* Zuflucht, *alicuius rei* vor etw

suf-fulcīre ⟨fulciō, fulsī, fultum 4.⟩ (*nachkl.*) *poet* von unten stützen, stärken; **~ artūs** *Lucr.* die Glieder stärken

suf-fundere ⟨fundō, fūdī, fūsum 3.⟩
1 (*unkl.*) unter *etw* gießen, *alicui rei*; *passiv* unter *etw* strömen, sich verbreiten, *alicui/alicuius rei* unter j-n/unter etw; **unda suffusa** Wassersucht; **rubor alicui suffunditur** j-d errötet; **pallor alicui suffunditur** j-d erblasst
2 mit *etw* überziehen, färben; *passiv* mit *etw* überzogen werden, mit *etw* übergossen werden; **aliquis suffunditur ora rubore** j-d wird im Gesicht mit Schamröte übergossen
3 (*unkl.*) zugießen, eingießen; **merum ~** Wein spenden

suf-fūrārī ⟨or, - 1.⟩ *Plaut.* unter der Hand stehlen

suf-fuscus ⟨a, um⟩ ADJ bräunlich

suffūsiō ⟨suffūsiōnis⟩ F ||suffundere|| (*nachkl.*) grauer Star, *eine Augenkrankheit*

Sugambrī ⟨ōrum⟩ M = **Sigambri**

sūgere ⟨sūgō, sūxī, sūctum 3.⟩
A VII saugen
B VT einsaugen, **cum lacte nutricis errorem** *Cic.* einen Irrtum mit der Ammenmilch

sugg... *auch* = **subg...**

sug-gerere ⟨gerō, gessī, gestum 3.⟩
1 darunter legen, *alicui rei* unter etw
2 *fig* nachschieben, folgen lassen; *passiv* noch dazukommen
3 zufügen, *alicui aliquid* j-m etw; **ludum alicui ~** j-m einen Streich spielen
4 zufügen, liefern, *alicui aliquid* j-m etw
5 *fig* eingeben, einflüstern; **aliquo suggerente** auf j-s Rat, auf j-s Einflüsterungen
▶ deutsch: **suggerieren**

suggestiō ⟨suggestiōnis⟩ F ||suggerere||
1 RHET eigene Antwort *auf eine selbst gestellte Frage*
2 (*spätl., eccl.*) Eingebung

suggestum ⟨ī⟩ N, **suggestus** ⟨suggestūs⟩ M ||suggerere||
1 Erhöhung
2 Rednerbühne
3 Tribüne, Tribunal

sūgillāre ⟨ō, āvī, ātum 1.⟩ = **sugillare**

sūgillātiō ⟨suggillātiōnis⟩ F = **sugillatio**

sug-grandis ⟨suggrande⟩ ADJ = **subgrandis**

sug-gredī ⟨gredior, gressus sum 3.⟩ ||sub, gradi|| (*nachkl.*) heranrücken, *ad aliquid* an etw

sūgillāre ⟨ō, āvī, ātum 1.⟩ (*vkl., nachkl.*) schlagen; *fig* beleidigen, verhöhnen

sūgillātiō ⟨sūgillātiōnis⟩ F ||sugillare|| Beleidigung; Züchtigung

suī[1] → **suere**

suī[2] REFL PR der 3. Person seiner, ihrer; **sui potens** seiner mächtig; **sui purgandi causā** um sich zu reinigen

suīllus ⟨a, um⟩ ADJ ||sus|| (*nachkl.*) Schweine...; **caro suilla** Schweinefleisch

Suiōnēs ⟨Suiōnum⟩ M *germ. Volk im S des heutigen Schweden*

sulcāre ⟨ō, āvī, ātum 1.⟩ ||sulcus||
1 furchen; *fig* durchfahren; **harenam ~** *Ov.* den Sand durchfurchen; **longā vada salsa carīnā ~** mit langem Kiel die Meeresflut durchfahren
2 (*mlat.*) *fig* schreiben

sulcus ⟨ī⟩ M
1 Furche *im Acker*
2 Rinne, Einschnitt
3 *Plin. meton* Pflügen
4 *Lucr. fig* weiblicher Genitalbereich

sulfur ⟨sulfuris⟩ N *u. Ableitungen* = **sulpur** *u. Ableitungen*

Sulla ⟨ae⟩ M *Beiname in der gens Cornelia*; **L. Cornelius ~ Felix** *Diktator 82–79 v. Chr.*

Sullānī ⟨ōrum⟩ M die Anhänger des Sulla

Sullānus ⟨a, um⟩ ADJ des Sulla

sullāturīre ⟨iō, -, - 4.⟩ ||Sulla|| *Scherzbildung Ciceros* den Sulla spielen wollen

Sulmō ⟨Sulmōnis⟩ M *Stadt der Päligner im N Samniums, Heimat des Ovid, heute Sulmona*

Sulmōnēnsēs ⟨Sulmōnēnsium⟩ M die Einwohner von Sulmo

sulphur ⟨sulphuris⟩ N *u. Ableitungen* = **sulpur** *u. Ableitungen*

Sulla

Der Patrizier **Lucius Cornelius Sulla** (138-78 v. Chr.) war ein überzeugter Verfechter der Oligarchie und damit der Gegenspieler des Populären **Marius**. 88 v. Chr. erhielt er als Konsul den Oberbefehl gegen **Mithridates**, doch wurde ihm das Kommando wieder genommen und **Marius** übertragen. Sulla kehrte daraufhin mit seinem Heer nach Rom zurück, vertrieb in einem blutigen Bürgerkrieg die Anhänger des Marius. Nach seinem Sieg im Osten kämpfte er erneut gegen die Anhänger des Marius, die die Macht wieder übernommen hatten. Zahlreiche Gegner wurden zu Staatsfeinden erklärt, geächtet und getötet (Proskriptionslisten), ihre Güter eingezogen. 82 v. Chr. erklärte sich Sulla zum Diktator auf unbestimmte Zeit. 79 legte er seine Vollmachten nieder und zog sich ins Privatleben zurück.

GESCHICHTE

Sulpicius ⟨a, um⟩ *röm. Gentilname;* → Galba
sulpur ⟨sulpuris⟩ N̄
1 Schwefel; ~ **vivum** reiner Schwefel
2 P̄L̄ *meton* Schwefeldämpfe; Blitz
sulpurāta ⟨ōrum⟩ N̄ ‖sulpuratus‖ Schwefelfäden
sulpurātiō ⟨sulpurātiōnis⟩ F̄ ‖sulpur‖ Schwefellager
sulpurātus ⟨a, um⟩ ADJ ‖sulpur‖ schwefelhaltig
sulpureus ⟨a, um⟩ ADJ ‖sulpur‖ (unkl.) schwefelig, Schwefel...
sultis = si vultis; → velle
sum → esse
symbol... = symbol...
sūmen ⟨sūminis⟩ N̄ ‖sugere‖ Euter des Mutterschweins; *meton* Mutterschwein

sūmere ⟨sūmō, sūmpsī, sūmptum 3.⟩
1 nehmen, ergreifen
2 an sich nehmen, zu sich nehmen
3 zu sich nehmen
4 anlegen, anziehen
5 adoptieren
6 sich etw nehmen
7 wählen
8 festsetzen, bestimmen
9 unternehmen, beginnen
10 sich aneignen
11 erwähnen
12 annehmen, behaupten

1 nehmen, ergreifen; **virgam manu** ~ die Rute in die Hand nehmen; **pecuniam ab aliquo** ~ Geld von j-m borgen; **coronam de fronte** ~ den Kranz von der Stirn nehmen
2 an sich nehmen, zu sich nehmen; **epistulam** ~ einen Brief annehmen
3 *Nahrung* zu sich nehmen, **cibum** Nahrung; **medicamentum** ~ ein Medikament einnehmen
4 *Kleidung* anlegen, anziehen, **togam** die Toga
5 *Kinder* adoptieren
6 sich *etw* nehmen; **tempus (sibi)** ~ sich Zeit nehmen; **animum** ~ Mut fassen; **supplicium de aliquo/ex aliquo** ~ die Todesstrafe an j-m vollziehen; **poenam** ~ Rache nehmen; **gaudia** ~ Freuden genießen
7 *fig* wählen, *aliquem/aliquid* j-n/etw, *+dopp. akk/ +inf;* **exempla** ~ Beispiele auswählen; **aliquem sibi collegam** ~ sich j-n als Kollegen wählen
8 *fig* festsetzen, bestimmen; **diem ad deliberandum** ~ einen Tag für die Beratung festsetzen
9 *fig* unternehmen, beginnen, **bellum** einen Krieg
10 *fig* sich aneignen; sich anmaßen, *aliquid/sibi aliquid* etw/sich etw; **vultūs acerbos** ~ grimmige Mienen zeigen
11 RHET in der Rede erwähnen
12 annehmen, behaupten, **aliquid pro certo** etw als sicher, **aliquid argumenti loco** etw als Beweis

sum-m... *auch* → sub-m...
summa ⟨ae⟩ F̄ ‖summus‖
1 höchste Stelle, oberster Rang; **summa imperii** Oberbefehl
2 *fig* Hauptsache, Hauptinhalt
3 Summe, Gesamtzahl; **summam facere/subducere** das Fazit ziehen; ~ **summarum** Gesamtergebnis, Pointe
4 Betrag, Menge
5 Geldsumme, Geld
6 Gesamtheit; Gesamtbegriff; ~ **rerum** die gesamte Lage der Dinge, Oberleitung der Staatsangelegenheiten, *auch* Weltall; **ad summam/in summa** im Ganzen, überhaupt, kurz
▶ deutsch: Summe
  englisch: sum
  französisch: somme
  spanisch: suma
  italienisch: somma
sum-mānāre ⟨ō, -, - 1.⟩ *Plaut.* berieseln, nass machen
Summānus ⟨ī⟩ M̄ ‖summus‖ Gott der nächtlichen Blitze, ↔ Jupiter, der am Tag die Blitze schleudert; daher Summanus auch mit Pluto gleichgesetzt
summārium ⟨ī⟩ N̄ ‖summa‖ *Sen.* zusammen-

SUMM

fassende Darstellung, Abriss
summārius ⟨ī⟩ M̄ Packesel
summās ⟨summātis⟩ M̄ u. F̄ ‖summus‖ (vkl., nachkl.) von höchstem Rang
summātim ADV ‖summa‖ im Allgemeinen
summātus ⟨ūs⟩ M̄ ‖summus‖ *Lucr.* oberste Befehlsgewalt
summē ADV *sup* → superus
Summemmiānus ⟨a, um⟩ ADJ aus Summemmium, zu Summemmium gehörig; **uxores Summemmianae** Dirnen
Summemmium ⟨ī⟩ N̄ Dirnenviertel in Rom
sum-mergere ⟨mergō, mersī, mersum 3.⟩ untertauchen, versenken, *re/in re* in etw; *passiv* versinken, ertrinken
sum-ministrāre ⟨ō, āvī, ātum 1.⟩ darreichen, verschaffen, *alicui aliquid* j-m etw, *auch fig*
sumministrātor ⟨sumministrātōris⟩ M̄ ‖sumministrare‖ *Sen.* Helfershelfer
sum-mīsī → summittere
summissiō ⟨summissiōnis⟩ F̄ ‖summittere‖

1 Senkung, **vocis** der Stimme
2 *log.* Unterordnung
3 Herabsetzung, Verringerung

summissus[1] ⟨a, um, *adv* summissē⟩ ADJ ‖summittere‖

1 gesenkt; **summissā voce** mit gesenkter Stimme
2 herabhängend; **summissis capillis** mit herabhängenden Haaren
3 *fig von der Rede* gelassen, ruhig
4 *pej vom Charakter* unterwürfig, kriecherisch
5 unterwürfig, demütig, *re* infolge einer Sache

sum-missus[2] ⟨a, um⟩ PPP → summittere
summitās ⟨summitātis⟩ F̄ ‖summus‖ Höhe, Spitze

sum-mittere ⟨mittō, mīsī, missum 3.⟩

1 niederlegen, senken
2 sinken lassen
3 beugen, unterwerfen
4 heimlich zuschicken
5 einen Nachfolger schicken
6 Hilfe schicken
7 Botschaft schicken
8 aufrichten, hochheben
9 wachsen lassen
10 hervorbringen

1 niederlegen, senken, *aliquid alicui* etw vor j-m; *passiv* (nachkl.) sich senken, sinken; **genua ~ die Knie beugen; fasces populo** die Rutenbündel vor dem Volk senken; **se ~** sich erniedrigen, sich herablassen, *ad aliquid/in aliquid* zu etw

2 *fig* sinken lassen, vermindern; **animos ~** den Mut sinken lassen; **orationem ~** die Rede mit gedämpfter Stimme vortragen
3 (nachkl.) *poet* beugen, unterwerfen, *aliquid alicui rei/ad aliquid* etw einer Sache; **imperium Camillo ~** seine Befehlsgewalt der des Camillus unterordnen; **se culpae ~** eine Schuld begehen
4 heimlich zuschicken, *alicui aliquem/aliquid* j-m j-n/etw
5 einen Nachfolger schicken, *alicui* j-m
6 Hilfe schicken
7 Botschaft schicken
8 (nachkl.) *poet* aufrichten, hochheben; **manūs ~** die Hände flehend erheben
9 wachsen lassen; heranwachsen lassen; **flores ~** Blumen sprießen lassen; **barbam ~** einen Bart wachsen lassen; **taurōs ~** Zuchtstiere aufziehen
10 hervorbringen; *als Erzeugnis* liefern; **capreas ~** Ziegen liefern

Summoeniānus ⟨a, um⟩ ADJ = Summemmianus
Summoenium ⟨ī⟩ N̄ = Summemmium
sum-monēre ⟨eō, uī, - 2.⟩ (vkl., nachkl.) heimlich erinnern
summ-opere = **summo opere** ADV äußerst, außerordentlich, überaus; → summus *u.* → opus
sum-movēre ⟨moveō, mōvī, mōtum 2.⟩

1 wegschaffen, vertreiben; **hostes ~** die Feinde vertreiben
2 (nachkl.) wegdrängen; Platz machen, *absolut*; **summoto** nachdem Platz gemacht worden war
3 abtreten lassen
4 verbannen; **aliquem patriā ~** j-n aus der Heimat verbannen
5 (nachkl.) *poet* eine Örtlichkeit weiter hinausrücken
6 *fig* fernhalten, abwehren, *aliquem a re* j-n von etw, **aliquem a maleficio** j-n von einer Untat
7 verscheuchen, **curas** Sorgen

summula ⟨ae⟩ F̄ ‖summa‖ *Sen., Iuv.* Sümmchen
summum

A ⟨ī⟩ N̄ ‖summus‖ größte Höhe, Spitze; **~ malorum** höchstes Maß an Übeln; **a summo** von oben, am oberen Ende; **in summo** auf der Höhe, oben; **ad summum perducere** zum höchsten Punkt führen, *fig* zur höchsten Vollkommenheit führen

B ADV höchstens, äußerstenfalls; **hodie aut summum cras** heute oder äußerstenfalls morgen

summus ⟨a, um⟩ ADJ *sup* → superus
sum-mūtāre ⟨ō, -, - 1.⟩ vertauschen, **verba pro verba ~** Wörter für Wörter

sūmptiō ⟨sūmptiōnis⟩ F ‖sumere‖
1 Annahme; Voraussetzung
2 Vordersatz *des Syllogismus*

sūmptuārius ⟨a, um⟩ ADJ ‖sumptus‖ den Aufwand betreffend; **lex sumptuaria** Gesetz gegen zu großen Aufwand, *mehrere Gesetze von 215 bis 115 v. Chr.*

sūmptuōsus

A ⟨a, um⟩ ADJ, ADV ⟨sūmptuōsē⟩ ‖sumptus‖
1 aufwendig, kostspielig
2 *von Personen* verschwenderisch, *in re* in etw, *in aliquid* für etw

B ⟨ī⟩ M Verschwender

sūmptus¹ ⟨a, um⟩ PPP → sumere

sūmptus² ⟨sūmptūs⟩ M ‖sumere‖ Aufwand, Kosten, *alicuius rei* einer Sache *od* für etw, zu etw; *pl* Verschwendung; **magno sumptu** mit großem Aufwand; **meo sumptu** auf meine Kosten; **sumptum inferre alicui** die Kosten j-m anrechnen; **sumptūs praebere ex re** die Kosten von etw bestreiten

Sūnion, Sūnium ⟨ī⟩ N Südspitze der Halbinsel Attika mit einem berühmten Poseidon-Tempel

su-ove-taurīlia ⟨suovetaurīlium⟩ N ‖sus, ovis, taurus‖ Reinigungsopfer, *bei dem ein Eber, ein Widder u. ein Stier geopfert wurden*

supellex ⟨supellecitilis⟩ F ‖super, legere‖ Hausrat; *fig* Ausstattung; **~ oratoris** Instrumentarium des Redners

super

A ADV
1 *örtl.* darüber, oberhalb; **~ astare** darüber emporragen
2 *(nachkl.) örtl.* von oben her; **~ madefacere herbas** die Kräuter von oben begießen
3 *Verg. örtl.* nach oben
4 *fig* außerdem; **adde ~, quod** füge außerdem hinzu, dass; **~ quam quod** außerdem dass
5 *fig* noch mehr; **~ maestus** noch mehr erregt
6 *fig* vor allem; **ira ~** der Zorn vor allem
7 *fig* übrig, *auch statt des ppr von superesse*; **praeter arma nihil erat ~** außer den Waffen war nichts mehr übrig

B PRÄP +abl, *poet auch nachgestellt*
1 *örtl. auf die Frage „wo?"* über, oben auf; **~ tumulo** über dem Grabhügel
2 *(vkl.) zeitl.* während, bei; **~ nocte** bei Nacht
3 wegen, von; **hac re ~ scribam ad te** wegen dieser Sache werde ich dir schreiben

C PRÄP +akk
1 *örtl. auf die Fragen „wo?" u. „wohin?"* über; oberhalb;
2 *örtl. auf die Fragen „wo?" u. „wohin?"* zu ... hinauf; über ... hinaus; **aliquem ~ arma ferre** j-n auf den Schilden tragen; **~ astra ferri** zu den Sternen emporgehoben werden
3 *zeitl.* während, bei; **~ cenam** während des Essens, beim Essen
4 *modal* über ... hinaus, mehr als; **~ decem milia** über zehntausend; **alius ~ alium** einer nach dem anderen
5 *fig* außer; **~ cetera** außer allem Übrigen; **~ haec** außerdem

superā ADV u. PRÄP = supra

superābilis ⟨superābile⟩ ADJ ‖superare‖ *(nachkl.) poet* übersteigbar, überwindbar, *auch fig*; **caecitas ~** heilbare Blindheit

super-addere ⟨dō, didī, ditum 3.⟩ noch dazufügen, *alicui rei* einer Sache

super-adōrnātus ⟨a, um⟩ ADJ ‖adornare‖ *Sen.* an der Oberfläche verziert

superāns ⟨superantis⟩ ADJ ‖superare‖ *poet* überhandnehmend

superāre ⟨ō, āvī, ātum 1.⟩ ‖superus‖

A VI
1 *(vkl.)* hervorragen, *re* mit etw
2 *fig von Personen u. Sachen* überlegen sein, *re an etw, durch etw;* **animis ~** übermütig sein
3 im Überfluss vorhanden sein
4 *poet* noch vorhanden sein, übrig sein; überleben, überdauern, *alicui rei* etw
5 zu viel sein, *alicui* j-m

B VT
1 überschreiten, **Alpes** die Alpen; **aliquid saltu ~** etw überspringen; **aliquid ascensu ~** etw ersteigen
2 überwinden, besiegen; **hostem ~** den Feind besiegen; **labores ~** Mühen überstehen; **aliquem donis ~** j-n mit Geschenken besänftigen; **iram ~** den Zorn beschwichtigen; **iussa ~** Befehle siegreich ausführen
3 *fig* übertreffen, *aliquem/aliquid re* j-n/etw an etw, in etw; **aliquid vitā ~** etw überleben
4 überragen, **aliquid mensurā** etw an Größe
5 zuvorkommen, *aliquid re* einer Sache an etw
6 *(nachkl.) poet* vorbeigehen, *aliquid* an etw; über *etw* hinausfahren, *aliquid*

superātor ⟨superātōris⟩ M ‖superare‖ *Ov.* Überwinder, Bezwinger

superātrīx ⟨superātrīcis⟩ F ‖superator‖ Überwinderin

superbia ⟨ae⟩ F ‖superbus‖ Hochmut, Stolz

superbi-ficus ⟨a, um⟩ ADJ ‖superbus, facere‖ *Sen.* hochmütig machend

superbiloquentia ⟨ae⟩ F ‖superbus, loqui‖ hochmütiges Reden

superbīre ⟨iō, -, - 4.⟩ ‖superbus‖ hochmütig sein, stolz sein, *re* wegen etw, mit etw

superbus ⟨a, um, *adv* superbē⟩ ADJ
1 *Plaut.* hochgehoben
2 hoch aufgerichtet, hochragend; **Tibur su-**

perbum das hochragende Tibur

3 *fig* hochmütig, stolz, *re* wegen etw, über etw, auf etw, *alicui* gegen j-n

4 *fig* wählerisch, streng urteilend; **corpus superbum** verzärtelter Körper

5 (nachkl.) *fig* erhaben, herausragend; *von Sachen* prächtig

superciliōsus ⟨a, um⟩ ADJ ||supercilium|| (nachkl.) ernst, streng

super-cilium ⟨ī⟩ N ||celare||

1 Augenbraue(n); *meton* Stirn

2 *fig* finsteres Wesen, Strenge

3 Hochmut, Selbstgerechtigkeit

4 Wink mit den Augen

5 (nachkl.) *poet* Anhöhe, Hügel

super-crēscere ⟨crēscō, crēvī, - 3.⟩ (nachkl.) überwuchern; *fig* übertreffen

super-cubāre ⟨ō, āvī, - 1.⟩ darauf liegen, darüber liegen, *alicui rei* auf etw, über etw

super-currere ⟨currō, -, - 3.⟩ darüber laufen; *fig* übersteigen; **ager vectigal supercurrit** *Plin.* der Ertrag des Landes übersteigt die Abgaben

super-ēminēre ⟨eō, -, - 2.⟩

A VI hervorragen

B VT überragen; **undas umero supereminens** *Verg.* die Wogen mit der Schulter überragend

superērogātiō ⟨superērogātiōnis⟩ F *Quint.* darüber hinausgehende Auszahlung

super-esse ⟨sum, fuī, 0.⟩

1 übrig sein, noch vorhanden sein, *alicui* j-m, für j-n, *alicui rei* zu etw, für etw, von etw; **superest es ist noch übrig,** *ut* dass, +*inf*; **quod superest** Rest; was ich noch sagen wollte, übrigens

2 noch am Leben sein

3 (unkl.) überleben, überstehen, *alicui/alicui rei* j-n/etw, **temporibus ~** die schlimmen Zeiten

4 im Überfluss vorhanden sein, ausreichen, *alicui* für j-n, *alicui rei* für etw

5 überflüssig sein

6 (nachkl.) *poet* ausreichend gewachsen sein, *alicui rei* einer Sache

7 *Suet.* beistehen

8 *Tac.* überlegen sein, *re* durch etw

superficiārius ⟨a, um⟩ ADJ ||superficies|| In Erbpacht stehend

superficiēs ⟨superficiēī⟩ F ||facies|| (nachkl.)

1 Oberfläche

2 Oberbau des Hauses; *bes* JUR Erbpachtgebäude

super-fierī ⟨fīō, - 0.⟩ *Plaut.* übrig bleiben

super-fīxus ⟨a, um⟩ ADJ ||figere|| *Liv.* darauf geheftet

super-fluere ⟨fluō, flūxī, - 3.⟩

A VI

1 überfließen; RHET überschwänglich sein;

orator superfluens *Tac.* überschwänglicher Redner

2 *Sen.* im Überfluss vorhanden sein

3 *Catul.* im Überfluss leben

B VT *Quint. fig* vorbeifließen, *aliquid* an etw; **aures ~** zum einen Ohr hinein- und zum anderen herausgehen

superfluus ⟨a, um⟩ ADJ ||superfluere|| (spätl.) überflüssig

super-fuī → superesse

super-fundere ⟨fundō, fūdī, fūsum 3.⟩

1 darauf gießen, darüber gießen, **oleum** Öl; *passiv u.* **se ~** überströmen, sich ausbreiten; **laetitia se superfundens** ausschweifende Lustigkeit

2 überschütten, bedecken; **equites equosque ~** Reiter und Pferde über den Haufen werfen

super-gredī ⟨gredior, gressus sum 3.⟩ ||gradi||

1 (nachkl.) überschreiten

2 *fig* überstehen, **necessitates** die Nöte

3 *fig* übertreffen, *aliquem/aliquid re* j-n/etw an etw

super-habēre ⟨eō, uī, - 2.⟩ darüber hinaus haben

super-iacere ⟨iaciō, iēcī, iectum/iactum 3.⟩

1 darüber werfen, darüber legen, **humum** Erdreich; **aequor superiectum** alles überflutendes Meer

2 überspülen, übergießen; **scopulos undā ~** *Verg.* mit der Woge die Klippen überspülen

3 überschreiten; **~ augendo fidem ~** *Liv.* durch Übertreibung die Grenzen der Glaubwürdigkeit überschreiten

4 *Sen.* übertreffen

superiectiō ⟨superiectiōnis⟩ F ||superiacere|| *Quint.* RHET Übertreibung, Hyperbel

super-iectus ⟨a, um⟩ PPP → superiacere

super-imminēre ⟨eō, -, - 2.⟩ *Verg.* darüber emporragen

super-impendēns ⟨superimpendentis⟩ ADJ ||impendere|| *Catul.* darüber hängend, darüber schwebend

super-impōnere ⟨pōnō, posuī, positum 3.⟩ *Verg., Liv.* darauflegen, *alicui rei* auf etw

super-incidēns ⟨superincidentis⟩ ADJ ||incidere¹|| (nachkl.) von oben hereinfallend

super-incubāns ⟨superincubantis⟩ ADJ ||incubare|| *Liv.* darauf liegend

super-incumbere ⟨cumbō, cubuī, - 3.⟩ *Verg., Ov.* sich darauf legen

super-incurvātus ⟨a, um⟩ ADJ ||incurvare|| (nachkl.) darüber gebeugt

super-indūcere ⟨dūcō, dūxī, ductum 3.⟩

(nachkl.) von oben überziehen, **tabellas cerā** die Schreibtafeln mit Wachs

super-induere ⟨uō, uī, ūtum 3.⟩ Suet. darüber anziehen

super-inicere ⟨iciō, iēcī, iectum 3.⟩ (nachkl.) darüber werfen, darauf werfen, **frondes** Laub

super-īnsternere ⟨sternō, strāvī, strātum 3.⟩ (nachkl.) darüber breiten, darüber legen

super-īre ⟨eō, -, - 0.⟩ Lucr. über etw gehen, aliquid

super-iūmentārius ⟨ī⟩ M ||iumentum|| Suet. Aufseher über die Lasttiertreiber

super-lābī ⟨lābor, lāpsus sum 3.⟩ (nachkl.) darüber hingleiten

superlāt... = supralat...

super-mittere ⟨mittō, mīsī, missum 3.⟩ darauf schütten, alicui rei auf etw

super-natāre ⟨ō, -, - 1.⟩ darüber schwimmen, darauf schwimmen

supernus ⟨a, um, adv supernē⟩ ADJ ||super||
1 oben gelegen, der obere; **numen supernum** himmlisches Walten
2 adv oben, von oben

super-obruere ⟨uō, uī, ūtum 3.⟩ oben bedecken

super-occupāre ⟨ō, -, - 1.⟩ Verg. dabei überrumpeln

super-pendēns ⟨superpendentis⟩ ADJ ||pendere|| überhängend

super-pōnere ⟨pōnō, posuī, positum 3.⟩
1 (nachkl.) darüber legen, darauf setzen, alicui rei auf etw, über etw
2 fig höher stellen, vorziehen

super-quam = **super quam**; → super

super-scandere ⟨ō, -, - 3.⟩ übersteigen

super-scrībere ⟨scrībō, scrīpsī, scrīptum 3.⟩ (nachkl.) darüber schreiben

superscrīptiō ⟨superscrīptiōnis⟩ F ||superscribere|| (spätl., eccl.) Überschrift, Aufschrift

super-sedēre ⟨sedeō, sēdī, sessum 2.⟩
1 auf etw sitzen, über etw sitzen, alicui rei; **equo supersedens** auf einem Pferd sitzend
2 fig sich über etw hinwegsetzen; sich etw sparen, re/alicui rei; **labore itineris ~** sich die Anstrengungen der Reise sparen
3 (nachkl.) nicht wollen, +inf

super-stāgnāre ⟨ō, āvī, ātum 1.⟩ Tac. über die Ufer treten

super-stāre ⟨stō, stetī, - 1.⟩ darauf stehen, auf etw stehen, absolut od alicui rei/aliquid auf etw, aliquem auf j-m

super-sternere ⟨sternō, strāvī, strātum 3.⟩ (nachkl.) darüber breiten, **cumulos** die Haufen

super-stes
A ⟨superstitis⟩ ADJ

1 (vkl.) über j-m stehend, j-m überlegen
2 dabeistehend
3 überlebend, alicuius/alicui j-n; **fama ~** dauerndes Gerücht; **pater filio ~** Vater, der den Sohn überlebt

B ⟨superstitis⟩ M Zeuge; **superstitibus praesentibus** JUR Formel in Anwesenheit der Zeugen

superstitāre ⟨ō, -, - 1.⟩ ||superstes|| Plaut. vollständig vorhanden sein

superstitiō ⟨superscrīptiōnis⟩ F
1 Verg. heiliger Schwur
2 Aberglaube, pl abergläubischer Kult
3 heilige Scheu, Götterfurcht

superstitiōsus ⟨a, um, adv superstitiōsē⟩ ADJ ||superstitio||
1 abergläubisch
2 allzu ängstlich
3 Plaut. prophetisch

super-struere ⟨struō, strūxī, strūctum 3.⟩ darüber bauen

super-sum → superesse

super-tegere ⟨tegō, tēxī, tēctum 3.⟩ (nachkl.) poet oberhalb bedecken, überdecken, re mit etw

super-urgēre ⟨eō, -, - 2.⟩ Tac. oben eindringen

superus
A ⟨a, um, komp superior, superius, sup suprēmus u. summus, a, um⟩ ADJ
1 der obere; zur Oberwelt gehörig; **mare superum** das Adriatische Meer; **dii superi** die himmlischen Götter
2 komp örtl. weiter oben befindlich, der obere; **domus superior** der obere Teil des Hauses; **locus superior** höher gelegener Punkt, Anhöhe, Rednerbühne
3 komp vorhergehend
4 komp früher, vorig; **annus superior** das vorige Jahr
5 komp älter
6 komp höher stehend, überlegen, re an etw, in etw; **superiorem haberi** für den Sieger gehalten werden
7 sup **supremus** örtl. höchster, oberster; **montes supremi** die Gipfel der Berge
8 sup **supremus** zeitl. letzter, jüngster; **sole supremo** bei Sonnenuntergang; **certamen supremum** entscheidender Kampf; **diem supremum obire** sterben
9 sup **supremus** äußerster; **supremum supplicium** härteste Strafe
10 sup **summus** örtl. höchster, oberster; **summus mons** Gipfel des Berges; **in summa sacra via** oben auf der Heiligen Straße; **corpus summus** = Haut

11 *sup* **summus** *zeitl.* äußerster, letzter; **summa aestas** Hochsommer
12 *sup* **summus** *fig* höchststehender, bester; **proelium summum** Hauptschlacht; **vox summa** lauteste Stimme; **summo colore illustrare** in den leuchtendsten Farben schildern; **summum ius summa iniuria** das strengste formale Recht kann das größte sittliche Unrecht sein; **tempus summum** höchste Not; **summa res** Hauptsache, Entscheidungskampf; **summae res** höchste Gewalt, Oberherrschaft
13 *sup* **summus** vollkommenster, vollständig; **summa consensio** vollständige Übereinstimmung; **summa salus rei publicae/summa res publica** höchste Staatsinteressen, der ganze Staat
B ⟨ī⟩ MPL die himmlischen Götter; Oberwelt
⚠ **Summum ius, summa iniuria.** Höchstes (= auf die Spitze getriebenes) Recht ist höchstes Unrecht.

supervacāneus ⟨a, um⟩ ADJ ||supervacuus||
1 überflüssig, unnötig
2 überzählig; **opera supervacanea** Nebenbeschäftigung

super-vacuus ⟨a, um⟩ ADJ (*nachkl.*) *poet* überflüssig, unnötig; **vel ex supervacuo** *Liv.* selbst wenn es überflüssig sein sollte

super-vādere ⟨ō, -, 3.⟩ (*nachkl.*) übersteigen, überwinden, **omnes asperitates** alle Strapazen

super-vehī ⟨vehor, vectus sum 3.⟩ (*nachkl.*) *poet* über *etw* fahren, *aliquid*; **promunturium ~** über das Vorgebirge hinaus fahren

super-venīre ⟨veniō, vēnī, ventum 4.⟩ (*nachkl.*)
1 über *etw* kommen, *etw* bedecken, *alicui rei/aliquid*; *von Tieren* bespringen
2 unvermutet dazukommen, erscheinen, *alicui* bei j-m; **regi ~** dem König zu Hilfe kommen
3 überfallen, überraschen, *absolut od alicui/alicui rei* j-n/etw; **nox alicui supervenit** die Nacht überrascht in

superventus ⟨superventūs⟩ M ||supervenire||
1 (*nachkl.*) Dazukommen, **quartae decimae legionis** der vierzehnten Legion
2 (*spätl.*) MIL Überfall

super-vīvere ⟨vīvō, vīxī, vīctum 3.⟩ (*nachkl.*) überleben, *alicui/alicui rei* j-n/etw

super-volāre ⟨ō, āvī, - 1.⟩ über *etw* hinfliegen, *aliquid*

super-volitāre ⟨ō, āvī, - 1.⟩ (*nachkl.*) *poet* über *j-n/etw* hinwegfliegen, über *j-m/etw* hin und her flattern, *alicui/aliquid*

supīnāre ⟨ō, āvī, ātum 1.⟩ ||supinus||
1 rückwärts beugen, rückwärts legen; *passiv* sich zurückbeugen
2 umkehren; umwühlen; **supinatas aquiloni ostendere glaebas** die umgewendeten Schollen dem Nordwind aussetzen

supīnē ADV ||supinus|| *Sen.* mit abgewandtem Gesicht

supīnitās ⟨supīnitātis⟩ F ||supinus|| *Quint.* zurückgebogene Haltung

supīnum ⟨ī⟩ N ||supinus|| GRAM Supin

supīnus ⟨a, um⟩ ADJ, ADV → supīnē
1 zurückgebogen, zurückgelehnt; **manus supina** mit der Fläche zum Himmel gekehrte Hand
2 sanft ansteigend, sanft abfallend; **colles supini** *Verg.* leicht abfallende Hügel
3 *poet* rückläufig; rückwärts gelesen
4 nach rückwärts gebogen; **falx supina** *Iuv.* Sichelschwert
5 mit zurückgeworfenem Kopf, stolz
6 (*nachkl.*) müßig, lässig, in Ruhe
7 **verbum supinum** GRAM Supin

sup-pāctus ⟨a, um⟩ PPP → suppingere

sup-paenitēre ⟨et, -, - 2.⟩ *unpers* ein wenig bereuen; **aliquem suppaenitet alicuius rei** j-d bereut ein wenig

sup-palpārī ⟨or, - 1.⟩ *Plaut.* ein wenig streicheln

sup-pār ⟨supparis⟩ ADJ fast gleichzeitig

sup-parasītārī ⟨or, - 1.⟩ *Plaut.* als Schmarotzer ein wenig schmeicheln, *alicui* j-m

supparum ⟨ī⟩ N, **supparus** ⟨ī⟩ M Oberkleid aus Leinen, Bluse

sup-pēdere ⟨ō, -, - 3.⟩ leise furzen

suppeditāre ⟨ō, āvī, ātum 1.⟩
A VI
1 reichlich vorhanden sein; **vita mihi suppeditat** ich lebe noch
2 ausreichen, genügen, *alicui* j-m, *ad aliquid/in aliquid* zu etw, für etw
3 zu *etw* taugen, *alicui rei*
4 **suppeditat** *unpers* man kann, *+inf*; **suppeditat dicere** man kann sagen
B VT
1 reichlich gewähren, geben, *alicui aliquid* j-m etw; **alicui suppeditatur ad usum** j-m wird zum Gebrauch gegeben
2 *passiv* reichlich mit *etw* versehen sein, *re*

suppeditātiō ⟨suppeditātiōnis⟩ F ||suppeditare|| reichlicher Vorrat, Überfluss

sup-peilāre ⟨ō, āvī, ātum 1.⟩ = suppilare

suppernātus ⟨a, um⟩ ADJ *Catul. fig* niedergehauen; **aulus securi suppernata** mit dem Beil niedergehauene Erle

sup-petere ⟨ō, iī/ īvī, ītum 3.⟩
1 ausreichen, gewachsen sein, *alicui rei* einer Sache; **si vita suppetit** wenn ich am Leben bleibe

Supinum

Das Supin auf –um (Supinum I) war ursprünglich ein Akkusativ der Richtung nach Verben der Bewegung und bezeichnet den Zweck der Bewegung.

cubitum ibo	ich werde schlafen gehen

Das Supin auf –u (Supinum II) tritt lediglich in wenigen Wendungen auf, z. B.:

facile est auditu	es ist leicht zu hören
difficile est auditu	es ist schwer zu hören
turpe dictu est	es ist schändlich zu sagen

GRAMMATIK

2 reichlich vorhanden sein, ausreichend zur Verfügung stehen, *alicui* j-m
suppetiae ⟨ārum⟩ F ||suppetere|| *Suet.* Hilfe, Beistand; **suppetias venire** zu Hilfe eilen
sup-pīlāre ⟨ō, āvī, ātum 1.⟩
1 rauben, stehlen, *alicui aliquid* j-m etw
2 bestehlen, *aliquem* jdn
sup-pingere ⟨pingō, pēgī, pāctum 3.⟩ ||sub, pangere||
1 unten anschlagen
2 beschlagen; **soccis auro suppactum solum** *Plaut.* mit Gold beschlagene Schuhsohlen
sup-plantāre ⟨ō, āvī, ātum 1.⟩ ||sub, planta¹||
1 j-m ein Bein stellen, *fig* j-n zu Fall bringen, *aliquem*
2 *fig* umstoßen, *iudicium* ein Urteil
sup-plaudere ⟨plaudō, plausī, plausum 3.⟩ = **supplodere**
supplēmentum ⟨ī⟩ N ||supplere||
1 Ergänzung
2 MIL Rekrutierung, Verstärkung
3 *Suet.* Unterstützung
sup-plēre ⟨pleō, plēvī, plētum 2.⟩
1 nachfüllen, wieder auffüllen; **moenia inania** ~ die leere Stadt wieder bevölkern
2 *fig* vervollständigen, ergänzen, **scriptum** ein Schriftstück
3 *fig* ersetzen; **vigorem firmitate animi** die Energie durch die Festigkeit des Geistes
supplex
A ⟨supplicis⟩ ADJ, ADV ⟨suppliciter⟩ demütig bittend, *alicui* j-n, *pro aliquo* für j-n, *ut*; **vota supplicia** fromme Gelübde; **dona supplicia** mit Gebeten dargebrachte Opfergaben
B ⟨supplicis⟩ M Schutzflehender, Schützling
supplicāre ⟨ō, āvī, ātum 1.⟩ ||supplex||
1 demütig bitten, anflehen, *absolut od alicui* j-n
2 zu j-m beten, j-m Bittgebete darbringen, *alicui*
supplicātiō ⟨supplicātiōnis⟩ F ||supplicare|| öffentliches Buß- und Betfest *bei unglücklichen Ereignissen*, Dankfest *bei glücklichen Ereignissen, alicuius* für jdn

suppliciter ADV → supplex
supplicium ⟨ī⟩ N ||supplex||
1 demütige Bitten, Flehen; **suppliciis deos placare** *Liv.* durch Gebete die Götter versöhnen
2 Opfer- und Betfest, Opfer
3 (*vkl., nachkl.*) freiwillige Buße, Genugtuung
4 Strafe, *bes* Todesstrafe; **ad ultimum supplicium progredi** Selbstmord begehen
5 Marter, Qual
sup-plōdere ⟨plōdō, plōsī, plōsum 3⟩ ||sub, plaudere|| aufstampfen; **pedem** ~ *Cic.* mit dem Fuß aufstampfen
supplōsiō ⟨supplōsiōnis⟩ F ||supplodere|| Aufstampfen, **pedis** mit dem Fuß
sup-pōnere ⟨pōnō, posuī, positum 3.⟩
1 darunter legen, unterstellen, *aliquid alicui/alicui rei* etw unter j-n/unter etw; **se oneri novo** ~ sich einer neuen Last unterziehen; **faenum capiti** ~ Heu unter den Kopf legen; **pectora fluminibus** ~ die Brust ins Wasser tauchen; **aliquem tumulo/terrae** ~ j-n beerdigen; **aliquid terrae** ~ etw in die Erde einsäen; **suppositus** darunter befindlich
2 *fig* unterwerfen; **me tibi supposui** ich habe mich dir unterworfen
3 *logisch* unterordnen
4 *fig* beifügen, hinzusetzen
5 unten ansetzen, unten anlegen, *aliquid alicui rei* etw an etw
6 an die Stelle von j-m/etw setzen, *alicui/alicui rei*; **operae nostrae vicaria fides amicorum supponitur** *Cic.* an die Stelle unserer Bemühungen wird stellvertretend die Treue der Freunde gesetzt
7 unterschieben, **testamenta falsa** falsche Testamente
sup-portāre ⟨ō, āvī, ātum 1.⟩ herbeitragen, herbeibringen, *aliquid/alicui* etw für j-n, etw j-m; **commeatum exercitui** ~ Nachschub für das Heer bringen
supposītīcius ⟨a, um⟩ ADJ ||supponere||

1 ablösend, *alicui* j-n
2 untergeschoben, unecht
suppositiō ⟨suppositiōnis⟩ F ||supponere|| *Plaut.* Unterschiebung, **pueri** eines **Kindes**
suppositōrium ⟨ī⟩ N ||supponere||
1 Unterlage
2 *(nlat.)* MED Zäpfchen
suppostrīx ⟨suppostrīcis⟩ F ||supponere|| *Plaut.* Unterschieberin *eines Kindes*
sup-praefectus ⟨ī⟩ M Unterpräfekt
sup-pressī → supprimere
suppressiō ⟨suppressiōnis⟩ F ||supprimere|| Unterdrückung; Unterschlagung *von Geld*
suppressus ⟨a, um⟩ ADJ ||supprimere|| *von der Rede u. vom Redner* gedämpft, leise
sup-primere ⟨primō, pressī, pressum 3.⟩ ||sub, premere||
1 *(nachkl.)* unterdrücken, hinabdrücken; **navem ~** ein Schiff versenken
2 *fig* aufhalten, hemmen; **vocem ~** leise reden, schweigen
3 *fig* unterschlagen, **pecuniam** Geld
4 *fig* verbergen, verschweigen, **nomen** den Namen
5 *(nachkl.) fig* in den Schatten stellen
sup-prōmus ⟨ī⟩ M *Plaut.* Unterkellermeister
sup-pudēre ⟨et, -, - 2.⟩ *unpers* es beschämt ein wenig; **suppudet me alicuius** ich schäme mich ein wenig vor j-m
sup-pūrāre ⟨ō, āvī, ātum 1.⟩ ||pus||
A VI eitern
B VT zum Eitern bringen; **suppuratus** eiternd; **dolor suppuratus** bohrender Schmerz
suppūrātiō ⟨suppūrātiōnis⟩ F ||suppurare|| *(nachkl.)* Eiterung
suppus ⟨a, um⟩ ADJ
1 = supinus
2 = superbus
sup-putāre ⟨ō, āvī, ātum 1.⟩ *Ov., Sen.* ausrechnen, berechnen, *aliquid* etw, *+indir Fragesatz*
suprā
A ADV
1 *örtl.* oberhalb, oben; **~ et subter** oben und unten
2 *Verg. örtl.* darüber hinaus, darüber hervor
3 *im Text* oben, vorher; **ut ~ dixi** wie ich oben gesagt habe; **superius** *komp* weiter oben
4 *zeitl.* vorher, schon früher; **ea quae ~ ostendimus** was wir schon früher gezeigt haben
5 *(nachkl.) zeitl.* von früher her; **~ repetere** weiter ausholen
6 *fig* darüber hinaus, mehr; **~ adicere** *bei Auktionen* noch mehr bieten; **rem ~ ferre quam fieri potest** die Sache übertreiben; **nil ~ deos lacesso** nichts weiter begehre ich von den Göttern

B PRÄP +akk
1 *örtl.* oberhalb, über; **ille qui ~ nos habitat** jener, der über uns wohnt; **montes ~ Massiliam** die Berge oberhalb von Massilia
2 *örtl.* uber ... hin, jenseits; **exercitus ~ Suessulam hibernat** das Heer überwintert jenseits von Suessula
3 *zeitl.* vor; **~ hanc memoriam** vor unserer Zeit; **res ~ septingentesimum annum repetitur** die Sache liegt 700 Jahre zurück
4 *vom Rang u. zahlenmäßig* über ... hinaus; mehr als; **~ duos menses** über zwei Monate, mehr als zwei Monate; **~ bonum et honestum** mehr als recht und anständig; **id facinus est ~ Coclites** dies übertrifft die Taten des Cocles; **~ modum** über die Maßen
5 *(nachkl.) vom Amt* über; **aliquem ~ somnum habere** j-n als Wächter über seine Nachtruhe haben
6 *(nachkl.)* außer
suprālātiō ⟨suprālātiōnis⟩ F ||supralatus|| Übertreibung
suprālātus ⟨a, um⟩ ADJ ||supra, ferre|| übertrieben
suprā-scandere ⟨ō, -, - 3.⟩ *Liv.* übersteigen, überschreiten
suprēmum
A ⟨ī⟩ N ||supremus|| Ziel; **ad supremum venire** ans Ziel gelangen
B ADV zum letzten Mal
suprēmus ⟨a, um⟩ ADJ *sup* → superus
supter ADV u. PRÄP = subter
Sur... = Syr...
sūra ⟨ae⟩ F Wade
Sūra ⟨ae⟩ M röm. Beiname
surculus ⟨ī⟩ M ||surus|| Zweig; Setzling
surdaster ⟨surdastra, surdastrum⟩ ADJ ||surdus|| schwerhörig
surditās ⟨surditātis⟩ F ||surdus|| Taubheit
surdus
A ⟨a, um⟩ ADJ
1 taub; **surdis auribus canere/narrare asello fabulam surdo** tauben Ohren predigen
2 *fig* unempfindlich, unempfänglich, unzugänglich, *ad aliquid/in aliquid/alicui rei* gegen etw, *alicui* gegen j-n
3 nicht verstehend, *in re* etw
4 *(nachkl.) poet* lautlos, still; **surda bucina** *Iuv.* verstummtes Kriegshorn
B ⟨ī⟩ M der Taube
Sūrēna ⟨ae⟩ M Titel des höchsten Würdenträgers der Parther
surgere ⟨surgō, surrēxī, surrēctum 3.⟩
A VT aufrichten, erheben
B VI
1 aufstehen, sich erheben, *ex re/de re/a re* von

etw, *alicui* vor j-m; **ad aetherias auras** ~ ans Licht der Welt kommen; **in cornua** ~ das Geweih hoch erheben

2 *vom Redner* auftreten, **ad dicendum** zum Sprechen

3 *von Leblosem* aufsteigen, sich zeigen; **sol surgit** die Sonne geht auf; **humus surgit** Erde tritt hervor

4 *von der Zeit* anbrechen

5 aufsteigen

6 *von Pflanzen u. Bauwerken* heranwachsen, *auch* entstehen

7 anfangen zu reden, *a re* von etw

surpiculus ⟨ī⟩ M̄ = scirpiculus

surpite, surpuit → surripere

surrēctus ⟨a, um⟩ PPP → surgere *u.* → subrigere

Surrentīnus

A ⟨a, um⟩ ADJ aus Surrentum, von Surrentum

B ⟨ī⟩ M̄ Einwohner von Surrentum

Surrentum ⟨ī⟩ N̄ Stadt in Kampanien, heute Sorrento

sur-rēpere ⟨rēpō, rēpsī, rēptum 3.⟩ = subrepere

sur-reptus ⟨a, um⟩ PPP → surripere

surrēxe = surrexisse; → surgere

surrēxī → surgere

surrigere ⟨rigō, rēxī, rēctum 3.⟩ = subrigere *u.* = surgere

sur-ripiō ⟨ripiō, ripuī, reptum 3.⟩ ||rapere||

1 heimlich wegnehmen, entwenden, *aliquid alicui/ab aliquo* etw j-m, **libros** Bücher; **Parmam** ~ Parma mit List erobern; **diem** ~ die Zeit vergeuden

2 *Plaut.* **se** ~ *fig* sich wegschleichen

3 *passiv fig* durch Bestechung sich der Strafe entziehen

sur-rogāre ⟨ō, āvī, ātum 1.⟩

1 POL nachwählen *in der Volksversammlung*

2 (*mlat.*) wählen, erheben, **ad sedem apostolicam** auf den päpstlichen Stuhl

▶ deutsch: **Surrogat**

surrupere ⟨rupō, rupuī, ruptum 3.⟩ = surripere

surruptīcius ⟨a, um⟩ ADJ ||surripere||

1 *Plaut.* geraubt, gestohlen

2 verstohlen

sūrsum, *Liv.* **sūrsus** ADV

1 aufwärts, in die Höhe; **sursum et deorsum** auf und nieder

2 oben, in der Höhe

sūs[1] ⟨suis⟩ M̄ *u.* F̄

1 Schwein, Wildschwein

2 *ein Fisch*

⚠ **Sus Minervam (docet).** Das Schwein belehrt Minerva. = Das Ei will klüger sein als die Henne.

sus[2] ADV aufwärts; **susque deque** mehr oder weniger; **susque deque habere aliquid/de aliquo** sich nichts aus etw/aus j-m machen; **de Octavio susque deque** *Cic.* Octavius ist mir egal

Sūsa ⟨ōrum⟩ N̄ *Hauptstadt der persischen Provinz Susiana*

sus-cēnsēre ⟨cēnseō, cēnsuī, cēnsum 2.⟩ aufgebracht sein, zürnen, *absolut od alicui* j-m, *aliquid* ein wenig, *quod/+AcI*

sus-cēpī → suscipere

susceptiō ⟨susceptiōnis⟩ F̄ ||suscipere||

1 Übernahme; ~ **laborum** Erdulden von Mühen

2 Empfang

susceptor ⟨susceptōris⟩ M̄ ||suscipere|| (*spätl.*) Unternehmer

sus-cipere ⟨cipiō, cēpī, ceptum 3.⟩ ||capere||

1 auffangen

2 stützen

3 vom Boden aufnehmen

4 annehmen, aufnehmen

5 auf sich nehmen

6 annehmen

7 nehmen, erwidern

8 unternehmen, verrichten

9 erdulden, leiden

10 aus der Taufe heben

1 (*nachkl.*) auffangen, **aquam** Wasser

2 (*nachkl.*) stützen; *fig* unterstützen; **theatrum substructionibus** ~ *Liv.* einen Theaterbau durch Unterbauten stützen

3 ein Kind vom Boden aufnehmen *u. damit als seines anerkennen; allg.* ein Kind zeugen, *aliquem ex aliqua/de aliqua* ein Kind mit einer Frau

4 annehmen, aufnehmen; **aliquem in civitatem** ~ j-n als Bürger aufnehmen

5 *fig* auf sich nehmen, *aliquid* etw, *+inf/+akk ger*, **prodigia** die Sühnung der Vorzeichen; ~ **alicuius gloriam tuendam** es auf sich nehmen, j-s Ehre zu schützen

6 *fig* annehmen; für *etw* empfänglich sein, *aliquid*; **religiones** ~ Gewissensskrupel in sich aufkommen lassen

7 (*unkl.*) *fig* das Wort nehmen, erwidern

8 *fig* unternehmen; auf sich laden; **consilium** ~ einen Plan fassen; **tantum sibi auctoritatis** ~ sich so große Vollmacht herausnehmen

9 *fig* Leiden u. Lasten erdulden, leiden, **poenam** Strafe; **aliquem inimicum** ~ sich j-n zum Feind machen

10 **de fonte** ~ (*mlat.*) aus der Taufe heben

sus-citāre ⟨ō, āvī, ātum 1.⟩
1 aufrichten; **aures ~** die Ohren spitzen
2 aufscheuchen
3 zum Aufstehen bringen
4 (unkl.) fig erregen, verursachen; **ira suscitat vim** Zorn verursacht Gewalt; **ignes ~** das Feuer wieder anfachen
5 einen Schlafenden aufwecken; (mlat.) auferwecken

suspectāre ⟨ō, āvī, ātum 1.⟩ ||suspicere|| (vkl., nachkl.)
1 hinaufsehen, ad aliquid zu etw
2 fig argwöhnisch ansehen; passiv Verdacht erregen, verdächtig werden
3 argwöhnen, aliquid etw

suspectus¹ ⟨suspectūs⟩ M ||suspicio¹|| das Aufblicken, Hinaufblicken, ad aliquid zu etw; Höhe; fig Bewunderung; **turris vasto suspectu** Verg. Turm von weit sichtbarer Höhe; **~ honorum** Ov. Bewunderung von Ehren

suspectus² ⟨a, um⟩ ADJ ||suspicio¹||
1 verdächtig, Verdacht erregend, alicui bei j-m, j-m, de re/super re wegen etw, alicuius rei/in re wegen etw, in Bezug auf etw, +inf; **aliquem/aliquid suspectum habere** j-n/etw in Verdacht haben
2 (vkl., spätl.) argwöhnisch, misstrauisch
▶ deutsch: **suspekt**

su-spectus³ ⟨a, um⟩ PPP → suspicere

sus-pendere ⟨pendō, pendī, pēnsum 3.⟩
1 aufhängen, aliquid alicui etw j-m zu Ehren, in re/ex re/de re/a re/re an etw; **aulaea ~** Decken aufspannen; **aliquem arbori infelici ~** j-n am Galgen aufhängen; **se ~** sich erhängen; **se in oleastro ~** sich an einem Ölbaum erhängen; **puer suspensus tabulam lacerto** griech. akk ein Junge, der seine Tafel unter dem Arm trägt
2 in die Höhe heben, hochheben, erheben
3 stützen
4 schweben lassen; (nachkl.) fig unentschieden lassen; passiv schweben; **rem medio responso ~** eine Sache mitten in der Antwort in der Schwebe lassen
5 (nachkl.) fig unterbrechen, hemmen
6 (nachkl.) fig auf die Folter spannen, aliquem/alicuius animum j-n
7 (mlat.) für eine Zeit ausschließen
▶ deutsch: **suspendieren**

sus-pendī → suspendere

suspendium ⟨ī⟩ N ||suspendere|| Aufhängen, Erhängen

suspēnsiō ⟨suspēnsiōnis⟩ F Aufhängen

suspensorium ⟨ī⟩ N (nlat.) MED beutelartige Tragevorrichtung

suspēnsūra ⟨ae⟩ F ||suspendere|| (nachkl.) hängender Fußboden

suspēnsus¹ ⟨a, um⟩ ADJ ||suspendere||
1 (nachkl.) hochgehoben, schwebend; **~ super aliquid** über etw gebeugt
2 fig abhängig von etw, beruhend auf etw, ex re
3 fig schwankend, unentschieden, de re in Bezug auf etw; **rem in suspenso relinquere** etw unentschieden lassen; **in suspenso esse** unentschieden sein; **~ animi** im Herzen unentschieden
4 Liv. fig ängstlich, unruhig

sus-pēnsus² ⟨a, um⟩ PPP → suspendere

su-spexī → suspicere

suspicāre ⟨ō, -, -1.⟩, **suspicārī** ⟨or, ātus sum 1.⟩ argwöhnen, vermuten, absolut od aliquid etw, +AcI/+indir Fragesatz

suspicāx ⟨suspicācis⟩ ADJ ||suspicari||
1 argwöhnisch, misstrauisch
2 Argwohn erregend, verdächtig

su-spicere ⟨spiciō, spexī, spectum 3.⟩ ||specere||
A VI aufwärts schauen, nach oben schauen; **augur nec suspicit nec circumspicit** Cic. der Augur schaut nicht nach oben und nicht um sich
B VT
1 aufblicken nach etw; fig j-n bewundern, aliquid/aliquem; **~ alicuius eloquentiam** j-s Redekunst bewundern; **suspiciendus** bewundernswert
2 fig beargwöhnen

suspīciō ⟨suspīciōnis⟩ F ||specere||
1 Argwohn, Verdacht, alicuius j-s, alicuius rei einer Sache od wegen etw; **suspicione carere** unverdächtig sein; **suspicionem alicui facere/afferre/inferre/inicere/movere/dare alicuius rei** in j-m den Verdacht erregen in Bezug auf etw; **alicui in suspicione esse** j-m verdächtig sein, +inf/+AcI; **in suspicionem venire** Verdacht schöpfen od in Verdacht geraten, alicui/alicuius bei j-m, alicuius rei/de re in Bezug auf etw, +inf/+AcI; **suspicionem habere** den Verdacht hegen od im Verdacht stehen
2 Verdachtsgrund
3 Vermutung, Ahnung, alicuius rei von etw; **suspicionem habere alicuius rei** eine Ahnung von etw haben, +AcI

suspiciōsus ⟨a, um, adv suspīciōsē⟩ ADJ ||suspicio||
1 argwöhnisch, misstrauisch
2 verdächtig

su-spīrāre ⟨ō, āvī, ātum 1.⟩
A VI
1 atmen, aufatmen; **libere ~** frei atmen
2 seufzen; sich nach j-m sehnen, in aliquo/in aliquam nach einem Mann/nach einer Frau
B VT sich nach j-m/etw sehnen, aliquem/aliquid

suspīrātiō ⟨suspīrātiōnis⟩ F, **suspīrātus**

⟨suspīrātūs⟩ M̄ ‖suspirare‖ tiefer Atemzug
suspīritus ⟨suspīritūs⟩ M̄ ‖suspirare‖ tiefes Atemholen, Seufzen, Keuchen
suspīrium ⟨ī⟩ N̄ ‖suspirare‖
1 tiefes Aufatmen
2 *Sen.* Atemnot, Keuchen
3 Atem
susque dēque → sus²
sustentāculum ⟨ī⟩ N̄ ‖sustentare‖
1 (*spätl.*) Stütze
2 Lebensunterhalt
sustentāre ⟨ō, āvī, ātum 1.⟩ ‖sustinere‖
1 (*nachkl.*) hochhalten, aufrecht halten; *passiv* sich aufrecht halten; **navis sustentatur** das Schiff hält sich über Wasser
2 stützen; **pugnam ~** die Schlacht halten; *passiv fig* sich trösten, *re* mit etw
3 unterhalten, ernähren, *re* durch etw, von etw, mit etw
4 *Lasten* ertragen; sich behaupten; **res publica vitia imperatorum et magistratuum sustentabat** *Sall.* der Staat hielt den Fehlern der Heerführer und Beamten stand
5 hemmen; *fig* erträglich machen
6 verschieben, verzögern
sustentātiō ⟨sustentātiōnis⟩ F̄ ‖sustentare‖ Verzögerung; Spannung *in der Rede*
sus-tinēre ⟨tineō, tinuī, tentum 2.⟩ ‖tenere‖
1 hochhalten, stützen, **labentem** einen Fallenden; **columnas templa et porticum sustinent** Säulen tragen die Tempel und die Halle
2 *fig Drückendes od Belastungen* aushalten, ertragen, **invidiam** den Neid; **poenam ~** die Strafe auf sich nehmen
3 *fig* standhalten, *aliquid* einer Sache; **impetum hostium ~** dem Angriff der Feinde standhalten
4 *fig* übers Herz bringen, wagen, +*inf*/+*Acl*
5 *fig* auf sich nehmen, übernehmen; **honorem ~** ein Ehrenamt bekleiden
6 unterhalten, ernähren; **re frumentariā sustinemur** wir ernähren uns von Getreide
7 *fig* wahren, erhalten; **dignitatem civitatis ~** die Würde des Staates wahren
8 zurückhalten, anhalten; **signa ~** mit dem Heer Halt machen; **remos ~** aufhören zu rudern; **dextram a re ~** die rechte Hand von etw zurückhalten; **se a re ~** sich einer Sache enthalten
9 verzögern, verschieben; **rem in noctem ~** die Angelegenheit auf die Nacht verschieben
sus-tollere ⟨ō, -, - 3.⟩
1 emporheben, hoch aufrichten
2 wegnehmen, entführen
sustulī → sufferre *u.* → tollere
sūsum ADV = sursum

susurna ⟨ae⟩ F̄ = sisura
susurrāre ⟨ō, -, - 1.⟩ ‖susurrus‖
A V̄ī flüstern, säuseln
B V̄t summen, leise singen, **cantica** Lieder
susurrātor ⟨susurrātōris⟩ M̄ ‖susurrare‖ (*unkl.*) Flüsterer; *adj* leise flüsternd
susurrus¹ ⟨ī⟩ M̄ Summen; Flüstern
susurrus² ⟨a, um⟩ ADJ ‖susurrus¹‖ *Ov.* flüsternd, säuselnd
sūtēla ⟨ae⟩ F̄ ‖suere‖ *Plaut.* Lügengewebe
sūtilis ⟨sūtile⟩ ADJ ‖suere‖ (*nachkl.*) *poet* zusammengenäht; geflochten; **rosa ~** Rosenkranz
sūtor ⟨sūtōris⟩ M̄ ‖suere‖ Schuster, Flickschuster; **ne ~ supra crepidam** (**iudicet**) *Sprichwort* Schuster, bleib bei deinem Leisten
sūtōrius
A ⟨a, um⟩ ADJ ‖sutor‖ Schuster…
B ⟨ī⟩ M̄ ehemaliger Flickschuster
sūtrīnum ⟨ī⟩ N̄ ‖sutrinus‖ *Sen.* Schusterhandwerk
sūtrīnus ⟨a, um⟩ ADJ ‖sutor‖ (*vkl., nachkl.*) Schuster…; **sutrina taberna** *Tac.* Schusterbude
Sūtrium ⟨ī⟩ N̄ Stadt im S von Etrurien, heute Sutri
sūtum ⟨ī⟩ N̄ ‖suere‖ *Verg.* Gewand; *pl* Panzer
sūtūra ⟨ae⟩ F̄ ‖suere‖ (*nachkl.*) Naht
sūtus ⟨a, um⟩ PPP → suere
suum ⟨ī⟩ N̄ ‖suus‖ das Seine, das Ihrige, seine Sache, ihre Sache; seine Pflicht, ihre Pflicht; *meist pl* sein Eigentum, ihr Eigentum; **suum cuique tribuere** jedem sein Eigentum zuteilen; **de suo dare** aus seinen Mitteln geben; **omnia sua secum portare** seine ganze Habe mit sich tragen
suus ⟨a, um⟩ POSS PR refl der 3. Person sg u. pl
A ADJ
1 sein, ihr, *oft verstärkt durch* -met *od* -pte; **epistulam sua manu scribere** einen Brief mit eigener Hand schreiben; **sua voluntate** nach seinem/ihrem Willen; **sua sponte** freiwillig; **sui iuris esse** sein eigener Herr sein; **iniurias suas persequi** die ihm/ihr zugefügten Beleidigungen ahnden
2 geliebt, Lieblings…; **~ coniunx** ihr geliebter Gatte; **sua arbor** Lieblingsbaum
3 eigen, passend; **naves suum numerum habent** die Schiffe haben die volle Besatzung; **suo anno consulem fieri** im gesetzlich bestimmten Jahr Konsul werden; **sua morte defungi** eines natürlichen Todes sterben; **suo tempore redire** zur rechten Zeit zurückkehren; **suo iure** mit vollem Recht
4 günstig, geeignet; **suo loco pugnare** an einem günstigen Ort kämpfen; **populo suo uti** das Volk günstig für sich gestimmt haben
5 selbstständig; **hic semper in disputando ~ est** dieser ist im Diskutieren immer originell;

vix ~ erat er war kaum bei Verstand

B *Subst.* PL **sui** die Seinigen, die Ihrigen, seine Angehörigen, ihre Angehörigen

sūxī → sugere

Sybaris ⟨Sybaris⟩ F̲ *griech. Kolonie in Lukanien, bekannt durch ihre feine Küche, 510 v. Chr. von der Nachbarstadt Kroton zerstört, unter dem Namen Thurii 444 v. Chr. wieder aufgebaut*

Sybarītānī ⟨ōrum⟩ M̲ die Sybariten

Sybarīticus ⟨a, um⟩ ADJ
1 sybaritisch, aus Sybaris
2 schlüpfrig, erotisch

Sybarītis ⟨Sybarītidis⟩ F̲ Sybaritin, *Titel eines erotischen Gedichts*

sȳcophanta ⟨ae⟩ M̲
1 Denunziant, Intrigant
2 *fig* Schmeichler, Schmarotzer

sȳcophantārī ⟨or, - 1.⟩ *Plaut.* sich Gaunereien ausdenken, *alicui* gegen jdn

sȳcophantia ⟨ae⟩ F̲ *Plaut.* Betrügerei, Intrige

sȳcophantiōsē ADV ||sycophantia|| *Plaut.* auf Gaunerart, trickreich

syllaba ⟨ae⟩ F̲
1 Silbe
2 PL *Mart. meton* Verse

syllabātim ADV ||syllaba|| silbenweise, Silbe für Silbe

syllogismus ⟨ī⟩ M̲ Syllogismus, logischer Schluss

syllogisticus ⟨a, um⟩ ADJ *(nachkl.)* zum Syllogismus gehörig

symbola ⟨ae⟩ F̲ Beitrag *zu einem gemeinsamen Essen*; **scapulis symbolae** *hum* eine Tracht Prügel

symbolum ⟨ī⟩ N̲, **symbolus** ⟨ī⟩ M̲
1 Kennzeichen, Erkennungsmarke
2 *(eccl.)* Glaubensbekenntnis
▶ deutsch: **Symbol**

symmetria ⟨ae⟩ F̲ *(vkl., nachkl.)* Ebenmaß, gleiches Maß

sympathīa ⟨ae⟩ F̲ natürlicher Zusammenhang; Sympathie

symphōnia ⟨ae⟩ F̲
1 *(nachkl.)* Einklang, Harmonie
2 Konzert
3 *Hor. meton* Kapelle, Orchester
4 *(spätl., mlat.)* Musikinstrument

symphōniacus
A ⟨a, um⟩ ADJ musikalisch
B ⟨ī⟩ M̲ Musiker; *pl* Orchester

Symplēgades ⟨Symplēgadum⟩ F̲ MYTH *kleine Inseln an der Einfahrt in das Schwarze Meer, die gegeneinander schlagend alles, was einfuhr, zermalmten, nach der Durchfahrt der Argonauten aber zum Stillstand kamen*; *hum für das Gesäß eines dicken Mädchens*

symplegma ⟨symplegmatis⟩ N̲ *Mart.* erotische Verschlingung *von mehreren Partnern beim Geschlechtsverkehr*

symposion, symposium ⟨ī⟩ N̲ *(nachkl.)* Gastmahl, *auch Titel eines Dialogs von Plato*

synagōga ⟨ae⟩ F̲ *(eccl.)* Synagoge; *meton* die Juden

synalīpha ⟨ae⟩ F̲, **synalīphē** ⟨synalīphēs⟩ F̲ *Quint.* Verschmelzung zweier Silben, Synaloi-

---

▶ **syllaba – Silbe**

Die Silbe (**syllaba**) spielt in der lateinischen Metrik eine wichtige Rolle. Man unterscheidet lange (**syllabae longae**) und kurze Silben (**syllabae breves**).

Eine Silbe ist lang, wenn sie einen langen Vokal oder Diphthong enthält (naturlang) oder wenn sie konsonantisch auslautet und eine konsonantisch anlautende Silbe folgt (positionslang):
dō|nā|ti|ō, a|mān|tis.

Die Konsonanten x und z gelten als je zwei Konsonanten (k+s bzw. d+s) und bewirken somit ebenfalls eine Positionslänge der vorangehenden Silbe. Sind die soeben genannten Bedingungen für die Länge einer Silbe nicht gegeben, so ist die Silbe kurz.

Die Konsonantengruppen b, p, d, t, g, c+r, l (**muta cum liquida**) können eine Silbendehnung bewirken, müssen aber nicht. Eine Silbe, die kurz oder lang sein kann, wird als **anceps** bezeichnet:
te|ne|brae, te|nēb|rae.

Dass die Silbendehnung in solchen Fällen zwar möglich, jedoch nicht zwingend ist, zeigt folgender Vers des Dichters Ovid, der hier mit dieser Wahlfreiheit spielt:
et primo similis volu|cri, mox vera volūc|ris.
In „volucri" wird die Silbe durch die Konsonantenverbindung c+r nicht gedehnt, in „volucris" hingegen schon.

METRIK ◀

phe
Synapothnēscontes *Ter.* Die gemeinsam Sterbenden, *Titel einer Komödie des Diphilos*
synaxis ⟨eos, *akk* in⟩ F̄ Versammlung, Zusammenkunft
syncopa ⟨ae⟩ F̄, **syncopē** ⟨syncopēs⟩ F̄ GRAM Ausstoßen eines Lautes im Wortinnern
synecdochē ⟨synecdochēs⟩ F̄ (*spätl.*) RHET Gebrauch eines Teilbegriffes für das Ganze, Gebrauch des allgemeinen Begriffes für einen Teil
synedrus ⟨ī⟩ M̄ *Liv.* Beisitzer eines Kollegiums *in Makedonien*
syngrapha ⟨ae⟩ F̄ handschriftlicher Schuldschein; **syngrapham facere cum aliquo** sich von j-m einen Schuldschein geben lassen; **per syngrapham** auf Wechsel
syngraphus ⟨ī⟩ M̄
① Vertrag
② Reisepass
synodālis ⟨synodāle⟩ ADJ ||synodus¹|| (*spätl.*) zur Synode gehörig
synodus¹ ⟨ī⟩ F̄ (*spätl., eccl.*) Kirchenversammlung, Synode
synodūs² ⟨synodontis⟩ M̄ (*nachkl.*) ein Seefisch
synōnymon, synōnymum ⟨ī⟩ N̄ ||synonymos|| gleichbedeutendes Wort, Synonym
synōnymos ⟨on⟩ ADJ (*spätl.*) gleichbedeutend, synonym
synthesina ⟨ae⟩ F̄ *Suet.* Schlafanzug, Hauskleid
synthesis ⟨synthesis⟩ F̄
① *Mart.* ein Satz Tischgeschirr
② Schlafanzug, Hauskleid
▶ deutsch: **Synthese**
syntonum ⟨ī⟩ N̄ *Quint.* Musikinstrument; = **scabellum**
Syrācosius
Ⓐ ⟨a, um⟩ ADJ ||Syracusae|| *poet* syrakusanisch, aus Syrakus
Ⓑ ⟨ī⟩ M̄ Syrakusaner, *als Beiname griech. Männer*
Syrācūsae ⟨ārum⟩ F̄ Syrakus, *Stadt an der Ostküste von Sizilien, 800 v. Chr. von Korinth gegründet, 212 v. Chr. von Rom erobert, heute Siracusa, zahlreiche antike Bauten*
Syrācūsānus, Syrācūsius ⟨a, um⟩ ADJ syrakusanisch, aus Syrakus
Syrācūsius ⟨ī⟩ M̄ Syrakusaner
Syrī ⟨ōrum⟩ M̄ die Syrer
Syria ⟨ae⟩ F̄ Syrien, *Landschaft an der Ostküste des Mittelmeers; Seleukidenreich; Assyrien*
Syriacus ⟨a, um⟩ ADJ syrisch
sȳrinx ⟨sȳringis⟩ F̄ Rohr, Schilfrohr
Sȳrinx ⟨Sȳringis⟩ F̄ arkadische Nymphe, *von Pan geliebt, in ein Schilfrohr verwandelt*

Syrisca ⟨ae⟩ F̄ ||Syri|| weiblicher Eigenname, Sklavenname
Syriscus ⟨ī⟩ M̄ ||Syri|| männlicher Eigenname, Sklavenname
Syrius ⟨a, um⟩ ADJ ||Syri|| syrisch
syrma ⟨syrmatis⟩ N̄
① *Iuv.* Kleid *mit langer Schleppe für die Tragödie*
② Tragödie
Syrticus ⟨a, um⟩ ADJ ||Syrtis|| syrtisch, an den Syrten wohnend
Syrtis ⟨Syrtis⟩ F̄ Syrte, *Name von zwei Golfen mit sandiger Küste: Syrtis maior u. Syrtis minor an der Nordküste von Afrika*; *meton* Küstengegend an den Syrten; *fig* Sandbank, Klippe
Syrus
Ⓐ ⟨a, um⟩ ADJ ||Syri|| syrisch
Ⓑ ⟨ī⟩ M̄ Syrer, *häufig als Sklavenname*
systēma ⟨systēmatis⟩ N̄
① aus mehreren Teilen zusammengesetztes Ganzes, System
② (*mlat.*) Akkord

T

T t *Abk*
① = **Titus**
② = **tribunus plebis** Volkstribun
tabella ⟨ae⟩ F̄ ||tabula||
① (*nachkl.*) *poet* Brettchen, Täfelchen
② *Ov.* Spielbrett
③ Anschlagtäfelchen, Gedenktäfelchen
④ Stimmtäfelchen
⑤ Schreibtafel, Notizbuch
⑥ *meton* Briefchen; **mihi tabellas mittis** du schickst mir Briefe
⑦ Dokument, Urkunde; **tabellae obsignatae** *Cic.* unterschriebene Dokumente
⑧ *Mart.* flacher Kuchen
▶ deutsch: **Tabelle**
tabellārius
Ⓐ ⟨a, um⟩ ADJ ||tabella||
① die Abstimmung in den Komitien betreffend; **lex tabellaria** Abstimmungsgesetz
② Brief...; **navis tabellaria** Meldeschiff
Ⓑ ⟨ī⟩ M̄ Briefbote
tābēre ⟨eō, -, - 2.⟩
① schmelzen, verwesen
② nass sein, triefen, *absolut od re* von etw
taberna ⟨ae⟩ F̄ ||trabs||
① Bretterbude, Hütte; **pauperum tabernae** *Hor.* Hütten der Armen

2 *Plaut.* Gasthaus, Wirtshaus; **Tres Tabernae** *Stationsort an der via Appia, s. von Rom*
3 Laden; Werkstatt; **~ libraria** Buchhandlung, **~ tonsoris** Barbierstube
▶ deutsch: **Taverne**

tabernāc(u)lum ⟨ī⟩ N̄ ||taberna||
1 Hütte, Bude
2 Zelt; **tabernacula constituere** die Zelte aufschlagen
3 Beobachtungszelt *des Auguren*; **~ recte/vitio captum** richtig/falsch aufgestelltes Beobachtungszelt
4 (*mlat.*) Tabernakel, *festes Gehäuse zur Aufbewahrung geweihter Hostien in katholischen Kirchen;* Sakramentenhäuschen
5 (*mlat.*) Wohnsitz

tabernārius ⟨ī⟩ M̄ ||taberna|| Schenkwirt, Kleinhändler

tabernula ⟨ae⟩ F̄ ||taberna|| (*nachkl.*) Bretterhütte

tābēs ⟨tābis⟩ F̄ ||tabere||
1 Fäulnis, Verwesung, **corporum** von Leichen
2 Jauche
3 *fig* Schwindsucht; (*nachkl.*) Seuche;
4 körperliche Entkräftung, allmähliches Vergehen
5 *fig* Gift; Kummer; **tincta mortiferā tabe sagitta** *Ov.* mit tödlichem Gift bestrichener Pfeil

tābēscere ⟨tābēscō, tābuī, - 3.⟩ ||tabere||
1 dahinschwinden, dahinsiechen; *fig* sich verzehren, *re* wegen etw, *ex aliquo* aus Liebe zu j-m
2 schmelzen, zergehen
3 verwesen, verfaulen

tābidulus ⟨a, um⟩ ADJ ||tabidus|| *Verg.* zehrend

tābidus ⟨a, um⟩ ADJ ||tabere||
1 sich auflösend, schmelzend
2 verwesend
3 verzehrend, vernichtend; **vetustas tabida** zehrendes Alter

tābi-ficus ⟨a, um⟩ ADJ ||tabere, facere|| verzehrend; *fig* aufreibend

tablīnum ⟨ī⟩ N̄ ||tabula|| (*vkl., nachkl.*) Raum im röm. Haus zwischen Atrium u. Peristyl

tābuī → tabescere

tabula ⟨ae⟩ F̄
1 Brett, Tafel *aus Holz od Metall; pl* (*nachkl.*) Gebälk
2 Spielbrett, Brettspiel
3 Gedächtnistafel
4 Gemälde, Bild
5 Gesetzestafel; **tabulas figere** Gesetze anschlagen; **duodecim tabulae** Zwölftafelgesetze
6 Auktionstafel; **ad tabulam adesse** bei der Versteigerung anwesend sein
7 Wechseltisch, Wechselbank

tabula cerata — Wachstafel

stilus — Griffel

8 (*unkl.*) Rechentafel, Schreibtafel; *pl* Rechnungsbuch, Hausbuch; **tabulas conficere** ein Rechnungsbuch führen; **tabulae publicae** öffentliches Schuldbuch; **tabulae novae** Herabsetzung der Schulden durch Einführung neuer Schuldbücher
9 PL *meton* Schreiben, Abschrift
10 PL *meton* Liste, Verzeichnis; Register
11 PL Vertrag Testament; **~ nuptialis** Ehevertrag
12 Dokument, Akte
13 Protokoll; Archiv
▶ deutsch: **Tafel**
  englisch: **table**
  französisch: **table**
  spanisch: **tabla**
  italienisch: **tavola**

tabulārium ⟨ī⟩ N̄ ||tabula|| Sammlung von Tafeln, Archiv

tabulārius ⟨ī⟩ M̄ ||tabula|| (*nachkl.*)
1 *Sen.* Rechnungsführer
2 Vorsteher des Archivs

tabulātiō ⟨tabulātiōnis⟩ F̄ ||tabula||
1 Täfelung
2 *meton* Stockwerk

tabulātum ⟨ī⟩ N̄ ||tabulatus|| Bretterboden, Stockwerk; **tabulata sequi** von Ast zu Ast steigen

tabulātus ⟨a, um⟩ ADJ ||tabula|| (*nachkl.*) *poet* mit Brettern belegt, getäfelt

tabulīnum ⟨ī⟩ N̄ = **tablinum**

tābum ⟨ī⟩ N̄ ||tabere|| (*nachkl.*)
1 Jauche; Eiter
2 *meton* Gift; **tabo munus imbutum** *Hor.* mit Gift getränkte Gabe
3 *meton* Verwesung; **infecta tabo humus** *Tac.* durch Verwesung verschmutztes Erdreich
4 *meton* ansteckende Krankheit

tacēre ⟨eō, uī, itum 2.⟩
A V̄I schweigen, *de re* über etw; verstummen; **tacentes loci** *Tac.* verschwiegene Orte
B V̄T verschweigen; **ego multa tacui** ich habe

vieles verschwiegen
- 🛈 **Cum tacent, clamant.** *Cic.* Indem sie schweigen, rufen sie. = Durch ihr Schweigen klagen sie an.

tacitum ⟨ī⟩ N̄ ||tacitus|| *poet* Geheimnis

taciturnitās ⟨taciturnitātis⟩ F̄ ||taciturnus||
1. Stillschweigen
2. Verschwiegenheit

taciturnus ⟨a, um⟩ ADJ ||tacere||
1. schweigsam, wortkarg; **obstinatio taciturna** hartnäckiges Schweigen
2. still, leise; **loca taciturna** verschwiegene Orte
3. *fig von Büchern* ungelesen

tacitus ⟨a, um, *adv* tacitē u. tacitō⟩ ADJ ||tacere||
1. verschwiegen, unerwähnt; **tacitum relinquere** etw für sich behalten
2. *fig* schweigend ertragen; **assensio tacita** schweigend angenommener Beifall
3. *fig* still, heimlich
4. stillschweigend; **me tacito** wenn ich schweige, ohne dass ich rede
5. *fig* lautlos, ruhig; **per tacitum** in stillem Lauf
6. *adv* unbemerkt, heimlich; **tacite perire** unbemerkt umkommen

Tacitus ⟨ī⟩ M̄ röm. Beiname; **P. Cornelius ~** bedeutendster röm. Geschichtsschreiber, 54–117 n. Chr., Hauptwerke: Agricola, Germania, Historiae, Annales

tāctilis ⟨tāctile⟩ ADJ ||tangere|| *Lucr.* berührbar

tāctiō ⟨tāctiōnis⟩ F̄ ||tangere||
1. *Plaut.* Berührung
2. Tastsinn, Gefühl

tāctus¹ ⟨a, um⟩ PPP → tangere

tāctus² ⟨tāctūs⟩ M̄ ||tangere||
1. Berührung; **cognoscere tactu** durch Tasten erkennen
2. *meton* Tastsinn; **aliquid sub tactum cadit** etw kann ertastet werden
3. *fig* Einfluss, Wirkung; **~ solis** Wirkung der Sonne
4. *Lucr.* Berührbarkeit

taeda ⟨ae⟩ F̄
1. (*nachkl.*) Kiefer, Fichte; *pl* Fichtenwald
2. *meton* Kienholz
3. Kiefernbrett
4. Fackel; **stuppā et taedā** *Suet.* mit Werg und Fackel
5. Hochzeitsfackel; *meton* Hochzeit, *alicuius* mit j-m
6. *poet* Marterwerkzeug

taedēre ⟨taedet, taeduit, taesum est 2.⟩ *unpers* es ekelt, *aliquem* j-n, *alicuius rei* etw, +*inf*; **vitae me taedet** ich bin lebensmüde

taedi-fer ⟨taedifera, taediferum⟩ ADJ ||taeda, ferre|| *Ov.* fackeltragend

taedium ⟨ī⟩ N̄ ||taedet|| (*nachkl.*) *poet* Ekel, Widerwille, *alicuius rei* vor etw, gegen etw; **taedium affere alicui** j-n anekeln; **taedium capere** Ekel bekommen; **taedium pati** Ekel fühlen

Taenara ⟨ōrum⟩ N̄ Spitze der mittleren Halbinsel im S der Peloponnes, in Lakonien, mit Poseidontempel, heute Kap Matapan; eine Höhle im Felsvorsprung galt als Eingang zur Unterwelt

Taenaridēs ⟨Taenaridae⟩ M̄ Lakedaemonier

Taenaris ⟨Taenaridis⟩ ADJ F̄, **Taenarius** ⟨a, um⟩ ADJ lakonisch, spartanisch; *poet* unterirdisch

Taenarum ⟨ī⟩ N̄, **Taenarus** ⟨ī⟩ M̄ = Taenara

taenia ⟨ae⟩ F̄
1. (*unkl.*) Band, Binde
2. Papyrusstreifen

taesum est → taedere

taeter ⟨taetra, taetrum, *adv* taetrē⟩ ADJ
1. hässlich; **taetrum aspectu** hässlich anzusehen
2. *fig* abscheulich, schändlich; **~ tyrannus** *Cic.* schändlicher Tyrann

tagāx ⟨tagācis⟩ ADJ ||tangere|| diebisch

tagere ⟨tagō, taxī, - 3.⟩ = tangere

Tagus ⟨ī⟩ M̄ Fluss in Spanien u. Portugal, heute Tajo/Tejo

tālāria ⟨tālāium⟩ N̄ ||talaris||
1. *Sen.* Knöchel
2. Flügelschuhe
3. Foltergeräte, *die auf die Fußknöchel wirkten*
4. langes Gewand
- ▶ deutsch: Talar

tālāris ⟨tālāre⟩ ADJ ||talus|| bis zu den Knöcheln reichend

tālārius ⟨a, um⟩ ADJ ||talus|| in einem Kleid, das bis zu den Knöcheln reicht; **ludus ~** derber Tanz

talassiō ⟨talassiōnis⟩ M̄, **talass(i)us** ⟨ī⟩ M̄ altröm. Hochzeitsruf; *auch* Beischlaf

Talassiō ⟨Talassiōnis⟩ M̄, **Talass(i)us** ⟨ī⟩ M̄ Hochzeitsgott, *mit dem griech. Hymen gleichgesetzt*

tālea ⟨ae⟩ F̄
1. Setzling, Setzreis
2. *meton* Stab *aus Holz od Metall, aus Eisen von den Bewohnern Britanniens als Münzen verwendet*
3. Spitzpfahl

talentum ⟨ī⟩ N̄
1. (*nachkl.*) *poet* griech. Gewichtseinheit Talent, *je nach Gegend verschieden, ca. 20–40 kg, sog. Solon'sches Talent 26,4 kg*
2. als Münzeinheit Talent
3. (*mlat.*) Waage
4. (*mlat.*) Schatz, *auch* Mark
- ▶ deutsch: **Talent**

tāliō ⟨tāliōnis⟩ F JUR Vergeltung für einen körperlichen Schaden; *allg.* Vergeltung
tālis ⟨tāle, *adv* tāliter⟩ ADJ
① so beschaffen, solch; **~ ... qualis** ein solcher ... wie, *meist ut/qui +konjkt* dass er, *ac/atque* wie
② so groß, so bedeutend
③ so schlecht; **tali tempore** in so schlechter Zeit
④ folgender; **talibus respondit** er antwortete folgendermaßen
tālitrum ⟨ī⟩ N ||talus|| *Suet.* Schnippen mit dem Finger
talpa ⟨ae⟩ M u. F Maulwurf
tālus ⟨ī⟩ M
① Fußknöchel; Ferse; **recto stare talo** aufrecht stehen, *fig* Beifall finden
② *meton* Spielwürfel *in Längsform mit zwei unbezeichneten u. vier bezeichneten Flächen*
tam¹ ADV
① so, so sehr; **tam potens** so mächtig; **tam gravissima iudicia** so übermäßig strenge Urteile
② **tam ... quam** *+Komp./Sup* je ... desto; **non tam ... quam** nicht so sehr ... als vielmehr
tam² ADV = tamen
tam-diū ADV
① so lange; **~ ... quamdiu/quam** so lange ... wie; **~ quoad/dum** so lange ... bis
② sehr lange
③ *(vkl., nachkl.)* seit so langer Zeit
tamen ADV, *advers*
① dennoch, jedoch; **quamquam ... ~** obwohl ... dennoch; **et ~** und dennoch; **neque ~** doch nicht; **at ~** aber dennoch; **sed/verum ~** gleichwohl, indessen
② doch wenigstens; **si non ... (at) ~** wenn nicht ... so doch wenigstens
③ *(nachkl.) poet* doch endlich
④ **~ ut/ut ~** jedoch so, dass
tamendem ADV *Plaut.* = tamen
tamen-etsī KONJ = tametsi
Tamesa ⟨ae⟩ M, **Tamesis** ⟨Tamesis⟩ M Themse
tam-etsī KONJ obwohl; *in Hauptsätzen* jedoch
tamine ADV *Plaut.* fragend so?, also?
tamquam
Ⓐ ADV *vergleichend* so wie, gleich wie; gleichsam, sozusagen; **gloria virtutem ~ umbra sequitur** der Ruhm folgt der Tugend wie ein Schatten; **ita/sic ... ~** so ... wie; **apud eum sic fui ~ domi meae** bei ihm war ich wie bei mir zu Hause
Ⓑ KONJ *+konjkt* = **~ si** gleich wie wenn, gleich als ob; weil angeblich *zur Angabe einer fremden Ansicht*
Tanagra ⟨ae⟩ F Stadt im SO Böotiens an der Grenze zu Attika
Tanagraeus ⟨a, um⟩ ADJ aus Tanagra, von Tanagra
Tanais ⟨Tanais u. Tanaidis⟩ M Fluss in Sarmatien, heute Don
Tanaquīl ⟨Tanaquīlis⟩ F Gattin des Königs Tarquinius Superbus
tandem ADV
① endlich, schließlich; **~ loquere** so rede endlich!
② *in Fragesatz* denn eigentlich; **quousque ~** wie lange noch?
③ *abschließend* schließlich, kurz
④ **vix ~** *Phaedr.* schließlich gerade noch
tangere ⟨tangō, tetigī, tāctum 3.⟩
① berühren, anfassen, *aliquid re* etw mit etw; **terram genu ~** die Erde mit dem Knie berühren
② einen Ort betreten, erreichen
③ angrenzen, stoßen, *locum* an einen Ort
④ bekommen, **aliquid de praeda** etw von der Beute
⑤ *(vkl.)* Speisen essen, genießen
⑥ *mit Wasser* benetzen; färben
⑦ schlagen, treffen; **fulmine/de caelo tactus** vom Blitz getroffen
⑧ sich an *j-m* vergreifen, *aliquem*
⑨ töten
⑩ *geistig* rühren, bewegen; **tactus re** von etw gerührt, von etw gereizt
⑪ *in der Rede* erwähnen, anführen
⑫ *Plaut.* betrügen, *aliquem re* j-n um etw
tangōmēnas nur in **~ facere** *Petr.* austrinken
tanquam ADV, KONJ = **tamquam**
Tantaleus ⟨a, um⟩ ADJ des Tantalus
Tantalidēs ⟨Tantalidae⟩ M Nachkomme des Tantalus
Tantalis ⟨Tantalidis u. Tantalidos⟩ F ||Tantalis|| Tantalidin, = Niobe, Hermione, Helena
Tantalos, Tantalus ⟨ī⟩ M MYTH Sohn des Zeus, König in Lydien, Vater des Pelops u. der Niobe, zum Tisch der Götter zugelassen, verriet den Menschen die Gespräche der Götter, wurde dafür u. für andere Vergehen in der Unterwelt von ewigem Hunger u. Durst geplagt
tantillum ⟨ī⟩ N ||tantillus|| so wenig
tantillus ⟨a, um⟩ ADJ ||tantus|| so klein
tantīs-per ADV
① so lange; **~ ... dum** so lange ... bis
② unterdessen, vorläufig
tant-opere *auch getrennt* **tanto opere** ADV so sehr, in dem Grad; **~ ... quantopere** so sehr ... wie; **non ~** nicht eben sehr
tantulum ⟨ī⟩ N ||tantulus|| solche Kleinigkeit, nur so viel
tantulus ⟨a, um⟩ ADJ ||tantus|| so klein, so gering; **malum, tantulum tamen** *Cic.* ein Übel, doch so gering
tantum

A ⟨ī⟩ N̄ ||tantus||

1 so Großes, so vieles; **~ itineris** eine so große Wegstrecke; **~ temporis** so lange Zeit; **alterum ~** doppelt so viel; **in tantum** so weit, so sehr

2 nur so viel, so wenig, solche Kleinigkeit; **~ modo** auch nur so viel

3 **tanti** für einen solchen Preis, so teuer, so hoch; **tanti esse** es ist der Mühe wert; **tanti mihi est** +inf es lohnt sich für mich die Mühe; es lässt mich kalt

4 **tanto (um)** so viel, so weit, so sehr, desto; **ter tanto maior** dreimal so groß; **quinquies tanto amplius** fünfmal mehr; **quanto … tanto** je … desto; **tanto ante** so lange vorher; **tanto pessimus poeta, quanto** ein so viel schlechterer Dichter als

B ADV

1 so sehr, so viel, so weit; nur so viel, so wenig

2 zeitl. soeben

3 **non ~ … sed/sed etiam** nicht nur … sondern/sondern auch

4 nur, bloß, allein

5 *Wendungen*: **~ non** (*nachkl.*) beinahe, fast; **~ quod** kaum dass, gerade; nur insofern weil; **~ quod non** es fehlt nur noch, dass nicht

tantum-modo ADV nur, lediglich

tantundem

A ⟨tantīdem⟩ N̄ ||tantusdem|| ebenso viel; **tantidem facere** ebenso hoch einschätzen

B ADV ebenso weit; **tantundem patēre** sich ebenso weit erstrecken

tantus ⟨a, um⟩ ADJ

1 so groß, so bedeutend; **~ natu** so alt

2 so viel; **tanta mira** so viele Wunderdinge

3 (*eccl.*) **tot**

4 nur so groß, so klein, so wenig

tantus-dem ⟨tantadem, tantumdem/tantundem⟩ ADJ ebenso groß

tapēs ⟨tapētis⟩ M̄ = **tapete**

tapēta ⟨ae⟩ F̄ ||tapete, tapetum|| Wandbekleidung

▷ deutsch: **Tapete**

tap(p)ēte ⟨tap(p)ētis⟩ N̄, **tap(p)ētum** ⟨ī⟩ N̄ *Ov., Verg.* Teppich, Decke

tarantara (*Enn.*) lautmalerisch vom Klang der Trompete

tardāre ⟨ō, āvī, ātum 1.⟩ ||tardus||

A VI zögern

B VT

1 verzögern, aufhalten; **aliquem ab accessu ~** j-n am Vorrücken hindern

2 entkräften, abstumpfen

tardēscere ⟨tardēscō, tarduī, - 3.⟩ ||tardus|| langsam werden

tardi-gradus ⟨a, um⟩ ADJ ||tardus, gradi|| langsam gehend, langsam schreitend

tardi-loquus ⟨a, um⟩ ADJ ||tardus, loqui|| (*nachkl.*) langsam redend

tardi-pēs ⟨tardipedis⟩ ADJ ||tardus, pes|| hinkend

tarditās ⟨tarditātis⟩ F̄ ||tardus||

1 Langsamkeit; Verzögerung; *pl* langsame Bewegungen; **tarditatem afferre alicui rei** etw verzögern; **~ veneni** langsame Wirkung des Giftes

2 *fig* geistige Langsamkeit, Trägheit

tarditūdō ⟨tarditūdinis⟩ F̄ = **tarditas**

tardiusculus ⟨a, um⟩ ADJ ||tardus|| *Plaut.* ein wenig langsam, ein wenig schwer von Begriff

tarduī → **tardescere**

tardus

A ⟨a, um⟩ ADJ, ADV ⟨tardē⟩

1 langsam, träge, *re* in etw, bei etw, **ad aliquid** zu etw, für etw; **~ in scribendo** schreibfaul; **vulnere ~** durch eine Wunde gelähmt

2 langsam vergehend, lange dauernd; **sapor ~** lange anhaltender Geschmack

3 zögernd

4 spät kommend, *auch* zu spät kommend; **fata tardiora** zu spät kommendes Schicksal

5 (*nachkl.*) *poet* lähmend

6 *fig* geistig träge, stumpfsinnig; **tardis mentibus virtus non facile comitatur** *Cic.* von trägen Geistern ist die Tugend selten begleitet

7 RHET bedächtig, gemessen; **oratio nimis tarda** *Cic.* eine zu bedächtige Rede

B ⟨ī⟩ M̄ Dummkopf

Tarentīnus¹

A ⟨a, um⟩ ADJ ||Tarentum¹|| aus Tarent, von Tarent

B ⟨ī⟩ M̄ Einwohner von Tarent

Tarentīnus² ⟨a, um⟩ ADJ ||Tarentum²|| zum Tarentum gehörig

Tarentum¹ ⟨ī⟩ N̄ Tarent, alte Hafenstadt in Kalabrien, 708 v. Chr. als spartanische Kolonie gegründet, heute Taranto

Tarentum² ⟨ī⟩ N̄ Kultstätte auf dem Marsfeld in Rom

Tarentus¹ ⟨ī⟩ M̄ = **Tarentum¹**

Tarentus² ⟨ī⟩ M̄ = **Tarentum²**

tarmes ⟨tarmitis⟩ M̄ ||terere|| *Plaut.* Holzwurm

▷ deutsch: **Termite**

Tarpēius

A ⟨a, um⟩ röm. Beiname; **Spurius ~** Kommandant des Kapitols, Vater der Tarpeia; **Tarpeia** der Sage nach die Tochter des Spurius Tarpeius, öffnete, vom Sabinerkönig Titus Tatius bestochen, den sabinischen Belagerern die Burg.

B ⟨a, um⟩ ADJ tarpejisch, des Tarpeius; **mons ~/saxum Tarpeium/rupes Tarpeiae** Tarpejischer Felsen, Steilabhang des Kapitols, von dem Hochverräter gestürzt wurden

tarpessīta, tarpezīta ⟨ae⟩ M̄ **= trapezita**

Tarquiniēnsis ⟨Tarquiniēnse⟩ ADJ aus Tarquinii, von Tarquinii

Tarquiniī ⟨ōrum⟩ N̄ Stadt im s. Etrurien, Heimat des gleichnamigen Königsgeschlechts, heute Tarquinia

Tarquinius ⟨a, um⟩ ADJ aus Tarquinii, von Tarquinii

Tarquinius ⟨ī⟩ M̄ Name der Könige Tarquinius Priscus u. Tarquinius Superbus sowie des Gatten der Lucretia, des Lucius Tarquinius Collatinus, u. des Sextus Tarquinius (Sohn des Tarquinius Superbus)

Tarracīna ⟨ae⟩ F̄, **Tarracīnae** ⟨ārum⟩ F̄ Hafenstadt im s. Latium, heute Terracina

Tarracīnēnsis ⟨Tarracīnēnse⟩ ADJ aus Tarracina, von Tarracina

Tarracīnēnsis ⟨Tarracīnēnsis⟩ M̄ Einwohner von Tarracina

Tarracō ⟨Tarracōnis⟩ F̄ Küstenstadt im NO Spaniens, heute Tarragona

Tarracōnēnsis ⟨Tarracōnēnse⟩ ADJ aus Tarraco, von Tarraco

Tarracōnēnsis ⟨Tarracōnēnsis⟩ M̄ Einwohner von Tarraco

Tarsēnses ⟨Tarsēnsium⟩ M̄ die Einwohner von Tarsos

Tarsos, Tarsus ⟨ī⟩ F̄ alte Hauptstadt der Landschaft Kilikien, Heimat des Apostels Paulus

Tartara ⟨ōrum⟩ N̄ **= Tartarus**

Tartareus ⟨a, um⟩ ADJ ||Tartarus||
1 des Tartaros, unterirdisch
2 fig furchtbar, schrecklich
3 (mlat.) Höllen...; **colonī Tartareī** Dämonen

Tartarus ⟨ī⟩ M̄ Tartaros, Abgrund, in den Zeus die besiegten Titanen schleuderte; Unterwelt

Tartēs(s)ius ⟨a, um⟩ ADJ aus Tartes(s)us, von Tartes(s)us

Tartēs(s)us ⟨ī⟩ F̄ Gegend u. Stadt im SW Spaniens, um 50 v. Chr. von den Karthagern od Kelten zerstört

tat, tatae INT he!, ei! als Ausdruck der Überraschung

tata ⟨ae⟩ M̄ (vkl.) Lallwort Papa

Tatius ⟨ī⟩ M̄ vollständig Titus Tatius, König der Sabiner, führte den Rachefeldzug gegen Rom wegen des Raubes der Sabinerinnen, bestach Tarpeia die Sabiner in die Stadt Rom einzulassen, später Mitregent des Romulus

Taunus ⟨ī⟩ M̄ Gebirge ö. des Rheins

taurea ⟨ae⟩ F̄ ||taureus|| Ochsenziemer, grobe Peitsche

taureus ⟨a, um⟩ ADJ ||taurus|| von Rindern; **taurea terga** Rinderhäute, fig Pauke

Taurī ⟨ōrum⟩ M̄ skythisches Volk auf der Krim

Tauricus ⟨a, um⟩ ADJ Ov. taurisch

taurī-fer ⟨taurifera, tauriferum⟩ ADJ ||taurus, ferre|| reich an Rindern

taurī-fōrmis ⟨taurifōrme⟩ ADJ ||taurus, forma|| Hor. in Gestalt eines Stieres

Tauriī lūdī M̄ röm. Fest zu Ehren der unterirdischen Götter

Taurīnī ⟨ōrum⟩ M̄ ligurisches Volk am Oberlauf des Po mit Hauptstadt Augusta Taurinorum, heute Turin

taurīnus ⟨a, um⟩ ADJ ||taurus|| (nachkl.) poet von Stieren, Stier...

Taurīnus ⟨a, um⟩ ADJ taurinisch

taurobolium ⟨ī⟩ N̄ Stieropfer zu Ehren der Kybele

Tauromenē ⟨Tauromenēs⟩ F̄ **= Tauromenium**

Tauromenītānus ⟨a, um⟩ ADJ aus Tauromenium, von Tauromenium

Tauromenium ⟨ī⟩ N̄ Stadt an der Ostküste Siziliens, heute Taormina

taurus ⟨ī⟩ M̄
1 Stier, auch als Sternbild
2 Quint. Baumwurzel

Taurus ⟨ī⟩ M̄ Gebirge in Kleinasien

taxāre ⟨ō, āvī, ātum 1.⟩ ||tangere|| (nachkl.)
1 hart berühren, wiederholt berühren
2 Sen. durch Abtasten schätzen, taxieren, aliquid etw, +abl/gen pretii als Maß der Bewertung

taxātiō ⟨taxātiōnis⟩ F̄ ||taxare|| Schätzung

taxillus ⟨ī⟩ M̄ ||talus|| kleiner Würfel, kleiner Klotz

taxus ⟨ī⟩ F̄ Eibe mit giftigen Beeren

Tāygeta ⟨ōrum⟩ N̄, **Tāygetus** ⟨ī⟩ M̄ Gebirge zwischen Lakonien u. Messenien

tē[1] pers Pr akk u. abl → **tu**

-te[2] SUF zur Verstärkung an pron angehängt; **tute** du (aber)

tech(i)na ⟨ae⟩ F̄ Plaut., Ter. listiger Streich

technicus ⟨ī⟩ M̄ Lehrer der Kunst, Techniker

technophyon, technyphion N̄, nur akk Suet. kleines Kunstwerk, Haus des Augustus für ungestörte Tage

Tēcta via F̄ überdachte Straße, Säulenhalle, die zur Porta Capena führte

tēctor ⟨tēctōris⟩ M̄ ||tegere|| Sen. Stuckateur, Freskenmaler

tēctōriolum ⟨ī⟩ N̄ ||tectorium|| **tectorium** Stuckarbeit

tēctōrium ⟨ī⟩ N̄ ||tectorius|| (vkl., nachkl.)
1 Tünche, Putz
2 Wandmalerei; Stuck
3 Iuv. fig Schminke

tēctōrius ⟨a, um⟩ ADJ ||tector||
1 zum Dachdecken dienlich
2 zur Stuckarbeit gehörig, Stuck...; **opus tectorium** Stuckarbeit

Tectosagēs ⟨Tectosagum⟩ M̄, **Tectosagī** ⟨ōrum⟩ M̄ kelt. Stamm in Gallia Narbonensis, ein Teil wanderte nach Kleinasien aus

tēctum ⟨ī⟩ N̄ ||tegere||
1 Dach; Decke eines Zimmers

2 (nachkl.) meton Haus, Wohnung; **tectum subire** unter Dach und Fach kommen
3 Betthimmel; Himmelbett

tēctus¹ ⟨a, um⟩ PPP → tegere

tēctus² ⟨a, um, adv tēctē⟩ ADJ ||tegere||
1 gedeckt, bedeckt; **navis tecta** Caes. Schiff mit Verdeck
2 fig versteckt, heimlich
3 geschützt
4 von Personen u. der Rede zurückhaltend, vorsichtig, **in re** in etw, bei etw, **ad aliquem** gegenüber j-m, vor j-m

tēd pers Pr akk sg. abl (altl.) = **te**; → **tu**

Tegea ⟨ae⟩ F alte Stadt in Arkadien

Tegeaea ⟨ae⟩ F = Atalante

Tegeaeus ⟨a, um⟩ ADJ aus Tegea, auch arkadisch; **aper ~** der erymanthische Eber; **virgo Tegeaea** Jungfrau aus Tegea, = Kallisto

Tegeātēs ⟨Tegeātae⟩ M Einwohner von Tegea

tegere ⟨tegō, tēxī, tēctum 3.⟩
1 decken, bedecken, **aliquem/aliquid re** j-n/etw mit etw; **lumina somno ~** die Augen zum Schlaf schließen
2 (nachkl.) bekleiden, verschleiern
3 poet bestatten
4 verstecken, **re** mit etw, **in etw**, unter etw, **aliquid a re** etw vor etw; passiv sich verstecken; **latebris se ~** sich in Schlupfwinkeln verstecken
5 fig verheimlichen, **aliquid re** etw mit etw, etw hinter etw; **res diutius tegi non potuit** Caes. die Sache konnte nicht länger verheimlicht werden
6 fig beschönigen, **turpia facta oratione** Sall. Schandtaten durch eine Rede
7 schützen, **aliquid re** etw mit etw, **a re** vor etw, gegen etw; **libertatem armis ~** Sall. die Freiheit mit Waffen verteidigen; **latus alicuius/alicui ~** j-n begleiten; **commissa ~** Anvertrautes treu bewahren

teges ⟨tegetis⟩ F ||tegere|| (vkl.) poet Decke, Matte

tegetīcula ⟨ae⟩ F ||teges|| (nachkl.) poet Deckchen

tēgillum ⟨ī⟩ N ||tegere|| Plaut. kleine Decke, Kapuze

teg(i)men ⟨teg(i)minis⟩ N ||tegere||
1 Bedeckung; Bekleidung; **~ caeli** Himmelsgewölbe
2 von Tieren Fell; Harnisch
3 fig Schutz; **~ totius exercitūs** Liv. Schutz des ganzen Heeres

teg(i)mentum ⟨ī⟩ N ||tegere||
1 Bedeckung, Dach; **~ scuti** Schildüberzug
2 fig Schutz; **~ corporis** Körperschutz

tēgula ⟨ae⟩ F ||tegere||
1 Dachziegel; pl Ziegeldach
2 PL Deckplatten
▶ deutsch: **Ziegel**
englisch: **tile**
französisch: **tuile**
spanisch: **teja**
italienisch: **tegola**

tegumen ⟨teguminis⟩ N = **tegimen**
tegumentum ⟨ī⟩ N = **tegimentum**
tegus ⟨tegoris⟩ N = **tergus**²

Tēius ⟨a, um⟩
A ⟨a, um⟩ ADJ aus Teos, von Teos
B ⟨ī⟩ M Einwohner von Teos

tēla ⟨ae⟩ F ||texere||
1 Gewebe; luv. Spinnengewebe
2 Längsfaden eines Gewebes; **licia telae addere** ein neues Gewebe beginnen
3 Webstuhl
4 Webschiffchen
5 fig Ausgedachtes, listiger Anschlag

Telamō(n) ⟨Telamōnis⟩ M Sohn des Aiakos (Aeacus), Vater des Aias (Aiax) u. Teukros (Teucer), König von Salamis u. Aigina (Aegina)

Telamōniadēs ⟨Telamōniadae⟩ M Nachkomme des Telamon, = Aias

Telamōnius ⟨a, um⟩ ADJ des Telamon
Telamōnius ⟨ī⟩ M Nachkomme des Telamon, = Aias

Telchīnes ⟨Telchīnum⟩ M Telchinen, kunstfertige Dämonen, bes auf Rhodos

Tēleboae ⟨Tēleboārum u. Tēleboum⟩ M Stamm in Akarnanien, später auf Capri

Tēlegonus ⟨ī⟩ M Sohn des Odysseus u. der Kirke, kam nach Ithaka um seinen Vater kennenzulernen, tötete diesen aber ohne ihn zu erkennen; Gründer von Tusculum

Tēlemachus ⟨ī⟩ M Sohn des Odysseus u. der Penelope

Tēlephus ⟨ī⟩ M Sohn des Herkules, König von Mysien

tēlinum ⟨ī⟩ N Plaut. kostbare Salbe

tellūs ⟨tellūris⟩ F
1 die Erde
2 Erde, Erdoberfläche; **mare et ~ nullum habebat discrimen** Ov. Meer und Land unterschieden sich nicht
3 Grundstück; Landgut
4 Landschaft, Gebiet
5 Ov. Fußboden

Tellūs ⟨Tellūris⟩ F Mutter Erde, alte Göttin der Saatfelder

tēlum ⟨ī⟩ N
1 Wurfwaffe, Geschoss; Blitz Jupiters; Dreizack Neptuns; **nubes telorum** Geschosshagel
2 Angriffswaffe; Dolch
3 (nachkl.) fig Waffe
4 Liv. Schutzmittel; Hilfsmittel

temerāre ⟨ō, āvī, ātum 1.⟩ (nachkl.) entweihen, **templa Minervae** die Tempel der Minerva; **aliquam ~** eine Frau vergewaltigen; **fluvios venenis ~** die Flüsse vergiften

temerārius ⟨a, um, *adv* temerāriē⟩ ADJ ||temere||
1. *Plaut.* zufällig
2. *von Personen* unbesonnen, verwegen
3. *von Sachen* unüberlegt, leichtfertig; **tela temeraria** blindlings abgeschossene Pfeile; **lingua prompta et temeraria** *Liv.* schnelle und leichtfertige Zunge

temere ADV
1. zufällig, planlos, unbesonnen
2. *poet* ohne Grund, grundlos
3. ohne Weiteres; **non ~** kaum; **nullus dies ~ intercessit** es verging kaum ein Tag; **non/haud ~ est** es steckt etw dahinter

temeritās ⟨temeritātis⟩ F ||temere||
1. blinder Zufall
2. Unbesonnenheit, Verwegenheit

Temesa ⟨ae⟩ F, **Temesē** ⟨Temesēs⟩ F Stadt *in Bruttium*

tēmētum ⟨ī⟩ N
1. berauschendes Getränk
2. Met, Most

temnere ⟨temnō, tempsī, temptum 3.⟩ (nachkl.) *poet* verachten, verschmähen; **haud temnendus** nicht zu verachten

tēmō ⟨tēmōnis⟩ M
1. Deichsel; Pflugbaum
2. Wagen, *als Sternbild*

Tempē N indekl PL Tal des Peneios zwischen Ossa u. Olymp in Thessalien; Tal, Waldtal

temperāmentum ⟨ī⟩ N ||temperare||
1. richtige Mischung; **~ caeli** gemäßigtes Klima
2. *Liv.* Mittelweg, Kompromiss
3. *Sen.* Mäßigung

temperāns ⟨temperantis, *adv* temperanter⟩ ADJ ||temperare|| sich mäßigend, maßvoll

temperantia ⟨ae⟩ F ||temperans|| Maßhalten, Mäßigung, Selbstbeherrschung

temperāre ⟨ō, āvī, ātum 1.⟩ ||tempus¹||
A VI
1. (vkl., nachkl.) Maß halten, sich mäßigen, *in re* in etw
2. mit Maß gebrauchen, *alicui rei* etw; **~ alicui** j-m Einhalt gebieten
3. sich fernhalten, *a re/re* von etw, +*inf*; **sibi ~** sich fernhalten; **ab iniuria ~** sich des Unrechts enthalten
B VT
1. einrichten, ordnen
2. (nachkl.) *poet* richtig mischen, *aliquid re* etw mit etw
3. richtig wärmen, richtig kühlen
4. mit Maß gebrauchen, mildern; **calores solis ~** die Sonnenhitze abmildern
5. von *etw* fernhalten, vor *etw* bewahren, *a re*
6. richtig leiten, richtig regieren, **navem ~** ein Schiff richtig lenken

temperātiō ⟨temperātiōnis⟩ F ||temperare||
1. richtige Mischung; **aeris ~** Mischung des Erzes; **~ caeli** gemäßigtes Klima
2. richtiger Aufbau, guter Zustand, **rei publicae** des Staates
3. ordnendes Prinzip

temperātor ⟨temperātōris⟩ M ||temperare|| Ordner, Gestalter

temperātūra ⟨ae⟩ F ||temperare|| richtige Mischung; **utilis et salubris ~** zuträgliche und gesunde Wärme
▶ deutsch: Temperatur

temperātus ⟨a, um, *adv* temperātē⟩ ADJ ||temperare||
1. richtig gemischt; *vom Klima* gemäßigt
2. *fig* Maß haltend; ruhig

temperī ADV ||tempus¹|| zur rechten Zeit; **temperius** zeitiger, zu früh

temperiēs ⟨temperiēī⟩ F = **temperatio**; *bes* milde Wärme

temperius ADV komp → temperi

tempestās ⟨tempestātis⟩ F ||tempus¹||
1. Zeitabschnitt, Zeit; **eadem tempestate** zur selben Zeit; **multis ante tempestatibus** vor langer Zeit; **in paucis tempestatibus** in wenigen Jahren
2. Wetter; **ad navigandum idonea ~** für die Seefahrt günstiges Wetter
3. Unwetter, Gewitter; **magna ~ oritur** ein heftiger Sturm erhebt sich
4. *fig* stürmische Zeit; schlimmes Unglück; **maximas rei publicae tempestates subire** das allerschlimmste Unglück des Staates auf sich nehmen
5. *fig von Personen* Vernichter, Störer; **~ Siculorum** Vernichter der Sizilier = Verres
▶ englisch: tempest
  französisch: tempête
  spanisch: tempestad
  italienisch: tempesta

tempestīva ⟨ōrum⟩ N ||tempestivus|| rechter Zeitpunkt

tempestīvitās ⟨tempestīvitātis⟩ F ||tempestivus|| rechte Zeit

tempestīvum ⟨ī⟩ N ||tempestivus|| rechter Zeitpunkt

tempestīvus ⟨a, um, *adv* tempestīvē *u.* tempestīvō⟩ ADJ ||tempus¹||
1. zeitgemäß, rechtzeitig; **arbores tempestive caedere** Bäume zur rechten Zeit fällen

2 *fig* geeignet, günstig, *ad aliquid* zu etw, für etw, *alicui* für j-n; **parum ~** ungelegen
3 *von Früchten* reif; *fig von Personen* reif, *alicui rei* für etw, *+inf*
4 frühzeitig; **convivium tempestivum** üppiges Gelage

templārius ⟨ī⟩ M̄ (*mlat.*) Tempelherr, *Angehöriger eines geistlichen Ritterordens*

templum ⟨ī⟩ N̄
1 Beobachtungskreis, für die Vogelschau abgegrenzter Raum
2 Höhe; Raum; **caeli lucida templa** die lichten Räume des Himmels
3 Heiligtum, Tempel; **~ Cereris** Tempel der Ceres
4 (*mlat.*) Kloster, Kirche
5 (*mlat.*) Tempelorden, *ein geistlicher Ritterorden*
▶ deutsch: **Tempel**
   englisch: **temple**
   französisch: **temple**
   spanisch: **templo**
   italienisch: **tempio**

▶ **templum – Heiligtum der Römer**

Mit dem Begriff **templum** wurde ursprünglich ein abgegrenzter Bereich bezeichnet, in dem ein **augur** seine Beobachtungen machen und deuten konnte. Erst später errichtete man feste Gebäude, die von Säulen und Treppen umgeben waren. Im erhöht angelegten Innenraum (**aedis**) befand sich das Götterbild; davor stand der Altar. Dazu kamen je nach Größe und Ausstattung des Tempels eine Vorhalle sowie Nebenräume. Andere lateinische Begriffe für Heiligtum sind **delubrum** und **fanum**.

◀ WORTSCHATZ

temporālis ⟨temporāle⟩ ADJ ||tempus¹||
1 (*nachkl.*) eine Zeit dauernd
2 GRAM zeitlich; **verbum temporale** Zeitwort, Verb
3 (*mlat.*) vergänglich, irdisch

temporārius ⟨a, um⟩ ADJ ||tempus¹||
1 den Umständen angepasst
2 nur kurze Zeit dauernd; JUR zeitlich begrenzt

temporī ADV = **temperi**

tempsī → **temnere**

temptābundus ⟨a, um⟩ ADJ ||temptare|| *Liv.* umhertastend

temptāmen ⟨temptāminis⟩ N̄ (*spätl.*) = **temptamentum**

temptāmentum ⟨ī⟩ N̄ ||temptare||
1 Probe, Versuch
2 Versuchung

temptāre ⟨ō, āvī, ātum 1.⟩
1 betasten, berühren, *aliquid re* etw mit etw; **ficum rostro ~** mit dem Schnabel in die Feige hacken; **venas ~** (*nachkl.*) MED den Puls fühlen
2 nach *etw* streben, *etw* versuchen, *aliquid*; **vadum fluminis ~** den Übergang über den Fluss zu erzwingen suchen; **spem pacis ~** versuchen, ob noch Hoffnung auf Frieden vorhanden ist; **~ aures alicuius** versuchen, wie viel die Ohren j-s vertragen können
3 *feindlich* angreifen; *von Krankheiten* befallen, *aliquid* an etw; **pedes ~** die Füße setzen; **oves temptat scabies** Räude befällt die Schafe
4 untersuchen, prüfen; **Thetim ratibus ~** mit Schiffen die See befahren
5 in Versuchung führen, zu gewinnen versuchen, *aliquem/animum alicuius* j-n; **Iunonem ~** versuchen Juno zu verführen; **iudicium pecuniā ~** versuchen die Richter zu bestechen; **precibus ~** mit Bitten bestürmen

temptātiō ⟨temptātiōnis⟩ F̄ ||temptare||
1 Versuch, Erprobung; **~ abolendi magistratūs** Versuch der Amtsenthebung
2 Anfall *einer Krankheit*

temptātor ⟨temptātōris⟩ M̄ ||temptare|| *poet* Versucher *im erotischen Sinn*

temptus ⟨a, um⟩ PPP → **temnere**

tempus¹ ⟨temporis⟩ N̄
1 Zeitspanne; Dauer; **~ diei** Tageszeit; **~ anni** Jahreszeit; **in omne tempus** für immer; **ex tempore** aus dem Stegreif; **in singula diei tempora** stündlich; **~ praesens** Gegenwart; **in tempus praesens** für jetzt; **~ praeteritum** Vergangenheit; **hoc tempore** zu dieser Zeit; **haec tempora** unsere Zeit; **ad tempus/in tempus** eine Zeit lang, vorübergehend; **~ belli parandi** Zeit den Krieg vorzubereiten; **cum tempore** (*mlat.*) mit akademischem Viertel, *abgek c. t., z. B. 12 c. t. = 12.15 Uhr*; **sine tempore** ohne akademischem Viertel, pünktlich, *abgek s. t.*
2 Zeitpunkt; **~ cenae** Essenszeit
3 Zeit; **tempus ponere in re/conferre in aliquid** Zeit auf etw verwenden
4 passende Zeit, günstiger Augenblick, *alicuius rei* zu etw; **tempore dato** bei Gelegenheit; **ipso tempore** gerade zur rechten Zeit; **ante tempus** vor der Zeit; **ad tempus/(in) tempore** im richtigen Augenblick; **~ est** es ist an der Zeit, *+inf/+AcI*
5 *sg u. pl* Verhältnisse, Lage; **tempori/temporibus servire/cedere** sich an die Verhältnisse anpassen; **orationes sunt temporum** die Reden richten sich nach der Zeit; **(in) hoc/tali tempore** unter solchen Umständen; **ex tempore/pro tempore/ad tempus** nach Lage

templum – Tempel

der Dinge; **pro tempore et re** nach Zeit und Umständen; **extremum/ultimum ~** höchste Gefahr

[6] METR Zeit *zur Aussprache einer Silbe od eines Wortes*, Quantität

[7] *(vkl., nachkl.)* GRAM Tempus

▶ englisch: **tense**
französisch: **temps**
spanisch: **tiempo**
italienisch: **tempo**

tempus² ⟨temporis⟩ N̄ Schläfe; *pl* Kopf
tēmulentia ⟨ae⟩ F̄ ‖temulentus‖ Trunkenheit
tēmulentus ⟨a, um⟩ ADJ berauscht, betrunken

tenācitās ⟨tenācitātis⟩ F̄ ‖tenax‖ Festhalten; *fig* Geiz

tenāx ⟨tenācis, *adv* tenāciter⟩ ADJ ‖tenere‖
[1] festhaltend, fähig festzuhalten
[2] fest, zäh
[3] *fig* beharrlich, hartnäckig
[4] geizig

Tencterī ⟨Tencterōrum *u.* Tencterum⟩ M̄ *germ. Volk am Unterrhein*

tendere ⟨tendō, tendī, tentum 3.⟩

A transitives Verb

[1] spannen, anspannen
[2] ausspannen
[3] ausstrecken, ausbreiten
[4] hinreichen
[5] lenken

B intransitives Verb
[1] lagern
[2] sich aufstellen
[3] eilen, gehen
[4] auf j-n losgehen
[5] sich hinziehen, sich erstrecken
[6] streben
[7] sich anstrengen
[8] streiten, kämpfen

— **A** transitives Verb —

VT

[1] spannen, anspannen; **plagas ~** Fallen stellen; **barbiton ~** die Leier mit Saiten bespannen, die Leier stimmen; **insidias ~ alicui** j-m einen Hinterhalt legen
[2] ausspannen, **vela** die Segel; **tenta ~** Zelte aufschlagen
[3] ausstrecken, ausbreiten; ausdehnen; **manūs ~** die Hände ausstrecken, *alicui/ad aliquem* nach j-m; **bracchia matri ~** die Arme nach der Mutter ausstrecken

④ hinreichen; *fig* verleihen, *alicui aliquid* j-m etw; **vincula alicui ~** j-m Fesseln anlegen
⑤ *poet* lenken; abschießen; **fugam ad aliquem ~** zu j-m fliehen; **sagittas arcu ~** Pfeile mit dem Bogen abschießen

— B intransitives Verb —

VI

① MIL *in Zelten* lagern, **Lugduni** in Lugdunum
② (*nachkl.*) sich aufstellen, **ante signa** vor den Feldzeichen
③ eilen, gehen, **in castra** ins Lager, **haec limina** zu diesem Haus; **quo tendis** wo willst du hin?
④ (*nachkl.*) feindlich auf j-n losgehen, sich auf j-n werfen, *in aliquem*; **in hostem ~** sich auf den Feind stürzen
⑤ (*nachkl.*) *fig von Leblosem* sich hinziehen, sich erstrecken; **via tendit sub moenia Ditis** der Weg zieht sich hin bis an die Mauern der Unterwelt; **quorsum haec tendunt?** wohin zielen diese Worte?
⑥ streben, *ad aliquid* nach etw, *ut/ne* dass/dass nicht, *+inf/+AcI*; **ultra ~** noch weiter streben; **ad societatem Romanam ~** sich zur römischen Gemeinschaft hingezogen fühlen
⑦ (*nachkl.*) sich anstrengen, *in re* bei etw, *ut/ne* dass/dass nicht, *+inf/+AcI*
⑧ streiten, kämpfen, *contra aliquem/adversus aliquem* gegen j-n; verfechten, *aliquid* etw

▷ deutsch: **Tendenz**
 englisch: **tendency**
 französisch: **tendance**
 spanisch: **tendencia**
 italienisch: **tendenza**

tendicula ⟨ae⟩ F ||tendere||
① Seil
② *fig* Fallstrick; **tendiculae litterarum** Schlingen der buchstäblichen Auslegung der Gesetze

tenebrae ⟨ārum⟩ F
① Dunkelheit; Nacht; **tenebris** bei Dunkelheit
② dunkler Ort; Bordell; **in vinculis et tenebris** *Cic.* im dunklen Kerker
③ *fig* dunkles Schicksal, schlechte Lage
④ *fig* Unklarheit; **~ erroris** Unklarheit des Irrtums
⑤ dunkle Herkunft
⑥ Blindheit
⑦ *fig* Schwermut
⑧ *Plaut.* Dunst

tenebricōsus ⟨a, um⟩ ADJ ||tenebricus||
① in Dunkel gehüllt, dunkel, finster; *fig* unbekannt
② verfinstert

tenebricus, tenebrōsus ⟨a, um⟩ ADJ ||tenebrae|| (*spätl.*) *poet* finster, dunkel

Tenedius
A ⟨a, um⟩ ADJ aus Tenedos, von Tenedos
B ⟨ī⟩ M Einwohner von Tenedos

Tenedos, Tenedus ⟨ī⟩ F *Insel vor Troja*

tenellulus ⟨a, um⟩ ADJ ||tenellus|| *Catul.* äußerst zart

tenellus ⟨a, um⟩ ADJ ||tener|| (*unkl.*) sehr zart

tener ⟨era, erum, *adv* tenerē⟩ ADJ
① dünn, zart; **glacies tenera** dünne Eisschicht; **femur tenerum** zarter Schenkel
② *fig* jugendlich, jung; **aetas tenera** jugendliches Alter; **annus ~** Frühling; **a teneris unguiculis** von klein auf
③ empfindsam; weichlich
④ zärtlich, verliebt

tenerāscere ⟨āscō, -, - 3.⟩ ||tener|| zart werden

tenēre ⟨teneō, tenuī, tentum 2.⟩

A transitives Verb
① halten, festhalten
② umfassen, umarmen
③ begreifen
④ richten
⑤ erreichen
⑥ überführt haben
⑦ besitzen
⑧ einnehmen, bewohnen
⑨ befehligen
⑩ einnehmen
⑪ behalten, bewahren
⑫ erhalten
⑬ beibehalten
⑭ fesseln, erfreuen
⑮ verpflichten, binden
⑯ zurückhalten, aufhalten
⑰ unterdrücken
⑱ hinhalten, warten lassen
⑲ fern halten, abhalten
⑳ halten für

B intransitives Verb
① fahren
② sich erhalten, dauern

— A transitives Verb —

VT

① halten, festhalten, *auch fig*, **aliquem/aliquid manu** j-n/etw mit der Hand, j-n/etw an der Hand, **in manu** in der Hand
② umfassen, umarmen; **aliquem complexu ~** j-n umarmen
③ *geistig* begreifen, kennen; **rem manu ~** etw deutlich erkennen; **res oculis et manibus tenetur** etw ist ersichtlich und handgreiflich; **tenes/tenesne?** kapierst du es?

4 richten, *aliquid ad aliquid/in aliquid* etw auf etw; **oculos sub astra ~** die Augen auf die Sterne richten; **iter ~** einen Weg einschlagen
5 erreichen, *auch fig*, **portum** den Hafen; **regnum ~** die Herrschaft erlangen
6 überführt haben; *passiv* überführt sein, sich schuldig gemacht haben, *alicuius rei/in re* einer Sache, **testibus** durch Zeugen; **teneo te** da habe ich dich
7 besitzen; **prima ~** den ersten Platz einnehmen; **teneri ab aliquo** in j-s Händen sein; **urbs ab hostibus tenetur** die Stadt ist in den Händen der Feinde
8 *einen Platz* einnehmen, bewohnen; sich aufhalten, *locum* an einem Ort; MIL besetzt halten; **Delphos ~** in Delphi wohnen
9 (*nachkl.*) Truppen befehligen; *vom Herrscher* beherrschen
10 *Raum* einnehmen; **teneri re** in etw enthalten sein, zu etw gehören
11 *Besitz* behalten, bewahren
12 *in einem Zustand od in einer Tätigkeit* erhalten; **terra tenetur nutu suo** die Erde wird durch ihre Schwerkraft im Gleichgewicht gehalten; **se quietem ~** sich ruhig halten
13 beibehalten; **cursum ~** den Kurs einhalten; **institutum ~** seiner Weise treu bleiben
14 *geistig* fesseln, erfreuen; *von Gefühlen u. Ä.* beherrschen
15 verpflichten, binden; *passiv* durch *etw* gebunden sein, zu *etw* verpflichtet sein, *re*; **promisso teneri** zur Erfüllung seines Versprechens verpflichtet sein; **poenā teneri** Strafe verdienen
16 zurückhalten, aufhalten; **non teneo te pluribus** ich will dich nicht lange aufhalten, ich will es kurz machen; **teneri/me ~ non possum, quin** ich kann mich nicht zurückhalten etw zu tun
17 unterdrücken; verschweigen; **lacrimas ~** die Tränen unterdrücken
18 hinhalten, warten lassen
19 fernhalten, abhalten, *aliquem a re* j-n von etw
20 halten für, +*dopp. akk*

— **B intransitives Verb** —

V/I

1 fahren, *ad locum/in locum* an einen Ort; **ventus adversum tenet alicui** der Wind weht j-m entgegen
2 sich erhalten, dauern; **imber per totam noctem tenuit** der Regen hielt die ganze Nacht an
▷ französisch: **tenir**
  spanisch: **tener**
  italienisch: **tenere**

teneritās ⟨teneritātis⟩ F̄, (*vkl., nachkl.*) **teneritūdō** ⟨teneritūdinis⟩ F̄ ‖tener‖ Zartheit
tenesmos ⟨ī⟩ M̄ *Nep.* Darmkrampf
tenNitur *Ter.* = **tenditur**; → **tendere**
tenor ⟨tenōris⟩ M̄ ‖tendere, tenere‖
1 ununterbrochener Lauf, Schwung; **hasta servat tenorem** *Verg.* die Lanze fliegt weiter
2 *fig* Verlauf, Dauer, Zusammenhang; **uno tenore** in einem Zug, in einem fort
3 (*nachkl.*) Eigenart, Grundhaltung
4 *Quint.* Ton einer Silbe; **~ gravis** dunkler Ton; **~ acutus** heller Ton
5 (*mlat.*) Inhalt, Sinn
▷ deutsch: **Tenor**
Tēnos, Tēnus ⟨ī⟩ F̄ Kykladeninsel, heute Tinos
tēnsa ⟨ae⟩ F̄ *Suet.* Prozessionswagen *zum Befördern der Götterbilder*
tent... *auch* = **tempt...**
tentīgō ⟨tentīginis⟩ F̄ ‖tendere‖ *Hor., Iuv.* sexuelle Erregung
tentōriolum ⟨ī⟩ N̄ ‖tentorium‖ (*nachkl.*) kleines Zelt
tentōrium ⟨ī⟩ N̄ ‖tendere‖ (*nachkl.*) Zelt
tentus ⟨a, um⟩ PPP → **tendere** u. → **tenere**
tenuāre ⟨ō, āvī, ātum 1.⟩ ‖tenuis‖
1 dünn machen, verdünnen; **se in undas ~** sich in Wasser auflösen
2 *passiv* abmagern
3 vermindern, verringern
4 *vom Dichter* zart ausspinnen
tenuiculus ⟨a, um⟩ ADJ ‖tenuis‖ recht ärmlich
tenuis ⟨tenue, *adv* tenuiter⟩ ADJ
1 dünn, zart; **aurum tenue** Goldfäden; **ventus ~** sanfte Brise
2 schmal, eng; **agmen militum ~** dünn aufgestellte Reihe von Soldaten
3 schmächtig, zierlich; **~ vulpecula** schmächtiges Füchslein
4 seicht, flach
5 *von Flüssigkeiten* klar, rein
6 unbedeutend; *vom Stand* niedrig; **oppidum tenue** unbedeutende Stadt; **tenuiores** Leute niederen Standes
7 arm, spärlich; **victus ~** schmale Kost
8 schlicht, einfach, *bes von der Rede u. vom Redner*
9 gründlich, genau; **distinctio ~** genaue Unterscheidung
10 *adv auch* leichthin
tenuitās ⟨tenuitātis⟩ F̄ ‖tenuis‖
1 Feinheit
2 Schmächtigkeit, Magerkeit
3 *fig von Personen u. Sachen* Dürftigkeit, Armseligkeit
4 *fig* Schlichtheit, Einfachheit, *bes von Rede u. Redner*

tenus[1] ⟨tenoris⟩ N̄ Schnur mit Schlinge *zum Vogelfang*

tenus[2] N̄ indekl, *nach Gen od abl* bis an, bis zu; **Tauro ~ regnare** bis an den Taurus herrschen; **verbo ~** nur dem Namen nach; **vulneribus ~** bis zum Blutvergießen; **nomine ~** nur zum Schein; **Rheno ~** (*mlat.*) rheinabwärts

Teos, Teus ⟨ī⟩ F̄ *Stadt nw. von Ephesus, Heimat des Dichters Anakreon, Überreste sw. von Izmir*

tepe-facere, tepē-facere ⟨faciō, fēcī, factum 0.⟩ ‖tepere‖ erwärmen, erhitzen

tepe-factāre ⟨ō, -, - 1.⟩ ‖tapefacere‖ erwärmen

tepēre ⟨eō, uī, - 2.⟩ (*nachkl.*)
1. lauwarm sein, warm sein
2. *fig* verliebt sein
3. *fig* lau in der Liebe sein

tepēscere ⟨tepēscō, tepuī, - 3.⟩ ‖tepere‖
A V̄ī lauwarm werden
B V̄ī erwärmen

tepidārium ⟨ī⟩ N̄ ‖tepidarius‖ Tepidarium, *Raum in den röm. Bädern mit mäßig warmer Luft*

tepidārius ⟨a, um⟩ ADJ ‖tepidus‖ *Vitr.* mit lauem Wasser

tepidus ⟨a, um, *adv* tepidē⟩ ADJ ‖tepere‖ (*unkl.*)
1. angenehm warm, lauwarm; **ius tepidum** *Hor.* eine nur noch lauwarme Brühe
2. kühl; *fig* gleichgültig; **tepida mens** *Ov.* erkaltete Liebe

tepor ⟨tepōris⟩ M̄ ‖tepere‖
1. milde Wärme; *pl* (*nachkl.*) Fieberhitze; **vernus ~** Frühlingswärme
2. (*nachkl.*) Kühle; *fig* Mattigkeit

tepuī → **tepere** *u.* → **tepescere**

ter ADV num. ‖tres‖
1. dreimal
2. zum dritten Mal
3. mehrmals

Ter. *Abk* = **Tere(n)tinā (tribu)** aus der terentischen Tribus

ter-centum *indekl* NUM *card* = **trecenti**

ter-deciē(n)s ADV num. dreizehnmal; **terdecies sestertium** 1300000 Sesterze

terebinthīnus ⟨a, um⟩ ADJ ‖terebinthus‖ von der Terebinthe

terebinthus ⟨ī⟩ F̄ Terpentinbaum, Terebinthe, *Pistazienart, harzreicher Baum*

terebra ⟨ae⟩ F̄ *Vitr.* Bohrer

terebrāre ⟨ō, āvī, ātum 1.⟩ ‖terebra‖ (*unkl.*) durchbohren, *aliquid re* etw mit etw; *fig* j-m zusetzen, *aliquem*

terēdō ⟨terēdinis⟩ F̄ *Ov.* Holzwurm

Terentiānus ⟨a, um⟩ ADJ des Terentius

Terentīnus ⟨a, um⟩ ADJ = **Tarentinus**[2]

Terentius ⟨a, um⟩
A *röm. Gentilname*

1. **C. ~ Varro** 216 v. Chr. Konsul, kämpfte bei Cannae
2. **P. ~ Afer** *Komödiendichter aus Karthago, 185–159 v. Chr.*
3. **M. ~ Varro** *Gelehrter u. Schriftsteller, 116–28 v. Chr., erhalten: De re rustica, De lingua Latina*
4. **P. ~ Atacinus** *epischer Dichter, geb. 82 v. Chr., benannt nach dem Fluss Atax in Gallia Narbonensis*
5. **Terentia** *Ciceros erste Gattin, 46 v. Chr. geschieden.*
6. ADJ des Terentius

Terentum ⟨ī⟩ N̄, **Terentus** ⟨ī⟩ M̄ = **Tarentum**[2]

terere ⟨terō, trīvī, trītum 3.⟩
1. (*unkl.*) reiben, abreiben; **labellum calamo ~** die Hirtenflöte blasen; **metam curru ~** die Zielsäule mit dem Wagen streifen; **calcem calce ~** j-s Ferse mit der Ferse streifen, j-n im Lauf einholen
2. (*unkl.*) polieren, glätten; **radios rotis ~** Stäbe drechseln
3. abnutzen; abstumpfen; **vestem ~** ein Kleid abtragen
4. Geschlechtsverkehr haben, *aliquem* mit j-m
5. *Getreide* dreschen; **area bis frugibus trita est** es ist zweimal Ernte gewesen
6. zerreiben, zermahlen
7. (*nachkl.*) *fig* aufreiben, mürbe machen, *aliquem in re* j-n bei etw, j-n mit etw
8. oft benutzen, viel gebrauchen; **viam ~** einen Weg häufig gehen
9. *fig* Zeit verbringen; *pej* vergeuden, *re* mit etw, *in re* bei etw, in etw; **aevum ferro ~** eine Zeit unter Waffen zubringen

teres ⟨teretis⟩ ADJ
1. länglich rund, zylindrisch; **teretes stipes** länglich runde Pfähle
2. *fig* von Körpern u. Körperteilen drall, rundlich; glatt, zierlich; **teretes surae** runde Waden
3. von der Rede elegant, geschmackvoll

Tereūs ⟨Tereī *u.* Tereos⟩ M̄ MYTH *König von Thrakien, Gatte der Prokne, wegen Vergewaltigung seiner Schwägerin Philomela in einen Wiedehopf verwandelt*

ter-geminus ⟨a, um⟩ ADJ = **trigeminus**

tergēre[1] ⟨tergeō, tersī, tersum 2.⟩, **tergere**[2] ⟨tergō, tersī, tersum 3.⟩
1. abwischen, reinigen, **mensas** Tische
2. **~ palatum** *Hor. fig* den Gaumen kitzeln
3. *fig* sühnen

Tergeste ⟨Tergestis⟩ N̄ Stadt in Istrien, heute Triest

Tergestīnus ⟨a, um⟩ ADJ aus Tergeste

Tergestīnus ⟨ī⟩ M̄ Einwohner von Tergeste

tergīnum ⟨ī⟩ N̄ ‖tergum‖ (*vkl.*) *poet* Lederpeitsche

tergi-versārī ⟨or, ātus sum 1.⟩ ‖tergum‖ sich drehen und winden, sich sträuben

tergiversātiō ⟨tergiversātiōnis⟩ F̄ ‖tergiversari|| Zögern, Verzögerung

tergum ⟨ī⟩ N̄, **tergus**¹ ⟨ī⟩ M̄
1. Rücken, *oft pl*; **tergum vertere** fliehen; **terga dare alicui** j-m den Rücken zukehren, vor j-m fliehen; **terga fugae praebere/praestare** fliehen; **terga praebere Phoebo** sich sonnen; **tergo puniri** mit Ruten gepeitscht und geköpft werden; **terga Parthorum dicere** von der Flucht der Parther singen; **in tergum** rückwärts; **a tergo** hinten, von hinten, *auch* hinterher; **post tergum** hinter sich
2. *poet* Körper *von Tieren*
3. (*nachkl.*) *fig* Rückseite, Hinterseite
4. *fig* Oberfläche
5. *meton* Leder; aus Leder gefertigter Gegenstand; **terga novena boum** aus neun Lagen Rinderhaut bestehender Schild

tergus² ⟨tergoris⟩ N̄ (*nachkl.*)
1. Rücken *von Tieren*
2. *meton* Rückenstück, Schinken
3. Haut, Fell; **septem taurorum ~** Schild aus sieben Rinderhäuten

termentum ⟨ī⟩ N̄ ||terere|| *Plaut.* Schaden
termes ⟨termitis⟩ M̄ (*nachkl.*) *poet* abgeschnittener Zweig
Terminālia ⟨Terminālium⟩ N̄ die Terminalien, Fest zum Jahresende am 23. Februar
terminare ⟨ō, āvī, ātum 1.⟩ ||terminus||
1. begrenzen, abgrenzen, *aliquid a re* etw von etw; *passiv* an *etw* stoßen, *re*; **agrum publicum a privato ~** Staatsland von Privatland abgrenzen
2. *fig* beschränken, einschränken, *aliquid re* etw durch etw, etw auf etw
3. *fig* bestimmen, bemessen, *aliquid re* etw nach etw; **bona voluptate ~** die Güter nach der Lust bestimmen
4. *fig* beenden, RHET mit einer Klausel abschließen; **bellum ~** den Krieg beenden; **oratio terminata** mit einer Klausel abgeschlossene Rede

terminātiō ⟨terminātiōnis⟩ F̄ ||terminare||
1. Festsetzung der Grenze; *fig* Begriffsbestimmung
2. *fig* Abgrenzung, Urteil
3. RHET, LIT Klausel, Abschluss einer Periode

terminus ⟨ī⟩ M̄
1. Grenzstein; *pl* Grenze; **terminos commutare** Grenzsteine versetzen
2. *fig* Grenze, Schranke; **termini virium** *Tac.* Grenze der Macht
3. *fig* Ende, Schluss; **~ vitae** Lebensende
4. **termini sancti Petri** (*mlat.*) Kirchenstaat
5. **~ ante quem/post quem** Zeitpunkt, vor dem/nach dem etw geschieht
▶ deutsch: **Termin**

englisch: **term**
französisch: **terme**
spanisch: **término**
italienisch: **termine**

Terminus ⟨ī⟩ M̄ (*nachkl.*) Grenzgott
ternī ⟨ae, a⟩ NUM *distr* ||tres||
1. je drei
2. (*nachkl.*) dreifach
3. *poet* drei zusammen, zu dritt

Terpsichorē ⟨Terpsichorēs⟩ F̄ Muse der Tanzkunst; *fig* Muse
terra ⟨ae⟩ F̄
1. die Erde
2. Erde *als Stoff*; **aqua et ~** Wasser und Erde
3. Erdboden, Boden; **terrae motus** Erdbeben; **ad terram** zu Boden; **terrae procumbere** zu Boden fallen
4. Land ↔ *Meer u. Himmel*; **terrā marīque** zu Land und zu Wasser; **a terra** von der Landseite
5. PL Unterwelt; **in terris** in der Unterwelt
6. Land, Landschaft; **~ Italia** das Land Italien
7. PL die ganze Erde, die bewohnte Erde; **orbis terrarum** Erdkreis, *bes* römisches Weltreich; **orbis terrae** alle Welt; **ubi terrarum?** wo auf der Welt?
8. **~ sigillata** (*nlat.*) seit der frühen Kaiserzeit hergestellte Keramik mit Reliefschmuck

⚠ **Terram video.** Ich sehe Land. = Ich sehe ein Ausweg/das Ende einer Aufgabe.

Terra ⟨ae⟩ F̄ Erdgöttin, *Mutter der Titanen*
terrāneola ⟨ae⟩ F̄ ||terra|| „Erdmännchen", *ein Vogel, der sein Nest auf dem Boden baut*
terrēna ⟨ōrum⟩ N̄ ||terrenus|| Landtiere
terrēnum ⟨ī⟩ N̄ ||terrenus|| (*nachkl.*) Erdreich
terrēnus ⟨a, um⟩ ADJ ||terra||
1. aus Erde, irden; **fornax terrena** Ziegelofen
2. auf der Erde befindlich; Land…
3. (*nachkl.*) *fig* irdisch, sterblich; **terrena natura** sterbliche Natur
4. unterirdisch

terrēre ⟨eō, uī, itum 2.⟩
1. schrecken, erschrecken
2. aufscheuchen, jagen
3. abschrecken, *aliquem a re* j-n von etw

terrester ⟨terrestris, terrestre⟩ ADJ (*unkl.*), **terrestris** ⟨terrestre⟩ ADJ ||terra||
1. irdisch, Erd…
2. zu Lande, auf dem Land lebend; **aves terrestres** auf dem Land lebende Vögel

terreus ⟨a, um⟩ ADJ ||terra|| (*vkl.*) *poet* aus Erde; **terrea progenies** *Verg.* Erdengeschlecht
terribilis ⟨terribile⟩ ADJ ||terrere|| schrecklich, furchtbar, *alicui* für j-n; **terribile aspectu** schrecklich anzuschauen
terricula ⟨ae⟩ F̄, **terriculum** ⟨ī⟩ N̄ ||terrere|| (*vkl., nachkl.*) Schreckmittel

terrificāre ⟨ō, -, - 1.⟩ ||terrificus|| erschrecken, *aliquem* jdn

terri-ficus ⟨a, um⟩ ADJ ||terrere, facere|| (nachkl.) *poet* Schrecken erregend

terri-gena ⟨ae⟩ M u. F ||terra, gignere|| erdgeboren

terri-loquus ⟨a, um⟩ ADJ ||terrere, loqui|| schrecklich redend

terri-pavium, terri-pudium ⟨ī⟩ N günstiges Vorzeichen, *Wortbildungen zur Erklärung von tripudium*

territāre ⟨ō, āvī, - 1.⟩ ||terrere|| erschrecken, *aliquem re* j-n durch etw

territōrium ⟨ī⟩ N ||terra|| Gebiet, Territorium

terror ⟨terrōris⟩ M

1 Schrecken, Angst, *alicuius* j-s *od* vor j-m, *alicuius rei* einer Sache *od* vor etw, wegen etw; **terrorem habere ab aliquo/a re** Angst vor j-m/ vor etw haben

2 *meton* Schrecken erregende Gestalt, Schrecken erregender Gegenstand

Terror ⟨Terrōris⟩ M *Ov.* der Schrecken *als Person*

terr-ūncius ⟨ī⟩ M **= teruncius**

tersī → **tergere**[1] u. → **tergere**[2]

tersus[1] ⟨a, um⟩ PPP → **tergere**[1]

tersus[2] ⟨a, um⟩ ADJ ||tergere[1]|| (unkl.) sauber; *fig* fein

tertia ⟨ae⟩ F (mlat.) Terz *in der Musik*

tertia-decumānī ⟨ōrum⟩ M ||tertia decima|| *Tac.* Soldaten der 13. Legion

tertiānī ⟨ōrum⟩ M ||tertianus|| *Tac.* Soldaten der dritten Legion

tertiānus ⟨a, um⟩ ADJ ||tertius|| zum Dritten gehörig; **febres tertianae** am dritten Tag auftretende Fieberanfälle

tertius ⟨a, um⟩ NUM *ord* ||tres||

1 der dritte; **tertia hora** dritte Stunde; **in tertio libro** im dritten Buch; **tertia Saturnalia** dritter Tag der Saturnalien

2 unterweltlich; **tertia regna tenet Persephone** *Ov.* unterweltliche Reich regiert Persephone

3 **tertio/tertium** zum dritten Mal, drittens

⚠ **Tertium non datur.** Eine dritte Möglichkeit gibt es nicht.

tertius-decimus ⟨a, um⟩ ADJ, *auch getrennt* der dreizehnte

Tertulliānus ⟨ī⟩ M vollständig Quintus Tertullianus Flores aus Karthago, ca. 155–200 n. Chr., erster großer lat. Schriftsteller des Christentums

ter-ūncius ⟨ī⟩ M ||uncia||

1 drei Zwölftel *eines zwölfteiligen Ganzen*, ein Viertel; **heres ex teruncio** Erbe eines Viertels

2 *als Münze* ein Viertel As, ein Vierzigstel eines Denars; *fig* Heller; **ne ~ quidem** *Cic.* nicht das Mindeste

ter-venēficus ⟨ī⟩ M *Plaut.* Erzgiftmischer

tesca, tesqua ⟨ōrum⟩ N einsame Orte, Steppen; **deserta et inhospita ~** *Hor.* einsame und ungastliche Wildnis

tessella ⟨ae⟩ F ||tessera|| (nachkl.) Würfelchen; Mosaiksteinchen

tessellātus ⟨a, um⟩ ADJ ||tessela|| Mosaik…; **tessellata pavimenta** *Suet.* Mosaikfußböden

tessera ⟨ae⟩ F

1 viereckiger Würfel *mit sechs bezeichneten Flächen*; **~ lusoria** Spielwürfel

2 kleines Täfelchen als Kennmarke; **~ frumentaria** Marke zum Getreideempfang; **~ nummaria** Marke zum Geldempfang; **~ theatralis** Eintrittskarte für das Theater

3 **~ (hospitalis)** Erkennungsmarke für Gastfreunde, *in zwei Teile zerbrochene Marke, durch deren Zusammensetzung die Zusammengehörigkeit ausgewiesen wurde*

4 MIL Täfelchen mit dem Kennwort; *meton* Parole, Befehl

tesserārius ⟨ī⟩ M ||tessera|| *Tac.* Parolenträger, Losungsträger

tesserula ⟨ae⟩ F ||tessera|| (unkl.) Würfelchen, Marke; Mosaiksteinchen

testa ⟨ae⟩ F

1 Ziegelstein

2 (nachkl.) Tongefäß; Öllampe

3 (nachkl.) Scherbe, *bes zum Abstimmen im Scherbengericht*; **testarum suffragia** Scherbengericht

4 *fig* Schale *der Schalentiere*

5 *fig* Schale, Decke

6 PL *Suet. fig* Beifallklatschen

testāceus ⟨a, um⟩ ADJ ||testa|| (nachkl.) aus Ziegelstein

testāmentārius

A ⟨a, um⟩ ADJ ||testamentum|| das Testament betreffend

B ⟨ī⟩ M Testamentsfälscher

tesserae – Münzersatzmittel

testāmentum ⟨ī⟩ N ||testari||
1 Testament, letzter Wille; **ex testamento** nach Testamentsbestimmung
2 *Tert.* Altes und Neues Testament, *die beiden Teile der Bibel*

testārī ⟨or, ātus sum 1.⟩
A VT
1 als Zeugen anrufen, *de re* in Bezug auf etw, +AcI
2 bezeugen
3 beteuern; bekunden, *aliquid* etw, +AcI/+indir Fragesatz
B VI testieren, ein Testament machen; **tabulae testatae** Testament

testātiō ⟨testātiōnis⟩ F ||testari||
1 Anrufung zum Zeugen, **foederis** eines Vertrags
2 Zeugenaussage

testātor ⟨testātōris⟩ M ||testari|| *Suet.* Verfasser eines Testaments, Erblasser

testātus ⟨a, um⟩ ADJ ||testari|| bezeugt, offenkundig

testiculus ⟨ī⟩ M ||testis²|| Hoden; *Pers. fig* Manneskraft

testi-ficārī ⟨or, ātus sum 1.⟩ ||testis¹, facere||
1 (*unkl.*) zum Zeugen nehmen; **Stygiae numen ~** *Ov.* die Gottheit des Styx als Zeugen anrufen
2 bezeugen, feierlich versichern, *absolut od aliquid* etw, +AcI/+indir Fragesatz

testificātiō ⟨testificātiōnis⟩ F ||testificari||
1 Bezeugung, Zeugenbeweis
2 Kundgebung

testimōnium ⟨ī⟩ N ||testis¹||
1 Zeugnis vor Gericht, Zeugenaussage, *alicuius* j-s, *in aliquem* gegen j-n
2 Beweis, *alicuius rei* von etw, für etw

testis¹ ⟨testis⟩ M u. F
1 Zeuge, Zeugin vor Gericht; **testem dare in aliquem** einen Zeugen bestellen gegen j-n; **aliquem testem adhibere/aliquo teste uti** j-n als Zeugen nehmen
2 *fig* Zeuge, Augenzeuge

testis² ⟨testis⟩ M, *meist* PL Hoden

testū N *nur abl* (*unkl.*) Schüssel, Tongefäß; **testu ferre** in der Schüssel tragen

testūdineus ⟨a, um⟩ ADJ ||testudo||
1 *poet* schildkrötenartig; **gradus ~** Schildkrötenschritt, langsamer Schritt
2 *poet* mit Schildpatt belegt; **testudinea lyra** *Prop.* mit Schildpatt belegte Leier

testūdō ⟨testūdinis⟩ F ||testu||
1 Schildkröte; *meton* Schildpatt
2 *fig* Gegenstände in der Form des Schildkrötenpanzers: Laute, Lyra; MIL hölzernes Schutzdach, Schilddach; gewölbte Halle; *Mart.* Schale des Seeigels

testula ⟨ae⟩ F ||testa|| (*nachkl.*) Tontäfelchen, Scherbe; **testularum suffragia** *Nep.* Scherbengericht

tē-te *pers Pr akk verstärktes te*; → tu

tetendī → tendere

tēter ⟨tētra, tetrum⟩ ADJ – **taeter**

Tēthȳs ⟨Tēthyos⟩ F MYTH Meeresgöttin, Tochter des Uranos u. der Gaia, Gattin des Okeanos (Oceanus); *meton* Meer

tetigī → tangere

tetrachmum ⟨ī⟩ N (*unkl.*) Vierdrachmenstück, *griech. Silbermünze*

tetracōlon ⟨ī⟩ N ||tetracolos|| METR viergliedrige Periode

tetracōlos ⟨tetracōlon⟩ ADJ viergliedrig

tetragōnum ⟨ī⟩ N Viereck

tetragrammatos ⟨tetragrammaton⟩ ADJ aus vier Buchstaben bestehend

tetraō ⟨tetraōnis⟩ F *Suet.* Auerhahn

tetrarchēs ⟨tetrarchae⟩ M Tetrarch, Herrscher über ein Viertel des Reiches; Vasallenfürst, Regent

tetrarchia ⟨ae⟩ F Tetrarchie, Gebiet eines Tetrarchen, Teil eines Reiches

tetrasticha ⟨tetrastichōn⟩ N ||tetrastichos|| (*nachkl.*) *poet* Vierzeiler

tetrastichos ⟨tetrastichon⟩ ADJ vier Zeilen enthaltend

tetrastȳlos ⟨tetrastȳlon⟩ ADJ mit vier Säulen

tetricus ⟨a, um⟩ ADJ (*unkl.*) finster, streng

Teucer ⟨Teucrī⟩ M
1 MYTH Sohn des Telamon, Halbbruder des Aias (Aiax), bester Bogenschütze der Griechen vor Troja
2 MYTH König von Troja

Teucrī ⟨ōrum⟩ M die Trojaner

Teucria ⟨ae⟩ F Land um Troja, Troas

Teucrius, Teucrus¹ ⟨a, um⟩ ADJ troisch

Teucrus² ⟨ī⟩ M = Teucer

Teus ⟨ī⟩ F = Teos

Teutoburgiēnsis saltus M Teutoburger Wald, *Ort der Varusschlacht 9 n. Chr.*

Teutones ⟨Teutonum⟩ M, **Teutonī** ⟨ōrum⟩ M die Teutonen, *germ. Volk an der Nord- u. Ostsee, das 113 v. Chr. mit den Kimbern in das Röm. Reich eindrang u. von Marius 102 v. Chr. bei Aquae Sextiae geschlagen wurde*

Teutonicus ⟨a, um⟩ ADJ teutonisch; *allg.* germanisch; (*mlat.*) deutsch

texere ⟨texō, texuī, textum 3.⟩
1 weben, flechten, *aliquid re/ex re* etw aus etw; **tegumenta corporum texta** *Cic.* gewebte Kleidung für die Körper
2 *fig* zusammenfügen; *schriftl.* verfassen
3 **telam ~** ein Gewebe beginnen

tēxī → tegere

textile ⟨textilis⟩ N ||textilis|| Gewebe

textilis ⟨textile⟩ ADJ ||texere|| gewebt, geflochten; **pestis ~** vergiftetes Gewand

testudo – „Schildkröte"

scutum – Schild

▶ deutsch: **Textilien**

textor ⟨textōris⟩ M ‖texere‖ Weber

textōrium ⟨ī⟩ N ‖textorius‖ *Sen.* Spinnengewebe

textōrius ⟨a, um⟩ ADJ ‖textor‖ (*nachkl.*) das Weben betreffend

textrīnum ⟨ī⟩ N ‖textrinus‖ Webstube, Weberei

textrīnus ⟨a, um⟩ ADJ ‖textor‖ (*nachkl.*) das Weben betreffend

textrīx ⟨textrīcis⟩ F ‖textor‖ (*nachkl.*) *poet* Weberin

textum ⟨ī⟩ N ‖texere‖ Gewebe; *fig* Gefüge; **pinea texta** Schiffe; **texta rosis facta** Rosenkranz

textūra ⟨ae⟩ F = **textum**

textus¹ ⟨a, um⟩ PPP → texere

textus² ⟨textūs⟩ M ‖texere‖

① = **textum**

② *fig* Zusammenhang der Rede, Text

texuī → texere

Thāis ⟨Thāidis u. Thāidos⟩ F *griech. weiblicher Vorname*

① Hetäre aus Athen, im Gefolge Alexanders des Großen, später Geliebte von Ptolemaios I.

② Titel einer Komödie des Menander

thalamēgus ⟨ī⟩ F *Suet.* Gondel

thalamus ⟨ī⟩ M

① Zimmer, *bes* Schlafzimmer

② Ehebett; *meton* Ehe; **expers thalami** *Verg.* unverheiratet; **thalamos pactos deserere** *Verg.* die Verlobung lösen

thalassicus ⟨a, um⟩ ADJ *Plaut.* Meer..., Seemanns...

thalassinus ⟨a, um⟩ ADJ *Lucr.* meergrün

Thalēa ⟨ae⟩ F = **Thalia**

Thalēs ⟨Thalētis u. Thalis⟩ M *griech. Philos. aus Milet, um 600 v. Chr., Begründer der ionischen Naturphilosophie, einer der Sieben Weisen*

Thalīa ⟨ae⟩ F

① Muse der heiteren Dichtkunst u. der Komödie

② bei Hesiod eine der Grazien

③ Meernymphe

thallus ⟨ī⟩ M (*nachkl.*) *poet* grüner Zweig

Thamyrās ⟨Thamyrae⟩ M, **Thamyris** ⟨Thamyridis⟩ M MYTH *thrakischer Sänger, unterlag im Wettstreit mit den Musen*

Thapsitānus ⟨ī⟩ M Einwohner von Thapsos

Thapsos, Thapsus ⟨ī⟩ F

① Stadt an der Ostküste Siziliens, heute Magnisi

② *Stadt an der Nordküste Afrikas, bekannt durch den Sieg Caesars über die Pompejaner, 46 v. Chr.*

theātrālis ⟨theātrāle⟩ ADJ ||theatrum|| Theater...; **theatrales operae** Theaterclaqueure, *bezahlte Beifallklatscher im Theater*

theātrum ⟨ī⟩ N

① Theater, Zuschauerraum

② Amphitheater, Zirkus

③ *meton* Theaterpublikum; (*nachkl.*) *allg.* die Zuschauer; ~ **Orpheum** die Zuhörer des Orpheus

④ *fig* Bühne, Wirkstätte

▷ deutsch: **Theater**
englisch: **theatre**
französisch: **théâtre**
spanisch: **teatro**
italienisch: **teatro**

Thēbae ⟨ārum⟩ F Theben

① *die siebentorige, von König Kadmos gegründete Hauptstadt von Böotien*

② *ehemalige Hauptstadt Oberägyptens*

③ *das homerische Theben in Mysien*

Thēbaicus ⟨a, um⟩ ADJ aus Theben, von Theben

Thēbais ⟨Thēbaidis⟩ F Thebanerin, *auch Titel eines Epos des Statius*

Thēbānus ⟨a, um⟩ ADJ thebanisch, aus Theben

Thēbē ⟨Thēbēs⟩ F (*nachkl.*) = **Thebae**

Thēbēs campus M ||Thebai|| *feuchte Gegend s. vom Ida*

thēca ⟨ae⟩ F

① Büchse, Kapsel

② Futteral

③ (*mlat.*) Bibliothek; Keller

thema ⟨thematis⟩ N (*nachkl.*)

① Thema, Gegenstand *einer Darstellung*

② ASTRON Konstellation, Stellung der Sterne *zur Geburtszeit eines Menschen*

Themis ⟨Themidis⟩ F MYTH *griech. Göttin der Gerechtigkeit u. der ungeschriebenen Gesetze*

Themistoclēs ⟨Themistoclis u. Themistoclī⟩ M *athen. Staatsmann u. Feldherr, Sieger von Salamis 480 v. Chr.*

Themistoclēus ⟨a, um⟩ ADJ des Themistokles

thēnsaur... = **thesaur...**

Theocritus ⟨ī⟩ M *bukolischer Dichter aus Syrakus, 3. Jh. v. Chr.*

theodiscus ⟨a, um⟩ ADJ (*mlat.*) volkstümlich; deutsch; **theodisca lingua** die altfränkische Volkssprache *z. Zt. Karls des Großen*

Theodōrus ⟨ī⟩ M *griech. Vorname*

① *Sophist aus Byzanz*

② *kyrenischer Sophist, Zeitgenosse des Sokrates*

③ *Rhetor aus Gadara, Lehrer des Kaisers Tiberius*

theogonia ⟨ae⟩ F Ursprung der Götter, *Titel eines Werkes des Hesiod*

theologia ⟨ae⟩ F (*vkl.*)

① Lehre von den Göttern und den göttlichen Dingen

② (*mlat.*) Theologie

theologus ⟨ī⟩ M

① Gottesgelehrter

② (*mlat.*) Theologe

Theophrastus ⟨ī⟩ M *griech. Philos. aus Lesbos, um 330 v. Chr., Schüler des Plato u. Aristoteles, Mitbegründer der älteren Akademie, Verfasser einer Charakterkunde*

Theopompius ⟨a, um⟩ ADJ ||Theopompus|| des Theopomp, zu Theopomp gehörig

Theopompus ⟨ī⟩ M *griech. Historiker aus Chios, um 330 v. Chr., Schüler des Isokrates*

theotiscus ⟨a, um⟩ ADJ (*mlat.*) = **theodiscus**

Thēra ⟨ae⟩ F *Kykladeninsel nördlich von Kreta, heute Santorin*

Thēraeus ⟨a, um⟩ ADJ aus Thera, zu Thera gehörig

Thēraeus ⟨ī⟩ M Einwohner von Thera

thermae ⟨ārum⟩ F warme Quellen, Bäder; Thermen *der Römer*

thermipōlium ⟨ī⟩ N = **thermopolium**

Thermōdōn ⟨Thermōdontis⟩ M *Fluss im Pontus, Heimat der Amazonen*

thermopōlium ⟨ī⟩ N *Plaut.* Gastwirtschaft mit Ausschank von warmen Getränken

thermopotāre ⟨ō, āvī, -1.⟩ mit einem warmen Getränk erfrischen

Thermopylae ⟨ārum⟩ F die Thermopylen, *passartiger Durchgang zwischen Oita-Gebirge u. Meer s. von Lamia, berühmt durch die Verteidigung durch die Spartaner unter Leonidas 480 v. Chr. gegen die Perser*

thermulae ⟨ārum⟩ F ||thermae|| *Mart.* = **thermae**

Thersītēs ⟨Thersītae⟩ M

① *durch Frechheit u. Hässlichkeit bekannter Grieche vor Troja*

② Lästermaul

thēsaurārius ⟨a, um⟩ ADJ Schatz...; **fur ~** *Plaut.* Schatzdieb

thēsaurus ⟨ī⟩ M

① Schatz, Reichtum

② *meton* Schatzkammer

③ (*nachkl.*) *fig* Vorratskammer

④ *fig* Fundgrube

Thēsēius ⟨a, um⟩ ADJ des Theseus; *allg.* athenisch

Thēseūs ⟨Thēseī⟩ u. Thēseos⟩ M MYTH *König von Athen, attischer Heros, tötete den Minotaurus, fand durch die Hilfe von Ariadne aus dem Labyrinth*

Thēseus ⟨a, um⟩ ADJ des Theseus, *auch* athenisch

Thēsīdēs ⟨Thēsidae⟩ M Nachkomme des Theseus, *bes* = **Hippolytos**; *allg.* Athener

theatrum – Theater

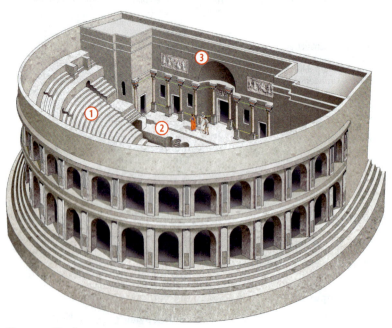

1 cavea – Zuschauerraum
2 proscaenium, pulpitum – Bühne
3 scaena frons – Hintergrundwand

Lange waren nur Theaterbauten erlaubt, die nach Ende der Spielsaison wieder beseitigt wurden. Erst 55 v. Chr. ließ **Pompeius** das erste steinerne Theater in Rom bauen. Die Bühne lag vor einem mehrgeschossigen Bühnenbau, der als Kulisse und Künstlerzugang diente. Ein halbkreisförmiger freier Platz vor der Bühne war den Magistraten vorbehalten. Daran anschließend erhoben sich Stufenreihen mit mehreren Zugängen für die Zuschauer. In solchen Theatern wurden Tragödien, Komödien, Possen (**mimus**) und Pantomimen (**pantomimus**) aufgeführt.

RÖMISCHES LEBEN

thesis ⟨thesis, *akk* thesin, *abl* thesī⟩ F
1 RHET Annahme, These
2 METR Senkung *im Versfuß*; ↔ arsis
Thespiades ⟨Thespiadum⟩ F ||Thespiae|| die Musen
Thespiae ⟨ārum⟩ F *Stadt in Böotien am Helikon, geringe Reste*
Thespias ⟨Thespiadis⟩ ADJ F, **Thespiēnsis** ⟨Thespiēnsis⟩ M *aus Thespia, von Thespia;* **Thespiades dea** Muse
Thespis ⟨Thespidis⟩ M *aus Athen, Zeitgenosse Solons, ältester Dichter der attischen Tragödie*

Thessalia ⟨ae⟩ F Thessalien, *Landschaft im N Griechenlands*
Thessalicus ⟨a, um⟩ ADJ, **Thessalis** ⟨Thessalidis⟩ ADJ F thessalisch
Thessalis ⟨Thessalidis⟩ F Thessalierin
Thessalius, Thessalus ⟨a, um⟩ ADJ thessalisch
Thessalonīca ⟨ae⟩ F, **Thessalonīcē** ⟨Thessalonīcēs⟩ F *makedonische Küstenstadt, heute Saloniki*
Thessalonīcēnsis ⟨Thessalonīcēnsis⟩ M Einwohner von Thessalonike

thermae – die Kunst des Bades

Das tägliche Bad war den Römern wichtig. Da nur wenige Häuser eigene Bäder hatten, gab es öffentliche Badeanstalten, die Thermen. Meist gehörten dazu:

palaestra	Sportplatz
apodyterium	Umkleideraum
caldarium	Warmwasserbecken
tepidarium	lauwarmes Wasserbecken
frigidarium	Kaltwasserbecken
natatio	Schwimmbecken

Die Anlagen verfügten z. T. über Fußboden- und Wandheizungen aus Hohlziegeln. Die Ruinen der Thermen sind immer noch imposant, z. B. die Caracalla-Thermen in Rom (ca. 350 Meter lang, über 320 Meter breit). In Deutschland sind Ruinen der Kaiser-Thermen in Trier (3. Jahrhundert n. Chr.) erhalten.

WORTSCHATZ

Thessalus ⟨ī⟩ M̄ Thessalier
Thestiadēs ⟨Thestiadae⟩ M̄ Nachkomme des Thestius
Thestias ⟨Thestiadis u. Thestiados⟩ F̄ Nachfahrin des Thestius, = Leda
Thestius ⟨ī⟩ M̄ MYTH König von Ätolien, Vater der Leda
Thestoridēs ⟨Thestoridae, *akk* Thestoriden⟩ M̄ Sohn des Thestor, = Kalchas
theta N̄ indekl griech. Buchstabe, Abk für thanatos (Tod, Todesstrafe) auf den Stimmtäfelchen der Griechen
Thetis ⟨Thetidis⟩ F̄ MYTH Nereide, Gattin des Peleus, Mutter des Achill; *meton* Meer; **temptare Thetim ratibus** mit Flößen sich aufs Meer wagen
thiasus ⟨ī⟩ M̄ Bacchusreigen, orgiastischer Tanz zu Ehren des Bacchus; *meton* tanzender Chor
Thisbē ⟨Thisbēs⟩ F̄ schöne Babylonierin, Geliebte des Pyramus
Thoās ⟨Thoantis⟩ M̄ = **Thoas**
Thoantēus ⟨a, um⟩ ADJ des Thoas, *auch* taurisch; → Thoas 1
Thoantias ⟨Thoantiadis⟩ F̄ Tochter des Thoas, = Hypsipyle; → Thoas 2
Thoās ⟨Thoantis⟩ M̄
  1 MYTH König von Lemnos
  2 MYTH König von Tauris, bei dem Iphigenie als Priesterin der Artemis war
tholus ⟨ī⟩ M̄ Kuppeldach eines Tempels
thōrāx ⟨thōrācis⟩ M̄ Brustpanzer; MED Brustkorb
Thrācia ⟨ae⟩ F̄ Landschaft im NO von Griechenland u. ö. von Makedonien
Thrācius ⟨a, um⟩ ADJ thrakisch
Thraecidica ⟨ōrum⟩ N̄ ||Thraex|| thrakische Waffen
Thraecius ⟨a, um⟩ ADJ ||Thracia|| thrakisch
Thrae(i)ssa ⟨ae⟩ F̄ Thrakerin
Thraex ⟨Thraecis⟩ M̄ Thraker, bekannt als Kriegervolk; Gladiator in thrakischer Rüstung
thrasciās ⟨thrasciae⟩ M̄ Nordnordwestwind
Thrasybūlus ⟨ī⟩ M̄ athen. Politiker, stürzte 403 v. Chr. die 30 Tyrannen
Thrāx ⟨Thrācis⟩ M̄ = **Thraex**
Thrēcius, Thrēicius ⟨a, um⟩ ADJ = **Thracius**
Thrēssa ⟨ae⟩ F̄ = **Thraessa**
thronus ⟨ī⟩ M̄ erhöhter Sitz, Thron
Thūcȳdidēs ⟨Thūcȳdidis *u.* Thūcȳdidī⟩ M̄ bedeutendster athen. Geschichtsschreiber, ca. 455–400 v. Chr., Verfasser der Geschichte des Peloponnesischen Krieges 431–404 v. Chr.
Thūcȳdidēus ⟨a, um⟩ ADJ des Thukydides
Thūlē ⟨Thūlēs⟩ F̄ nicht genau identifizierte Insel im hohen N; **ultima ~** = äußerster Norden
thunnus ⟨ī⟩ M̄ = **thunus**
Thūriae ⟨ārum⟩ F̄, **Thūriī** ⟨ōrum⟩ M̄ Nachfolgestadt von Sybaris
Thūrīnum ⟨ī⟩ N̄ Gebiet um Thurii *im heutigen Kalabrien*
Thūrīnus ⟨a, um⟩ ADJ aus Thurii, von Thurii
Thūrīnus ⟨ī⟩ M̄ Einwohner von Thurii
thūs ⟨thūris⟩ N̄ = **tus**¹
thya ⟨ae⟩ F̄ = **citrus**
Thybris ⟨Thybridis⟩ M̄ = **Tiberis**
Thyestēs ⟨Thyestae *u.* Thyestis⟩ M̄ Sohn des Pelops, Bruder des Atreus, zeugte mit seiner eigenen Tochter den Ägisth
Thyestēus ⟨a, um⟩ ADJ des Thyestes
Thyestiadēs ⟨Thyestiadae⟩ M̄ Nachkomme des Thyestes, = Ägisth
Thyïas ⟨Thyïadis⟩ F̄ *poet* Bacchantin
thyius ⟨a, um⟩ ADJ = **citreus**
thȳlacista ⟨ī⟩ M̄ Plaut. scherzhaft für einen mahnenden Gläubiger
Thȳlē ⟨Thȳlēs⟩ F̄ = **Thule**
thymbra ⟨ae⟩ F̄ Satureja, würziges Küchenkraut
thymelā ⟨ae⟩ F̄, **thymelē** ⟨thymelēs⟩ F̄ (*spätl.*) Thymele, Standplatz des Chorführers in der Mitte der Orchestra, später Orchester, Bühne
thymelicus ⟨a, um⟩ ADJ zur Thymele gehörig, theatralisch; **ludi thymelici** Spiele mit Gesang und Tanz
thymum ⟨ī⟩ N̄, **thymus** ⟨ī⟩ M̄ (*nachkl.*) *poet* Thymian
thynnus ⟨ī⟩ M̄ (*unkl.*) Thunfisch
Thyōnē ⟨Thyōnēs⟩ F̄ Name der vergöttlichten Semele, von Zeus Mutter des Dionysos
Thyōnēus ⟨Thyōneī⟩ M̄ = **Dionysos**

Thyōniānus ⟨ī⟩ M̄ *meton* Wein
thyrsi-ger ⟨thyrsigera, thyrsigerum⟩ ADJ
||thyrsus, gerere|| *Sen.* den Thyrsus tragend
thyrsus ⟨ī⟩ M̄
■ Stängel
■ Thyrsus, *der mit Efeu u. Weinlaub umwundene Stab des Dionysos/Bacchus, den die Bacchantinnen trugen; fig* Symbol der dichterischen Inspiration
■ *fig* Stachel
■ *fig* männliches Glied
Ti. *Abk* = **Tiberius**
tiāra ⟨ae⟩ F̄, **tiārās** ⟨tiārae⟩ M̄ (*unkl.*) Turban *orientalischer Herrscher; fig* Diadem
▶ deutsch: Tiara
Tib. *Abk* = **Tiberius**
Tiberiānus ⟨a, um⟩ ADJ des Tiberius
Tiberīnis ⟨Tiberīnidis⟩ ADJ F ||Tiberis|| des Tiber
Tiberīnus
A ⟨a, um⟩ ADJ ||Tiberis|| des Tiber
B ⟨ī⟩ M̄ Tiber; Flussgott Tiber, *einst* MYTH König von Alba Longa, ertrank im Fluss Albula, der daraufhin nach ihm umbenannt wurde
Tiberiolus ⟨ī⟩ M̄ ||Tiberius|| der liebe Tiberius
Tiberis ⟨Tiberis⟩ M̄ Tiber, *Fluss durch Rom, früher Albula, umbenannt, nachdem der König Tiberinus in ihm ertrunken war, heute Tevere;* Flussgott Tiber
Tiberius ⟨ī⟩ M̄ *röm. Vorname;* ~ **Claudius Nero** *Nachfolger des Augustus, röm. Kaiser 14–37 n. Chr.*

▶ **Tiberius**

Claudius Nero Tiberius (42 v. Chr. – 37 n. Chr.) war der Sohn von **Tiberius Claudius Nero** und **Livia Drusilla**, die in zweiter Ehe mit **Augustus** verheiratet war. 12 v. Chr. heiratete Tiberius auf Wunsch des Augustus dessen Tochter **Iulia**. 4 v. Chr. wurde er von Augustus adoptiert und folgte ihm 14 n. Chr. auf dem Thron nach. Entgegen anders lautender Geschichtsschreibung war Tiberius ein kluger Staatsmann, ein geschickter Feldherr und ein guter Verwalter des Reiches.

GESCHICHTE ◀

tībia ⟨ae⟩ F̄ (*nachkl.*)
■ *poet* Schienbein
■ *meton* Rohrflöte, *meist pl, da zwei mit einem Mundstück verbundene Flötenrohre bzw. zwei getrennte Flöten gleichzeitig gespielt wurden;* ~ **dextra** Diskantflöte; ~ **sinistra** Bassflöte; **tibiae impares** Doppelflöte; **tibiis canere** Flöte spielen
tībiālia ⟨tībiālium⟩ N̄ ||tibia|| *Suet.* Beinbinden; (*mlat.*) Strumpfhose
tībī-cen ⟨tībīcinis⟩ M̄ ||tibia, canere||
■ Flötenspieler; **ad tibicinem** mit Flötenbe-

▶ **tibiae: das Blasinstrument der Römer**

Zweifellos gehört die **tibia** zu den wichtigsten Musikinstrumenten der Römer. Dieses Blasinstrument etruskischen Ursprungs setzte sich meist aus zwei Lagen zusammen, weshalb oft auch von **tibiae** die Rede ist. Als Material wurde Schilfrohr, Lotosholz, Knochen, Elfenbein oder Erz verwendet. Sie wurde im Kult ebenso verwendet wie im Theater und war zudem ein sehr beliebtes Virtuoseninstrument. **tibicen** hieß der Flötenspieler.

RÖMISCHES LEBEN ◀

gleitung
■ *fig* Pfeiler, Säule; **urbs tenui tibicine fulta** auf dünnem Pfeiler stehende Stadt
tībīcina ⟨ae⟩ F̄ ||tibicen|| Flötenspielerin
tībīcinium ⟨ī⟩ N̄ ||tibicen|| Flötenspiel
Tibullus ⟨ī⟩ M̄ *röm. Beiname;* **Albius** ~ *röm. Elegiker, 54–19 v. Chr., Freund des Horaz u. Ovid*
Tibur ⟨Tiburis⟩ F̄ *alte, hoch gelegene Stadt in Latium, Luftkurort der Römer, heute Tivoli*
Tiburnus ⟨a, um⟩ ADJ aus Tibur, von Tibur
Tiburnus ⟨ī⟩ M̄ Einwohner von Tibur, *auch* = **Tiburtus**
Tiburs ⟨Tiburtis⟩ M̄ Einwohner von Tibur
Tiburtīnum ⟨ī⟩ N̄ Landgut bei Tibur
Tiburtīnus ⟨a, um⟩ ADJ aus Tibur, von Tibur
Tiburtīnus ⟨ī⟩ M̄ Einwohner von Tibur
Tiburtus ⟨ī⟩ M̄ MYTH *Gründer von Tibur*
Tīcīnum ⟨ī⟩ N̄ *Stadt an der Mündung des Ticinus in den Po, heute Pavia*
Tīcīnus ⟨ī⟩ M̄ *Nebenfluss des Po, heute Ticino/Tessino*
tigillum ⟨ī⟩ N̄ ||tignum|| (*unkl.*) kleiner Balken
Tigillus ⟨ī⟩ M̄ ||tigillum|| *Beiname Jupiters, der die Welt zusammenhält*

tīgnārius ⟨a, um⟩ ADJ ||tignum|| zum Bauholz gehörig; **faber ~** Cic. Zimmermann
tīgnum ⟨ī⟩ N Balken; **~ trāversum** Querbalken; **~ cavum** Fahrzeug
Tigrānēs ⟨Tigrānis⟩ M Name armenischer Könige
Tigrānocerta ⟨ae⟩ F u. ⟨ōrum⟩ N Hauptstadt von Armenien, Überreste im Quellgebiet des Tigris
tigris ⟨tigris u. tigridis⟩ M u. F
1 Tiger
2 Name des Tigerhundes des Aktaion (Actaeon)
3 ein Schiff
Tigris ⟨Tigris u. Tigridis⟩ M Fluss in Mesopotamien
Tigurīnī ⟨ōrum⟩ M helvetischer Stamm um die heutigen Städte Bern u. Fribourg
tilia ⟨ae⟩ F (nachkl.) poet Linde
Tīmaeus ⟨ī⟩ M
1 pythagoreischer Philos., Zeitgenosse Platos
2 Titel eines Dialogs Platos
3 griech. Geschichtsschreiber in Sizilien, ca. 356–260 v. Chr.
time-facere ⟨faciō, -, factum 3.⟩ in Furcht versetzen, erschrecken
timendus ⟨a, um⟩ ADJ ||timere|| (nachkl.) poet furchtbar, schrecklich, alicui für jdn
timēns ⟨timentis⟩ ADJ ||timere|| ängstlich
timēre ⟨eō, uī, - 2.⟩
1 fürchten, sich fürchten, absolut od aliquem j-n, vor j-m, aliquid etw, vor etw, ab aliquo vor j-m, de re wegen etw, in Bezug auf etw, alicui rei für etw, ne dass, ne non/ut dass nicht
2 mit Angst wahrnehmen, +Acl
3 sich scheuen, +inf; **~ nomen referre in tabulas** sich scheuen den Namen in die Schuldnerliste einzutragen
4 es aufnehmen müssen, aliquem mit j-m
⚠ **Timeō Danaōs et dōna ferentēs.** Verg. Ich fürchte die Danaer, auch wenn sie Geschenke bringen. Warnung des trojanischen Priesters Laokoon, als er das trojanische Pferd sah
timiditās ⟨timiditātis⟩ F ||timidus|| Ängstlichkeit, Schüchternheit
timidus ⟨a, um, adv timidē⟩ ADJ ||timere|| ängstlich, schüchtern
Tīmōlus ⟨ī⟩ M **~ Tmōlus**
Tīmōn ⟨Tīmōnis⟩ M Menschenfeind in Athen z. Zt. des Perikles
timor ⟨timōris⟩ M
1 Furcht, Besorgnis, alicuius j-s od vor j-m, alicuius rei einer Sache od vor etw, ab aliquo vor j-m, de re wegen etw, in Bezug auf etw, alicui rei für etw, ne dass, ne non/ut dass nicht; pl Befürchtungen; **~ bellī** Angst vor einem Krieg; **~ Deī** (eccl.) Gottesfurcht; **in timōre esse** in Sorge sein; **timōrem alicui inicere/incutere** j-m Angst einjagen; **in magnō timōre esse** in großer Sorge sein od große Furcht verursachen
2 Ängstlichkeit, Schüchternheit
3 poet religiöse Scheu, Ehrfurcht
4 Gegenstand der Furcht, Schrecken
Timor ⟨Timōris⟩ M Furcht, Entsetzen, Gottheit u. Dämon
timōrātus ⟨a, um⟩ ADJ ||timor|| (eccl.) gottesfürchtig
Tīmotheus ⟨ī⟩ M athenischer Feldherr
tīncta ⟨ōrum⟩ N ||tingere|| Buntes
tīnctilis ⟨tīnctile⟩ ADJ ||tingere|| Ov. flüssig; **tīnctile virus** flüssiges Gift
tīnctor ⟨tīnctōris⟩ M ||tingere|| Färber
tīnctus ⟨a, um⟩ PPP → tingere
tinea ⟨ae⟩ F (unkl.) Motte; Raupe
Tinge, Tingi akk ⟨Tingin⟩ F Stadt in Mauretanien, heute Tanger
tingere ⟨tingō, tīnxī, tīnctum 3.⟩
1 befeuchten, bestreichen, aliquid re etw mit etw, **tunicam sanguine** die Tunika mit Blut; **fondem medicāmine ~** die Quelle vergiften
2 in etw eintauchen, aliquid re/in re etw in etw
3 poet färben, **comam** das Haar
Tingitānus ⟨a, um⟩ ADJ ||Tingi|| aus Tingi, von Tingi
tinnīmentum ⟨ī⟩ N ||tinnire|| Plaut. Geklingel
tinnīre ⟨iō, īvī, ītum 4.⟩ (vkl., nachkl.)
1 klingeln, klimpern
2 mit klingender Münze bezahlen
3 (vkl., nachkl.) fig laut singen, schreien
tinnītus ⟨tinnītūs⟩ M ||tinnire|| (nachkl.) Klingen, Geklimper, oft pl; **tinnītūs dare** erklingen; **tinnītūs ciēre** Geklingel ertönen lassen
▶ deutsch: Tinnitus
tinnulus ⟨a, um⟩ ADJ ||tinnire|| klingend, klingelnd
tintinnābulum ⟨ī⟩ N ||tintinnare|| (unkl.) Klingel, Schelle
tintinnāculus ⟨a, um⟩ ADJ ||tintinnare|| Plaut. klingelnd, schallend
tintin(n)āre ⟨ō, -, - 1.⟩ ||tinnire|| klingen; **aurēs tintinnant** Catul. die Ohren klingen
tīnus ⟨ī⟩ F Verg., Ov.⟩ Schneeball, eine Pflanze mit weißen Blüten
tīnxī → tingere
Tīphys ⟨Tīphyos⟩ M Steuermann der Argo
tippula ⟨ae⟩ F Plaut. Wasserspinne
Tīresiās ⟨Tīresiae⟩ M blinder Seher in Theben
Tīridātēs ⟨Tīridātis⟩ M Vorname in Armenien, bes von Königen
tīrō ⟨tīrōnis⟩ M
1 Rekrut; Anfänger; adj noch ungeübt, in re/re alicuius rei in etw; **callidus ōrātor et nūllā in re ~** Cic. ein gewandter und auf keinem Gebiet unerfahrener Redner; **sūmptā virīlī veste ~** Hor. ein junger Mann, der soeben die Männerkleidung angelegt hat
2 (mlat.) Knappe; Page

Tīrō ⟨Tīrōnis⟩ M Freigelassener Ciceros, bekannt als Erfinder der Stenographie

tīrōcinium ⟨ī⟩ N ||tiro||
1. MIL Rekrutenzeit; **~/rudimenta tirocinii deponere** den ersten Feldzug mitmachen
2. *meton* die Rekruten
3. *fig* Unerfahrenheit; erstes Auftreten
4. (*mlat.*) Turnier

tīrunculus ⟨ī⟩ M ||tiro|| (*nachkl.*) junger Soldat; *fig* Anfänger, Neuling

Tīryns ⟨Tīrynthis⟩ F sehr alte Stadt in der Argolis, dort wurde der Sage nach Herkules erzogen, Ruinen n. des heutigen Nauplia

Tīrynthia ⟨ae⟩ F = Alkmene, Mutter des Herkules

Tīrynthius ⟨a, um⟩ ADJ aus Tiryns, von Tiryns

Tīrynthius ⟨ī⟩ M Einwohner von Tiryns, *bes* = Herkules

tisana ⟨ae⟩ F = ptisana
tisanārium ⟨ī⟩ N = ptisanarium

Tīsiphonē ⟨Tisiphonēs⟩ F eine der drei Erinnyen

Tīsiphonēus ⟨a, um⟩ ADJ
1. der Tisiphone, zu Tisiphone gehörig
2. zu den Erinnyen gehörig, verbrecherisch

Tītān ⟨Tītānis⟩ M Titan; *meist pl* die Titanen, altes Göttergeschlecht, die sechs Söhne des Uranos u. der Gaia, von Zeus besiegt u. in den Tartaros geschleudert hatte

Tītānia ⟨ae⟩ F Titanentochter
Tītānicus ⟨a, um⟩ ADJ titanisch, Titanen...
Tītānis ⟨Tītānidis⟩ F Titanentochter
Tītānis ⟨Tītānidis u. Tītānidos⟩ ADJ, **Tītānius** ⟨a, um⟩ ADJ titanisch, Titanen...
Tītānus ⟨ī⟩ M = Titan
Tīthōnius ⟨a, um⟩ ADJ des Tithonus
Tīthōnus ⟨ī⟩ M Gatte der Eos/Aurora, in eine Heuschrecke verwandelt
titibil(l)īcium ⟨ī⟩ N Plaut. Kleinigkeit

Titiēnsēs ⟨Titiēnsium⟩, **Titiēs** ⟨Titium⟩ M
1. Angehörige der drei patriz. Tribus in Rom; → Ramnes u. → Luceres
2. die Angehörigen der gleichnamigen Ritterzenturie

tītillāre ⟨ō, -, -1.⟩ kitzeln; *fig* reizen; **~ sēnsūs** Lucr. die Sinne reizen

tītillātiō ⟨tītillātiōnis⟩ F ||titillare|| Kitzeln; *fig* Reiz

tītillus ⟨ī⟩ M ||titillare|| Phaedr. Kitzel, Reiz

Titius ⟨a, um⟩
A. *röm. Gentilname.*
B. ADJ von Titus Tatius angeordnet; **Titii sodales** vom Sabinerkönig Titus Tatius gegründetes Priesterkollegium

titubanter ADV ||titubare|| schwankend, unsicher

titubantia ⟨ae⟩ F ||titubare|| Wanken; *Suet. fig* Stammeln

titubāre ⟨ō, āvī, ātum 1.⟩
1. (*nachkl.*) *poet* wanken, taumeln; **titubatus** schwankend (geworden)
2. *fig* unsicher sein
3. *fig* einen Fehler machen, *re* bei etw
4. *fig* stammeln, stocken

titubātiō ⟨titubātiōnis⟩ F ||titubare|| Wanken; *Suet. fig* Stottern

titulāre ⟨ō, āvī, ātum 1.⟩ ||titulus|| (*spätl., eccl.*) benennen, betiteln

titulus ⟨ī⟩ M
1. Anschlag, Bekanntmachung *an zur Vermietung od zum Verkauf stehenden Häusern u. Dingen*; **ire sub titulum** durch Anschlag zum Kauf angeboten werden; **mittere aliquid sub titulum** etw zum Verkauf bringen
2. Aufschrift, Etikett; **legum latarum tituli** *Tac.* die Titel der erlassenen Gesetze
3. (*nachkl.*) *poet* Buchtitel
4. *fig* Ehrenbezeichnung; *meton* Ansehen; *pl* ruhmvolle Taten; **regis ~** Königstitel
5. (*nachkl.*) *poet* Vorwand; **sub titulo aequandarum legum** unter dem Vorwand der Gleichheit vor den Gesetzen

▷ deutsch: **Titel**
  englisch: **title**
  französisch: **titre**
  spanisch: **titulo**
  italienisch: **titolo**

Titus ⟨ī⟩ M röm. Vorname, abgek. T.

▶ **Titus**

Titus Flavius Vespasianus (39 - 81 n. Chr.), der älteste Sohn des späteren Kaisers **Vespasian**, führte ab 67 n. Chr., zunächst zusammen mit seinem Vater, den Oberbefehl bei der Niederschlagung eines Aufstands in Iudäa. 70 n. Chr. eroberte und zerstörte er Jerusalem. 79 n. Chr. folgte er Vespasian auf den Thron nach. Seine Regierung gilt als milde und gemäßigt. In Rom ist heute noch der Titusbogen zu sehen mit Szenen von der Eroberung Jerusalems und der Plünderung des Tempels.

GESCHICHTE ◁

Tityos ⟨ī⟩ M Sohn der Gaia, Riese auf Euböa, von Artemis u. Apollo getötet; in der Unterwelt zerhackt ein Geier seine immer wieder nachwachsende Leber

Tītyrus ⟨ī⟩ M
1. Hirtenname in Vergils Bucolica; Hirt
2. = Vergils Bucolica; = Vergil

Tmōlius
A. ⟨a, um⟩ ADJ von Tmolus
B. ⟨ī⟩ M Ov. Wein von Tmolus

Tmōlus ⟨ī⟩ M Gebirge u. Stadt bei Sardes

tocullio ⟨tocullionis⟩ F̄ Wucherer
todillus ⟨a, um⟩ ADJ *Plaut.* dünn
tōfīnus ⟨a, um⟩ ADJ ||tofus|| *Suet.* aus Tuffstein
tōfus ⟨ī⟩ M̄ (*nachkl.*) *poet* Tuffstein
toga ⟨ae⟩ F̄ ||tegere||

1 Toga, *das röm. Obergewand der Männer über der Tunika, ein halbkreisförmiges Stück Wollstoff, so umgelegt, dass die linke Hand u. der rechte Arm frei blieben, meist weiß, in dunklem naturfarbenem Wollstoff Zeichen der Trauer u. der ärmeren Schichten;* **~ praetexta** Toga mit breitem Purpurstreifen, *Tracht der frei geborenen Jungen u. der obersten Beamten;* **~ pura/virilis** Männertoga, *die gewöhnliche Toga der Männer ohne Streifen*

2 Kleidung im Frieden; *meton* Friede; **in toga egregie facere** *Tac.* im Frieden Hervorragendes leisten

3 *meton* Beredsamkeit, öffentliche Tätigkeit

4 P̄L *Mart. meton* die Klienten

5 *meton* Dirne, *die keine Stola tragen durfte*

togāta ⟨ae⟩ F̄ ||toga||

1 (*erg.* fabula) röm. Lustspiel, *mit röm. Themen u. Stoffen*

2 Straßenmädchen

togātārius ⟨ī⟩ M̄ ||togatus|| *Suet.* Schauspieler in einer fabula togata

togātulus ⟨ī⟩ M̄ ||togatus|| *Mart.* Klient

togātus

A ⟨a, um⟩ ADJ ||toga|| mit der Toga bekleidet, echt römisch; **gens togata** die Römer; **ancilla togata** Straßenmädchen

B ⟨ī⟩ M̄

1 römischer Bürger; Bürger im Friedenskleid

2 Klient

togula ⟨ae⟩ F̄ ||toga|| kleine Toga, hübsche Toga

Tolbiacum ⟨ī⟩ N̄ *Stadt in Gallia Belgica, heute* Zülpich

tolennō ⟨tolennōnis⟩ M̄ (*vkl., nachkl.*) Hebebalken, Hebemaschine

tolerābilis ⟨tolerābile, *adv* tolerābiliter⟩ ADJ ||tolerare||

1 erträglich, leidlich, *alicui* für j-n; **inopia vix ~** *Liv.* kaum erträgliche Not

2 geduldig

tolerandus ⟨a, um⟩ ADJ ||tolerare|| erträglich; **condiciones tolerandae** *Liv.* erträgliche Bedingungen

tolerāns ⟨tolerantis, *adv* toleranter⟩ ADJ ||tolerare|| geduldig ertragend, *aliquid/alicuius rei* etw; **toleranter dolorem pati** *Cic.* den Schmerz geduldig ertragen; **laborum ~** *Tac.* Mühen geduldig ertragend

▶ deutsch: **tolerant**

tolerantia ⟨ae⟩ F̄ ||tolerans|| geduldiges Ertragen, Geduld

tolerāre ⟨ō, āvī, ātum 1.⟩

1 ertragen, aushalten, *aliquem/aliquid* j-n/etw, +inf/+AcI; **sumptūs ~** den Aufwand bestreiten; **obsidionem ~** die Belagerung aushalten; **tributa ~** die Steuern aufbringen; **sitim re ~** den Durst mit etw stillen

2 noch aushalten, *absolut*; **longius ~ posse parcendo** *Caes.* durch Sparsamkeit noch länger aushalten können

3 erträglich machen, **alicui egestam** j-m die Not

4 notdürftig erhalten; **vitam ~** das Leben fristen

5 genügen, *aliquid* einer Sache, **moenia** seinen Pflichten

tolerātiō ⟨tolerātiōnis⟩ F̄ ||tolerare|| Kraft zu ertragen

Tolētānus ⟨ī⟩ M̄ Einwohner von Toletum

▶ toga – Kleidungsstück der Bürger

Traditionelle Kleidung des römischen Bürgers bei offiziellen Anlässen, ursprünglich aus Wolle, meist weiß, bei gewöhnlichen Leuten und bei Trauer dunkel (**pulla**). Die Toga wurde über der **tunica** getragen. Sie bestand aus einem halbkreisförmigen oder ellipsenförmigen Stück Stoff, das kunstvoll um den Körper gelegt wurde; der rechte Arm blieb frei. Unterschieden wurden folgende Arten der Toga:

toga praetexta	mit einem breiten Purpurstreifen *für Priester, Würdenträger und Jungen*
toga virilis / pura	einfache Toga ohne Streifen *ab dem 17. Lebensjahr*
toga picta	purpurne Toga mit goldenen Sternen *für siegreichen Feldherrn während des Triumphzugs*

In der Kaiserzeit wurde die Toga mehr und mehr durch einen mantelartigen Überwurf aus Wolle (**lacerna**), oft mit Kapuze, ersetzt.

WORTSCHATZ ◀

Tolētum ⟨ī⟩ N̄ Stadt in Hispania Tarraconensis, heute Toledo

tollēnō ⟨tollēnōnis⟩ M̄ = **tolenno**

tollere ⟨tollō, sustulī, sublātum 3.⟩

1. aufheben, hochheben
2. von der Erde aufheben
3. aufnehmen, zu sich nehmen
4. erheben, beginnen
5. erheben, verherrlichen
6. ermutigen, aufrichten
7. wegbringen, entfernen
8. aufheben, beenden
9. vernichten, vereiteln
10. nehmen
11. verschweigen, weglassen

1 aufheben, hochheben; *passiv u.* **se ~** sich erheben; *von Pflanzen* emporwachsen; **iacentem ~** einen Liegenden vom Boden aufheben; **aliquem in crucem ~** j-n kreuzigen; **aulaea ~** die Theatervorhänge aufziehen; **ignem e specula ~** Signalfeuer aufleuchten lassen; **ancoras ~** die Anker lichten; **sortes ~** Lose ziehen; **onera ~** Lasten auf sich nehmen

2 *fig* ein neugeborenes Kind von der Erde aufheben, als sein eigenes anerkennen *u.* aufziehen; ein Kind mit einer Frau zeugen

3 in ein Fahrzeug aufnehmen, zu sich nehmen; *perf* an Bord haben

4 *fig* erheben, beginnen

5 *fig* erheben, verherrlichen; **aliquem laudibus in caelum ~** j-n durch Lobesreden in den Himmel heben

6 *fig* ermutigen, aufrichten; **animum ~** den Mut heben, *auch* Mut fassen; **animum alicui ~** j-n ermutigen; **victoriā sublatus** stolz auf den Sieg

7 wegbringen entfernen, *auch fig*; **alicui aliquid ~** j-m etw wegnehmen; **mensam ~** den Tisch abdecken; **deos ~** die Existenz der Götter leugnen

8 *fig* aufheben; beenden; **legem ~** ein Gesetz aufheben; **bellum ~** den Krieg beenden

9 *fig* vernichten, vereiteln; **memoriam alicuius rei ~** die Erinnerung an etw auslöschen; **nomen ex libro ~** den Namen aus dem Buch ausstreichen; **alicui spem ~** j-m die Hoffnung nehmen

10 *fig* Zeit nehmen; *passiv* verloren gehen; **diem dicendo ~** durch Reden einen Tag nehmen

11 *fig* verschweigen, weglassen, **auctorem ~** den Urheber

Tolōsa ⟨ae⟩ F̄ Stadt in Gallia Narbonensis, heute Toulouse

Tolōsānus ⟨a, um⟩ ADJ aus Tolosa, von Tolosa

Tolōsātēs ⟨Tolōsātium⟩ M̄ die Einwohner von Tolosa

Tolōsēnsis ⟨Tolōsēnse⟩ ADJ aus Tolosa, von Tolosa

tolūtārius ⟨a, um⟩ ADJ ‖tolutim‖ trabend; **equus ~** *Sen.* Traber

tolūtim ADV ‖tollere‖ (*vkl., nachkl.*) im Trab

tomāc(u)lum ⟨ī⟩ N̄ *Petr., Iuv.* Wurst

tōmentum ⟨ī⟩ N̄ *Suet.* Polsterfüllung

Tomī ⟨ōrum⟩ M̄, **Tomis** ⟨Tomidis⟩ F̄ Stadt am Westufer des Schwarzen Meeres, Verbannungsort Ovids, heute Constanza in Rumänien

Tomītae ⟨ārum⟩ M̄ die Einwohner von Tomi

Tomītānus ⟨a, um⟩ ADJ aus Tomi, von Tomi

tomus ⟨ī⟩ M̄

1 Einband, Titelstreifen *einer Bücherrolle*

2 Band *eines aus mehreren Büchern bestehenden Werkes*; Werk, Buch

tonāre ⟨ō, uī, - 1.⟩

A VI

1 donnern; **tonat** es donnert; **tonans** der Donnerer, = Saturn, Jupiter; (*mlat.*) Gott

2 *fig* laut tönen, krachen

3 *vom Redner* laut reden

B VT laut ertönen lassen, laut singen, aliquem von j-m

tondēre ⟨tondeō, totondī, tōnsum 2.⟩

1 scheren, rasieren, **barbam** den Bart

2 *passiv* sich scheren, sich scheren lassen

3 (*nachkl.*) *fig* Bäume *u.* Pflanzen beschneiden, mähen; **ilex tonsa bipennibus** *Hor.* mit Äxten behauene Eiche; **equi tondentes campum** *Verg.* das Land abweidende Pferde; **violas manu ~** *Prop.* Veilchen mit der Hand pflücken

tonitrus ⟨tonitrūs⟩ M̄, **tonitruum** ⟨ī⟩ N̄, **tonitruus** ⟨tonitruūs⟩ M̄ ‖tonare‖ Donner, Donnerschlag

tonor ⟨tonōris⟩ M̄ *Quint.* Betonung einer Silbe

tōnsa ⟨ae⟩ F̄ ‖tondere‖ Ruder

tōnsilis ⟨tōnsile⟩ ADJ ‖tondere‖ (*nachkl.*) beschneidbar; beschnitten

tōnsilla[1] ⟨ae⟩ F̄ *Verg.* Name des Meervogels ciris

tōnsilla[2] ⟨ae⟩ F̄ ‖tonsa‖ (*vkl.*) feuchtes Ufergebiet, *an das die Schiffe herangezogen werden*

tōnsillae ⟨ārum⟩ F̄ Mandeln *im Hals*

tōnsor ⟨tōnsōris⟩ M̄ ‖tondere‖ Barbier, Friseur

tōnsorātus ⟨a, um⟩ ADJ (*mlat.*) geschoren, zum Priester geweiht

tōnsōrius ⟨a, um⟩ ADJ ‖tonsor‖ Scher..., Rasier...; **culter ~** Rasiermesser

tōnstrīcula ⟨ae⟩ F̄ ‖tonstrix‖ *pej* Bartkratzerin

tōnstrīna ⟨ae⟩ F̄, **tōnstrīnum** ⟨ī⟩ N̄ ‖tonsor‖ Barbierstube

tōnstrīx ⟨tōnstrīcis⟩ F̄ ‖tonsor‖ Friseurin

tōnsūra ⟨ae⟩ F ||tondere||
1 Scheren, Schur
2 (mlat.) Tonsur, *rasierte Stelle auf dem Kopf als Kennzeichen katholischer Geistlicher*

tōnsus¹ ⟨a, um⟩ PPP → tondere

tōnsus² ⟨tōnsūs⟩ M ||tondere|| (vkl.) Haarschnitt, Haartracht

tonuī → tonare

tonus ⟨ī⟩ M
1 Ton *eines Instruments, einer Silbe*
2 Silbe
3 Donner
4 (mlat.) Wortlaut

topanta N indekl PL Petr. das Ganze

topāzos, topāzus ⟨ī⟩ F (spätl.) Topas, *ein Halbedelstein*

tōph... = tof...

topiāria ⟨ae⟩ F ||topiarius|| Kunstgärtnerei

topiārius
A ⟨a, um⟩ ADJ zur Kunstgärtnerei gehörig
B ⟨ī⟩ M Kunstgärtner

topica ⟨ōrum⟩ N Topik, Sammlung von Gemeinplätzen, *Titel einer Schrift des Aristoteles u. einer lat. Bearbeitung durch Cicero*

topographia ⟨ae⟩ F (spätl.) Ortsbeschreibung

topothesia ⟨ae⟩ F Beschreibung der Lage eines Ortes

toral ⟨torālis⟩ N ||torus|| Hor. Bettdecke

torcular ⟨torculāris⟩ N, **torcul(āri)um** ⟨ī⟩ N ||torquere|| (vkl., nachkl.) Kelter, Presse

tōrensitāre ⟨ō, -, -. 1.⟩ ||tondere|| Plaut. scheren

toreuma ⟨toreumatis⟩ N getriebene Arbeit, Relief

tormentum ⟨ī⟩ N ||torquere||
1 Winde
2 Schleudermaschine; *meton* Geschoss
3 Folterwerkzeug, Marterwerkzeug
4 *fig* Druck, Marter

tormina ⟨torminum⟩ N ||torquere|| Kolik

torminōsus ⟨a, um⟩ ADJ ||tormina|| an einer Darmkrankheit leidend

tornamentum ⟨ī⟩ N (mlat.) Turnier, Kampf

tornāre ⟨ō, āvī, ātum 1.⟩ ||tornus|| drechseln, *auch fig*, **sphaeram** eine Kugel; **versūs male tornati** Hor. schlecht gedrechselte Verse; **pilulas ~** (mlat.) Pillen drehen

tornus ⟨ī⟩ M (nachkl.) Drechslerwerkzeug, Meißel

torōsus ⟨a, um⟩ ADJ ||torus|| (nachkl.) poet muskulös, fleischig

torpēdō ⟨torpēdinis⟩ F ||torpere||
1 = torpor
2 Zitterrochen

torpēre ⟨eō, uī, - 2.⟩
1 (nachkl.) poet erstarrt sein, unbeweglich sein; **gelu ~** vor Kälte erstarrt sein
2 *fig* in träger Ruhe verharren
3 (unkl.) geistig gelähmt sein, betäubt sein

torpēscere ⟨torpēscō, torpuī, - 3.⟩ ||torpere||
1 (nachkl.) poet erstarren
2 träge werden
3 *geistig* erlahmen

torpidus ⟨a, um⟩ ADJ ||torpere|| (nachkl.) erstarrt, betäubt, **re** durch etw, vor etw, über etw

torpor ⟨torpōris⟩ M ||torpere|| Betäubung, Erstarrung; Trägheit

torpuī → torpere *u.* → torpescere

torquātus ⟨a, um⟩ ADJ ||torques|| mit einer Halskette geschmückt; **Alecto colubris torquata** Alekto, den Hals mit Schlangen umwunden

Torquātus ⟨a, um⟩ röm. Beiname in der gens Manlia; → Manlius

torquēre ⟨torqueō, torsī, tortum 2.⟩
1 drehen, winden; **oculos ad moenia ~** die Augen auf die Mauern richten; **stamina pollice ~** Fäden mit dem Finger spinnen; **nox medios cursūs torquet** die Nacht läuft in der Mitte ihrer Kreisbahn; **aquas ~** das Wasser aufwühlen; **capillos ferro ~** die Haare kräuseln; **anguis torquetur** die Schlange windet sich; **torta quercus** Eichenkranz
2 (nachkl.) poet kreisen lassen; **aliquid in orbem ~** etw im Kreis herumgehen lassen; **terra circum axem se torquet** die Erde dreht sich um ihre Achse
3 wälzen, wegwenden, *aliquid a re* etw von etw
4 *Geschosse* schleudern, werfen, **hastam** eine Lanze
5 verdrehen, verrenken, *auch fig*; **ius omne ~** alles Recht verdrehen
6 foltern, ein Verhör anstellen; **aliquem mero ~** j-m Wein zu trinken geben um ihn auszuhorchen
7 *fig* lenken, leiten; **bella ~** den Gang der Kriege lenken
8 *fig* quälen, beunruhigen, *aliquem re* j-n durch etw, j-n mit etw; **torqueri, ne** sich fürchten, dass

torquēs, torquis ⟨torquis⟩ M u. F ||torquere||
1 Halskette
2 Verg. Zuggeschirr *für Tiere*

torrēns
A ⟨torrentis⟩ ADJ ||torrere|| (nachkl.)
1 glühend, heiß
2 schnell fließend, reißend
B ⟨torrentis⟩ M Wildbach; *fig* Redefluss

torrēre ⟨torreō, torruī, tostum 2.⟩
1 trocknen, dörren, **fruges** Früchte
2 rösten, backen; **farra ~** Brot backen; **tosta liba** Kuchen

3 ausdörren

4 *fig* durchglühen *von der Liebe*

torrēs ⟨torris⟩ F ||torrere|| *Lucr.* sengende Hitze

torrēscere ⟨ēscō, -, - 3.⟩ ||torrere|| *Lucr.* geröstet werden

torridus ⟨a, um⟩ ADJ ||torrere||

1 *von Hitze* gedörrt, trocken; **torridi fontes rivique** *Liv.* ausgetrocknete Quellen und Bäche

2 *durch Kälte* zusammengezogen; **pecora frigore torrida** durch die Kälte verkümmertes Vieh

3 *fig* mager; **macie ~** abgemagert

4 brennend, heiß; **aetas torrida** glutheißer Sommer

torris ⟨torris⟩ M *Verg., Ov.* brennendes Holzscheit

torsī → torquere

torta ⟨ae⟩ F ||tortus¹|| (spätl.) rundes Brot, rundes Gebäck

▶ deutsch: **Torte**

tortāre ⟨ō, -, - 1.⟩ ||torquere|| *Lucr.* foltern

tortilis ⟨tortile⟩ ADJ ||torquere|| gedreht, gewunden; **aurum tortile** Goldkette

tortor ⟨tortōris⟩ M ||torquere|| Folterknecht

tortula ⟨ae⟩ F ||torta|| (spätl.) Törtchen

tortuōsus ⟨a, um⟩ ADJ ||tortus²||

1 voller Windungen, gewunden

2 *fig* verwickelt

3 *fig* unverständlich; *vom Charakter* gewunden; **ingenium tortuosum** gewundenes Wesen

tortūra ⟨ae⟩ F ||torquere||

1 Krümmung, Verrenkung

2 (mlat.) Folterung

tortus¹ ⟨a, um⟩ ADJ ||torquere||

1 (vkl.) *poet* gedreht, gewunden; *fig* verschlungen; **via torta** verschlungener Weg

2 *Plaut. fig* spitzfindig

tortus² ⟨ūs⟩ M ||torquere|| *poet* Krümmung, Windung

tortus³ ⟨a, um⟩ PPP → torquere

torulus ⟨ī⟩ M ||torus|| (*Plaut., nachkl.*) Wulst, *bes* Haarschopf

torus ⟨ī⟩ M (vkl., nachkl.)

1 Wulst, zusammengedrehtes Seil; **tori et iubae** *fig* wuchtige Darstellung

2 Muskel; **lacertorum tori** *Cic.* Armmuskeln

3 Erhebung

4 Kissen; Bett

5 Totenbahre

6 Ehebett; *meton* Ehe

torvitās ⟨torvitātis⟩ F ||torvus|| (*nachkl.*) *fig* finsteres Aussehen, Strenge

torvus ⟨a, um, *adv* torviter⟩ ADJ (*nachkl.*)

1 *poet* finster, wild aussehend;

2 streng, schrecklich

tōsillae ⟨ārum⟩ F = tonsillae

tōstrīna ⟨ae⟩ F = tonstrina

tostus ⟨a, um⟩ PPP → torrere

tot indekl NUM, adj u. subst so viele; nur so viele; *oft korrespondierend mit* quot; **tot homines** so viele Menschen; **tot ex amicis tuis** so viele von deinen Freunden

tōtāliter ADV ||totus|| (spätl.) ganz, völlig

toti-dem indekl NUM ||tot||

A ADJ ebenso viele

B Subst. *Hor.* ebenso viel

totiē(n)s ADV ||tot||

1 so oft

2 *Hor.* ebenso oft

totondī → tondere

tōtum ⟨ī⟩ N ||totus|| das Ganze; **ex parte totum intellegere** aus einem Teil das Ganze erkennen

tōtus ⟨a, um, tōtīus, *dat* tōtī⟩ ADJ

1 ganz, ungeteilt; **tota Gallia** ganz Gallien; **~ sum vester** ich bin ganz der Eure

2 PL alle, insgesamt

toxicon, toxicum ⟨ī⟩ N (nachkl.) *poet* Gift, Pfeilgift

▶ deutsch: **toxisch**

tr. Abk

1 = **tribunus** Tribun

2 = **tribunicius** des Tribunen, tribunizisch

trā... *auch* = **trans...**

trabālis ⟨trabāle⟩ ADJ ||trabs||

1 Balken...; **clavus ~** *Hor.* Balkennagel; **trabali clavo figere aliquid** etw niet- und nagelfest machen

2 balkenartig, balkenstark

trabea ⟨ae⟩ F ||trabs||

1 Trabea, Staatskleid, *weiße Tunika mit purpurroten Querstreifen, von Romulus getragen, dann von den Konsuln u. Rittern übernommen*

2 *fig* Ritterstand

trabeātae ⟨ārum⟩ F röm. Dramen, *wahrscheinlich nach den in ihnen dargestellten Rittern benannt*

trabeātus ⟨a, um⟩ ADJ ||trabea|| im Königskleid, im Staatskleid

trabs ⟨trabis⟩ F

1 Balken, *bes* Querbalken

2 *meton* Baum, Baumstamm; **silva frequens trabibus** baumreicher Wald

3 Schiff; Dach; **cava ~** hohler Stamm, Boot

4 feurige Lufterscheinung

5 männliches Glied

6 Fisch

Trāchīn ⟨Trāchīnis⟩ F Stadt in Thessalien am Fuß des Oeta-Gebirges, Sterbeort des Herkules

Trāchīniae ⟨ārum⟩ F die Trachinerinnen, *Tragödie des Sophokles*

Trāchīnius ⟨a, um⟩ ADJ aus Trachin, trachinisch

Trāchīnius ⟨ī⟩ M Einwohner von Trachin,

Trachiner
tractābilis ⟨tractābile, *adv* tractābiliter⟩ ADJ ||tractare||
① berührbar; **caelum non tractabile** stürmischer Himmel
② *fig von Personen* zugänglich, freundlich, gütig

tractāre ⟨ō, āvī, ātum 1.⟩ ||trahere||
① (*vkl.*) herumziehen, herumzerren; **aliquem comis ~** j-n an den Haaren ziehen
② betasten, anfassen; **fila lyrae ~** die Saiten der Leier schlagen; **venena ~** Gifte mischen
③ handhaben; *allg.* gebrauchen; **ceram pollice ~** Wachs mit dem Daumen kneten; **gubernacula ~** das Steuer führen
④ *fig* verwalten, betreiben; **personam/partes ~** eine Rolle spielen; **vitam honeste ~** das Leben ehrenhaft zubringen; **animos ~** auf die Gemüter einwirken
⑤ *fig* behandeln; **socios crudeliter ~** die Bundesgenossen grausam; **aliquem liberaliter ~** j-n großzügig bewirten; **se ita in re ~, ut** sich so in einer Sache benehmen, dass
⑥ *fig etw* untersuchen, sich mit *etw* beschäftigen, *aliquid*
⑦ *fig* abhandeln, besprechen, *aliquid etw*, +*indir Fragesatz*; **res tragicas comice ~** tragische Dinge nach Komödienart behandeln
⑧ (*nachkl.*) *fig* über *etw* verhandeln, *aliquid/de re*, **condiciones/de condicionibus** über Bedingungen
▶ deutsch: **traktieren**

tractātiō ⟨tractātiōnis⟩ F ||tractare||
① Handhabung, Gebrauch; **~ armorum** *Cic.* Umgang mit Waffen
② *fig* Behandlung von *etw*, Beschäftigung mit *etw*, *alicuius rei*; **~ orationis** *Cic.* Bearbeitung einer Rede
③ *fig* Benehmen, Verhalten; **mala ~** schlechtes Benehmen
④ RHET besonderer Gebrauch *eines Wortes*
⑤ RHET ausführliche Abhandlung, Untersuchung

tractātor ⟨tractātōris⟩ M ||tractare||
① *Sen.* Masseur
② (*eccl.*) Ausleger, Erklärer

tractātrīx ⟨tractātrīcis⟩ F ||tractator|| Masseurin

tractātus ⟨ūs⟩ M ||tractare||
① = **tractatio**
② (*nachkl.*) Erörterung, Abhandlung
③ (*eccl.*) Predigt

tractim ADV ||trahere||
① nach und nach
② *Plaut.* ziehend; **~ tangere aliquem** j-m eins überziehen
③ (*nachkl.*) *poet* langsam

tractum ⟨ī⟩ N ||trahere|| *Tib.* zum Spinnen vorbereitete Wolle

tractus¹ ⟨a, um⟩ ADJ ||trahere||
① herstammend, ausgehend, *a re* von etw
② *fig* fließend, flüssig; **oratio tracta** flüssige Redeweise

tractus² ⟨tractūs⟩ M ||trahere||
① Ziehen, Zug; **rota tractu gemens** beim Fortziehen knarrendes Rad
② Bahn, Lauf
③ *fig* langsamer Verlauf, Verzögerung; **~ belli** schleppende Kriegsführung
④ *fig* Ausdehnung, Verlauf
⑤ *fig* Landstrich, Gegend; **~ nubium** Wolkenräume
⑥ RHET verhaltener Stil

tractus³ ⟨a, um⟩ PPP → **trahere**

trā-dere ⟨dō, didī, ditum 3.⟩ ||dare||

① übergeben, aushändigen
② anvertrauen, überlassen
③ empfehlen
④ ausliefern
⑤ sich hingeben, sich widmen
⑥ hinterlassen, vererben
⑦ überliefern, erzählen
⑧ vortragen, lehren

① übergeben, aushändigen, *alicui aliquid* j-m etw; **alicui testamentum legendum ~** j-m das Testament zum Lesen aushändigen; **per manus aliquid ~** etw von Hand zu Hand geben; **alicui aliquid per manus ~** j-m etw direkt übergeben; **aliquem alicui de manu in manum ~** j-n j-m ans Herz legen; **alicui filiam ~** die Tochter mit j-m verheiraten; **alicui decem satellites ~** j-m zehn Leibwächter als Schutz mitgeben
② anvertrauen, überlassen, **alicui custodiam navium** j-m die Bewachung der Schiffe
③ empfehlen, *aliquem/aliquid alicui* j-n/etw j-m
④ ausliefern; verraten; **aliquem vinctum regi ~** j-n gefesselt dem König ausliefern; **urbem militibus diripiendam ~** die Stadt den Soldaten zur Plünderung preisgeben; **regnum hostibus ~** das Reich an die Feinde verraten
⑤ **se ~** sich hingeben, sich widmen, *alicui rei* einer Sache
⑥ hinterlassen, vererben; **mos alicui traditus est a maioribus** eine Sitte ist j-m von den Vorfahren vererbt worden
⑦ überliefern, erzählen; **posteris/memoriae ~** der Nachwelt überliefern; **tradunt** man berichtet, +*AcI*; **traditur/traduntur** man berichtet, es wird erzählt, +*NcI*

nominativus cum infinitivo

Der NcI (**nominativus cum infinitivo**) ist ein ins Passiv gesetzter AcI (**accusativus cum infinitivo**).
Mater aegrota esse dicitur. (NcI) Sie sagen, die Mutter sei krank.
Matrem aegrotam esse dicunt. (AcI)
Eine wörtliche Übersetzung (*Die Mutter wird gesagt, krank zu sein.*) ist im Deutschen nur in den seltensten Fällen möglich. Es bieten sich folgende Möglichkeiten an:
Von der Mutter wird gesagt, sie sei krank.
Die Mutter ist angeblich krank.
Die Mutter ist – wie sie sagen – krank.
Für das Zeitverhältnis im NcI gelten dieselben Regeln wie im AcI (→ Info-Fenster **accusativus cum infinitivo**)

GRAMMATIK

---

8 vortragen, lehren
trā-didī → trado
trāditiō ⟨trāditiōnis⟩ F ‖tradere‖
1 Auslieferung, Übergabe, *alicui* an j-n; **~ oppidi** Übergabe der Stadt
2 (*nachkl.*) *fig* Überlieferung, Tradition
3 (*nachkl.*) *fig* Vortrag, Lehre
4 (*nachkl.*) *fig* Bericht, *alicuius rei* von etw, über etw; **~ supremorum** Bericht über das Sterben
trāditor ⟨trāditōris⟩ M ‖tradere‖ Verräter

trā-dūcere ⟨dūcō, dūxī, ductum 3.⟩

1 hinüberführen, hindurchführen
2 übersetzen
3 versetzen
4 hinüberziehen
5 vorüberführen, vorbeiführen
6 verhöhnen, lächerlich machen
7 sich zeigen
8 bekannt machen
9 verbringen
10 zu etw verwenden

1 hinüberführen; hindurchführen; **copias ex Gallia in castra ~** Truppen aus Gallien ins Lager führen; **copias per fines Sequanorum ~** Truppen durch das Gebiet der Sequaner hindurchführen
2 übersetzen, über *etw* führen, *aliquem aliquid/re* j-n über etw; **exercitum flumen ~** das Heer über einen Fluss führen
3 *in einen Zustand* versetzen, *in aliquid/ad aliquid* in etw; **aliquem ad metum ~** j-n in Angst versetzen; **inimicitias ad amicitiam ~** Feindschaft in Freundschaft verwandeln; **centuriones ad superiores ordines ~** Zenturionen in höhere Ränge befördern
4 hinüberziehen; **ad/in suam sententiam ~** auf seine Seite bringen

5 vorüberführen, vorbeiführen; **victimas in triumpho ~** die Opfer im Triumphzug vorüberführen; **der Musterung gut bestanden haben**, *vom Ritter*
6 (*nachkl.*) verhöhnen, lächerlich machen
7 **se ~** sich zeigen
8 bekannt machen, **carmina** Gedichte
9 *Zeit* verbringen; **vitam tranquille ~** das Leben ruhig zubringen
10 zu *etw* verwenden; auf *etw* anwenden; **curam in vitulos ~** Sorge auf die Kälber verwenden; **rationem ad id genus ~** die Methode auf diese Art anwenden
trāductiō ⟨trāductiōnis⟩ F ‖traducere‖
1 Versetzung *in einen Stand*
2 Verlauf *der Zeit*
3 *Sen.* Bloßstellung
4 RHET uneigentlicher Gebrauch eines Wortes, *bes* Metonymie, *das Ersetzen eines Begriffes durch einen ihm gedanklich naheliegenden*
trāductor ⟨trāductōris⟩ M ‖traducere‖ Überführer; **~ ad plebem** der Plebejermacher, *von Pompeius, weil dieser den Übertritt des Clodius in den Plebejerstand gefördert hatte*
trā-ductus ⟨a, um⟩ PPP → traducere
trādux ⟨trāducis⟩ M ‖traducere‖ *Tac.* Weinranke
trā-dūxī → traducere
tragicōmoedia ⟨ae⟩ F *Plaut.* Tragikomödie
tragicum ⟨ī⟩ N ‖tragicus‖ tragisches Pathos
tragicus
A ⟨a, um⟩ ADJ, ADV ⟨tragicē⟩
1 tragisch, in Tragödien dargestellt; **poema tragicum** Tragödie; **tragice** wie in der Tragödie
2 RHET erhaben, pathetisch
3 (*nachkl.*) *fig* traurig, schrecklich; **scelus tragicum** schreckliches Verbrechen
B ⟨ī⟩ M Tragödienschauspieler
tragoedia ⟨ae⟩ F

1. Trauerspiel, Tragödie, *auch fig*
2. PL Tragödienpathos
3. PL großer Lärm

tragoedus ⟨ī⟩ M Tragödienschauspieler
trāgula ⟨ae⟩ F
1. Wurfgeschoss mit Schwungriemen
2. *fig* Intrige

tragus ⟨ī⟩ M
1. Bocksgestank
2. *kleiner Seefisch*

traha ⟨ae⟩ F = **trahea**
trahāx ⟨trahācis⟩ ADJ *Plaut.* raffgierig
trahea ⟨ae⟩ F *Verg.* Walze zum Ausdreschen des Getreides

trahere ⟨trahō, trāxī, tractum 3.⟩

1. ziehen, schleppen
2. hin und her ziehen
3. mit sich fortziehen, fortschleppen
4. plündern, wegnehmen
5. hinter sich herziehen, nachschleppen
6. nach sich ziehen, verursachen
7. einziehen, auf sich ziehen
8. annehmen, bekommen
9. sich aneignen, an sich reißen
10. hervorziehen, herausziehen
11. herleiten, entnehmen
12. zusammenziehen
13. hinziehen, leiten
14. veranlassen, verleiten
15. auslegen, deuten
16. beziehen
17. überlegen, erwägen
18. in die Länge ziehen
19. hinziehen, verzögern
20. verbringen
21. hinhalten

▶ Die römische Tragödie

Wie die römische Komödie bezieht auch die Tragödie ihre Stoffe von griechischen Vorbildern, stellte jedoch eine römische Sonderform heraus, die **fabula praetexta**, in der die Schauspieler in der **toga** als römische Helden auftraten. Als erste Tragödie wurde die Bearbeitung eines griechischen Stoffes von **Livius Andronicus** in Rom zusammen mit einer Komödie 240 v. Chr. aufgeführt. Die wichtigsten Tragödiendichter waren **Ennius**, **Pacuvius**, **Accius**, sowie in der Kaiserzeit Seneca, von dem neun Tragödien erhalten sind.

RÖMISCHES LEBEN ◀

1. ziehen, schleppen; **currum ~** einen Wagen ziehen; **aliquem pedibus ~** j-n an den Füßen schleifen; **ramos per terram ~** die Zweige über den Boden schleifen
2. hin und her ziehen; *fig* zerrütten; **pecuniam ~** Geld verprassen
3. mit sich fortziehen, fortschleppen; **saxa secum ~** *von Flüssen* Felsbrocken mit sich führen
4. plündern; wegnehmen; **socios ~** die Bundesgenossen ausplündern; **partem doloris ~** einen Teil des Schmerzes wegnehmen
5. *(unkl.)* hinter sich herziehen, nachschleppen, **onera** Lasten
6. *(nachkl.)* nach sich ziehen, verursachen, **pudorem** Scham
7. *(nachkl.)* einziehen, auf sich ziehen; **aquam ~** Wasser trinken; **animam/spiritum ~** atmen; **ignes ~** *fig* Feuer fangen
8. *fig* annehmen, bekommen; **stipendia ~** Sold erhalten; **in exemplum ~** zum Vorbild nehmen; **multum ex vero traxisse** mit viel Wahrem versetzt sein
9. sich aneignen, an sich reißen; **gratiam sibi ~** Dank für sich fordern
10. hervorziehen, herausziehen; **suspiria ~** tief seufzen
11. *fig* herleiten, entnehmen; **originem ab aliquo ~** seine Herkunft von j-m herleiten
12. zusammenziehen; **vela ~** die Segel einziehen
13. hinziehen, leiten; *passiv* sich hingezogen fühlen, **ad aliquid** zu etw
14. *fig* veranlassen, verleiten, **ad arma** zum Krieg
15. auslegen, deuten; **aliquid in virtutem ~** etw als Tapferkeit auslegen; **ad religionem ~** als religiös bedenklich erachten; **auctores utroque trahunt** die Gewährsleute sind zwischen beiden Angaben geteilt
16. beziehen, *ad aliquid/in aliquid* auf etw; **nomen in urbem ~** den Namen auf die Stadt übertragen
17. *Sall.* überlegen, erwägen
18. in die Länge ziehen; *Wolle* spinnen
19. *fig* hinziehen, verzögern; **bellum ~** den Krieg in die Länge ziehen; **rem in serum ~** die Angelegenheit bis in den Abend hinziehen; **laborem ~** die Mühe lange aushalten
20. *Zeit* verbringen; **vitam ~** das Leben fristen
21. *(nachkl.)* hinhalten, **aliquem sermone** j-n durch ein Gespräch

▶ deutsch: **Traktor**

Trāiānus ⟨ī⟩ M vollständig M. Ulpius Traianus, *aus der röm. Kolonie Italica, röm. Kaiser 98–117 n. Chr.*

Traianus

Marcus Ulpius Traianus (53 - 117 n. Chr.) stammte aus Spanien. Er war der erste römische Kaiser, der aus einer Provinz kam. 97 n. Chr. wurde er von **Nerva** adoptiert, der ihn als Vermittler beim Heer einsetzte, um sich dessen Unterstützung zu sichern. Von Senat und Heer gleichermaßen geschätzt, wurde er nach dem Tod Nervas 98 n. Chr. zum Kaiser ausgerufen. Er erwies sich als guter Verwalter des Reiches, gab verschiedene öffentliche Bauten in Auftrag (u. a. **Forum Traianum**, **Aqua Traiana**, Brücken und Straßen) und war militärisch äußerst erfolgreich. Unter seiner Herrschaft erreichte das Römische Reich durch zahlreiche Eroberungen seine größte Ausdehnung.

GESCHICHTE

trā-icere ⟨iciō, iēcī, iectum 3.⟩

A transitives Verb
1. hinüberwerfen, hinüberbringen
2. übertragen
3. über einen Fluss übersetzen
4. überqueren, passieren
5. überwerfen
6. durchstoßen, durchbohren
7. durchbrechen

B intransitives Verb
hinüberfahren

— A transitives Verb —

VT
1. hinüberwerfen, hinüberbringen; **legiones in Siciliam ~** Legionen nach Sizilien hinüberbringen; **funem ~** das Tau um den Mastbaum schlingen
2. fig übertragen, **aliquid ex illius invidiā in te** etw von dessen Neid auf dich
3. MIL über einen Fluss übersetzen, transportieren; passiv u. **se ~** übersetzen, hinüberfahren, herüberdringen; **copias flumen ~** Truppen über den Fluss setzen lassen
4. (unkl.) eine Örtlichkeit überqueren, passieren; **flumen ~** den Fluss überqueren; **montem ~** das Gebirge passieren
5. überwerfen; **murum iaculo ~** den Spieß über die Mauer werfen
6. durchstoßen, durchbohren, **aliquem re** j-n mit etw, **alicui aliquid** j-m etw; **aliquem venabulo ~** j-n mit dem Jagdspieß durchbohren; **se ~** sich erstechen; **hosti femur tragulā ~** dem Feind den Schenkel mit dem Wurfspieß durchbohren
7. durchbrechen, **aciem** die Schlachtreihe

— B intransitives Verb —

VI hinüberfahren; fig herüberdringen; **nando ~** hinüberschwimmen; **malum traiciet ad nos** das Unglück wird auf uns übergreifen

trāiectiō ⟨trāiectiōnis⟩ F ||traicere||
1. Überfahrt, **maris** über das Meer
2. **~ stellae** Sternschnuppe
3. fig Hinüberschieben, **in alienum** auf einen anderen
4. fig Übertreibung
5. RHET Versetzung, Umstellung von Wörtern

trāiectus¹ ⟨trāiectūs⟩ M ||traicere||
1. Überfahrt, **in Britanniam** nach Britannien
2. meton Übergangsort

trā-iectus² ⟨a, um⟩ PPP → traicere

trālātus¹ ⟨trālātūs⟩ M ||transferre|| (nachkl.) feierlicher Aufzug, Prozession

trā-lātus² ⟨a, um⟩ PPP = **translatus**; → transferre

trā-loquī ⟨loquor, - 3.⟩ Plaut. hererzählen

trāma ⟨ae⟩ F (vkl., nachkl.)
1. Kette des Gewebes
2. fig Nichtigkeit

trāmes ⟨trāmitis⟩ M
1. Seitenweg, Fußpfad
2. poet Weg; Gang

trā-natāre, **trā-nāre** ⟨ō, āvī, ātum 1.⟩
A VT hinüberschwimmen, **ad suos** zu den Seinen
B VT durchschwimmen; fig durcheilen; **flumina ~** die Flüsse durchschwimmen

tranquillāre ⟨ō, āvī, ātum 1.⟩ ||tranquillus|| beruhigen

tranquillitās ⟨tranquillitātis⟩ F ||tranquillus||
1. Ruhe, Stille
2. Meeresstille, ruhiges Wetter
3. POL Friede, Ruhe
4. fig Gemütsruhe
5. (spätl.) Sanftmut, als Titel der späteren Kaiser

tranquillum ⟨ī⟩ N = **tranquillitas**; **in tranquillo** bei ruhigem Wetter, in Sicherheit

tranquillus ⟨a, um, adv tranquillē u. tranquillō⟩ ADJ
1. ruhig, still
2. fig friedlich

Tranquillus ⟨ī⟩ M röm. Beiname; → Suetonius

trāns
A PRÄF vor d, l, m, n, i, v, später auch vor anderen Konsonanten trā-, vor s trān-
1. über-; **trans-eo** hinüber-gehen
2. hindurch-, durch-; **trans-figo** durchbohren
3. darüber hinaus, jenseits; **trans-alpinus** jenseits der Alpen gelegen

B PRÄP +akk

TRAN

1 *auf die Frage „wohin?"* über, über ... hin, über ... hinaus; **~ Alpes transferre** über die Alpen bringen

2 *auf die Frage „wo?"* jenseits; **~ Rhenum incolere** jenseits des Rheins wohnen

trāns-abīre ⟨eō, iī, itum 0.⟩ *(nachkl.)* über etw hinausgehen, *aliquid;* fig durchbohren; **ensis transabiit costas** *Verg.* das Schwert durchdrang die Rippen

trānsāctor ⟨trānsāctōris⟩ M ‖transigere‖ Vermittler

trāns-āctus ⟨a, um⟩ PPP → transigere

trāns-adigere ⟨igō, ēgī, āctum 3.⟩ *(nachkl.)* durch *etw* stoßen, *etw* durchbohren, *aliquid*

trānsalpīnī ⟨ōrum⟩ M ‖transalpinus‖ jenseits der Alpen wohnende Völker

trāns-alpīnus ⟨a, um⟩ ADJ jenseits der Alpen gelegen

trān-scendere ⟨scendō, scendī, scēnsum 3.⟩ ‖scandere‖

A VT

1 überschreiben, übersteigen, **fossam** einen Graben

2 *fig* übertreten, verletzen, **prohibita** Verbote

B VI

1 hinübergehen, hinübersteigen, *in aliquid* zu etw, nach etw, **in Italiam** nach Italien

2 *fig* übergehen, *ad aliquid* zu etw

▷ deutsch: **Transzendenz**

trāns-cīdere ⟨cīdō, cīdī, cīsum 3.⟩ ‖caedere‖ *Plaut.* verhauen

trān-scrībere ⟨scrībō, scrīpsī, scrīptum 3.⟩

1 umschreiben, abschreiben

2 JUR umschreiben lassen, *aliquid in aliquem* etw auf j-n, **nomina in socios** Schuldposten auf die Bundesgenossen

3 *poet* schriftlich übertragen, schriftlich abtreten, *aliquid alicui/in aliquem* etw j-m; **sceptra colonis ~** die Herrschaft schriftlich den Siedlern abtreten

4 *in eine andere Stadt od an einen anderen Ort* versetzen

5 aufnehmen, **in viros** unter die Männer

trānscrīptiō ⟨trānscrīptiōnis⟩ F ‖transcribere‖

1 schriftl. Übertragung *auf einen anderen*

2 Schieben eines Verbrechens *auf einen anderen,* Entschuldigung

trāns-currere ⟨currō, currī/cucurrī, cursum 3.⟩

A VI

1 hinüberlaufen, hinlaufen, *in aliquid* in etw, *ad aliquid* zu etw

2 übergehen, **ad melius** zu etw Besserem

3 vorbeilaufen; *von der Zeit* schnell vergehen

B VT

1 schnell durcheilen, **cursum suum ~** seine Laufbahn

2 *Quint. von der Rede* kurz abhandeln

trānscursus ⟨trānscursūs⟩ M ‖transcurrere‖

1 Durchlaufen, RHET kurzer Überblick

2 Vorbeilaufen

trāns-d... = **tra-d...**

trāns-ēgī → transigere

trānsenna ⟨ae⟩ F

1 *(vkl., nachkl.)* Vogelnetz; *fig* Fallstrick

2 Gitter

trāns-eō → transire

---

trāns-ferre ⟨ferō, tulī, lātum 0.⟩

1 hinübertragen, hinüberbringen

2 vorbeitragen

3 versetzen, verlegen

4 lenken, wenden

5 übertragen

6 abschreiben

7 übertragen, übersetzen

8 im übertragenen Sinn gebrauchen

9 verwandeln

10 verschieben

---

1 hinübertragen, hinüberbringen; **signa ~ ad aliquem** mit fliegenden Fahnen übergehen zu j-m; **se in aedem ~** sich in den Tempel begeben

2 *(nachkl.)* vorbeitragen, **in triumpho militaria signa** im Triumphzug militärische Abzeichen

3 versetzen, verlegen; **castra trans Peneum ~** das Lager über den Peneus verlegen; **bellum in Africam ~** den Kriegsschauplatz nach Afrika verlegen

4 lenken, wenden; **se ad aliquid ~** sich einer Sache zuwenden

5 übertragen, *in aliquid* auf etw, *in aliquem/aliquem* auf j-n; *passiv* übergehen; **possessiones ad alienos ~** Besitzungen auf andere übergehen lassen; **summam imperii ad Athenienses ~** den Athenern den Oberbefehl übertragen

6 abschreiben, **aliquid in tabulas** etw in Listen

7 übertragen, übersetzen, **ex Graeco in Latinum** vom Griechischen ins Lateinische

8 *Wörter* im übertragenen Sinn gebrauchen; **verba translata** Metaphern

9 *(nachkl.)* verwandeln, *in aliquid* in etw

10 verschieben, **se in proximum annum** seine Bewerbung auf das nächste Jahr

trāns-fīgere ⟨fīgō, fīxī, fīxum 3.⟩

1 durchbohren, *aliquid re* etw mit etw, **scutum ferro** den Schild mit dem Schwert

2 hindurchstoßen, **hastam** eine Lanze

trāns-figūrāre ⟨ō, āvī, ātum 1.⟩ umgestalten, verwandeln, *auch fig*

trāns-fodere ⟨fodiō, fōdī, fossum 3.⟩ = **transfigere**

trāns-forāre ⟨ō, -, - 1.⟩ durchbohren

trāns-fōrmāre ⟨ō, āvī, ātum 1.⟩ umgestalten, verwandeln

trānsfōrmis ⟨trānsfōrme⟩ ADJ ||transformare||
1. umformbar, verwandelbar
2. umgeformt, verwandelt

trāns-fretāre ⟨ō, āvī, ātum 1.⟩ ||fretum|| Suet. über das Meer fahren

trānsfuga ⟨ae⟩ M ||transfugere|| Überläufer; *adj* übergelaufen

trāns-fugere ⟨fugiō, fūgī, - 3.⟩ zum Feind überlaufen

trānsfugium ⟨ī⟩ N ||transfugere|| Überlaufen; *pl* Fälle von Überlaufen

trāns-fundere ⟨fundō, fūdī, fūsum 3.⟩
1. (*nachkl.*) umgießen, umschütten; *passiv* hinüberströmen
2. *fig* übertragen, **laudes ad aliquem** Ehren auf j-n
3. **latius transfusus** umfassender; **studia latius transfusa** umfassendere Studien

trānsfūsiō ⟨trānsfūsiōnis⟩ F ||transfundere|| (*nachkl.*) Hinübergießen; *fig* Vermischung
▶ deutsch: **Transfusion**

trāns-gredī ⟨gredior, gressus sum 3.⟩ ||gradi||

A V/I
1. hinübergehen, hinübersteigen, **per montes** über die Berge, **Rheno** über den Rhein
2. *fig* zu einer anderen Partei übergehen, *ad aliquem* zu j-m

B V/T überschreiten, **Taurum** den Taurus; **transgressus** *auch pass.* überschritten

trānsgressiō ⟨trānsgressiōnis⟩ F ||transgredi||
1. Überschreiten, Übergang, *alicuius* j-s, *alicuius rei* einer Sache, über etw; **~ amnis** Überschreiten des Stromes, Übergang über den Strom
2. Quint. RHET Übergang zu einem anderen Thema
3. **~ verborum** RHET Veränderung der Wortstellung
4. (*eccl.*) Übertretung *eines Gebotes od Gesetzes*

trānsgressor ⟨trānsgressōris⟩ M ||transgredi|| (*eccl.*) Übertreter *eines Gesetzes*, Sünder

trānsgressus¹ ⟨trānsgressūs⟩ M ||transgredi|| Übergang, **amnis** über den Strom

trāns-gressus² ⟨a, um⟩ PPERF → transgredi

trāns-igere ⟨igō, ēgī, āctum 3.⟩ ||agere||

A V/T
1. (*nachkl.*) *poet* durchbohren, *aliquem/aliquid re* j-n/etw mit etw, **se gladio** sich mit dem Schwert
2. *fig* durchführen, zustande bringen; **transactum est** alles ist vorbei
3. erledigen, beilegen, **controversiam** einen Streit
4. *Zeit* verbringen; **mense transacto** nach Ablauf des Monats

B V/I eine Vereinbarung treffen, *cum aliquo* mit j-m

trāns-iī → transire

trān-silīre ⟨siliō, siluī/silīvī/silīī, - 4.⟩ ||salire||

A V/I hinüberspringen

B V/T
1. (*nachkl.*) überspringen, **murum** eine Mauer
2. (*nachkl.*) *fig* durcheilen
3. *fig* überschreiten, **lineas** die Grenzen
4. *in der Rede* übergehen

---

trāns-īre ⟨eo, iī/īvī, itum 0.⟩

A intransitives Verb
1. hinübergehen, übergehen
2. übergehen
3. sich verwandeln
4. übergehen
5. vorbeigehen, vorbeiziehen
6. hindurchgehen

B transitives Verb
1. überschreiten
2. übertreten, verletzen
3. überstehen
4. durchgehen, besprechen
5. vorübergehen, übertreffen
6. übergehen
7. verbringen
8. sterben

— **A intransitives Verb** —

V/I
1. hinübergehen, übergehen, *ad aliquid/in aliquid* zu etw, nach etw, **in Italiam** nach Italien, **ad Aequos** zu den Äquern; **Mosa in Oceanum transit** die Mosel ergießt sich in den Ozean
2. zum Feind übergehen; *fig einer Sache* beitreten, *in aliquid/ad aliquid*; **a patribus ad plebem ~** vom Patrizierstand zum Plebejerstand übertreten; **in sententiam/ad sententiam alicuius ~** j-s Meinung beitreten
3. sich verwandeln, *in aliquid* in etw
4. *thematisch zu etw anderem* übergehen
5. vorbeigehen; *fig von der Zeit* vergehen; **complures dies transierunt** mehrere Tage vergingen
6. (*unkl.*) hindurchgehen, hindurchziehen; *per aliquid* durch etw

— **B transitives Verb** —

V/T
1. überschreiten, *auch* durchreisen; **Alpes ~**

die Alpen überschreiten; **flumen transitur** der Fluss wird zurückgelegt; **parmam ~** den Schild durchbohren

2 *fig* übertreten, verletzen

3 *fig* überstehen

4 *fig vom Redner* durchgehen, besprechen, **unamquamque rem breviter** kurz jede einzelne Angelegenheit

5 vorübergehen, *aliquem/aliquid* an j-m/an etw; *fig* übertreffen; **aliquem cursu ~** j-n im Lauf überholen

6 *in der Rede u. beim Lesen* übergehen; **aliquid silentio ~** etw stillschweigend übergehen

7 *Zeit* verbringen, *auch* ungenutzt verbringen

8 *(mlat.)* sterben

⚠ **Sic transit gloria mundi.** So vergeht der Ruhm der Welt. *Zuruf an den neu gewählten Papst, um ihn daran zu erinnern, dass auch er nur ein sterblicher Mensch ist*

trānsitāns ⟨trānsitantis⟩ PPR durchziehend, auf einer Dienstreise

trānsitiō ⟨trānsitiōnis⟩ F ||transire||

1 Übergang, Passage

2 MIL, POL Übergang, Wechsel *zu einer anderen Partei, alicuius ad aliquem* j-s zu j-m

3 RHET, LIT Übergang, Überleitung

4 *Ov.* Ansteckung

5 Durchgang *als Ort*

trānsitōrius ⟨a, um⟩ ADJ ||transire||

1 *Suet.* mit einem Durchgang versehen

2 *(spätl.)* vorübergehend, kurz

3 *(mlat.)* vergänglich

trānsitus¹ ⟨trānsitūs⟩ M ||transire||

1 Übergang, *alicuius rei* über etw; Übergangsort, *alicuius rei* über etw

2 *(nachkl.) fig* Übertritt *zu einer anderen Partei*, **ad hostem** zum Feind

3 *(nachkl.) fig in der Malerei* Farbenübergang; *in der Rede* Übergang

4 *(nachkl.) poet* Durchgang, Durchzug, *auch als Ort, per aliquid* durch etw

5 Vorübergehen; **in transitu** im Vorübergehen, flüchtig

6 *(mlat.)* Tod

trāns-ītus² ⟨a, um⟩ PPP → transire

trānslātīcius ⟨a, um⟩ ADJ ||transferre||

1 überliefert, herkömmlich

2 gewöhnlich

trānslātiō ⟨trānslātiōnis⟩ F ||transferre||

1 Übertragung, *alicuius rei ab aliquo ad aliquem* einer Sache von j-m auf j-n

2 Übersetzung *aus einer Sprache in eine andere*

3 RHET übertragener Gebrauch eines Wortes, Metapher

4 RHET Vertauschung *von Tempora*; Umstellung der Wörter

5 JUR Ablehnung *eines Richters od Klägers*

6 Entkräftung *einer Beschuldigung*

trānslātīva ⟨ae⟩ F ||translativus|| *Quint.* ablehnende Feststellung

trānslatīvus ⟨a, um⟩ ADJ ||transferre|| ablehnend

trānslātor ⟨trānslātōris⟩ M ||transferre|| Übertrager, *von Verres, der eigenmächtig als Quästor die Partei wechselte u. mit der Kasse zu Sulla überging*

trānslātus¹ ⟨trānslātūs⟩ M ||transferre|| *(nachkl.)* Umzug, Prozession

trāns-lātus² ⟨a, um⟩ PPP → transferre

trāns-legere ⟨ō, -, -3.⟩ *Plaut.* ganz vorlesen

trāns-lūcēre ⟨eō, -, -2.⟩

1 durchschimmern

2 durchsichtig sein

trānslūcidus ⟨a, um⟩ ADJ ||translucere|| *(nachkl.)* durchsichtig

trāns-marīnus ⟨a, um⟩ ADJ überseeisch

trāns-meāre ⟨ō, -, -1.⟩ *(vkl., nachkl.)* durchziehen, durchwandern, *aliquid* etw

trāns-migrāre ⟨ō, āvī, ātum 1.⟩ übersiedeln, *in locum* an einen Ort

trāns-minēre ⟨eō, -, -2.⟩ *Plaut.* hindurchragen

trānsmissiō ⟨trānsmissiōnis⟩ F, **trānsmissus** ⟨trānsmissūs⟩ M ||transmittere|| Überfahrt

trāns-mittere ⟨mittō, mīsī, missum 3.⟩

A VT

1 hinüberschicken, hinüberschaffen; **pecora in campum ~** das Vieh auf das Feld hinüberschaffen; **copias in Euboeam ~** Truppen nach Euböa übersetzen lassen; **vim in aliquem ~** Gewalt gegen j-n anwenden

2 überschreiten, durcheilen, **maria** Meere

3 *Liv.* quer über *etw* hinüberlegen, **tigillum per viam** einen Balken quer über den Weg

4 *(nachkl.)* durchlassen, durchziehen lassen, *aliquem per aliquid* j-n durch etw, **exercitum per fines** das Heer durch das Gebiet

5 übergeben, anvertrauen; *(nachkl.)* überlassen, abtreten; *alicui aliquid* j-m etw

6 widmen, *alicui aliquid* j-m etw

7 *(nachkl.)* nicht berücksichtigen; **aliquid silentio ~** etw schweigend übergehen

8 *(nachkl.) poet Zeit* verbringen, verstreichen lassen, **mensem** einen Monat

9 überleben, überstehen, **febrium ardorem** die Fieberglut

B VI übersetzen, hinüberfahren, **in Africam** nach Afrika

trāns-montānus ⟨a, um⟩ ADJ ||montes|| jenseits der Berge wohnend

trāns-movēre ⟨moveō, mōvī, mōtum 2.⟩

1 *(nachkl.)* hinüberschaffen, verlegen

2 *fig* zuschreiben; **gloriam in se ~** sich Ruhm zuschreiben

trāns-mūtāre ⟨ō, āvī, ātum 1.⟩ *Hor.* vertauschen

trānsmūtātiō ⟨trānsmūtātiōnis⟩ F ||transmutare|| (*nachkl.*) Vertauschung von Buchstaben

trāns-nōmināre ⟨ō, āvī, ātum 1.⟩ *Suet.* umbenennen

trāns-numerāre ⟨ō, -, - 1.⟩ durchzählen

trāns-padānus

A ⟨a, um⟩ ADJ ||Padus|| jenseits des Po wohnend

B ⟨ī⟩ M Transpadaner

trānspectus ⟨trānspectūs⟩ M ||transpicere|| *Lucr.* Durchblick

trān-spicere ⟨ō, -, - 3.⟩ ||specere|| durchblicken; **foris quae vere transpiciuntur** was man wirklich durch die Türe sieht

trāns-pōnere ⟨pōnō, posuī, positum 3.⟩ (*nachkl.*) hinübersetzen, hinüberbringen

trāns-portāre ⟨ō, āvī, ātum 1.⟩ hinüberbringen, hinüberschaffen; **exercitum ~** das Heer übersetzen; **flumen ~** über den Fluss übersetzen

▶ deutsch: **transportieren**

trānsportātiō ⟨trānsportātiōnis⟩ F ||transportare|| Umsiedlung, Wanderung, **populorum** von Völkern

trānspositīva ⟨ae⟩ F ||transponere|| *Quint.* = **translativa**

trānsrhēnānī ⟨ōrum⟩ M ||transrhenanus|| rechtsrheinische Stämme

trāns-rhēnānus ⟨a, um⟩ ADJ ||Rhenus|| jenseits des Rheins gelegen, rechtsrheinisch

trānstiberīnī ⟨ōrum⟩ M ||transtiberinus|| die jenseits des Tibers ansässigen Einwohner Roms

trāns-tiberīnus ⟨a, um⟩ ADJ ||Tiberis|| jenseits des Tibers wohnend

trāns-tinēre ⟨eō, -, - 2.⟩ ||tenere|| *Plaut.* hindurchgehen; **commeatus transtinet trans parietem** ein Gang geht durch die Mauer hindurch

trānstrum ⟨ī⟩ N ||trans|| Querbalken; Ruderbank

trāns-tulī → **transferre**

trān-suere ⟨suō, suī, sūtum 3.⟩ *Ov.* durchnähen; *fig* durchstechen, **aliquid re** etw mit etw

trānsultāre ⟨ō, -, - 1.⟩ ||transilire|| *Liv.* hinüberspringen

trānsūmptiō ⟨trānsūmptiōnis⟩ F ||transumere|| (*nachkl.*) RHET Übertragung

trānsūmptīva ⟨ae⟩ F = **translativa**

trānsvectiō ⟨trānsvectiōnis⟩ F ||transvehere||

1 Überfahrt, **alicuius rei** über etw

2 (*nachkl.*) Vorüberfahrt

3 *Suet.* Vorüberreiten, Musterung

trāns-vehere ⟨vehō, vēxī, vectum 3.⟩

1 hinüberführen, hinüberschaffen; *passiv* hinüberfahren, übersetzen

2 (*nachkl.*) vorbeiführen, vorbeitragen; *passiv* vorbeifahren, vorbeiziehen

3 *passiv von der Zeit* verstreichen, vorübergehen; **transvecta aetas** vergangener Sommer

trāns-verberāre ⟨ō, āvī, ātum 1.⟩ durchstechen, durchbohren, **bestiam venabulo** das wilde Tier mit dem Jagdspieß; **aliquem in utrumque latus ~** j-n an beiden Seiten verwunden

trāns-versāre ⟨ō, -, - 1.⟩ *Verg.* wiederholt umwenden

trānsversārius ⟨a, um⟩ ADJ ||transversus|| Quer...

trānsversum ⟨ī⟩ N ||transversus|| Quere; **ex transverso/de transverso** in die Quere, störend, unvermutet

trānsversus ⟨a, um, *adv* transversē⟩ ADJ ||transvertere||

1 quer liegend, Seiten...; **via transversa** Seitenstraße; **cuniculi transversi** Seitengräben; **tigna transversa** sich kreuzende Balken; **transverso foro** quer über den Markt; **non unguem/digitum transversum discedere** keinen Finger breit weichen; **aliquem transversum agere** j-n vom rechten Weg abbringen

2 in die Quere kommend, störend

trāns-vertere ⟨vertō, vertī, versum 3.⟩ umwenden, hinüberwenden; **transversis principiis** nachdem die Front eine Schwenkung gemacht hatte

trāns-volāre ⟨ō, āvī, ātum 1.⟩

A VI hinüberfliegen, hinübereilen

B VT überfliegen

trānsvolitāre ⟨ō, āvī, - 1.⟩ ||transvolare|| *Lucr.* durchfliegen; *fig* durcheilen

trānsvorsus ⟨a, um⟩ ADJ = **transversus**

trāns-vortere ⟨vortō, vortī, vorsum 3.⟩ = **transvertere**

trapētum ⟨ī⟩ N, **trapētus** ⟨ī⟩ M *Verg.* Ölmühle, Ölpresse

trapezīta ⟨ae⟩ M *Plaut.* Geldwechsler

trapezophorum ⟨ī⟩ N verzierter Fuß *einer Tischplatte*

trāsenna ⟨ae⟩ F = **transenna**

Trasumennus, Trasumēnus ⟨a, um⟩ ADJ trasumenisch; **~ lacus** Trasumenersee, *Sieg Hannibals über die Römer 217 v. Chr., heute Lago Trasimeno*

traulizī *Lucr.* sie lispelt

trā-v... = **trans-v...**

trāxī → **trahere**

Trebia ⟨ae⟩ M rechter Nebenfluss des Po, Sieg Hannibals über die Römer 218 v. Chr., Name erhalten

trecēnī ⟨ae, a⟩ NUM distr ||trecenti|| je dreihundert; *Hor.* sehr viele

trecentēsimus ⟨a, um⟩ NUM ord ||trecenti|| der dreihundertste

tre-centī ⟨ae, a⟩ NUM card *tres, centum*|| dreihundert; unzählige

trecentiē(n)s NUM ADV ||trecenti|| dreihundertmal

trechedīpnum ⟨ī⟩ N *Iuv.* Modekleid

trē-decim indekl NUM card ||tres, decem|| dreizehn

tremebundus ⟨a, um⟩ ADJ ||tremere|| zitternd, zittrig; **tremebundā voce** mit zitternder Stimme

treme-facere ⟨faciō, fēcī, factum 3.⟩ ||tremere|| zittern lassen, erschüttern; *passiv* zittern

tremendus ⟨a, um⟩ ADJ ||tremere|| *von Personen u. Sachen* furchtbar, schrecklich; **flamma tremenda** schreckliche Flamme

tremere ⟨ō, uī, - 3.⟩

A VI *von Personen u. Sachen* zittern, beben, *aliquid an etw*

B VT zittern, *aliquem/aliquid* vor j-m/vor etw; **virgas dictatoris ~** *Liv.* vor den Ruten des Diktators zittern

tremēscere ⟨ēscō, -, - 3.⟩ ||tremere||

A VI *(vkl.)* erzittern, erbeben, *ad aliquid* bei etw

B VT *(vkl.)* vor *etw* erschrecken, *etw* fürchten, *aliquid, +AcI*

tremor ⟨tremōris⟩ M ||tremere||

1 Zittern, Beben; **~ terrae** *Plin.* Erdbeben

2 *meton* Schrecken; **~ pontī** *Petr.* Schrecken des Meeres

tremuī → tremere

tremulus ⟨a, um, *adv* tremulē *u.* tremulum⟩ ADJ ||tremere||

1 zitternd, bebend; **flamma tremula** flackernde Flamme; **vestis tremula** flatterndes Kleid

2 Zittern erregend; **frīgus tremulum** Zittern erregende Kälte

Tremulus ⟨ī⟩ M *röm. Beiname*; **Q. Marcius ~** Konsul 306 v. Chr.

trepidanter ADV ||trepidare|| ängstlich

trepidāre ⟨ō, āvī, ātum 1.⟩ ||trepidus||

1 ängstlich hin und her laufen, in Verwirrung sein

2 *von Tieren* zappeln, scheuen; **equō trepidante** als das Pferd scheut

3 *vom Wasser* rieseln

4 flattern; **trepidant alae** *Verg.* die Flügel flattern

5 flackern, zittern; **flammae trepidant** die Flammen flackern

6 zittern, beben, *re* durch etw, wegen etw

7 *(nachkl.) poet* sich ängstigen

8 *(nachkl.) poet* schwanken, unschlüssig sein, *inter aliquid* zwischen etw

trepidātiō ⟨trepidātiōnis⟩ F ||trepidare|| Unruhe, Verwirrung

trepidus ⟨a, um, *adv* trepidē⟩ ADJ ||trapetus|| *(nachkl.)*

1 unruhig, verwirrt; **trepida cīvitas** unruhige Bürgerschaft; **rēs trepidae** Verwirrung; **apēs trepidae** geschäftige Bienen

2 *von Sachen* **unda trepida** wogende Welle; **aēnum trepidum** kochender Kessel; **artūs trepidī** zitternder Körper; **pēs ~** vor Angst unsicherer Fuß

3 ängstlich, besorgt, ungeduldig, *re* durch etw, wegen etw, von etw, *alicuius rei* wegen etw

4 ratlos, unschlüssig

5 beunruhigend, Unglück meldend; **litterae trepidae** *Curt.* Brief mit einer Unglücksmeldung

trēs ⟨tria⟩ NUM card drei; ein paar; **tria verba** drei Worte, ein paar Worte

❗ **Tres faciunt collegium.** Drei bilden ein Kollegium. = Um rechtsgültige Beschlüsse fassen zu können, müssen drei Mitglieder eines Kollegiums anwesend sein; damit eine Vorlesung stattfinden kann, müssen neben dem Dozenten noch zwei Studierende anwesend sein.

treuga ⟨ae⟩ F *(mlat.)* Landfriede; **~ Dei** Gottesfriede

Trēverī ⟨ōrum⟩ M *germ.-kelt. Stamm an der Mosel*; **Augusta Treverōrum** *Hauptstadt der Treveri, heute Trier*

Trēvericus ⟨a, um⟩ ADJ der Treveri, zu den Treveri gehörig

Trēvirī ⟨ōrum⟩ M = Treveri

tri- PRÄF ||tres|| drei-; **tri-angulus** drei-eckig

triangulum ⟨ī⟩ N ||triangulus|| Dreieck

tri-angulus ⟨a, um⟩ ADJ *(nachkl.)* dreieckig

triāriī ⟨ōrum⟩ M *(nachkl.)* MIL Triarier, Soldaten des dritten Gliedes, Reserve; **rēs ad triariōs rediit** es kam zum Äußersten

trias ⟨triados⟩ F

1 Dreizahl, Einheit von drei Teilen

2 *(mlat.)* Dreieinigkeit

tribas ⟨tribadis⟩ F *(nachkl.) poet* lesbische Frau

tribolus ⟨ī⟩ M *Verg.* stachelige Wasserpflanze, auch ein Dornstrauch

Tribōniānus ⟨ī⟩ M *Rechtsgelehrter unter Justinian, Leiter des mit der schriftl. Niederlegung des röm. Rechts beauftragten Kollegiums*

tribrachys akk ⟨tribrachyn⟩ M Tribrachys, *Versfuß* ⏑⏑⏑

tribuārius ⟨a, um⟩ ADJ ||tribus|| Tribus…; **crimen tribuārium** *Cic.* Bestechung der Tribus

tribuere ⟨tribuō, tribuī, tribūtum 3.⟩ ||tribus||
1. einteilen, **in partes** in Teile
2. zuteilen, verleihen, *alicui aliquid* j-m etw, **militibus praemia** den Soldaten Belohnungen
3. *fig* schenken, gewähren
4. widmen, **tantum temporis** so viel Zeit
5. *fig* zusprechen, zuerkennen, zugestehen, *alicui aliquid* j-m etw; **laudem ~** Lob spenden; **gratiam ~** Dank abstatten; **alicui multum ~** j-m hohen Wert beimessen; **omnia alicui ~** j-n über alles schätzen
6. zu Willen sein, *alicui* j-m; **in vulgus ~** jedermann dienen
7. zuschreiben, *alicui aliquid* j-m etw; **alicui aliquid superbiae ~** j-m etw als Hochmut auslegen; **magnopere alicui rei ~** auf etw stolz sein

tribuī → tribuere

tribūlis
A. ⟨tribūle⟩ ADJ ||tribus|| zur gleichen Tribus gehörig
B. ⟨tribūlis⟩ M
1. Tribusgenosse, Bezirksgenosse
2. Mann vom Land

tribulum ⟨ī⟩ N Dreschbrett, Dreschwagen, *an der unteren Seite mit Zähnen bestücktes Brett, das von Zugtieren über das am Boden ausgebreitete Getreide gezogen wurde*

tribulus ⟨ī⟩ M = tribolus

tribūnal ⟨tribūnālis⟩ N ||tribunus||
1. erhöhter Amtssessel *des Tribunen*; Richterstuhl
2. erhöhter Feldherrnsitz *im Lager*
3. *Suet.* Sitz des Prätors *im Theater*
4. Grabstätte, Grabdenkmal *in Form einer Tribüne*
5. *meton* die auf dem erhöhten Sitz sitzenden Beamten, *bes* Richterkollegium; **pro tribunali** vor Gericht

tribūnātus ⟨tribūnātūs⟩ M ||tribunus|| Amt des Tribunen

tribūnicius ⟨a, um⟩ ADJ ||tribunus|| tribunizisch, den Tribunen betreffend; **potestas tribunicia** Amtsgewalt des Tribunen; **honor ~** Ehrenamt des Tribunen; **comitia tribunicia** Volksversammlung zur Wahl der Tribunen

tribūnus ⟨ī⟩ M Tribun
1. (*nachkl.*) Vorsteher einer der drei Stammtribus in Rom, *an ihrer Spitze der tribunus Celerum*
2. **~ Celerum** *Liv.* in der Königszeit Reiteroberst
3. **~ aerarius** Zahlmeister, *Gehilfe des Quästors*
4. **~ militum/militaris** Militärtribun, Oberst, *in jeder Legion sechs, teils vom Feldherrn bestimmt, teils vom Volk gewählt*; **tribuni militum consulari potestate/tribuni consulares** Militärtribunen mit Konsulargewalt, 444–367 v. Chr. oberste Staatsbehörde statt der Konsuln, meist aus dem Plebejerstand
5. **~ cohortis** *in der Kaiserzeit* Befehlshaber der 1. Prätorianerkohorte
6. **~ plebis/plebi** Volkstribun, *erst zwei, dann fünf, schließlich zehn, Schutzbehörde der plebs, urspr. nur mit Vetorecht, später mit umfassender Gewalt*

tribus ⟨tribūs⟩ F
1. Stammtribus, *ein Drittel des Volkes, urspr. drei Tribus: Ramnes, Tities, Luceres*
2. Abteilung der römischen Vollbürger, Bezirk
3. PL *meton* die Stimmen einer Tribus; *fig* die Stimmen einer Zunft

▶ **tribus – Wahl- und Steuerbezirk**

Die **tribus** war ursprünglich eine Unterteilung des römischen Volkes auf ethnischer Basis. Die Untergliederung ging nach der Überlieferung auf Romulus zurück, der das römische Volk in die 3 Urtribus **Titienses**, **Ramnenes** und **Luceres** eingeteilt habe. Nach der Auffassung von einigen entsprachen diese Urtribus den 3 Stämmen, aus denen sich das römische Volk zu dieser Zeit zusammensetzte (Sabiner, Latiner, Etrusker). Die Aufteilung in tribus wurde später nach Gebieten vorgenommen: 4 tribus in Rom, 16 auf dem Land; nach 241 v. Chr. betrug die Zahl 35. Die Einteilung richtete sich nach dem Wohnsitz und war Grundlage für Besteuerung (**census**), Wahlen und Aufruf zum Kriegsdienst.

RÖMISCHES LEBEN ◀

tributārius ⟨a, um⟩ ADJ ||tribus|| die Abgaben betreffend, *bes* tributpflichtig; **necessitas tributaria** Notwendigkeit Abgaben zu zahlen

tributim ADV ||tribus|| tribusweise, *bes* in den Tributkomitien; **arripuit populum ~** *Hor.* er packte das Volk tributweise an

tribūtiō ⟨tribūtiōnis⟩ F ||tribuere|| Verteilung; **~ aequabilis** Gleichgewicht

tribūtum ⟨ī⟩ N ||tribuere||
1. Abgabe, Steuer
2. Tribut, Kontribution
3. *fig* Geschenk; *Sen.* Beitrag

tribūtus¹ ⟨a, um⟩ ADJ ||tribus|| tribusweise organisiert

tribūtus² ⟨tribūtūs⟩ M ||tribus|| (*vkl., nachkl.*) Abgabe, Steuer

tribūtus³ ⟨a, um⟩ PPP → tribuere

tricae ⟨ārum⟩ F
1. Widerwärtigkeiten
2. *Plaut.* Dummheiten, Possen

tricārī ⟨or, ātus sum 1.⟩ ||tricae|| Schwierigkeiten machen, Ausflüchte suchen

trīcēnī ⟨ae, a⟩ NUM *distr* ||triginta|| je dreißig

trīcēnsimus ⟨a, um⟩ ADJ NUM ord = tricesimus
tri-ceps ⟨tricipitis⟩ ADJ ||caput|| dreiköpfig; **Cerberus ~** der dreiköpfige Cerberus
trīcēsimus ⟨a, um⟩ NUM ord ||triginta|| der dreißigste; **tricesima sabbata** jüdisches Neumondfest
trichila ⟨ae⟩ F Laube, Laubhütte
trīciē(n)s NUM ADV ||triginta|| dreißigmal
triclīnāria ⟨triclīnārium⟩ N ||triclinium|| Speiseteppiche
triclīnium ⟨ī⟩ N
1 Speisesofa *für drei Personen*
2 Speisezimmer *mit Speisesofas*
trīcō ⟨trīcōnis⟩ M ||tricae|| (vkl.) der Streitsüchtige
tri-corpor ⟨tricorporis⟩ ADJ mit drei Körpern; **forma tricorporis umbrae** Verg. die Gestalt des dreileibigen Schattens
tri-cuspis ⟨tricuspidis⟩ ADJ Ov. dreizackig, dreispitzig
tri-dēns
A ⟨tridentis⟩ ADJ Ov. dreizahnig, dreizackig
B ⟨tridentis⟩ M Dreizack, *ein Gerät für Fischfang, Attribut des Poseidon/Neptun*
tridenti-fer ⟨tridentifera, tridentiferum⟩ ADJ ||tridens, ferre|| , **tridenti-ger** ⟨tridentigera, tridentigerum⟩ ADJ ||tridens, gerere|| Ov. den Dreizack führend
trī-duum ⟨ī⟩ N Zeitraum von drei Tagen; **via tridui** eine Wegstrecke von drei Tagesreisen; **hoc ~** diese drei Tage
triennia ⟨triennium⟩ N ||triennium|| Ov. das alle drei Jahre gefeierte Bacchusfest
triennium ⟨ī⟩ N ||annus|| Zeitraum von drei Jahren
triēns ⟨trientis⟩ M ||tres||
1 ein Drittel *eines zwölfteiligen Ganzen*
2 (unkl.) Münze Drittelas
3 **heres ex triente** JUR Erbe eines Drittels *der Erbmasse*
4 Hohlmaß 1/3 sextarius = 1/6 l; fig Becher
trientābulum ⟨ī⟩ N ||triens|| Liv. Entschädigung für ein Drittel *der Schuldsumme*
triērarchus ⟨ī⟩ M Kommandant einer Triere
triēris
A ⟨triēre⟩ ADJ (nachkl.) mit drei Ruderdecks ausgestattet
B ⟨triēris⟩ F Schiff mit drei Ruderdecks, Dreidecker, Triere
trietēricus ⟨a, um⟩ ADJ jedes dritte Jahr ge-

triclinium — Speisezimmer
lectus — Liege

feiert

trietēris ⟨trietēridis⟩ F
- **1** = **triennium**
- **2** = **triennia**

trifāriam ADV (nachkl.) an drei Stellen

trifaux ⟨trifaucis⟩ ADJ poet aus drei Rachen (kommend); **latratu trifauci** Verg. mit Gebell aus drei Rachen

tri-fidus ⟨a, um⟩ ADJ ||findere|| dreifach gespalten, dreizackig

trifīlis ⟨trifīle⟩ ADJ ||filum|| mit drei Fäden, mit drei Haaren; **calva ~** Mart. Glatze mit drei Haaren

trifolium ⟨ī⟩ N Klee

tri-fōrmis ⟨trifōrme⟩ ADJ ||forma|| dreigestaltig, aus drei Teilen bestehend

tri-fūr ⟨trifūris⟩ M Plaut. dreifacher Dieb, Erzgauner

tri-furcifer ⟨trifurciferī⟩ M Plaut. Erzgauner

tri-geminus ⟨a, um, adv trigeminum⟩ ADJ (nachkl.)
- **1** Drillings...; **trigemini fratres** Drillingsbrüder, Drillinge; **trigemina spolia** die den Drillingsbrüdern abgenommenen Rüstungen
- **2** dreigestaltig, dreiköpfig; dreifach; **Porta trigemina** Stadttor mit drei Durchgängen zwischen Aventin u. Tiber

trīgēsimus ⟨a, um⟩ NUM ord (nachkl.) = **tricesimus**

trīgintā indekl NUM card dreißig

triglyphus ⟨ī⟩ M ARCH Dreischlitz im dorischen Tempelgebälk, an Stelle der zur Verkleidung des Balkenkopfes dienenden hölzernen Brettchen

trigōn ⟨trigōnis⟩ M
- **1** kleiner harter Ball
- **2** Hor. Ballspiel, bei dem die drei Spieler im Dreieck aufgestellt waren u. vermutlich mit zwei Bällen spielten

trigōnālis ⟨trigōnāle⟩ ADJ dreieckig

tri-lībris ⟨trilībre⟩ ADJ ||libra|| dreipfündig; **mullus ~** Hor. dreipfündiger Barsch

tri-linguis ⟨trilingue⟩ ADJ ||lingua|| (unkl.)
- **1** dreizüngig
- **2** dreisprachig

tri-līx ⟨trilīcis⟩ ADJ mit drei Fäden, mit drei Drähten; **lorica auro ~** Verg. Rüstung aus dreifachem Golddraht

trimēnium ⟨ī⟩ N Plaut. Zeitraum von drei Monaten, ein Vierteljahr

trimē(n)stris ⟨trimē(n)stre⟩ ADJ ||mensis|| (unkl.) drei Monate dauernd, drei Monate alt; **indutiae trimestres** Nep. dreimonatige Waffenruhe

trīmeter ⟨trīmetrī⟩ M = **trimetros**

trīmetros, trīmetrus
- **A** ⟨a, um⟩ ADJ METR drei Metra enthaltend, sechs Versfüße enthaltend
- **B** ⟨ī⟩ M Trimeter

tri-modium ⟨ī⟩ N ||modius|| Plaut. Gefäß, das drei Scheffel fasst

trīmulus ⟨ī⟩ M ||trimus|| Suet. Kind mit drei Jahren

trīmus ⟨a, um⟩ ADJ ||hiems|| (unkl.) dreijährig

Trīnacria ⟨ae⟩ F, **Trīnacris** ⟨Trīnacridis⟩ F (nachkl.) alter Name für Sizilien

Trīnacris ⟨Trīnacridis⟩ ADJ, **Trīnacrius** ⟨a, um⟩ ADJ sizilisch

trīnī ⟨ae, a⟩ NUM distr ||ter||
- **1** je drei; **trinae litterae** drei Briefe
- **2** (nachkl.) dreifach; **trinis catenis vinctus** Caes. mit dreifachen Ketten gefesselt

trīnitās ⟨trīnitātis⟩ F ||trinus||
- **1** Dreiheit
- **2** (eccl.) Dreifaltigkeit, Dreieinigkeit

Trinobantēs ⟨Trinobantum⟩ M Stamm in Britannien

trinoctiālis ⟨trinoctiāle⟩ ADJ ||trinoctium|| Mart. in drei Nächten

tri-noctium ⟨ī⟩ N ||nox|| (nachkl.) Zeitraum von drei Nächten

tri-nōdis ⟨trinōde⟩ ADJ ||nodus|| poet mit drei Knoten

tri-nummus ⟨ī⟩ M Münze im Wert von drei Sesterzen

Trinummus ⟨ī⟩ M Dreigroschenstück, Titel einer Komödie des Plautus

trīnum nūndinum N, **trī-nūndium** ⟨ī⟩ N = **nundinae**

triō ⟨triōnis⟩ M ||terere|| (unkl.) Dreschochse; pl = Arctos

triōbolus ⟨ī⟩ M (vkl.) drei Obolen; fig Kleinigkeit

tri-parcus ⟨a, um⟩ ADJ ||parcere|| Plaut. dreimal sparsam, sehr geizig

tri-partītus ⟨a, um, adv tripartītō⟩ ADJ ||partiri||
- **1** in drei Teile geteilt
- **2** adv in drei Teilen
- **3** adv in drei Teile

tri-pectorus ⟨a, um⟩ ADJ ||pectus|| Lucr. dreibrüstig

tri-pedālis ⟨tripedāle⟩ ADJ (vkl., nachkl.) drei Fuß lang

tri-pertītus ⟨a, um⟩ ADJ = **tripartitus**

tri-pēs ⟨tripedis⟩ ADJ Hor. dreifüßig; **mensa ~** Tisch mit drei Füßen

triplex
- **A** ⟨triplicis⟩ ADJ, ADV ⟨tripliciter⟩ dreifach; **moenia triplicia** dreifache Mauer; **cuspis ~** Dreizack; **triplices Deae** die drei Parzen; **~ mundus** Ov. die aus Erde, Meer und Himmel bestehende Welt
- **B** ⟨triplicis⟩ N Hor. das Dreifache

triplicāre ⟨ō, āvī, ātum 1.⟩ ||triplex|| (nachkl.) verdreifachen

triplicēs ⟨triplicium⟩ M̄ (erg. **codicilli**) drei Schreibtäfelchen

triplus ⟨a, um⟩ ADJ dreifach

Tripolis ⟨Tripolis, akk Tripolim, abl Tripolī⟩ F̄ Name mehrerer griech. Städte

Tripolitānus ⟨a, um⟩ ADJ aus Tripolis, von Tripolis

Triptolemus ⟨ī⟩ M̄ Heros von Eleusis, Erfinder des Ackerbaus, Richter in der Unterwelt; **Triptolemo dare fruges** dem Triptolemus Feldfrüchte geben = Überflüssiges tun

tripudiāre ⟨ō, āvī, ātum 1.⟩ ||tripudium|| im Dreischritt tanzen, den Waffentanz tanzen

tri-pudium ⟨ī⟩ N̄

1 Liv. Waffentanz im Dreischritt, den die eigens dazu berufenen Priester, die Salii, zu Ehren des Mars aufführten; Kriegstanz bei anderen Völkern

2 ~ **sollistimum** günstige Vorzeichen, wenn sich die Auspizienhühner gierig auf das Futter stürzten

tripūs ⟨podis⟩ M̄

1 dreifüßiger Kessel aus Erz

2 dreifüßiger Stuhl der Pythia in Delphi; meton Orakel in Delphi; **mittitur ad tripodas** man schickt zum Orakel

tri-quetrus ⟨a, um⟩ ADJ

1 dreieckig

2 sizilisch, wegen der Dreiecksform der Insel

tri-rēmis

A ⟨trirēme⟩ ADJ ||remus|| mit drei Ruderdecks

B ⟨trirēmis⟩ F̄ Schiff mit drei Ruderdecks, Dreidecker, Triere, Galeere

trīs indekl NUM card akk = **tres**

tri-scurria ⟨ōrum⟩ N̄ ||scurra|| luv. Possen

Trismegistus ⟨ī⟩ M̄ mit Hermes gleichgesetzte ägyptische Gottheit, Verfasser von wissenschaftlichen Schriften

trīsticulus ⟨a, um⟩ ADJ ||tristis|| ein wenig traurig

trīsti-ficus ⟨a, um⟩ ADJ ||tristis, facere|| traurig machend, betrüblich

trīstimōnia ⟨ae⟩ F̄ ||tristis|| (nachkl.) Traurigkeit

trīstis ⟨trīste, adv trīste⟩ ADJ

1 traurig, re durch etw, über etw; **puella ~** schlecht gelauntes Mädchen

2 betrüblich, schmerzlich, alicui für j-n; **desiderium triste** Cic. schmerzliches Verlangen

3 finster, mürrisch

4 herb, bitter; **sapor ~** bitterer Geschmack

5 unheilvoll, ungünstig; **discordia ~** Lucr. unheilvolle Zwietracht

6 rau, hart; **~ hiems** Liv. unfreundlicher Winter

7 schrecklich, gefährlich; **Tartara tristia** Verg. schrecklicher Tartarus

trīstitia ⟨ae⟩ F̄, **trīstitiēs** ⟨trīstitiēī⟩ F̄ ||tristis||

1 Traurigkeit, Trauer, **temporum** der Zeiten

2 Unfreundlichkeit, Härte

tri-sulcus ⟨a, um⟩ ADJ dreifurchig; fig dreizackig; **lingua trisulca serpentis** Verg. die dreigespaltene Zunge der Schlange; **telum trisulcum/ignes trisulci** Blitz

trīt-avus ⟨ī⟩ M̄ (vkl., nachkl.) Urahn, Vater des atavus od der atava

trītīcēia ⟨ae⟩ F̄ Plaut. unbekannter Fisch

trītīceus ⟨a, um⟩ ADJ ||triticum|| Weizen...; **messis triticea** Weizenernte

trīticum ⟨ī⟩ N̄ ||terere|| Weizen

Trītōn¹ ⟨Trītōnis⟩ M̄ Sohn des Poseidon/Neptun u. der Amphitrite, Meeresgott, halb Mensch, halb Fisch; PL Tritonen, Meeresdämonen im Gefolge Poseidons; ~ **piscinarum** Fischteichliebhaber

Trītōn² ⟨Trītōnis⟩ M̄ Fluss u. See in Libyien, Geburtsstätte der Pallas Athene

Trītōnia ⟨ae⟩ F̄ Pallas

Trītōniacus ⟨a, um⟩ ADJ, **Trītōnis** ⟨Trītōnidis⟩ ADJ F des Triton, auch von Pallas Athene stammend

Trītōnis ⟨Trītōnidis⟩ F̄ Pallas

Trītōnius ⟨a, um⟩ ADJ des Triton, auch von Pallas Athene stammend

trītor ⟨trītōris⟩ M̄ ||terere|| (nachkl.) der Reiber, **colorum** von Farben; ~ **compedium** Plaut. „Kettenabreiber", Schimpfwort für einen gefesselten Sklaven

trītūra ⟨ae⟩ F̄ ||terere|| (unkl.) Dreschen

trītus¹ ⟨a, um⟩ PPP → **terere**

trītus² ⟨a, um⟩ ADJ ||terere||

1 abgerieben, abgenutzt

2 von Wegen abgetreten, glatt gefahren

3 fig oft gebraucht, abgedroschen

4 fig geübt; **orator ~** geübter Redner

trītus³ ⟨trītūs⟩ M̄ ||terere|| Reiben, **lapidum** von Steinen

triumphālia ⟨triumphālium⟩ N̄ ||triumphalis|| Abzeichen des Triumphs

triumphālis

A ⟨triumphāle⟩ ADJ ||triumphus||

1 Triumph...; **currus ~** Triumphwagen; **provincia ~** zur Erlangung eines Triumphs Gelegenheit bietende Provinz

2 der einen Triumph gehalten hat; **imperator ~** Sen. Feldherr, der seinen Triumph gefeiert hat

B ⟨triumphālis⟩ M̄ Triumphator

triumphāre ⟨ō, āvī, ātum 1.⟩ ||triumphus||

A VI

1 triumphieren, einen Triumph halten, de aliquo/ex aliquo über j-n, ex re über etw, auch gleich nach etw, **de Mithridate** über Mithridates, **ex**

Hispania über Spanien, **ex praetura** gleich nach der Prätur

2 *fig* einen Sieg davontragen, *de aliquo/de re* über j-n/über etw

3 *fig* jubeln, *de re* über etw, *in re* bei etw

B VT über j-n/etw triumphieren; j-n völlig besiegen, *aliquem/aliquid*; **triumphatus** besiegt; **Roma triumphati caput orbis** *Ov.* Rom, die Hauptstadt des besiegten Erdkreises

triumphātor ⟨triumphātōris⟩ M ||triumphare|| (*nachkl.*) Triumphator

triumphus ⟨ī⟩ M

1 Triumph, prunkvoller Einzug eines siegreichen Feldherrn in Rom über die Sacra via zum Kapitol auf einem von weißen Pferden gezogenen Wagen, musste vom Senat genehmigt werden, *de aliquo/ex aliquo/alicuius* über j-n, *alicuius rei* wegen etw; **triumphum decernere** einen Triumph zuerkennen; **aliquem in triumpho ducere** j-n im Triumph mitführen; **triumphum agere/deportare de aliquo/ex aliquo** einen Triumph über j-n halten

2 *fig* Siegeszug, Sieg

▶ deutsch: **Triumph**
englisch: **triumph**
französisch: **triomphe**
spanisch: **triunfo**
italienisch: **trionfo**

trium-vir ⟨ī⟩ M

1 Triumvir, Mitglied eines Dreimännerkollegiums

2 **triumviri capitales/carceris lautumiarum** Gefängnisbehörde, *zugleich zuständig für die öffentliche Sicherheit*

3 **triumviri nocturni** Feuerschutzpolizeikommandanten

4 **triumviri (coloniae deducendae/agro dando)** Dreimännerkollegium zur Einrichtung einer Kolonie und Ackerverteilung

5 **triumviri epulones** Priesterkollegium für die Ausrichtung öffentlicher Spiele

6 **triumviri mensarii** Aufsicht über die Staatsfinanzen

7 **triumviri monetales/aeri auro argento flando feriundo** Münzmeister

8 **triumviri rei publicae constituendae** Verfassungsausschuss

9 **triumviri sacris conquirendis donisque persignandis** Ausschuss für die Heiligtümer und Weihegeschenke

10 **triumviri** ohne Zusatz Musterungskommission

11 **triumviri** in den Munizipien u. Kolonien oberste Verwaltungsbehörde

triumvirālis ⟨triumvirāle⟩ ADJ ||triumvir|| zu einem Dreimännerkollegium gehörig, von einem Dreimännerkollegium verhängt; **triumvirale supplicium** von den Triumvirn verhängte Todesstrafe, Hinrichtung durch Hängen

triumvirātus ⟨triumvirātūs⟩ M ||triumvir|| Triumvirat, Amt eines Triumvirn

tri-venēfica ⟨ae⟩ F *Plaut.* Erzgiftmischerin

trīvī → terere

Trivia ⟨ae⟩ F ||trivius|| Hekate, *an den Dreiwegen u. Kreuzungen verehrte Göttin als Beschützerin der Wege u. Tore, mit Artemis/Diana gleichgesetzt*

triviālis ⟨triviāle⟩ ADJ ||trivium|| auf Dreiwegen befindlich; *fig* gewöhnlich; **carmen triviale** *Iuv.* belangloses Gedicht

trivium ⟨ī⟩ N ||trivius||

1 Dreiweg, Kreuzung

2 *fig* öffentliche Straße; **adripere maledictum ex trivio** pöbelhaft schimpfen

3 (*mlat.*) Trivium, Lehrgang der drei Wissenschaften Grammatik, Rhetorik u. Dialektik

tri-vius ⟨a, um⟩ ADJ ||via|| zu Kreuzungen gehörig, an Dreiwegen verehrt

Trōas

A ⟨Trōadis⟩ ADJ ||Tros|| trojanisch

B ⟨Trōadis⟩ F

1 Troerin

2 *Landschaft im NW von Kleinasien*

trochaeus ⟨ī⟩ M

1 METR Trochäus, –◡

2 METR Tribrachys, ◡◡◡

▶ **triumphus – Einzug des siegreichen Feldherrn**

Nach einem großen Sieg konnte der erfolgreiche Feldherr mit einem Triumphzug geehrt werden. Dabei zog er mit seinem Heer durch die **porta triumphalis** in Rom ein. Während des Umzugs waren die wichtigsten Beutestücke und Gefangenen zu sehen. Der Feldherr, in Purpurgewändern und mit einem Lorbeerkranz auf dem Kopf, fuhr auf einem Triumphwagen. Hinter ihm stand ein Sklave, der einen goldenen Kranz über seinen Kopf hielt und ihm ständig zuzuflüstern hatte:
hominem te esse memento!
Denke daran, du bist nur ein Mensch!
Nach der Ankunft auf dem Kapitol brachte der Triumphator ein Opfer dar und legte seinen Lorbeerkranz als Demutsgeste in den Schoß einer Jupiterstatue. Ein Festmahl beendete den Triumphzug.

RÖMISCHES LEBEN

trochlea ⟨ae⟩ F̄ (unkl.) Flaschenzug, Winde
trochus ⟨ī⟩ M̄ Spielreifen für Kinder
troclea ⟨ae⟩ F̄ = **trochlea**
Trōes ⟨Trōum⟩ M̄PL › Tros
Troezēn ⟨Troezēnis⟩ F̄ Stadt im SO der Halbinsel Argolis, Heimat des Theseus, Reste beim heutigen Dorf Admala im Bezirk Troizen
Troezēnius ⟨a, um⟩ ADJ aus Troizen, von Troizen
Troezēnius ⟨ī⟩ M̄ Einwohner von Troizen
Trōg(l)odytae ⟨ārum⟩ M̄ Nomadenvolk in Äthiopien
Trōia ⟨ae⟩ F̄ ||Tros||
➊ Troja Homers
➋ Ort in Italien, an dem Aeneas an Land ging u. die gleichnamige Stadt gründete
➌ Ort in Epirus
Trōiānus
A ⟨a, um⟩ ADJ ||Tros|| troisch, trojanisch
B ⟨ī⟩ M̄ Troer, Trojaner
Trōicus ⟨a, um⟩ ADJ = **Troianus** /
Trōilus ⟨ī⟩ M̄ MYTH jüngster Sohn des Priamus, von Achill od auf dessen Befehl getötet
Trōiu-gena
A ⟨ae⟩ ADJ M̄ u. F̄ ||Troia, gignere|| aus Troja stammend, trojanisch
B ⟨ae⟩ M̄ Trojaner, Römer
Trōius ⟨a, um⟩ ADJ = **Troianus** /
tropa ADV Geschicklichkeitsspiel mit Würfeln
tropaeum ⟨ī⟩ N̄
➊ Siegeszeichen, Siegesdenkmal
➋ meton Sieg
➌ allg. Denkmal
Trophōnius ⟨ī⟩ M̄ MYTH zusammen mit seinem Bruder Agamedes Erbauer des Apollotempels in Delphi
tropis ⟨tropidis⟩ F̄ Bodensatz des Weines
tropus ⟨ī⟩ M̄
➊ RHET bildlicher Gebrauch eines Wortes
➋ (mlat.) Melodie
Trōs ⟨Trōis⟩ M̄ MYTH Enkel des Dardanos; Tros u. sein Sohn Ilos waren die Gründer Trojas
Trōs ⟨Trōis m, pl Trōes, Trōum⟩ Troer, Trojaner
trossulī ⟨ōrum⟩ M̄ römische Ritter; Sen. als Spottwort vornehme Kavaliere
Trōus ⟨a, um⟩ ADJ = **Troianus** /
tr. pl. Abk = **tribunus plebis** Volkstribun
trucīdāre ⟨ō, āvī, ātum 1.⟩ ||caedere||
➊ niedermetzeln, **pecora** Vieh
➋ fig zugrunde richten, ruinieren
➌ poet zerkauen
➍ fig verunglimpfen
➎ fig auslöschen, **ignem** das Feuer
trucīdātiō ⟨trucīdātiōnis⟩ F̄ ||trucidare|| Abschlachten, Niedermetzeln
truculentia ⟨ae⟩ F̄ ||truculentus|| Unfreundlichkeit, Rauheit, **caeli** des Klimas
truculentus ⟨a, um, adv truculenter⟩ ADJ ||trux||
➊ unfreundlich, finster; **est truculentior** Hor. er ist ziemlich grob
➋ wild, grimmig; **mare truculentum** stürmisches Meer
Truculentus ⟨ī⟩ M̄ Titel einer Komödie des Plautus
trūdere ⟨trūdō, trūsī, trūsum 3.⟩
➊ (unkl.) drängen, stoßen
➋ (unkl.) verdrängen, wegstoßen **hostes ~** die Feinde wegstoßen
➌ fig von Pflanzen hervortreiben lassen, wachsen lassen; passiv u. **se ~** hervorwachsen
➍ j-n treiben, j-n drängen
➎ **tenebras ~** Plaut. schwindeln
trudis ⟨trudis⟩ F̄ ||trudere|| (nachkl.) poet Brechstange
trūgōnus ⟨ī⟩ M̄ = **trygonus**
trulla ⟨ae⟩ F̄
➊ Schöpfkelle
➋ Iuv. Nachtgeschirr
➌ Liv. Pechpfanne zum Transport von Feuer
truncāre ⟨ō, āvī, ātum 1.⟩ ||truncus|| beschneiden, verstümmeln, stutzen, **aliquid re** etw an etw; **olus foliis ~** Kohl entblättern
truncus¹ ⟨a, um⟩ ADJ
➊ (nachkl.) gestutzt, verstümmelt; **corpus truncum** verstümmelter Körper; **tela trunca** zerbrochene Waffen
➋ beraubt, alicuius/aliquo j-s, alicuius rei/re einer Sache
➌ unvollständig
truncus² ⟨ī⟩ M̄ ||truncus¹||
➊ Baumstamm, Pfahl; fig Wurzel
➋ Rumpf des menschlichen Körpers
➌ Klotz als Schimpfwort
trūsāre ⟨ō, -, - 1.⟩ ||trudere|| fest stoßen
trūsī → **trudere**
trūsus ⟨a, um⟩ PPP → **trudere**
trutina ⟨ae⟩ F̄ Waage
trux ⟨trucis⟩ ADJ (nachkl.)
➊ furchtbar, schrecklich
➋ rau, schaurig; **pelagus ~** raue See
➌ wild, trotzig, **aper** ·· Ov. wilder Eber; **ingenium ~** Ov. trotzige Gesinnung
trygōnus ⟨ī⟩ M̄ Stachelrochen
tū ⟨tuī, dat tibi, akk u. abl tē⟩ pers Pr du; **nec tecum possum vivere nec sine te** Mart. ich kann nicht mit dir leben und auch nicht ohne dich
tuātim ADV ||tuus|| Plaut. auf deine Art
tuba ⟨ae⟩ F̄
➊ Tuba, gerade Trompete, bes als Signalinstrument
➋ Mart. fig Krieg
➌ fig Anstifter
➍ fig hohe Poesie

tūber¹ ⟨tūberis⟩ N̄
1. (unkl.) Höcker, Beule
2. (unkl.) Geschwür; *fig* großer Fehler
3. *Iuv.* Trüffel

tuber² ⟨tuberis⟩ M̄ (nachkl.) afrikanische Apfelsorte

tūberāre ⟨ō, -, - 1.⟩ ||tuber¹|| (nachkl.) schwellen

tūberculum ⟨ī⟩ N̄ ||tuber¹|| kleine Geschwulst, kleine Beule
▶ deutsch: **Tuberkulose**

Tūberō ⟨Tūberōnis⟩ M̄ Beiname in der gens Aelia; **Q. Aelius ~** stoischer Philos.; **Q. Aelius ~** Geschichtsschreiber

tubicen ⟨tubicinis⟩ M̄ ||tuba, canere|| Tubabläser, Trompeter

tubi-lūstrium ⟨ī⟩ N̄ ||tuba, lustrare|| (vkl., nachkl.) Fest der Trompetenweihe *am 23. März u. 23. Mai*

tubula ⟨ae⟩ F̄ ||tuba|| kleine Trompete

tubulātus ⟨a, um⟩ ADJ ||tubus|| (nachkl.) mit Röhren versehen, durch Röhrenleitung geheizt

tuburcinābundus ⟨a, um⟩ ADJ ||tuburcinari|| (vkl., nachkl.) gierig verschlingend

tuburcinārī ⟨or, ātus sum 1.⟩ *Apul.* gierig verschlingen

tubus ⟨ī⟩ M̄
1. (nachkl.) Röhre, Wasserleitungsrohr; *pl Sen.* Röhrenheizung
2. *Mart. fig* weibliche Scham

tuditāre ⟨ō, -, - 1.⟩ *Lucr.* stark fortstoßen, stark anstoßen

tuēre ⟨eō, -, - 2.⟩ (altl.) = **tueri**

tuērī ⟨tueor, tuitus sum/tutātus sum/tūtus sum 2.⟩

A VI schauen; **transversa ~** seitwärts schauen

B VT
1. anschauen, betrachten
2. *fig* für *j-n/etw* Sorge tragen, *aliquem/aliquid*; beschützen, *aliquid a re/contra aliquid/adversus aliquid* etw gegen etw; **se adversus Romanos ~** sich gegen die Römer verteidigen
3. *fig* bewahren; **dignitatem suam ~** seine Würde wahren
4. *fig* in gutem Zustand erhalten, **aedem Castoris** den Tempel des Castor
5. *fig* ernähren, unterhalten

tūfus ⟨ī⟩ M̄ = **tofus**

tugurium ⟨ī⟩ N̄ Hütte, Schuppen

tuī ⟨tuor, - 3.⟩ = **tueri**

Tuistō ⟨Tuistōnis⟩ F̄ germ. Gott, Stammvater der Germanen

tuitiō ⟨tuitiōnis⟩ F̄ ||tueri|| Schutz, Erhaltung

tulī → **ferre**

Tulingī ⟨ōrum⟩ M̄ germ. Stamm im s. Baden

Tulliānum ⟨ī⟩ N̄ ||Tullianus|| Tullianum, *unterirdisches Gewölbe des röm. Staatsgefängnisses*

Tulliānus ⟨a, um⟩ ADJ des Tullius

Tulliola ⟨ae⟩ F̄ ||Tullia|| Koseform für Ciceros Tochter *Tullia*

Tullius ⟨a, um⟩
A röm. Gentilname; → **Cicero**; **Tullia** Tochter Ciceros
B ADJ des Tullius

Tullus ⟨ī⟩ M̄ röm. Vorname; → **Hostilius**

tum
A ADV
1. *zeitl.* damals; **homines qui tum erant** die Menschen, die damals lebten; **discessus tum meus** meine damalige Abreise
2. darauf, sodann; **tum ille dixit** darauf sprach jener
3. dann, da; **cum Romam veneris, tum omnia audies** wenn du nach Rom kommst, dann wirst du alles hören; **etiam tum** auch da noch; **tum denique/tum demum** dann endlich, dann schließlich; **tum vero** dann aber, da aber
4. *in der Aufzählung* dann, ferner; **primum ... deinde ... tum** erstens ... dann ... ferner

B KONJ
1. **tum ... tum** einmal ... andere Mal, bald ... bald
2. **cum ... tum** sowohl ... als auch besonders; → **cum²**

tume-facere ⟨faciō, fēcī, factum 3.⟩ ||tumere||
1. schwellen lassen; **tumefactus** angeschwollen
2. *fig* aufblähen **aliquem inani laetitia** j-n mit eitler Freude

tumēre ⟨eō, uī, - 2.⟩
1. geschwollen sein, strotzen, *re/a re* von etw; **ora tument irā** das Gesicht schwillt vor Zorn
2. *vom Wasser* schwellen, steigen
3. *fig von Personen* sich aufblähen; aufbrausen
4. in Unruhe sein, gären
5. (nachkl.) *poet vom Redner* schwülstig sein

tumēscere ⟨tumēscō, tumuī, - 3.⟩ ||tumere|| (nachkl.)
1. anschwellen, steigen, **Oceanus tumescit** der Ozean steigt
2. *fig vor Zorn* aufbrausen
3. *vom Krieg* ausbrechen

tumidus ⟨a, um, *adv* tumidē⟩ ADJ ||tumere||
1. anschwellend, strotzend, *re* von etw; **membrum tumidum** *Cic.* geschwollener Körperteil
2. *fig* aufgeblasen
3. *fig* stolz, *re* durch etw, wegen etw
4. *fig* stolz machend
5. *fig* aufbrausend
6. *fig von der Rede* schwülstig

tumor ⟨tumōris⟩ M̄ ||tumere||
1. MED Geschwulst; **~ indicat morsum** *Sen.* die Geschwulst verrät den Biss
2. *fig* Erregung, Unruhe; **est in tumore animus**

Cic. die Seele ist in Aufregung

3 *fig* aufbrausender Zorn

4 *fig* Aufgeblasenheit, Stolz

5 *fig* Wollust

6 RHET Schwulst, **orationis** der Rede

tumuī → **tumere** u. → **tumescere**

tumulāre ⟨ō, āvī, ātum 1.⟩ ||tumulus|| begraben

tumulōsus ⟨a, um⟩ ADJ ||tumulus|| *poet* hügelig; **locus ~** *Sen.* hügeliges Gelände

tumultuāre ⟨ō, -, - 1.⟩, **tumultuārī** ⟨or, ātus sum 1.⟩ ||tumultus||

1 unruhig sein, lärmen; *Quint.* vom Redner poltern

2 meutern

3 bestürzt sein, die Fassung verlieren

4 tumultuatur es herrscht Unruhe; **cum aliquo tumultuatur** mit j-m finden wilde Kämpfe statt

tumultuārius ⟨a, um⟩ ADJ ||tumultus|| *(nachkl.)*

1 *von Personen* in Eile zusammengerafft; **~ exercitus** *Liv.* in Eile zusammengestelltes Heer

2 *von Sachen* in aller Eile hergestellt, ungeordnet; gelegentlich, augenblicklich

tumultuātiō ⟨tumultuātiōnis⟩ F ||tumultuari|| Unruhe, Lärm

tumultuōsus ⟨a, um, *adv* tumultuōsē⟩ ADJ ||tumultus||

1 unruhig, lärmend

2 Unruhe verursachend, aufregend; **in otio ~** *Liv.* rebellisch im Frieden; **cum nuntio tumultuoso** *Liv.* mit aufregender Nachricht

tumultus ⟨ūs⟩ M

1 Unruhe, Lärm; **tumultum facere/edere** Lärm verursachen

2 *poet* Gewitter, Sturm

3 Kriegslärm, Tumult

4 *(nachkl.)* Sorge, Aufregung

tumulus ⟨ī⟩ M Erdhaufen, *bes* Grabhügel

tunc ADV

1 damals

2 dann, da

tundere ⟨tundō, tutudī, tūnsum/tūsum 3.⟩

1 stoßen, schlagen

2 dreschen; zerstoßen; **tunsus gallae sapor** *Verg.* ausgepresster Saft des Gallapfels

3 *poet* bestürmen, **vocibus** mit Worten

Tunēs ⟨Tunētis⟩ M Stadt an der Nordküste Afrikas, heute Tunis

Tungrī ⟨ōrum⟩ M *gall.* Stamm in Belgien um das heutige Tongern

tunica ⟨ae⟩ F

1 Tunika, ärmelloses, wollenes Unterkleid der röm. Frauen u. Männer; **tunica propior pallio est** Hemd ist mir näher als der Rock; **~ molesta** Folterkleid, pechgetränkte Tunika, in der ein Sträfling den Feuertod erlitt

2 *meton* Haut

3 Hülle *von Früchten*

tunicātus ⟨a, um⟩ ADJ ||tunica|| mit der Tunika bekleidet, *außer Haus ein Zeichen der Armut;* **~ hic populus** *Tac.* dieses mit der Tunika bekleidete einfache Volk

tunicula ⟨ae⟩ F ||tunica|| kleine Tunika, Hemdchen

turba ⟨ae⟩ F

1 Unruhe, Verwirrung

2 PL Intrigen, Streit

3 ungezügelter Haufen, Menschenmenge; **~ Latonae** die Kinderschar der Latona; **~ mea** meine Leute; **exire in turbam** unter die Leute gehen

4 *(nachkl.) poet* Menge, große Zahl; **~ poetarum** Menge von Dichtern

turbāmentum ⟨ī⟩ N ||turbare||

1 Mittel zur Aufwiegelung

2 Verwirrung

turbāre ⟨ō, āvī, ātum 1.⟩ ||turbo||

A VI

1 Verwirrung stiften, *absolut;* **~ in omnibus rebus** ganz bankrott werden; **turbatur** es herrscht Verwirrung

2 in Unruhe sein

B VT

1 in Unruhe bringen, verwirren; **comas ~** die Haare in Unordnung bringen; **rem ~** Bankrott machen

2 aufwühlen; **vento multae turbantur harenae** *Verg.* vom Wind wird viel Sand aufgewirbelt; **aquam ~** Wasser trüben

3 verscheuchen, zerstreuen

4 *fig* stören, **convivia** Gastmahl

5 *fig* beunruhigen, aufregen, *aliquem/mentem alicuius/animum alicuius* j-n; **equum ~** ein Pferd scheu machen

turbātiō ⟨turbātiōnis⟩ F ||turbare|| *(nachkl.)* Verwirrung, Unordnung

turbātor ⟨turbātōris⟩ M ||turbare|| Unruhestifter, Aufwiegler

turbātus ⟨a, um, *adv* turbātē⟩ ADJ ||turbare||

1 unruhig, stürmisch, **turbato caelo** bei stürmischem Wetter; **turbatum mare** unruhige See

2 *Verg.* erbittert, erzürnt

turbēlae, turbellae ⟨ārum⟩ F ||turba||

1 Unfug

2 *(nachkl.)* Getümmel

turben ⟨turbinis⟩

1 N *Catul.* Wirbelwind

2 M *Tib.* Kreisel

turbidum ⟨ī⟩ N ||turbidus|| unruhige Zeit

turbidus ⟨a, um, *adv* turbidē⟩ ADJ

1 unruhig, stürmisch; **~ imber** *Verg.* heftiger Regenguss
2 aufgewühlt, trübe; **~ gurges** schäumender Strudel
3 *fig* unruhig; stürmisch; **turbidis et inquietis temporibus** *Tac.* in stürmischen und unruhigen Zeiten
4 verwirrt, erschrocken

turbineus ⟨a, um⟩ ADJ ||turbare|| wirbelnd; **flumen turbineum** *Ov.* wirbelnder Strom

turbō ⟨turbinis⟩ F̄
1 Wirbel; Strudel; **hastam turbine torquere** *Verg.* die Lanze in kreisende Bewegung setzen
2 Wirbelwind, Sturm
3 *fig* Sturm, Verwirrung; *pl* unruhige Zeiten
4 Kreisel *als Spielzeug*; *Hor.* Zauberrad
5 *(nachkl.)* Wirbel an der Spindel
6 Kreis
▶ deutsch: **Turbine**

turbulentus ⟨a, um, *adv* turbulentē *u.* turbulenter⟩ ADJ ||turba||
1 aufgeregt, stürmisch; **turbulenta tempestas** stürmisches Wetter; **turbulentam facere aquam** *Phaedr.* Wasser trüben
2 *fig* unruhig, erregt; **tempus turbulentum** unruhige Zeit
3 Unruhe stiftend, aufrührerisch; **civis ~** revolutionärer Bürger

turda ⟨ae⟩ F̄ Meeresdrossel

Turdētānī ⟨ōrum⟩ M̄ iberischer Stamm im SW Spaniens, n. des heutigen Sevilla

turdus ⟨ī⟩ M̄ *Hor.* Drossel

tūreus ⟨a, um⟩ ADJ ||tus|| Weihrauch...; **turea virga** Weihrauchstaude

turgēre ⟨turgeō, tursī, - 2.⟩ *(unkl.)*
1 geschwollen sein, strotzen, *re* vor etw; **turgentia ora** geschwollenes Gesicht
2 RHET schwülstig sein; **professus grandia turget** *Hor.* gewollte Erhabenheit ist schwülstig

turgēscere ⟨ēscō, -, - 3.⟩ ||turgere||
1 anschwellen; *fig* zornig werden
2 *Quint.* RHET schwülstig werden

turgidulus ⟨a, um⟩ ADJ ||turgidus|| *Catul.* ein wenig geschwollen

turgidus ⟨a, um⟩ ADJ ||turgere||
1 geschwollen, strotzend; **mare turgidum** stürmisches Meer; **vela turgida** geblähte Segel
2 RHET schwülstig

tūribulum ⟨ī⟩ N̄ ||tus|| Räucherpfanne

tūri-cremus ⟨a, um⟩ ADJ ||tus, cremare|| von Weihrauch brennend

tūri-fer ⟨tūrifera, tūriferum⟩ ADJ ||tus, ferre|| Weihrauch tragend, Weihrauch bringend

tūri-legus ⟨a, um⟩ ADJ ||tus, legere|| *Ov.* Weihrauch sammelnd

turma ⟨ae⟩ F̄
1 MIL Reiterabteilung
2 *allg.* Haufen, Schar; **~ Gallica** Schar der Isispriester

turmālēs ⟨turmālium⟩ M̄ ||turmalis|| *Liv.* Reiter einer Abteilung

turmālis ⟨turmāle⟩ ADJ ||turma|| zu einer Reiterabteilung gehörig

turmātim ADV ||turma|| *Liv., Lucr.* abteilungsweise

turnamentum ⟨ī⟩ N̄ *(mlat.)* = **tornamentum**

Turnus ⟨ī⟩ M̄ König der Rutuler z. Zt. der Ankunft des Aeneas in Italien u. dessen Widersacher

Turonēs ⟨Turonum⟩ M̄, **Turonī** ⟨ōrum⟩ M̄ *gall. Stamm in der heutigen Touraine um die Stadt Tours*

turpāre ⟨ō, āvī, ātum 1.⟩ ||turpis||
1 entstellen, beschmutzen
2 *fig* entehren, schänden

turpe ⟨turpis⟩ N̄ ||turpis||
1 Böse, sittlich Schlechte
2 Schande

turpiculus ⟨a, um⟩ ADJ ||turpis|| ziemlich hässlich, ziemlich entstellt

turpificātus ⟨a, um⟩ ADJ ||turpis, facere|| entstellt; *fig* sittenlos

turpilucri-cupidus ⟨a, um⟩ ADJ ||turpis, lucrum|| *Plaut.* gierig auf schändlichen Gewinn

turpis ⟨turpe, *adv* turpe *u.* turpiter⟩ ADJ
1 hässlich, entstellt; **crines turpes** hässliche Haare
2 hässlich klingend
3 *fig* schändlich, hässlich; **fuga turpissima** *Cic.* überaus schändliche Flucht
4 *fig* unanständig; **turpe dictu** schändlich zu sagen

turpitūdō ⟨turpitūdinis⟩ F̄ ||turpis||
1 Hässlichkeit
2 *fig* Schändlichkeit, Schande; **alicui turpitudini est** es bringt j-m Schande, +*inf*
3 *fig* Gemeinheit

turricula ⟨ae⟩ F̄ ||turris|| kleiner Turm, *auch* Türmchen, *durch das beim Spiel die Würfel geworfen wurden*

turri-ger ⟨turrigera, turrigerum⟩ ADJ ||turris, gerere|| Türme tragend, eine Turmkrone tragend; **turrigera dea** gekrönte Göttin

turris ⟨turris⟩ F̄
1 Turm; MIL Belagerungsturm
2 hoher Bau, Burg
3 *(vkl.) poet* Taubenschlag
▶ deutsch: **Turm**
  englisch: **tower**
  französisch: **tour**
  spanisch: **torre**
  italienisch: **torre**

turrītus ⟨a, um⟩ ADJ ||turris||
1 = **turriger**
2 *fig* turmhoch; **turriti scopuli** *Verg.* turmhohe Felsen

tursī → **turgere**

turtur ⟨turturis⟩ M (*unkl.*) Turteltaube

turturilla ⟨ae⟩ F ||turtur|| Turteltäubchen, *auch als Schimpfwort für einen Nichtstuer*

tūs[1] ⟨tūris⟩ N Weihrauch; *pl* Weihrauchkörner; ~ **masculinum** Tropfweihrauch, *die beste Sorte*

tus[2] (*mlat.*) die Zwei *auf dem Würfel*

Tuscī ⟨ōrum⟩ M ||Tuscus||
1 die Etrusker; die Bewohner Etruriens
2 (*erg. agri*) Landgut *des jüngeren Plinius*

Tusculānēnsis ⟨Tusculānēnse⟩ ADJ ||Tusculanum|| auf dem Landgut bei Tusculum verlebt

Tusculānum ⟨ī⟩ N ||Tusculanus|| Landgut bei Tusculum, *bes das von Cicero*

Tusculānus
A ⟨a, um⟩ ADJ aus Tusculum, von Tusculum
B ⟨ī⟩ M Einwohner von Tusculum

tūsculum ⟨ī⟩ N ||tus[1]|| *Plaut.* ein wenig Weihrauch

Tusculum ⟨ī⟩ N alte Latinerstadt sö. von Rom beim heutigen Frascati, Villenstadt der Römer mit Landgut Ciceros

Tusculus ⟨a, um⟩ ADJ aus Tusculum, von Tusculum

Tuscus ⟨a, um, *adv* Tuscē⟩ ADJ
1 etruskisch; **mare Tuscum** tyrrhenisches Meer
2 lydisch, *wegen der angeblichen Heimat der Etrusker dort*

tussicula ⟨ae⟩ F || ||tussis|| (*nachkl.*) Hustenanfall

tussīre ⟨iō, -, - 4.⟩ ||tussis|| husten, an Husten leiden

tussis ⟨tussis⟩ F (*vkl., nachkl.*) Husten

tūtāmen ⟨tūtāminis⟩ N, **tūtāmentum** ⟨ī⟩ N ||tutari|| (*nachkl.*) Schutzmittel, Schutz

tūtāre[2] ⟨ō, -, - 1.⟩ = **tutari**

tūtārī ⟨or, ātus sum 1.⟩ ||tueri||
1 beschützen, verteidigen, *aliquid a re*/*contra aliquid*/*adversus aliquid* etw gegen etw; **oculos ~** die Augen schützen
2 bewahren; **dignitatem ~** seine Würde wahren
3 abwehren, abzuwehren versuchen, **pericula** Gefahren

tūtātus ⟨a, um⟩ PPERF → **tueri**

tūte[1] PERS PR = *verstärktes* **tu**

tūtē[2] ADV → **tutus**

tūtēla ⟨ae⟩ F ||tutus||
1 Schutz, Fürsorge; **esse in tutela alicuius** unter j-s Schutz stehen
2 Vormundschaft; **in alicuius tutelam venire** unter j-s Vormundschaft kommen; **in suam tutelam (per-)venire** mündig werden, sein eigener Herr werden
3 Vermögen des Mündels
4 (*nachkl.*) Erhaltung, **villae** des Landhauses
5 Ernährung
6 (*nachkl.*) *poet* Schutzherr, Schutzpatron
7 (*nachkl.*) *poet* Schützling, **Minervae** der Minerva

tuticus → **medix**

tūtimet, tūtin(e) pers Pr = *verstärktes* **tu**

tūtō ADV → **tutus**

tūtor ⟨tūtōris⟩ M ||tueri||
1 Beschützer
2 Vormund, *alicuius* j-s, *alicui* für jdn
▷ *deutsch:* **Tutor**

tūtōrius ⟨a, um⟩ ADJ ||tutor|| vormundschaftlich

tutudī → **tundere**

tūtum ⟨ī⟩ N ||tutus|| Sicherheit, sicherer Ort; **in tuto esse** in Sicherheit sein

tūtus ⟨a, um, *adv* tūtē *u.* tūtō⟩ ADJ ||tueri||
1 sicher, geschützt, *ab aliquo* vor j-m, *a re*/*adversus aliquid*/*ad aliquid*/*contra aliquid* gegen etw; **nihil tutum pati apud aliquem** j-m keine Ruhe lassen
2 gefahrlos, ungefährdet
3 sichergehend, vorsichtig
4 sorglos
5 **tuto** in Sicherheit, sicher

tuum ⟨ī⟩ N ||tuus||
1 das Deinige, deine Sache, deine Pflicht, deine Gewohnheit, deine Art und Weise; **de tuo** von deinem Vermögen
2 PL das Deinige, deine Angelegenheiten, deine Interessen, dein Eigentum

tuus
A ⟨a, um⟩ POSS PR ADJ
1 dein; **tua bona** deine Güter; **desiderium tuum** Sehnsucht nach dir; **tuum est** es ist deine Aufgabe, es ist deine Pflicht, es ist deine Art, es ist deine Gewohnheit
2 für dich günstig, für dich passend; **tuo tempore** zu einer für dich günstigen Zeit
B ⟨ī⟩ POSS PR M
1 der Deinige
2 PL deine Angehörigen, deine Freunde
⚠ **Tua res agitur.** *Hor.* Es geht um dich.

tuxtax INT *Plaut.* klitsch, klatsch, *Schallwort*

Tycha ⟨ae⟩ F Stadtteil von Syrakus mit einem Tempel der Tyche/Fortuna

Tȳdeus ⟨Tȳdeī *u.* Tȳdeos⟩ M Vater des Diomedes

Tȳdīdēs ⟨ae⟩ M Nachkomme des Tydeus, = Diomedes

tympanizāre ⟨ō, -, - 1.⟩ *Suet.* die Handpauke schlagen, das Tamburin schlagen

tympanotriba ⟨ae⟩ M̄ Tamburinschläger, *Schimpfwort für einen verwöhnten Menschen*
tympanum ⟨ī⟩ N̄
1 *Hor.* Handpauke, Tamburin
2 *Verg.* Wagenrad, Rad ohne Speichen
3 *Vitr.* ARCH Tympanon, dreieckiges Giebelfeld *in antiken Tempeln*; (mlat.) Tympanon, Bogenfeld über dem Kirchenportal
Tyndareus ⟨ī⟩ M̄ König in Sparta, Gatte der Leda
Tyndaridae ⟨Tyndaridum⟩ M̄ Kinder des Tyndareus, = Kastor, Polydeukes (Pollux), Helena, Klytämnestra (Clytaemestra)
Tyndaridēs ⟨Tyndaridae⟩ M̄ Nachkomme des Tyndareus
Tyndaris ⟨Tyndaridis *u.* Tyndaridos⟩ F̄ Tochter des Tyndareus
typanum ⟨ī⟩ N̄ = **tympanum**
Typhōeūs ⟨Typhōei *u.* Typhōeos⟩ M̄ Gigant, *Sohn des Tartaros, von Zeus besiegt u. unter dem Ätna begraben*
Typhōis ⟨Typhōidis⟩ ADJ F̄, **Typhōius** ⟨a, um⟩ ADJ des Typhon
Tȳphōn ⟨Tȳphōnis⟩ M̄ = **Typhoeus**
typicus ⟨a, um⟩ ADJ
1 (eccl.) figürlich, bildlich
2 (mlat.) typisch
typographus ⟨ī⟩ M̄ (mlat.) Drucker
typus ⟨ī⟩ M̄
1 Figur, Bild
2 (mlat.) Schein, bloße Form
tyrannicīda ⟨ae⟩ M̄ ‖tyrannus, caedere‖ Tyrannenmörder
tyrannicīdium ⟨ī⟩ N̄ ‖tyrannicida‖ (nachkl.) Tyrannenmord
tyrannicus ⟨a, um, *adv* tyrannicē⟩ ADJ tyrannisch, despotisch; *adv* wie ein Tyrann
tyrannis ⟨tyrannidis⟩ F̄
1 Alleinherrschaft, Tyrannis, Despotie
2 Herrschaftsbereich eines Tyrannen
tyrannoctonus ⟨ī⟩ M̄ Tyrannenmörder
tyrannus ⟨ī⟩ M̄
1 (nachkl.) Herrscher, Alleinherrscher
2 Tyrann, Gewaltherrscher
tyrianthina ⟨ōrum⟩ N̄ ‖tyrianthinus‖ *Mart.* Purpurgewänder
tyrianthinus ⟨a, um⟩ ADJ purpurfarben
Tyrius
A ⟨a, um⟩ ADJ
1 aus Tyros, von Tyros
2 *meton* purpurfarben
B ⟨ī⟩ M̄ Einwohner von Tyros
Tyros ⟨ī⟩ F̄ alte Handelsstadt der Phöniker an der Ostküste des Mittelmeeres, Mutterstadt von Karthago, bekannt durch seine Purpurfärbereien, heute Sur im Libanon
tȳro-tarīchum ⟨ī⟩ N̄ Gericht aus Käse u. Seefischen

Tyrrhēnī ⟨ōrum⟩ M̄ die Tyrrhener, *Stammvolk Etruriens*
Tyrrhēnia ⟨ae⟩ F̄ Etrurien
Tyrrhēnus ⟨a, um⟩ ADJ tyrrhenisch
Tyrtaeus ⟨ī⟩ M̄ griech. Elegiker, 7. Jh. v. Chr.
Tyrus ⟨ī⟩ F̄ = **Tyros**

U u *Abk*
1 = **urbs** Stadt, *meist Rom*
2 **a. u. c.** = **ab urbe condita** seit Gründung der Stadt Rom, *angesetzt auf 753 v. Chr., zugleich Titel des Geschichtswerks des Livius*
ūber¹ ⟨ūberis⟩ N̄
1 *beim Menschen* Mutterbrust, Brust
2 *bei Tieren* Euter, Zitze
3 (nachkl.) *fig* Fruchtbarkeit; fruchtbarer Boden
ūber² ⟨ūberis, *adv nur komp* ūberius *u. sup* ūberrimē⟩ ADJ
1 fruchtbar, ergiebig, *alicuius rei* an etw, *ad aliquid/alicui rei* für etw; **ager ~** fruchtbarer Acker; **messis ~** reiche Ernte
2 *fig* reich an Gedanken, reich an Erkenntnissen; **uberrimi sermones** *Cic.* sehr geistreiche Gespräche
3 *adv komp* ausführlicher, *auch mit Übertreibung*; **uberius disputare** ausführlicher erörtern
ūbertāre ⟨ō, -, - 1.⟩ ‖uber²‖ (nachkl.) fruchtbar machen
ūbertās ⟨ūbertātis⟩ F̄ ‖uber¹‖
1 Fruchtbarkeit, Ergiebigkeit; **~ agri** Fruchtbarkeit des Ackers
2 Fülle, Überfluss, *alicuius rei* an etw; **~ frugum** Überfluss an Früchten; **~ orationis** (nachkl.) *fig* Fülle des Ausdrucks
ūbertim ADV ‖uber²‖ (nachkl.) *poet* reichlich
ubī
A ADV
1 *interrogativ* wo?; **~ heri fuisti?** wo bist du gestern gewesen?; **~ terrarum?** wo auf der Welt?; **~ gentium?** wo in aller Welt?
2 *relativ* wo; **campi, ~ Troia fuit** die Felder, wo Troja stand
3 **~ ~** = **~cumque**
B KONJ
1 +*ind* als, sobald als; **quod ~ Caesar resciit, imperavit** *Caes.* sobald Caesar dies erfahren hatte, befahl er
2 wenn, jedes Mal wenn

est ~ +*konjkt* gelegentlich
ubi-cumque, ubi-cunque ADV
① *relativ* wo auch immer, überall wo; ~ **terrarum/gentium** wo auch immer auf der Welt
② (*nachkl.*) *indef* wo immer es sei, überall; **rem patris oblimare malum est** ~ das Vermögen des Vaters durchzubringen ist überall ein Übel
Ubiī ⟨ōrum⟩ M die Ubier, *ein immer römerfreundlicher germ. Stamm, urspr. rechts des Rheins zwischen Lahn u. Taunus wohnend, später linksrheinisch mit Hauptstadt Ara|civitas|oppidum Ubiorum, später in Colonia Agrippina umbenannt, heute Köln*
ubi-libet ADV (*nachkl., spätl.*) überall
ubi-nam ADV *interrogativ* wo denn (nur)?
ubi-quāque ADV überall
ubī-que ADV (*unkl.*)
① überall
② wo auch immer
⚠️ **Nusquam est, qui ubique est.** *Sen.* Wer überall ist, ist nirgendwo.
ubi-ubi ADV = **ubicumque**
Ubius ⟨a, um⟩ ADJ ||Ubii|| ubisch
ubi-vīs ADV wo du willst, überall
ūdō ⟨ūdōnis⟩ M *Mart.* Filzschuh, Lederschuh
ūdus ⟨a, um⟩ ADJ ||uvidus||
① (*nachkl.*) feucht, nass, *re* von etw
② bewässert
③ *fig* betrunken
④ *Verg.* noch frisch, weich
ulcerāre ⟨ō, āvī, ātum 1.⟩ ||ulcus||
① eitrig machen, wund drücken; **mantica mulo lumbos ulcerat** *Hor.* der Sack reibt dem Maultier die Weichen wund
② *fig* verwunden, **iecur alicuius** j-s Herz
ulcerātiō ⟨ulcerātiōnis⟩ F ||ulcerare|| *Sen.* Schwären; *meton* Geschwür
ulcerōsus ⟨ō, āvī, ātum 1.⟩ ||ulcus|| (*nachkl.*) *poet* voll von Geschwüren; *fig* von der Liebe verletzt; **ulcerosa facies** Gesicht voller Geschwüre
ulcīscī ⟨ulcīscor, ultus sum 3.⟩
① etw rächen, für etw Rache nehmen, *aliquid*; *passiv* gerächt werden; **ulciscimur sociorum umbras** *Verg.* wir rächen die Schatten der Freunde; **quidquid ulcisci nequitur** was nicht gerächt werden kann
② sich an j-m rächen, j-n bestrafen, *aliquem, pro re* für etw, wegen etw; **suos ulta est pro coniuge fratres** *Prop.* sie nahm Rache an den eigenen Brüdern für den Gatten
ulcus ⟨ulceris⟩ N
① (*unkl.*) Geschwür, Beule
② *fig* wunde Stelle, heikler Punkt
③ *Mart. fig* Geilheit
ulcusculum ⟨ī⟩ N ||ulcus|| *Sen.* kleines Geschwür

ūlīgō ⟨ūlīginis⟩ F (*nachkl.*) Bodenfeuchtigkeit; Morast
Ulixēs ⟨Ulixis *u.* Ulixī *u.* Ulixeī, *akk auch* Ulixen, *vok* Ulixe m Odysseus, *listenreicher Held der homerischen Epen Ilias und Odyssee, Sohn des Laertes, König von Ithaka, Gatte der Penelope, Vater des Telemach*
ūllus ⟨a, um⟩ ADJ irgendein, irgendjemand, *meist +Negation*; **sine ulla spe** ohne jede Hoffnung; **solis candor illustrior est quam** ~ **ignis** der Glanz der Sonne ist heller als irgendein Feuer
ulmeus ⟨a, um⟩ ADJ ||ulmus|| (*vkl., nachkl.*) von Ulmen; **ulmeae virgae** *Plaut.* Ulmenzweige
ulmi-triba ⟨ae⟩ M ||ulmus|| *Plaut.* der mit Ulmenruten Gepeitschte
ulmus ⟨ī⟩ F Ulme
ulna ⟨ae⟩ F
① Elle; Arm; **ulnis amplecti** umarmen
② *Längenmaß* Elle, 0,37 m
Ulpiānus ⟨ī⟩ M vollständig Domitius Ulpianus, *berühmter Jurist aus Tyros, Prätorianerpräfekt u. Rechtsberater des Kaisers M. Aurelius Severus Alexander, 228 n. Chr. von seinen Soldaten ermordet*
ulpicum ⟨ī⟩ N (*vkl.*) Lauch
Ulpius ⟨a, um⟩ röm. Gentilname; → Traianus
uls PRÄP (*altl.*) = **ultra**; *nur in Formeln erhalten*; **uls et cis Tiberim** jenseits und diesseits des Tiber
ulter ⟨ultra, ultrum⟩ ADJ *im Positiv ungebräuchlich, nur noch in* → **ultra** *u.* → **ultro**
ulterior ⟨ulterius *adj komp*, *adv* ulterius⟩ ||ulter||
① jenseitig; **pars ulterior urbis** jenseitiger Teil der Stadt
② entfernter, weiter
③ (*nachkl.*) *zeitl.* weiter, ferner
④ *fig* ärger, mehr
⑤ *adv* weiter, ferner; **quid ulterius fieri potuit?** was mehr konnte getan werden?; **ulterius iusto** über das geziemende Maß
⑥ weiterhin, länger
⑦ **ulteriora** ⟨ōrum⟩ *n* jenseitiges Gebiet, Entfernteres
⑧ **ulteriōrēs** ⟨ulteriōrium⟩ *m* die Entfernteren
ultima ⟨ōrum⟩ N ||ultimus|| äußerste Grenze, Ziel
ultimum ⟨ī⟩ N ||ultimus||
① Ende, Schluss
② Äußerstes, Gipfel
ultimus ⟨a, um⟩ ADJ *sup* ||ulter||
① *örtl.* der äußerste, der entfernteste, *a re* von etw
② der letzte, der hinterste; **ultimae gentes** die entferntesten Stämme; **ultima via** der letzte Teil des Weges; **in ultimis aedibus** im entlegensten Teil des Hauses

3 der älteste, der erste

4 der letzte, der jüngste

5 *fig* der höchste, der größte; **supplicium ultimum** Todesstrafe; **auxilium ultimum** äußerste Hilfsmittel; **dimicatio ultima** Entscheidungskampf; **ultimum bonorum** höchste Gut; **natura ultima** die vollkommenste Natur

6 (nachkl.) *poet* der niedrigste, der geringste

ultiō ⟨ultiōnis⟩ F ||ulcisci|| (nachkl.) Rache, Strafe, *alicuius rei* für etw, wegen etw; ~ **deorum** Rache der Götter; ~ **sceleris** Strafe für Verbrechen

Ultiō ⟨Ultiōnis⟩ F Rachegöttin

ultor ⟨ultōris⟩ M ||ulcisci|| Rächer; *auch adj* rächend, strafend

Ultor ⟨Ultōris⟩ M Beiname des Mars, Tempel auf dem Forum des Augustus

ultrā (*erg.* parte) ||ulter||

A ADV

1 (nachkl.) *örtl.* weiter hinaus, *bes* jenseits; ~ **procedere** weiter vorrücken; **cis Padum ultraque** diesseits und jenseits des Po; **manūs nec citra nec ~ movere** die Hände weder rückwärts noch vorwärts bewegen

2 *zeitl.* länger, weiterhin; **bellum non ~ differre** den Krieg nicht länger hinausschieben

3 *fig von Zahl u. Maß* mehr; ~ **posse** mehr vermögen; **quid ~ quaeris?** *Iuv.* was willst du mehr?; ~ **quam satis est** es ist mehr als genug

B PRÄP +akk

1 *örtl.* über … hinaus, jenseits; ~ **villam** jenseits des Landhauses; ~ **minas progredi** *Liv.* über Drohungen hinausgehen; ~ **eos** weiter als sie

2 (nachkl.) *zeitl.* über, länger als; ~ **mediam noctem** über Mitternacht hinaus; ~ **Socratem** über die Zeit des Sokrates hinaus

3 *fig von Zahl u. Maß* über, mehr als; ~ **placitum** *Verg.* über Gebühr; ~ **vires** über die Kräfte

ultramontānus ⟨a, um⟩ ADJ (mlat.) jenseits der Berge, jenseits der Alpen wohnend

ultrīx ⟨ultrīcis⟩ F ||ultro|| Rächerin; *adj* rächend; **Dirae ultrīces** die Furien

ultrō ADV ||ulter|| (vkl.)

1 *örtl.* hinüber, zur anderen Seite; ~ (**et**) **citro**/ ~ **citroque** hinüber und herüber, gegenseitig; ~ **et citro legatos mittere** Boten hinüber und herüber schicken

2 *Plaut. fig* fort!, weg!; ~ **istunc** fort mit ihm

3 *fig* überdies, obendrein

4 von selbst, freiwillig; ~ **se morti offerre** freiwillig in den Tod gehen; ~ **tributa** (vkl., nachkl.) jährliche Leistungen *aus der Staatskasse zur Erhaltung der öffentlichen Gebäude*

ultus ⟨a, um⟩ PPERF → ulcisci

ulula ⟨ae⟩ F ||ululare|| (unkl.) Käuzchen

ululāre ⟨ō, āvī, ātum 1.⟩

A VI

1 klagen, jammern;

2 laut schreien, heulen

3 von Geschrei erfüllt sein; **aedes ululant plangoribus** Haus ist erfüllt von Wehklagen

B VT heulend anrufen

ululātus ⟨ūs⟩ M ||ululare||

1 Geheul, Gejammer

2 Siegesgeschrei; **ululatum tollere** Geschrei erheben

ulva ⟨ae⟩ F (nachkl.) *poet* Schilf

umbella ⟨ae⟩ F ||umbra|| *poet* Sonnenschirm

Umber

A ⟨Umbra, Umbrum⟩ ADJ ||Umbri|| umbrisch; ~ **aper** *Hor.* umbrischer Eber

B ⟨Umbrī⟩ M umbrischer Jagdhund

umbilīcus ⟨ī⟩ M (nachkl.)

1 Nabel; *fig* Mittelpunkt, *alicuius rei* einer Sache; ~ **Siciliae** Mittelpunkt Siziliens

2 *fig* Kopf einer Buchrolle, *Ende des Stabes, um den die Buchrolle gewickelt war*; **iambos ad umbilicum adducere** *Hor.* die Iamben vollenden

3 *fig* Meeresschnecke

umbō ⟨umbōnis⟩ M (nachkl.)

1 Schildbuckel; *allg.* Schild

2 Ellbogen

umbra ⟨ae⟩ F

1 Schatten; **in umbra/sub umbra** im Schatten

2 *poet* Finsternis, Nacht; ~ **noctis** Finsternis der Nacht

3 *in der Malerei* Schatten, Schattierung; **umbram capere** in der Rede übergangen werden

4 *meton* schattiger Ort; **umbras falce premere** die schattigen Laubzweige beschneiden

5 *fig* ständiger Begleiter; ungebetener Gast

6 (nachkl.) *poet* Schatten eines Toten, Geist; *pl* Unterwelt; **per umbras** in der Unterwelt; **sub umbras ire** sterben

7 *fig* Schutz, Zuflucht

8 ruhiges Privatleben; Studierzimmer; *pl* behagliche Zustände

9 (nachkl.) Trugbild; Vorwand; **sub umbra** unter dem Vorwand

⚠ **Pulvis et umbra sumus.** *Hor.* Wir sind Staub und Schatten. = Wir Menschen sind vergänglich.

Umbra ⟨ae⟩ F ||Umbri|| Umbrerin

umbrāculum ⟨ī⟩ N ||umbra||

1 schattiger Ort, schattiger Gang; *pl* schattiges Studierzimmer

2 *poet* Sonnenschirm

umbrāre ⟨ō, āvī, ātum 1.⟩ ||umbra|| (unkl.) beschatten, bedecken, *aliquid re* etw mit etw

umbrāticulus ⟨ī⟩ M ||umbraticus|| *Plaut.* Faulenzer

umbrāticus ⟨a, um⟩ ADJ ‖umbra‖ (vkl., nachkl.)
① Schatten...; **homo ~** Faulenzer
② im Studierzimmer betrieben
③ behaglich lebend

umbrātilis ⟨umbrātile⟩ ADJ ‖umbra‖
① beschaulich, behaglich
② *von der Rede* schulmäßig

Umbrī ⟨ōrum⟩ M die Umbrer, *ital. Stamm zwischen Tiber u. Adria*

Umbria ⟨ae⟩ F Umbrien

umbri-fer ⟨umbrifera, umbriferum⟩ ADJ ‖umbra, ferre‖
① Schatten spendend; **platanus umbrifera** Schatten spendende Platane
② die Verstorbenen fahrend; **linter umbrifera** Charons Kahn

umbrōsus ⟨a, um⟩ ADJ ‖umbra‖
① beschattet, schattig; **caverna umbrosa** finstere Höhle
② Schatten spendend

ūmectāre ⟨ō, āvī, ātum 1.⟩ ‖umectus‖ befeuchten, benetzen, *aliquid re* etw mit etw, **lacrimis ora** *Lucr.* Gesicht mit Tränen

ūmectus ⟨a, um⟩ ADJ ‖umere‖ (vkl., spätl.) feucht

ūmēre ⟨eō, -, - 2.⟩ feucht sein, nass sein, *re* von etw; **umentia litora** *Verg.* feuchte Gestade

umerus ⟨ī⟩ M
① Schulter, Achsel; **aliquem umeris sustinere** j-n auf den Schultern tragen
② Oberarm, Arm
③ *bei Tieren* Vorderbug

ūmēscere ⟨ēscō, -, - 3.⟩ ‖umere‖ (nachkl.) *poet* feucht werden, nass werden, *re* von etw

ūmidum ⟨ī⟩ N ‖umidus‖
① (nachkl.) feuchter Ort, feuchter Boden
② PL wässerige Teile

ūmidus ⟨a, um, *adv* ūmidē⟩ ADJ ‖umere‖
① feucht, nass; **ligna umida** *Cic.* feuchtes Holz
② saftig

ūmi-fer ⟨ūmifera, ūmiferum⟩ ADJ ‖umor, ferre‖ feucht

ūmor ⟨ūmōris⟩ M ‖umere‖
① Feuchtigkeit, Flüssigkeit; **~ lacteus** Milch; **~ roscidus** Tau; **~ Bacchi** Wein; **~ ruber** Blut; **~ gelidus** Schnee
② Saft *der Pflanzen*

um-quam ADV = unquam

ūnā ADV ‖unus‖ zusammen, gemeinsam; **~ venire** gemeinsam kommen

ūn-animāns ⟨ūnanimantis⟩ ADJ ‖unus, animare‖ (vkl., nachkl.) einträchtig, einig

ūn-animis ⟨ūnanime⟩ ADJ, **ūn-animus** ⟨a, um⟩ ADJ ‖unus‖ einig, einträchtig

ūnanimitās ⟨ūnanimitātis⟩ F ‖unanimis‖ (vkl., nachkl.) Einigkeit

uncāre ⟨ō, -, - 1.⟩ (spätl.) brummen

ūncia ⟨ae⟩ F
① ein Zwölftel *eines zwölfteiligen Ganzen*; **heres ex uncia** Erbe eines Zwölftels
② (vkl.) *Münze* Unze = 1/12 As
③ (unkl.) *Gewicht* Unze = *27,5 g*; **~ auri** eine Unze Gold
④ (vkl.) *fig* Kleinigkeit

ūnciālis ⟨ūnciāle⟩ ADJ ‖uncia‖ (nachkl., spätl.) von einer Unze, ein Zoll lang; **litterae unciales** Unziale, *Schrift in abgerundeten Großbuchstaben*

ūnciārius ⟨a, um⟩ ADJ ‖uncia‖ (nachkl.) ein Zwölftel betragend, ein Zwölftel enthaltend; **fenus unciarium** Zinsen von einem Zwölftel des Kapitals, = *8,33% jährlich*

ūnciātim ADV ‖uncia‖ (vkl., nachkl.) unzenweise

uncīnātus ⟨a, um⟩ ADJ ‖uncus‖ hakenförmig

ūnciola ⟨ae⟩ F ‖uncia‖ *Iuv.* lächerliche kleine Unze, lumpiges Zwölftel

ūnctiō ⟨ūnctiōnis⟩ F ‖ungere‖
① Einsalben; **unctionis causā** um sich einzusalben
② (mlat.) letzte Ölung
③ (mlat.) Salbung *zum König od Kaiser*

ūnctitāre ⟨ō, -, - 1.⟩ ‖ungere‖ (vkl.) oft salben

ūnctiusculus ⟨a, um⟩ ADJ ‖unctus‖ *Plaut.* ein wenig fetter

ūnctor ⟨ūnctōris⟩ M ‖ungere‖ Sklave zum Einsalben

ūnctōrium ⟨ī⟩ N ‖unctor‖ *Plin.* Raum zum Einsalben *in den Thermen*

ūnctum ⟨ī⟩ N ‖unctus‖
① *Hor.* leckere Mahlzeit
② Parfüm, Salbe

ūnctūra ⟨ae⟩ F ‖ungere‖ (vkl.) Einsalben; Einbalsamieren *der Toten*

ūnctus ⟨a, um⟩ ADJ ‖ungere‖
① gesalbt, parfümiert; **aqua uncta** *Hor.* fettiges Wasser; **uncta popina** *Hor.* schmierige Kneipe; **palaestra uncta** Ringschule, in der man sich einsalbt; **arma cruore uncta** blutbefleckte Waffen
② *fig* reich, üppig; **mensa uncta** üppige Tafel
③ *fig von Speisen* lecker
④ *fig* bestochen

uncus[1] ⟨ī⟩ M Haken, Klammer, *bes der Haken des Henkers, mit dem der Delinquent zur Richtstätte geführt wurde*; *fig* **uncum decutere** eine Gefahr vermeiden

uncus[2] ⟨a, um⟩ ADJ ‖uncus[1]‖ (nachkl.) *poet* gekrümmt, hakenförmig; **hamus ~/aera unca** Angel

unda ⟨ae⟩ F
① Welle, Woge
② *fig* Flut, Gewässer; **undae caelestes** Regen; **undae ferventes** siedendes Wasser

fig Strudel, unruhig wogende Menge

undāre ⟨ō, āvī, ātum 1.⟩ ||unda|| wogen, strömen; **Nilus undans** der wogende Nil; **habenae undantes** schlaffe Zügel

unde ADV, interrogativ, relativ

1 örtl. von wo, woher; **~ venisti?** woher bist du gekommen?; **locus, ~ venisti** der Ort, von dem du kamst; **is, ~ ius stat** der, auf dessen Seite Recht steht; **is, ~ petitur** Beklagter in einem Zivilprozess

2 fig wovon, wodurch; **nihil reliquit, ~ efferretur** er hinterließ nichts, wovon er bestattet werden konnte

3 ~-~ woher auch immer

4 (mlat.) daher, weil

ūn-dē... ||unus, de|| zum Ausdruck des Neuner-Wertes in Zahlwörtern; **undeviginti** neunzehn; **undenonagesimus** der neunundachtzigste

ūn-deciē(n)s NUM ADV elfmal

ūn-decim indekl NUM card ||unus, decem|| elf

ūndecimus ⟨a, um⟩ NUM ord ||undecim|| der elfte

ūndecim-virī ⟨ōrum⟩ M Nep. Elfmännerkollegium, Behörde des Strafvollzugs in Athen

unde-cumque ADV (nachkl.)

1 woher auch immer

2 überall

ūn-dēnī ⟨ae, a⟩ NUM distr je elf; **pedes ~** Hexameter und Pentameter

unde-unde ADV woher auch immer

ūndēvīcēsimānī ⟨ōrum⟩ M ||undevicesimus|| (nachkl.) Soldaten der 19. Legion

undique Adv ||unde||

1 woher nur immer, von allen Seiten; **~ concurrere** von allen Seiten her zusammenlaufen

2 überall, in jeder Hinsicht; **aliquis amens ~ dicitur** j-m wird von allen Leuten verrückt genannt

undi-sonus ⟨a, um⟩ ADJ ||unda, sonus|| poet wellenrauschend; **undisoni di** Meeresgötter

undōsus ⟨a, um⟩ ADJ ||unda|| poet wellenreich, wogend

ūnetvīcēsimānī ⟨ōrum⟩ M ||unetvicesimus|| (nachkl.) Soldaten der 21. Legion

ūn-et-vīcēsimus ⟨a, um⟩ NUM ord der einundzwanzigste

ungere ⟨ungō, ūnxī, ūnctum 3.⟩

1 salben, parfümieren, aliquem/aliquid re j-n/etw mit etw

2 (nachkl.) poet benetzen; färben; **uncta sanguine ova** Hor. mit Blut befleckte Eier; **quem gloria supra vires ungit** der sich aus Eitelkeit über sein Vermögen herausputzt

3 Speisen fett machen, schmalzen; **~ caules meliore oleo** Hor. den Kohl mit besserem Öl anmachen

unguen ⟨unguinis⟩ N = **unguentum**

unguentāre ⟨ō, āvī, ātum 1.⟩ ||unguentum|| (unkl.) salben; einbalsamieren

unguentāria ⟨ae⟩ F ||unguentarius|| Plaut. Salbenhandel; **unguentariam facere** eine Parfümerie aufmachen

unguentārium ⟨ī⟩ N Plin. Salbengeld

unguentārius

A ⟨a, um⟩ ADJ ||unguentum|| (nachkl.) Salben...; **taberna unguentaria** Salbenladen

B ⟨ī⟩ M Salbenhändler

unguentum ⟨ī⟩ N ||unguere|| Salbe, Parfüm

unguere ⟨unguō, ūnxī, ūnctum 3.⟩ = **ungere**

unguiculus ⟨ī⟩ M ||unguis||

1 = **unguis**

2 Nägelchen; Fingerspitze; **a teneris unguiculis** Cic. von Kindesbeinen an

unguis ⟨unguis⟩ M beim Menschen Nagel an Fingern u. Zehen; bei Tieren Kralle; **ab imis unguibus usque ad verticem** vom Kopf bis zu den Zehen; **de tenero ungui** von Kindesbeinen an; **ad unguem/in unguem** haarscharf, aufs Genaueste; **homo ad unguem factus** vollendeter Weltmann; **transversum unguem non discedere** nicht einen Finger breit weichen; **alicui medium unguem ostendere** j-m den Mittelfinger zeigen, als Zeichen äußerster Verachtung

ungula ⟨ae⟩ F, **ungulus** ⟨ī⟩ M ||unguis||

1 Huf; Pferd; **omnibus ungulis** mit allen Kräften

2 Kralle, Klaue

3 ~ **ferrata** (mlat.) Hufeisen

ūni-animus ⟨a, um⟩ ADJ Plaut. = **unanimus**

ūni-color ⟨ūnicolōris⟩ ADJ ||unus|| (unkl.) einfarbig

ūni-cornis

A ⟨ūnicorne⟩ ADJ ||unus, cornu|| einhörnig

B ⟨ūnicornis⟩ M Nashorn; (mlat.) Einhorn, pferdeähnliches Fabelwesen mit einem Horn auf der Stirn

ūnicus ⟨a, um, adv ūnicē⟩ ADJ ||unus||

1 allein, einzig; **filius ~** einziger Sohn

2 einzigartig, einmalig; **unica nobilitas** einzigartige Vorzüglichkeit; **unice securus** völlig unbesorgt

▶ deutsch: **Unikum**

ūni-fōrmis ⟨ūnifōrme⟩ ADJ ||unus, forma|| (nachkl.) einförmig, einfach

▶ deutsch: **Uniform**

ūni-gena ⟨ae⟩ M u. F ||unus, gignere||

1 von einer Abstammung, Bruder, Schwester

2 einzig

ūni-genitus ⟨a, um⟩ ADJ ||unus, gignere|| einzig geboren; **~ filius** (eccl.) eingeborener Sohn, = Christus

ūni-manus ⟨a, um⟩ ADJ ||unus|| Liv. einhändig

ūniō¹ ⟨ūniōnis⟩ M ||unus|| *Phaedr.* einzelne große Perle

ūniō² ⟨ūniōnis⟩ F ||unus|| (*spätl., eccl.*)
1 Einheit, die Eins *als Würfelzahl*
2 Vereinigung
▶ deutsch: **Union**

ūnīre ⟨iō, īi, ītum 4.⟩ ||unus|| (*nachkl.*) vereinigen

ūni-subsellium ⟨ī⟩ N ||unus|| *Plaut.* Einzelbänkchen

ūnitās ⟨ūnitātis⟩ F ||unus||
1 Einheit, Gesamtheit
2 Einigkeit

ūniter ADV ||unus|| *Lucr.* in eins verbunden

ūnīus-modī ADV, *auch getrennt* von einer Art

ūniversālia ⟨ūniversālium⟩ N ||universalis|| (*mlat.*) Gattungsbegriffe, Universalien

ūniversālis ⟨ūniversāle⟩ ADJ ||universus|| allgemein; **sententia ~** *Quint.* allgemeine Meinung

ūniversitās ⟨ūniversitātis⟩ F ||universus||
1 Gesamtheit; **~ generis humani** ganze Menschengeschlecht; **~ rerum** Weltall
2 *Plin.* die ganze Rede
3 *fig* Weltall, Welt
4 (*mlat.*) Hochschule, Universität
▶ deutsch: **Universität**
englisch: **university**
französisch: **université**
spanisch: **universidad**
italienisch: **università**

ūniversum ⟨ī⟩ N ||universus||
1 Gesamtheit
2 Weltall

ūni-versus, ūni-vorsus ⟨a, um, *adv* ūniversē *u.* ūnivorsē⟩ ADJ ||vertere||
1 gesamt, ganz; **~ mundus** die ganze Welt; **dimicatio universae rei** Entscheidungskampf
2 PL alle zusammen
3 allgemein, gemeinschaftlich; **universi Ephesii** alle Epheser
4 **universe/in universum** im Allgemeinen, überhaupt

ūn-oculus ⟨a, um⟩ ADJ ||unus|| (*vkl.*) einäugig

Ūnomammia ⟨ae⟩ F ||unus, mamma|| *Plaut. hum* Land der Amazonen

unquam ADV irgendeinmal, jemals, *meist in negativen Sätzen*; **nec ~** und niemals; **nemo ~** nie jemand; **si ~** wenn jemals; **quid ~?** was jemals?

ūnus ⟨a, um⟩ NUM *card*
1 einer; **~ miles** ein Soldat; **~ ex magistratibus/de magistratibus** einer der Beamten; **~ e multis** ein gewöhnlicher Mensch; **una castra** ein Lager; **unae aedes** ein Haus; **uni ... alii** die einen ... anderen; **uni ... alteri ... tertii** die einen ... die anderen ... die dritten; **non ~** mehr als einer; **ad unum omnes** alle ohne Ausnahme; **in unum cogere** zu einem Ganzen vereinigen
2 nur einer, ein einziger *im Dt. oft mit adv* übersetzt bloß, nur; **Ubii uni** nur die Ubier; **nemo/nullus ~** kein Einziger; **nihil unum** gar nichts
3 *beim Sup*; **homo ~ doctissimus** der allergelehrteste Mann
4 ein und derselbe; **unis moribus vivere** auf ein und dieselbe Art leben
5 *indef* irgendein; **sicut ~ pater familias** wie der erstbeste Familienvater; **quivis ~/~ quilibet** irgendein Einzelner; **unus quisque** jeder Einzelne, ein jeder

ūnus-quisque ⟨ūnaquaeque, ūnumquidque (*subst*) *u.* ūnumquodque (*adj*)⟩ *indef* Pr, *subst u.* ADJ ein jeder, jeder einzelne

ūnxī → ungere

ūpiliō ⟨ūpiliōnis⟩ M Ziegenhirt, Schafhirt

upupa ⟨ae⟩ F (*vkl., nachkl.*) Wiedehopf; *fig* Spitzhacke

Ūrania ⟨ae⟩ F, **Ūraniē** ⟨Ūraniēs⟩ F Muse der Astronomie

urbānitās ⟨urbānitātis⟩ F ||urbanus||
1 Stadtleben
2 städtisches Wesen, großstädtische Lebensart
3 feine Aussprache
4 feiner Witz
5 *Tac.* schlechter Witz, grobe Täuschung

urbānus
A ⟨a, um, *adv* urbānē⟩ ADJ ||urbs||
1 städtisch, stadtrömisch; **seditiones urbanae** *Liv.* städtische Aufstände; **exercitus ~** aus römischen Bürgern bestehendes Heer
2 *fig* geschmackvoll, gebildet
3 witzig, geistreich
4 dreist, zudringlich
B ⟨ī⟩ M
1 Städter, Römer
2 Witzbold

urbi-capus ⟨ī⟩ M ||urbs, capere|| Städteeroberer

urbicus ⟨a, um⟩ ADJ ||urbs|| *Suet.* städtisch, zur Stadt (Rom) gehörig

Urbīnās
A ⟨Urbīnātis⟩ ADJ aus Urbinum, von Urbinum
B ⟨Urbīnātis⟩ M Einwohner von Urbinum

Urbīnum ⟨ī⟩ N Stadt in Umbrien, heute Urbino

Urbius clīvus M Gasse am Esquilin

urbs ⟨urbis⟩ F
1 Stadt, *bes* Hauptstadt
2 die Stadt Rom, Rom; **ad urbem esse** vor Rom stehen
3 Oberstadt, Burg
4 *meton* die Stadtbewohner

5 *fig* Hauptsache, Wesentliche

⚠ **Urbi et orbi.** Der Stadt und dem Erdkreis. (*Segen des Papstes*) *für die Stadt Rom und den Erdkreis*

urceātim ADV ||urceus|| krügeweise
urceolus ⟨ī⟩ M ||urceus|| (*unkl.*) Krüglein
urceus ⟨ī⟩ M (*unkl.*) Krug
ūrēdō ⟨ūrēdinis⟩ F Kornbrand, *eine Getreidekrankheit*
ūrere ⟨ūrō, ussī, ustum 3.⟩
1 brennen, verbrennen, *absolut od aliquid/aliquem* etw/j-n
2 MED ausbrennen, **vulnera** Wunden
3 *Ov. in der Malerei* Farben einbrennen; Gemälde enkaustisch malen, *d.h. mit Farben, die mit flüssigem Wachs verschmolzen wurden*
4 durch Feuer zerstören, verheeren, **agros** Felder
5 *fig* austrocknen; *vom Frost* zum Erfrieren bringen; *passiv* erfrieren
6 *fig* wund reiben, wund drücken; **virgis uri** gepeitscht werden
7 *fig Leidenschaften* entfachen; leidenschaftlich entflammen; *passiv vor* Leidenschaft entbrannt sein; **invidiam ~** Neid entfachen; **ira urit aliquem** Zorn entflammt j-n; **uritur infelix Dido** die unglückliche Dido ist in Liebe entflammt; **uri in aliquo** in j-n verliebt sein
8 (*nachkl.*) *fig* beunruhigen, heimsuchen
urg(u)ēre ⟨urg(u)eō, ursī, - 2.⟩
A VT
1 drängen; *fig* verdrängen; **saxum ~** den Stein hinaufwälzen; **nox diem urget** *fig* die Nacht vertreibt den Tag
2 *fig* verfolgen; *von Örtlichkeiten* ganz nahe liegen, *aliquid* an etw, bei etw; *zeitl.* nahe bevorstehen; **urbem alia urbe ~** die Stadt durch eine andere Stadt beengen; **nihil me urget** ich habe keine Eile
3 mit Worten in die Enge treiben
4 hartnäckig bei *etw* beharren, auf *etw* bestehen, *aliquid, +AcI*; **occasionem ~** eine Gelegenheit gierig ergreifen
5 *poet* eifrig betreiben, *aliquid etw, +inf/+AcI*; **iter ~** den Marsch beschleunigen
B VI andringen, sich drängen; **fluctus ad litora urgent** die Wogen drängen ans Ufer
ūrīna ⟨ae⟩ F
1 Harn, Urin
2 *fig* Samen
ūrīnārī ⟨or, - 1.⟩ ||urina|| tauchen
ūrīnātor ⟨ūrīnātōris⟩ M ||urinari|| Taucher
Urios ⟨a, um⟩ ADJ der günstige Fahrtwinde schickt, *kultische Bezeichnung für Jupiter*
urna ⟨ae⟩ F
1 Krug

2 *Hohlmaß* Urne, Eimer, = *ca. 13 l*
3 (*nachkl.*) Krug, Topf
4 Losurne; *fig* Wahl durch Los
5 Totenurne
urnālis ⟨urnāle⟩ ADJ ||urna||
1 Urnen...
2 eine Urne enthaltend
urnula ⟨ae⟩ F ||urna|| kleine Urne, Krüglein
ursa ⟨ae⟩ F ||ursus|| (*nachkl.*)
1 Bärin
2 Bär *als Sternbild*
ursī → urgere
ursīna ⟨ae⟩ F ||ursinus|| Bärenfleisch
ursīnus ⟨a, um⟩ ADJ ||ursus|| Bären...; **fel ursinum** Bärengalle
ursus ⟨ī⟩ M (*nachkl.*) Bär; *meton* Bärenjagd
urtīca ⟨ae⟩ F
1 Brennnessel; **~ mordax** beißende Brennnessel
2 Seenessel, *eine Fleisch fressende Pflanze*
3 *luv. fig* Geilheit
ūrūca ⟨ae⟩ F *luv.* Raupe, Wurm
ūrus ⟨ī⟩ M Auerochse
Ūsipetēs ⟨Ūsipetum⟩ M, **Ūsip(i)ī** ⟨ōrum⟩ M *germ.* Stamm am rechten Unterrhein im heutigen Ruhrgebiet
ūsitātus ⟨a, um, *adv* ūsitātē⟩ ADJ ||uti|| gewöhnlich, üblich
uspiam ADV
1 irgendwo
2 irgendwie
usquam ADV, *meist in negativen Sätzen*
1 irgendwo; **nec ~** und nirgends; **nemo ~** nirgends jemand
2 *fig* irgendwohin; **~ se movere** sich irgendwohin aufmachen
3 *modal* irgendwie, bei irgendeiner Gelegenheit
ūsque
A ADV
1 in einem fort, ununterbrochen
2 *örtl. u. zeitl.* von ... her, von ... an; **~ a Capitolio** vom Kapitol her
3 *örtl. u. zeitl.* bis ... zu, bis ... hin; **~ ad noctem** bis in die Nacht; **~ eo** bis dahin; **~ dum** so lange bis
B PRÄP +akk (*vkl., nachkl.*) bis zu, *auch nachgestellt*; **vesperam ~** bis zum Abend
ūsque-quāquē ADV überall; *zeitl.* immer
ūsquin *Plaut.* = **usque-ne;** → usque
ussī → urere
ūssūra ⟨ae⟩ F → usura
ustilāre ⟨ō, āvī, ātum 1.⟩ = **ustulare**
ustor ⟨ustōris⟩ M ||urere|| Leichenverbrenner
ustulāre ⟨ō, āvī, ātum 1.⟩ (*nachkl.*) *poet* anbrennen, verbrennen

ustus ⟨a, um⟩ PPP → urere
ūsū-capere ⟨capiō, cēpī, captum 3.⟩ *Eigentumsrecht* durch Verjährung erwerben, ersitzen
ūsū-capiō ⟨ūsūcapiōnis⟩ F ||usucapere|| Eigentumsrecht durch Verjährung
ūsū-facere ⟨faciō, fēcī, factum 3.⟩ = **usucapere**
ūsūra ⟨ae⟩ F ||uti||
1 *zeitlich beschränkter* Gebrauch, Nutzungsrecht
2 Zinsen; **~ menstrua** Monatszins; **perscribere usuram** Geld auf Zinsen ausleihen; **multiplicare usuram** Zinseszins rechnen
3 *Plin. fig* Zugabe
ūsūrārius
A ⟨a, um⟩ ADJ ||usura|| (*vkl., nachkl.*)
1 der vorübergehenden Nutzung dienend
2 verzinst; **pecunia usuraria** verzinstes Geld
B ⟨ī⟩ M Wucherer
ūsurpāre ⟨ō, āvī, ātum 1.⟩ ||usus||
1 benutzen, ausüben; **poenam ~** eine Strafe anwenden
2 beanspruchen, geltend machen, **ius** ein Recht
3 *rechtmäßig* in Besitz nehmen; **hereditatem ~** eine Erbschaft antreten
4 (*nachkl.*) widerrechtlich sich aneignen, sich anmaßen; **alienam possessionem ~** sich fremden Besitz aneignen; **alicuius ius tyranni usurpant** *Liv.* die Tyrannen maßen sich j-s Recht an
5 *ein Wort* gebrauchen, erwähnen, **vocem** ein Wort
6 nennen, **aliquem sapientem** j-n weise
ūsurpātiō ⟨ūsurpātiōnis⟩ F ||usurpare||
1 Gebrauch, Ausübung; **~ vetustatis** Ausübung eines alten Brauches; **~ civitatis** *Cic.* Anspruch auf Bürgerrecht
2 JUR widerrechtliche Aneignung, Missbrauch
ūsurpātor ⟨ūsurpātōris⟩ M ||usurpare|| (*spätl.*) Usurpator, Despot
ūsus¹ ⟨a, um⟩ PPERF → uti
ūsus² ⟨ūsūs⟩ M ||uti||
1 Gebrauch, Verwendung; *pl* Gewohnheit, Sitte; **aliquid in usu habere** etw gebrauchen, **usui esse/usum habere** gebraucht werden, *ad aliquid/in aliquid zu etw*; **ad usum proprium** (*nlat.*) auf Rezepten zum eigenen Gebrauch; **ad usum Delphini** (*nlat.*) zum Gebrauch des Kronprinzen, *Klassikerausgaben, in denen anstößige Stellen im Kontext beseitigt, am Schluss aber nachgetragen waren*
2 JUR Nießbrauch; Verjährung; **~ et fructus** Nutznießung eines fremden Eigentums; **~ (et) auctoritas** Verjährung und daraus entstandenes Eigentumsrecht
3 Umgang, Bekanntschaft, *alicuius* mit j-m; **~ amicitiae** Umgang in der Freundschaft; **~ domesticus** Umgang von Haus zu Haus
4 praktische Tätigkeit, Ausübung; **ars/scientia et ~** Theorie und Praxis; **~ forensis** Tätigkeit als Anwalt; **usu venire** wirklich vorkommen, sich ereignen, *alicui* j-m, *de aliquo/de re* in Bezug auf j-n/in Bezug auf etw
5 Brauchbarkeit, Nutzen; **magnum usum afferre ad aliquid** für etw großen Nutzen bringen; **ex usu alicuius esse/usui esse alicui** für j-n vorteilhaft sein, j-m Nutzen bringen
6 Bedarf, Bedürfnis; **usui esse ad aliquid** für etw erforderlich sein; **~ est/adest** es ist notwendig; **alicui ~ est re** j-d hat etw nötig, j-d braucht etw
⚠ **Usus magister est optimus.** Übung ist der beste Lehrer. = Übung macht den Meister.
ūsūs-capiō ⟨ūsūscapiōnis⟩ F = **usucapio**
ūsus-frūctus = **usus et fructus**; → **usus²**

ut
A ADV
1 *örtl.* wo; **litus, ut Eoā tunditur undā** *Catul.* die Küste, wo die östliche Woge brandet
2 *interrogativ* wie?; **ut vales?** wie geht es dir?; **videte, ut hoc iste correxerit** seht, wie er wiedergutmacht hat
3 *ausrufend* wie, wie sehr; **ut te aspicimus** mit welcher Empfindung sehen wir dich an
4 *relativ* wie, auf welche Weise; **perge, ut instituisti** fahre fort, wie du begonnen hast; **ut supra demonstravimus** wie wir oben gezeigt haben
5 *vergleichend* wie, *ita/sic/item/eodem modo/non aliter u. Ä.*; **ut initium, sic finis est** wie der Anfang, so ist das Ende
6 **ut quisque ... ita/sic** je nachdem ein jeder ... so; *+dopp. sup* je ... desto; *gegensätzlich* wenn auch ... so doch, zwar ... aber; *in Schwüren* so wahr (wie); **ut nihil boni est in morte, sic certe nihil mali** wenn auch nichts Gutes im Tod ist, so doch sicher nichts Schlechtes
7 wie; **feci ut praescripsisti** ich habe getan, wie du vorgeschrieben hast
8 *kausal* als, wie es ja nicht anders sein kann bei; **Diogenes liberius ut Cynicus locutus est** Diogenes als Kyniker hat zu frei gesprochen; **ut qui** da er ja, weil er ja; **ut qui a Crasso esset incensus** da er ja von Crassus aufgehetzt war
9 wie denn, wie einmal; **homo, ut erat furiosus, atrociter respondit** der Mensch, rasend wie er war, antwortete trotzig
10 wie wenigstens, wie nur; **ut tum res erant** bei der damaligen Lage
11 **ut si** *+konjkt* wie wenn, als ob; **ut si bono animo fecisset** wie wenn er mit guter Absicht gehandelt hätte

12 zur Einleitung von Beispielen zum Beispiel; **ut si** +konjkt so zum Beispiel wenn

B KONJ

1 zeitl. +ind sobald (als), gerade als; **ut Romam venit, praetor factus est** sobald er nach Rom kam, wurde er zum Prätor gemacht; **ut primum** sobald als

2 zeitl. +ind seitdem, seit; **quintus dies erat, ut pervenerat** es war der fünfte Tag, seitdem er gekommen war

3 final +konjkt damit, um zu; **edimus, ut vivamus** wir essen um zu leben; wir essen, damit wir leben; **vos admonui, ut caveretis** ich habe euch gemahnt euch in Acht zu nehmen

4 bei Verben des Fürchtens u. Ä. dass nicht; **timeo ut sustineas** ich fürchte, dass du es nicht erträgst

5 konsekutiv dass, sodass; **ut non** dass nicht

6 konzessiv gesetzt dass, selbst wenn; **ut desint vires, tamen est laudanda voluntas** wenn auch die Kräfte fehlen, ist der Wille dennoch zu loben

7 in Wunschsätzen dass doch

ut-cumque

A ADV

1 wie nur immer, auch je nachdem

2 (nachkl.) so gut es geht, nach Möglichkeit; **~ res postulat** je nachdem, wie es die Sache erfordert

B KONJ zeitl. wenn nur, sobald nur; **~ mecum vos eritis** Hor. wenn ihr nur mit mir sein werdet

ūtēns ⟨ūtentis⟩ ADJ ‖utī‖ gebrauchend; **utentior** der sich mehr leisten kann

ūtēnsilia ⟨ium⟩ N ‖utī‖ (nachkl.) Gebrauchsgegenstände, Ausrüstung; Lebensmittel, Bedarf
▶ deutsch: **Utensilien**

uter[1] ⟨utris⟩ M Schlauch aus Leder für Flüssigkeiten

uter[2] ⟨utra, utrum⟩ PRON, subst u. adj

1 interrogativ welcher von beiden; **uter nostrum?** welcher von uns beiden?; **uter utri wer von beiden dem anderen; discernere, utra pars iustiorem habeat** entscheiden, welche der beiden Parteien den gerechteren Grund habe

2 indef einer von beiden

3 relativ welcher von beiden; **utrum placet, sumite** nehmt was euch gefällt

uter-cumque ⟨utracumque, utrumcumque⟩ PRON, adj u. subst

1 relativ wer immer von den beiden

2 indef jeder beliebige von den beiden

uter-libet ⟨utralibet, utrumlibet⟩ PRON, ADJ u. subst

1 relativ wer immer von beiden

2 indef jeder beliebige von beiden

uter-que ⟨utraque, utrumque⟩ indef Pr, adj u. subst

1 jeder von beiden, beide; **~ eorum senator est** jeder von den beiden ist Senator; **~ consul** jeder der beiden Konsuln, beide Konsuln; **utraque manus** beide Hände; **utraque fortuna** Glück und Unglück; **in utramque partem disputare** dafür und dagegen sprechen; **~ parens** Vater und Mutter; **~ Phoebus** Morgen- und Abendsonne; **utriusque iuris doctor** (mlat.) Doktor beiderlei Rechts, d. h. des geistlichen und des weltlichen Rechts

2 PL von Mehrheiten u. pluralia tantum beide; **utrosque vicit** er besiegte beide Parteien; **utraque castra** beide Lager

3 PL beide; **duae filiae utraeque iam nuptae** zwei Töchter und alle beide schon verheiratet

uterum ⟨ī⟩ N, **uterus** ⟨ī⟩ M

1 (unkl.) Unterleib, Bauch

2 MED Gebärmutter; (nachkl.) poet Leibesfrucht, Kind

3 meton Geburtswehen

uter-vīs ⟨utravīs, utrumvīs⟩ indef Pr

1 jeder beliebige von beiden, einer von beiden; **~ vestrum** einer von euch beiden

2 beide; **in aurem utramvis dormire** sich getrost aufs Ohr legen

ūtī[1] = ut

ūtī[2] ⟨ūtor, ūsus sum 3.⟩

1 j-n/etw gebrauchen, j-n/etw benutzen, sich j-s/einer Sache bedienen, aliquo/re/aliquid; **Ciceronis verbis ~** Ciceros Worte gebrauchen; **eā criminatione in tribunum ~** diese Verdächtigung gegen den Tribunen verwenden; **male/perverse uti** missbrauchen; **mari ~** Meer befahren; **castris ~** sich im Lager aufhalten; **domo ~** Haus bewohnen; **oratione ~** reden; **silentio ~** schweigen; **temporibus ~** sich an die Umstände anpassen; **oraculo ~** Orakel befragen

2 fig genießen als Besitz, re etw; **bonā valetudine ~** bei guter Gesundheit sein

3 haben, besitzen, aliquo/re j-n/etw; **Trebonio utor amico** ich habe den Trebonius zum Freund

4 Eigenschaften od Tätigkeiten ausüben, beweisen, zeigen, re etw; **auctoritate suā ~** seinen Einfluss geltend machen

5 Umgang haben, aliquo mit j-m; **rege familiariter ~** mit dem König vertrauten Umgang haben

6 brauchen, nötig haben, re etw

ūtibilis ⟨ūtibile⟩ ADJ ‖utī‖ (vkl., nachkl.) brauchbar, nützlich

Utica ⟨ae⟩ F älteste phönikische Kolonie in Afrika, nw. von Karthago

Uticēnsis ⟨Uticēnse⟩ ADJ aus Utica, von Utica
Uticēnsis ⟨Uticēnsis⟩ M Einwohner von Utica
ūtilis ⟨ūtile, adv ūtiliter⟩ ADJ ||util|| (vkl., nachkl.)
① brauchbar, nützlich, alicui für j-n, alicui rei zu etw, für etw, +inf; **igne quid utilius?** was ist nützlicher als Feuer?
② vorteilhaft, zweckmäßig; **utile est** es ist von Vorteil, +inf+AcI
ūtilitās ⟨ūtilitātis⟩ F ||utilis||
① Brauchbarkeit, Nutzen
② Vorteil
③ Wohl; **~ communis** Staatswohl
④ nützliche Einrichtung
uti-nam Wunschpartikel +konjkt
① o dass doch, wenn doch, möchte doch, +konjkt präs bei erfüllbar gedachtem Wunsch; **~ tibi istam mentem di dent** möchten die Götter dir doch diese Gesinnung geben
② o dass doch, wenn doch, +konjkt imperf u. konjkt Plusquamperfekt bei nicht erfüllbar gedachtem Wunsch; **~ haberetis** wenn ihr doch hättet; **~ istud ne dixissetis** hättet ihr doch nicht gesagt
uti-quam ADV in jedem Fall
utī-que[1] und wie; und damit; = **et ut**
uti-que[2] ADV
① jedenfalls, unbedingt; **quo die venies, ~ fac cum tuis apud me sis** an welchem Tag du auch ankommst, sei jedenfalls mit deinen Angehörigen bei mir
② wenigstens
③ fig besonders, zumal; **~ postremis mensibus** besonders in den letzten Monaten
ūtor → uti[2]
ut-pote ADV
① nämlich, weil ja; **~ qui** der ja, da er ja; **~ cum** +konjkt da ja
② nämlich; **Hannibal puer ~ non amplius novem annos** Nep. Hannibal als Knabe, nämlich nicht älter als neun Jahre
ut-puta ADV nämlich, wie zum Beispiel
ut-quidem ADV Plaut. wie wenigstens, soweit
ut-quomque ADV, KJTN Plaut. = **utcumque**
utrārius ⟨ī⟩ M ||uter[1]|| Liv. Schlauchträger, Wasserträger
utriculārius ⟨ī⟩ M Suet. Dudelsackspieler
utrimque ADV ||uterque|| von beiden Seiten, auf beiden Seiten; **magnae ~ copiae** starke Truppenverbände auf beiden Seiten; **femina ~ nobilis** eine von väterlicher und mütterlicher Seite her adelige Frau; **~ secus** auf beiden Seiten
utrō ADV ||uter[2]|| interrogativ wohin?; auf welcher der beiden Seiten?
utrobī ADV ||uter[2], ubi|| (vkl.) fragend auf welcher der beiden Seiten?

utrobī-dem ADV Plaut. beiderseits
utr-obīque ADV ||uter[2], ubique|| auf beiden Seiten; in beiden Fällen
utrōlibet ADV ||uterlibet|| Quint. wohin es beliebt
utrōque, utrōque-versum, utrōque-vorsum ADV ||uterque|| nach beiden Seiten, auf beiden Seiten
utrum ADV ||uter[2]|| in Entscheidungsfragen; **~ ... an** ob ... oder; **~ haec nostra culpa est an non** ob dies unsere Schuld ist oder nicht
ut-ut ADV = **utcumque**
ūva ⟨ae⟩ F
① Traube, Weintraube; **~ passa** Rosine
② fig Traube als Form; **apium longa ~** langer traubenförmiger Bienenschwarm
③ fig Weinstock, Wein
④ MED Zäpfchen im Hals
ūvēscere ⟨escō, -, - 3.⟩ Lucr. feucht werden; fig sich betrinken
ūvidulus ⟨a, um⟩ ADJ ||uvidus|| Catul. ein wenig feucht, ein wenig nass
ūvidus ⟨a, um⟩ ADJ (unkl.)
① feucht, nass, re von etw; **vestis uvida** nasses Kleid; **uvidi Tiburis ripae** Hor. die feuchten Ufer des Tibur
② Hor. fig betrunken
uxor ⟨uxōris⟩ F rechtmäßige Ehefrau, Frau; **uxorem (in matrimonium) ducere** eine Frau heiraten; **olentis uxores mariti** Hor. hum die Weibchen des stinkenden Bockes
uxorcula ⟨ae⟩ F ||uxor|| Frauchen
uxōrius
Ⓐ ⟨a, um⟩ ADJ ||uxor|| zur Ehefrau gehörig, die Ehefrau betreffend; **res uxoria** Ehestand; Mitgift
Ⓑ ⟨ī⟩ M Pantoffelheld

V v

Ⓐ Abk
① = **valeo/vales/valetis**; → valere
② = **vivus** lebend
③ = **vixit** (er/sie) hat gelebt
④ (nlat.) = **velocitas** Geschwindigkeit in physikalischen Formeln
⑤ (nlat.) = **varietas** hier Abart
⑥ v. c. = **vir clarissimus** überaus berühmter Mann
⑦ v. f. = **verba fecit** (er/sie) sprach Folgendes
⑧ v. s. = **votum solvit** (er/sie) löste Gelübde

ein

9 **v. v.** = **vice versa** umgekehrt

B *Zahlzeichen* = 5

Vacalus ⟨ī⟩ M̄ die Waal, *s. Mündungsarm des Rheins*

vacāre ⟨ō, āvī, ātum 1.⟩

1 leer sein, frei sein

2 herrenlos sein; **nullius philosophiae locus vacaret** kein philosophisches System würde ohne Vertreter sein

3 *(nachkl.) von Frauen u. Mädchen* ledig sein, keinen Freund haben

4 *fig* von etw frei sein, *etw* nicht haben, *re|a re*; **metu ~** frei von Furcht sein; **armis ~** nicht am Krieg teilnehmen; **studiis ~** sich nicht mit Studien abgeben; **populo ~** sich nicht um das Volk kümmern

5 Muße haben

6 Zeit für *etw/j-n* haben, sich *einer Sache* widmen, *etw* betreiben, *alicui rei/alicui*; **clientium negotiis ~** sich den Angelegenheiten der Klienten widmen

7 **vacat** *(nachkl.)* es ist freie Zeit vorhanden, es steht frei, +*inf*; *(nlat.)* es fehlt, *zur Kennzeichnung einer leeren Seite*; **vacat alicui** es ist j-m vergönnt

vacātiō ⟨vacātiōnis⟩ F̄ ||vacare||

1 Freisein, Entlastung, *alicuius* j-s, *alicuius rei|a re* von etw, *alicuius rei* wegen etw, **rerum gestarum** wegen der früheren Taten

2 Beurlaubung, Entlassung

3 *Tac. meton* Ablösesumme *für Freistellung vom Kriegsdienst*

vacca ⟨ae⟩ F̄ Kuh

vaccillāre ⟨ō, āvī, ātum 1.⟩ = **vacillare**

vaccīnium ⟨ī⟩ N̄ Hyazinthe

vaccula ⟨ae⟩ F̄ ||vacca|| kleine Kuh

vacē-fierī ⟨fīō, - 0.⟩ *Lucr.* frei werden, frei gemacht werden

vacerra ⟨ae⟩ F̄ Pfahl

vacerrōsus ⟨a, um⟩ ADJ ||vacerra|| *Suet.* verrückt

vacillāre ⟨ō, āvī, ātum 1.⟩

1 wackeln, wanken; **epistula vacillantibus litterulis** Brief mit krakeligen Buchstaben

2 *fig* schwanken, unzuverlässig sein; **in aere alieno ~** verschuldet sein

vacillātiō ⟨vacillātiōnis⟩ F̄ ||vacillare|| *Suet.* Wackeln

vacīvitās ⟨vacīvitātis⟩ F̄ ||vacivus|| *Plaut.* Leere, Mangel, *alicuius rei* an etw

vacīvus ⟨a, um, *adv* vacīvē⟩ ADJ ||vacare||

1 *(vkl.) poet* leer, frei, *alicuius rei* von etw; **~ auris** willig

2 *adv* in Muße, mit Muße

vacuāre ⟨ō, āvī, ātum 1.⟩ ||vaccus|| frei machen, entleeren, *aliquid re* etw von etw

vacuē-facere ⟨faciō, fēcī, factum 3.⟩ ||vacuus|| leer machen, frei machen, *aliquid alicui rei* etw für etw; **subsellia ~** die Bänke frei machen; **Scyrum ~** die Insel Skyros entvölkern

vacuēfactus ⟨a, um⟩ ADJ *Nep.* herrenlos, verlassen

vacuitās ⟨vacuitātis⟩ F̄ ||vacuus||

1 Freisein, Befreiung, *alicuius rei|a re* von etw, **doloris** von Schmerz

2 *(unkl.)* Erledigung *eines Amtes*

Vacūna ⟨ae⟩ F̄ sabinische Flurgöttin

Vacūnālis ⟨Vacūnāle⟩ ADJ der Vacuna geweiht

vacuum ⟨ī⟩ N̄ ||vacuus||

1 Leere, leerer Raum; Freie; unbesetztes Land; **rami in vacuum se extendunt** die Zweige strecken sich ins Leere

2 nicht mehr besetzte Stelle

3 freie Zeit, Muße

▶ deutsch: **Vakuum**

vacuus ⟨a, um⟩ ADJ

1 leer

2 menschenleer, öde

3 offen stehend, zugänglich

4 unverheiratet

5 unbesetzt, schutzlos

6 unbeschäftigt

7 von Leistungen befreit, von Leistungen frei

8 sorglos, unbefangen

9 freie Hand habend

10 ruhig, still

11 nichtig, wertlos

1 leer von *etw*, ohne *etw*, *re|a re|alicuius rei, alicui rei* für etw, zu etw; **loca vacua** freie Plätze im Theater; **equus ~** Pferd ohne Reiter; **charta/cera vacua** unbeschriebene Tafel; **aliquid vacuum facere** etw räumen; **domus tabulis pictis vacua** Haus ohne Gemälde; **gladius vaginā ~** Schwert ohne Scheide; **culpā ~** ohne Schuld

2 menschenleer, öde, einsam

3 *von Örtlichkeiten* offen stehend, zugänglich, *alicui* für j-n; **aures vacuae** offene Ohren, aufmerksame Ohren

4 *von Frauen u. Mädchen* unverheiratet, ohne Freund

5 unbesetzt, schutzlos, herrenlos, ohne Erbe, vakant; **provincia vacua** Provinz ohne Statthalter

6 unbeschäftigt; **civitas vacua** Staat ohne Krieg

7 von Leistungen befreit, von Leistungen frei

8 sorglos, unbefangen

9 freie Hand habend; **aliquid vacuum est**

man hat in etw freie Hand; **vacuum est** man hat freien Spielraum, *+inf*
10 *poet von Orten* ruhig, still
11 *(nachkl.) poet* nichtig, wertlos

vadārī ⟨or, ātus sum 1.⟩ ||vas¹||
1 durch Bürgschaft zum Erscheinen vor Gericht verpflichten
2 *pperf mit passiver Bedeutung;* **vadato** *Hor.* nach geleisteter Bürgschaft; **vadatus amore** *Plaut.* durch Liebe verpflichtet

vademēcum → vadere

vādere ⟨ō, -, - 3.⟩ gehen, schreiten; **vademecum** *(mlat.)* „geh mit mir", *Bezeichnung für ein kleines Lehrbuch*
❗ (**Domine,**) **quo vadis?** Wohin gehst du (,Herr)? = Wohin wird das noch führen? *Frage des aus Rom flüchtenden Petrus an Christus*

vadimōnium ⟨ī⟩ N̄ ||vas¹||
1 *durch Kaution* gesichertes Erscheinen vor Gericht; Bürgschaft; **vadimonium alicui imponere** j-n vor Gericht fordern; **vadimonium concipere** eine Bürgschaft schriftlich formulieren; **vadimonium missum facere** eine Bürgschaft erlassen; **res esse in vadimonium coepit** es kommt zur Bürgschaftsleistung
2 *meton* Erscheinen vor Gericht; **vadimonium promittere** Erscheinen vor Gericht versprechen; **ad vadimonium venire/vadimonium sistere** zum Gerichtstermin kommen; **vadimonium facere** sich stellen
3 *meton* Verhandlungstermin; **vadimonium deserere** den Verhandlungstermin versäumen; **vadimonium differre** den Verhandlungstermin verschieben
4 *(mlat.)* Pfand; **per vadimonium** als Pfand

vadōsus ⟨a, um⟩ ADJ ||vadum|| voller Untiefen
vadum ⟨ī⟩ N̄ ||vadere||
1 seichte Stelle, Furt; **Rhodanus vado transitur** die Rhône wird durch eine Furt überschritten; **in vado esse** *fig* in Sicherheit sein
2 *poet* Gewässer, Meer
3 Boden, Grund *eines Gewässers*

vae
A INT wehe, *+dat/+akk*, **vae misero mihi** wehe mir Armem; **vae victis** wehe den Besiegten; **vae me** weh mir, o je
B *Subst. (mlat.)* Unglück, Plage

vae... = **ve...**

vafer ⟨vafra, vafrum, *adv* vafrē⟩ ADJ schlau, verschmitzt

vafritia ⟨ae⟩ F̄ ||vafer|| *(nachkl.)* Schlauheit, Verschmitztheit

Vaga ⟨ae⟩ F̄ Stadt in Numidien

vagābundus ⟨a, um⟩ ADJ ||vagari|| umherschweifend, unstet
▶ deutsch: Vagabund

vagāre ⟨ō, āvī, - 1.⟩, **vagārī** ⟨or, ātus sum 1.⟩ ||vagus||
1 umherschweifen; *von Gestirnen* wandern; **Punicae naves vagantur** die Schiffe der Punier kreuzen; **in agris ~** in den Feldern umherstreifen; **alicuius animus vagatur errore** j-d irrt sich
2 *von Feuer, Krankheiten, Gerüchten* sich ausbreiten, sich verbreiten
3 *von der Rede* abschweifen

vagātiō ⟨vagātiōnis⟩ F̄ ||vagari|| *(nachkl.)* Umherschweifen

vāgīna ⟨ae⟩ F̄
1 Scheide *des Schwertes*; **gladium e vagina educere** Schwert zücken
2 Hülle, Hülse *der Ähre*
3 MED Scheide

vāgīre ⟨iō, īvī/iī, ītum 4.⟩ ||Schallwort|| *vom Kleinkind* wimmern, schreien; **vagiens puer** weinendes Kind

vāgītus ⟨ūs⟩ M̄ ||vagire|| Wimmern, Weinen *kleiner Kinder*; Meckern *von Ziegen*

vāgor ⟨vāgōris⟩ M̄ *(vkl.)* = **vagitus**

vagus
A ⟨a, um⟩ ADJ, ADV ⟨vagē⟩
1 umherschweifend, unstet; **mercator ~** *Hor.* reisender Kaufmann; **matronae vagae per vias** *Liv.* durch die Straßen irrende Frauen; **Gaetuli vagi** die nomadisierenden Gaeten; **stellae vagae/sidera vaga** Planeten; **crines vagi** flatternde Haare; **Tiberis ~** überströmender Tiber; **vage effusus** weit verstreut
2 schwankend, unbeständig; **vaga multitudo** unbeständige Masse; **sententia vaga** schwankende Meinung
3 ungebunden, regellos; **supplicatio vaga** ungeordnetes Dankfest
4 ungenau, unbestimmt; **vagi rumores** *Ov.* ungenaue Gerüchte
5 **vagum orationis genus** RHET weitschweifiger Redestil
B ⟨ī⟩ M̄
1 *(mlat.)* fahrender Scholar; Spielmann
2 PL heimatlose Leute, umherziehende Leute

vāh, vaha INT *des Schmerzes u. der Abweisung* au, pah; vah! **oculi dolent** *Plaut.* au, die Augen schmerzen; **egone architectus? vaha!** *Plaut.* ich ein Architekt? pah!

Vahalis ⟨Vahalis⟩ M̄ = **Vacalus**

valdē ADV ||validus||
1 sehr, stark; **aliquem ~ timere** j-n sehr fürchten; **~ longus** sehr lange; **~ graviter** sehr schwer
2 *in Antworten* gewiss

vale-dīcere ⟨dīcō, dīxī, dictum 3.⟩ *(nachkl.)* j-m Lebewohl sagen, von j-m Abschied nehmen, *alicui*; **tibi ~ non licet gratis** *Sen.* von dir darf ich mich nicht ohne Geschenk verabschieden

valēns ⟨valentis, *adv* valenter⟩ ADJ ||valere||
1 kräftig; **tunica ~** dicke Tunika
2 wirksam
3 gesund, wohlauf
4 *fig* mächtig, einflussreich; **argumentum ~** triftiges Argument; **oppidum magnum atque ~** eine große und mächtige Stadt

Valentia ⟨ae⟩ F Name mehrerer Städte, z. B. das an der Ostküste Spaniens gelegene heutige Valencia

Valentīnī ⟨ōrum⟩ M die Einwohner von Vibo Valentina

valentulus ⟨a, um⟩ ADJ Plaut. ||valens|| körperlich stark

valēre ⟨valeō, valuī, valitūrus 2.⟩
1 stark sein, kräftig sein
2 gesund sein
3 Einfluss haben
4 zur Geltung kommen, überwiegen
5 geeignet sein, dienen
6 sich auf etw beziehen
7 gelten, wert sein
8 bedeuten, heißen

1 stark sein, kräftig sein, *re* durch etw, an etw, in etw; **pedibus ~** gut zu Fuß sein; **stomacho ~** einen guten Magen haben; **animo parum ~** einen schwachen Geist haben
2 gesund sein; **minus ~** unpässlich sein; *auch in Brief- u. Grußformeln*: **~ aliquem iubere** j-m Lebewohl sagen, von j-m Abschied nehmen; **vale** leb wohl; **cura ut valeas** bleib gesund; **valeas** gehab dich wohl, weg mit dir; **valeat** genug von ihm
3 *fig* Einfluss haben, vermögen, *re* durch etw, in etw, an etw; **equitatu ~** viel Reiterei haben; **amicis ~** viele Freunde haben; **invidia mihi valet ad gloriam** der Neid trägt zu meinem Ruhm bei; **multum ~** viel vermögen, großen Einfluss haben
4 *von Sachen* zur Geltung kommen, überwiegen; **eius consilium valet** sein Rat siegt; **promissum valebat** Versprechen wurde gehalten
5 geeignet sein, dienen, *ad aliquid faciendum/facere* etw zu tun
6 sich auf *etw* beziehen, für j-n gelten, *in aliquid/in aliquem/ad aliquid/in aliquo*; **definitio in omnes valet** die Vorschrift gilt für alle; **quo valet nummus?** wozu ist Geld gut?
7 (*vkl., nachkl.*) vom Geld gelten, wert sein
8 *von Wörtern* bedeuten, heißen; **hoc verbum quid valet?** was bedeutet dieses Wort?; **angus-**

tius ~ eine engere Bedeutung haben
9 (*mlat.*) = **posse**
▶ deutsch: **Valenz**

Valeriānus ⟨a, um⟩ ADJ des Valerius
Valerius ⟨a, um⟩ Name einer patriz. gens
1 P. ~ **Poplicola** beteiligt an der Vertreibung des Tarquinius Superbus aus Rom
2 L. ~ **Poplicola** Konsul 449 v. Chr.
3 M. ~ **Corvus** Heerführer, sechsmal Konsul
4 M. ~ **Messel(l)a** Redner z. Zt. Ciceros, Freund des Ovid u. des Tibull
5 Q. ~ **Antias** Annalist um 140 v. Chr., Quelle des Livius
6 ~ **Maximus** Anekdotendichter unter Tiberius
7 C. ~ **Flaccus** Dichter unter Vespasian, unvollendetes Epos „Argonautica"
8 C. ~ **Catullus** → Catullus
9 M. ~ **Martialis** → Martialis

valēscere ⟨valēscō, valuī, - 3.⟩ ||valere|| (*nachkl.*) *poet* erstarken, zunehmen; **valescentes Germani** *Tac.* die erstarkenden Germanen

valētūdinārium ⟨ī⟩ N ||valetudinarius|| *Sen., Tac.* Krankenhaus

valētūdinārius
A ⟨a, um⟩ ADJ ||valetudo|| kränklich
B ⟨ī⟩ M Patient

valētūdō ⟨valētūdinis⟩ F ||valere||
1 körperliches Befinden, Gesundheitszustand; **bona ~** guter Gesundheitszustand; **mala/adversa/infirma ~** Unpässlichkeit
2 Krankheit, Schwäche; **valetudine affectus** krank; **~ animi/mentis** *fig* Geisteskrankheit

valgus ⟨a, um⟩ ADJ (*vkl., nachkl.*) krummbeinig; **valga savia** schiefe Mäuler

validus ⟨a, um, *adv* validē⟩ ADJ ||valere||
1 von Lebewesen kräftig, stark
2 MIL stark, befestigt
3 von Heilmitteln u. Giften wirksam
4 von Personen u. Sachen gesund, rüstig; **male ~** kränklich
5 *fig* mächtig, *re* durch etw, an etw, *alicuius rei/in re* an etw, *ad aliquid/alicui rei* zu etw, für etw, in etw; **senatūs consultus ~** noch gültiger Senatsbeschluss; **validior** überlegen
6 (*nachkl.*) von Rede u. Redner gewaltig, zündend

valitūd... = **valetud...**
valitūrus ⟨a, um⟩ PART *fut* → valere
vallāre ⟨ō, āvī, ātum 1.⟩ ||vallum||
1 (*nachkl.*) *ein Gelände* befestigen, verschanzen
2 *fig* schützen, abschirmen; **ius legatorum divino iure ~** *Cic.* Recht der Gesandten durch göttliches Recht sichern

vallāris ⟨vallāre⟩ ADJ ||vallum|| Wall...; **corona ~** Mauerkrone, *Kriegsauszeichnung für den Soldaten, der als Erster den feindlichen Wall erstieg*

vallēs, vallis ⟨vallis⟩ F Tal; **angustiae val-**

lium die Engen der Täler; **supina ~** Talwand; **~ alarum** *fig* Achselhöhle
vallum ⟨ī⟩ N̄ ||vallus|| Wall; *fig* Schutzwehr
▶ deutsch: **Wall**
englisch: **wall**
spanisch: **valla**
vallus ⟨ī⟩ M̄
1 Pfahl *als Stütze von Pflanzen u. Teil einer Verschanzung*
2 *meton* Zahn *eines Kammes*
3 Pfahlwerk, Palisaden; Wall, Verschanzung
valor ⟨valoris⟩ M̄ (*mlat.*) Geltung; **ad valorem** dem Wert nach
valuī → **valere** *u.* → **valescere**
valvae ⟨ārum⟩ F̄
1 Flügeltür *an Tempeln u. Prachtbauten*
2 *sg* (*nlat.*) MED Klappe
Vandalī ⟨ōrum⟩ M̄ die Vandalen, *germ. Volk ö. der Oder, später in Südspanien u. Nordafrika*
Vandalicus ⟨a, um⟩ ADJ der Vandalen, zu den Vandalen gehörig, *auch* wild
Vandilī, Vandiliī ⟨ōrum⟩ M̄ = **Vandali**
vānēscere ⟨ēscō, -, - 3.⟩ ||vanus|| (*nachkl.*) verschwinden; abnehmen; **nubes vanescunt** Wolken verschwinden; **vanescit amor** die Liebe vergeht
Vangiones ⟨Vangionum⟩ M̄ *germ. Stamm am Mittelrhein um Worms*
vāni-dicus ⟨a, um⟩ ADJ ||vanus, dicere|| (*Plaut., spätl.*) verlogen
vāniloquentia ⟨ae⟩ F̄ ||vanus, loqui|| (*vkl., nachkl.*) Prahlerei
Vāni-loqui-dōrus ⟨ī⟩ M̄ ||vanus, loqui|| *Plaut.* Prahlhans, *hum Bildung eines Namens*
vāni-loquus ⟨a, um⟩ ADJ ||vanus, loqui|| *Liv.* großsprecherisch, prahlerisch
vānitās ⟨vānitātis⟩ F̄ ||vanus||
1 Nichtigkeit, leerer Schein
2 Angeberei, Selbstgefälligkeit
3 (*nachkl.*) Misserfolg, Zwecklosigkeit; **~ itineris** *Liv.* Vergeblichkeit des Marsches
⚠ **Vanitas vanitatum.** Eitelkeit der Eitelkeiten. = Alles ist nichtig.
vānitūdō ⟨vānitūdinis⟩ F̄ ||vanus|| *Plaut.* Lügengespinst
vannere ⟨ō, -, - 3.⟩ ||vannus|| (Getreide) worfeln, *das Korn durch Hochwerfen von der Spreu trennen*
vannus ⟨ī⟩ F̄ Getreidewanne *um das Korn von der Spreu zu trennen*
vānum ⟨ī⟩ N̄ ||vanus||
1 Leere, Vakuum
2 (*nachkl.*) Wahn, Schein, Einbildung; **ad vanum redigi** vereitelt werden, vernichtet werden; **aliquid ex vano haurire/habere** etw aus der Luft greifen; **ex vano** aus falscher Quelle
3 P̄L̄ Nichtigkeiten

vānus ⟨a, um⟩ ADJ
1 leer, hohl; **imago vana** Schattenbild; **acies vana** dünne Schlachtordnung; **vana urbis magnitudo** dünn besiedelte Ausdehnung der Stadt
2 *fig* nichtig; *fig* erfolglos; **vana gloria** nichtlger Ruhm
3 *fig* lügnerisch, prahlerisch; **auctor ~ est** der Gewährsmann findet keinen Glauben; **vanissimus quisque** jeder Abenteurer
4 grundlos, falsch; **testamentum vanum** ungültiges Testament
vapidus ⟨a, um, *adv* vapidē⟩ ADJ (*nachkl.*) *poet* von Lebensmitteln verdorben; **vapide se habere** *Suet.* sich schlecht fühlen
vapor ⟨vapōris⟩ M̄
1 Dampf, Dunst
2 *meton* Wärme, Hitze
vapōrāre ⟨ō, āvī, ātum 1.⟩ ||vapor||
A V̄Ī *Lucr.* heiß werden, dampfen
B V̄T̄
1 *Verg.* beräuchern, **templum ture** den Tempel mit Weihrauch
2 erwärmen
vapōrārium ⟨ī⟩ N̄ ||vapor|| Dampfrohr, Dampfheizung
vapōrātiō ⟨vapōrātiōnis⟩ F̄ ||vaporare|| Ausdünstung, Dampf
vapōs ⟨vapōris⟩ M̄ = **vapor**
vappa ⟨ae⟩ F̄
1 (*nachkl.*) *poet* sauer gewordener Wein
2 *fig* Taugenichts
vāpulāre ⟨ō, āvī, ātum 1.⟩ (*unkl.*)
1 Prügel bekommen, geschlagen werden
2 *fig* eine Niederlage erleiden; zugrunde gerichtet werden
vāpulāris ⟨vāpulāre⟩ ADJ ||vapulare|| *Plaut.* Prügel...
var. *Abk* (*nlat.*) = **varietas** Abart
Vardaeī ⟨ōrum⟩ M̄ *Volk in Dalmatien*
vardaicus
A ⟨a, um⟩ ADJ zum Volk der Vardaei gehörig; **~ calceus** Soldatenstiefel
B ⟨ī⟩ M̄ (*erg.* **calceus**) *Mart.* Soldatenstiefel
varlantia ⟨ae⟩ F̄ ||variare|| *Lucr.* Verschiedenheit
Vāriānus ⟨a, um⟩ ADJ des Varus, zu Varus gehörig
variāre ⟨ō, āvī, ātum 1.⟩ ||varius||
A V̄T̄
1 bunt machen, färben, *aliquid re* etw durch etw, etw mit etw; *fig* grün und blau schlagen
2 *fig* mit *etw* wechseln, *etw* verändern, *aliquid re* etw durch etw, etw mit etw; *passiv* voneinander abweichen; **animos ~** bald so, bald so stimmen; **gyros ~** verschiedene Kreise reiten; **in**

omnes formas variatus in alle möglichen Gestalten verwandelt; **vices** ~ die Wachen wechseln; (**sententiis**) **inter eos variatur** es herrscht Meinungsverschiedenheit unter ihnen

B VI (nachkl.)

1 bunt sein, verschiedene Farben haben

2 fig vielfältig sein, sich verändern, *re|in re* in etw, bei etw, *de re* über etw

3 verschiedener Meinung sein; verschieden berichtet werden; **lex variat nec causis nec personis** Gesetz wird weder in Bezug auf die Fälle noch auf die Personen verschieden ausgelegt; **variat** es herrscht Meinungsverschiedenheit

4 wechselnden Erfolg haben

variātiō ⟨variātiōnis⟩ F ||variare||

1 Verschiedenheit; **sine variatione ulla** einstimmig

2 (nlat.) Abart

vāricāre ⟨ō, āvī, ātum 1.⟩ ||varicus|| (vkl., nachkl.) die Beine grätschen

varicōsus ⟨a, um⟩ ADJ ||varix|| (vkl.) poet voller Krampfadern

vāricus ⟨a, um⟩ ADJ ||varus|| Ov. krummbeinig

variegāre ⟨ō, āvī, ātum 1.⟩ ||varius, agere||

A VT bunt machen

B VI bunt sein

varietās ⟨varietātis⟩ F ||varius||

1 Buntheit

2 Verschiedenheit, Mannigfaltigkeit

3 Wechselfälle, Unbeständigkeit; **varietates fortunae** Wechselfälle des Schicksals; ~ **multitudinis** Unbeständigkeit der Masse

4 Meinungsverschiedenheit; **sine ulla varietate** einstimmig

▶ deutsch: **Varietät**

varius ⟨a, um, *adv* variē⟩ ADJ

1 vielfältig, bunt; **caelum varium** gestirnter Himmel

2 fig gemischt, verschiedenartig; **varium genus dicendi** Cic. unterschiedliche Redeweise; **varia interpretatio** Curt. unterschiedliche Erklärung

3 fig wechselhaft, unentschieden; **certamen varium** unentschiedener Wettkampf

4 fig vom *Charakter* unbeständig, launisch

5 adv auf verschiedene Weise; mit wechselndem Glück

Varius ⟨a, um⟩ röm. Gentilname; **L.** ~ **Rufus** Mitglied des Dichterkreises um Augustus, mit Plutius Tucca Herausgeber der Aeneis des Vergil

varix ⟨varicis⟩ F Krampfader

Varrō ⟨Varrōnis⟩ M Beiname bes in der gens Terentia; → **Terentius**

Varrōniānus ⟨a, um⟩ ADJ des Varro

vārus

A ⟨a, um⟩ ADJ (vkl.)

1 gebogen, gekrümmt; **cornua vara boum** Ov. die gekrümmten Hörner der Rinder

2 Hor. krummbeinig

3 fig entgegengesetzt, *alicui|alicui rei* j-m/einer Sache

B ⟨ī⟩ M von Personen O-Bein

Vārus ⟨ī⟩ M röm. Beiname; **P. Quinctilius** ~ röm. Feldherr, im Kampf gegen die Cherusker 9 n. Chr. gefallen

vas¹ ⟨vadis⟩ M Bürge; **vadem dare** einen Bürgen stellen

vās² ⟨vāsis⟩ N

1 Gefäß, Geschirr; **vas vinarium** Weinglas; **vas obscenum** Sen. Nachttopf

2 PL Haushaltsgeräte

3 PL MIL Gepäck; **vasa conclamare** Signal zum Aufbruch geben

4 PL Plaut. Hoden

5 (mlat.) Fass, *bes* Weihrauchfass

vasallus ⟨ī⟩ M (mlat.) Lehnsmann, Vasall

vāsārium ⟨ī⟩ N ||vas²|| Ausstattungsgeld für einen Provinzstatthalter

Vascones ⟨Vasconum⟩ M Volk zwischen Ebro u. Pyrenäen, Urbewohner des heutigen Baskenlandes

vāsculārius ⟨ī⟩ M ||vasculum|| Anfertiger von Metallgefäßen

vāsculum ⟨ī⟩ N ||vas²|| (vkl., nachkl.)

1 kleines Gefäß

2 männliches Glied

vassallus ⟨i⟩ M = **vasallus**

vāstāre ⟨ō, āvī, ātum 1.⟩ ||vastus||

1 leer machen, entvölkern; **mortifer aestus vastavit vias** Lucr. die tödliche Hitze hat die Straßen entvölkert

2 verwüsten, ausplündern, **orbem terrae** den Erdkreis

3 Catul. fig zerrütten, **mentem** den Geist

vāstātiō ⟨vāstātiōnis⟩ F ||vastare|| Verwüstung

vāstātor ⟨vāstātōris⟩ M ||vastare||

1 Verwüster, Zerstörer; ~ **ferarum** Verg. Jäger des Wildes

2 (mlat.) Teufel

vāstātrīx ⟨vāstātrīcis⟩ F ||vastator|| Sen. Verwüsterin

vasti-ficus ⟨a, um⟩ ADJ ||vastus¹, facere|| unförmig, missgestaltet

vāstitās¹ ⟨vāstitātis⟩ F ||vastus¹||

1 Leere, Verödung

2 Verwüstung, Zerstörung

vāstitās² ⟨vāstitātis⟩ F ||vastus²|| ungeheure Größe, Koloss

vāstitiēs ⟨vāstitiēī⟩ F ||vastus¹|| Plaut. Verwüstung, Zerstörung

vāstus¹ ⟨a, um, *adv* vāstē⟩ ADJ

Varus

Publius Quinctilius Varus (47 v. Chr. – 9 n. Chr.) wurde nach Einsätzen in Afrika und Syrien als Oberbefehlshaber nach Germanien geschickt. Während seiner Regierung erhoben sich die Cherusker unter der Führung von **Arminius** gegen die Römer. 9 n. Chr. geriet Varus mit seinem Heer im Teutoburger Wald in einen Hinterhalt. Dabei wurden drei Legionen vernichtet. Varus beging Selbstmord. Als **Augustus** diese Katastrophe gemeldet wurde, soll er ausgerufen haben:

Quinctili Vare, redde legiones.
Varus, gib mir meine Legionen wieder!

Mit der Niederlage im Teutoburger Wald endete die römische Herrschaft über das innere Germanien.

GESCHICHTE

1 leer, öde, *a. e* von etw; **urbs a defensoribus vasta** die von Verteidigern entblößte Stadt
2 (*unkl.*) verwüstet, verheert; **aliquid vastum dare** etw verwüsten
3 *fig* plump, roh; **verba vastius diducere** die Wörter in der Aussprache zu sehr trennen

vastus² ⟨a, um, *adv* vastē⟩ ADJ
1 weit, riesig; **vaste** weithin; **vastissimus Oceanus** unermesslicher Ozean
2 unförmig, ungeschlacht; **belua vasta** unförmiges Tier

vāsum ⟨ī⟩ N = **vas²**

vātēs ⟨vātis⟩ M u. F
1 Seher, Seherin, Wahrsager, Wahrsagerin, Prophet, Prophetin; **me vate** nach meinem Wort als Seher
2 Sänger, Dichter, Dichterin

Vāticānus
A ⟨ī⟩ M Vatikan, Hügel in Rom, am rechten Tiberufer, Sitz des Oberhauptes der röm.-katholischen Kirche mit kleinem souveränen Staatsgebiet
B ⟨a, um⟩ ADJ vatikanisch

vāticinārī ⟨or, ātus sum 1.⟩ ||vates||
1 weissagen, vorhersagen, *aliquid* etw, +AcI
2 *fig* warnen, mahnen
3 *fig* lehren, vortragen
4 *fig* schwärmen

vāticinātiō ⟨vāticinātiōnis⟩ F ||vaticinari|| Weissagung

vāticinātor ⟨vāticinātōris⟩ M ||vaticinari|| *poet* Weissager, Seher

vāticinium ⟨ī⟩ N ||vaticinius|| (*nachkl.*) Vorhersage, Weissagung

vāticinius ⟨a, um⟩ ADJ = **vaticinus**

vāticinus ⟨a, um⟩ ADJ ||vaticinari|| weissagend, prophetisch; **furor ~** *Ov.* seherisches Rasen

vatillum ⟨ī⟩ N ||vannus|| Schaufel, Becken, Pfanne; **prunae ~** Kohlebecken

vātis ⟨vātis⟩ M u. F = **vates**

vatius ⟨a, um⟩ ADJ (*vkl., Mart.*) krummbeinig

-ve¹
1 *Partikel* oder; **domus villave** ein Haus oder Landhaus; **quidquid facias dicasve** was immer du tust oder sagst; **-ve ... -ve/-ve ... aut/-ve ... vel/aut ... -ve** entweder ... oder
2 bis *bei Zahlenangaben mit geringem Unterschied*; **duo tresve** zwei bis drei

vē-² PRÄF *zum Ausdruck der Abweichung vom Normalen*; **ve-cors** wahnsinnig; **ve-grandis** von unnatürlicher Größe

vēcordia ⟨ae⟩ F ||vecors|| Wahnsinn; **quae te ~ pulsat?** *Ov.* welcher Wahnsinn treibt dich?

vē-cors ⟨cordis⟩ ADJ ||ve-², cor|| wahnsinnig, verrückt

vectābilis ⟨vectābile⟩ ADJ ||vectare|| *Sen.* tragbar

vectāre ⟨ō, āvī, ātum 1.⟩ ||vehere|| (*unkl.*) führen, fahren; *passiv* reiten, fahren; **circum vectari rura caballo** *Hor.* auf einem Pferd im Land umherreiten

vectātiō ⟨vectātiōnis⟩ F ||vectare|| (*nachkl.*) Fahren; **~ equi** Reiten

vectīgal ⟨ālis⟩ N ||vectigalis||
1 indirekte Steuer, Abgabe an den Staat; *pl* Staatseinkünfte; **~ portorium** Hafenzoll, Brücken- und Wegegeld; **~ decumae** Pachtgelder aus dem ager publicus; **vectigalia imponere** Steuern auferlegen; **vectigalia exigere** Steuern eintreiben; **vectigalia pendere/pensitare** Steuern zahlen, steuerpflichtig sein; **~ praetorium** Ehrengeschenk *der Provinzen an den Statthalter*; **~ aedilicium** Beitrag zu den ädilischen Spielen *in Rom*
2 Einnahmequelle
3 PL Steuerbereich
4 *sg u. pl von Privatpersonen* Einkünfte, Rente

vectīgālis ⟨vectīgāle⟩ ADJ ||veho, agere||
1 zu den Staatseinkünften gehörig
2 als Abgabe bezahlt
3 steuerpflichtig; **aliquem sibi vectigalem facere** sich j-n steuerpflichtig machen

vectiō ⟨vectiōnis⟩ F ||vehere|| Fahren, Reiten

vectis ⟨vectis⟩ M ||vehere||
1 Hebel, Hebebaum

2 Brechstange

3 *Verg.* Querriegel *zum Absperren einer Tür*

Vectis ⟨Vectis⟩ F *vor der Südküste Englands liegende Insel, heute Wight*

vector ⟨vectōris⟩ M ||vehere||

1 (*nachkl.*) *poet* Träger

2 *poet* Passagier, Fahrgast *eines Schiffes*

3 *poet* Reiter

▶ *deutsch:* **Vektor**

vectōrius ⟨a, um⟩ ADJ ||vector|| Transport...; **navigium vectorium** Frachtschiff

vectūra ⟨ae⟩ F ||vehere||

1 Fahren; Transport

2 Fahrpreis, Frachtpreis

vectus ⟨a, um⟩ PPP → vehere

Vē-diovis ⟨Vēdiovis⟩ M = Veiovis

vegēre ⟨eō, -, -2.⟩ (*vkl.*) erregen, in Bewegung setzen

vegetābilia ⟨vegetābilium⟩ N ||vegetabilis|| (*mlat.*) Pflanzenreich

vegetābilis ⟨vegetābile⟩ ADJ ||vegetare||

1 belebend

2 (*mlat.*) pflanzlich

vegetāre ⟨ō, -, -1.⟩ ||vegetus|| *Sen.* lebhaft erregen, ermuntern

vegetātiō ⟨vegetātiōnis⟩ F ||vegetare|| (*nachkl.*) Belebung

▶ *deutsch:* **Vegetation**

Vegetius ⟨ī⟩ M vollständig **Flavius ~ Renatus** *Militärschriftsteller um 400 n. Chr.*

vegetus ⟨a, um⟩ ADJ ||vegere|| körperlich rührig, geistig rege, lebhaft

vē-grandis ⟨vēgrande⟩ ADJ ||ve-²||

1 klein, winzig

2 sehr groß

vehemēns ⟨vehementis, *adv* vehementer⟩ ADJ ||vehere||

1 *von Lebewesen u. Sachen* heftig, leidenschaftlich, *meist pej*, **in aliquem** gegen j-n, **in re** in etw, **bei etw;** ~ **violentia vini** *Lucr.* hitzige Wildheit des Weines

2 energisch, streng, **in aliquem** gegen j-n

3 *fig von Sachen* heftig, stark; **tempestas ~** heftiges Gewitter; **vulnus ~** tiefe Wunde; **somnus ~** wilde Flucht; **preces vehementes** inständige Bitten

4 *adv* außerordentlich, höchst; **vehementer errare** sehr irren; **legiones vehementer attenuatae** *Caes.* stark ausgedünnte Legionen

vehementia ⟨ae⟩ F ||vehemens||

1 Hitze, Leidenschaftlichkeit

2 Heftigkeit, Stärke

vehere ⟨vehō, vēxī, vectum 3.⟩

A VT

1 mit einem Transportmittel fortschaffen, bringen; **currum vehebant equi** Pferde zogen den Wagen; **onus navis vehebat** ein Schiff transportierte die Last; **aliquem ad summa ~** j-n zum Gipfel der Ehren führen; **aliquem per triumphum ~** etw im Triumph aufführen

2 *passiv* fahren, reiten

B VI fahren, reiten, *nur ppr u. ger;* **quadrigis vehens** im Viergespann fahren

vehic(u)lum ⟨ī⟩ N ||vehere|| Fahrzeug; (*mlat.*) Schlitten

▶ *deutsch:* **Vehikel**

Vēī ⟨ōrum⟩ M Veii, *alte etrusk. Stadt n. von Rom, 396 v. Chr. von Camillus erobert*

Vēiēns ⟨Vēientis⟩ ADJ aus Veii, von Veii

Vēiēns ⟨Vēientis⟩ M Einwohner von Veii

Vēientānum ⟨ī⟩ N Landwein aus Veii

Vēientānus ⟨a, um⟩ ADJ aus Veii, von Veii

Vēiī ⟨ōrum⟩ M = Vei

Vē-iovis ⟨Vēiovis⟩ M ||ve-², Dius|| *altröm. Gott, Stammgott der Julier*

Vēius ⟨a, um⟩ ADJ aus Veii, zu Veii gehörig

vel

A KONJ

1 oder, oder auch; **aliquid oppidum vel urbem appellare** etw Siedlung oder Stadt nennen

2 (*nachkl.*) *poet* und auch; (*spätl., eccl.*) und

3 (*nachkl.*) oder auch, oder vielmehr; **vel potius** oder besser, oder vielmehr

4 **vel ... vel** entweder ... oder, sei es ... oder sei es, teils ... teils, *ohne ausschließende Bedeutung;* (*eccl.*) sowohl ... als auch

B ADV

1 *steigernd* ja sogar, selbst; **vel mediocris orator** sogar ein mittelmäßiger Redner

2 *abmildernd* wohl, leicht

3 schon

4 doch wenigstens

5 besonders, so zum Beispiel

6 **velque** (*mlat.*) und

Vēlābrēnsis ⟨Vēlābrēnse⟩ ADJ des Velabrum, zum Velabrum gehörig

Vēlābrum ⟨ī⟩ N Lebensmittelmarkt in Rom zwischen Palatin u. Tiber

Velaeda ⟨ae⟩ F = Veleda

vēlāmen ⟨vēlāminis⟩ N ||velare|| (*nachkl.*)

1 Hülle, Decke

2 Gewand, Schleier; ~ **sacrum** (*mlat.*) Nonnenschleier

3 *von Tieren* Fell; **detracta velamina** *Tac.* abgezogene Felle

vēlāmentum ⟨ī⟩ N ||velare|| (*unkl.*)

1 = velamen, *auch fig*

2 PL weiße Wollbinden *der Schutzflehenden, um Ölzweige gebunden*

vēlāre ⟨ō, āvī, ātum 1.⟩ ||velum||

1 verhüllen, bedecken, **aliquid re** etw mit etw;

velatus MIL unbewaffnet
2 umwinden, bekränzen, **tempora lauro** die Schläfen mit Lorbeer
3 *fig* verheimlichen, überdecken; **odium blanditiis ~** *Tac.* seinen Hass mit Schmeicheleien verhüllen

vēlārium ⟨ī⟩ N ||velare|| (*Iuv., spätl.*) Plane; *pl* Sonnensegel

Velēda ⟨ae⟩ F Seherin der Bruktererer

vēles ⟨vēlitis⟩ M Leichtbewaffneter; *adj* scherzend

Velia ⟨ae⟩ F
1 Stadtteil in Rom, mit Ausläufer des Palatin, über den die via sacra führte
2 *lat.* Name für die Küstenstadt Elea in Lukanien, heute Castellamare di Veglia

Veliēnsēs ⟨Veliēnsium⟩ M die Einwohner von Velia

vēli-fer ⟨vēlifera, vēliferum⟩ ADJ ||velum, ferre|| Segel tragend; **velifera carina** Segel tragendes Schiff

vēli-ficāre ⟨ō, āvī, ātum 1.⟩ ||velum, facere||
A VI segeln
B VT
1 durchfahren
2 *passiv* segeln
3 *passiv fig* wirken, *alicui/alicui rei* für j-n/für etw

vēlificātiō ⟨vēlificātiōnis⟩ F ||velificare|| Segeln

Velīna ⟨ae⟩ F die Tribus im Tal des Velinus

Velīnus
A ⟨a, um⟩ ADJ aus Velia, zu Velia gehörig; → Velia 2
B ⟨ī⟩ M See im Sabinerland

vēlitārī ⟨or, ātus sum 1.⟩ ||veles|| (*vkl., nachkl.*) MIL mit leichten Waffen kämpfen; *Plaut. fig* streiten

vēlitāris ⟨vēlitāre⟩ ADJ ||veles|| (*nachkl.*) zu den Leichtbewaffneten gehörig; **arma velitaria** Waffen der Leichtbewaffneten

vēlitātiō ⟨vēlitātiōnis⟩ F ||veles|| MIL Plänkelei; *fig* Neckerei

Velitrae ⟨ārum⟩ F Stadt am s. Rand der Albanerberge, 338 v. Chr. röm. Geburtsort des Augustus, heute Velletri

vēli-volāns ⟨vēlivolantis⟩ ADJ, **vēli-volus** ⟨a, um⟩ ADJ ||velum, volare|| (*vkl.*) *poet* mit Segeln fliegend, mit Segeln besetzt; **velivolae rates** *Ov.* mit Segeln beflügelte Schiffe

Vellaunodūnum ⟨ī⟩ N Stadt der Senonen in Gallien, heute Château Landon bei Montargis

velle ⟨volō, voluī, - 0.⟩
1 wollen
2 an einen Ort/irgendwohin reisen wollen
3 bestimmen, beschließen
4 der Meinung sein, behaupten,
5 lieber wollen, vorziehen
6 bedeuten, zu bedeuten haben
7 Gefallen finden

1 wollen, wünschen, *absolut od aliquem/aliquid* j-n/etw, +*inf*/+*AcI*/*ut*/*ne*/+*konjkt*; **res est volumus** die Sache ist, wie wir sie wollen; **velim nolim** ich mag wollen oder nicht; **sibi meliorem fortunam ~** für sich ein besseres Schicksal wünschen; **lumen exstinctum esse volo** ich will Licht ausgelöscht wissen; **volo foo facias** ich will, dass du tust; **velim** ich wollte, ich möchte *bei erfüllbar gedachten Wünschen*; **vellem** ich hätte gewollt *bei unerfüllbaren Wünschen*; **num quid vis?** wünschst du noch etw?
2 *Wendungen*: **in locum/aliquo ~** an einen Ort/irgendwohin reisen wollen; **aliquem ~** j-n zu sprechen wünschen; **aliquem aliquid ~** etw von j-m wollen; **bene/male ~ alicui** j-m wohl/übel wollen; **alicuius causā ~** es gut mit j-m meinen, für j-n etw tun wollen; **quid tibi vis?** was fällt dir ein?; **quid vobis vultis?** was wollt ihr denn nur?
3 bestimmen, beschließen, *auch von Beschlüssen der Gottheit*, +*AcI*; **velitis iubeatis** ihr möget beschließen, *Einleitungsformel der Gesetzesvorschläge*
4 der Meinung sein, behaupten, +*inf*/+*AcI*; *mit u. ohne esse* etw wissen wollen; **Aelius Stoicus esse voluit** Aelius behauptete ein Stoiker zu sein; **Strato physicum se voluit** Strato gab sich für einen Physiker aus
5 lieber wollen, vorziehen, *quam* als
6 bedeuten, zu bedeuten haben; **quid vult concursus?** was bedeutet dieser Auflauf?; **quid haec verba sibi volunt?** was hat es mit diesen Worten auf sich?
7 (*mlat.*) Gefallen finden, *aliquem/aliquid* an j-m/an etw

⚠ **Si vis pacem, para bellum.** Wenn du Frieden willst, bereite Krieg vor.

Vellēius ⟨a, um⟩ röm. Gentilname; **C. ~ Paterculus** geb. um 20 v. Chr., röm. Offizier u. Geschichtsschreiber

vellere ⟨vellō, vellī/volsī/vulsī, volsum/vulsum 3.⟩
1 (*nachkl.*) rupfen, zupfen, *alicui aliquid* j-m etw; **alicui aurem ~** j-n am Ohr zupfen
2 ausrupfen, auszupfen; *passiv* sich die Haare entfernen lassen; **vulsae plumae** *Verg.* ausgerupfte Federn
3 MIL ausreißen; **vallum/munimenta ~** die Schanzpfähle ausreißen, den Wall einreißen; **signa ~** die Feldzeichen aus der Erde reißen, aufbrechen; **pontem ~** die Brücke abbrechen

vellī → vellere
vellicāre ⟨ō, āvī, ātum 1.⟩ ||vellere||
1. rupfen
2. *fig* durchhecheln, kritisieren
3. *fig* anregen

vellicātiō ⟨vellicātiōnis⟩ F ||vellicare|| *Sen.* Necken, Stichelei

vellus ⟨velleris⟩ N (*unkl.*)
1. abgeschorene Wolle *der Schafe*; *pl* Fäden
2. *meton* Fell, Vlies
3. PL Wollähnliches; Baumwolle

vēlōcitās ⟨vēlōcitātis⟩ F ||velox||
1. Schnelligkeit, Geschwindigkeit, *auch fig*, in re bei etw
2. RHET lebendige Darstellung

vēlōx ⟨vēlōcis, *adv* vēlōciter⟩ ADJ schnell, eilig; **canis ~** schneller Hund; **toxicum ~** schnell wirkendes Gift

veltrus
A ⟨a, um⟩ ADJ (*mlat.*) schnell laufend
B ⟨ī⟩ M (*mlat.*) Jagdhund

vēlum ⟨ī⟩ N
1. Segel; **plenis velis** mit vollen Segeln; **vela pandere** die Segel setzen; **vela contrahere** die Segel einziehen; **vela dare** die Segel aufspannen; **vela ventis dare** mit dem Wind absegeln; **velis remisque** *fig* mit aller Macht
2. Hülle, Vorhang
3. PL *Ov.* Schiff
4. (*nlat.*) Seidentuch zum Bedecken der Abendmahlsgeräte beim Gottesdienst

vel-ut(ī) ADV
1. wie, gleichwie *beim Vergleich mit u. ohne sic/ita*; **vitia ~ diutini morbi** *Liv.* Laster wie langwierige Krankheiten
2. wie zum Beispiel; **bestiae aquatiles ~ crocodili** *Cic.* im Wasser lebende Tiere wie zum Beispiel die Krokodile
3. **~ (si)** gleich als ob, wie wenn; **Sequani absentis Ariovisti crudelitatem, ~ si coram adesset, horrebant** die Sequaner fürchteten die Grausamkeit des abwesenden Ariovist genau so, als ob er anwesend wäre

vēmēns ⟨vēmentis⟩ ADJ = vehemens

vēna ⟨ae⟩ F
1. Ader, Vene, Arterie; *pl* Puls
2. *fig* Ader *als Sitz u. Zeichen der Lebenskraft*
3. Ader *in Pflanzen, Blättern od Holz*
4. Metalader *im Gestein*; (*mlat.*) Stahl; **auri venae** Goldadern
5. Wasserader; **manabat saxo vena aquae** aus dem Fels floss eine Wasserader
6. Ritze, Spalt
7. PL Inneres; Charakter
8. PL Stimmung
9. poetische Ader, geistige Anlage

▶ deutsch: **Vene**
englisch: **vein**
französisch: **veine**
spanisch: **vena**
italienisch: **vena**

vēnābulum ⟨ī⟩ N ||venari|| Jagdspieß
Venāfrānus ⟨a, um⟩ ADJ aus Venafrum, von Venafrum
Venāfrum ⟨ī⟩ N Ort in Kampanien, heute Nenafro
vēnālia ⟨vēnālium⟩ N ||venalis|| Waren
vēnālicium ⟨ī⟩ N ||venalicius|| Handelsware; *Petr.* Sklavenmarkt
vēnālicius
A ⟨a, um⟩ ADJ ||venalis|| verkäuflich
B ⟨ī⟩ M Sklavenhändler

vēnālis
A ⟨vēnāle⟩ ADJ ||venus¹||
1. verkäuflich
2. *fig* käuflich, bestechlich
3. *fig* verraten und verkauft
B ⟨vēnālis⟩ M *Hor.* zum Verkauf stehender Sklave

Venantius ⟨ī⟩ M vollständig **~ Honorius Fortunatus** Kirchenschriftsteller u. Dichter aus der Nähe von Treviso, 530–600 n. Chr., Verfasser von Hymnen u. Heiligenleben

vēnārī ⟨or, ātus sum 1.⟩
A VI zur Jagd gehen; **venantes** die Jäger
B VT etw jagen, Jagd machen auf *etw, etw* zu gewinnen versuchen, *aliquid*

vēnāticus ⟨a, um⟩ ADJ ||venari|| Jagd..., Jäger...; **canis ~** Jagdhund

vēnātiō ⟨vēnātiōnis⟩ F ||venari||
1. Jagd
2. Tierhetze
3. *meton* Wild

vēnātor ⟨vēnātōris⟩ M ||venari|| Jäger; *fig* Forscher; *adj* Jäger...

vēnātōrius ⟨a, um⟩ ADJ ||venator|| Jagd..., Jäger...; **galea venatoria** Jägerkappe

vēnātrīx ⟨vēnātrīcis⟩ F ||venator|| Jägerin; *adj* jagend

vēnātūra ⟨ae⟩ F ||venari|| *Plaut.* Jagd

vēnātus ⟨ūs⟩ M ||venari||
1. Jagd
2. *Plaut. fig* Fischfang
3. (*nachkl.*) *fig* Wild

vendere ⟨vendō, vendidī, venditum 3.⟩
1. verkaufen, *alicui aliquid* j-m etw; **magno pretio/recte ~** teuer verkaufen; **parvo pretio/male ~** billig verkaufen; **pluris ~** teurer verkaufen; **ex empto aut vendito** dem Kauf oder Verkauf gemäß
2. versteigern, verpachten
3. *fig* verschachern, verschleudern
4. öffentlich anpreisen, empfehlen

vendibilis ⟨vendibile⟩ ADJ ||vendere||
1 leicht verkäuflich
2 *fig* beliebt
vendidī → vendere
venditāre ⟨ō, āvī, ātum 1.⟩ ||vendere||
1 (zum Verkauf) anbieten; *pej* verschachern, *alicui aliquid* j-m etw; **sese ~** *Plaut.* sich für Geld anbieten, für Geld zu haben sein
2 *fig* anpreisen, empfehlen, *alicui aliquid* j-m etw; **se alicui ~** sich bei j-m einzuschmeicheln versuchen
venditātiō ⟨venditātiōnis⟩ F ||venditare|| Zurschaustellung
venditātor ⟨venditātōris⟩ M ||venditare|| *Tac.* Prahler
venditiō ⟨venditiōnis⟩ F ||venditare||
1 Verkauf, Versteigerung
2 *Plin. meton* verkaufte Güter
venditor ⟨venditōris⟩ M ||vendere|| Verkäufer; **venditores vestrae dignitatis** *Cic. pej* die eure Würde verramschen
Venedī ⟨ōrum⟩ M die Wenden, *slawisches Volk an der mittleren Weichsel*
venēfica ⟨ae⟩ F ||veneficus|| (*vkl.*) *poet* Giftmischerin, Zauberin
venēficium ⟨ī⟩ N ||veneficus||
1 Giftmischerei
2 *meton* Gifttrank, *bes* Liebestrank
3 Zauberei
venē-ficus
A ⟨a, um⟩ ADJ ||facere||
1 Gift mischend
2 Zauber...
B ⟨ī⟩ M Giftmischer, Zauberer
venēnāre ⟨ō, āvī, ātum 1.⟩ ||venenum|| vergiften; **morsu ~** *Hor.* durch Biss vergiften
venēnārius ⟨ī⟩ M ||venenum|| Giftmischer
venēnātus ⟨a, um⟩ ADJ ||venenare||
1 vergiftet, giftig; **venenata caro** vergiftetes Fleisch; **dentes venenati** Giftzähne
2 *fig* schädlich; **iocus ~** beißender Witz
3 Zauber...; **virga venenata** Zauberrute
venēni-fer ⟨venēnifera, venēniferum⟩ ADJ ||venenum, ferre|| *Ov.* giftig
venēnum ⟨ī⟩ N ||venus²||
1 Zaubermittel; Liebestrank
2 Trank, *bes* Gifttrank; **lac veneni** giftiger Milchsaft; **donum veneno inlitum** *Liv.* mit Gift getränktes Geschenk
3 (*nachkl.*) *fig* Verbitterung; Unheil
4 Schminke; Färbemittel
venerābilis ⟨e⟩ ADJ ||venerari|| (*nachkl.*) ehrwürdig, verehrungswürdig, *alicui* j-m, *re* wegen etw
venerābundus ⟨a, um⟩ ADJ ||venerari|| (*nachkl.*) ehrerbietig, ehrfürchtig
venerandus ⟨a, um⟩ ADJ ||venerari|| (*nachkl.*) *poet* ehrwürdig
venerāre ⟨ō, -, -. 1.⟩, **venerārī** ⟨or, ātus sum 1.⟩ ||venus²||
1 *mit* RFI *Scheu* einen Gott verehren, demütig anbeten, **aliquem ut deum** j-n wie einen Gott; **veneratus** verehrt
2 *eine hochgestellte Person* ehrfurchtsvoll begrüßen
3 anflehen, *aliquem* j-n; erflehen, *aliquid* etw
venerātiō ⟨venerātiōnis⟩ F ||venerari||
1 Hochachtung, Verehrung
2 (*nachkl.*) Würde
venerātor ⟨venerātōris⟩ M ||venerari|| (*nachkl.*) *poet* Verehrer
venereum ⟨ī⟩ N, **venereus** ⟨ī⟩ M Venuswurf, *bester Wurf beim Würfelspiel*
Venerius ⟨a, um⟩ ADJ
1 der Venus geweiht, der Venus heilig; **iactus ~** Venuswurf, *bester Wurf beim Würfelspiel*
2 *auch* **venerius** ⟨a, um⟩ ADJ zur Liebe gehörig, erotisch; **~ morbus** Geschlechtskrankheit
Venetī ⟨ōrum *u.* um⟩ M
1 die Veneter, *illyrischer Stamm um Padua*
2 die Veneter, *kelt. Volk in der Bretagne*
3 = **Venedi**
Venetia ⟨ae⟩ F Land der Veneter
Veneticus ⟨a, um⟩ ADJ venetisch, zu den Venetern gehörig
venetus
A ⟨a, um⟩ ADJ (*nachkl.*) *poet* meerfarbig, bläulich; **factio veneta** die blaue Rennfahrerpartei *im Zirkus.*
B ⟨ī⟩ M Rennfahrer der Blauen *im Zirkus*
vēnī → venire
venia ⟨ae⟩ F ||venus²||
1 Gefälligkeit, Gnade; **veniam alicui dare alicuius rei** j-m in einer Sache einen Gefallen erweisen; **veniam alicuius rei ab aliquo petere** j-n um eine Gunst in einer Sache bitten; **bonā (cum) veniā** mit gütiger Erlaubnis; **venia legendi** (*nlat.*) Lehrbefugnis an der Universität
2 Vergebung, Verzeihung; **petere veniam ignoscendi** um Verzeihung bitten; **alicui veniam dare/tribuere** j-n begnadigen; **veniam alicuius rei impetrare** Verzeihung für etw erlangen; **litterae veniarum** (*mlat.*) Ablassbrief
⚠ **Sit venia verbo.** Man möge das Wort verzeihen. = Mit Verlaub gesagt.
veniī → venire¹
vēn-īre¹ ⟨īō, iī, - 0.⟩ ||venus¹||
1 verkauft werden, *+Abl/Gen pretii*, **auro** für Gold, **magno** teuer, **pluris** teurer, **minoris** billiger; **sub corona ~** als Sklave verkauft werden
2 *teuer od billig* zu stehen kommen
3 versteigert werden, verpachtet werden

venīre² ⟨veniō, vēnī, ventum 4.⟩

1. kommen
2. herankommen, vorrücken
3. herankommen, anbrechen
4. kommen, geraten
5. zum Vorschein kommen, sich zeigen
6. wachsen
7. entstehen
8. zufallen
9. auf etw kommen

1. kommen; *(nachkl.)* zurückkommen; **Athenis Romam ~** von Athen nach Rom kommen; **auxilium postulatum ~** kommen um um Hilfe zu bitten; **alicui auxilio/subsidio ~** j-m zu Hilfe kommen; **mox epistula mea tibi veniet** mein Brief wird dir bald zugehen; **telum per ilia venit** Geschoss dringt durch den Unterleib; **venitur** man kommt

2. *feindlich* herankommen, vorrücken; *vor Gericht* auftreten, *contra aliquem* gegen j-n

3. *von der Zeit* herankommen, anbrechen; **venit ea dies, quam constituerat** der Tag kam heran, den er festgesetzt hatte; **venturus** zukünftig, bevorstehend

4. *in eine Lage* kommen, geraten; **in periculum/in discrimen ~** in Gefahr geraten; **alicui in amicitiam ~** sich mit j-m befreunden; **in consuetudinem ~** zur Gewohnheit werden; **in sermonem ~** ins Gerede kommen; **in dubium ~** zweifelhaft werden; **in contentionem ~** Gegenstand eines Streites werden; **in odium ~** gehasst werden; **in invidiam ~ alicui** j-m beneidet werden; **in spem alicuius rei ~** Hoffnung auf etw schöpfen; **in partem alicuius rei ~** an etw teilnehmen; **res venit ad manus** es kommt zum Handgemenge; **in eum locum/eo rerum ventum est, ut** es kam so weit, dass; **eo arrogantiae ~, ut** in seiner Arroganz so weit gehen, dass

5. zum Vorschein kommen, sich zeigen; **mihi in mentem venit** es fällt mir ein

6. *von Pflanzen* wachsen; abstammen

7. *von Zuständen* entstehen; eintreten

8. j-m zufallen, j-m zuteil werden, j-n treffen, *alicui/ad aliquem/in aliquem*; **provincia ei venit** die Provinz fällt ihm zu

9. *in der Rede* auf etw kommen, zu *etw* übergehen, *ad aliquid/ad aliquem*; **venio nunc a fabulis ad facta** ich komme nun von den Geschichten zu den Tatsachen

⚠ **Veni, vidi, vici.** Ich kam, ich sah, ich siegte. *Kurze Nachricht Caesars über seinen schnellen Sieg über Pharnaces*

vennū(n)cula ⟨ae⟩ F̱ Traubenart, die man in Töpfen konservierte

vēnō → **venus¹**

venter ⟨ventris⟩ M̱

1. Bauch, Unterleib; Magen; *meton* Gefräßigkeit; **ventri oboedire** seinen Lüsten frönen
2. Gebärmutter; *meton* Fötus
3. *fig* Bauch, Wölbung; **in ventrem crescere** bauchartig anschwellen
4. **~ Faliscus** *fig* Presswurst

⚠ **Plenus venter non studet libenter.** Voller Bauch studiert nicht gern.

ventilāre ⟨ō, āvī, ātum 1.⟩

1. *(nachkl.)* poet in der Luft schwingen, schwenken; **aura ventilat** der Wind bewegt Laub des Baumes
2. fächeln
3. *fig* anfachen, erregen
4. *(spätl.)* *fig* besprechen, erörtern

ventilātor ⟨ventilātōris⟩ M̱ ‖ventilare‖ *(nachkl.)* *fig* Taschenspieler
▶ deutsch: **Ventilator**

ventiō ⟨ventiōnis⟩ F̱ ‖venire¹‖ *(vkl., nachkl.)* Kommen

ventitāre ⟨ō, āvī, ātum 1.⟩ ‖venire²‖ oft kommen, regelmäßig kommen

ventōsus ⟨a, um, *adv* ventōsē⟩ ADJ ‖ventus¹‖

1. windig, stürmisch; **mare ventosum** stürmisches Meer
2. *fig* schnell wie der Wind
3. *fig* unbeständig, wetterwendisch; **ventosa plebs** unbeständiger Pöbel
4. *fig* eitel, prahlerisch

ventrāle ⟨ventrālis⟩ Ṉ ‖venter‖ Leibriemen, Geldbörse

ventriculus ⟨ī⟩ M̱ ‖venter‖

1. *Lucr.* Bäuchlein
2. **~ cordis** MED Herzkammer

ventri-loquus ⟨ī⟩ M̱ ‖venter, loqui‖ *Tert.* Bauchredner

ventriōsus ⟨a, um⟩ ADJ ‖venter‖ *Plaut.* dickbäuchig

ventulus ⟨ī⟩ M̱ ‖ventus¹‖ ein wenig Wind, Brise

ventum PPP → **venire²**

ventus¹ ⟨ī⟩ M̱

1. Wind; **~ secundus** günstiger Wind, Rückenwind; **~ adversus** ungünstiger Wind, Gegenwind; **verba in ventos dare** in den Wind sprechen, vergeblich reden; **dare verba ventis** sein Versprechen nicht halten; **ventis tradere rem** etw vergessen; **ventis remis** mit vollen Segeln, mit allen Mitteln
2. *fig* Wind *als Symbol der Flüchtigkeit*; **venti eius secundi sunt** Glück ist mit ihm; **quicumque venti erunt** wie die Umstände sich auch gestalten werden

3 *fig* Unruhe, Unheil
4 *fig* Gerede, Gerücht
ventus² ⟨ventūs⟩ M̄ ||venire²|| Kommen
vēnūcula ⟨ae⟩ F̄ = **vennuncula**
vēnula ⟨ae⟩ F̄ ||vena|| *(nachkl.)* Äderchen
vēnus¹ ⟨ī⟩ M̄, gebräuchlich nur dat u. akk Verkauf; **veno exercere aliquid** *Tac.* mit etw Handel treiben; **venum ire** *Liv.* verkauft werden; **ponere veno** *Tac.* zum Verkauf anbieten; **venum dare** verkaufen; **veno dare alicui** an j-n verkaufen
venus² ⟨veneris⟩ F̄
1 Liebe, Beischlaf; **venerem rapere** von Tieren trächtig werden
2 Liebesbund
3 *fig* Schönheit
4 *fig* Venuswurf, bester Wurf beim Würfelspiel
Venus ⟨Veneris⟩ F̄ MYTH ital.-röm. Göttin, Tochter des Jupiter u. der Dione, Gattin des Vulcan, Mutter des Cupido u. des Aeneas, Stammmutter des Hauses der Julier, der griech. Aphrodite gleichgesetzt, Göttin der Schönheit u. der Liebe; der Planet Venus

Venus – Göttin der Liebe

Venusia ⟨ae⟩ F̄ Stadt in Apulien, Geburtsort des Horaz, heute Venosa
Venusīnus ⟨a, um⟩ ADJ aus Venusia, von Venusia
Venusīnus ⟨ī⟩ M̄ Einwohner von Venusia
venustās ⟨venustātis⟩ F̄ ||venus²||
1 Schönheit, Liebreiz
2 Liebenswürdigkeit, Charme
3 Lust
venustulus ⟨a, um⟩ ADJ ||venustus|| *Plaut.* anmutig
venustus ⟨a, um⟩ ADJ ||venus²||
1 schön, anmutig
2 *vom Charakter* liebenswürdig, charmant
vē-pallidus ⟨a, um⟩ ADJ *Hor.* leichenblass
veprēcula ⟨ae⟩ F̄ ||vepres|| kleiner Dornenstrauch
veprēs ⟨vepris⟩ M̄ u. F̄ Dornenstrauch
vēr ⟨vēris⟩ N̄
1 Frühling; **primo/ineunte vere** bei Frühlingsbeginn
2 ver aetatis *fig* Jugend
3 ver sacrum heiliger Frühling, die in Notzeiten den Göttern gelobte Opferung aller Erstlinge an Kindern u. Vieh, später Aussendung von Kolonisten
vērāre ⟨ō, -, - 1.⟩ ||verus|| *(vkl.)* die Wahrheit sagen
vērātrum ⟨ī⟩ N̄ Nieswurz, Gift- u. Heilpflanze
vērāx ⟨vērācis, adv vērāciter⟩ ADJ ||verus|| von Personen u. Sachen die Wahrheit sagend
verbēna ⟨ae⟩ F̄, *meist* PL heilige Kräuter, heilige Zweige von Ölbaum, Myrte u. Ä. für kultische Zwecke
verbēnātus ⟨a, um⟩ ADJ ||verbena|| mit heiligen Zweigen bekränzt
verber ⟨verberis⟩ N̄
1 Peitsche
2 Schleuderriemen an einer Wurfmaschine
3 *fig* Schlag, Wurf; **~ alarum** Flügelschlag; **~ lapidum** Steinwurf; **~ remorum** Ruderschlag
4 PL Prügel; *fig* Vorwürfe
verberābilis ⟨verberābile⟩ ADJ ||verberare|| *Plaut.* die Peitsche verdienend
verberābundus ⟨a, um⟩ ADJ ||verberare|| *Plaut.* prügelnd
verberāre ⟨ō, āvī, ātum 1.⟩ ||verber||
1 prügeln, geißeln; **ōs ~** *Tac.* ins Gesicht schlagen
2 schlagen; *fig* peitschen, *aliquid re* etw mit etw; **verberat imber humum** *Verg.* der Regen prasselt auf die Erde; **sidera undā ~** die Sterne mit Wasser besprtzen; **urbem tormentis ~** die Stadt beschießen; **vineas grandine ~** die Weinberge mit Hagel zerschlagen
3 *fig* verletzen, **sermonibus aures** *Tac.* die Ohren durch Worte

verberātiō ⟨verberātiōnis⟩ F ||verberare|| Prügelstrafe, Züchtigung, *auch fig, alicuius rei* für etw
verberetillus ⟨ī⟩ M ||verber|| Plaut. Prügelknabe
verbereus ⟨a, um⟩ ADJ = verberabilis
verberō ⟨verberōnis⟩ M ||verber|| Schurke, Schuft
verbēx ⟨verbēcis⟩ ADJ = vervex
verbivēlitātiō ⟨verbivēlitātiōnis⟩ F ||verbum, velitari|| Plaut. Wortgefecht
verbōsus ⟨a, um⟩ ADJ ||verbum|| wortreich, weitschweifig
verbotenus ADV (mlat.) wortwörtlich, im Wortlaut
verbum ⟨ī⟩ N
■ Wort, Ausdruck; *pl* Worte, Aussage; **~ ipsum voluptatis** Wort Lust; **nullum verbum facere** kein Wort verlieren; **verba facere/habere** einen Vortrag halten, reden
■ Äußerung; Formel; *pl* Witze; **in verba alicuius iurare** j-m den Treueeid leisten
■ Redensart, Phrase; *pl* leere Worte; Schein; **alicui verba dare** j-n täuschen
■ GRAM Verb, Zeitwort
■ *Wendungen:* **verbo** dem Wort nach, dem Namen nach, *auch* ohne Weiteres; **uno verbo** mit einem Wort, um es mit einem Wort zu sagen; **ad verbum** aufs Wort, wörtlich; **verbi causā/ gratiā** zum Beispiel; **verbis alicuius** in j-s Namen, in j-s Auftrag; **in verbo Dei** (mlat.) in Gottes Namen
❗ **Expressis verbis.** Ausdrücklich.
Vercellae ⟨ārum⟩ F Stadt in Oberitalien, Schlacht zwischen Römern u. Kimbern 101 v. Chr., heute Vercelli
Vercingetorīx ⟨Vercingetorīgis⟩ M König der Arverner, Führer des Gallieraufstandes 52 v. Chr., bei Alesia besiegt
verculum ⟨ī⟩ N ||ver|| junger Frühling, *Kosewort*
vērē ADV → verus
verēcunda ⟨ōrum⟩ N ||verecundus|| (spätl.) Schamteile

▶ **Vercingetorix**

Der Avernerhäuptling **Vercingetorix** (gest. 46 v. Chr.) war der Anführer der Gallier bei ihrem Aufstand gegen **Caesar** 52 v. Chr. Er entwickelte eine Zermürbungstaktik und besiegte Caesar bei **Gergovia**. Als er sich nach **Alesia** zurückzog, belagerte Caesar die Stadt und hungerte sie aus. Vercingetorix musste sich ergeben und wurde nach Rom gebracht, wo er im Triumphzug Caesars mitgeführt wurde. Anschließend wurde er hingerichtet.

GESCHICHTE

verēcundārī ⟨or, - 1.⟩ ||verecundus|| sich scheuen, schüchtern sein, *absolut od* +inf
verēcundia ⟨ae⟩ F ||verecundus||
■ Scheu, Zurückhaltung, *alicuius* j-s, *alicuius rei* vor etw, bei etw, in etw, *in re* bei etw, in etw
■ Anstandsgefühl, Schamgefühl; **verecundiae est** man schämt sich, man scheut sich; **~ aliquem capit** j-d schämt sich, +inf/+AcI
■ Verehrung, Hochachtung, *alicuius* j-s gegenüber j-m, *adversus aliquem* gegenüber j-m
verēcundus ⟨a, um, *adv* verēcundē⟩ ADJ ||vereri||
■ *von Personen u. Sachen* scheu, schüchtern
■ rücksichtsvoll
■ schamhaft; **~ rubor** Schamröte
verēdārius ⟨ī⟩ M ||veredus|| (spätl.) Postreiter, Kurier
verēdus ⟨ī⟩ M *poet* Jagdpferd, Kurierpferd
verenda ⟨ōrum⟩ N ||verendus|| Scham, Schamteile
verendus ⟨a, um⟩ ADJ ||vereri|| ehrwürdig; **maiestas verenda** ehrwürdige Hoheit
verērī ⟨vereor, veritus sum 2.⟩
A Vi
■ sich scheuen, sich fürchten, +inf; **aliquem veretur** j-d scheut sich, +inf
■ besorgt sein, in Sorge sein, *alicui rei* für etw, *de re* wegen etw
■ Plaut. Scham empfinden, Scheu empfinden
B Vt
■ scheuen, verehren, *aliquem* j-n, *aliquid/alicuius rei* etw
■ j-n/etw fürchten, etw befürchten, *aliquem/aliquid, ne* dass, *ne non/ut* dass nicht, +AcI; mit Besorgnis daran denken, *+indir Fragesatz*; **vereor, quid dicturus sis** ich denke mit Besorgnis daran, was du sagen willst; **veritus/verens** aus Furcht, in Besorgnis
■ zur Milderung einer Behauptung; **vereor ne sit turpe timere** es ist am Ende doch schändlich zu fürchten; **illud vereor, ut tibi concedere possim** jenes kann ich dir schwerlich zugestehen
verētrum ⟨ī⟩ N ||vereri|| (unkl.) Geschlechtsteil, *männlich od weiblich*
vergere ⟨ō, -, - 3.⟩
A Vi
■ sich drehen, sich neigen; **omnes (terrae) partes in medium vergentes** Plin. alle sich zur Mitte hin neigenden Teile (der Erde); **res bene vergunt** (mlat.) fig die Dinge stehen gut
■ *von Örtlichkeiten* sich neigen, sich erstrecken; **Gallia vergit ad septentriones** Gallien erstreckt sich nach Norden
■ *zeitl.* sich nähern; sich dem Ende nähern; **hora diei iam ad meridiem vergebat** Liv. die Ta-

geszeit näherte sich schon dem Mittag; **femina annis vergens** alternde Frau

4 (*nachkl.*) sich zuneigen; **omnia illuc vergebant** alles neigte dazu

B VT

1 eingießen, *aliquid in aliquid* etw in etw

2 *passiv* sich neigen

vergiliae ⟨ārum⟩ F ||vergere|| (*nachkl.*) *poet* die Plejaden, Siebengestirn

Vergilius ⟨a, um⟩ röm. Gentilname; **Publius ~ Maro** *geb. 70 v. Chr. in Andes bei Mantua, gest. 19 v. Chr. in Brundisium, berühmtester röm. Epiker, Verfasser des röm. Nationalepos Aeneis, des Lehrgedichtes Georgica (Über den Landbau) und Bucolica (Hirtengedichte, später unter dem Titel Eclogae bekannt)*

Verginius ⟨a, um⟩ röm. Gentilname; **Decimus ~** *ein Zenturio, der seine Tochter Verginia tötete um sie vor den Nachstellungen des Dezemvirs Appius Claudius zu bewahren*

vergo-bretus ⟨ī⟩ M Vergobret, *oberster Beamter der Äduer*

vērī-dicus ⟨a, um⟩ ADJ ||verus, dicere|| wahr redend, wahrhaftig; **verdicae voces** die Wahrheit sagende Stimmen

vērī-loquium ⟨ī⟩ N ||verus, loqui|| Etymologie, Grundbedeutung eines Wortes

vērī-similis ⟨vērīsimile⟩ ADJ ||verus|| wahrscheinlich; **veri simillimum** der Wahrheit am nächsten

vērī-similitūdō ⟨vērīsimilitūdinis⟩ F ||verus|| Wahrscheinlichkeit

vēritās ⟨vēritātis⟩ F ||verus||

1 Wahrheit, Wirklichkeit

2 Wirklichkeit, Naturgetreue *von Kunstwerken*; **homo expers veritatis** Mensch, dem wirkliche Leben unbekannt ist; **veritatem imitari** naturgetreu sein, naturgetreu darstellen

3 Unparteilichkeit

4 Aufrichtigkeit, Offenheit

veritus ⟨a, um⟩ PPERF → vereri

vērī-verbium ⟨ī⟩ N ||verus, verbum|| *Plaut.* Wahrhaftigkeit

vermiculātus ⟨a, um⟩ ADJ

1 *von Mosaikarbeiten* gewürfelt

2 (*mlat.*) bunt

vermiculus ⟨ī⟩ M ||vermis|| Würmchen, *bes* Scharlachwürmchen

vermina ⟨um⟩ N *Lucr.* Leibschmerzen, Schmerzen

vermināre ⟨ō, āvī, ātum 1.⟩, **vermināri** ⟨or, - 1.⟩ ||vermina, vermis||

1 kribbeln, jucken

2 Würmer haben

verminātiō ⟨verminātiōnis⟩ F ||verminare|| *Sen.* zuckender Schmerz

vermis ⟨vermis⟩ M (*unkl.*) Wurm

verna ⟨ae⟩ M u. F (*unkl.*)

1 Hausklave, Hausklavin, im Haus geborener Sklave

2 *fig* Frechling

3 *fig* Inländer; *adj* in Rom geboren; **verna liber** *Mart.* in Rom geschriebenes Buch

vernāculus

A ⟨a, um⟩ ADJ ||verna||

1 inländisch, einheimisch, *bes* römisch; **legio vernacula** Legion aus inländischen Soldaten; **crimen vernaculum** vom Ankläger selbst erfundener Vorwurf

2 in Rom üblich, großstädtisch

B ⟨ī⟩ M Spaßmacher

vernālis ⟨vernāle⟩ ADJ ||ver|| (*nachkl.*) Frühlings...; **dies ~** Frühlingstag

vernāre ⟨ō, -, - 1.⟩ ||ver|| (*nachkl.*)

1 Frühling machen, sich verjüngen; **humus vernat** der Boden wird wieder grün; **avis vernat** der Vogel singt Frühlingslieder; **sanguis vernat** *fig* Blut fließt jugendlich

2 (*mlat.*) leuchten, glänzen

vernīlis ⟨vernīle, *adv* vernīliter⟩ ADJ ||verna|| (*nachkl.*)

1 sklavisch; *adv* wie ein Hausklave

2 kriechend, plump

3 mutwillig, frech

vernīlitās ⟨vernīlitātis⟩ F ||vernilis||

1 *Sen.* kriecherische Höflichkeit

2 plumper Witz der Hausklaven

vernula ⟨ae⟩ M u. F ||verna|| (*nachkl.*) = **verna**

vernum ⟨ī⟩ N ||vernus|| Frühling

vernus ⟨a, um⟩ ADJ ||ver|| des Frühlings, Frühlings...; **verni temporis suavitas** *Cic.* zarte Jugendzeit

vērō ADV → verus

Vērōna ⟨ae⟩ F Stadt in Oberitalien, Geburtsort des Catull u. des Vitruv, Amphitheater von 290 n. Chr. u. Theater der augusteischen Zeit erhalten

Vērōnēnsis ⟨Vērōnēnse⟩ ADJ aus Verona, von Verona

Vērōnēnsis ⟨Vērōnēnsis⟩ M Einwohner von Verona

verpa ⟨ae⟩ F *Catul.* männliches Glied

verpus ⟨ī⟩ M ||verpa|| *poet* der Beschnittene

verrere ⟨verrō, -, versum 3.⟩

1 kehren, auskehren; **villam ~** Haus auskehren; **pavimentum ~** den Fußboden fegen

2 *fig* zusammenscharren, zusammenfegen

3 (*nachkl.*) am Boden schleifen; über eine Fläche hinweggleiten, *aliquid re* über etw mit etw; **humum pallā ~** Gewand über den Boden schleifen lassen

4 durchstreifen, durchfurchen

5 fortreißen, fortschleppen; **harenas ex imo ~** Sand aus der Tiefe aufwühlen

verrēs ⟨verris⟩ M̄ Eber, *auch verächtlich von Menschen*

Verrēs ⟨Verris⟩ M̄ röm. Beiname in der gens Cornelia; **C. Cornelius ~** 73–71 v. Chr. Proprätor in Sizilien, *wegen Erpressung u. Bereicherung von Cicero in seinen Verres-Reden so heftig u. überzeugend angegriffen, dass er freiwillig ins Exil ging, gest. 43 v. Chr.*

▶ **Verres**

Gaius Cornelius Verres (ca. 119 - 43 v. Chr.) war 73 - 71 v. Chr. Prätor in Sizilien und plünderte dabei die Provinz brutal und rücksichtslos aus. Wegen seiner erpresserischen und ausbeuterischen Herrschaft klagten ihn die Bewohner der Provinz Sizilien an und gewannen **Cicero** als Ankläger. Cicero hielt eine Rede gegen Verres (die fünf weiteren uns bekannten Reden wurden nicht gehalten, sondern lediglich nachträglich veröffentlicht). Verres ging noch vor der Urteilsverkündung freiwillig in die Verbannung nach Massilia.

GESCHICHTE ◀

Verria ⟨ōrum⟩ N̄ von Verres selbst veranstaltetes Fest zu seinen Ehren

verrīnus ⟨a, um⟩ ADJ ||verres|| Eber...; **ius verrīnum** Schweinebrühe, *im Wortspiel mit ius Verrinum, dem verrinischen Recht*

Verrīnus ⟨a, um⟩ ADJ des Verres, den Verres betreffend

Verrius ⟨a, um⟩ ADJ des Verres, verrinisch

verrūca ⟨ae⟩ F̄ Warze; *Hor. fig* kleiner Fehler

verrūcōsus ⟨a, um⟩ ADJ ||verruca|| voller Warzen, *Beiname des Q. Fabius Maximus Cunctator*

verruncāre ⟨ō, -, - 1.⟩ *(nachkl.)* sich wenden; **bene ~ alicui** für j-n zum Heil ausschlagen

verrūtum ⟨ī⟩ N̄ = **verutum**

versābilis ⟨versābile⟩ ADJ ||versare|| beweglich, wendig; **fortuna ~** *fig* unbeständiges Schicksal

versābundus ⟨a, um⟩ ADJ ||versare|| *Lucr.* sich ständig drehend

versāre ⟨ō, āvī, ātum 1.⟩ ||vertere||

1 hin und her wenden, oft drehen
2 hin und her wenden, drehen und wenden
3 herumjagen
4 in Angst versetzen, beunruhigen
5 auslegen, deuten
6 überlegen, überdenken

---

1 hin und her wenden; *Lebewesen* hin und her treiben; **saxum ~** den Felsen rollen; **terram ~** Land umpflügen; **currum ~** den Wagen umdrehen, den Wagen umherfahren; **sortem urnā ~** Los aus der Urne schütteln; **stamina pollice ~** den Faden spinnen; **librum ~** Buch fleißig lesen; **vos exemplaria Graeca nocturnā versate manu, versate diurnā** *Hor.* legt die Abschriften der griechischen Klassiker bei Tag und Nacht nicht aus der Hand; **volumina ~** sich in Windungen drehen

2 *fig* drehen und wenden; *irgendwohin* wenden; **domum ~** Haus auf den Kopf stellen; **se huc et illuc ~** nicht aus noch ein wissen; **rem aliquo ~** der Sache irgendeine Richtung geben

3 *vom Schicksal* herumjagen, mit *etw* sein Spiel treiben, *aliquem/aliquid*

4 *(nachkl.)* in Angst versetzen, beunruhigen

5 auslegen, deuten, **verba** Worte

6 *(nachkl.)* überlegen, überdenken, **omnia secum** alles был ihr j-m

versārī ⟨or, ātus sum 1.⟩ ||versare||

1 sich hin und her drehen, kreisen; **circa axem ~** um seine Achse kreisen; **lecto ~** sich auf seinem Bett wälzen

2 *örtl.* sich irgendwo aufhalten, sich *irgendwo* befinden, **cum aliquo** bei j-m

3 *fig* in einem Zustand od in einer Lage sich befinden, leben; *von Sachen* stattfinden; **in timore ~** in Angst sein; **res versatur in facili cognitione** die Sache ist leicht zu erkennen; **error versatur** der Irrtum herrscht; **in nostra familia ~** in unserer Familie heimisch sein; **alicui in oculis/ante oculos/ob oculos ~** j-m vor Augen schweben

4 in *etw* tätig sein, sich mit *etw* beschäftigen, *in re*; **in opere esse ~** am Werk sein; **multum in bello ~** sich viel mit dem Krieg beschäftigen; **in imperiis honoribusque ~** Ämter bekleiden; **in caede ~** ein Blutbad anrichten

5 auf *etw* beruhen, sich auf *etw* beschränken, *in re*

versātilis ⟨versātile⟩ ADJ ||versare|| beweglich, drehbar; *fig* wendig, vielseitig; **ingenium versatile** *Liv.* vielseitige Begabung

versātiō ⟨versātiōnis⟩ F̄ ||versare|| Umdrehung; *fig* Veränderung

versi-capillus ⟨a, um⟩ ADJ ||vertere|| ergrauend, älter werdend

versi-color ⟨versicolōris⟩ ADJ ||vertere|| die Farbe wechselnd; bunt; **tunicae versicolores** bunte Tuniken

versiculus ⟨ī⟩ M̄ ||versus³|| kleiner Vers; kleine Zeile

versi-ficāre ⟨ō, -, - 1.⟩ ||versus, facere|| *(nachkl.)* Verse machen; in Verse bringen

versificātiō ⟨versificātiōnis⟩ F̄ ||versificare|| Versemachen

versificātor ⟨versificātōris⟩ M ||versificare|| Verskünstler, Dichter

versi-pellis ⟨versipelle⟩ ADJ ||vertere||
1. (vkl., nachkl.) Fell wechselnd, die Gestalt wechselnd
2. fig verschmitzt, schlau

versōria ⟨ae⟩ F ||vertere|| Tau zum Wenden der Segel; **versoriam cape** Plaut. kehr um

versum ADV = **versus**²

versūra ⟨ae⟩ F ||vertere||
1. (nachkl.) Ecke, Windung
2. Anleihe, *ab aliquo* bei j-m; **versurā (dis)solvere** eine Schuld durch eine Anleihe tilgen; fig vom Regen in die Traufe kommen

versus¹ ⟨a, um⟩ PTP → vertere u. → verrere

versus² ||vertere||
A ADV nach ... hin, auf ... zu, *nachgestellt*; **in Italiam versus** nach Italien; **ad mare versus** auf Meer zu; **quoque versus** nach allen Seiten hin; **deorsum versus** nach unten; **sursum versus** nach oben
B PRÄP +akk, meist nachgestellt nach ... hin, nach ... zu; **versus Capitolium** zum Kapitol hin; **Oceanum versus** zum Ozean hin

versus³ ⟨ūs⟩ M ||vertere||
1. (nachkl.) Furche *in der Erde*
2. (nachkl.) Reihe, Linie; **ulmos in versus differre** Ulmen in Reihen verpflanzen
3. Zeile *eines Werkes*; **epistula paucorum versuum** ein Brief von wenigen Zeilen
4. *in der Poesie* Vers; **versūs facere** dichten

versūtia ⟨ae⟩ F ||versutus|| Verschlagenheit; **versutiae Punicae** punische Listen

versūti-loquus ⟨a, um⟩ ADJ ||versutus, loqui|| (nachkl.) schlau redend

versūtus ⟨a, um⟩ ADJ ||vertere||
1. wendig, gewandt
2. fig auch pej schlau, verschlagen, listig

vertebra ⟨ae⟩ F ||vertere|| (nachkl.) Gelenk, Wirbel *in der Wirbelsäule*

vertere ⟨vertō, vertī, versum 3.⟩

A transitives Verb
1. wenden, drehen
2. zuwenden
3. zuschreiben, beimessen
4. zu etw machen
5. umwenden, umdrehen
6. umwühlen, umpflügen
7. umstürzen, umwerfen
8. verändern, verwandeln
9. übersetzen

B intransitives Verb
1. sich wenden, sich drehen
2. nach ... hin liegen
3. ablaufen, ausschlagen
4. sich umdrehen, kreisen
5. sich befinden, sein
6. vergehen, verlaufen
7. auf etw beruhen
8. sich verwandeln, wechseln

— **A** transitives Verb —

VT
1. wenden, drehen; **gregem ad litora ~** die Herde zur Küste hinlenken; **aquam in subiecta ~** Wasser in die Niederungen ableiten; **aliquem in admirationem ~** j-n zur Bewunderung hinreißen
2. Geld u. Ä. zuwenden, *in aliquem/in aliquid* j-m/einer Sache; **pecuniam ad se/in se ~** sich Geld aneignen
3. (nachkl.) fig zuschreiben, beimessen, *aliquid in aliquem/ad aliquem* etw j-m
4. zu etw machen, als etw ansehen; **cognomen in risum ~** den Beinamen ins Lächerliche ziehen; **aliquid in crimen ~** etw zum Vorwurf machen; **aliquid in religionem ~** etw zu einer Gewissenssache machen; **aliquid in omen ~** etw als Vorzeichen deuten; **aliquid alicui in superbiam ~** j-m etw als Stolz auslegen; **alicui aliquid vitio ~** j-m etw zum Vorwurf machen
5. umwenden, umdrehen; **arma ~** die Waffen senken; **pedes/gradum ~** umkehren; **hostes in fugam ~** die Feinde in die Flucht schlagen; **terga ~** fliehen
6. (nachkl.) umwühlen, umpflügen, **terram aratro** die Erde mit dem Pflug
7. (nachkl.) umstürzen; fig vernichten; **regem ~** den König stürzen
8. fig verändern, verwandeln; **comas ~** die Haare färben; **sententiam ~** die Meinung ändern; **solum ~** Land verlassen, auswandern
9. *aus einer Sprache* übersetzen, **librum ex Graeco in Latinum** ein Buch aus dem Griechischen ins Lateinische

— **B** intransitives Verb —

VI *Passiv*/se ~
1. sich wenden, sich drehen; **totus in aliquem vertor** ich gebe mich j-m ganz hin; **alio ~** einen anderen Weg einschlagen, ein anderes Verfahren wählen; **nescit quo se vertat** er weiß sich nicht zu helfen
2. (nachkl.) örtl. nach *einer Richtung* hin liegen; **Epirus in septentriones versa** nach Norden sich erstreckende Epirus
3. ablaufen, ausschlagen; **res vertitur in laudem** die Angelegenheit läuft ruhmvoll ab; **alicui malo ~** j-s Unglück werden
4. kreisen; *allg.* sich bewegen; **se ~/in fugam ~** fliehen

5 *an einem Ort* sich befinden, sein; **ante ora ~** vor Augen schweben
6 *von der Zeit* vergehen, verlaufen; **annus vertens** das laufende Jahr; **anno vertente** im Verlauf des Jahres
7 auf *etw* beruhen, von *etw* abhängen, *in re/in aliquo* von etw/von j-m; **omnia in unius potestate vertentur** alles hängt von der Macht eines Einzelnen ab; **ibi summa belli vertitur** dort liegt die Entscheidung des Krieges; **vertitur, utrum ... an** die Frage dreht sich darum, ob ... oder
8 sich verwandeln, wechseln; **omnia vertuntur** alles verändert sich; **in rabiem ~** in Wahnsinn umschlagen; **alite/in avem ~** sich in einen Vogel verwandeln; **verso Marte** als das Kriegsglück sich geändert hatte

vertex ⟨verticis⟩ M̄ ‖vertere‖
1 Wirbel *im Wasser*, Strudel
2 Drehpunkt des Himmels, Pol
3 Scheitel *des Kopfes*; Kopf; **summisso vertice** mit gesenktem Kopf
4 Gipfel, Giebel **a vertice** von oben her

vertī → **vertere**

verticālis ⟨verticāle⟩ ADJ ‖vertex‖ senkrecht, vertikal

verticōsus ⟨a, um⟩ ADJ ‖vertex‖ *(nachkl.)* reich an Strudeln

vertīgō ⟨vertīginis⟩ F̄ ‖vertere‖
1 Umdrehung, Kreisen
2 Strudel
3 Schwindel

vertragus ⟨ī⟩ M̄, **vertrāha** ⟨ae⟩ F̄ *(spätl., Mart.)* Windhund, Jagdhund

Vertumnus ⟨ī⟩ M̄
1 etrusk. Gottheit des Wechsels u. Wandels, bes des Wechsels der Jahreszeiten, des Handels u. der Wandelbarkeit des Menschen
2 Hor. launischer Mensch

verū ⟨verūs⟩ N̄ *(unkl.)* Spieß, Jagdspieß, Bratspieß

veruīna ⟨ae⟩ F̄ ‖veru‖ Plaut. Spieß

verum¹ ⟨ī⟩ N̄ = **veru**

vērum² ‖verus‖
A Konj.
1 *advers* aber; **est istud quidem honestum, ~ hoc expedit** Cic. jenes ist zwar ehrenhaft, dies aber nützt
2 nach Verneinung sondern; **non exercitus, ~ amici** nicht Truppen, sondern Freunde
3 *die Rede abbrechend* doch
B ADV bestätigend allerdings

vērum³ ⟨ī⟩ N̄ ‖verus‖
1 Wirklichkeit, Tatsache; **veri similis** wahrscheinlich; **in vero** *(mlat.)* in Wirklichkeit
2 das Rechte, **~ est** es ist vernünftig, +AcI, ut dass

vērum-enim-vērō ADV, *auch getrennt* aber wirklich

vērum-tamen KONJ
1 aber doch, gleichwohl
2 also, wie gesagt, *bei Wiederaufnahme der Rede*

vērus ⟨a, um, *adv* vērē u. vērō⟩ ADJ
1 wahr, echt
2 *von Personen* wahrheitsliebend, aufrichtig; **iudex ~** ehrlicher Richter
3 *von Sachen* richtig, vernünftig
4 **vere** der Wahrheit gemäß; wirklich
5 **vero** wirklich, tatsächlich; **et vero** und tatsächlich; **nec vero non** und jedenfalls; **enim vero** ja tatsächlich
6 **vero** jawohl, freilich; **ego vero** ich freilich; **minime vero** nein keineswegs
7 **vero** *steigernd* sogar; **aut vero** oder gar erst; **si vero** wenn gar; **iam vero** ferner, nun
8 **vero** *advers* aber, jedoch, *nachgestellt*; **neque vero** aber nicht

verūtum ⟨ī⟩ N̄ ‖veru‖ Wurfspieß

verūtus ⟨a, um⟩ ADJ ‖veru‖ Verg. mit einem Wurfspieß bewaffnet

vervēx ⟨vervēcis⟩ M̄ Hammel, *auch als Schimpfwort für einen dummen Menschen*

Vesaevus ⟨ī⟩ M̄ = **Vesuvius**

vēsānia ⟨ae⟩ F̄ ‖vesanus‖ Hor. Wahnsinn

vēsāniēns ⟨vēsānientis⟩ ADJ = **vesanus**

vē-sānus ⟨a, um⟩ ADJ ‖ve-²‖ wahnsinnig; *von Sachen* ungeheuer; **fames vesana** gewaltiger Hunger; **amor ~** Prop. wahnsinnige Liebe

Vesbius ⟨ī⟩ M̄ = **Vesuvius**

vēscī ⟨vēscor, - 3.⟩
1 sich nähren, leben, *re/aliquid* von etw, **lacte et carne** von Milch und Fleisch
2 *(nachkl.)* speisen, *absolut*; **~ cum rege** mit dem König speisen; **argentum ad vescendum factum** silbernes Tafelgeschirr
3 *fig* genießen, *re* etw; **aurā aetheriā ~** oberweltliche Luft atmen

vēsculus ⟨a, um⟩ ADJ ‖vescus‖ Plaut. ziemlich abgezehrt, schmächtig

vēscus ⟨a, um⟩ ADJ *(nachkl.)*
1 *poet* fressend, zehrend; **sal ~** fressendes Salzwasser; **papaver vescum** den Boden auslaugenden Mohn
2 abgezehrt, mager

vēsīca ⟨ae⟩ F̄
1 Blase, Harnblase; **vesicae morbus** Blasenleiden
2 Beutel *für verschiedene Zwecke*
3 luv. fig Scheide
4 Mart. Laterne
5 Mart. fig Redeschwulst

vēsīcula ⟨ae⟩ F̄ ‖vesica‖ Bläschen

Vēsontiō ⟨Vēsontiōnis⟩ F̲ *Hauptstadt der Sequaner, 58 v. Chr.* Sieg Caesars über Ariovist, heute Besançon

vespa ⟨ae⟩ F̲ (*unkl.*) Wespe

Vespasiānus ⟨ī⟩ M̲ → Flavius

vesper ⟨vesperī, *abl* vesperō *u.* vespere⟩ M̲

① (*nachkl.*) *poet* Abendstern; **surgente vespero** wenn der Abendstern aufgeht

② Abend, Abendzeit; **ad vesperum/sub vesperum** gegen Abend; **vesperi/vespere** abends, am Abend; **primo vespere/primā vesperi** (*erg.* horā) am frühen Abend

③ *Plaut.* Abendessen

④ Westen

▶ deutsch: **Vesper**

vespera ⟨ae⟩ F̲ ||vesper||

① Abend, Abendzeit

② (*mlat.*) Vesper, Nachmittagsgottesdienst

vesperāscere ⟨vesperāscō, vesperāvī, - 3.⟩ ||vesper|| Abend werden; **vesperascente caelo** *Nep.* in der Abenddämmerung; **vesperascit** es wird Abend

vespertiliō ⟨vespertiliōnis⟩ M̲ ||vesper|| Fledermaus

vespertīnus ⟨a, um⟩ A̲D̲J̲ ||vesper||

① abendlich, Abend…; **vespertinae litterae** am Abend erhaltener Brief; **senatūs consultum vespertinum** am Abend gefasster Senatsbeschluss

② (*nachkl.*) *poet* westlich

vesperūgō ⟨vesperūginis⟩ F̲ ||vesper||

① *Plaut.* Abendstern, Venus

② *Tert.* Fledermaus

vespillō ⟨vespillōnis⟩ M̲

① *Suet., Mart.* Leichenträger

② (*spätl.*) Leichenräuber

③ (*mlat.*) Wegelagerer

Vesta ⟨ae⟩ F̲

① MYTH Hestia, Vesta, *Tochter des Kronos u. der Rhea, lat. des Saturnus u. der Ops, Göttin des Herdfeuers u. der Familie; Rundtempel auf dem Forum Romanum mit dem heiligen Feuer, das von den Vestalinnen, den jungfräulichen Priesterinnen der Vesta, bewacht wurde;* **ad Vestae** (*erg.* **aedem**) beim Vestatempel; **a Vestae** (*erg.* **aede**) vom Vestatempel

② *meton* Herd, Herdfeuer

③ *meton* Vestatempel

Vestālia ⟨Vestālium⟩ N̲ Fest der Vesta *am 9. Juni*

Vestālis ⟨Vestāle⟩ A̲D̲J̲ der Vesta geweiht; *fig* jungfräulich

Vestālis ⟨Vestālis⟩ F̲ Vestalin, Vestapriesterin, *zu 30-jähriger Jungfräulichkeit verpflichtete Priesterin; unter Aufsicht des pontifex maximus hüteten 4, später 6 Vestalinnen das heilige Feuer der Vesta im Vestatempel auf dem Forum Romanum*

vester POSSPRON

Ⓐ ⟨vestra, vestrum⟩ A̲D̲J̲

① euer, der eurige; **odium vestrum** euer Hass

② gegen euch; **odium vestrum** der Hass gegen euch

Ⓑ ⟨vestrī⟩ M̲ der Eure, euer Herr, euer Freund

vestiaria ⟨ae⟩ F̲ (*mlat.*) Kammerfrau

vestiārium ⟨ī⟩ N̲ ||vestiarius||

① Kleiderkammer, Garderobe

② Sklavenkleidung

vestiārius

Ⓐ ⟨a, um⟩ A̲D̲J̲ ||vestis|| Kleider…

Ⓑ ⟨ī⟩ M̲

① Kleiderhändler, Kleiderwart

② (*mlat.*) Kämmerer, Hofbeamter

vestibulum ⟨ī⟩ N̲

① Vorplatz, Vorhof; (*nachkl.*) *poet* Vorhalle

② *fig* Eingang; RHET Anfang einer Rede

vestīgāre ⟨ō, āvī, ātum 1.⟩ ||vestigium||

① (*nachkl.*) *poet* aufspüren; *fig* ausfindig machen; **feras ~** Wild aufspüren

② *fig* j-m/einer Sache nachspüren, j-n/etw aufsuchen, *aliquem/aliquid, +indir Fragesatz*

vestīgātor ⟨vestīgātōris⟩ M̲ ||vestigare|| (*vkl., nachkl.*) Spurensucher, Schnüffler

---

▶ **Vespasianus**

Mit **Titus Flavius Vespasianus** (9 - 79 n. Chr.) beginnt die Herrschaft der flavischen Dynastie in Rom. 69 n. Chr. wurde er vom Senat zum Kaiser ausgerufen und machte umgehend seinen Sohn Titus zum Mitregenten, um die Macht in der Familie zu halten. Seine Regierung ist geprägt von Reformen, die die kaiserliche Macht stärken und die Finanzen sanieren sollten. Zu diesem Zweck organisierte er das Steuersystem neu und führte auch neue Steuern ein. Die Einführung einer Steuer für öffentliche Toiletten soll er mit folgendem Satz verteidigt haben:

pecunia non olet.
Geld stinkt nicht.

Sprichwörtlich wurde seine Sparsamkeit, doch gehen einige bedeutende Bauten in Rom auf ihn zurück, darunter das **Colosseum**.

GESCHICHTE

vestīgium ⟨ī⟩ N
1. Fußspur, Fährte; **vestigium imprimere/figere** gehen, schreiten; **vestigium premere** stillstehen; **vestigium facere in foro** Forum betreten; **in possessione vestigium facere** *fig* einen Besitz antreten; **vestigia alicuius (per)sequi/aliquem vestigiis sequi** j-m auf den Fersen sein, j-n verfolgen; *fig* in j-s Fußstapfen treten
2. *fig* Spur, Merkmal
3. PL Überreste, Trümmer
4. *meton* Tritt, Schritt; **vestigia vertere/torquere** sich umdrehen; **vestigia referre** zurückgehen; **vestigia cursu impedire** durcheinander reiten
5. *meton* Fußsohle, Fuß; **vestigia nuda sinistri pedis** der entblößte linke Fuß; **vestigiis alicuius provolvi** *(mlat.)* sich j-m vor die Füße werfen
6. *meton* Standort; *fig* Zeitpunkt; **vestigio se movere** sich von der Stelle bewegen; **e vestigio/in vestigio** augenblicklich, ohne Weiteres

▸ **vestīmentum** ⟨ī⟩ N ||vestire||
1. Kleid, Kleidungsstück; **album ~** weißes Kleid
2. *(vkl.)* Decke, Teppich

* **vesti-plica** ⟨ae⟩ F ||vestis, plicare|| *(vkl., nachkl.)* Büglerin

- **vestīre** ⟨iō, īvī/iī, ītum 4.⟩ ||vestis||
1. bekleiden, kleiden; **pellibus ~** mit Fellen bekleiden
2. bedecken, *auch* überziehen; **sepulcrum vestitum vepribus** mit Büschen bedecktes Grab
3. schmücken

vestis ⟨vestis⟩ F
1. Kleidung, Anzug; **~ muliebris** Frauenkleidung; **vestem mutare** die Kleider tauschen, **cum aliquo** mit j-m; sich umziehen
2. Teppiche, Decken
3. *fig* Schlangenhaut
4. *fig* Schleier, Gewebe
5. *fig* Bart
▷ deutsch: **Weste**
  englisch: **vest**
  französisch: **veste**
  italienisch: **veste**

vesti-spica ⟨ae⟩ F ||vestis, spicare|| *Plaut.* Garderobenmädchen

vestītus ⟨ūs⟩ M ||vestire||
1. Kleidung, Art sich zu kleiden; **vestitum mutare** Trauerkleidung anlegen; **~ muliebris** Frauenkleidung
2. *fig* Bedeckung; *von der Rede* Ausschmückung; **riparum vestitūs viridissimi** die ganze grüne Bedeckung der Ufer

Vesuvius ⟨ī⟩ M Vesuv, *Vulkan in Kampanien*

vetāre ⟨ō, uī, itum 1.⟩
1. verbieten, nicht gestatten, *aliquem aliquid* j-m etw, +inf/+AcI/Passiv +NcI; **istud vetat lex** dies verbietet Gesetz; **vetita lege alea** *Hor.* gesetzlich verbotenes Würfelspiel; **vetor haec facere** man verbietet mir dies zu tun
2. abraten, *aliquid* von etw
3. Veto einlegen, „veto" als Einspruchsformel des Tribunen
4. *von Sachen* verhindern; **venti vetantes** ungünstige Winde; **quid vetat quaerere?** was hindert uns zu fragen?

veter ⟨veteris⟩ ADJ = **vetus**
Vetera Castra N *röm. Lager bei Xanten*
veterāmentārius ⟨a, um⟩ ADJ ||vetus|| *(nachkl.)* zu alten Dingen gehörig; **sutor ~** *Suet.* Flickschuster

veterānus
A ⟨a, um⟩ ADJ ||vetus||
1. langjährig, alt
2. MIL altgedient, altbewährt; **veterani milites** altgediente Soldaten
B ⟨ī⟩ M Veteran, altgedienter Soldat

veterāria ⟨ōrum⟩ N ||vetus|| *Sen.* Vorräte an altem Wein
veterātor ⟨veterātōris⟩ M ||vetus|| der alt und kundig geworden ist, „alter Fuchs", **in re** in etw
veterātōrius ⟨a, um, *adv* veterātōriē⟩ ADJ ||veterator|| schlau, routiniert; **ratio veteratoria dicendi** routinierte Art zu sprechen

veterīnārius
A ⟨a, um⟩ ADJ zum Zugvieh gehörig; **medicina veterinaria** Tierheilkunde
B ⟨ī⟩ M Tierarzt
▷ deutsch: **Veterinär**

veterīnus ⟨a, um⟩ ADJ ||vetus|| *(unkl.)* des Zugviehs; **semen veterinum** *Lucr.* Lasten ziehender Stamm
veternōsus ⟨a, um⟩ ADJ ||veternus|| *(unkl.)* schläfrig; kraftlos
veternus ⟨ī⟩ M ||vetus|| *(unkl.)*
1. alter Schmutz, Schimmel
2. Schlafkrankheit; Lethargie; *fig* Trägheit
vetitum ⟨ī⟩ N ||vetare|| Verbot
vetula ⟨ae⟩ F ||vetulus|| Alte
vetulus
A ⟨a, um⟩ ADJ ||vetus|| ziemlich alt
B ⟨ī⟩ M der Alte; **mi vetule** mein Alterchen

vetus
A ⟨veteris⟩ ADJ
1. *(unkl.)* alt, bejahrt, ↔ *jung*; **senatores veteres** alte Senatoren
2. langjährig, ↔ *neu*; erfahren, **in re** in etw; **vinum ~** alter Wein; **vectigalia vetera** bisherige Abgaben
3. altersschwach

4 ehemalig, früher, vergangen; **aetas ~** Vorzelt
B ⟨veteris⟩
1 MPL die Alten, die alten Schriftsteller
2 fpl die alten Wechselbuden *an der Südseite des Forums*
3 n alte Geschichte, altes Sprichwort; *pl* das Alte, alte Geschichten, das Ehemalige; **vetera mihi ignota sunt** die alten Geschichten sind mir unbekannt; **vetera omittere** Vergangene übergehen

vetustās ⟨vetustātis⟩ F ||vetus||
1 Greisenalter; **tarda ~** lähmendes Alter
2 Alter, lange Dauer; **vetustatem habere** lange dauern, **vetustatem ferre/perferre** bis auf die späte Nachwelt andauern
3 alte Bekanntschaft, *auch* langjährige Erfahrung
4 Altertum; *meton* Menschen der alten Zeit
5 späte Zeit, Nachwelt
6 (mlat.) der Alte Bund

vetustus ⟨a, um⟩ ADJ ||vetus||
1 (nachkl.) alt, von hohem Alter
2 alt, lange bestehend; **vinum vetustum** alter Wein; **disciplina vetusta** langjährige Disziplin
3 früher; **vetustiores scriptores** die älteren Schriftsteller
4 altmodisch, altertümlich

vexāmen ⟨vexāminis⟩ N ||vexare|| Erschütterung

vexāre ⟨ō, āvī, ātum 1.⟩
1 stark bewegen, erschüttern; **mare ~** Meer aufwühlen
2 *fig* hart mitnehmen, heimsuchen; **rem publicam omni scelere ~** den Staat mit jedem Verbrechen heimsuchen
3 *fig* verheeren, plündern; **pecuniam ~** Geld vergeuden
4 *fig* beunruhigen, quälen; **vexari conscientiā** vom Gewissen gequält werden
5 *fig* mit Worten od Schriften angreifen; verhöhnen

vexātiō ⟨vexātiōnis⟩ F ||vexare||
1 *Sen.* Erschütterung
2 *fig* Strapaze; **~ corporis** körperliche Strapaze
3 Misshandlung; **acerbissima ~** *Cic.* grausamste Misshandlung

vexātor ⟨vexātōris⟩ M ||vexare|| Störenfried, Plagegeist

vēxī → vehere

vexillārius ⟨ī⟩ M ||vexillum||
1 Fahnenträger, Fähnrich
2 PL Sonderkommando

vexillātiō ⟨vexillātiōnis⟩ F ||vexillum|| (nachkl.) MIL Einheit, Sondereinheit

vexillum ⟨ī⟩ N ||velum||
1 MIL Feldzeichen *zur Kennzeichnung*
2 rote Signalfahne *auf dem Feldherrnzelt od dem Admiralschiff*
3 *meton* die zu einer Fahne gehörige Mannschaft

via ⟨ae⟩ F
1 Straße, Gasse; **tres viae erant ad urbem** es gab drei Straßen zur Stadt; **viam munire/facere/aperire** eine Straße bauen; **viam sternere** eine Straße pflastern
2 *allg.* Weg, Bahn; **in viam se dare** sich auf den Weg machen; **dare alicui viam** j-m Platz machen; **rectā viā** geradewegs; *fig* geradeheraus
3 *fig* Röhre *im menschlichen Körper*; Spalt
4 *Tib.* Streifen *an einem Kleid*
5 Gang, Reise; **in via** auf der Reise; **alicui viam per fundum suum dare** j-m die Erlaubnis geben durch sein Grundstück zu gehen
6 *fig* Weg, Bahn; Mittelweg; **via vitae/vivendi** Lebensweg; **via potentiae** Zutritt zur Macht; **viā utor** ich gehe den Mittelweg
7 *fig* Art und Weise, Verfahren; **via vitae/vivendi** Lebensweise; **aliā viā** auf andere Weise; **viā** methodisch, planmäßig
8 *fig* Mittel, Gelegenheit; **omnes vias pecu-**

vexillum – rote Signalfahne

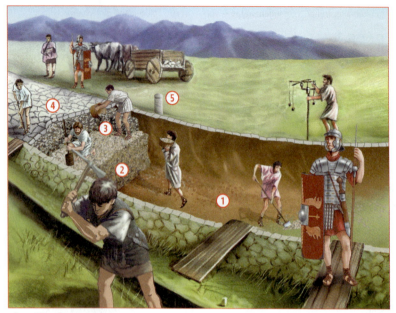

via – Straße

1 statumen – Unterlage
2 rudus – Geröll, Grobschüttung mit Bindemittel
3 nucleus – Kern, Feinschüttung aus Grobkies
4 pavimentum – Pflasterdecke
5 milliarium – Meilenstein

---

niae nosse alle Mittel kennen sich Geld zu verschaffen

viālis ⟨viāle⟩ ADJ ||via|| Weg...; **Lares viales** Plaut. Laren des Weges

viārius ⟨a, um⟩ ADJ ||via|| die Ausbesserung der Wege betreffend; **lex viaria** Gesetz zur Ausbesserung der Wege

viāticātus ⟨a, um⟩ ADJ ||viaticum|| Plaut. mit Reisegeld ausgestattet

viāticum ⟨ī⟩ N ||viaticus||
1 Reisegeld
2 Ersparnisse
3 (mlat.) Sterbesakrament

viāticus ⟨a, um⟩ ADJ ||via|| zur Reise gehörig

viātor ⟨viātōris⟩ M ||via||
1 Wanderer, Reisender
2 Amtsbote; allg. Bote

viātōrius ⟨a, um⟩ ADJ ||viator|| (nachkl.) zur Reise gehörig

Vibō Valentīna F alte Stadt in Bruttium

vibrāre ⟨ō, āvī, ātum 1.⟩

A VT schwingen, schütteln; passiv zittern, zucken; **hastas ~** Lanzen schwenken; **spicula ~** Verg. Spieße werfen; **crines ~** Verg. die Haare kräuseln

B VI
1 zittern, beben; **vox vibrat** die Stimme bebt
2 schimmern, glitzern; **vibranti gladio** Verg. mit glänzendem Schwert; **mare vibrat** Meer funkelt; **oratio vibrans** schwungvolle Rede
3 (nachkl.) von Tönen schrillen
4 **respectum ~** (mlat.) stolz um sich blicken
▶ deutsch: vibrieren

vīburnum ⟨ī⟩ N Verg. Schneeball, eine weiß blühende Pflanze

vīcānus
A ⟨a, um⟩ ADJ ||vicus|| Dorf..., auf den Dörfern herumziehend; **vicani sacerdotes** auf den Dörfern herumziehende Priester
B ⟨ī⟩ M Dorfbewohner

Vica Pota F altröm. Göttin des Sieges

vicāria ⟨ae⟩ F ||vicarius|| Stellvertreterin

vicārius
A ⟨a, um⟩ ADJ ||vicis|| stellvertretend, alicuius/alicuius rei für j-n/für etw; **operae nostrae vicaria fides amicorum** Verlässlichkeit der Freunde

stellvertretend für unsere eigene Bemühung
B ⟨ī⟩ M̄
1 Stellvertreter; Nachfolger, *alicuius* j-s, *alicuius rei* in etw
2 (nlat.) Vikar, *Stellvertreter in einem kirchlichen Amt*
vīcātim ADV ||vicus||
1 straßenweise, von Gasse zu Gasse
2 (nachkl.) in Einzelgehöften
vice, vicem
1 *bei Verben der Gemütsstimmung* wegen j-s/einer Sache, mit Rücksicht auf j-n/etw, *alicuius/alicuius rei*; **rei publicae vicem saepe hoc doleo** ich bedauere dies oft wegen des Staates
2 nach Art von j-m, wie jd/etw, *alicuius/alicuius rei*; **Sardanapali vicem mori** wie Sardanapal sterben
3 statt, anstatt, *alicuius/alicuius rei* j-s/einer Sache
vīcēnārius ⟨a, um⟩ ADJ ||viceni|| (vkl., nachkl.) zu zwanzig gehörig
vīcēnī ⟨ae, a⟩ NUM distr ||viginti||
1 je zwanzig
2 (nachkl.) poet zwanzig auf einmal
vīcēnsimānus ⟨ī⟩ M̄ = **vicesimanus**
vīcēnsimārius ⟨a, um⟩ ADJ = **vicesimarius**
vīcēnsimus ⟨a, um⟩ NUM ord = **vicesimus**
vicēs → **vicis**
vīcēsima ⟨ae⟩ F̄ ||vicesimus||
1 der zwanzigste Teil
2 Steuer von fünf Prozent; ~ **portorii** Abgabe von fünf Prozent als Aus- und Einfuhrzoll
vīcēsimānus ⟨ī⟩ M̄ ||vicesimus|| Soldat der 20. Legion
vīcēsimārius ⟨a, um⟩ ADJ ||vicesimus|| den zwanzigsten Teil betragend; **aurum vicesimarium** *Liv., Petr.* Steuer von fünf Prozent in Gold *auf den Wert eines Sklaven bei dessen Freilassung*
vīcēsimus ⟨a, um⟩ NUM ord ||viginti|| der zwanzigste; **annus ~** zwanzigste Jahr; **vicesima pars militum** *Nep.* der zwanzigste Teil an Soldaten
vīcessis ⟨vīcessis⟩ M̄ *Mart.* 20 As
vīcī → **vincere**
vicia ⟨ae⟩ F̄ ||vincire|| *Verg., Ov.* Wicke, *eine Kletterpflanze*
vīciē(n)s NUM ADV zwanzigmal; ~ **(centena milia)/HS vicies** zwei Millionen Sesterze
Vicilīnus ⟨a, um⟩ ADJ *Liv.* wachsam, *Beiname des Jupiter*
vīcīna ⟨ae⟩ F̄ ||vicinus|| Nachbarin
vīcīnālis ⟨vīcīnāle⟩ ADJ ||vicinus|| *Liv.* Nachbar..., nachbarlich
vīcīnia ⟨ae⟩ F̄ ||vicinus||
1 Nachbarschaft; *meton* die Nachbarn
2 *fig* Nähe
3 *fig* Ähnlichkeit

vīcīnitās ⟨vīcīnitātis⟩ F̄ ||vicinus||
1 Nachbarschaft; *meton* die Nachbarn
2 *meton* Umgebung
3 (nachkl.) *fig* Ähnlichkeit
vīcīnum ⟨ī⟩ N̄ ||vicinus|| Nachbarschaft, Nähe; *pl* nahe Gegend
vīcīnus
A ⟨a, um⟩ ADJ ||vicus||
1 (nachkl.) j-m/einer Sache benachbart, nahe, *alicui/alicui rei*; **funus vicinum** Totenfeier im Nachbarhaus
2 *zeitl.* nahe bevorstehend
B ⟨ī⟩ M̄ Nachbar
vicis SG (nom u. dat sg fehlen), ⟨ akk **vicem**, abl **vice**, nom u. akk pl **vices**, abl pl **vicibus**⟩ (gen u. dat fehlen) F̄
1 Abwechslung, Wechsel; *pl* Phasen, Reihenfolge; **vigilarum vices servare** abwechselnd den Wachdienst versehen; ~ **sermonum** Wechselgespräch; **nox peragit vicem** die Nacht vollzieht ihren Wechsel *mit dem Tag*; **vices mutare/peragere** sich verändern; **versā vice** umgekehrt; **alternā vice/per vices/in vicibus factis** abwechselnd, zur Abwechslung, einer nach dem anderen
2 Wechsel des Schicksals, Schicksal; *pl* Wechselfälle
3 *meton* Stelle; Aufgabe; **succedere in vicem/accedere ad vicem alicuius** an j-s Stelle treten; **vicem alicuius praestare** j-s Stelle vertreten; **sacram regiae vicem** Opfer, die zu den Aufgaben der Könige gehören; **vice alicuius fungi/vices alicuius exercere/vices alicuius defendere** j-s Dienst versehen, j-s Stelle vertreten; **vicem officii explere** der Pflicht genügen; **vicem veri obtinere** gleiche Wirkung wie die Wahrheit haben
4 (nachkl.) *poet* Entgegnung, Erwiderung, *alicuius rei* auf etw, für etw; **vicem/vices alicui reddere/referre/exsolvere** j-m Gleiches mit Gleichem vergelten, *alicuius rei* für etw; **plus vice simplici** in mehr als einfacher Vergeltung
5 in vicem abwechselnd, gegenseitig
vicissātim ADV ||vicissim|| *Plaut.* wiederum, andererseits
vicissim ADV ||vicis, dare||
1 wiederum, andererseits
2 abwechselnd; **homines ~ dormiunt et vigilant** die Menschen schlafen und wachen im Wechsel
vicissitūdō ⟨vicissitūdinis⟩ F̄ ||vicissim||
1 Wechsel, Gegenseitigkeit; ~ **imperitandi** Wechsel im Regieren
2 (mlat.) Vergeltung
victima ⟨ae⟩ F̄
1 Opfertier; *fig* Opfer, *alicuius* für j-n

2 (mlat.) Opferlamm

victimārius ⟨ī⟩ M ||victima|| (nachkl.) Opferdiener

victitāre ⟨ō, āvī, ātum 1.⟩ ||vivere|| sich nähren, **ficis** von Feigen; **bene libenter ~** gerne gut essen

victor ⟨victōris⟩ M ||vincere||
1 Sieger, Besieger, *absolut od alicuius* j-s *od über* j-n, *alicuius rei* in etw; *adj* siegreich; **~ bello/belli** Sieger in einem Krieg; **trium simul bellorum ~** *Liv.* Sieger dreier gleichzeitig stattfindender Kriege; **victorem discedere ex pugna/existere in proelio** als Sieger aus einer Schlacht hervorgehen; **currus ~** Triumphwagen
2 *fig* Überwinder; **~ propositi** der seinen Wunsch erfüllt sieht

victōria ⟨ae⟩ F ||victor||
1 Sieg, *alicuius rei* in etw, *alicuius* j-s *od über* j-n, *de aliquo/ex aliquo* über j-n; **~ Olympiorum** Sieg bei den Olympischen Spielen; **victoriam reportare ab aliquo/referre ex aliquo** den Sieg über j-n davontragen
2 *Curt. fig* Siegesruhm
▶ englisch: **victory**
französisch: **victoire**
spanisch: **victoria**
italienisch: **vittoria**

Victōria ⟨ae⟩ F Siegesgöttin, *griech.* Nike

victōriātus
A ⟨a, um⟩ ADJ ||victoria|| mit dem Bild der Victoria versehen
B ⟨ī⟩ M Victoriamünze, halber Denar

Victōriola ⟨ae⟩ F ||Victoria|| kleine Victoria, Nikestatuette

victōriōsus ⟨a, um⟩ ADJ ||victoria|| (vkl., nachkl.) siegreich

victrīx ⟨victrīcis⟩ F ||victor|| Siegerin, Besiegerin, *alicuius* j-s, *über* j-n; *adj* siegreich, den Sieg meldend; **Graecia ~** siegreiche Griechenland
⚠ **Victrix causa diis placuit, sed victa Catonis.** *Lucanus* Den Göttern gefiel die siegreiche Sache, Cato die besiegte.

victuālia ⟨victuālium⟩ N ||victualis|| (spätl.) Lebensmittel

victuālis ⟨victuāle⟩ ADJ ||victus|| (nachkl.) zum Lebensunterhalt gehörig

victuma ⟨ae⟩ F *Plaut.* = **victima**

victūrus ⟨a, um⟩ PART *fut* → **vivere**

victus¹ ⟨a, um⟩ PPP → **vincere**

victus² ⟨ūs⟩ M ||vivere||
1 Lebensunterhalt, Nahrung; **~ cotidianus** tägliche Nahrung
2 Lebensweise, Leben; **victūs parsimonia** sparsame Lebensweise; **~ Persarum** Lebensweise der Perser

vīculus ⟨ī⟩ M ||vicus|| kleines Dorf

vīcus ⟨ī⟩ M
1 Dorf; Gehöft
2 Stadtteil; Straße

vid. Abk (mlat.) = **vide/videatur** siehe, *als Verweis in Büchern u. Ä*

vidē-licet ||video, licet||
A (vkl.) es ist offensichtlich, +AcI
B ADV
1 offenbar, selbstverständlich, *oft iron*
2 erklärend nämlich

---

vidēre ⟨video, vīdī, vīsum 2.⟩

A absolut
1 sehen, sehen können
2 die Augen offen haben, erwacht sein
B transitives Verb
1 sehen, wahrnehmen
2 wieder sehen
3 als Augenzeuge sehen, erleben
4 besuchen, aufsuchen
5 sich nach etw umsehen
6 einsehen
7 überlegen, bedenken
8 zusehen, darauf achten
9 besorgen
10 im Auge haben, beabsichtigen
11 anschauen, betrachten
12 zuschauen, Zuschauer sein
13 als Vorbild ansehen

— **A** absolut —

absolut
1 sehen, sehen können; **sensus videndi et audiendi** Gesichtssinn und Hörsinn; **acriter ~** scharf sehen
2 *Verg.* die Augen offen haben, erwacht sein

— **B** transitives Verb —

VT
1 sehen, wahrnehmen, *auch* hören; **urbem ex eo loco ~** die Stadt von dieser Stelle aus sehen; **videres** man hätte sehen können; **mugire videbis terram** du wirst die Erde dröhnen hören
2 wieder sehen, **patriam** die Heimat
3 als Augenzeuge sehen, erleben
4 besuchen, aufsuchen
5 sich nach *etw* umsehen, *etw* ausfindig machen, *aliquid*; **sibi ~ locum** sich nach einem Platz für sich umsehen
6 *geistig* einsehen, begreifen, *auch* wissen, *aliquid* etw, +AcI/+indir Fragesatz; **plus ~ in re** in einer Sache tiefer sehen, in einer Sache weiter sehen; **plus ~ in re publica** tiefere Einsicht als Staatsmann haben
7 überlegen, bedenken, *aliquid* etw, +indir Frage-

satz; **illud ipse videris** musst du selbst bedenken; **viderint Stoici** mögen die Stoiker entscheiden, Ist Sache der Stoiker

8 zusehen, darauf achten, sich hüten, *ut/ne* dass/dass nicht, +*konjt*; **vide scribas** achte darauf, dass du schreibst; **vide/videte, ne** *auch ob* vielleicht; **vide, ne nulla sit divinatio** es gibt schwerlich eine Sehergabe; **videte, ut sit necesse** es ist schwerlich nötig; **videant consules, ne quid detrimenti res publica capiat** *Formel des senatūs consultum ultimum, durch die der Senat den Konsuln bei Notstand außerordentliche Vollmachten erteilte*

9 *etw* besorgen, *etw* ausfindig machen, *alicui aliquid* j-m etw

10 im Auge haben, beabsichtigen; **vidit aliud** er hat andere Absichten

11 anschauen, betrachten; **eum videre non possum** ich kann ihn nicht anschauen, ich kann ihn nicht ausstehen

12 zuschauen, Zuschauer sein; **qui visum processerant** die erschienen waren um sich den Kampf mit anzusehen

13 j-n als Vorbild ansehen, j-s Beispiel folgen, *aliquem*

▶ *deutsch:* Video...

vidērī ⟨videor, vīsus sum 2.⟩ ||videre||

1 gesehen werden, sichtbar werden
2 scheinen

1 gesehen werden, sich zeigen; **flamma ab oppidanis est visa** Feuer ist von den Stadtbewohnern gesehen worden; **videndus** sichtbar; **rex videtur usus esse misericordiā** der König hat offensichtlich Mitleid gehabt

2 *etw* scheinen, für *etw* gehalten werden, *alicui* j-m, von j-m, +*Prädikatsnomen im nom*, +*NcI*; **poena mihi levis est visa** mir schien die Strafe milde; **hostes flumen videntur traicere** die Feinde scheinen den Fluss zu überqueren

3 (**mihi**) **videor** ich glaube (von mir), ich denke, +*NcI*; **satis de hac re dixisse mihi videor** ich denke, ich habe genug über diese Sache gesprochen; **iure sumere videmur** wir können wohl mit Recht annehmen; **hoc de te sperare non videor** das darf ich wohl von dir nicht hoffen

4 **alicui videtur** es scheint j-m richtig, j-d beschließt, +*inf*/+*AcI*; **senatui visum est legatos mittere** der Senat beschloss Gesandte zu schicken; **si videtur** wenn es beliebt

vīdī → videre

vidua ⟨ae⟩ F̲
1 Witwe
2 (*unkl.*) geschiedene Frau; *adj* geschieden, ohne Mann; **~ viro** vom Mann geschiedene Frau

viduāre ⟨ō, āvī, ātum 1.⟩ ||vidual||
1 zur Witwe machen
2 *fig* berauben, *aliquid re* etw einer Sache; **urbem civibus ~** die Stadt der Bürger berauben

viduitās ⟨viduitātis⟩ F̲ ||viduus||
1 Witwenstand
2 *Plaut.* Mangel, *alicuius rei* an etw, **copiarum** an Vorräten

vīdulus ⟨ī⟩ M̲ *Plaut.* Reisekorb; Fischkorb

viduus ⟨a, um⟩ A̲D̲J̲ ||vidual|| (*nachkl.*)
1 verwitwet
2 unverheiratet, ledig
3 *fig* ohne Geliebte, ohne Geliebten; **viduae noctes** einsame Nächte
4 *einer Sache* beraubt, ohne *etw*, *re/alicuius rei/a re*; **~ pharetrā** *Hor.* des Köchers beraubt

viella ⟨ae⟩ F̲ (*mlat.*) Geige

Vienna ⟨ae⟩ F̲ Hauptstadt der Allobroger, heute Vienne

Viennēnsis ⟨Viennēnse⟩ A̲D̲J̲ aus Vienna, von Vienna

Viennēnsis ⟨Viennēnsis⟩ M̲ Einwohner von Vienna

viēre ⟨eō, -, ētum 2.⟩ (*vkl., spätl.*) flechten, binden

viētus ⟨a, um⟩ A̲D̲J̲ welk, geschrumpft; **cor aliquo morbo vietum** *Cic.* durch eine Krankheit geschrumpftes Herz

vigēre ⟨eō, uī, - 2.⟩
1 frisch sein, stark sein; **nobis aetas viget** wir stehen in der Blüte der Jahre; **~ memoriā** im Vollbesitz des Gedächtnisses sein; **~ animo** frischen Mut haben
2 *fig* Ansehen genießen; herrschen; **philosophia contentionibus doctissimorum viget** die Philosophie steht durch die Bemühungen der gelehrtesten Männer in Ansehen

vigēscere ⟨ēscō, -, - 3.⟩ ||vigere|| *poet* erstarken, lebhaft werden

vīgēsimus ⟨a, um⟩ N̲U̲M̲ *ord* = vicesimus

vīgessis ⟨vīgessis⟩ M̲ *Mart.* = vicessis

vigil
A ⟨vigilis⟩ A̲D̲J̲ ||vigere|| (*nachkl.*) wach; *fig* wachsam; **canes vigiles** *Hor.* wachsame Hunde; **ignis ~** *Verg.* immer brennendes Feuer; **~ lucerna** Nachtlicht
B ⟨vigilis⟩ M̲ Wächter; *pl* Nacht- und Feuerpolizei *in Rom, von Augustus eingerichtet*

vigilāns ⟨vigilantis, *adv* vigilanter⟩ A̲D̲J̲ ||vigilare||
1 wachend, wach
2 *fig* wachsam; aufmerksam, fürsorglich; **vigilanter administrare provinciam** sorgfältig eine Provinz verwalten

vigilantia ⟨ae⟩ F ||vigilans|| Wachsamkeit; unermüdliche Fürsorge

vigilāre ⟨ō, āvī, ātum 1.⟩ ||vigil||
A VI
1 wachen, wach bleiben
2 *fig* wachsam sein, unermüdlich sorgen
B VT
1 *eine Zeit* durchwachen, **noctes** Nächte
2 wachend verrichten, wachend zustande bringen; **vigilatum carmen** *Ov.* ein in durchwachter Nacht verfasstes Gedicht

vigilāx ⟨vigilācis⟩ ADJ ||vigilare|| (*nachkl.*) *poet* immer wach

vigilia ⟨ae⟩ F ||vigil||
1 Wachen, Nachtwache; *pl* durchwachte Nächte
2 MIL Wachestehen *der Soldaten*; Wache; **vigilias agere** Wache halten
3 (Zeit der) Nachtwache, *bei den Römern wurde die Nacht in vier Nachtwachen eingeteilt, deren Länge nach den Jahreszeiten verschieden war*; **prima ~** Zeit der ersten Nachtwache
4 Wachposten, Wachmannschaft; **vigilias pōnere** Wachen aufstellen; **vigilias circuire** bei den Wachen die Runde machen
5 *fig* Wachsamkeit, Fürsorge
6 *meton* Posten, Amt
7 *Plaut.* nächtliche Feier
8 (*mlat.*) Vigil, Vortag hoher katholischer Feste

vigiliārium ⟨ī⟩ N ||vigilia|| *Sen.* Wächterhäuschen

vī-gintī *indekl* NUM *card* zwanzig

vīgintīvirātus ⟨vīgintīvirātūs⟩ M ||vigintiviri|| Kollegium der Zwanzigmänner, Amt der Zwanzigmänner, *unter Caesars Konsulat Kommission zur Ackerverteilung an ausgediente Soldaten*; *Tac.* Gesamtname für vier städtische Unterbehörden

vīgintī-virī ⟨ōrum⟩ M Kollegium von zwanzig Männern

vigor ⟨vigōris⟩ M ||vigere|| (*nachkl.*) *poet* Lebenskraft, Spannkraft, Energie

vīlica ⟨ae⟩ F ||vilicus|| (*nachkl.*) *poet* Verwalterin, Frau eines Verwalters

vīlicāre ⟨ō, āvī, ātum 1.⟩ ||vilicus|| Verwalter sein

vīlicus ⟨ī⟩ M ||villa|| Verwalter

vīlis ⟨vīle, *adv* vīliter⟩ ADJ
1 *Plaut.* wert; **istuc verbum vile est viginti minis** dieses Wort ist zwanzig Minen wert
2 *fig* wertlos, *alicui* für j-n; verachtet; **aliquid vile/inter vilia habere** etw verachten
3 *fig* überall zu haben

vīlitās ⟨vīlitātis⟩ F ||vilis||
1 niedriger Preis; **annus in vilitate est** in diesem Jahr ist alles billig; **in summa vilitate** bei den niedrigsten Preisen
2 *fig* schändliche Preisgabe
3 *fig* Wertlosigkeit; Geringschätzung; **ad vilitatem sui pervenire** sich selbst verächtlich werden

vīlla ⟨ae⟩ F
1 Landhaus, Landgut; **~ publica** „Stadthaus", öffentliches Amtsgebäude auf dem Marsfeld
2 (*mlat.*) Dorf, Stadt
▷ deutsch: Villa
  englisch: villa
  französisch: ville
  spanisch: villa
  italienisch: villa

vīllic... = **vilic...**

vīllōsus ⟨a, um⟩ ADJ ||villus|| (*nachkl.*) zottig, rau; **villosae ursae** *Ov.* zottige Bärinnen

vīllula ⟨ae⟩ F ||villa|| kleines Landgut

vīllum ⟨ī⟩ N ||vinum|| ein wenig Wein

villus ⟨ī⟩ M ||vinum|| zottiges Haar *der Tiere*

vīmen ⟨vīminis⟩ N ||viere||
1 (*unkl.*) Weidenrute; *pl* Weidengebüsch; *meton* Flechtwerk
2 *fig* geflochtener Korb; **~ quernum** aus Eichenzweigen geflochtenes Milchsieb

vīmentum ⟨ī⟩ N ||viere|| Flechtwerk, Reisigbündel

Vīminālis collis M ||vimen|| einer der sieben Hügel Roms zwischen Quirinal u. Esquilin

vīmineus ⟨a, um⟩ ADJ ||vimen|| aus Flechtwerk

vīn' = **visne**; → **velle**

vīnāceus ⟨ī⟩ M ||vinum|| Kern der Weinbeere

Vīnālia ⟨Vīnālium *u.* ōrum⟩ N ||vinum|| Weinfest *in Rom mit Ausschank des neuen Weines, am 22. April zu Ehren der Venus, am 19. August zu Ehren des Jupiter*

vīnārium ⟨ī⟩ N ||vinarius|| (*unkl.*) Weinkrug

vīnārius
A ⟨a, um⟩ ADJ ||vinum|| Wein...; **vinarium vas** Weinglas; **crimen vinarium** Verstoß gegen den Weinzoll
B ⟨ī⟩ M (*vkl., nachkl.*) Weinhändler

vincere ⟨vincō, vīcī, victum 3.⟩
A intransitives Verb
1 Sieger sein
2 sich mit seiner Meinung durchsetzen
3 im Vorteil sein
B transitives Verb
1 besiegen, überwinden
2 überbieten
3 überstimmen
4 umstimmen, erweichen
5 übertreffen, übersteigen
6 überzeugend darstellen

villa – Landhaus und Luxusvilla

In der späten Republik und in der Kaiserzeit bezeichnete **villa** ein landwirtschaftlich genutztes Gut (**villa rustica**) oder auch ein luxuriöses Landhaus zur Erholung reicher Stadtbewohner (**villa suburbana**). Eine **villa rustica** bestand in der Regel aus einem Hauptgebäude und mehreren Neben- bzw. Wirtschaftsgebäuden, die innerhalb eines gemauerten Hofs lagen. Die Hausherren (**vilicus** und **vilica**) wohnten im Hauptgebäude und verfügten über städtische Annehmlichkeiten wie z.B. mehrere Wohn- und Arbeitsräume, Mosaiken und beheizbare Baderäume. Die Vorderseite des Haupthauses bestand aus einem Säulengang (**porticus**). Sklaven und Freigelassene (**familia rustica**) verrichteten die je nach Jahreszeit anfallende Arbeit auf den Feldern; das Grundstück bezeichnete man als **fundus** oder **praedium**.

RÖMISCHES LEBEN

— **A intransitives Verb** —

V/i

1 siegen, Sieger sein, *re/in re* in etw; **vincentes** die Sieger; **Olympiā ~** bei den Olympischen Spielen siegen; **causam/iudicio/causā/sponsione ~** den Prozess gewinnen; **vicisti** du hast Recht; **viceris** zu sollst deinen Willen haben; **vincite** ihr sollt Recht haben
2 *bei Meinungsverschiedenheiten* sich mit seiner Meinung durchsetzen, gewinnen; **ea sententia vicit** diese Meinung setzte sich durch
3 im Vorteil sein, *re* durch etw, in etw, bei etw

— **B transitives Verb** —

V/t

1 besiegen, überwinden; **hostes proelio ~** die Feinde in der Schlacht besiegen; **saecula ~** Jahrhunderte überleben; **tubas ~** die Trompeten übertönen; **fata vivendo ~** länger leben, als man sollte; **viscera flammā ~** die Eingeweide verbrennen; **silentium ~** Schweigen brechen
2 *bei Auktionen* überbieten
3 (*nachkl.*) *bei Abstimmungen* überstimmen
4 *fig* umstimmen, **aliquem** j-n; dazu bewegen, **ut**
5 *fig* übertreffen, übersteigen; **aliquem eloquentiā ~** j-n an Beredsamkeit übertreffen; **praeterita ~** alles Dagewesene überbieten
6 *fig* überzeugend darstellen, *meist* +AcI/+indir Fragesatz, **ut** dass

🔴 **Vae victis!** *Liv.* Wehe den Besiegten!

vincibilis ⟨vincibile⟩ ADJ ‖vincere‖ (*nachkl.*) *poet* leicht zu gewinnen, gerecht; **causa ~** leicht zu

gewinnender Prozess

vincīre ⟨vinciō, vinxī, vinctum 4.⟩
1. fesseln, binden, *aliquem/aliquid re* etw mit etw, **captivum catenis** den Gefangenen mit Ketten
2. festbinden, anbinden, *aliquid re* etw mit etw, *aliquid alicui rei* etw an etw
3. bekränzen, umgeben
4. *fig* (zur Treue/zur Dankbarkeit) verpflichten, **animum alicuius donis** j-n mit Geschenken
5. *fig* bezaubern
6. RHET verbinden, **sententias** Sätze
7. *fig* hemmen, einschränken; **linguam** ~ die Zunge lähmen

vinclum ⟨ī⟩ N = vinculum

vinctus ⟨a, um⟩ PPP → vincire

vinculum ⟨ī⟩ N ||vincire||
1. Fessel, Schnur; ~ **galeae** Helmband
2. PL Fesseln; *pl meton* Gefängnis; **demere alicui vincula** j-m die Fesseln abnehmen; **rumpere vincula** fliehen; **ex vinculis causam dicere** sich gefesselt vor Gericht verantworten; **aliquem in vincula conicere** j-n ins Gefängnis werfen
3. *Tib.* mit Riemen befestigte Sandale, Schuh
4. *fig* Hindernis, Schranke; **vincula fugae** was von der Flucht abhält
5. *fig* vereinigendes Band, Bindemittel; *pl* Umarmungen; ~ **amicitiae** Beweggrund zur Freundschaft; ~ **legis** Stütze des Gesetzes; ~ **iugale** Band der Ehe; **vincula sanguinis** Blutsbande

Vindelicī ⟨ōrum⟩ M kelt. Volk um Wertach u. Lech, Hauptstadt Augusta Vindelicorum, heute Augsburg

vīn-dēmia ⟨ae⟩ F ||vinum, demere|| (*nachkl.*) *poet* Weinlese; *meton* Herbst

vīndēmiātor ⟨vīndēmiātōris⟩ M ||vindimia|| Winzer, auch als Stern im Sternbild der Jungfrau

vīndēmiolae ⟨ārum⟩ F ||vindemia|| geringe Weinlese, *fig* geringe Einkünfte

vīndēmitor ⟨vīndēmitōris⟩ M = **vindemiator**

vindex ⟨vindicis⟩ M u. F
1. Rechtsbeistand; Bürge vor Gericht
2. Verteidiger, Verteidigerin, Retter, Retterin, *alicuius/alicuius rei* j-s/einer Sache od gegen j-n/ gegen etw; *adj* schützend; ~ **aeris alieni** Beschützer der Gläubiger; ~ **iniuriae** Verteidiger gegen Unrecht; ~ **periculi** Retter in Gefahr, Retter aus Gefahr
3. Rächer, Rächerin, Bestrafer, Bestraferin; *adj* rächend, strafend

vindicāre ⟨ō, āvī, ātum 1.⟩ ||vindex||
1. gerichtlich beanspruchen; **sponsam in libertatem** ~ fordern, dass die Braut frei bleibe
2. *allg.* beanspruchen, sich anmaßen; **Chii Homerum suum vindicant** die Chier beanspruchen Homer für sich; **antiquam faciem** ~ sein früheres Aussehen wiederherstellen
3. einen Unfreien frei machen, in Freiheit setzen
4. sichern, beschützen, *aliquem/aliquid ab re/ex re* j-n/etw vor etw, j-n/etw gegen etw; **se ad aliquem** ~ seine Verpflichtungen j-m gegenüber erfüllen
5. strafend einschreiten gegen *j-n*, *j-n* bestrafen, *in aliquem*; **in socios severe/graviter** ~ streng gegen die Bundesgenossen verfahren
6. bestrafen, rächen, *auch* verbieten, *aliquid* etw
7. tadeln, *aliquid in aliquo* etw an j-m
8. (*nachkl.*) **se** ~ sich rächen, *ab aliquo/de aliquo* an j-m

vindicātiō ⟨vindicātiōnis⟩ F ||vindicare||
1. JUR Eigentumsrecht
2. Notwehr

vindiciae ⟨ārum⟩ F ||vindex|| JUR vor Gericht geltend gemachter Rechtsanspruch, gerichtliche Beanspruchung eines Gegenstandes; **vindicias dare/decernere secundum libertatem** vom Richter die vorläufige Freisprechung festsetzen; **vindicias dare/decernere secundum servitutem** vorläufig die Freiheit aberkennen, vorläufig für unfrei erklären

vindicta ⟨ae⟩ F ||vindex||
1. Freilassung eines Sklaven
2. Befreiung, *alicuius rei* einer Sache od von etw
3. *meton* Stab, mit dem der Sklave berührt u. damit in die Freiheit entlassen wurde
4. (*nachkl.*) *poet* Rache, Strafe

Vindobona ⟨ae⟩ F röm. Grenzfestung vor Carnuntum in Oberpannonien, heute Wien

Vindonissa ⟨ae⟩ F röm. Heerlager an der Reuß, heute Windisch, nw. von Zürich

vīnea ⟨ae⟩ F ||vinum||
1. Weinstock
2. Weinberg, Weingarten, Weinlaube
3. MIL Schutzdach, nach Art einer Weinlaube gebaut u. als Schutz der Belagerer dienend

vīnētum ⟨ī⟩ N ||vinum||
1. Weinberg, Weingarten
2. **vineta sua caedere** Hor. sich ins eigene Fleisch schneiden

vīnitor ⟨vīnitōris⟩ M ||vinum|| Winzer

vinnulus ⟨a, um⟩ ADJ *Plaut.* lieblich, süß

vīnolentia ⟨ae⟩ F ||vinolentus||
1. Trunkenheit
2. Trunksucht

vīnolentus
A ⟨a, um⟩ ADJ ||vinum||
1. betrunken
2. trunksüchtig
3. mit Wein zubereitet
B ⟨ī⟩ M Trinker

vīnōsus ⟨a, um⟩ ADJ ||vinum||

1 (nachkl.) voll Wein, betrunken
2 trunksüchtig; **convivium vinosum** Gelage, bei dem viel Wein getrunken wird
3 weinartig, weinhaltig

vīnul... = **vinol...**

vīnum ⟨ī⟩ N̄
1 Wein; *pl* Weinsorten; **levia vina** leichte Weinsorten
2 Weintrinken; **se vino dare** *Nep.* sich dem Weingenuss hingeben; **in vino/ad vinum/ per vinum/inter vinum** beim Wein; **homo nimii vini** Trinker
3 (vkl.) Weintrauben, Weinstöcke
▶ deutsch: Wein
englisch: wine
französisch: vin
spanisch: vino
italienisch: vino

vinxī → **vincire**
viola¹ ⟨ae⟩ F̄
1 Veilchen, *auch* Levkoje
2 *meton* Veilchenfarbe, Violett; **pallor violā tinctus** Veilchenblässe
viola² ⟨ae⟩ F̄ (mlat.) Viola, Bratsche
violābilis ⟨violābile⟩ ADJ ||violare|| verletzbar; **numen violabile** verletzliche Gottheit
violāceus ⟨a, um⟩ ADJ ||viola¹|| (nachkl.) violett
violāre ⟨ō, āvī, ātum 1.⟩
1 misshandeln, verletzen; **ebur sangineo ostro ~** Elfenbein mit blutrotem Purpur färben
2 verheeren, verwüsten
3 vergewaltigen
4 *fig* entweihen; *Verträge od Versprechen* brechen; **foedus ~** einen Vertrag brechen
5 *fig* beleidigen
violārium ⟨ī⟩ N̄ ||viola¹|| (unkl.) Veilchenbeet
violārius ⟨ī⟩ M̄ ||viola¹|| *Plaut.* Violettfärber
violātiō ⟨violātiōnis⟩ F̄ ||violare|| (nachkl.) Verletzung, Schändung; **~ templi** Tempelschändung
violātor¹ ⟨violātōris⟩ M̄ ||violare|| (nachkl.) *poet* Verletzer, Schänder; **~ templi** *Ov.* Tempelschänder
violātor² ⟨violātoris⟩ M̄ ||violo²|| (mlat.) Violaspieler
violēns ⟨violentis, *adv* violenter⟩ ADJ = **violentus**
violentia ⟨ae⟩ F̄ ||violentus|| Gewalttätigkeit; Wildheit; **~ hiemis** Härte des Winters; **Rhenus servat violentiam cursūs** *Tac.* der Rhein bewahrt Ungestüm seines Laufs
violentus ⟨a, um⟩ ADJ ||violare|| gewalttätig, wild; **homo ~** gewalttätiger Mensch; **violentum est** es ist übertrieben, +*inf*
vīpera ⟨ae⟩ F̄ ||vivus, parere|| Viper, Schlange

vīpereus ⟨a, um⟩ ADJ ||vipera||
1 Schlangen..., schlangenartig; **vipereum venenum** Schlangengift; **pennae vipereae** geflügelte Schlangen; **vipereum monstrum** schlangenhaariges Ungeheuer, = Medusa; **vipereae sorores** schlangenhaarige Schwestern, = Furien; **canis ~** schlangenhaariger Hund, = Zerberus
2 giftig; **anima viperea** Gifthauch
vīperīnus ⟨a, um⟩ ADJ = **vipereus**
Vīpsānius ⟨a, um⟩ *röm. Gentilname*; → Agrippa
vir ⟨virī⟩ M̄
1 Mann, erwachsener Mann
2 tüchtiger Mann, Held
3 (nachkl.) Ehemann; Liebhaber
4 Mann; *meton* Manneskraft
5 MIL (einfacher) Soldat; *pl* Fußvolk, Infanterie; **quinque milia virum** fünftausend Mann
6 P̄L Menschen, ↔ *Götter u. Tiere*; Leute
7 der Einzelne, jeder Einzelne; **vir virum legit** jeder suchte sich einen Mann aus
8 (mlat.) *als Anrede* Herr; **vir episcope** Herr Bischof
virāgō ⟨virāginis⟩ F̄ ||vir|| *poet* Heldenjungfrau, Heldin
Virbius ⟨ī⟩ M̄
1 *Beiname des Hippolytos*
2 *Sohn des Hippolytos*
virectum ⟨ī⟩ N̄ ||virere|| Grün, **nemorum** der Wälder
virēns ⟨virentis⟩ ADJ = **viridis**
virēre ⟨eō, uī, - 2.⟩
1 grünen, grün sein
2 (nachkl.) *fig* frisch sein, kräftig sein
vīrēs ⟨vīrium⟩ F̄ → **vis**¹
virēscere ⟨virēscō, viruī, - 3.⟩ ||virere|| (nachkl.) *poet* grün werden, sprießen
virētum ⟨ī⟩ N̄ = **virectum**
virga ⟨ae⟩ F̄
1 (unkl.) Zweig, Rute, Gerte
2 Pfropfreis, Setzling; **pinea ~** Pinienzweig
3 Rute *zum Schlagen*
4 Stab *im Bündel der Liktoren, Symbol der Autorität u. Macht*
5 P̄L *meton* Stockschläge, Geißelung
6 *Ov.* Besen
7 Linie *im Stammbaum*
8 *Ov.* farbiger Streifen *an einem Kleid*; **purpureae virgae** purpurfarbene Streifen
9 (spätl.) männliches Glied
10 (mlat.) Bischofsstab
virgātor ⟨virgātōris⟩ M̄ ||virga|| *Plaut.* „Prügelmeister"
virgātus ⟨a, um⟩ ADJ ||virga||
1 *Catul.* aus Ruten geflochten

VIRG 1024

2 *Verg.* mit Streifen versehen

virgētum ⟨ī⟩ N ||virga|| Weidengebüsch

virgeus ⟨a, um⟩ ADJ ||virga|| aus Reisig, von Reisig; **flamma virgea** Reisigfeuer

virgidēmia ⟨ae⟩ F ||virga|| *Plaut.* Schläge

Virgilius ⟨ī⟩ M (*spätl.*) = **Vergilius**

virginale ⟨virginālis⟩ N ||virginalis|| jungfräuliche Scham

virginālis ⟨virgināle⟩ ADJ ||virgo|| jungfräulich, mädchenhaft

virginārius ⟨a, um⟩ ADJ ||virgo|| *Plaut.* Jungfrauen…, Mädchen…; **feles ~** Mädchenräuber

Virginēsvendōnidēs ⟨ae⟩ M ||virgines, vendere|| *Plaut.* Mädchenhändler

virgineus ⟨a, um⟩ ADJ ||virgo||

1 jungfräulich, mädchenhaft; **pudor ~** jungfräuliche Schamhaftigkeit; **virginea sagitta** Pfeil der jungfräulichen Diana; **virginea ara** Altar der Vesta

2 aus der Aqua Virgo *in Rom, der von M. Agrippa angelegten Wasserleitung, heute Fontana di Trevi*

Virginia ⟨ae⟩ F = **Verginia**; → Verginius

virginitās ⟨virginitātis⟩ F ||virgo|| Jungfräulichkeit

Virginius ⟨a, um⟩ *röm. Gentilname* = **Verginius**

virgō ⟨virginis⟩ F

1 Jungfrau, *auch als Sternbild*; Mädchen; *adj* jungfräulich, unverheiratet; **~ regia** Prinzessin; **dea ~** jungfräuliche Göttin, = Diana

2 junge Frau

3 (*nachkl.*) **Aqua Virgo** → virgineus

4 charta ~ *Mart.* noch nicht herausgegebene Schrift

virgula ⟨ae⟩ F ||virga||

1 Zweiglein

2 Stäbchen; **~ divina** Wünschelrute; **~ censoria** *Quint.* Strich *zum Anmerken der Unechtheit bei einem Wort od Vers*

virgultum ⟨ī⟩ N ||virgula||

1 *meist pl* Buschwerk

2 *Verg.* Setzling

virguncula ⟨ae⟩ F ||virgo|| (*nachkl.*) Mädchen

Viriāt(h)us ⟨ī⟩ M Anführer der Lusitanier gegen Rom, 139 v. Chr. ermordet

viridāre ⟨ō, -, - 1.⟩ ||viridis||

A VI grünen; **viridantes herbae** grüne Gräser

B VT grün machen; *passiv* grün werden

viridārium ⟨ī⟩ N ||viridis|| Park

viride ⟨is⟩ N ||viridis||

1 Grün

2 (*mlat.*) grünes Tuch

3 ~ Hispanum (*mlat.*) Grünspan, *da zuerst in Spanien künstlich hergestellt u. von dort exportiert*

viridiārium ⟨ī⟩ N = **viridarium**

viridis ⟨viride⟩ ADJ ||virere||

1 grün, grünlich; **ripa ~** grünes Ufer; **~ avis** Papagei

2 (*nachkl.*) *poet* grasreich, baumreich

3 *fig* jugendlich, frisch; **aetas ~** Jugend

viriditās ⟨viriditātis⟩ F ||viridis||

1 Grün

2 *fig* Jugendfrische, Rüstigkeit

virīlis ⟨virīle, *adv* virīliter⟩ ADJ ||vir||

1 dem Mann eigen, männlich; **sexus ~** männliches Geschlecht; **partes viriles** *Hor.* männliche Rollen

2 persönlich; **pars ~** persönlicher Teil; **pro virili parte** nach Kräften

3 eines Mannes würdig

4 GRAM männlich, maskulin

virīlitās ⟨virīlitātis⟩ F ||virilis|| (*nachkl.*)

1 Mannesalter

2 Zeugungsfähigkeit

3 männliche Kraft

vīri-potēns ⟨viripotentis⟩ ADJ ||vires|| *Plaut.* mächtig, *Beiname des Jupiter*

virītim ADV ||vir||

1 Mann für Mann, einzeln; **agros ~ dividere civibus** die Felder einzeln an die Bürger verteilen

2 (*nachkl.*) Mann gegen Mann; **~ dimicare** *Curt.* Mann gegen Mann kämpfen

viror ⟨virōris⟩ M ||virere||

1 (*nachkl.*) frische Grün

2 (*mlat.*) Lebenskraft

virōsus¹ ⟨a, um⟩ ADJ ||vir|| (*vkl., nachkl.*) mannstoll

virōsus² ⟨a, um⟩ ADJ ||virus|| *Verg.* übel riechend, stinkend

virtuosus ⟨a, um⟩ ADJ (*mlat.*)

1 tugendhaft

2 wundertätig

virtūs ⟨virtūtis⟩ F ||vir||

1 Mannhaftigkeit, Tatkraft

2 Tapferkeit, Mut, *alicuius* j-s, *alicuius rei* in etw, **rei militaris** im Kriegsdienst

3 PL *meton* Heldentaten

4 Tüchtigkeit, Verdienst; *pl* Vorzüge, *auch von Tieren u. Leblosem*; **virtutes herbarum** die Vorzüge der Kräuter

5 Tugend; Ehrenhaftigkeit

6 PL (*mlat.*) Wundertaten

⚠ **Virtus post nummos.** *Hor.* Die Tugend kommt nach dem Geld. *Der Schriftsteller Bertolt Brecht formulierte im 20. Jahrhundert etwas drastischer: Erst kommt das Fressen, dann die Moral.*

Virtūs ⟨Virtūtis⟩ F Göttin der Tapferkeit im Krieg

viruī → virere *u.* → virescere

vīrulentus ⟨a, um⟩ ADJ ||virus|| (*nachkl.*) giftig, *auch fig*; **serpens virulenta** Giftschlange

▶ deutsch: **virulent**

vīrus ⟨ī⟩ N̄, (klass.) nur nom u. akk S̄G
① Schleim
② Gift; *fig* Geifer; **~ acerbitatis** Geifer der Bitterkeit
③ (*nachkl.*) *poet* salziger Geschmack *des Meerwassers*

vīs[1] ⟨*akk* vim, *abl* vī f, *pl* vīrēs, vīrium⟩
① Kraft, Gewalt; **summā vi** mit der größten Anstrengung
② *poet* Tatkraft, Mut
③ *feindlich* Waffengewalt, Angriff; **urbem vi/per vim expugnare** die Stadt im Sturm erobern
④ Gewalttat, Vergewaltigung; **vim facere** Gewalt anwenden; **vim facere per aliquid** etw gewaltsam durchbrechen; **alicui vim afferre/inferre/adhibere/facere** j-m Gewalt antun; **vi/per vim** gewaltsam, *auch* gezwungen
⑤ Bedrängnis
⑥ *fig* Einfluss, Wirksamkeit; **maximam vim habere ad aliquid** den größten Einfluss auf etw haben; **vis veneni** Wirksamkeit des Giftes
⑦ *fig* Inhalt, Bedeutung; **natura atque vis** Natur und Wesen; **vis verbi** Sinn eines Wortes
⑧ Menge, Masse; **vis lacrimarum** Tränenstrom; **vis auri** eine Menge Gold
⑨ Zeugungskraft; **vis genitalis** männlicher Same
⑩ PL Körperkräfte, Stärke; **vires herbarum** die Kräfte der Kräuter
⑪ PL *fig* Kräfte, Mittel; **pro viribus** nach Kräften
⑫ PL MIL Truppen, Heer; **satis virium habere** genügend Truppen haben
⑬ PL geistige Kräfte, Fähigkeiten
🛑 **Ut desint vires, tamen est laudanda voluntas.** Auch wenn die Kräfte fehlen, muss die Absicht gelobt werden.

vīs[2] ||velle|| du willst; **qui-vis** jeder, den du willst
viscāre ⟨ō, āvī, ātum 1.⟩ ||viscatus|| mit Vogelleim bestreichen
viscātus ⟨a, um⟩ ADJ ||viscum|| mit Vogelleim bestrichen; *fig* lockend; **ista viscata beneficia** *Sen.* diese lockenden Wohltaten
viscerātim ADV ||viscus²|| (*vkl.*) stückweise
viscerātiō ⟨viscerātiōnis⟩ F ||viscus²||
① Fleischspende *an das Volk*
② *Sen.* Abfütterung
Visculus ⟨ī⟩ M̄ = **Vistula**
viscum ⟨ī⟩ N̄, **viscus**[1] ⟨ī⟩ M̄
① (*nachkl.*) *poet* Mistel
② Vogelleim *aus Mistelbeeren*
③ *fig* Köder
viscus[2] ⟨visceris⟩ N̄, *meist* PL **viscera, um**
① Fleisch; **tunica inhaesit visceribus** die Tunika klebte am Fleisch
② Eingeweide, innere Organe
③ *fig* das eigene Kind, die eigenen Kinder
④ *fig* die geistigen Kinder, die eigenen Schriften
⑤ *Ov. fig* die Lieblinge
⑥ *fig* Innerste; **viscera terrae** *Ov.* Innerste der Erde; **vires in viscera vertere** die Kräfte gegen die eigenen Mitbürger wenden; **aliquid alicui in visceribus haeret** etw sitzt tief in j-s Gedächtnis; **viscera causae** das Wesentliche in der Sache
⑦ *fig* Vermögen, Geldmittel

vīsenda ⟨ōrum⟩ N̄ ||visendus|| Sehenswürdigkeiten
vīsendus ⟨a, um⟩ ADJ ||visere|| sehenswert
vīsere ⟨vīsō, vīsī, - 3.⟩
① genau ansehen, besichtigen; **visendi causā venire** kommen um zu besichtigen; **prodigium ~** eine wunderbare Erscheinung untersuchen
② *fig* nach *etw* sehen, nachsehen, *aliquid;* **~, si domi est** nachsehen, ob er zu Hause ist
③ besuchen, besichtigen; **amicum aegrotum ~** einen kranken Freund besuchen
vīsī → visere
vīsibilis ⟨e⟩ ADJ ||videre|| (*nachkl., eccl.*) sichtbar
vīsiō ⟨vīsiōnis⟩ F ||videre||
① Sehen, Anblick
② *meton* Erscheinung; *fig* Vorstellung, *alicuius rei* von *etw*
▶ deutsch: **Vision**
vīsitāre ⟨ō, āvī, ātum 1.⟩ ||visere|| (*vkl.*) oft sehen, oft besuchen
vīsitātiō ⟨vīsitātiōnis⟩ F ||visitare|| (*spätl.*) Besichtigung, Besuch; *fig* Heimsuchung, Bestrafung
vispillō ⟨vispillōnis⟩ M̄ = **vespillo**
Vist(u)la ⟨ae⟩ M̄ die Weichsel
vīsum ⟨ī⟩ N̄ ||videre||
① Erscheinung, Bild
② Traumbild; **visis perterreri** von Traumbildern erschreckt werden
③ PHIL *Stoa* Vorstellung, Fantasie
Visurgis ⟨Visurgis⟩ M̄ die Weser
vīsus[1] ⟨a, um⟩ FFF → videre *u*, PPERF → videri
vīsus[2] ⟨ūs⟩ M̄ ||videre||
① Sehen, Anblick, Blick; **quā ~ erat** so weit Auge reichte; **omnia visu obire** alles ansehen
② Gesehene; Erscheinung, Vision; Aussehen, Gestalt
③ (*spätl.*) Sehkraft, Gesichtssinn
vīta ⟨ae⟩ F ||vivus||
① Leben, *auch* Lebenszeit; **vitam ponere** Leben lassen
② *poet* Lebenshauch, Schatten *in der Unterwelt;* **vitam exhalare** *Verg.* Leben aushauchen

3 Lebensweise; **~ rustica** Leben auf dem Land
4 Lebensunterhalt
5 (nachkl.) Lebensbeschreibung, Biografie; **vitae excellentium virorum** Lebensbeschreibungen hervorragender Männer
6 *Ter.* Lebensglück, *auch als Kosewort*
7 (nachkl.) *poet* die lebenden Menschen
▶ französisch: **vie**
spanisch: **vida**
italienisch: **vita**

vītābilis ⟨vītābile⟩ ADJ ||vitare|| *Ov.* wert gemieden zu werden

vītābundus ⟨a, um⟩ ADJ ||vitare|| (nachkl.) immer zu entkommen bemüht, immer ausweichend, *aliquid* einer Sache; **tela ~** den Geschossen ausweichend

vītālia ⟨ōrum⟩ N ||vitalis||
1 lebenswichtige Körperteile
2 Totenkleid

vītālis ⟨vītāle, *adv* vītāliter⟩ ADJ ||vita||
1 Leben gebend, Leben erhaltend; **vis ~** Leben spendende Kraft
2 zum Leben gehörig, Lebens...
3 (unkl.) lebensfähig
4 (vkl.) lebenswert; **vita ~** lebenswertes Leben
5 **lectus ~** *Petr.* Totenbahre
▶ deutsch: **vital**

vītāre ⟨ō, āvī, ātum 1.⟩ etw meiden, einer Sache ausweichen, *aliquid, ne* dass, *+konjkt/+inf*; **eum locum ~** diesen Ort meiden; **se ipsum ~** mit sich selbst unzufrieden sein; **mortem fugā ~** dem Tod durch Flucht entgehen

vītātiō ⟨vītātiōnis⟩ F ||vitare|| Vermeidung, **doloris** von Schmerz

Vitelliānī ⟨ōrum⟩ M ||Vitellius||
1 die Soldaten des Vitellius
2 *Mart.* kleine Schreibtäfelchen

Vitelliānus ⟨a, um⟩ ADJ des Vitellius

Vitellius ⟨ī⟩ M röm. Gentilname; **Aulus ~** röm. Kaiser 69 n. Chr., von Vespasian gestürzt

vitellum ⟨ī⟩ N ||vitellus|| Eidotter

vitellus ⟨ī⟩ M ||vitulus||
1 Kälbchen, *auch Kosewort*
2 Eidotter

vīteus ⟨a, um⟩ ADJ ||vitis|| vom Weinstock

vitiāre ⟨ō, āvī, ātum 1.⟩ ||vitium||
1 verderben, beschädigen; **~ odoribus auras** durch Gestank die Luft verpesten; **valetudo vitiata** *Sen.* angeschlagene Gesundheit
2 verführen, schänden
3 *fig* fälschen, verfälschen, **memoriam** Geschichtsurkunden
4 REL für ungeeignet erklären *einen zu einer öffentlichen Handlung bestimmten Tag aufgrund ungünstiger Vorzeichen*; **comitia ~** den Wahltag für ungeeignet erklären

vitiātiō ⟨vitiātiōnis⟩ F ||vitiare|| (nachkl.) Verletzung

vitiātor ⟨vitiātōris⟩ M ||vitiare|| *Sen.* Verführer, Schänder *eines Mädchens*

vīticula ⟨ae⟩ F ||vitis|| kleiner Weinstock

vīti-fer ⟨vītifera, vītiferum⟩ ADJ ||vitis, ferre|| (nachkl.) *poet* Reben tragend, reich an Wein

vīti-genus ⟨a, um⟩ ADJ ||vitis, gignere|| Wein...; **liquor ~** *Lucr.* Wein

viti-lēna ⟨ae⟩ F ||vitium|| *Plaut.* Kupplerin

vitīligō ⟨vitīliginis⟩ F (vkl., nachkl.) Hautkrankheit, Flechte

vitiōsitās ⟨vitiōsitātis⟩ F ||vitiosus|| Lasterhaftigkeit

vitiōsus ⟨a, um, *adv* vitiōsē⟩ ADJ ||vitium||
1 fehlerhaft, mangelhaft; **vitiosa ilex** hohle Steineiche; **vitiosum corpus** kranker Körper
2 unrichtig, falsch
3 REL gegen die Auspizien geschehen, gegen die Auspizien gewählt
4 fehlerhaft, lasterhaft; **libido vitiosa** *Hor.* lasterhafte Leidenschaft

vītis ⟨vītis⟩ F ||viere||
1 Weinrebe; Wein
2 *meton* Kommandostab des Zenturio, *aus einer Rebe gefertigt*; (nachkl.) Zenturionenstelle; **vite regere** mit dem Stab befehligen
3 (nachkl.) *poet* Zaunrübe

vīti-sator ⟨vītisatōris⟩ M ||vitis, serere|| *Verg.* Winzer

vitium ⟨ī⟩ N
1 Fehler, Mangel; **~ corporis** körperliches Gebrechen; **~ memoriae** Gedächtnisschwäche; **~ castrorum** ungünstige Lage des Lagers; **ignis vitium metallis excoquit** das Feuer scheidet die Schlacke aus den Metallen; **~ aeris** schlechte Luft; **aedes vitium fecerunt** das Haus ist schadhaft geworden
2 Krankheit, Seuche
3 Fehltritt, Schuld; **meum est ~** es ist meine Schuld
4 REL ungünstiges Vorzeichen, Formfehler *bei den Augurien*; **tabernaculum vitio captum** gegen die Augurien ausgewähltes Beobachtungszelt
5 Laster, Vergehen; *pl* Lasterhaftigkeit; **in vitio esse** schuld sein, fehlerhaft sein; **alicui aliquid vitio dare/vertere** j-m etw als Fehler anrechnen
6 *Com., Gell.* Schändung, Verführung
▶ englisch: **vice**
französisch: **vice**
spanisch: **vicio**
italienisch: **vizio**

vītor ⟨vītōris⟩ M ||viere|| *Plaut.* Korbflechter

vitreārius ⟨ī⟩ M ||vitreus|| *Sen.* Glasbläser

vitreum ⟨ī⟩ N ||vitreus|| Glasgeschirr
vitreus ⟨a, um⟩ ADJ ||vitrum¹||
① gläsern, aus Glas; **~ hostis** Ov. gläserne Spielfigur des Gegners
② fig klar, durchsichtig
③ fig schillernd; trügerisch; **fama vitrea** Hor. trügerischer Ruhm
④ (spätl.) fig zerbrechlich, vergänglich
vītricus ⟨ī⟩ M
① Stiefvater
② (mlat.) Verwalter der Kirchenkasse
vitrum¹ ⟨ī⟩ N Kristall, Glas
vitrum² ⟨ī⟩ N Waid, *Pflanze mit blauem Farbstoff*
Vitrūvius ⟨ī⟩ M Architekt u. Ingenieur z. Zt. des Caesar u. Augustus, Verfasser von De architectura libri decem
vitta ⟨ae⟩ F ||viere||
① Binde, Kopfbinde *der Opfertiere, Priester, frei geborenen Frauen u. Dichter*
② Binde *um die Friedenszweige der Bittflehenden*
③ Band *um den Altar, um heilige Bäume u. Ä*
vittātus ⟨a, um⟩ ADJ ||vitta|| (nachkl.) poet mit einer Binde geschmückt
vitula ⟨ae⟩ F ||vitulus|| Kalb, junge Kuh
vitulārī ⟨or, - 1.⟩ (vkl.) einen Siegesgesang anstimmen
vitulīna ⟨ae⟩ F ||vitulinus|| (vkl., nachkl.) Kalbfleisch
vitulīnus ⟨a, um⟩ ADJ ||vitulus|| vom Kalb, Kalb(s)…
vitulus ⟨ī⟩ M
① Jungtier, Kalb
② **~ marinus** (nachkl.) Seehund
vituperābilis ⟨vituperābile⟩ ADJ ||vituperare|| tadelnswert
vituperāre ⟨ō, āvī, ātum 1.⟩ ||vitium, parere||
① Plaut. REL ungültig machen, **omen** ein Vorzeichen
② tadeln, schelten, *absolut od aliquem/aliquid* j-n/etw, *aliquem in re/propter rem* j-n wegen etw
vituperātiō ⟨vituperātiōnis⟩ F ||vituperare||
① Tadel
② tadelnswertes Benehmen
vituperātor ⟨vituperātiōris⟩ M ||vituperare|| Tadler, Kritiker
vīvācitās ⟨vīvācitātis⟩ F ||vivax|| (nachkl.) Lebenskraft, Lebensdauer
vīvārium ⟨ī⟩ N ||vivus|| poet Gehege, Fischbassin
vīvātus ⟨a, um⟩ ADJ ||vivus|| belebt
vīvāx ⟨vīvācis⟩ ADJ ||vivere|| (nachkl.)
① langlebig, zäh
② fig dauerhaft, lange frisch
③ fig lebhaft, kräftig **sulpura ~** schnell aufflammender Schwefel

vīvere ⟨vīvō, vīxī, vīctūrus 3.⟩
① leben, am Leben sein
② noch leben
③ von etw leben
④ leben, sich aufhalten
⑤ leben, sein Leben zubringen
⑥ mit j-m leben
⑦ Leben genießen

① leben, am Leben sein; **octoginta annos/annis ~** achtzig Jahre leben; **viventes cum aliquo** j-s Zeitgenossen; **~ de lucro** sein Leben der Gnade eines anderen zu verdanken haben; **ita vivam** so wahr ich lebe; **ne vivam, si** ich will des Todes sein, wenn; **ignes vivunt** Feuer brennen; **membra viventia** noch zuckende Glieder
② noch leben; fig fortbestehen; **vivunt scripta** die Schriften sind noch vorhanden; **vivit vulnus** die Wunde ist noch da; **ignis vivit** das Feuer brennt noch
③ von etw leben, sich von etw ernähren, *re*; **rapto ~** von Raub leben
④ irgendwo leben, sich aufhalten; **in Thracia ~** in Thrakien zu Hause sein
⑤ irgendwie leben, sein Leben zubringen; **secundum naturam/convenienter naturae ~** der Natur gemäß leben; **in diem ~** in den Tag hinein leben, von der Hand in den Mund leben
⑥ mit *j-m* leben, mit *j-m* Umgang haben; **cum aliquo familiariter ~** mit j-m vertrauten Umgang haben; **secum ~** für sich selbst leben
⑦ Leben genießen; **vive/vivite** als Abschiedsgruß leb wohl/lebt wohl
vīvēscere ⟨vīvēscō, vīxī, - 3.⟩ ||vivere|| Lucr. zum Leben erwachen; kräftig werden
vīvidus ⟨a, um⟩ ADJ ||vivere||
① belebt; fig voller Lebenskraft; **vivida tellus** Lucr. vor Leben strotzende Erde; **eloquentia vivida** energische Beredsamkeit
② von Kunstwerken naturgetreu; **vivida signa** Lucr. naturgetreue Standbilder
vīvi-rādīx ⟨vīvirādīcis⟩ F ||vivus|| Ableger *einer Pflanze*
vīvum ⟨ī⟩ N ||vivus||
① das Lebendige; (nachkl.) lebendiges Fleisch; **calor ad vivum perveniens** ins Mark dringende Wärme; **ad vivum resecare** bis aufs Fleisch schneiden; fig im strengsten Sinn nehmen
② Kapital, Grundstock ↔ *Zins*; **detrahere/resecare aliquid de vivo** etw vom Kapital wegnehmen
vīvus ⟨a, um, *adv* vīvē⟩ ADJ
① lebend; zu Lebzeiten; **aliquem vivum cape-**

re j-n lebend fangen; **vivus eum adoptavit** er adoptierte ihn bei Lebzeiten; **vivo Attico** bei Lebzeiten des Atticus; **me vivo** solange ich lebe

2 *fig* Wendungen: **viva vox** mündliche Belehrung; **virga viva** grüner Zweig, frischer Zweig; **calor ~** Lebenswärme; **sanguis ~** warmes Blut; **membra viva** noch zuckende Glieder; **flumen vivum** fließendes Wasser; **lucerna viva** brennende Lampe; **amor ~** dauernde Liebe

3 *fig* natürlich; *von Kunstwerken* naturgetreu; **lacus ~** natürlicher See; **pumex ~** unbearbeiteter Bimsstein

4 (*nachkl.*) lebhaft, feurig

vix ADV

1 kaum, mit Mühe; **lacrimas vix tenere** die Tränen kaum halten; **vix notus** kaum bekannt; **vix quisquam** kaum j-d; **vix me contineo, quin** ich kann mich kaum beherrschen, dass

2 *zeitl.* kaum erst, kaum noch, gerade, *oft mit cum inversum/et/-que*; **vix annus intercesserat, cum iste accusavit Gaium Norbanum** *Cic.* es war kaum ein Jahr vergangen, als dieser da den Gaius Norbanus anklagte

vix-dum ADV kaum noch, kaum erst

vixī → vivere u. → vivescere

vixillum ⟨i⟩ N ||vix|| kaum noch ein Tröpfchen

vocabularium ⟨i⟩ N (*mlat.*) Wörterbuch

vocābulum ⟨i⟩ N ||vocare||

1 Bezeichnung, Wort; **quae nunc sunt in honore vocabula** *Hor.* Bezeichnungen, die jetzt in Mode sind

2 Name, Eigenname; **villa, cui vocabulum Speluncae** *Tac.* ein Landgut mit dem Namen Speluncae

3 (*vkl., nachkl.*) GRAM Substantiv

4 *Tac.* Vorwand; **varia praedandi vocabula** verschiedene Vorwände für die Plünderung

▶ deutsch: **Vokabel**

vōcālis

A ⟨vōcāle⟩ ADJ, ADV ⟨vōcāliter⟩ ||vox||

1 stimmbegabt, sprechend; **equus ~** weissagendes Pferd

2 klangvoll, singend; **neminem vocalem praeterire** keinen, der eine gute Stimme hat, übergehen

B ⟨vōcālis⟩ F Vokal, Selbstlaut

vōcālitās ⟨vōcālitātis⟩ F ||vocalis|| (*nachkl.*) Wohlklang

vocāmen ⟨vocāminis⟩ N ||vocare|| (*Lucr., spätl.*) Benennung, Name

vocāre ⟨ō, āvī, ātum 1.⟩ ||vox||

1 rufen, herbeirufen

2 anrufen, anflehen

3 abberufen

4 vorladen

5 einladen

6 herausfordern

7 nennen, benennen

8 versetzen, bringen

1 rufen, herbeirufen; **patres ~** die Senatoren zusammenrufen; **auxilio ~** zu Hilfe rufen; **auxilium ~** um Hilfe rufen; **pugnas ~** zum Kampf rufen; **imbrem votis ~** mit Gebeten Regen erflehen

2 (*nachkl.*) *poet* anrufen, anflehen

3 abberufen, **aliquem a re** j-n von etw, **milites ab operibus** die Soldaten von den Schanzarbeiten

4 vorladen *vor Gericht*; **aliquem in ius/in iudicium ~** j-n vor Gericht laden

5 einladen, **aliquem ad cenam** j-n zum Essen

6 herausfordern; *fig* auffordern; **hostem ad pugnam ~** den Feind zur Schlacht herausfordern; **~ aliquem in spem** j-m Hoffnung machen

7 nennen, benennen, *meist +dopp. akk; passiv* heißen, *+dopp. nom*; **aliquem hostem ~** j-n einen Feind nennen, j-n als Feind bezeichnen; **porticus quae vocatur Poecile** die Säulenhalle, die Poikile heißt

8 *in eine Lage/Stimmung* versetzen, bringen, *in aliquid/ad aliquid* in etw, zu etw; **aliquem in odium ~** j-n verhasst machen; **aliquem in crimen ~** j-n beschuldigen; **rem publicam ad exitium ~** den Staat dem Untergang entgegenführen; **aliquid in disceptationem ~** über etw streiten; **aliquem in partem rei ~** j-n an etw teilnehmen lassen; **divos in vota ~** die Götter unter Gelübden anrufen

vocātiō¹ ⟨vocātiōnis⟩ F ||vocare||

1 (*vkl.*) Einladung

2 (*vkl.*) Vorladung vor Gericht

3 (*eccl.*) Berufung, **gentium** der Heiden

4 (*mlat.*) Abberufung, Tod

vocātiō² ⟨vocātiōnis⟩ F = **vacatio**

vocātīvus

A ⟨a, um⟩ ADJ ||vocare|| (*nachkl.*) GRAM zum Rufen gehörig; **casus ~** Vokativ, Anredefall

B ⟨i⟩ M GRAM Vokativ, Anredefall

vocātor ⟨vocātōris⟩ M ||vocare|| (*nachkl.*) Gastgeber

vocātus vocāt⟨ūs⟩ M ||vocare||

1 Rufen, Flehen

2 Einladung, *nur abl sg*; **vocatu** auf Einladung

vōci-ferāre ⟨ō, -, - 1.⟩, **vōci-ferārī** ⟨or, ātus sum 1.⟩ ||vox, ferre|| laut rufen, schreien, *de re* über etw, *aliquid* etw, *+AcI/+indir Fragesatz*; **talia ~** solches rufen; **vociferatum fuerat** man

vocativus – Vokativ

Den Vokativ (Anredefall) gibt es nicht als Kasus im Deutschen. Er wird im Lateinischen benutzt, wenn eine Person direkt angesprochen wird. Lediglich in der o-Deklination hat er eine eigene Endung, nämlich **-e**. Endet ein Substantiv der o-Deklination auf **-ius**, so lautet die Vokativ-Endung **-i**. In allen übrigen Deklinationen ist der Vokativ gleich lautend mit dem Nominativ.

veni, Marce	komm, Marcus!
Et tu, mi fili?	Auch du, mein Sohn?

GRAMMATIK

hatte gerufen
vōciferātiō ⟨vōciferātiōnis⟩ F ||vociferari|| Geschrei, Gejammer
vōciferātor ⟨vōciferātōris⟩ M ||vociferari|| Tert. Schreihals
vocitāre ⟨ō, āvī, ātum 1.⟩ ||vocare||
1 zu nennen pflegen; passiv heißen, +dopp. nom
2 Tac. laut rufen, schreien
vocīvus ⟨a, um⟩ ADJ = **vacivus**
vōcula ⟨ae⟩ F ||vox||
1 schwache Stimme; fig leiser Ton
2 (nachkl.) fig Wörtchen
3 PL fig Klatsch, üble Nachrede
Vogesus ⟨ī⟩ M = **Vosegus**
volaemum ⟨ī⟩ N = **volemum**
volāre ⟨ō, āvī, ātum 1.⟩
1 von Vögeln u. Insekten fliegen; **cornix per auras volat** der Rabe fliegt durch die Luft
2 fig eilen; **aetas volat** die Zeit eilt dahin
Volāterrae ⟨ārum⟩ F Stadt in Etrurien, heute Volterra
volāticus ⟨a, um⟩ ADJ ||volare||
1 fliegend
2 fig stürmend
3 fig flüchtig, unbeständig
volātilis ⟨volātile⟩ ADJ ||volare||
1 geflügelt, gefiedert; **pecus volatile** Geflügel; **~ puer** geflügelter Knabe, = Amor
2 (nachkl.) poet flüchtig, vergänglich; **~ aetas** vergängliche Zeit
3 (nachkl.) poet schnell; **volatile telum** Lucr. schnelles Geschoss
volātus ⟨volātūs⟩ M ||volare|| Fliegen, Flug
Volcae ⟨ārum⟩ M die Volker, kelt. Volk in Südfrankreich, zerfiel in zwei Stämme, Volcae Arecomici um die heutige Nîmes u. die Tectosagen um das heutige Toulouse
Volcānālia ⟨Volcānālium u. ōrum⟩ N ||Volcanus|| Fest des Vulcan am 23. August
Volcānius ⟨a, um⟩ ADJ ||Volcanus|| des Vulcan, dem Vulcan geweiht
Volcānus ⟨ī⟩ M Vulcan, Gott des Feuers u. der Schmiedekunst, Sohn des Jupiter u. der Juno, Gatte der Venus, mit griech. Hephaistos gleichgesetzt
volēmum pirum N Verg. große, schwere Birnensorte
volēns ⟨volentis, adv volentiter⟩ ADJ ||velle|| (unkl.)
1 absichtlich
2 willig, gern; **aliquid alicui volenti est** etw ist j-m willkommen; **res novae quibusdam volentibus sunt** die neuen Verhältnisse sind gewissen Leuten willkommen
3 geneigt, gewogen, gnädig; **dis volentibus** durch die Gnade der Götter; **volentibus omnibus bonis** unter Zustimmung aller Gutgesinnten; **volente animo** mit Wohlgefallen
volentia ⟨ae⟩ F ||volens|| (nachkl.) Wille, Nelgung
volg... = **vulg...**
volitāns ⟨volitantis⟩ M ||volitare||
1 Fliege
2 Schwarm; **~ plurimus** dichter Schwarm
volitāre ⟨ō, āvī, ātum 1.⟩ ||volare||
1 umherfliegen
2 eilen, sich verbreiten
3 umhereilen, umherschwärmen; **~ in foro** sich auf dem Forum tummeln
4 fig sich brüsten, auch kühn emporstreben
voln... = **vuln...**
volō¹ → **velle**
volō² ⟨volōnis⟩ M ||velle|| Liv. Freiwilliger
volp... = **vulp...**
Volscī ⟨ōrum⟩ M die Volsker, Volk in Latium, von den Römern unterworfen
Volscus ⟨a, um⟩ ADJ volskisch
volsella ⟨ae⟩ F ||vellere|| kleine Zange
volsus ⟨a, um⟩ PPP = **vulsus**; → **vellere**
volt... = **vult...**
Volt... = **Vult...**
volūbilis ⟨volūbile, adv volūbiliter⟩ ADJ ||volvere||
1 drehbar, beweglich
2 sich schnell drehend, kreisend; **buxum volubile** Kreisel
3 fig unbeständig; **fortuna ~** wandelbares Schicksal
4 redegewandt, zungenfertig; **orator ~** gewandter Redner
volūbilitās ⟨volūbilitātis⟩ F ||volubilis||
1 Drehbarkeit, Beweglichkeit
2 Kreisen, Kreisbewegung; **~ mundi** Kreisen des Weltalls
3 Ov. fig Rundung
4 fig Unbeständigkeit, **fortunae** des Schicksals
5 fig Schnelligkeit, Gewandtheit der Rede

volucer

A ⟨volucris, volucre⟩ ADJ ||volare||

1 geflügelt, fliegend; **volucria animalia** Vögel; **sagitta volucris** fliegender Pfeil

2 *fig* schnell, eilend; **~ currus** schneller Wagen

3 *fig* flüchtig, vergänglich; **gaudium volucre** *Tac.* vergängliche Freude

B ⟨volucris⟩ F geflügeltes Tier, Vogel, *auch* Insekt

voluī → velle

volūmen ⟨volūminis⟩ N ||volvere||

1 Krümmung, Windung; **~ fumi** Rauchwirbel; **~ siderum** Kreislauf der Gestirne

2 Buchrolle, Buch, *aneinandergeklebte Papyrusblätter, die um einen Stab gewickelt wurden*; **volumen evolvere** ein Buch entrollen, ein Buch lesen

3 Band *eines mehrteiligen Werkes*

▶ deutsch: **Volumen**

Volumnius ⟨a, um⟩ *röm. Gentilname*; **Volumnia** Gattin des Coriolan

voluntārius

A ⟨a, um⟩ ADJ ||voluntas||

1 freiwillig, aus eigenem Antrieb handelnd; **senator ~** Senator, der sich selbst dazu gemacht hat

2 freiwillig geschehen, freiwillig getan; **facinus voluntarium** freiwillig begangene Tat; **mors voluntaria** Selbstmord

B ⟨ī⟩ M Freiwilliger

voluntās ⟨volunātis⟩ F ||velle||

1 Wille, Absicht; **voluntatem suscipere** einen Entschluss fassen; **in dicendo variae voluntates sunt** beim Reden gibt es verschiedene Bestrebungen; **voluntate** auf Wunsch; **de voluntate/ex voluntate/ad voluntatem alicuius** nach j-s Wunsch; **conformare se ad voluntatem alicuius** sich nach j-s Wunsch gestalten; **ad voluntatem loqui** nach dem Mund reden

2 freier Wille, Bereitwilligkeit; **voluntate** freiwillig, gern; **meā/tuā/... voluntate** aus eigenem Willen; **voluntate alicuius** mit j-s Wissen, mit j-s Genehmigung; **summā Catuli voluntate** mit der vollen Genehmigung des Catulus

3 letzter Wille, letztwillige Verfügung

4 Gesinnung, Stimmung

5 Aufrichtigkeit; Zuneigung

6 *Tac.* Geschmack, Kunstverstand

7 *Quint.* Bedeutung, **verborum** von Wörtern

volup(e) ADV (*vkl., nachkl.*) erfreulich, angenehm; **~ est mihi** es ist mir angenehm

voluptābilis ⟨voluptābile⟩ ADJ ||voluptas|| (*Plaut., spätl.*) Vergnügen bereitend

voluptārius

A ⟨a, um⟩ ADJ ||voluptas||

1 Vergnügen betreffend, die Lust betreffend; **disputatio voluparia** Diskussion über Genuss

2 Vergnügen bereitend, Vergnügen schaffend, *alicui* für j-n; **possessiones voluptariae** Besitzungen, die Vergnügen bereiten

3 für Genuss empfänglich

4 dem Genuss ergeben

B ⟨ī⟩ M Genussmensch, Epikureer

voluptās ⟨voluptātis⟩ F

1 *sinnliches od geistiges* Vergnügen, Freude, Genuss; **in voluptate esse/voluptate affici** Vergnügen genießen; **voluptate capi** sich gern vergnügen; **alicui voluptati esse** j-m Vergnügen gewähren, j-m Freude machen

2 sinnliches Vergnügen, Lust

3 PL Vergnügungen, *bes* Schauspiele

4 (*vkl.*) *poet* Freude, Wonne, *als* Kosewort

Voluptās ⟨Voluptātis⟩ F Göttin der Lust

voluptuōsus ⟨a, um⟩ ADJ ||voluptas|| (*nachkl.*) vergnüglich

volūta ⟨ae⟩ F ||volvere|| *Vitr.* ARCH Schnecke, Volute

volūtābrum ⟨ī⟩ N ||voluta|| *Verg.* Suhle der Schweine

volūtābundus ⟨a, um⟩ ADJ ||volutare|| sich herumwälzend

volūtāre ⟨ō, āvī, ātum 1.⟩ ||volvere||

A VT

1 (*unkl.*) rollen, herumwälzen, **onus** eine Last

2 *fig* erschallen lassen, ertönen lassen; **vocem ~** die Stimme ertönen lassen

3 *fig* überdenken, überlegen, (**in**) **animo** im Geist; **quod volutas tute tecum in corde** was du insgeheim in deinem Herzen überlegst

4 *fig den Geist* beschäftigen; **volutatus in re** in etw bewandert

B

1 v/i./P./**se ~** sich wälzen, sich herumwälzen;

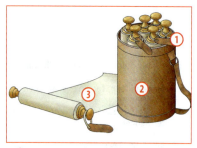

volumen – Buchrolle

1 titulus – Anhänger für den Buchtitel
2 capsa – Behälter für Buchrollen
3 volumen – Buchrolle

volutāns sich wälzend
2 v/i./P./**se ~** fig sich befinden, sich herumtreiben
volūtātiō ⟨volūtātiōnis⟩ F ||volutare||
1 Herumwälzen, bes vom Wild
2 fig Unruhe; Unbeständigkeit
volūtus ⟨a, um⟩ PPP → volvere
volva ⟨ae⟩ F Gebärmutter

volvere ⟨volvō, volvī, volūtum 3.⟩

1 wälzen, rollen
2 im Wirbel drehen, emporwirbeln
3 zu Boden strecken
4 sich wälzen, sich rollen
5 aufrollen, lesen
6 fortrollen, fortreißen
7 durch Kreisbewegungen bilden
8 geläufig vortragen
9 hegen
10 überlegen, erwägen
11 durchleben
12 bestimmen, verhängen

1 wälzen, rollen; **saxum ~** einen Felsen wälzen; **lumina huc illuc ~** die Augen rollen
2 im Wirbel drehen, emporwirbeln; **ignem sub naribus ~** Feuer aus der Nase sprühen lassen
3 zu Boden strecken
4 passiv sich wälzen, sich drehen; **humi ante pedes alicuius volvi** sich vor j-m niederwerfen; **serpens volvitur** die Schlange ringelt sich; **lacrimae volvuntur** die Tränen fließen; **pulvis volvitur** Staub wirbelt auf
5 Bücherrollen aufrollen, lesen, **libros Catonis** die Bücher des Cato
6 fortrollen, fortreißen; passiv fließen; **aliquem in caput ~** j-n kopfüber herabstürzen
7 durch Kreisbewegungen bilden; **orbem ~** LIV. MIL einen Kreis bilden; **equites volvunt turmas** die Reiter bilden mit ihren Truppen einen Kreis
8 vom Redner geläufig vortragen; **oratio volvitur** die Rede strömt dahin
9 Leidenschaften hegen
10 (nachkl.) poet überlegen, erwägen, **secum** bei sich
11 (nachkl.) poet Zeit durchleben; passiv/**se ~** ablaufen; **volventibus/volvendis annis** im Lauf der Jahre
12 von den Göttern bestimmen, verhängen; **Iuppiter volvit vices** Jupiter bestimmt die Wechselfälle

vōmer ⟨vōmeris⟩ N
1 Pflugschar, Pflug; meton Pflügen
2 Lucr. fig männliches Glied
vomere ⟨ō, uī, itum 3.⟩
A VI
B VT
1 ausspeien, von sich geben, **cruorem** Blut
2 sprühen, **ignem** Feuer
vomica ⟨ae⟩ F
1 Geschwulst, Eiterbeule
2 (nachkl.) fig Unheil
vōmis ⟨vōmeris⟩ M = **vomer**
vomitāre ⟨ō, -, - 1.⟩ ||vomere|| Sen. sich erbrechen
vomitiō ⟨vomitiōnis⟩ F ||vomere|| Erbrechen
vomitor ⟨vomitōris⟩ M ||vomere|| Sen. der sich erbricht
vomitus ⟨ūs⟩ M ||vomere||
1 Erbrechen
2 fig Schimpfwörter
vorācitās ⟨vorācitātis⟩ F ||vorax|| Gefräßigkeit
vorāginōsus ⟨a, um⟩ ADJ ||vorago|| (nachkl.) reich an Abgründen
vorāgō ⟨vorāginis⟩ F ||vorare||
1 Schlund, Abgrund
2 Strudel
3 fig Abgrund; Unheil
vorāre ⟨ō, āvī, ātum 1.⟩
1 verschlingen, gierig fressen
2 (unkl.) fig verschlingen, gierig in sich aufnehmen; **litteras ~** einen Brief gierig lesen; **viam ~** Catul. den Weg schnell zurücklegen; **Charybdis carinas vorat** Charybdis verschlingt die Schiffe
vorāx ⟨vorācis⟩ ADJ ||vorare|| gefräßig; **Charybdis ~** gefräßige Charybdis
vors... = **vers...**
vort... = **vert...**
vōs ⟨ vestri/vestrum, Dat/Abl **vobis**, akk **vōs**⟩ pers Pr ihr, oft verstärkt durch -met
Vosegus ⟨i⟩ M die Vogesen
voster ⟨vostra, vostrum⟩ POSS PR = **vester**
votāre ⟨ō, uī, itus 1.⟩ = **vetare**
vōtīvus ⟨a, um⟩ ADJ ||votum|| durch Gelübde versprochen, gelobt; **tabula votiva** Votivtafel
vōtum ⟨ī⟩ N ||vovere||
1 (nachkl.) poet gelobtes Opfer; Denkmal; **~ alicuius pendet in arbore** j-s Weihegeschenk hängt am Baum
2 Gelübde, Gelöbnis; **vota deum** Gelübde, die man den Göttern gemacht hat; **vota suscipere/nuncupare** Gelübde machen; **votum solvere/dissolvere/exsequi** ein Gelübde erfüllen; **voto teneri/obstrictum esse** durch ein Gelübde verpflichtet sein; **voti damnatus/reus** zur Erfüllung des Gelübdes verpflichtet
3 pej Verwünschung, Fluch

4 mit dem Gelübde verbundenes **Gebet**

5 Wunsch, Verlangen; **vota facere** wünschen; **aliquem voti compotem facere** j-m seinen Wunsch erfüllen; **hoc erat in votis** *Hor.* das war mein Wunsch

6 (*mlat.*) Wahlstimme, Votum

7 (*mlat.*) Andacht; pl Wallfahrt

vovēre ⟨voveō, vōvī, vōtum 2.⟩

1 einer Gottheit versprechen, weihen, *alicui aliquid* j-m etw, *+AcI, ut* dass; **nostri imperatores pro salute patriae sua capita voverunt** unsere Feldherren haben für Wohl der Heimat ihr Leben geweiht

2 wünschen, erflehen, *alicui aliquid* j-m etw

vōx ⟨vōcis⟩ F

1 Stimme *von Menschen u. Tieren*; pl Geschrei; **vox bovis** Gebrüll des Stieres; **vox cornicis** Krächzen des Raben; **vox apum** Summen der Bienen; **vocis imago** Echo; **vox magna** laute Stimme; **vox parva** leise Stimme; **vox clara** helle Stimme; **vox contenta** gehobene Stimme; **vox summissa** gedämpfte Stimme; **~ gravis** tiefe Stimme

2 Laut, Ton

3 Aussprache; Betonung; **vox rustica** ländliche Aussprache

4 Rede, Sprache; **vox aliquem deficit** j-m verschlägt es die Sprache

5 Wort, Ausdruck; **vox voluptatis** Wort Lust; **vox nihili** (*nlat.*) Ghostword, *durch Schreib- od Druckfehler entstandenes nicht existierendes Wort*

6 Äußerung, Ausspruch; **una voce consentire** einstimmig zustimmen

7 Gebot, Befehl; **consulum voci non oboedire** dem Befehl der Konsuln nicht gehorchen

8 Formel, Zauberspruch

▶ englisch: **voice**
französisch: **voix**
spanisch: **voz**
italienisch: **voce**

Vulc... = **Volc...**

vulgāre ⟨ō, āvī, ātum 1.⟩ ||vulgus||

1 verbreiten, allen zugänglich machen; *passiv* Gemeingut werden; **munus in socios ~** die Aufgaben auf die Bundesgenossen ausdehnen; **vitia in exteras gentes ~** die Laster bei den auswärtigen Stämmen verbreiten

2 allen preisgeben, prostituieren

3 allgemein bekannt machen, ausplaudern; *passiv* bekannt werden, sich verbreiten; **rumor vulgatur** das Gerücht verbreitet sich, +AcI

4 (*nachkl.*) poet eine Schrift veröffentlichen; **carmina nondum vulgata** noch nicht veröffentlichte Gedichte; **editio vulgata** (*eccl.*) Vulgata, „allgemein verbreitete Übersetzung" der Bibel ins Lat. durch Hieronymus, die von der katholischen Kirche für authentisch erklärte Bibelübersetzung

vulgāre ⟨vulgāris⟩ N ||vulgaris|| Volkssprache

vulgāria ⟨vulgārium⟩ N ||vulgaris|| Alltagskost; Alltagsbegrüßung

vulgāris ⟨vulgāre, *adv* vulgāriter⟩ ADJ ||vulgus||

1 allgemein üblich, gewöhnlich; **liberalitas ~** Freigebigkeit gegenüber allen; **coetus ~** Volksmenge; **sermo ~** Volkssprache

2 für jeden zu haben

▶ deutsch: **vulgär**

vulgata ⟨ae⟩ F ||vulgatus|| (*mlat.*) Vulgata, „allgemein verbreitete Übersetzung" der Bibel ins Lat. durch Hieronymus, von der katholischen Kirche für authentisch erklärte Bibelübersetzung

vulgātor ⟨vulgātōris⟩ M ||vulgare|| *Ov.* der Ge-

Vulcanus – Gott des Feuers und der Schmiedekunst

heimnisse ausplaudert

vulgātus ⟨a, um⟩ ADJ ||vulgare||
1. allgemein bekannt, weit verbreitet; **vulgati pastoris amores** Ov. die bekannten Liebschaften des Schäfers
2. preisgegeben, für jeden zu haben

vulgi-vagus ⟨a, um⟩ ADJ ||vulgus|| Lucr. überall umherschweifend

vulgō → vulgus

vulgus ⟨ī n, akk auch um⟩ M
1. Volk, große Menge
2. Pöbel
3. (nachkl.) MIL Heer
4. gewöhnliche Menge, Masse
5. **in vulgus** für jedermann, allgemein; **in vulgus gratus** allgemein beliebt
6. **vulgo** in Menge, in Masse; vor aller Welt
7. **vulgo** (mlat.) in der Landessprache

vulnerāre ⟨ō, āvī, ātum 1.⟩ ||vulnus|| verwunden; fig verletzen; **fundā ~** mit der Schleuder verletzen; **aliquem in ōs ~** j-n im Gesicht verletzen; **sensūs ~** Gefühle verletzen

vulnerārius
A ⟨a, um⟩ ADJ ||vulnus|| Wund...
B ⟨ī⟩ M Wundarzt, Chirurg

vulnerātiō ⟨vulnerātiōnis⟩ F ||vulnerare|| Verwundung; fig Verletzung; **~ famae** Verletzung des guten Rufs

vulni-ficus ⟨a, um⟩ ADJ ||vulnus, facere|| Wunden schlagend, verwundend; **telum vulnificum** Wunden schlagendes Geschoss

vulnus ⟨vulneris⟩ N
1. Wunde, alicuius j-s u. durch j-n, alicuius rei einer Sache od durch etw; fig Verletzung; **~ adversum** Wunde vorn auf der Brust; **~ corporis** Wunde des Körpers; **~ missilium** Wunde von Geschossen; **vulnus accipere ab aliquo in capito** von j-m am Kopf verwundet werden; **vulnus alicui inferre** j-n verwunden; **vulneribus confectus** tödlich verwundet; **~ saxi** klaffender Spalt
2. (nachkl.) meton verwundender Schlag; verwundendes Geschoss; **inter se vulnera iactant** sie fügen sich gegenseitig verwundende Hiebe zu
3. fig wunde Stelle
4. fig Verlust, Unglück; **multa vulnera inferre alicui** j-m großen Schaden zufügen; **~ fortunae** Schicksalsschlag; **multis vulneribus et illatis et acceptis** mit schweren beiderseitigen Verlusten
5. fig Niederlage
6. fig Schmerz, Kummer

vulpēcula ⟨ae⟩ F ||vulpes|| Füchslein, schlauer Fuchs

vulpēs ⟨vulpis⟩ F (unkl.) Fuchs; meton Fuchsfell; **astuta ~** schlauer Fuchs

vulpīnus ⟨a, um⟩ ADJ ||vulpes|| des Fuchses, Fuchs...; **vulpini catuli** junge Füchse

vulsus ⟨a, um⟩ ADJ ||vellere|| mit ausgerupften Haaren, bartlos; fig einfältig

vulticulus ⟨ī⟩ M ||vultus|| Miene, schiefer Blick

vultuōsus ⟨a, um⟩ ADJ ||vultus||
1. (nachkl.) mit finsterer Miene
2. Grimassen schneidend

vultur ⟨uris⟩ M (nachkl.) Geier; fig Nimmersatt

vulturīnus ⟨a, um⟩ ADJ ||vultur|| des Geiers, Geier...

vulturius ⟨ī⟩ M ||vultur||
1. Geier, Raubvogel; fig habsüchtiger Mensch, Nimmersatt
2. (vkl.) poet Erbschleicher
3. schlechter Wurf beim Würfelspiel

Vulturnum ⟨ī⟩ N Stadt in Kampanien

Vulturnus ⟨ī⟩ M Fluss in Kampanien

Vulturnus ventus M Liv. Ostsüdostwind

vultus ⟨vultūs⟩ M
1. sg u. pl Gesichtsausdruck, Miene; **~ laetus** fröhliche Miene; **vultum fingere** den Gesichtsausdruck beherrschen; **vultūs avertere** die Blicke abwenden
2. (nachkl.) poet meist pl Gesicht; **vultum ad sidera tollere** das Gesicht zu den Sternen erheben
3. meton Aussehen, äußere Gestalt

vulva ⟨ae⟩ F = **volva**

wambasia ⟨wambasiorum⟩ N (mlat.) Wams, Leibrock

wanna ⟨ae⟩ F (mlat.) großer Weidenkorb

wantus ⟨ī⟩ M (mlat.) Handschuh

warantus ⟨ī⟩ M (mlat.) Bürge

werra ⟨ae⟩ F (mlat.) Verwirrung; Krieg

X
1. Zahlzeichen = zehn
2. auf Münzen = **denarius** Denar

Xanthippē ⟨Xanthippēs⟩ F Ehefrau des Sokrates; das mit diesem Namen verbundene zänkische Wesen

ist wohl eine bereits antike Verfälschung
Xanthippus ⟨ī⟩ M̄ *Vater des Perikles, griech. Feldherr, Sieger von Mykale 479 v. Chr. über die Perser*
Xanthos, Xanthus ⟨ī⟩ M̄ *Beiname des Flusses Skamander in der Troas*
xenium ⟨ī⟩ N̄ Gastgeschenk; *pl* **Xenia** *Titel des 13. Buches der Epigramme Martials*
xenodochēum, xenodochīum ⟨ī⟩ N̄ (spätl.) Gasthaus, Hospital
Xenophanēs ⟨Xenophanis⟩ M̄ *aus Kolophon, um 520 v. Chr., Gründer der Schule von Elea*
Xenophōn ⟨Xenophōntis⟩ M̄ *griech. Geschichtsschreiber, Schüler des Sokrates, Führer u. Chronist des Rückzuges der zehntausend Griechen nach der Schlacht bei Kunaxa 401 v. Chr. („Anabasis"), gest. um 354 v. Chr. in Korinth*
Xenophōntēus, Xenophōntīus ⟨a, um⟩ ADJ *des Xenophon*
xērampelinae ⟨ārum⟩ F̄ *luv.* dunkelrote Kleider
xērophagia ⟨ae⟩ F̄ *Petr.* Essen trockener Speisen
Xersēs, Xerxēs ⟨Xersis *u.* Xersī⟩ M̄ *König von Persien 485—465 v. Chr.*
xiphiās ⟨ae⟩ M̄ *Ov.* Schwertfisch
xysticī ⟨ōrum⟩ M̄ *Suet.* Athleten, *die im xystus trainierten*
xystus ⟨ī⟩ M̄
1 *bei den Römern* Terrasse *vor den Landhäusern*
2 *bei den Griechen* gedeckter Säulengang *als Trainingsort der Athleten während des Winters*

Y

Siehe unter hy und i

Z

Zama ⟨ae⟩ F̄ *Stadt in Numidien, nach der Überlieferung Ort des Siegs Scipios über die Karthager 202 v. Chr.*
Zamēnsis ⟨Zamēnsis⟩ M̄ Einwohner von Zama
zāmia ⟨ae⟩ F̄ *Plaut.* Schaden, Verlust
Zanclaeus ⟨a, um⟩ ADJ aus Zancle, von Zancle
Zanclē ⟨Zanclēs⟩ F̄ *alter Name für Messana, heute Messina*
Zanclēius ⟨a, um⟩ ADJ aus Zancle, von Zancle
zēlāre ⟨ō, -, - 1.⟩ eifersüchtig lieben
zēlōtēs ⟨zēlōtae⟩ M̄ (eccl.) Eiferer in Glaubensdingen, Zelot
zēlotypia ⟨ae⟩ F̄ Eifersucht
zēlotypus
A ⟨a, um⟩ ADJ *Iuv.* eifersüchtig
B ⟨ī⟩ M̄ Eifersüchtiger
zēlus ⟨ī⟩ M̄ (nachkl.) Nacheifern, Eifersucht
Zēnō ⟨Zēnōnis⟩ M̄ = **Zenon**
Zēnobia ⟨ae⟩ F̄
1 Tochter des Königs Mithridates von Armenien
2 seit 267 n. Chr. Königin von Palmyra, starb als Gefangene in Tibur
Zēnōn ⟨Zēnōnis⟩ M̄ *Name griech. Philos.*
1 *aus Elea, um 460 v. Chr., Vertreter der Schule von Elea, Lehrer des Perikles*
2 *aus Kition, um 300 v. Chr., Begründer der stoischen Schule in Athen*
3 *epikureischer Philos., Lehrer des Cicero u. des Atticus*
zephyrus ⟨ī⟩ M̄ Westwind; Wind
Zeuxis ⟨Zeuxis *u.* Zeuxidis⟩ M̄ *griech. Maler aus Heraklea in Unteritalien, um 425 v. Chr.*
zingiber ⟨zingiberis⟩ N̄ (nachkl.) Ingwer
zīzānia ⟨ōrum⟩ N̄ Schwindelhafer
zmaragdus ⟨ī⟩ M̄ *u.* F̄ = **smaragdus**
Zōilus ⟨ī⟩ M̄
1 *sophistischer Rhetor u. Grammatiker in Alexandria, berühmt-berüchtigt als kleinlicher Homerkritiker*
2 *Ov. fig* böswilliger Kritiker
zōna ⟨ae⟩ F̄
1 (nachkl.) Gürtel *zum Gürten des Untergewandes*
2 *Hor., Ov.* Frauengürtel *als Zeichen der Jungfräulichkeit*
3 *Hor.* Geldgurt *der Männer*
4 MED Gürtelrose
5 Erdgürtel
6 die Gürtelsterne *des Orion*
▶ deutsch: Zone
zōnārius
A ⟨a, um⟩ ADJ ||zona|| Gürtel..., Beutel...
B ⟨ī⟩ M̄ Gürtelmacher
zōnula ⟨ae⟩ F̄ ||zona|| Gürtelchen, kleiner Gürtel
Zōroastrēs ⟨Zōroastris⟩ M̄ Zoroaster, Zarathustra, *Erneuerer der altiranischen Religion*
zōthēca ⟨ae⟩ F̄ *Plin.* Ruhezimmer
zōthēcula ⟨ae⟩ F̄ ||zotheca|| kleines Ruhezimmer
zuchara ⟨ae⟩ F̄ (mlat.) Zucker

Deutsch — Lateinisch

A

ab PRÄP +dat (*räumlich, zeitlich*) a, ab +*abl*; **~ und zu** interdum

Abbild simulacrum, -i *n*

abbilden imaginem exprimere (-primo, -pressi, -pressum *3.*; **j-n/etw** alicuius/alicuius rei)

abbrechen
  1 (*wegbrechen*) defringere, -fringo, -fregi, -fractum *3.*
  2 (*zerstören*) destruere, -struo, -struxi, -structum *3.*
  3 (*plötzlich beenden*) finem facere (facio, feci, factum *3.*)

abbringen deterrere, -eo, -ui, -itum *2.* (**j-n von etw** aliquem a re)

abdanken abdicare, -o, -avi, -atum *1.*; (*von Herrschern*) imperium deponere (-pono, -posui, -positum *3.*); **vom Konsulat ~** se abdicare (-o, -avi, -atum *1.*) consulatu

abdecken detegere, -tego, -texi, -tectum *3.*

Abend vesper, -eri *m*; **am ~** vesperi; **es wird ~** advesperascit

Abendessen cibus (-i *m*) vespertinus

Abendland (*Westen*) occidens, -entis *m*

abends sub vesperum, vesperi

Abendstern Hesperus, -i *m*

Abenteuer casus, -us *m*

aber sed, at, vero; autem *nachgestellt*; **~ nicht** neque vero

Aberglaube superstitio, -onis *f*

abergläubisch superstitiosus, -a, -um

abfahren proficisci, -ficiscor, -fectus sum *3.*; (*per Schiff*) navem solvere (solvo, solvi, solutum *3.*)

abfallen deficere, -ficio, -feci, -fectum *3.* (**von j-m** ab aliquo)

abführen abducere *od* deducere, -duco, -duxi, -ductum *3.*

Abgabe tributum, -i *n*

abgehen (*von der Bühne*) exire, -eo, -ii, -itum *3.*

abgeneigt alienus, -a, -um (**einer Sache** a re)

Abgesandter legatus, -i *m*

abgesehen praeter +*akk*; ut omittam (**von etw** aliquid); **~ davon, dass** *AcI*

abgewandt aversus, -a, -um

Abgrund praeceps, -cipitis; **in den ~ stürzen** *v/i* in praecipitium decidere (cido, cedi, - *3*)

abhalten
  1 (*fernhalten*) arcere, -eo, -ui, - *2.*, prohibere, -eo, -ui, -itum *2.* (**von etw** a re)
  2 Spiele ~ ludos habere (-eo, -ui, -itum *2.*)

abhängig subiectus, -a, -um (**von j-m** alicui, **von etw** alicui rei)

Abhängigkeit dicio, -onis *f*

abhärten durare, -o, -avi, -atum *1.* (**gegen etw** ad aliquid)

Abhärtung duritia, -ae *f*

abholen (*begleiten*) abducere, -duco, -duxi, -ductum *3.*; (*wegbringen*) deportare, -o, -avi, -atum *1.*

ablassen (*aufhören*) desistere, -sisto, -stiti, -stitum *3.*, desinere, -sino, -sii, -situm *3.* (**von etw** re)

Ablativ casus (-us *m*) ablativus

ablegen
  A *v/t* deponere, -pono, -posui, -positum *3.*; **einen Eid ~** ius iurandum dare (do, dedi, datum *1.*)
  B *v/i* (*Schiff*) navem solvere (solvo, solvi, solutum *3.*)

ablehnen recusare, -o, -avi, -atum *1.*

Ableitung (*Wortbildung*) derivatio, -onis *f*

ablenken avertere, -verto, -verti, -versum *3.*; **(seine) Gedanken von etw ~** animum avertere a re

abliefern tradere, -do, -didi, -ditum *3.*; **Geld ~** pecuniam deferre (-fero, -tuli, -latum *0.*)

ablösen (*an j-s Stelle treten*) succedere, -cedo, -cessi, -cessum *3.* (**j-n** alicui)

Abmarsch profectio, -onis *f*

abmessen (di)metiri, -metior, -mensus sum *4.*

abmühen: sich ~ laborare, -o, -avi, -atum *1.* (**mit etw** in re)

abnehmen (*weniger werden*) decrescere, -cresco, -crevi, -cretum *3.*; (*Gewicht verlieren*) corpus amittere, -mitto, -misi, -missum *3.*

Abneigung invidia, -ae *f*

abreisen proficisci, -ficiscor, -fectus sum *3.* (**von einem Ort** ab/ex loco)

abreißen (*niederreißen*) rescindere, -scindo, -scidi, -scissum *3.*

absagen renuntiare, -o, -avi, -atum *1.* (**j-m** alicui)

abschaffen tollere, tollo, sustuli, sublatum *0.*; **ein Gesetz ~** legem abrogare (-o, -avi, -atum *1.*)

Abschied abitus, -us *m*; **~ nehmen von j-m** valere iubere (iubeo, iussi, iussum *2.*) aliquem

abschließen
  1 (*absperren*) claudere, claudo, clausi, clausum *3.*
  2 (*beenden*) finire, -io, -ivi, -itum *4.*
  3 einen Vertrag ~ foedus facere (facio, feci, factum *3.*)

Abschluss (*Ende*) finis, -is *m*

abschneiden desecare, -seco, -secui, -sectum *1.;* **von der Zufuhr ~** commeatu intercludere (-cludo, -clusi, -clusum *3.*)
Abschnitt pars, partis *f;* (*einer Schrift*) caput, -itis *n*
abschrecken deterrere, -eo, -ui, -itum *2.* (**von etw** a re)
abschreiben describere, -scribo, -scripsi, -scriptum *3.*
abschüssig praeruptus, -a, -um
abschütteln excutere, -cutio, -cussi, -cussum *3.*
absegeln navem (naves) solvere (solvo, solvi, solutum *3.*)
Absicht voluntas, -atis *f;* **ich habe die ~** mihi in animo est; **in der ~, dass** eo consilio, ut
absichtlich consulto
absondern (*trennen*) separare, -o, -avi, -atum *1.*
absperren saepire, saepio, saepsi, saeptum *4.*
abstammen oriri, orior, ortus sum *4.* (**von j-m** ab/ex aliquo); **abstammend** ortus (-a, -um)
Abstammung origo, -inis *f;* **edle ~** nobilitas, -atis *f*
Abstand spatium, -i *n*
absteigen (*vom Pferd, aber auch fig*) descendere, -scendo, -scendi, -scensum *3.*
Abstieg descensus, -us *m*
abstimmen (*in der Volksversammlung*) sententiam ferre (fero, tuli, latum *0.;* **über etw** de re)
Abstimmung suffragia, -orum *npl*
abstoßend horridus, -a, -um
abstreifen destringere, -stringo, -strinxi, -strictum *3.*
abstürzen praecipitari, -or, -atus sum *1.*
Abteilung classis, -is *f*
abtreten (*weggehen*) abire, -eo, -ii, -itum *0.*
abtrünnig (ab)alienatus, -a, -um; **~ machen** abalienare, -o, -avi, -atum *1.*
abwägen pendere, pendo, pependi, pensum *3.*
abwarten exspectare, -o, -avi, -atum *1.*
abwärts deorsum; **~ gehend** declivis, -e
abwaschen abluere, -luo, -lui, -lutum *3.*
Abwechslung varietas, -atis *f*
abwehren arcere, arceo, arcui, - *2.,* defendere, -fendo, -fendi, -fensum *3.*
abweichen dissentire, -sentio, -sensi, -sensum *4.*
abweisen repellere, repello, reppuli, repulsum *3.*
abwenden avertere, -verto, -verti, -versum *3.* (**von etw** a re)
abwesend absens, -sentis; **~ sein** abesse (absum, afui, - *0.*)

Abwesenheit absentia, -ae *f;* **in meiner ~** me absente
abwinken abnuere, -nuo, -nuiturus *3.*
abwischen detergere, -tergeo, -tersi, -tersum *2.* (**den Tisch** mensam)
Abzeichen insigne, -is *n*
abziehen
① (*weggehen*) abire, -eo, -ii, -itum *0.*
② (*wegnehmen*) abstrahere, -traho, -traxi, -tractum *3.*
Abzug (*Weggang*) abitus, -us *m*
ach <u>INT</u> heu!
Achse axis, -is *m*
acht octo *indekl;* **je ~** octoni (-ae, -a); **alle ~ Tage** octavo quoque die
Acht: sich in ~ nehmen vor j-m/etw cavere (caveo, cavi, cautum *2.*) aliquem/aliquid
achte(r, -s) octavus, -a, -um
achteckig octangulus, -a, -um
Achtel pars (partis *f*) octava
achten
① (*schätzen*) diligere, -ligo, -lexi, -lectum *3.*
② (*würdigen*) aestimare, -o, -avi, -atum *1. + gen;* **gering ~** parvi aestimare; **nicht ~** neglegere (-lego, -lexi, -lectum *3.*); **für nichts ~** pro nihilo habere (-eo, -ui, -itum *2.*)
③ **~ auf j-n/etw** animadvertere ad aliquem/aliquid
ächten proscribere, -scribo, -scripsi, -scriptum *3.* (**j-n** aliquem); aqua et igni interdicere (-dico, -dixi, -dictum *3.;* **j-n** alicui)
achtgeben animadvertere -verto, -verti, -versum *3.* (**auf j-n/etw** ad aliquem/aliquid)
achthundert octingenti, -ae, -a
achtmal octies
Achtung (*Respekt*) reverentia, -ae *f* (**vor j-m** alicuius); **~!** cave! *sg*, cavete! *pl*
Ächtung proscriptio, -onis *f*
achtzehn duodeviginti *indekl*
achtzig octoginta *indekl*
Acker ager, agri *m*
Acker... agrarius, -a, -um
Ackerbau agricultura, -ae *f;* **~ betreiben** agros colere (colo, colui, cultum *3.*)
Ackergesetz lex agraria (legis -ae *f*)
Ackerland ager, agri *m*
addieren
① (*dazuzählen*) addere, -do, -didi, -ditum *3.*
② (*zusammenzählen*) summam facere (facio, feci, factum *3.*)
Adel (*Person, Stand*) nobilitas, -atis *f;* **alter ~** genus antiquum (generis -i *n*); **von ~ sein** nobili loco natum esse (sum, fui, - *0.*)
Adelspartei optimates, -mat(i)um *mpl*
Ader
① (*im Körper*) vena, -ae *f*

2 (*Metall*) vena, -ae *f*
Ädil aedilis, -is *m*
Adjektiv adiectivum, -i *n*
Adler aquila, -ae *m*
adlig nobilis, -e
Adliger nobilis, -is *m*
Adverb adverbium, -i *n*
Affe simia, -ae *f*
ähneln similem esse (sum, fui, - 0.; **j-m** alicui, **einer Sache** alicui rei)
ahnen divinare, -o, -avi, -atum *1.*; **nichts ahnend** inopinans (-antis)
Ahnen PL maiores, -um *mpl*
ähnlich similis, -e
Ähnlichkeit similitudo, -inis *f* (**mit j-m** alicuius); **die ~ des Sohnes mit dem Vater** similitudo filii patris
Ahnung
 1 (*Vorahnung*) praesensio, -onis *f*
 2 (*Vermutung*) suspicio, -onis *f*
ahnungslos inopinans, -antis
Ähre spica, -ae *f*
Akkusativ casus (-us *m*) accusativus
Akt
 1 (*Handlung*) actio, -onis *f*
 2 (*im Schauspiel*) actus, -us *m*
Akte acta, -orum *n*
aktiv
 1 (*fleißig*) assiduus, -a, -um
 2 (*Grammatik*) activus, -a, -um
albern stultus, -ae, -um
Alkohol vinum, -i *n*
Alkoholiker ebriosus, -i *f*
alkoholisiert vinolentus, -a, -um
all omnis, -e; **vor ~em** imprimis
alle cuncti, -orum *mpl*, omnes, -ium *mpl, fpl*; **bis auf den letzten Mann** ad unum omnes; **~ drei Tage** tertio quoque die
allein
 1 (*ohne Begleiter*) solus, -a, -um (*gen* -ius); **~ leben** secum vivere (vivo, vixi, victurus *3.*); **j-n ~ lassen** relinquere (-linquo, -liqui, -lictum *3.*) aliquem

 2 (*einzig*) unus, -a, -um
Alleinherrschaft dominatio, -onis *f*
Alleinherrscher tyrannus, -i *m*
allerdings
 1 (*gewiss*) sane
 2 (*jedoch*) quidem
allerlei varius, -a, -um
allerletzte(r, -s) ultimus, -a, -um
alles omnia, -ium *npl*; **~, was** quidquid; quodcumque; quaecumque *npl*; **~, was du verlangst** quidquid poscis
allgemein
 A ADJ
 1 (*allen gemeinsam*) communis, -e, publicus, -a, -um
 2 (*alle betreffend*) universus, -a, -um
 B ADV **im Allgemeinen** vulgo, omnino; **es ist ~ bekannt** inter omnes constat +AcI
alljährlich ADV quotannis
allmächtig omnipotens, -entis; **~ sein** omnia posse (possum, potui, - 0.)
allmählich ADV paulatim
alltäglich cottidianus, -a, -um
allzu groß nimius, -a, -um
allzu sehr nimis, nimium
Alpen Alpes, -ium *fpl*
als
 A KONJ
 1 (*zu der Zeit, als*) cum +konjkt
 2 (*nachdem*) cum +ind
 3 (*Feststellung von Verschiedenheit*) atque, ac; **er schreibt anders, ~ er denkt** scribit aliter ac sentit
 4 **~ ob** quasi
 B ADV (*bei Komp.*) quam; **größer ~** maior quam
also ergo; igitur *nachgestellt*
alt vetus, veteris; (*Person*) grandis natu; (*Sache*) antiquus, -a, -um; **zehn Jahre ~** decem annos natus; **~e Frau** anus (-us *f*); **~er Mann** senex (senis *m*); **~er Soldat** veteranus (-i *m*); **~ werden** inveterascere (-asco, -avi, - *3.*); **älter** maior (natu); **ältester** maximus (natu)
Altar M ara, -ae *f*; altaria, -ium *npl*

▶ Wie alt bist du?

Wie alt bist du?	Quot annos natus / nata es?
Ich werde im Sommer 13 (Jahre alt).	Hac aestate quartum decimum annum ingrediar. (*wörtlich: Ich beginne im Sommer mein 14. Jahr*)
Wann hast du Geburtstag?	Quando tuus est dies (natalis)?
Ich habe am 17. Februar Geburtstag.	Dies meus est ante diem tertium decimum Kalendas Martias.
Bist du älter oder jünger als deine Schwester?	Maiorne an minor es natu quam soror tua?

SPRACHGEBRAUCH

Alter N (*Lebensalter*) aetas, -atis f; (*Greisenalter*) senectus, -utis f; (*hohes Alter, auch von Sachen*) vetustas, -atis f; **im ~ von 30 Jahren** triginta annos natus

altern (*alt werden*) senescere, senesco, senui, - 3.

Altersgenosse aequalis, -is m

altersschwach senectute defectus, -a, -um

Altersstufe gradus (-us m) aetatis

Altertum antiquitas, -atis f; **im ~** antiquis temporibus

altertümlich antiquus, -a, -um, priscus, -a, -um; (*von der Mode*) obsoletus, -a, -um

Ältestenrat senatus, -us m

Ameise formica, -ae f

Amme nutrix, -icis f

Amor (*Liebesgott*) Amor, -oris m

Amphitheater amphitheatrum, -i n

Amt munus, -eris n; (*Staatsamt*) magistratus, -us m; **~ des Prätoren** praetura (-ae f); **ein ~ verwalten** munere fungi (fungor, functus sum 3.); **ein ~ niederlegen** se abdicare (-o, -avi, -atum 1.) magistratu

Ämterlaufbahn cursus (-us m) honorum

Amtsbereich, provincia, -ae f

Amtsgewalt potestas, -atis f

Amtssessel sella (-ae f) curulis

an PRÄP +dat/akk

1 (*räumlich: wo?*) in +abl

2 (*räumlich: wohin?*) in +akk, ad +akk; **~ ... vorbei** praeter +akk

Anbau

1 (*Bebauung*) cultura, ae f

2 (*Gebäude*) adiectio, -onis f

anbauen (*Pflanzen*) serere, sero, sevi, satum 3.

anbeten adorare, -o, -avi, -atum 1., venerari, -or, -atus sum 1.

Anbetung adoratio, -onis f

anbieten offerre, offero, obtuli, oblatum 0., praebere, -eo, -ui, -itum 2.

anbinden alligare, -o, -avi, -atum 1.

Anblick

1 (*Blick*) aspectus, -us m, conspectus, -us m

2 (*äußere Erscheinung*) species, -ei f

anblicken aspicere, -spicio, -spexi, -spectum 3., intueri, -tueor, -tuitus sum 2.

anbrechen

A VT (*das erste Stück nehmen*) incidere, -cido, -cidi, -cisum 3.

B (*allmählich erscheinen*) appropinquare, -o, -avi, -atum 1.; **der Tag bricht an** lux appropinquat

andauernd continenter *adv*

Andenken memoria, ae f

andere(r, -s) alius, -a, -ud (*gen* alterius, *dat* alii), *auch subst. gebraucht*; (*von zweien*) alter, -a, -um (*gen* alterius, *dat* alteri), *auch subst. gebraucht*; **die ~n** (*die Übrigen*) ceteri; **die einen ... die ~n** alii ... alii; **~r Meinung sein** dissentire (-sentio, -sensi, -sensum 4.)

andererseits autem

ändern mutare, -o, -avi, -atum 1.; **sich ~** mutari (mutor, -atus sum 1.)

andernfalls aliter

anders aliter (**als** atque, ac)

anderswo alibi

Änderung commutatio, -onis f

andeuten significare, -o, -avi, -atum 1.

Andrang impetus, -us m

androhen minari, -or, -atus sum 1.

aneinandergeraten (*sich streiten*) rixas inter se committere (-mitto, -misi, -missum 3.)

anerkennen

1 agnoscere, agnosco, agnovi, agnitum 3. + *dopp akk*; **j-n als Sohn ~** aliquem filium agnoscere

2 (*gutheißen*) probare, -o, -avi, -atum 1.

Anerkennung (*Würdigung*) aestimatio, -onis f

Anfang initium, -i n, principium, -i n; **am ~** initio; **von ~ an** ab initio; **am ~ des Frühlings** vere ineunte

anfangen incipere, incipio, coepi, coeptum 3., ordiri, ordior, orsus sum 4.

anfangs initio, primo

Anfeindung obtrectatio, -onis f

anfertigen fabricare, -o, -avi, -atum 1., conficere, -ficio, -feci, -fectum 3.

anfeuern incitare, -o, -avi, -atum 1.

anflehen implorare, -o, -avi, -atum 3. (**j-n um etw** aliquem aliquid)

Anfrage interrogatio, -onis f

anführen

1 (*leiten*) praeesse, -sum, -fui, - 0. (alicui/alicui rei); **ein Heer ~** exercitui praeesse (-sum, -fui, - 0.)

2 (*Beispiel*) afferre, affero, attuli, allatum 0.

Anführer dux, ducis m

anfüllen implere, -eo, -evi, -etum 2.

angeben (*sagen*) dicere, dico, dixi, dictum 3.

Angeber homo (-minis m) gloriosus

angeblich

A ADJ qui (quae, quod) dicitur; **der ~e Vater des Kindes** qui pater pueri esse dicitur

B ADV ut dicitur, ut aiunt *als Einschub*

angeboren innatus, -a, -um

Angebot condicio, -onis f; **ein ~ machen** condicionem ferre (fero, tuli, latum 0.); **ein ~ annehmen** condicionem accipere (-cipio, -cepi, -ceptum 3.)

angehen pertinere, -eo, -ui, - 3. (**j-n/etw ad** aliquem/aliquid); **es geht mich nichts an** non est meum

Angehöriger propinquus, -i m

Angeklagter reus, -i *m*
Angelegenheit res, rei *f*
angemessen commodus, -a, -um
angenehm iucundus, -a, -um, gratus, -a, -um, dulcis, -e
angesehen nobilis, -e
angespannt (*aufmerksam*) attentus, -a, -um
angreifen aggredi, -gredior, -gressus sum 3., petere, -o, -ivi, -itum 3., adire, -eo, -ii, -itum 0.
angrenzend finitimus, -a, -um
Angriff impetus, -us *m*
Angst timor, -oris *m*, metus, -us *m*; **~ haben vor j-m/etw** timere aliquem/aliquid; **in ~ und Schrecken versetzen** perterrere (-terreo, -terrui, -territum 2.)
ängstigen terrere, -eo, -ui, -itum 2.; **sich ~** trepidare, -o, -avi, -atum 1.
ängstlich timidus, -a, -um
anhalten
A *vt* retinere, -tineo, -tinui, -tentum 2.
B *vi*
1 (*stehen bleiben*) consistere, -sisto, -stiti, - 3.
2 (*andauern*) permanere, -maneo, -mansi, mansum 2.
Anhänger POL fautor, -oris *m*
Anhänglichkeit fides, -ei *f*
anheften af(f)igere, -figo, -fixi, -fixum 3. (**an etw** ad aliquid/alicui rei)
Anhöhe collis, -is *m*
anhören audire, -io, -ivi, -itum 4.
Anker ancora, -ae *f*; **die ~ lichten** ancoras tollere (tollo, sustuli, sublatum 0.), naves solvere (solvo, solvi, solutum 3.)
Anklage (*vor Gericht*) accusatio, -onis *f*; (*Beschuldigung*) crimen, -inis *n*
anklagen accusare, -o, -avi, -atum 1.
anklopfen pulsare, -o, -avi, -atum 1. (**an die Tür** fores)
ankommen
1 (*eintreffen*) advenire, -venio, -veni, -ventum 4.
2 (*wichtig sein*) referre, refero, rettuli, relatum 0.; **es kommt darauf an** refert
ankündigen denuntiare, -o, -avi, -atum 1.
Ankunft adventus, -us *m*
Anlage
1 (*Veranlagung*) ingenium, -i *n*
2 (*Park*) hortus, -i *m*
3 (*Beilage*) additamentum, -i *n*
Anlass causa, -ae *f*
anlegen
1 (*bauen*) aedificare, -o, -avi, -atum 1.; **eine Straße ~** viam munire (-io, -ivi, -itum 4.)
2 (*Kleid*) induere, -duo, -dui, -dutum 3.
anleiten instruere, -struo, -struxi, -structum 3. (**zu etw** ad aliquid)
Anleitung institutio, -onis *f*

Anliegen (*Bitte*) postulatio, -onis *f*; **es ist mir ein ~** mihi cordi est
anlocken allicere, -licio, -lexi, -lectum 3.
anmaßend arrogans, -antis
Anmaßung arrogantia, -ae *f*
Anmerkung notatio, -onis *f*
Anmut gratia, -ae *f*
anmutig amoenus, -ae, -um
annehmen
1 accipere, -cipio, -cepi, -ceptum 3.
2 (*glauben*) putare, -o, -avi, -atum 1. (**dass** +AcI)
Annehmlichkeit iucunditas, -atis *f*; commodum, -i *n*
anordnen
1 (*sortieren*) componere, -pono, -posui, -positum 3.
2 (*befehlen*) iubere, iubeo, iussi, iussum 3.
Anordnung
1 (*Einteilung*) compositio, -onis *f*
2 (*Befehl*) iussum, -i *n*
anpflanzen serere, sero, sevi, satum 3.
anrechnen: **zum Lob ~** laudi dare (do, dedi, datum 1.); **als Fehler ~** vitio dare
anreden alloqui, -loquor, -locutus sum 3.
anrücken accedere, -cedo, -cessi, -cessum 3.
anrufen invocare, -o, -avi, -atum 1.
anschauen spectare, -o, -avi, -atum 1., intueri, -tueor, -tuitus sum 2.
Anschein species, -ei *f*; **den ~ haben von etw** speciem alicuius rei habere (-eo, -ui, -itum 2.); **es hat den ~, als ob er krank wäre** videtur aegrotare
anscheinend *durch* videri (videor, visus sum 2.); **er ist ~ krank** videtur aegrotare
anschicken: **sich ~** parare, -o, -avi, -atum 1. (**zu etw** aliquid; **etw zu tun** +inf)
Anschlag insidiae, -arum *fpl*
anschlagen affigere, -figo, -fixi, -fixum 3. (**an etw** alicui rei/ad aliquid)
anschließen adiungere, -iungo, -iunxi, -iunctum 3. (**an etw** alicui rei/ad aliquid), **sich ~** sequi (sequor, secutus sum 3.; **j-m** aliquem)
anschließend deinde
Anschluss
1 (*das Anschließen*) adiunctio, -onis *f*
2 (*was angeschlossen ist*) quod additum est
Anschuldigung crimen, -inis *n*
ansehen a(d)spicere, -spicio, -spexi, -spectum 3.; **~ als j-n** habere (-eo, -ui, -itum 2.) pro aliquem
Ansehen auctoritas, -atis *f*
ansehnlich pulcher, -chra, -chrum
Ansicht
1 (*Anblick*) aspectus, -us *m*
2 (*Meinung*) sententia, -ae *f*; **der ~ sein, dass** censere (censeo, censui, censum 3.) +AcI

ansiedeln collocare, -o, -avi, -atum 1.; **sich ~** considere, -sido, -sedi, -sessum 3.
Ansiedlung colonia, ae f
anspannen contendere, -tendo, -tendi, -tentum 3., auch fig; **Pferde (an den Wagen) ~** equos curru iungere (iungo, iunxi, iunctum 1.)
anspornen incitare, -o, -avi, -atum 1.
Ansprache oratio, -onis f; **eine ~ an j-n halten** verba facere (facio, feci, factum 3.) apud aliquem
ansprechen alloqui, -loquor, -locutus sum 3.
Anspruch (Forderung) postulatio, -onis f; **in ~ nehmen** occupare, -o, -avi, -atum 1.
Anspruchslosigkeit modestia, -ae f
anstacheln incitare, -o, -avi, -atum 1.
Anstand pudor, -oris m
anständig honestus, -a, -um; **sich ~ benehmen** honeste se gerere (gero, gessi, gestum 3.)
anstatt
A PRÄP +gen pro +abl
B KONJ **~ zu ... tantum abest, ut ... ut; ~ zu loben, tadelte er** tantum aberat, ut laudaret, ut vituperaret
ansteigen (aufwärts gehen) ascendere, -scendo, -scendi, -scensum 3.
anstelle PRÄP +gen pro +abl
anstoßen offendere, -fendo, -fendi, -fensum 3.
anstreben (ap)petere, -o, -ivi, -itum 3.
anstrengen: sich ~ contendere, -tendo, -tendi, -tentum 3., laborare, -o, -avi, -atum 1.
Anstrengung labor, -oris m
Ansturm impetus, -us m
Anteil pars, partis f; **~ nehmen** (mitfühlen) moveri, moveor, motus sum 2. (**an etw** re)
Anteilnahme misericordia, -ae f
Antrag POL rogatio, -onis f
antreiben incitare, -o, -avi, -atum 1., impellere, -pello, -puli, -pulsum 3.
antreten (ein Amt) inire, -eo, -ii, -itum 0.
Antrieb impetus, -us m; **aus eigenem ~** mea (tua, sua usw.) sponte
antun afferre, affero, attuli, allatum 0.; **j-m Gewalt ~** vim inferre (infero, intuli, illatum 0.) alicui
Antwort responsum, -i n
antworten respondere, -spondeo, -spondi, -sponsum 2.
anvertrauen credere (-do, -didi, -ditum 3.), committere (-mitto, -misi, -missum 3.), mandare (-o, -avi, -atum 1.)
Anwalt patronus, -i m
anweisen (vorschreiben) praecipere, -cipio, -cepi, -ceptum 3. (**j-m etw** alicui aliquid)
anwenden adhibere, -eo, -ui, -itum 2.
anwerben conscribere, -scribo, -scripsi, -scriptum 3.
anwesend praesens, -entis; **~ sein** adesse (adsum, affui 0.)
Anwesende(r): der ~ is, qui adest
Anwesenheit praesentia, -ae f; **in j-s ~** aliquo praesente
anwidern: etw widert mich an me taedet alicuius rei
Anzahl numerus, -i m
Anzeichen
1 signum, -i n
2 (Vorzeichen) omen, ominis n
Anzeige indicium, -i n
anzeigen
1 (offenbaren) indicare, -o, -avi, -atum 1.
2 (Anzeige erstatten) denuntiare, -o, -avi, -atum 1.
anziehen
1 (heranziehen) attrahere, -traho, -traxi, -tractum 3.
2 (Kleid) induere, -duo, -dui, -dutum 3.
Anzug (Kleid) vestis, -is f
anzünden accendere, -cendo, -cendi, -censum 3.; (in Brand setzen) inflammare, -o, -avi, -atum 1.
Apfel malum, -i n
Apfelbaum malus, -i f

▶ Obstbäume

Das Wort für Baum – arbor ⟨arboris⟩ – sowie alle Baumnamen sind feminin, die jeweilige Frucht des Baumes ist in der Regel Neutrum:

malus ⟨i⟩ f	Apfelbaum
malum ⟨i⟩ n	Apfel
pirus ⟨i⟩ f	Birnbaum
pirum ⟨i⟩ n	Birne
cerasus ⟨i⟩ f	Kirschbaum
cerasum ⟨i⟩ n	Kirsche
arbor persica ⟨ae⟩ f	Pfirsichbaum
malum persicum ⟨i⟩ n	Pfirsich

WORTSCHATZ ◀

Apostel apostolus, -i m
April Aprilis, -is m
Ära aetas, -atis f
Arbeit
1 labor, -oris m
2 (Werk) opus, operis n
arbeiten opus facere, facio, feci, factum 3.
Arbeiter operaius, -i m
Architekt architectus, -i m
arg
A ADJ malus, -a, -um
B ADV vehementer

Ärger
1. (*Empfindung*) aegritudo, -inis f
2. (*Ärgernis*) offensio, -onis f

ärgerlich
1. (*Ärger empfindend*) stomachosus, -a, -um; ~ **werden** exasperari (-or, -atus sum 1.)
2. (*Ärger erregend*) molestus, -a, -um

ärgern offendere, -fendo, -fendi, -fensum 3.; **sich ~ über etw** moleste ferre (fero, tuli, latum 0.) aliquid

Argwohn suspicio, -onis f

argwöhnen suspicari, -or, -atus sum 1.

argwöhnisch suspiciosus, -a, -um

Aristokrat: **die Aristokraten** optimates, -ium m

Aristokratie optimates, -ium m

arm
1. pauper, pauperis
2. (*elend*) miser, -era, -erum

Arm bracchium, -i n

armselig miser, -era, -erum

Armut paupertas, -atis f, inopia, -ae f

arrogant superbus, -a, -um

Arroganz superbia, -ae f

Art
1. (*Weise*) modus, -i m, ratio, -onis f; **auf jede mögliche ~** quoquo modo
2. (*Gattung*) genus, -eris n

Arznei medicina, -ae f

Arzt medicus, -i m

As (*Münzeinheit*) as, assis m

Asche cinis, cineris m

Ast ramus, -i m

Asyl asylum, -i n

Atem spiritus, -us m, anima, -ae f

Athlet athleta, -ae m

athletisch athleticus, -a, -um

Atlantik mare (maris n) Atlanticum

atmen spirare, -o, -avi, -atum 1.

Atmosphäre caelum, -i n

Attentat insidiae, -arum fpl

auch etiam; quoque *nachgestellt*; **wenn ~** etiamsi

auf¹ PRÄP + datl akk
1. (*räumlich: wo?*) in +abl
2. (*räumlich: wohin?*) in +akk
3. ~ ... **hin** ad +akk

auf²
A INT ~ ! age!, agedum!
B ADV (*geöffnet*) ~ **sein** apertum esse

aufbahren feretro imponere (-pono, -posui, -positum 3.)

Aufbau aedificatio, -onis f

aufbauen aedificare, -o, -avi, -atum 1.

aufbewahren conservare, -o, -avi, -atum 1.

aufblühen florescere, -esco, -, - 3.

aufbrauchen consumere, -sumo, -sumpsi, -sumptum 3.

aufbrechen proficisci, -ficiscor, -fectus sum 3.

aufbürden imponere, -pono, -posui, -positum 3.

aufdecken detegere, -tego, -texi, -tectum 3.

aufdringlich molestus, -a, -um

aufeinander alter (-a, -um) super alterum (-am, -um), alius (-a, -ud) super alium (-am, -ud)

aufeinandertreffen
1. collidi, -lidor, -lisus sum 3.
2. (*miteinander kämpfen*) confligere, -fligo, -flixi, -flictum 3.

Aufenthalt mora, -ae f

auferlegen imponere, -pono, -posui, -positum 3.

aufessen comedere, -edo, -edi, -esum 3.

auffallen conspicuum esse; **mir fällt auf** miror +AcI

auffallend conspicuus, -a, -um

auffällig insignis, -e

auffangen excipere, -cipio, -cepi, -ceptum 3.

auffassen (*begreifen*) animo capere (capio, cepi, captum 3.)

Auffassung
1. (*Erkennen*) cognitio, -onis f
2. (*Meinung*) opinio, -onis f

auffinden investigare, -o, -avi, -atum 1.

auffordern iubere, iubeo, iussi, iussum 3., adhortari, -or, -atus sum 1. (**etw zu tun** ut +konjkt)

Aufforderung invitatio, -onis f

auffressen comedere, -edo, -edi, -esum 3.

aufführen edere, edo, edidi, editum 3.; **ein Schauspiel ~** fabulam agere (ago, egi, actum 3.)

Aufgabe
1. (*das Aufgeben*) abdicatio, -onis f
2. (*Auftrag*) munus, -eris n, negotium, -i n; **eine ~ erfüllen** munus exsequi (-sequor, -secutus sum 3.)

aufgeben omittere, -mitto, -misi, -missum 3.; **die Hoffnung ~** desperare (-o, -avi, -atum 1.)

aufgehen (*Sonne, Mond*) oriri, orior, ortus sum 4.

aufgreifen: **wieder ~** reprehendere, -prehendo, prehendi, prehensum 3.

aufgrund PRÄP +gen e, ex +abl, *oder nur durch abl*; **~ der Gesetze** (e) legibus

aufhalten
1. (*zurückhalten*) retinere, -tineo, -tinui, -tentum 2.
2. **sich ~** versari, -or, -atus sum 1.

aufhängen (sus)pendere, -pendo, -pendi,

-pensum 3.

aufheben
1. (*hochheben*) levare, -o, -avi, -atum 1.
2. (*beseitigen*) tollere, tollo, sustuli, sublatum 0.
3. **ein Gesetz ~** legem abrogare (-o, -avi, -atum 1.)

aufheitern consolari, consolor, consolatus sum 1.

aufhetzen instigare, -o, -avi, -atum 1.; **die Römer gegen Hannibal ~** Romanos in Hannibalem instigare

aufhören desinere, -sino, -sii, -situm 3., desistere, -sisto, -stiti 3. (**mit etw** re)

auflauern insidias parare (-o, -avi, -atum 1.; **j-m** alicui)

auflehnen: sich ~ resistere, -sisto, -stiti, - 3.

auflesen legere, lego, legi, lectum 3.

auflösen dissolvere, -solvo, -solvi, -solutum 3.

aufmachen
1. (*öffnen*) aperire, aperio, aperui, apertum 3.
2. **sich ~** proficisci, proficiscor, profectus sum 3.

aufmerksam attentus, -a, -um

Aufmerksamkeit animus (-i m) intentus

aufnehmen excipere/recipere, -cipio, -cepi, -ceptum 3.

aufpassen animum attendere (-tendo, -tendi, -tentum 3.; **auf etw** ad aliquid)

aufrecht erectus, -a, -um

aufrechterhalten sustinere, -tineo, -tinui, -tentum 2.

aufregen excitare, -o, -avi, -atum 1.

aufregen: sich ~ commoveri, -moveor, -motus sum 2.

aufreizen concitare, -o, -avi, -atum 1.

aufrichten erigere, -rigo, -rexi, -rectum 3.; **wieder ~** restituere (-uo, -ui, -utum 3.)

aufrichtig verus, -a, -um, sincerus, -a, -um

aufrufen vocare, -o, -avi, -atum 1.

Aufruhr seditio, -onis f

aufsagen recitare, -o, -avi, -atum 1.

aufschichten exstruere, -struo, -struxi, -structum 3.

aufschieben differre, differo, distuli, dilatum 0.

aufschließen aperire, aperio, aperui, apertum 3.

aufschrecken excitare, -o, -avi, -atum 1.

aufschreiben conscribere, -scribo, -scripsi, -scriptum 3.

Aufschrift inscriptio, -onis f

Aufschub mora, -ae f

Aufsehen admiratio, -onis f; **~ erregen** admirationem movere (moveo, movi, motum 2.)

aufsehenerregend conspicuus, -a, -um

Aufsicht cura, -ae f (**über etw** alicuius rei); **die ~ über etw führen** curare (-o, -avi, -atum 1.) aliquid

aufsperren aperire, aperio, aperui, apertum 3.

aufspringen exsilire, -silio, -silui, -sultum 4.

aufspüren investigare, -o, -avi, -atum 1.

Aufstand seditio, -onis f

aufständisch rebellis, -e

aufstehen surgere, surgo, surrexi, surrectum 3.; **wieder ~** resurgere, -go, -rexi, -rectum 3.

aufsteigen ascendere, -scendo, -scendi, -scensum 3. (**auf ein Pferd** in equum)

Aufsteiger homo (-minis m) novus

aufstellen
1. (*hinstellen*) collocare (-o, -avi, -atum 1.)
2. (*errichten*) statuere *od* constituere (-uo, -ui, -utum 3.); **sich ~** consistere (-sisto, -stiti, - 3.)
3. **das Heer in Schlachtordnung ~** aciem instruere (-struo, -struxi, - 3.); **Wachen ~** stationes disponere (-pono, -posui, -positum 3.)

aufsuchen
1. (*Ort*) adire, -eo, -ii, -itum 0.
2. (*Person*) convenire (venio, -veni, -ventum 4., **einen Freund** amicum)

auftauchen emergere, -mergo, -mersi, -mersum 3., *auch fig*

Auftrag mandatum, -i n

auftragen mandare, -o, -avi, -atum 1.

auftreten
1. exsistere, -sisto, -stiti, - 3.
2. (*in Versammlungen usw.*) prodire, -eo, -ii, -itum 3.

Auftritt scaena, -ae f

aufwachen expergisci, -pergiscor, -perrectus sum 3.

aufwachsen adolescere, -olesco, -olevi, - 3.

Aufwand sumptus, -us m

aufwärts sursum

aufwecken (e somno) excitare, -o, -avi, -atum 1.

aufwenden impendere, -pendo, -pendi, -pensum 3.

aufwiegeln sollicitare, -o, -avi, -atum 1.

aufwühlen excitare, -o, -avi, -atum 1.

aufzählen enumerare, -o, -avi, -atum 1.

aufzeichnen (in)scribere, -scribo, -scripsi, -scriptum 3.

Aufzeichnung notatio, -onis f

aufzeigen demonstrare, -o, -avi, -atum 1.

aufziehen (*erziehen*) educare, -o, -avi, -atum 1.

Auge oculus, -i m; **vor ~n haben** ante oculos habere (-eo, -ui, -itum 2.); **aus den ~n verlieren** non iam spectare (-o, -avi, -atum 1.); **ins ~ fassen** considerare (-o, -avi, -atum 1.)

Augenblick momentum, -i n; **entscheiden-**

der ~ discrimen (-iminis *n*); **im rechten ~** (in) tempore; **einen ~ bitte!** mane parumper!
augenblicklich statim
Augenlicht lumina (-orum *npl*) oculorum
Augenzeuge testis, -is *m*
Augur augur, -uris *m*
August Augustus, -i *m*
aus PRÄP +*dat*
1 (*Herkunft, Material*) e, ex +*abl*
2 (*Ursache*) propter, ob +*akk*
ausbessern sarcire, sarcio, sarsi, sartum 4.; **ein Schiff ~** reficere (-ficio, -feci, -fectum 3.) navem
ausbilden erudire, -io, -ivi, -itum 4.
Ausbildung conformatio, -onis *f*
ausbrechen V/I
1 erumpere, -rumpo, -rupi, -ruptum 3.
2 (*entstehen*) oriri, orior, ortus sum 3.
ausbreiten (ex)pandere, pando, pandi, passum/pansum; **sich ~** vagari (-or, -atus sum 1.)
Ausbruch eruptio, -onis *f*
Ausdauer
1 patientia, -ae *f*
2 (*Standhaftigkeit*) constantia, -ae *f*
ausdauernd
1 patiens, -entis
2 (*standhaft*) constans, -antis
ausdehnen extendere, -tendo, -tendi, -tentum 3.
ausdenken: sich ~ fingere (fingo, finxi, fictum 3)
Ausdruck
1 (*sprachlich*) verbum, -i *n*
2 (*Gesichtsausdruck*) vultus, -us *m*
ausdrücken exprimere, -primo, -pressi, -pressum 3., *auch fig*
ausdrücklich apertus, -a, -um
auseinanderbrechen
A V/T frangere, frango, fregi, fractum 3.
B V/I frangi, frangor, fractus sum 3.
auseinanderfallen dilabi, -labor, -lapsus sum 3.
auseinandergehen discedere, -cedo, -cessi, cessum 3
auseinanderlaufen discurrere, -curro, -curri, -cursum 3.
Auseinandersetzung controversia, -ae *f*
auserlesen (d)electus, -a, -um; (*vortrefflich*) egregius, -a, -um
ausfahren
1 proficisci, -ficiscor, -fectus sum 3.
2 NAUT enavigare, -o, -avi, -atum 1.
Ausfall MIL excursio, -onis *f*
ausfallen
1 (*herausfallen*) excidere, -cido, -cidi, - 3.
2 (*nicht stattfinden*) praetermitti, -mittor, -missus sum 3.
ausfindig machen investigare, -o, -avi, -atum 1.
Ausflug excursio, -onis *f*
ausführen
1 (*Ware*) exportare, -o, -avi, -atum 1.
2 (*durchführen*) perficere, -ficio, -feci, -fectum 3.
ausführlich
A ADJ diligens, -entis
B ADV diligenter
Ausführung actio, -onis *f*
ausfüllen explere, -eo, -evi, -etum 2.
Ausgabe
1 (*einer Schrift*) editio, -onis *f*
2 (*Geldausgabe*) pecunia (-ae *f*) expensa
Ausgang exitus, -us *m*, *auch fig*
Ausgangspunkt initium, -i *n*
ausgeben
1 (*eine Schrift*) edere, edo, edidi, editum 3.
2 (*Geld*) expendere, -pendo, -pendi, -pensum 3.
ausgebreitet passus, -a, -um; **mit ~en Armen** *od* **Händen** passis manibus
ausgedehnt latus, -a, -um
ausgehen
1 in publicum prodire (-eo, -ii, -itum 0.)
2 (*schwinden*) deficere, -ficio, -feci, -fectum 3. (j-m aliquem)
3 (*enden*) evenire, -venio, -veni, -ventum 4.
ausgezeichnet egregius, -a, -um, insignis, -e
ausgiebig copiosus, -a, -um
ausgießen (ef)fundere, -fundo, -fudi, -fusum 3.
ausgraben effodere, -fodo, -fodi, -fossum 3.
aushalten tolerare, -o, -avi, -atum 1., sustinere, -tineo, tinui, -tentum 2.
ausharren perseverare, -o, -avi, -atum 1.
aushauchen exspirare, -o, -avi, -atum 1.; **sein Leben ~** animam efflare (-o, -avi, -atum 1.)
aushöhlen cavare, -o, -avi, -atum 1.
auskennen: sich ~ peritum esse
auskommen
1 satis habere (-eo, -ui, -itum 2.) (**mit etw** alicuius rei)
2 ferre, fero, tuli, latum 0. (**mit j-m** aliquem)
auskundschaften explorare, -o, -avi, -atum 1.
Auskunft explicatio, -onis *f*; **um ~ bitten** rogare (-o, -avi, -atum 1.); **j-m ~ geben über etw** docere (doceo, docui, doctum 2.) aliquem aliquid
auslachen irridere, -rideo, -risi, -risum 3.
Ausland terrae (-arum *fpl*) exterae
Ausländer peregrinus, -i *m*
ausländisch alienus, -a, -um, peregrinus, -a,

-um
auslaufen
① emanare, -o, -avi, -atum 1.
② NAUT naves solvere (solvo, solvi, solutum 3.)
auslegen (deuten) interpretari, -or, -atus sum 1.
ausleihen commodare, -o, -avi, -atum 1.
auslesen eligere, -ligo, -legi, -lectum 3.
ausliefern tradere od dedere, -do, -didi, -ditum 3.
auslöschen exstinguere, -stinguo, -stinxi, -stinctum 3.
ausmessen metiri, metior, mensus sum 4.
Ausnahme exceptio, -onis f; **alle ohne ~** ad unum omnes; **eine ~ machen** excipere (-cipio, -cepi, -ceptum 3.)
ausnahmsweise extra ordinem
ausnehmen excipere, -cipio, -cepi, -ceptum 3.
ausnutzen abuti, -utor, -usus sum 3.
auspeitschen virgis caedere (caedo, cecidi, caesum 3.)
ausprobieren experiri, -perior, -pertus sum 4.
Ausrede praetextus, -us m; **eine ~ benutzen** excusatione uti (utor, usus sum 3.)
ausreichen sufficere, -ficio, -feci, -fectum 3.; **nicht ~** deficere, -ficio, -feci, -fectum 3.
ausreichend satis
ausreißen
① (herausreißen) evellere, -vello, -velli, -vulsus 3.
② (fliehen) (ef)fugere, -fugio, -fugiturus sum 3.
ausrichten proficere, -ficio, -feci, -fectum 3.; **einen Gruß ~** salutem nuntiare (-o, -avi, -atum 1.); **ohne etw ausgerichtet zu haben** infecta re
ausrotten exstinguere, -stinguo, -stinxi, -stinctum 3.
ausrücken MIL exire, -eo, -ii, -itum 0.
Ausruf exclamatio, -onis f
ausrufen exclamare, -o, -avi, -atum 1.; **j-n zum König ~** aliquem regem declarare (-o, -avi, -atum 1.)
ausruhen (re)quiescere, -quiesco, -quievi, -quietum 3.
ausrüsten (ex)ornare, -o, -avi, -atum 1.
Ausrüstung ornamentum, -i n
Aussaat sementis, -is f
Aussage dictum, -i n
aussagen (vor Gericht) testari, -or, -atus sum 1.
ausscheiden
Ⓐ V/T secernere, -cerno, -crevi, -cretum 3.
Ⓑ V/I abire, -eo, -ii, -itum 3.
ausschließen excludere, -cludo, -clusi, -clusum 3. (**von etw** re)
ausschmücken exornare, -o, -avi, -atum 1. (**mit etw** re)
Ausschmückung exornatio, -onis f
ausschneiden exsecare, -seco, -secui, -sectum 1.
ausschöpfen exhaurire, -haurio, -hausi, -haustum 4.
Ausschweifung luxuria, -ae f
aussehen speciem habere (habeo, habui, habitum 2.; **wie jd** alicuius); **so ~, als ob** videri (videor, visus sum 2.)
Aussehen species, -ei f, facies, -ei f, habitus, -us m
außen extra; **von ~** ex exteriore parte; **ein Feind von ~** hostis (-is m) externus
außer
Ⓐ PRÄP +dat
① praeter +akk; (nach Verneinung) nisi
② **~ sich** perturbatus, -a, -um
Ⓑ KONJ **~ dass** praeterquam; **~ wenn** nisi
außerdem praeterea
äußere(r, -s) exterior, -ius, ulterior, -ius
außerhalb PRÄP +gen extra +akk
äußerlich
Ⓐ ADJ extrinsecus, -a, -um
Ⓑ ADV specie

▶ aussehen

Qua facie est?	Wie sieht er aus?
Est …	Er ist …
statura procerus / parvus.	groß / klein.
corpore obeso / gracili.	dick / schlank.
robusto / languido corpore.	kräftig / schmächtig.
Est …	Sie ist …
rutilis / fuscis / flavis capillis.	rothaarig / brünett / blond.
Est …	Sie hat …
oculis caeruleis / glaucis / fuscis.	blaue / blaugrüne / braune Augen.

SPRACHGEBRAUCH ◀

äußern: sich ~ dicere, dico, dixi, dictum 3., loqui, loquor, locutus sum 3.

außerordentlich
1. ADJ eximius, -a, -um
2. ADV durch sup **~ schnell** celerrime

äußerste(r, -s) extremus, -a, -um, ultimus, -a, -um

Äußerung dictum, -i n

Aussetzen exponere, -pono, -posui, -positum 3.; **sich einer Gefahr ~** se offerre (offero, obstuli, oblatum 0.) periculo

Aussicht prospectus, -us m; **in ~ stellen** proponere (-pono, -posui, -positum 3.)

aussöhnen reconciliare, -o, -avi, -atum 1.; **sich ~** reconciliari, -or, -atus sum 1.

Aussöhnung reconciliatio, -onis f

aussprechen pronuntiare, -o, -avi, -atum 1.

Ausspruch dictum, -i n

ausstatten (ex)ornare, -o, -avi, -atum 1.

Ausstattung ornatus, -us m

aussteigen (aus dem Wagen) descendere, -scendo, -scendi, -scensum 3.; (aus dem Schiff) exire, -eo, -ii, -itum 0.

ausstellen exponere, -pono, -posui, -positum 3.

Ausstellung expositio, -onis f

ausstoßen
1. eicere, -icio, -ieci, -iectum 3.; **aus dem Senat ~** senatu movere (moveo, movi, motum 2.)
2. fig **einen Schrei ~** exclamare (-o, -avi, -atum 1.)

ausstrecken tendere, tendo, tetendi, tentum 3.; **sich ~** se sternere (sterno, stravi, stratum 3.)

ausstreuen spargere, spargo, sparsi, sparsum 3.

aussuchen eligere, -ligo, -legi, -lectum 3.

austauschen commutare, -o, -avi, -atum 1. **(gegen etw** re)

austeilen distribuere, -tribuo, -tribui, -tributum 3.

austrinken ebibere, -bibo, -bibi, - 3., epotare, -poto, -potavi, -potatum 1.

ausüben fungi, fungor, functus sum 3.; **ein Amt ~** munere fungi

Auswahl
1. (das Auswählen) electio, -onis f
2. **eine ~ von Büchern** libri selecti (-orum mpl)

auswählen eligere, -ligo, -legi, -lectum 3.

auswandern emigrare, -o, -avi, -atum 1.

auswärtig exterus, -a, -um

auswärts foris

Ausweg fig via (-ae f) salutis

ausweichen cedere, cedo, cessi, cessum 3.

auswendig: ~ lernen ediscere, -disco, -didici, - 3.

auszeichnen ornare, -o, -avi, -atum 1.; **sich ~ vor j-m** excellere (-cello, - 3.) alicui

Auszeichnung beneficium, -i n

ausziehen (Kleid) exuere, -uo, -ui, -utum 3.; **aus einem Haus ~** e domo emigrare

Autor auctor, -oris m

Autorität auctoritas, -atis f

Axt securis, -is f

B

Bach rivus, -i m

Backe gena, -ae f

backen
1. VT coquere, coquo, coxi, coctum 3.
2. VI coqui, coquor, coctus sum 3.

Bäcker pistor, -oris m

Bäckerei pistrina, -ae f

Bad (Ort) balneum, -i n

Badeanstalt thermae, -arum fpl

baden VI lavari, lavor, lautus sum 1.

Bahn
1. via, -ae f
2. ASTROL, NAUT cursus, -us m

Bahre (für Tote) feretrum, -i n

bald mox, brevi; **~ ... ~** modo ... modo; **~ darauf** paulo post, brevi; **so ~ wie möglich** od **möglichst ~** quam primum

Balken trabs, trabis f

Ball pila, -ae f; **~ spielen** pila ludere (ludo, lusi, lusum 3.)

Band vinculum, -i n

bändigen domare, -o, -ui, -itum 1.

Bank (zum Sitzen) scamnum, -i n

Bär ursus, -i m

Barbar barbarus, -i m

barbarisch
1. barbarus, -a, -um
2. (grausam) crudelis, -e

barmherzig misericors, -cordis

Barmherzigkeit misericordia, -ae f

Bart barba, -ae f

Basilika basilica, -ae f

Basis
1. basis, -is f
2. (Fundament) fundamentum, -i n

Bau
1. (Gebäude) aedificium, -i n
2. (Bauart) structura, -ae f

Bauch venter, -tris m

bauen aedificare, -o, -avi, -atum 1.

Bauer agricola, -ae m, rusticus, -i m
bäuerlich rusticus, -a, -um
Bauernhof fundus, -i m
Bauholz materia, -ae f
Baum arbor, -oris f

▶ Der Baum

Die Bestandteile eines Baumes werden lateinisch so bezeichnet:

radix ⟨radicis⟩ f	Wurzel
truncus ⟨i⟩ m	Baumstamm
ramus ⟨i⟩ m	Ast
folium ⟨i⟩ n	Blatt
flos ⟨floris⟩ m	Blüte
gemma ⟨ae⟩ f	Knospe
frons ⟨frondis⟩ f	Laub

WORTSCHATZ ◀

Baumstamm truncus, -i m
Bauwerk aedificium, -i n; **~e errichten** aedificia exstruere (-struo, -struxi, -structum 1.)
beabsichtigen intendere, -tendo, -tendi, -tentum 3.
beachten observare, -o, -avi, -atum 1.; **nicht ~** neglegere (-lego, -lexi, -lectum 3.)
beachtlich gravis, -e
Beamter magistratus, -us m
beanspruchen vindicare, -o, -avi, -atum 1.
beantragen rogare, -o, -avi, -atum 1.; **ein Gesetz ~** legem ferre (fero, tuli, latum 0.) od rogare (-o, -avi, -atum 1.)
beantworten respondere, -spondeo, -spondi, -sponsum 2.
bearbeiten
1 tractare, -o, -avi, -atum 1.
2 (Boden) colere, colo, colui, cultum 3.
Bearbeitung (vom Acker) cultura, -ae f
beaufsichtigen observare, -o, -avi, -atum 1.
beauftragen mandare, -o, -avi, -atum 1. (**j-n mit etw** alicui aliquid)
bebauen (Acker) colere, colo, colui, cultum 3.
beben tremere, tremo, tremui, - 3.; **die Erde bebt** terra movetur
Beben tremor, -oris m
Becher poculum, -i n
Becken
1 (Körperteil) pelvis, -is f
2 (Gefäß) labrum, -i n
bedacht studiosus, -a, -um (**auf etw** alicuius rei)
bedächtig cautus, -a, -um
bedanken: sich ~ gratias agere (ago, egi, actum 3.; **bei j-m** alicui)
Bedarf necessitas, -atis f
bedauern dolere, -eo, -ui, -iturus 2.
Bedauern miseratio, -onis f
bedecken tegere, tego, texi, tectum 3.
Bedenken (Zweifel) dubitatio, -onis f; **~ haben** dubitare (-o, -avi, -atum 1.)
bedenken considerare, -o, -avi, -atum 1., cogitare, -o, -avi, -atum 1.
bedeuten (heißen) significare, -o, -avi, -atum 1.; **das hat nichts zu ~** pro nihilo habendum est
bedeutend magnus, -a, -um; **ein sehr ~er Mann** vir summus (viri -i m); **eine ~e Sache** res (rei f) magni momenti
Bedeutung
1 (Sinn) significatio, -onis f
2 (Wichtigkeit) gravitas, -atis f; **es ist von ~ interest** +AcI/+inf; **eine Sache von so großer ~** res (rei f) tanti momenti
bedienen ministrare, -o, -avi, -atum 1.; **sich eines Stockes ~** baculo uti (utor, usus sum 3.)
Bedingung condicio, -onis f; **unter der ~, dass** ea lege ut
bedrängen premere, premo, pressi, pressum 3., urgere, urgeo, ursi, - 3.
bedrohen minari, -or, -atus sum 1. (**j-n mit etw** alicui aliquid)
bedrohlich minax, -acis; **~e Lage** periculum (-i) n
Bedrohung minatio, -onis f
bedrücken gravare, -o, -avi, -atum 1.
bedürfen egere, -eo, -ui, - 2. (**einer Sache** re)
Bedürfnis necessitas, -atis f
beeilen: sich ~ festinare, properare (-o, -avi, -atum 1.)
beeindrucken permovere, -moveo, -movi, -motum 2.
beeinflussen movere, moveo, movi, motum 2.
beeinträchtigen minuere, -uo, -ui, -utum 3.
beenden finire, -io, -ivi, -itum 4.; **den Krieg ~** bellum conficere (-ficio, -feci, -fectum 3.)
beerdigen humare, -o, -avi, -atum 1.
Beere baca, ae f
befallen invadere, -vado, -vasi, -vasum 3.; **von einer Krankheit ~ werden** morbo affici (-ficior, -fectus sum 3.)
befassen: sich ~ tractare, -o, -avi, -atum 1. (**mit etw aliquid**)
Befehl imperium, -i n; **auf ~** iussu; **ohne ~** iniussu; **den ~ geben, dass/dass nicht** imperare (-o, -avi, -atum 1.), ut/ne +konjkt
befehlen imperare, -o, -avi, -atum 1. (**dass** ut +konjkt; **dass nicht** ne +konjkt); iubere, iubeo, ius-

si, iussum 3. +AcI
befehligen praeesse, -sum, -fui, - 0. (**ein Heer** exercitui)
Befehlshaber praefectus, i *m*
befestigen
① (*zur Verteidigung*) munire, -io, -ivi, -itum 4.
② (*fest machen*) figere, figo, fixi, fixum 3.
Befestigung munitio, -onis *f*; (*Bauwerke*) munitiones, -um *fpl*
Befinden valetudo, -inis *f*
befinden: **sich ~** esse (sum, fui, futurus 0.), versari (-or, -atus sum, 1.)
beflecken maculare, -o, -avi, -atum 1.
befolgen (*Rat*) sequi, sequor, secutus sum 3.; **j-s Willen ~** voluntati alicuius oboedire (-io, -ivi, -itum 4.)
befördern
① perferre, -fero, -tuli, -latum 0.
② (*im Amt*) promovere, -moveo, -movi, -motum 2.
befragen interrogare, -o, -avi, -atum 1. (**j-n wegen etw** aliquem aliquid); **ein Orakel ~** adire (-eo, -ii, -itum 0.) oraculum
befreien liberare, -o, -avi, -atum 1. (**von etw/ j-m** re/ab aliquo)
Befreier liberator, -oris *m*
Befreiung liberatio, -onis *f*
befreundet amicus, -a, -um
befrieden placare, -o, -avi, -atum 1.
befriedigen satisfacere, -facio, -feci, -factum 3.
befriedigend idoneus, -a, -um
befürchten metuere, -uo, -ui, - 3., timere, -eo, -ui, - 2.
Befürchtung metus, -us *m*
befürworten (*für gut befinden*) probare, -o, -avi, -atum 1.
begabt (*klug*) ingeniosus, -a, -um
Begabung ingenium, -i *n*
begeben: **sich ~** se conferre (confero, contuli, collatum 0.)
Begebenheit factum, -i *n*
begegnen occurrere, -curro, -curri, -cursum 3.
begehen committere, -mitto, -misi, -missum 3. (**ein Verbrechen** scelus)
begehren cupere, -io, -ivi, -itum 3.
begeistern excitare, -o, -avi, -atum 1.; **sich ~** excitari, -or, -atus sum 1.
begeistert excitatus, -a, -um
Begeisterung ardor (-oris *m*) animi
Begierde cupiditas, -atis *f*, libido, -inis *f* (**nach etw** alicuius rei)
begierig cupidus, -a, -um (**nach etw** alicuius rei)
Beginn initium, i *n*; **zu ~ des Sommers** aestate ineunte
beginnen incipere, incipio, coepi, coeptum 3.
begleiten comitari, -or, -atus sum 1.
Begleiter
① comes, -itis *m*
② (*Partner*) socius, -i *m*
beglücken beare, -o, -avi, -atum 1.
beglückwünschen gratulari, -or, -atus sum 1.
begraben sepelire, sepelio, sepelivi, sepultum 4.
Begräbnis sepultura, -ae *f*
Begräbnisrede oratio (-onis *f*) funebris
begreifen (*verstehen*) comprehendere, -hendo, -hendi, -hensum 3.

▶ Begrüßung und Small Talk

Begrüßung

– **Salve!** – Hallo!
– **Salvus sis! / Salva sis!** – Grüß dich!
– **Salve et tu!** – Hallo! (*wörtlich: Hallo auch du!*)

Befinden

– **Ut vales?** – Wie geht's?
– **Optime / bene valeo.** – Bestens / gut.
– **Satis / male valeo.** – Es geht. / Es geht mir nicht gut.

Smalltalk

– **Quid agis?** – Was treibst du?
– **In balneum eo.** – Ich gehe in die Therme.
– **Lucius me ad cenam vocavit.** – Lucius hat mich zum Essen eingeladen.
– **Paucis te volo.** – Ich müsste kurz mal mit dir sprechen.

SPRACHGEBRAUCH

begreiflich apertus, -a, -um
begrenzen finire, -io, -ivi, -itum 4.
Begriff
  1 (*Bezeichnung*) nomen, -inis n
  2 im ~ (sein), etw zu tun facturus esse
begründen (*erklären*) probare, -o, -avi, -atum 1.
Begründung confirmatio, -onis f
begrüßen salutare, -o, -avi, -atum 1.
Begrüßung salutatio, -onis f
begünstigen favere, faveo, favi, fautum 2. (**j-n** alicui)
begütert locuples, -etis
behaglich commodus, -a, -um
behalten retinere, -tineo, -tinui, -tentum 2.; **im Gedächtnis ~** memoria tenere (teneo, tenui, tentum 2.)
behandeln
  1 (*Thema*) tractare, -o, -avi, -atum 1.
  2 (*ärztlich*) curare, -o, -avi, -atum 1.
beharren perseverare, -o, -avi, -atum 1. (**auf etw** in re)
beharrlich assiduus, -a, -um
Beharrlichkeit perseverantia, -ae f
behaupten
  1 (*aussagen*) affirmare, -o, -avi, -atum 1., contendere, -tendo, -tendi, -tentum 3.; **~, dass nicht** negare (-o, -avi, -atum 1.)
  2 (*behalten*) obtinere, -tineo, -tinui, -tentum 2.
Behauptung dictum, -i n
Behausung domicilium, -i n
beherrschen regere, rego, rexi, rectum 3.; **sich ~** se continere (-tineo, -tinui, -tentum 2.)

behindern impedire, -io, -ivi, -itum 4.
Behörde magistratus, us m
behüten custodire, -io, -ivi, -itum 4.
behutsam cautus, -a, -um
bei PRÄP +*dat*
  1 (*räumlich: wo?*) ad +*akk*; (*bei Personen*) apud +*akk*
  2 (*zeitlich*) *meist durch abl od adv* **~ Tag** diu; **~ Nacht** noctu, nocte
beibehalten servare, -o, -avi, -atum 1.
beibringen
  1 (*lehren*) docere, doceo, docui, doctum (**j-m etw** aliquem aliquid)
  2 j-m eine Niederlage ~ cladem afferre (affero, attuli, allatum 0.) alicui
beide
  1 ~ zusammen ambo, -ae, -o
  2 (*jeder von beiden*) uterque, utraque, utrumque
  3 auf ~n Seiten utrimque; **keiner von ~n** neuter (neutra, neutrum)
Beifall (*Applaus*) plausus, -us m; **~ klatschen** plausum dare (do, dedi, datum 1.)
beifügen apponere, -pono, -posui, -positum 3.
Beil securis, -is f
beilegen
  1 (*dazulegen*) apponere, -pono, -posui, -positum 3.
  2 Streitigkeiten ~ controversias componere (-pono, -posui, positum 3.)
Bein
  1 (*Unterschenkel*) crus, cruris n; (*Oberschenkel*) femur, femoris n
  2 *fig* pes, pedis m

> **beide**

Duo *pl* bezeichnet zwei Personen/Dinge und antwortet auf die Frage „wie viele?".

Ibi obviam ei venerunt duo consules.   Dort kamen ihm die beiden Konsuln entgegen.

Ambo *pl* bezeichnet zwei bereits genannte Personen/Dinge, wobei diese als Einheit angesehen werden.

Ambo consules ad bellum profecti sunt.   Beide Konsuln sind aufgebrochen, um in den Krieg zu ziehen.

Uterque, utraque, utrumque wird verwendet zur Bezeichnung von zwei schon genannten Personen/Dingen, wobei jede einzelne/jedes einzelne für sich hervorgehoben wird.

..., cum cecidit fato consul uterque pari.   ..., als beide (jeder der beiden) Konsuln durch ein
(Ovid)   gleiches Schicksal fielen.

Ein Satz von Livius macht den Unterschied deutlich:

Duo senatores mihi obviam sunt facti; ambos salutavi, uterque resalutavit.

Die beiden (als Zahlangabe = zwei) Senatoren sind mir entgegengekommen; ich habe beide (zusammen, als Einheit) begrüßt, beide (jeder einzelne von beiden) haben zurück gegrüßt.

GRAMMATIK

beinah, beinahe paene
Beiname cognomen, -minis *n*
beipflichten assentiri, -sentior, -sensus sum 1. (**in etw** in re)
beiseite: **~ gehen** secedere (-cedo, -cessi, -cessum 3.)
beiseitelassen omittere (-mitto, -misi, -missum 3.)
Beispiel exemplum, i *n*; **ein ~ geben** exemplum edere (-do, -didi, -ditum 3.); (**wie**) **zum ~** velut
beispielsweise exempli causa
beißen mordere, mordeo, momordi, morsum 2.
Beistand
■ (*Hilfe*) auxilium, -i *n*
■ (*Helfer vor Gericht*) advocatus, -i *m*; **j-m ~ leisten** adesse (adsum, adfui, - 0.) alicui
beistehen adesse, adsum, adfui, - 0.
Beitrag collatio, -onis *f*
bekämpfen oppugnare, -o, -avi, -atum 1.
bekannt notus, -a, -um; **es ist allgemein ~** inter omnes constat
bekanntgeben aperire, aperio, aperui, apertum 4.; **Gesetze ~** leges promulgare (-o, -avi, -atum 1.)
bekanntlich *durch* constat +AcI
bekanntmachen aperire, aperio, aperui, apertum 4.; edicere, -dico, -dixi, -dictum 3.
Bekanntmachung edictum, -i *n*
bekennen confiteri, -fiteor, -fessus sum 2., fateri, fateor, fassus sum 2.
beklagen queri, queror, questus sum 3.; **sich ~** queri (**bei j-m** cum aliquo; **über etw** aliquid)
bekleiden
■ vestire, -io, -ivi, -itum 4.
■ (*Amt*) fungi, fungor, functus sum 3. +abl; **ein Amt, das Amt des Konsuls** munere, consulatu
bekommen (*erhalten*) accipere, -cipio, -cepi, -ceptum 3.; nancisci, nanciscor, nactus sum 3.
bekräftigen affirmare *od* confirmare, -o, -avi, -atum 1.
bekränzen coronare, -o, -avi, -atum 1.
bekriegen bello persequi (-sequor, -secutus sum 3.)
bekümmert aeger, -gra, -grum
beladen
■ VT onerare, -o, -avi, -atum 1.
■ ADJ onustus, -a, -um
belagern obsidere, -sideo, -sedi, -sessum 2.
Belagerung obsidio, -onis *f*
belanglos inanis, -e
belasten
■ onerare, -o, -avi, -atum 1.
■ *fig* gravare, -o, -avi, -atum 1.
belästigen molestum esse (sum, fui, - 0.; **j-n** alicui)
Belastung onus, -eris *n*
belebt celeber, -bris, -bre
belegen
■ (*beweisen*) probare, o, avi, -atum 1.
■ (*Sitzplatz usw.*) occupare, -o, -avi, -atum 1.
belehren docere, doceo, docui, doctum 2.
Belehrung (*Unterricht*) doctrina, ae *f*
beleidigen offendere, -fendo, -fendi, -fensum 3.
beleidigend contumeliosus, -a, -um
Beleidigung offensio, -onis *f*
beleuchten illustrare, -o, -avi, -atum 1., *auch fig*
belieben libere, libet, libuit 2.; **es beliebt** libet
beliebig
■ ADJ quilibet, quaelibet, quodlibet (*adj*) / qui libet, quaelibet, quidlibet (*subst*); quivis, quaevis, quodvis (*adj*) / quivis, quaevis, quidvis (*subst*)
■ ADV ut libet
beliebt gratus, -a, -um (**bei j-m** alicui)
bellen latrare, -o, -avi, -atum 1.
Bellen latratus, -us *m*
belohnen praemio afficere (-ficio, -feci, -fectum 3.)
Belohnung praemium, -i *n*
bemächtigen: **sich einer Sache ~** re potiri (potior, potitus sum 4.); **sich der Herrschaft ~** rerum potiri
bemalen pingere, pingo, pinxi, pictum 3.
bemerken animadvertere, -verto, -verti, -versum 3.
bemerkenswert notabilis, -e
Bemerkung notatio, -onis *f*
bemitleiden misereri, -eor, -itus sum 2. (**j-n** alicui; **etw** alicuius rei)
bemühen: **sich ~** studere (-eo, -ui, - 2.; **um etw** alicuius rei); **sich darum ~, zu ...** id studere, ut ... +konjkt
Bemühung studium, -i *n*
benachbart
■ vicinus, -a, -um
■ (*Nachbarvolk*) finitimus, -a, -um
benachrichtigen certiorem facere (facio, feci, factum 3.); **benachrichtigt werden** certiorem fieri (fio, factus sum 3.)
benehmen: **sich ~** se gerere (gero, gessi, gestum 3.)
beneiden invidere, -video, -vidi, -visum 2. (**j-n** alicui); **beneidet werden** invidiae esse (sum, fui, futurus 0.; **von j-m** alicui)
benennen nominare *od* appellare, -o, -avi, -atum 1. (**nach etw** a re)
Benennung vocabulum, -i *n*
benötigen egere, -eo, -ui, - 2. (**etw** re)

benutzen uti, utor, usus sum 3. (**etw** re)
beobachten observare, -o, -avi, -atum 1.
Beobachtung observatio, -onis f
bequem commodus, -a, -um
Bequemlichkeit
  1 (*bequeme Lage*) commodum, -i n
  2 (*Faulheit*) pigritas, -atis f
beraten consulere, -sulo, -sului, -sultum 3.
beratschlagen deliberare, -o, -avi, -atum 1.
Beratung deliberatio, -onis f
berauben privare, -o, -avi, -atum 1. (**einer Sache** re)
berechnen putare, -o, -avi, -atum 1.
Berechnung ratio, -onis f
Beredsamkeit eloquentia, -ae f
beredt eloquens, -entis
Bereich regio, -onis f, *fig* ratio, -onis f; **diese Dinge gehören in den ~ der Philosophie** ea sunt philosophiae (*gen*)
bereit paratus, -a, -um (**zu etw** ad aliquid); **~ machen** expedire, -io, -ivi, -itum 4.
bereiten parare, -o, -avi, -atum 1.
bereits iam
Bereitschaft (*Bereitwilligkeit*) voluntas, -atis f
bereitwillig promptus, -a, -um
bereuen paenitere, -eo, -ui, - 2.; **ich bereue etw** me paenitet alcuius rei
Berg mons, montis m; **am Fuß des ~es** sub monte; **auf dem Gipfel des ~es** in summo monte
Berg... montanus, -a, um
bergab deorsum
bergauf sursum
Bergbau metalla, orum *npl*
Bergbewohner montanus, -i m

Berggipfel cacumen, -inis *n*, vertex (-icis *m*) montis
Bergrücken iugum *n*
Bergwald saltus, -us *m*
Bergwerk metalla, -orum *npl*
Bericht relatio, -onis f; **~ erstatten** referre, refero, rettuli, relatum 0. (**über etw** aliquid)
berichten referre, refero, rettuli, relatum 0.
berichtigen corrigere, -rigo, -rexi, -rectum 3.
beritten equester, -tris, -tre
berücksichtigen respicere, -spicio, -spexi, -spectum 3.
Beruf (*Tätigkeit*) officium, -i n, munus, -eris n
berufen convocare, -o, -avi, -atum 1.
beruhen positum esse (sum, fui, - 0.) (**auf etw** in re)
beruhigen placare, -o, -avi, -atum 1.; **sich ~** acquiescere (-quiesco, -quievi, -quieetum 3.)
berühmt clarus, -a, -um, celeber, -bris, -bre
Berühmtheit (*das Berühmtsein*) claritas, -atis f, nobilitas, -atis f
berühren tangere, tango, tetigi, tactum 3., contingere, -tingo, -tigi, -tactum 3.
besänftigen placare, -o, -avi, -atum 1.
Besatzung praesidium, -i n
beschädigen laedere, laedo, laesi, laesum 3.
beschaffen[1] *VT* (com)parare, -o, -avi, -atum 1.
beschaffen[2] *ADJ* affectus, -a, -um; **so ~** talis (-e); **wie ~** qualis (-e)
beschäftigen occupare, -o, -avi, -atum 1.; **sich ~ mit etw** versari (-or, -atus sum 1.) in re
Beschäftigung studium, -i n
beschämen pudere, pudeo, pudui, - 3.; **es**

▶ Berufe

Quod est munus tuum?	Was machst du beruflich?
Discipulus / -a sum.	Ich bin Schüler / Schülerin.
Pistor / pistrix sum.	... Bäcker / Bäckerin.
Structor / structrix sum.	... Maurer / Maurerin.
Architectus / architecta sum.	... Architekt / Architektin.
Sutor / sutrix sum.	... Schuster / Schusterin.
Colonus / colona sum.	... Bauer / Bäuerin.
Interpres sum.	... Dolmetscher / Dolmetscherin.
Lanius / lania sum.	... Metzger / Metzgerin.
Infector / infectrix sum.	... Färber / Färberin.
Advocatus / advocata sum.	... Anwalt / Anwältin.
Tabernarius / tabernaria sum.	... habe einen kleinen Laden.
Medicus / medica sum.	... Arzt / Ärztin.

SPRACHGEBRAUCH

beschämt mich pudet me
bescheiden modestus, -a, -um
Bescheidenheit modestia, -ae f
beschenken donare, -o, -avi, -atum 1. (**mit etw** re)
beschimpfen ignominia afficere (-ficio, -feci, -fectum 3.)
Beschimpfung ignominia, -ae f
beschleunigen maturare, -o, -avi, -atum 1.
beschließen
  1 constituere, -uo, -ui, -utum 3., decernere, -cerno, -crevi, -cretum 3.
  2 (beenden) finire, -io, -ivi, -itum 4.
Beschluss decretum, -i n; **ein ~ des Senats** senatus consultum
beschmutzen maculare, -o, -avi, -atum 1.
beschränken
  1 (in Schranken halten) coercere, -eo, -ui, -itum 2.
  2 (vermindern) diminuere, -uo, -ui, -utum 3.
beschreiben describere, -scribo, -scripsi, -scriptum 3.
Beschreibung descriptio, -onis f
beschuldigen arguere, -uo, -ui, -utum 3.
Beschuldigung crimen, -minis n
beschützen protegere, -tego, -texi, -tectum 3.
Beschützer custos, -odis m
Beschwerde querela, -ae f
beschweren
  1 (bedrücken) gravare, -o, -avi, -atum 1.
  2 sich ~ queri (queror, questus sum 3.)
beschwerlich molestus, -a, -um
Beschwerlichkeit molestia, -ae f, gravamen, -minis f
beschwichtigen placare, -o, -avi, -atum 1.
beschwören obsecrare, -o, -avi, -atum 1.
beseitigen tollere, tollo, sustuli, sublatum 0.
besetzen occupare, -o, -avi, -atum 1.
besichtigen visere, viso, visi, - 3.
besiegen superare, -o, -avi, -atum 1., vincere, vinco, vici, victum 3.
besingen canere, cano, cecini, cantatum 3., cantare, -o, -avi, -atum 1.
Besinnung conscientia, ae f
besinnungslos mente captus (-a, -um)
Besitz possessio, -onis f; **im ~ von etw** penes +akk
besitzen possidere, -sideo, -sedi, -sessum 2.; **ich besitze einen Garten** mihi est hortus
Besitzer dominus, -i m
besondere(r, -s) singularis, -e
besonders imprimis, praecipue; **~ da, ~ weil** praesertim cum +konjkt
besonnen moderatus, -a, -um, modicus, -a, -um
besorgen curare, -o, -avi, -atum 1.

Besorgnis metus, -us m, timor, -oris m
besorgt anxius, -a, -um; **~ sein um etw** timere (-eo, -ui, - 2.) alicui rei
besprechen colloqui, -loquor, -locutus sum 3. (**etw** de re)
besser melior, -ius; **es ist ~** praestat +inf/+AcI
bessern corrigere, -rigo, -rexi, -rectum 3.
Besserung correctio, -onis f
Bestand (Fortbestehen) diuturnitas, -atis f; **~ haben** durare (-o, -avi, -atum 1.)
beständig
  A ADJ
  1 (dauernd) diuturnus -a, -um, sempiternus, -a, -um
  2 (standhaft) constans, -antis
  B ADV (ständig) perpetuo
Beständigkeit
  1 (Dauer) diuturnitas, -atis f
  2 (Standhaftigkeit) constantia, -ae f
Bestandteil pars, partis f
bestärken confirmare, -o, -avi, -atum 1.
bestätigen confirmare, -o, -avi, -atum 1.
bestatten sepelire, sepelio, sepelivi, sepultum 3
Bestattung funus, -eris n
beste(r, -s) optimus, -a, -um
bestechen corrumpere, -rumpo, -rupi, -ruptum 3.
Bestechung corruptio, -onis f
bestehen
  1 constare, -sto, -stiti, -staturus 1. (**aus etw** ex re); consistere, -sisto, -stiti 3. (**in etw** in re)
  2 Gefahren ~ pericula ferre (fero, tuli, latum 0.)
besteigen ascendere od conscendere, -scendo, -scendi, -scensum 3.
bestellen
  1 (Feld) colere, colo, colui, cultum 3.
  2 einen Gruß ~ salutem nuntiare (-o, -avi, -atum 1.)
bestimmen
  1 (festlegen) statuere od constituere, -uo, -ui, -utum 3.; (im Voraus) destinare, -o, -avi, -atum 1.; **j-n zum Konsul ~** aliquem consulem destinare
  2 (auswählen) eligere, -ligo, -legi, -lectum 3., **einen Platz für das Lager** locum castris
bestimmt certo
bestimmte(r, -s) certus, -a, -um
bestrafen punire, -io, -ivi, -itum 4. (**j-n** aliquem); vindicare, -o, -avi, -atum 1. (**j-n in** aliquem); **bestraft werden für etw** poenas dare (do, dedi, datum 1.) alicuius rei
bestreiten (verneinen) negare, -o, -avi, -atum 1.
bestürmen oppugnare, -o, -avi, -atum 1.
bestürzt attonitus, -a, -um

Bestürzung consternatio, -onis f
Besuch
① (*das Besuchen*) salutatio, -onis f; **j-m einen ~ abstatten** visitare (-o, -avi, -atum *1.*) aliquem
② (*die Besucher*) salutatores, -um *mpl*
besuchen visitare, -o, -avi, -atum *1.*, visere, viso, visi, - *3.*, adire, -eo, -ii, -itum *0.*; **regelmäßig ~** frequentare (-o, -avi, -atum *1.*); **die Schule ~** scholam frequentare; **Gegenden ~** loca obire (-eo, -ii, -itum *0.*)
Besucher salutator, -oris *m*
betagt vetus, -eris
beteiligt particeps, -cipis
beten orare, -o, -avi, -atum *1.*, precari, -or, -atus sum *1.* (**zu j-m** aliquem)
Betonung accentus, -us *m*
betrachten spectare, -o, -avi, -atum *1.*; (*aufmerksam*) intueri, -tueor, -tuitus sum, *2.*, contemplari, -or, -atus sum *1.*; (*prüfend*) considerare, -o, -avi, -atum *1.*; **sich ~ als j-n** se putare (-o, -avi, -atum *1.*) aliquem; **als Feind ~** pro hoste habere (-eo, -ui, -itum *2.*)
beträchtlich amplus, -a, -um
Betrag summa, -ae *f*
betragen
① (*ausmachen*) efficere, -ficio, -feci, -fectum *3.*
② **sich ~** se gerere (gero, gessi, gestum *3. + adv*)
betrauern lugere, lugeo, luxi, luctum *2.*
betreffen attinere, -tineo, -tinui, -tentum *2.* (**etw ad aliquid**)
Betreiben agitatio, -onis *f*; **auf ~ Hannibals** Hannibale auctore
betreiben exercere, -eo, -ui, -itum *2.*, agere, ago, egi, actum *3.*
betreten intrare, -o, -avi, -atum *1.*, inire, -eo, -ii, -itum *4.*
betreuen curare, -o, -avi, -atum *1.*
Betriebsamkeit industria, -ae *f*
betrübt maestus, -a, -um; **~ sein** dolere (-eo, -ui, -iturus *2.*)
Betrug fraus, fraudis *f*; dolus, -i *m*
betrügen fallere, fallo, fefelli, - *3.*; decipere, -cipio, -cepi, -ceptum *3.*
betrunken ebrius, -a, -um
Bett lectus, -i *m*; **zu (ins) ~ gehen** quieti se dare (do, dedi, datum *1.*)
Bettler mendicus, -i *m*
beugen flectere, flecto, flexi, flexum *3.*
beunruhigen (per)turbare, -o, -avi, -atum *1.*, sollicitare, -o, -avi, -atum *1.*
beurteilen aestimare *od* existimare, -o, -avi, -atum *1.*, iudicare, -o, -avi, -atum *1.*, **nach etw** ex re
Beute praeda, -ae *f*; **~ machen** praedari (-or, -atus sum *1.*)
Beutel saccus, -i *m*

Bevölkerung (*Einwohner*) incolae, -arum *mpl*
Bevölkerungszahl multitudo (-inis *f*) hominum
Bevollmächtigter
① missus (-i *m*) cum auctoritate
② (*Gesandter*) legatus, -i *m*
bevor antequam, priusquam
bevorstehen imminere, -eo, -, - *2.*; impendere, -eo, -, - *2.*; instare, -sto, -stiti, -staturus *1.*
bevorzugen praeferre, -fero, -tuli, -latum *0.*
bewachen custodire, -io, -ivi, -itum *4.*
bewaffnen armare, -o, -avi, -atum *1.*
Bewaffnung armatura, -ae *f*
bewähren: sich ~ probari, -or, -atus sum *1.*
bewahren (con)servare, -o, -avi, -atum *1.* (**vor etw** ex re/a re)
bewährt probatus, -a, -um
bewältigen (*Aufgabe*) absolvere, -solvo, -solvi, -solutum *3.*
bewässern irrigare, -o, -avi, -atum *1.*
bewegen (com)movere, -moveo, -movi, -motum *2.*
beweglich mobilis, -e
Bewegung motus, -us *m*; **(sich) in ~ setzen** moliri (-ior, -itus sum *4.*)
beweinen deflere, -eo, -evi, -etum *2.*
Beweis argumentum, -i *n*; **~ sein, als ~ dienen** indicio esse
beweisen demonstrare, -o, -avi, -atum *1.*
Beweismittel argumentum, -i *n*
bewerben: sich ~ petere (-o, -ivi, -itum *3.*); **sich um ein Amt ~** magistratum petere
Bewerbung ambitus, -us *m*; **~ um ein Amt** petitio, -onis *f*
bewerkstelligen efficere, -ficio, -feci, -fectum *3.*
bewilligen concedere, -cedo, -cessi, -cessum *3.*
bewirken efficere, -ficio, -feci, -fectum *3.*
bewirten cenā accipere, -cipio, -cepi, -ceptum *3.*
bewirtschaften colere, colo, colui, cutum *3.*
bewohnen incolere, -colo, -colui, -cultum *3.*; habitare, -o, -avi, -atum *1.*
Bewohner incola, ae *m*
bewölkt nubilus, -a, -um
bewundern admirari, -or, -atus sum *1.*; **von j-m bewundert werden** admirationi esse (sum, fui *0.*) alicui
bewundernswert admirabilis, -e
Bewunderung admiratio, -onis *f*
bewusst (*wissend*) conscius, -a, -um; **sich einer Sache ~ sein** sibi conscium esse alicuius rei (sum, fui *0.*)
bewusstlos mente captus (-a, -um)

Bewusstsein conscientia, -ae f
bezahlen solvere, solvo, solvi, solutum 3.
Bezahlung solutio, -onis f
bezähmen domare, -o, -ui, -itum 1.
bezeichnen (benennen) appellare, -o, -avi, -atum 1.
Bezeichnung (Wort) vox, vocis f
bezeugen (con)testari, -or, -atus sum 1.
bezichtigen insimulare, -o, -avi, -atum 1.
beziehen: sich ~ pertinere (-tineo, -tinui, -tentum 2.; **auf etw** ad aliquid)
Beziehung
  1 (Umgang) usus, -us m; **enge ~** necessitudo, -inis f
  2 (Verbindung) ratio, -onis f
beziehungsweise vel
Bezirk regio, -onis f
bezweifeln dubitare, -o, -avi, -atum 1. (**etw** aliquid/de re)
bezwingen
  1 (bändigen) domare, -o, -ui, -itum 1.
  2 (besiegen) vincere, vinco, vici, victum 3.
Bibliothek bibliotheca, -ae f
biegen flectere, flecto, flexi, flexum 3.
Biegung flexus, -us m
Biene apis, -is f
Bier cerevisia, -ae f
bieten praebere, -eo, -ui, -itum 2.
Bild imago, -inis f; (Götterbild) simulacrum, -i n; (Gemälde) pictura, -ae f
bilden
  1 (gestalten) fingere, fingo, finxi, fictum 3.
  2 (ausmachen) efficere, -ficio, -feci, -fectum 3.
  3 (ausbilden) erudire, -io, -ivi, -itum 4.
Bildhauer sculptor, -oris m
Bildhauerkunst ars (artis f) fingendi
Bildnis imago, -inis f
Bildung humanitas, -atis f; (Gelehrsamkeit) doctrina, ae f
billig
  1 (Ware) vilis, -e; **~ kaufen** parvo emere (-o, -i, emptum)
  2 (gerecht) aequus, -a, -um
billigen probare, -o, -avi, -atum 1.
Binde fascia, -ae f; (Kopfbinde der Vestalinnen) vitta, -ae f
binden vincire, vincio, vinxi, vinctum 4.
Bindung necessitudo, -inis f
binnen PRÄP +gen/dat (innerhalb) intra +akk
Birnbaum pirus, -i f
Birne pirum, -i n
bis
  A PRÄP +akk (zeitlich, räumlich) ad, usque ad +akk; **~ jetzt** adhuc; **~ zur**, **~ in die Stadt** usque in urbem; **~ in die Nacht** usque ad noctem; **~ an den Tag** ad diem; **~ dahin** usque eo; **alle ~ auf einem** ad unum omnes
  B KONJ donec, dum
bisher adhuc
Biss morsus, -us m
bisschen paululum
Bissen (Stückchen) frustum, -i n
bisweilen interdum, nonnumquam
Bitte
  1 preces, precum fpl
  2 (Flehen) supplicium, -i n
bitte quaeso als Einschub
bitten orare, -o, -avi, -atum 1., rogare, -o, -avi, -atum 1., implorare, -o, -avi, -atum 1., petere, -o, -ivi, -itum 3.; **j-n** ab aliquo; **um etw** aliquid
bitter acerbus, -a, -um
Bitterkeit amaritudo, -inis f; (Gemütszustand) acerbitas, -atis f
Blase
  1 bulla, -ae f
  2 (Harnblase) vesica, -ae f
blasen
  1 (Wind) flare, -o, -avi, -atum 1.
  2 **Flöte ~** tibiā canere (cano, cecini, cantatum 3.)
blass pallidus, -a, -um; **~ werden** pallescere, -esco, -ui, - 3.
Blatt folium, -i n
blau caeruleus, -a, -um
Blei plumbum, -i n; **aus ~** plumbeus (-a, -um)
bleiben manere, maneo, mansi, mansum 2.
bleiben lassen omittere, -mitto, -misi, -missum 3., praetermittere, -mitto, -misi, -missum 3.
bleich pallidus, -a, -um; **~ werden** pallescere, -esco, -ui, - 3.
bleiern plumbeus, -a, -um
blenden (oc)caecare, -o, -avi, -atum 1.
blendend splendidus, -a, -um
Blick aspectus, -us m; **auf den ersten ~** prima specie; **die ~e abwenden** vultus vertere (verto, verti, versum 3.)
blicken spectare, -o, -avi, -atum 1. (**auf etw** ad aliquid)
Blickfeld conspectus, -us m
blind caecus, -a, -um
Blindheit caecitas, -atis f
blindlings temere
Blitz fulmen, -inis n
blitzen fulgere, fulgeo, fulsi, - 2.
blitzschnell celerrimus, -a, -um
Blockade obsidio, -onis f
blöd hebes, -etis
blöken (von Schafen) balare, -o, -avi, -atum 1.
blond flavus, -a, -um
bloß
  A ADV (nur) solum, modo

B ADJ (nackt) nudus, -a, -um
blühen florere, -eo, -ui, - 2.
Blume flos, floris m

▶ Blumen

Folgende Blumen wuchsen und blühten bereits in der Antike:

rosa ⟨ae⟩ f	Rose
spina ⟨ae⟩ f	Dorn
viola ⟨ae⟩ f	Veilchen
narcissus ⟨i⟩ m	Narzisse
lilium ⟨i⟩ n	Lilie
gladiolus ⟨i⟩ m	Schwertlilie
flos ⟨floris⟩ m	Blume
folium ⟨i⟩ n	Blatt
caulis ⟨is⟩ m	Stengel
florere ⟨floreo, florui, –, 2.⟩	blühen

Die Römer schmückten ihre Häuser mit Girlanden und Kränzen; zu Ehren der Götter und Toten wurden bunte Blätter- und Blumengirlanden vorbereitet. Die Göttin der Blumen und des Frühlings war **Flora**. Dieser Name ist heute noch der Fachbegriff für die Pflanzenwelt.

WORTSCHATZ ◀

Blut sanguis, -inis m; **geronnenes ~** cruor (-oris m)
Blutbad caedes, -is f
Blüte flos, floris m
bluten sanguinem offundere, -fundo, -fudi, -fusum 3.
blutig
 1 (blutbefleckt) cruentus, -a, -um
 2 (Kampf) atrox, -ocis
Blutsverwandter consanguineus, -i m
Boden humus, -i f, solum, i n; **auf dem ~ liegen** humi iacere (-eo, -ui, -iturus 2.)
Bogen arcus, -us m
Bogenschütze sagittarius, -i m
Bohne faba, -ae f
bohren forare, -o, -avi, -atum 1.
Boot navicula, ae f
Bord NAUT latus, -eris n; **an ~ sein** in nave esse (sum, fui, - 0.)
borgen
 1 (verleihen) mutuum dare (**j-m etw** alicui aliquid)
 2 (sich etw ausleihen) mutuum sumere (**etw von j-m** aliquid ab aliquo)
Börse (Geldbörse) sacculum, -i n
bösartig malignus, -a, -um
Böschung clivus, -i m
böse malus, -a, -um, improbus, -a, -um
Böses malum, -i n; **~ sprechen über j-n** maledicere (-dico, -dixi, -dictum 3.) alicui
boshaft malitiosus, -a, -um
Bosheit malitia, ae f
böswillig malitiosus, -a, -um
Bote nuntius, -i m
Botschaft nuntius, -i m
Brand incendium, -i n; **in ~ stecken** incendere (-cendo, -cendi, -censum 3.)
Brandstiftung incendium, -i n
Brandung aestus, -us m
braten
 A VT assare, -o, -avi, -atum 1.; torrere, torreo, torrui, tostum 2.
 B VI assari, -or, -atus sum 1.; torreri, torreor, tostus sum 2.
Brauch
 1 (Sitte) mos, moris m
 2 (Gewohnheit) institutum, -i n
brauchbar utilis, -e (**zu etw** alicui rei, ad aliquid)
brauchen (benötigen) indigere, -eo, -ui 2. (**etw re**); **ich brauche vieles** multis rebus mihi opus est
Brauch usus, -us m
Braue supercilium, -i n
brauen coquere, coquo, coxi, coctum 3.
braun fuscus, -a, -um
bräunen fuscare, -o, -avi, -atum 1.; **sich ~** fuscari, -or, -atus sum 1.
brausen aestuare, -o, -avi, -atum 1.; (vom Geräusch) fremere, -o, -ui, (-itum) 3.
Braut sponsa, ae f
Bräutigam sponsus, -i m
brav bonus, -a, -um
brechen
 A VT frangere (frango, fregi, fractum 3.), rumpere (rumpo, rupi, ruptum 3.); **das Schweigen ~** silentia (npl)
 B VI frangi (frangor, fractus sum 3.), rumpi (rumpor, ruptus sum 3.); **es bricht** frangitur
Brei puls, pultis f
breit latus, -a, -um
Breite latitudo, -inis f
bremsen frenare, -o, -avi, -atum 1.
brennen flagrare, -o, -avi, -atum 1., ardere, ardeo, arsi, arsum 2.; (Sonne) urere, uro, ussi, ustum 3.
Brett tabula, ae f
Brief epistula, ae f, litterae, arum fpl
bringen
 1 (ap)portare (-o, -avi, -atum 1.), ferre (fero, tuli, latum 0.)
 2 (in einen Zustand) redigere (-igo, -egi, -actum

3.); **Unglück ~** exitio esse (sum, fui, futurus 0.); **ans Ziel ~** perducere (-duco, -duxi, -ductum 3.); **in seine Gewalt ~** in potestatem suam redigere (-igo, -egi, -actum 3.)
bröckeln VII friari, -or, -atus sum 1.
Brocken frustum, -i n
brodeln effervescere, -fervesco, -ferbui, - 3.
Bronze aes, aeris n
Brot panis, is m
Bruch
  1 fractura, -ae f
  2 MATH numerus (-i m) fractus
Bruchstück fragmentum, -i n
Bruchteil pars, partis f
Brücke pons, pontis m; **eine ~ über den Fluss bauen** pontem in flumine facere (facio, feci, factum 3.)
Bruder frater, fratris m
Brühe ius, iuris n
brüllen mugire, -io, -ivi, -itum 4.
brummen fremere, fremo, fremui, fremitum 3.
Brunnen puteus, -i m
Brust pectus, pectoris n
brüsten: sich ~ se iactare (-o, -avi, -atum 1.)
Brustkorb thorax, -acis m
brutal ferox, -ocis
brüten
  1 incubare (-o, -avi, -atum 1.) ovis (dat)
  2 meditari, -or, -atus sum 1. (**über etw** aliquid/de re)
Bub puer, -eri m
Buch liber, libri m; **kleines ~** libellus, -i m
Buche fagus, -i f
Bücherei bibliotheca, ae f
Büchse pyxis, -idis f
Buchstabe littera, -ae f
Bucht sinus, -us m
Buckel
  1 (auf dem Rücken) gibber, -eris m
  2 (auf dem Schild) umbo, -onis m
bücken: sich ~ corpus inclinare (-o, -avi, -atum 1.)
Bude taverna, ae f
Büffel bubalus, -i m
Bug NAUT prora, ae f
Bühne scaena, ae f; **die ~ betreten** in scaenam prodire (-eo, -ii, -itum 3.)
Bulle taurus, -i m
Bund
  1 (Bündnis) foedus, foederis n
  2 (Bündel) fascis, -is m
Bündel fascis, -is m
Bundesgenosse socius, -i m
Bündnis foedus, foederis n; societas, -atis f; **ein ~ schließen** foedus facere (facio, feci, factum 3.)
bunt varius, -a, -um
Bürde (Last) onus, -eris n
Burg arx, arcis f
Bürge obses, -sidis m (**für etw** alicuius rei)
Bürger civis, -is m
Bürgerin civis, -is f
Bürgerkrieg bellum civile (belli n -is)
bürgerlich civilis, -e
Bürgerrecht civitas, -atis f
Bürgerschaft civitas, -atis f
Busch frutex, -icis f
Busen sinus, -us m
Buße (Strafe) poena, -ae f; (Geldstrafe) multa, -ae f; **~ tun** luere, luo, lui, luiturus 3. (**für etw** aliquid)
büßen luere, luo, lui, luiturus 3. (**für etw** aliquid)

C

Ceres (Göttin des Wachstums) Ceres, -eris f
Chance occasio, -onis f; **eine ~ nutzen** capere occasionem
Chaos chaos n
Charakter mores, -um mpl; **ein Mann von ~** vir constans (viri m)
charakterfest constans, -antis
charakteristisch proprius, -a, -um (**für etw** alicius rei)
Charakterschwäche levitas, -atis f
Charakterstärke constantia, -ae f
Charme gratia, -ae f, venustas, -atis f
Chor chorus, -i m
Christ Christianus, -i m
Christentum cultus (-us m) Christianus
christlich Christianus, -a, -um
Christus Christus, -i m; **vor/nach Christi Geburt** ante/post Christum natum
Chronik annales, -ium npl
Computer computarum, -i n
Cousin consobrinus, -i m
Cousine consobrina, -ae f
Creme unguentum, -i n

Computer

Es verging in den letzten zwei Jahrtausenden wohl kein Tag, an dem nicht irgendwo auf der Welt etwas auf Latein geschrieben wurde. Wir können uns heutzutage mit Hilfe von **Neologismen** (Wortneuschöpfungen) auch über Themen wie Computer (**computatrum** n) auf Lateinisch unterhalten. Leidenschaftliche Latinisten benutzen in den zahlreichen Internetforen und Chatrooms diese und ähnliche Wörter:

Computer	**computatrum** ⟨i⟩ n
Bildschirm	**quadrum** ⟨i⟩ (**visificum**) n
Maus	**mus** ⟨muris⟩ n
Tastatur	**pinnae** ⟨arum⟩ f pl
etw. tippen	(**computatro / pinnis**) **scribere** aliquid
Drucker	**impressorium** ⟨i⟩ n
etw. ausdrucken	**imprimere** aliquid
CD, CD-ROM	**discus** ⟨i⟩ **compactus** m
etw. speichern	(**in horreo**) **condere** aliquid
etw. löschen	**delere** aliquid

WORTSCHATZ

da

A ADV

1 (zeitlich) tum; **~ endlich** tum demum

2 (räumlich) ibi, illic; **von ~** inde; **~!** ecce!; **~ sein** adesse (adsum, adfui, - 0.)

B KONJ (weil) quod +ind, quia +ind; cum +konjkt; **~ ja** quoniam

dabei

1 (räumlich) prope; **~ sein** interesse (-sum, -fui, - 0.); **bei etw** alicui rei)

2 (in dieser Hinsicht) in ea re

dabeistehen astare, asto, astiti, - 1.

dableiben manere, maneo, mansi, mansum 2.

Dach tectum, -i n

Dachziegel tegula, -ae f

dafür: **~ sein** id probare (-o, -avi, -atum 1.); **ich kann nichts ~** haec non mea culpa est

dagegen

A KONJ at, sed

B **~ sein** id improbare (-o, -avi, -atum 1.)

daheim domi; **~ und im Krieg** domi bellique

daher

A ADV (räumlich, kausal) inde; **~ kommt es** eo fit

B KONJ itaque; igitur nachgestellt

dahin (räumlich) eo

dahinraffen rapere, rapio, rapui, raptum 3.

dahinter post id, post eum/illum locum

daliegen iacere, iaceo, ieci, iaciturus 2.

damalig

1 ille, -a, -ud; **die ~en Konsuln** illi consules

2 illius temporis

damals tum, tunc

damit

A ADV eo

B KONJ ut +konjkt; **~ nicht** ne +konjkt

Damm agger, -eris m

Dämmerung (des Morgens) diluculum, -i n, (des Abends) crepusculum, -i n

Dampf vapor, -oris m

Dampfbad sudatorium, -i n

danach deinde

daneben

1 (räumlich) iuxta

2 (außerdem) praeterea

dank (wegen) gratiā (+ gen) nachgestellt

Dank gratia, -ae f; **vielen ~!** gratias tibi (vobis usw.) ago!; **~ abstatten** gratiam referre (refero, rettuli, relatum 0.); **~ schulden** gratiam debere (-eo, -ui, -itum 3.); **~ sagen** gratias agere (ago, egi, actum 3.)

dankbar gratus, -a, -um

danken (mit Worten) gratias agere (ago, egi, actum 3.); (mit der Tat) gratiam referre (refero, rettuli, relatum 0.)

dann deinde, tum, tunc

daran

1 (räumlich) iuxta, praeter

2 (zur Bezeichnung den Gegenstands od der Handlung durch ein pr) **~ merke ich** inde agnosco; **~ ar-**

beiten id agere, ut; **schuld ~ sein** culpam eius rei sustinere (-tineo, -tinui, -tentum 2.)
darauf
① (räumlich) in eo, in ea re
② (zeitlich) postea, tum
daraufhin tum, tunc, deinde
darauflegen imponere, -pono, -posui, -positum 3.
darbringen offerre, offero, obtuli, oblatum 0.; **Opfer ~** sacrificare (-o, -avi, -atum)
darin intus
darlegen demonstrare, -o, -avi, -atum 1., exponere, -pono, -posui, -positum 3.
Darm intestinum, -i n
darreichen porrigere, -rigo, -rexi, -rectum 3.
darstellen fingere, fingo, finxi, fictum 3.
Darsteller actor, -oris m
darüber
① (räumlich, Richtung) super id (eam usw.)
② **~ hinaus** supra
darum
① (räumlich) circum id
② (deswegen) itaque; propterea
darunter
① (räumlich) sub eo (ea usw.)
② (Richtung) id (eam usw.)
das → der
Dasein
① (Leben) vita, -ae f
② (Existenz) meist Umschreibung mit esse; **das ~ der Götter leugnen** negare (-o, -avi, -atum 1.) deos esse
dass
① final ut +konjkt; **~ nicht** ne +konjkt; **~ doch (nicht)!** utinam (ne)! +konjkt
② nach Ausdrücken des Fürchtens u. des Hinderns: ne +konjkt
③ nach verneinten Ausdrücken: quin +konjkt
④ nach abhängigen Aussagesätzen, unpers. Ausdrücken, nach iubere, vetare, sinere, pati durch AcI
⑤ **dadurch, ~** cum +ind
⑥ faktisch quod; **es trifft sich gut, ~** bene accidit, quod
Dativ dativus, -i m
Datum dies, -ei m
Dauer
① (Zeitraum) tempus, -oris n; **lange ~** diuturnitas, -atis f
② (Dauerhaftigkeit) firmitas, -atis f
dauerhaft solidus, -a, -um
dauern (fortbestehen) manere, maneo, mansi, mansum 2.
dauernd perpetuus, -a, -um
Daumen pollex, -licis m; **die ~ drücken** pollices premere (premo, pressi, pressum 3.)
davonjagen vt fugare, -o, -avi, -atum 1.
davontragen asportare, -o, -avi, -atum 1.; **den Sieg ~** victoriam reportare (-o, -avi, -atum 1.)
davor
① (räumlich) ante eum/illum locum
② (zeitlich) antea
③ (Ursache) mit pron od de eo; **sich ~ fürchten** id timere (-eo, -ui, -2.)
dazu
① (räumlich) ad id
② (außerdem) praeterea
dazugehören in eis numerari, -or, -atus sum 1.
dazukommen accedere, -cedo, -cessi, -cessum 3.; **dazu kommt** accedit +subst, + quod (Grund), + ut (Folge)
dazwischen inter id (eam usw.)
dazwischen sein interesse, -sum, -fui, - 0.
dazwischenkommen intercedere, -cedo, -cessi, -cessum 3.
dazwischentreten
① (hindernd) indercedere, -cedo, -cessi, -cessum 3.
② (vermittelnd) intervenire, -venio, -veni, -ventum 4.
Debatte disceptatio, -onis f
Deck (eines Schiffes) tabulatum, -i n
Decke tegimentum, -i n

▶ **das**

Steht **das** als Demonstrativpronomen für mehrere Gegenstände, Begriffe usw., so ist das Lateinische in der Wiedergabe der Mehrzahl oft genauer als das Deutsche und zieht den Plural vor.

Das (= diese Worte) habe ich nicht gesagt. **Ea non dixi.**

Im Gegensatz zum Deutschen richtet sich das Genus des Demonstrativpronomens nach dem folgenden Substantiv:

Das ist meine Mutter. **Haec est mater mea.**

Das ist mein Vater. **Hic est pater meus.**

Deckel operculum, -i *n*
decken (*bedecken*) tegere, tego, texi, tectum *1.*
dehnen
 1 tendere, tendo, tetendi, tentum *3.*
 2 (*lang aussprechen*) producere, -duco, -duxi, -ductum *3.*
Deich agger, -eris *m*
dein tuus, -a, -um
deinetwegen tuā causā, (*zu deinen Gunsten*) tuā gratiā
Delphin delphinus, -i *m*
demnach igitur *nachgestellt*
demnächst propediem
Demut animus (-i *m*) summissus
demütig summissus, -a, -um, supplex, -icis, humilis, -e
Denar (*Münze*) denarius, -i *m*
denken cogitare, -o, -avi, -atum *1.*; **~ an j-n/etw** memorem esse (sum, fui, -0.), meminisse (memini 0.) alicuius/alicuius rei
Denken cogitatio, -onis *f*
Denkmal monumentum, -i *n*
Denkvermögen ratio, -onis *f*
Denkweise mens, mentis *f*, ratio, -onis *f*
denkwürdig memorabilis, -e
denn nam; enim *nachgestellt*; **~ nicht** neque enim
dennoch tamen
Denunziant delator, -oris *m*
der, die, das
 1 *pers pr betont* is, ea, id
 2 *rel pr* (*welcher usw.*) qui, quae, quod
 3 *dem pr* **~ da** iste, ista, istud

▶ **der, die, das**

Im Gegensatz zum Deutschen kennt das Lateinische den bestimmten Aritkel (der, die, das) nicht. **uxor** kann also je nach Zusammenhang „die Gattin", „eine Gattin" oder „Gattin" bedeuten.

GRAMMATIK ◀

derart ADV sic, ita
derartig eius modi; talis, -e
derb inurbanus, -a, -um
derjenige, diejenige, dasjenige is, ea, id; **~, welcher** is, qui
dermaßen sic, ita
derselbe, dieselbe, dasselbe idem, eadem, idem; **~ wie** idem ac
derzeit nunc, in praesentia
deshalb itaque; propterea, ideo
desto eo; **je ... ~** quo ... eo
deswegen itaque; propterea, ideo

deuten interpretari, -or, -atus sum *1.*; **mit dem Finger auf j-n ~** digito monstrare aliquem
deutlich clarus, -a, -um, planus, -a, -um; **~ werden** apparere (-eo, -ui, -iturus *2.*)
Deutlichkeit evidentia, -ae *f*, (*Aussprache*) claritas, -atis *f*
deutsch Germanicus, -a, -um
Deutsch lingua (-ae *f*) Germanica
Dezember December, -bris *m*
Diamant adamas, -antis *m*
Diana (*Göttin der Jagd*) Diana, -ae *f*
dich te
dicht densus, -a, -um
dichten versūs facere (facio, feci, factum *3.*)
Dichter poeta, -ae *m*
dichterisch poeticus, -a, -um
Dichtkunst ars (artis *f*) poetica
Dichtung (*Gedicht*) carmen, -inis *n*
dick crassus, -a, -um
Dicke crassitudo, -inis *f*
Dickicht dumetum, -i *n*
Dieb fur, furis *m*
diebisch furax, -acis; **~er Mensch** homo (-inis *m*) furax
Diebstahl furtum, -i *n*
dienen servire, -io, -ivi, -itum *4.*
Diener
 1 (*Sklave*) servus, -i *m*
 2 (*frei, untergeordnet*) minister, -tri *m*
Dienerin serva, -ae *f*, ancilla, -ae *f*
Dienerschaft familia, ae *f*
Dienst officium, -i *n*; **einen ~ erweisen** officium praestare (-sto, -stiti, -staturus *1.*)
Dienstag dies (-ei *m*) Martis
Dienstleistung
 1 opera, -ae *f*, munus, -eris *n*
 2 (*Gefälligkeit*) officium, -i *n*
diese(r, -s) hic, haec, hoc; is, ea, id; **~ da** iste, ista, istud
diesjährig huius anni
diesmal hīc, hac in re
diesseitig citerior, -ius
Diesseits (*vor dem Tod*) vita, -ae *f*
diesseits PRÄP +gen citra +akk, cis +akk; **~ der Alpen** (**liegend**) cisalpinus (-a, -um)
Diktator dictator, -oris *m*
Diktatur dictatura, -ae *f*
diktieren dictare, -o, -avi, -atum *1.*
Ding res, rei *f*
Dinkel far, farris *n*
Diplomat legatus, -i *m*
dir tibi; **mit ~** tecum
direkt
 A ADJ directus, -a, -um
 B ADV directo

Diskurs disputatio, -onis f
Diskus discus, -i m
Diskussion disceptatio, -onis f
diskutieren disputare, -o, -avi, -atum 1.
Distanz intervallum, -i n
Disziplin disciplina, -ae f
dividieren dividere, -vido, -visi, -visum 3.
doch
  1 (aber) sed
  2 (jedoch) tamen
  3 (Wunsch) **wenn ~** utinam +konjkt; **wenn ~ nicht** utinam ne +konjkt
Dokument litterae, -arum fpl
Dolch pugio, -onis m
dolmetschen munere interpretis fungi, fungor, functus sum 3.
Dolmetscher interpres, -etis m
Donner tonitrus, -us m
donnern tonare, -o, -ui, - 1.
Donnerstag dies (-ei m) Iovis
doppeldeutig ambiguus, -a, -um
Doppelgänger formā simillimus (-a, -um) (**j-s** alicuius)
doppelköpfig anceps, -cipitis
doppelt duplex, -icis
Dorf vicus, -i m
Dorn spina, -ae f
dörren VT torrere, torreo, torrui, tostum 2.
dort ibi, illic; **von ~** inde
dorthin illuc, eo
dortig ille, -a, -ud
Drache draco, -onis m
Drama fabula, -ae f
Drang (Trieb) impetus, -us m
drängen urgere, urgeo, ursi, - 2.
draußen foris; **nach ~** foras; **von ~** foris
drehen torquere, torqueo, torsi, tortum 3.
drei tres, tria; **je ~** terni (-ae, a); **~ Jahre** triennium (-i n); **~ Tage** triduum (-i n)
Dreieck triangulum, -i n
dreifach triplex, -plicis
Dreifuß tripus, -odis m
dreigeteilt tripartitus, -a, -um
dreihundert trecenti, -orum
dreimal ter
Dreimännerbund triumviratus, -us m
dreißig triginta indekl
dreist audax, -acis
Dreistigkeit audacia, -ae f
dreiteilig tripartitus, -a, -um
dreizehn tredecim indekl
dreschen
  1 (Getreide) terere, tero, trivi, tritum 3.
  2 (verprügeln) verberare, -o, -avi, -atum 1.
dringend
  A ADJ gravis, -e
  B ADV magnopere
drinnen intus
dritte(r, -s) tertius, -a, -um
Drittel pars (partis f) tertia
drittens tertio
Droge medicamentum, -i n
drohen
  1 (bevorstehen) imminere, -mineo, -, - 2., instare, -sto, -stiti, -staturus 1.
  2 (mit Worten) minari, -or, -atus sum 1.
drohend
  1 (bevorstehend) imminens, -entis
  2 (Worte) minax, -acis
dröhnen strepere, strepo, strepui, - 3.
Drohungen minae, -arum fpl
Drossel turdus, -i m
drüben trans
Druck
  1 (Drücken) pressura, -ae f
  2 (Bedrückung) vexatio, -onis f
drücken premere, premo, pressi, pressum 3.
drückend gravis, -e
du tu
Duft odor, -oris m
duften olere, oleo, olui, - 2.
dulden pati, patior, passus sum 3.
dumm stultus, -a, -um
Dummheit stultitia, -ae f
Dummkopf homo (-inis m) stultus
dumpf (Ton) fuscus, -a, -um
Dünger stercus, -oris n
dunkel obscurus, -a, -um
Dunkelheit tenebrae, -arum fpl
dünn tenuis, -e
durch PRÄP +akk
  1 (räumlich) per +akk
  2 (zeitlich) per +akk od durch den bloßen akk
  3 (Mittel, Werkzeug) durch den bloßen abl; **~ eine Rede von Cicero** oratione Ciceronis
durchaus prorsus
durchbohren percutere, -cutio, -cussi, -cussum 3.
durchbrechen perrumpere, -rumpo, -rupi, -ruptum 3.
durchdringen penetrare, -o, -avi, -atum 1.
durcheinander confuse
durcheinanderbringen miscere, misceo, miscui, mixtum 2.
durchfallen
  1 cadere, cado, cecidi, casurus 3.
  2 (scheitern) non probari, -or, -atus sum 1.
durchfliegen pervolare, -o, -avi, -atum 1.
durchführen peragere, -ago, -egi, -actum 3.
durchgehen transire, -eo, -ii, -itum 0. (**durch einen Ort** per locum)
durchhalten permanere, -maneo, -mansi,

-mansum 2.
durchkommen
1 (*durch einen Ort*) transire, -eo, -ii, -itum 0.
2 (*davonkommen*) evadere, -vado, -vasi, -vasum 3.
durchlaufen percurrere, -curro, -curri, -cursum 3.
durchmachen sustinere, -tineo, -tinui, -tentum 2.
durchnehmen (*behandeln*) tractare, -o, -avi, -atum 1.
durchqueren proficisci, -ficiscor, -fectus sum 3. (**etw per** +*akk*)
durchreisen transire, -eo, -ii, -itum 4.
durchschauen perspicere, -spicio, -spexi, -spectum 3. (**durch etw** per aliquid, **j-n** animum alicuius)
durchschießen (*mit einem Geschoss durchdringen*) penetrare, -o, -avi, -atum 1.
Durchschnitt
1 **im ~** circiter
2 (*Mittelmäßigkeit*) mediocritas, -atis f
durchschnittlich
A ADV (*im Durchschnitt*) circiter
B ADJ
1 medius, -a, -um
2 (*mittelmäßig*) mediocris, -e
durchsetzen
1 efficere, -ficio, -feci, -fectum 3.
2 (*durch Bitten*) impetrare, -o, -avi, -atum 1.; **sich ~** valere (-eo, -ui, -iturus 2.)
durchsichtig perlucidus, -a, -um
durchstoßen pertundere, -tundo, -tudi, -tusum 3.
durchstreichen delere, -eo, -evi, -etum 2.
durchstreifen pervagari, -or, -atus sum 1.
durchsuchen scrutari, -or, -atus sum 1.
durchwandern peragrare, -o, -avi, -atum 1.
durchziehen
1 transire, -eo, -ii, -itum 0. (**einen Ort** per locum)
2 (*durchdringen*) pervadere, -vado, -vasi, -vasum 3.
dürfen: ich darf mihi licet
dürr macer, -cra, -crum
Dürre ariditas, -atis f
Durst sitis, -is f
dürsten sitire, -io, -ivi, itum 4.
durstig sitiens, -entis
düster ater, atra, atrum
Dutzend: ein ~ duodecim; **zwei ~** quattuor et viginti

E

Ebbe recessus (-us *m*) aestuum
eben
A ADJ (*waagrecht*) aequus, -a, um; (*flach*) planus, -a, -um
B ADV modo
ebenbürtig par, paris
ebenda ibidem
Ebene campus, -i *m*
ebenfalls etiam
ebenso item; **~ viel** tantundem (+*gen*); **~ viele ... wie** totidem ... quot; **~ wenig ... wie** non magis ... quam
Eber aper, apri *m*
ebnen aequare, -o, -avi, -atum 1.
Echo vox (vocis *f*) repercussa; **ein ~ geben** vocem reddere (-do, -didi, -ditum 3.)
echt verus, -a, -um
Ecke (*Winkel*) angulus, -i *m*; **in allen Ecken** ubique
edel nobilis, -e
Edelstein gemma, -ae *f*
Efeu hedera, -ae *f*
egal: es ist j-m ~ alicuius nihil interest
Ehe matrimonium, -i *n*
ehe priusquam, antequam +*ind*/+*konjkt*
Ehefrau uxor (-oris *f*), coniux (-ugis *f*)
ehemalig pristinus, -a, -um; **~er Konsul** consularis (-is *m*)
ehemals olim, quondam
Ehemann maritus, -i *m*
Ehepaar coniuges, -um *mpl*
eher potius; (*zeitlich*) prius
ehrbar honestus, -a, -um
Ehre
1 honor (*od* honos), -oris *m*
2 (*Ruhm*) gloria, -ae *f*; **~ erweisen** honorem tribuere (-uo, -ui, -utum 3.); **in hohen ~n stehen** in magno honore esse (sum, fui, - 0.)
ehren colere, colo, colui, cultum 3.
Ehrenamt honor (*od* honos), -oris *m*
ehrenhaft, ehrenvoll honestus, -a, -um
Ehrfurcht reverentia, -ae *f*
Ehrgefühl honestas, -atis *f*
Ehrgeiz ambitio, -onis *f*
ehrgeizig ambitiosus, -a, -um
ehrlich probus, -a, -um, bonus, -a, -um
ehrlos infamis, -e
Ei ovum, -i *n*
Eiche quercus, -us *f*
Eid

EINF

1 ius iurandum (iuris iurandi *n*)
2 (*Diensteid*) sacramentum, -i *n*
Eidechse lacerta, -ae *f*
Eifer
1 studium, -i *n*
2 (*Tätigkeit*) industria, -ae *f*
Eifersucht aemulatio, -onis *f*
eifrig studiosus, -a, -um
eigen meus (tuus, suus *usw.*), -a, -um; **aus ~en Mitteln** de privato
Eigenart proprietas, -atis *f*
eigenartig (*seltsam*) mirus, -a, -um
eigenhändig meā (tuā, suā) manu
Eigenschaft qualitas, -atis *f*; **gute ~** ars (artis *f*); **schlechte ~** vitium (-i *n*)
eigentlich
A ADJ (*wirklich*) verus, -a, -um
B ADV (*Hervorhebung*) quidem; (*Frage*) tandem; **wer ~?** quis tandem?
Eigentum res, rei *f*; **dies ist mein/dein/sein ~** hoc meum/tuum/suum est
Eigentümer possessor, -oris *m*, dominus, -i *m*
eigentümlich proprius, -a, -um
eigenwillig morosus, -a, -um
eignen: sich aptum esse (sum, fui, - 0.; **für etw** alicui rei/ad aliquid)
Eile festinatio, -onis *f*
eilen festinare, -o, -avi, -atum 1., contendere, -tendo, -tendi, -tentum 3.
eilends properanter
eilig
A ADJ citus, -a, -um
B ADV festinanter
Eilmarsch iter (itineris *n*) magnum
ein(e, r)
1 (*irgendeiner*) aliquis, aliqua, aliquid *auch subst. gebraucht* (**von** ex)
2 wenn ~ ... si quis ...; **der ~e ... der andere** alter ... alter; **die ~en ... die anderen** alii ... alii

einander
1 inter nos (vos, se)
2 (*gegenseitig*) alius alium; (*zwei*) **sie helfen ~** alter alterum adiuvat
einäschern incendere, -cendo, -cendi, -censum 3.
einbilden: sich etw ~ fingere (fingo, finxi, fictum 3.) aliquid
einbrechen irrumpere, -rumpo, -rupi, -ruptum 3. (**in etw** in aliquid)
eindeutig planus, -a, -um
eindringen invadere, -vado, -vasi, -vasum (**in etw** in +*akk*)
Eindruck impressio, -onis *f*; **den ~ erwecken** videri (videor, visus sum 2.); **~ auf die Zuhörer machen** animos audientium commovere (-moveo, movi, -motum 3.)
einerseits: ~ ... andererseits et ... et; **~ nicht ..., andererseits aber** neque ... et
einfach simplex, -plicis
Einfachheit simplicitas, -atis *f*
Einfahrt (*Zugang*) aditus, -us *m*
Einfall
1 (*Gedanke*) cogitatio, -onis *f*
2 MIL incursio, -onis *f*
einfallen
1 (*Gedanke*) in mentem venire (venio, veni, ventum 4.)
2 MIL irrumpere, -rumpo, -rupi, -ruptum 3.
3 (*einstürzen*) corruere, -ruo, -rui, - 3.
Einfalt stultitia, ae *f*
einfältig stultus, -a, -um
einfarbig unius coloris
einflößen *fig* inicere, -icio, -ieci, -iectum 3.
Einfluss auctoritas, -atis *f*; **~ haben** valere (-eo, -ui, -iturus 3.), **großen ~ haben** multum valere, magna auctoritate esse (sum, fui, - 0.)
einfügen inserere, -sero, -serui, -sertum 3. (**in etw** alicui rei/in aliquid)
Einfuhr (*von Waren, auch Einfahrt*) invectio, -onis *f*
einführen

▶ **einer, eine, eines**

Im Lateinischen gibt es keinen unbestimmten Artikel (einer, eine, eines). Das Zahlwort **unus, una, unum** bedeutet „ein(e) einzige(r, s)":

| **Quot villae tibi sunt?** | Wie viele Landhäuser hast du? |
| **– Una (villa mihi est).** | – Ich habe eines (und nur eines). |

Wenn „ein" so viel wie „irgendein" bedeutet, kann es im Lateinischen mit dem Indefinitpronomen **aliquis** oder **quidam** wiedergegeben werden.

| **Dixit aliquis ...** | Einer sagte ... |
| **Legi in libro quodam ...** | Ich habe in einem Buch gelesen ... |

GRAMMATIK

1 (*neue Sitten*) inducere, -duco, -duxi, -ductum 3.
2 (*Waren*) importare, -o, -avi, -atum 1.
einfüllen implere, -eo, -evi, -etum 2.
Eingang (*Tür*) ianua, -ae f (**in/zu etw** alicuius rei)
eingebildet superbus, -a, -um
Eingeborene(r) indigena, -ae m/f
eingedenk memor, -oris (**einer Sache** alicuius rei)
eingestehen fateri, fateor, fassus sum 2.
Eingeweide intestina, -orum npl
eingeweiht (*mitwissend*) conscius, -a, -um (**in etw** alicuius rei)
eingreifen intervenire, -venio, -veni, -ventum 4. (**in etw** alicui rei)
einhalten (*beachten*) observare, -o, -avi, -atum 1.
einheimisch domesticus, -a, -um, patrius, -a, -um
Einheit
1 (*Gesamtheit*) unitas, -atis f
2 (*Einigkeit*) concordia, -ae f
einholen (*bei der Verfolgung*) consequi, -sequor, -secutus sum 3.
einhundert centum*indekl*
einig concors, -cordis
einige nonnulli, -ae, -a
einigen: sich ~ pacisci (paciscor, pactus sum 4.); **wir ~ uns über den Frieden** pax convenit inter nos
einigermaßen aliquo modo
Einigkeit concordia, -ae f
Einigung: zu einer ~ kommen convenire (-venio, -veni, -ventum 4.; **mit j-m** cum aliquo)
einjagen inicere, -icio, -ieci, -iectum 3.
einkaufen (co)emere, -emo, -emi, -emptum 3.
einladen invitare, -o, -avi, -atum 1.
Einladung invitatio, -onis f
einlassen
1 admittere, -mitto, -misi, -missum 3.
2 sich ~ descendere, -scendo, -scendi, -scensum 3. (**auf etw** ad aliquid)
einleiten instituere, -uo, -ui, -tum 3.; **ein Gespräch ~** sermonem exordiri (-ordior, -orsus sum 4.)
Einleitung exordium, -i n
einleuchtend clarus, -a, -um; **es ist ~** apparet +AcI
einmal
1 (*Zahlbegriff*) semel
2 nicht ~ ne ... quidem
3 auf ~ (*plötzlich*) subito
4 (*zeitlich*) quondam
einmalig
1 (*einmal stattfindend*) semel factus (-a, -um)
2 (*großartig*) magnificus, -a, -um
einmeißeln insculpere, -sculpo, -sculpsi, -sculptum 3.
Einnahme
1 (*Geld*) accepta, -orum npl
2 (*Eroberung*) expugnatio, -onis f
einnehmen
1 (*erobern*) occupare, -o, -avi, -atum 1.
2 (*eine Stelle*) tenere, teneo, tenui, tentum 2.
3 (*Geld*) accipere, -cipio, -cepi, -ceptum 3.
einprägen: sich etw ~ aliquid memoriae mandare (-o, -avi, -atum 1.)
einräumen (*zugestehen*) concedere, -cedo, -cessi, -cessum 3.
einreden persuadere, -suadeo, -suasi, -suasum 2. (**j-m etw** alicui aliquid)
einreihen inserere, -sero, -serui, -sertum 3. (**etw in etw** aliquid alicui rei)
einreißen (*abreißen*) rescindere, -scindo, -scidi, -scissum 3.
einrichten instituere, -uo, -ui, -utum 3.
Einrichtung institutum, -i n
eins (*Zahlwort*) unus, -a, -um
einsam solus, -a, -um, desertus, -a, -um
Einsamkeit solitudo, -inis f
einsammeln colligere, -ligo, -legi, -lectum 3.
einschätzen existimare, -o, -avi, -atum 1.
Einschätzung existimatio, -onis f
einschlafen obdormiscere, -isco, -ivi, - 4.
einschlagen
1 (*Nagel*) figere, figo, fixi, fictum 3.
2 einen Weg ~ via uti (utor, usus sum 3.)
einschließen includere, -cludo, -clusi, -clusum 3., claudere, claudo, clausi, clausum 3.
einschließlich PRÄP +gen/dat cum +abl
einschneiden incidere, -cido, -cisi, -cisum 3.
einschränken coercere, -eo, -ui, -itum 2.
einschreiten animadvertere, -verto, -verti, -versum 3. (**gegen j-n** in aliquem)
einschüchtern terrere, -eo, -ui, -itum 2.
einsehen intellegere, -lego, -lexi, -lectum 3. +AcI
einsetzen instituere, -uo, -ui, -utum 3.; **sich ~ für j-n** adesse (-sum, -fui, - 0.) alicui
Einsicht (*Weisheit*) sapientia, -ae f
Einspruch (*einer Behörde*) intercessio, -onis f; **~ erheben** intercedere (-cedo, -cessi, -cessum 3.; **gegen etw** alicui rei)
einst olim (*auch in Zukunft*); aliquando, quondam
einstimmig
A ADJ consentiens, -entis; **~e Meinung** consensus (-us m)
B ADV una voce, omnium consensu
Einsturz ruina, -ae f; **zum ~ bringen** subruere, -ruo, -rui, -rutum 3.

einstürzen concidere, -cido, -cidi 3.; **das Haus stürzt ein** domus corruit
einteilen (anordnen) disponere, -pono, -posui, -positum 3.
Eintracht concordia, -ae f
einträchtig concors, -cordis
eintragen (einschreiben) referre, refero, rettuli, relatum 0. (**in etw** in aliquid)
eintreffen venire, venio, veni, ventum 4.
eintreiben (Geld) exigere, -igo, -egi, -actum 3.
eintreten
■ intrare, -o, -avi, -atum 1. (**in etw** aliquid); (Ereignis) incedere, -cedo, -cessi, -cessum; **in das politische Leben** ~ accedere (-cedo, -cessi, -cessum 3.) ad rem publicam
■ fig favere, faveo, favi, fautum 2. (**für j-n** od **etw** alicui od alicui rei)
Eintritt introitus, -us m
einverstanden: ~ **sein** consentire, -sentio, -sensi, -sensum 4. (**mit etw** de re/cum re)
einwandern immigrare, -o, -avi, -atum 1.
einweihen
■ dedicare, -o, -avi, -atum 1.
■ (einführen) initiare, -o, -avi, -atum 1. (**in etw** re)
einwenden contra dicere (dico, dixi, dictum 3.)
einwerfen contra dicere (dico, dixi, dictum 3.)
einwilligen consentire, -sentio, -sensi, -sensum 4. (**in etw** alicui rei)
einwirken
■ vim habere (-eo, -ui, -itum 2.) (**auf etw** ad aliquid/in re)
■ afficere, -ficio, -feci, -fectum 3. (**auf jdn** aliquem/animum alicuius)
Einwohner(in) incola, -ae m(f)
Einzelheiten singula, -orum npl
einzeln singulus, -a, -um
einziehen ingredi, -gredior, -gressus sum 3. (**in eine Stadt** in urbem)
einzig unus, -a, -um, solus, -a, -um, unicus, -a, -um
einzigartig singularis, -e
Eis glacies, -ei f
Eisen ferrum, -i n
eisern ferreus, -a, -um
eisig gelidus, -a, -um
eitel vanus, -a, -um
Eitelkeit vanitas, -atis f
Eiter sanies, -ei f
Ekel taedium, -i n
ekeln: es ekelt mich vor etw taedet me alicuius rei
Elefant elephantus, -i m
Elegie elegia, -ae f
Element elementum, -i n

elend miser, -era, -erum
Elend miseria, -ae f
elf undecim indekl; **je** ~ undeni (-ae, -a)
Elfenbein ebur, eboris n
elfmal undecies
Ellbogen cubitum, -i n
Eltern PL parentes, -um mpl
E-Mail litterae electronicae fpl
empfangen accipere od suscipere, -cipio, -cepi, -ceptum 3.
empfehlen commendare, -o, -avi, -atum 1.
empfinden sentire, sentio, sensi, sensum 4.; **etw schmerzlich** ~ dolere (-eo, -ui, -iturus 2.) aliquid
empfindlich
■ (schnell Schmerz empfindend) mollis, -e
■ (schmerzhaft) acerbus, -a, -um
Empfindlichkeit animus (-i m) mollis
Empfindung sensus, -us m
Emporkömmling homo (-minis m) novus
empört indignatus, -a, -um (**über etw** aliquid)
Ende finis, -is m, exitus, -us m; **zu** ~ **führen** conficere (-ficio, -feci, -fectum 3.); **ein** ~ **nehmen** desinere (-sino, -sii, -situm 3.); **am** ~ **des Jahres** anno exeunte
enden finem habere (-eo, -ui, -itum 2.)
endgültig ultimus, -a, -um
endlich denique, tandem, demum
endlos infinitus, -a, -um
Energie vis, akk vim, abl vi; **ohne** ~ ignavus (-a, -um)
energisch strenuus, -a, -um, fortis, -e, vehemens, -entis
eng angustus, -a, -um
Engagement studium, -i n
Enge angustiae, -arum fpl
Engpass angustiae, -arum fpl
Enkel nepos, -otis m
Enkelin neptis, -is f
entbehren carere, -eo, -ui, -iturus 2. (**etw** re)
entblößen (de)nudare, -o, -avi, -atum 1.
entblößt nudus, -a, -um
entdecken invenire, -venio, -veni, -ventum 4.
Ente anas, -atis f
entfallen: es ist mir ~ me fugit, me fallit, me praeterit alle +AcI
entfernen removere, -moveo, -movi, -motum 2.; **sich** ~ discedere (-cedo, -cessi, -cessum 3.)
entfernt remotus, -a, -um; ~ **sein** distare (-sto, -, - 1.), abesse (absum, afui, - 0.; **von etw** a re)
Entfernung (Abstand) distantia, -ae f; **weite** ~ longinquitas, -atis f
entflammen (anzünden) accendere, -cendo,

E-Mail

Im Folgenden finden Lateinbegeisterte einige nützliche Phrasen, um Korrespondenz per E-Mail auf Latein führen zu können.

Terentia Ciceroni s.d. (= **salutem dicit**)	Lieber Cicero ... (wörtlich: Terentia grüßt Cicero, Terentia ist also die Absenderin)
S.V.B.E.E.V. (= **Si vales, bene est. Ego valeo.**)	Ich hoffe, es geht dir gut. Mir geht es gut.
Quid agis?	Was machst du?
Ut vales?	Wie geht es dir?
Cur ad proximas litteras non rescripsisti?	Wieso hast du auf meine letzte Mail nicht geantwortet?
Litterae tuae mihi (non) allatae sunt.	Ich habe deine Mail (nicht) erhalten.
Maxime delectatus / delectata sum litteris tuis.	Ich habe mich über deine Mail sehr gefreut.
Haec igitur, cura ut valeas.	So viel für den Moment, mach's gut.
Claudia / Marcus impertit tibi multam salutem.	Claudia / Markus lässt dich herzlich grüßen.
adiungere	Anhang einfügen
mittere	abschicken
accipere	empfangen

WORTSCHATZ

-cendi, -censum 3.
entfliehen effugere, -fugio, -fugi, -fugiturus 3.
entfremden abalienare, -o, -avi, -atum 1. (**j-m ab aliquo**)
entführen abducere, -duco, -duxi, -ductum 3., rapere, rapio, rapui, raptum 3.
entgegen
A PRÄP +dat contra +akk
B ADV obviam
entgegenbringen (Achtung) offerre, offero, obtuli, oblatum 0.
entgegengehen obviam ire (eo, ii, itum 0.), obire, -eo, -ii, -itum 0.
entgegengesetzt contrarius, -a, -um
entgegenkommen obviam venire (venio, veni, ventum 4.)
entgegenschicken obviam mittere (mitto, misi, missum 3.)
entgegenstehen (hinderlich sein) obstare, -sto, -stiti, -staturus 1.
entgegenstehend adversus, -a, -um
entgegenstellen opponere, -pono, -posui, -positum 3.
entgegenstrecken ostendere, -tendo, -tendi, -tentum 3.
entgegentreten obviam ire (eo, ii, itum 0.), occurrere, -curro, -curri, -cursum 3.

entgegnen respondere, -spondeo, -spondi, -sponsum 2.
entgehen effugere, -fugio, -fugi, -fugiturus 3. (**j-m aliquem; einer Sache aliquid**)
enthalten
1 continere, -tineo, -tinui, -tentum 2.
2 **sich einer Sache ~** abstinere (-tineo, -tinui, -tentum 2.) re/a re
enthaltsam abstinens, -entis
Enthaltsamkeit abstinentia, -ae f
enthüllen (verraten) aperire, aperio, aperui, apertum 3.
entkommen effugere, -fugio, -fugi, -fugiturus 3. (**j-m aliquem; einer Sache aliquid**); evadere, -vado, -vasi, -vasum 3. (**j-m ab aliquo; einer Sache ex re**)
entlang ADV (längs) secundum +akk
entlarven animum nudare (-o, -avi, -atum 1.) (**j-n alicuius**)
entlassen dimittere, -mitto, -misi, -missum 3.
Entlassung (di)missio, -onis f
entlaufen effugere, -fugio, -fugi, -fugiturus 3. (**j-m aliquem; einer Sache aliquid**)
entlegen remotus, -a, -um
entleihen depromere, -promo, -prompsi, -promptum 3.
entreißen eripere, -ripio, -ripui, -reptum 3.
entrichten solvere, solvo, solvi, solutum 3.;

Abgaben ~ tributa pendere
entrinnen evadere, -vado, -vasi, -vasum 3. (**j-m ab** aliquo; **einer Sache** ex re)
entrüsten: sich ~ gravissime ferre (fero, tuli, latum 0.; **über etw** aliquid)
entrüstet irritatus, -a, -um
entscheiden (di)iudicare, -o, -avi, -atum 1., decernere, -cerno, -crevi, -cretum 3.; **sich für j-n ~** aliquem sequi (sequor, secutus sum 3.)
Entscheidung
1 (*Vorgang*) diiudicatio, -onis f
2 (*Ergebnis*) decretum, -i n
3 (*entscheidender Moment*) discrimen, -minis n
entschließen: sich ~ constituere, -stituo, -stitui, -stitutum 3. (**zu etw** aliquid)
entschlossen paratus, -a, -um
Entschlossenheit praesentia (-ae f) animi
Entschluss consilium, -i n; **einen ~ fassen** consilium capere (capio, cepi, captum 3.)
entschuldigen excusare, -o, -avi, -atum 1. (**bei j-m** alicui, apud aliquem)
Entschuldigung excusatio, -onis f
entsenden mittere, mitto, misi, missum 3.
Entsetzen horror, -oris m
entsetzlich horribilis, -e
entsprechen (*Erwartungen*) respondere, -spondeo, -spondi, -sponsum 2.
entsprechend PRÄP +*dat* pro +*abl*
entspringen (*seinen Ursprung haben*) oriri, orior, ortus sum 4.
entstehen oriri, orior, ortus sum 4., nasci, nascor, natus sum 3., exsistere, -sisto, -stiti, - 3.
entstellen
1 (*verunstalten*) deformare, -o, -avi, -atum 1.
2 (*falsch darstellen*) depravare, -o, -avi, -atum 1.
entstellt deformis, -e
enttäuschen spem eripere (-ripio, -ripui, -reptum 3.)

entwaffnen arma adimere (-imo, -emi, -emptum 3.; **j-n** alicui)
entweder: ~ ... oder aut ... aut; vel ... vel
entwenden surripere, -ripio, -ripui, -reptum 3.
entwickeln (*wachsen*) crescere, cresco, crevi, cretum 3.; **sich ~** (*entstehen*) oriri (orior, ortus sum 4.)
entwischen effugere, -fugio, -fugi, -fugiturus 3. (**j-m** aliquem; **einer Sache** aliquid)
Entwurf adumbratio, -onis f, forma, -ae f; **schriftlicher ~** commentarius, -i m
entziehen (*wegnehmen*) detrahere, -traho, -traxi, -tractum 3., subducere, -duco, -duxi, -ductum 3.
entzünden inflammare, -o, -avi, -atum 1.
Entzündung (*Krankheit*) inflammatio, -onis f
Epoche aetas, -atis f
Epos carmen (carminis n) epicum
er, sie, es *betont* is, ea, id
Erbarmen misericordia, -ae f
erbarmen: sich ~ misereri, misereor, miseritus sum 2. (**j-s** alicuius; **einer Sache** alicuius rei)
erbärmlich miser, -era, -erum
erbarmungslos crudelis, -e, saevus, -a, -um
erbauen aedificare, -o, -avi, -atum 1., construere, -struo, -struxi, -structum 3.
Erbe[1] M̄ heres, -edis m
Erbe[2] N̄ (*Erbschaft*) heredium, -i n
erben hereditate accipere (-cipio, -cepi, -ceptum 3.)
erbeuten capere, capio, cepi, captum 3.
erbitten petere, peto, petivi, petitum 3.
erbittert (*Schlacht*) acer, acris, acre; (*feindselig*) infensus, -a, -um
erblicken conspicere, -spicio, -spexi, -spectum 3.
erbrechen *auch refl.* (*sich übergeben*) vomere, -o, -ui, -itum 3.

> ### Personalpronomen

Die Personalpronomen (ich, du, er, sie usw.) werden meist nur wiedergegeben, wenn sie besonders betont sind:

Tu dives es, ego pauper.   Du bist reich, ich arm.

Zudem verfügt das Lateinische nicht über ein Personalpronomen für die 3. Person Singular (er, sie, es); stattdessen wird eine Form eines Demonstrativpronomens (oft von **is, ea, id**) verwendet:

Ea laudat, ille tacet.   Sie lobt, er schweigt.

In der Regel jedoch begnügt sich das Lateinische mit der bloßen Verbform:

amat   er, sie, es liebt

GRAMMATIK

Erbschaft hereditas, -atis f
Erdbeben terrae motus (-us m)
Erdboden solum, -i n, humus, i f; **dem ~ gleichmachen** solo (ad)aequare (-o, -avi, -atum 1.)
Erde terra, -ae f, tellus, -uris f; **aus ~** terrenus (-a, -um)
erdichten fingere, fingo, finxi, fictum 3.
Erdkreis orbis (-is m) terrarum
Erdreich humus, -i f
erdrücken opprimere, -primo, -pressi, -pressum 3.
Erdteil pars (partis f) orbis terrarum
erdulden tolerare, -o, -avi, -atum 1.
ereignen: sich ~ incidere od accidere (-cido, -cidi, - 3.), evenire (-venio, -veni, -ventum 4.); **es ereignet sich, dass** accidit ut +konjt
Ereignis res, rei f
ererbt (von den Ahnen) patrius, -a, -um
erfahren[1] ADJ (fachkundig) peritus, -a, -um
erfahren[2] VT

1 (Neuigkeit) comperire, -perio, -peri, -pertum 3., cognoscere, -gnosco, -gnovi, -gnitum 3., certiorem fieri (fio, factus sum 3.); **ich erfahre** certior fio

2 (eine Erfahrung machen) experiri, -perior, -pertus sum 4.

Erfahrung

1 (Übung) usus, -us m

2 (Kenntnis) peritia, -ae f

3 (Wissen) scientia, -ae f; **ich spreche aus ~** expertus dico

erfassen percipere, -cipio, -cepi, -ceptum 3.
erfinden invenire, -venio, -veni, -ventum 4.
Erfindung

1 (das Erfinden) inventio, -onis f

2 (das Erfundene) inventum, i n

erflehen exorare, -o, -avi, -atum 1.
Erfolg eventus, -us m, successus, -us m; **~ haben in etw** proficere (-ficio, -feci, -fectum 3.) in re
erfolglos

A ADJ irritus, -a, -um

B ADV frustra

erfolgreich

A ADJ felix, -licis

B ADV prospere, non frustra

erforderlich necessarius, -a, -um
erfordern postulare, -o, -avi, -atum 1.
erforschen explorare, -o, -avi, -atum 1., investigare, -o, -avi, -atum 1.
erfragen quaerere, quaero, quaesivi, quaesitum 3. (**etw von j-m** aliquid ex aliquo od de aliquo)
erfreuen delectare, -o, -avi, -atum 1.
erfreulich iucundus, -a, -um
erfreut laetus, -a, -um
erfrischen recreare, -o, -avi, -atum 1.
erfüllen

1 (vollmachen) complere, -pleo, -plevi, -pletum 2., auch fig; **j-n mit Bewunderung ~** aliquem admiratione imbuere (-buo, -bui, -butum 3.)

2 (Anspruch) explere, -pleo, plevi, -pletum 2. (**eine Hoffnung** spem)

Ergänzung

1 (das Ergänzen) refectio, -onis f

2 (das Ergänzte) supplementum, -i n

ergänzen supplere, -pleo, -plevi, -pletum 2.
ergeben: sich ~ se dedere (-do, -didi, -ditum 3.)
Ergebnis eventus, -us m
ergiebig fructuosus, -a, -um
ergreifen

1 capere, capio, cepi, captum 3., capessere, -o, -ivi, -itum 3.

2 (geistig) (com)prehendere, -hendo, -hendi, -hensum 3.

3 (rauben) corripere, -ripio, -ripui, -reptum 3.

erhaben editus, -a, -um
Erhabenheit maiestas, -atis f
erhalten

1 (bewahren) (con)servare, -o, -avi, -atum 1.; (beibehalten) obtinere, -tineo, -tinui, -tentum 2.; **bleiben** manere (maneo, mansi, mansum 2.)

2 (empfangen) accipere, -cipio, -cepi, -ceptum 3.

erheben tollere, tollo, sustuli, sublatum 0.; **sich ~** (ex)surgere (-surgo, -surrexi, -surrectum 3.)

erheblich valde
erhitzen calefacere, -facio, -feci, -factum 3.
erhoffen sperare, -o, -avi, -atum 1.
erhöhen

1 (höher machen) altiorem facere (facio, feci, factum 3.)

2 fig (vermehren) augere, augeo, auxi, auctum 3.

erholen: sich ~ se recreare (-o, -avi, -atum 1.), convalescere, -valesco, -valui, - 3.
Erholung quies, -etis f
erhören exaudire, -io, -ivi, -itum 4.
erinnern (ad)monere, -eo, -ui, -itum 2. (**an etw** de re); **sich ~** meminisse, memini 0. (**an etw** alicuius rei); recordari, -or, -atus sum 1. (**an etw** aliquid)
Erinnerung

1 (Mahnung) admonitio, -onis f

2 (Andenken) memoria, -ae f

erkennen (begreifen) intellegere, -lego, -lexi, -lectum 3.; (kennenlernen) cognoscere, -nosco, -novi, -nitum 3.
Erkenntnis cognitio, -onis f
erklären

1 (erläutern) explicare, -o, -avi, -atum 1.

2 (*darlegen*) declarare, -o, -avi, -atum 1.; **j-m den Krieg ~** bellum alicui indicere (-dico, -dixi, -dictum 3.); **j-n zum Feind ~** aliquem hostem iudicare (-o, -avi, -atum 1.)
Erklärung explicatio, -onis f
erkranken in morbum incidere (-cido, -cidi, -3.)
erkundigen: sich ~ quaerere, quaero, quaesivi, quaesitum 3. (**nach etw** aliquid; **bei j-m** ex, ab aliquo)
erlangen
1 adipisci, -piscor, -eptus sum 3.
2 (*zufällig*) nancisci, nanciscor, nactus sum 3.
3 (*erbitten*) impetrare, -o, -avi, -atum 1.
Erlass edictum, -i n
erlauben concedere, -cedo, -cessi, -cessum 3., permittere, -mitto, -misi, -missum 3.; **es ist erlaubt** licet
Erlaubnis permissus, -us m, venia, -ae f; **mit ~** permissu
erläutern explanare, -o, -avi, -atum 1.
erleben experiri, -perior, -pertus sum 4., videre, video, vidi, visum 2.
Erlebnis res, rei f, eventus, -us m
erledigen conficere, -ficio, -feci, -fectum 3.
erlegen necare, -o, -avi, -atum 1.
erleichtern levare, -o, -avi, -atum 1.
erleiden pati, patior, passus sum 3.; **eine Niederlage ~** cladem accipere (-cipio, -cepi, -ceptum 3.)
erlesen (*Speise*) exquisitus, -a, -um
erleuchten illustrare, -o, -avi, -atum 1., *auch fig*
erlöschen ex(s)tingui, -(s)tinguor, -(s)tinctus sum 3., (*untergehen*) perire, -eo, -ii, -itum 0.
erlösen liberare, -o, -avi, -atum 1. (**von etw** re, a re)
ermächtigen potestatem dare (do, dedi, datum 1.; **j-n** alicui, **zu etw** alicuius rei)
ermahnen (ad)monere, -eo, -ui, -itum 2., (ad)hortari, -or, -atus sum 1.
Ermahnung hortatio, -onis f
ermessen (*beurteilen*) iudicare, -o, -avi, -atum 1.
Ermessen opinio, -onis f
ermöglichen efficere, -ficio, -feci, -fectum 3.
ermorden necare, -o, -avi, -atum 1., occidere, -cido, -cidi, -cisum 3.
Ermordung caedes, -is f; **nach der ~ des Anführers** duce occiso
ermüden fatigare, -o, -avi, -atum 1.
ermuntern adhortari, -or, -atus sum 1.
Ermunterung adhortatio, -onis f
ermutigen confirmare, -o, -avi, -atum 1., erigere, -rigo, -rexi, -rectum 3.
ernähren alere, -o, -ui, -(i)tum 3.

ernennen creare, -o, -avi, -atum 1. (**j-n zum Konsul** aliquem consulem)
erneuern renovare, -o, -avi, -atum 1.
erneut iterum
Ernst severitas, -atis f, gravitas, -atis f
ernst severus, -a, -um, gravis, -e
ernsthaft severus, -a, -um
Ernte messis, -is f
ernten
1 metere, meto, (messem feci), messum 3.
2 *fig* percipere, -cipio, -cepi, -ceptum 3.
erobern expugnare, -o, -avi, -atum 1., capere, capio, cepi, captum 3.
Eroberung expugnatio, -onis f
eröffnen aperire, aperio, aperui, apertum 4.
erörtern disserere, -sero, -serui, -sertum 3., disputare, -o, -avi, -atum 1.
erpressen exprimere, -primo, pressi, pressum 3.; **Geld von j-m ~** pecuniam exprimere ab aliquo
erproben experiri, -perior, -pertus sum 4.
erraten conicere, -icio, -ieci, -iectum 3.; **ein Rätsel ~** aenigmam solvere (solvo, solvi, solutum 3.)
erregen excitare, -o, -avi, -atum 1., (per)movere, -moveo, -movi, -motum 3.; **heftig ~** sollicitare (-o, -avi, -atum 1.)
Erregung motus, -us m
erreichen
1 assequi *od* consequi, -sequor, -secutus sum 0.; (*durch Anstrengung*) adipisci, -piscor, -eptus sum 3.; (*durch Zufall*) nancisci, nanciscor, nactus sum 3.; (*durch Bitten*) impetrare, -o, -avi, -atum 1.
2 (*durchsetzen*) efficere, -ficio, -feci, -fectum 3.
3 zu ~ suchen petere (peto, petivi, petitum 3.)
4 (*gleichkommen*) adaequare, -o, -avi, -atum 1.
errichten exstruere, -struo, -struxi, -structum 3.
Ersatz compensatio, -onis f; **etw als ~ für etw geben** compensare (-o, -avi, -atum 1.) aliquid aliqua re
erschaffen creare, -o, -avi, -atum 1.
erscheinen
1 (*sichtbar werden*) apparere, -eo, -ui, - 2.
2 (*scheinen*) videri, videor, visus sum 2.
Erscheinung
1 (*Aussehen*) species, -ei f
2 schreckliche ~ monstrum, -i n
erschlagen necare, -o, -avi, -atum 1., occidere, -cido, -cidi, -cisum 3.
erschöpfen (*ermüden*) (de)fatigare, -o, -avi, -atum 1.
erschöpft (de)fatigatus, -a, -um
Erschöpfung (de)fatigatio, -onis f
erschrecken
A v̄t̄ (per)terrere, -eo, -ui, -itum 2.

B ̄v̄ī (per)terreri, -eor, -itus sum 2. (**vor etw** re)
erschrocken (per)territus, -a, -um
erschüttern
1 concutere *od* percutere, -cutio, -cussi, -cussum 3.
2 (*seelisch*) commovere, -moveo, -movi, -motum 2.
erschweren difficile/difficilius facere (facio, feci, factum 3.), impedire, -io, -ivi, -itum 4.
ersehnen desiderare, -o, -avi, -atum 1.
ersetzen compensare, -o, -avi, -atum 1.
erst
1 (*in Aufzählung*) primum
2 (*anfangs*) primo
3 (*endlich*) demum
erstarren torpescere, torpesco, torpui, - 3.
Erstaunen stupor, -oris *m*; **in ~ versetzen** obstupefacere (-facio, -feci, -factum 3.)
erstaunlich mirabilis, -e, mirus, -a, -um
erstaunt stupefactus, -a, -um
erste(r, -s) primus, -a, -um, princeps, -ipis; **zum ~n Mal** primum
erstechen transfigere, -figo, -fixi, -fixum 3.
erstens primum
ersticken
A ̄v̄t̄ suffocare, -o, -avi, -atum 1.
B ̄v̄ī suffocari, -or, -atus sum 1.
erstmals primum
erstreben appetere, -o, -ivi, -itum 3.
erstrecken: sich ~ pertinere, -tineo, -tinui, - 3., patere, -eo, -ui, - 2.
erstürmen expugnare, -o, -avi, -atum 1.
ertappen deprehendere, -hendo, -hendi, -hensum 3. (**j-n auf frischer Tat** in ipso facinore)
ertönen sonare, -o, -ui, - 1.; (*Instrument*) canere, cano, cecini (cantatum) 3.; **eine Trompete ertönt** tuba canit
Ertrag fructus, -us *m*
ertragen tolerare, -o, -avi, -atum 1., sustinere, -tineo, -tinui, -tentum 2.
ertrinken aquis submergi (-mergor, -mersus sum 3.)
erwachen expergisci, -pergiscor, -perrectus sum 3.
erwachsen adultus, -a, -um
erwägen deliberare, -o, -avi, -atum 1.
Erwägung deliberatio, -onis *f*
erwähnen (com)memorare, -o, -avi, -atum 1.
erwärmen calefacere, -facio, -feci, -factum 3.
erwarten exspectare, -o, -avi, -atum 1.
Erwarten: wider ~ contra opinionem; **wider ~ schnell** opinione celerius
Erwartung spes, spei *f*; exspectatio, -onis *f*
erwartungsvoll plenus (-a, -um) spei
erweisen praestare, -sto, -stiti, -staturus 1.; **sich ~** se praebere (-eo, -ui, -itum 2.), (*nur lobend*) se praestare (-sto, -stiti, -staturus 1.); **sich als tapfer ~** fortem se praestare; **j-m Ehre ~** alicui honorem tribuere; **j-m Wohltaten ~** beneficia conferre in aliquem
erweitern amplificare, -o, -avi, -atum 1.
Erwerb (*Gewinn*) quaestus, -us *m*
erwerben (com)parare, -o, -avi, -atum 1.
erwidern respondere, -spondeo, -spondi, -sponsum 2.
erwünscht gratus, -a, -um
Erz aes, aeris *n*
erzählen narrare, -o, -avi, -atum 1. (**von etw** de re)
Erzählung
1 (*Geschichte*) fabula, -ae *f*
2 (*das Erzählen*) narratio, -onis *f*
erzeugen gignere, gigno, genui, genitum 3.
Erzeugung procreatio, -onis *f*
erziehen educare, -o, -avi, -atum 1., erudire, -io, -ivi, -itum 4.
Erzieher praeceptor, -oris *m*, paedagogus, -i *m*
Erziehung educatio, -onis *f*
erzielen adipisci, -piscor, -eptus sum 3.
erzürnen irritare, -o, -avi, -atum 1.
erzwingen cogere, cogo, coegi, coactum 3. (**etw von j-m** aliquem ad aliquid)
Esel asinus, -i *m*
essbar esculentus, -a, -um
Essen (*Nahrung*) cibus, -i *m*
essen
1 edere, edo, edi, esum 3.
2 (*Hauptmahlzeit einnehmen*) cenare, -o, -avi, -atum 1.
Essig acetum, -i *n*
etliche nonnulli, -ae, -a
Etrusker ̄P̄L̄ Etrusci, -orum *mpl*
etwa
1 (*im Fragesatz*) num *Fragepartikel*; **~ nicht** nonne *Fragepartikel*; **oder ~** an *Fragepartikel*
2 (*ungefähr*) fere *nachgestellt*; **~ Folgendes** haec fere
etwas
A ̄ĪNDEF PR̄ aliquid
B ̄ADV̄ (*ein wenig*) paulum
euch vobis (*dat*), vos (*akk*); **von ~** a vobis; **mit ~** vobiscum
euer vester, -tra, -trum
eventuell
A ̄ADJ̄ *Umschreibung mit si*; **bei deiner eventuellen Ankunft** si adveneris
B ̄ADV̄ forsitan
ewig aeternus, -a, -um, sempiternus, -a, -um
Exil exilium, -i *n*; **ins ~ schicken** in exilium mittere (mitto, misi, missum 3.)

Essgewohnheiten

In der Antike war es in Rom üblich, zwei- bis dreimal am Tag zu essen. Das **ientaculum** (Frühstück) bestand in der Regel aus Brot, das in Wein getaucht oder mit Honig, Datteln oder Oliven gegessen wurde, sowie Käse. Zur Mittagszeit (**hora sexta**) folgte das **prandium** (Mittagessen), das nur als kleiner Imbiss angesehen werden kann. Verzehrt wurden ähnliche Speisen wie beim **ientaculum**, jedoch in etwas größerer Menge. Nach dem Bade (Mitte des Nachmittags, um die **hora nona**) folgte die **cena** (Abendessen), eine üppige, aus mehreren Gängen bestehende Mahlzeit. Als Vorspeise (**promulsis**) wurden weiche Eier, Salate, verschiedene Gemüse, Pilze, Schnecken, Austern und Fisch serviert. Der Hauptgang setzte sich zusammen aus warmen Fleisch- oder Fischgerichten, Wurst und Gemüse. Als Nachspeise (**secundae mensae**) gab es in der Regel Obst.

RÖMISCHES LEBEN

Existenz
1 (*Leben*) vita, -ae f
2 (*Vorhandensein*) Umschreibung mit esse; **die ~ der Götter leugnen** negare (-o, -avi, -atum 1.) deos esse

existieren esse, sum, fui, - 0.

F

Fabel fabula, -ae f
fabelhaft fabulosus, -a, -um
Fabrik officina, -ae f
Fach
1 (*Regalfach*) loculus, -i m
2 (*Wissenschaftsfach, Schulfach*) disciplina, -ae f
Fachausdruck terminus (termini m) technicus
Fachmann homo (-minis m) expertus
Fackel fax, facis f
fade
1 (*geschmacklos*) iners, -ertis
2 (*langweilig*) insulsus, -a, -um
Faden filum, -i n
fähig idoneus, -a, -um (**zu etw** ad aliquid); **~ sein** posse (possum, potui, - n)
Fähigkeit facultas, -atis f
fahl luridus, -a, -um
Fahne signum, -i n
Fahneneid sacramentum, -i n
Fahnenträger signifer, -eri m
Fähre ratis (-is f) ad traiciendum comparata
fahren
A vi
1 vehi, vehor, vectus sum 3.
2 NAUT navigare, -o, -avi, -atum 1.
B vt (*transportieren*) vehere, veho, vexi, vectum 3.

Fahrer (*Wagenlenker*) auriga, -ae m
fahrlässig neglegens, -entis
Fahrt cursus, -us m; **eine ~ machen** NAUT navigare (-o, -avi, -atum 1.)
Fährte vestigium, -i n
Fahrzeug
1 vehiculum, -i n
2 NAUT navigium, -i n
fair integer, -gra, -grum
Falke accipiter, -tris m
Fall casus, -us m
Falle fig insidiae, -arum fpl; **jdm. eine ~ stellen** insidias parare alicui
fallen
1 cadere, cado, cecidi, casurus 3.
2 (*im Kampf*) necari, necor, necatus sum 1.
fällen caedere, caedo, cecidi, caesum 3.
Fallgrube fovea, -ae f
fällig praestandus, -a, -um; **an diesem Tag ~ sein** in hanc diem cadere (cado, cecidi, casurus 3.)
falls (*wenn*) si
falsch falsus, -a, -um
fälschen corrumpere, -rumpo, -rupi, -ruptum 3.
fälschlich falso
Fälschung falsum, -i n, (*gefälschtes Schriftstück*) litterae (-arum f) falsae et corruptae
Falte
1 (*in der Toga*) sinus, -us m
2 (*Gesicht*) ruga, -ae f
falten complicare, -o, -avi, -atum 1.; **die Hände ~** manus iungere (iungo, iunxi, iunctum 3.)
Familie familia, -ae f
Familienname nomen (-minis n) gentile
Familienoberhaupt, Familienvater pater (patris m) familias
Familienverband gens, gentis f
Fang
1 (*das Fangen*) captura, -ae f
2 (*Beute*) praeda, -ae f
fangen capere, capio, cepi, captum 3.

FANT

> **Familie**

Vater	**pater** ⟨patris⟩ m
Mutter	**mater** ⟨matris⟩ f
Bruder	**frater** ⟨fratris⟩ m
Schwester	**soror** ⟨sororis⟩ f
Onkel (*mütterlicherseits*)	**avunculus** ⟨i⟩ m
Onkel (*väterlicherseits*)	**patruus** ⟨i⟩ m
Tante (*mütterlicherseits*)	**matertera** ⟨ae⟩ f
Tante (*väterlicherseits*)	**amita** ⟨ae⟩ f
Enkel	**nepos** ⟨nepotis⟩ m
Enkelin	**neptis** ⟨neptis⟩ f
Ehemann	**maritus** ⟨i⟩ m / **coniux** ⟨coniugis⟩ m
Ehefrau	**uxor** ⟨oris⟩ f / **coniux** ⟨coniugis⟩ f
Großvater	**avus** ⟨i⟩ m
Großmutter	**avia** ⟨ae⟩ f
Cousin	**consobrinus** ⟨i⟩ m
Cousine	**consobrina** ⟨ae⟩ f

WORTSCHATZ

Fantasie cogitatio, -onis f
Farbe color, -oris m
färben tingere, tingo, tinxi, tinctum 3. (**mit etw re**)
farbig coloratus, -a, -um
farblos sine colore
Fass dolium, -i n
fassen (*ergreifen*) (com)prehendere, -hendo, -hendi, -hensum 3.; **einen Plan ~** consilium capere (capio, cepi, captum 3.)
Fassung: **mit ~ tragen** aequo animo ferre (fero, tuli, latum 0.); **sich aus der ~ bringen lassen** perturbari (-or, -atus sum 1.)
fast (*bei Zahlen*) fere *nachgestellt*; paene *vorgestellt*
fasten cibo se abstinere (-tineo, -tinui, -tentum 2.)
faul
■ (*faulig*) putidus, -a, -um
■ (*träge*) piger, -gra, -grum
faulenzen segne otium terere (tero, trivi, tritum 3.)
Faulheit pigritia, ae f
Faust pugnus, -i m
Februar Februarius, -i m
fechten (*kämpfen*) pugnare, -o, -avi, -atum 1.
Fechter gladiator, -oris m
Feder penna, -ae f
fegen purgare, -o, -avi, -atum 1.
fehlen
■ (*nicht da sein*) abesse, absum, afui, - 0.; **es fehlt nicht viel daran, dass** non multum abest, quin +konjkt
■ (*vermisst werden*) deesse, -sum, -fui, - 0.
■ (*mangeln*) deficere, -ficio, -feci, -fectum 3.; **es fehlt an etw** aliquid deficit
■ (*sündigen*) peccare, -o, -avi, -atum 1.
Fehler
■ error, -oris m
■ (*Schaden, Laster*) vitium, -i n
■ (*Sünde*) peccatum, -i n; **ich habe einen ~ gemacht** erravi
fehlerfrei, fehlerlos sine vitio
Fehlschlag casus (-us m) adversus
fehlschlagen frustra esse (sum, fui, - 0.); **etw schlägt fehl** res male cadit
Fehltritt error, -oris m
Feier caerimonia, -ae f
feierlich sollemnis, -e
feiern celebrare, -o, -avi, -atum 1.; **einen Triumph ~** triumphum agere (ago, egi, actum 3.)
Feiertage PL feriae, -arum fpl
feige ignavus, -a, -um
Feigheit ignavia, -ae f
Feigling ignavus, -a, -um
Feile lima, -ae f
feilen limare, -o, -avi, -atum 1., poliri, -io, -ivi, -itum 4.
fein
■ (*zart*) tenuis, -e
■ (*gut*) bonus, -a, -um
Feind
■ (*Landesfeind*) hostis, is m

▶ Farben

Die Antike gewann ihre Farbstoffe aus tierischen, organischen und mineralischen Stoffen. Für den Purpur, einen der wertvollsten und edelsten Farbstoffe der Antike, wurden Trompeten- (**murex** ⟨muricis⟩) bzw. Purpurschnecken (**purpura**) einige Tage in Salz gelegt und gekocht. Um 1 Gramm Farbstoff zu erhalten, brauchte man 8.000 Purpurschnecken – dies ist der Grund, weshalb Purpur so teuer war und zugleich als Statussymbol galt. Es gab allerdings zahlreiche Möglichkeiten, Purpur mit billigeren Farbstoffen zu strecken oder herzustellen, sodass die Industrie für die Herstellung von billigeren Purpurfärbungen buchstäblich florierte.

rot	**ruber** ⟨bra, brum⟩
purpurrot	**purpureus** ⟨a, um⟩
dunkelblau	**caeruleus** ⟨a, um⟩
blaugrau	**caesius** ⟨a, um⟩
grün	**viridis** ⟨e⟩
violett	**violaceus** ⟨a, um⟩
gelb	**flavus** ⟨a, um⟩
weißgrau	**canus** ⟨a, um⟩
aschfarbig	**cinereus** ⟨a, um⟩
weiß	**candidus** ⟨a, um⟩ (*glänzend*) **albus** ⟨a, um⟩ (*matt*)
schwarz	**niger** ⟨gra, grum⟩ (*glänzend*) **ater** ⟨tra, trum⟩ (*matt*)

WORTSCHATZ ◀

---

2 (*persönlicher Feind*) inimicus, -i m; (*Gegner*) adversarius, -i m

feindlich inimicus, -a, -um, infestus, -a, -um; *oft durch* hostium *gen pl*; **~es Heer** exercitus (-us m) hostium

Feindschaft inimicitiae, -arum *fpl*; **in ~ leben mit j-m** inimicitias gerere (gero, gessi, gestum 3.) cum aliquo

feindselig infensus, -a, -um

feinfühlig mollis, -e

Feinheit
1 (*Zartheit*) tenuitas, -atis f
2 (*Manieren*) elegantia, -ae f

feinsinnig expolitus, -a, -um

Feld
1 ager, gri m
2 (*Ebene*) campus, -i m

Feldfrüchte fruges, -um *fpl*

Feldherr imperator, -oris m, dux, ducis m

Feldherrnzelt praetorium, -i n

Feldlager castra, -orum *npl*

Feldmaus mus (muris m) rusticus

Feldzeichen signum, -i n

Feldzug expeditio, -onis f

Fell pellis, -is f

Fels, Felsen
1 saxum, -i n
2 (*Felswand*) rupes, -is f

Felsblock saxum, -i n

Fenster fenestra, -ae f

Ferien PL feriae, -arum *fpl*

fern
A ADJ longinquus, -a, -um
B ADV procul; **~ der Heimat** procul a domo; **~ von hier** procul hinc

Ferne longinquitas, -atis f; **aus weiter ~** e longinquo

ferner ADV deinde

fernhalten arcere, -eo, -ui, - 2.; **sich ~** (se) abstinere, -tineo, -tinui, -tentum 2. (**von etw** re)

Ferse calx, calcix f

fertig paratus, -a, -um; **mit etw ~ werden** perficere aliquid (-ficio, -feci, -fectum 3.); **mit etw ~ sein** perfecisse aliquid; **sich ~ machen** se parare (-o, -avi, -atum 1.); **~ machen** (*beenden*) conficere (-ficio, -feci, -fectum 3.)

fertigbringen efficere, -ficio, -feci, -fectum 3.

fertigen
1 conficere, -ficio, -feci, -fectum 3.
2 (*als Handwerker*) fabricari, -or, -atus sum 1.

Fertigkeit ars, artis f

fertigstellen conficere, -ficio, -feci, -fectum 3.

Fessel vinculum, -i n

fesseln vincire, vincio, vinxi, vinctum 4.

fest
1. (*stark*) firmus, -a, -um
2. (*standhaft*) stabilis, -e

Fest festum, -i *n*

festbinden vincire, vincio, vinxi, vinctum 4.

festhalten tenere, teneo, tenui, tentum 2., retinere *od* obtinere, -tineo, -tinui, -tentum 2.

festhängen haerere, haereo, haesi, haesurus 2.

festigen firmare, -o, -avi, -atum 1.

Festigkeit stabilitas, -atis *f*; firmitas, -atis *f*, *auch fig*

Festland continens, -entis *f*, terra continens, -entis *f*

festlegen sancire, sancio, sanxi, sanctum 4.

festlich sollemnis, -e

festmachen (*befestigen*) affigere, -figo, -fixi, -fixum 3.

festnehmen comprehendere, -hendo, -hendi, -hensum 3.

festsetzen (*bestimmen*) statuere *od* constituere, -uo, -ui, -utum 3.

festsitzen haerere, haereo, haesi, haesurus 2.

feststehen: es steht fest constat +AcI

feststellen reperire, reperio, repperi, repertum 4.

Festtag dies festus (diei *m*)

Festung oppidum munitum (-i *n*)

Festzug pompa, -ae *f*

Fett pingue, -is *n*

fett pinguis, -e

feucht umidus, -a, -um

Feuer ignis, -is *m*; **loderndes ~** flamma, -ae *f*; **mit ~ und Schwert** flamma ferroque

Feuersbrunst incendium, -i *n*

Feuerstelle focus, -i *m*

feurig
1. (*glühend*) igneus, -a, -um
2. (*stürmisch*) acer, acris, acre

Fibel (*Spange*) fibula, -ae *f*

Fichte pinus, -us *od* -i *f*

Fieber febris, -is *f*; **das ~ steigt** febris crescit

Figur
1. forma, -ae *f*
2. RHET figura, -ae *f*

filtern saccare, -o, -avi, -atum 1.

finanziell
1. (*beim Privatmann*) ad rem familiarem pertinens (-entis)
2. (*beim Staat*) ad reditus publicas pertinens (-entis)

finden
1. (*zufällig*) invenire, -venio, -veni, -ventum 4.; (*durch Suchen*) reperire, reperio, repperi, repertum 4.
2. (*halten für*) putare, -o, -avi, -atum 1. **j-n gut ~** aliquem bonum putare

Finger digitus, -i *m*

Fingernagel unguis, -is *m*

finster obscurus, -a, -um

Finsternis tenebrae, -arum *fpl*

Fisch piscis, -is *m*

fischen piscari, -or, -atus sum 1.

Fischer piscator, -oris *m*

flach planus, -a, -um

Fläche aequor, aequoris *n*

flackern tremere, tremo, tremui, - 3.

Flamme flamma, -ae *f*; **in ~n aufgehen** deflagrare (-o, -avi, -atum 1.); **in ~n stehen** ardere (ardeo, arsi, arsum 2.)

Flanke latus, -eris *n*

Flasche laguna, -ae *f*

flattern volitare, -o, -avi, -atum 1.

flau languidus, -a, -um

Flaute (*Windstille*) malacia, -ae *f*

flechten texere, texo, texui, textum 3.

Fleck macula, -ae *f*

Fledermaus vespertilio, -onis *m*

flehen implorare, -o, -avi, -atum 1. (**zu j-m** alicuiquem)

Flehen supplicium, -i *n*

flehend supplex, -plicis

flehentlich
A. ADJ supplex, -plicis
B. ADV suppliciter

Fleisch caro, carnis *f*

Fleischer lanius, -i *m*

Fleischerei taberna (-ae *f*) lanii

Fleiß industria, -ae *f*

fleißig industrius, -a, -um, sedulus, -a, -um

flicken sarcire, sarcio, sarsi, sartum 4.

Fliege musca, -ae *f*

fliegen volare, -o, -avi, -atum 1.

fliehen fugere, fugio, fugi, fugitum 3., fugae se mandare (-o, -avi, -atum 1.)

fließen manare, -o, -avi, -atum 1., fluere, fluo, fluxi, - 3.

fließend fluens, -entis

flink promptus, -a, -um; velox, -ocis

Flocke floccus, -i *m*

Floh pulex, -icis *m*

Floß ratis, -is *f*

Flosse pinna, -ae *f*

Flöte tibia, -ae *f*; **~ blasen, ~ spielen** tibia canere (cano, cecini, cantatum 3.)

Flotte classis, -is *f*

Fluch
1. (*heftige Äußerung*) dira vox (vocis *f*)
2. (*Verfluchung*) preces, -um *fpl*
3. (*Unheil*) religio, -onis *f*

fluchen (heftig äußern) diras voces iactare (-o, -avi, -atum 1.)
Flucht fuga, -ae f; **in die ~ schlagen** fugare (-o, -avi, -atum 1.)
flüchten fugere, fugio, fugi, fugitum 3.
flüchtig
1 fugitivus, -a, -um
2 (nachlässig) neglegens, -entis
Flüchtling
1 profugus, -i m
2 (entlaufener Sklave) fugitivus, -i m
Flug volatus, -us m
Flügel
1 (Vogel) ala, -ae f
2 MIL cornu, -us n
Fluss fluvius, -i m, flumen, -inis n

▶ **Flüsse**

Die Namen größerer Flüsse sind maskulin, da in ihnen nach alter Vorstellung Flussgötter wohnen.

Rhenus ⟨i⟩ m	Rhein
Danuvius ⟨i⟩ m	Donau
Moenus ⟨i⟩ m	Main
Albis ⟨is⟩ m	Elbe
Viadrus ⟨i⟩ m	Oder
Tiberis ⟨is⟩ m	Tiber
Rhodanus ⟨i⟩ m	Rhône

Sehr wenige, kleinere Flüsse sind vermutlich nach Quellnymphen benannt und deshalb feminin:

Allia ⟨ae⟩ f	Aja

GRAMMATIK

flussabwärts secundo flumine
flussaufwärts adverso flumine
flüssig liquidus, -a, -um; **~ machen** liquefacere (-facio, -feci, -factum 3.)
flüstern
A v/t insusurrare, -o, -avi, -atum 1.; **j-m etw ins Ohr ~** insurrurare alicui aliquid in aures
B v/i susurrare, -o, -avi, -atum 1.
Flut fluctus, -us m
Folge
1 (Reihenfolge) ordo, ordinis m
2 (Wirkung) consequentia, -ae f
folgen sequi, sequor, secutus sum 3. (**j-m** alicuem); (im Amt) succedere, -cedo, -cessi, -cessum 3.
folgend
1 (darauf folgend) posterus, -a, -um
2 (jetzt folgend) hic, haec, hoc; **am ~en Tag**

postero die; **~e Worte** haec verba npl
Folgendes hoc nsg, haec npl
folgern concludere, -cludo, -clusi, -clusum 3. (**dass** +AcI)
folglich ergo; igitur nachgestellt
folgsam oboediens, -entis
Folter tormentum, -i n
foltern torquere, torqueo, torsi, tortum 2., cruciare, -o, -avi, -atum 1.
fördern (ad)iuvare, -iuvo, -iuvi, -iutum 1., augere, augeo, auxi, auctum 2.
fordern postulare, -o, -avi, atum 1., poscere, posco, poposci, - 3., exigere, -igo, -egi, -actum 3.; **vor Gericht ~** in ius vocare (-o, -avi, -atum 1.)
Forderung postulatum, -i n
Form forma, -ae f
Format forma, -ae f
Formel formula, -ae f
formen formare, -o, -avi, -atum 1.
formlos sine specie
formulieren
1 (mündlich) verbis efferre (effero, extuli, elatum 0.)
2 (schriftlich) conscribere, -scribo, -scripsi, -scriptum 3.
Formulierung vox, vocis f
forschen quaerere, quaero, quaesivi, quaesitum 3.
Forscher investigator, -oris m
Forschung (wissenschaftliche) pervestigatio (-onis f) scientiae
fort (entfernt) procul; **in einem ~** semper
fortbestehen manere, maneo, mansi, mansum 2.
fortbewegen amovere, -moveo, -movi, -motum 2.
Fortbewegung motio, -onis f
fortdauern manere, maneo, mansi, mansum 2.
fortfahren (weitermachen) pergere, pergo, perrexi, perrectum 3., continuare, -o, -avi, atum 1., perseverare, -o, -avi, -atum 1.
fortfliegen avolare, -o, -avi, -atum 1.
fortführen
1 (wegführen) aducere, -duco, -duxi, ductum 3.
2 (fortsetzen) continuare, -o, -avi, -atum 1.
fortgehen discedere, -cedo, -cessi, -cessum 3.
fortnehmen adimere, -imo, -emi, -emptum 3.
fortpflanzen: sich ~ procreari, -or, -atus sum 1.
fortschaffen amovere, -moveo, -movi, -motum 2.
fortschleppen abstrahere, -traho, -traxi,

-tractum *3.*
Fortschritt progressus, -us *m*; **~e machen** proficere (-ficio, -feci, -fectum *3.*), progredi, -gredior, -gressus sum *3.*
fortsetzen continuare, -o, -avi, -atum *1.*
Fortsetzung
① (*Fortdauer*) continuatio, -onis *f*
② (*einer Schrift*) altera (tertia, quarta *usw.*) pars (partis *f*)
fortwährend continuus, -a, -um
fortziehen VII discedere, -cedo, -cessi, -cessum *3.*
Forum forum, -i *n*
Fracht onus, -eris *n*
Frage
① interrogatio, -onis *f*, quaestio, -onis *f*
② (*Angelegenheit*) res, rei *f*
fragen (inter)rogare, -o, -avi, -atum *1.*; quaerere, quaero, quaesivi, quaesitum *3.* (**j-n** ex/ab aliquo); **j-n um Rat ~** aliquem consulere (-sulo, -sului, -sultum *3.*); **sich ~** se interrogare (-o, -avi, -atum *1.*), considerare (-o, -avi, -atum *1.*), **es fragt sich, ob** quaeritur, si
fraglich de quo/qua agitur
fragwürdig (*zweifelhaft*) dubius, -a, -um
Fratze vultus (-us *m*) foedus
Frau
① femina, -ae *f*, mulier, -eris *f*
② (*Ehefrau*) uxor, -oris *f*, coniux, -iugis *f*; **vornehme ~** matrona, -ae *f*; **alte ~** anus, -us *f*; **junge ~** virgo, -inis *f*
frech protervus, -a, -um
Frechheit protervitas, -atis *f*, audacia, -ae *f*
frei
① liber, -era, -erum; **~ geboren** ingenuus, -a, -um
② (*ohne*) vacuus, -a, -um; **~ sein** vacare (-o, -avi, -atum *1.*), **von etw** re)
③ **~e Zeit** otium (-i *n*); **~ machen** liberare (-o, -avi, -atum *1.*)
Freier procus, -i *m*
freigebig liberalis, -e

Freigebigkeit liberalitas, -atis *f*
Freigelassener libertus, -i *m*
Freiheit libertas, -atis *f*, licentia, -ae *f*
freikaufen redimere, -imo, -emi, -emptum *3.*
freilassen liberare, -o, -avi, -atum *1.*; (*Sklaven*) manumittere, -mitto, -misi, -missum *3.*
freilich (*zwar*) quidem *nachgestellt*; (*allerdings*) sane
freimütig liber, -era, -erum
freisprechen absolvere, -solvo, -solvi, -solutum *3.* (**von etw** alicuius rei/(de) re; **von der Todesstrafe** capitis)
Freitag dies (-ei *m*) Veneris
freiwillig
Ⓐ ADJ voluntarius, -a, -um
Ⓑ ADV meā (tuā, suā *usw.*) sponte
Freizeit otium, -i *n*; **~ haben** vacare (-o, -avi, -atum *1.*)
freizügig (*großzügig*) generosus, -a, -um
fremd
① (*nicht eigen*) alienus, -a, -um
② (*ausländisch*) peregrinus, -a, -um
fremdartig alienus, -a, -um
Fremde (*Land*) terrae (-arum *fpl*) externae; **in der** (*od* **die**) **~** peregre
Fremder
① peregrinus, -i *m*
② (*Gastfreund*) hospes, -itis *m*
Fremdsprache lingua (-ae *f*) externa
fressen devorare, -o, -avi, -atum *1.*
Freude
① (*äußere*) laetitia, -ae *f*
② (*innere*) gaudium, -i *n*; **j-m ~ machen** aliquem delectare (-o, -avi, -atum *1.*); **es macht mir ~** iuvat me; **~ haben an etw** delectari (-or, -atus sum *1.*) re
freudig laetus, -a, -um
freuen: sich ~ über etw gaudere re (gaudeo, gavisus sum *2.*), laetari re (laetor, laetatus sum *1.*); **es freut mich** iuvat me
Freund amicus, -i *m*
Freundin amica, -ae *f*

▶ Frage

Abhängig von der erwarteten Antwort auf eine Frage werden folgende Fragepartikel verwendet: **nonne**, **num** (jeweils am Anfang des Fragesatzes), **-ne** (angehängt).

Nonne cibus ad vitam necessarius est?
erwartete Antwort: JA!

Ist Essen nicht notwendig zum Leben?

Num sidera numerasti?
erwartete Antwort: NEIN!

Hast du etwa die Sterne gezählt?

Scripsitne ad te pater?
offene Frage

Hat dir dein Vater geschrieben?

freundlich comis, -e
Freundlichkeit comitas, -atis f
Freundschaft amicitia, -ae f; **~ schließen** amicitiam iungere (iungo, iunxi, iunctum 3.)
freundschaftlich familiaris, -e
Frevel nefas n indekl, scelus, -eris n
frevelhaft nefarius, -a, -um
Freveltat scelus, -eris n
Frieden pax, pacis f; **~ schließen** pacem facere (facio, feci, factum 3.)
Friedhof sepulcretum, -i n
friedlich placidus, -a, -um
frieren algere, algeo, alsi, - 2.
frisch
  1 (neu) recens, -entis
  2 (kühl) frigidus, -a, -um
Friseur tonsor, -oris m
Frist temporis spatium (-i n)
froh laetus, -a, -um
fröhlich laetus, -a, -um
Fröhlichkeit laetitia, -ae f
fromm pius, -a, -um
Frömmigkeit pietas, -atis f
Front
  1 (Vorderseite) frons, frontis f
  2 MIL prima acies (-ei f)
Frosch rana, -ae f
Frost frigus, -oris n
frostig frigidus, -a, -um
Frucht fructus, -us m
fruchtbar fertilis, -e
früh
  A ADJ (frühzeitig) maturus, -a, -um
  B ADV (am Morgen) mane, prima luce
früher
  A ADJ prior, prius; (ehemalig) pristinus, -a, -um
  B ADV ante, antea, prius
Frühjahr, Frühling ver, veris n
frühmorgens mane, prima luce
Frühstück prandium, -i n
frühstücken ientare, -o, -avi, -atum 1.
frühzeitig maturus, -a, -um
Fuchs vulpes, -is f
Fuge commissura, -ae f
fügen: sich ~
  1 (willig sein) obtemperare, -o, -avi, -atum 1.
  2 (sich ergeben) evenire, -venio, -veni, -ventum 4.
fühlen sentire, sentio, sensi, sensum 4.
führen ducere, duco, duxi, ductum 3.; **ein Leben ~** vitam agere (ago, egi, actum 3.); **Gespräche ~** colloquia habere (-eo, -ui, -itum 2.); **die Straße führt (nach)** via fert (in); **Krieg ~** bellum gerere (gero, gessi, gestum 3.); **es führt zu weit** longum est
Führung ductus, -us m; **unter Caesars ~** Caesare duce

Fülle copia, -ae f, abundantia, -ae f
füllen complere, -eo, -evi, -etum 2.
Fund inventum, -i n
Fundament fundamentum, -i n
fünf quinque indekl; **je ~** quini (-ae, -a)
fünffach quincuplex, -plicis
fünfhundert quingenti, -ae, -a; **je ~** quingeni (-ae, -a)
fünfmal quinquies
fünfte(r, -s) quintus, -a, -um
Fünftel pars (partis f) quinta
fünfzehn quindecim indekl
fünfzig quinquaginta indekl; **je ~** quinquageni (-ae, -a)
Funke scintilla, -ae f
Funktion
  1 (Zweck) consilium, -i n
  2 (Amt) munus, -eris n
funktionieren opus facere (facio, feci, factum 3.)
für PRÄP +akk
  1 durch den bloßen dat; **ich sorge ~ dich** tibi consulo
  2 (zum Schutz; an Stelle von) pro +abl; **~ das Vaterland** pro patria
Furcht timor, -oris m, metus, -us m; **in ~ geraten** extimescere (-timesco, -timui, - 3.); **in ~ und Schrecken versetzen** perterrere (-eo, -ui, -itum 2.)
furchtbar atrox, -ocis
fürchten, sich ~ timere, timeo, timui, - 2., metuere, metuo, metui, - 3., vereri, vereor, veritus sum 2. (**dass** ut +konjkt; **dass nicht** ne +konjkt)
fürchterlich terribilis, -e
furchterregend terribilis, -e
furchtlos impavidus, -a, -um
furchtsam timidus, -a, -um
Fürsorge cura, -ae f
Fürst princeps, -cipis m
Furt (seichte Stelle) vadum, -i n
Fuß pes, pedis m; **zu ~** pedibus; **am ~ der Alpen** sub Alpibus; **auf vertrautem ~ mit j-m stehen** familiariter uti (utor, usus sum 3.) aliquo
Fußboden solum, -i n
Fußbodenheizung hypocaustum, -i n
Fußmarsch iter pedestre (itineris n)
Fußsohle vestigium, -i n
Fußsoldat pedes, -ditis m
Fußspur vestigium, -i n
Fußtruppen PL pedites, -um mpl
Futter pabulum, -i n, cibus, -i m; **~ holen** pabulari (-or, -atus sum 1.)
füttern nutrire, nutrio, nutrivi u. nutrii, nutritum 4.

G

Gabe donum, -i *n*
Gabel furca, -ae *f*
Gallien Gallia, -ae *f*
Gallier Gallus, -i *m*
gallisch Gallicus, -a, -um
Gang
  1 (*Flur*) vestibulum, -i *n*
  2 (*Gehweise*) ingressus, -us *m*; **einen langsamen ~ haben** tardo ingressu uti (utor, usus sum 3.); **einen schnellen ~ haben** celeri ingressu uti (utor, usus sum 3.)
Gans anser, -eris *f*
ganz
  A ADJ omnis, -e; totus, -a, -um; cunctus, -a, -um
  B ADV
  1 (*völlig*) omnino
  2 (*durchaus*) prorsus
gänzlich omnino
gar¹ ADJ (*gekocht*) percoctus, -a, -um
gar² ADV (*sogar*) etiam, vel
Garten hortus, -i *m*
Gasse vicus, -i *m*
Gast
  1 hospes, -itis *m*
  2 (*Tischgenosse*) conviva, -ae *m*
Gastfreund hospes, -itis *m*
gastfreundlich hospitalis, -e
Gastfreundschaft hospitium, -i *n*
Gastgeber convivator, -oris *m*
Gastgeschenk donum (-i *n*) hospitale
Gasthaus taberna, -ae *f*
Gastmahl convivium, -i *n*
Gaststätte caupona, -ae *f*
Gatte coniux, -iugis *m*
Gattin coniux, -iugis *f*, uxor, -oris *f*
Gattung genus, -eris *n*
Gaumen palatum, -i *n*
Geächteter proscriptus -i *m*
Gebäck opus (-eris *n*) pistorium; **feines ~** crustula (-orum *npl*)
gebären parere, pario, peperi, partum 3.
Gebäude aedificium, -i *n*
Gebeine ossa, ossium *npl*
Gebell latratus, -us *m*
geben dare, do, dedi, datum 1.; **einen Befehl ~** imperare (-o, -avi, -atum 1.); **sich Mühe ~** operam dare; **es gibt wenige Bäume in dieser Gegend** arbores in hac regione rarae sunt; **es gibt Leute, die behaupten** sunt qui dicunt

Gebet preces, -um *fpl*
Gebiet agri, -orum *mpl*, fines, -ium *mpl*, regio, -onis *f*
gebieten imperare, -o, -avi, -atum 1.
Gebieter dominus, -i *m*
Gebieterin domina, -ae *f*
gebildet doctus, -a, -um, eruditus, -a, -um, humanus, -a, -um
Gebirge montes, -ium *mpl*
Gebirgs... montanus, -a, -um
geboren natus, -a, -um; **~ werden** nasci (nascor, natus sum 3.)
Gebot praeceptum, -i *n*
Gebrauch usus, -us *m*
gebrauchen uti, utor, usus sum 3. (**etw** re)
gebräuchlich usitatus, -a, -um
gebrechlich debilis, -e
Geburt ortus, -us *m*; **vor (nach) Christi ~** ante (post) Christum natum
Geburtstag dies (-ei *m*) natalis; **~ feiern** diem natalem agere (ago, egi, actum 3.)

> ### ▶ Geburtstag
>
> Römerinnen und Römer feierten ihre Geburtstage (**dies natalis**). Die Frauen brachten der Iuno, die Männer ihrem Genius (persönliche Schutzgottheit) ein Opfer dar, meist ein unblutiges, da nicht an dem Tag, an dem man das Licht der Welt erblickt hat, einem Tier das Leben genommen werden sollte. Bei einer kleinen Feierlichkeit wurde um ein möglichst langes Leben gebeten. Es kamen Verwandte, Bekannte und Klienten zusammen, um zu gratulieren und um Geschenke zu übergeben. Nicht selten schloss sich dieser Zusammenkunft ein Gelage an.
>
> **Omnia fausta atque felicia (tibi exopto)!**
> Alles Gute!
>
> RÖMISCHES LEBEN

Gebüsch fruticetum, -i *n*
Gedächtnis memoria, -ae *f*; **im ~ haben** memoriā tenere (teneo, tenui, tentum 2.); **aus dem ~** memoriter
Gedanke
  1 (*Denken*) cogitatio, -onis *f*
  2 (*Meinung*) sententia, -ae *f*
gedeihen crescere, cresco, crevi, cretum 3.
gedenken
  1 (*sich erinnern*) recordari, -or, -atus sum 1. (**j-s** aliquem; **einer Sache** aliquid); **gedenke!** memento! +inf/+AcI
  2 (*beabsichtigen*) cogitare, -o, -avi, -atum 1. +inf
Gedenkstein monumentum, -i *n*

Gedicht carmen, -inis *n*
gediegen solidus, -a, -um
Gedränge turba, -ae *f*
Geduld patientia, -ae *f*
geduldig patiens, -entis
geeignet idoneus, -a, -um, aptus, -a, -um (**für etw** alicui rei, ad aliquid)
Gefahr periculum, -i *n*, discrimen, -inis *n*; **in ~ geraten** in periculum venire (venio, veni, ventum 4.); **in ~ schweben** in periculo esse (sum, fui, - *0*.); **~en überstehen** pericula ferre (fero, tuli, latum *0*.)
gefährden in periculum adducere (-duco, -duxi, -ductum *3*.)
gefährlich periculosus, -a, -um
Gefährte comes, -itis *m*, socius, -i *m*
Gefährtin comes, -itis *f*
gefallen placere, placeo, placui, placitum *2*.
Gefallen: **j-m einen ~ tun** alicui gratum facere (facio, feci, factum *3*.); **~ finden an etw** delectari (delector, delectatus sum *2*.) re
Gefälligkeit gratia, -ae *f*
gefangen captivus, -a, -um; **~ nehmen** capere, capio, cepi, captum *3*.
Gefangener captivus, -i *m*
Gefangenschaft captivitas, -atis *f*; **in ~ geraten** capi (capior, captus sum *3*.)
Gefängnis carcer, -eris *m*, vincula, -orum *npl*
Gefäß vas, vasis *n* (*npl* vasa, -orum)
Gefecht proelium, -i *n*
Geflügel aves, -um *mpl*
Gefühl sensus, -us *m*; **kein ~ haben** nihil sentire (sentio, sensi, sensum *4*.)
gegen PRÄP +*akk*
1 (*freundlich*) erga +*akk*; (*feindlich*) contra +*akk*; (*freundlich u. feindlich*) in +*akk*; **verteidigen ~ j-n** defendere (defendo, defendi, defensum *3*.) ab aliquo
2 (*räumlich: wohin?*) adversus, in +*akk*
3 (*ungefähr*) circa +*akk*

Gegend regio, -onis *f*
Gegensatz res (rei *f*) contraria
gegenseitig mutuus, -a, -um
Gegenstand res, rei *f*
Gegenteil contrarium, -i *n*; **Im ~** immo
gegenüber PRÄP +*dat* contra +*akk*; **mir ~** in me
gegenüberliegend oppositus, -a, -um
Gegenwart praesentia, -ae *f*; **in meiner (deiner) ~** me (te) praesente
gegenwärtig praesens, -entis
Gegner adversarius, -i *m*
geheim
A ADJ occultus, -a, -um
B ADV clam
Geheimnis secretum, -i *n*
gehen ire, eo, ii, itum *0*., incedere, -cedo, -cessi, -cessum *3*., vadere, vado, vasi, - *3*.; **ins Haus ~** domum intrare (-o, -avi, -atum *1*.); **~ lassen** mittere, (mitto, misi, missum *3*.); **wie geht's dir?** (*gesundheitlich*) quomodo vales?, (*was treibst du?*) quid agis? **es geht mir gut** (*gesundheitlich*) valeo, (*es läuft gut*) bene mecum agitur
Gehilfe minister, -tri *m*
Gehirn cerebrum, -i *n*
Gehör: **~ schenken** aures praebere (praebeo, praebui, praebitum *2*.)
gehorchen parere, pareo, parui, pariturus *2*., oboedire, -io, -ivi, -itum *4*.
gehören
1 (*Besitz*) esse, sum, fui, futurus *0*. (j-m alicui, alicuius), possidere, -sideo, -sedi, -sessum, *2*.
2 (**zu etw**) **~** pertinere, -tineo, -tinui, - *2*. (ad aliquid)
3 **es gehört sich** decet (decuit *2*.), oportet (oportuit *2*.) +*infl*+*AcI*
gehörig
A ADJ (*geziemend*) iustus, -a, -um
B ADV (*heftig*) bene
gehorsam oboediens, -entis

▶ **gehören**

Zur Bezeichnung eines Besitzverhältnisses standen den Römern verschiedene Ausdrücke zur Verfügung. Es gibt allerdings feine Bedeutungsnuancen:

Matri est liber.	Die Mutter hat ein Buch.
	betont die Sache
Matris est liber.	Die Mutter hat ein Buch.
	betont die Besitzerin
Mater librum possidet.	Die Mutter besitzt ein Buch.
	das Buch ist ihr Eigentum
Mater librum habet.	Die Mutter hat ein Buch.
	allgemein

GRAMMATIK

Gehorsam oboedientia, -ae f
Geisel obses, obsidis m; **~n stellen** obsides dare (do, dedi, datum 1.)
Geist animus, -i m, mens, mentis f, ingenium, -i n, spiritus, -us m
geistig
  A ADJ *durch gen* animi
  B ADV (*im Geist*) *durch abl* animo
geistreich magni ingenii
Geiz avaritia, -ae f
Geizhals homo (-minis m) avarus
geizig avarus, -a, -um
Gelächter risus, -us m
Gelände loca, orum npl
gelangen pervenire, -venio, -veni, -ventum 4.
gelassen (*ruhig*) aequus, -a, -um
gelb flavus, -a, -um
Geld pecunia, -ae f, aes, aeris n; **viel ~** magna pecunia
Geldbeutel sacculus, -i m
Geldgier cupiditas (-atis f) pecuniae
Geldstück nummus, -i m
gelegen
  1 (*räumlich*) situs, -a, -um; **günstig ~** opportunus, -a, -um; **höher ~** altior, ius, *komp*
  2 (*vorteilhaft*) **mir ist (daran) ~** mea interest; **~ kommen** bene accidere (-cido, -cidi, - 3.)
Gelegenheit occasio, -onis f; **eine ~ bietet sich** occasio offertur
gelegentlich ADV per occasionem
Gelehrsamkeit doctrina, -ae f
gelehrt doctus, -a, -um
Gelehrter homo (-minis m) doctus
geleiten comitari, -or, -atus sum 1.
Gelenk artus, -us m, articulus, -i m
gelingen contingere, -tingo, -tigi, -tactum 3.; **es gelingt mir, ...** mihi contingit, ut ... +konjkt
geloben vovere, voveo, vovi, votum 2., spondere, spondeo, spopondi, sponsum 2.
gelten
  1 (*Einfluss haben*) valere, valeo, valui, - 2.; **viel ~** multum valere
  2 (*angesehen werden als*) putari, -or, -atus sum 1. +dopp nom
Gelübde votum, -i n
Gemahl maritus, -i m
Gemahlin uxor, -oris f, coniux, -iugis f
Gemälde tabula picta (-ae f)
gemäß secundum +akk
gemein
  1 (*allgemein*) vulgaris, -e
  2 (*niederträchtig*) sordidus, -a, -um
Gemeinde civitas, -atis f
Gemeinheit
  1 (*Gesinnung*) sordes, -is f
  2 (*Handlung*) flagitium, -i n
gemeinsam
  A ADJ communis, -e
  B ADV una (**mit j-m** cum aliquo)
Gemeinschaft societas, -atis f
gemeinschaftlich
  A ADJ communis, -e
  B ADV una (**mit j-m** cum aliquo)
Gemeinwesen res (rei f) publica
Gemeinwohl salus (-utis f) communis
Gemetzel caedes, -is f
Gemisch mixtura, -ae f
Gemüse olera, -um npl
Gemüt animus, -i m
gemütlich gratus, -a, -um
Gemütsbewegung motus (-us m) animi
genau
  A ADJ diligens, -entis, accuratus, -a, -um
  B ADV diligenter, accurate; (*durch u. durch*) penitus
Genauigkeit (*Sorgfalt*) cura, -ae f
genauso aeque
genehmigen probare, -o, -avi, -atum 1.
Genehmigung probatio -onis f
Generation aetas, -atis f
genesen convalescere, -valesco, -valui, - 3. (**von einer Krankheit** e morbo)
Genesung valetudo (-inis f) reddita
genial ingeniosus, -a, -um
Genick cervices, -um f
Genie ingenium, -i n
genießbar esculentus, -a, -um
genießen frui, fruor, fructus sum 3., delectari, -or, -atus sum 1. (**etw** re)
Genitiv casus (-us m) genetivus
Genosse socius, -i m
genug satis; **~ Geld** satis pecuniae
genügen satis esse (sum, fui, - 0.)
genügend satis
Genugtuung satisfactio, -onis f; **~ fordern** res repetere (-peto, -petivi, -petitum 3.)
Genuss fructus, -us m; **sich dem ~ hingeben** voluptatibus se tradere (trado, tradidi, traditum 3.)
Genusssucht luxuria, -ae f
Geografie geographia, -ae f
Geometrie geometria, -ae f
Gepäck impedimenta, -orum npl
gepflegt cultus, -a, -um
gerade
  A ADJ rectus, -a, -um
  B ADV **~ richtig** recte; (*genau*) ipse, ipsa, ipsum; **~ deshalb** ob id ipsum; **~ etwas tun** facturum esse (sum, fui, - 0.)
geradeaus recte
geradewegs rectā viā

geradezu *Verstärkung von adj* quidam, quaedam, quiddam; **eine ~ bewundernswerte Tugend** admirabilis quaedam virtus
Gerät instrumentum, -i *n*
geraten *(zufällig gelangen)* pervenire, -venio, -veni, -ventum *4.*; **in Gefahr ~** venire in periculum
geräumig amplus, -a, -um
Geräusch sonus, -i *m*
Geräusch strepitus, -us *m*
gerecht iustus, -a, -um, *(Anteil)* aequus, -a, -um
Gerechtigkeit iustitia, -ae *f*, aequitas, -atis *f*
Gerede rumor, -oris *m*
Gericht iudicium, -i *n*; **vor ~** *(räumlich)* in iudicio; *(Richtung)* apud iudices; **vor ~ stehen** ante iudices destitutum esse (sum, fui, - *0.*); **vor ~ stellen** in ius vocare (-o, -avi, -atum *1.*)
Gerichtshalle, Gerichtssaal basilica, -ae *f*
Gerichtstag dies (diei *m*) fastus
Gerichtsverhandlung iudicium, -i *n*
gering
  1 parvus, -a, -um
  2 *(unwichtig)* tenuis, -e
  3 *(Abstammung)* humilis, -e
geringfügig levis, -e
gerinnen coire, -eo, -ii, -itum *0.*
gerissen *(schlau)* callidus, -a, -um
Germane Germanus, -a, -um
Germanien Germania, -ae *f*
germanisch Germanicus, -a, -um
gern libenter
gernhaben amare, -o, -avi, -atum *1.*
Gerste hordeum, -i *n*; **aus ~** hordeacus (-a, -um)
Geruch odor, -oris *m*
Geruchssinn odoratus, -us *m*
Gerücht fama, -ae *f*, rumor, -oris *m*
Gerüst tabulatum, -i *n*
gesamt universus, -a, -um, cunctus, -a, -um
Gesamtheit summa, -ae *f*; **die ~ der Bürger** omnes cives
Gesandter legatus, -i *m*
Gesandtschaft legatio, -onis *f*
Gesang
  1 *(das Singen)* cantus, -us *m*
  2 *(Gedicht)* carmen, -minis *n*
Gesäß nates, -um *fpl*
Geschäft negotium, -i *n*; **~e machen/treiben** negotia gerere (gero, gessi, gestum *3.*)
geschehen fieri, fio, factus sum *0.*, accidere, -cido, -cidi, - *2.*; **es geschieht, dass** fit, ut
gescheit callidus, -a, -um
Geschenk donum, -i *n*, munus, -eris *n*
Geschichte
  1 *(Erzählung)* fabula, -ae *f*
  2 *(historische Ereignisse)* res gestae (rerum *fpl*)
  3 *(Geschichtswerk)* historia, -ae *f*
geschichtlich *durch gen* historiae
Geschichtsschreiber (rerum) scriptor, -oris *m*
Geschichtsschreibung historia, -ae *f*
Geschick
  1 *(Schicksal)* sors, sortis *f*
  2 *(Geschicklichkeit)* sollertia, -ae *f*
Geschicklichkeit sollertia, -ae *f*
geschickt sollers, -ertis
Geschirr vasa, -orum *npl*
Geschlecht
  1 genus, -eris *n*
  2 *(Volksstamm)* gens, gentis *f*
Geschlechtsname gentilicium nomen (inis *n*)
geschlossen clausus, -a, -um
Geschmack
  1 *(Geschmackssinn)* gustatus, -us *m*
  2 *(Eigenschaft)* sapor, -oris *m*
  3 **(guter) ~** elegantia, -ae *f*; **schlechter ~** insulsitas, -atis *f*
geschmacklos
  1 *(ohne Geschmack)* sine sapore
  2 *(von schlechtem Stil)* insulsus, -a, -um
Geschmackssinn gustatus, -us *m*
geschmackvoll elegans, -antis
Geschöpf animal, -alis *n*
Geschoss, Geschoß *(Lanze)* telum, -i *n*
Geschrei clamor, -oris *m*; **~ erheben** clamorem tollere (tollo, sustuli, sublatum *3.*)
Geschütz tormentum, -i *n*
Geschwätz fabulae, -arum *fpl*
geschwätzig loquax, -acis
Geschwindigkeit celeritas, -atis *f*
Geschwister PL fratres, -um *mpl*, sorores, um *fpl*
gesellig sociabilis, -e
Gesellschaft societas, -atis *f*
gesellschaftlich sociabilis, -e, socialis, -e
Gesetz lex, legis *f*; **ein ~ beantragen** legem ferre (fero, tuli, latum *0.*), legem rogare (-o, -avi, -atum *1.*)
Gesetzgeber auctor, -oris *m*
gesetzlich legitimus, -a, -um
Gesicht os, oris *n*; vultus, -us *m*; **zu ~ bekommen** conspicere (-spicio, -spexi, -spectum *3.*)
Gesichtsausdruck vultus, -us *m*
Gesichtszüge vultus, -um *mpl*
Gesinnung animus, -i *m*; **edle ~** liberalitas (-atis *f*)
gespannt intentus, -a, -um
Gespenst species, -ei *f*
Gespräch sermo, -onis *m*, colloquium, -i *n*
gesprächig *(geschwätzig)* loquax, -acis

Gestalt
1. forma, -ae f, figura, -ae f
2. (äußerer Anblick) species, -ei f

gestalten formare, -o, -avi, -atum 1.
Gestaltung compositio, -onis f
Geständnis confessio, -onis mpl
Gestank odor, -oris m
gestatten permittere, -mitto, -misi, -missum 3.
Geste gestus, -us m
gestehen fateri, fateor, fassus sum 2., confiteri, -fiteor, -fessus sum 2.
Gestell sponda, -ae f
gestern heri
Gestirn sidus, -eris n
gestrig hesternus, -a, -um
gesund
1. sanus, -a, -um, salvus, -a, -um
2. (kräftig) validus, -a, -um; ~ **sein** valere, -eo, -ui, -iturus 2.; (**wieder**) ~ **werden** convalescere, -sco, -ui, - 2.
3. (heilsam) saluber, -bris, -bre

Gesundheit, Gesundheitszustand valetudo, -inis f
Getöse strepitus, -us m
Getränk potio, -onis f
Getreide frumentum, -i n; ~ **holen** frumentari (-or, -atus sum 1.)
Getreidespeicher horreum, -i n
Getreidevorrat copia (-ae f) rei frumentariae
gewachsen par, paris
gewähren praebere, -eo, -ui, -itum 2.
gewährleisten praestare, -sto, -stiti, -staturus 1.
Gewährsmann auctor, -oris m
Gewalt
1. vis f (akk vim, abl vi; pl vires, virium usw.)
2. (Amtsgewalt) potestas, -atis f; **in seine ~ bringen** in potestatem suam redigere (-igo, -egi, -actum 3.); **j-m ~ antun** alicui vim inferre (infero, intuli, illatum 0.)

Gewaltherrschaft tyrannis, -idis f
Gewaltherrscher tyrannus, -i m
gewaltig ingens, -entis
gewaltsam per vim; vi
Gewand vestis, -is f
Geweih cornua, -uum npl
geweiht sacer, -cra, -crum
Gewicht
1. pondus, -eris n
2. (Einfluss) auctoritas, -atis f

gewichtig gravis, -e, auch fig.
Gewimmel turba, -ae f
Gewinn lucrum, -i n
gewinnbringend fructuosus, -a, -um

gewinnen
1. (erreichen) consequi, -sequor, -secutus sum 3.
2. (Gunst) conciliare, -o, -avi, -atum 1.; **die Legionen mit Geld für sich ~** sibi legiones pecunia conciliare
3. (Kampf, Wettbewerb) vincere, vinco, vici, victum 3. (**Schlacht** proelio, in pugna)

gewiss
A ADJ
1. (sicher) certus, -a, -um
2. (bestimmt) quidam, quaedam, quoddam; **in ~em Sinne** quodam modo
B ADV certe

Gewissen conscientia, -ae f
gewissenhaft
A ADJ diligens, -entis
B ADV diligenter

Gewissenhaftigkeit diligentia -ae f
gewissenlos impius, -a, -um
gewissermaßen quasi
Gewitter tempestas, -atis f
gewogen benevolus, -a, -um; **j-m ~ sein** alicui favere (faveo, favi, fautum 2.)
gewöhnen assuefacere, -facio, -feci, -factum 3. (**an etw** re); **sich ~** consuescere (-suesco, -suevi, suetum 3.; **an etw** alicui rei)
Gewohnheit
1. consuetudo, -inis f
2. (Sitte) mos, moris m

gewohnheitsmäßig
A ADJ consuetudinem sequens (-entis)
B ADV secundum consuetudinem

gewöhnlich
A ADJ usitatus, -a, -um
B ADV durch solere, soleo, solitus sum 2. +inf; **wie ~** ut solet; **Cato sagte ~ dies** Cato hoc dicere solebat

gewohnt consuetus, -a, -um; **nicht ~** insuetus (-a, -um); ~ **sein** solere (soleo, solitus sum 2.) +inf
Gewürz condimentum, -i n
Gier aviditas, -atis f, cupiditas, -atis f
gierig avidus, -a, -um, cupidus, -a, -um (**nach etw** alicuius rei)
gießen fundere, fundo, fudi, fusum 3.
Gift venenum, -i n; ~ **nehmen** venenum haurire (haurio, hausi, haustum 4.)
giftig venenatus, -a, -um
Gipfel vertex, -ticis m; oft durch adj summus, -a, -um; ~ **des Ruhms** summa gloria (-ae f)
Gitter cancelli, -orum mpl
Gladiator gladiator, -oris m
Gladiatorenkampf (Schauspiel) munus (muneris n) gladiatorium
Glanz splendor, -oris m
glänzen splendere, -eo, -ui, - 2.

GRAU

glänzend praeclarus, -a, -um, splendidus, -a, -um, illustris, -e
Glas vitrum, -i *n*
gläsern vitreus, -a, -um
glatt levis, -e, politus, -a, -um
Glätte levitas, -atis *f*
Glaube
 1 REL fides, -ei *f*; religio, -onis *f*
 2 (*Meinung*) opinio, -onis *f*; **j-m ~n schenken** fidem habere (-eo, -ui, -itum 2.) alicui
glauben putare, -o, -avi, -atum 1., credere, credo, credidi, creditum 3., arbitrari, -or, -atus sum 1., opinari, -or, -atus sum 1., reri, reor, ratus sum 2., iudicare, -o, -avi, -atum 1.; **j-m ~ credere** alicui; **man hätte ~ können** crederes
gleich
 A ADJ aequus, -a, -um, (com)par, paris, aequalis, -e; **zu ~en Teilen** aequis partibus
 B ADV
 1 (*ebenso*) aeque; **~ groß** aeque magnus, aequa magnitudine
 2 **~ als wenn** velut si, tamquam si +*konjkt*
 3 (*sofort*) statim, continuo, confestim
gleichaltrig aequalis, -e
Gleichgewicht aequum pondus (-eris *n*)
gleichgültig neglegens, -entis (**gegen j-n** alicuius, in aliquem; **gegen etw** alicuius rei, in aliquid)
gleichkommen (ad)aequare, -o, -avi, -atum 1. (**j-m** aliquem)
gleichmachen aequare, -o, -avi, -atum 1. (**dem Erdboden** solo)
gleichmäßig
 A ADJ aequalis, -e
 B ADV aequaliter
Gleichmut aequus animus (-i *m*)
gleichmütig aequo animo
gleichsam quasi; **~ wie** tamquam
gleichwertig aequalis, -e
gleichwohl (at) tamen
gleichzeitig ADV simul
gleiten labi, labor, lapsus sum 3.
Glied membrum, -i *n*
gliedern disponere, -pono, -posui, -positum 3.
Gliederung descriptio, -onis *f*
glitzern micare, -o, -ui, - 1.
Glocke tintinnabulum, -i *n*
Glück
 1 (*äußeres*) fortuna, -ae *f*; **~ wünschen** gratulari (-or, -atus sum 1.)
 2 (*Vorteil*) res secundae (rerum *fpl*)
 3 (*glücklicher Zustand*) felicitas, -atis *f*
 4 (*Glücksgefühl*) beatitudo, -inis *f*; **~ haben bei etw** fortunā uti (utor, usus sum 3.)
glücken contingere, -tingo, -tigi, -tactum 3.; **es glückt** contingit, ut +*konjkt*
glücklich
 1 felix, -icis, fortunatus, -a, -um
 2 (*vorteilhaft*) prosper(us), -a, -um
 3 (*innerlich*) beatus, -a, -um
Glücksgüter fortunae, -arum *fpl*
Glückwunsch gratulatio, -onis *f*
glühen ardere, ardeo, arsi, arsururs 3., *auch fig*
Glut aestus, -us *m*, ardor, -oris *m*
Gnade
 1 (*Verzeihung*) venia, -ae *f*; **um ~ bitten** veniam precari (-or, -atus sum 1.)
 2 (*Gnadenerweis*) beneficium, -i *n*; **j-m eine ~ erweisen** beneficium conferre (confero, contuli, collatum 0.) in aliquem
gnädig
 1 (*günstig*) propitius, -a, -um
 2 (*mild*) clemens, -entis
Gold aurum, -i *n*
golden aureus, -a, -um
goldgelb flavus, -a, -um
Golf (*Bucht*) sinus, -us *m*
gönnen non invidere (-video, -vidi, -visum 2.) (**j-m etw** alicui alicuius rei)
Gönner fautor, -oris *m*
Gott deus, -i *m*
Götterbild simulacrum, -i *n*
Götterspruch fatum, -i *n*
Gottesdienst sacra, -orum *npl*
gottesfürchtig religiosus, -a, -um
Gottesverehrung religio, -onis *f*, dei cultus (-us *m*)
Gottheit numen, -minis *n*
Göttin dea, -ae *f*
göttlich divinus, -a, -um; **~es Recht** fas *n*, *nur nom u. akk sg*
gottlos impius, -a, -um
Gottlosigkeit impietas, -atis *f*
Grab sepulcrum, -i *n*
graben fodere, fodio, fodi, fossum 3.
Graben fossa, -ae *f*; **einen ~ ziehen** fossam ducere (duco, duxi, ductum 3.)
Grabhügel tumulus, -i *m*
Grabmal monumentum, -i *n*
Grad gradus, -us *m*
Grammatik grammatica, -ae *f*
grammatikalisch grammaticus, -a, -um
Gras gramen, -minis *n*
grässlich atrox, -ocis
gratis gratis
Gratulation gratulatio, -onis *f*
gratulieren gratulari, -or, -atus sum 1.
grau canus, -a, -um
Gräueltat scelus, -eris *n*
grausam crudelis, -e, saevus, -a, -um
Grausamkeit crudelitas, -atis *f*, saevitia, -ae *f*

greifen capere, capio, cepi, captum 3. (**zu den Waffen** arma)
Greis senex, senis *m*
Greisen... senilis, -e
Greisenalter senectus, -utis *f*
grell (*Farben, Töne*) acer, acris, acre, horridus, -a, -um
Grenze finis, -is *m*
grenzen finitimum esse (sum, fui, - 0.; **an etw** alicui rei)
grenzenlos infinitus, -a, -um
Grenzlinie finis, is *m*
Grenzwall limes, -mitis *m*
Grenzzeichen terminus, -i *m*
Grieche Graecus, -i *m*
Griechenland Graecia, -ae *f*
griechisch Graecus, -a, -um
Griff (*Stiel*) manubrium, -i *n*
Griffel stilus, -i *m*
grimmig saevus, -a, -um
grob crassus, -a, -um
Groll odium, -i *n*
groß magnus, -a, -um; **so ~** tantus (-a, -um); **wie ~** quantus (-a, -um); **zu ~** nimius (-a, -um); **eine ~e Menge** multitudo, -inis *f*
großartig magnificus, -a, -um
Größe
1 magnitudo, -inis *f*
2 (*Würde*) dignitas, -atis *f*
Großeltern avi, -orum *mpl*
größer maior, -ius; **~ werden** augeri (augeor, auctus sum 2.)
großmütig magnanimus, -a, -um
Großmutter avia, -ae *f*
Großstadt urbs, urbis *f*
größte(r, -s) maximus, -a, -um
größtenteils maximam partem
Großvater avus, -i *m*
großzügig liberalis, -e
Grube fovea, -ae *f*
grün
1 viridis, -e
2 (*unreif*) immaturus, -a, -um; **~ werden** virescere (viresco, virui, - 3.)
Grund
1 (*Ursache*) causa, -ae *f*; **es liegt kein ~ vor, weswegen** non est quod +*konjkt*; **ich habe keinen ~ zu** non habeo quod +*konjkt*; **aus diesem ~** ea/qua/hac/de causā
2 (*Boden*) fundus, -i *m*
gründen condere, -do, -didi, -ditum 3.; **eine Kolonie ~** coloniam deducere (-duco, -duxi, -ductum 3.)
Gründer conditor, -oris *m*
Grundlage fundamentum, -i *n*
gründlich
A ADJ diligens, -entis; accuratus, -a, -um
B ADV diligenter, accurate, (*durch u. durch*) penitus
grundlos
A ADJ iniustus, -a, -um
B ADV sine causa
Grundsatz ratio, -onis *f*
Gründung: seit der ~ der Stadt Rom ab urbe condita
grunzen grundire, -io, -ivi, -itum 4.
Gruß salutatio, -onis *f*; **j-s ~ erwidern** resalutare (-o, -avi, -atum 1.) aliquem
grüßen salutare, -o, -avi, -atum 1.; **sei gegrüßt!** salve!
gültig bonus, -a, -um; **~ sein** valere, -eo, -ui, -iturus 2.
Gunst
1 favor, -oris *m*
2 (*Gefälligkeit*) gratia, -ae *f*
günstig secundus, -a, -um, prosper(us), -a, -um; **~er Zeitpunkt** opportunitas (-atis *f*)
Gürtel zona, -ae *f*
Gut
1 (*Landgut*) praedium, -i *n*, villa, -ae *f*
2 (*Besitz*) bona, -orum *npl*
3 (*angestrebter Besitz*) bonum, -i *n*
gut
A ADJ bonus, -a, -um, suavis, -e, dulcis, -e; **weniger ~** deterior, -ius; **~en Tag!** salve! *sg*, salvete! *pl*
B ADV bene, suaviter
Gutachten arbitrium, -i *n*
Güte
1 (*gute Qualität*) bonitas, -atis *f*
2 (*Wohlwollen*) benignitas, -atis *f*
gutheißen probare, -o, -avi, -atum 1.
gütig benignus, -a, -um
gutmütig benignus, -a, -um
Gutsherr dominus (-i *m*) fundi
Gutsverwalter vilicus, -i *m*
guttun prodesse, prosum, profui, - 0.
Gymnastik ludi (-orum *mpl*) gymnastici

Haar crinis, -is *m*, capillus, -i *m*
Habe F̲ res, rerum *fpl*; **meine ~** mea (-orum *npl*)
haben habere, -eo, -ui, -itum *2.*; **nicht ~** carere (-eo, -ui, -iturus *2.*; **etw** re); **ich habe** mihi est *sg*, mihi sunt *pl*; **im Gedächtnis ~** memoriā tenere (teneo, tenui, tentum *2.*); **Schmerzen ~** dolere (-eo, -ui, -iturus *2.*); **~ wollen** petere (peto, petivi, petitum *3.*)
Habgier avaritia, -ae *f*
habgierig avarus, -a, -um
Habicht accipiter, -tris *m*
hacken caedere, caedo, cecidi, caesum *3.*
Hafen portus, -us *m*
Hafer avena, -ae *f*
Haft custodia, -ae *f*; **in ~ halten** custodiā tenere (teneo, tenui, tentum *2.*)
haften (*anhaften*) haerere, haereo, haesi, haesum *2.*
Hagel grando, -inis *f*
hageln: **es hagelt** grandinat (grandinavit *1.*)
Hahn gallus, -i *m*
Hain lucus, -i *m*
Haken uncus, -i *m*
halb
A ADJ dimidius, -a, -um; **~e Stunde** dimidia pars horae
B ADV
1 semi... (*nur in Zusammensetzungen*); **~ offen** semiapertus, -a, -um
2 **~ so groß** dimidio minor
halbieren in duas partes dividere (-vido, -visi, -visum *3.*)
Halbinsel paeninsula, -ae *f*
halbrund semirotundus, -a, -um
Hälfte dimidium, -i *n*
Halle atrium, -i *n*
Hallo: **~!** salve! *sg*, salvete! *pl*
Halm calamus, -i *m*
Hals collum, -i *n*
Halskette torquis, -is *m/f*
Halt firmamentum, -i *n*
halten
1 (*festhalten*) tenere (teneo, tenui, tentum *2.*), habere (-eo, -ui, -itum *2.*); **etw in der Hand ~** aliquid (in) manu tenere
2 **~ für** putare (-o, -avi, -atum *1.*), existimare (-o, -avi, -atum *1.*) +*dopp akk*; habere (-eo, -ui, -itum *2.*); *im Aktiv oft* +pro, *selten* +*dopp akk*
haltmachen consistere, -sisto, -stiti, - *3.*
Haltung habitus, -us *m*

Hand manus, -us *f*; **rechte ~** dextra (-ae *f*); **in j-s Händen** penes aliquem; **j-m in die Hände fallen** in manus alicuius incidere (-cido, -cidi, - *3.*); **an der ~ führen** manu ducere (duco, duxi, ductum *3.*); **eine ~ wäscht die andere** manus manum lavat
Handel mercatura, -ae *f*, commercium, -i *n*; **~ treiben** negotiari (-or, -atus sum *1.*)
handeln
1 (*tun*) agere, ago, egi, actum *3.*
2 (*Handel treiben*) negotiari (-or, -atus sum *1.*)
3 **es handelt sich um ...** agitur de ...
Handgelenk prima palmae pars (partis *f*)
handgreiflich manifestus, -a, -um *adj*; **~ werden** vim afferre (affero, attuli, allatum *0.*)
handhaben tractare, -o, -avi, -atum *1.*
Händler mercator, -oris *m*
handlich habilis, -e
Handlung
1 (*das Handeln*) actio, -onis *f*
2 (*Tat*) factum, -i *n*
Handschrift manus, -us *f*
Handvoll manus, -us *f*
Handwerk ars, artis *f*
Handwerker faber, -bri *m*
Hang
1 (*Abhang*) declivitas, -atis *f*
2 (*Neigung*) proclivitas (-atis *f*) animi
hängen
A VII pendere, pendeo, pependi, - *2.* (**an etw** a re/ex re); **~ bleiben** haerere, haereo, haesi, haesurus *2.* (**an etw** ad aliquid, **in etw** in re)
B VT suspendere, -pendo, -pendi, pensum *3.*
harmlos innoxius, -a, -um
Harmonie concentus, -us *m*
Harn urina, -ae *f*
hart durus, -a, -um
Härte duritia, -ae *f*
hartherzig durus, -a, -um
hartnäckig pertinax, -acis
Hartnäckigkeit pertinacia, -ae *f*
Hase lepus, -oris *m*
Hass odium, -i *n*
hassen odisse, odi *Defektivum*; **von j-m gehasst werden** odio esse (sum, fui, - *0.*) alicui
hässlich foedus, -a, -um, turpis, -e
Hässlichkeit turpitudo, -inis *f*
Hast festinatio, -onis *f*
hastig
A ADJ festinans, -antis
B ADV festinanter
Hauch spiritus, -us *m*
hauchen spirare, -o, -avi, -atum *1.*
hauen caedere, caedo, cecidi, caesum *3.*
Haufen acervus, -i *m*
häufig

A ADJ creber, -bra, -brum; frequens, -entis
B ADV saepe, crebro
Haupt caput, -itis n, auch fig
Häuptling princeps, -cipis m
Hauptmann centurio, -onis m
Hauptperson caput, -pitis m
Hauptsache caput, -pitis n, res gravissima (rei f); **in der ~** quod ad summam rei attinet
hauptsächlich
A ADJ praecipuus, -a, -um
B ADV imprimis
Hauptsatz sententia (-ae f) prima
Hauptstadt fig caput, -itis n
Haus domus, -us f, tectum, -i n, aedes, -ium fpl; **zu ~(e)** domi; **nach ~(e)** domum; **von zu ~e** domo
Häuserblock insula, -ae f
Hausfrau domina, -ae f, mater (matris f) familias
Hausgemeinschaft domus, -us f
Hausgötter penates, -ium mpl
Haushalt administratio (-onis f) rerum domesticarum
Hausherr dominus, -i m, pater (patris m) familias
häuslich domesticus, -a, -um
Haustür ianua, -ae f
Haut cutis, -is f
heben tollere, tollo, sustuli, sublatum 0.
Heck puppis, -is f
Heer exercitus, -us m
Heereszug agmen, -inis n
Heerführer imperator, -oris m, dux, ducis m
Heft libellus, -i m
heften figere, figo, fixi, fixtum 2. (**an etw** in re)
heftig vehemens, -entis, acer, -cris, -cre
Heftigkeit vehementia, -ae f
heil (unversehrt) integer, -gra, -grum
Heil salus, -utis f; **sein ~ in der Flucht suchen** fugā salutem petere (-o, -ivi, -itum 2.)
heilen sanare, -o, -avi, -atum 1.; mederi, medeor, - 2. (**j-n** alicui)
heilig sacer, -cra, -crum, sanctus, -a, -um
Heiligtum
1 (Ort) sacrarium, -i n
2 (Gegenstand) sacrum, -i n
Heilkraut herba, ae f
Heilkunde, Heilkunst medicina, -ae f
Heilmittel medicamentum, -i n, remedium, -i n (**gegen etw** alicuius rei)
Heilquellen aquae, -arum fpl
heilsam saluber, -bris, -bre
Heilung curatio, -onis f
heim (nach Hause) domum
Heimat, Heimatstadt patria, -ae f
heimisch (häuslich) domesticus, -a, -um; patrius, -a, -um
heimkehren (domum) reverti, -vertor, -versus sum 3.
heimlich
A ADJ occultus, -a, -um
B ADV clam, secreto
heimsuchen affectare, -o, -avi, -atum 1.
heimtückisch insidiosus, -a, -um
Heimweh desiderium (-i n) domūs/patriae
heimzahlen (rächen) ulcisci, ulciscor, ultus sum 3. (**j-m etw** aliquem pro re)
Heirat nuptiae, -arum fpl
heiraten
1 (eine Frau) in matrimonium ducere (duco, duxi, ductum 3.)
2 (einen Mann) nubere, nubo, nupsi, nuptum 3. (**j-n** alicui)
heiser raucus, -a, -um
heiß calidus, -a, -um
heißen
1 (Ort) nominari, -or, -atus sum 1.
2 (Person) vocari, -or, -atus sum 1.; **wie es heißt** ut dicunt; **das heißt** id est
heiter
1 (wolkenlos) serenus, -a, -um
2 (froh) hilaris, -e
heizen calefacere, -facio, -feci, -factum 3.
Held vir fortissimus (viri m)
Heldentat facinus forte (facinoris n)
helfen adesse, adsum, affui, -, 2. (**j-m** alicui); (ad)iuvare, -iuvo, -iuvi, -iutum 1. (**j-m** aliquem)
Helfer adiutor, -oris m
hell
1 clarus, -a, -um
2 (Stimme) acutus, -a, -um; **~er Tag** lux (lucis f)
Helligkeit lux, lucis f
Helm galea, -ae f
Hemd tunica, -ae f
hemmen impedire, -io, -ivi, -itum 4.
Hemmung (innere Scheu) verecundia, -ae f, pudor, -oris m
hemmungslos (schamlos) impudens, -entis
Hengst equus (-i m) mas
Henne gallina, -ae f
her (hierher) huc
herab deorsum
herabfallen decidere, -cido, -cidi, - 3.
herablassend comis, -e
herabsetzen defractare, -o, -avi, -atum 1.
herabsteigen descendere, -scendo, -scendi, -scensum 3. (**vom Pferd** ex equo)
herabstürmen praecipitare, -o, -avi, -atum 1.
heran huc
heran- in Zusammensetzungen ad-
heranführen adducere, -duco, -duxi, -duc-

tum 3.
herangehen accedere, -cedo, -cessi, -cessum 3., adire *od* subire, -eo, -ii, -itum 0. (**an etw** ad aliquid)
herankommen appropinquare, -o, -avi, -atum 1.
heranlaufen accurrere, -curro, -curri, -cursum 3.
heranmachen: sich ~ accedere (-cedo, -cessi, -cessum 3.)
heranrücken VII accedere, -cedo, -cessi, -cessum 3.
heranschaffen apportare, -o, -avi, -atum 1.
heranstürmen accurrere, -curro, -curri, -cursum 3.
herantreten accedere, -cedo, -cessi, -cessum 3.
heranwachsen adolescere, -olesco, -olevi, -ultum 3.
heranwachsend adolescens -entis
heranziehen (*hinzuziehen*) adhibere, -eo, -ui, -itum 2 (**zu etw** ad aliquid)
herauf sursum
heraus foras
herausfinden invenire, -venio, -veni, -ventum 4.
herausfliegen evolare, -o, -avi, -atum 1.
herausfordern provocare, -o, -avi, -atum 1.
Herausforderung provocatio, -onis f
herausführen educere, -duco, -duxi, -ductum 3.
herausgeben edere, -do, -didi, -ditum 3.
herausgehen egredi, -gredior, -gressus sum 3., exire, -eo, -ii, -itum 0., excedere, -cedo, -cessi, -cessum 3.
herausheben efferre, effero, extuli, elatum 0.
herauslocken elicere, -licio, -licui, -licitum 3.
herausnehmen eximere, -imo, -emi, -emptum 3.
herausragen eminere, -mineo, -minui, - 2.
herausreißen evellere, -vello, -velli, -vulsus 3.
herausrufen evocare, -o, -avi, -atum 1.
herausspringen exsilire, -silio, -silui, -sultum 4.
heraustragen efferre, effero, extuli, elatum 0.
heraustreiben expellere, -pello, -puli, -pulsum 3.
heraustreten exsistere, -sisto, -stiti, - 3.
herausziehen extrahere, -traho, -traxi, -tractum 3.
herb acerbus, -a, -um; asper, -era, -erum
herbei huc
herbei- *in Zusammensetzungen* ad-
herbeibringen afferre, affero, attuli, allatum 0.
herbeieilen accurrere, -curro, -curri, -cursum 3., advolare, -o, -avi, -atum 1.
herbeifliegen advolare, -o, -avi, -atum 1.
herbeiholen arcessere, -o, -ivi, -itum 3.
herbeilaufen, herbeirennen accurrere, -curro, -curri, -cursum 3.
herbeirufen advocare, -o, -avi, -atum 1., arcessere, -o, -ivi, -itum 3.
herbeischaffen, herbeitragen apportare, -o, -avi, -atum 1.
Herberge (*Gasthaus*) deversorium, -i n
herbringen admovere, -moveo, -movi, -motum 2.
Herbst autumnus, -i m
Herd focus, -i m
Herde grex, gregis m
herein intro
hereinbrechen irrumpere, -rumpo, -rupi, -ruptum 3.
hereinbringen immittere, -mitto, -misi, -missum 3.
hereinfallen (*in Schwierigkeiten geraten*) calamitatem accipere (-cipio, -cepi, -ceptum 3.)
hereinkommen introire, -eo, -ii, -itum 0.
hereinragen imminere, -mineo, -, - 2.
herkommen advenire, -venio, -veni, -ventum 4.
Herkunft origo, -inis f; **von niedriger ~** humili loco natus (-a, -um)
hernach postea
Herold praeco, -onis m
Herr dominus, -i m
herrichten apparare, -o, -avi, -atum 1.
Herrin domina, -ae f
herrlich praeclarus, -a, -um, magnificus, -a, -um
Herrlichkeit magnificentia, -ae f
Herrschaft
1 regnum, -i n
2 (*Oberbefehl*) imperium, -i n
3 (*Gewaltherrschaft*) tyrannis, -idis f; **sich der ~ bemächtigen/die ~ an sich reißen** rerum potiri (-ior, -itus sum 4.)
herrschen
1 (*als König*) regnare, -o, -avi, -atum 1.
2 (*mit höchster amtlicher Macht*) imperare, -o, -avi, -atum 1.; **über j-n ~** imperium tenere (teneo, tenui, tentum 2.) in aliquem
3 (*vorhanden sein*) esse, sum, fui, futurus 0.; **es herrscht die Meinung** opinio est +AcI
Herrscher dominus, -i m, princeps, -cipis m
Herrschsucht cupiditas (-atis f) imperii
herstellen fabricare, -o, -avi, -atum 1.

herum: um ... ~ circa +*akk*; **um den Tisch ~** circa mensam
herum- *in Zusammensetzungen* circum-
herumfahren v/t circumvehere, -veho, -vehi, -vectum *3*
herumführen circumducere, -duco, -duxi, -ductum *3.*
herumgehen circumire (-eo, -ii, -itum *0.*, **um etw** aliquid)
herumliegen circumiacere, -iaceo, -, - *2.*
herumstehen circumstare (-sto, -steti, - *1.*, **um etw** aliquid)
herunter deorsum
hervor- *in Zusammensetzungen* e-, ex-
hervorbrechen erumpere, -rumpo, -rupi, -ruptum *3.*
hervorbringen
  1 (*erschaffen*) (pro)creare, -o, -avi, -atum *1.*
  2 (*Töne*) edere, -do, -didi, -ditum *3.*
hervorbringen gignere, gigno, genui, genitum *3.*, parere, pario, peperi, partum *3.*
hervorgehen oriri, orior, ortus sum *4.* (**aus etw** ex re); **es geht daraus hervor, dass** apparet +*AcI*
hervorheben (*lobend erwähnen*) praedicare, -o, -avi, -atum *1.*
hervorkommen provenire, -venio, -veni, -ventum *4.*
hervorragend egregius, -a, -um
hervorrufen *fig* excitare, -o, -avi, -atum *1.*
hervortun: sich eminere, -eo, -ui, - *2.*
Herz
  1 (*Körperteil*) cor, cordis *n*
  2 (*Seele*) animus, -i *m*; **j-m am ~en liegen** alicui cordi esse (sum, fui, - *0.*); **etw auf dem ~en haben** aliquid animo agitare (-o, -avi, -atum *1.*); **schweren ~ens tun** aegre ferre (fero, tuli, latum *0.*); **sich ein ~ fassen** animum capere (capio, cepi, captum *3.*)
herzlich sincerus, -a, -um
herzlos durus, -a, -um
hetzen v/t agitare, -o, -avi, -atum *1.*
Heu faenum, -i *n*
Heuchelei simulatio, -onis *f*
heucheln simulare, -o, -avi, -atum *1.*
heulen ululare, -o, -avi, -atum *1.*
heute hodie; **bis ~** adhuc; **~ noch** hodie quoque
heutig hodiernus, -a, -um; **am ~en Tag** hoc die
heutzutage hodie
Hexe venefica, -ae *f*
Hieb ictus, -us *m*
hier hic; **von ~** hinc; **~ und da** interdum
hierauf deinde
hierbei hac in re, in ea re

hierbleiben remanere, -maneo, -mansi, -mansum *2.*
hierher, hierhin huc
hiermit eo, hoc
hierzu huc
hiesig huius loci
Hilfe auxilium, -i *n*; **zu ~ kommen** auxilio venire (venio, veni, ventum *4.*); **~ bringen** auxilium ferre (fero, tuli, latum *0.*); **zu ~ schicken** auxilium mittere (mitto, misi, missum *3.*); **j-n um ~ bitten** auxilium petere (-o, -ivi, -itum *3.*) ab aliquo; **mit ~** ope (+ *gen*)
hilflos inops, -opis
hilfreich utilis, -e
hilfsbereit promptus, -a, -um
Hilfskräfte auxilia, -orum *npl*
Hilfsmittel subsidium, -i *n*
Hilfstruppen auxilia, -orum *npl*
Himmel caelum, -i *n*; **unter freiem ~** sub divo
Himmelsrichtung caeli regio (-onis *f*)
himmlisch caelestis, -e
hin (*räumlich*) eo; **~ und her** ultro et citro; **~ und her gehen** commeare (-o, -avi, -atum *1.*); **~ und her werfen** iactare (-o, -avi, -atum *1.*)
hinab deorsum
hinab- *in Zusammensetzungen* de-
hinablassen demittere, -mitto, -misi, -missum *3.*
hinabsteigen descendere, -scendo, -scendi, -scensum *3.*
hinabstürzen: sich ~ praecipitare, -o, -avi, -atum *1.*
hinabwerfen deicere, -icio, -ieci, -iectum *3.*, praecipitare, -o, -avi, -atum *1.*
hinauf sursum; **den Berg ~** in adversum montem
hinauf- *in Zusammensetzungen oft* sub-, e-, ex-
hinaufsteigen ascendere, -scendo, -scendi, -scensum *3.*
hinaufziehen subducere, -duco, -duxi, -ductum *3.*
hinaus foras
hinaus- *in Zusammensetzungen* pro-, e-, ex-
hinausgehen exire, -eo, -ii, -itum *0.*, excedere, -cedo, -cessi, -cessum *3.*, egredi, -gredior, -gressus sum *3.*
hinaustragen efferre, effero, extuli, elatum *0.*
hinaustreiben exigere, -igo, -egi, -actum *3.*
hinauswerfen eicere, -icio, -ieci, -iectum *3.*
hinbringen deducere *od* traducere, - duco, -duxi, -ductum *3.*
hinderlich: ~ sein obesse (-sum, -fui, - *0.*, **einer Sache** alicui rei)
hindern

1 impedire, -io, -ivi, -itum 4., prohibere, -eo, -ui, -itum 2. (**j-n an etw** aliquem re) *meist* +inf
2 (*hinderlich sein*) obstare, -sto, -stiti, -staturus 1. (**j-n** alicui)
Hindernis impedimentum, -i *n*
hindurch per +*akk*
hinein intro
hinein- *in Zusammensetzungen* in-
hineinfahren invehi, -vehor, -vectus sum 3.
hineinfallen incidere, -cido, -cidi, - 3.
hineinführen inducere *od* introducere, -duco, -duxi, -ductum 3.
hineingehen ingredi, -gredior, -gressus sum 3., inire, -eo, -ii, -itum 0.
hineingeraten incidere, -cido, -cidi, - 3.
hineinlegen imponere, -pono, -posui, -positum 3.
hineintragen inferre, infero, intuli, illatum 3.
hineinwerfen inicere, -icio, -ieci, -iectum 3.
hinfahren
A VT vehere, veho, vexi, vectum 3.
B VI vehi, vehor, vectus sum 3.
hinfallen cadere, cado, cecidi, casurus 3
hinführen adducere, -duco, -duxi, -ductum 3.
Hingabe patientia, -ae *f*
hingeben dare, do, dedi, datum 1.
hingehen adire, -eo, -ii, -itum 0.
hingerissen incensus, -a, -um
hinhalten (*durch Verzögerung*) differre, differo, distuli, dilatum 0.
hinken claudicare, -o, -avi, -atum 1.
hinkommen pervenire, -venio, -veni, -ventum 4. (**zu etw** ad aliquid)
hinlegen deponere, -pono, -posui, -positum 3.; **sich ~** recumbere (-cumbo, -cubui, - 3.), (*sich ins Bett legen*) cubitum ire (eo, ii, itum 0.)
hinnehmen ferre, fero, tuli, latum 0.
hinreichend
A ADJ sufficiens, -entis
B ADV satis
hinreißen rapere, rapio, rapui, raptum 3.
hinreißen *fig* permovere, moven, -movi, -motum 2.
hinrichten: **~ lassen** supplicio afficere (-ficio, -feci, -fectum 3.)
Hinrichtung supplicium, -i *n*
hinsetzen: **sich ~** considere, -sido, -sedi, -sessum 3.
hinsichtlich quod attinet (attinuit 3.; **einer Sache** ad aliquid)
hinstellen ponere, pono, posui, positum 3., statuere, statuo, statui, statutum 3. (**auf den Tisch** in mensa); **sich ~** consistere (-sisto, -stiti, - 3.)

hinstrecken (*aus-, niederstrecken*) porrigere, -rigo, -rexi, -rectum 3.
hinten post; **~ sein** post esse; **von ~** a tergo; **von ~ anfangen** ab extremo ordiri (ordior, orsus sum 4.)
hinter PRÄP +*dat*/*akk* post +*akk*; **~ dem Rücken** post tergum
hintere(r, -s) (*von zweien*) posterior, -ius
hintereinander alius, -a, -ud post alium, -am, -ud, (*der Reihe nach*) ordine
Hintergrund pars (partis *f*) posterior
Hinterhalt insidiae, -arum *fpl*; **j-m einen ~ legen** insidias parare alicui
hinterhältig insidiosus, -a, -um
hinterher postea
Hinterkopf aversa pars (partis *f*) capitis
hinterlassen relinquere, -linquo, -liqui, -lictum 3.
Hinterlist dolus, -i *m*
hinterlistig dolosus, -a, -um
hinterrücks a tergo
hinterste(r, -s) postremus, -a, -um
hintreiben appellere, -pello, -puli, -pulsum 3.
hinüber trans +*akk*
hinüberbringen transportare, -o, -avi, -atum 1.
hinüberführen traducere, -duco, -duxi, -ductum 3.
hinübergehen transire, -eo, -ii, -itum 0.
hinüberschicken transmittere, -mitto, -misi, -missum 3.
hinüberspringen transilire, -silio, -silui (*auch* -silivi *u.* -silii) 4.
hinübertragen transportare, -o, -avi, -atum 1.
hinüberwerfen traicere, -icio, -ieci, -iectum 3.
hinunter deorsum
hinunter- *in Zusammensetzungen* de-
hinunterschlingen devorare, -o, -avi, -atum 1.
hinweg ADV trans +*akk*; **~!** abi!
Hinweis indicium, -i *n*
hinweisen monstrare, -o, -avi, -atum 1. (**auf etw** aliquid)
hinwerfen proicere, -icio, -ieci, -iectum 3.
hinziehen (*in die Länge ziehen*) trahere, traho, traxi, tractum 3.; **sich ~** trahi (trahor, tractus sum 3.)
hinzu ADV eo
hinzufügen addere, -do, -didi, -ditum 3., adicere, -icio, -ieci, -iectum 3. (**zu etw** alicui rei)
hinzukommen accedere, -cedo, -cessi, -cessum 3., *auch fig*
hinzutreten accedere, -cedo, -cessi, -ces-

sum 3.
hinzuziehen adhibere, -eo, -ui, -itum 2.
Hirn cerebrum, -i n
Hirsch cervus, -i m
Hirschkuh cerva, -ae f
Hirte pastor, -oris m
Hirtenflöte (h)arundo, -inis f
Hirtengedicht carmen bucolicum (carminis n)
historisch historicus, -a, -um
Hitze aestus, -us m
hitzig *fig* acer, acris, acre
hoch altus, -a, -um; **hohe Ehre** magnus honor (-oris m); **hohe See** altum (-i n); ~ **ragen** eminere, -eo, -ui, -2.; ~ **schätzen** magni aestimare (-o, -avi, -atum 1.)
hochachten magni aestimare (-o, -avi, -atum 1.)
Hochachtung veneratio, -onis f
hocherfreut laetissimus, -a, -um
hochheben tollere, tollo, sustuli, sublatum 0.
Hochmut superbia, -ae f
hochmütig superbus, -a, -um
hochschätzen magni aestimare (-o, -avi, -atum 1.)
höchst ADV summe, *meist durch sup*; ~ **glücklich** felicissimus (-a, -um)
höchste(r, -s) summus, -a, -um, supremus, -a, -um; **aufs Höchste schätzen** plurimi aestimare (-o, -avi, -atum 1.)
höchstens summum; ~ **fünf** summum quinque
Hochverrat proditio, -onis f
Hochwasser flumen (-minis n) auctum
Hochzeit nuptiae, -arum fpl; ~ **feiern** sollemnia (-ium n) nuptiarum celebrare (-o, -avi, -atum 1.)
Hochzeitsfeier sacrum (-i n) nuptiale
hocken sedere, sedeo, sedi, sessum 2.
Hof
  1 (*freier Platz beim Haus*) area, -ae f
  2 (*Bauernhof*) fundus, -i m
  3 (*Herrscherwohnsitz*) aula, -ae f
Hofbeamter purpuratus, -i m
hoffen sperare, -o, -avi, -atum 1. +AcI
hoffentlich utinam *Wunschpartikel* +konjkt; ~ **kommen sie** utinam veniant
Hoffnung spes, -ei f; **die ~ aufgeben** desperare (-o, -avi, -atum 1.); **die ~ auf den Feldherrn setzen** spem ponere (pono, posui, positum 3.) in imperatore
höflich humanus, -a, -um
Höhe altitudo, -inis f
höhe(r, -s) superior, -ius
Hoheit maiestas, -atis f

Höhepunkt fastigium, -i n, *häufig durch adj* summus, -a, -um; ~ **des Ruhms** summa gloria (-ae f)
hohl cavus, -a, -um
Höhle caverna, -ae f
Hohn ludificatio, -onis f
höhnisch irridens, -entis
holen
  1 (*herrufen*) arcessere, -o, -ivi, -itum 3.
  2 (*herbringen*) petere, -o, -ivi, -itum 3., apportare, -o, -avi, -atum 1.; **Wasser ~** aquam petere; MIL aquari (-or, -atus sum 1.); **Holz ~** lignum petere; MIL lignari (-or, -atus sum 1.)
Hölle loca (-orum npl) inferna
Holz lignum, -i n
hölzern ligneus, -a, -um
Honig mel, mellis n
Honorar merces, -edis f
horchen auscultare, -o, -avi, -atum 1.
Horde turba, -ae f
hören audire, -io, -ivi, -itum 4.; **auf j-n ~** parere (-eo, -ui, -iturus 2.)
Horizont circulus (-i m) finiens
Horn (*Material, Instrument*) cornu, -us n
Hose bracae, -arum fpl
hübsch pulcher, -chra, -chrum
Huf ungula, -ae f
Hüfte coxa, -ae f
Hügel collis, -is m
Huhn gallina, -ae f
Hülle velamen, -minis n
human humanus, -a, -um
Humanität humanitas, -atis f
humpeln claudicare, -o, -avi, -atum 1.
Hund canis, -is m
hundert centum; **je ~** centeni (-ae, -a)
hundertfach centuplicatus, -a, -um
hundertmal centies
hundertste(r, -s) centesimus, -a, -um
Hundertstel pars (partis f) centesima
Hündin canis (is f) femina
Hunger fames, -is f
hungern esurire, -io, -ivi (od -ii), -iturus 4., fame laborare, -o, -avi, -atum 1.
Hungersnot fames, -is f
hungrig esuriens, -entis
hüpfen salire, salio, salui, saltum 4.
Hürde impedimentum, -i n, difficultas, -atis f
husten tussire, -io, -ivi, -itum 4.
Husten tussis, -is f
hüten custodire, -io, -ivi, -itum 3.; **sich ~** cavere (caveo, cavi, cautum 2.; **vor dem Hund** canem, a cane)
Hüter custos, -odis m
Hütte casa, -ae f
Hymne carmen, -minis n

ich ego
Ideal imago, -inis *f*
ideal optimus, -a, -um
idealistisch ardeus, -a, -um
Idee (*Einfall*) cogitatio, -onis *f*
Iden PL Idus, -uum *fpl*; **an den ~ des März** (15. März) Idibus Martiis
identisch idem, eadem, idem
Idiot homo (-minis *m*) stupidus
idiotisch stupidus, -a, -um
Igel erinaceus, -i *m*
ihm ei (*dat*); **von ~** ab eo
ihn eum (*akk*)
ihnen eis (*dat*); **von ~** ab eis
ihr
  ① *pers pr* vos
  ② *poss pr refl* suus, -a, -um
  ③ *poss pr sg nicht refl* eius; *pl* eorum, earum
ihretwegen suā causā; *pl* eorum causā
illegal non legitimus (-a, -um)
Imbiss gustatio, -onis *f*
immer semper; **~ wieder** iterum iterumque, semel atque iterum; **für ~** in perpetuum; **~ wenn** cum +*ind*; **~ während** sempiternus, -a, -um
immerhin quamquam
Imperativ modus (-i *m*) imperativus
imstande: **~ sein** posse, possum, potui, - 0. +*inf*
in PRÄP +*dat/akk*
  ① (*räumlich: wo?*) in +*abl*; **~ der Stadt** in urbe
  ② (*räumlich: wohin?*) in +*akk*; **~ die Stadt** in urbem
  ③ (*zeitlich, auch Fristen*) *meist durch den bloßen abl*; **~ diesem Jahr** hoc anno; **~ zwei Tagen** biduo; **im Kindesalter** in pueritia
Inbegriff exemplar, -aris *n*
indessen (*inzwischen*) interea
Indikativ modus (-i *m*) indicativus
indirekt quod per ambages fit (factum est); **~e Rede** oratio (-onis *f*) obliqua
Infanterie peditatus, -us *m*
infolge PRÄP +*gen* causā +*gen*
informieren docere, doceo, docui, doctum 2.
infrage: **~ kommen** aliquo numero esse (sum, fui, - 0.); **~ stellen** in dubium vocare (-o, -avi, -atum 1.)
Inhaber dominus, -i *m*
Inhalt res, rei *f*
Inland terra (-ae *f*) nostra
innehaben obtinere, -tineo, -tinui, -tentum 2.
innen intus; **außen und ~** extra et intus
innere(r, -s)
  ① interior, -ius *komp*
  ② (*inländisch*) internus, -a, -um
Innereien PL intestinum, -i *n*
innerhalb PRÄP +*gen* intra +*akk*
innerlich
  A ADJ intestinus, -a, -um
  B ADV intus
innerste(r, -s) intimus, -a, -um
innewohnen inesse, -sum, -fui, - 0. (**einer Sache** in re)
innig intimus, -a, -um
insbesondere imprimis

▶ **in**

Auf die Frage „wo?" steht in der Regel **in** + Ablativ:

Puellae in horto currunt. Die Mädchen laufen im Garten.

Bei Städten und kleinen Inseln steht allerdings der Ablativ ohne **in** (*ablativus loci*):

Cathagine habito. Ich wohne in Karthago.

Gehören die Städte- und Inselnamen der **a**- und **o**-Deklination an und stehen sie im Singular, dann wird der Lokativ verwendet, dessen Formen denen des Genitivs gleichen.

Romae sumus. Wir sind in Rom.

Beachte auch die folgenden erstarrten Lokativformen zur Angabe des Ortes:

domi zu Hause
domi meae bei mir zu Hause
domi militiaeque im Krieg und im Frieden

ruri auf dem Land
humi auf dem Boden

GRAMMATIK

> **Internet**

Das Internet hält auch für Lateinfans wahre Schätze bereit. Ob Originaltexte, Latein-Foren oder Latein-Chats – es gibt viel zu entdecken.

Internet	**interrete** ⟨is⟩ *n*
WWW	**TTT** (Tela Totius Terrae)
Chat	**colloquium** ⟨i⟩ *n* **interretiale**
chatten	**colloqui / sermocinari per (inter)rete**
downloaden	**extrahere (ex rete)**
Suchmaschine	**instrumentum** ⟨i⟩ *n* **investigatorium**
online gehen	**coniungi (cum rete)**
offline gehen	**disiungi (rete)**
Link	**copula** ⟨ae⟩ *f* / **nexus** ⟨us⟩ *m*

WORTSCHATZ ◄

Inschrift inscriptio, -onis *f*
Insel insula, -ae *f*
Inselbewohner insulanus, -i *m*
insgeheim secreto
insgesamt *(alle)* omnes, omnia
insofern hactenus (**als** si/ut)
instand: ~ **halten** tueri (tueor, tuitus sum 2.); ~ **setzen** parare (-o, -avi, -atum 1.)
Instrument instrumentum, -i *n*
intelligent intellegens, -entis
Intelligenz intelligentia, -ae *f*
intensiv gravis, -e
interessant iucundus, -a, -um
Interesse studium, -i *n*
interessieren capere, capio, cepi, captum 2.; **sich** ~ favere (faveo, favi, fautum 2.); **es interessiert mich** mea interest; **es interessiert mich nicht** non curo; **ich interessiere mich für Bücher** libri animum meum excitant
Internet internetum, -i *n*, interrete, -is *n*
intrigant fallax, -acis
Intrige fallacia, -ae *f*
inwiefern *(rel.)* quatenus
inzwischen interea, interim
irdisch terrester, -tris, -tre
irgendein INDEF PR
  ◼ aliqui, aliquae, aliquod
  ◼ *(nach si, nisi, ne, num, quo)* qui, quae, quod
  ◼ *(in verneintem Satz)* ullus, -a, -um
irgendeine(r, -s) INDEF PR
  ◼ aliquis, aliqua, aliquid
  ◼ *(nach si, nisi, ne, num, quo)* quis, quid
  ◼ *(in verneintem Satz)* quisquam, quaequam, quidquam
irgendetwas aliquid
irgendwann aliquando
irgendwas aliquid
irgendwie aliquā

irgendwo usquam
irgendwoher alicunde
irgendwohin aliquo
Ironie ironia, -ae *f*
irr mente captus (-a, -um)
irreführen fallere, fallo, fefelli, - 3.
irren: sich ~ errare, -o, -avi, -atum 1.; **ich irre mich** erro
Irrfahrt error, -oris *m*
Irrglaube error, -oris *m*
Irrtum error, -oris *m*
irrtümlich
  ◼ ADJ falsus, -a, -um
  ◼ ADV per errorem
irrtümlicherweise per errorem
Iuno *(höchste römische Göttin, Gattin des Jupiter)* Iuno, -onis *f*

ja
  ◼ *(Bestätigung)* sane
  ◼ ~ **sogar** immo
  ◼ *(allerdings)* quidem
  ◼ *(+ Imperativ)* durch fac +*konjkt*; **geh** ~ **weg** fac abeas; ~ **nicht!** durch cave! *sg*, cavete! *pl* +*konjkt*, ne +*konjkt*; **mach das** ~ **nicht!** ne istud facias!
Jagd venatio, -onis *f*, venatus, -us *m*; **auf die** ~ **gehen** venari (-or, -atus sum 1.), venatum ire (eo, ii, itum 0.)
Jagdbeute praeda, -ae *f*
jagen
  ◼ *(Wild usw.)* venari, -or, -atus sum 1.

ja

Eine genaue Entsprechung für „ja" gibt es im Lateinischen nicht. Bejaht haben die Römerinnen und Römer durch die Wiederholung der Kernaussage der Frage.

Vidistine hunc hominem? — Hast du diesen Menschen gesehen?
– Vidi. — – Ja. (*wörtlich: Ich habe gesehen.*)

Ebenfalls bejahend sind folgende Ausdrücke: **ita (est)**, **sic (est)**, **maxime**, **sane**, **recte dixisti**

Hacine in domo habitas? — Wohnst du in diesem Haus?
Ita est. / Sic est. — Ja. (*wörtlich: So ist es.*)

SPRACHGEBRAUCH

---

2 (*scheuchen*) fugare, -o, -avi, -atum 1.
Jäger venator, -oris *m*
jäh
  A ADJ praeceps, -cipitis
  B ADV subito
Jahr annus, -i *m*; **in diesem ~** hoc anno
jahrelang per annos
Jahrestag dies (-ei *m*) anniversarius
Jahreszeit tempus (-oris *n*) anni
Jahrgang annus, -i *m*
Jahrhundert saeculum, -i *n*
jahrhundertelang per saecula
jährlich ADV quotannis
Jahrtausend mille anni (-orum *m*)
jahrtausendelang per milia annorum
Jahrzehnt decennium, -i *n*
jahrzehntelang per decennia
Jähzorn iracundia, -ae *f*
jähzornig iracundus, -a, -um
jämmerlich miser, -era, -erum
jammern lamentari, -or, -atus sum 1.
Januar Ianuarius, -i *m*
jauchzen exsultare, -o, -avi, -atum 1.
jaulen ululare, -o, -avi, -atum 1.
jawohl sane
je
  A ADV
  1 (*jemals*) umquam
  2 (*jeweils*) **~ ein** singuli (-ae, -a); **~ zwei** bini (-ae, -a); **~ drei** terni (-ae, -a); **~ zehn** deni (-ae, -a); **~ hundert** centeni (-ae, -a)
  B KONJ **~ ... desto** quo ... eo, quanto ... tanto; **~ nachdem** prout
jede(r, -s)
  A ADJ omnis, -e, quisque, quaeque, quodque
  B IND PR quisque, quaeque, quidque; **~, der** quicumque, quisquis; **~ Beliebige** quivis, quaevis, quidvis; **~ Einzelne** (unus)quisque, (una)quaeque, (unum)quidque; **~ von beiden** uterque
jedenfalls sane
jedermann quisque, cuiusque
jederzeit semper
jedoch sed; autem *nachgestellt*; at
jemals umquam
jemand aliquis; (*nach si, nisi, ne, num, quo*) quis; (*in verneintem Satz*) quisquam; **es könnte ~ sagen** dixerit aliquis; **kaum ~** vix quisquam; **ich habe ~en, den ich schicken kann** habeo quem mittam
jene(r, -s) ille, illa, illud
jenseitig ulterior, -ius
jenseits PRÄP +gen ultra +*akk*, trans +*akk*
jetzig praesens, -entis
jetzt nunc; **bis ~** adhuc
jeweils semper; **~ zwei** bini (-ae, -a)
Joch iugum, -i *n*; **das ~ abwerfen** iugum exuere (-uo, -ui, -utum 3.)
Jubel laetitia (-ae *f*) exsultans; **in ~ ausbrechen** laetitia exsultare (-o, -avi, -atum 1.)
jubeln exsultare, -o, -avi, -atum 1.
jucken VII prurire, -io, -, - 4.
Jugend
  1 (*bis 16 Jahre*) pueritia, -ae *f*
  2 (*16-30 Jahre*) adulescentia, -ae *f*
  3 (*30-45 Jahre*) iuventus, -utis *f*; **von ~ auf** a puero, a pueris
  4 (*junge Leute*) iuventus, -utis *f*
jugendlich puerilis, -e
Juli Iulius, -i *m*
jung
  1 parvus, -a, -um
  2 (*etwa 17-25 Jahre*) adulescentulus, -a, -um
  3 (*bis zum 30. Jahr*) adulescens, -entis
  4 (*etwa 20-45 Jul/w*) iuvenis, -is; **~e Leute** adulescentes, -ium *mpl*; iuvenes, -um *mpl*; **~er Mann** adulescens, -entis *m*; iuvenis, -is *m*; **~es Mädchen** puella, -ae *f*
Junge puer, pueri *m*
jünger minor (-oris) natu
Junges (*von Tieren*) pullus, -i *m*
Jungfrau virgo, -inis *f*
Junggeselle caelebs, -libis
Juni Iunius, -i *m*
Jupiter (*höchster röm. Gott*) Iuppiter, Iovis *m*
Jurist iuris consultus, -i *m*

Juwel gemma, -ae f
Juwelier gemmarius, -i m

K

Käfer scarabaeus, -i m
Käfig cavea, -ae f
kahl
  1 (*ohne Haare*) calvus, -a, -um
  2 (*ohne Blätter*) nudus, -a, -um
Kahn linter, -tris f
Kai crepido -inis f
Kaiser imperator, -oris m, Caesar, -aris m
kaiserlich imperatorius, -a, -um
Kaisertum imperium, -i n, principatus, -us m
Kalb vitulus, -i m
Kalenden (*der erste Tag im Monat*) PL Kalendae, -arum fpl
Kalender fasti, -orum mpl
Kalk calx, calcis f
kalt frigidus, -a, -um
Kälte frigus, -oris n
Kamel camelus, -i m
Kamerad
  1 socius, -i m
  2 MIL commilito, -onis m
Kameradschaft contubernium, -i n, sodalitas, -atis f
Kamin focus, -i m
Kamm
  1 (*zum Kämmen*) pecten, -tinis m
  2 (*bei Tieren*) crista, -ae f
  3 (*des Gebirges*) iugum, -i n
kämmen pectere, pecto, pexi, pexum 3.
Kammer cella, -ae f
Kampf pugna, -ae f, proelium, -i n, certamen, -inis n; **in den ~ ziehen** ad pugnam proficisci (-ficiscor, -fectus sum 3.)
kampfbereit paratus (-a, -um) ad pugnandum
kämpfen pugnare, -o, -avi, -atum 1., certare, -o, -avi, -atum 1., contendere, -tendo, -tendi, -tentum 3.; **um etw ~** pugnare de re
Kämpfer pugnator, -oris m; (*Soldat*) miles, -itis m
kampferprobt pugnandi peritus (-a, -um)
Kandidat candidatus, -i m
Kaninchen cuniculus, -i m
Kanne hirnea, -ae f
Kante angulus, -i m
Kap promunturium, -i n

kapieren intellegere, -lego, -lexi, -lectum 3.
Kapitän magister (-tri m) navis
Kapitel caput, -pitis n
Kapitulation deditio, -onis f
kapitulieren se dedere, -do, -didi, -ditum 3.
Kappe pilleus, -i m
Kapsel capsa, -ae f
kaputt fractus, -a, -um
kaputtgehen frangi, frangor, fractus sum 3.
kaputtmachen frangere, frango, fregi, fractum 3.
Kapuze velamentum, -i n
karg parcus, -a, -um
Karren carrus, -i m
Karte
  1 charta, -ae f
  2 (*Landkarte*) tabula, -ae f
Käse caseus, -i m
Kasse, Kassette arca, -ae f
Kastanie castanea, -ae f
Kastell castellum, -i n
Kasten arca, -ae f
katastrophal calamitosus, -a, -um
Katastrophe calamitas, -atis f
Kater felis mas (felis maris m)
Katze felis, -is f
kauen mandere, mando, mandi, mansum 3.
Kauf emptio, -onis f
kaufen emere, emo, emi, emptum 3.; **teuer/billig ~** magno/parvo emere
Käufer emptor, -oris m
käuflich venalis, -e
Kaufmann mercator, -oris m
kaum vix
keck audax, -acis
Kegel conus, -i m
Kehle iugulum, -i m
Kehlkopf larynx, -yngis f
kehren verrere, verro, -, versum 3.
Keiler aper, apri m
Keim
  1 BOT germen, -minis n
  2 *fig* semen, -minis m
keimen germinare, -o, -avi, -atum 1.
kein(e) ADJ nullus, -a, -um; **~ von beiden** neuter, neutra, neutrum
keine(r, -s) nemo; **~ der Freunde** nemo amicorum; **~ von beiden** neuter, neutra, neutrum; **und ~** neque quisquam
keinerlei nullius generis
keinesfalls, keineswegs minime
Kelch calix, -icis m
Keller cella, -ae f
kennen scire, scio, scivi *od* scii, scitum 4.; **nicht ~** ignorare (-o, -avi, -atum 1.); **ich kenne ihn nicht** ignotus mihi est

kennenlernen (cog)noscere, -nosco, -novi, -notum *3.*
Kenner peritus, -i *m*; **großer ~** peritissimus (-i *m*)
Kenntnis
  1 notitia, -ae *f*; **j-n in ~ setzen über etw** aliquem certiorem facere (facio, feci, factum *3.*) de re +*AcI*
  2 *pl* **Kenntnisse** (*Wissen*) scientia (-ae *f*); **ohne ~** ignarus (-a, -um)
Kennzeichen signum, -i *n*
kennzeichnen notare, -o, -avi, -atum *1.*
kennzeichnend: *meist durch Gen.*; **es ist ~ für einen Tyrannen** tyranni est
Kerker carcer, -eris *m*
Kern
  1 nucleus, -i *m*
  2 (*Trauben*) granum, -i *n*
Kerze cereus, -i *m*
Kessel aenum, -i *n*
Kette catena, -ae *f*
keuchen anhelare, -o, -avi, -atum *1.*
Keule clava, -ae *f*
Kiefer[1] (*Baum*) pinus, -us *f*
Kiefer[2] (*Schädelknochen*) maxilla, -ae *f*
Kind infans, -antis *m*, puer, pueri *m*; **Kinder** liberi, -orum *mpl*
kinderlos liberis carens (*gen* -entis)
Kindheit pueritia, -ae *f*
kindisch ineptus, -a, -um
kindlich puerilis, -e
Kinn mentum, -i *n*
kippen lapsare, -o, -, - *1.*
Kirche
  1 templum, -i *n*
  2 ecclesia, -ae *f*
kirchlich ecclesiasticus, -a, -um
Kirschbaum cerasus, -i *f*
Kirsche cerasum, -i *n*
Kissen pulvinus, -i *m*
Kiste arca, -ae *f*, cista, -ae *f*
kitzeln *vt* titillare, -o, -avi, -atum *1.*
Klage
  1 querela, -ae *f*
  2 (*vor Gericht*) accusatio, -onis *f*
klagen queri, queror, questus sum *3.* (**über etw** aliquid)
Kläger accusator, -oris *m*
Klammer fibula, -ae *f*
klammern: **sich ~** adhaerescere, -haeresco, -haesi, -haesum *3.* (**an etw** alicui rei)
Klang sonus, -i *m*
klappen
  1 (*Geräusch geben*) crepitare, -o, -avi, -atum *1.*
  2 (*gut ausgehen*) bene evenire (-venio, -veni, -ventum *4.*)

klappern crepitare, -o, -avi, -atum *1.*
klar clarus, -a, -um; **es ist ~, dass ...** apparet +*AcI*
klären planum facere (facio, feci, factum *3.*)
Klarheit evidentia, -ae *f*
klarstellen explanare, -o, -avi, -atum *1.*
Klasse classis, -is *f*
Klassik antiquitas (-atis *f*) docta
klassisch
  1 (*vorbildlich*) optimus, -a, -um
  2 (*aus dem Altertum*) vetustus, -a, -um
klatschen (*in die Hände*) plaudere, plaudo, plausi, plausum *3.*
Klaue (*Kralle*) unguis, -is *m*
kleben
  A *vt* agglutinare, -o, -avi, -atum *1.*
  B *vi* haerere, haereo, haesi, haesum *2.*
Klee trifolium, -i *n*
Kleid vestimentum, -i *n*, vestis, -is *f*
kleiden vestire, -io, -ivi, -itum *4.*
Kleidung vestes, -ium *fpl*
Kleidungsstück vestis, -is *f*, vestimentum, -i *n*
klein parvus, -a, -um, exiguus, -a, -um
Kleinkind infans, -antis *m*
Kleinstadt oppidum, -i *n*
Klient cliens, -entis *m*
Klima caelum, -i *n*
klingen sonare, -o, -ui, -itus *1.*
Klippe scopulus, -i *m*
klirren sonare, sono, sonui, sonitus *1.*
klopfen pulsare, -o, -avi, -atum *1.* (**an etw** aliquid); **das Herz klopft** cor palpitat
Kloß globus, -i *m*
Klotz stipes, -itis *m*
Kluft hiatus, -us *m*; **es ist eine große ~ zwischen ihm und mir** multum disto ab eo
klug prudens, -entis
Klugheit prudentia, -ae *f*
Knabe puer, pueri *m*
knacken
  A *vt* frangere, frango, fregi, fractum *3.*
  B *vi* crepitare, -o, -avi, -atum *1.*
Knall crepitus, -us *m*
knallen crepitare, -o, -avi, -atum *1.*
knapp exiguus, -a, -um; **~ werden** deficere, -ficio, -feci, -fectum *3.*
knarren crepare, -o, -ui, -itum *1.*
Knecht servus, -i *m*
Knechtschaft servitus, -utis *f*
Kneipe popina, -ae *f*
knicken frangere, frango, fregi, fractum *3.*
Knie genu, -us *n*
knien genibus nixum esse (sum, fui, - *0.*)
knirschen: **mit den Zähnen ~** dentibus frendere (frendo, fre(n)sum *3.*)

knistern crepitare -o, -avi, -atum 1.
Knoblauch allium, -i n
Knöchel talus, -i m
Knochen os, ossis n
knochig osseus, -a, -um
Knolle bulbus, -i m
Knopf
1 bulla, -ae f
2 (zum Knöpfen) malleolus, -i m
Knospe oculus, -i m
Knoten nodus, -i m
knüpfen nectere, necto, nexi, nexum 3.
Koch coquus, -i m
kochen
A VI fervere, ferveo, ferbui, - 2.
B VT coquere, coquo, coxi, coctum 3.
Köchin coqua, -ae f
Kochtopf olla, -ae f
Köder esca, -ae f
Kohl olus, -eris m
Kohle carbo, -onis m
Kohorte cohors, -tis f
Kollege collega, -ae m
Kollegium collegium, -i n
Kolonie colonia, -ae f
Kolonist colonus, -i m
Kolonne manus, -us f
Komiker poeta (-ae f) comicus
komisch
1 (lustig) ridiculus, -a, -um
2 (seltsam) mirificus, -a, -um
kommandieren praeesse, -sum, -fui, - 0. (ein Heer) exercitui)
Kommando imperium, -i n; **auf ~** imperio, ad imperium
kommen venire, venio, veni, ventum 4.; **~ lassen** arcessere, -o, -ivi, -itum 3.; **zu Hilfe ~** auxilio venire; **so kommt (kam) es, dass ...** ita fit (factum est), ut ...; **wie kommt es, dass ...?** qui fit, ut ...?; **auf etw ~** invenire (-venio, -veni, -ventum 4.) aliquid; **dazu kommt, dass ...** accedit, quod/ut ...; **an die Regierung ~** imperio potiri (potior, potitus sum 4.); **auf die Welt ~** in lucem edi (edor, editus sum 3.); **dabei kommt nichts raus** nihil efficitur ex hac re
Kommentar commentarium, -i n
Komödie comoedia, -ae f
komplett plenus, -a, -um
kompliziert difficilis, -e
Kompromiss (Übereinkunft) conventum, -i n
Konditor crustularius, -i m
Konflikt discrepantia, -ae f
König rex, regis m; **~ sein** regnare (-o, -avi, -atum 1.)
Königin regina, -ae f
königlich regius, -a, -um, regalis, -e; **~e Familie** domus regia, domus regis
Königreich regnum, -i n
Königsburg regia, -ae f
Königsherrschaft regnum, -i n
Königtum regnum, -i n
Konjunktion GRAM coniunctio, -onis f
Konjunktiv modus (-i m) coniunctivus
Konkurrenz certamen, -minis n
können posse, possum, potui, - 0.; **ich kann nichts dafür** non mea culpa est; **das kannst du glauben!** id credas (velim)!; **es könnte einer sagen** dixerit aliquis; **man hätte glauben ~** crederes
Konsonant littera (-ae f) consonans
Konsul consul, -is m; **ehemaliger ~** consularis (-is m)
Konsulat consulatus, -us m; **unter dem ~ von Ti. Aemilius und Q. Fabius** consulibus Ti. Aemilio et Q. Fabio
Kontakt contagio, -onis f
Kontrolle tutela, -ae f
Kopf caput, -pitis n
kopfüber praeceps, -cipitis; **~ (herab)stürzen** praecipitare (-o, -avi, -atum 1.)
Korb fiscus, -i m
Korn
1 (einzelnes) granum, -i n
2 (Getreide) frumentum, -i n
Körper corpus, -oris n

▶ Einfache römische Kost

Das Gericht der einfacheren Leute im alten Rom war ein Brei aus Dinkelmehl, Wasser und Salz, der **puls** genannt wurde. Zu den Grundnahrungsmitteln zählten außerdem Brot (**panis**), Olivenöl (**oleum**), Kohl (**brassica**), Bohnen (**fabae**), Erbsen (**pisa**), Linsen (**lenticulae**), Knoblauch (**alium**), Zwiebeln (**cepae**), Lauch (**porrum**) und Oliven (**oleae**). An tierischen Produkten wurden vor allem Käse (**caseus**) und Eier (**ova**) verzehrt. Wegen des hohen Preises wurden Fleisch und Fisch nur sehr eingeschränkt konsumiert. Nur eingelegte Fische waren für die unteren Bevölkerungsschichten erschwinglich. Feigen (**fici**), Äpfel (**mala**), Birnen (**pira**) und Trauben (**uvae**) waren die gebräuchlichsten Obstsorten.

RÖMISCHES LEBEN ◀

Körperkraft robur, -oris *n*
körperlich corporeus, -a, -um; *durch gen* corporis; **~er Schmerz** dolor corporis
Körperpflege curatio (-onis *f*) corporis
Korrektur emendatio, -onis *f*
korrigieren emendare, -o, -avi, -atum 1., corrigere, -rigo, -rexi, -rectum 3.
Kosmetik ars (artis *f*) exornandi
Kost (*Essen*) cibus, -i *m*, victus, -us *m*
kostbar pretiosus, -a, -um
Kostbarkeit res (rei *f*) magni pretii
kosten
  1 (*Preis*) constare, -sto, -stiti, -staturus 1.; **viel/wenig/nichts/zehn Talente ~** magno/parvo/nihilo/decem talentis (*abl*) constare
  2 (*Geschmack*) degustare, -o, -avi, -atum 1.
Kosten PL sumptus, -us *m sg*; **~ verursachen** impensam facere (facio, feci, factum 3.); **auf eigene ~** meo (tuo, suo *usw.*) sumptu
kostenlos
  A ADJ immunis, -e
  B ADV gratis
köstlich delicatus, -a, -um
Kostüm habitus, -us *m*
Kot excrementum, -i *n*
krabbeln repere, repo, repsi, reptum 3.
Krach fragor, -oris *m*; **~ machen** fragorem edere (edo, edidi, editum 3.)
krachen crepitare, -o, -avi, -atum 1.
Krachen fragor, -oris *m*
krächzen canere, cano, cecini, cantatum 3.
Kraft robur, -oris *n*; vis *f* (*akk* vim, *abl* vi; *pl* vires, virium *usw.*); **mit aller ~** summa ope, summa vi; **nach Kräften** pro viribus; **aus eigener ~** ipse (ipsa, ipsum)
kräftig validus, -a, -um; **~ sein** vigere (vigeo, vigui, - 2.)
kräftigen firmare, -o, -avi, -atum 1.
kraftlos invalidus, -a, -um
Krähe cornix, -icis *f*
krähen cantare, -o, -avi, -atum 1.
Kralle unguis, -is *m*
Kranich grus, gruis *f/m*
krank aeger, -gra, -grum; **~ sein** aegrotare, (-o, -avi, -atum 1.; **an etw** re); morbo laborare (-o, -avi, -atum 1.)
kränken violare, -o, -avi, -atum 1.
krankhaft aeger, -gra, -grum
Krankheit morbus, -i *m*
kränklich aeger, -gra, -grum
Kränkung iniuria, -ae *f*
Kranz corona, -ae *f*
Krater crater, -eris *m*
kratzen radere, rado, rasi, rasum 3.
Kratzer cicatrix, -icis *f*
Kraut herba, -ae *f*
Krebs (*Tier, Tierkreiszeichen, Krankeit*) cancer, -cri *m*
Kreide creta, -ae *f*
Kreis
  1 orbis, -is *m*
  2 MATH circulus, -i *m*
kreischen clamitare, -o, -avi, -atum 1.
kreisen circumagi, -agor, -actus sum 3.
Kreislauf circuitus, -us *m*
Kreuz crux, crucis *f*
kreuz und quer ultro citroque
kreuzen decussare, -o, -avi, -atum 1.; **sich ~** decussari, -or, -atus sum 1.
kreuzigen cruci affigere (-figo, -figi, -fixum 3.)
Kreuzigung supplicium (-i *n*) crucis
kriechen repere, repo, repsi, reptum 3.
Krieg bellum, -i *n*; **den ~ erklären** bellum indicere (-dico, -dixi, -dictum 3.); **~ führen** bellum gerere (gero, gessi, gestum 3.); **den ~ in die Länge ziehen** bellum ducere (duco, duxi, ductum 3.); **den ~ beenden** bellum conficere (-ficio, -feci, -fectum 3.); **im ~ und im Frieden** domi bellique/domi belloque; **in den ~ ziehen** ad bellum proficisci (-ficiscor, -fectus sum 3.)
kriegen accipere, -cipio, -cepi, -ceptum 3.
Krieger miles, -litis *m*
kriegerisch bellicus, -a, -um
Kriegs... bellicus, -a, -um
Kriegsdienst militia, -ae *f*; **~ leisten** stipendia merere (mereo, merui, meritum 2.)
kriegserfahren belli peritus (-a, -um)
Kriegsgefangener captivus, -i *m*
Kriegsrat consilium, -i *n*
Kriegsschiff navis (navis *f*) longa

▶ **Was kostet es?**

Quanti est hic liber?	Was kostet dieses Buch?
Quattuor nummis constat.	Es kostet 4 Sesterzen.
Parvo / magno / nimio constat!	Das ist aber billig / teuer / zu teuer!
Quanti librum emisti?	Wie viel hast du für das Buch bezahlt?
Male / nimio emisti!	Da hast du ziemlich viel / zu viel bezahlt!

SPRACHGEBRAUCH

Kriegstribun tribunus (-i *m*) militum
Kriegswesen res militaris (rei *f*)
Krise discrimen, -inis *n*
Kritik
1. ars (-ae *f*) critica
2. (*Beurteilung*) iudicium, -i *n*

kritisch
1. criticus, -a, -um
2. (*problematisch*) incertus, -a, -um

kritisieren
1. (*beurteilen*) iudicare, -o, -avi, -atum *1.*
2. (*tadeln*) reprehendere, -prehendo, -prehendi, -prehensum *3.*

Krokodil crocodilus, -i *m*
Krone corona, -ae *f*
krönen coronare, -o, -avi, -atum *1.*
Kröte bufo, -onis *m*
Krug
1. urna, -ae *f*
2. (*mit zwei Henkeln*) amphora, -ae *f*

krumm curvus, -a, -um
krümmen curvare, -o, -avi, -atum *1.*
Krümmung sinus, -us *m*
Kruste crusta, -ae *f*
Küche culina, -ae *f*
Kuchen placenta, -ae *f*
Kugel globus, -i *m*
Kuh vacca, -ae *f*
kühl frigidus, -a, -um
Kühle frigus, -oris *n*
kühn audax, -acis, temerarius, -a, -um
Kühnheit audacia, -ae *f*
Küken pullus, -i *m*
Kult cultus, -us *m*
kultivieren colere, colo, colui, cultum *3.*
Kultur cultus (-us *m*) atque humanitas (-atis *f*)
Kummer aegritudo, -inis *f*
kümmern: sich ~ curare (-o, -avi, -atum *1.*; **um etw** aliquid)
Kunde (*Käufer*) emptor, -oris *m*
kundig peritus, -a, -um (**einer Sache** alicuius rei)
Kundschafter explorator, -oris *m*
künftig
A ADJ futurus, -a, -um
B ADV postea

Kunst ars, artis *f*; **die schönen Künste** artes bonae *pl*
Künstler artifex, -ficis *m*
künstlerisch *durch gram* artificis
künstlich manu factus (-a, -um)
Kunststück artificium, -i *n*
kunstvoll artificiosus, -a, -um
Kunstwerk artificium, -i *n*
Kupfer aes, aeris *n*
Kuppe cacumen, -minis *n*

Kuppel tholus, -i *m*
kuppeln lenocinium facere (facio, feci, factum *3.*)
Kuppler leno, -onis *m*
Kupplerin lena, -ae *f*
Kurie (*Versammlungsort der Senatoren*) curia, -ae *f*
Kurs cursus, -us *m*
Kurve curvamen, -minis *n*
kurz
A ADJ brevis, -e
B ADV breviter; **~ darauf** paulo post; **~ vorher, vor ~em** paulo ante

Kürze brevitas, -atis *f*
kürzen minuere, -uo, -ui, -utum *3.*
kürzlich nuper
Kusine consobrina, -ae *f*
Kuss osculum, -i *n*
küssen osculari, -or, -atus sum *1.* (**j-n** aliquem)
Küste litus, -oris *n*
Küsten... maritimus, -a, -um
Kutscher auriga, -ae *m*

L

Labyrinth labyrinthus, -i *m*
Lache stagnum, -i *n*
lächeln subridere, -rideo, -risi, -risum *3.*
lachen ridere, rideo, risi, risum *3.*
Lachen risus, -us *m*
lächerlich ridiculus, -a, -um
laden (*Last*) imponere, -pono, -posui, -positum *3.* (**auf etw** alicui rei, in aliquid)
Laden taberna, -ae *f*
Ladung onus, -eris *n*
Lage
1. (*Ort*) situs, -us *m*; **günstige ~** opportunitas (-atis *f*) loci
2. (*Situation*) condicio, -onis *f*; **in dieser misslichen ~** in hoc discrimine rerum; **in schwieriger ~** in rebus arduis

Lager MIL castra, -orum *npl*; **ein ~ aufschlagen** castra ponere (pono, posui, positum *3.*); **zum ~ gehörig** castrensis
lagern
A VT reponere, -pono, -posui, -positum *3.*
B VI (*ein Lager haben*) consedisse, -sedi, - *3.*

lahm
1. (*gelähmt*) debilis, -e
2. (*hinkend*) claudus, -a, -um

lähmen debilitare, -o, -avi, -atum *1.*
Laib (*Brot*) panis -is *m*

Laie
1 (*Nichtfachmann*) imperitus, -i *m*
2 (*Nichtgeistlicher*) laicus, -i *m*
Laken linteum, -i *n*
Lamm agnus, -i *m*
Lampe lucerna, -ae *f*
Land
1 terra, -ae *f*
2 (↔ *Stadt*) rus, ruris *n*
3 (*Acker*) ager, agri *m*; **auf dem ~** ruri; **aufs ~** rus; **vom ~** rure; **an ~ gehen** egredi (-gredior, -gressus sum *3.*) in terram
Land... rusticus, -a, -um
landen VI navem appellere (-pello, -puli, -pulsum *3.*); **am Ufer ~** navem ad ripam appellere
Landgut praedium, -i *n*, villa rustica (-ae *f*)
Landhaus villa, -ae *f*
Landkarte tabula, -ae *f*
ländlich rusticus, -a, -um
Landschaft regio, -onis *f*
Landsleute cives, -ium *mpl*
Landsmann civis, -is *m*
Landweg iter pedestre (itineris *n*)
Landwirt agricola, -ae *m*
Landwirtschaft res rustica (rei *f*)
lang
A ADJ
1 (*räumlich*) longus, -a, -um
2 (*zeitlich*) **~ dauernd** diuturnus, -a, -um
B ADV (*Zeit*) diu; **länger** diutius; **am längsten** diutissime; **viele Jahre ~** multos annos
lange (*Zeit*) diu; **wie ~?** quamdiu?
Länge
1 (*räumlich*) longitudo, -inis *f*
2 (*zeitlich*) longinquitas, -atis *f*; **in die ~ ziehen** trahere (traho, traxi, tractum *2.*)
langen (*fassen*) sumere, sumo, sumpsi, sumptum *3.*
Langeweile otium (-i *n*) molestum
langhaarig comatus, -a, -um, (*bei Tieren*) +abl longo pilo
längs PRÄP +gen (*entlang*) secundum +akk
langsam
1 tardus, -a, -um
2 (*bedächtig*) lentus, -a, -um
Langschild scutum, -i *n*
längst (*Zeit*) pridem
langweilig molestus, -a, -um
langwierig diutinus, -a, -um
Lanze hasta, -ae *f*
Lappen pannus, -i *n*
Lärche larix, -icis *f*
Lärm strepitus, -us *m*
lärmen strepere, strepo, strepui, strepitum *3.*
Larve larva, -ae *f*
lassen

1 (*befehlen, veranlassen*) iubere, iubeo, iussi, iussum *2.* +*AcI*; curare, -o, -avi, -atum *1.* +*Gerundiv*; **Caesar ließ die Gefangenen fesseln** Caesar captivos vinciri iussit; **Caesar ließ eine Brücke bauen** Caesar pontem faciendum curavit
2 (*zulassen*) sinere, sino, sivi, situm *3.* +*AcI*
3 **sich ... ~** durch Passiv; **sich erschrecken ~** terreri (terreor, territus sum *2.*)
4 **nichts unversucht ~** nihil praetermittere (-mitto, -misi, -missum *3.*); **es dazu kommen ~** committere (-mitto, -misi, -missum *3.*); **lasst uns gehen** eamus; **im Stich ~** deserere (-sero, -serui, -sertum *3.*); **den Mut sinken ~** animo deficere (-ficio, -feci, -fectum *3.*); **eine Gelegenheit vorübergehen ~** occasionem praetermittere (-mitto, -misi, -missum *3.*)
lässig neglegens, -entis
Lässigkeit neglegentia, -ae *f*
Last onus, -eris *n*
Laster (*Fehler*) vitium, -i *n*
lasterhaft vitiosus, -a, -um
lästern maledicere, -dico, -dixi, -dictum *3.* (**über j-n** alicui)
lästig molestus, -a, -um
Lasttier iumentum, -i *n*
Lastwagen plaustrum, -i *n*
Latein lingua (-ae *f*) Latina
lateinisch Latinus, -a, -um; **~ sprechen** Latine loqui (loquor, locutus sum *3.*)
Laterne lucerna, -ae *f*
Latte asser, eris *m*
Laub frons, frondis *f*
Lauch porrum, -i *n*
lauern insidiari, -or, -atus sum *1.*
Lauf cursus, -us *m*
laufen currere, curro, cucurri, cursum *3.*
laufend (*ständig*) perpetuo
Läufer cursor, -oris *m*
Laune affectio (-onis *f*) animi
launisch difficilis, -e, morosus, -a, -um
lauschen auscultare, -o, -avi, -atum *1.* (**an der Tür** ad fores)
Laut sonus, -i *n*
laut
A ADJ
1 clarus, -a, -um
2 (*Stimme*) magnus, -a, -um
B ADV magna voce; **~ rufen** clamitare (-o, -avi, -atum *1.*)
Laute fides, -ium *fpl*
lauten esse, sum, fui, - *0.*; **das lautet anders** hoc aliud est
läuten sonare, -o, -avi, -atum *1.*
lauter (*alle*) omnes, -a
lautlos sine voce
Lawine moles (-is *f*) nivium

Leben
1. vita, -ae f
2. (*Lebenshauch*) anima, -ae f; **ums ~ kommen** vitam amittere (-mitto, -misi, -missum 3.); **sich das ~ nehmen** mortem sibi consciscere (-scisco, -scivi, -scitum 3.); **aus dem ~ scheiden** de vita decedere (-cedo, -cessi, -cessum 3.); **ein ~ führen** vitam agere (ago, egi, actum 3.)

leben vivere, vivo, vixi, victurus 3., vitam agere (ago, egi, actum 3.); **leb wohl!** vale!

lebend, lebendig vivus, -a, -um

Lebensabschnitt pars (partis f) vitae

Lebensalter aetas, -atis f

Lebensart cultus, -us m

Lebensbeschreibung vita, -ae f

Lebensende (vitae) exitus, -us m

Lebensjahr aetatis annus (-i m); **im zehnten ~** decimum annum agens (agentis gen)

Lebenskraft vis (akk vim, abl vi f) vitalis

Lebenslauf cursus (-us m) vitae

Lebensmittel PL
1. (*Nahrungsmittel*) cibaria, -orum npl
2. (*Lebensunterhalt*) victus, -us m

Lebensmittelversorgung res (rei f) frumentaria

lebensnotwendig ad vitam necessarius (-a, -um)

Lebensunterhalt victus, -us m

Lebensweise vita, -ae f; **gewohnte ~** consuetudo (-inis f) vitae

lebenswichtig vitalis, -e

Leber iecur, iecoris n

Lebewesen animal, -alis n

Lebewohl: ~! vale!

lebhaft alacer, -cris, -cre

Lebhaftigkeit alacritas, -atis f

leblos inanimus, -a, -um

Lebzeiten: zu j-s ~ aliquo vivo

Leck rima, -ae f

lecken[1] (*schlecken*) lambere, lambo, lambi, lambitum 3.

lecken[2] (*ein Leck haben*) sentinam trahere (traho, traxi, tractum 3.)

lecker delicatus, -a, -um

Leder corium, -i n

ledig caelebs, -libis

lediglich modo

leer
1. (*geleert*) vacuus, -a, -um +abl; **~ sein** vacare, -o, -avi, -atum 1. +abl
2. (*vergeblich*) vanus, -a, -um

leeren vacuefacere, -facio, -feci, -factum 3.

legal legitimus, -a, -um

Legat legatus, -i m

legen ponere, pono, posui, positum 3., (col)locare, -o, -avi, -atum 1.; **sich ~** incumbere (-cumbo, -cubui, -cubitum 3.) (**auf etw** alicui rei); **an den Tag ~** prae se ferre (fero, tuli, latum 0.)

Legende fabula, -ae f

Legion legio, -onis f

Legionär legionarius, -i m, (*Soldat*) miles, -itis m

Lehm lutum, -i n

Lehne reclinatorium, -i n

lehnen: sich ~ anniti, -nitor, -nisus sum 1. (**an etw** ad aliquid)

Lehre
1. doctrina, -ae f; praeceptum, -i n
2. (*Ausbildung*) disciplina, -ae f

lehren docere, doceo, docui, doctum 2. + *dopp akk* (**j-n etw** aliquem aliquid)

Lehrer magister, -tri m

Lehrerin magistra, -ae f

Lehrfach disciplina, -ae f

Lehrling discipulus, -i m

Lehrmeister magister, -tri m

Leib corpus, -oris n

Leibwache
1. custodes (-um mpl) corporis
2. (*des Kaisers*) praetoria cohors (cohortis f)

Leibwächter custos (-odis m) corporis

Leiche
1. corpus, -oris n
2. (*eines Tieres*) cadaver, -eris n

Leichenrede oratio (-onis f) funebris

leicht
A ADJ (*zu tragen*) levis, -e; (*zu tun*) facilis, -e
B ADV
1. (*wenig*) leviter
2. (*mühelos*) facile; **~ verwundet** leviter vulneratus; **~ zu sagen** facile dictu

leichtfertig levis, -e

Leichtigkeit levitas, -atis f, *auch fig*

Leichtsinn levitas, -atis f

leichtsinnig levis, -e

leid: ich bin es ~ piget me (piguit 2.)

Leid
1. (*Unglück*) malum, -i n
2. (*Schmerz*) dolor, -oris m; **j-m ein ~ antun** iniuriam alicui facere (facio, feci, factum 3.)

leiden laborare, -o, -avi, -atum 1., pati, patior, passus sum 3. (**an etw** re/ex re); **an einer Krankheit ~** laborare morbo

Leiden malum, -i n

Leidenschaft cupiditas, -atis f, ardor, -oris m

leidenschaftlich ardens, -entis

leider *meist unübersetzt* quod doleo

leidtun: es tut mir leid, dass ... doleo +AcI

Leier lyra, -ae f

leihen
1. (*entleihen*) mutuum (-am) sumere (sumo,

sumpsi, sumptum 3.; **von j-m** ab aliquo); **Geld von j-m ~** mutuam pecuniam sumere ab aliquo

2 (verleihen) mutuum (-am) dare (do, dedi, datum 1.; **j-m** alicui)

3 fig **j-m sein Ohr ~** alicui aures praebere (-eo, -ui, -itum 2.)

Leim gluten, -tinis n
Leine funis, -is m
Leinen linteum, -i n
Leintuch, Leinwand linteum, -i n
leise
A ADJ lenis, -e
B ADV leniter, suppressa voce
leisten

1 (erfüllen) praestare, -sto, -stiti, -staturus 1.; **einen Dienst ~** officium praestare

2 (vollenden) perficere, -ficio, -feci, -fectum 3.; **einen Eid ~** ius iurandum dare (do, dedi, datum 3.)

Leistung
1 (Abgabe) munus, -eris n
2 (Geleistetes) opus, -eris n
leiten
1 ducere, duco, duxi, ductum, 3.
2 fig regere, rego, rexi, rectum 3.; **ein Spiel ~** ludo praeesse (-sum, -fui, - 0.)
Leiter[1] M (Person) dux, ducis m, praefectus, -us m
Leiter[2] F (Gegenstand) scalae, -arum fpl
Leitung
1 ductus, -us m
2 fig moderatio, -onis f; **unter j-s ~** aliquo auctore
Lektüre lectio, -onis f
lenken regere, rego, rexi, rectum 3.
Lerche alauda, -ae f
lernen discere, disco, didici, - 3.
lesen legere, lego, legi, lectum 3.
Leser lector, -oris m; sg qui legit; pl qui legunt
Lesung lectio, -onis f
letzter
1 ultimus, -a, -um, supremus, -a, -um
2 (äußerster) extremus, -a, -um; **bis auf den letzten Mann** ad unum omnes
Leuchte lumen, -inis n
leuchten lucere, luceo, luxi, - 2.
Leuchtturm pharus, -i m
leugnen negare, -o, -avi, -atum 1.
Leute homines, -um mpl
Lexikon index (-dicis m) verborum
Licht
1 lux, lucis f
2 (Lampe usw.) lumen, -minis n; **ans ~ bringen** proferre (-fero, -tuli, -latum 0.) in lucem
lieb carus, -a, -um; **~ gewinnen** adamare (-o, -avi, -atum 1.); **~ haben** amare (-o, -avi, -atum 1.);

Liebe
1 amor, -oris m
2 (ohne Sinnlichkeit) caritas, -atis f; **aus ~** amore motus
lieben
1 amare, -o, -avi, -atum 1.
2 (verehren) diligere, -ligo, -lexi, -lectum 3.
liebenswert, liebenswürdig amabilis, -e
Liebenswürdigkeit iucunditas, -atis f
lieber libentius, potius; **~ wollen** malle (malo, malui 0.)
Liebesdienst officium, -i m; **j-m einen ~ erweisen** alicui officium praestare (-sto, -stiti, -stitum 1.)
Liebling deliciae, -arum fpl
Lieblings... gratissimus, -a, -um
liebste(r, s) carus, -a, -um
Lied carmen, -inis n
liefern
1 praebere, -eo, -ui, -itum 2.
2 (herbeibringen) supportare, -o, -avi, -atum 1.
Lieferung: die ~ von etw anordnen aliquid imperare (-o, -avi, -atum 1.); **die ~ von etwa verlangen** aliquid exigere (-igo, -egi, -actum 3.)
Liege lectus, -i m
liegen
1 (Ort) (situm) esse (sum, fui, - 0.)
2 (auf dem Boden) iacere, -eo, -ui, -iturus 2.; **im Sterben ~** moriturum esse (sum, fui, - 0.); **mir liegt viel daran** meā multum interest +AcI
Liegesofa lectus, -i m
lindern (sub)levare, -o, -avi, -atum 1.
Lineal regula, -ae f
Linie linea, -ae f
linke(r, -s) sinister, -tra, -trum; laevus, -a, -um
links sinistrā; **nach ~** ad sinistram
Linse lens, lentis f
Lippe labrum, -i n
List dolus, -i m
Liste index, -dicis m
listig dolosus, -a, -um
literarisch litteratus, -a, -um
Literatur litterae, -arum fpl
Lob laus, laudis f
loben laudare, -o, -avi, -atum 1.
lobenswert laudabilis, -e
Lobrede laudatio, -onis f
Lobredner laudator, -oris m
Loch foramen, -minis n
Locke (Haar) cirrus, -i m
locken
1 (heranlocken) allicere, -licio, -lexi, -lectum 3.

2 (*herauslocken*) elicere, -licio, -licui, -licitum 3.
locker solutus, -a, -um
lockern laxare, -o, -avi, -atum
Löffel cochlear, -aris *n*
Logik logica, -ae *f*
logisch logicus, -a, -um
Lohn
  1 (*Geld*) merces, -edis *f*, pretium, -i *n*
  2 (*Belohnung*) praemium, -i *n*
lohnen: sich ~ pretium esse (sum, fui, - 0.); **es lohnt die Mühe** operae (*gen*) pretium est
Lorbeer, Lorbeerbaum laurus, -i *f*
Lorbeerkranz laurea, -ae *f*
Los sors, sortis *f*
losbrechen oriri, orior, ortus sum 4.; **ein Geschrei bricht los** clamor tollitur; **ein Sturm bricht los** tempestas cooritur
löschen exstinguere, -stinguo, -stinxi, -stinctum 3.
Lösegeld: für j-n ~ zahlen aliquem pretio redimere (-imo, -emi, -emptum 3.)
lösen solvere, solvo, solvi, solutum 3; **ein Rätsel ~** aenigma solvere
losen sortiri, sortior, sortitus sum 4. (**um etw de re**)
losfahren proficisci, -ficiscor, -fectus sum 3.
losgehen
  1 *fig* petere, -o, -ivi, -itum 3. (**auf j-n** aliquem)
  2 (*beginnen*) incipere, incipio, coepi, coeptum 3.
loskaufen redimere, -imo, -emi, -emptum 3.
loslassen mittere, mitto, misi, missum 3.
lossagen: sich ~ se abdicare, -o, -avi, -atum 1., **von etw** re
losschicken mittere, mitto, misi, missum 3.
Lösung solutio, -onis *f*
Löwe leo, -onis *m*
Löwin leaena, -ae *f*
Luchs lynx, lyncis *m u. f*
Lücke lacuna, -ae *f*
lückenhaft lacunosus, -a, -um
Luft aer, aeris *m* (*akk* aerem *u.* aera)
Lüge mendacium, -i *n*
lügen mentiri, mentior, mentitus sum 4.
lügnerisch mendax, -acis
Luke fenestra, -ae *f*
Lumpen pannus, -i *m*
Lunge pulmo, -onis *m*
Lust voluptas, -atis *f*, libido, -inis *f*
lustig laetus, -a, -um
Lustspiel comoedia, -ae *f*
lutschen sugere, sugo, suxi, suctum 3.
Luxus luxus, -us *m*
Lyrik poesis (-is *f*) lyrica
lyrisch lyricus, -a, -um

machbar qui (quae, quod) fieri potest
machen facere, facio, feci, factum 3.; **sie haben ihn zum Konsul gemacht** eum consulem creaverunt; **zur Provinz ~** in provinciam redigere (-igo, -egi, -actum 3.); **sich verdient ~** bene mereri (mereor, meritus sum 2.); **nun mach schon!** age dum!, propera!
Macht
  1 (*Einfluss*) potentia, -ae *f*
  2 (*Amtsgewalt*) potestas, -atis *f*
  3 POL opes, -um *fpl*
  4 (*Gewalt, Wucht*) vis (*akk* vim, *abl* vi *f*); **die ~ an sich reißen** rerum potiri (potior, potitus sum 4.)
Machthaber dominus, -i *m*
mächtig
  1 potens, -entis
  2 POL opulentus, -a, -um
  3 (*riesig*) ingens, -entis
machtlos impotens, -entis
Mädchen puella, -ae *f*
Magd ancilla, -ae *f*
Magen stomachus, -i *m*
mager macer, -cra, -crum
Magie ars (artis *f*) magica
magisch magicus, -a, -um
Magnet magnes, -etis *m*
mähen[1] (*abschneiden*) metere, meto, messem feci, messum 3.
mähen[2] (*blöken*) balare, -o, -avi, -atum 1.
Mahl
  1 cena, -ae *f*, epulae, -arum *fpl*
  2 (*Gastmahl*) convivium, -i *n*; **das ~ einnehmen** epulari, -or, -atus sum 1.
mahlen molere, molo, molui, molitum 3.
Mahlzeit cena, -ae *f*
Mähne iuba, -ae *f*
mahnen monere, -eo, -ui, -itum 2.
Mahnung (ad)monitio, -onis *f*
Mai Maius, -i *m*
Majestät maiestas, -atis *f*
majestätisch augustus, -a, -um
mal (*einmal*) aliquando; **~ ... ~** mox ... mox
Mal[1]**: jedes ~** semper; **zum ersten, zweiten, dritten ~** primum, iterum, tertium; **zum letzten ~** postremum
Mal[2] (*Zeichen*) signum, -i *n*; (*Muttermal*) naevus, -i *m*
malen pingere, pingo, pinxi, pictum 3.
Maler pictor, -oris *m*

Malerei pictura, -ae f
malnehmen multiplicare, -o, -avi, -atum 1.
man meist durch das passiv ud durch die 3. pers pl übersetzt: **~ erzählt** dicunt, ferunt, tradunt +AcI

▶ **man**

Das unbestimmte Subjekt „man" wird im Lateinischen gewöhnlich auf eine der folgenden Arten wiedergegeben:

Passiv:
cogor – man zwingt mich
cogitur – man zwingt

3. Person Plural
cogunt – man zwingt
sie, die Leute, zwingen

1. Person Plural
cogimus – man zwingt
der od. die Sprechende schließt sich selbst mit ein

2. Person Singular
cogis – man zwingt
angesprochen wird eine fiktive Person, die für die Gesamtheit steht

GRAMMATIK

manch, manche nonnulli, -ae, -a *mpl*; quidam, quaedam, quoddam (*adj*)/quiddam (*subst*) *nachgestellt*
mancherlei varii, -orum *mpl*
manchmal interdum, nonnumquam
Mandel[1] (*Frucht des Mandelbaums*) amygdala, -ae f
Mandel[2] (*inneres Organ*) tonsilla, -ae f
Mangel inopia, -ae f; **~ haben** carere (-eo, -ui, -iturus 2.; **an etw** re)
mangelhaft (*fehlerhaft*) vitiosus, -a, -um
mangeln deesse, -sum, - fui, - 0. (**j-m** alicui); **es mangelt an allem** omnia desunt
mangels cum ... desit (desint)
Manieren mores, -um m
Manipel (*Drittel einer Kohorte, etwa 200 Mann*) manipulus, -i m
Mann
① vir, viri m
② (*Ehemann*) maritus, -i m; **alter ~** senex (senis m); **junger ~** iuvenis (-is m); **~ für ~** viritim
Männertoga toga (-ae f) virilis
männlich
① (*Person*) virilis, -e
② (*Tier*) masculus, -a, -um
Mannschaft manus, -us f

Manöver motus, -us m, (*Vorgehen*) ratio, -onis f
Mantel pallium, -i n
Mappe capsa, -ae f
Märchen fabula, -ae f
Marder meles, -is f
Marine res (rerum *fpl*) naticae
Marke (*Zeichen*) tessera, -ae f
markieren notare, -o, -avi, -atum 1.
Markt, Marktplatz forum, -i n
Marmor marmor, -oris n; **aus ~** marmoreus, -a, -um
Mars Mars, Martis m
Marsch iter, itineris n
marschieren proficisci, -ficiscor, -fectus sum 3.; iter facere (facio, feci, factum 3.)
Marschweg iter, itineris n
Marsfeld campus (-i m) Martius
Marter cruciatus, -us m
martern cruciare, -o, -avi, -atum 1.
Märtyrer martyr, -tyris m
März Martius, -i m
Maschine machina, -ae f
Maske persona, -ae f
maskieren personam aptare (-o, -avi, -atum 1.; **j-n** alicui)
Maß mensura, -ae f; modus, -i m; **in vollem ~** abunde; **in geringem ~** parum
Masse
① (*Menge*) vis (*akk* vim, *abl* vi f)
② (*Volk*) vulgus, -i n
Maßeinheit mensura, -ae f
maßhalten modum servare (-o, -avi, -atum 1.)
mäßig
① (*maßvoll*) moderatus, -a, -um
② (*mittelmäßig*) mediocris, -e
mäßigen temperare, -o, -avi, -atum 1. (**etw** alicui rei); moderari, -or, -atus sum 1. (**etw** alicui rei); **sich ~** se continere (-tineo, -tinui, -tentum 2.)
Mäßigung
① (*das Mäßigen*) moderatio, -onis f
② (*das Maßhalten*) temperantia, -ae f
massiv solidus, -a, -um
maßlos immodicus, -a, -um
Maßlosigkeit intemperantia, -ae f
Maßnahme consilium, -i n; **~n ergreifen gegen j-n** consulere in aliquem (-sulo, -sului, -sultum 3.)
Maßstab mensura, -ae f
maßvoll modestus, -a, -um
Mast NAUT malus -i m
Material (*Stoff*) materia, -ae f
Materie
① materia, -ae f; (↔ *göttliches Element*) corpus, -oris n

2 (*Inhalt*) argumentum, -i *n*
materiell corporeus, -a, -um
Mathematik mathematica, -orum *npl*
Mathematiker mathematicus, -i *m*
mathematisch mathematicus, -a, -um
Matrose nauta, -ae *m*
matt languidus, -a, -um
Matte storea, -ae *f*
Mauer
1 murus, -i *m*
2 (*einer Stadt usw.*) moenia, -ium *npl*
mauern aedificare, -o, -avi, -atum *1.*, opus latericium facere (facio, feci, factum *3.*)
Maul os, oris *n*
Maultier mulus, -i *m*
Maulwurf talpa, -ae *f*
Maurer caementarius, -i *m*
Maus mus, muris *m*
Mechanik mechanica, -ae *f*
Mechaniker mechanicus, -i *m*
mechanisch
A ADJ mechanicus, -a, -um
B ADV sine mente
meckern mutire, -io, -ivi, -itum *4.*
Medaille nummus, -i *m*
Medikament medicamentum, -i *n*
Medizin (*Medikament, Wissenschaft*) medicina, -ae *f*
Meer
1 mare, maris *n*
2 (*hohe See*) altum (-i *n*); **am ~ gelegen** maritimus (-a, -um)
Meer... maritimus, -a, -um
Meerbusen sinus, -us *m*
Meerenge fretum, -i *n*
Meeresgrund imum mare (-is *n*)
Meeresoberfläche, Meeresspiegel aequor, -oris *n*
Meerestiefe mare (-is *n*) profundum
Meeresufer litus, -oris *n*
Mehl farina, -ae *f*
mehr
A ADJ
1 (*komp zu „sehr"*) magis; **~ als** magis quam; **umso ~, desto ~** eo magis; **je ~, desto besser** quo magis, eo melius;
2 (*komp zu „viel"*) plus, pluris; **~ wert sein** pluris esse
3 (*komp zu „viele"*) **~ Menschen** plures homines
B ADV **nicht ~** non iam
mehrdeutig ambiguus, -a, -um
mehrere (com)plures, -a
mehrfach
A ADJ multiplex, -plicis

▶ Mathematik

Beim Rechnen halfen sich die Römer mittels Fingerrechnens und einer Art von Rechenschieber, des **abacus**. Auf diesem konnten Operationen in den vier Grundrechenarten relativ bequem und schnell durchgeführt werden. Auf einem **abacus** waren verschiebbare Knöpfe in vertikalen Reihen nebeneinander angeordnet. Die Reihen standen für die Zahlenwerte 1, 10, 100, 1000, 10.000, 100.000. Durch geschicktes Verschieben der Knöpfe konnten selbst Rechnungen mit großen Zahlen zügig bewältigt werden.

Computemus!	Rechnen wir ein wenig!
additio ⟨additionis⟩ *f*	Addition
addere	addieren
Tria et quinque faciunt octo.	3 + 5 = 8
deductio ⟨deductionis⟩ *f*	Subtraktion
deducere	subtrahieren
Tria ab octo, manent quinque.	8 - 3 = 5
multiplicatio ⟨multiplicationis⟩ *f*	Multiplikation
multiplicare	multiplizieren
Ter quina sunt quindecim.	3 · 5 = 15
divisio ⟨divisionis⟩ *f*	Division
dividere	dividieren
Quindecim in tria divisa faciunt quinque partes.	15 / 3 = 5

WORTSCHATZ ◀

Meer, See und Fluss

Im Lateinischen gibt es verschiedene Bezeichnungen für Gewässer. Achte beim Übersetzen auf die Bedeutungsunterschiede.

oceanus ⟨i⟩ m	Weltmeer, Ozean (*ringförmig um die Kontinente, im Gegensatz zu Binnenmeer*)
mare ⟨is⟩ n	Meer (*im Gegensatz zu Land, Himmel und Luft*)
altum ⟨i⟩ n	hohe See (*im Gegensatz zu Küste*)
aequor ⟨aequoris⟩ n	Meeresfläche (*meist in der Dichtung*)
flumen ⟨fluminis⟩ n	Strömung, Fluss
amnis ⟨is⟩ m	Strom (*größer als flumen*)
fluvius ⟨i⟩ m	Fluss
rivus ⟨i⟩ m	Bach
lacus ⟨us⟩ m	See
stagnum ⟨i⟩ n	Weiher (*meist zufällig entstanden*)

WORTSCHATZ

B ADV saepe
Mehrheit maior pars (partis *f*)
mehrmals saepe
meiden (e)vitare, -o, -avi, -atum *1.*
Meile mille passus, -uum *mpl*; **acht ~n** octo milia passuum; **fünf ~n von Rom** ad quintum lapidem
mein meus, -a, -um
Meineid periurium, -i *n*; **einen ~ schwören** periurare, -o, -avi, -atum *1.*
meinen putare, -o, -avi, -atum *1.*, arbitrari, -or, -atus sum *1.*, censere, censeo, censui, censum *3.*, opinari, -or, -atus sum *1. +AcI*
meinetwegen (*von mir aus*) per me licet *+AcI*
Meinung sententia, -ae *f*, opinio, -onis *f*; **meiner ~ nach** puto *+AcI*; **anderer ~ sein als jd** dissentire (-sentio, -sensi, -sensum *4.*) ab aliquo
Meise parus, -i *m*
meißeln sculpere, sculpo, sculpsi, sculptum *3.*
meist plerumque
meisten
A ADJ **die ~** plerique, pleraeque, pleraque, plurimi, -ae, -a; **die ~ Menschen** plurimi (-orum *mpl*)
B ADV **am ~** maxime, plurimum; **am ~ können** plurimum posse
meistens plerumque
Meister magister, -tri *m*
meistern superare, -o, -avi, -atum *1.*
Meisterschaft perfectio, -onis *f*
melden nuntiare, -o, -avi, -atum *1.* (**j-m etw** alicui aliquid)
Meldung nuntius, -i *m*
melken mulgere, mulgeo, mulsi, mulctum *2.*

Melodie modi, -orum *mpl*
melodisch modulatus, -a, -um
Menge
1 copia, -ae *f*
2 (*Vielzahl*) multitudo, -inis *f*; **eine ~ Gold** vis auri
Mensch homo, -inis *m*; **ich bin kein ~, der** non is sum, qui *+konjkt*
Menschenalter saeculum, -i *n*
menschenfreundlich humanus, -a, -um
menschenleer vastus, -a, -um
Menschenmenge multitudo, -inis *f*
Menschenrecht ius (iuris *n*) humanum
Menschenwürde humanae naturae dignitas (-atis *f*)
Menschheit genus (-eris *n*) hominum
menschlich humanus, -a, -um
Menschlichkeit humanitas, -atis *f*
merken animadvertere, -verto, -verti, -versum *3.*, sentire, sentio, sensi, sensum *4.*; **sich etw ~** memoriae mandare (-o, -avi, -atum *1.*) aliquid
merklich manifestus, -a, -um
Merkmal signum, -i *n*
Merkur (*Götterbote, Gott des Handels u. der Diebe*) Mercurius, -i *m*
merkwürdig mirus, -a, -um
Messe REL missa, -ae *f*
messen metiri, metior, mensus sum *4.*
Messer culter, -tri *m*
Messung (*Messen*) mensio, -onis *f*
Metall metallum, -i *n*
Methode ratio, -onis *f*
Metzger lanius, -i *m*
Metzgerei taberna (-ae *f*) lanii

MEUT

> **Messer, Gabel, Löffel**

Besteck verwendeten die Römer nicht in dem Maße, wie wir es heute zu tun pflegen. Die Sitte, zum Abendessen (**cena**) zu Tisch zu liegen (**accubare**), hatte zur Folge, dass zum Essen nur eine Hand frei war. Die Speisen wurden vor dem Essen vom **scissor**, der sich freilich eines Messers (**culter**) bediente, in mundgerechte Stücke zerlegt. Für Saucen und Mehlspeisen wurden Esslöffel (**cochlearia, ligulae**) benutzt. Gabeln wurden zunächst nur beim Kochen, später wohl auch bei Tisch benutzt. Allerdings schweigen die Quellen hierüber, sodass eine lateinische Bezeichnung für „Gabel" nicht überliefert ist. In späterer Zeit wurden Gabeln als **fuscinulae** bezeichnet. Bei den Römern galt das Essen mit den Fingern nicht als unschicklich und war die Regel. Zum Abwischen der Finger wurden Servietten (**mappae**) verwendet. Außerdem wusch man sich nach jedem Gang die Hände.

RÖMISCHES LEBEN

Meuterei seditio, -onis f
meutern seditionem facere (facio, feci, factum 3.)
mich me
Miene vultus, -us m
Miete merces, -edis f
mieten conducere, -duco, -duxi, -ductum 3.
Mietshaus domus (-us f) conducta
Milch lac, lactis n
Milchstraße orbis (-is m) lacetus
mild
1 lenis, -e
2 (Person) clemens, -entis
Milde
1 lenitas, -atis f
2 (Person) clementia, -ae f
mildern mollire, -io, -ivi, -itum 4., lenire, -io, -ivi, -itum 4.; **j-s Elend ~** aliquem miseria levare (-o, -avi, -atum 1.)
Militär milites, -um mpl
Militär... militum gen pl
militärisch militaris, -e
Militärtribun tribunus (-i m) militum
Million decies centena milia (-ium n); **zwei ~en** vicies centena milia
Minderheit minor pars (partis f)
mindestens certe
Mine fodina, -ae f
Mineral metallum, -i n
Minerva (Göttin der Weisheit, der Künste u. des Handwerks u. der klugen Kriegführung) Minerva, -ae f

mir mihi; **mit ~** mecum
mischen miscere, misceo, miscui, mixtum 2.
Mischung (Gemisch) mixtura, -ae f
missachten contemnere, -temno, -tempsi, -temptum 3.
Missbrauch usus (-us m) pravus, abusus (-us) m
missbrauchen abuti, -utor, -usus sum 3. (**etw** re)
missbräuchlich ADV prave, contra legem
Misserfolg casus (-us m) adversus
missfallen displicere, -eo, -ui, -itum 2. (**j-m** alicui, +AcI)
Missgeschick res (rerum fpl) adversae
Missgunst invidia, -ae f
misshandeln vexare, -o, -avi, -atum 1.
misslingen secus cadere (cado, cecidi, casurus 3.)
misstrauen diffidere, -fido, -fisus sum 3. (**j-m** alicui)
misstrauisch suspiciosus, -a, -um
Missverständnis
1 (falsches Verstehen) error, -oris m
2 (Streit) discordia, -ae f
missverstehen non recte intellegere (-lego, -lexi, -lectum 3.)
Mist stercus, -i m
mit PRÄP +dat
1 (zusammen mit) cum +abl; **~ dem Freund** cum amico
2 (Hilfsmittel) bloßer abl; **~ Geld bestechen** pecuniā corrumpere (-rumpo, -rupi, -ruptum 3.)
mitbringen apportare, -o, -avi, -atum 1.
Mitbürger civis, -is m
miteinander
1 (zusammen) unā
2 (untereinander) inter se; **~ sprechen** colloqui (-loquor, -locutus sum 3.)
mitfahren vehi (vehor, vectus sum 3.), **mit j-m** cum aliquo
mitgeben addere, -do, -didi, -ditum 3.
Mitgefühl misericordia, -ae f
Mitgift dos, dotis f
Mitglied homo, -minis m
Mitlaut littera (-ae f) consonans
Mitleid misericordia, -ae f; **~ haben** misereri (misereor, miseritus sum 2.) (**mit j-m** alicui); **~ erregen** misericordiam movere (moveo, movi, motum 2.)
mitleidig misericors, -cordis; **ein ~es Herz haben** misericordem esse (sum, fui, - 0.)
mitmachen interesse, -sum, -fui, - 0. (**bei etw** alicui rei)
Mitmensch alter, alterius m; pl alii, -orum mpl
mitnehmen secum ducere (duco, duxi, ductum 3.)

mitspielen ludo interesse (-sum, -fui, - 0.)
Mittag meridies, -ei m; **am ~** meridie; **zu ~ essen** cibum meridianum sumere (sumo, sumpsi, sumptum 3.)
mittags meridie
Mittags... meridianus, -a, -um
Mitte medium, -i n; *meist durch adj* medius, -a, -um; **auf der ~ der Brücke** in medio ponte; **in unserer ~** cum nobis
mitteilen nuntiare, -o, -avi, -atum 1. (j-m etw alicui aliquid)
Mitteilung nuntius, -i m
Mittel
- ① (*Werkzeug*) instrumentum, -i n; **mit allen Mitteln** omnibus modis
- ② (*Geld, Hilfsmittel*) pl opes, -um fpl; **aus eigenen Mitteln** privatim, de privato

Mittel... medius, -a, -um
mittellos inops, inopis
Mittelmaß mediocritas, -atis f
mittelmäßig mediocris, -cre
Mittelmeer mare (-is n) mediterraneum
Mittelpunkt centrum, -i n
mittels PRÄP +gen *bei Personen* auxilio +gen, *bei Sachen mit bloßem abl*
mitten (*räumlich, zeitlich*) medius, -a, -um; **~ im Haus** in media domo; **~ im Sommer** media aestate; **~ in die Dinge hinein** *fig* in medias res
Mitternacht media nox (noctis f); **um ~** media nocte
mittlere(r, -s) medius, -a, -um
Mittwoch dies (-ei m) Mercurii
mitunter interdum
mitwissend conscius, -a, -um (**bei etw** alicuius rei)
Mitwisser conscius, -i +gen
Möbel suppelex, -ectilis f
Mode
- ① (*Kleidung*) habitus, -us m f
- ② (*Zeitgeist*) saeculum, -i n

Modell exemplar, -aris n
modern¹ novus, -a, -um
modern² (*Holz, Laub*) corrumpi, -rumpor, -ruptus sum 3.
mogeln fraudare, -o, -avi, -atum 1.
mögen
- ① (*lieben*) velle, volo, volui, - 0.; **ich möchte** velim
- ② (*bei Zugeständnissen u. Wünschen häufig durch konjkt präs od perf ausgedrückt*) **er mag gehen** eat; **es mag sein** licet +AcI/+inf; **~ sie auch rufen** licet vocent

möglich qui (quae, quod) fieri potest; **es ist ~** licet; **alles Mögliche tun** omnia facere (facio, feci, factum 3.)
möglicherweise fortasse

Möglichkeit facultas, -atis f, potestas, -atis f (**zu etw** alicuius rei, **etw zu tun** alicuius rei faciendi); **es besteht die ~, dass** fieri potest, ut +konjkt
möglichst quam +sup; **~ schnell** quam celerrime; **~ lange** quam diutissime; **~ bald** quam primum
Mohn papaver, -eris n
Moment punctum (-i n) temporis
momentan
- Ⓐ ADJ praesens, -entis
- Ⓑ ADV ad tempus

Monarch dominus, -i m
Monarchie
- ① (*Regierungsform*) dominatio, -onis f
- ② (*Staat*) regnum, -i n

Monat mensis, -is m
monatlich menstruus, -a, -um
Mönch REL monachus, -i m
Mond luna, -ae f; **der ~ nimmt ab** luna decrescit; **der ~ nimmt zu** luna crescit
Mondfinsternis lunae defectio (-onis f)
Monster monstrum, -i n
Montag dies (-ei m) lunae
Moor palus, -udis f
Moos muscus, -i m
Moral mores, -um m
moralisch moralis, -e
Mord nex, necis f; caedes, -is f (**an j-m** alicuius); **einen ~ begehen** caedem facere (facio, feci, factum 3.)
Mörder interfector, -oris m
morgen cras
Morgen mane n indekl; **am ~** mane; **am frühen ~** bene mane; **bis zum ~** ad lucem
Morgengrauen dilucidum, -i n
Morgenröte aurora, -ae f
morgens mane
morgig crastinus, -a, -um
morsch putridus, -a, -um
Mosaik opus (operis n) tessellatum
Mosaikboden pavimentum (-i n) tessellatum
Motiv
- ① (*Gegenstand eines Werks*) res, rei f
- ② (*Beweggrund*) causa, -ae f

motivieren adhortari, -or, -atus sum 1.
Mücke culex, -licis m
müde fessus, -a, -um
Müdigkeit languor, -oris m
Mühe opera, -ae f, labor, -oris m; **~n auf sich nehmen** labores subire (-eo, -ii, -itum 0.); **sich (große) ~ geben, dass** (magnopere/maxime) operam dare (do, dedi, datum 1.), ut +konjkt; **~ verschwenden** operam perdere (perdo, perdidi, perditum 3.); **(nur) mit ~** (kaum) aegre; **mit großer ~** aegerrime; **keine ~ scheuen** la-

Musik im Alten Rom: die Blechblasinstrumente

Die **tuba** war ein langes, gerades Metallrohr mit scharfem, rauem Klang. Sie war für Musik nicht gut geeignet und wurde hauptsächlich als Signalinstrument im militärischen Bereich (Alarm, Aufbruch, Rückzug), außerdem bei Triumphzügen, Begräbnissen und der Einberufung von Versammlungen verwendet. Im Circus eröffnete sie Wettkämpfe und erscholl für die Sieger. Der römische Dichter Ennius (3. - 2. Jh. v. Chr.) ahmt in einem sehr bekannten Vers den Klang der **tuba** nach:

At tuba terribili sonitu taratantara dixit.
Aber mit schrecklichem Klang ließ die Trompete ihr „Taratantara" vernehmen.

Ein in seiner Verwendung der tuba durchaus ähnliches Instrument war der **lituus**, ein gerades Metallrohr mit umgebogenem Schallbecher, dessen Klang als hell und durchdringend beschrieben wird. Ebenfalls als Signalinstrument wurde das **cornu** eingesetzt. Es handelt sich hierbei um ein kreisförmig gebogenes Horn aus Metall, das einen sehr lauten und rauen Klang hatte. Auch im Kult und in der Kunstmusik kam das cornu zum Einsatz.

RÖMISCHES LEBEN

---

bori non parcere (parco, peperci, parsurus 3.)
mühevoll laboriosus, -a, -um
Mühle
1 (Gerät) molae, -arum fpl
2 (Ort) pistrinum, -i n
Mühsal labor, -oris m
mühsam difficilis, -e
mühselig aeger, -gra, -grum
Mulde alveus, -i m
Müller pistor, -oris m
multiplizieren multiplicare, -o, -avi, -atum 1.
Mund os, oris n; **mit offenem ~** hians (-antis); **den ~ halten** tacere (taceo, tacui, tacitum 3.); **kein Blatt vor dem ~ nehmen** libere loqui (loquor, locutus, sum 3.)
münden influere, -fluo, -fluxi, -fluxum 3.
mündlich
A ADJ praesens, -entis
B ADV voce
Mündung os, oris n, ostium, -i n
munter alacer, -cris, -cre; laetus, -a, -um
Münze nummus, -i m
murmeln murmurare, -o, -avi, -atum 1.
murren fremere, fremo, fremui, fremitum 3.
mürrisch morosus, -a, -um
Mus puls, pultis f
Musik ars (artis f) musica
musikalisch musicus, -a, -um
Musiker musicus, -i m
musisch musicus, -a, -um
Muskel nervus, -i m, musculus, -i m
Muße (Freizeit) otium, -i n
müssen
1 debere, debeo, debui, debitum 3.
2 (durch das Gerundiv) debendum esse
3 (Verpflichtung) oportet/oportuit +AcI
4 (notwendig sein) necesse est +AcI
Müßiggang otium (-i n) desidiosum

Müßiggänger homo (-minis m) iners
Muster exemplum, -i n; **als ~ dienen** exemplo esse (sum, fui, - 0.)
mustern oculis lustrare (-o, -avi, -atum 1.)
Mut
1 animus, -i m, virtus, -utis f, fortitudo, -inis f
2 (Waghalsigkeit) audacia, -ae f; **guten Mutes sein** bono animo esse (sum, fui, - 0.); **den ~ verlieren** animo deficere (-ficio, -feci, -fectum 3.), animum demittere (-mitto, -misi, -missum 3.); **den ~ haben** audere (audeo, ausus sum 2.); **j-m ~ machen** ermutigen animum alicuius confirmare (-firmo, -avi, -atum 1.), trösten consolari aliquem (-solor, -atus sum, 1.)
mutig fortis, -e, audax, -acis, temerarius, -a, -um
mutlos animo demissus (-a, -um); **~ werden** animo deficere (-ficio, -feci, -fectum 3.)
mutmaßen opinari, -or, -atus sum 1.
Mutmaßung opinio, -onis f
Mutter mater, -tris f
mütterlich maternus, -a, -um
Muttersprache sermo (-onis m) patrius
Mütze
1 (für Männer) galerus, -i m
2 (für Frauen) mitra, -ae f
Mythos fabula, -ae f

Nabel umbilicus, -i m
nach
A PRÄP +dat

NACH

1 (räumlich) in +akk; ~ **Italien** in Italiam
2 (zeitlich) post +akk; ~ **Christi Geburt** post Christum natum
3 (gemäß) secundum +akk
B ADV ~ **wie vor** pariter; ~ **und** ~ paulatim
nachahmen imitari, -or, -atus sum 1.
Nachahmung imitatio, -onis f
Nachbar vicinus, -i m
Nachbarschaft vicinitas, -atis f
nachbilden effingere, -fingo, -finxi, -fictum 3.
Nachbildung simulacrum, -i n
nachdem postquam + ind perf
nachdenken cogitare, -o, -avi, -atum 1., meditari, -or, -atus sum 1. (**über etw** de re)
nachdenklich cogitabundus, -a, um
Nachdruck gravitas, -atis f; **mit** ~ cum vi
nachdrücklich
A ADJ gravis, -e
B ADV cum vi, graviter, fortiter
nacheifern aemulari, -or, -atus sum 1. (**j-m** aliquem)
nacheinander deinceps
Nachfahren posteri, -orum mpl
Nachfolge (im Amt) successio, -onis f; **j-s** ~ **antreten** succedere, -cedo, -cessi, -cessum 3.
nachfolgen
1 (con)sequi, -sequor, -secutus sum 3. (**j-m** aliquem)
2 (im Amt) succedere, -cedo, -cessi, -cessum 3. (**j-m** alicui)
Nachfolger successor, -oris m
Nachfrage durch Verben umschreiben; **eine** ~ **nach etw** aliquid saepe expetitur
nachfragen quaerere, quaero, quaesivi, quaesitum 3.
nachgeben (con)cedere, -cedo, -cessi, -cessum 3. (**j-m** alicui)
nachgiebig indulgus, -a, -um
nachher postea
nachholen compensare, -o, -avi, -atum 1.
Nachhut agmen (-inis n) novissimum
Nachkommen posteri, -orum mpl
Nachkommenschaft progenies, -ei f, proles, -is f
Nachlass hereditas, -atis f
nachlassen cessare, -o, -avi, -atum 1., desinere, -sino, -sii, -situm 3.
nachlässig neglegens, -entis
Nachlässigkeit neglegentia, -ae f
nachmachen imitari, -or, -atus sum 1.
Nachmittag tempus (-oris n) postmeridianum; **am** ~ post meridiem
nachmittags post meridiem
Nachricht nuntius, -i m; **j-m** ~ **geben** aliquem certiorem facere (facio, feci, factum 3.) +AcI; ~ **erhalten** certiorem fieri (fio, factus sum 3.)
nachrücken succedere, -cedo, -cessi, -cessum 3. (**j-m** alicui)
nachsehen
1 (hinterhersehen) oculis prosequi (-sequor, -secutus sum 3., **j-m** aliquem)
2 (verzeihen) ignoscere, ignosco, ignovi, ignotum 3
3 (prüfen) inspicere, -spicio, -spexi, -spectum 3.
Nachsicht venia, -ae f; ~ **haben mit j-m** veniam dare (do, dedi, datum 1.) alicui
nachsichtig clemens, -entis; ~ **sein mit j-m** indulgere (-dulgeo, -dulsi, -dultum 2.) alicui

---

▶ **nachdem**

Für die Wiedergabe der deutschen Konjunktion „nachdem" stehen im Lateinischen mehrere Möglichkeiten zur Verfügung:

postquam + Indikativ Perfekt

| **Postquam** ei osculum dedit, abiit. | Nachdem sie ihm einen Kuss gegeben hatte, ging er weg. |

cum + Konjunktiv Plusquamperfekt,
wenn das Verb des Hauptsatzes in der Vergangenheit steht.

| **Cum** ei osculum dedisset, abiit. | Nachdem sie ihm einen Kuss gegeben hatte, ging er weg. |

Ablativus absolutus mit PPP

| **Osculo ei dato** abiit. | Nachdem ihm ein Kuss gegeben worden war, ging er weg. / Nachdem sie ihm einen Kuss gegeben hatte, ging er weg. |

GRAMMATIK

Nachspeise mensa (-ae f) secunda
nächste(r, -s) proximus, -a, -um; **die ~n Verwandten** proximi (-orum mpl); **am ~n Tag** postridie
nachstehen (weniger sein) cedere, cedo, cessi, cessum 3., **j-m in nichts ~** nihil cedere alicui in re
nachstellen
■ (auflauern) insidias parare (-o, -avi, -atum 1.)
■ (Wort) postponere (-pono, -posui, -positum 3.)
Nächstenliebe caritas, -atis f
nächstens mox
Nacht nox, noctis f; **in der ~** nocte
Nachteil incommodum, -i n, detrimentum, -i n
nachteilig: sich ~ auswirken detrimento esse (sum, fui, - 0.)
nächtlich nocturnus, -a, -um
nachts noctu, nocte
Nachtwache vigiliae, -arum fpl
Nachweis demonstratio, -onis f
nachweisen demonstrare, -o, -avi, -atum 1.
Nachwelt posteri, -orum mpl; **der ~ überliefern** memoriae prodere (-do, -didi, -ditum 3.)
Nachwuchs suboles, -is f
Nacken cervices, -um fpl
nackt nudus, -a, -um
Nadel acus, -us f
Nagel
■ clavus, -i m
■ (am Finger) unguis, -is m
nahe
■ ADJ propinquus, -a, -um
■ PRÄP +dat **~ (bei)** prope +akk
■ ADV prope; **ich war ~ dran zu ...** non multum afuit, quin ... +konjkt; **j-m zu ~ treten** offendere aliquem (offendo, offendi, offensum, 3.)
Nähe propinquitas, -atis f; **in der ~ (von)** prope +akk
nahekommen
■ (ähneln) similem esse (sum, fui, - 0.)
■ (sich nähern) appropinquare, -o, -avi, -atum 1.
nahen (sich nähern) appropinquare, -o, -avi, -atum 1.
nähen suere, suo, sui, sutum 3.
näher
■ propior, -ius
■ **~ kommen** appropinquare (-o, -avi, -atum 1.)
nähern: sich ~ appropinquare (-o, -avi, -atum 1., **j-m** alicui, **einer Sache** ad aliquid)
nahestehend propinquus, -a, -um
nähren alere, alo, alui, al(i)tum 3.; **sich ~** vesci (vescor, - 3., **von** re)

nahrhaft firmus, -a, -um
Nährstoff materia, -ae f
Nahrung cibus, -i m
Nahrungsmittel cibaria, -orum npl
Name nomen, -minis n
namens nomine
namentlich nominatim
nämlich nam, enim nachgestellt
nanu INT **~!** ecce!
Narbe cicatrix, -icis f
Narr (lustiger Mensch) sannio, -onis m; (dummer Mensch) stultus, -i m
Närrin stulta, -ae f
Nase
■ nasus, -i m
■ (Geruchsorgan) nares, -ium fpl
nass umidus, -a, -um
Nässe umor, -oris m
Nation natio, -onis f
Natur natura, -ae f; **von ~ aus** naturā
Naturerscheinung ostentum, -i n
Naturkunde physica, -ae f
natürlich
■ ADJ naturalis, -e; **es ist ~** (notwendig) necesse est
■ ADV quippe, nimirum
Naturwissenschaft physica, -ae f
Nebel nebula, -ae f
neben PRÄP +dat/akk iuxta +akk, prope +akk
nebenan iuxta
nebenbei dum aliud agitur
Nebensache res (rei f) minor
Nebensatz sententia (-ae f) secunda
neblig nebulosus, -a, -um
Neffe nepos, -otis m
nehmen
■ carpere, carpo, carpsi, carptum 3., sumere, sumo, sumpsi, sumptum 3.
■ (an sich nehmen) adimere, -imo, -emi, -emptum 3.
■ (wegnehmen) demere, demo, dempsi, demptum 3.
■ (annehmen) accipere, -cipio, -cepi, -ceptum 3.; **nimm, bitte!** accipe!; **auf sich ~** suscipere (-cipio, -cepi, -ceptum 3.), subire (-eo, -ii, -itum 0.)
Neid invidia, -ae f
neidisch invidus, -a, -um (**auf j-n** alicui); **auf etw neidisch sein** invidere alicui aliquid
neigen inclinare, -o, -avi, -atum 1.; **sich ~** vergere se inclinare
Neigung
■ (räumlich) inclinatio, -onis f
■ (geistig) voluntas, -atis f
nein
■ (meist durch einen kurzen verneinten Satz ausgedrückt)

non ita

2 (*im Gegenteil*) immo; **ja oder ~** aut etiam aut non

nennen

1 appellare, -o, -avi, -atum 1., nominare, -o, -avi, -atum 1., vocare, -o, -avi, -atum 1.

2 (*einen Namen geben*) nomen dare (do, dedi, datum 1.; **j-n** alicui)

Neptun (*röm. Gott des Meeres*) Neptunus, -i *m*

Nerv nervus, -i *m*

nervös perturbatus, -a, -um

Nest nidus, -i *m*; **ein ~ bauen** nidum facere (facio, feci, factum 3.)

nett lepidus, -a, -um

Netz rete, -is *n*

neu

1 novus, -a, -um, recens, -entis; **was gibt es Neues?** quid novi?

2 von ~em (*wieder*) denuo

neuartig novus, -a, -um

neuerdings nuper

Neugier curiositas, -atis *f*

neugierig curiosus, -a, -um

Neuheit novitas, -atis *f*

Neuigkeit res (rei *f*) nova

neulich nuper

Neuling (*Anfänger*) tiro, -onis *f*

Neumond luna (-ae *f*) nova

neun novem *indekl*; **je ~** noveni (-ae, -a)

neunfach noviens

neunhundert nongenti, -ae, -a

neunmal novie(n)s

neunte(r, -s) nonus, -a, -um

Neuntel pars (partis *f*) nona

neunzehn undeviginti

neunzig nonaginta

nicht

1 non; **und ~** neque, nec; **aber ~** neque vero, neque tamen; **~ einmal** ne ... quidem; **~ nur ..., sondern auch** non modo (*od* non solum) ..., sed etiam; **~ mehr** non iam; **noch ~** nondum; **~ da sein** abesse (absum, afui, - 0.)

2 (*vor adj u. adv*) haud *adv*

3 (*in Wunschsätzen*) ne +*konjkt perf*; noli(te) +*inf*

4 (*in Fragesätzen*) nonne; **oder ~** an non, necne

5 (*in Finalsätzen*) **damit ~** ne +*konjkt*

nicht wollen nolle, nolo, nolui, - 3.

Nichte filia (-ae *f*) fratris/sororis

nichtig vanus, -a, -um

nichts ahnend inopinans, -antis

nichts nihil *n*, *gen* nullius rei; **und ~** neque quicquam; **~ außer** nihil nisi; **~ mehr** nihil iam; **für ~ achten** nihili aestimare, -o, -avi, -atum 1.

nichtsdestoweniger nihilo minus

nicken adnuere, -nuo, -nui, - 3.

nie numquam

niederbrennen

A *vt* deurere, -uro, -ussi, -ustum 3.

B *vi* deflagrare, -o, -avi, -atum 1.

Niedergang occasus, -us *m*

niederhauen trucidare, -o, -avi, -atum 1.

niederkämpfen debellare, -o, -avi, -atum 1.

niederknien procumbere, -cumbo, -cubui, -cubitum 3.

Niederlage clades, -is *f*; **j-m eine ~ bereiten** alicui cladem afferre (affero, attuli, allatum 0.); **eine ~ erleiden** cladem accipere (-cipio, -cepi, -ceptum 3.)

niederlassen: sich ~ considere (-sido, -sedi, -sessum 3.), **im Schatten** in umbra, **im Gebiet der Ubier** in finibus Ubiorum

niederlegen deponere, -pono, -posui, -positum 3.; **ein Amt ~** magistratu se abdicare (-o, -avi, -atum 1.)

niederreißen deicere, -icio, -ieci, -iectum 3.

niederschlagen affligere, -fligo, -flixi, -flictum 3., occidere, -cido, -cidi, -cisum 3.; **einen Aufruhr ~** tumultum opprimere (-primo, -pressi, -pressum 3.)

niederstoßen affligere, -fligo, -flixi, -flictum 3.

niederstrecken (pro)sternere, -sterno, -stravi, -stratum 3.

niederwerfen prosternere, -sterno, -stravi, -stratum 3.; **sich ~** procumbere (-cumbo, -cubui, -cubitum 3.)

niedlich lepidus, -a, -um

niedrig humilis, -e

niemals numquam

niemand nemo, -inis; **und ~** neque quisquam; **damit ~** ne quis; **so dass ~** ut nemo

Niere renes, -um *mpl*

niesen sternuere, -uo, -ui, - 3.

nirgends, nirgendwo nusquam, nullo loco

noch

1 (*bis jetzt*) adhuc; **~ immer** etiam nunc; **~ heute** etiam hodie, hodie quoque; **~ nicht** nondum; **~ einmal** iterum *bleibt oft unübersetzt*: **~ am selben Tag** eodem die

2 (*hinzufügend beim komp*) etiam; **~ größer** etiam maior

nochmals iterum

Nominativ casus (-us *m*) nominativus

Norden septentriones, -um *mpl*; **im ~** sub septentrionibus

nördlich septentrionalis, -e

Nordsee Oceanus (-i *m*) septentrionalis

normal rectus, -a, -um

normalerweise recte

Not

1 inopia, -ae f
2 (*Elend*) miseria, -ae f
3 (*Notlage*) angustiae, -arum fpl
4 (*Gefahr*) discrimen, -inis n

notdürftig
A ADJ parcus, -a, -um
B ADV vix

Note
1 (*Musiknote*) nota, -ae f
2 (*Beurteilung*) iudicium, -i n

Notfall necessitas, -atis f
notfalls si necesse est
notgedrungen necessitate coactus (-a, -um)
nötig necessarius, -a, -um; **es ist ~** opus/necesse est +AcI
nötigen cogere, cogo, coegi, coactum 3.
Nötigung (*Gewalt*) vis f, akk vim, abl vi
Notiz notata, -orum npl
notwendig necessarius, -a, -um; **es ist ~** opus/necesse est +AcI
Notwendigkeit necessitas, -atis f
November November, -bris m

nüchtern
1 (*nicht gegessen haben*) ieiunus, -a, -um
2 (*nicht getrunken haben*) siccus, -a, -um

Nummer numerus, -i m
nummerieren numeris notare (-o, -avi, -atum 1.)

nun
1 (*in der Gegenwart*) nunc
2 (*in der Vergangenheit*) tum; **von ~ an** ex hoc tempore

nur
1 (*beschränkend*) modo, tantum, *fällt bei Zahlenangaben weg*
2 (*ausschließlich*) solum adv; nihil nisi; **~ der Gute** nemo nisi bonus; **nicht ~ ..., sondern auch** non modo od non solum ..., sed etiam

Nuss nux, nucis f
nutzen (*gebrauchen*) uti, utor, usus sum 3. (**etw** re)

Nutzen
1 utilitas, -atis f; usus, -us m
2 (*Vorteil*) emolumentum, i n; **es ist von ~** usui est

nützen prodesse, prosum, profui, - 0.
nützlich utilis, -e; **~ sein** prodesse (prosum, profui, - 0.)

nutzlos
1 inutilis, -e
2 (*vergeblich*) vanus, -a, -um

Nutzlosigkeit inutilitas, -atis f
Nymphe nympha, -ae f

O

o, o weh INT **~!** vae!

ob
1 (*in Fragen*) num, -ne
2 (*nach Verben des Wartens und Versuchens*) si; **~ ... oder** utrum ... an, -ne ... an, ... an

oben supra; *bei subst durch adj* summus, -a, -um; **~ auf dem Hügel** in summo colle; **~ und unten** supra et subter; **von ~ her** desuper
obendrein insuper
Oberarm lacertus, -i m
Oberbefehl imperium, -i n; **den ~ haben über etw** praeesse (-sum, -fui, - 0.) alicui rei
Oberbefehlshaber imperator, -oris m
obere(r, -s) superior, -ius
Oberfeldherr imperator, -oris m
Oberfläche superficies, -ei f
oberflächlich (*nachlässig*) neglegens, -entis
Oberflächlichkeit neglegentia, -ae f
oberhalb PRÄP +gen supra +akk
Oberhaupt caput, -pitis n
Oberherrschaft, Oberkommando summum imperium (-i n)
Oberkörper corpus, -oris n
Oberpriester pontifex (-ficis m) maximus
Oberschenkel femur, -oris n
Oberschicht (*in der röm. Gesellschaft*) optimates, -ium mpl
Oberst tribunus (-i m) militum
oberste(r, -s) summus, -a, -um, supremus, -a, -um
Oberteil pars (partis f) superior
obgleich quamquam +ind; etsi, etiamsi +ind/+konjkt; cum, quamvis +konjkt
Obrigkeit magistratus, -us m
Obst poma, -orum npl
Obstbaum arbor (-oris f) pomifera
obwohl quamquam +ind; etsi, etiamsi +ind/+konjkt; cum, quamvis +konjkt
Ochse bos, bovis m
öde vastus, -a, -um

oder
1 (*zwischen zwei Möglichkeiten*) vel
2 (*ausschließend*) aut
3 (*zur Entscheidung*) sive
4 (*in Doppelfragen*) an; **~ nicht** (*in Fragen*) an non, necne; **entweder ... ~** aut ... aut, vel ... vel

Ofen fornax, -acis m, furnus, -i m
offen apertus, -a, -um; **~ stehen** patere, -eo, -ui, - 2.
offenbar manifestus, -a, -um; **~ werden** ap-

parere, -pareo, -parui, -pariturus 2.
Offenheit (*Aufrichtigkeit*) veritas, -atis f
offenkundig, offensichtlich manifestus, -a, -um
öffentlich
- **A** ADJ publicus, -a, -um
- **B** ADV publice, palam; ~ **bekennen** profiteri (-fiteor, -fessus sum 2.)

Öffentlichkeit publicum, -i n
offiziell publicus, -a, -um
öffnen aperire, aperio, aperui, apertus 4.
Öffnung (*Loch*) foramen, -inis n, (*in der Mauer*) fenestra, -ae f
oft saepe, non raro, frequenter; **so ~ wie möglich** quam saepissime
öfters saepe
ohne PRÄP +akk sine +abl; ~ **Schuld** nullā culpā; ~ **Pflichtverletzung** salvo officio
ohnehin per se
ohnmächtig impotens, -entis
Ohr auris, -is f; **j-m etw zu ~en kommen** ad aures alicuius venire (venio, veni, ventum 4.)
Ohrfeige alapa, -ae f
Oktober October, -bris m
Öl oleum, -i n
Olive, Olivenbaum oliva, -ae f
Onkel
- **1** (*Bruder der Mutter*) avunculus, -i m
- **2** (*Bruder des Vaters*) patruus, -i m

Opfer
- **1** (*für die Götter*) sacrificium, -i n; supplicium, -i n; ~ **darbringen** sacra facere (facio, feci, factum 3.)
- **2** (*Betroffener*) victima, -ae f
- **3** (*Verzicht*) iactura, -ae f; **etw zum ~ bringen** iacturam facere (facio, feci, factum 3.) alicuius rei

opfern immolare, -o, -avi, -atum 1., sacrificare (-o, -avi, -atum)
Opferpriester, Opferschauer haruspex, -icis m
Opfertier hostia, -ae f
optimal optimus, -a, -um
Orakel, Orakelspruch oraculum, -i n; **ein ~ verkünden** oraculum edere (edo, edidi, editum 3.)
Orakelstätte oraculum, -i n
Orden (*Auszeichnung*) ornamentum, -i n
ordentlich
- **1** (*geordnet*) dispositus, -a, -um
- **2** (*ordnungsliebend*) diligens, -entis

ordinär vilis, -e
ordnen
- **1** componere, -pono, -posui, -positum 3.
- **2** (*verteilen*) disponere, -pono, -posui, -positum 3.

Ordnung ordo, -inis m; ~ **halten** ordinem servare (-o, -avi, -atum 1.)
ordnungsgemäß rite
Organisation
- **1** (*Gliederung*) dispositio, -onis f
- **2** (*Körperschaft*) societas, -atis f

organisieren disponere, -pono, -posui, -positum 3.
Organismus natura, -ae f
Orient oriens, -entis m
Original exemplar, -aris n
Orkan tempestas, -atis f
Ornament ornamentum, -i n
Ort locus, -i m (loca, -orum npl); **an diesem ~** hoc loco; **am richtigen ~** in loco, suo loco; **an einem anderen ~** alio loco; **an welchem ~?** ubi?
örtlich *durch gen* loci; **~e Lage** situs (-us m) loci
ortskundig peritus (-a, -um) locorum
Osten oriens, -entis m; **im ~** in oriente
östlich ad orientem spectans, -antis
Ostsee mare (-is n) Balticum
Ozean Oceanus, -i m

P

Paar par, paris n
paar: **ein ~** nonnulli, -orum mpl
packen
- **1** capere, capio, cepi, captum 3.
- **2** (*zusammenpacken*) colligere, -ligo, -legi, -lectum 3.

Palast regia, -ae f
Palme, Palmzweig palma, -ae f
Panik terror, -oris m
Panther panthera, -ae f
Pantomime
- **1** (*Schauspiel*) gestus, -us m
- **2** (*Schauspieler*) pantomimus, -i m

Panzer (*einer Rüstung*) lorica, -ae f
Parade pompa, -ae f
Park horti, -orum mpl
Partei pars, partis f; POL factio, -onis f; ~ **ergreifen für j-n** defendere (-fendo, -fendi, -fensum 3.) aliquem
Partizip GRAM participium, -i n
Partner par, paris m
Partnerin par, paris f
Pass iugum, -i n
Passagier vector, -oris m
passen convenire, -venio, -veni, -ventum 4.

(**zu etw** alicui rei)
passend aptus, -a, -um, idoneus, -a, -um (**zu etw** ad aliquid)
passieren
1. (*durchgehen*) transire, -eo, -ii, -itum 0.
2. (*sich ereignen*) accidere, -cido, -cidi, - 3.

passiv GRAM passivus, -a, -um
Passiv GRAM constructio (-onis *f*) passiva
Patriot qui patriam amat
Patrizier patricius, -i *m*
patrizisch patricius, -a, -um
Patron patronus, -i *m*
Pause mora, -ae *f*, intervallum, -i *n*
Pech
1. (*Harz*) pix, picis *f*
2. (*Unglück*) calamitas, -atis *f*

peinlich molestus, -a, -um
Peitsche flagrum, -i *n*
Pelz pellis, -is *f*
Penaten PL penates, -ium *mpl*
Perle margarita, -ae *f*
Person persona, -ae *f*, homo, -inis *m*
persönlich ipse, ipsa, ipsum
Persönlichkeit persona, -ae *f*; **einflussreiche ~** auctoritas (-atis *f*)
Pest pestilentia, -ae *f*; fig pestis, -is *f*
Pfad via, -ae *f*
Pfahl palus, -i *m*
Pfand pignus, -oris *n*
Pfau pavo, -onis *m*
Pfeife fistula, -ae *f*
pfeifen sibillare, -o, -avi, -atum 1.
Pfeil sagitta, -ae *f*
Pferd equus, -i *m*
Pfirsich persicum, -i *m*
Pflanze planta, -ae *f*
pflanzen serere, sero, sevi, satus 3.
Pflaster
1. (*Verband*) emplastrum, -i *n*
2. (*Boden*) via (-ae *f*) strata

Pflege
1. cultus, -us *m*
2. (*Sorge für etw*) curatio, -onis *f*

pflegen
1. (*Kranke*) curare, -o, -avi, -atum 1.
2. (*Wissenschaft*) colere, colo, colui, cultum 3.
3. (*gewohnt sein*) solere, soleo, solitus sum 2.

Pflicht officium, -i *n*; **es ist j-s ~** alicuius est +*inf*; **seine ~ erfüllen** officio fungi (fungor, functus sum 3.); **seine ~ versäumen** officio deesse (-sum, -fui, - 0.)
pflichtbewusst pius, -a, -um
Pflichtbewusstsein pietas, -atis *f*, officium, -i *n*
Pflichtgefühl officium, -i *n*
pflichttreu pius, -a, -um

pflichtvergessen neglegens, -entis officii; impius, -a, -um
Pflichtverletzung impietas, -atis *f*
pflücken carpere, carpo, carpsi, carptum 3.
Pflug aratrum, -i *n*
pflügen arare, -o, -avi, -atum 1.
Pforte porta, -ae *f*
Pförtner ianitor, -oris *m*
Pfosten postis, -is *m*
pfui INT ~! turpe dictu!
Pfütze lacuna, -ae *f*
Phänomen species, -ei *f*; **außerordentliches ~** prodigium, -i *n*
Philosoph philosophus, -i *m*
Philosophie philosophia, -ae *f*
philosophisch philosophicus, -a, -um
Physik physica, -ae *f*
physisch *durch gen* naturae
Pilz
1. (*essbar*) boletus, -i *m*
2. (*nicht essbar*) fungus, -i *m*

Pinsel penicillus, -i *m*
Pirat pirata, -ae *m*
Plage malum, -i *n*
plagen vexare, -o, -avi, -atum 1.
Plan consilium, -i *n*; **einen ~ fassen** consilium inire (-eo, -ii, -itum 0.)
planen moliri, -ior, -itus sum 4.
Planet stella (-ae *f*) errans (-antis)
planlos
A ADJ temerarius, -a, -um
B ADV sine ratione

platt planus, -a, -um
plattfüßig plautus, -a, -um
Platz locus, -i *m* (loca, -orum *npl*); **~ nehmen** considere (-sido, -sedi, -sessum 3.); **freier ~** area (-ae *f*)
platzen dissilire, -silio, -silui, -sultum 3.
plaudern loqui, loquor, locutus sum 3.
Plebejer plebeius, -i *m*
plebejisch plebeius, -a, -um
plötzlich
A ADJ repentinus, -a, -um
B ADV subito, repente

plump
1. (*ungeschickt*) inscitus, -a, -um
2. (*roh*) rudis, -e

plündern (*Stadt*) diripere, -ripio, -ripui, -reptum 3.
Plünderung direptio, -onis *f*
Plural numerus (-i *m*) pluralis
Pöbel vulgus, -i *n*
Poesie poetica, -ae *f*
poetisch poeticus, -a, -um
Pokal poculum, -i *n*
Pol polus, -i *m*

Politik rerum publicarum scientia (-ae *f*); **~ treiben** rem publicam gerere (gero, gessi, gestum 3.)
Politiker vir (-i *m*) civilis
politisch civilis, -e; *durch gen* rei publicae; **~e Tätigkeit** munera (-um *npl*) rei publicae; **~es Denken** ratio (-onis *f*) civilis
Polster pulvinus, -i *m*
Popularität favor (-oris *m*) popularis
Portal porta, -ae *f*
Portion pars, partis *f*
Porträtbild effigies, -ei *f*
Position situs, -us *m*
Positiv GRAM gradus (-us *m*) positivus
Posten
 ① locus, -i *m* (loca, -orum *npl*)
 ② MIL statio, -onis *f*
Pracht
 ① magnificentia, -ae *f*
 ② (*Glanz*) splendor, -oris *m*
prächtig magnificus, -a, -um
Präfekt praefectus, -i *m*
prägen (*Münzen*) percutere, -cutio, -cussi, -cussum 3.
prahlen gloriari, -or, -atus sum 1., se iactare, -o, -avi, -atum 1.
prahlerisch gloriosus, -a, -um
praktisch (*in der Praxis*) usu
Prätor praetor, -oris *m*; **Amt des ~s** praetura (-ae *f*)
Praxis
 ① (*Erfahrung*) usus, -us *m f*
 ② (*Brauch*) institutum, -i *n*
predigen docere, doceo, docui, doctum 2., (*ermahnen*) monere, moneo, monui, monitum 2.
Preis
 ① pretium, -i *n* (**für etw** alicuius rei); **hoch im ~ stehen** magni esse (sum, fui, - 0.)
 ② (*Belohnung*) praemium, -i *n*
preisen laudare, -o, -avi, -atum 1., praedicare, -o, -avi, -atum 1.; **j-n glücklich ~** beatum dicere (dico, dixi, dictum 3.) aliquem
preisgeben deserere, desero, deserui, desertum 3.
preiswert aequus, -a, -um
prellen (*täuschen*) fallere, fallo, fefelli, - 3.
pressen premere, premo, pressi, pressum 3.
Priester sacerdos, -otis *m*
Priesteramt sacerdotium, -i *n*
Priesterin sacerdos, -otis *f*
primitiv
 ① (*ursprünglich*) primitivus, -a, -um
 ② (*roh*) rudis, -e
Prinz filius (-i *m*) principis, princeps, -ipis *m*
Prinzessin filia (-ae *f*) principis
Prinzip (*Grundsatz*) ratio, -onis *f*

Prinzipat principatus, -us *m*
prinzipiell ADV ratione
privat privatus, -a, -um
Privathesitz res (rerum *f*) privatae
Privatmann homo (-minis *m*) privatus
Privileg ius, iuris *n*
privilegiert legitimus, -a, -um
Probe
 ① (*Prüfung*) probatio, -onis *f*; **auf die ~ stellen** temptare, -o, -avi, -atum 1.
 ② (*Beweis*) exemplum, -i *n*
probieren
 ① (*kosten*) degustare, -o, -avi, -atum 1.
 ② (*versuchen*) temptare, -o, -avi, -atum 1.
Problem quaestio, -onis *f*
Produkt fructus, -us *f*, quod gignitur
produzieren gignere, gigno, genui, genitum 3., edere, edo, edidi, editum 3.
Professor professor, -oris *m*
Prokonsul (*ehemaliger Konsul*) proconsul, -is *m*; **Amt des ~** proconsulatus (-us *m*)
prompt promptus, -a, -um
Prophet vates, is *m*
Prosa oratio (-onis *f*) soluta
prost INT **~!** prosit!
Protest intercessio, -onis *f*
protestieren intercedere, -cedo, -cessi, -cessum 3.
Protokoll tabulae, -arum *fpl*
Proviant cibus, -i *m*; MIL commeatus, -us *m*
Provinz provincia, -ae *f*
Provinzbewohner provincialis, -is *m*
Prozess causa, -ae *f*, lis, litis *f*; **einen ~ führen** causam agere (ago, egi, actum 3.)
prüfen probare, -o, -avi, -atum 1., examinare, -o, -avi, -atum 1.
Prüfung probatio, -onis *f*, examen, -inis *n*
prügeln verberare, -o, -avi, -atum 1.
Prunk apparatus, -us *m*, pompa, -ae *f*
prunkvoll splendidus, -a, -um
Publikum populus, -i *m*
Puder pulvis, -eris *m*
Puls pulsus (-us *m*) venarum
Pult pulpitum, -i *n*
Pulver pulvis, -eris *m*
Punkt punctum, -i *n*
pünktlich in tempore
Pupille pupilla, -ae *f*
Puppe pupa, -ae *f*
pur purus, -a, -um
Purpur purpura, -ae *f*
purpurn, purpurrot purpureus, -a, -um
putzen purgare, -o, -avi, -atum 1.
Pyramide pyramis, -idis *f*

Q

Quadrat quadratum, -i *n*
quaken coaxare, -o, -, - *1.*
Qual cruciatus, -us *m*
quälen vexare, -o, -avi, -atum *1.*, cruciare, -o, -avi, -atum *1.*
Qualität natura, -ae *f*; **gute ~** bonitas (-atis *f*)
Qualm vapor, -oris *m*
Quästor quaestor, -oris *m*
Quästur quaestura, -ae *f*
Quelle fons, fontis *m*
quengeln vexare, -o, -avi, -atum *1.*
quer
  A ADJ transversus, -a, -um
  B ADV transverse
quietschen sonare, -o, -ui, - *1.*
Quiriten PL (*röm. Bürger*) Quirites, -um *mpl*
quitt solutus, -a, -um; **mit j-m ~ sein** fidem suam solvisse

R

Rabe corvus, -i *m*
Rache ultio, -onis *f*
Rachen fauces, -ium *f*
rächen: sich ~ ulcisci, ulciscor, ultus sum *3.* (**j-n** aliquem; **an j-m** aliquem; **für etw** aliquid; **an j-m für etw** aliquem pro re)
Rad rota, -ae *f*
radieren radere, rado, rasi, rasum *3.*
radikal ADV funditus
raffen rapere, rapio, rapui, raptum *3.*
Rahmen margo, -inis *f*
Rand
  1 margo, -inis *f*
  2 (*eines Gefäßes*) labrum, -i *n*; **am ~e des Verderbens** in summo discrimine
Rang gradus, -us *m*, locus, -i *m*; **erster ~ im** *Theater* cavea, ae *f*
Rangordnung ordo, -inis *f*
Rappe (*schwarzes Pferd*) equus (-i *m*) niger
rar rarus, -a, -um
rasch
  A ADJ celer, celeris, celere
  B ADV cito, celeriter
rascheln strepere, -o, -ui, - *3.*
Rasen (*Grasfläche*) caespes, -itis *m*
rasen (*toben*) furere, furio, -, - *3.*, saevire, -io, -ii, -itum *4.*
rasend furiosus, -a, -um
Raserei furor, -oris *m*
rasseln crepere, -o, -ui, -itum *3.*
Rast quies, quietis *f*
rasten quiescere, quiesco, quievi, quietum *3.*
rastlos impiger, -gra, -grum
Rat consilium, -i *n*; **j-n um ~ fragen** consulere (-sulo, -sului, -sultum *3.*) aliquem; **j-m einen ~ erteilen** consulere alicui; **auf j-s ~** aliquo auctore
raten
  1 (*beraten*) suadere, suadeo, suasi, suasum *2.* (**j-m** alicui)
  2 (*mutmaßen*) conicere, -icio, -ieci, -iectum *3.*
Ratgeber auctor, -oris *m*
Rathaus curia, -ae *f*
ratlos inops (-opis) consilii
ratsam utilis, -e
Ratschlag consilium, -i *n*
Rätsel aenigma, -atis *n*
Ratsversammlung senatus, -us *m*
Ratte mus, muris *m*
rau
  1 asper, -era, -erum
  2 (*unsauber*) scaber, -bra, -brum
Raub rapinae, -arum *fpl*
rauben rapere, rapio, rapui, raptum *3.*
Räuber latro, -onis *m*
Raubtier bestia (-ae *f*)
Raubvogel bestia (-ae *f*) rapax
Rauch fumus, -i *m*
rauchen fumare, -o, -avi, -atum *1.*
Raum spatium, -i *n*

▶ Orientierung im Raum

wo?	ubi?
wohin?	quo?
woher?	unde?
oben	supra
über	super +akk
nach oben	sursum
von oben herab	ex alto
unten	infra
unter	sub +akk (*Richtung*) / +abl (*Ort*)
nach unten	deorsum
von unten	ab imo

▶▶

rechts	dextra, a dextra
rechts von	dextra +akk
nach rechts	ad dextram
von rechts	a dextra

links	sinistra, a sinistra
links von	sinistra +akk
nach links	ad sinistram
von links	a sinistra

vorne	in fronte / a fronte
vor	ante +akk
nach vorne	in priorem partem
von vorne	a fronte

hinten	a tergo
hinter	post +akk
nach hinten	in partem posteriorem
von hinten	a tergo

GRAMMATIK

Raupe eruca, -ae f
Rausch ebrietas, -atis f
rauschen strepere, strepo, strepui, strepitum 3.
Rauschen strepitus, -us m
Rebe vitis, -is f
rebellieren seditionem movere (moveo, movi, motum 2.)
Rechenschaft ratio, -onis f; **j-m ~ geben über etw** rationem reddere (-do, -didi, -ditum 3.) alicui alicuius rei/de re; **~ fordern von j-m über etw** rationem reposcere (-posco 3.) aliquem/ab aliquo alicuius rei
rechnen
1 ratiocinari, -or, -atus sum 1.
2 **zu etw ~** in numero habere (-eo, -ui, -itum 2.); **damit ~, dass** sperare (-o, -avi, -atum 1.), ut +konjkt
Rechnung ratio, -onis f
Recht
1 (menschlich) ius, iuris n
2 (göttlich) fas (n Indekl); **mit ~ merito, iure; zu ~** recte; **von ~s wegen** suo iure; **ich habe das ~** meum est; **~ sprechen** ius dicere (dico, dixi, dictum 3.)
recht
A ADJ rectus, -a, -um; **zur ~en Zeit** (in) tempore
B ADV
1 recte; **~ tun** recte agere
2 (sehr) durch sup; **~ oft** saepissime
Rechte (Hand) dextra, -ae f
rechte(r, -s) dexter, -t(e)ra, -t(e)rum
rechtfertigen purgare, -o, -avi, -atum 1.
Rechtfertigung purgatio, -onis f
Rechtlosigkeit nullum ius (iuris n)
rechtmäßig iustus, -a, um
rechts dextrā
Rechtsanwalt advocatus, -i m
rechtschaffen probus, -a, -um
Rechtschaffenheit probitas, -atis f
Rechtsfall causa, -ae f
Rechtsgelehrter iuris peritus (-i m)
rechtskundig iuris consultus (-a, -um)
Rechtssache causa, -ae f
Rechtsstreit lis, litis f
Rechtswesen iustitia, -ae f
rechtzeitig (in) tempore
Rede
1 oratio, -onis f; **eine ~ halten** orationem habere (-eo, -ui, itum 2.); **eine ~ beenden** perorare (-o, -avi, -atum 1.)
2 **es ist die ~ von etw** mentio fit alcuius rei
redegewandt facundus, -a, -um, disertus, -a, -um
Redekunst ars (artis f) dicendi
reden loqui, loquor, locutus sum 3.
Redeweise sermo, -onis m
Redewendung verbum, -i n
redlich probus, -a, -um
Redlichkeit probitas, -atis f
Redner orator, -oris m
Rednertalent facultas (-atis f) dicendi
Rednertribüne rostra, -orum npl
Regal loculamentum, -i n
Regel
1 (Norm) lex, legis f
2 (Vorschrift) regula, -ae f
regelmäßig ordine, constanter
Regen pluvia, -ae f; **es fällt ~** pluit
Regenguss imber, -bris m
Regent princeps, -cipis m
regieren
1 regere, rego, rexi, rectum 3.
2 MIL imperare, -o, -avi, -atum 1.
3 (als König) regnare, -o, -avi, -atum 1.
Regierung
1 imperium, -i n
2 (königlich) regnum, -i n; **der Staat hat eine gute ~** res publica bene administratur
regnen: **es regnet** pluit
Reh caprea, -ae f
reiben terere, tero, trivi, tritum 3.
Reich
1 imperium, -i n
2 (Königreich) regnum, -i n; **Römisches ~** imperium (-i n) Romanum
reich dives, -vitis; opulentus, -a, -um; **~ sein an etw** abundare (-o, -avi, -atum 1.) re
reichen

1 (*anbieten*) praebere, -eo, -ui, -itum (**j-m etw** alicui aliquid)
2 (*genug sein*) satis esse (sum, fui, - 0.)
3 (*sich erstrecken*) pertinere, -tineo, -tinui, - 2.

reichlich
A ADJ largus, -a, -um
B ADV largiter, liberaliter

Reichtum divitiae, -arum *fpl*; opes, opum *fpl*
reif maturus, -a, -um
reifen maturescere, -resco, -rui, - 3.
Reigen chorus, -i *m*; **den ~ tanzen** choros ducere (duco, duxi, ductum 3.)
Reihe ordo, -inis *m*; **eine ~ von** multi (-ae, -a); **der ~ nach** ordine
reihen (*aneinanderreihen*) serere, sero, serui, sertum 3.
Reihenfolge ordo, -inis *m*
rein
1 purus, -a, -um
2 (*unvermischt*) merus, -a, -um
reinigen
1 purgare, -o, -avi, -atum 1.
2 (*abwaschen*) abluere, -luo, -lui, -lutum 3.
3 (*sühnen*) lustrare, -o, -avi, -atum 1.
Reinigung purgatio, -onis *f*
Reinigungsopfer lustrum, -i *n*
Reise iter, itineris *n*; **zu einer ~ aufbrechen** proficisci (-ficiscor, -fectus sum 3.); **eine ~ machen** iter facere (facio, feci, factum 3.)
reisen
1 iter facere (facio, feci, factum 3.)
2 NAUT navigare, -o, -avi, -atum 1.
Reisender viator, -oris *m*
reißen: an sich ~ arripere (-ripio, -ripui, -reptum 3.); **die Herrschaft an sich ~** rerum potiri (potior, potitus sum 4.)
reißend rapidus, -a, -um
reiten equo vehi (vehor, vectus sum 3.)
Reiter eques, -itis *m*
Reiterei equitatus, -us *m*
Reiteroberst praefectus (-i *m*) equitum
Reitertruppen turma (-ae *f*) equitum
Reiz stimulus, -i *m*
reizen (*aufregen*) incitare, -o, -avi, -atum 1., lacessere, -o, -ivi, -itum 3.
reizend gratus, -a, -um
reizlos insuavis, -e
reizvoll gratus, -a, -um
rekrutieren (*Truppen*) conscribere (-scribo, -scripsi, -scriptum 3.)
Relief opus (-eris *n*) caelatum
Religion religio, -onis *f*; (*Glauben*) fides, -ei *f*
religiös religiosus, -a, -um, (*fromm*) pius, -a, -um
Rennbahn circus, -i *m*
rennen currere, curro, cucurri, cursum 3.

Rennen cursus, -us *m*
Reparatur refectio, -onis *f*
reparieren reficere, -ficio, -feci, -fectum 3.
Republik res (rei *f*) publica (libera)
republikanisch *durch gen* rei publicae (liberae)
Reserve MIL subsidium, -i *n*
reservieren (re)servare, -o, -avi, -atum 1.
Respekt reverentia, -ae *f*
respektieren vereri, vereor, veritus sum 2.
Rest
1 reliquum, -i *n*; *oft durch adj* reliquus, -a, -um; **der ~ der Truppen** copiae reliquae
2 (*Überbleibsel*) reliquiae, -arum *fpl*
restlos ADV plane, omnino
retten servare, -o, -avi, -atum 1. (**vor etw** a re/ex re)
Rettung
1 (*das Gerettetwerden*) salus, -utis *f*
2 (*das Retten*) conservatio, -onis *f*
Reue paenitentia, -ae *f* (**über etw** alicuius rei)
reuen: es reut mich paenitet me (**etw** alicuius rei)
Revolution rerum conversio (-onis *f*)
Rezept
1 (*des Arztes*) praeceptum (-i *n*) medici
2 (*Kochrezept*) praeceptum (-i *n*) culinarum
Rhetorik rhetorica, -ae *f*, ars (artis *f*) dicendi
rhetorisch rhetoricus, -a, -um, oratorius, -a, -um
Rhythmus numerus, -i *m*
richten
1 iudicare, -o, -avi, -atum 1. (**über j-n** de aliquo)
2 (*lenken*) dirigere, -rigo, -rexi, -rectum 3. (**auf etw** ad aliquid); **Worte an j-n ~** verba habere (-eo, -ui, -itum 3.) cum aliquo; **sich nach j-m ~** obtemperare (-o, -avi, -atum 1.) alicui
Richter iudex, -dicis *m*
richtig recta, -a, -um, iustus, -a, -um
Richtschnur regula, -ae *f*
Richtspruch iudicium, -i *n*
Richtung regio, -onis *f*; **in gerader ~** recta regione
riechen
1 (*Geruch von sich geben*) olere, oleo, olui, - 2.
2 (*Geruch wahrnehmen*) olfacere, -facio, -feci, -factum 3.
Riegel claustrum, -i *n*
Riemen lorum, -i *n*
Riese ingens vir (-i *m*)
riesig ingens, -entis, immanis, -e
Rind bos, bovis *m*
Rinde cortex, -ticis *m*
Ring anulus, -i *m*
ringen luctari, -or, -atus sum 1., *auch fig*

Ringer luctator, -oris *m*
rings, ringsum circum *adv*, circa *adv*; **alles ~** omnia circa
Rippe costa, -ae *f*
Risiko discrimen, -inis *n*
riskieren in aleam dare (do, dedi, datum 1.)
Riss rima, -ae *f*
Ritt equitatio, -onis *f*; **einen ~ machen** equo vehi (vehor, vectus sum 3.)
Ritter eques, -itis *m*
ritterlich equester, -tris, -tre
Ritterstand ordo (ordinis *m*) equester
Ritze rima, -ae *f*
Rivale aemulus, -i *m*
Roggen secale, -is *n*
roh
1 (*grob*) rudis, -e
2 (*ungekocht*) crudus, -a, -um
Rohr
1 (*Halm*) calamus, -i *m*
2 (*Röhre*) fistula, -ae *f*
Röhre fistula, -ae *f*
Rolle
1 (*Walze*) cylindrus, -i *m*
2 (*Aufgerolltes*) volumen, -inis *n*
3 (*im Theater*) partes, -ium *f pl*
rollen
A *vt* volvere, volvo, volvi, volutum 3.
B *vi* volvi, volvor, volutus sum 3.
Rom Roma, -ae *f*, urbs, urbis *f*
Römer Romanus, -i *m*
Römerin Romana, -ae *f*
römisch Romanus, -a, -um
rosa roseus, -a, -um
Rose rosa, -ae *f*
Rost robigo, -inis *f*
rosten robigine corrumpi (-rumpor, -ruptus sum 3.)
rösten torrere, torreo, torrui, tostum 2.
rot
1 ruber, -bra, -brum
2 (*Haar*) rufus, -a, -um
Rübe rapa, -ae *f*
rücken
A *vt* movere, moveo, movi, motum 2.
B *vi* se movere (moveo, movi, motum 2.)
Rücken
1 tergum, -i *n*
2 (*von Tieren*) dorsum, -i *n*; **im ~** a tergo; **j-m den ~ kehren** discedere (-cedo, -cessi, -cessum 3.) ab aliquo
Rückfall (*Krankheit*) recidiva, -ae *f*
Rückkehr reditus, -us *m*
Rückseite pars (partis *f*) aversa
Rücksicht respectus, -us *m*, ratio, -onis *f*; **~ nehmen** rationem habere (-eo, -ui, -itum 2.) (**auf j-n/etw** alicuius/alicuius rei)
rücksichtslos (*frech*) protervus, -a, -um
rücksichtsvoll verecundus, -a, -um
Rücktritt abdicatio, -onis *f*
rückwärts retro *adv*
Rückweg reditus, -us *m*
Rückzug receptus, -us *m*; **zum ~ blasen** receptui canere (cano, cecini, cantatum 3.)
rüde asper, -pera, -perum
Ruder remus, -i *m*
rudern remigare, -o, -avi, -atum 1.
Ruf
1 (*das Rufen*) vocatus *m*, nur abl sg; **auf j-s ~** vocatu
2 (*Ansehen*) fama, -ae *f*; **guter ~** bona fama (-ae *f*); **schlechter ~** infamia, -ae *f*; **einen guten ~ haben** bene audire (-io, -ivi, -itum 4.); **einen schlechten ~ haben** male audire (-io, -ivi, sum 3.)

▶ **Rezept**

Raffinierte Speisen wurden im Alten Rom geschätzt. Einen Einblick in die Esskultur vermitteln uns nicht zuletzt die vielen überlieferten Rezepte. Zu nennen ist an dieser Stelle vor allem die Rezeptsammlung des Apicius (1. Jh. n. Chr.), die Anweisungen zu bisweilen recht ausgefallenen Gerichten gibt. Eher an den Bedürfnissen des einfachen Landlebens orientieren sich die Rezepte in **De agri cultura** von Marcus Porcius Cato. Im Folgenden ein Rezept für leckere römische Mostbrötchen:

Mustaceos sic facito:
Farinae siligneae modium unum musto conspargito. Anesum, cuminum, adipis p. II, casei libram, et de virga lauri deradito, eodem addito, et ubi definxeris, lauri folia subtus addito, cum coques.

Mostbrötchen sollst du so machen:
Besprütze einen Scheffel (8,7 Liter) Weizenmehl mit Most. Gib Anis, Kümmel, 2 Pfund (= 2 × 328 g) Fett, ein Pfund Käse hinzu, schabe ein wenig von einem Lorbeerzweig ab, und gib auch das hinzu, forme aus dem Teig Brötchen, lege je ein Lorbeerblatt darunter, wenn du sie bäckst.

Bene tibi! *sg* / **Bene vobis!** *pl*
Guten Appetit!

RÖMISCHES LEBEN

-itum 4.)
rufen
1. vocare, -o, -avi, -atum 1.
2. (*ausrufen*) exclamare, -o, -avi, -atum 1.

rügen vituperare, -o, -avi, -atum 1.
Ruhe
1. (*äußerlich*) quies, -etis f
2. (*innerlich*) tranquillitas, -atis f
3. (*Muße*) otium, -i n
4. (*Schweigen*) silentium, -i n

ruhen quiescere, quiesco, quievi, quietum 3.
ruhig
1. (*äußerlich*) quietus, -a, -um
2. (*innerlich*) tranquillus, -a, -um
3. (*schweigend*) silens, -entis

Ruhm gloria, -ae f, laus, laudis f
rühmen praedicare, -o, -avi, -atum 1.; **sich ~** gloriari, -or, -atus sum 1., (**einer Sache** re)
ruhmlos obscurus, -a, -um
ruhmsüchtig avidus (-a, -um) gloriae
ruhmvoll gloriosus, -a, -um
rühren (com)movere, -moveo, -movi, -motum 2.
rührend animum hominum movens (-entis)
Rührung commotio (-onis f) animi
Ruinen ruinae, -arum fpl
Rumpf truncus, -i m
rund rotundus, -a, -um
Runde (*Rundgang*) circuitio, -onis f
rupfen plumas vellere (vello, velli, vulsum 3.)
Ruß fuligo, -inis f
rüsten parare, -o, -avi, -atum 1.; **zum Krieg ~** bellum parare
rüstig strenuus, -a, -um
Rüstung (*Waffen*) arma, -orum npl
Rute virga, -ae f
Rutenbündel (*der Liktoren*) fasces, -ium mpl
Rutschen lapsus, -us m
rütteln quatere, quatio, -, quassum 3.

S

Saal atrium, -i n
Saat seges, -etis f, sementis, -is f
Sache res, rei f; **es ist ~ des Lehrers** magistri est
sachkundig rerum intellegens (-entis)
sachlich qui (quae, quod) rem spectat
sächlich neuter, neutra, neutrum
Sachverhalt res, rei f
Sack saccus, -i m
säen serere, sero, sevi, satus 3.
Saft sucus, -i m
Sage fabula, -ae f, fama, -ae f
Säge serra, -ae f
sägen serrā secare (seco, secui, sectum 1.)
sagen dicere, dico, dixi, dictum 3. +AcI; **sagt(e) er/sie** inquit *als Einschub*; **ich sage** (*ich behaupte*) *Defektivum, nur ind präs* aio; **ja ~** affirmare, -o, -avi, -atum 1.; **nein ~** negare, -o, -avi, -atum 1.; **j-m Dank ~** gratias agere (ago, egi, actum 3.) alicui
sagenhaft fabulosus, -a, -um
Saite nervus, -i m
Saiteninstrument fides, -ium fpl
Salbe unguentum, -i n
salben ungere, ungo, unxi, unctum 3.
Salz sal, salis m
Samen, Samenkorn semen, -inis n; **~ ausstreuen** sementem facere (facio, feci, factum 3.)
sammeln colligere, -ligo, -legi, -lectum 3.
Sammlung
1. (*das Sammeln*) collectio, -onis f
2. (*Zusammenstellung*) corpus, -oris n; **eine ~ von Büchern** multi libri

Samstag dies (-ei m) Saturni
samt PRÄP cum +abl
sämtliche universi, -ae, -a
Sand (h)arena, -ae f
Sandale solea, -ae f
sanft
1. lenis, -e
2. (*friedfertig*) placidus, -a, -um

Sanftheit mens (mentis f) placida
Sänger cantor, -oris m
Sarg
1. arca, -ae f
2. (*Sarkophag*) sarcophagus, -i m

satt saturatus, -a, -um
Sattel sella, -ae f
sättigen satiare, -o, -avi, -atum 1. (**j-n mit etw**

aliquem re)
Saturn (altitalischer Gott) Saturnus, -i m
Satz sententia, -ae f
sauber lautus, -a, -um
Sauberkeit mundities, -ei f
säubern purgare, -o, -avi, -atum 1.
Sauce ius, iuris n
sauer acidus, -a, -um
säugen mammam dare (do, dedi, datum 3.) (**j-n** alicui)
saugen sugere, sugo, suxi, suctum 3.
Säugling infans, -antis m
Säule columna, -ae f
Säulenhalle porticus, -us f
Säure acidum, -i n
schaben radere, rado, rasi, rasum 3.
schäbig scaber, -bra, -brum
Schachtel capsa, -ae f; capsella, -ae f
Schädel
 1 (Hirnschale) calva, -ae f
 2 (Kopf) caput, -pitis n
Schaden
 1 (Verlust) damnum, -i n
 2 (Nachteil) detrimentum, -i n
 3 (Unheil) calamitas, -atis f; **~ erleiden** damnum facere (facio, feci, factum 3.)
schaden nocere, -eo, -ui, -itum 2., obesse, obsum, obfui, - 0.; **es schadet nicht** non obest +inf
schadenfroh malevolus, -a, -um
schädigen damno afficere (-ficio, -feci, -fectum 3.; **j-n** aliquem)
schädlich noxius, -a, -um (**für j-n** alicui)
Schaf ovis, -is f
Schäfer pastor, -oris m
schaffen
 1 (erschaffen) creare, -o, -avi, -atum 1.
 2 (transportieren) vehere, veho, vexi, vectum 3., **an einen Ort** in locum
 3 (tun) **j-m zu ~ machen** alicui negotium facessere (-o, -ivi, -itum 3.)
 4 **ich schaffe es** mihi contingit ut +konjkt/+inf
Schale
 1 (Obst usw.) putamen, -minis n
 2 (Gefäß) patera, -ae f
schälen corticem detrahere (-traho, -traxi, -tractum 3.; **etw** alicui rei)
Schall sonitus, -us m
Scham pudor, -oris m
schämen: ich schäme mich me pudet (**wegen etw** alicuius rei)
Schamgefühl pudor, -oris m
schamlos impudicus, -a, -um
Schamlosigkeit impudicitia, -ae f
Schande ignominia, -ae f; dedecus, -oris n; infamia, -ae f; **es ist eine ~** dedecus est

Schandfleck macula, -ae f
schändlich turpis, -e
Schandtat flagitium, -i n
Schanzwerk munitio, -onis f
Schar
 1 turba, -ae f
 2 MIL agmen, -minis n; manus, -us f
scharf
 1 (Werkzeug) acutus, -a, -um
 2 (Augen, Verstand) acer, acris, acre
 3 (Geschmack) acutus, -a, -um
Scharfblick ingenium (-i n) acre
Schärfe
 1 acies, -ei f
 2 (Geschmack) acrimonia, -ae f
schärfen acuere, -uo, -ui, -utum 3.
Scharfsinn sagacitas, -atis f
scharfsinnig acutus, -a, -um, sagax, -acis
Schatten umbra, -ae f
schattig umbrosus, -a, -um, opacus, -a, -um
Schatz
 1 thesaurus, -i m
 2 (Vermögen) opes, -um fpl
 3 (Reichtümer) divitiae, -arum fpl
schätzen
 1 (wertschätzen) diligere, -ligo, lexi, -lectum 3.; **hoch/mehr/am meisten ~** magni/pluris/plurimi aestimare (-o, -avi, -atum 1.)
 2 (in Steuerklassen einteilen) censere, censeo, censui, censum 2.
Schau: zur ~ tragen prae se ferre (fero, tuli, latum 3.)
Schauder horror, -oris m
schaudern horrere, -eo, -ui, - 2. (**vor etw** aliquid)
schauen spectare, -o, -avi, -atum 1.
Schauer[1] (Regenschauer) imber, imbris m
Schauer[2] (Schauder) horror, -oris m
Schaufel pala, -ae f
Schaum spuma, -ae f
Schauplatz locus, -i n
Schauspiel spectaculum, -i n
Schauspieler histrio, -onis m, actor, -oris m
Schauspielkunst ars (artis f) scaenica
Scheibe orbis, -is m
scheiden
 A VI (trennen) dividere, -vido, -visi, -visum 3.
 B VI (weggehen) discedere, -cedo, -cessi, -cessum 3.; **aus dem Leben ~** e vita migrare (-o, -avi, -atum 1.)
Scheidung divortium, -i n (**von der Frau** uxoris)
Schein
 1 (Anschein) species, -ei f; **zum ~** specie
 2 (Licht) lux, lucis f
scheinbar durch videri, videor, visus sum 2.;

er ist ~ krank aegrotus esse videtur
scheinen
1 videri, videor, visus sum 2.; **es scheint, dass er kommen wird** videtur venturus esse
2 (*leuchten*) lucere, luceo, luxi, - 2.
Scheitel vertex, -ticis m
Scheiterhaufen rogus, -i m; **einen ~ errichten** rogum exstruere (-struo, -struxi, -structum 3.)
scheitern ad irritum redigi, redigor, redactus sum 3.
schelten increpare, -o, -ui, -itum 1.
Schemel sella, -ae f
Schenke taberna, -ae f
Schenkel crus, -uris n
schenken donare, -o, -avi, -atum 1., largiri, -ior, -itus sum 4.; **Glauben ~** fidem habere (-eo, -ui, -itum 2.); **das Leben ~** (*leben lassen*) vitam concedere (-cedo, -cessi, -cessum 3.)
Scherbe testa, -ae f
scheren
1 (*schneiden*) tondere, tondeo, totondi, tonsum 2.; radere, rado, rasi, rasum 3.
2 sich um etw ~ curare (-o, -avi, -atum 1.) aliquid
Scherz iocus, -i m; **im ~** ioco, per iocum
scherzen iocari, -or, -atus sum 1.
Scheu verecundia, -ae f
scheu verecundus, -a, -um
scheuen vereri, -eor, -itus sum 2., timere, -eo, -ui, - 2.
scheuen: sich ~ metuere, metuo, metui, - 3.
scheuern detergere, -tergeo, -tersi, -tersum 3.
Scheune horreum, -i n
Scheusal monstrum, -i n
scheußlich foedus, -a, -um
Scheußlichkeit foeditas, -atis f
Schicht
1 (*Lage*) tabulatum, -i n
2 (*Gesellschaftsschicht*) genus, -eris n
schichten (*aufeinanderlegen*) struere, struo, struxi, structum 3.
schicken
1 mittere, mitto, misi, missum 3.
2 es schickt sich decet (**für j-n** aliquem)
Schicksal fortuna, -ae f; sors, sortis f, fatum, -i n
Schicksalsschlag casus, -us m
schieben promovere, -moveo, -movi, -motum 2.
Schiedsrichter arbiter, -tri m
schief pravus, -a, -um
schiefgehen secus cadere (cado, cecidi, casurus 3.)
schielen strabonem esse (sum, fui, - 0.)

schießen mittere, mitto, misi, missum 3.
Schiff navis, -is f; **mit dem ~ fahren** nave vehi (vehor, vectus sum 3.); navigare, -o, -avi, -atum 1.
Schiffbruch naufragium, -i n
schiffbrüchig naufragus, -a, -um
Schiffs... navalis, -e
Schild[1] M̄
1 (*Langschild*) scutum, -i n
2 (*Rundschild*) clipeus, -i m; **im ~e führen** moliri, -ior, -itus sum 4.
Schild[2] N̄ (*Tafel*) titulus, -i m
schildern narrare, -o, -avi, -atum 1.
Schildkröte testudo, -inis f
Schilf, Schilfrohr (h)arundo, -inis f
Schimmel[1] (*Pilzüberzug*) situs, -us m
Schimmel[2] (*weißes Pferd*) equus (-i m) albus
schimmern micare, mico, micui, - 1., splendere, -eo, -ui, - 2., fulgere, fulgeo, fulsi, - 2.
Schimpf (*Schande*) contumelia, -ae f
schimpfen increpare, -o, -ui, -itum 1.
schimpflich turpis, -e
Schirm praesidium, -i n
Schlacht
1 pugna, -ae f, (*Gefecht*) proelium, -i n
2 (*Kampflinie*) acies, -ei f; **eine ~ beginnen** proelium committere (-mitto, -misi, -missum 3.)
schlachten caedere, caedo, cecidi, caesum 3. **Opfertiere ~** hostias mactare (-o, -avi, -atum 1.)
Schlachtordnung, Schlachtreihe MIL acies, -ei f
Schlaf somnus, -i m
Schläfe tempus, -oris n
schlafen dormire, -io, -ivi, -itum 4.; **~ gehen** cubitum ire (eo, ii, -itum 03.)
schlaff laxus, -a, -um
schläfrig somno gravis
Schlafzimmer cubiculum, -i n
Schlag plaga, -ae f; **Schläge** verbera, -um npl
schlagen
1 pulsare, -o, -avi, -atum 1.; **mit Ruten ~** virgis caedere (caedo, cecidi, caesi, caesum 3.); **zu Boden ~** affligere (-fligo, -flixi, -flictum 3.); **ans Kreuz ~** cruci affigere (-figo, -fixi, -fixum 3.)
2 (*besiegen*) vincere, vinco, vici, victum 3., pellere, pello, pulsi, pulsum 3.; **in die Flucht ~** fugare (-o, -avi, -atum 1.)
Schlamm limus, -i m
Schlange serpens, -entis f
schlank procerus, -a, -um
Schlappe (*Niederlage*) clades, -is f; **eine ~ erleiden** cladem accipere (-cipio, -cepi, -ceptum 3.)
schlau callidus, -a, -um
Schlauheit calliditas, -atis f

schlecht
A ADJ malus, -a, -um, *komp* peior, -ius, *sup* pessimus, -a, -um; (*unredlich*) improbus, -a, -um
B ADV male
Schlechtigkeit
1 malitia, -ae f
2 (*Unredlichkeit*) improbitas, -atis f
schlecken lambere, lambo, lambi, lambitum 3.
schleichen serpere, serpo, serpsi, serptum 3.
schleifen
1 (*ziehen*) trahere, traho, traxi, tractum 3.
2 (*glätten*) polire, -io, -ivi, -itum 4.
Schleim pituita, -ae f
schleppen trahere, traho, traxi, tractum 3.
Schleuder funda, -ae f
schleudern iactare, -o, -avi, -atum 1., iacere, iacio, ieci, iactum 3.
schlicht simplex, -plicis
schlichten: Streitigkeiten ~ controversias dirimere (-imo, -emi, -emptum 3.)
schließen
A VT
1 (*Tür*) claudere, claudo, clausi, clausum 3.
2 (*beenden*) concludere, -cludo, -clusi, -clusum 3.
3 *fig* **ein Bündnis ~** foedus facere (facio, feci, factum 3.); **Freundschaft ~** amicitiam iungere (iungo, iunxi, iunctum 3.); **Frieden ~** pacem facere (facio, feci, factum 3.)
4 (*folgern*) concludere, -cludo, -clusi, -clusum 3.
B VI terminari, -or, -atus sum 1.
schließlich denique, postremo, tandem
schlimm malus, -a, -um
Schlinge laqueus, -i m
Schlitz scissura, -ae f
Schloss¹ (*zum Verschließen*) claustrum, -i n
Schloss² (*Burg*) arx, arcis f
Schlucht fauces, -ium f
schluchzen singultire, -io, -, - 4.
Schluck haustus, -us m
schlucken haurire, haurio, hausi, haustum 4., devorare, -o, -avi, -atum 1.
Schlund fauces, -ium fpl
schlüpfen labi, labor, lapsus sum 3
schlüpfrig
1 (*glatt*) lubricus, -a, -um
2 (*anstößig*) obscenus, -a, -um
Schlupfwinkel latebra, -ae f
schlürfen sorbere, -eo, -ui, - 2.
Schluss
1 (*Ende*) finis, -is m; **zum ~** postremo
2 (*Folgerung*) conclusio, -onis f; **einen ~ ziehen** coniecturam facere (facio, feci, factum 3.)
Schlüssel clavis, -is f
schlüssig logicus, -a, -um

Schmach contumelia, -ae, ignominia, -ae f
schmächtig gracilis, -e
schmackhaft iucundus, -a, -um
schmählich turpis, -e
Schmähung contumelia, -ae f
schmal angustus, -a, -um
schmälern minuere, -uo, -ui, -utum 3.
schmarotzen parasitari, -or, -atus sum 1.
Schmarotzer parasitus, -i m
schmatzen crepitare, -o, -avi, -atum 1.
schmecken
1 (*Geschmack haben*) sapere, -io, -ivi, - 3. (**nach etw** aliquid)
2 (*Genuss bereiten*) placere, -eo, -ui, -itum 2. (**j-m** alicui)
Schmeichelei
1 blanditia, -ae f
2 (*Kriecherei*) adulatio, -onis f
schmeicheln
1 blandiri, -ior, -itus sum 4.
2 (*kriecherisch*) adulari, -or, -atus sum 1.
schmeichelnd blandus, -a, -um
Schmeichler adulator, -oris m
schmelzen
A VT liquefacere, -facio, -feci, -factum 3.
B VI liquari, -or, -atus sum 1.
Schmerz dolor, -oris m; **~ empfinden über etw** dolere aliquid (-eo, -ui, -iturus 2.); **~ verursachen** dolorem facere (facio, feci, factum 3.)
schmerzen dolere, -eo, -ui, -iturus 2.; **mich schmerzt die Wunde** dolorem capio ex vulnere
schmerzlich, schmerzhaft dolorosus, -a, -um
schmerzlos dolore vacuus (-a, -um)
schmerzvoll dolorosus, -a, -um
Schmetterling papilio, -onis m
Schmied faber, fabri m
schmieden fabricare, -o, -avi, -atum 1.
schminken fucare, -o, -avi, -atum 1.
Schmuck
1 (*Verzierung*) decus, -oris n, ornamentum, -i n
2 (*Gegenstände*) ornamenta, -orum npl
schmücken ornare, -o, -avi, -atum 1.
Schmuckstück ornamentum, -i n
Schmuggel fraus, fraudis m
Schmutz sordes, -is f
schmutzig sordidus, -a, -um, scaber, -bra, -brum
Schnabel rostrum, -i n
Schnauze os, oris n
schnäuzen: sich ~ se emungere (-mungo, -munxi, -munctum 3.)
Schnecke cochlea, -ae f
Schnee nix, nivis f; **es fällt ~** nives cadunt

Schneemassen nives, -ium *fpl*
schneiden
1. secare, seco, secui, sectum *1.*
2. (*Haare*) tondere, tondeo, totondi, tonsum *2.*

Schneider sartor, -oris *m*
schneien: **es schneit** ningit
schnell
A ADJ celer, -eris, -ere; velox, -locis
B ADV cito, celeriter, velociter
Schnelligkeit celeritas, -atis *f*
Schnitt
1. (*Schneiden*) sectio, -onis *f*
2. (*Kleiderschnitt*) habitus, -us *m*
3. (*Einschnitt*) incisura, -ae *f*

Schnupfen gravedo, -inis *f*
schnuppern odorari, odoror, odoratus sum *1.*
Schnur linea, -ae *f*
schnüren (con)stringere, -stringo, -strinxi, -strictum *3.*
Schock horror, -oris *m*
schon iam; **~ längst** iam diu
schön pulcher, -chra, -chrum
schonen parcere, parco, peperci, parsurus *3.* (**j-n/etw** aliquem/aliquid)
Schönheit pulchritudo, -inis *f*, forma, -ae *f*
Schonung clementia, -ae *f*
schöpfen haurire, haurio, hausi, haustum *4.*
Schöpfer creator, -oris *m*
Schöpfung
1. (*Erschaffung*) origo, -inis *f*
2. (*Geschaffenes*) opus, -eris *n*

Schoß gremium, -i *n*
schräg obliquus, -a, -um
schrecken (per)terrere, -eo, -ui, -itum *2.*
Schrecken terror, -oris *m*; **j-m einen ~ einjagen** terrorem inicere (-icio, -ieci, -iectum *3.*) alicui; **in ~ versetzen** terrere, -eo, -ui, -itum *2.*
schrecklich terribilis, -e, atrox, -ocis
Schrei clamor, -oris *m*; **einen ~ ausstoßen** clamorem edere (edo, edidi, editum *3.*)
schreiben scribere, scribo, scripsi, scriptum *3.*
Schreiber scriba, -ae *m*
Schreibstift stilus, -i *m*
Schrein scrinium, -i *n*
Schreiner lignarius, -i *m*
schreiten vadere, vado, -, - *3.*, gradi, gradior, gressus sum *3.*
Schrift
1. (*Buchstaben*) litterae, -arum *fpl*
2. (*Buch*) liber, -bri *m*
3. (*Abhandlung*) scriptum, -i *n*
4. (*Darstellung*) scriptura, -ae *f*
5. (*Schreibweise*) ratio (-onis *f*) scribendi

schriftlich
A ADJ scriptus, -a, -um
B litteris; **~ niederlegen** scribere (scribo, scripsi, scripum *3.*)
Schriftsteller scriptor, -oris *m*
Schriftzeichen littera, -ae *f*
schrill acutus, -a, -um
Schritt gradus, -us *m*; passus, -us *m*; **den ersten ~ zu etw tun** initium facere (facio, feci, factum *3.*) alicuius rei; **~ für ~** gradatim
schrittweise gradatim
schroff asper, -era, -erum
schrumpfen corrugari, -or, -atus sum *1.*
schüchtern timidus, -a, -um
Schuh calceus, -i *m*
Schulbuch liber, -bri *m*
schuld noxius, -a, -um
Schuld culpa, -ae *f*
schulden debere, -eo, -ui, -itum *2.*
Schulden PL aes (aeris *n*) alienum *n*; **große ~** magnum aes alienum; **~ machen** aes alienum conflare (-o, -avi, -atum *1.*); **~ bezahlen** aes alienum exsolvere (-solvo, -solvi, -solutum *3.*)
schuldig noxius, -a, -um (**einer Sache** alicuius rei); **~ sein** in noxa esse (sum, fui, - *0.*); **~ sprechen** damnae (-o, -avi, -atum *1.*)
Schule
1. schola, -ae *f*
2. (*Grundschule*) ludus, -i *m*; **zu j-m in die ~ gehen** scholam alicuius frequentare (-o, -avi, -atum *1.*)

Schüler discipulus, -i *m*
Schülerin discipula, -ae *f*
Schulferien feriae (-arum *fpl*) scholarum
Schulter umerus, -i *m*
Schuppe squama, -ae *f*
Schuppen (*Aufbewahrungsort*) receptaculum, -i *n*
Schuss ictus, -us *m*
Schüssel patella, -ae *f*
Schuster sutor, -oris *m*
schütteln quassare, -o, -avi, -atum *1.*; **den Kopf ~** (*zur Verneinung*) renuere (-nuo, -nui, - *3.*)
schütten fundere, fundo, fusi, fusum *3.*
Schutz
1. praesidium, -i *n*
2. (*Fürsorge*) tutela, -ae *f*; **unter j-s ~ stehen** in alicuius tutela esse (sum, fui, - *0.*)

Schutzbefohlener cliens, -entis *m*
schützen protegere, -tego, -texi, -tectum *3.*, tueri, tueor, tuitus/tutatus sum *2.*, tutari, -or, -atus sum *1.* (**vor etw** a re)
Schutzgeist genius, -i *m*
Schutzherr patronus, -i *m*
Schutztruppe praesidium, -i *n*
schwach
1. (*kraftlos*) infirmus, -a, -um, invalidus, -a, -um

2 (gering) parvus, -a, -um
Schwäche infirmitas, -atis f, debilitas, -atis f
schwächen
1 infirmare, -o, -avi, -atum 1.
2 (verringern) minuere, -uo, -ui, -utum 3.
Schwachsinn imbecillitas (-atis f) animi
schwachsinnig durch gen imbecilli animi
Schwager
1 (Bruder des Mannes od der Frau) frater (fratris m) mariti/uxoris
2 (Mann der Schwester) maritus (-i m) sororis
Schwägerin
1 (Schwester des Mannes od der Frau) soror (sororis m) mariti/uxoris
2 (Frau des Bruders) uxor (uxoris f) fratris
Schwalbe hirundo, -inis f
Schwamm spongia, -ae f
Schwan olor, -oris m
schwanger gravida
Schwangerschaft graviditas, -atis f
schwanken nutare, -o, -avi, -atum 1.
Schwanz cauda, -ae f
Schwarm examen, -inis n
schwärmen
1 (von Insekten) volitare, -o, -avi, -atum 1.
2 (begeistert sein) flagrare (-o, -avi, -atum 1.) studio (**für etw** alicuius rei)
schwarz
1 (Farbe) niger, -gra, -grum
2 (düster) ater, atra, atrum
schwatzen garrire, -io, -ivi, -itum 4.
schweben pendere, pendeo, pependi, - 2.; **vor Augen ~** ob oculos versari, (-or, -atus sum 1.); **in Gefahr ~** in periculo esse (sum, fui, - 0.)
Schweigen silentium, -i n
schweigen tacere, -eo, -ui, -itum 2., silere, -eo, -ui, - 2.
Schwein sus, suis f, porcus, -i m
Schweiß sudor, -oris m
Schwelle limen, -inis n
schwellen tumescere, tumesco, tumui, - 3.
Schwellung tumor, -oris m
schwenken torquere, torqueo, torsi, tortum 3.
schwer
1 (im Gewicht) gravis, -e
2 (schwierig) difficilis, -e; **~ an etw tragen** fig moleste ferre (fero, tuli, latum 0.)
Schwere gravitas, -atis f
schwerfällig gravis, -e
Schwerfälligkeit gravitas, -atis f
schwerhörig surdaster, -tra, -trum
schwernehmen aegre ferre (fero, tuli, latum 0.)
Schwerpunkt momentum (-i n) gravitatis

Schwert gladius, -i m; **das ~ zücken** gladium destringere (-stringo, -strinxi, -strictum 3.)
Schwester soror, -oris f
Schwiegermutter socrus, -us f
Schwiegersohn gener, -eri m
Schwiegertochter nurus, -us f
Schwiegervater socer, -cris m
schwierig difficilis, -e
Schwierigkeit difficultas, -atis f
schwimmen nare, no, navi, - 1., natare, -o, -avi, -atum 1.; **über den Fluss ~** fluvium tranatare (-o, -avi, -atum 1.)
Schwindel
1 (Drehschwindel) vertigo, -inis f
2 (Lüge) fraus, fraudis f
schwindeln
A v/t (lügen) fraudare, -o, -avi, -atum 1.
B v/i **j-m schwindelt** aliquis vertigine laborat
schwinden deficere, -ficio, -feci, -fectum 3.
schwingen torquere, torqueo, torsi, tortum 3.
schwitzen sudare, -o, -avi, -atum 1.
schwören iurare, -o, -avi, -atum 1.
schwül aestuosus, -a, -um
Schwung impetus, -us m
schwungvoll motus, -a, -um
Schwur ius (iuris n) iurandum
sechs sex indekl; **je ~** seni (-ae, -a)
sechsfach sexcuplus, -a, -um
sechshundert sescenti, -ae, -a
sechsmal sexies
sechste(r, -s) sextus, -a, -um
Sechstel pars (partis f) sexta
sechzehn sedecim indekl
sechzig sexaginta indekl
See... maritimus, -a, -um
See¹ M̄ lacus, -us m
See² F̄ (Meer) mare, -is n; **zur ~ fahren** navigare (-o, -avi, -atum 1.); **in ~ stechen** naves solvere (solvo, solvi, solutum 3.)
Seefahrt navigatio, -onis f
Seele
1 animus, -i m
2 (Leben) anima, -ae f
seelisch mit gen animi
Seemann nauta, -ae m
Seeräuber pirata, -ae m
Segel velum, -i n; **die ~ setzen** vela facere (facio, feci, factum 3.)
segeln navigare, -o, -avi, -atum 1.
Segen (Gebetsworte) bona (-orum) omina (-orum n)
segnen bona precari, -or, - atus sum 1.
sehen videre, video, vidi, visum 2., cernere, cerno, crevi, cretum 3.; **sieh da!** ecce!
Seher(in) vates, -is m(f)

Sehne nervus, -i *m*
sehnen: sich ~ nach desiderare aliquid (-o, -avi, -atum *1.*)
Sehnsucht desiderium, -i *n*
sehr
1. valde
2. (*nur bei Verben u. adj Partizipien*) magnopere
3. (*durch den sup*) **~ schön** pulcherrimus (-ae, -a); **~ groß** maximus (-a, -um)
4. **so ~** tantopere, adeo; **zu ~** nimis; **~ viele** permulti (-ae, -a); **~ wenige** perpauci (-ae, -a)

Sehvermögen sensus (-us *m*) videndi
seicht tenuis, -e
sein[1] (*Hilfsverb*) esse, sum, fui *0.*; **es sei denn, dass** nisi
sein[2] suus, -a, -um *refl; bleibt unübersetzt, wenn unbetont;* eius *nicht refl;* **die ~en** sui (-orum *mpl*)
seinetwegen suā causā, suo nomine
seit PRÄP +dat ab +abl, ex +abl; **~ Langem** diu; **~ jener Zeit** ex illo tempore
seitdem
A ADV ex eo tempore; *rel* ex quo (tempore)
B KONJ cum +ind

Seite
1. latus, -eris *n*
2. (*im Buch*) pagina, ae *f*
3. POL pars, partis *f*; **von allen ~n** undique; **auf beiden ~n** utrimque; **auf j-s ~ stehen** stare (sto, steti, staturus *1.*) ab aliquo; **j-m zur ~ stehen** adesse (-sum, -fui, -. *0.*) alicui

Sekretär scriba, -ae *m*
selbst
A DEM PR ipse, ipsa, ipsum
B ADV (*sogar*) etiam

Selbstbewusstsein fiducia (-ae *f*) mei (tui, nostri, vestri)
Selbstlaut littera (-ae *f*) vocalis
Selbstmord mors (mortis *f*) voluntaria; **~ begehen** mortem sibi consciscere (-scisco, -scivi, -scitum *3.*)
selbstständig
A ADJ liber, -era, -erum
B ADV mea (tua, sua) sponte

Selbstständigkeit libera voluntas, -atis *f*
selbstverständlich
A ADJ manifestus, -a, -um
B ADV scilicet, nimirum

Selbstvertrauen fiducia (-ae *f*) mei (tui, nostri, vestri)
selig beatus, -a, -um
selten
A ADJ rarus, -a, -um
B ADV raro

Seltenheit
1. (*seltenes Vorkommen*) raritas, -atis *f*
2. res (rei *f*) rara

seltsam mirus, -a, -um
Senat senatus, -us *m*
Senator senator, -oris *m; pl auch* patres (patrum *mpl*)
Senatorenstand ordo (-inis *m*) senatorius
Senats... senatorius, -a, -um
Senatsbeschluss senatus consultum (-i *n*)
Senatssitzung, Senatsversammlung senatus, -us *m*; **eine ~ abhalten** senatum habere (-eo, -ui, -itum *2.*)
senden mittere, mitto, misi, missum *3.*
senken
1. (*Kopf*) demittere, -mitto, -misi, -missum *3.*
2. (*Steuer*) deminuere, -uo, -ui, -utum *3.*

senkrecht directus, -a, -um
September September, -bris *m*
Sessel sella, -ae *f*
Sesterz (*kleinste römische Münze*) sestertius, -i *m*
setzen ponere, pono, posui, positum *3.*; **j-m die Krone aufs Haupt ~** coronam capiti alicuius imponere (-pono, -posui, -positum *3.*); **sich ~** (con)sidere (-sido, -sedi, -sessum *3.*)
Seuche pestilentia, -ae *f*
seufzen gemere, gemo, gemui, gemitum *3.*
sich
1. *pers pr refl dat* sibi; *akk* se
2. *bei manchen Verben sowie im Passiv bei fehlender handelnder Person bleibt es unübersetzt:* **~ nähern** appropinquare (-o, -avi, -atum *1.*); **~ freuen** gaudere (gaudeo, gavisus sum *2.*)

sicher
A ADJ
1. (*gewiss*) certus, -a, -um
2. (*geschützt*) tutus, -a, -um
3. (*sorglos*) securus, -a, -um
B ADV certe

Sicherheit securitas, -atis *f*
sicherlich certe, profecto
sichern munire, -io, -ivi, -itum *4.*
Sicht
1. (*Sehvermögen*) visus, -us *m*
2. (*Hinsehen*) aspectus, -us *m*

sichtbar
1. (*zu sehen*) aspectabilis, -e
2. (*deutlich*) manifestus, -a, -um

sichten cernere, cerno, crevi, cretum *3.*
sichtlich
A ADJ apertus, -a, -um
B ADV manifesto

Sieb cribrum, -i *n*
sieben septem *indekl*; **je ~** septeni (-ae, -a)
siebenhundert septingenti, -ae, -a
siebenmal septies
siebte(r, -s) septimus, -a, -um
Siebtel pars (partis *f*) septima
siebzehn septendecim *indekl*

siebzig septuaginta *indekl*
siedeln considere, -sido, -sedi, -sessum 3.
Siedler colonus, -i *m*
Siedlung colonia, -ae *f*
Sieg victoria, -ae *f*; **den ~ über j-n davontragen** victoriam reportare (-o, -avi, -atum 1.) ab aliquo; **einen ~ erringen** victoriam parere (pario, peperi, partum 3.)
Siegel sigillum, -i *n*
siegen vincere, vinco, vici, victum 3. (**über j-n** aliquem)
Sieger victor, -oris *m*
Siegerin victrix, -icis *f*
Siegesfeier triumphus, -i *m*
Siegespreis palma, -ae *f*
Siegeszeichen tropaeum, -i *n*
siegreich *durch subst* victor, -oris *m*; victrix, -icis *f*
Signal signum, -i *n*
Silber argentum, -i *n*
silbern argenteus, -a, -um
singen cantare, -o, -avi, -atum 1., canere, cano, cecini, cantatum 3.
Singular numerus (-i *m*) singularis
sinken (*Sonne*) occidere, -cido, -cidi, -cisum 3.; **den Mut ~ lassen** animo deficere (-ficio, -feci, -fectum 3.)
Sinn
 1 (*Gefühl*) sensus, -us *m*
 2 (*Gesinnung*) animus, -i *m*; **im ~ haben** in animo habere (-eo, -ui, -itum 2.); **mir kommt etw in den ~** mihi aliquid in mentem venit
sinnlos vanus, -a, -um
Sinnspruch sententia, -ae *f*
sinnvoll
 A ADJ ingeniosus, -a, -um
 B ADV ingeniose
Sippe gens, gentis *f*
Sitte mos, moris *m*
Sittenverfall mores (-um *m*) corrupti
Situation status, -us *m*
Sitz sedes, -is *f*
sitzen sedere, sedeo, sedi, sessum 2.
Sitzplatz sedes, -is *f*
Sitzungsgebäude (*des Senats*) curia, -ae *f*
Skizze adumbratio, -onis *f*
skizzieren adumbrare, -o, -avi, -atum 1.
Sklave servus, -i *m*; **~ sein** servire, -io, -ivi, -itum 4.
Sklaven- servilis, -e
Sklaverei servitus, -utis *f*; **in die ~ schleppen** in servitutem abducere (-duco, -duxi, -ductum 3.); **in die ~ verkaufen** sub corona vendere (vendo, vendidi, venditum 3.)
Sklavin serva, -ae *f*
sklavisch servilis, -e
Skulptur statua, -ae *f*
so
 1 (*beim Verb*) ita, sic; **~ ... wie** ita ... ut
 2 (*beim adj u. adv*) tam; **~ ... wie** tam ... quam
 3 **~ beschaffen** talis (-e); **~ groß** tantus (-a, -um); **~ groß ... wie** tantus ... quantus; **~ oft** totiens; **~ sehr** tantopere; (**nur**) **~ viel** tantum *n*; **~ viele** tot, *indekl*; **~ weit** eo
sobald ubi (primum), ut (primum), cum (primum), simulac, simulatque (*alle +ind perf*)
sodass ut; **~ nicht** ut non
soeben modo
sofern si
sofort statim
sogar etiam, vel
sogenannt qui (quae, quod) dicitur
sogleich statim
Sohle vestigium, -i *n*
Sohn filius, -i *m*; **mein ~!** mi fili!
solang, solange KONJ dum, quamdiu, quoad (*alle +ind*)
solche(r, -s) talis, -e
Sold stipendium, -i *n*
Soldat miles, -litis *m*
Soldaten... militaris, -e
Söldner miles (-itis *m*) mercen(n)arius
solide solidus, -a, -um
sollen
 1 (*müssen*) debere, -eo, -ui, -itum 2.; *durch das Gerundiv und konjkt*: **man soll loben** laudandum est; **er soll kommen** veniat
 2 (*Gerücht*) *durch* dici, dicor, dictus sum 3. **Caesar soll kommen** Caesar venire dicitur
 3 *abwägend durch konjkt*: **wer sollte glauben?** quis credat?
somit ita
Sommer aestas, -atis *f*; **im ~** aestate
sommerlich aestivus, -a, -um
sonderbar mirus, -a, -um
sondern sed; **nicht nur ... ~ auch** non modo *od* non solum ... sed etiam
Sonne sol, solis *m*
sonnen: sich ~ sole uti (utor, usus sum 3.)
Sonnenaufgang solis ortus (-us *m*); **bei ~** prima luce
Sonnenwende solstitium, -i *n*
sonnig apricus, -a, -um
Sonntag
 1 dies (-ei *m*) solis
 2 (*eccl.*) dies (-ei *m*) dominicus *m*
sonst
 1 (*zu einer anderen Zeit*) alias
 2 (*an einem anderen Ort*) alibi
 3 (*andernfalls*) aliter
sonstig alius, -a, -ud
sooft cum *+ind*

Sophist sophista (auch -es), -ae m
Sorge cura, -ae f
sorgen curare, -o, -avi, -atum 1. (**für j-n/etw** aliquem/aliquid; **dafür, dass** ut); providere, -video, -vidi, -visum 2., consulere, -sulo-, sului, -sultum 3. (**für j-n/etw** alicui/alicui rei); **für den Staat ~** curare rem publicam/rei publicae providere
Sorgfalt cura, -ae f, diligentia, -ae f
sorgfältig diligens, -entis
sorglos securus, -a, -um
Sorte genus, -eris n
Soße ius, -iuris n
soviel quantum n; **~ ich weiß** quantum scio
soweit si
sowie (und) et
sowohl: **~ ... als auch** et ... et; **~ ... als auch ganz besonders** cum ... tum
Spalte rima -ae f
spalten findere, findo, fidi, fissum 3.
Spange fibula, -ae f
spannen tendere, tendo, tetendi, tentum 3.
spannend movens, -entis
Spannung (Erwartung) exspectatio, -onis f
sparen reservare, -o, -avi, -atum 1. **sich etw ~** omittere (-mitto, -misi, -missum 3.) aliquid
sparsam parcus, -a, -um
Sparsamkeit parsimonia, -ae f
Spaß iocus, -i m; **es macht mir ~** me iuvat
spaßig iocosus, -a, -um
spät

A ADJ serus, -a, -um
B ADV (**zu**) **~** sero
spätabends vesperi
später

A ADJ posterus, -a, -um
B ADV postea, post; **wenige/viele Tage ~** paucis/multis diebus post
spätere(r, -s) posterior, -ius
spätestens tardissime
Spatz passer, -eris m
spazieren ambulare, -o, -avi, -atum 1.
Spaziergang ambulatio, -onis f
Specht picus, -i m
Speck lardum, -i n
Speer hasta, -ae f
Speichel saliva, -ae f
Speichellecker sordidus adulator (-oris m)
Speise

1 (einzelnes Essen) cibus, -i m
2 (Gerichte) **~n** epulae (-arum fpl)
speisen VI cenare, -o, -avi, -atum 1.
Speisezimmer triclinium, -i n
Spende donum, -i n, munus, -eris n
spenden donare, -o, -avi, -atum 1., largiri, largior, largitus sum 4.; **Beifall ~** plausum dare (do, dedi, datum 1.)
Sperling passer, -eris m
Sperre percusio, -onis f
sperren claudere, claudo, clausi, clausum 3.
speziell singularis, -e
Spiegel speculum, -i n
spiegeln: **sich ~** se in speculo contemplari (-or, -atus sum 1.)
Spiel ludus, -i m; **Olympische ~e** Olympia (-orum npl)
spielen

1 ludere, ludo, lusi, lusum 3. (**mit etw** re)
2 MUS canere, cano, cecini, cantatum 3. +abl; **Flöte ~** tibiā canere
Spielzeug oblectamenta, -orum npl
Spieß hasta, -ae f
Spinne aranea, -ae f
spinnen[1] (Wolle) lanam tractare (-o, -avi, -atum 1.)
spinnen[2] (verrückt sein) delirare, -o, -avi, -atum 1.
Spion speculator, -oris m
spitz acutus, -a, -um
Spitze

1 acumen, -inis n
2 (Gipfel) vertex, -ticis m
3 (Leitung) **an der ~ stehen** praeesse (-sum, -fui, -0., **einer Sache** alicui rei); **an die ~ stellen** praeficere (-ficio, -feci, -fectum 3., **einer Sache** alicui rei)
Spitzel speculator, -oris m
Sport exercitatio (-onis f) corporis; **~ treiben** corpus exercere (-eo, -ui, -itum 2.)
Sportler athleta, -ae m
sportlich athleticus, -a, -um
Spott ludibrium, -i n
spotten illudere, -ludo, -lusi, -lusum 3.
spöttisch irridens, -entis
Sprache

1 lingua, -ae f
2 (Umgangssprache) sermo, -onis m; **etw zur ~ bringen** mentionem facere alicuius rei (facio, feci, factum 3.)
Sprachlehrer grammaticus, -i m
sprachlich grammaticus, -a, -um
sprachlos mutus, -a, -um
sprechen dicere, dico, dixi, dictum 3., loqui, loquor, locutus sum 3. (**über etw** de re)
Sprecher orator, -oris m
Sprichwort proverbium, -i n; **ein ~ sagt** in proverbio est
springen salire, salio, salui, saltum 4.; **ins Wasser ~** in aquam se praecipitare (-o, -avi, -atum 1.)
spritzen

A VT spargere, spargo, sparsi, sparsum 3.

B VII prosilire, -silio, -silui, - 4.

spröde
1 (zerbrechlich) fragilis, -e
2 (schwer zugänglich) difficilis, -e

Spross stirps, -is f

Spruch proverbium, -i n, dictum, -i n

Sprung saltus, -us m

spülen eluere, -luo, -, -lutum 3.

Spur vestigium, -i n

spüren sentire, sentio, sensi, sensum 4.

Staat
1 res (rei f) publica
2 (Bürgerschaft) civitas, -atis f

staatlich publicus, -a, -um

Staatskasse, Staatsschatz aerarium, -i n

Staatsverwaltung administratio, -onis f

Stab radius, -i m

Stachel stimulus, -i m

Stadt
1 (auf dem Land) oppidum, -i n
2 (größer) urbs, urbis f

Stadtbewohner oppidanus, -i m; urbanus, -i m

städtisch oppidanus, -a, -um, urbanus, -a, -um

Stadtmauer moenia, -ium npl

Stadtstaat civitas, -atis f

Stadtteil
1 vicus, -i m
2 (in Rom) tribus, -us f

Stahl adamas, -mantis m

stählern adamanteus, -a, -um

Stall stabulum, -i n

Stamm
1 (Baumstamm) truncus, -i m
2 (Personen) gens, gentis f

stammen ortum (prognatum) esse (sum, fui, - 0.)

stämmig robustus, -a, -um

stampfen terram pede pulsare (-o, -avi, -atum 1.)

Stand
1 (das Stehen) status, -us m
2 (Rang) ordo, -inis m; Leute niedrigen ~es homines humili loco nati (orti)

Standbild
1 statua, -ae f, signum, i n
2 (eines Gottes) simulacrum, -i n

standhaft constans, -antis, firmus, -a, -um

Standhaftigkeit constantia, -ae f

standhalten resistere, -sisto, -stiti, - 3.

ständig
A ADJ assiduus, -a, -um, perpetuus, -a, -um
B ADV perpetuo, semper

Standpunkt locus, -i m; **etw von diesem ~ aus betrachten** rem ita spectare (-o, -avi, -atum 1.)

Stange pertica, -ae f

Stängel caulis, -is m

Star[1] (Krankheit) suffusio (-onis f) oculorum

Star[2] (Vogel) sturnus, -i m

stark firmus, -a, -um, robustus, -a, -um, validus, -a, -um; **~ sein** valere (-eo, -ui, -iturus 2.)

Stärke robur, -oris n, firmitas, -atis f, vires, -ium fpl

stärken (con)firmare, -o, -avi, -atum 1.; **sich ~** se recreare (-o, -avi, atum 1.)

starr rigidus, -a, -um

Starre rigor, -oris m

starren
1 (starr sein) rigere, -eo, -ui, - 3.
2 (intensiv schauen) oculos defigere (-figo, -fixi, -fixum 3.; **auf etw ad** aliquid)

Start initium, -i n

starten initium capere (capio, cepi, captum 3.)

statt
A PRÄP +gen pro +abl
B KONJ tantum abest, ut ..., ut ...; **~ dich zu loben, tadle ich dich** tantum abest, ut te laudem, ut te reprehendam

stattfinden
1 esse, sum, fui, - 0.
2 (geschehen) fieri, fio, factus sum 3., evenire, -venio, -veni, -ventum 4.

Statthalter proconsul, -lis m; propraetor, -oris m

Statthalterschaft proconsulatus, -us m

stattlich amplus, -a, -um

Statue statua, -ae f

Status status, -us m

Staub pulvis, -eris m

staunen stupere, stupeo, stupui, - 3. (**über etw** re); mirari, -or, -atus sum 1. (**über etw** aliquid)

stechen
1 pungere, pungo, pupugi, punctum 3.
2 (Schmerzen, Insekten) mordere, mordo, momordi, morsum 3.

stecken
A VI (testsitzen) haerere, haereo, haesi, haesum 2.; **~ bleiben** haerere
B VT
1 figere, figo, fixi, fixum 3. (**in etw** in aliquid)
2 **in Brand ~** incendere, -cendo, -cendi, -censum 3.

Steg (kleine Brücke) ponticulus, -i m

stehen
1 stare, sto, steti, staturus 1.
2 (da sein) esse, sum, fui, - 0.; **in Blüte ~** florere (-eo, -ui, - 2.); **j-m im Weg ~** obstare (-sto, -stiti, -staturus 1.) alicui; **~ bleiben** consistere (-sisto,

-stiti, - 3.); **zum ~ bringen** retinere (-tineo, -tinui, tentum 2.); **zur Verfügung ~** non deesse (-sum, -fui, - 3.); **auf vertrautem Fuß mit j-m ~** familiariter uti (utor, usus sum 3.) aliquo
stehlen furari, -or, -atus sum 1.
steif rigidus, -a, -um
steigen ascendere, -scendo, -scendi, -scensum 3. (**auf etw** aliquid/in aliquid); **aus dem Schiff ~** ex nave egredi (-gredior, -gressus sum 3.)
Steigerung gradatio, -onis f
steil arduus, -a, -um
Stein
1 lapis, -idis m
2 (Kieselstein) silex, -licis m
3 (Felsen) saxum, -i n
steinern lapideus, -a, -um
steinigen lapidibus obruere (-ruo, -rui, -rutum 3.)
Stelle
1 (Ort) locus, -i m (loca, -orum npl)
2 (Posten) munus, -eris n; **zur ~ sein** adesse (-sum, -fui, - 0.); **die ~n** (im Buch) loci (-orum mpl)
stellen
1 ponere, pono, posui, positum 3., collocare, -o, -avi, -atum 1.; **vor Gericht ~** ante iudices destituere (-stituo, -stitui, -stitutum 3.); **Geiseln ~** obsides dare (do, dedi, datum 1.); **vor Augen ~** proponere (-pono, -posui, -positum 3.)
2 **sich ~** consistere (-sisto, -stiti, - 3.)
Stellung
1 (Position) status, -us m, auch fig
2 **geachtete ~** dignitas, -atis f
stellvertretend vicarius, -a, -um (**für j-n/für etw** alicuius/alicuius rei)
Stellvertreter vicarius, -i m
stemmen inniti, -nitor, -nisus sum 3.
stempeln signare, -o, -avi, -atum 1.
sterben mori, morior, mortuus (auch: moriturus) sum 3., animam efflare (-o, -avi, -atum 1.); mortem obire (-eo, -ii, -itum 0.); de vita decedere (-cedo, -cessi, -cessum 3.); **an einer Krankheit/an einer Wunde ~** morbo/ex vulnere mori
sterbend moriens, -entis.
sterblich mortalis, -e, moribundus, -a, -um
Stern stella, -ae f, sidus, -eris n, astrum, -i n
Sternbild sidus, -eris n
stets semper
Steuer[1] N̄ NAUT gubernaculum, -i n
Steuer[2] F̄
1 (direkte) tributum, -i n
2 (indirekte) vectigal, -alis n
Steuermann gubernator, -oris m
steuern gubernare, -o, -avi, -atum 1.
Steuerruder gubernaculum, -i n

Stich
1 ictus, -us m
2 (eines Insekts) punctum, -i n
3 **im ~ lassen** deserere (-sero, -serui, -sertum 3.)
stichhaltig firmus, -a, -um
Stichwort verbum, -i n
Stiefel caliga, -ae f
Stiefsohn privignus, -i m
Stiel manubrium, -i n
Stier taurus, -i m
Stift stilus, -i m
Stil genus (-i n) dicendi/scribendi
still quietus, -a, -um
Stille quies, -etis f, silentium, -i n
stillen
1 (beruhigen) sedare, -o, -avi, -atum 1.; **den Durst ~** sitim explere (-eo, -evi, -etum 2.)
2 **Blut ~** sanguinem supprimere (-primo, -pressi, -pressum 3.)
3 (Säugling) lacte suo alere (alo, alui, al(i)tum 3.) infantem
stillschweigend silentio
stillstehen consistere, -sisto, -stiti, - 3.
Stimme
1 vox, vocis f; **mit lauter ~** magna voce
2 (Meinung) sententia, -ae f; **seine ~ abgeben** sententiam ferre (fero, tuli, latum 0.);
stimmen
A V̄T
1 (ein Instrument) tendere, tendo, tetendi, tentum 3.
2 (seine Stimme abgeben) suffragium ferre (fero, tuli, latum 0.)
B V̄I (richtig sein) iustum esse (sum, fui, - 0.)
Stimmung animus, -i m; **in trauriger ~ sein** tristi animo esse (sum, fui, - 0.)
stinken male olere (oleo, olui, - 3.)
Stirn frons, frontis f
Stock baculum, -i n, fustis, -is m
stocken haerere, haereo, haesi, haesum 2.
Stockwerk tabulatum, -i n
Stoff
1 (Textil) textum, -i n
2 (allgemein) materia, -ae f
stöhnen gemere, -o, -ui, -itum 3.
Stoiker Stoicus, -i m
stoisch Stoicus, -a, -um
Stollen cuniculus, -i m
stolpern vestigium falli (fallor, - 3.)
Stolz superbia, -ae f
stolz superbus, -a, -um
stopfen farcire, farcio, farsi, fartum 3.
Storch ciconia, -ae f
stören turbare, -o, -avi, -atum 1.
Störung perturbatio, -onis f

Römerstraßen in Italien

Via Appia	312 v. Chr.
Via Aurelia	241 v. Chr.
Via Flaminia	220 v. Chr.
Via Aemilia	187 v. Chr.
Via Cassia	171 v. Chr.
Via Postumia	148 v. Chr.
Via Popilia	132 v. Chr.

RAETIA
NORICUM
GALLIA
ISTRIA
DALMATIA
AFRICA PROCONSULARIS

Augusta Praetoria (Aosta)
Mediolanum (Mailand)
Augusta Taurinorum (Turin)
Aquileia (Aquileia)
Placentia (Piacenza)
Patavium (Padua)
Padus (Po)
Mutina (Modena)
Genua (Genua)
Bononia (Bologna)
Ariminium (Rimini)
Pisae (Pisa)
Florentia (Florenz)
Tiberis (Tiber)
Roma (Rom)
Casinum (Cassino)
Capua
Beneventum (Benevent)
Neapolis (Neapel)
Brundisium (Brindisi)
Tarentium (Tarent)
Corsica (Korsika)
Sardinia (Sardinien)
Panormus (Palermo)
Sicilia (Sizilien)
Rhegium (Reggio Calabria)
Syracusae (Syrakus)

Via Postumia
Via Aemilia
Via Cassia
Via Flaminia
Via Aurelia
Via Appia
Via Popilia

Hadriaticum Mare (Adriatisches Meer)
Tyrrenum Mare (Tyrrhenisches Meer)
Ionium Mare (Ionisches Meer)

Stoß ictus, -us *m*
stoßen
- **A** *VT* percutere, -cutio, -cussi, -cussum 3.
- **B** *VI* offendere, -fendo, -fendi, -fensum 3.

stottern balbutire, -io, -ivi, -itum 4.
strafbar noxius, -a, -um
Strafe poena, -ae *f*, supplicium, -i *n*; **eine ~ verbüßen** poenam persolvere (-solvo, -solvi, -solutum 3.)
strafen punire, -io, -ivi, -itum 4.
Strahl radius, -i *m*
strahlen radiare, -o, -avi, -atum 1.
Strand litus, -oris *n*
Strapaze labor, -oris *m*
Straße via, -ae *f*; **eine ~ führt an einen Ort** iter in locum fert
Straßenräuber latro, -onis *m*
sträuben: sich ~ repugnare, -o, -avi, -atum 1. (**gegen etw** alicui rei), horrere, -eo, -ui, - 2. (**vor etw** aliquid)
Strauch frutex, -ticis *m*
streben studere, studeo, studui, - 2. +inf (**nach etw** alicui rei)
Strecke spatium, -i *n*
strecken tendere, tendo, tetendi, tentum 3.
streicheln permulcere, -mulceo, -mulsi, -mulsum 2.
streichen
- **1** (*berühren*) mulcere, mulceo, mulsi, mulsum 2. (**über etw** aliquid)
- **2** (*mit Farbe*) colorem inducere (-duco, -duxi, -ductum 3., **etw** alicui rei)

streifen
- **A** *VT* (*leicht berühren*) stringere, stringo, strinxi, strictum 3.
- **B** *VI* (*wandern*) migrare, -o, -avi, -atum 1., **durch einen Ort** per locum

Streit
- **1** (*Streitigkeit*) lis, litis *f*, controversia, -ae *f*
- **2** (*Wettstreit*) certamen, -minis *n*

streiten
- **1** (*sich zanken*) litigare, -o, -avi, -atum 1.
- **2** (*wettstreiten*) certare, -o, -avi, -atum 1.

Streitigkeit controversia, -ae *f*
Streitkräfte copiae, -arum *fpl*, vires, virium *fpl*
streng severus, -a, -um
Strenge severitas, -atis *f*
streuen spargere, spargo, sparsi, sparsum 3.
streunen vagari, -or, -atus sum 1.
Strich linea, -ae *f*
Stroh stramentum, -i *n*
Strom (*großer Fluss*) amnis, -is *m*
strömen fluere, fluo, fluxi, fluxum 3.
Strömung flumen, -inis *n*
Strophe stropha, -ae *f*

Strudel vertex, -ticis *m*
struppig horridus, -a, -um
Stück
- **1** (*Teil*) pars, partis *f*; **~ für ~** minutatim
- **2** (*abgebrochenes*) fragmentum -i *n*
- **3** (*Werk*) opus, -eris *n*; **aus freien ~en** ultro

studieren litteris studere (-eo, -ui, - 2.)
Studium studium, -i *n*
Stufe gradus, -us *m*
Stuhl sella, -ae *f*, sedes, -is *f*
stumm mutus, -a, -um
stumpf obtusus, -a, -um
Stunde hora, -ae *f*
stundenlang per horas
stündlich *ADV* singulis horis
Sturm tempestas, -atis *f*, procella, -ae *f*
stürmen
- **A** *VT* (*angreifen*) expugnare, -o, -avi, -atum 1.
- **B** *VI*
  - **1** (*schnell laufen*) se proruere, -ruo, -rui, -rutum 3.
  - **2** (*vom Wetter*) **es stürmt** ventus saevit

stürmisch vehemens, -entis, turbidus, -a, -um
Sturmwind procella, -ae *f*
Sturz ruina, -ae *f*
stürzen
- **A** *VT* praecipitare, -o, -avi, atum 1., deicere, -icio, -ieci, -iectum 3.; **den Staat ~** rem publicam evertere (-verto, -verti, -versum 3.); **sich ~** ruere (ruo, rui, rutum 3.); **sich auf j-n ~** petere (-o, -ivi, -itum 3.) aliquem; **sich in Gefahren ~** pericula subire (-eo, -ii, -itum 04.)
- **B** *VI*
  - **1** cadere, cado, cedidi, casurus 3.
  - **2** (*Lawine*) ruere, ruo, rui, rutum 3.; **zu Boden ~** corruere (-ruo, -rui, -ruiturus 3.); **ins Unglück ~** in mala irruere (-ruo, -rui, - 3.)

Stute equa, ae *f*
Stütze praesidium, -i *n*
stützen fulcire, fulcio, fulsi, fultum 4.; **sich ~** niti, nitor, nisus sum 3. (**auf etw** re)
Substantiv GRAM nomen, -minis *n*
Suche quaestio, -onis *f* (**nach etw** alicuius rei)
suchen quaerere, quaero, quaesivi, quaesitum 3.; **zu erreichen ~** petere (-o, -ivi, -itum 3.); **sein Heil in der Flucht ~** fuga salutem petere
Sucht cupiditas, -atis *f*
süchtig cupidus, -a, -um (**nach etw** alicuius rei)
Süden meridies, -ei *m*; **nach ~** in meridiem
südlich meridianus, -a, -um
sühnen lustrare, -o, -avi, -atum 1.
Summe summa, -ae *f*
summen fremere, -o, -ui, -itum 3.

Sumpf palus, -udis f
Sumpfgebiet paludes, -um fpl
sumpfig paluster, -tris, -tre
Sünde peccatum, -i n
sündigen peccare, -o, -avi, -atum 1.
Suppe ius, iuris n
süß
- **A** ADJ
  1. (*Geschmack*) dulcis, -e
  2. (*angenehm*) suavis, -e
- **B** ADV suaviter

Süße (*Geschmack*) dulcedo, -inis f; (*Lieblichkeit*) suavitas, -atis f
Süßigkeit
1. (*Näscherei*) dulcia, -ium npl
2. (*süßer Geschmack*) dulcedo, -inis f

Symbol signum, -i n
symbolisieren significare, -o, -avi, -atum 1.
Sympathie consensus, -us m
sympathisch gratus, -a, -um
System ratio, -onis f
systematisch
- **A** ADJ ad artem redactus (-a, -um)
- **B** ADV viā et ratione

Szene scaena, -ae f

T

Tabelle tabula, -ae f
Tadel reprehensio, -onis f
tadellos probus, -a, -um
tadeln vituperare, -o, -avi, -atum 1., reprehendere, -hendo, -hendi, -hensum 3.
Tafel tabula, -ae f
Tag dies, -ei m; **bei ~** diurnus, -a, -um; interdiu; **am ~ vorher** pridie; **am folgenden ~** postero die, postridie; **von ~ zu ~** in dies; **eines ~es** quondam; **es wird ~** lucescit; **in den ~ hinein** in diem
tagelang multos dies
Tagesanbruch prima (-ae) lux (lucis f), **bei ~** prima luce; **vor ~** ante lucem
Tageslicht lux, lucis f
Tageszeit tempus (-oris n) diei
täglich
- **A** ADJ cottidianus, -a, -um
- **B** ADV cottidie

tagsüber interdiu
Takt
1. (*Taktgefühl*) elegantia (-ae f) morum
2. (*Musik*) numerus, -i m

Taktik res (rei f) militaris
taktvoll moderatus, -a, -um
Tal vallis, -is f
Talent
1. (*Begabung*) ingenium, -i n, indoles, -is f
2. (*Geldbetrag*) talentum, -i n

Tanne abies, -etis f
Tante
1. (*Schwester des Vaters*) amita, -ae f
2. (*Schwester der Mutter*) matertera, -ae f

Tanz saltatio, -onis f
tanzen saltare, -o, -avi, -atum 1.
tapfer fortis, -e
Tapferkeit fortitudo, -inis f; virtus, -utis f
Tasche marsupium, -i n
Tat
1. factum, -i n, res (rei f) gesta; **~en vollbringen** res gerere (gero, gessi, gestum 3.); **in der ~** profecto, re vera
2. (*oft Untat*) facinus, -oris n

Täter auctor, -oris m
tätig agens, -entis
Tätigkeit actio, -onis f
Tatkraft virtus, -utis f
tatkräftig strenuus, -a, -um
Tatsache factum -i n

▶ Tageszeiten

diluculum ⟨i⟩ n	Tagesanbruch
mane indecl n	Morgen
dies ⟨ei⟩ m **antemeridianus**	Vormittag
meridies ⟨ei⟩ m	Mittag
dies ⟨ei⟩ m **postmeridianus**	Nachmittag
vesper ⟨vesperi⟩ m	Abend
crepusculum ⟨i⟩ n	Abenddämmerung
nox ⟨noctis⟩ f	Nacht

WORTSCHATZ ◀

tatsächlich profecto, re vera
Tau[1] (*Morgentau*) ros, roris *m*
Tau[2] (*Seil*) funis, -is *m*
taub surdus, -a, -um
Taube columba, -ae *f*
Taubheit surditas, -atis *f*
tauchen
- **A** VT mergere, mergo, mersi, mersum *3.*
- **B** VI se mergere

taugen idoneum esse (sum, fui, - *0.*); **nichts ~** nihili esse (sum, fui, - *0.*)
tauglich idoneus, -a, -um (**zu etw** ad aliquid)
Tausch mutatio, -onis *f*
täuschen fallere, fallo, fefelli, - *3.*, decipere, -cipio, -cepi, -ceptum *3.*; **sich ~** errare, -o, -avi, -atum *1.*, **in etw** in re
tauschen mutare, -o, -avi, -atum *1.* (**etw gegen etw** aliquid re)
Täuschung fallacia, -ae *f*
tausend mille; **zweitausend** duo milia; **~ Dank!** summas gratias ago!
tausendmal millie(n)s
tausendste(r, -s) millesimus, -a, -um
Tausendstel pars (partis *f*) millesima
Technik ars, artis *f*
technisch *durch gen* artis
Teich stagnum, -i *n*
Teil pars, partis *f*; **zum ~** ex parte
teilen dividere, -vido, -visi, -visum *3.*, **unter sich** inter se
Teilnahme societas, -atis *f*
teilnehmen interesse, -sum, -fui, - *0.* (**an etw** alicui rei)
Teilnehmer comes, -mitis *m/f*
teils ... teils partim ... partim
teilweise ex parte
Tempel templum, -i *n*, aedes, -is *f*
Temperament natura, -ae *f*
Temperatur temperatio, -onis *f*
Termin dies, -ei *f*
Testament testamentum, -i *n*
teuer
- **A** ADJ (*lieb*) carus, -a, -um; **~ sein** magno constare (-sto, -stiti, -staturus *1.*)
- **B** ADV (*beim Kauf*) magno

Text verba, -orum *npl*
Theater theatrum, -i *n*
Thema propositum, -i *n*
Theorie ratio, -onis *f*
Thermen (*warme Bäder od Quellen*) thermae, -arum *fpl*
These propositum, -i *n*
Thron solium, -i *n*; **den ~ innehaben** regnare (-o, -avi, -atum *1.*)
tief altus, -a, -um
Tiefe altitudo, -inis *f*
Tier animal, -alis *n*, bestia, -ae *f*
Tierhetze venatio, -onis *f*
tierisch
- **A** ADJ *durch gen* animalium
- **B** ADV bestiarum modo

Tierleiche cadaver, -eris *n*
Tiger tigris, -is *m/f*
Tinte atramentum, -i *n*
Tisch mensa, -ae *f*; **bei ~e liegen** accubare (-o, -, - *1.*); **sich zu ~e legen** accumbere (-cumbo, -cubui, -cubitum *3.*); **bei ~** inter cenam
Tischgenosse conviva, -ae *m*
Titel
- **1** (*einer Person*) nomen, -inis *n*, titulus, -i *m*
- **2** (*eines Buches*) inscriptio, -onis *f*

toben saevire, -io, -ii, -itum *4.*
Tochter filia, -ae *f*
Tod mors, mortis *f*; **gewaltsamer ~** nex (necis *f*); **zum ~ verurteilen** capitis damnare (-o, -avi, -atum *1.*)
Todesangst summus angor (-oris *m*)
Todesgefahr summum periculum (-i *n*)
Todesstrafe supplicium, -i *n*; **die ~ verhängen über j-n** supplicium sumere de aliquo
todgeweiht moriturus, -a, -um
tödlich mortiferus, -a, -um
Toga toga, -ae *f*; **die ~ anlegen** togam sumere (sumo, sumpsi, sumptum *3.*)
tolerant mitis, -e
Ton[1] (*Erde*) argilla, -ae *f*
Ton[2] (*Laut*) sonus, -i *m*
tönen sonare, -o, -ui, - *1.*
Topf urna, -ae *f*
Töpfer figulus, -i *m*
Tor porta, -ae *f*, ostium, -i *n*
töricht stultus, -a, -um
tosen strepere, strepo, strepui, strepitum *3.*
tot mortuus, -a, -um
töten interficere, -ficio, -feci, -fectum *3.*; (*gewaltsam*) necare, -o, -avi, -atum *1.*; (*in der Schlacht*) caedere, caedo, cecidi, caesum *3.*, occidere, -cido, -cidi, -cisum *3.*
Tracht habitus, -us *m*
trachten studere, studeo, studui, - *2.* (**nach etw** alicui rei); **j-m nach dem Leben ~** vitae alcuius insidias parare (-o, -avi, -atum *1.*)
Tradition traditio, -onis *f*; **es ist ~** traditum est
träge piger, -gra, -grum; iners, -ertis
tragen
- **1** portare, -o, -avi, -atum *1.*, ferre, fero, tuli, latum *0.*
- **2** (*Waffen, Kleider*) gerere, gero, gessi, gestum *3.*; **zur Schau ~** prae se ferre

Trägheit pigritia, -ae *f*, inertia, -ae *f*
Tragik tristitia, -ae *f*

Tragödie tragoedia, -ae *f*
trainieren exercere, -eo, -ui, -itum 2.
Träne lacrima, -ae *f*; **unter vielen ~n** multis cum lacrimis; **~n vergießen** lacrimas effundere (-fundo, -fudi, -fusum 3.)
tränken imbuere, -buo, -bui, -butum 3.
Transport commeatus, -us *m*
transportieren vehere, veho, vexi, vectum 3.
Traube uva, -ae *f*
trauen fidem habere (-eo, -ui, -itum 2.), confidere, -fido, -fisus sum 3. (**j-m** alicui); **sich ~** audere, audeo, ausus sum 2.
Trauer
1 maeror, -oris *m*, dolor, -oris *m*
2 (*Klage, bsd um Tote*) luctus, -us *m*
trauern
1 maerere, -eo, -ui, - 2., dolere, -eo, -ui, -iturus 2.
2 (*mit äußeren Zeichen*) lugere, lugeo, luxi, luctum 3. (**um j-n** aliquem)
Trauerspiel tragoedia, -ae *f*
Traum somnium, -i *n*; **im ~** per somnium
träumen somniare, -o, -avi, -atum 1. (**von etw** de re, **von j-m** de aliquo)
traurig tristis, -e, maestus, -a, -um
Traurigkeit tristitia, -ae *f*, maestitia, -ae *f*
Treffen conventus, -us *m*
treffen
1 (*vom Pfeil*) ferire, -io, -, - 4.; percutere, -cutio, -cussi, -cussum 3.; (*verwunden*) vulnerare, -o, -avi, -atum 1.
2 (*Person*) invenire, -venio, -veni, -ventum 4.; **sich mit j-m ~** invenire aliquem
3 (*auf eine Person stoßen*) incidere, -cido, -cidi, - 3.; **ein Unglück trifft mich** calamitas mihi accidit; **es trifft sich, dass** accidit, ut
treffend (*passend*) aptus, -a, -um
treiben
1 agitare, -o, -avi, -atum 1., agere, ago, egi, actum 3., propellere, -pello, -puli, -pulsum 3.
2 Ackerbau ~ agriculturae studere (-eo, -ui, - 2.); **Geschäfte ~** negotium gerere (gero, gessi, gestum 3.)
trennen
1 dividere, -vido, -visi, -visum 3., secernere, -cerno, -crevi, -cretum 3.
2 (*absondern*) separare, -o, -avi, -atum 1.; **sich ~** discedere (-cedo, -cessi, -cessum 3.,**von j-m** ab aliquo)
Treppe scalae, -arum *fpl*
treten pedem ponere (pono, posui, positum 3.; **auf etw** in re)
treu fidus, -a, -um, fidelis, -e
Treue fides, -ei *f*; **die ~ halten** fidem servare (-o, -avi, -atum 1.)

treulos perfidus, -a, -um
Treulosigkeit perfidia, -ae *f*
Tribun tribunus, -i *m*
Tribut tributum, -i *n*, stipendium, -i *n*
Trieb[1] (*Drang*) impetus, -us *m*
Trieb[2] (*Spross*) germen, -minis *n*
trinken potare, -o, -avi, -atum 1., bibere, bibo, bibi, - 3.; **Gift ~** venenum haurire (haurio, hausi, haustum 4.)
Trinkgefäß poculum, -i *n*
Triumph triumphus, -i *m*; **einen ~ feiern** triumphare (-o, -avi, -atum 1.); **~ über die Gallier** triumphus Gallorum
Triumphbogen arcus, -us *m*
triumphieren triumphare, -o, -avi, -atum 1.
Triumphzug triumphus, -i *m*
trocken aridus, -a, -um
trocknen
A *vt* siccare, -o, -avi, -atum 1.
B *vi* siccari, -or, -atus sum 1.
Trommel tympanum, -i *n*
Trompete tuba, -ae *f*
Tropfen gutta, -ae *f*
tropfen stillare, -o, -avi, -atum 1.
Trophäe tropaeum, -i *n*
Tross impedimenta, -orum *npl*
Trost solacium, -i *n*
trösten consolari, -or, -atus sum 1. (**wegen etw** de re)
trotzdem tamen
trotzen resistere, -sisto, -stiti, - 3.
trotzig ferox, -ocis
trüb
1 (*Himmel*) nubilus, -a, -um
2 (*Wasser*) turbidus, -a, -um
trügerisch dolosus, -a, -um
Trümmer ruinae, -arum *fpl*, reliquiae, -arum *fpl*
Truppen copiae, -arum *fpl*; **~ ausheben** copias conscribere (-scribo, -scripsi, -scriptum 3.)
Tuba tuba, -ae *f*
Tuch pannus, -i *m*
tüchtig bonus, -a, -um, strenuus, -a, -um, probus, -a, -um
Tüchtigkeit virtus, -utis *f*
Tücke fraus, fraudis *f*
Tugend virtus, -utis *f*
tun
1 facere, facio, feci, factum 3.
2 (*tätig sein*) agere, ago, egi, actum 3., gerere, gero, gessi, gestum 3.; **so ~, als ob** simulare (-o, -avi, -atum 1.); **so ~, als ob nicht** dissimulare (-o, -avi, -atum 1.); **Böses ~** malefacere (-facio, -feci, -factum 3); **seine Pflicht ~** officio fungi (fungor, functus sum 3.); **alles ~, um … zu** nihil praetermittere (-mitto, -misi, -mis-

sum 3.), quin +konjkt
Tunika tunica, -ae f
Tunnel cuniculus, -i m
Tür
1. porta, -ae f, ianua, -ae f
2. (zweiflügelige) fores, -ium fpl
Türflügel foris, -is f
Turm turris, -is f
Typ exemplar, -aris n
typisch proprius, -a, -um
Tyrann tyrannus, -i m
Tyrannei tyrannis, -idis f
Tyrannenherrschaft dominatio, -onis f
tyrannisch tyrannicus, -a, -um

U

übel
A ADJ malus, -a, -um; **mir wird ~** nauseo
B ADV male; **~ nehmen** moleste ferre (fero, tuli, latum 0.)
Übel malum, -i n
Übelkeit nausea, -ae f
Übeltäter homo (-inis m) maleficus
üben exercere (-eo, -ui, -itum 2.); **sich ~** exerceri (-eor, -itus sum 2.); **sich in den Waffen ~** armis exerceri
über PRÄP +dat/akk
1. (räumlich: oberhalb) supra +akk, super +abl
2. (räumlich: wohin?) supra +akk, super +akk
3. (hinüber) trans +akk; (über ... hin) super +akk
4. (von, betreffs) de +abl
überall passim, ubique; **~, wo** ubicumque; **von ~ her** undique
überallhin in omnes partes
überaus maxime; durch sup **~ froh** laetissimus (-a, -um)
Überblick prospectus, -us m
überblicken
1. perlustrare, -o, -avi, -atum 1.
2. (geistig) animo complecti (-plector, -plexus sum 3.)
überbringen deferre, -fero, -tuli, -latum 0.
überdauern manere (maneo, mansi, mansum 4.)
Überdruss taedium, -i n
überdrüssig: ich bin einer Sache ~ taedet me alicuius rei
übereinander alius (-a, -ud) super alium (-am, -ud)
übereinkommen convenire, -venio, -veni, -ventum 4.
Übereinkunft conventum, -um n
übereinstimmen consentire, -sentio, -sensi, -sensum 4. (**mit j-m** cum aliquo; **über etw** aliquid); **nicht ~** dissentire (-sentio, -sensi, -sensum 4.)
Übereinstimmung consensus, -us m
Überfahrt transitus, -us m, traiectus, -us m
Überfall impetus, -us m
überfallen opprimere, -primo, -pressi, -pressum 3., incidere, -cido, -cidi, - 3.
überfließen (im Überfluss haben) abundare, -o, -avi, -atum 1. (**von etw** re)
Überfluss abundantia, -ae f, copia, -ae f; **etw im ~ haben** abundare re (-o, -avi, -atum 1.)
überflüssig inutilis, -e
überführen
1. traducere, -duco, -duxi, -ductum 3.
2. (vor Gericht) convincere, -vinco, -vici, -victum 3.; **des Verrats ~** proditionis convincere
Übergabe traditio, -onis f
Übergang transitus, -us m
übergeben
1. mandare, -o, -avi, -atum 1., tradere, -do, -didi, -ditum 3.
2. (ausliefern) dedere, -do, -didi, -ditum 3.
3. **sich ~** (erbrechen) vomere (-o, -ui, -itum 3.)
übergehen (nicht berücksichtigen) praeterire, -eo, -ii, -itum 0.; (auslassen) omittere, -mitto, -misi, -missum 3.
übergießen perfundere, -fundo, -fudi, -fusum 3.
überhäufen onerare, -o, -avi, -atum 1.
überhaupt omnino
überheblich superbus, -a, -um
Überheblichkeit superbia, -ae f
überlassen
1. permittere, -mitto, -misi, -missum 3.
2. (anvertrauen) committere, -mitto, -misi, -missum 3.
überlaufen
1. abundare, -o, -avi, -atum 1.
2. transire, -eo, -ii, -itum 0., **zum Feind** ad adversarium
Überläufer transfuga, -ae m
überleben superesse, -sum, -fui, -0. (**j-n/etw** alicui/alicui rei)
überlebend superstes, -stitis
überlegen[1] considerare, -o, -avi, -atum 1., deliberare, -o, -avi, -atum 1., cogitare, -o, -avi, -atum 1. (**etw** aliquid, +AcI)
überlegen[2] superior, -ius; **j-m ~ sein** superare (-o, -avi, -atum 1.) aliquem
überlegt ADV consulto
Überlegung deliberatio, -onis f, ratio, -onis f; **mit ~** consulto

überliefern tradere *od* prodere, -do, -didi, -ditum *3.*
überlisten fallere, fallo, fefelli, - *3.*
übermäßig
A ADJ nimius, -a, -um
B ADV nimis
übermorgen perendie
Übermut petulantia, -ae *f*
übermütig petulans, -antis
übernehmen suscipere, -cipio, -cepi, -ceptum *3.*
überprüfen temptare, -o, -avi, -atum *1.*
überqueren transire, -eo, -ii, -itum *0.*
überragen imminere, -eo, -, - *2.* (**etw** alicui rei)
überraschen
1 (*ertappen*) deprehendere, -hendo, -hendi, -hensum *3.* (**bei etw** in re)
2 (*überfallen*) opprimere, -primo, -pressi, -pressum *3.*
Überraschung res (rei *f*) improvisa
überreden persuadere, -suadeo, -suasi, -suasum *2.* (**j-n dazu, dass** alicui, ut)
überreichen tradere, -do, -didi, -ditum *3.*
Überreste reliquiae, -arum *fpl*
überschreiten (*hinausgehen*) superare, -o, -avi, -atum *1.* (**über etw** aliquid); transire, -eo, -ii, -itum *0.*, *auch fig*
Überschrift inscriptio, -onis *f*
überschütten obruere, -ruo, -rui, -rutum *3.*, *auch fig*
überschwemmen inundare, -o, -avi, -atum *1.*
Überschwemmung inundatio, -onis *f*
übersehen
1 (*überblicken*) oculis lustrare (-o, -avi, -atum *1.*)
2 (*nicht sehen*) omittere, -mitto, -misi, -missum *3.*
übersetzen[1] (con)vertere, -verto, -verti, -versum *3.*; **aus dem Griechischen ins Lateinische** ~ ex Graeco in Latinum vertere
übersetzen[2]
A VT
1 transportare, -o, -avi, -atum *1.*, traicere, -icio, -ieci, -iectum *3.*
2 (*über einen Wasserweg*) traducere, -duco, -duxi, -ductum *3.*
B VI transgredi, -gredior, -gressus sum *3.*
Übersetzer interpres, -pretis *m*
übersiedeln transmigrare, -o, -avi, -atum *1.*
überspringen (*auslassen*) omittere, -mitto, -misi, -missum *3.*
überstehen
A VI eminere, -eo, -ui, - *2.*
B VT perfungi, -fungor, -functus sum *3.* (**etw** re), **Gefahren** periculis

übersteigen
1 transcendere, -scendo, -scendi, -scensum *3.*
2 (*hinausgehen*) superare, -o, -avi, -atum *1.* (**über etw** aliquid)
übertragen
1 (*anvertrauen*) mandare, -o, -avi, -atum *1.*, committere, -mitto, -misi, -missum *3.*
2 (*Amt, Provinz*) deferre, -fero, -tuli, -latum *0.* (**j-m** ad aliquem); **die Leitung der Flotte dem Konsul** ~ consulem classi praeficere (-ficio, -feci, -fectum *3.*)
3 transferre, -fero, -tuli, -latum *0.* (**auf etw in** aliquid)
übertreffen superare, -o, -avi, -atum *1.*, vincere, vinco, vici, victum *3.* (**j-n** aliquem, **in etw** re); praestare, -sto, -stiti, -staturus *1.* (**j-n** alicui, **in etw** re)
übertreiben
1 (*maßlos handeln*) modum excedere (-cedo, -cessi, -cessum *3.*; **etw** alicuius rei)
2 verbis augere (augeo, auxi, auctum *3.*)
Übertreibung superlatio, -onis *f*
übertreten
A VT violare, -o, -avi, -atum *1.*
B VI transire, -eo, -ii, -itum *0.*
übertrieben nimis; ~ **streng** nimis severus
überwachen custodire, -io, -ivi, -itum *4.*
überwältigen superare, -o, -avi, -atum *1.*, vincere, vinco, vici, victum *3.*
überwiegend maior, -ius
überwinden superare, -o, -avi, -atum *1.*
überwintern VI hiemare, -o, -avi, -atum *1.*
überzeugen persuadere, -suadeo, -suasi, -suasum *2.* (**j-n** alicui, +AcI); **ich bin überzeugt, dass** mihi persuasum est +AcI
Überzeugung sententia, -ae *f*
übrig
1 reliquus, -a, -um; ~ **sein** superesse (-sum, -fui, - *3.*); ~ **bleiben** relinqui (-linquor, -lictus sum *3.*); ~ **lassen** relinquere (-linquo, liqui, -lictum *3.*); **es bleibt nichts anderes** ~ **als ...** *fig* nihil relinquitur nisi ...
2 die ~en (*die restlichen*) reliqui (-orum *mpl*); (*die anderen*) ceteri (-orum *mpl*)
übrigens ceterum
Übung
1 (*Handlung*) exercitatio, -onis *f*
2 (*Gebrauch*) usus, -us *m*
Ufer
1 ripa, -ae *f*
2 (*des Meeres*) litus, -oris *n*
Uhr
1 horologium, -i *n*
2 (*Stunde*) hora, -ae *f*; **wie viel** ~ **ist es?** quota hora est?; **um wie viel** ~? quotā horā?; **um fünf** ~ quintā horā

um

A PRÄP +akk (ringsum) circum +akk; (nahe bei) circa +akk; **~ diese Stadt** circa hanc urbem
B KONJ
1. (damit) ~ zu ut +konjkt, verneint ne +konjkt; **er schickte Gesandte, ~ zu fragen ...** legatos misit, qui interrogarent ...
2. durch Supin: **sie kamen, ~ zu bitten ...** venerum rogatum ...
3. ~ ... **willen** causā nachgestellt

umarmen complecti, -plector, -plexus sum 3.
Umarmung complexus, -us m
umbiegen flectere, flecto, flexi, flexum 3.
umbringen necare, -o, -avi, -atum 1.
umdrehen
A VT convertere, -verto, -verti, -versum 3.
B VI se convertere, -verto, -verti, -versum 3.
Umfang
1. circuitus, -us m
2. (Größe) magnitudo, -inis f

umfangreich amplus, -a, -um
umfassen
1. complecti, -plector, -plexus sum 3.
2. fig comprehendere, -hendo, -hendi, -hensum 3.

umfliegen circumvolare, -o, -avi, -atum 1.
Umgang
1. (mit Personen) usus, -us m; **~ haben mit j-m** uti (utor, usus sum 3.) aliquo
2. (mit Waren) commercium, -i n

umgänglich affabilis, -e
Umgänglichkeit affabilitas, -atis f
umgeben VT circumdare, -do, -dedi, -datum 1.
Umgebung regio, -onis f; **in der ~ von etw** circum aliquid
umgehen
1. (meiden) vitare, -o, -avi, -atum 1.
2. (behandeln) tractare, -o, -avi, -atum 1. (**mit j-m aliquem**)

umgekehrt contra
umgürten cingere, cingo, cinxi, cinctum 3.
Umhang velamen, -inis n
umherirren errare, -o, -avi, -atum 1.
umherschweifen vagari, -or, -atus sum 1.
umhüllen velare, -o, -avi, -atum 1.
umkehren
A VT convertere, -verto, -verti, -versum 3.
B VI converti, -vertor, versus sum 3.

umkommen perire, -eo, -ii, -itum 0.; occidere, -cido, -cidi, -casum 3.
Umkreis circuitus, -us m
umliegend (benachbart) vicinus, -a, -um
umpflügen arare, -o, -avi, -atum 1.
umringen circumstare, -sto, -steti, - 1.
Umriss extremae (-arum) lineae (-arum fpl)

umschließen
1. circumcludere, -cludo, -clusi, -clusum 3. (**mit etw** re)
2. (beinhalten) continere, -tineo, -tinui, -tentum 2.

umsehen: sich ~ circumspicere (-spicio, -spexi, -spectum 3.)
Umsicht diligentia, -ae f
umsichtig diligens, -entis
umso beim KOMP eo
umsonst
1. (vergeblich) frustra, nequiquam
2. (kostenlos) gratis

Umstände PL condicio, -onis f, res, rei f; **unter diesen ~n** quae cum ita sint; **unter keinen ~n** nequaquam, minime; **~ machen** moram facere (facio, feci, factum 3.); **in schlechten ~n sein** in rebus adversis esse
umständlich longus, -a, -um
umstehen circumstare, -sto, -steti, - 1.
umstimmen flectere, flecto, flexi, flexum 3.
Umsturz (Untergang) interitus, -us m; **auf ~ bedacht sein** novis rebus studere (-eo, -ui, - 2.)
umstürzen evertere, -verto, -verti, -versum 3.
Umweg circuitus, -us m; **einen ~ machen** circuitum uti (utor, usus sum 3.)
umwenden
A VT (con)vertere, -verto, -verti, -versum 3.
B VI **sich ~** converti, -vertor, -versus sum

umwerfen evertere, -verto, -verti, -versum 3.
umzäunen saepire, saepio, saepsi, saeptum 3.
umziehen: sich ~ vestem mutare (-o, -avi, -atum 1.)
umzingeln circumvenire, -venio, -veni, -ventum 4., cingere, cingo, cinxi, cinctum 3.
unabhängig sui iuris
Unabhängigkeit libertas, -atis f
unabsichtlich non consulto
unähnlich dissimilis, -e (**j-m** alicuius; **einer Sache** alicuius rei/alicui)
unangebracht intempestivus, -a, -um
unangenehm ingratus, -a, -um
unanständig turpis, -e
unauffällig exiguus, -a, -um
unauflöslich inexplicabilis, -e
unaufmerksam neglegens, -entis
unbeachtet: ~ lassen relinquere, -linquo, -liqui, -lictum 3.
unbedeutend levis, -e
unbedingt sine ulla exceptione
unbefriedigend non idoneus (-a, -um)
unbegreiflich qui (quae, quod) comprehendi non potest
unbegrenzt infinitus, -a, -um

unbehaglich molestus, -a, -um
unbeherrscht intemperans, -antis
Unbeherrschtheit intemperantia, -ae f
unbeholfen iners, -ertis
unbekannt ignotus, -a, -um
unbekümmert neglegens, -entis (**um etw** alicuius rei)
unbeliebt invidiosus, -a, -um (**bei j-m** apud aliquem)
unbemerkt obscurus, -a, -um
unbequem incommodus, -a, -um
unberührt integer, -gra, -grum
Unberührtheit integritas, -atis f
unbeschäftigt otiosus, -a, -um
unbescheiden immodestus, -a, -um
unbescholten integer, -gra, -grum
Unbescholtenheit integritas, -atis f
unbeschreiblich (*außerordentlich*) mirus, -a, -um
unbeschwert levis, -e
unbesiegbar invictus, -a, -um
unbesonnen
 A ADJ temerarius, -a, -um
 B ADV temere
Unbesonnenheit temeritas, -atis f
unbesorgt securus, -a, -um
unbeständig inconstans, -antis, mobilis, -e
unbestimmt incertus, -a, -um
unbeteiligt expers, -tis (**an etw** alicuius rei)
unbewusst
 A ADJ inscius, -a, -um
 B ADV me (te *usw.*) insciente
unbrauchbar inutilis, -e (**zu etw** ad aliquid)
und
 1 et; -que; atque (*enger verknüpfend*); **~ nicht** neque
 2 (*final*) neve; **~ niemand** neque quisquam; **~ nichts** neque quicquam
undankbar ingratus, -a, -um
undeutlich obscurus, -a, -um
uneben iniquus, -a, -um
unecht falsus, -a, -um
Unehre ignominia, -ae f
unehrenhaft inhonestus, -a, -um
unehrlich improbus, -a, -um
uneinig discors, discordis; **~ sein** dissentire (-sentio, -sensi, -sensum 3.)
Uneinigkeit discordia, -ae f
unendlich infinitus, -a, -um
unentschieden ambiguus, -a, -um
unerfahren imperitus, -a, -um (**mit etw** alicuius rei)
unerhört inauditus, -a, -um
unermesslich immensus, -a, -um
unermüdlich impiger, -gra, -grum
unerschrocken impavidus, -a, -um

unerträglich non ferendus, -a, -um
unerwartet
 A ADJ subitus -a, -um, inopinatus, -a, -um
 B ADV repente
unfähig (*untauglich*) iners, -ertis; **~ sein, etw zu tun** aliquid facere non posse (possum, potui, - 0.)
unfair iniustus, -a, -um
Unfall calamitas, -atis f
unfreiwillig
 A ADJ invitus, -a, -um
 B ADV *meist durch adj* **ich habe es ~ getan** invitus feci
unfreundlich asper, -era, -erum, durus, -a, -um
unfruchtbar infecundus, -a, -um
ungebildet rudis, -e
ungebunden solutus, -a, -um
Ungeduld impatientia, -ae f
ungeduldig impatiens, -entis
ungeeignet non idoneus (-a, -um)
ungefähr circa, circiter; fere *nachgestellt*
ungehalten subiratus, -a, -um; **~ sein über etw** aegre ferre (fero, tuli, latum 0.) aliquid
ungeheuer ingens, -entis
Ungeheuer monstrum, -i n
ungehorsam non oboediens, -entis; **~ sein** non obtemperare (-o, -avi, -atum 1.)
ungelegen intempestivus, -a, -um
ungenau indiligens, -entis
ungenießbar non aptus (-a, -um) ad vescendum
ungenutzt: **~ vorübergehen lassen** praetermittere (-mitto, -misi, -missum 3.)
ungerecht iniustus, -a, -um, iniquus, -a, -um
Ungerechtigkeit iniuria, -ae f, iniquitas, -atis f
ungern aegre; *durch adj* invitus, -a, -um; **ich habe es ~ getan** invitus feci
ungeschickt iners, -ertis
ungestraft impunis, -e
ungesund insalubris, -e
ungetan infectus, -a, -um
Ungetüm monstrum, -i n
ungewiss incertus, -a, um
ungewöhnlich
 A ADJ inusitatus, -a, -um
 B ADV solito, praeter consuetudinem; **~ groß** solito maior; **~ oft** solito saepius
ungewohnt insuetus, -a, -um
ungewollt invitus, -a, -um
ungezähmt indomitus, -a, -um
unglaublich incredibilis, -e
ungleich iniquus, -a, -um, impar, -paris
Unglück
 1 (*Unglücksfall*) calamitas, -atis f

2 (*Elend*) miseria, -ae f, res (rerum fpl) adversae; **im ~** in rebus adversis; **ins ~ geraten** in calamitatem incidere (-cido, -cidi, - 3.)
unglücklich
1 infelix, -licis
2 (*elend*) miser, -era, -erum
Unglücksfall calamitas, -atis f, casus, -us m
Unglückstag dies (-ei m) ater
ungültig vanus, -a, -um
ungünstig adversus, -a, -um
Unheil malum, -i n
unheilbar insanabilis, -e
unheimlich horribilis, -e
unhöflich inhumanus, -a, -um
Unkenntnis inscientia, -ae f, ignorantia, -ae f
unklar obscurus, -a, -um
unklug imprudens, -entis
unkriegerisch imbellis, -e
unkundig imperitus, -a, -um
unmäßig
A ADJ immodicus, -a, -um
B ADV immodice
Unmäßigkeit intemperantia, -ae f
unmenschlich crudelis, -e
Unmenschlichkeit crudelitas, -atis f
unmittelbar
A ADJ proximus, -a, -um, *auch fig*
B ADV **~ vor/nach** (*zeitlich*) sub +akk; **~ vor der Nacht** sub noctem; **~ nach der Schlacht** sub ipsam pugnam
unmöglich qui (quae, quod) fieri non potest; **es ist ~** fieri non potest, ut +konjkt
unnötig non necessarius (-a, -um)
unnütz inutilis, -e
unordentlich confusus, -a, -um
Unordnung perturbatio, -onis f
unpassend non aptus (-a, -um)
Unrecht iniuria, -ae f; **zu ~** iniuriā; **ein ~ begehen** iniuriam committere (-mitto, -misi, -missum 3.); **erlittenes ~** iniuria (-ae f) illata
unrecht: jdm ~ tun iniuriam facere (facio, feci, factum 3.) alicui
unredlich improbus, -a, -um
unregelmäßig incompositus, -a, -um
unrein impurus, -a, -um
Unruhe
1 turba, -ae f, perturbatio, -onis f
2 (*seelisch*) motus (-us m) animi; **in ~ geraten** commoveri, -moveor, -motus sum 3.
unruhig
1 inquietus, -a, -um
2 (*ängstlich*) anxius, -a, -um
3 (*aufgeregt*) sollicitus, -a, -um; **~ werden** sollicitari, -or, -atus sum 1.
uns
1 *dat* nobis
2 *akk* nos
3 **mit ~** nobiscum
unschädlich innoxius, -a, -um
Unschuld innocentia, -ae f
unschuldig innocens, -entis; **~ sein an etw** insontem esse (sum, fui, - 0.) alicuius rei
unser noster, -tra, -trum
unsicher incertus, -a, -um
Unsinn ineptiae, -arum fpl
unsterblich immortalis, -e
Unsterblichkeit immortalitas, -atis f
unsympathisch iniucundus, -a, -um
untadelig integer, -gra, -grum
Untat facinus, -oris n; **eine ~ begehen** facinus committere (-mitto, -misi, -missum 3.)
untätig ignavus, -a, -um, iners, -ertis
untauglich inutilis, -e (**zu etw** alicuius rei/ad aliquid)
unten infra; *durch adj* inferior (-ius), extremus -a, -um; **von oben bis ~** a summo ad imum
unter PRÄP +dat/akk
1 (*räumlich: wo?*) sub +abl
2 (*räumlich: wohin?*) sub +akk
3 (*zwischen*) inter +akk
Unterarm bracchium, -i n
unterbrechen interrumpere, -rumpo, -rupi, -ruptum 3., intermittere, -mitto, -misi, -missum 3., intervenire, -venio, -veni, -ventum 4.
unterbringen collocare, -o, -avi, -atum 1.
unterdessen interea, interdum
unterdrücken opprimere, -primo, -pressi, -pressum 3.
Unterdrückung oppressio, -onis f
untere(r, -s) inferior, -ius
untereinander inter se
Unterfeldherr legatus, -i m
Untergang
1 interitus, -us m, pernicies, -ei f
2 (*Sonne*) occasus, -us m
untergehen
1 (*Sonne*) occidere, -cido, -cidi, -casum 3.
2 NAUT submergi, -mergor, -mersi, -mersum 3.; *fig* interire, -eo, -ii, -iturus 0.
unterhalb infra +akk
Unterhalt victus, -us m
unterhalten
1 (*ernähren*) alere, alo, alui, al(i)tum 3.
2 sich ~ (*im Gespräch*) disputare, -o, -avi, -atum 1., colloqui, -loquor, -locutus sum 3.
Unterhaltung
1 colloquium, -i n
2 (*Vergnügen*) oblectamentum, -i n, oblectatio, -onis f
Unterhändler legatus, -i m
unterirdisch subterraneus, -a, -um
Unterirdische PL inferi, -orum mpl

Unterkleid tunica, -ae f
Unterkunft tectum, -i n
unterlassen omittere od praetermittere, -mitto, -misi, -missum 3.
unterlegen[1] supponere, -pono, -posui, -positum 3.
unterlegen[2] superatus, -a, -um
Unterleib venter, -tris m
unterliegen
1 succumbere, -cumbo, -cubui, -cubitum 3. (**j-m/einer Sache** alicui/alicui rei)
2 (im Kampf) vinci, vincor, victus sum 3.
unternehmen incipere, -cipio, -cepi, -ceptum 3.; **eine Arbeit ~** laborem suscipere (-cipio, -cepi, -ceptum 3.)
Unternehmung inceptum, -i n
Unternehmungsgeist ingenium, -i n
Unterredung colloquium, -i n
Unterricht institutio, -onis f, disciplina, -ae f
unterrichten
1 docere, doceo, docui, doctum 2., instituere, -uo, -ui, -utum 3.
2 (benachrichtigen) certiorem facere (facio, feci, factum 3.)
untersagen interdicere, -dico, -dixi, -dictum 3. (**j-m etw** alicui rei); vetare, veto, vetui, vetitum 1. (**j-m etw** aliquem aliquid)
unterscheiden discernere, -cerno, -crevi, -cretum 3.; **sich ~** differre, differo, distuli, dilatum 0.)
Unterschenkel crus, cruris n
Unterschied discrimen, -minis n; **es ist ein großer ~, ob ... oder** magnopere interest, utrum ... an
unterschiedlich varius, -a, -um
unterschlagen (veruntreuen) avertere, -verto, -verti, -versum 3.
unterschreiben subscribere, -scribo, -scripsi, -scriptum 3. (**etw alicui rei**)
unterste(r, -s) infimus, -a, -um, imus, -a, -um
unterstellen, supponere, -pono, -posui, -positum 3.
unterstützen (ad)iuvare, -iuvo, -iuvi, iutum 1.; adesse, -sum, -fui, -0. (**j-n** alicui)
Unterstützung auxilium, -i n
untersuchen exquirere, -quiro, -quisivi, -quisitum 3.
Untersuchung quaestio, -onis f
untertauchen
A vt (sub)mergere, -mergo, -mersi, -mersum 3. (**in etw** in aliquid)
B vi (sub)mergi, -mergor, -mersus sum 3.
unterwegs in itinere
unterweisen docere, doceo, docui, doctum 2., instituere, -uo, -ui, -utum 3.

Unterweisung institutio, -onis f
Unterwelt inferi, -orum mpl, Orcus, -i m; **Bewohner der ~** inferi (-orum mpl)
unterwerfen subicere, -icio, -ieci, -iectum 3., pacare, -o, -avi, -atum 1.; **sich ~** se subicere
untreu infidus od perfidus, -a, -um
Untreue perfidia, -ae f
untüchtig iners, inertisertis
unüberlegt
A ADJ temerarius, -a, -um
B ADV temere
ununterbrochen
A ADJ perpetuus, -a, -um
B ADV perpetuo
unverheiratet
1 (vom Mann) caelebs, -libis
2 (von der Frau) non nupta
unverletzlich fig sanctus, -a, -um
unverletzt incolumis, -e
unvermischt purus, -a, -um
unvermutet subito
unvernünftig
A ADJ rationis expers, -ertis
B ADV sine ratione
unverrichtet infectus, -a, -um; **~er Dinge** infecta re
unverschämt impudens, -entis
unversehens ex (de) improviso
unversehrt incolumis, -e
unverständig insipiens, -entis
unverständlich obscurus, -a, -um
unverzüglich statim, protinus
unvorhergesehen improvisus, -a, -um
unvorsichtig incautus, -a, -um
unwahrscheinlich non probabilis (-e)
Unwetter tempestas, -atis f
unwichtig levis, -e; **es ist ~** non interest +AcI
unwillig invitus, -a, -um; **~ sein über etw** indignari (-or, -atus sum 1.) aliquid
unwillkommen ingratus, -a, -um
unwirksam inutilis, -e; **~ sein** effectu carere (-reo, -rui, -riturus 2.)
unwissend ignarus, -a, -um (**bezüglich einer Sache** alicuius rei)
unwürdig indignus, -a, -um (**einer Sache** re)
unzählig innumerabilis, -e
unzivilisiert barbarus, -a, -um
unzufrieden non contentus, -a, -um (**mit etw** re)
unzuverlässig incertus, -a, -um
üppig luxuriosus, -a, -um
Üppigkeit luxuria, -ae f
uralt priscus, -a, -um
Urgroßvater proavus, -i m
Urheber auctor, -oris m
Urin urina, -ae f

Urkunde documentum, -i *n*
Urne urna, -ae *f*
Ursache causa, -ae *f* (**für etw** alicuius rei); **ohne ~** sine causa
Ursprung origo, -inis *f*
ursprünglich primus, -a, -um
Urteil iudicium, -i *n*; **ein ~ fällen** iudicium facere (facio, feci, factum 3.); **ein ~ verkünden** iudicium pronuntiare (-o, -avi, -atum 1.)
urteilen iudicare, -o, -avi, -atum 1. (**über etw** aliquid/de re)
Urteilsspruch iudicium, -i *n*
Utensilien utensilia, -orum *npl*

Vase vas, -is *n* (vasa, -orum *npl*)
Vater pater, -tris *m*
Vaterland patria, -ae *f*
väterlich
  1 (*des Vaters*) patrius, -a, -um
  2 (*wie ein Vater*) paternus, -a, -um
Vaterstadt patria, -ae *f*
Venus (*röm. Göttin der Liebe*) Venus, -eris *f*
verabreden componere, -pono, -posui, -positum 3.
Verabredung condicio, -onis *f*
verabscheuen detestari, -or, -atus sum 1.
verabschieden dimittere, -mitto, -misi, -missum 3.; **sich von j-m ~** aliquem valere iubere (iubeo, iussi, iussum 2.)
verachten contemnere, -temno, -tempsi, -temptum 3., despicere, -spicio, -spexi, -spectum 3., spernere, sperno, sprevi, spretum 3.
Verachtung contemptio, -onis *f*
veraltet obsoletus, -a, -um
verändern mutare, -o, -avi, -atum 1.
Veränderung commutatio, -onis *f*
verängstigen curis implere (-eo, -evi, -etum 2.) aliquem
Veranlagung ingenium, -i *n*
veranlassen iubere, iubeo, iussi, iussum 2. +*AcI*, commovere, -moveo, -movi, -motum 2., impellere, -pello, -puli, -pulsum 3., adducere, -duco, -duxi, -ductum 3. (**dass** ut)
Veranlassung causa, -ae *f*; **auf seine ~** eo auctore
veranschaulichen demonstrare, -o, -avi, -atum 1.
veranstalten parare, -o, -avi, -atum 1.
verarbeiten conficere, -ficio, -feci, -fectum 3.
verärgert stomachosus, -a, -um
verarmen in inopiam redigi (-igor, -actus sum 3.)
Verb verbum, -i *n*
Verband MED fomentum, -i *n*
verbannen expellere, -pello, -puli, -pulsum 3.
verbannt exul, -lis
Verbannter exul, -lis *m*
Verbannung exilium, -i *n*; **in die ~ schicken** expellere (-pello, -puli, -pulsum 3.)
verbergen occultare, -o, -avi, -atum 1., abdere, -do, -didi, -ditum 3.
verbessern
  1 (*Fehler beseitigen*) emendare, -o, -avi, -atum 1.
  2 (*besser machen*) corrigere, -rigo, -rexi, -rectum 3.
Verbesserung
  1 (*Fehlerbeseitigung*) emendatio, onis *f*
  2 correctio, -onis *f*
verbieten vetare, veto, vetui, vetitum 1. +*AcI*
verbinden
  1 (con)iungere, -iungo, -iunxi, -iunctum 3.
  2 (*Wunde*) obligare, -o, -avi, -atum 1.
Verbindung coniunctio, -onis *f*
verblüfft perturbatus, -a, -um
verbluten animam effundere (-fundo, -fudi, -fusum 3.) cum sanguine
verborgen occultus, -a, -um; **~ sein** latere (-eo, -ui, - 2.)
Verbot
  1 (*das Verbotene*) vetitum, -i *n*
  2 (*das Verbieten*) interdictio, -onis *f*; **gegen das ~** contra vetitum
verbrauchen consumere, -sumo, -sumpsi, -sumptum 3.
Verbrechen scelus, -eris *n*; **ein ~ begehen** scelus committere (-mitto, -misi, -missum 3.)
Verbrecher maleficus, -i *m*
verbrecherisch scelestus, -a, -um
verbreiten diffundere, -fundo, -fudi, -fusum 3.; **sich ~** se diffundere
verbreitet diffusus, -a, -um
verbrennen
  A v/t (comb)urere, -uro, -ussi, -ustum 3., (con)cremare, -o, -avi, -atum 1.
  B v/i comburi, -uror, -ustus sum 3.
verbringen (*Zeit*) agere, ago, egi, actum 3.
verbrüdern: sich ~ amicitiam inter se coniungere (-iungo, -iunxi, -iunctum 3.)
Verbündeter socius, -i *m*
verbürgen: sich ~ für j-n praestare (-sto, -stiti, -staturus 1.) aliquem
Verdacht suspicio, -onis *f*; **~ erregen** suspicionem movere (moveo, movi, motum 2.)

verdächtig suspectus, -a, -um
verdächtigen suspicere, -spicio, -spexi, spectum 3.
verdanken debere, -eo, -ui, -itum 3.
verdauen concoquere, -coquo, -coxi, -coctum 3.
Verderben (*Untergang*) pernicies, -ei f, exitium, -i n; **~ bringend** perniciosus, -a, -um
verderben
 A *VI* (*schlecht werden*) corrumpi, -rumpor, -ruptus sum 3.
 B *VT* (*schlecht machen*) corrumpere, -rumpo, -rupi, -ruptum 3.
verderblich perniciosus, -a, -um
verdienen (*einen Verdienst haben, würdig sein*) merere, -eo, -ui, itum 2.; **sich verdient machen um etw** bene merere de re; **Lob ~** laude dignum esse (sum, fui, - 0.)
Verdienst meritum, -i n
verdient
 A *ADJ* meritus, -a, -um
 B *ADV* merito, iure
verdientermaßen merito, iure
verdoppeln duplicare, -o, -avi, -atum 1.
verdrehen detorquere, -torqueo, -torsi, -tortum 2.
verdrossen piger, -gra, -grum
verdunkeln obscurare, -o, -avi, -atum 1.
verehren colere, colo, colui, cultum 3., vereri, vereor, veritus sum 2.
Verehrung cultus, -us m, veneratio, -onis f
vereinbaren componere, -pono, -posui, -positum 3.; **wie vereinbart** velut ex composito
Vereinbarung condicio, -onis f
vereinfachen simplicius reddere (-do, -didi, -ditum 3.)
vereinigen coniungere, -iungo, -iunxi, -iunctum 3.
Vereinigung coniunctio, -onis f
vereinzelt singularis, -e
vererben hereditate relinquere (-linquo, -liqui, -lictum 3.)
Verfahren ratio, -onis f
verfahren agere, ago, egi, actum 3.
verfassen componere, -pono, -posui, -positum 3.
Verfasser auctor, -oris m
Verfassung (*Zustand*) status, -us m
verfeindet infestus, -a, -um
verfeinern polire, -io, -ivi, -itum 4.
verfluchen exsecrari, -or, -atus sum 1.
verfolgen persequi, -sequor, -secutus sum 3.
Verfügung: **zur ~ stehen** non deesse (-sum, -fui, - 0.)
verführen corrumpere, -rumpo, -rupi, -ruptum 3.
Verführer corruptor, -oris m
Verführung corruptio, -onis f
vergangen praeteritus, -a, -um, antiquus, -a, -um
Vergangenheit tempus (-oris n) praeteritum
vergänglich caducus, -a, -um
vergeben ignoscere, -nosco, -novi, -notum 3.
vergeblich
 A *ADJ* vanus, -a, -um
 B *ADV* frustra, nequiquam
Vergebung venia, -ae f
Vergehen delictum, -i n, crimen, -inis n
vergehen praeterire, -eo, -ii, -itum 0.
Vergessen oblivio, -onis f
vergessen oblivisci, -liviscor, -litus sum 4. (**etw** alicuius rei)
vergesslich obliviosus, -a, -um
vergeuden dissipare, -o, -avi, -atum 1.; (*Zeit, Mühe*) perdere, -do, -didi, -ditum 3.
vergewaltigen violare, -o, -avi, -atum 1.
Vergewaltigung violatio, -onis f
vergießen effundere *od* profundere, -fundo, -fudi, -fusum 3.
Vergleich
 1 comparatio, -onis f
 2 (*Kompromiss*) compositio, -onis f; **einen ~ schließen** pacisci, (paciscor, pactus sum 3.)
vergleichen comparare, -o, -avi, -atum 1., conferre, confero, contuli, collatum 0. (**etw mit etw** aliquid cum re, **untereinander** inter se)
Vergnügen voluptas, -atis f
vergnügt laetus, -a, -um
vergrößern augere, augeo, auxi, auctum 2.; amplificare, -o, -avi, -atum 1.
Vergrößerung amplificatio, -onis f
verhaften comprehendere, -hendo, -hendi, hensum 3., in vincula conicere (-icio, -ieci, -iectum 3.)
Verhalten ratio, -onis f
verhalten: **sich ~** se habere (-o, -ui, -itum 2.)
Verhältnis
 1 (*zu j-m od etw*) ratio, onis f; **im ~ zu** pro +*abl*
 2 (*Lage*) condicio, -onis f; **diese ~se** ea *npl*
 3 (*Verwandtschaft*) necessitudo, -inis f
verhältnismäßig pro portione
Verhältniswort GRAM praepositio, -onis f
verhandeln agere, ago, egi, actum 3. (**über etw** de re)
Verhandlung actio, -onis f
verhängnisvoll fatalis, -e
verharren manere, maneo, mansi, mansum 2.
verhasst odiosus, -a, -um, invisus, -a, -um; **~**

sein odio esse (sum, fui, - 0.)
verheeren vastare, -o, -avi, -atum 1.
verheerend perniciosus, -a, -um
verhehlen occultare, -o, -avi, -atum 1.
verheimlichen celare, -o, -avi, -atum 1. (**j-m etw** aliquem aliquid)
verheiraten (*mit einem Mann*) in matrimonio collocare (-o, -avi, -atum 1.), in matrimonium dare (do, dedi, datum 1.), **eine Frau mit einem Mann** aliquam alicui
verherrlichen celebrare, -o, -avi, -atum 1., illustrare, -o, -avi, -atum 1.
verhindern prohibere, -eo, -ui, -itum 2., impedire, -io, -ivi, -itum 4.
verhöhnen irridere, -rideo, -risi, -risum 2.
verhören quaerere, quaero, quaesivi, quaesitum 3.
verhüllen velare, -o, -avi, -atum 1.
verhungern fame perire (-eo, -ii, -itum 0.)
verirren: sich ~ errare, -o, -avi, -atum 1.
verjagen fugare, -o, -avi, -atum 1.
Verkauf venditio, -onis f
verkaufen vendere, vendo, vendidi, venditum 3.; **teuer ~** magno vendere; **als Sklave ~** sub corona vendere; **verkauft werden** venire (-eo, -ii, - 0.)
Verkehr
  ▪ (*Kommen u. Gehen*) commeatus, -us m
  ▪ (*Handel*) commercium, -i n
verkehrt (*falsch*)
  ▪ ADJ pravus, -a, -um
  ▪ ADV perperam
verkleinern minuere, -uo, -ui, -utum 3.
verknüpfen conectere, -necto, -nex(u)i, -nexum 3.
verkraften sustinere, -tineo, -tinui, -tentum 2.
verkünden (pro)nuntiare, -o, -avi, -atum 1.
verlachen deridere, -rideo, -risi, -risum 2.
Verlangen cupido, -inis f, desiderium, -i n (**nach etw** alicuius rei)
verlangen postulare, -o, -avi, -atum 1., poscere, posco, poposci 3., appetere, -o, -ivi, -itum 3.
verlassen[1]
  ▪ (*zurücklassen*) relinquere, -linquo, -liqui, -lictum 3., deserere, -sero, -serui, -sertum 3.
  ▪ (*Ort*) egredi, -gredior, -gressus sum 3., **einen Ort** loco
  ▪ (*zur Neige gehen*) deficere, -ficio, -feci, -fectum 3.; **eine Stadt ~** (ex) urbe egredi
  ▪ **sich auf j-n ~** (con)fidere alicui, -fido, -fisus sum 3.
verlassen[2]
  ▪ (*Ort*) desertus, -a, -um
  ▪ (*allein*) solus, -a, -um

verleben (*Zeit*) agere, ago, egi, actum 3.
verlegen[1] sollicitus -a, -um
verlegen[2] in alieno loco ponere (pono, posui, positum 3.)
verleihen
  ▪ mutuum (-am f) dare (do, dedi, datum 1.; **an j-n** alicui)
  ▪ (*darreichen*) praebere, -eo, -ui, -itum 2.
verleiten inducere, -duco, -duxi, -ductum 3. (**zu etw** ad aliquid); **sich ~ lassen** induci, -ducor, -ductus sum 3.
verlernen dediscere, -disco, -didici, - 3.
verletzen violare, -o, -avi, -atum 1.; laedere, laedo, laesi, laesum 3., *auch fig*
Verletzung
  ▪ (*Verletzen*) vulneratio, -onis f, violatio, -onis f
  ▪ (*Wunde*) vulnus, -eris n
verleumden calumniari, -or, -atus sum 1.
verlieben: sich in j-n ~ amore alicuius capi (capior, captus sum 3.)
verlieren amittere, -mitto, -misi, -missum 3., perdere, -do, -didi, -ditum 3.; **den Mut ~** animo deficere (-ficio, -feci, -fectum 3.); **das Augenlicht ~** oculis privari (-or, -atus sum 1.); **eine Schlacht ~** proelio/in acie vinci (vincor, victus sum 3.)
verloben: sich ~ sponsalia facere (facio, feci, factum 3.)
Verlobung sponsalia, -orum *od* -ium npl
verlocken pellicere, -licio, -lexi, -lectum 3. (**zu etw** ad aliquid)
verloren: ~ gehen amitti (-mittor, -missus sum 3.); **~ sein** perisse (perii, - 0.); **~e Mühe** opera (-ae f) perdita 1.; **es ist alles ~** actum est
verlosen sortiri, -ior, -itus sum 4.
Verlust damnum, -i n, detrimentum, -i n; **einen ~ erleiden** damnum facere (facio, feci, factum 3.); **mit ~** cum detrimento
Vermächtnis
  ▪ testamentum, -i n
  ▪ (*das Vermachte*) legatum, -i n
vermehren augere, augeo, auxi, auctum 2.; **sich ~** augeri (augeor, auctus sum 3.)
vermeiden vitare, -o, -avi, -atum 1.
Vermessenheit superbia, -ae f
vermieten locare, -o, -avi, -atum 1. (**an j-n** alicui)
vermindern minuere, -uo, -ui, -utum 3. (**um etw** de re)
vermischen miscere, misceo, miscui, mixtum 2.
vermischen (com)miscere, -misceo, -miscui, -mixtum 3. (**mit etw** re/cum re)
vermissen desiderare, -o, -avi, -atum 1.
vermitteln
  ▪ (*zustande bringen*) conciliare, -o, -avi, -atum 1.

2 (*vermittelnd eingreifen*) intercedere, -cedo, -cessi, -cessum 3.
Vermittler interpres, -pretis *m*
Vermögen (*Besitz*) res (rei *f*) familiaris, opes, -um *fpl*
vermögen valere, -eo, -ui, -iturus 2., posse, possum, potui, - 0.; **viel ~** multum posse *od* valere
vermuten suspicari, -or, -atus sum 1., conicere, -icio, -ieci, -iectum 3.; **man vermutet, dass** suspicio est +*AcI*; **wie ich vermute** ut opinor
vermutlich
A ADJ (*angenommen*) opinabilis, -e
B ADV *durch Einschübe* quantum conicere licet; ut opinor
Vermutung opinio, -onis *f*
vernachlässigen neglegere, -lego, -lexi, -lectum 3.; **die Pflicht ~** officio deesse (-sum, -fui, - 3.)
vernehmen
1 (*verhören*) quaerere, quaero, quaesivi, quaesitum 3.
2 (*hören*) audire, -io, -ivi, -itum 4.
verneinen negare, -o, -avi, -atum 1.
vernichten delere, -eo, -evi, -etum 2., exstinguere, -stinguo, -stinxi, -stinctum 3.; **vernichtet werden** interire (-eo, -ii, -iturus 0.)
Vernichtung pernicies, -ei *f*, interitus, -us *m*
Vernunft ratio, -onis *f*; **mit ~** prudenter
vernunftbegabt prudens, -entis
Vernunftgrund ratio, -onis *f*; **aus Vernunftgründen** ratione impulsus (-a, -aum)
vernünftig
A ADJ ratione praeditus (-a, -um), prudens, -entis
B ADV prudenter
verordnen edicere, -dico, -dixi, -dictum 3., **dass** ut +*konjkt*; **einem Kranken eine Medizin ~** morbo remedium proponere (-pono, -posui, -positum 3.)
Verordnung edictum, -i *n*
verpachten locare, -o, -avi, -atum 1.
verpassen praetermittere, -mitto, -misi, -missum 3.
Verpflegung res (rei *f*) frumentaria
verpflichten obligare, -o, -avi, -atum 1. (**zu etw** alicui rei); **zu etw verpflichtet sein** debere aliquid (-eo, -ui, -itum 2.)
Verpflichtung officium, -i *n*
verprassen profundere, -fundo, -fudi, -fusum 3.
verprügeln verberare, -o, -avi, -atum 1.
Verrat proditio, -onis *f*
verraten (*Freund*) prodere, -do, -didi, -ditum 3.; (*offen zeigen*) prae se ferre, fero, tuli, latum 3., patefacere -facio, -feci, factum, 3.

Verräter proditor, -oris *m*
verreisen proficisci, -ficiscor, -fectus sum 3.
verrichten fungi, fungor, functus sum 3. (**etw re**); gerere, gero, gessi, gestum 3. (**etw** aliquid)
verringern minuere, -uo, -ui, -utum 3.
verrückt insanus, -a, -um; **~ sein** delirare (-o, -avi, -atum 1.)
Vers versus, -us *m*
versagen (*nicht leisten*) deficere, -ficio, -feci, -fectum 3.; **die Kräfte ~ mir** vires me deficiunt
versammeln cogere, cogo, coegi, coactum 3.; **sich ~** convenire, -venio, -veni, -ventum 4., **an einem Ort** in locum
Versammlung
1 coetus, -us *m*, concilium, -i *n*
2 (*des Volkes*) contio, -onis *f*
versäumen
1 praetermittere, -mitto, -misi, -missum 3.; **die Gelegenheit ~** occasionem praetermittere
2 (*nicht teilnehmen*) non interesse (-sum, -fui, - 3., **etw** alicui rei)
verschaffen parare, -o, -avi, -atum 1.
verschenken donare, -o, -avi, -atum 1. (**etw an j-n** aliquid alicui)
verscheuchen fugare, -o, -avi, -atum 1.
verschieben
1 (*wegschieben*) movere, moveo, movi, motum 2., **vom Ort** suo loco
2 (*zeitlich*) differre, differo, distuli, dilatum 0., **auf den nächsten Tag** in posterum diem
verschieden
1 (*vielfältig*) varius, -a, -um
2 (*unähnlich*) dissimilis, -e
3 (*unterschiedlich*) diversus, -a, -um; **~ sein** differre, differo, -, - 0.
4 verschiedene (*mehrere*) (com)plures, -a (-ium)
verschiedenartig varius, -a, -um
verschlagen (*schlau*) callidus, -a, -um
verschlechtern corrumpere, -rumpo, -rupi, -ruptum 3.
verschleiern dissimulare, -o, -avi, -atum 1.
verschließen claudere, claudo, clausi, clausum 3.
verschlimmern deteriorem facere (facio, feci, factum 3.)
verschlingen devorare, -o, -avi, -atum 1.
Verschluss claustrum, -i *n*
verschmähen spernere, sperno, sprevi, spretum 3., aspernari, -or, -atus sum 1.
verschmutzen oblinere, -lino, -levi, -litum 3.
verschonen parcere, parco, peperci, parsurus 3. (**j-n/etw** alicui/alicui rei)
verschütten obruere, -ruo, -rui, -rutum 3.

verschweigen tacere, -eo, -ui, -itum 2.
verschwenden
1. profundere, -fundo, -fudi, -fusum 3.
2. (*durchbringen*) consumere, -sumo, -sumpsi, -sumptum 3.
3. (*Zeit*) terere, tero, trivi, tritum 3. (**mit etw** re)
verschwenderisch prodigus, -a, -um
Verschwendung luxuria, -ae *f*
verschwiegen tacitus, -a, -um
verschwinden discedere, -cedo, -cessi, -cessum 3.
verschwören: sich ~ coniurare, -o, -avi, -atum 1.
Verschwörer coniuratus, -i *m*
Verschwörung coniuratio, -onis *f*
Versehen (*Irrtum*) error, -oris *m*; **aus ~** per imprudentiam
versehen *vt* (*ausstatten*) afficere, -ficio, -feci, -fectum 3. (**mit etw** re)
versenken (de)mergere, -mergo, -mersi, -mersum 3.
versetzen
1. promovere, -moveo, -movi, -motum 2.
2. (*in einen Zustand*) redigere, -igo, -egi, -actum 3.
verseuchen inficere, -ficio, -feci, -fectum 3.
versichern affirmare *od* confirmare, -o, -avi, -atum 1. +AcI
Versicherung affirmatio, -onis *f*
versinken (de)mergi, -mergor, -mersus sum 3.
versöhnen placare, -o, -avi, -atum 1. (**j-n mit j-m** aliquem alicui); **sich ~** placari, -or, -atus sum 1.
versöhnlich placabilis, -e
Versöhnung reconciliatio, -onis *f*
versorgen providere, -video, -vidi, -visum 2. (**j-n mit j-m** alicui aliquid)
verspäten: sich ~ morari, -or, -atus sum 1.
verspeisen edere, edo, edi, esum 3.
versperren includere, -cludo, -clusi, -clusum 3., **dem Feind den Weg** hosti viam
verspielen perdere, -do, -didi, -ditum 3.
verspotten deridere, -rideo, -risi, -risum 2.
versprechen
1. promittere, -mitto, -misi, -missum 3., polliceri, -liceor, -licitus sum 2.
2. (*hoffen lassen*) videri, videor, visus sum 2. (+ NcI); **diese Arbeit verspricht gut zu werden** hic labor bene eventurus esse videtur
Versprechen promissum, -i *n*; **sein ~ halten** promissum facere (facio, feci, factum 3.), promissum servare (-o, -avi, -atum 1.)
Verstand mens, mentis *f*
verständig intellegens -entis, sapiens, -entis
verständlich planus, -a, -um
Verständnis intelligentia, -ae *f*

verstärken firmare, -o, -avi, -atum 1.
Verstärkung confirmatio, -onis *f*
verstauchen luxare, -o, -avi, -atum 1.
Versteck latebrae, -arum *fpl*
verstecken occultare, -o, -avi, -atum 1.; **sich ~** se abdere (-do, -didi, -ditum 3.), **an einem Ort** in locum
versteckt abditus, -a, -um; **sich ~ halten** latere (-eo, -ui, - 2.)
verstehen
1. (*hören*) audire, -io, -ivi, -itum 4.
2. (*geistig*) scire, scio, scii (*auch*: scivi), scitum 4., intellegere, -lego, -lexi, -lectum 3.; **nicht ~** nescire (-scio, -scii, -scitum 4.)
versteigern sub hasta vendere (-do, -didi, -ditum 3.)
verstellen: sich simulare, -o, -avi, -atum 1.
verstimmt stomachosus, -a, -um
verstohlen furtivus, -a, -um
verstopfen obstruere, -struo, -struxi, -structum 3.
Verstorbener mortuus, -a, -um
verstoßen abigere, -igo, -egi, -actum 3.
verstreichen: ~ lassen praetermittere, -mitto, -misi, -missum 3.
verstümmeln mutilare, -o, -avi, -atum 1.
Versuch temptatio, -onis *f*
versuchen conari, -or, -atus sum 1., temptare, -o, -avi, -atum 1.
Versuchung temptatio, -onis *f*
vertauschen mutare, -o, -avi, -atum 1.
verteidigen defendere, -fendo, -fendi, -fensum 3. (**vor etw/gegen etw** a re)
Verteidiger defensor, -oris *m*
Verteidigung defensio, -onis *f*
verteilen
1. distribuere, -uo, -ui, -utum 3.
2. (*ordnen*) disponere, -pono, -posui, -positum 3.
Verteilung partitio, -onis *f*
Vertrag foedus, -eris *n*; **einen ~ schließen** foedus inire (-eo, -ii, -itum 0.); **einen ~ brechen** foedus rumpere (rumpo, rupi, ruptum 3.)
vertragen ferre, fero, tuli, latum 0.; **sich ~** concordare, -o, -avi, -atum 1. (**mit j-m** cum aliquo)
vertrauen (con)fidere, -fido, -fisus sum 3. (**j-m** alicui, **auf etw** re)
Vertrauen fides, -ei *f*; **j-m etw im ~ sagen** secreto alicui aliquid dicere (dico, dixi, dictum 3.); **kein ~ zu j-m haben** diffidere alicui (-fido, -fisus sum, 3.)
vertraut familiaris, -e; **j-n mit etw ~ machen** aliquem assuefacere re/ad aliquid (-facio, -feci, -factum 3.)
Vertrauter familiaris, -is *m*

vertreiben fugare, -o, -avi, -atum 1., pellere, pello, pepuli, pulsum 3., propellere, -pello, -puli, -pulsum 3.
vertreten (an j-s Stelle handeln) vice fungi (fungor, functus sum 3.; **j-n** alicuius); (vor Gericht) defendere, -fendo, -fendi, -fensum 3.
vertrocknen VII arescere, aresco, arui, - 3.
verunglücken perire, -eo, -ii, -itum 0.
verunstalten deformare, -o, -avi, -atum 1.
verursachen causam esse (sum, fui, - 0.; **etw** alicuius rei); **Kosten ~** impensam facere (facio, feci, factum 3.)
verurteilen damnare, -o, -avi, -atum 1., **zum Tode** capitis
vervielfältigen multiplicare, -o, -avi, -atum 1.
verwahren servare, -o, -avi, -atum 1.
verwalten administrare, -o, -avi, -atum 1. (**etw** aliquid); fungi, fungor, functus sum 3. (**etw** re); **eine Provinz ~** provinciae praeesse (-sum, -fui, - 3.)
Verwalter
  1 (pro)curator, -oris m
  2 (eines Landguts) vilicus, -i m
Verwaltung administratio, -onis f
verwandeln mutare, -o, -avi, -atum 1., (con)vertere, -verto, -verti, -versum 3. (**in etw** in aliquid); **sich ~** mutari (-or, -atus sum 1.)
Verwandlung mutatio, -onis f
verwandt propinquus, -a, -um (**mit j-m** alicui)
Verwandter propinquus, -i m, cognatus, -i m
Verwandtschaft propinquitas, -atis f, cognatio, -onis f
verwechseln confundere (-fundo, -fudi, -fusum 3., **etw mit etw** aliquid re)
Verwechslung permutatio, -onis f
verweichlichen mollire, -io, -ivi, -itum 4.
verweigern negare, -o, -avi, -atum 1.
verweilen versari, -or, -atus sum 1.
verwenden
  1 (benutzen) uti, utor, usus sum 3. (**etw** re)
  2 (aufwenden) consumere, -sumo, -sumpsi, -sumptum 3., collocare, -o, -avi, -atum 1.; **Arbeit, Zeit auf etw ~** laborem, tempus collocare alicui rei; **Geld für etw ~** pecuniam consumere re
verwirklichen perficere, -ficio, -feci, -fectum 3.
verwirren (per)turbare, -o, -avi, -atum 1.
verwirrt perturbatus, -a, -um
Verwirrung perturbatio, -onis f; **in ~ geraten** perturbari (-or, -atus sum 1.)
verwitwet viduus, -a
verwunden vulnerare, -o, -avi, -atum 1.
verwunderlich mirus, -a, -um

verwundert (ad)miratus, -a, -um
Verwunderung admiratio, -onis f (**über j-n etw** alicuius/alicuius rei)
verwüsten vastare, -o, -avi, -atum 1.
verzehren (verbrauchen) consumere, -sumo, -sumpsi, -sumptum 3.
Verzeichnis index, -icis m
verzeihen ignoscere, -nosco, -novi, -notum 3. (**j-m** alicui, **etw j-m** alicui rei alicuius), **dem Sohn den Fehler** delicto filii
Verzeihung venia, -ae f; **j-n um ~ bitten** veniam petere (-o, -ivi, -itum 3.) ab aliquo
verzerren distorquere, distorqueo, distorsi, distortum 2.
verzichten renuntiare, -o, -avi, -atum 1. (**auf etw** aliquid)
verzieren ornare, -o, -avi, -atum 1.
Verzierung ornamentum, -i n
verzögern morari, -or, -atus sum 1.; **sich ~** morari (-or, -atus sum 1.)
Verzögerung mora, -ae f
verzweifeln desperare, -o, -avi, -atum 1. (**an etw** de re)
Verzweiflung desperatio, -onis f
Veteran MIL veteranus, -i m
Vetter consobrinus, i m
Vieh
  1 (Schafe usw.) pecus, -oris n
  2 (ein Stück Kleinvieh) pecus, -udis f
Viehhirt pastor, -oris m
viel
  A ADJ multus, -a, -um; **~e** multi (-ae, -a); **~es** multa npl
  B ADV multum; beim komp multo; **~ größer** multo maior; **~ später** multo post
vielbesucht frequentatus, -a, -um
vielfach non simplex, -plicis
vielleicht fortasse; forsitan; haud scio an +konjkt
vielmehr potius
vielseitig multiplex, -plicis
vier quattuor indekl; **je ~** quaterni (-ae, -a)
viereckig quadratus, -a, -um
vierfach quadruplus, -a, -um
Viergespann quadrigae, -arum fpl
vierhundert quadringenti, -ae, -a
viermal quater
vierte(r, -s) quartus, -a, -um
Viertel pars (partis f) quarta
vierzehn quatuordecim indekl
vierzig quadraginta indekl
Villa villa, -ae f
Vogel avis, -is f
Vogelschau auspicium, -i n; **eine ~ anstellen** auspicari (-or, -atus sum 1.)
Vokabel vocabulum, -i n

Vokal littera (-ae f) vocalis
Vokativ casus (-us m) vocativus
Volk
1. populus, -i m, natio, -onis f, gens, gentis f
2. *(einfaches Volk)* plebs, plebis f; **Mann aus dem ~** homo de plebe
3. *(Pöbel)* vulgus, -i n

Volksmenge multitudo, -inis f
Volkspartei populares, -ium mpl
Volksstamm gens, gentis f, natio, -onis f
Volkstribun tribunus (-i m) plebis
Volksversammlung contio, -onis f, comitia, -orum npl
voll plenus, -a, -um (**von etw** re)
vollbringen conficere, -ficio, -feci, -fectum 3.; **eine Tat ~** rem gerere (gero, gessi, gestum 3.)
vollenden
1. perficere, -ficio, -feci, -fectum 3.
2. *(Lebensjahr)* complere, -eo, -evi, -etum 2.

vollgießen complere, -eo, -evi, -etum 2.
völlig plane, omnino
vollkommen perfectus, -a, -um
Vollmacht
1. potestas, -atis f
2. *(Auftrag)* mandatum, -i n

Vollmond luna (-ae f) plena
vollständig integer, -gra, -grum
Vollständigkeit integritas, -atis f
vollziehen efficere, -ficio, -feci, -fectum 3.
von PRÄP +dat
1. *(aus, her)* a, ab +abl
2. *(von ... herab)* de +abl
3. *(über)* de +abl
4. oft bloßer abl od gen **ein Mann ~ hoher Weisheit** vir magnae sapientiae; **ein Weg ~ drei Tagen** via tridui
5. **einer ~ vielen** unus ex multis; **~ Neuem** denuo; **~ da an** inde; **~ dort** inde

vonnöten: ~ sein opus esse (sum, fui, - 0.)
vor PRÄP +dat/akk
1. *(räumlich und zeitlich)* ante +akk
2. *(für, zum Schutze von)* pro +abl
3. *(Abwehr, Schutz vor)* ab +abl
4. *(hindernder Grund)* prae +abl
5. *(in Gegenwart)* coram +abl
6. **~ allem** imprimis, praecipue

voran- in Zusammensetzungen ante-, prae-
vorangehen anteire, -eo, -ii, -0. (**j-m** alicui)
vorankommen progredi, -gredior, -gressus sum 3.
voranstellen *(Wort)* praeponere, -pono, -posui, -positum 3.
vorantragen praeferre, -fero, -tuli, -latum 0.
vorantreiben propellere, -pello, -puli, -pulsum 3.

voraus- in Zusammensetzungen ante-, prae-
Voraus: im ~ ante
vorausgehen antecedere, -cedo, -cessi, -cessum 3. (**j-m** aliquem/alicui)
Voraussage praedictio, -onis f
voraussagen praedicere, -dico, -dixi, -dictum 3.
vorausschicken praemittere, -mitto, -misi, -missum 3.
voraussehen providere, -video, -vidi, -visum 3.
voraussetzen ponere, pono, posui, positum 3.
Vorbedeutung omen, -inis n
vorbei- praeter-; **an etw ~** praeter aliquid; **es ist ~** actum est
vorbeieilen praetercurrere, -curro, -(cu)curri, -cursum 3.
vorbeifahren VII praetervehi, -vehor, -vectus sum 3.
vorbeifliegen praetervolare, -o, -avi, -atum 1.
vorbeigehen praeterire, -eo, -ii, -itum 0. (**an j-m** aliquem)
vorbeikommen praeterire, -eo, -ii, -itum 0.
vorbereiten (ap-)parare, -o, -avi, -atum 1.
Vorbild
1. exemplum, -i n; **als ~ dienen** exemplo esse (sum, fui, - 0.)
2. *(Autorität)* auctor, -oris m

vordere(r, -s) prior, -ius
Vordergrund, Vorderseite frons, -ontis f
vorderste(r, -s) primus, -a, -um
vordringen procedere, -cedo, -cessi, -cessum 3.
Vorfahr proavus, -i m
Vorfahren maiores, -um mpl
Vorfall casus, -us m
vorführen producere, -duco, -duxi, -ductum 3.
Vorgänge res, rerum fpl
vorgeben
1. *(bestimmen)* dictitare, -o, -avi, -atum 1.
2. *(vortäuschen)* mentiri, -ior, -itus sum 4.

vorgehen
1. *(vorn gehen)* anteire, -eo, -ii, -0. (**j-m** alicui)
2. animadvertere, -verto, -verti, -versum 3. (**gegen j-n** in aliquem)

vorgestern nudius tertius
Vorhaben
1. propositum, -i n
2. *(Plan)* consilium, -i n

vorhaben in animo habere (-eo, -ui, -itum 2.)
Vorhalle vestibulum, -i n
vorhanden: ~ sein esse (sum, fui, - 0.)
vorher antea

vorhergehend prior, -ius
Vorherrschaft principatus, -us *m*
Vorhersage praedictio, -onis *f*
vorhersagen praedicere, -dico, -dixi, -dictum *3.*
vorhersehen providere, -video, -vidi, -visum *2.*
vorhin antea
Vorhut agmen (-inis *n*) primum
vorig prior, -ius
Vorjahr annus (-i *m*) prior
vorkommen accidere, -cido, -cidi, - *3.*
Vorläufer praecursor, -oris *m*
vorlesen recitare, -o, -avi, -atum *1.*
Vorliebe amor (-oris *m*) praecipuus
vormachen obtendere, -tendo, -tendi, -tentum *3.*
vormals olim
Vormittag tempus (-oris *n*) antemeridianum
vormittags horis antemeridianis
Vormund tutor, -oris *m*
vorn a fronte
Vorname praenomen, -inis *n*
vornehm nobilis, -e
vornehmen: **sich etw ~** aliquid sibi proponere (-pono, -posui, -positum *3.*)
Vorrang principatus, -us *m*
Vorrat copia, -ae *f* (**an etw** alicuius rei)
Vorrecht ius, iuris *n*
Vorreiter praecursor, -oris *m*
Vorrichtung apparatus, -us *m*
vorrücken procedere, -cedo, -cessi, -cessum *3.*
Vorsatz consilium, -i *n*
vorsätzlich ADV consulto
Vorschlag
1 consilium, -i *n*
2 (*Bedingung*) condicio, -onis *f*; **einen ~ machen** consilium dare (do, dedi, datum *3.*)
vorschlagen proponere, -pono, -posui, -positum *3.*
vorschreiben praescribere, -scribo, -scripsi, -scriptum *3.*
Vorschrift praeceptum, -i *n*; **eine ~ beachten** praeceptum tenere (teneo, tenui, tentum *3.*)
vorsehen: **sich ~** cavere, caveo, cavi, cautum *2.* (**vor etw** aliquid)
Vorsicht prudentia, -ae *f*
vorsichtig
A ADJ cautus, -a, -um, prudens, -entis
B ADV caute, prudenter
Vorsorge providentia, -ae *f*: **~ treffen** providere (-video, -vidi, -visum *2.*, **dass** ut, **für etw** alicui rei)
vorspielen canere, cano, cecini, cantatum *3.*

Vorsprung
1 (*Vorstehendes*) proiectura, -ae *f*
2 **einen ~ haben** superare (-o, -avi, -atum *1.*)
vorstehen
1 (*hervorragen*) eminere, -eo, -ui, - *2.*
2 (*leiten*) praeesse (-sum, fui, - *3.*, **einer Sache** alicui rei)
vorstellen
1 (*einführen*) introducere, -duco, -duxi, ductum *3.*
2 **sich etw ~** aliquid animo cogitare (-o, -avi, -atum *1.*)
Vorstellung
1 (*Einführung*) admissio, -onis *f*
2 (*im Theater*) actio, -onis *f*
3 (*Überlegung*) cogitatio, -onis *f*
vortäuschen simulare, -o, -avi, -atum *1.*
Vorteil
1 commodum, -i *n*, emolumentum, i *n*
2 (*Gewinn*) lucrum, -i *n*; **zu j-s ~** commodo alicuius
vorteilhaft
1 commodus, -a, -um, utilis, -e
2 (*profitabel*) lucrosus, -a, -um; **~ sein für j-n** commodo esse (sum, fui, - *3.*) alicui
Vortrag oratio, -onis *f*
vortragen
1 (*berichten*) referre, refero, rettuli, relatum *0.*
2 (*vorlesen*) recitare, -o, -avi, -atum *1.*; **ein Gedicht ~** carmen canere (cano, cecini, cantatum *3.*)
vortrefflich praeclarus, -a, -um
Vortrefflichkeit virtus, -utis *f*
Vortritt prior locus (-i *m*); **den ~ vor j-m haben** alicui antecedere (-cedo, -cessi, -cessum *3.*)
vorüber praeter; **es ist ~** actum est
vorübergehen praeterire, -eo, -ii, -itum *0.*; **~ lassen** praetermittere (-mitto, -misi, -missum *3.*)
Vorurteil praeiudicium, -i *n*
Vorwand causa, -ae *f*; **unter dem ~** per causam
vorwärts protinus
vorwärtsschreiten prodire (-eo, -ii, -itum *0.*)
vorwegnehmen antecapere, -capio, -cepi, -captum *3.*
vorwerfen
1 (*hinwerfen*) obicere (-icio, -ieci, -iectum *3.*)
2 (*zum Vorwurf machen*) crimini dare (do, dedi, datum *1.*, (**j-m etw** alicui aliquid)
vorwiegend imprimis
Vorwurf crimen, -minis *n*; **zum ~ machen** crimini dare (do, dedi, datum *1.*)
Vorzeichen

1 omen, -inis *n*; prodigium, -i *n*
2 (*durch Vogelschau*) auspicium, -i *n*
vorzeitig praematurus, -a, -um
vorziehen *fig* praeferre, -fero, -tuli, -latum 0.
Vorzug virtus, -utis *f*
vorzüglich (*ausgezeichnet*) egregius, -a, -um
vulgär vulgaris, -e
Vulkan (*röm. Gott der Schmiedekuns*) Vulcanus, -i *m*

W

Waage libra, -ae *f*
waagrecht directus, -a, -um
wach vigilans, -antis; ~ **sein** vigilare (-o, -avi, -atum 1.)
Wache (*das Wachen*) custodia, -ae *f*, vigilia, -ae *f*; ~ **halten** excubare (-o, -avi, -atum 1.)
wachen vigilare, -o, -avi, -atum 1.
Wachposten praesidia, -orum *npl*
Wachs cera, -ae *f*
wachsam vigil, -lis
Wachsamkeit vigilantia, -ae *f*
wachsen crescere, cresco, crevi, cretum 3.
Wachstum progressus, -us *m*
Wächter(in) custos, -odis *m/f*
wackeln moveri, moveor, motus sum 2.
Waffe
1 (*Geschoss*) telum, -i *n*
2 *pl* ~**n** (*zur Verteidigung*) arma (-orum *npl*); **zu den ~n greifen** arma capere (capio, cepi, captum 3.)
Waffenstillstand indutiae, -arum *fpl*; **einen ~ schließen** indutias facere (facio, feci, factum 3.)
Wagemut audacia, -ae *f*
wagemutig audax, -acis
wagen audere, audeo, ausus sum 2.
Wagen currus, -us *m*
Wagenlenker auriga, -ae *m*
Wahl
1 (*zu einem Amt*) creatio, -onis *f*
2 (*Auswahl*) delectus, -us *m*
wählen
1 (*zu einem Amt*) creare, -o, -avi, -atum 1., **j-n zum König wählen** aliquem regem
2 (*auswählen*) deligere, -ligo, -legi, lectum 3. (**für etw** alicui rei)
Wahn opinio (-onis *f*) falsa
Wahnsinn dementia, -ae *f*
wahnsinnig mente captus (-a, -um)
wahr verus, -a, -um

während
A PRÄP +*gen* inter +*akk*, per +*akk*, in +*abl*; ~ **der Nacht** inter noctem; ~ **des Waffenstillstands** per indutias; ~ **meiner Abwesenheit** me absente
B KONJ
1 (*zeitlich*) dum +*ind präs*
2 (*adversativ*) cum +*konjkt*
wahrhaft vere
Wahrheit veritas, -atis *f*; **die ~ sagen** verum dicere (dico, dixi, dictum 3.)
wahrnehmen (*bemerken*) animadvertere, -verto, -verti, -versum 3.
wahrsagen vaticinari, -or, -atus sum 1.
Wahrsager vates, -is *m*
Wahrsagerei vaticinatio, -onis *f*
wahrscheinlich
A ADJ verisimilis, -e
B ADV *Umschreibung durch* verisimile est +*AcI*; ~ **hat Marcus das getan** verisimile est Marcum ea fecisse
Waise
1 (*Waisenjunge*) orbus, -i *m*
2 (*Waisenmädchen*) orba, -ae *f*
Wal balaena, -ae *f*
Wald silva, -ae *f*
Waldgebirge saltus, -us *m*
Wall vallum, -i *n*
wälzen volvere, volvo, volvi, volutum 3.
Wand paries, parietis *m*

▶ **Im Wald**

Folgende Baumarten sind in der lateinischen Literatur zu finden:

quercus ⟨i⟩ *f*	Eiche
betula ⟨ae⟩ *f*	Birke
abies ⟨abietis⟩ *f*	Tannenbaum
acer ⟨aceris⟩ *n* (*seltener f*)	Ahorn
pinus ⟨i⟩ *f*	Pinie
cypressus ⟨i⟩ *f*	Zypresse
tilia ⟨ae⟩ *f*	Linde
alnus ⟨i⟩ *f*	Erle
ulmus ⟨i⟩ *f*	Ulme
fraxinus ⟨i⟩ *f*	Esche
larix ⟨laricis⟩ *f*	Lärche
olea ⟨ae⟩ *f*	Olivenbaum
fagus ⟨i⟩ *f*	Buche
ficus ⟨i⟩ *f*	Feigenbaum

WORTSCHATZ

Wanderer viator, -oris *m*
wandern migrare, -o, -avi, -atum *1.*
Wanderung iter, itineris *n*
Wange gena, -ae *f*
wanken labi, labor, lapsus sum *3.*; **~d machen** labefacere (-facio, -feci, -factum *3.*)
wann quando
Wanne alveus, -i *m*
Ware merx, -rcis *f*
warm calidus, -a, -um; **~ machen** calefacere, -facio, -feci, -factum *3.*; **~ werden** calescere, calesco, calui, - *3.*
Wärme calor, -oris *m*
warnen (ad)monere, -moneo, -monui, -monitum *2.* (**dass** ne, **vor etw** de re)
Warnung monitum, i *n*
warten exspectare, -o, -avi, -atum *1.*
Wärter custos, -odis *m*
warum cur, quare
was
 A REL PR quod, quae *npl* **~ auch immer** quodcumque, quaecumque
 B INTERROG PR quid; **~ ist?** quid hoc sibi vult?
Wäsche
 1 (*Waschen*) lavatio, -onis *f*
 2 (*Gewaschenes*) lintea, -orum *npl*
waschen lavare, lavo, lavi, lautum *1.*
Wasser aqua, -ae *f*; **~ holen** aquari (-or, -atus sum *1.*); **zu ~ und zu Land** terrā marique
Wasserleitung aquaeductus, -us *m*
weben texere, texo, texui, textum *3.*
Wechsel
 1 (*Abwechslung*) vices *fpl*, *sg gen* vicis, *akk* vicem, *abl* vice
 2 (*Veränderung*) mutatio, -onis *f*
wechseln
 A VT mutare, -o, -avi, -atum *1.*
 B VI mutari, -or, -atus sum *1.*
wechselvoll varius, -a, -um
wecken excitare, -o, -avi, -atum *1.*, **aus dem Schlaf** somno
weder: ~ ... noch neque ... neque
Weg
 1 via, -ae *f*
 2 (*zum Ziel*) iter, itineris *n*; **sich auf den ~ machen** proficisci (-ficiscor, -fectus sum *3.*); **im ~ stehen** obstare (-sto, -stiti, -staturus *3.*); **j-m aus dem ~ gehen** aliquem vitare (-o, -avi, -atum *1.*)
weg¹: (*fort*) **~!** abi! *sg*, abite! *pl*
weg-² *in Zusammensetzungen* a-/ab- (*a vor Kons.*)
wegbringen auferre, aufero, abstuli, ablatum *0.*
wegen PRÄP +*gen* propter +*akk*, ob +*akk*, causā, gratiā +*gen*, *beide nachgestellt*; (*vor, hindernder Grund*) prae +*abl*
wegfallen omitti, -mittor, -missus sum *3.*

wegfliegen avolare, -o, -avi, -atum *1.*
wegführen abducere, -duco, -duxi, -ductum *3.*
weggehen abire, -eo, -ii, -itum *0.*, discedere *od* decedere, -cedo, -cessi, -cessum *3.*, **von zu Hause ~** domo exire (-eo, -ii, -itum *0.*)
weglassen omittere, -mitto, -misi, -missum *3.*
weglaufen fugere, fugio, fugi, fugitum *3.*
wegnehmen adimere, -imo, -emi, -emptum *3.*
wegreißen avellere, -vello, -velli (*auch*: -vulsi), -vulsum *3.*
wegschaffen removere, -moveo, -movi, -motum *2.*
wegschicken dimittere, -mitto, -misi, -missum *3.*
Wegstrecke via, -ae *f*; **beträchtliche ~** multum viae
wegtragen auferre, aufero, abstuli, ablatum *0.*
wegwenden avertere, -verto, -verti, -versum *3.*
wegwerfen abicere, -icio, -ieci, -iectum *3.*
wegziehen abstrahere, -traho, -traxi, -tractum *3.*
wehe INT **~!** vae!
wehen flare, -o, -avi, -atum *1.*
wehren: sich ~ resistere, -sisto, -stiti *3.*
wehrlos inermis, -e
wehtun dolere, -eo, -ui, - *2.*
weiblich femininus, -a, -um
weich mollis, -e; **~ machen** mollire (-io, -ivi, -itum *4.*)
weichen cedere, cedo, cessi, cessum *3.*
weichlich mollis, -e
Weide, Weideland pascua, -orum *npl*
weiden
 A VT (*auf die Weide führen*) pascere, pasco, pavi, pastum *3.*
 B VI (*fressen*) pasci, pascor, pastus sum *3.*
weigern: sich ~ recusare, -o, -avi, -atum *1.*
weihen dedicare, -o, -avi, -atum *1.*
weil quod, quia +*ind.*; cum +*konjkt*
Weile tempus, -oris *n*
Wein vinum, -i *n*
weinen flere, -eo, -evi, -etum *2.* (**über etw** de re)
Weinstock vitis, -is *f*
Weintraube uva, -ae *f*
Weise (*Art*) modus, -i *m*, ratio, -onis *f*; **auf diese ~** hoc modo; **auf welche ~** quo modo
weise sapiens, -entis; **~ sein** sapere (-io, -ivi, - *3.*)
Weiser sapiens, -entis *m*
Weisheit sapientia, -ae *f*

> **Das römische Volksgetränk**

Wein (**vinum**) war das römische Getränk schlechthin. Er wurde zu allen Tageszeiten getrunken, sogar – wenn auch seltener – zum Frühstück. Der Durchschnittsrömer trank zwischen 0,8 l bis 1 l, die Durchschnittsrömerin wohl die Hälfte. Der Wein wurde meist mit Wasser verdünnt (**vinum dilutum**) getrunken, bei niedrigeren Temperaturen wurde dem Wein warmes Wasser beigemischt (**vinum calidum**). Wer puren Wein (**merum**) trank, wurde schnell des Alkoholismus (**vinolentia**) verdächtigt. Der zweifellos geschätzteste Wein der Römer war der oft erwähnte und viel gerühmte Falernerwein (**vinum Falernum**), dessen Anbaugebiet südlich von Rom lag. Als Aperitif vor der **cena** wurde ein leichter, mit Honig gemischter Wein getrunken (**mulsum**).

RÖMISCHES LEBEN

weiß
1 albus, -a, -um
2 (*glänzend*) candidus, -a, -um; **~ sein** albere (-eo, -, - 2.)
weissagen vaticinari, -or, -atus sum 1.
Weissager
1 vates, -is m
2 (*Eingeweideschauer*) haruspex, -picis m
3 (*Vogelschauer*) augur, -uris m
Weissagung (*das Geweissagte*) vaticinatio, -onis f
weit
A ADJ
1 (*groß*) amplus, -a, -um
2 (*ausgedehnt*) vastus, -a, -um
3 (*breit*) latus, -a, -um
B ADV
1 (*fern*) procul
2 (*vor komp*) multo
3 **~ reisen** longum iter facere (facio, feci, factum 3.); **bei Weitem** multo, longe; **~ und breit** longe lateque
weitaus longe +*sup*
Weite
1 amplitudo, -inis f
2 (*des Weges*) longinquitas, -atis f
weiter
A ADJ longior, -ius
B ADV longius
weiterführen contiuare, -o, -avi, -atum 1.
weitergeben tradere, -do, -didi, -ditum 3.
weitergehen iter pergere (pergo, perrexi, perrectum 3.)
weiterhin durch pergere, pergo, perrexi, perrectum 3. +*inf*
weitermachen contiuare, -o, -avi, -atum 1.
weitgehend imprimis
weitschweifig copiosus, -a, -um
Weizen triticum, -i n
welche(r, -s)
1 qui, quae, quod
2 (*von beiden*) uter, utra, utrum; **~ von uns beiden?** uter nostrum?

welk flaccus, -a, -um
Welle unda, -ae f
Welt
1 (*Weltall*) mundus, -i m
2 (*bewohnte Erde*) orbis (-is m) terrarum; **überall auf der ~** ubique terrarum
3 **zur ~ bringen** (*gebären*) parere (pario, peperi, partum 3.)
Weltall universum, -i n
wem cui
wen quem
wenden (con)vertere, -verto, -verti, -versum 3.; **sich an j-n ~** adire (-eo, -ii, -itum 0.) aliquem
Wendung
1 (*veränderte Richtung*) conversio, -onis f
2 (*Redewendung*) locutio, -onis f; **es nimmt eine schlechte ~** vertit male
wenig
A ADV paulum, paulisper; **ein ~ Wein** paulum vini; **~ später** paulo post; **~ kosten** parvo constare (-sto, -stiti, -staturus 1.); **zu ~** parum; **~er** minus; **am ~sten** minime
B PL **~e** pauci, -ae, -a; **~es** pauca (-orum npl)
weniger minus +*gen*; **~ Essen** minus cibi
wenigstens
1 (*beschränkend*) quidem nachgestellt
2 (*versichernd*) certe; **ich ~** equidem
wenn
1 (*bedingend*) si; **~ nicht** nisi; **jd/etw ~** si quis/quid
2 (*in Wunschsätzen*) **~ doch (nicht)!** utinam (ne)!
3 (*zeitlich*) (**immer**) **~** cum +*ind*.
4 (*konzessiv*) **~ auch immer** etsi, etiamsi
wer quis; **~ auch immer** quicumque, quaecumque, quodcumque; quisquis, quidquid; **~ von beiden?** uter?
werden fieri, fio, factus sum 0.; *in Verbindung mit adj u. adv häufig durch Verben auf -escere;* **alt ~** senescere (senesco, senui, - 3.); **rot ~** rubescere (rubesco, rubui, -3.); **mein Eigentum ~** meum fieri
werfen
1 iacere, iacio, ieci, iactum 3.

2 (*wiederholt werfen*) iactare, -o, -avi, -atum *1.*; **zu Boden ~** prosternere (-sterno, -stravi, -stratum *3.*); **sich auf etw ~** se conicere (-icio, -ieci, -iectum *3.*) in aliquid

Werk opus, -eris *n*
Werkstätte officina, -ae *f*
Werkzeug instrumentum, -i *n*
wert
1 (*würdig*) dignus, -a, -um (**einer Sache** re)
2 (*vom Preis*) **~ sein** esse (sum, fui, - 0.) +*gen*; constare (-sto, -stiti, -staturus *1.*) + *abl*/+*gen*; **viel ~ sein** magni pretii esse; **mehr ~ sein** pluris constare
Wert pretium, -i *n*
wertlos parvi pretii, vilis, -e
wertvoll pretiosus, -a, -um
Wesen
1 (*Lebewesen*) animal, -alis *n*
2 (*Beschaffenheit, Charakter*) natura, -ae *f*
wesentlich praecipuus, -a, -um
weshalb qua de causa, quam ob rem
wessen cuius
Westen occidens, -entis *m*; **im ~** ad occidentem
westlich ad occidentem spectans (*gen* -antis)
Wettbewerb certamen, -minis *n*
Wette sponsio, -onis *f*; **um die ~** certatim
Wetteifer studium, -i *n*
wetteifern certare, -o, -avi, -atum *1.*
wetten certare, -o, -avi, -atum *1.*
Wetter
1 tempestas, -atis *f*
2 (*Klima*) caelum, -i *n*
Wettkampf certamen, -minis *n*
Wettlauf, Wettrennen cursus, -us *n*
Wettstreit certamen, -minis *n*
wichtig gravis, -e; **es ist (für mich) ~** (mea) interest; **etwas Wichtiges** res (rei *f*) magni momenti
Wichtigkeit momentum, -i *n*
wickeln glomerare, -o, -avi, -atum *1.*, volvere, volvo, volvi, volutum *3.* (**in etw** aliqua re)
Widder aries, arietis *m*
wider PRÄP +*akk* (*gegen*) contra +*akk*
widerlegen convincere, -vinco, -vici, -victum *3.*
widerlich odiosus, -a, -um
Widersacher adversarius, -i *m*
widersetzen: sich ~ resistere (-sisto, -stiti, - *3.*)
widersprechen obloqui, -loquor, -locutus sum *3.* (**j-m** alicui)
Widerspruch contradictio, -onis *f*
Widerstand pugna, -ae *f*; **ohne ~** nullo resistente; **~ leisten** resistere, -sisto, -stiti, - *3.*
widerstandsfähig patiens, -entis (**gegen etw** alicuius rei)
widerstehen resistere, -sisto, -stiti *3.*
widerwillig invitus, -a, -um
widmen
1 (*zueignen*) dedicare, -o, -avi, -atum *1.*, **j-m ein Buch** alicui librum
2 (*aufwenden*) **Zeit einer Sache ~** tempus consumere (-sumo, -sumpsi, -sumptum *3.*) in re
3 **sich einer Sache ~** se dedere alicui rei (-do, -didi, -ditum *3.*)
widrig adversus, -a, -um; **~e Umstände** res (rerum *f*) adversae
wie
1 (*bei Adjektiven und Adverbien*) quam; **~ gut hast du das getan!** quam bene fecisti!; (*bei Verben*) ut; (*gleichsam*) quasi; **~ wenn** velut (si), quasi; **derselbe ~** idem atque/qui; **~ es heißt** ut dicunt +*AcI*
2 *rel* (*auf welche Weise*) quemadmodum, quomodo; (*wie beschaffen*) qualis, -e; (*wie groß*) quantus, -e; (*wie viel*) quantum; (*wie viele*) quot; (*wie sehr*) quantopere
3 (*fragend*) quomodo?; qui?; qua?
4 **~ zum Beispiel** velut
wieder rursus, denuo, iterum; **immer ~** iterum atque iterum; **~ aufbauen** reficere, -ficio, -feci, fectum *3.*
wiederbekommen recipere, -cipio, -cepi, -ceptum *3.*
wiedererlangen recuperare, -o, -avi, -atum *1.*
wiedergeben reddere, -do, -didi, -ditum *3.*
wiederherstellen reficere, -ficio, -feci, -fectum; **die Kräfte ~** vires reficere
wiederholen (*zurückholen, von Neuem beginnen*) repetere, -o, -ivi, -itum *3.*
wiederholt (*oft*) saepe
Wiederholung repetitio, -onis *f*
wiederkommen reverti, -vertor, -versus sum *3.*
wiederum rursus, iterum
wiegen pendere, pendo, pependi, pensum *3.*
Wiese pratum, -i *n*
Wild (*wilde Tiere*) ferae, -arum *fpl*
wild
1 (*wild lebend*) ferus, -a, -um
2 (*unbändig*) ferox, -ocis
3 (*grausam*) saevus, -a, -um; **~es Tier** bestia, -ae *f*
Wildheit
1 ferocia, -ae *f*
2 (*Grausamkeit*) saevitia, -ae *f*
Wille voluntas, -atis *f*; **gegen meinen ~n ...** me invito ...; **göttlicher ~** numen (-inis *n*)
willen: um ... willen causā, gratiā + *gen beide nachgestellt*

willig
A ADJ promptus, -a, -um
B ADV libenter
willkommen gratus, -a, -um; **sei/seid mir ~** salve/salvete
Willkür (ohne Rücksicht) licentia, -ae f
Wind ventus, -i m; **gegen den ~** vento adverso
Winkel angulus, -i m
Winter hiems, -mis f
Winter... hibernus, -a, -um
winterlich hibernus, -a, -um
Wintersonnenwende bruma, -ae f
Wipfel cacumen, -minis n
wir nos
Wirbel vertex, -ticis m
wirken (wirksam sein) efficacem esse (sum, fui, -0.); **langsam ~d** tardus, -a, -um
wirklich
A ADJ verus, -a, -um
B ADV vero, profecto
Wirklichkeit res (rei f) vera ; **in ~** re vera
wirksam efficax, -acis
Wirksamkeit efficacitas, -atis f
Wirkung effectus, -us m; **eine ~ haben auf j-n** movere (moveo, movi, motum 2.) animum alicuius
wirr perturbatus, -a, -um
Wirt hospes, -itis m
Wirtshaus taberna, -ae f
wissbegierig curiosus, -a, -um
wissen
1 scire, scio, scii/scivi, scitum 4.
2 (kennengelernt haben) novisse (novi 3.); **nicht ~** nescire (-scio, -scii/-scivi, -scitum 4.); ignorare (-o, -avi, -atum 1.); **genau ~** non ignorare; **jeder weiß** nemo ignorat +AcI
Wissen scientia, -ae f; **ohne j-s ~** aliquo inscio; **ohne mein ~** me inscio; **meines ~s** quod scio
Wissenschaft
1 litterae, -arum fpl
2 (einzelne Wissenschaft) doctrina, -ae f
wissenschaftlich litteras pertinens, -entis; **~es Gespräch** disputatio -onis f
Witwe vidua, -ae f
Witwer viduus, -i m
Witz
1 (Geist) ingenium, -i n
2 (witzige Geschichte) dictum, -i n
witzig facetus, -a, -um
wo ubi; **~ auch immer** ubicumque; **~ auf der Welt?** ubi terrarum?; **von ~ aus** unde
woanders alibi
wobei qua in re
Woche hebdomada, -ae f; **einmal pro ~** semel in hebdomada
wodurch qua re, quo fit, ut
wofür rel pro quo (qua, quibus)
Woge unda, -ae f, fluctus, -us m
wogen undare, -o, -avi, -atum 1.
woher unde
wohin quo; **~ auch immer** quocumque
wohingegen (adversativ) cum +konjkt
wohl
1 (gut) bene; **~ bekannt** bene notus (-a, -um)
2 (in Fragen) **wer könnte ~ leugnen?** quis dubitet / dubitaverit? **kannst du ~ sagen?** potesne dicere?
3 (vielleicht) haud scio an; **dies kann ~ (nicht) geschehen** haud scio an id fieri (non) possit
Wohl salus, -utis f
Wohlbefinden valetudo, -inis f
wohlbehalten salvus, -a, -um
Wohlergehen salus, -utis f
wohlgesinnt benignus, -a, -um; **j-m ~ sein** favere (faveo, favi, fautum 3.) alicui

---

▶ **wohin**

Auf die Frage „wohin?" stehen in der Regel **in** (in ... hinein) oder **ad** (zu ... hin) mit dem Akkusativ.

Hostes in castra fugiunt.	Die Feinde flüchten sich in ihr Lager.
Ad Ciceronem venit.	Er kommt zu Cicero.

Bei Städten und kleinen Inseln steht allerdings meist Akkusativ ohne **in**:

Neapolim veniam.	Ich werde nach Neapel kommen.

Aber:

in Siciliam / Galliam venire	nach Sizilien / Gallien kommen

Ad mit Städtenamen bedeutet „in die Gegend von"

Ad Romam venerunt.	Sie kamen in die Gegend von Rom.

GRAMMATIK

wohlhabend opulentus, -a, um
Wohlstand opulentia, -ae f
Wohltat beneficium, -i n; **j-m ~en erweisen** beneficia conferre in aliquem (contero, contuli, collatum 0.)
wohltätig beneficus, -a, -um
Wohlwollen benevolentia, -ae f (**gegen j-n** erga aliquem)
wohlwollend benevolus, -a, -um
Wohnblock insula, -ae f
wohnen habitare, -o, -avi, -atum 1., incolere, -colo, -colui, -cultum 3., **an einem Ort** in loco
Wohnsitz sedes, -is f
Wohnung habitatio, -onis n
Wolf lupus, -i m
Wölfin lupa, -ae f
Wolke nubes, -is f
Wolle lana, -ae f
wollen
 1 velle, volo, volui, - 0.; **nicht ~** nolle (nolo, nolui, - 0.); **lieber ~** malle (malo, malui, - 3.)
 2 (werden, im Begriff sein) durch fut: **ich will verreisen** iter facturus sum
 3 **~ wir!** (lasst uns …) durch die 1. pers pl konjkt präs; **~ wir gehen!** eamus!
wonach ex quo (qua, quibus)
woran unde; **~ liegt es?** quae est causa?
worin in quo (qua, quibus)
Wort
 1 verbum, -i n
 2 (einzelnes) vocabulum, -i n
 3 (Ausspruch) dictum, -i n; **aufs ~ gehorchen** dicto audientem esse (sum, fui, - 0.); **sein ~ halten/brechen** fidem servare (-o, -avi, -atum 1.) / frangere (frango, fregi, fractum 3.)
wörtlich ad verbum
worüber de quo (qua, quibus)
Wuchs magnitudo (-inis f) corporis
Wucht vis, akk vim, abl vi f
wühlen fodere, fodio, fodi, fossum 3.
wund saucius, -a, -um
Wunde vulnus, -eris n
Wunder miraculum, -i n
wunderbar mirus, -a, -um
wundern: sich ~ mirari, -or, -atus sum 1.
Wunderzeichen miraculum, -i n
Wunsch
 1 (Verlangen) desiderium, -i n
 2 (das Gewünschte) optatum, -i n
wünschen
 1 (verlangen) optare, -o, -avi, -atum 1.
 2 (begehren) cupere, -io, -ivi, -itum 3.
Würde dignitas, -atis f, maiestas, -atis f
würdevoll augustus, -a, -um
würdig dignus, -a, -um (**einer Sache** re)
Wurf iactus, -us m

Würfel
 1 (Spielwürfel) alea, -ae f; **der ~ ist gefallen** alea iacta est
 2 (Form) cubus, -i m
Wurfgeschoss telum, -i n
Wurfmaschine tormentum, -i n
Wurfspieß pilum, -i n
würgen suffocare, -o, -avi, -atum 1.
Wurm vermis, -is m
Wurst botulus, -i m
Würze condimentum, -i n
Wurzel radix, -icis m
würzen condire, condio, condivi, conditum 4.
wüst vastus, -a, -um
Wüste deserta, -orum npl
Wut furor, -oris m
wüten saevire, saevio, saevii, saevitum 4.
wütend saevus, -a, -um
wutentbrannt furore incensus, -a, -um

Z

Zacke dens, dentis m
zäh tenax, -acis
Zähigkeit tenacitas, -atis f
Zahl numerus, -i m
zählen
 A *vt* numerare, -o, -avi, -atum 1.
 B *vi* esse (sum, fui, - 0.) in numero (**zu j-m/zu etw** alicuius/alicuius rei)
zahlen solvere, solvo, solvi, solutum 3.
zahlreich numerosus, -a, -um; multi, -ae, -a
Zahlung solutio, -onis f
Zahlzeichen nota (-ae n) numeri
zahm mansuetus, -a, -um, domitus, -a, -um
zähmen domare, domo, domui, domitum 1.
Zahn dens, dentis m
zanken: sich ~ rixari (-or, -atus sum 1.)
zappeln palpitare, -o, -avi, -atum 1.
zart tener, -era, -erum
zärtlich tener, -era, -erum
Zauber gratia, -ae f
Zauber... magicus, -a, -um
Zauberei ars (artis f) magica
zaubern artes magicas exercere (-eo, -ui, -itum 2.)
zaudern cunctari, -or, -atus sum 1.
Zaumzeug frenum, -i n
Zaun saepes, is f
Zehe digitus (-i m) pedis
zehn decem indekl

zehnfach decemplex, -plicis
zehnmal decies
Zehnmänner decemviri, -orum *mpl*
zehnte(r, -s) decimus, -a, -um
Zehntel pars (partis *f*) decima
Zeichen signum, -i *n*; **es ist ein ~ von Klugheit** prudentiae/prudentis est +*inf*
zeichnen adumbrare, -o, -avi, -atum *1.*
Zeichnung adumbratio, -onis *f*
Zeigefinger index, -dicis *m*
zeigen
① (de)monstrare, -o, -avi, -atum *1.*, ostendere, -tendo, -tendi, -tentum *3.*
② **sich ~** (*erscheinen*) apparere (-eo, -ui, -iturus *2.*)
③ (*sich erweisen*) se praebere (-eo, -ui, -itum *2.*) +*akk*
④ (*nur lobend*) se praestare (-sto, -stiti, -staturus *1.*) +*akk*; **sich weise ~** sapientem se praebere (-eo, -ui, -itum *2.*), sapientem se praestare (-sto, -stiti, -staturus *1.*)
Zeile versus, -us *m*
Zeit
① (*Zeitabschnitt*) tempus, -oris *n*
② (*Zeitumstände*) tempestas, -atis *f*; **zu der ~, als** eo tempore, quo; **~ verbringen mit etw** tempus consumere (-sumo, -sumpsi, -sumptum *3.*) in re; **zur ~ des Darius** Darei aetate/temporibus; **zur rechten ~** ad tempus, (in) tempore, suo tempore; **eine ~ lang** aliquamdiu; **es ist ~** id tempus est; **mit der ~** paulatim; **nach kurzer/langer ~** brevi/paulo post
Zeitalter aetas, -atis *f*, saeculum, -i *n*

Zeitgenosse aequalis, -is *m*
zeitlich *durch gen* temporis
Zeitpunkt tempus, -oris *n*
Zeitraum spatium, -i *n*; **ein ~ von zwei Jahren** biennium (-i *n*); **ein ~ von zwei Tagen** biduum (-i *n*)
zeitweise ad tempus
Zelle cella, -ae *f*
Zelt tabernaculum, i *n*; **ein ~ aufschlagen** tabernaculum tendere (tendo, tetendi, tentum *3.*)
zensieren iudicare, -o, -avi, -atum *1.*
Zensor censor, -oris *m*
Zensoramt, Zensur censura, -ae *f*
zentral medius, -a, -um
Zentrum medium, -i *n*
zerbrechen
Ⓐ $\overline{VI}$ frangere, frango, fregi, fractum *3.*
Ⓑ $\overline{VI}$ frangi, frangor, fractus sum *3.*
zerbrechlich fragilis, -e
zerdrücken comprimere, -primo, -pressi, -pressum *3.*
zerfallen dilabi, -labor, -lapsus sum *3.*
zerfetzen, zerfleischen lacerare, -o, -avi, -atum *1.*
zerreißen (di)scindere, -scindo, -scidi, -scissum *3.*, rumpere, rumpo, rupi, ruptum *3.*
zerren trahere, traho, traxi, tractum *3.*
zerschneiden secare, seco, secui, sectum *1.*
zerstören delere, -eo, -evi, -etum *2.*; evertere, -verto, -verti, -versum *3.*
zerstreuen dissipare, -o, -avi, -atum *1.*; **sich ~** animum remittere (-mitto, -misi, -missum *3.*)

▶ Zeit und Zeitmessung

In Rom wurde die erste Sonnenuhr (**horologium solarium**) im Jahre 263 v. Chr. aufgestellt, was erstmals eine allgemeine zeitliche Orientierung ermöglichte. Unter Kaiser Augustus wurde auf dem Marsfeld eine riesige Sonnenuhr errichtet, deren Zeiger (**gnomon**) noch erhalten ist: es handelt sich um einen Obelisken, der heute auf der Piazza Montecitorio in Rom bewundert werden kann. Ein weiteres Instrument für die Zeitmessung war die Wasseruhr (**clepsydra**). Das Prinzip der einfachen clepsydra ist dasselbe wie das unserer Sanduhren: es fließt eine bestimmte Menge Wasser von einem Behälter in einen anderen. War dieser voll, wusste man, dass eine bestimmte Zeitspanne vergangen war. Bald wurde der Behälter mit einer Skala versehen und die Uhr so eingestellt, dass sie sich auch zur helligkeitsunabhängigen Stundenmessung eignete.

hora ⟨ae⟩ *f*	Stunde
dies ⟨ei⟩ *m*	Tag
hebdomada ⟨ae⟩ *f*	Woche
mensis ⟨is⟩ *m*	Monat
annus ⟨i⟩ *m*	Jahr
Quota hora est?	Wie spät ist es?
Est hora quinta.	Es ist die fünfte Stunde (ca. 11 Uhr)

WORTSCHATZ ◀

zerstreut distentus, -a, -um
Zettel scida, -ae *f*
Zeug res, rei *f*
Zeuge testis, -is *m*; **als ~ aussagen** testificari (-or, -atus sum *1.*)
zeugen esse, sum, fui, - *0.* (**von etw** alicuius rei); **es zeugt von Dummheit** stultitiae est
Zeugenaussage testimonium, -i *n*
Zeugin testis, -is *f*
Zeugnis testimonium, -i *n*
Ziege capra, -ae *f*
Ziegel
1. later, -eris *m*
2. (*Dachziegel*) tegula, -ae *f*; **aus ~n** latericius (-a, -um)

Ziegenbock caper, -pri *m*
ziehen
A VT
1. (*schleppen*) trahere, traho, traxi, tractum *3.*, ducere, duco, duxi, ductum *3.*
2. (*Wagen*) vehere, veho, vexi, vectum *3.*
3. **das Schwert ~** gladium (de)stringere (-stringo, -strinxi, -strictum *3.*); **Schiffe an Land ~** naves subducere (-duco, -duxi, -ductum *3.*)
4. **einen Schluss ~** coniecturam facere (facio, feci, factum *3.*); **Nutzen ~** fructum capere (capio, cepi, captum *3.*)

B VI (*gehen*) migrare, -o, -avi, -atum *1.*; **in den Krieg ~** ad bellum proficisci (-ficiscor, -fectus sum *3.*)

Ziel
1. destinatum, -i *n*
2. (*im Zirkus*) meta, -ae *f*
3. (*Absicht*) consilium, -i *n*
4. (*Endpunkt*) finis, -is *m*

zielen spectare, -o, -avi, -atum *1.*
zielstrebig industrius, -a, -um
ziemen: **sich ~** decere (-eo, -ui, - *2.*); **es ziemt sich nicht** dedecet
ziemlich
A ADJ aliquantus, -a, -um
B ADV admodum; *durch komp*: **~ schlau** callidior; **~ viel** aliquantum (**von etw** alicuius rei)

Zierde decus, -oris *n*, ornamentum, -i *n*
zieren ornare, -o, -avi, -atum *1.*
zierlich elegans, -antis
Zierrat ornamentum, -i *n*
Ziffer nota (-ae *f*) numeri
Zimmer conclave, -avis *n*
Zimmermann faber, -bri *m*
zimperlich timidus, -a, -um
Zinn plumbum (-i *n*) album
Zinsen usura, -ae *f*
Zirkus circus, -i *m*
Zirkusspiele circenses, -ium *mpl*
zischen sibilare, -o, -, - *1.*

Zitat verba (-orum *n*) laudata
Zittern tremor, -oris *m*
zittern trepidare, -o, -avi, -atum *1.*, tremere, tremo, tremui, - *3.*
zivil togatus, -a, -um
Zivilisation cultus, -us *m*
zivilisiert humanus, -a, -um
Zivilist togatus, -a, -um
Zögern cunctatio, -onis *f*; **ohne ~** sine mora
zögern dubitare, -o, -avi, -atum *1.*, cunctari, -or, -avi, -atus sum *1.*, cessare, -o, -avi, -atum *1.*
Zoll vectigal, -alis *n*
Zone zona, -ae *f*
Zorn ira, -ae *f*; **in ~ geraten** irasci, irascor, - *3.*
zornentbrannt irā incensus, -a, -um
zornig iratus, -a, -um; **~ sein** irasci, irascor *3.*
zu ... hin ad *+akk*
zu[1]
A PRÄP *+dat* ad *+akk*; **~m Berg** ad montem; **~ etw machen** facere (facio, feci, factum *3.*) *+dopp akk*, reddere (-do, -idi, -ditum *3.*)
B ADV (*zu sehr*) *meist durch komp*: **~ kalt** frigidior (-ius); **~ groß** nimius (-a, -um) **~ sehr** nimis; **~ spät** sero; **~ viel** nimius (-a, -um); nimium **~ wenig** parum

zu[2]: **~ sein** clausum esse
zu-[3] *in Zusammensetzungen* ad-
Zubehör instrumentum, -i *n*
zubereiten apparare, -o, -avi, -atum *1.*
züchten alere, alo, alui, al(i)tum *3.*
Züchter qui alit
Zucker, Zuckersaft saccharum, -i *n*
zudecken tegere, tego, texi, tectum *3.*
zudem praeterea
zuerst
1. (*in der Aufzählung*) primo
2. (*zum ersten Mal*) primum
3. (*als Erster*) primus, -a, -um

Zufall casus, -us *m*; **durch ~** casu, forte
zufällig
A ADJ fortuitus, -a, -um
B ADV casu, forte

Zuflucht (*Zufluchtsort*) refugium, -i *n*
zufrieden contentus, -a, -um (**mit etw** re); **damit ~ sein** satis habere (-eo, -ui, -itum *2.*) *+inf*; **nicht damit ~ sein** parum habere *+inf*
Zufriedenheit animi tranquillitas (-atis *f*)
zufügen inferre, infero, intuli, illatum *0.*, **j-m Schmerz** alicui dolorem
Zufuhr commeatus, us *m*
Zug
1. (*als Handlung*) tractus, -us *m*
2. (*Heereszug*) agmen, -inis *n*
3. (*Feldzug*) expeditio, -onis *f*
4. (*Charakterzüge*) **viele vortreffliche Züge** multa praeclara, -orum *npl*

Zugang aditus, -us m (**zu etw** ad/in aliquid)
zugeben (gestehen) confiteri, -fiteor, -fessus sum 2.
zugegen: ~ **sein** adesse (-sum, -fui, 0.)
zügellos effrenatus, -a, -um, intemperans, -antis
Zügellosigkeit intemperantia, -ae f
zügeln coercere, -eo, -ui, -itum 2.
zugestehen concedere, -cedo, -cessi, -cessum 3.
zugleich simul
zugrunde gehen perire, -eo, -ii, -itum 0.
zugrunde richten perdere, -do, -didi, -ditum 3., praecipitare, -o, -avi, -atum 1.
Zugtier iumentum, -i n
zugunsten gratiā; ~ **j-s** alicuius gratiā
Zuhause (Heim) domicilium, -i n
zuhören aures praebere (-eo, -ui, -itum 2., **j-m** alicui)
Zuhörer PL qui audiunt
Zukunft res (rerum fpl) futurae (-arum); **in** ~ in posterum adv
zukünftig
 A ADJ futurus, -a, -um
 B ADV in posterum
zulassen
 1 sinere, sino, sivi, situm 3., pati, patior, passus sum 3.
 2 admittere, -mitto, -misi, -missum 3. (**zu etw** ad aliquid)
zuletzt
 1 (in der Aufzählung) postremo
 2 (zum letzten Mal) postremum
 3 (als Letzter) ultimus, -a, -um
zuliebe gratiā nachgestellt (**j-m** alicuius)
zumachen claudere, claudo, clausi, clausum 3
zumal praesertim; ~ **da** praesertim cum +konjkt
zumindest saltem
zunächst primo
Zunahme progressus, -us m
zunehmen crescere, cresco, crevi, cretum 3.
Zuneigung amor, -oris m
Zunge lingua, -ae f
zurechtfinden: **sich in etw** ~ intellegere (-lego, -lexi, -lectum 3.) aliquid
zurechtweisen castigare, -o, -avi, -atum 1.
zureden suadere, suadeo, suasi, suasum 2. (**j-m** alicui)
zürnen irasci, irascor, iratus sum 3.
zurück- in Zusammensetzungen re-
zurück retro
zurückbehalten retinere, -tineo, -tinui, -tentum 2.
zurückbekommen recuperare, -o, -avi, -atum 1.
zurückbewegen removere, -moveo, -movi, -motum 2.
zurückbezahlen reddere, -do, -didi -ditum 3.
zurückbleiben remanere, -maneo, -mansi, -mansum 2.
zurückblicken respicere, -spicio, -spexi, -spectum 3. (**auf etw** ad aliquid)
zurückbringen reportare, -o, -avi, -atum 1.
zurückerhalten recuperare, -o, -avi, -atum 1.
zurückerstatten restituere, -uo, -ui, -utum 3.
zurückfahren (mit dem Wagen) curru revehi (-vehor, -vectus sum 3.)
zurückfallen recidere, -cido, -cidi, -casurus 3.
zurückfordern repetere, -peto, -petivi, -petitum 3. (**etw von j-m** aliquid ab aliquo)
zurückführen reducere, -duco, -duxi, -ductum 3.
zurückgeben reddere, -do, -didi, -ditum 3.
zurückgehen redire, -eo, -ii, -itum 0.
zurückgewinnen recuperare, -o, -avi, -atum 1.
zurückhalten retinere, -tineo, -tinui, -tentum 2.
zurückholen
 1 (Person) reducere, -duco, -duxi, -ductum 3.
 2 (Sache) repetere, -o, -ivi, -itum 3.
zurückkehren reverti, -vertor, -versus sum 3.
zurücklassen relinquere, -linquo, -liqui, -lictum 3.
zurücklaufen recurrere, -curro, -curri, -cursum 3.
zurücklegen
 1 reponere, -pono, -posui, -positum 3.
 2 (aufbewahren) servare, -o, -avi, -atum 1.
 3 **einen Weg ~** iter conficere (-ficio, -feci, -fectum 3.)
zurücknehmen recipere, -cipio, -cepi, -ceptum 3.
zurückrufen revocare, -o, -avi, -atum 1.
zurückschicken remittere, -mitto, -misi, -missum 3.
zurückschrecken abhorrere, -eo, -ui, - 2. (**vor etw** a re)
zurücktreiben redigere, -igo, -egi, -actum 3.
zurücktreten recedere, -cedo, -cessi, -cessum 3.
zurückverlangen repetere, -o, -ivi, -itum 3.
zurückweichen recedere, -cedo, -cessi, -cessum 3. (**vor j-m/vor etw** ab aliquo/a re)

zurückweisen reicere, -icio, -ieci, -iectum 3.
zurückwerfen repellere, -pello, -ppuli, -pulsum 3.
zurückbezahlen reddere, -do, -didi, ditum 3.
zurückziehen (*zurückwandern*) remigrare, -o, -avi, -atum 1.; **sich ~** se recipere (-cipio, -cepi, -ceptum 3.)
Zusage promissum, -i n
zusagen
  1 (*gefallen*) placere, -eo, -ui, -itum 2.
  2 (*versprechen*) promittere, -mitto, -misi, -missum 3
zusammen¹ una; **~ mit j-m** una cum aliquo
zusammen-² in Zusammensetzungen con-/com-
zusammenbinden colligare, -o, -avi, -atum 1.
zusammenbrechen corruere, -ruo, -rui, -ruiturus 3.
zusammenbringen conferre, confero, contuli, collatum 0.
zusammendrücken comprimere, -primo, -pressi, -pressum 3.
zusammenfassen complecti, -plector, -plexus sum 3.
Zusammenfassung summarium, -i n
zusammenfließen confluere, -fluo, -fluxi, - 3.
Zusammenfluss confluens, -entis m
zusammenfügen conserere, -sero, -serui, -sertum 3.
zusammengehören separari non posse (possum, potui, - 0.)
zusammenhalten
  A V̄T continere, -tineo, -tinui, -tentum 2.
  B V̄I consociatum esse (sum, fui, - 3.)
Zusammenhang
  1 (*innerlich*) cohaerentia, -ae f
  2 (*äußerlich*) contextus, -us m; **im ~ mit etw stehen** pertinere (-tineo, -tinui, -tentum 3.) ad aliquid
zusammenhängen cohaerere, -haereo, -haesi, -haesum 2.
zusammenkommen convenire, -venio, -veni, -ventum 3. (**bei j-m** ad aliquem)
Zusammenkunft conventus, -us m
zusammenlaufen concursus, -us m
zusammenleben vivere, vivo, vixi, victum 3. (**mit j-m** cum aliquo)
zusammennehmen: sich ~ se exercere (-eo, -ui, -itum 2.)
zusammenpassen V̄I convenire, -venio, -veni, -ventum 4.
zusammenraffen corripere, -ripio, -ripui, -reptum 3.
zusammenrufen convocare, -o, -avi, -atum 1.
Zusammensetzung compositio, -onis f
zusammenstellen componere, -pono, -posui, -positum 3.
Zusammenstoß concursus, -us m
zusammenstoßen collidi, -lidor, -lisus sum 3.
zusammentragen conferre, confero, contuli, collatum 0.
zusammentreffen congredi, -gredior, -gressus sum 3.
zusammenzählen computare, -o, -avi, atum 1.
zusammenziehen contrahere, -traho, -traxi, -tractum 3.
Zusatz
  1 (*Zusetzen*) additio, -onis f
  2 (*das Zugesetzte*) quod additum est
zusätzlich ADV praeterea
zuschauen spectare, -o, -avi, -atum 1. (**bei etw** aliquid)
Zuschauer spectator, -oris m
zuschließen claudere, claudo, clausi, clausum 3.
zuschreiben tribuere, -uo, -ui, -utum 3.
zusehen
  1 (*ansehen*) spectare, -a, -avi, -atum 1.
  2 (*dafür sorgen*) videre, video, vidi, visum 2. (**dass/dass nicht** ut/ne)
zusprechen adiudicare, -o, -avi, -atum 1.
Zustand status, -us m, condicio, -onis f
zustande: ~ bringen committere, -mitto, -misi, -missum 3; **~ kommen** fieri (fio, factus sum 0.)
zustimmen assentiri, -sentior, -sensus sum 4. (**in Bezug auf etw** de re/in re)
zustoßen (*widerfahren*) accidere, -cido, -cidi, - 3.
zuteil werden contingere, -tingo, -tigi, -tactum 3. (**j-m** alicui)
zuteilen tribuere, -uo, -ui, -utum 3.
zutreffen convenire, -venio, -veni, -ventum 4.
Zutritt aditus, -us m; **j-m den ~ geben** aliquem admittere (-mitto, -misi, missum 3.); **j-m den ~ verweigern** excludere aliquem (-cludo, -clusi, -clusum 3.)
zuverlässig certus, -a, -um, fidus, -a, -um
Zuverlässigkeit fides, -ei f
Zuversicht fiducia, -ae f
zuvor ante
zuweisen attribuere, -tribuo, -tribui, -tributum 3.
zuwider odiosus, -a, -um
Zwang necessitas, -atis f
zwanzig viginti *indekl*

zwanzigmal vicies
zwanzigste(r, -s) vicesimus, -a, -um
zwar quidem *nachgestellt*; ~ ..., **aber** etsi ... tamen; ut ... ita; ~ **nicht** ..., **aber doch** non quidem ... sed tamen
Zweck propositum, -i *n*
zweckmäßig utilis, -e
zwei duo, duae, duo; ~ **Jahre** biennium (-i *n*); ~ **Tage** biduum (-i *n*); **je** ~ bini (-ae, a)
zweideutig anceps, -cipitis, ambiguus, -a, -um
zweifach duplex, -plicis
Zweifel dubium, -i *n*
zweifelhaft dubius, -a, -um
zweifellos sine dubio
zweifeln dubitare, -o, -avi, -atum *1.*
Zweig ramus, -i *m*
zweimal bis

zweite(r, -s) secundus, -a, -um; **zum ~n Mal** iterum
Zwerg nanus, -i *m*
Zwiebel cepa, -ae *f*
Zwiespalt dissensio, -onis *f*
Zwietracht discordia, -ae *f*
Zwillinge gemini, -orum *mpl*
Zwillingsbruder geminus, -i *m*
zwingen cogere, cogo, coegi, coactum *3.*
zwischen PRÄP +*dat*/*akk* inter +*akk*
Zwischenraum intervallum, -i *n*
zwitschern fritinnire, -io, -ivi, -itum *4.*
zwölf duodecim *indekl*; **je** ~ duodeni (-ae, -a)
zwölfmal duodecies
zwölfte(r, -s) duodecimus, -a, -um
Zylinder cylindros, -i *m*
Zyniker Cynicus, -i *m*
zynisch cynicus, -a, -um

Anhang

Deklinationen	1163
Konjugationen	1170
Wortbildung	1173
Schrift und Aussprache	1176
Zahlen	1181
Maße und Gewichte	1183
Römische Münzen	1185
Römischer Kalender	1188
In lateinischen Inschriften häufig verwendete Abkürzungen	1191
Städtenamen	1221
Römische Namengebung	1231
Verzeichnis der Info-Fenster, Illustrationen und Landkarten	1233
Abkürzungen und Symbole	1238

Deklinationen

1 Die Deklination der Substantive

Die erste oder a-Deklination

		f
Singular	Nominativ	filia | Tochter
	Genitiv	filiae
	Dativ	filiae
	Akkusativ	filiam
	Ablativ	filiā
	Vokativ	filia!
Plural	Nominativ	filiae
	Genitiv	filiārum
	Dativ	filiīs
	Akkusativ	filiās
	Ablativ	filiīs
	Vokativ	filiae!

Die zweite oder o-Deklination

		m	m	n
Singular	Nominativ	dominus | Herr	puer | Kind	donum | Gabe
	Genitiv	dominī	puerī	donī
	Dativ	dominō	puerō	donō
	Akkusativ	dominum	puerum	donum
	Ablativ	dominō	puerō	donō
	Vokativ	domine!	puer!	donum!
Plural	Nominativ	dominī	puerī	dona
	Genitiv	dominōrum	puerōrum	donōrum
	Dativ	dominīs	puerīs	donīs
	Akkusativ	dominōs	puerōs	dona
	Ablativ	dominīs	puerīs	donīs
	Vokativ	dominī!	puerī!	dona!

Die dritte Deklination, Konsonantenstämme

		m	f	n
Singular	Nominativ	honor | Ehre	legiō | Legion	carmen | Gesang
	Genitiv	honōris	legiōnis	carminis
	Dativ	honōrī	legiōnī	carminī

	Akkusativ	honōrem	legiōnem	carmen
	Ablativ	honōre	legiōne	carmine
	Vokativ	honor!	legiō!	carmen!
Plural	Nominativ	honōrēs	legiōnēs	carmina
	Genitiv	honōrum	legiōnum	carminum
	Dativ	honōribus	legiōnibus	carminibus
	Akkusativ	honōrēs	legiōnēs	carmina
	Ablativ	honōribus	legiōnibus	carminibus
	Vokativ	honōrēs!	legiōnēs!	carmina!

Die dritte Deklination, i-Stämme

		f	n
Singular	Nominativ	turris | Turm	mare | Meer
	Genitiv	turris	maris
	Dativ	turrī	marī
	Akkusativ	turrim	mare
	Ablativ	turrī	marī
	Vokativ	turris!	mare!
Plural	Nominativ	turrēs	maria
	Genitiv	turrium	marium
	Dativ	turribus	maribus
	Akkusativ	turrīs/ēs	maria
	Ablativ	turribus	maribus
	Vokativ	turrēs!	maria!

Die dritte Deklination, Mischklasse

		m	f	n
Singular	Nominativ	imber | Regen	urbs | Stadt	os | Knochen
	Genitiv	imbris	urbis	ossis
	Dativ	imbrī	urbī	ossī
	Akkusativ	imbrem	urbem	os
	Ablativ	imbre	urbe	osse
	Vokativ	imber!	urbs!	os!
Plural	Nominativ	imbrēs	urbēs	ossa
	Genitiv	imbrium	urbium	ossium
	Dativ	imbribus	urbibus	ossibus
	Akkusativ	imbrēs	urbēs	ossa
	Ablativ	imbribus	urbibus	ossibus
	Vokativ	imbrēs!	urbēs!	ossa!

Die vierte oder u-Deklination

		m	n
Singular	Nominativ	currus | Wagen	cornū | Horn
	Genitiv	currūs	cornūs
	Dativ	curruī	cornū
	Akkusativ	currum	cornū
	Ablativ	currū	cornū
	Vokativ	currus!	cornū!
Plural	Nominativ	currūs	cornua
	Genitiv	currūum	cornuum
	Dativ	curribus	cornibus
	Akkusativ	currūs	cornua
	Ablativ	curribus	cornibus
	Vokativ	currūs!	cornua!

Die fünfte oder e-Deklination

		f	m/f
Singular	Nominativ	rēs | Sache	diēs | Tag/Termin
	Genitiv	reī	diēī
	Dativ	reī	diēī
	Akkusativ	rem	diem
	Ablativ	rē	diē
	Vokativ	rēs!	diēs!
Plural	Nominativ	rēs	diēs
	Genitiv	rērum	diērum
	Dativ	rēbus	diēbus
	Akkusativ	rēs	diēs
	Ablativ	rēbus	diēbus
	Vokativ	rēs!	diēs!

Die Deklination der Adjektive

Die erste Deklination, Adjektive auf -us, -a, -um

		m	f	n
Singular	Nominativ/Vokativ	bonus | gut	bona	bonum
	Genitiv	bonī	bonae	bonī
	Dativ	bonō	bonae	bonō
	Akkusativ	bonum	bonam	bonum
	Ablativ	bonō	bona	bonō
Plural	Nominativ/Vokativ	bonī	bonae	bonā
	Genitiv	bonōrum	bonārum	bonōrum
	Dativ	bonīs	bonīs	bonīs
	Akkusativ	bonōs	bonās	bona
	Ablativ	bonīs	bonīs	bonīs

Die zweite Deklination, Adjektive auf -er (mit stammeigenem -e-)

		m	f	n
Singular	Nominativ/Vokativ	liber | frei	libera	liberum
	Genitiv	liberī	liberae	liberī
	Dativ	liberō	liberae	liberō
	Akkusativ	liberum	liberam	liberum
	Ablativ	liberō	libera	liberō
Plural	Nominativ/Vokativ	liberī	liberae	libera
	Genitiv	liberōrum	liberārum	liberōrum
	Dativ	liberīs	liberīs	liberīs
	Akkusativ	liberōs	liberās	libera
	Ablativ	liberīs	liberīs	liberīs

Die zweite Deklination, Adjektive auf -er (mit stammfremdem -e-)

		m	f	n
Singular	Nominativ/Vokativ	pulcher | schön	pulchra	pulchrum
	Genitiv	pulchrī	pulchrae	pulchrī
	Dativ	pulchrō	pulchrae	pulchrō

	Akkusativ	pulchrum	pulchram	pulchrum
	Ablativ	pulchrō	pulchrā	pulchrō
Plural	Nominativ/Vokativ	pulchrī	pulchrae	pulchrā
	Genitiv	pulchrōrum	pulchrārum	pulchrōrum
	Dativ	pulchrīs	pulchrīs	pulchrīs
	Akkusativ	pulchrōs	pulchrās	pulchra
	Ablativ	pulchrīs	pulchrīs	pulchrīs

Die dritte Deklination, i-Stämme: dreiendige Adjektive

		m	f	n
Singular	Nominativ/Vokativ	ācer | scharf	ācris	ācre
	Genitiv	ācris	ācris	ācris
	Dativ	ācrī	ācrī	ācrī
	Akkusativ	ācrem	ācrem	ācre
	Ablativ	ācrī	ācrī	ācrī
Plural	Nominativ/Vokativ	ācrēs	ācrēs	ācria
	Genitiv	ācrium	ācrium	ācrium
	Dativ	ācribus	ācribus	ācribus
	Akkusativ	ācrēs	ācrēs	ācria
	Ablativ	ācribus	ācribus	ācribus

Die dritte Deklination, i-Stämme: zweiendige Adjektive

		m	f	n
Singular	Nominativ/Vokativ	gravis | schwer	gravis	grave
	Genitiv	gravis	gravis	gravis
	Dativ	gravī	gravī	gravī
	Akkusativ	gravem	gravem	grave
	Ablativ	gravī	gravī	gravī
Plural	Nominativ/Vokativ	gravēs	gravēs	gravia
	Genitiv	gravium	gravium	gravium
	Dativ	gravibus	gravibus	gravibus
	Akkusativ	gravēs	gravēs	gravia
	Ablativ	gravibus	gravibus	gravibus

Die dritte Deklination, einendige Adjektive auf -x

		m	f	n
Singular	Nominativ/Vokativ	fēlīx | glücklich	fēlīx	fēlīx
	Genitiv	fēlīcis	fēlīcis	fēlīcis
	Dativ	fēlīcī	fēlīcī	fēlīcī
	Akkusativ	fēlīcem	fēlīcem	fēlīx
	Ablativ	fēlīcī	fēlīcī	fēlīcī
Plural	Nominativ/Vokativ	fēlīcēs	fēlīcēs	fēlīcia
	Genitiv	fēlīcium	fēlīcium	fēlīcium
	Dativ	fēlīcibus	fēlīcibus	fēlīcibus
	Akkusativ	fēlīcēs	fēlīcēs	fēlīcia
	Ablativ	fēlīcibus	fēlīcibus	fēlīcibus

Die dritte Deklination, einendige Adjektive auf -ns

		m	f	n
Singular	Nominativ/Vokativ	sapiēns | weise	sapiēns	sapiēns
	Genitiv	sapientis	sapientis	sapientis
	Dativ	sapientī	sapientī	sapientī
	Akkusativ	sapientem	sapientem	sapiēns
	Ablativ	sapientī/-e	sapientī/-e	sapientī/-e
Plural	Nominativ/Vokativ	sapientēs	sapientēs	sapientia
	Genitiv	sapientium	sapientium	sapientium
	Dativ	sapientibus	sapientibus	sapientibus
	Akkusativ	sapientēs	sapientēs	sapientia
	Ablativ	sapientibus	sapientibus	sapientibus

Prädikativer Gebrauch → Ablativ Singular auf -e
Adjektivischer Gebrauch → Ablativ Singular auf -i

Die dritte Deklination, einendige Konsonantenstämme

		m	f	n
Singular	Nominativ/Vokativ	pauper | arm	pauper	pauper
	Genitiv	pauperis	pauperis	pauperis
	Dativ	pauperī	pauperī	pauperī

	Akkusativ	pauperem	pauperem	pauper
	Ablativ	paupere	paupere	paupere
Plural	Nominativ/	pauperēs	pauperēs	paupera
	Vokativ			
	Genitiv	pauperum	pauperum	pauperum
	Dativ	pauperibus	pauperibus	pauperibus
	Akkusativ	pauperēs	pauperēs	paupera
	Ablativ	pauperibus	pauperibus	pauperibus

Komparativ

		m	f	n
Singular	Nominativ/	longior | länger	longior	longius
	Vokativ			
	Genitiv	longiōris	longiōris	longiōris
	Dativ	longiōrī	longiōrī	longiōrī
	Akkusativ	longiōrem	longiōrem	longius
	Ablativ	longiōre	longiōre	longiōre
Plural	Nominativ/	longiōrēs	longiōrēs	longiōra
	Vokativ			
	Genitiv	longiōrum	longiōrum	longiōrum
	Dativ	longiōribus	longiōribus	longiōribus
	Akkusativ	longiōrēs	longiōrēs	longiōra
	Ablativ	longiōribus	longiōribus	longiōribus

Konjugationen

Im Wörterbuch ist hinter jedem Verb mit seinen Stammformen jeweils eine Zahl aufgeführt, die angibt, zu welcher Konjugation das betreffende Verb gehört, z. B.
cōgere ⟨cōgō, coēgī, coāctum 3.⟩
Hier eine Übersicht über die wichtigsten Formen der vier regelmäßigen Konjugationen (**1.** bis **4.**). Die Zahl **0.** erhalten die unregelmäßigen Verben und ihre Komposita.

Indikativ Präsens Aktiv

Konjugation	Personalendungen
ā-Konjugation	laud-o, lauda-s, lauda-t, lauda-mus, lauda-tis, lauda-nt
ē-Konjugation	mone-o, mone-s, mone-t, mone-mus, mone-tis, mone-nt
ī-Konjugation	audi-o, audi-s, audi-t, audi-mus, audi-tis, audi-u-nt
konsonantische Konjugation	reg-o, reg-i-s, reg-i-t, reg-i-mus, reg-i-tis, reg-u-nt
gemischte Konjugation	capi-o, capi-s, capi-t, capi-mus, capi-tis, capi-u-nt

Indikativ Imperfekt Aktiv

Konjugation	Personalendungen
ā-Konjugation	lauda-ba-m, lauda-ba-s, lauda-ba-t, lauda-ba-mus, lauda-ba-tis, lauda-ba-nt
ē-Konjugation	mone-ba-m, mone-ba-s, mone-ba-t, mone-ba-mus, mone-ba-tis, mone-ba-nt
ī-Konjugation	audi-eba-m, audi-eba-s, audi-eba-t, audi-eba-mus, audi-eba-tis, audi-eba-nt
konsonantische Konjugation	reg-eba-m, reg-eba-s, reg-eba-t, reg-eba-mus, reg-eba-tis, reg-eba-nt
gemischte Konjugation	capi-eba-m, capi-eba-s, capi-eba-t, capi-eba-mus, capi-eba-tis, capi-eba-nt

Indikativ Futur Aktiv

Konjugation	Personalendungen
ā-Konjugation	lauda-b-o, lauda-bi-s, lauda-bi-t, lauda-bi-mus, lauda-bi-tis, lauda-bu-nt
ē-Konjugation	mone-b-o, mone-bi-s, mone-bi-t, mone-bi-mus, mone-bi-tis, mone-bu-nt
ī-Konjugation	audi-a-m, audi-e-s, audi-e-t, audi-e-mus, audi-e-tis, audi-e-nt
konsonantische Konjugation	reg-a-m, reg-e-s, reg-e-t, reg-e-mus, reg-e-tis, reg-e-nt
gemischte Konjugation	capi-a-m, capi-e-s, capi-e-t, capi-e-mus, capi-e-tis, capi-e-nt

Konjunktiv Präsens Aktiv

Konjugation	Personalendungen
ā-Konjugation	laud-e-m, laud-e-s, laud-e-t, laud-e-mus, laud-e-tis, laud-e-nt
ē-Konjugation	mone-a-m, mone-a-s, mone-a-t, mone-a-mus, mone-a-tis, mone-a-nt
ī-Konjugation	audi-a-m, audi-a-s, audi-a-t, audi-a-mus, audi-a-tis, audi-a-nt
konsonantische Konjugation	reg-a-m, reg-a-s, reg-a-t, reg-a-mus, reg-a-tis, reg-a-nt
gemischte Konjugation	capi-a-m, capi-a-s, capi-a-t, capi-a-mus, capi-a-tis, capi-a-nt

Konjunktiv Imperfekt Aktiv

Konjugation	Personalendungen
ā-Konjugation	lauda-re-m, lauda-re-s, lauda-re-t, lauda-re-mus, lauda-re-tis, lauda-re-nt
ē-Konjugation	mone-re-m, mone-re-s, mone-re-t, mone-re-mus, mone-re-tis, mone-re-nt
ī-Konjugation	audi-re-m, audi-re-s, audi-re-t, audi-re-mus, audi-re-tis, audi-re-nt
konsonantische Konjugation	reg-ere-m, reg-ere-s, reg-ere-t, reg-ere-mus, reg-ere-tis, reg-ere-nt
gemischte Konjugation	cap-ere-m, cap-ere-s, cap-ere-t, cap-ere-mus, cap-ere-tis, cap-ere-nt

Indikativ Präsens Passiv

Konjugation	Personalendungen
ā-Konjugation	laud-o-r, lauda-ris, lauda-tur, lauda-mur, lauda-mini, lauda-ntur
ē-Konjugation	mone-o-r, mone-ris, mone-tur, mone-mur, mone-mini, mone-ntur
ī-Konjugation	audi-o-r, audi-ris, audi-tur, audi-mur, audi-mini, audi-u-ntur
konsonantische Konjugation	reg-o-r, reg-e-ris, reg-i-tur, reg-i-mur, reg-i-mini, reg-u-ntur
gemischte Konjugation	capi-o-r, cap-e-ris, capi-tur, capi-mur, capi-mini, capi-u-ntur

Indikativ Perfekt Aktiv

Perfektaktivstämme: laudav-, monu-, audiv-, rex-, cep-

Konjugation	Personalendungen
ā-Konjugation	laudav-i, laudav-isti, laudav-it, laudav-imus, laudav-istis, laudav-erunt
ē-Konjugation	monu-i, monu-isti, monu-it, monu-imus, monu-istis, monu-erunt
ī-Konjugation	audiv-i, audiv-isti, audiv-it, audiv-imus, audiv-istis, audiv-erunt
konsonantische Konjugation	rex-i, rex-isti, rex-it, rex-imus, rex-istis, rex-erunt
gemischte Konjugation	cep-i, cep-isti, cep-it, cep-imus, cep-istis, cep-erunt

Infinite

Konjugation	Infinit Präsens, Perfekt, Futur Aktiv und Präsens Passiv
ā-Konjugation	lauda-re, laudav-isse, lauda-turum esse, lauda-ri
ē-Konjugation	mone-re, monu-isse, moni-turum esse, mone-ri
ī-Konjugation	audi-re, audiv-isse, audi-turum esse, audi-ri
konsonantische Konjugation	rege-re, rex-isse, rec-turum esse, reg-i
gemischte Konjugation	cape-re, cep-isse, cap-turum esse, cap-i

Wortbildung

1 Präfix | Vorsilbe

Die Wortbildung mit Präfixen tritt in erster Linie bei Verben und Nomina auf. Als Präfixe können Präpositionen dienen, die auch selbstständig auftreten können (**a**, **de**, **e** usw.), aber auch Elemente, die nur noch in Zusammensetzungen auftauchen, wie zum Beispiel **dis-**, **por-** oder **re-**. Je nach Anfangslaut des Verbs wird das Präfix häufig assimiliert, das heißt an den folgenden Laut angeglichen.

a-, ab-, abs-	ab-, weg-	**ab-eo**	weg-gehen
	un-, miss-	**ab-similis**	un-ähnlich
ad-	heran	**ad-eo**	herangehen
	hinzu	**ad-do**	hinzu-fügen
	dabei	**ad-iaceo**	angrenzen
	(Beginn)	**ad-amo**	sich verlieben
ambi-	umher	**ambio**	umher-gehen
ante-	voraus	**ante-fero**	voraus-tragen
	vor-	**ant-ea**	vorher
	über	**ante-pono**	über *etw.* stellen
circum-	ringsum	**circum-eo**	herum-gehen
co-, com-, con-	zusammen	**com-meo**	zusammen-kommen
	völlig	**com-edo**	auf-essen
de-	ab-, weg-	**de-cedo**	weg-gehen
	herab	**de-curro**	herab-laufen
	miss-	**de-formis**	miss-gebildet
dis-	auseinander	**dis-curro**	auseinander laufen
	un-	**dis-similis**	un-ähnlich
	ganz	**distaedet**	ganz überdrüssig sein
e-, ex-,	aus, heraus	**e-venio**	heraus-kommen
	empor-, er-	**ex-struo**	er-bauen
	sehr, ziemlich	**e-durus**	sehr hart
	ent-, ver-	**ex-armo**	entwaffnen
in-¹	in, an, auf	**in-sum**	darin sein
	hinein	**in-eo**	hinein-gehen
in-²	nicht, ohne	**in-nocens**	un-schuldig
inter-	dazwischen	**inter-cedo**	dazwischen-gehen
	mitten	**inter-ea**	inzwischen
	unter	**inter-eo**	unter-gehen
intro-	hinein	**intro-duco**	hinein-führen
ob-	entgegen	**ob-eo**	entgegen-gehen

per-	umher	**per-equito**	umher-reiten
	durch	**per-fringo**	durch-brechen
	sehr	**per-beatus**	sehr glücklich
por-	hin-	**por-rigo**	hin-reichen
post	nach-, hinten-	**post-pono**	nach-stellen
prae-	vorne	**prae-sum**	vorne sein
	vorzeitig	**prae-cox**	frühreif
praeter-	vorbei-	**praeter-eo**	vorbei-gehen
pro-	vorwärts	**pro-cedo**	vorwärts-schreiten
	vor-	**pro-video**	vorher-sehen
	hervor	**pro-volo**	hervor-fliegen
	anstatt	**pro-consul**	Proconsul
re-	zurück	**re-cedo**	zurück-gehen
	wieder	**re-peto**	wieder-holen
se-	weg	**se-cedo**	weg-gehen
		se-orsus	abgesondert
semi-	halb	**semi-apertus**	halb geöffnet
sub-, sus-	unter	**sub-igo**	unter-werfen
super	über	**super-gredior**	über-schreiten
trans-, tra-	hinüber, über-	**trans-igo**	durch-führen

2 Suffix | Nachsilbe

Im Gegensatz zu Präfixen, die die Bedeutung innerhalb einer Wortart verändern, werden Suffixe auch dazu benutzt, die Wortart zu ändern, also zum Beispiel ein Verb aus einem Nomen abzuleiten, zum Beispiel: **infenso** (feindselig behandeln) von **infensus** (feindselig). Suffix-Bildungen lassen sich am einfachsten nach Bedeutungsgruppen gliedern. Auch hier sollen nur die geläufigsten genannt werden:

Substantive

-tas	*Eigenschaft*	**libertas**	Freiheit
-tudo	*Eigenschaft*	**fortitudo**	Tapferkeit
-ia	*Eigenschaft*	**superbia**	Hochmut
-itia /- ities	*Eigenschaft*	**avaritia**	Geiz
-io	*Handlung*	**actio**	Handlung
-tus	*Handlung*	**cantus**	Gesang
-tor	*Handelnder*	**imperator**	Befehlshaber, Feldherr
-trix	*Handelnde*	**genetrix**	Erzeugerin
-men	*Instrument*	**agmen**	Heereszug

-mentum	*Instrument*	**ornamentum**	Schmuck, Zier
-ulus / -ula	*Verkleinerung*	**catulus**	Hündchen
-arium	*Ort mit Anzahl von Gegenständen etc.*	**columbarium**	Taubenschlag
-atus	*Amt*	**consulatus**	Konsulat

Adjektive

-bundus	*Handlung, Zustand*	**moribundus**	sterbend
-cundus	*Eigenschaft*	**iucundus**	angenehm
-ilis	*Fähigkeit, Möglichkeit*	**habitabilis**	bewohnbar
-tus	*Zustand*	**armatus**	bewaffnet
-ulus	*Verkleinerung*	**mundulus**	zierlich
-osus	*Menge*	**gloriosus**	ruhmreich
-eus	*Beschaffenheit*	**aureus**	aus Gold

Verben

-tare	*Wiederholung*	**dictitare**	oft sagen
-scere	*Anfang*	**florescere**	zu blühen beginnen
-turire / -surire	*Wunsch*	**esurire**	essen wollen, Hunger haben

Schrift und Aussprache

1 Das lateinische Alphabet

Das lateinische Alphabet, das – wahrscheinlich durch Vermittlung der Etrusker – aus einem westgriechischen übernommen worden war, hatte am Ende der Republik **21 Buchstaben**:

A B C D E F Z H I K L M N O P Q R S T V X

Das Zeichen Z war an siebter Stelle des Alphabets, obwohl es dafür lautlich keine Verwendung gab; C wurde ursprünglich für den stimmlosen (= K) und den stimmhaften Gaumenlaut (= G) verwendet. Erst in der augusteischen Zeit kamen **Y** und **Z** zur phonetisch richtigen Wiedergabe der inzwischen in ihrem Lautwert gewandelten Buchstaben Y und Z in griechischen Fremdwörtern hinzu; bis dahin war man in diesen Fällen mit V und S ausgekommen. Das lateinische Alphabet bestand nun aus den folgenden **23 Buchstaben**:

A B C D E F G H I K L M N O P Q R S T V X Y Z

Wie uns jetzt noch die vielen Inschriften zeigen, schrieben die Römer nur mit Großbuchstaben (Majuskeln); erst in späterer Zeit kamen die Kleinbuchstaben (Minuskeln) hinzu, die sich aus jenen entwickelt hatten. Wir schreiben in unseren Texten die Eigennamen sowie ihre Ableitungen (**Graecia**, **Graecus**, **Graece**) und vielfach das erste Wort eines neuen Abschnittes oder auch eines jeden Satzes mit großen Anfangsbuchstaben.

2 Die lateinische Schrift

Die Römer hatten wie die Etrusker je nach dem folgenden Laut und der damit zusammenhängenden unterschiedlichen Artikulation **drei verschiedene K-Laute** und dementprechend in der Schrift drei verschiedene Buchstaben: **C** vor E und I, **K** vor A (und Konsonanten), **Q** vor den Vokalen O und V. Von ihnen hat sich Q nur in der Verbindung QV (gesprochen kw, z. B. **quis**), K nur in einigen Wörtern wie dem Vornamen **Kaeso**, **Kalendae** (daneben auch **Calendae**) und Karthago (daneben auch **Carthago**) erhalten. Im Übrigen hat sich das C als einziger stimmloser Gaumenlaut durchgesetzt. Lange bezeichnete C nicht nur den stimmlosen (= K), sondern auch den stimmhaften Gaumenlaut (= G). Der Überlieferung nach schuf der Freigelassene Spurius Carvilius um die Mitte des 3. Jahrhunderts v. Chr. G aus C durch Hinzufügung eines Strichs. Es trat an die Stelle des ursprünglich im lateinischen Alphabet vorhandenen, aber dann beseitigten Z. Als in augusteischer Zeit Y und Z hinzukamen, handelt es sich bei Z also streng genommen um eine Wiedereinführung.

Mit V wurde sowohl der Vokal U wie der Halbvokal V, mit I sowohl der Vokal I wie der Halbvokal J bezeichnet. Erst im Mittelalter wurde eine Scheidung zwischen U, u und V, v sowie zwischen I, i und J, j gebräuchlich. Die endgültige Einführung der Majuskeln J und U und der Minuskeln j und v geht auf den französischen Humanisten Pierre de la Ramée (gest. 1572) zurück. Wir unterscheiden in unseren Texten meistens U, u und V, v, verwenden aber I, i für Vokal und Halbvokal (**usus**, **verus**; **ibi**, **iam**). Nur in den Verbindungen **qu-**, **ngu-** und **su-** vor Vokalen wird u als Halbvokal von uns verwendet (**quartus**, **lingua**, **suavis**).

Den Römern waren nicht nur **Satzzeichen** unbekannt, sondern sie verzichteten auch weitgehend auf die Trennung der einzelnen Wörter im Satz und der Silben eines Wortes. Wir trennen in unseren lateinischen Texten die Wörter voneinander und verwenden Satzzeichen im Großen und Ganzen nach den Normen unserer Muttersprache. Es ist aber zu beachten, dass Partizipialkonstruktionen und der AcI., da sie keine Sätze sind, nicht durch ein Komma vom übrigen Satz getrennt werden sollten.

Hinsichtlich der **Silbentrennung** stehen sich die griechisch beeinflusste Theorie lateinischer Grammatiker und die Praxis der Inschriften und der z. T. auf antiker Tradition fußenden mittelalterlichen Handschriften gegenüber. Wir verfahren zumeist folgendermaßen:

– Ein einzelner Konsonant – dazu zählen auch die aspirierten Konsonanten ch, ph, th und die je zwei Laute darstellenden Buchstaben x und z – tritt zur folgende Silbe: **pa-ter**, **Epi-charmus**, **lu-xus**.

– Von zwei oder mehr Konsonanten wird der letzte zur folgenden Silbe gezogen (**om-nis**, **sump-tus**); doch bleiben muta cum liquida (b, p; d, t; g, c + l, r) ungetrennt: **tene-brae**, **ca-pra**, **cas-tra**.

– Unter Aufhebung der vorigen Regeln werden zusammengesetzte Wörter nach ihren Bestandteilen getrennt: **ab-ire**, **post-ea**, **sic-ut**.

3 Die lateinische Aussprache

Die Aussprache des Lateinischen war in den langen Jahrhunderten seines Bestehens einem ständigen Wechsel unterworfen – zeitlich, räumlich und soziologisch. Im Folgenden soll – soweit wir es feststellen können – vorwiegend die Aussprache des Lateinischen in seiner Blütezeit, d. h. in den Tagen Caesars und Ciceros, der Repräsentanten der klassischen Prosa, aufgezeigt werden.

Vokale

Die kurzen Vokale waren offene, die langen geschlossene Laute. Es ist bei der Aussprache genau auf die Quantität der Vokale zu achten (**populus** „Volk", **pōpulus** „Pappel"; **lectus** „Bett", **lēctus** „gelesen"). Das gilt besonders für die Vokale in positionslangen Silben (s. u.). Die Positionslänge der Silbe bleibt ohne Einfluss auf die Quantität des Vokals. Ursprünglich kurze Vokale sind vor **-ns** und **-nf** stets gelängt worden (īnfāns, īnfantis) unter Schwund oder Schwächung von n (daher COS, Abkürzung für **cōnsul**).

Im Wörterbuch werden nur die langen Vokale bezeichnet.

- ē   langes ē ist geschlossen auszusprechen, wie im dt. „Klee"
- e   kurzes e ist offen auszusprechen, wie im dt. „Gäste"
- ō   langes ō ist geschlossen auszusprechen wie im dt. „Bohne"
- o   kurzes o ist offen auszusprechen, wie im dt. „Bonn"
- i   i ist leicht offen auszusprechen wie im dt. „bitten"
- u   u ist leicht offen auszusprechen wie im dt. „Fluss"

Diphthonge

Jeder Diphthong (Verbindung zweier Vokale in einer Silbe) gilt als lang: **ae, au, eu, oe, ui**, außerdem altlateinisch **ai** und **ei**. ae und oe wurden allgemein mindestens bis zum Ende der Republik und von gebildeten Römern bis tief in die Kaiserzeit als Diphthonge gesprochen unter Betonung des ersten Bestandteils. eu und ui wurden wie e + u (also nicht wie in unserem Fremdwort „neutral") und u + i gesprochen.

Konsonanten

c   Bis zum 5. Jahrhundert n. Chr. wurde **c** auch vor e, i, y und vor ae, oe, eu wie **k** gesprochen. Nur in C. und Cn. als Abkürzungen der Vornamen **Gaius** und **Gnaeus** wird c wie g gesprochen; diese Abkürzungen stammen noch aus der Zeit, als c sowohl den stimmhaften wie den stimmlosen Guttural (Gaumenlaut) bezeichnete.

h   Im Inlaut, also **zwischen Vokalen**, wurde h meist nur ganz schwach gesprochen oder war gänzlich stumm: **prehendo** wird oft **prendo** geschrieben.
Im Anlaut, also **vor Vokalen**, war es im Mund des Gebildeten gut hörbar; seine Eliminierung galt als ungebildet: **erus** statt **herus**; **olus** statt **holus**. Als Überkorrektheit drang es (in der Schrift) in Wörter, die es ursprünglich nicht besaßen (**pulcher**). Aspirierte, d. h. behauchte Konsonanten (ch, ph, th) fehlten der lateinischen Sprache zunächst; wir finden sie nur in griechischen Fremdwörtern.

c,p,t	Die Verschlusslaute (mutae) c, p, t wurden im Gegensatz zum Deutschen **ohne folgenden h-Laut** gesprochen. Die Verbindung muta + h ergab ch (gesprochen k + h; sch also wie s + kh; **schola** darf daher nicht wie das deutsche Lehnwort „Schule" gesprochen werden), ph, th. Die heute übliche Aussprache von ph als stimmloser Reibelaut (f) ist an sich falsch; nicht nur in klassischer Zeit, sondern noch im Jahrhundert danach wurde es wie p + h gesprochen.
i	Im Anlaut **vor einem Vokal** war i Halbvokal, stand lautlich also zwischen dem Vokal i und dem Konsonanten j; wir sprechen es **wie i** (**iam, iacus**, C. **Iulius Caesar**). In Fremdwörtern aus dem Griechischen bleibt der Vokalcharakter dieses kurzen i erhalten. i **zwischen zwei Vokalen** wurde etwa **wie ij oder jj** gesprochen: **eius, cuius, maior, aio** eigentlich **ejjus** usw. Bei den Komposita von **iacio** ist darauf zu achten, dass die in der Schrift durchgeführte Vereinfachung **abicio** (**ab-iacio**) ohne Einfluss auf die Aussprache (*abjikio*) bleibt. Das Schriftbild täuscht auch leicht über die Tatsache hinweg, dass die dem Stamm vorhergehende Silbe entweder positionslang oder von Natur aus lang ist.
gn	Im Inlaut wurde gn höchstwahrscheinlich wie ng (z. B. in deutsch „Enge") + n gesprochen: *mangnus*. Mit demselben ng ist n vor g, c und q zu sprechen, *angina* also mit ngg, wie in englisch „finger", **ancora** [-ngk-]; **quinque** [-ngkw-].
r	Zungen-r
s	s war **stimmlos** wie das deutsch ß in „beißen", st und sp sind wie ß + t bzw. ß + p zu sprechen. **Stimmhaft** (wie in dt. „Rose") war s nur **vor stimmhaften Konsonanten** in griechischen Fremdwörtern (*smaragdus*) und vielleicht in der Zusammensetzung (*transveho*).
t	war immer **stimmlos** und wurde auch in der Silbe -ti- als t + i (nicht z + i) gesprochen (*ac-ti-o*).
u	In der klassischen Prosa war u nicht nur **nach q Halbvokal**, etwa wie w auf Englisch, sondern auch **nach ng** (*lingua*, sprich lingwa) und **nach s vor folgendem a und e** (*suadeo*: swadeo). Ausnahmen: *su-ere* („nähen"), *su-e, su-es* (von sus – Schwein). qu galt in der Metrik nicht als zwei Konsonanten.
v	entsprach etwa dem englischen **w**.
x	x hat den metrischen Wert von zwei Konsonanten (ks)
z	z war ein **stimmhafter Reibelaut**, etwa dem deutschen stimmhaften s in „Rose" entsprechend, mit einem schwachen vorhergehenden d (= stimmhaftes ds). Es hat den metrischen Wert von zwei Konsonanten.

Wortbetonung

Vorhistorische Zeit

Der aus der indoeuropäischen Verwandtschaft sich erklärenden freien musikalischen Akzentuierung der einzelnen Wörter folgte noch in vorhistorischer Zeit – vielleicht unter etruskischem Einfluss – die Epoche der Anfangsbetonung. Sie hat ihren Niederschlag u. a. in der Vokalschwächung der Mittel- und Endsilben gefunden:

kékadi → **cécidi** zu **cado**; **Ákraganta** (Akkusativ zu griech. Akrágas) → **Agrigéntum**; **ártifex** zu **facio**.

Historische Zeit

Etwa ab 250 v. Chr. gilt für den Wortakzent das Dreisilbengesetz (**Paenultimagesetz**). Das bedeutet: Der Akzent liegt auf der vorletzten Silbe (Paenultima), wenn

- die vorletzte Silbe einen langen Vokal hat:
    Rō-mā-nus (sprich *románus*)
- die vorletzte Silbe einen Diphthong (= zwei Vokalen als Doppellaut) hat:
    in-cau-tus (sprich *incáutus*)
- auf die vorletzte Silbe mindestens zwei Konsonanten folgen:
    fru-men-tum (sprich *fruméntum*)

Achtung! Muta cum liquida (= b, p / g, c / d, t + l, r) längen den vorausgehenden Vokal nicht: **te-ne-brae** (sprich *ténebre*).

Ist die vorletzte Silbe weder naturlang noch positionslang, wird die drittletzte Silbe betont: **a-grá-rius** (sprich *agrárius*), **có-me-do** (sprich *cómedo*).

Wird eine einsilbige Partikel wie **-que**, **-ve** oder **-ne** an ein Wort angehängt, wird immer dessen Schlusssilbe betont: **omníque**, **filióve**. Ist eine solche Partikel bereits fester Bestandteil des Wortes, so gilt weiterhin das Dreisilbengesetz: **ítaque** „deshalb", aber **itáque** „und so".

Zahlen

Zahlzeichen		Grundzahlen (Kardinalzahlen) wie viele?	Ordnungszahlen (Ordinalzahlen) der wievielte?	Einteilungszahlwörter (Distributivzahlen) wie viele jedes Mal?	Zahladverbien (Numeraladverbien) wie oft?
1	I	unus ⟨a, um⟩ ein	primus ⟨a, um⟩ der erste	singuli ⟨ae, a⟩ je ein	semel einmal
2	II	duo ⟨ae, o⟩	secundus/alter ⟨a, um⟩	bini ⟨ae, a⟩	bis
3	III	tres ⟨ia⟩	tertius	terni / trini	ter
4	IV	quattuor	quartus	quaterni	quater
5	V	quinque	quintus	quini	quinquies
6	VI	sex	sextus	seni	sexies
7	VII	septem	septimus	septeni	septies
8	VIII	octo	octavus	octoni	octies
9	IX	novem	nonus	noveni	novies
10	X	decem	decimus	deni	decies
11	XI	undecim	undecimus	undeni	undecies
12	XII	duodecim	duodecimos	duodeni	duodecies
13	XIII	tredecim	tertius decimus	terni deni	ter decies
14	XIV	quattuordecim	quartus decimus	quaterni deni	quater decies
15	XV	quindecim	quintus decimus	quini deni	quinquies decies
16	XVI	sedecim	sextus decimus	seni deni	sexies decies
17	XVII	septendecim	septimus decimus	septeni deni	septies decies
18	XVIII	duodeviginti	duodevicesimus	duodeviceni	duodevicies
19	XIX	undeviginti	undevicesimus	undeviceni	undevicies
20	XX	viginti	vicesimus	viceni	vicies

ZAHLEN | 1182

21	XXI	unus et viginti / viginti unus	unus et vicesimus / vicesimus primus	singuli et viceni / viceni singuli	semel et vicies / vicies semel
22	XXII	duo et viginti / viginti duo	alter et vicesimus / vicesimus alter	bini et viceni / viginti bini	bis et vecies / vicies bis
28	XXVIII	duodetriginta	duodetricesimus	duodetriceni	duodetricies
29	XXIX	undetriginta	undetricesimus	undetriceni	undetricies
30	XXX	triginta	tricesimus	triceni	tricies
40	XL	quadraginta	quadragesimus	quadrageni	quadragies
50	L	quinquaginta	quinquagesimus	quinquageni	quinquagies
60	LX	sexaginta	sexagesimus	sexageni	sexagies
70	LXX	septuaginta	septuagesimus	septuageni	septuagies
80	LXXX	octoginta	octogesimus	octageni	octogies
90	XC	nonaginta	nonagesimus	nonageni	nonagies
100	C	centum	centesimus	centeni	centies
101	CI	centum (et) unus	centesimus primus	centeni singuli	centies semel
200	CC	ducenti ⟨ae, a⟩	ducentesimus	duceni	centies
300	CCC	trecenti ⟨ae, a⟩	trecentesimus	treceni	trecenties
400	CD	quadringenti ⟨ae, a⟩	quadringentesimus	quadringeni	quadringenties
500	D	quingenti ⟨ae, a⟩	quingentesimus	quingeni	quingenties
600	DC	sescenti ⟨ae, a⟩	sescentesimus	sesceni	sescenties
700	DCC	septingenti ⟨ae, a⟩	septingentesimus	septingeni	septingenties
800	DCCC	octingenti ⟨ae, a⟩	octingentesimus	octingeni	octingenties
900	CM	nongenti ⟨ae, a⟩	nongentesimus	nongeni	nongenties
1000	M	mille	millesimus	singula milia	milies
2000	MM	duo milia	bismillesimus	bina milia	bis milies
1 000 000	|X̄|	decies centena milia	decies centies millesimus	decies centena milia	decies centies milies

Maße und Gewichte

Die antiken Maße und Gewichte waren nicht in moderner Weise normiert. In den verschiedenen Regionen waren z. T. recht unterschiedliche Systeme in Gebrauch. Selbst bei den im ganzen Römischen Reich verbreiteten Maßen muss mit gewissen Schwankungen gerechnet werden. Alle Angaben sind daher als Ungefähr-Angaben zu betrachten.

Rechnungs-, Gewichts- und Münzeinheit war in Rom der **as**, der nach dem Duodezimalsystem in 12 **unciae** (Unzen) eingeteilt wurde.

Längenmaße

Es gab in Rom zwei – auf dem **pes** (Fuß) basierende – Längenmaßsysteme, von denen sich das jüngere allgemein durchsetzte:

Ältere Einteilung:	1_l = 12½, d. h. 1 **pes** (30 cm)
	= 12 **unciae** oder **pollices** (Daumenbreite)
	= 25 mm
Jüngere Einteilung:	1_l = 16½, d. h. 1 **pes** (30 cm)
	= 16 **digiti** (Fingerbreite, Zoll)
	= 19 mm

1 **digitus**	(Fingerbreite)	= 1/16 pes	= 18,5 mm
1 **pollex**/ uncia	(Daumenbreite)	= 1/12 pes	= 2,4 cm
1 **palmus**	(Handbreite)	= 1/4 pes	= 7,41 cm
1 **pes**	(Fuß)	Grundmaß	= 30 cm
1 **cubitus**	(Elle)	1½ pes	= 45 cm
1 **gradus**	(Einzelschritt)	2½ pedes	= 75 cm
1 **passus**	(Doppelschritt)	5 pedes	= 1,5 m
1 **stadium**	(Stadion)	625 pedes	= 190 m
mille passus	(Meile)	5000 pedes	= 1,5 km

mille passus = 1 (röm.) Meile
duo milia passuum = 2 (röm.) Meilen

Passus (von **pando** – ausbreiten) ist das durch Spreizen der Arme gewonnene röm. Längenmaß (Armspanne). Die an sich falsche, aber meist übliche Wiedergabe als Doppelschritt beruht auf der durch die militärische Praxis des Abschreitens (mit dem linken und rechten Fuß) sich ergebende Umrechnung. Streng zu scheiden hiervon ist die Bedeutung „Schritt/Tritt", die an das Spreizen der Beine anknüpft.

2 Flächenmaße

1 pes quadratus	(Quadratfuß)	Grundmaß	= 0,09 qm
1 iugerum	Morgen, d. h. die Fläche, die mit einem Joch (**iugum**) Ochsen täglich umgepflügt werden kann)	= 28.800 pedes quadrati	= 0,25 ha

3 Flüssigkeitshohlmaße

1 cyathus	(Becherchen)	$1/576$ amphora	= 0,05 l
1 quartarius	(ein Viertel)	$1/192$ amphora = 3 cyathi	= 0,14 l
1 hemina	(ein „Halber")	$1/96$ = 6 cyathi	= 0,25 l
1 sextarius	(Schoppen)	$1/48$ amphora = 12 cyathi	= 0,5 l
1 congius	(Muschel, Topf)	$1/8$ amphora = 72 cyathi	= 3 l
1 urna	(Krug, Topf)	$1/2$ amphora = 388 cyathi	= 13 l
1 amphora	(Amphore)	Grundmaß	= 26 l
1 culleus	(Schlauch, Fass)	20 amphorae	= 520 l

4 Trockenhohlmaße

1 modius	(Scheffel)	Grundmaß	= 8 l
1 medimnus	(griech. Scheffel)	= 6 modii	= 52 l

Die meisten Flüssigkeitshohlmaße wurden auch als Trockenhohlmaße verwendet.

5 Gewichte

1 scripulum		$1/288$ as/libra = $1/24$ uncia	= 1 g
1 semiuncia	(halbe Unze)	$1/25$ as/libra = $1/2$ uncia	= 13 g
1 uncia	(Unze)	$1/12$ as/libra	= 27 g
1 as/libra	(röm. Pfund)	Grundmaß	= 326 g
1 dupondius		2 asses/librae	= 650 g
1 centussis/ centumpondium	(Zentner)	100 asses/librae	= 32,6 kg

Römische Münzen

In der ältesten Zeit war das Vieh (**pecus**) Wertmesser und Zahlungsmittel. Das Wort **pecunia** bezeichnete ursprünglich das Vermögen an Vieh und bewahrte die Erinnerung an die auch in Rom anfänglich herrschende Naturalwirtschaft. Als das Kupfer (zunächst als **aes rude** ungeprägt und ungestempelt) an seine Stelle trat, mussten die jeweiligen Metallstücke bei jedem Geschäftsvorgang ausgewogen werden (**pendere** „wiegen" daraus entwickelte sich die Bedeutung „zahlen").

1 Bronze/Kupfer

Schwere, gegossene Barren aus Kupfer (**aes signatum**) stellten im 4. Jahrhundert vor Christus die ersten Versuche Roms dar, ein eigenes Währungssystem zu entwickeln. Erst in der ersten Hälfte des 3. Jahrhunderts wurden Münzmeister angestellt, die auf dem Kapitol in Rom die ersten Münzen der römischen Republik aus Kupfer oder Bronze schlugen. Diese Münzen (**aes grave**) wogen einheitlich 1 römisches Pfund und trugen als Motiv auf der Vorderseite (V) verschiedene Götterbilder und auf der Rückseite (R) einen Schiffsrumpf.

aes grave

V: Kopf des bärtigen Ianus
R: Bug und darüber Wertzahl I.

Beispiel eines frühen As (225 ca. v.Chr.), noch gegossen und nicht geprägt.

Ursprünglich wog der As 1 römisches Pfund (ca. 326 g). Der As verfiel in Wert und Gewicht im Verlauf des zweiten Punischen Krieges auf 1 uncia, ca. 100 v. Chr. sogar auf ½ uncia. Diese Stücke wurden nicht mehr gegossen, sondern geprägt. Zur Zeit Caesars kostete eine Tagesration Brot für eine Person 1 As, ein Liter Wein 3-4 Asse.

2 Silber

Die ersten römischen Silbermünzen wurden gegen 269 v. Chr. geschlagen. Die Silberprägung im großen Stil setzte in Rom aber um ca 180 v. Chr. mit dem **Denar** ein. Ihre Gestaltung ist vielfältig, da die einzelnen Münzmeister die Münzen frei gestalten konnten. Meist finden sich Motive aus der Mythologie, der römischen Geschichte und aus der Familie des Münzmeisters. Die Aufsicht über die im Tempel der Iuno Moneta errichtete Münzstätte übten die staatlichen Münzmeister aus, die **tresviri aere argento auro flando feriundo** (Abkürzung **AAAFF**).

Ab der späten Republik führte die zentrale Aufsicht über das Münzwesen seitens des Kaisers zu einer einheitlichen Entwicklung in der Gestaltung. Meist befanden sich auf der Vorderseite der Kopf des Herrschers und auf der Rückseite propagandistische Motive wie z. B. Siege des römischen Heers.

1 denarius

V: Kopf einer Göttin mit dem Wertzahl XVI
R: Reiter nach links

Beispiel eines Denars (Ende des 2. Jahrhunderts v. Chr.)

V: Kopf des Augustus mit Lorbeerkranz, Schriftzug CAESAR AVGVSTVS
R: Krokodil, Schriftzug AEGYPTO CAPTA

Beispiel eines Denars mit dem Sieg über Ägypten nach der Schlacht von Actium, 31. v. Chr.

Der Denar blieb bis zum 3. Jahrhundert n. Chr. die Hauptsilbermünze der Römer. Ursprünglich wog er 4,6 g, später sank das Gewicht auf 3,4 g. Am Anfang hatte er das Wertzeichen **X** (= Wert von 10 asses) und war etwa der Tagelohn eines gut bezahlten Arbeiters. Dafür konnte man beispielsweise etwa 6 kg Brotgetreide kaufen. Am Ende des 2. Jahrhunderts änderte sich das Wertverhältnis des Denars zu den Kupfer-münzen, der von nun an 16 asses wert war (Wertzeichen **XVI**).

3 Gold

In der republikanischen Zeit hat es nur gelegentliche Goldprägungen gegeben. In größerem Ausmaß ließ Caesar Goldmünzen prägen. Wie auf dem Denar findet sich auf der Vorderseite des **Aureus** die Abbildungen der jeweiligen Kaiser, während die Rückseite vielfältige Darstellungen wie Götter, Städte, kriegerische oder politische Erfolge schmückten. Außer der Münzstätte Rom entwickelte sich auch Lyon (**Lugdunum**) zur wichtigen Münzstätte des Römischen Reiches.

1 aureus

V: Kopf des Tiberius nach rechts, am Rand TI(BERIVS) CAESAR DIVI AVG(VSTI) F(ILII) AVGVSTVS
R: Victoria nach rechts sitzend mit Flügel

Beispiel eines Aureus (1. Jahrhundert n. Chr.)

Der Aureus hatte ursprünglich einen sehr hohen Wert, wog ca. 8 g und war weit verbreitet. Durch Augustus verbessert, wurde er im Rahmen der Münzverschlechterung später im Gewicht verringert und schließlich von Kaiser Konstantin I. durch den Solidus ersetzt

4 Währungsreform

Augustus vereinheitlichte und reformierte das republikanische Münzwesen. Es ergab sich folgendes Schema:

Gold	Silber	Messing	Messing	Kupfer
1 aureus	→ 25 denarii	→ 100 sestertii	→ 200 dupondii	→ 400 asses
	1 denarus	→ 4 sestertii	→ 8 dupondii	→ 16 asses
		1 sestertius	→ 2 dupondii	→ 4 asses
			1 dupondius	→ 2 asses
				1 as

Dieses System blieb im Wesentlichen bis zum Beginn des 3. Jahrhunderts nach Christus erhalten. In den Wirren des 3. Jahrhunderts sanken der Silbergehalt und der Wert des Denars rapide. Als Diokletian um 300 n. Chr. eine neue Silbermünze zu etwa 3 g schuf, setzte er ihren Wert zunächst auf 50, dann auf 100 Denare an.

Römischer Kalender

Der ursprüngliche römische Kalender war ein Mond-Kalender und hatte 355 Tage. Er begann im März. Der römische (Julianische) Kalender mit Jahresbeginn im Januar und zwölf Monaten geht auf Iulius Caesar zurück.

1 Jahr

Das Jahr wird meist nach den amtierenden Konsuln benannt:
Natus est Augustus M. Tullio Cicerone C. Antonio conss. XIIII. Kal. Octob
Augustus wurde am 14. Tag vor den Kalenden des Oktober (= 18. September) im Jahr der Konsuln Marcus Tullius Cicero und Gaius Antonius geboren.

2 Monate

Iānuārius	31 Tage
Augustus	Nonae am 5. Tag – Idus am 13. Tag
December	
Aprīlis	30 Tage
Iūnius	Nonae am 5. Tag – Idus am 13. Tag
September	
November	
Mārtius	31 Tage
Māius	Nonae am 7. Tag – Idus am 15. Tag
Iūlius	
Octōber	
Februārius	28 Tage

Alle vier Jahre wird ein Schalttag (**dies intercalaris**) eingefügt, in dem der 24. Februar doppelt (**bis**) zählt.

Jeder Monat hat drei Haupttage, auf die sich alle anderen beziehen:
Kalendae, **Nonae** und **Idus**.

– Es wird gezählt, wie weit der jeweilige Tag vom nächsten Haupttag entfernt ist:
  ante diem sextum Idus Martias
  6. Tag vor den Iden des März (= 10. März). Tage nach den Iden werden mit den Kalenden des Folgemonats bezeichnet.

– Der Haupttag und der bezeichnete Tag werden dabei mitgerechnet:
  a. d. III KAL. FEB. (ante diem III Kalendas Februarias)
  3. Tag vor den Kalenden des Februar (= 30. Januar; gezählt werden: 30. und 31. Januar sowie 1. Februar)

- Die allgemeine Formel lautet:
  a. d. (ante diem)
  + Ordnungszahl (*akk m*)
  + folgender Haupttag (*akk*)
  + Monat (*als adj zu Kalendae, Nonae, Idus*)
- Die Haupttage selbst werden im *Ablativ* genannt:
  Kalendis Ianuariis
  an den Kalenden des Januar (= 1. Januar)
- Die Tage direkt vor dem Haupttag werden mit **pridie** (= am Tag davor) bezeichnet:
  pridie Kalendas Februarias
  am Tag vor den Kalenden des Februar (= 31. Januar)

Die Zählung der Tage für den Monat September war beispielsweise wie folgt:

Tag	**Römisch**
1.	Kalendis Septembribus (*Kalendae*)
2.	a(nte) d(iem) quartum Non(as) Sep(tembres) (pro *quarto die ante Nonas Septembres*)
3.	a. d. III Non. Sep.
4.	pridie Nonas Septembres
5.	Nonis Septembribus
6.	a. d. VIII Id. Sep.
7.	a. d. VII Id. Sep.
8.	a. d. VI Id. Sep.
9.	a. d. V Id. Sep.
10.	a. d. IV Id. Sep.
11.	a. d. III Id. Sep.
12.	pridie Idus Septembres
13.	Idibus Septembribus
14.	ante diem XVIII Kalendas Octobres
15.	a. d. XVII Kal. Oct.
16.	a. d. XVI Kal. Oct.
17.	a. d. XV Kal. Oct.
18.	a. d. XIV Kal. Oct.
19.	a. d. XIII Kal. Oct.
20.	a. d. XII Kal. Oct.
21.	a. d. XI Kal. Oct.
22.	a. d. X Kal. Oct.
23.	a. d. IX Kal. Oct.

24. a. d. VIII Kal. Oct.
25. a. d. VII Kal. Oct.
26. a. d. VI Kal. Oct.
27. a. d. V Kal. Oct.
28. a. d. IV Kal. Oct.
29. a. d. III Kal. Oct.
30. pridie Kal. Oct.

3 Wochentage

Die Römer kannten ebenfalls 7 Wochentage, diese lauten ab etwa 200 v. Chr. wie folgt:

Lūnae diēs	Montag
Mārtis diēs	Dienstag
Mercūriī diēs	Mittwoch
Iovis diēs	Donnerstag
Veneris diēs	Freitag
Saturnī diēs	Samstag
Sōlis diēs	Sonntag

In lateinischen Inschriften häufig verwendete Abkürzungen

A	1. (legio) adiutrix	Reservelegion
	2. ager	Feld, Gebiet
	3. amicus	Freund
	4. annus	Jahr
	5. as	As
	6. Aulus	röm. Vorname
	7. Aurelius	röm. Vorname
	8. aurum	Gold
A.A	Auli duo	zwei Aulus
A.A.A.F.F	(triumviri) aere argento auro flando feriundo	Münzmeister, Prägekommission
AAGG	Augusti duo	zwei Augustus
A.B	1. a balneis	Bade-
	2. amico bono	dem guten Freund
A.B.M	amico bene merenti	dem Freund, der es wohl verdient
ABN/ABNEP	abnepos	Ururenkel
A.C	1. aere collato	mit gesammeltem Geld
	2. a commentariis	Protokoll-
ACC	1. accepit/accipiet	er hat empfangen/er wird empfangen
	2. accensus	hinzugezählt
A.D	1. ante diem	vor dem Tag
	2. aram dedicat	den Altar weiht …
AD	(legio) adiutrix	Reservelegion
A.D.A	agris dandis adsignandis	zur Verteilung und Zuweisung von Ackerland
A.D.A.I	agris dandis adsignandis iudicandis	zur Verteilung, Zuweisung und Schätzung von Ackerland
ADF	adfuerunt	es waren anwesend

ADIVT.TAB	adiutor tabularii	Archivgehilfe
ADL	adlectus	zum Kollegium hinzugewählt
ADN	adnepos	Urururenkel
AED	1. aedes 2. aedilis	Tempel Ädil
AED.P(OT)	aedilicia potestate	mit Ädilsgewalt
AEG	1. Aegyptus 2. Aegyptius	Ägypten ägyptisch, Ägypter
AEL	Aelius	*röm. Vorname*
AEM	Aemilia (tribus)	die Tribus Aemilia
AER.COLL	aere collato	mit gesammeltem Geld
AER.MIL	aerarium militare	Kriegskasse
AET	1. aeternus 2. aetas	ewig Alter
AG	ager	Feld, Gebiet
A.H.N.P	ad heredem non pertinet	betrifft nicht den Erben
A.L	Augusti libertus	Freigelassener des Augustus
A.L.F	animo libens fecit	er hat gerne gemacht
A.MIL	a militiis	Kriegssekretär
AN(I)	1. Aniensis (tribus) 2. annus	Tribus am Anio Jahr
A.N	Augustus noster	unser Augustus, unser Kaiser
AN.P	anno provinciae	im Jahr der Statthalterschaft
A.O.F.C	amico optimo faciendum curavit	er hat für den besten Freund machen lassen
AP	1. Appius 2. aprilis	röm. Vorname April
A.PP	1. a populo 2. aram posuit 3. argenti pondo 4. ager publicus 5. annus provinciae	vom Volk er hat den Altar errichtet Pfund Silber Staatsdomäne Jahr der Statthalterschaft

A.P.F	(legio) adiutrix pia fidelis	vaterlandsliebende und treue Reservelegion
A.P.R	aerarium populi Romani	Staatskasse des römischen Volkes
A.RAT	a rationibus	Rechnungs-
ARG	argentum	Silber
ARK	arca	Kasse
ARN	Arniensis (tribus)	Tribus am Arno
A.S	1. a sacris 2. a senatu 3. a solo 4. amico suo	Opfer- vom Senat Boden- seinem Freund
ASC	ascia	Axt, Kelle
AV	1. augur 2. Augustus 3. Aulus 4. Aurelius 5. aurum	Augur Augustus; später Kaiser röm. Vorname röm. Vorname Gold
A.V	1. agens vices 2. ave vale	Gegenleistung abstattend sei gegrüßt, leb wohl
AVG	1. augur 2. Augustus 3. Augustalis	Augur Augustus, später Kaiser des Augustus, des Kaisers
AVG.N	Augustus noster	unser Augustus, unser Kaiser
AVGG.NN	Augusti nostri	unseres Augustus, unseres Kaisers
AVR	Aurelius	röm. Vorname
AVRR	Aurelii	die Aurelier

B

B	1. beneficia 2. benficiarius 3. bonus	Verdienste Gefreiter gut
B.B	bonis bene	den Guten zum Wohl

B.B.M.B	bonis bene malis bene	den Guten und Schlechten zum Wohl
B.B.M.M	bonis bene malis male	den Guten zum Wohl, den Schlechten ergehe es schlimm
BB.MM	bene merentibus	den Wohltätern
B.D	Bona Dea	die Gute Göttin
B.D.S.M	bene de se merenti	seinem Wohltäter
B.M	1. bene merenti	dem Wohltäter
	2. bonae memoriae	dem guten Andenken
B.M.F	bene merenti fecit	dem Wohltäter hat er gemacht
B.M.F.C	bene merenti faciundum curavit	er ließ dem Wohltäter machen
B.M.F.C.M.C	bene merenti faciundum curavit memoriae causa	er hat dem Wohltäter um des Andenkens willen machen lassen
B.M.V	bonae memoriae vir	ein Mann von gutem Andenken
B.P	bonus puer	guter Junge
B.Q	bene quiescat	er möge wohl ruhen
B.R.P.N	bono rei publicae natus	zum Wohl des Staates geboren
B.V	bene vale	lebe wohl
B.VIX	bene vixit	er hat rechtschaffen gelebt

C

C	1. Caesar	Caesar, später Kaiser
	2. Gaius	röm. Vorname
	3. Kalendae	die Kalenden
	4. candidatus	Amtsbewerber
	5. castra	Lager
	6. censuerunt	sie haben geschätzt
	7. centurio	Zenturio
	8. cives	Bürger
	9. civitas	Bürgerschaft
	10. clarissimus	der berühmteste
	11. cohors	Kohorte

	12. colonia	Kolonie
	13. comitialis	Wahl…
	14. coniunx	Gatte/Gattin
	15. consul	Konsul
	16. curator	Verwalter
	17. curavit	er hat dafür gesorgt
	18. curaverunt	sie haben dafür gesorgt
	19. curante	unter der Leitung, unter der Verwaltung
	20. curia	Kurie
C	centenarius	hundert enthaltend
C.A	curam agens	Sorge tragend
CAM	Camilia (tribus)	die Tribus Camilia
CAND	candidatus	Amtsbewerber
C.B	coniunx bona	gute Gattin
C.B.M	coniugi bene merenti	der Gattin/dem Gatten, die/der es wohl verdient
C.B.M.F	coniugi bene merenti fecit	der Gattin/dem Gatten, die/der es wohl verdient, hat er es gemacht
C.C	Gaii duo	zwei Gaius
CC	ducenarius	zweihundert enthaltend
C.C.	1. colonia Claudia	Kolonie des Claudius
	2. coloni coloniae	die Siedler der Kolonie
	3. cuncti censuerunt	alle haben geschätzt
CC.VV	clarissimi viri	die berühmtesten Männer
CCC	trecenarius	dreihundert enthaltend
C.D	1. conscriptorum decreto	auf Beschluss der Senatoren
	2. consulto decurionum	auf Beschluss des Stadtrates
C.E	coniunx eius	dessen Gattin/deren Gatte
C.E.B.Q	cineres eius bene quiescant	seine Asche möge wohl ruhen
C.F	1. clarissima femina	die sehr ruhmvolle Frau
	2. clarissima filia	die sehr ruhmvolle Tochter
	3. coniunx fecit	der Gatte/die Gattin hat gemacht

CH/CHO/CHOR	cohors	Kohorte
C.I	1. clarissimus iuvenis 2. colonia Iulia	der sehr ruhmvolle junge Mann Kolonie der Iulia
C.K	coniunx carissima	die geliebte Gattin
CL	1. clarissimus 2. classis	der ruhmvollste, äußerst ruhmvoll Flotte
CLA	Claudia (tribus)	die Tribus Claudia
C(AS).M(IS)	classis Misenensis	die Flotte von Misena
CL(AS).PR	classis praetoria	Admiralsschiff
CLAVD	Claudia (tribus)	die Claudische Tribus
CL.F	clarissima femina	die sehr ruhmvolle Frau
CL.V	clarissimus vir	der sehr ruhmvolle Mann
CLV	Clustumina (tribus)	die Tribus Clustumina
C.M.F	clarissimae memoriae femina	Frau von sehr ruhmvollem Andenken
C.M.P	clarissimae memoriae puer	Junge von sehr ruhmvollem Andenken
C.M.V	clarissimae memoriae vir	Mann von sehr ruhmvollem Andenken
CN	Gnaeus	röm. Vorname
C.N	1. Caesar noster 2. colonia nostra	unser Caesar, unser Kaiser unsere Kolonie
C.O	coniugi optimo	dem besten Gatten
COL	1. Collina (tribus) 2. collegium 3. colonia 4. columbarium	die Tribus Collina Kollegium Kolonie Begräbnisgewölbe
COLL	Collina (tribus)	die Tribus Collina
COM	1. comes 2. commentarius 3. commilito	Gefährte schriftliche Aufzeichnung Kriegskamerad
C.O.M	cum omnibus meis	mit allen meinen Angehörigen
CON	1. coniux 2. coniugi	Gatte/Gattin dem Gatten/der Gattin

CO(N).KA(R)	1. coniugi carissimo	dem geliebten Gatten
	2. coniugi carissimae	der geliebten Gattin
CO(N)R	1. coniugi rarissimo	dem vorzüglichsten Gatten
	2. coniugi rarissimae	der vorzüglichsten Gattin
CONS	1. consul	Konsul
	2. consularis	des Konsuls
CONS.ORD	consul ordinarius	ordentlicher Konsul
COR	1. Cornelia (tribus)	die Tribus Cornelia
	2. cohors	Kohorte
	3. corona	Kranz, Krone
COS	1. consul	Konsul
	2. consularis	ehemaliger Konsul
COSS	consules	die Konsuln
C.P	1. castra praetoria	Hauptquartier
	2. censoria potestate	mit zensorischer Gewalt
	3. clarissimus puer	der ruhmvollste Junge
	4. coniugi pientissimae	der tugendhaftesten Gattin
C.Q.V	cum quo vixi	mit dem ich gelebt habe
C.R	1. civis Romanus	römischer Bürger
	2. civitas Romana	römische Bürgerschaft
C.R.P	curator rei publicae	Bevollmächtigter des Staates
CRV	Crustumina (tribus)	die Tribus Crustumina
C.S	1. carus suis	seinen Angehörigen teuer
	2. coniugi sanctissimae	der sehr frommen Gattin
	3. coniugi suae	seiner Gattin
	4. cum suis	mit seinen Angehörigen
C.S.O	cum suis omnibus	mit allen seinen Angehörigen
C.V	clarissimus vir	der sehr ruhmvolle Mann
CVR	1. curator	Bevollmächtigter, Leiter
	2. curavit	er hat dafür gesorgt
	3. curante	unter der Fürsorge, unter der Verwaltung
	4. curia	Kurie
CVR.AG	curam agens	Sorge tragend

D

D	1. **Decimus**	röm. Vorname
	2. **decimus**	der zehnte
	3. **decretus**	beschlossen
	4. **decuria**	Dekurie
	5. **decuriones**	die Dekurionen
	6. **dedit**	er hat gegeben
	7. **dederunt**	sie haben gegeben
	8. **defunctus**	gestorben, tot
	9. **denarius**	Denar
	10. **deus**	Gott
	11. **dea**	Göttin
	12. **dies**	Tag
	13. **dominus**	Herr
	14. **donum**	Geschenk
	15. **donat**	er gibt
	16. **donatus**	gegeben
	17. **dux**	Anführer
D.A	**defunctus annorum**	Toter von … Jahren
D.C	1. **decreto conscriptorum**	auf Beschluss der Senatoren
	2. **decurionum consulto**	auf Beschluss des Stadtrates
D.C.C	**de conscriptorum consulto**	gemäß dem Beschluss der Senatoren
D.C.S	1. **de collegii sententia**	gemäß dem Beschluss des Kollegiums
	2. **de consilii sententia**	gemäß dem Beschluss der Ratsversammlung
D.D	1. **dare debebit**	er wird zu geben schulden
	2. **decurionum decreto**	auf Beschluss des Stadtrates
	3. **donum dedit**	er hat das Geschenk gegeben
	4. **dedit dedicavitque**	er hat gegeben und geweiht
	5. **dea Dia**	die Göttin Dia
	6. **dea Diana**	die Göttin Diana
	7. **dii deaeque**	Götter und Göttinnen
	8. **domus divina**	göttliches Haus
D.D.D	1. **datum decreto decurionum**	gegeben auf Beschluss des Stadtrates
	2. **deo donum dedit**	dem Gott hat er zum Geschenk gegeben

	3. dono dedit dedicavit	er hat zum Geschenk gegeben und geweiht
	4. domini tres	drei Herren
D.D.D.E.S	1. dare damnas esto	er soll verpflichtet sein zu geben
	2. dare damnates sunto	sie sollen verpflichtet sein zu geben
DDDNNN	domini nostri tres	unsere drei Herren
D.D.L.M.	donum dedit libens merito	er gab zu Recht gerne das Geschenk
DDNN	domini nostri duo	unsere zwei Herren
D.D.O	dis deabus omnibus	allen Göttern und Göttinnen
D.D.S	de decurionum sententia	gemäß der Abstimmmung des Stadtrates
D.D.S.P	dedit de sua pecunia	er hat von seinem Geld gegeben
DEC	1. December	Dezember
	2. decessit	er ist gestorben
	3. decreto	auf Beschluss
	4. decuria	Dekurie
	5. decurio	Dekurio; Ratsherr
DE COLL.SENT	de collegii sententia	gemäß der Abstimmung des Kollegiums
DE.C.S	de consilii sententia	gemäß der Abstimmung der Ratsversammlung
DED	1. dedit	er hat gegeben
	2. dedicavit	er hat geweiht
	3. dedicatus	geweiht
DEF	defunctus	gestorben
D.E.R	de ea re	in Bezug auf diese Sache
DES	designatus	designiert, erklärt
DE.S.P	de sua pecunia	von seinem Geld
DEV.N.M.Q	devotus numini maestatique	der Gottheit und der Hoheit treu ergeben
DE.V.DEC	de quinque decuriis	von fünf Dekurien
D.F	1. dare facere	geben lassen
	2. dabit fisco	er wird der Kasse geben

	3. de figlinis	aus der Töpferwerkstatt
	4. dulcissima filia	innig geliebte Tochter
DIC	dicavit	er hat geweiht
DIC.N.M.Q	dicatus numini maiestatique	der Gottheit und Hoheit geweiht
D.I.M	1. Dis inferis Manibus	den Totengöttern der Unterwelt
	2. Deo invicto Mithrae	dem unbesiegten Gott Mithras
D.L	dedit libens	er hat gerne gegeben
D.M	1. Dis Manibus	den Totengöttern
	2. dolus malus	arglistige Täuschung
	3. Dea Magna	die Große Göttin
	4. devotus memoriae	dem Andenken geweiht
D.M.I	Dis Manibus et inferis	den Totengöttern und Göttern der Unterwelt
D.M.S	Dis Manibus sacrum	Opfer für die Totengötter
D.N	dominus noster	unser Herr
D.N.M.(Q.)E	devotus numini maiestati(que) eius	der Gottheit und seiner Hoheit ergeben
D.O	dari oportet	es gehört sich, dass gegeben wird
D.O.M	Deo optimo maximo	dem besten und größten Gott
DON	1. donavit	er hat gegeben
	2. donum	Geschenk
D.P	1. de pecunia	von dem Geld
	2. Dis Penatibus	den Penaten
	3. donum posuit	er hat das Geschenk niedergelegt
D.P.D	de proprio dedit	er hat von seinem Eigentum gegeben
D.P.E	devotus pietati eius	dessen Liebe geweiht
D.P.P	1. Dii Penates publici	die Schutzgötter des Staates
	2. de pecunia publica	von staatlichem Geld
D.P.S	de pecunia sua	von seinem Geld
D.Q.L.S.T.T.L	dic qui legis sit tibi terra levis	der du das liest, sage, die Erde möge dich nicht drücken
D.R.P	dignum rei publicae	dem Staat würdig

D.S	1. de suo	von seinem Eigentum
	2. deus sanctus	heiliger Gott
D.S.D	de suo dedit	er hat von seinem Eigentum gegeben
D.S.F	de suo fecit	er hat von seinem Eigentum gemacht
D.S.F.C	de suo faciendum curavit	er hat von seinem Eigentum machen lassen
D.S.L.L.M	de suo libens laetus merito	zu Recht gerne und freudig von seinem Eigentum
D.S.M	Diis sacrum Manibus	Opfer für die Totengötter
D.S.P.F	de sua pecunia fecit	er hat von seinem Geld gemacht
D.S.R	de suo restituit	er hat von seinem Eigentum wiederhergestellt
D.S.S	de senatus sententia	gemäß dem Senatsbeschluss

E

E.F	egregia femina	vorzügliche Frau
E.M.V	egregiae memoriae vir	Mann von hervorragendem Andenken
EM.V	eminentissimus vir	sehr hervorragender Mann
EQ	eques	Ritter
E.R	ea res	diese Sache
ESQ	Esquilina (tribus)	die Tribus am Esquilin
E.T	ex testamento	aufgrund der Testamentsbestimmung
E.T.F	ex testamento fecit	er hat aufgrund der Testamentsbestimmung gemacht
E.V	egregius vir	hervorragender Mann
EV	evocatus	herausgerufen, gerufen
EX.A.C	ex aere conlato	von gesammeltem Geld
EX.A.P	ex argento publico	von staatlichem Geld
EX.D.D	ex decreto decurionum	aufgrund des Beschlusses des Stadtrates

EX.FIG	ex figlina	aus der Töpferwerkstatt
EX.OF	ex officina	aus der Werkstatt
EX.P.P	ex pecunia publica	von staatlichem Geld
EX.S.C	ex senatus consulto	aufgrund des Senatsbeschlusses
EX.T	ex testamento	aufgrund der Testamentsbestimmung
EX.T.F.C	ex testamento faciendum curavit	aufgrund der Testamentsbestimmung hat er machen lassen
EX.T.F.I	ex testamento fieri iussit	aufgrund der Testamentsbestimmung hat er befohlen, dass gemacht werde
EX.T.P	ex testamento posuit	aufgrund der Testamentsbestimmung hat er aufgestellt
E(X).V	ex voto	aufgrund des Gelöbnisses

F

F	1. facere	machen, tun
	2. fecit	er hat gemacht, er hat getan
	3. faciendum	zu tun
	4. fastus (dies)	Gerichtstag
	5. figlina	Töpferwerkstatt
	6. filius	Sohn
	7. filia	Tochter
FAB	1. Fabia (tribus)	die Tribus Fabia
	2. fabri	die Künstler, die Handwerker
FAC.CVR	faciendum curavit	er hat machen lassen
FAL	Falerna (tribus)	die Tribus Falerna
F.B.M	1. filio bene merenti	dem Sohn, der es wohl verdient
	2. filiae bene merenti	der Tochter, die es wohl verdient
F.C.I(D)Q.C	faciendum curavit idemque probavit	er hat machen lassen und für gut erklärt
F.D.	1. fecit dedicavitque	er hat gemacht und geweiht
	2. filio dulcissimo	dem innig geliebten Sohn
	3. filiae dulcissimae	der innig geliebten Tochter

F.D.S	fecit de suo	er hat von seinem Eigentum gemacht
FEC	1. fecit	er hat gemacht
	2. fecerunt	sie haben gemacht
F.F	1. faustus felix	günstig und glücklich
	2. filius fecit	der Sohn hat gemacht
FIG(L)	figlina	Töpferwerkstatt
FL(AM)	flamen	Flamen, Priester
F.P	1. filius pientissimus	dem liebsten Sohn
	2. filius posuit	der Sohn hat aufgestellt
	3. flamen perpetuus	lebenslanger Flamen
	4. funus publicum	Staatsbegräbnis
F.Q	faciendum curavit	er hat machen lassen
FR	frater	Bruder
F.S	1. filio suo	seinem Sohn
	2. filiae suae	seiner Tochter
	3. filii sui	seine Kinder
	4. fecit sibi	er hat für sich gemacht
F.S.ET.S	fecit sibi et suis	er hat für sich und seine Angehörigen gemacht

G

G	Gaius	röm. Vorname
GAL	Galeria (tribus)	die Tribus Galeria
G(EN)	Genius	Schutzgeist
G.H.L	Genius huius loci	der Schutzgeist dieses Ortes
G.M	Genius Municipii	der Schutzgeist der Landstadt
G.S	Germania Superior	Obergermanien

H

H	heres	Erbe
H.A	haec ara	dieser Altar
H.ADQ	hic adquiescit	hier ruht
HAS.POS(TER)	hastatus posterior	Hauptmann einer späteren Kompanie der Hastaten
HAS.PR	hastatus prior	Hauptmann einer früheren Kompanie der Hastaten
H.B	homo bonus	tüchtiger Mann
H.B.M.F	heres bene merenti fecit	der Erbe hat dem Wohltäter gemacht
H.B.Q	hic bene quiescit	hier ruht wohl
H.C	1. hic conditus 2. honoris causa 3. honore contentus	hier liegt begraben ehrenhalber sich mit der Ehre begnügend
H.C.E	hic conditus est	hier liegt begraben
H.D.S(P)	heres de suo (posuit)	der Erbe (hat) von seinem Eigentum (aufgestellt)
H.E.T	heres ex testamento	Erbe nach Testamentsbestimmung
H.F	heres fecit	der Erbe hat gemacht
H.F.C	heres faciendum curavit	der Erbe hat machen lassen
H.H.Q	heres heredesque	Erbe und Erben
H.L	1. haec lex 2. hac lege 3. hic locus	dieses Gesetz durch dieses Gesetz dieser Ort
H.L.D.M.A	huic loco dolus malus abesto	arglistige Täuschung soll von diesem Ort fern sein
H.L.R	(ante) hanc legem rogatam	vor diesem Gesetzesantrag
H.M	1. hoc monumentum 2. honesta missio	dieses Denkmal ehrenvolle Dienstentlassung
H.M.D.M.A	huic monumento dolus malus abesto	arglistige Täuschung soll diesem Denkmal fern sein

H.M.F	**honestae memoriae femina**	Frau von ehrenvollem Andenken
H.M.M	**honesta missione missus**	ehrenhaft entlassen
HOR	**Horatia (tribus)**	die Tribus Horatia
H.P.C	**heres ponendum curavit**	der Erbe hat aufstellen lassen
H.Q	**hic quiesca(n)t**	hier möge ruhen/hier mögen ruhen
H.S.(E)	**hic situs (est)**	hier ruht
H.S.S	**hic siti sunt**	hier ruhen
H.T.F	**heres testamento fecit**	der Erbe hat aufgrund des Testamentes gemacht
H.T.F.C	**heres testamento faciendum curavit**	der Erbe hat aufgrund des Testamentes machen lassen

I

I.A	**in agro**	auf dem Gebiet
ID	**Idus**	die Iden
I.D	**1. iure dicundo** **2. Iuppiter Dolichenus**	zur Rechtsprechung der Jupiter von Doliche
I.F	**in fronte**	vorne
IM(P)	**imperator**	Feldherr; Kaiser
IN.A	**in agro**	auf dem Gebiet
IN.F	**in fronte**	vorne
IN.H.D.D	**in honorem domus divinae**	zu Ehren des göttlichen Hauses
IN(L)	**inlustris**	berühmt
INV(I)	**invictus**	unbesiegt
I.O.M	**Iuppiter optimus maximus**	der beste und größte Jupiter
I.Q.P	**idemque probavit**	und er hat für gut erklärt
I.S	**infra scriptus**	weiter unten geschrieben

K

K	**Kaeso**	röm. Vorname
KAL	**Kalendae**	die Kalenden
KAR	1. **carissimus**	liebster
	2. **carissima**	liebste
K.K	**calumniae causa**	wegen einer falscher Anklage
K.S	**carus suis**	seinen Angehörigen lieb

L

L	1. **laetus**	glücklich
	2. **latum**	getragen
	3. **legio**	Legion
	4. **leuga**	gallische Meile
	5. **lex**	Gesetz
	6. **libens**	gerne
	7. **libertus**	Freigelassener
	8. **locus**	Ort
	9. **Lucius**	röm. Vorname
L.A	**libens animo**	gerne
LAT(ICL)	**laticlavius**	Senator
L.D.D.D	**locus datus decreto decurionum**	Ort, der auf Beschluss des Stadtrates gegeben worden ist
LEG	1. **legatus**	Gesandter, Legat
	2. **legio**	Legion
LEG.AVG	**legatus Augusti**	Gesandter des Augustus
LEG.LEG	**legatus legionis**	Befehlshaber der Legion
LEG.P(R).P(R)	**legatus pro praetore**	mit einem selbstständigen Kommando betrauter Legat
LEM	**Lemonia (tribus)**	die Tribus Lemonia
LIB	1. **Liber**	altital. Gott
	2. **libellus**	kleines Buch, Verzeichnis

	3. liberatus	befreit
	4. libertus	Freigelassener
	5. librarius	Sekretär
LIB.AN	libens animo	gerne
L.L.	libens laetus	gerne und glücklich
L.L.(P)Q.E	libertis libertabus posterisque eorum	den freigelassenen Männern und Frauen und ihren Nachkommen
L.L.V.S	libens laetus votum solvit	gerne und glücklich hat er das Gelübde erfüllt
LO(C)	locus	Ort
L.S	1. libens solvit	gerne hat er erfüllt
	2. locus sepulturae	Bestattungsort

M

M	1. Marcus	röm. Vorname
	2. magister	Vorsteher, Meister
	3. maiestas	Hoheit
	4. maximus	der größte
	5. memoria	Andenken, Erinnerung
	6. mensis	Monat
	7. miles	Soldat
	8. mille	tausend
	9. monumentum	Denkmal
	10. mortuus	tot
	11. municipium	Landstadt
M'.MV	Manius	röm. Vorname
M.A	militavit annos	er war … Jahre Soldat
MAE(C)	Maecia (tribus)	die Tribus Maecia
MAG	magister	Vorsteher, Meister
MAM	Mamercus	röm. Vor- u. Beiname
MAT(R)	1. mater	Mutter
	2. matri	der Mutter

MAX	maximus	der größte
M.C	1. memoriae causa 2. matri carissimae	zur Erinnerung der liebsten Mutter
M.D	1. mater deum 2. matri dulcissimae	Mutter der Götter der innig geliebten Mutter
M.D.M	mater deum magna	die große Mutter der Götter
M.D.M.A	monumento dolus malus abesto	arglistige Täuschung soll dem Andenken fern sein
MEM	memoria	Andenken, Erinnerung
MEN	1. Menenia (tribus) 2. mensis	die Tribus Menenia Monat
MER	1. merens 2. merito	es verdienend, würdig durch das Verdienst
M.F	1. mater fecit 2. monumentum fecit 3. munere functus	die Mutter hat gemacht er hat ein Denkmal errichtet der ein Amt bekleidet hat
M.H.M	missus honesta missione	ehrenhaft entlassen
MIL	1. miles 2. militavit	Soldat er ist Soldat gewesen
MISS	1. missus 2. missio	entlassen Entlassung
M.LIB	mulieris libertus	Freigelassener der Frau
MM	1. Marci duo 2. memoriae	zwei Marcus zur Erinnerung
M.M	1. malis male 2. municipes municipii	den Schlechten (ergehe es) übel Bürger der Landstadt
M.N	milia nummum	tausend Sesterze
M.O	matri optimae	der besten Mutter
MON	1. monumentum 2. monetalis	Denkmal Münz...
M.P	1. milia passuum 2. mater posuit	tausend Schritte die Mutter hat aufgestellt

M.V.F	**monumentum vivus fecit**	das Denkmal hat er zu Lebzeiten errichtet
MVL	**mulier**	Frau
MUN	**municipium**	Landstadt

N

N	1. **natione**	von Abstammung
	2. **natus**	geboren; Sohn
	3. **nepos**	Enkel; Neffe
	4. **nomen**	Name
	5. **Nonae**	die Nonen
	6. **noster**	unser
	7. **numen**	Gottheit
	8. **Numerius**	röm. Vorname
	9. **numerus**	Zahl
	10. **nummus**	Münze; Sesterz
N.A.S	**numini Augusti sacrum**	Opfer für die Gottheit des Augustus
NEG	**negotiator**	Kaufmann
N.E.S.D	**numini eius semper devotus**	dessen Gottheit immer ergeben
N.M.Q	**numini maiestatique**	der Gottheit und der Hoheit
NN	**nostri**	unsere
NOB.CAES	**nobilissimus Caesar**	der edelste Caesar, der edelste Kaiser
NOBB.CAESS	**nobilissimi Caesares**	die edelsten Kaiser
NON	**Nonae**	die Nonen
NUM	1. **Numerlus**	röm. Vorname
	2. **numerus**	Zahl
	3. **nummus**	Münze; Sesterz

O

O	1. **officina**	Werkstatt
	2. **optimus**	der beste

	3. optio	Vertreter, Adjutant
OB	**obiit**	er ist gestorben
OB.H(ON)	**ob honorem**	um der Ehre willen
OB.M.E	**ob merita eius**	wegen seiner Verdienste
O.(E.)B.Q	**ossa (eius) bene quiescant**	seine Gebeine mögen wohl ruhen
O.D	**opus doliare**	Fass
O.D.D.F	**opus doliare de figlina**	Fass aus der Werkstatt
OF	**officina**	Werkstatt
O.H.S.(S)	**ossa hic sita (sunt)**	hier ruhen die Gebeine
O.M	1. **ob memoriam**	zum Andenken
	2. **optimus maximus**	der beste und größte
	3. **optime merito**	äußerst verdientermaßen
OP	1. **opus**	Werk
	2. **optio**	Vertreter, Adjutant
OP.D(OL)	**opus doliare**	Fass
O.S.T.T.L	**opto sit tibi terra levis**	ich wünsche, dass die Erde dich nicht drücke
O.T.B.Q	**ossa tibi bene quiescant**	deine Gebeine mögen wohl ruhen
O.V.B.Q	**ossa vobis bene quiescant**	eure Gebeine mögen wohl ruhen
OVF	**Oufentina (tribus)**	die Tribus Oufentina

P

P	1. **pagus**	Bezirk
	2. **passus**	Schritt
	3. **pater**	Vater
	4. **patronus**	Patron
	5. **pecunia**	Geld
	6. **pedes**	Füße, Schritte
	7. **pius**	gewissenhaft, fromm, lieb
	8. **pientissimus**	der gewissenhafteste, der frömmste, der liebste
	9. **pondo**	Pfund

		10. populus	Volk
		11. posuit	er hat aufgestellt
		12. provincia	Provinz
		13. publicus	öffentlich, staatlich
		14. publice	öffentlich
		15. Publius	röm. Vorname
PAL		Palatina (tribus)	die Tribus Palatina
PAP		Papiria (tribus)	die Tribus Papiria
PAR		parentes	die Eltern
PAT(R)		patronus	Patron
P.B.M		1. parentes bene merenti	die Eltern dem, der es wohl verdient
		2. patrono bene merenti	dem Patron, der es wohl verdient
P.C		1. patres conscripti	Senatoren
		2. patronus civitatis (coloniae)	Beschützer der Bürgerschaft (der Kolonie)
		3. pia constans	gewissenhaft und beständig
		4. ponendum curavit	er hat aufstellen lassen
PEC		pecunia	Geld
PED		pedes	Füße, Schritte
PERP		perpetuus	beständig, fortwährend, lebenslang
P.F		1. pater fecit	der Vater hat gemacht
		2. pater filio	der Vater dem Sohn
		3. parentes fecerunt	die Eltern haben gemacht
		4. pius felix	gewissenhaft und glücklich
		5. pia fidelis	gewissenhaft und treu
P.I		poni iussit	er hat befohlen, dass aufgestellt werde
P.L.L		posuit libens laetus	er hat gerne und freudig aufgestellt
PL.M(IN)		plus minus	mehr oder weniger
P.M		1. patronus municipii	Schutzherr der Landstadt
		2. pontifex maximus	Pontifex Maximus, Hoherpriester
		3. pontifex maior	höherer Priester
		4. plus minus	mehr oder weniger
		5. post mortem	nach dem Tod
POB		Poblilia (tribus)	die Tribus Poblilia

POL	**Pollia (tribus)**	die Tribus Pollia
POM	**Pomptina (tribus)**	die Tribus Pomptina
PONT.MAX	**pontifex maximus**	Pontifex Maximus, Hoherpriester
POP	**populus**	Volk
P.P	1. pater patriae	Vater des Vaterlandes
	2. pater posuit	der Vater hat aufgestellt
	3. pater piissimus	der liebste Vater
	4. parentes pientissimi	die liebsten Eltern
	5. pecunia publica	Staatskasse
	6. praeses provinciae	Provinzstatthalter
	7. primus pilus	Zenturio des ersten Manipels der Triarier
	8. pro praetore	Proprätor, Statthalter
	9. publicum portorium	staatlicher Zoll
PP	1. perpetuus	beständig, fortwährend, lebenslang
	2. praepositus	Vorgesetzter, Befehlshaber
P.P.P	1. proconsul pater patriae	der Prokonsul, Vater des Vaterlandes
	2. pater pius posuit	der fromme Vater hat aufgestellt
	3. pro pietate posuit	für die Liebe hat er aufgestellt
	4. pecunia propria posuit	von dem eigenen Geld hat er aufgestellt
	5. pecunia propria posuerunt	von dem eigenen Geld haben sie aufgestellt
	6. pecunia publica posuit	von staatlichem Geld hat er aufgestellt
P.P.S	**posuit pecunia sua**	von seinem eigenen Geld hat er aufgestellt
P.Q.R	**populusque Romanus**	und das römische Volk
P.R.(Q.)	**populus Romanus (Quiritium)**	das römische Volk
PR	1. praetor	Prätor
	2. praefectus	Präfekt, Vorgesetzter, Befehlshaber
	3. pridie	am Vortag
	4. primigenia	Beiname der Diana
	5. procurator	Verwalter
	6. provincia	Provinz
PRAE(F)	**praefectus**	Präfekt, Vorgesetzter, Befehlshaber

PRAEP	praepositus	Vorgesetzter, Befehlshaber
PRAES	praeses	Vorgesetzter
PRAET	praetor	Prätor
PR.I.D	praefectus iure dicundo	Vorgesetzter über die Rechtsprechung
PRINC	princeps	Herrscher
PR.PER	praetor peregrinus	Prätor, der zwischen römischen Bürgern und Auswärtigen Recht spricht
PR.VRB	praetor urbanus	Prätor, der zwischen römischen Bürgern Recht spricht
PRO	1. proconsul 2. procurator 3. pronepos 4. provincia	Prokonsul, Statthalter Verwalter Urenkel Provinz
PROB	probavit	er hat gebilligt, er hat für gut erklärt
PROC	1. proconsul 2. procurator	Prokonsul, Statthalter Verwalter
PRO.PR	pro praetore	Proprätor, Statthalter
PROQ	proquaestor	Proquästor
PRO.S	pro salute	zum Wohl
PROV	provincia	Provinz
P.S	1. pecunia sua 2. pro salute	mit seinem Geld zum Wohl
P.V	1. perfectissimus vir 2. praefectus urbi 3. praetor urbanus	ausgezeichneter Mann Statthalter der Stadt Rom Prätor, der zwischen römischen Bürgern Recht spricht
P.V.A	pius vixit annos	er hat fromm … Jahre gelebt
PVB	1. Publilia (tribus) 2. publicus	die Tribus Publilia öffentlich, staatlich
PVP	Pupinia (tribus)	die Tribus Pupinia

Q

Q	1. quaestor	Quästor
	2. -que	und
	3. qui	der
	4. quinquennalis	fünfjährig
	5. Quintus	röm. Vorname
Q.A(ER)	quaestor aerarii	Finanzbeamter
Q.A.V	qui annos vixit	der … Jahre gelebt hat
Q.B.F.F	quod bonum felix faustum (sit)	was gut, glücklich und günstig sei
Q.I(NF).S.S	qui infra scripti sunt	die unten aufgeschrieben sind
Q.L.S.T.T.L	(dicite) qui legitis sit tibi terra levis	die ihr das lest, sagt, die Erde möge dich nicht drücken
Q.M(IL)	qui militavit	der Soldat gewesen ist
Q.N.S.S.S	quorum nomina supra scripta sunt	deren Namen oben aufgeschrieben sind
Q.PR	quaestor provinciae	Finanzbeamter in der Provinz
Q.PR.PR	quaestor pro praetore	Quästor mit prätorischem Rang
Q.Q	Quinti duo	zwei Quintus
QQ.	quinquennalis	fünfjährig
Q.S.S.S	qui subscripti/supra scripti sunt	die unten/oben aufgeschrieben sind
Q.V.A	qui vixit annos	der … Jahre gelebt hat
QUI(R)	Quirina (tribus)	die Tribus Quirina
QUIN(Q)	quinquennalis	fünfjährig

R

R	1. ratio	Verzeichnis
	2. restituit	er hat wiederhergestellt
	3. Romanus	römisch, Römer

RAT	**ratio**	Verzeichnis
R.C	1. **reficiendum curavit**	er hat wiederherstellen lassen
	2. **reficiendum curaverunt**	sie haben wiederherstellen lassen
REG	**regio**	Gebiet
R.L	**recte licet**	es steht wohl frei
ROG	1. **rogat**	er fragt
	2. **rogant**	sie fragen
ROM	**Romilia (tribus)**	die Tribus Romilia
R.P	1. **ratio privata**	privates Verzeichnis
	2. **res publica**	Staat
R.R	**recto rigore**	mit angemessener Strenge

S

S	1. **sacerdos**	Priester
	2. **sacrum**	Opfer
	3. **salus**	Heil, Wohl
	4. **scripsit**	er hat geschrieben
	5. **scriptus**	geschrieben
	6. **semis**	Hälfte
	7. **sententia**	Beschluss
	8. **Servius**	röm. Vorname
	9. **servus**	Sklave
	10. **sestertium**	Sesterz
	11. **Sextus**	röm. Vorname
	12. **sibi**	sich
	13. **Spurius**	röm. Vorname
	14. **suus**	sein
SAB	**Sabatina (tribus)**	die Tribus Sabatina
SAC	1. **sacerdos**	Priester
	2. **sacrum**	Opfer
	3. **sacravit**	er hat geweiht
SACR.	**sacrum**	Opfer
SAL	**salus**	Heil, Wohl

SB.P.Q.S	sibi posterisque suis	sich und seinen Nachkommen
S.C	1. senatus consultum	Senatsbeschluss
	2. scribendum curavit	er hat schreiben lassen
	3. sub cura	unter der Fürsorge
SCA(P)	Scaptia (tribus)	die Tribus Scaptia
SC(RIB).ADF	scribendo adfuerunt	bei der Abfassung waren anwesend
SCRI(B)	1. scriba	Schreiber
	2. scripsit	er hat geschrieben
SC.D.M	sciens dolo malo	wissentlich durch arglistige Täuschung
S.D.M	sine dolo malo	ohne arglistige Täuschung
S.E	situs est	er ist begraben
SER	1. Sergius	röm. Gentilname
	2. Sergia (tribus)	die Tribus Sergia
	3. servus	Sklave
S.E(T).S	sibi et suis	sich und seinen Angehörigen
S.ET.S.L(IB). P(OST)Q.E(OR)	sibi et suis, libertis libertabusque posterisque eorum	sich und seinen Angehörigen, den freigelassenen Männern und Frauen und deren Nachkommen
SEV.AVG	sevir Augustalis	einer der sechs obersten Priester zu Ehren des Augustus
SEX	Sextus	röm. Vorname
S.F	1. sacris faciundis	um die Opfer zu feiern
	2. sine fraude	ohne Betrug
S.L.L.M	solvit laetus libens merito	er hat freudig und gerne dem, der es verdiente, erwiesen
S.L.P	sibi libertis posterisque	sich, den Freigelassenen und den Nachkommen
S.M	1. sanctae memoriae	dem heiligen Andenken
	2. solvit merito	er hat dem, der es verdiente, erwiesen
SP	Spurius	röm. Vorname
S.P	1. servus publicus	Staatssklave
	2. sua pecunia	von seinem Geld
	3. subpraefectus	Unterpräfekt

S.P.D.D	**sua pecunia donum dedit**	von seinem Geld hat er das Geschenk gegeben
S.P.F.C	**sua pecunia faciendum curavit**	er von seinem Geld machen lassen
S.P.P	**sua pecunia posuit**	er hat von seinem Geld aufgestellt
S.P.P.Q.R	**senatus populus plebesque Romanus**	Senat, Volk und niederes Volk von Rom
S.P.Q.R	**senatus populusque Romanus**	Senat und Volk von Rom
S.P.R	**sua pecunia restituit**	er hat von seinem Geld wiederhergestellt
SS	**sestertii**	Sesterze
S.S	1. **senatus sententia**	Senatsabstimmung
	2. **siti sunt**	sie liegen
	3. **subscriptus**	unten vermerkt
	4. **supra scriptus**	unten aufgeschrieben
	5. **sumptu suo**	auf eigene Kosten
	6. **susceptum solvit**	er hat den Beschluss ausgeführt
SS.DD.NN	**salvis dominis nostris**	unseren wohlbehaltenen Herren
STEL(L)	**Stellatina (tribus)**	die Tribus Stellatina
STIP	**stipendia**	Kriegsdienst
S.T.T.L	**sit tibi terra levis**	die Erde möge dich nicht drücken
SVC	1. **Suburana (tribus)**	die Tribus Suburana
	2. **Sucusana (tribus)**	die Tribus Sucusana
S. V	**se vivo**	zu seinen Lebzeiten
S. V.T.L	**sit vobis terra levis**	die Erde möge euch nicht drücken

T

T	1. **tabula**	Tafel, Urkunde
	2. **testamentum**	Testament
	3. **titulus**	Inschrift
	4. **Titus**	röm. Vorname
TAB	1. **tabula**	Tafel, Urkunde

	2. tabularius	Legionsschreiber; Vorsteher des Archivs
T.B.Q	tu bene quiescas	du mögest wohl ruhen
TER	Teretina (tribus)	die Tribus Teretina
TEST.LEG	testamento legavit	durch das Testament hat er vermacht
TEST.IVSS	testamento iussit	durch das Testament hat er befohlen
T.F	testamento fecit	durch das Testament hat er gemacht
T.F.I	testamento fieri iussit	durch das Testament hat er befohlen, dass geschehe
TI(B)	Tiberius	röm. Vorname
T.L	testamento legavit	durch das Testament hat er vermacht
T.M.P	titulum memoriae posuit	er hat die Inschrift zum Andenken aufgestellt
T.O.B.Q	tibi ossa bene quiescant	deine Gebeine mögen wohl ruhen
T.P	1. tanta pecunia 2. titulum posuit 3. tribunicia potestate	so viel Geld, für so viel Geld er hat die Inschrift aufgestellt mit tribunizischer Gewalt
T.P.I	testamento poni iussit	er hat durch das Testament befohlen, dass aufgestellt werde
TR.M(IL)	tribunus militum	Militärtribun
TR.P(L)	tribunus plebis	Volkstribun
TR.POT	tribunicia potestate	mit tribunizischer Gewalt
TRIB	1. tribus 2. tribunus	Tribus Tribun
TRIB.POT	tribunicia potestate	mit tribunizischer Gewalt
TRO	Tromentina (tribus)	die Tribus Tromentina
T.R.P.D.S.T.T.L	te rogo praeteriens dicas sit tibi terra levis	sage bitte beim Vorübergehen, die Erde möge dich nicht drücken

V

V	1. verna	Hausssklave; inländisch
	2. victrix	Siegerin; siegreich
	3. vir	Mann
	4. vivus	lebend
	5. vixit	er hat gelebt
	6. votum	Gelübde
	7. vovit	er hat gelobt
	8. utere	du gebrauchst; du hast
	9. valeas	leb wohl
	10. valeat	er lebe wohl
	11. (cohors) voluntariorum	(Kohorte) aus Freiwilligen
VA	1. vale	leb wohl
	2. valeas	leb wohl
V.A	1. vices agens	Gegenleistung abstattend
	2. vixit annos	er hat ... Jahre gelebt
V.A.S.L.M	votum animo solvit libens merito	er hat das Gelübde zu Recht gerne eingelöst
V.B	vir bonus	tüchtiger Mann
V.B.D.R.P	vir bonus dignus rei publicae	tüchtiger und dem Staat würdiger Mann
V.C	vir clarissimus	ruhmvollster Mann
V.E	vir egregius	hervorragender Mann
VEL	Velina (tribus)	die Tribus Velina
VER(N)	verna	Hausssklave; inländisch
V.F	1. verba fecit	er hat gesprochen
	2. vivus fecit	er hat zu Lebzeiten gemacht
V.F.S	vivus fecit sibi	er hat für sich zu Lebzeiten gemacht
VIC	1. vicus	Dorf; Stadtviertel; Straße
	2. vicani	die Dorfbewohner
VIL	vilicus	Verwalter
V.I(N)L	vir illustris	berühmter Mann

V.I.S	verba infra scripta	die Worte, die unten geschrieben sind
VIX	vixit	er hat gelebt
V.L	1. veteranus legionis 2. vir laudabilis	Veteran der Legion lobenswerter Mann
V.L.M.S	votum libens merito solvit	er hat das Gelübde zu Recht gerne eingelöst
VOL	1. Voltinia (tribus) 2. (cohors) voluntariorum	die Tribus Voltinia Kohorte aus Freiwilligen
V.P	1. vice praesidis 2. votum posuit 3. vir perfectissimus	anstelle des Vorgesetzten er hat das Weihegeschenk niedergelegt der vollkommenste Mann
V.R	1. urbs Roma 2. votum reddidit	die Stadt Rom er hat das Gelübde erfüllt
VRB	urbanus	städtisch
V.S	1. votum solvit 2. vir spectabilis	er hat das Gelübde erfüllt prächtiger Mann
V.S.F	vivus sibi fecit	er hat zu Lebzeiten für sich gemacht
V.S.L.L.M	votum solvit libens laetus merito	er hat zu Recht das Gelübde gerne und freudig erfüllt
V.S.L.M	votum solvit libens merito	er hat zu Recht das Gelübde gerne erfüllt
VT.F	utere felix	gebrauche glücklich
V.V	1. virgo Vestalis 2. vivus vivae 3. ut voverat	vestalische Jungfrau lebend der Lebenden wie er gelobt hatte
VV.CC	viri clarissimi	vorzüglichste Männer
VV.EE	viri egregii	hervorragende Männer
VV.PP	viri perfectissimi	vollkommenste Männer
V.V.S.L.M	ut voverat solvit libens merito	wie er gelobt hatte, hat er zu Recht gerne erfüllt

Städtenamen

Diese Liste enthält sowohl die Namen ehemaliger römischer Siedlungen als auch mittel- und neulateinische Namen.

A

Acumum Montélimar
ad Horrea Cannes
ad Sanctos Xanten
ad Statuas Oliva
Adiacium Ajaccio
Agedincum Senonum Sens
Agennum, Agin(n)um Agen
Agranum Zagreb
Agrippina Köln
Alata castra Edinburgh
Alba Regalis Székesfehérvár (Stuhlweißenburg)
Albiga Albi
Albimontium Blankenburg
Albintemilium, Albintimilium Ventimiglia
Aldenburgum Altenburg *in Thüringen*
Altiaia Alzey
Ambianum Amiens
Amstelodamum Amsterdam
Anchona, Anconitana civitas Ancona
Andegavium Angers
Andemantunnum Langres
Andernacum Andernach
Aniclum Le Puy
Ansibarium Osnabrück
Ansloa Oslo
Antipolis Antibes
Antiqua civitas Oldenburg
Antunnacum Andernach
Antverpia Antwerpen
Aquaburgum Wasserburg am Inn
Aquae Baden-Baden
Aquae Allobrogum Aix-les-Bains
Aquae Bigerronum Bagnèresde-Bigorre
Aquae Gratianae Aix-les-Bains
Aquae Luvienses Tungrorum Spa
Aquae Mattiacae Wiesbaden
Aquae Mortuae Aigues-Mortes
Aquae Pannoni(c)ae Baden bei Wien
Aquae Sextiae Aix-en-Provence
Aquae Sulis Bath
Aquianum Evian-les-Bains
Aquilegia, Aquile(i)a Aquileia
Aquilia L'Aquila
Aquincum Buda (*Teil von Budapest*)
Aquisgranum Aachen
Arae Flaviae Rottweil
Arausio Orange
Arctopolis ad Salam Bernburg an der Saale
Aredata, Aredatum Linz
Arelate, Arelatum Arles
Aretium Arezzo
Argelia Torgau
Argentorate Straßburg
Arimin(i)um Rimini
Artaunum Würzburg
Arx Gandulfi Castel Gandolfo
Ascania, Ascaria Aschersleben
Asciburgum Aschaffenburg
Assindia Essen
Asta Pompeia Asti
Atacinorum civitas Narbonne
Aternum Pescara
Athenae ad Ehnum Helmstedt
Athenae ad Salam Jena
Athenopolis Saint-Tropez
Atrebatae, Atrebates, Atrebatum Arras

Atuatuca Tongern
Augusta Antonini Badgastein
Augusta Emerita Mérida
Augusta Nemetum Speyer
Augusta Praetoria Aosta
Augusta Raurica Augst
Augusta Suessonium Soissons
Augusta Taurinorum Turin
Augusta Tiberii Regensburg
Augusta Trecorum Troyes
Augusta Treverorum Trier
Augusta Vindelicorum Augsburg
Augustobona Tricassium Troyes
Augustodunum Autun
Augustodurus Bayeux
Augustonemetum Clermont-Ferrand
Augustoritum Lemovicum Limoges
Aurelianum Orléans
Autissiodorum Auxerre
Autricum Chartres
Avaricum Bourges
Avenio Avignon
Aventicum Avenches

B

Bacharacum Bacharach
Badena civitas Baden-Baden
Baeterrae Béziers
Baiocae Bayeux
Baiona Bayonne
Balerne castrum Palermo
Bamberga Bamberg
Barcino(na) Barcelona
Barium Bari
Basilea, Basilia Basel
Bathonia Bath
Bellovacum Beauvais
Bellunum Belluno
Beneventum Benevent
Bergamum, Bergomum Bergamo
Berna Bern
Bernburgum Bernburg an der Saale
Berolinum Berlin
Biberacum Biberach
Bilefeldia, Bilivelda Bielefeld
Bilitio castrum Belinzona
Bingium Bingen
Bipontium Zweibrücken
Bisuntio Besançon
Biturigae Bourges
Blancoburgum Blankenburg
Blesae, Blesum Blois
Bodobriga Boppard
Bolonia Bologna
Bolonia in Francia Boulogne-sur-Mer
Bonna Bonn
Bononia Bologna
Bononia in Francia Boulogne-sur-Mer
Boppardia Boppard
Borbetomagus Worms
Bosanum Bozen
Boscoducum Herzogenbusch
Brandenburgum Brandenburg an der Havel
Brega Brieg
Brema Bremen
Brenoburgum Brandenburg an der Havel
Brestia Brest
Brigantia, Brigantium Bregenz
Brisacum Breisach
Brixia Brescia; Brixen (*Südtirol*)
Brixina Brixen
Bruga(e) Brügge
Bruna Brno (Brünn)
Brundisium Brindisi
Brunna Brno (Brünn)
Brunopolis Bruneck (*Südtirol*); Braunschweig
Brunsvicum Braunschweig

Brusella Bruchsal
Bruxella(e) Brüssel
Bucaresta Bukarest
Buda Vetus Ofen, *heute* Buda (Teil von Budapest)
Budapestum Budapest
Burdegala, Burdigala Bordeaux
Burgum Offonis Offenburg

C

Cabelia, Cabliacum Chablis
Cabillonum Chalon-sur-Saône
Cabliacum Chablis
Cadomum Caen
Cadurcum Cahors
Caesaraugusta Saragossa
Caesaris Burgus Cherbourg
Caesarodunum Tours
Caesaromagus Beauvais
Calaris Cagliari
Calesium, Caletum Calais
Calpe mons Gibraltar
Camberiacum Chambéry
Cambodunum Kempten
Cameracum Cambrai
Campidona Kempten
Camulodunum Colchester
Canoae Cannes
Cantabrigia Cambridge
Cantuaria Canterbury
Canusium Canossa
Caralis Cagliari
Carleolum Carlisle
Carnotum Chartres
Caroburgus Cherbourg
Caroli Hesychium Karlsruhe
Carolinae Thermae Karlsbad
Carthago Nova Cartagena
Cassella(e) Kassel

Castra Vetera Xanten
Castuna Badgastein
Catalauni, Catalaunum Châlons-sur-Marne
Catana Catania
Cenabum Orléans
Cenomanum Le Mans
Cestria Chester
Chilomium Kiel
Chiovia Kiew
Chrem(i)sa Krems an der Donau
Cicestria Chichester
Cignavia Zwickau
Civitas Andecavorum Angers
Civitas Aurelia Aquensis Baden-Baden
Civitas Lemovicum Limoges
Civitas Nemetum Speyer
Civitas Pictonum Poitiers
Clarus Mons Clermont-Ferrand
Claudia Castra Gloucester
Claudianopolis Cluj (Klausenburg)
Claudiocestria Gloucester
Clausentum Southampton
Claustriburgum, Claustroneoburgum Klosterneuburg
Cluniacum Cluny
Coburg(i)um Coburg
Colonia Agrippina/Agrippinensis Köln
Colonia Allobrogum Genf
Colonia Glevum Gloucester
Colonia Julia Augusta Parma
Colonia Julia Pisana Pisa
Colonia Patricia Córdoba
Colonia Placentia Piacenza
Colonia Romulea Sevilla
Colonia Traiana Xanten
Colonia Victricensis Colchester
Columbaria Colmar
Comum Como
Condate Rennes

Condevincum Nantes
Confluentes Koblenz
Consentia Cosenza
Constantia Konstanz
Contra Aquincum Pest (*Teil von Budapest*)
Corduba Córdoba
Coriosopitum Quimper
Cornetum Tarquinia
Cortina Cortona
Coventria Coventry
Cremifanum Kremsmünster
Cremona Cremona
Croton Crotone
Crucenacum Bad Kreuznach
Cruoninga Groningen
Cumae Como
Curia Rhaetorum Chur
Cygnea Zwickau

D

Danum Doncaster
Dariorigum Vannes
Darmstadium Darmstadt
Depmeldia Detmold
Dertona Tortona
Dertosa Tortosa
Derventia Derby
Desertina Disentis
Dessavia Dessau
Deva/Devana castra Chester
Dibio Dijon
Dietmullum Detmold
Dionysiopolis Saint-Denis
Dispargum Duisburg
Divio(dunum) Dijon
Divodurum (Mediomatricorum) Metz
Donaverda Donauwörth
Doncastria Doncaster
Dorcestria Dorchester
Dormunda Dortmund
Dorobernia Dover
Dublinum Dublin
Dubris Dover
Duisburgum Duisburg
Durnovaria Dorchester
Durobrivae Rochester
Durocortorum Reims
Durovernia Canterbury
Dusseldorpium Düsseldorf

E

Eberhardescella Einsiedeln
Ebeshamum Epsom
Eblanda Dublin
Eboracum York
Ebroicum Evreux
Eburodunum Yverdon
Ebusus Ibiza
Ecolisma Angoulême
Edelberga Heidelberg
Edinburgum, Edinum Edinburgh
Eistetensis civitas Eichstätt
Elarona Oloron-Sainte-Marie
Elesleba Eisleben
Ellebogium Malmö
Emerita Mérida
Engolismum Angoulême
Epternacum Echternach
Erfordia Erfurt
Erlanga Erlangen
Essendia Essen
Etona, Etuna Eton
Exonia Exeter

F

Faesulae Fiesole
Fanum sancti Galli Sankt Gallen

Fanum sancti Remogii San Remo
Faucenae Füssen
Faventia Faenza (*Italien*); Barcelona
Felicitas Iulia Lissabon
Felsina Bologna
Flaviobriga Bilbao
Flenopolis, Flensburgum Flensburg
Florentia Florenz
Fons Blahantum Fontainebleau
Fontes Baderae Paderborn
Forum Iulii Fréjus
Forum Livii Forlì
Franciscopolis Le Havre
Francofortum ad Moenum Frankfurt am Main
Francofortum ad Viadrum/ad Oderam Frankfurt an der Oder
Freybergensis civitas, Friberga Freiberg *in Sachsen*
Friburgum Brisgoviae Freiburg im Breisgau
Frislaria Fritzlar
Fridericoburgum Frederiksborg
Frisinga Freising
Fuldinsis Fulda

Gades Cádiz
Ganda(vum) Gent
Gandersium Bad Gandersheim
Gandulphi castrum Castel Gandolfo
Geldria Geldern
Geminus Pons Zweibrücken
Gena Jena
Genava Genf
Gesoria(cum) Boulogne-sur-Mer
Glascovia, Glasgua Glasgow
Glevum Gloucester
Gnesna Gnesen
Goslaria Goslar
Gotheburgum, Gothoburgum Göteborg
Granata Granada
Gratianopolis Grenoble
Graudencium Graudenz
Groninga Groningen
Grudentum Graudenz

Hafnia Kopenhagen
Haga comitis/comitum Den Haag
Hala ad Salam, Hala Hermundurorum Halle an der Saale
Hala Suevica Schwäbisch Hall
Halberstadium Halberstadt
Halla Bad Reichenhall
Hamburgum Hamburg
Hamela Hameln
Hammonia Hamburg
Hamptonia Southampton
Han(n)overa Hannover
Haristallium Herstal
Harlemum Haarlem
Harvi(a)cum Harwich
Hasta Asti
Havrea Le Havre
Helmstadium Helmstedt
Helsingfordia Helsinki
Helsingoburgum Helsingborg
Helsingoforsa Helsinki
Herbipolis Würzburg
Herculis Monoeci portus Monaco
Hesychia Carolina Karlsruhe
Hildeshemium Hildesheim
Hispalis Sevilla
Hoium Huy
Holmia Stockholm
Hydruntum Otranto

I

Ilerda Lérida
Iporegia Ivrea
Isca Dumnoniorum Exeter
Islebia Eisleben
Iulia Augusta Parma
Iuliomagus Angers
Iunianum Lugano
Iuvavia Salzburg

K

Kilonia, Kilonum Kiel

L

Lancastria Lancaster
Lapurdum Bayonne
Laudunum Laon
Laureacum Lorch
Lausanna Lausanne
Lega Lüttich
Legionum urbs Chester
Lemovicum Limoges
Lentia Linz
Leodium Lüttich
Lilybaeum Marsala
Limonum Poitiers
Lincolnia Lincoln
Lindaugia, Lindavia Lindau
Lindum Colonia Lincoln
Lingona civitas Langres
Lipsia Leipzig
Londinium London
Longovicum Lancaster
Lousonna Lausanne
Lovania, Lovanium Leuwen
Lubeca Lübeck
Luca Lucca
Luceria, Lucerna Luzern
Luciliburgum Luxemburg
Ludovici arx Ludwigsburg
Ludovici arx ad Saaram Saarlouis
Luganum Lugano
Lugdunum Lyon
Lugdunum Batavorum Leiden
Luguvallium Carlisle
Luneburgum Lüneburg
Lutetia Paris
Lutra (Caesarea) Kaiserslautern
Luxemburgum Luxemburg

M

Madritum Madrid
Magdeburgum Magdeburg
Maguntia Mainz
Maininga Meiningen
Mairania Meran
Malaca Málaga
Malina Mecheln
Malmogia Malmö
Malmundarium Malmedy
Mamcunium Manchester
Mantua Mantua
Mariae domus Bad Mergentheim
Marpurgum Marburg
Marsipolis Merseburg
Massilia Marseille
Matritum Madrid
Mechlinia Mecheln
Mediolanum Mailand
Mediomatrica Metz
Meininga Meiningen
Meledunum Melun
Melicum Melk an der Donau
Meminga Memmingen
Merania Meran
Merseburgum Merseburg

Messana Messina
Mettis Metz
Minda Minden
Misena, Misna Meißen
Mogontia(cum), Moguntia Mainz
Monachium, Monacum München
Monaecum Monaco
Monasterium Münster
Mons Ademari Montélimar
Mons Albanus Montauban
Mons Beligardi Montbéliard
Mons Pavonis Bamberg
Monspessulanus Montpellier
Moscovia Moskau
Mutina Modena
Myrtilletum Heidelberg

Namnetes, Namnetum Nantes
Namurcum Namur
Nanceium Nancy
Nannetum Nantes
Narbo Martius, Narbona Narbonne
Naumburgum Naumburg
Neapolis Neapel
Neapolis in Palatinatu Neustadt an der Weinstraße
Neapolis Viennensis Wiener Neustadt
Nemausus Nîmes
Nemetocenna Arras
Niceae, Nicia Nizza
Nidaros Drontheim
Nord(o)vicum Norwich
Norimberga Nürnberg
Novesium Neuss
Noviodunum Soissons u. Nyon am Genfer See
Noviomagus Nimwegen; Noyon
Noviomagus Regnensium Chichester

Novogardia Magna Novgorod

O

Oenipons, Oenipontum Innsbruck
Offenbachium Offenbach
Offenburgum Offenburg
Olisipo Lissabon
Oropitum Orvieto
Osnabruga, Osnabrugum Osnabrück
Ottoburanum Ottobeuren
Ovetum Oviedo
Oxonia Oxford

Padeberga Bamberg
Paderborna Paderborn
Panormus Palermo
Papia Pavia
Parthenopolis Magdeburg
Patavia Passau
Patavium Padua
Patrisbrunna Paderborn
Perusia Perugia
Pest(in)um Pest (*Teil von Budapest*)
Petrocorium Périgueux
Phorca, Phorcenum Pforzheim
Pictavium Poitiers
Pietas Iulia Pula
Pintia Valladolid
Pisae Pisa
Placentia Piacenza
Plavia Plauen
Pons Aelii Newcastle upon Tyne
Pons ad Montionem Pont-à-Mousson
Pons Saravi Saarbrücken
Porta Hercyniae Pforzheim
Portus Alacer Portalegre
Portus Calensis Porto

Portus Magnus Portsmouth
Posonium Bratislava (Preßburg)
Praga Prag
Puteoli Pozzuoli

Q

Quedlinburgum Quedlinburg
Quintinus Veromanduensis Saint-Quentin

R

Raceburgensis Ratzeburg
Radinga Reading
Ragusa, Ragusium Dubrovnik
Ratae Coritanorum Leicester
Ratisbona Regensburg
Rauzium Dubrovnik
Raven(n)a Ravenna
Redonum Rennes
Regalis mons Kaliningrad (Königsberg)
Regina castra Regensburg
Regium Calabriae Reggio di Calabria
Regium Lepidi Reggio Emilia
Remi, Remorum civitas Reims
Rhausium Dubrovnik
Rhegium Reggio Calabria
Rigomagus Remagen
Roma Rom
Romaricus Mons Remiremont
Roterodamum Rotterdam
Rotenburgum Rothenburg ob der Tauber
Rotevilla Rottweil
Rotomagus Rouen
Rutenorum civitas Rodez
Rutupiae Richborough

S

Saconium Säckingen
Saena Iulia Siena
Saguntum Sagunt
Salamantica Salamanca
Salernum Salerno
Salingiacum Solingen
Salisburgium Salzburg
Sampolitanum, Sancti Hippolyti fanum Sankt Pölten
Sanctus Dionisius Saint-Denis
Sanctus Eutropius Saint-Tropez
Sanctus Hippolytus in Austria Sankt Pölten
Sanctus Romulus San Remo
Sangallensis Sankt Gallen
Santena Xanten
Sarae/Saravi pons Saarbrücken
Sarum Salisbury
Sedunum Sion
Segodunum Rodez
Segontium Caernavon
Selenopolis Lüneburg
Sena Siena
Senonica urbs Sens
Serdica Sofia
Sibilia Sevilla
Singidunum Belgrad
Sistaricum Sisteron
Slesingensis, Slesvicum Schleswig
Sopianae Pécs (Fünfkirchen)
Sorbiodunum Salisbury
Sosa Soest
Spinalium Epinal
Spira (Nemetum) Speyer
Spolet(i)um Spoleto
Squirsina Schwerin
Stada, Stadium Stade
Stocholmia Stockholm
Stralsunda, Stralsundum Stralsund
Stuogardia, Stutgardia Stuttgart
Suerinum Schwerin

Suessionis civitas Soisson
Suindinum Le Mans
Syracusae Syrakus

T

Tabernarum castellum Bernkastel
Tamari Ostium Plymouth
Tarabatum Dorpat
Taravenna Thérouanne
Tarba Tarbes
Tarentum Tarent
Tarquinii Tarquinia
Tarracum Tarragona
Tarvisium Treviso
Tauromenium Taormina
Taurunum Belgrad
Telo Martius Toulon
Teotmola Detmold
Tergeste Triest
Thermae Carolinae Karlsbad
Thyanus Bukarest
Toletum Toledo
Tolonium Toulon
Tolosa Toulouse
Tomi, Tomiswarium Constanza
Torgavia Torgau
Traiectum ad Mosam Maastricht
Traiectum ad Rhenum Utrecht
Trecae Troyes
Tremonia Dortmund
Tricollis Dinkelsbühl
Tridentum Trient
Tullum (Leucorum) Toul
Turegum, Turicum Zürich
Turonum Tours

U

Ucetia Uzès

Ulma Ulm
Ulpia Noviomagus Nimwegen
Ulyssia, Ulyssipolis Lissabon
Upsalia Uppsala
Urbinum (Hortense) Urbino
Urbs Vetus Orvieto
Ursopolis Bernburg

V

Valen castrum Wismar
Valentia Valencia
Vallisoletum Valladolid
Vangionensis Worms
Vapincum Gap
Varsavia Warschau
Varunum Klagenfurt
Venetiae in Bretonia Vannes
Venetum civitas Vannes
Venta Belgarum Winchester
Venta Silurum Bristol
Verodunum Verdun
Verulamium St. Albans
Vesontio Besançon
Vesolum, Vesulum Vesoul
Vesunna Petricoriorum Périgueux
Vicentia Vicenza
Vienna (Austriae) Wien
Vienna, (Colonia Iulia) Vienna Vienne
Vigornia Worcester
Villacum Villach
Vinaria Weimar
Vindobona Wien
Viniticum Vannes
Vintimilium Ventimiglia
Virdunum Verdun
Virginum castrum Magdeburg
Virunum Klagenfurt
Viteberga Wittenberg
Viterbium Viterbo

Vitodurum Winterthur
Volaterrae Volterra
Vratislavia Breslau

Wetflaria Wetzlar
Wormatia Worms

Xanctum Xanten

Z

Zagrabia Zagreb
Zeacollis, Zeapolis Dinkelsbühl

Römische Namengebung

1 Männernamen

Die frei geborenen Römer führten seit etwa 300 v. Chr. drei Namen:

1. Vornamen (**praenomen**)
2. Namen der gens, der sie angehörten (**nomen gentile**),
3. Beinamen, d. h. den Namen der Unterabteilung ihrer gens (**cognomen**).

Die indoeuropäische Einnamigkeit war in Rom, wahrscheinlich unter etruskischem Einfluss, aufgegeben worden. Auf einer linksläufigen Inschrift einer in einem Grab in Praeneste gefundenen goldenen Fibel (um 600 v. Chr.) finden wir noch die späteren Vornamen **Manius** und **Numerius** als einzige Namen verzeichnet.

Die Zahl der Vornamen war gering. Es gab nur etwa 18. Viele von ihnen waren wenig gebräuchlich. Ihre Bedeutung verrät, soweit sie zu erschließen ist, wenig Phantasie; vom fünften Kind an beschränkte man sich weitgehend auf die Nummerierung: **Quintus**, **Sextus**, **Decimus**. In Verbindung mit dem Gentilnamen oder dem Beinamen wurden sie gewöhnlich abgekürzt:

Aulus	A.	Numerius	N. *od* Num.
Appius	Ap.	Publius	P.
Gaius	C.	Quintus	Q.
Gnaeus	Cn.	Sextus	S. *od* Sex.
Decimus	D.	Servius	Ser.
Kaeso	K.	Spurius	Sp.
Lucius	L.	Titus	T.
Marcus	M.	Tiberius	Ti. *od* Tib.
Manius	M'.		

Man redete sich allerdings nicht mit dem Vornamen, sondern mit dem Gentilnamen oder dem Beinamen an.

Der Gentilname geht regelmäßig auf -**ius** aus, ist also grundsätzlich ein Adjektiv (**gens Valeria**) und bezeichnet die Zugehörigkeit zu einer bestimmten gens; **Tullius** bedeutet also „zur gens Tullia gehörig". Der Gentilname entspricht etwa unserem Familiennamen. Sklaven nahmen nach ihrer Freilassung den Gentilnamen ihres ehemaligen Herrn an und stellten hinter ihn ihren bisherigen (einzigen) Namen als Beinamen (Livius Andronicus).

Der Beiname entsprang ursprünglich oft dem beißenden Witz der Römer (**Plautus** = Plattfuß, **Brutus** = Dummkopf). Im Zuge der Dreinamigkeit vererbte er sich später wie der Gentilname und bezeichnete die Unterabteilung einer gens.

Vielfach wurden den drei Namen weitere – oft ehrende – Beinamen (meist **agnomina** genannt) hinzugefügt, so z. B. **P. Cornelius Scipio Africanus**, der Sieger von Zama.

Bei der Adoption, die besonders häufig bei römischen Adelsfamilien vorkam, die ihr Geschlecht nicht aussterben lassen wollten, trat der Adoptierte in die neue gens über und nahm deren Gentilnamen an, trug aber seinen ursprünglichen Gentilnamen mit dem Suffix **-ianus** weiter. So hieß der Sohn des L. Aemilius Paulus nach seiner Adoption durch den ältesten Sohn des älteren Africanus **P. Cornelius Scipio Aemilianus**; nach der Zerstörung von Karthago (146 v. Chr.) und von Numantia (133 v. Chr.) trug er den Namen **P. Cornelius Scipio Aemilianus Africanus minor Numantinus**. Wir nennen ihn kurz den jüngeren Africanus.

Erst in der Kaiserzeit bürgerte sich die orientalische Sitte ein neben dem offiziellen mehrgliedrigen Namen noch einen Rufnamen zu führen.

2 Frauennamen

Die Töchter bekamen keinen Vornamen, sondern führten den Gentilnamen des Vaters (**Cornelia**). Mehrere Töchter unterschied man durch Zusätze wie **maior**, **minor**, **tertia** usw. Bei der Verheiratung behielten sie ihren väterlichen Gentilnamen bei.

Verzeichnis der Info-Fenster, Illustrationen und Landkarten

1 Info-Fenster Lateinisch – Deutsch

- ablativus – Ablativ 26
- accusativus – Akkusativ 33
- Achilles 35
- aedes – römisches Patrizierhaus 50
- agmen – das römische Heer 62
- Agrippina: Neros Mutter 63
- amphitheatrum – Amphitheater 76
- annus – das Jahr 83
- Antoninus Pius 87
- Marcus Antonius 87
- aquaeductus – Wasser nicht nur für Rom 93
- artes liberales – die sieben freien Künste 102
- auspicium 118
- Brutus 134
- Pausen im Vers: Zäsuren und Diäresen 139
- Caligula 141
- Caracalla 150
- Carthago: die Perle Nordafrikas 153
- casus – Fall des Nomen 156
- Catilina 156
- Cato 157
- censores – Finanzbeamte und Sittenwächter 162
- Charon 168
- Circus Maximus 177
- classis – römische Flotte 181
- Cleopatra: die Königin der Könige 182
- Clodia 184
- cohors 189
- colonia 192
- Die römische Komödie 199
- consules – die Konsuln 229
- Cornelia: Mutter der Gracchen 243
- Crassus 248
- cursus honorum – die Ämterlaufbahn 261
- Versmaße 265
- dativus – Dativ 267
- dictator – höchster Beamter in Notzeiten 299
- dies – der Tag 301
- distichon 314
- Domitianus 320
- elegia 337
- epos – Heldengeschichte in Versen 346
- Europa 353
- Eurydice 355
- exercitus – römisches Heer 365
- fasces – das Rutenbündel mit Beil 391
- fortitudo 413
- Galba 427
- Semideponentien 428
- genitivus – Genitiv 431
- gens – römische Sippe 432
- Germania 433
- gladiator – Berufskämpfer auf Leben und Tod 436
- Gracchus 438
- Hadrianus 446
- Hannibal 448
- Helena 450
- Herculaneum 452
- Hercules 453
- Deponentien 461
- imperium 479

VERZEICHNIS DER INFO-FENSTER, ILLUSTRATIONEN UND LANDKARTEN | 1234

- insula – mehrstöckiges Mietshaus — 519
- Iugurtha — 545
- Iulia — 545
- Iuno — 546
- Iupiter — 547
- Iustinianus — 548
- Jesus Christus — 549
- kalendae – erster Tag des Monats — 550
- Bedürfnisanstalten — 560
- Gerundium und Gerundiv — 563
- legio — 564
- legionarius – Legionär — 565
- libertus – der Freigelassene — 570
- lictores – römische Leibwächter — 572
- limes – Graben und Teufelsmauer — 574
- Schule im Alten Rom — 579
- Lucretia — 583
- lyra – Leier, Laute — 589
- Marcus Aurelius — 599
- Marius — 600
- Mars — 601
- matrimonium – Ehe und Eheformen — 603
- Medea — 605
- verba defectiva — 608
- Messalina — 613
- Minerva — 617
- Minotaurus — 618
- Mithridates — 621
- mos maiorum – die Sitte der Väter — 630
- Musae — 635
- Neptun — 646
- Nero — 647
- nomen – römische Namen — 652
- nominativus – Nominativ — 652
- numerus – Buchstaben statt Ziffern — 659
- Octavia – Octavia Minor und Claudia Octavia — 673
- accusativus cum infinito — 680
- optimates – die Besten — 682
- Orakel — 684
- oratio obliqua – indirekte Rede — 684
- orator – die Aufgaben eines Redners — 685
- Orpheus — 687
- Ostia – der Hafen Roms — 689
- pater familias – das Familienoberhaupt — 702
- patricii – die Oberschicht der Gesellschaft — 703
- patronus – der ehemalige Schutzherr — 704
- plebeii – das einfache Volk — 742
- Pompeii — 746
- Pompeius — 746
- pontifices – römische Priester — 748
- Poppaea Sabina — 748
- praefectus — 762
- quaestor — 805
- Quirites – Ehrentitel für römische Vollbürger — 811
- rex – römische Königszeit — 848
- rhetorica – Aufbau der Rede — 849
- Romulus und Remus — 852
- sacerdos – staatlicher Priester — 857
- Scipio — 870
- senatus – die oberste Regierungsbehörde — 880
- Septimius Severus — 887
- Sibyllae — 888
- Socrates — 896
- Spartacus — 902
- Sphinx — 905
- Sulla — 928
- Supinum — 934
- syllaba – Silbe — 939
- templum – Heiligtum der Römer — 948
- theatrum – Theater — 958
- thermae – die Kunst des Bades — 959
- Tiberius — 960
- tibiae – das Blasinstrument der Römer — 960
- Titus — 962
- toga – Kleidungsstück der Bürger — 963

- nominativus cum infinito — 968
- Die römische Tragödie — 969
- Traianus — 970
- tribus – Wahl- und Steuerbezirk — 976
- triumphus – Einzug des siegreichen Feldherrn — 980
- Varus — 1001
- Vercingetorix — 1008
- Verres — 1010
- Vespasianus — 1013
- villa – Landhaus und Luxusvilla — 1021
- vocativus – Vokativ — 1029

2 Info-Fenster Deutsch – Lateinisch

- wie alt bist du? — 1039
- Obstbäume — 1042
- aussehen — 1046
- Der Baum — 1048
- Begrüßung und Small Talk — 1049
- beide — 1050
- Berufe — 1052
- Blumen — 1056
- Computer — 1058
- das — 1059
- der, die, das — 1060
- einer, eine, eines — 1063
- E-Mail — 1066
- Personalpronomen — 1067
- Essgewohnheiten — 1071
- Familie — 1072
- Farben — 1073
- Flüsse — 1075
- Frage — 1076
- Geburtstag — 1078
- gehören — 1079
- in — 1091
- Internet — 1092
- ja — 1093
- Einfache römische Kost — 1096
- Was kostet es? — 1097
- man — 1103
- Mathematik — 1104
- Meer, See und Fluss — 1105
- Messer, Gabel, Löffel — 1106
- Musik im Alten Rom: die Blechblasinstrumente — 1108
- nachdem — 1109
- Orientierung im Raum — 1116
- Rezept — 1119
- Tageszeiten — 1133
- Im Wald — 1150
- Das römische Volksgetränk — 1152
- wohin — 1154
- Zeit und Zeitmessung — 1156

3 Illustrationen

amphitheatrum – Amphitheater	76	Iuppiter	xxx
Apollo – Gott der Weissagung	89	Lares	557
aquaeductus – Wasser nicht nur für Rom	93	lectica – Sänfte	561
aquila – Legionsadler	94	legionarius – Legionär	565
aries – Sturmbock	99	lictores – römische Leibwächter	572
septem arces romanae – Sieben Hügel Roms	103	lyra – Leier, Laute	589
Bacchus – Gott des Weins	122	Mars	601
basilica – mehrschiffige Gerichtshalle	125	matrona – vornehme, verheiratete Frau	604
calceus – geschlossener Halbstiefel	140	Mercurius – Gott des Handels und der Händler	612
caligae – Soldatenschuhe	141	Minerva	617
caput – Kopf	149	navis longa – Kriegsschiff	642
carpentum – überdachter Lastwagen	152	Neptunus	646
carrus – Transportwagen	152	papyrus – Papyrusstaude und Papyrusblatt	695
castra – römische Militärlager	155	persona – Maske, Theatermaske	727
centurio – Zenturio	164	pharetra – Köcher	733
Ceres – Göttin des Ackerbaus	165	Pluto – Gott der Unterwelt	477
Circus Maximus	177	porta – Stadttor	751
cithara – Kithara, Zither	178	portus – Hafen	752
columna – Säule	194	pugio – Dolch	797
corpus – Körper	244	rostra – Rednerbühne	853
Cupido – Gott der Liebe	257	sacrificium – Opfer, Opfergabe	859
curia – Gebäude für Senatssitzungen	259	signum – Feldzeichen	891
currus – zweirädriger Rennwagen	260	soleae – einfache Sandalen	897
Diana – Göttin der Jagd	298	tabula cerata – Wachstafel	941
domus – Atriumhaus	321	templum – Tempel	949
fibula – Fibel, Schnalle	399	tesserae – Münzersatzmittel	954
Fortuna – Göttin des Schicksals	414	testudo – "Schildkröte"	956
forum Romanum – Versammlungsort in Rom	415	theatrum – Theater	958
gladiator – Gladiator	435	tibiae – das Blasinstrument der Römer	960
gladius – Kurzschwert	436	triclinium – Speisezimmer	977
hasta – Speer	449	Venus – Göttin der Liebe	1007
Hercules	453	vexillum – rote Signalfahne	1015
horologium – Wasseruhr und Sonnenuhr	459	via – Straße	1016
Ianus – Gott der Türen und des Anfangs	466	villa rustica – Landhaus und Luxusvilla	1021
Iuno – Göttermutter	546	volumen – Buchrolle	1030

Vulcanus – Gott des Feuers und der
Schmiedekunst 1032

4 Landkarten

Der Limes 575
Römerstraßen in Italien 1131
Das Römische Reich –
Imperium Romanum hinten im Buch

Abkürzungen und Symbole

A
abgek	abgekürzt
Abk	Abkürzung
abl	Ablativ
abstr	Abstraktum, abstrakt
Acl	Akkusativ mit Infinit
A̅D̅J̅, *adj*	Adjektiv, adjektivisch gebraucht
A̅D̅V̅, *adv*	Adverb, adverbial gebraucht
advers	adversativ
akk	Akkusativ
altl.	altlateinisch
Apul.	L. Apuleius
ARCH	Architektur
ASTR	Astronomie
AT	Altes Testament

B
belg.	belgisch
BOT	Botanik
bes	besonders

C
Caes.	C. Julius Caesar
Catul.	C. Valerius Catullus
chr.	christlich
Cic.	M. Tullius Cicero
Com.	Komiker
Curt.	Q. Curtius Rufus

D
dat	Dativ
D̅E̅M̅ ̅P̅R̅, *dem pr*	Demonstrativpronomen
dir	direkt
dopp	doppelt

E
eccl.	Kirchenlatein
erg.	ergänze
etrusk.	etruskisch
euph	euphemistisch
Eutr.	Eutropius

F
F̲, f	Femininum, weiblich
fig	figurativ, bildlich
fut	Futur

G
gall.	gallisch
Gell.	A. Gellius
gen	Genitiv
GEOM	Geometrie
ger	Gerundium
germ.	germanisch
GRAMM	Grammatik
griech.	griechisch

H
hebr.	hebräisch
Hor.	Q. Horatius Flaccus
hum	humorvoll, scherzhaft

I
iber.	iberisch
imp	Imperativ
imperf	Imperfekt
ind	Indikativ
I̲N̲D̲E̲F̲ ̲P̲R̲, indef pr	Indefinitpronomen
indekl	indeklinabel
indir	indirekt
inf	Infinitiv
I̲N̲T̲, int	Interjektion
iron	ironisch
ital.	italisch
Juv.	D. Iunius Iuvenalis

J
j-d	jemand
j-s	jemands
j-m	jemandem
j-n	jemanden
JUR	Rechtswesen

K

kelt.	keltisch
K̄O̅N̅J̅, *konj*	Konjunktion
konjkt	Konjunktiv
klass.	klassisch
komp	Komparativ
konkr.	konkret

L

Lat., lat.	Latein, lateinisch
LIT	literarisch
Liv.	T. Livius
log.	logisch
Lucr.	T. Lucretius Carus

M

M̄, *m*	Maskulinum, männlich
MA	Mittelalter
Mart.	M. Valerius Martialis
MATH	Mathematik
MED	Medizin
meton	übertragen gebraucht
METR	Metrik
MIL	Militär
mlat.	mittellateinisch
MUS	Musik
MYTH	Mythologie

N

N̄, *n*	Neutrum, sächlich
n.	nördlich
nachkl.	nachklassisch
Ncl	Nominativ mit Infinitiv
Nep.	Cornelius Nepos
nlat.	Neulatein
nö.	nordöstlich
nom	Nominativ
N̄U̅M̅, *num*	Zahlwort
N̄U̅M̅ A̅D̅V̅, *num adv*	Zahladverb
N̄U̅M̅ C̅A̅R̅D̅, *num card*	Kardinalzahl
N̄U̅M̅ O̅R̅D̅, *num ord*	Ordinalzahl
NT	Neues Testament

nw.	nordwestlich

O

O	Osten
ö.	östlich
od	oder
orient.	orientalisch
örtl.	örtlich
Ov.	P. Ovidius Naso

P

PART	Partizip
patriz.	patrizisch
pej	pejorativ
perf	Perfekt
pers	A. Flaccus Persius
Pers.	persönlich
PERS PR, *pers pr*	Personalpronomen
Petr.	T. Petronius
Phaedr.	Phaedrus
PHIL	Philosophie
PL, *pl*	Plural
Plaut.	T. Maccius Plautus
pleb.	plebejisch
Plin.	G. Plinius Caecilius Secundus
poet	poetisch
POL	Politik
POSS PR, *poss pr*	Possesivpronomen
PPERF	Partizip Perfekt
PPP	Partizip Perfekt Passiv
PPR	Partizip Präsens
PRÄF	Präfix
PRÄP	Präposition
präs	Präsens
Prop.	Sextius Propertius

Q, R

Quint.	M. Fabius Quintilianus
REFL PR, *refl pr*	Reflexivpronomen
RELIG	Religion
REL PR, *rel pr*	Relativpronomen
RHET	Rhetorik

röm.	römisch

S

S, s.	Süden, südlich
Sall.	G. Sallustius Crispus
SCHIFF	Schifffahrt
schriftl.	schriftlich
Sen.	L. Annaeus Seneca
S̄G, *sg*	Singular
sö.	südöstlich
spätl.	spätlateinisch
Subst, subst	Substantiv, substantivisch
Suet.	G. Suetonius Tranquillus
S̄ŪF̄	Suffix
sup	Superlativ
sw.	südwestlich

T

Tac.	P. Cornelius Tacitus
Ter.	P. Terentius Afer
Tert.	Q. Septimius Tertullianus
Tib.	Albius Tibullus

U

u.	und
unkl.	unklassisch
unpers	unpersönlich

V

Verg.	P. Vergilus Maro
V̄Ī	intransitives Verb
Vitr.	M. Vitruvius Pollio
vkl.	vorklassisch
vok	Vokativ
V̄T̄	transitives Verb

W, Z

W, w.	Westen, westlich
zeitl.	zeitlich
=	gleich
↔	Gegenteil von
→	siehe

Systemvoraussetzungen für die CD-ROM

Hardware: Pentium PC 1 GHz, 512 MB Arbeitsspeicher, 300 MB freier Festplattenspeicher, XGA-Grafikkarte 1024 × 768 Bildpunkte, CD-ROM-Laufwerk, Soundkarte, Kopfhörer/Lautsprecher, Mikrofon (empfohlen)
Software: Windows 2000(SP4)/XP(SP2)/Vista, Internet Explorer 6.0 (SP1), Windows Media Player 8.0 oder höher